DICIONÁRIO DE FILOSOFIA

JOSÉ FERRATER MORA

DICIONÁRIO DE FILOSOFIA

TOMO II
(E-J)

Edições Loyola

Título original:
Diccionario de Filosofía, tomo II (E-J)
Nueva edición revisada, aumentada y actualizada
por el profesor Josep-Maria Terricabras
(director de la Cátedra Ferrater Mora de Pensamiento
Contemporáneo de la Universitat de Girona).
Supervisión de la profesora Priscilla Cohn Ferrater Mora
(Penn State University).
© 1994: Priscilla Cohn Ferrater Mora
© da revisão atualizada: Josep-Maria Terricabras
Direitos exclusivos:
© 1994, Editoral Ariel, S.A., Barcelona
ISBN 84-344-0500-8 (obra completa)
ISBN 84-344-0502-4 (tomo II)

A presente edição foi traduzida mediante ajuda da
Dirección General del Libro, Archivos y Bibliotecas del
Ministerio de Educación y Cultura de España.

Edição: Marcos Marcionilo
Tradução: Maria Stela Gonçalves
   Adail U. Sobral
   Marcos Bagno
   Nicolás Nyimi Campanário
Preparação: Nicolás Nyimi Campanário
   Luciana Pudenzi
Capa: Manu
Diagramação: Maurélio Barbosa
Revisão: Renato da Rocha Carlos

Edições Loyola Jesuítas
Rua 1822, 341 – Ipiranga
04216-000 São Paulo, SP
T 55 11 3385 8500/8501 • 2063 4275
editorial@loyola.com.br
vendas@loyola.com.br
www.loyola.com.br

Todos os direitos reservados. Nenhuma parte desta obra pode ser reproduzida ou transmitida por qualquer forma e/ou quaisquer meios (eletrônico ou mecânico, incluindo fotocópia e gravação) ou arquivada em qualquer sistema ou banco de dados sem permissão escrita da Editora.

ISBN 978-85-15-02005-8
2ª edição: 2005
© EDIÇÕES LOYOLA, São Paulo, Brasil, 2001

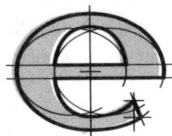

E. A letra maiúscula 'E' (primeira vogal do termo *nego*) é utilizada na literatura lógica para representar simbolicamente a proposição universal negativa, *negatio universalis*, da qual a seguinte proposição é um dos exemplos:

Nenhum homem é mortal.

Em textos escolásticos encontra-se freqüentemente o exemplo (apresentado por Boécio):

Nullus homo iustus est,

e em numerosos textos lógicos a letra E substitui o esquema 'Nenhum S é P', sobretudo quando se introduz o chamado quadro de oposições (VER).

Nos textos escolásticos diz-se de E que *negat universaliter* ou *generaliter*, nega universalmente ou geralmente. A letra 'E' também é utilizada nesses textos para simbolizar as proposições modais em *modus* afirmativo e *dictum* negativo (ver MODALIDADE), ou seja, as proposições do tipo:

É impossível que *p*,

em que '*p*' simboliza um enunciado declarativo.

A letra '*E*' (em itálico) é utilizada por Łukasiewicz para representar o conectivo 'se e somente se' ou bicondicional (VER), que nós simbolizamos com '↔'. '*E*' antepõe-se às fórmulas, de modo que '*p* ↔ *q*' é escrito, na notação de Łukasiewicz *E p q*.

O mesmo autor utilizou '*E*' para representar o quantificador universal negativo. '*E*' antepõe-se às variáveis '*a*', '*b*', '*c*' etc., de tal modo que '*E a b*' deve ser lido como '*b* não pertence a nenhum *a*' ou 'nenhum *a* é *b*'.

Para distinguir entre '*E*' no sentido do último e do penúltimo parágrafos, Łukasiewicz às vezes utilizou '*Y*' no lugar do quantificador universal negativo '*E*'.

EBBINGHAUS, HERMANN (1850-1909), nascido em Barmen, foi *Privatdozent* na Universidade de Berlim (1880-1894), professor "extraordinário" em Breslau (1894-1905) e professor titular em Halle (1905-1909). Ebbinghaus destacou-se por suas investigações e análises psicológicas. Seus trabalhos experimentais seguiram as orientações iniciadas por Fechner no campo da psicofísica e fundamentaram-se na suposição de um rigoroso paralelismo entre fenômenos mentais e processos do sistema nervoso, os quais estão em estreita união, *Verband*; com efeito, ambos são aspectos de uma mesma realidade. As investigações experimentais de Ebbinghaus incluem trabalhos sobre a fisiologia dos órgãos dos sentidos, mas ele utilizou assim mesmo o método de questionários e provas, especialmente em seus trabalhos — alguns deles antecedentes de tipos de investigação logo amplamente difundidos — sobre o desenvolvimento da capacidade mental de crianças em idade escolar. Do mesmo modo, devem-se a ele trabalhos — nos quais ele próprio atuou como sujeito de experimentação — sobre a memória, particularmente sobre a memorização de sílabas e expressões sem significado com o fim de estabelecer sobre sólidas bases os fundamentos da associação de "idéias".

↪ Obras: *Über die Hartmannsche Philosophie des Unbewussten*, 1873 (*Sobre a filosofia hartmanniana do inconsciente*). — *Über das Gedächtnis*, 1885 (*Sobre a memória*). — *Theorie des Farbensehens*, 1893 (*Teoria da percepção visual da cor*). — *Neue Methode zur Prüfung geistiger Fähigkeit*, 1897 (*Novos métodos para a comprovação da capacidade mental*). — *Grundzüge der Psychologie*, I, 1897; 4ª ed., aos cuidados de Karl Bühler, 1919 (*Fundamentos da psicologia*). — *Abriss der Psychologie*, 1908; 9ª ed., 1932 (*Esboços de psicologia*).

Em 1890 Ebbinghaus fundou, com Arthur König, a influente *Zeitschrift für Psychologie und Physiologie der Sinnesorgane*, para a qual colaboraram, entre outros, Helmholtz, G. E. Müller e C. Stumpf. ⊂

EBBINGHAUS, JULIUS. Ver WUNDT, WILHELM.

EBERHARD, JOHANN AUGUST (1739-1809), nascido em Halberstadt, estudou em Halle e recebeu a influência de Baumgarten e de Wolff. Os debates em torno de sua *Nova apologia de Sócrates* (ver bibliografia) quase arruinaram sua carreira eclesiástica, mas, protegido pelo barão von der Horst, em cuja casa havia sido tutor, obteve um posto de pregador em Charlottenburg.

Em 1778 foi nomeado professor de filosofia na Universidade de Halle. Schleiermacher acompanhou, em 1787, os cursos de Eberhard.

Eberhard é considerado membro da chamada "Escola de Leibniz-Wolff". Seu interesse principal consistiu em desenvolver uma "filosofia ilustrada" capaz de proporcionar interpretações racionais das questões éticas e teológicas fundamentais. Em sua teoria do conhecimento, Eberhard propôs uma distinção entre o sentir e o pensar correspondente à distinção entre a passividade e a atividade da consciência. Embora essa distinção pareça similar à estabelecida por Kant entre sensibilidade e entendimento, há uma diferença considerável a esse respeito entre Eberhard e Kant. Além disso, Eberhard é conhecido hoje sobretudo como um adversário da filosofia crítica de Kant, que ele julgava como uma inadequada versão da "crítica da razão" leibniziana. Eberhard fundou duas revistas: o *Philosophisches Magazin*, em Halle, da qual circularam quatro volumes (1788-1789), e a *Philosophisches Archiv* (1792-1794). Nas duas revistas Eberhard e diversos autores opuseram-se tenazmente à filosofia kantiana como desorganizadora do saber filosófico e ao mesmo tempo a consideraram uma mera repetição de Leibniz (ou de Berkeley). Na Parte III do tomo I da *Philosophisches Magazin*, Eberhard lançou um ataque a Kant, tentando mostrar que as teses deste são essencialmente as mesmas de Leibniz, de modo que o que é verdadeiro em Kant já se encontra em Leibniz. Por outro lado, aquilo que não está em Leibniz, está errado. No citado trabalho, Eberhard tentou dar uma prova da realidade objetiva do "conceito" de razão suficiente e uma prova da realidade objetiva do conceito de simplicidade nos objetos da experiência; e ele propôs um método para passar do sensível ao não-sensível. Todos os argumentos de Eberhard foram respondidos por Kant em seu escrito *Über eine Entdeckung nach der alle neue Kritik der reinen Vernunft durch eine ältere entbehrlich gemacht werden soll*, publicado em 1790 (*Sobre certa descoberta segundo a qual qualquer nova crítica da razão pura tornou-se supérflua diante de outra mais antiga*), às vezes conhecido como *Resposta a Eberhard*. Eberhard criticou do mesmo modo a filosofia de Fichte, mas o defendeu contra a acusação de ateísmo na chamada "controvérsia sobre o ateísmo".

⇨ Obras: *Neue Apologie des Sokrates*, 2 vols., 1772. — *Allgemeine Theorie des Denkens und Empfindens*, 1776 (premiada pela Academia de Berlim) (*Teoria geral do pensar e do sentir*). — *Von dem Begriffe der Philosophie und ihre Theilen*, 1778 (*Do conceito de filosofia e suas partes*). — *Sittenlehre der Vernunft*, 1781 (*Moral da razão*). — *Theorie der schönen Künste und Wissenschaften*, 1783 (*Teoria das belas artes e ciências*). — *Allgemeine Geschichte der Philosophie*, 2 vols., 1788-1796 (*História geral da filosofia*). — *Über den Gott des Herrn Prof. Fichte und die Götzen seiner Gegner*, 1799 (*Sobre o Deus do professor Fichte e os ídolos de seus adversários*).

— *Handbuch der Aesthetik für gebildete Leser*, 2 vols., 1803-1805 (*Manual de estética para leitores cultos*).

Eberhard também se dedicou à linguística: *Versuch einer allgemeinen deutschen Synonymik*, 1795-1802; 2ª ed., 1820, continuada por H. M. Maas e Gruber. — *Synonymisches Wörterbuch der deutschen Sprache*, 1802.

Ver: O. Ferber, *Der philosophische Streit zwischen I. Kant und J. A. E.*, 1894 (tese). — K. Lungwitz, *Die Religionsphilosophie Eberhards*, 1911. — G. Draeger, *J. A. Eberhards Psychologie und Aesthetik*, 1915 (tese). ⊂

ECCEIDADE. Ver Hecceidade.

ECHEVERRÍA [YÁÑEZ], JOSÉ [RAFAEL], nascido (1913) em Santiago do Chile, estudou no Chile, na França e na Inglaterra, doutorando-se na Sorbonne em 1955. Lecionou filosofia e filosofia do Direito na Universidade do Chile (1952-1953) e filosofia na Universidade de Porto Rico (1953-1976). Em 1971 foi nomeado professor de filosofia do Direito na Universidade Católica do Chile e, em 1993, Humanista Residente da Universidade de Porto Rico.

Em sua tese de doutorado, Echeverría sustentara que, dada a evidência do *cogito* ou de minha própria existência para mim mesmo, é impossível que para mim mesmo eu não seja, do que se deriva que para mim não sou mortal. O sujeito da imortalidade não era, no entanto, meramente a estrutura reflexiva de um *cogito* singular, mas uma estrutura dual, composta de "eu" e "o outro". Posteriormente Echeverría não tratou de abolir de todo tal tese, mas sim de ampliá-la e conferir-lhe outra orientação, de caráter acentuadamente social e histórico. Essa mudança de orientação tem precedentes na concepção antiga, mas foi desenvolvida apenas em escritos posteriores. Enquanto antes se acentuava mais a recuperação do passado, agora se situa no futuro que eu (e, com isso, cada sujeito humano) almejo e promovo para todos os homens em cada um dos atos passados — que são "atos de convivência em projeto" —, e especialmente no ato definitivo de morrer, na medida de minha capacidade e daquilo que permitirem as circunstâncias. Os aspectos retrospectivos e individuais cedem passo aos aspectos prospectivos e históricos.

•• Se em sua dissertação de doutorado e em alguns ensaios posteriores Echeverría sustentara que no morrer se dá uma contração de nosso tempo vivido, que é nossa eternidade, nos últimos escritos essa tese sofreu um giro pragmático, pois Echeverría só vê tal acesso a uma eternidade como uma idéia regulativa, isto é, como uma possibilidade de cuja antecipação obtemos uma *pauta ética* para julgar nossas diversas ações no contexto da vida que aspiramos realizar.

No que diz respeito ao critério conforme ao qual poderíamos provar ou rejeitar o que nossa vida em sua conclusão possa ser, Echeverría afirma que nossa valoração pessoal enriquece-se mediante sua projeção rumo a um tempo histórico. Esse tempo transcende aquele que é próprio do estrato ontológico *eu mesmo/ o Outro* na direção do tempo mundano, porém não é indefinido como este, mas admite ser pensado como provido de um término recapitulador: o do *fim da história*. Por fim, o que exige a ética de Echeverría é que façamos concordar o que queremos que seja nossa vida em nosso morrer com o que gostaríamos que pudesse ser a conclusão da história, que com nossas ações contribuímos para configurar.

Echeverría sustentou que o *eu mesmo/o Outro* constitui um estrato ontológico radical e, além disso, *transcendental*, no sentido de que condiciona a possibilidade de constituir o estrato do mundo e o de um tempo cósmico indefinido no qual as experiências dos diversos sujeitos se inscrevem e coordenam. Esta tese difere da do idealismo transcendental de Husserl porque não toma como ponto de apoio a unidade de um *ego* transcendental, mas põe em seu lugar a dualidade interativa do *eu mesmo com o Outro* na qual se desenvolve dialogicamente nossa existência concreta. Por isso Echeverría denominou sua posição filosófica de *empirismo transcendental*, em oposição ao *idealismo transcendental* de Husserl, pois o transcendental é, para Echeverría, não a consciência, mas a experiência enquanto interlocução do *eu mesmo* com o *Outro*. Echeverría vê em sua posição uma efetiva superação do debate entre o *idealismo* e o *realismo*.

Outras fontes filosóficas de que se alimentou seu pensamento, além de Descartes e Husserl, foram as obras de Epicuro — em particular sua *Carta a Meneceu* — e as da corrente dialógica na qual se situam Martin Buber e Gabriel Marcel. Na ordem histórica e social, seria preciso mencionar sua leitura crítica da obra de Marx e de alguns de seus seguidores. Echeverría também procurou encontrar raízes de seu próprio pensamento em algumas obras literárias, como as de Dante, Cervantes, Dostoiévski e Antonio Machado.

Sua filosofia do Direito se caracteriza por buscar no próprio comportamento de alcance social o elemento que, por fim, enuncia, promulga e anula as normas jurídicas, o que o leva a desejar o que designa como uma *revolução cotidiana*. ••

 Obras: *Réflexions métaphysiques sur la mort et le problème du sujet*, 1957 (tese). — *La enseñanza de la filosofía en la universidad hispanoamericana*, 1965. — *El Quijote como figura de la vida humana*, 1965. — *Lecciones preliminares de teoría del Derecho y del cambio social*, 1986. — *Libro de convocaciones: Cervantes, Dostoyevski, Nietzsche, Antonio Machado*, 1986. — *El morir como pauta ética del empirismo trascendental*, 1993. Em fase de preparação: *Acceso crítico a la filosofía* e *Vivir para morir: una propuesta ética*.

A tese complementar à de 1955 (publicada em 1957) é uma edição crítica da obra inédita de Maine de Biran, *De l'aperception immédiate* (de 1807), 1963.

Entre os artigos e trabalhos de E. destacamos: "Reflexiones sobre la cultura", *Revista de filosofía de la Universidad de Chile* (1957). — "*Eritis sicut dii*", *Asomante* (1961). — "Naturaleza, historia y vida personal", *Actas del XI Congreso Internacional de Filosofía* (Veneza). — "La Divina Comedia y sus múltiples sentidos", em VV.AA., *Dante*, 1965. — "La propia conducta como promulgación y derogación de la norma jurídica", *Revista de Ciencias Sociales de la Universidade de Puerto Rico*, 14 de setembro de 1970. — "El Dios hermano. Deliberación personal sobre cristianismo y comunismo", *Sin Nombre*, n. 2 (1976), 18-56. — "Sentido relativo de la contemporaneidad" e "Contemporaneidad de Epicuro", em VV.AA., *La encrucijada del hombre contemporáneo*, 1976. — Em *Diálogos*, revista de filosofia da Universidade de Porto Rico, publicou: "Las figuras de lo divino en el *Fausto* de Goethe", 42 (1983); "Epicuro: El pensar del morir", 48 (1986); "El empirismo trascendental: su raíz en la fenomenología de Husserl y su despliegue como filosofía dialógica rigurosa", 60 (1992). — "Estructura y cultura: dos conceptos fundamentales de la historiografía contemporánea", em *América Latina: historia y destino* (Homenaje a Leopoldo Zea), vol. II, 1992. — "El integracionismo de José Ferrater Mora: una filosofía abierta al porvenir", em S. Giner, E. Guisán, eds., *J. F. M.: El hombre y su obra*, 1994, pp. 107-125.

ECKHART (Mestre Eckhart, Meister Eckhart, Magister Eccardus) (*ca*. 1260-1327), nascido em Hochheim (Turíngia). Aproximadamente em 1275 ingressou no mosteiro dominicano de Erfurt, passando logo em seguida para Colônia, onde recebeu, em 1302, o título de *magister sacrae theologiae*. Em 1303 foi nomeado Provincial da Ordem Dominicana na Saxônia, sendo, além disso, desde 1307, Vigário da Boêmia. De 1311 a 1314 residiu em Paris (que ele já visitara em 1303-1304), onde recebeu os graus acadêmicos superiores. A partir de 1320 foi *magister theologiae* no *Studium generale* dominicano de Colônia. As ásperas disputas teológicas entre dominicanos e franciscanos foram provavelmente uma das causas pelas quais, por volta de 1326, alguns considerassem seu ensinamento suspeito. Em 1327 teve de justificar-se diante da Corte do Arcebispo de Colônia, que era franciscano. O processo iniciado em Colônia encerrou-se em 1329, dois anos depois da morte de Mestre Eckhart, com a condenação, pelo papa João XXII, em Avignon, de 28 proposições.

Mestre Eckhart é considerado um dos iniciadores da filosofia alemã e, quando menos, um dos forjadores, se não o primeiro, do idioma alemão como linguagem filosófica e teológica. Mestre Eckhart pregou em alemão e escreveu nesse idioma parte de suas obras, a começar pelo folheto *Das sint die Reden der Unterscheidung* (*Estes são os discursos de instrução* [do Vigário da Turíngia e Prior de Erfurt, Mestre Eckhart]), escrito aproximadamente em 1300. Nestes "discursos de instrução", Mestre Eckhart recomenda a obediência e o desapego dos bens temporais, não para opor-se asceticamente a estes, mas simplesmente para não ocupar-se deles, tomando-os do modo como vierem. Além disso, ele fala em "ter em si a realidade de Deus" de tal modo que tudo "reflita Deus e tenha sua marca". Em outros textos alemães — por exemplo, no *Livro da divina consolação*, em seu escrito sobre o desinteresse (*Abgeschiedenheit*, erroneamente traduzido por "desapego", "separação" ou "resolução") e nos diversos *Sermões* —, Mestre Eckhart introduz uma série de termos que às vezes são traduções de autores com os quais estava mais familiarizado (Platão, especialmente o *Timeu*; Agostinho; Tomás de Aquino), mas cujo sentido não é sempre o dos vocábulos originais. Isso ocorre com o citado termo *Abgeschiedenheit*, com *Bild* (que traduz *imago*), com *Inne Sein* e *Inne Bleiben* ("recolher-se em si mesmo"), *Nihte* ou *Nihtes* (o atual *Nichts*, que não é o "nada", mas "a pobreza", porém uma "pobreza" com sentido "ontológico"), e outros. Mestre Eckhart prega o desinteresse [que, mais uma vez, não é "reclusão" ou "retiro"] e o põe acima do amor. Uma razão para isso é que, embora "o melhor do amor é que ele me força a amar a Deus", é melhor para mim "mover Deus em minha direção que mover-me na sua, pois minha bem-aventurança eterna consiste em que eu e Deus sejamos um, e Ele pode encaixar-se e unificar-se melhor comigo que eu com Ele". Outra razão é que "o amor me obriga a sofrer por causa de Deus, enquanto o desinteresse me faz sensível apenas a Deus" (isto é, me leva a "não poder receber senão a Deus").

Tudo isto faz que Mestre Eckhart seja considerado um místico e, ademais, um místico para o qual a teologia negativa é superior à positiva. Já foi dito que as fontes da teologia negativa e mística de Mestre Eckhart encontram-se na tradição neoplatônica e no Pseudo-Dionísio, o que pode ser certo se levamos em conta que ele próprio se refere ao *Liber de causis* e que (segundo alguns autores) recebeu a influência de Dietrich de Freiberg, o qual, por sua vez, foi influenciado por Proclo. É preciso levar em conta, todavia, que Mestre Eckhart, mesmo considerado um místico, não é simplesmente um místico que traduz os termos da teologia em termos de alguma "experiência pessoal". Ele também é teólogo, e nem sempre sua teologia é "negativa". O que acontece é que, como consta em suas diversas *Quaestiones* (as *Quaestiones Utrum in Deo, Utrum intelligere Angeli, Utrum laus Dei*; e as posteriores *Aliquem motum, Utrum in corpore Christi*), a idéia que Mestre Eckhart tem de Deus é uma idéia na qual, embora haja igualdade entre o *esse* de Deus e seu *intelligere*, o que aconteceu em princípio foi o *intelligere* (o "Logos", a "Palavra"); por conseguinte, o *esse* ou o fato de ser um *ens* não é por si mesmo um predicado suficiente. Daí que, do ponto de vista do "mero ser" (que não é o "pleno ser" ou o "ser em sua pureza"), Deus apareça como algo que "não é". Contudo, Deus não é apenas ser, porque ele é "mais que ser". É verdade que no posterior *Opus tripartitum* Mestre Eckhart declara que Deus é *esse*. Todavia esse *esse* é uma unidade perfeita e completa, a qual é a unidade do *intelligere*. Sendo assim, já que não há nada fora da perfeita unidade, pode-se concluir que não há nada fora de Deus. Esta é, diga-se de passagem, uma das teses que levaram alguns a considerar Mestre Eckhart como um autor panteísta. Mas dizer que "fora de Deus não há nada" é como dizer que "fora da Existência nada existe" ou, se se preferir, que tudo o que existe mede-se por sua relação com a Existência. Por outro lado, não há, segundo Mestre Eckhart, nada tão distinto de Deus, o Criador, como aquilo que é criado e as criaturas. Desse modo, portanto, parece que Mestre Eckhart ressalta tanto a fusão como a separação. E assim é, com efeito. Isso pode dever-se, em parte, a que haja "períodos" no pensamento de Eckhart. Em parte porque há, como em muitos autores, "inconsistências". Mas em parte também porque Mestre Eckhart pensa de forma "antinômica", única que pode destacar o caráter "profundo" das questões teológicas e, em geral, da "vida religiosa".

Esse caráter antinômico do pensamento de Eckhart manifesta-se na famosa doutrina da alma como "centelha" (*vünkelin, vünke*; em latim: *scintilla*). Como indica G. Faggin (*op. cit. infra*, Parte I, cap. V), Eckhart dá muitos nomes diferentes a essa "centelha" ou "faísca"; além de *vünkelin, vünke*, temos *bürgelin der sele* (castelo da alma), *grunt der sele* (fundo da alma), *zwic* (broto), *huote des geistes* (rocha do espírito), razão (*vernünfticheit*); e, em latim: *domus dei; abditum animae* ou *abditum cordis, anima muda* e *synteresis* [ver SINDÉRESE]. "A teoria eckhartiana — escreve Faggin — tem seus genuínos antecedentes históricos no 'centro da alma' de Plotino e na 'flor do intelecto' de Proclo, e parece-me que interpreta o espírito autêntico da doutrina neoplatônica: mas ela tem antecipações, muito freqüentes ainda que inspiradas por maiores garantias, também na mística cristã latina, especialmente em Agostinho [que a chama de *acies cordis* ou agudeza do coração] e em Boaventura" (Faggin, *op. cit.*, trad. esp., pp. 172-173). De todo modo, a "centelha da alma" é o fundo último da alma. Deus une-se à alma, por assim dizer, "em sua centelha". A "centelha" da alma não se limita a compreender Deus como Verdade ou a querê-lo como o Bem: ela se une a Ele. Isso parece conduzir à idéia de uma identificação da "centelha da alma" (*scintilla animae*) com Deus e, além disso, com um Deus cuja unidade radical transcende por completo a diversidade das Pessoas. Mas, por outro lado, essa identificação é apresentada como a que existe entre a imagem e o modelo. Junto a tudo isto, deve levar-se em conta que a linguagem utilizada por Mestre Eckhart em suas obras em alemão, e especialmente nos *Sermões*, é uma linguagem mais "exortativa" que "declarativa";

ela se dirige aos fiéis com o fim de produzir — ou "suscitar" — neles uma elevação e ao mesmo tempo um recolhimento sem os quais não haveria possibilidade de "estar presente" diante de Deus.

A conclusão mais razoável a respeito das doutrinas de Mestre Eckhart é que estas constituem uma trama complexa na qual se mesclam diversas tradições e também as exigências da pregação. Isso não significa que o pensamento de Eckhart careça de unidade. Todavia é improvável que essa unidade seja apenas a da mística baseada na teologia negativa, ou a de um tomismo com tendências neoplatonizantes, ou a de um "germanismo" incipiente mas já em luta contra a "ortodoxia".

Costuma-se considerar como "continuadores" de Mestre Eckhart, Johannes Tauler (1300-1361), Heinrich Suso (ca. 1295-1365), ambos autores de textos exortativos e místicos em alemão e de algumas obras latinas, e, sobretudo, Juan Ruysbroek (VER).

⇨ Edição de obras alemãs por Franz Pfeiffer: *Meister Eckhart*, 1857 [ver C. de B. Evans, *M. Eckhart by Franz Pfeiffer*, 2 vols., 1924-1931]. — Outra edição de textos alemães: F. Schulze-Maizier, *M. Eckharts deutsche Predigten und Traktate*, 1938. — Edição de textos latinos: H. Denifle, *M. Eckharts lateinische Schriften und die Grundanschauung seiner Lehre*, 1886. — *Magistri Eckhardi opera latina auspiciis Instituti Sanctae Sabinae ad codicum fidem edita*: vol. I. *Super oratione dominica*, ed. R. Klibansky, 1934; II. *Opus dominica*, ed. H. Bascour, O. S. B., 1935; III. *Quaestiones Parisienses*, ed. A. Dondaine, O. P., 1936. — A mais importante e completa edição dos escritos de M. Eckhart é: *M. Eckhart Die deutschen und lateinischen Werke herausgegeben im Auftrage der Deutschen Forschungsgemeinschaft*, em duas séries: *Die deutschen Werke*, ed. Josef Quint, e *Die lateinischen Werke*, ed. Konrad Weiss, 1936 e seguintes. — De edições de vários textos isolados de M. Eckhart nos limitamos a mencionar: Augustus Daniels, *Eine lateinische Rechtfertigungschrift*, em C. Baeumker, *Beiträge*, etc., XXII, 5 (1923). — Para o "processo Eckhart", ver G. Théry em *Archives d'histoire doctrinale et littéraire du Moyen Âge*, I (1926-1927). — Entre traduções espanholas de obras de M. Eckhart mencionamos: *El libro del consuelo divino* [*Buch der göttlichen Tröstung*], 1955 [seguido de unas "Leyendas" del M. E. tomadas de la ed. de Schulze-Maizier (cf. *supra*)]; *Cuestiones parisienses*, 1962; outra ed., 1967.

Algumas obras de M. Eckhart foram publicadas originalmente junto com outras de Tauler (como os *Sermões* de M. E., que apareceram na edição de obras de Tauler publicada em Basiléia, 1521) e até sob os nomes de Tauler e Ruysbroek.

Em português: *Livro da divina consolação e outros textos seletos*, 4ª ed., 1999.

Sobre M. Eckhart podem ser consultadas algumas obras gerais tais como: Heinrich Denifle, *Das Geistliche. Eine Blumenlese aus den deutschen Mystikern des 14. Jahrhunderts*, 1873; 9ª ed., rev. por A. Auer, 1936 (o subtítulo foi mudado várias vezes). — J. Bernhart, *Die Philosophische Mystik des Mittelalters von ihren antiken Ursprügen bis zur Renaissance*, 1922. — Rudolf Otto, *West-östliche Mystik*, 1929. — M. Rufus Jones, *Flowering of Mysticism*, 1939, especialmente o ensaio intitulado "M. E. — The Peak of the Range".

Dentre as muitas obras especiais sobre M. Eckhart mencionamos: Joseph Bach, *M. E., der Vater der deutschen Spekulation*, 1864, reimp. 1964. — A. Lasson, *M. E., der Mystiker*, 1868. — A. Jundt, *Essai sur le mysticisme spéculatif de M. E.*, 1871. — J. Bernhart, *Bernhardische und Eckhartische Mystik in ihren Beziehungen und Gegensätzen*, 1912. — G. della Volpe, *Il misticismo speculativo di M. E. nei suoi rapporti storici*, 1930. — A. Dempf, *M. E. Eine Einführung in sein Werk*, 1934. — E. Seeberg, *M. E.*, 1934. — O. Spann, *M. E. e la mistica tedesca preprotestante*, 1946. — H. Piesch, *M. E.*, 1946. — M. A. Lücker, *M. E. und die "Devotio moderna"*, 1950. — H. Hof, *Scintilla animae*, 1952. — J. Koppers, *Die Metaphysik M. Eckharts*, 1955. — W. Heinrich, *Verklärung und Erlösung bei M. E.*, 1959. — Vladimir Lossky, *Théologie négative et connaissance de Dieu chez M. E.*, 1960. — Ingeborg Degenhardt, *Studien zum Wandel des Eckhartbildes*, 1967. — Ernst van Bracken, *M. E. Legende und Wirklichkeit*, 1972. — K. Albert, *M. E.s These vom Sein. Untersuchungen zur Metaphysik des Opus tripartitum*, 1976. — C. F. Kelley, *M. E. or Divine Knowledge*, 1977. — A. Klein, *M. E.: La dottrina mistica della giustificazione*, 1978. — R. Schürmann, *M. E. Gedanken zu seinen Gedanken*, 1979. — A. de Libera, *Le problème de l'être chez M. E. Logique et métaphysique de l'analogie*, 1980. — W. M. Fues, *Mystik als Erkenntnis? Kritische Studien zur M.-E.-Forschung*, 1981. — B. Mojsisch, *M. E. Analogie, Univozität und Einheit*, 1983. — K. Ruh, *M. E. Theologe, Prediger, Mystiker*, 1985. — F. Tobin, *M. E.: Thought and Language*, 1986. — E. Waldschütz, *Denken und Erfahrung des Grundes. Zur philosophischen Deutung M. E.s*, 1989. ⇦

ECLETISMO. Diógenes Laércio (Proem., 21) fala de um filósofo, chamado Potamon (VER), de Alexandria, que selecionou o melhor das opiniões de cada escola. Com isso, ele introduziu o que Diógenes Laércio chama de ἐκλεκτική αἵρεσις, que significa literalmente "escola [ou seita] selecionadora" (de ἐκλέγειν = 'selecionar', 'escolher', 'recolher' etc.). Ἐκλεκτική αἵρεσις é normalmente transcrito como "escola eclética", e a tendência de selecionar ou escolher no sentido apontado recebe o nome de "ecletismo". Desse modo, o ecletismo é um "selecionismo".

A tendência eclética enquanto tendência a selecionar o que se considera "o melhor" de cada doutrina manifestou-se freqüentemente dentro do período chamado de helenístico-romano. Certos autores, como Cícero, são chamados de "ecléticos" com freqüência. Também foram considerados ecléticos muitos autores da Academia platônica (VER) e não poucos peripatéticos (VER). Durante muito tempo foi habitual chamar de ecléticos a quase todos os autores neoplatônicos (cf. *infra*). Isso teve como conseqüência a identificação do ·ecletismo com o sincretismo (VER). Entretanto, outras vezes distingue-se "ecletismo" de "sincretismo" por causa das várias razões apontadas no artigo sobre esse último conceito.

Na época em que alguns autores cristãos começaram a assimilar doutrinalmente a tradição intelectual grega, o ecletismo a respeito dessa tradição foi considerado muito aceitável. Assim acontece, por exemplo, com Clemente de Alexandria, o qual manifesta que há algo bom em cada escola filosófica (grega), de modo que podem ser utilizadas certas doutrinas filosóficas gregas sempre que seja como meios e não como fins. "Por outro lado" — escreve Clemente (*Stromata*, I, vii, 37, 6) —, "quando digo 'filosofia' não entendo com isso a do Pórtico, ou a de Platão ou de Epicuro ou de Aristóteles; mas somente aquilo que foi dito de bom em cada uma dessas escolas e que nos ensina a justiça junto com a ciência da piedade; isso é a seleção [ou conjunto] a que chamo de filosofia" (τοῦτο σύμπαν τὸ ἐκλεκτικόν φιλοσοφίαν φημί).

Doutrinas ecléticas vicejaram durante o Renascimento, especialmente nos autores que aspiraram conciliar as principais "escolas" (como as de Platão, Aristóteles e os estóicos). No século XVIII tendeu-se a considerar o ecletismo como uma "seita filosófica", a *seita eclética*, de grande história. Em sua *Historia critica philosophiae* (tomo II [1742], pp. 189-462), Jacob Brucker demora-se quase interminavelmente sobre a *seita ecléctica*. Segundo Brucker, a *seita eclética* originou-se (*genuit*) da *seita platônica*. O método próprio da seita eclética consiste em escolher de todas as demais seitas as opiniões mais "apropriadas à verdade" e mais "apropriadas para serem unidas com as próprias meditações". A rigor, a seita eclética é *antiqüíssima* e oferece numerosos exemplos: os pitagóricos tiraram (selecionaram) algo dos egípcios. Platão, da "filosofia itálica, socrática, heraclitiana" etc. Mas de um modo próprio a "seita eclética", ao menos a antiga, é constituída sobretudo, segundo Brucker, por autores hoje considerados neoplatônicos (Plotino, Porfírio, Amélio, Proclo, Siriano, Damáscio, Jâmblico), assim como por Juliano Apóstata. Brucker apresenta um número (muito elevado) de "teses" da "seita eclética" que são em grande parte "teses neoplatônicas". No que diz respeito à "ressurreição da filosofia eclética" na época moderna, não se trata apenas de uma tendência para restaurar a antiga seita eclética, mas da tendência a aceitar princípios claros e evidentes sejam quais forem os filósofos que os tenham defendido e com a única intenção de alcançar a verdade, motivo pelo qual a filosofia eclética não é de modo algum comparável com a "sincrética" (ver SINCRETISMO). Exemplos de ecléticos modernos são os gassendistas cartesianos, os newtonianos, os leibnizianos etc. (Brucker, *Historia*, tomo IV [1774]).

Muitas das informações e das idéias de Jacob Brucker sobre o desenvolvimento da "seita eclética" estão reproduzidas no artigo "Ecletisme" na *Encyclopédie* (ver ENCICLOPÉDIA). Como é de se esperar, o autor desse artigo aproveita a oportunidade para expressar suas opiniões a esse respeito. Por exemplo, sobre Juliano Apóstata ele escreve: "calamidade do Cristianismo, honra do ecletismo". O ecletismo é apresentado como "uma doutrina muito razoável" praticada antes que seu nome surgisse entre os antigos e fosse revivida por modernos como Girolamo Cardano, Francis Bacon, Tommaso Campanella, Descartes, Leibniz e outros autores. Doutrinas ecléticas, em seu entender, são o "cartesianismo", o "leibnizianismo" e "os seguidores de Thomasius". Isso não significa que os princípios "dos ecléticos" sejam bons por si mesmos. Assim, por exemplo, os "princípios da dialética dos ecléticos" são obscuros por tratar-se, em sua maior parte, de "idéias aristotélicas tão apuradas e refinadas, que aquilo que é bom evaporou-se delas, de modo que elas se encontram a todo instante muito próximas da verborragia". Esses princípios, assim como os da cosmologia e da teologia dos ecléticos, provêm em geral de "nosso muito ininteligível filósofo, Plotino".

Atualmente não se fala mais de "escola eclética" ou de "seita eclética" em virtude da distinta imagem que, a partir de Hegel sobretudo, se tem da história da filosofia (ver FILOSOFIA [HISTORIA DA]). Tampouco são necessariamente considerados "ecléticos" os filósofos que Brucker e a *Encyclopédie* nomeavam como tais. Talvez fossem considerados ecléticos Cícero ou Andrônico de Rodes, mas só porque nem sempre é fácil adscrevê-los a determinada "escola". Os "leibnizianos" e os "wolffianos" não seriam hoje chamados de "ecléticos", talvez de "dogmáticos". Pode-se perguntar se são ecléticos os autores (especialmente os modernos) que confessam interessar-se por diversas doutrinas — aqueles que dizem ser "amigos" de Platão, Aristóteles (e Suárez, Ramus, Descartes etc.) — mas indicam que "preferem a verdade", seguindo o famoso apotegma *Plato amicus sed magis amica veritas*. É difícil dar uma resposta decisiva a essa pergunta porque tudo depende do modo como se integram as diversas doutrinas na "verdade". Em vista dessas dificuldades, é tentador renunciar aos termos 'ecletismo' e 'eclético'. Todavia, pode-se tentar determinar o sentido de 'ecletismo' de vários modos.

1) Podem ser classificados como "ecléticos" os filósofos que não são "sectários" ou "dogmáticos". Neste

caso, o adjetivo 'eclético' é mais negativo que positivo e é aplicável a um número considerável de pensadores.

2) Pode-se chamar de eclética em um sentido mais restrito a filosofia de Victor Cousin e de seus partidários. O próprio Cousin (VER) considerou a si mesmo como "eclético" e sua doutrina é chamada freqüentemente de "espiritualismo eclético". Observe-se que para Cousin o ecletismo é ao mesmo tempo uma posição filosófica e uma determinada fase na história da filosofia. A posição filosófica consiste na adoção de um critério segundo o qual são selecionadas as doutrinas do passado. Por isso Cousin escreveu: "Não aconselho, certamente, esse cego sincretismo que fez com que a escola de Alexandria se perdesse e que tentava aproximar por meio da força sistemas contrários. O que recomendo é um ecletismo ilustrado que, julgando com eqüidade e inclusive com benevolência todas as escolas, lhes peça emprestado o que elas têm de verdadeiro e elimine o que têm de falso. Já que o espírito de partido deu-nos tantos maus resultados até o presente, tentemos o espírito de conciliação" (*Du Vrai, du Beau, du Bien*, Discurso preliminar). O ecletismo, segundo Cousin, não dissolve a filosofia em sua história. Ao contrário, "a crítica dos sistemas exige quase um sistema, e a história da filosofia vê-se obrigada a pedir emprestada, provisoriamente, da filosofia a luz que deve ser devolvida oportunamente com acréscimos" (*loc. cit.*). Pode-se ver que o ecletismo de Cousin é resultado de uma "atitude" conciliadora, tolerante e essencialmente "moderada". Por meio dessa atitude tenta-se "salvar" o passado, não restituí-lo integralmente.

3) Podem-se ressaltar vários elementos presentes, totalmente ou apenas em parte, em toda tendência eclética. Alguns desses elementos foram indicados em 1) e 2): são principalmente a oposição ao dogmatismo e ao radicalismo em nome da tolerância e da conciliação. Outros elementos são: a busca de um critério de verdade que permita não apenas justificar as próprias posições, mas também posições adotadas por outros pontos de vista; a busca de uma harmonia (VER) entre posições aparentemente contrárias, mas que, "no fundo", se consideram concordantes. O ecletismo não é então um sincretismo (ao menos se definimos este como uma tendência a fundir elementos simplesmente pelo desejo de fundi-los). Tampouco é um integracionismo (VER) no qual há certa tendência "dialética" que não é encontrada no ecletismo. O sincretismo é mera acumulação; o integracionismo pretende ser uma criação. Por outro lado, o ecletismo não é — ou não é necessariamente — o mosaico de que fala Simmel, mosaico composto com fragmentos de idéias inteiramente dadas e com cristalizações dogmáticas. A característica mais evidente do ecletismo parece ser a moderação constante, inclusive no que diz respeito à própria atitude eclética. Por isso ele tampouco é um historicismo (VER).

ECO, UMBERTO, nascido em 1932, deu aulas nas universidades de Turim, Florença e Milão. Atualmente é professor de semiótica na Universidade de Bolonha. Eco tornou-se conhecido por seus trabalhos semióticos ou semiológicos e pela aplicação desses trabalhos aos problemas da comunicação humana e ao estudo de diversas produções humanas nas esferas das instituições e das artes. Em oposição aos estruturalistas franceses, mas, de todo modo, em estreita relação com os temas e preocupações característicos daqueles, Eco desenvolveu a noção de obra de arte como "obra aberta", isto é, como um campo de possibilidade. No caso da obra literária, e especificamente da obra poética, os leitores contribuem para a alteração, e a modificação, do produzido. Eco tentou dar uma nova forma à desordem, considerando, na obra de arte, os aspectos da indeterminação, da complementaridade e da probabilidade (conceitos comuns na epistemologia das ciências e utilizáveis, *mutatis mutandis*, no exame da obra poética e literária). Se cabe falar, no caso de Eco, de estrutura, trata-se de uma estrutura aberta e não fechada.

Em seus vários estudos de semiótica teórica, Eco examinou o que chamou de "o ciclo da semiose" como análise da "vida da comunicação, do uso e da interpretação que se faz dos signos". Os signos são, em sua maior parte, lingüísticos, mas podem ser não-lingüísticos: expressões faciais, estilos artísticos, formas de instituições políticas etc. devem ser levados em conta como mensagens e tipos de mensagem. É importante em Eco, assim como em vários outros autores coetâneos, o exame da vida cotidiana, embora esta nunca seja estritamente individual, porque rodeada de uma densa rede de mensagens procedentes dos meios de comunicação de massa. As relações pessoais, interpessoais e de massa entrecruzam-se continuamente. Eco ressalta que os meios de comunicação de massa, embora importantes, não são determinantes, especialmente quando há sistemas alternativos de comunicação e, por assim dizer, "conflitos de mensagens".

➲ Principais obras: *Il problema estetico in Tommaso d'Aquino*, 1956 (tese). — *Opera aperta: Forma e indeterminazione nelle poetiche contemporanee* 1962; 2ª ed. 1967. — *Apocalittici e integrati: communicazioni di masse e teorie della cultura di masse*, 1964; 3ª ed. 1968. — *La definizione dell'arte*, 1968. — *La struttura assente. Introduzione alla ricerca semiologica*, 1968; ed. rev. 1983. — *Il Segno*, 1971. — *Trattato di semiotica generale*, 1975. — *Il superuomo di massa*, 1976; ed. rev. 1978. — *Semiotica e filosofia del linguaggio*, 1984. — *Sugli specchi e altri saggi*, 1985. — *I limiti dell'interpretazione*, 1990. — *Interpretation and Overinterpretation*, 1992.

Em português: *Apocalípticos e integrados*, 5ª ed., 2000. — *Arte e beleza na estética medieval*, 1997. — *A bomba e o general*, 3ª ed., 1996. — *Cinco escritos morais*, 1998. — *Como se faz uma tese*, 15ª ed., 2000. —

A definição da arte, 1996. — *Diário mínimo*, 2ª ed., 1994. — *Em que crêem os que não crêem?*, co-autoria com C. M. Martini, 1999. — *A estrutura ausente*, 7ª ed., 1981. — *As formas do conteúdo*, 3ª ed., 1999. — *Os gnomos de Gnu*, 2ª ed., 1994. — *A ilha do dia anterior*, 5ª ed., 1995. — *Interpretação e superinterpretação*, 1993. — *Kant e o ornitorrinco*, 1998. — *Lector in fabula*, s.d. — *Os limites da interpretação*, 1995. — *Mentiras que parecem verdade*, 7ª ed., 1980. — *O nome da rosa*, 1983. — *Obra aberta*, 8ª ed., 1991. — *O pêndulo de Foucault*, 7ª ed., 1997. — *Pós-escrito a O nome da rosa*, 4ª ed., 1993. — *A procura da língua perfeita*, 1986. — *O segundo diário mínimo*, 1994. — *Seis passeios pelo bosque da ficção*, 2ª ed., 1994. — *Semiótica e filosofia da linguagem*, 1991. — *O signo de três*, 1991. — *O signo*, 1990. — *Sobre os espelhos e outros ensaios*, s.d. — *O super-homem de massa*, 1991. — *Tratado geral de semiótica*, 3ª ed., 2000. — *Os três astronautas*, 1996. — *Universidade hoje 1: o signo*, 1997. — *Viagem na irrealidade cotidiana*, 1984.

Ver: R. Ridless, *Ideology and Art: Theories of Mass Culture from Walter Benjamin to Umberto Eco*, vol. 6, 1984. — S. Collini, ed., *Interpretation and Overinterpretation: U. E.*, 1992. ᴄ

ECONOMIA. O conceito de economia pode ser examinado do ponto de vista filosófico em dois sentidos: do ângulo da fundamentação filosófica da economia (ou reflexão filosófica sobre a economia) e do ângulo da questão da chamada "economia do pensamento", à qual nos referimos em outros verbetes (ver Ação [Princípio da Ação Mínima] e Entia non sunt multiplicanda praeter necessitatem).

No que se refere ao primeiro ponto, o conceito de economia pode ser objeto de uma fundamentação filosófica, de uma epistemologia das ciências naturais e de uma epistemologia das ciências do espírito. Resenharemos brevemente em que consiste cada uma dessas análises.

Enquanto objeto de uma fundamentação filosófica, a economia é considerada uma atividade humana destinada à produção de certos valores de utilidade. A "ontologia" da economia é uma das chamadas "ontologias regionais". Como o que se produz são valores, a ontologia em questão justapõe-se a uma axiologia ou teoria dos valores úteis, e em alguns casos a certas partes da antropologia (ᴠᴇʀ) filosófica.

Enquanto objeto de uma epistemologia das ciências naturais, a economia é considerada uma atividade humana submetida a certas leis de acordo com as quais ocorre a produção de bens, sua distribuição e seu consumo. Essa epistemologia alcança suas maiores conquistas quando prescinde, na medida do possível, de fatores históricos (ou histórico-psicológicos) e quando se refere à atividade econômica que ocorre em sociedades quantitativamente importantes e relativamente niveladas. Tudo o que é "espiritual" — seja em sentido subjetivo ou objetivo — é eliminado da análise epistemológica naturalista.

Enquanto objeto de uma epistemologia das ciências do espírito, a economia é considerada uma dessas ciências. Sem desconsiderar suas bases naturais, considera-se então que os bens qualificados de econômicos podem ser tais unicamente quando o espírito subjetivo ou objetivo (ou ambos) lhes impuseram suas determinações. A economia em sentido científico-espiritual preocupa-se muito, portanto, com as condições psicológicas da produção econômica e em particular com as condições históricas, chegando — nas tendências mais historicistas — a fazer depender a forma da economia da história, e não vice-versa.

É conveniente observar que os três tipos de análise antes mencionados nunca se apresentam em toda a sua pureza e que a maior parte das filosofias da economia incluem os três pontos de vista, embora com o *predomínio* de um deles. Uma concepção integradora da filosofia da economia começaria com uma ontologia descritiva, continuaria com uma análise científico-natural e terminaria com um estudo das condições históricas e espirituais da atividade econômica humana.

No que diz respeito ao segundo ponto — a "economia do pensamento" ou "economia do pensar" —, o conceito de economia é primordialmente um conceito metodológico ou, se se preferir, gnosiológico-metodológico. Falou-se a esse respeito de um "princípio de economia" (e, mais propriamente, de uma "regra de economia"). Este princípio não pode ser confundido com o da ação mínima, uma vez que este último tem alcance físico e metafísico, e o primeiro tem alcance metodológico, gnosiológico ou metodológico-gnosiológico. O princípio da ação mínima é um princípio de caráter sumamente geral ao qual supostamente "se colam" todos os processos naturais, e mais especificamente os mecânicos. O princípio de economia estabelece que, dados dois métodos (ou, em geral, dois modos ou formas de pensamento), tendo em vista levar a cabo descrições, análises, demonstrações etc., deve-se preferir o método que alcance resultados iguais com o menor número de meios (conceituais) (se se preferir, com menor número de pressupostos, regras, conceitos etc.). O princípio de economia pode ser aplicado aos também chamados "sistemas ideais" (lógica, matemática etc.), do mesmo modo que ao que poderia ser qualificado de "sistemas reais" (a Natureza ou parte dela, a cultura ou parte dela etc.).

Uma das formulações mais conhecidas do princípio de economia é a regra *Entia non sunt multiplicanda praeter necessitatem*. No verbete dedicado a essa regra (ver Entia etc.), referimo-nos a suas diversas formulações. Aqui nos limitaremos a assinalar que ela é admitida, implícita ou explicitamente, por quase todos os filósofos e cientistas. Os filósofos que não parecem ter economizado meios conceituais não são necessariamente inimigos do princípio de economia. O mais provável é que, confrontados a qualquer crítica relativa à abundância de meios conceituais por eles empregados, tais filósofos respondam que não há tal "abundância" e que, se empregam mais conceitos que outros, é porque querem expressar algo que os demais não conseguiram ver ou compreender. Todavia, o princípio de economia como regra explícita foi destacado especialmente por vários filósofos a partir das últimas décadas do século XIX. Entre esses filósofos destacaram-se Russell (VER), Mach (VER) e Avenarius (VER). Russell tratou o princípio de economia sobretudo em lógica. Mach, sobretudo na física e na epistemologia. Avenarius, sobretudo na epistemologia como estudo da "trama da experiência". Desses três filósofos, provavelmente Avenarius foi o que mais situou o princípio de economia no centro de suas idéias. Simples razões de vocabulário nos levaram a expor as idéias de Avenarius sobre esse assunto, assim como algumas das objeções suscitadas por elas no artigo AÇÃO (PRINCÍPIO DA AÇÃO MÍNIMA). Avenarius utilizou, com efeito, a expressão 'princípio do menor gasto de energia', a qual oferece uma fatura muito similar à expressão 'princípio da ação mínima'. Isso não significa que em Avenarius os dois princípios sejam confundidos; o princípio de Avenarius continua sendo essencialmente um "princípio do pensar" e não da realidade.

Entretanto, algumas vezes se disse que, ao menos na formulação que Mach e Avenarius deram ao princípio de economia, permanece pouco claro se se trata de uma regra metodológica ou de uma doutrina baseada em pressupostos biológicos. Segundo Husserl (*Logische Untersuchungen*; Prolegômenos, § 53), "como quer que seja formulado, o princípio de economia do pensar tem o caráter de um princípio de evolução ou de adaptação que se refere à concepção da ciência como uma adaptação dos pensamentos às distintas esferas dos fenômenos, adaptação o mais adequada possível ou a que mais forças economiza"; por esse motivo, o princípio de referência em Mach e Avenarius tem, segundo Husserl, "um caráter teleológico".

Na atualidade os filósofos preocupam-se pouco com o modo pelo qual o princípio de economia do pensar foi apresentado por Mach, Avenarius ou até Russell. A própria expressão 'economia do pensar' caiu quase em desuso na literatura filosófica contemporânea. Mas algumas doutrinas epistemológicas parecem ser particularmente aptas para formular um novo e mais rigoroso "princípio da economia do pensar". Isso ocorre, em nossa opinião, sobretudo com o operacionismo (VER).

Segundo V. Jankélévich ("Signification spirituelle du principe d'économie", *Revue philosophique de la France et de l'Étranger*, 53 (1928), 88-126, incorporado em seu livro *L'Alternative* [1938], cap. II), "tem-se de ser pragmatista para ainda acreditar no princípio de economia". Esse princípio forma, segundo esse autor, "a espinha dorsal de uma teoria utilitária e biológica da ciência" e "traduz a crescente indiferença experimentada pelos filósofos em relação ao conteúdo das coisas". O princípio de economia é adotado por aqueles que se interessam unicamente pelo "trabalho do espírito" e não pelos "problemas do espírito". Isto posto, é possível encontrar em tal princípio uma significação "mais profunda" que nos ofereça o modo de romper o "universo acabado e administrativo" no qual parece encerrar-nos. Jankélévich fala, com esse objetivo, de uma distinção entre "economia fechada" e "economia aberta". Exemplos de economia fechada são: a limitação do esforço, a redução das realidades ao mínimo; a sistematização e, em particular, a aspiração à simetria. A economia fechada não é inventiva, mas previsora. Exemplos de economia aberta são: a idealização da Natureza por parte do espírito; o hábito (no sentido de Ravaisson); o "teleoclinismo". A economia aberta é inventiva e adivinhatória. Isso não significa que haja um abismo entre "as duas economias". Ambas se baseiam no mesmo fenômeno: o "fenômeno mnêmico". Todavia, além disso, uma dessas economias (a "fechada ou realizada") aparece como uma degeneração da outra (a "aberta ou generosa"). Há na economia uma duplicidade e, com isso, uma "alternativa".

➲ Sobre ciência e filosofia da economia: H. Jecht, *Wirtschaftsgeschichte und Wirtschaftstheorie*, 1928. — A. Löwe, *Economics and Sociology: A Plea for Cooperation in the Social Sciences*, 1936. — Edmund Whittaker, *History of Economic Ideas*, 1940. — B. Nogaro, *La valeur logique des théories économiques*, 1947. — Niccolò Licciardello, *Filosofia dell'economia*, 1957. — Joan Robinson, *Economic Philosophy*, 1962. — G. L. S. Shackle, *Epistemics and Economics: A Critique of Economic Doctrines*, 1972. — Piero V. Mini, *Philosophy and Economics: The origins and Developments of Economic Theory*, 1974. — M. Hollis, E. J. Nell, *Rational Economic Man: A Philosophical Critique of Neo-Classical Economics*, 1975. — J. C. Pitt, ed., *Philosophy in Economics*, 1981. — C. Dyke, *Philosophy of Economics*, 1981. — T. W. Hutchison, *The Politics and Philosophy of Economics: Marxians, Keynesians and Austrians*, 1981. — L. Bonatti, *Uncertainty Studies in Philosophy, Economics and Socio-Political Theory*, 1984. — R. Sassower, *Philosophy of Economics: A Critique of Demarcation*, 1985. — B. L. Cohen, *Economics without Ideology: The Economic Roots of an Imperfect World*, 1987. — R. L. Heilbroner, *Behind the Veil of Economics: Essay in the Wordly Philosophy*,

1988. — S. Roy, *Philosophy of Economics: On the Scope of Reason in Economic Inquiry*, 1989. Também existe a revista *Economics and Philosophy*, desde 1985, ed. D. M. Hausman e M. S. McPherson.

Sobre o princípio da economia de pensamento, especialmente do ponto de vista epistemológico: R. Avenarius, *Philosophie als Denken der Welt gemäss dem Prinzip des kleinsten Kraftmasses*, 1876 (*A filosofia como pensar do mundo segundo o princípio do menor gasto de energia*, 1947). — Ernst Mach, *Die ökonomische Natur der physikalischen Forschung*, 1882. — Ph. P. Gabios, *Denkökonomie und Energieprinzip*, 1913. — M. Bunge, *The Myth of Simplicity, Problems of Scientific Philosophy*, 1963. — Ver também em *Studia Philosophica*, II, 1937, a resenha do trabalho sobre o princípio de economia à luz de uma crítica epistemológica intitulado: *Zasada ekonomit w swietle krytyki epistemologicznej*, 1934. ↻

ECONOMIA (PRINCÍPIO DE). Ver Ação (Princípio da ação mínima); Economia.

ECOSOFIA. Ver Naess, Arne.

EDDINGTON, A[RTHUR] S[TANLEY] (1882-1944), nascido em Kendal (Westmorland, Inglaterra), foi, a partir de 1913, *Plumian Professor* de astronomia e "filosofia experimental" em Cambridge. Conhecido sobretudo como astrônomo e físico, aqui destacaremos as idéias de Eddington de interesse para a teoria do conhecimento e para a filosofia da Natureza.

Eddington considerou os conceitos físicos como estruturas mentais por meio das quais os fenômenos são apreendidos; da forma de tais estruturas depende a apreensão. Por conseguinte, os conceitos físicos não descrevem de modo invariável a realidade física "em si mesma". Por isso se considerou que Eddington defendeu uma epistemologia idealista, ou ao menos criticista, mas pode-se também indicar que sua epistemologia é fortemente "simbolista". De todo modo, certos conceitos, tais como o de permanência (ou, em termos tradicionais, "substância") são vistos por Eddington como simbolizações resultantes de "seleções" mentais levadas a cabo pelo físico. Eddington opôs-se ao mecanicismo e ao determinismo clássicos na medida em que poderiam ser chamados de "simbolizações inadequadas". Também é filosoficamente interessante a teoria física de Eddington chamada de "teoria fundamental", na qual chega a resultados similares aos da teoria da relatividade generalizada, mas sem partir dos dados e pressupostos einsteinianos. Alegou-se, assim, que Eddington chegou a tais resultados porque os conhecia de antemão e arranjou sua "teoria fundamental" em vista de tais resultados, mas a questão ainda está longe de ser resolvida.

↻ Obras em astronomia: *Stellar Movement an the Structure of the Universe*, 1914. — *The Internal Constitution of the Stars*, 1926. — *Stars and Atoms*, 1927. — *The Rotation of the Galaxy*, 1930. — *The Expanding Universe*, 1933.

Obras em física: *Report of the Relativity Theory of Gravitation*, 1918. — *Space, Time and Gravitation. An outline of the General Relativity Theory*, 1920. — *The Theory of Relativity and its Influence on Scientific Thought*, 1922. — *The Mathematical Theory of Relativity*, 1923. — *Relativity Theory of Protons and Electrons*, 1936. — *The Combination of Relativity Theory and Quantum Theory*, 1943. — *Fundamental Theory*, 1946.

Obras filosóficas e epistemológicas: *The Nature of Physical World*, 1928. — *Science and the Unseen World*, 1929. — *The Philosophy of Physical Science*, 1939.

Biografias: L. P. Jacks, *Sir A. E., Man of Science and Mystic*, 1919. — A. V. Douglas, *The Life of A. S. E.*, 1956.

Ver: L. Susan Stebbing, *Philosophy and the Physicists*, 1937 (obra crítica). — E. T. Whittaker, *From Euclid to E.*, 1949. — Herbert Dingle, *The Sources of Eddington's Philosophy*, 1954. — N. B. Slater, *The Development and Meaning of Eddington's "Fundamental Theory", including a compilation from Eddington's unpublished Manuscripts*, 1957. — Johannes Witt-Hansen, *Exposition and Critique of the Conceptions of E. Concerning the Philosophy of Physical Sciences*, 1958. — John W. Yolton, *The Philosophy of Science of A. S. E.*, 1960. — Jacques Merleau-Ponty, *Philosophie et Théorie physique chez E.*, 1965 (tese). — C. W. Kilmister, *Men of Physics: Sir A. E.*, 1966. ↻

EDÉSIO. Ver Neoplatonismo.

'É'-'DEVE'. Uma das formas da chamada "falácia naturalista" (ver) é a derivação de enunciados nos quais figura o verbo 'deve' com base em enunciados nos quais figura o verbo 'é', ou seja, a derivação de prescrições com base em descrições. O *locus classicus* de denúncia da falácia naturalista é a seguinte passagem de Hume: "Em todos os sistemas de moralidade com que deparei até agora, sempre notei que o autor procede durante algum tempo raciocinando na forma corrente, e demonstra desse modo a existência de Deus ou faz observações relativas a assuntos humanos. Mas, de saída, me surpreende encontrar que, em vez das usuais cópulas *é* e *não é*, descubro que não há nenhuma proposição que não esteja conectada mediante um *deve* [*ought* = deveria] ou um *não deve*. Essa mudança é imperceptível, mas é de enorme importância. Pois, como esse *deve* ou *não deve* expressa alguma nova relação ou afirmação, é necessário que se tome nota disso e se explique e que, ao mesmo tempo, se dê a razão do que parece inteiramente inconcebível, isto é, de como esta nova relação pode ser deduzida de outras, inteiramente distintas dela. Mas, como comumente os autores não têm essa precaução, me atreverei a recomendá-la aos leitores. E estou convencido de que prestar pouca atenção a ela descartaria todos os sistemas comuns de moralidade. Veríamos desse modo que a distinção entre o vício e a virtude não se funda meramente nas relações entre objetos, nem tampouco é percebida pela razão" (*Treatise*, III, i, i).

Houve discussão sobre a correta interpretação que deve ser dada a essa passagem de Hume e sobre se essa passagem concorda ou não com o resto dos pensamentos desse autor. Assim, A. C. MacIntyre, "Hume on 'is' and 'ought'", em W. D. Hudson, *The Is-Ought Question*, 1969, pp. 36ss., indica que a idéia de que, em virtude da passagem em questão, Hume defenda — assim como Kant fará depois — a autonomia da moralidade é inadequada; ele também indica que o contexto histórico e filosófico dentro do qual fala Hume não permite a usual interpretação simplificada da frase como uma denúncia da "falácia naturalista"; que, caso a interpretação indicada seja correta, então o próprio Hume cometeu a mesma falácia que "denunciava". Geoffrey Hunter ("Hume on 'is' and 'ought'", *op. cit.*, pp. 59ss.) chama a atenção para uma passagem de Hume imediatamente anterior à citada que reza o seguinte: "... quando alguém declara que uma ação ou um caráter são viciosos, a única coisa que ele quer dizer é que, em virtude da constituição de sua natureza, possui um sentimento ou disposição de censura ao contemplá-la". Estas interpretações, ou reinterpretações, históricas de Hume foram, por sua vez, objeto de críticas por parte daqueles que adotaram uma leitura da passagem citada primeiramente como uma denúncia *avant la lettre* de uma das formas da falácia naturalista. A razão disso, como foi indicado, é que, a despeito de tudo, Hume continua afirmando claramente que de um 'é' não cabe derivar logicamente um 'deve' e que, por acréscimo, no que diz respeito a suas próprias idéias sobre a moralidade, estas estão fundadas na escassa estima que ele tem pelo poder motor da razão.

Seja como for, a passagem de Hume foi tomada como um antecedente da muito combatida falácia naturalista na forma 'é'-'deve'. Que alguém se comporte desta ou daquela maneira, já se afirmou, é um fato, suscetível de descrição. Que as coisas sejam deste ou daquele modo, já se sustentou, é um fato, também suscetível de descrição. Logicamente, não se pode concluir de tais descrições que alguém deva fazer isto ou aquilo ou comportar-se desta ou daquela maneira, ou que as coisas devam ser diferentes de como são. Do mesmo modo, que alguém deva comportar-se desta ou daquela maneira é uma prescrição. Que "as coisas" (pelo que se entende geralmente algo como a "sociedade", "as relações sociais", "a organização social") devam ser deste ou daquele modo também é uma prescrição. Não é admissível apelar para fatos ou para descrições a fim de demonstrar a validade dessas prescrições, pois então se passa sub-repticiamente de um nível lógico para outro. Apela-se mais para os fatos ou para descrições a fim de demonstrar outros fatos, ou outras descrições. E se apela para prescrições a fim de demonstrar a validade de *outras* prescrições, até que se chega a alguma prescrição, considerada "última", que se justifica por si mesma, ou que é considerada evidente, ou que se decide que é válida, ou por meio da qual se expressa uma absoluta preferência.

Isso vale tanto para as prescrições em geral como para a forma de prescrição qualificada de "moral". A rigor, e como se depreende da passagem de Hume, a questão se delineia em relação a "sistemas de moralidade". O 'deve' de referência é entendido quase sempre como um 'deve' moral.

Foram procurados vários meios para sair do caminho do chamado "abismo" lógico entre o 'é' e o 'deve'. Como exemplo, citamos a tentativa de John R. Searle ("How to Derive 'Ought' from 'Is'", *Philosophical Review*, 73 [1964], 43-58; cf. também *Speech Acts*, 1969, cap. 8). De modo simplificado, seu argumento consiste em advertir que em uma frase como: "Jones pronunciou as palavras 'Prometo-te, Smith, pagar-te cinco dólares'", estas palavras só têm sentido se forem efetivamente uma promessa. Assim, pode-se passar para: "Jones prometeu pagar a Smith cinco dólares". A promessa não é uma promessa se não põe a pessoa que promete na obrigação de cumpri-la. Temos com isso: "Jones impôs-se a obrigação de pagar cinco dólares a Smith". Sendo isso um fato, temos: "Jones está obrigado a pagar cinco dólares a Smith", o que dá, como conclusão: "Jones deve pagar cinco dólares a Smith".

A manobra de Searle, e de outros autores que executaram outras manobras similares, consiste em reduzir o "abismo" entre o 'é' e o 'deve' por meio de frases que servem de ponte e que gradualmente permitem chegar à conclusão. As objeções a esse tipo de manobra são de várias classes. Uma consiste em observar que em algum momento (por exemplo, no passo de "impor-se a obrigação de" para "dever") há um salto lógico. Outra consiste em notar que quando se procede da forma indicada já não são cumpridas as condições estabelecidas, ou seja, o passo estritamente lógico-dedutivo. Do ponto de vista lógico, portanto, a falácia continua sendo uma falácia (ver FATO). Se a premissa de que se parte é um "fato institucional", cabe então derivar dela outro "fato institucional"; não é necessário passar, a rigor, do 'é' para o 'deve', que seria passar de um "fato bruto" para um "fato institucional" (poder-se-iam complicar ainda mais as coisas e falar de "valores brutos" e até mesmo de "instituições fáticas" e combinar então todos esses elementos de tal forma que se pudesse concluir que é admissível passar de alguns deles [mas não todos] para outros [mas não todos]).

Também se considerou que a maior parte dos problemas suscitados pela falácia naturalista devem-se à idéia — comum aos que denunciam a falácia e a quase todos aqueles que consideram que se trata de uma falácia: a falácia da falácia naturalista — de que não pode ser encontrada uma dedução lógica, ou, pelo contrário, que é possível construir uma ponte lógica. Em todos esses casos, fala-se de dedução lógica. Mas pode-se distinguir dedução lógica de justificação (moral). Ao mesmo tempo, pode-se considerar que dedução lógica e justificação (moral) são ou completamente distintas, ou apenas logicamente diferentes. Esta última é a opinião de Ken Witkowski.

Vários autores consideram que o caráter lógico da falácia é inegável, mas apenas porque previamente se estabeleceu uma separação bem marcada entre "proposições que enunciam fatos simples" e "proposições que expressam normas simples". Quando se considera que há outras classes de proposições possíveis além das indicadas, sai-se da incomunicação entre o 'é' e o 'deve' (ou entre o "ser" e o "dever ser"). Jean-Louis Gardies ("De quelques voies de communication entre 'l'être' et le 'devoir-être'", *Revue philosophique de la France et de l'Étranger*, ano 101 [1976], 273-292) chama a atenção para várias vias de comunicação entre as duas expressões (ou entre as duas noções). Uma dessas vias foi mostrada pela experiência do raciocínio moral e jurídico, a qual nos assinala a existência do que Georg Henrik von Wright considerou como "expressões mistas" e do que Ota Weinberger (*Studien zur Normenlogik und Rechtsinformatik*, 1974) chamou de "norma condicional ou hipotética" do tipo "Se p, então é obrigatório que q". É possível tomar tais expressões ou os exemplos de tais normas em conjunto e classificá-los ou na classe das proposições enunciativas ou na das proposições normativas, mas Jean-Louis Gardies indica que, se assim se faz, elimina-se das expressões mistas ou dos exemplos de normas condicionais ou hipotéticas justamente aquilo que lhes permite funcionar dentro de raciocínios jurídicos ou morais. Mas, mesmo se se insiste na dicotomia entre "puramente enunciativo" e "puramente normativo", Gardies avalia que a falta de comunicação entre ambos é irrefutável somente se não há como provar que de uma proposição puramente enunciativa, ou de um conjunto de proposições puramente enunciativas, não se pode deduzir diretamente uma proposição puramente normativa ou um conjunto de proposições puramente normativas, e vice-versa. Isto posto, segundo Gardies, pode-se provar a derivação direta de vários modos. Um deles consiste em classificar as proposições modais entre as enunciativas, outro consiste em admitir a noção de "fatos institucionais" (ver FATO) proposta por John Searle.

Alguns autores consideram que, se uma expressão com 'deve' tem um sentido moral, isto é, se é normativa, então ela está ligada a alguma outra expressão na qual se manifesta alguma preferência moral (expressão que, por sua vez, está ligada a outra na qual se formula alguma valoração ou juízo de valor). Desse modo, 'Você deve ajudar o próximo' está ligado a 'É preferível ajudar o próximo do que não ajudá-lo ou mostrar-se indiferente a ele', que está ligado a algo como 'Ajudar o próximo é bom (moralmente bom)'. A razão disso, afirma-se, é que não teria sentido formular uma norma moral se uma valoração não a apoiasse. Se assim ocorre, o problema da relação 'é'-'deve' é paralelo ao da relação 'é'-'vale'; em outros termos, o problema "fato-norma" é paralelo ao problema "fato-valor".

Outros autores acreditam que não é aceitável equiparar 'bom' e 'deve' e, em geral, que as valorações não equivalem a, ou não implicam, normas. De acordo com essa posição, como indica Georg Henrik von Wright (*The Varieties of Goodness*, 1963, p. 155), o "abismo" entre o 'é' e o 'deve' é distinto daquele que existe, ou pode existir, entre os fatos e os valores. Esta opinião se funda, em grande parte, na idéia de que 'bom' (ver BEM) não é equivalente a 'moralmente bom', porque o sentido moral de 'bom' é secundário em relação a outros sentidos do mesmo termo. Entretanto, o mesmo autor acaba reconhecendo (*op. cit.*, pp. 176-177) que, dadas certas condições, há relações entre normas e valores ou, melhor, que as normas podem em certos casos "ancorar-se" em valores. As condições são, entre outras, certas necessidades naturais e o conhecimento do que pode ser feito e do que não pode ser feito com elas quando estão unidas a certos fins.

Em seu detalhado estudo intitulado "'Es y 'debe'. En torno a la lógica de la falacia naturalista", em *Teoría y sociedad. Homenaje al profesor Aranguren*, 1970, pp. 141-175, Javier Muguerza escreveu que, "se tudo o que um enfoque puramente dedutivista do raciocínio moral trouxesse consigo fosse... o reconhecimento de que a falácia naturalista é uma falácia dedutivamente falando, há muito tempo a questão teria sido arquivada como uma das tantas curiosidades da história da ética" (*art. cit.*, p. 157). O fato de que isso não tenha ocorrido explica-se pela "desconfortável sensação que nos produz o não poder justificar nossos princípios morais" (*loc. cit.*). Por isso o desejo de justificar tais princípios conduz a considerar outras vias que, por um lado, não caiam em um naturalismo de tipo utilitarista e, por outro, não sacrifiquem a desejável universalidade dos princípios morais. Muguerza analisa o problema da preferência sob o aspecto dos modos pelos quais podem dar-se razões para preferências morais, sendo pelo menos uma parte dessas razões a possível apelação a fatos ou situações. Aqui intervém a idéia do "preferente racional" (VER) como preferente que se encontraria — no caso de que ele pudesse existir — em condições perfeitas para preferir o melhor.

Sendo um preferente racional do tipo aludido algo similar a uma idéia reguladora, dever-se-ia então jogar sobre esta última os problemas que pode suscitar a preferência por estes ou aqueles princípios morais. Sobre isso se indicou que é possível que um dos ingredientes da preferência seja certo "compromisso" que se assume e para o qual não é possível dar razão completa nem sequer em condições ideais.

A questão 'é'-'deve' é similar, se não idêntica, à questão da relação entre o ser e o dever-ser (VER). A diferença apóia-se no fato de que a primeira questão é tratada a partir de bases lingüísticas e lógicas, enquanto a segunda, sem descartar as bases citadas, deve ter em conta um marco conceitual ontológico.

⊃ Além dos trabalhos mencionados no corpo do artigo: William Frankena, "The Naturalistic Fallacy", *Mind*, N. S. 48 (1939), 467-477. — Id., "Ought and Is Once More", *Man and World*, 2 (1969), 515-533. — D. Rynin, "The Autonomy of Morals", *Mind*, N. S. 57 (1957), 308-317. — A. N. Prior, "The Autonomy of Ethics", *Australasian Journal of Philosophy*, 38 (1960), 199-206. — Max Black, "The Gap Beween 'Is' and 'Should'", *Philosophical Review*, 73 (1964), 165-181. — James e Judith Thomson, "How Not to Derive 'Ought' from 'Is'", *ibid.*, 73 (1964), 43-58. — G. W. Roberts, "Factual and Evaluative Statements", *Journal of Value Inquiry*, I (1967), 149-150. — Winfried Berlet, *Das Verhältnis von Sollen, Dürfen und Können. Eine Untersuchung zum Rechtsdenken unserer Zeit*, 1968. — R. M. Hare, "The Promising Game", em *The Is-Ought Question, cit. supra.* — David R. Kurtzmann, "'Is', 'Ought' and the Autonomy of Ethics", *Philosophical Review*, 79 (1970), 492-509. — A. C. Genova, "Institutional Facts and Brute Values", *Ethics*, 81 (1970), 36-54. — Roger Wertheimer, *The Significance of Sense, Meaning, Modality and Morality*, 1971. — J. R. Cameron, "Ought and Institutional Obligation", *Philosophy*, 46 (1971), 309-323. — Warren Samuels, "You Cannot Derive 'Ought' fron 'Is'", *Ethics*, 83 (1972), 159-162. — Jean-Louis Gardies, *Système normatif et système de normes*, 1974. — Ken Witkowski, "The 'Is-Ought' Gap: Deduction or Justification?", *Philosophy and Phenomenological Research*, 36 (1975), 233-245. — W. H. Bruening, *The Is-Ought Problem: Its History, Analysis and Dissolution*, 1978. — E. Guisán, *Los presupuestos de la falacia naturalista. Una revisión crítica*, 1981.

Ver também a bibliografia de DEÔNTICO. ⊂

EDFELT, HANS. Ver BOSTRÖM, CHRISTOPHER JACOB.

EDUARDO UPTON. Ver MERTONIANOS.

EDUCAÇÃO. Os problemas que a educação delineia podem ser divididos em dois grupos: técnicos e gerais. Os problemas técnicos são problemas de procedimento e requerem o conhecimento das situações concretas e dos meios que podem ser empregados tendo-as em vista. Os problemas gerais são, na maior parte dos casos, problemas de sentido e exigem uma reflexão sobre os diversos fins a que o processo educacional visa.

Os citados grupos de problemas não se excluem mutuamente. O mais usual é que um implique o outro, de tal modo que os procedimentos utilizados dependem freqüentemente dos fins gerais mantidos, e estes, por sua vez, são determinados em grande parte pelos métodos empregados. Essa mútua interdependência torna-se patente nas idéias e métodos de trabalho adotados por muitos educadores, especialmente por aqueles que não se limitaram à elaboração concreta de métodos e técnicas de aprendizagem específicos. Assim, educadores como Pestalozzi (VER) e Georg M. Kerschensteiner (VER) sobrepuseram (ou sotopuseram) freqüentemente ao trabalho metódico concreto uma reflexão sobre os fins da educação. Outros, como Herbart ou Dewey, propuseram certos métodos tendo em vista certos fins. Pelos exemplos citados pode-se ver que a questão dos fins, mesmo sem absorver completamente o problema dos métodos, ocupou principalmente aqueles que são, estritamente falando, filósofos. Isso é compreensível: o problema dos fins da educação é considerado habitualmente uma questão filosófica. O exame de tal questão é um dos principais temas da chamada "filosofia da educação", distinta da "pedagogia" na medida em que esta última *costuma* separar as questões de método e de procedimento.

De acordo com a índole da presente obra, aqui nos interessam apenas os problemas filosóficos da educação. Eles foram tratados de maneiras muito diversas. Alguns autores consideraram que os problemas filosóficos delineados pela educação podem ser resolvidos unicamente dentro de uma filosofia geral. Neste caso, a filosofia da educação converte-se em uma das disciplinas filosóficas pertencentes ao grupo das chamadas "filosofias de" (da sociedade, da história, da ciência, da religião etc.). Essa opinião é considerada hoje em dia excessivamente "especulativa", e tende-se a afirmar que a missão do filósofo quanto à educação limita-se ao exame e, sobretudo, ao esclarecimento de certas questões suscitadas pelo processo educacional. Não é mais, portanto, tão usual quanto outrora tentar *derivar* uma pedagogia de uma filosofia. Em vez disso, a filosofia da educação recorre a todas as ciências que possam proporcionar um auxílio no citado trabalho de esclarecimento: antropologia, psicologia, sociologia, biologia, história etc. Isto posto, mesmo reduzindo a filosofia da educação a uma elucidação não-dogmática do problema educacional (ou problemas educacionais) é usual (e até mesmo inevitável) que o filósofo opere de acordo com certos pressupostos. Isso ocorre especialmente quando se trata de estabelecer, ou descobrir, os "fins da educação". Nesse caso desempenham um papel fundamental certas convicções "prévias" — políticas, religiosas etc. —, assim como certas idéias que podem ser consideradas muito básicas — como a idéia que se tenha acerca do que é o homem, qual é seu lugar no mundo etc. —, e também certas crenças características de determinada cultura, ou de determinado período histórico. Muito importante para determinar tal "fim (ou fins) da educação" foram as idéias sobre qual é a mais destacada ou fundamental das "faculdades" do homem. Também foram importantes as idéias sobre a natureza do indivíduo e sua relação com a comunidade. Houve, com efeito, filosofias da educação de viés intelectualista; outras, de caráter voluntarista; outras, de tendência emotivista. Também houve filosofias da educação individualistas, coletivistas, personalistas, transpersonalistas etc.

Um dos problemas com os quais todo filósofo da educação deve se enfrentar é o de determinar (seja em geral ou em casos concretos) a parte que lhe cabe, ou deve caber, em resgatar a chamada "espontaneidade" do indivíduo (nos muitos sentidos dos vocábulos 'indivíduo' e 'espontaneidade'), e a parte que lhe cabe, ou deve caber, em resgatar os chamados "bens culturais" entre os quais vive o indivíduo. Duas teorias radicais e extremas se enfrentaram nesse domínio. Segundo uma delas, deve-se dar liberdade total à espontaneidade individual, pois, caso contrário, a assimilação dos bens culturais é forçada e, em última instância, contraproducente. Segundo a outra, deve-se "conduzir" ou "educar" o indivíduo cuidando de fazê-lo assimilar os bens culturais, inclusive, se preciso, com ameaças ou castigos, pois do contrário os bens culturais são imperfeita ou insuficientemente assimilados. A primeira teoria oferece tendências chamadas "progressistas"; a segunda, tendências "tradicionalistas" ou "conservadoras". Os partidários da primeira teoria desconfiam amiúde do valor dos bens culturais por si mesmos, e freqüentemente do valor dos bens culturais de certa sociedade, período histórico etc. Os partidários da segunda teoria confiam de modo quase absoluto no valor de determinado complexo ou sistema de tais bens culturais. Alguns, portanto, destacam e fomentam a espontaneidade e a liberdade; outros, a disciplina e a autoridade. Entre essas teorias situa-se uma grande quantidade de doutrinas intermediárias. Comum a muitas destas é a idéia de que devem ser assimilados os bens culturais respeitando-se a espontaneidade do indivíduo. Os partidários dessas doutrinas intermediárias tentam reconhecer o complexo jogo entre o espontâneo e livre e o disciplinar e autoritário.

O que foi dito até agora é, sem dúvida alguma, muito esquemático e excessivamente abstrato, mas nossa intenção era destacar simplesmente alguns problemas, levando, para maior clareza, certas atitudes básicas ao extremo. Com esse espírito, mencionaremos, para terminar, uma questão da filosofia da educação que adquire a cada dia importância maior. É a questão dos limites (caso eles existam) do processo da educação segundo a idade do homem. A maior parte das filosofias da educação no passado consideraram sobretudo a criança e depois, por extensão, o adolescente e o jovem. Hoje tende-se a considerar que a educação do homem pode não cessar jamais, transformando-se apenas de acordo com as diversas idades, capacidades, interesses etc. Essa tendência atual corre o risco de tornar tão vagos os problemas da educação que só por hábito ou comodidade o termo 'educação' pode continuar sendo usado para designar fenômenos muito distintos, especialmente fenômenos dos quais se ocupam a psicologia e a sociologia. Mas, se os conceitos forem suficientemente, afinados, a tendência em questão poderá mostrar-se muito fecunda já que nela tem-se em conta que, especialmente em uma sociedade econômica e culturalmente desenvolvida, a educação desempenha um papel cada vez mais fundamental. Falar em geral da "educação das massas" ou da "educação pelo trabalho" ou da "educação que dá a vida" etc. é tanto dizer a respeito da educação como não dizer nada. Mas examinar em detalhe os problemas estabelecidos pela educação como incorporação ordenada de bens culturais tendo em vista sua compreensão é tirar a filosofia da educação dos estreitos limites em que alguns autores a puseram para relacioná-la com todas as questões que afetam a vida humana como vida em sociedade.

➔ Obras gerais: Paul Barth, *Geschichte der Erziehung in soziologischer und geisteswissenschaftlicher Beleuchtung*, 1906. — Paul Natorp, *Philosophie und Pädagogik. Untersuchungen auf ihrem Grenzgebiet*, 1909. — John Dewey, *Democracy and Education*, 1916. — Id., *Experience and Education*, 1938. — Jonas Cohn, *Geist der Erziehung. Pädagogik auf philosophischer Grundlage*, 1919. — August Messer, *Weltanschauung und Erziehung*, 1921. — Id., *Philosophische Grundlegung der Pädagogik*, 1924. — Id., *Pädagogik der Gegenwart*, 1926. — Ernst Krieck, *Philosophie der Erziehung*, 1922. — Id., *Grundriss der Erziehungswissenschaft*, 1927. — Id., *Erziehungsphilosophie*, 1930. — Georg Kerschensteiner, *Theorie der Bildung*, 1926; 3ª ed., 1931. — Eduard Spranger, *Kultur und Erziehung. Gesammelte pädagogische Aufsätze*, 1928. — Willy Moog, *Geschichte der Pädagogik, III: Die Pädagogik der Neuzeit vom 18. Jahrhundert bis zur Gegenwart*, 1933. — Paul Häberlin, *Möglichkeit und Grenzen der Erziehung*, 1936. — Santiago Hernández e Domingo Tirado Benedí, *La ciencia de la educación*, 2 vols., 1940. — Juan Roura Parella, *Educación y ciencia*, 1940. — Lorenzo Luzuriaga, *Reforma de la educación*, 1945. — Diego González, *Introducción a la filosofía de la educación*, 1947. — Arsenio Pacios López, *Filosofia de la educación*, 1947. — Id., *Ontología de la educación*,

1954. — A. González Álvarez, *Filosofía de la educación*, 1952. — Jacques Maritain, *Pour une philosophie de l'éducation*, 1959. — Gustavo Cirigliano, *Análisis fenomenológico de la educación*, 1964. — John Jenz, *Philosophy of Education*, 1964. — J. Wilson, *Educational Theory and the Preparation of Teachers*, 1975. — H. I. Marrou, *Geschichte der Erziehung im klassischen Altertum*, 1977. — J. Oelckers, ed., *Pädagogik, Bildung und Wissenschaft*, 1982. — D. Brenner, *Allgemeine Pädagogik*, 1987. — H. Kanz, *Einführung in die Erziehungsphilosophie*, 1987. — D. Vanderberg, *Education as a Human Right: A Theory of Curriculum and Pedagogy*, 1990. — J. Halliday, *Markets, Managers and Theory in Education*, 1990.

Dicionários: *Lexikon der Pädagogik der Gegenwart*, editado pelo Deutsches Institut für wissenschaftliche Pädagogik, direção de J. Spieler, 2 vols. (1930-1932). — *Diccionario de Pedagogía Labor*, ed. Luis Sánchez Sarto, 2 vols., 1936. — Lorenzo Luzuriaga, *Diccionario de pedagogía*, 1960; 2ª ed., 1962. — H. Rombach, ed., *Wörterbuch der Pädagogik*, 3 vols., 1977.

Manuais: H. Nohl e L. Pallet, *Handbuch der Pädagogik*, 5 vols., 1929-1933. — J. Bowen, *A History of Western Education*, 3 vols., 1972-1981. Ͻ

EDUÇÃO. Os escolásticos chamaram de "edução" (*eductio*; de *e-ducere* = literalmente, "levar de") o processo mediante o qual se constituem as formas materiais, sejam elas substanciais ou acidentais. Trata-se de "trazer" ou "levar" a forma *da* matéria. Por isso fala-se em uma *eductio formae e potentia materiae* e indica-se que se passa da potência para o ato. Desse modo, por exemplo, de um pedaço de madeira (ou do que serve de "matéria": madeira, árvore etc.) se extrai, ou "eduz", a estátua.

Ocasionalmente se chamou de "edução" (nem sempre de modo correto) o tipo de indução que Francis Bacon (VER) propõe como o mais adequado. A razão de se ter falado em edução a esse respeito deve-se a que, segundo determinada concepção da edução, se passa de um exemplo procedente de um grupo (classe) dado para um exemplo de outro grupo (classe) em virtude de se observar que o primeiro deles tem, em um bom número de casos, características iguais, ou parecidas, às do segundo. Isso, todavia, não é diferente de um dos modos de entender a indução baconiana.

EDWARDS, JONATHAN (1703-1758), nascido em East Windsor, Connecticut (EUA), primeiro presidente da Universidade de Princeton, New Jersey (EUA), é considerado o mais destacado dos teólogos calvinistas norte-americanos. O interesse que oferece como filósofo reside sobretudo em sua reformulação da teologia calvinista à luz das idéias de Locke e da "filosofia natural" de Newton. Jonathan Edwards tentou conciliar deste modo o pietismo com a "filosofia ilustrada". Com a ajuda dessa filosofia, defendeu a idéia da predestinação estrita no sentido calvinista. Com base na psicologia empirista de Locke, defendeu a doutrina do caráter fundamentalmente pervertido do homem. A mesma psicologia e as tendências empiristas lockianas o ajudaram a defender a tese de que as verdades religiosas não dependem de argumentos racionais, mas da experiência; em sua opinião, da experiência mística, única verdadeiramente religiosa.

Ͻ A obra capital de Jonathan Edwards é: *A Careful and Strict Inquiry into the Modern Prevailing Notions of that Freedom of the Will*, 1754. Outras obras: *Treatise on the Nature of Religious Affections*, 1746. — *Dissertation Concerning the End for Which God Created the World*, 1754. — *Treatise on the Nature of True Virtue*, 1755. — *Doctrine of Original Sin*, 1758.

Edição de obras: *The Works of President Edwards*, 8 vols., 1808-1809, ed. Samuel Austin; 10 vols , 1917-1848, ed. Edward Williams e Edward Parsons, com (incluindo) "Memorias" por (de) Samuel Hopkins; 6 vols. 1980, ed. Wallace E. Anderson. — *The Philosophy of J. Edwards from His Private Notebooks*, 1955, ed. H. G. Townsend.

Seleção de obras: *J. E.: Representative Selection*, 1935, ed. C. H. Faust e T. H. Johnson.

Ver: A. McGiffert, *J. E.*, 1932. — C. H. Faust e T. H. Johnson, *J. E.*, 1936. — O. E. Winslow, *J. E.*, 1940. — Douglas J. Elwood, *The Philosophical Theology of J. E.*, 1960 (segundo o autor, J. E. não foi um puro calvinista). — Alfred Owen Aldridge, *J. E.*, 1966. — Conrad Cherry, *The Theology of J. E.: A Reappraisal*, 1966. — Clyde A. Holbrook, *The Ethics of J. E.: Morality and Aesthetics*, 1973. — C. Cherry, W. H. Kimnach et al., *J. E.: His Life and Influence*, 1974, ed. Charles Angoff. — William J. Scheik, *The Writings of J. E.: Theme, Motif, and Style*, 1975. — K. D. Pfisterer, *The Prism of Scripture: Studies on History and Historicity in the Work of J. E.*, 1975. — T. Erdt, *J. E.: Art and the Sense of the Heart*, 1980. — N. Fiering, *J. E.'s Moral Thought and its British Context*, 1981. — B. Kuklick, *Churchmen and Philosophers: From J. E. to John Dewey*, 1985. — J. E. Smith, *J. E.: Puritan, Preacher, Philosopher*, 1992. Ͻ

EFEITO. Ver CAUSA.

EFETIVAÇÃO. Este termo pode ser utilizado, assim como o verbo 'efetivar', para designar o realizar algo, isto é, o fazer algo real, o converter em um fato (VER), *factum*. No vocabulário tradicional, no qual se utilizam, muitas vezes contrapostos, os vocábulos 'essência' (VER) e 'existência' (VER), a efetivação é a realização de uma essência. A uma essência pode corresponder ou não uma existência: à essência "sereia" não corresponde (que se saiba) existência, mas à essência "gato" corresponde a existência efetiva de gatos. O vocábulo 'essência' pode ser substituído por outros: 'idéia', 'noção', 'significado', 'palavra' etc., dependendo de se se quer ou não destacar que "há" essências (mesmo que em uma acepção não estritamente platônica). Este tipo de "efetivação" é ontológico ou metafísico. Pode-se falar também de efetivação quando se contrapõe uma "idéia" (essência, noção etc.) à sua efetivação mental. Esta é similar àquilo que Husserl considerava "efetivação intuitiva" de uma significação. Entretanto, na medida em que a mencionada efetivação mental não é simplesmente psicológica, há uma correspondência entre ela e a efetivação enquanto realização. Segundo esse ponto de vista, 'efetivar' significa "tornar existente", e 'efetivação' significa "tornar efetivo", ou seja, tornar existente o que não era (ou não era ainda) "real".

EFICIENTE. Ver Causa.

EGÍDIO DE LESSINES, Aegidius de Luxinis, Gil de Lessines (*ca.* 1230-*ca.* 1304), nascido em Lessines (Bélgica), membro da Ordem dos Predicadores, estudou sob o magistério de Alberto Magno. Um dos primeiros filósofos a seguir as orientações tomistas, Lessines defendeu a doutrina da unidade da forma não apenas nos compostos distintos do homem, mas também no homem. Egídio de Lessines recusou os argumentos contrários a essa doutrina e a favor da tese da pluralidade de formas apresentados por Robert Kilwardby em sua carta a Pedro de Confleto, e tentou mostrar que a posição tomista não oferece as dificuldades teológicas que seus oponentes ressaltavam. Característica da doutrina de Egídio de Lessines é a afirmação de que cada forma possui um ser específico.

Seu tratado contra a carta de Robert Kilwardby intitula-se *De unitate formae*, foi escrito aproximadamente em 1278 e editado por M. de Wulf no tomo I da série *Les Philosophes Belges* (1901). Outro escrito: *De usuris*, editado em *Opuscula* de Tomás de Aquino (*Opusculum* 73; *Opera omnia*, XVII, 1570).

↪ Ver: A. Birkenmajer, *Vermischte Untersuchungen zur Geschichte der mittelalterlichen Philosophie*, 1922 [*Beiträge zur Geschichte der Philosophie des Mittelalters*, XX, 5]. — P. Glorieux, *Répertoire des Maîtres en théologie de Paris au XIIIᵉ siècle*, 1933. ↩

EGÍDIO ROMANO, Aegidius Romanus, Gil de Roma, chamado de Colonna (*ca.* 1247-1316), nascido em Roma, foi qualificado de *doctor fundatissimus*. Ingressou na Ordem dos Eremitas de Santo Agostinho (Ordem de Juan Bon, constituída em ordem mendicante a partir de 1256), estudou em Paris, talvez sob o magistério de Tomás de Aquino (1269-1272), deu aulas na mesma cidade, até que foi afetado pela condenação de 1277, mas retornou a ela como mestre de teologia de 1285 a 1295. Em 1292 foi eleito vigário geral de sua Ordem e em 1295 foi nomeado arcebispo de Bourges. A Ordem dos Eremitas de Santo Agostinho o considerou desde 1287 como o seu doutor oficial.

Muitas das doutrinas de Egídio Romano têm como base ou, pelo menos, como ponto de partida a filosofia aristotélico-tomista. Todavia, tanto pelo influência de Proclo como pelo desenvolvimento interno de seu próprio pensamento, o chamado "tomismo de Egídio Romano" é apenas relativo; a rigor, ele se separou em muitos pontos da doutrina do Aquinata. A atividade de Egídio Romano nas controvérsias filosóficas da época foi grande; foi particularmente notória a sua polêmica com Henrique de Gand. Egídio Romano defendeu, com efeito, contra a tese da pluralidade das formas, a doutrina da unidade da forma substancial. Além disso, opôs-se à distinção intencional ou racional entre a essência e a existência e defendeu uma distinção real. Neste último ponto ele foi, contudo, muito além de Tomás de Aquino, pois não considerou a essência uma forma e a existência um ato, mas considerou ambas como duas coisas que se distinguem como coisas (*res*) e são, por conseguinte, separáveis. O motivo principal do radicalismo de Egídio Romano neste ponto era seu argumento de que apenas a mencionada distinção real podia evitar a afirmação de que as criaturas existem em virtude de sua própria essência. A rigor, a existência criada é, segundo Egídio Romano, uma participação na essência divina, embora não na forma da emanação, mas por meio da criação. Vinculada à citada doutrina, encontra-se a tese de que o entendimento ativo ilumina o entendimento passivo, com o que se produz a espécie inteligível, a qual dá forma ao entendimento e torna possível a intelecção. As diferenças de opinião entre Egídio Romano e Tomás de Aquino manifestam-se também em dois pontos importantes. Por um lado, na tese do primeiro, segundo a qual, sendo a forma do corpo humano, ou alma, e o corpo entidades não apenas distintas mas também separáveis, o corpo é numericamente o mesmo apesar de estar separado da alma, não sendo necessária, desse modo, uma forma da corporeidade. Por outro lado, na tese de que, embora aceitando as *quinque viae* tomistas para a demonstração da existência de Deus (ver), tal existência também é evidente por si mesma. Em suas doutrinas político-eclesiásticas, Egídio Romano inclinou-se a favor da completa supremacia do poder papal, inclusive em assuntos temporais; o fato de que tal poder não seja sempre exercido não significa, segundo Egídio Romano, que não exista em princípio.

As doutrinas de Egídio Romano deram origem a uma escola egidiana (*schola aegidiana*) que persistiu até o século XVII e contou entre seus membros mais destacados vários filósofos da ordem dos Eremitas de Santo Agostinho. Mencionamos Jacobo de Viterbo (ver); Augustinus Triumphus [Agostinho Triunfo] (1243-1328), autor de numerosos escritos filosóficos (entre eles comentários a Aristóteles e às *Sentenças*) e de uma influente *Summa de potestate papae*, dedicada a João XXII; e

Tomás (Thomas ab Argentina) (1357), autor de um comentário às *Sentenças*.

↻ Obras: Egídio Romano é autor de numerosos comentários a Aristóteles, repetidas vezes editados no decorrer dos séculos XV e XVI. Mencionamos os comentários a *Priora Analytica*, editados em 1499, 1504, 1516, 1522 (reimp.: 1966-1967); a *Posteriora Analytica*, 1488-1496, 1513, 1530 (reimp.: 1966-1967); à *Física*, 1483, 1491, 1493, 1496, 1502 (Reimp.: 1966-1967); O *De generatione et corruptione*, 1480, 1493, 1498, 1500, 1518, 1520, 1555, 1567, ao *De anima*, 1496, 1499, 1500; a vários livros da *Metafísica [Quaestiones Metaphysicales]*, 1499, 1501, 1552. Escreveu ainda comentários ao *Liber de causis*, 1550 (reimp.: 1966-1967), às *Sententiae* (Liv. I, 1521, reimp. 1966-1967; liv. II-III, 1623, reimp. 1966-1967, ed. 5 vols., a cargo de A. de Aguilar, 1707). São importantes suas *Quaestiones disputatae de ente et essentia*, suas *Quaestiones quodlibetales [Quodlibeta*, 1697, reimp. 1965], seus diversos *Theoremata (de corpore Christi, de ente et essentia)*, seu *De formatione corporis humanis* (1515, 1524, 1528, 1551), seus *De intellectu possibili* e *De gradibus formarum* (incluídos na edição de 1850 do *De anima*). A obra político-eclesiástica referida no artigo é *De ecclesiatica potestate* (ed. R. Scholz, reimp. 1960). Observamos que sua obra de filosofia política anterior, intitulada *De regimine principium: libri III* (1667, reimp. 1966), é mais moderada e não defende o total absolutimso papal (a esse respeito, cf. *Glosa castellana al Regimiento de Príncipes de Egidio Romano*, ed. J. Beneyto Pérez, 3 vols., 1947). Edição de alguns escritos em *Operum D. Aegidii Romani*, I, 1555 (inclui *Theoremata quinquanginta de Corpore Christi* e *Hexameron* [o último editado em 1549]). Discute-se se o opúsculo *De erroris philosophorum*, lançado em 1270 e 1274 contra "os erros de Aristóteles, Averróis, Avicena, Maimônides" e outros pensadores, é autêntico; a esse respeito, cf. J. Koch, "Studien zur handschriflichen Überlieferung des Tractatus *De erroribus philosophorum*", *Beiträge zur Geschichte der Philosophie des Mittelalters*, Sup. II, 3 (1935), 862-875; e edição da segunda parte com trad. Ingl. De J. O. Riedl, 1944. Entre edições recentes de escritos de Egídio Romano mencionamos: *Aegidii Romani Theoremata de esse et essentia*, ed. E. Hocedez, 1930 (*Museum Lessianum. Sect.*, phil. XII). Algumas *Quaestiones* foram editadas por G. Bruni em *Analecta augustiniana*, 17 (1939-1940), 125-157 e 1`97-245. Ed. de *De purificatione intellectus possibilis*, 1957.

Ver: artigos de Bruni em *Rivista di filosofia neoscolastica*, 22 (1930), 23 (1931), 26 (1934); *Archivo de filosofia* (1931); *The New Scholasticism*, 6 (1932); *Sophia* (1933); *Recherches de théologie ancienne et médievale*, 7 (1935); de E. Hocedez em *Gregorianum*, 7 (1927); *Mélanges Mandonnet*, I (1930), 385-409; *Recherches de théologie ancienne et médievale*, 4 (1932); de J. Paulus em *Archives d'histoire doctrinale et littéraire du moyen âge*, 15 (1940-1942) e de D. Gutiérrez em *Religión y cultura*, 27 (1934). – N. Mattioli, *Studio critico sopra Egidio Romano*, 1896. – R. Egenter, *Die Erkenntnispsychologie des Aegidius Romanus*, 1925 (disc. inaugural). – P. Vollmer, *Die Schöpfungslehre des Aegidius Romanus*, 1931 (tese). – G. Bruni, *Le opere di Egidio Romano*, 1936. – Id., *Incerti auctoris Impugnationes contra Aegidium Romanum contradicentem Thomae super Primum Sententiarum*, 1942 (Bibl. Augustiniana Medii Aevi, II]. – A. Trape, *Il concorso divino nel pensiero di Egidio Romano*, 1942. – G. Suárez, "La metafísica de Egidio Romano a la luz de las '24 tesis tomistas'", *Ciudad de Dios* (1949), 269-309. – A. M. Hewsom, *G. of R. anf the Medieval Theory of Conception: A Study of the* De formatione corporis humani in utero, 1975. ↻

EGO. Ver EGOLOGIA; EU.

EGOÍSMO. Atribui-se geralmente a Wolff a introdução dos termos 'egoísmo' e 'egoísta', ao falar na primeira edição (1718) de seus *Vernünftige Gedanken von Gott, der Welt und der Seele des Menschen* (*Pensamentos racionais sobre Deus, o mundo e a alma do homem*), da "raríssima seita [escola] dos egoístas" surgida fazia pouco tempo em Paris. Na segunda edição (1722) da mesma obra, Wolff classificou aqueles que se ocupam do conhecimento das coisas de "céticos" e de "dogmáticos". Os dogmáticos classificam-se por sua vez em "dualistas" e "monistas"; os monistas, em "materialistas" e em "idealistas"; os idealistas, em "pluralistas" e em "egoístas". Os egoístas não se limitam a negar, como os idealistas, que existe um mundo material externo; eles negam que exista qualquer coisa fora da própria consciência do "egoísta", incluindo as consciências alheias.

A atribuição dos termos 'egoísmo' e 'egoísta' a Wolff deve-se ao teólogo de Tübingen, Christian Matthias Pfaff, em seu discurso universitário de 1722 intitulado *Oratio de Egoismo nova philosophica haeresi*. Contudo, Wilhelm Halbfass (cf. *op. cit. infra*, p. 124) indica que já em 1716 Johann Burkhard Menke, professor de história em Leipzig, utilizara os termos de referência na terceira edição de seu *Charlataneria eruditorum*, na qual falava de uma "nova seita" que, segundo o *Journal de Trévoux* (1713), surgira em Paris, seita ainda sem nome, formada, ao que parece, por "malebranchistas" e "ultraberkeleyanos" e segundo a qual existia apenas o "eu mesmo" (*ego*) e todos os demais homens e criaturas são sonhos seus.

Dos "egoístas", nesse sentido, falou-se abundantemente durante todo o século XVIII, e Halbfass menciona sobre esse assunto, entre outros, Baumgarten, Ploucquet, Meier, Tetens, Reinhold, assim como o Chevalier de Ramsay (que fala de "egomismo"), Buffier, Claude Brunet (um egoísta declarado, segundo Lewis Robinson [cf. *infra*] e outros. A *Encyclopédie* dedica artigos a "Egoïsme", atribuindo o termo aos jansenistas de Port-Royal, e referindo-se a seu sentido etimológico. Thomas Reid fala da "seita dos egoístas" em seus *Essays on the Intellectual Powers of Man* (1785).

Algumas vezes o egoísmo é equiparado ao solipsismo (VER), considerando-se o primeiro um egoísmo prático e o segundo um egoísmo teórico. A distinção entre egoísmo teórico e egoísmo prático foi tratada por Schopenhauer: o egoísmo teórico "considera como fantasmas (*Phantome*) todos os fenômenos (*Erscheinungen*) fora do próprio indivíduo", enquanto o egoísmo prático "considera apenas a própria pessoa como realidade e as demais como meros fantasmas" (*Welt*, I, § 19).

O sentido mais "moral" que "epistemológico" de 'egoísmo' desenvolveu-se sobretudo no século XIX, mas antes disso, como em Kant (cf. *infra*), já havia sido feita a distinção entre várias classes de egoísmo.

Antes que os termos 'egoísmo' e 'solipsismo' fossem empregados, já havia doutrinas egoístas e solipsistas (ou, como passaremos a chamá-las a partir de agora, "egoístas"). Também houve análises do egoísmo e das atitudes egoístas. Parte daquilo que Aristóteles diz sobre "o amor por si mesmo" ou φιλαυτία (em *Eth. Nic.*, IX, 1168 a 28-69 b 2) refere-se àquilo que foi chamado freqüentemente de "egoísmo". Este, todavia, tem muitas gradações. Pode-se, por exemplo, distinguir o egoísmo como amor por si mesmo e o egoísmo enquanto "amor-próprio"; ou então pode-se considerar este último uma manifestação do primeiro. Caso se acredite que o "egoísmo" seja equivalente ao "amor por si mesmo" ou *amor sui*, pode-se distinguir um "egoísmo próprio" de um "egoísmo impróprio" (seguindo a distinção agostiniana entre o *probus amor sui* e o *improbus amor sui*).

O egoísmo também pode ser considerado equivalente ao "interesse próprio". Nesse sentido se referiram ao "egoísmo" (sem utilizar esse nome) vários autores modernos. Por exemplo, Hobbes, Spinoza, Bernard de Mandeville e outros indicaram que os homens são movidos por seus interesses próprios, quer dizer, "egoisticamente". Isso parece tornar impossível a sociedade. Mas é possível conceber uma sociedade na qual o egoísmo, sem ter desaparecido, tenha se transformado; com efeito, a transformação do egoísmo de cada um (que conduz à aniquilação de todos por todos) em egoísmo coletivo (por meio do qual cada indivíduo adquire uma relativa segurança) é o que torna possível, segundo Hobbes, a sociedade. Para Bernard de Mandeville, por outro lado, a combinação dos egoísmos individuais pode provocar, e normalmente provoca, benefícios comuns. Uma doutrina parecida com a hobbesiana é defendida por Félix Le Dantec em sua obra *L'égoïsme, seule base de toute société* (1911). Segundo esse autor, o estado chamado de "civilizado" é uma camada sobreposta e facilmente desmontável. A existência humana é, em última instância, individual, de modo que o "progresso" não a afeta. O egoísmo é, na opinião de Le Dantec, o "constitutivo natural" do homem que se revela assim que se prescinde de tudo o que a "cultura" e o chamado "progresso" agregaram ao homem.

Além das distinções antes assinaladas foram propostas de vez em quando classificações de formas de egoísmo. Uma delas é a de Kant em sua *Antropologie in pragmatischer Hinsicht* (I, § 2). Segundo Kant, deve-se distinguir *egoísmo lógico* (no qual o próprio juízo é mantido sem se considerar o dos demais), *egoísmo estético* (no qual é afirmado o próprio gosto) e o *egoísmo metafísico* (no qual é recusado o reconhecimento da existência, ou justificação da existência, de outros "eus" ou da "realidade externa"). Hoje em dia às vezes se chama de "solipsismo" o "egoísmo metafísico" (que é antes gnosiológico).

Podem ser consideradas "egoístas" doutrinas como as de Stirner (VER) e Nietzsche (VER) mesmo que em ambos os casos os fundamentos de tal "egoísmo" sejam muito distintos. No primeiro caso, trata-se do resultado da afirmação de "eu mesmo" como "único". No segundo, da "auto-afirmação" e da "vontade de poder".

Algumas vezes se distingue 'egoísmo' de 'egotismo'. Com este último termo designa-se o afã imoderado de afirmar a própria personalidade, especialmente falando excessivamente de si próprio. O egoísmo equivale, neste caso, a um imoderado subjetivismo. Santayana utilizou o vocábulo neste sentido em seu livro *Egotism in German Philosophy* (1915).

Unamuno também empregou o vocábulo 'egotismo' (e 'egotista') para diferenciá-lo de 'egoísmo' (e de 'egoísta'): "O egoísta é aquele que defende e exalta seus interesses, suas coisas, não a si mesmo, ao eu que ele é, e o egotista defende e exalta a si próprio, o eu que é" (*De esto y de aquello*, IV, p. 10). Comentando essa passagem, Ezequiel de Olaso (*Los nombres de Unamuno* [1964], cap. I) observa que Unamuno, "aparente inimigo do egoísmo, o critica, mas extremando-o, e ao egoísmo do ter ele opõe o egoísmo do ser".

➲ Ver: E. Pfleiderer, *Eudämonismus und Egoismus*, 1881. – A. Dix, *Der Egoismus*, 1894. – D. Gusti, *Egoismus und Altruismus*, 1904. – A. Costa, *I problemi dell'egoismo*, 1912. – W. Halbfass, "'Egoismus' und 'Egoisten' in der philosophischen Literatur des 18. Jahrhunderts", "Zur Geschichte der Ausdrücke 'Egoismus' und 'Solipsismus'" e "Bemerkungen über den Begriff und das 'Problem' des Solipsismus" em apêndices I, II e III de *Descartes' Frage nach der Existenz der Welt*, 1968, pp. 200-223, 224-227 e 228-237. – R. Dawkins, *The Selfish Gene*, 1976. – R. Campbell, *Self-Love and Self-Respect: A Philosophical Study of Egoism*, 1979. – S. Sousedik, "Das neulateinische 'Egoitas' als philosophischer Terminus", *Archiv für Begriffsgeschichte*, XXVI, 1 (1982), 144-253. – H. Margolis, *Selfishness, Altruism, and Rationality: A Theory of*

Social Choice, 1982. – J. Österberg, *Self and Others: A Study of Ethical Egoism*, 1988.
A maior parte das obras sobre ética trata do problema do egoísmo e da comparação entre egoísmo e altruísmo. ℂ

EGOLOGIA. O uso mais difundido e sistemático do termo 'egologia' se deve a Husserl, e entra em cheio no período "idealista" ou, pelo menos, "transcendental", deste autor. Nas páginas escritas em 1923 e 1924 e publicadas, postumamente, na coleção *Husserliana*, Husserl fala da *epoché* (VER) transcendental enquanto redução (VER) cartesiana ou redução ao *ego cogito* (redução, portanto, distinta e mais radical que a fenomenológica). Trata-se de uma "redução a... meu próprio *ego* transcendental e a minha própria vida" (*Erste Philosophie*, Zweiter Teil. *Husserliana*, VIII, p. 173, linhas 25-27). A redução de referência é necessária por razões metodológicas; disso resulta uma *"egologia sistemática"* e, por assim dizer, uma *"fenomenologia solipsista"* (ambas expressões destacadas por Husserl [*loc. cit.*]). "Parece que uma fenomenologia transcendental — escreve Husserl um pouco adiante — só é possível como *egologia transcendental*" (*Husserliana*, VIII, 174, 6-7).

De qualquer modo, essa redução "egológica" ao eu constitutivo (do mundo) não é, para Husserl, final; a egologia transcendental é, a rigor, a preparação para uma teoria da constituição intersubjetiva. Nas *Meditações cartesianas*, Husserl insiste em que o problema da *epoché* fenomenológica do ego monádico, ou seja, o problema de sua constituição para si mesmo deve influir em "*todos os problemas constitutivos em geral*" (*Meditações Cartesianas*, § 33; *Husserliana*, I, 102, 36-37). Isso torna possível entender a fenomenologia como idealismo transcendental (*ibid.*, § 41; *Huss.*, I, 118, 27; cf. também §§ 47-48; *Huss.*, I, 134-136, e § 62, *Huss.*, I, 174-177).

A egologia husserliana aspira a ser uma purificação do "eu", desde sua conexão com o mundo e com seus próprios estados psicológicos até a forma pura na qual ele é inteiramente "ideal"; o "eu" de que a egologia "trata" é a matriz de minha própria consciência enquanto própria. Essa "reversão", mediante sucessivas *epochés*, na direção do puro eu transcendental pode ser interpretada como um "encerramento" no puro si mesmo e como uma fuga de toda existência e de toda questão de caráter "existencial". Neste caso a egologia husserliana enfatiza o momento do "idealismo". Por outro lado, pode-se interpretar como necessária a redução absoluta para "constituir" a realidade a partir do ego. Nesse caso destaca-se a possibilidade de um passo do idealismo transcendental à noção do "mundo da vida", *Lebenswelt* (VER). Pode-se discutir se esse passo é possível, ou se essa "redução" era necessária. Entre os fenomenólogos as opiniões sobre isso variam, com certo predomínio a favor dos que pensam que ou a egologia pode ser evitada ou que é necessário reinterpretá-la de forma distinta de qualquer idealismo "clássico" — com a possível exceção do cartesiano, na medida em que este se orienta, como Husserl, na direção de problemas de "fundamentação", que são similares aos problemas de "constituição".

EHRENFELS, CHRISTIAN FREIHERR VON [BARÃO DE] (1859-1932), nascido em Rodaun (Áustria), estudou nas Universidades de Viena e de Graz. Foi *Privatdozent* em Viena (1888-1896), "professor extraordinário" (1896-1900) e professor titular (a partir de 1900) em Praga.

Seguindo indicações de seus mestres em Viena, Brentano e Meinong, Ehrenfels trabalhou no campo da psicologia, da teoria dos valores, da ética e da teoria dos objetos. Em seu trabalho sobre as "qualidades de forma", mostrou que o que é percebido não é apenas o que aparece ao se representar sensivelmente os chamados "dados sensíveis", como as notas de uma melodia. A representação da melodia não é unicamente a representação sensível de uma totalidade em um presente imediato, e menos ainda a representação sensível sucessiva de uma série de dados sensíveis isolados. Apreender a melodia implica apreender mais que aquilo que é dado imediatamente; isto é apenas um elemento em um contexto ou forma (*Gestalt*) que permanece ao longo de uma série de "percepções auditivas". O mesmo ocorre com as apreensões visuais. Existem portanto, segundo Ehrenfels, "qualidades de forma"; somente por abstração se pode proceder à separação de seus elementos. As "qualidades de forma" são dadas imediatamente e não podem ser desprendidas dos conjuntos de componentes que lhes servem, por assim dizer, de marco. A rigor, não são nem marcos, nem contextos ou panos de fundo, mesmo que estes últimos possam ser entendidos em função de tais qualidades. As formas, ou qualidades de forma, são estruturas inseparáveis e, de todo modo, irredutíveis a supostos elementos constitutivos. Isso vale não apenas para as percepções, mas também, segundo Ehrenfels, para as conceituações.

Na teoria dos valores, Ehrenfels seguiu Meinong na idéia de que há uma estreita relação entre o valor e a valoração, mas adotou várias posições distintas. Provisoriamente considerou que, se algo é valioso, é desejável, o que é distinto de afirmar que é valioso se, e somente se, é desejável. O caráter desejável de um valor não significa que ele seja útil para nós, pois podemos desejar algo que não é útil. Por outro lado, os valores estão incorporados em realidades que consideramos valiosas, e essas realidades e seus valores correspondentes são de vários tipos. Algumas coisas, por exemplo, são valoradas em virtude de outras que são consideradas ainda mais valiosas. As realidades das quais falamos não são necessariamente coisas; podem ser sentimentos de dor ou de prazer, de agrado ou de desagrado. Ehrenfels tratou de estabelecer diferenças de grau entre "valores", assim como diferenças entre diversas tendências ou disposições a valorar. Com isto ele reconheceu as diferenças existentes nas valorações e os conflitos que são suscitados, mas ao mesmo tempo lançou os fundamentos para uma possível hierarquia de valores e de valorações. Os valores superiores são os morais, que são intrínsecos e não extrínsecos. Esses valores e valorações podem ser individuais ou de grupo, ou seja, sociais.

➔ Obras: "Ueber Fühlen und Wollen", *Sitzungsberichte der Wiener Akademie*, 1887 ("Sobre sentir e querer"). — "Ueber Gestaltqualitäten", *Vierteljahrsschrift für wissenschaftliche Philosophie*, 14 (1890), 249-292 ("Sobre as qualidades da forma"). — "Werttheorie und Ethik", cinco artigos no citado *Vierteljahrsschrift*, 21 (1896) ("Teoria do valor e ética"). — "Von der Wertdefinition und Motivationsgesetze", *Archiv für systematische Philosophie*, 2 (1896) ("Sobre a definição do valor e as leis da motivação"). — "Zur Philosophie der Mathematik", *Vierteljahrsschrift*, etc., 22 (1897) ("Para a filosofia da matemática"). — *System der Wert-theorie. I. Allgemeine Wertheorie und Psychologie der Begehrens*, 1897. *II. Grundzüge einer Etik*, 1898 (*Sistema de teoria dos valores. I. Teoria geral do valor e psicologia do desejo. II. Lineamentos fundamentais de uma ética*). — "Die Intensität der Gefühle", *Zeitschrift für Psychologie*, 6 (1898) ("A intensidade dos sentimentos"). — "Beiträge zur Selektionstheorie", *Annalen der Naturphilosophie*, 3 ("Contribuições para a teoria da seleção"). — *Grundbegriffe der Ethik*, 1907 (*Conceitos fundamentais da ética*). — *Sexualethik*, 1907 (*Ética sexual*). — *Kosmogonie*, 1916 (uma interpretação dualista do universo). — *Das Primzahlgesetz*, 1923 (*A lei do número primo*). — *Die Religion der Zukunft*, 1929 (*A religião do futuro*).
Edição de obras: *Philosophische Schriften*, 4 vols., 1982-1989.
Ver: F. Weinhandl, ed., *Gestalthaftes Sehen*, 1960; 3ª ed., 1974 [no centenário de C. v. E.]. — R. Fabian, ed., *C. v. E. Leben und Werk*, 1986. ℭ

EIDÉTICO. O termo 'eidético' pode ser entendido em dois sentidos. 1) Sendo, para Platão, o εἶδος das coisas a imagem que estas oferecem quando são contempladas na visão, e a ἰδέα a imagem do que são verdadeiramente, o caráter eidético será próprio das essências. Husserl reafirmou, embora com pressupostos diferentes, esse caráter das essências, e opôs o eidético ao fático, não enquanto mera contraposição do formal e do material, mas como diferença entre as essências (formais e materiais) e os fatos. A chamada redução eidética é precisamente o resultado de pôr entre parênteses, de excluir ou "suspender" as existências com o fim de chegar à intuição essencial. Com base nisso pode-se falar de juízos eidéticos e também de necessidade eidética. As ciências das essências são, desse modo, ciências eidéticas nas quais estão fundadas as ciências dos fatos ou ciências fáticas (ver FATO), em virtude da necessária participação de todo fato em sua essência. Portanto, a qualificação de eidético convém apenas às essências e às ciências que se ocupam delas, sem que com isso seja pré-julgado o caráter formal ou material das próprias essências, que não abandonam em momento algum sua universalidade e aprioridade. Com uma significação distinta, mas aparentada à husserliana, Joseph Geyser (VER) emprega a noção de *eidos* como conteúdo de uma eidologia ou filosofia enquanto "conhecimento da forma". Trata-se nesse caso de uma noção nem puramente lógico-formal, nem puramente metafísica. As "formas" de que trata a eidologia não são os nomes conceituais; são as significações descobertas por meio de uma intuição transcendental muito parecida com a intuição abstrativa admitida por muitos neo-escolásticos e sobretudo por muitos neotomistas. 2) O termo 'eidético' também é utilizado na psicologia. De modo geral, e aplicado a uma disposição, designa a tendência a converter os processos mentais em imagens; neste sentido se diz, por exemplo, que o pensamento infantil e o dos povos primitivos é um pensar eidético. Em um sentido mais particular, designa uma classe especial de fenômenos psíquicos que foram investigados por V. Urbantschitsch (*Über subjektive optische Anschauungsbilder*, 1907) e por Erich R. Jaensch (VER) e deram origem a uma disciplina particular chamada *eidética* (ver o livro de último, *Die Eidetik und die typologische Forschungsmethode in ihrer Bedeutung für die Jugendpsychologie und Pädagogik, für die algemeine Psychologie und die Psychophysiologie der menschlichen Persönlichkeit*, 1925. Jaensch chama de *fenômenos eidéticos* certas imagens que não podem ser reduzidas nem a representações, nem a percepções e que, por conseguinte, constituem uma zona indiferenciada que, mediante ulterior decomposição e diferenciação, pode dar lugar aos processos representativos e perceptivos. Os fenômenos eidéticos, especialmente abundantes na vida infantil e nos processos artísticos, podem aproximar-se mais ou menos da vida representativa, e é precisamente essa maior ou menor proximidade que permite uma diferenciação tipológica. São, de certo modo, processos subjetivos conscientes, de índole geralmente visual, mas não propriamente alucinatória. As diferenças observadas nas imagens eidéticas fundamentam, assim, a tipologia de Jaensch (ver TIPO) e são, portanto, a base não apenas de uma teoria dos estados patológicos, mas também de uma psicologia que aspira a transformar-se em antropologia filosófica.

➔ Sobre a doutrina clássica do *eidos*: Nicolai Hartmann, *Zur Lehre vom Eidos bei Platon und Aristoteles* [Abhandlungen der Preuss. Akademie der Wissenschaften], 1941 (reimpresso em *Kleinere Schriften*, II, 1957).
Sobre eidética em sentido psicológico: A. Riekel, *Eidética. La memoria sensorial y su investigación*, 1990.
Sobre Jaensch: M. Krudewig, *Die Lehren von der visuellen Wahrnehmung und Vorstellung bei E. R. Jaensch un seinen Schülern*, 1953. ℭ

EIDOS. Em vários artigos desta obra, especialmente em Essência; Forma e Idéia, nos referimos ao termo grego εἶδος e a suas diversas significações, sobretudo em autores que o utilizaram como termo técnico (Platão, Aristóteles, Husserl). Indiquemos aqui simplesmente que na raiz de múltiplos significados de *eidos* encontra-se a noção de "aspecto" (*species*), que oferece uma realidade quando esta é vista *naquilo* que a constitui como tal realidade. Segundo um ponto de vista, o *eidos* é o tipo de realidade a que pertence, ou que é, uma coisa dada. Como o tipo de realidade que algo *é* é "visível", ou supostamente apreensível, por meio de alguma operação intelectual, o *eidos* é entendido também como a idéia da realidade. Assim, ele é um "aspecto essencial" que pode oferecer, por sua vez, dois aspectos essenciais: o da realidade e o da apreensão inteligível, conceitual etc., da realidade. Quando esses dois aspectos são fundidos em um só temos a idéia do *eidos* como uma essência que é ao mesmo tempo um conceito: o conceito de *eidos* é simultaneamente algo "real" e algo "conceitual" (objetivo ou formal).

O *eidos* pode ser interpretado de diversas maneiras. Como exemplos ou interpretações clássicas mencionamos as de Platão e de Aristóteles. A diferença capital entre essas duas interpretações é a da separabilidade: para Platão, o *eidos* é separável dos indivíduos que participam do *eidos*, enquanto para Aristóteles ele está, por assim dizer, encarnado, ou realizado, nos indivíduos. Mas junto a essas duas interpretações podem ser mencionadas outras. Assim, por exemplo, o *eidos* pode ser tomado como momento específico (separável ou não) de uma realidade, ou como momento constitutivo de uma realidade. No primeiro caso, e para continuar utilizando a terminologia grega, ele é visto a partir do *logos*; no segundo caso, a partir da *physis* enquanto realidade. Visto a partir do *logos*, o *eidos* pode ser, por sua vez, uma apreensão mental ou um conceito ou algo entre os dois (segundo a posição adotada na doutrina dos universais); também pode ser ou uma intenção ou o final de um ato intencional. Visto a partir da *physis* enquanto realidade, o *eidos* pode ser sujeito individual ou realidade supostamente fundamental à qual podem ser "reduzidas" as demais realidades etc.

EINFÜHLUNG. Ver Endopatia, Empatia, Simpatia.

EINSTEIN, ALBERT (1879-1955), nascido em Ulm, realizou seus estudos técnicos no Instituto Federal de Tecnologia de Zurique. Entre 1902 e 1909 trabalhou no departamento de patentes de Berna — trabalho que, segundo seu próprio depoimento, foi muito estimulante para suas atividades científicas teóricas — e durante esse período doutorou-se na Universidade de Zurique (1905). Foi professor na Universidade de Zurique (1909-1910), na Universidade alemã de Praga (1910-1912), no citado Instituto de Zurique (1912-1913) e na Universidade de Berlim (1913-1933) (em cuja cidade foi nomeado, além disso, diretor de física teórica do Kaiser Wilhelm Institut). Contrário ao nazismo por suas convicções políticas liberais e por sua origem judaica, foram-lhe retiradas sua cátedra e sua cidadania. No mesmo ano aceitou ser membro do Institute of Advanced Studies, de Princeton, onde residiu quase ininterruptamente, mesmo depois de aposentar-se (1945). Em 1921 recebeu o prêmio Nobel por suas investigações físicas. Estas são fundamentais. Em 1905 apresentou sua teoria especial da relatividade, postulou a existência dos fótons como quanta de luz e explicou o chamado efeito fotoelétrico. Em 1907 estabeleceu a nova equação entre energia e massa ($E = mc^2$) [ver Energia]. Em 1916 apresentou, já completa, a teoria geral da relatividade, que tinha sido antecipada em 1911 com sua teoria da equivalência da gravidade e da inércia. Durante muitas décadas trabalhou na chamada teoria unificada do campo, que permitiria unir em um único grupo de equações os fenômenos gravitacionais e os eletromagnéticos; a formulação matemática foi apresentada em 1950. São importantes os trabalhos de Einstein em cosmologia e também em epistemologia; entre os últimos se destaca sua defesa do determinismo diante da opinião de muitos contemporâneos.

O presente artigo se limita aos dados biográficos; uma explicação sumária da teoria da relatividade de Einstein e de algumas das controvérsias filosóficas em torno dela será encontrada no artigo Relatividade (ver). Também nos referimos a doutrinas de Einstein em outros artigos (ver, por exemplo, Cosmologia; Energia; Física; Matemática; Movimento; Tempo).

⊃ Entre os escritos científicos mais importantes de Einstein mencionamos: *Eine neue Bestimmung der Moleküldimensionen*, 1905 (folheto; também publicado em *Annalen der Physik*, série 4, vol. 19 [1906], 289-306). — "Ueber einen die Erzeugung und Verwandlung der Lichtes betreffenden heuristischen Gesichtspunkt", *Annalen, etc.*, série 4, 17 (1905), 132-148. — "Elektrodynamik bewegter Körper", *Annalen*, série 4, 17 (1905), 891-921. — "Zur Theorie der Brownschen Bewegung", *Annalen*, série 4, 19 (1906), 371-381. — "Theorie der Lichterzeugung und Lichtabsorption", *Annalen*, série 4, 20 (1906), 199-206. — "Relativitätsprinzip und die aus demselben gezogenen Folgerungen", *Jahrbuch der Radioaktivität*, 9 (1907), 411-462; 10 (1907), 98-99 [importante pelas fórmulas de equivalência de massa inercial e gravitacional e pela equação $E = mc^2$]. — *Entwurf einer verallgemeinerten Relativitätstheorie und eine Theorie der Gravitation*, 1913 (reimpressão de *Zeitschrift für Mathematik und Physik*, 62 [1913], 225-244 [parte matemática por M. Grossmann, pp. 245-261]). — *Grundlage der allgemeinen Relativitätstheorie*, 1917. — *Vier Vorlesungen über Relativitätstheorie, gehalten im Mai, 1921, an der Universität Princeton*, 1922 (apareceu primeiro em inglês, sob o título: *The meaning of Relativity: Four lectures delivered at Princeton University*, 1921, do texto alemão traduzido por E. P. Adams; a edição de 1950 da mesma obra em inglês contém a formulação aludida no texto do presente artigo; 5ª ed. definitiva [incluindo "The relativistic Theory of the Non-Symmetric Field"] publicada em 1956. — *Geometrie und Erfahrung*, 1921 (folheto; reimp. de *Sitzungsberichte* da Preuss. Ak. der Wiss., parte I [1921], 123-130). — "Einheitliche Feldtheorie", *Preuus. Ak. der Wiss.* [1929], 2-7. — *Die Physik als Abenteuer der Erkenntnis*, 1938 (em colaboração com L. Infeld. — "Motion of Particles in General Relativity Theory", *Canadian Journal of Mathematics*, 3 (1949), 209-241 [em colaboração com L. Infeld].

Entre as obras de Einstein de caráter geral citamos: *Mein Weltbild*, 1934 e *Out of My Later Years*, 1950.

Em português: *Como vejo o mundo*, 23ª ed., 1999. — *Escritos da maturidade*, 3ª ed., 1994. — *A evolução da física*, 2ª ed., 1984. — *Notas autobiográficas*, 1982. — *O poder nu*, 1994. — *Por que a guerra?*, com S. Freud., 1997. — *Teoria da relatividade especial e geral*, 1999.

Edição de obras: *The Collected Papers of A. E.*, 1987ss., ed. John Stachel [publicação nas línguas originais, com notas em inglês].

Destacamos das muitas obras sobre Einstein: A. Moszkowski, *A. E. Einblicke in seine Gedankenwelt. Entwickelt aus Gesprächen mit E.*, 1922. — Ph. Frank, *E. His Life and Times*, 1947. — L. Barnett, *The Universe and Dr. E.*, 1948. — VV.AA. (A. Sommerfeld, L. de Broglie, W. Pauli, M. Born, N. Bohr, H. Reichenbach, P. W. Bridgman, V. F. Lenzen, E. A. Milne, G. E. Lemaître, H. Dingle, K. Gödel, e outros), *A. E.: Philosopher-Scientist*, ed. P. A. Schilpp (com respostas de Einstein). — L. Infeld, *A. E.: His Work and Its Influence on Our World*, 1950. — Cornelius Lanczos, *A. E. and the Cosmic World Order*, 1965. — Jeremy Bernstein, *E.*, 1973. — W. Berkson, *Fields of Force: The Development of a World View from Faraday to E.*, 1974. — P. C. Aichelburg, R. Sexl, eds., *A. E. Sein Einfluss auf Physik, Philosophie und Politik*, 1979. — E. Nagel, G. Holton, J. A. Wheeler, H. Bethe et al., *A Centennial Symposium*, ed. H. Woolf, 1980 [em Institute for Advanced Study, de Princeton, 4-9 de março de 1979]. — A. Fine, *The Shaky Game: E. Realism and the Quantum Theory*, 1986. — D. P. Ryan, ed., *E. and the Humanities*, 1987. — M. Sachs, *E. versus Bohr: The Continuing Controversies in Physics*, 1988. — B. Kanitscheider, *Das Weltbild A. E.s*, 1988. — E. Zahar, *E.'s Revolution: A Study in Heuristic*, 1989. — M. Ghins, *L' inertie et l' espace-temps absolu de Newton à Einstein*, 1990.

Para as obras sobre a teoria da relatividade, ver RELATIVIDADE. ᴄ

EISLER, RUDOLF (1873-1926), nascido em Viena, estudou na Universidade de Viena sob o magistério de W. Wundt. Eisler inclinou-se em muitas questões para a renovação da filosofia kantiana que ocorreu na Alemanha no final do século XIX e começo do XX. Em metafísica, todavia, aproximou-se consideravelmente do pensamento de Wundt, do qual é considerado discípulo. Eisler defendia, com efeito, um dinamismo voluntarista e uma metafísica espiritualista que na maior parte dos casos parecia inclinar-se para o dualismo. Como em Wundt, suas idéias metafísicas estavam baseadas em uma generalização indutiva dos resultados das ciências e em uma interpretação analógica dos fenômenos psicológicos. Eisler distinguiu-se por causa de seus léxicos filosóficos: de conceitos, de filósofos e kantiano.

➔ Obras: *Die Weiterbildung der kantischen Apriorität*s*lehre*, 1895 (tese) (*A reelaboração da doutrina kantiana do a priori*). — *Das Bewusstsein der Aussenwelt*, 1900 (*A consciência do mundo externo*). — *Soziologie*, 1900. — *Kritische Einführung in die Philosophie*, 1905 (*Introdução crítica à filosofia*). — *Leib und Seele*, 1906 (*Corpo e alma*). — *Einführung in die Erkenntnistheorie*, 1907 (*Introdução à teoria do conhecimento*). — *Grundlagen der Philosophie des Geisteslebens*, 1908 (*Fundamentos da filosofia da vida espiritual*). — *Das Wirken der Seele*, 1909 (*A ação da alma*). — *Geschichte des Monismus*, 1910 (*História do monismo*). — *Philosophen-Lexicon*, 1912. — *Geist und Körper*, 1912 (*Espírito e corpo*). — *Kant-Lexicon*, 1930, reimp. 1961.

Seu conhecido *Dicionário de conceitos filosóficos* (*Wörterbuch der philosophischen Begriffe*) apareceu em 1901; 4ª ed., muito ampliada, 3 vols., 1927-1930. Nova ed. "completamente revisada" (na verdade, é uma obra nova) em 12 vols. e 1 vol. de índices com o título *Historisches Wörterbuch der Philosophie*, ed. Joachim Ritter, 1971ss. A partir do vol. IV o ed. é Karlfried Gründer, por causa do falecimento de J. Ritter em 1974. ᴄ

EIXIMENIÇ [EIXIMENIS], FRANCESC (ca. 1340-1410), nascido provavelmente em Girona, estudou em Valencia, onde residiu a maior parte de sua vida. Membro da Ordem Franciscana, suas mais importantes contribuições filosóficas são: a obra intitulada *Terç del Crestià* (de caráter apologético e moral, conservada apenas em parte); o *Regiment de la cosa pública* (sobre a natureza, constituição e normas da sociedade civil); o *Cercapou* (tratado religioso). Devem-se também a Eiximeniç vários opúsculos latinos (usualmente chamados de *Saltiri*) e uma *Vida de Jesucrist*. Segundo alguns autores, o espírito das idéias de Eiximeniç é plenamente "medieval". Outros, em contrapartida, consideram-no um "renascentista" ou "pré-renascentista".

➔ Edição de obras: *Terç del Crestià*, ed. P. Martí de Barcelona e Norbert d' Ordal, O. M., 2 vols., 1929-1930 [Els Nostres Clàssics, série B, 1 e 2] [237 dos 1036 artigos de que é composto o *Terç*]. — Edição do *Cercapou* por E. Sansone, 1959. — *Lo Crestià*, 1983 (antologia preparada por A. G. Hauf). — *El* Tractat d' usura *de F. Eiximenis*, 1985, ed. J. Hernando Delgado. — *Dotzè del Crestià (II.1 e II.2)*, Universitat de Girona, 1986-1987. — *Psalterium alias Laudatorium Papae Benedicto XIII dedicatum. Three Cycles of Contemplative Prayer by a Valencian Franciscan*, 1988, Pontifical Institute of Medieval Studies, ed. C. Wittlin.

Bibliografia: *Studia Bibliographica*, Universitat de Girona, 1991 (antologia de estudos importantes sobre E.) [Estudis sobre F. E. 1].

Ver: P. Martí de Barcelona, *Fra Francesc Eiximeniç, O. M. (1340-1409)*, 1929 [monog.: Collectanea Sarrianensia, I, 13]. — Id., id., "L' Església i l'Estat segons Francesc Eiximeniç", *Criterion* (1931), 325-333, 337-340. — J. H. Probst, "Die ethischen und sozialen Ideen des katalanischen Franziskaners Eiximeniç", *Wissenschaft und Weisheit* (1938), 73-94. — Nolasc del Molar, Eiximenis, 1962 [conferência, com caps. VII-XVII da obra de E. intitulada *L'Assumpció de la Verge*]. — J. J. E. Gracia, "Cinco capítulos del *Terç del Crestià* ovidados por el P. Martí en su edición de la obra", *Analecta Sacra Tarraconensia*, 46 (1973), 265-277. — A. G. Hauf, "Fr. F. E. OFM, *de la predestinación de Jesucristo*, y el consejo del Arcipreste de Talavera *a los deólogos que mucho fundados no son*", *Archivum Franciscanum Historicum*, 76 (1983), 239-295. — J. A. Maravall, "Franciscanismo, burguesía y mentalidad precapitalista: la obra de E.", em *Estudios de historia del pensamiento español. Serie primera. Edad media*, 1983, pp. 363-383. — A. G. Hauf, *D'Eiximenis a sor Isabel de Villena (Aportació a l'estudi de la nostra cultura medieval)*, 1990. — X. Renedo, "Llegir i escriure a la tardor a l' Edat Mitjana", em *Actes del Novè Colloqui Internacional de Llengua i Literatura Catalanes II*, 1993, pp. 209-222. **c**

ÉLAN VITAL. Esta expressão, traduzida para o português por 'ímpeto vital' ou 'impulso vital', é fundamental no pensamento de Bergson (VER). Segundo esse autor (na seção intitulada "L' élan vital" em *L'évolution créatrice*, 1907), o evolucionismo não se explica por fatores "mecânicos", como pretendem os darwinianos e neodarwinianos. É preciso recorrer a "uma causa de ordem psicológica", como propuseram alguns neolamarckianos. Parte-se, assim, de um "impulso original (*élan originel*) da vida", o qual "passa de uma geração de germens para a geração seguinte de germens por intermédio dos organismos desenvolvidos que formam o traço de união entre os germens". Todavia, não se deve apelar, segundo Bergson, a causas finais. Tanto aqueles que insistem em causas eficientes como os que destacam os aspectos teleológicos no desenvolvimento das espécies pecam por admitir que existe algo previamente "dado", salvo que para os primeiros o dado está "no princípio" enquanto para os segundos encontra-se "no final". Bergson dá como exemplo de sua idéia do *élan vital* a formação do olho; o trabalho de "fabricação" do olho mostra que não se entende a formação mediante um conjunto de meios empregados, mas antes mediante um conjunto de obstáculos sorteados. Um exemplo, mais simples, mas da mesma ordem, é qualquer movimento da mão; é um movimento indivisível, que tratamos de reconstruir por meio de descontinuidades. O *élan vital* não é "divisível", nem "reconstruível", porque forma um todo indiviso; sua natureza é como a da pura duração qualitativa.

Em sua obra sobre as duas fontes da moral e da religião, Bergson oferece um resumo das notas que caracterizam o *élan vital*; apresentamos esse resumo no artigo BERGSON (HENRI).

ELEATAS. Dentre os pré-socráticos, são chamados de eleatas Xenófanes de Colofonte, Parmênides de Eléia, Zenão de Eléia e Melisso de Samos. Como se vê, apenas o segundo e o terceiro dos filósofos mencionados eram de Eléia (sul da Itália), lugar que dá nome à escola. Xenófanes, porém, emigrou da costa da Ásia Menor para o sul da Itália e viveu durante sua velhice em Eléia. Além disso, considera-se que a filosofia dos eleatas esteve em estreita relação com a dos jônios (VER), não apenas por causa dos laços que uniram as cidades jônicas às cidades itálicas meridionais, mas também porque as duas partilhavam vários pressupostos, particularmente a tendência monista. Característica dos eleatas era, com efeito, a afirmação da unidade do que existe. Essa unidade foi sublinhada por Xenófanes de um ponto de vista teológico; por Parmênides foi destacada de um ponto de vista ontológico; por Zenão, de um ponto de vista dialético; e por Melisso, de um ponto de vista cosmológico (levando em conta a significação particular que os termos 'teológico', 'ontológico', 'dialético' e 'cosmológico' têm no pensamento dos pré-socráticos). É comum, em todo caso, considerar que por meio dos eleatas, e sobretudo de Parmênides, foram expostos pela primeira vez com plena maturidade alguns dos temas fundamentais da metafísica ocidental e, em particular, o problema da relação entre a realidade e a razão. Os historiadores debateram muito a questão da relação entre os eleatas e as outras escolas pré-socráticas, especialmente a dos pitagóricos. Alguns autores (como E. Frank) negam a relação; outros (como F. Enriques e G. de Santillana) indicam que é muito provável que certas teses dos eleatas tenham influído ao menos sobre alguns dos pitagóricos posteriores (como Arquitas).

Para a bibliografia ver FILOSOFIA GREGA; XENÓFANES; MELISSO; PARMÊNIDES; PRÉ-SOCRÁTICOS; ZENÃO DE ELÉIA. Além disso: Guido Calogero, *Studi sull' eleatismo*, 1932. — J. Zafiropoulo, *L' École éléate*, 1950. — J. H. M. M. Loenen, *Parmenides, Melissus, Gorgias. A Reinterpretation of Eleatic Philosophy*, 1959. — Virginia Guazzoni Foa, *Attualità dell' ontologia eleatica*, 1961. — G. Prauss, *Platon und der logische Eleatismus*, 1966.

— F. Solmsen, *The "Eleatic One" in Melissus*, 1969.
— J. Wiesner, *Ps.-Aristoteles, MXG. Der historische Wert des Xenophanes-Referats. Beiträge zur Geschichte des Eleatismus*, 1974.

ELEIÇÃO (AXIOMA DA). Ver Escolha, Axioma da.

ELEMENTO. Este termo pode ser utilizado em um dos quatro sentidos seguintes:

1) Para *compendiar* uma série de vocábulos empregados por diversos filósofos com o fim de designar as entidades últimas que, a seu entender, constituem a realidade e, em particular, a realidade material. Entre tais vocábulos encontram-se: 'átomos' (ἄτομα), 'corpúsculos' (*corpuscula*, ἀρετῆς σώματα, ἀδιαίρετα, ὄγκοι), 'partes mínimas' (*minima naturae*), 'homeomerias' (ὁμοιομέρειαι), 'sementes' (*semina* ou *semina rerum*, ῥιζώματα), 'espermas' (σπέρματα), 'razões seminais' (σπερματικοὶ λόγοι).

O nome comum em grego é στοιχεῖον, traduzido como 'elemento'. Assim, um átomo, um corpúsculo, uma "semente" etc. são elementos. O significado originário de στοιχεῖον é "letra (do alfabeto)" ou "som".

O número e qualidade dos elementos considerados "partes constitutivas" das realidades naturais variou muito. Nos sistemas da filosofia indiana, fala-se, às vezes, de quatro elementos ou *bhutas* (terra, água, fogo, ar) e outras vezes de cinco (os quatro já citados e o éter). Os budistas falam dos elementos ou *shandhas* que costumam (enganosamente) unir-se na suposta individualidade. Os chineses falaram de cinco elementos (terra, água, fogo, madeira, metal); três desses elementos (fogo, água, terra) parecem mais fundamentais e são aqueles introduzidos em alguns escritos. Os órficos também falaram de três elementos (fogo, água, terra). Tales, Anaximandro, Anaxímenes falaram de um único elemento (água, "apeiron" e ar respectivamente). Para Xenófanes existem dois elementos básicos (terra, água). Para Parmênides os elementos eram "formas", μορφαί. Anaxágoras falou de um número infinito (ou indefinido) de elementos qualitativamente distintos (as "homeomerias"), e Demócrito de um número infinito de elementos (os átomos; ver Atomismo). Deve-se a Empédocles a formulação mais precisa da chamada "doutrina dos quatro elementos": fogo, ar, água e terra. Como indica Aristóteles (*De gen.*, II, 330 a 30 b 7), estes elementos se determinam pelas características de calor, frialdade, secura e umidade de acordo com a seguinte ordem:

Fogo = quente + seco
Ar   = quente + úmido
Água = frio + úmido
Terra = frio + seco

Estes elementos parecem estar, além disso, organizados de forma "ascendente", com a terra na "base" e, sobre ela, sucessivamente, a água, o ar e o fogo.

A "doutrina dos quatro elementos" exerceu grande influência na Antiguidade e na Idade Média e até à época moderna já bem avançada. Platão falou de quatro elementos (os quatro citados de Empédocles), mas não os considerou como verdadeiras "partes constituintes"; tais partes são, antes, certas figuras sólidas, cada uma das quais é a base de um "elemento" (tetraedro = fogo; cubo = terra; octaedro = ar; icosaedro = água). Além disso, Platão (seguindo os pitagóricos) referiu-se a tais "elementos" ou "princípios" dos números como a unidade e a díade. Vários autores (o pitagórico Filolau, o platônico Espeusipo e, sobretudo, Aristóteles) falaram de cinco elementos: terra, fogo, água, ar e éter (ou "continente" do cosmos). Os estóicos retornaram à teoria "clássica" dos quatro elementos; em contrapartida, vários platônicos (como Albino) introduziram os antes citados cinco elementos. Na Idade Média foi comum apresentar a "doutrina dos quatro elementos", mas também se falou do éter como "quinto elemento" ou *quinta essentia* (a "quintessência" da linguagem comum usada para designar algo sutil e impalpável). Os epicuristas seguiram, naturalmente, Demócrito na concepção dos elementos como "átomos". Um interessante tratado medieval é o chamado *Liber Marii De Elementis*, procedente do século XII, ou início do XIII. Ele é atribuído a um autor de nome Marius, provavelmente um médico, e consiste em um diálogo em dois livros nos quais se discute a natureza de cada um dos quatro elementos e os modos pelos quais se combinam em partes iguais e desiguais para formar as várias substâncias ou, melhor dizendo, os "compostos", *composita* (ed. e trad. inglesa de *De elementis* em Richard C. Dales, Marius: *On the Elements*, 1976). Alguns atribuem o *Liber Marii De Elementis* a outro autor; Jacqueline Reuter, por exemplo, o atribui a Pedro Afonso (Petrus Alphonsi [apud Dales, p. 2, n. 1).

2) Para designar as noções que compõem uma doutrina como "materiais" com os quais tal doutrina é construída. Nesse sentido Kant dividiu a *Crítica da razão pura* em doutrina dos elementos (*Elementar-Lehre*) e doutrina do método (*Methoden-Lehre*). A "doutrina dos elementos da razão pura" compreende a Estética e a Lógica transcendentais, e esta última está dividida em Analítica e Dialética transcendentais.

3) Para designar os princípios de uma ciência ou de um sistema. É o uso corrente em muitos manuais de introdução a uma disciplina: "Elementos de filosofia", "Elementos de física" etc. Temos um exemplo clássico desse uso na obra Στοιχείωσις Θεολογική, de Proclo: *Institutio theologica* ou *Elementos de teologia*.

4) Como expressão da realidade na qual se encontra ou se "banha" uma entidade ou conceito determinados. Assim, por exemplo, quando Hegel usa expressões como "o elemento do negativo".

⊃ Ver: Jacques Laminne, *Les quatre éléments: le feu, l'air, l'eau, la terre. Histoire d'une hypothèse*, 1904. — W. Volgraff, "Elementum", *Mnemos*, 4, 2 (1949), 89-115. — H. Köller, "Stoicheion", *Glotta*, 34 (1955), 161-174. — W. Burkert, "Στοιχεῖον. Eine semasiologische Studie", *Philologus*, 103 (1959), 167-197. — F. Solmsen, *Aristotle's System of the Physical World*, 1960. — Adolf Lumpe, "Der Begriff 'Element' im Altertum", *Archiv für Begriffsgeschichte*, 7 (1962), 285-293. — Gustav Adolf Seeck, *Ueber die Elemente in der Kosmologie des Aristoteles. Untersuchungen zu De generatione et corrutione und De caelo*, 1964. — A. P. Bos, *On the Elements: Aristotle's Early Cosmology*, 1972. — W. Schwabe, *"Mischung" und "Element" im Griechischen bis Platon. Wort — und begriffsgeschichtliche Untersuchungen, insbesondere zur Bedeutungsentwicklung von* στοιχεῖον, 1980. ⊂

ELENCO. O termo grego ἔλεγχος significa "prova", "modo de prova", "modo de contraste", "exame". Como mediante prova ou exame se pode confutar ou refutar uma opinião, ἔλεγχος também é usado no sentido de "refutação". A obra de Aristóteles intitulada Περὶ σοφιστικῶν ἐλέγχων é traduzida para o latim como *De sophisticis elenchis* e citada em português com os títulos *Sobre as refutações sofísticas, Sobre as refutações dos sofistas* ou *Sobre os argumentos dos sofistas*.

ELEUTEROLOGIA. Ver Eleuteronomia.

ELEUTERONOMIA. Assim como a autonomia é *"a própria lei"* — o reger-se segundo uma lei própria ou "interna" — e a heteronomia é a "lei alheia" — o reger-se segundo uma lei que vem de alguma instância externa —, a eleuteronomia (do grego ἐλεύθερος = "livre", e νόμος = lei) é "a lei da liberdade", isto é, o reger-se segundo "a própria liberdade", sem coações de qualquer espécie, físicas ou mentais.

O termo 'eleuteronomia' (*Eleutheronomie*) foi introduzido por Kant em sua *Fundamentação da metafísica dos costumes* (*Grundlegung zur Metaphysik der Sitten*), ao falar de um princípio de liberdade da legislação interna. A mencionada obra foi publicada em 1785. Três anos depois, em 1788, o filósofo August Heinrich Ulrich (1746-1813, nasc. em Rudolstadt; professor na Universidade de Iena) publicou uma obra intitulada *Eleutheriologie oder über die Freiheit und Notwendigkeit* (*Eleuterologia* [*Eleuteriologia*] *ou sobre a liberdade e a necessidade*). Ulrich se opôs a Kant em nome da Escola de Leibniz-Wolff e concebeu eleuterologia como a ciência que trata da liberdade. Em contraposição ao "determinismo" da necessidade, o que foi chamado "eleuterismo" foi equiparado ao "indeterminismo".

EM. A preposição 'em' tem interesse filosófico. Consideremos os seguintes enunciados: "Os objetos materiais estão *no* espaço"; "O atributo está *no* sujeito"; "Os objetos do conhecimento estão *na* consciência cognoscente"; "A parte está *no* todo"; "O homem está *no* mundo". Estes e muitos outros enunciados similares têm significação ou significações que dependem em grande medida do sentido de 'em'. Várias doutrinas filosóficas são esclarecidas quando se leva em conta o significado e o uso que fazem da proposição 'em'. Assim, por exemplo, o realismo metafísico e o idealismo metafísico supõem um modo, ou modos, de "estar em": a consciência está no mundo, o mundo está na consciência. Pode-se analisar frutiferamente o significado de 'em' em Aristóteles, Hegel, Heidegger etc. A análise da preposição 'em' pode ser feita de maneiras muito diversas. Podem ser examinados os significados de 'em', os usos de 'em' etc. Pode ser adotado um ponto de vista predominantemente "lingüístico", ou lógico, ou ontológico (especialmente ontológico formal), ou metafísico etc., ou então uma combinação de tais pontos de vista. Expressões — principalmente advérbios — podem ser interpretadas do ponto de vista do 'em'. Neste verbete nos limitaremos a destacar alguns significados de 'em'. As informações aqui proporcionadas devem ser completadas com aquelas contidas em outros verbetes da presente obra; remetemos aos artigos Acidente; Inesse; Inerência; Ter; Relação; o último na medida em que 'em' expressa uma relação, como a relação 'incluído em'.

A utilização de 'em' rapidamente deu origem a dificuldades e até a paradoxos. A dificuldade mais conhecida é a exposta por Zenão de Eléia ao indicar que não há uma realidade como o "lugar", pois se assim fosse ela deveria estar em outra realidade — isto é, em outro lugar —, e assim *ad infinitum*. Para resolver essa dificuldade era preciso analisar os diversos sentidos de 'em'. Foi o que fez Aristóteles, que, além disso, descobriu que ao se distinguirem vários significados de 'em' podem ser resolvidas outras dificuldades.

Esse filósofo se refere ao assunto em duas passagens. Uma delas é *Met.* Δ 1023 a 23-25, onde se diz que "estar em algo" tem significados parecidos com os de "ter", ἔχειν (os quais ele analisa nas linhas anteriores à citada passagem de *Met.*, Δ e em *Cat.* 15 b 17-33) (ver Ter). A outra passagem — mais importante, em nosso entender — é *Phys.*, IV, 210 a 15 — 210 b 22. Segundo Aristóteles, há oito modos de dizer 'em', ἐν, isto é, de dizer que algo *está em* outra coisa:

1) Como o dedo está na mão, e, em geral, a parte no todo.
2) Como o todo está nas partes, já que não há nenhum todo acima das partes.
3) Como o homem está no animal e, em geral, a espécie no gênero.
4) Como o gênero está na espécie e, em geral, a parte da forma específica está na definição da forma específica.

5) Como a saúde está nas coisas quentes e frias e, em geral, a forma está na matéria.
6) Como os assuntos da Grécia estão naquele que tem o poder (= dependem daquele que tem o poder) e, em geral, os acontecimentos estão no agente (= dependem do agente).
7) Como algo está em seu bem (= está subordinado ao seu bem) e, em geral, está em seu "fim", isto é, naquilo por que existe.
8) No sentido mais estrito, como uma coisa está em seu continente e, em geral, em um lugar (= em seu lugar).

Tomás de Aquino (4 *Phys.*, 4 a; *S. theol.*, I, q. XLII 5 ob 1 *et al.*) seguiu nisto Aristóteles, ao considerar que os citados oito modos de "estar em" são os modos nos quais se diz que algo está em algo *quibus aliquid in aliquo dicitur esse*. O modo 8) inclui, segundo Tomás de Aquino, o tempo, já que, assim como o lugar é a medida daquilo que se move (*locus est mensura mobilis*), o tempo (VER) é a medida do movimento (*tempus est mensura motus*). Estas formas do *aliquid in aliquo* são de algum modo similares às formas do *esse in alio*, mas não totalmente. O *esse in alio* (que, diferentemente do "estar em outro", podemos traduzir por "ser em outro") centra-se na noção de não-subsistência (metafísica) de uma coisa. Com isso expõe-se o problema de se uma entidade dada é ou não é subsistente, *subsistens*, ou se pode ou não existir, ou subsistir, separada, *separatum subsistens*.

Tanto em Tomás de Aquino como em outros escolásticos, podem ser encontradas muitas elucidações do problema do "estar em". Às vezes se utiliza para isso a expressão *esse in*. Esta pode ser interpretada de vários modos; têm-se, por exemplo, os seguintes quatro modos propostos por Ockham: 1) estar uma coisa em um lugar ou um acidente em um sujeito; 2) estar a espécie no gênero; 3) ser atribuído (= ser predicado); 4) ser conhecido ou ter a possibilidade de ser conhecido. A questão de como os acidentes estão na substância já foi amplamente tratada (ver ACIDENTE). Também deu motivo a numerosas análises a questão de como as coisas "estão em" Deus. O último problema revela até que ponto a questão da "relação" entre Deus e o mundo também pode ser analisada à luz do sentido, ou sentidos, de 'em'. O mesmo ocorre com a questão da relação entre a essência e a existência (ver ESSÊNCIA; EXISTÊNCIA).

A expressão utilizada com freqüência ao nos referirmos ao 'em' é *inesse*. Entretanto, por ter sido empregada freqüentemente como expressão lógica — embora nem sempre de modo independente das questões metafísicas e "físicas" antes mencionadas — nós lhe dedicamos um verbete especial (ver INESSE).

Tratar, mesmo que brevemente, dos sentidos de 'em' na filosofia moderna seria demasiadamente extenso. Basta reiterar que um dos problemas fundamentais nessa filosofia — o problema do modo de estar a realidade na consciência cognoscente — está intimamente ligado à questão dos significados de 'em'. O mesmo acontece com as novas interpretações do "estar em" a que deu lugar o pensamento de Heidegger (VER) e com aquelas a que fizemos referência em vários verbetes (por exemplo: DASEIN). Para algumas informações sobre a interpretação de 'em' na filosofia moderna, conferir o verbete EXTERIOR.

O 'em' pode ser considerado expressão de uma relação. Trata-se de uma relação diádica não-simétrica. Em alguns casos ela pode ser considerada uma relação transitiva: assim, por exemplo, se dizemos que o cinzeiro está no aposento e o aposento na casa, podemos dizer que o cinzeiro está na casa. Entretanto, levando-se em consideração o exemplo 2 aristotélico do "estar em", a relação "em" não é transitiva. A análise do "estar em" segundo o ponto de vista da lógica da relação foi levada a cabo com particular detalhamento em Leibniz como relação, primeiro, entre conceitos ou idéias e, a seguir, como relação entre elementos abstratos (ver a esse respeito R. Kauppi, *Ueber die Leibnizsche Logik* [1960], pp. 66ss.).

EMANAÇÃO. Em diversas doutrinas e especialmente no neoplatonismo, entende-se por 'emanação' o processo mediante o qual o superior produz o inferior por causa de sua própria superabundância, sem que o primeiro deles perca nada nesse processo, como ocorre (metaforicamente) no ato da difusão da luz. Mas, ao mesmo tempo, há no processo de emanação um processo de degradação, pois entre o superior e o inferior existe a mesma relação que a do perfeito para o imperfeito, do existente para o menos existente. A emanação é, desse modo, distinta da criação (VER) que produz algo do nada; na emanação do princípio supremo não há, ao contrário, criação a partir do nada, mas autodesdobramento sem perda do ser que se manifesta. Aquilo que é emanado tende, como diz Plotino, a identificar-se com o ser do qual emana, com seu ser mais que com seu criador. Daí certos limites intransponíveis entre o neoplatonismo e o cristianismo, o qual sublinha a criação do mundo a partir do nada e, por conseguinte, tem de negar o processo de emanação unido à idéia de uma eternidade do mundo. Essa contraposição deve ser entendida sobretudo em função da introdução ou não-introdução do tempo: se no neoplatonismo o tempo (VER) não é negado, acaba por reduzir-se, e a concentrar-se, à unidade originária do modelo; no cristianismo, por outro lado, o tempo é essencial, porque o processo do mundo não é simplesmente desdobramento, mas drama essencial. A emanação suprime toda "peripécia" (entendida como aquilo que não está forçosamente predeterminado e que pode decidir em um momento a salvação ou a condenação da alma). O processo dramático, ao contrário, compõe-se justamente de peripécias e de situações nas quais pode intervir não apenas a alma, mas o universo inteiro. Por isso no processo dramático o tempo atua verdadeiramente e mostra-se como absolutamente decisivo.

A diferença entre emanação e criação é de ordem ainda mais complexa que a que foi apontada. A rigor, ela só pode ser entendida com clareza suficiente quando distinguimos entre os diversos modos de *produção* de um ser. Tais modos de produção foram postos especialmente em destaque pela teologia católica, sobretudo na medida em que submeteu à elaboração conceitual as noções da teologia helênica e estabeleceu uma comparação entre o modo de produção que o cristão admite como próprio de Deus e outros modos possíveis. Assim, pode-se falar de um modo de produção por *processão* (VER), na qual uma natureza imutável é comunicada por inteiro a várias pessoas. Como veremos no verbete correspondente, essa comunicação pode operar-se de várias maneiras, e é justamente essa operação diversa que permite entender em uma certa medida o problema das processões trinitárias. Pode-se falar de um modo de produção por *transformação*, no qual um agente externo determina uma mudança em outro agente. Pode-se falar de um modo de produção por *criação* (VER), quando um agente absoluto extrai algo do nada, ou seja, traz à existência algo não preexistente. E pode-se falar de um modo de produção por *emanação*, no qual um agente extrai de si mesmo uma substância parecida. Esse tipo de emanação é chamado de "substancial", diferentemente da emanação "modal", na qual o agente produz em si mesmo uma maneira de ser nova, mas não essencial e necessariamente ligada a ele. Desse ponto de vista não apenas aparecem como distintas a criação e a emanação, mas também se impõe uma distinção entre esta última e certos modos especiais de processão. Assim, a noção de emanação no sentido comumente utilizado no neoplatonismo e ainda mais em diversas doutrinas de caráter panteísta parece surgir sempre que a razão funciona sobre o real sem certas travas que a realidade impõe; é, de certo modo, uma das condições de todo pensamento racional-especulativo sobre a realidade.

A noção de emanação foi utilizada, dentro do neoplatonismo, não apenas por Plotino, mas também por Jâmblico. Este considerava como fonte da emanação o que está além do Uno, além do princípio supremo inefável, ἡ ἄρρητος ἀρχή.

Nos gnósticos, a emanação não suprime o processo dramático, já que está condicionada pela superioridade das potências boas; assim, o desenvolvimento dramático do universo gnóstico é constituído, em última instância, por meio de uma série de emanações produzidas no instante em que são necessárias. A emanação também foi admitida em certos sistemas que tendiam ao panteísmo. Sem dúvida em Avicebron (VER), mas também, de certa maneira, em Scot Erígena. Embora não se possa dizer que o sistema de Scot Erígena seja inteiramente panteísta, a emanação funciona nele como uma processão que experimentará, uma vez desenvolvida, uma conversão. Todavia, como foi indicado anteriormente, nem sempre que se fala em *processio* e em irradiação do ser ao modo da περίλαμψις plotiniana há emanação; o caso das processões trinitárias torna patente tal diferença.

EMANCIPAÇÃO. O que se diz no verbete libertação (VER) pode ser aplicado à noção de emancipação; em grande número de casos, esses termos são utilizados com o mesmo significado.

Segundo Ulrich Hermann ("Emanzipation", em *Archiv für Begriffsgeschichte*, 18, 1 [1974], 85-143) há abundante "material para a história do conceito político-social e político-pedagógico" designado em alemão mediante o termo *Emanzipation*. Em várias Enciclopédias filosóficas, sociológicas e pedagógicas, *Emanzipation* contrapõe-se a *Entfremdung* (alienação [VER]). *Emanzipation* é utilizado especialmente em textos pedagógicos.

Atualmente, embora com um sentido fundamentalmente distinto do de libertação já referido, tende-se a empregar 'emancipação' em espanhol mais que 'libertação' em textos filosóficos quando se fala de um dos tipos de interesse (VER) de que tratou Jürgen Habermas (VER): o "interesse emancipador do conhecimento" (*emanzipatorische Erkenntnisinteresse*) — diferente do interesse "prático" e do "técnico". Exemplos destes usos podem ser encontrados, entre outros textos, em Habermas, "Technik un Wissenschaft als 'Ideologie'", publicado originalmente em *Merkur*, 243 (1968), 591-660; 244 (1968), 682-693, reunido no livro *Technik und Wissenschaft als "ideologie"*, 1968, pp. 48-103, e em "Erkenntnis und Interesse", originalmente em *Merkur*, 213 (1965), 1139-1153, reunido no mesmo livro, pp. 146-168; também, e especialmente, o volume *Erkenntnis und Interesse*, 1968, ao começar a tratar de Kant, e em Fichte, da "auto-reflexão" como emancipação, e "da unidade entre a razão e o emprego interessado da razão" (p. 257). Hermann aponta usos como o de Klaus Möllenhauer, *Erziehung und Emanzipation* (1968), e o de Karl-Otto Apel, "Wissenschaft als Emanzipation?", em *Zeitschrift für allgemeine Wissenschaftstheorie*, 1 (1970), 173-195 (art. cit., p. 88, notas 29 e 31). A cultura ou formação (*Bildung*) como emancipação é tratada em Dieter Haarmann, "'Bildung': zur Geschichte eines emanzipatorischen Begriffs", nos *Pedagogische Beiträge*, de Westermann, 11 (1970), 557-569 (Ulrich Hermann, p. 92, nota 45). É possível que o uso de 'emancipação', 'emancipador' ('emancipatório') etc. em Habermas e outros "frankfurtianos" — ou em autores que dialogaram ou entraram em disputa com estes — tenha raízes culturais alemãs nem sempre encontradas no vocábulo 'libertação', mais difundido em outros países.

•• No final dos anos 1960 aparece na América Latina uma forma própria de teologia política denominada "teologia da libertação". Trata-se de uma reflexão enraizada na situação político-social concreta de povos submetidos à exploração e à marginalização, tanto cultural como social e política. Apoiando-se no profetismo bíblico, a teologia da libertação parte da análise e denúncia da situação de opressão para avançar na direção de propostas globalmente emancipadoras. Foram fundamentais para a teologia da libertação as obras pioneiras de Gustavo Gutiérrez (nasc. em Lima, 1928: *La pastoral de la Iglesia Latinoamericana: análisis teológico*, 1968; *Teologia da libertação. Perspectivas*, 2000) e de Leonardo Boff (nasc. em Concórdia, SC, 1938: *Jesus Cristo Libertador. Ensaio de cristologia crítica para o nosso tempo*, 1966; *Paixão de Cristo — Paixão do mundo*, 1977). As autoridades vaticanas alertaram em diversas ocasiões sobre os riscos de indevida politização dessa teologia, dentro da qual foram denunciados excessivos interesses temporais e influências marxistas. Desse modo, por seu livro *Igreja: carisma e poder*, 1981, L. Boff foi sancionado a permanecer em silêncio obsequioso durante um ano. Em 1991 foi destituído do posto de redator-chefe da revista *Vozes*. Em 1992 abandonou o sacerdócio e a Ordem franciscana, sem deixar a Igreja por isso. Sua reflexão globalizadora também orientou-se na direção de uma ecologia cristã. ••

EMERGENTE. O vocábulo 'emergente' foi utilizado sobretudo em inglês (*emergent*) para caracterizar uma das teorias gerais sobre a evolução (VER): a teoria da evolução emergente (*Emergent Evolution*). Essa doutrina, defendida por C. Lloyd Morgan, Samuel Alexander e outros autores, afirma que cada nível de ser é emergente em relação ao nível anterior — e inferior —, ou seja, que cada nível de ser tem, em relação ao anterior, uma qualidade irredutível. Por níveis — ou camadas — do ser entendem-se realidades como *matéria, organismo* (*ou vida*), *consciência* etc. Segundo Lloyd Morgan, o conceito de emergência já havia sido desenvolvido por J. S. Mill em sua *Lógica* ao discutir as "leis heteropáticas" nas causas. J. S. Mill afirma que não devemos nos exasperar pelo fato de que ciências como a química e a fisiologia possam elevar-se à categoria de ciências dedutivas, já que, "embora seja impossível deduzir todas as verdades químicas e fisiológicas das leis ou propriedades de substâncias simples ou agentes elementares, podem ser deduzidas possivelmente de leis que começam quando esses agentes elementares se unem em algum número não-excessivo de combinações não demasiadamente complexas". Assim, as leis da vida não podem ser deduzidas, segundo J. S. Mill, das leis de seus ingredientes, mas os fatos da vida podem ser deduzidos de leis relativamente simples da vida. Temos pois, por um lado, uma redutibilidade (em alguns aspectos) e, por outro, uma irredutibilidade (em outros aspectos), o que insinua a possibilidade de emergências. Tal possibilidade é afirmada explicitamente por J. S. Mill quando declara que, embora as causas combinadas produzam em geral os mesmos efeitos que produzem quando operam separadas, há em alguns pontos particulares casos nos quais as leis mudam durante a transição, de tal maneira que uma série inteiramente diferente de efeitos é produzida. Poderíamos, assim, concluir que J. S. Mill admite a emergência nos fatos ainda que a negue nas leis.

O próprio termo 'emergente', em contraste com 'resultante', foi sugerido a C. Lloyd Morgan por G. H. Lewes. Ambos distinguem entre *a*) propriedades exclusivamente somatórias e subtrativas, que são previsíveis, e *b*) qualidades novas e imprevisíveis. O resultante é produto de uma soma; o emergente é, como diz Alexander, uma "qualidade" nova. A concepção da vida como evolução emergente, assinala C. Lloyd Morgan, opõe-se à sua concepção como um reagrupamento de fatos físicoquímicos. Esta última concepção, chamada de *mecânica*, mostra-se, no seu entender, inadequada, pois, embora tenhamos de admitir os resultantes, os emergentes não podem ser eliminados. A idéia de C. Lloyd Morgan foi aplicada sobretudo às relações entre a matéria, a vida e a consciência. A vida, por exemplo, é definida como uma qualidade emergente da matéria (ou do chamado "quimismo" da matéria). Vários exemplos, quase todos tomados da química do carbono em sua relação com a vida biológica, são, para C. Lloyd Morgan, suficientemente probatórios de sua teoria. A vida biológica é, pois, uma síntese cujos elementos não se alteram, mas cuja qualidade é modificada pelo fato de que seu lugar na estrutura varia de modo semelhante à variação do valor e do sentido de uma nota musical segundo o lugar que ela ocupa em uma composição. Por esse motivo, a teoria da qualidade (VER) foi elaborada com particular detalhamento pelos evolucionistas emergentistas, especialmente por Samuel Alexander, ao conceber justamente as qualidades como "emergências". Assim, no sistema de Alexander, as diferentes camadas do ser são definidas de acordo com suas qualidades, que mudam segundo as coisas, diferentemente das categorias que são invariáveis. Por exemplo, o movimento é uma qualidade emergente do Espaço-Tempo. Dele emergem o universo empírico; deste a matéria mecânica; desta, a existência físico-química; desta, a vida e, finalmente, da vida emerge o espírito ou a consciência.

•• O autor desta obra também adotou um certo tipo de emergentismo. Assim, em *De la materia a la razón* (1979), mostrou que entre os diversos "níveis" de realidade (entre a realidade física e a orgânica, a biológica e a social) não há distinções categóricas, ainda que isso não seja "negar que possa haver ocasionalmente mudanças abruptas ou 'singularidades'", pois todas essas mudanças se encaixam em um sistema de realidades contínuo. "Nesse aspecto é plausível considerar certas 'ordens' de realidade como emergentes em relação a outras. Estas constituem as condições necessárias, mas nem sempre suficientes, da existência e característica daquelas" (p. 205). Nesse sentido, continuísmo e emergentismo não são, para Ferrater, incompatíveis, mas congruentes. ••

➲ Ver: C. Lloyd Morgan, *Emergent Evolution* (1923), I, § 1. — O texto de J. S. Mill, em *A System of Logic* (1843), III, vi, 2. — O de G. H. Lewes em *Problems of Life and Mind*, II (1874), prop. V, cap. III. — Para S. Alexander, ver *Space, Time and Deity*, 1920 passim. — Ver também: Arthur O. Lovejoy, "The meanings of 'Emergence' and Its Modes", em *Proceedings of the Sixt Int. Congress of Philosophy* (1926), pp. 20-33, versão ampliada em *Journal of Philosophical Studies*, 2 (1927), 167-181. — William P. Montague, "A Materialistic Theory of Emergent Evolution", em *Essays in Honor of John Dewey*, 1929, pp. 257-273. Uma teoria semelhante à dos emergentistas, mas sem as implicações empírico-evolutivas desta, é a de N. Hartmann, que adota uma linguagem antes ontológico-descritiva — Ver além disso: R. L. Worrall, *Emergency and Matter*, 1948. — P. Chauchard, *La création évolutive*, 1957. — P. McShane, *Randomness, Statistics and Emergence*, 1970. — P. Medawar, "A Geometric Model of Reduction and Emergence", em F. J. Ayala e T. G. Dobzhansky, eds., *Studies in the Philosophy of Biology*, 1974, pp. 57-63. — A. Beckermann, H. Flohr, J. Kim, *Emergence or Reduction?*, 1992. C

EMERSON, RALPH WALDO (1803-1882), nascido em Boston, estudou em Harvard e foi ordenado em 1829 ministro da Old North Church de Boston, cargo ao qual renunciou em 1832, mudando-se para Concord, onde faleceu. Influenciado pelo individualismo histórico de Carlyle e pelo idealismo, figura capital do transcendentalismo (VER), a filosofia de Emerson não tem nenhum caráter externo sistemático, mas não consiste, por causa disso, em um conjunto arbitrário de opiniões. Pelo contrário, o fundo último de seu pensamento é estritamente coerente e responde tanto a um postulado íntimo como a um pensar ligado às verdades eternas do idealismo enquanto opostas e superadoras ao mesmo tempo de todo sensualismo e de todo atomismo. Daí que para Emerson todo fato da natureza seja um reflexo e como que um signo de um fato do espírito: os fatos naturais são caminhos que conduzem a realidades transcendentes, as quais encontram no fundo da alma tanto como no fundo das próprias coisas. Nem na natureza, nem no espírito há cisões absolutas, irremediáveis, mas esta identidade de toda coisa não é nada além do fato da posse, por parte de cada ser, de uma lei própria, de um modo de existir em cuja fidelidade radica sua verdadeira plenitude. A filosofia de Emerson insiste seguidamente nesse pensamento fundamental da lei própria de cada ser, que permite que ele se realize completamente; a crença e a confiança nessa lei implicam, por um lado, a vida religiosa, cujo valor consiste em sua profunda interioridade, e, por outro, a existência moral, conforme ao mesmo tempo à natureza e ao espírito por ser em última instância conforme à divindade.

➲ Obras em prosa: *Nature*, 1836. — *Essays*, série I, 1841; série II, 1844. — *Representative Men*, 1850. — *English Traits*, 1856. — *The Conduct of Life*, 1860. — *Society and Solitude*, 1870. — *Letters and Social Aims*, 1876.

Obras em verso: *Poems*, 1847. — *May Day and Other Pieces*, 1867.

Edições de obras: *Uncollected Writings*, 1912. — Ed. de obras completas: J. E. Cabot (1883-1893); Standard Library Edition (1894); *The Complete Works*. Centenary edition, 12 vols., 1903-1914, a cargo de E. W. Emerson; *The Collected Works*, 1971ss., ed. J. Slater et al. — *Journals*, 10 vols., 1909-1914, ed. E. W. Emerson e W. Emerson Forbes. Ed. em 3 vols., 1960-1963, por W. H. Gilman et al. — *Five Essays on Man and Nature*, 1954, ed. R. E. Spiller. — *Nature, Adresses and Lectures*, 1979, eds. R. E. Spiller e A. R. Ferguson. — *The Essays of R. W. E.*, 1987, eds. A. R. Ferguson e J. F. Carr.

Correspondência: *Correspondance of Th. Carlyle and R. W. Emerson, 1834-1872*, 2 vols., 1883, ed. C. E. Norton.

Em português: *Ensaios*, 3ª ed., 1994. — *Homens representativos*, 1996.

Bibliografia: G. W. Cooke, *A Bibliography of R. W. Emerson*, 1908. — R. E. Burkholder, *E. An Annotated Secondary Bibliography*, 1985.

Para biografia, ver: J. E. Cabot, *R. W. Emerson*, 1887. — Sobre sua obra em geral, especialmente literária: A. B. Alcott, *Emerson*, 1882. — O. W. Holmes, *Emerson*, 1885. — Van Wyck Brooks, *Emerson and Others*, 1927. — Sobre sua significação filosófica ver: Octavius Brooks Frothingham, *Transcendentalism in New England*, 1876; reimp., 1959 (especialmente ad finem). — Elisabeth L. Cary, *Emerson, Poet and Thinker*, 1904. — H. D. Gray, *Emerson*, 1917. — J. A. Hill, *Emerson and His Philosophy*, 1919. — P. Sakmann, *Emersons Geisteswelt*, 1927. — R. Reaver, *Emerson as Myth-Maker*, 1954. — Maurice Gonnaud, *Individu et société dans l'oeuvre de R. W. Emerson: Essai de biographie spirituelle*, 1964 (tese). — T. E. Crawley, ed., *Four Makers of the American Mind: E., Thoreau, Whitman and Melville. A Bicentennial Tribute*, 1976. — J. McAleer, *R. W. E.: Days of Encounter*, 1984. — D. Van Leer, *E's Epistemology: The Argument of the Essays*, 1986.

L. A. Lange, *The Riddle of Liberty: Emerson on Alienation, Freedom and Obedience*, 1986. — T. Krusche, R. W. E.s *Naturauffassung und ihre philosophische Ursprünge*, 1987. — S. Cavell, *This New yet Unapprochable America. Lectures after Emerson after Wittgenstein*, 1989. — J. Myerson, ed., *E. and Thoreau: The Contemporary Reviews*, 1992. ℭ

EMINENTE. Os escolásticos distinguem entre a perfeição em sentido *formal*, em sentido *virtual* e em sentido *eminente*. A primeira é a que está em um sujeito segundo sua razão específica; a segunda é a que está nele contida sem manifestação; a última é a que o sujeito tem quando a possui do modo mais perfeito. Por sua vez, a perfeição eminente pode ser entendida *eminentemente-formalmente* ou *eminentemente-virtualmente*. A noção de eminência é aplicada sobretudo a Deus; fala-se então de eminência ontológica, entendendo-se por ela a que corresponde à Pessoa divina quando, comparada com a criatura, não oferece similitude de espécie ou de gênero e transcende todos os graus do ser criado. Daí que se diga que em Deus encontram-se eminentemente as perfeições finitas e que se fale em teologia de um "método de eminência". A eminência é chamada de lógica quando, referida à própria incomensurabilidade, permite sustentar que não há, em relação a Deus, uma adequação do intelecto e da coisa como a que há em relação aos entes criados.

O uso do termo 'eminente' em um sentido muito semelhante foi adotado pela maior parte dos grandes filósofos do século XVII. Descartes, por exemplo, distingue entre a existência *objetiva*, a existência *formal* e a existência *eminente*. A primeira delas é a existência na idéia formada pela mente, isto é, a existência como objeto do pensamento de acordo com o sentido tradicional de objeto (VER). A segunda é a existência que hoje chamamos de objetiva e que equivale à existência em si. A última é a existência de algo no princípio que lhe dá origem e ser. Algo existe eminentemente em outra coisa quando deve sua realidade a essa coisa; a existência eminente é o fundamento de toda existência formal e objetiva, pois, como diz Descartes, "aquilo que contém em si mais realidade não pode ser conseqüência e dependência do menos perfeito", do mesmo modo que "a pedra que ainda não existe não pode começar a ser agora, caso não seja produzida por uma coisa que possua em si, formal ou eminentemente, tudo aquilo que entre na composição da pedra, ou seja, que contenha em si as mesmas coisas ou outras mais excelentes que as que estão na pedra" (*Meditações*, III; *A. T.*, VII, 44-45). Em outros termos: "Diz-se das mesmas coisas que estão *formalmente* nos objetos das idéias quando estão neles do mesmo modo como as concebemos; e se diz que estão neles *eminentemente* quando não são tais em verdade, mas que são tão grandes que podem suprir sua falta por meio de sua excelência" (*Respostas às Segundas objeções. Definições*, IV; *A. T.*, VII, 161). Ou também: "Pois, embora o ser objetivo da idéia deva ter uma causa real, nem sempre existe a necessidade de que esta causa a contenha *formaliter*, mas apenas *eminenter*" (Carta a Mersenne de março de 1642; *A. T.*, III, 545). Estendemo-nos até estas citações de Descartes para mostrar que o filósofo utiliza o vocábulo citado — e, com ele, muitos termos técnicos da filosofia medieval — não apenas ocasionalmente, mas de modo reiterado. Um uso análogo do termo 'eminente' pode ser encontrado em Spinoza, e também em Wolff.

EMOÇÃO. Algumas vezes 'emoção' é utilizada em um sentido muito similar a 'sentimento'. Em todo caso, muito do que foi dito no verbete SENTIMENTO é aplicável à noção de emoção. Em certas ocasiões se distingue 'sentimento' e 'emoção', considerando-se a última como uma das espécies do primeiro. Os sentimentos podem ser corporais, como quando se sente frio. As emoções, mesmo se consideradas fundadas em processos corporais, não precisam ser descritas em termos corporais. Assim, acredita-se que a alegria, o temor, o amor etc., que sentimos são emoções.

A noção de emoção está ligada à de "paixão", na acepção de uma afeição, ou de um afeto. Ela é acompanhada regularmente pela idéia de uma agitação da alma, do espírito, da mente etc. Algumas vezes tentou-se distinguir entre sentimento, emoção e paixão pelo grau de intensidade. Desse modo, foi dito que as emoções são mais "fortes" que os sentimentos, e que as paixões são mais "fortes" que as emoções.

Aqui nos limitaremos a apresentar algumas idéias sobre a noção de emoção, a debater a questão da relação entre emoções e processos neurofisiológicos, e a aludir ao caráter intencional ou não-intencional das emoções. Para vários outros aspectos da noção de "emoção" remetemos ao verbete SENTIMENTO e também a PAIXÃO.

Uma teoria da emoção como afeição da alma pode ser encontrada em Aristóteles, quando este se refere às emoções (que, além disso, também podem ser chamadas de "paixões") como uma das três classes de coisas que se encontram na alma. Emoções são afetos como o apetite (VER), o medo, a inveja, a alegria, o ódio e, em geral, os sentimentos acompanhados de prazer e de dor (*Eth. Nic.*, II 4, 1105 b 21ss.). Estas emoções manifestam-se quase sempre diante da perspectiva de algo; a alma se sente agitada e "movida" por isso. Os filósofos discutiram muito acerca do papel que as emoções desempenham na vida humana. Alguns proclamaram que se deve buscar uma harmonia das emoções; outros, que se devem cultivar apenas as emoções que causam alegria ou prazer; outros que, quaisquer que tenham sido as emoções tidas, elas devem ser experimentadas com moderação; outros, por fim, que é melhor descartar as emoções (o que costuma manifestar-se usualmente como necessidade de "descartar as paixões"). Os filósofos que se inclinaram para esta última alternativa (entre os quais se destacam os estóicos) fundaram sua doutrina em uma idéia da emoção como perturbação desnecessária do ânimo. Esta perturbação turva a serenidade que acompanha a racionalidade, com o que a emoção é então considerada oposta à razão. Todavia, mesmo os filósofos que acentuaram a necessidade de sobrepor a razão à emoção não foram tão longe a ponto de pregar uma *completa* supressão de todas as emoções; pois há emoções "boas" e emoções "más", emoções nobres e emoções ignóbeis.

A tendência de muitos filósofos a pregar o domínio das emoções (e das "paixões") foi seguida por não poucos pensadores cristãos. Mas estes, especialmente os de inclinação agostiniana, freqüentemente relacionaram de modo íntimo as emoções com a vontade. O que é importante na emoção não é ela mesma, mas o modo como é querida. Como escreveu Santo Agostinho, "a vontade justa é um amor bom; a vontade perversa, um amor mau" (*De civ. Dei*, XIV viii 2). Isso não significa, porém, que a vontade seja absolutamente determinante; a rigor, vontade e emoção parecem determinar-se mutuamente na medida em que uma emoção "boa" pode determinar a direção da vontade. Em todo caso, as emoções desempenham dentro do pensamento cristão um papel mais fundamental que dentro do pensamento grego.

Na época moderna foi muito comum considerar as emoções como uma forma inferior da atividade intelectual (Leibniz, Wolff, Herbart). A emoção aparece como um conhecimento confuso. As emoções não têm uma "lógica própria"; a idéia pascaliana de uma "lógica do coração" foi considerada durante muito tempo um paradoxo. Admitiu-se que se pode conhecer algo mediante as emoções, pois reconheceu-se o caráter intencional destas, mas o que há de "lógico" nas emoções foi reduzido ao intelecto, única faculdade capaz de dirigir e esclarecer as emoções. Quando, depois das citadas tendências racionalistas, tentou-se compreender a natureza própria das emoções, foi comum negar-lhes seu caráter intencional. As emoções foram concebidas como "modos de ser" da psique, capazes de apagar por completo a vida psicológica, mas sem estar necessariamente correlacionadas com "objetos". Neste caso sublinhou-se que as emoções eram fundamentalmente "estados" e destacou-se seu caráter basicamente "passivo". Todavia, quando se procurou ver em que se fundavam as emoções, chegou-se freqüentemente às seguintes conclusões. Em primeiro lugar, que as emoções estão ligadas à expressão das emoções. Em segundo, que as emoções estão estreitamente relacionadas com processos fisiológicos. Aqueles que defenderam esta última opinião dividiram-se em duas escolas. Uma delas sustenta que o que está em primeiro lugar é a emoção (por exemplo, temor, vergonha) e depois, como conseqüência dela, certas alterações fisiológicas (por exemplo, tremor, rubor). A outra defende que o que está em primeiro lugar são certas alterações fisiológicas e depois, como conseqüência delas, uma emoção. Destacados representantes desta última são F. A. Lange e William James (motivo pelo qual tal doutrina recebe o nome de "doutrina Lange-James"). Ela foi expressa com grande clareza por William James em uma famosa página de seus *Princípios de psicologia* (*Principles of Psychology*, 1890, t. II): "Sentimos pesar (*we feel sorry*) porque choramos; estamos furiosos, porque golpeamos; temerosos, porque trememos" e não "choramos, golpeamos ou trememos, porque sentimos pesar, estamos furiosos ou temerosos".

Em nosso século houve várias tentativas de pôr em relevo o caráter peculiar (e às vezes irredutível) das emoções e, ao mesmo tempo, sua intencionalidade. Uma dessas tentativas é a de Max Scheler, que faz da emoção um ato intencional no qual são dadas essências sem significações. A vida emocional não é uma espécie inferior na vida intelectual. Ela tampouco é fundada em processos fisiológicos (mesmo que seja acompanhada por eles), nem é um simples "estado" mais ou menos passivo. A vida emocional possui, segundo Scheler, sua própria autonomia. Scheler investigou aquilo a que chamou de "as leis da vida emocional" como leis autônomas. Sua doutrina se baseou na análise — e, sobretudo, na descrição fenomenológica — de "unidades de vivência" e não no estudo de supostos elementos abstraídos artificialmente de estados afetivos totais. Falou-se, a esse respeito, de um "pan-emocionalismo" (ou "pan-emotivismo"), tão unilateral quanto o "pan-intelectualismo" e o "pan-voluntarismo". Referimo-nos mais detalhadamente às teorias de Scheler sobre esse ponto no verbete acerca da noção de Sentimento. Acrescentemos ainda que, embora os resultados obtidos sejam muito distintos dos de Scheler, o estudo de Jean-Paul Sartre sobre as emoções também se encaminha para destacar sua autonomia e sua intencionalidade.

Junto às tentativas antes resenhadas, houve esforços com o fim de distinguir entre a emoção e a expressão da emoção (que em Darwin [*The Expression of Emotions in Man and Animals*, 1872] e depois, por motivos distintos, nos behavioristas aparecem estreitamente ligadas). Em uma passagem de sua obra sobre o mito do Estado, Ernst Cassirer escreveu o seguinte sobre o assunto: "A expressão de uma emoção não é a própria emoção: é a emoção convertida em imagem". Ao mesmo tempo, Cassirer distingue entre expressões físicas e expressões simbólicas. As primeiras são comuns aos animais e ao homem; as segundas, são próprias apenas do último. O que importa nas emoções humanas é sua expressão simbólica (a qual produziu as representações míticas e religiosas). Esta distinção está fundamentada em uma antropologia: aquela segundo a qual o homem é essencialmente um "animal simbólico".

Foi comum distinguir entre "linguagem emotiva" e "linguagem não-emotiva". Esta última pode ser descritiva ou prescritiva. Geralmente a distinção de referência sublinhou o caráter emotivo ou descritivo das linguagens correspondentes. Supôs-se que uma linguagem emotiva não descreve nada exceto o que sente a pessoa que usa a linguagem. Seguindo essa distinção propôs-se distinguir também entre "significativo emotivo" e "significativo não-emotivo". A noção de significativo emotivo desempenhou um papel importante nas teorias éticas que aderiram ao chamado "emotivismo" (VER).

➲ Ver: Heinrich Maier, *Psychologie des emotionalen Denkens*, 1908. — John Mac Murray, *Reason and Emotion*, 1935; 2ª ed., 1962. — Marius Latour, *Premiers principes d'une théorie générale des émotions*, 1935ss. — R. Lacroze, *L'angoisse et l'émotion*, 1938. — H. M. Gardiner, Ruth Clark Metcalf, John G. Beebe-Center, *Feeling and Emotion. A History of Theories*, 1937. — Frederick H. Lund, *Emotions, Their psychological, physiological and educative Implications*, 1939. — Jean-Paul Sartre, *Esquisse d'une théorie des émotions*, 1939. — Paul Thomas Young, *Emotion in Man and Animal*, 1943. — J. Barnier, *Émotion, émotivité, constitution émotive*, 1947. — Fernand Jason, *La vie affective et l'intelligence*, 1948. — V. J. McGill, *Emotions and Reason*, 1954 (*American Lectures in Philosophy*, ed. M. Farber). — S. Strasser, *Das Gemüt. Grundgedanken zu einer phänomenologischen Philosophie und Theorie des menschlichen Gefühlslebens*, 1956. — Erik Götlind, *Three Theories of Emotions: Some Views on Philosophical Method*, 1958. — James Hillman, *Emotion*, 1960. — Anthony Kenny, *Action, Emotion and Will*, 1963. — J. R. S. Wilson, *Emotion and Object*, 1972. — Warren Shibles, *Emotion: The Method of Philosophical Therapy*, 1974. — F. Bergmann, R. C. Solomon et al., *Understanding Human Emotions*, 1979 (vol. I de *Bowling Green Studies in Applied Philosophy*). — P. D. MacLean, J. R. Averill et al., *Explaining Emotions*, 1980, ed. A. Oksenberg Rorty. — W. Lyons, *Emotion*, 1980. — R. De Sousa, *The Rationality of Emotion*, 1987. — B. H. Boruah, *Fiction and Emotion: A Study in Aesthetics and the Philosophy of Mind*, 1988. — F. Sontag, *Emotion: Its Role in Understanding and Decision*, 1989. — R. C. Solomon, *Love: Emotion, Myth and Metaphor*, 1990. — J. MacMurray, *Reason and Emotion*, 1992. — D. N. Walton, *The Place of Emotion in Argument*, 1992.

Para Aristóteles, ver W. W. Fortenbaugh, *Aristotle on Emotion*, 1975.

Para M. Scheler, ver sobretudo: *Ética e Essência e formas da simpatia* (referências bibliográficas mais completas em SCHELER [MAX]). — Ver também bibliografia de PAIXÃO e SENTIMENTO.

Sobre Sartre, ver Joseph P. Fell, *Emotion in the Thought of Sartre*, 1965.

Antologia: C. Calhoun, R. C. Solomon, eds., *What is an Emotion: Classic Readings in Philosophical Psychology*, 1984 (contém fragmentos clássicos de Aristóteles, Descartes, Spinoza e Hume na primeira parte; de Darwin, James e Freud na segunda; de autores contemporâneos na 3ª e 4ª partes. Tem uma extensa bibliografia). ℂ

EMOTIVISMO. Caso se aceite, como muitos positivistas lógicos, que todas as proposições podem ser classificadas em proposições puramente analíticas e proposições empiricamente verificáveis, deve-se concluir que certas "proposições", tais como "roubar é ruim", "ajudar o próximo é bom", "isto é injusto", "isto é justo" etc., não são, propriamente, proposições. A objeção de que elas são proposições porque podem ser traduzidas em proposições empiricamente verificáveis — a "proposição" "roubar é ruim", por exemplo, pode ser traduzida pela proposição "não aprovo o roubo" — foi refutada mostrando-se que a desaprovação (ou aprovação) de algo não é de modo algum incompatível com a asserção de que esse algo é mau (ou bom). Por conseguinte, parece que se deve negar às expressões éticas o caráter de proposições ou então introduzir um novo tipo destas. Alguns autores propuseram que as expressões éticas, mesmo que não sejam empíricas, são emotivas, isto é, manifestam sentimentos de índole ética. Como tais elas não podem ser declaradas verdadeiras ou falsas. Mas isso não significa que tenham necessariamente caráter "arbitrário" ou "subjetivo". Os enunciados éticos e, em geral, valorativos não podem ser confirmados por não serem empíricos, mas nem por isso deixam de ser apenas manifestações de humor pessoal.

A doutrina em questão recebeu os nomes de *emotivismo* e também de *teoria emotiva*. Foi proposta e desenvolvida sobretudo por autores anglo-saxões (A. J. Ayer, C. L. Stevenson; VER) em oposição a outras múltiplas doutrinas éticas (ética "metafísica", ética axiológica, naturalismo, intuicionismo etc.). As dificuldades com que essa doutrina se defrontou foram examinadas detalhadamente pelos próprios autores que a propuseram. Chamou-se a atenção, por exemplo, para o fato de que os enunciados éticos não são inúteis, porque têm um caráter de "mando" e de "incitação" à ação. Também foi dito (C. L. Stevenson) que, embora os termos utilizados em enunciados éticos não sejam termos descritivos, eles são, em contrapartida, termos dinâmicos que produzem (ou podem produzir) reações afetivas. Em suma, tentou-se eludir as objeções apresentadas por naturalistas e por intuicionistas dizendo que os enunciados éticos são "imperativos" ou ao menos "recomendativos".

Uma teoria emotivista foi proposta também — e antes que Ayer e Stevenson o fizessem — por Axel Hagerström (VER), que se opôs à distinção entre experiências emotivas e juízos de valor introduzida por Meinong e Ehrenfels. Segundo Hagerström não existe tal diferença e tampouco há *juízos* de valor. As valorações não podem ser nem verdadeiras, nem falsas. Por outro lado, as valorações são atos subjetivos mediante os quais emoções são projetadas em objetos exteriores. Não ficava claro em Hagerström se tais emoções projetadas eram subjetivamente apreendidas ao mesmo tempo como se fossem qualidades do objeto; se assim fosse, não se poderia distinguir entre uma qualidade real e uma qualidade projetada.

As dificuldades em que desembocou o emotivismo induziram R. M. Hare a propor o que se chama de "prescritivismo" (VER). Segundo esse mesmo autor, as expressões na linguagem moral continuam sendo, como sustentam os emotivistas, não-informativas, mas, ao contrário do que eles supõem, tais expressões não incitam ou influem, mas servem de guia e de aviso. Outra correção ao emotivismo é a que foi proposta por J. O. Urmson, especialmente no que se refere à dimensão valorativa da linguagem moral prescritiva. Segundo Urmson, valorar não é simplesmente expressar uma emoção, mas é uma atividade comparável a "graduar", isto é, a escolher de acordo com certos critérios (ver GRAU).

⮕ Ver: A. J. Ayer, *Language, Truth and Logic*, 1936; 2ª ed., rev., 1946 (ed. port.: *Linguagem, verdade e lógica*, 1991). — C. L. Stevenson, *Ethics and Language*, 1945. — A. N. Prior, *Logic and the Basis of Ethics*, 1949. — J. O. Urmson, "On Grading", *Mind*, N. S., 69 (1950), 145-169. (Ver também bibliografia de GRAU.) — Id., *The emotive Theory of Ethics*, 1968. — Sören Halldén, *Emotive Propositions*, 1952 (crítica de Hagerström). — R. M. Hare, *The Language of Morals*, 1952 (ed. port.: *A linguagem da moral*, 1996). — Avrum Stroll, *The Emotive Theory of Ethics*, 1954 (University of California Publications in Philosophy, vol. 28, n. 1, pp. 1-92). — P.-H. Nowell-Smith, *Ethics*, 1954. — Mary Warnock, *Ethics since 1900*, 1960, especialmente pp. 79-140. — S. Satris, *Ethical Emotivism*, 1987. ⮕

EMPATIA. Ver ENDOPATIA, SIMPATIA.

EMPÉDOCLES de Agrigento (*ca.* 483/482-430 a.C.) foi considerado durante toda a Antiguidade um taumaturgo e um profeta; parece ter percorrido as cidades da Magna Grécia como orador e mago, e o próprio Diógenes Laércio diz que há uma variedade de opiniões sobre sua morte, sendo que uma das versões mais difundidas é a de que ele teria se suicidado jogando-se na cratera do Etna. Seguindo a tradição dos jônicos, Empédocles desenvolveu uma explicação do universo, na qual todo fenômeno natural é considerado a mistura de quatro elementos ou "princípios" — água, fogo, ar e terra —, qualificados com nomes divinos (Nestis, Zeus, Hera, Edoneu). Estes princípios ou elementos são eternos e irredutíveis; são, como diz Aristóteles, "eternamente subsistentes e não-gerados". Todas as coisas nascem e perecem por união e separação dos elementos, de tal modo que a qualidade de cada objeto reside na proporção em que cada um desses elementos entra na mistura. "Há apenas — afirma Empédocles — mistura e separação do misturado, mas não nascimento, que é uma simples maneira de dizer dos homens". Isto posto, o que faz com que os elementos se misturem e separem são duas forças externas — o Amor e o Ódio —, que representam um poder natural e divino; eles são respectivamente o Bem e o Mal, a Ordem e a Desordem, a Construção e a Destruição. O que existia no começo era o Bem e a Ordem, o absoluto predomínio do Amor, por meio do qual existia uma mistura completa dos quatro elementos na unidade orgânica de uma "esfera". A intervenção do Ódio foi a origem das coisas, dos seres individuais, que se diversificam até a separação absoluta e o domínio absoluto do mal. Mas nesse estado tampouco há coisas particulares; ao mesmo tempo em que é a culminação do império do Ódio, este estado é também o princípio do Amor que torna a confundi-lo e misturá-lo todo até que haja uma só coisa, essa perfeita esfera que também se chama Deus. Essa perfeição encontra-se assim na origem do mundo atual e em seu termo; o mundo atual, no qual há seres individuais e, portanto, ódio e injustiça, é, no fundo, uma expiação, um processo de purificação que terminará apenas quando o Amor triunfar novamente; mas esse triunfo também é precário e a evolução dos mundos não é senão um processo no qual se manifesta inexoravelmente um domínio alternativo do Ódio e do Amor, do Bem e do Mal.

Embora tenhamos apresentado sumariamente "a" doutrina de Empédocles segundo consta nos fragmentos conservados do filósofo, deve-se chamar a atenção para o fato de que suas duas obras — *Acerca da Natureza* (Περὶ φύσεως) e *As Purificações* (Καθαρμοί) — parecem revelar duas distintas tendências: uma, "científica" (e até mesmo "materialista"), e a outra, religiosa (e até mesmo mística). Já se debateu se Empédocles passou da primeira para a segunda ou vice-versa por meio de uma espécie de "conversão", ou se ambas as tendências coexistiram na mente do filósofo. Neste último caso — o mais provável — também se discutiu se devem ser consideradas ambas as tendências como filosoficamente independentes entre si ou se há alguma tese ou intuição filosófica que as vincule. Alguns autores (E. R. Dodds, Gregory Vlastos) opinam que as duas tendências não podem ser combinadas. Outros (F. M. Cornford, K. S. Guthrie) acreditam que não apenas as duas tendências em questão coexistiram sem estranheza mútua no pensamento de Empédocles, mas também que alguns elementos de uma (como a idéia de Amor [ou amizade] que liga e une as coisas) são interpretáveis ao mesmo tempo materialista e misticamente. Os partidários desta última opinião apóiam-se no fato de que na cultura grega da época não havia necessariamente conflito entre o filosófico (ou "científico") e o religioso, e, em geral, entre o racional e o irracional.

➲ Dos escritos de Empédocles conservam-se apenas fragmentos. Edição em Diels-Kranz, 31 (21).

Outras edições: Ettore Bignone, *Empedocle, Studio critico*, 1916 (com comentário). — Jean Bollack, *Empedocle*, 1969 (com trad. francesa e comentário). — Carlo Gallavotti, *Poema fisico e lustrale*, 1951, ed. com trad. italiana e notas (pp. 161-340). — N. van der Ben, *The Poem of Empedocles' Peri Physeos, Towards a New Edition of All the Fragments. Thirty-One Fragments*, 1975.

Ver: E. Baltzer, *Empedokles, eine Studie zur Philosophie der Griechen*, 1879. — Joseph Bidez, *La biographie d'Empédocle*, 1894. — E. Brodero, *Il principio fondamentale del sistema di Empedocle*, 1905. — Clara E. Millerd, *On the Interpretation of Empedocles*, 1908. — U. von Wilamowitz-Moellendorff, *Die Katharmoi* (As purificações) *des Empedokles* [Sitzungsberichte der Preuss Ak. der Wissenschaften, Philhist, Klasse], 1929. — J. Souilhé, *L'énigme d'Empédocle* (separata dos *Archives de Philosophie*, vol. IX, caderno 3). — W. Kranz, *Empedokles. Antike Gestalt und romantische Neuschöpfung*, 1947. — F. Hölderin, *Empedokles*, 1948. — A.-J. Festugière, *L'enfant d'Agrigente*, 1950. — J. Zafiropoulo, *Empédocle d'Agrigente*, 1953. — Gilles Nelod, *Empédocle d'Agrigente*, 1961. — Jean Bollack, *Empédocle*, 4 vols. (I: *Introduction à l'ancienne physique*; II: *Les origines* [com ed. e trad. de fragmentos]; III, 1 e 2: *Les origines* [comentário]), 1965ss. — Jean Brun, *Empédocle*, 1966. — D. O' Brien, *Empedocles' Cosmic Cycle: A Reconstruction from the Fragments and Secondary Sources*, 1969. — Johann Christoph Lüth, *Die Struktur des Wirklichen im empedokleischen System über di Natur*, 1970. — Helle Lambridis, *E.: A Philosophical Investigation*, 1976. — N. Van der Ben, *The Proem of E.*, Peri Physeos, 1975. — R. A. Prier, *Archaic Logic: Symbol and Structure in Heraclitus, Parmenides and E.*, 1976. — E. Brodero, *Il principio fondamentale del sistema di E.*, 1978. — D. O' Brien, *Pour interpréter Empédocle*, 1981. ∈

EMPÍRICO. Define-se freqüentemente 'empírico' como "correspondente à (ou ajustado à) experiência". O significado de 'empírico' depende, portanto, do sentido de 'experiência' (VER). Esta última palavra tem vários sentidos, e o mesmo ocorre com 'empírico'. Muitas vezes se equipara 'empírico' com 'fático' ou "correspondente a fatos". Neste caso, o significado de empírico depende do significado que se dá a fato (VER).

Muitas vezes se identifica o empírico com o sensível, ou seja, com aquilo que é dado aos sentidos. Entretanto, mesmo que se suponha que, em última análise, deve haver alguma comprovação de fato, sendo esta acessível aos sentidos, não é adequado equiparar completamente 'empírico' com 'sensível'.

Foi muito comum contrapor 'empírico' a 'racional', como pode ser visto nas tendências chamadas "empirismo" (VER) e "racionalismo" (VER). Isto posto, sobre esse assunto deve-se levar em conta uma distinção básica: a que existe entre afirmar que os enunciados declarativos devem ser comprovados empiricamente — ou, ao menos, que em um sistema de enunciados alguns deles devem ser comprováveis empiricamente — e sustentar que todo conhecimento é de caráter empírico. O que foi dito por último é próprio do empirismo. Este é, por conseguinte, uma teoria epistemológica que, caso esteja correta, tem de ser comprovada empiricamente. Caso o racionalismo esteja certo, ou seja aceitável, ele também deve ser comprovado empiricamente; disso resulta que o empirismo não tem razão para proclamar que é a única teoria (a rigor, concepção) empírica. Toda teoria, seja ela empirista ou não-empirista, tem de ser empírica ao menos na medida em que deve ser justificada por meio de confirmações empíricas nos vários modos em que pode ser entendida a noção de confirmação.

Na epistemologia moderna clássica houve, por parte do empirismo, uma forte tendência a procurar confirmações empíricas, e no racionalismo uma menor inclinação, e às vezes (nas formas especulativas do racionalismo) nenhuma, a buscar confirmações empíricas. Não obstante, isso caracteriza apenas determinadas formas de empirismo e de racionalismo, não qualquer empirismo ou qualquer racionalismo, os quais, segundo foi indicado, são suscetíveis de procurar confirmações empíricas para pelo menos certas partes das correspondentes teorias.

Às vezes também se distinguiu "empírico" de "transcendental". Uma vez que uma investigação transcendental (na acepção kantiana do termo) diz respeito a conceitos, e especificamente a sistemas de conceitos que tornam possível o conhecimento, parece que há uma diferença irredutível entre transcendental e empírico. Entretanto, já no próprio Kant a investigação transcendental mostra-se vazia, a menos que se tenha oportunamente um campo de aplicação no qual ocorrem proposições confirmáveis empiricamente.

EMPIRIOCRITICISMO. Assim é chamada a filosofia de Avenarius (VER), a qual, por sua vez, está relacionada com doutrinas até certo ponto "empiriocríticas", tais como o sensacionismo neutralista de Mach e, especialmente, a filosofia gnosiológica da imanência (VER). Em substância, o empiriocriticismo consiste em uma crítica da experiência pura por meio da qual são eliminados todos os pressupostos metafísicos operantes não apenas no racionalismo, mas também em quase todas as correntes filosóficas. Esta crítica da experiência não é, pois, simplesmente uma "solução" dos problemas. Em um sentido análogo ao de certas correntes do atual positivismo lógico, o empiriocriticismo procede a uma desproblematização do mundo, possível apenas quando se cumpre aquilo que Avenarius chama de axiomas ou pressupostos da doutrina. Estes incluem o axioma dos conteúdos do conhecimento (segundo o qual cada "sujeito" acolhe o que lhe é dado no ambiente em que vive) e o axioma das formas do conhecimento (segundo o qual todas as formas científicas de conhecer são conseqüências ou derivações de uma forma pré-científica de conhecer ou, melhor dito, de "acolher" o que é dado). O empiriocriticismo parte, por conseguinte, de um "conceito natural do mundo" prévio inclusive à sua ulterior possível elaboração "naturalista" ou de acordo com as categorias que se supõe que constituam a natureza. A introjeção ou endopatia (VER) representa um falseamento desse conceito natural ou conceito puramente empírico, carente de pressupostos não apenas metafísicos, mas também "científicos", ao menos no sentido habitual e tradicional dessa expressão.

➔ Além das obras de Avenarius, ver: G. Wobbermin, *Theologie und Metaphysik*, 1901 (Parte II: *Ueber den Empiriokritizismus vom Standpunkt des theologischen Interesses aus*). — F. van Cauwelaert, "L'empirio-criticisme", *Revue néo-scolastique*, 13 (1906) e 14 (1907). ◗

EMPIRIOMONISMO. Ver Bogdanov (A).

EMPIRISMO. O termo 'empirismo' deriva do grego ἐμπειρία, que se traduz por 'experiência', uma palavra que tem muitos sentidos (ver EXPERIÊNCIA). Entre estes se destacam dois: a experiência como informação proporcionada pelos órgãos dos sentidos, e a experiência como aquilo que logo foi chamado de "vivência" (VER), isto é, o conjunto de sentimentos, afeições, emoções etc. que são experimentados por um sujeito humano e se acumulam em sua memória, de modo que o sujeito que dispõe de um bom aprovisionamento desses sentimentos, emoções etc. é considerado "uma pessoa com experiência".

A acepção mais comum de 'experiência' em relação ao empirismo é a primeira das duas que foram citadas. O empirismo é considerado por causa disso uma doutrina — ou uma atitude racionalizada por meio de uma doutrina ou teoria — de caráter epistemológico, ou seja, relativa à natureza do conhecimento. Costuma-se considerar dois aspectos no empirismo. Segundo um deles, o empirismo afirma que todo conhecimento deriva da experiência, e particularmente da experiência dos sentidos. Segundo o outro aspecto, ele defende que todo conhecimento deve ser justificado recorrendo-se aos sentidos, de modo que não é propriamente conhecimento a menos que aquilo que é afirmado seja confirmado (testificado) pelos sentidos. Esses dois aspectos freqüentemente estiveram estreitamente relacionados. Algumas vezes se chamou o primeiro sentido de "psicológico" (ou genético) e o segundo de "epistemológico". Foi muito comum defender não apenas que o conhecimento é adquirido por meio da experiência e se justifica ou valida mediante a experiência, mas também que não há outra realidade além da que é acessível aos sentidos.

Desde a Antiguidade houve filósofos predominantemente empiristas e filósofos não-empiristas (ou menos empiristas). Fala-se, por exemplo, de Aristóteles como um filósofo que tem — que teve sobretudo no final de sua carreira — fortes propensões empiristas, diferentemente de Platão, amiúde caracterizado como não-empirista e como racionalista. O epicurismo e o ceticismo — especialmente o de Sexto, chamado precisamente de "Sexto Empírico" — são exemplos de doutrinas empiristas. Obviamente, o empirismo aristotélico é muito distinto do epicurista e do cético.

Freqüentemente se restringiu o termo 'empirismo' à filosofia clássica moderna ao se contrastar o intitulado "empirismo inglês" (Francis Bacon, Hobbes, Locke, Berkeley, Hume) com o "racionalismo continental" (Descartes, Malebranche, Spinoza, Leibniz, Wolff). O contraste entre empirismo e racionalismo foi comparado muitas vezes ao contraste entre empirismo e inatismo (VER). Dados os muitos matizes e qualificações que sofreram em cada caso as doutrinas chamadas de "empiristas" e de "racionalistas" na época moderna, não é raro encontrar casos "mistos" de empirismo e de racionalismo. Um dos casos mais citados é (entre os empiristas ingleses) o de Locke. Outro caso pode ser o de Leibniz ao afirmar que nada se encontra no intelecto que antes não tenha estado nos sentidos, "salvo o próprio intelecto".

Algumas vezes se indicou que para os empiristas modernos — os "empiristas ingleses" — a mente é como uma espécie de "receptáculo" no qual as "impressões" procedentes do mundo externo imprimem suas "marcas". Quando se comparam entre si as filosofias dos grandes empiristas ingleses — Francis Bacon, Hobbes, Locke, Berkeley, Hume — percebe-se nisso uma simplificação excessiva. Continua sendo uma simplificação se nos limitamos a Locke, Berkeley e Hume. Todavia, há algo comum a todos esses pensadores: é a tendência a proporcionar uma explicação genética do conhecimento e a utilizar termos como 'sensação', 'impressão', 'idéia' etc., em um sentido predominantemente, se não exclusivamente, psicológico. Kant reagiu contra essa tendência. No começo da *Crítica da razão pura*, declara que, embora todo conhecimento comece com a experiência (*mit der Erfahrung anfange; mit der Erfahrung anhebt*), nem todo ele procede da experiência (*entspring... aus der Erfahrung*). Isso quer dizer que a origem do conhecimento encontra-se (psicologicamente) na experiência, mas que a validade do conhecimento encontra-se (gnosiologicamente) fora dela. Assim, o conhecimento não é para Kant apenas *a posteriori*; ele se "constitui" por meio do *a priori* (ver ANALÍTICO E SINTÉTICO). Para Kant existe a possibilidade de juízos sintéticos *a priori* (na matemática e na física). A recusa do empirismo (gnosiológico) é, desse modo, equivalente à admissão da aprioridade enquanto "constitutiva" (ver CONSTITUIÇÃO E CONSTITUTIVO).

Os empiristas modernos falaram com freqüência de experiência externa (a dos sentidos) e de experiência interna (que, embora possa se fundar nos sentidos, consiste em uma série de atos mentais de associação, memória, imaginação etc.). Certos autores, como Maine de Biran, e vários espiritualistas franceses também falaram de experiência interna, mas esta é antes uma experiência "íntima", difícil de caracterizar como empirismo no sentido mais corrente desse termo.

Muitos empiristas consideraram que certos tipos de "entidades" — como os números ou as figuras geométricas — encontram-se fora do marco da experiência sensível. Outros autores, em contrapartida, trataram de justificar empiricamente tais "entidades". Um exemplo eminente disso é o de John Stuart Mill e, em geral, o da concepção empirista da matemática. Há freqüentes conexões entre empirismo e nominalismo (VER).

Os muitos sentidos que foram dados a 'empirismo' tornam necessário que se precise de que empirismo se trata em cada caso. Com razão, ou sem ela, falou-se de empirismo nos seguintes sentidos.

1) O empirismo chamado, por antonomásia, de "sensível". Quando se destaca o papel que desempenham as sensações no conhecimento, utiliza-se o nome "sensacionismo".

2) O empirismo "inteligível". Segundo este, os chamados "objetos ideais" — números, proposições, conceitos etc. — são objeto da experiência, entendendo-se esta em sentido amplo. Alguns fenomenólogos falaram assim de um empirismo (ou positivismo) total contra o empirismo (ou positivismo) sensível.

3) O empirismo moderado ou empirismo crítico, que admite a origem empírica do conhecimento, ou seja, que admite que todo conhecimento se funda na experiência sensível, mas que requer ser examinado e controlado por algum esquema ou quadro conceitual.

4) O empirismo radical, expressão devida a William James, para quem inclusive as relações são "experimentáveis". Segundo escreve James em *Essays in Radical Empiricism* (II, 1), "para que um empirismo seja radical é necessário que ele não admita em suas construções nenhum elemento que não seja diretamente experimentado, nem exclua delas nenhum elemento que seja diretamente experimentado".

5) O empirismo "total", defendido por S. Alexander (*Space, Time and Deity*, livro I, cap. 6), ao assumir a máxima de Hume segundo a qual é preciso sempre buscar a base empírica de nossas idéias, mas corrigindo-a, se necessário, para combater qualquer possível preconceito inadmissível em favor de certas impressões. Para Alexander, "um empirismo cabal aceita sua fórmula [a de Hume], mas, como não tem nenhum preconceito em favor das existências separadas ou distintas que atraem nossa atenção, insiste em que no curso das inspeções efetuadas pela experiência nenhum elemento deve ser omitido do inventário". Nem sequer se deve fazer como Hume e deter-se nas condições substantivas (ou substantivistas) do eu, esquecendo suas condições transitivas, já que isso tem como conseqüência esquecer "a essencial continuidade da mente".

6) O empirismo chamado de "integral", defendido por Risieri Frondizi (VER).

7) O empirismo "dialético" sobre o qual o autor da presente obra falou algumas vezes e que consiste, *grosso modo*, em utilizar certos conceitos como conceitos-limite, isto é, como não-denotativos de nenhuma realidade, e ao mesmo tempo tratar esses conceitos como contrapostos e complementares ao mesmo tempo.

8) O empirismo lógico (VER).

Na atualidade se confrontaram novamente tendências chamadas, em sentido lato, de "empiristas" com outras chamadas, em sentido lato, de "racionalistas", reconhecendo-se em vários casos que seus antecedentes históricos respectivos são o empirismo e o racionalismo modernos "clássicos" dos séculos XVII e XVIII principalmente. Assim, por exemplo, na filosofia da linguagem, os autores que prestaram maior, e às vezes exclusiva, atenção à dimensão pragmática da linguagem, a usos lingüísticos, à comunicação etc. elaboraram, ou pressupuseram, epistemologias empiristas, enquanto os autores que prestaram especial atenção às dimensões sintáticas e aos aspectos estruturais da linguagem elaboraram, ou pressupuseram, epistemologias racionalistas. Os autores de propensão nominalista tendem a ser empiristas, e os que, explícita ou implicitamente, adotam posições realistas, mesmo que moderadas, tendem a ser racionalistas. Os behavioristas (em psicologia e em epistemologia) inclinam-se para o empirismo; os inatistas ou semi-inatistas, para o racionalismo. Entretanto, trata-se em quase todos os casos de tendências, ou, dito de outro modo, de simpatias mais que de opiniões, e não digamos teorias filosóficas plenamente desenvolvidas, uma vez que na atualidade o empirismo opera mais como uma "atitude" que como uma doutrina filosófica *stricto sensu*.

•• W. V. Quine criticou precisamente dois dogmas fundamentais da doutrina empirista. Seu ensaio intitulado *Two Dogmas of Empiricism* (originalmente publicado em *Philosophical Review*, 1951, e depois, com algumas correções, em *From a Logical Point of View*,

1953, pp. 20-46), representou o sinal de partida para um forte debate — no qual Morton White e Nelson Goodman o apoiaram ativamente — contra a distinção rígida entre "analítico" e "sintético", tal como era aceita pelo empirismo desde o século XVIII. Com isso, também foram repropostas as próprias noções de "empírico" e de "experiência".••

➪ Empirismo em geral: Jean Miquel, *L' empirisme*, 1965. — Lorenz Krüger, *Der Begriff des Empirismus*, 1973. — Michael Benedikt, *Der philosophische Empirismus*, 1977.

Sobre o empirismo grego, ver: K. Deichgräber, *Die griechische Empirikerschule* (*Sammlung der Fragmente und Darstellung der Lehre*), 1930; 2ª ed., 1965 (com anexos e complementos).

Empirismo inglês: Fraser Cowley, *A Critique of British Empiricism*, 1968. — S. Woolhouse, *The Empiricists*, 1988. — C. V. Boundas, *Empiricism and Subjectivity: An Essay on Hume's Theory of Human Nature*, 1991. — R. Roth, *British Empiricism and American Pragmatism: New Directions and Neglected Arguments*, 1993.

Sobre o empirismo de J. S. Mill: Else Wentscher, *Das Problem des Empiricismus dargestellt an J. S. Mill*, 1922.

Sobre o problema do conhecimento empírico em um sentido próximo ao do positivismo lógico: Alfred J. Ayer, *The Foundations of Empirical Knowledge*, 1940.

Análise e crítica do empirismo epistemológico: James K. Feibleman, *Foundations of Empiricism*, 1962. — R. F. Holland, *Against Empiricism: On Education, Epistemology and Value*, 1980. — B. Skyrms, *Pragmatics and Empiricism*, 1984. — P. M. Churchland, C. A. Hooker, eds., *Images of Science: Essays on Realism and Empiricism, with a Reply from B. C. Van Fraasen*, 1985. — J. Hartnack, *From Radical Empiricism to Absolute Idealism*, 1986. — R. W. Newell, *Objectivity, Empiricism and Truth*, 1987. — Referências ao empirismo podem ser encontradas na maior parte das obras filosóficas contemporâneas, especialmente inglesas, tanto de caráter histórico como sistemático; também pode ser consultada a bibliografia dos artigos NEOREALISMO, PERCEPÇÃO e RACIONALISMO.

Sobre o empirismo lógico: Otto Neurath, *Le développement du Cercle de Vienne et l'avenir de l'empirisme logique*, 1935. — J. W. Reeves, *Empiricism and Analysis*, 1935 (tese). — J. R. Weinberg, *An Examination of Logical Positivism*, 1936. — Enno Kaila, *Ueber das System des Wirklichkeitsbegriffs. Ein Beitrag zum logischen Empirismus*, 1936. — Ch. W. Morris, *Logical Positivism, Pragmatism and Scientific Empiricism*, 1937. — R. von Mises, *Kleines Lehrbuch des Positivismus*, 1939. — Warner Arms Wick, *Metaphysics and the New Logic*, 1942 (tese). — Herbert Feigl, "Logical Empiricism" (em *Twenty Century Philosophy*, ed. D. D. Runes, 1943; reunido também em *Readings in Philosophical Analysis*, eds. H. Feigl e W. Sellars, 1949). — G. H. von Wright, *Den logika empirismen. En huvudriktning i modern filosofi*, 1943 (*O empirismo lógico. Um movimento capital da filosofia moderna*). — M. A. Raúl Vallejos, *Empirismo lógico y física*, 1948. — Jorgen Jorgensen, *Den Logiske empirismes udvikling*, 1948 (*The Development of Logical Empiricism*, 1951 [International Encyclopedia of Unified Science, II, 9]). — B. Russel, R. Carnap, C. G. Hempel, H. Feigl, B. Barzin, "L'empirisme logique" (*Revue Internationale de Philosophie*, 11 [1950], com bibliografia selecionada por H. Feigl, pp. 95-102). — Louis Vax, *L'empirisme logique*, 1970. — Ver também a bibliografia dos artigos POSITIVISMO e VIENA (CÍRCULO DE).

Crítica do "empirismo puro" do ponto de vista marxista em: Maurice Cornforth, *Science versus Idealism: An Examination of "pure Empiricism" and Modern Logic*, 1947; 2ª ed., 1955. — George Novack, *Empiricism and Its Evolution: A Marxist View*, 1968 (ponto de vista trotskista).

Crítica ao empirismo: Paul K. Feyerabend, "Explanation, Reduction and Empiricism", em Herbert Feigl, Grover Maxwell, eds., *Minnesota Studies in the Philosophy of Science. 3: Scientific Explanation, Space and Time*, 1962, pp. 28-97, e também P. K. Feyerabend, *Philosophical Papers*, vol. 1, pp. 44-96; "How To be a Good Empiricist: A Plea for Tolerance in Epistemological Matters", em *Delaware Seminar in the Philosophy of Science*, 2 (1963), pp. 3-39; "Problems of Empiricism. Part. I", em Robert G. Colodny, ed., *Beyond the Edge of Certainty. Essays in Contemporary Science and Philosophy*, 1965, pp. 145-260; ver também seus *Philosophical Papers*, 2 vols., 1981. — A. Tudor, *Beyond Empiricism: Philosophy of Science in Sociology*, 1982. — J. Kane, *Beyond Empiricism: M. Polanyi Reconsidered*, 1984.

Sobre a posição de Quine: T. Nordenstam, *Empiricism and the Analytic-Synthetic Distinction*, 1972. — R. F. Gibson, *Enlightened Empiricism: An Examination of W. V. Quine's Theory of Knowledge*, 1988. ◖

EMPIRISMO LÓGICO. O Círculo de Viena (VER) foi associando-se ou relacionando-se com grupos similares. As idéias originadas no Círculo ou difundidas por ele constituíram um movimento ao qual se deu oportunamente o nome de "positivismo lógico". Para distingui-lo do positivismo "clássico" do século XIX utilizou-se freqüentemente o nome "neopositivismo". A confluência das idéias dos positivistas lógicos, da Áustria, Alemanha e Polônia principalmente, com outras similares procedentes dos Estados Unidos (certas correntes pragmatistas especialmente) e da Inglaterra (a tradição analítica de Russell e de Cambridge), fez que se propusesse o termo 'empirismo lógico'. Continuaram a ser usados os dois nomes — 'positivismo lógico' e 'empirismo lógico' —, sem diferenças apreciáveis, designando uma parte importante de uma mais ampla e muito mais diversificada corrente chamada "filosofia analítica" — tão ampla e diversificada que muitos pensadores qualificados de analíticos não são positivistas lógicos ou empiristas lógicos.

O que dizemos no artigo sobre o Círculo de Viena e na última parte do artigo sobre o Positivismo é aplicável ao empirismo lógico. Utiliza-se o nome 'empirismo' porque os empiristas lógicos recusam toda filosofia de caráter especulativo e, como era tradicional que muitos filósofos racionalistas se consagrassem, ou sucumbissem, à especulação, no sentido pejorativo deste termo, o racionalismo aparecia como suspeito. Os filósofos aos quais se alude neste verbete chamavam a si mesmos de "empiristas" também porque consideravam originalmente que o critério de significação das proposições era sua verificabilidade empírica. Isso explica a insistência sobre e os debates em torno da noção de verificação (VER). Utiliza-se o adjetivo 'lógico' porque, diferentemente de um dos grandes mentores do empirismo de referência, Hume, os empiristas lógicos davam muita atenção à lógica e à matemática.

Algumas vezes se falou de "empirismo científico" como uma atitude filosófica mais ampla ou mais "tolerante" que o positivismo lógico e o empirismo lógico, mas como os autores normalmente incluídos nestas escolas também eram "cientistas" e, em todo caso, propugnavam uma "filosofia científica", não parece haver razões suficientes para falar, como às vezes se fez, de positivismo lógico, empirismo lógico e empirismo científico como três estádios em um movimento, em que cada um dos quais seria mais compreensivo que o precedente. Por outro lado, é possível encontrar na atualidade autores — que apresentam tendências empiristas, por um lado, e defendem uma filosofia científica, por outro — que não se devem qualificar de positivistas lógicos ou de empiristas lógicos, mesmo que seja verdade que o espírito do positivismo ou empirismo lógico influiu em sua atitude, por mais distinto — e, em geral, consideravelmente mais refinado — que seja o conteúdo de seu pensamento filosófico.

EM SI. Ver ABSOLUTO; COISA; HEGEL; SARTRE; SER.

ENCICLOPÉDIA. O vocábulo 'enciclopédia' (de ἐγκύκλιος παιδεία) significa "ciclo educacional", isto é, um sistema completo de educação que abarca todas as disciplinas e os fundamentos destas. O vocábulo (um neologismo do século XV) logo passou a significar a exposição dos conhecimentos de forma sintética e o mais completa possível. A ordem mais usual de exposição é a alfabética, mas também há enciclopédias organizadas segundo "matérias". Por extensão o vocábulo 'enciclopédia' é aplicado à exposição sintética e mais completa possível de uma disciplina ou conjunto de disciplinas, incluindo geralmente a história da disciplina ou conjunto de disciplinas, dados relativos a seus cultores etc. Também aqui a ordem mais usual é a alfabética. Pode-se então falar de "Enciclopédia da física", "Enciclopédia da filosofia" etc. A distinção neste último caso entre "Enciclopédia" e "Dicionário" nem sempre é fácil; embora o critério mais corrente seja a extensão, às vezes torna-se difícil indicar quando uma obra deste tipo deixa de ser "Dicionário" e se transforma em "Enciclopédia". O presente *Dicionário*, por exemplo, também poderia ser chamado de *Enciclopédia da filosofia*.

Desde a Antiguidade houve certas obras que poderiam ser qualificadas de "enciclopédias" ou ao menos de "Enciclopédias especiais". O *Corpus aristotelicum* não tem pouco de "enciclopédia". Também têm algo de "enciclopédia" os "sistemas" apresentados por certas escolas (como os estóicos). Enciclopédias e Dicionários especiais de caráter erudito foram compilados por alguns autores alexandrinos. Freqüentemente se qualifica de "primeira Enciclopédia" (ao menos no "Ocidente") os 37 livros da *História natural* de Plínio o Velho. As *Etimologias* de Santo Isidoro são de caráter "enciclopédico". O mesmo ocorre com obras tais como o *Speculum mundi* de Vicente de Beauvais. Embora mais "especializadas", são enciclopédias a seu modo as *Sumas* medievais. De Raimundo Lúlio a Leibniz, passando por Francis Bacon, houve desde o final da Idade Média até a já bem avançada Idade Moderna várias tentativas de organizar o saber: a forma sistemática dessa organização (a tentativa de levantar uma "ciência universal") não impede que o conteúdo do saber que se pretendia abarcar fosse também "enciclopédico". *Mutatis mutandis,* tentativas parecidas existem em outras culturas; como exemplo mencionamos a que algumas vezes é chamada de "primeira enciclopédia científica dos muçulmanos" (G. Sarton, Nicholas Rescher): a *Mafâtih al-Ulûm* ou *Chave das ciências*, de Abú Abd-Allâh Muhammad bn Ahmad bn Yusuf al-Qwârizmi (*ca*. 980; ed. por G. van Vloten, 1895).

Nos últimos casos, pode-se dizer que o caráter "sistemático" predomina sobre o "enciclopédico". Este último pode estar organizado de acordo com certos procedimentos considerados úteis ou cômodos (ordem alfabética, classificação muito detalhada das ciências etc.) e não de acordo com "princípios". A "enciclopédia" não é — ou não é necessariamente — um "sistema". Quando o sistemático predomina quase exclusivamente, o termo 'enciclopédia' é utilizado então em sentido muito amplo, como "conjunto de" ou outras expressões similares. Isso ocorre com o termo em questão em uma das obras filosóficas mais sistemáticas conhecidas: a *Enciclopédia das ciências filosóficas* (*Enzyklopädie der philosophischen Wissenschaften*), de Hegel. Se o que importasse fosse o sistema, e especialmente o sistema dedutivo, os *Elementos* de Euclides seriam uma "Enciclopédia" (e não falemos dos sistemas dedutivos mais acabadamente formalizados). Por outro lado, quando há ao mesmo tempo um certo sistema e um conjunto relativamente amplo de saberes incluídos em uma exposição, o nome 'enciclopédia' pode ser utilizado sem dar lugar a equívocos; é isso que ocorre, por exemplo, com a *Encyclopaedia of Unified Science*, à qual nos referimos em outro lugar (ver Viena [Círculo de]).

Na história da filosofia, o termo 'Enciclopédia' é utilizado especialmente quando a referência é a "Enciclopédia francesa" do século XVIII, chamada algumas vezes por antonomásia de "*a* Enciclopédia" (*L' Encyclopédie*). Antecedentes longínquos dessa Enciclopédia são os repertórios a que nos referimos anteriormente. Antecedentes mais imediatos são vários, aos quais alude Francisco Romero (art. cit. *infra*, pp. 66ss.): um livro de Ringelbergius, publicado na Basiléia em 1541, em cujo título aparece (pela primeira vez) o vocábulo 'enciclopédia'; o repertório enciclopédico de Alsted, publicado em 1620; o *Grand Dictionnaire historique*, de Louis Moreri, de 1673; o *Lexicon universale*, de Hoffmann (1677); o *Dictionnaire*, de Bayle (ver); os dezessete primeiros e únicos volumes dos 45 planejados por Vincenzo Coronelli sob o título de *Biblioteca universal* (1701ss.); o *Grande léxico universal completo*, editado por Zedler a partir de 1732 etc. Antecedentes realmente imediatos são os "Dicionários ingleses" a que nos referiremos adiante.

O título completo da Enciclopédia é: *Encyclopédie, ou Dictionnaire raisonné des sciences, des arts et des métiers, par une société de gens de lettres. Mis en ordre & publié par M. Diderot...; quant à la partie mathématique, par M. d' Alembert*. A obra tem uma história complicada, com vários "Dictionnaires anglois" antecedentes: *Cyclopaedia: Or, An Universal Dictionary of Arts and Sciences*, de Ephraim Chambers (2 vols., 1727); *Lexicum technicum: Or, An Universal English Dictionary of the Arts and Science*, de John Harris (1704-1710), revisado e reeditado (1744) com o título de *A Supplement to Dr. Harris's Dictionary of Arts and Sciences... By a Society of Gentlemen*; *A New General Dictionary*, de Thomas Dyche (3ª ed., 1740). A *Encyclopédie* derivou de um projeto primitivo de traduzir a *Cyclopaedia* de Chambers para o francês. O trabalho de tradução foi iniciado em 1745, com diversos colaboradores, entre os quais figuravam, mas sem ocupar lugar de destaque, Diderot e d'Alembert. Por causa de diferenças de opinião entre aqueles que se comprometeram originalmente a imprimir e distribuir a obra, um deles encarregou um minorista, Gua de Malves, da direção da empresa. Segundo Herbert Dickmann, foi provavelmente tal minorista que concebeu primeiramente a idéia de redigir uma enciclopédia que não se limitasse a ser uma tradução de Chambers. Em 1747, d'Alembert encarregou-se da direção. Para fazer isso associou-se a Diderot; ambos os nomes aparecem como diretores na primeira página do *Prospecto* e da *Enciclopédia* — que é anunciada (cf. *supra*) como "*mis en ordre & publié par M. Diderot. & quant à la partie mathématique, par M. d'Alembert*". Sob o controle de Diderot e d'Alembert, a *Encyclopédie* (chamada por causa disso de "a *Enciclopédia* de Diderot e d'Alembert") distanciou-se cada vez mais do projeto primitivo de uma tradução e — mesmo aproveitando dados contidos nos Dicionários e Enciclopédias ingleses — tornou-se a influente obra que conhecemos.

Em 1750 apareceu o *Prospecto*, e a partir de 1751 a *Enciclopédia*. Até o final de sua publicação, em 1766, a publicação passou por diversas vicissitudes (incluindo sua proibição em 8 de março de 1759). D'Alembert redigiu o importante *Discours préliminaire*. A *Enciclopédia* foi apresentada como um compêndio dos conhecimentos humanos, incluindo tanto as "artes mecânicas" como as "artes liberais". O termo *raisonné* com o qual se adjetivava o vocábulo 'Dicionário' (*Dictionnaire*) significava que eram apresentados e explicados os princípios gerais de cada arte e seus ramos.

Numerosos autores escreveram para a *Enciclopédia*. Entre os que interessam do ponto de vista filosófico figuraram entre os colaboradores — além de Diderot e d'Alembert — Voltaire (ver), Rousseau (ver), Holbach (ver), François Quesnay (1694-1774), A. R. J. Turgot (1727-1781), L. J. M. Daubenton (1716-1799/1800), J. F. Marmontel (1723-1799), e o minorista André Morellet (1727-1799). Não colaboraram diretamente, mas não foram alheios à obra, diversos pensadores, entre os quais Helvétius. A publicação da *Enciclopédia* coincidiu com o auge da Ilustração (ver) francesa, e até mesmo européia. Foi um dos grandes acontecimentos intelectuais e sociais da época.

O termo 'enciclopedismo' às vezes é utilizado para designar as tendências ilustradas e liberais que se manifestam ou que deixam ver em muitos dos verbetes da *Enciclopédia*. Embora os autores da *Enciclopédia*, especialmente seus diretores, divergissem entre si em muitos pontos, todos concordavam (com a notória exceção de Rousseau) em vários ideais: tolerância religiosa, otimismo a respeito do futuro da Humanidade, confiança no poder da razão livre, oposição à excessiva autoridade da Igreja, interesse pelos problemas sociais, importância outorgada às técnicas e aos ofícios, tendências naturalistas, respeito pela experiência, entusiasmo pelo conhecimento e pelo progresso etc. Todavia, tudo isso formou antes um estado de espírito que uma filosofia.

O enciclopedismo foi muito aclamado e também muito combatido. Como exemplo de oposição, citamos a demonstrada pelos redatores das *Mémoires pour l'histoire des sciences & des beaux Arts*, chamadas de *Journal de Trévoux*. As citadas *Mémoires* começaram a aparecer em Trévoux (perto de Lyon) em 1701. Fundadas e redigidas especialmente por jesuítas, tinham por objeto noticiar publicações, descobertas etc. — mesmo que principalmente publicações — de forma mais ampla que a apresentada no *Journal des Savants*; além disso, considera-se que o *Journal de Trévoux* pretendia fazer, do ponto de vista dos jesuítas, o que o *Journal des Savants* fazia (inclusive alguns colaboradores do último também colaboraram com o *Journal de Trévoux*). O *Journal de Trévoux* passou por diversas vicissitudes, passando a ser impresso em Paris a partir de 1734, e sendo, além disso, imitado em duas edições italianas a partir de 1743. Uma época decisiva do *Journal* foi a que se iniciou em 1745 sob a direção do padre Berthier (padre Guillaume-François Berthier, S. J.), violentamente atacado por Voltaire (especialmente na *"Relation de la Maladie, de la Confession, de la Mort e de l'Apparition du Jésuite Berthier"*). O caráter informativo e polêmico do *Journal* foi acompanhado por um caráter enciclopédico. Por isso, entre outras razões, com a aparição do *Prospectus* da *Enciclopédia*, em 1751, e dos primeiros volumes desta, iniciou-se uma polêmica na qual pareceram contrapor-se dois "Dicionários": o dos *encyclopédistes* e o dos *journalistes*. O *Journal de Trévoux* apareceu ao mesmo tempo como um *Dictionnaire de Trévoux*, e o padre Berthier acusou os enciclopedistas primeiramente de terem plagiado o *Journal* em vários artigos e depois de aproveitar a publicação de uma "Enciclopédia" para "atacar a religião". A fim de tornar o *Journal* mais "enciclopédico" planejou-se, em 1732, mas especialmente em 1744, um "Índice geral de matérias do *Journal*", mas apenas em 1864 foi publicada pelo padre Charles Sommervogel *La Table Méthodique des Mémoires de Trévoux, 1701-1775*. O *Journal de Trévoux* suspendeu sua publicação em 1762, quando foi dissolvida na França a Companhia de Jesus.

Discutiu-se muito até que ponto a *Enciclopédia* foi ou não um dos fatores que contribuíram para a Revolução Francesa. Certos autores sustentam que foi o principal fator dessa Revolução ou, pelo menos, uma *conditio sine qua non* dela. Em tais casos, a obra da *Enciclopédia* é examinada, e com freqüência julgada, por suas supostas "conseqüências". Outros autores, sem negar a contribuição do enciclopedismo às mudanças políticas e sociais que estouraram na Revolução, preferem considerar a *Enciclopédia* como o resultado de um amplo processo histórico; nesse caso, ela é estudada como uma etapa — talvez a mais importante — na "história dos Dicionários e das Bibliotecas". É isso que pensa Paul Hazard quando escreve: "Seria preciso assinalar a mudança progressiva de conteúdo [dos 'Dicionários']:

no Renascimento, Dicionários de línguas antigas, para os humanistas; no século XVII, Dicionários de línguas nacionais, para uso das pessoas de bem; depois, Dicionários históricos e críticos. Mas as pessoas pediam dicionários de outro tipo, substanciais: dicionários de artes, do comércio, de geografia, e desejava-se que eles contivessem os demais, que fossem capazes de satisfazer o apetite de saber que excitava os espíritos" (*La pensée européenne ao XVIIIe siècle*, t. I, 1946, p. 274). Desse ambiente intelectual e social nasceu a Enciclopédia ou *"Dictionnaire raisonné"*.

➲ Data das primeiras edições: *Prospecto* da *Enciclopédia*, 1750; tomos I e II, 1751; III a VII, 1753-1757; VIII a XVII e cinco volumes de lâminas, 1765; 6 vols. de lâminas, 1772; Suplementos, 5 vols., 1777; 2 vols. de tabelas, 1780, reimp. facs., 35 vols., 1964ss. Ed. de um *Suplément* (5 vols., 1770) por Jean-Baptiste Robinet (cf. Kathleen Hardesty, *The* Supplément *to the Encyclopédie*, 1977). — Segue-se a ela a *Encyclopédie méthodique ou par ordre de matières par une société de gens de lettres* (Paris, 1782-1793; Agasse, 1792-1832, 166, 12 vols. e 6.439 lâminas). — Ver o resumo de R. Ollivier, *L'esprit de l'Encyclopédie ou Choix des articles les plus curieux et les plus piquants de ce grand Dictionnaire*, 1798-1800, 12 volumes.

Sobre a Enciclopédia e os enciclopedistas, ver: John Morley, *Diderot ant the Encyclopaedists*, 2 vols., 1878; 2ª ed., 1886. — Louis Ducros, *Les Encyclopédistes*, 1900. — L. Thorndike, "L'Encyclopédie and History of Science", *Isis* (1924). — M. Muller, *La philosophie de Jean d'Alembert*, 1926. — Joseph Legras, *Diderot et l'Encyclopédie*, 1928. — Roger Tisserand, *Au temps de l'Encyclopédie. L'Académie de Dijon de 1740 à 1793*, 1936. — R. Naves, *Voltaire and Encyclopédie*, 1938. — B. Groethuysen, "L'Encyclopédie" (em *Tableau de la littérature française de Corneille à André Chénier*, 1939). — F. Venturi, *Le origini dell'Enciclopedia*, 1939; 2ª ed., 1963. — Paul Hazard, *La pensée européenne au XVIIIe siècle*, 1946. — N. N. Hoyt, *History in the* Encyclopédie, 1947. — F. Venturi, "Le origini dell'Enciclopedia in Inghilterra", *Itinerari*, 11 (1954), 200-220. — D. H. Gordon e N. L. Torney, *The Censoring of Diderot's Encyclopédie and the Re-established Text*, 1947. — N. N. Schargo, *History in the "Encyclopédie"*, 1947. — G. Charlier e R. Mortier, *Une suite de l'Encyclopédie, le "Journal encyclopédique" (1756-1793)*, 1952. — Eberhard Weis, *Geschichtsschreibung und Staatsauffassung in der franzöisischen Enzyklopädie*, 1956. — F. Schalk, "Zur Vorgeschichte der Diderot' schen *Enzyklopädie*", *Romanische Forschungen*, 70 (1958), 30-53. — Jacques Proust, *L'Encyclopédie*, 1965. — J. Lough, *Essays on the* Encyclopédie *of Diderot and d'Alembert*, 1968. — R. Darnton, *The Business of Enlightenment: A Publishing History of the* Ency-

clopédie, *1775-1800*, 1979. — S. Auroux, *La sémiotique des encyclopédistes. Essai d'épistémologie historique des sciences du langage*, 1979.
Para o *Journal de Trévoux*, ver: Gustave Dumas, *Histoire du Journal de Trévoux depuis 1701 jusqu'en 1762*, 1936. — Alfred Desautels, *Les Mémoires de Trévoux et le mouvement des idées au XVIIIe siècle (1701-1734)*, 1956. — J. N. Pappas, *Berthier's* Journal de Trévoux *and the* Philosophes, 1957 (*Studies on Voltaire and the Eighteenth Century*, t. III). — Herbert Dickmann, "The Concept of Knowledge in the *Encyclopédie*", em *Essays in Comparative Literature*, por Herbert Dickmann, Harry Lewin e Helmut Motekat, 1961, pp. 73-107.
Sobre a idéia de "Enciclopédia": José Ortega y Gasset, prólogo "A un Diccionario enciclopédico abreviado" (1939) [Prólogo ao *Diccionario enciclopédico abreviado Espasa*], em *Obras Completas*, VI (1947), 358-366. — Francisco Romero, "Antecedentes e incitaciones para la 'Enciclopedia': el espíritu enciclopédico a partir del Renacimiento" (1950), em *Estudios de historia de las ideas*, 1953, pp. 6-82. — C. Morris, "On the History of the International Encyclopedia os Unified Science", *Synthese*, 12 (1960), 517-521. — R. Collins, *Encyclopaedias. Their History throughout the Ages*, 1964. — Ulrich Dierse, *Enzyklopädie. Zur Geschichte eines philophischen und wissenschaftstheoretischen Begriffs*, 1977. — Jürgen Henningsen, "Enzykopädie. Zur Sprach- und Deutungsgeschichte eines pädagogischen Begriffs", *Archiv für Begriffsgeschichte*, 10 (1966), 271-362. — Grazia Olivieri Tonelli, "Per una storia della classificazione delle scienze: il *Prospectus dell'Encyclopédie*", *Filosofia*, 28 (1977), 3-18.
Ver também a bibliografia do verbete Ilustração. ℭ

ENCICLOPEDISMO. Ver Enciclopédia.

ENDOPATIA. Utiliza-se freqüentemente o termo 'endopatia' para traduzir o vocábulo alemão *Einfühlung*. Outros termos utilizados são: 'empatia' (utilizado com bastante freqüência), 'projeção afetiva' e 'projeção sentimental' (menos comuns ou com uma significação mais específica), e 'intoafeição' (pouco comum).
A definição mais geral que deve ser dada ao conceito designado pelo termo 'endopatia' é a seguinte: "Participação afetiva, e comumente emotiva, de um sujeito humano em uma realidade alheia ao sujeito". Em princípio, a realidade da qual o sujeito pode participar afetivamente oferece numerosos aspectos; pode-se tratar de objetos do ambiente familiar; de processos ou fenômenos naturais; de bens culturais e, em particular, de obras artísticas; de idéias; de ideais; de outros sujeitos humanos; de uma comunidade; de uma forma de vida; de um período histórico etc. A participação em questão pode ser, por sua vez, consciente ou inconsciente. Pode ocorrer como conseqüência de uma intenção ou sem intenção prévia. Os autores que admitem a possibilidade, e a ocorrência, de tal participação afetiva costumam destacar que apenas por meio dela se pode alcançar uma "mais profunda" compreensão de certos fenômenos ou processos extra-subjetivos. Com o fim de se defender da objeção de que grande parte do conhecimento, pelo menos do conhecimento dos objetos e dos processos naturais, se funda em uma "compreensão objetiva" e não "endopática" de tais objetos e processos, freqüentemente se restringiu o alcance da noção de endopatia, entendendo-se por esta a participação afetiva em realidades anímicas ou de algum modo relacionadas com o anímico.

Trataremos aqui antes de tudo do conceito de endopatia na teoria estética e depois nos referiremos a significados mais amplos de tal conceito, ora derivados de análises estéticas, ora surgidos independentemente destes últimos.

Em sua *History of Esthetics* (2ª ed., 1954, p. 537), K. E. Gilbert e H. Kuhn indicam que o primeiro a utilizar o termo *Einfühlung* foi o filósofo da arte Robert Vischer (1847-1933). Em várias de suas obras (*Ästhetische Faktoren der Raumanschauung*, 1896; *Raumästhetische und geometrischopstische Täuschungen*, 1897; *System der Ästhetik*, 3 vols., 1905-1914; *Drei Schriften zum ästhetischen Formproblem*, 1927 [recopilação de escritos publicados separadamente]), Vischer introduziu o termo *Einfühlung* para explicar a beleza da natureza ou o modo pelo qual essa beleza é apreendida pelo sujeito humano. A *Einfühlung* é uma vivificação da imaginação; junto a ela há a *Auffülung* ou animação da sensibilidade, a *Zufülung* ou recriação da forma e a *Nachfühlung* ou sentido da forma expressa simbolicamente. Lipps e outros autores (cf. *infra*) elaboraram algumas das idéias de Robert Vischer sobre a natureza e a forma da *Einfühlung*. O conceito expresso por esse vocábulo parece, porém, diversificar-se. Por um lado, observou-se (Croce) que há dois conceitos de endopatia: o estético e o psicológico. Por outro lado, indicou-se (cf. Milton C. Nahm, *op. cit.* na bibliografia) que há duas tradições na história do conceito de endopatia: uma, representada por aqueles que dão escassa, ou nenhuma, atenção à ação e ao comportamento do sujeito "endopático"; outra, representada por aqueles que se interessam sobretudo pelas reações endopáticas tal como elas se manifestam psicofisiologicamente. O mais conhecido expoente da primeira tradição é Theodor Lipps, e a ele nos referiremos mais detalhadamente adiante. Expoentes da segunda tradição são Vernon Lee e H. S. Langfeld, que pesquisaram o "comportamento estético" experimentalmente e descreveram e analisaram as atitudes motoras que dão lugar a tal comportamento.

O autor mais influente na elaboração do conceito de que nos ocupamos agora é, sem dúvida, Theodor

Lipps (VER). Lipps tratou o conceito de endopatia primeiramente como conceito básico para esclarecer os diversos aspectos da experiência estética. Segundo Lipps, os dois componentes fundamentais da endopatia são a "projeção" e a "imitação". Por meio da primeira o sujeito "estende" seu próprio ser para uma realidade. Pela segunda, ele se apropria de certas formas dessa realidade. Lipps foi seguido nesse caminho por vários filósofos — como Richard Müller-Freienfels (VER), Johannes Volkelt (VER) e Karl Groos (VER) — e pelo menos um historiador da arte, Wilhelm Worringer (ver as obras desses autores na bibliografia final deste verbete). Algo comum a todos esses autores é examinar com uma particular atenção o que foi chamado de "contágio estético". As idéias de Lipps e dos citados autores são muito complexas, mas por trás delas pulsa uma idéia muito simples e repetidamente confirmada no nível da apreciação artística: a idéia de que apenas participando afetivamente de uma obra de arte — nos dois sentidos de "projetar-se" nela e de "apropriar-se" dela — é possível "compreender" tal obra. A idéia em questão já foi expressa há muito tempo em dois famosos versos: *"Eu não digo esta canção/senão a quem comigo vem"* (cf. *infra*). Semelhante idéia seria energicamente recusada (se condescendessem a ocupar-se dela) pelos críticos de tendência formalista (ver FORMALISMO). Eles diriam: primeiro, que as obras de arte não têm nenhum "conteúdo emotivo"; segundo, que participar afetivamente de uma obra de arte é uma coisa muito distinta de compreender tal obra — a rigor, acrescentariam seguramente: a participação afetiva em uma obra de arte é o maior obstáculo com o qual se pode deparar para sua "verdadeira" compreensão.

Apesar do interesse dos referidos autores (Lipps etc.) pela estética e pelo problema da natureza da experiência estética, a maior parte deles (inclusive Lipps) tentou examinar ou, pelo menos, utilizar a noção de endopatia em esferas não primariamente estéticas. A mais importante dessas esferas é a psicológica (ou psíquica). Lipps indica que a endopatia é o fundamento da possibilidade de comunicação entre os homens. Nem Lipps, nem nenhum outro dos "endopatólogos" elaboraram um conceito decididamente existencial da comunicação (VER). Suas reflexões a respeito foram de índole fundamentalmente psicológica. Mas não seria difícil extrair da doutrina de Lipps sobre a comunicação humana como fenômeno endopático certas conseqüências nas quais estariam possivelmente de acordo vários pensadores mais ou menos "existenciais" (Jaspers, Berdiaev, talvez Buber). Seja como for, as doutrinas de Lipps em questão foram formuladas em uma linguagem "psicológica". Segundo Lipps, a comunicação como comunicação autenticamente humana é um fenômeno que provém dos dois componentes já citados da endopatia: a "projeção" e a "imitação". Isso não quer dizer que todas as relações entre humanos sejam de caráter endopático. Há sujeitos humanos que poderiam ser qualificados "de alta endopatia" e outros que poderiam ser "de baixa endopatia". Além disso, determinado sujeito pode ser endopaticamente "cego" para outro determinado sujeito. Apenas quando há percepção pode haver verdadeiramente comunicação, ou, se se preferir, apenas então um sujeito pode apropriar-se de e compreender as emoções de outro e também comunicar as suas próprias emoções a outro. A relação endopática não tem, pois, nada a ver com o chamado "argumento de analogia" por meio do qual um sujeito dado "conclui", com base na percepção de certas manifestações corporais de outro sujeito, que este último possui certas afeições psíquicas, em razão de que no sujeito perceptivo deram-se relações entre movimentos corporais e afeições psíquicas análogas às que ele observou. Por outro lado, a relação endopática no sentido de Lipps e outros autores assemelha-se um pouco às relações inter-humanas tal como foram analisadas pelos filósofos ingleses do chamado "sentido moral" (VER), com base na noção se simpatia. Ela também se assemelha às idéias de alguns psicólogos modernos (como Alexander Bain). Isso não deve levar a concluir que dois sujeitos mantêm "relações endopáticas" apenas quando há entre eles mútua simpatia. Tão endopática quanto a simpatia é a antipatia (assim como a aversão, o ódio etc.). Entretanto, quando se tomam 'endopatia' e 'simpatia' em sentidos amplos, as duas noções são muito semelhantes. As críticas formuladas a uma delas podem valer para a outra. Scheler destacou esta semelhança (conferir o verbete SIMPATIA) para alguns dos argumentos desse autor.

A transferência do conceito de endopatia do campo estético para o campo psicológico é apenas uma das extensões possíveis de tal conceito. Este também pode ser utilizado nas chamadas "ciências culturais" e na ciência histórica. Dentro das ciências culturais, a que parece mais própria para admitir o conceito de endopatia, ou um conceito semelhante, é a chamada "antropologia cultural". Os cultores dessa disciplina notaram que o conhecimento de uma comunidade que tenha costumes, linguagem, estruturas sociais etc. distintos (freqüentemente muito distintos) da comunidade à qual pertence o presumido antropólogo propõe o problema de se a comunidade em questão pode ser entendida sem participar de algum modo em seus costumes, linguagem, estruturas sociais etc., próprios dela. Responder afirmativamente a essa questão significa negar qualquer possibilidade de endopatia. Aqui acontece o mesmo, portanto, que aquilo que descrevemos sucintamente ao nos referirmos à compreensão da obra de arte. Responder negativamente à questão é ou admitir ou pressupor que há certas possibilidades de "imitação" e de "projeção", embora estas sejam transitórias e, evidentemente, conscientes. Este não é o lugar para descrever as distintas posições que adotam, ou melhor dito, que adotariam os antropólogos ao se enfrentar com a noção de endopatia (previamente modificada e especificada com o fim de adaptá-la aos fins assinalados). A questão se complica (mas ao mesmo tempo se torna mais interessante) quando o objeto de possível endopatia é não apenas certa comunidade "alheia", mas um período histórico, e muito particularmente uma comunidade na medida em que se desenvolveu e se estruturou no curso de sua própria história. Aqui também se pode perguntar, com ulteriores revisões prévias, se o conceito de endopatia é admissível, isto é, se é possível, e até que ponto o é, compreender a história de uma comunidade humana em seu desenvolvimento histórico se aquele que se interessa por uma comunidade, especialmente enquanto historiador, encontra-se posto decididamente fora dela.

Duas opiniões extremas podem manifestar-se aqui, paralelas a algumas anteriormente resenhadas. Pode-se afirmar que não há, nem pode haver, tal endopatia, e que caso ela existisse prejudicaria a necessária objetividade do conhecimento histórico. Pode-se sustentar, por outro lado, que apenas endopaticamente, isto é, por meio da participação afetiva, é possível compreender corretamente a história de uma comunidade humana. Como cada uma dessas opiniões se choca com dificuldades, não é raro encontrar quem adote uma atitude "intermediária" e vagamente eclética. Inclusive os partidários de alguma das opiniões extremas costumam matizá-la quando chega o momento de pô-la à prova. Assim, e para dar apenas um exemplo, a tese de Croce de que toda história é "história contemporânea", e a tese de Collingwood de que historiar equivale a "refazer [ou, melhor ainda, re-atuar] o passado" são apresentadas por seus respectivos autores quantificando-as e freqüentemente restringindo seu sentido.

Pode-se perguntar agora se é possível uma opinião sobre o assunto que não seja do tipo extremo das opiniões resenhadas e que ao mesmo tempo não seja um mero compromisso. Acreditamos que a resposta seja afirmativa, e procederemos à sua ilustração com um exemplo.

Américo Castro citou com freqüência os dois versos introduzidos no começo ("*Eu não digo esta canção...*"), considerando-os de algum modo como um dos lemas de seu trabalho de interpretação histórica e particularmente de seu trabalho de interpretação histórica da Espanha. O raio de aplicação desse lema poderia ser estendido, e também se poderia sustentar que apenas quem viva, por assim dizer, "de dentro" as formas de ser (e, como acrescentaria Castro, de valer) da comunidade por acaso estudada será capaz de compreender a história dessa comunidade ou, para continuar tomando emprestadas as fórmulas desse autor, tal comunidade

em sua história. Todavia, Américo Castro também reconheceu que apenas quem consegue situar-se a certa "distância" da comunidade estudada pode compreender, expor e analisar sua estrutura e suas formas de vida. Isto posto, compreender a partir de dentro e compreender a certa distância (ou a partir de fora) parecem ser operações cuja execução simultânea é inviável. Em vista disso se poderia sugerir a adoção, novamente, de uma postura eclética. Mas não é esta a posição adotada por Castro quando analisamos os pressupostos filosóficos de suas declarações sobre o trabalho do historiador, a compreensão histórica e outros temas similares. Consideraremos alguns dos pronunciamentos de Castro sobre o assunto. "O que é historiado será fundado tanto na *sym-pathia* como na razão discursiva: deverá ser expresso mediante juízos axiológicos e *abertos*, não em travadas cadeias de determinações físicas, biológicas ou psíquicas" (*Dos ensayos* [1950], pp. 10-11). "Historiar... não é uma simples operação de conhecimento, não consiste em desvelar a realidade de uma 'coisa' que existe sozinha e para si. A tarefa de historiar é uma forma de conversação, de conviver com aqueles que, de alguma forma, deixaram expressões vivas de suas vidas, as quais não falarão a todos da mesma forma" (*ibid.*, p. 33). "O historiador... tem de lidar com objetos expressivos do viver de outros homens, e tem de participar, de alguma forma, do movimento vital daqueles que lutaram, acreditaram, pensaram, sentiram e criaram, já que atividades dessa classe se dão dentro da experiência pessoal da cada um. Os objetos dessa experiência, em si móveis, ingressam no movimento vital daquele que se puser em contato com eles" (*Origen, ser y existir de los españoles* [1959], p. 146 [previamente publicado em *Cuadernos*, Paris, n. 24, 1957), "... o tema da história corre à margem da fluência do viver, e tem de ser captado em diferentes níveis de valor e mediante critérios de valoração e estruturação criados pelo historiador" (*ibid.*, p. 147). "Considero indispensável... que o historiador não perca de vista que a história — rigorosamente falando — não é construída sobre algo que simplesmente seja, exista ou aconteça, mas sobre as dimensões valiosas daquilo que apareça como tendo existido no passado de nossa experiência temporal" (*ibid.*, p. 165). O sentido filosófico último dessas declarações poderia ser formulado, em nosso entender, por meio da seguinte fórmula, que também é uma regra: "Compreender uma comunidade (ou uma obra de arte, ou um estilo artístico, ou uma forma de vida, ou, em geral, algo 'humano') requer como condição *sine qua non* situar-se de algum modo ao mesmo tempo 'dentro' e 'fora' de tal comunidade". A expressão 'ao mesmo tempo', embora insuficiente para expressar o tipo de "situação" requerida, ao menos nos põe na seguinte pista: de que o tipo de compreensão que tentamos elucidar é de caráter essencialmente dinâmico. Isso significa que aquilo a que chamamos de "situar-se dentro" e "situar-se fora" é, a rigor, um constante ir para dentro e ir para fora (ou, se se preferir, um constante ir [mentalmente] de um dentro para um fora e de um fora para um dentro, ou, mais precisamente, um constante ir [mentalmente] de dentro para fora e de fora para dentro). Livrando o vocábulo 'dialética' de muitas das significações espúrias que se colaram a ele, diremos que lidamos aqui com uma operação de índole dialética. Se admitimos que o ato de ir para dentro (o adentrar-se, o adentramento) representa um "viver" enquanto experimentar ou participar vitalmente, e que o ato de ir para fora (o estranhamento, que torna possível tratar um viver como um problema) representa um "pensar", poderemos concluir com uma fórmula aplicável a todo bom entendimento não apenas da história, ou da história de uma comunidade, mas também de tudo que é de algum modo "humano": "Compreender efetivamente consiste em um ato de viver tendo em vista um pensar, indissoluvelmente ligado a um ato de pensar tendo em vista um viver".

O problema que expusemos ultrapassa, a rigor, as questões suscitadas ao se tratar dos usos e significados do termo 'endopatia'. Esse é um problema para cujo tratamento adequado seria preciso introduzir, e possivelmente refinar, vários conceitos, entre os quais mencionamos, como exemplos, os de vivência (VER), interpretação (ver HERMENÊUTICA) e compreensão (VER). Mas de alguma maneira esse problema está vinculado à noção de 'endopatia', razão pela qual tratamos dele neste verbete.

Uma vez que um dos elementos da endopatia, ao menos no sentido de Lipps, é a "projeção", este poderia ser, se nos limitássemos exclusivamente a afinidades de vocabulário, o lugar apropriado para apresentar a idéia de projeção (ou, mais rigorosamente, "projeção para dentro"), com o fim de dar conta da origem e da causa das representações metafísicas e de conseguir uma "cura" dessas "projeções" que nos restitua o que tal autor chamou de "o conceito natural do mundo". Mas, já que os motivos que levaram Avenarius a formular e a defender sua doutrina são muito distintos de qualquer um dos anteriormente indicados, ou aludidos, preferimos, para maior clareza, dedicar um verbete especial ao conceito de projeção tratado por Avenarius. Remetemos ao verbete Introjeção que é o próprio termo (*Introjektion*) utilizado por Avenarius ao expor sua doutrina.

Por outro lado, o conceito de projeção, tanto no sentido de Lipps como no de Avenarius, é muito distinto da noção de "ir além de si" (o famoso pré-ser-se, *sich vorweg schon sein*) heideggeriana, do "ir adiante" orteguiano e, em geral, de todo antecipar-se a si mesmo (como determinado si mesmo). Tratamos desse problema no verbete PROJETO, no qual também mencionamos a noção da chamada "projeção pessoal".

Utilizamos anteriormente a idéia de "participação" (enquanto "participação afetiva ou emotiva"). A noção de participação (VER) no sentido metafísico e ontológico suscita problemas de alcance muito distinto, mas pelo menos em um caso a concepção (platônica) da participação obriga Platão a perguntar-se dialeticamente como é possível que algo participe e não participe de algo; questão que pode ser vinculada a uma das anteriormente elucidadas.

⊃ A referência às "duas tradições" na história do conceito de endopatia, em Milton C. Nahm, *Aesthetic Experience and Its Presuppositions*, 1946, pp. 452ss.

Para Vernon Lee (Violet Paget) ver *Beauty and Ugliness*, 1912 e *The Beautiful*, 1913.

Para H. S. Langfeld, *The Aesthetic Attitude*, 1920.

Lipps desenvolveu suas teorias em vários escritos; citamos: "Einfühlung, innere Nachahmung und Organenempfindungen", *Archiv für die gesamte Psychologie*, 1 (1903). — "Weiteres zur Einfühlung", *ibid.*, 4 (1904-1905). — Especialmente importante é a obra *Ästhetik. Psychologie des Schönen und der Kunst*, 2 vols., 1903-1906; 2ª ed., 1914-1920.

O conceito (estético) de endopatia foi examinado por R. Müller-Freienfels em sua *Psychologie der Kunst*, 3 vols., 1922-1923; 2ª ed., 1937-1938.

De J. Volkelt, ver *System der Ästhetik*, 3 vols., 1905-1914; 2ª ed., 1925-1927.

De K. Groos, ver *Die Spiele der Tiere*, 1896; *Die Spiele der Menschen*, 1899; *Der ästhetische Gemus*, 1902.

A principal obra de W. Worringer sobre nosso tema é *Abstraktion und Einfühlung*, 1908; nova ed., 1948 (trad. esp.: *Abstracción y Naturaleza*, 1953).

Dos numerosos escritos que consideraram a noção de endopatia como base, seja para análise, seja para crítica (e, às vezes, para ambas), nos limitamos a mencionar: Ventura Pezzolano, *Estética de la proyección sentimental*, 1933 (principalmente sobre o aspecto estético). — D. A. Stewart, *A Preface to Empathy*, 1956 (principalmente sobre o aspecto psicológico). — P.-H. Maucorps e R. Bassoul, *Empathies et connaissance d'autrui*, 1960. — Robert L. Katz, *Empathy and Its Uses*, 1963. — S. Kuno, *Functional Syntax: Anaphora, Discourse and Empathy*, 1987. — E. Stein, *On the Problems of Empathy*, 3ª ed. rev., 1989. — E. Mount, *Professional Ethics in Context: Institutions, Images and Empathy*, 1990. — Também tratam da empatia ou de noções similares muitas das obras mencionadas na bibliografia do verbete OUTRO (O).

Além das obras de Américo Castro às quais nos referimos neste verbete, devem-se levar em conta as seguintes do mesmo autor: *España en su historia*, 1948; 2ª ed., muito modificada e ampliada, com o título: *La realidad histórica de España*, 1954; nova ed., também modificada e ampliada, 2 vols., 1963-1964. — *Aspectos del vivir hispánico*, 1949. — *Hacia Cervantes*, 1957; 2ª ed., 1960. — *Santiago de España*, 1958. — *De la edad conflictiva*, 1961. ⊜

ENÉADAS. Ver Plotino.

ENÉAS de Gaza (Palestina) (*ca.* 450-534), da chamada "Escola de Gaza" (ver Gaza [Escola de]), foi discípulo em Alexandria do neoplatônico Hierocles. Em Gaza ele foi durante muitos anos professor de retórica e magistrado da cidade. Sua principal obra filosófica, ou, mais exatamente, filosófico-teológica, é o diálogo intitulado *Teofrasto ou da imortalidade da alma e da ressurreição do corpo*. Fiel seguidor de Platão, tanto pela forma como pela abundância de citações procedentes de diálogos platônicos, Enéas defende nesse diálogo a doutrina criacionista (ver Criacionismo), segundo a qual a alma, embora imortal, não preexistiu ao corpo, mas foi criada por Deus no momento em que o corpo apareceu. Ele também defende a doutrina da criação do mundo por Deus contra a tese da eternidade do mundo. Contra o fatalismo e o corporalismo dos estóicos, argumenta a favor do livre-arbítrio e da espiritualidade da alma humana.

➲ Edição do *Teofrasto* em Migne, *P. G.* LXXXV, cols. 865-1004; rep. por G. F. Boissonade em *Aeneas Gazeus... de inmortalitate animae*, 1886. — Edição de Cartas (25 Cartas) em R. Hercher, *Epistolographi graeci*, 1873, pp. 24-32.

Ver: G. Schalkhasser, *Aenea von Gaza als Philosoph*, 1898 (tese). — E. Legier, "Essai de biographie d' Énée de Gaza", *Oriens Christianus* [Roma], 7 (1907), 349-369. — St. Sikorski, *De Aenea Gazaeo*, 1909 [Breslauer Philologische Abh., IX, 5]. — V. Valdenberg, "Énée de Gaza", *Byzantion* [Bruxelas], 4 (1928), 262-268. — Ver também bibliografia de Gaza (Escola de). ⊜

ENERGÉTICA. Ver Energia; Ostxald, Wilhelm.

ENERGIA. O vocábulo 'energia' foi às vezes utilizado para traduzir os termos gregos ἐνέργεια e δύναμις, assim como o termo latino *vis*. Esta tradução nem sempre é satisfatória. Com efeito, cabe verter também (e sobretudo) ἐνέργεια por 'ato' (ver) e δύναμις por 'potência' (ver), do mesmo modo que qualquer um deles e *vis* por 'força'. É recomendável usar 'ato' como tradução de ἐνέργεια para que não se confunda o conceito antigo de energia com o moderno. Todavia, a confusão que resulta freqüentemente de certas traduções não se deve ao fato de tratar-se de meras questões de palavras. No presente verbete compararemos os sentidos dos dois conceitos citados — o antigo e o moderno —, mas, com o fim de tornar possível a comparação, consideraremos que os termos ἐνέργεια, δύναμις e *vis* têm um sentido predominantemente físico. Isto, naturalmente, por uma questão de convenção, pois não é justo cindir a ontologia da natureza desenvolvida pelos antigos (aristotélicos, estóicos etc.) em uma parte claramente metafísica e em uma parte claramente física. Mas adotaremos a divisão proposta para simplificar (e esclarecer) as coisas.

Na física de Aristóteles, a "energia", ἐνέργεια, não é um processo dinâmico no qual se conserva uma força, mas é um estado de imobilidade e de perfeição de uma entidade. Como indica Émile Bréhier (art. cit. *infra*) "em Aristóteles, e em um sentido oposto ao da física moderna, a conservação da energia é idêntica à conservação de um valor, ao direito que a perfeição tem de existir pelo fato de ser perfeição e de explicar todo o resto. O imutável não se encontra no movimento, mas é fim ou finalidade do movimento". Pode-se, então, falar de uma concepção "passivista" da energia em Aristóteles — e em todos os aristotélicos, incluindo não poucos dos tomistas clássicos —, à qual se opõe a concepção "ativista" moderna, segundo a qual o conceito de energia adquire um valor físico determinado enquanto força que se conserva.

Se o conceito de energia é utilizado como correspondente ao de δύναμις, parece já estar sugerida uma idéia de força, mas trata-se de uma força baseada na noção de possibilidade e de "potência de ser", não de uma força física determinada, pois para que a potência passe para o ato é necessário que coincidam certas causas eficientes. Em ambos os casos há, portanto, no conceito aristotélico de energia, uma nota de passividade.

Segundo Shung-Hawn Chen, o termo 'energia' tem vários significados nos escritos de Aristóteles. Esse autor indica que ele pode ser entendido em dois sentidos: quase-modal e não-modal. Enquanto conceito quase-modal, pode equivaler à atualidade (nesse caso, contrasta com a potência), ao ser atual ou perfeito, ou a um princípio da forma e da alma. Enquanto conceito não-modal, a energia pode ser entendida como atualização (que inclui a potência, embora em grau continuamente decrescente), como elemento aplicado à sensação e ao conhecimento intelectual, como atividade contemplativa do intelecto humano ou como atividade pura (e, às vezes, como o entendimento ativo). Estes dois sentidos não se encontram claramente separados um do outro no *Corpus aristotelicum*, mas em certas ocasiões um sentido predomina consideravelmente sobre o outro (cf. art. cit. *infra*).

Argumentou-se que, em diversos períodos da Antiguidade e da Idade Média, foram postas em destaque idéias sobre a energia de caráter mais ativista que as anteriormente resenhadas. Parece que Empédocles já distinguira matéria e força, sendo esta última de caráter ativo e "energético" (cf. S. Sambursky, *op. cit. infra*). Também parece que Platão e muitos neoplatônicos admitiram que a força — enquanto energia "ativa" —

é inerente à matéria (cf. Max Jammer, *op. cit. infra*). Na mesma linha pode-se citar a idéia estóica da tensão (VER), considerada um campo cósmico de força cuja energia se mantém continuamente (Sambursky, *op. cit. infra* [cont. da anterior]). Finalmente, pode-se fazer referência às críticas das concepções cosmológicas aristotélicas, tais como as que estão contidas no curioso tratado de Plutarco *De facie in orbe lunae*, no qual se explica que, se a lua não cai sobre a Terra, é por causa da força que a mantém em movimento e neutraliza a atração terrestre. Entretanto, pode-se perguntar se, ao se aduzirem estes casos, não se leva em conta antes a noção de força que a de energia, e se é legítimo falar como se os termos ἐνέργεια e δύναμις, por uma parte, e um vocábulo como *vis*, por outra, tivessem o mesmo significado, ou um significado muito aproximado.

De todo modo, a concepção "ativista" de energia e a idéia de certa conservação dela abriram caminho antes da Idade Moderna para uma série de especulações e análises sobre os conceitos de movimento, força, energia e outros similares (cf. Anneliese Maier, *op. cit. infra*). As diversas teorias do ímpeto (VER) podem ser levadas em conta a esse respeito. Em alguns dos autores que elaboraram tais teorias encontra-se a idéia de uma conservação do movimento pelo projétil; avalia-se, certamente, que a energia diminui e que, no final, dissipa-se completamente, mas parece que já estamos longe das noções conotadas pela ἐνέργεια e pela δύναμις aristotélicas.

O conceito de energia tal como é entendido atualmente — inclusive quando se nega que a energia possa subsistir por si mesma — foi desenvolvido plenamente apenas na Idade Moderna e especialmente a partir de Kepler e de Galileu (*momento*). Em não poucos textos de língua latina do começo da era moderna utiliza-se o vocábulo *vis* (traduzido geralmente por 'força'). Assim o vemos, por exemplo, nas discussões sobre a chamada "conservação da força viva". Podemos citar a esse respeito a fórmula clássica:

$$E = \frac{mV^2}{2}$$

("a energia [força] é igual à metade do produto da massa de um corpo pelo quadrado de sua velocidade"), fórmula que se encontra no começo de uma história da formulação matemática do conceito de energia que desemboca na equação de Einstein: $E = mc^2$ ("a energia [medida em ergs] é igual ao produto da massa [medida em gramas] pelo quadrado da velocidade da luz [medida em centímetros por segundo]"). O termo *vis* é encontrado em Newton (*Philosophiae naturalis principia mathematica*, Int. def. 3), onde se lê que a expressão *vis insita* é equivalente à expressão *vis inertiae*; que deveria ser traduzida por 'força inercial' e não por 'energia inercial'.

Vemos, desse modo, que na época moderna os conceitos de energia e de força entrecruzam-se freqüentemente, mas sem que se possa sempre reduzir um ao outro. Uma história do conceito de energia em sentido próprio poderia ser iniciada apenas no século XIX, quando foi introduzido o vocábulo 'energia', especialmente a partir de Julius Robert Mayer (1814-1878: "Bemerkungen über die Kräfte der unbelebten Natur", em *Annalen der Chemie und Pharmacie* [1842]). Esse autor formulou o princípio da conservação total da energia em um sistema físico fechado (formulação levada a cabo quase simultaneamente por Joule e Helmholtz) ao tratar do problema da distribuição da energia (distribuição que, antes da teoria dos *quanta*, era considerada como formando um processo contínuo). Especulou-se freqüentemente que isso levava a uma fundamentação científica do determinismo (VER), sobretudo se fosse possível reduzir toda forma de energia a energia mecânica. Isto posto, a energia mecânica, em seus aspectos de energia potencial e atual, é um dos tipos de energia física. Também se pode falar de energia elétrica, magnética, térmica, radioativa etc. Alguns autores, no final do século passado e no começo deste século, ocuparam-se justamente do que pode ser chamado de "classificação das formas de energia", com o propósito, inclusive, de encontrar um fundamento comum para todas essas formas. Esse é o caso de Wilhelm Ostwald (VER) e de sua "energética". Para esse autor há um tipo básico de energia: a energia absoluta, substância dinâmica do universo. As transformações da substância-energia produzem, segundo Ostwald, todos os fenômenos em todos os seus aspectos (incluindo o que ele chama de "energia vital" e de "energia psíquica"). Assim, como, apesar do princípio de conservação da energia, os processos energéticos podem ser irreversíveis (ou, segundo a entropia, pode haver uma parte de energia inutilizável e não transformável no trabalho mecânico correspondente), Ostwald completa sua especulação físico-metafísica com um "imperativo energético" que ordena não dilapidar a energia, mas utilizá-la.

O princípio de conservação da energia é o primeiro princípio da termodinâmica. Na formulação que lhe deu Helmholtz (*Über die Erhaltung der Kraft*, 1847), ele é enunciado dizendo-se que nas transformações do calor em trabalho (mecânico) e do trabalho (mecânico) em calor há uma relação constante, podendo ser ambos manifestações da energia. As especulações a que deu lugar esse princípio aumentaram quando filósofos e alguns cientistas refletiram sobre o segundo princípio da termodinâmica, também chamado de "princípio de entropia" (ou "transformação"). Este segundo princípio foi formulado antes do primeiro (por Sadi Carnot [1796-1832], em seu célebre trabalho *Réflexions sur la puissance motrice du feu et sur les machines propres à développer cette puissance*, publicado em 1834). Segundo esse autor (na forma generalizada que lhe deu Claude Carnot-Clausius) a entropia total de um sistema termicamente isolado aumenta. Apenas se o sistema fosse reversível a entropia permaneceria constante. Isso significa que a energia tem certa direção dentro de um sistema isolado; pode-se falar, desse modo, de um "princípio de evolução" distinto de (e, segundo alguns, contrário a) um "princípio de conservação" da energia. Deste modo, se consideramos o universo inteiro como um sistema físico termicamente isolado, chegamos à conclusão de que a entropia do universo tende a um máximo, isto é, ao que foi chamado de "morte do universo". Certos pensadores avaliaram que ou havia conflito entre os dois princípios citados ou que o segundo princípio acabaria se impondo ao primeiro ou o primeiro ao segundo. A maior parte dos físicos, em contrapartida, aceitou os dois princípios esperando que os dois poderiam ser abarcados dentro de uma teoria física unificada (ou com certas modificações introduzidas nas teorias físicas existentes). Em todo caso, recusaram tanto as conclusões deterministas, adotadas sobretudo por aqueles que se apoiavam no primeiro princípio, como as conclusões indeterministas propugnadas por aqueles que destacavam a importância do segundo princípio. Os progressos nos experimentos físicos, observações físicas e teorias físicas no final do século passado e no começo deste século, e particularmente a introdução do conceito de probabilidade na termodinâmica e a teoria dos quantas, tiraram o fôlego de muitas especulações filosóficas carentes de base. De qualquer modo, houve a possibilidade de elaborar uma interpretação estatística do segundo princípio, que foi confirmada por várias observações (por exemplo, o chamado "movimento browniano").

Note-se que o princípio da conservação da energia (o "primeiro princípio" sendo chamado algumas vezes de "lei da conservação") não é, de qualquer modo, um "princípio evidente" *a priori* (assim como nenhum dos "princípios" físicos). Até o presente a validade do "princípio de conservação" foi comprovada até em interações "fracas" (as mesmas nas quais se demonstrou que não vale o "princípio de paridade"). Mas os físicos não excluem a possibilidade de que um dia se possa demonstrar que em certas interações "fraquíssimas" (nas quais intervenham, por exemplo, forças de gravitação) o princípio não seja aplicável. Mesmo que isso leve à idéia de que a matéria pode emergir de um espaço que não contenha nenhuma energia, já não se poderia admitir a validade universal do princípio a que nos referimos caso houvesse conclusões experimentais que negassem tal validade universal.

O conceito de energia também foi utilizado na psicologia por alguns autores; destacam-se Johannes Müller (ver ENERGIA ESPECÍFICA DOS SENTIDOS) e, em um sentido distinto, C. G. Jung (VER), com o "sentido psicoanalítico da energia".

⊃ O artigo de Émile Bréhier intitula-se "L'énergie dans l'antiquité e au moyen âge", *12ᵉ Semaine de Synthèse* (1949), pp. 34-41, reimp. no livro do mesmo autor, *Études de philosophie antique*, 1955, pp. 90-95. O artigo de Shung-Hawn Chen intitula-se: "Different Meanings of the Term 'Energeia' in the Philosophy of Aristotle", *Philosophy and Phenomenological Research*, 17 (1956-1957), 56-65; outro artigo do mesmo autor: "The Relation Between the Terms ἐνέργεια and ἐντελέχεια in the Philosophy of Aristotle", *Classical Quarterly*, 52 (1958), 12-17. — O primeiro trabalho de S. Sambursky é *The Physical World of the Greeks*, 1956 (cf. p. 16). — A obra de Max Jammer é *Concepts of Force. A Study in the Foundations of Dynamics*, 1957 (cf. pp. 30ss.). — O segundo trabalho de S. Sambursky é *Physics of the Stoics*, 1954 (cf. pp. 55ss.). — Os trabalhos de Anneliese Maier relacionados com o problema são: *Zwei Grundprobleme der scholastischen Naturphilosophie*, 1955 (pp. 225-269); *Zwischen Philosophie und Mechanik*, 1958 (pp. 341-382).

História do princípio: Erwin N. Hiebert, *Historical Roots of the Principle of Conservation of Energy*, 1962.

Sobre a energia em Aristóteles: Josef Stallmach, *Dynamis und Energeia*, 1959. — Fernando Cubells, *El acto energético en Aristóteles*, 1961. — George A. Blair, "The Meaning of 'Energeia' and 'Entelecheia' in Aristotle", *International Philosophical Quarterly*, 7 (1967), 101-117.

Obras sistemáticas nas quais se estuda a noção de energia de diferentes pontos de vista: J. Schnippenkötter, *Der entropologischer Gottesbeweis*, 1922. — Hedwig Conrad-Martius, *Der Selbstaufbau der Natur. Entelechien und Energeien*, 1944; 2ª ed., 1961. — Stéphane Lupasco, *Le principe d'antagonisme et la logique de l'énergie: Prolégomènes à une science de la contradiction*, 1951. — P. T. Landsberg, *Entropy and the Unity of Knowledge*, 1961. — D. W. Theobald, *The Concept of Energy. Its Significance in Fundamental Theory and Practice*, 1966. — J. O'Manique, *Energy in Evolution*, 1969. — D. MacLean et al., *Energy and the Future*, 1983. — M. Taube, *Materie, Energie und die Zukunft des Menschen*, 1988. ⊂

ENERGIA ESPECÍFICA DOS SENTIDOS. O fisiólogo alemão Johannes Müller formulou em sua obra *Handbuch der Physiologie des Menschen* (I, 1883) uma lei chamada de "lei da energia específica dos sentidos". Segundo ela, os diversos tipos de sensação não procedem de qualidades específicas dos estímulos, mas de estruturas específicas dos sentidos. Os mesmos estímulos provocam, de acordo com os órgãos que os recebem, sensações diferentes; inversamente, diferentes estímulos podem provocar, ao passar por um único órgão, um mesmo tipo de sensação. Um exemplo do primeiro caso são sensações de tipo diverso provocadas por uma corrente elétrica; um exemplo do segundo caso são sensações luminosas provocadas por estímulos mecânicos, elétricos, pela luz etc.

A doutrina de Johannes Müller foi objeto de muito debate. Numerosas pesquisas provaram que os órgãos receptores não possuem a especificidade que lhes atribuía Müller; em todo caso, foi demonstrado que a produção de sensações constitui um processo muito mais complexo do que aparece na teoria da energia específica. Embora se reconheça que um mesmo estímulo possa produzir sensações diversas, isso não é atribuído à lei de Müller, mas a processos neurofisiológicos nos quais pode intervir o organismo inteiro.

Do ponto de vista fisiológico, o interesse da doutrina de Müller parece consistir nas questões que suscita no que diz respeito à formulação do conhecimento. De qualquer modo, aceitando-se ou não a doutrina da energia específica dos sentidos, deve-se reconhecer que os resultados não afetam as questões espistemológicas, que, como já indicou Kant, referem-se à validade do conhecimento e não aos processos fisiológicos, psicológicos ou neurológicos por meio dos quais ele é adquirido.

Alguns historiadores declararam que a doutrina de Müller pode ser encontrada em alguns pré-socráticos, como Empédocles ou Demócrito.

Ver as obras mencionadas em PERCEPÇÃO, especialmente às relativas às bases físicas da percepção.

ENESÍDEMO (*fl.* 70 a.C.), de Cnossos (Creta), ensinou em Alexandria, opondo o pirronismo aos estóicos e aos acadêmicos como a única doutrina adequada ao sábio. Em seus *Discursos pirrônicos,* Enesídemo recopilou, com efeito, todas as doutrinas divergentes sobre cada ponto para demonstrar a incerteza do conhecimento, e desenvolveu nos chamados tropos (VER) as suas objeções, destinadas a evidenciar a impossibilidade de se chegar a um saber verdadeiro por causa da multiplicidade de condições externas e internas que coincidem no juízo. Durante muito tempo considerou-se que o ceticismo de Enesídemo era apenas uma preparação para a admissão da doutrina de Heráclito; porém, parece que, em última instância, a crítica de todo critério de verdade não tinha para ele outro sentido além da suspensão do juízo e, por conseguinte, da adoção da têmpera impassível do ânimo, da ataraxia (VER; ver também CETICISMO).

➲ Dos *Oito livros dos Discursos pirrônicos,* Πυρρωνείων λόγων όκτώ βιβλία, há um resumo em Photios, Biblioteca (cód. 212), ed. I. Bekker.

Ver: Karl Goebel, *Die Begründung der Skepsis des Aenesidemus durch die zehn Tropen,* 1880. — Victor Brochard, *Les sceptiques grecs,* 1887 (Livro III). — Eugen Pappenheim, *Der angebliche Heraklitismus des Skeptikers Ainesidemos,* 1889.

Ver também a bibliografia do artigo CETICISMO (obras de V. Brochard, A. Goedeckemeyer, L. Robin *et al.*). ➲

ENFANTIN, BARTHÉLEMY-PROSPER (1796-1864), nascido em Paris, foi um dos principais representantes do saint-simonismo (VER). Fundador, junto com Olinde Rodrigues, do *Le Producteur,* colaborou primeiramente com outros destacados saint-simonianos, como Bazard e Buchez, na difusão das doutrinas de Saint-Simon. Buchez, entretanto, opôs-se rapidamente à orientação religiosa que alguns deram ao saint-simonismo, permanecendo Rodrigues, Bazard e Enfantin como os mais destacados saint-simonianos. Quando Rodrigues cedeu seu posto de líder, Enfantin e Bazard converteram-se em pontífices e "padres" da "igreja" saint-simoniana. Em 1831, Enfantin e Bazard separaram-se; este último inclinou-se para a ação política, enquanto o primeiro orientou-se para a constituição "eclesiástica" da tendência saint-simoniana. Embora as doutrinas fundamentais sustentadas por Enfantin fossem as que, em nome de Saint-Simon, Bazard explanara em sua *Exposition* de 1828-1830 (publicada em 1830-1831), Enfantin introduziu mudanças que afetavam o modo de entender a "comunidade" saint-simoniana. Transformado em "homem-messias" do saint-simonismo, Enfantin proclamou a necessidade de procurar a "mulher-messias", pois, em seu entender, a mulher complementa o homem e permite formar a unidade da razão com os sentimentos (com a eventual primazia dos últimos). Em Enfantin é importante o sentimento da unidade do homem com o universo. No que diz respeito a isso, ele desenvolveu uma doutrina de tipo panteísta e propugnou ritos simbólicos de um culto a Deus que se manifesta na arte e se realiza na indústria. As doutrinas econômicas e de interpretação histórica subordinaram-se, desse modo, quase inteiramente às necessidades do "culto". Este, que começou com tendências de caráter purificador, e até mesmo ascético, terminou no reconhecimento da necessidade do amor livre, pelo menos entre os chamados "padres" da "igreja".

➲ Obras: devem-se a E. uma *Economie politique* (1831), uma *Morale* (1832) e um *Livre nouveau,* que deveria constituir o "Evangelho" da igreja saint-simoniana. Também se deve a ele a obra *Vie éternelle* (1863). A *Correspondance politique et religieuse* foi publicada em 1849.

Ver: Georges Weill, *L'École saint-simonienne. Son histoire, son influence jusqu'à nos jours,* 1896. — S. Charléty, *E.*, 1931. — Jean-Pierre Alem, *E., le prophète aux sept visages,* 1963. ➲

ENFASEOLOGIA. Ver BAUMGARTEN, ALEXANDER; EXPRESSÃO (I).

ENGELS, FRIEDRICH (1820-1895), nascido em Barmen (hoje Wuppertal [Westfalia]), desenvolveu múltiplas atividades, com atuações no jornalismo, na indústria (trabalhou na fábrica de seu pai, em Manchester) e nas lutas filosóficas e político-sociais. O mais importante acontecimento de sua vida foi o encontro com Marx (1844), do qual foi o mais íntimo amigo e colaborador, de tal modo que freqüentemente é difícil precisar qual foi a contribuição de cada um deles para as idéias fundamentais do marxismo (VER). Na realidade, o que expusemos sob este nome foi o desenvolvimento de uma série de doutrinas que têm como base as idéias e os estudos não apenas de Marx, mas também de Engels. Como nos estendemos sobre tais doutrinas no verbete citado, limitar-nos-emos aqui a indicar os mais destacados traços da contribuição filosófica de Engels para a doutrina marxista. Sobretudo, e mesmo que ele tenha constantemente se dado ao trabalho de obter informações sobre problemas econômicos e sociais (e também estratégicos), Engels trabalhou mais no aspecto propriamente filosófico da doutrina. O materialismo (VER) foi concebido por Engels não apenas como um materialismo histórico (VER), mas de modo geral como materialismo dialético (VER). Um dos aspectos mais importantes desse último era a dialética (VER) da natureza. Pode-se dizer, portanto, que a insistência tão característica dos marxistas na união do materialismo com a dialética procede de Engels. Uma característica muito destacada das doutrinas de Engels é o esforço dedicado a esclarecer as relações entre infra-estrutura econômica e as superestruturas culturais. Contrariamente ao que acreditam alguns, estas relações são, segundo Engels, complexas, de tal modo que não se admite a explicação causal direta dos acontecimentos não-econômicos por outros econômicos, mas se mantém que a superestrutura influi, por sua vez, sobre a estrutura; idéias, convicções políticas e religiosas etc. não podem, por conseguinte, segundo Engels, ser descartadas facilmente em uma interpretação rigorosa do curso da história humana.

⊃ Principais obras de interesse filosófico: *Hern Dühring Umwälzung der Wissenschaften*, 1878 [publicada como uma série de artigos em *Vorwärts*, 1877] (*A transformação das ciências pelo sr. Dühring*, conhecido freqüentemente como *Anti-Dühring*). — *Ludwig Feuerbach und das Ende der klassischen deutschen Philosophie*, 1886 (*L. Feuerbach e o fim da filosofia clássica alemã*). — *Dialektik der Natur* (escrita entre 1873 e 1883 e publicada pela primeira vez em 1925 por Riazanov). — Para as obras mais importantes escritas em colaboração com Marx, ver o verbete sobre este. O mesmo para a edição das obras completas.

Em português: *Anti-Dühring*, s.d. — *Cartas filosóficas e o Manifesto comunista*, s.d. — *A dialética da natureza*, 8ª ed., 1979. — *A ideologia alemã*, 2ª ed., 1998. — *O Manifesto comunista*, 1996. — *Manifesto do Partido Comunista*, 9ª ed., 1999. — *Origem da família, da propriedade privada e do Estado*, 13ª ed., 1995. — *O Papel do trabalho na transformação do macaco em homem*, s.d. — *Textos sobre educação e ensino*, 1992.

Biografia: H. Hirsch, *F. E. in Selbstzeugnissen und Bilddokumenten*, 1968. — W. O. Henderson, *The Life of F. E.*, 2 vols., 1976. — J. D. Hunley, *The Life and Thought of F. E.: A Reinterpretation*, 1991.

Bibliografia: M. Rubel, "Répertoire des oeuvres de F. Engels", em *Bibliographie des oeuvres de K. Marx*, 1956.

Ver: K. Kautsky, *F. E. Sein Leben, sein Wirken, seine Schriften*, 1895; 2ª ed., 1908. — R. Mondolfo, *Il materialismo storico in F. E.*, 1912; 2ª ed., 1952. — Gustav Mayer, *F. Engels*, 2 vols., 1920; 2ª ed., 1934. — M. Adler, *E. als Denker*, 1920. — R. Seeger, *F. E.*, 1935. — A. Cornu, *K. Marx et F. E. Leur vie et leur oeuvre. I. Les années d'enfance et de jeunesse. La gauche hégélienne (1818/1820-1844)*, 1955; II. *Du libéralisme démocratique au communisme (1842-1844)*, 1958; III. *Marx à Paris*, 1961. — Horst Ullrich, *Der junge E. Eine historischbiographische Studie seiner weltanschaulichen Entwicklung in den Jahren 1834-1845*, 2 vols., 1961-1966. — Richard N. Hunt, *The Political Ideas of Marx and E.*, I: *Marxism and Totalitarian Democracy, 1818-1850*, 1975. — M. Berger, *E., Armies and Revolution: The Revolutionary Tactics of Classical Marxism*, 1977. — P. Phillips, *Marx and E. on Law and Laws*, 1980. — I. Cummins, *Marx, Engels and National Movements*, 1980. — T. Carver, *Marx and E.: The Intellectual Relationship*, 1984. — N. Mader, *Philosophie als politischer Prozess. Karl Marx und F. E.*, 1986. — R. Schmitt, *Introduction to Marx and Engels: A Critical Reconstruction*, 1987.

Há uma série de escritos sobre Engels publicados a partir de 1962 em Berlim Oriental (*Schriften der deutschen Sektion der Komission der Historiker der DDR und der UdSSR*). ∈

ENOEMÁTICA. Em suas *Lições de lógica* (*Lectures on Logic*, VIII-XII), William Hamilton desenvolve o que ele chama de "Enoemática". Esta surge da forma seguinte. A lógica geral ou lógica abstrata divide-se em duas partes: pura e modificada (*Lectures*, IV). A lógica pura se divide em estoiqueologia (VER), ou doutrina dos elementos do pensar, e metodologia, ou doutrina do método. A estoiqueologia se subdivide em noética, que trata das leis fundamentais do pensamento ou condições universais do pensável, e dinâmica, que trata das leis do pensamento. Estas últimas são examinadas em suas três graduações: concepção, juízo e raciocínio. Com isso são obtidas quatro subdisciplinas lógicas: a noética, que se ocupa das leis fundamentais do pensar; a noemática, que trata da concepção; a apofântica, que se ocupa do juízo, e a teoria do raciocínio. A "concepção" de que fala Hamilton são os "produtos do pensamento", à diferença das apresentações da percepção e das representações da fantasia.

ENQUANTO. Ver COMO.

ENS. Ocupamo-nos do termo *ens* no verbete sobre o ENTE (VER). Assinalaremos aqui que os escolásticos utilizaram não apenas o vocábulo *ens*, mas também, e freqüentemente, tal vocábulo acompanhado de um adjetivo ou de uma locução. Temos assim, entre outras, as expressões *ens creatum*, *ens increatum*, *ens divinum*, *ens fixum*, *ens immobile*, *ens mobile*, *ens perfectum*, *ens imperfectum*, *ens completum*, *ens incompletum*, *ens finitum*, *ens infinitum*, *ens secundum se*, *ens in alio*, *ens in actu* (ou *actu*), *ens in potentia* (ou *potentia*), *ens contingens*, *ens necessarium*, *ens naturale*, *ens particulare*, *ens subsistens*, *ens realis*, *ens rationis*. O exame dessas diversas formas de *ens* ou ente encontra-se em diversos verbetes deste Dicionário: citamos, como exemplo, CRIAÇÃO; INFINITO; ATO; CONTINGENTE; ENTE DE RAZÃO; NECESSIDADE; ABSOLUTO. O leitor poderá completar a lista facilmente.

Para o *ens rationis*, conferir o verbete ENTE DE RAZÃO.

Há várias expressões nas quais intervém o vocábulo *ens* que são seguramente menos familiares que as anteriormente introduzidas, ou cujo significado não é tão claro na leitura. Entre elas citamos as duas seguintes: *ens diminutum* e *ens ratum*.

Armand Maurer ("*Ens Diminutum*: A Note on Its Origin and Meaning", *Mediaeval Studies*, 12 [1950], 216-222), indica que a expressão *ens diminutum* procede de uma versão latina de uma versão árabe de uma passagem (VI 4, 1027 b 33) da *Metafísica* de Aristóteles. Segundo Maurer, a palavra grega λοιπόν (*reliquum*, restante), na expressão aristotélica τὸ λοιπόν γένος τοῦ ὄντος (*reliquum genus entis*, o gênero restante do ser), foi traduzida para o árabe por *nâquis* ("diminuído"). Aristóteles distinguira entre o ser que se divide nas categorias e o ser como ser acidental (e também como ser verdadeiro). Estes dois últimos pareciam ser menos "completos", razão pela qual é possível que o tradutor tenha introduzido o termo 'diminuído'. Roger Bacon (sempre segundo Maurer), em suas *Quaestiones* sobre a *Metafísica*, segue o uso da aludida versão latina e introduz a expressão *ens diminutum* para designar o acidental e o verdadeiro. Não obstante, parece haver tipos de *ens diminutum*: o que está "fora da alma" ou "na realidade" e o que está "na alma". Adão de Buckfield chamou este último de ser diminuído por excelência *ens per se diminutum*. Santo Tomás utiliza uma vez a expressão *ens diminutum* (em 4 *Sent.*, 1.1, 4, 2c), mas prefere as expressões *ens rationis*, *intentio*, *esse intentionale*. Já que apenas o ser fora da alma parece poder ser dividido nas categorias, o "ser na alma" ou *ens in anima* é considerado como o *ens diminutum* por Siger de Brabante e Godofredo de Fontaines. Maurer aponta que Duns Scot foi quem mais freqüentemente utilizou a expressão *ens diminutum*, no sentido do *ens* que está na alma. Enquanto alguns autores árabes (entre eles, Averróis) haviam distinguido, dentro do "restante gênero do ser", entre um ser como o ser por acidente que está fora da alma e o ser enquanto "ser verdadeiro" que está dentro da alma, mas haviam considerado ambos como *ens diminutum* (por causa da leitura antes indicada), Duns Scot acredita que o *ens diminutum* é exclusivamente aquele que está *in anima*, identificando-o com o *ens rationis*, *ens cognitum* (em *Op. Ox.*, IV, d. 1, q. 2, u. 3; cit. por É. Gilson em *Jean Duns Scot*, 1952, p. 292, nota). O ser "diminuído" como ser na mente não é (diz Maurer) o universal, mas "um ser relacional produzido pela razão" (art. cit., p. 221).

Na obra de Gilson antes citada (pp. 294-295) este autor se refere à expressão utilizada por Duns Scot, *ens ratum*. Este é definido como um ente que tem "um ser firme e verdadeiro, ou essência ou existência". O *ens ratum* é, portanto, o "ser real" (*Op. Ox.*, I, d. 36, ad. art. 11).

ENS UNUM VERUM BONUM CONVERTUNTUR. Ver TRANSCENDENTAL, TRANSCENDENTAIS.

ENSIMESMAMENTO. Ver ALTERAÇÃO; INTIMIDADE.

ENTE. O infinitivo grego εἶναι equivale ao infinitivo latino *esse* e sua tradução em português é 'ser'. O particípio presente grego do mesmo verbo, ὄν, equivale a *ens*, e sua tradução é 'ente'. Em italiano são utilizados *ente* e *essere*; em alemão, *Seiendes* e *Sein*. Em francês e em inglês costuma-se utilizar apenas um termo para 'ente' e para 'ser', *être* e *Being*, mas há algum tempo (e especialmente devido à necessidade de traduzir alguns textos de Heidegger, que insiste em que se deve distinguir entre o ente e o ser) são utilizados nesses idiomas os neologismos *étant* e *essent* que poderiam muito bem ser empregados como traduções do latim *ens*.

Entretanto, para alguns filósofos o problema da possível distinção entre 'ente' e 'ser' não é tão fácil como se depreende dessas considerações terminológicas. Do ponto de vista lingüístico, deve-se levar em conta que os significados de 'ente' e de 'ser' dependem em grande medida do modo pelo qual esses termos são introduzidos. Por exemplo, não é a mesma coisa dizer 'um ente' e 'o ente'; não é a mesma coisa empregar 'ser' como cópula em um juízo e dizer 'o ser'. Devido a estas e a outras dificuldades argumentou-se às vezes que a distinção entre ente e ser, ao menos na chamada "ontologia clássica", é um ponto artificial ou, em todo caso, insignificante. Desse modo, os gregos empregaram a expressão τί τὸ ὄν, traduzida para o latim por *quid est ens?*, e para o português não apenas por "O que é o ente?", mas também por "O que é o ser?". Alguns autores, porém, insistem em que perguntar pelo ente e perguntar pelo ser não é a mesma coisa; o ente é "o que é", enquanto "o ser" é o fato de que qualquer ente dado *seja*. O assunto se complica devido a certas expressões, tais como τὸ τί ἦν εἶναι, que foi traduzida para o latim por *quod quid erat esse* e se refere ao "ser que era um algo", a um *quid* que possui, como tal, uma *quidditas* em virtude da qual "era" antes de ter-se realizado em um indivíduo particular.

Se o conceito do ente e o do ser são a mesma coisa, o que dissemos a propósito do último (ver SER) vale para o primeiro. Mas, se eles não são exatamente a mesma coisa, deve-se ver que distinções se apresentaram ao longo da história.

Com o fim de esclarecer essa questão, propomos o seguinte: referir brevemente (mesmo correndo o risco de repetir o que foi dito no artigo SER) o que alguns escritores em língua latina disseram a respeito do ente e de seu conceito. Apresentaremos exemplos atuais nos quais se tentou distinguir entre o ente e o ser.

O vocábulo latino *ens* foi usado por Quintiliano em *Institutiones oratoriae* (VIII, iii, 33): "Muitos vocábulos novos se formaram tendo como base o grego, sobretudo por Sérgio Flávio [Sergius Flavius]; alguns deles, como *ens* e *essentia* [*ut queens et essentia*, isto é, *utque ens et essentia*], considerados um tanto rígidos". Quintiliano também utilizou o plural *entia* como tradução de ὄντα (*ibid.*, II, xiv, 2): "Nem todas as traduções do grego são próprias, assim como não é própria a tentativa de pôr vocábulos latinos em uma forma grega. E esta translação não é menos rígida que a de *essentia* e *entia* [*essentia at queentia*, ou seja, *essentia atque entia*]". O pragmático Prisciano de Cesaréia deu a conhecer que *ens* foi usado por César. Assim, enquanto os clássicos latinos e os reitores consideravam esse uso um tanto "rígido" (ou "bárbaro"), os vocábulos *ens* e *entia* circularam na época escolástica como termos técnicos indispensáveis (consideramos de pouca ou nenhuma importância filosófica o uso de *ens* em textos não-filosóficos, nos quais *ens* é equiparado a *existens*; cf. Du Cange, *Glossarium mediae et infimae Latinitatis*, s. v. "Ens"). A partir do século XIII, principalmente, discutiu-se o que é o *ens* como "o que é" ou "ser que é", isto é, como ὄν. À pergunta *quid est ens?*, correspondente ao já citado τί τὸ ὄν aristotélico (em *Met.*, Γ 1.003 a 21), respondeu-se que *ens est quod primo intellectus concipit* (Santo Tomás, *De verit*, q. 1 a I c) e que *illud quod primo cadit sub apprehensione est ens* (*S. theol.*, II-I.ª q. XCIV a 2). Nada pode ser dito sobre o que é a menos que o dizer já se encontre situado dentro da primeira e prévia apreensão do ente. O ente é *id quod est*, aquilo que é (*In Boëth de hebd.*, lect 2). Santo Tomás também fala do *esse* (ser), mas para defini-lo nos termos do *ens*: *Esse dicitur actus entis inquantum ens est*. Este é o ente que se divide em dez gêneros (ver CATEGORIA). Santo Tomás estuda o ser como ser com sua essência, como "o que é" (e enquanto é). O ente é aquilo que é mais comum enquanto sujeito de apreensão. Ao mesmo tempo ele é algo que transcende tudo o que é; não pode ser definido por nenhum modo especial de ser, por nenhum ser "tal ou qual" — e por isso é um transcendental (VER), e como transcendental, além disso, "convertível" no uno, na coisa, no "algo", no verdadeiro e no bom. Já se disse que, além de ser um transcendental, o ente é um supertranscendental; como transcendental é o que é enquanto relativo ao real, e como supertranscendental ele é o que é enquanto relativo não apenas ao ente real, mas também ao ente de razão (VER). Podemos acrescentar que caso se estendam as possibilidades do ente e se façam referência não apenas à realidade, mas também à possibilidade, então temos o mais amplo conceito possível do ente. Esta ampliação de significado ocorreu com Wolff (cf. *infra*). Por enquanto basta considerar o conceito do ente como "o que é".

Os escolásticos trataram detalhadamente da questão do ente no que diz respeito a isso. Uma série de problemas são suscitados. Por um lado, se a noção do ente é "muito comum", o ente é tudo o que é como tal. Por outro lado, se o ente é o real em sua realidade, o ente pode ser aquilo que sustenta ontologicamente todos os entes. Finalmente, se o ente é tudo o que é ou pode ser, será necessário definir de que distintos modos diz-se que algo é um ente. Por exemplo, pode-se dividir o ente em ente real e de razão, ente potencial e ente atual, e este último em essência e existência. Pode-se estudar também de que modo se pode falar do ente: análoga, unívoca, equivocamente. Certas formas de ser que podem ser equiparadas ao ente devem ser distinguidas deste. Isso ocorre, por exemplo, com a distinção entre o ente e a coisa. Como assinala Santo Tomás (*De veritate*, q. I a 2) — seguindo nisso Avicena —, coisa se distingue de ente porquanto o ente é *sumitur ab actu essendi*, na medida em que o nome da coisa expressa a *qüidade* ou a essência do ente.

Além das divisões do ente, dos modos de se dizer o ente e da distinção entre o ente e noções similares, os escolásticos estudaram outros modos de tratá-lo. Por exemplo, pode-se considerar o ente como objeto material, como objeto formal *quod* e como objeto formal *quo*. No primeiro caso trata-se do ente enquanto (*quodcumque*) ente; no segundo, da *ratio* do ente; no terceiro, de um grau altíssimo e sumamente abstrato da materialidade. A doutrina escolástica do ente culmina possivelmente com Suárez (VER). Suas *Disputações metafísicas* são ao mesmo tempo, senão fundamentalmente, "disputas ontológicas". O ente é estudado por Suárez não apenas como "o que é", mas como a condição ou condições que tornam possível (ou inteligível) todo ser. Falou-se por isso que a doutrina do ente desembocou em um puro formalismo. Mas seria necessário ver até que ponto isso é correto. O formalismo aparece, em contrapartida, com bastante clareza em Wolff (e em autores anteriores a ele) na medida em que o ente é definido (Wolff, *Philosophia prima sive ontologia*, § 134) como tudo o que não é incompatível com a existência. Satisfeita essa condição, o ente é então a possibilidade lógica. Assim, mesmo nesse caso há na ontologia de Wolff pressupostos metafísicos (que derivam da doutrina de Leibniz, segundo a qual tudo o que é possível tende à existência, de acordo com a compossibilidade [VER]). Nos escolásticos e em Wolff encontramos uma complexa mistura dos motivos metafísicos com os ontológicos.

Heidegger declarou que a questão do ser e a do ente não são iguais: a primeira é ontológica; a segunda é ôntica (ver ÔNTICO). A determinação até certo ponto justificada do ente — a 'definição' da lógica tradicional que tem seu fundamento na antiga ontologia — não é aplicável ao ser (*Sein und Zeit*, § 1). O ser (*Sein*) é prévio aos entes (*Seiende*). Que assim seja e como se pode conseguir — se é que isso é possível — acesso a ele é a grande questão que Heidegger propôs-se averiguar, sem que, ao que tudo indica, o tenha conseguido. Segundo Heidegger (o "primeiro Heidegger" pelo menos; ver HEIDEGGER [MARTIN]), somente a análise existenciária (ver EXISTENCIÁRIO) do ente que pergunta pelo ser — o *Dasein* (VER) —, isto é, do ente no qual seu ser está em seu ser, pode abrir o caminho para uma compreensão do sentido do ser. Heidegger supõe, por conseguinte, que a clássica pergunta pelo *ens* velou a pergunta mais originária pelo ser. Em suma, deve-se distinguir entre ser e ente: "*'Sein' ist nicht so etwas Seiendes*" (*op. cit.*, § 1; cf. também *Einführung in die Metaphysik*, especialmente cap. I). Segundo Nicolai Hartmann, "o ser e o ente se distinguem do mesmo modo que se distinguem a verdade e o verdadeiro, a realidade [*Wirklichkeit*, e também *Realität*] e o real [como *wirklich* e como *reale*]" (*Zur Grundlegung der Ontologie*, 1935, p. 40). O *ens* em sentido tradicional é o ὄν objeto da *Metaphysica*, enquanto o ser é o ὄν objeto da *Ontologia*. É verdade que é "praticamente impossível referir-se ao ser sem investigar o ente" (*op. cit.*, p. 41), mas isso não impede que se possa estabelecer (ao menos mentalmente) uma distinção entre ambos.

A história do conceito "ente" é ainda mais complexa do que o que foi apresentado aqui, por causa de certos modos particulares — embora relacionados com a "tradição" — de empregar o vocábulo 'ente'. Por exemplo, Gioberti fala do ente na célebre fórmula *l'ente crea l'esistente*, dando-lhe o sentido de Deus. Rosmini considera o ente como o termo do ser, o qual precede o ente, ao menos na ordem dos conceitos. É difícil, em vista disso tudo, delinear o problema do ente e da relação entre esse problema e o do ser. Em muitos casos eles foram tratados como o mesmo problema. Em outros, considerou-se que o conceito de ser é mais geral que o do ente. Em outros, ainda, admitiu-se apenas o conceito de ente — como "o que é" ou, inclusive, como "o que existe" —, considerando-se que, enquanto é legítimo falar de um problema do ente, não é legítimo falar de um problema do ser. O ser não pode ser um sujeito (apenas o que é de alguma maneira um ente pode ser sujeito). Tampouco pode ser predicado (ver ONTOLÓGICA [PROVA]), pois não se pode dizer simplesmente que algo é a menos que se diga de que classe de entidade se trata ou quais são as propriedades fundamentais (a "essência") de tal entidade.

Os seguintes usos podem ser considerados:

1) Ao se referir à ontologia "clássica" e especialmente àquela desenvolvida pelos escolásticos e pelos wolffianos, podem-se identificar os conceitos de ente e de ser.
2) Em termos gerais pode-se dizer que o ser é o modo pelo qual uma realidade se apresenta como realidade. Se o ente é definido como "o que é", seu ser será então o modo (ou os modos) pelo qual o que é se apresenta enquanto é.
3) O conceito de ser terá então um alcance mais geral que o conceito de ente, mas sua generalidade não significará que "há" algo que seja "o ser": para que haja o ser de algo é preciso que haja algo — real, ideal, atual, possível etc. — sobre o qual caiba dizer que é deste ou daquele modo fundamental (ou ontológico).

↪ Ver a bibliografia dos verbetes ANALOGIA e SER. Além disso: R. C. Kwant, *De gradibus entis*, 1946. — P. Carosi, *Due significati dell'Ente e l'oggeto formale dell'ontologia*, 1952. — José Hellín, "Obtención del concepto de ente, objeto de la metafísica", *Pensamiento*, 17 (1961), 135-164. — Nimio de Anquín, *Ente y ser (Perspectivas para una filosofía del ser naciente)*, 1962. — L. Peña, *El ente y su ser. Un estudio lógico-metafísico*, 1985. — R. Schönberger, *Die Transformation des klassischen Seinsverständnisses*, 1986.

Ver também: Nicolai Hartmann, *Zur Grundlegung der Ontologie*, 1935, pp. 39-87 (em trad. esp.: *Ontología. I. Fundamentos*, 1954, pp. 45-98). ↩

ENTE DE RAZÃO. Nos verbetes Ens (VER) e Ente (VER) nos referimos aos diversos modos em que o ente é dividido na filosofia escolástica. Um dos entes considerados por ela é o ente de razão (*ens rationis*). Por causa de sua particular importância para a compreensão da natureza da lógica segundo os escolásticos, daremos aqui algumas indicações complementares sobre ele.

Os escolásticos definem o ente de razão como aquele que possui ser objetivo *somente no entendimento*. O termo 'objetivo' é utilizado aqui em seu sentido tradicional (ver OBJETO, OBJETIVO). Com efeito, os escolásticos distinguem três modos pelos quais algo pode estar no entendimento: subjetivamente, efetivamente e objetivamente. Algo está no entendimento *subjetivamente* quando está no sujeito enquanto acidente. Algo está no entendimento *efetivamente* quando é um efeito imanente do entendimento, ou seja, quando é um movimento vital ou uma série de movimentos vitais que procedem do entendimento física ou realmente. Algo está no entendimento *objetivamente* quando é apreendido por ele pura e simplesmente, isto é, quando sua natureza consiste no modo de apreensão do objeto. Assim, enquanto as espécies inteligíveis estão no entendimento subjetivamente, e o conceito formal está no entendimento subjetiva e efetivamente, o ente de razão está no entendimento — e apenas nele — objetivamente. Se estivesse em outro lugar além do entendimento não seria, com efeito, ente de razão.

Segundo os escolásticos, o ente de razão não tem uma causa eficiente, mas um fundamento: aquilo segundo o que ele é formado objetivamente pelo entendimento humano. Segundo a razão do fundamento *por acidente*, o ente de razão pode ou não ter *fundamentum in re* (ou realidade "objetiva" no sentido atual do vocábulo). Segundo a razão do fundamento *essencial*, o ente de razão pode ser ou negação ou privação. Em nenhum caso o ente de razão é algo atual, mas isso não impede que seja apreendido pelo entendimento. Os entes de razão são entendidos em função das intenções (ver INTENÇÃO; INTENCIONAL; INTENCIONALIDADE) que a razão vê nos objetos que considera. Quando considera intenções como o gênero, a espécie etc., que não descobre na natureza das coisas, mas que se seguem, como diz Santo Tomás (*in lib. IV Met.*, leit. 4, 574), das considerações da própria razão, o resultado disso são entes de razão, e tais entes de razão são os objetos da lógica. As intenções citadas são as que os escolásticos chamam de intenções segundas. Assim, o objeto da lógica (formal) é a intenção segunda ou ente de razão *lógico*. E, como a intenção segunda está fundada em uma intenção primeira, pode-se dizer que para os escolásticos os objetos de que a lógica fala não podem ser apreendidos sem um certo fundamento na realidade. A lógica fala, portanto, da realidade. *Não* de um modo direto (nem o ente real, nem o ente não real podem ser objetos da lógica), mas indiretamente: os entes de razão lógicos são como o mapa que representa isomorficamente as estruturas (fundamentais) do real.

ENTELÉQUIA. Aristóteles utilizou em várias passagens de suas obras o termo ἐντελέχεια, transcrito para o português na forma indicada: enteléquia. Como Platão dissera que a alma possui ἐνδελέχεια ou movimento contínuo, supôs-se às vezes que Aristóteles alterou o vocábulo platônico para diferenciar sua doutrina da de Platão. Esta suposição parece incorreta. Também parece incorreta a suposição de que na época de Aristóteles existia o adjetivo ἐντελεχης e que Aristóteles formou o substantivo ἐντελέχεια tendo como base tal adjetivo. O mais provável é que o Estagirita tenha forjado o vocábulo ἐντελέχεια tendo como base a expressão τὸ ἐντελές ἔχων, "o fato de possuir perfeição". W. D. Ross, no comentário à sua edição da *Metaphysica* (vol. II, pp. 245-246), adere a esta última opinião, a qual coincide em grande parte com a que já fora expressa por Filopono (*Comentaria in Aristotelem Graeca*, XV, 208). Hermolaus Barbarus traduziu ἐντελέχεια precisamente por "o fato de ter perfeição", *perfectihabia*, segundo indica Leibniz (*Mon.*, § 18; *Theod.*, I, § 87). Em sua edição da *Metaphysica* de Aristóteles Bonitz indica que ἐντελέχεια é sinônimo de *perfectus*. O próprio Bonitz faz notar (*Index arist.*, 253 b) que Aristóteles utilizou ἐντελέχεια de modo ambíguo; às vezes distinguindo ἐντελέχεια de ἐνέργεια e às vezes fazendo desses vocábulos sinônimos.

Na medida em que designa "o fato de possuir perfeição", o termo 'enteléquia' significa a atualidade ou a perfeição resultante de uma atualização. A enteléquia é então o ato enquanto cumprido. Nesse sentido, enteléquia distingue-se de atividade ou atualização, ἐνέργεια. Na medida em que constitui a perfeição do processo de atualização, ela é o cumprimento de um processo cujo fim encontra-se na mesma entidade. Por isso pode haver enteléquia da atualização, mas não do simples movimento, κίνησις.

Aristóteles nem sempre é consistente no uso do termo 'enteléquia'. Em *De an.*, II 1, 412 a 27 b 5, afirmou que a alma é uma enteléquia, ἐντελέχεια. Por outro lado, em *Met.*, H, 3, 1043 a 35, escreveu que a alma é "energia", ἐνέργεια. Os dois termos — traduzidos às vezes por 'atualidade', às vezes por 'atividade', às vezes transcritos como 'enteléquia' e 'energia' — parecem sinônimos aqui. Em *Met.*, Λ 6, 1071 b 24, Aristóteles descreveu o Primeiro motor como uma ἐνέργεια e, em *id.*, 8, 1074 a 36, descreveu-o como uma ἐντελέχεια. É possível que no primeiro caso Aristóteles quisesse destacar a atividade do Primeiro motor e no segundo caso desejasse destacar sua perfeição. Em *Met.*, 1, 8, 1050 a e ss., Aristóteles escreveu que a ação, ἔργον, é o fim ou a finalidade, τέλος, e que a atualidade, ἐνέργεια, é a ação. Desse modo, o termo 'atualidade' (ver ATO; ATUALIDADE) deriva de ação e é equivalente a 'enteléquia'. J. H. Randall Jr. (*Aristotle*, 1960, p. 64) indicou que "a vida não é uma 'coisa' que se agrega ao corpo vivente, mas é o poder que o corpo tem de fazer o que o corpo vivente faz, sua função (*ergon*), a sua operação (*enérgeia*), sua culminação (*entelécheia*)". Em uma nota da mesma página Randall escreve: "Estes três termos são uma das famílias aristotélicas de termos que querem dizer a mesma coisa em uma escala de intensidade crescente. *Ergon*, o termo comum em grego para 'trabalho', é o que Aristóteles utiliza para aquilo que chamamos de 'função'. *Enérgeia* significa literalmente 'pôr em ação um poder' ou, em latim, a sua 'operação'. 'Poder' e sua 'operação', *dynamis* e *enérgeia*, são para Aristóteles conceitos polares, como os termos latinos correspondentes, a atualização e a potência. Enteléquia (*entelécheia*) é o termo cunhado por Aristóteles para denotar o mais completo funcionamento ou culminação de uma coisa (em latim 'atualidade')". O uso por parte de Aristóteles de 'entelequia' em sua definição da alma como a entelequia primeira de um corpo natural que tem a vida em potência (*De anima*, II, 1, 412 a 27, 28) significa que a alma é a "forma" do corpo no sentido de que é o princípio da atividade, ou o que dá ao corpo sua força vivente.

Plotino também utilizou a noção de entelequia, mas não aderiu, ao menos no que diz respeito à sua aplicação à alma, à doutrina de Aristóteles. Em *Enn.*, IV, vii, 8, Plotino assinalava que a alma ocupa o lugar da forma no composto. Se temos de falar de entelequia, será forçoso entendê-la como algo que adere ao ser do qual ela é entelequia. Isto posto, Plotino mostra explicitamente que a alma *não é como uma entelequia*, pois a alma não é inseparável do corpo.

Na época moderna a noção de entelequia foi geralmente rejeitada; chegou-se a dar a 'entelequia' o sentido pejorativo de "não-existente", sentido ainda conservado na linguagem comum. Em certos momentos, porém, o termo foi revalorizado, e isso precisamente em duas doutrinas de inegável caráter teleológico: uma no século XVII e outra na época contemporânea. A do século XVII é a de Leibniz. Para este filósofo, as entelequias são "todas as substâncias simples ou mônadas criadas, pois elas têm em si uma certa perfeição (ἔχουσι τὸ ἐντελές), e há nelas uma certa capacidade de bastar-se a si mesmas (αὐτάρχεια) que as torna fontes de suas ações internas e, por assim dizer, autômatas incorpóreos" (*Monadologie*, § 18). Quanto às reavaliações contemporâneas do conceito de entelequia mencionaremos duas, ambas sustentadas por biólogos e filósofos neovitalistas: Hans Driesch e Alwin Mittasch. Para Driesch (cf. *Philosophie des Organischen*, 4ª ed., 1928, especialmente pp. 373ss.) a entelequia designa a forma de acontecer que é regida pela causalidade da totalidade e que pode ser qualificada de causalidade entelequial. A entelequia é uma "substância individualizada" ou, se preferirmos, uma "causalidade individualizante" (um dos nomes que possui a "causalidade total"). Para Mittasch (*Entelechie*, 1952), que segue em parte as orientações de Driesch, há certas forças que em vez de produzir energia ou potência regulam essa energia ou essa potência. A essas forças pertence a entelequia orgânica. Mittasch adverte, porém, que seu conceito de entelequia difere em vários aspectos do de Driesch. Este último indicara que a entelequia suspende as leis físicas e químicas. Mittasch nega isso e declara que ela se limita a regulá-las. Além disso, diferentemente de Driesch, a entelequia proposta por Mittasch não se limita à esfera orgânica, mas intervém na esfera físico-química. Por fim, enquanto Driesch tendia a considerar a entelequia uma idéia regulativa (no sentido de Kant), Mittasch inclina-se a considerá-la uma idéia constitutiva.

⇨ Conceito de entelequia, especialmente em Aristóteles: Père Ancillon, "Recherches cristiques et philosophiques sur l'entéléchie d'Aristote", em *Abhandlungen der Berliner Akademie der Wissenschaften*, Hits. Phil. Kl., 1804 a 1811. — Gustav Teichmüller, "Begriff und Arten der Entelechie", no tomo III (1873) de seus *Aristotelische Forschungen*. — Rudolf Hirzel, "Über Entelechie und Endelechie", *Rheinisches Museum*, 39 (1884). — A. Rivaud, *Le problème du devenir et la notion de matière dans la philosophie grecque depuis les origines jusqu'à Aristote*, 1906. — Hans Buchards, *Der Entelechiebegriff bei Aristoteles und Driesch*, 1928 (Disc. inaug.). — Chung-Hwan Chen, "The Relation Between the Terms ἐνέργεια and ἐντελέχεια in the Philosophy of Aristotle", *Classical Quarterly*, 52 (1958), 12-17. — Gerardo Bruni, "Note di polemica neoplatonica contro l'uso e il significato del termino 'entelecchia'", *Giornale critico della filosofia italiana*, anno 39, terza serie, vol. 14 (1960). — Uwe Arnold, *Die Entelechie. Systematik, Ueberlieferung und Aufgabe bei Platon und Aristoteles*, 1965. — George A. Blair, "The Meaning of 'Energeia' and 'Entelecheia' in Aristotle", *International Philosophical Quarterly*, 7 (1967), 101-117. — G. Bozonis, "L'entéléchie d'Aristote en tant que structure anthropologique contemporaine", *Diotima*, 8 (1980), 168-174. — R. Yepes, "Origen y significado de la entelecheia en Aristóteles", *Themata*, 9 (1992), 361-374.

Ver também a bibliografia de FORMA.

Análises fenomenológicas e ontológicas da noção de entelequia podem ser encontradas em Hedwig Conrad-Martius, *Der Selbstaufbau der Natur. Entelechie und Energien*, 1944; 2ª ed., 1961, e em vários trabalhos de Nicolai Hartmann (ver HARTMANN [NICOLAI] e ONTOLOGIA). — J. G. Hart, "Entelechy in Transcendental Phenomenology: A Sketch of the Foundations of Husserlian Metaphysics", *American Catholic Philosophical Quarterly*, 66 (2) (1992), 189-212. ⇦

ENTENDIMENTO. O vocábulo grego νοῦς (ver NOUS) e o vocábulo latino *intellectus* são traduzidos para o português de várias maneiras, entre elas 'entendimento' e 'intelecto'. Estes dois vocábulos às vezes são utilizados como se fossem sinônimos. Assim, por exemplo, escreve-se 'entendimento agente (ou ativo)'. Na presente obra tratamos, sob o vocábulo 'Intelecto' (VER), de diversos sentidos dados a νοῦς e a *intellectus* na filosofia antiga e medieval. No vocábulo 'entendimento' trataremos de vários sentidos da "potência intelectual" na filosofia moderna. Desse modo, utilizamos 'entendimento' como correspondente a termos tais como *entendement*, *Verstand* e *Understanding*, especialmente na medida em que estes se comparam e contrapõem a *raison*, *Vernunft* e *Reason* (= 'razão').

É comum entre os filósofos modernos empregar 'entendimento' (ou os vocábulos pertinentes nos diversos idiomas) para designar a inteira faculdade (ou potência) intelectual. Em alguns casos, como em Spinoza, o entendimento (assim é traduzido costumeiramente o vocábulo spinoziano *intellectus* na obra *Tractatus de intellectus emendatione: Tratado da reforma do entendimento*) é equivalente à "faculdade de conhecimento" em seus diversos (quatro) graus. Os modos pelos quais pode exercitar-se o entendimento ou "modos de percepção" — segundo "o que se diz" ou segundo qualquer signo escolhido arbitrariamente; por experiência vaga; por apreensão da essência de uma coisa concluída de outra essência, mas não adequadamente; por percepção da única essência da coisa ou conhecimento da causa próxima — são ao mesmo tempo "modos do entendimento". Spinoza distingue também entendimento finito de infinito, e fala (*Eth.*, V) de *potentia intellectus seu de libertate humana*, equivalente a *potentia rationis* na medida em que mostra o que pode a razão por si mesma (*ipsa ratio*) no que diz respeito ao domínio das afeições (*affectus*).

Em *Recherche de la vérité*, Malebranche fala do entendimento puro (*entendement pur*) como um tipo de conhecimento que não está, por assim dizer, misturado com elementos sensíveis: "Mediante esta palavra, entendimento puro, pretendemos apenas designar a faculdade que o espírito tem de conhecer os objetos exteriores sem formar imagens corporais deles no cérebro com o fim de representá-los para si".

A idéia do entendimento como potência cognitiva completa — embora organizada em diversos graus — pode ser encontrada em vários autores modernos. Por exemplo, e não obstante a diferença entre um "racionalista" e um "empirista", em Locke. Este chama de "entendimento" (*Understanding*) e, mais especificamente, "entendimento humano" (*Human Understanding*) a toda a faculdade de conhecimento em seus diversos modos. O entendimento é para Locke aquilo que põe o homem acima do resto das coisas sensíveis. Ele é como o olho, que, "ao mesmo tempo em que nos permite ver e perceber todas as outras coisas, não repara em si mesmo, requerendo-se arte e trabalho para colocá-lo a uma certa distância e para convertê-lo em seu próprio objeto" (*Essay*, Introdução). Os objetos do entendimento são as "idéias", tanto as da sensação como as de reflexão (ver IDÉIA). Isso mostra que em Locke o entendimento compreende, em seu primeiro grau, o que às vezes é chamado de "sensibilidade". A contraposição entre sensibilidade e entendimento que certos autores modernos defenderam é uma contraposição — ou melhor, distinção — "interna", dentro do entendimento. Este pode ser passivo, quando recebe as impressões, e ativo quando põe à vista (*brings in sight*) as idéias que haviam sido impressas no entendimento (*op. cit.*, II, x, 2).

Nem sempre é claro em Locke se o entendimento é uma faculdade *que* recebe e manipula "idéias" ou se ele é *o* receber e manipular idéias, embora o que foi dito por último fosse mais adequado que aquilo que foi dito primeiro dada a tendência de Locke e, em geral, dos empiristas de não admitir o caráter independente do entendimento em relação a suas "idéias". Berkeley indica explicitamente que "o entendimento não é diferente das percepções particulares ou idéias" (*Philosophical Commentaries. Notebook* "A", 614, ed. Luce), embora assinale que a idéia é "um objeto do entendimento" (*op. cit.*, 665) e que o entendimento "considerado uma faculdade" não é realmente distinto da "vontade" (*op. cit.*, 614a). Segundo Berkeley, o entendimento e a vontade estão incluídos no "espírito", que significa para ele "tudo o que é ativo" (*op. cit.*, 848). O entendimento é, portanto, para Berkeley, em última instância, algo "espiritual".

Para Hume o entendimento é o modo de ser do homem como sujeito que conhece (ou, se preferirmos, como cognoscente). A ciência da natureza humana equivale ao "exame do entendimento" e do modo como ele está "mobiliado", ou seja, do modo como ocorrem as percepções na medida em que se resolvem em impressões e em idéias (*Treatise*, I, i, 1).

Leibniz distingue entre sensibilidade e entendimento, mas essa diferença não é essencial, e sim de grau. Com efeito, conhecer equivale a ter representações, que podem ser menos claras (sensibilidade) ou mais claras (entendimento propriamente dito, ou intelecto). A sensibilidade encontra-se subordinada ao entendimento, no qual as representações alcançam o grau apetecível de clareza e de distinção. O entendimento exerce aqui uma função parecida com a "razão" cartesiana. Entretanto, dentro do conceito de entendimento parece poder haver dois modos de conhecer: o indireto e o intuitivo ou direto. Somente este último merece o nome de "razão" (e às vezes de "intuição", no sentido de "intuição intelectual").

Kant se opõe à idéia leibniziana de que a sensibilidade é uma forma inferior do entendimento e proclama uma distinção fundamental entre os dois. A sensibilidade — da qual se ocupa a "Estética transcendental", na *Crítica da razão pura* — é uma faculdade ou intuição. Mediante a faculdade sensível são agrupados os fenômenos segundo as ordens (transcendentais) do espaço e do tempo. A sensibilidade é a faculdade das intuições *a priori*. O entendimento, por outro lado, é uma "faculdade das regras". Por meio dela se pensa sinteticamente a diversidade da experiência. A sensibilidade se ocupa de intuições; o entendimento, de conceitos. Estes são cegos sem as intuições, mas estas são vazias sem os conceitos (*KrV*, A 51/B 75). "O entendimento não pode incluir nada; os sentidos não podem pensar nada" (*loc. cit.*). A lógica do uso especial do entendimento é a "lógica transcendental", que se divide em Analítica (VER) e em Dialética (VER). A Analítica transcendental se ocupa da "dissecção da faculdade do entendimento" (*ibid.*, A 65/B 90); ao longo de seu estudo são obtidos os conceitos do entendimento, conceitos radicais ou conceitos elementares (ver CATEGORIA), os princípios do entendimento e os esquemas de aplicação do entendimento (ver ESQUEMA). O entendimento, em suma, pensa o objeto da intuição sensível, de tal modo que a faculdade do entendimento e a da sensibilidade não podem "trocar suas funções": apenas quando elas se unem obtém-se conhecimento. Também se pode definir o entendimento como a faculdade de julgar. Por meio do entendimento são produzidas, com efeito, as sínteses. Também se pode definir o entendimento como "a unidade da apercepção (VER) em relação com a síntese da imaginação"; essa mesma unidade com referência à "*síntese transcendental* da imaginação é o *entendimento puro*" (*ibid.*, A 119). Pode-se ver que o entendimento pode ser definido de muitos modos diferentes: como espontaneidade (diferentemente da passividade da sensibilidade), como poder de pensar, como faculdade de conceitos, como faculdade de juízos. Segundo Kant, todas essas definições são idênticas, pois equivalem à citada "faculdade das regras" (*ibid.*, A 126). Mas disso resulta que, não obstante a linguagem psicológica utilizada por Kant (derivada provavelmente da "psicologia das faculdades" de sua época), o entendimento não é propriamente uma faculdade, mas uma função ou conjunto de operações destinadas a produzir sínteses e, com isso, tornar possível o conhecimento em formas cada vez mais rigorosas.

Segundo Kant, por conseguinte, o entendimento põe em relação as intuições e leva a cabo as sínteses sem as quais não pode haver enunciados necessários e universais. Assim, o entendimento constitui o conhecimento ordenado que dá forma às intuições sensíveis. Ao mesmo tempo em que estrutura positivamente o conhecimento (ou, melhor, sua possibilidade), ele o estrutura negativamente, uma vez que estabelece os limites além dos quais não se pode ir. Estes limites estão marcados pela divisória entre o entendimento e a razão. Esta última não pode constituir o conhecimento; no máximo pode estabelecer certas regulações e certas direções de caráter muito geral (como, por exemplo, a regulação, ou idéia regulativa, da razão, da unidade da natureza). Desse modo, a distinção kantiana foi aceita por vários autores, como Jacobi, Fichte, Schelling e Hegel, mas ao mesmo tempo foi virada do avesso. Considerou-se que se acontecia o que Kant propunha era porque o entendimento era uma faculdade inferior, que não podia ser comparada em poder e majestade à razão. Avaliou-se que esta última podia penetrar no reino que Kant colocara fora dos limites do conhecimento (teórico) por meio da intuição (uma "intuição intelectual", *intellektuelle Anschauung*, seja bem entendido). Jacobi proclamou esse poder da razão (como "razão intuitiva") com grande vigor e em todos os tons, o que motivou uma reação adversa de Kant contra o "certo tom distinto" que se nota "hoje" na filosofia ("Von einem neuerdings erhabenen vornehmen Ton in der Philosophie", 1796). Os protestos de Kant, porém, pesaram pouco: Jacobi indicou várias vezes que o entendimento deve ser subordinado à razão e que esta é soberana. Fizeram o mesmo Fichte, Schelling, F. A. Schlegel, Hegel e todos os filósofos chamados de "românticos" ou, ao menos, "idealistas". Não se tratava mais de afirmar a possibilidade de um contato com a "realidade em si" por meio da razão prática; era a razão teórica e especulativa que apreendia o "em si". A noção de "coisa em si" (VER) recusada como um limite, mas era reincorporada como *a* realidade. Em algumas ocasiões, por certo, esta reincorporação era efetuada no mesmo sentido da razão prática, seguindo-se com isso o próprio Kant. Assim, para Fichte, o que existe, antes de tudo, é a liberdade. Mas, enquanto Kant considerava esta dentro do terreno da moralidade, Fichte fazia da liberdade o Absoluto metafísico que apenas a Razão (e não o entendimento) podia apreender.

Hegel seguiu os passos de Jacobi e de Fichte. Mas, em vez de subordinar o entendimento à razão de um modo romântico, tentou integrá-los e hierarquizá-los de modo sistemático. Hegel concebe o entendimento (*Verstand*) como razão abstrata, diferente da razão concreta, única que pode ser chamada propriamente de razão (*Vernunft*). Enquanto o entendimento é a mesma razão identificadora que foge do concreto ou que, no máximo, quer assimilar as diferenças do concreto, a razão é absorção do concreto pelo racional, identificação última do racional com o real além da simples identificação abstrata. Hegel expressa isso no começo da *Lógica*: "O *entendimento* determina e se atém às determinações; a *razão* é negativa e *dialética*, porque dissolve as determinações do entendimento no nada, e é *positiva*, porque produz o *geral* e concebe nele o singular". A razão é, na verdade, espírito, que deve ser considerado algo superior à pura razão "reflexionante".

↪ A bibliografia sobre as concepções antigas e medievais de "entendimento" (= "intelecto") estão no verbete

INTELECTO. — Para razão e entendimento em Kant, Jacobi, Fichte etc.: Arthur O. Lovejoy, *The Reason, the Understanding and Time*, 1961. — H. Schwyzer, *The Unity of Understanding: A Study in Kantian Problems*, 1990. **C**

ENTIA NON SUNT MULTIPLICANDA PRAETER NECESSITATEM é um princípio ou regra que pode ser traduzida do seguinte modo: "Não devem ser multiplicados [aumentados] os entes mais que o necessário". O princípio ou regra em questão pode ter dois significados. Por um lado, pode significar que não se devem introduzir mais realidades ou entidades que o necessário para dar conta de um fenômeno, processo, ou até mesmo da própria estrutura do universo. Por outro lado, pode significar que não se devem utilizar mais conceitos (regras, princípios, pressupostos etc.) que os estritamente necessários para produzir uma demonstração ou proporcionar uma explicação. Os dois significados estão, além disso, estreitamente relacionados entre si, pois, embora as demonstrações e explicações sejam levadas a cabo mediante conceitos, tende-se a considerar que tais conceitos sempre denotam realidades. Por exemplo, atribuir a uma "substância calorífica" a causa do calor é introduzir um conceito (o de substância calorífica) desnecessário e supor ao mesmo tempo que há uma realidade denotada pelo conceito (a realidade "substância calorífica"). Entretanto, é possível dar uma interpretação estritamente conceitual da regra em questão. Nesse caso, a regra recomenda que, dadas duas explicações possíveis de uma realidade, processo, fenômeno etc., deve-se escolher a explicação que tenha o menor número possível de conceitos ou, em outros termos, a explicação mais simples.

Tratamos dessa regra no verbete ECONOMIA ("princípio da economia do pensamento") e também de alguns aspectos dela no verbete AÇÃO (PRINCÍPIO DA MENOR). Aqui nos limitaremos a proporcionar alguns dados sobre a origem histórica da regra e sobre diversas variantes em sua formulação.

Durante muito tempo a fórmula *Entia non sunt multiplicanda praeter necessitatem* foi atribuída a Guilherme de Ockham. Por esse motivo, alguns autores (por exemplo, Bertrand Russel) chamaram a regra expressa nessa fórmula de "o cutelo" ou "a navalha [de barbear] de Ockham" (*Ockham's razor*). Mas nos textos de Ockham não se encontra a fórmula em questão; encontram-se fórmulas similares, como as seguintes: *Pluralitas non est ponenda sine necessitate* ("Não se deve introduzir desnecessariamente uma pluralidade") e *Frustra fit per plura quod potets fieri per pauciora* ("É vão fazer com mais o que pode ser feito com menos"). Estas fórmulas estão relacionadas em Ockham com sua tese de que nada deve ser afirmado sem uma razão suficiente (exceto quando se trata de algo conhecido por si mesmo, por experiência, ou por revelação). Philotheus Boehner (*Ockham. Philosophical Writings*, 1957) declarou que o mais antigo filósofo escolástico no qual se pode encontrar uma fórmula similar a qualquer uma das indicadas é Odão Rigaldo (Odo Rigaldus) em seu *Commentarium super Sententias* (MS Brujas 208, fol. 150*a*). Odão Rigaldo propôs a seguinte fórmula: *Frustra fit per plura quod potest fieri per unum* ("É vão fazer com vários o que pode ser feito com um"), muito semelhante na forma, e idêntica em conteúdo, à segunda das fórmulas de Ockham antes mencionadas.

O antecedente mais antigo da forma atualmente mais usual — *Entia non sunt multiplicanda praeter necessitatem* — parece ser encontrado na *Logica vetus et nova* (1654), de Clauberg.

ENTIDADE ATUAL. Ver PROCESSO; WHITEHEAD, ALFRED NORTH.

ENTIMEMA. O termo 'entimema' foi utilizado com vários significados desde Aristóteles. Hamilton, por exemplo, distingue dezessete significações diversas. Aqui nos referiremos às duas mais comuns.

Uma primeira significação é a que se encontra em Aristóteles. Segundo ela, o entimema, ἐνθύμημα, é um silogismo baseado em semelhanças ou indícios (os quais podem ser entendidos de três modos, de acordo com a posição do termo médio nas figuras) (*An. Pr.*, II 27, 70 a 10). Por exemplo: do indício (ou fato) de que uma mulher tem leite podemos inferir que ela está grávida. Em outro texto Aristóteles diz que o entimema expressa a demonstração de um orador e que se trata da mais "efetiva" das maneiras de demonstração. O entimema é uma classe de silogismo: o silogismo retórico (*Reth.*, I 1, 1355 a 6ss.). Alguns autores consideram que as duas definições dadas anteriormente por Aristóteles coincidem e que o importante no entimema é que ele é um raciocínio cujas premissas são meramente prováveis ou constituem simples exemplos.

Outra significação de 'entimema' é a que se encontra na maior parte dos textos lógicos: o entimema é um silogismo incompleto, por não se expressar uma de suas premissas. Se falta a premissa maior o entimema é dito de primeira ordem; se falta a menor, é dito de segunda ordem. Assim, "Os búlgaros bebem Quefir; Os búlgaros gozam de boa saúde" é um entimema de primeira ordem. "Todos os ingleses lêem romances; John Smith lê romances" é um entimema de segunda ordem. Tradicionalmente — por exemplo, na *Lógica de Port-Royal* —, apenas as duas ordens citadas eram admitidas. Alguns autores, seguindo Hamilton, introduzem um entimema de terceira ordem: aquele no qual falta a conclusão.

Segundo vários autores, apenas o primeiro tipo de entimema, baseado na semelhança ou indício, é propriamente aristotélico. Outros autores, todavia, acreditam que o Estagirita não desconheceu o entimema como um silogismo truncado, como se mostra em *Reth.*, I 2,

1357 a 15-20, onde se indica que "o entimema deve constar de poucas proposições, menos do que aquelas que constituem o silogismo ordinário", e isso em vista do fato de o homem em sua linguagem cotidiana tender a formular raciocínios suprimindo expressões que ele considera entendidas por aquele que ouve.

⮕ Ver: W. Hamilton, *Discussions on Philosophy and Literature, Education and University Reform*, 1852; 3ª ed., 1866, pp. 153-156. — E. H. Madden, "The Enthymeme: Crossroads of Logic, Rhetoric and Metaphysics", *Philosophical Review*, 61 (1952), 368-376. — D. Hitchcock, "Enthymematic Arguments", *Informal Logic*, 7 (1985), 83-97. — R. A. Sorensen, "Are Enthymemes Arguments?", *Notre Dame Journal of Formal Logic*, 29 (1988), 155-159. — M. A. Gilbert, "The Enthymeme Buster: A Heuristic Procedure for Position Exploration in Dialogic Dispute", *Informal Logic*, 13 (3) (1991), 159-166. ⊂

ENTROPIA. Ver Energia.

ENTUSIASMO. No "segundo discurso" de Sócrates no *Fedro*, de Platão (*Phaed.*, 249 E), declara-se que o entusiasmo, ἐνθουσιασμός (literalmente = 'en-deusamento'), é uma possessão divina. No estado de entusiasmo a alma encontra-se em transe; está fora de si e tem sua sede na própria divindade. O poeta é um "entusiasta", mas o filósofo também o é na medida em que o amor o move e a visão da sabedoria o inspira. No *Ion*, Sócrates também fala do entusiasmo em relação com a inspiração poética; os poetas formam "uma corrente de inspirados" movida pelo entusiasmo (*Ion*, 533 E). Em outro lugar (*Tim.*, 71E), Platão afirma que o entusiasmo está relacionado com o poder adivinhatório, ou mântico, μαντική.

O termo 'entusiasmo' foi utilizado freqüentemente depois de Platão ligado à inspiração e à "adivinhação" (cf. em Plotino, *Enn.*, III, i, 3, uma referência à "adivinhação pela inspiração e pelo entusiasmo" [diferente de uma adivinhação por "arte" ou segundo regras]). A relação entre o entusiasmo e a inspiração poética foi tratada, na época moderna, por muitos autores de tendências diversas (tão diversas como, por exemplo, Francis Bacon, Hobbes, C. Batteux, Diderot). Em grande parte desses casos o sentido de 'entusiasmo' não é nada pejorativo, muito pelo contrário. A acepção de 'entusiasmo' é mais ampla em autores como Giordano Bruno (VER), para o qual o entusiasmo é, como o "furor heróico", um modo de ultrapassar os limites meramente "humanos". Por outro lado, desenvolveu-se na época moderna uma concepção do entusiasmo que, sem opor-se totalmente a este, tratava de estabelecer seus limites e submetê-lo à crítica. Esta concepção "sóbria" do entusiasmo foi em parte uma reação contra certos grupos religiosos conhecidos nos séculos XVII e XVIII como "entusiastas", no sentido de crer-se inspirados por um espírito divino. A "fúria" e o fanatismo religiosos que caracterizavam esses grupos despertou a oposição de autores como William Tung. Segundo Susie I. Tucker (*op. cit. infra*, p. 23), na obra intitulada *The Nature and Consequences of Enthusiasm Considered*, 2ª ed., 1772, Tung avaliou que o entusiasmo é a pretensão de obter conhecimento e certeza em assuntos nos quais não se podem dar provas; semelhante certeza e confiança imutável "é o grande fundamento e o último refúgio de toda beatice e entusiasmo".

O "entusiasmo" religioso despertou suspeitas na época moderna, e o mesmo ocorreu com o entusiasmo "político". Por outro lado, aceitou-se o entusiasmo muitas vezes como expressão de fervor diante da natureza ou diante de uma obra de arte. No final do século XVII e durante o século XVIII são abundantes as opiniões sobre a natureza do entusiasmo, sobre suas razões de ser e sobre seus limites. Locke admite que para buscar a verdade deve-se sentir amor por ela, mas isso não justifica admitir o entusiasmo como um "fundamento para a anuência" (*Essay*, IV, xix, 3). Aquele que se baseia no entusiasmo não atende nem à razão, nem à revelação divina, nem tampouco ao exame, por meio da razão, dessa revelação; o entusiasmo produz "opiniões estranhas e ações extravagantes" (*op. cit.*, xix, 8). Nos *Nouveaux Essais*, Leibniz escreve que o entusiasmo "é o nome que se dá ao defeito daqueles que imaginam uma revelação imediata quando esta não está fundada na razão" (IV, xix, 3 [seguindo Locke de perto]). Leibniz destaca que o entusiasmo era, no início, uma "palavra boa", mas logo começou a designar um *déréglement d'esprit* "atribuído à força de alguma divindade". Opiniões críticas semelhantes encontram-se em Swift, Butler e outros. Continuando essa tendência, Shaftesbury, em sua conhecida "Letter Concerning Enthusiasm to My Lord *****" (publicada pela primeira vez em 1788; incluída em *Characteristics* etc., 2ª ed. corrigida, vol. I, seções vi e vii especialmente), adverte contra os muitos "pânicos" que há na humanidade além do temor; "a religião também é — escreve Shaftesbury — pânico quando se levanta um entusiasmo de qualquer tipo, e como se levantará conforme acontece com freqüência em momentos de atitude melancólica". É verdade que na Antiguidade eram permitidos "visionários e entusiastas de toda espécie", mas "dava-se ao mesmo tempo plena liberdade à filosofia, o que permitia limitar a superstição". Shaftesbury predica o "bom humor" como "segurança contra o entusiasmo" e como "o melhor fundamento da piedade e da religião verdadeira". O entusiasmo tem um poder tal que afeta não apenas homens religiosos, mas também ateus, já que "houve ateus entusiastas". É difícil distinguir entre a inspiração divina, que é "um sentimento real da Presença Divina", e o entusiasmo, que é um "sentimento falso" de tal Presença, já que "a paixão que ambos suscitam é muito similar". Shaftesbury propõe-se oferecer um "antídoto contra o entusiasmo" mediante o que chama de "bom humor", e é possivelmente esse mesmo "bom humor" que o faz reconhecer que é um "amigo entusiasta" da pessoa à qual dirige sua "Carta". Opiniões similares às expressas por Shaftesbury encontram-se em Voltaire. No artigo "Enthousiasme" de seu *Dictionnaire philosophique ou la raison par l'alphabet*, Voltaire escreve que o entusiasmo acompanha a "devoção mal entendida". Enquanto a razão vê as coisas como elas são, o entusiasmo as vê como elas não são, ou como cada um quer que elas sejam; o entusiasmo é como a bebedeira. É verdade que há um "entusiasmo razoável", que é aquele que compete aos grandes poetas, mas mesmo estes usam o entusiasmo somente para animar os personagens cujo caráter desenharam previamente com o "lápis" da razão.

O filósofo espanhol Diego Ruiz propôs uma "ética baseada no entusiasmo" (o entusiasmo como "princípio de toda futura ética"). Embora Scheler não tenha se referido explicitamente ao entusiasmo, podem-se considerar suas idéias acerca da alegria (VER) como afins da idéia de que não há ética possível sem uma certa quantidade de entusiasmo.

➲ Ver: Josef Pieper, *Begeisterung und göttlicher Wahnsinn. Über den platonischen Dialog* Phaidros, 1962. — Charles Le Chevalier, *L'enthousiasme et la ferveur*, 1964. — Stanley Green, *Shaftesbury's Philosophy of Religion and Ethics: A Study in Enthousiasm*, 1967. — S. I. Tucker, *Enthousiasm: A Study in Semantic Change*, 1972. — José Luis Calvo Martínez, "Sobre la manía y el entusiasmo", *Emerita*, 41 (1973), 157-182. — F. Schalk, "Zur Geschichte von *enthousiasme*", *Romanische Forschungen*, 87 (1975), 191-225. — F.-J. Meissner, *Wortgeschichtliche Untersuchungen im Umkreis von französisch "Enthousiasme" und "Génie"*, 1979. — J.-P. Larthomas, "Humour et Enthousiasme chez Lord Shaftesbury (1671-1713)", *Archives de Philosophie*, 49 (1986), 355-373. ℭ

ENUNCIADO. Na lógica tradicional o termo 'enunciado' é utilizado freqüentemente no sentido de proposição (VER). Nesse caso, o que foi dito no verbete sobre este último termo serve para o enunciado. Às vezes se usa 'proposição' para um enunciado isolado, e 'enunciado' quando ele está dentro de um silogismo. Em algumas ocasiões 'enunciado' é um termo neutro, que pode ser decomposto em 'proposição' (produto lógico do pensamento) e 'juízo' (processo psicológico do pensamento). Essa decomposição às vezes é efetuada em sentido inverso: o enunciado designa então o fato de enunciar uma proposição. Por fim, interpreta-se o enunciado como um discurso (VER) (*oratio*), embora, como vimos no artigo correspondente, o sentido de 'discursivo' seja vago: a *enunciatio* é um dos vários sentidos possíveis da *oratio*.

Em textos modernos, de lógica e de filosofia, tem-se utilizado 'enunciado' em vários sentidos. Um deles é o que equipara 'enunciado' e 'proposição', ambos sendo considerados distintos de 'sentença' (quando se usa este último vocábulo na forma sugerida no verbete SENTENÇA). Nesse caso, a sentença é a expressão cujo conteúdo é o enunciado ou proposição. Tanto pelo caráter um pouco forçado do termo 'sentença' em textos lógicos como pelas implicações nominalistas a que parece conduzir esse vocábulo, às vezes se propôs eliminá-lo e empregar 'enunciado' em todos os casos: a "lógica sentencial" é então "lógica enunciativa". Pode-se ou não, ainda, distinguir-se 'enunciado' de 'proposição'; no caso em que ocorre distinção, pode-se acentuar o caráter mais "neutro" — logicamente falando — de 'enunciado', diferentemente do caráter menos "neutro" e, segundo alguns, "ontológico", de 'proposição'. Outro sentido é o que equipara 'enunciado' a 'sentença' — equiparação relativamente simples em inglês (*statement — sentence*), mas menos aceitável em alemão, por causa da variedade de significações que foi dada a *Gedanke* e *Satz*. Outro sentido, hoje bastante difundido, é o fundado na distinção entre 'enunciado', por um lado, e 'proposição' ou 'sentença', por outro. Supondo-se que tanto 'proposição' como 'sentença' sejam expressões que têm propriedades lógicas e estão conectadas por relações lógicas, 'enunciado' é considerado então como o nome dado ao fato de que alguém — especificamente um sujeito humano que desenvolve uma atividade pretensamente cognitiva — formule uma proposição ou uma sentença. Se aceitarmos esse sentido de 'enunciado', não poderemos dizer que os enunciados têm propriedades lógicas como as de ser verdadeiro ou falso, já que somente as proposições ou sentenças as têm. Por outro lado, o fato de que se possa averiguar se um conjunto de enunciados é ou não é consistente indica que os enunciados, mesmo que sejam "fatos" ou "acontecimentos", isto é, afirmações (ou negações) por parte de um sujeito, não são redutíveis a processos mentais. Com o fim de determinar a consistência ou não-consistência de grupos de enunciados, é preciso especificá-los, o que deve ser feito de tal modo que se destaque o caráter, por assim dizer, "permanente" dos enunciados de que se trata. Mas, com isso, pouco a pouco se desvanece a diferença entre 'enunciado' ou 'proposição' ou 'sentença' que se aspirava manter.

Michel Foucault (*L'archéologie du savoir*, 1969, pp. 105ss.) deu a 'enunciado' (*énoncé*) um sentido que não é nem o estritamente lógico, nem tampouco o estritamente gramatical, mesmo que estes possam figurar dentro daquele sentido como especificações ou como dimensões suas. Um enunciado é, segundo Foucault, um "dizer" entendido segundo o contexto. Logicamente, as expressões 'Ninguém entendeu' e 'Certamente ninguém entendeu' dizem a mesma coisa. Todavia, se elas

figuram, por exemplo, no começo de um romance, a primeira já indica, "até que se indique o contrário", que se trata de uma constatação feita pelo autor ou por um personagem; a segunda, por outro lado, apenas pode ser função de uma série de enunciados que constituem um monólogo interior. De algum modo, a opinião de Foucault é parecida com a idéia austiniana do "ato lingüístico total" — e, de fato, Foucault fala de *acte illocutoire* —, mas há diferenças de matiz apreciáveis. O enunciado não é uma unidade elementar que pode ser sobreposta a unidades elementares gramaticais ou lógicas; o enunciado é entendido, de início, em virtude de uma função, que é a "função enunciadora", na qual deve-se levar em conta a relação entre o sujeito que enuncia e o enunciado (ou o que enuncia), mas também a relação entre um contexto de enunciados e o modo pelo qual o sujeito funciona com eles. "A função enunciadora — escreve Foucault — ... não pode ser exercida sobre uma frase ou uma proposição em estado livre. Não basta dizer uma frase; não basta sequer dizê-la a um campo de objetos ou em uma relação determinada com respeito a um sujeito... é preciso pô-la em relação com todo um campo adjacente... Um enunciado sempre tem margens povoadas por outros enunciados. Essas margens distinguem-se do que comumente se entende por 'contexto' — real ou verbal — ... E distinguem-se dele na mesma medida em que o tornam possível: a relação contextual não é a mesma entre uma frase e as que a rodeiam quando se trata de um romance ou de um tratado de física; não será a mesma entre uma formulação e o meio objetivo quando se trata de uma conversação ou do relato de uma experiência" (*op. cit*., pp. 128-129). Para Foucault, embora o enunciado não se encontre escondido, nem por isso ele é visível; para reconhecê-lo, uma certa "conversão" é necessária. O exame da "ordem do discurso" — unido ao exame de uma *epistéme*, com sua arquitetura e estrutura, é a condição indispensável para a interpretação do "enunciado".
➲ O problema da natureza dos enunciados é tratado em MANUAIS DE LÓGICA. — Ver também G. Schmidt, *Vom Wesen der Aussage*, 1955. — Ezio Riondato, *La teoria aristotelica dell'enunciazione*, 1957. ◖

ÉON. Ver CONSTANTE; ETERNO RETORNO; GNOSTICISMO; ORS, EUGENIO D'; VALENTINO.

EPICTETO (*ca*. 50-138), de Hierápolis (Frígia), escravo liberto em Roma, abandonou a cidade, mudando-se para o Épiro, local no qual ministrou seus ensinamentos filosóficos. Neles se revelam os traços religiosos do estoicismo da época imperial, a tal ponto que Epicteto foi considerado durante muito tempo um cristão oculto e, assim como a Sêneca, foi-lhe atribuído o conhecimento de escritos cristãos e sua assimilação dentro do marco da doutrina estóica. Mesmo quando não parece confirmada esta última suposição (modernamente defendida por Th. Zahn em seu livro *Der Stoiker Epiktet und sein Verhältnis zum Christentum* [1894], e refutada por Bonhöffer na obra de 1911 mencionada na bibliografia deste verbete), a realidade é que a atitude religiosa de Epicteto parece-se em certas ocasiões de modo extraordinário com a cristã, não apenas por causa de sua crença em um Deus pai, em uma pessoa divina transcendente ao mundo e com a qual os homens podem chegar a formar uma comunidade, mas também por múltiplos aspectos de sua doutrina prática, não sendo casual, portanto, que as máximas de Epicteto tenham sido comentadas em círculos cristãos. Entretanto, a coincidência com o cristianismo na obra de Epicteto é, pelo menos, tão grande quanto sua divergência; em nenhum momento Epicteto abandona a tradição da escola estóica, particularmente do antigo estoicismo, tal como foi desenvolvido por Zenão de Cício e, sobretudo, por Crisipo. Segundo Epicteto, devem-se distinguir as coisas que dependem daquelas que não dependem do homem, pois apenas atentando para o que depende dele, para sua própria vontade, poderá conseguir-se a verdadeira sorte e sossego do espírito diante das falsas opiniões e da intranqüilidade produzida pela apetência por bens externos. Justamente nisso radica a verdadeira liberdade do sábio, que é cidadão do mundo e para o qual o que menos importa é a classe à qual pertence, pois até o escravo pode ser superior ao seu dono, acorrentado por desejos e paixões. As máximas de Epicteto, procedentes das *Diatribes* e das *Homilias*, foram recopiladas por seu discípulo, Arriano de Nicomédia, no *Encheiridion* ou *Pequeno manual*.
➲ Obras: Sob o nome de Epicteto incluem-se seus Διατριβαί (*Discursos* ou *Dissertações*, em número de 8), transcrições quase taquigráficas de seu discípulo Arriano, e o *Manual* ou Ἐγχειρίδιον. Que as Διατριβαί foram escritas por Arriano segundo as palavras de seu mestre é demonstrado pelo primeiro deles em suas palavras a Lúcio Gélio: "não compus eu mesmo" estas "palavras de Epicteto", mas eu "costumava anotar, palavra por palavra o melhor que podia, tudo o que eu o ouvia dizer". A *editio princeps* de Epicteto é a de Victor Trincavelli (Veneza, 1535); a ela se seguiram a edição de Jacob Shegk (Basiléia, 1554), com tradução latina; a de Hieronymus Wolf (Basiléia, 1560); a de John Upton (Londres, 1739-1741). A primeira verdadeira edição crítica de Epicteto é a de Johannes Schweighäuser (5 vols. em 6 tomos, Leipzig, 1799-1800), junto com o comentário de Simplício ao *Manual*. Edição em grego e em latim das obras de Epicteto junto com os *Caracteres* de Teofrasto, os livros de Marco Aurélio, o comentário de Simplício, a *Cebelis Tabula* e os escritos de Máximo de Tiro, por Fr. Dubner (Paris, 1840). Edição dos escritos de Epicteto *Ab Arriano digestae*, por H. Schenkl (Leipzig, 1894; *editio minor*, 1892; 2ª ed., 1916).

Para a bibliografia, ver: *Die epiktetischen Fragmente. Eine Untersuchung zur Ueberlieferungsgeschichte der griechischen Florilegien*, 1887. — Ver: J. Spangenberg, *Die Lehre Epiktets nach seinem Manual entwickelt*, 1849. — P. Winnenfeld, "Die Philosophie des Epiktet: ein Beitrag zur Geschichte des Eklektizismus der römischen Kaiserzeit", *Zeitschrift für Philosophie umd philosophische Kritik*, 49 (1866). — J. Stuhrmann, *De vocabulis notionum philosophicarum in Epicteti libris*, 1885. — R. Asmus, *Quaestiones Epicteteae* (com os fragmentos), 1888. — A. Bonhöffer, *Epiktet und die Stoa*, 1890, reimp., 1968 (duas vezes). — Id., *Die Ethik des Stoikers Epiktet*, 1894; reimp., 1968 (duas vezes). — Id., *Epiktet und das Neue Testament*, 1911; reimp., 1964. — I. Bruns, *De schola Epicteti*, 1897. — Th. Collardeau, *Étude sur Epictète*, 1903. — R. Rener, *Zu Epiktets Diatriben*: I. *Epiktet und seine Ideale*, 1903; II. *De Epicteteorum titulis*, 1904. — O. Halbauer, *De diatribis Epicteti*, 1911. — F. d'Ambrosio, *Epitteto e la morale del suo tempo*, 1940. — A. Jagu, *Epictète et Platon. Essai sur les relations du stoïcisme et du platonisme à propos de la morale des "Entretiens"*, 1946. — Joseph Moreau, *Epictète ou le secret de la liberté*, 1964 (antologia de textos com amplo comentário). — Ezio Riondato, *Epitteto, I: Esperienza e ragione*, 1965. — Iason Xenakis, *Epictetus, Philosopher-Therapist*, 1969. — John Bonforte, *Epictetus: A Dialogue in Common Sense*, 1974. — J. C. Gretenkord, *Der Freiheitsbegriff Epiktets*, 1981. — R. Dobbin, "'Phroairesis' in Epictetus", *Ancient Philosophy* (1991), 111-135.

Ver o artigo de H. von Arnim sobre Epitecto (Epiktetos) em Pauly-Wissowa. Ͼ

EPICURISMO. Ver Epicuristas; Epicuro.

EPICURISTAS. No verbete sobre Epicuro expusemos as principais doutrinas comuns a todos os epicuristas. Isso não quer dizer que eles tenham reproduzido sempre de modo exato as opiniões do fundador da escola. Neste verbete nos referiremos a alguns dos filósofos que contribuíram para completar o perfil do epicurismo. Além disso, dedicamos a vários deles verbetes especiais.

Os epicuristas mais fiéis foram os discípulos imediatos do fundador da escola, ou seja, aqueles que viveram com seu mestre em estreita "amizade epicurista". Muitos deles foram conhecidos por Epicuro em Mitilene de Lesbos e em Lâmpsaco. Mencionamos aqui Hermarco de Mitilene, Metrodoro de Lâmpsaco e seu irmão, Timócrates. De Lâmpsaco também procediam outros discípulos, como Colotes, Poliano, e provavelmente Ctesipo. Hermarco foi o primeiro sucessor de Epicuro no Jardim. Ele foi substituído por Polistrato, autor de um tratado intitulado *Sobre o desprezo não arrazoado*, contra os cínicos e os estóicos. Desde aquela época foi muito comum entre os epicuristas a polêmica contra as duas escolas citadas, assim como contra os peripatéticos. Característico de todos esses epicuristas é o fato de que, não obstante sua defesa do conhecimento com base nas percepções imediatas da realidade material, havia muito de racionalismo em suas doutrinas. Também é característico deles o fato de que, apesar de ocuparem-se abundantemente de física e de canônica, continuassem considerando a ética como o eixo de sua atividade filosófica. Em contrapartida, os epicuristas do século I a.C. tenderam — com exceção de Lucrécio — a reduzir a importância dos elementos racionais e a sublinhar o papel dos fatores empíricos. Esta direção já havia sido empreendida por vários epicuristas que professaram em Atenas: Zenão de Sídon, Demétrio de Licaônia, possivelmente Apolodoro. Mas ela se desenvolveu sobretudo em Nápoles por obra de Filodemo de Gadara. Pode-se falar inclusive de uma escola empírica epicurista fundada pelo citado Filodemo, desenvolvida por Sirão (mestre de Virgílio) e continuada — especialmente no campo da medicina empírica — por Asclepíades de Prusa. Temas como a origem do conhecimento, a natureza dos signos por meio dos quais conhecemos a índole das inferências que utilizamos e, sobretudo, a aplicação das regras empíricas à retórica, à religião, à ética, à medicina e às ciências naturais foram, ao que tudo indica, predominantes na mencionada escola, cujas "relações" com Cícero (o qual, por outro lado, atacou freqüentemente as doutrinas epicuristas) e outros escritores romanos parecem mais que prováveis. Como mostraram Ph. H. de Lacy e E. A. de Lacy, os epicuristas desta época dedicaram-se ainda mais que os primeiros membros da escola epicurista a polemizar com as doutrinas epistemológicas e cosmológicas dos estóicos. A lógica formalista destes oferecia, com efeito, um marcado contraste com a lógica e com a semiótica empíricas dos epicuristas, que consideravam que a relação entre os signos e os objetos era direta, sem a intervenção dos conceitos ou λεκτά. Com isso, os epicuristas se aproximaram de algumas das posições logo defendidas — embora de forma muito mais radical — pelos céticos (por exemplo, por Sexto Empírico, ao qual são devidas amplas e detalhadas exposições das doutrinas das três escolas: epicuristas, estóicos e céticos). A polêmica contra os peripatéticos também foi prosseguida pelos epicuristas, especialmente na medida em que procuravam mostrar o caráter excessivamente dogmático — e, em seu entender, arbitrário — da semiótica peripatética. Peripatéticos e estóicos baseavam-se em grande parte naquilo que os epicuristas rejeitavam por inteiro: a admissão do argumento de inconceptibilidade, fundado em uma análise racional e não em nossa experiência. Deste modo, este desenvolvimento da filosofia epicurista não representava, como às vezes se sustentou, uma mudança de frente na escola, mas um desenvolvimento de muitas das posições já admitidas, mas não elaboradas, pelo próprio Epicuro.

Sem abandonar os temas de lógica, epistemologia e cosmologia, os epicuristas, desde o final do século I d.C. até o século V, retornaram, em contrapartida, às posições principalmente éticas e ético-vitais do antigo epicurismo. Observa-se este fato em Diógenes de Enoanda e em Diogeniano, que polemizaram contra os estóicos (especialmente contra Crisipo) mas, em geral, tiveram diante das outras escolas uma atitude mais receptiva que os epicuristas anteriores. Como muitos dos filósofos dessa época, os epicuristas tenderam ao ecletismo.

O epicurismo ressurgiu em diferentes épocas, mas geralmente apenas em aspectos parciais como certas formas de atomismo (VER). De um modo mais próprio se pode falar de uma renovação epicurista ou de uma tendência neo-epicurista — e também neodemocritiana — nos séculos XVII e XVIII. Essa tendência teve representantes em vários países, inclusive, como indicamos no verbete citado, na Espanha, mas é conhecida sobretudo por meio de três nomes: Bérigard (VER), Maignan (VER) e Gassendi (VER). Deles apenas Gassendi e os gassendistas podem ser considerados neo-epicuristas em toda a sua extensão, pois sua doutrina abarca não somente a física atomista, mas também em grande parte a ética dentro do espírito do epicurismo antigo.

➲ Para o conhecimento do antigo epicurismo, ver a bibliografia de EPICURO, especialmente as edições de textos de Usener, Bignone, Diels, Bailey e Vogliano. Ver também H. Diels, *Doxographi graeci*, s. v. Epicuris. O conhecimento do epicurismo experimentou uma renovação com a descoberta e a publicação dos chamados Papiros de Herculanum: *Herculanesium Voluminum quae supersunt I-IV, VIII-IV (Collectio Prior)*, 1793-1855; *Herculanesium Voluminum quae supersunt Collectio Tertia, I (Papiri Ercolanensi)*, 1914. Ver também *Studia Herculanensia*, ed. C. Jensen, fasc. I, ed. W. Schmid, 1939; W. Scott, *Fragmenta Herculanensia*, 1885, e a coleção de Vogliano antes mencionada.

Sobre os textos: Th. Gomperz, *Herkulanische Studien*, 1866. — W. Crönert (autor, além disso, de muitos artigos sobre os papiros), *Quaestiones herculanenses*, 1898 (tese) [ponto de vista filológico].

Sobre os epicuristas: R. Hirzel, *Ciceros philosophische Schriften*, I, 1887 (parte intitulada "Differenzen in der epikureischen Schule"). — A. Conti e G. Rossi, *Esame della filosofia epicurea nelle sue fonti e nella sua storia*, 1878. — B. Schwen, *Ueber griechischen und römischen Epikureismus*, 1881. — C. Pascal, *Epicurei e Mistici*, 1911. — Jean Brun, *L'épicurisme*, 1959. — Ettore Paratore, *L'epicureismo e la sua diffusione nel mondo latino*, 1960. — Pierre Boyancé, *Lucrèce et l'épicurisme*, 1963. — Genevieve Rodis-Lewis, *E. et son école*, 1975. — D. Sedley, J. Bollack *et al.*, *Études sur l'épicurisme antique*, 1976, ed. J. Bollack e A. Laks. — J. Moreau, *Stoïcisme. Épicurisme. Tradition hellénique*, 1979. — R. Philippson, *Studien zu Epikur und den Epikureern*, 1983, ed. C. J. Classen. — E. Lledó, *El epicureísmo. Una sabiduría del cuerpo, del gozo y de la amistad*, 1984. — M. Hossenfelder, *Stoa, Epikurëismus und Skepsis*, 1985. — H. Jones, *The Epicurean Tradition*, 1989.

Para Demétrio de Licaônia: V. de Falco, *L'Epicureo Demetrio Lacone*, 1923.

O livro de Ph. H. de Lacy e de E. A. de Lacy mencionado em FILODEMO DE GADARA contém muita informação sobre o epicurismo, especialmente o de tendência empírica.

Ver também a bibliografia de EPICURO. ⊂

EPICURO (*ca.* 341-270 a.C), nascido em Samos, de pais procedentes do demos ático de Gargettos, mudou-se para Teos (ao norte de Samos, costa da Ásia Menor) aos 14 anos para ouvir as lições de Nausífanes, discípulo de Demócrito. Aos 18 dirigiu-se para Atenas, onde permaneceu um ano. Depois passou um tempo em Colofonte, em Mitilene de Lesbos e em Lâmpsaco, amadurecendo sua doutrina e travando amizade com aqueles que depois viriam a ser os mais íntimos de seu círculo. Aos 35 anos estabeleceu-se em Atenas, onde fundou sua escola, chamada de *Jardim* (306), famosa não apenas pelo ensino do mestre, mas também pelo cultivo da amizade, a "amizade epicurista", da qual participavam não apenas homens (como era habitual na Academia e no Liceu), mas também mulheres.

Diferentemente do que acontece com o estoicismo, elaborado por muitos autores (ver ESTÓICOS) e possuidor de muitas variantes, o epicurismo e a doutrina de Epicuro são praticamente coincidentes. Isso não significa que, uma vez instaurada, a doutrina epicurista tenha persistido sem variantes; a algumas destas nos referimos no verbete sobre os epicuristas (VER). Entretanto, no fundamental, as concepções básicas do epicurismo foram estabelecidas por Epicuro.

Epicuro — que se opôs às concepções fundamentais dos estóicos, dos platônicos e dos peripatéticos, aproximando-se, por outro lado, das dos cirenaicos — partiu de uma dupla necessidade: a de eliminar o temor em relação aos deuses (que havia gerado o tipo do δεισιδαίμων, o indivíduo excessivamente piedoso, quase supersticioso) e a de livrar-se do medo da morte. A eliminação do temor dos deuses é conseguida declarando que os deuses são tão perfeitos, que estão além do alcance do homem e de seu mundo; os deuses existem (pois, contrariamente à opinião tradicional, Epicuro não era ateu), mas são indiferentes aos destinos humanos. A libertação do medo da morte é alcançada quando se percebe — segundo o célebre raciocínio — que enquanto se vive não se tem a sensação da morte e quando se está morto não se tem sensação alguma. Sobre estes dois pressupostos está baseada toda a doutrina epicurista. O fim dela é a vida tranqüila, e por isso Epicuro, diferentemente dos filósofos de outras escolas, recomenda que as pessoas não se dediquem à vida política, origem de incontáveis dissabores. A felicidade é alcançada, por conseguinte, quando a autarquia é conquistada e, por meio dela, a ataraxia, não para insensibilizar-se por completo, mas para alcançar o estado de ausência de temor, de dor, de pena e de preocupação. O sábio deve suprimir todos os obstáculos que se opõem à felicidade e cultivar tudo aquilo (por exemplo, a amizade) que contribua para aumentá-la. Desse modo, portanto, não se trata de um estado de completa ausência de afecções, mas de um estado de posse delas que conduz à vida venturosa. Para esse fim é preciso saber quais são as verdadeiras necessidades do homem: apenas as elementares (comer, beber, ter abrigo). E mesmo estas devem ser reduzidas ao indispensável, para que o sábio não seja agitado pelos desejos de possuir ou de desfrutar aquilo que não tem e que custa esforço e inquietação alcançar. Poderíamos, por conseguinte, reduzir a felicidade ao prazer. Não se trata de um prazer exclusivamente "material", como os antiepicuristas imputaram com tanta freqüência ao filósofo e a seus partidários, mas de um prazer duradouro, de índole espiritual, ou, melhor, afetiva. As máximas que conduzem à eliminação das dores, as normas que ensinam como combinar os "prazeres" para conseguir o "prazer em repouso", o equilíbrio perfeito do ânimo, a supressão da ansiedade e da turbulência, têm todas o mesmo propósito. A meta última é a serenidade (uma qualidade, certamente, positiva e não negativa). O sábio não deve, pois, suprimir os prazeres do paladar, da audição, do tato, da visão, mas ordená-los e, sobretudo, subordiná-los a seu bem-estar físico e espiritual. A beleza e a virtude, escreveu Epicuro, devem ser aceitas se produzem essa serenidade e essa satisfação; devem ser eliminadas se não as produzem. Ele também proclama que se todas as sensações forem recusadas não haverá nenhum padrão para medir as que são benéficas. O prazer deve ser conseguido sem que haja nenhuma outra afecção que concorra com ele, pois nesse caso ele não seria prazer (isto é, serenidade), mas dor e pena. O fim ao qual aspira o sábio é, portanto, se se quiser, o prazer, ἡδονή, não um prazer equivalente ao gozo sensual, mas equivalente à saúde do corpo, acompanhada do exercício da mente por meio da filosofia.

Desse modo, podemos dizer que o eixo da doutrina epicurista é a ética, baseada na concepção do caráter positivo do prazer sereno e duradouro, material e espiritual, e da conseqüente classificação e equilíbrio dos prazeres. Mas para conseguir essa finalidade é necessário desenvolver as outras partes da filosofia. Como diz Epicuro no começo de sua carta a Meneceu, nunca é cedo nem tarde demais para estudar a filosofia, pois, já que esta ensina o caminho para conseguir a saúde da alma, ψυχῆς ὑγίεια, não estudá-la equivale a dizer ou que ainda não se chegou à época da felicidade ou que já é demasiado tarde para ela. E, como uma das condições para alcançar a felicidade é mostrar que nem o medo dos deuses, nem o medo da morte devem perturbar a alma, é preciso elaborar não apenas a ética, mas também a física. Como a física é um conhecimento, requer-se também uma doutrina sobre este. Assim, o sistema completo de Epicuro contém a *canônica* (VER) (ou doutrina dialética e doutrina do conhecimento), a *física* (ou doutrina da natureza) e a *ética* (ou doutrina da alma e de seu comportamento). Como já nos referimos a esta última, indicaremos brevemente os principais traços da primeira e da segunda. A canônica ocupa-se principalmente das diversas classes de apreensões da realidade. Embora desenvolvida com mais detalhamento por outros representantes do epicurismo (por alguns deles, como Filodemo de Gadara, em um sentido mais empírico que racionalista), no próprio Epicuro podem ser encontrados elementos suficientes para que se possa apresentá-la sistematicamente. As apreensões são, com efeito, de distintas classes: as da sensação, αἴσθησις, ou apreensões primárias e imediatas, de acordo com as quais deve ser efetuada toda investigação; a chamada pré-noção, antecipação ou concepção geral, πρόληψις — derivada da sensação —; e a visão direta (de um conjunto), ou intuição, ἐπιβολή, com base em princípios primários e imperceptíveis do cosmos, ἄδηλα. Na ἐπιβολή dão-se, todavia, todos os objetos sensíveis e visíveis como os objetos invisíveis (por exemplo, os átomos, e também, como diz Epicuro em *uma* ocasião, os deuses). Quanto à física, ela está baseada em uma reelaboração do atomismo. Epicuro define *os mundos* em um sentido físico como porções circunscritas do espaço. Esses mundos são infinitos em número e eternos. A matéria de que estão compostos são os átomos. Há, com efeito, uma infinidade de átomos ou partículas indivisíveis, ἄτομοι, no vazio infinito. O universo é corpo e espaço, σώματα καὶ τόπος (segundo um texto agregado por Usener). Sendo os átomos as sementes, σπέρματα, das coisas, as combinações dos átomos permitem explicar não apenas as formas, mas também as qualidades destas. Os átomos são mais ou menos finos e sutis segundo os corpos sejam mais ou menos pesados. Os mais leves são os das imagens (ver IMAGEM) e os da alma. Os átomos distinguem-se entre si por sua forma, σχῆμα, peso, βάρος, e tamanho, μέγεθος. O número de formas é muito grande, mas não infinito. Como em Demócrito, na doutrina de Epicuro os átomos são inalteráveis e indestrutíveis, completamente sólidos, de tal modo que permanecem depois da dissolução da mistura, σύγκρασις.

Mas, diferentemente de Demócrito, que proclamou a necessidade absoluta, Epicuro e, logo a seguir, Lucrécio desenvolveram a doutrina de uma certa contingência, produzida por um desvio na queda vertical dos átomos, ou seja, pelo fato de que os átomos κεκλιμένα. Referimo-nos mais detalhadamente a esse ponto no verbete Clinamen (VER). Digamos aqui apenas que tal desvio não transforma o mundo forjado por Epicuro em uma realidade que se modifica e se torna continuamente nova. Epicuro afirma explicitamente não somente que nada surge do nada, e que nada submerge no nada, mas que o universo sempre foi como é e sempre será o mesmo. Estas verdades são justamente princípios evidentes não-percebidos. Não há nada, portanto, fora do universo que penetre nele e introduza uma mudança. E a visão desse universo que permanece imutável depois da mudança não é o que menos contribuiu para gerar essa serenidade e tranqüilidade que o sábio busca. Porque a filosofia, diz Epicuro, é inútil se não cura os sofrimentos da alma, εἰ μὴ τὸ τῆς ψυχῆς ἐκβάλλει πάθος.

➲ Obras: Diógenes Laércio atribui a Epicuro muitas obras, chegando ao ponto de apresentá-lo como um dos autores mais prolíficos da Antiguidade, competindo com Crisipo. Dessas obras conservou-se uma parte muito pequena. As principais são: uma carta a Heródoto, uma carta a Pítocles, uma carta a Meneceu, uma série de princípios chamados *Doutrinas capitais*, uma série de fragmentos (uns chamados, pela coleção, *Sententiae Vaticanae*, e outros de vários livros, cartas e procedências incertas). Para outras fontes ver EPICURISTAS. A doutrina de Epicuro em D. Laércio, encontra-se em X, 1-154. Os Papiros de Herculanum referentes a Epicuro são: 176, 1232, 1289. Foram editados por A. Vogliano em *Epicuri et Epicureorum scripta in Herculanensibus papyris servata*, 1928. A edição clássica de textos e testemunhos (excluindo os textos de Herculanum) é a de H. Usener, *Epicurea*, 1887. Outra boa edição é a de C. Bailey, *Epicurus. The Extant Remains*, 1926. Muita informação em edições de textos de Filodemo. Tradução importante de textos e testemunhos de Epicuro com notas por E. Bignone, *Epicuro*, 1920. — Edição crítica de textos e fragmentos, com trad. italiana, notas e introdução por Graziano Arrighetti, *Opere*, 1960 (Classici della filosofia, ed. Giorgio Colli, 4). Entre as edições de fragmentos diversos de Epicuro mencionamos: Περὶ φύσεως, Α. Γ., ed. H. Diels em *Abh. Berlin*, 1916-1917; uma carta atribuída ao filósofo, ed. H. Diels em *Sitzungsber. Berlin*, 37 (1916), 886ss.; Περὶ φύσεως, ed. A. Vogliano em *Rendiconti d. R. Acc. di Bologna. Cl. di scienze morali*, série III, vol. 6 (1931-1932), 33-76.; "Nuovi Frammenti del Περὶ φύσεως di Epicuro del Pap. Ercol. n. 1420", *L'Antiquité classique*, 5 (1936), 273-323, por R. Cantarella; "A Newly Identified Fragment of Epicurus' Περὶ φύσεως", *Journal of Philology*, 13 (1885), 289-298, ed. W. Scott. — Ed. completa e crítica do *Papyrum Herculeanum 1413* (que pode ser atribuído a Epicuro) por R. Cantarella, em *Il Pensiero* (Milão), janeiro de 1957. — *Ethica edidit adnotationibus instruxit Carolus Diano* (1946) [inclui todos os textos éticos de E. e textos antigos nos quais se expõe ou critica sua doutrina]. — Ed. de vários textos de E. por J. Bollack, C. W. Chilton, M. F. Smith, A. Laks *et al.*, 1971-1976. — H. Usener (póstumo), *Glossarium Epicureum, edendum curaverunt M. Gigante e W. Schmid*, 1977; ver H.-J. Mette, "Epikuros 1963-1978", *Lustrum*, ano 21 (1978), 68-95 [informações sobre o texto de Usener *et al.*].

Em português: *Carta sobre a felicidade (A Meneceu)*, 1997. — *Epicurismo e Da natureza*, com Lucrécio, s.d.

Abundante informação sobre Epicuro (e sobre Aristóteles) à luz da polêmica do primeiro contra os peripatéticos em E. Bignone, *La formazione dell'etica epicurea attraverso la polemica con il primo Aristotele e la scuola platonico-aristotelica*, 1933, e, sobretudo, *L'Aristotele perduto e la formazione filosofica di Epicuro*, 2 vols., 1936. — Algumas obras sobre Epicuro: J. M. Guyau, *La morale d'Epicure*, 1878. — H. Pachnicke, *De philosophia Epicuri*, 1882. — A. Stahl, *Mensch und Welt, Epikur und die Stoa*, 1909. — A. von Gleiche-Russwurm, *Epikurs Lehre*, 1909. — A. E. Taylor, *Epicurus*, 1911. — J. Mewaldt, *Die geistige Einheit Epikurus*, 1927. — C. Bailey, *The Greek Atomists and Epicurus*, 1928. — W. Schmid, *Epikuros Kritik der platonischen Elementarlehre*, 1936. — M. N. P. Packer, *Ciceros Presentation of Epicurean Ethics*, 1938. — A.-J. Festugière, *Epicure et ses dieux*, 1946. — G. Capone-Braga, *Studi su Epicuro*, 1951. — N. W. DeWitt, *Epicurus and His Philosophy*, 1954. — Id., *Saint Paul and Epicurus*, 1955. — Ch. Theodoridis (Zeodoridis), Ἐπίκουρος, ἡ ἀληθινὴ ὄψις τοῦ ἀρχαίου κόσμον, 1954 (Epicuro: o verdadeiro rosto do mundo antigo). — Maria Pakcnska, *Hedonistyczna etyka Epikura*, 1959 (*A moral hedonista de E.*). — Ph. Merlan, *Studies in Epicurus and Aristotle*, 1961. — Benjamin Farrington, *The Faith of Epicurus*, 1967. George A. Panichas, *Epicurus*, 1967. — Antonio Pasquali, *La moral de E.*, 1970. — David Konstan, *Some Aspects of Epicurean Philosophy*, 1973. — Dietrich Lemke, *Die Theologie Epikurs. Versuch einer Rekonstruktion*, 1973. — Domenico Pesce, *Saggio su E.*, 1974. — Walter F. Otto, *Epikur*, 1975. — Genevieve Rodis-Lewis, *E. et son école*, 1975. — Victor Goldschmitt, *La doctrine d'Epicure et le droit*, 1977. — C. García Gual, *Epicuro*, 1981. — D. Clay, *Lucretius and E.*, 1984. — E. Asmis, *Epicurus' Scientific Method*, 1984. — R. W. Hibler, *Happiness Through Tranquility: The School of E.*, 1984. — W. G. Englert, *E. on the Serve and Voluntary Action*, 1987. — G. Manolidis, *Die Rolle der Physiologie in der Philosophie Epikurs*, 1987. — P. Mitsis, *Epicurus' Ethical Theory*:

The Pleasures of Invulnerability, 1988. — Ver também a bibliografia de EPICURISTAS. ⊂

EPIFENÔMENO significa, literalmente, "sobre-(Περὶ)-fenômeno", assim como "fenômeno sobrante". Em sentido geral, um perifenômeno é um fenômeno cuja presença não afeta um fenômeno dado. Ao escrever estas palavras a máquina ouço o barulho que ela produz, mas esse barulho é um perifenômeno da produção dessas palavras. Poderia ser construída uma máquina que não produzisse barulho, ou cujo barulho fosse para mim imperceptível; as palavras seriam então produzidas sem o barulho (perifenômico) concomitante.

Alguns autores do final do século passado (Clifford entre outros) consideraram a consciência como um epifenômeno dos processos fisiológicos. Esses processos podem ocorrer sem a consciência. A noção de consciência, portanto, poderia ser excluída por completo, e se poderia declarar que ela não existe, ou que não constitui nenhum fenômeno. Todavia, já que de algum modo a consciência "aparece", isto é, já que se "tem consciência" de estados neurofisiológicos, conclui-se que a consciência não é um fenômeno, mas tampouco é um "completo não-fenômeno"; é um sobrefenômeno ou epifenômeno. O fenômeno exerce influência sobre a consciência, mas esta não pode exercer a menor influência sobre o fenômeno.

A noção de "epifenômeno" foi aplicada a outros aspectos da (suposta) atividade psíquica, por exemplo à consciência de liberdade. Afirmou-se que a consciência de liberdade, e com isso a própria liberdade, é um epifenômeno. Declarar que é um fenômeno — ou uma realidade — é conseqüência de uma ilusão. Quando se examina a "causa" da consciência de liberdade, descobre-se que ela é um encadeamento causal.

Por causa da dificuldade de precisar conceitualmente o que é qualificado de "epifenômeno", às vezes foram utilizadas metáforas; uma das que mais circularam foi a de "fosforescência".

Bergson opôs-se à idéia de consciência, e também à de liberdade como epifenômenos, ou meras "fosforescências", e tratou de mostrar que esta idéia surge unicamente quando não se presta atenção suficiente a uma descrição empírica dos processos psíquicos. O que pode ser chamado de "epifenomenismo" é um aspecto do reducionismo.

EPIFILOSOFIA. Ver PERIFILOSOFIA.

EPIQUEREMA, ἐπιχείρημα (*epicherema, epicheirema*). Segundo Aristóteles (*Top.*, VIII, 11, 162 a 16), o epiquerema é um raciocínio (silogismo) dialético, diferente do filosofema (VER) ou raciocínio demonstrativo, do sofisma (VER) ou raciocínio erístico e do aporema (VER) ou raciocínio dialético de contradição. Derivado do verbo ἐπιχειρέω = "atacar", o epiquerema é um raciocínio compacto ou breve, no qual geralmente a premissa maior e às vezes, inclusive, a premissa maior e a menor são acompanhadas por aquilo que se acredita ser a prova da premissa. Assim, "Os seres humanos pensam porque possuem um sistema nervoso central; os turcos são seres humanos; portanto, os turcos pensam" é um exemplo de epiquerema. Foi comum classificar o epiquerema entre os chamados silogismos compostos (ver SILOGISMO).

EPISSILOGISMO. Ver SILOGISMO.

EPISTEME. Michel Foucault chamou de *episteme*, e também de "campo epistemológico", a estrutura subjacente e, por isso, inconsciente, que delimita o campo do conhecimento, os modos como os objetos são percebidos, agrupados, definidos. A *episteme* não é uma criação humana; é antes o "lugar" no qual o homem fica instalado e a partir do qual conhece e atua de acordo com as regras estruturais resultantes da *episteme*. O estudo de uma *episteme* não é, por causa disso, uma história. Não é nem história global, nem história das idéias, mas arqueologia (VER). Não se pode falar de continuidade entre diversas *epistemes*, e por isso tampouco se pode falar de uma história de *epistemes*. De fato, tampouco há continuidade ou, em todo caso, progresso histórico dentro de uma *episteme*.

As ciências humanas modernas não constituíram, segundo Foucault, a *episteme* moderna: "É antes a disposição geral da *episteme* o que dá lugar, chama e instaura (as ciências humanas), permitindo que o homem se constitua como seu objeto" (*Les mots et les choses. Une archéologie des sciences humaines*, 1966, p. 376). Desse modo, no mesmo sentido em que a gramática e a história natural formavam parte da *episteme* clássica (a *episteme* da cultura ocidental que se iniciou em meados do século XVII), as ciências humanas formam parte da *episteme* moderna, "a que, no começo do século XIX, marca o limiar de nossa modernidade" (*op. cit.*, p. 13). A *episteme* moderna desenhou inclusive o perfil do homem como "aquele que faz sua própria história", mas o "fazer sua própria história" é algo inscrito no âmbito de uma *episteme*. Assim, portanto, não é, na realidade, o homem quem faz sua própria história, mas a *episteme* é que faz tal homem (que deste modo deixa de fazer, literalmente, ou absolutamente, sua própria história). O "fim do homem" de que falou Foucault é simplesmente o fim de uma *episteme* na qual o homem apareceu como se fosse o principal objeto do conhecimento.

A noção de *episteme* pode ser considerada uma noção estrutural — como um dos aspectos que pode assumir a idéia de estrutura tal como elaborada pelos estruturalistas. Em todo caso, parece constituir-se como uma estrutura profunda, "inconsciente", "não humana", não produzida nem pelas ações individuais, nem sequer pelas supostas ações coletivas do homem. Ao mesmo tempo, uma *episteme* é descontínua em relação a outras. Entretanto, deve-se levar em conta que, em Foucault, o que mais importa na *episteme* não são supostas conexões internas que obedeçam a uma espécie de harmonia preestabelecida; importam sobretudo as descontinuidades, as rupturas, a ausência total de um centro e uma espécie de "dispersão". É pouco claro se podemos falar, se é que podemos efetivamente falar, de uma unidade da *episteme*. Talvez não haja tal "unidade"; quiçá existam, como Foucault aponta, séries de séries. Por isso a *episteme* distingue-se não apenas de uma "concepção do mundo e da vida" ou de uma "visão" — mesmo se não é a concepção ou a visão de alguém em particular —, mas também de um sistema estrutural de regras. Em todo caso, se há regras, estas não determinam a série de séries, mas, ao contrário, as regras surgem do "quadro" que, como o da imagem da televisão, é formado por séries descontínuas. A *episteme* pode ser considerada uma estrutura ainda mais "profunda" e "subjacente" que todas as estruturas.

Há certas analogias entre a noção de *episteme* e a de paradigma (em alguns dos sentidos que foram dados a este termo ao longo dos debates em torno das idéias de Thomas S. Kuhn). Alguns sustentam que, assim como o conceito de paradigma, o de *episteme* delineia o problema de sua comparabilidade com outras *epistemes* (ora uma comparabilidade global ou uma comparabilidade de alguns de seus elementos ["séries" em Foucault; termos teóricos nas ciências naturais] com elementos de outras *epistemes*). A isso se acrescenta o problema da sucessão de *epistemes*. Em uma das primeiras fases da concepção de paradigma de Kuhn, apelou-se para o aparecimento e para a proliferação de anomalias. Não existe tal recurso para uma *episteme*. Por outro lado, esses problemas devem ser para Foucault outros tantos pseudoproblemas. Não é em vão que não se trata de história, mas de "arqueologia", e não é em vão que se destaca a completa des-centralização da *episteme*, as rupturas e as descontinuidades. Os críticos de Foucault e os críticos da "simples" noção de paradigma argumentam, por outro lado, que subsiste um problema, o da possível inteligibilidade daquilo de que se fala, mesmo quando aquilo de que se fala seja ao mesmo tempo, se não principalmente, aquilo em virtude do que se diz, isto é, se produz o discurso (VER) ou o enunciado (VER).

EPISTÊMICO. Pode-se utilizar 'epistêmico' no lugar de 'epistemológico'. 'Epistêmico' significa então "relativo ao conhecimento" (ver CONHECIMENTO; ESPISTEMOLOGIA). Também se pode empregar 'epistêmico' para caracterizar certo tipo de questões e certas noções que se delineiam e são usadas no estudo de expressões que envolvem atitudes proposicionais. Exemplos disso são:

a sabe que p, (1)
a acredita que p, (2)

em que 'a' se lê 'alguém', 'uma pessoa', 'um sujeito', 'um sujeito cognoscente', 'um sujeito que acredita' etc., e 'p' é o símbolo de uma proposição. (1) e (2) podem ser consideradas proposições ou sentenças. Também podem ser consideradas enunciados (ver ENUNCIADO). Caso se queira destacar que (1) e (2) não se referem às expressões correspondentes, cabe usar "semi-aspas" ("ângulos" ou "signos angulares") ou aspas duplas, tais como:

⌐ a sabe que p ⌐ (3)
⌐ a acredita que p ⌐ (4)

ou então:

"a sabe que p" (5)
"a acredita que p" (6)

respectivamente.

Às vezes se chama de "lógica epistêmica" a que se ocupa de enunciados de conhecimento ou de crença, dos quais (3) e (4) ou (5) e (6) são exemplos. O termo 'epistêmico' pode ser utilizado como termo geral, que engloba o que designa o vocábulo 'doxástico' (ver DOXA, DOXAL, DOXÁSTICO, DÓXICO), ou então pode ser usado para tratar unicamente de enunciados exemplificados em (3) e (5), deixando 'doxástico' para enunciados exemplificados em (4) e (6). Quando há paralelismo completo entre argumentos concernentes a enunciados que incluem expressões do tipo '... sabe que...' e enunciados que incluem expressões do tipo '... acredita que...', não há inconveniente em se usar para todos eles o termo 'epistêmico'. Quando não existe tal paralelismo, cabe distinguir 'epistêmico' de 'doxástico'.

EPISTEMOLOGIA. No artigo GNOSIOLOGIA foi indicado que os termos 'gnosiologia' e 'epistemologia' são freqüentemente considerados sinônimos; em ambos os casos se trata de "teoria do conhecimento", expressão que também é usada no lugar de qualquer uma das anteriores.

Durante algum tempo, tendia-se a usar 'gnosiologia' preferencialmente a 'epistemologia'. Depois, e em vista de que o termo 'gnosiologia' era empregado muito freqüentemente por tendências filosóficas de orientação escolástica, tendeu-se a usá-lo no sentido geral de teoria do conhecimento, sem definir de que tipo de conhecimento se tratava, e a introduzir 'epistemologia' para teoria do conhecimento científico, ou para elucidar problemas relativos ao conhecimento cujos principais exemplos eram extraídos das ciências. Progressivamente, e em parte por influência da literatura filosófica anglo-saxã, utilizou-se 'epistemologia' praticamente em todos os casos.

Nesta obra seguimos geralmente o último uso, mas às vezes são conservados, quando o contexto o requer, as expressões 'gnosiologia' e 'teoria do conhecimento'.

EPISTEMOLOGIA EVOLUTIVA. A teoria da evolução, de Darwin, e sobretudo o evolucionismo de Spencer deram impulso a doutrinas sobre o conhecimento distintas das racionalistas e das empiristas clássicas, por um lado, e das de tipo kantiano, por outro. As epistemologias evolutivas são mais empiristas que racionalistas ou kantianas; esse empirismo não toma como modelo o sujeito cognoscente individual e seu aparato sensorial, mas a espécie inteira no curso de seu desenvolvimento. Quando consideram o indivíduo, as epistemologias evolutivas podem adotar, embora não necessariamente, o ponto de vista de que a ontogênese é paralela à filogênese, ou seja, o ponto de vista segundo o qual o desenvolvimento do indivíduo corresponde *grosso modo* ao da espécie.

As epistemologias evolutivas adotam, em geral, um ponto de vista biológico, isto é, acreditam que o conhecimento é explicado em termos de evolução da espécie. O que se considera como noções *a priori* são simplesmente as que foram implantadas no cérebro humano ao longo da evolução biológica, geralmente como resultado dos esforços de adaptação da espécie ao meio, da sobrevivência da espécie, da possível transformação do meio para facilitar a adaptação etc. A concepção resultante disso é ao mesmo tempo biologista e evolucionista. Aqueles que se opõem à epistemologia evolutiva acusam-na de relativismo, e costumam insistir em que a suposta verdade da teoria do conhecimento evolucionista também deve ser relativa à evolução, de modo que uma epistemologia evolucionista é verdadeira somente para uma certa fase; para outra fase, ela é, ou pode ser, falsa.

EPISTEMOLOGIA GENÉTICA. Jean Piaget deu esse nome a um conjunto de pesquisas que não derivam de nenhuma filosofia geral. Enquanto toda filosofia pressupõe uma epistemologia, o inverso não é verdadeiro. A única coisa possível é que se pode passar de pesquisas epistemológicas detalhadas para o problema do conhecimento em geral. Todavia, esse passo deve ser dado com grandes precauções. Provisoriamente convém delimitar a tarefa da epistemologia em um sentido parecido àquele pelo qual são delimitadas as tarefas das diversas ciências. Em vez de começar perguntando o que é o conhecimento, deve-se partir das muito diversas espécies de conhecimento e averiguar concretamente como elas "aumentam" os conhecimentos. Isso equivale a averiguar as etapas pelas quais passam os conhecimentos, incluindo os que são considerados (erroneamente) "verdades eternas", tais como as operações aritméticas elementares. Para fazê-lo, emprega-se um método genético que investiga "os conhecimentos em função de sua construção real, ou psicológica", e considera "todo conhecimento como relativo a um certo nível do mecanismo de sua construção". Contrariamente ao que alguns opinam, argumenta Piaget, esse método genético, ou psicogenético, não desemboca necessariamente em conclusões empiristas ou relativistas. Em princípio, poderia desembocar em conclusões aprioristas. Além disso, somente quando tiverem sido levadas a cabo suficientes pesquisas particulares desse tipo será possível averiguar se há mecanismos comuns em todos os conhecimentos.

Piaget propõe dois tipos de métodos: o histórico-crítico, que estabelece filiações e descobre conexões — método similar ao da anatomia comparada —, e o psicogenético propriamente dito, espécie de embriologia mental. Os dois tipos de métodos são igualmente indispensáveis para a epistemologia genética. Assim, esta última pode ser — como a teoria da relatividade — "especial" (*restreinte*) e "generalizada". Ela é especial quando se apóia em um "sistema de referência constituído pelo estado do saber admitido no momento considerado"; é generalizada quando "o sistema de referência encontra-se, ele próprio, englobado no processo genético ou histórico que se trata de estudar".

A epistemologia genética de Piaget opõe-se a considerar o sujeito ou o objeto como autônomos ou existentes por si mesmos, e destaca que sujeito e objeto só podem ser considerados dentro do processo de crescimento dos conhecimentos.

⊃ Indicações sobre a idéia de epistemologia genética em Piaget, *Introduction à l'épistémologie génétique*, 1950, I, pp. 7ss. e II, pp. 70ss. (síntese, do próprio autor, dessa obra: *L'épistémologie génétique*, 1970. (ed. br.: *Epistemologia genética*, 1980) — Também: *Études d'épistémologie génétique*, I, 1957 (cf. *infra*), pp. 53ss.

Já que uma das características da epistemologia genética é o estudo detalhado dos processos de crescimento de conhecimentos, sua adequada compreensão se dá apenas ao longo de estudos epistemológicos particulares. Daí a importância da série *Études d'épistémologie génétique*, escritos por Piaget em colaboração com vários autores, especialistas em diversas ciências: lógica, lingüística, teoria da informação, fisiologia etc. A lista desses *E. E. G.* é: I (por J. Piaget, E. W. Beth e W. Mays), *Épistémologie génétique et recherche psychologique*, 1957; II (por J. Piaget, L. Apostel e B. Mandelbrot), *Logique et équilibre*, 1957; III (por J. Piaget, L. Apostel et al.), *Logique, langage et théorie de l'information*, 1957; IV (por J. Piaget, L. Apostel et al.), *Les liaisons analytiques et synthétiques dans les comportements du sujet*, 1957; V (por J. Piaget, A. Jonckheere e B. Mandelbrot), *La lecture de l'expérience*, 1958; VI (por J. Piaget, J. S. Bruner et al.), *Logique et perception*, 1958; VII (por J. Piaget e P. Gréco), *Apprentissage et connaissance*, 1958; VIII (por L. Apostel, A. R. Jonckheere e B. Matalon), *Logique, apprentissage et probabilité*, 1959; IX (por A. Morf, J. Smedslund et al.), *L'apprentissage des structures logiques*, 1959; X (por J. Piaget,

M. Goustard *et al.*), *La logique des apprentissages*, 1959; XI (por J. Piaget, P. Gréco *et al.*), *Problèmes de la construction du nombre*, 1960; XII (por J. Piaget e D. E. Berlyne), *Théorie du comportement et opérations*, 1960; XIII (por P. Gréco e A. Morf), *Structures numériques élémentaires*, 1962; XIV (por J. Piaget e E. W. Beth), *Épistémologie mathématique et psychologie: Essai sur les relations entre la logique formelle et pensée réelle*, 1961; XV (por J. Piaget, L. Apostel *et al.*), *La filiation des structures*, 1963; XVI (por J. Piaget, E. W. Beth *et al.*), *Implication, formalisation et logique naturelle*, 1962; XVII (por J. Piaget, P. Gréco *et al.*), *La formation des raisonnements récurrentiels*, 1963; XVIII (por J. Piaget, V. Bang *et al.*), *L'épistémologie de l'espace*, 1964; XIX (por V. Bang e E. Lunzer), *Conservations spatiales*, 1965; XX (por J. Piaget, J. B. Grize *et al.*), *L'épistémologie du temps*, 1966; XXI (por M. Bovet, P. Gréco *et al.*), *Perception et notion du temps*, 1967; XXII (por G. Cellérier, S. Papert e G. Voyat), *Cybernétique et épistémologie*, 1968; XXIII (por J. Piaget, J. B. Grize *et al.*), *Épistémologie et psychologie de la fonction*, 1968; XXIV (por J. Piaget, H. Sinclair e V. Bang), *Épistémologie et psychologie de l'identité*, 1968; XXV (por J. Piaget, M. Bunge *et al.*), *Les théories de la causalité*, 1971; XXVI (por J. Piaget e R. García), *Les explications causales*, 1971; XXVII (por J. Piaget *et al.*), *La transmission des mouvements*, 1972; XXVIII (por J. Piaget *et al.*), *La direction des mobiles lors de chocs et de poussées*, 1972; XXIX (por J. Piaget *et al.*), *La formation de la notion de force*, 1973; XXX (por J. Piaget *et al.*), *La composition des forces et le problème des vecteurs*, 1973; XXXI-XXXII (por J. Piaget *et al.*), *Recherches sur la contradiction*, 1974; XXXIII (por J. Piaget), *L'équilibration des structures cognitives, problème central du développement*, 1975; XXXIV (por J. Piaget *et al.*), *Recherches sur l'abstraction réflechissante*, 1977; XXXV (por J. Piaget *et al.*), *L'abstraction de l'ordre des relations spatiales*, 1977.

Ver também: Antonio M. Battro, *Dictionnaire d'épistémologie génétique*, 1966. — David W. Hamlyn, Stephen Toulmin *et al.*, *Cognitive Development and Epistemology*, ed. Theodore Mischel, 1971. — Miguel Ángel Quintanilla, *Aspectos sociológicos de la epistemología genética*, 1973 (poligrafado). — R. Holmes, P. Bryant *et al.*, *Piaget and Knowing: Studies in Genetic Epistemology*, 1977, ed. B. A. Geber. — R. Vuyk, *Overview and Critique of Piaget's Genetic Epistemology 1965-1980*, 2 vols., 1981. — M. and P. Seltman, *Piaget's Logic: A Critique of Genetic Epistemology*, 1985.

EPOCHÉ. No vocabulário filosófico já é comum o uso do termo 'epoché', transcrição e tradução do termo grego ἐποχή (suspensão, suspensão do juízo), que os filósofos da Nova Academia (especialmente Arcesilau e Carnéades) e os céticos (especialmente Enesídemo e Sexto Empírico) utilizaram para expressar sua atitude diante do problema do conhecimento. *Epoché*, na definição de Sexto Empírico, "é um estado de repouso mental [στάσις διανοίας] por meio do qual nem afirmamos nem negamos" (*Hyp. Pyrr.*, I, 10); estado que conduz à imperturbabilidade, ἀταραξία (ver ATARAXIA). Não se sabe exatamente qual foi o primeiro filósofo que introduziu a noção de *epoché*. Alguns indicam que foi Pirro (VER), que combinou a *epoché* com a chamada acatalepsia ou impossibilidade de apreender imediatamente a realidade do objeto. L. Robin assinala, porém, que Pirro não pode ser considerado um pensador efético (que suspende o ânimo como resultado da investigação), mas um pensador catético (ou buscador); ao contrário do que indica Sexto Empírico (ver CETICISMO), Pirro não suspendia radicalmente o juízo, mas dedicava-se à busca incessante, mesmo sem jamais obter ou talvez pretender obter algum resultado. Outros apresentam Arcesilau como o primeiro a utilizar amplamente essa noção. Os estóicos haviam defendido na doutrina do conhecimento a teoria da possibilidade de obter "representações compreensivas" (ver CATALÉPTICO). Contra isso Arcesilau argumentou que tais representações são condicionadas ao consentimento, e, como este não pode se dar, as representações compreensivas são impossíveis. Em todo caso, parece verdade que a noção de *epoché* foi utilizada sobretudo para opor-se à teoria estóica do conhecimento. No mesmo sentido pronunciou-se Carnéades, que distinguiu entre uma *epoché* generalizada e uma *epoché* particular, e afirmou que o sábio deve ater-se à primeira. Enesídemo e Sexto Empírico, por sua vez, afirmaram a *epoché* como resultado dos tropos (VER), mas adotaram diversas atitudes de "suspensão" que às vezes se aproximavam do probabilismo (VER). Assim, sobretudo Sexto distinguia entre a pura e simples abstenção, o reconhecimento da possibilidade de que algo esteja certo, o reconhecimento de que não é impossível que algo esteja certo, a afirmação de que não pode haver decisão entre dois casos etc. Deve-se observar que a *epoché* tinha em todos esses filósofos não apenas um sentido teórico, mas também prático, pois referia-se tanto ao conhecimento do objeto como ao reconhecimento do bem, e especialmente do Bem supremo. Todavia, parece observar-se nos novos acadêmicos e nos céticos uma tendência a acentuar de modo diferente a suspensão do juízo conforme se trate do aspecto teórico ou do aspecto prático. No que diz respeito ao primeiro, a *epoché* quase sempre era radical. Quanto ao segundo, tendia-se freqüentemente à chamada *metripatia* (a atitude moderada a respeito dos juízos de caráter moral).

O termo '*epoché*' foi revivido com um sentido distinto do cético na fenomenologia de Husserl. Este filósofo introduz, com efeito, o citado termo na formação do método para conseguir a chamada *redução fenomenológica*. Em um sentido fundamental, a *epoché* filosófica não significa nada além do fato de que "suspendemos o juízo diante do conteúdo doutrinal de toda filosofia dada e realizamos todas as nossas comprovações dentro do marco dessa suspensão" (*Ideen*, I, § 18; Husserliana, III, 33). Em um sentido husserliano próprio, a *epoché* fenomenológica significa a *mudança* radical da "tese natural". Na "tese natural" a consciência está situada diante do mundo enquanto realidade que existe sempre ou que está sempre "ali". Ao modificar-se esta tese produz-se a suspensão ou colocação entre parênteses (*Ausschaltung, Einklammerung*) não apenas das doutrinas acerca da realidade e da ação sobre a realidade, mas também da própria realidade. Deste modo, elas não são eliminadas por isso, mas são *alteradas* pela suspensão. Por conseguinte, o "mundo natural" não é negado quando se duvida de sua existência (*op. cit.*, I, §§ 31-32, 55). Assim, a *epoché* fenomenológica não é comparável nem à dúvida cartesiana, nem à suspensão cética do juízo, nem à negação da realidade por parte de alguns sofistas, nem à abstenção de explicações propugnada, em nome de uma atitude livre de teorias e de pressupostos metafísicos, pelo positivismo de Comte. Somente assim, segundo Husserl, é possível constituir a consciência pura ou transcendental como resíduo fenomenológico.

➲ Sobre a *epoché* em sentido antigo, ver P. Couisson, "L'origine et l'évolution de l'épochè", *Revue des Études grecques* (1929). Também tratam do problema todas as obras sobre os céticos gregos a que nos referimos na bibliografia de CETICISMO; entretanto, destacamos delas Léon Robin, *Pyrrhon et le scepticisme grec*, 1944. Para a *epoché* nos céticos modernos, ver Richard H. Hopkin, *The History of Scepticism from Erasmus to Descartes*, 1960. Para a *epoché* em sentido fenomenológico, ver as obras mencionadas nas bibliografias de FENOMENOLOGIA e HUSSERL; e também: R. Boehm, *Vom Geschtspunkt der Phänomenologie, II. Studien zur Phänomenologie der Epoche*, 1981. ⊂

EQÜIPOLÊNCIA. A expressão grega ισοδυναμοῦσαι προτάσεις costuma ser traduzida por 'proposições eqüipolentes' ou 'enunciados eqüipolentes'. Ela foi utilizada por Galeno (*Prantl*, I, 568). Apuleio usou a expressão *propositiones aequipollentes*. Depois, nos textos lógicos escolásticos e boa parte dos modernos, empregou-se freqüentemente a expressão *aequipollentia enuntiationum*.

A eqüipolência das proposições ou enunciados pode ser entendida de vários modos. Gramaticalmente, duas ou mais proposições ou enunciados são eqüipolentes entre si quando diferem apenas nos vocábulos. Assim, *Ensis est ferreus* e *Gladis est ex ferro* (exemplo dado por Jungius; cf. *infra*) são gramaticalmente eqüipolentes. Logicamente, duas ou mais proposições são eqüipolentes entre si quando têm o mesmo predicado mas diferem na forma. Segundo Jungius (*Logica Hamburgensis*, pp. 134-137; ed. R. W. Meyers, pp. 88-89), que seguiu nisto muitos tratadistas anteriores, a eqüipolência lógica pode ser entendida de dois modos: ou em relação aos termos sincategoremáticos ou em relação às partes significativas do enunciado. A eqüipolência lógica em relação aos termos sincategoremáticos (ou constantes lógicas) é a que ocorre entre dois enunciados que possuem o mesmo sujeito e o mesmo predicado quando se dão certas condições relativas à quantidade e à qualidade dos enunciados. Desse modo, 1) dados dois enunciados com o mesmo sujeito e predicado e a mesma quantidade, eles são eqüipolentes quando um enunciado afirma universalmente S e nega P e o outro enunciado nega universalmente S e afirma P (exemplo [usando '=' como símbolo de 'é eqüipolente com']: Nenhum livro é chato = Todo livro é não-chato). Também, 2) dados dois enunciados contraditórios (exemplos: 'Todo livro é chato'; 'Algum livro não é chato'), o segundo dos enunciados mencionados é eqüipolente com o primeiro enunciado quando se antepõe o signo de negação ao sujeito deste último (exemplo: 'Não todo livro é chato' = 'Algum livro não é chato'). Também, 3) dados dois enunciados contrários (exemplos: 'Todo livro é chato'; 'Nenhum livro é chato'), o segundo dos enunciados é eqüipolente com o primeiro quando se antepõe o signo de negação ao predicado deste último (exemplo: 'Todo livro não é chato' = 'Nenhum livro é chato'). Finalmente, 4) dados dois enunciados subalternos (exemplos: 'Todo livro é chato'; 'Algum livro é chato'), o segundo dos enunciados mencionados é eqüipolente com o primeiro quando se antepõem signos de negação ao sujeito e ao predicado deste último (exemplo: 'Não todo livro não é chato' = 'Algum livro é chato'). Quanto à eqüipolência relativa às partes significativas do enunciado, deve-se a Jungius (*op. cit., supra*), como indicou H. Scholz (*Geschichte der Logik*, 1931), ter destacado uma das formas mais importantes de tal eqüipolência: a chamada *aequipollentia per inversionem relationis*. Jungius indica que ela se dá quando a parte principal do predicado em um enunciado se comporta como o correlato da parte principal do sujeito em outro enunciado. Um dos exemplos dados por Jungius ('Davi é o pai de Salomão' = 'Salomão é o filho de Davi') permite ver que a eqüipolência em questão pode ocorrer quando ocorrem relações que têm certas propriedades (como ser irreflexivas, ou assimétricas, ou intransitivas [de todas as quais é exemplo a relação *pai de*]). A *aequipollentia per inversionem relationis* de que falava Jungius é simbolizada na lógica atual por meio do bicondicional:

$$x\check{R}y = yRx,$$

em que $\check{R}$ é o converso de R.

Mencionaremos dois exemplos do uso do termo 'eqüipolência' na lógica contemporânea. Um deles pode ser encontrado em R. Carnap. Segundo esse autor, R_1 e R_2 (onde 'R' substitui 'classe sentencial') são eqüipolentes quando coincidem em seu conteúdo, chamando-se de *conteúdo de* R_1 a classe de sentenças não válidas que são conseqüência de R_1. A definição de Carnap é sintática. O outro exemplo encontra-se em H. Reichenbach. Segundo esse autor, duas fórmulas são eqüipolentes quando uma delas é derivável da outra e vice-versa. Assim, 'Fx' e '$\Lambda x(Fx)$' são, segundo Reichenbach, fórmulas eqüipolentes porque de 'Fx' pode-se derivar '$\Lambda x(Fx)$' e de '$\Lambda x(Fx)$' pode-se derivar 'Fx'. Reichenbach indica que esta eqüipolência é uma generalização da equivalência tautológica. As fórmulas tautologicamente equivalentes também são eqüipolentes. Mas não, porém, inversamente.

EQUIVALÊNCIA. No verbete BICONDICIONAL (VER) lemos '$\leftrightarrow$' como 'se e somente se'. Essa leitura recebe freqüentemente o nome de "interpretação material do bicondicional" ou também o de "equivalência material". Entretanto, assim como acontece com o condicional (VER), há outra leitura de '$\leftrightarrow$'. É a que ocorre quando se coloca '$\leftrightarrow$' entre nomes de enunciados em vez de colocá-lo entre enunciados. Desse modo, enquanto a expressão:

$$p \text{ '}\leftrightarrow\text{' } q$$

se lê:

$$p \text{ se e somente se } q$$

a expressão:

$$\text{'}p\text{'} \leftrightarrow \text{'}q\text{'}$$

se lê:

$$\text{'}p\text{' é equivalente a '}q\text{'},$$

o que pode ser traduzido por:

$$p \text{ é logicamente equivalente a } q.$$

No cálculo de implicação (VER) estrita de C. I. Lewis, a expressão 'logicamente equivalente a' é simbolizada por '$\equiv$' (que lembra o símbolo '$=$', antes utilizado no lugar do atual '$\leftrightarrow$', e é "reforçado" com mais uma linha). '$\equiv$' é chamada de "equivalência estrita" ou "equivalência lógica". Do mesmo modo que ocorre com o condicional, a leitura de '$p \leftrightarrow q$' ('$p \equiv q$') como '$p \equiv q$' deve ser admitida somente quando '$p \leftrightarrow q$' ('$p \equiv q$') é logicamente verdadeiro.

EQUIVOCAÇÃO. Ver SOFISMA.

EQUÍVOCO. Ver ANALOGIA; SINÔNIMO; UNÍVOCO.

ERASMO, DESIDÉRIO (1467-1536), de Rotterdam, ingressou no convento dos Cônegos Regulares de Emmaus (Steyn), ordenou-se sacerdote e foi tutor de Henrique de Bergen, a cujo serviço realizou numerosas viagens (Inglaterra, França, Suíça, Itália). Em 1517 foi dispensado dos votos, mas continuou no sacerdócio, travando amizade com os maiores humanistas de sua época. O próprio Erasmo foi um dos principais representantes do humanismo renascentista. Sua obra de humanista, manifestada em suas edições de autores clássicos e em seus trabalhos críticos sobre o Antigo e o Novo Testamentos, representou, entretanto, apenas um aspecto de sua atividade intelectual. Embora não possa ser considerado propriamente um filósofo, ao menos um filósofo sistemático, Erasmo esteve no centro de muitas das discussões filosóficas de sua época. Entre elas cabe mencionar especialmente a que teve como eixo o problema do livre-arbítrio (VER). Contra os que acentuavam excessivamente a submissão do arbítrio humano à vontade divina, Erasmo defendeu a existência e o poder desse arbítrio. Foi isto, além do mais, que o opôs a Lutero (em seu desejo de introduzir uma reforma na Igreja, Erasmo considerara favoravelmente algumas de suas teses). Por esse motivo produziu-se uma ruptura entre Erasmo e Lutero, definitiva a partir da publicação, por parte do último, de seu tratado *De servo arbitrio* (1525) contra o *De libero Arbitrio* ΔΙΑΤΡΙΒΗ, publicado por Erasmo um ano antes. A defesa do livre-arbítrio não significa, porém, que Erasmo estivesse a favor de teses naturalistas ou neopelagianas extremas. O que ele pretendia era, antes, encontrar um justo meio que, ao mesmo tempo que salvasse a liberdade, confirmasse a ligação do homem com Deus. Esse justo meio foi, além disso, muito característico da atitude filosófica e humana de Erasmo em todos os problemas importantes. Assim, por exemplo, às vezes ele parece inclinar-se para o "Deus único" manifestado em todas as religiões e caro a certos espíritos renascentistas. Mas essa inclinação é corrigida por sua insistência no caráter peculiar da vida cristã e em sua opinião de que apenas dentro dessa vida se dá a possibilidade de uma conciliação e de um verdadeiro humanismo. O mesmo ocorre com suas aspirações de reforma. Tratava-se, com efeito, para Erasmo, de conseguir a tão esperada *pax fidei*, de que falara Nicolau de Cusa, por meio de uma *philosophia Christi*, baseada no desenvolvimento da vida interna do cristianismo, mas sem destruir — antes revitalizando — a vida e a organização da Igreja. O humanismo, e a atitude tolerante que lhe era inerente, devia constituir justamente, para Erasmo, uma das bases para tal reforma.

As doutrinas e opiniões de Erasmo exerceram em sua época uma enorme influência. O erasmismo transformou-se em um dos grandes temas de discussão. A forma adotada por ele dependeu em grande medida da situação histórica do país no qual encontrava adeptos. Em muitas partes da Europa ele se transformou em uma doutrina destinada a impulsionar o saber e a manter a unidade da fé. Em outras partes apareceu como uma doutrina filosófica que mesclava sabiamente humanismo e cristianismo. Em uma delas, como na Espanha, foi quase sempre, como observou Américo Castro, uma vontade. Hoje chama a atenção a discrepância existente entre a "insignificância" filosófica do erasmismo e a influência exercida em sua época sobre os filósofos. Entretanto, essa discrepância torna-se menos acusada se levamos em conta que na época de Erasmo a filosofia buscava não apenas novas idéias, mas também novas formas de expressão, e que Erasmo contribuiu notavelmente para estas últimas.

◯ As obras mais significativas da posição filosófica de Erasmo são: *Enchiridion militis christiani*, 1502. — *Encomium moriae seu laus stultitiae*, 1509. — *De Libero Arbitrio* ΔΙΑΤΡΙΒΗ, 1524.

Edição de obras: as edições das obras de Erasmo consideradas clássicas são as de Beatus Rhenanus (9 tomos, Basiléia, 1540-1541) e a de Clericus (11 tomos, Leyden, 1703-1706; reimp., 1961-1962ss.). — A obra mais editada e traduzida é o *Elogio da loucura* (ou "estultice"). — Edição do *Enquiridión o Manual del caballero cristiano*, por Dámaso Alonso, com prólogo de Marcel Bataillon, na *Revista de Filología Española*, Anejo XVI, 1932 (ver o ensaio de Dámaso Alonso, "El crepúsculo de Erasmo", em *Revista de Occidente*, 112 [1932], 31-53). — *Obras escogidas*, trad. esp. de Lorenzo Riber (1956). — Importante para o conhecimento de Erasmo é sua correspondência: *Opus Epistolarum Erasmi*, I-XII, Oxford, 1906-1958, ed. por P. S. Allen (t. XII com índices de B. Flower).

Erasmo por suas próprias palavras: A. J. Gail, *E. v. R. in Selbstzeugnissen und Bilddokumenten*, 1974.

Em português: *Elogio da loucura*, 3ª ed., 2000.

Bibliografia: F. Vander Haeghen, *Bibliotheca Erasmiana. Repertoire des oeuvres d'Érasme*, reimp., 1961. — Jean-Claude Margolin, *Douze années de bibliographie érasmienne (1950-1961)*, 1963. — *Id., Neuf années de bibliographie érasmienne (1962-1970)*, 1977.

Ver: H. Durand de Laur, *Érasme, précurseur et initiateur de l'esprit moderne*, 2 vols., 1872. — R. B. Drummond, *Erasmus: His Life and Character as Shown in His Correspondence and Works*, 1873. — E. Amiel, *Érasme. Un libre penseur au XVIe siècle*, 1890. — A. Richter, *Erasmus-Studien*, 1891. — P. S. Allen, *The Age of Erasmus*, 1914. — Preserved Smith, *Erasmus: A Study of His Life, Ideals and Place in History*, 1923. — J. B. Pineau, *Érasme. Sa pensée religieuse*, 1924. — J. Huizinga, *Erasmus*, 1924. — A. Renaudet, *Études Érasmiennes*, 1939. — N. Petruzzellis, *Erasmo, pensatore*, 1948. — A. Flitner, *Erasmus im Urteil seiner Nachwelt*, 1952. — S. A. Nulli, *Erasmo e il Rinacimento*, 1955. — Pierre Mesnard, *Érasme*, 1969. — Dietrich Harth, *Philologie und praktische Philosophie. Untersuchungen zum Sprach — und Traditionsverständnis des Erasmus von Rotterdam*, 1971. — Manfred Hoffman, *Erkenntnis und Verwirklichung der wahren Theologie nach Erasmus von Rotterdam*, 1972. — R. Stupperich, *E. v. R. und seine Welt*, 1977. — VV.AA., *Essays on the Works of E.*, 1978, ed. Richard L. DeMolen. — R. H. Popkin, *The History of Scepticism from Erasmus to Spinoza*, 1979. — Z. Pavlovskis, *The Praise of Folly: Structure and Irony*, 1983.

Para a questão de Erasmo na Espanha, ver: Marcel Bataillon, *Érasme et l'Espagne*, 1937 (trad. esp., com algumas modificações: *Erasmo y España*, 2 vols., 1950), e Américo Castro, *Lo hispánico y el erasmismo*, 1942 (reelaboração desta obra no livro intitulado *Aspectos del vivir hispánico. Mesianismo, espiritualismo y actitud personal en los siglos XIV al XVI*, s/d.[1949]). **G**

ERCOLE, PASQUALE D'. Ver HEGELIANISMO.

ERDMANN, BENNO (1851-1921), nascido em Guhrau ou Goglau, professor em Berlim a partir de 1876, em Kiel a partir de 1878, em Breslau a partir de 1884, em Halle a partir de 1890, em Bonn a partir de 1898 e a partir de 1909 novamente em Berlim, distinguiu-se pelo fomento do conhecimento de Kant, a ponto de, ao menos na dimensão "filológica" (ele mesmo teve a seu cargo a grande edição kantiana da Academia das Ciências do Espírito), poder ser considerado pertencente ao grupo do primeiro neokantismo. Suas principais contribuições sistemáticas, porém, ocorreram no campo da lógica em sua relação com a psicologia e a gramática filosófica. Erdmann sustentava que o *objeto* da primeira coincide com o das últimas, mas essa coincidência não significava que lógica, psicologia e gramática fossem uma mesma coisa; elas deviam antes ser rigorosamente separadas na investigação lógica e metodológica, por cada uma delas tratar de uma *dimensão* distinta da "realidade" (a psicologia trata dos "fatos"; a lógica, das "condições do pensamento universalmente válido"; a gramática, da "envoltura verbal" dos pensamentos e das significações). A lógica de Erdmann, usualmente considerada psicologista, e que Husserl qualificou até mesmo de antropologista, representou, não obstante, uma contribuição no trânsito do psicologismo para o logicismo tal como este último foi posteriormente desenvolvido por diversos pensadores. Com efeito, lógica e psicologia coincidem, para Erdmann, somente quando o objeto da lógica é uma parte do objeto da psicologia (o pensamento formulado na linguagem). Uma se serve da outra, portanto, e permite sustentar um normativismo análogo ao de Sigwart (VER). Por conseguinte, Erdmann negava a existência de objetividades absolutamente evidentes. O que há de objetividade no juízo — centro da investigação lógica — é o conjunto dos "conteúdos significativos". A psicologia do pensamento não é, conseqüentemente, inútil para a lógica, como tampouco o é a teoria do conhecimento, que Erdmann edificou em um sentido fenomenista aproveitando os elementos proporcionados por aquilo que ele chamou de "teoria dos resíduos" em seus aspectos inconsciente-psíquico e físico, e admitindo em parte uma base metafísica que o conduziu do fenomenismo puro a uma espécie de paralelismo psicofísico.

➲ Obras principais: *Martin Knutzen und seine Zeit*, 1876. — *Die Axiome der Geometrie*, 1878. — *Logik, I. Logische Elementarlehre*, 1892; 3ª ed. rev., ed. Erich Becher, 1923 (*Lógica I. Teoria lógica elementar*). — *Die Psychologie des Kindes*, 1901 (*Psicologia da criança*). — *Ueber Inhalt und Geltung des Kausalgesetzes*, 1905 (*Sobre o conteúdo e a validade da lei causal*). — *Wissenschaftliche Hypothesen über Leib und Seele*, 1907 (*Hipóteses científicas sobre o corpo e a alma*). — *Erkennen und Verstehen*, 1912; 2ª ed., 1913 (*Conhecer e compreender*). — *Die Funktionen der Phantasie im wissenschaftlichen Denken*, 1913 (*As funções da fantasia no pensamento científico*). — *Reproduktionspsychologie*, 1920. — Além disso, múltiplos trabalhos de lógica e psicologia em diversas revistas e nas *Sitzungsberichte der Berliner Akademie*, especialmente os relativos à teoria da apercepção, da observação, à relação entre linguagem e pensamento, à psicologia do pensar, à relação entre conhecimento e compreensão, à teoria da percepção e da abstração. A ele também se devem escritos histórico-filosóficos sobre Spinoza e em particular sobre Kant.

Ver: Erich Becher, "Benno Erdmann", *Archiv für die gesamte Psychologie*, 42 (1921). — Alfred Rosenthal, *Die Theorie des Syllogismus und der Induktion bei Sigwart und Erdmann*, 1928 (tese). — Erhart Kraemer, *Erdmanns Wahrheitsauffassung und ihre Kritik durch Husserl*, 1930 (tese). c

ERDMANN, JOHANN EDUARD. Ver Hegelianismo.

ERÍSTICA. Chama-se de erística a arte da discussão, ἔρις. Se essa discussão é entendida como um procedimento dialético no sentido que a dialética (ver) tem em Platão, então método erístico e método dialético coincidem e quase nunca são tomados em sentido pejorativo, nem mesmo quando são rejeitados como insuficientes ou como escassamente probatórios. Se, em vez disso, a discussão tem como fim a própria discussão, a erística degenera em sofística e a interpretação do método erístico dá lugar a juízos desfavoráveis. Isso ocorreu com a escola de Megara. Porém, o fundador da escola, Euclides, utilizava procedimentos dialéticos para defender suas posições filosóficas; a rejeição das sensações e das opiniões derivadas das sensações conduzia Euclides a basear-se unicamente na razão e a construir argumentos, semelhantes aos dos eleatas, que de modo algum são considerados sofísticos. Apenas quando Euclides se comprazia exclusivamente em confundir os opositores, o aspecto negativo da erística predominava sobre o positivo. Por outro lado, os discípulos de Euclides pareceram inclinar-se quase inteiramente para o primeiro, de tal modo que o termo 'erística' como argumento sofístico ou capcioso e como dialética degenerada em mera discussão pelo prazer da discussão foi adquirindo cada vez mais uma significação pejorativa. Isso, todavia, é mais próprio dos sofismas de Eubúlides (o corno, o calvo) que dos argumentos de Diodoro Cronos contra a possibilidade do movimento e a favor da definição do real como atual. E, mesmo dentro dos chamados sofismas de Eubúlides, um deles, o do mentiroso, constitui mais um paradoxo semântico que um sofisma. Posto isso, o abuso da argumentação pela mera argumentação em que pareceram comprazer-se alguns dos megáricos conduziu muitos a identificar a erística com a sofística e a dialética, com a conseqüência de que a erística foi definida como um imoderado apetite de triunfar sobre o adversário passando por cima das exigências da verdade e sem levar em conta os meios empregados: círculos viciosos, passagem para outros gêneros e qualquer outro tipo de sofismas (ver Sofisma). Esse é o sentido que o termo 'erística' ainda tem na literatura filosófica.

ERLEBNIS. Ver Vivência.

ERMATINGER, EMIL (1873-1953), nascido em Shafhausen (Suíça), foi professor na Universidade e Escola Superior Técnica de Zurique. Ermatinger tratou de esboçar os fundamentos metodológicos e epistemológicos de uma "ciência da literatura" na qual pudessem ser descobertas leis que permitissem entender a relação entre as obras literárias individuais e o tipo ou tipos a que pertencem, assim como estruturas formais que se reiteram ao longo da história. Influenciado pela tradição das "ciências do espírito", Ermatinger desenvolveu essa tradição de modo similar aos modos propugnados depois por vários estruturalistas.

➲ Obras: *Die Weltanschauung des jungen Wieland*, 1907 (*A concepção de mundo do jovem W.*). — *Das dichterische Kunstwerk Grundbegriffe der Urteilsbildung in der Literaturgeschichte*, 1921; 3ª ed., 1939 (*A obra de arte poética. Conceitos fundamentais da formação do juízo na história da literatura*). — *Das Formgesetz in Drama*, 1925; 2ª ed., 1931 (*A lei da forma no drama*). — *Barock und Rokoko in der deutschen Dichtung*, 1926; 2ª ed., 1928 (*Barroco e Rococó na poesia alemã*). — *Dichtung und Geistesleben der deutschen Schweiz*, 1933 (*Poesia e vida espiritual na Suíça alemã*). — *Das Erbe der Alten*, 1935 (*A herança dos antigos*). — *Deutsche Kultur im Zeitalter der Aufklärung*, 2 vols., 1934-1935 (*A cultura alemã na época do Esclarecimento*). — O "programa teórico" de E. encontra-se no ensaio "Das Gesetz in der Literaturwissenschaft" ("A lei na ciência da literatura"), publicado em *Philosophie der Literaturwissenschaft*, 1930.

Autobiografia: *Richte des Lebens. Jahre der Wirkens*, 2 vols., 1943-1945.

Ver: *Dichtung und Forschung. Festschrift für E. E.*, eds. W. Muschg e R. Hunziken, 1933, com bibliografia, pp. 201-297. ℭ

ERRO. Segundo Zenão de Eléia (e alguns sofistas depois), só se pode falar do ser. Do não-ser não é possível enunciar nada. Portanto, o erro é impossível. Uma proposição que não seja verdadeira não pode receber o nome de proposição; ela é, no máximo, um conjunto de signos carentes de sentido. Os autores que não admitem essa doutrina radical assinalam que o erro se dá em proposições tão significativas quanto as que expressam a verdade. A diferença entre as proposições falsas e as verdadeiras consiste em que, enquanto as primeiras não designam nada real, as segundas designam algo real. Neste caso, o erro é definido como um dizer 'S é P' em vez de dizer 'S é R' se S é R e se S não é P.

Aristóteles examinou o problema do erro no juízo em *An. Pr.*, II 21, 66 b 19ss. Às vezes, diz o Estagirita, nos equivocamos na posição dos termos. Mas também erramos no juízo expresso sobre eles. Pois bem, como, segundo o Estagirita, vemos as coisas particulares por meio do conhecimento do geral, o erro é possível sem que nosso erro e nosso conhecimento sejam mutuamente contrários; pois o conhecimento se refere ao geral, enquanto o erro alcança o particular. Entre os escolásticos, o problema do erro é examinado dentro da questão da certeza (VER); a rigor, o erro pode ser entendido unicamente quando explicitamos as diferentes formas em que se pode dar a verdade (VER) e, em particular, essa forma peculiar de encontrar o contrário da verdade que é a decepção e a desilusão. Por isso os escolásticos diziam que o erro se opõe à verdade. Se a verdade é coincidência entre o juízo e a coisa julgada, o erro será a discrepância entre eles. Outra questão, em contrapartida, é a que se refere às causas do erro, as quais afetam não apenas a estrutura lógica, mas também a psicológica e, particularmente, tornam possível a ignorância. Essa questão também foi elucidada pelos pensadores medievais, mas especialmente destacada pelos filósofos modernos, os quais, mais que alcançar a verdade, se preocuparam em eliminar o erro. Isso ocorre, por exemplo, em Descartes, que se refere a esse ponto em muitas passagens de seus escritos (*Regulae*, VIII; *Med.*, IV e V; *Princ.*, I, 30ss. etc.); em Malebranche, que dedica ao assunto praticamente toda a sua *Recherche*, e em muitos outros filósofos. O caso de Descartes merece, todavia, atenção especial por causa do caráter externo a que levou sua tese (em parte antecipada por John Duns Scot), segundo a qual o erro reside no ato da vontade que se pronuncia sobre o juízo e não no próprio juízo. Isso se deve a que Descartes estabeleceu previamente uma separação entre a apreensão de idéias e "uma certa potência de julgar". Esta última é potência de conhecer ou potência de escolher (ou livre-arbítrio).

O erro se deve a alguma imperfeição dessas potências. Mas, como o ato de julgar é um ato voluntário, somente se pode dizer que há erro quando se faz a vontade intervir. No que diz respeito ao entendimento, ele nem nega, nem afirma; é a vontade que afirma ou que nega e, por conseguinte, é ela que pode equivocar-se. Os erros nascem do fato de que, "como a vontade é muito mais ampla e mais extensiva que o entendimento, não a contenho nos mesmos limites, mas também a estendo às coisas que não compreendo" (*Med.*, III). E essa vontade pode estender-se desse modo ilegítimo não apenas à afirmação de idéias que não correspondem à realidade, mas também à escolha do mal em vez do bem. Desse modo, são uma e a mesma causa a do erro e a do pecado.

Muitos autores insistem em que não é legítimo confundir simplesmente o erro com a ignorância, mesmo no caso em que se supõe que o primeiro procede da segunda. Com efeito, enquanto a ignorância é uma falta de conhecimento, o erro supõe previamente um conhecimento sobre o qual há erro. Com isso se admite que o erro é, de certo modo, algo positivo. Tendo isso como base, pode existir, como indicou Victor Brochard, um "problema do erro", que desapareceria imediatamente após a suposição de que o erro é simplesmente uma carência.

O problema da natureza do erro é tão fundamental que a "doutrina do erro" pode caracterizar a índole de um sistema filosófico. Com efeito, a existência do erro supõe certa forma de relação com a realidade e, por conseguinte, envolve todos os problemas clássicos acerca da relação entre o ser e o não-ser, paralelos às questões suscitadas pela relação entre a verdade e o erro. Brochard indica, por exemplo, que tais problemas receberam três soluções e que de cada uma delas depende a concepção que se tem do erro. A primeira solução — já mencionada anteriormente — é a que, com Parmênides, Spinoza e outros autores, elimina o erro ao eliminar o não-ser: somente a idéia do ser, que além disso é a única existente, é verdade. A segunda solução afirma que tanto o ser como o não-ser são. Portanto, havendo uma forma "atenuada" de ser que são os possíveis, o erro possui, por sua vez, certa realidade: "um pensamento falso" — escreve Brochard — "seria o aparecimento, no mundo atual, de um fragmento desses mundos possíveis aos quais a vontade divina recusou existência" (*De l'erreur*, 3ª ed., 1926, p. 246). O erro seria, nesse caso, como em Descartes e em Leibniz — embora de diferentes maneiras —, uma privação de inteligibilidade. Uma terceira solução sustentaria, por outro lado, que não há uma verdade, mas verdades. O erro seria então algo real, que poderia ser definido como a representação de existências inacabadas. Brochard considera que, unindo o que há de mais plausível das citadas teses, a existência do erro não é uma privação de inteligibilidade, mas de vontade. Mas, por sua vez, o erro não seria possível se não houvesse um ser, o homem, uma união de vontade e entendimento. Por isso poderia dizer-se que "o que torna possível o erro em si mesmo é a união, no mundo, da idéia e da vontade". Não haveria erro se houvesse apenas a inteligência e não a vontade. E por isso "o princípio metafísico do erro é a liberdade" (*op. cit.*, p. 275), liberdade que é ao mesmo tempo o princípio metafísico que torna possível a eliminação do erro e a obtenção da verdade.

Max Scheler ("Die Idole der Selbsterkenntnis", em *Vom Umsturz der Werte*, I [1905], reimp. em *Gesammelte Werke*, 3 [1955], pp. 213-219) distingue o erro (*Irrtum*) do engano (*Täuschung*). O erro só ocorre na esfera das proposições e dos juízos; o engano ocorre apenas na esfera das percepções. Aqueles que acreditaram que não pode haver engano na percepção (subjetivistas, fenomenistas) confundiram a percepção com a sensação e interpretaram erroneamente a frase de Aristóteles: "Não pode haver engano dos sentidos". Na sensação não pode haver nem engano, nem erro. No juízo não pode haver engano, mas erro. Na percepção não pode haver erro, mas sim engano (o qual pode ter um fundamento objetivo ou um fundamento subjetivo). Por isso um sujeito pode enganar-se nas percepções e não errar nos juízos, e vice-versa.

⇒ Além dos trabalhos citados de Victor Brochard e de Max Scheler, ver: F. Marhenke, "The Problem of Error", *University of California Publications in Philosophy*, vol. 10, 1928, pp. 143-174. — Balduin Schwarz, *Der Irrtum in der Philosophie*, 1934.

Sobre o erro em diferentes autores e tendências filosóficas, ver os seguintes trabalhos: Leo W. Keeler, *The Problem of Erros from Plato to Kant. A Historical and Critical Study*, 1934. — Adolfo Levi, série de artigos sobre o problema do erro em vários autores e correntes; mencionamos: "Il Problema dell'errore nella filosofia di A. Rosmini" (*Rivista di filosofia*, 1925); "di Descartes" (*Logos*, 1928); "nella teoria stoica" (*Revue d'histoire de la philosophie*, 1928); "di Leibniz" (*Rendiconti Ist. Lomb.*, 1929); "di Platone" (*Athaeneum*, 1930); "di Antistene" (*Revue d'histoire de la philosophie*, 1930); "nella filosofia neo-criticista, I. Renouvier, II. V. Brochard" (*Rendiconti Acc. lombard.*, 1931); "nella filosofia dell'immanenza" (*Arch. di filosofia*, 1932); "nella scuola di Megara" (*Rendiconti Acc. Naz. dei Lincei*, 1932); "di Locke" (*Archivo di filosofia*, 1933); "di Spinoza" (*Sophia*, 1933); "di G. Windelband" (*Arch. storia della filosofia italiana*, 1934); "in Filone d'Alessandria" (*Rivista di storia della filosofia*, 1950). — *Id., Il problema dell'errore nella metafisica e nella gnoseologia di Platone*, 1970, ed. Giovanni Reale (póstuma). — Gofredo Quadri, *Il pensiero filosofico di S. Agostino, con particolare risguardo al problema dell'errore*, 1934. — M. D. Roland-Gosselin, "La théorie thomiste de l'erreur", *Mélanges thomistes*, 1923, pp. 253-274. — *Id.*, "Erreur et péché", *Revue de philosophie*, 28 (1928), 466-478. — John F. Skinner, *The Logocentric Predicament: An Essay on the Problem of Error in the Philosophy of Josiah Royce*, 1965. — V. J. Fecher, *Error, Deception and Incomplete Truth*, 1975. — W. Berkson, J. Wettersten, *Learning from Error: Karl Popper's Psychology of Learning*, 1984. — D. V. Stump, J. A. Arieti, L. Gerson e E. Stump, Hamartia: *The Concept of Error in the Western Tradition*, 1984. — R. Kalechofsky, *The Persistence of Error: Essays in Developmental Epistemology*, 1987. — M. E. Moss, *Benedetto Croce Reconsidered: Truth and Error in Theories of Art, Literature and History*, 1987. ⊂

ERRO CATEGORIAL. Ver FALÁCIA CATEGORIAL.

ESCATOLOGIA. A escatologia trata do que é "derradeiro" ou "último", ἔσχατος. O "escatológico" refere-se à "vida de além-túmulo" ou aos chamados "novíssimos". Também se qualifica de escatológico o que se refere a toda fase última, seja do mundo ou da espécie humana, ou ambos. As reflexões escatológicas têm um forte sentido religioso em autores como Chestov e Berdiaev (o último utilizou a expressão 'metafísica escatológica'). Elas podem ter um sentido não estritamente religioso quando tratam de confinar-se ao "fim do mundo". Isso pode ser entendido no sentido de "apenas físico", mas o componente especulativo das reflexões referentes a "coisas últimas" está normalmente ligado a pressupostos de caráter religioso. Podem ser chamadas de "escatológicas" as considerações relativas ao que Julián Marías designou como "ultimidades" (especificamente "ultimidades da vida humana"). Nesse último caso, além disso, usa-se o próprio termo 'último', *esjatós*. A escatologia (ou "esjatología") é então uma "ultimologia".

ESCOCESA (ESCOLA). A escola filosófica escocesa, também chamada de "filosofia do senso comum", iniciou-se com Thomas Reid (VER) em Aberdeen e teve sua primeira manifestação nas comunicações apresentadas por esse filósofo na Aberdeen Philosophical Society (fundada em 1758), algumas vezes conhecida pelo nome de Wise Club. Foram membros dessa sociedade, além de Reid, George Campbell (ver RETÓRICA), Alexander Gerard (VER) — que se distinguiu por seus escritos sobre temas de estética, especialmente seus trabalhos *An Essay on Taste* (1759) e *An Essay on Genius* (1774) — e James Beattie (VER). Mas, de todos os mencionados, apenas Reid e Beattie são usualmente considerados "filósofos do senso comum" em sentido estrito. A eles pode ser acrescentado James Oswald (1715-1769), autor da obra *An Appeal to Common Sense in*

Behalf of Religion, 2 vols., 1766-1772. Quando Reid foi nomeado professor de filosofia moral em Glasgow, esta cidade tornou-se o centro da escola. O centro deslocou-se para Edimburgo com o discípulo de Reid, Dugald Stewart (VER), que contou entre seus discípulos com James Mill (VER).

As idéias de Reid, Beattie e Dugald Stewart — e particularmente do primeiro — estavam em estreita relação com as de Hume, que os escoceses celebraram como o maior filósofo de seu tempo. Mas isso não significa que tais idéias fossem uma continuação das de Hume; tratava-se antes de uma "resposta" ao problema epistemológico estabelecido por Hume. Algumas vezes se considerou que a "resposta" dos escoceses a Hume é similar à de Kant, mas o próprio Kant declarou, nos *Prolegomena*, que as noções de senso comum propostas pelos escoceses eram apenas "juízos da multidão". Reid e os demais filósofos da escola consideraram como seus predecessores Francis Bacon e Newton. Já se observou que há muitas similaridades entre o pensamento dos filósofos escoceses (especialmente de Reid, Beattie e Oswald) e o de Claude Buffier (VER), mas Reid e Beattie declararam que tais semelhanças não significam que eles "plagiaram" Buffier.

Com freqüência inclui-se Thomas Brown (VER) entre os filósofos da escola escocesa, mas este discordava dos demais filósofos do senso comum, particularmente de Reid e de Dugald Stewart, em muitos pontos capitais. Com menos razão ainda William Hamilton (VER) pode ser incluído como membro da escola, pois, embora propusesse desenvolver "a filosofia do senso comum", ele o fez de uma forma muito distinta da de Reid e dos outros pensadores citados.

É importante decidir de antemão quem pertence, ou não pertencia, à "escola escocesa", pois disso depende o sentido de falar das influências exercidas por essa escola sobre pensadores de outros países. Falaremos aqui de "influências diretas" quando se tratar das influências exercidas pelos "membros em sentido estrito" (Reid, Beattie, Dugald Stewart), e de "influências", simplesmente, quando tiverem ocorrido por meio de reformadores importantes das tendências escocesas (como Hamilton) e pela ação combinada dos escoceses com outros pensadores. Entre as influências diretas conta-se a exercida na França por Dugald Stewart, cujos *Elements* foram traduzidos por Jouffroy (VER) com o título de *Philosophie de l'Esprit*. Reid influenciou diretamente Royer-Collard (VER), proporcionando-lhe armas em sua polêmica contra o "condillacismo" (ver CONDILLAC). Victor Cousin (VER), por outro lado, foi influenciado apenas indiretamente pelos escoceses, já que parte dessa influência ele a recebeu por meio de Royer-Collard. James McCosh (VER) seguiu os escoceses e em parte Hamilton. Há influência (indireta) dos primeiros membros da escola escocesa sobre os discípulos de Hamilton, Henry Calderwood (1830-1897: *Philosophy of the Infinity; a Treatise on Man's Knowledge of the Infinite Being in Answer to Sir William Hamilton and Dr. Mansel*, 1854; *Handbook of Moral Philosophy*, 1872) e John Veith (1829-1894: *Institutes of Logic*, 1885; *Knowing and Being*, 1889; *Dualism and Monism*, 1895, ed. R. M. Wenle). Martí de Eixalà e seu discípulo, Llorens y Barba (VER), e também Balmes (VER), na Espanha, foram influenciados pelos escoceses, assim como por autores franceses que elaboraram a filosofia do senso comum. Indireta, mas importante, é a influência da filosofia escocesa na Itália sobre os "ontologistas" (ver ONTOLOGISMO). Considera-se que na Inglaterra a influência da escola escocesa acabou com os ataques a Hamilton lançados por John Stuart Mill e John Hutchison Sterling e, por conseguinte, mediante um ataque combinado utilitarista-idealista. R. Metz (*Die philosophischen Strömungen der Gegenwart in Grossbritannien*, 1938, t. I, p. 19) indica que a escola escocesa reviveu em várias correntes filosóficas anglo-saxãs deste século, e que, como as idéias dos escoceses "são representadas por pensadores da escola neo-realista mais freqüentemente que qualquer outra (com máxima evidência por J. C. Wilson, G. F. Stout, G. E. Moore, John Laird e C. E. M. Joad), conclui-se que o pouco que ainda está vivo da escola escocesa deve ser procurado principalmente no neo-realismo". Essa observação de Metz, embora em parte justa, não deve despistar-nos: a filosofia do senso comum de autores como G. E. Moore tem bases muito distintas das manifestadas pelos autores escoceses.

Para as teses principais da escola escocesa podem ser consultados os verbetes dedicados a Reid, Beattie e Dugald Stewart. Limitemo-nos a destacar as seguintes opiniões da escola: 1) Pôr em dúvida o senso comum é absurdo; os próprios céticos o pressupõem, ou têm de pressupô-lo, se não querem desembocar em paradoxos; 2) pode-se errar em questões de fato, mas não em questões de princípio, justamente as que o senso comum estabelece; 3) o senso comum é uma faculdade que percebe a verdade por meio de um "impulso instantâneo, instintivo e irresistível" (Beattie); 4) o senso comum equivale à razão, sempre que esta seja entendida como algo mais que a argumentação; 5) as verdades evidentes proclamadas pelo senso comum não podem ser demonstradas, mas apenas "mostradas". Estas e outras opiniões levavam os filósofos do senso comum a opor-se a correntes céticas fenomenistas, idealistas (ou depois chamadas de fenomenistas e idealistas): o que é característico da escola de que tratamos do ponto de vista dos "ismos", é o realismo e, também em grande medida, o "espiritualismo"; embora em princípio uma filosofia do senso comum também possa ser naturalista.

⊃ Ver: James Frederick Ferrier, *Scottish Philosophy: The Old and the New*, 1850. — James McCosh, *The Scottish Philosophy: Bibliographical, Expository, Critical, from Hutcheson to Hamilton*, 1874, reimp., 1966. — Andrew Seth (Pringle-Pattison), *Scottish Philosophy: A Comparison of the Scottish and German Answers to Hume*, 1885. — H. Laurie, *Scottish Philosophy in its National Development*, 1902. — T. T. Segerstedt, *The Problem of Knowledge in Scottish Philosophy*, 1935 (Reid-Stewart-Hamilton-Ferrier). — George Boas, "The Scottish School of Common Sense", em *Dominant Themes of Modern Philosophy*, 1957, cap. XIII, pp. 438-457. — Franco Restaino, *Scetticismo e senso comune: La filosofia scozzese da Hume a Reid*, 1974. — R. Olson, *Scottish Philosophy and British Physics, 1750-1880: A Study in the Foundations of the Victorian Scientific Style*, 1975. — A. C. Chitnis, *The Scottish Enlightenment: A Social History*, 1976. — E. G. Forbes, E. Lecaldano et al., *Scienza e filosofia nell'età di Hume*, 1976, ed. A. Santucci. — E. Griffin-Collart, *La philosophie écossaise du sens commun. Thomas Reid et Dougald Stewart*, 1980. — J. D. Hoeveler, *James McCosh and the Scottish Intellectual Tradition from Glasgow to Princeton*, 1981. — L. Marcil-Lacoste, *Claude Buffier and Thomas Reid: Two Common-Sense Philosophers*, 1982. — S. R. Sutherland, T. D. Campbell et al., *The Origins and Nature of the Scottish Enlightenment*, 1982, eds. R. H. Campbell e A. S. Skinner.

Bibliografia: T. E. Jessop, *A Bibliography of David Hume and of Scottish Philosophy from Francis Hutcheson to Lord Balfour*, 1938; 2ª ed., 1966. C

ESCOLA ESCOCESA. Ver ESCOCESA (ESCOLA).

ESCOLARCA. Como vimos em outro lugar (ver DIÁDOCO), os termos 'escolarca' e 'diádoco' são praticamente equivalentes na história da filosofia. Pensamos, contudo, ser conveniente seguir a distinção introduzida no verbete citado e entender pelo vocábulo 'escolarcas' a série de filósofos de uma escola, incluindo tanto seus fundadores como os chefes posteriores. Seguindo o quadro apresentado na *História* de Ueberweg-Heinze (12ª ed., por K. Prachter), com base em vários trabalhos e fontes (K. Zumpt, E. Zeller, S. Mekler, e a *Crônica de Apolodoro* editada por F. Jacoby) indicamos a seguir os escolarcas de Atenas das escolas platônica, aristotélica, estóica e epicurista. O sinal de interrogação entre parênteses depois de alguns nomes indica que não há certeza completa em relação a eles. A muitos dos filósofos citados foram dedicados verbetes especiais.

Platônicos: Platão — Espeusipo — Xenócrates — Pólemon — Crates de Atenas — Arcesilau — Lácides — Telecles — Evandro — Heguesino — Carnéades de Cirene — Carnéades, filho de Polemarco — Crates de Tarso — Clitômaco — Fílon de Larissa — Antíoco de Escalona — Aristão de Escalona — Teomnesto — Amônio — Calvísio Tauro — Ático — Teodoto — Eubulo — Prisco (?) — Plutarco — Siriano — Domnino — Proclo — Marino — Isidoro de Alexandria — Hegías — Zanodoto — Damáscio.

Aristotélicos: Aristóteles — Teofrasto — Estratão — Licão — Aristão — Critolau — Diodoro de Tiro — Erimneo — Andrônico de Rodes — Cratipo (?) — Jenarco (?) — Menefilo (?) — Aspásio (?) — Hermino (?) — Alexandre de Damasco — Arístocles (?) — Sosígenes (?) — Alexandre de Afrodísia — Amônio (?) — Prosenes.

Estóicos: Zenão de Cício — Cleanto — Crisipo — Zenão de Tarso — Diógenes Babilônio — Antípatro de Tarso — Panécio — Mnesarco — Apolodoro de Atenas (?) — Dionísio (?) — Antípatro de Tiro — T. Copônio Máximo — Aurélio Heráclides Eurípedes — Julio Zosimiano — Ateneu (?) — Musônio (?) — Callietes (?).

Epicuristas: Epicuro — Hemarco — Polistrato — Dionísio — Basilides — Protarco (?) — Apolodoro o epicurista — Zenão de Sídon (?) — Fedro — Patrón.

ESCOLÁSTICA. Usualmente se confunde a escolástica com a filosofia medieval. Não obstante, esta última contém muitos elementos que não estão naquela, entre eles as tendências místicas, que não podem ser identificadas precipitadamente com a filosofia escolástica. Podem existir em um mesmo autor "tendências escolásticas" e "tendências místicas", mas nenhuma dessas se reduz à outra. Por outro lado, a escolástica persistiu depois da filosofia medieval, no Renascimento, na época moderna e — sob a forma chamada "neo-escolástica" (VER) — no final da época moderna e na idade contemporânea. Todavia, embora não se possa equiparar "filosofia medieval" e "filosofia escolástica", esta última constitui o ingrediente filosófico mais importante da Idade Média. Os grandes autores escolásticos sempre são — ou quase sempre — "autores medievais".

O termo 'escolástica' provém do vocábulo *scholasticus* ("escolástico"), isto é, aquele que ensina em uma escola. Mais especificamente, era chamado de *scholasticus* quem ensinava as artes liberais (ver TRIVIUM E QUADRIVIUM) em uma escola monástica. Depois, 'escolástico' designou o mestre que seguia certas orientações filosóficas e adotava certos métodos coerentes com elas. Parte das aludidas orientações filosóficas também se encontram em autores "medievais" judeus e árabes (ver FILOSOFIA ÁRABE e FILOSOFIA JUDAICA), razão pela qual se falou em "escolástica árabe (ou "muçulmana") e "escolástica judaica". Contudo, é mais próprio, ou mais comum, confinar o termo 'escolástica' a certos autores cristãos e identificá-lo com 'escolástica cristã'. Neste verbete nos referiremos principalmente a esta última.

As orientações filosóficas em questão estão determinadas em grande parte pela elaboração de comentários e de sistemas filosóficos e teológicos que se encontram "dentro" dos dogmas católicos, mas sem que tais dogmas e tampouco a teologia a eles correspondente determinem sempre e univocamente as reflexões propriamente filosóficas. Durante algum tempo se descreveu a filosofia escolástica como uma *ancilla theologiae* (uma "servente da teologia"). Hoje, tende-se a rejeitar essa concepção ou a não insistir muito nela. É comum apresentar a escolástica como uma continuação da patrística (VER). Mas, como escreve Gilson, "ela não é continuação da patrística apenas do ponto de vista religioso. A mesma elaboração filosófica à qual estará submetida a verdade religiosa não é, por sua vez, nada mais que a prolongação de um esforço que se une com a filosofia grega e preenche os séculos precedentes" (*La philosophie au moyen âge*, 1922 [trad. esp.: *La filosofía en la Edad Media*, 1940, p. 12]). Segundo o padre Laberthonnière (em A. Lalande, *Vocabulaire*, ed. de 1932, t. III, pp. 110-112), não é correto que a escolástica medieval seja subordinada à teologia. Se isso é correto no que diz respeito a Santo Anselmo, não o é em relação a Abelardo, Alberto Magno ou Santo Tomás, para os quais a filosofia basta a si mesma e para os quais o que se sabe não é o que se crê. Por outro lado, tendências como as de São Boaventura e as correntes místicas de molde agostiniano consideram a religião uma forma de sabedoria que substitui a antiga; por conseguinte, sustentam que as verdades sobrenaturais são objeto de um conhecimento distinto do conhecimento sensível.

O leitor pode ter uma idéia do tipo de pensamento escolástico e, portanto, daquilo que chamamos de "orientações filosóficas" da escolástica no que se diz sobre ela em diversos verbetes da presente obra: remetemos por exemplo aos artigos Deus, Ente, Essência, Existência, Intelecto, Ser, Substância, Transcendental, Transcendentais, Universais. Os autores escolásticos trataram a fundo esses temas; em geral, eles se destacaram por suas investigações metafísicas e lógicas. No que diz respeito ao método, o essencial dele foi apresentado no verbete Disputa.

Junto às questões suscitadas pela "escolástica medieval" delinearam-se diversos problemas no que se refere ao modo de considerar a relação entre a escolástica e a filosofia moderna. Sobre essa relação são interessantes as diversas opiniões dos autores modernos e contemporâneos que seguem a tradição escolástica. Em relação a isso houve pelo menos três posições fundamentais.

1) Alguns consideraram que, como a escolástica é a única *philosophia perennis* (VER), o pensamento moderno em todas as suas formas é um erro. Idealismo, imanentismo e antropocentrismo são, alegou-se, as características principais do pensamento moderno. Como não apresenta nenhuma de tais características, e além disso é contrária a todas elas, a escolástica pode, e deve, separar-se da filosofia moderna.

2) Outros consideraram que a filosofia moderna foi eficaz metodologicamente mas deve ser reexaminada e modificada.

3) Outros acreditam que a filosofia moderna é, no fundo, uma continuação da filosofia medieval escolástica. Segundo essa opinião, a filosofia moderna não é um erro, nem um desvio, embora haja "desvios" em certas "aberrações" modernas. Filosofias, contudo, como a grande metafísica do século XVII não podem ser consideradas, como já defendia o P. Gratry, erros, mas antes culminações do movimento "interno" da escolástica. A filosofia moderna em suas melhores manifestações não é, então, algo meramente "influenciado" pela escolástica, mas um desenvolvimento dela.

Limitando-nos ao aspecto histórico, chama-se de "escolástica" ("escolástica medieval" ou, por vezes, "escolástica propriamente dita") a fase principal do pensamento filosófico medieval desenvolvido desde a última época da Patrística até o século XVI e mesmo parte do século XVII. Isto não supõe, naturalmente, a não-existência da escolástica em outros períodos; indica simplesmente que fora da época citada a escolástica não é um tipo de pensamento filosófico "vigente". Desse modo, na filosofia moderna — exceto o que haja de escolástica nela — houve em várias ocasiões um desenvolvimento da escolástica, renovada nas últimas décadas pela neo-escolástica (VER) e com o neotomismo (VER). E dentro da Patrística há muitos elementos da posterior escolástica. Isso posto, se nos limitamos ao uso mais corrente entre os historiadores da filosofia, considera-se a escolástica uma fase encerrada dentro dos chamados limites temporais. Segundo M. Grabmann (*Geschichte der scholastischen Methode*, I, 179ss.), a escolástica medieval (e em parte a "renascentista") pode ser dividida em quatro períodos: 1) uma *pré-escolástica* (final do século VII até o final do século XI, tendo como principais momentos o chamado Renascimento carolíngeo e a filosofia de John Scot Erígena). Suas características são o tradicionalismo, a submissão à autoridade, a produção intelectual baseada em recopilações e florilégios, a receptividade, a fixação dos livros *recipiendis* e *non recipiendis*, sobretudo mediante a Decretal do Papa Gelásio, o começo do pensar dialético por meio da ordenação de sentenças, do procedimento mediante *interrogationes et solutiones*, o prosseguimento do enciclopedismo segundo o modelo das *Etimologias* de Santo Isidoro. 2) O período da *escolástica temporã* (final do século XII e começo do século XIII), caracterizada pela importância dada aos possíveis conflitos entre *auctoritas* e *ratio*, pelos debates entre "dialéticos" e "antidialéticos", pelos comentários às *Sentenças*, pelas primeiras *Sumas*, pelo auge da questão dos universais e de suas implicações teológicas e lógico-gramaticais. 3) A *alta escolástica*, com o amadurecimento dos temas anteriores, com a absorção definitiva dos motivos do pensamento árabe, judaico e aristotélico, com o desenvolvimento e a formação das grandes *Sumas* teológicas e filosóficas. 4) A *escolástica "decadente"* (séculos XIV e XV), ligada principalmente a problemas especiais, preocupada com questões lógicas e semânticas e com divisões e subdivisões de conceitos.

A opinião de Grabmann foi aceita durante algum tempo como a mais autorizada. Contudo, devem-se levar em conta as correções que indicaremos a seguir.

Uma das correções foi formulada por E. A. Moody ("Empiricism and Metaphysics in Medieval Philosophy", *Philosophical Review*, 64 [1958], 145-163). Esse autor assinala que se deve ter em mente um fato fundamental: que a Igreja tradicionalmente não defendeu o cultivo da filosofia. Isso ocorreu apenas a partir do século XVI e chegou a alcançar um estado oficial somente com a origem e desenvolvimento da neo-escolástica no século XIX. Levando isso em conta, pode-se formar o seguinte quadro da escolástica medieval: 1) Um período, que abarca a Patrística e a chamada *alta escolástica*, durante o qual tudo o que há de filosofia, e especialmente de metafísica racional, é um desenvolvimento interno da teologia. Esse desenvolvimento interno produziu grandes especulações teológico-metafísicas do tipo das de John Scot Erígena e de Santo Anselmo, mas de modo algum pode ser confundido com uma época na qual a filosofia é simplesmente *ancilla theologiae* (ver ANCILLA THEOLOGIAE). 2) Um período no qual a "invasão" do pensamento grego, e particularmente do aristotélico por meio dos filósofos árabes, obrigou os pensadores cristãos a demarcar os campos e a estabelecer uma linha divisória entre a filosofia (dependente da razão natural) e a teologia (fundada em verdades de fé reveladas). Precedidos por Abelardo, Alberto Magno e Santo Tomás, trabalharam com êxito nessa direção, conseguindo responder aos ataques antiaristotélicos dos teólogos "puros". 3) Um período que, em parte precedido pelos traços empiristas que podem ser encontrados no pensamento de Santo Tomás, desembocou em um empirismo com o qual se tentava colocar as verdades de fé além de toda prova (e, portanto, também de toda refutação) racional. Os esforços realizados por Duns Scot para "salvar" a metafísica racional tiveram sucesso apenas na medida em que "transformaram a metafísica fazendo-a passar daquilo que ela havia sido — teoria cosmológica do universo — para a teoria racionalista do conhecimento". A tendência mais representativa desse período foi a que culminou com Guilherme de Ockham, cujos argumentos eram muito parecidos com os posteriores argumentos de Hume. Desse ponto de vista, o período 3) não pode ser chamado de "período de decadência", mas "período de florecimento". Além disso, desse ponto de vista pode ser compreendida a passagem da escolástica para a ciência e para a filosofia modernas. "Os historiadores da filosofia" — escreve Moody — "tenderam a projetar a atitude *moderna* da Igreja [a que consiste em recomendar a filosofia, e especialmente a de Santo Tomás, como arma em defesa da fé] na filosofia da Idade Média", o que é "um anacronismo não justificado pelos fatos".

A segunda correção está relacionada com o novo modo de ver a chamada "escolástica decadente" por meio de um estudo mais aprofundado dos fatos e por meio de uma interpretação de tais fatos à luz de pesquisas contemporâneas sobre os mesmos problemas com os quais muitos escolásticos daquele período se preocuparam. Em primeiro lugar, viu-se que dentro da "escolástica decadente" encontravam-se nada menos que as origens da ciência moderna (P. Duhem, C. Michalski, Anneliese Maier e outros). As escolas de Oxford, Paris e Pádua, entre outras, desenvolveram não apenas uma "atmosfera intelectual" apropriada para o desenvolvimento da ciência (especialmente a física) moderna, mas também elaboraram conceitos aparentados aos que seriam tratados posteriormente (ver ÍMPETO). Em segundo lugar, embora seja verdade que alguns escolásticos dos séculos XIV e XV caíram em artifícios e em logomaquias, também é verdade que não poucos escolásticos dessa época (como mostraram Bochenski, Ph. Boehner, E. A. Moody, A. N. Prior e outros) desenvolveram notavelmente os estudos lógicos e semióticos, particularmente os semânticos. Finalmente, temos nos séculos citados vários grandes comentadores de Santo Tomás, tais como João Capreolo (VER), Antônio de Florença (1389-1459), Dionísio, o Cartuxo (1402/1403-1471), Pedro Negro († 1481), continuados pelo Cardeal Cajetano (VER) e por Francisco Silvestre de Ferrara (VER). Certamente, como indica M. de Wulf, a escolástica dos séculos citados não foi mais, como a do século XIII, uma filosofia das "grandes personalidades" e se transformou "no reino das escolas" (*Histoire*, 6ª ed., 1947, § 460). Mas isso não significa que o trabalho de tais escolásticos seja sempre de pouca importância.

À escolástica descrita anteriormente pode-se acrescentar outra fase, às vezes considerada "nova": trata-se da chamada "escolástica do barroco", ativa sobretudo entre 1550 e 1650. Nessa escolástica tiveram importância decisiva filósofos portugueses e espanhóis (ver *infra*). Arraigado historicamente no movimento contra-reformista (e por isso também chamado de "escolástica da contra-reforma"), esse período às vezes foi qualificado de "neo-escolástica" pelos filósofos da própria época, embora hoje se prefira utilizar esse último vocábulo para o ressurgimento escolástico que começou no século XIX (ver NEO-ESCOLÁSTICA). Naturalmente, ele está mais vinculado que a escolástica "clássica" à filosofia moderna *stricto sensu*, não apenas porque foi influenciado por ela, ou porque uma parte da filosofia moderna — a dos aristotélicos protestantes da Europa central não menos que a de Descartes, Spinoza ou Leibniz — recebeu a influência dessa escolástica, mas porque as duas surgem no mesmo período e respondem à mesma situação histórica. Essa escolástica influenciou de modo muito particular no ensino filosófico dado nas universidades holandesas, alemãs e boêmias do século XVII e mesmo em parte do século XVIII, sobretudo quando com Melanchthon, os protestantes tentaram, por assim dizer, "retornar" à filosofia. No que diz respeito a isso, podem ser mencionados: Cornelius Martini (VER), Jacobus [Jakob] Martini (VER), Andrian [Andreas] Heereboord (VER), Johann Heinrich Alsted (VER), Clemens Timpler (VER), Christian Scheibler (VER), Jacob Revius (*Suarez repurgatus*, 1649), Franco Burgerdijk (*Institutionem metaphysicorum libri duo*, 1640). Quase todos eles receberam a influência de Suárez — ponto culminante da metafísica do barroco —, e muitos deles o seguiram fielmente. Na mesma época situam-se obras de caráter tomista puro, tais como o importante *Cursus philosophicus* (1648), de João de Santo Tomás (VER), mas é óbvio que o suarismo obtém rapidamente a primazia. A rigor, embora apoiados em um movimento anterior ou contemporâneo, foram os jesuítas que impulsionaram mais vigorosamente esse movimento e foram eles sobretudo que se espalharam pelas universidades européias. Os escolásticos espanhóis — pertencentes, contudo, a diversas ordens, e não apenas à dos jesuítas — que se destacaram nessa escolástica nova podem ser articulados, como tentamos fazer em outro lugar, em cinco gerações. Mencionamos aqui à guisa de ilustração os principais nomes de cada uma delas: 1) Francisco de Vitória (*ca.* 1480-1546). 2) Domingo de Soto (1494-1550), Alonso de Castro (1495-1558), Pedro de Oña († 1626), Melchor Cano (*ca.* 1509-1560). 3) Pedro da Fonseca (1528-1599), Domingo Báñez (1528-1604), Francisco de Toledo (1533-1596), Benito Pereira (1535-1610), Diego de Zúñiga (1536-1597/1598), Luis de Molina (1535-1610), Francisco Zumel (1540/1541-1607). 4) Francisco Suárez (1548-1617), Gabriel Vázquez (1549-1604), Gregorio de Valencia (1549-1603). 5) Pedro Hurtado de Mendoza (1578-1651), Rodrigo de Arriaga (1592-1667), Francisco de Oviedo (1602-1651), Juan Caramuel Lobkowitz (1606-1682). A esse movimento devem ser acrescentados os importantes Cursos dos Conimbricenses (VER).

Em um sentido translatício também se fala de escolástica quando se designa o desenvolvimento dos pensamentos filosóficos dentro de uma "escola" ou de qualquer âmbito "fechado". De acordo com isto, poderia falar-se de escolástica em cada um daqueles momentos da história da filosofia nos quais o trabalho filosófico

consistisse predominantemente (ou até mesmo exclusivamente) na elaboração de detalhes sem jamais pôr em dúvida os princípios ou nos quais o trabalho filosófico consistisse em analisar e elaborar "idéias recebidas". "Chamo de 'escolasticismo'" — escreveu Ortega y Gasset (*La idea de principio en Leibniz* [1958], p. 238) — "toda filosofia recebida e chamo de recebida toda filosofia que pertence a um círculo cultural distinto e distante — no espaço social ou no tempo histórico — daquele em que é aprendida e adotada. Receber uma filosofia não é, naturalmente, expô-la, coisa que depende de outra operação intelectual diferente da recepção e se reduz a um caso particular da habitual interpretação de textos".

Nesse e em outros sentidos análogos, pode-se falar, entre outras, de uma escolástica platônica (ou de um escolasticismo platônico), assim como de uma escolástica das diferentes escolas gregas: epicuristas, estóicos, céticos etc. Por sua vez, o platonismo deu origem a formações de tipo escolástico na tradição platônico-agostiniana e no platonismo de Cambridge. E também deram origem a formações filosóficas de tipo escolástico sistemas como o cartesianismo, o de Leibniz-Wolff, o da escola escocesa, o do kantismo, o do hegelianismo, o do neo-realismo, a fenomenologia, o empirismo lógico, a "filosofia da linguagem", a filosofia soviética etc. Entretanto, a necessidade de ampliar então desmesuradamente a significação do vocábulo 'escolástica' torna recomendável limitar seu emprego à escolástica medieval e à neo-escolástica ou então fazer preceder seu uso, nos demais casos, de uma consideração preliminar que explique o particular significado assumido pelo termo.

⊃ Muitos textos dos filósofos escolásticos podem ser encontrados na coleção de J. P. Migne, *Patrologiae cursus completus. Series Latina*, 221 vols., 1844-1864 (que vai até o ano 1216). Outras coleções importantes são: a de H. Denifle e Fr. Ehrle, *Archiv für Literatur und Kirchengeschichte des Mittelalters*, 1885-1900; os *Beiträge zur Geschichte der Philosophie des Mittelalters*, fundados por Clemens Baeumker, e dirigidos depois por Martin Grabmann, 1891ss. (incluem textos e pesquisas); a coleção *Philosophes médiévaux*, antes chamada *Les Philosophes Belges. Textes et études*, publicada pelo Institut Supérieur de Philosophie, de Louvain, sob a direção de M. de Wulf, 1901ss. (especialmente importante para os textos de Siger de Brabante); a *Bibliotheca Franciscana Scholastica meddi aevi*, 1903ss.; a série de *Quellen und Untersuchungen zur lateinischen Philosophie des Mittelalters*, ed. por L. Traube, 1905ss.; os *Archives d'histoire doctrinale et littéraire du moyen âge*, dirigidos por É. Gilson e G. Théry, O. P., 1926ss.; a série *Études de philosophie médiévale*, dirigida por É. Gilson, 1934ss. (textos e investigações); a coleção *Opuscula et textus historiam ecclesiae eiusque vitam atque doctrinam illustrantia, series scholastica*, ed. em

Munich por M. Grabmann e F. Pelster; a série *Corpus christianorum. Series Latina*, desde 1953 (mais dedicada, entretanto, à Patrística).

Dicionários: B. Wuellner, S. J., *A Dictionary of Scholastic Philosophy*, 1956.

Vocabulários: Pierre Michaud-Quaptin, *Études sur le vocabulaire philosophique du moyen âge*, 1970 (em colaboração com Michel Lemoine). — A. Maierù, *Terminologia logica della tarda scholastica*, 1972. — J. de Vries, *Grundbegriffe der Scholastik*, 1980; 2ª ed. rev., 1983.

Para o estudo histórico do período escolástico ver sobretudo o *Grundriss der Geschichte der Philosophie*, de Ueberweg, 11ª ed. publicada por B. Geyer: *Die patristische und scholastische Philosophie*, 1928. Além disso, a obra já clássica de K. Werner, *Die Scholastik des späteren Mittelalters*, 5 partes, 4 vols., 1881-1888, reimp., 1960; a história de M. de Wulf, *Histoire de la philosophie médiévale*, 1900 (várias eds.; a última, 6ª, é de 1947, 3 vols.); e a de Étienne Gilson, *La philosophie au moyen âge*, 2 vols., 1922 (2ª ed., muito aumentada, 1944 [ed. br.: *A filosofia na Idade Média*, 1995]; a mais recente do mesmo autor, *History of Christian Philosophy in the Middle Ages*, 1955 [ed. br.: *História da filosofia cristã*, 6ª ed., 1995]; a de É. Bréhier, *La philosophie au moyen âge*, 1937. — Paul Vignaux, *La pensée au moyen âge*, 1939, nova ed. com o título *La philosophie au moyen âge*, 1958. — Ver também: S. Vanni Rovighi, *La prima scolastica*, 1953 (séculos XI e XIII). — J. Pieper, *Scholastik. Gestalten und Probleme der mittelalterlichen Philosophie*, 1960. — Auguste Pelzer, *Études d'histoire litéraire sur la scholastique médiévale*, 1964. — F. Giusberti, *Materials for a study on Twelfth Century Scholasticism*, 1982.

A exposição clássica da história da filosofia escolástica do ponto de vista metodológico é: M. Grabmann, *Die Geschichte der scholastischen Methode*, 2 vols., 1909-1911 reimp., 1957 e 1961. Além disso, informações sobre métodos escolásticos em: J. de Ghellinck, *Le mouvement théologique du XII siècle*, 1914; 2ª ed., 1948. — G. Paré, A. Brunet, P. Tremblay, *La Renaissance du XII siècle. Les Écoles et l'Enseignement*, 1933 (refundição completa da obra de G. Robert, *Les écoles et l'enseignement de la théologie pendant la première moitié du XII siècle*, 1909). — M.-D. Chénu, *Introduction à l'étude de Saint Thomas d'Aquin*, 1950, cap. IV. — *Id., La théologie au douzième siècle*, 1957.

Das histórias mais antigas deve-se mencionar: B. Hauréau, *De la philosophie scholastique*, 1850, e *Histoire de la philosophie scholastique*, 1872-1880, assim como (para a chamada "escolástica posterior") K. Werner, *Geschichte der späteren Scholastik*, 1881 (com um estudo da escolástica pós-scotista e do agostinismo na última escolástica). A escolástica posterior e a chamada segunda escolástica também são estudadas por Carlo Giacon, *La seconda scolastica*, I, II, 1946; III, 1950 (onde são estudados principalmente os escolásticos espanhóis: Toledo, Pereira, Fonseca, Molina, Suárez).

A influência da escolástica sobre a filosofia moderna foi estudada por W. Küppers (*J. Locke und die Scholastik*, 1984) por R. von Nostik-Rieneck, ("Leibniz und die Scholastik", *Philosophisches Jahrbuch der Görresgesellschaft*, 7 Bd., 1894, pp. 54-67), por J. Jasper (*Leibniz und die Scholastik, eine historischekritische Abhandlung*, 1898-1899), por Fritz Rintelen ("Leibnizens Beziehungen zur Scholastik", *Archiv für Geschichte der Philosophie*, 16. N. F. 9 [1903], 157-188, 307-333), por J. Freudenthal ("Spinoza und die Scholastik", *Philosophische Aufsätze, Zeller zum 50. Jähr. Doktorjubiläum gewidmet*, 1857), por H. Herling (*Descartes Beziehungen zur Scholastik*, em *Sitzungsberichte der bay. Akad. der Wiss.*, 1897 e 1899), por É. Gilson (*Index scholastico-cartésien*, 1913, 2ª ed. rev., 1979, e *Études sur le rôle de la pensée médiévale dans la formation du système cartésien*, 1930), por A. Koyré (*Descartes und die Scholastik*, 1923), por Pendzig (*P. Gassendis Metaphysik und ihr Verhäaltnis zur scholastischen Philosophie*, 1908), por Avery Dulles (*Princeps Concordiae: Pico della Mirandola and the Scholastic Tradition*, 1941).

Sobre a escolástica chamada "decadente": J. A. Bizet, *H. Suso et le déclin de la scholastique*, 1948. — Karl Anton Sprengard, *Systematisch-historische Untersuchung zur Philosophie des 14. Jahrhunderts. Ein Beitrag zur Kritik der herrschenden spätscholastischen Mediävistik*, 2 vols., 1966.

Sobre a escolástica espanhola moderna: Vicente Muñoz Delgado, *Lógica formal y filosofía en Domingo de Soto (1494-1560)*, 1964. — *Id. id., La lógica nominalista en Salamanca 1510-1530*, 1964.

Sobre escolástica e ciência moderna ver a série de volumes de Anneliese Maier sob o título geral de *Studien zur Naturphilosophie der Spätscholastik:* vol. I: *Die Vorläufer Galileis im 14. Jahrhundert*, 1949; II: *Zwei Grundprobleme der scholastischen Naturphilosophie*, 2ª ed. 1951; III: *An der Grenze der Scholastik und Naturwissenschaft*, 1943, 2ª ed. 1952; IV: *Metaphysische Hintergründe der spätscholastischen Naturphilosophie*, 1955; V: *Zwischen Philosophie und Mechanik*, 1958, e também seu *Ausgehendes Mittelalter. Gesammelte Aufsätze zur Geistes-geschichte des 14. Jahrhunderts*, I, 1964, e II, 1967. — Ver também a este respeito a série de obras sobre história da ciência medieval publicadas pela Universidade de Wisconsin: "University of Wisconsin Publications in Medieval Science": I. *The Medieval Science of Weights (Scientia de Ponderibus): Treatises Ascribed to Euclid, Archimedes, Thabit ibn Qurra, Jordanus de Nemore, and Blasius of Parma*, eds. E. A.

Moody e M. Clagett; II. *Thomas of Broadwardine: His Tractatus de proportionibus. Its Significance for the Development of Mathematical Physics*, ed. e trad. H. Lamar Crosby, Jr.; III. *William Heytesbury: Medieval Logic and the Rise of Mathematical Physics*, ed. Curtis Wilson; IV. *The Science of Mechanics in the Middle Ages*, ed. M. Clagett; V. *Galileo Galilei: on Motion and on Mechanics. De Motu* (*ca.* 1590), tradução com intr. e notas por I. E. Drabkin, e *Le Meccaniche* (*ca.* 1601), trad. com intr. e notas por S. Drake. — Ver também obras de P. Duhem, L. Olschki, C. Michalski, L. Thorndike e outras mencionadas nos verbetes CIÊNCIA; DUHEM; FILOSOFIA MEDIEVAL; OXFORD [ESCOLA DE] E PARIS [ESCOLA DE].

Sobre a escolástica e nosso mundo: J. Marías, *La escolástica en su mundo y en el nuestro*, 1951. — A. C. Pegis, *The Middle Ages and Philosophy: Some Reflections on the Ambivalence of Modern Scholasticism*, 1963.

Um estudo da relação entre a escolástica muçulmana e a escolástica cristã se encontra em Léon Gauthier, "Scolastique musulmane et scolastique chrétienne", *Revue d'Histoire de la Philosophie* (1928).

Para completar a bibliografia, ver a que consta nos verbetes CRISTIANISMO e FILOSOFIA MEDIEVAL. — Amplas indicações bibliográficas se encontrarão no citado tomo de Ueberweg e nos dois seguintes repertórios: Carlo Giancon, *Il pensiero cristiano, con particolare risguardo alla scolastica*, 1943, e F. van Steenberghen, *Philosophie des Mittelalters* (*Bibliographische Einführungen in das Studium der Philosophie*, ed. I. M. Bochenski, 1950).

Para as obras relativas à influência da escolástica espanhola dos séculos XVI e XVII sobre a filosofia moderna européia ver, além de nesta bibliografia, os que se indicam na bibliografia do artigo SUÁREZ.

Sobre a chamada metafísica escolástica alemã, particularmente no século XVII, ver: Emil Weber, *Die philosophische Scholastik des deutschen Protestantismus im Zeitalter der Orthodoxie*, 1907. — *Id., Der Einfluss der protestantischen Schulphilosophie auf die lutherrische Dogmatik*, 1908. — Paul Althaus, *Die Prinzipien der deutschen reformierten Dogmatik im Zeitalter der aristotelischen Scholastik*, 1914. — Peter Petersen, *Geschichte der aristotelischen Philosophie im protestantischen Deutschland*, 1921. — B. Jansen, *Die scholastische Philosophie des XVII. Jahrhunderts*, 1937. — Max Wundt, *Die deutsche Schulmetaphysik des XVII. Jahrhunderts*, 1939. — M. G. Baylor, *Action and Person: Conscience in Late Scholasticism and the Young Luther*, 1977.

Sobre escolástica e arquitetura: E. Panofsky, *Gothic Architecture and Scholasticism*, 1951. **G**

ESCOLHA (AXIOMA DA). A teoria dos conjuntos (ver CONJUNTO) de Cantor (VER) exibiu vários paradoxos (ver PARADOXO). Com o fim de eliminá-los, Ernst Zermelo (VER), em sua teoria axiomática dos conjuntos, introduziu vários axiomas. Apenas os conjuntos admitidos pelos axiomas figuram na teoria axiomática, e nenhum dos conjuntos gera os paradoxos ou antinomias que suscitaram oposição ou desconfiança em relação à teoria cantoriana. A função dos axiomas zermelianos é, pois, restritiva.

Um desses axiomas merece menção por ter se convertido em objeto de numerosas pesquisas e controvérsias lógicas e matemáticas. É o chamado "axioma da escolha" (*Axiom der Auswahl*), ou axioma VI no sistema de Zermelo.

Na formulação de Zermelo, este axioma reza o seguinte: "Se T é um conjunto cujos elementos são todos conjuntos distintos de O e mutuamente disjuntos, sua união inclui ao menos um subconjunto S_1 que tem um elemento, e apenas um elemento, em comum com cada elemento de T".

Isto também se expressa, escreve Zermello, dizendo-se que "é sempre possível *escolher* um elemento simples de cada elemento $M, N, R...$ de T e combinar todos os elementos escolhidos, $m, n, r...$, em um conjunto S_1".

Observe-se que os elementos de T são mutuamente exclusivos e nenhum deles é vazio. O que se prova por meio do axioma da eleição é que há um conjunto constituído pela união de elementos de T quando nenhum elemento de T é vazio, ou seja, quando não há → entre os elementos de T.

Debateu-se se se pode provar ou não o axioma da eleição com base nos demais axiomas, isto é, se o axioma da eleição é dependente ou independente. Kurt Gödel (*The Consistency of the Axiom of Choice and of the Generalized Continuum-Hypotesis with the Axioms of Set Theory*, 1940; ed. rev., 1953) provou que o axioma da eleição é consistente com os demais axiomas da teoria axiomática dos conjuntos. Paul J. Cohen ("The Independence of the Continuum Hypotesis I", *Proceedings of the National Academy of Sciences*, 50 [1963], 1143-1148, e "The Independence of Continuum Hypotesis II", *ibid.*, [1964], 105-110) provou que ele é independente. A independência do axioma da escolha permite admiti-lo ou não admiti-lo — se se preferir, escolhê-lo ou não —, e a teoria axiomática adotada depende do que se "decidir" em relação a isso. Essa escolha a respeito do axioma da escolha não seria necessária caso se admitisse que pode ser provado que o axioma deve ser descartado.

Trata-se do axioma da escolha em quase todos os trabalhos de metalógica. Uma obra sobre ele, estudando as aplicações do método de Paul J. Cohen, é: T. J. Jech, *The Axiom of Choice*, 1973. — Ver também: M. D. Resnik, *Choices: An Introduction to Decision Theory*, 1986.

ESCOLHA, ESCOLHER. As noções designadas por estes vocábulos são utilizadas freqüentemente em relação a um grupo numeroso de noções designadas por vocábulos como 'desejar', 'querer', 'valorar' (ou 'avaliar'), 'deliberar', 'decidir-se (por)', 'preferir', 'atuar', 'agir', 'fazer (algo)' etc., e os correspondentes substantivos, assim como em relação a noções designadas por vocábulos como 'vontade', 'liberdade', 'prática', 'comportamento', 'norma', 'regra', 'prescrição', 'valor' etc. Não é fácil tratar nenhuma das noções designadas pelos dois primeiros vocábulos sem mencionar pelo menos algumas das noções designadas por outros. Todos eles fazem parte de um vocabulário às vezes agrupado sob o nome de "praxeologia" (VER) — no sentido geral de uma teoria da prática (humana) —, que tem estreitas relações com o vocabulário moral, assim como com as investigações de caráter deontológico (VER).

Será necessário simplificar e limitar-nos aos sentidos principais de 'escolha' e de 'escolher'. Estes podem ser considerados em um sentido geral ou em um sentido especificamente moral. Estes dois sentidos não podem ser separados totalmente um do outro.

O último desses sentidos já aparece nas primeiras investigações detalhadas da noção de escolha. Aristóteles utilizou o termo προαίρεσις, *proairesis*, que pode ser traduzido de vários modos: "escolha deliberada", "escolha antecipada", "plano", "intenção". Segundo Aristóteles, a *proairesis* é "um apetite, guiado pela deliberação, por coisas que se encontram em nosso poder" (*Et. Nic.*, III, 2, 1111 b 5ss.). A escolha, no homem, tem de ser voluntária porque, enquanto as crianças e os animais inferiores (a rigor, os animais superiores) participam por igual da ação voluntária, não participam da escolha. Um ato levado a cabo subitamente é voluntário, mas não pode ser considerado "escolhido". A escolha não é puramente um apetite ou um desejo, mas tampouco é apenas uma opinião: a escolha implica um princípio racional e a atividade do pensamento; o próprio nome *pro-airesis* (pré-escolha) sugere que algo é escolhido previamente a outras coisas. Isso quer dizer, desse modo, que algo é escolhido *entre* várias coisas.

Segundo John M. Rist ("Prohairesis", em vários autores, *De Jamblique à Proclus*, 1975 [Conversões de Vandoeuvres-Genebra, 26-31 de agosto de 1974], pp. 105ss.), o mencionado termo, προαίρεσις, utilizado por Aristóteles, especialmente em relação com os atos de caráter moral, foi empregado, com um sentido ainda mais amplo que em Aristóteles, por vários estóicos, especialmente a partir de Epicteto (*Dis.*, 1, 29, 16), o qual sugeriu que a *proairesis*, a escolha, é o que faz o homem ser o que é: não é apenas um ato do homem, mas aquilo que constitui o próprio homem. "Em Aristóteles, uma *proairesis* é um ato de escolha, enquanto em Epicteto é o estado de ter escolhido na esfera moral, isto é, de ter chegado a ser moral ou imoral". Esta posição é similar àquela depois adotada por Proclo — e possivelmente coincide com a de Plutarco, quanto este fala da *proairesis* como uma "faculdade de escolher" ou uma "faculdade de querer".

Foi comum no curso da história da filosofia moral considerar que se escolhe em função de uma deliberação na qual intervém a razão, a qual avalia os prós e os contras e também, sobretudo, os princípios em virtude dos quais a escolha é efetuada. Falou-se, assim, de uma concepção "intelectualista" da escolha.

Parece razoável supor que escolher não é desejar; o problema consiste em saber se se pode escolher sem desejar. Em muitos casos, há um desejo que precede a escolha (é o desejo, ou apetite, guiado pela deliberação, de que falou Aristóteles). Em outros casos, pode haver uma escolha sem desejo. Assim ocorre quando se escolhe entre duas coisas a que parece melhor — seja melhor, pura e simplesmente, ou melhor de algum modo —; não é estritamente necessário que haja algum desejo pela coisa escolhida, ou sequer por alguma das duas coisas entre as quais se escolhe, a menos que se suponha que desejar é sempre desejar o melhor. O mesmo ocorre quando se escolhe entre duas alternativas por considerar que uma delas se ajusta melhor a certas condições estabelecidas e a outra não, ou não tanto, como quando se escolhe entre duas opiniões ou duas teorias. Em todos esses casos pressupõe-se que intervêm razões em virtude das quais se leva a cabo a escolha. Também se falou de escolha sem razões, mas alguns autores duvidam que se possa usar, então, propriamente, a palavra 'escolha'.

Discutiu-se se, e até que ponto, a escolha é ou não é um ato mental, ou se é simplesmente uma ação: a ação de escolher (que pode ser acompanhada por atos mentais, mas não se reduz a eles). A noção de escolha como ato mental prévio a uma decisão tem o inconveniente de que obriga a postular a existência de acontecimentos mentais privados. Se estes são, em princípio, independentes das ações, não se vê como podem relacionar-se com elas. Se, por outro lado, eles se relacionam com elas, deve-se supor que o ato de escolha é causa ou uma das causas da ação, de modo que um ato mental "interno" tem de constituir uma explicação de uma ação, que se manifesta "externamente". A noção de escolha como uma ação, isto é, como o ato de fazer uma coisa de preferência a outra, obriga a descartar o ato de decisão, ou então faz da escolha e da decisão, juntas, ingredientes do ato, inseparáveis do próprio ato. Ainda é possível englobar dentro do ato, considerado uma ação positiva e não uma abstração do agir, a escolha e a decisão — assim como, se se preferir, a deliberação —, separando estas não como elementos componentes ou ingredientes, mas apenas como aspectos conceituais nos quais podem ser analisados os atos. Isto tem o inconveniente de obrigar a considerar todos os atos como ações positivas e a eliminar escolhas que não desembocam em atos.

ESFERA. O que pode ser chamado de "metáfora da esfera" (e metáforas similares, como a "metáfora da circunferência" e a "metáfora do círculo") é algo freqüente na literatura filosófica. À parte a tradição oriental, à qual nos referimos no final deste artigo, pode-se dizer que já desde os pré-socráticos, e muito particularmente desde os pitagóricos, a esfera foi considerada a mais perfeita das figuras; tornava-se, pois, quase inevitável referir-se a ela cada vez que se queria dar a imagem da plenitude. O exemplo mais conhecido é o de Parmênides, quando concebeu o ser como perfeito em todas as suas "partes", comparável a uma bem redonda esfera: τετελεσμένον ἐστί πάντοθεν, εὐκύκλου σφαίρης ἐναλίγκιον ὄγκῳ (Diels-Kranz, B. 8, 42-43), sem que se possa determinar se essa famosa esfera parmenidiana é concebida como uma realidade material, ou então se o termo σφαῖρος é apenas uma imagem que pretende descrever o caráter completo e perfeito do ser único e imutável. Alguns autores supõem que Parmênides tenha sido levado a essa concepção pelo exemplo de Xenófanes, mesmo quando ainda é de se duvidar (como já o era na Antiguidade) que este último filósofo concebesse Deus na forma esférica. Entre os que defendem isso (apoiando-se na "tradição indireta") encontra-se Olof Gigon em seu livro *Der Ursprung der griechischen Philosophie* (1945, cap. XXVIII); para Gigon é quase incontestável que Xenófanes tenha visto a esfera como a forma que mais se parece com a realidade divina e, por conseguinte, que tenha concebido Deus esfericamente, σφαιροειδής. Outro exemplo é o de Empédocles. Para esse pensador, Deus é uma esfera em todos os lugares igual a si mesma e em todos os lugares sem limites — "realidade esferóide cheia de alegre orgulho em seu dominador repouso" (vertemos μονίηι por 'em repouso' e não, como Diels, por 'em solidão', seguindo as indicações de Werner Jaeger em seu livro *The Theology of the Early Greek Philosophers*, 1947, cap. VIII): πάντοθεν ἴσος καὶ πάμπαν ἀπείρων Σφαῖρος κυκλοτερὴς μονίῃ περιηγέι γαίων (Diels-Kranz, B. 28); a esfera é, segundo Empédocles, a imagem do mundo quando o Amor o penetra inteiramente, a etapa final que deve voltar a ocorrer necessariamente. Mas os anteriores são apenas alguns dos exemplos que podem ser apresentados. De um modo ou de outro aparece a metáfora da esfera nos pitagóricos, em Platão (por exemplo, em *Tim.*, 39 D), em Plotino (especialmente sob a forma das esferas espirituais, σφαῖρα νοητή), nos neoplatônicos e neopitagóricos e, em geral, em todas aquelas tendências nas quais a idéia do completo, do acabado, do perfeito, do pleno, predomina. Ela também aparece em muitos autores árabes e em vários escolásticos medievais.

No uso feito de tal imagem merece destaque a comparação de Deus com uma esfera (também com um círculo) infinita cujo centro está em todas as partes e cuja circunferência não se encontra em parte alguma. A comparação se encontra no *Corpus Hermeticum* ou, melhor, no *Liber XXXIV Philosophorum* (ed. Clemens Baeumker, *Beiträge zur Geschichte der Philosophie des Mittelalters* [1928], pp. 207-214), "livro pseudo-hermético" do século XII. A fórmula em que ela aparece, e a mais freqüentemente citada, é: *Deus est sphaera cujus centrum ubique, circumferentia nusquam*. Georges Poulet (trabalho citado *infra*) faz observar que esta definição de Deus deve ser considerada em relação com outras 23 definições de Deus, que formam um conjunto coerente. São especialmente importantes as três primeiras definições: 1) *Deus est monas monadem gignens et in se reflectens suum ardorem* (Deus é uma mônada geradora de uma mônada que reflete em si seu próprio ardor); 2) a definição de Deus como esfera antes mencionada; 3) *Deus est totus in quolibet sui* (Deus encontra-se por inteiro em qualquer parte de si mesmo). A definição de Deus como "esfera" (ou segunda definição na série indicada) foi utilizada, entre outros autores, por Alano de Lille. Santo Tomás a menciona em *De ver.*, q. 2 a 3, obj. 11 e ad. 11, assim como em III, *Contra Gent.*, c. 17, e em *In lib. de div. nom.*, c. 7, leit. Esta tradição está na origem da célebre frase de Pascal: "A divindade é uma esfera cujo centro encontra-se em qualquer parte e a circunferência em parte alguma" (*Pensées*, ed. Brunschvicg, II, 72; C. M. de Gandillac, "La Sphère infinie de Pascal", *Revue d'Histoire de la philosophie et d'Histoire générale de la civilization*, 31 [1943], 32-45). Pascal a tomou provavelmente de uma edição anotada de Montaigne, mas a idéia se encontra em muitos autores: em Leibniz, em Rabelais, em Tauler, em Eckhart, em Nicolau de Cusa, em Kepler, em Weigel, em H. More, em F. M. van Helmont, em Böhme, na mística cabalística do Renascimento e do final da Idade Média. Dietrich Mahnke, que pesquisou exaustivamente esse problema em seu livro *Unendliche Sphäre und Allmittlepunkt* (1937; reimp., 1966), indica que desde sua origem nos hinos órficos até a mística matemática de von Hardenberg (Novalis), com sua idéia da *Sphäroidik* ou das esferas místicas, a metáfora da esfera, e em muitos casos a comparação ditada da divindade com uma esfera infinita sem centro, aparece praticamente em todas as manifestações do que ele chama de *a mística geométrica*. Por conseguinte, além dos autores e correntes citados, nos cabalistas em geral, ela aparece em muitos autores idealistas como Fichte, Schelling, Oken e muito especialmente von Baader. Ela também está (o que não é mencionado por Mahnke) na detalhada elaboração da noção de esfera na teoria da luz (VER) de Roberto Grosseteste. Segundo Georges Poulet ("Le symbole du cercle infini dans la littérature et la philosophie", *Revue de Métaphysique et de Morale*, ano 63 [1959], 257-275, reunido no livro do mesmo autor: *Les métamorphoses du cercle*, 1961, pp. 1-31), a imagem aqui estudada, ou seus reflexos, encontra-se em Pedro Auriol (*Comentarium in Primum Librum Sententiarum Pars Prima*, 1956), em João Gerson (*Tractatus super Magnificat*), em Suso (*Vita*) e, naturalmente, no Pseudo-Dionísio (*De div. nom.*, 5). Ela também se encontra, segundo Poulet, no poeta espanhol Alonso de Bonilla (século XVII), em Marsílio Ficino, Campanella, Bruno, Ramus, Paracelso, Kepler, Boehme, Kircher, Leibniz, nos platônicos de Cambridge, nos "poetas metafísicos" ingleses e no místico espanhol Juan de los Ángeles.

À idéia da esfera — da "esfera eterna" — e do círculo — do "círculo infinito" — encontra-se relacionada a idéia do movimento circular como o mais perfeito dos movimentos, idéia que ocupa um lugar central na cosmologia aristotélica e na ontologia clássica do movimento. É verdade que essas duas idéias se opõem em um ponto capital: na primeira há a noção de infinitude, enquanto na segunda se sublinha a finitude. Contudo, elas podem se relacionar na medida em que em ambas advoga-se por uma imagem do esférico e do circular como perfeito.

A idéia da esfera é uma dessas idéias que persistem durante muito tempo, não apenas por transmitir-se de alguns autores para outros, mas também porque "ocorrem", por assim dizer, naturalmente, ao espírito humano cada vez que ele tenta compreender o incompreensível e, sobretudo, cada vez que tenta encontrar em uma representação figurada a imagem do que é difícil, se não impossível, expressar em palavras. Por essa razão a imagem da esfera é própria particularmente das tendências místicas, sem que isso signifique, como podemos perceber pelos autores citados, que ela se reduza sempre a essas tendências.

Indicamos que nos referiríamos à tradição oriental. Nela também se encontra, com efeito, a metáfora da esfera ou *metáforas relacionadas com ela*. Um exemplo disso é a metáfora taoísta da roda cósmica cujos movimentos deve seguir, sem perturbar-se, o Sábio, pois somente assim ele será completamente livre, o que significa que ele será um com o Todo. O Sábio, diz Chuang-tse no *Nan-Hoa-Chen-King*, deve situar-se diante da realidade como se ocupasse o centro de uma circunferência, com o fim de abarcar com uma olhada a totalidade do real. A partir desse centro, com efeito, tudo quanto os homens comuns distinguem aparece ligado e unido; as oposições se desvanecem e os estados sucessivos da realidade não são mais que fases dela. O centro da Grande Circunferência, que é ao mesmo tempo o centro da Grande Roda Cósmica, é o lugar em que se encontra a Norma. Em torno dela gira tudo ou, melhor, ela é o Todo. Podemos, portanto, equiparar essas metáforas taoístas à metáfora ocidental da esfera infinita mesmo sem esquecer que os pressupostos que impulsionaram cada uma das grandes culturas a inventar e a utilizar tais imagens são muito distintos.

↪ Além das obras citadas no texto, ver: Virginia Foà-Guazzoni, "Un ripensamento sulla σφαῖρα di Parmenide", *Giornale di Metafisica*, 21 (1966), 344-354. — Karsten Harries, "The Infinite Sphere: Comments on the History of a Metaphor", *Journal of the History of Philosophy*, 13 (1975), 5-15. — L. Ballew, *Straight and Circular: A Study of Imagery in Greek Philosophy*, 1979. — R. Small, "Nietzsche and a Platonist Tradition of the Cosmos: Center Everywhere and Circumference Nowhere", *Journal of the History of Ideas*, 44 (1983), 89-104. ¢

ESFERO (SFERO) DO BÓSFORO. Ver Estóicos.

ESOTÉRICO. O termo 'esotérico' é utilizado em um sentido restrito e em um sentido geral. No primeiro caso é aplicado sobretudo a algumas das filosofias e das escolas de filosofia gregas. Dentro desse sentido, 'esotérico' pode ser entendido de duas maneiras. Por um lado (cf. Cícero, *De fin*, IV, 12: "...*quia duo genera librorum sunt, unum populariter scriptum, quod appellabant, alterum limatius, quod in commentariis reliquerunt, non semper idem dicere uidentur, nec in summa tamen ipsa aut uarietas est ulla apud hos quidem quos nominaui, aut inter ipsos dissensio*"), são qualificadas de esotéricas certas doutrinas filosóficas ditadas para o ensinamento interior de determinada escola. Opostas a elas encontram-se as doutrinas exotéricas, destinadas ao público e geralmente expostas por escrito. Por outro lado, são qualificadas de esotéricas certas doutrinas que supostamente devem ser comunicadas apenas aos iniciados. Nesse caso, 'esotérico' significa 'oculto' ou 'secreto'. Em muitas ocasiões, além disso, a transmissão da doutrina está ligada às práticas rituais de um culto e à comunicação de doutrinas de índole profética ou adivinhatória. Isso posto, muito se discutiu em que sentido deve ser entendido o termo 'esotérico' quando aplicado a vários filósofos e escolas filosóficas gregas. Alguns autores, apoiando-se em testemunhos antigos (Diógenes Laércio, Clemente de Alexandria), mantêm a opinião de que pelo menos doutrinas como as dos pitagóricos e as de Platão têm uma parte esotérica no sentido do secreto e do oculto. Outros vão ainda mais longe e defendem que a conhecida distinção dos escritos de Aristóteles entre escritos esotéricos (ou também acroamáticos), tais como os que constam nos livros da filosofia primeira ou metafísica, e escritos exotéricos ou comuns, como os que constam no *Organon*, coincide com a distinção entre o oculto e o público. Os fundamentos dessa opinião são diversos. Uns são de caráter textual e se apóiam em várias passagens do próprio Aristóteles (por exemplo: *Eth. Nic.*, I, 13, 1102 a 26; *Met*, N 1, 1076 a 28; *Pol.*, III, 6, 1278 b 31) nas quais o filósofo emprega expressões como ὑπὸ τῶν ἐξωτερικῶν λόγων, διὰ τῶν ἐξωτερικῶν λόγων e ἐν τοῖς ἐξωτερικοῖς λόγοις. Outros, de caráter sociológico, baseiam-se na tese de que a transmissão do pensamento filosófico na Grécia seguiu caminhos distintos dos modernos. Outros são de caráter tradicional e se fundamentam no fato de que o termo 'esotérico' foi muito utilizado no sentido de 'secreto' na época helenística (comentadores de Aristóteles, Diógenes Laércio, Plutarco, neoplatônicos etc.) e que isso apenas reiterava o que já era comum na época de Platão e de Aristóteles. Por outro lado, alguns autores (por exemplo, George Boas) declararam que nenhuma das razões anteriores é suficiente para manter o sentido de 'esotérico' como 'secreto' e que a distinção entre 'esotérico' e 'exotérico' deve ser entendida apenas no sentido apontado no começo deste verbete. Boas declara que os textos de Plutarco (*Vit. Alex.*, VII, 3), de Aulo Gélio (*Noct. Att.*, XX, v), de Temístio (sobre a *Phys.*, 217 b 31), de Cícero (*De finibus*, V, vi) e outros não permitem induzir senão a existência de duas maneiras de manifestação filosófica: a da linguagem popular, acessível ao público, e a da linguagem filosófica técnica, mais bem fundamentada que a anterior, mas não mais secreta. O sentido de 'esotérico' nas antigas escolas filosóficas é, portanto, objeto de debates, que alcançam inclusive a famosa *Carta VIII* (341 C-E), de Platão, na qual o filósofo se refere à dificuldade e mesmo impossibilidade de comunicação de certas doutrinas.

Em um sentido geral, o termo 'esotérico' veio a ter quase inteiramente a significação de 'secreto', 'oculto', 'apto somente para os iniciados'. Formou-se com base nisso o vocábulo 'esoterismo', que significa não apenas uma certa classe ou forma de saber, mas uma certa atitude diante do próprio saber, pois ele supõe a distinção entre um saber vulgar, popular, superficial e pouco adentrado na verdadeira natureza do real, e um saber autêntico, único, que é reservado para o eleito, o sábio, o adivinho, o profeta. A transmissão desse saber autêntico é considerada pelos partidários do esoterismo algo prejudicial, tanto para o próprio saber como para os homens que não podem resistir a ele, já que paralisa sua vida e a ação em que se supõe consistir a vida dos iniciados.

ESPAÇO. Na filosofia antiga, o problema do espaço foi discutido com freqüência seguindo o fio da oposição entre o cheio, τὸ πλέον, e o vazio, τὸ κενόν. Essa oposição é paralela à existente entre a matéria e o espaço. Também é paralela a que existe entre o ser e o não-ser. Algumas vezes os dois pontos de vista estão misturados; outras, separados. Freqüentemente é difícil precisar onde começa e onde termina o paralelismo. A razão dessa variedade e ao mesmo tempo dessa imprecisão radica na dificuldade de dar uma interpretação unívoca das cosmologias helenísticas, especialmente dos pré-socráticos. Tomemos dois exemplos: Parmênides e Demócrito. Ao negar que se possa falar do não-ser, Parmênides nega ao mesmo tempo que se possa falar do vazio: a única coisa que existe, e de que se pode falar, é o ser, e o ser é inteiramente cheio. Mas esse ser cheio pode ser, entre outras coisas, a matéria compacta, ou o espaço. Ao afirmar que existe o vazio, Demócrito afirma ao mesmo tempo que se pode falar de certo modo do não-ser; tanto os átomos como o vazio existem, já que de outra maneira não poderia haver movimento, mas são duas formas distintas de existência que parecem equivaler respectivamente à matéria e ao espaço.

Maiores esclarecimentos sobre a noção de espaço *como tal* encontram-se em Platão, embora esse autor tenha tratado o problema somente em uma passagem de suas obras (*Tim.*, 52 Ass.), e essa passagem pode ser objeto de várias interpretações. Segundo Platão, há três gêneros de ser: um, que é sempre o mesmo, incriado e indestrutível, invisível para os sentidos, que nada recebe de fora nem se transforma em outra coisa: são as formas ou idéias. Outro, que está sempre em movimento, é criado, perceptível pelos sentidos e pela opinião, e sempre chegando a ser em um lugar e desaparecendo dele: são as coisas sensíveis. Outro, finalmente, que é eterno e não suscetível de destruição, constitui a morada das coisas criadas, é apreendido por meio de uma razão espúria e é apenas real: é o espaço, χώρα. Formas (ou ser), devir e espaço existiram, segundo Platão, antes da existência do céu. O espaço, além disso, tomou as formas dos elementos. Por isso, como indica A. E. Taylor em seu comentário ao *Timeu*, o nome 'espaço', χώρα, é dado ao que depois é definido como receptáculo. Como o espaço carece de figura, as definições que dele podem ser dadas são, ao que parece, somente negativas: é o que propriamente não é, mas que é recheado. Isso posto, o problema que se estabelece com ele, e que ocupou muito cedo a atenção dos comentadores do filósofo, é o de se, enquanto receptáculo vazio, o espaço não deve ser também o lugar em que se encontram as Formas. Platão parece negar que isso seja possível. As Formas não estão, propriamente, em parte alguma: a negatividade do espaço não o converte naquilo em que estão todas as realidades, incluindo as Formas, mas antes em um ser "intermédio" entre as Formas e as realidades sensíveis. O espaço enquanto receptáculo puro é um "contínuo" sem qualidades. O espaço é uma "morada" e nada além disso; ele não está nem na terra, nem no céu (inteligível), de modo que não se pode dizer que ele "existe".

Uma vez que o espaço é concebido por Aristóteles como "lugar", remetemos ao artigo sobre esse conceito (ver Lugar) para a influente doutrina aristotélica. Agreguemos aqui apenas que, se o "lugar" aristotélico merece ser chamado de "espaço", ele o é unicamente na medida em que equivale a um "campo" no qual as coisas são particularizações. Em parte, as coisas são constituídas, segundo Aristóteles, por "espaço", mas isso não significa que elas sejam — como em Descartes (cf. *infra*) — modos de um contínuo espacial. A rigor, melhor que dizer que as coisas são constituídas em parte por "espaço" é dizer que o espaço "emana" das coisas. Já que, de acordo com o conceito de "lugar", não é possível conceber as coisas sem seu espaço, o espaço não pode ser mero receptáculo vazio. Há, por conseguinte, uma diferença fundamental entre a doutrina aristotélica e a doutrina platônica sobre o espaço. Também há uma diferença básica entre a doutrina aristotélica e a atomista. Os atomistas conceberam o espaço como "o vazio"; o espaço não é uma coisa, pois apenas os átomos são "coisas". Mas graças ao espaço pode ser concebido o movimento; esse último é o deslocamento das "coisas" ou átomos no "não-ser" ou "vazio" espacial. Por isso Demócrito chamou o espaço indistintamente de "vazio", τὸ κενόν; "nada", τὸ μὴ ὄν, e "infinito", τὸ ἄπειρον (Simplício, *In de caelo comm.*, 195, I; observe-se, todavia, que o nome utilizado por Simplício é o mesmo nome aristotélico de τόπος, "lugar").

S. Sambursky (*The Physical World of Late Antiquity* [1962], pp. 2ss.) lembra que as principais concepções sobre o espaço depois de Aristóteles foram descritas por Simplício (*In phys. comm.*). Entre essas concepções destacam-se duas. Uma é a de Teofrasto, que propõe considerar o espaço não como uma realidade em si mesma, mas como "algo" definido mediante a posição e a ordem dos corpos. Essa concepção de espaço, comenta Sambursky, é similar, se não idêntica, à idéia relacional do espaço proposta por Leibniz em sua polêmica com Clarke (cf. *infra*). A outra é a de Estratão de Lâmpsaco, que propõe considerar o espaço como uma realidade equivalente à totalidade do corpo cósmico. O espaço é "algo" completamente vazio, mas sempre preenchido com corpos (a idéia de Estratão de Lâmpsaco é, indica Simplício, a mesma que a de muitos "platônicos"). Essa concepção do espaço, comenta Sambursky, é similar, se não idêntica, à idéia do espaço como um "absoluto" proposta por Clarke e, segundo a maior parte dos intérpretes, por Newton.

Segundo Sambursky, todas as concepções do espaço durante a época helenística foram variações das idéias propostas por Teofrasto ou por Estratão de Lâmpsaco. Contudo, não parece que possa ser descartada a concepção aristotélica do espaço como "lugar", admitida por autores que em outros aspectos se ligaram a concepções não-aristotélicas. Por exemplo, Plotino declara que o lugar pode ser concebido como um intervalo (enquanto "intervalo vazio"). Nesse sentido, o lugar é uma "realidade incorpórea" (*Enn.*, IV, iii, 20). Plotino parece seguir Platão nesse ponto. Mas Plotino também indica que tudo tem seu "lugar próprio" (*Enn.*, IV, viii, 2). Assim, Plotino parece seguir Aristóteles nisto. O que Plotino reprova em Aristóteles é ter distinguido o "lugar" do "onde"; a rigor, sempre que indicamos um "onde" indicamos um "lugar" (*Enn.*, VI, i, 14). Por outro lado, a concepção estóica do espaço se distingue da aristotélica na medida em que os estóicos conceberam o espaço como um "contínuo" dentro do qual há "posições" e "ordens" dos corpos. Mas ela se aproxima da aristotélica porque as disposições dos corpos geram os distintos "lugares" em que se encontram, ou podem encontrar-se. Combinações das doutrinas platônica, estóica e (em menor proporção) aristotélica encontram-se em autores como Siriano (VER) e Damáscio (VER). O espaço é, para esses autores, como que uma espécie de "matriz" dentro da qual se encontra a possibilidade das diversas "posições" dos corpos e das novas relações entre eles.

Durante a Idade Média, e especialmente entre os escolásticos, as idéias sobre a natureza do espaço se fundaram em noções já elucidadas pela filosofia antiga. Um dos principais problemas estabelecidos foi o da dependência ou da independência do espaço em relação aos corpos. A opinião que predominou foi a aristotélica: a do espaço como lugar. Isso não significa que não fossem distinguidas várias noções de espaço. Uma distinção importante foi a estabelecida entre espaço real e espaço imaginário. O espaço real é finito, tendo os mesmos limites que o universo das coisas. O espaço imaginário — aquele que se "estende" para além das coisas atuais ou, melhor, que se pensa como "contendo" outras coisas possíveis — é potencialmente infinito. O espaço imaginário algumas vezes é identificado com o vazio puro. O espaço real é o espaço *dos* corpos. Pode-se pensá-lo como algo "real" ou como algo puramente "mental" ou (conforme indicou Suárez em *Disp. Met.*, LI) como uma abstração mental *cum fundamento in re*. Por outro lado, muitos escolásticos distinguiram três noções: a de *locus*, a de *situs* e a de *spatium*. O *locus* é o τόπος aristotélico, definido por Santo Tomás, seguindo a fórmula do Estagirita (ver LUGAR), como *terminus immobilis continentis primum*. O *situs* é a disposição das partes do corpo em "seu" lugar. O *spatium* é a distância entre dois pontos, ou seja, o intervalo ("vazio").

As doutrinas modernas sobre a noção de espaço são tão abundantes e complexas que mesmo uma seleção como a que será feita a seguir é insuficiente para dar conta delas. As teorias aristotélicas e escolásticas subsistem em vários autores. Além disso, conceitos derivados da escolástica encontram-se inclusive naqueles que se opuseram a essa tendência. Mas há mudanças fundamentais na noção a que nos referimos. Um deles pode ser rastreado já na cosmologia do Renascimento. Concetta Orsi escreveu sobre isso: "Em vez da idéia de um espaço que abarca e compreende em si *os lugares como* elementos particulares, de um espaço concebido essencialmente como limite e determinação exterior dos corpos, aparece a idéia de um espaço entendido como extensão homogênea e indiferenciada, que constitui o pressuposto dos sucessivos desenvolvimentos da geometria e da física moderna" (*Il problema dello spazio*, 2 vols., 1957-1962 [I. *Dal Rinascimento a Kant*. II. *Da Kant alla moderne teorie scientifique*], I, p. 34). Exemplo característico de tal substituição é a concepção de Bernardino Telesio. Também contribuíram para ela Tommaso Campanella e Francisco Patrizzi (este último em sua obra *Panarchia*, 1591). Mas as novas idéias sobre o espaço não são, porém, uma interpretação filosófica dele; em alguns casos, além disso, são a reformulação de idéias acerca do espaço de Demócrito e Platão, à diferença, e em contraste com, as idéias do espaço como "lugar" defendidas pelos escolásticos. A seguir indicaremos que corpo foram tomando tais idéias e as diversas interpretações filosóficas dadas por alguns pensadores modernos.

Filósofos e homens de ciência tenderam cada vez mais a conceber o espaço como uma espécie de "continente universal" dos corpos físicos. Esse espaço tem várias propriedades, entre as quais se destacam as seguintes: o fato de ser homogêneo (isto é, o fato de suas "partes" serem indiscerníveis umas das outras do ponto de vista qualitativo); ser contínuo; ser ilimitado; ser tridimensional, e ser homoloidal (propriedade segundo a qual uma figura dada seja matriz de um número infinito de figuras em diferentes escalas mas assemelhando-se umas às outras). Essa idéia do espaço corresponde por um lado ao modo como são concebidas as propriedades espaciais na geometria euclidiana e por outro à concepção do espaço como infinito.

As discussões filosóficas sobre o espaço foram numerosas. A idéia do espaço desempenha um papel central na filosofia cartesiana. O espaço é, para Descartes, *res extensa*, cujas propriedades são a continuidade, a exterioridade (o fato de ser *partes extra partes*), a reversibilidade, a tridimensionalidade etc. Ao mesmo tempo, a *res extensa* constitui a essência dos corpos (*Regulae*, XIV. *Meditationes*, V; *Princ. Phil.*, II, 4, 9, 11, 12, 13, 14, 15). Uma vez que se despojaram os corpos de todas as propriedades sensíveis (sempre cambiantes) sobra a extensão: "A natureza da matéria ou do corpo tomado em geral, não consiste em ser algo duro, pesado, ou colorido, ou algo que afete nossos sentidos de algum outro modo, mas ser uma substância estendida em longitude, largura e profundidade" (*Princ. Phil.*, II, 4). Assim, a substância corporal pode ser conhecida claramente somente por meio da extensão (*ibid.*, II, 9). É verdade que Descartes introduz as noções de lugar e de situação. Mas a função que essas noções têm é distinta da que têm na escolástica. O lugar indica a situação ou o modo como um corpo se orienta. Mas ambos "encontram-se" no espaço como pura extensão. O espaço é conhecido *a priori*, com perfeita clareza e distinção; a extensão em que consiste o espaço é perfeitamente transparente. Essa extensão não é "sensível"; ela é "inteligível" (*Entretiens sur la Métaphysique*, I, viii [também ix e x]). A idéia do espaço sem limites é, escreve Malebranche, "necessária, eterna, imutável, comum a todos os espíritos, aos anjos, ao próprio Deus"; não é possível "separar-se dela ou perdê-la inteiramente de vista". Para Spinoza, a substância extensa "é um dos atributos infinitos de Deus" (*Eth.*, I, prop. xv, sch.). A extensão "é um atributo de Deus, isto é, Deus é coisa extensa" (*ibid.*, II, prop. ii); "o modo da extensão e a idéia desse modo são uma e a mesma coisa, embora expressa de duas maneiras distintas" (*ibid.*, II, prop. vii, sch.). Em todas essas interpretações filosóficas, o espaço aparece como uma realidade substancial ou, como Kant dirá depois, como "coisa em si". Essas interpretações concordavam com as idéias dos chamados (por Berkeley) "filósofos mecânicos", ou seja, com as idéias daqueles que defendiam que há certas propriedades dos corpos físicos que são "primárias" (sendo a extensão uma delas, se não a principal, e algumas vezes a única), à diferença das propriedades, ou qualidades, secundárias, percebidas pelos sentidos. De algum modo pode-se qualificar de "racionalistas" a todas essas interpretações da noção de espaço. A maior parte delas também pode ser qualificada de "realista". Mas nem todas as interpretações "racionalistas" e "realistas" são do tipo das que foram resenhadas anteriormente, nem todas as interpretações "racionalistas" são "realistas" e vice-versa. A teoria de Malebranche, por exemplo, aponta para um certo "idealismo". Teorias claramente "idealistas", como a de Leibniz (cf. *infra*), são ao mesmo tempo "racionalistas". E não poucas teorias empiristas são "realistas".

Não seria de pouca ajuda poder classificar as interpretações modernas da noção de espaço em racionalistas e empiristas, e considerar que, enquanto as primeiras foram defendidas sobretudo por "filósofos continentais", as segundas foram defendidas por "filósofos insulares" (ingleses ou irlandeses). Para nosso azar, o quadro histórico é mais complicado.

Podemos considerar a teoria de Locke como empirista (sempre que não nos esqueçamos das fortes tendências racionalistas que há no pensamento lockiano). Locke se interessa sobretudo pelo problema da origem da idéia de espaço. Essa idéia é obtida por meio da visão e do tato. Forma uma "idéia simples", com seus "modos" (distância, capacidade, intensidade etc.) (*Essay*, I v). Locke distingue a extensão do corpo. Os corpos são sólidos e extensos, tendo partes separáveis e móveis em diferentes modos, enquanto a extensão é apenas o espaço que há entre as extremidades dessas partes sólidas coerentes (*ibid.*, II xiii 11). A extensão não inclui solidez, nem resistência ao movimento do corpo (*ibid.*, II xiii 12). As partes do espaço puro "são inseparáveis umas das outras, de modo que a continuidade não pode ser separada nem real nem mentalmente" (*ibid.*, II xiii 13). As idéias de Locke sobre o espaço têm uma conseqüência: embora a noção de espaço tenha origem empírica, o espaço é concebido como algo "em si". Isso pode ser compreendido quando se tem à vista que Locke insistiu muito na diferença entre qualidades primárias e secundárias (ver QUALIDADE); qualidade primária são a extensão e os seus modos e, por conseguinte, ela constitui uma das "propriedades mecânicas" que subjazem às propriedades sensíveis. Pode-se concluir que as opiniões de Locke são psicologicamente empiristas, mas ontologicamente "racionalistas" e "realistas". Berkeley destacou isso claramente. Considerar o espaço como uma "qualidade primária" é supor que ele existe independentemente do ser percebido. Mas, se ser é ser percebido (ver ESSE EST PERCIPI), o espaço é uma idéia, do mesmo modo que as qualidades secundárias como a cor, o sabor etc. Isso não significa que o espaço seja uma ilusão; ele é uma realidade (ou, melhor, uma "idéia real"). Contudo, dizer "o espaço existe" não é o mesmo que dizer que há algo que transcenda o ser percebido ou a possibilidade de ser percebido. Temos aqui uma concepção ao mesmo tempo empirista, fenomenista e idealista do espaço. Mas o empirismo de Berkeley é, como se vê, muito distinto do de Locke; de fato, exatamente inverso ao de Locke. Em certo sentido, há mais similaridades, por um lado, entre Berkeley e Leibniz (cf. *infra*), do que entre Descartes e Leibniz, ou entre Locke e Berkeley.

A discussão sobre a natureza do espaço (junto com a discussão sobre a natureza do tempo [VER]) esteve muito viva durante a segunda metade do século XVII e durante o primeiro terço do século XVIII. Embora muitos autores tenham contribuído para essas discussões, eles tendem a se centrar em torno da polêmica entre Newton (e Clarke) e Leibniz. Certos autores defenderam posições distintas das dos mencionados autores; outros, em contrapartida, aproximaram-se muito deles e até os precederam. Esse é, particularmente, o caso de Gassendi, que expôs uma idéia do espaço similar à newtoniana (cf. *Syntagma philosophicum*, pars II sect. i, lib. II, c. i). Indicaremos a seguir as linhas essenciais da polêmica.

Newton definiu o espaço do seguinte modo: "O espaço absoluto, em sua própria natureza, sem relação com nada externo, permanece sempre similar e imóvel. O espaço relativo é uma dimensão movente ou medida dos espaços absolutos, que nossos sentidos determinam mediante sua posição em relação aos corpos, e que é vulgarmente considerado espaço imóvel" (*Principia*, Escólio à def. viii). A interpretação mais corrente dessas fórmulas é a seguinte: o espaço é para Newton uma medida absoluta e até mesmo uma "entidade absoluta". Já que as medidas no espaço relativo são uma função do espaço absoluto, pode-se concluir que esse último é o fundamento de toda dimensão espacial. No Escólio Geral dos *Principia*, Newton indica que, embora Deus não seja espaço, ele se encontra em todo lugar, de modo que ele constitui o espaço (e a duração). O espaço é, assim, *sensorium Dei*, órgão sensorial da divindade, como declarou Henry More ao dar a essas idéias um fundamento teológico (e o próprio Newton em *Optics* ["Query 28"]). Essa idéia de espaço foi rejeitada por Berkeley (pelos motivos antes apontados), por Huygens e por Leibniz, assim como, depois, por Ernst Mach. Foi defendida, em contrapartida, por Clarke, especialmente em sua correspondência com Leibniz. Antes de dar mais informações sobre essa polêmica, diremos algumas palavras sobre a possibilidade de outra interpretação das idéias newtonianas.

Stephen Toulmin ("Criticism in the History of Science: Newton on Absolute Space Time and Motion. I", *Philosophical Review*, 68 [1959], 1-29; *ibid.*, II, 203-227) alega que não é de modo algum evidente que Newton tivesse uma concepção do espaço como coisa, entidade ou realidade absolutas. Embora a letra do "Escólio" à definição viii pudesse permitir essa interpretação, o modo pelo qual as idéias newtonianas são aplicadas nos *Principia* e, sobretudo, a estrutura lógica dos *Principia* a põem em dúvida. Dentro de tal estrutura a concepção newtoniana do espaço (assim como as do tempo e do movimento) tem, segundo Toulmin, um caráter claro: é uma definição operacional. Desse modo, a distinção entre espaço matemático e espaço sensível não é empírica; não se distinguem duas séries de coisas (uma estacionária e a outra movente), mas duas possíveis séries de operações. "O espaço e o tempo absolutos" — escreve Toulmin — "não são, de acordo com isso, as mais perfeitas medidas que possam ser concebidas, mas são, antes, ideais teóricos em relação aos quais todas as medidas relativas são aproximações melhores ou piores". A interpretação exclusiva ou quase exclusivamente "teológica" das concepções de Newton deve-se fundamentalmente ao fato de se ter confundido estas com as idéias de alguns de seus seguidores, como Clarke e Joseph Rawson (este último em sua obra *On the Real Space or the Infinite Being*, 1702). Em suma, o famoso escólio não tem um conteúdo teológico, mas dinâmico.

Toulmin se funda, para interpretar as idéias de Newton, mais no que este faz do que no que diz, de acordo com a máxima einsteiniana: "Para saber algo sobre os métodos utilizados pelos físicos teóricos deve-se seguir o seguinte princípio: não prestar atenção no que eles dizem, mas no que eles fazem". Pois bem, é um fato que aqueles que se opuseram a Newton não entenderam suas definições como definições operacionais, mas como definições reais. E, ainda que seja verdade que Berkeley e Leibniz parecem levar mais em consideração o que sobre o espaço disseram Clarke e Rawson, também é certo que eles tomam esses autores como representantes da opinião newtoniana. E o importante dela era a concepção do espaço como realidade absoluta e como fundamento de toda medida. Newton representava aqui, por conseguinte, a idéia do espaço como realidade em si, independente do princípio dos objetos situados nele e de seus movimentos: os movimentos são relativos, mas o espaço não. O espaço não era concebido como um acidente (nem mesmo como um "acidente essencial") das substâncias; não que os corpos fossem espaciais, mas eles se moviam *no* espaço. Contra isso Leibniz manifestou sua opinião famosa: o espaço não é um absoluto, não é uma substância, não é um acidente de substâncias, mas uma relação. Somente as mônadas são substâncias; o espaço não pode ser substância. Como relação, o espaço é uma ordem: a ordem de coexistência (ou, mais rigorosamente ainda, a ordem dos fenômenos coexistentes). O espaço não é real, mas ideal. Enquanto Clarke defendia que o espaço é real, que ele "não é limitado pelos corpos, mas existe igualmente dentro dos corpos e sem eles" ("Quarta resposta" a Leibniz na *Correspondência Leibniz-Clarke*), Leibniz sustentava (e repetia) que o espaço é uma ordem de existência das coisas em sua simultaneidade; que não há espaço real fora do universo material; que o espaço é em si mesmo uma coisa ideal, do mesmo modo que o tempo ("Resposta à citada 'Quarta resposta'").

Apesar do forte componente teológico das opiniões dos "newtonianos", estes foram chamados de "matemáticos", enquanto os partidários de Leibniz (e de Wolff) foram chamados de "metafísicos". Euler, por exemplo, defendeu Newton como "matemático". Mas seria errôneo imaginar que apenas nessa época tenham existido as duas opiniões mencionadas: o espaço como algo real (e mesmo absoluto) e o espaço como algo ideal. Desse modo, Boscovich (VER) examinou o problema do espaço (e, como todos os autores citados, do tempo) ao mesmo tempo como realidade e como idealidade: em primeiro lugar está o espaço como ele é, e em segundo o espaço como é conhecido (e, sobretudo, medido). Pois bem, a mais famosa teoria sobre o espaço formulada pouco depois de Boscovich é a de Kant. Esse filósofo tenta explicar o modo pelo qual a noção de espaço é utilizada na mecânica newtoniana sem por isso aderir à concepção realista de Clarke e outros. Precedido pelas especulações de autores como Tetens e Lambert, Kant seguiu primeiro as orientações leibnizianas. Mas, embora tenha defendido, como Leibniz, que o espaço é uma relação, ele fez desta última não uma ordem ideal, mas transcendental (VER). As idéias kantianas sobre o espaço encontram-se sobretudo em sua Dissertação inaugural de 1770 e na "Estética transcendental" da *Crítica da razão pura*. O espaço é, para Kant, do mesmo modo que o tempo, uma forma da intuição sensível, ou seja, uma forma *a priori* da sensibilidade. Ele não é "um conceito empírico derivado de experiências externas, porque a experiência externa é possível apenas por meio da representação do espaço". "É uma representação necessária *a priori*, que serve de fundamento para todas as intuições externas", porque "é impossível conceber que não exista espaço, embora ele possa ser pensado sem que contenha objeto algum". O espaço é, em suma, "a condição de possibilidade dos fenômenos", isto é, "uma representação *a priori*, necessário fundamento dos fenômenos". Ele não é nenhum conceito discursivo, mas uma intuição pura, e é representado como um *quantum* determinado. Na exposição transcendental demonstra-se que "o espaço não representa nenhuma propriedade das 'coisas', que ele não é mais que uma forma dos fenômenos dos sentidos externos, ou seja, a única condição subjetiva da sensibilidade, mediante a qual nos é possível a intuição externa". O resultado da investigação kantiana é a adscrição ao espaço das características de aprioridade, independência da experiência, intuitividade e idealidade transcendental. Como intuição pura, o espaço é, por conseguinte, uma "forma pura da sensibilidade" ou "a forma de todas as aparências do sentido externo" (*KrV*, A 26/B 42). Essas proposições sobre o espaço da *Crítica da razão pura* são, além disso, o aprofundamento e a sistematização do que Kant já antecipara sobre isso na citada dissertação *De mundi sensibilis atque intelligibilis forma et principiis*. Com efeito, nessa dissertação o espaço é apresentado "não como algo objetivo e real, nem como substância, acidente ou relação, mas como algo subjetivo e ideal", como "um esquema que surge por meio de uma lei constante deduzida da natureza do espírito para a coordenação de todos os sentidos externos" (III, 15 D). Com isso rejeita-se tanto a fenomenalidade do espaço (Hobbes) e sua irrepresentabilidade sem os corpos (Berkeley) como a mera ordem sucessiva dada pelo hábito (Hume). Pois bem, o chamado idealismo alemão acentuou o construtivismo do espaço em uma proporção que Kant não imaginara. Em Fichte, por exemplo, o espaço aparece como algo posto pelo eu quando este põe o objeto como extenso. E em Hegel o espaço é uma fase, um "momento" no desenvolvimento dialético da Idéia, a pura exterioridade desta. O espaço aparece neste último caso como a generalidade abstrata do ser-fora-de-si da natureza. Podemos dizer então que a subjetivação do espaço dá lugar a uma idéia muito distinta segundo a *forma* pela qual seja admitida precisamente essa subjetivação. Desde a idéia construtivista até o retorno à sua fenomenalidade por parte das tendências criticistas orientadas por um predomínio do regulador sobre o constitutivo, a idéia do espaço ocupa um lugar destacado em todas as correntes importantes do século XIX. Somente o naturalismo radical admitirá, sem crítica, uma objetividade exterior do espaço. As correntes criticistas ou as que partem da análise do eu chegarão, em contrapartida, a admitir o espaço como categoria ou inclusive como um "espaço interno" por meio do qual se constituirá, mediante uma espécie de "desenvolvimento", a exterioridade do espaço. Durante o século XIX foi freqüente examinar não apenas a natureza do espaço (ou da idéia de espaço), mas também a questão da origem da noção de espaço. Houve numerosas discussões sobre o caráter absoluto ou relativo, objetivo ou subjetivo, do espaço, assim como sobre o problema das relações do espaço com o tempo e a matéria. As distintas considerações de que foi objeto o espaço: a geométrica, a física, a gnosiológica, a psicológica, a ontológica e a metafísica algumas vezes se fundiram em apenas uma teoria geral, mas aqui indicaremos algumas teses sobre cada um dos citados pontos de vista. Segundo o ponto de vista *psicológico*, o espaço é considerado objeto de percepção, e a resposta ao problema deu como resultado diferentes teorias acerca dos distintos espaços (tátil, auditivo, visual etc.), assim como da aquisição da idéia de espaço (empirismo, nativismo etc.). Segundo o ponto de vista *geométrico*, o espaço é considerado "o lugar das dimensões", algo contínuo e ilimitado. Segundo o ponto de vista *físico*, o problema do espaço relaciona-se intimamente com as questões referentes à matéria e ao tempo e, na realidade, a resposta a essas questões também afeta, como na física recente, a constituição geométrica. Fala-se desse modo em física de espaços pluridimensionais, hiper-espaços, contínuo espaço-tempo etc. Segundo o ponto de vista *gnosiológico*, o espaço é examinado enquanto classe especial das categorias. Segundo o *ontológico*, como uma das determinações de certos tipos de objetos. Finalmente, segundo o ponto de vista *metafísico*, o problema do espaço engloba o problema mais amplo da compreensão da estrutura da realidade e está quase sempre ligado a concepções muito gerais que vinculam o predomínio da espacialização ao do racionalismo e ao do imanentismo, e o da temporalização, ao do irracionalismo e ao do transcendentalismo. Pois, com efeito, o processo de racionalização do real a que tende quase sempre a ciência quando leva às últimas conseqüências seus impulsos iniciais, parece desembocar em uma espacialização radical de toda existência, espacialização que não é, por sua vez, mais que um momento de trânsito rumo a uma redução de todo o real ao idêntico. Sobretudo Meyerson destacou essa "marcha rumo à espacialização" a que conduz a razão assemelhadora e identificadora e que pode ser descoberta nos secretos postulados tanto do racionalismo tradicional como da ciência mecanicista moderna. Contra essa marcha opuseram-se diversas tendências filosóficas contemporâneas. Uma delas é a fenomenologia, que nega a identificabilidade racionalista em nome de uma pura descrição do espaço como fenômeno. Outra é a filosofia de Bergson (VER), na qual o espaço é concebido como o resultado de uma detenção, como a inversão de um movimento originário, como a distensão de uma tensão que consiste, em última instância, em duração pura e em pura consciência (embora, como sublinha Gabriel Marcel [*Présence et immortalité*, 1959, p. 31], haja no próprio Bergson certas indicações não exploradas por ele que permitem superar a oposição entre espaço e tempo; de algum modo poderia falar-se, como fez E. Minkowski, de um "espaço vivido"). Em nenhum desses casos o espaço é, pois, um "algo" dentro do qual ocorrem os fenômenos ou processos da natureza, mas ele tampouco é uma realidade ideal ou o resultado de uma construção.

Heidegger descreveu o espaço — ou, com suas próprias palavras, "a espacialidade do espaço" — em termos "existenciários" (ver EXISTENCIÁRIO). A análise do espaço correspondente a entes que *não* têm a estrutura do *Dasein* (VER) ou da Existência (VER) apenas proporciona um fio condutor equívoco para compreender a sua espacialidade. O espaço de tais entes é o lugar em que se encontram, de tal modo que é possível até mesmo enunciar que eles são entendidos (como fez Descartes com as realidades não-pensantes) partindo do espaço. Por outro lado, a espacialidade da Existência deve ser entendida, de acordo com o filósofo alemão, partindo da própria Existência. Um resultado dessa análise é a afirmação de que o des-distanciamento (*Ent-fernung*) e a direção ou orientação (*Ausrichtung*) — que, além disso, devem ser compreendidos ontológico-existenciariamente e não ôntico-psicologicamente — constituem caracteres de tal espacialidade. Pois bem, com base nessa última obtém-se uma compreensão do espaço como tal. Segundo ela, o espaço não está no sujeito (como afirmava o idealismo) nem o mundo está no espaço (como sustentava o realismo). Ocorre antes que o espaço está no mundo (VER), porque é o ser-no-mundo da Existência que deixou "franco" o espaço. Com isso Heidegger inverte o delineamento do problema do espaço, em um sentido análogo à inversão efetuada pelo próprio filósofo no tratamento do problema do mundo exterior (VER).

São várias as concepções do espaço que se devem à física do século XX; na maior parte dos casos, a noção de espaço está estreitamente relacionada com a de tempo (VER). Assim, na física de Minkowski, na teoria da relatividade, na mecânica ondulatória de Schrödinger, em vários dos modelos de universo de que falamos no verbete cosmologia (VER), introduz-se a noção de Espaço-Tempo como um contínuo. Na teoria da relatividade generalizada, de 1916, Einstein unificara espaço-tempo, matéria e gravitação. Ficava de fora o campo eletromagnético, que Einstein incluiu em sua teoria do campo unificado, em 1953, isto é, a teoria segundo a qual o campo eletromagnético resulta logicamente das propriedades geométricas do contínuo quatridimensional espácio-temporal (a teoria unificada de referência foi reforçada pelo sistema de equações apresentado pelo matemático tcheco Vaclav Hlatavy). Alguns autores, como Bohr, indicaram que as concepções usuais do espaço (e do tempo) são inadequadas para descrever processos microfísicos. Por isso foram propostas várias concepções descontínuas do espaço-tempo (Bohr, Heisenberg, L. de Broglie, Schwinger), sobre as quais falamos no verbete sobre a noção de contínuo (VER).

A noção de espaço-tempo dominante na física, e especialmente na teoria da relatividade generalizada, não deve ser confundida com nenhuma imagem intuitiva de uma realidade (ou de um parâmetro) em que o tempo esteja "fundido" com o espaço. Tampouco é preciso interpretar a teoria da relatividade generalizada na forma usual de considerar que as coisas físicas (a matéria ou os campos) constituem o espaço, de modo que este é como uma propriedade (muito geral) dessas coisas. Muitos autores consideram que, embora a estrutura das coisas físicas — da "matéria" — condicione a métrica espácio-temporal, é possível continuar atribuindo ao espaço-tempo uma existência "independente".

Houve nos últimos tempos várias especulações físicas sobre a natureza e o comportamento do espaço enquanto espaço-tempo (especulações baseadas em observações astronômicas, como a expansão do universo, a possível parada dessa expansão por meio do aumento da massa gravitacional, a existência de microrradiações e de "buracos negros" etc., e em interpretações das leis da relatividade geral). Autores como John A. Wheeler, S. Tilson e R. M. Hjellming elaboraram o que foi chamado de uma "geômetro-dinâmica", da qual resulta um modelo do espaço curvo, de estrutura "esponjosa" e "bichada". A geômetro-dinâmica postula a existência de um "superespaço" (chamado durante um tempo de "hiperespaço"), assim como a existência de conexões entre espaços. A concepção do espaço-tempo elaborada pela geômetro-dinâmica foi chamada de "supersubstancialista" — à diferença da substancialista clássica (do espaço concebido como "continente") e da relacional — porque considera que a matéria, ou a massa material, é determinada por propriedades geométricas do espaço-tempo.

Os filósofos costumam desenvolver suas idéias sobre a noção de espaço de acordo com orientações mais ou menos "subjetivas" ou "objetivas". As orientações mais "subjetivas" são freqüentemente de caráter psicológico e dão atenção à experiência do espaço por parte de sujeitos, seja principalmente, ou exclusivamente, por parte de sujeitos humanos, seja por organismos. A concepção "existenciária" do espaço de que falamos antes nega que seja "subjetiva", ou que seja "objetiva", e, em todo caso, não é, no sentido estrito da expressão, "psicológica"; contudo, as noções de que se vale não seriam sequer compreensíveis fora do contexto do sujeito, e especificamente do sujeito humano, por mais que se insista em que esse sujeito não é identificável com o sujeito ou a "consciência" tradicionais. As orientações mais "objetivas" são principalmente de caráter físico; não têm por ser mera conseqüência de induções generalizadas a partir dos resultados obtidos na física, mas, em todo caso, estão em estreita relação com o vocabulário utilizado nessa ciência. Dentro dessas últimas orientações voltam a aparecer, embora consideravelmente refinadas e refundamentadas, certas concepções clássicas, particularmente as do espaço como continente absoluto, do espaço como substância da qual são feitas as realidades físicas (como o sistema proposto por Alexander) e do espaço como sistema de relações.

Deve-se verificar o problema de se as duas orientações mencionadas podem ou não harmonizar-se ou, ao menos, tornar-se compatíveis (e, minimamente, não-incompatíveis) e responder de forma negativa ou positiva. Caso se responda de forma negativa, pode-se sustentar que há dois modos de tratar a noção de espaço, tão distintas entre si que apenas seu nome é comum, ou então que há apenas um modo de tratá-la seja a "psicológica" seja a "física". Caso se responda de forma positiva, pode-se sustentar, como fez o autor da presente obra, que os chamados "espaço psicológico" e "espaço físico" são dois conceitos-limite. Cada um deles comporta uma orientação distinta e um conjunto de conceitos próprio. Os dois conceitos são, todavia, compatíveis, como se segue: o espaço físico, e a concomitante concepção física do espaço, não exclui a possibilidade de que haja operações como a orientação no espaço ou a formação de sistemas espaciais particulares em virtude da distinta disposição de objetos em tais sistemas. Em outras palavras, o espaço físico tem de possuir características de tal modo que haja entidades, e especificamente organismos, que se associem espacialmente de distintos modos. Ao mesmo tempo, o espaço "psicológico" é um modo determinado de estar no espaço físico; em particular, é o modo como um organismo se encontra em, vive, e experimenta, o espaço físico. Um exemplo disso é a formação de um ecossistema dentro de um espaço.

A harmonização e complementaridade das indicadas concepções do espaço não impede que se aceite apenas um tipo de espaço: o físico, de modo que os demais espaços são modos de organizá-lo. Como esses modos de organizar o espaço físico são função de entidades reais, cabe falar *do* espaço de tais entidades sem supor que é um espaço peculiar, distinto do físico.

Além dos *loci classici* citados no texto, ver as seguintes obras:

➲ Obras gerais sobre o problema do espaço, especialmente segundo o ponto de vista metafísico: Désiré Nys, *La notion d'espace au point de vue cosmologique et psychologique*, 1901. — *Id., La notion d'espace*, 1922. — Ernst von Aster, *Raum und Zeit*, 1922. — Max Bense, *Raum und Ich. Eine Philosophie über denn Raum*, 1934. — R. Saumells, *Dialéctica del espacio*, 1952. — I. Rice Pereira, *The Nature of Space*, 1956. — Eugen Fink, *Zur ontologischen Frühgeschichte von Raum, Zeit, Bewegung*, 1957. — Hedwig Conrad-Martius, *Der Raum*, 1958. — Erwin Jaeckle, *Phänomenologie des Raumes*, 1959. — VV. AA., *El espacio*, 1959. — O. F. Bollnow, *Mensch und Raum*, 1963. — Walter Gölz, *Dasein und Raum. Philosophische Untersuchungen zum Verhältnis von Raumerlebnis, Raumtheorie und gelebtem Dasein*, 1970. — J. Solomon, *The Structure of Space*, 1973. — E. Ströker, *Philosophische Untersuchungen zum Raum*, 2ª ed., 1977. — E. Grant, *Much Ado About Nothing: Theories of Space and Vacuum from the Middle Ages to the Scientific Revolution*, 1981.

Sobre o espaço absoluto: Aloys Müller, *Das Problem des absoluten Raumes und seine Beziehung zum allgemeinen Raumproblem*, 1911. — Hugo Dingler, *Das Problem des absoluten Raumes in historisch-kritischer Behandlung*, 1923.

Sobre a representação psicológica do espaço: Ch. Dunan, *Théorie psychologique de l'espace*, 1895. — H. Sachs, *Die Entstehung der Raumvorstellung*, 1897.

Sobre intuição do espaço e lógica: A. Berger, *Raumanschauung und formale Logik*, 1904.

Sobre espaço e geometria: Ferdinand Gonseth, *La géométrie et le problème de l'espace*, 1948-1955 (I. *La doctrine préalable*. II. *Les trois aspects de la géométrie*. III. *L'édification axiomatique*. IV. *La synthèse dialectique*. V e VI. *La géométrie et le problème de l'espace*).

Teorias sobre o espaço e análise (principalmente análise matemática) da noção de espaço, freqüentemente em relação com a de tempo: G. Lachelas, *Études sur l'espace et le temps*, 1896. — Melchior Palágyi, *Neue Theorie des Raumes und der Zeit. Entwurf einer Metageometrie*, 1901. — A. A. Robb, *A Theory of Time and Space*, 1914; 2ª ed., 1936. — Hermann Weyl, *Raum, Zeit, Materie*, 1918. — E. Borel, *L'espace et le temps*, 1922. — Hans Reichenbach, *Die Philosophie der Raum-Zeit-Lehre*, 1928. — E. Schrödinger, *Space-Time Structure*, 1950. — C. Graef Fernández, *Espacio matemático y espacio físico*, 1955. — E. A. Ruch, *Space and Time: A Comparative Study of the Theories of Aristotle and A. Einstein*, 1958. — John A. Wheeler, *Geometrodynamics*, 1962. — Adolf Grünbaum, *Philosophical Problems of Space and Time*, 1963; 2ª ed., 1973. — G. Ludwig, N. M. Luyten *et al.*, *Die Problematik von Raum und Zeit*, 1964. — Daul A. Basri, *A Deductive Theory of Space and Time*, 1966. — Richard Swinburne, *Space and Time*, 1968. — Michael Whiteman, *Philosophy of Space and Time and the Inner Constitution of Nature: A Phenomenological Study*, 1968. — Bas C. van Fraassen, *An Introduction to the Philosphy of Time and Space*, 1970. — Lawrence Sklar, *Space, Time and Spacetime*, 1974. — Ian Hinckfuss, *The Existence of Space and Time*, 1975. — Wesley C. Salmon, *Space, Time and Motion: A Philosophical Introduction*, 1975. — Graham Nerlich, *The Shape of Space*, 1976. — J. R. Lucas, *A Treatise on Time and Space*, 1976. — P. C. W. Davies, *Space and Time in the Modern Universe*, 1977. — Y. Belaval, P. Lorenzen, M. Bunge *et al.*, *L'Espace-Space*, 1978, eds. M. Svilar e A. Mercier [Instituto Internacional de Filosofia. Reuniões de Berna, 12-16 de setembro de 1976]. — M. Friedman, *Foundations of Space-Time Theories: Relativistic Physics and Philosophy of Science*, 1983. — C. Ray, *Time, Space and Philosophy*, 1991. — F. M. Christensen, *Space-Like Time: Consequences of, Alternatives to and Arguments Regarding the Theory that Time is Like Space*, 1993.

Sobre espaço e hiperespaço: Francisco Vera, *Espacio, Hiperespacio y Tiempo*, 1928. — John A. Wheeler, op. cit. supra.

Sobre o espaço na filosofia do século XIX e na filosofia e física do século XX: J. Baumann, *Die Lehren vom Raum, Zeit und Mathematik in der neueren Philosophie*, 2 vols., 1868. — Moritz Schlick, *Raum und Zeit in der gegenwärtigen Physik*, 1917. — Gaston Bachelard, *L'esperience de l'espace dans la physique contemporaine*, 1937. — H. Feigl e G. Maxwell, eds., *Scientific Explanation, Space and Time*, 1962 [Minnesota Studies in the Philosophy of Science, 3].

Sobre o problema epistemológico do espaço: Victor Henry, *Das erkenntnistheoretische Raumproblem in seinem gegenwärtigen Stande*, 1914. — J. Piaget *et al.*, *L'épistémologie de l'espace*, 1964 [Études d'épistémologie génétique, 18].

Sobre a noção de espaço em diversas correntes filosóficas e autores dos gregos até hoje: R. Wavre, *La figure du monde: essai sur le problème de l'espace des Grecs à nos jours*, 1950. — M. Jammer, *Concepts of Space: The History of Theories of Space in Physics*, 1954; nova ed.: *Das Problem des Raumes*, 1980. — Alexander Gosztonyi, *Der Raum. Geschichte seiner Probleme in Philosophie und Wissenschaften*, 2 vols., 1976. — C. Deichmann, *Das Problem des Raumes in der griechischen Philosophie*, 1893 (tese). — F. A. Weber, *Die griechische Entwicklung der Zahl- und Raumbegriffe in der griechischen Philosophie bis Aristoteles und der Begriff der Unendlichkeit*, 1895. — Henri Bergson, *Quid Aristoteles de loco senserit*, 1889 (trad. fr.:

L'idée de lieu chez Aristote, em *Les Études bergsoniennes*, 2 [1949], 27-104, reimp. em *Mélanges*, 1972, eds. Henri Gouhier e André Robinet). — Werner Gent, *Die Philosophie des Raumes und der Zeit. Historische, kritische und analytische Untersuchungen*, 2 vols., 1926-1930, reimp. 1962. — Joseph Moreau, *L'espace et le temps selon Aristote*, 1965. — Hans Leisegang, *Die Raumtheorie im späteren Platonismus, insbesondere bei Philon und den Neuplatonikern*, 1911 (tese). — Israel Isaac Efros, *The Problem of Space in Jewish Medieval Philosophy*, 1917. — Francesco della Zuanna, *Doctrina de spatio in schola nominalista Parisiensi saec. XIV*, 1936 (tese). — Concetta Orsi, *op. cit.*, no texto. — S. Toulmin, arts. cit. no texto. — F. Kaulbach, *Die Metaphysik des Raumes bei Leibniz und Kant*, 1960 (*Kantstudien*, Ergänzungsheft 79). — Cesare Luporini, *Spazio e materia in Kant, con una introduzione al problema del "criticismo"*, 1961. — Heinz Heimsoeth, *Studien zur Philosophie I. Kants. Metaphysische Ursprünge und ontologische Grundlagen*, 1956, pp. 93-194 [de Descartes a Kant]. — E. van Biema, *L'espace et le temps chez Leibniz et chez Kant*, 1908. — C. B. Garnett, *The Kantian Philosophy of Space*, 1939. — C. B. Broad, *Hume's Doctrine of Space*, 1963. — W. Gent, *Die Raum-Zeit-Philosophie des 19. Jahrhunderts*, 1930. — François Heidseck, *Bergson et la notion d'espace*, 1959. — Ulrich Claesges, *Edmund Husserls Theorie der Raumkonstitution*, 1964. — Walter Biemel, *Le concept du monde chez Heidegger*, 1950, especialmente pp. 57-78. — Walter Cerf, *On Space and Time*, 1975 (sobre Kant, Heidegger e Strawson). — C. Debru, *Analyse et représentation. De la méthodologie à la théorie de l'espace: Kant et Lambert*, 1977. — J. V. Buroker, *Space and Incongruence: The Origin of Kant's Idealism*, 1981. — H. Gianini, *Espacio y tiempo en Aristóteles y Kant*, 1982. — A. T. Winterbourne, *The Ideal and the Real: An Outline of Kant's Theory of Space, Time and Mathematical Construction*, 1988. — A. Melnick, *Space, Time and Thought in Kant*, 1989. ℂ

ESPÉCIE. A partir de Platão e, sobretudo, a partir de Aristóteles, a noção de espécie foi examinada tanto lógica como metafisicamente. Do ponto de vista lógico, a espécie, εἶδος, *species*, é considerada uma classe subordinada ao gênero, γένος, *genus* (VER), e supraordenada aos indivíduos. Do ponto de vista metafísico, a espécie é considerada um universal, estabelecendo-se então em relação a ela todos os problemas que os universais (VER) suscitam. Os dois pontos de vista aparecem freqüentemente confundidos, especialmente quando se insiste no processo platônico da divisão, e supõe-se que a hierarquia lógica tem seu exato paralelo em uma hierarquia ontológica. Um dos exemplos que mostram essa dupla hierarquia é constituído pela árvore (VER) de Porfírio.

Aristóteles afirma em *Cat.*, 5, 2 b 19ss. que a espécie é para o gênero o que o sujeito é para o predicado, pois o gênero é predicado da espécie enquanto a espécie não pode ser predicada do gênero. A espécie encontra-se mais próxima da substância primeira que o gênero (*ibid.*, 2 b 7). Quando dizemos, com efeito, '*x* é um homem', informamos mais sobre o que é *x* que quando dizemos '*x* é um animal'. Há, pois, uma prioridade da espécie em relação ao gênero e à diferença (*Top.*, VI, 14, 151 b 30). Por outro lado, pode-se dizer que a espécie se constitui quando acrescentamos a diferença ao gênero (*ibid.*, VI, 6, 143 b 8). Entre as espécies merece menção uma delas: a espécie especialíssima, espécie última ou espécie ínfima, ἔσχατον εἶδος, depois da qual não pode ser encontrada nenhuma diferença específica. Exemplo dela é a espécie *Homem*, que se constitui como resultado da adição da diferença específica *Racional* ao gênero ínfimo *Animal*.

Aristóteles não incluiu, por conseguinte, a espécie entre os predicáveis (VER). O responsável por essa inclusão foi Porfírio. Em sua *Isagoge* Porfírio definiu a espécie em um sentido parecido com o que indicamos no começo deste verbete, mas, como assinalamos, ele a considerou como uma das *quinque voces*. A mesma coisa foi feita pelos escolásticos. A *species* era para eles um dos modos por meio dos quais pode ser efetuada a predicação ao lado do *genus*, da *differentia*, do *proprium* e do *accidens*. Uma definição muito comum da espécie é *unum aptum inesse pluribus, numero differentibus, et praedicari de illis in quid complete*, à diferença do gênero, cuja predicação é *incompleta*. As espécies são divididas então em supremas, ínfimas e subalternas: a *espécie suprema* é a que não tem nenhuma outra sobre ela salvo o gênero; a *espécie ínfima* é a que não tem abaixo dela outras espécies, mas apenas indivíduos. A *espécie subalterna* é a que admite outras espécies acima e abaixo dela. Um exemplo de espécie suprema é o *Corpo*, que tem acima dele o gênero da *Substância*. Um exemplo de espécie ínfima é — como vimos anteriormente — o *Homem*, que tem abaixo de si indivíduos humanos. Um exemplo de espécie subalterna é o *Animal*, espécie inferior em relação ao *Ser vivo* e espécie superior em relação ao *Homem*.

Em outro sentido recebem o nome de espécie as cópias que, por assim dizer, os objetos externos enviam para a alma em sua apreensão. A espécie é, na terminologia escolástica e especialmente na tomista, a imagem que a alma se forma de um objeto, chamando-se *espécie inteligível* a idéia geral que o entendimento ativo se forja com base nas imagens sensíveis. As "espécies" representam o intermediário entre o sujeito e o objeto, mas isso não significa que a alma se limite a um conhecimento das *species* e sempre exclua o objeto transcendente. Pelo contrário, o realismo gnosiológico da escolástica afirma decididamente a possibilidade do conhecimento direto das coisas, aquém de todo fenomenalismo ou de todo idealismo que são concebidos pelos neoescolásticos como manifestações do relativismo. Mas as *species* são entendidas em dois sentidos. Como *espécies sensíveis* representam a imagem impressa na alma pelos objetos individuais com suas determinações individuais. Daí que elas também sejam chamadas de *espécies impressas*. Como *espécies inteligíveis*, por outro lado, elas representam, como se indicou, a idéia geral da coisa, isto é, reproduzem o objeto em sua essência e não em suas contingências. Enquanto as espécies sensíveis ou impressas originam-se da "pressão" que as coisas exercem sobre os sentidos, as espécies inteligíveis ou *expressas* são, na concepção aristotélico-escolástica, não como poderia depreender-se da tradição platônica ou platônico-agostiniana idéias inatas, formas *a priori* que se encontram na alma em virtude de uma reminiscência ou de uma ação divina, mas transformações das impressões realizadas pelo entendimento (VER) agente, que assim constitui as noções abstratas. O intelecto agente tem a seu cargo a operação da abstração por meio da qual, das imagens formadas pelos sentidos, desprendem-se as particularidades e as contingências aderidas à essência do objeto.

O termo 'espécie' também é utilizado, na biologia e especialmente na teoria da evolução, para referir-se às espécies orgânicas. Tratamos da noção de espécie no artigo EVOLUÇÃO, EVOLUCIONISMO.

➲ Ver: Hans Pichler, "Zur Lehre von Gattung und Individuum", *Beitrage zur Philosophie des deutschen Idealismus*, I (1918). — G. Rabeau, *Species, Verbum. L'activité intellectuelle élémentaire selon Sain Thomas d'Aquin*, 1938. — Mortimer J. Adler, *Problems for Thomists: The Problem of Species*, 1940. — John Frederick Peifer, *The Concept in Thomism*, 1952 (especialmente caps. III, IV e V). — Faustino Antonio Prezioso, *La "species" medievale e i prodromi del fenomenismo moderno*, 1963 (Santo Tomás; críticas de Henrique de Gand; reestabelecimento por parte de Duns Scot; refutação de Pedro Olivi; ataques à noção de *species* por Durando, Pedro Aureol, Guilherme de Ockham, João de Ripatransone e Gilberto de Beka). — P. Martin-Lof, "Hauptsatz for the Theory of Species", em J. E. Fenstad, ed., *2nd Scandinavian Logic Symposium*, 1971, pp. 217-233.

Para o conceito de espécie no sentido da ciência natural, ver a revista *Dialectica*, I, n. 3 (1947). ◖

ESPECIEÍSMO. Esse termo, procedente da palavra 'espécie', foi forjado para indicar a atitude humana segundo a qual a própria espécie, ou espécie humana, é privilegiada em relação a outras espécies e possui direitos que as demais espécies não têm, ou que supostamente não devem possuir. O especieísmo é, no que diz respeito à espécie humana inteira, o que é o racismo em relação a uma raça determinada; ser especieísta é ser "racista humano".

O especieísmo é uma versão do antropocentrismo quando este último é interpretado como resultado de um juízo de valor sobre o homem. Deve-se observar que o especieísmo não é necessariamente apenas o reconhecimento de que todos os homens constituem uma espécie ou de que seu ser é "ser espécie" no sentido de Feuerbach. Esse reconhecimento pode ser uma superação dos interesses particulares de grupos particulares e, por conseguinte, uma superação de todas as formas de racismo, nacionalismo, tribalismo etc. Mas o reconhecimento do homem como espécie se transforma em um especieísmo quando equivale à negação de direitos às outras espécies não-humanas.

Especificamente, os especieístas negam os direitos dos animais (ver ANIMAIS [DIREITOS DOS]) e, em geral, de todos os seres sensitivos distintos do homem.

'Especieísmo' traduz o termo inglês *Speciesism* (que também poderia ser traduzido por 'especiesismo'); o termo é de Richard Ryder, que o utiliza em seu artigo "Experiments on Animals", em *Animals, Men and Morals*, 1971, eds. Stanley e Roslind Godlovitch, e John Harris, pp. 41-82. Segundo Ryder, "não há nenhum critério simples que distinga as chamadas espécies" (*op. cit.*, p. 81). Ryder sublinha que, já que hoje não são mais aceitas discriminações em termos raciais, "de modo similar pode acontecer que chegue um momento em que os espíritos ilustrados sintam aversão ao 'especieísmo' tanto quanto agora detestam o 'racismo'" (*loc. cit.*). (De Ryder ver também *The Ethics of Vivisection*, 1974 [Scottish Society for the Prevention of Vivisection]).

ESPECULAÇÃO, ESPECULATIVO. Alguns dos significados que podem ser dados aos termos 'especulação' e 'especulativo' encontram-se no verbete CONTEMPLAÇÃO. Todavia, os termos 'especulação' e 'especulativo' merecem um verbete à parte por terem sido utilizados freqüentemente em outros sentidos (em geral, complementares) ou em outros contextos.

O vocábulo latino *speculatio* significa a ação e o efeito de *speculare* [*speculor*]. Esse verbo designa a ação de observar a partir de certa altura. Também designa a ação de observar os astros (Cícero) e de espiar. A *speculatio* é levada a cabo a partir de um lugar de observação, *specula*. Em seu sentido original, *speculatio* não significa, por conseguinte, "imaginar algo sem ter fundamento para tal", mas antes "escrutar algo atentamente", embora, por assim dizer, "por cima". *Speculatio* foi utilizado freqüentemente para traduzir o grego θεωρία, também vertido por *contemplatio* (ver CONTEMPLAÇÃO). Quando θεωρία (teoria) = *speculatio* (especulação), o conhecimento especulativo equivale ao conhecimento teórico, ἐπιστήμη θεωρητική, de que falava Aristóteles ao classificar toda ciência em ciência prática, ἐπιστήμη πρακτική, ciência produtiva ou "poiética", ἐπιστήμη ποιητική, e ciência teórica, ἐπιστήμη θεωρητική, e ao dizer que, como a *Physica* (no sentido aristotélico desse termo) não é nem prática nem "poética", ela é teórica (*Met.*, 1, 1025 b, 18-27), ou seja, teórica do ser suscetível de movimento e da substância, e freqüentemente da substância formal, mas não separada da matéria. Ao mesmo conhecimento teórico, contemplação ou "especulação", se refere Aristóteles ao dizer que a θεωρία é o melhor e o mais gracioso (*Met.*, Λ, 1072 b, 23) ou ao fundar a felicidade na contemplação (*Eth. Nic.*, X, 8, 1178 b, 32).

Nesses sentidos de 'especulação' há certas analogias entre a *speculatio* e a *lucubratio* (lucubração). *Lucuorere* [*lucubro*] designa o ato de velar (à luz de velas, geralmente a altas horas da noite) com o fim de pensar, escrever ou, em geral, levar a cabo algum trabalho intelectual. Isso é o que fazia Plínio o Velho para redigir suas obras: estar *in lucubratione*. A lucubração também é fruto do velamento, a obra produzida pelo espírito. Sendo essa obra uma obra de "pensamento" (em um sentido muito geral de 'pensamento'), pode-se dizer que se especula quando se lucubra e vice-versa. Aqui ainda não encontramos o sentido pejorativo que adquiriram posteriormente os termos *speculatio* e *lucubratio* (ou suas versões para idiomas modernos). A única coisa censurável que parece existir nesses vocábulos (ao menos entre os romanos) é que eles descrevem uma atitude "desinteressada" e, portanto, "pouco cívica": enquanto se lucubra e especula, são desatendidos os assuntos públicos, os negócios da *res pública*, que eram para os romanos absolutamente preeminentes.

Como "teoria", a especulação é uma atividade fundamental em diversas escolas filosóficas do final do mundo antigo (por exemplo, e sobretudo, na escola neoplatônica). Em muitos casos não se conseguiu distinguir "especulação" de "contemplação": ambas foram consideradas modos de "teoria" ou simplesmente identificadas com a "teoria". Entre os filósofos medievais foi comum a noção de especulação. Algumas vezes se considerou esta como equivalente à "teoria", algumas vezes foram estabelecidas certas diferenças entre especulação e outras atividades "teóricas". Freqüentemente se relacionou o termo *speculatio* com o vocábulo *speculum* ("espelho" ou então "imagem" enquanto "reprodução fiel"). Daí que se interpretasse 'especular' como 'modo de refletir' (isto é, 'refletir contemplativamente'). Distinguiu-se também *speculatio*, *contemplatio* e *meditatio*. Mediante a contemplação (*contemplatio*), considera-se Deus como em si mesmo. Mediante a especulação (*speculatio*) considera-se Deus tal como ele se reflete nas coisas criadas, do mesmo modo que a imagem se reflete no espelho (*speculum*). Mediante a meditação (*meditatio*) põe-se a alma em tensão com o fim de alcançar a contemplação. Essas distinções não foram aceitas por todos os autores; alguns deles, além disso, como os vitorinos (VER), introduziram uma distinção entre "pensamento" (*cogitatio*) (que procede da imaginação), meditação (que procede da razão [no sentido de uma unificação das faculdades espirituais]) e contemplação (que procede da "inteligência"). Aqui não há propriamente especulação, ou então ela é identificada com a meditação. Em todo caso, era muito comum considerar que a especulação era um estádio intermediário que leva até a contemplação.

Os escolásticos mais próximos de Aristóteles, como Santo Tomás, entendem freqüentemente *speculativum* como *theoricum*; ambos se contrapõem a *operativum* e *practicum*. A finalidade do *speculativum* é o conhecimento (*speculativum dirigit, ut sciatur*); a finalidade do *practicum* é a "obra" (*practicum dirigit, ut fiat*). Algumas vezes se diz que os princípios especulativos são "resolutivos" (analíticos) enquanto os princípios práticos são "compositivos" (sintéticos). Também se fala de *sciencia speculativa* e de *ars speculativa*; ambas são conseqüência do *habitus speculativus* (que é ao mesmo tempo *cognitivus* ou *considerativus*).

Muitos autores modernos se opuseram à "especulação" e a todo "especulativo" considerando-o como algo infundado e sem nenhum alcance "prático" (e até mesmo "teórico"). Assim, Descartes: "Pois me parecia possível encontrar mais verdade nos raciocínios que cada um faz relativos aos assuntos que lhes cabem e cujo resultado deve redundar logo em prejuízo se ele julgou mal, do que nos que faz um homem de letras em seu gabinete relativos a especulações que não produzem efeito algum..." (*Discours*, Parte I). A especulação foi considerada por não poucos filósofos modernos como uma atividade da razão quando esta se nutre de si mesma, à semelhança "das aranhas, que extraem tudo de sua própria substância" (ver BACON [FRANCIS]). Isso não significa que na época moderna a especulação ou, melhor, o que Kant chamava de "razão especulativa" não tenha tido nenhuma importância. Esta constitui o fundamento de muitas das proposições estabelecidas por autores "racionalistas", particularmente por autores da chamada "escola de Leibniz-Wolff". Diante dessa confiança na "razão especulativa", Kant elaborou sua teoria do conhecimento, que tinha como objetivo, entre outros, delimitar as possibilidades da razão e mostrar que não há nenhum conhecimento admissível que não se encontre dentro dos limites da experiência possível. Segundo Kant, o "conhecimento da natureza" difere do "conhecimento teórico", o qual "é *especulativo* caso se refira a um objeto, ou aos conceitos de um objeto, que não pode ser alcançado mediante nenhuma experiência" (*KrV*, A 634/B 662). O "conhecimento" fundado em "princípios especulativos da razão" deve ser, portanto, submetido à crítica. Parece, então, que com Kant são postos definitivamente limites à especulação, ou "razão especulativa". Contudo, depois de Kant os termos 'especulação' e 'especulativo' voltaram a ser utilizados não apenas como inteiramente admissíveis, mas também como os únicos que podem qualificar a "espécie superior do conhecimento". Isso ocorreu com os autores que rejeitaram a limitação de Kant ao "entendimento" (VER) e defenderam uma "intuição (VER) intelectual". O autor mais importante nesse sentido é Hegel. Segundo este último, a Razão ou "Pensamento especulativo" é o único que permite unir e conciliar os opostos que se manifestam no processo dialético. O pensamento especulativo supera, pois, as tensões reveladas pelo pensamento dialético. As referências de Hegel ao pensamento especulativo são numerosas. Eis algumas: "O especulativo é o positivo-racional, o espiritual, o único autenticamente filosófico" (*Philosophische Propädeutik*, Glockner, 3: 313). "A especulação consiste na concepção do oposto em sua unidade, ou do positivo no negativo" (*Logik*; Glockner, 4: 54-55). "O especulativo ou positivo-racional concebe a unidade das determinações em sua oposição" (*System der Philosophie*; Glockner, 8: 195). "A filosofia especulativa é a consciência da idéia, de modo que tudo é concebido como idéia" (*Philosophie der Religion*; Glockner, 15: 39). O que aparece claro para o entendimento é contraditório; apenas o racional-especulativo cancela (e absorve) as contradições.

As idéias de Hegel sobre a especulação e sobre o especulativo foram reproduzidas pelos idealistas hegelianos de formas muito diversas. A noção da filosofia como pensamento especulativo revelou-se freqüentemente como o *leitmotiv* do idealismo. Citamos para esse efeito o título da revista filosófica fundada por W. T. Harris, do Círculo de Saint Louis, em 1867: *The Journal of Speculative Philosophy*, "exclusivamente consagrada aos interesses da filosofia especulativa". Seu primeiro número começava com um artigo intitulado "The Speculative", escrito pelo diretor (Harris). Nele se dizia que "a alma do método [especulativo] reside na compreensão do negativo" e que "o especulativo penetra na construção do positivo com base no negativo".

A oposição à especulação e à "razão especulativa" manifestou-se dentro de tendências em parte devedoras de Hegel (como ocorre com Feuerbach e Marx). Ela também se manifestou em muitas tendências contemporâneas: em um bom número de neokantianos, empiristas, positivistas, pragmatistas, filósofos analíticos etc., mas também em existencialistas e historicistas. Costuma-se acusar a "filosofia especulativa" de ser "abstrata", acusação que, curiosamente, é a mesma que Hegel e muitos hegelianos mais ou menos ortodoxos lançavam contra aqueles que rejeitavam o "pensamento especulativo"; mas isso se deve provavelmente aos sentidos muito diversos que uns e outros deram aos termos 'especulativo' e 'especulação'. Algumas vezes falou-se de oposição entre "análise" e "especulação" (ver FILOSOFIA ANALÍTICA), mas alguns autores sustentaram que essa oposição não existe, porque a chamada "especulação" é uma "continuação" da "análise" e é a parte "construtiva" da "análise". Em nenhum desses casos se determinou precisamente o sentido de 'especulação': os inimigos desta destacaram os elementos "gratuitos" do pensamento especulativo, e aqueles que demonstraram simpatia por esse pensamento sublinharam que se trata de uma função imaginativa necessária. Caso se admita o que foi dito por último, a chamada "especulação" consistiria principalmente na formação de hipóteses, especialmente as qualificadas de "hipóteses ousadas".

À diferença de um grande número de filósofos contemporâneos, Whitehead apresentou sua própria filosofia como uma "filosofia especulativa" e defendeu esse tipo de filosofia, contra a carga de "excesso de ambição", indicando que essa carga equivale a aplicar à filosofia "o velho exame dogmático" (*Process and reality*, I, vi) que, caso fosse aplicado à ciência, a tornaria impossível (uma opinião que, com importantes mudanças e dentro de outro contexto, também poderia ser atribuída a Popper, que usa, para o mesmo fim, o termo 'metafísica'). Whitehead destaca que a filosofia não deve ceder ao perigo de tentar realizar brilhantes façanhas explicativas: "A ousadia especulativa deve ser equilibrada mediante uma completa humildade diante da lógica e diante dos fatos", sendo "uma doença da filosofia quando ela não é nem ousada nem humilde, mas simplesmente uma reflexão dos pressupostos temperamentais de personalidades excepcionais". Entretanto, a filosofia — a de Whitehead ao menos — é filosofia especulativa, definida como "a tentativa de forjar um sistema coerente, lógico e necessário de idéias gerais nos termos das quais possa ser interpretado cada elemento de nossa experiência" (*op. cit.*, I, i). A filosofia especulativa, acrescenta Whitehead, tem dois lados: um deles, racional, expresso com os termos 'coerente' e 'lógico', e outro, empírico, expresso por meio de 'aplicável' e 'adequado'.

Algumas vezes se estabeleceu o problema da relação, e contraste, entre especulação e análise, assim como entre especulação e crítica. Especificamente esse problema foi estabelecido em relação com os critérios de "legitimidade filosófica" defendidos por autores de tendência analítica.

Nas fases mais declaradamente antimetafísicas da filosofia analítica considerou-se que a análise se opõe à especulação e também que a função da análise é a de pôr um fim a toda especulação, entendendo-se a última quase sempre como "especulação metafísica". Assim ocorreu com quase todos aqueles que seguiram o positivismo lógico. Alguns autores simpáticos ao movimento analítico declararam, porém, que não havia nenhuma oposição de princípio entre análise e especulação. Desse modo, C. D. Broad avaliou que a filosofia analítica pode servir de ponto de partida, ou de preparação, para a filosofia especulativa. H. H. Price indicou que a chamada "metafísica especulativa" pode servir de orientação intelectual. Essa metafísica é comparável a um mapa; assim como existem vários mapas possíveis para uma mesma região, também existem várias metafísicas especulativas possíveis. Posteriormente considerou-se que a atividade analítica não é incompatível com a "imaginativa", que é de alguma maneira especulativa. Deve-se levar em conta, contudo, que o significado de 'especulação' varia muito de acordo com os autores, e que a menos que ele seja determinado não fica claro se há ou se não há incompatibilidade entre análise, ou crítica, e especulação.

(A partir de 1987 começou uma nova época no *The Journal of Speculative Philosophy*, eds. Carl R. Hausman, Henry W. Johnstone e Carl G. Vaught.)

ESPERANÇA. O conceito de esperança foi mais freqüentemente tratado por teólogos (especialmente por teólogos cristãos) que por filósofos. Todavia, o estudo desse conceito tem ressonâncias filosóficas.

A esperança não foi tema de especulação na filosofia grega clássica, salvo acidentalmente. Em contrapartida, tanto no Antigo Testamento como no Novo Testamento aparece a idéia de esperança como um tema central. No Antigo a esperança é descrita como a expectação diante da Promessa feita a Abraão; a esperança está relacionada com a visão da Terra Prometida e da Cidade Nova (cf., por exemplo, Is 40ss.; Ez 40ss.). Depois a esperança está ligada à idéia da ressurreição (2Mc 7). No Novo Testamento não se encontra o vocábulo grego ἐλπίς (traduzido por 'esperança'); a esperança está incluída na fé, πίστις, no Reino de Deus. Em São Paulo (Hb 2,1) a fé é apresentada como "a substância das coisas esperadas". A esperança encontra-se, portanto, intimamente ligada à fé, e até mesmo como seu objeto. Ela também está intimamente ligada à caridade (ver AMOR). Mas isso não significa que a esperança seja idêntica à fé e à caridade. A esperança é uma virtude por si mesma; junto com a fé e a caridade ela é uma das três chamadas "virtudes teologais".

Para os gregos, a esperança era um consolo. Para os cristãos ela é uma confiança, um ato positivo que põe o homem a caminho do Reino de Deus. Alguns interpretaram essa esperança no sentido do "milênio". Mas a maior parte dos teólogos cristãos, especialmente a partir de Santo Agostinho, e em grande parte por causa de sua influência, consideraram a esperança uma virtude relativa a um bem de caráter pessoal. Esse caráter pessoal foi integrado por Santo Tomás em uma concepção comunitária (relativa a uma comunidade de pessoas que vivem na expectação do Reino de Deus, isto é, na expectação da "possessão de Deus"). Isso é possível porque Deus prometeu seu Reino ao homem, de modo que este pode então — em virtude da Promessa — esperar.

Os teólogos e filósofos medievais trataram freqüentemente da esperança como virtude (VER) teologal. A esperança era concebida como uma virtude infusa. Na época moderna e contemporânea houve pelo menos quatro modos de considerá-la.

Um deles é o teológico cristão, ao qual já nos referimos e que foi objeto de múltiplos debates por parte de teólogos e filósofos, como se pode ver pela importância dada a essa noção em diversas orientações: tomistas, jansenistas, milinosistas, luteranos etc.

Outro é o modo "psicológico"; segundo ele, a esperança é uma das chamadas "paixões da alma". Sob esse ponto de vista, a esperança foi definida como a perspectiva da aquisição de um bem com probabilidade de alcançá-lo (Descartes, *Les passions de l'âme*, art. 58) ou como um prazer experimentado diante da idéia de um provável futuro gozo de algo que pode produzir deleite (Locke, *Essay*, II xx 9). Essa análise psicológica da esperança a torna fundamentalmente uma "espera" e uma "expectação".

A esperança foi freqüentemente um tema central em autores com propensão a uma interpretação "existencial" dessa noção. Detacamos aqui as idéias de Gabriel Marcel (no trabalho "Esquisse d'une phénoménologie et d'une métaphysique de l'espérance" [1942], incluído no volume *Homo viator. Prolégomènes à une métaphysique de l'espérance* [1944]) e as de Pedro Laín Entralgo (em *La espera y la esperanza*, 1957; 2ª ed., 1958). Também podemos nos referir às idéias de Kierkegaard, Heidegger e outros autores (incluindo alguns que, como Sartre, parecem tratar a esperança fundamentando-se em uma análise do "desesperar"). Todavia, os dois autores que foram indicados primeiro serão suficientes aqui.

Para Marcel, a esperança não é meramente um esperar que algo ocorra, mas um esperar fundado em uma abertura tanto daquele que espera como daquilo que é esperado. A esperança encontra-se, por conseguinte, fundada na transcendência. Ela tem um caráter pessoal, enquanto esperança de alguém em relação a alguém, mas também, e sobretudo, um caráter ontológico, na medida em que se refere ao ser e não apenas ao ter (VER). A esperança é para Gabriel Marcel um mistério e não um problema (VER). A definição que eles nos dá reza o seguinte (usamos a tradução de Laín): "A esperança é essencialmente a disponibilidade de uma alma, tão intimamente comprometida em uma experiência de comunhão que pode cumprir um ato transcendente à oposição entre o querer e o conhecer, um ato por meio do qual ela afirma a perenidade viva de que essa experiência oferece ao mesmo tempo os benefícios e as primícias".

Laín Entralgo também chega à idéia da esperança que pode ser qualificada de ontológica, mas, diferentemente de Marcel, leva a cabo um bem-sucedido esforço para relacionar (seguindo aqui a distinção heideggeriana) o ontológico com o ôntico. Laín se interessa por aquilo que pode ser descoberto na análise do ato de esperar por parte do animal. Um exame do "estado de alerta" mostra que "a futurição da existência animal tem sua forma mais própria na espera. Viver animalmente é, em sua mais profunda e específica raiz, exercitar uma espera predatória ou defensiva" (sublinhado por Laín). Pois bem, a espera humana participa dos caracteres do esperar animal, mas os transcende em diversos aspectos. Por exemplo, a espera humana é "suprainstintiva, supra-situacional e indefinida". Com isso abre-se o caminho para a constituição da esperança. Isso não significa que a esperança seja um mero desenvolvimento da espera animal. Mas pode-se muito bem destacar o caráter espiritual da esperança sem desligá-lo dos fundamentos naturais, que aparecem então como condições e não como causas. Laín examina a espera especificamente humana em suas diversas formas (como projeto, como pergunta) e destaca sete momentos distintos nessa espera: finitude, nada, realidade enquanto tal, ser, infinitude, abertura para o fundamentante e para a comunidade. Isso possibilita a esperança enquanto "esperança genuína", que culmina na *beata spes*, a cuja compreensão a filosofia não tem acesso.

Outro modo de considerar a esperança é aquele que se manifesta em algumas correntes que confluem no marxismo e se desenvolvem dentro dele. A esperança em sentido marxista não é nem a esperança em um absoluto "além" nem tampouco a esperança em um absoluto, radicalmente interior, "aquém". Em princípio ela não é, portanto, nem utopia nem transformação apenas pessoal. A esperança não é, a rigor, um elemento da teoria, mas da prática histórica. Mas a prática histórica envolve um certo elemento utópico que Engels quis eliminar completamente em seu esforço de fazer passar o socialismo da utopia para a ciência, mas que ainda persistia em Marx. Esse elemento foi desenvolvido por vários autores marxistas "não-ortodoxos". Em alguns casos, isso parece ocorrer por meio de uma teoria crítica radical que, paradoxalmente, expressa a esperança mediante um certo pessimismo, como ocorre com Max Horkheimer. Em outros casos ocorre mediante a colocação, ou recolocação, da noção de esperança no próprio coração do pensamento marxista. Isto ocorre com Ernst Bloch, que pode ser chamado, com justiça, de "um filósofo da esperança". Com efeito, Bloch (VER) considera que a esperança permanece como uma espécie de resíduo de uma "fome originária" característica do momento de indiferenciação entre sujeito e objeto. Quando estes se encontram separados, a esperança anima o sujeito em seu desejo de reunir-se e reconciliar-se com o objeto. A esperança aponta sempre para o futuro e é o constante "ainda não", o não ser ainda o sujeito que aspira sê-lo. A esperança é "esperança concebida" (*begriffene Hoffnung, docta spes*). A filosofia é "consciência moral do amanhã", é "partidarismo pelo futuro" e é "saber de esperança"; caso contrário, não é saber (*Das Prinzip Hoffnung, Vorwort*, p. 5). A esperança de que fala Bloch está ligada, em sua opinião, à concepção materialista dialética, porque está fundada na realidade e ao mesmo tempo orientada para um futuro ideal e "utópico". O marxismo é, no fundo, *Traum nach vorwärts*, "sonho para adiante" (*ibid.*, cap. 55, p. 1616). Por meio da esperança começa a tornar-se possível que o sujeito se objetive, que o objeto se subjetive e que, como Marx indicava, a história se naturalize e a natureza se historicize. A esperança, contudo, não desaparece com isso, porque ela é o próprio processo do "não ser ainda", e esse é um processo que vai sendo feito continuamente, cujo ser consiste em fazer-se. A esperança, como a liberdade, vai se criando e fazendo a si mesma, sem jamais completar-se em um puro "objeto" indiferenciado.

O caráter escatológico da doutrina marxista da esperança desenvolvida por Bloch algumas vezes parece aproximar-se de doutrinas muito distintas da sua, ao menos na intenção. Um exemplo disso são duas teses de William F. Lynch, em *Images of Hope: Imagination as Healer of the Hopeless* (1955); a esperança encontra-se muito próxima de estar "no próprio coração e centro do ser humano"; "a esperança não é, todavia, exclusivamente uma coisa interior". O que diferencia esse autor de Bloch é, entre muitas outras coisas, a direção da esperança, que em Bloch continua sendo imanente.

↪ Além das obras citadas no texto, ver: J. Pieper, *Über die Hoffnung*, 1935. — Joaquín Andúriz, *El existencialismo de la esperanza*, 1949. — O. F. Bollnow, "Die Tugend der Hoffnung. Eine Auseinandersetzung mit dem Existentialismus", *Humanitas*, 10 (1955), 153-164, reimp., com ampliações, em *Neue Geborgenheit*, 1955. — Teófilo Urdaanoz, "Para una filosofía y teología de la esperanza", *Ciencia Tomista*, n. 264 (1957), 549-612. — Ch.-A. Bernard, *Théologie de l'espérance selon Saint Thomas d'Aquin*, 1961. — A. Bergstraesser, I. Fetscher *et al.*, *Die Hoffnungen unserer Zeit*, 1963, ed. R. Piper. — Anne e Kenneth Lamb, *Hope*, 1971. — Henri Desroche, *Sociologie de l'espérance*, 1973. — Alois Edmaier, *Horizonte der Hoffnung. Eine philosophische Studie*, 1968. — R. Schaffler, *Was dürfen wir hoffen?*, 1979. — H. Middendorf, *Phänomenologie der Hoffnung*, 1985. ↩

ESPEUSIPO (*ca.* 407-339 a.C.), sobrinho de Platão, nasceu em Atenas, entrou na Academia em 387, acompanhou seu mestre em sua terceira viagem à Sicília e foi nomeado por ele escolarca da Academia, cargo que ocupou desde 347 até a morte. Embora Diógenes Laércio (IV, 1) diga que Espeusipo seguiu fielmente os ensinamentos de Platão, a verdade é que ele criticou asperamente a doutrina das idéias. Em vez das idéias, ele propôs os números (não como números ideais ou idéias de números, mas como entidades separadas da experiência). Além disso, rejeitou a doutrina platônica do Bem como idéia das idéias e o considerou apenas como um fim. O Bem era, pois, para Espeusipo, distinto da Unidade e da Razão. Pois o Bem é um resultado — um resultado de um processo —, enquanto a Unidade é um princípio, e a Razão é a divindade. Esta última pode ser equiparada à alma que rege o Mundo. Contudo, Espeusipo não se limitou em sua filosofia às questões metafísicas. Também se dedicou a problemas do conhecimento (afirmando que há uma "percepção cognoscitiva", ἐπιστημονική αἴσθησις, capaz de proporcionar definições), a questões éticas (sustentando que a perfeição é um bem obtido por conformidade à natureza) e a classificações de animais e plantas (na obra intitulada Ὁμοία. As chamadas críticas de Aristóteles a Platão nos livros M e N da *Metafísica* estão em parte (segundo Jaeger) dirigidas contra Espeusipo.

⊃ Obras: Espeusipo escreveu, ao que parece, muitas memórias e diálogos. Restam apenas fragmentos. Sobre isso, ver H. Diels, *Doxographi Graeci*, 1879. — F. W. A. Mullach, *Fragmenta philosophorum graecorum*, III, 1881 (§§ 62-69). — P. Lang, *De Speusippi academici scriptis, accedunt fragmenta*, 1911 (tese).

Ver: F. Ravaisson, *Speusippi de primis rerum principiis placita*, 1838 (tese) (trad. esp.: *Las opiniones de Espeusipo acerca de los primeros principios de las cosas examinadas a la luz de los textos aristotélicos*, 1968). — M. A. Fischer, *De Speussippi vita*, 1845. — E. Frank, *Plato und die sogenannten Pythagoreer*, 1923. — H. Cherniss, *The Riddle of the Early Academy*, 1945, cap. II. — L. Tarán, *Speusippus of Athens: A Critical Study with a Collection of the Related Texts and Commentary*, 1981. — R. M. Dancy, *Two Studies in the Early Academy*, 1991 [Eudoxo e Espeusipo, com a reação de Aristóteles].

Artigo de J. Stenzel sobre Espeusipo (Speusippos) em PAULY-WISSOWA. ⊂

ESPINAS, ALFRED [VICTOR] (1844-1922), nascido em Saint-Florentin (Yonne, França), foi professor em Douai, Bordeaux e, a partir de 1893, na Sorbonne. Espinas destacou-se com seus estudos sobre as sociedades animais, que classificou de acordo com os modos segundo os quais se desenvolvem os instintos de reprodução e os tipos de agrupamento que se formam para a estabilidade da espécie correspondente. Espinas considerou a sociedade humana uma das formas de sociedades animais; as noções de solidariedade e de tradição, por exemplo, são explicadas por Espinas com base nas noções de agrupamento orgânico e continuidade.

⊃ Obras: *Des sociétés animales*, 1877. — *La philosophie expérimentale en Italie*, 1880 (sobre Ardigò e o positivismo italiano). — *Histoire des doctrines économiques*, 1891. — *Les origines de la technologie*, 1897.

— *La philosophie sociale du XVIIIe siècle et la Révolution*, 1898. — *Notice sur la vie et les oeuvres de M. Gabriel Tarde*, 1910 (A. E. sucedeu Tarde na Académie des Sciences Morales et Politiques). — Espinas publicou numerosos artigos sobre questões psicológicas e sociológicas na *Revue Philosophique*.

Correspondência: R. Lenoir, "Lettres de Théodule Ribot à A. E. (1876-1893)", *Revue de Philosophie Française*, 157 (1967), 385-391.

Ver J. J. Ostrowski, *A. E. précurseur de la praxéologie*, 1973. ⊂

ESPIRITISMO. Ver METAPSÍQUICA.

ESPÍRITO (CIÊNCIAS DO). Ver ESPÍRITO, ESPIRITUAL.

ESPÍRITO DA ÉPOCA. No verbete sobre a noção de "espírito do povo" (VER), indicamos que há uma estreita relação entre essa noção e a de "espírito da época" (expressão com a qual se traduz a palavra composta alemã *Zeitgeist*, cuja circulação se deve principalmente a Hegel e que foi adotada, e elaborada, por vários autores "românticos"). Isso ocorre sobretudo quando se entende o espírito de determinado povo, que é o que representa um momento fundamental no processo da história.

Também se falou de "espírito da época" de um modo mais geral para expressar o que poderia ser chamado de "o perfil" de uma época. Tanto 'espírito da época' como 'perfil de uma época' são expressões metafóricas e costumam valer como tais. Com efeito, quando se tenta definir o "espírito da época" enquanto "espírito de uma época", especificando-o em determinadas manifestações culturais, políticas, artísticas, religiosas, ou em determinadas estruturas sociais e econômicas, a unidade do suposto "espírito" corre o perigo de se dissolver. Se se afirma que o espírito da época é o modo de ser ou de agir (ou conjunto de modos de ser ou de agir) que expressa o que há de mais essencial em um período histórico, não se faz senão repetir o que já foi enunciado, pois 'espírito de' e 'o que há de mais essencial em' são expressões que podem ser intercambiadas.

Por isso se discutiu se a noção de espírito da época é justificada; se ela representa uma realidade ou se é uma hipóstase de certas realidades. São ilustrativos disso os versos que Goethe põe na boca de Fausto na primeira parte do poema durante uma conversa com o criado Wagner:

Was ihr den Geist der Zeiten heisst
Das ist im Grund der Herren eigner Geist,
In dem die Zeiten sich bespiegeln.
(*O que chamas de espírito dos tempos*
é, no fundo, o próprio espírito dos senhores
nos quais os tempos se refletem.)

Fausto acrescenta: "*Da ist's denn wahrlich oft ein Jammer!*" ("Freqüentemente não é mais que uma miséria"). Com isso Goethe expressa aqui a reação contra a enfática literatura produzida em torno da idéia de espírito de época, considerado por seus adversários como a hipóstase da uma realidade em última instância individual e psicológica.

Alguns autores tentaram relacionar a filosofia com o espírito de época, seja ao modo hegeliano, ou tentando ver que relações há entre os movimentos filosóficos dominantes e os caracteres da época na qual tais movimentos se expressam. Esses dois tipos de pesquisa foram levados a cabo por Theodor Litt (*Philosophie und Zeitgeist*, 1955). Outros autores estudaram as razões de "psicologia coletiva" por meio das quais pode ser entendida a fascinação que exerce a noção do espírito de época enquanto "poder organizador da história" (cf. Eugen Böhler, *Psychologie des Zeitgetstes*, 1973). A idéia de espírito de época algumas vezes foi relacionada com a de "concepção de mundo" (ver MUNDO [CONCEPÇÃO DE]); em alguma medida, a idéia de concepção de mundo, tal como elaborada por Dilthey, tem pontos de contato com a de espírito de época, com a diferença de que para Dilthey as concepções de mundo são, por assim dizer, "permanentes", ou, ao menos, se reiteram, enquanto os "espíritos de época" costumam manifestar-se ao longo da história. Em termos atuais, a idéia de concepção de mundo é estrutural e a de espírito de época é histórica, e às vezes historicista.

ESPÍRITO DE PESAR. Desse modo Andrés Sánchez Pascual traduz (*Así habló Zaratustra*, 1972, pp. 268ss.) a expressão de Nietzsche, *der Geist der Schwere*. Pela boca de Zaratustra, Nietzsche prega a necessidade de aligeirar-se e de aliviar-se; a Terra e o homem são demasiadamente pesados: "demasiadas pesadas palavras *alheias* e demasiados pesados valores alheios", mas também "algumas coisas *próprias* são uma carga pesada". No interior do homem há coisas nauseabundas e viscosas, coisas semelhantes à ostra. O espírito de pesar esmaga não apenas os homens fortes e pacientes, os "sofridos", mas também os "omnicontentes". Deve-se subir às alturas, e por caminhos muito diversos.

O "espírito de pesar" nietzschiano tem analogias com o chamado *esprit de sérieux* que, segundo alguns autores, infecta a cultura e penetra particularmente na filosofia. O espírito de pesar e o "espírito de seriedade" na filosofia manifestam-se quando se leva a filosofia, e particularmente a própria filosofia — que na maior parte das vezes é uma filosofia alheia apropriada —, demasiadamente a sério, tornando-a escolástica, grave, acadêmica e pomposa. Contra tudo isso pode ser útil certo "espírito de leveza" e até mesmo de "leviandade", que restitui à filosofia suas possibilidades criadoras. Nesse sentido, pode-se dizer que Pascal se opôs ao *esprit de sérieux*: "Caçoar da filosofia" — escreveu ele nos *Pensamentos* — "é verdadeiramente filosofar".

Contra o *esprit de sérieux* e também contra o espírito de gravidade se levanta a ironia (VER), assim como o jogo (VER), em uma das acepções deste último. A questão é saber se ironia, jogo, leveza, leviandade etc. não serão manifestações de irresponsabilidade. Evidentemente, pode ser, mas não há por que ser assim; o fato de que seja assim ou não depende em grande medida de se funcionam como meras desculpas ou como removedores dos obstáculos postos por dogmas.

ESPÍRITO DO POVO. Traduzimos com essa expressão o termo *Volksgeist*, tão utilizado por Hegel e por alguns dos chamados românticos alemães. Esse termo também poderia ser vertido por 'espírito nacional', não fossem as conotações políticas posteriores que o adjetivo nacional atraiu e que não estavam incluídas na idéia de *Volk* (mesmo que se deva advertir que Hegel utiliza algumas vezes a expressão *Nationalgeist* em um sentido similar ao de *Volksgeist*; exemplos disso podem ser encontrados na *Filosofia do Espírito* § 394; Glockner, 10: 79, e na *Filosofia da Religião*, Parte 1, C. Glockner, 15: 233). *Volk* é entendido na maior parte das vezes como a comunidade de um povo que domina seu próprio destino.

A idéia de espírito do povo não é, entretanto, de origem alemã. Ela surgiu na França durante o século XVIII — e justamente com o nome de 'espírito da nação' — naqueles momentos em que, como assinala Paul Hazard, foram abundantes os estudos sobre 'o espírito de...'. Isso ocorreu, por exemplo, e sobretudo, em Montesquieu e em Voltaire. Montesquieu fala em *L'esprit des lois* (XIX, 4) "do espírito nacional" ou "espírito de uma nação" resultante de diversos fatores (clima, religião etc.). Quanto a Voltaire, a idéia de um "espírito nacional" ou "espírito do povo" (*esprit des nations*) está bastante clara tanto em seu *Ensaio* como em suas obras históricas. A relação entre a França e a Alemanha no que diz respeito a esse assunto ainda está por ser pesquisada; segundo Ortega y Gasset, um estudo francogermânico entre 1798 e 1830 mostraria até que ponto os alemães são devedores dos franceses — e especialmente de Voltaire — na idéia do *Volksgeist* (a isso seria preciso acrescentar a possível influência da historiografia inglesa do século XVIII, especialmente a de Gibbon e Hume). Em todo caso, tal como entendida hoje, a idéia está cheia de ressonâncias romântico-alemãs. Com efeito, quaisquer que fossem suas origens, os alemães insistiram mais que ninguém nesse tema. Vemos isso em Herder, que entende a história como história da humanidade, mas que ao mesmo tempo mostra em suas *Idéias* que a história humana se realiza por meio de uma série de 'espíritos populares'. Também o vemos em Fichte, não apenas em seus *Caracteres da idade contemporânea*, mas também, e de modo mais concreto, em seus escritos filosófico-políticos: os *Discursos* e o *Estado comercial fechado*. Também vemos isso, finalmente, e com maior amplitude, em Hegel, que se refere ao espírito dos povos em diferentes ocasiões (na *Propedêutica* de 1808/1809; Glockner, 3: 202-203, onde ele define a vida interna do espírito de um povo como formada por costumes, leis e constituição; na *Fenomenologia do Espírito*, § 33; Glockner, 7: 85, onde ele concebe o "Espírito universal" como formado pela concorrência e pela relação entre si dos espíritos dos diversos povos ao longo da história). Nisso vemos, seja dito de passagem, a estreita relação que há entre a idéia do Espírito do povo e a idéia do *Zeitsgeist* ou Espírito de época (VER). Também vemos tratada a noção de *Volksgeist* especialmente na introdução à *Filosofia da História*, Glockner 11: 84ss.; na trad. de Gaos, I, 1928, 92ss. Hegel diz ali que o sentimento que um povo tem de si mesmo e de suas posses, instituições, costumes, passado etc. constitui uma entidade: é o Espírito do povo. Trata-se, acrescenta Hegel, de um espírito *determinado* (e determinado pela história). Por isso o espírito de um povo equivale a um indivíduo ao longo da história universal, e por isso os espíritos dos diversos povos ao longo da história são os graus na história do universo, no qual se realiza o *Espírito universal*. Esse espírito universal aparece encarnado, segundo as épocas, em um povo determinado e até mesmo em determinado indivíduo, que representa a consciência do povo e da época. A idéia do espírito do povo também foi consideravelmente desenvolvida na chamada "escola histórica" alemã, mesmo quando foi despojada do aspecto metafísico que ela possuía em Hegel para limitar-se a suas manifestações "empíricas". De um modo ou de outro a idéia se infiltrou em concepções muito diversas durante o século XIX e até mesmo em parte do século XX.

Neste último século, a idéia de "espírito do povo" foi utilizada, depois de Hegel, por autores como Moritz Lazarus (VER) e Heymann (Heinrich) Steinthal (VER), fundadores da chamada "psicologia dos povos" (*Völkerpsychologie*). Embora haja nesses autores não pouca especulação relativa a um "espírito do povo", ambos sublinham mais os componentes psicológicos que os metafísicos dessa noção. Particularmente Steinthal levou a cabo estudos de filologia comparada, antropologia comparada e psicologia (coletiva) comparada que permitiram desenvolver a idéia do "espírito do povo" tanto na forma de uma hipótese como (e ao mesmo tempo) na forma de uma conclusão que deve ser provada mediante pesquisas empíricas, psicológicas e filológicas.

ESPÍRITO, ESPIRITUAL. Esses termos foram utilizados, e ainda o são em parte, em vários sentidos e em contextos muito diversos. Examinaremos aqui alguns dos significados e dos usos, e esboçaremos depois diversas concepções sobre o espírito e o espiritual nas quais esses termos são de fundamental importância.

O termo 'espírito' foi usado freqüentemente para traduzir os vocábulos gregos νοῦς (*nous*) e πνεῦμα (*pneuma*). Há razões a favor e contra essa tradução.

Entre as razões a favor dela, mencionaremos as seguintes. O termo νοῦς foi utilizado muitas vezes para designar uma realidade — ou um princípio de atividades — de natureza distinta e quase sempre "superior" à realidade — ou princípio de atividades — designada pelo vocábulo ψυχή (*psyché*) ou "alma". Enquanto a "alma" (nesse sentido) é algo orgânico ou proto-orgânico, ou algo afetivo e emotivo etc., o *nous* é algo "intelectual". A "alma" é um princípio "vivificante" enquanto o *nous* é um princípio "pensante". Algo semelhante ocorre com o termo πνεῦμα. Desse modo, na medida em que νοῦς e πνεῦμα designam realidades que transcendem o "vital" e o "orgânico", eles são traduzíveis por 'espírito'. Além disso, o termo 'espírito' procede do latim *spiritus*, que, embora designe originalmente "sopro", "alento", "exalação" etc., também foi utilizado, e com freqüência, para referir-se a algo essencialmente imaterial e dotado de "razão": a algo, pois, semelhante àquilo que é designado pelos vocábulos gregos indicados.

Entretanto, militam contra a tradução proposta o fato de que νοῦς e πνεῦμα também tenham sido traduzidos, e não menos adequadamente, por outros vocábulos. Por exemplo, não se diz "espírito ativo" e "espírito passivo", mas "entendimento ativo" e "entendimento passivo", ou então "intelecto ativo" e "intelecto passivo". Por outro lado, embora se diga "Espírito Santo" para traduzir ἅγιον πνεῦμα, deve-se levar em conta que em outros casos πνεῦμα tem um significado menos "espiritual" que 'espírito'. Em vista dessas dificuldades, e da multiplicidade de significados dos vocábulos gregos em questão, é recomendável em muitos casos limitar-se a transcrevê-los. Foi o que fizemos nos verbetes NOUS e PNEUMA.

Não obstante, pode-se utilizar o vocábulo 'espírito' como termo geral que designa todos os diversos modos de ser que de algum modo transcendem o vital. *Nesse caso*, pode-se dizer que autores como Anaxágoras e Aristóteles, assim como muitos neoplatônicos, desenvolveram uma concepção do espírito e do espiritual.

Em numerosos casos, o espírito (designado com esse mesmo nome ou com outros) é entendido como algo oposto à matéria. Também se entendeu o espírito como oposto à carne ("o espírito é forte, mas a carne é fraca"). O caráter complexo do conceito de espírito se revela na abundância dos usos do termo 'espírito'. Partindo de uma idéia geral de "essência última" de algo, falou-se do "espírito da lei" (muitas vezes, em oposição à simples "letra da lei"), do "espírito de uma época", do "espírito das nações", do "espírito do povo" (VER), do "espírito positivo" (Comte) etc. Para complicar as coisas, o termo 'espírito' também foi utilizado em diversas épocas para referir-se a alguma realidade orgânica ou psico-orgânica; tal como, por exemplo, os chamados "espíritos animais" e "espíritos vitais".

Em vista de tudo isso, pode-se perguntar se não seria melhor exilar da filosofia os vocábulos 'espírito' e 'espiritual', sobretudo se se tem presente que em alguns idiomas modernos confunde-se o "espiritual" e o "mental" e em outros eles são distinguidos. Há, todavia, uma possibilidade de tornar mais preciso o sentido de 'espírito' e de 'espiritual', e é confinar esses termos a concepções filosóficas nas quais eles têm um sentido preciso, ou relativamente preciso (ou, em todo caso, mais preciso que o uso geral de 'espírito' para designar ou uma "essência última" ou alguma "atividade superior da alma"). Isso ocorre principalmente em três contextos, aos quais nos referiremos imediatamente.

O primeiro é o do vocabulário escolástico. O termo 'espírito' é utilizado aqui para designar uma substância ou uma forma vivente imaterial. 'Espiritual' é quase sempre sinônimo de 'imaterial', mas, como há realidades imateriais (por exemplo, os números) que não são substâncias ou formas viventes, deve-se esclarecer o sentido da "imaterialidade". Esse sentido depende em grande medida da forma de relação (ou falta de relação) do espiritual com o material. Os escolásticos, e especialmente os autores tomistas, consideram que não se pode falar de realidade espiritual se esta depende intrinsecamente de algo material, isto é, se a realidade "espiritual" (ou, se se preferir, as atividades "espirituais") surgiu como conseqüência da existência de uma realidade material (ou da atuação de realidades materiais). Pode-se falar, em contrapartida, de realidade ou de atividade espirituais se a dependência da matéria é extrínseca, ou seja, se a operação de um princípio material para a produção de atividades espirituais é uma condição necessária, mas não suficiente. Pois bem, esse "espírito" ainda não é o "espírito puro".

Para a existência deste último é preciso que não haja nenhuma dependência em relação ao material, nem intrínseca nem extrínseca. A espiritualidade da alma humana é para a maior parte dos autores escolásticos uma espiritualidade não-pura, isto é, fundada em uma dependência extrínseca, e em uma independência intrínseca, ao menos em seu ser. Às vezes se distingue espírito, enquanto forma vivente imaterial, e espírito puro, enquanto substância (ou meramente forma) imaterial.

Outro contexto no qual os termos 'espírito' e 'espiritual' alcançam um sentido mais definido que o comum e vago é o das filosofias de tendência ou tradição "espiritualista". Essa tradição é muito variada. Pode-se incluir nela o "imaterialismo" (por exemplo, de Berkeley), certas formas de "ecletismo" (especialmente o de Victor Cousin) e as correntes nas quais se afirma a existência e freqüentemente a realidade preeminente de um "eu interior profundo" não identificável com o psíquico e menos ainda com o psíquico-orgânico (embora possivelmente revelável por meio deste último). Temos exemplos dessa última forma em diversas filosofias desenvolvidas na França (Maine de Biran, Lachelier, Bergson etc.).

O último contexto é, em nosso entender, o mais importante do ponto de vista da filosofia contemporânea. Originou-se em parte dentro do idealismo alemão, alcançou grande desenvolvimento com Hegel e se manifestou nas últimas décadas em uma série de doutrinas sobre "o ser espiritual", seja como um modo de ser específico, seja como a maneira de ser própria do homem como "ser histórico". Referir-nos-emos brevemente às correntes citadas.

Um dos vocábulos mais abundantemente utilizados pelos idealistas alemães foi *Geist* (traduzido muito adequadamente por 'espírito'). Foi importante dentro do pensamento idealista, por um lado, a idéia de uma contraposição entre Espírito e natureza e, por outro, a idéia de uma "conciliação" de ambos, ou de uma "absorção" da "tensão" apontada mediante "*o* Espírito". Aqui nos limitaremos à referência a Hegel. Esse autor fala algumas vezes de "Idéia" e de "Idéia absoluta" como se fossem a mesma coisa que o "Espírito" (*Geist*). E em certa medida são mesmo, só que a Idéia é o aspecto abstrato da realidade concreta e vivente do Espírito. A dificuldade de circunscrever a noção de Espírito deve-se a que de alguma maneira o Espírito é "tudo". Pois bem, antes de ser "tudo" ou, mais propriamente, "a verdade do todo", o Espírito começa sendo uma verdade parcial que necessita ser completada. Ele aparece como o objeto e o sujeito da consciência de si. Mas não é algo particular, e menos ainda uma "substância particular": o Espírito é um Universal que desenrola a si próprio. A "fenomenologia do Espírito" é a descrição da história desse autodesenrolar, ao longo do qual encontram-se os "objetos" nos quais, por meio dos quais e também contra os quais o Espírito se realiza. Ao chegar ao último estádio de seu desenvolvimento o Espírito reconhece-se como uma Verdade que é tal somente porque "absorveu" o erro, a negatividade e a parcialidade. A filosofia é, de certo modo, "filosofia do Espírito". Pois bem, Hegel também chama desse modo à terceira seção da *Enciclopédia das ciências filosóficas*; a "filosofia do Espírito" sucede e supera a "lógica" e a "filosofia da natureza". Isso não significa que o Espírito "apareça" somente depois do "Ser" e da "natureza"; estes eram Espíritos "antes de sê-lo", ao menos no sentido de que eram caminhos (dialéticos) para a auto-realização do Espírito. Este último alcança o estádio que lhe é próprio ao começar o regresso da natureza rumo a si própria no reino da consciência de si. Esse regresso tem três etapas, que correspondem às três noções hegelianas do Espírito: o Espírito subjetivo, o Espírito objetivo e o Espírito absoluto. A filosofia do Espírito como Espírito subjetivo estuda o emergir do Espírito a partir de sua situação de "afundamento" na natureza, o desenvolvimento da consciência e o desenvolvimento do sujeito como sujeito prático (moral) e teórico (cognoscente). A filosofia do Espírito como Espírito objetivo estuda os modos pelos quais o Espírito subjetivo se "fixa" na moralidade, no Estado e na história. A filosofia do Espírito como Espírito absoluto estuda a consecução da evolução ou autodesenvolvimento do Espírito na arte, na religião e na filosofia. A última etapa é a história da própria filosofia, que culmina no sistema hegeliano do Espírito.

A noção hegeliana de espírito influenciou grandemente muitas correntes filosóficas, incluindo algumas que rejeitaram formalmente a metafísica de Hegel ou quiseram purificá-la de sua "dialética". Isso não quer dizer que investigações sobre a chamada "realidade espiritual" e os esforços realizados com o fim de exibir os graus e formas de tal realidade sejam simplesmente desenvolvimentos do pensamento hegeliano. Com essa reserva à vista, mencionaremos as teses principais de algumas das correntes filosóficas a que fizemos alusão.

Dentro de uma tradição mais ou menos hegeliana encontram-se as filosofias do Espírito elaboradas por idealistas ingleses, norte-americanos e italianos. Destacam-se as filosofias de Croce (VER) e de Gentile (VER), especialmente na medida em que fizeram formalmente uso da noção de espírito. Importantes a esse respeito são as distinções entre os aspectos teórico e prático do Espírito (Croce) e a formulação da filosofia do Espírito como "ato puro" (Gentile). Menos ligados a Hegel estão certos autores da escola neokantiana de Baden (ver BADEN [ESCOLA DE]); a preocupação com os problemas da estrutura e das formas da realidade cultural e histórica levou esse autores (como Rickert e Windelband) a estudar o "espírito objetivo" ou, se se preferir, as "objetivações espirituais". Também desenvolveram teorias ou filosofias do Espírito autores como Léon Brunschvicg (VER) e R. Eucken (VER). O primeiro deles descreveu a "vida espiritual" como uma realidade simultaneamente inteligente e ativa. O segundo acentuou a autonomia da "vida espiritual" e propôs um método noológico (VER [deve-se ter em vista que o significado de 'noológico' em Eucken não é o mesmo que em autores anteriores a Hegel, como Crusius, para o qual a noologia — ou teoria do espírito — equivale antes à "psicologia racional", ou que em autores muito distantes de Hegel, como Hamilton, para o qual a noologia é a doutrina da razão ou, melhor, dos princípios racionais]). O método noológico de Eucken é, ou pretende ser, um método específico para o estudo da vida espiritual, da atividade espiritual e das objetivações espirituais (método distinto, e mesmo oposto, ao das ciências naturais). Em todos esses autores, o espírito é apresentado como uma realidade, por assim dizer, "vivente" e ativa. Ludwig Klages (VER), por outro lado, falou do Espírito (*Geist*) em oposição à alma (*Seele*). Segundo Klages, o Espírito resseca, desintegra e destrói, enquanto a alma vivifica, integra e cria.

O problema do método para o estudo da realidade espiritual e de suas formas, e a questão de se tal método é ou não é distinto do método (ou métodos) empregado pelas ciências naturais, ocupou não poucos filósofos. Entre eles se destaca Dilthey (VER). Ele distinguiu ciências da natureza (*Naturwissenschaften*) e ciências do Espírito (*Geisteswissenschaften*). Algumas vezes se indicou que a expressão 'ciências do Espírito' tem um sentido similar a expressões como 'ciências naturais', 'ciências humanas', 'ciências humanísticas' etc., mas isso não é de todo certo, pois, ao menos na acepção diltheyana, "ciências do espírito" não são simplesmente um conjunto de disciplinas literárias, morais e políticas, mas um grupo de ciências caracterizadas por um método: o método "científico-espiritual" (*geisteswissenschaftliche Methode*) ao qual nos referimos no verbete sobre o citado pensador. Esse método foi elaborado por numerosos autores (E. Spranger, E. Rothacker, H. Leisegang, M. Frischeisen-Köhler, Hans Freyer etc.). Observemos apenas que Spranger elaborou uma teoria do espírito objetivo concebido como o conjunto de objetivações da vida individual, como as formas superindividuais dotadas de sentido (*Sinn*) e suscetíveis de compreensão (VER), e que Freyer estabeleceu uma classificação das formas do espírito objetivo em cinco grupos: as formações com sentido próprio, os úteis, os signos, as formas sociais e o processo educacional.

É comum considerar que as ciências do espírito incluem, por um lado, a psicologia (a "psicologia descritiva e analítica" em sentido diltheyano) e, por outro, as "ciências da cultura". A psicologia é ciência do espírito individual e subjetivo; as ciências da cultura são ciências do espírito objetivo. As ciências culturais como ciências do espírito ocupam-se da realidade psicoespiritual enquanto objetivada ou constituída pelas algumas vezes chamadas "formas transubjetivas", que possuem "sentido" e se fundam de algum modo em vivências originárias (ver VIVÊNCIA). Assim, essas ciências ocupam-se do Estado, da sociedade, da arte, da linguagem, da história etc.

Discutiu-se freqüentemente se as ciências do espírito são ou não independentes das ciências naturais. Os autores citados, e particularmente Dilthey, declararam-se a favor de uma quase completa independência mútua. Os autores de tendência naturalista e outros que, sem serem naturalistas, não aceitam a idéia de divisão do *globus intellectualis* em dois hemisférios que não se comunicam sustentam ou que não há distinção de princípio entre as ciências naturais e as chamadas "ciências do espírito" ou que, se há distinção, ela é gradual e não excludente. Alguns autores (como J. Kraft, *op. cit. infra*) declaram que as ciências do espírito não formam um todo homogêneo comparável ao das ciências naturais. Elas tampouco possuem um método comum ou um conjunto de pressupostos metodológicos comuns, razão pela qual são "impossíveis". Vários autores, para os quais há (ao menos em princípio) uma continuidade entre todas as ciências, dizem que isso não significa que as ciências do espírito possam ser reduzidas às ciências naturais ou, mais especificamente, que os métodos ou a linguagem das primeiras possam ser reduzidos aos métodos ou à linguagem das segundas. Mas o fato de que não haja essa redução (VER) não equivale a uma separação completa entre os dois grupos de ciências; é até mesmo possível que umas se apóiem em outras sem "reduzir-se" a elas.

Terminaremos nos referindo brevemente às opiniões de Max Scheler e de Nicolai Hartmann sobre a idéia de espírito e as características da "realidade espiritual". Tanto Scheler como N. Hartmann receberam influências diversas (fenomenologia, Dilthey, neokantismo, neohegelianismo etc.), mas o resultado de seus trabalhos não pode ser simplesmente reduzido a essas influências.

O problema do espírito está vinculado em Scheler ao da constituição de uma antropologia (VER) filosófica e, por conseguinte, ao da essência do homem. Ao examinar o que distingue o homem do resto da realidade, e em particular do resto dos animais superiores, Scheler declara que não é a memória associativa nem a inteligência prática, menos ainda o psiquismo (comum a todo ser vivo): é o espírito. Este se distingue da psique e da vida; é um princípio "que se opõe a toda vida em geral" e não pode ser reduzido à razão, porque esta é um de seus "momentos" ou formas. O espírito é o conjunto dos atos superiores centrados na unidade dinâmica da pessoa (VER). Esses atos são não apenas de natureza pensante, mas também emotiva. O ato espiritual por excelência é a intuição de essências. As notas características do espírito são: liberdade, objetividade, consciência de si. Pela liberdade o espírito se distingue do que é psicofísico. Pela objetividade ele transcende o meio natural e reconhece a realidade em sua verdade. Pela consciência de si, alcança o autodomínio. O espírito se inclina diante do que ele é e do que ele vale. Pois bem, contra o que acreditavam "os antigos", o espírito não é para Scheler um princípio universal e ativo. Não é apenas o resultado da repressão dos impulsos naturais, mas tampouco é o princípio supremo de atividade. Baseado na psique, o espírito é a parte superior, mas também a mais débil do "ser". Ele consegue influir apenas na medida em que são postos a seu serviço os impulsos naturais. Estes são determinados pelo espírito. Todavia, a determinação não é causa, mas uma *direção*. O espírito dirige e canaliza a energia dos impulsos. Por isso a história não deve ser explicada com base em impulsos cegos (o impulso sexual, a necessidade econômica etc.), mas tampouco como resultado de uma atividade puramente espiritual. A história pode ser explicada somente — metafisicamente falando — por meio da conjunção de fatores reais (impulsivos) e determinações ideais (espirituais).

N. Hartmann considera que o espírito é a parte do ser na qual os valores penetram. O espírito é como que uma zona de contato entre o humano e o ideal. N. Hartmann ocupou-se especialmente da questão dos "graus do ser espiritual". Seguindo Hegel, N. Hartmann distingue o espírito individual (ou, melhor, pessoal) e o espírito objetivo. Diferentemente de Hegel, entretanto, considera que o espírito objetivo, ainda que superindividual, não é substancial.

Indicamos a seguir, por ordem cronológica, diversas obras nas quais se trata, a partir de diversos pontos de vista, do problema do significado do conceito de "espírito" e da questão da natureza do espírito e da vida espiritual.

➲ Rudolf Eucken, *Die Einheit des Geisteslebens in Bewusstsein und Tat der Menschheit*, 1888. — *Id., Der Kampf um einen geistigen Lebensinhalt*, 1896. — G. Class, *Untersuchungen zur Phänomenologie und Ontologie des menschlichen Geistes*, 1896. — Léon Brunschvicg, *Introduction à la vie de l'esprit*, 1900. — Hans Freyer, *Der Begriff Geist in der deutschen Philosophie von Kant bis Hegel*, 1907. — *Id., Theorie des objektiven Geistes*, 1923; 3ª ed., 1934. — Hermann Siebeck, "Neue Beiträge zur Entwicklungsgeschichte des Geist-Begriffs", *Archiv für Geschichte der Philosophie*, 27 (1914), 1-16. — Helmut Plessner, *Grundlinien zu einer Aesthesiologie des Geistes*, 1923. — Theodor Erismann, *Die Eigenart des Geistigen*, 1924. — J. Hessing, *Zelfbewusstwording des gestes*, 1925 (em trad. alemã: *Das Selbstbewusstwerden des Geistes*, 1936). — Rudolf Hildebrand, *Geist*, 1926. — E. Wechssler, *Esprit und Geist*, 1927. — José Ortega y Gasset, "Vitalidad, alma, espíritu", *El Espectador*, V, 1927, reimp. em *Obras completas*, II. — Max Scheler, *Die Stellung des Menschen im Kosmos*, 1928. — Othmar Spann, *Der Schöpfungsgang des Geistes*, 1928. — Richard Kröner, *Die Selbstverwirklichung des Geistes. Prolegomena zur Kulturphilosophie*, 1928. — Gallo Galli, *Saggio sulla dialettica della realtà spirituale*, 1933; 3ª ed., 1950. — *Id., Linee fondamentali di una filosofia dello spirito*, 1962. — F. Noltenius, *Materie, Psyche, Geist*, 1934.

— Nicolai Hartmann, *Das Problem des geistigen Seins*, 1934. — Francisco Romero, *Filosofía de la persona*, 1934. — Id., *Teoría del hombre*, 1952. — Hermann Glockner, *Das Abenteuer des Geistes*, 1938. — Hermann Schmalenbach, *Geist und Sein*, 1939. — A. Carlini, *La vita dello spirito*, 1940. — Id., *Lineamenti di una concezione realistica dello spirito umano*, 1942. — W. Szilasi, *Macht und Ohnmacht des Geistes*, 1946. — Fritz Medicus, *Natur und Geist*, 1946. — Theodor Litt, *Mensch und Welt. Grundlinien einer Philosophie des Geistes*, 1948; 2ª ed., 1961. — P. Wust, *Dialektik des Geistes*, 1950. — L. Lupi, *Preliminari di una metafisica dello spirito*, 1954. — Ugo Redano, *Natura e spirito*, 1954. — Imgard Gindl, *Seele und Geist. Versuch einer Unterscheidung*, 1955. — André Marc, *L'Être et l'esprit*, 1955. — Wolfgang Cramer, *Grundlegung einer Theorie des Geistes*, 1957; 3ª ed., 1975. — José Camón Aznar, *El ser en el espíritu*, 1959. — Günter Ralfs, *Lebensformen des Geistes. Vorträge und Abhandlungen*, 1964. — H. J. Kramer, *Der Ursprung der Geistmetaphysik*, 1965. — C. A. Van Peursen, *Body, Soul, Spirit*, 1966. — S. Otto, *Materialen zur Theorie der Geistesgeschichte*, 1979. — W. R. Clayton, *Matter and Spirit*, 1980. — R. A. Mall, *Der operative Begriff des Geistes. Locke, Berkeley, Hume*, 1984. — L. Dickey, *Hegel: Religion, Economics and the Politics of Spirit, 1770-1807*, 1987. — M. Gelven, *Spirit and Existence: A Philosophy Inquiry into the Meaning of Spiritual Existence*, 1990. — D. Braine, *The Human Person: Animal and Spirit*, 1992.

Obras em inglês nas quais o problema do espírito é tratado como algo distinto da "psique", entre outras: G. F. Thomas, *The Spirit and Its Freedom*, 1939. — E. S. Brightman, *The Spiritual Life*, 1942. — Outras obras em inglês nas quais o conceito de mente [*mind*] é tratado (tais como C. W. Morris, *Six Theories of Mind*, 1932, e G. Ryle, *The Concept of Mind*, 1949) não se referem ao espírito no sentido utilizado neste verbete. Mais próximo desse conceito encontra-se G. Santayana em *The Realm of Spirit*, 1940. Erwin Schrödinger, *Mind and Matter*, 1956 (The Tarner Lectures, 1956, elucida alguns aspectos que podem entrar na idéia de "espírito", embora sempre muito próximos da idéia de "realidade mental".

Para a oposição entre alma e espírito a favor da primeira: Ludwig Klages, *Der Geist als Widersacher der Seele*, 1929.

Para o espírito no sentido *sui generis* de Jung (VER): C. G. Jung, *Symbolic des Geistes. Studium über psychische Phänomenologie*, 1948.

Para a idéia do espírito em N. Hartmann: S. Breton, *L'Être spirituel. Recherches sur la philosophie de N. H.*, 1962.

Das numerosas obras sobre as "ciências do espírito" destacamos: W. Dilthey, *Einleitung in die Geisteswissenschaften*, 1883 (*Gesammelte Schriften*, I, 1922). — E. Rothacker, *Einleitung in die Geisteswissenschaften*, 1920. — Id., *Logik und Systematik der Geisteswissenschaften*, 1926; 3ª ed., 1948. — Erich Becher, *Geisteswissenschaft und Naturwissenschaft*, 1921. — E. Spranger, *Der Sinn der Voraussetzungslosigkeit in den Geisteswissenschaften*, 1929. — Julius Kraft, *Die Unmöglichkeit der Geisteswissenschaft*, 1934; 2ª ed., 1959. — F. Schmidt, *Kleine Logik der Geisteswissenschaften*, 1938. — Juan Roura Parella, *Spranger y las ciencias del espíritu*, 1944, especialmente caps. II, III e IV. — E. Grassi e Th. von Uexküll, *Vom Ursprung und Grenzen der Geisteseissenschaften und Naturwissenschaften*, 1950 (trad. esp.: *Las ciencias de la Naturaleza y del espíritu*, 1952).

Ver também a bibliografia de BADEN (ESCOLA DE); CULTURA. **C**

ESPÍRITO OBJETIVO. Ver ESPÍRITO, ESPIRITUAL.

ESPIRITUALISMO. Este vocábulo é entendido: 1) Em um sentido psicológico, como a afirmação do primado do espírito na explicação dos fenômenos psíquicos. 2) Em sentido metafísico, como a afirmação de que o mundo é constituído, em última instância, pelo espiritual. As duas significações unem-se muitas vezes quando, ao se sustentar o espiritualismo metafísico, considera-se que essa substância espiritual que constitui o fundo do existente é de caráter psíquico. Assim ocorre, por exemplo, em Leibniz e em Lotze. O psíquico é, neste caso, uma realidade que tem diversos graus, que vai desde a inconsciência absoluta até a consciência absoluta, até o espírito no sentido mais próprio do vocábulo. O espiritualismo, desse modo, desemboca freqüentemente no monismo, pois tende a conceber a realidade material como fundada na espiritual, como o aspecto mecânico, extenso e inerte do espírito. Entretanto, nem todo espiritualismo é monista. O espiritualismo de Berkeley e de Collier não o é, por exemplo. Segundo William James (*A Pluralistic Universe*, cap. I), o espiritualismo se subdivide em duas espécies: o espiritualismo "mais íntimo" (monista) e o espiritualismo "menos íntimo" (dualista). A espécie dualista é o *teísmo*, elaborado pelos filósofos escolásticos, enquanto a espécie monista é o *panteísmo*, do qual às vezes se fala simplesmente como de um idealismo, e às vezes como do idealismo "pós-kantiano" ou 'absoluto'. Por sua vez, o espiritualismo de índole "mais íntima" se subdivide em outras duas espécies (ou subespécies): uma de forma mais monista e outra de forma mais pluralista. Esta última é defendida pelo próprio James.

Por causa dessas possíveis divisões, o termo 'espiritualismo' torna-se ambíguo. Mas, além disso, a definição do termo é complicada pela definição que cada uma das tendências espiritualistas dá do predicado 'é espiritual'. Desse modo, alguns reduzem o espiritual ao imaterial puro e simples; outro o identificam com o psíquico em geral; outros, por fim, sustentam o primado do espírito inclusive sobre a psique, a vida e a matéria, ora como uma realidade superior, ora como a realidade da qual as demais são manifestações.

Historicamente foram classificadas de "espiritualistas" muitas doutrinas e tendências diversas: Platão, o neoplatonismo, Leibniz, os platônicos de Cambridge, alguns idealistas alemães etc. Mais específica e propriamente, chama-se de "espiritualistas" vários ramos da filosofia francesa e alemã.

Um dos ramos do "espiritualismo francês" começa com Maine de Biran e seu exame do "sentido íntimo", nos últimos anos do século XVIII. Esse tipo de espiritualismo é ao mesmo tempo, se não fundamentalmente, voluntarista e desenvolve as idéias de esforço interior e resistência (VER). Sem que seja preciso considerar esses pensadores como sucedendo um ao outro dentro de uma "escola", pode-se mencionar como continuadores da tendência iniciada por Maine de Biran Ravaisson (VER) e Boutroux (VER). Embora Bergson não tenha partido de nenhum desses pensadores, mas de uma reflexão sobre a filosofia de Spencer, sua filosofia liga-se quase "naturalmente" com a desse espiritualismo francês, que encontra a sua continuação no bergsonismo (VER).

Paralelamente ao espiritualismo mencionado desenvolveu-se na França, no século XIX, uma tendência que alguns consideram a única propriamente espiritualista, ao menos na medida em que alguns de seus representantes viam a si próprios como espiritualistas: é a tendência de Victor Cousin (VER) e de sua escola, especialmente autores como Jules Simon, Émile Saisset, Elme-Marie e Adolphe Franck.

No século XX manifestou-se na França um espiritualismo ligado em parte à renovação que representou para muitos o pensamento de Bergson; os mais importantes representantes desse espiritualismo são Louis Lavelle (VER) e René Le Senne (VER), que elaboraram o que eles próprios chamaram de "filosofia do espírito". Também podem ser considerados espiritualistas os personalistas (ver PERSONALISMO), tanto franceses como de outras procedências.

Um dos ramos do espiritualismo italiano é formado por alguns adeptos do idealismo, e particularmente pelo de Gentile (VER). Outro ramo é o do chamado "espiritualismo cristão", que inclui o movimento de Gallarate (VER). Entre os espiritualistas cristãos italianos, alguns deles com tendência ao agostinismo, figuram M. F. Sciacca, Augusto Guzzo, Luigi Pareyson, Armando Carlini e Luigi Stefanini.

Também houve um tipo de espiritualismo, em muitos aspectos distinto dos anteriores, desenvolvido na Suíça por Arnold Reymond (VER).

⇨ Ver: Perceval Frutiger, *Volonté et Conscience: Essai de dualisme spiritualiste*, 1920. — M. F. Sciacca, *Linee di uno spiritualismo critico*, 1936. — F. P. Alessio, *Studi sul Neospiritualismo*, 1953 (sobre a "filosofia do espírito" de Carlini, Guzzo, Le Senne, Sciacca, Lavelle, etc.). — N. Licciardello, *Teoria dello spiritualismo integrale*, 1955. — S. Alberghi, *Metafisica e spiritualisti italiani contemporanei*, 1960. — Dominique Janicaud, *Une généalogie du spiritualisme français. Aux sources du bergsonisme: Ravaisson et la métaphysique*, 1969. ⊂

ESPRIT DE FINESSE. Nos *Pensamentos*, de Pascal (fragmento 21 da edição de Jacques Chevalier), encontra-se uma célebre distinção entre o espírito de geometria e o de fineza (*esprit de finesse*), que também poderia ser chamado de "espírito de sutileza". No espírito de geometria "os princípios são palpáveis", embora distantes do uso comum. Não fácil sair desse uso comum, mas quando se consegue isso tudo é claro e não se pode raciocinar mal. No espírito de fineza, por outro lado, os princípios pertencem ao uso comum e estão diante de todo mundo. Não se deve violentar o espírito; basta ter uma boa vista, mas ela deve ser boa de verdade, pois aí os princípios são muitos e estão desligados, de modo que é fácil não reparar em algum deles; como a mera omissão de um princípio conduz ao erro deve-se ter a vista muito apurada para ver todos os princípios e o espírito muito justo para não raciocinar de modo falso sobre princípios conhecidos.

Os espíritos finos que são apenas finos não chegam a compreender os princípios da geometria, e os espíritos geométricos que são apenas geométricos perdem-se em assuntos sutis, que mal são percebidos e que devem ser quase sentidos. É raro que um espírito fino seja geômetra, e que um espírito geométrico seja fino e perceba sutilezas. Mas o espírito de fineza e o de geometria coincidem ao menos em serem distintos do espírito falso, que não é nem fino nem geômetra. O espírito de fineza e o de geometria são espíritos retos, mas de diferentes ordens de retidão.

Não se deve confundir o espírito de geometria somente com o espírito matemático, nem o de fineza com o espírito incapaz de fazer abstrações; o importante é ser ou não ser capaz de compreender bem alguns princípios "pouco comuns" e derivar conseqüências, ou ser ou não capaz de derivar conseqüências de uma grande multiplicidade de princípios. No fragmento seguinte (22 da ed. cit. *supra*) Pascal refina (e em parte modifica) seu pensamento no que diz respeito a isso: "Há, pois, duas classes de espíritos: um que penetra viva e profundamente nas conseqüências dos princípios, e esse é o espírito de justeza (*justesse*); outro, que compreende um grande número de princípios sem confundi-los, e esse é o espírito de geometria". A diferença é agora a da força e da penetração, por um lado, e da amplitude, por outro.

Essas passagens de Pascal foram comentadas com freqüência, mas não deram lugar a muitas análises de alcance epistemológico. Pierre Duhem foi a exceção; em *La théorie physique* (parte I, cap. IV) apóia se nas palavras de Pascal para distinguir "espíritos amplos" de "espíritos profundos" e para fundar sobre essa distinção dois modos distintos de fazer ciência e até mesmo tipos de ciência "nacionais" (o "espírito amplo" dos cientistas ingleses; o "espírito profundo" dos cientistas franceses). Os espíritos amplos, e imaginativos, são capazes de abarcar uma grande multiplicidade de fatos colocando-os dentro de uma perspectiva; são extremamente dotados para "ver claramente um grande número de noções concretas e compreender, ao mesmo tempo, o conjunto e os detalhes": são os que têm *esprit de finesse*. Os espíritos profundos são capazes de fazer abstração: espíritos fortes, mas estreitos, à diferença daqueles espíritos amplos mas débeis; esses têm o "espírito de geometria". Os últimos são os que melhor elaboram e compreendem as teorias físicas, com suas noções abstratas e seus modelos matemáticos.

ESQUEMA. Konrad Gaiser ("Platons *Menon* und die Akademie", *Archiv für die Geschichte der Philosophie*, 46 [1964], pp. 241-292, especialmente p. 247) observa que o termo 'esquema', σχῆμα, foi utilizado por Platão pelo menos em dois sentidos: como "delimitação do corpóreo", πέρας στερεοῦ (*Menon*, 76 A), e como "aquilo que, enquanto coisa singular entre várias, está sempre ligado à cor", ou ὃ μόνον τῶν ὄντων τυγχάνει χρώματι ἀεὶ ἑπόμενον. Especialmente no primeiro sentido, a noção de "esquema" está ligada à de forma e de idéia, das quais tratamos nos artigos correspondentes. O termo grego σχῆμα também foi traduzido por figura (VER), especialmente ao se tratar das figuras do silogismo (VER).

Os conceitos puros do entendimento no sentido kantiano (ver CATEGORIA) são heterogêneos às intuições empíricas, sem falar nas intuições sensíveis. Entretanto, esses conceitos devem ser aplicados de algum modo aos fenômenos, caso os juízos formulados acerca destes últimos devam ter um caráter universal e necessário (isto é, conter um elemento *a priori* sem o qual não seria possível uma ciência da natureza). Com isso se estabelece o que Kant chama de problema da "*subsunção das intuições sob os conceitos puros*". Deve-se investigar, em suma, como podem ser *aplicados* os conceitos puros do entendimento (categorias) à experiência.

Kant assinala que deve haver um elemento que seja homogêneo, por um lado, à categoria e, por outro, à aparência, de modo que se torne possível a aplicação da primeira à segunda. Trata-se de um elemento "mediador", de uma "representação mediadora", que seja *intelectual* e *sensível*. "Tal representação [mediadora entre a categoria e a aparência ou fenômeno] é o *esquema transcendental*."

"O conceito de entendimento" — escreve Kant [cf. *infra*, bibl.] — "contém a pura unidade sintética da diversidade em geral. O tempo, como condição formal da diversidade do sentido interno, e, por conseguinte, da conexão de todas as representações, contém uma diversidade *a priori* na intuição pura. Pois bem, uma determinação transcendental do tempo é homogênea à categoria que constitui sua unidade porquanto é universal e se baseia em uma regra *a priori*. Mas, por outro lado, ela é homogênea à aparência [fenômeno] na medida em que o tempo está contido em toda representação empírica da diversidade. Assim, uma aplicação da categoria às aparências [fenômenos] é possível por meio da determinação transcendental do tempo, que, como esquema dos conceitos do entendimento, efetua a subsunção das aparências [fenômenos] sob a categoria."

O esquema sempre é um produto da imaginação, mas não é uma imagem. O esquema de um conceito é "a idéia de um procedimento universal da imaginação" que *torna* possível uma imagem do conceito. Enquanto "a *imagem* é um produto da faculdade empírica da imaginação reprodutiva [às vezes se lê: produtiva]", o "*esquema* dos conceitos sensíveis, tais como as figuras no espaço, é um produto e, por assim dizer, um monograma da pura imaginação *a priori*" por meio da qual tornam-se possíveis as imagens (ver FANTASIA; IMAGINAÇÃO).

Exemplos de esquemas são: o esquema da magnitude (quantidade) enquanto conceito de entendimento é o número — enquanto unidade que se deve à geração do tempo ao longo da apreensão da intuição —; o esquema da substância é a permanência do real no tempo; o esquema da necessidade é a existência de um objeto em todo tempo; o esquema da causalidade é a sucessão temporal da diversidade de acordo com uma regra.

Se considerarmos agora a causalidade, poderemos ver melhor em que consiste um esquema e, além disso, poderemos reparar em um aspecto básico da epistemologia kantiana. Uma pura forma lógica do juízo, como a forma hipotética, nada diz sobre a realidade. É necessário derivar a categoria de relação (causalidade e dependência). Esta, por sua vez, não pode ser aplicada diretamente aos fenômenos. Mas os fenômenos não revelam (como dissera Hume) senão a sucessão temporal sem um vínculo causal necessário e universal. A produção do esquema de causalidade mediador entre a categoria e a sucessão temporal permite, em contrapartida, afirmar que há sucessão temporal de acordo com uma regra *a priori*.

O próprio Kant destacou a dificuldade do esquematismo do entendimento em sua aplicação às aparências, ao escrever que se trata de "uma arte oculta nas profundidades da alma humana cujos modos reais de atividade a natureza jamais nos permitirá descobrir e abrir ao nosso olhar". Kant indicou, além disso, que o esquema é, propriamente, "somente o fenômeno ou conceito sensível de um objeto de acordo com a categoria". Por causa da dificuldade tanto da aplicação da doutrina do esquematismo como da própria idéia de "esquema", essa parte da *Crítica da razão pura* suscitou numerosos comentários. Referir-nos-emo a vários exemplos deles considerando sobretudo dois aspectos: 1) a questão da natureza dos esquemas do entendimento; 2) a questão do papel que a doutrina do esquematismo do entendimento desempenha na filosofia kantiana.

1) A interpretação "clássica" da doutrina kantiana sobre esse assunto é a que sublinha o papel "mediador" dos esquemas no processo de conhecimento no nível do juízo. Uma vez admitido esse papel "mediador", discute-se sobre se o procedimento de Kant ao formular a doutrina do esquematismo é sintético ou analítico. Se ele é sintético, então "o que está em primeiro lugar" são as categorias — cuja significação, quando não são "aplicadas", é meramente lógica —; depois vêm os esquemas e, com isso, a possibilidade de aplicabilidade dos conceitos do entendimento. Se ele é analítico, então "o que está em primeiro lugar" são noções como "substância", "causa" etc., que aparecem como modificadas temporalmente; ao se analisar tais noções são encontradas as categorias puras. O procedimento sintético é o que parece encontrar-se na própria exposição de Kant. Todavia, alguns autores (como Gottfried Martin) indicam que "para Kant não há primeiro uma categoria pura e depois algo acrescentado a ela no esquema; o que existe é que a determinação temporal das categorias é algo originário e inseparavelmente dado a nós e meramente analisado" (*op. cit. infra*).

Heidegger (*op. cit. infra*) tem uma opinião semelhante à última, mas, em vez de limitar-se à interpretação "tradicional" de índole predominantemente epistemológica, ele sublinha o caráter ontológico da doutrina kantiana. O fato de que "o conceito não seja nada fora da unidade reguladora da regra" mostra que "o que está em primeiro lugar" é a categoria enquanto esquematizada. Mas isso não é uma simples questão epistemológica; "o esquematismo pertence necessariamente à transcendência". E daí que "o problema do esquematismo dos conceitos puros do entendimento seja uma questão sobre a natureza última do conhecimento ontológico".

Para T. D. Weldon, o mais importante da doutrina kantiana que estamos comentando é que ela permite compreender o que Kant entendia por 'pensar' (Weldon, *op. cit. infra*) (tomando a expressão 'pensar' em um sentido restrito). Os esquemas são regras de procedimento por meio das quais são levados a cabo certos "planos": pensar por meio de esquemas é, portanto, "atuar" (inteligentemente). Embora Kant não tenha distinguido claramente um esquema como regra de procedimento com o fim de chegar a um fim determinado e específico (por exemplo construir círculos), e um esquema como regra de procedimento com o fim de construir fórmulas segundo as quais são cumpridos certos fins, o esquematismo aparece sempre como uma regra de procedimento que permite a "atuação inteligente". Esquematizar é, por conseguinte, ter um plano, embora não uma imagem.

2) Peirce declarou que a doutrina kantiana do esquematismo é algo sobreposto à estrutura da *Crítica da razão pura*. A distinção excludente entre processos intuitivos (sensibilidade) e processos discursivos (entendimento) permitiu que Kant se emancipasse do leibnizianismo e concluísse que não é possível dar nenhuma descrição geral da existência. A distinção kantiana foi, nesse sentido, fecunda. Infelizmente, indica Peirce, ela foi obscurecida por um lamentável defeito: o de não poder correlacionar de novo a intuição com o "discurso". Para corrigir esse defeito, tornou-se necessária a doutrina do esquematismo. Pois bem, se essa doutrina não tivesse ocorrido a Kant posteriormente, como uma solução *ad hoc*, e se ele tivesse partido dela, ela teria inundado todo o seu sistema. Peirce reconhece, portanto, que a doutrina do esquematismo é uma teoria fundamental, mas que não se encaixa dentro da *Crítica da razão pura*.

Para Heidegger, a doutrina kantiana em questão é tão importante que representa "a etapa decisiva na instauração do fundamento da *metaphysica generalis*". A doutrina do esquematismo é a pedra angular ou peça fundamental (*Kernstück*) da *Crítica* kantiana. Contra a opinião de muitos autores, que destaca a obscuridade e a ambigüidade dessa parte da *Crítica da razão pura*, Heidegger opina que "cada palavra foi medida". Em um sentido parecido se manifesta Roger Duval (*op. cit. infra*) ao dizer que a doutrina do esquematismo é o eixo da filosofia kantiana. Segundo Duval, os esquemas permitem *resolver a fundo* o problema *capital* do conhecimento: a união do *a priori* com o *a posteriori*, e do necessário com o contingente.

Os termos 'esquema' e 'esquematismo' foram utilizados em um sentido preciso por diversos filósofos contemporâneos. Heidegger, por exemplo, falou dos "esquemas horizontais" ao referir-se aos três êxtases da temporalidade (ver ÊXTASE; HORIZONTE). Eugenio d'Ors desenvolveu uma "filosofia do esquema" segundo a qual a inteligência — diferentemente da razão abstrata e da intuição sensível — é capaz de captar os "esquemas" das realidades individuais tornando-as inteligíveis sem destruir seu caráter individual e concreto. A realidade das coisas não consiste, segundo d'Ors, em sua "fenomenalidade aparencial" nem em sua "abstrata essência", mas em seu "esquema", que é como que a ordem e a forma das coisas. O esquema é, desse modo, um "universal concreto". "O esquema constituído por uma linha que, a certa altura, irradia várias linhas, cada uma das quais ou alguma delas, por sua vez, irradia a certa altura novas linhas, é... o lugar lógico no qual coincidem entidades tão distintas como certos grupos de palavras na linguagem, como os membros de uma família, como uma árvore vegetal... Mais elementarmente ainda, uma esfera representa o esquema formal comum do planeta terra (sem que nos detenhamos agora em considerar até que ponto de regularidade ou de exatidão), de uma laranja, de uma gota de mercúrio" (*La ciencia de la cultura*, 1963). Ors chama o "pensar esquemático" de "pensar figurativo", pois os esquemas são as figuras ao mesmo tempo inteligíveis e concretas da realidade. Os esquemas introduzem ritmos, formas, "íons", estilos etc. (ver José Luis L. Aranguren, *La filosofía de Eugenio d'Ors*, 1945, pp. 125ss).

➲ Ver: para Kant, *KrV*, A 137/B 176/A 148/B 187.
— Quase todas as obras sobre Kant (VER) tratam com certo detalhe a doutrina do esquematismo. Especialmente detalhados são os comentários de obras acerca da dedução transcendental (VER). Ver as opiniões de G. Martin, em *I. Kant. Ontologie und Wissenschaftstheorie*, 1951, 1951, §12. — As de Heidegger, em *Kant und das Problem der Metaphysik*, 1929, §§ 19-23. — As de T. D. Weldon, em *Kant's Critique of Pure Reason*, 2ª ed., 1958 [1ª ed., 1945], pp. 163-171. — As de Peirce, em *Collected Papers*, 1.35. — As de R. Durval, em *La métaphysique de Kant d'après la théorie du schématisme*, 1951, *passim*.

Entre outros comentários, mencionamos: W. Zschokke, "Ueber Kants Lehre vom Schematismus der reinen Vernunft", *Kantstudien*, 12 (1907). — H. Levy, *Kants Lehre vom Schematismus der reinen Verstandsbegriffe*, I Teil, 1907. — F. Heinemann, *Der Aufbau von Kants Kritik der reinen Vernunft und das Problem der Zeit*, 1911, especialmente pp. 131-214. — H. J. Paton, *Kant's Metaphysic of Experience: A Commentary on the First Half of the Kritik der reinen Vernunft*, 1936, especialmente pp. 17-78. — Enzo Paci, "Critica dello schematismo transcendentale", 1957. — Ver também: *Aspects of Schema Theory*, 1984. — D. Davidson, "On the Very Idea of a Conceptual Scheme" (1974), em *id., id., Truth and Interpretation*, 1984, pp. 183-198. ⊂

ESSE. Ver ENTE; ESSÊNCIA; EXISTÊNCIA; SER.

ESSE EST INESSE. Ver ACIDENTE; INESSE.

ESSE EST PERCIPI. Berkeley (VER) sustentava que todos os objetos do conhecimento são "idéias realmente impressas nos sentidos, ou tais [isto é, tais objetos do conhecimento] que são percebidos ao se prestar atenção às paixões e operações do espírito; ou finalmente idéias formuladas com o auxílio da memória e da imaginação, ora compondo, dividindo ou meramente representando as que são originariamente percebidas nos modos indicados" (*Principles*, § 1). O que é chamado de "uma coisa" significado por meio de um nome é uma coleção de idéias. Por conseguinte, o ser de um objeto consiste em seu ser percebido, ou seja, *esse est percipi*.

Ao mesmo tempo, essas idéias são percebidas por um espírito. As idéias são passivas, mas o espírito é ativo. O ser deste último consiste em perceber idéias, razão pela qual seu ser pode ser definido como um perceber, isto é, *esse est percipere*. Se considerarmos todas as formas de ser possíveis, teremos que qualquer ser consiste ou em ser percebido ou em perceber, de acordo com a fórmula *esse est percipi et* [ou, melhor, *aut*] *percipere*.

Berkeley se estende sobre esse tema, declarando, em defesa de sua posição:

1) Que ser percebido pode querer dizer também poder ser percebido (*Principles*, § 2).

2) Que negar sua tese (a qual não é, em sua opinião, uma tese, mas um fato primordial inegável) equivale a admitir a existência de realidades não-percebidas ou não-perceptíveis, sobre as quais não se pode dizer nada.

3) Que os que se opõem à sua "tese" o fazem porque seguem a doutrina das "idéias abstratas", com a qual não se faz senão duplicar desnecessariamente a realidade (*Principles*, §§ 5 *et al.*).

4) Que tal "tese" não se aplica somente às chamadas "qualidades secundárias", mas também às (erroneamente) chamadas "qualidades primárias"- (*Principles*, § 9; *Three Dialogues*, I). É absurdo, pois, afirmar que existe algo que se chama "matéria" ou "substância corpórea". Não há substâncias além das substâncias ativas, as quais são espíritos.

As opiniões de Berkeley conduzem ao idealismo e ao espiritualismo. Contudo, também se pode sublinhar nelas o nominalismo e o fenomenismo. Quando o idealismo e o espiritualismo são destacados, o *esse est percipi* berkeleyano parece estar em contradição com o "senso comum". Quando são destacados o nominalismo e o fenomenismo (e especialmente este último), o "princípio" berkeleyano parece constituir uma defesa do senso comum. Além disso, não parece ser tanto uma afirmação sobre a existência, mas antes uma interpretação do significado do predicado 'existe'. É plausível afirmar que há em Berkeley todas essas intenções ao mesmo tempo. Em seus *Comentários* — os *Philosophical Commentaries*, antes chamados *Commonplace Book of Occasional Metaphysical Thoughts* — Berkeley já indicou que "existem propriamente apenas pessoas, isto é, coisas conscientes, não sendo as demais coisas tanto existências como modos de existência de pessoas" (Notebook B. Entry, 24; *Works*, ed. Luce-Jessop, I, 10). Mas ele também assinalou: "Que não se diga que suprimo a existência. Apenas declaro o significado do termo na medida em que posso compreendê-lo" (*ibid.*, 593; I, 74). Por conseguinte, as fórmulas berkeleyanas *esse est percipi* e *esse est percipere* constituem ao mesmo tempo uma tese sobre a existência e uma tese sobre o significado de 'existe'. Alguns autores consideram que a primeira tese se fundamenta na segunda; outros, que Berkeley desembocou na segunda tendo em vista a primeira. Aqui consideramos que ambas as teses encontram-se intimamente relacionadas entre si dentro do conjunto do pensamento de Berkeley, isto é, se considerarmos seus vários propósitos (luta contra o ateísmo e contra o ceticismo, defesa do espiritualismo) e o modo pelo qual os levou a cabo (crítica do realismo na doutrina dos universais e da epistemologia de Locke). De todo modo, embora seja muito importante o componente epistemológico (e lingüístico) nas citadas opiniões de Berkeley, seria injusto desconsiderar por completo o componente teológico. Este último se evidencia sobretudo quando, ao se estabelecer a questão do que ocorre quando *ninguém* percebe uma idéia, e, contudo, o objeto significado por ela continua existindo, Berkeley indica que há um Espírito Universal (Deus) que percebe tudo o que é perceptível de todos os ângulos possíveis. O fundamento da percepção (ou do *esse est percipi*) é, pois, Deus — e não apenas, como ele escreve em uma ocasião, embora sem insistir nisso depois, a mera "possibilidade" de percepção por parte de um espírito finito.

Na mencionada edição de Luce-Jessop as passagens mais pertinentes encontram-se nos seguintes volumes e páginas: II, 42ss., 50ss, 59, 61, 76, 78ss, 80ss., 168, 175, 179, 190, 200, 230, 234, 237, 244, 249, 250, 257ss; III, 13; V, 12, 119, 135.

ESSÊNCIA. Podem ser formuladas várias perguntas acerca de um ente qualquer *x*: 1) Se *x* é ou, mais especificamente, se *x* existe; 2) o que é *x*; 3) por que *x* é como é; 4) de onde (*ex*) procede *x* etc. A segunda pergunta refere-se à essência de *x*.

O termo 'essência' — ou os termos que em várias línguas (cf. *infra*) correspondem mais ou menos aproximadamente a 'essência' — foi entendido de muitas maneiras diferentes. Referir-nos-emos a algumas delas por ordem cronológica. As informações aqui proporcionadas devem ser completadas com o que está contido em outros verbetes; sobre esse assunto citamos: ACIDENTE, COISA, ENTE, ESPÉCIE, EXISTÊNCIA, FORMA, HAECCEITAS, HIPÓSTASE, IDÉIA, INDIVIDUAÇÃO, LOGOS, OUSIA, PREDICÁVEIS, PROPRIEDADE E PRÓPRIO, QUIDDIDADE, SER, SUBSISTÊNCIA, SUBSTÂNCIA, VÍNCULO. Particularmente importante é o verbete EXISTÊNCIA; ver, além disso, ESSENCIALISMO e EXISTENCIALISMO.

Na medida em que Platão considerou as Idéias ou Formas como modelos e "realidades verdadeiras", ele as viu como essências. Mas apenas com Aristóteles começa uma análise da idéia de essência.

Em *Cat.*, *S.*, 2 a 11ss., Aristóteles introduz o termo οὐσία (ver OUSIA), que por razões que serão explicitadas a seguir às vezes foi traduzido por 'substância' e outras por 'essência'. Enquanto substantivação do particípio presente de εἰμί (εἶναι = ser), οὐσία designa algo como "o que é sendo". Pode-se, pois, concluir que aqui se trata da noção de essência. Todavia, trata-se dela somente em um sentido. Com efeito, o termo οὐσία é vertido, de acordo com o *uso* que dele faz Aristóteles no texto citado, por 'substância' (VER). Mas a substância pode ser entendida em dois sentidos. Como substância primeira é o que nos é afirmado de um sujeito (por exemplo, o homem ou o cavalo individuais). Como substância segunda é a espécie na qual está contida a substância primeira, ou seja, aquilo que é afirmado de uma substância primeira (por exemplo, a espécie "homem" ou a espécie "cavalo"). A substância primeira é a substância propriamente dita. A segunda é a essência (ou algo que forma parte da essência). Aristóteles parece supor (*op. cit.*, 5, 2 b 8ss.) que há uma certa "continuidade" entre as substâncias primeiras e segundas, ao menos na medida em que a espécie é "mais substância" que o gênero, uma vez que está mais "perto" da substância primeira. Mas, assim que as substâncias segundas são introduzidas, elas se expressam como predicados das primeiras. As substâncias segundas são, portanto, determinações, ou, se se preferir, "especificações" das substâncias primeiras. Como tais, elas constituem suas essências ou, melhor, formam ou podem formar parte de suas essências.

Em *Top.*, I, 9, 103 b 27ss., Aristóteles escreve: "Ao significar o que algo é, significa-se ora a substância, ora a qualidade, ora uma das demais categorias. Quando, na presença de um homem, se diz que o que está ali é um homem ou um animal, indica-se o que ele é, e se significa uma substância. Mas, quando diante de uma cor branca se diz que é branca ou que é uma cor, indica-se que se trata de uma qualidade... E o mesmo acontece com as demais categorias: para cada uma das noções assinaladas, se se afirma gênero, expressa-se a essência. Por outro lado, quando se afirma algo sobre outra coisa além da própria coisa portadora da afirmação, não se expressa a essência, mas a quantidade ou a qualidade ou uma das demais categorias". Aqui a essência é apresentada não como uma determinação qualquer da coisa ou da entidade consideradas, mas como uma determinação com base no gênero ao qual a coisa ou entidade pertence. A essência é aqui, portanto, a natureza da coisa ou entidade. Ela também poderia ser chamada de "substância formal" ou "forma", como quando Aristóteles escreve: "Chamo de forma a essência de cada ser, sua substância primeira" (*Met.*, Z 7, 1032 b 1-2). Esta última passagem parece pouco clara, pois a essência aparece como "substância primeira". Mas ela se torna clara quando percebemos que Aristóteles utiliza aqui não a expressão οὐσία, mas τὸ τί ἦν εἶναι, *quod quid erat esse*, isto é, "o que era antes de ter sido" ou "de ter-se realizado" a entidade; se se preferir, o que era antes de ser no sentido de existir, τὸ τί ἦν εἶναι, freqüentemente é traduzido por *quidditas* (ver QÜIDIDADE). Parece designar a essência e também a forma. Em vista de tudo isso, parece que estamos diante de uma completa confusão.

É preciso levar em conta duas coisas. Por um lado, desde Aristóteles se considera como essência o *quê* de uma coisa, ou seja, não *que* a coisa seja (ou o fato de ser a coisa), mas *o que* ela é. Por outro lado, considera-se que a essência é um predicado por meio do qual se diz o que é a coisa, ou se define a coisa (ver DEFINIÇÃO). No primeiro caso, temos a essência como algo real. No segundo, como algo "lógico" (ou conceitual). Os dois sentidos estão estreitamente relacionados, mas tende-se a ver o primeiro a partir do segundo. Por isso o problema da essência foi freqüentemente o problema da predicação. Nem todos os predicados são essenciais. Dizer "Pedro é um bom estudante" não é enunciar a essência de Pedro, pois 'um bom estudante' pode ser considerado um predicado acidental de Pedro. Dizer "Pedro é um homem" expressa o ser essencial de Pedro. Mas também expressa o ser essencial de Paulo, Antônio, João etc. Para saber o que o Pedro é seria preciso encontrar uma "diferença" que o delimitasse essencialmente em relação a Paulo, Antônio, João etc. Pois bem, em vista da dificuldade de encontrar definições essenciais para indivíduos tendeu-se a reservar as definições essenciais para classes de indivíduos. Por exemplo, dizer "O homem é um animal racional" foi considerado uma definição essencial (necessária e suficiente), pois nela são expressos o gênero próximo e a diferença específica, de modo que não se pode confundir o homem com nenhuma outra classe de indivíduos.

Em vista disso, muitos autores a partir de Aristóteles afirmaram que a essência é predicada somente de universais (VER). Contudo, isso não é completamente satisfatório. Dizer que a essência é uma entidade abstrata (um universal) equivale a adotar uma posição ontológica que nem todos os filósofos podem subscrever. Pode-se, também, retornar à "realidade" e alegar que a essência é um constitutivo metafísico de qualquer realidade (ao menos de qualquer realidade que supostamente possua essência). As respostas que foram dadas ao problema da essência dependeram em grande parte do aspecto destacado, e especialmente se foi destacado o aspecto "lógico" (ou conceitual) ou o "metafísico" (ou real), ou uma combinação de ambos. Assim, se se define a essência como um predicado, pergunta-se se ele é necessário ou suficiente. Se ela é definida como um universal, pode-se perguntar se se trata de um gênero ou de uma espécie ou de ambos (como quando se diz que essência de uma coisa, na medida em que pertence integralmente a essa coisa, é a espécie, chamando-se de "gênero" a parte da essência comum a outras essências). Se é um constitutivo metafísico, ela pode ser considerada como uma idéia, uma forma, um modo de causa (a causa formal) etc. Por outro lado, do ponto de vista metafísico, pode-se considerar — como se fez freqüentemente — a essência uma "parte" da coisa junto à existência. É nesse ponto que se delineia com mais urgência a questão da "relação" entre a essência e a existência, tão abundantemente tratada pelos filósofos medievais, e particularmente pelos escolásticos, incluindo os "escolásticos árabes".

Os escolásticos — cristãos e árabes — recolheram o conceito de essência da tradição grega. Todavia, em razão de sua teologia, a questão da essência complicou-se rapidamente junto com outras.

Embora οὐσία tenha sido traduzido por *essentia* e por *substantia*, advertiu-se que esses termos não poderiam ser utilizados indistintamente. Etimologicamente *essentia* equivale a οὐσία. Mas, na medida em que Aristóteles deu a οὐσία o significado primário de *substantia*, foi preciso utilizar *essentia* como tradução de τὸ τί ἦν εἶναι. A questão do vocabulário continuou sendo, não obstante, muito complicada porque também se utilizou hipóstase (VER) para designar a substância individual, em cujo caso οὐσία pôde ser tratado (ou continuar sendo tratado) como equivalente de *essentia*. Por outro lado, o termo *essentia* relacionou-se estreitamente com o termo *esse*. Assim em Santo Agostinho, para o qual "essência se diz daquilo que é ser (*ab eo quod est esse dicta est essentia*), como *sapientia* vem de *sapere*, e *scientia* de *scire*. As demais coisas chamadas de essências ou de substâncias implicam acidentes que causam nelas alguma mudança" (*De Trin.*, V, ii, 3). Com isso se afirma que Deus é substância ou, se esse nome lhe convém mais, *essentia*. Enquanto caráter fundamental do ser, a essência corresponde aqui apenas a Deus. A derivação de *essentia* (de *esse*) refere-se aqui ao *esse* como ser ("dividido" nas dez categorias) e não à cópula na oração. A *essentia* também foi chamada (especialmente a partir de Boécio) de *forma* e de *natura*. Ela é *forma* porque constitui o ser; é *natura* na medida em que pode ser objeto do intelecto; e é, por conseguinte, objeto de definição.

Ao se referir à noção de pessoa (VER), Ricardo de São Vítor indicava que se podia perguntar o que uma pessoa é ou de onde procede seu ser. A primeira pergunta concerne à essência, a segunda à existência. O *existere* é a manifestação da origem, *ex*, da coisa que é (*De Trin.*, IV, ii, 12). Segundo Santo Tomás, a essência se diz daquilo em razão de que e no que a coisa tem o ser: *essentia dicitur secundum quod per eam et in ea res habet esse* (*De ente et essentia*, I). Todas essas definições de *essentia* parecem ser fundamentalmente "metafísicas". Elas podem, entretanto, "duplicar-se" por meio de uma caracterização "lógica". Com efeito, a essência pode ser concebida como algo que "constitui" a coisa; ela responde à pergunta *quid est ens*. Mas esse "algo" expressa-se de modo definitório indicando mediante que termos se define essencialmente a coisa. Esses termos podem expressar, segundo indica Santo Tomás, a forma, a *qüididade* ou a natureza. A coisa mesma — *res ipsa* — é a única que se pode chamar de qüididade na medida em que a forma é a realidade recebida em um indivíduo, e a natureza é o princípio da ação. Desse modo, entre as substâncias naturais a essência expressa na definição não pode ser simplesmente a forma, pois então não haveria possibilidade de distinguir entre um ser natural e um ser "ideal". Portanto, na definição de um objeto natural entra a matéria como uma parte da essência, mas não no sentido de que a definição seja então a mera expressão de uma relação entre matéria e a forma, ou uma entidade sobreposta a ambas. "O existir da substância composta" — escreve Santo Tomás — "não é apenas o existir da forma, nem apenas o existir da matéria, mas de seu composto. A essência, por outro lado, é aquilo segundo o que se diz que a realidade existe. Por isso é conveniente que a essência, por meio da qual a realidade se chama de ente, não seja tão-somente a forma, nem tão-somente a matéria, mas ambas, mesmo quando apenas a forma seja, à sua maneira, a causa de seu ser" (*op. cit.*, II).

De tudo o que foi dito anteriormente parece ficar clara apenas uma coisa: é muito difícil saber de que se trata quando se diz 'essência'. O assunto se esclarece um pouco, todavia, quando se considera nos escolásticos medievais (ou em grande número deles) o modo como é entendida a essência em relação com a existência.

Normalmente é comum considerar esse problema como a "diferença" entre Deus e as coisas criadas. A tradição ainda vigente em Santo Anselmo afirmava que Deus é propriamente essência. Na essência divina (incriada, criadora) seu ser, seu *esse*, é seu existir. A essência divina e a existência divina são a mesma coisa. Isso é para Santo Anselmo e para os autores "anselmianos" não apenas uma verdade *per se*, mas também uma verdade *quoad nos*; daí o argumento anselmiano (ver ONTOLÓGICA [PROVA]). Para Santo Tomás continua sendo uma verdade *per se*, mas não *quoad nos*; daí a rejeição de tal argumento. Mas, além disso, embora se continue considerando que Deus é *esse*, não se admite que apenas Deus seja propriamente essência. A essência convém por analogia (VER) de atribuição *per prius* a Deus. Mas ela também convém, ainda que *per posterius*, às criaturas. E é nelas que se determina o problema do modo pelo qual a essência se relaciona com a existência, isto é, o problema de que tipo de distinção (VER) deve ser admitido, nos entes criados, entre essência e existência.

Entre a multiplicidade de opiniões sobre isso destacam-se algumas fundamentais. Referimo-nos às duas principais no verbete Existência (VER): a opinião segundo a qual há uma distinção real, e a opinião segundo a qual não há distinção real. Também aludimos naquele verbete a vários modos de distinção quando não se afirma a distinção real. Completaremos e esclareceremos aqui essas opiniões e nos referiremos, além disso, a outros pontos estreitamente relacionados a elas.

Santo Tomás e os autores influenciados por ele afirmam que há uma distinção real entre a essência e a existência nos entes criados, mas isso não significa sustentar que a existência seja um mero acidente agregado à essência. Pode ser uma causa eficiente transcendente à essência e, portanto, algo muito distinto de um *aggregatum*. Com isso Santo Tomás se opunha à teoria aviceniana.

Segundo esta última, a existência se agrega à essência (ou, se se preferir, o *esse* se agrega à *quidditas*). A essência é a pura realidade da coisa, independentemente das determinações lógicas do pensamento da coisa. A essência de uma coisa é, pois, a coisa *enquanto tal* e nada mais. "Assim" — escreveu Avicena — "a existência é um atributo que pertence às coisas que possuem diversas essências e lhes é dado como um predicado extrínseco à constituição de suas essências, como o branco e o preto, que não variam apesar da variedade de seus sujeitos de inerência" (Avicena, *Sobre metafísica* [antologia, trad. e notas de M. Cruz Hernández], 1950, p. 65).

Algumas vezes se discutiu se a doutrina da composição de essência e existência, e a distinção real entre ambas, encontra-se ou não originariamente em Santo Tomás. Há várias opiniões a esse respeito: 1) a doutrina se encontra em Santo Tomás originariamente e, além disso, é central em seu pensamento; 2) a doutrina encontra-se efetivamente em Santo Tomás, mas é periférica; 3) a doutrina não se encontra em Santo Tomás, mas em Egídio Romano (Gil de Roma).

Aqueles que sustentam 1) e 2) não se fundam tanto nos textos de Santo Tomás, mas na opinião de vários autores do século XIII — por exemplo, João (Jean) Quidort — presumidamente tomistas. Mas se se duvida do tomismo "ortodoxo" de tais autores, ou se se admite que muitos autores tomaram a doutrina a que nos referimos de Egídio Romano, perde quase todo o peso a tese do caráter tomista, e especialmente do caráter ao mesmo tempo originária e centralmente tomista, da doutrina.

Alguns autores, como Martin Grabmann, que afirmavam o caráter tomista da tese reconheciam ao mesmo tempo que em Santo Tomás ela não se encontra sob a forma de uma distinção real, mas antes sob a forma de uma distinção essencial. Se essas duas distinções são equivalentes, a conclusão a ser adotada — e que foi a que começou a ser aceita [*supra*] como hipótese preliminar — é que Santo Tomás inclinou-se a fazer uma distinção real entre essência e existência. Mas é um assunto que pode ser debatido o fato de que as duas distinções sejam equivalentes, de modo que o mais prudente por enquanto é deixar a questão aberta.

Os escolásticos cristãos mais ou menos "avicenianos" avaliam que esse modo de considerar a essência é o modo propriamente metafísico. A essência deve ser tomada em si mesma e não na coisa ou no intelecto. Na coisa, a essência é aquilo por meio do que a coisa é. No intelecto, é aquilo que é mediante uma definição; em si mesma, a essência é o que é. É isso que Duns Scot afirma quando diz que a essência pode ser considerada em si mesma (estado metafísico), no real singular (estado físico ou real) ou no pensamento (estado lógico). Considerada metafisicamente, a essência distingue-se da existência apenas por meio de uma distinção formal.

Alexandre de Hales não admitiu uma distinção real entre essência e existência, mas apenas uma distinção de razão; tal opinião foi seguida depois por Suárez (ver *infra*).

Henrique de Gand (VER) defendeu uma distinção intencional. Essa teoria está fundada em uma concepção do ser da essência enquanto tal.

Averróis tendeu a não admitir nenhuma distinção. De modo similar, Guilherme de Ockham afirmou que a essência e a existência não são duas realidades distintas: tanto em Deus como na criatura não se distinguem entre si a essência e a existência mais do que cada uma difere de si própria. 'Essência' e 'existência' são dois termos que significam a mesma coisa, mas uma significa ao modo de um verbo e a outra ao modo de um nome.

As opiniões sobre esse assunto estavam quase sempre ligadas a outras doutrinas, entre elas as elaboradas tendo em vista dois pontos: a natureza das essências possíveis (ou dos "possíveis") e o modo como se concebia a "relação" entre Deus e os entes criados, em particular o homem.

Certos autores afirmaram que as essências possíveis têm uma aptidão intrínseca para a existência. Outros sustentaram que elas têm uma mera aptidão extrínseca. Se se supõe o que foi dito primeiro, conclui-se que as essências não dependem de uma decisão divina "arbitrária" (o que, seja dito de passagem, não exige a limitação do poder de Deus, mas entender de certo modo a idéia de *potentia divina*). Se se supõe o que foi dito em segundo lugar, conclui-se que o próprio ser das essências depende da vontade ou decisão de Deus. Os tomistas (e depois Leibniz) tendem à primeira opinião. Os scotistas (e depois Descartes), à segunda.

No que diz respeito à citada "relação" entre Deus e os entes criados, alguns autores sustentaram que um ser cuja essência não seja existir não tem *de que existir*. Daí que seja preciso supor que ele seja diretamente dependente de Deus. Outros afirmam que um ente criado tem de que existir se é considerado em sua essência; esta não implica, e menos ainda implica necessariamente, a existência, mas isso se dá porque não é preciso aderir à tese de que há primeiro uma distinção real para depois ver como a existência se une à essência.

Vê-se, pois, que a questão da essência foi debatida no pensamento antigo e medieval, e especialmente nesse último, com muita freqüência e com um detalhamento singular. Para resolver os problemas levantados pela questão da essência foram adotados vários pontos de vista; por exemplo, lógico e metafísico, e freqüentemente uma combinação de ambos. Considerou-se a essência ao menos nos três modos já citados: na coisa, no conceito e em si mesma. Dentro do conceito ela foi considerada ou objetivamente (na concepção) ou formalmente (no concebido). Distinguiu-se essência e existência de diversos modos, e também de diversos modos se afirmou que essência e existência são a mesma coisa. Discutiu-se a questão da aptidão das essências para a existência, elucidando-se os modos pelos quais intrínseca ou extrinsecamente pode existir ou existe essa aptidão. Considerou-se a essência como forma, ou como qüididade, ou como natureza. Estudou-se se a essência é ou não é uma "parte" (parte constitutiva ou não) da coisa real junto à existência, e que distinção deve-se então admitir entre essas "partes". Debateu-se em que consiste o ser da essência (*esse essentiale*) e o ser da existência (*esse existentiae*) e de que maneiras um *esse* inclui, ou pode incluir, as duas; admitir a primeira sem admitir a segunda, admitir a primeira uma vez dada a segunda; admitir as duas (ainda que não necessariamente) para constituir um *ens ratum* (ver ENS). Elucidou-se a natureza das "essências possíveis" e sua aptidão intrínseca ou extrínseca, distinguindo-se freqüentemente essência possível de essência, pois caso contrário, seria preciso admitir que a essência é identificável com a possibilidade — e a existência com a atualidade —, o que muitos autores rejeitaram.

Algumas das questões levantadas podem ser esclarecidas por meio de uma adequada qualificação do vocábulo 'essência'. Assim, falou-se não apenas de essência divina ou infinita e essência criada ou finita, mas também (dentro desta última) de vários tipos de essência: absoluta, atual, concreta, individual, metafísica, meramente possível. As essências finitas podem ser classificadas em individuais, específicas e meramente possíveis. As essências específicas podem ser classificadas em essências totais, parciais (ou partes formais da essência) e abstratas (ou "lógicas" em sentido amplo, incluindo formais, objetivas, conceptivas etc.).

Alguns dos problemas antes resenhados passaram para a filosofia moderna. Os grandes escolásticos modernos dedicaram-se à questão da essência seguindo alguma das grandes "vias" medievais (por exemplo, tomista, scotista, ockhamista), mas trazendo esclarecimentos que nem sempre se encontram nos escolásticos medievais. Assim, por exemplo, das três sentenças fundamentais que Suárez examina detalhadamente em sua *Disputatio* XXXI acerca da distinção entre essência e existência — sentença tomista: distinção real; scotista: distinção formal; de Alexandre de Hales: distinção de razão —, Suárez inclina-se pela última. O argumento que ele oferece para abonar sua opinião é que a existência não pode ser considerada como realmente distinta da essência, já que se não fosse assim teríamos na coisa um modo de ser que não lhe pertenceria por sua própria natureza. Para Suárez, uma distinção real é admissível se se trata da diferença entre ser potencial e ser atual. Mas tratando-se de uma essência atual e de uma existência atual só pode haver distinção de razão, embora com fundamento na coisa (*distinctio rationis cum fundamento in re*).

Parte considerável da discussão sobre as essências na filosofia moderna, especialmente entre os grandes filósofos do século XVII, girou em torno da natureza das essências. Já nos referimos (cf. *supra*) a duas opiniões de filósofos modernos sobre o assunto (seguindo, às vezes, posições já defendidas por autores escolásticos). Também tratamos dessa questão no verbete POSSIBILIDADE (VER). A questão a que nos referimos esteve ligada em parte à da "relação" entre a essência e a existência. Essa relação foi concebida por Spinoza como imediata: "Pertence à essência de alguma coisa aquilo que, sendo dado, a coisa põe necessariamente e que, não sendo dado, a destrói necessariamente, ou aquilo sem o que a coisa não pode ser nem ser concebida e que, vice-versa, não pode sem a coisa ser nem ser concebido" (*Eth.*, II, def. ii). Esta concepção da essência foi qualificada freqüentemente de "realista" (no sentido ontológico de 'realista'). Autores como Hobbes e, em geral, os filósofos de tendência nominalista e terminista consideraram a essência um termo mediante o qual se nomeia algo (geralmente um dos chamados "predicados essenciais"). Leibniz insistiu muito na idéia de que há uma *exigentia existentiae* inerente a cada essência: toda essência, afirma ele repetidamente, tende por si mesma à existência vendo-se limitada em sua "pretensão a existir" por meio do princípio de composibilidade (VER). As essências são concebidas por Leibniz quase sempre como "possíveis" que possuem um *conatus* que as leva a realizar-se sempre que se encontrem fundadas em um ser necessário existente (ver, entre outras referências a essa questão em Leibniz, a edição de escritos de Gerhardt, I, 331; III, 573; VI, 616; VII, 303-305, 310 e o texto mais conhecido [de *Mont.*, § 54], 290-291). A razão dessa *propensio ad existendum* encontra-se, para Leibniz, no princípio de razão suficiente. "Dizer que certas essências têm uma inclinação para existir e que outras não é dizer algo sem razão, pois a existência parece estar universalmente relacionada com cada essência do mesmo modo." "Se não houvesse alguma inclinação inerente à natureza da essência para existir, nada existiria." Por isso também se pode dizer que "o Ser mais Perfeito é aquele que contém mais essência"; uma essência, além disso, que equivale a seu existir, pois não se entenderia o ser perfeito se ele não existisse.

Foi comum na época moderna distinguir essência nominal de essência real: a primeira é a expressão que predica algo de algo; a segunda é a verdadeira (ou supostamente verdadeira) realidade intrínseca (e algumas vezes declarada incognoscível) de uma coisa. Embora algumas vezes se considere que a "verdadeira essência" é a essência real e não a nominal, conclui-se freqüentemente que a primeira é enunciável somente por meio da segunda, que pode ser ou não uma expressão ou um processo mental ou um conceito formal.

A noção de essência desempenha um papel capital na filosofia de Hegel. Segundo esse ator, o absoluto aparece primeiro como ser e depois como essência. "A essência é a verdade do ser" (*Logik*, I, livro II). No verbo 'ser' (*Sein*) a língua alemã conservou o termo 'essência' (*Wesen*) no passado desse verbo (*ge-wesen*), pois a essência é o passado, mas o passado intemporal (*loc. cit.*). A essência não aparece como algo negativo (já que então ela seria "exterior"), mas como o movimento próprio, infinito, do ser. A essência é o ser em e para si (*an-und-für-sich sein*), ou seja, o ser em si absoluto (*absolutes Ansichsein*). A essência é o lugar intermediário entre o ser e o conceito; "seu movimento se efetua do ser para o conceito", em razão de que se tem a tríade: Ser, Essência, Conceito. Ao mesmo tempo, a essência se desenvolve dialeticamente em três fases: primeiro, aparece em si ou como reflexão e é essência simples em si (*ansichseiendes Wesen*); segundo, aparece como essência que emerge para a existência (*heraustretend in das Dasein*); terceiro, revela-se como essência que forma uma unidade com sua aparição (*Erscheinung*). Esta última fase da essência, antes de passar para o conceito, é chamada por Hegel de "realidade" ["atualidade"] (*Wirklichkeit*).

Foi importante no século XIX a detalhada doutrina de Rosmini sobre a essência. Segundo esse autor, a essência é "o que se compreende em qualquer idéia" (*Nuovo Saggio*, ed. E. Castelli, §§ 647ss.), de modo que a idéia é, a rigor, a coisa na medida em que é meramente pensada por mim como possível. Mas, embora as essências possam ser — correspondendo às idéias — específicas e genéricas, há uma essência que corresponde à idéia universalíssima do ser, e esta essência universalíssima é, como essência pura e simples, o próprio ser.

Para Santayana (cf. *The Realm of Essence* [1927]), há um "reino de essências" que abarca tudo o que pode ser apreendido (pensado, concebido, imaginado etc.). Esse reino é, como o das essências platônicas, intemporal. Mas, diferentemente das idéias platônicas, as idéias no sentido de Santayana não foram hipostasiadas (ver Hipóstase). Pode-se dizer que as essências em Santayana equivalem a "significações" e que, portanto, a sua doutrina sobre elas se assemelha em alguns pontos à de Husserl (cf. *infra*) e, em geral, à de todos os autores que falaram, ou deram como pressuposto, um "terceiro reino" distinto do das coisas e dos processos mentais.

Para Louis Lavelle (*De l'Acte* [1937], cap. VI, arts. 1-3), a essência e a existência estão compreendidas no Ser, o qual é sua unidade (não sua síntese) e precede as duas. A dissociação da essência e da existência é levada a cabo mediante "o Ato", que passa a reuni-las: "O próprio do Ato é dissociar [a essência e a existência] para uni-las". Lavelle indica que se deve "inverter a relação clássica entre essência e existência" quando se trata de seres livres; com efeito, "a existência é, se se preferir, a aptidão real e até mesmo atual que possuo de dar a mim mesmo a minha essência por meio de um ato cuja realização depende de mim".

Na época atual, foram desenvolvidas várias "doutrinas da essência": as desenvolvidas por Husserl e alguns fenomenólogos, por Xavier Zubiri, e pelo novo essencialismo de Kripke e outros autores.

Às essências no sentido da fenomenologia nos referimos no verbete sobre esse movimento e em vários outros da presente obra (por exemplo: Atenção; Eidético; Evidência; Husserl, edmund; Intuição; Intenção, intencional, intencionalidade; Redução). Aqui nos limitaremos a fazer algumas indicações acerca do caráter das essências obtidas por meio da intuição essencial fenomenológica — tornada possível primeiramente pela epoché (ver) e depois pela redução (ver) eidética —, e acerca da natureza das chamadas "ciências eidéticas" ou "ciências das essências".

As essências não são, para a fenomenologia, realidades propriamente metafísicas. Mas tampouco são conceitos (sejam eles formais, ou objetivos), operações mentais etc. São "unidades ideais de significação" — ou "significações" — que se oferecem à consciência intencional quando esta se põe a descrever esmeradamente o dado. As essências em sentido fenomenológico são atemporais e aprióricas. Elas se distinguem, pois, dos fatos, que são temporais e aposterióricos; embora Scheler tenha falado de "fatos fenomenológicos" (ver Fato). As essências na fenomenologia também são universais e às vezes descritas como "universalidades". São "concretas" e não "abstratas". Algumas vezes receberam o nome de "universais concretos". As essências não possuem realidades ou existência, mas idealidade.

As essências de que falamos podem ser formais e materiais. As primeiras são essências que não têm conteúdo e valem para todos os objetos, tanto ideais como reais. Seu estudo pertence às disciplinas formal-ontológicas. As segundas são essências com conteúdo limitado, referido a uma esfera e válido somente para essa esfera. Seu estudo compete às ontologias regionais. Às essências materiais correspondem verdades essenciais "sintéticas", que não devem ser entendidas como particularizações das verdades formal-ontológicas, mas como verdades regionais. A diferença entre essências formais e materiais não se fundamenta em sua natureza, mas no raio de sua aplicação.

As ciências das essências ou ciências eidéticas distinguem-se das ciências dos fatos ou ciências fáticas em que não se fundam na experiência. Por outro lado, as ciências fáticas fundam-se em ciências eidéticas. Husserl falou de ciências eidéticas puras, como a lógica pura, a teoria pura do tempo, do espaço, do movimento. Nessas ciências "nenhuma experiência como tal experiência, ou seja, como realidade, como consciência que apreende uma existência, pode empreender a função da fundamentação", ou, se se preferir, "toda ciência de fatos ou ciência de experiência tem fundamentos essenciais teóricos nas ontologias eidéticas" (*Ideen*, § 9).

Zubiri assinala que nenhuma das teorias fundamentais sobre a essência (a essência como sentido ou o que chamamos de "unidade ideal de significação" [Husserl; cf. *supra*]; a essência como conceito objetivo [Leibniz e outros autores]; a essência como correlato real da definição [Aristóteles principalmente]) é satisfatória, embora cada uma delas enuncie algo meritório, aproveitável e, é claro, importante sobre a essência. Para chegar a uma doutrina satisfatória da essência deve-se percorrer um longo caminho que começa com uma anotação provisória. Neste, a essência aparece sob cinco aspectos: como "momento de uma coisa *real*"; como "unidade primária de suas notas"; como "unidade *intrínseca* à coisa mesma"; como unidade enquanto "princípio em que se fundam as demais notas (necessárias ou não) da coisa"; como a *verdade* da coisa ou "verdade da realidade" (*Sobre la esencia* [1962], p. 98). Para ver o que cada um de tais aspectos significa é preciso proceder: primeiro, a anotar "o âmbito do essenciável" ou das "coisas essenciáveis"; segundo, indicar quais são "as coisas essenciadas"; terceiro, determinar em que consiste formalmente a "essência" dessas coisas (*op. cit.*, p. 83). O âmbito do essenciável são as coisas reais (não as "coisas-sentido", nem as puras significações). O âmbito do essenciado é a realidade *simpliciter* ou "a realidade verdadeira".

Segundo Zubiri, a função da essência não é especificar a realidade, mas estruturá-la (p. 211). A essência não é uma realidade dentro da coisa, mas é a própria coisa na medida em que é tal coisa e na medida em que é real. A essência encontra-se em realidades substantivas (ver Substantivo), de modo que a realidade essenciada é a realidade substantiva. A essência é um momento físico da coisa: "um momento da realidade substantiva enquanto tal" (p. 188). A essência é um momento último da substantividade. Possui um caráter entitativo individual e não é um "momento lógico". Como a realidade substantiva é "um sistema de notas constitucionais", averiguar quais são as notas essenciais equivale a averiguar qual é o momento essencial do sistema dessas notas. Em suma, a essência é essência da substantividade, e não da substância.

Pode-se falar, segundo Zubiri, de essências constitutivas e de essências qüiditativas, mas a diferença entre elas não é que as primeiras sejam unidades comuns abstratas e que as segundas sejam realizações numéricas de tais unidades comuns abstratas. A diferença em questão é "uma diferença dentro do mesmo exemplar numérico entre sua essência constitutiva e seu momento físico de qüididade" que é a "essência qüiditativa" (p. 222). Por outro lado, as essências quidditativas são, do ponto de vista da essência física, momentos das essências constitutivas (p. 225). Por essa razão, "toda essência constitutiva é entitativa e formalmente individual", de modo que "as diferenças individuais são sempre essenciais" (p. 247). Confirma-se assim que a essência é "um momento fundante da substantividade" (pp. 264ss.).

Já que a essência não é uma definição — nem correlato real de definição —, deve-se buscar outro modo de "dizer a essência", diferente do processo definitório. Esse modo é "a proposição essencial", distinta tanto da definição metafísica como da definição física. A linguagem em que se expressa a essência é "o estado de construto" no qual se indicam as notas essenciais como "notas-de" enquanto fundadas na unidade que é o "em"; a unidade essencial como momento absoluto "nas notas" essenciais.

A essência pode ser considerada (cf. *supra*) aquilo por meio do que a realidade é tal como é (a talidade) e aquilo por meio do que a realidade é real (a transcendentalidade). A talidade é a maneira de estar construída a coisa real como "tal". A transcendentalidade é o modo pelo qual a coisa é "naturalmente", de sorte que "essência é absolutamente idêntico a realidade" (p. 458). O exame da essência resulta ser, com isso, o exame do princípio estrutural da realidade.

Quanto às idéias sobre a essência em Kripke e em outros autores, ver A PRIORI; ESSENCIALISMO; KRIPKE, SAUL A.; PROPRIEDADE.

↪ Sobre o problema da essência, do conhecimento das essências, da relação entre essência e existência etc.: Jean Hering, "Bemerkungen über das Wesen, die Wesenheit und die Idee", *Jahrbuch für Philosophie und phänomenologische Forschung*, 4 (1921), 495-593. — Roman Ingarden, "Essentiale Fragen. Ein Beitrag zum Problem des Wesens", *Jahrbuch für Philosophie und phänomenologische Forschung*, VII (1925), 125-304. — Maximilian Beck, *Wesen und Wert*, 2 vols., 1925. — W. Pöll, *Wesen und Wesenserkenntnis*, 1936. — Étienne Gilson, *L'Être et l'Essence*, 1948; nova ed., 1962; nova ed. ampl., 1981. — Stanislas Breton, *Essence et Existence*, 1962. — David H. Degrood, *Philosophies of Essence: An Examination of the Category of Essence*, 1970; 2ª ed., 1976. — W. E. Carlo, *The Ultimate Reducibility of the Essence to Existence in Existential Metaphysics*, 1966. — G. Kopaczynski, *Linguistic Ramifications of the Essence-Existence Debate*, 1979. — A. Sidelle, *Necessity, Essence and Individuation: A Defense of Conventionalism*, 1989.

— Algumas das obras dos autores aos quais nos referimos com mais detalhe no presente verbete (Hegel, Husserl, Santayana, Zubiri etc.) encontram-se mencionadas no texto. — Ver também a bibliografia de ESSENCIALISMO e de EXISTÊNCIA.

Sobre a essência em Aristóteles: C. Arpe, *Das* τί ἦν εἶναι *bei Aristoteles*, 1938. — Emerson Buchanan, *Aristotle's Theory of of Being*, 1962, especialmente pp. 30-50. — C. Witt, *Substance and Essence in Aristotle: An Interpretation of Metaphysics*, VII-IX, 1989. — Ver também a obra de Zubiri mencionada *supra* e a bibliografia de OUSIA.

Sobre essência e existência na filosofia medieval, cristã e muçulmana: Stephan Schindale, *Zur Geschichte der Unterscheidung von Wesenheit und Dasein in der Scholastik*, 1900. — P. Madonnet, "Les premières disputes sur la distinction réelle entre l'essence et l'existence", *Revue Thomiste*, 18 (1910), 741-765. — M. D. Roland-Gosselin, "De distinctione inter essentiam et esse apud Avicennam et D. Thomam", *Xenia Thom.*, 3 (1925), 281-288. — J. Paulus, "Les disputes d'Henri de Gand et de Gilles de Rome sur la distinction de l'essence et de l'existence", *Archives d'histoire doctrinale et littéraire du moyen âge*, 15 (1940-1942), 323-358. — É. Gilson, *op. cit. supra*. — M. Wittmann, "Die Unterscheidung von Wesenheit und Dasein in der arabischen Philosophie", *Festgabe zum 60. Geburtstage von Cl. Baeumker*, 1913, pp. 35ss. — Max Horten, "Ein Hauptproblem der islamischen Philosophie", *Archiv füe systematischen Philosophie*, 22 (1916), 187-192. — A.-M. Goichon, *La distinction de l'essence et de l'existence d'après Ibn Sina (Avicenne)*, 1937. — F. A. Cunningham, "Distinction According to Thomas Aquinas", *The New Scholasticism*, 36 (1962), 270-312. — *Id.,* "The 'Real Distinction' in John Quidort", *Journal of the History of Philosophy*, 8 (1970), 9-28.

Sobre a essência na filosofia moderna: Albert G. A. Balz, *Idea and Essence in the Philosophy of Hobbes and Spinoza*, 1918. — A. Rivaud, *Les notions d'essence et d'existence dans la philosophie de Spinoza*, 1906. — L. Lermond, *The Form of Man: Human Essence in Spinoza's Ethic*, 1988. ↪

ESSÊNCIA E EXISTÊNCIA (DISTINÇÃO ENTRE).
Ver ESSÊNCIA; EXISTÊNCIA.

ESSENCIALISMO. Esse termo foi utilizado para designar as doutrinas filosóficas — e, especialmente, metafísicas e ontológicas — segundo as quais há propriedades essenciais e há, por conseguinte, definições essenciais (reais). Também foi utilizado para caracterizar as doutrinas segundo as quais a essência é — ontologicamente falando — prévia à existência.

Nesse último sentido 'essencialismo' foi utilizado como contraposto a 'existencialismo' (VER). Um exemplo de essencialismo é a filosofia de Louis Lavelle (VER). Também é considerado um exemplo de essencialismo a filosofia de Georges Gusdorf. Contudo, esse essencialismo sustenta que o que precede a existência e a determina é a "essência individual". Por essa razão o essencialismo de Lavelle e de Gusdorf foi chamado por Paul Foulquié (ver obra *infra*) de "existencialismo essencialista".

De modo mais geral pode-se chamar de "essencialista" a filosofia de Platão na medida em que faz das essências (como "Idéias" ou "Formas") as "verdadeiras realidades" ou, se se preferir, as "verdadeiras existências".

Já que para Santo Agostinho a *essentia* é equiparada ao "que existe", alguns autores tendem a interpretar a filosofia de Santo Agostinho — ao menos sua teologia — como "essencialista", mas consideramos aqui esse termo como pouco apropriado.

Pode-se falar (com reservas) de um "essencialismo" em Ricardo de São Vítor, na medida em que sua definição da existência (VER) se funda na idéia de essência; com efeito, no *sistere do exsistere* encontra-se a essência *de* onde procede o ser.

De qualquer modo, falou-se (Gilson) de um "essencialismo" de Avicena e do avicenismo na medida em que, segundo Avicena, a existência é um acidente da essência. É mais discutível que se possa falar de um essencialismo em Duns Scot. Não há dúvida de que para esse autor a essência é a realidade do inteligível e a metafísica é uma ciência das essências como realidades inteligíveis. Todavia, embora as essências possuam entidade, não se pode dizer delas propriamente que são.

Já que Xavier Zubiri tratou ampla e sistematicamente da essência como "momento último da substantividade" (ver ESSÊNCIA), e considerou a essência entitativamente, pode-se perguntar se seu pensamento deveria ser qualificado de "essencialista". Acreditamos que a resposta é negativa, a menos que se defina exatamente o que Zubiri entende por 'essência'. Mas em tal caso o vocábulo 'essencialismo' designaria uma doutrina completamente distinta dos essencialismos ou semi-essencialismos antes mencionados. Que a "realidade essenciada" seja a "realidade substantiva" não autoriza a falar de um essencialismo. A função estruturante da essência consiste em dar "constituição" à realidade. Mas isso ocorre porque a realidade não se "reduz" à essência (como ocorria com o "essencialismo"), mas se *constitui* "essencialmente".

Em certo sentido (e com muitas reservas) pode-se qualificar a filosofia — ou parte da filosofia — de Husserl de essencialista. Isso, entretanto, deve-se simplesmente a que nesse autor a função da consciência intencional é a apreensão das essências como significações e, em última análise, a apreensão da essência da consciência. Dada a tendência de Husserl para o "idealismo" justifica-se, porém, não insistir demasiadamente em seu "essencialismo". Em todo caso, tal essencialismo tem um sinal diferente dos usuais; melhor seria chamá-lo de "eidetismo".

K. R. Popper chamou de "essencialismo" a doutrina sobre os universais (VER) comumente descrita como "realismo" (VER). Por supor que há universais ou propriedades intrínsecas denotadas por nomes universais, e por supor que tais universais ou propriedades intrínsecas são objeto de investigação e são, além disso, importantes para a ciência (Popper, *The Poverty of Historicism*, 1957, p. 28), o essencialismo equivale a um antinominalismo. Ao se opor ao essencialismo, Popper advoga por um nominalismo, mas deve-se levar em conta que esse autor se interessa pelos aspectos metodológicos do problema, mais que por muitos dos aspectos "tradicionais" (que, seja dito de passagem, também eram metodológicos), razão pela qual o essencialismo e o nominalismo de que fala são um "essencialismo metodológico" e um "nominalismo metodológico" — ele já havia falado de nominalismo metodológico antes de introduzir o vocábulo 'essencialismo'. Posteriormente, Popper considerou que a expressão 'nominalismo' prestava-se a más interpretações (cf. "Autobiography", em P. A. Schilpp, ed., *The Philosophy of K. R. Popper*, 2 vols., 1974, vol. I, pp. 13-14), pois ele poderia ser confundido com o nominalismo lingüístico defendido ou praticado por numerosos autores de tendência analítica. Diante deles, Popper defendeu um "realismo", embora em um sentido distinto do realismo na teoria dos universais e mais próximo ao que tem 'realismo' quando ele se contrapõe a "instrumentalismo" na filosofia da ciência. A seguinte "auto-advertência": *"Jamais deixar-se levar a sério os problemas acerca de palavras e de seus significados. O que deve ser levado a sério são questões de fato, e asserções de fato: teorias e hipóteses, os problemas que resolvem e os problemas que suscitam"* (*op. cit.*, p. 12) é considerada por Popper como formando parte de sua *exortação antiessencialista*.

O essencialismo, que busca uma realidade que permaneça por trás das mudanças, proporciona, segundo Popper, argumentos poderosos para defender o "método histórico" e, em geral, o historicismo nas ciências sociais, de modo que essencialismo e historicismo andam juntos.

A tendência antiessencialista manifesta-se de diversos modos em autores analíticos de propensão "lingüística", muitos dos quais são agrupados por Richard Rorty sob o nome de "nominalismo [ou antiessencialismo] metodológico" (VER). O último Wittgenstein é um claro exemplo de posição antiessencialista; no que diz respeito, por exemplo, a expressões como 'jogo' e 'linguagem', Wittgenstein destaca que não há nenhuma essência comum a diversos jogos e a diversas linguagens. Uma posição similar, embora defendida a partir de pressupostos muito distintos, foi adotada anteriormente por autores como William James e Ortega y Gasset (ver José Ferrater Mora, *Indagaciones sobre el lenguaje*, 1960, pp. 60ss.).

Curiosamente, as tendências antiessencialistas às quais nos referimos antes coincidem com alguns traços do "existencialismo" e do "historicismo", embora não adotem nenhum dos pressupostos, nem praticamente nada do vocabulário dessas tendências. Por outro lado, houve reações ao antiessencialismo procedentes de tradições muito diversas.

Uma dessas reações é o estruturalismo (VER) que, pelo menos em sua forma francesa, opôs-se ao historicismo e ao "existencialismo". Embora não se possa dizer que o estruturalismo seja essencialista, ele é, em todo caso, antiantiessencialista.

Outra das reações, dentro do quadro do pensamento analítico, é o que poderia ser chamado de "neo-essencialismo", defendido por autores como Saul A. Kripke, David Lewis, Alvin Plantinga e Michael A. Slote. Aqui o essencialismo é a doutrina segundo a qual há entidades que possuem algumas de suas propriedades essencialmente. O neo-essencialismo aproxima-se, portanto, do essencialismo em sentido "clássico". É característico desse novo essencialismo o fato de admitir a quantificação em contextos modais, isto é, o fato de admitir a modalidade *de re*. Por exemplo, um essencialista admite que se pode falar de necessidade (VER) ontológica. Como indicou Kripke, supõe-se que, dado que *N* nomeia certa entidade que tem determinada propriedade, não se pode admitir que tenha sido distinta de como ela é, pois, caso contrário, não lhe corresponderia o nome *N*. Também é característico do novo essencialismo o fato de admitir que um indivíduo pode existir em mais de um mundo possível (ver MUNDOS POSSÍVEIS). De fato, a própria idéia de "mundo possível" e, na forma proposta por Kripke, de designador rígido para um indivíduo do tipo indicado é fundamental nessa concepção essencialista. O novo essencialismo comporta uma nova teoria da referência (VER); se é que essa nova teoria da referência não é o fundamento desse essencialismo.

O essencialismo pode adotar um sentido forte ou um sentido fraco. No sentido forte, é um realismo platônico. No sentido fraco, expressa neutralidade no que diz respeito à existência (ontologicamente) real de propriedades, ou seja, não se compromete ontologicamente a admitir propriedades, embora admita que se pode utilizar uma linguagem segundo a qual, dado um termo singular ao qual se adscreve uma propriedade, há algum outro termo idêntico a esse termo singular tal que este último não pode deixar de ter a indicada propriedade.

↪ Ver: Paul Foulquié, *L'Existencialisme*, 1947, pp. 115-125. — F. Meyer, *Essentialism*, 1950. — Miguel Oromí, *Introducción a la filosofía esencialista*, 1961. — F. Mayer, *Essentialism*, 1951. — G. Forbes *et al*, *Studies in Essentialism*, 1986, eds. P. A. French, T. E. Uehling, H. K. Weintraub *et al*..

Para o "essencialismo" medieval ver É. Gilson, *L'Être et L'Essence*, 1948; nova ed., 1962; nova ed. aum., 1981.

Para a doutrina de Zubiri ver *Sobre la esencia*, 1962, *passim*.

A contraposição entre "fatos" e "essências" e entre "ciências fáticas" e "ciências eidéticas" é estudada por quase todos os que trataram do pensamento de Husserl (VER) e da fenomenologia (VER); remetemos especialmente a Theodor Celms, *Der phänomenologische Idealismus Husserls*, 1928.

Para o essencialismo contemporâneo ver bibliografia de KRIPKE, SAUL A. Além disso: David K. Lewis, *Counterfactuals*, 1973. — Michael A. Slote, *Metaphysics And Essence*. — Alvin Plantinga, *The Nature of Necessity*, 1974. — Keith S. Donnellan, Saul Kripke, Hilary Putnam *et al.*, *Naming, Necessity, and Natural Kinds*, 1977, ed. Stephen P. Schwartz. — B. A. Brody, *Identity and Essence*, 1980. — N. U. Salmon, *Reference and Essence*, 1982. — G. L. Hallett, *Essentialism: A Wittgensteinian Critique*, 1991. — R. Vergauwen, *A Metalogical Theory of Reference: Realism and Essentialism in Semantics*, 1993.

Para o exame do "essencialismo" de Aristóteles do ponto de vista do essencialismo de Kripke : Robert Bolton, "Essentialism and Semantic Theory in Aristotle", *Posterior Analytics*, II, 7-10, *Philosophical Review*, 85 (1976), 514-544. ↩

ESTADO. O Estado foi tema de reflexão filosófica em quase todos os grandes pensadores, os quais, particularmente a partir de Platão, tentaram definir sua essência e sua missão no que diz respeito ao indivíduo e à sociedade. Na Antiguidade, o problema do Estado era um caso particular do problema mais geral da justiça (VER). Por isso tanto na discussão platônica sobre o Estado ideal como nos escritos políticos de Aristóteles, que relembram, por outro lado, os temas postos em circulação pelos sofistas, fala-se do Estado como a melhor organização da sociedade, como a forma ou articulação dos indivíduos e das classes que permite realizar na medida do possível a idéia da justiça, dando a cada um o que de direito lhe pertence. Com isso Platão e Aristóteles se opunham a alguns sofistas, que acreditavam que o Estado não está fundado na justiça, mas no "interesse do mais forte" (Trasímaco em Platão, *Rep.*, I), antecipando com isso alguns dos temas do maquiavelismo, da teoria do contrato social (VER) e do totalitarismo modernos. Para esses sofistas, o Estado encontra-se ligado basicamente ao "poder".

Especialmente a partir de Platão, os gregos se ocuparam muito da questão dos diversos tipos possíveis de Estado de acordo com o grupo ou grupos que exercessem o poder, isto é, a questão da "constituição política". Fala-se a esse respeito de timocracia, oligarquia, democracia, aristocracia, tirania etc., e se discutia qual era o melhor regime. Tanto Platão (ver especialmente *Rep.*, VIII) como Aristóteles (*Pol.*, *passim*) discutiram amplamente esses problemas e tentaram encontrar o fundamento da legitimidade do poder no Estado em um tipo de constituição que estivesse distante da anarquia e da oligarquia. Que o poder do governo no Estado seja patrimônio de "poucos" não significa, nem em Platão nem em Aristóteles, que ele seja um poder oligárquico. O poder dos governantes não está fundado nos interesses particulares destes, mas no interesse do Estado na medida em que este é composto de distintos grupos cujas relações entre si estão determinadas pela justiça.

Na Idade Média, a discussão sobre a natureza do Estado versou sobretudo em torno da supremacia do Estado sobre a Igreja ou vice-versa, entendendo-se pelo primeiro uma comunidade temporal e histórica, e pela segunda uma comunidade espiritual que está na história mas a transcende. As teorias de Santo Agostinho (ver CIDADE DE DEUS) e de Santo Tomás de Aquino sobre o Estado, relacionadas com a visão cristã da história, concluem pela inferioridade do Estado em relação à Igreja, mas, enquanto para o primeiro deles o Estado freqüentemente é algo mau, para o segundo ele é um reflexo da Igreja, uma comunidade que representa os interesses temporais, mas que deve ser guiada pelos fins espirituais da Igreja. No Renascimento dá-se uma mudança radical na concepção do Estado; como reação contra a pretensão de predomínio da Igreja e como conseqüência da formação dos Estados nacionais, a filosofia do Estado tende — como, por exemplo, em Maquiavel (como já ocorreu em Marsílio de Pádua) — a uma exigência de separação rigorosa entre o Estado e a Igreja, à qual se nega qualquer soberania temporal como transição para o primado do Estado. Com isso o Estado é desvinculado, por um lado, de seu fundamento divino e é decididamente inserido na temporalidade e na história. Assim se enlaçam diversas teorias utópicas acerca do Estado ideal — Campanella, Tomás Morus — que, continuando o caminho iniciado por Platão, tentam encontrar uma organização de tal índole que nela sejam possíveis a paz e a justiça. Durante os séculos XVII e XVIII predomina a teoria do Estado como pacto (ver CONTRATO SOCIAL), ora enquanto contrato realizado pelos homens para evitar o aniquilamento final que produziria a guerra de todos contra todos (Hobbes), ora como renúncia ao egoísmo produzido pelo estado inatural de civilização, e pela conseqüente submissão à vontade geral (Rousseau). Paralelamente se desenvolve a teoria do Estado como comunidade dos homens livres, os quais são mais livres precisamente porque vivem no Estado "segundo o decreto comum" (Spinoza). Desse modo, o Estado é a organização da sociedade que garante a liberdade, cujo fim é, com efeito, a liberdade, com a qual se entende quase sempre a liberdade de pensamento ou, melhor, a liberdade de professar uma religião sem submissão forçada à religião oficial do Estado. O Estado já aparece aqui em grande parte como um equilíbrio, equilíbrio das distintas seitas religiosas por um lado, e das classes, por outro. Durante a Ilustração, muitas vezes o Estado é concebido, de acordo com a doutrina do "despotismo ilustrado", como a organização que pode conduzir os homens pelo caminho da razão diante do obscurantismo, da névoa e das superstições do passado. Para Kant, o Estado deve ser constituído de tal modo que, seja qual for sua origem histórica, a lei corresponda a uma organização estabelecida pelo pacto e pelo contrato. A liberdade também é o fim do Estado, mas essa liberdade não deve ser entendida como uma arbitrariedade subjetiva, mas como o respeito da liberdade moral de cada um pela liberdade moral do conjunto, tornada possível mediante a lei. Os componentes do Estado são pessoas, isto é, fins em si; elas não devem ser utilizadas em nenhum caso como meios. A filosofia romântica desenvolvida na Alemanha seguindo a linha dos nacionalismos e das tradições tende a identificar a nação com o Estado e a atribuir a este último, como verdadeiro representante daquela, da comunidade de todos os homens unidos por um mesmo fim, todas as funções que poderiam corresponder tanto a uma classe como a um indivíduo ou a uma Igreja. O Estado, para Hegel, é o lugar no qual o espírito objetivo, vencida a oposição entre família e sociedade civil, chega a realizar-se plenamente. Aquele que rege o Estado deve ser, conforme a teoria romântica, o representante do "espírito do povo" (VER) ou "espírito nacional" (*Volksgeist*), aquele que cumpre os fins objetivos levantados por esse espírito.

A discussão sobre o Estado se move durante quase todo o século XIX dentro dos trilhos da luta entre o individualismo e o coletivismo. Nesses dois casos o Estado é concebido como um equilíbrio, mas, enquanto para o primeiro ele é o equilíbrio da tensão entre as vontades particulares, para o segundo é o equilíbrio resultante da supressão dessas vontades, cuja presença e atuação supostamente são nocivas para o Estado. No marxismo, o Estado (burguês) representa o domínio de uma classe, que exerce a partir do poder, sob a máscara do equilíbrio e da justiça, a sua própria e particular dominação, e por isso nessa doutrina se defende o desaparecimento do Estado uma vez conseguida, mediante a ditadura do proletariado, a abolição definitiva das classes. A supressão da tensão entre as classes mediante uma ditadura aparece de novo nos chamados Estados totalitários, nos quais toda atividade é integrada no corpo do Estado, identificado com o partido que pretende representar, por sua vez, a nação, a raça, o povo etc. No Estado totalitário exclui-se tudo o que não esteja a serviço do Estado, toda atividade espontânea desenvolvida à sua margem, considerada simultaneamente oposta a ele. A ascendência hegeliana desses tipos de Estado torna-se evidente sobretudo na propensão à divinização do Estado e à sua confusão com todas as instâncias — sociedade, nação, povo — que significam realidades muito diferentes, por mais íntima que seja sua vinculação com a organização estatal.

Segundo Ortega y Gasset, o Estado é um "modo" ou "porção" da sociedade; no Estado são potencializadas todas as vigências sociais, até o ponto em que "a ordem estatal é a forma extrema do coletivo", o "superlativo do social". O Estado, sempre que não pretenda substituir a sociedade, limita-se a intervir nela quando, dentro das atividades sociais que surgiram espontaneamente, encontra algumas que são inelutáveis, que devem ser conservadas, mantidas e ordenadas. A atividade social espontânea é então estratificada, oficializada. Por isso o Estado é, no fundo, a fixação e determinação de toda espontaneidade social.

A filosofia do Estado tem como missão definir a essência do Estado e determinar suas formas efetivas e possíveis. Para isso, ela deve procurar sobretudo estabelecer uma distinção entre o que aparece quase sempre confundido e misturado — Estado, nação, povo, sociedade — e precisar a função do Estado dentro de cada uma dessas realidades e como reunião parcial de todas elas. Em suas investigações, a filosofia do Estado relaciona-se intimamente com a filosofia do Direito, com a sociologia e, evidentemente, com a ciência e com a filosofia da história. Não se deve confundir, porém, a filosofia do Estado com a ciência do Estado; a primeira é a reflexão filosófica sobre a realidade chamada de "Estado", realidade que aparece na vida humana e deve ser compreendida como uma forma dessa vida; a segunda inclui, em contrapartida, o estudo concreto da organização e da estrutura do Estado, a teoria geral de sua constituição.

◘ Teorias jurídicas e filosófico-jurídicas sobre o Estado: Georg Jellinek, *Allgemeine Staatslehre*, 1900. — L. T. Hobhouse, *The Metaphysical Theory of the State*, 1918 (Parte I de seus *Principles of Sociology*). — R. Carré de Malberg, *Contribution à la théorie générale de l'État*, 2 vols., 1920-1922. — Othmar Spann, *Der wahre Staat*, 1921. — Oskar Georg Fischbach, *Allgemeine Staatslehre*, 1922; 2ª ed., 1928. — Hans Freyer, *Der Staat*, 1925. — Hans Kelsen, *Allgemeine Staatslehre*, 1925. — F. Oppenheimer, *System der Soziologie*, II: *Der Staat*, 1926. — Harold J. Laski, *The State in Theory and Practice*, 1935. — Karl Petrashek, *System der Philosophie des Staates und des Völkerrechts*, 1938. — R. G. Collingwood, *The New Leviathan, or Man, Society, Civilization and Barbarism*, 1942. — Agustín Basave Fernández del Valle, *Teoría del Estado: fundamentos de filosofía política*, 1955. — Helmut Kuhn, *Der Staat. Eine philosophische Darstellung*, 1967. — Y. Leclerq, *Théories de l'État*, 1977 [de Hobbes a Lenin]. — W. W. Willoughby, *An Examination of the Nature of the State: a Study in Political Philosophy*, 1978. — M. Carnoy, *The State and Political Theory*, 1984. — M. Fisk, *The State and Justice: An Essay in Political Theory*, 1989. — K. Lee, *The Legal-Rational State: A Comparison of Hobbes, Bentham and Kelsen*, 1990.

Conceito sociológico e conceito jurídico: Hans Kelsen, *Der soziologische und der juristische Staatsbegriff*, 1928. — G. Lock, *The State and I: Hypotheses on Juridical and Technocratic Humanism*, 1981. — A. de Jasay, *The State*, 1985.

Fenomenologia do Estado: Edith Stein, *Eine Untersuchung über den Staat*, 1925 [Jahrbuch für Philosophie und phänomenologische Forschung, 7].

Filosofia do Estado: Holstein e Larenz, *Staatsphilosophie*, 1933. — Arnold Gehlen, *Der Staat und die Philosophie*, 1934. — Kurt Schilling, *Der Staat. Seine geistige Grundlagen, seine Entstehung und Entwicklung*, 1935. — P. Lakeland, *The Politics of Salvation: the Hegelian Idea of the State*, 1984. — B. Jordan, *The State: Authority and Autonomy*, 1985. — P. Weiss, *Toward a Perfected State*, 1986.

História das doutrinas filosóficas do Estado: L. Gumplowicz, *Geschichte der Staatstheorien*, 1926. — E. von Hippel, *Geschichte der Staatsphilosophie in Hauptkapiteln*, 2 vols., 1955-1958. — Filomusi Guelfi, *La dottrina dello Stato nell'antiquità greca nei suo rapporti con l'etica*, 1874. — Leopold Ziegler, *Von Platons Staatheit zum christlichen Staat*, 1948. — Adolfo Rava, *Le teorie filosofiche sullo Stato*, 1933. — Harold J. Larski, *A Grammar of Politics*, 1925. — Robert Morrison MacIver, *The Modern State*, 1926. — A. Weber, *La crisis de la idea moderna del Estado en Europa*, 1932. — Karl Larenz, *Rechts- und Staatsphilosophie der Gegenwart*, 1932. — Antonio Truyol e Serra, *Historia de la filosofía del Derecho y del Estado*, I: *De los orígenes a la Baja Edad Media*, 1953; 4ª ed., 1970; II: *Del Renacimiento a Kant*, 1976. — P. J. Kain, *Schiller, Hegel, and Marx: State, Society, and the Aesthetic Ideal of Ancient Greece*, 1982. — H. Münkler, *Im Namen des Staates. Die Begründung der Staatsraison in der Neuzeit*, 1987.

Para o desenvolvimento histórico das teorias políticas: Ernst Cassirer, *The Myth of the State*, 1946. — K. H. F. Dyson, *The State Tradition in Western Europe: A Study of an Idea and Institution*, 1980.

Sentido do termo: Paul-Ludwig Weinacht, *Staat. Studien zur Bedeutungsgeschichte des Wortes von den Anfängen bis ins 19. Jahrhundert*, 1968. ◘

ESTADO (STATUS), ESTAR. O vocábulo 'estado' — que escrevemos com uma minúscula para distingui-lo de 'Estado' (VER) — designa o modo de ser de uma realidade, a situação em que se encontra uma realidade. O estado é o fato de estar, isto é, de encontrar-se em certa situação ou condição, de encontrar-se em certo modo. Pode-se utilizar 'estado' para traduzir a categoria (VER) aristotélica κεῖσθαι (como 'lançado', 'assentado'). Esta categoria é traduzida também por 'situação' ou 'postura'. Também se poderia empregar 'estado' para traduzir a categoria aristotélica πάσχειν (como 'cortado'). Essa categoria também é traduzida por 'paixão'. A possibilidade de usar o mesmo termo para traduzir várias categorias indica que há vários modos de "estado", ou, mais precisamente ainda, vários modos de "estar". Pode-se dizer que o "estar" é uma das maneiras do "ser". Mas ao mesmo tempo pode-se admitir o "estar" como um modo distinto do "ser". Segundo Julián Marías (*Ensayos de convivencia*, 1955; reimp. em *Obras completas*, III [1959], pp. 172-173), o uso (e, além disso, a possibilidade de freqüência do uso) do verbo 'estar' permite expressar conceitos que permanecem velados, ou, ao menos, não suficientemente claros em idiomas que não possuem uma clara distinção entre 'ser' e 'estar'. Assim, por exemplo, o 'estar' e várias locuções nas quais está presente 'estar' (como 'estar em', 'estar a' etc.) tornam possível, entre outras coisas, dar maior precisão à idéia heideggeriana do *Dasein* (ver DASEIN; EXISTÊNCIA), enquanto "estar" pode ser analisado e, ao mesmo tempo, ser enriquecido, em comparação e contraste com as idéias de "ser", do "ser assim", do "ser tal ou qual" e outras. Em sua forma substantiva, o vocábulo 'estado' poderia, em princípio, dar muito jogo em comparação e contraste com os vocábulos 'essência', 'existência', 'ser', 'ente', 'hábito', 'condição' etc. Poder-se-ia então dar a 'estado' uma significação mais ampla que a que tem quando se utiliza essa palavra para traduzir uma das categorias aristotélicas citadas, quer seja a situação ou postura, ou (como ocorre com uma freqüência especial) a (décima) categoria da "paixão" ou "hábito".

No verbete SITUAÇÃO (VER) aludimos ao uso medieval de *status*, que é, segundo Renato Lazzarini (VER), um antecedente do conceito atual (ou de alguns dos conceitos atuais) de "situação". Aqui acrescentamos que o termo *status* foi utilizado freqüentemente na Idade Média em relação com expressões como *status naturae*, "estado de natureza", que teve um sentido teológico e também um sentido antropológico. De um modo preciso Duns Scot definiu (*apud* É. Gilson, *Jean Duns Scot* [1952], p. 61) o "estado" (*status*) como uma permanência estável assegurada pelas leis da sabedoria divina (*stabilis permanentia legibus divinae sapientiae firmata*). As entidades encontram-se no estado que corresponde à sua natureza na medida em que ela foi estabelecida, e afirmada, pela sabedoria de Deus.

Em certo sentido, pode-se dizer então que o ser de cada coisa é propriamente (e até mesmo formalmente) seu "estado" ou "estar".

As idéias sobre o *status naturae* ou "estado de natureza" — ou seja, o suposto estado natural do homem antes da sociedade — foram abundantes na época moderna; referimo-nos a essa questão em verbetes como CONTRATO SOCIAL e JUSNATURALISMO (e também GROCIO [HUGO], HOBBES [THOMAS] e ROUSSEAU [JEAN-JACQUES].

Acrescentemos que o termo 'estado' aparece em alguns autores ingleses em um sentido bastante preciso na expressão *state of affairs*. O *state of affairs* é "o que diz respeito ao caso" como correlato de uma proposição e equivale em alemão a *Sachverhalt*, utilizado em sentidos parecidos por Husserl e por Wittgenstein (a expressão *Sachverhalt* no *Tractatus* 2.01 foi traduzida justamente por *state of affairs*). O *state of affairs* ou estado de coisas é, de certo modo, um fato (VER), sempre que este seja interpretado não como o ser do fato, mas justamente como seu "estar" ou "estar sendo" (o que ele é, tal como é).

ESTAR. Ver ESTADO (STATUS), ESTAR; EXISTÊNCIA; SER.

ESTATÍSTICA. Neste verbete nos limitaremos a destacar o problema geral levantado pelo uso do método estatístico nas ciências. Prescindiremos de questões técnicas e das diferentes formas que o método estatístico adota. É conveniente completar este verbete com o que foi dito nos verbetes dedicados às noções de indução (VER) e de probabilidade (VER).

O ideal da ciência durante a época moderna foi a formulação de leis nas quais se sustente que um fenômeno ou grupo de fenômenos *sempre* se segue ao aparecimento de outro fenômeno ou grupo de fenômenos dados. A filosofia subjacente a esse ideal foi o determinismo (VER). Pois bem, tão logo se suprime da consideração anterior o vocábulo 'sempre', é preciso abandonar o citado ideal. Se, por exemplo, estabelecemos que um fenômeno dado segue-se a um grupo de fatos dados 90 vezes em cada 100, formulamos uma lei de tipo distinto da lei causal determinista: é uma lei estatística. Observemos que na formulação dessa lei não se supõe que, a cada 100 vezes que tivermos o grupo de fatos em questão, teremos 90 vezes o referido fenômeno (nem que o teremos 9 em cada 10 vezes). Na lei estatística se declara que, dado um número suficientemente grande de repetições do processo considerado, tende-se a obter uma razão de 90/100. Por meio do método estatístico definimos, por conseguinte, certa área de incerteza, que vai se restringindo à medida que aumentamos o número de casos. O método estatístico torna, pois, possível a obtenção de um termo médio e, com isso, a realização de um dos propósitos essenciais das ciências e da ação humana: a predição.

O método estatístico hoje é utilizado em todas as ciências. Às vezes se considera que a certeza alcançada nas leis macrofísicas se deve à restrição ao máximo da área de incerteza definida na área microfísica. Todavia, embora haja acordo no uso dos métodos, nem sempre ele existe na interpretação desses métodos. Alguns autores supõem que se utiliza o método estatístico porque *ainda* não se aprendeu a suprimir a área de incerteza. Outros, em contrapartida, assinalam que a citada área de incerteza é uma realidade objetiva, que o método estatístico se limita a descrever. Estes últimos afirmam que, ao menos em certas esferas da realidade, há acaso e não determinação. Deve-se ter o cuidado, contudo, de não confundir o acaso com a liberdade: falar, por exemplo, da "liberdade de um elétron" é uma μετάβασις εἰς ἄλλο γένος, contra a qual o filósofo e o cientista devem precaver-se.

O método estatístico é um dos métodos da probabilidade: o que se refere a fenômenos objetivos. Não se deve confundir este método com os métodos indutivos, que se referem a proposições sobre tais fenômenos objetivos. Embora nas ciências sejam utilizados esses dois métodos, é conveniente distingui-los. Seguindo Carnap, diremos que o método estatístico está ligado ao conceito de probabilidade como freqüência relativa, enquanto o método indutivo refere-se ao conceito de probabilidade como grau de confirmação.

➲ Ver: R. von Mises, *Wahrscheinlichkeit, Statistik und Wahrheit*, 1928. — M. R. Cohen, Ernest Nagel, *An Introduction to Logic and Scientific Method*, 1934, cap. XVI. — H. Schorer, *Grundlegung und Einführung in die statistische Methode*, 1946. — Lancelot Hogben, *Statistical Theory: the Relationship of Probability, Credibility, and Error*, 1957. — Henry E. Kyburg, *Probability and the Logic of Rational Belief*, 1961. — Id., *The Logical Foundations of Statistical Explanations and Statistical Relevance*, 1971, ed. W. C. Salmon. — Wolfgang Stegmüller, *Personelle und statistische Wahrscheinlichkeit*, 2 vols., 1973. — Ian Hacking, *Logic og Statistical Inference*, 1976. — T. Porter, *The Rise of Statistical Thinking*, 1986. — D. W. Baird, *Inductive Logic: Probability and Statistics*, 1990.

Ver também bibliografias de INDUÇÃO; PROBABILIDADE. ⊂

ESTÁTUA DE CONDILLAC. Em seu *Traité des sensations* (1754), Condillac (VER) utiliza constantemente a idéia, ou imagem, de uma estátua que é "organizada interiormente como nós", mas cujo exterior, de mármore, não lhe permite o uso de nenhum dos sentidos. Os sentidos lhe são agregados pouco a pouco, de modo que a estátua recebe sucessivamente diversos tipos de impressões. O que se trata de saber é o que "a estátua" faz ao ser limitada a um dos sentidos e o que ela faz quando lhe são "agregados" outros sentidos; o aumento ou diminuição do número basta, afirma Condillac, para nos persuadir de que podem ser formulados juízos "muito distintos dos que são hoje tão naturais para nós" (*op. cit.*, I, 1, § 4).

Começando com o sentido do olfato, os conhecimentos da estátua só podem chegar aos odores. A estátua não pode ter idéias de extensão, figura, "nem de nada que esteja fora de si, ou fora de suas sensações" (I, 1, § 1). "Se lhe apresentarmos uma rosa ela será em relação a nós uma estátua que cheira uma rosa, mas em relação a si será somente o odor dessa flor" (I, 1, § 2). Entretanto, as operações do entendimento da estátua — ou, o que dá no mesmo, de um homem cujos sentidos se limitam ao olfato — são muito consideráveis. Surgem a atenção, a capacidade de gozar ou sofrer, a memória, "que é uma maneira de sentir" (I, 1, § 8), a comparação, o juízo, a surpresa, a necessidade. A estátua não pode, todavia, apreciar a diferença entre memória e imaginação, mesmo que esta última seja muito mais ativa que a nossa (limitada pelas naturais operações de nossos outros sentidos, que nos oferecem qualidades "reais" e que não precisamos então imaginar). A estátua que apenas cheire, ou um homem limitado ao sentido do olfato, pode formar idéias, e abstrair, ou separar uma idéia de outra (I, 4, § 2). Ela forma idéias particulares — como a de um odor particular — e idéias gerais — como as de modos de ser agradável e desagradável; forma a idéia do possível e talvez do impossível, a idéia de duração (incluindo a de duração indefinida). Apenas com o olfato forma-se o "eu", ou uma "personalidade": "Já que nossa estátua é capaz de memória, ela não sente um odor a menos que recorde ter sentido outro. Eis aí sua personalidade: pois, se pudesse dizer *eu*, ela o diria em todos os momentos de sua duração e a cada vez seu *eu* abarcaria todos os momentos de que tem recordação" (I, 4, § 1). Condillac conclui deste modo: "Depois de ter provado que nossa estátua é capaz de dirigir sua atenção a algo, de recordar, de comparar, julgar, discernir, imaginar; que tem noções abstratas, idéias de número e de duração; que conhece verdades gerais e particulares; que forma desejos, tem paixões, ama, odeia, quer; que é capaz de ter esperança, medo e surpresa, e que, por fim, adquire hábitos, depois de ter provado tudo isso, devemos concluir que com apenas um sentido o entendimento tem tantas faculdades quanto com os cinco juntos. Veremos que as faculdades que nos parecem particulares são as mesmas faculdades aplicadas a um número maior de objetos, desenvolvendo-se então mais e mais" (I, 7, § 1), com o que se pode afirmar que a sensação abarca todas as faculdades da alma.

Trata-se então de ver como ocorre o desenvolvimento indicado dotando a estátua somente com audição, combinando o olfato e a audição, ou dotando-a somente com o paladar e combinando o paladar com o olfato e a audição, limitando-a ao tato, combinando o tato (que ensina os demais sentidos a julgar os objetos exteriores) com o olfato, considerando que é cega de nascimento, dotando-a com a visão, combinando a visão com o tato etc. Trata-se de ver também como atua, pensa, aprende a satisfazer suas necessidades, manifesta previsão, julga a bondade e a beleza dos objetos à sua volta, adquire crenças (incluindo superstições), generaliza etc., essa estátua — ou homem — dotada de todos os sentidos, mas isolada de seus semelhantes. "A história das faculdades de nossa estátua" — conclui Condillac — "torna sensível o progresso de todas essas coisas. Quando estava limitado ao sentimento fundamental todo o seu ser, todo o seu conhecimento, todo o seu prazer era uma sensação uniforme. Ao dar-lhe sucessivamente novas maneiras de ser e novos sentidos, vimos que se formavam os desejos, que aprendia com a experiência a regulá-los ou a satisfazê-los, que passava de uma necessidade a outra, de um conhecimento a outro, de um prazer a outro: a estátua não é, pois, nada que não tenha sido adquirido. Por que não pensar que o mesmo acontece com o homem?" (IV, 8, § 3).

Em um "Avis important au lecteur", Condillac adverte que "é muito importante colocar-se exatamente no lugar da estátua que vamos observar... Creio que os leitores que se ponham exatamente em seu lugar não terão dificuldade para entender esta obra; os demais me farão incontáveis objeções". Esse "Aviso" de Condillac é muito importante para compreender o andamento de sua "reconstrução".

ESTÉTICA. Na medida em que deriva de αἴσθησις, sensação, Kant chama de "Estética transcendental" a "ciência de todos os princípios *a priori* da sensibilidade" (*KrV*, B 35/A 21). Na "Estética transcendental" assim entendida, Kant considera, em primeiro lugar, a sensibilidade separada do entendimento e, em segundo, separa da intuição tudo o que pertence à sensação, "com o fim de ficarmos apenas com a intuição pura e com a forma do fenômeno, que é a única coisa que a sensibilidade por dar *a priori*" (*op. cit.*, B 36/A 22). A "Estética transcendental" distingue-se da "Lógica transcendental", que examina os princípios do entendimento puro e tem pouco a ver, portanto, com aquilo que na atualidade se chama de estética, ciência do belo ou filosofia da arte. Nesse último sentido, o termo 'estética' foi utilizado por Alexander G. Baumgarten (VER), e desde então a estética foi considerada uma disciplina filosófica sem que isso exclua a existência de reflexões e mesmo de sistemas estéticos na filosofia anterior. O problema capital da estética no sentido de Baumgarten é, com efeito, o da essência do belo. Segundo Baumgarten, a estética, enquanto *theoria liberalium artium, gnoseologia inferior, ars pulchre cogitandi, ars analogi rationis,* é a *cientia cognitionis sensitivae* (*Aesthetica*, § 1). Isto é, o fim da estética é a *perfectio cognitionis sensitivae qua talis* (*ibid.*, § 14). O problema já foi elucidado na Antiguidade especialmente por Platão, Aristóteles e Plotino, os quais, ao lado de considerações estéticas mais ou menos "puras", seguiram a antiga tendência à identificação do belo com o bom na unidade do real perfeito e, portanto, subordinaram na maior parte dos casos, ao tentar definir a essência do belo e não simplesmente averiguar em detalhe os problemas estéticos, o valor da beleza a valores extra-estéticos e particularmente a entidades metafísicas. A identificação do bom com o belo também é própria da filosofia inglesa do sentimento moral, particularmente de Shaftesbury, e se encontra em algumas tendências do idealismo romântico. Na verdade, somente há relativamente pouco tempo tentou-se erigir uma estética independente, distanciada de considerações de tipo predominantemente metafísico, lógico, psicológico ou gnosiológico. Os germes dessa estética como disciplina independente encontram-se em grande quantidade na própria Antiguidade e na Idade Média, mas foram desenvolvidos sobretudo com a crítica kantiana do juízo, que é em parte uma delimitação de esferas axiológicas. Enquanto para Baumgarten o estético era, seguindo a tendência geral da escola Leibniz-Wolff, uma forma de conhecimento inferior e confuso diante do consciente e racional (a *cognitio sensitiva*), Kant tratou o juízo estético ao lado do juízo teleológico examinando o que há de *a priori* no sentimento. Esses dois juízos são reflexivos; caracterizam-se pela finalidade, mas, enquanto esta é objetiva no juízo teleológico propriamente dito, que se refere ao que é orgânico, no juízo estético ela é subjetiva, porque a finalidade da forma do objeto é adequada em relação ao sujeito, o que não significa precisamente o sujeito individual, mas todo sujeito, razão pela qual pode ser chamada de unidade da natureza subjetiva. O juízo estético é, pois, evidentemente, um juízo de valor, distinto, por conseguinte, não apenas dos juízos de existência, mas também dos demais juízos axiológicos; porém, enquanto nestes últimos há satisfação de um desejo ou uma correspondência com a vontade moral, na adequação do belo ao sujeito, isto é, no juízo estético por meio do qual encontramos algo belo, não há satisfação, mas agrado desinteressado. O desinteresse caracteriza a atitude estética no mesmo sentido em que o jogo é a atividade puramente desinteressada, a complacência sem finalidade útil ou moral. Por isso o estético é independente e não pode estar a serviço de fins alheios a ele; ele é, em suas próprias palavras, "finalidade sem fim". O belo não é reconhecido objetivamente como um valor absoluto, mas tem relação apenas com o sujeito; o fato das distintas contraditórias apreciações sobre o belo não é, todavia, o produto dessa necessária referência à subjetividade, mas o fato de que a atitude do sujeito seja sempre plena e puramente desinteressada, dedicada à contemplação. A prioridade do juízo estético requer, apesar de sua referência ao sujeito, o desprendimento neste último de tudo o que for alheio ao desinteresse e à finalidade sem fim.

Essa concepção, chamada de subjetiva, da estética, foi levada adiante ao longo do século XIX e durante boa parte do século atual por muitos pensadores, os quais, entretanto, misturaram as teses subjetivas com as objetivas ou tenderam a uma concepção puramente axiológica como, por outro lado, a que já está pré-formada no próprio Kant. Considerada a partir do sujeito, a estética foi elaborada sobretudo atentando para o que faz do juízo estético o produto de uma vivência, tanto se esta é concebida como obscura intuição quanto apresentada como uma clara apreensão, como mera contemplação ou como uma projeção sentimental. Por outro lado, a estética desenvolvida a partir do objeto tendeu particularmente a uma redução do estético ao extra-estético, à definição da estrutura do belo mediante características alheias a ele. Este é, por exemplo, o caso do idealismo alemão quando Schelling reduz a beleza à identidade dos contrários no seio do Absoluto, à síntese do sujetivo e do objetivo, ou quando Hegel transforma o belo em manifestação da Idéia. Uma tendência análoga se revela em Schopenhauer ao fazer da arte a revelação mais própria das idéias eternas, pois o artista é, em comparação ao homem vulgar, aquele que contempla serenamente as objetivações da Vontade metafísica.

Nas últimas décadas foram propostas muitas definições da estética, algumas das quais não fizeram mais que reformular em uma nova linguagem as antigas concepções antes mencionadas. Assim, pode-se falar de concepções absolutistas e relativistas, subjetivistas e objetivistas, da estética segundo se considere respectivamente a natureza dos objetos estéticos ou a origem dos juízos estéticos. Outras concepções que foram propostas e das quais diremos algumas palavras são as seguintes: a formalista e a intuicionista, a psicológica e a sociológica, a axiológica e a semiótica. As concepções formalistas consideram exclusivamente a forma dos objetos estéticos no sentido em que analisamos o problema do formal no artigo Formalismo (VER). As concepções intuicionistas reduziram ao mínimo o papel dos elementos puramente formais e estabeleceram uma linha divisória muito rígida entre a intuição estética e a expressão (VER) dessa intuição. As concepções psicológicas e sociológicas têm em comum o fato de que tentaram reduzir o significado dos juízos estéticos à sua origem — individual e coletiva. Mais complexas — e sobretudo mais influentes — são as duas últimas concepções mencionadas em nossa lista: a axiológica e a semiótica, razão pela qual nos alongaremos um pouco mais sobre elas. A estética axiológica considera a estética como a ciência de um grupo de valores (o belo, o feio, o ordenado, o desordenado, o alusivo, o expressivo etc.). Seus principais problemas são: primeiro, a descrição desses valores; segundo, a interpretação deles. Este último problema deu origem a múltiplas discussões, paralelas às que ocorreram na teoria do valor (VER) em geral. Com efeito, examinou-se se os valores em questão são absolutos ou relativos, se dependem do indivíduo ou da coletividade, se estão ou não ligados a outros valores e questões análogas. Foi inevitável, pois, a reintrodução na estética axiológica dos problemas tradicionais aos quais nos referimos. Quanto à estética semiótica, ela considera a estética como uma parte da semiótica geral, razão pela qual foi chamada algumas vezes de uma semiótica não-lógica. Sua principal missão é a análise dos chamados signos estéticos icônicos, e sua finalidade é a consideração do objeto estético como um veículo de comunicação. Deve-se notar que a estética semiótica não é obrigatoriamente incompatível com a estética axiológica; alguns autores defenderam a tese de que uma teoria estética completa se apóia tanto na teoria dos signos como em uma teoria dos valores.

Algumas vezes se distingue a estética da filosofia da arte. Outras vezes se considera que as duas formam uma única disciplina. Se considerarmos agora o conjunto dos problemas que se delineiam para o tratadista de estética, podemos dar (sem nenhuma pretensão exaustiva) a seguinte enumeração: 1) A fenomenologia dos processos estéticos; 2) a análise da linguagem estética comparada às demais linguagens; 3) a ontologia regional dos valores estéticos, qualquer que seja o *status* ontológico que se adscreva a eles; 4) a origem dos juízos estéticos; 5) a relação entre forma e matéria; 6) o estudo da função dos juízos estéticos dentro da vida humana e 7) o exame da função de pressupostos de índole estética em juízos não-estéticos (como, por exemplo, os da ciência).

↪ Obras sistemáticas gerais, introduções e tratados: F. Th. Vischer, *Aesthetik oder Wissenschaft des Schönen*, 1847-1858, 6 vols. — G. Th. Fechner, *Zur experimentalen Aesthetik*, 1872. — Id., *Vorschule der Aesthetik*, 1876. — B. Croce, *Estetica come scienza dell'espressione e linguistica generale*, 1902. — Id., *Breviario di Estetica*, 1913 (ed. br.: *Breviário de estética*, 1997). — Th. Lipps, *Aesthetik. Psychologie des Schönen und der Kunst*, 2 vols., I, 1903; II, 1906. — J. Volkelt, *System der Aesthetik*, 3 vols. (I, 1905; II, 1910; III, 1914). — M. Dessoir, *Aesthetik und allgemeine Kunstwissenschaft*, 1906. — Charles Lalo, *Les sentiments esthétiques*, 1909. — Id., *Introduction à l'esthétique*, 1902; nova ed., 1925. — E. Utitz, *Grundlegung der allgemeinen Kunstwissenschaft*, 2 vols., 1914-1920. — Id., *Aesthetik und Kunstphilosophie*, 1923. — I. A. Richards, C. K. Ogden, J. Woos, *The Foundations of Aesthetics*, 1922. — Th. Ziehen, *Vorlesungen über Aesthetik*, 2 vols., 1923-1925. — F. Challaye, *Esthétique*, 1925. — P. Häberlin, *Allgemeine Aesthetik*, 1929. — Hermann Nohl, *Die aesthetische Wirklichkeit*, 1935; 2ª ed., 1954. — E. Galli, *L'Estetica e i suoi problemi*, 1936. — A. Görland, *Aesthetik. Kritische Philosophie des Stils*, 1937. — F. H. Heinemann, *Essay on the Foundations of Aesthetics: Analysis of Aesthetical Form*, 1939. — Milton C. Nahm, *Aesthetic Experience and Its Presuppositions*, 1946. — J. Segond, *Traité d'Esthétique*, 1947. — F. Kainz, *Aesthetik*, 1948. — J. K. Feibleman, *Aesthetics*, 1940. — E. F. Carritt, *An Introduction to Aesthetics*, 1949. — Luis Farré, *Estética*, 1950. — A. P. Ushenko, *Dynamics of Art*, 1953. — M. Nédoncelle, *Introduction à l'es-*

thétique, 1953. — S. K. Langer, *Feeling and Form*, 1953. — N. Hartmann, *Aesthetik*, 1953; 2ª ed., 1966. — Max Bense, *Aesthetik*, 1953. — Id., *Aesthetica. Metaphysische Betrachtungen am Schönen*, 1954. — L. Pareyson, *Estetica: teoria della formatività*, 1954. — D. Huisman, *L'esthétique*, 1954. — E. Verom, *L'esthétique*, 1955. — L Stefanini, *Trattato di Estetica*, I, 1955. — Raymond Bayer, *Traité d'Esthétique*, 1956. — F. Mirabent Vilaplana, *Estudios estéticos y otros ensayos filosóficos*, 2 vols., 1957-1958. — M. C. Beardsley, *Aesthetics: Problems in the Philosophy of Criticism*, 1958. — Id., *The Possibility of Criticism*, 1970. — Juan Luis Guerrero, *Estética operatoria*, 3 vols.: I, 1958; II, 1960; III, 1967. — György Lukács, *Aesthetik, I: Die Eigenart des Aesthetischen*, 2 vols., 1963. — F. E. Sparshott, *The Structure of Aesthetics*, 1963. — Mikel Dufrenne, *Esthétique et philosophie*, 2 vols., 1967-1976. — Xavier Rubert de Ventós, *Teoria de la Sensibilitat*, 2 vols., 1969. — Id., *La estética y sus herejías*, 1974. — Th. W. Adorno, *Äesthetische Theorie*, 1970 (ed. port.: *Teoria estética*, 1996). — J. Jiménez, *Imágenes del hombre. Fundamentos de estética*, 1986. — B. H. Boruah, *Fiction and Emotion: A Study in Aestheticas and the Philosophy of Mind*, 1988.

Ver também as bibliografias de ARTE; BELO.

História da estética: R. Zimmermann, *Aesthetik*, 2 vols., 1858-1865. — M. Menéndez y Pelayo, *Historia de las ideas estéticas en España*, 1882-1886; reelaboração: I, 1, 1890; I, 2, 1891; II, 1894; III, 1896; IV, 1901. Reedição na *Edición Nacional de Obras Completas* do autor, 5 vols., 1946-1947. — B. Bosanquet. *A History of Aesthetics*, 1892. — E. Bergmann, *Geschichte der Aesthetik und Kunstphilosophie*, 1914. — E. Utitz, *Geschichte der Aesthetik*, 1932. — Katherine E. Gilbert e Helmut Kuhn, *A History of Aesthetiks*, 1939; 2ª ed., 1954. — György Lukács, *Beiträge zur Geschichte der Aesthetik*, 1954. — Wladislaw Tatarkiewicz, *Historia Estetyki*, 3 vols., 1960-1967 (textos, trad. polaca e comentários) (trad. ingl.: *History of Aesthetics*, 3 vols., 1970-1974). — Id., *Dzieje szesciu pojec: sztuka piekno-formatwórc-zoscodtwórczosc-przezycie estetyczne*, 1975 (*História de seis noções: a arte, o belo, a forma, a criação, a imitação, o sentimento estético*). — R. Bayer, *Histoire de l'esthétique*, 1961. — Monroe C. Beardsley, *Aesthetics from Classical Greece to the Present: A Short History*, 1966.

Estética comparada do Oriente e do Ocidente: Kanti Chandra Pandey, *Comparative Aesthetics*, 3 vols., 1956.

Antologia de textos do ponto de vista marxista: *Estética y marxismo*, 2 vols., 1970, ed. Adolfo Sánchez Vázquez (com bibl. temática, pp. 434-473).

Histórias de períodos e autores: Edgard de Bruyne, *Geschiedenis van de aesthetica*, I, 1952 (grega); II, 1952 (grega); 1954 (cristã). — Id., *Études d'esthétique médiévale*, 3 vols., 1946 (I. *De Boèce à Jean Scot Erigène;* II. *L'époque romane;* III. *Le XIIIe siècle*). — A. M. Cervi, *Introduzioni alla estetica neoplatonica*, 1951. — F. Mirabent, *La estética inglesa del siglo XVIII*, 1927 (tese). — M. Manlio Rossi, *L'estetica dell'empirismo inglese*, 2 vols., 1948. — P. Menzer, *Kants Aesthetik in ihrer Entwicklung*, 1952. — L. Pareyson, *L'estetica dell'idealismo tedesco*, I, s/f. (1950). — B. Teyssèdre, *L'esthétique de Hegel*, 1958. — Earl of Listowel, *A Critical History of Modern Aesthetics*, 1939. — J. M. Guyau, *Les problèmes de l'esthétique contemporaine*, 1884. — E. Neumann, *System der Aesthetik*, 1919. — R. Odebrecht, *Aesthetik der Gegenwart*, 1932. — F. Kreis, *Die Autonomie des Aesthetischen in der neueren Philosophie*, 1922. — Ch. Lalo, *L'esthétique expérimentale contemporaine*, 1909. — W. Perpeet, *Ästhetik im Mittelalter*, 1977. — J. Zimmermann, *Sprachanalytische Ästhetik*, 1980. — M. Jäger, *Kommentierende Einführung in Baumgartens Aesthetica. Zur entstehenden wissenschaftlichen Ästhetik des 18. Jahrhunderts in Deutschland*, 1980. — H. Paetzold, *Ästhetik des deutschen Idealismus. Zur Idee ästhetischer Rationalität bei Baumgarten, Kant, Schelling, Hegel und Schopenhauer*, 1983. — R. Merrill, ed., *Ethics/ Aesthetics: Post-Modern Positions*, 1988. — R. E. Norton, *Herder's Aesthetics and the European Enlightenment*, 1991. — W. Desmond, *Art and the Absolute: A Study of Hegel's Aesthetics*, 1922. — A. Savile, *Kantian Aesthetics Pursued*, 1993.

Estética fenomenológica: M. Geiger, *Zugänge der Aesthetik*, 1928. — W. Ziegenfuss, *Die Phänomenologische Aesthetik*, 1928. — M. Dufrenne, *Phénoménologie de l'expérience esthétique*, 2 vols., 1953.

Sociologia da estética: J. M. Guyau, *L'art au point de vue sociologique*, 1889. — Arnold Hauser, *Socialgeschichte der Kunst und Literatur*, 2 vols., 1953, reimp., 1958 (trad. ingl.: *The Social History of Art*, 2 vols., 1951, reimp., 4 vols., 1957-1958). — Id., *Philosophie der Kunstgeschichte*, 1958. — Id., *Kunst und Gesellschaft*, 1973.

Filosofia da história da arte: W. Passarge, *Die Philosophie der Kunstgeschichte in der Gegenwart*, 1930.

Bibliografias: William A. Hammond, *A Bibliography of Aesthetics and of the Philosophy of Fine Arts from 1900 to 1932*, 1933. — Ethel M. Albert e Clyde Kluckhohn, *A Selected Bibliography on Values, Ethics, and Aesthetics in the Behavioral Sciences and Philosophy, 1920-1958*, 1959. — Allan Shields, *A Bibliography of Bibliographies in Aesthetics*, 1974. C

ESTETICISMO. Em sua descrição dos "três estádios" da existência humana, ou "estádios no caminho da vida", Kierkegaard (VER) considera como o primeiro — e notoriamente "inferior" — o "estádio estético", caracterizado pela incessante busca de novidade e do que é "interessante"; o símbolo deste estádio é Don Juan, e a atitude que prevalece é a frivolidade. Pode-se considerar que no primeiro estádio predomina, pois, a busca do estético pelo estético. Pejorativamente isso permite o que foi chamado de "esteticismo". Todavia, às vezes também se chamou de "esteticismo" a tendência, que se manifestou em alguns autores românticos, a considerar a arte como a mais sublime das atividades humanas, já que se supõe que na arte — ou "na Arte" — revela-se o Absoluto. O esteticismo oferece outra cara na forma em que se manifestou em Oscar Wilde. Para este último, a natureza imita a arte, não por causa do caráter absoluto-metafísico desta, mas simplesmente porque a arte, com sua complexidade e sutileza, tem um maior alcance expressivo que a "natureza" (que deve ser entendida na maior parte dos casos como "a natureza humana"). Comparou-se freqüentemente o esteticismo de Oscar Wilde com o de d'Annunzio, mas há entre ambos uma diferença de atitude: enquanto em Oscar Wilde — como em Barbey d'Aurevilly e no "primeiro" Valle-Inclán — o estético é um jogo, para d'Annunzio ele é a própria vida do artista.

Na atualidade tende-se a dar a 'esteticismo' um sentido pejorativo. Alguns o equiparam a uma estéril "arte pela arte" (*ars gratia artis*). Outros, em contrapartida, indicam que a arte pela arte é simplesmente a manifestação da atitude de pureza do artista que não está disposto a rebaixar sua obra, enquanto o esteticismo é uma atitude de complacência do artista em relação a si próprio e à sua própria obra.

ESTILO DE VIDA. Ver ADLER, ALFRED.

ESTILPO DE MEGARA (*fl.* 320 a.C.), um dos membros da escola de Megara ou dos megáricos (VER), deu aulas em Atenas. Segundo Diógenes Laércio (II, 113 ss.), foi discípulo de alguns dos seguidores de Euclides de Megara ou talvez do próprio Euclides, destacando-se por sua σοφιστεία ou arte sofística. Muito versado na controvérsia, Estilpo atacou a doutrina platônica das idéias *enquanto* pretendia explicar o individual como cópia (ou como efeito) do universal; segundo Estilpo o genérico e imóvel (que é o ser) está inteiramente separado do individual e movente (a aparência). É absurdo, pois, segundo esse filósofo, utilizar o termo geral — por exemplo, 'homem' — para aplicá-lo a um homem individual determinado. Estilpo se aproximou em muitos pontos das posições éticas de Antístenes, e até mesmo — a julgar pelo que diz Diógenes Laércio — da *figura* do sábio cínico. Sendo o sábio para Estilpo aquele que basta absolutamente a si mesmo, a suma virtude deverá ser a apatia. Nove diálogos são atribuídos a Estilpo. Um de seus discípulos foi Zenão de Cício, o fundador da escola estóica. Outro foi seu filho Bríson, que influenciou, ao que parece, Pirro.
↪ Ver a bibliografia de MEGÁRICOS. Artigo de K. Praechter sobre Estilpo (Stilpo) em PAULY-WISSOWA. ¢

ESTIMATIVA. No artigo "Para una topografía de la soberbia española (Breve análisis de una pasión)", *Revista de Occidente*, vol. I, n. 3 (1923, 265-280; depois, em *Goethe desde dentro*, 1932, e em *O. C.*, IV, 461ss.),
Ortega y Gasset propôs o uso da palavra 'estimativo': "Chamo de 'estimativo' tudo o que se refere aos valores e à valoração. Com isso me ligo a uma excelente tradição que nosso Sêneca inicia e que os 'estóicos' do século XVI seguem". Em "¿Qué son los valores? Iniciación en la estimativa", *ibid.*, vol. II, n. 4 (1923), 39-70, Ortega y Gasset fala de "estimativa" como equivalente a "teoria dos valores" (ver VALOR), no sentido em que o problema dos valores foi tratado por autores como Herbart, Beneke e Lotze e na forma em que a mencionada teoria foi desenvolvida por Ehrenfels e Meinong, assentada por Brentano e elaborada por Max Scheler e Nicolai Hartmann. Não devem ser deixadas de lado, segundo Ortega y Gasset, as conjecturas de autores como Hutcheson, Shaftesbury e "até mesmo de Adam Smith".

'Estimativa' equivale a 'axiologia' (VER). Nenhum dos termos prosperou muito, mas o segundo teve, e continua tendo, uma circulação muito maior que a do primeiro. No citado "¿Qué son los valores? Iniciación en la estimativa" (cf. *supra*), Ortega y Gasset fala dos "axiólogos" ou *valoristas*, que são os cultivadores da estimativa.

ESTOBEU (JOÃO ESTOBEU; JOÃO DE STOBI; IOANNES STOBAEUS ou STOBAJOS), nascido em Stobi (Macedônia) entre o final do século V e o começo do século VI, é considerado um neoplatônico. Sua importância radica na doxografia (ver DOXÓGRAFOS), usualmente citada como *Eclogae* [*Eclogae physicae* ou *Eclogae physicae et ethicae*] ou "Extratos". Recolhendo numerosas informações sobre filósofos e doutrinas, assim como numerosos fragmentos e extratos, e baseando-se em grande parte nos *Placita* de Aécio (VER), Estobeu compôs quatro livros intitulados Ἐκλογῶν ἀποθεγμάτων ὑποθηκῶν βιβλία τέσσαρα. Estes quatro livros dividiram-se em dois volumes de dois livros cada um. O primeiro volume abarca as citadas *Eclogae*; o segundo é a chamada *Antologia*, Ἀνθολόγιον, ou *Florilegium*.
↪ Edição crítica por C. Wachsmuth e O. Hense em 5 vols., 1884-1923. — Ver: Hermann Diels, *Doxographi graeci*, 1879; editio iterata, 1929. — Id., id., "Stobaios und Aëtios", *Rheinisches Museum*, N. F., 36 (1881), 343-350. — Artigo de O. Hense sobre Estobeu (Ioannes Stobaios) em PAULY-WISSOWA. ¢

ESTOICISMO. Ver ESTÓICOS.

ESTÓICOS. O estoicismo — um conjunto de doutrinas filosóficas, um modo de vida e uma concepção do mundo — é uma escola filosófica grega e greco-romana e, ao mesmo tempo, uma "constante" (histórica) no pensamento ocidental.

No primeiro sentido, a escola costuma ser dividida em três períodos.

1) O chamado *estoicismo antigo* (os "velhos estóicos"). Foi "fundado" por Zenão de Cício e teve, como principais figuras, Arístón de Quíos (VER), Cleanto (VER) e Crisipo (VER). Como figuras menos importantes são

citados os seguintes: Herilo de Cártago (século III a.C.), que seguiu os ensinamentos de Zenão de Cício e às vezes os interpretou de forma distinta da de Cleanto e de Crisipo; Dionísio de Heráclia (século III a.C.), discípulo de Zenão de Cício e muito inclinado à doutrina dos cirenaicos; Perseu (Persaio) de Cício (século III a.C.), amigo de Zenão de Cício e favorável às doutrinas dos megáricos e elicoerétricos; Esfero (Sfero) do Bósforo (século III a.C.), condiscípulo de Cleanto; Apolodoro de Selêucia (século II a.C.), escolarca da escola, mestre de Panécio de Rodes e adversário de Carnéades. Algumas vezes são incluídos entre os velhos estóicos Boeto (Boezo) de Sídon (entre os séculos II e I a.C.), também influenciado pelos peripatéticos; Arquidemo de Tarso (século II a.C.) e Zenão de Tarso. Os antigos estóicos adquiriram alguns traços da escola cínica, especialmente na política e na moral, e preocuparam-se intensamente com questões físicas — que eles relacionaram com suas idéias acerca da divindade e do destino — e lógicas. A física estóica e os notáveis trabalhos estóicos na lógica procedem quase inteiramente desse período. Alguns autores sublinham o naturalismo e o racionalismo dos velhos estóicos.

2) O chamado *estoicismo médio*. Suas principais figuras são Panécio (VER) e Possidônio (VER). Figuras menos importantes são: Hecateu de Rodes (século II a.C.), discípulo de Panécio, que se interessou muito por questões morais e influenciou muito o desenvolvimento do estoicismo romano: Dionísio de Cirene (século II a.C.); Mnesarco de Atenas (final do século II e começo do século I a.C.), discípulo de Panécio. Também se menciona Asclepiodoto, Gemino e Fenias (Fainias), discípulos de Possidônio e membros da chamada "escola de Rodes", a qual foi continuada por Jasão de Nissa e é considerada como representando a passagem para o novo estoicismo. O estoicismo médio influenciou pensadores que pertencem formalmente a outras escolas e que algumas vezes são apresentados como estóicos; é o caso de Antíoco de Escalona (VER), que foi propriamente um "acadêmico" (ver ACADEMIA PLATÔNICA) e se opôs aos céticos. Característica do estoicismo médio é a tendência ao sincretismo e à universalidade de interesses intelectuais, tal como revelada pelo "enciclopedismo" de Possidônio. Nessa escola manifestam-se traços platônicos e às vezes pitagorizantes, assim como tendências céticas moderadas na teoria do conhecimento. Na teologia há uma forte tendência ao panteísmo (ou a um politeísmo "hierarquizado"). Os estóicos desse período, sem descuidar das especulações sobre a física, tenderam a dar maior importância a problemas humanos e morais. Suas idéias influenciaram muito o mundo intelectual e político romano, sobretudo por meio do círculo de Cipião Emiliano, constituindo o fundamento das crenças políticas e da ação moral de não poucos estadistas de Roma a partir do século I a.C.

3) O chamado *estoicismo novo* (os "novos estóicos" ou "estóicos romanos"), às vezes também chamado (embora impropriamente) de *estoicismo imperial*. Suas principais figuras foram Sêneca (VER), Musônio (VER), Epicteto (VER), Hiérocles (VER) e Marco Auréllio (VER). Também se destacam: Lucio Anneo Cornuto (VER) e Flavio Arriano (VER), de Nicomédia. Como figuras menores podese citar um número considerável de escritores e pensadores, alguns dos quais influenciados pelo estoicismo médio, singularmente o de Possidônio. Limitamo-nos a mencionar: Atenodoro de Tarso (século I a.C.), bibliotecário de Pérgamo e inimigo dos cínicos; Antipatro de Tiro (século I a.C.) que influenciou Catão de Utica e escreveu sobre os deveres; Apolônio da Calcedônia ou Nicomédia (século II), mestre de Marco Aurélio. Algumas vezes também se menciona Aulo Persio Flacco, amigo de Cornuto, e Marco Anneo Lucano, sobrinho de Sêneca. O estoicismo dessa época, sobretudo o das grandes figuras assinaladas no começo deste parágrafo, foi principalmente de índole moral e religiosa. Nessa época o estoicismo conquistou grande parte do mundo político-intelectual romano, sem que pudesse ser considerado, porém, um "partido", mas uma norma para a ação. Seria errôneo, entretanto, considerar que a doutrina estóica dessa época se limitou à ética. Embora não tenham sido produzidas novas descobertas na lógica, foram muito desenvolvidas, em contrapartida, as questões naturais e as tendências enciclopédicas. O estoicismo greco-romano não se limitou, além disso, aos citados períodos e figuras. Muitas de suas doutrinas penetraram em autores não formalmente estóicos. Um caso exemplar é o do neoplatonismo (o estoicismo presente em Plotino não é de pequena monta), assim como o de numerosos autores cristãos (entre os quais podemos mencionar, como figura típica, Boécio).

Se abstrairmos agora as diferenças que separam os citados períodos e as particulares doutrinas ou interesses de cada um dos principais representantes da escola, chegaremos a uma doutrina unificada — e obrigatoriamente simplificada — que pode ser considerada comum a todos os estóicos. Essa doutrina se apresenta dividida em três partes: a lógica, a física e a ética. A lógica ou filosofia racional pode, por sua vez, ser subdividida em dois ramos: a lógica formal e a teoria do conhecimento. Na lógica formal — durante muito tempo depreciada ou desconhecida — a contribuição dos estóicos foi sumamente importante. Como mostraram Łukasiewicz, Bochénski, Bensan, Mates e outros autores, trata-se de uma lógica formalista, que se preocupa sobretudo com as proposições — em vez de concentrarse, como grande parte da lógica aristotélica, nos termos — e chega a estabelecer as bases do cálculo proposicional. Referimo-nos a esse ponto no verbete Lógica (VER) e em vários outros verbetes deste Dicionário (por exemplo Variável [VER]). Além disso, os estóicos elaboraram com muito detalhe e refinamento regras de inferência para esse cálculo, como mostra sua doutrina dos indemonstráveis (VER). Na teoria do conhecimento, os estóicos elaboraram a doutrina da alma como um encerado sobre o qual as coisas externas inscrevem as impressões (ou "fantasias") que a alma pode aceitar ou negar, dependendo disso a verdade ou o erro. Se se aceita a impressão tal como ela é, surge uma compreensão (ou "catalepsia"). A certeza absoluta ou evidência é uma "impressão compreensiva" (ou "fantasia cataléptica", VER). Essa doutrina distinguia os estóicos tanto dos platônicos como dos empíricos e céticos. Outras investigações estavam relacionadas com a filosofia racional; entre elas, todas as que se referiam à retórica e à semiótica, que os estóicos trataram com particular detalhamento. O fato, portanto, de muitos estóicos (principalmente os novos estóicos) considerarem a lógica um ramo subordinado à ética não significa, pois, que descuidassem desse ramo.

Na física dos estóicos manifestaram-se alguns dos traços mais conhecidos de sua cosmovisão. Os elementos racionalistas, materialistas (ou, melhor, corporalistas) e deterministas que invadem suas doutrinas fundam-se em grande parte em sua concepção da realidade física. Para os estóicos o mundo é essencialmente corporal, mas isso não significa que eles neguem certas realidades chamadas de incorpóreos. Contra os aristotélicos, os estóicos propunham, além disso, certas doutrinas próprias; como, por exemplo, a tese da interpenetrabilidade dos corpos à qual nos referimos nos verbetes sobre o espaço (VER) e o lugar (VER). É importante que, diferentemente da física atomista de Demócrito e de Epicuro, baseada no postulado (ou "intuição") da existência de partículas invisíveis (ver ATOMISMO), a física estóica se funda na idéia de um contínuo dinâmico. Neste aspecto a física estóica é parecida com a aristotélica. Mas, diferentemente dela, a dos estóicos supõe, como indica Sambursky, a existência de "uma ilha imersa em um vazio infinito". Com efeito, o real é pleno e contínuo (VER), mas o vazio o rodeia. O substrato que preenche o cosmos é o *pneuma* (VER). Propriedade fundamental do pneuma é a tensão (VER), por meio da qual ocorre a coesão, συνέχεια, da matéria. Isso levou os estóicos a supor que nenhuma coisa é igual a outra dentro do contínuo dinâmico e, ao mesmo tempo, a estabelecer a lei de necessidade universal ou causalidade para relacionar as interações dentro do conjunto. Seguindo antecedentes heraclitianos, os estóicos consideravam o fogo como princípio do cosmos; dele nasceram os quatro elementos e a ele retornam em uma sucessão infinita de nascimentos e de destruições. O fogo é o princípio ativo, dinâmico, que se opõe à passividade que gradualmente os quatro elementos vão adquirindo ao distanciar-se dele. O universo é um composto de elementos reais e racionais — *logoi* —; suas diversas partes se mantêm unidas graças à *tensão* produzida pela alma universal que tudo penetra e vivifica. Desse modo, a teoria das forças divinas aproxima as concepções físicas do antigo estoicismo às crenças religiosas populares dos gregos, das quais se afastaram nos períodos posteriores.

A parte mais conhecida do estoicismo, a ética, está fundada na eudemonia, porém esta não consiste no prazer, mas no exercício constante da virtude, na própria auto-suficiência que permite que o homem se desprenda dos bens externos. O primeiro imperativo ético é viver conforme à natureza, isto é, conforme à razão, pois o natural é racional. A felicidade radica na aceitação do destino, no combate contra as forças da paixão que produzem a intranqüilidade. Ao resignar-se com o destino, o homem também se resigna com a justiça, pois o mundo é, enquanto racional, justo. A existência do mal e o fato da coexistência nas paixões da naturalidade e da irracionalidade deu origem a uma teodicéia, desenvolvida sobretudo por Crisipo, que tentou justificar o mal por meio da necessidade dos contrários. O mal consiste no que é contrário à vontade da razão do mundo, no vício, nas paixões, na medida em que destrói e perturba o equilíbrio. Contudo, a teoria da resignação, que aparentemente deveria conduzir à aceitação do existente como necessário, não impediu que os estóicos exercessem uma crítica social e política e que defendessem reformas fundadas em seus ideais do cosmopolitismo e do sábio. O fundo estóico de muitas personalidades do mundo romano vale como uma prova desse traço do estoicismo, que se manifesta com mais vigor quando a parte teórica vai sendo encurralada pela concepção do estoicismo como atitude diante da vida e ainda como religião.

Considerado em seu conjunto, o estoicismo aparece, por conseguinte, como algo mais que uma escola e que uma "seita"; ele é, segundo María Zambrano, "a recapitulação dos conceitos e idéias fundamentais da filosofia grega", "o sumo que a filosofia grega solta ao ser espremida quando alguém quer saber a que se apegar". Isto não significa de modo algum que o estoicismo seja um mero sincretismo; de modo análogo aos neoplatônicos, os estóicos representavam a transposição para o plano filosófico do afã comum de salvação e mesmo a expressão dessa salvação na forma de vida do sábio. Mas, enquanto os neoplatônicos tendiam para uma filosofia religiosa — ou para uma religião filosófica — própria exclusivamente do eleito que, tendo consciência da crise, pretendia sobrepor-se a ela, os estóicos desciam rumo ao homem comum, de modo que o estoicismo representa um vigoroso esforço de salvação total e não apenas de desdenhoso afastamento do sábio. O aprendizado da atitude diante da morte, o sustentar-se e resistir no mar revolto da existência, podiam ser transmitidos a todos, e, se de fato não ocorreu isso em uma proporção análoga a como ocorreu no cristianismo, tal fato deveu-se a que, apesar de tudo, o estoicismo era uma filosofia popularizada e uma religião filosófica em vez de ser um pensamento comum a todos e uma religião autêntica. Entretanto, a persistência da atitude estóica no Ocidente assinala que ela talvez seja uma das raízes de sua vida ou, ao menos, uma das atitudes últimas que o homem ocidental adota quando, tendo aparecido a crise, busca um caminho para superá-la, um ideal provisório que tenha, tanto quanto possível, a figura de uma postura definitiva.

Poderia ser feita, contudo, uma história do estoicismo no Ocidente não apenas como uma das atitudes últimas do homem diante de certas situações, mas também como reiteração de um conjunto de doutrinas que o estoicismo antigo desenvolveu de forma particularmente detalhada e madura. Dessa história usualmente se menciona a chamada renovação estóica — ou neo-estoicismo — que surgiu na Europa a partir do Renascimento. Cassirer indicou que esse movimento tem múltiplas raízes, todas elas vinculadas ao afã do "conhecimento do homem". O movimento estendeu-se, em seus inícios, pela Itália e pela Espanha, podendo ser rastreado em autores como Telésio, Cardano e Vives. Esse movimento surge, naturalmente, em estreita relação com outras tentativas de renovação do pensamento "antigo" (como o epicurismo e especialmente o ceticismo, para não falar do neoplatonismo e do aristotelismo humanistas), mas adquire uma força particular nas tendências neo-estóicas. Esse novo estoicismo tinge-se de conteúdos só ocasionalmente presentes no estoicismo antigo: o "humanismo" é, por exemplo, um deles, em uma forma mais radical que o humanismo cosmopolita do "estoicismo imperial" ou estoicismo novo. Do ponto de vista histórico-filosófico, costuma-se considerar neo-estóicos estritos autores como G. du Vair (que, ao que parece, influenciou Charron), assim como Justus Lipsius, cujas obras exerceram grande influência. Outros autores da mesma tendência são C. Schoppe ou Scioppius (1576-1649), Thomas Garaker (1574-1654) e Daniel Heinsius (1580-1655). Mas limitar a eles o "neo-estoicismo" é não compreender o sentido da atitude estóica da época. A literatura, sobretudo, está impregnada de elementos estóicos, e em alguns casos, como na literatura espanhola, esses elementos representam um dos pilares sobre os quais o escritor se baseia. Isso foi mostrado, por exemplo, na própria concepção da honra nos dramaturgos do Século de Ouro, que oscila entre uma concepção "pública" e "externa" — "Honra é aquilo que consiste em outro", como diz um personagem de Lope em *Los comendadores de Córdoba* — e uma concepção "interior", que identifica honra e virtude. E o caso posterior de Quevedo é uma prova desse papel fundamental desempenhado pelo estoicismo, sem que seja preciso aderir, para defender essa idéia, à tese extrema de Ganivet, que faz do estoicismo um dos alicerces da vida espanhola. O que é importante, em todo caso, é não identificar sempre precipitadamente as *doutrinas* estóicas, solidificadas em fórmulas, com a *atitude* estóica, que pode em princípio admitir várias formas.

Os neo-estóicos como seita filosófica no período de que estamos tratando tendiam, evidentemente (à diferença dos literatos), a sublinhar o primeiro aspecto. A eles se refere Leibniz quando assinala (cf. Gerhart, VII, 333) que "a seita dos novos estóicos acredita que há substâncias incorpóreas, que as almas humanas não são corpos, que Deus é a alma ou, se se preferir, a primeira potência do mundo, que é inclusive causa da matéria, mas que uma necessidade cega o move a agir, de modo que ele é para o mundo o que são a mola e o peso no relógio". O "espiritualismo" dos neo-estóicos, diferentemente do "corporalismo" dos estóicos antigos, introduz, é claro, na própria doutrina uma diferença considerável, mas a afirmação do poder do *fatum* e a necessidade de resignar-se diante dele parece não ter sido alterada.

⊃ Os fragmentos dos antigos estóicos foram recolhidos e editados por I. von Arnim: *Stoicorum veterum fragmenta collegit Iohannes ab Arnim*, 4 vols.: I. *Zeno et Zenonis discipuli*, 1905; II. *Chrysippi fragmenta logica et physica*, 1903; III. *Chrysippi fragmenta moralia. Fragmenta sucessorum Chrysippi*, 1903; IV. [índices preparados por M. Adler], 1924 (reimp., 1964ss.). Há outras edições separadas (como a de A. C. Pearson: *The Fragments of Zeno and Cleanthes*, 1891). Edição mais recente de N. Festa: *I frammenti degli stoici antichi*, 1932. As edições dos filósofos do estoicismo médio (Possidônio, Panécio) e novo (Epicteto, Sêneca, Marco Aurélio) estão indicadas na bibliografia de cada um deles.

Sobre a doutrina estóica em geral: P. Weigoldt, *Die Philosophie der Stoa*, 1883. — P. Ogéreau, *Essai sur le système philosophique des Stoïciens*, 1885. — Paul Barth, *Die Stoa*, 1903; 6ª ed., reel. por Goedeckemeyer, 1946. — R. D. Hicks, *Stoic and Epicurean*, 1910. — Gilbert Murray, *The Stoic Philosophy* (Conway Memorial Lecture), 1915. — Id., *Stoic, Christian and Humanist*, 1950. — R. K. Hack, "La Sintesi stoica. I. Tonos", *Richerche religiose* (1925), pp. 505-513; "II. Pneuma", *ibid.* (1929), pp. 297-325. — Robert Mark Wenley, *Stoicism and Its Influence*, 1927. — K. H. E. de Jong, *De Stoa, een wereld philosophie*, 1937. — Jean Brun, *Le stoïcisme*, 1958. — J. Christensen, *An Essay on the Unity of Stoic Philosophy*, 1962. — André Bridoux, *Le stoïcisme et son influence*, 1966. — Ludwig Edelstein, *The meaning of Stoicism*, 1966. — John M. Rist, *Stoic Philosophy*, 1969. — Eleuterio Elorduy, *El estoicismo*, 2 vols., 1972 (em colaboração com J. Pérez Alonso). — F. H. Sandbach, *The Stoics*, 1978, ed. J. M. Rist [coleção de trabalhos].

Sobre a história da escola: G. Rodier, *Histoire extérieure et intérieure du stoïcisme* (Études de philosophie grecque), 1926. — Max Pohlenz, *Die Stoa. Die Geschichte einer geistigen Bewegung*, 2 vols., 1949; 4ª ed., 1972. — M. L. Colish, *The Stoic Tradition. From Antiquity to the Early Middle Ages:* I, *Stoicism in Classical Latin Literature*, 1985; II, *Stoicism in Christian Latin Thought through the Sixth Century*, 1985.

Sobre o estoicismo médio: A. Schmekel, *Die Philosophie der mittleren Stoa, in ihrem geschichtlichen Zusammenhange*, 1892.

Sobre o estoicismo novo: E. Vernon Arnold, *Roman Stoicism, Being Lectures on the History of the Stoic Philosophy with Special Reference to Its Development within the Roman Empire*, 1911. — V. E. Alfieri, *Lo stoicismo del mondo greco al mondo romano*, 1950.

Sobre o estoicismo e Plotino: Andreas Graeser, *Plotinus and the Stoics: A Preliminary Study*, 1972.

Sobre estoicismo e Patrística: Michel Spanneut, *Le stoïcisme des Peres de l'Église*, 1957.

Sobre o estoicismo e a filosofia medieval: G. Verbeke, *The Presence of Stoicism in Medieval Thought*, 1983.

Sobre o renascimento do estoicismo no século XVI: Leontine Zanta, *La Renaissance du stoïcisme au XVIe siècle*, 1914. — J. L. Saunders, *J. Lipsius. The Philosophy of Renaissance Stoicism*, 1954. — Julien-Eymard Chesneau d'Anger (Charles Chesneau), *Recherches sur le Stoïcisme au XVIe et XVIIe siècles*, 1976 (coleção de trabalhos). — Henry Ettinghausen, *Francisco de Quevedo and the Neostoic Movement*, 1972. — G. Abel, *Stoizismus und frühe Neuzeit*, 1978. — A. Chew, *Stoicism in Renaissance English Literature: An Introduction*, 1988.

Sobre física estóica: S. Sambursky, *Physics of the Stoics*, 1959 (com trad. ingl. de textos gregos e latinos relativos à física estóica [pp. 116-145]). — David E. Hahm, *The Origins of Stoic Cosmology*, 1977.

Sobre ética estóica: M. Heinze, *Stoicorum Ethica ad origines suas relata*, 1889. — A. Dyroff, *Die Ethik Der alten Stoa*, 1890. — Otto Rieth, *Grundbegriffe der stoischen Ethik: Eine traditionsgeschichtliche Untersuchung*, 1933. — Guido Mancini, *L'etica stoica da Zenone a Crisippo*, 1940. — Geneviève Rodis-Lewis, *La morale stoïcienne*, 1970. — M. Forschner, *Die stoische Ethik. Über den Zusammenhang von Natur-, Sprach- und Moralphilosophie im altstoischen System*, 1981. — B. Inwood, *Ethics and Human Action in Early Stoicism*, 1985.

Sobre psicologia estóica: Ludwig Stein, *Die Psychologie der Stoa*, 1886.

Sobre a teoria do conhecimento estóica: Ludwig Stein, *Die Erkenntnistheorie der Stoa*, 1888. — Alain, *La théorie de la connaissance des Stoïciens*, 1965.

Sobre filosofia social estóica: Eleuterio Elorduy, *Die Sozialphilosophie der Stoa*, 1936 (tese). — Arthur Bodson, *La morale sociale des derniers Stoïciens: Séneque, Epictète et Marc Aurèle*, 1967.

Sobre a doutrina estóica da alma e suas partes: K. Schindler, *Die stoische Lehre von den Seelenteilen und Seenlenvermögen insbesondere bei Panaitios und Paseidonios, und ihre Verwendung bei Cicero*, 1934.

Sobre a moral estóica e a moral cristã: A. Bonhöffer, *Epiktet und das neue Testament*, 1911. — J. Stelsenberger, *Die Beziehungen der frühchristlichen Sittenlehre zur Ethik der Stoa*, 1933. — Michel Spanneut, *Le stoïcisme des Pères de l'Église: De Cláment de Rome à Clément d'Alexandrie*, 1957.

Sobre lógica estóica: J. Łukasiewicz, "Z historji logiki zdan☐", *Przeglad filozoficzny*, 27 (1934), 369-377. Tradução alemã em "Zur Logik der Aussagenlogik", *Erkenntnis*, 5 (1935-1936), 111-131. — A. Krokiewicz, "O logice stoików", *Kwartalnik filozoficzny*, 17 (1948), 173-197. — A. Virieux-Reymond, *La logique et l'épistémologie des stoïciens*, 1949. — I. M. Bochenski, *Ancient Formal Logic*, 1951. — B. Mates, *Stoic Logic*, 1953; reimp. 1973. — Jürgen Mau, "Stoische Logik. Ihre Stellung gegenüber der Aristotelischen Syllogistik und dem modernen Aussagenkalkül", *Hermes*, 85 (1957), 147-158. — Michael Frede, *Die stoische Logik*, 1974.

Sobre estoicismo e linguagem: R. T. Schmidt, *Die Grammatik der Stoiker*, 1979. — R. Loebl, *Die Relation in der Philosophie der Stoiker*, 1986. — C. Atherton, *The Stoics on Ambiguity*, 1993.

ESTOIQUEOLOGIA. Poder-se-ia chamar desse modo a toda doutrina que se ocupasse de elementos (de στοιχεῖον = elemento [VER]), por oposição a doutrinas que se ocupam de estruturas ou de funções. William Hamilton chama desse modo a uma parte da lógica pura, a que se ocupa dos elementos do pensamento no sentido dos "processos elementares ou constituintes" (*Lectures on Logic*, V). A estoiqueologia subdivide-se, por sua vez, em noética e em dinâmica (ver ENOEMÁTICA).

ESTRANHAMENTO. Este termo exprime o fato, ou suposto fato, de que alguém esteja, ou possa estar (viver), não "em si mesmo", mas em alguma realidade alheia a ele. 'Estranhamento' traduz vários termos que expressam o conceito de achar-se em uma realidade alheia. Contudo, na literatura filosófica que aceitou ou destacou o conceito de 'estranhamento' foi-se usando com freqüência crescente o termo 'alienação' e as expressões 'estar alienado', 'achar-se alienado'. Isto é aceitável, porquanto 'alienação' tem origem etimológica no vocábulo *alius* (feminino: *alia*; neutro: *aliud*), isto é, "outro", "diferente". Estar ou achar-se alienado é, pois, originariamente, estar ou achar-se "em outro", sendo este outro algo estranho. Por razões de uso, preferimos o vocábulo 'alienação', ao qual remetemos. Esse uso tem a vantagem de distinguir a utilização de 'estranhamento' como "loucura" e 'alienação' como termo "técnico".

ESTRATIFICAÇÃO (LEI OU PRINCÍPIO DE). Ver CATEGORIA.

ESTRATÃO DE LÂMPSACO. Foi escolarca do Liceu durante dezoito anos, como sucessor de Teofrasto, a partir 288/287 ou 287/286 a.C. É conhecido pelo nome de *o físico*, por ter-se dedicado principalmente (e extensamente) a ciências naturais (física, mecânica, cosmologia, meteorologia, geografia, zoologia, fisiologia, psicologia, medicina), mesmo que também tenha se dedicado à ética, à lógica e à teologia. A tendência de Estratão foi naturalista e até mesmo mecanicista; tentando combinar as teorias de Aristóteles com as de Demócrito, defendeu o atomismo. Mas os átomos de que falava Estratão eram infinitamente divisíveis, e, além disso, eram dotados — contrariamente aos de Demócrito — de qualidades, especialmente das qualidades do quente e do frio. Em psicologia, Estratão manteve a doutrina da união da percepção (que é movimento) e do pensar, assim como a fundamentação somática de todos os processos psíquicos. Pois bem, isso não significava um corporalismo completo, mas a afirmação do fato de que a alma, como suporte das afecções psíquicas, é a unidade do corpo. Os trabalhos de Estratão influenciaram consideravelmente os investigadores da época alexandrina, especialmente em física e medicina.

➲ Texto e comentário por Fritz Wehrli no Caderno V de *Die Schule des Aristoteles: Straton von Lampsakos*, 1950; 2ª ed., 1969.

Ver também: C. Nauwerk, *De Stratone Lampsceno*, 1836. — G. Rodier, *La physique de Straton de Lampsaque*, 1880. — H. Diels, "Ueber das physikalische System des Straton", *Sitzungsberichte der Preuss. Akademie der Wissenschaften* (1893). — Matthias Gatzemeier, *Die Naturphilosophie des Straton von Lampsakos. Zur Geschichte des Problems der Bewegung im Bereich des frühen Peripatos* 1970.

Artigos de W. Capelle sobre Estratão de Lâmpsaco (Straton, 25) em Pauly-Wissowa, e de O. Regenbogen sobre o mesmo autor em Supplementband VII de P.-W. ⊃

ESTRUTURA. Se se entende 'estrutura' de um modo excessivamente amplo, será difícil encontrar algo de que não se possa dizer que tem uma estrutura. Desse modo, até mesmo uma série numérica completamente casual — ou que pareça sê-lo — terá, *grosso modo*, uma estrutura: a estrutura serial, que tornará possível adscrever um ordinal a cada um dos membros da série. Também terão estrutura uma "enumeração caótica", um conjunto desordenado de objetos. Disse-se por isso que apenas o que é completamente amorfo carecerá, por definição, de estrutura, mas com isso diz-se apenas que se algo não tem estrutura, não a tem.

Se considerarmos que uma estrutura é composta de elementos, quaisquer que sejam eles, então um elemento dado de uma estrutura dada não será uma estrutura justamente por ser introduzido como elemento como elemento dessa estrutura. Contudo, o elemento em questão pode ser, por sua vez, uma estrutura composta de elementos, de modo que o fato de que algo seja ou não considerado uma estrutura depende do modo como funcione e da posição que ocupe.

O fato de que não seja recomendável definir 'estrutura' de um modo excessivamente amplo não quer dizer que não seja conveniente defini-la de um modo abstrato. Desde a teoria dos grupos de Evariste Gallois até Bourbaki o conceito de estrutura desempenhou um papel fundamental em vários aspectos da matemática. É comum introduzir informalmente na matemática o conceito de estrutura como um conjunto de elementos, como 0 e 1, e uma ou mais operações, como as indicadas por '+', ou por '+' e '−'. A estrutura é descrita por todas as operações que possam ser descritas utilizando o operador ou operadores selecionados. Também se fala de estrutura como um conjunto de operações efetuadas sobre um grupo ou elementos de um grupo, de tal modo que qualquer operação efetuada deve dar como resultado um membro do grupo. Deve-se a Bourbaki o ter sistematizado um conjunto de disciplinas matemáticas com base na noção de estrutura, e especialmente com base nas chamadas "estruturas-mães" (estruturas-matrizes ou estruturas matriciais). Destas são mencionadas as estruturas algébricas — entre as quais figuram os grupos —, as estruturas de ordem — em particular, as chamadas "grades" — e as estruturas topológicas.

Uma consideração abstrata das estruturas atenta para a forma pela qual se relacionam elementos dentro de um domínio de objetos não especificados e a como se relacionam entre si as relações de relações, e assim sucessivamente. Não importam nem os objetos, nem o caráter das relações entre eles; importa apenas o padrão segundo o qual os objetos, sejam eles quais forem, e as relações, quaisquer que sejam, estão articulados.

Dependendo do sujeito — no sentido de "matéria a ser estudada" — de que se trate, falou-se em estruturas abstratas e estruturas concretas, assim como em estruturas matemáticas e lógicas, e estruturas físicas, biológicas, psicológicas, sociais, lingüísticas etc. É preciso levar em conta, todavia, que essa divisão entre estruturas é de caráter mais pedagógico que científico. Se as estruturas matemáticas e lógicas são identificadas com estruturas abstratas, então será preciso presumir que todas as estruturas não matemáticas e lógicas seguem os padrões destas últimas. Se a matemática e a lógica constituem um domínio especificável de objetos — ainda que sejam objetos abstratos —, a própria matemática e a lógica seguirão padrões de estruturas abstratas.

Para definir a noção de estrutura apelou-se freqüentemente a noções como as de totalidade, forma, configuração, trama, complexo, grupo, sistema, função, conexão ou interconexão etc. Nenhuma dessas noções é equiparável à de estrutura, mas podem ser encontradas afinidades entre seus traços e alguns dos traços da noção de estrutura.

Tanto no presente verbete como em Estruturalismo, falaremos principalmente de estruturas de domínios específicos de objetos. Isso se deve a que as teorias de caráter estrutural, e estruturalista, erigiram-se em relação a esses domínios. Tendo-os em conta, e tendo como pressuposto que em todos os casos as estruturas de que se fala terão de moldar-se segundo os padrões que conformam qualquer estrutura "abstratamente", poderemos considerar duas noções mais ou menos intuitivas de estrutura.

Por um lado, entende-se por 'estrutura' algum conjunto ou grupo de elementos relacionados entre si segundo certas regras, ou algum conjunto ou grupo de elementos funcionalmente correlacionados. Os elementos em questão são considerados mais como membros que como partes. O conjunto ou grupo é um todo e não uma "mera soma". Assim, os membros de um todo desse tipo cumprem os requisitos assentados por Husserl para os "todos": estão ligados entre si de modo a que se pode falar de não-independência relativa de uns em relação aos outros e também de compenetração mútua. Por isso na descrição de uma estrutura desse tipo destacam-se vocábulos como 'articulação', 'compenetração funcional' e, algumas vezes, 'solidariedade'.

Por outro lado, uma estrutura pode ser entendida como um conjunto ou grupo de sistemas. A estrutura não é então uma realidade "composta" por membros; é um modo de ser dos sistemas, de tal modo que os sistemas funcionam *em virtude da estrutura* que têm. Desse modo, podem existir vários sistemas, digamos *A, B, C*, que difiram por sua composição material, mas que executem funções que, embora distintas, sejam significativamente comparáveis, isto é, funções tais que tenham significações correlativas. Um desses sistemas pode aliás servir de modelo para o outro (como a passagem de um fluido por um canal pode servir de modelo para o tráfego em uma estrada e vice-versa). Podem existir também, e se espera geralmente que existam, regras de transformação que permitam que se passe de um sistema para outro.

A noção de estrutura foi entendida nos dois sentidos indicados anteriormente, mas com a tendência de se adotar o segundo, que é, além disso, aquele que é próprio dos que se consideram estruturalistas. É óbvio que a idéia de estrutura como modelo de um conjunto de sistemas que têm funções distintas mas comparáveis (e até "transformáveis"), em virtude da estrutura comum que possuem, é mais refinada que a idéia de estrutura como "realidade" composta de membros funcionalmente relacionados entre si. Há grandes semelhanças entre a teoria das estruturas no primeiro sentido e a teoria geral dos sistemas (ver SISTEMA).

A idéia geral de estrutura é antiga: sob outros nomes ou amparada em outros conceitos ela seguramente pode ser encontrada em muitos autores. O que deve ser chamado de "estruturalismo *avant la lettre*" se contrapôs freqüentemente ao que foi chamado de "atomismo", este último entendido em um sentido muito geral. Também se contrapôs ao associacionismo (ver ASSOCIAÇÃO, ASSOCIACIONISMO). Na medida em que na época moderna "clássica" predominou a "análise" (VER) e prestou-se atenção a elementos supostamente últimos, descobertos por meio de análise e de "decomposição", não foram muito fortes as tendências "estruturalistas", embora de modo algum tenham estado ausentes. Em uma acepção muito geral (e vaga) de 'estrutura' houve, por outro lado, tendências "estruturais" e "antiatomísticas" durante o romanticismo, embora fosse melhor falar aqui de "totalismo" e de "organicismo" em contraposição ao aludido "atomismo".

A noção de (assim como o próprio termo) "estrutura" e as conseguintes tendências "estruturalistas" ganharam espaço a partir do começo do século XX. Para efeito de continuidade histórica seria preciso falar de "estrutura" e de "estruturalismo" em todo o século. Contudo, como se falou especificamente de estruturalismo em relação a determinados métodos (e teorias), sobretudo depois da segunda guerra mundial, adotaremos um procedimento eclético. Trataremos de estrutura e de estruturalismo neste verbete para nos referir a certo número de pesquisas e de concepções desde aproximadamente o começo do século até depois da segunda guerra mundial. Incluiremos neste tratamento várias discussões sobre modos de entender a noção de estrutura. No verbete ESTRUTURALISMO consideraremos sobretudo a tendência assim chamada, que floresceu em diversas disciplinas e teve ressonâncias filosóficas depois da segunda guerra mundial. Entretanto, incluiremos neste último tratamento pesquisas (especialmente lingüísticas) chamadas de "estruturais", porque, embora os estruturalistas *stricto sensu* geralmente se tenham oposto a elas, a distinção entre modos distintos de estruturalismo entra naturalmente neste último conceito. Acrescentaremos também ao citado verbete ESTRUTURALISMO várias discussões sobre a noção de estrutura que não são consideradas no presente artigo. Esse procedimento eclético pode prestar-se a confusões, mas ao final é mais tolerável que a inclusão das noções de estrutura e de estruturalismo em um único verbete, seja ele chamado de "Estrutura", "Estruturalismo" ou "Estrutura e Estruturalismo". De todo modo, o que hoje é chamado de "estruturalismo", particularmente sob a figura do "estruturalismo francês", poderá ser encontrado mais facilmente em um verbete especial (ainda que não demasiadamente excludente).

Costumou-se dar como exemplos de estruturas os organismos biológicos, as espécies biológicas, as coletividades humanas, os produtos culturais de espécies muito diversas (particularmente as linguagens). O ponto de vista estrutural consistiu *grosso modo* em estudar as mencionadas realidades como totalidades e não com base em seus elementos componentes, ou supostamente componentes. Por isso esse ponto de vista foi equiparado freqüentemente com um ponto de vista "totalista". Contudo, uma vez que se especifique o sentido de 'estrutura' descobre-se que tal equiparação é insuficiente.

Os modos de entender a noção de estrutura variam segundo os tipos de pesquisa levados a cabo. Um dos mais importantes e influentes usos dessa noção é encontrado na psicologia, dentro da chamada *Gestaltpsychologie*, expressão traduzida algumas vezes por 'psicologia da estrutura' e outras por 'psicologia da forma'. O "gestaltismo", como também é chamado, é uma das grandes manifestações do estruturalismo do século XX e contribuiu para o florescimento deste ao menos tanto quanto as concepções estruturais lingüísticas, já a partir de Ferdinand de Saussure (as quais se ligam mais diretamente com alguns dos vários sentidos do estruturalismo contemporâneo). Os principais promotores do gestaltismo, ou psicologia da estrutura (forma, configuração), foram Max Wertheimer (VER), Kurt Koffka (VER) e Wolfgang Köhler (VER). A psicologia gestaltista não é, como às vezes se supôs, uma reação completa contra certas concepções "associacionistas". Segundo o que sublinhamos (ver ASSOCIAÇÃO, ASSOCIACIONISMO), os estruturalistas ou gestaltistas criticaram diversos pressupostos do associacionismo, mas aproveitaram muitos trabalhos da "escola associacionista", integrando-os em suas próprias concepções. Ao lado do associacionismo contribuíram para a formação da teoria da estrutura as pesquisas de Meinong e de Ehrenfels sobre as "qualidades de forma" e em parte (menor) as pesquisas de Husserl às quais nos referimos no verbete TODO. Mas o precedente mais imediato das teorias dos citados psicólogos encontra-se nos trabalhos de Ehrenfels, Lipps e especialmente F. Krüger e J. Volkelt. Os trabalhos experimentais de Krüger sobre a noção de totalidade psíquica procedem de 1905-1906; os de Volkelt, de 1912. Este é considerado o ano I na história da teoria psicológica da estrutura. Ao longo do mesmo ano, Wertheimer publicou seu trabalho "Experimentelle Studien über das Sehen von Bewegungen" (*Zeitschrift für Psychologie*, 61). Koffka publicou em 1913 suas "Beiträge zur Psychologie der Gestalt — und Bewegungserlebnisse" (*ibid.*, 67). As contribuições para a teoria da estrutura a partir dessas datas foram abundantes. O mais importante do ponto de vista filosófico foi a extensão dada ao conceito de estrutura por Köhler em 1920 com seu escrito *Die physischen Gestalten im Ruhe und im stationären Zustand*. Foram, além do mais, escritos desse tipo, mais que os propriamente psicológico-experimentais, os que suscitaram numerosos debates. Muitos psicólogos que admitem os resultados experimentais da teoria da estrutura negam-se a admitir as correspondentes implicações ontológicas e lógicas. Por outro lado, a suposição de que na base dessa teoria encontra-se o realismo tradicional aparece para alguns como demasiadamente vaga; com efeito, as implicações ontológicas e lógicas da teoria psicológica da estrutura (e de sua aplicação à realidade inteira) são mais complexas. Em vista disso se poderia declarar que é necessário estabelecer uma completa distinção entre a teoria psicológica estruturalista e a filosofia geral estruturalista. Pois bem, muitos pesquisadores — não apenas filósofos, mas também psicólogos e, em geral, cientistas — rejeitam uma distinção demasiadamente radical e indicam que a noção de estrutura poderia ser aplicada a todas as ciências. Isso se vê especialmente no livro coletivo sobre o conceito de forma mencionado na bibliografia (ed. L. L. Whyte, 1951). Partindo da psicologia estruturalista alguns supõem, com efeito, a possibilidade de uma "física estruturalista" ou "gestaltista", cujo "modelo" é a biologia. Também imaginam a possibilidade de que tanto a física como a biologia se desenvolvam segundo conceitos "estruturalistas". Outros autores falam de um "estruturalismo" na matemática — ou, pelo menos, na topologia e em outros ramos não estritamente "quantitativos" da matemática.

Dentro da psicologia estruturalista Kurt Lewin (VER) desenvolveu uma "psicologia topológica". Uma espécie de "estruturalismo topológico" foi apresentado por Raymon Ruyer (VER) em sua obra *Esquisse d'une philosophie de la structure* (1930). Ruyer modificou depois seu ponto de vista, mas na obra citada ele aspirou defender um "mecanismo integral" fundado em uma concepção geométrico-mecânica, "isto é [são suas próprias palavras], estrutural", da realidade. Esta foi concebida por esse autor como um conjunto de formas. A forma, por sua vez, era definida como "um conjunto de posições no espaço e no tempo".

Nas ciências do espírito (ver ESPÍRITO, ESPIRITUAL) a noção de estrutura foi desenvolvida sobretudo por Dilthey e por sua escola. Enquanto na psicologia da estrutura esta última é principalmente uma "configuração", em Dilthey e em autores diltheyanos ela aparece sobretudo como uma "conexão significativa" (*Sinnzusammenhang*). Tal conexão é própria tanto dos complexos psíquicos como dos objetos culturais e até do sistema completo do "espírito objetivo". Na idéia de estrutura como conexão significativa desempenha um papel fundamental o elemento temporal e, em última instância, histórico. Subjetivamente, as totalidades estruturais aparecem como vivências (ver VIVÊNCIA), objetivamente elas aparecem como formas do espírito (objetivo). As estruturas como conexões significativas não podem ser propriamente explicadas; em vez da explicação há descrição e compreensão (VER).

Nem todas as tendências da filosofia contemporânea estão de acordo em conceber do mesmo modo a estrutura. Vários autores declaram que a concepção estrutural, tal como utilizada na psicologia e, em geral, nas ciências do espírito, sofre do defeito de uma insuficiente elucidação lógica da noção de estrutura. Russell indicou, por exemplo, que a noção de estrutura não pode ser aplicada a conjuntos ou a coleções — em que o todo "determina" a parte —, mas apenas a relações. A estrutura é então função de sistemas relacionais; a estrutura comum de dois ou mais desses sistemas equivale à referência de cada um dos "elementos" de um sistema a cada um dos de outro ou outros. Outros autores concordam com isso e têm opiniões parecidas. S. K. Langer indica que a estrutura é "a ponte que une todos os diversos significados da forma" (em que "forma", ou "forma lógica", designa "o modo mediante o qual é construída uma coisa"); assim, "qualquer coisa que possua uma forma definida é construída de uma maneira também definida" (*An Introduction to Symbolic Logic*, 1937, p. 24). K. Grelling e P. Oppenheim declaram que a noção de estrutura deve ser analisada em estreita relação com a noção de correspondência. A aplicação da análise lógica permite, além disso, em sua opinião, traduzir para uma linguagem mais formal proposições de caráter estruturalista que até agora tinham sido interpretadas em um sentido demasiadamente metafísico. Assim ocorre, por exemplo, com uma proposição como "A estrutura (*Gestalt*) é mais que a soma das partes", expressa mais rigorosamente mediante a proposição "O sistema de ações é mais que o agregado". Em geral, estes e outros autores tenderam a aproximar, pois, a noção de estrutura a noções como as de correspondência (VER), ordem (formal) (VER) e isomorfismo (VER).

Se prescindirmos, por enquanto, das concepções estruturais iniciadas com Ferdinand de Saussure e da lingüística estrutural bloomfeldiana e especialmente pós-bloomfeldiana, teremos três noções de estrutura que abriram caminho desde o começo do século até a segunda guerra mundial: a que foi elaborada por alguns filósofos (Ehrenfels) e psicólogos (Koffka, Krüger); a que foi oferecida pelos filósofos da escola de Dilthey, e a que foi proposta por vários lógicos. Perguntou-se algumas vezes se há relações entre as três noções.

Por um lado, podem ser relacionados os conceitos psicológico e lógico por causa de seu traço funcional comum e, no vocabulário atual, sincrônico, à diferença do sentido temporal e diacrônico das estruturas ou "complexos" diltheyanos. Por outro lado, podem ser aproximadas as concepções psicológica e diltheyana por não serem, como as lógicas, de índole completamente abstrata. Finalmente, pode-se considerar que a noção lógica abstrata de estrutura é o esquema formal dentro do qual podem ser encaixadas noções mais específicas de estruturas, isto é, conteúdos específicos, ou exemplos determinados de relações estruturais.

Indicou-se no começo deste verbete que a equiparação entre a noção de "todo" e a de "estrutura" é insuficiente. Entretanto, é possível comparar as duas noções, como fez Knut Erik Tranöy em sua obra *Wholes and Structures: An Attempt at a Philosophical Analysis* (1959). Segundo esse autor, esses termos podem ser aplicados a diversas entidades que consideramos como todos e estruturas, mas o significado que adquirem os citados termos em suas diversas aplicações é tão distinto que parece quebrar-se a "unidade do uso". Se considerarmos os objetos de pesquisa científica (ou científica e filosófica) como um "contínuo", em um de cujos extremos se encontram a matemática e a lógica, e no outro extremo as disciplinas humanísticas (e no final provavelmente a estética), poderemos perceber que há uma transformação contínua do uso do vocábulo 'estrutura' desde um conceito puramente formal no qual predomina a noção de "sistema de relações entre elementos" que formam a estrutura, até a noção de todo "holístico", no qual a noção de relação entre elementos perde importância (ou se torna sumamente vaga), de modo que os componentes chamados de "elementos" ou "partes" vão se tornando cada vez mais variados e heterogêneos. Acontece como se nas estruturas formais os elementos (e suas relações) determinassem a estrutura, e como se nas estruturas não-formais os todos "holísticos" determinassem o tipo dos elementos e as relações que devem ser mantidas entre eles. Em ambos os casos a noção de estrutura é mantida, mas a forma de relação entre o todo e as partes inverte-se quase totalmente.

➲ Sobre a noção de estrutura em várias disciplinas: Eugen Herrigel, *Urstoff und Urform. Ein Beitrag zur philosophischen Strukturlehre*, 1926. — Francisco Romero, *Vieja y nueva concepción de la realidad*, 1932; reimp. com o título "Dos conceptos de la realidad", em *Filosofía contemporánea: Estudios y notas*, 1941, pp. 57-81. — Kurt Grelling e Paul Oppenheim, "Der Gestaltbegriff im Lichte der neuen Logik", *Erkenntnis*, 6 (1937-1938), 211-225. — Jakob Sulser, *Die Strukturlogik*, 1944. — Édouard Morot-Sir, *La pensée négative: Recherche logique sur la structure et ses démarches*, 1946. — L. L. Whyte, S. P. F. Humphreys-Owen *et al.*, *Aspects of Form*, 1951; 2ª ed., 1968, ed. Lancelot Law Whyte. — M. de Gandillac, L. Goldmann *et al.*, *Les notions de genèse et de structure*, 1959 ["Entretiens" em Cérisy-la-Salle, julho 1959]. — C. Lévy-Strauss, H. Lefèvre *et al.*, *Sens et usages du terme "structure" dans les sciences humaines et sociales*, 1962. — L. Apostel, J.-B. Grize *et al.*, *La filiation des structures*, 1963 [Études d'épistémologie génétique, 15]. — E. Paci, G. Dorfles *et al.*, artigos em *Revue Internationale de Philosophie*, 19 (1965), 251-448. — Robert Blanché, *Structures intellectuelles*, 1966. — Stéphane Lupasco, *Qu'est-ce qu'une structure?*, 1967. — Lancelot Law Whyte, Mario Bunge, Albert G. Wilson *et al.*, *Hierarchical Structures*, 1969, eds. L. L. Whyte, Albert G. Wilson, Donna Wilson [Simpósio en Huntington Beach, Calif. 18/19-X-1968]. — VV. AA., *Der Moderne Struktuebegriff. Materialen zu seiner Entwicklung 1930-1960*, ed. Hans Naumann, 1973. — W. H. Newton-Smith, *The Structure of Time*, 1980. — R. S. Burt, *Toward a Structural Theory of Action: Network Models of Social Structure, Perception and Action*, 1982. — G. Köhler, *Handeln und Rechtfertigen: Untersuchungen zur Struktur der Praktischen Rationalität*, 1988. — R. I. G. Hughes, *The Structure and Interpretation of Quantum Mechanics*, 1989. — R. Jackendoff, *Semantic Structures*, 1990.

Aplicações da noção de estrutura: F. Alverdes, *Die Ganzheitsbetrachtung in der Biologie*, 1933. — H. Peter, *Der Ganzheitsgedanke in Wirtschaft und Wirtschaftswissenschaft*, 1934. — Bernhard Durken, *Entwicklungsbiologie und Ganzheit. Ein Beitrag zur Neugestaltung des Weltbildes*, 1936. — Balduin Noll, *Das Gestaltproblem in der Erkenntnistheorie*, 1946. — A. Callinicos, *Making History: Agency, Structure and Change in Social Theory*, 1988. — A. Díez, ed., *Estructuras en las teorías matemáticas*, 1990 [Simposio Internacional de San Sebastián, 1990].

Psicologia da estrutura: Felix Krüger, *Der Strukturbegriff in der Psychologie*, 1923. — Id., "Zur Einführung. Ueber psychische Ganzheit", *Neue Psychologische Studien*, 1 (1926), 1-121. — Id., "Das Problem der Ganzheit", *Blätter für deutsche Philosophie*, 6 (1932). — G. E. Müller, *Komplextheorie und Gestalttheorie. Ein Beitrag zur Wahrnehmungspsychologie*, 1923. — F. Weindhandl, *Die Methode der Gestaltanalyse*, 1923. — Id., *Die Gestaltanalyse*, 1927. — Max Wertheimer, *Ueber Gestalttheorie*, 1925. — Id., *Drei Abhandlungen zur Gestalttheorie*, 1925. — VV. AA., *Komplexqualitäten. Gestalten und Gefühl*, 1926, ed. Felix Krüger. — H. Heicke, *Der Strukturbegriff*, 1928. — E. R. Jaensch, *Gestaltpsychologie und Gestalttheorie*, 1929. — Wolfgang Köhler, *Gestaltpsychologie*, 1929. — B. Petermann, *Die Wertheimer-Koffka-Kohlersche Gestalttheorie und das Gestaltproblem*, 1929. — Martin Scheerer, *Die Lehre von der Gestalt, ihre Methode und Psychologischer Gegenstand*, 1931. — K. Koffka, *Principles of Gestalt Psychology*, 1935. — Eugenio Pucciarelli, *La psicología de la estructura*, 1936. — D. W. Gottschalk, *Structure and Reality*, 1937. — Paul Guillaume, *La psychologie de la forme*, 1937. — F. H. Allport, *Theories of Perception and the Concept of Structure*, 1955. — Emil Altschul, *Problem und Programm der Ganzheits-Psychologie*, 1956. — D. W. Hamlyn, *The Psychology of Perception: A Philosophical Examination of Gestalt Theory and Derivate Theories of Perception*, 1957. — Noel Mouloud, *La psychologie et les structures*, 1965. — A. Gobar, *Philosophic Foundations of Genetic Psychology and Gestalt Psychology*, 1968.

O órgão da escola psicológica estruturalista foi durante vários anos a revista *Psychologische Forschung*, fundada em 1922.

Ver também a bibliografia do verbete ESTRUTURALISMO. ℂ

ESTRUTURALISMO. Se se dá a este termo o sentido muito geral de quaisquer estruturas em quaisquer dos sentidos que podem ser dados a 'estrutura' (VER), será preciso chamar de "estruturalistas" muitas doutrinas e opiniões, talvez a todas. Adotar esse ponto de vista pode desembocar na pergunta que José Alberto Marín Morales se formula no artigo "Averroes y su proyección en el estructuralismo" (*Arbor*, 94 [366] [1976], 215-235 [63-83]: "É o *Colliget* de Averróis precursor do atual estruturalismo?" O autor mencionado responde afirmativamente: o *Colliget* de Averróis (ou o *Kitab al-Kulliyyat fi-l-tibb*, *Tratado universal de medicina*) é precursor do atual estruturalismo em virtude de que "o conceito atual de estrutura procede de Aristóteles, especialmente quando fala de que os princípios ontológicos podem estar em íntima relação com os lógicos", e continua dizendo que "é esse conceito, reelaborado por Averróis, que constitui ou parece constituir o ponto de partida do atual estruturalismo, por meio dos conceitos de mistura, equilíbrio e predomínio, e de que tudo o que existe está misturado em tudo, e especialmente do conceito da temperança, equilíbrio entre as almas ou faculdades, o espírito e o calor" (art. cit., p. 231 [79]).

Obviamente é preciso um conceito menos generoso de "estruturalismo". Sem remontar aos árabes, aos gregos, alguns comentadores consideraram que se deve chamar de "estruturalistas" a todas as doutrinas opostas ao "atomismo" — entendendo este termo em um sentido também muito geral e vago —, mas mesmo assim permanece muito esfumada a acepção do nosso termo.

Outra alternativa, mais em consonância com as possibilidades de descrever o alcance do estruturalismo, é destacar a importância que adquiriu em algumas disciplinas a noção de estrutura e chamar de "estruturalistas" as pesquisas de tais disciplinas que façam uso predominante da noção a que nos referimos, ou às análises ou especulações filosóficas que esse uso tenha suscitado. Desse ponto de vista pode-se falar de estruturalismo na matemática a partir da teoria dos grupos de Gaulois, destacando-se então a álgebra de relações e a topologia. A culminação desse estruturalismo é a série de tratados matemáticos conhecidos com o nome (coletivo) de Bourbaki.

O estruturalismo matemático, embora possa proporcionar, como de fato proporciona, instrumentos conceituais para o desenvolvimento de outras espécies de estruturalismo, não é o único. No verbete ESTRUTURA nos referimos a várias orientações em que o conceito de estrutura desempenhou um papel central. O exemplo mais conhecido é a psicologia da estrutura (ou da forma, ou da configuração), a *Gestaltpsychologie*, ou "gestaltismo". Outro exemplo é o da lingüística na tendência que lhe imprimiu Ferdinand de Saussure (VER), de tão decisiva influência no que hoje é chamado de "estruturalismo".

Convencionamos, para evitar confusões, tratar várias formas de "estruturalismo" anteriores ao final da segunda guerra mundial no corpo do verbete ESTRUTURA, reservando o presente verbete para um conjunto de correntes contemporâneas em várias disciplinas, e com as correspondentes ressonâncias filosóficas. Desse modo, chamaremos de "estruturalismo" por antonomásia o tipo de pesquisas e idéias que floresceram, especialmente na França, com autores como Lévi-Strauss, Jacques Lacan, Louis Althusser, Michel Foucault, Roland Barthes (alguns dos quais, além disso, como acontece freqüentemente nesses casos, negam ser, ou ser apenas, estruturalistas). Isso restringe nosso conceito consideravelmente, mas pensamos ser melhor esse procedimento que o da extensão desmesurada. Ademais, a restrição apontada não significa que sejam esquecidos aqueles que os próprios estruturalistas consideram antecedentes importantes em sua própria obra: Saussure — já mencionado —, Freud e Marx. São ainda menos esquecidos antecedentes mais imediatos do estruturalismo em nosso sentido: o chamado "estruturalismo lingüístico" dos críticos formalistas russos e das Escolas de Praga e de Copenhagen, especialmente com Roman Jakobson, N. S. Trubetzkoy (Troubetzkoy), L. Hjelmslev. Há autores que não costumam ser incluídos entre os estruturalistas *stricto sensu*, mas cuja obra é em muitos pontos paralela à deles e que antecipa não poucos de seus temas. Isso ocorre com Jean Piaget. Também há autores que procedem de outra tradição mas desenvolvem temas de interesse para o estruturalismo contemporâneo a que fizemos alusão. O mais destacado é Noam Chomsky.

A menção a Chomsky neste contexto requer um esclarecimento quanto ao uso do termo 'estruturalismo'. É freqüente que ele seja utilizado para referir-se sobretudo, se não exclusivamente, ao "estruturalismo europeu" e a seus antecedentes no continente. Mas houve, e continua havendo, dentro da lingüística um movimento estruturalista norte-americano, o da chamada "lingüística estrutural", representada eminentemente por Leonard Bloomfield e seus seguidores (os lingüistas norte-americanos "pós-bloomfieldianos"). A lingüística estrutural norte-americana conta entre seus cultivadores com Zellig Harris, o mestre de Chomsky. Este partiu de certos contextos próprios da mencionada lingüística, e especialmente dos de Harris — com o interesse predominante pelas questões sintáticas e pela "análise de constituintes imediatos; ao mesmo tempo, encontram-se em Harris antecipações no sentido da contrução de modelos generativos. Contudo, Chomsky logo se separou da lingüística estrutural e atacou suas bases behavioristas e suas orientações taxionômicas, figurando então, por essa razão, como "antiestruturalista". Em vista disso é compreensível a sua atitude em relação a Lévi-Strauss, tal como a expressa em *Language and Mind* (1968). Chomsky considera interessante a tentativa de Lévi-Strauss de estender o estudo das estruturas lingüísticas a outros sistemas de configuração parecida com a dos lingüísticos (como, por exemplo, o estudo de Lévi-Strauss sobre os sistemas de parentesco e do pensamento primitivo). Todavia, ele objeta a Lévi-Strauss ter tomado como modelo a lingüística estrutural do tipo de Trubetzkoy e Jakobson. "Mas deve-se fazer várias reservas quando a lingüística estrutural é aplicada como modelo dessa maneira. Para começar, a estrutura de um sistema fonológico é de pouquíssimo interesse como objeto formal... Contudo, a importância da fonologia estruturalista, tal como desenvolvida por Trubetzkoy, Jakobson e outros, não reside nas propriedades formais de sistemas fonêmicos, mas no fato de que, ao que parece, um número bastante reduzido de características especificáveis em termos absolutos, independentes da linguagem, proporcionarem a base para a organização de todos os sistemas fonológicos" (*op. cit.*, p. 65). Chomsky reconhece assim a importância dos resultados alcançados pela fonologia estruturalista, especialmente a de Jakobson, ao mostrar que "as regras fonológicas de uma grande variedade de linguagens se aplicam a classes de elementos que podem ser simplesmente caracterizados em termos dessas características (*loc. cit.*). O primado da dimensão sincrônica sobre a diacrônica, no qual tanto insistiram os estruturalistas como Lévi-Strauss, é admitido por Chomsky ao menos como uma noção que promete. Se acrescentamos a isso certas afinidades entre Lévi-Strauss e Chomsky — a despeito de que o primeiro seguiu modelos estruturais aos quais Chomsky se opôs — se compreenderá que Chomsky possa ser considerado um "antiestruturalista" — especialmente no que diz respeito ao estruturalismo lingüístico bloomfieldiano — e que, ao mesmo tempo, algumas das idéias de Chomsky tenham sido consideradas favoravelmente por vários estruturalistas europeus.

Pois bem, mesmo restringindo o significado de 'estruturalismo' do modo como foi sugerido no começo, é difícil — embora não mais que no caso de qualquer outro movimento filosófico amplo — definir seus principais traços. Nas exposições do estruturalismo, alguns se baseiam principalmente em Lévi-Strauss, que parece, com efeito, acumular a maior parte de suas características; outros combinam os traços comuns a vários autores, como Lévi-Strauss e Louis Althusser, ou Lévi-Strauss e Jacques Lacan, ou Michel Foucault e Roland Barthes. Mesmo correndo o risco de que alguns dos traços mencionados a seguir não estejam presentes em alguns autores, ou que vários deles sejam mais perceptíveis ou estejam mais desenvolvidos em autores que não figuram entre outros "estruturalistas franceses" — Piaget, ou Chomsky, ou Jakobson —, consideramos que com base neles pode ser compreendida a tendência geral estruturalista.

Embora alguns estruturalistas tenham se oposto ao funcionalismo — como ocorre com Lévi-Strauss em relação a Malinowski —, a idéia de função desempenha um papel importante no estruturalismo. De todo modo, existem certas características no estruturalismo próximas da noção de função em autores como Durkheim. Outras não são completamente distintas da noção de tipo ideal tal como foi proposta e desenvolvida por Max Weber. Várias estão muito próximas da generalização funcionalista de A. R. Radcliffe-Brown. O importante, porém, é a idéia de estrutura entendida como um sistema ou como um conjunto de sistemas. Há sistemas de classes muito diversas: o sistema que constitui as regras de urbanidade ou de etiqueta em uma sociedade, ou em uma classe social, o sistema de sinais para regular o trânsito, o sistema das relações familiares, o sistema da linguagem etc. De alguma forma todos os sistemas que constituem uma estrutura são sistemas lingüísticos, de modo que estrutura é *mutatis mutandis* estrutura lingüística. Isso não quer dizer que se trate exclusivamente de estruturas verbais; quer dizer apenas que o modelo repetidamente utilizado para examinar a natureza e o funcionamento das estruturas é um modelo que pode ser reduzido, na maior parte das vezes, a um modelo de linguagem verbal.

O estruturalismo insiste normalmente em que se trata de um modelo de compreensão da realidade — e especificamente das realidades humanas socialmente constituídas —, mas é freqüente que haja, para além dos programas metodológicos, pressupostos de natureza ontológica, de acordo com os quais as realidades de que se trata estão conformadas estruturalmente. Não se nega em princípio que haja causas e relações causais, nem tampouco se nega em princípio que haja mudanças, e especificamente mudanças de caráter histórico. Entretanto, tanto as relações causais como os desenvolvimentos diacrônicos (ver DIACRÔNICO) são entendidos em função de relações de significação e de formações sincrônicas. O estruturalismo se opõe geralmente ao causalismo e ao historicismo.

Na maior parte dos estruturalistas manifesta-se a tendência a supor que por baixo de certas estruturas que podem ser consideradas superficiais há estruturas profundas. Por um lado, há uma correlação entre os dois tipos de estruturas. Por outro, as estruturas superficiais não são simplesmente manifestação de estruturas profundas. A correlação de referência consiste em que para toda estrutura superficial há alguma estrutura profunda (assim as estruturas superficiais da linguagem enquanto séries de dizeres estão correlacionadas com as estruturas profundas da linguagem enquanto conjunto de regras). Mas isso não forma uma relação biunívoca; a vários modos de falar que parecem desconectados entre si pode corresponder uma única regra estrutural profunda, e ao mesmo tempo um modo de falar que parece ser único é interpretável em função de várias possíveis estruturas profundas. A linguagem é aqui apenas um exemplo, embora um exemplo freqüentemente predominante (se se leva em conta a abundante referência dos estruturalistas a "sinais", "significantes" etc., assim como à distinção entre sintagma [ver SINTAGMA, SINTAGMÁTICO] e paradigma, tomada do domínio lingüístico). Todavia, seria um erro caracterizar exclusivamente o estruturalismo de que aqui falamos como uma transferência de modelos lingüísticos a vários domínios das ciências humanas. A linguagem obedece a regras estruturais do mesmo modo que quaisquer outros fenômenos humanos. Em todos eles funcionam sistemas de substituição cuja formalização tem geralmente um caráter combinatório.

Alguns estruturalistas tendem a reduzir ao mínimo, e até mesmo a eliminar por completo, ao menos do ponto de vista metodológico, o homem como sujeito e as infinitas circunstâncias e mudanças da história. Se há mudanças, não são alterações dentro de uma continuidade histórica, mas antes "cortes". Isso quer dizer que os homens estão "submetidos" às estruturas e não ao contrário. Fala-se por isso algumas vezes de "mecanismos" — sem que se deva dar a esse termo um sentido "mecanicista" clássico — que atuam como forças estruturantes e aliás podem ser qualificados de "inatos". Não há nada humano — e possivelmente nada orgânico — que seja infinitamente maleável. O número de possíveis estruturas em cada caso é limitado. Sob um grande número de variações superficiais há uma quantidade limitada de estruturas profundas. Os próprios modelos de relações são ou podem ser distintas manifestações de um único sistema estrutural. Contudo, algumas vezes se fala de modelo como correspondente a uma estrutura e se define o modelo como uma série de caracteres recorrentes.

As estruturas são inacessíveis à observação e a descrições observacionais. Por outro lado, não são resultado de nenhuma indução generalizadora. Por esse motivo às vezes se alegou que, propriamente falando, não há estruturas. Em alguma medida, elas não existem, ao menos no sentido de que existem objetos ou propriedades de objetos. As estruturas não são, portanto, equiparáveis a realidades últimas, de caráter metafísico. Elas são, metodologicamente falando, princípios de explicação, e, ontologicamente falando, formas segundo as quais as realidades se articulam.

Segundo Jean Piaget, "uma estrutura é um sistema de transformações que comporta leis enquanto sistema (em oposição a propriedades de elementos) e que se conserva ou enriquece por meio do próprio jogo de suas transformações sem que estas andem além de suas fronteiras ou recorram a elementos exteriores. Em suma, uma estrutura abarca, pois, os três caracteres de totalidade, de transformações e de auto-regulação" (*op. cit. infra*, pp. 6-7). Esta definição de Piaget foi considerada por alguns demasiadamente ampla e destinada a mostrar que há algo em comum em estruturas de índole muito diversa (matemáticas e lógicas, físicas e biológicas, psicológicas, lingüísticas e sociais). Parece, em todo caso, que um dos caracteres apontados — o de totalidade — ultrapassa as concepções estruturalistas, e outro, o de auto-regulação, corresponde somente a certas estruturas. Mas o caráter da transformabilidade não pode ser eliminado das estruturas. Os estudos estruturalistas consistem em grande parte em levar a cabo transformações que tornam possível passar de uma estrutura para outra mediante mudanças em seus elementos que não alteram o sistema estrutural. John Mepham indicou que "em geral é verdade que as formas de regularidade empírica, cujo estudo pode permitir o descobrimento da coerência subjacente a um sistema semântico, não são correlações nem generalizações empíricas (como freqüentemente se pensou ser o caso no que diz respeito aos sistemas estudados pela física e pela química), mas são *transformações* (*op. cit. infra*, p. 158 da trad. esp.). No caso das estruturas sociais — que foram as mais abundantemente investigadas pelos estruturalistas contemporâneos — se pressupõe existir modelos de vida social que têm de ser explicados sincronicamente.

Há uma distinção que pode ser básica entre estruturalismo, por um lado, e "atomismo" (no sentido muito geral do termo) e organicismo, por outro. Uma concepção inteiramente "atomista" tenderá a conceber toda entidade como composta de elementos nos quais a entidade pode ser analisada ou "decomposta", de modo que se encontramos qualquer entidade E e qualquer um dos elementos que a compõem, $c_1, c_2 \ldots c_n$, todo E será composto por $c_1, c_2 \ldots c_n$. Uma concepção organicista tenderá a conceber que as entidades são como organismos e que nenhum deles pode ser analisado ou decomposto em elementos. Uma concepção estruturalista tenderá a pensar que, mesmo que haja elementos últimos, estes formam conjuntos em virtude de suas relações mútuas. Mas, além disso, tenderá a pensar que, uma vez constituído um conjunto, este se relacionará com outros. Desse modo, o estruturalismo em geral não se opõe em princípio à análise de um conjunto de elementos. Ele afirma, porém, que os conjuntos podem relacionar-se entre si funcionalmente, sem a necessidade de que em cada caso eles sejam decompostos em seus elementos.

Dado o tom geral das considerações precedentes, é óbvio que ou podem ser encaixados facilmente dentro delas todos os estruturalistas ou nenhum deles é razoavelmente caracterizado por elas. Paradoxalmente, o único modo de entender corretamente em que consiste o estruturalismo contemporâneo é descrevê-lo diacronicamente e, além disso, esboçar as idéias principais daqueles que foram chamados, freqüentemente a despeito deles, "estruturalistas". Roland Barthes indicou que o estruturalismo não é (ainda) uma escola ou um movimento: é uma atividade, de modo que cabe falar da atividade estruturalista do mesmo modo que se fala da atividade surrealista. Essa atividade, mais que um grupo de idéias comuns, caracteriza a obra dos autores mencionados no começo do verbete. A obra que foi identificada mais plenamente com esse estruturalismo é, como foi indicado, a de Lévi-Strauss. Segue-se a ela, em ordem de aproximação, a de Roland Barthes. Fala-se às vezes do "grupo *Tel Quel*" ou dos colaboradores da revista *Tel Quel*, que representaram um estruturalismo "textual" ou estudo estruturalista de textos — daí a muito repetida expressão 'a escritura de': *L'écriture de* (e, correlativamente, leitura de: *lecture de*) —, mas entre os colaboradores dessa revista figuram Michel Foucault e Jacques Derrida, nenhum dos quais, e particularmente o segundo, quer ser identificado com o estruturalismo. Assim como Lévi-Strauss representa o estruturalismo antropológico, Roland Barthes representa o estruturalismo "literário" ou, melhor, o estruturalismo "crítico". Nesses dois casos são óbvios os empréstimos feitos à tradição lingüística estrutural na linha Saussure-Jakobson. A psicanálise estruturalista é representada por Jacques Lacan. Fala-se de um estruturalismo marxista, ou de um marxismo estruturalista, no caso de Louis Althusser, o qual utilizou métodos estruturalistas, mas sem adotar nenhuma "filosofia" estruturalista *stricto senso*. Alguns consideram que Michel Foucault é o filósofo do estruturalismo; o próprio Foucault nega ser estruturalista, embora dentro das correntes filosóficas contemporâneas o estruturalismo seja a mais afim com sua análise. Expomos as doutrinas principais desses autores nos verbetes consagrados a eles, os quais podem servir de complemento ao presente. Há uma considerável afinidade entre os estudos com maior ou menor razão qualificados de estruturalistas e o desenvolvimento da semiologia (VER) na época atual.

⊃ Em todas as obras sobre os autores a que nos referimos no texto há exposições e interpretações do estruturalismo contemporâneo. Mencionamos também: Manfred Bierwisch, "Der Strukturalismus", *Kursbuch* (maio 1966). — Jean-Marie Auzias, *Clefs pour le structuralisme*, 2ª ed., rev., 1967. — Jean Piaget, *Le structuralisme*, 1968; 3ª ed., aum., 1968 (último trimestre) (ed. br.: *O estruturalismo*, 3ª ed., 1979). — Oswald Ducrot,

Tzvetan Todorov, Dan Sperber, Moustafa Safouan, François Wahl, *Qu'est-ce que le structuralisme?*, 1968. — Eugenio Trías, *La filosofía y su sombra*, 1969. — Günter Schiwy, *Der französische Strukturalismus. Mode, Methode, Ideologie*, 1969. — Id., *Neue Aspekte des Strukturalismus*, 1971. — Jean-Baptiste Fagès, *Le structuralisme en procès*, 1969. — Jeanne Parain-Vial, *Analyses structurales et idéologies structuralistes*, 1969. — Michael Lane, "Introduction. I. The Structuralist Method. II. Structure and Structuralism", em M. Lane, ed., *Introduction to Structuralism*, 1970 (antologia). — M. Corvez, *Les structuralistes*, 1969. — H. Lepargneur, *Introdução aos estruturalismos*, 1972. — David Robey, John Lyons, Jonathan Culler, John Mephan et al., *Structuralism: An Introduction*, 1973. — Howard Gardner, *The Quest for Mind: Piaget, Lévi-Strauss, and the Structuralist Movement*, 1973. — J. M. Broekman, *Der Strukturalismus*, 1973. — R. Boudon, *The Uses of Structuralism*, 1975. — Philip Pettit, *The Concept of Structuralism: A Critical Analysis*, 1975. — Jean-Marie Benoist, *La révolution structurale*, 1975. — Terence Hawkes, *Structuralism and Semiotics*, 1977. — R. Detweiler, *Story, Sign, and Self: Phenomenology and Structuralism as Literary-Critical Methods*, 1978. — R. C. Kwant, *Strukturalisten en strukturalisme*, 1978 [círculo de Praga, Lévi-Strauss, Foucault, Piaget etc.]. — J. Leiber, *Structuralism*, 1978. — T. Ptuzanski, *Humanisz i struktury*, 1980 (*Humanismo e estruturas*) [sobre Lévi-Strauss, Piaget e Althusser]. — E. Kurzweil, *The Age of Structuralism*, 1980. — W. Diederich, *Strukturalistische Rekonstruktionen. Untersuchungen zur Bedeutung, Weiterentwicklung und interdisziplinärer Anwendung des strukturalistischen Konzepts wissenschaftlicher Theorien*, 1981. — M. Frank, *Was ist Neostrukturalismus?*, 1983. — P. Caws, *Structuralism: The Art of the Intelligible*, 1984. — J. Schmidt, *Maurice Merleau-Ponty: Between Phenomenology and Structuralism*, 1985. — R. Harland, *Superstructuralism: the Philosophy of Structuralism and Post-Structuralism*, 1987. — H. J. Silverman, *Inscriptions: Between Phenomenology and Structuralism*, 1987.

Artigos de A. Martinet, Philip E. Lewis *et al.*, em um número especial sobre o estruturalismo de *Yale French Studies*, 36-37 (1966).

Contra o estruturalismo francês: Mikel Dufrenne, *Pour l'homme*, 1968. — Henri Lefèbvre, *Au delà du structuralisme*, 1971. — S. Clarke, *The Foundations of Structuralism: A Critique of Lévi-Strauss and the Structuralist Movement*, 1981.

Bibliografia: J. M. Miller, *French Structuralism: A Multidisciplinary Bibliography*, 1981 [5.650 entradas sobre o movimento; os autores: Althusser, Barthes, Derrida, Foucault, L. Goldmann, Lacan, Lévi-Strauss; as aplicações]. — Ver também a bibliografia de ESTRUTURA. **C**

ETERNIDADE. O vocábulo 'eternidade' costuma ser entendido em dois sentidos: em um sentido comum, segundo o qual significa o tempo infinito, ou a duração infinita, e em um sentido mais usual entre muitos filósofos, de acordo com o qual significa algo que não pode ser medido pelo tempo, pois o transcende. Os gregos, filósofos ou não, freqüentemente entenderam 'eternidade' no primeiro sentido. Isso ocorria quando eles davam ao eterno, αἰών, o significado daquilo que dura ao longo de todo o tempo, do que perdura, διά παντὸς ἀεὶ τοῦ χρόνου, ou daquilo que é desde sempre, ou do que foi até agora sem interrupção. Esse sentido encontra-se especialmente vivo nas doutrinas dos filósofos pré-socráticos quando falam que a realidade primordial é eterna (isto é, sempiterna), ou quando mantém a teoria do eterno retorno (VER). Encontramos esse sentido em algumas passagens do próprio Platão, como no *Fédon* (103 E), onde ele se refere à duração eterna ou por todo o tempo, εἰς τὸν ἀεὶ χρόνον, que pertence às formas (outra passagem de tipo análogo em *Rep.*, X, 608 D). Em Aristóteles se encontra o sentido de 'eternidade' como duração infinita em suas afirmações acerca da eternidade do movimento circular (*Phys.*, VIII 8, 263 a 3), do existir "desde o princípio" das coisas eternas (*Met.*, Θ 9, 1051 a 20) e ainda da eternidade de um dos três tipos de substâncias: as substâncias que são ao mesmo tempo sensíveis e eternas (*Met.*, Λ 1, 1069 a 31 b). Assim que se procedeu à análise da relação entre a eternidade e o tempo descobriu-se que não era fácil medir aquela por meio deste. Isso pode ser percebido na famosa passagem de Platão no *Timeu* (37 D), na qual se declara que antes de o céu ser criado não havia noites nem dias, nem meses ou anos. Essas medidas do tempo — que são partes dele — surgiram com a criação do céu. É um erro, pois, transferir para a essência eterna o passado e o futuro, que são espécies criadas de tempo. Da essência eterna dizemos às vezes que foi, ou que será, mas na verdade somente podemos dizer dela que *é*. Com efeito, o que é imóvel não pode ser nem mais jovem, nem mais velho. Da eternidade se diz que é sempre, mas é preciso destacar mais o 'é' que o 'sempre'. Por esse motivo não se pode dizer que a eternidade é uma projeção do tempo no infinito. Antes cabe dizer que o tempo é a imagem movente da eternidade, isto é, uma imagem duradoura do eterno que se move de acordo com o número: μένοντος αἰῶνος ἐν ἑνὶ κατ'ἀριθμὸν ἰοῦσαν αἰώνιον εἰκόνα. Com isso se admite um contraste entre 'eterno', αἰώνιος, e 'sempiterno' ou 'duradouro', ἀΐδιος. Mas o fato de que a eternidade não seja simplesmente a infinita perduração temporal não significa que ela seja algo oposto ao tempo. A eternidade não nega o tempo, mas o acolhe, por assim dizer, em seu seio: o tempo se move *na* eternidade, que é seu modelo. Essas idéias foram recolhidas e elaboradas por Plotino. Mas, para formular sua teoria da eternidade,

Plotino também levou em conta a doutrina aristotélica. No verbete sobre o tempo já nos referimos à mudança semântica do vocábulo αἰών; significando 'de um extremo ao outro de uma existência' ele passou a significar 'de um extremo ao outro da idade do céu inteiro'. Este não é o lugar para nos aventurarmos em informações semânticas (isto é, semântico-filológicas). Entretanto, chamamos a atenção do leitor para a riqueza de significações do termo grego αἰών tal como foi sublinhada por A.-J. Festugière em seu artigo "Le sens philosophique du mot αἰών", *La Parola del Passato. Rivista di Studi Classici*, XI (1949), 172-189, do qual falamos no verbete TEMPO, e tal como foi investigada por Enzo Degani em sua obra ΑΙΩΝ. *Da Omero ad Aristotele*, 1961. Degani indica que devemos recorrer a pelo menos dez vocábulos para traduzir diversos sentidos de αἰών: 'força vital', 'medula espinhal', 'vida', 'tempo', 'duração da vida', 'idade', 'época', 'geração', 'sorte' ('destino'), 'eternidade'. Αἰών é realmente um termo πολύσημος. Mas podem ser distinguidos filosoficamente vários significados básicos, e também pode ser traçada uma história de mudanças semânticas fundamentais tendo à vista os escritos dos filósofos. É isso o que fazemos neste, destacando dois sentidos importantes para o nosso tema.

Aristóteles ainda parece sujeitar-se à concepção mais comum da eternidade, segundo a qual ela é tempo que perdura sempre. Mas, ao acentuar que carece de princípio e de fim, e, sobretudo, ao declarar que o αἰών inclui *todo* o tempo e é duração imortal e divina (*De caelo*, I 9, 279 a 22-9), Aristóteles também utilizou a contraposição mencionada no começo deste verbete, pois a eternidade é um fim que está abarcando — περιέχον — o infinito. Plotino recalcou ainda mais a tese platônica. No cap. vii de sua terceira *Enéada*, ele indica que a eternidade não pode ser reduzida à mera inteligibilidade ou ao repouso (um dos cinco grandes gêneros do ser estabelecidos por Platão no *Sofista*). Além desses caracteres, a eternidade possui duas propriedades: unidade e indivisibilidade. Uma realidade é eterna, portanto, não quando é algo em um momento e uma coisa distinta em outro, mas quando é tudo ao mesmo tempo, ou seja, quando possui uma "perfeição indivisível". A eternidade é, por assim dizer, o "momento" de absoluta estabilidade da reunião dos inteligíveis em um ponto único. Por isso, como em Platão, não se pode falar nem de futuro nem de passado: o eterno encontra-se sempre no presente — é o que *é* e é *sempre* o que é. Daí as características definições plotinianas: "A eternidade não é o substrato dos inteligíveis, mas é de certo modo a irradiação que procede deles graças a essa identidade que afirma de si própria, não com o que ela será logo, mas com aquilo que é". O ponto em que se unem todas as linhas e persiste sem modificação em sua identidade não tem porvir que não lhe esteja presente. É claro que tal ser tampouco é o ser de *um* presente; nesse caso a eternidade não seria nada além de representação da fugacidade. Ao dizer que o eterno é o que é, pretende-se dizer, em última análise, que ele possui em si a *plenitude* do ser e que passado e futuro encontram-se nele como que concentrados e reunidos. A eternidade é, em outras palavras, "o ser estável que não admite modificações no porvir e que não mudou no passado", pois "o que se encontra nos limites do ser possui uma vida presente ao mesmo tempo plena e indivisível em todos os sentidos". A análise de Plotino insiste continuamente no caráter de concentração do eterno nesse ser total não composto de partes, mas, antes, gerador das partes. É nisso que ele se distingue do gerado, pois, se o devir é segregado do gerado, o gerado perde seu ser; estes seres são já a totalidade do ser: na medida em que se outorga um devir ao não-gerado o gerado experimenta uma "queda" de seu ser verdadeiro. Daí que os seres primeiros e inteligíveis não tendam ao porvir para ser; eles nada possuem, pois estão, por assim dizer, plenamente em si mesmos, de modo que, em vez de depender de outra coisa para continuar subsistindo, subsistem em seu próprio ser. A eternidade é "a vida infinita"; portanto, a vida total que nada perde de si mesma. E daí que o ser eterno se encontre, diz Plotino, perto do Uno, até o ponto de que, seguindo a sentença platônica, se possa dizer que "a eternidade permanece no Uno" (*Tim.*, 37 E). A rigor, não se deveria dizer que a natureza eterna é eterna, mas simplesmente que é (a saber, que é verdade). "Pois o que é, não é distinto do que é sempre, no mesmo sentido em que o filósofo não é diferente do filósofo verdadeiro." Em outras palavras, "o que é sempre deve ser considerado no sentido de: o que é verdadeiramente". O tempo (VER) é por isso queda e imagem da eternidade, a qual não é mera abstração do ser temporal, mas fundamento desse ser. A eternidade é o fundamento da temporalidade. De modo análogo, Proclo (*Inst. Theol.*, props. 52-55; ed. Dodds, 51-55) indicou que o eterno, αἰώνιον, significa o que é sempre, τὸ ἀεὶ ὄν, mas como algo distinto da existência temporal ou devir. Suas partes não podem ser distinguidas, nem um antes ou um depois, pois trata-se de algo que é simultaneamente a totalidade do que é. Em sua opinião, a eternidade existe, inclusive, com "anterioridade" em relação às coisas eternas, no mesmo sentido em que o tempo existe com "anterioridade" em relação às coisas temporais, e em virtude da tese, tão cara aos neoplatônicos, de que o princípio é "anterior" ao que é principiado. Por isso a eternidade é a medida das coisas eternas, assim como o tempo é a medida das coisas temporais. Contudo, essas duas medidas são distintas. O tempo mede por partes, κατὰ μέρη. A eternidade, por outro lado, mede pela totalidade, καθ' ὅλον.

A meditação agostiniana sobre o eterno segue um caminho parecido. A eternidade não pode ser medida, segundo Santo Agostinho, pelo tempo, mas também não é simplesmente o intemporal: "A eternidade não tem em si nada que passa; nela tudo está presente, o que não ocorre com o tempo, que jamais pode estar verdadeiramente presente". Por isso a eternidade pertence a Deus em um sentido parecido a como no neoplatonismo ela pertence ao Uno. Portanto, Santo Agostinho acentua a plenitude do eterno diante da indefinição do meramente perdurável e diante da abstração do simplesmente presente em um momento. O mesmo ocorre em Boécio. A diferença entre os dois conceitos de eternidade é esclarecida por meio de dois vocábulos. De um lado está a sempiternidade, *sempiternitas*, que transcorre no tempo, *currens in tempore*. De outro, temos a eternidade, *aeternitas*, que constitui o eterno estando e permanecendo, *stans et permanens*. A eternidade é a posse inteira, simultânea e perfeita de uma vida interminável, *interminabilis vitae tota simul et perfecta possessio* (*De consol.*, V). Santo Tomás aceitou essa definição em várias passagens de suas obras (cf. 1 *Sent.*, 8, 2.1 c; *De potentia*, q. 3 [*De creatione*], art. 14; *S. theol.*, 19, X, i-vi). Nos comentários às *Sentenças*, a definição de Boécio é introduzida e comentada com aprovação. No *De potentia*, apresenta-se o contraste entre a duração do mundo e a eternidade; somente esta última é omni-simultânea, *tota simul*. Na *S. theol.*, levanta-se o problema da eternidade de Deus e são formuladas as seguintes questões: 1) O que é a eternidade?; 2) Deus é eterno?; 3) Deus é a única realidade eterna?; 4) Qual é a diferença entre a eternidade e o tempo?; 5) Qual é a diferença entre a eviternidade e o tempo?; 6) Há apenas uma eviternidade assim como há apenas um tempo e uma eternidade? Aqui nos interessa especialmente a primeira questão, mas abordaremos ocasionalmente outras questões, particularmente com o fim de definir o conceito de eviternidade. Digamos antes de mais nada que Santo Tomás não apenas aprova a citada definição de Boécio, como também a defende contra as objeções que lhe haviam sido feitas. Sublinhemos particularmente a objeção contra a simultaneidade, objeção que foi depois muito desenvolvida pelos scotistas. Segundo ela, a eternidade não pode ser omni-simultânea, pois, quando as Escrituras se referem a dias e a épocas na eternidade, a referência é no plural. Santo Tomás alega que, assim como Deus, embora incorpóreo, é nomeado nas Escrituras por meio de termos que designam realidades corpóreas, a eternidade, embora omni-simultânea, é chamada com nomes que implicam tempo e sucessão. A este argumento pode-se acrescentar outro, de natureza mais filosófica: que a eternidade é omni-simultânea justamente porque é preciso eliminar de sua definição o tempo, *ad removendum tempus*. Com isso torna-se possível distinguir rigorosamente a eternidade do tempo: a primeira é simultânea e mede o ser permanente; o segundo é sucessivo e mede todo movimento. Também assim se torna possível distinguir a eviternidade (*aevum*) do tempo. Aparentemente trata-se da mesma coisa. Mas não é assim: a eviternidade, segundo Santo Tomás, difere do tempo e da eternidade como o meio entre os extremos. Com efeito, a eviternidade é a forma de duração própria dos espíritos puros. Deles não se pode dizer que estão no tempo enquanto medida do movimento segundo o anterior e o posterior. Mas tampouco se pode dizer deles que são eternos, pois a eternidade pertence somente a Deus. Por isso é preciso dizer que são eviternos. E isso significa que, embora em sua natureza não haja diferença entre passado e futuro e se possa dizer que são imutáveis, em suas operações — pensamentos e "propósitos" — há uma sucessão real, embora não — como no tempo — contínua. A eviternidade é omni-simultânea, mas não é a eternidade, pois o antes e o depois são compatíveis com ela. Assim a eternidade é uma imobilidade completa, sem sucessão, e a eviternidade é uma imobilidade essencial, unida à mobilidade acidental. O tempo tem antes e depois; a eviternidade não tem em si antes nem depois, mas estes podem ser conjugados; a eternidade não tem nem antes nem depois, e ambos tampouco se acomodam. Por isso a eviternidade não pode, como a eternidade, coexistir com o tempo estendendo-o ao infinito, nem coexistir com os acontecimentos medidos pelo tempo exceto no instante em que são produzidas as operações que permitem tal mensuração.

Um dos problemas freqüentemente discutidos durante a Idade Média e parte da época moderna foi o de ser o mundo eterno ou não: o problema *de aeternitate mundi*. Os autores cristãos admitem como dogma que o mundo foi criado do nada; por conseguinte, concluem que o mundo não é eterno e, em todo caso, que não tem a eternidade que corresponde a Deus. Todavia, nem todos os teólogos e filósofos cristãos tratam a questão da mesma maneira. Santo Agostinho não se limitou a afirmar que o mundo não é eterno: sustentou que é possível provar que ele não o é. São Boaventura e outros autores seguiram nisso Santo Agostinho. Desse modo refutava-se o averroísmo (VER), que interpretava Aristóteles afirmando que o mundo é eterno. Por outro lado, Santo Tomás negava que o mundo fosse eterno, mas em seus escritos que tratam da questão (2 *Sent.*, I q. 1, art. 5; *Cont. Gent.*, II, 31-38; *Quaest. disp. de pot.*, q. 3, art. 17; *S. theol.*, I, q. VII, arts. 2-4, e q. XLVI, arts. 1 e 2; *Quaest. quodlib.*, quod. 9 e 12 e *De aeternitate mundi*; textos assinalados por A. Antweiler, *op. cit. infra*) mostrava que, embora não fosse possível demonstrar a eternidade do mundo, tampouco podia ser demonstrada sua não-eternidade. A autoridade de Aristóteles não é suficiente nesse assunto. Mas tampouco os argumentos produzidos são convincentes. "Contra [os averroístas], Tomás de Aquino defende a possibilidade de um início do universo no tempo, mas também defende, inclusive *contra murmurantes*, a possibilidade de sua eternidade. Não há dúvida de que nosso filósofo utilizou, para resolver o problema da criação, os resultados obtidos por seus antecessores, especialmente Alberto Magno e Maimônides, mas a posição que ele adota não se confunde com nenhuma das posições adotadas por seus predecessores" (É. Gilson, *Le Thomisme*, 5ª ed., 1947, p. 213). [Ver Ex NIHILO NIHIL FIT].

Embora em um sentido muito distinto do tomista, a idéia de que não se pode demonstrar nem a eternidade nem a não-eternidade do mundo foi destacada por Kant na "primeira antinomia" da razão pura (*KrV*, A 426/454; ver ANTINOMIA). Diferentemente de Santo Tomás, contudo, Kant tentou mostrar que podem ser provadas tanto a eternidade como a não-eternidade. Isso, no entanto, equivale a dizer que nenhuma das duas proposições pode ser propriamente "provada": não se trata de conhecimentos, mas de puras "idéias da razão", nas quais as "provas" não se aplicam aos fenômenos.

Durante a época moderna tratou-se o conceito de eternidade em sentidos semelhantes aos que foram destacados por filósofos medievais. Contudo, além disso, considerou-se o problema de ser o mundo eterno ou não, e esse problema adquiriu um primado sobre os outros problemas que envolvem a noção de eternidade. Alguns autores, como Giordano Bruno, afirmaram — ou, antes, exaltaram — a idéia da eternidade do mundo sem definir muito claramente o sentido de 'é eterno'. Outros autores se interessaram em dar definições mais ou menos formais da eternidade. Assim, na *Ethica*, I, def. viii, Spinoza indica que entende por eternidade "a própria existência enquanto concebida como seqüência necessária da mera definição de coisa eterna" (*Per aeternitatem intelligo ipsam existentiam, quaetenus ex sola rei aeternae definitione necessario sequi concipitur*), e acrescenta que tal existência não pode ser explicada mediante a duração ou o tempo, mesmo quando a duração é concebida sem princípio e fim. Alguns pensadores, como Locke e Condillac, examinaram a noção de eternidade a partir do ponto de vista da formação psicológica de sua idéia. Assim, Locke indica (*Essay*, I ii, 14) que a idéia de eternidade procede da mesma impressão original da qual surge a idéia do tempo (idéia de sucessão e duração), mas procedendo *ad infinitum* (e considerando que a razão subsiste *sempre* com o fim de ir mais longe). Já Condillac assinala (*Traité des sensations*, I iii §§ 13, 14) que sua estátua imaginária também pode adquirir a noção de eternidade enquanto duração indefinida das sensações que precederam e as que costumam continuar. Ao proceder desse modo, tanto Locke como Condillac tenderam a considerar a eternidade uma *idéia do tempo sem princípio nem fim* e, portanto, a entender o eterno como ampliação ao infinito do temporal. Por fim, outros, como Hegel, sublinharam o momento da intemporalidade ao declarar que a eternidade é a intemporalidade absoluta, *absolute Zeitlosigkeit*, do conceito ou do espírito.

No verbete sobre a noção de tempo (VER) nos referimos às propensões "temporalistas" de várias escolas filosóficas contemporâneas. Observemos aqui que isso não impediu algumas importantes reflexões sobre a questão da eternidade e mesmo o desejo de fazer desta última um eixo central da filosofia. Entre os pensadores mais destacados no assunto figuram Alberto Rougès, Ferdinand Alquié e Louis Lavelle. Resenharemos brevemente suas doutrinas.

Rougès concebe uma hierarquia de seres fundada na maior ou menor eternidade de cada um deles. O grau inferior é o do ser físico, que nasce e perece continuamente, que é absolutamente instantâneo. O grau superior é o ser espiritual. Pois bem, "*situadas assim entre o ser físico e o máximo Ser espiritual, todas as hierarquias do ser são balizas do caminho da eternidade, momentos dramáticos de uma empresa divina*". Isso supõe uma crítica e ao mesmo tempo uma complementação da filosofia bergsoniana; admite-se desta última a noção do espiritual, mas acrescenta-se a antecipação do futuro que nela faltava. Desse modo a eternidade plotiniana já não aparece como um corte efetuado na fluência do devir (VER), mas como um presente espiritual infinitamente rico, que compreende o passado e o futuro. Bergson precisava de uma eternidade movente, porque essa eternidade, assim como a duração, carecia de antecipação do futuro. A eternidade plotiniana analisada por Rougès consiste, em contrapartida, em uma temporalidade sem tempo, pois não necessita de sucessão, que é uma forma inferior da temporalidade, já que abarca todo o tempo em um presente perfeito. O presente do espiritual não é, com efeito, segundo Rougès, o presente do físico; é de certo modo o inverso dele. Por isso, enquanto a temporalidade do último necessita do tempo, a do primeiro carrega o tempo suspenso, por assim dizer, em seu interior: é o perfeito recolhimento do primeiro ser.

Alquié analisou "o desejo de eternidade", qualquer que seja o eterno (leis físicas, Deus etc.). Essa eternidade aparece em primeiro lugar como a consciência de uma ausência. Por esse motivo ela deve ser procurada nas diversas operações da consciência nas quais se manifesta esse desejo. As paixões, a memória, o hábito, o remorso, o pensamento são várias dessas manifestações. A conclusão dessa investigação é que a eternidade não é algo separado do tempo, mas algo exigido pelo espírito em virtude da realidade do tempo. Convém, contudo, segundo Alquié, não confundir a presença espiritual da eternidade com o desejo subjetivo de eternidade: a "eternidade real" não pertence ao indivíduo. Essa compreensão, própria da vida espiritual, torna possível perceber que o pensamento fecundo não é um retorno ao *eterno*, mas "uma descida do eterno para o temporal, uma aplicação do eterno às coisas". Desse modo, a eternidade não é uma fuga e uma rejeição do tempo. Muito pelo contrário, "somente nossas empresas temporais podem manifestar nossa fidelidade ao Espírito", que é raiz de temporalidade e substância de eternidade.

Quanto a Louis Lavelle, este conclui que a eternidade não pode ser concebida como se estivesse além do tempo e como se houvesse entre ambos um abismo intransponível. Ao contrário, deve-se conceber toda existência temporal como se implicasse uma espécie de "circulação da eternidade". Isso é possível porque há uma realidade que une pela base a eternidade e o tempo: é a liberdade. Daí certas fórmulas, entre as quais duas são especialmente importantes: *"A eternidade não é nada se ela própria não é para nós um perpétuo 'enquanto'"* e *"A própria eternidade deve ser escolhida por meio de um ato livre: deve sempre ser aceita ou recusada"*. Lavelle concorda, portanto, com a tradição filosófica que define a eternidade como "o manancial do tempo" em vez de concebê-la como negação do tempo, mas tenta mostrar esse caráter "fundamentante" por meio de uma visão da eternidade enquanto criadora; a eternidade possui, declara esse autor, uma "função criadora", e graças a ela o tempo aparece como algo que está em perpétuo "renascimento".

⊃ Obras históricas sobre a relação entre tempo e eternidade, e sobre o problema da eternidade do mundo: Hans Leisegang, *Die Begriffe der Zeit und Ewigkeit im späteren Platonismus*, 1913 [Beiträge zur Geschichte der Philosophie des Mittelalters, XIII, 4]. — J. Baudry, *Le Problème de l'origine et de l'éternité du monde dans la philosophie grecque de Platon à l'ère chrétienne*, 1931. — Jean Guitton, *Le temps et l'éternité chez Plotin et chez Saint Augustin*, 1933; 3ª ed., 1959. — F. H. Brabant, *Time and Eternity in Christian Thought*, 1937. — A.-J. Festugière, art. cit. *supra*. — Enzo Degani, *op. cit. supra* (especialmente parte II). — R. B. Onians, *The Origins of European Thought*, 1954. — M. Gierens, *Controversia de aeternitate mundi*, 1933. — W. J. Dwyer, *L'opuscule de Siger de Brabant De aeternitate mundi. Introduction critique et texte*, 1937. — Ernst Behler, *Die Ewigkeit der Welt. Problemgeschichtliche Untersuchungen zu den Kontroversen um Weltanfang und Weltunendlichkeit im Mittelalter*, I, 1965. — É. Gilson, *op. cit.* e *loc. cit. supra*. — Anton Antweiler, *Die Anfangslosigkeit der Welt nach Thomas von Aquin und Kant*, 2 vols., 1961 (vol. 2 com "fontes"). — Otto Most, *Zeitliches und Ewiges in der Philosophie Nietzsches und Schopenhauers*, 1977. — L. Bianchi, *L'errore di Aristotele, La polemica contro l'eternità del mondo nel XIII secolo*, 1984. — C. J. Caes, *Beyond Time: Ideas of the Great Philosophers on Eternal Existence and Immortality*, 1985. — J. Pelikan, *The Mistery of Continuity: Time and History, Memory and Eternity in the Thought of Saint Augustine*, 1986. — H. A. Davidson, *Proofs for Eternity, Creation and the Existence of God in Medieval Islamic and Jewish Philosophy*, 1987. — R. C. Dales, *Medieval Discussions of the Eternity of the World*, 1990.

Obras sistemáticas e especulativas: Dietrich Mahnke, *Der Wille zur Ewigkeit*, 1917. — Id., *Ewigkeit und Gegenwart*, 1922. — Max Wundt, *Ewigkeit und Endlichkeit*, 1937. — Alberto Rougès, *Las jerarquías del ser y la eternidad*, 1943. — Ferdinand Alquié, *Le désir d'éternité*, 1943. — L. Lavelle, *Du temps et de l'éternité*, 1945. — Ananda K. Coomeraswamy, *Time and Eternity*, 1947 (a eternidade nas tradições hindu, budista, grega, islâmica, cristã). — W. T. Stace, *Time and Eternity*, 1952. — F. Alquié, V. Jankélévitch, R. Lazzarini, E. Przywara et al., *Tempo ed eternità*, 1959 (*Archivio di Filosofia*, 1, ed. E. Castelli). — D. Park, *The Image of Eternity. Roots of Time in the Physical World*, 1979. — P. Helm, *Eternal God: A Study of God Without Time*, 1988. — B. Leftow, *Time and Eternity*, 1992. — R. C. Neville, *Eternity and Time's Flow*, 1993. ⊂

ETERNO RETORNO. A doutrina segundo a qual o universo nasce e perece em uma sucessão cíclica tem precedentes muito antigos. Um deles se encontra no hinduísmo, que influenciou, nesse aspecto, o budismo. Neste último fala-se, com efeito, de *Kalpas*, isto é, de períodos que vão do nascimento à destruição de um mundo. A duração de cada *Kalpa* é indeterminada, mas se supõe muito longa (possivelmente vários milhões de anos). O nascimento do mundo ocorre por meio de uma condensação extrema; seu final, por meio de uma conflagração. O número de *Kalpas* é infinito, de modo que o processo cíclico é eterno. A doutrina do eterno retorno ou sucessão cíclica dos mundos também foi defendida por muitos pensadores gregos; era comum entre eles considerar cada ciclo como um "Grande Ano". Assim, a teoria atribuída a Heráclito, segundo a qual o mundo surge do fogo e retorna ao fogo segundo ciclos fixos e por toda a eternidade (Diog. L., IV, 9), é uma forma da doutrina do eterno retorno. A mesma coisa ocorreu com muitos pitagóricos, particularmente com os estóicos, que tomaram parte de sua cosmologia de Heráclito. Os fundamentos filosóficos dessa doutrina são, entre outros, a necessidade de reconhecer o movimento e de limitá-lo mediante uma lei ou, melhor, uma "medida". As causas empíricas que promoveram sua adoção são provavelmente a observação do caráter cíclico de muitos processos naturais (por exemplo, a mudança de estações, que dá a idéia de um contínuo regresso ao ponto de partida). Vários pensadores medievais, especialmente árabes, expressaram idéias semelhantes. Desse modo, Alkindi, Avicena, Averróis — e também o chamado averroísmo latino — admitiram um reaparecimento periódico dos acontecimentos, uma evolução circular do mundo único regido pela revolução eterna dos astros. Os autores cristãos não podiam admitir, por outro lado, a idéia de um eterno retorno; "o que passa" não volta a passar, porque é história, e até mesmo "drama". Apenas em alguns casos se concebeu o "devir" ao modo de um retornar: o "retornar à unidade primeira". Isso ocorreu no "panteísmo". É o caso de Orígenes, cuja apocatástase de todas as coisas, a *restitutio universalis* (expressões que correspondem precisamente às antigas idéias do eterno retorno), representa a transposição da doutrina da "repetição" para o plano de um processo único. Também é o caso de John Scot Erígena, embora não se deva esquecer que a *deificatio* de todas as coisas não expressa, como parece à primeira vista (ver JOHN SCOT ERÍGENA), uma radical absorção delas no seio de Deus. Na época contemporânea Nietzsche formulou a doutrina do eterno retorno (*die ewige Wiederkunft*) ao supor (ou imaginar) que, em um mundo no qual os átomos sejam indestrutíveis e finitos, as infinitas combinações possíveis desses átomos na eternidade do tempo darão um número infinito de mundos entre os quais estará compreendido um número infinito de momentos iguais. O homem há de viver, por conseguinte, um número infinito de vidas. Nietzsche chama essa doutrina de "uma profecia" e exige, para que se chegue a ela, um "livrar-se da moral". Um *locus classicus* em Nietzsche no que diz respeito a esta doutrina é "O convalescente", na terceira parte de *Assim falou Zaratustra*: "Mas o nó das causas, no qual estou enredado, retorna (ele me criará de novo! Eu mesmo faço parte das causas do eterno retorno). Virei outra vez, com este sol, com esta terra, com esta águia, com esta serpente — *não* a uma vida nova ou a uma vida melhor ou a uma vida semelhante: virei eternamente de novo a esta mesma e idêntica vida no que há de maior e também no que há de menor, para ensinar novamente o retorno de todas as coisas". Pela forma que Nietzsche deu à doutrina ao tentar "prová-la" (*Nachlass*, XII; cf. "A vontade de Poder", 1062, 1066), parece tratar-se de uma doutrina física ou "cosmológica". Já que a quantidade de força total é limitada (não infinita), o número de estados, mudanças, combinações e desenvolvimentos é muito grande, mas definido. Sendo o tempo infinito, já ocorreram todos os desenvolvimentos possíveis, de modo que "este momento" tem de ser uma repetição; toda combinação possível tem de ter sido realizada um número infinito de vezes. Nietzsche aponta que não se trata de um mecanismo, já que este acarreta um estado final e não uma infinita recorrência (*Wiederkehr*) de casos idênticos. Por outro lado,

a doutrina do eterno retorno parece ter também (e, segundo alguns intérpretes, sobretudo, e até mesmo exclusivamente) um sentido "ético", respondendo ao desejo que Nietzsche tinha de reconciliar o homem criador com o amor pelo destino, *amor fati*.

Para Unamuno (*Del sentimiento trágico de la vida*, V) a doutrina nietzschiana do eterno retorno é "uma formidável tragicomédia" e "um arremedo da imortalidade da alma". Jaspers supõe que se trata de uma doutrina exclusivamente ética e não cosmológica (ou mitológico-cosmológica); nela se tende a mostrar que o homem é infinitamente responsável por seus atos, já que estes serão repetidos um número infinito de vezes. Heidegger (*Was heisst Denken?*, 1954) torna a doutrina nietzschiana um dos elementos fundamentais da "destruição da metafísica ocidental". Essa doutrina está estreitamente relacionada com a da vontade de poder; a rigor, são — "pensam" — a mesma coisa (*Nietzsche*, II, 1961, p. 13). Em todo caso, a idéia de "regressão" não é uma idéia "heraclitiana" no sentido histórico-filosófico.

Alguns autores consideram que a doutrina nietzschiana do eterno retorno sofre das mesmas contradições com as quais se choca toda doutrina que opere com a realidade tendo como base o conceito do infinito. Em sua significação física exclui a possibilidade de sistemas fechados ou relativamente fechados dentro do Universo; em seu sentido metafísico exclui a idéia de irreversibilidade do tempo e a redução de todas as realidades a um mesmo nível.

Considerada como uma descrição plausível do processo cósmico e não como uma teoria filosófica apoiada na possibilidade de um número infinito de combinações dos mesmos elementos, a doutrina do eterno retorno foi reformulada por alguns cosmólogos contemporâneos, como G. Gamow, cuja teoria esboçamos no verbete sobre cosmologia (VER). É curioso comprovar que a teoria em questão se parece extraordinariamente, em suas linhas mais gerais, com a dos precedentes mais remotos da doutrina do eterno retorno; com efeito, nessa cosmologia contemporânea intervém a noção de condensação extrema da matéria e de sua expansão até alcançar um estado de rarefação extrema, a partir do qual se produz de novo a condensação e assim até o infinito.

⮕ Ver: Walter Stohmann, *Ueberblick über die Geschichte des Gedankens der ewigen Wiederkunft*, 1917. — Abel Rey, *Le retour éternel et la philosophie de la physique*, 1927. — R. Hester, *Eternal Recurrence*, 1932. — Karl Löwith, *Nietzsches Philosophie der ewigen Wierderkehr des Gleichen*, 1935; 2ª ed., 1956. — O. Becker, "Nietzsches Beweise für seine Lehre von der ewigen Wiederkunft", *Blätter für deutsche Philosophie*, IX (1936). — Dmylro Tschizewskij, *Dostojewski und Nietzsche. Die Lehre von der ewigen Wiederkunft*, 1947.

— M. Éliade, *Le mythe de l'éternel retour: archétypes et répétition*, 1949 (ed. port.: *O mito do eterno retorno*, 1993). — A. Blum, *Die lehre von der ewigen Wiederkehr*, 1951 (especialmente do ponto de vista do problema moral). — Ch. Mugler, *Deux thèmes de la cosmologie grecque: devenir cyclique et pluralité des mondes*, 1953. — Joan Stambaugh, *Nietzsche's Thought of Eternal Return*, 1972. — J. Mittelsatrass, "Die Prädikation und die Wiederkehr des Gleichen", em *Die Möglichkeit von Wissenschaft*, 1974, pp. 145-157. — G. Abel, *Nietzsche. Die Dynamik des Willen zur Macht und die ewige Wiederkehr*, 1984. — A. Moles, "Nietzsche's Eternal Recurrence as Riemannian Cosmology", *International Studies in Philosophy*, 21 (1989), 21-35. — G. J. Stack, "Riemann's Geometry and Eternal Recurrence as Cosmological Hypothesis: A Reply", *ibid.*, pp. 37-40. ⊂

ÉTICA. O termo 'ética' deriva de ἦθος, que significa 'costume', e, por isso, a ética foi freqüentemente definida como a doutrina dos costumes, sobretudo nas tendências empiristas. A distinção aristotélica entre as virtudes éticas, διανοητικαὶ ἀρεταί, indica que o termo 'ético' é tomado primeiramente apenas em um sentido de "adjetivo": trata-se de saber se uma ação, uma qualidade, uma "virtude" ou um modo de ser são ou não são "éticos". As virtudes éticas são para Aristóteles as que se desenvolvem na prática e se encaminham para a consecução de um fim, enquanto as dianoéticas são as virtudes propriamente intelectuais. Às primeiras pertencem as virtudes que servem para a realização da ordem da vida do Estado — a justiça, a amizade, o valor etc. — e têm sua origem direta nos costumes e no hábito, razão pela qual podem ser chamadas de virtudes de hábito ou tendência. Às segundas, por outro lado, pertencem as virtudes fundamentais, as que são como que os princípios das éticas, as virtudes da inteligência ou da razão: sabedoria, σοφία, e prudência, φρόνησις. Na evolução posterior do sentido do vocábulo, o ético se identificou cada vez mais com o moral, e a ética chegou a significar propriamente a ciência que se ocupa dos objetos morais em todas as suas formas, a filosofia moral.

Antes de descrever os problemas fundamentais da ética tal como se apresentam ao filósofo contemporâneo, trataremos brevemente da história da ética e das posições capitais adotadas ao longo desta. Antes de mais nada, deve-se advertir que a história da ética como disciplina filosófica é mais limitada no tempo e no material tratado do que a história das idéias morais da humanidade. Esta última história compreende o estudo de todas as normas que regularam o comportamento humano, dos tempos pré-históricos a nossos dias. Esse estudo não é apenas filosófico ou histórico-filosófico, mas também social. Por esse motivo, a história das idéias morais — ou, se se preferir eliminar o termo 'história', a descrição dos diversos grupos de idéias morais — é assunto de que se ocupam disciplinas tais como a sociologia e a antropologia. A existência de idéias morais e de atitudes morais não implica ainda a presença de uma disciplina filosófica particular. Desse modo, por exemplo, podem ser estudadas as atitudes e idéias morais de diversos povos primitivos, ou dos povos orientais, ou dos hebreus, ou dos egípcios etc., sem que o material resultante deva forçosamente enquadrar-se na história da ética. Em nossa opinião, por conseguinte, só há história da ética no marco da história da filosofia. Mesmo assim, a história da ética é às vezes de uma amplitude considerável, pois freqüentemente se torna difícil estabelecer uma separação estrita entre os sistemas morais — objeto próprio da ética — e o conjunto de normas e atitudes de caráter moral predominantes em uma sociedade ou em uma fase histórica dada. Para solucionar esse problema, os historiadores da ética limitaram seu estudo às idéias de caráter moral que têm uma base filosófica, ou seja, que, em vez de dar-se simplesmente por pressupostas, são examinadas em seus fundamentos; em outras palavras, que são filosoficamente justificadas. Não importa, aqui, que a justificação de um sistema de idéias morais seja extramoral (por exemplo, que se baseie em uma metafísica ou em uma teologia); o que é decisivo é que haja uma explicação racional das idéias ou das normas adotadas. Por esse motivo, os historiadores da ética costumam seguir os mesmos procedimentos e adotar as mesmas divisões propostas pelos historiadores da filosofia. Isso levanta para a filosofia da ética o mesmo problema que se propõe para a história da filosofia, a saber, o de averiguar se é justo limitar tal história ao Ocidente, de se não deveriam ser introduzidos também capítulos sobre a ética filosófica de vários povos orientais, especialmente dos da China e da Índia, nos quais parecem ter sido suscitadas questões filosóficas análogas às que existiram no Ocidente e, por conseguinte, problemas éticos passíveis de ser descritos e historiados filosoficamente. A resposta que damos a essa questão é a mesma que demos ao tratar do problema da filosofia da história da filosofia e da filosofia oriental. Com efeito, consideramos que, mesmo que em outras comunidades distintas da ocidental tenham se dado idéias morais, e mesmo importantes "sistemas" de idéias morais, a consideração da ética como disciplina filosófica "específica" surgiu "em sua maturidade" somente no Ocidente, de modo que uma história da ética filosófica coincide com uma história da ética ocidental.

De fato, essa história começou de modo formal apenas com Aristóteles, com cujas idéias sobre a ética e as virtudes éticas começamos este verbete. Entretanto, antes de Aristóteles já se encontram precedentes para a constituição da ética como disciplina filosófica. Entre os pré-socráticos, por exemplo, podem ser encontradas reflexões de caráter ético que já não estão ligadas à aceitação de certas normas sociais vigentes — ou ao protesto contra essas normas —, mas que procuram descobrir as razões pelas quais os homens têm de se comportar de certa maneira. Podemos citar a esse respeito as reflexões éticas de Demócrito; porém neste capítulo entram sobretudo as meditações de Sócrates e de Platão sobre esse assunto. Muitos autores consideram Sócrates o fundador de uma reflexão ética autônoma, embora reconhecendo que esta não teria sido possível sem o sistema de idéias morais dentro das quais vivia o filósofo e especialmente sem as questões suscitadas acerca delas pelos sofistas. Com efeito, ao considerar o problema ético individual como o problema filosófico central, Sócrates pareceu centrar toda a reflexão filosófica na ética. Platão trabalhou em um sentido parecido nos primeiros tempos, antes de examinar a idéia do Bem (VER) à luz da teoria das idéias e antes, por conseguinte, de subordinar, por assim dizer, a ética à metafísica. Quanto a Aristóteles, ele não apenas fundou a ética como disciplina filosófica, como, além disso, estabeleceu a maior parte dos problemas que depois ocuparam a atenção dos filósofos morais: a relação entre as normas e os bens; a relação entre a ética individual e a social; a classificação (precedida pela platônica) das virtudes; o exame da relação entre a vida teórica e a vida prática etc. Depois de Aristóteles, muitas escolas filosóficas — como os cínicos, os cirenaicos e em parte os estóicos — ocuparam-se principalmente em escrutar os fundamentos da vida moral a partir do ponto de vista filosófico. Os pensadores pós-aristotélicos ocuparam-se especialmente da questão magna da relação entre a existência teórica e a prática, com uma freqüente tendência a estabelecer — ainda que por meio de considerações teóricas — o primado da última sobre a primeira. Foi comum a muitas escolas da época — como ocorreu com os estóicos — a tentativa de descobrir um fundamento da ética na Natureza. Por esse motivo, muitas correntes éticas da época podem ser qualificadas de naturalistas, levando-se em consideração que o termo 'naturalismo' (VER) não deve ser entendido no mesmo sentido que ganhou na época moderna. Também foi comum à maior parte dessas escolas manifestar os dois traços seguintes. Primeiro, considerar a ética como ética dos bens, isto é, estabelecer uma hierarquia de bens concretos aos quais os homens aspiram e pelos quais se mede a moralidade de seus atos. Segundo, buscar a tranqüilidade do ânimo, que segundo alguns (os estóicos) se encontra na impassibilidade, segundo outros (os cínicos) no desprezo pelas convenções e segundo outros (os epicuristas) no prazer moderado ou, melhor, no equilíbrio racional entre as paixões e a sua satisfação.

O auge do neoplatonismo e o aparecimento do cristianismo modificaram substancialmente muitas das idéias éticas anteriores. Por um lado, os neoplatônicos tenderam a edificar a ética seguindo o fio da teoria platônica das idéias, mesmo sendo verdade que em alguns autores — como Plotino — a ética platônica apresenta-se misturada com idéias morais aristotélicas e particularmente estóicas. Por outro lado, os pensadores cristãos tiveram, ao menos no começo, uma dupla atitude diante da ética. Em um sentido, absorveram o ético no religioso, e disso nasceu uma tendência a edificar o tipo de ética depois chamada de heterônoma ou, mais propriamente, teônoma, isto é, a que fundamenta em Deus os princípios da moral. Em outro sentido, em contrapartida, eles aproveitaram muitas das idéias da ética grega — principalmente as platônicas e estóicas —, de tal modo que partes da ética tais como a doutrina das virtudes e a sua classificação inseriram-se quase por completo no corpo da ética cristã. Foi muito comum adotarem-se certas normas éticas de algumas escolas (como a estóica) negando seus fundamentos naturalistas e suprimindo as porções (por exemplo, a justificação do suicídio) incompatíveis com as idéias morais cristãs. À medida que o pensamento grego foi sendo acolhido dentro do pensamento cristão destacaram-se certos fundamentos que, no fim, eram comuns a ambos. Entre eles mencionamos como o principal a clássica equiparação do bom com o verdadeiro que os filósofos cristãos desenvolveram em sua teoria dos transcendentais (VER). Para conseguir essa comunidade de pressupostos foi necessário que os aspectos hedonistas, naturalistas e autônomicos que caracterizaram várias escolas éticas gregas fossem postos completamente de lado. Considerando-se que o homem é um ser peregrino que está nesta terra com o fim de preparar-se para uma vida futura ultraterrena, seria natural que a noção de felicidade, tão importante em muitos éticos gregos (ver EUDEMONISMO), fosse substituída por outras noções mais adequadas à vida cristã. Isso não significa, contudo, que a ética cristã fosse sempre e necessariamente uma ética de índole ascética. Como em muitas outras coisas, no terreno ético o cristianismo apresenta variantes. Os bens terrenos, especialmente na medida em que foram considerados outorgados por Deus, tampouco foram eliminados. Daí a possibilidade de adotar pouco a pouco pontos de vista éticos que durante algum tempo haviam sido considerados como especificamente gregos e um pouco menos que incompatíveis com uma vida cristã. Isso explica, entre outras coisas, a crescente introdução das teorias éticas aristotélicas nos filósofos escolásticos, ao compasso da introdução da filosofia geral aristotélica que culminou no século XIII. De fato, na última época da escolástica chegou-se à formulação de uma teoria ética que conseguiu fundir a maior parte dos princípios éticos gregos fundamentais com as normas cristãs.

A história da ética se complica a partir do Renascimento. Por um lado, ressurgiram muitas tendências éticas que, embora não totalmente abandonadas, haviam sido atenuadas consideravelmente: é o caso do estoicismo. Fortes correntes neo-estóicas foram divulgadas durante os séculos XV, XVI e XVII, alcançando filósofos como Descartes e, sobretudo, Spinoza. Por outro lado, os novos problemas apresentados ao indivíduo e à sociedade, especialmente a partir do século XVII, e as mudanças de normas nas relações entre pessoas e entre nações conduziram a reformulações radicais nas teorias éticas. Disso surgiram sistemas diversos que, embora apoiando-se em noções tradicionais, aspiravam mudar as bases da reflexão ético-filosófica. Como exemplo, mencionamos as teorias éticas fundadas no egoísmo (Hobbes), no realismo político (maquiavélicas), no sentimento moral (Hutcheson e outros autores). Foi fundamental para a maior parte dos pensadores modernos a questão da origem das idéias morais. Alguns a encontraram em certas faculdades inatas do homem, sejam de caráter intelectual, sejam ou de caráter emotivo; outros buscaram as bases da ética em uma intuição especial, ou no senso comum, ou na simpatia, ou na utilidade (individual ou social); outros chamaram a atenção para o papel que a sociedade desempenha na formação dos conceitos éticos; outros, finalmente, insistiram em que o fundamento último da ética continua sendo a crença religiosa ou a dogmática religiosa. As questões da liberdade da vontade em face do determinismo da Natureza, da relação entre a lei moral e a lei da Natureza e outras questões análogas predominaram durante os séculos XVII e XVIII. Formaram-se assim diversas correntes éticas que receberam os nomes de naturalismo, egoísmo, associacionismo, intuicionismo etc. A ética experimentou uma mudança radical com a filosofia de Kant. Como expusemos em vários verbetes (ver Boa vontade; Consciência moral; Dever; Intenção; Kant), Kant rejeitou qualquer ética dos bens (ver Bem) e procurou fundamentar em seu lugar uma ética formal, autônoma (ver Autonomia) e, em certa medida, penetrada pelo rigorismo. A meditação de Kant influenciou grandemente muitas teorias da ética posteriores. É verdade que ao longo do século XIX outras correntes, além da kantiana e da que foi desenvolvida pelo idealismo alemão (especialmente por Fichte), foram dominantes. Mencionamos entre elas a prossecução das correntes adscritas à filosofia do senso comum (ver), a tendência a examinar as questões éticas a partir do ponto de vista psicológico, o desenvolvimento do utilitarismo (ver), o intuicionismo inglês, o evolucionismo ético, a tese da diferença absoluta entre a ética e a religião (ver). O evolucionismo ético, particularmente, renovou o naturalismo ético acrescentando-lhe um aspecto dinâmico que o antigo naturalismo não conhecera. Disso surgiram mudanças revolucionárias nas concepções éticas que terminaram, como ocorreu em Nietzsche, com esforços para introduzir uma inversão completa em todas as tábuas de valores. Uma conseqüência disso foi a adoção de pontos de vista axiológicos, que haviam sido pouco visados pelos autores anteriores. A fundamentação da ética em uma explícita teoria dos valores — posição defendida por várias teorias éticas contemporâneas — também veio por outros caminhos. Com efeito, como reação contra o formalismo e o rigorismo kantianos — interpretados, além disso, demasiadamente ao pé da letra —, autores como Brentano tentaram edificar uma ética que fosse ao mesmo tempo material e rigorosa e que não dependesse de um sistema de bens que fosse arbitrariamente selecionado, ou considerado como estabelecido pela sociedade, ou como conhecido de um modo imediato e evidente, ou fundado em uma heteronomia. A partir de então, a ética entrou em uma fase muito ativa de seu desenvolvimento, e isso de tal modo que se torna difícil apresentar um quadro da ética contemporânea a partir do ponto de vista das diversas escolas, e é mais plausível fazer uma breve descrição dos problemas fundamentais da ética e das principais soluções propostas para resolvê-los. Examinaremos quatro desses problemas: o da essência da ética, o de sua origem, o de seu objeto ou fim e o da linguagem ética.

No que diz respeito à questão da essência, há duas concepções antitéticas, que podem ser designadas pelos nomes de ética formal e de ética material. Nenhuma delas aparece, naturalmente, em toda a sua pureza e pode-se dizer, pelo contrário, que toda doutrina ética é um composto de formalismo e de "materialismo", os quais se mantiveram como constantes ao longo de toda a história das teorias e das atitudes morais. Contudo, o predomínio do elemento formal na filosofia prática de Kant e do elemento material em quase todos os demais tipos de ética levou a contrapor o kantismo ao resto das doutrinas morais e a apresentá-lo como uma das primeiras tentativas, relativamente bem-sucedida, para estabelecer o *a priori* na moral. Para Kant, com efeito, os princípios éticos superiores, os imperativos, são absolutamente válidos *a priori* e têm com respeito à experiência moral a mesma função que as categorias com respeito à experiência científica. O resultado desta inversão das teses morais conduz, inicialmente, ao transtorno de todas as teorias existentes a respeito da origem dos princípios éticos: Deus, liberdade e imortalidade já não são, com efeito, os fundamentos da razão prática, mas seus postulados. Daí que o formalismo moral kantiano exija, ao mesmo tempo, a autonomia ética, o fato de que a lei moral não seja alheia à própria personalidade que a executa. Opostas a esse formalismo se apresentam todas as doutrinas éticas materiais, dentre as quais cabe distinguir, como fez A. Müller, a ética dos bens e a dos valores. A dos bens compreende todas as doutrinas que, fundadas no hedonismo ou na consecução da felicidade, começam por estabelecer-se um fim. Segundo esse fim, a moral é chamada de utilitária, perfeccionista, evolucionista, religiosa, individual, social etc. Sua característica comum é o fato de que a bondade ou maldade de todo ato depende da adequação ou da inadequação ao fim proposto, ao contrário do rigorismo kantiano no qual as noções de dever, intenção, boa vontade e moralidade interna anulam todo possível eudemonismo na conduta moral. Em uma direção semelhante, mas com fundamentos distintos, encontra-se a ética dos valores, que representa, por um lado, uma síntese do formalismo e do materialismo, e, por outro, uma conciliação entre o empirismo e o apriorismo moral. O maior sistematizador desse tipo de ética, Max Scheler, a definiu, de fato, como um apriorismo moral material, pois nele começa-se excluindo todo relativismo, embora, ao mesmo tempo, se reconheça a impossibilidade de fundar as normas efetivas da ética em um imperativo vazio e abstrato. O fato de que essa ética se funde nos valores já demonstra o "objetivismo" que a guia, sobretudo levando-se em conta que na teoria de Scheler o valor moral se encontra ausente da tábua de valores e, portanto, consiste justamente na realização de um valor positivo sem o sacrifício dos valores superiores e completamente de acordo com o caráter de cada personalidade.

No que se refere ao problema da origem, a discussão girou sobretudo em torno do caráter autônomo ou heterônomo da moral. Para os partidários do primeiro, aquilo que foi realizado por uma força ou coação externa não é propriamente moral; para os que admitem o segundo, não há de fato possibilidade de ação moral sem essa força estranha, que pode radicar na sociedade ou, como ocorre na maior parte dos casos, em Deus. A elas sobrepuseram-se também tendências conciliadoras que vêem a necessidade da autonomia do ato moral mas negam que essa autonomia destrua o fundamento efetivo das normas morais, pois a origem do ato pode ser perfeitamente distinguida da questão da origem da lei. Em outros sentidos contrapuseram-se as tendências aprioristas e empiristas, voluntaristas e intelectualistas, que se referem mais à origem efetiva dos preceitos morais ao longo da história ou na evolução da individualidade humana e que são freqüentemente sintetizadas em uma concepção perspectivista na qual o voluntarismo e o intelectualismo, o inatismo e o empirismo são concebidos como meros aspectos da visão dos objetos morais, dos valores absolutos e eternamente válidos, progressivamente descobertos ao longo da história. Quanto ao problema da finalidade, ele equivale em parte à própria questão da essência da ética e se refere a posições eudemonistas, hedonistas, utilitaristas etc., que respondem à pergunta pela essência, sempre que esta seja definida de acordo com determinado bem.

Por fim, no que diz respeito ao problema da linguagem da ética, foram apresentadas várias teorias. As mais importantes foram as elaboradas por autores como C. K. Ogden e I. A. Richards, J. Dewey, A. J. Ayer, R. B. Perry, Ch. L. Stevenson, R. M. Hare etc., isto é, por filósofos que se ocuparam da significação das expressões éticas, ou que analisaram a natureza das "reações" de um sujeito diante dos imperativos éticos. Uma das doutrinas mais difundidas foi a de J. Dewey, que distingue termos valorativos (como 'desejado') e termos descritivos (como 'desejável'). Os termos éticos pertencem ao segundo grupo. Ogden e Richards distinguiram a linguagem indicativa ou científica da linguagem emotiva não-científica; a da ética pertence à segunda série. A chamada análise emotiva na ética foi defendida por Ayer (e Carnap). Consiste em fazer dos juízos valorativos (dentro dos quais estão os éticos) juízos metafísicos, isto é, não-teóricos e não-verificáveis (ver IMPERATIVO). Ch. L. Stevenson elaborou essas distinções, mas refinando-as consideravelmente ao mostrar que o fato de que os juízos éticos não sejam indicativos, mas prescritivos, não significa que esses juízos pertençam pura e simplesmente à "propaganda" (ver EMOTIVISMO). As análises de Perry estão dentro do marco de uma ética normativa, que pretende ser ao mesmo tempo uma ciência natural. Quanto a Hare, ele examinou sobretudo os usos dos termos éticos e axiológicos, mostrando que, mesmo estando todos eles no âmbito de uma linguagem prescritiva, não se pode simplesmente confundir imperativos e juízos de valor, e imperativos singulares e universais, ou juízos de valor morais e não-morais. Comum a todas essas pesquisas é o fato de que se reconheceu que há uma linguagem própria da ética, que essa linguagem é de natureza prescritiva, que se expressa mediante mandatos ou mediante juízos de valor e que não é possível, em geral, um estudo da ética sem um prévio estudo de sua linguagem.

A "linguagem da ética" foi objeto de numerosas pesquisas, especialmente, embora não exclusivamente, por parte de filósofos de orientação analítica; algumas dessas pesquisas estiveram ligadas ao desenvolvimento de certos tipos de ética, desenvolvimento esse unido à formulação de regras de íntole meta-ética. É comum a tais investigações o estudo do tipo de termo e, em geral, do vocabulário utilizado na ética ou, mais precisamente, na chamada "linguagem moral". Uma das teses mais conhecidas é a de G. E. Moore, que destaca que o termo 'bom' (e também 'mau', embora Moore se interesse pouco por este último) não é definível mediante outros termos que possam ser declarados sinônimos, já que se isso ocorresse o enunciado 'A é bom' seria analítico (ver BEM). Definir 'bom' mediante outro termo supostamente sinônimo é cometer a "falácia naturalista" (VER). A palavra 'bom' não é, nesse sentido, um predicado "natural". Uma concepção que durante algum tempo esteve em voga foi a que levou Ogden e Richards a distinguir linguagem indicativa ou declarativa de linguagem não-indicativa e não-declarativa; mediante esta última expressam-se atitudes e reações. Dewey distinguiu termos valorativos (como 'desejado') e termos descritivos (como 'desejável'). Vários positivistas lógicos destacaram que os enunciados em que figuram termos "morais" não são nem tautológicos nem verificáveis e, portanto, carecem propriamente de significação; em todo caso, não podem ser forjados critérios de significado para tais termos. Ayer popularizou a idéia de que os juízos morais expressam sentimentos daquele que os formula. Ch. L. Stevenson indicou que os juízos morais revelam as atitudes daqueles que os formulam com o propósito, além disso, de influir nas atitudes alheias. R. M. Hare assinalou que a linguagem moral não é emotiva, nem tampouco indicativa ou informativa, mas prescritiva.

No vasto conjunto da ética contemporânea, as teorias propostas correspondem muito aproximadamente aos tipos de filosofia ou "doutrina filosófica" elaborados. De acordo com os estudos da linguagem moral citados por último foram desenvolvidas uma ética chamada de "intuicionista" — atribuída a Moore e elaborada por David Ross —, uma ética chamada de "emotivista" — ou "emotivismo" (VER) —, elaborada principalmente por Stevenson, e uma ética chamada de "prescritivista" — ou "prescritivismo" —, principalmente elaborada por Hare. Foram novamente discutidos os méritos e as fraquezas do utilitarismo (VER), refinando-se consideravelmente as versões clássicas dessa doutrina. A chamada "ética existencialista" — mais ou menos justificadamente — é, em muitos casos, uma negação de que possa haver uma ética; em todo caso, não parece haver possibilidade de formular normas morais "objetivas" fundadas em Deus, na sociedade, na Natureza, em um suposto reino objetivo de valores ou normas etc., de modo que o único "imperativo" ético possível parece ser o de que cada um tem de decidir por si mesmo — em vista de sua própria, intransferível, situação concreta — o que vai fazer e o que vai ser. Todas essas formas de teoria ética — e de "não-teoria" ética — são, em geral, "individualistas", com exceção possivelmente do utilitarismo, o que não significa que os "outros", a "sociedade" etc., não sejam levados em conta; ao fim e ao cabo, alguns insistiram em que os juízos morais têm por fim influir sobre outros, ou prescrever algo (e isso não é prescrever a si próprio apenas). Entretanto, certos autores expressam desacordo em relação a considerações que parecem ser principalmente, se não exclusivamente, "individuais", ou "individualistas", e destacam a função social da ética. A chamada "ética marxista", que pode adotar numerosas formas, é um exemplo dessa desconformidade. Em alguns casos persistem dimensões "evolucionistas" e "pragmatistas" nas teorias éticas, mas menos influentes do que foram nas primeiras décadas deste século. Por outro lado, persiste um tipo de ética chamada de "axiológica", desenvolvida por Scheler e, mais recentemente, embora com uma tendência distinta, por J. N. Findlay, que consiste basicamente em enfatizar que os juízos morais são juízos de valor, de modo que não pode ser desenvolvida uma teoria ética independentemente de uma teoria axiológica ou teorias dos valores.

⊃ Obras sistemáticas, tratados e introduções: Henry Sidgwick, *Methods of Ethics*, 1874, eds. revisadas: 1877, 1884, 1890, 1901; ed. por E. E. Constante Jones, 1962. — Th. Green, *Prolegomena to Ethics*, 1883. — J. M. Guyau, *Esquisse d'une morale sans obligation ni sanction*, 1885. — W. Wundt, *Ethik*, 1886. — Harald Höffding, *Ethik*, 1887. — Th. Lipps, *Die ethischen Grundfragen*, 1889. — Friedrich Paulsen, *System der Ethik mit einem Umriss der Staats- und Gesellschaftslehre*, 1889; 2ª ed., 2 vols., 1894; 12ª ed., 1921. — Georg Simmel, *Einleitung in die Moralwissenchaft*, 1892. — J. S. Mackenzie, *Manual of Ethics*, 1900. — G. E. Moore, *Principia Ethica*, 1903 (ed. br.: *Principia Ethica*, 1988). — Id., *Ethics*, 1912. — Hermann Cohen, *Ethik des reinen Willens*, 1904. — E. Becher, *Die Grundfragen der Ethik*, 1908. — Leonhard Nelson, *Vorlesungen über die Grundlagen der Ethik*, 3 vols., 1924. — Moritz Schlick, *Fragen der Ethik*, 1930. — W. M. Urban, *Fundamentals of Ethics: An Introduction to Moral Philosophy*, 1930. — Henri Bergson, *Les deux sources de la morale et de la religion*, 1932. — Bruno Bauch, *Grundzüge der Ethik*, 1935. — Herman Nohl, *Die sittlichen Grunderfahrungen. Eine Einführung in die Ethik*, 1939. — W. D. Ross, *Foundations of Ethics*, 1939 [Gifford Lectures, 1935-1936]. — R. Le Senne, *Traité de Morale Générale*, 1942. — Eduardo García Máynez, *Ética*, 1944; 10ª ed., rev., 1964. — Paul Häberlin, *Ethik in Grundriss*, 1946. — Leopold von Wiese, *Ethik in der Schauweise der Wissenschaften vom Menschen und von der Gesellschaft*, 1947. — Stephen E. Toulmin, *An Examination of the Place of Reason in Ethics*, 1950. — L. Garvin, *A Modern Introduction to Ethics*, 1953. — A. C. Ewing, *Ethics*, 1953. — J. Leclercq, *Les grandes lignes de la philosophie morale*, 1954. — P. H. Nowell-Smith, *Ethics*, 1954. — P. Foulquié, *Morale*, 1955. — A. Edel, *Ethical Judgment: the Use of Science in Ethics*, 1955.

— W. Ehrlich, *Ethik*, 1956. — José Luis L. Aranguren, *Ética*, 1958. — Kurt Baier, *op. cit. infra*. — Richard B. Brandt, *Ethical Theory: The Problems of Normative and Critical Ethics*, 1959. — S. C. Pepper, *Ethics*, 1960. — Jacques Maritain, *La philosophie morale*, 1960. — E. H. Werkmeister, *Theories of Ethics. A Study in Moral obligation*, 1962. — William K. Frankena, *Ethics*, 1963; 2ª ed., rev., 1973. — Id., *Perspectives on Morality. Essays by W. K. F.*, 1976, ed. K. E. Goodpaster. — S. L. Hart, *Ethics: the Quest for the Good Life*, 1963. — Hans Reiner, *Die philosophische Ethik. Ihre Fragen und Lehren in Geschichte und Gegenwart*, 1964. — Hazel E. Barnes, *An Existentialist Ethics*, 1967. — R. W. Beardsmore, *Moral Reasoning*, 1969. — Roy Edgley, *Reason in Theory and Practice*, 1969. — G. J. Warnock, *The Object of Morality*, 1971. — Glen O. Allen, *Cognitive and Conative Ethics: Two Approaches to Moral Theory*, 1975. — Alan Donagan, *The Theory of Morality*, 1977. — Gilbert Harman, *The Nature of Morality: An Introduction to Ethics*, 1977. — D. H. Monro, *Empiricism and Ethics*, 1967. — A. J. Bahm, *Ethics as a Behavioral Science*, 1974. — A. J. Simmons, *Moral Principles and Political Obligation*, 1979. — W. A. Frankena, *Thinking about Morality*, 1980. — T. L. Beauchamp, *Philosophical Ethics: An Introduction to Moral Philosophy*, 1982. — J. M. Terricabras, *Ètica i llibertat*, 1983; 2ª ed., 1989. — B. Williams, *Ethics and the Limits of Philosophy*, 1985. — H. Sommerhauser, *Handlung und Rechenschaft: Grundfragen der Ethik*, 1986. — R. Kurth, *Bemerkungen zur Ethik*, 1988. — W. Schulz, *Grundprobleme der Ethik*, 1989. — V. Camps, O. Guariglia, F. Salmerón, eds., *Concepciones de la ética*, 1992 [Enciclopédia Iberoamericana de Filosofía, 2]. — W. Lütterfelds, ed., *Evolutionäre Ethik zwischen Naturalismus und Idealismus. Beiträge zu einer modernen Theorie der Moral*, 1993. — J. D. Caputo, *Against Ethics*, 1993. — G. Thomas, *An Introduction to Ethics*, 1993.

Ver também a bibliografia do verbete MORAL.

Ética dos valores: F. Brentano, *Vom Ursprung sittlicher Erkenntnis*, 1889. — Max Scheler, *Der Formalismus in der Ethik und die materiale Wertethik. Neuer Versuch der Grundlegung eines ethischen Personalismus*, 2 vols., 1913-1916. — Nicolai Hartmann, *Ethik*, 1926. — A. Altmann, *Die Grundlagen der Wertethik*, 1931. — G. Störring, *Die moderne ethische Wertphilosophie*, 1935. — M. Wittmann, *Die moderne Wertethik*, 1940. — Eliseo Vivas, *The Moral Life and the Ethical Life*, 1950. — J. Hessen, *Ethik. Grundzüge einer personalistischen Wertethik*, 1954. — S. Khohn, *Die normative Wertethik in ihrer Beziehung zur Erkenntnis und zur Idee der Menschheit*, 1959. — E. Anderson, *Value in Ethics and Economics*, 1993.

Experiência moral: Frédéric Rauh, *L'expérience morale*, 1903.

Linguagem ética (ou moral): C. K. Ogden, I. A. Richards, *The Meaning of Meaning*, 1928. — A. J. Ayer, *Language, Truth and Logic*, 1936; 2ª ed., 1946, cap. VI. — R. Lepley, *Verifiability of Value*, 1944. — Ch. L. Stevenson, *Ethics and Language*, 1945. — R. M. Hare, *The Language of Morals*, 1952. — A. Stroll, *The Emotive Theory of Ethics*, 1954 [University of California Publications in Philosophy, 28, 1]. — Kurt Baier, *The Moral Point of View*, 1958. — Carl P. Wellman, *The Language of Ethics*, 1961. — José Hierro Sánchez-Pescador, *Problemas del análisis del lenguaje moral*, 1970. — John M. Prennan, *The Open Texture of Moral Concepts*, 1977. — Gilbert Harman, *The Nature of Morality: An Introduction to Ethics*, 1977. — G. J. Warnock, *Morality and Language*, 1983 (ensaios 1950-1980). — S. Borutti, *Per un'etica del discorso antropologico*, 1993.

Ética e lógica: A. N. Prior, *Logic and the Basis of Ethics*, 1949 (especialmente nos moralistas ingleses modernos). — Sven Danielssohn, *Preference and Obligation: Studies in the Logic of Ethics*, 1968.

História geral da ética: H. Sidgwick, *Outlines of the History of Ethics*, 1879; 6ª ed., 1931. — F. Jodl, *Geschichte der Ethik als philosophische Wissenschaft*, 1882; 3ª ed., 1920. — E. Westermarck, *The Origin and Development of Moral Ideas*, 2 vols., I, 1906; II, 1908. — Ottmar Dittrich, *Die Systeme der Moral. Geschichte der Ethik vom Altertum bis zur Gegenwart*, I, II, 1923; os tomos III (1926) e IV (1932) intitulam-se *Geschichte der Ethik. Die Systeme der Moral vom Altertum bis zur Gegenwart*. — Alasdair MacIntyre, *A Short History of Ethics: A History of Moral Philosophy from the Homeric Age to the Twentieth Century*, 1967. — Vernon J. Bourke, *History of Ethics: A Comprehensive Survey of the History of Ideas from the Early Greeks to the Present Time*, 1968 (com ampla bibliografia, 1945-1965). — V. Camps, ed., *Historia de la ética*, 3 vols.: I, *De los griegos al Renacimiento*, 1987; II, *La ética moderna*, 1992; III, *La ética contemporánea*, 1989.

História da ética antiga: Max Wundt, *Geschichte der griechischen Ethik*, 2 vols.: I, 1908; II, 1911. — E. Howald, *Ethik des Altertums* (Handbuch der Philosophie, eds. A. Baeumler e M. Schröter, Abt. #, Bd. 2), 1926. — Pamela Huby, *Greek Ethics*, 1967. — J. M. Rist, *Human Value: A Study in Ancient Philosophical Ethics*, 1982. — O. Guariglia, *Ética y política según Aristóteles*, 1992, 2 vols.: I, *Acción y Argumentación*; II, *El Bien, las Virtudes y la Polis*.

História da ética medieval: Alois Dempf, *Die Ethik des Mittelalters*, 1927. — Enzo Piergiovanni, *Le metamorfosi dell'etica medioevale, secoli XIII-XV*, 1967.

Ética islâmica: H. Bauer, *Islamische Ethik. I. Intention, reine Absicht und Wahrhaftigkeit*, 1916. *II. Von der Ehe*, 1917. *III. Erlaubtes und Verbotenes*, 1922.

História da ética moderna: Th. Litt, *Ethik der Neuzeit*, 1927. — David Baumgardt, *Der Kampf um den*

Lebenssinn unter den Vorläufern der modernen Ethik, 1933. — W. H. Walsh, *Hegelian Ethics*, 1969. — Mary Warnock, *Ethics since 1900*, 1960; 2ª ed., aum., 1978. — G. J. Warnock, *Contemporary Moral Philosophy*, 1967. — Roger N. Hancock, *Twentieth Century Ethics*, 1974. — A. G. N. Flew, *Evolutionary Ethics*, 1967. — W. D. Hudson, *Ethical Intuitionism*, 1967. — Mary Warnock, *Existencial Ethics*, 1967. — Eugene Kamenka, *Marxism and Ethics*, 1969. — J. N. Findlay, *Axiological Ethics*, 1970. — J. Kemp, *Ethical Naturalism*, 1970. — Modesto Santos Camacho, *Ética y filosofía analítica. Estudio histórico-crítico*, 1975. — E. Rabossi, *Estudios éticos. Cuestiones conceptuales y metodológicas*, 1979. — E. Guisán, *Razón y pasión en ética. Los dilemas de la ética contemporánea*, 1986. — A. Edel, *In Search of the Ethical: Moral Theory in Twentieth Century America*, 1993.

Ética aplicada: Vários autores, *Morality as a Biological Phenomenon*, 1978, ed. G. S. Stent. — J. Jensen, "Does 'Porneia' mean Fornication? A Critique of Bruce Molina", *Novum Testamentum*, 20 (1978), 161-184. — J. Fletcher, *Humanhood: Essays in Biomedical Ethics*, 1979. — P. Singer, *Practical Ethics*, 1980; 2ª ed., 1993. — R. M. Veatch, *A Theory of Medical Ethics*, 1981. — G. Wieland, *Ethica — Scientia Practica*, 1981. — C. Boorse, L. C. Becker *et al.*, *Medicine and Moral Philosophy*, 1982, eds. M. Cohen, Th. Nagel e Th. Scanlon. — P. M. McNeill, *The Ethics and Politics of Human Experimentation*, 1993. — S. J. Gold, *Moral Controversies: Race, Class, and Gender in Applied Ethics*, 1993.

Bibliografia: Ethel M. Albert e Clyde Kluckhohn, *A Selected Bibliography on Values, Ethics, and Esthetics in the Behavioral Sciences and Philosophy*, 1920-1928, 1959. — O. Höffe *et al.*, *Lexicon der Ethik*, 1977; 3ª ed., 1986. G

ÉTICO-TEOLOGIA. Ver Físico-teologia.

ETOLOGIA. Algumas vezes a ética (ver) foi considerada a ciência dos costumes (de ἦθος, "costume"), embora entendendo-se por isso não meramente uma descrição de costumes e hábitos humanos, mas, antes — ou também —, um conhecimento dos princípios da "razão prática" e da "prática" (humana). O sentido de ética como "ciência dos costumes" aparece na expressão *Sittenlehre* utilizada por Kant. Desse ponto de vista, há similaridades entre ética e etologia, e pode-se até mesmo dizer que esses termos são — ou podem ser considerados — sinônimos.

Entretanto, o termo 'etologia' foi mais usado para designar um estudo ou ciência especial. John Stuart Mill, no Livro VI, capítulo v, de seu *Sistema de lógica*, fala da etologia (*Ethology*) como "a ciência da formação do caráter". Mill fala de "leis empíricas da natureza humana", as quais considera "generalizações meramente aproximadas". Essas leis distinguem-se das "leis da formação do caráter", que são universais e não podem ser determinadas mediante observação e experimento. Elas são objeto de um método dedutivo "que começa com leis gerais e verifica suas conseqüências mediante uma experiência específica". O nome da ciência que se ocupa dessas leis, ou a etologia, tem um nome que, escreve Mill, "talvez seja aplicável etimologicamente a toda a ciência de nossa natureza mental e moral, mas se, como é usual e conveniente, utilizamos o nome de psicologia para a ciência das leis elementares da mente, etologia servirá para a ciência ulterior que determina o tipo de caráter produzido em conformidade com aquelas leis gerais, em quaisquer circunstâncias, físicas e morais" (*Collected Works*, VIII, ed. J. M. Robson, p. 869). Os princípios da etologia são os *axiomata media* da ciência mental; a etologia está relacionada com a psicologia de modo similar a como vários ramos da filosofia natural estão relacionados com a mecânica (*op. cit.*, p. 870).

Segundo outros autores (como Albert Bayet, *La science des faits moraux*), a etologia é uma ciência estritamente empírica. Diferentemente da moral, que estuda os elementos *a priori* do comportamento, a etologia investiga os modos como se realizaram concretamente em diversas sociedades e ao longo da história as idéias morais. A etologia pode ser considerada ou uma ciência derivada da moral "pura" ou o fundamento dessa moral no sentido de ser a base empírica sobre a qual se estabelecem, por indução, os princípios morais, chamados então de *a priori* (mas que estritamente não o são).

Atualmente usa-se 'etologia', e especialmente 'etologia comparada', para designar o estudo do comportamento animal: reprodução, agressão, jogo, territorialidade, "sociabilidade" etc. Esse estudo foi iniciado por Konrad Z. Lorenz e Niko Tinbergen e continuado por autores como Desmond Morris. Como diz este último, os etólogos "levaram o laboratório para fora e trouxeram o que está fora para o laboratório" (*Patterns of Reproductive Behaviour*, 1970, p. 11). Com isso realizaram um programa originariamente esboçado por Darwin. A maior parte dos etólogos interessa-se pela observação do comportamento animal em seu habitat natural. Pesquisas similares às da etologia comparada foram realizadas por Karl von Frisch em seus estudos sobre a "linguagem" (expressa mediante uma "dança") das abelhas, as pesquisas do mesmo autor (em colaboração com Otto von Friesch) sobre arquitetura animal, e as pesquisas sociobiológicas de Edward O. Wilson.

É característico dos cultivadores da etologia, ao menos dentro da orientação marcada por Konrad Z. Lorenz, o fato de prestar atenção aos mecanismos (inatos) de comportamento que podem ser descobertos nos animais. Isso não significa ignorar que tais mecanismos resultam de processos da evolução biológica. Tampouco significa ignorar que tais mecanismos podem ser descobertos por meio da observação do comportamento. Porém os pressupostos das pesquisas etológicas são muito distintos e até mesmo opostos, aos dos comportamentalistas, de J. B. Watson a B. F. Skinner.

As pesquisas de etologia em geral e do que foi chamado de "etologia humana" contribuíram para as investigações filosóficas sobre o tema do "homem" (VER). Talvez sejam importantes para o desenvolvimento de questões éticas.

Manuel Granell (VER) utilizou o nome 'ethologia' para designar uma disciplina filosófica fundamental que estuda o *ethos* humano, o caráter fundamental do homem em seu "aqui próprio" e em seu "ali que se mostra". A "ethologia" não é uma disciplina puramente teórica, pois deriva das preocupações "humanistas", que são de caráter "prático" no sentido de serem estabelecidas pela situação concreta do homem em um momento histórico em que o humanismo é ao mesmo tempo um ideal e uma tarefa urgente.

➲ Ver: W. H. Thorpe, *The Origin and Rise of Ethology*, 1979. ℭ

EU. O pronome pessoal da primeira pessoa do singular pode ser usado na forma corrente em expressões como 'Eu quero uma maçã', 'Eu prometo pagar minhas dívidas' (nas quais, em português, não é necessário usar 'eu': 'Quero uma maçã', 'Prometo pagar minhas dívidas'). Algumas destas expressões levantam problemas filosóficos. Por exemplo, 'Eu prometo pagar minhas dívidas' — ou 'Prometo pagar minhas dívidas' — é o presente do indicativo, na primeira pessoa do singular, do verbo 'prometer', acompanhado do complemento 'pagar minhas dívidas'. Em princípio, não parece haver entre '(Eu) prometo pagar minhas dívidas' e 'Ele promete pagar suas dívidas' mais diferença do que a verbal, que corresponde em cada caso a uma pessoa diferente — 'eu' ou 'ele'. No entanto, no primeiro caso, o prometer tem uma função executiva (ver EXECUTIVO) ou "performativa", enquanto no segundo tem uma função descritiva.

Em filosofia o vocábulo 'eu' tem sido usado com o artigo 'o' em 'o eu' ou 'o Eu'. Neste caso, 'eu', ou, como se escreve mais freqüentemente, 'o Eu', costuma designar uma realidade ou uma forma de realidade, equivalente à pessoa (VER), à consciência (VER) ou à identidade pessoal.

'O Eu' tem sido freqüentemente entendido no sentido psicológico como designando aquilo que subjaz a suas manifestações, isto é, a qualquer ato ou série de atos mentais — o Eu é entendido então como uma substância que permanece, isto é, que segue sendo idêntica, sob todos os seus possíveis atos. Alguns autores puseram em dúvida que exista algo que se possa chamar "o Eu" simplesmente porque não há nada que se possa chamar "uma substância". O Eu é então o nome que se dá ao conjunto dos atos mentais.

O conceito de 'Eu', ou 'o Eu', foi entendido principalmente em três sentidos: no psicológico antes indicado, no epistemológico e no metafísico. O Eu epistemológico é ou uma substância cognoscente ou a série, geralmente formando uma unidade ou estrutura, de atos cognoscentes, atuais ou possíveis ou ambos ao mesmo tempo. O Eu metafísico é geralmente concebido como uma substância que é mais fundamental que toda realidade psicológica ou epistemológica. Tradicionalmente, este Eu metafísico foi concebido como a alma (VER).

Embora o Eu psicológico, entendido substancialmente ou "funcionalmente", tenha sido freqüentemente interpretado do ponto de vista do sujeito enquanto sujeito cognoscente, não se excluíram outros atos, tais como sentimentos ou emoções ou volições. Falou-se então do Eu cognoscente, do Eu emotivo ou do Eu volitivo, assim como de um "Eu" que representa a unidade de todos os atos e abarca todas as "faculdades".

Nem sempre é fácil distinguir os sentidos psicológico, epistemológico e metafísico do conceito de "Eu" nos filósofos, pois muito freqüentemente se passou, deliberadamente ou não, de um para o outro.

Encontramos exemplos desses modos diversos — e entrelaçados — de entender o conceito de "Eu" no idealismo alemão. Assim, Fichte concebe o Eu como uma realidade anterior ou prévia ao sujeito e ao objeto, como a realidade que se põe a si mesma e que com isso põe o que se opõe a ela. Este Eu fichtiano é principalmente um Eu metafísico, mas em suas descrições Fichte recorre a exemplos que parecem corresponder ao Eu psicológico, chamado às vezes de "Eu empírico".

Kant desenvolve um conceito "transcendental" do Eu, o que permite distinguir entre o eu psicológico (empírico), o Eu epistemológico e o Eu metafísico (alma). O eu, transcendentalmente (ou epistemologicamente) falando, é a unidade transcendental da apercepção (VER), unidade cujo caráter objetivo a distingue da unidade subjetiva da consciência, que é, segundo Kant, "uma determinação do sentido interno mediante a qual o diverso da intuição se dá empiricamente para reunir-se deste modo". Este Eu é portanto um "Eu para o conhecimento". É ilegítimo passar deste Eu ao Eu "transcendente" do qual falam os metafísicos. Contudo, na medida em que se colocam para Kant os problemas derivados da passagem da razão teórica à razão prática, torna-se mais difícil sustentar a concepção do Eu como unidade transcendental da apercepção. O Eu pode não ser metafísico, mas se converte num "Eu moral", diferente da consciência empírica.

Para Dilthey, o Eu transcendental é uma ficção, o único Eu real é o Eu empírico de caráter histórico, o "sujeito biográfico". O caráter substante ou "substantivo" do Eu é função da experiência histórica. Gustav

Teichmüller concebeu o Eu como uma "coordenação", que ele definiu como "o ponto comum de referência para todo ser real e ideal dado à consciência" (cf. *Neue Grundlegung der Psychologie und Logik*, 1889, ed. J. Ohse, p. 167). Maine de Biran destacou o caráter concreto do Eu; o Eu é sempre experiência concreta e real e se constitui mediante o sentimento do esforço no encontro com os "obstáculos" e "resistências" do mundo. Esta concepção do Eu é mais volitiva que intelectual.

Vários filósofos do século XX se ocuparam do problema do "eu". Para Husserl, nas primeiras etapas da fenomenologia, não há nenhum "eu primitivo" que seja um "centro necessário" de referência. O único que se encontra é o "eu empírico e sua referência empírica a vivências próprias ou a objetos externos que no momento dado se tornaram para ele justamente objetos de atenção especial, ficando *fora* e *dentro* muitas outras coisas que carecem desta referência ao eu". Posteriormente, contudo, o autor sustentou que não se pode deixar de admitir um eu puro, que apresenta uma "transcendência peculiar, uma transcendência na imanência" e consiste, em última análise, em ser sujeito histórico. Justamente por esta aproximação do eu puro à unidade da apercepção a fenomenologia de Husserl pôde, "sem se deixar extraviar na pura apreensão do dado", converter-se numa "egologia transcendental". Mas essa egologia não parece ainda suficientemente "concreta". Tudo o que dissemos no verbete sobre a noção de consciência pode, por conseguinte, ser utilizado, pelo menos analogicamente, para entender o eu. O retorno à "interioridade" do eu tornou-se patente em várias tendências contemporâneas. Segundo Louis Lavelle, o eu é interior a si mesmo e ultrapassa toda dualidade entre o ser e o conhecer. É uma "atividade interior a si", que está, conforme os momentos, em estado de tensão ou em estado de distensão. "Assim", escreve Lavelle, "eu sou um ser que se faz a si mesmo, e não um ser que se olha como sendo. Não há, pois, conhecimento de si, no sentido de que esse conhecimento suponha uma consciência de si que anula tal distinção, pois ela me permite apreender sempre meu ser em estado nascente, no ato mesmo pelo qual, a cada momento, não cesso de criá-lo." Com isso o ato pelo qual o eu toma consciência de si antecipa o ser do eu e, em certo sentido, lhe dá este ser. Daí a diferença entre "eu" e "o eu". Por isso Ortega concebe este eu que eu sou como algo essencialmente existente, como um *quem* que, no entanto, não exclui a possibilidade de um pensamento de sua própria realidade. O eu que é minha realidade é, por conseguinte, a mesmidade. Não é um conceito vazio no qual se aloja posteriormente o eu que sou, mas um conceito que surge na medida em que meu eu se faz a si mesmo. Este fazer-se requer, porém, segundo Ortega, a circunstância, mas não é simplesmente o resultado dela. Em verdade, o eu concreto é o resultado dinâmico de um fazer-se a si próprio que não depende inteiramente da circunstância alheia, nem é tampouco o efeito de uma suposta atividade substancial. Assim, o eu próprio parece eludir toda natureza e coincidir com sua própria história. Mas essa história não se pode realizar, cremos, sem que por sua vez o eu próprio não fique vinculado a determinada pessoa (VER). "Com isso não sustento", escrevemos em outro lugar, "que se trata de uma pessoa que tem porventura uma história, mas de uma pessoa que não pode ser entendida senão historicamente. *Mutatis mutandis* pode-se dizer que 'a substância pessoal' em que consiste o homem é o que subsiste por direito próprio e é perfeitamente incomunicável; porém não por ser um pressuposto de índole racional, mas um pressuposto cuja 'natureza' é histórica e dramática. A pessoa humana seria, assim, 'uma substância individual de natureza histórica'" (Ferrater-Mora, *El ser y la muerte*, 1962, p. 188).

Nos parágrafos anteriores, tocamos com freqüência num ponto que alguns autores, consideram central com respeito à noção de "eu": o que se refere ao caráter substancial ou não-substancial da realidade designada. Examinaremos agora brevemente este problema sob o prisma das várias opiniões típicas sustentadas a respeito, especialmente no pensamento contemporâneo.

Estas opiniões podem ser reduzidas a três: 1) a daqueles que seguem aderindo às concepções "clássicas", segundo as quais o eu é uma substância, tanto se esta é considerada uma "alma substancial" como se lhe são atribuídos os caracteres da "coisa"; 2) a dos que negam toda substancialidade ao eu e sustentam que o eu é um epifenômeno, ou uma pura função, ou um complexo de impressões ou de sensações; 3) a dos que buscam uma solução intermediária, seja por meio de uma combinação eclética ou com base num princípio diferente. As três opiniões podem ser rastreadas em períodos muito diversos da história da filosofia ocidental, mas se manifestaram com particular clareza a partir do momento em que o dualismo cartesiano da substância pensante e da substância extensa deu lugar a múltiplas tentativas de solucioná-lo (monismo, pluralismo etc.) e sobretudo quando o fenomenismo contemporâneo recolocou a questão da índole do eu com todo o radicalismo e não só sob o aspecto da relação "corpo-alma", mas também do ponto de vista de outras relações: "eu-mundo" — incluindo no mundo o corpo —, "interior-exterior", "realidade psíquica-realidade física" etc. Poderíamos dar numerosos exemplos de cada uma dessas opiniões. Várias já foram indicadas nos parágrafos anteriores. Agora nos limitaremos a destacar algumas tentativas contemporâneas correspondentes à terceira das posições citadas.

Figuram entre essas tentativas muitas das teorias atuais da pessoa (VER) que afirmam ao mesmo tempo sua continuidade e sua transcendência, as concepções de Whitehead tal como estão expostas na doutrina categorial de *Process and Reality*, a teoria do eu sustentada por De Witt Parker em seu livro *Experience and Substance* (1914), as várias tentativas atuais para dar uma solução diferente da tradicional ao problema do corpo (VER), as teorias sobre a realidade psicológica de Scheler, Pfänder e Maximilian Beck, as teses de Ortega sobre vida, alma e espírito, a doutrina sobre o eu de R. Frondizi. Este último autor se ocupou com particular detalhe do problema do eu, defendendo uma idéia desse eu igualmente oposta ao substancialismo tradicional e à negação de toda susbsistência tal como é postulada por vários filósofos empiristas radicais. Segundo Frondizi, o eu não é uma experiência entre outras, nem o conjunto das experiências, mas algo mais, um "plus" que, no entanto, não pode ser identificado com uma substância atemporal e em si não submetida a mudança. O eu muda, mas ao mesmo tempo é permanente; é, a rigor, "o sempre presente", "o estável" dentro da mudança. O eu pode ser definido então como uma realidade cujo caráter fundamental é o ser funcional. Por isso as experiências e atos do eu não lhe são acidentais, e por isso possuem uma "unidade estrutural". A isso deve-se acrescentar, segundo Frondizi, o caráter não-independente do eu (isto é, sua não-preexistência no mundo, e sua integração ou autoconstituição em sua interação ativa com o mundo e com os outros eus), o que equivale a reconhecer sua intencionalidade.

Todas as doutrinas até aqui referidas pertencem à história da chamada filosofia ocidental. A chamada filosofia oriental também se ocupou do problema do eu, embora a significação do conceito seja em muitos casos bastante diferente da que tem entre os autores ocidentais. Um dos exemplos mais conhecidos desta reflexão sobre o problema do eu é a oferecida pelo budismo. Esta tendência, a rigor, nega o eu e, com isso, a consciência (que não é senão uma das propriedades que se atribuem ao eu). O que chamamos 'Eu' — a "individualidade" — é, segundo os budistas, um engano: resulta de uma inadmissível identificação de uma realidade com o indivíduo. O Eu pode ser decomposto num certo número de fatores últimos, dos quais cabe destacar cinco: a matéria, o sentimento, a percepção, o impulso e a consciência. Supor que esses fatores compõem o Eu é, segundo os budistas, um puro ato de imaginação. Decerto que esta doutrina budista não é, propriamente falando, uma explicação teórica do eu, mas um método com o fim de chegar à compreensão de que o homem deve livrar-se do fardo da individualidade. Contudo semelhante método não seria possível se a individualidade não fosse denunciada como um engano e, por conseguinte, sem uma certa "idéia" dela que, traduzida na linguagem ocidental, parece aproximar-se do fenomenalismo extremo e em particular do "fenomenalismo idealista".

Mencionamos, em ordem cronológica de publicação, obras (sistemáticas e históricas) sobre o problema do eu, da identidade ou identificação do eu, etc. Deve-se complementar esta bibliografia com a de outros verbetes (por exemplo, HOMEM; PESSOA).

⮕ Ver: P. Asmus, *Das Ich und das Ding an sich. Geschichte ihre begrifflichen Entwicklung in der neuesten Philosophie*, 1873. — Th. Lipps, *Das Ich und das Tragische*, 1892. — G. Gerber, *Das Ich als Grundlage unserer Weltanschauung*, 1893. — Arthur Drews, *Das Ich als Grundproblem der Metaphysik*, 1897. — Walleser, *Das Problem des Ich*, 1903. — G. Kafka, *Versuch einer kritischen Darstellung über die neueren Anschauungen über das Ichproblem*, 1910. — K. Oesterreich, *Phänomenologie des Ich in ihren Grundproblemen*, I, 1910. — Id., *Die Probleme der Einheit und der Spaltung des Ich*, 1928. — Charles Gray Shaw, *The Ego and Its Place in the World*, 1913. — John Laird, *Problems of the Self*, 1917. — H. De Witt Parker, *The Self and Nature*, 1917. — G. Lehmann, *Psychologie des Selbstbewusstseins*, 1923. — Sigmund Freud, *Das Ich und das Es*, 1925. — William Ernest Hocking, *The Self: Its Body and Freedom*, 1928. — Carl Gustav Jung, *Die Beziehungen zwischen dem Ich und dem Unbewussten*, 1928. — O. Jansen, *Das erlebende Ich und sein Dasein*, 1932. — Mensching, *Zur Metaphysik des Ich*, 1934. — Jean Nogué, *Essai sur l'activité primitive du moi*, 1936. — Heinrich Giesecke, *Das transzendentale Ich bei Fichte. Kritischer Versuch unter besonderer Berücksichtigung phänomenologischer Gesichtspunkte*, 1936. — Louis Lavelle, *Le moi et son destin*, 1936. — Id., *Les puissances du moi*, 1948. — A. C. Mukerji, *The Nature of Self*, 1938. — A. Cosentino, *Temps, Espace, Devenir, Moi. Les sosies du néant*, 1938. — N. J. J. Balthasar, *Mon moi dans l'Être*, 1946. — B. Guzzo, *L'Io e la Ragione*, 1947. — Giovanni Emmanuele Barié, *L'Io trascendentale*, 1948. — Kurt Bach, *Auferstehung des Ich*, 1948. — P. M. Symonds, *The Ego and the Self*, 1951. — Risieri Frondizi, *Substancia y función en el problema del yo*, 1952; 2ª ed., rev., *El yo como estructura dinámica*, 1970. — L. Hyde, *I Who Am: a Study of the Self*, 1954. — James Brown, *Subject and Object in Modern Theology*, 1955 [sobre Kierkegaard, Heidegger, M. Buber e K. Barth]. — Rodolfo Mondolfo, *La comprensión del sujeto humano en la antigüedad clásica*, 1955. — F. J. Mott, *The Nature of the Self*, 1959. — A. O. Lovejoy, *The Reason, the Understanding, and Time*, 1961. — John MacMurray, *Persons in Relation*, 1961 [Gifford Lectures, 1954]. — Benjamin Meynard, *The Nature of Ego: A Philosophical Study*, 1962. — Sydney Shoemaker, *Self-Knowledge and Self-Identity*, 1963. — Jan M. Broekman, *Phänomenologie und Egologie. Faktisches und transzendentales Ego*, 1963. — M. Esther Harding, *The "I" and the "Not-I": A Study in the Deve-*

lopment of Consciousness, 1965. — Gerald E. Myers, *Self: An Introduction to Philosophical Psychology,* 1969. — Henry W. Johnstone, Jr., *The Problem of the Self,* 1970. — Maurice Natanson, *The Journeying Self: A Study in Philosophy and Social Role,* 1970. — William Earle, *The Autobiographical Consciousness,* 1972. — E. Marbach, *Das Problem des Ich in der Phänomenologie Husserls,* 1974. — W. P. Alston, Ch. Taylor *et al., The Self: Psychological and Philosophical Issues,* 1977, ed. T. Mischel. — P. Weiss, *You, I, and the Others,* 1980. — R. M. Zaner, *The Context of Self: A Phenomenological Inquiry Using Medicine as a Clue,* 1981. — D. Noguez, "La conquête du 'je', esquisse d'un hommage à Barthes", *Revue d'Esthétique,* 2 (1981), 83-89. — S. Boni, *The Self and the Other in the Ontologies of Sartre and Buber,* 1982. — A. Hartle, *The Modern Self in Rousseau's Confessions,* 1984. — K. Nagasawa, *Das Ich im deutschen Idealismus und das Selbst im Zen-Buddhismus: Fichte und Dogen,* 1987. — Ch. Riedel, *Subjekt und Individuum zur Geschichte des philosophischen Ich-Begriffes,* 1989. — U. Verster, *Philosophical Problems (Consciousness, Reality and I),* 1990. — O. Balaban, *Subject and Consciousness: A Philosophical Inquiry Into Self-Consciousness,* 1990. — D. Kolak, R. Martin, *Self and Identity: Contemporary Philosophical Issues,* 1991. — W. Lacentra, *The Authentic Self: Towards a Philosophy of Personality,* 1991. — A. Damiani, *Standing in your Own Way: Talks on the Nature of Ego,* 1993. ⊂

EUBULIA. Ver ABULIA.

EUBÚLIDES DE MILETO *(fl.* 350 a.C.) foi, segundo Diógenes Laércio (II, 108), membro da escola de Euclides de Megara e um dos megáricos (VER). Diógenes Laércio atribui-lhe vários sofismas ou "raciocínios dialéticos", διαλεκτικοὶ λόγοι, tais como os chamados "O mentiroso" (VER), "Eletra", "O Rosto com véu", "O Sorites" (ver SORITES), "O Cornudo" (ver CORNUDO) e "O Careca" (ver, novamente, SORITES).

Segundo Diógenes Laércio, Demóstenes foi discípulo de Eubúlides, que constituiu uma escola que é a mesma de Euclides e a dos megáricos; mencionam-se a este respeito Alexino de Elis, também chamado de "elenxino" (de ἔλεγχος, que significa "argumento"), Eufanto de Olinto e Diodoro Cronos.

EUCATALEPSIA. Ver BACON, FRANCIS.

EUCKEN, RUDOLF (1846-1926). Nascido em Aurich (Ostfriesland), foi professor na Universidade da Basiléia (1871) e na de Iena (a partir de 1874). Em 1908 recebeu o Prêmio Nobel de Literatura. Em oposição ao naturalismo, ao positivismo e ao criticismo, Eucken aspirou a renovar o que considerava a tradição filosófica alemã por meio de uma metafísica neo-idealista (em princípio, compatível com a imagem de mundo que se depreende das ciências naturais). Eucken reprova no naturalismo a pretensão de fazer de sua visão a única admissível. Diante do naturalismo, ele acentua a realidade da vida do espírito como realidade plenamente justificada e independente, pois o espírito, ou, melhor, a vida espiritual (*Geistesleben*), é não apenas autônoma em relação à vida psíquica e à razão, mas as engloba de certo modo como elementos imanentes. Enquanto o psíquico encontra-se arraigado na Natureza e está submetido, por conseguinte, às categorias deterministas e causalistas da ciência, o espiritual pode desenvolver sem empecilhos sua própria atividade. A psicologia é impotente para apreender a peculiaridade da realidade superior da vida do espírito porque o método psicológico opera com categorias que o espírito recusa; por isso se impõe, segundo Eucken, a substituição do método natural pelo método "noológico", que deve ser entendido como uma forma de apreensão que penetra na profundeza do espírito, que compreende a vida espiritual desde sua totalidade íntegra e permite abraçá-la em toda a sua realidade e em toda a sua verdade. Mas a idéia da vida espiritual, que é menos explicada que louvada, não é apenas o resultado de um novo método: é também aquilo a que necessariamente chega a metafísica quando se desfaz de todo lastro positivista e racionalista. A metafísica de Eucken, intimamente relacionada com uma ética, com uma filosofia da religião e com uma teoria dos valores, procura em todas as suas partes destacar a peculiaridade da vida espiritual, que de sua raiz pessoal e concreta converte-se rapidamente na realidade única, no fundamento do mundo, na essência da divindade. O espiritual, que Eucken não entende como algo puramente racional ou lógico, mas como algo que transcende o racional e o lógico (embora ao mesmo tempo os abarque), forma desse modo um reino universal do qual cada personalidade participa e no qual são resolvidos, em última análise, os problemas da história e da cultura. Essa participação não é uma entrega passiva, mas uma atividade que a pessoa natural exerce, pois a liberdade é tanto a condição necessária da vida espiritual como sua essência. O espiritual é o reino dos valores superiores, mas esses valores não são apresentados por Eucken como essências rígidas, infinitamente afastadas do homem; são, antes, vida ativa que se cria constantemente e se realiza nos atos de participação da pessoa. A freqüentemente sublinhada nebulosidade da filosofia de Eucken não impede, contudo, o reconhecimento de que nele se compõe a visão de uma realidade peculiar e irredutível. Nesse caminho ele foi seguido sobretudo por Max Scheler, que foi primeiramente seu discípulo, assim como, em parte, Julius Goldstein e Otto Braun.

⊃ Obras: *Geschichte und Kritik der Grundbegriffe der Gegenwart,* 1878; 3ª ed., *Die Geistigen Strömungen der Gegenwart*, 1904; 5ª ed. (muito modificada), 1927. — *Geschichte der philosophischen Terminologie im Umriss dargestellt*, 1879; reimp., 1960 (*História da terminologia filosófica em compêndio*). — *Bilder und Gleichnisse in der Philosophie*, 1880 (*Imagens e comparações na filosofia*). — *Prolegomena zu Forschungen über die Einheit des Geisteslebens in Bewusstsein und Tat der Menschheit*, 1885 (*Prolegômenos e investigações sobre a unidade da vida espiritual na consciência e na ação da humanidade*). — *Die Einheit des Geisteslebens in Bewusstsein und Tat der Menschheit*, 1888 (*A unidade da vida espiritual na consciência e na ação da humanidade*). — *Die Lebensanschauungen der grossen Denker. Entwicklungsgeschichte des Lebensproblems der Menschheit von Plato bis zur Gegenwart*, 1890; 2ª ed., 1950 (*Os grandes pensadores. Sua teoria da vida*, 1912). — *Der Kampf um einen geistigen Lebensinhalt*, 1896. — *Der Wahrheitsgehalt der Religion*, 1901. — *Grundlinien einer neuen Lebensanschauung*, 1907 (*Linhas fundamentais de uma nova concepção da vida*). — *Die Hauptprobleme der Religionsphilosophie der Gegenwart*, 1907 (*Os problemas capitais da atual filosofia da religião*). — *Philosophie der Geschichte*, 1907 (*Filosofia da história*). — *Der Sinn und Wert des Lebens*, 1908. — *Einführung in die Philosophie des Geisteslebens*, 1908 (*Introdução à filosofia da vida espiritual*). — *Können wir noch Christen sein?*, 1911 (*Podemos ser ainda cristãos?*). — *Erkennen und Leben*, 1912 (*Conhecimento e vida*). — *Zur Sammlung der Geister*, 1913 (*Para a reunião dos espíritos*). — *Mensch und Welt. Eine Philosophie des Lebens*, 1918. — *Der Sozialismus und seine Lebensgestaltung*, 1920 (*O socialismo e sua estruturação da vida*). — *Lebenserinnerungen. Ein Stück deutsches Lebens*, 1921 (*Recordações. Fragmento de uma vida alemã*). — *Prolegomena und Epilog zu einer Philosophie des Geisteslebens*, 1922 (*Prolegômenos e Epílogo a uma filosofia da vida espiritual*).

Ver: Hans Pölmann, *R. Euckens Theologie, mit ihrer philosophischen Grundlage dargestellt*, 1903. — O. Siebert, *R. Euckens Welt- und Lebensanschauung und die Hauptprobleme der Gegenwart*, 1904. — W. R. Royce Gibson, *R. Eucken's Philosophy of Life*, 1906. — Th. Kappstein, *R. Eucken, der Erneuerer des deutschen Idealismus*, 1909. — K. Kesseler, *R. Eucken Werk. Eine neue idealistische Lösung des Lebensproblems*, 1911. — R. Kade, *R. Euckens noologische Methode in ihrer Bedeutung für die Religionsphilosophie*, 1912. — G. Wunderle, *Die Religionsphilosophie R. Euckens*, 1912. — W. T. Jones, *An Interpretation of R. Eucken's Philosophy*, 1912. — M. Booth, *R. Eucken, His Philosophy and Influence*, 1913. — H. Hegenwald, *Gegenwartsphilosophie und christliche Religion. Eine kurze Erörterung der philosophischen Hauptprobleme der Gegenwart, besonders im Anschluss an Vaihinger, Rehmke, Eucken*, 1913. — G. Weingärtner, *R. Euckens Stellung zur Wahrheitsprobleme*, 1914. — W. S. MacGowan, *The religious Philosophy of R. Eucken*, 1914. — M. Müller, *Individualitäts- und Persönlichkeitsgedanke bei Eucken*, 1916 (tese). — Alfred Heussner, *Einführung in R. Eucken Lebens- und Weltanschauung*, 1821. — E. Becher, *R. Eucken und seine Philosophie*, 1927. — P. Kalweit, *Euckens religionsphilosophische Leitstung*, 1927. — Manuel Argüelles, *El neoidealismo en Eucken*, 1929. — W. E. Steinkraus, "The Eucken-Bowne Friendship", *Personalist*, 51 (1970), 401-406. ⊃

EUCLIDES DE ALEXANDRIA (*fl.* 365 a.C.) é chamado assim, embora não se saiba seu local de nascimento; supõe-se que tenha estudado em Atenas com os platônicos e que tenha fundado uma escola de matemática em Alexandria. Euclides sistematizou nos treze livros dos *Elementos*, Στοιχεῖα, posteriormente ampliados com outros dois livros, a matemática de sua época, e especialmente a geometria. Os *Elementos* foram o texto matemático mais influente de todas as épocas; as muitas mudanças que ele sofreu ao longo dos séculos nos textos de geometria não alteraram sua estrutura lógica fundamental, isto é, o sistema dedutivo com definições, axiomas (princípios ou pressupostos), teoremas e provas formais. Durante milênios, a geometria foi "a geometria euclidiana". O pressuposto ou postulado das paralelas é apresentado por Euclides como pressuposto ou postulado independente, o que faz pensar que, em sua opinião, ele não poderia ser derivado dos outros postulados. Tentou-se muitas vezes demonstrar o postulado sem que isso fosse conseguido, e a eliminação desse postulado independente deu origem oportunamente às geometrias não-euclidianas. A geometria euclidiana foi importante não apenas na metemática, mas em todo o desenvolvimento da lógica e do procedimento de prova dedutivo. Devem-se a Euclides várias outras obras, entre as quais destacamos o *Cânon*, Κατατομὴ κανόνος, que serviu de base para os trabalhos de Apolônio sobre as seções cônicas; os *Dados*, Δεδόμενα, sobre geometria plana; os *Fenômenos*, Φαινόμενα, e a *Introdução harmônica*, Εἰσαγωγὴ ἁρμονική.

➔ Edição crítica de obras com versão latina por J. L. Heiberg e H. Menge, 8 vols., 1883-1916.

Bibliografia: Max Steck, *Bibliographia Euclideana*, 1971.

Ver: W. R. Knorr, *The Evolution of the Euclidean Elements. A Study of the Incommensurable Magnitudes and Its Significance for Early Greek Geometry*, 1975. — G. C. Duranti, *Terzo numero binomiale di Euclide e terza civiltà di Ammon-Zeus*, 1989. ⊃

EUCLIDES DE MEGARA (*ca.* 450-*ca.* 380 a.C.) seguiu inicialmente as doutrinas dos eleatas (VER), mas, sob a influência de Sócrates, de quem foi discípulo em Atenas, deu àquelas doutrinas uma inflexão ética. Segundo indica Diógenes Laércio (II, 106), Euclides de Megara considerou o Bem como idêntico ao Uno e ao Ser, de tal forma que tudo o que pode ser dito do Ser único também pode ser dito do Bem. Fiel ao eleatismo, Euclides considerou, além disso, que do que não é o Bem não se pode dizer nada já que, sendo idêntico ao não-ser, não existe. Com o fim de defender essa doutrina, Euclides de Megara utilizou argumentos parecidos com os de Zenão de Eléia. Como indica Diógenes Laércio, Euclides não apresentava propriamente demonstrações, mas reduções ao absurdo. Estas constituíram o fundamento da chamada erística (VER), desenvolvida pelos megáricos (VER) ou seguidores de Euclides, que é considerado o fundador dessa escola.

Ver a bibliografia do verbete MEGÁRICOS.

EUCRASIA. Na doutrina dos quatro temperamentos (sanguíneo, fleumático, bilioso, melancólico), correspondentes aos quatro "humores" (sangue, fleuma, bílis, atrabílis ou "humor negro"), desenvolvida por Hipócrates e por Galeno, a eucrasia, εὐκρασία, designa a justa e reta, isto é, "normal" mescla de humores. Trata-se, como a própria palavra indica, de uma boa (εὐ) mescla, κρᾶσις. A mescla deficiente ou a "má mescla" ("dismescla") é a discrasia, δυσκρασία. Na medicina de tradição galênica — ou, melhor, hipocrático-galênica — discutiu-se freqüentemente se a mescla "indevida" de humores é ou não é causa de doenças. O fato de que a eucrasia seja uma "justa mescla" de humores no corpo não significa que todos os corpos devam ter a mesma mescla. Dado um corpo, ou tipo de corpo determinado, a eucrasia é seu "temperamento". Por isso entendeu-se com freqüência 'eucrasia' como temperamento ou caráter (VER).

EUDEMO DE RODES foi, com Teofrasto Ereso, um dos mais imediatos e fiéis discípulos de Aristóteles, a ponto, como conta Aulo Gélio nas *Noctes Atticae*, de o Estagirita ter ficado indeciso sobre qual dos dois deveria reger o Liceu depois de sua morte, pois o vinho lésbico (Teofrasto) e o vinho rodiense (Eudemo) eram "igualmente excelentes". Sendo confusas as relações intelectuais entre Aristóteles, Teofrasto e Eudemo, apesar dos importantes trabalhos de Jaeger, Zürcher e outros sobre o assunto, ainda não se pode determinar qual foi a exata contribuição de Eudemo para o *Corpus Aristotelicum*. Podemos aceitar que ele colaborou com Teofrasto (VER) nos notáveis trabalhos lógicos que Bochenski destacou. Também se supôs que a *Ethica Eudemia* tenha sido escrita pelo discípulo e chamada de *Eudemi Rhodii Ethica* (Spengel, Fritzsche, Susemihl), opinião já sustentada na Antiguidade, mas descartada, segundo apontam Karpp, Von der Mühll e Jaeger, por um maior número de opiniões inclinadas a declará-la obra de Aristóteles,

ainda que, ao que parece, com importantes modificações no que diz respeito ao que Jaeger considera o texto original. Em geral, supõe-se que, embora trabalhando sobre uma matéria comum — os textos e notas de lições de Aristóteles —, a diferença entre Eudemo e Teofrasto consiste principalmente em que, enquanto este último manifestou tendências enciclopédicas e decidida inclinação por investigações naturais, o primeiro interessou-se antes por questões éticas e religiosas. Essa diferença é paralela à que existe entre a tendência naturalista de Teofrasto e a teologia de Eudemo.

⊃ *Eudemi Rhodii Peripatetici fragmenta quae supersunt*, coll. I. Spengel, Berolini, 1866, e F. W. A. Mullach, *Fragmenta Philosophorum Graecorum*, III, 1881. Edição recente de textos: Fritz Wehrli, *Die Schule des Aristoteles*. Heft (Caderno 3, 7, *Eudemos von Rhodos*, 1955; 2ª ed., 1969).

Ver os trabalhos de A. Th. H. Fritzsche em sua edição de *Eudemi Rhodii Ethica*, Regensburg, 1851, e de E. Zeller em *Archiv für Geschichte der Philosophie*, 5 (1892), 442-443. ⊂

EUDEMONISMO. Literalmente, 'eudemonismo' significa "posse de um bom demônio" (εὐδαίμων), ou seja, gozo ou fruição de um modo de ser mediante o qual se alcança a prosperidade e a felicidade, εὐδεμωνία. Filosoficamente entende-se por 'eudemonismo' toda tendência ética segundo a qual a felicidade (VER) é o sumo bem.

A felicidade pode ser entendida de muitas maneiras: pode consistir em "bem-estar", em "prazer", em "atividade contemplativa" etc. Em todo caso, trata-se de um "bem", e freqüentemente também de uma "finalidade". Diz-se, por isso, que a ética eudemonista equivale a uma "ética de bens e fins". É costume, desde Kant, chamar esse tipo de ética de "ética material", por oposição à "ética formal", elaborada e defendida por Kant. Na medida em que se identifica o bem com a felicidade ou, melhor, na medida em que se considera que a felicidade é alcançada ao se conseguir o bem almejado, pode-se dizer que todas as éticas materiais são eudemonistas.

Em vista disso podem ser considerados eudemonistas todos os "princípios materiais" práticos a que se refere Kant na *Crítica da razão prática*. Esses princípios são de duas classes: subjetivos e objetivos. Os princípios subjetivos podem ser externos (da educação, como em Montaigne; da constituição civil, como em Bernard de Mandeville), ou internos (do sentimento de caráter físico, como em Epicuro; do sentimento moral, como em Hutcheson). Os princípios objetivos também podem ser externos (da vontade de Deus, como em Crusius e outras morais teológicas) ou internos (da perfeição, como em Wolff e nos estóicos).

Característico do eudemonismo é considerar que não pode haver incompatibilidade entre a felicidade e o bem. Os que se opõem ao eudemonismo, em contrapartida, admitem que a felicidade e o bem podem coincidir, mas não coincidem necessariamente. Para o eudemonismo, a felicidade é o prêmio da virtude e, em geral, da ação moral. Para o antieudemonismo, por outro lado, a virtude vale por si mesma, independentemente da felicidade que pode produzir.

➲ Ver: E. Pfleiderer, *Eudämonismus und Egoismus*, 1881. — M. Heinze, *Der Eudämonismus in der griechischen Philosophie*, 1883. — B. I. M. Boelen, *Eudaimonie in het wezen der ethiek*, 1949. — J. L. Ackrill, *Aristotle on Eudaimonia*, 1974. — G. Bien, ed., *Die Frage nach dem Glück*, 1978. — E. Telfer, *Happiness*, 1980 [examina "hedonismo" e "eudaimonia"]. — D. Asselin, *Human Nature and "Eudaimonia" in Aristotle*, 1989. — J. C. Rothman, *Aristotle's Eudaemonia, Terminal Illness, and the Question of Life Support*, 1993. Ver também bibliografia de FELICIDADE. ⊂

EUDORO DE ALEXANDRIA (*fl.* 25 a.C.). Eudoro de Alexandria é considerado um filósofo eclético (ver ECLETISMO). Seguindo tendências muito difundidas em sua época, tentou combinar o platonismo, o neopitagorismo e o estoicismo, com o predomínio da primeira tendência. Entre as obras que lhe são atribuídas figuram um comentário ao *Timeu*, um escrito sobre as *Categorias* de Aristóteles no qual parece ter-se oposto ao Estagirita, uma obra sobre a divisão da filosofia (em ética, física e lógica) e uma obra intitulada *Acerca do fim* na qual explica esse conceito não apenas no sentido moral, mas também metafísico, com a tendência de torná-lo a expressão da identificação da alma com o divino. Eudoro também tratou, ao que parece, da noção do Uno, em sentido ao mesmo tempo platônico e neopitagórico, aproximando-se nessa análise de algumas das distinções posteriormente desenvolvidas pelos neoplatônicos.

➲ Há fragmentos da obra sobre a divisão da filosofia, Διαίρεσις τοῦ κατὰ φιλοσοφίαν λόγου, em Estobeu, *Eclog.*, II, 42, 11-45. — Ver: H. Diels, *Doxographi Graeci*.

Ver: artigo de E. Martini sobre Eudoro (Eudoros, 10) em Pauly-Wissowa. — G. Calvetti, "E. di A.: Medioplatonismo e neopitagorismo nel I secolo A. C.", *Rivista di Filosofia Neo-Scolastica*, 69 (1977), 3-19. ⊂

EUDÓXIO DE CNIDO (*ca.* 408-355 a.C.) é considerado por Diógenes Laércio (VIII, 86-91) um dos pitagóricos, embora hoje se costume incluí-lo entre os platônicos enquanto membro da antiga Academia platônica (VER). Ele se ocupou extensamente de astronomia, matemática, medicina e geometria. Na metafísica criticou a doutrina platônica da relação entre as idéias e as coisas mediante a participação e inclinou-se para uma opinião anterior de Platão: a de que as idéias estão misturadas com as coisas — opinião que Eudóxio desenvolveu. Segundo a reconstrução de H. Karpp (ver a bibliografia) com base na *Metafísica* de Aristóteles e dos fragmentos do Περὶ Ἰδεῶν, do mesmo autor, conservados por Alexandre, as idéias são para Eudóxio imanentes nos objetos sensíveis (opinião comparada com algumas das concepções de Anaxágoras). Na ética, Eudóxio defendeu a doutrina de que o bem é o prazer, embora seja provável que esse prazer deva ser entendido no sentido do "prazer duradouro e moderado" tão louvado por muitos socráticos. Em astronomia e cosmologia, Eudóxio elaborou um sistema que explicava os "movimentos" dos astros mediante uma série de esferas concêntricas que giravam em torno da Terra imóvel. Esse sistema influenciou Platão (que o incorporou às especulações cosmológicas do *Timeu*) e Aristóteles.

➲ Fragmentos em O. Vose, *op. cit.*, no artigo sobre Heráclides.

Dos artigos sobre Eudóxio destacamos os de K. von Fritz, sobre sua vida (*Philologus*, 1930) e sobre sua doutrina das idéias (*ibid.*, 1927), e o de C. Jensen sobre os textos de Filodemo e Horácio (*Sitzungsberichte der Preuss. Ak. der Wissenschaften*, 1936). — A. Frajese, "From Eudoxus to Euclid", *Scientia*, 107 (1972), 569-573.

Para a astronomia de Eudóxio: A. Boeckh, *Ueber die vierjährigen Sonnenkreise der Alten vorzüglich den eudoxischen*, 1863, e o artigo de F. Gisinger (Στοιχεῖα, Heft [Caderno], 6, 1921). — E. Maula, "E. Encircled", *Ajatus*, 33 (1971), 201-253. — L. Wright, "The Astronomy of E.: Geometry or Physics?", *Studies in History and Philosophy of Science*, 4 (1973), 165-172. — E. Maula, E. Kasanen, J. Mattila, "The Spider in the Sphere, 'Eudoxus' 'Arachne'", *Philosophia*, 5/6 (1975-1976), 225-257.

Para sua teoria das idéias: Heinrich Karpp, *Untersuchungen zur Philosophie des Eudoxos von Knidos*, 1933 (tese). — Id., "Neue Untersuchungen zur Philosophie des Eudoxos von Knidos" [II], *Gnomos*, 11, 407-416. — Ver também O. Becker, "Eudoxos-Studien" [III], *Quellen und Studien zur Geschichte der Mathematik und Physik*, III, *id.* (1936), 236-444; "Eudoxos-Studien" [IV], *id.*, III (1936), 370-388; "Eudoxos-Studien" [V], *id.*, III (1936), 389-410.

Para a ética: artigo de Philippson em *Hermes* (1925).

Artigo de F. Hultsch sobre Eudóxio (Eudoxos) em Pauly-Wissowa. ⊂

EULER, LEONHARD (1707-1783). Nascido na Basiléia, foi professor (1731-1741) de física e matemática em São Petersburgo, para onde foi chamado por Catarina a Grande. A convite de Frederico o Grande deu aulas em Berlim de 1741 até seu retorno a São Petersburgo em 1766. Euler é conhecido por seus trabalhos científicos em matemática (cálculo de variações, trigonometria), física (especialmente hidrodinâmica e ótica) e astronomia. Contra Newton, Euler defendeu a teoria ondulatória da luz e uma teoria geral do éter. Em suas reflexões filosóficas sobre o espaço e o tempo, rejeitou a doutrina segundo a qual eles se originam na experiência, mas também (contra Leibniz) a tese de que se trata de conceitos ideais (ou relações). Aceitando-se a primeira doutrina citada, espaço e tempo seriam — ao contrário do que afirma Euler — propriedades perceptíveis; aceitando-se a segunda tese, não se poderia adscrever objetivamente um objeto no contexto do espaço e do tempo.

É conhecida pelo nome de *diagrama de Euler* a representação gráfica mediante a qual se mostra que todos os membros de uma classe, A, são membros de outra classe, B. Introduzimos esse diagrama no verbete Venn (Diagramas de), mas devemos advertir que, segundo pesquisas de G. Vacca, o diagrama em questão foi utilizado anteriormente por Leibniz.

↪ Obras: *Mechanica sive motus scientia analytice exposita*, 2 vols., 1736-1942. — *Introductio in analytice exposita*, 2 vols., 1744. — *Methodus inveniendi lineas curvas maximi minimeve proprietate gaudentes*, 1744. — "Réflexions sur l'espace et le temps", *Mémoires de l'Academie royale des Sciences de Berlin*, IV, 1748. — *Theoria motus corporum solidorum seu rigidorum*, 1765. — *Lettres à une princesse d'Allemagne sur quelques sujets de physique et de philosophie*, 3 vols., 1768-1772. — *Institutiones calculi integralis*, 4 vols., 1768-1794.

Edição crítica de obras, *Opera omnia* (Leipzig; depois Zurique), 49 vols., 1911ss. — "Defensa de la revelación divina contra as objeciones del librepensador", *Themata*, 8 (1991), 195-219. — *Reflexiones sobre el espacio, la fuerza y la materia*, 1985.

Ver: A. Speiser, *E. und die deutsche Philosophie*, 1934. — W. A. Suchting, "E.'s Reflections on Space and Time", *Scientia*, 104, 270-278. — P. M. Harman, "Force and Inertia: E. and Kant's *Metaphysical Foundations of Natural Science*", em W. R. Shea, ed., *Nature Mathematized*, 1983, pp. 229-250. — C. Mínguez, "Euler y Kant: El espacio absoluto", *Theoria*, 1 (1985), 411-438. — H.-J. Hess, "Aktualität und Historizität: Bemühungen um Werk und Wirken L. E.s", *Studia Leibnitiana*, 17 (1985), 87-93. — J. Arana, "La doble significación científica y filosófica de la evolución del concepto de fuerza de Descartes a Euler", *Anuario Filosófico*, 20(1) (1987), 9-42. — R. L. Armstrong, L. W. Howe, "An Euler Test for Syllogisms", *Teaching Philosophy*, 13(1) (1990), 39-46. — Ernst Cassirer, obra sobre o conhecimento mencionada em Cassirer (Ernst) e Conhecimento, vol. II. ↶

EUNÁPIO DE SARDES (nasc. *ca.* 345/346) foi discípulo e amigo do neoplatônico Crisâncio de Sardes (ver), com quem aprendeu, entre outras coisas, as "doutrinas secretas" de Jâmblico. Como seu mestre, Eunápio defendeu, especialmente sob a égide dos "imperadores pagãos", a "fé antiga" e a tradição helênica diante do e contra o cristianismo. Devem-se a Eunápio umas *Vidas de sofistas*, Βίοι σοφιστῶν, *Vitae sophistarum* do século IV — 'sofistas' entendido no sentido de 'filósofos' e 'sábios' — e uma crônica histórica.

↪ As *Vitae* em J.-F. Boissonade, *Philostratorum, Eunapii, Homerii reliquiae*, 1849. — Fragmentos da crônica em C. Muller, *Fragmenta hist. graec.*, IV, 7ss. — Artigo de W. Schmid sobre Eunápio em Pauly-Wissowa, s. v. "Eunapios".

Índice: I. Avotins, M. M. Avotins, eds., *Index in Eunapii Vitas Sophistarum*, 1983. ↶

EUSÉBIO DE CESARÉIA, Eusebius Pamphili (*ca.* 265-339/340). Nascido em Cesaréia (Palestina), bispo da mesma cidade (a partir de *ca.* 314), é conhecido sobretudo como historiógrafo, especialmente por sua fundamental *História da Igreja* ('Εκκλησιαστική ιστορία), mas é importante na história da filosofia por suas obras apologéticas, a *Praeparatio evangelica* (Εὐαγγελικὴ προπαρασκευή) e a *Demonstratio evangelica* (Εὐαγγελικὴ ἀπόδειξις). A significação filosófica dessas obras reside em dois aspectos. Primeiro, na quantidade de dados que Eusébio proporciona sobre doutrinas filosóficas gregas. A *Preparatio*, particularmente, constitui-se como uma das fontes básicas para o conhecimento de um bom número dessas doutrinas. Segundo, na atitude filosófica do autor. Sua atitude é claramente apologética, de tal modo que Eusébio pode ser considerado um dos continuadores da obra dos apologistas (ver) do século II. Mas existem marcadas diferenças em relação a eles. Sobretudo, Eusébio utilizou muitos dos elementos e dos métodos dos cristãos alexandrinos, particularmente de São Clemente e de Panfílio de Cesaréia. Portanto, existe em sua obra uma certa quantidade de elementos de caráter alegórico. Logo, seus juízos sobre o pensamento grego coincidem apenas em parte com os de outros apologistas que o precederam. São juízos extremamente críticos, na formulação dos quais Eusébio utilizava argumentos céticos. Ao mesmo tempo, porém, interpretava uma parte desse pensamento como uma clara "preparação" para os ensinamentos cristãos — essa parte é o platonismo (entendido quase sempre em um sentido platônico-ecléticoe até neoplatônico). Eusébio, assim como outros autores, considerou Platão como um Moisés que falara em língua ática, e interpretou as "idéias" platônicas como pensamentos divinos. Também encontrou em Platão outros precedentes cristãos, como a doutrina da imortalidade da alma, e certos vislumbres do dogma da Trindade. Não obstante, esses precedentes eram, em seu entender, insuficientes diante da verdade completa da revelação cristã, e estavam, além disso, maculados por doutrinas errôneas, particularmente pelas tendências emanatistas, pelo dualismo e por outras características do platonismo eclético. Eusébio reelaborou suas duas apologias mencionadas em uma *Teofania* (Περὶ τῆς θεοφανίας), da qual foram conservados alguns fragmentos, e também escreveu uma obra contra Porfírio — perdida — e dois tratados teológicos: *Contra Marcelo* e *Sobre a teologia eclesiástica*.

➲ Edições: Migne, P. G. XIX-XXIV; J. A. Heikel, R. Helm, J. Karet, Th. Mommsen, E. Klostermann, H. Gressmann, J. Karts, na edição dos *Griechische christliche Schriftsteller*, de Berlim, 7 vols., 1902-1920. — Edição da *Praeparatio*: E. H. Gifford, 4 vols., 1903. — Em trad. esp.: *Historia de la Iglesia*, 1950.

Ver a bibliografia de APOLOGISTAS e também: M. Weiss, *Die Stellung des Eusebios im arianischen Streit*, 1920 (tese). — A. Puech, *Histoire de la littérature grecque chrétienne jusqu'à la fin du IVe siècle*, 3 vols., 1928-1930 (especialmente vol. II, 167-226). — H. Berkhof, *Die Theologie des Eusebios von Cesarea*, 1939. — D. S. Wallace-Hadrill, *E. of C.*, 1960. — L. G. Patterson, *God and History in Early Christian Thought: A Study of Themes from Justin Martyr to Gregory the Great*, 1967. ✹

EVANGELHO ETERNO. Ver JOAQUIM DE FLORA.

ÉVELLIN, FRANÇOIS. Ver ANTINOMIA; INFINITO; RENOUVIER, CHARLES.

EVEMERISMO. Ver EVÊMERO.

EVÊMERO (*fl.* 300 a.C.) não foi um membro da escola dos cirenaicos, mas se aproximou de suas opiniões em muitos aspectos. Seu nome e suas doutrinas foram muito difundidos na Antiguidade, especialmente por causa de seu escrito ʻΙερὰ ἀναγραφή ou *Escrito sagrado*, redigido em forma de narração de viagem. A principal tese de Evêmero — à qual se dá, até hoje, o nome de *evemerismo* — é a de que os deuses — os deuses populares νομιζόμενοι θεοί — são homens que foram divinizados em tempos remotos por causa de seu poder e sabedoria. Essa doutrina, característica da chamada interpretação alegórico-racionalista dos deuses, já havia sido preludiada por alguns pré-socráticos (por exemplo, Xenófanes) e por alguns sofistas (por exemplo, Crítias), mas somente Evêmero a apresentou com amplitude e radicalismo suficientes. Traços dela podem ser encontrados em alguns estóicos, mas, enquanto nestes havia uma tendência a destacar a unidade do divino na Natureza (assim como a conservação dos cultos oficiais), em Evêmero não há aparentemente nenhuma inclinação desse tipo. O chamado *evemerismo* foi posteriormente utilizado por muitos historiadores como explicação para os mitos, e o poeta romano Ênio (239-169 a.C.) empreendeu uma elaboração do *Escrito sagrado*.

➲ Fragmentos em F. Jacoby, *Die Fragmente der griechischen Historiker*, I, 300ss. Jacoby também é autor do artigo sobre Evêmero (Euhemeros) em Pauly-Wissowa. ✹

EVERETT, CHARLES CARROLL. Ver NEO-REALISMO.

EVIDÊNCIA. Diz-se que uma realidade (coisa, qualidade, fato, fenômeno, situação etc.) é evidente quando se apresenta direta e imediatamente a um sujeito, e especialmente à percepção sensível. Também se diz que uma proposição é evidente quando se considera que é verdadeira e que não há necessidade de demonstrá-la por meio de outra proposição da qual derive. Esses dois sentidos de 'evidência' — o "ontológico" e o epistemológico — foram freqüentemente confundidos. Pensou-se inclusive que uma dessas classes de evidência é o suporte da outra: que uma proposição é evidente porque é evidente a referência da proposição; ou que, se uma coisa é evidente, então uma proposição sobre essa coisa — desde que a descreva fielmente — deverá ser evidente.

Os escolásticos distinguiram dois tipos de evidência: a chamada evidência "de verdade", ou evidência objetiva, e a chamada evidência "de credibilidade". A primeira se apóia no objeto que se oferece ao intelecto. A segunda se apóia na certeza da proposição. Eles distinguiram também vários tipos de evidência segundo o "objeto" — no sentido de 'sujeito' ou 'tema' — da evidência. Desse ponto de vista falaram em evidência formal, evidência material, evidência moral etc.

Na época moderna predominou o sentido epistemológico de evidência. Descartes considerava que a evidência é a apreensão direta da verdade de uma proposição por meio de uma "simples [direta] inspeção da mente", *simplex mentis inspectio*. Esta última equivale a uma intuição (VER). Assim, a passagem de uma proposição para outra dentro de um sistema, incluindo os sistemas dedutivos, é a passagem de uma evidência para outra evidência.

Alguns autores consideraram que, quanto mais formalizado é um sistema de proposições, menor é o papel desempenhado pela evidência (e sem dúvida pela intuição). Os axiomas do sistema não são, propriamente falando, evidentes; são escolhidos. Quando a passagem de uma proposição para outra dentro do sistema, ela não é assunto de evidência, mas de derivação formal.

Em muitos casos tratou-se a questão da evidência do ponto de vista da certeza (VER). A evidência é então a certeza completa ou certeza máxima.

A noção de evidência desempenhou um papel importante em Brentano e em Husserl. Para Brentano, a evidência é uma propriedade de certos juízos. Somente dos juízos — não das representações — pode-se dizer que há evidência. A evidência exclui o erro e a dúvida, mas nem a isenção de erro e nem de dúvida convertem o juízo em evidente. A evidência é, segundo Brentano, uma propriedade pela qual se pode caracterizar um juízo como "correto". Os juízos imediatamente evidentes podem ser divididos em juízos de fato (como "Eu penso") e em verdades de razão (como "Nada acontece sem razão suficiente"). Os juízos de fato imediatamente evidentes só podem ser juízos sobre percepções internas; todavia o juízo sobre a percepção jamais deve ser confundido com a percepção (cf. obra de Brentano na bibliografia *infra*). Quanto a Husserl, ele tratou freqüentemente da noção de evidência. Aqui mencionaremos apenas três obras desse autor. Nas *Investigações lógicas* Husserl indica que a evidência se dá quando há uma adequação completa entre o que é nomeado e aquilo que está dado, quando há uma referência ao "ato da síntese de cumprimento mais perfeita, que dá à intenção a absoluta plenitude de conteúdo, a do próprio objeto". No ato da evidência *vive-se* a plena *concordância* entre o que é pensado e o dado; a evidência é então "a verificação atual da identificação adequada". Essa evidência não é, contudo, simplesmente da percepção. Não é sequer a percepção adequada da verdade; é sua verificação mediante um ato peculiar. Para entendê-lo deve-se levar em conta que Husserl coloca-se em um terreno que supõe como prévio ao de toda "atitude natural" e prévio também ao das proposições científicas; as evidências de que fala o autor são prévias às chamadas "evidências" da linguagem científica ou da linguagem comum. Termos como 'cumprimento', 'efetuação', 'adequação' etc. não se referem à correspondência entre algo percebido e o que se diz sobre esse algo, mas à vivência (fenomenológica) de algo imediatamente dado, anterior a toda teoria, construção, suposição etc. Há para Husserl várias classes de evidência: assertórica (chamada simplesmente de *evidência*); apodítica (chamada de *intelecção*). A evidência assertórica se aplica ao que é individual; a apodítica, às essências. A assertórica é inadequada; a apodítica, adequada. Husserl fala de "visão assertórica" e de "visão apodítica", mas também de "visões mistas" ("evidências aleatórias"). Exemplos destas últimas são a intelecção de um fato assertórico ou o conhecimento da necessidade do acidente em um ser individual. Em sua obra *Erfahrung und Urteil*, Husserl fala dos "graus do problema da evidência" e declara que cada tipo de objeto possui sua própria forma de ser dado, isto é, de evidência. Há ainda a questão da evidência dos "objetos pré-dados" e da evidência dos juízos. Devem-se distinguir não apenas essas duas formas de evidência, mas várias espécies de evidência dos juízos. Em *Erste Philosophie* (textos de 1923/1924, publicados por Rudolf Boehm, 1959, em *Husserliana*, VIII, 26ss.) Husserl fala de quatro tipos de evidência: natural, transcendental, apodítica e adequada. A evidência natural é a da chamada "positividade"; a transcendental é a da clareza da origem (transcendental); a apo-

dítica é a evidência absoluta (necessária); a adequada é a que se justifica como tal. Esta última evidência é a única que fica, por assim dizer, "preenchida" ou "cumprida" por meio de um princípio geral de justificação.

Pode-se perguntar se há algum fundamento comum a todas as formas de evidência. Propomos, para isso, o reconhecimento do caráter essencialmente relacional da evidência, caráter este que não foi devidamente enfatizado nas tentativas de distinção entre a evidência e a vivência da evidência. Como aponta Hessen, "o que quer que se entenda por evidência, não se pode prescindir nela da relação com a consciência cognoscente, seja essa relação — a partir do objeto ou do fato — caracterizada como um ver claramente, seja — a partir da consciência — como um intuir ou perceber" (*Teoria do conhecimento*, V, 2).

⊃ Obras sistemáticas e históricas, assim como sobre autores: H. Bergmann, *Untersuchungen zum Problem der Evidenz der inneren Wahnehmung*, 1908. — Caspar Isenkrahe, *Zum Problem der Evidenz*, 1917. — Joseph Geyser, *Ueber Wahrheit und Evidenz*, 1918. — Franz Brentano, *Wahrheit und Evidenz. Erkenntnistheoretische Abhandlungen und Briefe*, ed. O. Kraus, 1930. — Paul Wilpert, *Das Problem der Wahrheitssicherung bei Thomas von Aquin. Ein Beitrag zur Geschichte des Evidenzproblems*, 1931 [Beiträge zur Geschichte der Philosophie und Theologie des Mittelalters, XXX, 3]. — C. Vier, *Evidence and Its Function according to J. Duns Scotus*, 1950. — R. M. Chisholm, *Perceivin: a Philosophical Study*, 1957 (Parte II). — Alf Nyman, *Évidence logique et évidence géometrique: Considérations de conceptologie historique et de logique experimentale*, 1959. — Leonardo Polo, *Evidencia y realidad en Descartes*, 1961. — Anneliese Maier, "Das Problem der Evidenz in der Philosophie des 14. Jahrhunderts", *Scholastik*, 38 (1963), 183-225. — Robert J. Fogelin, *Evidence and Meaning*, 1967. — David Michael Levin, *Reason and Evidence in Husserl's Phenomenology*, 1970. — A. J. Ayer, *Probability and Evidence*, 1972. — Klaus Rosen, *Evidenz in Husserl's deskriptiver Transzendentalphilosophie*, 1977. — W. J. Edgar, *Evidence*, 1980. — C. Glymour, *Theory and Evidence*, 1980. — N. M. L. Nathan, *Evidence and Assurance*, 1980. — P. Horwich, *Probability and Evidence*, 1982. — G. Heffernan, *Bedeutung und Evidenz bei E. Husserl*, 1983. — J. L. Craft, R. E. Hustwit, eds., *Without Proof of Evidence: Essays of O. K. Bouwsma*, 1984 [sobre religião e cristianismo]. — F. C. Benenson, *Probability, Objectivity and Evidence*, 1984. — T. Hines, *Pseudoscience and the Paranormal: A Critical Examination of the Evidence*, 1988. ⊂

EVOLUÇÃO, EVOLUCIONISMO. Limitando-nos a seu significado originário (*evolutio*, do verbo *evol-*

vo), o vocábulo 'evolução' designa a ação e o efeito de desenrolar-se, desdobrar-se, desenvolver-se algo. 'Evolução' é um dos termos em uma numerosa família de vocábulos em cuja raiz encontra-se a idéia ou a imagem de rodar, correr, dar voltas: 'involução', 'devolução', 'circunvolução' e outros similares. A idéia ou imagem que 'evolução' suscita é a do desenrolar, do desenvolvimento de algo que estava enrolado, dobrado ou envolvido. Uma vez desenvolvida ou desdobrada, uma realidade pode reenvolver-se ou redobrar-se. À evolução pode suceder a involução. Além da citada idéia ou imagem de desenvolvimento do envolvido, encontramos em 'evolução' a idéia de um processo ao mesmo tempo gradual e ordenado, diferentemente de revolução, que é um processo de desenrolar súbito e possivelmente violento.

O processo em questão pode, em princípio, afetar qualquer realidade. Pode afetar idéias ou conceitos, dos quais também se pode dizer que se desenvolvem ou que podem se desenvolver. Entretanto, seria abusivo adscrever 'evolução' às idéias ou aos conceitos, exceto quando nos referirmos à chamada "evolução histórica". Mas então não são as idéias ou os conceitos que propriamente evoluem: antes evoluem as atitudes e as opiniões sobre tais idéias e conceitos. Não há inconveniente em falar da "evolução de uma idéia" sempre que tenhamos presente que a idéia não "evolui" do mesmo modo que pode "evoluir" um organismo. Uma idéia ou um conceito podem conter certos elementos que se manifestam apenas sucessivamente. Porém é mais adequado dizer que a idéia ou o conceito vão explicitando o que neles se encontrava implícito, e que nessa explicitação o importante não é o processo temporal, mas a passagem do menos específico para o mais específico, dos princípios para as conseqüências. Se nos limitarmos apenas às imagens suscitadas pelos vocábulos correspondentes, poderemos aceitar a idéia de que os termos 'evolução' e 'involução' encontram-se, em seu significado "intuitivo", muito próximos de termos como 'explicação' e 'implicação' (ou também 'complicação'). Além disso, se considerarmos a história dos vocábulos, teremos de reconhecer que eles foram utilizados em contextos muito diversos. Para alguns místicos do final da Idade Média e do Renascimento, por exemplo, a palavra *explicatio* designa a manifestação ou automanifestação de uma realidade: a *explicatio Dei* (Nicolau de Cusa) é equivalente à teofania. Por outro lado, alguns autores tomaram o conceito de evolução em um sentido metafísico, como desenvolvimento de uma realidade ou, melhor, da Realidade. Um exemplo dessa tendência é a filosofia de Hegel, para o qual o real *é* des-envolvimento (*Ent-wicklung*). Por fim, outros autores estudaram a evolução em um sentido mais "concreto", seja em um sentido predominantemente histórico (como ocorre em vários filósofos da Ilustração: Turgot, Condorcet etc.), seja em um sentido biológico (como é o caso das grandes teorias evolucionistas do século XIX).

Em vista de tudo isso, cabe concluir que é melhor qualificar os distintos significados de 'evolução' (ou de termos cujo significado é próximo do de 'evolução'). Pode-se falar então de evolução em sentido teológico, metafísico, histórico, biológico etc., ou, como indicamos anteriormente, de evolução em sentido "conceitual". Todavia, separar excessivamente os significados levaria a esquecer que há elementos comuns no conceito de evolução. Esses elementos comuns são, inevitavelmente, de caráter muito geral.

Cabe falar de uma história da evolução ou, melhor, do evolucionismo como doutrina segundo a qual a realidade inteira ou pelo menos certas realidades, como as espécies animais, não são estáticas, ou não seguem padrões imutáveis e eternos. Dentro dessa história, figuram algumas manifestações do pensamento chinês e indiano, especialmente quando se admite que há algum princípio último do qual foram surgindo todas as coisas (as quais, além disso, podem ser simplesmente "aparências" desse princípio). Observou-se que vários pré-socráticos, como Anaxímenes e Anaximandro, declararam-se em favor da idéia de que as plantas, os animais e os seres humanos se originaram — ou foram se originando — a partir de princípios e forças vitais básicas. A esse respeito, ao menos uma parte da filosofia pré-socrática concebe o mundo de modo distinto, e mais "dinâmico" do que Platão, e até mesmo do que Aristóteles, os quais influenciaram muito a concepção "estática" e "fixista" do mundo e das espécies orgânicas.

Nos séculos XVI, XVII e XVIII ressurgiram as teorias "evolucionistas", particularmente as teorias concernentes ao desenvolvimento do universo e à evolução do sistema solar. A astronomia, a geologia e a paleontologia contribuíram para a difusão de idéias evolucionistas. Estas se desenvolveram ao longo de várias linhas, das quais mencionaremos quatro, não necessariamente em ordem cronológica.

Primeiro, as diversas doutrinas — "doutrinas ontogenéticas" — que forjaram, antes do século XIX, uma explicação para o fato de que de um germe possa emergir um organismo inteiro. Leibniz já sublinhara que a diferença entre o germe e o organismo adulto parece muito grande apenas quando não são levadas em conta as fases intermediárias segundo a "lei da continuidade". Mas com isso ela apenas indica uma "condição formal geral" no desenvolvimento (condição sem a qual, além disso, não se pode falar propriamente de desenvolvimento). Durante o século XVIII discutiu-se muito o modo como efetivamente ocorre a "evolução" do organismo: se mediante epigênese (ou sucessiva incorporação de partes) ou mediante pré-formação (ou crescimento de um organismo já formado no início, embora

em proporção mais reduzida). Tratava-se aqui de dar conta do processo ontogenético (como ocorrera, ademais, desde a Antiguidade, como pode ser visto no *De generatione animalium*, de Aristóteles). A doutrina ontogenética pré-formista recebeu o nome de "evolucionista" porque se supunha que existia um autêntico desenvolvimento daquilo que havia sido previamente "envolvido". Essa doutrina, além disso, foi sendo elaborada e refinada considerando-se que o germe não tem de ser necessariamente um modelo "em escala reduzida" do organismo adulto, mas simplesmente conter as substâncias das quais vai emergindo o organismo adulto em relação com o meio. As citadas doutrinas ontogenéticas são muito distintas das posteriores doutrinas filogenéticas, como indicou Oscar Hetwig em sua obra *Gênese dos organismos* (v. I, cap. i), mas as primeiras às vezes manipulam conceitos similares aos que são usados pelas segundas.

Várias idéias surgidas como conseqüência dos trabalhos de Lineu (Carolus Linnaeus: 1707-1778), Cuvier (Georges Léopold Chrétien Frédéric Dagobert, Baron de Cuvier: 1769-1832) e Buffon (VER) constituíram outra linha das teorias evolucionistas. Em seu *Systema naturae* (1735), Lineu apresentou uma detalhada classificação de plantas, animais e minerais; em seus *Genera plantarum* (1737) e *Species plantarum* (1753) ele classificou as plantas segundo características sexuais, e as descreveu segundo gêneros e espécies; e em uma posterior (10ª) edição do *Systema naturae* (1758) ele estendeu o sistema adotado para as plantas aos animais. Em várias obras (*Tableau élémentaire de l'histoire naturelle des animaux*, 1798; *Mémoires sur les espèces d'éléphants vivants et fossiles*, 1800; *Leçons d'anathomie comparée*, 5 vols., 1801-1805; *Le regne animal distribué d'après son organisation*, 1817), Cuvier apresentou um sistema de classificação zoológica fundado em grande parte em dados paleontológicos. Falamos da *Histoire naturelle*, de Buffon, no verbete que lhe dedicamos. Como em todos esses casos trata-se principalmente de taxonomias, parece que em princípio elas não são compatíveis com a idéia de evolução das espécies. O que ocorreu, no entanto, foi que os trabalhos desses autores favoreceram a idéia de considerar se houve ou não mudanças nas espécies; em alguns casos, ademais, como ocorre em Buffon, havia ao mesmo tempo idéias a favor e contra o evolucionismo. Merece atenção uma observação de Bergson sobre isso: "A idéia do transformismo já se encontra em germe na classificação geral dos seres organizados. O naturalista, com efeito, aproxima entre si os organismos que se assemelham e depois divide o grupo em subgrupos no interior dos quais a semelhança é ainda maior, e assim sucessivamente. Ao longo dessa operação as características do grupo emergem como temas gerais sobre os quais cada um dos grupos executará suas variações particulares", e isso de tal modo que, mesmo supondo que o transformismo é culpado de erro, a doutrina não seria afetada no que tem de mais importante; de fato, "a classificação subsistiria em suas grandes linhas". Embora se tratasse de um parentesco ideal, "ainda seria preciso admitir que apareceram sucessivamente — e não simultaneamente — as formas entre as quais se revela tal parentesco" (*L'évolution créatrice*, 1907, pp. 24ss.).

Outro foco de difusão das idéias foram as noções de "desenvolvimento", "evolução" e "progresso" introduzidas no século XVIII e difundidas por vários filósofos da Ilustração. Lovejoy (*The Great Chain of Being. A Study of the History of an Idea*, 1936; cit. por A. G. N. Flew, *Evolutionary Ethics*, 1967, p. 7) indicou que a hipótese da derivação de todas as espécies a partir de um número reduzido de antepassados foi proposta pelo Presidente da Academia de Ciências de Berlim, Maupertuis, em 1745 e 1751, e por Diderot em 1749 e 1754.

A quarta tendência são as tentativas de conceber a evolução em relação com um devir (VER), seja ele de caráter orgânico e humano ou de caráter universal e cósmico. O devir de caráter orgânico e humano foi uma das idéias centrais em autores como Herder. A chamada "filosofia natural romântica" alemã, representada por Schelling (VER) e por Oken (VER), contribui para a difusão das idéias de uma evolução, e de um progresso, de "formas" a partir de "formas primitivas". Pode-se mencionar com relação a isso também a idéia goethiana da "protoforma" (*Urform*). É difícil considerar a filosofia de Hegel como "evolucionista", mas a insistência hegeliana no devir e no processo contribuiu muito para a difusão da idéia de evolução. Esta implica transformação, e não é surpreendente que haja conexões entre a noção de evolução universal ou cósmica e a de transformismo.

O evolucionismo orgânico ou transformismo desenvolveu-se sobretudo no século XIX. Esse tipo de evolucionismo constituiu o principal tema de discussão de meados do século passado até hoje. Os filósofos nos quais a noção de evolução desempenhou um lugar central (Nietzsche, Peirce, Dewey) entenderam a evolução principalmente em um sentido orgânico, inclusive quando aludiram a uma evolução universal ou cósmica. Em muitos casos, a idéia de evolução esteve ligada à de desenvolvimento de formas de alguma maneira "preexistentes", e essas formas são, na maior parte dos casos, de caráter orgânico. Em *De l'explication dans les sciences*, Meyerson apontou que "a imagem que constitui o fundo dessas locuções ['evolução', 'desenvolvimento', 'desenrolar' e inclusive 'explicação'] é de caráter pré-formista; e isso significa 'orgânico' ou 'biológico'".

Um período importante na história da moderna idéia de evolução e na história das concepções evolucionistas é o período de 1809 a 1833. Em 1809 Lamarck (VER) publicou sua *Philosophie zoologique* e em 1815 sua *Histoire naturelle des animaux sans vertebres*. Nessas obras, e especialmente na primeira delas, Lamarck desenvolveu uma doutrina evolucionista que, embora em geral tenha sido substituída pela posterior de Darwin, continuou influenciando muitos autores, especialmente na França; quando se fala de evolucionismo, pode-se entendê-lo como um "lamarckismo" ou como um "darwinismo". Em 1830 ocorreu uma estrondosa polêmica entre Cuvier (cf. *supra*) e Geoffroy Saint-Hilaire (Étienne Geoffroy Saint-Hilaire: 1772-1844). Discutiuse se havia ou não um plano orgânico na formação das espécies. Geoffroy Saint-Hilaire (*Philosophie anatomique*, 2 vols., 1818-1822) defendeu a idéia desse plano orgânico. Cuvier se opôs a ela. Geoffroy Saint-Hilaire defendeu o chamado "uniformismo", enquanto Cuvier defendeu o "catastrofismo". Nesse debate os dados geológicos e paleontológicos eram tão importantes quanto as taxonomias orgânicas — e até mais importantes que elas. O geólogo Charles Lyell (1797-1875), que influenciou muito Darwin, defendeu o uniformismo em seus *Principles of Geology* (3 vols., 1830-1833, reimpressos com freqüência), assim como, depois, em sua obra *The Geological Evidences of the Antiquity of Man* (1863), derrotando, ou pondo na defensiva, os partidários do catastrofismo.

Darwin proporcionou um "esboço histórico" do "progresso da opinião sobre a origem das espécies" em uma das edições de *The Origin of Species*, em que fala, entre outros, de Lamarck e de Étienne Geoffroy Saint-Hilaire (assim como de seu filho, o zoólogo Isidore Geoffroy Saint-Hilaire [1805-1861]). Referimo-nos a esse "esboço" com maior detalhamento no verbete DARWINISMO, no qual também falamos da contribuição de Alfred Russel Wallace (VER) para a teoria da evolução. O ano de 1858, data da apresentação conjunta das comunicações de Wallace e de Darwin, e o ano de 1859, data de publicação da *Origem das espécies*, são os dois anos mais importantes na história do evolucionismo moderno.

O termo 'evolucionismo' pode ser tomado em um sentido relativamente amplo para designar o lamarckismo, o darwinismo, assim como sistemas filosóficos do tipo de Spencer (VER), ao qual Darwin também se referiu no mencionado "esboço histórico". Spencer definiu a 'evolução' como "a integração da matéria e a dissipação concomitante do movimento por meio da qual a matéria passa de um estado de homogeneidade indeterminada e incoerente para um estado de heterogeneidade determinada e coerente". Pode-se falar, neste caso, de "evolução cósmica" ou "evolução universal" e não apenas de "evolução biológica". Há muitas doutrinas filosóficas que levam em conta ou até se fundam no evolucionismo. Em alguns poucos casos, tendem, como Bergson, ao lamarckismo; na maior parte dos casos, elas tendem ao darwinismo. Isto e o fato de ter havido numerosas polêmicas em torno do evolucionismo com relação às teorias de Darwin explicam por que 'evolucionismo' e 'darwinismo' são freqüentemente utilizados como sinônimos.

Na história do evolucionismo a partir de Darwin destacam-se os nomes de Thomas Henry Huxley e Julian Huxley (VER), Ernst Haeckel (VER; cf. também *infra*), assim como William Kingdon Clifford (VER), G. J. Romanes (VER), Karl Paerson (VER) e Eduard Westermarck (VER). Uma forma especial de evolucionismo é o darwinismo social (VER). As doutrinas evolucionistas, especialmente as de molde filosófico, têm características muito diversas. Algumas são mecanicistas e outras, vitalistas ou "holistas". A idéia de evolução emergente (VER) foi defendida por Lloyd Morgan (VER), assim como por Samuel Alexander (VER), McDougall (VER), H. Wildon Carr (VER) e Bergson (VER). O evolucionismo "holista" ou "holismo" (VER) foi defendido por Jan Christian Smuts (1870-1950; *Holism and Evolution*, 1926). Segundo Smuts, o universo pode ser descrito como um conjunto evolutivo formado por totalidades que dão origem, por sua vez, em séries emergentes, a novas totalidades. Boodin (VER) também difundiu um evolucionismo emergentista e "holista".

Depois de Darwin foram suscitados numerosos debates acerca do modo como se entende que pôde ocorrer a evolução das espécies. Autores como Ernst Haeckel generalizaram as idéias fundamentais darwinianas proclamando o paralelismo da ontogenia (evolução do organismo) e a filogenia (evolução da espécie ou espécies). Isso foi chamado por Haeckel (e outros) de "a lei fundamental biogenética", hoje em dia aceita por pouquíssimos autores. Hugo de Vries (1848-1935: *Die Mutationstheorie. Versuche und Beobachtungen über die Entstehung der Arten im Pflanzenreich*, 2 vols., 1901-1903) propôs sua "teoria das mutações bruscas", em oposição ao "continuísmo" que prevalecia em muitas doutrinas evolucionistas biológicas. Autores como Louis Vialleton chegaram a conclusões mais ou menos antievolucionistas mostrando a impossibilidade de reduzir a um tronco comum os ramos paralelos das distintas árvores genealógicas das espécies.

Um ponto muito debatido na teoria evolucionista biológica é o da chamada "herança dos caracteres adquiridos". É comum afirmar que — contrariamente ao que é sustentado, ou implicado, pelo lamarckismo — essa herança não existe. Por outro lado, as doutrinas de I. V. Michurin e T. D. Lysenko defendem em parte a herança dos caracteres adquiridos. Hoje tende-se a concluir que uma característica é adquirida somente na medida em que os genes se desenvolvem em certo meio. O meio é um dos elementos do desenvolvimento do caráter. Segundo Theodosius Dobzhansky (*Mankind Evolving: The Evolution of the Human Species*, 1961), pode-se afirmar que as mudanças se dão por transmissão hereditária (genes) em condições fixas (ou normais). Quando mudam as condições, mudam os caracteres. Em suma, o caráter é o resultado de uma interação entre os genes e o meio. Ademais, deve-se observar que quando se fala de evolução e de "caracteres" deve-se distinguir a evolução de um organismo da evolução da espécie (o que no caso do homem implica a diferença entre a evolução do homem [indivíduo] e a da espécie humana). Essa distinção nem sempre é clara nas discussões filosóficas sobre a idéia de evolução.

Nas duas últimas décadas abriu caminho, entre biólogos e filósofos da natureza, a idéia de que o conceito de evolução nos organismos biológicos é parte de um conceito mais geral de evolução que afeta também a natureza inorgânica e culmina (mas não necessariamente termina) no homem e na cultura e na história humanas. Esse esquema evolucionista generalizado foi defendido tanto por certos autores que vêem na evolução um sentido espiritual, como por aqueles que adotam um ponto de vista alheio a toda valoração. Entre os primeiros destacam-se Pierre Lecomte du Noüy, Pierre Teilhard de Chardin (VER) e Albert Vandel. Entre os segundos destacam-se os biólogos e filósofos que se ocuparam dos conceitos subjacentes no chamado "neodarwinismo" (Julian Huxley [VER] e outros). São esclarecedores para essa última posição os trabalhos contidos na obra coletiva em três volumes publicada em Chicago por ocasião da celebração do centenário da publicação da Origem das espécies. A evolução biológica aparece aqui (como declarou Julian Huxley) como uma fase em um processo evolutivo total composto por três momentos distintos: a fase inorgânica ou pré-biológica, a orgânica ou biológica e a humana ou pós-biológica. Cada uma dessas fases tem suas próprias peculiaridades e seu próprio *tempo*, embora as três estejam ligadas em um processo evolutivo geral. O característico da primeira fase, ou evolução inorgânica, é a formação de elementos físico-químicos complexos até que se constituam as condições que tornam possível o mundo orgânico. O característico da segunda fase, ou evolução biológica, é a formação de organismos que surgem e se eliminam por meio de seleção natural, e que se desdobram em unidades orgânicas de ordens crescentemente mais complexas. O característico da terceira fase, ou evolução humana, é o processo da cultura e a possibilidade de uma "filogenia de formas culturais". Se há ou não há "propósito" nessa evolução é um assunto muito discutido e discutível. Hoje, em geral, não se admite uma teleologia no processo evolutivo, mas se admite a possibilidade de processos teleonômicos, isto é, de processos que possuem sua própria "direção".

Em sua obra *La alimentación, base de la biología evolucionista* (3 vols., I, 1978), Faustino Cordón apresenta uma nova síntese evolucionista e monista na qual mostra os vários estados na evolução — protoplasma, célula e animal — como níveis nos quais se manifestam os graus de integração e organização dos seres vivos. A captação da matéria e da energia do meio com o fim de manter sua existência é a característica fundamental de um ser vivo. Cordón elabora um sistema conceitual destinado a sistematizar os resultados das pesquisas biológicas em uma concepção monista-evolucionista.

Os epistemólogos ocuparam-se do problema da explicação dos processos evolutivos, especialmente na evolução biológica. Concluiu-se que a explicação evolutiva não é, nem pode ser, uma explicação de natureza dedutiva, mas que podem existir explicações dos processos evolutivos por meio de leis que mostram como de um grupo de condições iniciais desenvolve-se (ou, melhor, "desenvolveu-se") um certo processo (Ernst Nagel [VER]), que produz certas outras condições, ao mesmo tempo regidas por certas leis.

As obras de vários dos autores mencionados no texto foram indicadas nos verbetes correspondentes.

⊃ Para as obras filosóficas e a análise de diversos problemas relativos à evolução, ver: James Croll, *The Philosophical Basis of the Evolution*, 1890. — O. Hertwig, *Ältere und neuere Entwicklungstheorien*, 1892. — André Lalande, *La dissolution opposée à l'évolution dans les sciences physiques et morales*, 1898 (2ª ed. modif., *Les illusions évolutionnistes*, 1921. — L. T. Hobhouse, *Mind in Evolution*, 1901. — Id., *Morals in Evolution*, 2 vols., 1906. — J. M. Baldwin, *Development and Evolution*, 1902. — G. Richard, *L'idée d'évolution dans la nature et dans l'histoire*, 1903. —M. Calderoni, *L'evoluzione e i suoi limiti*, 1906. — Henri Bergson, *L'Évolution créatrice*, 1907. — Theodore de Laguna, *Dogmatism and Evolution*, 1910 (em colaboração com Grace A. de Laguna). — Id., *The Factors of Social Evolution*, 1926. — Hans Driesch, *Logische Studien über Entwicklung*, 2 vols., 1818-1819. — Roy Wood Sellars, *Evolutionary Naturalism*, 1922. — John Elof Boodin, *Cosmic Evolution*, 1923. — C. Lloyd Morgan, *Emergent Evolution*, 1923. — H. W. B. Joseph, *The Concept of Evolution* (H. Spencer Lecture), 1924. — E. Noble, *Purposive Evolution*, 1926. — L. Whittaker, *The Metaphysics of Evolution with Other Essays*, 1926. — Jan Christian Smuts, *Holism and Evolution*, 1926. — Édouard le Roy, *L'exigence idéaliste et le fait de l'évolution*, 1927. — Id., *Les origines humaines et l'évolution de l'intelligence*, 1928. — C. C. Hurst, *The Mechanism of Creative Evolution*, 1932. — Stefano Cannavo, *La teoria dell'evoluzione in attesa dell'ultima parola*, 1933. — Arnold Reymond et al., *Les doctrines de l'évolution et de l'involution envisagées dans leurs conséquences politiques et sociales* (Soc. Franç. de Philosophie, sessão do dia 4-III-1993. Boletim, 1933, pp. 1-52). — Charles Earle Raven, *Evolution and the Christian Con-*

cept of God (Ridell Memorial Lectures, 1935), 1936. — Cornelia G. Le Boutillier, *Religious Values in the Philosophy of Emergent Evolution*, 1936. — Kurt Breysig, *Gestaltungen des Entwicklungsgedankens*, 1940. — Jean Perrin, *Évolution*, 1941. — Pierre Lecomte du Noüy, *L'Avenir de l'esprit*, 1941. [Evolucionismo telefinalista; o cálculo de probabilidades mostra, segundo o autor, que a origem da vida e sua evolução não são acasos "cegos"]. — J. Przyluski, *L'évolution humaine*, 1942. — G. Salet, L. Lafont, *L'évolution régressive*, 1943. — François Meyer, *L'accélération évolutive*, 1947. — Id., *Problématique de l'évolution*, 1954. — P. Teilhard de Chardin, *La question de l'homme fossile. Découvertes récentes et problèmes actuels*, 1948. — Id., *Le phénomène humain*, 1955 (*Oeuvres*, I). [O homem é, segundo o autor, a culminação da evolução biológica. Há finalismo apenas quando os seres vivos alcançam certo grau de desenvolvimento]. — A. Vandel, *L'homme et l'évolution*, 1948. [Há, segundo o autor, dois tipos de evolução: a progressiva e a regressiva]. — G. H. Duggan, *Evolution and Philosophy*, 1949. — G. Dingemans, *Formation et transformation des espèces*, 1956. — Julian Huxley, C. G. Simpson et al., *Evolution AfterDarwin*, 3 vols., 1960. — Thomas A. Goudge, *The Ascent of Life: A Philosophical Study of Evolution*, 1961. — Mario Sancipriano, *L'evoluzione ideale. Fenomenologia pura e teoria dell'evoluzione*, 1957; 2ª ed., 1961. — A. G. van Melsen, *Evolution and Philosophy*, 1965. — M. Greene, *The Understanding of Nature*, 1974. — F. J. Ayala, *Origen y evolución del hombre*, 1980. — H. Holz, *Evolution und Geist*, 1981. — E. Sober, *The Nature of Selection: A Philosophiacal Inquiry*, 1984. — F. M. Wuketits, *Evolutionstheorien*, 1988.

Sobre evolucionismo e platonismo: R. Berthelot, *Evolutionnisme et platonisme*, 1908.

Sobre o conceito de evolução (desenvolvimento) em Aristóteles: H. Maier, *Der Entwicklungsgedanke bei Aristoteles*, 1909. — S. Blundell, *Theories of Evolution in Antiquity*, 1985.

Sobre a noção de "emergência", ver (além dos livros de Morgan, Noble e Le Boutillier citados anteriormente) a bibliografia de EMERGENTE.

Para uma exposição do problema da evolução do ponto de vista biológico, ver: Julian Huxley, *Evolution: the Modern Synthesis*, 1942. — George Gaylord Simpson, *The Meaning of Evolution: A Study of the History of Life and Its Significance for Man*, 1951. — Id., *The Major Features of Evolution*, 1953. — T. Dobzhansky, F. J. Ayala, G. L. Attebbins, J. W. Valentine, *Evolution*, 1977. — E. Jantsch, *The Self Organizing Universe: Scientific and Human Implications of the Emerging Paradigm of Evolution*, 1980. — M. Greene, E. Mayr, F. Ayala et al., *Evolution at a Crossroads: The New Biology and the New Philosophy of Science*, 1985, eds. D. J. Depew e B. H. Weber. — M. Ruse, *Taking Darwin Seriously: A Naturalistic Approach to Philosophy*, 1986.

Ver também a bibliografia de DARWINISMO e SPENCER, HERBERT. ℭ

EVOLUCIONISMO. Ver EVOLUÇÃO, EVOLUCIONISMO.

EX NIHILO FIT ENS CREATUM. Ver CRIAÇÃO; EX NIHILO NIHIL FIT; NADA.

EX NIHILO NIHIL FIT (Do nada nada advém). No verbete NADA nos referimos a esse princípio no pensamento grego, contrastando-o com o princípio *Ex nihilo fit ens creatum* da teologia cristã. Complementaremos aqui a informação oferecida naquele verbete com algumas referências históricas.

O princípio em questão foi sustentado conseqüentemente pelos eleatas. Parmênides (VER) (Diels-Kranz, 28 B fr. 8, 9) assinala que do Não-Ser ("Nada") não se pode nem sequer falar, em virtude do princípio de que apenas o Ser é; o Não-Ser (o Nada) não é. O Ser sempre foi (onde "sempre" não significa "todo o tempo", mas antes eternamente). Melisso de Samos assinala que o Ser não pode originar-se ou ser gerado, pois, nesse caso, deveria surgir do nada, mas, se ele fosse nada, não poderia ser gerado do nada, οὐδαμὰ ἂν γένοιτο οὐδὲν ἐκ μηδενός (Diels-Kranz, 30 B, 1 [o fragmento é considerado por muitos como uma paráfrase]). Tampouco para Aristóteles algo pode ser gerado do Não-Ser, mas sempre que esse Não-Ser seja entendido como μὴ ὄν, *simpliciter*; por outro lado, pode surgir algo da privação (VER), na medida em que esta é privação de algo (*Phys.*, I, viii). O princípio de que nada surge do nada foi insistentemente afirmado pelos epicuristas (cf. citação de Lucrécio em NADA).

Os autores cristãos, na medida em que mantiveram a idéia de que o mundo foi criado do nada por Deus, não podiam aceitar integralmente o referido princípio. Contudo, sustentou-se esse princípio no que se refere às coisas criadas. Para o mundo natural, com efeito, é verdade que *ex nihilo nihil fit*: "Nenhum ser criado pode produzir um ser absolutamente". O que acontece é que o próprio mundo em sua totalidade, como Ente que é, foi criado (cf. Santo Tomás, *S. theol.*, I, q. XLV, art. 5). Alberto Magno sustentou, ao tratar a questão da eternidade (VER) do mundo, que quando se fala das coisas naturais na linguagem natural (da ciência natural) — *de naturalibus naturaliter* — pode-se dizer que a geração nunca cessou, nem cessará. Egídio Romano e João Buridan (entre outros) tinham muitas considerações análogas, embora fossem mais longe que Santo Tomás e Alberto Magno. Quando se fala das coisas naturais (*cum loquamur de naturalibus*) pode-se afirmar o *ex nihilo nihil fit* (cf. Anneliese Meier, *Metaphysische Hintergründe der spätscholastischen Naturphilosophie*, 1955, pp. 14ss.). Uma coisa é falar teologicamente; outra é falar filosoficamente (ou "naturalmente"). Pois bem, enquanto em Santo Tomás essas duas coisas têm de coincidir em algum momento, não é certo que isso ocorra sempre em Egídio Romano e em João Buridan. Diz-se, é verdade, que, enquanto a idéia de que o mundo foi criado por Deus é uma verdade absoluta, a idéia de que nada surgiu do nada é uma verdade "provável" (diferentemente dos gregos, para os quais era um princípio absolutamente evidente e incontroverso). Mas é difícil determinar até que ponto alguns autores se aproximam da tese do *ex nihilo nihil fit* como princípio verdadeiro mais que como tese provável em virtude do modo "ambíguo" adotado em alguns de seus textos. Algo semelhante pode ser dito dos filósofos da chamada "Escola de Pádua" (VER) como Pedro de Abano, Agostinho Nifo e outros.

Na época moderna o princípio *ex nihilo nihil fit* foi tratado quase sempre como irrefutável, sobretudo na medida em que os pensadores se ocuparam de questões filosóficas e científicas mais que de questões teológicas. É verdade que ao chegar a certos limites que tocavam questões teológicas supunha-se freqüentemente não apenas que o mundo foi criado do nada, mas inclusive que sua existência depende de uma *creatio continua* (Descartes) ou, se se preferir, da contínua presença de Deus como Espírito universal (Berkeley). O princípio que nos ocupa aqui serviu de hipótese última a não poucos desenvolvimentos da ciência natural moderna, especialmente da mecânica, e em muitas ocasiões foi estreitamente vinculado ao determinismo (VER). Hoje em dia não se é tão dogmático no assunto, mas apenas porque se reconhece que um princípio como o que foi apontado é demasiadamente vasto para enunciar algo determinado sobre os processos naturais; diz pouco justamente por pretender dizer muito.

EXECUTIVO. Traduzimos pelo termo 'executivo' o vocábulo *performative* introduzido por J. L. Austin (VER). Traduziremos com as palavras 'expressões executivas' a expressão do mesmo Austin, *performative utterances*. O termo espanhol 'ejecutivo' é, dentro do nosso contexto, ao menos tão "feio" quanto o é, segundo Austin, o neologismo inglês, mas diz com bastante aproximação o que Austin pretende dizer. Austin assinala que o termo *operative* ('operativo') também seria adequado, mas é melhor descartá-lo para que não se pense em certos outros usos de *operative*. O mesmo pode ser dito de 'operativo'.

Austin trata das expressões executivas no artigo "Performative Utterances" [1956], publicado em seus *Philosophical Papers*, eds. J. O. Urmson e G. J. Warnock [1961, pp. 220-239]; na comunicação intitulada "Performatif-Constatif", apresentada no Colóquio de Royaumont sobre a filosofia analítica (texto publicado no vol. *La philosophie analytique* [1962, pp. 271-281] "Cahiers de Royaumont. Philosophie", 4; pp. 282-304 com "Discussão sobre a comunicação de Austin e com intervenções de E. Weil, R. Hare, Ph. Devaux, J. Wahl, Ch. Perelman, E. Poirier e, é claro, do próprio Austin); e em *How to do Things with Words* (1962) [The William James Lectures, Harvard University, 1955] — embora neste último volume, como veremos, substitua-se a distinção entre "executivo" e "constativo" (de 'constar', 'fazer constar') por uma teoria mais geral. Antes de tratar desta teoria procederemos à explicação do significado de 'executivo' e de 'expressões executivas' no sentido de Austin.

Austin distingue 'executivo' e 'constativo' indicando que enquanto as expressões constativas "fazem constar" algo determinado, que pode ser verdadeiro ou falso, as executivas são caracterizadas pelo fato de que a pessoa que as emprega *faz* algo (isto é, *executa* algo) ao utilizá-las, em vez de meramente *dizer* algo. Exemplos de expressões executivas são: "Desculpo-me", "Batizo-te com o nome de 'Tiago'", "Prometo". Não se pode alegar que essas expressões descrevem um "estado interior" da pessoa que as utiliza e que por isso podem ser verdadeiras ou falsas segundo seja verdadeiro ou falso o suposto "estado interior". "Desculpei-me", "Batizei-te [ou Batizei-o]" com o nome de 'Tiago'", "Prometi", efetivamente podem ser expressões verdadeiras ou falsas, mas não as mesmas expressões na primeira pessoa do presente do indicativo. Com efeito, estas últimas expressões requerem, para ser aceitas como tais, um pronunciamento dentro de certas circunstâncias e convenções. Se alguém que não está autorizado a isso batiza alguém [ou algo] com o nome de 'Tiago', não por isso o batizado [ou aquilo que é batizado] é efetivamente batizado. Mas isso equivale a dizer que não foi realmente batizado, ou a dizer apenas que foi mal batizado. Pode-se dizer "Prometo" e ter a intenção de não cumprir o que foi prometido, mas isso não significa que "Prometo" seja falso; isso apenas quer dizer que se prometeu sem sinceridade. Por isso as expressões executivas podem ser, como diz Austin, "felizes" ou "infelizes". Outras expressões executivas são aquelas nas quais de um modo impessoal se anuncia ou se proíbe algo. Assim, por exemplo, "É proibido jogar papéis" é uma expressão executiva porque é ao mesmo tempo execução do ato de proibição.

Austin reconhece que há certas expressões difíceis de classificar como executivas ou não-executivas. Desse modo, dizer "És um vagabundo" pode ser executivo se ao dizê-lo se "faz" ou "executa" algo (se se censura uma pessoa), mas pode não ser executivo se ao dizê-lo se insulta a pessoa da qual se diz que é vagabunda. Mas tudo isso mostra simplesmente que a linguagem (e o mundo) é assunto complicado e não se deixa reduzir a esquemas absolutamente bem definidos e alinhados: "A vida e a verdade e as coisas tendem a ser complicadas. As coisas não; os filósofos é que são simples" ("Performative Utterances", em *op. cit.*, p. 239).

Nas conferências de 1955, *How to Do Things with Words* (cf. *supra*), Austin submete os termos 'executivo' e 'constativo' a uma análise detalhada. Uma das conseqüências é que a distinção entre expressões executivas e expressões constativas — as primeiras, "felizes" ou "infelizes"; as segundas, verdadeiras ou falsas — não é tão óbvia quanto parece. Podem ser utilizados vários estratagemas com o fim de fazer que uma expressão executiva o seja ao máximo, e para passar do que Austin chama de "executivo primário" para o "executivo explícito", mas as dificuldades continuam existindo; além disso, percebe-se logo que junto a expressões executivas explícitas há expressões semidescritivas e descritivas. Isso leva Austin a considerar mais detalhadamente os possíveis verbos executivos, a distinguir o ato fonético (produção de certos sons), o ato fático (elocução de certos vocábulos) e o ato rético (execução do ato de utilizar tais vocábulos); a introduzir a noção de "ato ilocucionário" (VER), ou seja, "a execução de um ato *ao* dizer algo, em contraste com a execução do ato *de* dizer algo" (*op. cit.*, p. 99). Exemplo de ato ilocucionário é "Argumento que...", diferente do ato locucionário (VER) ("Disse que...") e do ato perlocucionário (VER) ("Convenceu-me de que...") (*op. cit.*, p. 102). O ato ilocucionário possui certa *força ao* dizer algo (*op. cit.*, p. 121). Pode-se falar, assim, de "forças ilocucionárias". Em suma, para todas as expressões de que Austin se ocupou pode-se falar de: 1) da dimensão de felicidade/infelicidade e de uma força ilocucionária; e 2) da dimensão de verdade/falsidade e de um significado locucionário (significação e denotação) (*op. cit.*, p. 147). Com isso tudo, a doutrina da distinção constativo/executivo encontra-se em relação à doutrina dos atos locucionários e ilocucionários no "ato total" da fala na mesma relação em que se encontra a teoria *especial* em relação à teoria *geral* (*loc. cit.*) (ver ILOCUCIONÁRIO; LOCUCIONÁRIO; PERLOCUCIONÁRIO).

Pode-se perguntar que conseqüências filosóficas derivam das análises de Austin. O próprio autor sugere que uma delas é que o objeto que se trata de elucidar é, em última análise, "o ato total da fala na situação total da fala" (o que, diga-se de passagem, conduz Austin a uma doutrina "situacionista" não alheia a certas conclusões de "filosofias existenciais"). Outra é que podem ser desfeitas muitas falsas dicotomias (como a dicotomia "normativo-fático"). Outra, que é preciso reformular a teoria da significação enquanto equivalente a uma teoria do significado e da denotação. Outra, que podem ser pesquisadas as "forças ilocucionárias" das expressões, o que conduz a uma classificação de expressões de acordo com tais "forças". Por fim, a produção de uma lista completa de atos ilocucionários de certa espécie pode levar a saber, por exemplo, o que podemos fazer com um vocábulo como 'bom' e com outros vocábulos de interesse filosófico. "O bom [da teoria de Austin] se inicia quando começamos a aplicá-la à filosofia" (*op. cit.*, p. 163).

➲ Ver: Mats Furberg, *Locutionary and Illocucionary Acts: A Main Theme in J. L. Austin's Philosophy*, 1963 (tese). — Lennart Åqvist, *Performatives and Verifiability by the Use of Language: A Study in the Applied Logic of Indexicals and Conditionals*, 1971. — Sven Danielson, *Some Conceptions of Performativity*, 1973. — F. Recanati, *Les énoncés performatifs*, 1981.

Ver também bibliografia de AUSTIN, J[OHN] L[ANGSHAW]. ◖

EXEGESE. Ver HERMENÊUTICA.

EXEMPLARISMO. O termo 'exemplo' é utilizado comumente para designar um caso particular que serve para comprovar uma afirmação. Ele também é empregado para designar um caso que ocorreu, ou que se supõe ter ocorrido, e que é proposto para imitação. Este último é o sentido que tem 'exemplar', que serve para formar o substantivo 'exemplarismo'.

No último sentido, 'exemplar' é equivalente a modelar ou arquetípico. Em virtude disso cabe chamar de "exemplarismo" toda doutrina segundo a qual as coisas ou as realidades — e especificamente as coisas ou realidades "sensíveis" — são traslados, cópias, manifestações, imitações etc., de realidades exemplares ou arquétipos. Então essas realidades servem de exemplo e podem ser consideradas, na acepção introduzida por último, como "exemplos". O mais ilustre "exemplo" — no primeiro sentido de 'exemplo' — de exemplarismo, ou doutrina exemplarista, é o de Platão. Todo o platonismo e o neoplatonismo são manifestações de exemplarismo filosófico. Ocorre o mesmo com Fílon, Santo Agostinho e toda a tradição agostiniana. André de Muralt falou do "exemplarismo" de Husserl (*L'idée de la phénoménologie. L'exemplarisme husserlien*, 1958). Evidentemente, pois, há diversos casos possíveis, ou diversos exemplos — e também casos típicos — de exemplarismo na história da filosofia.

EXISTÊNCIA. Enquanto derivado do termo latino *existentia*, o vocábulo 'existência' significa "o que está aí", o que "está fora" (*exsistit*). Algo existe porque a coisa está, *in re*; a existência, nesse sentido, é equiparável à realidade. O que dizemos nos verbetes REAL e REALIDADE, SER e também ESSÊNCIA (na medida em que esta se contrapõe à existência) pode ajudar a compreender o conceito aqui explicado — contudo, não basta, razão pela qual consideraremos agora em pormenor a noção de existência como tal.

O termo 'existência' pode se referir a qualquer entidade; pode-se falar de existência real e ideal, de existência física e matemática etc. Contudo, como essa universalidade do significado de 'existência' se presta a confusões, é melhor examinar o modo como, ao longo da história da filosofia, o conceito de existência foi entendido como conceito filosófico técnico. A noção de existência se aplica às "entidades existentes" — também chamadas de "os existentes" —, mas cabe distinguir os existentes da existência (ou o fato de que os existentes existem). Trata-se aqui, portanto, de esclarecer a questão da natureza ou essência da existência e não de nenhum dos existentes, embora provavelmente este esclarecimento só seja possível com base em uma análise de entidades existentes; ou supostamente existentes.

Nos primeiros momentos da história da filosofia grega, os pensadores não pareciam interessados em saber qual era a natureza do existente; eles estavam mais preocupados em indicar que entidade ou entidades eram, em seu entender, existentes — ou "realmente existentes" —, por oposição às entidades que pareciam ter existência real mas eram, no fundo, modos ou manifestações dessa existência. Dizer que "o que há" é água, ar, apeiron e até mesmo números ainda não é dizer o que é haver algo, isto é, o que é existir. Depois, com Parmênides e sobretudo com Platão, o problema da existência como tal foi levantado várias vezes; se o que existe é o inteligível, o mundo das idéias, e se esse mundo não é "o que está aí", mas "além de todo *aí*", a questão da natureza da existência e do existir é suscitada com toda a agudeza. Todavia, somente Aristóteles elaborou um sistema de conceitos que parecia capaz de explicar o ser da existência como tal em relação com, ou em contraste com, o ser da essência, da substância etc.

Para Aristóteles, a existência é entendida como substância, isto é, como entidade. Para que algo exista, ele tem de possuir um "haver", uma *ousia* (VER). Além disso, ela tem de lhe ser *própria*. A existência é a substância (VER) primeira enquanto aquilo de que se pode dizer algo e "onde" residem as propriedades. Quando a existência está unida à essência temos um ser. Dele podemos saber *o que* é justamente porque sabemos que *é*. Aristóteles tem interesse em averiguar o que se pode chamar de "requisitos" da existência. Os conceitos de matéria (VER) e forma (VER) e de potência (VER) e ato (VER) desempenham um papel importante. Mas como não se pode falar da existência a menos que ela seja inteligível, e como a existência é inteligível somente a partir daquilo que a faz ser, já a partir deste momento temos assentadas as bases de muitas das ulteriores discussões sobre a relação entre a existência e o que faz a existência ser. Se chamamos o que foi dito por último de "essência", temos a base dos debates sobre a relação entre essência e existência.

Muitos desses debates ocorreram durante a Idade Média. Para entendê-los adequadamente é preciso levar em conta os significados, e as mudanças de significados, de vários termos básicos: não somente *essentia* e *existentia*, mas também *substantia*, *esse* etc. Referências a esses significados e às mudanças poderão ser encontradas em vários verbetes; remetemos, entre outros, aos verbetes ENTE, ESSÊNCIA, HECCEIDADE, HIPÓSTASE, OUSÍA, PESSOA, QÜIDIDADE, SER, SUBSTÂNCIA. Aqui nos limitaremos a algumas indicações sobre as tendências gerais assumidas por tais debates.

Embora os autores medievais tivessem presente o sistema de conceitos gregos e particularmente os "sistemas" platônico, aristotélico e neoplatônico, há diferenças básicas entre certas concepções gregas de 'existência' e a maior parte das concepções medievais. Os gregos tenderam a conceber a existência como *coisa* (por mais "refinada" e "sutil" que ela fosse). Os filósofos medievais, especialmente os de inspiração cristã, consideraram que há existências que não são propriamente coisas, nem sequer podem ser compreendidas por analogia com alguma "coisa", e que, contudo, são mais "existentes" que outras entidades (Deus, as pessoas etc.). Segundo muitos autores medievais, o existir é propriamente o *esse*; melhor ainda, "existir" é *ipsum esse*. A compreensão da existência parece então exigir que se note a "atualidade" (ver ATO). Gilson (*L'Être et l'Essence* [1948], especialmente pp. 88ss.) destacou que a ambigüidade do termo *esse* levantou vários problemas para a filosofia medieval, incluindo problemas relativos à "natureza da existência" e ainda particularmente esses problemas. Com efeito, o termo *esse* denota algumas vezes a essência e outras vezes o ato de existir. De acordo com isso, há duas concepções fundamentais da essência em sua relação com a existência. Uma dessas concepções pode ser designada como o "primado da essência sobre a existência". De acordo com ela, a existência é concebida até mesmo como um acidente da essência (Avicena e filósofos mais ou menos "avicenianos"). Outra dessas concepções pode ser designada como "primado da existência sobre a essência". De acordo com esta última, a essência é algo como a inteligibilidade da existência. Existir não seria neste caso algo "simplesmente dado" e menos ainda algo "irracional", mas seria, segundo indica Gilson (*op. cit.*), como "um ponto de energia de intensidade dada, que gera um cone de força do qual constituiria o cume, sendo a essência a base".

Todos os autores medievais concordam em dizer, ou supor, que a essência é uma resposta à pergunta *quid sit res* (o que é a coisa) enquanto a existência é uma resposta à pergunta *an res sit* (se a coisa é). Todavia, dizer o que a coisa é pode significar não, ou não apenas, predicar dela algo — e algo "universal" —, mas indicar o que é a coisa enquanto *é*. Ora, mesmo neste último caso não se definiu exatamente o que se entende por 'existência'. Vários autores propuseram, por causa disso, definições da existência, sobretudo em termos de 'existir'. Entre tais autores destaca-se Ricardo de São Vítor, que escreve, em *De Trinitate*, IV, ii, 12: "Quanto ao termo *exsistere*, ele implica não apenas a posse do ser, mas certa origem (...) É isso que dá a entender, no verbo composto, a preposição *ex* que vai adjunta. Com efeito, o que é existir [*exsistere*] senão ser 'de' alguém, ter de alguém seu ser substancial?". Isso leva à consideração de que o modelo da existência não é a coisa, mas a pessoa. De fato, em relação à pessoa pode-se determinar a diferença entre o quê e o onde, que na coisa podem ser equiparáveis.

Os autores medievais que, como Santo Tomás, acentuaram o momento da "atualidade" na existência, definiram esta última como a atualidade da essência, a última atualidade da coisa, a presença atual da coisa na ordem "física", isto é, na ordem "real". Existir não é então simplesmente "estar aí", mas "estar fora das causas" — *extra causas* — enquanto estar "fora do nada" — *extra nihilum* —, da simples potência.

Os debates em torno do significado de 'existência' e de 'existir' na filosofia medieval estiveram freqüentemente ligados à questão da chamada "relação entre a essência e a existência", primeiro em Deus e depois nas criaturas. Mencionemos aqui algumas das principais "sentenças" sobre esse assunto.

Alguns autores escolásticos — como Guilherme de Auvergne, Alexandre de Hales, Boaventura, Alberto Magno, Tomás de Aquino e, mais tarde, Fonseca e os Conimbricenses — sustentaram a chamada "distinção real entre essência e existência" na ordem do criado. A essência não implica a existência, mas é, como indicamos anteriormente, a inteligibilidade desta última. Outros autores — como Duns Scot, Ockham, Aurelo, Gabriel Biel, Suárez — negaram essa distinção real. A negação da distinção real não equivale ao nominalismo ou ao terminalismo. Além disso, pode-se não admitir uma distinção real e não admitir tampouco uma mera distinção conceitual. Assim, por exemplo, Duns Scot propunha uma distinção atual formal por meio da natureza da coisa (ver DISTINÇÃO).

Quando — como ocorreu na maior parte dos casos — *existência* e *esse* foram equiparados, suscitou-se a questão de se, uma vez dado algo que exista, se pode ou não predicar desse algo o próprio existir. Alguns autores sustentam que a existência é o primeiro predicado de qualquer entidade existente, sendo secundários todos os demais predicados. Isso significa que "a existência não existe", mas existem todas as entidades existentes.

Algumas vezes se disse que, se a prova ontológica (ver ONTOLÓGICA [PROVA]) for admitida, dever-se-á adotar um conceito de existência distinto do que deve ser aceito quando essa prova é rejeitada. Se isso fosse verdade, a concepção da existência em Santo Anselmo seria distinta da de Santo Tomás. Por outro lado, a concepção da existência em Santo Anselmo seria comparável à de autores como Spinoza e Hegel, enquanto a concepção da existência de Santo Tomás seria comparável à de autores como Hume e Kant. Porém o assunto nessa matéria é complexo. É possível defender que tanto os que admitem a prova ontológica como aqueles que a rejeitam poderiam em princípio distinguir uma noção de existência aplicável unicamente ao *ens realissimum* de uma noção de existência aplicável a qualquer entidade que não seja o *ens realissimum*. Também é possível sustentar que a noção de existência aplicável ao *ens realissimum* tem de servir de padrão ou modelo para a noção de existência em qualquer outra entidade.

Na época moderna, tratou-se a questão da noção de existência por um lado em relação com os problemas levantados pela aceitação ou recusa da prova ontológica e por outro em relação com a questão de se há ou não diferença entre conceber uma entidade e conceber a existência dessa entidade. O problema da existência foi, por isso, um problema ao mesmo tempo metafísico e lógico.

Para Hume (*Treatise*, I iii, 7) não há diferença entre conceber algo e conceber sua existência. Se se diz que algo existe não são mencionadas duas idéias: a do "algo" do qual se fala e a de sua existência, mas apenas uma, isto é, a idéia do "algo" que, além disso, é sempre esta ou aquela coisa. A famosa opinião de Kant ao longo de sua crítica à prova ontológica não é substancialmente distinta da de Hume; onde Hume fala da diferença entre conceber algo e acreditar em sua existência, Kant fala da diferença entre conceber algo e "pôr" sua existência. O ponto central da discussão de Kant sobre o assunto é sua afirmação de que o ser (*Sein*) — que aqui pode ser entendido como "existir" — não é um predicado real do mesmo modo que podem ser outros predicados tais como 'é branco', 'é pesado' etc. "'Ser' não é evidentemente um predicado real, ou seja, não é o conceito de algo que possa ser agregado ao conceito de uma coisa; é meramente a posição (*Setzung*) de uma coisa ou de certas determinações enquanto existentes em si mesmas. Logicamente é a cópula de um juízo" (*KrV*, A 598, B 526). Referir-se a algo e dizer que esse algo existe é uma redundância. Se a existência fosse um atributo, todas as proposições existenciais afirmativas não seriam mais que tautologias, e todas as proposições existenciais negativas seriam meras contradições. Por outro lado, dizer que algo é não significa dizer que ele exista. O "é" não pode subsistir por si mesmo: ele sempre alude a um modo no qual se supõe que ele é isto ou aquilo. E se preenchemos o predicado por meio do existir, dizendo que uma entidade determinada "é existente", ainda faltará esclarecer a maneira, o como, o quando ou o onde da existência. De modo que, de acordo com essas bases, o "ser existente" não pode possuir nenhuma significação se não se dá dentro de um contexto. Isso supõe que o conceito que descreve algo existente e o conceito que descreve algo fictício não são, *enquanto conceitos*, distintos: o possível e o real estão, no que diz respeito ao conceito, por assim dizer, no mesmo modo de referência. Em outras palavras, o referente do conceito não introduz nenhuma forma particular no conceito por meio da qual nos seja possível determinar se um referente existe ou não. Determinar o modo de concepção depende de condições não inerentes ao conceito.

Brentano considerou que, por um lado, não há diferença entre um juízo existencial (como "*S* é" ou "*S* existe") e um juízo predicativo (como "*S* é *P*"). Por outro lado, ponderou que o juízo existencial não é redutível ao predicativo, isto é, que não se pode admitir que 'é' e 'existe' sejam predicados. Desse modo, Brentano seguiu as orientações de Hume e de Kant na medida em que rejeitou que a existência fosse um predicado, mas admitiu que se pode dizer que é ou não é o caso de que este ou aquele predicado possa sê-lo de um sujeito, o que equivale a sustentar que se pode dizer que *S* é *P* existe ou não existe.

Os autores que examinaram questões ontológicas relativas à existência em estreita relação com estruturas lógicas influenciaram muito aquilo que, no final deste verbete, será tratado como concepções predominantemente lógicas da noção de existência. Isso ocorreu com autores como Meinong (que influenciou primeiro positivamente e depois negativamente, mas em todo caso de modo determinado, autores como Bertrand Russell). Na época aludida eles continuaram, especialmente em círculos neo-escolásticos, os debates clássicos sobre a relação entre essência e existência, e esses debates foram reavivados quando começaram a se desenvolver filosofias de corte "existencial". Na conjunção entre a tradição filosófica escolástica e a filosofia existencial podem ser vistas posições relativas à redutibilidade ou à irredutibilidade mútua da existência e da essência. Citamos aqui duas opiniões relativas a isso: a de Gilson e a de Maritain. Gilson sustentou a irredutibilidade fundamental da essência e da existência, ao menos quando a existência é indicada pelo conceito. Nesse caso é possível até mesmo apreender a essência da existência, mas não o próprio ato de existir, que, como objeto da existência, somente poderia ser acessível para uma "experiência" (experiência não necessariamente de índole irracional, pois, em última análise, representaria a possibilidade do "juízo existencial"). Com efeito, é o juízo que, como diz Maritain, "se enfrenta com o ato do existir". Assim, o conceito de existência não poderia ser, mais uma vez, separado do conceito de essência. "Inseparável dele" — escreve Maritain (*Court Traité de l'existence et de l'existant*, 1948, p. 46) —, "não constitui com ele mais que um só e único conceito simples, embora intrinsecamente variado, um só e mesmo conceito essencialmente análogo, o do ser, que é o primeiro de todos e do qual todos os demais são variantes ou determinações, porquanto surge no espírito no primeiro despertar do pensamento, na primeira apreensão inteligível operada na experiência dos sentidos que transcende os sentidos." Desse modo não se cairia na irracionalidade da existência — ou na redução unilateral da existência a um existente —, pois a idéia do ser precederia todo juízo de existência na ordem da causalidade material ou subjetiva, e o juízo de existência precederia a idéia do ser na ordem da causalidade formal. Não se poderia dizer, em suma, que não há um conceito de existência. Pelo contrário, seria inevitável haver tal conceito, no qual a existência apareceria como significada ao espírito, ao modo de uma essência mesmo sem ser uma essência (*op. cit.*, p. 58).

Nas tendências que, a partir de Kierkegaard, se chamaram "existenciais" e que incluem o intitulado "existencialismo" (VER), a noção de existência ocupa lugar central. Cabe perguntar, primeiro, se essa noção pode se relacionar com as noções "clássicas" antes tratadas, e, em segundo lugar, se há um significado comum ou um uso comum nas variadíssimas tendências existenciais e existencialistas.

No que diz respeito à primeira questão, sustentou-se que não há nenhuma relação entre as duas noções de "existência" indicadas, ou que, se há alguma, as diferenças entre as duas noções superam muito as possíveis similaridades. Gilson (*Introduction à la philosophie chrétienne*, 1960, p. 201) escreveu que "existência evoca hoje conotações distintas das que outrora tinha o termo *existentia*, sobretudo, por exemplo, em uma doutrina como a de Báñez, na qual o sentido da palavra não se distinguia, em absoluto, do sentido do verbo ou do substantivo verbal *esse*". Numerosos comentadores, especialmente na época de auge do existencialismo, destacaram a diferença, e até a incompatibilidade, entre as duas noções de "existência" mencionadas — a "clássica" e a contemporânea de corte "existencial" —, especialmente nas dimensões mais notadamente kierkegaardianas do existencialismo, mas também em autores que, como Heidegger, distinguiram, como logo veremos, o *Dasein* (às vezes traduzido por "existência" ou "Existência") da existência na acepção tradicional. Entretanto, também se reparou que o uso de 'existência' por parte de vários autores, por mais distinto que seja do "clássico", tem muito a ver com ele. Arthur C. Danto (*Sartre*, 1975, pp. 7ss.) indica que a existência que se revelou a Roquentin na célebre passagem de *A náusea* (ver NÁUSEA) é compreensível dentro de uma tradição filosófica na qual as noções de "existência" e de "essência" se contrapõem. Ao menos no que diz respeito aos entes criados, em grande parte da tradição escolástica (e também moderna), sua existência não é necessária, e eles são, portanto, "supérfluos", no sentido do *de trop* sartriano. Além disso, a existência como tal é indescritível; em todo caso, para essa tradição filosófica ela é descritível, ou compreensível, somente a partir das essências. Nesse ponto separam-se completamente a tradição em questão e toda filosofia "existencial", mas, por outro lado, quando as duas usam os termos 'existência' e 'essência', fazem-no dentro de um horizonte conceitual que tem muitos elementos em comum.

Descreveremos aqui o sentido do conceito de existência em vários autores que podem ser situados dentro de uma tendência "existencial", usando esse termo em um sentido muito amplo, visto que incluiremos, entre eles, Heidegger — cuja interpretação da existência é fundamentalmente ontológica e "existenciária" — e outros autores que, por diversos motivos, recusam ser qualificados de existencialistas.

Cronologicamente, o primeiro desses autores é Kierkegaard. A existência é, para esse filósofo, sobretudo o existente (o existente humano). Trata-se daquele cujo "ser" consiste na subjetividade, isto é, na pura liberdade de "escolha". Não se pode falar, a rigor, da essência da existência. Sequer se pode falar *da* existência. Deve-se falar apenas "deste existente" ou "daquele existente" ("existentes" cuja verdade é a "subjetividade"). Existir significa, para Kierkegaard, tomar uma "decisão última" em relação à absoluta transcendência divina. Essa decisão determina o "momento", que não é nem a mera fluência do "tempo universal", nem tampouco uma participação qualquer em um mundo inteligível eterno. Por isso a filosofia não é especulação, é "decisão"; não é descrição de essências, é afirmação de existências.

Há em Kierkegaard um "primado da existência" (e, em termos tradicionais, um "primado da existência sobre a essência"). Nesse sentido há ecos, ou motivos, kierkegaardianos em vários autores já a partir do final do século XIX. Isso não significa que todos esses autores tenham se inspirado em Kierkegaard; significa apenas que, como Kierkegaard, mas com pressupostos distintos, e orientações muito diferentes, numerosos autores "contemporâneos" estão inclinados a reconhecer que de algum modo "a existência precede a essência". A esse respeito mencionamos autores tão diversos quanto Nietzsche, Dilthey, Unamuno, Bergson, Simmel, James, Marcel, Lavelle, Jaspers, Grisebach, Ortega, Sartre e até mesmo, em alguns aspectos, ou pelo menos em um certo nível, Heidegger. O "primado da existência sobre a essência" foi afirmado com tanta freqüência e com tons tão diversos no pensamento contemporâneo que vários pensadores próximos a tendências em princípio muito distintas de toda filosofia "existencial" reclamaram para si a originalidade na afirmação de tal primado. Este é o caso de alguns representantes do neotomismo; para eles, o tomismo é a "verdadeira filosofia existencial" (uma filosofia que enfatiza a importância da existência sem por isso suprimir a essência ou a *natura* das entidades existentes). Em vista disso conviria restringir o significado da expressão 'primado da existência sobre a essência' aos autores que se referiram explicitamente a ele. Como exemplos mencionamos aqui dois deles: Sartre e Lavelle. O primeiro chegou até mesmo a definir o significado de 'existencialismo' como a afirmação desse primado (ver *L'existentialisme est un humanisme* [trad. bras.: *O existencialismo é um humanismo*, na Col. "Os pensadores", vol. *Sartre*], embora Sartre tenha declarado depois que isso representava uma simplificação excessiva de sua própria doutrina existencialista). Lavelle proclamou que "o ser é a unidade da essência com a existência" (*De l'Acte*, cap. VI, art. 1), mas ao mesmo tempo declarou que "se deve alterar a relação clássica entre a existência e a essência e considerar existência como o meio de conquistar a minha essência" (*ibid.*, art. 3). "A existência" — escreveu Lavelle — "é, se se preferir, essa aptidão real e até mesmo atual que possuo para dar a mim mesmo a minha essência mediante um ato cuja realização depende de mim" (*loc. cit.*). Isso não significa, para Lavelle, que a "inversão do primado" seja universal: "Há inversão das relações entre a essência e a existência conforme se trate de coisas ou de seres livres" (*ibid.*, art. 4).

Sartre e Lavelle não debateram somente o conceito de existência e sua relação com o de essência, mas utilizaram em suas filosofias o termo 'existência' em sentido técnico. Há outros filósofos que não usaram o termo nesse sentido, mas empregaram outros vocábulos em um sentido próximo ao "existencial". Isso ocorre com as expressões 'o homem de carne e osso' (Unamuno) e 'nossa vida' (Ortega y Gasset). Remetemos o leitor para os verbetes sobre esses filósofos assim como aos outros nos quais nos referimos a suas doutrinas (EXISTENCIALISMO; VIDA etc.). Aqui nos limitaremos a complementar a informação iniciada referindo-nos ao termo 'existência' tal como foi utilizado por dois autores: Heidegger e Jaspers.

Heidegger emprega o termo *Dasein*, que é às vezes traduzido por 'existência', mas, como indica o autor, não significa *existentia* no sentido tradicional. Por causa disso, foram propostas várias traduções: 'estar em algo' (Zubiri), 'realidade-de-verdade' (García Bacca), 'o humano estar' (Laín Entralgo), o 'estar' (Manuel Sacristán Luzón), 'ser-aí' (Gaos). Esta última versão é bastante apropriada (e é freqüentemente utilizada em outros idiomas — *être-là*, *being-there* — porque permite ver os elementos que integram o conceito: *Da* e *Sein*. O *Da* do *Dasein* é, com efeito, fundamental para Heidegger. Contudo, esse *Da* não significa propriamente "aí", mas a abertura de um ente (o ente humano) ao ser (*Sein*). Nós traduzimos *Dasein* por 'Existência' (com inicial maiúscula, para diferenciá-lo de 'existência'), porque consideramos esse artifício ortográfico suficiente para os propósitos da presente obra. Tratamos a significação de 'Existência' (*Dasein*) em Heidegger no verbete sobre esse filósofo e em outro sobre o termo *Dasein*. Assinalemos aqui apenas que, para Heidegger, o que é característico da Existência é que seu ser está em seu ser. Por isso a análise da Existência possibilita a ontologia fundamental, que deve constituir a base para uma ontologia geral e para uma resposta à pergunta sobre o sentido do ser (*Sein*). Ao mesmo tempo, para distinguir a noção tradicional de existência (que corresponde aos entes que *não* têm a forma da Existência [*Dasein*]) do modo de existir que corresponde à Existência (*Dasein*), Heidegger propõe para esta última o vocábulo *Existenz* (ver *infra*). A Existência não é algo que já é, ou que já é dado; é um poder-ser. Sua própria compreensão, e com isso a compreensão do ser, é sua própria determinação. Por isso "o caráter distintivo da Existência consiste em que ela é ontológica". "Chamamos de existência (*Existenz*) o próprio ser com o qual a Existência se enfrenta ou pode enfrentar-se sempre de algum modo. E como a determinação essencial desse ente não pode se realizar mediante a indicação de um *quê objetivo*, mas já que, antes, sua essência consiste no fato de que possui seu próprio ser como seu, foi escolhido o vocábulo Existência (*Dasein*) como pura expressão do ser desse ente" (*Ser e tempo*, § 4). A Existência é onticamente preeminente (pois é definida por sua *Existenz*); é ontologicamente preeminente (por ser ela mesma ontológica); e constitui, por fim, a condição ôntico-ontológica de todas as ontologias.

Portanto, torna-se compreensível que, como diz Heidegger, o ser do *Dasein* consista em sua *Existenz*. Aparentemente trata-se da transposição do argumento ontológico para a realidade do *Dasein* e, por isso mesmo, de uma divinização da Existência. Todavia, como A. de Waelhens destacou (*La philosophie de M. Heidegger*, 1942, pp. 27-28), isso significa apenas que "a essência da Existência é sua maneira de existir", que ser algo determinado significa para a Existência (*Dasein*) existir segundo um determinado modo. Pois a "Existência cujo ser é existir" no sentido de ser algo existencial não é uma realidade dada para sempre. *Existenz* como algo constitutivo do *Dasein* significa aqui uma antecipação de si constituída fundamentalmente pelo cuidado, de tal modo que poderíamos até mesmo dizer (*op. cit.*, p. 308) que a essência da Existência radica no cuidado. Em todo caso, a analítica existenciária será a base para uma compreensão do ser que se torna possível em virtude do fato de que essa compreensão não é algo alheio, extrínseco, meramente acidental à Existência, mas precisamente uma determinação ôntica dessa Existência. Em termos que recordam os de Kierkegaard — ainda que não possam ser exatamente sobrepostos aos de Heidegger —, todo pensamento inclui o ser que o pensa, sua existência ou "subjetividade".

Jaspers já qualificou sua filosofia de "filosofia da existência", mas — como indicamos em *Dasein* (VER) — devemos ser cuidadosos com o vocabulário. Com efeito, Jaspers chama de *Dasein* o que existe no nível do sensível (em nós). O ser do *Dasein*, assim como o da consciência do espírito da alma etc., é de algum modo "objetivo", embora de uma objetividade distinta daquilo que está fora de nós enquanto "mundo". O que é realmente "existencial" é chamado por Jaspers de *Existenz*. Essa existência é o que eu sou; é o ato de pôr-me a mim mesmo como livre; "o ser que não é, mas que *pode ser e deve ser*" (*Philosophie*, II, 1). Por isso pode-se dizer que meu *Dasein* não é *Existenz*, mas que o homem é no *Dasein* da existência (*Existenz*) possível. O ser *da* existência não pode ser apreendido de modo algum; pode-se apenas viver o existir enquanto é "meu". A apreensão da existência requer a objetividade, e esta destrói o caráter irredutível do existir. Não há, portanto, para Jaspers, uma ontologia da existência. A existência não é um nível de "realidade"; é, no máximo, o que liga todos os níveis.

Temos na filosofia atual, portanto, diversos significados de 'existência' que são, por um lado, distintos dos significados tradicionais e, por outro, distintos entre si. Essa distinção pode ser interpretada sobretudo a partir destas duas possibilidades: uma interpretação da existência como raiz do existir e uma interpretação da existência como fundamento de uma ontologia. Alguns autores, como Jean-Paul Sartre, parecem participar das duas interpretações. Sua noção de "para-si" é ao mesmo tempo (utilizando o vocabulário de Heidegger) ôntica e ontológica. Em vista disso, pode-se perguntar se há algum significado comum no uso atual do vocábulo 'existência' inclusive dentro das filosofias chamadas de "existenciais" em sentido lato. Acreditamos que sim: é o que se deriva de conceber a existência como um modo de "ser" que nunca é "dado", mas que tampouco é "posto" (como afirmaria o idealismo transcendental); um modo de ser que constitui seu próprio ser, que se faz a si mesmo. A existência é então o que forja sua própria essência, o que cria sua própria inteligibilidade e até mesmo a do mundo em que está imersa. Por essa razão a maior parte dos pensadores pertencentes à tendência citada têm propensão a situar-se ou "além" ou "aquém" do plano lógico, que, entretanto, ainda preocupara muito os filósofos que seguiram a ontologia "tradicional".

Se há elementos comuns na maior parte dos modos de tratar a noção de "existência" até agora descritos, é provável que eles também sejam encontrados no que é algumas vezes chamado de "ponto de vista lógico" característico da filosofia analítica em geral. Em todo caso, assim como muitos autores — desde os gregos até Hume, Kant e Brentano — não prescindiram dos aspectos lógicos da noção de existência, as tendências que abordaremos a seguir nem sempre prescindiram dos aspectos metafísicos e ontológicos. Entretanto, para efeito de clareza pode-se distinguir o tratamento clássico, o tratamento existencial e o tratamento lógico da noção de existência. Cada um deles utiliza um vocabulário filosófico distinto.

Muitos dos debates analíticos sobre a noção de existência têm seu ponto de partida em Frege e Russell. Em *Os fundamentos da aritmética* (*Die Grundlagen der Arithmetik*, 1884, § 53), Frege indica que as propriedades afirmadas de um conceito não são as características que compõem o conceito. Essas características são propriedades das coisas que caem sob o conceito, não propriedades do conceito. Por isso o ser retangular não é uma propriedade do conceito *triângulo retângulo*. Mas a proposição segundo a qual não há nenhum triângulo retângulo, eqüilátero e escaleno expressa uma propriedade do conceito *triângulo retângulo eqüilátero escaleno*: ela lhe confere um 0. Partindo disso pode-se entender o conceito de existência como afim ou análogo ao de número. Desse modo, a afirmação da existência "não é nada mais que a negação do 0". Sendo, pois, a existência uma propriedade dos conceitos, o argumento ontológico torna-se inadmissível. Frege admite que seria errôneo concluir de tudo isso que é impossível em princípio deduzir de um conceito, isto é, de suas características, algo que seja propriedade do conceito. Não é preciso ir tão longe a ponto de afirmar que jamais se pode inferir das características de um conceito a existência ou a particularidade (*Einzigkeit*); o que Frege sustenta é que isso não ocorre do mesmo modo imediato como atribuímos ou indicamos a característica de um conceito, como propriedade, a um objeto que recai sob ele.

Bertrand Russell tratou a questão da existência — ou do sentido de 'existe' — em vários escritos. Suas idéias mais influentes a esse respeito são as que foram apresentadas em sua teoria das descrições, resenhada em DESCRIÇÕES (TEORIA DAS). Recordemos alguns aspectos dessa teoria selecionando para tal efeito a *Introdução à filosofia matemática* (*Introduction to Mathematical Philosophy*, 2ª ed., 1920, especialmente cap. XVI). A análise lógica da noção de existência gira em torno da noção de "algumas vezes verdadeiro". A teoria dos objetos, de Meinong, admitia entidades inexistentes, correspondentes a um universo do discurso, por meio do qual tais entidades podiam ser afirmadas significativamente; o centauro, por exemplo, não existe, mas subsiste. Russell assinala, em contrapartida, que não podemos formar proposições cujo sujeito seja do tipo "a montanha de ouro" ou "o quadrado redondo". Esses "entes" não possuem um ser lógico e, portanto, nenhuma "subsistência" própria. "Dizemos" — escreve Russell — "que um argumento *a* 'satisfaz' uma função φ*x* se φ*a* é verdadeiro; este é o mesmo sentido no qual se diz que as raízes de uma equação 'satisfazem' a equação.

Se φ*x* algumas vezes é verdadeiro, podemos dizer que há *x* para os quais é verdadeiro, ou podemos dizer 'argumentos que satisfazem φ*x existem*'. Essa é a significação fundamental do vocábulo 'existência'. As outras significações derivam dela ou implicam uma mera confusão do pensamento." Desse modo, poderemos dizer "os homens existem" se queremos dizer que "*x* é um homem" é às vezes verdadeiro. Mas se dizemos "os homens existem. Sócrates é um homem; portanto Sócrates existe", não diremos nada que tenha significação, pois "Sócrates" não é, como "homens", meramente um argumento indeterminado para uma função (VER) proposicional dada. Seria como dizer: "Os homens são numerosos. Sócrates é um homem; portanto Sócrates é numeroso". Daí que seja correto dizer "os homens existem", mas seria incorreto atribuir existência a um *x* particular dado que é um homem. Por conseguinte, a expressão 'termos que satisfazem φ*x* existem' significa "φ*x* é às vezes verdadeiro", mas uma expressão como "*a* existe" (na qual *a* é um termo que satisfaz φ*x*) é um simples *flatus vocis* (*a mere noise or shape*).

Esta análise lógica está de acordo com a tendência indicada por Russell — pelo primeiro Russell — de que em muitos casos as estruturas gramaticais das orações induzem a confusões. Quando se utiliza um nome como "sujeito" de uma oração, pensa-se se esse nome designa ou não uma entidade real; em caso afirmativo diz-se que aquilo de que se fala existe, e em caso negativo, que não existe. Mas por muitos que sejam os dados acumulados sobre um nome não se conseguirá que ele seja mais que um nome. Por isso a existência pode ser afirmada significativamente somente em relação a descrições. Se '*a*' é um nome, deve nomear algo, mas se não nomeia nada então não é um nome, mas um símbolo sem significado.

Durante muito tempo as análises de Russell foram aceitas por vários autores com modificações apenas de detalhes. Foi comum em numerosos textos de lógica destacar que termos como 'uma sereia' e 'uma moça' não pertencem ao mesmo tipo lógico, embora tivessem forma gramatical similar. Portanto, não se trata apenas de que não existam sereias e, em contrapartida, de que existam moças. Aqueles que argumentam que certas "entidades" como as sereias existem de algum modo — por exemplo, na imaginação — tratam a proposição 'as sereias são imaginadas' como se tivesse a mesma forma de 'as moças são amadas'. Mas ser imaginada não é propriedade de nenhuma sereia do modo como ser amada é, ou pode ser, a propriedade de uma moça. 'As moças são amadas' não pode ser uma proposição verdadeira se não existem moças; 'As sereias são imaginadas' pode ser verdadeiro embora não existam sereias.

A tese russelliana tem em comum com as de Hume e Kant o fato de negar que 'existe' seja um predicado real (um termo que pode ser aceito como predicado). Algumas vezes se supôs que a intitulada "filosofia analítica" está ligada a esta tese. Isso não é correto: há uma grande variedade de opiniões sobre o assunto dentro dessa tendência. Alguns autores consideraram que, ao menos no contexto da linguagem comum, 'existe' é uma expressão legítima no sentido de ser plenamente significativa; '*a* existe' quer dizer, segundo essa opinião, que *a* é efetivamente real e não (por exemplo) imaginado, meramente possível etc. Entretanto, o predicado 'é efetivamente real' oferece à análise dificuldades análogas, senão maiores, que o predicado 'existe' (no caso de se admitir que se trata de um predicado). Indicou-se que se pode afirmar que algo poderia ter existido e não existiu, ou não existe, e disso se concluiu que, se é admissível sustentar que algo não existe, é igualmente admissível sustentar que algo existe (no caso de que exista), já que isto é meramente a negação do que foi dito antes. Embora no amplo espectro da filosofia analítica não tenha havido muitas teorias da existência comparáveis à de Russell *por causa* do papel central que a análise da noção de existência ocupa explicitamente nesse autor, o certo é que o que cabe chamar de "questão da existência" esteve implicado em um número muito considerável de estudos lógicos e ontológicos dentro dessa tendência. A crítica de Strawson à teoria das descrições de Russell pode ser interpretada como uma teoria da existência na qual são destacadas as dimensões pragmáticas da linguagem. É praticamente limitado o número de estudos consagrados por filósofos de propensão analítica à questão do *status* de ficções, universais, entidades abstratas (ou abstrações) etc.; em quase todos esses estudos estão implicadas questões relativas à noção de existência e ao sentido que deve ser dado a 'existir'. O "problema da existência" é levantado quando se discute como deve ser interpretada a quantificação (VER) e quando se debate se há ou não distinção entre '... existe' e 'há...'. Esse problema é levantado, evidentemente, dentro do que foi chamado de "compromisso ontológico" (VER), na medida em que se supõe que este deve proporcionar um critério para determinar que entidades são admitidas como entidades que "existem" ou que "são". A possibilidade de edificar lógicas sem pressuposições existenciais mostrou quão flexivelmente se pode conceber, ou usar (ou deixar de usar), 'existir'. A "questão da existência" também foi levantada no tratamento formal de linguagens naturais. Obviamente, tal questão teve de ser amplamente discutida ao longo das revalorizações e revisões a que foi submetida a tradicional prova ontológica da existência de Deus. Os problemas relativos à existência apareceram em todos os lugares dentro do pensamento analítico, discutindo-se, entre outras questões, aquelas concernentes à existência na gramática, à existência na matemática, à existência e

a lógica, à existência e à forma lógica, à existência putativa (ou "pretensão de existência"), à existência como pressuposição, às possíveis alternativas à contraposição entre existência e essência etc., freqüentemente relacionando-se essas questões com aquelas estabelecidas em outras tendências filosóficas. Por causa do caráter onipresente da "questão da existência" na filosofia contemporânea em geral, e no pensamento analítico em particular, já se tornou difícil tratar essa questão separadamente dentro da história de um determinado conceito filosófico.

Para o problema da relação entre a essência e a existência, especialmente na filosofia medieval, ver a bibliografia do verbete EssÊNCIA. Ver também a bibliografia do verbete EXISTENCIALISMO, assim como a dos diferentes autores (Jaspers, Heidegger, Sartre etc.) citados.

⇨ Sobre o conceito existencial: A. Dyroff, *Ueber den Existentialbegriff*, 1902.

Sobre natureza, estrutura e formas da existência: Nicola Abbagnano, *La struttura dell'esistenza*, 1939. — Étienne Souriau, *Les différents modes d'existence*, 1943. — A. Camus, B. Fondane, M. de Gandillac, É. Gilson, J. Grénier, L. Lavelle, R. Le Senne, B. Parain, A. de Waelhens, *L'Existence*, 1945. — Charles Duel Kean, *The Meaning of Existence*, 1947. — Jacques Maritain, op. cit. no texto. — Emmanuel Levinas, *De l'existence à l'existant*, 1947. — Id., *En découvrant l'existence avec Husserl et Heidegger*, 1949. — R. Lauth, *Die Frage nach dem Sinn des Daseins*, 1953 (especialmente Parte II). — Cornelio Fabro, *Dell'essere all'esistente*, 1957. — Stanislas Breton, *Essence et existence*, 1962. — Milton K. Munitz, *The Mystery of Existence: An Essay in Philosophical Cosmology*, 1965. — W. B. Turner, *Nothing and Non-Existence: The Transcendence of Science*, 1986. — S. Kruks, *Situation and Human Existence: Freedom, Subjectivity and Society*, 1990. — A. Nichols, *A Grammar of Consent: The Existence of God in Christian Tradition*, 1991. — R. M. Gale, *On the Nature and Existence of God*, 1991. — R. Grossmann, *The Existence of the World: An Introduction to Ontology*, 1993.

Sobre existência cristã: Erich Przwara, *Christliche Existenz*, 1934.

Sobre existência e ser: H. Riefstahl, *Sein und Existenz*, 1947.

Sobre existência e personalidade: Roberto Giordani, *L'esistenza come conquista della personalità*, 1945. — C. R. Meek, *Existence, Culture and Psychotheraphy*, 1985. — G. Thines, *Existence et Subjectivité: Études de Psychologie Phénoménologique*, 1991.

Sobre existência e valor: Maximilian Beck, *Wesen und Wert. Grundlegung einer Philosophie des Daseins*, 2 vols., 1925. — E. Paci, *Pensiero, esistanza e valore*, 1940. — A. Sánchez Reulet, "Ser, valor e existência", *Filosofia y Letras* [México], n. 28 (1947).

Sobre idéia e existência: Hans Heyse, *Idee und Existenz*, 1935.
Sobre existência e realidade: O. Jansen, *Dasein und Wirklichkeit*, 1938. — M. Gelven, *Spirit and Existence: A Philosophy Inquiry into the Meaning of Spiritual Existence*, 1990.
Sobre existência e transcendência, ver o verbete TRANSCENDÊNCIA.
Sobre o conceito de existência em vários autores e correntes: Suzanne Mansion, *Le jugement d'existence chez Aristote*, 1946; 2ª ed., 1976. — Pierre Hadot, "Zur Vorgeschichte des Begriffs 'Existenz', ΥΠΑΡΧΕΙΝ bei den Stoikern", *Archiv für Begriffsgeschichte*, 13, 2 (1969), 115-127. — A. F. Baillot, *La notion d'existence: Antiquité classique, civilisation moderne*, 1954. — S. Adamczyk, *De existentia substantiali in doctrina S. Thomae Aquinatis*, 1962. — G. Morgenstern, *Der Begriff der Existenz in der modernen Philosophie*, 1917. — Franz Grégoire, *L'attitude hégélienne devant l'existence*, 1953. — Carlos Astrada, *Idealismo fenomenológico y metafísica existencial*, 1936. — W. Andersen, *Der Existenzbegriff und das existenzielle Denken in der neueren Philosophie und Theologie*, 1940. — Hans Reiner, *Phänomenologie und menschliche Existenz*, 1931. — Michael Wyschogrod, *Kierkegaard and Heidegger: The Ontology of Existence*, 1954. — F. J. Brecht, *Einführung in die Philosophie der Existenz*, 1948. — E. Schott, *Die Endlichkeit des Daseins nach Martin Heidegger*, 1930. — J. Pfeiffer, *Existenzphilosophie. Eine Eiführung in Heidegger und Jaspers*, 1934. — A. Delp, *Tragische Existenz. Zur Philosophie Martin Heideggers*, 1935. — Luigi Pareyson, *Esistenza e persona*, 1950. — J. Wild, J. Hintikka *et al.*, artigos sobre o conceito de existência, *The Monist*, 50, 1 (1966), 1-156. — C. J. Caes, *Beyond Time: Ideas of the Great Philosophers on Eternal Existence and Immortality*, 1985. — R. Sternfeld, H. Zyskind, *Meaning, Relation and Existence in Plato's Parmenides*, 1987. — W. A. Davies, *Inwardness and Existence: Subjectivity in/and Hegel, Heidegger, Marx and Freud*, 1989.
Sobre existência em sentido lógico: O. A. A. Friedrichs, *Beiträge zu einer Geschichte und Theorie des Existentialurteils*, 1906. — G. Rabeau, *Le jugement d'existence*, 1938. — Rolf Schock, *Logic without Existence Assumptions*, 1968. — Milton K. Munitz, *Existence and Logic*, 1974. — Wolfgang Carl, *Existenz und Prädikation. Sprachanalytische Untersuchungen zu Existenzaussagen*, 1974. — Rainer W. Trapp, *Analytische Ontologie. Der Begriff der Existenz in Sprache und Logik*, 1976. — A. Herrera Ibáñez, *Es la existencia un predicado lógico?*, 1976 [Instituto de Investigaciones Filosóficas de la UNAM. Estudios monográficos, 4]. — A. Orenstein, *Existence and the Particular Quantifier*, 1978. — C. J. F. Williams, *What is Existence?*, 1981 [Russell, Brentano, Strawson *et al.*]. — H. Leblanc, *Existence, Truth and Probability*, 1982 [coletânea de trabalhos, pp. 3-119; colaborações de T. Hailperin, K. R. Meyer e K. Lambert].
Bibliografia: D. E. Bradford, "A Bibliography on the Topic of Existence", *Philosophy Research Archives*, 2 (1976). ℭ

EXISTÊNCIA (FILOSOFIA DA). A expressão alemã *Existenzphilosophie* pode ser traduzida desse modo e pode ser utilizada nos dois sentidos seguintes:

1) Para designar um conjunto de filosofias e modos de fazer filosofia nos quais o tema central é a existência, *Existenz*, enquanto existência humana ou realidade humana. Supõe-se que essa existência difere radicalmente das outras existências, ou tipos de existência; a existência humana não tem de modo algum a natureza de alguma coisa, seja coisa física ou "coisa" mental. A existência enquanto *Existenz* é, por conseguinte, completamente distinta da existência enquanto *existentia*. Como se aspira a não confundir a existência no sentido de *Existenz* com a existência nos sentidos "clássicos", a tradução proposta de *Existenzphilosophie* por 'filosofia da existência' pode ser ambígua. Caberia utilizar, para evitar essa ambiguidade, uma expressão como "filosofia da *Existenz*", ou simplesmente deixar a expressão em sua forma original de *Existenzphilosophie*. Contudo, como não há na filosofia anterior à *Existenzphilosophie* nenhuma "filosofia da existência" específica, esta última expressão é perfeitamente aceitável, já que cada vez que se falar de "filosofia da existência" ela será entendida no sentido peculiar que se dá a 'existência' enquanto "existência humana".

Pode-se considerar a filosofia da existência uma orientação comum a muitos autores: Heidegger, Jaspers, Sartre, Ortega, Marcel etc. Convém ressaltar que vários desses autores não são somente "filósofos da existência"; é o caso de Heidegger e de Ortega, cujas respectivas "filosofias do ser" e "raciovitalismo" abarcam um território muito mais amplo que o de uma filosofia da existência. Entretanto, essa expressão pode continuar a ser utilizada para tais autores na medida em que pelo menos uma parte de seu pensamento filosófico consiste em um exame da existência enquanto existência ou realidade humana. Convém ressaltar também que nem todos os autores que podem ser qualificados, mesmo que parcialmente, de "filósofos da existência" são "existencialistas". Em geral, cabe dizer que todo existencialismo (VER) é (ao menos) filosofia da existência, mas que nem toda filosofia da existência é existencialismo. A rigor, várias das filosofias da existência citadas, especialmente aquelas cujo conteúdo extrapola os limites que seriam os desta filosofia, são contrárias às tendências mais comuns do existencialismo.

2) A expressão "filosofia da existência" pode ser utilizada, e é usada frequentemente, para designar especificamente uma das filosofias mencionadas: a de Jaspers.

Enquanto, por exemplo, Heidegger utiliza *Dasein* — embora reconhecendo que "a essência do *Dasein* radica em sua existência (*Existenz*)", de modo que tem um caráter existenciário (VER) e não existencial — e Ortega utiliza, entre outras expressões, 'vida humana' e 'nossa vida', Jaspers usa de um modo central e consistente *Existenz*. O propósito capital do segundo volume de sua *Philosophie* é justamente "uma elucidação da existência (*Existenz*)".

EXISTENCIALISMO. Abusou-se tanto do vocábulo 'existencialismo' que, como indicaram vários autores próximos dessa tendência (entre eles, Sartre), ele não significa mais nada. Foram qualificadas de "existencialistas", com efeito, não somente certas tendências filosóficas contemporâneas, mas muitas das tendências filosóficas do passado, antigas e modernas. Já se disse, por exemplo, que os jônicos, os estóicos, os agostinistas, os empiristas e muitos outros foram de algum modo "existencialistas". Também se disse que são "existencialistas" todas as filosofias em que se afirmou, ou se deu como pressuposto, o chamado "primado da existência (VER) sobre a essência (VER)". Por isso falou-se do "existencialismo" de Santo Tomás de Aquino, ao menos para contrapô-lo ao "essencialismo" de Avicena.

Para combater o abuso do termo 'existencialismo' deve-se limitar a aplicação do vocábulo a uma certa época e, dentro disso, a certas correntes ou atitudes filosóficas.

Desse ponto de vista, a origem do existencialismo remonta exclusivamente a Kierkegaard (VER), que lançou pela primeira vez o grito de combate: "contra a filosofia especulativa [principalmente a de Hegel], a filosofia existencial". Com isso ele defendeu um "pensar existencial" no qual o sujeito que pensa — esse homem concreto e, como diria Unamuno, "de carne e osso" — inclui-se a si próprio no pensar em vez de refletir, ou pretender refletir, objetivamente a realidade. Esse pensar "existencial" que dá origem ao "existencialismo" é muito freqüentemente de tipo "irracionalista" (ver IRRACIONAL, IRRACIONALISMO), mas pode ser racionalista. Com efeito, um pensador racionalista que incluísse seu próprio ser em seu pensar pensaria também "existencialmente"; isto foi, além disso, o que ocorreu com Sócrates, que Kierkegaard tinha muito presente.

Portanto, a primeira coisa que a filosofia existencial faz — ou, melhor, que o homem que pensa e vive existencialmente faz — é recusar-se a reduzir seu ser humano, sua personalidade, a uma entidade qualquer. Não se pode reduzir o homem a ser um animal racional, mas tampouco a ser um animal social, ou a um ente psíquico, ou biológico. A rigor, o homem não é nenhum "ente", porque é antes um "existente" (e, sem rodeios, "este existente"). O homem não é, pois, nenhuma substância, suscetível de ser determinada objetivamente. Seu ser é um constituir-se a si próprio. No processo dessa sua autoconstituição existencial, o homem pode gerar o âmbito de inteligibilidade que lhe permitirá compreender-se a si mesmo, e sua situação com os demais e no mundo. Para o pensar existencial, o homem não é "consciência" e menos ainda "consciência da realidade": ele é "a própria realidade".

O existencialismo é, assim, fundamentalmente, um modo de entender a existência enquanto existência humana. Falou-se por isso de "antropocentrismo existencial" ou "existencialista". Partir da existência humana como um "existir" não significa sempre afirmar que há apenas existência humana. Tal afirmação não se encontra nem em Kierkegaard nem tampouco em autores como Chestov, Berdiaev ou Marcel. Em outras palavras, o existencialismo a que dá origem o citado "pensar existencial" não é necessariamente imanentista. Mas mesmo quando rejeitam o ponto de vista "antropocêntrico" os autores existencialistas — ou assim chamados — reconhecem que a existência, e em particular a existência humana, é de algum modo algo "primário". Somente a partir dela é possível, e legítimo, filosofar.

Tentou-se freqüentemente definir 'existencialismo' sem que tenha sido encontrada uma definição satisfatória (entre outras razões, porque o existencialismo, especialmente enquanto "atitude existencial", recusa qualquer definição). Chegou-se no máximo a assinalar certos temas que aparecem com muita freqüência na literatura filosófica existencialista e para-existencialista. Esses temas são, entre outros, a subjetividade, a finitude, a contingência, a autenticidade, a "liberdade necessária", a alienação, a situação, a decisão, a escolha, o compromisso, a antecipação de si mesmo, a solidão (e também a "companhia") existencial, o estar no mundo, o estar próximo da morte, o fazer-se a si mesmo. Referimo-nos a esses temas em vários verbetes deste Dicionário. Assim mesmo abordaremos rapidamente alguns desses temas neste verbete ao falar com maior detalhamento de várias correntes existencialistas ou consideradas existencialistas. Com freqüência também se tentou estabelecer uma classificação das correntes existencialistas. Falou-se nesse sentido de existencialismo teológico, existencialismo cristão, existencialismo ateu e até de existencialismo marxista. Tentou-se descrever a genealogia do existencialismo contemporâneo em geral e, para esse efeito, mencionou-se não apenas Kierkegaard, mas também Nietzsche, o pragmatismo, a fenomenologia etc. Em vista da dificuldade tanto de definir o existencialismo como de dar conta de seus conteúdos ou de classificá-lo de maneira aceitável para a maior parte dos autores ou historiadores da filosofia contemporânea, apresentaremos neste verbete várias classificações propostas, ao fio das quais se pode dar conta de algumas tendências existencialistas ou semi-existencialistas contemporâneas. Com base nessas classificações discutiremos depois algumas formas básicas de existencialismo e algumas das reações provocadas pelo "movimento existencialista" em geral.

Segundo Emmanuel Mounier (*Introduction aux existentialismes* [1947], p. 11), o existencialismo pode ser comparado a uma árvore alimentada em suas raízes por Sócrates, pelo estoicismo e pelo agostinismo. Essas raízes produzem filosofias como as de Pascal e de Maine de Biran. O tronco da árvore representa Kierkegaard. A partir do tronco estende-se uma ampla copa na qual estão representados, em uma ramificação muito complexa, a fenomenologia, Jaspers, o personalismo, Marcel, Soloviev, Chestov, Berdiaev, a teologia dialética (sem esquecer o "judaísmo transcendental" de Buber), Scheler, Landsberg, Bergson, Blondel, Laberthonnière, Nietzsche, Heidegger, J.-P. Sartre (limite "esquerdo" do "movimento"). Seguindo essa analogia poderiam ser incluídos nessa copa o pragmatismo, Unamuno, Ortega y Gasset e muitos outros autores.

Essa classificação de Mounier peca por excesso. Mounier qualifica de "existencialistas" não poucos autores que, como Bergson, não o foram, e outros que, como Heidegger e Ortega y Gasset, rejeitaram legitimamente ser considerados como tais. Jacques Maritain propôs outra classificação: de acordo com ela há, por um lado, um existencialismo propriamente existencial e, por outro, um existencialismo meramente acadêmico. O primeiro é "o existencialismo em ato vivido ou exercido"; o segundo é "o existencialismo em ato significado" como máquina de idéias e aparato para confeccionar teses. Nicola Abbagnano indicou que há diversas formas de existencialismo segundo o modo como se estabeleça a "relação" entre a existência e o ser. Sendo fundamental em todo existencialismo a idéia de que a existência não é ser, mas relação ou *rapporto* com o ser, essa relação pode ser interpretada de três maneiras. A primeira se refere ao ponto de partida: ao nada do qual se supõe que emerge a existência. A segunda se refere ao ponto de chegada: ao ser rumo ao qual "se dirige" a existência. A terceira refere-se à unidade do ponto de partida com o de chegada: à própria relação. No primeiro caso define-se 'existência' como 'impossibilidade de não ser nada'. No segundo, define-se 'existência' como 'transcendência', e esta como 'impossibilidade de ser um ser'. No terceiro, define-se 'existência' como 'possibilidade de ser a própria relação com o ser'. Abbagnano diz que o primeiro tipo de existencialismo é próprio de Heidegger; que o segundo foi representado especialmente por Jaspers, e que o terceiro é o do próprio Abbagnano. A insistência na "possibilidade" exclui, segundo Abbagnano, reconduzir a existência ao modo de ser próprio das coisas. Com efeito, a existência pode relacionar-se ou não com o ser, acentuar ou debilitar seu *rapporto* com ele. Outras classificações apresentadas são do tipo a que já aludimos anteriormente:

existencialismo "ateu" (Heidegger, Sartre) e existencialismo "cristão" (Jaspers, Marcel, Lavelle).

Todas essas classificações oferecem inconvenientes. Heidegger é freqüentemente incluído nelas. Porém, se a filosofia de Heidegger é um "existencialismo", é somente no sentido de uma preparação para uma ontologia: "somente nesse sentido *ontológico*" — escreveu Fritz Kaufmann — " o homem figura como centro da metafísica de Heidegger" (*Philosophy and Phenomenological Research*, 1 [1940-1941], p. 363). Afirmou-se, por isso, que uma filosofia é existencialista apenas quando se apóia no ôntico (VER), mas não quando se apóia no ontológico. É verdade que alguns críticos declararam que Heidegger não pôde passar, apesar de suas intenções, do campo da "análise existencial" para a ontologia, e que, em geral, essa passagem não é possível, mas consideramos isso duvidoso. Por outro lado, as classificações em questão nem sempre levam em conta a diferença entre "atitude existencial" e "pensamento existencial". Somente este último merece ser chamado de "existencialismo". De fato, o existencialismo não é — não deve ser — uma mera "atitude" ou mesmo uma simples "tomada de posição"; ele é, ou deve ser, uma filosofia. Certos autores negam que essa filosofia seja possível. Declaram que quando se adota uma atitude existencial exclui-se toda possível "racionalização" da existência e que sem essa "racionalização" não é possível, ou não é legítimo, falar de filosofia. Outros autores negam a possibilidade de tal filosofia alegando que as análises da existência humana em que são pródigos os autores existencialistas são, apesar do que esses autores pretendem, de caráter empírico-psicológico, e não têm nenhum caráter propriamente "existencial".

Os autores que admitem a possibilidade de uma filosofia existencial nem sempre estão de acordo com as bases desta filosofia. Como indicou José Gaos (cf. *Filosofía y Letras* [México], n. 6, p. 260), o existencialismo mais difundido sofre de uma "falsa unilateralidade exclusiva de suas bases". Esse caráter negativo deve-se em grande parte a que para essas filosofias o cristianismo é visto a partir do exterior, como um jogo filosófico. Toma-se, portanto, um de seus extremos — Pascal, Kierkegaard, experiências da angústia, do nada etc. —, e outros extremos são esquecidos — os Evangelhos, o franciscanismo etc. —, nos quais, em vez da inquietude angustiada, há uma inquietude esperançosa e uma série de vivências — amor, alegria etc. — que o existencialismo usualmente ignora ou desconsidera. Como assinala Louis Lavelle, consistindo a existência fundamentalmente em emoção de existir (que nos proporciona um acesso ao ser), essa emoção não pode ser simplesmente reduzida à angústia: ela tem, diz Lavelle, uma fase positiva que é o *émerveillement d'exister*, isto é, o "encontrar em mim uma participação em uma realidade que não cessa de me constituir" (Curso no Collège de France sobre *Os fundamentos da metafísica*, 1945-1946). Poderíamos até mesmo dizer que a mencionada unilateralidade deve-se a um fator fundamental e realmente único; deve-se à insistência em que o transcender da existência não tem outra finalidade além da constituição da própria existência. Quando isso não ocorre, a unilateralidade desaparece e então todos os modos da finitude existencial são possibilidades e condições, mas não o *constitutivum metaphysicum* da existência. Por isso também se destacou que o inevitável transcender da existência humana é descoberto no fato de que a existência não pode "viver por si mesma". Nem todos os autores, todavia, estão de acordo quanto ao significado desta última restrição. Alguns sustentam que, se o fundamento da existência não é a própria existência, deve-se recorrer necessariamente a Deus. Outros afirmam que basta reconhecer um reino transcendente de valores. Outros, por fim, encontram o fundamento da existência na Natureza. Com isso as questões acerca da existência voltam a suscitar os problemas tradicionais, e representam, de certo modo, uma reformulação desses problemas.

Houve ao menos três atitudes no pensamento atual diante do existencialismo: a completa indiferença, a oposição cerrada e o esforço de "superar" o existencialismo a partir de dentro.

A indiferença foi demonstrada algumas vezes mediante o simples desdém; para isso foi comum dizer que as tendências existencialistas são ou pura tolice ou puro verbalismo (ou ambas as coisas ao mesmo tempo). A oposição cerrada partiu algumas vezes daqueles que em outras ocasiões demonstraram indiferença; esse é o caso de não poucos autores de tendência "analítica", especialmente na fase do positivismo lógico. A. J. Ayer declarou que o existencialismo consiste principalmente em um "abuso do verbo 'ser'". Outros filósofos hostis ao existencialismo combateram-no a partir de posições consideradas por eles como firmemente estabelecidas (como o marxismo ou o neo-escolasticismo). Os esforços para superar o existencialismo "a partir de dentro" foram efetuados por vários existencialistas. Como exemplo mencionamos Roberto Giordani, que em sua obra sobre o "transexistencialismo" (cf. *infra*, bibliografia) propôs-se superar não apenas o "existencialismo" de Heidegger (ou "procedente de Heidegger"), mas também o existencialismo derivado da dialética hegeliana. Segundo Giordani, a dialética deve ser substituída pela apodítica, que vai do negativo ao positivo absoluto em todas as esferas: do material ao espiritual por meio do corporal; do ser ao existir pelo devir; da não-temporalidade à eternidade pela temporalidade; da particularidade à personalidade pela individualidade; do inconsciente ao estado de vigília absoluto pela consciência; da exterioridade à interioridade pela ambigüidade de ambas. Giordani afirma que sua passagem do negativo para o positivo não pode ser equiparada à dialética hegeliana, na qual duas entidades indeterminadas (como o ser e o nada) dão origem a uma entidade determinada (como o devir).

Entre as discussões que o existencialismo suscitou nas últimas décadas mencionaremos duas: uma é a interpretação dessa tendência do ponto de vista histórico; a outra é sua relação — ou ausência de relação — com outras filosofias contemporâneas.

No que diz respeito ao primeiro ponto, as respostas dadas costumam depender de posições filosóficas — e às vezes político-sociais — previamente adotadas. Desse modo, por exemplo, o existencialismo é interpretado pelos marxistas como a filosofia da burguesia em seu estado de degeneração e decomposição; por muitos "tradicionalistas" (no sentido de "partidários da tradição filosófica" e particularmente de uma *philosophia perennis*), como uma das mais perigosas manifestações do ateísmo moderno; pelos racionalistas como uma explosão anti-racionalista, hostil à ciência e a toda sã razão humana; por muitos individualistas como uma reação saudável da pessoa contra as ameaças de escravidão suscitadas por todo gênero de totalitarismo. Em todos esses casos a interpretação se refere mais à função que o existencialismo possui — ou que se pretende que possua — dentro da sociedade contemporânea, do que aos próprios conteúdos dessa filosofia, aos quais nos referimos no resto deste verbete.

Quanto ao segundo ponto, o existencialismo tem relações muito matizadas com outras correntes contemporâneas. Já vimos anteriormente que sua tendência a rejeitar a "coisificação" da existência humana é compartilhada por outros movimentos filosóficos, inclusive por alguns que são, sob outros aspectos, declaradamente antiexistencialistas. Também há, como notou E. W. Beth, alguma relação entre o existencialismo e a crise da razão (ao menos da razão tradicional), que se manifestou em algumas correntes da lógica e da filosofia matemática. Finalmente, não podem ser negados certos pontos de contato entre o existencialismo e algumas manifestações do pragmatismo. A única filosofia com a qual o existencialismo parece estar em pleno desacordo é o positivismo lógico; não obstante, não está excluída uma possibilidade de comunicação mútua. Que tal comunicação se choque com obstáculos, é evidente. Walter Cerf, em "Logical Positivism and Existentialism" (*Philosophy of Science*, 18 [1951], 327-338), indicou que os principais obstáculos são: a recusa do positivista lógico a considerar outro "horizonte" além daquele do "homem como animal racional" e a recusa do existencialista a compreender a linguagem utilizada pelos positivistas lógicos. Segundo o autor mencionado, esses obstáculos poderiam se amenizar se *a*) o existencialista abandonasse sua tendência, ou suposta tendência, ao "irracional", "evocativo" ou "emotivo" e *b*) o positivista lógico compreendesse que sua análise filosófica se funda em uma decisão prévia, que é de caráter "existencial".

Sendo tanto o existencialismo, nas formas descritas, como o positivismo lógico coisas do passado — embora de um passado recente —, o problema de se, e até que ponto, é possível uma comunicação ou ao menos um diálogo filosófico entre existencialismo e positivismo lógico já não se delineia. Faz mais sentido levantar a questão do diálogo entre as últimas correntes da chamada "filosofia analítica" (abreviando) e várias tendências que pertencem em parte ao tronco do existencialismo e em parte ao de Heidegger (desenvolvimentos da fenomenologia, filosofia da existência, pós-estruturalismo, hermenêutica, várias formas "heterodoxas" de marxismo etc.). Esse diálogo ocorre — por mais fragmentário que seja, e seguindo várias linhas: filosofia analítica e pós-analítica e marxismo; marxismo e hermenêutica; hermenêutica e "análise" etc. A questão das relações entre existencialismo e outras correntes transformou-se na questão dos traços de existencialismo que ainda podem ser encontrados em várias correntes e no modo como estas se relacionam com tendências muito distintas — histórica ou sistematicamente — do existencialismo que podemos qualificar de "clássico".

Distinguiu-se existencialismo de filosofia da existência (ver EXISTÊNCIA [FILOSOFIA DA]) a despeito de certas similaridades entre ambos.

Para a influência de certas idéias existencialistas, ou da interpretação existencial de certas idéias de Heidegger sobre a psicanálise, ver PSICANÁLISE EXISTENCIAL.

⮕ Ver a bibliografia dos verbetes ESSÊNCIA e EXISTÊNCIA, assim como a dos principais autores citados neste verbete, especialmente a daqueles que são considerados existencialistas ou ligados a alguma forma da filosofia da existência. A seguir assinalamos, em ordem cronológica, algumas obras sobre a questão, tanto a favor como contra, quer se trate de meras exposições quer de interpretações, tanto se abordam o problema em geral como se limitam a alguns de seus aspectos. Em todo caso, insistimos em que devem ser complementadas com as obras mencionadas em outras bibliografias. Ver: Arnold Gehlen, *Idealismus und Existentialphilosophie*, 1933. — Léon Chestov, *Kierkegaard et la philosophie existentielle*, 1936. — Emilio Gouiran, "Prolegómenos a una filosofía de la existencia", 1, *Sur*, ano 6, n. 27 (1936), 73-87; II, id., 7, n. 28 (1937), 65-74; III, id., 7, n. 29 (1937), 80-88. — Auguste Brunner, "Ursprung und Grundzüge der Existentialphilosophie", *Scholastik*, 13 (1938). — Karl Lehmann, *Der Tod bei Heidegger und Jaspers. Ein Beitrag zur Frage und protestantischer Theologie*, 1938. — K. Jaspers, *Existenzphilosophie*, 1938. — Nicola Abbagnano, *Introduzione all'esistenzialismo*, 1942. — O. F. Bollnow, "Existenzphilosophie", em *Systematische Philosophie*, ed. Hartmann, 1942; 3ª ed., 1947. — Cornelio Frabro, *Introduzione all'esistenzialismo*, 1942. — Luigi Pareyson, *Studi dell'esistenzialismo*, 1943. — Enzo Paci, *L'esistenzialismo*, 1943. — M. Werner, *Der religiöse Gehalt der Existentialphilosophie*, 1943. — Norberto Bobbio, *L'esistenzialismo*, 1944. — H. Lefèbre, *L'Existentialisme*, 1946. — Roger Troisfontaines, *Existentialisme et pensée chrétienne*, 1946. — C. Fabro, J. Maritain, N. Picard, E. Toccafondi, É. Gilson *et al.*, *Esistenzialismo*, 1947 (Semana de estudos da Academia di Santo Tommaso). — William Barrett, *What is Existentialism?*, 1947. — Emmanuel Mounier, *op. cit.* no texto. — Ignace Lepp, *Existence et existentialismes. Témoignage chrétien*, 1947. — Paul Foulquié, *L'Existentialisme*, 1947. — P. Ortegat, *Intuition et religion. Le problème existentialiste*, 1947. — Jean Wahl, *Petite histoire de "L'existentialisme"*, 1947. — B. Pruche, *L'existentialisme et l'acte d'être*, 1947. — Julien Benda, *Tradition de l'existentialisme ou les philosophies de la vie*, 1947. — Vicente Fatone, *El existencialismo y la libertad creadora*, 1948. — Guillermo de Torre, *Valoración literaria del existencialismo*, 1948. — G. A. del Monte, *Il problema dell'esistenza nella filosofia esistenzialistica*, 1948. — R. Jolivet, *les doctrines existentialistes de Kierkegaard à J.-P. Sartre*, 1948. — Ralph Harper, *Existentialism: A Theory of Man*, 1948. — Augustín Martínez, *Información sobre el existencialismo*, 1948. — Johannes Hessen, *Existenzphilosophie*, 1948. — B. Delfgaauw, *What is Existentialism?*, 1948. — Annibale Pastore, *La volontà dell'assurdo. Storia e crisi dell'esistenzialismo*, 1948. — Marjorie Greene, *Dreadful Freedom*, 1948; reimp.: *Introduction to Existentialism*, 1949. — Gérard Devaux, *L'existentiel*, 1949. — Helmut Kuhn, *Encounter with Nothingness. An Essay on Existentialism*, 1949. — Joaquín Andúriz, *El existencialismo de la esperanza*, 1949. — G. Deledalle, *L'existentiel. Philosophies et littératures de l'existence*, 1949. — Roger Vernaux, *Leçons sur l'existentialisme et ses formes principales*, 1949. — Carlos Astrada, *Ser, humanismo, "existencialismo". Una aproximación a Heidegger*, 1949. — E. Castelli, G. Marcel, É. Bréhier *et al.*, *Esistenzialismo cristiano*, ed. E. Castelli, 1949. — D. Morando, *Saggio su l'esistenzialismo teologico*, 1949. — E. Castelli, A. de Waelhens, J. Gérard, J. Paumen, H. J. Pos, F. H. Heinemann, J. Segond, V. J. McGill, "L'existentialisme devant l'opinion philosophique", *Revue Internationale de Philosophie*, n. 9 (1949). — F. Battaglia, *Il problema morale nell'esistenzialismo*, 1949. — A. Amoroso Lima, *O existencialismo*, 1949. — U. Scarpelli, *Esistenzialismo e marxismo*, 1949. — V. Gignous, *La philosophie existentielle*, 1950. — Jean Lacroix, *Marxisme, existentialisme, personnalisme*, 1950. — E.

Paci, *Il nulla e il problema dell'uomo*, 1950. — H. Pfeil, *Existentialistische Philosophie*, 1950. — Eduardo Nicol, *Historicismo y existencialismo*, 1950; 2ª ed., 1960. — L. Gabriel, *Existenzphilosophie*, 1951. — F. J. von Rintelen, *Philosophie der Endlichkeit als Spiegel der Gegenwart*, 1951. — J. S. Weiland, *Philosophy of Existence and Christianity*, 1951. — Jean Wahl, *La pensée de l'existence*, 1951. — M. T. Antonelli, F. Battaglia, C. Fabro et al., *L'Esistenzialismo*, 1951. — P. Prini, *Esistenzialismo*, 1952 (trad. esp.: *Existencialismo*, 1957). — K. F. Reinhardt, *The Existentialist Revolt*, 1952. — G. H. J. Blackham, *Six Existentialist Thinkers*, 1952. — J. Lenz, *Der moderne deutsche und franzözische Existentialismus*, s/d. [1952]. — L. Stefanini, *Esistenzialismo ateo et esistenzialismo teistico*, 1952. — C. Astrada, *La revolución existencialista*, 1952. — H. Knittermeyer, *Die Philosophie der Existenz. Von der Renaissance bis zur Gegenwart*, 1952. — Julián Marías, *El existencialismo en España*, 1953, reimp. em *Filosofia actual y existencialismo en España*, 1955, pp. 14-59. — V. Fatone, *Introducción al existencialismo*, 1953. — Id., *La existencia humana y sus filósofos*, 1953. — E. L. Allen, *Existentialism from within*, 1953. — F. H. Heinemann, *Existentialism and the Modern Predicament*, 1953 (ed. al., modificada: *Existenzphilosophie, lebendig or tot?*, 1954. — Jean Wahl, *Les philosophies de l'existence*, 1954. — J. I. Alcorta, *El existencialismo en su aspecto ético*, 1955. — J. Ell, *Der Existenzialismus in seinem Wesen und Werden*, 1955. — Diamantino Martins, *Existencialismo*, 1955. — M. A. Virasoro, A. A. Vera, N. Pousa, A. Petroccione, A. M. Travi, C. Lambruschini, A. L. Benítez de Lambruschini, *Symposium sobre el existencialismo*, s/d. [1955]. — R. Gimsley, *Existentialist Thought*, 1955. — John Wild, *The Challenge of Existentialism*, 1955. — William Barrett, *Irrational Man: A Study in Existential Philosophy*, 1958. — Max Müller, *Existenzphilosophie im geistigen Leben der Gegenwart*, 3ª ed., 1964 [1ª ed., 1949]. — Ismael Quiles, *Más allá del existencialismo*, 1959. — Calvin O. Schrag, *Existence and Freedom: towards an Ontology of Human Finitude*, 1961. — H. E. Barnes, *The Literature of Possibility: A Study in Humanistic Existentialism*, 1961. — Jean-Paul Sartre, Roger Garaudy, Jean Hyppolite, Jean-Pierre Vigier, J. Orcel, *Marxisme et Existentialisme. Controverse sur la dialectique*, 1962 (debate do dia 7/12/1961). — Fernando Molina, *Existentialism as a Philosophy*, 1962 [sobre Kierkegaard, Nietzsche, Husserl, Heidegger, Sartre]. — Benjamin Wolstein, *Irrational Despair: An Examination of Existential Analysis*, 1962. — Juan David García Bacca, *Existencialismo*, 1962. — A obra de Roberto Giordani citada no texto é: *Il transinsistenzialismo*, 2 vols., 1954. — Pietro Chiodi, *Esistenzialismo e fenomenologia*, 1963. — William Barrett, *What is Existentialism?*, 1964 — Frederick A. Olafson, *Principles and Persons: An Ethical Interpretation of Existentialism*, 1967. — Patricial F. Sanborn, *Existentialism*, 1970. — Mary Warnock, *Existentialism*, 1970. — Pietro Prini, *Storia dell'esistenzialismo*, 1971. — Robert C. Solomon, *From Rationalism to Existentialism: The Existentialists and Their Nineteenth Century Backgrounds*, 1971. — John Macquarrie, *Existentialism*, 1973. — Thomas Ranson Giles, *História do Existencialismo e da Fenomenologia*, 2 vols., 1975. — Mark Poster, *Existential Marxism in Post-War France. From Sartre to Althusser*, 1975. — F. Zimmermann, *Einführung in die Existenzphilosophie*, 1977. — H. Barnes, *An Existentialist Ethics*, 1978. — W. Janke, *Existenzphilosophie*, 1982. — J. J. Valone, *The Ethics and Existentialism of Kierkegaard*, 1983. — T. R. Flynn, *Sartre and Marxist Existentialism*, 1984. — R. Grossman, *Phenomenology and Existentialism: An Introduction*, 1984. — M. Grene, *Introduction to Existentialism*, 1984. — H. Beck, *Ek-insistenz. Positionen und Transformationen der Existenzphilosophie*, 1989. — R. Billington, *East of Existentialism: The Tao of the West*, 1990. — D. E. Cooper, *Existentialism*, 1990. — R. R. Ellis, *San Juan de la Cruz: Mysticism and Sartrean Existentialism*, 1992. — R. Wolin, *The Terms of Cultural Criticism: The Frankfurt School, Existentialism, Poststructuralism*, 1992.

Repertórios bibliográficos: R. Jolivet, *Französische Existenzphilosophie*, 1948 [Bibliographische Einführungen in das Studium der Philosophie, ed. J. M. Bochenski, 9]. — *Revue Internationale de Philosophie*, n. 9 (1949), especialmente detalhada sobre o existencialismo na Itália (pp. 349-359). — V. R. Yanitelli, "A Bibliographical: Introduction to Existentialism", *The Modern Schoolman*, 26 (1949), 345-363. — K. Douglas, *A Critical Bibliography of Existentialism (The Paris School)*, 1950 [especialmente detalhada para J.-P. Sartre até aquela data]. — F. O. Bollnow, *Deutsche Existenzphilosophie*, 1953 [Bibliographische Eiführungen etc., 23]. — S. J. Fairhurst et al., "Existentialism: A Bibliography", *Modern Schoolman*, 31 (1953), 19-33. — Emilio Oggiani, *L'esistenzialismo: introduzione storica e critica allo estudio della filosofia esistenzialistica (I. Questioni generali, bibliografia)*, 1956. — A. Burton e D. T. Lunde, *Bibliographica Sources of Existential Thought* [mimeog., s/d (1961)]. — G. U. Gabel, *Sartre: A Comprehensive Bibliography of International Theses and Dissertations, 1950-1985*, 1992. ℂ

EXISTENCIÁRIO. Seguindo José Gaos (em sua versão de *Sein und Zeit*, de Heidegger: *El Ser y el Tiempo*, 1951), traduzimos por 'existenciário' o termo *existenzial* que Heidegger utiliza para referir-se à estrutura ontológica da Existência (VER). O conjunto das estruturas ontológicas da Existência se chamará então *existenciaridade* (*Existenzialität*), de modo que o que é usualmente chamado de *analítica existencial*, por meio da qual se tem acesso à pergunta pelo sentido do ser, tal como Heidegger a entende, será, a rigor, uma *analítica existenciária*. O termo 'existencial' traduzirá, por outro lado, o vocábulo *existenziell*, mediante o qual se faz referência à constituição ôntica da Existência. Daí que possa se tornar clara a distinção entre a *Existenzialphilosophie*, ou filosofia existenciária, e a *Existenzphilosophie*, ou *existenzielle Philosophie*, filosofia existencial ou existencialismo (VER). A primeira é desenvolvida explicitamente por Heidegger ou por autores como Gabriel Marcel (prescindindo aqui de sua possibilidade última); a segunda é própria do pensamento filosófico de Kierkegaard, de Jaspers e mesmo de Jean-Paul Sartre. O vocábulo 'existenciário' também significa, em seu uso substantivo, um elemento constitutivo do ser da Existência (*Dasein*) (ver DASEIN; EXISTÊNCIA). Por isso Heidegger chama os caracteres do ser da Existência de existenciários. Estes se distinguem de modo rigoroso das determinações do ser do ente no *daseinförmige* (que não tem a estrutura da Existência enquanto *Dasein*), isto é, do que tradicionalmente se chama de categorias (VER). O uso ontológico e fundamental desse termo como "acusação" se reproduz no caso dos existenciários, mas, enquanto as categorias "acusam" o *que* do ente e o deixam ver em sua *existentia* ou presença (*Vorhandenheit*), os existenciários acusam o *quem* do ente, sua existência em sentido próprio (*Existenz*). Os existenciários, enquanto fios condutores da analítica da Existência (*Dasein*), são diversos e aparecem na medida em que são mostrados fundamentalmente no estar-no-mundo (*in-der-Welt-sein*), no cuidado (VER) etc. Um exemplo de um modo de ver existenciário é o "estar-em" que caracteriza a Existência, diferente do "estar em" que se revela na posição de objetos no espaço — o que não significa que a espacialidade seja negada à Existência, mas que ela é interpretada como "espacialidade existenciária". Também podem ser considerados como elementos existenciários constitutivos da Existência a compreensão do existir, a fala e até mesmo o próprio "ser anônimo" (*das Man*), que não deixa de ser real por ser uma manifestação "inautêntica".

Em sua obra *Philosophische Anthropologie* (1957), Hans-Eduard Hengstenberg fala de cinco *Existentialen* ("existenciais", mas muito semelhantes aos "existenciários" heideggerianos): o existir (*existieren* ou modo de *in-der-Welt-sein*) da existência humana; a presença ou atualidade (*Gegenwärtigkeit*) histórica; a expressão (*Ausdruck*) enquanto expressão da personalidade e comunicação dessa expressão a outras personalidades; a "significação" (*Sinnhaftigkeit*) ou ação sobre os significados e a liberdade (*Freiheit*) do espírito (*Geist*).

EXISTENZPHILOSOPHIE. Ver EXISTÊNCIA (FILOSOFIA DA).

EXOTÉRICO. Ver ESOTÉRICO.

EXPERIÊNCIA. O termo 'experiência' é utilizado em vários sentidos. 1) A apreensão, por um sujeito, de uma realidade, uma forma de ser, um modo de fazer, uma maneira de viver etc. A experiência é então um modo de conhecer algo imediatamente antes de qualquer juízo formulado sobre o que foi apreendido. 2) A apreensão sensível da realidade externa. Diz-se então que tal realidade se dá por meio da experiência; também, em geral, antes de qualquer reflexão (e, como diria Husserl, prépredicativamente). 3) O ensinamento adquirido com a prática. Fala-se então da experiência em um ofício e, em geral, da experiência de vida. 4) A confirmação dos juízos sobre a realidade por meio de uma verificação, usualmente sensível, dessa realidade. Diz-se então que um juízo sobre a realidade é confirmável, ou verificável, por meio da experiência. 5) O fato de suportar ou de "sofrer" algo, como quando se diz que se experimenta uma dor, uma alegria etc. Neste último caso, a experiência aparece como um "fato interno".

Embora haja algo em comum nos vários sentidos de 'experiência' — o fato de que se trata de uma apreensão imediata, por um sujeito, de algo supostamente "dado" —, isso é demasiadamente vago para servir como ponto de partida para uma análise. Em vista dessas dificuldades, descreveremos vários sentidos capitais do vocábulo 'experiência' ao longo da história da filosofia destacando em cada caso pelo menos um de dois sentidos primordiais: *a*) a experiência como confirmação ou possibilidade de confirmação empírica (e freqüentemente sensível) de dados e *b*) a experiência como o fato de viver algo dado anteriormente a toda reflexão ou predicação. Em cada um desses casos pode-se destacar o caráter "externo" ou "interno" da experiência, embora seja freqüente — ainda que não exclusivo — que o "externo" corresponda mais ao sentido *a*) e o "interno" ao sentido *b*). Em alguns casos a noção de experiência foi utilizada como conceito fundamental metafísico ou como conceito prévio em relação aos outros. Trataremos desse ponto ao apresentar várias das doutrinas atuais sobre a experiência.

A distinção platônica entre o mundo sensível e o mundo inteligível equivale em parte à distinção entre experiência e razão. A experiência aparece neste caso como conhecimento do que é cambiante (portanto, como uma "opinião", mais que como um conhecimento propriamente dito). É verdade que Platão, especialmente no que tem de mais socrático, não descuida da experiência como a "prática" (ao menos como a "prática intelectual") necessária para poder formular conceitos e alcançar o reino das idéias. Mas a experiência não tem em nenhum caso o caráter preciso e inteligível das idéias. Em Aristóteles, a experiência é mais bem integrada na estrutura do conhecimento. A experiência, ἐμπειρία, é algo que todos os seres vivos possuem. A experiência é necessária, mas não suficiente; a ela se sobrepõem a arte, τέχνη, e o raciocínio, λογισμός (*Met.*, A. 1, 981 b 27). A experiência surge da multiplicidade numérica de lembranças (*An. post.*, II 19, 100 a 5); a persistência das mesmas impressões é o tecido da experiência com base no qual se forma a noção, isto é, o universal. A experiência é, pois, para Aristóteles, a apreensão do singular. Sem essa apreensão prévia não haveria possibilidade de ciência. Além disso, somente a experiência pode proporcionar os princípios pertencentes a cada ciência; é preciso primeiramente observar os fenômenos e ver o que são a fim de proceder depois a demonstrações (*An. pr.*, I 30, 46 a 17ss.). Mas a ciência propriamente dita é somente ciência do universal; o particular constitui o "material" e os exemplos. Há "arte" apenas quando de uma multiplicidade de noções de caráter experimental se depreende um juízo universal (*Met.*, A 1, 81 a 6).

A experiência no sentido aristotélico tem, portanto, os sentidos 2) e 4), o sentido *a*) e uma parte do sentido *b*), mas o Estagirita também se refere à experiência, e destaca sua importância, quando fala da prática, declarando que em certos assuntos, como na direção e administração das coisas do Estado, a habilidade e a experiência são extremamente importantes; os homens de Estado praticam sua arte mais por experiência que por meio do pensamento (*Eth. Nic.*, X 9, 1181 a 1ss.).

Em autores medievais *experientia* tem vários sentidos; dois deles, contudo, são predominantes: a experiência como amplo e extenso conhecimento de casos, que dá lugar a certas regras e a certos conhecimentos gerais, e a experiência como apreensão imediata de processos "internos". O primeiro sentido pode ser qualificado de "científico"; o segundo, de "psicológico" e também de "pessoal". No primeiro caso, a experiência é, como em Aristóteles, o ponto de partida do conhecimento do mundo exterior. No segundo caso, pode ser ponto de partida do conhecimento do mundo "interior" (e íntimo), mas também base para a apreensão de certas "evidências" de caráter não-natural. Desse modo, a "experiência" pode designar a vivência interna da vida da fé e, em última análise, da vida mística. A doutrina da iluminação divina, de raízes agostinianas, enfatiza este último tipo de experiência, mais fundamental que qualquer outro. Por outro lado, no que diz respeito aos objetos naturais, distingue-se uma experiência vulgar de uma experiência propriamente "científica", que é considerada uma "experiência organizada".

As concepções sobre a experiência na época moderna são tão numerosas que é preciso que nos limitemos a algumas das mais influentes. Deve-se fazer constar que a insistência na experiência, considerada típica na época moderna, também se encontra em não poucos autores medievais. Podemos citar como exemplo Roger Bacon. Esse autor utilizou freqüentemente o vocábulo *experientia*, mas seu significado ainda é debatido. Em não pouca medida Rogério Bacon entendia a *experientia* como apreensão de coisas singulares, mas ao mesmo tempo admitia a experiência como uma iluminação interior (ver BACON [ROGER], *ad finem*; também a obra de R. Carton mencionada na bibliografia do verbete citado). A noção de experiência predominante durante os primeiros séculos modernos foi a experiência enquanto *a sensu oritur*, ou originada nos sentidos, como já afirmara Santo Tomás (*S. theol.*, I q. LXVI ob 5), seguindo Aristóteles. Entre os autores modernos que mais insistiram na necessidade de se sujeitar à experiência não apenas como ponto de partida do conhecimento mas como fundamento último do conhecimento encontra-se Francis Bacon. Entre as muitas passagens desse autor que se referem ao assunto destacamos os que figuram em *Novum Organon*, I, 1xx; I, 1xxiv e I, 1xxxii. Na primeira delas Bacon diz que "a melhor demonstração até agora consiste na experiência", sempre que não vá além do experimento efetivo; na segunda, ele assinala que as "artes mecânicas" se fundam "na natureza e na luz da experiência"; na terceira, que há uma simples experiência (a "experiência vulgar") que ocorre por acidente, e uma "experiência buscada" (a "experiência científica"). Segundo Bacon, "o verdadeiro método da experiência (...) acende antes de tudo a vela, e depois por meio dela mostra o caminho". A ciência se baseia na experiência, mas em uma experiência ordenada. Bacon destaca a importância da experimentação (dos "experimentos") como "experiência ordenada" e distingue *experimenta lucifera* de *experimenta fructifera* (*ibid.*, I, xcix). Bacon se refere à experiência e aos métodos que devem ser adotados para fazer descobertas em muitas outras passagens dessa e de outras obras suas; na verdade, a noção de experiência parece ser central nesse autor. Ela também o é, em grande parte, em todos os autores chamados de "empiristas", embora nem sempre se obtenha grande clareza neles a respeito do significado do termo 'experiência'. Comumente, trata-se da apreensão intuitiva de coisas singulares, de fenômenos singulares (ou, em geral, de "dados" dos sentidos). Em todo caso, para os filósofos empiristas a experiência constitui a condição e o limite de todo conhecimento merecedor desse nome.

Os filósofos chamados de "racionalistas" não desdenham, como às vezes se supõe, a experiência, mas consideram que se trata de um acesso confuso à realidade e, como acrescentaria Spinoza, "mutilado" (*Eth.*, II 40 schol. 2). A experiência é entendida aqui quase sempre como "experiência vaga". Para Leibniz, a experiência oferece apenas proposições contingentes; as verdades eternas somente podem ser adquiridas por meio da razão. Seguindo Leibniz, era comum (em Wolff e outros autores) conceber a experiência como conhecimento confuso, mesmo quando se considerasse que era um conhecimento necessário (ao menos psicologicamente) como ponto de partida.

A noção de experiência desempenha um papel fundamental na teoria kantiana do conhecimento. Kant admite, com os empiristas, que a experiência constitui o ponto de partida do conhecimento. Isso, porém, significa apenas que o conhecimento começa com a experiência, não que procede dela (isto é, obtém sua validade mediante a experiência). Mas isso diz ainda muito pouco sobre a idéia kantiana de experiência. Essa idéia é extremamente complexa; além disso, encontram-se em Kant (ainda que nos limitemos à sua epistemologia) referências muito diversas à noção de experiência. Aqui basta indicar que a experiência aparece em Kant como a área dentro da qual se torna possível o conhecimento. Segundo Kant, não é possível conhecer nada que não se encontre dentro da "experiência possível". Como o conhecimento, ademais, é conhecimento do mundo da aparência (VER) — no sentido kantiano desse termo —, a noção de experiência está intimamente ligada à noção de aparência. A crítica da razão tem por objeto precisamente o exame das condições de possibilidade da experiência (idênticas às condições da possibilidade dos objetos da experiência [*KrV*, A 111]). O exame das condições *a priori* da possibilidade da experiência (*ibid.*, A 94/B 126) determina de que modo podem ser formulados juízos universais e necessários sobre a realidade (como aparência). Desse modo podem ser formulados juízos empíricos (*Erfahrungsurteile*), isto é, juízos válidos. Kant fala também de experiência interna (*innere Erfahrung*) e assinala que minha existência no tempo é consciente mediante essa experiência. Com respeito às chamadas "analogias da experiência" em Kant, ver ANALOGIA.

Os idealistas alemães (Fichte, Hegel) trataram extensamente da questão da experiência. Apoiando-se em Kant (ou alegando apoiar-se nele), os idealistas consideraram que a tarefa da filosofia é a de dar a razão de toda experiência, ou, se se preferir, dar a razão do fundamento de toda experiência. Segundo Fichte (*Erste Einleitung in die Wissenschaftslehre* [1797]), "o filósofo pode abstrair, ou seja, separar mediante a liberdade do pensar o que está unido na experiência. Na experiência estão inseparavelmente unidas *a coisa*, aquilo que deve estar determinado independentemente de nossa liberdade e em relação a que nosso conhecimento deve ser dirigido, e a *inteligência*, que é quem deve conhecer. O filósofo pode abstrair uma das duas (e então ele abstraiu a experiência e elevou-se acima dela). Se abstrai a primeira, obtém uma inteligência em si, isto é, abstraída de sua relação com a experiência; se abstrai a última, obtém uma coisa em si, abstraída do que se apresente na experiência; uma ou outra como fundamento explicativo da experiência. O primeiro procedimento chama-se *idealismo*; o segundo, *dogmatismo*". Há, pois, dois modos de dar a razão da experiência; adotar um deles é *decidir-se* por um deles, com uma forma de decisão muito similar à decisão (VER) existencial. O filósofo que prefere a liberdade à necessidade decide-se a favor do modo de dar a razão da experiência chamado de "idealismo". Na *Darstellung der Wissenschaftslehre* [1801]) Fichte fala da "experiência" (também chamada de "percepção") como "consciência do que é particular". Essa experiência não constitui o saber, que "descansa e consiste unicamente na intuição" ("intuição intelectual" ou "saber absoluto"). O saber propriamente dito não é, pois, experiência, mas saber do fundamento de toda experiência e, em última análise, saber do saber. Hegel fala antes da "experiência da consciência" que da "consciência da experiência". Com efeito, uma vez eliminada a coisa em si, a "ciência" (*Wissenschaft*) é fundamentalmente "ciência da experiência da consciência". Para Hegel a experiência é "um movimento dialético" que conduz a consciência rumo a si mesma, explicitando-se a si mesma como objeto próprio (cf. *Phänomenologie des Geistes*; Glockner, 2:36, pp. 37ss.). O conteúdo da consciência é o real; e a mais imediata consciência desse conteúdo é justamente a experiência. Mas em Hegel a filosofia não se limita a ser uma ciência da experiência. A rigor, Hegel suprimiu a expressão 'ciência da experiência da consciência' para substituí-la pela expressão 'ciência da fenomenologia do Espírito', e depois por 'fenomenologia do Espírito'. Essa mudança pode se dever, como aponta Heidegger (*op. cit. infra*), ao fato de Hegel querer indicar (com o novo título) que se referia unicamente à "conversação entre a consciência natural e o saber absoluto". De todo modo, a "ciência da experiência da consciência" como "fenomenologia do Espírito" é apenas o umbral da "ciência total" na qual a filosofia é apresentada como "lógica", isto é, como "filosofia especulativa". A experiência é, para Hegel, o modo como o Ser aparece na medida em que se dá à consciência e se constitui por meio dela. A noção de experiência não é aqui, pois, nem experiência interior "subjetiva" nem tampouco experiência exterior "objetiva", mas *experiência absoluta*.

Durante grande parte do século XIX o vocábulo 'experiência' foi entendido em vários sentidos, dos quais destacamos os seguintes: *a*) a experiência como "sentimento imediato"; este pode ser entendido como "experiência interna" ou "subjetiva" ou como "experiência imediata" enquanto primeira fase na constituição do saber total (Bradley); *b*) a experiência como apreensão sensível dos dados "naturais"; *c*) a experiência como apreensão direta de "dados imediatos"; *d*) a experiência como "experiência de vida" geral. Durante o mesmo século começou a ser estudado o problema de saber se há diversas formas de experiência correspondentes a diversos "objetos" ou "modos de ser" do real. Alguns autores se dispuseram a desenvolver filosofias que levassem em conta "formas de experiência" cada vez mais amplas. Um deles (Dilthey) tentou desenvolver uma filosofia que considerasse toda a experiência e fosse, portanto, uma "filosofia *da* realidade", mas sem pressupostos metafísicos de nenhuma espécie e, por conseguinte, de forma muito distinta da que é característica dos idealistas alemães. A metafísica aparece então simplesmente como uma das possíveis maneiras de apreender e de organizar a experiência. Outros autores tiveram interesse em examinar a natureza e as propriedades de cada uma das formas básicas de experiência. No século XX foi reavivado, e refinado, o interesse por este último tipo de exame. Classificou-se a experiência em vários tipos: experiência sensível, experiência natural, experiência científica, experiência religiosa, experiência artística, experiência fenomenológica, experiência metafísica etc. Tentou-se averiguar se há algum tipo de experiência que seja prévio aos demais. Examinou-se se há uma experiência filosófica distinta de qualquer outra forma de experiência. Referir-nos-emos brevemente a estas duas últimas questões.

Ao supor que há "dados imediatos da consciência", Bergson aceitou a possibilidade de uma experiência do "imediatamente dado". Essa experiência primária é a "intuição". É uma experiência análoga ao que fora chamado anteriormente de "experiência interna", porém não é apenas experiência de si, mas também daquilo que é dado sem mediação. Embora Bergson não utilize freqüentemente a noção de experiência, sua idéia da intuição equivale a uma forma — a forma básica — da experiência. Husserl admite também uma experiência primária, anterior à experiência do mundo natural: é a experiência fenomenológica. Em todo caso há, segundo Husserl, uma "experiência pré-predicativa", que ele em alguns momentos identificou com o fato de serem dados com evidência os objetos individuais (*Erfahrung und Urteil*, § 6). Nenhuma experiência, porém, é isolada; todas se encontram, por assim dizer, alojadas em um "horizonte de experiência". Os modos da experiência podem ser entendidos em relação aos diversos horizontes da experiência.

As idéias anteriores sobre a experiência são, em alguns aspectos importantes, similares à noção de experiência elaborada por alguns autores que consideraram a experiência como a base de toda ulterior reflexão filosófica. Todo saber se funda, segundo esses autores, em um mundo prévio de experiências *vividas*. A esse respeito pode-se mencionar Gabriel Marcel, especialmente nas idéias propostas em uma comunicação intitulada "L'idée de niveau d'expérience et sa portée métaphysique" (dezembro de 1955). As idéias de Marcel foram elaboradas por Henry G. Bugbee em seu livro *The Inward Morning. A Philosophical Exploration in Journal Form* (1958). A filosofia de Marcel e de Bugbee pode ser qualificada até mesmo de "experiencialista". Também insistem na importância da experiência os filósofos que seguem a tradição agostiniana (por exemplo, Johannes Hessen), os que são continuadores das idéias de Dilthey (ver *supra*) e aqueles que consideram que a filosofia é, em última análise, o "recobrimento" conceitual de experiências.

Entre os pensadores de língua inglesa insistiram no caráter decisivo da experiência William James e John Dewey. James faz da experiência (enquanto "experiência aberta") o fundamento de todo saber (e de toda ação). Estar aberto à experiência torna possível, segundo James, evitar o universo "dado" preferido pelos filósofos racionalistas. A atenção dada à experiência garante a atenção constante dada à realidade. Dewey tomou a noção de experiência como o ponto central em torno do qual gira o debate entre a "velha filosofia" e a "nova filosofia". Segundo Dewey, os contrastes mais destacados entre a descrição ortodoxa da noção de experiência e a que corresponde às condições atuais são os seguintes: 1) na concepção ortodoxa, a experiência é considerada meramente como um assunto de conhecimento, enquanto agora ela aparece como uma relação entre o ser vivo e o seu meio físico e social; 2) na acepção tradicional a experiência é, ao menos de um modo primário, uma coisa física, embebida de subjetividade, enquanto a experiência designa agora um mundo autenticamente objetivo do qual fazem parte as ações e os sofrimentos dos homens e que experimenta modificações em virtude de sua reação; 3) na acepção tradicional somente o passado conta, de modo que a essência da experiência é, em última análise, a referência ao que precedeu, e o empirismo é concebido como vinculação ao que foi ou é dado, enquanto a experiência em sua forma vital é experimental e representa um esforço para mudar o dado, uma projeção rumo ao desconhecido, um marchar para o futuro; 4) a tradição empírica está submetida ao particularismo, enquanto a atual acepção da experiência leva em conta as conexões e continuidades; 5) na acepção tradicional existe uma antítese entre experiência e pensamento, ao contrário do que ocorre na nova noção de experiência, na qual não há experiência consciente sem inferência e a reflexão é inata e constante ("The Need for a Recovery in Philosophy", no volume coletivo: *Creative Intelligence*, 1917).

Uma das questões que foram debatidas com relação à noção de experiência é se há ou não há uma experiência filosófica própria, distinta das demais, e em geral precedendo as demais. Segundo Ferdinand Alquié (*L'expérience*, 1957, 2ª ed., 1961) não há experiência propriamente filosófica — o filósofo deve refletir criticamente sobre todos os tipos de experiência (sensível, intelectual, moral, estética, física, religiosa, mística, metafísica) sem tentar unificá-las arbitrariamente em um sistema conceitual. Para Alquié, experiência é apenas o elemento de "receptividade passiva" que se encontra em nossas experiências; por isso pode-se "outorgar ao termo 'experiência' um sentido exato e declarar que um fato, uma sensação, uma idéia, uma verdade são dadas pela experiência quando são objeto de uma comprovação pura com a exclusão de toda fabricação, de toda operação e de toda construção do espírito" (*op. cit.*, p. 4). Mas, como a noção de experiência que resulta dessa definição é demasiadamente ampla, é preciso concretizá-la com uma ou várias das formas conhecidas de experiência, por meio das quais revela-se que "se se pode falar de uma unidade da experiência, essa unidade pode aparecer apenas como abstrata" (*ibid.*, p. 97). Nas experiências efetivas manifestam-se os elementos de separação e de dualidade (a oposição entre o dado e as exigências da razão na experiência sensível; a contraposição entre o dever e nossas tendências na experiência moral; a dualidade entre o imaginário e o real na experiência estética, e uma dualidade fundamental — a da consciência e do ser — na esfera metafísica). Os positivistas tampouco admitem — embora por razões distintas das formuladas por Alquié — que haja uma experiência propriamente filosófica. Quando falam de experiência, eles a entendem unicamente como "possibilidade de comprovação" (objetiva, isto é, na realidade) dos juízos. Outros filósofos, por outro lado, consideram que se não há uma experiência filosófica própria a filosofia não tem nenhuma razão de ser.

O conceito de experiência é um dos conceitos mais vagos e imprecisos. Em algumas ocasiões não é preciso esclarecê-lo, porque o que se quer dar a entender com o termo 'experiência' é suficientemente compreensível. Desse modo, por exemplo, quando Gilson sustenta que há uma "unidade na experiência filosófica", o que ele quer dizer é simplesmente que a história do pensamento filosófico encontra-se dentro de um âmbito de experiências comuns a todos os filósofos, e que essas experiências são expressas por meio de interesses comuns, problemas comuns etc. Tampouco é preciso esclarecer muito o conceito de experiência quando se discute, por exemplo, se a geometria se baseia ou não na experiência. Em muitos casos, entretanto, é necessário definir o que o filósofo entende por experiência. Alguns filósofos definiram o conceito por meio de uma certa interpretação da experiência (isso ocorre, por exemplo, com o conceito de "experiência pura" no sentido de Avenarius [VER],

de William James; ou com o conceito de "sensibilidade" no sentido de Whitehead; ou com a idéia de experiência como experimentação em sentido amplo, em Antonio Aliotta). Outros filósofos, infelizmente, não proporcionaram clareza sobre a noção de experiência, apesar de terem-na utilizado amplamente. Tampouco fica claro na maior parte dos casos o que se entende por experiência quando se fala de experiência moral, metafísica, religiosa etc. A ausência de clareza no conceito deve-se ao fato de que freqüentemente não se sabe se é da experiência natural, objetiva ou "eterna" ou de "experiência interna" que se fala, e tampouco se sabe se a experiência se refere a entes individuais, à maneira da realidade em relação à realidade como tal e imediatamente dada etc. É conveniente, portanto, indicar sempre de que tipo de experiência se trata e particularmente se se trata de experiência externa ou interna, de experiência pura (no caso de que sua possibilidade seja admitida) ou não-pura, de experiência total ou de experiência particular. Uma forma de experiência sobre a qual falaram alguns filósofos e psicólogos é a chamada "experiência de vida". Segundo Spranger (*op. cit. infra*), essa experiência é "um modo de *confrontação* com o material da vida, no qual está sempre implicada uma identidade concreta". A experiência em questão "está relacionada sempre com quem a tem e enuncia algo sobre este" (*op. cit.*, p. 23). A experiência de vida "não brota dos meros objetos do aprender, mas seu ponto de origem está precisamente na conjunção do sujeito vivo com o mundo do não-eu" (p. 33). A experiência de vida, por fim, não é registro de conteúdos, mas valoração de conteúdos (p. 35). Segundo Julián Marías, "a experiência de vida é um saber superior, que pode ser colocado ao lado dos mais elevados e radicais" (*op. cit. infra*, p. 10). É uma experiência que, ao ser apresentada verbalmente, é objeto de narração, e não de explicação (*ibid.*, 113-114); é uma experiência feita solitariamente, mas "retirando-se da *convivência*". É uma experiência em um contexto (e em uma "história"); é "sistemática" (porque "a vida humana é sistema"). "A experiência de vida é (...) a forma não teórica da razão vital, quando se aplica à totalidade do real, e não às coisas" (*ibid.*, p. 133). Segundo Aranguren (mesma obra citada *infra*), há algo comum à experiência de vida e à sabedoria: o fato de ambas serem vividas "a partir de dentro". Mas experiência de vida e sabedoria não são estritamente sinônimas: apenas a experiência de vida e a sabedoria da vida o são (*ibid.*, pp. 30-31). Pode-se considerar que a experiência de vida tem graus; nesse caso a prudência é o primeiro ou mais baixo e a sabedoria, o mais alto. A experiência de vida é adquirida vivendo, mas isso não significa que ela seja uma série desconexa de experiências: "a experiência de vida tem um caráter *unitário*" (*ibid.*, p. 35).

⮕ Para textos clássicos até Hegel, ver *supra*.

Sobre o conceito de experiência em sentido empiriocriticista: Richard Avenarius, *Kritik der reinen Erfahrung*, 2 vols., 1888-1890. — Joseph Petzoldt, *Einführung in die Philosophie der reinen Erfahrung*, 2 vols., 1899-1901.

Em sentido pragmatista e instrumentalista: H. Reverdin, *La notion d'expérience d'après William James*, 1913. — John Dewey, *Experience and Nature*, 1925; nova ed., 1929. — R. D. Mack, *The Appeal to Immediate Experience: Philosophic Method in Bradley, Whitehead, and Dewey*, 1945. — J. W. Oller, ed., *Language and Experience: Classic Pragmatism*, 1989.

Em sentido marxista: Erhard Schäfer, *Dialektik und Empirie. Zum Begriff der Erfahrung bei Marx*, 1976.

Em sentido idealista: J. B. Baillie, *The Idealistic Construction of Experience*, 1906. — R. D. Mack, *op. cit. supra*.

Em sentido metafísico-realista: S. H. Hodgson, *The Metaphysics of Experience*, 4 vols., 1898. — N. Swartz, *Beyond Experience: Metaphysical Theories and Philosophical Constraints*, 1991.

Em sentido lógico-científico: Hans Reichenbach, *Experience and Prediction*, 1938. — M. Luntley, *Language, Logic and Experience: The Case for Anti-Realism*, 1988.

Em sentido fenomenológico: E. Husserl, *op. cit. supra.* — A. de Waelhens, *La philosophie et les expériences naturelles*, 1961, especialmente pp. 1-40. — Ludwig Landgrebe, *Der Weg der Phänomenologie. Das Problem einer ursprünglichen Erfahrung*, 1962. — Jean-Pierre Leyvraz, *Phénoménologie de l'expérience*, 1969.

Sobre experiência cotidiana: Eino Kaila, *Die perzeptuellen und konzeptuellen Komponenten der Alltagserfahrung*, 1962.

Sobre experiência de vida: E. Spranger, *Lebenserfahrung*, 1945 (trad. esp.: *La experiencia de la vida*, 1949). — J. Marías, P. Laín Entralgo, Azorín, J. L. L. Aranguren, R. Menéndez-Pidal, *Experiencia de la vida*, 1960, especialmente J. L. L. Aranguren [pp. 21-46] e J. Marías [pp. 101-133].

Sobre experiência e pensamento: Johannes Volkelt, *Erfahrung und Denken*, 1886. — Cleto Carbonara, *Pensiero ed esperianza*, 1957. — P. H. Hess, *Thought and Experience*, 1988. — H.-N. Castañeda, *Thinking, Language, and Experience*, 1989.

Sobre experiência e instinto: C. Lloyd Morgan, *Instinct and Experience*, 1912.

Sobre experiência e razão: W. H. Walsh, *Reason and Experience*, 1947. — A. Millar, *Reasons and Experience*, 1991.

Sobre experiência e substância: D. H. Parker, *Experience and Substance*, 1941.

Sobre a experiência e a filosofia: Augusto Guzzo, *L'esperianza e la filosofia*, 1942.

Sobre experiência interna: Adolf Phalen, *Beitrag zur Klärung des Begriffs der inneren Erfahrung*, 1913.

Experiência no conhecimento físico: Herbert Feigl, *Theorie und Erfahrung in der Physik*, 1929. — Bertrand Russell, *Physics and Experience*, 1943. — Stephan Körner, *Experience and Theory: An Essay in the Philosophy of Science*, 1966. — Friedrich Kambartel, *Erfahrung und Struktur. Bausteine zu einer Kritik des Empirismus und Formalismus*, 1967. — Freqüentemente o problema da experiência no conhecimento físico é relacionado com a questão da natureza e dos limites da experimentação. Pertinentes sobre esse assunto são as seguintes obras: Hugo Dingler, *Das Experiment. Sein Wesen und seine Geschichte*, 1928. — André Lalande, *Les théories de l'induction et de l'expérimentation*, 1929. — Edgar Wind, *Das Experiment und die Metaphysik. Die Bedeutung der Antinomien für den Kritizismus*, 1934. — Antonio Aliotta, *L'esperimento nella scienza, nella filosofia, nella religione*, 1936. — Max Born, *Experiment and Theory in Physics*, 1944.

Sobre a relação entre experiência e dedução: H. Labastida, *Experiencia y deducción*, 1955.

Sobre a natureza e as formas da experiência: M. J. Oakeshott, *Experience and Its Modes*, 1933. — C. D. Burns, *The Horizon of Experience*, 1934. — Erminio Troilo, *Le forme dell'esperianza*, 1934. — Robert Lenoble, *Essai sur la notion d'expérience*, 1943. — Eugen Pink, *Zum Problem ontologischer Erfahrung*, 1949. — B. A. Farrell, "Experience", *Mind*, N. S., 49 (1950), 170-198. — Aldo Visalberghi, *Esperienza e valutazione*, 1958. — Erminio Rizzi, *L'esperianza e la sua possibilità*, 1958. — Alan Pasch, *Experience and the Analytic*, 1958 (ver, além disso, bibliografia de ANALÍTICO E SINTÉTICO. — Philippe Devaux, *Les modèles de l'expérience*, 1976. — M. Oakeshott, *Experience and its Modes*, 1985. — E. M. Hundert, *Philosophy, Psychiatry and Neuroscience: Three Approaches to the Mind. A Synthetic Analysis of the Varieties of Human Experience*, 1989. — M. Reale, *Expérience et culture: Fondement d'une théorie générale de l'expérience*, 1990.

Experiência e ação: Rudolf Zocher, *Tatwelt und Erfahrungswissen. Eine Voruntersuchung zur Philosophie der Wirklichkeit und der empirischen Wissenschaften*, 1948.

Experiência filosófica: É. Gilson, *The Unity of Philosophical Experience*, 1937 [especialmente sobre a "unidade da experiência filosófica a través de la diversidad de los sistemas"]. — Ferdinand Alquié, *op. cit. supra*.

Noção de experiência e filosofia da experiência: Gustavo Bontadini, *Saggio di una metafisica dell'esperienza*, I, 1938. — Archibald A. Bowman, *A Sacramental Universe, being a Study in the Metaphysics of*

Experience, 1939. — A. Guzzo, *La filosofia e l'esperienza*, 1943 reimp., 1963. — André Darbon, *Une philosophie de l'expérience*, 1947. — T. Manferdini, *Ontologismo crittico e filosofia dell'esperienza*, 1954. — Gabriel Marcel, art. cit. *supra*. — Henry G. Bugbee, op. cit. *supra*. — Vittorio Mathieu, *Il problema dell'esperienza*, 1963. — F. Alquié, G. Bouligang *et al.*, *L'expérience*, 1963 (do número especial sobre o tema da *Revue de Synthèse*, janeiro-setembro de 1963). — Jean Wahl, *L'expérience métaphysique*, 1965. — C. O. Schrag, *Experience and Being: Prolegomena to a Future Ontology*, 1969. — E. Goffman, *Frame Analysis: An Essay on the Organization of Experience*, 1974. — G. Piana, *Elementi di una dottrina dell'esperienza*, 1979. — D. W. Hamlyn, *Experience and the Growth of Understanding*, 1979. — L. Blasco, *Significado y experiencia*, 1984. — R. J. Connell, *The Empirical Intelligence. The Human Empirical Mode: Philosophy as Originating in Experience*, 1988.

Experiência religiosa: R. Guardini, J. Guitton, J. B. Lotz, N. Nédoncelle *et al.*, *Il problema dell'esperienza religiosa*, 1960 (Atti del XV Convegno del Centro di Studi Filosofici de Gallarate). — H. Nieburth, B. Blanshard, P. Weiss *et al.*, *Religious Experience*, 1961, ed. Sidney Hook. — G. C. Heard, *Mystical and Ethical Experience*, 1985. — W. P. Alston, *Perceiving God: The Epistemology of Religious Experience*, 1991. — K. E. Yandell, *The Epistemology of Religious Experience*, 1993. — Além disso, obras já clássicas de William James e de Rudolf Otto (ver bibliografias em verbetes sobre estes autores).

Experiência estética: T. M. Alexander, *John Dewey's Theory of Art, Experience, and Nature: The Horizons of Feeling*, 1987. — M. H. Mitias, *What Makes an Experience Aesthetic*, 1988. — Id., ed., *Aesthetic Quality and Aesthetic Experience*, 1988.

Sobre diversos conceitos de experiência: Alberto Moscato, *Pascal: L'esperienza e il discorso*, 1963. — Helmut Holzhey, *Kants Erfahrungsbegriff. Quellengeschichtliche und bedeutungsanalytische Untersuchungen*, 1970. — Martin Heidegger, "Hegels Begriff der Erfahrung", em *Holzwege*, 1949. — Domingos Casanovas, *El concepto de experiencia en la filosofía contemporánea*, 1943 (folheto). — E. P. Shalan, *Whitehead's Theory of Experience*, 1950. — J. M. Burgers, *Evaring en Conceptie*, 1956 (*Experiência e compreensão* [segundo princípios de Bergson e de Whitehead]). — Nicola Abbagnano, "Sul concetto di esperianza", *Rivista di filosofia*, 49 (1958), 21-37. — Hermann Schmidt, *Der Begriff der Erfahrungskontinuität bei W. James und seine Bedeutung für den amerikanischen Pragmatismus*, 1959. — Gerhard Deledalle, *L'idée d'expérience dans la philosophie de J. D.*, 1967. — M. del C. Azula García, *La experiencia en Bergson*, 1981 (tese). — R. Hahn, *Die Theorie der Erfahrung bei Popper und Kant. Zur Kritik des kritischen Rationalismus am transzendentalen Apriori*, 1982. — P. K. McInerney, *Time and Experience*, 1991 [Kant, Husserl, Heidegger, Sartre]. — P. Guyer, *Kant and the Experience of Freedom: Essays on Aesthetics and Morality*, 1993. ℭ

EXPERIÊNCIA (ANALOGIAS DA). Ver ANALOGIAS DA EXPERIÊNCIA.

EXPERIENCIALISMO. Ver EXPERIÊNCIA.

EXPERIMENTALISMO. Ver ALIOTTA, ANTONIO.

EXPERIMENTO CRUCIAL. No *Novum Organon*, II, Francis Bacon fala de vários tipos de exemplos (*instances*) que podem ser aduzidos ao longo da investigação para descobrir "a natureza" de uma coisa ou corroborar uma asserção sobre essa "natureza". Ele menciona os exemplos prerrogativos, conspícuos, singulares, de poder (ou força), de aliança (ou união), da cruz (*cross*), de "divórcio" (ou separação) e outros. Quase todos são variedades de exemplos prerrogativos. O tipo de exemplo que teve uma longa história é o da cruz (*instantia crucis*), comumente chamado de "experimento crucial" ou *experimentum crucis*.

A *instantia crucis* está, segundo Bacon, na classe 14 dos exemplos prerrogativos. Ele utiliza a cruz como uma imagem ou metáfora porque nela se cruzam dois caminhos que apontam para direções distintas. Trata-se de exemplos decisivos cuja natureza é: "Quando, ao investigar qualquer natureza, o entendimento se encontra, por assim dizer, equilibrado e incerto a respeito de qual de duas ou mais naturezas deve indicar como a causa da natureza investigada, em razão da freqüente e usual concorrência de várias naturezas, os exemplos da cruz mostram que a união de uma natureza com a natureza requerida é firme e indissolúvel enquanto a da outra é instável e separável; assim decide-se a questão admitindo a primeira como causa e descartando e rejeitando a segunda" (*Novum Organon*, II, 36).

A partir de Bacon foi comum considerar que um experimento é básico se dele se pode induzir uma lei, e que é crucial se, dado um número de leis ou teorias rivais, o resultado do experimento permite escolher uma delas. Um caso clássico de experimento crucial é o de Michelson e Morley (ver RELATIVIDADE [TEORIA DA]).

Houve numerosas discussões sobre se, e até que ponto, pode-se considerar um experimento como crucial no sentido indicado. Se o número de leis ou proposições é infinito não pode haver nenhum experimento crucial definitivo. Mas se se admite que, embora o número de leis ou proposições possa ser infinito, é finito no caso dado, o experimento continua sendo crucial para o caso dado. Desse modo, podem existir novas leis ou proposições que invalidem a inferência extraída a partir do experimento crucial, mesmo que não invalidem a experiência dentro de um número determinado, *n*, de leis ou proposições. Argumentou-se também que podem existir teorias que não sejam falseadas por nenhum experimento crucial; que isso seja ou não admissível depende da posição adotada com relação à noção de falseabilidade (VER).

EXPLANANDUM, EXPLANANS. Ver EXPLICAÇÃO; NOMOLÓGICO-DEDUTIVO; NOMOLÓGICO-PROBABILÍSTICO.

EXPLICAÇÃO. Em um sentido geral, e limitado à sua etimologia, o termo 'explicação' designa o processo mediante o qual se desenvolve o que estava envolto, torna-se presente o que estava latente. Ao explicar alguma coisa desdobramo-la ante a visão intelectual, e com isso aquilo que parecia obscuro e confuso aparece claro e detalhado. Meyerson enfatizou que esse sentido geral do termo 'explicação' revela-se em vários idiomas. "O italiano *spiegare*" — escreve esse autor — "é etimologicamente idêntico ao verbo francês *expliquer*, e o inglês *to explain* é tributário da mesma imagem. O alemão *erklären*, aclarar, esclarecer, iluminar, procede de uma imagem física diferente, mas desemboca, finalmente, em uma concepção análoga, pois o aumento de luz está evidentemente destinado a permitir a percepção de detalhes que puderam escapar a um exame mais superficial. À mesma figura do aumento de iluminação recorrem os termos russos e poloneses *obiasnif'* e *objasnic'*, enquanto os outros dois verbos que essas línguas eslavas utilizam (*rastolkovat'* e *wytlomaczyc'*) expressam antes a idéia de uma tradução, significação que, além disso, assume também o verbo 'explicar' em francês, quando se fala, por exemplo, de 'explicar um texto'" (*De l'explication dans les sciences*, I).

O problema da explicação foi examinado sobretudo seguindo o fio do contraste entre a explicação e a descrição (VER) ou a compreensão (VER). Leibniz já afirmava (*Théodicée*, *Discours prél.*, § 5) que explicar e compreender diferem em princípio, porquanto os mistérios da fé, por exemplo, podem ser explicados, mas não compreendidos, e mesmo na ciência física certas qualidades sensíveis são explicadas de um modo imperfeito e sem ser compreendidas. A diferença entre explicação e compreensão foi elaborada em outro sentido por duas tendências filosóficas contemporâneas. Uma delas é a constituída por Dilthey e pelos filósofos das ciências do espírito; segundo ela deve-se distinguir rigorosamente a explicação da compreensão (VER). A explicação seria, então, o método típico das ciências da Natureza, que se preocupam com a causa, enquanto a compreensão seria o método típico das ciências do espírito, que se preocupam com o sentido. Outra tendência é a constituída por positivistas e fenomenistas, segundo a qual é preciso distinguir a explicação da descrição. A primeira é freqüentemente considerada uma especulação ilegítima sobre causas últimas; somente a segunda é admitida como o método autêntico da ciência.

Entre as investigações sobre a explicação do século XX que merecem atenção particular encontram-se as de Meyerson, Lalande, Brunschvicg, K. Popper, H. Feigl, Carl G. Hempel, Paul Oppenheim, R. B. Braithwaite e E. Nagel. Os três primeiros autores citados destacaram a necessidade que a ciência tem da explicação. Opondo-se ao positivismo e ao fenomenismo, indicaram — como Meyerson claramente expressou — que a ciência busca as verdadeiras causas dos fenômenos e que a busca dessas causas torna-se possível mediante um processo de assimilação da realidade à razão constituinte (como proclama Lalande) ou mediante um processo de identificação (como assinala Meyerson). Os autores restantes ocuparam-se mais em esclarecer o significado de 'explicar' e, sobretudo, de 'explicar causalmente'. Desse modo, Popper indicou que 'explicar causalmente' um processo significa poder derivar dedutivamente de leis e condições concomitantes (às vezes chamadas de "causas") uma proposição que descreve esse processo. Em toda explicação há, antes de tudo, uma hipótese ou uma proposição que tem o caráter de uma lei natural e depois uma série de proposições válidas somente para o caso considerado. A explicação causal está ligada, pois, à possibilidade de prognosticar a aparição de fenômenos. Como se pode perceber, essa análise — assim como as que indicaremos a seguir — não se baseia em uma oposição à descrição, pois a considera como fazendo parte do processo explicativo. Com isto são abandonadas as simplificações anteriores, que se limitavam a reduzir a explicação à indicação do "porquê" e a contrastá-la com a descrição enquanto indicação do "como". O perigo dessas análises reside em que as definições apresentadas sejam tão estreitas e rígidas que se acabe por esquecer *toda* distinção entre a explicação e a compreensão. O operacionalismo extremo incorre nesse erro. Para opor-se a ele, H. Feigl propõe que a explicação seja definida como "a derivação indutivo-dedutiva ou (em níveis superiores) hipotético-dedutiva de proposições mais específicas (por fim descritivas) a partir de pressupostos mais gerais (leis, hipóteses, postulados teóricos) em conjunção com outras proposições descritivas (e freqüentemente junto com definições)". Carl G. Hempel e Paul Oppenheim, por sua vez, propuseram um modelo esquemático universalmente válido de explicação científica; é o modelo considerado durante algum tempo como o "ortodoxo". Segundo ele, toda explicação se divide em dois elementos constitutivos principais: o *explanandum* (ou sentença que descreve o fenômeno que deverá ser explicado) e o *explanans* (ou classe de sentenças que têm de dar conta do fenômeno). Este último elemento contém duas subclasses: uma delas contém certos enunciados, C_1, C_2... C_k, que indicam condições específicas iniciais; a outra é uma série de enunciados, L_1, L_2... L_r, que representa leis gerais. A partir disto são indicadas certas condições lógicas e empíricas para que uma explicação seja adequada. Em termos gerais, Hempel e Oppenheim indicam que essas condições são: 1) *Condições lógicas*: (R1) O *explanandum* deve ser uma conseqüência lógica do *explanans*. (R2) O *explanans* deve conter leis gerais e estas devem ser efetivamente requeridas para a derivação do *explanandum*. (R3) O *explanans* deve possuir conteúdo empírico, ou seja, deve ser capaz, ao menos em princípio, de prova mediante experimento ou observação (condição implícita em R1). 2) *Condições empíricas*: (R4) As sentenças que formam o *explanans* devem ser verdadeiras. Com isso são evitadas, segundo Hempel e Oppenheim, certas conseqüências que incitariam que se afirmasse em determinado estádio da ciência a verdade de uma explicação e que se pronunciasse depois sua falsidade, ou seja, a afirmar sucessivamente sua correção e sua incorreção.

R. B. Braithwaite propôs uma teoria da explicação baseada em uma concepção da ciência como modo de ordenar coerentemente as nossas experiências. Essa ordenação coerente não consiste apenas no estabelecimento de certas leis que reúnam um certo número de fatos e os expliquem; as leis científicas e explicativas são organizadas em uma hierarquia, segundo a qual há leis primárias que explicam fatos observados, leis secundárias, ou leis de leis, que explicam conjuntos de leis primárias, leis terciárias, ou leis de leis, que explicam conjuntos de leis secundárias, e assim sucessivamente (os termos 'primário', 'secundário' e 'terciário' são nossos). Com isso se refina o conceito de explicação e se torna possível ver que certas leis que reúnem conceitos muito gerais podem ser consideradas explicativas e não apenas, segundo argumentavam os positivistas do século XIX, especulativas.

Ernst Nagel pesquisou as diferenças fundamentais em explicações científicas, indicando que há quatro tipos de explicação: 1) as que seguem o modelo dedutivo (como na lógica e na matemática); 2) a explicação probabilística (ou, melhor, explicações probabilísticas), na qual as premissas são logicamente insuficientes para garantir a verdade do que deve ser explicado, mas de acordo com a qual podem ser obtidos enunciados "prováveis"; 3) as explicações funcionais ou teleológicas, em que são empregadas locuções tais como 'com o fim de' e outras similares, e nas quais, em muitos casos, faz-se referência a um estado ou acontecimento futuro em função do qual a existência de uma coisa ou o acontecer de algo tornam-se inteligíveis; 4) as explicações genéticas, nas quais se estabelece uma seqüência de acontecimentos mediante a qual um sistema dado se transforma em outro sistema (posterior no tempo). Há algo de comum a todos esses tipos de explicação: o fato de que em todos eles tenta-se responder à pergunta "por quê?" ("por que algo é como é?" ou "por que algo acontece desse modo?"). Nesse ponto Nagel coincide com Meyerson, na medida em que admite a possibilidade de "explicação verdadeira" nas ciências em vez de considerar que as ciências se limitam a apresentar descrições, isto é, a responder à pergunta "como?". O fato de que nem todas as explicações sejam de natureza dedutiva não significa que não sejam explicações autênticas; ocorre apenas que, em muitas das explicações científicas, as conseqüências não podem ser simplesmente derivadas de um modo formal das premissas. Mesmo as ciências que mais se aproximam do modo dedutivo (como a física teórica) exigem enunciados singulares por meio dos quais se estabelecem as condições iniciais de um sistema.

⮕ Para as obras de Dilthey, Meyerson, Lalande e Brunschvicg ver as bibliografias dos verbetes sobres estes autores. As teses de Popper, em *Logik der Forschung*, 1935, especialmente pp. 29ss. (trad. ingl. com numerosos novos apêndices: *The Logic of Scientific Discovery*, 1959). As teses de Feigl, em "Some Remarks on the Meaning of Scientific Explanation", *Psychological Review*, 45 (1948). As de Hempel e Openheim, em "Studies in the Logic of Explanation", *Philosophy of Sciencce*, 15 (1948), 136-138. As de Braithwaite, em *Scientific Explanation*, 1953. As de Nagel, em *The Structure of Science: Problems in the Logic of Scientific Explanation*, 1961.

Outros trabalhos sobre o problema da explicação: D. Essertier, *Les principes de l'explication*, 1927. — K. J. W. Craik, *The Nature of Explanation*, 1943. — J. H. Hospers, "On Explanation", *Journal of Philosophy*, 43 (1946), 337-356, reimp. em *Essays in Conceptual Analysis*, 1956, ed. A. Flew, pp. 94-119. — VV. AA., "Explanation in History and in Philosophy", *Proceedings of the Aristotelian Society*, Supp. vol. 21 (1947). — Norwood Russell Hanson, *Patterns of Discovery*, 1958. — John W. Yolton, *Thinking and Perceiving*, 1962, especialmente cap. VI. — H. Feigl e G. Maxwell, eds., *Scientific Explanation, Space, and Time*, 1962 [Minnesota Studies in the Philosophy of Science, 3]. — Peter Alexander, *Sensationalism and Scientific Explanation*, 1963. — Leônidas Hegenberg, *Introdução à filosofia da ciência*, 1965. — Carl Hempel, *Aspects of Scientific Explanation, and Other Essays on the Philosophy of Science*, 1965 (trad. esp.: *La explicación científica: Estudios sobre filosofía de la ciencia*, 1988). — Nicholas Rescher, *Scientific Explanation*, 1970. — Norwood Russell Hanson, *Observation and Explanation: A Guide to Philosophy of Science*, 1971. — Georg Henrik von Wright, *Explanation and Understanding*,

1971. — P. Achinstein, P. Geach *et al.*, *Explanation*, ed. S Körner, 1975. — Diderik Batens, *Studies in the Logic of Induction and in the Logic of Explanation, Containing a New Theory of Meaning Relations*, 1975. — John C. Harsanyi, *Essays on Ethics, Social Behavior, and Scientific Explanation*, 1976. — K.-O. Apel, *Die Erklären-Verstehen-Kontroverse in transzendentalpragmatischer Sicht*, 1979. — D. Milligan, *Reasoning and the Explanation of Action*, 1980. — J. W. Cornman, *Skepticism, Justification, and Explanation*, 1980. — J. H. Fetzer, *Scientific Knowledge: Causation, Explanation, and Corroboration*, 1981 [Boston Studies in the Philosophy of Science, 69]. — P. Achinstein, *The Nature of Explanation*, 1983. — F. Wilson, *Explanation, Causation and Deduction*, 1985. — C. Lloyd, *Explanation in Social History*, 1986. — J. Trusted, *Inquiry and Understanding: An Introduction to Explanation in the Physical and Human Sciences*, 1987. — J. C. Pitt, ed., *Theories of Explanation*, 1988. — P. Kitcher, W. C. Salmon, eds., *Scientific Explanation*, 1989 [Minnesota Studies in the Philosophy of Science, 13]. — W. C. Salmon, *Four Decades of Scientific Explanation*, 1989. — D. Little, *Varieties of Social Explanation: An Introduction to the Philosophy of Social Science*, 1991. — D.-H. Ruben, *Explaining Explanation*, 1992.

Sobre explicação na teologia: G. F. Woods, *Theological Explanation*, 1962 (Stanton Lectures. Cambridge, 1953-1956). — P. Clayton, *Explanation from Physics to Theology: an Essay in Rationality and Religion*, 1989.

Para o problema da explicação na história, ver a bibliografia do verbete HISTÓRIA. C

EXPLICATIO. Ver DISPUTA; EVOLUÇÃO; EXPLICAÇÃO; EXPRESSÃO.

EXPOSIÇÃO (EXPOSITIO). Ver DISPUTA.

EXPOSITIO (EXPOSIÇÃO). Ver DISPUTA.

EXPRESSÃO. Consideraremos: I, as formas de expressão — e com isso, também, de exposição — na filosofia; II, o significado de 'expressão' na semiótica e na lógica; III, a noção de expressão em estética; IV, uma acepção particular de 'expressão' em Leibniz. Para 'expressão' na chamada "metafísica geral da expressão", ver NICOL, EDUARDO.

I. *Formas de expressão na filosofia*. Essas formas são e foram muito variadas. Eis aqui algumas: o *poema* (Parmênides, Lucrécio), o *diálogo* (Platão, Berkeley), o *tratado* ou as *notas magistrais* (Aristóteles), a *diatribe* (cínicos), a *exortação* e as *epístolas* (estóicos), as *confissões* (Santo Agostinho), as *glosas, comentários, questões, disputas, sumas* (escolásticos), o *"guia"* (Maimônides), a *autobiografia intelectual* (Descartes), o tratado *more geometrico* (Spinoza), o *ensaio* (Montaigne, Locke, Hume), os *aforismos* (Francis Bacon, moralistas em geral, Nietzsche, Wittgenstein), os *pensamentos* (Pascal, mesmo considerando-se um "acaso" que eles não tenham sido desenvolvidos), o *diário filosófico* (Maine de Biran, Kierkegaard, Gabriel Marcel), o *romance* (Miguel de Unamuno) etc. A maior parte dos autores citados também utilizou outras formas de expressão e de exposição (Santo Agostinho não se limitou às confissões nem Descartes à autobiografia intelectual), mas elas são tão características de uma parte fundamental de suas respectivas filosofias que um problema se delineia: o da relação entre conteúdo (idéia) e forma (expressão, exposição). Esse problema pode ser formulado do seguinte modo: "A expressão está ligada ao conteúdo?". A maior parte dos filósofos respondeu a essa pergunta — implícita ou explicitamente — de modo afirmativo. Se não sustentaram que a *cada* tipo de doutrina corresponde *uma* determinada forma de expressão (o que é muito problemático e totalmente inadmissível no caso de "formas" como a do "sistema", que abarcam diversos modos expressivos), ao menos é verdade que para expor seus pensamentos eles adotaram aqueles gêneros que melhor se adaptavam às formas gerais de seu pensar ou às mais vigentes em seu tempo. Isso é evidente nos estóicos novos ou nos sumistas medievais. Uma filosofia exortativa como a primeira não pode adotar o tratado magistral; uma filosofia omnicompreensiva como a dos segundos não pode utilizar a diatribe. No entanto, alguns outros filósofos negam que haja acordo entre pensamento e forma de expressão ou exposição. Entre eles destacamos Bergson. A teoria bergsoniana da intuição filosófica supõe a independência da expressão em relação à idéia (ou à "intuição"), pois a primeira não é nada mais que uma "casca acidental" da segunda. De acordo com isso, uma mesma idéia pode ser expressa de diversas formas. É compreensível, pois, que para Bergson o filósofo tenha "liberdade" para expressar sua idéia do melhor modo que possa.

Nós consideramos a opinião de que há uma certa relação entre idéia e expressão como a mais plausível. A história nos mostra uma grande multiplicidade de formas de expressão. Ela nos indica, além disso, como assinala María Zambrano, que quando ocorre uma crise esta se estende tanto aos pensamentos como a suas formas (daí, segundo essa autora, a necessidade de resgatar formas esquecidas, humildes, menores, sem considerar que apenas as idéias expressas de forma sistemática e "acadêmica" são filosóficas). Ora, nossa tese não se limita a isso; ela afirma que há uma contínua *oscilação* entre a separação completa (teoria criativo-absolutista) e a união completa (teoria historicista) de forma e matéria em filosofia. As duas teorias são a expressão de dois conceitos-limite, não de duas realidades. O que existe, com efeito, é uma realidade — a filosofia — na qual *às vezes* se manifesta uma separação e *às vezes* uma quase completa identificação entre forma e conteúdo. A separação costuma acontecer em épocas de crise; a identificação, em épocas mais estáveis.

A questão das formas de exposição filosófica não se esgota com as indicações anteriores. Seu estudo é um assunto mais complexo, que não se reduz à enumeração das formas citadas — tratados, guias, epístolas etc. —, mas inclui o estudo de *formas* mais gerais. Como exemplo indicamos a tese de Hegel, segundo a qual a filosofia é como um círculo dentro do qual estão inscritos subcírculos que constituem suas "partes" (não, portanto, como um agregado de partes, mas tampouco como um organismo que possui membros, pois os círculos inscritos são, por sua vez, "organismos de pensamentos"). Como assinala Hermann Glockner, cada uma das "partes" é um momento necessário do todo, "de modo que o sistema de seus elementos particulares constitui a inteira idéia que, por sua vez, aparece em cada um". Esta *forma* de filosofar *pode* ser comum a vários "gêneros". De fato, seria preciso distinguir "gêneros" e "formas". Neste verbete nos referimos principalmente aos primeiros. No verbete PERIFILOSOFIA tratamos sobretudo das segundas. Informação complementar sobre o problema analisado neste verbete pode ser encontrada em AFORISMO; DIATRIBE; DISPUTA; SUMA. O verbete sobre a disputa contém, além disso, referências a outros modos de expressão e de exposição (por exemplo, as "questões"). Ver também METÁFORA e OBRA LITERÁRIA.

Recordemos que Alexander Baumgarten (VER) chama de *enfaseologia* a teoria da expressão, como parte da "filosofia prática".

II. *O termo 'expressão' na semiótica e na lógica*. Costuma-se utilizar esse termo para designar uma série de signos de qualquer classe no âmbito de uma linguagem escrita. Exemplos de expressões são: 'Buenos Aires é a capital federal da Argentina', 'Vênus é um planeta que', 'p ⊃ q', '175', 'Regg tiel up'. Como se pode ver, é indiferente que uma expressão tenha ou não significação dentro de uma linguagem dada. Somente uma condição é necessária para que se possa falar de uma expressão: que tenha ou que possa ter uma forma linear. Desse modo, não é uma expressão a menos que seja reduzida a uma forma linear. Parece opor-se a essa condição o fato de que certos signos não aparecem linearmente em algumas expressões. Desse modo, '2' em "$n^{2!}$" e o acento circunflexo em 'você' não estão ordenados na forma exigida. Contudo, eles podem ser reduzidos à forma linear, isto é, a uma série de signos em que cada um ocupa um lugar determinado. É freqüente na semiótica e na lógica chamar de 'expressão' qualquer seqüência de signos em ordem linear ou que seja redutível à ordem linear quando se quer evitar o uso de um vocábulo mais específico, tal como 'fórmula', 'proposição' etc.

Para Husserl, deve-se distinguir 'expressão' de 'signo': "Todo signo é signo de algo; mas nem todo signo tem uma *significação*, um 'sentido' que seja 'expresso' pelo signo" (*Investigaciones lógicas*, trad. esp., II, p. 31 [Investigação primeira, cap. I, § 1]). Os signos não expressam nada a menos que, além de uma função indicativa, tenham uma função significativa; então, quando os signos significam, são expressões. "O termo *expressão* é tomado aqui, sem dúvida, em um sentido limitado, cuja esfera de validade exclui muitas coisas que na fala normal são designadas como expressões (...) Todo *discurso* e toda parte de discurso, assim como todo signo que seja essencialmente da mesma espécie é uma expressão, não importando se o discurso é verdadeiramente falado — isto é, endereçado a uma pessoa com intenção comunicativa — ou não. Por outro lado, excluímos os gestos e modos com os quais acompanhamos nossos discursos involuntariamente e, é claro, sem propósito comunicativo" (*op. cit.*, p. 38 [§ 5]). As "exteriorizações" mediante gestos não têm, segundo Husserl, significação.

Husserl distingue o fenômeno expressivo, o ato de dar (ou conferir) sentido e o ato de cumprir sentido. A relação entre expressão e significação é uma "relação de idealidade" (*op. cit.*, p. 49 [§ 11]). A expressão deve ser entendida *in specie*; não é o ato físico de um proferimento, mas tem uma realidade "ideal" ("lógico-lingüística"). Embora se possa distinguir uma expressão em função comunicativa de uma expressão "na vida solitária da alma", as expressões "têm as mesmas significações que no discurso comunicativo" (*op. cit.*, p. 42 [§ 8]). Em vista disso, J. N. Mohanty (*Edmund's Husserl's Theory of Meaning*, 1964, p. 15; 5: 1) nota que o contraste entre a expressão em função comunicativa e a expressa na "vida solitária da alma" deixa algo a desejar, pois, "se o contraste é o mesmo existente entre o pensar público e o privado, então Husserl parece defender a tese de que no último se apreende a função de significar em toda a sua pureza", coisa que não ocorre desse modo. Se fosse assim, Husserl cairia no psicologismo que quer evitar a todo custo.

III. A *expressão na estética*. Discutiu-se muitas vezes qual é a relação de um conteúdo estético com sua própria expressão, às vezes identificada com a forma. Contudo, como a forma tem um caráter universal, objetou-se que nesse caso deve-se identificar a expressão com um conjunto de normas ou regras de caráter objetivo. Em suma, a expressão seria então simplesmente a imitação (VER). Para evitar essa objetivização, afirmou-se que a expressão é sempre, e em todos os casos, de índole subjetiva, dependendo da experiência estética e de suas numerosas variações. Neste último caso vinculou-se a expressão à imaginação (Vico, Herder e, em geral, os autores "românticos").

Também se discutiu, especialmente na estética contemporânea, qual é a relação da expressão com a intuição (em um sentido semelhante ao que foi debatido em [I]). Alguns autores distinguiram rigorosamente as duas; em sua opinião, a intuição (artística) pode manifestar-se em expressões muito diversas. Outros autores declararam que a intuição e a expressão são a mesma coisa. Dentre os últimos destacou-se Croce, que escreveu em sua *Aesthetica in nuce* que "a intuição é *expressão* e nada mais — nada mais e nada menos — que expressão". De acordo com isso, não há propriamente sentimentos na arte, ela é a expressão dos sentimentos (ou os sentimentos *enquanto* expressos).

As discussões sobre o significado da expressão na estética foram às vezes relacionadas com o problema da expressão das emoções. Referimo-nos brevemente a este último ponto no verbete Emoção.

IV. Leibniz (Gerhardt, II, 112) fala da "expressão" de uma coisa por meio de outra e afirma que "uma coisa expressa outra quando há uma relação constante e regulada entre o que se pode dizer de uma e de outra". Parece, diz Leibniz, que as expressões são fundadas na natureza, por um lado (*fundamentum habe[nt] in natura*), e, por outro, na convenção (*fundari in arbitrio*) (cf. Gerhardt, VII, 264).

➲ A citação de María Zambrano procede de seu artigo "La 'Guía', forma del pensamiento", em *Hacia un saber sobre el alma* (1950), 50-70. Para Bergson, ver sobretudo *La pensée et le mouvant*, pp. 117-142. Para Croce, seus textos de estética. A citação de Glockner procede do *Hegel-Lexicon*, I (1935), em *Hegels Werke*, XXXII, p. xix.

Ver também: K. Bühler, *Ausdruckstheorie. Das System an der Geschichte aufgezeigt*, 1933. — José Ferrater Mora, "De la expresión filosófica", em *Variaciones sobre el espíritu*, 1945, pp. 71-101. — Julián Marías, "El género literario en filosofía", *La Torre*, 4 (1953), 11-39, reimp. em *Obras*, IV (1959), 317-340. — B. Blanshard, *On Philosophical Style*, 1954. — D. Wendland, *Ontologie des Ausdrucks*, 1957. — P. Burgelin, E. Castelli, H. Gouhier, R. Klein, F. Lombardi, P. Prini, R. Pucci, G. Semerari, *La diaristica filosofica*, 1959 [sobre "Diarios filosóficos", "Confesiones" e "Autobiografías" intelectuais, com fragmentos de G. Marcel, J. Guitton, E. Paci, E. Grassi] (de *Archivio di filosofia*, 2). — Eugenio Pucciarelli, "La filosofía y los géneros literarios", *Cuadernos filosóficos* [Rosario], n. 1 (1960), 9-21. — E. Nicol, E. Souriau, J. J. Fisher, W. Tatarkiewicz, A. T. Imamichi, L. Formigari, artigos no número intitulado "L'Expression", de *Revue Internationale de Philosophie*, n. 59 (1962), 3-115. — Remy C. Kwant, *Phenomenology of Expression*, 1969. — A. Tormey, *The Concept of Expression*, 1971. — J. R. Searle, *Expression and Meaning*, 1979.

Para o uso de expressão no sentido (II), ver textos de lógica, semântica e semiótica nas bibliografias dos verbetes sobre esses conceitos. ᴄ

ÊXTASE. Segundo É. Gilson (*La théologie mystique de Saint Bernard*, 1934, p. 27, nota), o termo 'êxtase' (enquanto termo "técnico") parece ter sido introduzido no vocabulário cristão por Tertuliano (*Adversus Marcionem*, IV, 22). Tertuliano declara devê-lo aos gregos. 'Êxtase' significa "fora da própria razão por graça divina", *amentia*. Plotino e os neoplatônicos talvez tenham utilizado o conceito de êxtase com mais freqüência que quaisquer outros filósofos gregos. Dos neoplatônicos deriva a significação de 'êxtase', ἔκ-στασις ("deslocamento", "perda"), como uma saída de si mesmo, abandono dos laços que unem o "si mesmo" — a consciência, o eu, o espírito — ao material, e o transporte da alma para uma região na qual ele é posto na presença direta de Deus ou, segundo a filosofia sustentada, do inteligível. Por isso o êxtase é o estado que, mediante o treinamento ascético e a purificação, permite, como dizia Plotino, um "contato" com o divino. Todavia, essa saída de si não significava para Plotino, e, em geral, para o neoplatonismo, a supressão de todo o racional para submergir na irracionalidade; o que o êxtase alcançava era antes um elemento supra-racional para o qual uma das principais vias de acesso era constituída pelo pensar racional. Mas, ao mesmo tempo, o êxtase colocava a alma em uma situação na qual todo dizer e enunciar eram insuficientes. O êxtase podia chegar até a pura supra-racionalidade, mas tinha de prescindir de todo envoltório verbal, ainda imerso no sensível. Ele era, em suma, a perfeita *contemplatio*. Nos místicos medievais, era definido habitualmente como um *raptus mentis*. A "mente" era "arrebatada" no êxtase ao alcançar o último grau da contemplação, o grau em que cessava toda operação das potências inferiores. Enquanto a mística helenística pagã supunha, ao menos implicitamente, que o estado de êxtase era alcançado por meio de um esforço total da alma, a mística cristã, tanto a de inspiração grega como a latina, admitia que depois da "luta com Deus" era necessária alguma graça divina para que o êxtase fosse possível: a alma, pois, não se bastava totalmente a si mesma.

Santo Tomás indica que se pode falar do *raptus* de dois modos. No que diz respeito ao próprio termo, ele não pertence à potência apetitiva, mas apenas à cognoscitiva. No que diz respeito à sua causa, ele pode tê-la no poder apetitivo. Além disso, ele exerce um efeito sobre o poder apetitivo, porquanto um homem pode deleitar-se nas coisas que o "arrebatam" (*S. theol.*, II-IIª, q. CLXXV a 2). O "rapto" ou "arrebatamento", ademais, acrescenta algo ao êxtase. Este último significa uma simples "saída de si" enquanto o *raptus* denota "uma certa violência na ação" (*ibid.*, ad 1).

O problema do êxtase foi modernamente tratado, de um ponto de vista psicológico, como algo que pode ser "causado" por agentes externos; haveria nesse caso uma espécie de "reducionismo" dos estados extáticos. Essa opinião, naturalmente, foi combatida pelos teólogos católicos, que consideram que, mesmo que o êxtase possa ser "causado", isso não impede a possibilidade de uma concepção inteiramente espiritual desse estado. Desse modo são rejeitadas as concepções sobre o êxtase tal como foram desenvolvidas por William James em seu livro sobre as variedades da experiência religiosa, embora deva-se levar em conta que James não pretendia em princípio sustentar um reducionismo psicofisiológico e que ele se aproximava muito da posterior opinião bergsoniana segundo a qual os estados extáticos podem até mesmo, levando as coisas ao extremo, ser causados ou ocasionados por agentes externos ou por "transtornos" patológicos, sem que isso signifique que eles sempre sejam *explicados* por eles. O fato de que haja loucos que acreditam ser Napoleão não significa, assinala Bergson, que Napoleão não tenha existido. O mesmo poderia ser dito, em sua opinião, do êxtase dos místicos.

Heidegger utilizou o termo 'êxtase' em um sentido distinto ao referir-se aos "êxtases da temporalidade", isto é, aos fenômenos do passado, presente e futuro que resultam da "saída de si mesma" da temporalidade originária. Os êxtases temporais surgem, portanto, quando a temporalidade se temporaliza em suas próprias manifestações, quando se torna propriamente temporal o que era "temporário". Jean-Paul Sartre retomou a doutrina heideggeriana dos êxtases temporais. Passado, presente e futuro explicam-se fundamentalmente como êxtases temporais, ou seja, por meio das três dimensões da temporalidade nas quais surge o "para si" como ser que está destinado a possuir seu ser sob a forma "dispersiva" da temporalidade.

⊃ Sobre êxtase no sentido psicológico e histórico-social: J. Beck, *Die Extase, ein Beitrag zur Psychologie und Völkerkunde*, 1906. — Pierre Janet, *De l'angoisse à l'extase. Études sur les croyances et les sentiments*, 2 vols., 1926. — D. Browning, "Reason and Ecstasy: Psychological and Philosophical Notes on the Emerging Counterculture", *Zygon*, 7 (1972), 80-97.

Sobre êxtase no sentido místico e religioso: A. Hamon, art. "Extase", no *Dictionnaire de Théologie catholique*, de Vacant-Mangenot-Amann, t. V, 2, cols. 1871-1896. — M. Laski, *Ecstasy. A Study of Some Secular and Religious Experiences*, 1961. — T. J. Gurdak, "Benevolence: Confucian Ethics and Ecstasy", em J. Gaffney, ed., *Essays in Morality and Ethics*, 1980, pp. 76-84. — C. Barrett, "The Language of Ecstasy and the Ecstasy of Language", em *The Bible as Rhetoric: Studies in Biblical Persuasion and Credibility*, 1990.

Sobre êxtase no sentido de Heidegger e no de Jean-Paul Sartre, ver as obras mais conhecidas (*Ser e tempo, O ser e o nada*, respectivamente) desses dois filósofos. ∈

EXTENSÃO. O termo 'extensão' é entendido sobretudo de duas maneiras.

Em primeiro lugar 1) designa a qualidade do que é extenso, isto é, o caráter da situação de algo no espaço. As coisas extensas são as coisas que ocupam espaço, mas o espaço, por sua vez, é considerado "algo que tem extensão". A extensão como caráter fundamental do espaço faz deste a coisa extensa por excelência, conduzindo assim, a partir da distinção apontada, a uma identificação, habitual na linguagem vulgar, entre espaço e extensão. Nesse caso, tudo o que dissemos sobre o espaço (VER) também corresponderá à extensão. Contudo, às vezes se distinguem extensão e espaço, considerando-se que este último é uma realidade cuja propriedade é a de "ser extenso". Também se distinguiu 'extensão' de 'espaço' empregando o primeiro vocábulo em sentido metafísico e o segundo em sentido físico. Muitos escolásticos consideram que extensão é uma certa propriedade do corpo que torna possível para este último ocupar um certo espaço. Nesse caso, o espaço aparece como uma espécie de receptáculo no qual se encontram os corpos naturais enquanto "corpos extensos". Os escolásticos distinguiram vários modos da extensão. A extensão pode ser extrínseca — ou externa — (posição das partes de um corpo no espaço, da qual resultam volumes e tamanho), intrínseca — ou interna — (posição das partes de um corpo umas em relação às outras, independentemente do espaço no qual o corpo se encontra) e virtual (situação de pontos-força no espaço determinada pelas forças e movimentos de um corpo dado). Não poucos autores modernos (Descartes, Spinoza, Leibniz) tenderam a utilizar as expressões 'extensão' e 'coisa extensa' (*res extensa*), preferindo-as ao termo 'espaço'. Às vezes a extensão foi considerada como a continuidade no espaço (Leibniz); outras vezes, por fim, concebeu-se a extensão como determinada topologicamente, por oposição ao espaço, concebido como determinado numericamente.

Os problemas relativos à natureza da extensão, à sua realidade ou idealidade, e outros similares, foram esclarecidos no verbete ESPAÇO (ver também LUGAR).

Em segundo lugar 2) chama-se extensão de um conceito os objetos que caem sob o conceito. A extensão está na relação inversa da compreensão (VER), isto é, uma maior compreensão corresponde menos extensão e vice-versa. Todavia, o "cair sob o conceito" dos objetos não significa que a extensão de um conceito, do ponto de vista estritamente lógico, seja representada pela quantidade dos objetos. Essa quantidade é empírica e pode variar segundo o número de objetos existentes em dado momento. Por outro lado, a extensão lógica é constante, tem uma dimensão determinada. A extensão lógica é constituída, como diz Pfänder, "por aqueles objetos que, caindo sob o conceito, não estão expostos às modificações do mundo real". Esses objetos são os objetos específicos e genéricos, ou seja, somente os conceitos de espécie e de gênero têm uma extensão. A afirmação da relação inversa entre o conteúdo ou compreensão e a extensão é, portanto, uma fórmula inexata, pois "em primeiro lugar isso equivale a admitir a diminuição e o aumento de um conteúdo sem a referência necessária às circunstâncias ontológicas das espécies de que se trata, e, em segundo lugar, não se leva em conta que as dimensões da extensão, tais como são determinadas pelo número das espécies inferiores, dependem do modo de ser das espécies de que se trata e do número das espécies ínfimas que entram nas espécies a que se faz referência" (*Lógica*, II, 5).

Na lógica contemporânea é comum entender a extensão de um termo como a classe dos objetos para os quais o termo é verdadeiro (algumas vezes se diz "como a classe dos objetos denotados pelo termo"). Por exemplo: a extensão do termo 'espanhol' é a classe dos espanhóis; a extensão do termo 'sereia' é a classe nula. Alguns autores propõem que o termo seja considerado como o nome de sua extensão, mas vários lógicos (como Carnap e Quine) indicam que isso não é necessário, pois então se evita supor a existência dos objetos abstratos chamados de classes. Se, seguindo Quine, se lê 'denota' como 'é verdadeiro de', então pode-se dizer que a noção de extensão de um termo também pode ser aplicada a sentenças abertas como 'x é um espanhol', '$x = x$' etc., pois a extensão de uma sentença aberta será a classe de todos os objetos dos quais a sentença aberta é verdadeira. Também se poderá aplicar a noção de extensão a predicados fechados (ou predicados sem variáveis livres); a extensão de um predicado fechado com uma letra argumento será a classe de todas as coisas das quais o predicado é verdadeiro; a extensão de um predicado fechado com duas letras argumentos será a classe de todos os pares dos quais o predicado é verdadeiro etc. (cf. Quine, *Methods of Logic*, §§ 12, 17, 24).

Um dos problemas, hoje já clássico, relativos à noção lógica de extensão é o que foi estabelecido por Frege ao fazer sua famosa proposta de que há predicados que têm a mesma extensão (*Bedeutung*, denotação) e, por outro lado, diferem em sua significação (*Sinn*). O exemplo dado por Frege é: os predicados '(é a) estrela matutina' e '(é a) estrela vespertina'. Cada um desses predicados tem uma significação própria, mas ambos têm a mesma extensão: a estrela (o planeta) Vênus. No verbete sobre a noção de sinônimo (VER) indicamos que, segundo Nelson Goodman, dois predicados são sinônimos quando têm a mesma extensão. Isso parece deitar por terra a distinção de Frege, pois então ocorreria com os predicados antes mencionados o mesmo que com os termos 'centauro' e 'unicórnio', que, tendo a mesma extensão, teriam a mesma significação. Para escapar desse inconveniente, Goodman propõe uma distinção entre a *extensão primária* e a *extensão secundária*. A primeira é a extensão de um predicado por si mesmo; a segunda, a extensão de qualquer um de seus componentes. Por exemplo, há 'quadros da estrela matutina' que não são 'quadros da estrela vespertina' e vice-versa. A extensão primária de '(é a) estrela matutina' e de '(é a) estrela vespertina' é o planeta Vênus. Mas 'quadros da estrela matutina' e 'quadros da estrela vespertina' são extensões secundárias que permitem explicar a diferença de significação entre os dois predicados citados. Cabe dizer o mesmo de outros termos ou de outros predicados para os quais podem ser forjadas outras extensões secundárias.

⇨ Para a extensão no sentido 1) ver a bibliografia do verbete ESPAÇO. Além disso: J. Durand-Doat, *Essai sur l'étendue*, 1928. ⇦

EXTENSIONALIDADE. O princípio de extensionalidade, formulado nos *Principia Mathematica*, de Whitehead-Russell, e desenvolvido por Russell em várias ocasiões, aplica-se, como indica o próprio Russell, tanto a funções de proposições como a funções de funções. Aplicado a funções de proposições, o princípio estabelece que o valor de uma proposição depende do valor de verdade do argumento. Dadas duas proposições, p e q, se ambas são verdadeiras, qualquer enunciado que contenha p será verdadeiro se q substituir p, e, se ambas são falsas, qualquer enunciado que contenha p será falso se q substituir p. Aplicado a funções de funções, o princípio estabelece que o valor de verdade depende da extensão da função.

O princípio de extensionalidade opera com propriedades e com relações como se operasse com classes. Isso equivale a identificar propriedades e relações com classes, de tal modo que ambas são determinadas por sua extensão. Argumentou-se a favor do princípio que por meio dele não se acrescentam entidades ao mundo: se a intensão de um termo é sua extensão, não será preciso considerar as intensões como "entidades". Contra esse princípio argumentou-se que, para determinada entidade x, o fato de possuir a propriedade F e de possuir a propriedade G não faz que Fx seja identificável a Gx.

A lógica puramente extensional está freqüentemente ligada a uma teoria puramente referencial do significado, e tem, portanto, todos os inconvenientes (assim como todas as vantagens) de tal teoria. Está também freqüentemente ligada a uma entificação de propriedades, o que é justamente contrário a não acrescentar entidades ao mundo.

A aceitação ou não-aceitação do princípio de extensionalidade pode ser exclusiva ou não exclusiva. Se ela for exclusiva, a lógica constituída é puramente extensional, e nela um sistema dedutivo é estritamente veritativo-funcional (VER). Se ela não for exclusiva, podem-se construir lógicas extensionais (ou partes de lógicas extensionais) junto a lógicas intensionais (ou partes delas).

Fala-se de axioma da extensionalidade na teoria dos conjuntos quando se estabelece que dois conjuntos são idênticos (são o mesmo conjunto se, e somente se, têm os mesmos elementos).

Não é necessário aqui entender o axioma da extensionalidade no mesmo sentido que o princípio de extensionalidade mencionado anteriormente, sobretudo se não se equiparam conjuntos e classes.

EXTERIOR. O termo 'exterior' é entendido como 'exterior a' ou 'fora de' uma realidade determinada. Desse modo, a árvore que vejo através da janela e está fora da janela é exterior à janela (e também exterior à casa que tem a janela). Um país qualquer distinto do país em que vivo, ou ao qual me refiro, é chamado de "o exterior". 'Exterior' contrapõe-se a 'interior'. Às vezes se utiliza 'externo' em vez de 'exterior', e 'interno' em vez de 'interior'.

'Exterior', assim como 'externo', tem um sentido fundamentalmente espacial. Dado um objeto (macro)físico composto por partes, uma parte qualquer é exterior a quaisquer outras partes. Em última análise, dado um ponto espacial, este é exterior a qualquer outro ponto. Os pontos são exteriores uns aos outros. Utilizou-se a esse respeito a expressão *partes extra partes* para caracterizar a pura espacialidade, equiparada por alguns a uma "pura exterioridade".

Na metafísica e, especialmente, na teoria do conhecimento foi comum colocar-se a chamada "questão do mundo exterior" ou "questão do mundo externo". Isso pressupõe que há algo — uma realidade, uma intenção, um conjunto de intenções, uma consciência etc. — a que se atribui a propriedade de ser "interior" ou "interno". O que se encontra 'fora' disso é o "mundo exterior". Mas aqui "interior" não tem um sentido espacial, mesmo se o que se considera exterior a esse interior encontra-se no espaço. O que está fora da consciência ou de um sujeito cognoscente não está fora do mesmo modo que a árvore está fora da janela. Por esse motivo apela-se às noções de "imanência" e "transcendência": o intitulado "mundo exterior" é transcendente em relação à consciência ou ao sujeito cognoscente, isto é, é objeto de suas "intenções", pensamentos etc. Por isso a consciência ou o sujeito cognoscente não são concebidos como realidades, mas como atos ou intenções. Este sujeito é comumente um "sujeito epistemológico", não, ou não necessariamente, um "sujeito psíquico".

Um problema filosófico hoje clássico é o da natureza e da realidade do mundo exterior (exterior ao sujeito indicado, ou à consciência). Referimo-nos a ele no verbete CONHECIMENTO. O problema deu origem a várias perguntas do tipo: "O mundo exterior é independente de seu ser conhecido?", "Como podemos ter certeza absoluta de que há um mundo exterior (exterior a mim)?", "Como se pode provar a existência do mundo exterior?", "O conhecimento do mundo exterior é determinado, ao menos em parte, por algum sistema de conceitos 'imposto' (ou 'sobre-imposto') pelo sujeito?".

Exemplos clássicos de estabelecimento da questão do mundo exterior são os de Descartes, Berkeley e Kant. Duas posições são importantes sobre essa questão — com as quais se entrecruzam muitas posições intermediárias —: o realismo e o idealismo.

O realismo (VER) sustenta que há um mundo exterior independente do sujeito cognoscente, mas há muitos modos de sustentar essa "independência": pode-se afirmar que o que há na verdade é o que se chama de "mundo exterior" ou "as coisas" e que esse mundo não apenas é transcendente ao sujeito mas o chamado "sujeito" é simplesmente uma parte do mundo que se limita a refleti-lo e a atuar sobre ele; pode-se afirmar que o mundo exterior existe e que é tal como existe; pode-se sustentar que ele existe, mas que sua realidade "em si" é incognoscível, sendo cognoscíveis apenas as "aparências" desse mundo; pode-se sustentar que ele existe e que pode ser conhecido tal como é desde que se examine criticamente o processo do conhecimento etc. Em vista da diversidade de tais posições, costuma-se acrescentar algum adjetivo ao nome 'realismo': o realismo é ingênuo, crítico, transcendental etc. Além disso, algumas das posições chamadas de "realistas" aproximam-se de algumas das posições chamadas de "idealistas", ao menos das "idealistas moderadas". O idealismo (VER), por sua vez, considera que o mundo exterior não é independente do sujeito cognoscente, mas também há muitos modos de entender essa falta de independência: pode-se sustentar que não há propriamente um "mundo exterior" uma vez que todo ser é ser percebido (ver ESSE EST PERCIPI); pode-se afirmar que o chamado "mundo exterior" (ou "a realidade") é cognoscível somente porque é (metafisicamente) gerado ou produzido por um sujeito — ou "o sujeito", a subjetividade como tal —; pode-se sustentar que, existindo ou não um mundo exterior, seu ser se dá unicamente como ser conhecido; pode-se indicar que o mundo exterior é (gnoseologicamente) imanente ao sujeito cognoscente nos sentidos muito diversos da expressão 'imanente a' etc. Também se adjetiva a posição idealista de modos muito diversos: idealismo absoluto, crítico, transcendental. Algumas dessas qualificações procedem do estabelecimento do problema do mundo exterior como problema metafísico (cf. *infra*); outras são exclusivamente gnosiológicas. Assim como o realismo, também o idealismo, em algumas de suas formas, aproxima-se da doutrina "contrária". Deve-se observar que, assim como a maior parte das doutrinas chamadas de "idealistas metafísicas" derivam de um certo modo de entender os predicados 'existe', 'existe independentemente de' etc., a maior parte das doutrinas chamadas de "idealistas gnosiológicas" deriva de um certo modo de entender os predicados 'existe como objeto conhecido', 'não existe independentemente de... como objeto conhecido' etc.

O problema gnosiológico nem sempre pode ser facilmente deslindado do problema metafísico. Muito do que dissemos sobre o primeiro poderia ser aplicado ao segundo. Diremos, entretanto, mais algumas palavras sobre o último. As duas principais doutrinas sobre o assunto também receberam os nomes de "idealismo" e de "realismo" (metafísicos), com numerosas variantes. Segundo o idealismo, o mundo exterior — ou, em geral, "o mundo" — é imanente (ontologicamente) ao sujeito, ao eu, ao espírito, à consciência etc. O idealismo extremo sustenta que o mundo é "produzido" ou "gerado" pelo sujeito, pelo eu etc., mas mesmo assim não se deve imaginar que esse idealismo sustenta que o sujeito produz o mundo do mesmo modo como são "produzidas" as coisas. O idealismo moderado defende que o mundo é "conteúdo" do sujeito, do eu etc., mas tampouco se deve entender a expressão 'é conteúdo de' como designando uma coisa em outra, ou qualquer coisa em um espaço. Nenhuma forma de idealismo nega que haja "coisas externas"; mas interpreta 'haver' em um sentido muito distinto do que propõem as doutrinas realistas. As "coisas externas" carecem de suficiência ontológica; propriamente falando, seu "ser" consiste em "estar fundado no sujeito". Segundo o realismo, o mundo é transcendente (ontologicamente) ao sujeito, ao eu, ao espírito, à consciência etc. Estes últimos "estão" no mundo. Mas a maior parte dos autores realistas tampouco entende 'estar no mundo' do mesmo modo como uma coisa está em outra, ou uma coisa está em um espaço. O sujeito não é, a rigor, uma "coisa"; ele é um "conhecer o mundo".

Algumas das doutrinas idealistas metafísicas são ao mesmo tempo idealistas gnosiológicas [ou epistemológicas] (como ocorre com Berkeley), mas nem todas as doutrinas idealistas gnosiológicas são idealistas metafísicas (como ocorre com Kant). A maior parte das doutrinas realistas metafísicas são ao mesmo tempo realistas gnosiológicas. Em certos casos é muito difícil separar o que há de metafísico do que há de gnosiológico em uma doutrina idealista ou realista. Suas expressões — 'imanente a', 'transcendente a', conteúdo de' etc. — são freqüentemente as mesmas, e também são parecidas as definições apresentadas das correspondentes doutrinas. Por esse motivo às vezes se estabeleceu a questão de se é possível distinguir completamente o idealismo metafísico do idealismo gnosiológico, e o realismo metafísico do realismo gnosiológico. Na medida em que uma teoria do conhecimento pressupõe uma metafísica, e vice-versa (Nicolai Hartmann), a distinção se torna impossível. Mas o próprio fato de que se fala de "elementos metafísicos" e de "elementos gnosiológicos" que se implicam mutuamente permite supor que ao menos uma certa distinção é praticável. Deve-se observar que cada uma das doutrinas em questão, além de oferecer numerosas variantes, combina-se com outras doutrinas metafísicas ou ontológicas em diversas medidas. Assim, por exemplo, o idealismo metafísico às vezes se combina com o monismo (Bradley), e afirma-se até que um idealismo metafísico conseqüente tem de ser monista. De qualquer modo, o inverso de maneira alguma é óbvio; com efeito, o monismo pode não ser (e freqüentemente não é) idealista, mas realista (e mesmo realista materialista). Outras vezes o idealismo se combina com uma doutrina dialética, mas essa doutrina também pode se aliar ao realismo.

Alguns autores declararam que as dificuldades suscitadas por todas as doutrinas idealistas e realistas (sejam elas metafísicas, epistemológicas ou ambas ao mesmo tempo) devem-se ao fato de que se começa por estabelecer uma contraposição artificial entre o imanente e o transcendente, entre o sujeito e o objeto, a consciência e o mundo etc. Assim, os filósofos de tendência "neutralista", isto é, aqueles que sustentaram que não há razão para distinguir o físico do psíquico (E. Mach, Russell em uma certa fase de seu pensamento filosófico, Avenarius etc.), concluíram que as posições idealistas e realistas (ao menos as "tradicionais") carecem de fundamento. Contra isso argumentou-se que todo "neutralismo" tem uma certa tendência idealista. Por outro lado, a idéia da consciência como "consciência intencional" (ver INTENÇÃO, INTENCIONAL, INTENCIONALIDADE) também parece impugnar qualquer tentativa de considerar as posições idealistas e realistas como fundamentais e "prévias" a qualquer outra concepção filosófica. Se a consciência é "consciência de", não há propriamente um sujeito substantivo que se encontre no mundo ou que "contenha" ou "gere" o mundo: a consciência não é uma realidade, mas uma "direção". Ao mesmo tempo, não pode haver "consciência de" sem um objeto ao qual se dirija a consciência: portanto, há pelo menos um "objeto intencional". Pois bem, os desenvolvimentos experimentados pela teoria da consciência como consciência intencional (especialmente os desenvolvimentos dessa teoria em Husserl) mostraram que não é difícil dar certas interpretações que se aproximem, segundo o caso, do realismo ou do idealismo. Embora o chamado "idealismo fenomenológico" seja distinto dos idealismos anteriores, ele freqüentemente suscita problemas muito similares.

Heidegger concorda com os autores a que nos referimos por último na medida em que se esforça para situar-se "aquém" do idealismo e do realismo, mas fundamenta sua posição de modo muito distinto. Não se trata, para Heidegger, de dar "uma prova" da existência do mundo exterior; o fato de que não tenha sido encontrada até agora uma prova satisfatória não é "o escândalo da filosofia". O "escândalo da filosofia" é antes esperar que algum dia essa prova seja encontrada, ou que ela continue a ser procurada. Não há, em suma, "um problema da realidade do mundo exterior", seja ele metafísico ou epistemológico. A Existência (VER) — *Dasein* (VER) — é "estar no mundo", o que não significa que haja um mundo *no* qual se encontra a Existência, mas que a Existência é enquanto Existência-que-está-no-mundo. O problema que se delineia é, pois, somente o do por que a Existência como estar-no-mundo "tem a tendência de sepultar o 'mundo exterior' em um nada epistemológico com o fim de provar sua realidade" (*Ser e tempo*, § 43). Com a Existência como estar-no-mundo, as coisas do mundo já aparecem manifestas. Afirmar isso, assinala Heidegger, parece indicar que se favorece a tese "realista", o que é certo (ao menos na medida em que não se nega que haja seres intramundanos "à mão"). Mas a tese realista é distinta da de Heidegger, já que pressupõe que o "mundo" requer uma "prova" e que "pode ser provado". Por outro lado, a tese da Existência como estar-no-mundo parece favorecer a tese idealista na medida em que esta se liberta de toda contaminação "psicológica" e afirma que o ser não pode ser explicado por meio dos entes, isto é, que o ser é transcendental em relação aos entes (e não foi apenas Kant que sustentou isso, mas também, anteriormente, Aristóteles). Contudo, a tese idealista é distinta da de Heidegger uma vez que sustenta que todos os entes se "reduzem" a um sujeito ou a uma consciência. Realismo e idealismo coincidem ao considerar o mundo exterior como algo "acrescentado" a um "sujeito". Mas esse "acrescentado" não existe, nem sequer esse "sujeito". Como escreve Zubiri, ao reformular a análise de Heidegger, se "o ser do sujeito *consiste, formalmente*, em uma de suas dimensões em estar 'aberto' às coisas", a exterioridade do mundo não será um simples *factum*, mas "a *estrutura ontológica* formal do sujeito humano". O que é chamado de "sujeito" ou de "sujeito humano", todavia, não é um ente, mas um "estar em"; se se preferir, uma "situação". E essa "situação" não está no mundo, mas *consiste em* um estar-no-mundo. Com isso, Heidegger pretende não apenas situar-se "aquém" do realismo e do idealismo, mas também de toda doutrina para a qual o significado de 'realidade' é 'consciência de resistência' (ver RESISTÊNCIA). Os filósofos que defenderam esta última doutrina — a da realidade como "resistibilidade" — evitaram algumas das mais graves dificuldades suscitadas pelo idealismo ou pelo realismo "tradicionais". Mas esses filósofos (Dilthey, Max Scheler) falharam por vários motivos: Dilthey, por deixar ontologicamente indefinida a noção de "vida" e talvez também por empenhar-se em enfrentar o problema como problema epistemológico; Scheler, por interpretar a existência (em sua teoria volitiva da existência) como algo "presente". Segundo Heidegger, as análises de Dilthey e de Scheler contêm aspectos positivos; mas não perceberam que a experiência da resistência é ontologicamente possível apenas com base na concepção de Existência (*Dasein*) como um constitutivo "estar aberto" ao mundo, e este último como a "abertura". Pode-se dizer, no máximo, que a resistência caracteriza "o mundo externo" somente no sentido das "coisas no mundo". Como indica Heidegger, "'a consciência da realidade' é ela mesma um modo de estar-no-mundo" (*loc. cit.*). Nisso mostra-se que a Existência como Existência-que-está-no-mundo não pode ser comparada com nenhuma das "entidades" que filósofos idealistas, realistas, "neutralistas" e inclusive filósofos da "resistência" pressupõem: sujeito, eu, consciência etc. Tampouco o "mundo" pode ser comparado com o mundo de que esses filósofos falam, pois, para Heidegger, o mundo não é um ente, nem uma coleção de entes, mas "abertura da Existência aos entes". Nem sequer se pode dizer que os objetos são transcendentes ao sujeito e que este consiste em dirigir-se intencionalmente para os objetos. Pode-se dizer, por outro lado, que a Existência transcende os entes rumo ao mundo (VER).

As idéias de Heidegger acerca do problema (ou pseudoproblema) do mundo exterior exerceram uma notável influência, mesmo sobre pensadores muito distantes de todas as demais teses heideggerianas. Numerosas tendências filosóficas contemporâneas, no entanto, preferem estabelecer o problema de maneira distinta sem que com isso pretendam simplesmente reproduzir as posições "clássicas". Assim ocorre com G. E. Moore, cuja "refutação do idealismo" expusemos no verbete dedicado a esse pensador. Parece que aqui se trata apenas de reafirmar o "senso comum", mas deve-se levar em conta que na refutação de Moore está implícita uma "idéia da realidade" nem sempre redutível à que têm muitos realistas. Isso também ocorre com os filósofos adscritos ao Neo-realismo (VER), que se esforçaram para restabelecer a questão do mundo externo. Para alguns positivistas lógicos, a questão do mundo exterior é fundamentalmente a questão de como se pode falar do mundo intersubjetivamente se os enunciados básicos ou protocolares (VER) descrevem "o que há" para cada sujeito dado. Positivistas lógicos, atomistas lógicos (ver ATOMISMO LÓGICO) e, em geral, os filósofos de tendência "analítica" tenderam a estabelecer o problema do mundo exterior em função da questão da relação entre a linguagem e a realidade. As análises de Sartre e de Merleau-Ponty, por outro lado, são, ao menos em espírito, semelhantes à de Heidegger. Um exame detalhado do problema do mundo exterior foi feito por Roman Ingarden (VER). Nicolai Hartmann proclamou que sua posição está "além do realismo e do idealismo", pois estes partiram do objeto ou do sujeito e tentaram depois absorver um no outro, ou "situar" um deles "dentro" do outro, ou relacioná-los de algum modo, quando o que ocorre é que nem o sujeito tem sentido sem o objeto nem o objeto sem o sujeito; ambos estão "co-implicados". Argumentou-se que a teoria de N. Hartmann a esse respeito é puramente "formal" comparada com a de Heidegger, mas os que seguem Hartmann indicaram que a doutrina de Heidegger depende de uma "ontologia especulativa" e não — como deveria ser — de uma "ontologia crítica".

A questão da existência do mundo exterior — seja ela considerada como questão metafísica ou como questão epistemológica, ou ambas ao mesmo tempo — pode ser enfrentada de três maneiras: pode ser declarada uma questão permanente da filosofia; pode ser denunciada como uma pseudoquestão, ou pode ser apresentada como uma questão que surgiu dentro de um certo "horizonte" filosófico e tem sentido somente dentro desse "horizonte". Os que enfrentam a questão deste último modo costumam indicar que se trata de um problema da "filosofia moderna", especialmente a partir de Descartes. Nesse caso, seria preciso rejeitar o adjetivo 'realista' aplicado à maior parte das doutrinas filosóficas antigas e medievais, já que para estas o problema de ser realista ou idealista não se colocaria.

Indicamos, em ordem cronológica, alguns trabalhos sobre o problema do mundo exterior, com a exceção (salvo em poucos casos) das obras dos autores mencionados no verbete. Deve-se complementar a bibliografia seguinte com trabalhos que estão incluídos nos verbetes CONHECIMENTO; IDEALISMO; NEO-REALISMO; PERCEPÇÃO e REALISMO.

➲ Ver: H. Kefferstein, *Die Realität der Aussenwelt in der Philosophie von Descartes bis Fichte*, 1883 (tese). — W. Dilthey, "Beiträge zur Lösung der Frage vom Ursprung unseres Glaubens an die Realität der Aussenwelt und ihr Recht", *Sitzungsberichte der Preussischen Akademie der Wiss* (1890). — Johannes Rehmke, *Unsere Gewissheit von der Aussenwelt. Ein Wort an die Gebildeten unserer Zeit*, 1894. — Rudolf Eisler, *Das Bewusstsein der Aussenwelt*, 1900. — G. E. Moore, "The Refutation of Idealism", *Mind*, N. S., 12 (1903, 433-453, reimp. em *Philosophical Studies*, 1922). — Id., "Proof of an External World", *British Academy Proceedings*, 25 (1929). — V. Kraft, "Das Problem der Aussenwelt", *Archiv für systematische Philosophie*, 10 (1904), 269-317. — Willy Freytag, *Die Erklärung der Aussenwelt*, 1904. — Bertrand Russell, *Our Knowledge of the External World*, 1914; 2ª ed., 1929. — John Dewey, "The Existence of the World as Problem", *Philosophical Review*, 24 (1915), 357-370. — Hedwig Conrad-Martius, "Zur Ontologie und Erkenntnislehre der realen Aussenwelt", *Jahrbuch für Philosophie und phänomenologische Forschung*, 3 (1916), 345-542. — E. Study, *Die realistische Weltanschauung und die Lehre vom Raume, Geometrie, Anschauung*, 2ª ed., vol. I: *Das Problem der Aussenwelt*, 1923. — Nicolai Hartmann, "Jenseits von Realismus und Idealismus" (1924), reimp. em *Kleinere Schriften*, t. II, 1957 (e outras obras de N. Hartmann tais como as dedicadas ao estudo dos fundamentos da ontologia, da estrutura do mundo real etc.; ver HARTMANN [NICOLAI]). — Günter Jacoby, *Allgemeine Ontologie der Wirklichkeit*, I (4 fascs.), 1928-1932. — Moritz Schlick, *Les énoncés scientifiques et la réalité du monde extérieur*, 1934. — Alfred J. Ayer, *The Foundations of Empirical Knowledge*, 1940. — Roman Ingarden, *Spór oistnienie swiata*, 2 vols., 1947-1948; 2ª ed., 1960-1961 (ed. alemã muito elaborada: *Der Streit um die Existenz der Welt*, 3 vols. em 4 tomos, 1964-1974) (*A controvérsia sobre a existência do mundo*). — Ottokar Braham, *Das unmittelbare Wissen insbesondere um die materielle Aussenwelt*, 1959. — Don Locke, *Perception and Our Knowledge of the External World*, 1967. — Wilhelm Halbfass, *Descartes' Frage nach der Existenz der Welt*, 1968. — R. Zimmermann, *Der "Skandal der Philosophie" und die Semantik. Kritische und systematische Untersuchungen zur analytischen Ontologie und Erfahrunstheorie*, 1981. — B. Aune, *Knowledge of the External World*, 1991. ℭ

EXTERNALISMO, INTERNALISMO. Estes dois termos — e os correspondentes adjetivos 'externalista' e 'internalista' — podem ser utilizados, e às vezes foram utilizados, em dois domínios: no da "história e filosofia da ciência" e no da filosofia da linguagem. Por extensão, podem ser utilizados na filosofia da cultura e na espistemologia, respectivamente.

Na história e na filosofia da ciência qualifica-se de externalista a tendência segundo a qual o desenvolvimento da ciência em geral e de qualquer ciência em particular só pode ser devidamente explicado quando se apela, em maior ou menor proporção, a fatores considerados normalmente externos à própria ciência (à estrutura das teorias científicas, aos métodos utilizados, aos resultados obtidos etc.). Esses fatores podem ser de natureza psicológica ou de natureza sociológica, ou ambas as coisas. Os fatores sociológicos, ou elementos sociais, foram os mais atentamente considerados, a tal ponto que o nome "história e filosofia da ciência" foi algumas vezes substituído por "história e sociologia da ciência". Qualifica-se de internalista a tendência segundo a qual o desenvolvimento da ciência em geral e de qualquer ciência em particular é explicado levando-se em conta unicamente fatores internos, isto é, a evolução da "própria ciência" (substituição de uma teoria por outra por causa de falhas de verificação ou de concordância da primeira teoria com os fatos, exigências devidas à lógica das teorias etc.). Os externalistas argumentam contra os internalistas que nenhuma ciência se desenvolve "no vazio" e que opinar o contrário é propugnar uma espécie de "platonismo". Os internalistas argumentam contra os externalistas que a maneira como estes concebem o desenvolvimento das ciências conduz ao psicologismo ou, com mais freqüência, ao sociologismo.

É difícil encontrar externalistas ou internalistas radicais. A partir do momento em que uma tendência externalista se qualifica, ela se aproxima de um internalismo, e a partir do momento em que uma tendência internalista se qualifica, ela se aproxima de um externalismo. O que se costuma encontrar são graus variados e variáveis de externalismo e de internalismo. Pode-se também adotar um externalismo no que diz respeito à descoberta científica e um internalismo no que diz respeito à validação ou justificação de teorias científicas; essa posição, contudo, é considerada como "internalista" pelos externalistas. Pode-se também adotar uma espécie de síntese hegeliana entre externalismo e internalismo; segundo ela, há uma coincidência entre a evolução histórica (ou histórico-social) e a evolução "lógica" da ciência.

A ampliação das posições externalista e internalista para a filosofia da cultura consiste na adoção das correspondentes posições a respeito de todo produto cultural, não apenas da ciência, mas também da arte, da religião etc. Algumas vezes se considera que o grau de externalismo ou internalismo depende da área considerada. Assim, afirma-se que o internalismo é mais facilmente aplicável à matemática do que à física, à física do que à biologia, à biologia do que às ciências sociais etc. (e o oposto em relação ao externalismo). É comum a idéia de que a consideração internalista é mais própria das ciências naturais e que a externalista pertence mais propriamente, senão inevitavelmente, às ciências sociais, nas quais o sujeito que estuda a questão é ao mesmo tempo objeto de estudo.

Na filosofia da linguagem pode-se chamar, como fez Arthur C. Danto (*Analytic Philosophy of Knowledge*, 1968, pp. 231 ss.), de "tese do externalismo" a tese segundo a qual a linguagem está fora do mundo. Por 'linguagem' entende-se aqui não a série de proferimentos lingüísticos, que são atividades "reais", mas os aspectos semânticos da linguagem mediante os quais se pode descrever a realidade. A "tese do externalismo" ou externalismo *simpliciter*, é afim da idéia segundo a qual "coisas" tais como proposições, significados etc. não estão no mundo. A "tese do internalismo" ou internalismo *simpliciter* afirma não apenas que os proferimentos estão no mundo, mas também que fazem parte do mundo, isto é, que os aspectos semânticos dos quais uma língua concreta é veículo são "reais". O autor deste Dicionário indicou (cf. *Indagaciones sobre el lenguaje*, 1970, pp. 209-210) que, em sua opinião, "o que se diz com expressões da linguagem descritiva também é um fenômeno do mundo. [É verdade que] o fato de que uma proposição seja verdadeira ou falsa é algo externo àquilo do que se diz que é verdadeiro ou falso (...) Mas a proposição verdadeira ou falsa é uma 'objetivação', isto é, um fato cultural que só tem sentido em virtude de sujeitos que produzem essas proposições e que são capazes de expressá-las. Se certos aspectos da linguagem são, na acepção de Kant, transcendentais, isso não os elimina da realidade, apenas os subtrai da realidade enquanto 'ser'. O 'acerca de' em uma proposição acerca de *A* não está em *A*, mas está em um mundo do qual *A* faz parte". O que é válido na filosofia da linguagem também pode ser válido na epistemologia.

Para externalismo e internalismo no exercício da racionalidade segundo Javier Muguerza, ver o verbete INTERPARADIGMÁTICO, INTRAPARADIGMÁTICO.

EXTREMOS (EXTREMO MAIOR, EXTREMO MENOR). Ver SILOGISMO.

EXTRÍNSECO, INTRÍNSECO. No vocabulário de alguns autores escolásticos e de vários autores modernos — Descartes, muitos cartesianos, Leibniz — chama-se de "extrínseco" o que não pertence essencialmente a uma coisa, e de "intrínseco" o que pertence essencialmente a ela. 'Extrínseco' equivale então a 'acidental'; 'intrínseco', a 'essencial'. Estes termos podem ser entendidos "ontologicamente" ou "logicamente". No primeiro caso, trata-se de propriedades que supostamente pertencem ou não pertencem essencialmente a uma coisa, no segundo caso trata-se de notas que supostamente entram ou não entram respectivamente na definição essencial de alguma entidade. Também podem ser chamados de "intrínsecos" os modos cuja origem está em uma substância dada, e de "extrínsecos" os modos cuja origem está em outra substância; assim, neste caso, o ser querido é um modo extrínseco e o querer é um modo intrínseco.

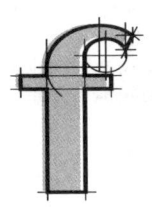

F. 1) A letra maiúscula 'F' é freqüentemente utilizada para representar o sujeito no esquema do juízo ou na proposição que constitui a conclusão de um silogismo. Portanto, ela exerce a mesma função que a letra 'S'.

2) Na lógica quantificacional elementar, a letra 'F' é empregada como símbolo de predicado. Assim, por exemplo, '*F*' em '*Fx*'. A letra '*F*' é chamada, por isso, de "letra predicado". Outras letras utilizadas com o mesmo propósito são '*G*' e '*H*'. Caso seja necessário, utilizam-se as letras citadas seguidas de acentos: '*F′*', '*G′*', '*H′*', '*F″*', '*G″*', '*H″*' etc. Na lógica quantificacional superior, as letras citadas denotam propriedades e são chamadas de "variáveis predicados".

FABRO, CORNELIO. Nascido (1911) em Flumignano (Udine, Itália), deu aulas na Universidade Católica de Milão, na Universidade de Perugia e na Lateranense. Fabro é um dos mais conhecidos representantes do tomismo contemporâneo, mas não considera a "filosofia perene" tomista como um conjunto de teses cuja interpretação e valor estejam dados de uma vez por todas. Por um lado, Fabro trabalhou na interpretação do tomismo, especialmente com base na noção de participação, considerada uma noção central que integrou harmonicamente os elementos platônicos e aristotélicos sem detrimento de seu conteúdo teológico cristão. Por outro lado, Fabro interessou-se pela relação entre percepção e consciência à luz da teoria psicológica gestaltista. Também se interessou pelas contribuições de Kierkegaard e de Marx, considerando que as noções de angústia e de alienação revelam a situação do homem moderno de modo profundo. Estas noções devem ser levadas em conta justamente quando se quer integrar um pensamento clássico como o tomismo às correntes vivas atuais, mas não se trata, no entender de Fabro, de uma mera anexação mais ou menos eclética, e sim de uma autêntica incorporação possibilitada pela própria amplitude do tomismo como grande síntese filosófica.

➲ Obras: *La nozione metafisica di partecipazione secondo S. Tommaso*, 1939; 3ª ed., 1963. — *La fenomenologia della percezione*, 1941; 2ª ed., 1961. — *Percezione e pensiero*, 1941; 2ª ed., 1962. — *Introduzione all'esistenzialismo*, 1943. — *Problemi dell'esistenzialismo*, 1945. — *Tra Kierkegaard e Marx*, 1952. — *Il problema di Dio*, 1953. — *La storiografia nel pensiero cristiano*, 1953. — *Il Problema dell'anima*, 1955. — *Dall'essere al esistente*, 1957; 2ª ed., 1965. — *Breve introduzione al tomismo*, 1960. — *Partecipazione e causalità secondo s. Tommaso*, 1961 (publicada em fr., 1960). — *Introduzione all'ateismo moderno*, 1961; 2ª ed., 1964. — *L'uomo e il rischio di Dio*, 1967. — *God in Exile. Modern Atheism*, 1968. — *Tomismo e pensiero moderno*, 1969. — *Esegesi tomistica*, 1969. — *La svolta antropologica di Karl Rahner*, 1974.

Devem-se também a F. traduções de Kierkegaard e a edição de uma *Storia della filosofia*, a partir de 1954.

Ver: D. Castellano, *La libertà soggetiva. C. F. oltre moderno e anti-moderno*, 1984. ◖

FABULAÇÃO. Bergson considera que não se pode falar sem mais da imaginação; deve-se saber para que serve o ato que, de modo demasiadamente geral, é chamado de "imaginar". É importante saber sobretudo como e por que funciona a imaginação. Ora, há uma função imaginativa que não pode ser equiparada às outras: é a que Bergson chama de "função fabuladora" (*fonction fabulatrice*). A função fabuladora é distinta, por exemplo, da imaginação científica; é o nome de uma função que dá origem ao romance, ao drama e à mitologia. Entretanto, como nem sempre houve romance e drama, mas sempre houve religião (ou religiões), Bergson pensa que "os poemas e fantasias de todo gênero surgiram, além do mais, como conseqüência da faculdade de inventar fábulas que o espírito possui, mas o provável é que a razão de ser da função fabuladora seja a religião" (*Las dos fuentes de la moral y de la religión*, 2ª ed., 1962, p. 130). A religião é aqui a causa; a função fabuladora, o efeito.

Assim como a ficção é uma espécie de alucinação nascente capaz de fazer oposição ao juízo e de neutralizar, sem eliminá-la, a função intelectual — que, caso funcionasse sem entraves, poderia pôr em perigo a estabilidade social e o equilíbrio individual —, a fabulação que a religião gera serve de *"reação defensiva da Natureza contra o poder dissolvente da inteligência"* (op. cit., p. 142). Os homens agrupados em uma comunidade não estão instintivamente integrados a ela como os himenópteros; a inteligência individual aconselha o egoísmo. A função fabuladora religiosa e mítica opõe-se a essa tendência e contribui para a conservação social. A mesma função permite reagir defensivamente *"contra a representação, por parte da inteligência, da inevitabilidade da morte"* (op. cit., p. 149).

A fabulação é, pois, indispensável na direção tomada pela evolução biológica da linha que conduz ao desenvolvimento da inteligência, por oposição à linha que conduz ao desenvolvimento do instinto. Contudo, a fabulação corresponde apenas ao que Bergson chama de "religião estática", que se distingue e se contrapõe à "religião dinâmica". "A religião estática afeiçoa o homem à vida e, por conseguinte, o indivíduo à sociedade, ao narrar-lhe histórias comparáveis às estórias com as quais se faz as crianças dormirem. Derivadas da função fabuladora por necessidade, e não por simples prazer, elas imitam a realidade percebida a ponto de prolongá-la em ações" (op. cit., p. 214).

FACULDADE. Quando foram estabelecidas certas "divisões" da alma (VER) propôs-se aquilo que depois foi chamado de "a doutrina das faculdades" (ou potências). Isso ocorreu com as "divisões" propostas por Platão, por Aristóteles e pelos estóicos. Platão distinguia a potência (ou espécie) racional, a concupiscível e a irascível (mais ou menos equivalentes a razão, desejo e vontade). Aristóteles distinguia duas partes fundamentais em toda alma: a vegetativa e a intelectiva. Esta última compreendia a potência apetitiva e a contemplativa. Os estóicos distinguiram o princípio diretivo (hegemônico) de caráter racional, os sentidos, o princípio espermático e a linguagem. Santo Agostinho distinguia memória, inteligência e vontade (faculdades da alma que "correspondiam" às propriedades divinas). Muitos escolásticos seguiram a classificação aristotélica; as faculdades ou potências (*habilitates ad agendum*) podem ser, em geral, mecânicas vegetativas, sensitivas e intelectuais (incluindo nestas a vontade). Falou-se das potências ou faculdades de sentir, de entender e de querer. Alguns autores modernos (como Descartes) distinguiram vontade de intelecto. Leibniz distinguiu percepção e apetição (VER). No século XVIII, a doutrina das faculdades foi estendida de tal modo que não pouco da arquitetônica kantiana (não apenas as três *Críticas*, mas também certas divisões na *Crítica da razão pura*) depende das divisões estabelecidas por essa doutrina. Pareceu fundamental a distinção entre intelecto e vontade (razão teórica e razão prática). Também se distinguiram o intelecto, a vontade e o sentimento. No século XIX, a doutrina das faculdades foi sendo abandonada; seus traços não podem mais ser encontrados na psicologia contemporânea. Todavia, em certas análises filosóficas contemporâneas, embora não se admita uma doutrina das faculdades, são estabelecidas certas distinções baseadas nos modos como são utilizadas expressões na linguagem comum. Já que se diz "Quero", "Desejo", "Penso" etc., pode-se determinar que significados distintos têm tais expressões em determinados contextos. Já não se admite mais que existam "potências da alma", mas se aceita que certos modos de expressão não podem ser simplesmente reduzidos a outros nos quais se traduzem modos ou operações mentais distintos.

No resto deste verbete nos ocuparemos menos das divisões em faculdades ou potências do que da própria noção de faculdade. Pode-se complementar o que é dito aqui com algumas das informações contidas no verbete POTÊNCIA.

Um dos problemas suscitados pelos escolásticos ao tratar a questão da essência da faculdade foi o de se as faculdades são ou não são distintas da alma. Muitos autores admitiram, se não uma completa, ao menos certa distinção real (*aliqua distinctio realis*). Nem tudo o que se diz da alma pode, segundo eles, ser dito das faculdades, e vice-versa. A razão da distinção é a seguinte: as faculdades ou *potentiae agendi* podem ser consideradas acidentes de uma substância que, como tal, subjaz a todos os seus acidentes, modos ou manifestações. Deve-se observar que quando se afirma essa distinção fala-se da "essência da alma" e da "essência das faculdades"; dizer simplesmente "distinção entre a alma e suas faculdades" não expressa com clareza suficiente o problema delineado. Alguns autores admitiram que há somente distinção de razão. Os tomistas inclinaram-se a favor de uma distinção real (no sentido indicado); os nominalistas, a favor de uma distinção de razão. Que Santo Agostinho e São Boaventura tenham admitido uma ou outra ainda é questão debatida. Às vezes parece, com efeito, que eles distinguem a alma das faculdades; às vezes parece que a memória, a inteligência e a vontade são simples modos de manifestação da alma como realidade unitária. Também se pode sustentar uma "distinção formal de acordo com a natureza da coisa", como fez Duns Scot, aplicando a esse problema o tipo de distinção a que nos referimos no verbete sobre este último conceito.

Os autores modernos, dos séculos XVI, XVII e XVIII, falaram quase sempre de faculdades ou potências, e introduziram várias distinções (cf. *supra*). Também se ocuparam da questão de se há diferença entre as faculdades e a alma, freqüentemente com a tendência de negar essa diferença (Locke e, por motivos distintos, Spinoza). Mas, além disso, na época moderna tratou-se freqüentemente de uma questão que ocupara os filósofos antigos e medievais, mas sem usurpar o posto central que teve entre os modernos: a questão do caráter passivo ou ativo das faculdades. Foi muito comum denunciar o caráter excessivamente passivo da noção clássica de faculdade para destacar o caráter ativo. Somente enquanto ativa pode-se falar de faculdade; do ponto de vista passivo, pode-se falar unicamente de receptividade ou de capacidade. Como disse Hamilton, a faculdade é o *active power*, enquanto a capacidade é o mero "poder para" (*to have room for*) exercer determinada potência, isto é, realizar determinada atividade. Se seguimos essa doutrina fielmente, devemos chegar à conclusão de que só se pode falar de faculdades ou de potências (sejam elas "realmente distintas" do sujeito ou não) na medida em que se põem a funcionar. Isso pode levar à eliminação da noção de faculdade enquanto mera "potência"; a "faculdade" é admitida somente na medida em que se atualiza.

A doutrina das faculdades na *Psychologia rationalis* segue em parte as doutrinas escolásticas, mas, assim como ocorre nestas últimas, os autores diferem quanto ao maior ou menor grau de "realidade" que se deve atribuir às diferenças entre as várias faculdades. A tendência crescente desde o final do século XVIII é a favor de uma "distinção de razão". Além disso, tende-se a interpretar as faculdades mais de forma "dinâmica" que "estática". Isto acontece nos idealistas alemães a partir de Kant, que fala freqüentemente de "faculdades" (faculdade do entendimento; faculdade das regras etc.), mas dando ao termo 'faculdade' o sentido de 'atividade', 'função' ou 'conjunto de funções'.

Desde meados do século XIX, tendeu-se ou a descartar a noção de faculdade e a correspondente "doutrina das faculdades" ou a utilizar 'faculdade' simplesmente como nome coletivo de um tipo de atividades psíquicas. O modo como foram classificadas essas atividades psíquicas foi, além disso, muito distinto do "tradicional"; encontramos exemplos disso em Brentano e nas mais recentes escolas psicológicas behaviorista e estruturalista. Pode-se, pois, concluir que a noção de faculdade já não desempenha nenhum papel significativo nem na psicologia nem na filosofia. Entretanto, mencionaremos dois casos nos quais parecem estar delineados alguns problemas similares aos das antigas "doutrinas das faculdades". Por um lado, nas análises de expressões da linguagem comum que se referem a fenômenos normalmente considerados "psíquicos", fala-se de 'desejar', 'recordar', 'sentir' etc. como se de algum modo se tratasse de modos de comportar-se psicologicamente distintos. Por outro lado, e sobretudo, levantou-se o problema de se a chamada "análise fatorial" — tal como fundada pelo psicólogo inglês Charles Spearman (1863-1945), com a idéia, que Spearman desenvolveu posteriormente, dos "fatores" de grupo — não "ressuscita" a "psicologia das faculdades" na medida em que, ao menos implicitamente, considera os "fatores" como "faculdades". Não é este o lugar de examinar esse problema: aqui basta mencionar que a questão foi debatida.
➲ Para Platão: *Rep.*, IV; para Aristóteles: *De anima*, II; para os estóicos: *Diog. L.*, VII; para Santo Tomás: *S. theol.*, I, q. LXXVII; *Cont. gent.*, II, 72; *De anima*, arts. 12-5; *In II de anima*, lect. 14-16. — Para os escolásticos: qualquer um dos manuais citados na bibliografia do verbete Neo-escolástica. — Para Descartes: *Les passions de l'âme*, I, 17. — Para Leibniz: *Monadologie*, §§ 14-15. — Para Locke: *Essay*, II, 21.

Entre as obras de Charles Spearman mencionamos: *The Nature of Intelligence and the Principles of Cognition*, 1923. — *The Abilities of Man: their Nature and Measurement*, 1927. — *Psychology Down the Ages*, 2 vols., 1937.

Entre os autores que cultivaram a "análise fatorial", mencionamos: G. H. Thomson, *The Factorial Analysis of Human Ability*, 1946; e L. L. Thurnstone, *Multiple Factor Analysis: A Development and Expansion of the Vectors os Mind*, 1947.

Sobre a discussão a que aludimos no final do verbete ver Mariano Yela, *Psicología de las aptitudes. El análisis factorial y las funciones del alma*, 1960. — Do mesmo autor "L'analyse factorielle et la psychologie des facultés", *Revue philosophique de Louvain*, 60 (1962), 254-270.

Sobre o problema das faculdades, ver: Juan Zaragüeta, "El problema de la clasificación de las facultades del alma", *Revista de Filosofía* [Madri] (1942), 7-45. — S. Terán, "Notas sobre la realidad de las facultades del alma", *Ortodoxia* (1944), 167-263. — G. Stern, *A Faculty Theory of Knowledge: The Aim and Scope of Hume's First Enquiry*, 1971. ℭ

FAINIAS. Ver Estóicos.

FALÁCIA. O termo 'falácia' às vezes é utilizado como equivalente de 'sofisma', isto é, no sentido de "argumento aparente" ou argumento que não é, realmente, um argumento, ou seja, um bom argumento (que é o que se supõe que devem ser todos os argumentos, já que, caso contrário, não são propriamente argumentos, mas justamente falácias ou sofismas). Uma falácia, assim como um sofisma, é uma forma de argumento não válida.

Às vezes também se chama de "falácia" a um enunciado, mas este é um uso impróprio; para que exista falácia é preciso haver algum argumento, ainda que ele seja, no sentido apontado anteriormente, "aparente".

No verbete Sofisma damos alguns exemplos que assim foram chamados tradicionalmente, começando pela "lista de sofismas" aristotélica. Todos esses sofismas também poderiam ser chamados de "falácias"; de fato, impõe-se cada vez mais em português a tendência a utilizar 'falácia' em vez de 'sofisma'. Em outros verbetes nos referimos mais especificamente a alguns tipos especiais de falácia, como a que pode ser chamada de "falácia categorial" (VER) e a "falácia naturalista" (VER).

Algumas vezes se distingue 'sofisma' de 'falácia' indicando que, enquanto o primeiro se caracteriza por ser "intencional" — por ser o tipo de raciocínio produzido por um "sofista" com o fim de derrotar e confundir o opositor —, a segunda se caracteriza por ser simplesmente um "erro" ou "descuido" no raciocínio. De acordo com essa distinção, o sofisma é uma argúcia retórica, enquanto a falácia é um tipo de argumento não-válido. Todavia, como o "sofista" produz no curso de seu sofisma este tipo de argumento, não há razão para estabelecer uma distinção entre sofisma e falácia.

Uma distinção comum entre tipos de falácias — que também pode ser aplicada aos tipos de sofismas — é a que se estabelece entre falácias formais (como a falácia de negar o antecedente e a falácia de afirmar o conseqüente de um condicional [ver SOFISMA]) e falácias não-formais, ou não estritamente formais (como a petição de princípio). Contudo, essa distinção nem sempre é muito precisa, uma vez que a petição de princípio é uma falácia de tipo formal. Quando se fala de falácias não estritamente formais é melhor referir-se às que são do mesmo tipo da *ignorantia elenchi*, ou "ignorância do argumento".

FALÁCIA CATEGORIAL. A partir de Gilbert Ryle (*The Concept of Mind*, especialmente cap. I) deu-se freqüentemente o nome de *category-mistake* — que vertemos por 'falácia categorial' e também poderia ser traduzido por 'erro categorial' no sentido de uma falácia ou erro cometido ao introduzir categorias ou conceitos categoriais — a uma falta ou erro que consiste em introduzir em uma conjunção (ou em uma disjunção) termos pertencentes a categorias diversas. Um dos exemplos de falácia categorial dados por Ryle é: "Comprou uma luva para a mão esquerda, uma para a mão direita, e um par de luvas" (quando não foram comprados dois pares de luvas, mas apenas um). Segundo Ryle, a expressão 'um par de luvas' não pertence à mesma categoria que 'uma luva para a mão esquerda' ou que 'uma luva para a mão direita'. A pessoa que comprou uma luva para a mão esquerda e uma para a direita comprou um par de luvas, mas não uma luva para cada mão e mais um par de luvas. Ryle sustenta que uma falácia similar transparece quando se afirma "Há ao mesmo tempo espíritos e corpos", já que os termos dessa conjunção não pertencem à mesma categoria. Nessa falácia categorial se funda, no entender de Ryle, o dualismo cartesiano — que ele considera como paradigma de todo dualismo de mente (e alma) e corpo e como uma "doutrina do fantasma (*ghost*) na *máquina* [ou no corpo]".

Pode-se discutir se há ou não uma falácia categorial na doutrina cartesiana, ou na versão que Ryle apresenta dela. Por um lado, é possível sustentar que nessa doutrina as noções de alma e de corpo pertencem a duas categorias distintas — uma vez que cada uma delas é definida justamente por exclusão da outra —; se assim é, então não se comete nenhuma falácia, mas esta pode aparecer no momento em que se considera a questão da interação entre a alma e o corpo: as descrições e explicações proporcionadas pressupõem quase sempre que em algum ponto se entrecruzam realidades ou fenômenos cujas correspondentes noções pertencem a distintas categorias. Por outro lado, é possível dizer que, ainda que as noções de alma e de corpo pertencessem à mesma categoria, isso poderia ocorrer de maneira que se tivesse de supor que expressões como 'luva para a mão direita' e 'luva para a mão esquerda', de uma parte, e 'par de luvas', por outra, pertencem à mesma categoria. No primeiro caso, poderiam ser feitas tentativas de redução (VER) de uma categoria à outra, o que não precisa ocorrer no segundo caso.

Admitida a idéia de falácia categorial, ela pode ser cometida em uma língua e evitada em outra, ou pode-se cometer a falácia em determinada língua quando simplesmente prescindimos tanto do contexto lingüístico (especialmente semântico) como do extralingüístico (a situação na qual se produz o correspondente proferimento). Outro exemplo de falácia categorial dado por Ryle é a frase de Dickens: "Chegou em casa em um mar de lágrimas e em uma cadeira de diligência". É evidente que a pessoa em questão não chegou em casa em um mar de lágrimas (ou "transformada em um mar de lágrimas") do mesmo modo que chegou montada em uma carruagem. O segundo 'em' refere-se a um veículo, enquanto o primeiro se refere ao estado emotivo da pessoa, ou à manifestação desse estado. Chegar em casa em estado de agitação não significa utilizar um estranho veículo que tem por nome 'estado de agitação'. Não se comete necessariamente uma falácia categorial nem sequer quando se diz "depois de visitar Paris, visitou a capital da França". Paris é a capital da França, de modo que visitar a primeira é o mesmo que visitar a segunda, mas podemos entender que alguém comece a visitar Paris como cidade e depois a visite levando em conta que é a capital da França e prestando atenção às características que a fazem ser a capital. Superficialmente, "foi convocada uma reunião das Nações Unidas em Nova York" constitui uma falácia categorial, pois parece que as Nações Unidas se reúnem em Nova York, o que é geograficamente implausível, mas a frase em questão deve ser entendida, e é entendida, no sentido de que são os representantes das nações unidas os que vão a Nova York para a reunião convocada.

A noção de falácia categorial tem certos pontos de semelhança com a idéia de "transposição para outro gênero" de que falou Aristóteles e da qual tratamos no verbete *Metabasis eis allo genos* (VER).

FALÁCIA DA AFIRMAÇÃO DO CONSEQÜENTE. Consideremos o condicional, em símbolos:

$$p \to q$$

Se afirmamos 'q' e concluímos que com isso se afirma 'p', obtemos uma inferência incorreta; em símbolos:

$$p \to q$$
$$q$$
$$\overline{}$$
$$p$$

Essa inferência incorreta recebe o nome de "falácia da afirmação do conseqüente". Ela pode ser entendida de um modo intuitivo com o exemplo:

Se tenho dor de cabeça (então)
  tomo aspirina
Tomo aspirina
———————————
Tenho dor de cabeça.

Pode-se ver que "não há razão" pela qual quando e sempre que tomo aspirina tenho dor de cabeça; eu poderia, em princípio, tomar aspirina sem ter a menor dor de cabeça.

FALÁCIA DA NEGAÇÃO DO ANTECEDENTE. Consideremos o condicional, em símbolos:

$$p \to q$$

Se negamos 'p' e concluímos que com isso se nega 'q', obtemos uma inferência incorreta; em símbolos:

$$p \to q$$
$$\Box\, p$$
$$\overline{}$$
$$\Box\, q$$

Essa inferência incorreta recebe o nome de "falácia da negação do antecedente". Ela pode ser entendida de um modo intuitivo com o exemplo:

Se tenho dor de cabeça (então)
  tomo aspirina
Não tenho dor de cabeça
———————————
Não tomo aspirina.

Pode-se ver que "não há razão" pela qual eu deva deixar de tomar aspirina se não tenho dor de cabeça; eu poderia, em princípio, tomar aspirina sem ter a menor dor de cabeça.

FALÁCIA GENÉTICA. Costuma-se chamar deste modo o tipo de raciocínio que tenta dar conta de algo mediante uma descrição do processo que esse algo seguiu para chegar ao estado em que se encontra e que se trata justamente de explicar. Dizemos 'algo' porque quando se fala simplesmente de falácia genética não fica claro aquilo sobre o que se supõe que se comete a falácia. Pode-se tratar, com efeito, de realidades ou de proposições referentes a realidades e, especificamente, de teorias. Caso se trate de alguma realidade, diz-se que se comete uma falácia genética quando, para explicar sua estrutura, se apela para o processo que precedeu a formação dessa estrutura. De acordo com isso, comete-se uma falácia genética quando se tenta explicar a estrutura do sistema solar mediante uma mera descrição de sua formação, ou quando se tenta explicar a estrutura das relações humanas de parentesco mediante uma mera descrição de sua evolução ao longo da história. Embora uma descrição da formação do sistema solar possa ser pertinente para entender a estrutura de tal sistema, supõe-se que uma compreensão adequada dessa estrutura implica uma referência a leis físicas. De modo similar, embora uma descrição da história das relações humanas de parentesco possa ser pertinente para uma compreensão dessas relações, supõe-se que um entendimento adequado delas pressupõe uma referência a leis antropológicas (e possivelmente biológicas).

O mais comum é falar de falácia genética em relação a alguma proposição ou teoria (mesmo que se entenda que toda proposição ou teoria é proposição ou teoria de alguma realidade, ou de alguma estrutura real). Dada uma teoria T, diz-se que se comete uma falácia genética quando se tenta explicar o significado, o alcance explicativo etc. de T apelando para as condições ou circunstâncias, geralmente humanas e históricas, que contribuíram para a formulação de T. A falácia genética é aqui, pois, uma apelação a fatores extrateóricos, e freqüentemente extracognitivos.

Aqueles que se opõem a toda falácia genética relativa a T consideram que é possível reconstruir T metodologicamente de um modo intrateórico, o que significa considerando unicamente fatores "lógicos" (que podem, e costumam, incluir verificações e comparações de T com a experiência). Evidenciou-se que, quando se se presta atenção aos processos de descoberta de T, a gênese de T não é alheia à explicação do significado de T, de modo que apelar para sua gênese nem sempre é necessariamente — embora às vezes possa sê-lo — cometer uma falácia genética. Esta última opinião se funda ou no postulado de uma lógica da descoberta (VER) ou na idéia de que a estrutura lógica e metodológica de T é apenas uma parte, por mais importante que seja, de T.

A questão de se cometer ou não uma falácia genética aponta para o debate entre aqueles que consideram legítima a divisão entre um contexto de descoberta e um contexto de justificação, ou validação, e aqueles que consideram essa divisão inoperante em todos os casos ou apenas em alguns casos. Os que mantêm com todo o rigor a distinção apontada costumam acusar os que não a mantêm de cometer falácias genéticas. Os que não defendem a distinção, ou a atenuam, indicam que apelar para a "gênese" — que é, na maioria dos casos, apelar para os processos de descoberta — não constitui uma falácia.

FALÁCIA IDEALISTA. Em um sentido análogo ao que demos à falácia naturalista (VER) como passagem indevida de expressões nas quais figura '... é...' para expressões nas quais figura '... deve...' (ver 'É'-'DEVE'), poderíamos falar de falácia idealista. Esta consiste em inverter o processo antes mencionado e em passar indevidamente de expressões nas quais figura '... deve...' para expressões nas quais figura '... é...'. Cabe expressar algo similar dizendo que em uma falácia idealista tenta-se passar de prescrições para descrições. A expressão 'deve' pode ser considerada uma indicação do que alguém tem de fazer para cumprir alguma norma, preceito, regra, máxima, ordem, série de instruções etc. (como nas instruções dadas para se utilizar um aspirador ou para abrir uma lata; em um sistema de regras de pronúncia ou de pontuação; nas recomendações para atuar deste ou daquele modo nestas ou naquelas situações sociais). Contudo, em nenhum desses casos 'deve' tem o sentido de uma obrigação moral. Conseqüentemente, em nenhum desses casos se poderia falar de falácia idealista. Esta surge unicamente quando se dá à expressão '... deve...' um sentido moral.

A falácia idealista pode adotar várias formas. Cabe supor que tudo o que é bom, justo etc. se realiza necessariamente, de modo que quando se diz que algo deve ser deste ou daquele modo se enuncia que ele o será. Pode-se supor, também, que o "dever ser" está ligado ao "ser" de tal maneira que o último dependa, em sua própria existência, do primeiro. Pode-se postular também que o sentido fundamental de tudo o que é é alguma "realidade" moral.

É difícil encontrar exemplos de filósofos que tenham cometido plenamente falácias idealistas em qualquer uma das formas indicadas anteriormente, mas se existe algum, esse exemplo é o de Fichte. Mesmo esse autor, porém, não cometeu essa falácia no sentido de supor que o que deve ser será necessariamente, já que isso entraria em conflito com sua idéia (ideal) da ação corajosa, da "façanha" (ver TATHANDLUNG). Com efeito, o ato puro não pressupõe nenhum objeto, mas o "produz" (*hervorbringt*) (*Ausgewälte Werke*, ed. F. Medicus, I [1962], p. 52). A indicada falácia idealista está pressuposta no conceito de uma ação "que se torna possível somente por meio dessa intuição intelectual do eu auto-ativo", sendo "o único conceito que une os dois mundos que existem para nós, o sensível e o inteligível" (*ibid.*, p. 51). Em Fichte, portanto, o "dever ser" não atua por si só, produzindo um "ser"; é o eu auto-ativo que faz a mediação e intervém com o fim de levar o "ser" para o "dever ser". Mas, na medida em que o fato de que algo deve ser explica por que oportunamente "é" (ou chega a ser), efetua-se o processo inverso ao que caracterizou uma das formas da falácia naturalista.

FALÁCIA NATURALISTA. A chamada "falácia naturalista" na ética pode ser entendida sobretudo das seguintes maneiras.

1) Em seus *Principia Ethica*, G. E. Moore denunciou o erro que, em seu entender, é cometido quando se tenta definir uma propriedade como "amarelo" nos termos de seus equivalentes físicos. Pode ser verdade que quando certas vibrações da luz estimulam o nervo ótico produzem a percepção da cor amarela. Entretanto, o olho percebe a cor e não essas vibrações de luz. Propriedades como "amarelo" são, portanto, indefiníveis, ou irredutíveis, mesmo se podem ser correlacionadas a determinados fenômenos físicos e fisiológicos.

De modo similar, afirma Moore, comete-se um erro quando se tenta definir "bom" (ou propriedades do mesmo gênero: "justo", "mau" etc.) nos termos de outras propriedades. É verdade que as coisas que são boas também são outra coisa. Desse modo, por exemplo, as coisas prazerosas são boas. Mas as outras coisas que as coisas boas são não definem seu ser bom. Embora haja uma correlação entre o que é prazeroso e o que é bom, podendo-se inclusive dizer que o prazer é bom, o bom não é definível mediante o prazeroso ou não é redutível a ele.

Definir "bom" por meio de uma propriedade natural é, segundo Moore, cometer uma falácia: a falácia naturalista. "Bom" continua sendo uma propriedade, mas não é uma propriedade natural (ou é uma propriedade "não-natural"). "Bom" é uma qualidade simples, que é o que queremos dizer com "bom" sem que queiramos dizer outra coisa. Além disso, a propriedade ou qualidade de ser bom não é possuída por uma única coisa, mas por muitas.

Richard Price (VER) já denunciara as doutrinas éticas para as quais a bondade era redutível a alguma propriedade natural. Moore refinou as idéias de Price sobre o assunto, destacando o caráter não-analisável de "bom" e, ao mesmo tempo, o caráter não-natural de "bom" em contraposição a propriedades também não-analisáveis, mas naturais, como "amarelo". O caráter não-analisável, não-redutível e não-natural de "bom" é a única coisa que, segundo Moore, pode dar um fundamento à ética; o desconhecimento desse triplo caráter dá lugar a uma ética naturalista, que não é, propriamente, ética.

Embora "bom" seja um predicado não-natural, ao contrário de um predicado natural como "amarelo", ou de um como "prazeroso", e embora a diferença entre os dois tipos de predicados seja suficientemente radical para tornar impossível toda redução mútua, o fato é que Moore continua considerando-os predicados ou, melhor, propriedades. "Bom" não é uma propriedade como "amarelo" ou como "prazeroso", mas isso apenas demonstra que é outra propriedade, ou outro tipo de propriedade. Os juízos morais, nos quais entram termos como 'bom', 'mau', 'justo', 'injusto' etc., continuam sendo juízos, isto é, descrições (descrições de um certo gênero de propriedades). A falácia naturalista consiste aqui em confundir esse gênero de propriedades com outro radicalmente distinto e irredutível a ele. Mas, de algum modo, tanto os juízos morais como os juízos não-morais, referentes a propriedades naturais, são formulados dentro do mesmo tipo de linguagem, a saber, uma linguagem na qual se diz que algo é *F*. Curiosamente, pois, Moore poderia ser acusado de ter cometido uma falácia naturalista em outro sentido fundamental, e talvez mais freqüentemente discutido, dessa falácia.

2) Em outro sentido se afirma cometer a falácia naturalista quando se passa de enunciados descritivos para enunciados prescritivos, ou seja, de expressões forma '... é...' para a forma '... deve...'. Tratamos dessa falácia no verbete 'É'-'DEVE', e remetemos, além disso, ao verbete FALÁCIA IDEALISTA, que também poderia ser esquematizado sob a expressão 'Deve'-'é'.

FALCKENBERG, RICHARD. Ver LOTZE, RUDOLF HERMANN.

FALIBILISMO. Uma das formas do probabilismo (VER) contemporâneo é o que Peirce (VER) chama, referindo-se à sua própria doutrina, de *falibilismo* (*fallibilism*). Tratamos dele separadamente não apenas por ser um termo "técnico", mas também porque sua significação não é, estritamente, nem a do probabilismo clássico nem tampouco a do moderno.

Segundo Peirce, deve-se rejeitar a pretensão de infalibilidade que demonstraram os cientistas e os filósofos; nem as proposições da ciência, nem as da filosofia são infalíveis. Deve-se observar que isso ocorre, no entender desse filósofo, não somente nas proposições que dependem de medidas concretas efetuadas sobre a realidade ou que formulam hipóteses sobre fatos em princípio incomprováveis, mas também nas proposições matemáticas. Com efeito, não se pode falar com propriedade de axiomas absolutamente evidentes, os que parecem ser assim meros postulados com os quais são efetuados os processos dedutivos. Podemos concluir, pois, que existem três coisas "que jamais podemos esperar alcançar por meio do raciocínio: certeza absoluta, exatidão absoluta, universalidade absoluta" (*Collected Papers*, 1. 141). Isso parece conduzir ao ceticismo ou, no máximo, ao probabilismo ou ao plausibilismo. Todavia, há uma diferença entre o falibilismo de Peirce e as demais doutrinas mencionadas. Estas referem-se exclusivamente à faculdade do conhecimento. Em contrapartida, Peirce considera seu falibilismo a partir de dois pontos de vista. Primeiro, como um *método* destinado a "não dificultar o caminho da investigação". Segundo, como uma afirmação relativa à natureza da realidade. O falibilismo de Peirce está ligado à sua doutrina da evolução e à sua tese da continuidade em todas as realidades; não é apenas a conseqüência de uma aproximação inevitavelmente deficiente da realidade por parte das faculdades humanas, mas também o resultado do contínuo crescer e evoluir da própria realidade.

FALSA ACENTUAÇÃO, FALSA CONJUNÇÃO, FALSA DISJUNÇÃO, FALSA EQUAÇÃO, FALSA FORMA DE EXPRESSÃO. Ver SOFISMA.

FALSEABILIDADE. Em sua *Logik der Forschung* (1935; prólogo de 1934; versão inglesa com numerosas ampliações: *Logic of Scientific Discovery*, 1959 [trad. br.: *A lógica da pesquisa científica*, 1974]) e em outros escritos, K. R. Popper (VER) declarou que o chamado "problema da indução", especialmente tal como foi formulado a partir de Hume, é insolúvel: as inferências indutivas não podem ser justificadas sem que se caia em um círculo vicioso. A adoção de uma lógica da probabilidade não constitui um remédio suficiente, e considerar o princípio de indução, como fez Kant, como válido *a priori* é inadmissível. Popper propõe descartar todo indutivismo, e especificamente o que é propugnado pelos positivistas lógicos, e adotar um "método dedutivo de contrastação" (*Nachprüfung, testing*) segundo o qual uma hipótese pode ser contrastada apenas empiricamente, e isso somente depois de ter sido proposta. A contrastação (*Überprüfung, testing*) de teorias não consiste em descobrir fatos que a verifiquem. Embora seja verdade que um fato que desmente ou contradiz uma teoria basta para invalidá-la, nenhum fato basta para validar ou verificar nenhuma teoria, já que sempre se pode esperar encontrar algum que a invalide.

Desse modo, Popper não se interessa pela verificabilidade, mas por aquilo que ele chama de "falseabilidade" (*Falzifizierbarkeit, falsifiability*) [seguindo Vitor Sánchez de Zavala, adotam-se os termos 'falseabilidade' e 'falsear' como tradução respectivamente de *Falzifizierbarkeit*, ou *falsifiability*, e *falsifizieren*, ou *to falsify*, em vez de 'falsificabilidade' e 'falsificar', e se segue a mesma pauta para termos da mesma família, como 'falseável', 'falseado' etc.]. Uma teoria é falseada quando se descobre um fato que a desminta ou, mais especificamente, quando se pode deduzir da teoria um enunciado singular preditivo que não a verifica. O procedimento adotado para esse propósito é, afirma Popper, de caráter dedutivo. "Com a ajuda de outros enunciados, previamente aceitos, deduzem-se da teoria certos enunciados singulares (que podemos chamar de 'predições', especialmente predições facilmente contrastáveis ou aplicáveis). Desses enunciados são selecionados os que não são deriváveis da teoria correntemente adotada, e especialmente os que a teoria correntemente adotada contradiz. Depois buscamos uma decisão a respeito destes (e de outros) enunciados derivados comparando-os com os resultados de aplicações práticas e de experimentos. Se essa decisão é positiva, isto é, se as conclusões singulares são aceitáveis, ou *verificadas*, então a teoria, por enquanto, passou com êxito em sua prova; não encontramos nenhuma razão para descartá-la. Mas se a decisão é negativa ou, em outras palavras, se as conclusões foram *falseadas*, então seu falseamento falseia também a teoria da qual haviam sido deduzidas logicamente" (*Logic*, etcétera, p. 33).

Desse modo, então, em vez de tentar verificar uma teoria deve-se fazer tudo o que for possível para falseá-la; somente quando uma teoria resiste aos esforços realizados para falseá-la ela é corroborada (*bewährt*). Uma teoria que não seja em princípio falseável é inaceitável e está fora do marco da ciência. Isso ocorre, segundo Popper, com teorias como o marxismo e a psicanálise, que não são científicas, porque, embora possam ser verificadas, não podem ser falseadas. Além disso, nenhuma teoria é definitivamente corroborada, porque a corroboração definitiva equivaleria à não-falseabilidade.

Às vezes se disse que a tese popperiana da falseabilidade constitui uma variante da tese lógico-positivista da verificabilidade (ver VERIFICAÇÃO), e se disse, inclusive, que Popper tentou "salvar" esta tese das numerosas objeções de que foi objeto (em grande medida por parte dos próprios positivistas lógicos). Popper opôs-se energicamente ao que ele considera uma tergiversação completa acerca da função da noção de falseabilidade e acerca das relações entre o próprio Popper e o círculo de Viena (VER) (cf., entre outros textos, K. R. Popper, "Reply to My Critics", em P. A. Schilpp, ed., *The Philosophy of K. P.*, 2 vols., 1974, especialmente vol. II, pp. 967ss.). Enquanto a tese da verificabilidade é um critério do significado por meio do qual se distinguem enunciados que são ao mesmo verificáveis e possuem sentido (ou que têm sentido por serem verificáveis) de enunciados não-verificáveis e carentes de sentido (ou que carecem de sentido por não serem verificáveis), a tese da falseabilidade é um critério de demarcação (*Abgrenzungskriterion, Criterion of Demarcation: Logik d. F.; Logic of S. D.*, § 4) entre ciência e não-ciência. Há enunciados não-falseáveis que têm significado. A confusão entre os dois critérios deve-se em parte ao fato de que os positivistas lógicos utilizaram seu critério de verificabilidade *também* como critério de demarcação, mas isso é muito distinto de utilizar um critério de demarcação do tipo do da falseabilidade como se fosse um critério de significado. A confusão de-

ve-se também ao fato de que muitos positivistas lógicos aceitaram as críticas de Popper ao critério de verificação. Entretanto, mesmo então alguns positivistas lógicos, como Carnap, tentaram salvar o critério de verificabilidade como critério de significado mediante a construção de linguagens artificiais que excluíssem enunciados metafísicos. Um dos critérios estabelecidos para esse propósito é o de "contrastabilidade" (*testability*).

Entre as críticas formuladas contra o critério de Popper figura a de que há teorias imunes ao falseamento, e até mesmo que toda teoria tende a imunizar-se contra a falseabilidade. Isso ocorre sobretudo quando se nega que uma observação dada, que aparentemente falseia a teoria, a falseia realmente. Além disso, e sobretudo, é comum que uma teoria não seja submetida ao falseamento independentemente de outras teorias, de modo que é possível encontrar um enunciado que falseie a teoria isoladamente, mas não em conjunção com outras. Popper reconheceu essas dificuldades e declarou que seu critério deve ser acompanhado de regras que evitem que as teorias se "imunizem" e se tornem "infalseáveis".

A idéia de falseabilidade de uma hipótese no sentido proposto por Popper é muito similar à idéia de "desconfirmação" (*infirmution*) proposta por Nicod (ver NICOD [JEAN]), isto é, à idéia que leva a um método de indução mediante eliminações, sejam elas completas ou parciais.

FALSEABILISMO. A noção de falseabilidade (VER) deu origem a uma tendência na filosofia da ciência e na epistemologia que recebeu o nome de "falseabilismo" — tradução de *falsificationism* paralela à versão de *falsifiability* e de *Falzifizierbarkeit* por 'falseabilidade' e de *to falsify* e *falsifizieren* por 'falsear'. Representantes dessa tendência foram Popper e vários "popperianos".

A tendência para a adoção do falseabilismo exibiu diversos matizes. Imre Lakatos em sua "Methodology of Scientific Research Programmes", em *Criticism and the Growth of Knowledge*, 1970, eds. I. Lakatos e A. Musgrave, pp. 91ss., distinguiu um falseabilismo dogmático (ou naturalista) e um falseabilismo metodológico. O falseabilismo dogmático pode ter sido defendido por (existente ou inexistente) Popper; de qualquer modo, é uma versão tão crua de falseabilismo que mal merece esse nome, e cai antes sob um justificacionismo "atenuado". É mais apropriado falar do falseabilismo como falseabilismo metodológico, mas mesmo este exibe variantes.

Contra o justificacionismo e o neojustificacionismo (embora mais contra o primeiro que contra o segundo), o falseabilismo dogmático põe todas as teorias lado a lado, já que todas elas aparecem como igualmente falíveis. Em um falseabilismo radical e acrítico, todas as teorias são arremessadas à prova de fogo de seu falseamento, já que, para começar, uma teoria não é aceitável a menos que seja falseável ou, mais precisamente, a menos que possam ser determinados os procedimentos necessários para seu falseamento. Todavia, como esse tipo de falseabilismo possui uma "base empírica infalível" — sem a qual não se poderia realizar, ao que parece, nenhum processo de falseamento aceitável —, o resultado é que ele se equipara a uma espécie de justificacionismo muito diluído; o falseabilismo dogmático, assim como o justificacionismo fraco, insiste no caráter conjectural de todas as teorias.

O falseabilismo dogmático atenuado é muito similar ao falseabilismo metodológico, que é, apesar de tudo, o tipo "exemplar" de falseabilismo. Uma dificuldade, já reconhecida por Popper, no falseabilismo em geral é a resistência que as teorias oferecem ao falseamento por meio de mecanismos explicativos "protetores", entre os quais desempenham um papel importante as hipóteses *ad hoc*. É como se sempre se pudesse encontrar alguma razão, em forma de conjetura razoável, para "proteger" uma teoria contra seu possível falseamento. Mas se todas as teorias podem ser não-falseadas, é preciso então refinar ainda mais o falseabilismo, mesmo o já muito refinado "falseabilismo metodológico". Para tal efeito uma série de passos é dada. Um deles consiste em adotar uma posição próxima à do convencionalismo revolucionário (do tipo de Pierre Duhem), que, ao contrário do convencionalismo conservador (do tipo do de Henri Poincaré), determina em princípio quais enunciados são infalseáveis, sem pretender que eles o sejam realmente, mas apenas com propósitos metodológicos. Outro passo consiste em estabelecer critérios que tornem possível distinguir falsear de não provar uma teoria ou enunciado. Outro, já bastante distinto de qualquer um dos anteriores, consiste em admitir que apenas com o aparecimento de uma nova teoria alternativa à teoria dada pode-se proceder a um falseamento desta última ou de alguns de seus enunciados. Este último passo ramifica o falseabilismo metodológico em várias posições: uma é a tese da necessidade da proliferação de teorias destacada por Feyerabend; outra, defendida por Lakatos, é a determinação do desenvolvimento e do crescimento científico em termos de mudanças que conduzem a "progressos" ou a "degenerações". Dentro desse marco, Lakatos propõe sua tese da metodologia de programas científicos de pesquisa, metodologia fundada no falseabilismo refinado, mas incorporando outros elementos além dos que são próprios da "tradição" falseabilista. Há algumas semelhanças entre a tese de Lakatos e a noção de "paradigma" (VER) proposta por Kuhn (VER), mas há, segundo Lakatos, uma diferença capital: o contexto conceitual de Kuhn é sociopsicológico, enquanto o que Lakatos defende é "normativo":

"Contemplo a continuidade da ciência com 'lentes popperianas'. Onde Kuhn vê 'paradigmas', também vejo 'programas de pesquisa' racionais" (art. cit., p. 177).

Algumas das características atribuídas ao falseabilismo também correspondem ao refutacionismo (VER); a rigor, os termos 'falseabilismo' e 'refutacionismo' são freqüentemente utilizados como sinônimos.

FALSIFICABILIDADE. Ver FALSEABILIDADE.

FANEROSCOPIA. Ver CATEGORIA; FENOMENOLOGIA; PEIRCE, C[HARLES] S[ANDERS].

FANTASIA. Nem sempre é fácil distinguir o conceito de fantasia do de imaginação. Em alguns textos filosóficos, o que se diz sobre um desses conceitos é similar ao que em outros textos se diz sobre o outro. Neste Dicionário dedicamos um verbete a cada um dos conceitos em questão, mas convém considerar os dois como complementares. Adotamos o procedimento — que é em boa parte uma convenção — de tratar neste verbete de algumas das teorias da fantasia — em um sentido, evidentemente, muito amplo deste termo — principalmente na Antiguidade e na Idade Média, complementando-o com referências a doutrinas modernas e contemporâneas, especialmente na medida em que utilizaram o vocábulo 'fantasia' ou seus equivalentes em idiomas modernos. No verbete sobre o conceito de imaginação (VER) nos estendemos sobre algumas outras doutrinas modernas e contemporâneas.

O termo grego φαντασία, *phantasia*, pode ser traduzido de diversas maneiras: 'aparição', 'ação de mostrar-se', 'espetáculo', 'representação'. Pode-se observar que não incluímos nessas possíveis traduções o vocábulo 'fantasia', pois ele nos levaria por uma falsa pista dado o atual sentido desse vocábulo. Entretanto, não há inconveniente em utilizar 'fantasia' sempre que se defina o sentido do termo, ou então sempre que ele seja empregado — como fazemos aqui — como um nome comum que designa as distintas formas que podem assumir as "aparições" ou "representações".

Relacionados com φαντασία estão os verbos φαντάξω ('fazer algo aparecer', uma idéia ou uma imagem) e φαντασιῶ ('fazer nascer ou surgir uma idéia, imaginação ou representação' [no espírito ou na mente], 'figurar-se algo', 'representar-se algo'). Desde muito cedo a "fantasia" (ou melhor, φαντασία) foi concebida como uma atividade da mente por meio da qual são produzidas imagens (as chamadas φαντάσματα [*phantasmata* ou "fantasmas", não no sentido comum deste último vocábulo). As imagens produzidas pela "fantasia" (que a partir de agora escreveremos sem aspas) não surgem do nada; elas têm sua origem em representações, ou são equivalentes a essas representações.

Platão utilizou o termo φαντασία e termos semanticamente relacionados com ele (φαντάζεσθαι, φάντασμα etc.) em várias passagens de seus diálogos. A fantasia é a representação que surge do φαίνεσθαι ou "aparecer" e nesse sentido se contrapõe ao conhecimento do ser ou da realidade, ὄντα. Os φαινόμενα são as sombras e reflexos produzidos pelas "coisas verdadeiras" (*Rep.*, VI, 510 A). O φαινόμενον também é o que é representado na arte ("representativa") (*Rep.*, X, 598 B). Platão qualifica o sofista de "forjador" de φαντάσματα, pois sua arte é uma φανταστικὴ τέχνη (uma "arte de meras figurações") (cf. *Soph.*, 235 B *et al.*). Platão parece tender a considerar a fantasia como uma manifestação da "opinião", δόξα, a qual gera simples "imagens", εἴδωλα, em vez de produzir formas ou "idéias", εἴδη; todavia, apesar do abundante uso do conceito de fantasia ou de conceitos análogos, é difícil encontrar em Platão uma teoria sistemática da fantasia como conceito central filosófico.

Essa teoria sistemática encontra-se, em contrapartida, em Aristóteles. Esse autor referiu-se à questão da fantasia em numerosas passagens de suas obras (por exemplo, em *Eth. Nic.*, VII, 1152 b 26-33, VIII, 1155 b 23-37, X, 1176 a 15-22; *Rhet.*, I, 11, 6, 1370 a 27ss., II 5, 1, 1382 a 21ss.; *De motu an.*, 6ss.), mas é especialmente importante o que ele diz sobre a fantasia e sobre os φαντάσματα ou "representações" em *De an.*, III, 3, 427 b 10ss. Segundo Aristóteles, a fantasia ["imaginação"] não pode ser equiparada nem com a percepção nem com o pensamento discursivo, embora não haja fantasia sem sensação nem juízo sem fantasia. A fantasia radica em nosso poder de suscitar, "conjurar" imagens mesmo quando não se encontrem imediatamente presentes os objetos ou as fontes das sensações. Por isso a fantasia não equivale à "mera opinião". Nesta última há crença e convicção, enquanto na fantasia elas não existem. Os produtos da fantasia permanecem nos órgãos dos sentidos e se parecem com as sensações; mas não se equiparam simplesmente a elas. Por outro lado, a fantasia não é um mero substituto da sensação (embora Aristóteles também indique que há fantasia sobretudo quando, como nos sonhos, falta a sensação da visão efetiva). A fantasia é menos substitutiva que antecipadora (*De an.*, III, 3, 433 b 29). Com efeito, os animais têm potência apetitiva (ver APETITE) justamente porque possuem fantasia, a qual pode então dirigir os movimentos apetitivos na direção de algo desejado, isto é, previamente representado como apetecível. Os φαντάσματα são, pois, representações em potência ou "idéias" atualizáveis por meio de percepções. Não há dúvida de que, dada a "liberdade" dos φαντάσματα em relação às sensações, pode-se concluir que os φαντάσματα ocorrem apenas no sonho (como propunham os estóicos). Mas também pode ser destacado neles o elemento de "possibilidade". A fantasia é então a faculdade de suscitar e combinar representações e de "dirigir" deste modo uma parte da vida do ser orgânico possuidor de apetites.

Apesar das diferenças de opinião entre Aristóteles e os estóicos sobre o conceito de φαντασία, há algo de comum entre eles: é considerar esse conceito do ponto de vista "psicológico" e "gnosiológico". Isso se torna patente nos estóicos no desenvolvimento da noção de "representação compreensiva" (uma das expressões por meio das quais se traduziu sua φαντασία καταλεπτική). Referimo-nos a esse ponto com maior detalhamento no verbete CATALÉPTICO.

O sentido de φαντασία como "imaginação estética" de que se ocuparam muitos autores modernos encontra-se, ao que parece, somente em Longino, *De sublimitate*, especialmente caps. 3 e 15.

Muitos autores medievais utilizaram os termos *phantasia* e *imaginatio* (*imaginatio* foi o vocábulo latino por meio do qual se traduziu φαντασία) dando-lhes freqüentemente um sentido similar, se não idêntico. Alguns autores, especialmente os que seguiam a tradição neoplatônica, consideraram a *phantasia* uma atividade de natureza intelectual, ou predominantemente intelectual. Outros — seguindo Santo Agostinho em *De gen. ad litteram*, IX — consideraram que a fantasia é uma *vis animae* de caráter inferior, mais vinculada à sensibilidade que ao intelecto (embora o próprio Santo Agostinho, em *De vera rel.*, X, 18, pareça ligar a fantasia ao exercício intelectivo). Santo Tomás e os autores tomistas tomaram como base as análises aristotélicas. Era comum entre os tomistas distinguir uma fantasia sensível de uma fantasia intelectual. Mas a tendência predominante era a de considerar a *phantasia* como uma *facultas sensitiva* (cf., por exemplo, *Quaest. de an.*, a 13; *S. theol.*, I, LXXVIII, 4). A *phantasia* produz *phantasmata*. Estes podem ser de várias classes: imagens que reproduzem sensações, imagens relacionadas com espécies do entendimento possível; aparências não correspondentes a um objeto externo. Neste último caso a fantasia é "pura imaginação". Em todos os demais casos, ela é uma faculdade combinatória que pode servir como auxílio para a formação das idéias. Os escolásticos, especialmente os de tendência tomista, discutiram uma questão que ocupou de modo muito apreciável vários autores modernos: a de se a fantasia é meramente receptiva ou reprodutiva ou se é de algum modo produtiva. Tratamos desse problema com maior detalhamento no verbete IMAGINAÇÃO, no qual discutimos também as diversas concepções modernas da fantasia enquanto imaginação. Durante algum tempo os dois conceitos foram equiparáveis. Contudo, no final do século XVIII, tendeu-se a distingui-los, considerando-se a fantasia como uma imaginação desenfreada. Na medida em que esse tipo de fantasia podia contribuir para a criação (como modelo da qual se citava a criação artística), a fantasia não era nem um pouco depreciada. Em muitos casos era considerada como o aspecto produtor e criador (não apenas reprodutor) da imaginação. Em outros casos, considerava-se que a fantasia ia até mesmo mais longe que a imaginação produtiva. Nos sistemas do idealismo alemão (Fichte e Schelling principalmente), é difícil saber se se fala de uma fantasia criadora ou de uma imaginação produtora.

Mais recentemente tratou-se a fantasia como uma atividade imaginativa, mas freqüentemente distinta da imaginação produtora de que falava, por exemplo, Kant. Isso ocorreu com autores como Dilthey e Croce, que examinaram a fantasia mais do ponto de vista estético que do ângulo cognoscitivo. Segundo Dilthey, a fantasia poética é o fundamento da criação livre, em virtude da energia própria de certas vivências. Alguns autores, como Müller-Freienfels, distinguem a fantasia criadora e a fantasia lúdica. A primeira gera possibilidades de representação (e tem um sentido muito parecido com o aristotélico); a segunda joga livremente com as representações e pode até produzir representações "novas". Croce destacou o caráter produtor da fantasia no campo artístico, por oposição ao caráter combinatório de imagens da imaginação também chamada de "produtiva".

Em alguns casos a fantasia foi tida como fundamento de um sistema filosófico. Um desses casos é o de Jakob Frohschammer (VER).

⊃ Para a bibliografia ver o verbete IMAGINAÇÃO. — Ver também: E. Grassi, *Die Macht der Phantasie. Zur Geschichte abendländischen Denkens*, 1979. — D. Kamper, *Macht und Ohnmacht der Phantasie*, 1986. — M. Fattori, ed., *Phantasia-Imaginatio*, 1988. ⊂

FANTASMA (FANTASMAS, "PHANTASMATA"). Ver CATALÉPTICO; FANTASIA; IMAGINAÇÃO.

FARADAY, MICHAEL (1791-1867), nascido em Newington Butts (Inglaterra), foi ajudante de Humphry Davis em seu laboratório, de cuja direção se encarregou de 1825 a 1855, quando deixou seus trabalhos por razões de saúde. Destacam-se em Faraday seus trabalhos experimentais, que o levaram a numerosas descobertas, sendo a mais assinalada de todas a indução eletromagnética. Tem importância científica e filosófica o fato de que Faraday rejeitara a noção de ação à distância para a explicação de fenômenos elétricos e magnéticos. Os modelos que ele construiu para a explicação desses fenômenos supunham a existência de um meio no qual a indução elétrica se propaga. Com isso Faraday introduziu o conceito de campo, que foi muito frutífero e provocou mudanças fundamentais na pesquisa eletroquímica e, em geral, na física. O conceito de linhas de força elaborado por Faraday foi desenvolvido posteriormente por James Clerk Maxwell, que deu forma matemática a muitas das idéias de Faraday. Discutiu-se até que ponto Faraday considerou a noção de linha de força como um conceito heurístico ou como representando a realidade física. Mesmo que se destaque o primeiro conceito, não se pode descartar totalmente a última concepção, especialmente se forem levadas em conta as idéias de Faraday sobre os átomos como pontos de força (uma idéia que havia sido proposta e desenvolvida por Boscovich [VER], assim como por Kant). Mary Hesse (*Forces and Fields*, 1961, p. 201) nota um trabalho de Faraday em *Experimental Researches in Electricity*, II, que "parece indicar uma transição decisiva de uma ação contínua entendida mecanicamente para a ação contínua entendida em termos de forças que preenchem o espaço". Ainda que obtidos experimentalmente, os resultados de Faraday comportam ao menos noções físicas básicas; além das de campo e de linha de força podem ser mencionadas suas idéias, posteriormente desenvolvidas por Joule e por Meyer, sobre o princípio de conservação da energia.

⊃ Muitos dos trabalhos de F. foram publicados nas *Philosophical Transactions* da Royal Society, da qual foi membro. São fundamentais: *Experimental Researches in Electricity*, 3 vols. (I, 1839; II, 1844; III, 1855). — *Experimental Researches in Chemistry and Physics*, 1859. — Seu *Diary* foi publicado em 1932-1936.

Ver: H. Bence-Jones, *The Life and Letters of F.*, 2 vols., 1870. — L. P. Williams, *M. F.*, 1965. — Joseph Agassi, *F. as a Natural Philosopher*, 1971. — William Berkson, *Fields of Force: The Development of World View from F. to Einstein*, 1974. — Ver também: a obra de Mary Hesse citada *supra* e E. T. Whittaker, *History of the Theories of Aether and Electricity*, 2 vols., 1951-1953. — Max Jammer, *Concepts of Force*, 1957. — D. M. Knight, *Atoms and Elements: A Study of Theories of Matter in England in the 19th Century*, 1967. ⊂

FARBER, MARVIN (1901-1980). Nascido em Buffalo, N. Y., professor na Universidade de Buffalo (Nova York) e da Pensilvânia e, novamente, Buffalo, contribuiu, com sua primeira obra (de 1928) sobre a fenomenologia, e especialmente com sua obra de 1943 sobre os fundamentos da fenomenologia, para o conhecimento da obra de Husserl nos Estados Unidos. Em 1941 Farber fundou, com outros colaboradores, a revista *Philosophy and Phenomenological Research*, que publicou numerosos trabalhos sobre Husserl e a fenomenologia, mas também trabalhos de orientações muito diversas. Farber rejeitou, entretanto, não apenas toda orientação idealista na fenomenologia, mas também tudo o que pudesse contribuir para desvirtuar o ideal da filosofia como ciência rigorosa. Nisso está incluída grande parte do método fenomenológico na medida em que se utiliza da *epoché* (VER). O maior interesse de Farber por Husserl concentrou-se no tipo de trabalho de que são exemplo as *Investigações lógicas*. O empenho de Farber em levar adiante o aspecto "realista" e ao mesmo tempo "experiencial" (e "empírico") da fenomenologia, contra todo idealismo e todo subjetivismo, o fez tentar combinar estreitamente os métodos fenomenológicos com a atenção às ciências. Filosoficamente, Farber declarou-se realista em teoria do conhecimento e naturalista em ontologia. Seu naturalismo é de caráter materialista, mas é um materialismo crítico e não ingênuo. Nessa atitude crítica pode ajudar a fenomenologia, mas deve-se limitá-la às descrições da experiência. Além desse terreno, a fenomenologia e, em geral, a filosofia de Husserl podem representar um obstáculo para o desenvolvimento da ontologia naturalista.

➲ Principais obras: *Phenomenology: as a Method and as a Philosophical Discipline*, 1928. — *The Foundation of Phenomenology: Edmund Husserl and the Quest for a Rigorous Science of Philosophy*, 1943; 2ª ed., 1962; 3ª ed, 1967. — *Naturalism and Subjectivism*, 1959; 2ª ed., 1968. — *The Aims of Phenomenology. The Motives, Methods, and Impact of Husserl's Thought*, 1966. — *Phenomenology and Existence: Toward a Philosophy within Nature*, 1967. — *Basic Issues of Philosophy: Experience, Reality, and Human Values*, 1967. — Póstuma: *The Search for an Alternative: Philosophical Perspectives of Subjectivism and Marxism*, 1984.

Ele também é editor e coeditor de vários vols.: *Philosophical Essays in Memory of Edmund Husserl*, 1940. — *Philosophy for the Future: The Quest of Modern Materialism*, 1949 (com R. Sellars e V. J. McGill). — *Philosophic Thought in France and the United States: Essays Representing Major Trends in Contemporary French and American Philosophy*, 1950 [quase 40 trabalhos]. — *Philosophical Perspectives on Punishment*, 1968 (com E. H. Madden e R. Handy).

Em esp.: *Husserl* (trad. 1956).

Ver: D. C. Mathur, *Naturalistic Philosophies of Experience: Studies in James, Dewey, and Farber against the Background of Husserl's Phenomenology*, 1971. — R. W. Sellars, D. C. Mathur, J. E. Hansen et al., *Phenomenology and Natural Existence: Essays in Honor of M. F.*, 1973, ed. Dale Riepe, especialmente os ensaios dos três autores mencionados (os demais referem-se a diversos aspectos da fenomenologia ou temas afins); bibliografia de M. F. nas pp. 47-53 por Lorraine W. Farber. ℃

FARDELLA, MICHELANGELO (1650-1718). Nascido em Trapani, ingressou na Ordem Franciscana e foi Professor em Messina, Roma, Módena e Pádua. No verbete CARTESIANISMO nos referimos a Fardella como um dos mais importantes cartesianos. Fardella defendeu o cartesianismo contra alguns de seus detratores. Contudo, suas doutrinas filosóficas não são simplesmente uma repetição das de Descartes. Por um lado, Fardella introduziu não poucos elementos agostinianos no cartesianismo; por outro, elaborou uma teoria monadológica que lembra a de Leibniz, mas é independente dela. Com efeito, embora Fardella tenha conhecido Leibniz, não derivou dele sua monadologia, que tinha uma intenção mais teológica que metafísica.

➲ Principais obras: *Universae philosophiae systema*, I, 1691. — *Universae usualis mathematicae theoria*, 1691. — *Creans sapientia et graviter et iucunde*, 1694. — *Animae humanae natura ab Augustino detecta*, 1698.

Ver F. Bouillier, *Histoire de la philosophie cartésienne*, II, 1898. — G. Candio, *M. F.*, 1904. — S. Femiano, "Über den Briefwechsel zwischen Michelangelo Fardella und Leibniz", *Studia Leibnitiana*, 14 (1982), 153-183. ℃

FARGES, ALBERT. Ver NEO-ESCOLÁSTICA; NEOTOMISMO.

FARIAS BRITO, RAIMUNDO DE (1862-1917). Nascido em São Benedito, CE, dedicou-se primeiramente à política e depois deu aulas de lógica no Colégio Pedro II do Rio de Janeiro. Seu pensamento filosófico desenvolve-se como cobertura conceitual de suas experiências fundamentais; o ceticismo que ele revela em certos momentos e que Schopenhauer confirmou mais do que alimentou é temperado por um certo espírito de resignação e de consolo, espírito que não tem tantas raízes estóicas como cristãs, pois, em vez de buscar o consolo abstendo-se, Farias Brito o procurou pela compreensão e pelo combate contra o sofrimento. Nesse caminho revelou-se-lhe a existência de um espírito que o mecanicismo materialista e o positivismo cientificista à mão desconheciam. Essa comprovação, que ocorria por meio de sua experiência e de sua análise intelectual, provocaria uma crítica severa das correntes contemporâneas dominantes, especialmente das que, sem argumentação consistente, negavam todo valor espiritual em nome de um materialismo coalhado de dificuldades. A transformação da filosofia em saber fundamental do homem, em norma para a vida, também correspondia a essa tendência essencial de Farias Brito, tendência que não negava a ciência mas proclamava sua impotência para salvar o homem. Por isso era característico em Farias Brito aproximar a religião da filosofia e fazer desta última a expressão conceitual de um sentimento religioso e, da primeira, o saber popularizado. A filosofia é uma superação da ciência que não a nega mas, ao contrário, a salva. A redução da exterioridade à intimidade como modo de encontrar por analogia a essência do cosmos constituía, por outro lado, a base de sua metafísica: o *em si* era descoberto graças a seu prévio achado no mundo interior do homem. O intelectualismo de Brito opunha-se, contudo, ao irracionalismo schopenhaueriano, pois a vontade cega era inferior, para ele, ao lúcido pensamento do espírito. Assim Brito chegava a um espiritualismo radical, em certas ocasiões parecido com o imaterialismo de Berkeley. Embora Brito não tenha tido discípulos propriamente ditos, nem tenha fundado uma escola de pensamento, sua influência foi considerável, especialmente sobre Jackson de Figueiredo (nasc. em 1891 em Sergipe), que recebeu uma considerável influência do ensino de Brito em seus esforços para desenvolver uma metafísica cristã. Jackson de Figueiredo tentou solucionar as contradições no sistema de Farias Brito mediante a orientação católica e a exaltação mística anti-racionalista.

⊃ Obras: *Finalidade do mundo: estudos de filosofia e de teologia naturalista*, vol. I. *A filosofia como atividade permanente do espírito humano*, 1895; vol. II. *A filosofia moderna*, 1899; vol. III. *O mundo como atividade intelectual*, 1905. — *A verdade como regra das ações. Ensaio de filosofia moral como introdução ao estudo do direito*, 1905. — *A base física do espírito: História sumária do problema da mentalidade como preparação para o estudo da filosofia do espírito*, 1912. — *O mundo interior: Ensaio sobre os dados gerais da filosofia do espírito*, 1914.

Obras póstumas: *Obras de F. B.*, 6 vols., 1951-1957. — *Inéditos e dispersos: Notas e variações sobre assuntos diversos*, ed. Carlos Lopes de Mattos, 1966.

Bibliografia: Carlos Lopes de Mattos, "Bibliografia do centenário de F. B.", *Revista brasileira de filosofia*, vol. 14 (1964), pp. 603-614.

Ver: Jackson de Figueiredo, *Algumas reflexões sobre a filosofia de Farias Brito: profissão de fé espiritualista*, 1916. — Id., *A questão social na filosofia de Farias Brito*, 1918. — Francisco Almeida Magalhães, *Farias Brito e a reação espiritualista*, 1919. — Veiga Lima, *F. B. e o movimento filosófico contemporâneo*, 1920. — Victor Nestor, *Farias Brito*, 1920. — Alceu Amoroso Lima, *Estudos. Primeira série: A estética de Farias Brito*, 1927. — Jonathas Serrano, *Farias Brito. O homem e a obra*, 1939. — Sylvio Rabello, *Farias Brito ou uma aventura do espírito*, 1941. — Fernando de Oliveira Motta, *Compreensão de F. B.*, 1943. — Francisco Elías Tejada, *Las doctrinas políticas de F. B.*, 1952. — Francisco Alcântara Nogueira, *F. B. e a filosofia do espírito*, 1962. — Carlos Lopes de Mattos, *O pensamento de F. B. Sua evolução de 1895 a 1914*, 1962. — Djacir Menezes, *Evolucionismo e positivismo na crítica de F. B.*, 1962. — Ver também as obras de Cruz Costa, Leonel Franca, Guillermo Francovitch e Gómez Robledo mencionadas na bibliografia do verbete FILOSOFIA AMERICANA. ℭ

FATALISMO. No verbete DESTINO nos referimos ao termo grego εἱμαρμένη e ao latino *fatum*, traduzidos por 'fado' e mais freqüentemente por 'destino' ("Sobre o destino" e não "Sobre o fado" é a tradução mais habitual dos títulos Περὶ τῆς εἱμαρμένης; e *De fato*).

O sentido de *fatum* como "o dito", derivado de *fari*, 'dizer', é comum a muitos autores latinos, de modo que a expressão *fato fieri omnia*, que pode ser traduzida por 'todas as coisas vêm a ser pelo dizer [pelo dito]', é entendida como 'já foram ditas [ou pré-ditas] todas as coisas' ou 'se predisse tudo o que vai ocorrer'. O *fatum* expressa ao mesmo tempo necessidade e determinação ou, melhor, predeterminação.

Muitos autores cristãos utilizaram o termo *fatum* e o entenderam no sentido do "dito" enquanto "pré-dito"; desse modo, Santo Tomás fala de *fatum* como derivado de *fari*, sendo o *fatum* o conjunto das coisas preditas, *praelocuta* (*S. theol.*, 1, q. CXVI, 1, ob 2). Isto não significa, contudo, que esses autores tenham aceitado a antiga noção de *fatum* e o "fatalismo" (se se permite esse anacronismo) supostamente ligado a ela. No pensamento cristão destaca-se, antes, a noção de providência, e, embora esta possua algumas conotações de *fatum*, distingue-se dele em vários aspectos importantes ou, em todo caso, muitos autores cristãos tendem a ressaltar essa distinção. Isto não evita que se reproduzam dentro da filosofia e da teologia cristãs — assim como na filosofia e na teologia muçulmanas — questões que o conceito de *fatum* suscitara; a possibilidade ou impossibilidade de uma conciliação entre providência divina, e especialmente predestinação divina, e liberdade humana é uma delas.

No século XVII, foi muito discutida a questão da natureza e das formas do *fatum*. Um exemplo disso é Leibniz. Em seus *Essais de théodicée*, § 227 (Gerhardt, VI, 253), esse autor se refere a um sistema, exposto, e na ocasião defendido, por Bayle, segundo o qual não há liberdade em Deus, pois é-lhe necessário, em virtude de sua sabedoria, criar, e criar justamente uma obra determinada, e do modo como ele o fez. Suas três "servidões", afirma Leibniz, contra a doutrina, ou as palavras, de Bayle em sua *Rep. au Prov.* constituem um *fatum* "mais que estóico" (como se diria posteriormente, constituem um exemplo de "fatalismo"). Leibniz afirma (*op. cit.*, § 228; Gerhardt, VI, 253-254) que "a bondade leva Deus a criar com o fim de comunicar-se; e essa mesma bondade unida à sabedoria o leva a criar o melhor. [A bondade] o leva a isso sem coagi-lo, pois não torna impossível o que ela mesma não escolhe. Se isso é chamado de *fatum*, então ele é tomado no bom sentido, que não é contrário à liberdade. *Fatum* procede de *fari*, falar, proferir; significa um juízo, um decreto de Deus, a decisão de sua sabedoria". Leibniz se refere ao assunto também em sua quinta mensagem (*Schreiben*), quarta resposta a Clarke, do dia 18 de agosto de 1716 (Gerhardt, VII, 391). Ele indica novamente que *fatum* deriva de *fari*, proferir, discernir, "e no bom sentido significa o decreto da Providência". Para evitar possíveis objeções, Leibniz distingue na mesma passagem três classes de *fatum*: "Há um *fatum mahometanum*, um *fatum stoicum* e um *fatum christianum*". Segundo o primeiro, o efeito ocorre mesmo quando se evita a causa, como se houvesse necessidade absoluta. De acordo com o segundo, o homem deve aceitar o fado por ser impossível resistir ao curso dos acontecimentos (embora Leibniz não declare explicitamente, ele segue aqui a tendência de equiparar 'maometismo' com 'fatalismo', o que tem seus fundamentos nos textos corânicos e em muitas expressões de formas de vida muçulmana, mas não condiz com os numerosos debates sobre o assunto que ocorreram entre filósofos muçulmanos). Quanto ao terceiro, Leibniz afirma que há um certo destino de cada coisa regulado pela presciência e pela providência de Deus. Leibniz declara que este último *fatum* não é o mesmo que os dois anteriores, e que, mesmo que em alguns aspectos o *fatum christianum* se pareça com o *fatum stoicum*, distingue-se deste porque o cristão, ao contrário do estóico, não possui apenas paciência, mas manifesta contentamento com o que foi estabelecido por Deus.

Em sua obra *The True Intellectual System of the Universe* (1678), Ralph Cudworth refere-se a vários tipos de *fatum*: o democritano ou ateu — também chamado de "fisiológico" — e o divino. Este último possui duas formas: o *fatum* divino imoral (que se manifesta quando o *fatum* se origina na vontade arbitrária de um Deus que cria o bem e o mal) e o *fatum* divino moral (que se manifesta quando o *fatum* consiste na submissão obrigatória, tanto por parte de Deus como por parte dos homens, a uma realidade que supostamente não pôde ser diferente do modo como foi em virtude de seguir certos princípios imutáveis). Cudworth opõe-se a todas essas espécies de *fatum*, pois, mesmo que o *fatum* divino moral seja mais aceitável, tem o inconveniente de tornar Deus um ser submetido a um *fatum*.

O próprio termo 'fatalismo' originou-se, ou difundiu-se, na França (*fatalisme*), a partir do começo do século XVIII, como nome que deriva de 'fatal', e para debater os prós e os contras de doutrinas como as de Spinoza e de Leibniz (freqüentemente para qualificar depreciativamente a primeira). Em muitos casos, ser "fatalista" equivaleria a ser "ateu" ou, em todo caso, oposto ao "teísmo" dominante. Ao se colocar, ou recolocar, "a questão de Spinoza" no final do século XVIII, suscitou-se o problema de se caberia admitir — e até que ponto — uma doutrina fatalista. Alguns, como Jacobi, proclamaram que um racionalismo radical, que pretende dar razões suficientes de tudo, só pode ser um fatalismo; se se quer advogar a favor da liberdade, não há, pois, outrora solução senão abandonar o racionalismo radical. Fichte, por sua vez, considerava que o dogmatismo e o materialismo conduzem ao fatalismo; somente o idealismo "escolhe" a liberdade (ou apenas é possível escolher a liberdade com o idealismo).

Entre os filósofos que dedicaram atenção particular à idéia de *fatum* e de algum modo "reivindicaram" o fatalismo — mas em sentidos geralmente distintos de qualquer um dos apontados anteriormente — figuram Nietzsche, com sua doutrina do *amor fati* — que, além disso, é um modo de escapar do *fatum* e de seu poder aniquilador —, Spengler, com sua doutrina do destino (VER), e Basilius Conta (VER).

⊃ Além das obras mencionadas nos verbetes ACASO e DESTINO, mencionamos (ou reiteramos): sobre fatalismo e liberdade: C. J. Herrick, *Fatalism or Freedom*, 1927. — Steven M. Cahn, *Fate, Logic, and Time*, 1967. — J. Harrison, *Foreknowledge, Will and Fate*, 1966. — R. May, *Freedom and Destiny*, 1981. — G. Kürsteiner, *Schwerpunkte der Schicksalsanalyse*, 1987. — M. Gelven, *Why Me? A Philosophical Inquiry into Fate*, 1991. — Sobre fatalismo na Antiguidade: A. Vogel, *Ueber die Lehre vom Fatum bei Juden und Griechen*, 1869. — J. C. Greene, *Moira: Fate, Good and Evil in Greek Thought*, 1944. — Armand David, *Fatalisme et liberté dans l'antiquité grecque: Recherches sur la survivance de l'argumentation morale anti-fataliste de Carnéade chez les philosophes grecs et les théologiens chrétiens des quatre premiers siècles*, 1945. — J. Den Boeft, *Calcidius on Fate: His Doctrine and Sources*, 1970. ⊂

FATICIDADE. Ver FATO.

FÁTICO. Ver EIDÉTICO; FATO.

FATO. Diz-se de algo que é um "fato" quando já está efetivamente "feito" (*factum*), quando já está "realizado" e não se pode mais negar sua realidade (ou seu "ter sido real"). Por isso, diz-se que "fatos são fatos", que uma coisa são os fatos e que outra, muito diferente, a idéia de fatos, ou então que é preciso aceitar os fatos tal como são sem procurar falseá-los ou tergiversar sobre eles etc. O fato freqüentemente foi oposto à ilusão (VER). O fato também foi oposto à aparência (VER), embora em outros casos os fatos tenham sido equiparados com os fenômenos; especialmente os "fatos naturais" com os "fenômenos naturais".

A noção de "fato" foi usada com freqüência em diversas orientações filosóficas. Além disso, foi interpretada de maneiras muito diversas. Um fato (pragma, *factum*, *res gesta*, *Faktum* ou *Tatsache*, às vezes *Sachverhalt*, *fact*, *matter of fact* etc.) pode ser, de acordo com o caso, um fato natural (um fenômeno ou processo natural) ou um fato humano (por exemplo, uma situação determinada). Pode ser uma coisa, um ente individual etc. Às vezes é destacada no fato a sua realidade *hic et nunc*. Às vezes se insufla na noção de fato a idéia de um processo, especialmente um processo temporal. O termo "fato" (ou seu equivalente em várias línguas) foi usado em contextos muito diversos. Para alguns autores, o fato é o resultado de um fazer: o fato *factum* é resultado de uma coisa realizada, *res gesta*; o fato é, além disso, o princípio do verdadeiro, de tal modo que *verum ipsum factum* (Vico). Para outros autores, os fatos são as realidades contingentes; nesse sentido, embora com pressupostos muito diversos, falou-se de verdades de fato, que foram contrapostas a verdades de razão (ver VERDADES DE RAZÃO, VERDADES DE FATO), como ocorre em Leibniz, ou então de proposições sobre fatos, que foram contrapostas a proposições sobre relações de idéias, como ocorre em Hume (VER). Kant falou com freqüência do fato, *Faktum*, da ciência natural, isto é, da física, como "um fato" que "está aí" e que deve se justificar epistemologicamente. Em alguns casos os fatos são considerados como objetos primários da "práxis", a qual inclui a teoria (VER). Os positivistas "clássicos" (como Comte) insistiram muito em que somente os fatos são objetos de conhecimento efetivo; somente os fatos são realidades "positivas". Os fatos podem ser "fatos brutos" ou "fatos gerais". Estes são como "complexos de fatos brutos". Assim, por exemplo, a queda de uma maçã de uma árvore é um fato bruto que é explicado por meio de um fato geral: a gravitação. Também se poderia dizer que os fatos gerais são prolongamentos de fatos brutos.

Como se pode perceber, seria longa uma história filosófica da noção de fato. Além disso, seria complicada devido a que em numerosos casos o vocábulo "fato" foi usado sem grande precisão conceitual (por exemplo, no positivismo de Comte não fica claro em que medida podem ser equiparados "fatos" com "fenômenos"). Neste verbete nos limitaremos a resenhar algumas doutrinas contemporâneas nas quais o conceito de fato foi usado de modo relativamente preciso.

Na fenomenologia (VER) de Husserl (VER) estabeleceu-se uma distinção entre fato (*Tatsache*) e essência (*Wesen*), mas também se enfatizou a inseparabilidade (*Untrennbarkeit*) de ambos. Segundo Husserl, as ciências empíricas ou ciências da experiência são ciências de fatos ou ciências fáticas (*Tatsachenwissenschaften*). Todo fato é contingente, ou seja, todo fato poderia ser "essencialmente" algo distinto do que é. Mas isso indica que a significação de cada fato pertence justamente a uma essência, isto é, um *eidos* que deve ser apreendido em sua pureza. As verdades de fatos ou verdades fáticas caem, desse modo, sob as verdades essenciais ou verdades eidéticas — que possuem distintos graus de generalidade — (*Ideen*, I, § 2; *Husserliana*, III, 12). De acordo com isso, o ser fático se contrapõe (e subordina) ao ser eidético, assim como as ciências fáticas se contrapõem (e subordinam) às ciências eidéticas (*ibid*., § 7; *id*., III, 21-23). Deve-se fazer a distinção entre *Tatsache* e *Sachverhalt;* com efeito, não se pode falar de uma *Tatsache* eidética, mas se pode falar de *Sachverhalt* eidético enquanto correlato de um juízo eidético e, portanto, de uma verdade eidética.

Heidegger e Sartre introduziram termos especiais para fazer a distinção entre "fato" em sentido corrente, como quando se fala do fato de que a Galícia é uma região particularmente úmida, ou do fato de que estou escrevendo a palavra "fato" — e, em geral, de "fatos" em contraposição a idéias ou conceitos — e "fato" em um sentido existenciário (VER). Neste último sentido, Heidegger e Sartre introduzem respectivamente os termos *Faktizität* e *facticité*, ambos traduzidos por "faticidade".

Heidegger distingue a faticidade dos fatos em sentido "normal" e "natural" e a faticidade do *Dasein* (VER); esta última é a chamada *Faktizität* (derivada de *factum*) e a primeira é chamada de *Tatsächlichkeit* (derivada de *Tatsache*). "A faticidade (*Tatsächlichkeit*) do fato *Dasein*... é denominada por nós *faticidade* (*Faktizität*)" (*Sein und Zeit*, § 12). A faticidade é uma das dimensões do *Dasein* enquanto "está-no-mundo", e é o "fato" de estar arremessado entre as coisas e em situações. De modo similar, a faticidade é para Sartre uma dimensão básica do "Para-si", o qual é "sustentado por uma perpétua contingência". Desse modo, por exemplo, sem a faticidade a consciência poderia escolher suas vinculações com o mundo de tal modo que "eu poderia determinar 'nascer operário' ou 'nascer burguês'" (*L'Être et le Néant*, p. 126). Por outro lado, a faticidade "não pode se constituir como *sendo* burguês ou como *sendo* operário". Em outras palavras, o que chamamos de "fato" determina o modo pelo qual estarei no mundo, mas não pode determinar meu *ser*. "Esta contingência perpetuamente evanescente do Em-si que obseda o Para-si e o vincula ao Ser-em-si sem jamais deixar-se aprisionar é o que chamamos de *faticidade* do Para-si. Essa faticidade permite dizer que é, que *existe*, embora jamais possamos *realizá-la* já que a apreendemos sempre por meio do Para-si" (*op. cit*., p. 125). É impossível apreender "a faticidade" em sua pura nudez (*brute nudité*), pois tudo o que fazemos já foi "assumido" por nós e "livremente construído".

Wittgenstein introduziu o termo "fato" (*Tatsache*) no *Tractatus*: "O mundo é a totalidade dos fatos, não das coisas" (*Tractatus*, 1.1), "O mundo é determinado pelos fatos e por ter *todos* os fatos" (1.11), "Os fatos no espaço lógico são o mundo" (1.13), "O mundo se divide em fatos" (1.2). De algum modo, o sentido wittgensteiniano de "fato" é bastante comum; que Wittgenstein tenha escrito o *Tractatus logico-philosophicus* é um fato, expressável na proposição "Wittgenstein escreveu o *Tractatus logico-philosophicus*". Um fato é, como indica Max Black (*op. cit. infra*), algo não verbal, algo "no mundo", o qual é um conjunto de fatos enquanto expressos por meio de enunciados contingentes. Pois bem, Wittgenstein também introduz a expressão *Sachverhalt*, que às vezes é traduzida por "estado de coisas" (e assim foi traduzida nos textos de Husserl e Meinong, entre outros) e que Ogden traduziu por *atomic fact* ("fato atômico"). Esta última tradução foi adotada por Enrique Tierno Galván em sua versão do *Tractatus*: "O que acontece o fato é a existência dos fatos atômicos" (*Sachverhalten*) (*Tractatus*, 2). "O fato atômico (*der Sachverhalt*) é uma combinação de objetos (entidades, coisas) [*Sachen, Dingen*]" (2.01). D. F. Pears e B. F. McGuiness traduziram *Sachverhalt* por *state of affairs* (e *state of things*) (equivalentes ao mencionado "estado de coisas"). •• Essa tradução também foi adotada por J. Muñoz e I. Reguera em sua versão do *Tractatus* de 1987. As duas passagens que acabam de ser citadas, na nova versão, ficaram assim: "O que é o caso, o fato, é o dar-se efetivo de estados de coisas" (*Tr.*, 2); "O estado de coisas é uma conexão de objetos (coisas)" (*Tr.*, 2.01). •• A versão "estado de coisas" parece corresponder mais exatamente ao texto alemão, mas 'fato atômico' também se justifica. De fato, Max Black (*A Companion to Wittgenstein's Tractatus*, 1964, pp. 39 ss.) se pronuncia em favor de *atomic fact* não apenas porque o próprio Wittgenstein leu a tradução de Ogden e a aprovou, mas também porque "a sugestão de simplicidade lógica implicada pelo adjetivo 'atômico' corresponde exatamente às intenções de Wittgenstein" (mesmo que, como o próprio Black indica, Wittgenstein nem sempre tenha sido consistente no uso de *Sachverhalt*). Acrescentemos que uma das vantagens de "fato atômico" é que está correlacionado a um grupo de expressões freqüentemente utilizadas; por exemplo, "proposições atômicas", cada uma das quais expressa um fato atômico, sendo essas expressões combinadas por meio de conectivos para a formação das "proposições moleculares". O fato atômico é composto por "coisas"; o fato atômico expresso pela proposição atômica "Pedro está sentado na frente do espelho" é composto por "coisas" como Pedro, estar sentado diante do espelho (e o espelho). Além disso, a expressão "fato atômico" facilita que se fale desses fatos como fatos atômicos monádicos — quando consistem, por exemplo, na posse de uma propriedade por parte de uma entidade — e fatos atômicos diádicos, triádicos etc. — quando, por exemplo, se trata de relações entre duas ou mais entidades.

Discutiu-se a respeito de que tipo de relação há (caso haja) entre fatos e coisas ou acontecimentos. Alguns autores proclamaram que, segundo o que foi indicado anteriormente, as coisas e os acontecimentos são simplesmente elementos constitutivos de fatos atômicos. Outros, em compensação, indicaram que as coisas e os acontecimentos não podem ser equiparados com fatos, e que deve haver uma "linguagem dos acontecimentos (ou dos processos)" distinta da "linguagem dos fatos". Os partidários da primeira teoria enfatizaram que, como tudo o que se diz sobre algo é uma proposição, o que é dito na proposição é sempre um fato atômico (monádico, diádico etc.) qualquer que seja o "conteúdo" da proposição. Desse modo, os fatos atômicos também podem se referir a "puras qualidades", tal como na proposição "Isto é uma mancha da cor vermelha". Mas as dificuldades que surgiram devido à ambigüidade do termo "fato" obrigaram alguns autores (Russell) a fazer a distinção entre vários tipos de fato. Assim, podem existir "fatos particulares" e também "fatos gerais" (como "Há homens"). Também pode haver "fatos negativos" (como "Sócrates não está vivo"), já que a toda proposição positiva corresponde uma proposição negativa, ou negação da proposição anterior.

Os fatos podem ser classificados de modos distintos. Pode-se falar de fatos físicos, psíquicos, sociais, históricos etc. Uma classificação muito difundida dos fatos é a que os divide em fatos naturais e fatos culturais. Se estes últimos forem interpretados do ponto de vista histórico, a classificação resultante dos fatos é a que os divide em fatos naturais e fatos históricos. Debateu-se muito sobre se essa classificação está bem fundamentada. Alguns autores afirmam que quaisquer características que sejam dadas aos fatos históricos também podem ser aplicadas aos fatos naturais; por exemplo, serem "únicos", "irrepetíveis" e "irreversíveis". No entanto, embora os fatos naturais sejam tão únicos, irrepetíveis e irreversíveis quanto os fatos históricos, não são considerados do mesmo ponto de vista. Enquanto cada um dos fatos naturais é visto como um exemplo de uma determinada classe de fatos, os fatos históricos não são simplesmente exemplos de uma classe dada. Por esse motivo, alguns autores afirmam que os únicos fatos que merecem ser chamados de fatos são os fatos históricos.

Se for admitida a divisão de fatos em naturais e históricos, pode-se perguntar se é possível subdividir cada um deles em certos tipos. Os fatos naturais freqüentemente foram divididos em fatos macrofísicos e fatos microfísicos. No caso dos fatos históricos, nos limitaremos a mencionar a opinião de Américo Castro, segundo o qual há três níveis "historiográficos": o nível do que é simplesmente descritível, o nível do que é narrável e o nível do que é plena ou propriamente historiável. Cada um desses níveis é o nível de um determinado tipo de fato. O nível do que é simplesmente descritível abarca fatos tais como os que formam a trama social das comunidades primitivas ou de sociedades não-primitivas, na medida em que possuem certas estruturas relativamente invariáveis e não suscetíveis de gerar criações sociais ou técnicas importantes. O nível do narrável abarca fatos usualmente considerados pelos historiadores como medidas do progresso histórico (invenções técnicas, modos de organização social etc.). O nível do que é plenamente ou propriamente historiável abarca fatos aos quais estão adscritas valorações e criações — artísticas, científicas, jurídicas, religiosas etc. —, nas quais essas valorações se incorporam ou expressam. Segundo Américo Castro, esses três níveis — e, portanto, os diversos tipos de fato que eles abarcam — não estão na realidade estritamente separados entre si; eles se entremesclam continuamente, de tal modo que freqüentemente é difícil saber se um fato determinado é descritível, narrável ou historiável.

Uma classificação distinta das anteriores foi feita por Max Scheler (art. cit. *infra*). Segundo esse autor, há três classes fundamentais de fatos: 1) os "fatos fenomenológicos"; 2) os fatos dados na concepção natural do mundo e 3) os fatos tratados pelas ciências. Os fatos dados na concepção natural do mundo são os que aparecem à percepção comum. São os fatos que são designados freqüentemente como "fatos do senso comum": fatos que se dão ao homem como ser natural dotado de certos órgãos de sensação e percepção (e também ao homem como ser social e histórico influenciado em suas percepções por modos sociais e por tradições). Os fatos tratados pelas ciências, ou fatos científicos, são o resultado de "construções" que podem ser interpretadas de diversos modos (como "convenções", "puros conceitos do entendimento" etc.). Os "fatos fenomenológicos", em compensação, são fatos primários, originários, prévios a toda interpretação e construção (fatos anteriores inclusive ao modo natural pelo qual o mundo se dá a nós). Os "fatos fenomenológicos" são por isso "fatos puros"; seu conteúdo são os fenômenos (ver FENÔMENO), não as aparências (ver APARÊNCIA). São apreendidos por meio da "experiência fenomenológica" ou "intuição fenomenológica". São "dados por si mesmos" com anterioridade a toda experiência indutiva e são, portanto, prévios a todo símbolo ou signo por meio do qual, depois, nós os descrevemos ou interpretamos. Os "fatos fenomenológicos" são, em suma, "assimbólicos" e "imanentes". Ora, por serem imediatamente dados não significa que sejam "sensíveis". Segundo Scheler, as doutrinas (ou, melhor, "os pontos de vista") não fenomenológicas erraram por terem proporcionado uma falsa visão do que "é dado" (VER). Nem os empiristas (para os quais os fatos são o conteúdo das sensações), nem os simbolistas (para os quais os fatos são signos de coisas reais — que ao mesmo tempo se convertem em símbolos), nem os kantianos (para os quais os fatos resultam de "imposições" de elementos *a priori* da sensibilidade e do entendimento), nem os pragmatistas (para os quais os fatos resultam de elaborações condicionadas pelo imperativo da utilidade) conseguiram compreender a natureza dos fatos primitivos e originários de que se ocupam os fenomenólogos. Esses são fatos cujas unidades e cujo conteúdo são "completamente independentes das funções sensíveis pelas quais ou nas quais são dados". Para encontrar-se com eles basta perguntar pelo dado à intenção "mentadora" sem interpor teorias extra-intencionais, objetivas ou inclusive causais. Seguindo Husserl, Scheler faz a distinção entre dois tipos de fatos fenomenológicos: os fato fenomenológico em sentido amplo (fatos puramente "lógicos" ou da esfera formal) e os fatos fenomenológicos em sentido estrito (ou fatos "materiais", em que "material" não exclui *a priori*, pois esses fatos são como universais concretos) (ver A PRIORI).

John R. Searle (*op. cit. infra*) distinguiu "fatos brutos" de "fatos institucionais". Cada um desses tipos de fato é descrito por meio de certos tipos de enunciado. Esses enunciados não se distinguem entre si necessariamente por sua forma gramatical tampouco pelo que poderia ser chamado, *grosso modo*, de sua "forma lógica", já que em ambos os casos se trata de enunciados pertencentes a uma linguagem que enuncia, descreve, indica etc. fatos. Ora, certos fatos são enunciados dentro de um modelo de conhecimento cujo núcleo principal são as ciências naturais e que supostamente contém observações que registram experiências sensíveis. São os "fatos brutos", que diferem muito entre si, porque "fato bruto" é tanto aquele que é descrito por meio de um enunciado no qual se afirma que um objeto está neste ou naquele lugar como aquele que é descrito por meio de uma lei científica, ou o que é descrito quando alguém diz que tem dor de dente. Outros fatos, em compensação, embora também sejam objeto de enunciados de fato, e embora possam ser "objetivos" e não necessariamente expressões de sentimentos ou de opiniões "pessoais", não cabem dentro do quadro anterior. São "fatos institucionais" que "pressupõem a existência de certas instituições humanas". Enunciados como o de que João se casou com Maria ou o de que foi aprovada a lei do divórcio se referem a esses fatos institucionais. Searle proporciona um exemplo da diferença, que pode ser resumida do seguinte modo: se alguém presencia uma partida de futebol (americano) com o propósito de descrever "fatos brutos", descreverá uma grande quantidade de fatos, que até poderão ser formulados estatisticamente. Assim, por exemplo, periodicamente alguns jogadores se agrupam em uma forma aproximadamente circular, em intervalos regulares o agrupamento circular é substituído por agrupamentos lineares, assim como por interpenetrações lineares. Poderiam até mesmo ser formuladas leis (estatísticas) para isso. Contudo, nenhuma dessas descrições, nem o conjunto delas, descreve uma partida de futebol (americano), porque em nenhum dos enunciados correspondentes são consideradas as regras do jogo, as faltas, os pontos ganhos (justa e precisamente os elementos que constituem os "fatos institucionais" e que fazem com que a partida possa ser descrita). "As demais descrições", escreve Searle, "as descrições de fatos brutos, podem ser explicadas em termos de fatos institucionais. Mas os fatos institucionais podem ser explicados unicamente segundo as regras constitutivas que subjazem a eles." A distinção proposta por Searle se aplica especialmente às análises linguísticas, que caso fossem formadas apenas por descrições (incluindo presumivelmente leis) de fatos brutos sem levar em consideração as regularidades semânticas — as quais, por outro lado, segundo o autor, devem ser relacionadas com proferimentos ou atos linguísticos, por sua vez presumivelmente relacionadas com situações humanas específicas, especialmente interpessoais e sociais, isto é, "institucionais" — não conseguiriam dar conta do que dizem aqueles que usam a linguagem. O tipo de diferença estabelecido por Searle também foi proposto por outros autores a partir de distintos pontos de vista. A distinção, na qual insistiu Dilthey, que foi analisada detalhadamente por Max Weber, e que foi freqüentemente submetida a exame e debate, entre explicação causal e compreensão (VER), não é, no fundo, muito distinta da que foi proposta por Searle. No que diz respeito aos assuntos humanos, alguns autores destacaram a diferença entre algo como "descrever (incluindo explicar) o que ocorre" e "entender do que se trata". Seguindo parcialmente o último Wittgenstein, e referindo-se especificamente à linguagem (humana), Peter Winch (*The Idea of a Social Science, and Its Relation to Philosophy*, 1958, p. 115) escreve que "a diferença é precisamente análoga à que há entre ser capaz de formular leis estatísticas sobre prováveis freqüências de palavras em uma linguagem e ser capaz de entender o que alguém que fala a linguagem *disse*. Esta última coisa não pode se reduzir à primeira; alguém que entende chinês não é alguém que possua um sólido conhecimento das probabilidades estatísticas da freqüência de várias palavras na língua chinesa". Analogamente, Stanley E. Fish ("What is Stylistics and Why Are They Saying Such Terrible Things About it?", em Seymour Chatman (org.), *Approaches to Poetics*, 1973, pp. 109-152) procura provar que aqueles que analisam as obras literárias usando instrumentos conceituais, tais como várias formas de estruturalismo contemporâneo, as gramáticas transformacionais etc., ou acabam por dizer sobre essas obras o que haviam pressuposto em sua respectiva maquinaria conceitual ou então formulam interpretações gratuitas com base nessa maquinaria; isso se deve justamente ao esquecimento da distinção de Searle (que Fish cita, p. 132), ou a uma completa tergiversação da teoria austiniana dos atos ilocucionários e da força desses atos. É quase a mesma coisa que limitar-se a descrever "fatos brutos", esquecendo que o que é descrito nessas análises são "atos interpretativos" nos quais intervém fundamentalmente o leitor da obra. "Aqueles que cultivam a estilística agem como se houvesse fatos observáveis que pudessem ser primeiramente descritos e depois interpretados. O que sugiro é que uma entidade interpretante, dotada de propósitos e interesses, está determinando, em virtude de sua própria operação, o que conta como os fatos que foram observados" (p. 148).

As distinções entre tipos de fato e, particularmente, a distinção entre fatos "naturais", suscetíveis de explicação causal, e fatos "humanos", que supostamente são, total ou parcialmente, explicáveis ou descritíveis em formas não causais, geralmente teleológicas, foram objeto de muitos debates. Na filosofia contemporânea nós as encontramos no tratamento de questões que foram abordadas em vários verbetes deste Dicionário e das quais podem ser mencionadas as seguintes: se há ou não diferença entre explicação causal e explicação não causal; se podem ser admitidos ou não modos de explicação como a compreensão (VER) ou as explicações teleológicas; se as ações de sujeitos (ou agentes) humanos se distinguem ou não de acontecimentos; se dizer que alguém causa suas próprias ações é ou não distinguível de dizer que algo — como o desejo, a vontade etc. — causa essas ações; se os métodos e esquemas conceituais das ciências naturais diferem ou não dos métodos e esquemas conceituais das ciências sociais, da história etc. Pode-se falar, como fez G. H. von Wright (*Explanation and Understanding*, 1971, pp. 2 ss.), de "duas tradições": a "aristotélica" e a "galileana". Algumas pessoas admitem somente uma dessas "tradições" e propugnam um "reducionismo" (ver REDUÇÃO) que pode ser de toda explicação a uma explicação causal e, no limite, "mecanicista", ou pode ser — embora isso seja menos freqüente — de toda explicação a explicações teleológicas ou finalistas. Outras admitem essas duas "tradições", atribuindo tipos de explicação distintos de acordo com o assunto tratado. Para tudo isso é importante a idéia que se tenha de "fato".

A questão de se, e até que ponto, os chamados "fatos" estão ou não, como se disse, "carregados de teoria" foi abundantemente discutida na epistemologia e na filosofia da ciência contemporâneas. Muito do que foi dito no presente verbete é pertinente para compreender a natureza dessa questão e inclusive para entrever que tipos de solução foram propostos para ela. Foi comum, ao tratar dos "fatos", falar de "enunciados observacionais", e ao referir-se às teorias, falar de "enunciados teóricos". Tratamos do assunto mais detidamente nos verbetes TERMOS OBSERVACIONAIS e TERMOS TEÓRICOS. A expressão "fato carregado de teoria" (ou a expressão "enunciado observacional [às vezes chamado "enunciado fático"] carregado de teoria") é entendida de diversos modos dependendo da importância atribuída à teoria correspondente na "determinação" dos fatos, isto é, do que deve "contar como um fato". Afirmar que um fato é "fato de uma teoria" é apenas colocar a questão novamente.

Para as idéias de Américo Castro, cf. *Dos ensayos*, 1956, pp. 22-40. — Para a doutrina de Scheler, cf. "Lehre von den drei Tatsachen", em *Schriften aus dem Nachlass*, I, 1933; 2ª ed., ed. Maria Scheler, *Gesammelte Werke*, vol. 10 (1957), pp. 434-502 (trad. esp.: "La teoría de los tres hechos", em *La esencia de la filosofía*, 1958, pp. 137-217). — Para as idéias de John R. Searle, cf. *Speech Acts: An Essay in the Philosophy of Language*, 1969, 2.7, pp. 50-53.

Ver também: VV. AA., *Studies in the Nature of Facts*, 1932 [University of California Publications in Philosophy, 14]. — Wolfgang Köhler, *The Place of Value in a World of Facts*, 1938. — Eliseo Vivas, "Value and Fact", em *Philosophy of Science* 6 (1939), 432-445. — E. W. Hall, *Our Knowledge of Fact and Value*, 1961, especialmente Parte I ("Our Knowledge of Fact"). — P. Welsh (org.), *Fact, Value and Perception*, 1975. — K. R. Olson, *An Essay on Facts*, 1987. — J. Heal, *Fact and Meaning*, 1987.

FATOS BRUTOS. Ver FATO.

FATOS INSTITUCIONAIS. Ver FATO.

FATOS NEGATIVOS. Ver FATO.

FATONE, VICENTE (1903-1962). Nascido em Buenos Aires, foi professor de cosmologia e metafísica e de lógica na Universidade Nacional do Litoral (1929-1930), professor de lógica na Escola Normal de Professores Mariano Acosta (1932-1941), professor de história das religiões na Universidade Nacional de La Plata (1940-1946), professor de filosofia no Colégio Nacional de Buenos Aires (1945-1952) e professor de filosofia e história das religiões na Universidade de Buenos Aires. Fatone ocupou-se da questão da natureza da mística enquanto experiência, dedicando atenção especial à exposição e interpretação do pensamento filosófico hindu e da filosofia oriental em geral. O interesse de Fatone pela mística não significa, porém, que seu pensamento seja irracionalista. Muito pelo contrário: a realidade humana tem (ou deve ter), segundo Fatone, uma "condição dialogante", que consiste em libertar-se a si mesma libertando aos demais (e libertando-os da irracionalidade, do medo e do ódio para encaminhá-los rumo à racionalidade, ao esforço e ao amor). É central no pensamento de Fatone a idéia de liberdade, que foi explorada por ele sobretudo seguindo o fio de uma interpretação de diversas formas do existencialismo. A liberdade é, para Fatone, o elemento fundamental da existência humana, mas não é simplesmente um elemento pertencente à natureza do homem. Em primeiro lugar, "sou apenas minha liberdade; mas não sou minha liberdade, porque não sou: tenho de ser". A liberdade, portanto, faz-se a si própria de tal forma que, mais que dizer que a liberdade pertence ao homem, se pode dizer que o homem pertence a ela. Em segundo lugar, a pertença em questão é 'co-pertença', já que ninguém poderia pertencer à liberdade (ser realmente livre) se estivesse apenas no mundo das coisas. Por isso Fatone escreve que "minha liberdade exige a liberdade alheia; e escravizar é escravizar-se".

↪ Obras: *Misticismo épico*, 1928. — *Sacrificio y gracia. De los Upanischads al Mahayana*, 1931. — *El budismo "nihilista"*, 1941; 2ª ed., 1962. — *Introducción al conocimiento de la filosofía en la India*, 1942. — *El existencialismo y la libertad creadora*, 1948; 2ª ed., 1949. — *Lógica y teoría del conocimiento*, 1951; 8ª ed., 1962. — *La existencia humana y sus filósofos*, 1953 [sobre Heidegger, Jaspers, Barth, Chestov, Berdiaeff, Zubiri, Marcel, Lavelle, Sartre, Abbagnano]. — *Introducción al existencialismo*, 1953; 4ª ed., 1962. — *Filosofía y poesía*, 1954. — *El hombre y Dios*, 1955. — *Ensayos de religión y mística*, 1963. — *Temas de mística y religión*, 1963.

Edição de *Obras completas* a partir de 1972.

As citações *supra* procedem do livro *La existencia humana y sus filósofos*, pp. 189-193, e do artigo "Universitas", em *Sur*, n. 237 (novembro-dezembro, 1955), pp. 15-17.

Ver Héctor Ciocchini, "Un humanismo viviente en la espiritualidad de V. F.", *Cuadernos del Sur*, 6/7 (1967), 127-142. — Ezequiel de Olaso, "Una mystica perennis: Las ideas de V. F.", *Revista de Humanidades* (Córdoba), 11/12 (1970), 3-23. ↪

FATORIAL (ANÁLISE). Ver Faculdade (*Ad finem*).

FATUM. Ver Acaso; Destino; Fatalismo.

FAUCONNET, PAUL. Ver Durkheim, Émile.

FÁUSTICO. Ver Apolíneo.

FAVORINO (*ca.* 80-150). Nascido em Arelato (Arles, Provença), "sofista", isto é, professor de retórica, destacou-se por sua erudição enciclopédica e pela transmissão das opiniões dos filósofos. Segundo Aulo Gélio, discípulo de Favorino, este ouviu as lições de Epicteto e de Díon Crisóstomo. Tendo relações com Plutarco, Favorino desenvolveu uma filosofia sincretista com elementos de Platão e de Aristóteles. Mas, em oposição ao sincretismo platonizante da época, inclinou-se para o ceticismo da nova Academia e foi também influenciado pelo pirronismo. O ceticismo de Favorino não era, entretanto, radical; fortemente inclinado para o plausibilismo, considerou que depois de se discutirem os prós e os contras de cada tese devia-se deixar o ouvinte livre para decidir o que considerasse mais aceitável. Segundo Diógenes Laércio (IX, 87), Favorino modificou a lista dos tropos céticos, intercambiando os tropos nono e oitavo.

São atribuídas a Favorino, entre outras obras, uma *Sobre Epicteto* (Πρὸς Ἐπίκτητον), outra sobre a noção estóica da "representação compreensiva" ou "fantasia cataléptica" (ver Cataléptico), noção esta que ele rejeitou, e outra sobre os tropos pirrônicos (Πυρρώνειοι τρόποι). Plutarco dedicou a Favorino seu tratado *Sobre a primeira natureza do frio*. Luciano, por outro lado, criticou-o sarcasticamente. A obra histórico-filosófica de Favorino, *História variada* (Παντοδαπὴ ἱστορία) ou *As memórias* (Ἀπομνημονεύματα), foi amplamente utilizada por Diógenes Laércio, que a citou freqüentemente. Fragmentos por C. Müller, *Fragmenta historicorum Graecorum*, III, 577-585. Outros fragmentos por R. Reitzenstein em *Hermes*, 35 (1900), 608.

↪ Ver: I. L. Marres, *De Favorini Arelatensis vita studiis scriptis*, 1853. — J. Gabrielson, *Ueber Favorinus und seine* Παντοδαπὴ ἱστορία, 1906. — Exposições em A. Goedeckemeyer, *Geschichte des griechischen Skeptizismus*, 1905, 248ss., e L. Robin, *Pyrrhon et le scepticisme grec*, 1944, 154 e 230. — A. M. Ioppolo, "The Academic Position of Favorinus of Arelate", *Phronesis*, 38 (2) (1993), 183-213. ↪

FAVRE, FRANÇOIS. Ver Libertinos.

FAWCETT, EDWARD DOUGLAS. Ver IMAGINAÇÃO.

FAZIO-ALLMAYER VITO. Ver GENTILE, GIOVANNI.

FÉ. No início do verbete CRENÇA, aludimos à questão da fé, pois em muitos textos filosóficos os termos 'crença' e 'fé' são utilizados aproximadamente com o mesmo significado. Assim, a expressão 'creio para compreender' pode ser traduzida por 'tenho fé para compreender'. O vocábulo 'fé' é às vezes preferido a 'crença'. Damos a seguir alguns exemplos.

Em certas ocasiões utiliza-se 'fé' para traduzir o vocábulo alemão *Glaube* (que também significa 'crença'). Dois exemplos são notórios. Por um lado, emprega-se 'fé' na expressão 'filosofia da fé', que designa o pensamento de Jacobi e de autores de tendências análogas, isto é, de todos os que consideram a fé uma fonte de conhecimento supra-sensível ou uma apreensão direta (mediante "intuição intelectual") do real enquanto tal. Por outro lado, emprega-se 'fé' na frase 'tive de deslocar a razão para dar lugar à fé' que aparece em Kant. Deve-se observar que esse uso de 'fé' em vez de 'crença' é resultado de um simples costume terminológico. Com efeito, em outros casos nos quais Kant fala de *Glaube* (como quando distingue *pragmatischer Glaube, notwendiger Glaube* e *doktrinaler Glaube*) esse vocábulo costuma ser vertido por 'crença'. E a expressão 'filosofia da crença' no caso de Jacobi não seria menos aceitável que a mencionada 'filosofia da fé'.

Por outro lado, não se trata de um mero costume terminológico quando se usa 'fé' para designar algo distinto de 'crença'. Dos vários exemplos possíveis aqui mencionamos quatro. Um deles é o que atribui a 'crença' um significado mais amplo que a 'fé'. Nesse caso, a crença é tomada como uma asserção — com convencimento íntimo da verdade e até evidência desta — de caráter muito geral, dentro da qual a fé é considerada uma variante religiosa. Outro é o que pretende distinguir formalmente crença e fé indicando que são dois tipos irredutíveis do crer. A isso se refere Gabriel Marcel ao destacar — sobretudo em *Le Mystère de l'Être* — que, enquanto a crença é um "mero" *crer que*, a fé é um *crer em*. Não há na fé, portanto, um encerramento em um universo dado no qual a fé se refere a conteúdos específicos *que* se crêem, mas um abrir-se para possibilidades *nas* quais se crê (e, também se poderia dizer, nas quais se espera). Por isso a fé abarca, segundo Marcel, a estrutura fundamental da pessoa, entendida como estrutura interpessoal e intersubjetiva. Outro caso é a definição de 'fé' como o conteúdo da crença. Outro, por fim, é aquele no qual a fé é definida como uma virtude teologal (juntamente com a esperança e a caridade). Esta última significação é a mais própria da teologia, mas, como exerceu uma notável influência em vários usos do vocábulo 'fé' na literatura filosófica, daremos sobre ela maiores detalhes e exporemos, além disso, várias distinções propostas pelos teólogos.

A base principal para a última concepção de fé mencionada é a famosa passagem de São Paulo (*Hebreus*, 11,1) na qual a fé, πίστις, é definida como ἐλπιζομένων ὑπόστασις, πραγμάτων ἔλεγχος οὐ βλεπομένων, a substância das coisas que se esperam e que nos convence das que não podemos ver. Esta passagem foi comentada por muitos teólogos. Entre eles, por Santo Tomás, que sustenta que a fé, *fides*, é um hábito da mente por meio do qual a vida eterna começa em nós na medida em que torna possível que o intelecto dê seu assentimento a coisas que não se vêem. A fé é, por causa disso, uma evidência, distinta de toda opinião ou suspeita, às quais falta a adesão firme do entendimento. A vontade é levada ao assentimento pelo ato do entendimento gerado pela fé (cf. *S. theol.*, II-IIa, q. IV, I e 2c). Com isso, a fé, embora impossível sem a firme adesão e assentimento do entendimento, não é algo meramente "subjetivo", ao menos no sentido moderno desse termo. Nessa idéia de fé se basearam as aludidas distinções teológicas. Entre as mais importantes figuram as duas seguintes; a distinção entre *fé implícita* e *fé explícita* e a distinção entre *fé confusa* e *fé distinta*. A fé implícita é a fé em uma verdade contida em outra verdade que é objeto de fé explícita, de tal modo que a crença explícita na segunda verdade implica a crença implícita na primeira. A fé confusa é a fé do "simples crente", que vive em uma "comunidade de fé", sem que pareça necessário passar do viver a fé ao conhecimento dela. A fé distinta é a fé do "douto", que aspira a um conhecimento que, sem separar-se da fé, contribua para sua precisão na medida do possível. Como se pode observar, não é legítimo equiparar — como às vezes se fez — a fé implícita com a confusa e a fé explícita com a distinta. Aqueles que sustentaram essa equiparação definiram 'implícito' no sentido de 'o que ainda não está esclarecido' e 'explícito' como 'o que já foi esclarecido', esquecendo, por conseguinte, que a relação entre fé implícita e fé explícita não é uma relação entre menor e maior clareza, mas uma relação de implicação.

↪ Sobre a relação entre saber e fé, e razão e fé: Th. Heitz, *Essai historique sur les rapports entre la philosophie et la foi*, 1909. — Henri Delacroix, *La religion et la foi*, 1921. — Id., *Foi et Science au Moyen Âge*, 1926. — George Galloway, *Faith and Reason in Religion*, 1927. — W. Betzendörfer, *Glauben und Wissen bei den grossen Denkern des Mittelalters*, 1931. — A. Lang, *Die Wege der Gaubensbegründung bei den Scholastikern des XIV. Jahrhunderts*, 1932. — Dorothy Mary Emmet, *Philosophy and Faith*, 1936. — B. Martinetti, *Ragione e fede*, 1942. — R. C. Roberts, *Faith, Reason, and History: Rethinking Kierkegaard's Philosophical Fragments*, 1986. — R. H. Nash, *Faith and Reason: Searching for a Rational Faith*, 1988. — D. Hoitenga, *Faith and Reason from Plato to Plantinga*, 1991. — W. J. Abraham, ed., *How to Play Theological Ping-Pong: And Other Essays on Faith and Reason*, 1991.

Sobre os fundamentos filosóficos da fé: M. J. Bradshaw, *Philosophical Foundations of Faith*, 1941. — Nels Ferré, *Faith and Reason*, 1946. — K. Bendall e F. P. Ferré, *Exploring the Logic of Faith: A Dialogue on the Relation of Modern Philosophy to Christian Faith*, 1962. — James Richmond, *Faith and Philosophy*, 1966. — Andrew J. Burgess, *Passion, "Knowing How", and Understanding: An Essay on the Concept of Faith*, 1975.

Sobre a natureza da fé: Charles J. Callan, *What is Faith?*, 1947. — A. Decout, *L'acte de foi. Ses éléments logiques. Ses éléments psychologiques*, 1947. — R. Aubert, *Le problème de l'acte de foi*, 1952. — H. Duméry, *Foi et interrogation*, 1953. — R. R. e H. R. Niebuhr, *Faith on Earth: An Inquiry into the Structure of Human Faith*, 1989. — E. S. Radcliffe e C. J. White, eds., *Faith in Theory and Practice*, 1993.

Sobre a fé como "crença filosófica": Hans Reiner, *Das Phänomen des Glaubens dargestellt im Hinblick auf das Problem seines metaphysischen Gehalts*, 1934. — G. C. Meilaender, *Faith and Faithfulness: Basic Themes in Christian Ethics*, 1991.

Sobre a relação entre o conhecimento filosófico e a verdade religiosa: Erich Frank, *Philosophical Understanding and Religious Truth*, 1945. — R. M. Adams, *The Virtue of Faith and Other Essays in Philosophical Theology*, 1987. — L. Dornisch, *Faith and Philosophy in the Writings of Paul Ricoeur*, 1991.

Sobre o conhecimento da fé: H. Brunner, *Offenbarung und Vernunft. Die Lehre von der christlichen Glaubenserkenntnis*, 1944.

Sobre a psicologia da fé: P. Leonel Franca, *La psicología de la fe*, 1934.

Sobre a fé em Santo Agostinho: M. Löhrer, *Der Glaubensbegriff des hl. Augustinus in seinen ersten Schriften zu den* Confessiones, 1955.

Sobre a graça e a luz da fé em Santo Tomás: Anselm Stolz, *Glaubensgnade und Glaubenslicht nach Thomas von Aquin*, 1933. — J. Barad, *Consent: the Means to an Active Faith According to St. Thomas Aquinas*, 1992.

Sobre a fé em Pascal: Jeanne Roussier, *La foi selon Pascal*, 2 vols., 1950.

Sobre a fé na "segunda escolástica": E. G. Mori, *Il motivo della fede da Gaetano a Suarez*, 1953. — Ver também a bibliografia do verbete CRENÇA. Ĉ

FÉ MÁ. Ver MÁ-FÉ.

FECHNER, GUSTAV THEODOR (1801-1887). Nascido em Gross-Särchen bei Muskau (Niederlausitz, Prússia), foi professor de física na Universidade de Leipzig a partir de 1834. Em 1839 foi obrigado, por motivo de saúde, a suspender seu ensino e durante três anos — chamados de seus "anos de crise" — dedicou-se a desenvolver seu pensamento, especialmente sobre questões psicológicas e religiosas.

É característica da filosofia de Fechner a intenção de elaborar um sistema metafísico de base indutiva. A metafísica não é, para ele, um saber absoluto *a priori*, como sustenta a filosofia romântica, mas tampouco é algo que se deva eliminar forçosamente do espírito humano, como pretende o positivismo. A ciência natural proporciona uma série de imagens do universo por meio das quais o pensador pode se elevar ao mundo do que não pode ser diretamente experimentado. O fato da existência do psíquico nos seres vivos não permite que essa qualidade seja negada na natureza inorgânica, pois o físico e o psíquico não são realidades distintas e irredutivelmente opostas, mas aspectos de uma mesma realidade essencial, assim como um semicírculo apresenta, do ponto de vista daquele que o observa, o lado côncavo e o convexo. O universo é, por conseguinte, uma realidade única, um conjunto de seres finitos que têm seu suporte na infinitude de Deus. Este é, por assim dizer, o continente do conteúdo do mundo, o qual se mostra em todas as suas partes como um conjunto vivificado. Essa animação de todos os seres do universo se diferencia por seu grau, desde a consciência inferior daquilo que aparece para nós como inorgânico até a superior consciência divina. Cada alma superior contém a inferior, mas suas distintas condições não representam nenhuma descontinuidade nesse pampsiquismo universal; elas são simplesmente o modo de ligação de uma série de realidades essencialmente idênticas. Os próprios astros são seres animados, na medida em que possuem em si mesmos uma unidade interna. Desse modo, a Terra possui uma alma que contém as almas dos homens, assim como a alma da Terra está contida na alma do universo, que é a própria divindade. Fechner opõe esta "visão diurna" à "visão noturna" da ciência natural mecanicista, que resolve o universo em quantidade e em medida sem levar em conta a realidade das chamadas "qualidades secundárias", sem dar a devida atenção ao fato da existência universal da vida psíquica. Sob esse título, a "visão diurna" não é o produto de uma dedução racional nem de uma intuição intelectual que encontra o Absoluto de uma vez para sempre: é o resultado de uma reflexão sobre a Natureza suscetível de progresso indefinido.

O mecânico, por conseguinte, não é rejeitado na concepção de Fechner, mas concebido como a manifestação do que é animado. Deste modo, Fechner pôde relacionar a metafísica do pampsiquismo (VER) com uma psicologia experimental, com uma psicofísica que obteve seu triunfo mais destacado na formulação matemática da chamada lei de Weber-Fechner. A psicologia obteve imediatamente a primazia na influência exercida por Fechner; a ela se seguiu sua estética de tendência psicologista e apenas de um modo relativo a metafísica.

Sob esta influência encontram-se o psicólogo holandês Gerardus Heymans (VER), em parte Friedrich Paulsen (VER), assim como Bruno Wille (ver MONISMO).

➲ Obras: *Das Büchlein vom Leben nach dem Tode*, 1836 (*O pequeno livro da vida depois da morte*). — *Ueber das höchste Gut*, 1846 (*Sobre o Bem supremo*). — *Nanna oder über das Seelenleben der Pflanzen*, 1848 (*Nanna ou sobre a vida psíquica das plantas*). — *Zend-Avesta oder über die Dinge des Himmels und des Jenseits*, 1851 (*Zend Avesta ou sobre as coisas do céu e do além*). — *Ueber die physikalische und philosophische Atomenlehre*, 1855; 2ª ed., rev., 1864 (*Sobre a doutrina atômica física e filosófica*). — *Elemente der Psychophysik*, 2 vols., 1860. — *Ueber die Seelenfrage, ein Gang durch die sichtbare Welt, um die unsichtbare zu finden*, 1861 (*Sobre o problema da alma. Viagem através do mundo visível para descobrir o mundo invisível*). — *Die drei Motive und Gründe des Glaubens*, 1863 (*Os três motivos e razões da fé*). — *Zur experimentalen Aesthetik*, 1873 (*Para a estética experimental*). — *Einige Ideen zur Schöpfungs. und Entwicklungsgeschichte der Organismen*, 1873 (*Algumas idéias sobre a história da criação e do desenvolvimento dos organismos*). — *Vorschule der Aesthetik*, 1876 (*Curso elementar de estética*). — *In Sachen der Psychophysik*, 1877 (*Nas coisas da psicofísica*). — *Die Tagesansicht gegenüber der Nachtansicht*, 1879 (*A visão diurna diante da visão noturna*). — *Revision der Hauptpunkte der Psychophysik*, 1882 (*Revisão dos pontos capitais da psicofísica*). — "Ueber die psychophysischen Massprinzipien und das Webersche Gesetz", *Philosophische Studien*, VI (1887) ("Sobre os princípios psicofísicos da massa e a lei de Weber"). — *Kollektivmasslehre* (*Teoria da massa coletiva*), póstuma, ed. por G. F. Lipps, 1897. — Sob o pseudônimo de Doctor Mises, Fechner publicara uma série de obras, algumas delas de caráter fantástico-humorístico: *Beweis, dass der Mond aus Jodine bestehe*, 1821 (*Demonstração de que a Lua é feita de iodeto*). — *Panegyrikus der jetztigen Medizin und Naturgeschichte*, 1822 (*Panegírico da medicina atual e História natural*). — *Strapelia mixta*, 1824. — *Vergleichende Anatomie der Engel*, 1825 (*Anatomia comparada dos anjos*). — *Rätselbüchlein*, 1878 (*O pequeno livro dos enigmas*). — Também um tomo de poesias: *Gedichte*, 1841.

Ver: J. E. Kuntze, *G. Th. Fechner*, 1892. — Theodor Simon, *Leib und Seele bei Fechner und Lotze als Vertreter zweier massgebender Weltanschauungen*, 1894. — K. Lasswitz, *G. Th. Fechner*, 1896; 2ª ed., 1902. — W. Wundt, *G. Th. Fechner. Rede zur Feier seines hundertjährigen Geburtstages mit Beilagen*, 1901. — R. Liebe, *Fechners Metaphysik. Im Umriss dargestellt und beurteilt*, 1903. — A. Goldschmidt, *Fechners metaphysische Anschauungen*, 1903 (tese). — Hans Freudenreich, *Fechners psychologische Anschauungen*, 1904 (tese). — B. Leisering, *Studien zu Fechners Metaphysik der Pfanzenseele*, 1907. — K. von Hollander, *Ueber die Bedeutung von Fechners Nanna für die Gegenwart*, 1908 (tese). — S. Hochfeld, *Fechner als Religionsphilosoph*, 1909. — E. Dennert, *Fechner als Naturforscher und Christ. Ein Beitrag zur Kritik des Pantheismus*, 1913. — H. Adolph, *Die Weltanschauung G. Th. Fechners*, 1923. — E. Wentscher, *Fechner und Lotze*, 1924. — J. Hermann, *Fechner*, 1926. — F. A. E. Meyer, *Philosophie, Metaphysik und christlicher Glaube bei G. Th. Fechner*, 1937 (tese). — L. e H. Sprung, "Weber-Fechner-Wundt", em W. Meischner e A. Metge, eds., *W. Wundt*, 1980, pp. 282-301 [sobre o pampsiquismo de F.]. — M. Thiel, *F., Emerson, Feuerbach*, 1982. — M. E. Marshall, "Physics, Metaphysics and Fechner's Psychophysics", em R. Woodward, M. Ash, eds., *The Problematic Science: Psychology in 19th Century Thought*, 1982. — L. e H. Sprung, *G. Th. F. in der Geschichte der Psychologie*, 1987. ➲

FÉDON DE ÉLIDA, discípulo de Sócrates e personagem principal no diálogo de Platão intitulado *Fédon*, fundou em Élida aproximadamente em 399 a.C. uma das escolas socráticas: a "escola élido-erétrica", assim chamada por ter-se estendido até Erétria, onde foi representada, entre outros, pelo amigo e discípulo de Fédon de Élida, Menedemo de Erétria (VER). A escola fundada por Fédon de Élida era afim à dos megáricos (VER) mas com forte insistência nas questões morais e cívicas práticas. Segundo Diógenes Laércio (II, 105), Fédon de Élida escreveu dois diálogos, que se perderam, mas dos quais há notícia e alguns fragmentos em Sêneca, *Ep.*, 94,41.

➲ Além das obras sobre a escola de Megara, e particularmente do livro de C. Mallet citados na bibliografia de MEGÁRICOS, ver U. von Wilamowitz-Moellendorff, "Phaidon von Elis", *Hermes*, 14 (1879), 187-193 e 476-477. ➲

FEIBLEMAN, JAMES K[ERN] (1904-1987). Nascido em New Orleans (Louisiana), sentiu vocação para a filosofia em meio a uma vida de negócios e em grande parte como reflexão sobre a finalidade de uma existência consagrada à prática. Em 1943 começou a ensinar na Universidade de Tulane, primeiro como professor de inglês e depois, a partir de 1945, de filosofia. Em 1976 foi nomeado *Bingham Professor* de Humanidades na Universidade de Louisville (Kentucky). O pensamento de Feibleman é considerado um realismo axiológico radical. Feibleman nega qualquer separação entre ser e valor. Por outro lado, tanto o ser como o valor constituem um reino separado das coisas particulares, que participam, platonicamente, desse reino. Isso não significa reificar conceitos universais; junto à influência de Platão marca-se em Feibleman a de Whitehead. Confrontando a sua posição com a do positivismo e do empirismo lógicos, Feibleman pretendeu mostrar que essas tendências são alheias a seu pensamento na medida em que este constitui um "positivismo ontológico" ou uma "ontologia finita". Para esse autor a ontologia não é um sistema de conceitos inaplicável à realidade; os argumentos contra a ontologia afetam apenas as pretensões que esta teve de ser dogmática, absolutista e não empírica. Os fatos de que trata a ontologia são qualidades e relações, e elas são dadas na experiência. Desse modo, a ontologia de Feibleman tenta incorporar o positivismo e o empirismo. Sobre essa base Feibleman construiu um sistema no qual a noção de "poder", identificada com a de "ser", desempenha um papel capital. O ser é o poder em si mesmo. Esse "poder" é neutro, razão pela qual devem-se examinar os modos como ele opera na relação entre o possível e o atual. Para isso, Feibleman elaborou as noções de essência, existência e destino. A essência é o poder de afetar ou de ser afetado, e tem duas dimensões: os valores e os universais. A existência é o que afeta ou é afetado, é o resultado de uma possibilidade da existência, que se manifesta na Natureza. O destino é a direção da existência rumo à essência; esse direcionamento ocorre de vários modos, que seguem uma espécie de lógica dos acontecimentos. Embora Feibleman considere que sua ontologia seja "verdadeira", ele a concebe também como "aberta". Como ao mesmo tempo admite que em uma cultura existe o que ele chama de uma "ontologia dominante implícita", surge a questão de se sua própria ontologia não seria então o desenvolvimento de uma ontologia dominante implícita particular. A resposta — implícita — do autor é que o positivismo ontológico e o realismo axiológico que ele propôs e desenvolveu permitem dar conta e razão da natureza das ontologias dominantes implícitas, incluindo possivelmente a sua própria. Ver MATERIALISMO.

⊃ Obras: *Science and the Spirit of Man: A New Ordering of Experience*, 1938 (em colaboração com Julius W. Friend). — *The Unlimited Community: A Study of the Possibility of Social Science*, 1936 (com J. W. Friend). — *What Science Really Means: An Explanation of the History and Empirical Method of General Science*, 1937 (com J. W. Friend). — *Christianity, Communism, and Ideal Society: A Philosophical Approach to Modern Politics*, 1937. — *In Praise of Commedy: A Study of Its Theory and Practice*, 1939. — *Positive Democracy*, 1940. — *An Introduction to Peirce's Philosophy Interpreted as a System*, 1946; nova ed., *An Introduction to the Philosophy of Ch. P.*, 1970. — *The Revival of Realism: Critical Studies in Contemporary Philosophy*, 1946. — *The Theory of Human Culture*, 1946. — *Aesthetics: A Study of the Fine Arts in Theory and Practice*, 1949. — *Ontology*, 1951. — *Philosophers Lead Sheltered Lives: A First Volume of Memoirs*, 1952. — *The Institutions of Society*, 1956. — *Inside the Great Mirror: A Critical Examination of the Philosophy of Russell, Wittgenstein, and Their Followers*, 1958; reimpressão, 1969. — *The Pious Scientist. Nature, God and Man in Religion*, 1958. — *Religious Platonism: The Influence of Religion on Plato and the Influence of Plato on Religion*, 1959. — *Foundations of Empiricism*, 1962; reimpressão, 1969. — *Biosocial Facts in Mental Illness*, 1962. — *Mankind Behaving: Human Needs and Material Culture*, 1963. — *The Two-Story World: Selected Writings*, 1966, ed. Huntington Cairns. — *Moral Strategy: An Introduction to the Ethics of Confrontation*, 1967. — *The New Materialism*, 1970. — *Scientific Method: The Hypothetico-Experimental Laboratory Procedure of the Physical Sciences*, 1972. — *The Stages of Human Life: A Biography of Entire Man*, 1975. — *Understanding Civilizations: The Shape of History*, 1975. — *Understanding Philosophy: A Popular History of Ideas*, 1975. — *Understanding Oriental Philosophy: A Popular Account for the Western World*, 1976. — *Adaptive Knowing: Epistemology from a Realistic Standpoint*, 1976. — *Assumptions of Grand Logics*, 1978. — *Technology and Reality*, 1982. — *From Hegel to Terrorism: and Other Essays on the Dynamic Nature of Philosophy*, 1985.

J. K. F. reuniu suas obras em um chamado "System of Philosophy" em 18 vols., desde *Mankind Behaving* (1963). O vol. I trata de lógica (*Assumptions of Grand Logics*, 1978), o II de ontologia (*Ontology*, 1951); continuando, nessa ordem: metafísica, epistemologia, ética, estética, psicologia, política, sociologia, antropologia, filosofia da vida, filosofia da Natureza, filosofia da linguagem, filosofia da ciência, cosmologia, filosofia do Direito, filosofia da educação e filosofia da religião.

Bibliografia: Anônimo, "Writings by J. K. F.", *Studium Generale*, 24 (1971), 842-850. — R. C. Whittemore, "Writings by J. K. F. 1922-1976", *Tulane Studies in Philosophy*, 25 (1976), 107-118.

Ver: Andrew J. Beck, *The New American Philosophers: An Exploration of Thought since World War II*, 1968, pp. 221-254. — Robert C. Whittemore, ed., *The Reach of Philosophy: Essays in Honor of J. K. F.*, 1977. ⊃

FEIGL, HERBERT (1902-1988). Nascido em Reichenberg (Áustria), estudou em Munique e em Viena, doutorando-se na Universidade desta última cidade em 1927. Em 1931 emigrou para os Estados Unidos, sendo professor na Universidade de Iowa e depois na de Minnesota. Discípulo de Moritz Schlick e membro do Círculo de Viena, Feigl foi um dos introdutores do positivismo lógico nos Estados Unidos, sob a forma do empirismo lógico. Feigl refinou o critério empirista de verificação ao introduzir a noção de validade semântica. Sua contribuição filosófica mais conhecida é sua análise da relação entre o "mental" e o "físico". Feigl defendeu um monismo filosófico baseado em pressupostos empíricos e científicos. Rejeitou a identificação do fisico com o mecânico por ser excessivamente estreita e ressaltou o caráter complexo do físico, cuja determinação, além disso, compete à ciência e está aberta a possíveis mudanças. Posteriormente, Feigl expressou dúvidas sobre a possibilidade de explicações físicas completas dos fenômenos mentais; isto não o levou a nenhum "mentalismo", mas sim ao reconhecimento de que o problema da relação "mental-físico" ainda está coalhado de interrogações. Feigl opôs-se à chamada "nova filosofia da ciência" em nome do que foi chamado de "concepção ortodoxa", derivada do positivismo lógico, mas declarou que essa "concepção ortodoxa" não é de modo algum estacionária; ela pode, e deve, refirmar-se consideravelmente tanto no que diz respeito à justificação de teorias como no que se refere às relações entre justificação e descoberta. A posição geral de Feigl pode ser considerada como a de um empirista lógico moderado, aberto às retificações necessárias em vista de novos progressos nas ciências e na análise filosófica.

Obras: *Theorie und Erfahrung in der Physik*, 1929 (*Teoria e experiência na física*). — *The "Mental" and the "Physical": The Essay and a Postscript*, 1967 (*"The 'Mental' and the 'Physical'"* foi publicado originalmente no vol. II de *Minnesota Studies in the Philosophy of Science: Concepts, Theories, and the Mind-Body Problem*, 1958, pp. 370-497, edição de H. Feigl, Michael Scriven e Grover Maxwell).

Feigl escreveu numerosos artigos, entre os quais mencionamos: "Wahrscheinlichkeit und Erfahrung", *Erkenntnis*, 1 (1930-1931), 249-259 ("Probabilidade e experiência"). — "Logical Positivism", *Journal of Philosophy*, 28 (1931), 281-296 (com A. E. Blumberg). — "Logical Empiricism", em *Twentieth Century Philosophy*, 1943, ed. D. D. Runes, pp. 371-416. — "De principiis no disputandum... ?", em Max Black, ed., *Philosophical Analysis*, 1950, pp. 113-147. — "Scientific Mehod Without Metaphysical Presuppositions", *Philosophical Studies*, 5 (1954), 17-29. — "Other Minds and the Egocentric Predicament", *Journal of Philosophy*, 55 (1958), 978-987. — "Critique of Intuition According to Scientific Empiricism", *Philosophy East and West*, 8 (1958), 1-16. — "Philosophical Embarrassments of Psychology", *American Psychologist*, 14 (1959), 115-128. — "Mind-Body, Not a Pseudoproblem", em S. Hook, ed., *Dimensions of Mind*, 1960. — "Why Ordinary Language Needs Reforming", *Journal of Philosophy*, 54 (1961), 488-498 (com G. Maxwell). — "The Power of Positive Thinking", *Proceedings of the American Philosophical Association*, 36 (1963), 21-41. — "Physicalism, Unity of Science and the Foundations of Psychology", em P. A. Schilpp, ed., *The Philosophy of Rudolf Carnap*, 1963. — "From Logical Positivism to Hypercritical Realism", em *Actas del XII Congreso Internacional de Filosofía* (México), 5 (1964), 427-436.

F. colaborou em vários tomos dos *Minnesota Studies in the Philosophy of Science*: "Some Major Issues and Developments in the Philosophy of Science of Logical Empiricism", 1 (1956), edição de H. Feigl e M. Scriven, pp. 3-37; "The 'Orthodox' View of Theories: Remarks in Defense as well as Critique", 4 (1966), edição de M. Rudner e S. Winokur, pp. 3-37; "Beyond Peaceful Coexistence", 5 (1970), ed. R. H. Stuewer, pp. 3-11. Também colaborou na edição de alguns tomos dessa série de "Estudos": 1 (1956), 2 (1958), 3 (1962). É co-autor de duas antologias de filosofia analítica: *Readings in Philosophical Analysis*, 1949 (com Wilfrid Sellars) e *New Readings in Philosophical Analysis*, 1972 (com Wilfrid Sellars e Keith Lehrer); e de duas de filosofia da ciência: *Readings in the Philosophy of Science*, 1953 (com M. Brodbeck), e *Current Issues in the Philosophy os Science*, 1961 (com G. Maxwell). — Também publicou uma "Selected Bibliography of Logical Empiricism", *Revue Internationale de Philosophie*, 4 (1950), 95-102.

Edição de escritos: *Inquiries and Provocations. Selected Writings 1929-1974*, 1981, edição de R. S. Cohen [Vienna Circle Collection, 14].

Ver: Paul K. Feyerabend e G. Maxwell, eds., *Mind, Matter, and Method: Essays in the Philosophy of Science in Honor of H. F.*, 1966. **C**

FEIJOO, BENITO JERÓNIMO (1676-1764). Nascido em Casdemiro (Orense), representou uma forma muito hispânica da ilustração enciclopédica setecentista. Suas exposições filosóficas carecem de ordem sistemática e consistem, antes, em uma contínua reiteração de temas seguindo o modo mental do autor. Esse modo é dominado — ao menos em sua filosofia — pelo ideal da moderação. O próprio ceticismo deve ser moderado e deve se limitar a reconhecer que as teses filosóficas são falíveis. Não é conveniente, portanto, aderir fanaticamente a nenhum partido nas "guerras filosóficas"; os doutos devem ser "neutros" e "políticos" no bom sentido desses dois termos. A novidade não é, em princípio, nem boa nem má. Contra os exageros de "nossos aristotélicos" deve-se admitir o que esteja bem fundado no pensamento moderno, mas contra os exageros desse pensamento (por exemplo, contra "a excessiva dúvida cartesiana") é preciso aceitar "com cautela" até mesmo o que não sabemos com toda certeza. O que ocorre com os temas metafísicos também ocorre, segundo Feijoo, com os problemas da filosofia natural. Devem ser rejeitados tanto os princípios meramente verbais de grande parte dos autores escolásticos como os "extremismos" da física corpuscular moderna, particularmente da gassendista. A oposição às superstições, aos erros e aos enganos em que cai a gente comum não significa que se deva prescindir das grandes verdades que se encontram nos autores do passado. É muito característico dos comentários filosóficos de Feijoo o constante elogio da clareza e a tendência ao concreto. Essa última tendência se manifesta na preferência por temas que se aproximam do "físico" e do "corpóreo", na aversão pela análise abstrata, na idéia da lógica como arte instrumental, na importância conferida à experiência e à experimentação, nos elogios (por outro lado comedidos) a Francis Bacon etc. Contudo, isso tampouco significa que Feijoo seja partidário de um experimentalismo completo; o senso comum e a razão devem corrigir os excessos que "o grande magistério da experiência" às vezes pode cometer. De fato, a filosofia é, para nosso autor, uma reflexão situada entre o que é demasiadamente abstrato e o que é puramente concreto, uma luta constante que oscila entre o que ele chama de "ideária" e o que qualifica de "solidura". Os escritos de Feijoo foram muito discutidos em sua época. Entre seus impugnadores destacaram-se Salvador José Mañer (1676-1751: *Antitheatro crítico*, 1729) e Fray Francisco Soto y Marne (*Reflexiones crítico-apologéticas*, 1749). Padre Martín Sarmiento (1695-1772) defendeu Feijoo contra seus impugnadores, particularmente contra Mañer, com seu *Demostración crítico-apologética del Theatro Crítico Universal* (1757).

➲ Obras: *Theatro crítico universal o discursos varios en todo género de materias para desengaño de errores comunes*, 8 vols., 1727 a 1739; nova impressão, 1773. — *Cartas eruditas y curiosas en que por la mayor parte se continúa el designio del T. C. U., impugnando o reduciendo a dudosas varias opiniones comunes*, 5 vols., 1742 a 1760; nova impressão, 1774. — Seleção de *Cartas eruditas* por Millares Carlo, 3 vols., 1923-1925. — *Obras completas*, 1981, edição de J. Caso González. — *Teatro crítico universal*, 1986, edição de G. Stiffoni.

Bibliografia: W. J. Cameron, *A Bibliography in Short-Title Catalogs Form of Editions 1719-1764 of the Writings of B. J. F.*, 3 vols., 1985.

Ver: M. Morayta, *El P. Feijoo y sus obras*, 1913. — G. Marañón, *Las ideas biológicas del P. Feijoo*, 1934. — G. Delpy, *L'Espagne et l'esprit européen. L'oeuvre de F. (1725-1760)*, 1936. — F. Lázaro Carreter, *Las ideas lingüísticas en España durante el siglo XVIII*, 1949. — Arturo Ardao, *La filosofía polémica de Feijoo*, 1962. — F. Lázaro Carreter, *Significación cultural de F.*, 1977. — VV. AA., *Simposio sobre el P. F. y su siglo*, 2 vols., 1981-1983.

A partir de 1955 a Cátedra Feijoo da Universidade de Oviedo publica uma revista, *Cuadernos*. A Cátedra foi criada em 1954 e inaugurada com uma conferência de Gregorio Marañón que depois foi publicada como o primeiro *Cuaderno* da série. O *Cuaderno* n. 18 é resultado de um Simpósio celebrado em 1964 por ocasião do segundo centenário da morte de Feijoo: *El P. Feijoo y su siglo*, 3 vols., 1966. Em 1972 a Cátedra criou um órgão de pesquisa chamado Centro de Estudos do Século XVIII, que por sua vez publica um *Boletín* e tem uma "Biblioteca Feijoniana". O *Boletín* e o resto das edições da Cátedra Feijoo facilitam a atualização bibliográfica. ᴄ

FELAPTO é o nome que designa um dos modos (ver Modo), por muitos autores considerado válido, da terceira Figura (ver). Um exemplo de *Felapto* pode ser:

Se nenhum automóvel é lento
e todos os automóveis são úteis,
então algumas coisas úteis não são lentas.

Exemplo que corresponde à seguinte lei da lógica quantificacional elementar:

$$(\wedge x\, (Gx \to \Box\ Hx) \wedge \wedge x\, (Gx \to Fx))$$
$$\to \vee x\, (Fx \wedge \Box\ Hx)$$

que, empregando-se as letras 'S', 'P' e 'M' da lógica tradicional, pode ser expressa mediante o seguinte esquema:

$$(MeP \wedge MaS) \to SoP$$

em que aparece claramente a seqüência das letras 'E', 'A', 'O', origem do termo *Felapto*, na ordem MP – MS – SP.

FELICIDADE. No verbete Eudemonismo nos referimos às diversas morais chamadas de "materiais" ou "concretas" que consideram a felicidade, εὐδαιμονία, como o supremo bem. A felicidade consiste na posse desse bem, qualquer que seja ele. Neste verbete nos estenderemos sobre o próprio conceito de felicidade, embora se deva observar que, em muitos casos, a felicidade é definida pelos filósofos como equivalente à obtenção de um certo bem ou de certos bens, de modo que o que é dito neste verbete coincide parcialmente com o que foi indicado em Eudemonismo.

Referir-nos-emos apenas a algumas das concepções básicas da felicidade. Aristóteles declarou que a felicidade foi identificada com bens muito diversos: com a virtude, com a sabedoria prática, com a sabedoria filosófica, ou com todas elas, acompanhadas ou não por prazer, ou com a prosperidade (*Eth. Nic.*, I, 8, 1098 b 24-9). A conclusão de Aristóteles é complexa: as melhores atividades são identificáveis com a felicidade. Mas, como se trata de saber quais são essas "melhores atividades", o conceito de felicidade é vazio, a menos que se refira aos bens que a produzem. De qualquer maneira, Aristóteles tende a identificar a felicidade com certas atividades de caráter ao mesmo tempo intelectual e moderado (ou, melhor, racional e moderado). Boécio também se deu conta da índole "composta" da felicidade; esta é "o estado em que todos os bens se encontram juntos". A felicidade, portanto, não tem sentido sem os bens que fazem feliz. Mas já a partir de Boécio tendeu-se a distinguir várias classes de felicidade (*beatitudo*); pode-se falar de uma "felicidade animal" (que, propriamente, não é felicidade, mas, no máximo, "felicidade aparente"), de uma "felicidade eterna" (que é a da vida contemplativa), de uma "felicidade final" ou "última" ou "perfeita", que é o que se chamaria de "beatitude". Santo Agostinho falou da felicidade como o fim da sabedoria; a felicidade é a posse do verdadeiro absoluto e, em última análise, a posse (*fruitio*) de Deus. Todas as demais "felicidades" são subordinadas a ela. Assim também São Boaventura, para o qual a felicidade é o ponto final e a consumação do itinerário que leva a alma a Deus. A felicidade não é então nem voluptuosidade nem poder, mas conhecimento, amor e posse de Deus. Santo Tomás utilizou o termo *beatitudo* como equivalente ao vocábulo *felicitas* e o definiu (*S. theol.*, I, q. LXVII a 1) como "um bem perfeito de natureza intelectual". A felicidade não é simplesmente um estado de alma, mas algo que a alma recebe de fora, pois, caso contrário, a felicidade não estaria ligada a um bem verdadeiro.

Embora os autores modernos tenham tratado da felicidade de uma forma distinta da dos filósofos antigos e medievais, há algo comum a todos eles: a felicidade nunca é apresentada como um bem em si mesmo, já que para saber o que é felicidade deve-se conhecer o bem ou os bens que a produzem. Até mesmo aqueles que fazem depender a felicidade de um estado de ânimo independente dos possíveis "bens" ou "males" supostamente "externos" chegam à conclusão de que não se pode definir a felicidade se não é definido um certo bem (ainda que este seja "subjetivo"). Kant destacou esse ponto muito claramente ao declarar na *Crítica da razão prática* que a felicidade é "o nome das razões subjetivas da determinação" e, portanto, não é redutível a nenhuma razão particular. A felicidade é um conceito que pertence ao entendimento; não é o fim de nenhum impulso, mas o que acompanha toda satisfação.

A maior parte das obras sobre problemas éticos (Ver ÉTICA) e sobre a questão da natureza do bem (VER) trata da noção de felicidade. Também se referem a ela numerosas obras sobre os filósofos que mencionamos no texto. No que diz respeito a Kant, são pertinentes os comentários à *Crítica da razão prática* mencionados na bibliografia do verbete dedicado a esse filósofo. ➲ Sobre o termo: Lothar Zieske, *Felicitas. Eine Wortuntersuchung*, 1972.

A seguir nos limitamos a mencionar algumas obras especialmente consagradas ao conceitos de felicidade e *beatitudo* em vários autores ou em geral: V. J. McGill, *The Idea of Happiness*, 1961 [de Platão aos nossos dias]. — J. Léonard, *Le bonheur chez Aristote*, 1948. — Jean Vanier, *Le bonheur, principe et fin de la morale aristotélicienne*, 1965. — P. Massolo, *Il problema della felicità in Epicuro*, 1951. — Eilhelm Himmerich, *Eudaimonia. Die Lehre des Plotins von der Selbstverwirklichung des Menschen*, 1959. — M.-D. Roland-Gosselin, "Béatitude et désir naturel d'après saint Thomas d'Aquin", *Revue des sciences théologiques et philosophiques*, 13 (1929), 193-222. — J.-M. Ramírez, *De hominis beatitudine. Tractatus theologicus*, 3 vols., 1942-1947. — Robert Manzi, *L'idée de bonheur dans la littérature et la pensée françaises au XVIIIe siècle*, 1960. — M. W. Rombout, *La conception stoïcienne du bonheur chez Montesquieu et chez quelquesuns de ses contemporains*, 1958. — L. Vander Kerken, *Het menselijk Geluk*, 1952. — Josep Pieper, *Glück und Kontemplation*, 1957. — Raymond Polin, *Le bonheur considéré comme l'un des beaux arts*, 1965. — Jean Cazeneuve, *Bonheur et civilization*, 1966. — V. J. McGill, *The Idea of Happiness*, 1967. — Giovanni Blandino, Bernard Harind et al., *Una discussione su l'etica della felicità*, 1968. — Paul Kurtz, *Exuberance: A Philosophy of Happiness*, 1977. — E. Telfer, *Happiness*, 1980. — U. Schneider, *Grundzüge einer Philosophie des Glücks bei Nietzsche*, 1983. — J.-E. Pleines, *Eudaimonia zwischen Kant und Aristoteles. Glückseligkeit als höchstes Gut menschlichen Handelns*, 1984. — F. R. Berger, *Happiness, Justice and Freedom: the Moral and Political Philosophy of J. Stuart Mill*, 1984. — R. W. Hibler, *Happiness Through Tranquility: The School of Epicurus*, 1984. — R. Warner, *Freedom, Enjoyment, and Happiness: An Essay on Moral Psychology*, 1987. — A. O. Ebenstein, *The Greatest Happiness Principle: An Examination of Utilitarianism*, 1991. — S. A. White, *Sovereign Virtue: Aristotle on the Relation Between Happiness and Prosperity*, 1992. — M. Forschner, *Über das Glück des Menschen. Aristoteles, Epikur, Stoa, Thomas von Aquin, Kant*, 1993. — J. Annas, *The Morality of Happiness*, 1993.

Ver também a bibliografia do verbete EUDEMONISMO. ➲

FÉNELON, FRANÇOIS DE SALIGNAC DE LA MOTHE (1651-1715).

Nascido no Castelo de Fénelon (Périgord), arcebispo de Cambrai, é conhecido na história da filosofia e das idéias religiosas sobretudo pela "doutrina do amor puro" (*le pur amour*) (ver AMOR PURO) e por sua tentativa de demonstrar a existência de Deus. Segundo a doutrina do amor puro — que Fénelon deveu em parte a Madame Guyon (Jeanne-Marie Bouvier de la Mothe Guyon); eles se conheceram em 1688 —, é necessário que o espírito se deixe levar livremente na oração para que alcance um "gosto íntimo" (*goût intime*) de Deus. Então ama-se a Deus com um amor puro, que não depende nem da esperança de recompensas nem do temor a castigos. O amor puro chega a não possuir consciência de si, mas isso não significa, segundo Fénelon, que seja independente da vontade. O amor puro resulta de um consentimento, mas se realiza apenas quando a vontade se entrega a Deus sem reservas. É comum considerar Fénelon como um dos defensores do quietismo (VER), embora esse autor assinale que proscrever a atividade não equivale a eliminar a ação. Em sua demonstração da existência de Deus, Fénelon baseou-se na idéia do infinito existente no espírito humano (portanto, baseou-se especialmente em Descartes). Fénelon ocupou-se também de problemas de educação, sustentando a necessidade de seguir os interesses das crianças, interesses que ele supôs não serem essencialmente contrários aos bons costumes. Em sua filosofia política, nosso autor defendeu a instituição monárquica, absoluta em poder, moderada no exercício, e se opôs aos que defendiam a idéia de um contrato social (VER).

⊃ Obras: *Traité de l'éducation des filles*, 1687. — *Explication des maximes des Saints sur la vie intérieure*, 1697. — *Les aventures de Télémaque*, 1899. — *Démonstration de l'éxistence de Dieu et de ses attributs tirée des preuves intelectuelles et de l'idée de l'infini même*, 1712. — *Dialogues des morts*, 1712. — *Dialogue sur l'éloquence*, 1718. — *Réfutation du système de la nature et de la grâce*, 1720 (em oposição a Malebranche). — *Fables*, 1734. — Vários escritos filosóficos (entre eles a *Demonstração* etc.) apareceram no volume *Oeuvres philosophiques*, 1719.

Obras completas. *Oeuvres complètes*, 10 vols. (Paris, 1848-1852).

Correspondência: *Correspondance de F.*, edição de Jean Orcibal, 5 vols., 1972ss. — *Mme. Guyon et Fénelon, La correspondance secrète*, 1982.

Ver: A. Chérel, *F. au XVIIIe siècle en France, son prestige, son influence*, 1917. — Id., *F. et la religion du pur amour*, 1934. — G. Joppin, *F. et la mystique du pur amour*, 1938. — E. Carcassone, *F., l'homme et l'oeuvre*, 1946. — K. D. Little, *F. de F.*, 1951. — J.-L. Goré, *La notion d'indifférence chez F. et ses sources*, 1956. — Robert Spaeman, *Reflexion und Spontaneität. Studien über F. und seine Wirkungsgeschichte*, 1964. — H. Hillenaar, *F. et les Jésuites*, 1967. — Pietro Zovatto, *F. e il quietismo*, 1968. — Henri Gouhier, *F. philosophe*, 1977. ⊂

FENIAS (FAINIAS). Ver Estóicos.

FENOMENISMO. Chama-se de "fenomenismo" — e também, às vezes, "fenomenalismo" — as doutrinas que se fundam nas seguintes teses: 1) todas as realidades são fenômenos (ver Fenômeno); não há nenhuma realidade "em si" que se encontre além dos fenômenos ou seja subjacente a eles; 2) há realidades em si, mas estas são incognoscíveis; a única coisa que pode ser conhecida são os fenômenos, ou as realidades enquanto fenômenos; 3) não é necessário sustentar nem que há nem que não há realidades em si subjacentes aos fenômenos, e tampouco que há somente fenômenos: afirma-se apenas a possibilidade de reconstrução lógica a partir de fenômenos ou de experiências sensíveis.

As teses 1) e 2) são afirmações ao mesmo tempo ontológicas e epistemológicas, com o predomínio do aspecto ontológico em 1) e do aspecto epistemológico em 2). Algumas variantes de 3) têm traços ontológicos, e quase todas as variantes têm traços epistemológicos, mas se podem realizar esforços para eliminar parcialmente — ou até totalmente — tais traços.

As doutrinas fenomenistas foram freqüentemente classificadas em metafísicas (ou ontológicas) e epistemológicas ou gnosiológicas.

O fenomenismo metafísico (ou ontológico) afirma que não há coisas em si; o gnosiológico afirma que, se há coisas em si, elas não podem ser conhecidas. Essas duas espécies de fenomenismo combinam-se com freqüência no mesmo filósofo. Certos autores, especialmente os de tendência positivista e empirista, negam que seu próprio fenomenismo possa ser qualificado de metafísico (ou ontológico) ou gnosiológico; a interpretação metafísica (ou ontológica) ou gnosiológica é, para eles, posterior à atitude fenomenista; esta consiste em aceitar "o dado" (VER) como fenômeno (VER) e este como o que é percebido ou perceptível ou (segundo a expressão de J. Stuart Mill) como "possibilidades permanentes de sensação". Este último tipo de fenomenismo algumas vezes recebe o nome de "radical" ou "absoluto".

As doutrinas fenomenistas são abundantes na história da filosofia. Entre os filósofos antigos podem ser considerados fenomenistas muitos sofistas e céticos. O fenomenismo antigo é em geral realista, isto é, admite que os fenômenos são a realidade e não distingue, portanto, uma suposta realidade em si de seu aspecto ou de seus aspectos fenomênicos. Entre os filósofos modernos são fenomenistas vários empiristas; os mais destacados são Hobbes, Berkeley e Hume. O fenomenismo de Hobbes é mecanicista, ou, melhor, seu fenomenismo — a idéia de que "tudo o que computamos são apenas nossas representações" (*phantasms*) — está justaposto a seu mecanicismo, provavelmente mais fundamental que o primeiro. O fenomenismo de Berkeley é idealista e espiritualista; o de Hume pode ser qualificado de "sensacionista". Também são fenomenistas de tipo "sensacionista" autores como Condillac e vários "ideólogos" (VER). Uma das possíveis interpretações de Kant faz desse autor um filósofo fenomenista; isso ocorre quando se insiste em que para Kant o númeno ou coisa em si (VER) é no máximo um conceito-limite. O próprio Kant considera sua posição um idealismo transcendental, mas o caráter fenomenista desse idealismo pode ser acentuado. Isso certamente se choca com uma dificuldade: esquecer que para Kant as aparências (ver Aparência) são conjuntos de representações, e esquecer que o conhecimento não se constitui simplesmente com as aparências, embora se baseie nelas. Certos positivistas, como Comte, também são fenomenistas na medida em que rejeitam o conceito de coisa e de possibilidade de explicação da coisa. O mesmo ocorre com autores como Renouvier (com seu "princípio da relatividade"), J. S. Mill (ver *supra*), E. Mach, R. Avenarius e, em geral, os autores de tendência "neutralista", isto é, que afirmam que a realidade é simplesmente o dado. Pode-se mencionar também a esse respeito Schuppe, Schubert-Soldern, J. Rehmke e algumas das primeiras posições de Bertrand Russell, sobretudo quando ele define 'coisa' como 'classe de aparências' (ou fenômenos). O fenomenismo teve seu grande auge, especialmente na época contemporânea, em autores de língua inglesa de tendência empirista (ver PERCEPÇÃO).

W. T. Stace (*op. cit. infra*) declarou que o fenomenismo foi quase sempre uma "atitude" (*a kind of spirit or flavour*) que se revelou esporadicamente no tratamento de problemas isolados e, particularmente, de problemas de teoria do conhecimento e filosofia da ciência. É, pois, necessário, em sua opinião, "conferir-lhe uma metafísica". Essa metafísica foi chamada por Stace de "a teoria das células". A hipótese básica dessa metafísica é a seguinte: "O universo é uma pluralidade de células, todas elas com a mesma estrutura fundamental, embora oferecendo, além de sua estrutura, variações em quantidade indefinida. Assim, há apenas uma espécie de realidade concreta no mundo. Desse ponto de vista [a metafísica aqui apresentada] é um monismo. Pois o universo não apenas contém células, mas é composto exclusivamente delas. Apenas as células existem" (*op. cit.*, p. 34). O termo 'célula' é um termo metafórico de índole biológica e designa "os constituintes concretos da realidade". Assim, Stace se opõe tanto ao atomismo quando ao monadismo. O atomismo, que a matéria é concreta. O monadismo afirma que os espíritos são concretos. Mas não há nem "concretos materiais" nem "concretos espirituais": há apenas esses "concretos" que são as "células" (*op. cit.*, p. 35). Contra a tendência a fundar o fenomenismo em uma metafísica, Cosmo Guastella (VER) considera que o fenomenismo (como "fenomenismo absoluto") é essencialmente antimetafísico.

Na época atual, e especialmente em autores ingleses ou de língua inglesa, o fenomenismo é comumente tratado do ponto de vista "lingüístico". Afirma-se sobretudo que todo enunciado sobre uma coisa ou objeto material pode ser traduzido, em princípio, em enunciados relativos a dados dos sentidos. As chamadas "coisas materiais" são vistas como construções lógicas com base em dados "sensíveis". Quando se examina como pode ser efetuada aquela tradução, encontram-se não poucas dificuldades. Entre elas cabe mencionar a necessidade de um número em princípio infinito de enunciados para descrever "uma coisa" de modo puramente fenomênico ou fenomenista. Há, com efeito, um número em princípio infinito, ou ao menos indefinido, de "aspectos" de uma suposta "coisa". Os fenomenistas argumentaram que essa dificuldade não é suficiente para descartar o fenomenismo. Embora a tradução indicada seja difícil, ela não é — afirma-se — impossível. Além disso, a descrição fenomenista da realidade aproxima-se mais desta que a descrição da realidade como "coisas", visto que estas são sempre construções. A linguagem fenomenista, em suma, adapta-se ao dado mais que qualquer outra linguagem. Contra esta última afirmação, assinalou-se que a linguagem não-fenomenista — por exemplo, a linguagem comum, que fala de coisas e de objetos — não é menos adequada que a fenomenista, ao menos na medida em que diz tudo o que se propõe a dizer. "Dizer" — escreve G. J. Warnock (*Berkeley*, 1953, p. 2450) — "que um enunciado não se adapta aos fatos equivale tão somente dizer que não é *verdadeiro*. Se digo 'há uma mesa no meu escritório', isso não se adapta aos fatos se, por exemplo, não há em meu escritório nenhuma mesa mas apenas uma escrivaninha. Por outro lado, se o que digo é verdadeiro, então adapta-se aos fatos exatamente (...) Há, evidentemente, um número indefinido de fatos que não estão expressos em nenhum enunciado, mas seria muito pouco razoável levantar objeções contra um enunciado porque deixa de expressar fatos que não expressa (...) Os físicos e os fisiólogos não estabeleceram de modo nenhum que o enunciado 'Ouço um carro' jamais é *verdadeiro*. O que talvez esteja estabelecido é que ao se ouvir um carro ocorre um número surpreendentemente complexo de acontecimentos físicos; foram descobertos numerosos fatos sobre tal acontecimento dos quais as gerações anteriores sequer haviam suspeitado. Mas o enunciado 'ouço um carro' não afirma nem nega qualquer um desses fatos; simplesmente afirma, de modo inteiramente tautológico, o fato de que ouço um carro." Essa objeção ao fenomenismo é lingüística. Outras objeções à mesma doutrina são antes de caráter psicológico ou, ao menos, psicognoseológico; elas afirmam que os fenomenistas erram na interpretação que dão às expressões 'percepção' e 'ser percebido'.

Segundo W. van Orman Quine (*From a Logical Point of View*, 1951, pp. 44ss.), o fenomenismo e o "fisicalismo" (ou "coisismo") fundam-se em duas ontologias cuja verdade não se pode, em última análise, demonstrar, mas, no máximo, pode-se escolher. A escolha não consiste simplesmente em pronunciar-se sobre o que é a realidade, mas, e sobretudo, em escolher um modo de falar sobre ela. A decisão última seria, nesse caso, de caráter pragmático; decidir-se a favor do fenomenismo ou contra ele dependeria do que se pode e do que não se pode dizer com a linguagem fenomenista em comparação com o que pode e com o que não pode ser dito com a linguagem "fisicalista" ou "coisista". De acordo com isso, o fenomenismo não é "neutralista" (como tendiam a sustentar certos autores como Mach, Avenarius etc.).

Ele é uma ontologia — e uma linguagem — ou uma linguagem — e uma ontologia — em virtude da interdependência entre a realidade (ou "o que existe") e o que se diz sobre a realidade (ou "o que se diz que existe").

Em oposição à maior parte das idéias sobre o fenomenismo até agora examinadas, C. Ulises Moulines (VER) propõe uma concepção chamada por ele de "programa fenomenalista", que não é nem uma concepção do mundo nem, propriamente falando, uma filosofia, mas um método. Em autores como Mach e Russell o fenomenismo tinha dimensões ontológicas e epistemológicas. A mesma coisa ocorria com Carnap, embora esse autor tivesse consciência de que estava desenvolvendo um "sistema construcional" (*Aufbau*, I, A, 1) aplicável a uma multiplicidade de conteúdos.

Nelson Goodman foi seguramente o primeiro a começar a entender corretamente o fenomenismo como, segundo a expressão de Moulines, "um programa de reconstrução lógica de conceitos empíricos a partir de uma base única e homogênea constituída por experiências sensíveis ou 'fenômenos'" (*La estructura del mundo sensible. Sistemas fenomenistas*, 1973, p. 15). Um programa fenomenista (ou fenomenalista) aceitável, e, sobretudo, capaz de funcionar não almeja desenvolver em si mesmo questões ontológicas, epistemológicas ou psicológicas; em todo caso, quaisquer problemas ontológicos e epistemológicos que surjam deverão ser tratados dentro e não fora do sistema. Isso significa que não são introduzidas hipóteses "externas" relativas ao *status* ontológico dos elementos básicos do sistema. O fato de que tais elementos sejam "sensoriais" (fenomênicos) não permite concluir que sejam "subjetivos" (nem tampouco "objetivos" [se por isso se entende algo contraposto ao que é "subjetivo"] ou "neutros" [se por isso se entende algo "prévio" ao que é subjetivo e ao que é objetivo, ao psíquico e ao físico etc.]). Os termos primitivos de um sistema fenomenista são, segundo Ulises Moulines, "aparências-para-um-sujeito", mas não como contrapostas a "coisas em si"; os "objetos", assim como os "sujeitos", são construções do sistema. Este parte dos elementos fenomênicos, ou fenomenalistas, básicos, mas não limita a "realidade" a esses elementos; desse modo, escreve Moulines, "uma classe de coisas-que-aparecem (...) não é uma coisa-que-aparece, mas uma classe" (*op. cit.*, p. 16). Aquele que constrói um sistema fenomenalista não tem por que ocupar-se da natureza do que é "imediatamente dado à consciência": "Ao construir um sistema fenomenalista não se trata de resolver uma questão epistemológica universal, mas de tomar uma *decisão* sistemática, após a qual, em todo caso, poderão ser reformuladas certas questões epistemológicas. A decisão consiste em aplicar um sistema formal no qual os indivíduos e os predicados primitivos (os quais são indefiníveis) serão, por estipulação, o ponto de partida, 'o que é imediatamente dado', se se preferir. Naturalmente, para que esse sistema mereça o qualificativo de 'fenomenalista', será preciso supor, *a partir de fora do sistema*, que os conceitos primitivos se referem a certos elementos sensíveis ou fenomênicos. Mas com isso não se pretende estabelecer prioridades epistêmicas nem uma hierarquia de princípios cognitivos" (*op. cit.*, p. 19; a expressão 'a partir de fora do sistema' foi destacada por nós).

C. Ulises Moulines apresenta, além dos sistemas de Mach, Russell (Whitehead-Nicod), Carnap e Goodman, um "sistema T-S", que consiste em uma "reconstrução" do sistema de Carnap e no qual as relações primitivas 'T' e 'S' são lidas respectivamente como 'temporalidade' e 'semelhança' (*op. cit.*, pp. 193-267).

↪ Ver: Wilhelm Windelband, *Über Sinn und Wert des Phänomenalismus*, em *Sitzungsberichte der Heidelberg. Akademie der Wissenschaften*, 1912. — Hans Kleinpeter, *Der Phänomenalismus. Eine naturwissenschaftliche Weltanschauung*, 1913. — Cosmo Guastella, *Le ragioni del fenomenismo*, 3 vols. (I. Preliminari, 1921; II. *La cosa in sè*, 1922; III. *Le antinomie*, 1923). — Calogero Angelo Sacheli, *Fenomenismo*, 1926. — Alfonso Sammartino, *Il fenomenismo nel suo sviluppo storico*, 1936. — W. T. Stace, *The Nature of the World: An Essay in Phenomenalist Metaphysics*, 1940. — W. F. R. Hardie, "The Paradox of Phenomenalism", em *Aristotelian Society Proceedings*, 46 (1945-1946). — A. J. Ayer, "Phenomenalism", *ibid.*, 47 (1946-1947). — W. van Orman Quine, *op. cit. supra*. — Peter Alexander, *Sensationalism and Scientific Explanation*, 1963. — J. Foster, *The Case for Idealism*, 1982 [título enganoso; trata-se antes de um "case for phenomenalism"]. — R. L. Greenwood, "C. I. Lewis and the Issue of Phenomenalism", *Philosophy Research Archives*, 11 (1985), 441-451. — D. W. Aiken, "Essence and Existence, Transcendentalism and Phenomenalism: Aristotle's Answers to the Question of Ontology", *Review of Metaphysics* (1991), 29-55. — L. E. Goodman, "The Trouble with Phenomenalism", *American Philosophical Quarterly*, 29 (3) (1992), 237-252.

Para o fenomenismo em Hobbes: Bruno Wille, *Der Phänomenalismus des Th. H.*, 1888 (tese). — Giovanni Cesca, *Il fenomenismo di Hobbes*, 1891.

Ver também a bibliografia de FENÔMENO. ↩

FENÔMENO. O termo 'fenômeno' provém do grego φαινόμενον (plural: φαινόμενα). Seu significado é "o que aparece"; 'fenômeno' equivale, portanto, a 'aparência'. Os fenômenos ou aparências são contrapostos por Platão à realidade verdadeira ou aos "seres", ὄντα (*Rep.*, X 596 E *et al.*). O mundo dos fenômenos ou aparências é o mundo das "meras representações", φαντάσματα (ver FANTASIA). Também pode ser descrito como o mundo das "aparências": *phenomena sive* *apparitiones* (Leibniz; Gerhardt VII, 319). Alguns autores relacionaram o termo φαινόμενον e o termo φαίνεσθαι (que significa 'aparecer', 'manifestar-se', 'revelar-se') com outros vocábulos cuja raiz é φυ-; assim, por exemplo (e sobretudo), com φύω, "surgir" (daí φίσις), e até mesmo com φῶς, luz. Apoiando-se em algumas dessas pesquisas filológicas, Heidegger definiu 'fenômeno' "aquilo que se faz patente por si mesmo" (*Ser e tempo*, § 7 A). Ora, como o que se faz patente por si mesmo aparece "sob uma luz" (sem a qual não se poderia "ver"), ele é considerado como "aquilo que se revela por si mesmo em sua luz". Nesse sentido, o fenômeno pode ser matéria de descrição e objeto de uma "fenomenologia" (VER), enquanto explicação mediante o dizer (*logos*) daquilo que se manifesta por si mesmo e "a partir de si mesmo".

Estudaremos aqui o conceito de fenômeno tal como elaborado por vários pensadores e em vários períodos. Convém complementar o que é dito neste verbete com o conteúdo dos verbetes APARÊNCIA, FANTASIA, FENOMENISMO e FENOMENOLOGIA.

Para muitos filósofos gregos, o fenômeno é o que parece ser tal como realmente se manifesta, mas que, a rigor, pode ser algo distinto e mesmo oposto. Ele se contrapõe então ao ser verdadeiro e é até mesmo um encobrimento desse ser. O conceito de fenômeno é, portanto, sumamente equívoco; se, por um lado, pode ser a verdade, o que é ao mesmo tempo aparente e evidente, por outro pode ser o que a encobre, o falso ser, e, finalmente, aquilo por meio do que a verdade se manifesta, o caminho rumo ao verdadeiro. Essas três noções costumam apresentar-se confundidas ou ao menos entrelaçadas na história da filosofia. Mesmo nos pensadores para os quais a oposição entre fenômeno e ser verdadeiro equivale à oposição entre o sensível e o inteligível, o aparente e o real, o ser que parece e o ser que é, o fenômeno nem sempre significa o que é ilusório. Muitas vezes ele é, mais que realidade ilusória, realidade subordinada e dependente, sombra projetada por uma luz, mas sombra sem a qual a luz não seria, em última análise, acessível. Por isso às vezes se fala em "salvar as aparências" (VER) — o que equivale a "salvar os fenômenos", σώζειν τὰ φαινόμενα. Por isso também não há uma só e única forma de relação entre o que é em si e o fenômeno e entre eles e a consciência cognoscente, e por isso também a filosofia "escolhida" depende em grande parte da forma como tal relação é concebida. Em Parmênides, por exemplo, o em-si predomina de tal modo que a "doutrina da opinião" — que se torna inevitável pela presença do mundo — constitui-se quase inteiramente à margem da "doutrina da verdade"; não há propriamente mais que um em-si — a "esfera" espacial cheia — e nenhum fenômeno, pois o que é em si não pode desdobrar-se. Essa posição opõe-se diretamente a todas as tendências "fenomenistas"; para elas não há um "em si", ou, melhor, para elas o fenômeno é uma realidade última, o que equivale quase sempre a fazer do fenômeno o fato puro e simples que traz em si mesmo seu próprio sentido. Esse "fenomenismo" não deve, de modo algum, ser confundido com as correntes que recomendam a limitação ao fenômeno, à experiência possível. O fenomenismo enquanto tal nega as "qualidades primárias" ou, antes, sustenta o caráter primário das qualidades secundárias. O primado dos *matters of fact* no sentido de Hume pode valer como a expressão mais cabal de uma tendência que apresenta, por outro lado, aspectos muito diversos. De modo algum é lícito, com efeito, dar o mesmo nome de fenomenismo a tendências tão díspares quanto, por exemplo, as de Hume, Berkeley, Mach ou Renouvier. Em geral, e sob o ponto de vista da afirmação do em-si ou do fenômeno e da relação entre ambos, as posições adotadas até hoje podem ser esquematizadas, imperfeitamente, do seguinte modo: 1) posição exclusiva do em-si (Parmênides, formas extremas do panteísmo acosmista); 2) posição exclusiva do fenômeno (fenomenismo radical, negação de toda qualidade primária: ser é ser percebido); 3) o em-si e o fenômeno existem separadamente e entre eles há apenas o nada (Parmênides quando formula a doutrina da opinião, algumas tendências do platonismo); 4) o em-si e o fenômeno são unidos pelo demiurgo ou por uma divindade (platonismo, ocasionalismo e, em geral, toda crítica da racionalidade do nexo causal que não acabe em um puro fenomenismo); 5) divisão do em-si em uma multiplicidade (Demócrito e o mecanicismo em geral; o em-si é cindido ou pulverizado, salvando-se deste modo, sem perder nada de sua inteligibilidade, um movimento que na realidade não é mais que deslocamento ou uma mudança de posição, pois o movimento é aqui a diversidade de posições recíprocas de entes em última análise irredutíveis: os átomos); 6) afirmação do em-si e simultânea afirmação de sua incognoscibilidade teórica (Kant; salvação dos conflitos da razão teórica pela razão prática; dissolução dos conflitos racionais pela ação; marxismo; primado da fé; Jacobi, Fries; metafísicas irracionalistas: Schopenhauer etc.). Em todo caso, e particularmente neste último sentido, como Kant sustenta explicitamente, o fenômeno não é um aparecer, mas algo igualmente distinto do númeno e da mera aparência. Com efeito, em oposição ao que ocorre na aparência (*blosser Schein*), no fenômeno (*Erscheinung*) "os objetos e mesmo as propriedades que lhes atribuímos são sempre considerados algo dado realmente" (*KrV*, B 69), pois o fenômeno é "a intuição dos objetos exteriores e a que o espírito tem de si mesmo" representadas nas formas do espaço e do tempo. Por outro lado, o fenômeno se relaciona com o númeno (VER) enquanto manifestação do que "o objeto é em-si". O fenômeno converte-se em objeto de experiência possível diante do que é simples aparência ilusória e diante ao que está além dessa experiência. Por isso o significado que Kant dá a 'fenômeno' não é, a rigor, senão a plena consciência do que quase sempre foi a noção de fenômeno na história filosófica, pois em qualquer uma das tendências mencionadas anteriormente, mesmo naquelas que partiram da contradição da experiência sensível para fazer do ser aparente o ser falso, o fenômeno foi não apenas o único caminho para ir além dele, mas também algo que constituiu uma realidade inegável, algo que não foi pura aparência, já que essa aparência deve ser simplesmente negada, enquanto o fenômeno não pode ser negado por ser sempre objeto de experiência. A "salvação" do fenômeno coincide assim com a "salvação" da experiência. Nisso coincidem muitas tendências filosóficas, que encontram nessa fórmula a raiz última de sua atitude diante da experiência possível.

O conceito de fenômeno e de sua relação com a "realidade" foi analisado com particular atenção e grande detalhe pela fenomenologia de Husserl, ao menos na medida em que procurou atender "às coisas mesmas". Entretanto, mesmo dentro do marco do método fenomenológico, o fenômeno não pode ser definido simplesmente como aquilo que "se dá"; como assinala Husserl, o termo 'fenômeno' usualmente está carregado de equívocos, e convém prestar atenção à sua significação na medida em que se refere aos atos de representação intuitiva. Daí diversos e, ao mesmo tempo, escalonados significados do vocábulo. Fenômeno significa, com efeito: 1) "a vivência concreta da intuição" (o ter presente ou representado, intuitivamente, um certo objeto), e 2) "o objeto intuído (aparente) como o que aparece para nós *hic et nunc*". E, de um modo que induz a erro, também se chama de fenômeno 3) "os *elementos reais* do fenômeno no primeiro sentido, no sentido do *ato concreto de aparição ou de intuição*" (*Investigações lógicas*, VI. Apêndice). Segundo Husserl, o conceito primitivo de fenômeno é o que é indicado em 2), isto é, "o do aparente ou do que pode aparecer, o do intuitivo como tal". E somente isso torna possível que a fenomenologia seja "a teoria dos fenômenos puros". Com isso são estabelecidos os problemas que concernem à relação do fenômeno com o real na medida em que a consciência pura pretende sair do círculo imanente em que se encerrou. Seguindo Husserl, Herbert Spiegelberg ("The Reality-Phenomenon and Reality", em *Philosophical Studies in Memory of E. Husserl*, M. Farber, ed., 1940, pp. 84-105) distinguiu fenômeno, realidade e realidade-fenômeno. Fenômeno é, diz Spiegelberg, "tudo o que nos é dado diretamente, sem inferências mediadoras, e tal como é dado"; em outros termos, fenômeno é "a coisa mesma tal como é apresentada". Realidade é, por outro lado, "o que subsiste por seu próprio ser", independentemente de qualquer observador. Essa realidade pode ser não apenas física e psíquica, mas também ideal, axiológica etc. Por fim, realidade-fenômeno é todo objeto fenomenal que pretende ser real, isto é, aquele fenômeno que ao mesmo tempo se supõe real (*op. cit.*, pp. 86-87), com o que se daria na realidade-fenômeno uma coincidência das duas entidades e uma eliminação tanto do caráter puramente fenomênico do fenômeno como da índole estritamente transfenomênica da realidade como tal.

⊃ Ver: Jean Jacques Gourd, *Le Phénomène*, 1888. — Émile Boirac, *L'idée du phénomène*, 1894. — Georges Dawes Hicks, *Die Begriffe Phänomenon und Noumenon in ihrem Verhältnis zueinander bei Kant. Beitrag zur Auslegung und Kritik der Transzendentalphilosophie*, 1897 (tese). — Georges Matisse, *Le primat du phénomène dans la connaissance* (t. II de *La philosophie de la nature*, 1938). — Heinrich Barth, *Philosophie der Erscheinung. Eine Problemegeschichte*. I. *Altertum und Mittlelalter*, 1947; II. *Neuzeit*, 1959. — F. Pfister, *Il metodo della scienza*, 1948. — R. Vancourt, *La philosophie et sa structure*, I, 1953. — C. Rossi, *Fenomeno e contenuto della conscienza*, 1957. — Eugen Fink, *Sein, Wahrheit, Welt. Vor-Fragen zum Problem des Phänomen-Begriffs*, 1958. — Michel Henry, *L'essence de la manifestation*, 2 vols., 1964. — Gerold Prauss, *Erscheinung bei Kant. Ein Problem der* Kritik der reinen Vernunft, 1971. — H. Roos, "Zur Begriffsgeschichte des Terminus 'apparens' in den logischen Schriften des ausgehenden 13. Jh.", em *Virtus politica. Festgabe A. Hufnagel*, 1974, J. Möller, ed., pp. 323-334. — J. Simon, "Phenomena and Noumena: On the Use and Meaning of the Categories", em L. W. Beck, ed., *Proceedings of the 3rd. International Kant Congress: Held at the University of Rochester, March 30-April 4, 1970*, 1972, pp. 521-527. — H. Rombach, Gerhard Funke *et al.*, *Neuere Entwicklungen des Phänomenbegriffs*, 1980. — H. R. Schweizer e A. Wildermuth, *Die Entdeckung der Phänomene*, 1981.

Ver também a bibliografia dos verbetes APARÊNCIA; FENOMENISMO; FENOMENOLOGIA; SALVAR AS APARÊNCIAS. ⊂

FENOMENOLOGIA. I. *Sentido pré-husserliano de 'fenomenologia'*. O prefácio ao *Neues Organon* (1764), de Lambert (VER), levanta quatro questões: 1) A Natureza se negou a outorgar ao homem a força necessária de caminhar rumo à verdade? 2) A verdade se oferece sob a máscara do erro? 3) A linguagem oculta a verdade com termos equívocos? 4) Existem fantasmas que, fascinando os olhos da inteligência, a impedem de perceber a verdade? Lambert responde a essas quatro questões com quatro investigações distintas: a primeira é a *dianoiologia*, ou regras da arte de pensar; a segunda é a *aletiologia*, que examina a verdade em seus elementos; a terceira é a *semiótica*, que assigna ao verdadeiro seus caracteres externos; a quarta é a *fenomenologia*, destinada a distinguir a verdade da aparência. A fenomenologia é, pois, como o citado filósofo a designa, a "teoria da aparência", o fundamento de todo saber empírico. Nos *Princípios metafísicos da ciência natural*, Kant concebe a matéria como algo movível no espaço, isto é, considera o movimento como quantidade pura na *foronomia*; concebe a matéria como algo movível na medida em que ocupa um espaço, ou seja, examina o movimento como algo pertencente à qualidade da matéria sob o nome de uma força originariamente movível na *dinâmica*; concebe a matéria como o móvel na medida em que possui uma força que a impulsiona, isto é, considera a matéria com essa qualidade em relação com seu movimento na *mecânica*; e concebe a matéria como algo móvel enquanto possível objeto de experiência, ou seja, examina o movimento ou repouso da matéria em relação com a forma de representação na *fenomenologia*. Kant também falou de uma *phenomenologia generalis* que deveria preceder a metafísica e traçar a linha divisória entre o mundo sensível e o inteligível para evitar transposições ilegítimas entre os dois (*Werke*, edição Cassirer, IX, 73: Correspondência [com Lambert, 1770], *apud* E. Cassirer, *I. Kant*, cap. II, 5, no tomo X dos citados *Werke*). Hamilton, por sua vez, ao estabelecer uma distinção entre a psicologia e a lógica, assinala que a primeira é uma fenomenologia, pois se refere ao que aparece em vez de aplicar-se ao pensamento enquanto tal. A fenomenologia é então uma psicognosia ou o exame das "idéias" tal como de fato surgem e desaparecem no curso dos processos da mente. Hegel chama de "fenomenologia do Espírito" a ciência que mostra a sucessão das diferentes formas ou fenômenos da consciência até chegar ao saber absoluto. A fenomenologia do Espírito representa, em seu entender, a introdução ao sistema total da ciência: a fenomenologia apresenta "o devir da *ciência em geral* ou do *saber*". Segundo Eduard von Hartmann, a "fenomenologia da consciência moral" equivale a uma descrição e análise dos tipos de vida moral destinados ao estabelecimento de uma hierarquia que não exclua ilegitimamente nenhum dos tipos essenciais que se manifestaram ao longo da história humana. O termo 'fenomenologia' adquiriu um lugar *central* e um sentido muito preciso também no pensamento de Husserl, Peirce e Stumpf. Para este último, a fenomenologia é uma ciência neutra que trata dos "fenômenos psíquicos em si", isto é, enquanto conteúdos significativos. Embora sustente energicamente sua "neutralidade", a fenomenologia de Stumpf está, de fato, implicada em uma proporção considerável com a psicologia ou, ao menos, com uma psicologia descritiva. (Brentano já falava, em um contexto semelhante, de uma *fenomenognosia*.) O termo 'fenomenologia' também foi utilizado por Peirce — que o tomou de Hegel — para designar uma das três partes em que, em seu entender, divide-se a filosofia (ver CIÊNCIAS [CLASSIFICAÇÃO DAS]). A fenomenologia — segundo Peirce — constitui um estudo simples e não se subdivide em outros ramos (*Coll. Papers*, p. 1190). Peirce também chama a fenomenologia de *faneroscopia*, definindo-a como a descrição do *fânero*. Este é "o todo coletivo de tudo o que está de qualquer modo ou em qualquer sentido presente na mente, independentemente de corresponder ou não a algo real" (p. 1284). Segundo Peirce, o termo 'fânero' designa algo similar ao que os filósofos ingleses chamaram de *idea*, ainda que estes últimos tenham restringido demasiadamente o significado de 'idéia'. Os fâneros estão inteiramente abertos à observação; por isso a fenomenologia ou faneroscopia é "o estudo que, apoiado na observação direta dos fâneros e mediante a generalização de suas observações, assinala várias classes muito amplas de fâneros; descreve as características de cada uma delas; mostra que, embora se encontrem tão inextricavelmente misturados que nenhum deles pode ser isolado, é evidente que suas características são muito díspares; prova depois que um certo número, muito reduzido, compreende todas essas categorias mais amplas de fâneros existentes e, finalmente, procede à laboriosa e difícil tarefa de enumerar as principais subdivisões dessas categorias" (p. 1286). A fenomenologia ou *faneroscopia* abstém-se de toda especulação quanto às relações entre suas categorias e os fatos fisiológicos, cerebrais ou de qualquer outra índole. Limita-se a descrever as aparências diretas e trata de combinar a exatidão minuciosa com a mais ampla especulação. Para praticar a fenomenologia não se deve ser influenciado por nenhuma tradição, por nenhuma autoridade, por nenhuma suposição de que os fatos deveriam ser de um modo ou de outro: é preciso se limitar, simples e honradamente, à observação das aparências (p. 1287). As divisões formais dos elementos do fânero devem ser divisões segundo o que Peirce chama de *valências*. Encontramos assim ajuntadas mônadas, díades, tríades, tétrades etc. (p. 1292). Peirce relacionou o estudo dos elementos do "fânero" com suas pesquisas sobre a lógica das relações.

II. *Sentido husserliano e pós-husserliano de 'fenomenologia'*. Quando se fala de fenomenologia na época atual tende-se a entender por ela principalmente a fenomenologia de Husserl (VER) e dos fenomenólogos que partiram de Husserl ou que, como Alexander Pfänder (VER), se relacionaram com Husserl de modo diverso do de seus discípulos ou continuadores — mais ou menos fiéis. Tomada em sua generalidade máxima, a "escola fenomenológica" é complexa e variada, e ainda mais o "movimento fenomenológico", como se pode ver na longa história desse movimento escrita por Herbert Spiegelberg (cf. *op. cit. infra*). Dentro desse movimento figuram, segundo Spiegelberg, "a fase alemã" (com a fenomenologia pura de Husserl e sua evolução; o citado Pfänder, Adolf Reinach, Moritz Geiger, E. Stein, R. Ingarden e outros; a fenomenologia das essências de Scheler; as bases fenomenológicas de Heidegger e de Nicolai Hartmann), a "fase francesa" (com as "relações" de Gabriel Marcel com o "movimento fenomenológico" ou ao menos com os "temas fenomenológicos"; as bases fenomenológicas de Jean-Paul Sartre, M. Merleau-Ponty e Paul Ricoeur) e outras diversas "fases" e "períodos". Dedicamos, a alguns dos autores mencionados, verbetes específicos nos quais são indicadas suas relações com o movimento fenomenológico, mas sem necessariamente fazer deles "simples fenomenólogos". Todos esses autores contribuíram de algum modo para elaborar, modificar e, em muitos casos, "superar" a fenomenologia de Husserl, de modo que uma apresentação da "fenomenologia em geral" seria tarefa ampla e, dentro dos limites deste Dicionário, pouco praticável. Por esse motivo abordaremos, nesta seção, principalmente — e quase exclusivamente — a fenomenologia na medida em que foi esboçada e desenvolvida por Husserl. Além disso, trataremos principalmente, embora não exclusivamente, da fenomenologia husserliana como "método" e como "modo de ver". A evolução da fenomenologia no próprio Husserl foi tratada especialmente no verbete sobre esse pensador, razão pela qual não insistiremos demasiadamente nela. Seriam inevitáveis algumas repetições do que foi dito no verbete a que aludimos, que em alguns aspectos se entrelaça com o presente e em outros o complementa. Observamos que nas origens, ao menos, houve relações interessantes (nas quais, entretanto, não podemos nos deter aqui) entre a fenomenologia husserliana — e em particular a preparação para ela — e as investigações de Stumpf (VER) e, em geral, as de Brentano (VER) e de sua escola, assim como com a atitude antipsicologista de Frege (VER) no que diz respeito à fundamentação da matemática.

Já indicamos anteriormente que a fenomenologia é ao mesmo tempo um "método" e um "modo de ver". Ambos estão estreitamente relacionados porque o método se constitui mediante um modo de ver, e este se torna possível por meio do método. Começaremos, contudo, destacando o método. Este se constitui após a depuração do psicologismo (VER). É preciso mostrar que as leis lógicas são leis lógicas puras e não empíricas ou transcendentais ou procedentes de um suposto mundo inteligível de caráter metafísico. É preciso mostrar sobretudo que certos atos, como a abstração, o juízo, a inferência etc. não são atos empíricos: são atos de natureza intencional (ver INTENÇÃO, INTENCIONAL, INTENCIONALIDADE) que têm seus correlatos em puros "termos" da consciência (VER) como consciência intencional. Essa consciência não apreende os objetos do mundo natural como tais, mas tampouco constitui o dado enquanto objeto de conhecimento: apreende puras significações na medida em que são simplesmente dadas e tal como são dadas. A depuração antes mencionada conduz, assim, ao método fenomenológico, e ao mesmo tempo constitui esse método. Com o fim de colocá-lo em marcha é preciso adotar uma atitude radical: a da "suspensão" do "mundo natural". A crença na realidade do mundo natural e as proposições a que essa crença dá lugar são "postas entre parênteses" por meio da *epoché* (VER) fenomenológica. Isso não significa que se negue a realidade do mundo natural; a *epoché* fenomenológica não é uma manifestação de ceticismo. Acontece apenas que, como conseqüência da *epoché*, coloca-se, por assim dizer, um novo "signo" na "atitude natural". Em virtude desse "signo" procede-se à abstenção de juízos sobre a existência espácio-temporal do mundo. O método fenomenológico consiste, portanto, em reconsiderar todos os conteúdos da consciência. Em vez de examinar se esses conteúdos são reais ou irreais, ideais, imaginários etc., procede-se a seu exame na medida em que são puramente dados. Mediante a epoché é possível à consciência fenomenológica limitar-se ao dado enquanto tal e descrevê-lo em sua pureza. O dado (VER) não é, na fenomenologia de Husserl, o mesmo que é na filosofia transcendental (um material que se organiza mediante formas de intuição e categorias); e tampouco é algo "empírico" (os dados dos sentidos). O dado é o correlato da consciência intencional. Não há conteúdos de consciência, mas apenas "fenômenos". A fenomenologia é uma pura descrição do que se mostra por si mesmo, de acordo com "o princípio dos princípios": reconhecer que "toda intuição primordial é uma fonte legítima de conhecimento, que tudo o que se apresenta por si mesmo 'na intuição' (e, por assim dizer, 'em pessoa') deve ser aceito simplesmente como o que se oferece e tal como se oferece, embora somente dentro dos limites nos quais se apresenta" (*Ideen*, § 24).

A fenomenologia, portanto, não pressupõe nada: nem o mundo natural, nem o senso comum, nem as proposições da ciência, nem as experiências psíquicas. Coloca-se "antes" de toda crença e de todo juízo para explorar simples e pulcramente o dado. Ela é, como declarou Husserl, um "positivismo absoluto". Com base nele é possível realizar o processo da redução (VER) ou, melhor, de uma série de reduções; antes de tudo, a redução eidética (VER). O que resulta dela — seu "resíduo" — são as essências (ver ESSÊNCIA). As essências são dadas à intuição (VER) fenomenológica, que se transforma desse modo em uma apreensão de "unidades ideais significativas" — de "sentidos" ou "objetos-sentidos" —, de "universalidades". Estas não são nem conceitos lógicos nem idéias platônicas. As universalidades essenciais apreendidas fenomenologicamente são de muitas classes. Na intuição da cor vermelha ou, melhor, de uma matiz de vermelho se dá à consciência intencional a essência "vermelho". Na intuição de uma figura quadrada, dá-se a essência "quadrado". No puro fluxo do vivido ou puro tecido de vivências da consciência intencional encontram-se expressões e significações; as significações "cumprem" o que as expressões indicam. Quando as significações, por sua vez, são "cumpridas" ou "preenchidas" obtêm-se as essências, que podem ser caracterizadas, portanto, como o que se dá à intuição quando há adequação entre os atos expressivos, os atos significativos e o cumprimento deles. Essa adequação pode ser parcial ou total, sendo que apenas neste último caso há uma verdadeira "intuição essencial" (*Wesensschau*).

A redução eidética é somente a primeira fase da redução fenomenológica, que inclui a redução transcendental, por meio da qual se põe entre parênteses a própria existência da consciência. Com isso a consciência volta-se para si mesma e, em vez de tender para o que se dá a ela, tende para si em sua pureza intencional. Na atividade intencional podem ser distinguidos, segundo Husserl, dois pólos: o noético (VER) e o noemático. Não se trata de duas realidades, e menos ainda de dois atos distintos, mas de dois extremos de um simples e puro "fluxo intencional"; a atenção dada ao noemático é característica da intuição das essências. A atenção dada ao noético é característica da reversão da consciência em direção a si mesma. Mediante essa operação obtém-se a consciência pura, transcendental, como "resíduo último" da redução fenomenológica. Ao longo da redução eidética, Husserl dedicara atenção primordial à fenomenologia como um "método" e como um "modo de ver" que conduzia à constituição de uma "ciência universal", fundamento de todas as ciências particulares. Com efeito, as ciências eidéticas ou ciências de essências transformavam-se em fundamento de todas as ciências (ver ESSÊNCIA). Ao longo da redução transcendental, Husserl chega a uma idéia "egológica" da consciência (por oposição à idéia "não-egológica" característica da fase da fenomenologia às vezes chamada de "metódica"). Como nessa fase a atividade intencional parecia ficar sem apoio, Husserl concluiu que é necessário fundá-la no "eu transcendental". Daí o "idealismo transcendental" de Husserl, rejeitado por muitos fenomenólogos como estranho ao propósito inicial da fenomenologia e até incompatível com tal propósito. Entretanto, Husserl insistiu em que não se chegando ao último resíduo do eu transcendental a própria fenomenologia carece de base. As ciências das essências fundam-se, em seu entender, em uma "egologia transcendental".

A evolução da fenomenologia de Husserl a partir desse momento pertence mais ao pensamento próprio desse autor (ver HUSSERL [EDMUND]) que ao "movimento fenomenológico". Praticamente apenas Eugen Fink trabalhou com Husserl em seus esforços para desenvolver uma "fenomenologia genética" (como exploração dos atos constitutivos da consciência transcendental) e uma "fenomenologia construtiva" (como reconstrução de dados não oferecidos diretamente). Pertencem ainda menos ao "movimento fenomenológico" os trabalhos de Husserl direcionados para a superação do possível "solipsismo" da consciência transcendental e para a restauração da intersubjetividade (ver INTERSUBJETIVO) das "consciências" (o que algumas vezes foi chamado de "monadologia transcendental"). Por outro lado, a idéia husserliana do "mundo vivido", à qual nos referimos brevemente no verbete LEBENSWELT, teve grande influência sobre fenomenólogos e autores de outras correntes.

Indicamos anteriormente que trataríamos principalmente da fenomenologia tal como elaborada por Husserl, especialmente em sua fase "propriamente fenomenológica". Todavia, é pertinente mencionar aqui como muito ligada a essa fase a chamada "fenomenologia das essências de Max Scheler" (VER). Esse autor tratou especialmente das essências como "essências-valores" e interessou-se pela "intuição emocional" dessas essências. Estas últimas não estão diretamente ligadas a significações — na intuição do valor do que é agradável, por exemplo, não se intui a significação da essência "agradável", mas se intui (emocionalmente) a própria essência "agradável". Scheler desenvolveu detalhadamente uma teoria da "experiência fenomenológica" ligada a uma doutrina dos "fatos fenomenológicos", em oposição a outros tipos de fatos (ver FATO).

Pela variedade de tendências que se manifestaram na fenomenologia — inclusive na fenomenologia husserliana — e pelos diversos modos e fases por ela apresentados, é cada vez mais comum especificar a fenomenologia com o auxílio de um adjetivo. Como já se indicou, falou-se, em relação a Husserl, de uma fenomenologia transcendental, de uma fenomenologia construtiva e de uma fenomenologia genética (e também se poderia falar de uma fenomenologia "sintética" no sentido de se ocupar dos processos de "síntese", seja ela ativa ou passiva). Hoje é comum distinguir ao menos três "tipos" de fenomenologia: a fenomenologia transcendental — centrada em Husserl e em autores mais ou menos fielmente husserlianos —, a fenomenologia existencial — que se manifesta, certamente de modo muito diverso, em autores como Sartre e Merleau-Ponty — e a fenomenologia hermenêutica. Tratamos desta última no verbete HERMENÊUTICA.

Acrescentou-se a esses "tipos" de fenomenologia a chamada "fenomenologia contextual", proposta por Anna-Teresa Tymieniecka, a partir de Roman Ingarden, mas como uma tentativa de superação tanto do idealismo de Husserl como da "controvérsia idealismo-realismo de Ingarden", isto é, tanto do "monismo" de Husserl como do "pluralismo" de Ingarden. Essa fenomenologia propõe-se "ir além dos níveis racionais da objetividade" para chegar até suas "fontes dinâmicas". O contexto é "o contexto da criatividade humana", que incorpora "o completo sistema emotivo-empírico de funções" (*Phenomenology Information Bulletin*, n. 1, outubro de 1977, p. 11). Desse modo abandona-se o ideal de uma filosofia sem pressupostos para concentrar-se no "homem-em-sua-condição-no-mundo".

III. *A fenomenologia em Husserl e em Hegel.* Alguns dos significados de 'fenomenologia' antes apresentados são muito distintos entre si. Por exemplo, pouco ou nada parece haver em comum entre o significado de 'fenomenologia' em Lambert e o significado do mesmo termo em Peirce ou em Husserl, exceto a referência comum a um "mundo de fenômenos". Durante muito tempo também se pensou que não havia nada em comum entre o sentido de 'fenomenologia' em Hegel e em Husserl, pois, enquanto para o primeiro a fenomenologia constitui um sistema fechado — embora dinâmico —, para o segundo ela constitui a afirmação da máxima abertura da consciência enquanto consciência intencional. Com efeito, os fenomenólogos sempre insistiram em que, contra o mundo fechado dos kantianos e dos neokantianos, eles propunham um mundo aberto; em vez da assimilação e da constituição havia o "reconhecimento" e a "visão". Além disso, enquanto para Hegel se trata de dialética, para Husserl trata-se de descrição pura. Recentemente, porém, tentaram descobrir conexões entre a fenomenologia hegeliana e a husserliana. Desse modo, Alphonse de Waelhens (*Existence et signification* [1958], pp. 7-29) destacou que Hegel já ressaltara, no começo da *Fenomenologia do Espírito*, que não se pode falar de um conhecimento enquanto representação que um sujeito tem de algo situado absolutamente fora dele (o que equivaleria a dizer que o conhecimento pode ser verdadeiro encontrando-se fora do absoluto, isto é, da verdade). Essa concepção não-representativa da consciência é, em alguns aspectos, similar à husserliana (embora nesta última não haja progresso rumo ao absoluto, mas simplesmente abertura diante do objeto intencional). Por outro lado, a ambigüidade da posição de Hegel a respeito do famoso "dilema idealismo-realismo" reproduz-se em Husserl, de tal modo que os partidários de um "Husserl idealista" podem apresentar argumentos tão convincentes a favor de sua opinião quanto os partidários de um "Husserl realista". Finalmente, há tanto em Hegel como em Husserl uma tentativa de reduzir a experiência a uma "experiência perceptiva originária" anterior a toda transformação por meio da ciência ou até mesmo do senso comum.

➲ Para a fenomenologia de Peirce ver: William L. Rosensohn, *The Phenomenology of C. S. Peirce: From the Doctrine of Categories to Phaneroscopy*, 1974.

Para a fenomenologia husserliana ver a bibliografia de HUSSERL, EDMUND, e, além disso, ou sobretudo: W. Reyer, *Einführung in die Phänomenologie*, 1926. — Georg Misch, *Lebensphilosophie und Phänomenologie*, 1930. — E. Levinas, *La théorie de l'intuition dans la phénoménologie de Husserl*, 1931. — Julius Kraft, *Von Husserl zu Heidegger. Kritik der phänomenologischen Philosophie*, 1932; 2ª ed., 1959. — VV. AA., *La phénoménologie*, 1932 (Compte rendu des journées d'études de la Société thomiste. Juvisy). — Arnold Metzger, *Phänomenologie und Metaphysik*, 1933. — Jean Hering, *Phénoménologie et philosophie religieuse*, 1936. — S. Passweg, *Phänomenologie und Ontologie. Husserl-Scheler-Heidegger*, 1939. — Francisco Miró Quesada, *Sentido del movimiento fenomenológico*, 1941. — Marvin Farber, *The Foundation of Phenomenology*, 1943; 2ª ed., 1962. — Id., *The Aims of Phenomenology: The Motives, Methods, and Impact of Husserl's Thought*, 1966 [coletânea de trabalhos, a partir de 1928]. — Id., *Phenomenology and Existence: Toward a Philosophy within Nature*, 1967. — Ludwig Landgrebe, *Phänomenologie und Metaphysik*, 1948. — Id., *Der Weg der Phänomenologie. Das Problem einer ursprünglichen Erfahrung*, 1963. — F. J. Brecht, *Bewusstsein und Existenz. Wesen und Weg der Phänomenologie*, 1948. — E. Castelli, U. Spirito et al., *Fenomenologia e sociologia*, 1951. — F. Jeansson, *La phénoménologie*, 1951. — P. Thévenaz, H. J. Pos, E. Fink, M. Merleau-Ponty, P. Ricoeur, J. Wahl, *Problèmes actuels de la phénoménologie*, 1952, H. L. van Breda, ed., — Pierre Thévenaz, "Qu'est-ce que la phénoménologie", *Revue de théologie et de philosophie* [Lausanne] (1952), 7-30, 126-140, 294-316. Do mesmo autor, vários trabalhos em sua obra *L'homme et sa raison*, 2 vols., 1956. — A. Reinach, *Was ist Phänomenologie?*, 1953. — I. F. Lyotard, *La phénoménologie*, 1954. — Gerhard Funke, *Zur transzendentalen Phänomenologie*, 1957. — Id., *Phänomenologie. Metaphysik oder Methode?*, 1966; 2ª ed., rev., 1972. — Quentin Lauer, *The Triumph of Subjectivity*, 1958; 2ª ed., com o título *Phenomenology: Its Genesis and Prospect*, 1965. — André de Muralt, *L'idée de la phénoménologie. L'exemplarisme husserlien*, 1958 (tese). — Guido Pedroli, *La fenomenologia di Husserl*, 1958. — William A. Luijpen, *Existentiële fenomenologie*, 1959; 7ª ed., 1967; 8ª ed., com o título *Nieuwe inleiding tot de existentiële fenomenologie*, 1969. — Paolo Valori, *Il metodo fenomenologico e la fondazione della filosofia*, 1959. — Maurice Natanson, *Literature, Philosophy, and the Social Sciences*, 1962 (especialmente pp. 3-61). — Anna Teresa Tymieniecka, *Phenomenology and Science in Contemporary European Thought*, 1962. — Stephan Strasser, *Phenomenology and the Human Sciences: A Contribution to a New Scientific Ideal*, 1963. — Aron Gurwitsch, *Studies in Phenomenology and Psychology*, 1966. — Id., *Phenomenology and the Theory of Science*, 1974, ed. Lester Embree. — Erwin W. Straus, *Phenomenological Psychology: The Selected Papers of E. W. S.*, 1966. — A. Schutz, A. Gurwitsch et al., *Studies in Phenomenology*, 1966, ed. Maurice Natanson. — Rudolf Boehm, *Vom Gesichtspunkt der Phänomenologie*, 1968. — T. Langan, H. Spiegelberg et al., *Phenomenology in Perspective*, 1970, ed. F. J. Smith. — Richard M. Zaner, *The Way of Phenomenology: Criticism as a Philosophic Discipline*, 1970. — Cornelis A. van Peursen, *Phenomenology and Analytical Philosophy*, 1972. — Id., *Phenomenology and Reality*, 1972. — John Sallis, *Phenomenology and the Return to Beginnings*, 1973. — Karl Schuhmann, *Die Dialektik der Phänomenologie*, 2 vols., 1973 (I: *Husserl über Pfänder*; II: *Reine Phänomenologie und phänomenologische Philosophie. Historisch-analytische Monographie über Husserls Ideen I*). — Herbert Spiegelberg, *Doing Phenomenology: Essays on and in Phenomenology*, 1975. — M. Richir, *Au-delà du renversement copernicien. La question de la phénoménologie et de son fondement*, 1976. — D. Ihde, *Experimental Phenomenology: An Introduction*, 1977. — R. S. Tragesser, *Phenomenology and Logic*, 1977. — P. Salvucci, *Adam Ferguson. Sociologia e filosofia politica*, 1977. — F.-W. v. Herrmann, *Der Begriff der Phänomenologie bei Heidegger und Husserl*, 1981. — H. Spiegelberg, *The Context of the Phenomenological Movement*, 1981. — A. F. Aguirre, *Die Phänomenologie Husserls im Licht ihrer gegenwärtigen Interpretation und Kritik*, 1982. — S. Valdinoci, *Les fondements de la phénoménologie husserlienne*, 1982. — R. Grossmann, *Phenomenology and Existentialism*, 1984. — J. L. Marion e G. Planty-Bonjour, eds., *Phénoménologie et métaphysique*, 1984. — D. Guerriere, ed., *Phenomenology of the Truth Proper to Religion*, 1990. — A. Casebier, *Film and Phenomenology: Toward a Realist Theory of Cinematic Representation*, 1992. — R. Bernet, I. Kern e E. Marbach, *An Introduction to Husserlian Phenomenology*, 1993.

Para a história desse movimento, ver Herbert Spiegelberg, *The Phenomenological Movement: A Historical Introduction*, 2 vols., 1960; 2ª ed., 1965; 3ª ed., rev. e aum., 1981. — J. M. Edie, "Phenomenology in the United States (1974)", *Journal. British Society for Phenomenology*, 5 (1974), 199-211. — B. Waldenfels, *Phänomenologie in Frankreich*, 1983. — H. R. Sepp, *Edmund Husserl und die phänomenologische Bewegung. Zeugnisse in Text und Bild*, 1988.

No Veterans Hospital de Lexington, Kentucky (EUA), são celebradas as Lexington Conferences on Pure and Applied Phenomenology, cujas Atas são: I, 1963, *Phenomenology. Pure and Applied*, ed. Erwin W. Straus, 1964; II, 1964, *Phenomenology of Will and Action*, edição de Erwin W. Straus e Richard M. Griffith, 1967; III, 1965, *Phenomenology of Memory*, edição de Erwin W. Straus e Richard M. Griffith, 1970; IV, 1967, *Aisthesis and Aesthetics*, edição de Erwin W. Straus e Richard M. Griffith, 1970; V, 1972, *Language and Language Disturbances*, ed. Erwin W. Straus, 1974.

Revistas: *Philosophy and Phenomenological Research*, desde 1940. — *Journal of the British Society for Phenomenology*, desde 1971. — *Research in Phenomenology*, desde 1971 (anuário). — *Analecta Husserliana*, desde 1971 (anuário). — *Aletheia*, desde 1977. — *Orbis Phaenomenologicus*, desde 1993. **C**

FENOMENOLÓGICO. Na literatura filosófica a partir de Husserl utiliza-se o adjetivo 'fenomenológico' quase sempre em relação à filosofia desse autor ou a algumas das variedades da fenomenologia. Os usos pré-husserlianos de 'fenomenológico' são geralmente bastante distintos dos husserlianos e pós-husserlianos, mas encontram-se — com a possível exceção de um dos usos kantianos — dentro do marco da filosofia, razão pela qual são tratados no verbete FENOMENOLOGIA.

Há um uso de 'fenomenológico' que não é completamente independente de certos usos filosóficos, especialmente na área da filosofia da ciência e da metaciência, mas que convém tratar à parte para evitar confusões: é o uso científico, e metacientífico, do termo 'fenomenológico' em expressões como "teorias (científicas) fenomenológicas".

Há certas similaridades entre 'fenomenológico' e 'fenomenista' (ou 'fenomenalista') na medida em que algumas teorias fenomenológicas, especialmente na física, adotaram pressupostos próprios do fenomenismo. Isso ocorre em Ernst Mach, o mais conhecido representante da "física fenomenológica". Contudo, não é estritamente necessário que uma teoria fenomenológica seja fenomenista, ou que tenha pressupostos epistemológicos fenomenistas. Como o fenomenismo (ver FENOMENISMO, *ad finem*), por sua vez, também não precisa necessariamente ter pressupostos epistemológicos, e menos ainda ontológicos, deve-se definir em cada caso o que se entende por 'fenomenológico' no caso das "teorias fenomenológicas".

Em geral, admite-se que uma teoria fenomenológica formula enunciados observacionais e elabora conceitos que permitem fazer predições que se convertem oportunamente em enunciados observacionais. Descarta-se então toda referência a "entidades" que permitam explicar o mecanismo de produção dos fenômenos descritíveis. As teorias fenomenológicas em sentido estrito diferem das doutrinas fenomenistas de caráter epistemológico e ontológico que não se fundam em nenhum "sensacionismo", nenhum "subjetivismo" e nenhum "neutralismo" (por exemplo, do físico e do psíquico). Os fenômenos de que se ocupam essas teorias são admitidos como objetivos e são objeto de enunciados. As teorias fenomenológicas distinguem-se das não-fenomenológicas, às vezes chamadas "representacionais" ou "representativas" — por exemplo, as teorias clássicas mecanicistas —, pelo fato de que não almejam proporcionar nenhuma "representação" ou descrição dos mecanismos produtores dos fenômenos estudados.

A esse respeito foi proposta a imagem da "caixa preta" por oposição à "caixa translúcida", e falou-se de "caixapretismo". Mario Bunge esclareceu a concepção das "teorias científicas como caixas" do seguinte modo:

"Tanto as teorias científicas como seus referentes foram freqüentemente comparados a dispositivos com forma de caixa com quadrantes externos que podem ser manipulados [J. L. Synge, Warren Weaver]. Os quadrantes correspondem às variáveis 'externas', que representam propriedades observáveis, tais como a extensão e a direção do movimento dos corpos visíveis; as peças no interior da caixa correspondem às variáveis 'internas' ou hipotéticas, tais como a tensão elástica e o peso atômico. Se para que a caixa funcione é preciso apenas manipular os quadrantes, temos uma teoria da *caixa preta* (um nome útil cunhado pelos engenheiros elétricos para descrever o tratamento de certos sistemas, tais como transformadores ou cavidades ressoantes, *como se* fossem unidades carentes de estrutura). Se, além do manejo dos quadrantes que representam as variáveis externas, nos vemos obrigados a introduzir um mecanismo interno hipotético descrito com a ajuda de variáveis 'internas' (construções hipotéticas), então estamos diante do que poderia ser chamado de uma teoria da *caixa translúcida*. As teorias da caixa preta também são chamadas de *fenomenológicas*; e as teorias da caixa translúcida podem ser chamadas de *representacionais*" ("Teorias fenomenológicas", em *Teoría y realidad*, 1972, p. 56). Bunge dá vários exemplos de teorias fenomenológicas — como a cinemática, a ótica geométrica, a termodinâmica, a teoria da informação, a teoria da aprendizagem na psicologia comportamental — e sugere as expressões 'caixa preta', 'externo' e 'não-representacional' em vez de 'fenomenológico' justamente para evitar que se confunda uma teoria fenomenológica com uma doutrina epistemológica ou epistemológico-ontológica fenomenista do tipo das que se fundam em "dados dos sentidos" supostamente últimos. Ele indica, além disso, que não se deve confundir uma teoria fenomenológica com uma puramente descritiva ou com uma de natureza não-causal, e que não se deve confundir uma teoria fenomenológica com uma teoria derivada. Fala também de teorias semifenomenológicas, como a teoria do campo eletromagnético e a teoria quântica (que numerosos autores consideram simplesmente fenomenológicas).

A questão da natureza e da função das teorias fenomenológicas na ciência propiciou muitos debates. Alguns autores consideram que toda teoria científica aceitável é fenomenológica e que se deve rejeitar todo "realismo científico"; outros consideram que uma teoria fenomenológica é apenas um primeiro passo, de caráter instrumental, para formular oportunamente alguma teoria "representacional" ou "realista". Aqueles que defendem as teorias fenomenológicas contra as teorias representacionais ou "realistas" — às vezes consideradas "metafísicas" — apóiam-se em uma epistemologia instrumentalista e destacam ao máximo o caráter pragmático da pesquisa. Todavia, não se deve confundir o pragmatismo (que é um conjunto complexo de doutrinas epistemológicas de alcance muito diverso) com o mero "caixapretismo".

FERÉCIDES de Tiro (meados do século VI a.C.) foi autor de uma obra intitulada Πεντέμυχος, ou *Os cinco abismos*, na qual apresentou uma cosmogonia teológica segundo a qual da massa indiferenciada de um caos primitivo formado pela água surgiu, por meio da intervenção dos deuses, um mundo. Os deuses são: Zeus, Cronos (que, segundo H. Diels, procedem, respectivamente, da poesia teológica e da especulação órfica) e Ctônia ou Ge (a Terra), a divindade terrestre. Segundo Aristóteles (*Met.*, N 4, 1091 b 8), Ferécides é um dos que misturaram a filosofia com a poesia e consideraram o supremo Bem como agente gerador. Esse Bem supremo é Zeus ou Júpiter ou pelo menos está personificado no deus.
↪ Diels-Kranz, VII. — Ver H. Diels, em *Archiv für Geschichte der Philosophie*, I (1888), 11-5. — Artigo de K. von Fritz sobre Ferécides (Pherekydes) em Pauly-Wissowa. ↩

FÉRET, NICOLAS. Ver Três impostores.

FERIO é o nome que designa um dos modos (ver Modo) válidos dos silogismos da primeira figura (ver). Um exemplo de *Ferio* pode ser:

Se nenhum adolescente é trabalhador
e alguns finlandeses são adolescentes,
então alguns finlandeses não são trabalhadores,

exemplo que corresponde à seguinte lei da lógica quantificacional elementar:

$$(\wedge x \, (Gx \to \Box \, Hx) \wedge \vee x \, (Fx \wedge Gx)) \to \vee x \, (Fx \wedge \Box \, Hx)$$

e que, empregando-se as letras 'S', 'P' e 'M' da lógica tradicional, pode ser expresso mediante o seguinte esquema:

$$(MeP \wedge SiM) \to SoP$$

no qual aparece claramente a seqüência das letras 'E', 'I', 'O', origem do termo *Ferio*, na ordem MP – SM – SP.

FERISON é o nome que designa um dos modos (ver Modo) válidos dos silogismos da terceira figura (ver). Um exemplo de *Ferison* pode ser:

Se nenhum leão é manso
e alguns leões são perigosos,
então alguns seres perigosos não são mansos,

exemplo que corresponde à seguinte lei da lógica quantificacional elementar:

$$(\wedge x \, (Gx \to \Box \, Hx) \wedge \vee x \, (Gx \wedge Fx)) \to \vee x \, (Fx \wedge \Box \, Hx)$$

e que, empregando-se as letras 'S', 'P' e 'M' da lógica tradicional, pode ser expresso por meio do seguinte esquema:

$$(MeP \land Mis) \rightarrow SoP$$

no qual aparece claramente a seqüência das letras 'E', 'I', 'O', origem do termo *Ferison*, na ordem MP – MS – SP.

FERMAT, PIERRE (1601-1665). Nascido nas proximidades de Montauban, estudou Direito em Toulouse e foi magistrado na mesma cidade. Durante toda a sua vida trabalhou em questões e problemas matemáticos e manteve correspondência com matemáticos e filósofos, legando numerosos trabalhos, notas e cartas. Deve-se a Fermat o desenvolvimento da geometria analítica, elaborada na mesma época por Descartes. Fermat obteve numerosos resultados em geometria e, sobretudo, em aritmética. Muitas vezes assentou teoremas alegando tê-los provado, mas sem que se tenha encontrado em seus textos a prova; todavia, esses teoremas foram posteriormente provados por outros matemáticos, o que faz pensar que Fermat os provara, ao menos *in mente*. Uma exceção é o chamado, por antonomásia, "teorema de Fermat", embora se chame, mais propriamente, "o último teorema de Fermat". Fermat disse que descobrira uma prova (uma "prova maravilhosa"), mas que não havia na página margem suficiente para escrevê-la. Numerosos matemáticos tentaram, sem êxito, provar esse teorema, que enuncia que, dada a equação

$$x^n + y^n = z^n,$$

não é possível satisfazê-la para valores inteiros de x e de y quando $n > 2$. Como este, muitos dos teoremas de Fermat concernem a números inteiros ou frações.

⊃ O teorema indicado figura em *Varia opera mathematica* (1679), publicadas postumamente. Obras completas de F. em 4 vols., 1894-1902, edição de Paul Tannery e C. Henry. ⊂

FERRARA, FRANCISCO SILVESTRE DE. Franciscus de Silvestris Ferrariensis, ou *o Ferrariense* (*ca.* 1474-1528), da Ordem dos Predicadores. Deu aulas em Bolonha. Comentador de vários textos de Aristóteles (a *Física*, o tratado sobre a alma e os *Analíticos posteriores*), destacou-se sobretudo por seu comentário à *Summa contra Gentiles* de Santo Tomás. Francisco de Ferrara é considerado um dos autores que contribuíram para o restabelecimento da doutrina tomista original. Os citados *Commentaria in Summam contra Gentiles* foram publicados na *Editio Leonina* das obras de Santo Tomás junto com o texto da *Summa* (tomos XIII, XIV, XV, 1920-1930, com o tomo XVI, 1948; este último contém os índices).

FERRARI, GIUSEPPE. Ver Ardigò, Roberto.

FERRARIA, FRANCISCO DE. Ver Mertonianos.

•• **FERRATER MORA, JOSÉ** (1912-1991). Nascido em Barcelona, estudou filosofia na Faculdade de Filosofia de Barcelona, onde Joaquim Xirau brilhava com luz própria. Ali, a atmosfera que o rodeou foi decididamente fenomenológica e de filiação alemã. Sua luta no exército republicano o levou a abandonar a Catalunha em 1939 e a buscar um primeiro — e breve — refúgio em Paris. Cuba e Santiago do Chile (1941) foram estações intermediárias para seu estabelecimento definitivo nos Estados Unidos (com uma bolsa Guggenheim em 1947 e como docente Bryn Mawr a partir de 1949). Ferrater tinha uma reconhecida capacidade idiomática, que lhe permitira dedicar-se a tarefas de tradução. Foi precisamente isso o que levou um editor mexicano a propor-lhe, já em Cuba, que preparasse um breve dicionário de filosofia. O encargo, casual e modesto, deu lugar, com o tempo, a uma obra monumental.

Mas a importância do *Dicionário de Filosofia* de Ferrater não radica apenas em seu enorme interesse intrínseco, mas também — e talvez sobretudo — no papel que desempenhou na evolução do pensamento filosófico de seu autor. Com efeito, a preparação do dicionário — que ele empreendeu com maior força e ambição que o previsto — obrigou Ferrater a aprofundar-se na tradição histórica. Não se tratava apenas de oferecer uma visão esquemática da grande tapeçaria da história da filosofia, mas era preciso trançar os muitos fios que compõem as figuras, as cenas e os relevos da tapeçaria.

Ao aprofundar-se na compreensão histórica da filosofia, Ferrater, além de descobrir um mundo então totalmente desconhecido na Espanha, o da tradição analítica, também chegou a conceber uma de suas intuições fundamentais; a própria existência de tão diversas doutrinas filosóficas o fez observar duas características básicas dessas doutrinas: sua irredutibilidade e sua conflituosidade.

Essa intuição conformou a criação filosófica do próprio Ferrater. Fascinado pela diversidade, sentiu-se atraído por quase todos os motivos filosóficos, desde a lógica e a filosofia da ciência, até a política, a ética ou a estética, passando pela ontologia e pela teoria do conhecimento (uma boa prova disso são, entre muitas outras obras, seus *Fundamentos de filosofia*, *El ser y la muerte* ou *De la materia a la razón*). Mas seus muitos interesses não o fizeram esquecer a importância de perseguir um sistema, um "sistema aberto". A partir dessa visão de realidades diversas, ao mesmo tempo irredutíveis e compreensíveis, Ferrater exibe uma elegante conjunção de ironia (antidogmatismo) e rigor. Seus muitos interesses — os da própria realidade — reclamam-lhe um método; mas seu método não o leva ao ensimesmamento, à reclusão, e sim ao integracionismo (ver).

Ferrater é unanimemente considerado o filósofo espanhol mais importante da segunda metade do século XX. O fruto mais maduro de seu pensamento encontra-se em *De la materia a la razón*, de 1979, no qual apresenta seu sistema como um emergentismo articulado em quatro níveis: o físico, o orgânico, o social e o cultural. Cada nível emerge do anterior, sem que seja por isso uma mera derivação dele.

Em seus últimos anos, Ferrater compôs vários romances, que deveriam ampliar a incursão técnica e estética que muitos anos antes já realizara, com notável êxito, no campo do filme amador.

Os pontos de vista específicos de Ferrater Mora sobre diversas matérias estão recolhidos em alguns verbetes do Dicionário; ver: BIPOLARIDADE; CORREFERÊNCIA; COMPROMISSO ONTOLÓGICO; CONFLUÊNCIA; EMERGENTE; EMPIRISMO; ESPAÇO; EXTERNALISMO; INTERNALISMO; FICÇÃO; FILOSOFIA ANALÍTICA; GRUPOS ONTOLÓGICOS; HAVERES; INDIVÍDUO; INTEGRACIONISMO; INTENÇÃO LINGÜÍSTICA; INTRANSCENDÊNCIA; MORTE; OBJETIVAÇÃO; PARTICULAR; PRESENÇA; PRESSUPOSIÇÃO; REFERÊNCIA; REGRA; SENTIDO; SITUAR; TRANSFERÊNCIA; UNIVERSAIS.

◭ Obras: *Cóctel de verdad*, 1935. — *Diccionario de Filosofia*, 1941; 2ª ed., 1944; 3ª ed., 1951; 4ª ed., 1958; 5ª ed., 2 vols., 1965; 6ª ed., 4 vols., 1979. — *España y Europa*, 1942. — *Les formes de la vida catalana*, 1944; 2ª ed., 1955; 3ª ed., 1960; ed. ampl. com o ensaio "Catalunya enfora", 1980. — *Unamuno: bosquejo de una filosofia*, 1944; 2ª ed., 1957 (trad. ingl.: *Unamuno: A Philosophy of Tragedy*, 1962; reed., 1982). — *Cuatro visiones de la historia universal: S. Agustín, Vico, Voltaire, Hegel*, 1945; 2ª ed., 1955; 4ª ed., 1982 (trad. italiana: *Quattro visioni della storia universale*, 1981). — *Cuestiones españolas*, 1945. — *Variaciones sobre el espíritu*, 1945. — *La ironía, la muerte y la admiración*, 1946. — *El sentido de la muerte*, 1947. — *El llibre del sentit*, 1948. — *Helenismo y cristianismo*, 1949. — *El hombre en la encrucijada*, 1952; 2ª ed., 1965 (trad. ingl.: *Man at the Crossroads*, 1957; nova ed., 1968). — *Cuestiones disputadas: ensayos de filosofia*, 1955. — *Lógica matemática*, 1955 (com H. Leblanc); 2ª ed., 1962. — *Ortega y Gasset: An Outline of His Philosophy*, 1957 (trad. esp.: *La filosofía de O. y G.*, 1958; versão castelhana rev.: *O. y G.: etapas de una filosofía*, 1958 [2ª ed., 1967 em *Obras Selectas*; 3ª ed., 1973]; 2ª ed., 1963. — *Qué es la lógica*, 1957; novas eds., 1960 e 1965. — *La filosofía en el mundo de hoy*, 1959; 2ª ed., 1963 (versão em inglês: *Philosophy Today: Conflicting Tendencies in Contemporary Thought*, 1960; versão catalã: *La filosofia en el món d'avui*, 1965); versão rev.: *La filosofía actual*, ver infra. — *Una mica de tot*, 1961. — *El ser y la muerte: bosquejo de una filosofía integracionista*, 1962; 2ª ed., 1967; 3ª ed., 1979; 4ª ed., 1988, com novo "Prefácio" (trad. em ingl.: *Being and Death: An Outline of Integrationist Philosophy*, 1965. — *Tres mundos: Cataluña, España, Europa*, 1963 [inclui *Las formas de vida catalana*]. — *El ser y el sentido*, 1968 (que passará a ser *Fundamentos de la filosofía*, ver infra). — *La filosofia actual*, 1969; 2ª ed., 1970; 3ª ed., 1973 (versão revisada de *La filosofia en el mundo de hoy*). — *Diccionario de filosofía abreviado*, 1970. — *Indagaciones sobre el lenguage*, 1970; 2ª ed., 1980. — *Els mots i els homes*, 1970 (versão esp. ampl.: *Las palabras y los hombres*, 1971; 2ª ed., 1991). — *El hombre y su medio y otros ensayos*, 1971. — *Las crisis humanas*, 1972 (versão rev. e reduzida de *Las crisis humanas*, ver supra); nova ed. rev., 1983. — *Cambio de marcha en la filosofía*, 1974. — *Cine sin filosofías*, 1974. — *De la materia a la razón*, 1979; 2ª ed., 1983. — *Ética aplicada. Del aborto a la violencia*, 1981 (com Priscilla Cohn; 2ª ed., 1982; 3ª ed. ampl., 1985. — *El mundo del escritor*, 1983. — *Fundamentos de filosofía*, 1985 (reelabora *El ser y el sentido*, ver supra). — *Modos de hacer filosofía*, 1985. — *Mariposas y supercuerdas. Diccionario para nuestro tiempo*, 1994 (ensaios).

Romances e relatos: *Relatos capitales*, 1979. — *Claudia, mi Claudia*, 1982 (versão catalã, *Clàudia, Clàudia meva*, 1983; versão em ingl.: *Claudia, my Claudia*, 1983). — *Voltaire en Nueva York*, 1985. — *Hecho en corona*, 1986. — *Ventana al mundo*, 1986. — *El juego de la verdad*, 1988. — *Regresso del infierno*, 1989. — *La señorita Goldie*, 1991. — *Mujeres al borde de la leyenda*, 1991.

Correspondência: *Joc de cartes*, 1988 [correspondência com Joan Oliver]. — "Correspondencia J. F. M. — Antonio Rodríguez Huéscar", *Boletín de la Institución Libre de Enseñanza*, II, 16 (1993), 7-34; 17 (1993), 7-32.

Edição de obras: *Obras selectas*, 2 vols., 1967.

Bibliografia: Carlos Nieto Blanco, "Bibliografia de y sobre J. F. M.", no vol. ed. por S. Giner e E. Guisán, cit. infra, pp. 335-346.

Ver: Priscilla Cohn, ed., *Transparencies. Philosophical Essays in Honor of J. F. M.*, 1981. — Id., id., "Tendiendo puentes: la teoria del sentido y el continuo en F. M.", *Teorema*, 11 (1981), 37-56. — C. Nieto-Blanco, *La filosofia en la encrucijada. Perfiles del pensamiento de J. F. M.*, 1985. — Número monográfico da revista *Anthropos*, 49 (1985), dedicado à sua obra. — A. Guy, "El integracionismo de J. F. M.", em id., id., *Historia de la Filosofía Española*, 1985, cap. V, pp. 358-367. — A. Mora, *Gent Nostra. Ferrater Mora*, 1989. — J. Muguerza, "J. F. M.: de la materia a la razón pasando por la ética", *Revista Latinoamericana de Filosofía*, 15 (2) (1989), 219-238. — J. M. Terricabras, "J. F. M.: An Integrationist Philosopher", *Man and World*, 26 (2) (1993), 209-218. — S. Giner, E. Guisán, eds., *J. F. M.: El hombre y su obra*, 1994. •• ◭

FERRI, ENRICO (1856-1929). Nascido em San Benedetto Po (Mantova, Itália), foi professor de Direito e procedimento penal nas Universidades de Bolonha, Siena, Pisa e Roma. Ferri pertence ao grupo de psicólogos, sociólogos, juristas e criminólogos que contribuíram para a formação e difusão da escola positivista italiana de Direito penal e, em geral, para a propagação do positivismo. Fundou e dirigiu a revista *La scuola positiva* com o intenso apoio de Cesare Lombroso (VER). Enquanto Lombroso estudou os aspectos patológicos da criminalidade, Ferri dedicou-se às pesquisas dos aspectos jurídicos e sociológicos. Contra o sistema tradicional da pena pelo delito, propugnou e elaborou detalhadamente os procedimentos penais de reforma do delinqüente. Já que o delito é produzido por uma série de fatores fisiológicos, psicológicos e sociais não imputáveis ao criminoso, não devem ser estabelecidas leis penais baseadas na suposta liberdade completa do indivíduo para cometer ou não delitos; essas leis penais são ao mesmo tempo injustas e contraproducentes, pois não conseguem eliminar a criminalidade que se propõem combater. Seguindo Lombroso, Ferri mostrou a estreita afinidade que há entre a patologia do criminoso e a do gênio criador.

◐ Principais obras: *La teorica dell'imputabilità e la negazione del libero arbitrio*, 1878 (tese). — *Studi sulla criminalità in Francia dal 1826 al 1878*, 1880. — *I nuovi orizzonti del diritto e della procedura penale*, 1881. — *Sociologia criminale*, 1900. — *L'omicida*, 2 vols., 1895; 2ª ed., 1925. — *I delinquenti nell'arte*, 1896; 2ª ed., 1926. — *Difese penali*, 1899; 3ª ed., 3 vols., 1925. — *Studi sulla criminalità*, 1901; 2ª ed., 1926. — Ferri redigiu vários projetos para o Código Penal italiano. Também escreveu algumas obras elogiosas a Mussolini e ao fascismo (duas delas publicadas em 1927).

Ver: VV.AA., *Scritti in onore di E. F.*, 1929. — Id., *E. F. e la scienza generale italiana*, 1940. — Id., *E. F., maestro de la scienza criminologica*, 1941. — A revista fundada por ele, *Scuola positiva*, publicou, em 1953, "Le solenni onoranze alla memoria di E. F. nell'Università di Bologna". ◐

FERRI, LUIGI (1826-1895). Nascido em Bolonha, professor na França, em Florença e, a partir de 1871, em Roma, elaborou e difundiu uma doutrina do "sentido interior", que, influenciada sucessivamente pelo ecletismo francês, pelo espiritualismo e mesmo por algumas tendências do ontologismo, desembocava no que foi chamado de monismo dinâmico, entendendo-se por este uma concepção do real como força interior e espiritual, oposta a todo mecanicismo, materialismo e associacionismo atomista. O associacionismo inglês sobretudo, de Hobbes até sua época, foi submetido por Ferri a uma aguda e ampla crítica. A finalidade filosófica de Ferri consistia na formulação de uma ontologia que, sem destruir a clássica teoria do ser, permitisse incorporar a ela a noção de uma força-substância. Ferri teve influência na Itália não somente por sua filosofia, mas também por seus esforços para divulgar o pensamento francês e o alemão, particularmente o kantiano. Desse modo formou-se uma "escola" de filosofia de orientação espiritualista-dinâmica, especialmente interessada em problemas de psicologia e de ontologia.

◐ Obras: *Della filosofia de diritto presso Aristotele*, 1855. — *Sulle attinenze della filosofia e sua storia con la libertà e con l'incivilimento*, 1863. — *Leonardo da Vinci e la filosofia dell'arte*, 1871. — *La psychologie de l'association depuis Hobbes jusqu'à nos jours*, 1883. — *Il fenomeno sensibile e la percezione esteriore, ossia i fondamenti del realismo* (Academia dei Lincei, 1887-1888). — *Analisi del concetto di sostanza e sue relazioni con i concetti di essenza, di causa e di forza* (ibid., 1887-1888). — *Dell'idea dell'essere* (ibid., 1888).

Ver: G. Tarozzi, *La vita e il pensiero di L. F.*, 1895. — G. Alliney, *I pensatori della seconda metà del sec. XIX*, 1942, pp. 223-227. ◐

FERRIER, JAMES FREDERICK (1808-1864). Nascido em Edimburgo, estudou nas Universidades de Edimburgo e de Oxford, e deu aulas, a partir de 1845, na Universidade St. Andrew's, de Edimburgo.

◐ Em parte por influência de William Hamilton, e em oposição ao uso sistemático da "navalha de Ockham" feito por Thomas Brown (VER), Ferrier defendeu, em uma série de artigos publicados no *Blackwood's Magazine* — com o qual Hamilton também colaborava —, a idéia de que a consciência de um estado de espírito não é um agregado inútil a tal estado; a rigor, essa consciência pode influenciar o estado de espírito. Interessado no fenômeno da consciência de si e do que depois foi chamado de "consciência intencional", Ferrier analisou de que maneiras o ser consciente é ao mesmo tempo unido ao objeto e separável dele. A consciência de si mesmo não é, para Ferrier, uma mera torsão da consciência sobre si própria, mas uma consciência de ser corpo enquanto o corpo se transforma então naquilo que depois foi considerado um modo de estar no mundo ou entre outros corpos.

A obra metafísica sistemática pela qual Ferrier foi mais conhecido tem um caráter altamente especulativo e deve muito a Hegel, a Schelling e a Berkeley. Ferrier defendeu uma concepção sistemática da filosofia, que ele dividiu em epistemologia (ou teoria do saber), agnosiologia (teoria do não-saber) e ontologia (teoria do ser). O princípio e fim último do pensar filosófico é o Absoluto enquanto sujeito conhecedor do objeto e objeto conhecido pelo sujeito. Nem o sujeito nem o objeto existem separadamente; a realidade de cada um é a unidade com o outro. O Absoluto não é transcendente, mas imanente às realidades — é a própria realidade enquanto conhecida.

Edição de obras — as obras de F. foram publicadas em *Philosophical Works of the Late J. F. F.*, 3 vols., 1875-1888, edição de A. Grant e E. L. Lushington. O primeiro volume compreende *Institutes of Metaphysic*, publicado originalmente em 1854. O vol. II inclui suas lições sobre filosofia grega e se intitula *Greek Philosophy*. O vol. III, intitulado *Philosophical Remains*, inclui os mencionados artigos do *Blackwood's Magazine*. Durante sua vida, F. também publicou uma breve obra com o título: *Scottish Philosophy, the Old and the New*, 1856.

Ver: E. S. Haldane, *J. F. F.*, 1894. — A. Thomson, "The Philosophy of J. F. Ferrier", *Philosophy*, 39 (1964), 46-62. — L. Urbani Ulivi, "L'ignoranza sistematica nella filosofia di J. F. F.", *Rivista di Filosofia Neo-Scolastica*, 70 (1978), 440-449. C

FESAPO é o nome que designa um dos modos (ver Modo), considerado válido por muitos autores, dos silogismos da quarta figura (VER). Um exemplo de *Fesapo* pode ser:

Se nenhum corpo é inextenso
e todas as coisas inextensas são invisíveis,
então algumas coisas invisíveis não são corpos,

exemplo que corresponde à seguinte lei da lógica quantificacional elementar:

$$(\wedge x \, (Hx \rightarrow \Box \, Gx) \wedge \wedge x \, (Gx \rightarrow Fx))$$
$$\rightarrow \vee x \, (Fx \wedge \Box \, Hx)$$

e que, empregando-se as letras 'S', 'P' e 'M' da lógica tradicional, pode ser expresso mediante o seguinte esquema:

$$(PeM \wedge MaS) \rightarrow SoP$$

no qual aparece claramente a seqüência das letras 'E', 'A', 'O', origem do termo *Fesapo*, na ordem PM – SM – SP.

FESTINI, NELLY. Ver Deustúa, Alejandro Octavio.

FESTINO é o nome que designa um dos modos (ver Modo) válidos dos silogismos da segunda figura (VER). Um exemplo de *Festino* pode ser:

Se nenhum sábio é corajoso
e alguns nadadores são corajosos,
então alguns nadadores não são sábios,

exemplo que corresponde à seguinte lei da lógica quantificacional elementar:

$$(\wedge x \, (Hx \rightarrow \Box \, Gx) \wedge \vee x \, (Fx \rightarrow Gx))$$
$$\rightarrow \vee x \, (Fx \wedge \Box \, Hx)$$

e que, empregando-se as letras 'S', 'P' e 'M' da lógica tradicional, pode ser expressa mediante o seguinte esquema:

$$(PeM \wedge SiM) \rightarrow SoP$$

no qual aparece claramente a seqüência das letras 'E', 'I', 'O', origem do termo *Festino*, na ordem PM – SM – SP.

FESTUGIÈRE, A[NDRÉ-MARIE] J[EAN]. Ver Le Saulchoir.

FEUERBACH, LUDWIG [ANDREAS] (1804-1872). Nascido em Landshut (Baviera). Depois de estudar teologia em Heidelberg e filosofia em Berlim, com Hegel (1824-1825), continuou seus estudos em Erlangen (1826-1828), onde foi *Privatdozent*. Não conseguiu uma cátedra titular e viveu retirado em Bruckberg (1824-1860) e em Rechenberg, perto de Munique (1860-1872).

Integrante da "esquerda hegeliana", foi durante algum tempo o mais destacado e influente representante dessa tendência. Durante alguns anos, um grupo de jovens filósofos, entre os quais figurava Marx, foram "todos feuerbachianos". Alcançaram grande repercussão os seus *Pensamentos sobre a morte e a imortalidade*, que apareceram, anonimamente, em 1830 e constituíam um violento ataque contra toda teologia especulativa. Durante seus anos de Bruckberg, Feuerbach realizou numerosos estudos de história e de crítica religiosa e filosófica. Mesmo quando Feuerbach foi se afastando de Hegel, as marcas hegelianas não desapareceram completamente de seu pensamento e de seu vocabulário.

Em um de seus "fragmentos filosóficos", Feuerbach escreveu: "Meu primeiro pensamento foi Deus; o segundo, a razão; o terceiro e último, o homem. O sujeito da divindade é a razão, mas o da razão é o homem" (*Sämtliche Werke*, edição de Wilhelm Bolin e Friedrich Jodl, II [nova ed., 1959], p. 388). Essas palavras podem servir de fórmula para caracterizar toda a evolução filosófica de Feuerbach. O "terceiro pensamento" é o mais importante de sua obra e o que exerceu a maior influência. A teologia, e até a própria filosofia, deve converter-se em "antropologia", em ciência — filosófica — do homem, única capaz de esclarecer os "mistérios" teológicos e provar que se trata de "crenças em fantasmas". A teologia "comum" descobre seus fantasmas por meio da imaginação sensível; a teologia especulativa os descobre por meio da abstração não-sensível, mas as duas teologias erram porque não conseguem descobrir o real. Feuerbach escreve, em seus aforismas intitulados "Para a reforma da filosofia", que se deve reconhecer que "o princípio da filosofia não é Deus, nem o Absoluto, nem o ser como predicado do Absoluto ou a Idéia; seu princípio é o finito, o determinado, o real" (*op. cit.*, p. 230). O infinito, em todo caso, é pensado por meio do finito. Por isso "a verdadeira filosofia" não se ocupa do infinito como finito, mas do finito como infinito (isto é, do homem como realidade absoluta). Para partir desse princípio, e ao mesmo tempo para chegar a esse resultado, Feuerbach considerou necessário desmascarar a teologia especulativa de Hegel, pois em seu entender o fantasma da teologia percorre de ponta a ponta o pensamento hegeliano. Deve-se denunciar sobretudo a suposta objetivação do espírito por meio da religião. Diante da tese da produção do mundo pelo espírito, Feuerbach sustenta que este último não é senão o nome que designa o conjunto dos fenômenos históricos e, em última análise, o nome que designa o universo, isto é, a Natureza, que é a realidade primária. A inversão da tese hegeliana não impede, contudo, que se reconheça o valor do espiritual; como última e mais elevada manifestação da Natureza, o espírito é o valor superior. O espírito porém nasce do homem enquanto ser natural, e todas as entidades transcendentes não são mais que hipóstases dos conceitos humanos. O homem se diferencia de um mero ser natural no fato de ser capaz de pensar seres infinitos, mas esse pensamento da infinitude não demonstra a efetiva existência dos universais filosóficos e religiosos. O homem cria seus deuses à sua imagem e semelhança; ele os cria de acordo com suas necessidades, desejos e angústias. As formas da divindade em cada uma das culturas e em cada um dos homens são o signo de suas tendências íntimas, modos de sua secreta autenticidade. Mas, justamente por causa disso, o conteúdo das religiões não deve ser simplesmente criticado, mas compreendido. A redução da teologia à antropologia é a condição fundamental para a compreensão da história e do homem. A tese da naturalidade do homem não anula, para Feuerbach, a tese de sua historicidade e de sua "espiritualidade", mas essa espiritualidade já não é entendida, como em Hegel, como a participação do natural no espírito, e sim como a concepção do espírito como a última etapa, como a forma valiosa da Natureza. A crítica da religião, o estudo psicológico-histórico da origem das religiões, conduz ao ateísmo; contudo, em primeiro lugar, o ateísmo não é uma atitude natural, mas produto de uma realidade histórica e, em segundo lugar, esse ateísmo não consiste na supressão pura e simples da religião. O ateísmo é, para Feuerbach, o estado em que o homem chega à consciência de sua limitação, mas, ao mesmo tempo, de seu poder. A limitação é dada pela consciência de sua imersão na Natureza; o poder, pelo conhecimento desse mesmo estado, pelo fato de poder libertar-se, finalmente, do transcendente. Por isso o ateísmo de Feuerbach, nutrido de idealismo ético, é uma negação da divindade que pretende assimilar o conteúdo das crenças, "a verdadeira e autêntica interpretação do cristianismo". Por sua assimilação do conteúdo espiritual da religião, por sua afirmação da plena consciência do poder e da limitação do homem, a filosofia de Feuerbach tende sensivelmente a transformar-se em um culto à humanidade. "A existência, a vida é o bem supremo, a suprema Natureza; o Deus primigênio do homem" (*Das wesen der Religion, Ergänzungen und Erläuterungen* [1845], *S. W.*, VII, p. 391).

Em conformidade com sua concepção do homem e da Natureza, Feuerbach desenvolveu uma teoria sensista do conhecimento, talvez mais acentuada pela oposição a Hegel. Todavia, a sensibilidade não é, para Feuerbach, uma negação da razão, mas seu fundamento.

A razão deve ordenar o que a sensibilidade oferece; sem a razão não há propriamente conhecimento, mas sem a sensibilidade não há nenhuma possibilidade de alcançar o mínimo saber verdadeiro. Em sua última época, Feuerbach pareceu aderir ao materialismo (VER) tal como era representado, entre outros, por Moleschott.

A filosofia de Feuerbach — especialmente sua crítica da religião dogmática e a derivação do culto à humanidade — alcançou logo uma difusão extraordinária. Os hegelianos de esquerda, entre eles Engels e Marx, manifestaram-se em sua juventude como entusiastas feuerbachianos. Desse modo, essa filosofia influenciou não apenas a teologia protestante crítica, mas também o marxismo. À parte essas influências difusas no pensamento geral da época, estão mais ou menos próximos de Feuerbach os seguintes autores: Max Stirner (VER), F. Th. Vischer (VER) e, mais recentemente, Friedrich Jodl (VER).

➲ Obras: *De ratione una, universali, infinita*, 1828. — *Gedanken über Tod und Unsterblichkeit aus den Papieren eines Denkers nebst Anhang theologisch-satyrischer Xenien*, 1830 (publicado anonimamente). — *Geschichte der neueren Philosophie von Bacon von Verulam bis Benedikt Spinoza*, 1833; 2ª ed., 1844; 3ª ed. no vol. IV de *S. W.* (História da filosofia moderna). — *Darstellung, Entwicklung und Kritik der Leibnitz'schen Philosophie*, 1837; 2ª ed., 1844 (*Exposição, evolução e crítica da filosofia leibnziana*). — *Pierre Bayle*, 1838; 3ª ed., rev., no vol VI de *S. W.* — *Ueber Philosophie und Christentum*, em *Beziehungen auf den der Hegelschen Philosophie gemachten Vorwurf der Unchristlichkeit*, 1839 (VII, 41ss.). — *Das Wesen des Christentums*, 1841; 3ª ed., 1848-1849 (ed. crítica com base nesta última por W. Schuffenhaver, 1956). — *Vorläufe Thesen zur Reform der Philosophie*, 1842. — *Grundsätze der Philosophie der Zukunft*, 1843. — *Das Wesen der Religion*, 1845 (*A essência da religião*). — *Vorlesungen über das Wesen der Religion*, 1857 (*Lições sobre a essência da religião*).

Edição de obras: *Sämtliche Werke*, 10 vols., 1846-1866; edição de W. Bolin e F. Jodl, 10 vols., 1903-1911; reimp., 13 vols., 1959-1964 (prólogo de K. Löwith), com 3 *Ergänzungsbände*: XI (*Jugenschriften*, ed. Martin Sass, 1962 [inclui bibliografia 1833-1960); XII e XIII (*Ausgewählte Briefe*, Ed. Martin Sass, 1962 e 1964 respectivamente). — *Gesammelte Werke*, 20 vols., edição de Werner Schuffenhauer *et al.*, desde 1967, única ed. crítica existente. — *Werke in sechs Bänden*, 1975ss., ed. E. Thies. — *Kleine Schriften*, 1966, ed. K. Löwith.

Em português: *A essência do cristianismo*, 2ª ed., 1997. — *Preleções sobre a essência da religião*, 1989. — *Princípios da filosofia do futuro*, 1988.

Bibliografia: H. M. Sass, *L. F. — Literatur 1960-1973*, em H. Lübbe, H.-M. Saas, eds., *Atheismus in der*

Diskussion. Kontroversen um L. F., 1975, pp. 263-280 [completa a bibliografia do vol. XI de *Obras completas* ed. por H.-M. Sass].
Ver: K. Grün, *L. F.*, 1874. — F. Engels, *L. F. und der Ausgang der klassichen deutchen Philosophie*, 1888 (trad. bras.: "Ludwig Feuerbach e o fim da filosofia clássica alemã", em K. Marx & F. Engels, *Obras escolhidas*, 1980). — W. Bolin, *L. F., sein Wirken und seine Zeitgenossen*, 1890. — F. Jodl, *L. F.*, 1904. — Albert Lévy, *La philosophie de F. et son influence sur la littérature allemande*, 1904 (tese). — Hans Aengeneyndt, *Der Begriff der Anthropologie bei L. F.*, 1923 (tese). — S. Rawidowicz, *L. Feuerbachs Philosophie. Ursprung und Schicksal*, 1931; 2ª ed., 1964. — Gregor Nüdling, *Ludwig Feuerbachs Religionsphilosophie. "Die Auflösung der Theologie in Anthropologie"*, 1936; reed., 1961. — R. Mondolfo, *F. y Marx*, 1936, reimp. em *Marx y marxismo*, 1960. — Y. Ahlberg, *Kristendomkritiken hos L. F.*, 1947. — Henri Arvon, *L. F. ou la transformation du sacré*, 1957. — W. Schilling, *F. und die Religion*, 1957. — Claudio Cesa, *Il giovane F.*, 1963. — Henrik Jankowski, *Etyka L. F. Uzródel marksistowskiego humanizmu*, 1963 (*A filosofia moral de L. F.: Rumo às fontes do humanismo marxista*). — Werner Schuffenhauer, *F. und der junge Marx. Zur Entstehungsgeschichte der marxistischen Weltanschauung*, 1965; 2ª ed., rev., 1972. — Enrico Rambaldi, *La critica antispeculativa di L. A. F.*, 1966. — Eugene Kamenka, *The Philosophy of L. F.*, 1970. — Ugo Perone, *Teologia ed esperienza religiosa di F.*, 1972. — Giulio Severino, *Origine e figure del processo teogonico in F.*, 1972. — Alfred Schmidt, *Emanzipatorische Sinnlichkeit. L. Feuerbachs anthropologischer Materialismus*, 1973. — Uve Schott, *Die Jugendentwicklung L. Feuerbachs bis zum Fakultätenwechsel 1825. Ein Beitrag zur Genese der Feuerbachsen Religionkritik*, 1973. — Leonardo Casini, *Storia e umanesimo in F.*, 1974. — Manuel Cabada Castro, *El humanismo premarxista de L. F.*, 1975. — A. Alessi, *L'ateismo di F. Fondamenti metafisici*, 1975. — Marx W. Wartofsky, *F.*, 1977. — G. Amengual, *Crítica de la religión y antropología en L. F. La reducción antropológica de la teología como paso del idealismo al materialismo*, 1980. — F. Tomasoni, *F. e la dialettica dell'essere*, 1982. — G. Biedermann, *L. A. F.*, 1986. — U. Reitemeyer, *Philosophie der Leiblichkeit: L. F.s Entwurf einer Philosophie der Zukunft*, 1988. — C. A. Wilson, *Feuerbach and the Search for Otherness*, 1989. **G**

FEYERABEND, PAUL K. (1924-1994). Nascido em Viena, doutorou-se na Universidade daquela cidade. Deu aulas no "Instituto de Viena para as Ciências e as Belas-Artes"; foi *Fellow* no Centro de Minnesota para a Filosofia da Ciência e co-dirigiu o seminário de física moderna no Forum Alpbach (Áustria). Em 1954 recebeu o prêmio do presidente da República da Áustria por seus trabalhos nas ciências e nas belas-artes. Atualmente é professor na Universidade da Califórnia, Berkeley (Califórnia).

Feyerabend interessou-se pela física e pela astronomia, assim como pelo teatro (esteve a ponto de trabalhar para Bertolt Brecht). Em Viena formou um grupo de estudos freqüentado por Von Wright, Arne Naess e Wittgenstein, entre outros. O pensamento deste último suscitou grande interesse em Feyerabend, que, mesmo rejeitando violentamente ser um filósofo analítico — e efetivamente não o sendo —, seguiu o último Wittgenstein em alguns aspectos (menos no conteúdo que no enfoque). Feyerabend assistiu ao seminário de Popper durante um ano, e ajudou Arthur Pap na redação de sua *Analytische Erkenntnislehre*, sem participar das idéias deste último autor. A relação com Popper e com os filósofos que partiram de Popper — ainda que para submeter suas idéias à crítica, como Imre Lakatos — fez que Feyerabend fosse considerado um dos "pós-popperianos". O próprio Feyerabend considera que sua formação e o desenvolvimento de seu pensamento foram ecléticos e que, evidentemente, experimentou importantes mudanças.

No início, Feyerabend interessou-se pela lógica formal, que mais tarde considerou até mesmo perniciosa para o bom desenvolvimento da filosofia. Interessou-se também pelo empirismo, a ponto de dirigi-lo contra aqueles que, como os positivistas lógicos, o haviam interpretado, ou usado, de modo distorcido, mas depois abandonou o empirismo e declarou ser um anarquista (ou até um dadaísta) epistemológico, considerando, em todo caso, e em consonância com Hegel, que o processo é mais importante que a estrutura.

A evolução do pensamento de Feyerabend ocorreu, no princípio, ao longo de seus trabalhos sobre a teoria da medida e da lógica quânticas. Observando que os pontos de vista de Bohr e da Escola de Copenhagen eram resistentes às objeções — embora não por causa dos refinamentos lógicos introduzidos por Von Neumann — e que ao mesmo tempo não eram suficientemente potentes para eliminar pontos de vista alternativos, Feyerabend interessou-se crescentemente pelas regras metodológicas que os cientistas têm de utilizar para suas provas e que dão por assentadas sem mais. O estudo dessas regras exigiu um exame do modo como foram adotadas e usadas no passado. Assim, a história da ciência transformou-se para Feyerabend — como, por razões muito distintas, em Kuhn — em um elemento essencial da filosofia da ciência. Feyerabend observou que essas regras metodológicas são violadas pelos próprios cientistas, em oposição às teses empiristas "oficiais". Além disso, se é preciso ater-se ao critério popperiano de falseabilidade, as teorias alternativas a uma teoria que tenha obtido numerosas verificações podem produzir fatos capazes de falsear esta última, sendo, portanto, indispensáveis para seu exame. Uma vez que se entra por esse caminho vai se desvanecendo toda linha de demarcação entre ciência e não-ciência (mito, metafísica etc.). A insistência na demarcação diminui o conteúdo empírico da ciência e o torna mais dogmático.

O que parecia necessário para a própria saúde da ciência e para um robusto empirismo forte acabou por se revelar como mais importante que os ideais mencionados. As especulações metafísicas, os antigos mitos, as vetustas cosmologias podem proporcionar uma explicação do mundo melhor que as explicações científicas. Durante algum tempo, Feyerabend pensou que, de qualquer modo, os pontos de vista não-científicos não estão lado a lado com os científicos, mas depois abandonou essa idéia. Os mitos não são apenas úteis para a ciência, ou necessários para aglutinar os homens em comunidades; eles têm um conteúdo cognoscitivo, sendo até mesmo possível que algumas vezes ciência e mito estejam em conflito e que o conteúdo do mito, e não o da ciência, seja verdadeiro. Mitos e metafísica são alternativas à ciência e podem proporcionar um conhecimento que não esteja contido na ciência e até que seja negado por ela.

O interesse de Feyerabend concentrou-se crescentemente na busca de uma metodologia geral que abarcasse tanto a ciência como os mitos, a metafísica, as artes. Mas mesmo essa metodologia não parecia satisfatória por estar demasiadamente apegada a sistemas de regras. Todo sistema de regras, por mais flexível que seja, limita; o melhor freqüentemente é quebrar as regras. Feyerabend chegou a propor uma única "regra" metodológica: "admite-se tudo" ou "vale tudo" (*Anything goes*), embora indicando que se trata de um modo jocoso de falar, destinado a ressaltar que se uma regra satisfatória é desejada, seja ela qual for, essa regra terá de ser tão vazia quanto "admite-se tudo".

Chegou o momento, afirma Feyerabend, de tirar a ciência e a razão dos postos privilegiados que ocuparam. Um resultado desse privilégio foi a constante mortificação dos impulsos criadores humanos. Não há nenhuma teoria que possa, ou deva, ser considerada privilegiada. O próprio materialismo, que Feyerabend defendeu até mesmo nas ciências formais, como a aritmética, não deve ser dogmático; se o idealismo serve para deter o dogmatismo, então o idealismo será bem-vindo. O anarquismo epistemológico de Feyerabend, que o autor combina com uma tendência à dialética, é a conseqüência de uma forte aposta na liberdade humana. Se essa liberdade for limitada por uma teoria libertária, então a própria teoria libertária terá de ser atacada. É possível até que em algum momento seja preciso dar à razão e à ciência um voto de confiança, mas, para Feyerabend, agora não é o momento. Em algumas ocasiões, mas não na presente, o racionalismo pode ser um corretivo contra um possível irracionalismo dogmático. A melhor aposta continua sendo o pluralismo, a alternativa e, em última análise, a liberdade.

⊃ Obras: "Das problem der Existenz theoretischer Entitäten" ("O problema da existência de entidades teóricas"), em E. Topitsch, ed., *Probleme der Wissenschaftstheorie*, 1960, pp. 35-72. — *Knowledge Without Foundation*, 1961. — "How to be a Good Empiricist. A Plea for Tolerance im Matters Epistemological", em B. Baumerin, ed., *Philosophy of Science. The Delaware Seminar II*, 1963, pp. 3-39. — "Über konservative Züge in der Wissenschaft und inbesondere in der Quantentheorie und ihrer Beseitigung" ("Sobre traços conservadores na ciência e em particular na teoria quântica, e de sua eliminação"), em G. Szczensny, ed., *Club Voltaire. Jahrbuch für kritische Aufklärung I*, 1963. — *Mind, Matter, and Method: Essays in Philosophy and Science in Honor of H. Feigl*, 1966 (coed. com G. Maxwell). — *Against Method: Outline of an Anarchistic Theory of Knowledge*, 1974 [reelaboração e ampliação do art. cit. *infra*]; 3ª ed., 1993. — *Science in a Free Society*, 1978. — *The Rise of Western Rationalism*, 1978. — *Kritik an der empiristischen Wissenschaftstheorie*, 1981 (*Crítica à teoria empírica da ciência*). — "Die Aufklärung hat noch nicht begonnen" ("A ilustração ainda não começou"), em P. Good, ed., *Von der Verantwortung des Wissens*, 1982. — *Wissenschaft als Kunst*, 1984 (*Ciência como arte*). — *Farewell to Reason*, 1987. — *Three Dialogues on Knowledge*, 1991.

Em português: *Adeus à razão*, 1991. — *Diálogo sobre o método*, 1991. — *Matando o tempo*, 1996.

Entre os numerosos artigos e trabalhos, alguns muito extensos, de F., citamos: "Wittgenstein's Philosophical Investigations", *Philosophical Review*, 64 (1955), 449-483. — "A Note on the Paradox of Analysis", *Philosophical Studies*, 7 (1956), 92-96. — "On the Quantum-Theory of Measurement", em S. Körner, M. H. L. Pryce, eds., *Observation and Interpretation: A Symposium of Philosophers and Physicists*, 1957, pp. 121-130. — "Complementarity", *Aristotelian Society Proceedings*, Suppl., vol. 32 (1958), 74-104. — "Explanation, Reduction, and Empiricism", em Herbert Feigl, Grover Maxwell, eds., *Minnesota Studies in the Philosophy of Science. 3: Scientific Explanation, Space, and Time*, 1962, pp. 28-97. — "Problems os Microphysics", em Robert G. Colodny, ed., *Frontiers of Science and Philosophy*, 1962, pp. 189-283. — "Realism and Instrumentalism: Comments on the Logic of Factual Support", em Mario Bunge, ed., *The Critical Approach to Science and Philosophy. In Honor of K. R. Popper*, 1964, pp. 280-308. — "Problems of Empiricism. Part I", em Robert G. Colodny, ed., *Beyond the Edge of Certainty. Essays in Contemporary Science and Philosophy*, 1965, pp. 145-260. — "Reply to Criticism: Comments on Smart, Sellars, and Putnam", em R. S. Cohen,

M. W. Wartofsky, eds., *Boston Studies in the Philosophy of Science. 2: In Honor of Philipp Frank*, 1965, pp. 223-261. — "On the Improvement of the Sciences and Arts, and the Possible Identity of the Two", em E. S. Cohen, M. W. Wartofsky, eds., *Boston Studies etc.*, 3 (1967), pp. 387-415. — "Science Without Experience", *Journal of Philosophy*, 66 (1969), 791-795. — "Against Method: Outline of an Anarchistic Theory of Knowledge", em M. Radner, S. Winokur, eds., *Minnesota Studies etc: 4. Analyses of Theories and Methods of Physics and Psychology*, 1970, pp. 17-130 (cf. *supra: Against Method*). — "Consolations for the Specialist", em I. Lakatos, A. Musgrave, eds., *Criticism and the Growth of Knowledge*, 1970, pp. 197-230 (trad. esp. do volume mencionado: *La crítica y el desarrollo del conocimiento científico*, 1975). — "Philosophy of Science. A Subject with a Great Past", em R. H. Stuewer, ed., *Minnesota Studies etc.*, 5: *Historical and Philosophical Perspectives of Science*, 1970, pp. 172-183. — "Problems of Empiricism. Part II", em R. G. Colodny, ed., *The Nature and Function of Scientific Theories: Essays in Contemporary Science and Philosophy*, 1970, pp. 275-353. — "Von der beschränkten Gültigkeit methodologischer Regeln", *Neue Hefte für Philosophie*, 2/3 (1972-1973: *Dialog als Methode*), pp. 124-171. — "Zahar on Einstein", *British Journal for the Philosophy of Science*, 25 (1974), 25-28. — "Popper's Objective Knowledge", *Inquiry*, 17 (1974), 475-507. — "Science: The Myth and Its Role in Society", *Inquiry*, 18 (1975), 167-176; também "Afterword: Theses on Anarchism", *ibid.*, pp. 176-181, e Arne Naess, "Why Not Science for Anarchists Too. A Reply to F.", *ibid.*, pp. 183-194. — "Changing Patterns of Reconstruction", *British Journal for the Philosophy of Science*, 28 (1977), 351-369.

Ver: A. Capeci, *La scienza tra fede e anarchia. L'epistemologia di P. F.*, 1977. — H. P. Dürr, ed., *Versuchungen. Aufsätze zur Philosophie P. F.s*, 2 vols., 1980-1981. — K. H. Brendgen, *Relative Realitäten und reale Relativitäten. Studien im Umfeld der Philosophie P. F.s*, 1983 (tese). — J. Marschner, *P. K. F.s Kritik an der empiristischen Wissenschaftstheorie*, 1984 (tese). — G. Anderson, *Kritik und Wissenschaftsgeschichte. Kuhns, Lakatos'und F.s Kritik des kritischen Rationalismus*, 1988. — H. Siegel, "Farewell to F.", *Inquiry*, 32 (1989). G. Couvalis, *F's Critique of Foundationalism*, 1989. **C**

FEYS, ROBERT (1889-1961). Nascido em Malines (Bélgica), estudou e doutorou-se no Instituto de Filosofia de Louvain. Cônego da Catedral Metropolitana de Malines, Feys deu aulas no Instituto Saint-Louis de Bruxelas (1913-1914), no Instituto Sainte-Gertrude de Nivelles (1919-1928), novamente no Instituto Saint-Louis (1928-1944) e na Universidade de Louvain (a partir de 1944). Interessou-se muito cedo pelos problemas da lógica simbólica e contribuiu para sua difusão mediante artigos, manuais e a fundação, em 1950, do Centre National de Recherches de Logique e da revista *Logique et Analyse*. Em seus trabalhos de investigação lógica, ocupou-se especialmente de lógica combinatória (junto com Haskell B. Curry), de lógica modal e dos métodos de dedução natural propostos por G. Gentzen.

⊃ Além de numerosos artigos, especialmente na *Revue Philosophique de Louvain*, devem-se a Feys as seguintes obras: *Logistiek*, 1944. — *De ontwikkeling van het logisch denken*, 1949 (*A evolução do pensamento lógico*). — *Combinatory logic*, 2 vols., 1958-1972 [em colaboração com Haskell B. Curry e duas seções por William Craig]. — Obra póstuma, rev. por J. Dopp: *Modal Logics*, 1964.

De seus escritos publicados em revistas sobre lógica modal citamos: "Les logiques nouvelles des modalités", *Revue néoscolastique de philosophie*, 35 (1937) e 36 (1938); "Resultaten en mogelijkheden van de geformaliseerde logica", *Tijdschrift voor Philosophie*, 12 (1950), 237-245; "Les systèmes formalisés des modalités aristotéliciennes", *Revue philosophique de Louvain*, 48 (1950), 478-509. **C**

FICÇÃO. Em latim o verbo *fingo* [*fingere*] significa "modelar", "formar", "representar", e daí "preparar", "imaginar", "disfarçar", "supor" etc. As coisas podem ser arranjadas, modeladas, disfarçadas, e com isso se transformam em *ficta*. Fala-se de *fictus amor*, ou aparência de amor, e de *ficti dei*, ou falsos deuses. As *fictiones poetarum* são as fábulas. Fala-se também de *fictio voluntatis* (Quintiliano) ou pensamento disfarçado. O termo *fictio* foi empregado ainda na literatura jurídica de língua latina significando uma ficção legal, sobretudo pelo jurisconsulto Júlio Paulo, a cujos escritos recorreram os autores do Digesto (*Digesta* ou *Pandecta*, de Justiniano). Quintiliano empregou o termo *fictio* no sentido de suposição ou hipótese. Pode-se ver, pois, que já na Antiguidade foi utilizada a noção de ficção. Em alguns casos se equiparou a ficção com a suposição; em outros ela foi equiparada com a aparência. Não parece, contudo, que a ficção tenha sido considerada uma noção independente, distinta por um lado da hipótese e, por outro, do disfarce ou engano. Segundo Vaihinger (cf. *op. cit. infra*), o uso da ficção como conceito relativamente autônomo ocorreu somente na Idade Média, e especialmente entre os autores de tendência nominalista, nos quais aparecem expressões tais como *fictio rationis* e *entia rationis*, não como meras falsidades, mas como instrumentos necessários para certas formas de saber.

O autor ao qual se costuma atribuir (erroneamente, como veremos) a primeira doutrina na qual as ficções desempenham um papel capital no conhecimento (e na prática) é Hans Vaihinger (VER), cuja filosofia recebeu freqüentemente o nome de *ficcionalismo*. Fundando-se na interpretação das "idéias" da "dialética transcendental" kantiana como ficções, interpretação esta exposta em seu vasto *Comentário à Crítica da razão pura* (*Kommentar zu Kants Kritik der reinen Vernunft*, 2 vols., 1881-1892), Vaihinger desenvolveu uma filosofia ficcionalista em sua obra capital *Die Philosophie des Als Ob. System der theoretischen, praktischen und religiösen Fiktionen der Menschheit auf Grund eines idealistischen Positivismus* (1911; *A filosofia do "como se". Sistema das ficções teóricas, práticas e religiosas da Humanidade com base em um idealismo positivista*). Vaihinger distingue vários modos como, em diferentes épocas, foram entendidas as "ficções", começando com a anteriormente mencionada referência às "ficções racionais" e aos "entes de razão" por parte de vários autores medievais (*Die Philosophie des Als Ob*, parte 1, cap. XXXII). Existe, segundo Vaihinger, um rico vocabulário em torno das idéias de ficção, presunção, conjetura etc. Especialmente importantes são os termos *sumptio*, *principium*, *suppositio*, *conjectura*, *praesumptio* e *fictio*. Nem todos eles significam a mesma coisa, nem todos podem ser simplesmente reduzidos à idéia de ficção. Desse modo, *sumptio* ou *positio* é uma simples admissão de algo expresso em uma proposição. *Principium* é ponto de partida. *Suppositio* e *coniectura* são dois modos, distintos apenas em grau, de presunção. A *suppositio* está muito próxima da hipótese, ao menos do sentido original de 'hipótese' (VER). A *praesumptio* tem um sentido predominantemente jurídico. A *fictio* é, de início, "produto da faculdade imaginativa" e se refere a distintas maneiras de invenção (poética, mítica etc.) — mas pode transformar-se na idéia de "ficção científica", que é a que interessa a Vaihinger, e cuja presença procurou descobrir na maior parte dos sistemas da filosofia moderna; não apenas nos sistemas nominalistas e empiristas, mas também nos sistemas realistas e racionalistas.

Segundo Vaihinger, as ficções (ou expressões nas quais pode-se empregar a locução "como se") aparecem não somente nas obras da fantasia e da imaginação, mas também no pensamento de "realidades" das quais não se pode propriamente dizer que "são", mas tampouco se pode dizer que "não são". Essas "realidades" — ou "ficções" — expressam-se antepondo-se ao nome que as designa a partícula *quasi*. As ficções são as quase-coisas mas também são quase-conceitos (como ocorre, na linguagem jurídica, com os conceitos de quase-afinidade, quase-delito e quase-posse). A rigor, chama-se de "ficções" os quase-conceitos que denotam quase-coisas. Segundo Vaihinger, são ficções, em particular, todos os conceitos auxiliares, termos auxiliares, operações auxiliares, meios auxiliares, métodos auxiliares, representações auxiliares, proposições auxiliares, conceitos intermediários e termos intermediários. Exemplos de ficções nesse sentido são: os "conceitos aparentes" de Lambert; as "figuras do pensamento" de Lotze; os *modi dicendi* de Leibniz; as "meras idéias" de Kant; os "conceitos provisórios" de Otto Liebmann; as "expressões encobertas" de Duhring; os "meios orientadores" de F. A. Lange, e, em geral, todos os conceitos-limite, conceitos teóricos, formas conceituais, ilusões úteis etc. (*op. cit.*, parte 1, cap. XXIII). Parece, pois, que quase todos os conceitos são ficções. Todavia, Vaihinger ressalta que para que um conceito seja uma ficção no sentido do "ficcionalismo" é preciso que seja utilizado com consciência de sua "falsidade" ou de sua (ao menos relativa) inadequação, e ao mesmo tempo com consciência de sua fecundidade, de sua utilidade. Além disso, nem todas as ficções são iguais. Pode-se falar, por exemplo, de "ficções plenas" e de "semificções". Vaihinger tentou uma classificação de ficções (por exemplo, ficções abstrativas, esquemáticas ou típicas, simbólicas ou analógicas, jurídicas, personificativas, somatórias, heurísticas, práticas ou éticas, matemáticas) e indicou que cada uma delas possui suas próprias condições de aplicabilidade. Segundo Vaihinger, não se deve interpretar o ficcionalismo como uma doutrina que "permite tudo". Nenhuma construção conceitual é válida se não corresponde de algum modo a um "sistema natural". Portanto, as ficções não são meros sonhos. Uma característica muito destacada das ficções é que, ao contrário das hipóteses, não precisam ser confirmadas ou refutadas pelos fatos. Isso porque elas "descrevem" os "fatos" sob a forma do "como se", do *quasi* ou *sicut*.

Embora, como indicamos, Vaihinger seja o autor mais freqüentemente citado quando se trata da doutrina das ficções e do ficcionalismo, ele não é o único, nem sequer o primeiro, a propor uma doutrina como essa. Antes dele houve dois autores: Giovanni Marchesini (VER) e J. Bentham (VER), cujas teorias sobre o assunto exporemos sumariamente.

Em seus livros *Il simbolismo nella conoscenza e nella morale* (1901) e *Il dominio dello spirito, ossia il problema della personalità e il diritto all'orgoglio* (1902), Marchesini desenvolveu certas idéias que amadureceram em sua obra *Le finzioni dell'anima* (1905), na qual expôs sua filosofia "ficcionalista". Modificando o positivismo de seu mestre Ardigò (VER) em um sentido idealista — lembremos que a filosofia de Vaihinger era apresentada como um idealismo positivista —, Marchesini considerou que certos conceitos — por exemplo, os conceitos que designam valores — são ficções produzidas por uma projeção da consciência. Isso, entretanto, não converte essas "ficções" em meras "ilusões" ou em simples "alucinações". As ficções são para Marchesini reguladoras efetivas da vida psíquica e também da vida moral e social.

Em sua introdução à edição da teoria das ficções de Bentham (*Bentham's Theory of Fictions*, 1932; 2ª ed.,

1951; reed., 1959), C. K. Ogden indica que Bentham não apenas precedeu Vaihinger, mas ainda que propôs uma teoria das ficções mais rigorosa que a elaborada por este último. Segundo Ogden, Bentham evita certas dificuldades graves (com as quais deparou Vaihinger) ao insistir "no fator lingüístico na criação das ficções". A teoria das ficções de Bentham funda-se, com efeito, em uma análise da linguagem. Isso já se anuncia na definição dada de entidade; uma entidade, define Bentham, é uma certa "denominação". As entidades podem ser perceptíveis ou inferenciais. Quaisquer entidades, sejam elas perceptíveis ou inferenciais, podem ser reais ou fictícias. "Uma entidade fictícia [*fictitious entity*] é uma entidade à qual, apesar de lhe ser atribuída existência com base na forma gramatical do discurso empregado ao falar-se dela, não há, na verdade e na realidade, sentido algum atribuir existência" (*The Theory of Fictions*, parte I, 1 A 6). "Todo nome-substantivo" — prossegue Bentham — "que não seja o nome de uma entidade real, perceptível ou inferencial, é o nome de uma entidade fictícia" (*loc. cit.*). Ao mesmo tempo, "toda entidade fictícia tem alguma relação com alguma entidade real, e só pode ser entendida na medida em que essa relação é percebida, isto é, na medida em que se obtém uma concepção dessa relação" (*loc. cit.*). As entidades fictícias são classificadas de acordo com seu grau de distanciamento das entidades reais; pode-se falar, desse modo, de entidades fictícias de primeira ordem, de segunda ordem, e assim sucessivamente. A concepção de uma entidade fictícia de primeira ordem é obtida considerando a relação que ela tem com uma entidade real sem considerar a relação que tenha com qualquer outra entidade fictícia. A concepção de uma entidade fictícia de segunda ordem é obtida quando alguma entidade fictícia de primeira ordem deve ser levada em conta. Exemplos de entidades fictícias de primeira ordem são um movimento e um repouso; de segunda ordem, uma qualidade. Pode-se falar também de nomes de entidades fictícias físicas (como as categorias aristotélicas, excluindo a substância), e de entidades fictícias ligadas à relação (como matéria, forma, lugar, tempo, existência). Embora possivelmente originada tendo em vista certos problemas legais, a teoria das ficções de Bentham foi desenvolvida, como indica Ogden, "com o fim de enfrentar o fator simbólico em todas as suas ramificações, legais, científicas e metafísicas" (*op. cit.*, p. xxvii).

As ficções foram consideradas pelo autor deste Dicionário (*El ser y el sentido*, X, § 4; texto modificado em "Fictions, Universals, and Abstract Entities", *Philosophy and Phenomenological Research*, 37 [1976-1977], 353-367) como um tipo de "realidade" distinto, por um, das "meras" atividades psíquicas, e, por outro lado, de supostas entidades puramente "inteligíveis". As ficções são objetivações (ver Objetivação), que têm sua função dentro de determinado contexto cultural. As ficções têm algum fundamento nas realidades naturais; por um lado, parte-se de realidades naturais para produzir ficções; por outro, as ficções são representáveis e comunicáveis por meio de realidades naturais, e geralmente por meio de sistemas simbólicos. Há diversas classes de ficções, entre as quais está a das chamadas "personagens de ficção" nas criações artísticas.

Os problemas relativos às ficções podem ser formalizados por meio de uma "lógica da ficção" — como a elaborada por John Woods (*The Logic of Fiction*, 1974) —, que pode ser tratada como uma espécie das lógicas "desviadas" (ver Desvio, desviado). Woods ressalta que a concepção ingênua da ficção como algo estipulado ou "criado" por alguém (como uma personagem de "ficção" da qual se diz que tem estas ou aquelas características, e que tais características são verdadeiras quando correspondem à descrição dada pelo autor e falsas quando não correspondem a tal descrição) não é suficiente. Com isso simplesmente se chama a atenção para quão inadequado é em muitos casos equiparar existência com quantificabilidade, e para quanto é inadequado supor sempre que, se algo é fictício, não existe. Uma lógica da ficção não é uma lógica em que se trata de entidades fictícias, e menos ainda uma lógica em que de algum modo se quantificam tais entidades: é uma "lógica livre", na qual se adota um sistema quantificacional cujo domínio pode ser vazio. Como há vários tipos de "lógica livre", a caracterização anterior não é suficiente, mas aponta para o requisito de que uma lógica da ficção seja alguma forma de lógica sem compromisso ontológico em sentido estrito.

↪ Além das obras mencionadas no texto, ver: Jean de Gaultier, *La fiction universelle*, 1903. — A. Müller, "Die Fiktion in der Mathematik und Physik", *Naturwissenschaft*, 5 (1917). — Heinrich Scholz, "Die Religionphilosophie des Als-ob. Eine Nachprüfung Kants und des idealistischen Positivismus", *Annalen der Philosophie*, I (1919), 27-112, e 3 (1921-1923), 1-73, reimp. com o mesmo título em livro, 1921. — J. Schulz, *Die Grundfiktionen der Biologie*, 1920. — M. Valeton, *De "Als-of" philosophie en het psychischemonisme*, 1924. — Christian Betsch, *Fiktionen in der Mathematik*, 1926. — Erich Adickes, *Kant und die Als-ob Philosophie*, 1927. — F. Pelikan, *Der Fiktionalismus bei Kant und Hume*, 1928. — Johannes Sperl, *Die Kulturbedeutung des Als-ob Problems*, 1930. — S. Buchanan, *Symbolic Distance in Relation to Analogy and Fiction*, 1932. — Stephanie Willrodt, *Semifiktionen und Vollfiktionen in Vaihingers Philosophie des Als-ob*, 1934. — Albert Marinus, *Fiction et Réalité*, 1945. — N. Goodman, *Fact, Fiction and Forecast*, 1954. — D. Henrich et al., eds., *Funktionen des Fiktiven*, 1983. — J. Baltrusaitis, *Imaginäre Realitäten. Fiktion und Illusion als produktive Kraft*, 1984. — C. G. Prado, *Making Believe: Philosophical Reflections on Fiction*, 1984. — B. H. Boruah,

Fiction and Emotion: A Study in Aesthetics and the Philosophy of Mind, 1988. ◐

FICCIONALISMO. Ver FICÇÃO; MARCHESINI, GIOVANNI; VAIHINGER, HANS.

FICHTE, IMMANUEL HERMANN (1796-1879). Nascido em Iena, filho de Johann Gottlieb Fichte (VER), estudou em Berlim, foi professor em Saarbrücken (1822-1826) e Dusseldorf (a partir de 1826). A partir de 1840 deu aulas na Universidade de Bonn e de 1842 até 1863, na de Tübingen. Em 1837 fundou, junto com Christian Hermann Weisse (VER) e Carl Gustav Carus (1789-1869), a *Zeitschrift für Philosophie und spekulative Theologie*, que em 1847 se transformou, sob a direção de Hermann Ulrici (1805-1884), na *Zeitschrift für Philosophie und philosophische Kritik*, cuja publicação cessou em 1918.

Influenciado por Kant, por J. G. Fichte e por Hegel — embora ao mesmo tempo oposto a este último em muitos pontos —, I. H. Fichte erigiu um sistema baseado na consciência de si. Essa consciência se manifesta em quatro fases: como o dado, como representação, como pensamento e como plena autoconsciência. I. H. Fichte é considerado um dos defensores do teísmo especulativo, junto com Ulrici e Christian Hermann Weisse (VER). A teoria do conhecimento e a metafísica de nosso autor são determinadas por motivos ético-religiosos, ou, ao menos, estão estreitamente fundidas com esses motivos. Deus é, para I. H. Fichte, a unidade do ideal e do real, da consciência e do objeto da consciência. Deus é uma autoconsciência infinita que cria as consciências particulares, as quais possuem realidade — e vontade — própria graças ao fato de se realizarem dentro do processo da infinita autoconsciência divina. A crescente atenção dedicada às questões éticas fez que I. H. Fichte transformasse seu teísmo especulativo no que foi chamado de "teísmo ético". I. H. Fichte opôs-se ao materialismo e inclinou-se na direção de uma doutrina teosófica da alma baseada na faculdade da fantasia.

◐ Obras: *De philosophiae novae platonicae origine*, 1818 (habilitação para a docência). — *Sätze zur Vorschule der Theologie*, 1826 (*Proposições para um curso elementar de teologia*). — *Beiträge zur Charakteristik der neueren Philosophie*, 1829 (*Contribuições para caracterizar a filosofia moderna*). — *Grundzüge zum System der Philosophie* (*Traços fundamentais para o sistema da filosofia*), dividida em três partes: I. *Das Erkennen als Selbsterkennen*, 1833 (*O conhecimento como autoconhecimento*); II. *Die Ontologie*, 1836; III. *Die spekulative Theologie oder allgemeine Religionslehre*, 1846 (*A teologia especulativa ou teoria geral da religião*). — *Die Idee der Persönlichkeit und der individuellen Fortdauer*, 1834 (*A idéia da personalidade e da sobrevivência individual*). — *Ueber Gegensatz, Wendepunkt und Ziel der heutigen Philosophie*, 1834 (*Sobre oposição, ponto decisivo e finalidade da filosofia atual*). — *Über die Bedingungen eines spekulativen Theismus*, 1835 (*Sobre as condições de um teísmo especulativo*). — *System der Ethik*, 3 vols. (I, 1850; II, 1, 1851; II, 2, 1853). — *Anthropologie, die Lehre von der menschlichen Seele, begründet auf naturwissenschaftlichem Wege*, 1856 (*Antropologia, a doutrina da alma humana, fundada de modo científico-natural*). — *Zur Seelenfrage, eine philosophische Konfession*, 1859 (*Para a questão da alma; confissão filosófica*). — *Psychologie, die Lehre von dem bewussten Geiste des Menschen*, 2 partes, 1864-1873 (*Psicologia; a doutrina do espírito consciente do homem*). — *Vermischte Schriften zur Philosophie, Theologie und Ethik*, 2 vols., 1869 (*Observações diversas sobre filosofia, teologia e ética*). — *Die theistische Weltanschauung und ihre Berechtigung. Ein kritisches Manifest an ihre Gegner*, 1873 (*A concepção teísta do mundo e sua justificação. Manifesto crítico a seus inimigos*). — *Der neuere Spiritualismus, sein Wert und seine Täuschungen*, 1878 (*O novo espiritualismo. Seu valor e seus enganos*).

Ver: C. C. Scherer, *I. H. F. und seine Gotteslehre*, 1902. — G. Spiegal, *I. H. Fichtes Lehre vom Genius*, 1927. — Hildegard Herrmann, *Die Philosophie I. H. Fichtes. Ein Beitrag zur Geschichte der nachhegelschen Spekulation*, 1928 (tese). — M. Horstmeier, *Die Idee der Persönlichkeit bei I. H. F.*, 1930. — J. Ebert, *Sein und Sollen des Menschen bei I. H. F.*, 1938. — Dimitri Najdanovic, *Der Geschichtsphilosoph I. H. F.*, 1940. — G. Wolandt, "I. H. F.", em *150 Jahre Rheinische Friedrich-Wilhelms Universität zu Bonn*, 1968 (com bibliografia). — H. Ehret, *I. H. F. — Ein Denker gegen seine Zeit*, 1987. ◐

FICHTE, JOHANN GOTTLIEB (1762-1814). Nascido em Rammenau. Protegido por um nobre, começou estudos de teologia em Pforta e prosseguiu-os em Iena e em Leipzig. Dedicado ao ensino privado durante alguns anos, conheceu em 1790 a doutrina de Kant, que lhe causou forte impressão e determinou seu modo de filosofar. Professor a partir de 1794 na Universidade de Iena como sucessor de Reinhold, foi acusado de ateísmo por causa de um trabalho publicado no *Philosophisches Journal* (1798) relativo à identidade da providência divina com a ordem moral, o que motivou, por fim, sua destituição, e sua mudança para Berlim. Foi nomeado professor em Erlangen em 1805. Após uma breve residência em Königsberg, retornou a Berlim, onde pronunciou no inverno de 1807-1808 seus *Discursos à nação alemã*, durante a ocupação da capital pelas tropas napoleônicas. Posteriormente foi professor e reitor da Universidade de Berlim.

As vicissitudes da vida de Fichte e suas experiências vitais sempre estiveram ligadas a seu pensamento filosófico, inteiramente dominado por seu caráter voluntarioso e aplicado, em seu mais profundo fundamento, à religião e à moral. No início seu propósito era o de expor e compreender Kant em seu espírito e não na letra morta; dizer o que Kant havia calado ou ignorado. Fichte parte de dois problemas fundamentais elucidados pela crítica kantiana e, em seu entender, insuficientemente resolvidos: o problema das condições de possibilidade da experiência, transformado no problema do fundamento de toda experiência, e o da compatibilidade da causalidade do mundo natural com a liberdade do mundo moral. Se a primazia na exposição da *Doutrina da ciência* corresponde à primeira dessas questões, a primazia de sua motivação compete decididamente à segunda. Deter-se no reconhecimento da incognoscibilidade da coisa em si depois de ter demonstrado a determinação, pela consciência, do objeto do conhecimento é para Fichte uma inconseqüência da reflexão kantiana; a reflexão precisa ir além e encontrar o fundamento da experiência em sua integridade na própria consciência e apenas nela, converter inclusive a dedução em construção. Esse fundamento encontra-se em um princípio único que está em um terreno anterior a toda relação gnosiológica entre o sujeito e o objeto. Ater-se a tal relação como algo primariamente dado representa ter de escolher entre o dogmatismo e o idealismo. Esta escolha não é, por outro lado, o produto de uma atitude contemplativa e racional; é a forçosa escolha dada a todo espírito que revela desse modo sua têmpera interna, sua vocação decidida e a qualidade de sua missão, porque "da classe de filosofia escolhida depende a classe de homem que se é". Para aquele que aspire a libertar-se de todo jugo externo, para aquele que se sinta justamente como o que impõe ou pretende impor sua lei ao que é externo, a filosofia escolhida deve ser o idealismo. Nessa tendência de libertação de toda servidão encontra-se o acesso que conduz aos princípios racionais da *Doutrina da ciência*. Nela se mostra a dedução ou, melhor, a construção do que parecia ser simplesmente dado, por meio do absoluto de uma consciência cuja essência consiste na ação. Fichte chama esse absoluto de Eu. Não se trata de uma substância estática, de um elemento passivo, mas de um perpétuo dinamismo, de um contínuo fazer-se, de uma infinita e inesgotável aspiração. Esse princípio absoluto é descoberto por meio de uma intuição intelectual que constitui o método da filosofia romântica alemã, mas de uma intuição que torna patente seu caráter volitivo anterior a todo saber e, portanto, a todo pensar. O Eu põe-se a si próprio em um ato de liberdade absoluta. Para demonstrá-lo, Fichte parte da evidência do princípio de identidade, cuja estrutura formal se transforma, em seguida, em conteúdo material, pois a identidade do princípio é exatamente a identidade do Eu consigo mesmo. A esse primeiro princípio da doutrina da ciência acrescenta-se um segundo, também demonstrado por sua correlação com um princípio lógico: o de contradição. Dele resulta que ao Eu opõe-se um não-Eu. A cisão da realidade em um Eu que se põe a si próprio e em um não-Eu que se contrapõe ao primeiro requer uma síntese que anule, sem destruí-los, os dois momentos. Essa síntese consiste na limitação das duas posições anteriores, segundo a qual "no Eu se contrapõe ao Eu divisível um não-Eu divisível". Com isso são assentados os três princípios dos quais parte e para os quais retorna toda filosofia, os fundamentos da dedução geral de toda realidade. A afirmação da absoluta primazia do Eu que, ao pôr-se a si próprio, põe simultaneamente a oposição a si mesmo resolve o problema da diversidade, que fica reduzida, em última análise, à primitiva e originária autoposição. Contudo o terceiro princípio da limitação permite ao mesmo tempo separar o que pertence à parte teórica e o que compete à parte prática da doutrina da ciência. Ao serem limitados respectivamente o Eu e o não-Eu surge uma primeira oposição cuja resolução conduz à dedução das categorias. Mas ao se afirmar o Eu como determinante nasce a aspiração de suprimir e de aniquilar a limitação que ele mesmo se impusera. Por isso a filosofia prática é, realmente, um postulado: a exigência da constante e contínua realização do Eu por meio da luta contra toda passividade e toda resistência.

O método da doutrina teórica é o mesmo dos fundamentos: a dialética. A limitação do Eu pelo não-Eu implica a investigação dos opostos produzidos pela própria síntese. Esses opostos consistem, por um lado, na determinação do Eu pelo não-Eu; por outro, na determinação do Eu por si mesmo, em seu próprio ato de limitação. A tese conduz ao realismo e à noção de causalidade; a antítese, ao idealismo e à noção de substancialidade. Operar uma síntese dessas duas oposições significa, portanto, superar essas concepções parciais e chegar à afirmação de um idealismo crítico no qual seja compreendida não apenas a atividade infinita do Eu, mas sua limitação pelo obstáculo do não-Eu. À dedução das categorias segue-se a dedução dos graus do espírito teórico. Essa dedução é, a rigor, uma fenomenologia do espírito, na qual são compreendidas sucessivamente a sensação como a limitação ou produção do Eu pelo não-Eu; a intuição como a descoberta pelo Eu em si mesmo de sua própria limitação; o entendimento como a consciência do princípio dessa própria limitação. Tal princípio representa ao mesmo tempo a síntese dos dois anteriores opostos e a solução da tensão existente entre a pura atividade do Eu e o obstáculo que o limita, isto é, a possibilidade de sua produção no infinito processo de aniquilação do não-Eu, equivalente ao processo de conquista da liberdade.

Pois é a liberdade, evidentemente, o que constitui tanto a meta final do processo como a possibilidade de seu desencadeamento. O contrário seria, segundo Fichte, a submissão a alguma forma de fatalidade, a essa fatalidade que é traduzida ontologicamente pelo reconhecimento da determinação do que é. Por essa razão, supor que o que é é e nada mais significa permanecer encerrado no círculo de ferro da determinação (da determinação do ser, assim como da consciência). A suposição de que a Natureza constitui uma totalidade encadeada pela lei causal parece obrigatória quando o sujeito se desprende de sua própria consciência e quando, além disso, tenta explicar a constituição da própria consciência. O racionalismo determinista, com efeito, explica e até desmascara a simpatia que a consciência sente pela liberdade, e daí que esse racionalismo seja, ao que parece, a única solução que é dada à consciência quando quer explicar o mundo e as razões pelas quais o mundo é necessariamente tal como é. Contudo essa explicação e justificação da determinação do ser acaba, segundo Fichte, por afogar o próprio impulso que lhe deu nascimento. Por isso a inclinação para o sistema da liberdade não é em Fichte somente o resultado de uma decisão arbitrária, mas, em última análise, o ato que cria ou gera o âmbito dentro do qual adquire sentido toda explicação enquanto tal.

A parte prática da doutrina da ciência desloca para a esfera da ação concreta o problema da originariedade do Eu e de sua limitação. Trata-se, portanto, de conciliar o fato da aspiração infinita do Eu com a finitude imposta por si mesmo no ato de pôr seu contrário. Entretanto, precisamente, não há para Fichte possibilidade de realizar essa infinita potência senão pela própria existência do obstáculo; sem este não há, no fundo, nem aspiração infinita nem realização. Portanto, o Eu se oferece na esfera prática como uma vontade que necessita de uma resistência para continuar existindo. Sem resistência o Eu não pode independentizar-se e, portanto, libertar-se. Justamente porque se sente limitada, a vontade pode aspirar sem descanso a suprimir sua limitação. A produção da resistência e a síntese da tensão entre ela e a aspiração infinita seguem, por conseguinte, um processo semelhante ao que é oferecido na doutrina teórica da ciência. Mas o que diferencia esta última da doutrina prática, o que abre entre elas um abismo aparentemente insuperável, é que, enquanto a dialética dos contrários exige a síntese de tal oposição, a vida humana concreta não pode, sem suprimir sua própria ação, chegar ao termo que representa a completa e absoluta aniquilação do determinado pelo Eu. A doutrina prática é, pois, a seu modo, uma nova primazia da razão prática sobre a teórica. E, se Fichte chega finalmente a sacrificar para a realização da necessidade da dialética a infinita afirmação do Eu em sua luta contra o que lhe opõe resistência, isso não é feito sem uma profunda transformação de sua própria concepção moral. O valor e a dignidade moral do homem consistem na marcha da progressiva desvinculação do obstáculo, que jamais deverá desaparecer sem resíduo.

Porém na definitiva supressão do obstáculo reside um valor superior e transcendente: a beatitude.

A passagem da teoria do esforço contínuo e infinito para a fundamentação da consciência e da lei moral em uma realidade divina superior já se revela na nova forma dada à sua filosofia da religião e na última forma de sua filosofia da história. A ação incansável do Eu converte-se na aspiração ao conhecimento de Deus; o progresso rumo ao iluminismo converte-se em um processo que, rejeitando-o como uma queda e um pecado, parte de um estado primitivo de razão natural instintiva e chega a um estado de perfeição e de santificação completas no qual a liberdade já não é mera potência e possibilidade de ação, mas conformidade com o próprio destino racional. Por isso o conceito do Eu absoluto paulatinamente dá lugar à noção da divindade como conhecimento absoluto e razão absoluta. Além do eu empírico está o Eu absoluto, mas além desse Eu está um Absoluto que não é, como em Schelling, condição da diferença, e sim uma entidade transcendente; somente a dificuldade implicada na noção de um Absoluto semelhante e de um Eu que se põe a si próprio independentemente daquele conduziu Fichte, no final, a fazer também do Absoluto um princípio do qual derivam por emanação os contrários. Deste modo, Fichte se aproximou do neoplatonismo e de uma interpretação particular do Evangelho de São João que consiste em sustentar que a doutrina do Verbo tornado carne pode explicar a passagem de Deus para a "consciência finita".

⮕ Obras: *Versuch einer Kritik aller Offenbarung* (a primeira edição, 1792, apareceu anonimamente; a segunda, em 1793, com o nome do autor) (*Tentativa de uma crítica de toda revelação*). — *Zurückforderung der Denkfreiheit von den Fürsten Europas, die sie bisher unterdrückten. Eine Rede. Heliopolis im letzten Jahre der alten Finsternis*, 1793 (apareceu anonimamente) (*Pedido de liberdade de pensamento dos príncipes da Europa que até agora a oprimiram. Discurso. Heliópolis nos últimos anos das antigas trevas*). — *Beiträge zur Berichtigung der Urteile des Publikums über die französische Revolution. I. Zur Beurteilung ihrer Rechtmässigkeit*, 1793 (anônimo) (*Contribuições para a emenda dos juízos do público sobre a Revolução Francesa. I. Para um juízo de sua legitimidade*). — "Rezension von Aenesidemus oder über die Fundamente der von Hern Prof. Reinhold in Jena gelieferten Elementarphilosophie", *Jaener Allgemeine Literatur Zeitung*, nn. 47-49, 1794 ("Resenha de Enesídemo ou sobre os fundamentos da filosofia elementar explicada em Iena pelo professor Reinhold"). — *Ueber den Begriff der Wissenschaftslehre oder der sogenannten ersten Philosophie*, 1794; 2ª ed., ampl., 1798 (*Sobre o conceito de teoria da ciência ou da chamada filosofia primeira*). — *Grundlage der gesamten Wissenschaftslehre*, 1794; ed. corrigida, 1802 (*Fundamentos de toda a teoria da ciência*). — *Einige*

Vorlesungen über die Bestimmung des Gelehrten, 1794 (*Algumas lições sobre o destino do sábio*). — *Grundriss des Eigentümlichen in der Wissenschaftslehre*, 1795; ed. corrigida, 1802 (*Exposição do peculiar da teoria da ciência*). — *Grundlage des Naturrechts nach Prinzipien der Wissenschaftslehre*, 1796 (*Fundamentos do direito natural segundo os princípios da teoria da ciência*). — "Erste Einleitung in die Wissenschaftslehre", "Zweite Einleitung in die Wissenschaftslehre, für Leser, die schon ein philosophisches System haben", "Versuch einer neuen Darstellung der Wissenschaftslehre" (três longos artigos publicados no *Philosophisches Journal* em 1797: "Primeira introdução à teoria da ciência", "Segunda introdução à teoria da ciência para leitores que já têm um sistema filosófico", "Tentativa de uma nova exposição da teoria da ciência"). — *Das System der Sittenlehre nach den Prinzipien der Wissenschaftslehre*, 1798 (*O sistema da moral segundo os princípios da teoria da ciência*). — "Ueber den Grund unseres Glaubens an eine göttliche Weltregierung", *Phil. Journal*, 1798 ("Sobre o fundamento de nossa crença em uma providência divina"). Este último escrito, que desencadeou a chamada "disputa do ateísmo", deu lugar a outros escritos polêmico-apologéticos de Fichte em 1799. — *Die Bestimmung des Menschen*, 1800 (*O destino do homem*). — *Der geschlossene Handelsstaat, ein philosophischer Entwurf als Anhang zur Rechtslehre*, 1800 (*O Estado comercial fechado, um esboço filosófico como apêndice à teoria do direito*). — *F. Nicolais Leben und sonderbare Meinungen*, 1801 (*A vida e singulares opiniões de F. Nicolai*). — *Sonnenklarer Bericht an das Publikum über das eigentliche Wesen der neuesten Philosophie: ein Versuch, den Leser zum Verständnis zu zwingen*, 1801 (*Relato claríssimo ao público sobre a verdadeira natureza da novíssima filosofia: uma tentativa de forçar a compreensão do leitor*). — *Darstellung der Wissenschaftslehre*, 1801 (*Exposição da teoria da ciência*). — *Die Grundzüge des gegenwärtigen Zeitalters* (Lições em Berlim de 1804-1805), 1806 (*Os caracteres da idade contemporânea*). — *Die Anweisung zum seligen Leben* (Lições de 1806), 1806 (*Advertência para a vida beata*). — *Deduzierter Plan einer zu Berlin zu errichtenden höhern Lehranstalt*, 1817 (escrito em 1807) (*Plano para fundar em Berlim uma instituição educativa superior*). — *Reden an die deutsche Nation*, 1808 (*Discursos à nação alemã*). — *Die Wissenschaftslehre in ihrem allgemeinen Umrisse*, 1810 (*Esboço geral da teoria da ciência*). — *Ueber die einzig mögliche Störung der akademischen Freiheit*, 1812 (Discurso como reitor em 1811) (*Sobre a única possível perturbação da liberdade acadêmica*).

Edição de obras: *Sämtliche Werke*, por seu filho I. H. Fichte, 8 vols., 1845-1846; reimpr., 1965-1966, 1971. — Edição de obras póstumas: *Nachgelassene Werke*, pelo mesmo, 3 vols., 1834-1835; reimp., 1963, 1971 (compreende: *I. Einleitungsvorlesungen in die Wissenschaftslehre*, de 1813; *Ueber das Verhältnis der Logik zur Philosophie oder transzendentale Logik*, 1812; *Die Tatsachen der Bewusstseins*, 1813; *II. Wissenschaftslehre*, 1804; *Wissenschaftslehre*, 1812; *System der Rechtslehre*, 1812; *III. Sittenlehre*, 1812; *Aesthetik*, 1798; *Vorlesungen über die Bestimmung des Gelehrten*, 1811; *Predigt*, 1791; *Der Patriotismus und sein Gegenteil*, 1807; *Ideen über die innere Organisation der Universität Erlangen*, 1805-1806; *Tagebuch über animal Magnetismus*, 1813; *Vermischte Aufsätze und Fragmente; Ueber Machiavelli*). — Ed. crítica completa: *Gesamtausgabe*, pela Bayerische Akademie der Wissenschaften, a cargo de Reinhard Lauth, Hans Jacob e Manfred Zahn, 1964ss. Esta ed. é composta por aproximadamente 30 volumes distribuídos em 4 séries: 1) *Werke* [obras publicadas durante a vida do filósofo]; 2) *Nachgelassene Schriften*; 3) *Briefe*, e 4) *Kollegnachschriften*. — Edição de obras escolhidas: *Auswahl*, 6 vols., publ. por F. Medicus, 1908-1912, nova ed., 7 vols., 1911-1925. — Edição, por Hans Jacob, das Lições de Iena dos anos 1790-1800.

Correspondência: Ed. I. H. Fichte, 1830; ed. M. Weinhold, 1862, correspondência entre Fichte e Schiller, por I. H. Fichte, 1847; entre Fichte e Schelling, por I. H. Fichte e Fr. A. Schelling, 1856; edição posterior de correspondência, por H. Schulz, 2 vols., 1925; reedição ampl., 1930; reed., 1967. — Ver também Willy Kabitz, *Studien zur Entwicklungsgeschichte der fichteschen Wissenschaftslehre aus der kantischen Philosophie*, 1902.

Depoimento: W. G. Jacobs, *J. G. F. in Selbstzeugnissen und Bilddokumenten*, 1984.

Em português: volume "Fichte", col. "Os pensadores", 1ª ed., 1980 (contém *Sobre o conceito da doutrina-da-ciência ou da assim chamada filosofia* [1794]; *A doutrina-da-ciência de 1794*; *O princípio da doutrina-da-ciência* [1797]; *O programa da doutrina-da-ciência* [1800]; *Comunicado claro como o sol ao grande público onde se mostra em que consiste propriamente a novíssima filosofia* [1801]; *A doutrina-da-ciência e o saber absoluto* [1801]; *Introdução à teoria do Estado* [1813]; traduções de Rubens Rodrigues Torres Filho). *Por uma universidade orgânica*, 1999.

Traduções para o espanhol: *Doctrina de la ciencia* e *Discursos a la nación alemana*, nos tomos 36, 37, 38 e 39 da "Biblioteca Económica Filosófica"; *Primera Introducción a la teoría de la ciencia, Segunda Introducción a la teoría de la ciencia* (1934), *Caracteres de la edad contemporánea*, em ´Revista de Occidente, 1934; *Destino del hombre* e *Destino del sabio*, em V. Suárez, 1913; outra edição dos *Discursos* em "Americalee", 1943. Trad. de *El concepto de la teoría de la ciencia. De la exposición de la teoría de la ciencia de 1801* (Buenos Aires, 1949). — Trad. de "Plan razonado para erigir en Berlin un establecimiento de enseñanza superior que esté en conexión adecuada con una Academia de Ciencias", em *La idea de la universalidad*, 1959, pp. 15-115. — *Antología de Fichte*, por Joaquín Xirau, 1943. — Eds. e trads. mais recentes em espanhol: *Discursos a la nación alemana*, 1968 e 1977; *El destino del hombre*, 1976; *Los caracteres de la edad contemporánea*, 1976; *Reseña de Enesidemo*, 1982; *Reivindicación de la libertad de pensamiento y otros escritos*, 1986; *Introducciones a la Doctrina de la ciencia*, 1987; *El estado comercial cerrado*, 1991; *Para una filosofía de la intersubjetividad*, 1993.

Bibliografia: Hans Michael Baumgartner e Wilhelm G. Jacobs, *J. G. Fichte: Bibliographie*, 1968. — G. U. Gabel, *Fichte: Ein Verzeichnis Westeuropäischer und nordamerikanischer Hochschulschriften 1885-1980*, 1985. — Em relação à "disputa do ateísmo", ver: F. Böckelmann, ed., *Die Schriften zu J. G. Fichtes Atheismus-Streit*, 1969.

Ver: F. Harms, *Die Philosophie Fichtes nach ihrer geschichtlichen Stellung und ihrer Bedeutung*, 1862. — O. Pfeiderer, *J. G. Fichte, Lebensbild eines deutschen Denkers und Patrioten*, 1877. — A. Spir, *J. G. Fichte nach seinen Briefen*, 1879. — G. Cesca, *L'idealismo soggestivo di Fichte*, 1895. — Adolfo Ravà, *Introduzione allo studio della filosofia di Fichte*, 1909. — E. Medicus, *Fichte*, em *Grosse Denker*, ed. E. von Aster, t. II, 1911. — Id., *Fichtes Leben*, I, 1914; 2ª ed., 1922. — Hans Hielscher, *Das Denksystem Fichtes*, 1913. — G. Bäumer, *Fichte und sein Werk*, 1921. — Xavier Léon, *Fichte et son temps*, 3 vols., 1922-1927. — Heinz Heimsoeth, *Fichte*, 1923. — Georg Gurvitch, *Fichtes System der konkreten Ethik*, 1924. — Max Wundt, *Fichte*, 1927. — Id., *Fichte-Forschungen*, 1929. — Ernst Gelpcke, *Fichte und die Gedankenwelt des Sturm und Drang. Eine ideengeschichtliche Untersuchung zur Ergründung der Wurzeln des deutschen Idealismus*, 1928. — M. Guéroult, *L'évolution et la structure de la doctrine fichtéenne de la science*, 2 vols., 1930; 2ª ed., 1973. — A. Faust, *J. G. Fichte*, 1938. — Fr. von Unruh, *J. G. Fichte*, 1943. — B. Jakowenko, *Die Grundidee der theoretischen Philosophie J. G. Fichtes*, 1944. — A. Massolo, *Fichte e la filosofia*, 1948. — Luigi Pareyson, *Fichte. Il sistema della libertà*, 1950; 2ª ed., 1976. — Wolfgang Ritzel, *Fichtes Religionphilosophie*, 1956. — Pasquale Salvucci, *Dialettica e immaginazione in Fichte*, 1963. — A. Philonenko, *La liberté humaine dans la philosophie de F.*, 1966. — Bernard Bourgeois, *L'idéalisme de Fichte*, 1968. — Karl Schuhmann, *Die Grundlagen der Wissenschaftslehre in ihrem Umrisse. Zur Fichtes "Wissenschaftslehren" von 1794 und 1810*, 1968. — Wolfgang Janke, *Fichte. Sein und Reflexion: Grundlagen der kritischen Vernunft*, 1970. — Hans Radermacher, *Fichtes Begriff des Absoluten*, 1970. — Fernando Inciarte, *Transzendentale Einbildungskraft*, 1970. — Günter Schulte, *Die Wissenschaftslehre des späten Fichte*, 1971. — Wolfgang H. Schrader, *Empirisches und absolutes Ich. Zur Geschichte des Begriffs Leben in der Philosophie J. G. Fichtes*, 1972. — Ingeborg Schüssler, *Die Auseinandersetzung von Idealismus und Realismus in Fichtes Wissenschaftslehre*, 1972. — Bernabém Navarro, *Der vollständige transzendentale Idealismus. Die Stellungnahme Fichtes zu Kant als Bestimmungsgrund seiner Philosophie*, 1973. — Martial Guéroult, *Études sur Fichte*, 1973. — G. Duso, *Contradizzione e dialettica nella formazione del pensiero fichtiano*, 1974. — Ulrich Claesges, *Geschichte des Selbstbewusstseins. Der Ursprung des spekulativen Problems in Fichtes Wissenschaftslehre von 1794-1795*, 1974. — R. Lauth, W. Janke et al., *Der transzendentale Gedanke. Die gegenwärtige Darstellung der Philosophie Fichtes 1980 (Simposion 8/13-VIII-1977)*, ed. K. Hammacher. — J. Widmann, *J. G. F. Einführung in seine Philosophie*, 1982. — R. Lauth, *Die transzendentale Naturlehre Fichtes nach den Prinzipien der Wissenschaftslehre*, 1984. — F. C. Beiser, *The Fate of Reason: German Philosophy From Kant to Fichte*, 1987. — C. M. Jalloh, *Fichte's Kant-Interpretation and the Doctrine of Science*, 1988. — F. Neuhouser, *Fichte's Theory of Subjectivity*, 1990. — R. Williams, *Recognition: Fichte and Hegel on the Other*, 1992. — G. J. Seidel, *Fichte's Wissenschaftslehre of 1794: A Commentary on Part I*, 1993.

Também: Richard Kröner, *Von Kant bis Hegel*, 2 vols., 1921-1924. — N. Hartmann, *Die Philosophie des deutschen Idealismus*, 2 vols., 1923-1929 (trad. port.: *A Filosofia do Idealismo alemão*, em 1 vol., 2ª ed., 1983). — E. Colomer, *Historia del pensamiento alemán. De Kant a Heidegger*, 3 vols., 1986: vol. II, *El idealismo: Fichte, Schelling, Hegel*. Ͼ

FICINO, MARSÍLIO, Marsiglio Ficino ou Marsilius Ficinus (1433-1499). Nascido em Figline (Valdorno), nas proximidades de Florença, foi um dos líderes da Academia florentina (VER) (cuja origem remonta à cessão de uma vila a Ficino por Cosimo de Médicis em Caregii, perto de Florença, para que o filósofo pudesse se dedicar ao estudo e à interpretação da filosofia platônica). Ordenado sacerdote em 1473, em 1487 foi nomeado cônego da catedral de Florença.

Ficino traduziu para o latim o *Corpus Hermeticum* (VER) e as obras de Platão (a primeira tradução completa de Platão no Ocidente). Também traduziu para o latim as obras de Plotino e diversos escritos de Porfírio, Proclo e outros autores neoplatônicos, assim como as obras de Dionísio Aeropagita. Escreveu comentários de diversos diálogos de Platão (o *Banquete* e o *Filebo*), de Plotino e da *Epístola aos romanos*, de São Paulo. Esses comentários contêm uma parte substancial do pensamento filosófico de Ficino, mas este aparece sistematizado sobretudo em seus dezoito livros intitulados *Theologia platonica*, escritos entre 1469 e 1474 (*Theologia platonica. De immortalitate videlicet animorum ac aeterna felicitate libri XVIII*). Esse texto foi revisado e apareceu em 1482, dois anos antes que sua tradução de Platão. Terminada a *Theologia platonica*, escreveu um tratado teológico intitulado *De Christiana religione*, e depois diversos tratados menores entre os quais mencionamos: *De triplici vita* (*De vita sana. De vita longa. De vita caelitus*) e *De voluptate*.

Embora dominado pelo platonismo, o pensamento filosófico de Ficino pode ser qualificado de "eclético"; além dos elementos platônicos, encontram-se nele numerosos elementos aristotélicos e, evidentemente, neoplatônicos. Os conceitos fundamentais tratados por Ficino, especialmente na *Theologia platonica*, são: 1) o conceito de ser, o mais universal de todos, e o que está em todos os entes (de modo parecido com o analógico), dividindo-se em conceitos subordinados, como os de substância e atributo, forma e matéria, ato e potência. O ser tem gêneros, que são as categorias (das quais Ficino considera as aristotélicas e as platônicas). O ser também se articula nos três transcendentais: o do uno, o do verdadeiro e o do bom. 2) O conceito de pensamento, que é o processo de um intelecto; embora incluído no conceito de ser, o de pensamento é importante porquanto o ser é acessível somente ao pensar (isto é, ao pensar o ser em sua verdade). 3) O conceito de perfeição, intimamente relacionado com o seguinte. 4) O conceito de hierarquia dos entes, na medida em que um ente é tanto mais quanto mais perfeito é. 5) O conceito de alma, que Ficino trata de forma platônica, neoplatônica e cristã, ressaltando sua imortalidade e sua eternidade. Estes dois últimos atributos são os atributos essenciais da alma.

Deve-se levar em conta que, além de desenvolver especulativamente os conceitos citados, Ficino tinha a intenção de encontrar um pensamento filosófico que permitisse alcançar a *pax fidei*. Em seu entender, essa *pax fidei* somente era possível por meio da estreita união das crenças cristãs com a tradição intelectual grega depurada de todo elemento espúrio. Isso representava eliminar da tradição grega tudo o que não representasse uma antecipação do cristianismo. Esse cristianismo, no entanto, não era de caráter dogmático — um dos traços mais constantes no pensamento filosófico-religioso de Ficino é justamente o de destacar a unidade da religião mediante a variedade dos ritos. Por isso a verdade encontra-se não apenas na revelação em sentido estrito, tal como está nas Sagradas Escrituras, mas também na "revelação" de caráter racional recebida pelos antigos filósofos e muito especialmente por Platão e por Plotino. Essa revelação divina originária e única é a que anima tanto o pensamento dos filósofos como a ação dos homens religiosos, e por isso é um erro apresentá-los como distintos, e mais ainda como opostos. Por essa razão as demonstrações que Ficino dá da imortalidade da alma — que é imagem e reflexo de Deus e está destinada a desenvolver-se, em última análise, dentro do horizonte da contemplação do reino divino das idéias eternas — não devem ser consideradas meros "argumentos": elas são o resultado de uma meditação que, além de estar muito arraigada nos problemas da época, pretende descobrir o veio ao mesmo tempo racional e místico que está na base de toda verdadeira filosofia (e, é claro, de toda verdadeira religião). Todas as idéias de Ficino devem ser vistas desse ponto de vista: não apenas das doutrinas da reminiscência e da existência de idéias ou formas (*formulae*) inatas, mas também de suas freqüentes alusões ao processo de divinização da alma e do cosmos inteiro. A filosofia de Ficino influenciou consideravelmente, por isso, todos os pensadores dos dois séculos subseqüentes que se interessaram sobretudo pela busca de uma harmonia entre a razão e a fé revelada; como indicou Cassirer, influenciou, além disso, os platônicos da Escola de Cambridge (VER) e seus precursores ingleses.

➲ Edições: *Opera Omnia* (Basiléia, 2 vols., 1561; 2ª ed., 1576, Paris, 1651). Reimp. em 4 tomos (2 vols., cada um deles contém 2 partes), 1959-1960, em *Monumenta politica et philosophica rariora*, ed. L. Firpo, Ser. I n. 7. — *Supplementum Ficinianum. Marsilii Ficini florentini philosophi platonici opuscula inedita et dispersa primum collegit et ex fontibus plerumque manuscriptis* (P. O. Kristeller), 2 vols., 1937. — Ed. (com trad. inglesa) do comentário ao *Banquete* platônico: *Commentary on Plato's Symposium*, por S. R. Jayne (The University of Missouri Studies, XIX, 1 [1944]; reed., 1985). — A trad. de Platão apareceu em 1483-1484; a de Plotino, em 1492. — Trad. inglesa de: *The Letters of M. F.*, 3 vols., 1975, ed. P. O. Kristeller; 2ª ed., 1978. — Trad. esp.: *De amore. Comentario a* El banquete *de Platon*, 1986. — *Sobre el furor divino y otros textos*, 1993.

Ver: G. Balbino, *Idea religiosa di M. F.*, 1904. — G. Saitta, *La filosofia di M. F.*, 1923; 3ª ed., *M. F. e la filosofia dell'Umanesimo*, 1954. — W. Dress, *Die Mystik des M. F.*, 1929. — W. Horbert, *Metaphysik des M. F.*, 1930 (tese). — H. Hak, *M. F.*, 1934. — A.-J. Festugière, *La philosophie de l'amour de M. F. et son influence sur la littérature française au XVème siècle*, 1941. — P. O. Kristeller, *The Philosophy of M. F.*, 1941. — Id., "M. F. and His Circle", coleção de artigos de P. O. K. sobre M. F., em *Studies in Renaissance Thought and Letters*, 1956, pp. 35-257. — Michele Schiavone, *Problemi filosofici in M. F.*, 1957. — Raymond Marcel, *M. F. (1433-1499)*, 1958. — D. P. Walker, *Spiritual and Demonic Magic from Ficino to Campanella*, 1958; reed., 1975. — A. B. Collins, *The Secular Is Sacred: Platonism and Thomism in M. Ficino's Platonic Theology*, 1974. — W. Beierwaltes, *M. Ficinos Theorie des Schönen im Kontext des Platonismus*, 1980. — M. J. B. Allen, *M. F. and the Phaedran Charioteer*, 1981. — Id., *The Platonism of M. F.: A Study of His* Phaedrus *Commentary, Its Sources and Genesis*, 1984. — F. Purnell, "The Theme of Philosophic Concord and the Sources of F.'s Platonism", em *M. Ficino e il ritorno di Pla-*

tone. Studi e documenti, 1986. — P. O. Kristeller, *M. F. and His Work after Five Hundred Years*, 1987.

Para a influência exercida por M. F. ver também Ernst Cassirer, *Die platonische Renaissance in England und die Schule von Cambridge*, 1932. — K. Eisenbichler *et al.*, eds., *F. and Renaissance Neoplatonism*, 1986. **C**

FIDEÍSMO. Assim é geralmente chamada a doutrina que sustenta a impotência da razão para alcançar certas verdades e a conseqüente necessidade de introdução da fé. Este sentido do termo não coincide com o da Igreja católica, na qual ele representa uma tese teológica que admite uma faculdade especial determinada pela fé e destinada à interpretação dos mistérios. Por esse motivo o fideísmo foi rejeitado pelo catolicismo, embora do ponto de vista racionalista se tenha atribuído justamente a este último o qualificativo de fideísta. Em sua acepção mais geramente aceita hoje, o fideísmo se opõe em todos os pontos ao racionalismo, sem que com isso possam ser consideradas fideístas as doutrinas irracionalistas ou agnósticas, nas quais nem sempre são admitidas as verdades de fé ou a possibilidade de alcançá-las por meio de uma faculdade particular.

Certos autores (como Lênin e, seguindo seu exemplo, muitos marxistas) chamam de "fideístas" as doutrinas filosóficas vinculadas a uma crença religiosa, e também, simplesmente, muitas doutrinas filosóficas idealistas ou supostamente idealistas (por exemplo, a filosofia de Ernst Mach).

FIDELIDADE. A idéia de fidelidade em um sentido predominantemente "existencial" adquiriu certa importância em várias tendências da filosofia contemporânea. A "filosofia da lealdade" constituía o coroamento do pensamento de Josiah Royce, encaminhado nos últimos tempos a buscar um fundamento concreto que permitisse apoiar a ação moral, também concreta, e com isso a ação humana. Esse fundamento poderia ser, segundo Royce, a lealdade. Por ela, entendia fundamentalmente a dedicação consciente, prática e completa de uma pessoa a uma causa (*The Philosophy of Loyalty*, 1908, pp. 16-17), sempre que essa causa não fosse meramente impessoal. A lealdade ou fidelidade é para Royce um princípio ético, por meio do qual "todas as virtudes comuns, enquanto defensáveis e efetivas, são formas especiais da lealdade à lealdade" (*op. cit.*, pp. 129-130; observemos aqui, como curiosa comprovação, que no final de seu romance *Paz na guerra*, publicado em 1897, Unamuno já empregara a expressão "lealdade pela própria lealdade"). Daí que, em última análise, a lealdade pode ser definida como "a vontade de crer em algo eterno e de expressar essa crença na vida prática de um ser humano" (*op. cit.*, p. 357). Apóia-se mais decididamente na fidelidade a filosofia de Karl Jaspers, que a concebe como uma das formas nas quais se realiza a historicidade da existência, pois o núcleo da fidelidade reside, segundo Jaspers, na decisão absoluta de uma consciência por meio da qual se põe, por assim dizer, um fundamento para si mesma, em uma "identificação da existência consigo mesma" (*Philosophie*, 1932, t. II, p. 137). A fidelidade pode ser, além disso, central ou periférica, absoluta ou relativa. Em Gabriel Marcel, ela é um dos fundamentos ontológicos da existência, que exige, para fugir da aniquilação de si mesma a que a condenaria a infidelidade e a morte, o viver dentro do reconhecimento do permanente e do durável. Esse reconhecimento porém não é, segundo Marcel, simplesmente um juízo objetivo acerca das coisas, mas a condição da persistência do próprio eu no curso de seus atos transcendentes. O viver na fidelidade — como o viver no amor — não é, por conseguinte, de acordo com esse autor, uma mera forma de vida além de outras possíveis, mas é o fundamento da existência, o conjunto de condições que a tornam possível. A fidelidade é, em suma, como a fé, não algo definido em função de um objeto, de uma essência, mas o contrário: o objeto não é senão "a tradução para a linguagem de conhecimento (de posição) do ato privilegiado que é a fé" e que depois será também a fidelidade (*Journal métaphysique*, 3ª ed., 1935, p. 39, e "La fidélité créatrice", em *Du refus à l'invocation*, 1940). Para Maurice Nédoncelle (*De la fidélité*, 1953), a fidelidade é essencialmente fidelidade a uma fé, ou fidelidade a um valor, ou fidelidade aos seres ou "valores viventes". A fidelidade pode ser, pois, definida dos seguintes modos: como "a crença ativa na constância de um valor" (*op. cit.*, p. 25), como "uma disposição para guardar a presença de um ser na medida em que ele mesmo é depositário do valor e na medida em que essa presença depende de nosso consentimento" (*loc. cit.*). A fidelidade torna possível a realização e o cumprimento [*accomplissement*] da pessoa, pois a fidelidade "transcende não somente os horizontes da consciência empírica, mas também os de uma mônada idealmente encerrada em si mesma" (*op. cit.*, p. 194). A fidelidade tem, em suma, uma "significação metafísica" (*op. cit.*, p. 197) e não apenas psicológica ou moral.

FIDES QUARENS INTELLECTUM. Ver AGOSTINHO (SANTO); ANSELMO (SANTO); CRENÇA; FÉ.

FIGURA. Este termo pode ser entendido em vários sentidos.

1) Em um sentido geral, a figura é equivalente à forma, ao perfil ou contorno de um objeto. Segundo Erich Auerbach (*Neue Dantestudien*, 1944, pp. 11-71), o termo *figura* está relacionado com os vocábulos *fingere, figulus, dictus* e *effigies*; significa propriamente *plastisches Gebilde* e apareceu pela primeira vez em Terêncio quando um personagem chama uma moça de *nova figura*. Às vezes se identifica a figura com a estrutura (VER).

2) Alguns autores distinguem figura e forma. A figura, μορφή, é concebida então como o aspecto exter-

no de um objeto, isto é, sua configuração. A forma, εἶδος, por outro lado, é o aspecto interno de um objeto, sua essência.

3) O termo 'figura', μορφή, foi freqüentemente empregado na teologia. Seu uso delineou alguns problemas importantes, entre eles, sobretudo, o de saber se Deus possui ou não figura (física). A maior parte dos teólogos cristãos negou isso, pois possuir figura equivale a estar delimitado. As tendências teológicas que admitem uma limitação de Deus, por outro lado, tampouco admitem que Deus tenha figura, pois a limitação refere-se ao poder.

4) Na lógica são chamadas de figuras (figura, σχῆμα, "esquema") do silogismo (VER) os diferentes modelos obtidos mediante a combinação dos termos maior, médio e menor no raciocínio silogístico. Como o termo médio pode ser 1) sujeito na premissa maior e predicado na premissa menor, 2) predicado nas duas premissas, 3) sujeito nas duas premissas e 4) predicado na premissa maior e sujeito na premissa menor, temos quatro figuras, esquematizadas do seguinte modo:

Primeira figura:

M	P
S	M
S	P

Segunda figura:

P	M
S	M
S	P

Terceira figura:

M	P
M	S
S	P

Quarta figura:

P	M
M	S
S	P

Todas as figuras dão lugar a um certo número de modos (ver MODO) válidos do silogismo. Para a quarta figura, ver QUARTA FIGURA.

FIGURA DE DISCURSO. Ver SOFISMA.

FIGURA GALÊNICA. Ver FIGURA; GALENO; SILOGISMO.

FILÁUCIA. Ver AMOR A SI MESMO, AMOR-PRÓPRIO.

FILIASI-CARCANO, PAOLO. Ver NEO-RACIONALISMO.

FILODEMO DE GADARA (Síria) chegou à Itália aproximadamente em 80 a.C., depois de estudar o epicurismo em Atenas com Zenão de Sídon e Demétrio de Licaônia.

Até 40 a.C. desenvolveu grande atividade como mestre e escritor, defendendo as doutrinas epicuristas com tendência decididamente empirista. A escola regida por Filodemo e por Siron em Nápoles exerceu considerável influência sobre o mundo intelectual romano, especialmente sobre Pisão, sogro de César. A relação entre Filodemo e Cícero também parece estar bem estabelecida, a julgar por várias passagens das obras deste último autor, particularmente o *De natura deorum*. Por outro lado, não parece haver relação entre a escola de Filodemo e Lucrécio, que tomou suas doutrinas diretamente de Epicuro. Em oposição aos estóicos e aos peripatéticos, Filodemo escreveu uma grande quantidade de obras, das quais numerosas partes foram conservadas na coleção dos rolos de Herculano. Entre essas obras figuram livros sobre a piedade, a malícia, a morte, os deuses, os vícios, a loucura, a música, a ira, a riqueza, a história da filosofia, os signos, a retórica e os métodos de inferência. A obra sobre a inferência é importante sobretudo por permitir que se conheça o modo como a tendência epicurista empírica (e empírica em geral) desenvolvia os problemas do conhecimento mediante signos e das inferências baseadas em signos. Contra os estóicos, Filodemo proclamava que a relação entre o signo e a coisa significada é dada pela percepção mediante indução ou analogia e não mediante uma necessidade lógica. Deste modo a filosofia epicurista podia ser fundamentada empiricamente, e não apenas por meio de uma análise puramente racional.

➲ Edição de obras: Lista de edições de obras de Filodemo em Ph. H. de Lacy e E. A. de Lacy, *Philodemus: On Methods of Inference*, 1941.

Ver também: H. von Arnim, *Philodemea*, 1888; K. Lesnik, "Filodemosa traktat e indukcji", *Studia logica*, 2 (1955), 77-111 [estudo de um tratado de F. sobre a indução]; e art. de R. Philippson sobre Filodemo (Philodemus) em Pauly-Wissowa. Também C. J. Vooys, *Lexicon Philodemeum. Pars prior*, 1934. ➲

FILODOXIA. Literalmente: "amor pela opinião (δόξα)". Em *Rep.* VI, 480 A, Platão distingue os que amam as coisas que são objeto do saber e os que amam as coisas que são assunto de opinião. Os últimos são os que se comprazem nos sons e nas cores belas, mas não podem suportar a presença da beleza em si mesma. São, pois, propriamente, amigos da opinião, φιλόδοξοι, e não amigos da sabedoria, φιλόσοφοι, ou filósofos. Somente os filósofos buscam o essencial. A distinção de Platão constitui um prelúdio à discussão em *Rep.* VII sobre o que caracteriza o filósofo e sobre a necessidade de que o filósofo governe o Estado, já que é o único que conhece a verdade.

Na *Crítica da razão pura* (Prólogo à segunda edição), B, xxxvii, Kant afirma que aqueles que rejeitam tanto o método de Wolff — que, embora estéril, tem o mérito da ordem, da clareza e do sistema — quanto a crítica da razão pura só podem ter o propósito de rejeitar toda ciência e de converter o trabalho em jogo; são os que transformam a certeza em opinião, e a filosofia em "filodoxia".

FILOGÊNESE. Ver BIOGENÉTICA (LEI FUNDAMENTAL).

FILOLAU DE CROTONA (*fl.* no final do século V a.C.), um dos primeiros pitagóricos (VER), foi, como indicou Diógenes Laércio (VIII, 85), o primeiro a sistematizar o pitagorismo, com a publicação dos "livros pitagóricos". De acordo com o mencionado biógrafo (que o transcreve de Demétrio), Filolau considerava a Natureza inteira como composta pelo Ilimitado e pelo Limitado, os quais, ao se relacionarem, geram a harmonia. Filolau parece ter reduzido as características do espaço e as qualidades dos corpos a números; desse modo, o ponto é reduzido ao 1; a linha, ao 2; a superfície, ao 3; a tridimensionalidade, ao 4; a cor, ao 5; a animação, ao 6; a razão (e outras propriedades, como a saúde), ao 7; o amor (e a inteligência), ao 8. Além dessa cosmologia numérica — e de uma investigação sobre o "meio harmônico" e o "meio numérico" —, Filolau desenvolveu uma doutrina do mundo como realidade cujo centro é o fogo, e uma doutrina da alma como prisioneira do corpo; doutrina esta caracteristicamente órfico-pitagórica.

➲ Escritos: Diels-Kranz, 44 (32).

Ver: E. Frank, *Plato und die sogenannten Pythagoräer*, 1923, II, Teil, 2 (c) e III, Beilage xx. — C. Huffman, "The Role of Number in Philolaus' Philosophy", *Phronesis*, 33 (1988), 1-30. ¢

FÍLON DE ALEXANDRIA, também chamado de Fílon, o Judeu (Philo Judaeus), nasceu *ca.* 25 a.C. em Alexandria e faleceu depois de 50 a.C. Em 40 a.C., aproximadamente, foi enviado a Roma, com outros membros de sua comunidade, em uma missão de judeus alexandrinos encarregados de entrevistar-se com o imperador Caio. Fílon é considerado o mais importante representante da chamada filosofia judeu-alexandrina, para cujo desenvolvimento baseou-se principalmente em interpretações alegóricas do Antigo Testamento, ao contrário das interpretações literais tão comuns na comunidade judaica de sua cidade. A isso uniu fortes tendências de duas escolas filosóficas gregas: a dos platônicos e a dos estóicos. O tema capital do pensamento filosófico de Fílon é o de Deus e de sua relação com o mundo (ou, melhor, com a alma). Inspirando-se, como disse Bréhier, no platonismo, Fílon concebeu Deus como o ser em si, como o gênero supremo e, portanto, como o primeiro Bem, a fonte da virtude, o modelo das Leis e a Idéia das idéias. Isso o levou a uma concepção radical da simplicidade e da unidade de Deus (concepção ainda mais radical do que a que se manifesta na unidade e na simplicidade da Idéia platônica do Bem). Deus é, segundo Fílon, superior à virtude e ao Bem em si e, por conseguinte, melhor que eles. Esse Deus único, simples, infinito e eterno parece não apenas evitar toda determinação conceitual, mas também, e sobretudo, separar-se ao máximo de uma realidade pessoal; e, evidentemente, isto é o que acontece na maior parte das passagens em que Fílon "descreve" o caráter absolutamente transcendente e incomparável de Deus. Isso não significa porém negar a realidade do mundo, mas apenas a de um mundo que fosse mero desenvolvimento de Deus ou pura sombra da Idéia suprema. É verdade que neste ponto importante há discrepâncias entre os comentadores: enquanto alguns destacam que o Deus filônico não pode ser nem um princípio do qual emanam as outras realidades nem um demiurgo que as plasma, mas um criador autêntico que tirou o mundo do nada por bondade (e não por necessidade), outros, em contrapartida, concentram-se em certas passagens nas quais Fílon aproxima-se ao máximo da concepção de Deus como demiurgo. Uma coisa, porém, é certa: a de que há certos seres — o Logos, as idéias, os inteligíveis — que resultam de Deus sem necessidade de matéria. Especialmente importante — e influente — sobre o assunto é a doutrina filônica do Logos (VER), doutrina que pode ter antecedentes na concepção escriturística do Verbo (VER), mas que Fílon elaborou muito detalhadamente e até mesmo com grande independência. Esse Logos é o princípio do mundo inteligível, o "lugar" das idéias e, por conseguinte, o modelo supremo e último de toda realidade. O mundo constituído de Idéias não tem outro lugar, τόπος, que não o Logos divino, θεῖον λόγον (*De opificio mundi*, § 20). Algumas vezes se argumentou que o Logos parece inútil, já que quando se fala dele é preciso dizer, como de Deus, que é unidade e simplicidade supremas; contudo Fílon indica que o Logos, embora seja unidade perfeita, é princípio de unidades subordinadas. Deste modo sua função é a de intermediário: o Logos filônico é, a rigor, um órgão de que Deus se serviu para fazer o mundo por meio dos modelos das idéias inteligíveis. Junto dele estão outros intermediários, em uma relação hierárquica entre si: a Sabedoria divina (que às vezes parece idêntica ao Logos), o Homem divino ou homem feito à imagem de Deus, o Espírito (*Pneuma*) e os anjos. Subordinados a esses inteligíveis estão as potências (*dynameis*). Deste modo, a realidade parece organizar-se em uma hierarquia análoga à que ulteriormente elaboraram vários neoplatônicos; entretanto, seria um erro equiparar formalmente as doutrinas destes com a de Fílon. As preocupações morais e religiosas deste último são em muitas ocasiões mais determinantes para sua explicação do real que as razões metafísicas ou cosmológicas. Por isso uma parte importante da obra de Fílon é consagrada às questões do culto espiritual, aos problemas da instrução religiosa e moral, e em particular ao tema do pecado e das possibilidades de libertar-se dele. Isso parece desembocar em uma concepção que destaca o êxtase — o qual pode ser alcançado já neste mundo, que é "templo de Deus" — como o centro da vida, pois somente o êxtase conduz à pura contemplação da divindade.

A variedade da obra de Fílon e o fato de ter surgido em um cruzamento de culturas (judaica, greco-alexandrina, romana) foi a causa de que tenha recebido interpretações muito diversas. A tendência mais comum foi interpretá-la como uma manifestação de sincretismo cultural e religioso-cultural (Heinemann, Thyen). A obra de Fílon foi interpretada também como uma manifestação de judaísmo que, por pura circunstância, teve de empregar a língua e a cultura gregas (Bréhier, Goodenough); e, ainda, como uma predicação de natureza filosófica (Wolfson). Por fim, como um exemplo eminente da παιδεία da época unida a uma firme vontade de preservação da "espiritualidade judaica" (Daniélou).

⊃ Entre os escritos de Fílon mais propriamente filosóficos destacam-se Περὶ τῆς κατὰ Μωυσέα κοσμοποιίας, ou *De opificio mundi* (*Sobre o artesão do mundo*); Ὅτι ἄτρεπτον τὸ θεῖον, ou *Quod Deus sit inmutabilis* (*Que Deus é um ser imutável*); Περὶ Βίου θεωρητικοῦ, ou *De vita contemplativa* (*Sobre a vida contemplativa*) e Περὶ ἀφθαρσίας τοῦ κόσμου, ou *De aeternitate mundi* (*Sobre a eternidade* [*imortalidade*] *do mundo*). São também importantes filosoficamente seus Comentários às Sagradas Escrituras, especialmente ao *Pentateuco*. A isso se agregam escritos de caráter histórico-apologético (segundo a classificação de L. Cohn, *Einleitung und Chronologie der Schriften Philons*, 1899). A primeira versão latina de Fílon é a de S. Gelenium, em Basiléia (1554).

Índices: *Indices ad Philonis Alexandrini Opera*, 2 vols., 1926-1930, de Hans Leisegang. — Günter Mayer, *Index Philoneus*, 1974.

Edição de obras: T. Mangey, Londres, 1742; A. F. Pfeifer, Erlangen, 1785-1792; C. E. Richter, Leipzig, 1828-1830. — Edição crítica por L. Cohn e P. Wendland: *Philonis Alexandrini Opera quae supersunt*, Berolini, 7 vols.: I, 1896 (*De opificio mundi, Legum Allegoriarum Libri I-III, De Cherubim, De sacrificis Abelis et Caini, Quod deterius potiori insidiari soleat*); II, 1897 (*De posteritate Caini, De gigantibus, Quod Deus sit immutabilis, De agricultura, De plantatione, De ebrietate, De sobrietate, De confusione linguarum, De migratione Abrahami*); III, 1898 (*Quis rerum divinarum heres sit, De congressu eruditionis gratia, De fuga et inventione, De mutatione nominum, De somnis Liber I, De somnis Liber II*); IV, 1902 (*De Abrahamo, De Iosepho, De vita Mosis Liber I, De vita Mosis Liber II, De Decalogo*); V, 1904 (*De specialibus legibus Libri I-IV, De virtutibus, De fortitudine, De humanitate, De poenitentia, De nobilitate, De proemis et poenis, De exsecrationibus*); VI, 1915 (*Quod omnis probus liber sit, De vita contemplativa, De aeternitate mundi, In Flaccum, Legatio ad Gaium*); VII, 1, 1926, e VII, 2, 1930 (*Índices*, por Hans [Ioannes] Leisegang; cf. *supra*). Reimp. desta ed. crítica com trad. fr. em *Les oeuvres de Ph. d'A.*, por R. Arnaldez, C. Mondésert e J. Pouilloux, 34 vols., 1961ss. — Trad. esp. de *Todo hombre bueno es libre*, 1962.

Bibliografia: R. Radice, *Filone di A. Bibliografia generale 1937-1983*, 1983.

Ver: C. Siegfried, *Philon von A. als Ausleger des Alt. Testam.*, 1875 (com *Glossarium Philoneum*, pp. 47ss.). — J. Reville, *Le Logos d'après Philon d'Alexandrie*, 1877. — James Drummond, *Philo Judaeus or the Jewish-Alexandrian Philosophy in Its Development and Completion*, 2 vols., 1888. — Falter, *Philo und Plotin*, 1906. — É. Bréhier, *Les idées philosophiques et religieuses de Philon d'Alexandrie*, 1907; 3ª ed., 1950. — Jules Martin, *Philon*, 1907. — J. d'Alma, *Philon d'Alexandrie et le quatrième Évangile*, 1910. — Hans Leisegang, *Die Raumtheorie im späteren Platonismus, insbesondere bei Philon und den Neuplatonikern*, 1911 (tese). — L. Treitel, *Philonische Studien*, 1915. — I. Heinemann, *Philons griechische und jüdische Bildung*, 1932; reimp., 1962. — Hans Willms, *Eikon, Eine begriffsgeschichtliche Untersuchung zum Platonismus. I. Philon von Alexandria*, 1935 (tese). — Erwin R. Goodenough, *An Introduction to Philo Judaeus*, 1940; 2ª ed., 1962. — Harry Austryn Wolfson, *Philo: Foundations of Religious Philosophy in Judaism, Christianity and Islam*, 2 vols., 1947. — Jean Daniélou, *Ph. d'A.*, 1958. — R. Arnaldez, "Introduction" à ed. e trad. fr. de *De opficio mundi* (1961), pp. 17-138, na citada ed. e trad. de obras completas: *Les oeuvres de Ph. d'A.*, t. I. — R. Arnaldez, M. Simon et al., *Philon d'Alexandrie*, 1967 (Colóquio de Lyon, 11-15/VII/1966. — Ursula Früchtel, *Kosmologische Vorstellungen bei Philo von Alexandrien. Ein Beitrag zur Geschichte der Genesisexegese*, 1968. — Richard A. Baer, Jr., *Philo's Use of the Categories Male and Female*, 1970. — Antonio Maddalena, *Filone Alessandrino*, 1970. — V. Nikiprowetsky, *Le commentaire de l'écriture chez Philon d'Alexandrie*, 1976. — Georgios D. Farandos, *Kosmos und Logos nach Ph. von A.*, 1976. — S. Sandmel, *Philo of A. An Introduction*, 1979. — A. Mendelson, *Secular Education in Ph. of A.*, 1982. — J. Cazeaux, *La trame et la chaîne, ou les structures littéraires et l'éxégèse dans cinq des Traités de Ph. d'A.*, 1983. — R. M. Berchman, *From Philo to Origen: Middle Platonism in Transition*, 1984. — D. T. Runia, *Ph. of A. and the* Timaeus *of Plato*, 1986. — J.-E. Menard, *La gnose de P. d'A.*, 1987. ⊂

FÍLON DE LARISSA, discípulo de Clitômaco (VER) e escolarca da Academia a partir de 110/109 até *ca.* 88 a.C., esteve em Roma (onde Cícero ouviu suas lições) durante a primeira guerra de Mitridates. Inicialmente partidário de Arcesilau e de Carnéades, e inclinado, portanto, ao ceticismo acadêmico moderado, inclinou-se depois para o dogmatismo no conhecimento; tal dogmatismo caracterizou o último período (considerado por alguns o quarto) da Academia platônica (VER). Esse dogmatismo não estava, segundo Fílon de Larissa, muito distante da doutrina de Platão, nem tampouco das de Arcesilau e de Carnéades. Assim, Fílon pretendeu mostrar que as *verdadeiras teses* de Arcesilau e de Carnéades não estão nas opiniões formuladas em sua polêmica contra os estóicos, mas em uma concepção que é preciso desentranhar mediante uma interpretação adequada. Esta se baseia naquilo que Fílon chamou de o εὔλογον (o plausível, o verossímil). Atendo-nos a ele poderemos afirmar a possibilidade de que nossa mente capte — mesmo sem poder demonstrar isso formalmente — algo verdadeiro das coisas. O dogmatismo de Fílon é, por conseguinte, uma forma da filosofia do senso comum. Contra a *epoché* (VER) cética, Fílon sustentou a necessidade de princípios morais positivos, opinião defendida por seu discípulo Antíoco de Escalona.

➲ Ver: H. Diels, *Doxographi Graeci*, 1879. — C. J. Grysar, *Die Akademiker Philon und Antiochus*, 1849. — C. F. Hermann, *Disputatio de Philone Larissaeo*, 1851. — Id., *Disputatio altera*, 1855. — H. von Arnim, *Leben und Werke des Dion von Prusa*, 1898. — Bohdan Wisniewski, *Philon von Larissa*, 1975 (testemunhos e comentário). — H. Tarrant, "Agreement and the Self-Evident in Philo of Larissa", *Dionysius*, 5 (1981), 66-97.

Ver também a bibliografia de ACADEMIA PLATÔNICA. ⊂

FÍLON DE MEGARA (*fl. ca.* 300 a.C.) foi discípulo de Diodoro Cronos e condiscípulo de Zenão de Cício. Alguns autores o confundiram com Fílon de Larissa (VER); outros o consideraram um estóico. O mais provável é que tenha sido um dos membros da escola dos megáricos (VER). É conhecido sobretudo por sua concepção da implicação (VER) material, segundo a qual um condicional é falso somente quando o antecedente é verdadeiro e o conseqüente é falso, sendo o condicional verdadeiro em todos os demais casos. A concepção de Fílon de Megara está na base da tabela para '→' que apresentamos em TABELAS DE VERDADE. Fílon de Megara também se ocupou de temas de lógica modal. Como ocorreu com outros megáricos, sua lógica influenciou os estóicos.

➲ Referências às doutrinas lógicas de Fílon de Megara encontram-se em Sexto Empírico, *Adv. Math.*, VIII, 113; *Hyp. Pyrr.*, II, 110; Dióg. L., VII, 191. — Ver Prantl, I, 404; Zeller, I. Teil 1, Abt. 1 Absch. 1, III. B. 2. ⊂

FILOPONOS, JOÃO. Ver JOÃO FILOPONOS.

FILOSOFEMA. Aristóteles chama de φιλοσόφημα (*philosophema*) o raciocínio demonstrativo. Isso distingue o filosofema do epiquerema, ἐπιχείρημα, que é um raciocínio dialético; do sofisma, σόφισμα, que é um raciocínio erístico; e do aporema, ἀπόρημα, raciocínio dialético de contradição (*Top.*, VIII, 11, 162 a 15-19). Em outra passagem (*De caelo*, II, 13, 294 a 19), Aristóteles entende por 'filosofema' uma doutrina filosófica. Este último sentido predominou depois, especialmente quando se tratava de enunciados, ou de conjuntos de enunciados, organizados sistematicamente. Por causa disso se disse que um sistema filosófico é um conjunto de filosofemas, ou seja, de afirmações filosóficas. Freqüentemente se entendeu por 'filosofema' "o que se afirma em filosofia", "o conteúdo de uma proposição filosófica". Assim, por exemplo, José Gaos discutiu com freqüência se a filosofia pode ser reduzida ou não a um conjunto de filosofemas, entendendo-se com isso um conjunto de afirmações independentes do contexto histórico. Gaos respondeu que tal redução é inadmissível.

A palavra 'filosofema' é formada por analogia com termos como 'fonema' e 'morfema'. Também poderia ser interpretada, portanto, de um ponto de vista estrutural, supondo-se que por trás da grande variedade de proposições filosóficas há certas unidades básicas cujas combinações tornam possível tal variedade. Se assim fosse, caberia derivar os sistemas filosóficos de combinações de filosofemas.

FILOSOFIA. Entre os problemas que se colocam com respeito à filosofia figuram: (I) o do termo 'filosofia', (II) o das origens da filosofia, (III) o de sua significação e (IV) o da divisão da filosofia em diversas disciplinas. O terceiro é o mais discutido e ocupará a maior parte deste verbete.

I. *O termo*. A significação etimológica de 'filosofia' é 'amor à sabedoria'. Às vezes se traduz 'filosofia' por 'amor ao saber'. Porém, como os gregos — inventores do vocábulo 'filosofia' — freqüentemente distinguiam o saber (VER), ἐπιστήμη, enquanto conhecimento teórico, e a sabedoria, σοφία, enquanto conhecimento ao mesmo tempo teórico e prático, próprio do chamado *sábio*, é preciso levar em conta o tipo de conhecimento ao qual se refere o filosofar, o que é averiguado por meio de um estudo da história da filosofia (ver FILOSOFIA [HISTÓRIA DA]).

Antes de se usar o substantivo 'filosofia', φιλοσοφία, foram utilizados o verbo 'filosofar', φιλοσοφεῖν, e o substantivo 'filósofo', φιλόσοφος. O verbo aparece na passagem de Heródoto (I, 30) em que Creso, ao dirigir-se a Sólon, diz-lhe que teve notícias suas por meio de seu amor ao saber e de suas viagens a muitas terras com o fim de ver coisas: ὡς φιλοσοφέων γῆν πολλὴν θεωρίης εἵνεκεν ἐπελήλυθας. Uso semelhante pode ser encontrado em Tucídides (II, 40; oração fúnebre de Péricles aos atenienses: φιλοκαλοῦμεν γὰρ μετ'εὐτελείας καὶ φιλοσοφοῦμεν ἄνευ μαλακίας — amamos a beleza, mas sem exagero, e amamos a sabedoria, mas sem fraqueza). Nenhum dos dois significados anteriores pode ser considerado "técnico". O nome 'filósofo', ou 'o filósofo', aparece em Heráclito (fr. 35: χρὴ γὰρ εὖ μάλα πολλῶν ἵστορας φιλοσόφους ἄνδρας εἶναι καθ' 'Ηράκλειτον; convém, segundo Heráclito, que os homens filósofos sejam conhecedores de muitas coisas) (cf. *infra*).

É comum considerar que Pitágoras foi o primeiro a se autodenominar "filósofo", φιλόσοφος, enquanto "amante da sabedoria", por oposição a σοφός, isto é, aquele que já possui sabedoria (Anton-Hermann Chroust, arts. cits. *infra*). As fontes para essa tradição são: Cícero, *Tusc. Disp.* 5,8-10; Diógenes Laércio, 1,12; 8,8; e também a *Vita Pythagorae*, de Jâmblico; a explicação do termo 'filósofo' em Pitágoras parece ter sido dada por Heráclides Pôntico em seu Περὶ τῆς αὐτοῦ ἢ περὶ νόσεων, uma obra perdida (cf. Diog. L. 1, 12; Cícero conservou o que, ao que parece, Heráclides Pôntico dissera, e Jâmblico seguiu Cícero). Discutiu-se, entretanto, se Pitágoras pôde ter realmente usado o nome de 'filósofo' ou se simplesmente fez uso da "parábola dos três modos de vida" (apoláustico, político e teórico) que são debatidos por Platão em *Rep*. 581 Css. Em todo caso, mesmo que esteja certa a atribuição a Pitágoras do uso do termo 'filósofo', pode-se discutir se esse termo significou nesse autor o mesmo que posteriormente significou em Sócrates e em Platão.

O problema se complica pelo fato de que, além do termo 'filósofo', foram empregados desde os pré-socráticos outros vocábulos: 'sábio', 'sofista', 'historiador', 'físico', 'fisiólogo' (ver FISIOLOGIA e SOFISTAS). Uma primeira definição surgiu quando 'filosofar' foi entendido no sentido de 'estudar', isto é, de estudar teoricamente a realidade. Sábios, sofistas, historiadores, físicos e fisiólogos foram então considerados igualmente filósofos. As diferenças entre eles obedeciam ao conteúdo das coisas estudadas: os historiadores estudavam fatos (e não apenas fatos históricos); os físicos e fisiólogos, o elemento ou os elementos últimos de que se supunha ser composta a Natureza. Todos eram, contudo, homens sapientes e, portanto, todos podiam ser considerados (como fizeram Platão e Aristóteles) filósofos. Outra definição surgiu quando Heráclito (fr. 40) contrapôs o saber do sábio (aquele que conhece a razão que tudo rege e ama verdadeiramente a sabedoria) ao saber do erudito, πολυμαθής (saber que é gerado por mera curiosidade e dá lugar a uma simples descrição dos fatos). Esta opinião, diga-se de passagem, está em conflito com aquela indicada anteriormente (fr. 35; cf. *supra*), razão pela qual alguns autores, apoiando-se no teor geral da filosofia de Heráclito, sustentam que o fragmento 35 é apócrifo. Em todo caso, essa tendência à unidade do saber, juntamente com a tese da diferença entre a aparência e a realidade (implícita, e às vezes explícita, nos pré-socráticos e sempre explícita em Platão), tornou-se cada vez mais forte no pensamento filosófico grego. Daí a concepção da filosofia como uma busca da sabedoria *por si mesma*, que resulta em uma explicação do mundo ou carente de mitologia, ou que, ainda que coincidindo com a mitologia, usa um método racional-especulativo. Desde então o termo 'filosofia' foi freqüentemente a expressão desse "buscar a sabedoria".

O significado de 'filosofia' não se esgota com as definições ou concepções anteriores. Referimo-nos a outros significados na seção (III) do presente verbete. Acrescentemos que, limitando-nos ao termo grego φιλοσοφία, há numerosos outros sentidos e usos do termo. Anne-Marie Malingrey (cf. *op. cit. infra*) estudou esses usos desde os pré-socráticos até o século IV d.C. na literatura filosófica de língua grega e descobriu que φιλοσοφία pode designar, entre outras coisas, a eloqüência ou a moral prática (Isócrates), a contemplação do cosmos e o método de investigação científica (em Aristóteles), o estado de vida, a experiência interior transmitida por um mestre e a vida em comunidade συμφιλοσοφεῖν (em Epicuro), a contemplação do cosmos, o esforço moral orientado para Deus, a prática da Lei (em Fílon de Alexandria), a especulação grega em geral (Clemente de Alexandria) etc. Alguns autores, como os estóicos, não usam o termo φιλοσοφία, mas, antes, σοφία, porém conferindo-lhe vários sentidos parecidos com os que tem φιλοσοφία em outras escolas. Entre muitos autores cristãos φιλοσοφία às vezes designa a tradição intelectual e pagã e às vezes as "realidades cristãs" (por exemplo, quando φιλόσοφος designa "o cristão perfeito" e até "Cristo"). "Por sua própria natureza" — escreve a autora citada — "o vocábulo *philosophia* possui uma espécie de plasticidade indefinida. Essa qualidade encontra-se na origem de sua história ao mesmo tempo muito rica e muito difícil de seguir" (*op. cit. infra*, p. 293). Duas influências destacam-se nessa história (assim como na história de muitos elementos do vocabulário): por um lado, a tendência de fazer saírem os termos do uso comum e de enriquecê-los dotando-os de novos matizes; por outro lado, a de fazer recaírem os termos na linguagem comum (*loc. cit.*).

II. *A origem*. A filosofia começou mesclada com a mitologia ou com a cosmogonia. Nesse sentido, há uma certa relação entre cosmogonias como a de Hesíodo (*Theog.*, principalmente 116-138, ed. Rzach) e Ferécides (Eudemo, fr. 117, ed. Mullach; Diels-Kranz, 7 [71]) e as especulações dos pré-socráticos. Como indicamos anteriormente, houve, no entanto, uma diferença no método: descritivo nos "teólogos"; racional nos filósofos. Os motivos pelos quais ocorreu tal separação são muito complexos: *alguns* deles foram mencionados no verbete sobre a filosofia grega (VER). Uma questão que suscitou particular interesse é a de se a filosofia grega carece de antecedentes ou se ela os tem em outras filosofias ou, ao menos, em outras formas de pensar. Alguns autores indicam que as condições históricas nas quais emergiu a filosofia (fundação de cidades gregas nas costas da Ásia Menor e Sul da Itália, expansão comercial etc.) são peculiares da Grécia e, por conseguinte, a filosofia só poderia surgir entre os gregos. Outros assinalam que há influências "orientais" (por exemplo, egípcias) no pensamento grego, não se podendo dizer, por isso, que a filosofia apareceu autonomamente entre os gregos. Outros, finalmente, indicam que na China e especialmente na Índia houve especulações que merecem sem restrições o qualificativo de filosóficas. Debatemos brevemente esses problemas no citado verbete sobre a filosofia grega, e com maior atenção (e com conclusões menos precipitadas) no verbete sobre a filosofia oriental (VER). Limitar-nos-emos a assinalar aqui que, qualquer que seja a idéia que se tenha acerca das influências exercidas sobre o pensamento grego ou acerca da existência de movimentos intelectuais paralelos a ele, os sentidos que teve o termo 'filosofia' alcançaram maturidade apenas na Grécia. Por esse motivo aqui restringiremos as diversas definições da filosofia à tradição ocidental iniciada na cultura grega, ainda que levando em conta as notáveis contribuições orientais.

III. *A significação*. As definições da filosofia são variadas. Comum a elas parece ser apenas o fato de que, como observou Simmel, a filosofia é nos diversos sistemas filosóficos o primeiro de seus problemas. De modo análogo, Josef Pieper declarou que enquanto perguntar "O que é a física?" não é formular uma pergunta pertencente à ciência física, mas uma pergunta prévia, perguntar "O que é a filosofia?" é formular uma pergunta filosófica (uma "pergunta eminentemente filosófica"). Assim, cada sistema filosófico pode valer como uma resposta à pergunta acerca do que é a filosofia e também acerca do que a atividade filosófica representa para a vida humana. Cada uma dessas respostas é, portanto, parcial; contudo é ao mesmo tempo necessária se levarmos em conta que a filosofia se forma no curso de sua própria história. Portanto, a exposição das definições dadas pelos diversos filósofos à filosofia pode ser considerada o conjunto das perspectivas a partir das quais a filosofia foi vista e não uma recopilação de respostas arbitrárias sobre o problema capital filosófico. Paradoxalmente, a unidade da filosofia — sempre que não interpretemos esta expressão em um sentido demasiadamente rígido ou com excessivas ressonâncias hegelianas — manifesta-se por meio de sua diversidade.

Muito característico da filosofia, desde os seus primeiros passos na Grécia, é uma série de condições duplas. Por um lado, a filosofia manifesta um interesse universal; por outro, revela escassa atenção pela diversidade dos fatos. Por um lado, enfatiza a superioridade da razão; por outro, inclina-se a uma intuição do ser de índole às vezes mais mística que discursiva. Por um lado, destaca a importância da teoria; por outro, assinala o caráter fundamental da virtude e do comportamento. Por um lado, é altamente especulativa; por outro, decididamente crítica. Por um lado, não quer dar nada por suposto; por outro, está submersa em todo tipo de suposições. Por um lado, quer identificar-se com o puro saber e com o que depois será chamado de ciência (VER); por outro, destaca o afã de salvação. Por um lado, apresenta-se como uma série de proposições; por outro, como uma atitude humana. Todas essas condições persistiram ao longo de sua história até nossos dias. É verdade que conforme a fase histórica de que se trate acentuam-se mais ou menos uma ou várias dessas características. Desse modo, por exemplo, o afã de salvação é escasso nos sofistas, mas muito destacado nos pitagóricos; a tendência especulativa, muito forte nos jônicos e muito atenuada em Aristóteles. As tendências também se misturam freqüentemente: Platão é ao mesmo tempo crítico e especulativo, racional e místico. Os exemplos poderiam referir-se a outros períodos históricos, incluindo o presente. Não podemos nos estender aqui sobre essas características, algumas das quais serão tratadas nos verbetes dedicados aos diversos filósofos e tendências filosóficas, e portanto nos limitaremos a apresentar as definições de filosofia de alguns dos principais filósofos.

De acordo com Platão e Aristóteles, a filosofia nasce da admiração e do estranhamento (VER); porém, enquanto para o primeiro é o saber que, ao estranhar-se das contradições das aparências, chega à visão do que é verdadeiramente, das idéias, para o segundo a função da filosofia é a investigação das causas e dos princípios das coisas. O filósofo possui, segundo o Estagirita, "a totalidade do saber na medida do possível sem ter consciência de cada objeto em particular". A filosofia conhece por conhecer; é a mais elevada e ao mesmo tempo a mais inútil de todas as ciências, porque se esforça para conhecer o cognoscível por excelência, ou seja, os princípios e as causas e, em última análise, o princípio dos princípios, a causa última ou Deus. Por isso a filosofia é chamada por Aristóteles — enquanto metafísica ou filosofia primeira — de teologia; ela é a ciência do ser enquanto ser, a ciência daquilo que pode ser chamado com toda a propriedade de Verdade. Desde Platão e

Aristóteles sucedem-se as definições de filosofia, que compreende, nas escolas pós-aristotélicas, uma parte teórica e uma parte prática, e que, ao acentuar a vontade de salvação, vai pouco a pouco convertendo-se em um sucedâneo da fé religiosa. Isso ocorre no estoicismo e no neoplatonismo — entre outras escolas —, nos quais o conteúdo religioso e de concepção do mundo absorve de modo considerável o conteúdo do saber teórico. Além disso, a filosofia é concebida como a norma mais adequada para a ação, como a arte da vida baseada em princípios de razão.

As concepções e definições de filosofia durante a chamada "filosofia antiga" — que compreende a filosofia grega clássica, a filosofia helenística, a filosofia helenístico-romana e, em geral, todas as "filosofias pagãs" — persistiram durante a época em que se estendeu, e depois se afirmou, o cristianismo, mas este teve grande influência sobre novos modos de conceber e de tratar a filosofia. Com efeito, as três grandes religiões do Ocidente — originadas, além disso, no chamado "Oriente próximo" —, isto é, o judaísmo, o cristianismo e o maometismo, influenciaram distintas maneiras de entender a filosofia, que se apresentou primeiramente como oposta e depois como ligada à concepção religiosa correspondente. Deve-se levar em conta que a pergunta "O que é a filosofia?" foi durante algum tempo formulada por um cristão (ou por um judeu, ou por um muçulmano). Daí que as "definições" dadas pela filosofia na Idade Média cristã, por exemplo, devem ser entendidas em virtude da função que desempenha o pensamento filosófico (enquanto "pensamento racional" que tem seus modelos nos pensadores antigos, gregos e latinos) para a compreensão do conteúdo da fé. A filosofia é definida então em relação com a teologia, da qual é concebida, por alguns, como serva (ver ANCILLA PHILOSOPHIAE). Enquanto alguns buscam uma harmonia entre ambas, outros sublinham que há entre elas inevitáveis conflitos, e outros apontam que podem constituir dois "reinos" distintos, cada um dos quais com sua "verdade" correspondente.

O que foi dito anteriormente se refere principalmente à filosofia como "teoria". Não se deve excluir a concepção da filosofia como norma para a vida, em formas similares às desenvolvidas no período helenístico-romano. Segundo Martin Grabmann (*Geschichte der scholastischen Methode, I* [1909]), ainda em um tratado de Trívio, dos séculos IX ao XII, escrito, como a *Dialectica* de Alcuíno, na forma de diálogo, diz-se taxativamente que a filosofia é *rerum humanarum divinarumque cognitio cum studio bene vivendi coniuncta*. É a partir do horizonte total de seu viver que a filosofia deve ser compreendida, e especialmente seu sentido, tanto na Idade Média como em qualquer outra época do Ocidente. O mesmo acontece, para continuar com a divisão usual — embora pouco exata — da história, com o Renascimento e a época moderna. Em cada um desses momentos a filosofia representa, em boa parte pelo menos, a resposta que o homem dá ao problema de seu viver e, formalmente, a resposta que se dá ao problema da essência da própria filosofia. Assinalemos aqui apenas algumas fórmulas essenciais. Para Bacon, a filosofia é o conhecimento das coisas por seus princípios imutáveis e não por seus fenômenos transitórios; é a ciência das formas ou essências e compreende em seu seio a investigação da Natureza e de suas diversas causas. Para Descartes, a filosofia é o saber que averigua os princípios de todas as ciências, e, enquanto filosofia primeira ou metafísica, ocupa-se da elucidação das verdades últimas e, em particular, de Deus. A virada crítica que a filosofia tem na época moderna acentua-se cada vez mais após Descartes: tanto o chamado racionalismo continental como o empirismo inglês coincidem nesse propósito. A filosofia como crítica das idéias abstratas e como reflexão crítica sobre a experiência, de Locke a Berkeley e a Hume, mostra, portanto, o exercício filosófico a partir de vários aspectos diferentes. A redução do real ao marco lógico de seu fundamento proporciona, por outro lado, uma definição diferente. Assim, segundo Wolff e sua escola, a filosofia é a ciência das coisas possíveis e dos fundamentos de sua possibilidade. Já Kant concebe a filosofia (ou seu sistema) como um conhecimento racional por princípios, mas isso exige uma delimitação prévia das possibilidades da razão e, portanto, uma crítica dela como prolegômeno ao sistema da filosofia transcendental. Nos filósofos do idealismo alemão, a filosofia é o sistema do saber absoluto, desde Fichte, que a concebe como a ciência da construção e da dedução da realidade a partir do Eu puro como liberdade, até Hegel, que a define como a consideração pensante das coisas e a identifica com o Espírito absoluto no estado de seu completo autodesenvolvimento. Para Herbart, a filosofia é a elaboração dos conceitos tendo em vista a eliminação das contradições; para Schopenhauer, a ciência do princípio de razão como fundamento de todos os demais saberes, e como auto-reflexão da Vontade. Para o positivismo, a filosofia é um compêndio geral dos resultados da ciência, e o filósofo é um "especialista em generalidades". Para o espiritualismo positivo, a filosofia é uma auto-reflexão sobre o eu, tal como é dado, para mostrar depois em que medida esse eu traspassa o campo empírico. Segundo Rehmke, a filosofia é a ciência fundamental do dado em geral; segundo Vaihinger, é a ciência das ficções conscientes; segundo Husserl, é uma ciência rigorosa que tem a fenomenologia como disciplina filosófica fundamental. Windelband concebe a filosofia como a ciência dos valores de validade universal. Martial Guéroult pensa que, em oposição a Hegel, não há apenas uma filosofia que se desenvolve na história até alcançar a culminação em seu próprio sistema (ou, em geral, no "último sistema"), mas há, antes, *as* filosofias, "cada uma das quais se apresenta, encerrada em si mesma, como representando toda a ciência", de modo que, por exemplo, a "ordem de razões" cartesiana vale apenas para Descartes, a ordem kantiana para Kant e assim sucessivamente. C. D. Broad distingue uma filosofia crítica, que assume tacitamente algo que pertence à filosofia especulativa, e uma filosofia especulativa, que supõe a filosofia crítica. Whitehead diz que a filosofia é "a tentativa de expressar a infinitude do universo nos termos limitados da linguagem". Wittgenstein, Schlick e muitos positivistas lógicos, assim como vários filósofos analíticos (ver FILOSOFIA ANALÍTICA), supõem que a filosofia não é um saber com conteúdo, mas um conjunto de atos; não é conhecimento, mas atividade. A filosofia seria aqui, em suma, um "esclarecimento" e, sobretudo, um "esclarecimento da linguagem" para a descoberta de pseudoproblemas. A filosofia não tem como missão, segundo essas correntes, solucionar problemas, mas despejar falsas obsessões: no fundo, a filosofia seria uma "catarse intelectual" (ver PSICANÁLISE). Para Bergson, por outro lado, a filosofia tem um conteúdo: aquele que se dá à intuição uma vez rasgado o véu da mecanização que a espacialização do tempo impõe à realidade; a filosofia utilizaria a ciência como instrumento, mas se aproximaria mais da arte. Samuel Alexander chega a dizer, em vista de tão diversas concepções, que a filosofia é simplesmente "o estudo daqueles temas que não ocorreria a ninguém, exceto a um filósofo, estudar".

Diante dessa multiplicidade de definições da filosofia cabem várias reações:

1) Investigar se há ou se não há características comuns a todas as definições. O resultado provavelmente será negativo.
2) Investigar se há ou se não há semelhanças familiares (ver SEMELHANÇA FAMILIAR) entre os vários modos como foi entendida a filosofia. O resultado provavelmente será menos negativo que o anterior, mas não acreditamos que seja tão satisfatório ou tão convincente quanto alguns esperam. As semelhanças familiares podem se dissolver em uma miríade de vagas relações.
3) Investigar se há ou não, subjacente a todas as filosofias, uma "atitude filosófica" comum. O inconveniente disto é que ou não se sabe ao certo o que se entende por 'atitude filosófica' ou se entende algo que havia sido previamente assentado, produzindo-se um círculo vicioso.
4) Desenvolver uma "filosofia da filosofia" no sentido de Dilthey (VER), isto é, uma teoria das concepções do mundo. Isso pode levar a tantas concepções da filosofia quanto as concepções do mundo que existam ou sejam encontradas. Dilthey tentou remediar essa pluralidade mediante uma "filosofia da vida", mas esta se funda em determinada concepção da filosofia.
5) Reconhecer que há certos modos básicos como a filosofia se desenvolveu; por exemplo, a filosofia como uma atitude humana (pessoal ou coletiva) e a filosofia como um sistema de proposições. Embora em várias épocas tenham sido observados esses modos básicos, eles não são suficientes para caracterizar "a" filosofia, já que podem ser observados em outras manifestações culturais não-filosóficas, sob as formas mais conhecidas de "teoria" e "prática".
6) Reconhecer que o pensamento filosófico varia de acordo com as distintas bases históricas, culturais, sociais etc. Isso é verdade, mas é o objeto da chamada "sociologia do conhecimento", da qual não se podem, nem há por quê, depreender resultados acerca da "natureza" da filosofia.
7) Adotar determinada orientação filosófica e declarar que aquilo que fazem aqueles que seguem outras orientações "não é filosofia". Isso conduz a um dogmatismo que poucos filósofos, ou nenhum, estarão dispostos a abraçar.
8) Adotar uma espécie de atitude "gremística": não há nenhuma atividade que possa ser qualificada especificamente de filosófica, mas houve, e há, filósofos, que constituem um "grêmio" bastante identificável, ao menos em comparação com outros "grêmios". Há algo de verdadeiro nesta posição, mas ela recoloca a questão sob outro prisma: o da "natureza", no caso de que ela exista, do supracitado "grêmio filosófico".
9) Reconhecer lealmente que o problema não tem solução definida, mas que isso se deve a que o próprio problema não está bem definido. O inconveniente é que cabe perguntar então por que não se define, ou se circunscreve, claramente o problema.

Parece óbvio que a primeira parte de 9) corresponde à realidade, sob a forma adotada no curso do que é chamado de "história da filosofia". A filosofia foi muitas coisas diferentes, porque transcorreu lado a lado com atividades humanas muito diversas: religião, arte, ciência, política etc. Em não poucos casos ela chegou a se confundir com algumas dessas atividades, e de vez em quando foi efetivamente uma delas (ou, ao menos, o aspecto cognoscitivo de uma delas). Nesse sentido, a filosofia mudou mais do que muda uma ciência quando — caso se aceite esta noção — aparece um novo paradigma (ver PARADIGMA, PARADIGMÁTICO). Não parece haver outro remédio, pois, além de aceitar a insolubilidade do problema. O problema não é perfeitamente solúvel para nenhuma das demais atividades humanas do tipo das que foram mencionadas e, *a fortiori*, não o é para a filosofia, entre outras razões porque os filósofos tenderam mais a propor problemas que a resolvê-los — talvez nisso possa ser encontrada não uma definição, mas uma espécie de "orientação" para o reconhecimento de atividades qualificadas de "filosóficas".

IV. *As disciplinas filosóficas.* A divisão da filosofia em diversas disciplinas não aparece e muito menos está patente em todos os "sistemas". É difícil, por exemplo, expor a filosofia de Platão ou de Santo Agostinho como se fosse constituída por diversas partes. Por outro lado, a divisão da filosofia em várias disciplinas mostra-se clara (embora nem sempre seja desejável adotá-la) em Aristóteles ou em Hegel. A questão da divisão da filosofia depende, pois, em grande parte, do filósofo ou do movimento filosófico de que se trata, assim como da época histórica da qual se esteja falando. Em geral, podemos dizer que apenas em Aristóteles apareceram as divisões que depois se tornaram tão influentes no desenvolvimento da filosofia ocidental. A divisão em uma parte teórica e em uma parte prática, implícita em muitos pensadores pré-aristotélicos (por exemplo, nos pitagóricos ou em Demócrito), não era suficiente. Aristóteles foi além. De fato, seu sistema filosófico foi apresentado no marco de uma enciclopédia do saber de seu tempo, e por isso podemos encontrar nesse pensador muitas das partes da filosofia que foram extensamente desenvolvidas depois. A partir de Aristóteles, temos constituídas como disciplinas: a lógica (pois, embora sendo um instrumento e não uma parte, pode ser considerada uma "disciplina"), a ética, a estética (poética), a psicologia (doutrina da alma), a filosofia política e a filosofia da Natureza (física). Todas elas são dominadas pela filosofia primeira (metafísica). Uma primeira classificação das disciplinas anteriores em grupos de conteúdo mais amplo seria: ciências teóricas, ciências práticas e ciências poéticas (ou produtivas), com a lógica como órgão (VER) ou instrumento. Outra classificação (adotada pelos estóicos) é: lógica, física e ética. Em tudo isso já se percebe uma classificação das disciplinas filosóficas em metodológicas, teóricas e práticas que teve uma sorte singular no pensamento do Ocidente e persistiu quase até nossos dias. Não exporemos outras classificações, pois as mais fundamentais estão mencionadas no verbete CIÊNCIAS (CLASSIFICAÇÃO DAS) (VER), no qual tratamos não apenas do papel da filosofia dentro dos saberes, mas também de algumas de suas divisões quando era considerada o único saber existente (e mesmo possível). Destacaremos apenas que durante grande parte da época moderna até nossos dias realizaram-se muitos esforços para oferecer apresentações sistemáticas da filosofia em diversas disciplinas. No século XVII foram abundantes as classificações das disciplinas filosóficas (e, em geral, de diversos ramos do saber). Mencionamos a título de exemplo a classificação proposta por J. Micraelius em seu *Lexicon philosophicum terminorum philosophis usitatorum* (1653; 2ª ed., 1662; reimp., 1966), s.v. "Philosophia". Segundo esse autor a filosofia tem três partes: uma teórica, outra prática e outra orgânica. A parte teórica divide-se em metafísica, física e matemática. A parte prática é a ética. A parte orgânica é a dialética ou lógica. A metafísica, por sua vez, subdivide-se em vários ramos. Ao apresentar esses ramos, Micraelius (como outros autores da mesma época) tende a propor novos nomes para novas disciplinas filosóficas: gnostologia (a atual gnosiologia) ou teoria do conhecimento enquanto tal, hexologia ou sistema de hábitos intelectuais, arqueologia ou princípio das disciplinas, didática etc. Alguns dos nomes propostos na época tiveram sucesso (gnosiologia, psicologia, ontologia). Outros continuaram sendo usados, mas apenas moderadamente (noologia, pneumatologia). Outros desapareceram de circulação. Entre eles mencionamos a angelografia (Micraelius), a angelosofia, aperantologia ou doutrina do infinito criado (Caramuel de Lobkowitz), a ctismatologia ou doutrina do ente criado (J. Clauberg). No século XVIII firmou-se uma classificação utilizada e popularizada por Wolff e por sua escola e que foi muito influente (sendo adotada posteriormente por muitos autores escolásticos): filosofia teórica (subdividida em lógica — formal e material — e metafísica — geral ou filosofia primeira ou ontologia, especial ou teologia, cosmologia e psicologia racionais) e filosofia prática (principalmente ética). A isso se acrescentou depois a criteriologia (ver CRITÉRIO) como teoria do conhecimento. Outra dessas apresentações foi adotada por muitos ideólogos (VER): filosofia teórica (subdividida em gramática [VER], lógica e psicologia) e filosofia moral. Outra foi muito usual entre os idealistas alemães: lógica (metafísica), filosofia da Natureza, filosofia do espírito (VER). Com efeito, cada um dos filósofos importantes ofereceu seu próprio sistema de divisão das disciplinas filosóficas. Em geral, podemos dizer que até o final do século XIX, e particularmente para os propósitos de ensino, foram consideradas disciplinas filosóficas a lógica (VER), a ética (VER), a gnosiologia (VER), a epistemologia (VER) ou teoria do conhecimento (VER), a ontologia (VER), a metafísica (VER), às vezes a criteriologia, a psicologia (VER), com freqüência a sociologia (VER); e, além disso, um conjunto de disciplinas como a filosofia da religião (VER), do Estado (VER), do Direito (VER), da história (VER), da Natureza (VER; e também FILOSOFIA NATURAL), da arte (VER), da linguagem (VER), da sociedade etc., assim como a história da filosofia. Logo se autonomizaram várias partes. Hoje em dia, por exemplo, a psicologia não é incluída por muitos no sistema das disciplinas filosóficas, ou, quando é incluída, elimina-se a psicologia experimental e se conserva apenas a às vezes chamada psicologia teórica e algumas vezes psicologia filosófica. O mesmo destino teve a sociologia. Muitos consideraram que se deveria eliminar a metafísica. Outros eliminaram a ontologia, embora recentemente ela tenha voltado a ganhar força (em parte com novos problemas, em parte com problemas tradicionais) inclusive entre alguns dos que mais tinham se oposto a esse tipo de estudo. Cabe propor também o problema de se não se deveria eliminar a lógica (VER) do quadro de estudos filosóficos pelo fato de ser, assim como a matemática, uma ciência formal. No entanto, se se 'independentizam' as disciplinas que foram consideradas, ou que ainda são consideradas, como "partes" da filosofia, surge a questão de se esta não será, no fundo, somente uma espécie de matriz das ciências, idéia que levou alguns a pensar que uma disciplina é filosófica apenas enquanto ainda não se tornou científica. Parece, todavia, que o processo de independentização de disciplinas corre paralelamente à produção de disciplinas novas. Por um lado, apareceram estudos filosóficos especiais, como a teoria dos objetos (ver OBJETO e OBJETIVO), ou foram propostas disciplinas "fundacionais", como a fenomenologia (VER). Por outro lado, as próprias disciplinas independentes podem ser objeto de indagação filosófica; assim temos a filosofia da física, da biologia, da lingüística, da própria lógica etc. O número das chamadas "filosofias de..." é considerável: às que foram indicadas anteriormente podem ser acrescentadas a filosofia da educação (VER), da matemática (VER), a filosofia da filosofia, da ciência em geral, assim como as filosofias das ciências naturais e das ciências sociais. Também se pode falar de filosofia política, de filosofia social etc. Em geral, a tendência de hoje não é a de dividir a filosofia em disciplinas estritamente articuladas, mas deixá-la estender-se de maneira flexível a tantas disciplinas quanto as que exijam um exame filosófico.

➲ Ver: quase todas as obras filosóficas ocupam-se — explícita ou implicitamente — do conceito e da natureza da filosofia; aqui indicaremos simplesmente algumas obras que se referem muito diretamente ao problema. Sobretudo, o § 1 do *Grundriss der Geschichte der Philosophie*, I, de Ueberweg, 11ª ed., elaborada por Baumgartner, 1926, contém diversas definições de filosofia dadas ao longo de sua história; o mesmo ocorre no artigo "Philosophie", do *Wörterbuch der philosophischen Begriffe*, de R. Eisler, 4ª ed., 1929. — Ver, além disso: A. Riehl, *Ueber Begriff und Form der Philosophie*, 1872. — W. Windelband, "Ueber Begriff und Geschichte der Philosophie", em *Präludien*, t. I, 1884; 4ª ed., 2 vols., 1911. — W. Dilthey, *Das Wesen der Philosophie*, em *Kultur der Gegenwart*, ed. P. Hinneberg, 1907. — G. Simmel, *Hauptprobleme der Philosophie*, 1910, cap. I. — Edmund Husserl, "Philosophie als strenge Wissenschaft", *Logos*, I (1910-1911), 289-341. — Heinrich Rickert, "Vom Begriff der Philosophie", *Logos*, I (1910-1911), 1-34. — Paul Natorp, *Philosophie, ihr Problem und ihre Probleme*, 1911. — N. Petrescu, *Zur Begriffsbestimmung der Philosophie*, 1912. — B. Russell, *The Problems of Philosophy*, 1912. — Max Scheler, *Vom Wesen der Philosophie*, em *Vom ewigen im Menschen*, 1921. — Id., *Probleme einer Soziologie des Wissens*, no tomo *Versuche zu einer Soziologie des Wissens*, ed. Scheler, 1924; 2ª ed., modificada: *Die Wissensformen und die Gesellschaft*, 1926. — L. Wittgenstein, *Tractatus logico-philosophicus*, 1922 (4.0031, 4.111, 4.112, 4.1121) (trad. bras.: *Tractatus logico-philosophicus*, 1993); outra expressão da mesma concepção em Moritz Schlick, *Les énoncés scientifiques et la réalité du monde extérieur*, 1934. A concepção da filosofia como análise lógica da linguagem em R. Carnap, *Logische Syntax der Sprache*, 1934 (trad. ingl. ampl.: *The Logical Syntax of Language*, 1937) e os *Studies in Semantics* do mesmo autor citados no verbete que lhe foi dedicado. — Wladislaus Switalski, *Die Philosophie, ihr Sinn und ihre Bedingheit*, 1927. — Xavier Zubiri, "Sobre el problema de la filosofía. I", *Revista de Occidente*, 39 (1933), 51-80; *ibid.*, II, 40 (1933), 83-117. — Paul Häberlin, *Das Wesen der Philosophie. Eine Einführung*, 1934. — Jacques Maritain, *Science et sagesse*, 1935. — Werner Illeman, *Wesen und Begriff der Philosophie*, 1938. — José Gaos, Francisco Larroyo, *Dos ideas de la filosofía*, 1939 (de José Gaos, ver também: *Filosofía de la filosofía e historia de la filosofía*, 1947). — Delfim Santos, *Da filosofia*, 1939. — Étienne Souriau, *L'instauration philosophique*, 1939. — José Ortega y Gasset, *Ideas y Creencias*, 1940. — Id., *¿Qué es filosofía?*, 1957 (reimp., em *O. C.*, VII, 275-438; de um curso público dado em 1929). — Ángel Vassallo, *¿Qué es la filosofía?*, 1945. — J. Rubert Candau, *¿Qué es la filosofía?*, 1947. — Id., *La realidad de la filosofía: Su sentido esencial y el valor de sus resultados*, 2 vols., 1970. — Eugenio Guzmán Renschaw, *Filosofía de la filosofía*, 1948. — Ismael Quiles, *Filosofar y vivir (Esencia de la filosofía)*, 1948. — Josef Pieper, *Was heisst Philosophieren?*, 1948; 4ª ed., 1959. — Eric Weil, *Logique de la philosophie*, 1950, especialmente pp. 386 e 433-483. — David von Hildebrand, *Der Sinn philosophischen Fragens und Erkennens*, 1950 (trad. ingl. com algumas mudanças: *What is Philosophy?*, 1960). — J. Thyssen, *Die wissenschaftliche Wahrheit in der Philosophie*, 1952. — L. Goldmann, *Sciences humaines et philosophie*, 1952 (trad. bras.: *Ciências humanas e filosofia*, 9ª ed., 1984). — R. Vancourt, *La philosophie et sa structure*, 1953. — S. Ramírez,

O. P., *El concepto de filosofía*, s/d. [1954]. — M. F. Sciacca, *La filosofia y el concepto de filosofia*, 1955. — M. Heidegger, *Was ist das, die Philosophie?*, 1956. — Martial Guéroult, "Logique, architectonique et structure constitutives des systèmes philosophiques", em *Encyclopédie française*, XIX. Philosophie-Religion, 1957, pp. 19.24.15 a 19.26.4. — Jean-François Revel, *Pourquoi des philosophes?*, 1957. — Béla von Brandenstein, *Vom Sinn der Philosophie und ihrer Geschichte*, 1957. — Ewald Wasmuth, *Von der Wahrheit der Philosophie*, 1957. — Edward G. Ballard, Richard L. Barber, James K. Feibleman, Harold N. Lee, Paul G. Morrison, Andrew J. Reck, Louise N. Roberts, R. C. Whittemore, *The Nature of the Philosophical Enterprise*, 1958 [Tulane Studies in Philosophy, 7]. — Alberto Caturelli, *El filosofar como decisión y compromisso*, 1958. — Francisco Romero, "Las alianzas de la filosofía", em *Relaciones de la filosofía*, 1958, pp. 51-83. — José Luis Estévez, *Una investigación sobre la esencia de la filosofía*, 1958. — Eugenio Garin, *La filosofia come sapere storico*, 1959. — A. Versiani Velloso, "Prolegomena", I, *Kriterion* [Belo Horizonte], 47-48 (1959), e "Prolegomena", II, *ibid.*, 49-50 (1959). — Pierre Fougeyrolles, *La philosophie en question*, 1960. — Oswaldo Market, *Dialéctica del saber*, 1960. — Jacques Maritain, *On the Use of Philosophy: Three Essays*, 1961, especialmente I. — J.-C. Piguet, *L'oeuvre de philosophie*, 1961. — Alphonse de Waelhens, *La philosophie et les expériences naturelles*, 1961, especialmente pp. 1-40. — Augusto Guzzo, *La filosofia. Concetto, struttura, caratteri*, 1961. — Franz Austeda, *Axiomatische Philosophie. Ein Beitrag zur Selbskritik der Philosophie*, 1962. — Jean Piaget, *Sagesse et illusions de la philosophie*, 1965. — Ángel Vassallo, *¿Qué es la filosofía?*, 1965. — Reinhard Lauth, *Begriff. Begründung und Rechtfertigung der Philosophie*, 1966. — Hermann Kramer, *Ursachen der Meinungsverschiedenheiten in der Philosophie*, 1967. — R. W. Newell, *The Concept of Philosophy*, 1967. — Morris Lazerowitz, *Philosphy and Illusion*, 1968. — F. Kambartel, *Was ist und soll die Philosophie?*, 1968. — Stephan Körner, *What is Philosophy: Philosopher's Answer*, 1969. — Eugenio Trías, *La filosofia y su sombra*, 1969. — S. C. Pepper, S. Körner et al., *The Nature of Philosophical Inquiry*, 1969, ed. Joseph Bobick. — Gustavo Bueno, *El papel de la filosofía en el conjunto del saber*, 1970 (resposta ao folheto de Manuel Sacristán, *Sobre el lugar de la filosofía en los estudios superiores*, 1968). — Ferdinand Alquié, *Signification de la philosophie*, 1971. — H. Lenk, *Philosophie im technologischer Zeitalter*, 1971. — J. Mittelstrass, *Das praktische Fundament der Wissenschaft und die Aufgabe der Philosophie*, 1972. — H. G. Alexander, *The Language and Logic of Philosophy*, 1972. — Nathan Rotenstreich, *Philosophy: The Concept and Its Manifestations*, 1972. — A. Ayer, *The Central Questions of Philosophy*, 1974. — H. Lenk, *Wozu Philosophie? Eine Einführung in Frage und Antwort*, 1974. — Morris Lazerowitz, *The Language of Philosophy: Freud and Wittgenstein*, 1977. — H. Lübbe, *Praxis der Philosophie, Praktische Philosophie, Geschichtstheorie*, 1978. — R. Hébert, *Mobiles du discours philosophique. Recherche sur le concept de réfléxion*, 1978. — D. A. Rohatyn, *Two Dogmas of Philosophy, and Other Essays in the Philosophy of Philosophy*, 1980. — J. Kekes, *The Nature of Philosophy*, 1980. — X. Rubert de Ventós, *Per què filosofia?*, 1983. — J.-M. Terricabras, *Fer filosofia avui*, 1988. — E. R. Sanvoss, *Philosophie. Selbsterkenntnis, Selbstkritik*, 1991.

Ver também a bibliografia de METAFÍSICA; PERIFILOSOFIA; SISTEMA.

Sobre o conceito de filosofia em vários autores, correntes e épocas: José Gaos, *Orígenes de la filosofía y de su historia*, 1960 [em Heródoto, Platão e Aristóteles; com textos de Platão e Aristóteles]. — Heinrich Rombach, *Die Gegenwart der Philosophie. Eine geschichtsphilosophische und philosophiegeschichtliche Studie über den Stand des philosophischen Fragens*, 1962 [Symposion, 11]. — Raffaello Franchini, *L'oggeto della filosofia*, 1962. — Robert E. Cushman, *Therapeia: Plato's Conception of Philosophy*, 1958. — Francisco Pérez Ruiz, *El concepto de filosofía en los escritos de Platón. Filosofía y sabiduría*, 1959. — Kurt Schilling, *Aristoteles' Gedanke der Philosophie*, 1928. — Leo Lugarini, *Aristotele e l'idea della filosofia*, 1961. — Muitos dos livros sobre autores e correntes filosóficas se referem aos correspondentes conceitos de filosofia. — J. Mancal, *Untersuchungen zum Begriff der Philosophie bei M. T. Cicero*, 1982. — W. Schweidler, *Wittgensteins Philosophiebegriff*, 1983.

Sobre o filósofo e os filósofos: Hermann Glockner, *Die etisch-politische Persönlichkeit des Philosophen. Eine prinzipielle Untersuchung zur Umgestaltung der Hegelschen Geisteswelt*, 1922. — Id., "Die Persönlichkeit des Philosophen", *Zeitschrift für deutsche Kulturphilosophie*, 3 (1937). — Paul Ludwig Landsberg, *Wesen und Bedeutung der platonischen Akademie*, 1923. — Alexander Herxberg, *Zur Psychologie der Philosophie und des Philosophen*, 1926. — Juan R. Sepich, *La actitud del filósofo*, 1946. — Francisco Romero, "La filosofía y el filósofo", no livro do mesmo autor intitulado *Relaciones de la filosofía*, 1958, pp. 9-50.

Introduções à filosofia: Oswald Külpe, *Einleitung in die Philosophie*, 1895. — Aloys Müller, *Einleitung in die Philosophie*, 1925 (a nova ed. alemã do livro de A. Müller, publicada em 1947, intitula-se: *Mensch und Welt in ihrem realen Aufbau. Eine Einführung in die Philosophie*). — Rudolf Lehmann, *Lehrbuch der philosophis-*

chen Propaedeutik, 1905; 5ª ed., 1922. — Manuel García Morente, *Lecciones preliminares de filosofía*, 1938 [esta obra, com algumas mudanças, e com outra obra de Juan Zaragüeta, no volume: *Fundamentos de filosofía*, 1944]. — Julián Marías, *Introducción a la filosofía*, 1947, reimp. em *Obras*, II, 1-369. — K. Jaspers, *Einführung in die Philosophie*, 1950. — Jean Wahl, *Introducción a la filosofía*. — Hans Leisegang, *Einführung in die Philosophie*, 1951. — M. Gonzalo Casas, *Introducción a la filosofía*, 1954; 2ª ed., 1960. — Arthur C. Danto, *What Philosophy Is: A Guide to the Elements*, 1968.

Antologias: Julián Marías, *La filosofía en sus textos*, 2 vols., 1950; 2ª ed., 3 vols., 1961. — M. A. Padovani e A. M. Moschetti, *Grande antologia filosofica*, 15 vols., a partir de 1954. Clemente Fernández editou diversos volumes com uma seleção de textos: *Los filósofos antiguos*, 1974; *Los filósofos medievales*, 2 vols., I, 1979; II, 1980; *Los filósofos escolásticos de los siglos XVI-XVII*, 1986; *Los filósofos del Renacimiento*, 1989; *Los filósofos modernos*, 2 vols., I, 1973; II, 1976.

Sobre o termo 'filosofia': G. Bardy, "'Philosophie' et 'philosophe' dans le vocabulaire chrétien des premiers siècles", *Revue d'ascétique et de mystique*, 35 (1949), 97-108. — José Gaos, *op. cit. supra* (seção sobre o conceito de filosofia em várias épocas). — Anne-Marie Malingrey, *"Philosophia". Étude d'un groupe de mots dans la littérature grecque des Présocratiques au IVe siècle après J.-C.*, 1961. — Manfred Landfester, *Das griechische Nomen "philos" und seine Ableitungen*, 1966. — Jorge García Venturini, *Proceso de constitución de la filosofía*, 1967 [de Homero a Ferécides de Tiro] — Anton Hermann Chroust, "Philosophy: Its Essence and Meaning in the Ancient World", *Philosophical Review*, 56 (1947). — Id., "Some Reflections on the Origin of the Term 'Philosopher'", *New Scholasticism*, 38 (1964), 423-434. — R. Wohlgenannt, *Der Philosophiebegriff. Seine Entwicklung von den Anfängen bis zur Gegenwart*, 1977.

Sobre as origens históricas da filosofia: Georg Misch, *Der Weg in die Philosophie*, 1926 (trad. ingl., bastante ampliada e corrigida pelo autor: *The Dawn of Philosophy*, 1951). — José Gaos, *op. cit. supra* (*Orígenes* etc.). — José Ortega y Gasset, *Origen y epílogo de la filosofía*, 1960, reimpressão, em *O. C.*, 1. — Anne-Marie Malingrey, *op. cit. supra*.

Os manuais de filosofia são muito numerosos; em espanhol ainda não há o tipo de manual em vários volumes como o de Baumler e de Schröter, do qual várias partes foram traduzidas (cf. *La ética moderna* de Th. Litt), mas há trad. do *Lehrbuch der Philosophie* de J. Hessen: *Tratado de filosofía*, 3 vols. (I, 1957; II, 1959; III, 1962). — *Handbuch Philosophie*, 18 vols., eds. E. Ströker e W. Wieland, 1981 ss. [colaboradores: K. Hartmann (filosofia política), Th. M. Seebohm (filosofia da lógica), J. Simon (filosofia da linguagem), *et al.*]. Há numerosos manuais de filosofia neo-escolástica e especialmente neotomista (ver os verbetes NEO-ESCOLÁSTICA e NEOTOMISMO).

Também são numerosos os Dicionários de Filosofia. Entre os de tipo geral mencionamos os hoje clássicos de R. Goclenius (*Lexicon philosophicum quo tanquam clave philosophiae fores aperiuntur*, 1613; reimp., 1964), de J. Micraelius (*Lexicon philosophicum*, 1653; 2ª ed., 1662; reimp., 1967), de Stephanus (Étienne) Chauvin (*Lexicon rationale sive Thesaurus philosophicus ordine alphabetico digesto*, 1692, ampliado no *Lexicon philosophicum secundis curis Stephani Chauvini, novum opus*, 1713; reimp., 1967), de J. G. Walch (*Philosophisches Lexikon*, 1726; reimp. da 4ª ed. [1775], 2 vols., 1968), de Bayle (VER) e Voltaire (VER), de Ludovici (*Philosophisches Lexikon*, 1737), de J. C. Lossius (*Neues philosophisches allgemeines Reallexikon*, 4 vols., 1803), de G. S. A. Mellin (*Allgemeines Wörterbuch der Philosophie*, 2 vols., 1805-1807), de Krug (*Allgemeines Handwörterbuch der Philosophischen Wissenschaften*, 1827ss.), de B. Perez (*Dictionnaire abrégé de philosophie*, 1873), de L. Noack (*Philosophiegeschichtliches Lexikon. Historischbiographisches Hanwörterbuch zur Geschichte der Philosophie*, 1879; reimp., 1962), de B. Bertrand (*Lexique de philosophie*, 1893), de A. Franck (*Dictionnaire des sciences philosophiques*, 1844-1852; 5ª ed., 1885), de R. Kirchner (*Wörterbuch der philosophischen Grundbegriffe*, 5ª ed., 1907), o de W. Flemming (*Vocabulary of Philosophy*, 4ª ed., 1887), o de J. R. Thomson (*A Dictionary of Philosophy*, 1887), o de J. Mark Baldwin (*Dictionary of Philosophy and Psychology*, 3 vols., 1901-1905), o de Rudolf Eisler (*Wörterbuch der philosophischen Begriffe. Historisch-quellenmässig bearbeitet*, 1901; 4ª ed., 3 vols., 1927-1930), o manual-dicionário do mesmo Eisler (*Handwörterbuch der Philosophie*, 2ª ed., ed. R. Müller-Freinfels, 1922), ed. completamente revisada (a rigor, trata-se de uma nova obra) com o título *Historisches Wörterbuch der Philosophie*, em 12 vols., e 1 vol. de índices, ed. Joachim Ritter, 1971ss. (a partir do vol. IV o ed. é Karlfried Gründer, por causa do falecimento de J. Ritter em 1974); de A. Lalande, *Vocabulário técnico e crítico da filosofia*, 1993; a enciclopédia filosófica italiana: *Enciclopedia Filosofica Italiana* redigida por numerosos autores, 4 vols., 1957, sob a coordenação de Carlo Giacon; 2ª ed., 6 vols., 1968-1969, sob a coordenação de Luigi Pareyson e Carlo Giacon (edição abreviada: *Dizionario di filosofia*, 1976; *Dizionario delle idee*, 1977 [conceitos]; reed. da 2ª ed. atualizada, 8 vols., 1974. — Além disso: E. Goblot, *Le vocabulaire philosophique*, 1901; 5ª ed., 1920. — F. Kirchner, *Wörterbuch der philosophischen Begriffe*, 1886; 6ª ed., 1911 (reed.

por C. Michaelis). Com base nessa obra foi publicado o *Wörterbuch*, ed. J. Hoffmeister, 2ª ed., 1959. — G. Ranzoli, *Dizionario di scienze filosofiche*, 1904; 5ª ed., aos cuidados de M. Pigatti Ranzoli, 1952. — E. Blanc, *Dictionnaire de philosophie ancienne, moderne et contemporaine*, 2 vols., 1905-1908. — H. Schmidt, *Philosophisches Wörterbuch*, 1911; 22ª ed. ampl. por G. Schischkoff, 1991. — M. Arnaiz, *Diccionario filosófico*, 1915. — K. W. Clauberg e W. Dubislav, *Systematisches Wörterbuch der Philosophie*, 1923. — M. Cuvillier, *Dictionnaire de la langue philosophique*, 1925. — Id., *Nouveau vocabulaire philosophique*, 1956. — Max Apel, *Philosophisches Wörterbuch*, 1930; 5ª ed., rev. por Peter Ludz, 1958. — VV. AA., *Dictionary of Philosophy*, ed. Dagobert D. Runes, 1942; nova ed., 1962. — Régis Jolivet, *Vocabulaire de la philosophie*, 1942; 14ª ed., 1957. — J. M. Rubert Candau, *Diccionario manual de filosofía*, 1946. — P. Rotta, *Dizionaretto filosofico*, 1947. — E. Metzke, *Handlexikon der Philosophie*, 1948. — VV. AA., *Philosophisches Wörterbuch*, ed. W. Brugger, 1948; 11ª ed., 1964. — Luis Washington Vita, *Diccionario de filosofia*, 1950ss. — VV. AA., *Diccionario filosófico*, eds. Julio Rey Pastor e Ismael Quiles, 1952. — Juan Zaragüeta, *Vocabulario filosófico*, 1955. — VV. AA., *Dizionario di filosofia*, ed. Andrea Biraghi, 1957. — Carlos Lopes de Mattos, *Vocabulário filosófico*, 1957. — Vincenzo Miano, *Dizionario filosofico*, 1957. — VV. AA., *Filosofisch Lexicon*, eds. J. Grooten e G. J. Steenbergen, 1958 (em flamenco). — Colmán O'Huallacháin, *Foclóir Fealsaimh*, 1958 (em irlandês). — Umberto Cantoro, *Vocabulário filosófico*, 1958. — Nicola Abbagnano, *Dicionário de filosofia*, 2ª ed., 1982. — Paul Foulquié e Raymond Saint-Jean, *Dictionnaire de la langue philosophique*, 1962 [distinto do *Vocabulário* de Lalande, embora aproveite partes dele]. — Julia Didier, *Dictionnaire de la philosophie*, 1964. — VV. AA., *The Encyclopedia of Philosophy*, ed. Paul Edwards, 8 vols., 1967. — Morris Stockhammer, *Philosophisches Wörterbuch*, 1967. — VV. AA., *Handbuch philosophischer Grundbegriffe*, eds. Hermann Krings, Hans Michael Baumgartner e Christoph Wild, 6 vols. (I-IV, 1973; V-VI, 1974). — J. L. Blasco, Jacobo Muñoz, A. Deaño *et al.*, *Diccionario de filosofía contemporánea*, ed. Miguél Ángel Quintanilla, 1976. — A. R. Lacey, *A Dictionary of Philosophy*, 1976. — A. Flew, ed., *A Dictionary of Philosophy*, 1979. — VV. AA., *Enzyklopädische Philosophie und Wissenschaftstheorie*, 1980, ed. J. Mittelstrass. — P. A. Angeles, *A Dictionary of Philosophy*, 1981. — W. L. Reese, *Dictionary of Philosophy and Religion*, 1981. — A. Millán-Puelles, *Léxico filosófico*, 1984.

Para dicionários sobre filósofos: R. Eisler, *Philosophen-Lexicon*, 1912, com base no qual foi compilado o extenso *Philosophen-Lexikon*, de W. Ziegenfuss e G. Jung, 2 vols., 1949-1950. — C. Decurtine, *Kleines Philosophen-Lexikon*, 1952. — Lucien Jerphagnon, *Dictionnaire des grands philosophes*, 1973. — D. Huisman, *Dictionnaire des Philosophes*, 2 vols., 1984.

Os dicionários e léxicos específicos (sobre Platão, Aristóteles, Santo Tomás, Kant, Hegel, Schopenhauer etc. e distintos corpos de doutrina e tendências: escolástica, filosofia crítica, positivismo etc.) foram mencionados nos verbetes respectivos artigos.

Para a bibliografia filosófica, além do material contido em Ueberweg, nas principais histórias da filosofia e em alguns dos dicionários mencionados, ver os seguintes repertórios: *Vade-mecum philosophicum* (1909). — J. Hoffmans, *La philosophie et les philosophes, ouvrages généraux* (1920). — *Literarische Berichte aus dem Gebiete der Philosophie*, ed. A. Hoffmann (1923 ss.). — *Bibliographie der Philosophie und Psychologie* (para os anos 1920-1930), ed. R. Dimpfel (1921-1931). — *Studien und Bibliographien zur Gegenwartsphilosophie*, ed. W. Schingnitz (1932ss.). — *Répertoire bibliographique de la Revue néoscolastique de Philosophie* (1934ss.). — "A Bibliography of Philosophy", *Journal of Philosophy*, vol. 31 (17 e 18), 32 (17 e 18), 33 (17 e 18), 34 (17 e 18), ed. Emerson Buchanan (para os anos 1933-1936). — *Bibliographie de la philosophie*, publicada pelo Institut International de Collaboration philosophique, 1938ss. (para os anos 1937ss.). — *Philosophic Abstracts*, Nova York, 1940ss. — J. Lentz, *Vorschule der Weisheit*, 1941 (seleção). — *Guide bibliografiche*, publicadas pela Universidade Católica de Milão. Série filosófica dirigida por U. Padovani, 24 tomos (10 de Hist. da Filosofia; 13 de diferentes disciplinas e 1 de índices). — *Bibliographische Einführungen in das Studium der Philosophie*, ed. I. M. Bochenski, 1948ss.; o vol. I é uma bibliografia de bibliografias filosóficas: *Allgemeine philosophische Bibliographie*, por I. M. Bochenski e F. Monteleone; outros tomos foram mencionados em diversos artigos (Filosofia árabe, judaica, tomismo, Aristóteles etc.). — *Bibliographia philosophica*, 1934-1945, ed. G. A. De Brie, I, 1950; II, 1954. — G. Varet, *Manuel de bibliographie philosophique*, 2 vols., 1956 (I: *Les philosophies classiques*; II: *Les sciences philosophiques*). Do mesmo autor, *Histoire et savoir. Introduction théorique à la bibliographie. Les champs articulés de la bibliographie philosophique*, 1956. — W. Totok, *Bibliographischer Wegweiser der philosophischen Literatur*, 1959. — R. W. Thuijs, W. van Haaren e N. Verluis, *Analytische bibliografie van de filosofie. I. Algemene werken, logica en logistiek, epistemologie, metafysica, theodicea*, 1963. — Michael Jasenas, *A History of the Bibliography of Philosophy*, 1973. — H. Geurry, ed., *A Bibliraphy of Philosophical Bibliographies*, 1977.

Também são muito numerosas as coleções filosóficas: as principais foram mencionadas em diversos verbetes (FILOSOFIA MEDIEVAL, FILOSOFIA CONTEMPORÂNEA etc.).
Uma lista de revistas filosóficas seria demasiadamente extensa. Para informação geral, ver: *Philosophical Periodicals: An Annotated World List*, ed. D. Baumgardt, 1952. — *Liste mondiale des périodiques specialisés en philosophie/World List of Specialized Periodicals in Philosophy*, 1967. — Gert König, *Internationale Gesamtbibliographie der philosophischen Zeitschriften seit dem 17. Jahrhundert*, 1967. — Wolfram Hogrebe, Rudolf Kamp e Gert König, *Periodica Philosophica. Eine internationale Bibliographie philosophischer Zeitschriften von den Anfängen bis zur Gegenwart*, 1972. — *Philosophy Journals and Serials: An Analytic Guide*, 1985, ed. D. H. Ruben. — Ver além disso as listas que aparecem periodicamente no *Répertoire bibliographique de Louvain*, cit. *supra*, e em *The Philosopher's Index: An International Index to Philosophical Periodicals*, desde 1967; desde 1990 existe *The Philosophers Index* com suporte magnético: informa sobre publicações (livros e revistas) de 1940 até hoje. — Para revistas italianas: E. Zampetti, *Bibliografia ragionatta delle reviste filosofiche italiane dal 1900 al 1955*, 1956.

As Atas dos Congressos de Filosofia proporcionam muito material, especialmente para filosofia contemporânea. — À parte os Congressos especiais (como os de Filosofia científica: I, Praga, 1929; II, Königsberg, 1930; III, Praga, 1934; IV, Paris, 1935; V, Copenhagen, 1936; VI, Paris, 1937; VII, Cambridge, 1938; os Congressos tomistas internacionais: I, 1925; II, 1936; os Interamericanos: I, Port-au-Prince, 1944; II, Nova York, 1947; III, México, 1949; IV, Santiago de Chile, 1956; VII, Washington, 1957; VIII, Buenos Aires, 1959; IX, San José de Costa Rica, 1960; X, Brasília; XI, Caracas; os de diferentes países etc.), fazemos referência especial aos Congressos Internacionais inaugurados pelo de Paris de 1900, ao qual se sucederam: II, Genebra, 1904; III, Heidelberg, 1908; IV, Bolonha, 1911; V, Nápoles, 1924; VI, Nova York, 1927; VII, Oxford, 1930; VIII, Praga, 1934; IX, Paris (Congresso Descartes), 1937; X, Amsterdã, 1948; XI, Bruxelas, 1952; XII, Veneza, 1958; XIII, México, 1963; XIV, Viena, 1969; XV, Varna (Bulgária), 1973; XVI, Düsseldorf, 1978; XVII, Montreal, 1983; XVIII, Brighton, 1988; XIX, Moscou, 1993. — Ver também: L. Geldsetzer, *Bibliography of the International Congresses of Philosophy. Proceedings 1900-1978*, 1981. ⊃

•• **FILOSOFIA AFRICANA.** A superação — lenta e difícil — da dominação colonial na África foi acompanhada por uma renascida autoconsciência dos pensadores e intelectuais africanos. Um dos detonadores da discussão sobre a existência de uma filosofia propriamente africana foi o livro escrito originalmente em flamengo pelo missionário franciscano Plácido Tempels (nascido em 1906 em Berlaar, Bélgica) e publicado em francês como *La philosophie bantoue* (1945). O livro consta de sete capítulos: 1, "Seguindo as pegadas de uma filosofia banto"; 2, "A ontologia dos bantos"; 3, "A sabedoria e a criteriologia dos bantos"; 4, "A doutrina do banto ou a psicologia dos bantos"; 5, "Ética dos bantos"; 6, "Restauração da vida"; 7, "A filosofia banto e nós, os civilizadores". No livro, Tempels defende a existência de uma filosofia africana, não baseada na escrita, mas encarnada na linguagem, isto é, nos provérbios, contos, mitos e crenças. Nesse sentido, a filosofia africana seria implícita, mas realmente existente e viva. Ao contrário da metafísica ocidental, que é estática, a ontologia banto parte da força vital, que é uma noção dinâmica; "o ser é algo dotado de força", "o ser é força" (*op. cit.*, p. 30). A obra de Tempels — qualificada de "etnofilosofia" — provocou reações imediatas, sobretudo por parte do criticismo (F. Crahay, também de nacionalidade belga), que via nela uma doutrina não-fundamentada, que esfumava a noção de filosofia até torná-la sinônimo de cultura, uma doutrina ingênua, acrítica, facilmente manipulável por aqueles que quiseram apresentar os africanos como seres pré-lógicos, dados aos mitos e distanciados do pensamento racional. Após um intenso debate sobre a distinção entre "filosofia rigorosa" e "filosofia espontânea", passou-se a uma segunda fase, na qual ninguém põe em dúvida a existência de uma filosofia africana. O que agora se pergunta não é se há uma filosofia africana, mas o que deve ser entendido por "filosofia africana". Parece, pois, que a pergunta pelo sentido — e pelos "critérios" — é anterior à pergunta pela existência. "Africana" é um adjetivo que qualifica o conceito de "filosofia", ou "filosofia africana" é um conceito com entidade própria que pode ser comparado a outras concepções de filosofia? Os filósofos africanos já sabem que têm de superar dois graves obstáculos: por um lado, superar os preconceitos históricos dos etnólogos clássicos, que os apresentavam como pouco dotados para a reflexão lógico-racional. Por outro lado, mostrar o fundo e as formas de suas cosmovisões próprias, sem se auto-reduzir à expressão de mitos e crenças tradicionais.

⊃ Nesta linha reflexiva de busca de uma criação filosófica original, mas aberta e ligada às demais culturas, há muitos nomes dignos de menção: Léopold Sedar Senghor (nasc. 1906 em Joel, Senegal: *Ce que l'homme noir apporte*, 1939; *Anthologie de la nouvelle poésie nègre et malgache de langue française*, 1948; *Pierre Teilhard de Chardin et la politique africaine*, 1962; "Les fondements de l'africanisme ou négritude et arabisme", *L'Unité Africaine*, 242-244 (1967); *Nation et voie africaine du socialisme*, 1971; "Pourquoi une idéologie négro-africaine?", *Présence Africaine*, 82 (1972); *Négritude et civilization de l'universel*, 1977. — Kwame Nkrumah (1909-1972, nasc. em Nkroful, Costa de Ouro): *Le consciencisme*, 1964. — Alexis Kagame (1912-1981, nasc. em Kiyanza, Ruanda): *Le problème de l'homme en philosophie bantu; La philosophie Bantu-rwandaise de l'Être*, 1956; *L'ethnophilosophie des Bantu*, 1975; *La philosophie Bantu comparée*, 1976. — Marcien Towa (nasc. 1931 em Endama, Camarões): *Essai sur la problématique philosophique dans l'Afrique actuelle*, 1971; *Conditions d'affirmation d'une pensée philosophique africaine moderne*, 1973; *Le consciencisme*, 1973; *Négritude et servitude*, 1973; *Négritude senghorienne ou le fatalisme de la servitude nègre*, 1975. — Tshiamalenga Ntumba (nasc. 1932 em Nbuyi-Mayi, Zaire): "La vision 'ntu' de l'homme. Essai de philosophie", *Cahiers des religions africaines*, 14 (1973); "Mythe et religion en Afrique", *ibid.*, 36, vol. 18; *Qu'est-ce que la philosophie africaine?*, 1976; *La lutte pour la vie. Philosophie et libération*, 1977; "L'art comme langage et comme vérité", *Cahiers des religions africaines*, 31-32, vol. 16 (1982); "Philosopher en et à partir des langues et problématisations africaines. Les leçons de la revolution lingüistique et pragmatique", em *Au coeur de l'Afrique*, XXVI, 2 (1986). — Fabien Eboussi Boulaga (nasc. 1934 em Bafia, Camarões): *Le Bantou Problématique*, 1968; "L'identité négro-africaine", *Présence Africaine*, 99-100 (1976). — Ebenezer Njoh-Mouelle (nasc. 1938 em Wouri Bossoua, Camarões): *Les tâches de la philosophie aujourd'hui en Afrique*, 1975. — Issiaka-Prosper Laleye (nasc. 1940 em Kouti, Daomé): *La philosophie? Pourquoi en Afrique?*, 1975; *Y a-t-il, de nos jours, une philosophie africaine?*, 1975; "Le mythe: création ou recréation du monde? Contribution à l'élucidation de la problématique de la philosophie en Afrique", *Présence Africaine*, 99-100 (1976); "De la philosophicité de la pensée: le cas d'Afrique", *Revue Africaine de Théologie*, 7 (1980); "La problématique de la philosophie en Afrique: effor d'élucidation et de thématisation", *ibid.*, 8, vol. 4 (1980); "De la portée philosophique des religions négro-agricaines traditionelles", *Cahiers des religions africaines*, 27-28, vol. 14 (1980); "La philosophie dans la situation actuelle de l'Afrique", *Revue Africaine de Théologie*, 12, vol. 6 (1982); "La philosophie, l'Afrique et les philosophes africains: triple malentendu ou possibilité d'une collaboration féconde?", *Présence Africaine*, 123 (1982); "De la quête spirituelle de l'Afrique contemporaine. Repérage de fondement pour une évaluation critique", *Cahiers des religions africaines*, 3-4, vol. 17 (1983); *La sorcellerie: vestiges d'un savoir moribond ou balbutiement d'une science future?*, 1983; "La philosophie africaine et le problème de l'enseignement de la philosophie en Afrique. Élargissement de perspectives à des fins pédagogiques", *Les nouvelles rationalités africaines*, 2, vol. 1 (1986); "Du rite au mythe et du mythe au rite: une phénoménologie de la transcendance", *ibid.*, 39-42, vols. 20-21 (1987). — Paulin Hountondji (nasc. 1942 em Abidjan, Costa do Marfim): *Sens du mot 'philosophie' dans l'expression "philosophie africaine"*; "Histoire d'un mythe", *Présence Africaine*, 91 (1974); *Remarques sur la philosophie africaine contemporaine*, 1975; *Sur la "philosophie" africaine*, 1977; "Que peut la philosophie?", *Présence Africaine*, 119 (1981). — Niamkey Koffi (professor da Universidade da Costa do Marfim, Abidjan): "L'impensé de Towa et d'Hountondji; Controverse sur l'existence d'une philosophie africaine", em *African Philosophy-Philosophie Africaine*, ed. C. Sumner, 1980, pp. 189-214. — Alassane N'Daw (professor da Faculdade de Letras e Ciências Humanas da Universidade de Dakar): "Structures mentales et développement national", *Afrique Documents*, 105-106; "Pensée africaine et Développement", *Développement et Civilization*, 26 (1966); "Peut-on parler d'une pensée africaine?", *Présence Africaine*, 58 (1966), 32-46; *La pensée africaine. Recherches sur le fondement de la pensée négro-africaine*, 1983 (com prefácio de L. Sédar Senghor).

Além da obra citada, P. Tempels também escreveu: *Les étapes d'une vie missionnaire*, 1962; *La philosophie de la rébellion*, 1975. — F. Crahay é autor de: *Le "décollage" conceptuel: conditions d'une philosophie bantoue*, 1975.

Ver também: D. P. Biebuyck, *Lega Culture: Art, Initiation, and Moral Philosophy among a Central African People*, 1973. — R. A. Wright, ed., *African Philosophy: An Introduction*, 1979. — C. Summer, ed., *African Philosophy*, 1980. — A. Diemer, *Philosophy in the Present Situation of Africa*, 1981. — T. Okere, *African Philosophy: A Historico-Hermeneutical Investigation of the Conditions of Its Possibility*, 1983. — K. Gyekye, *An Essay on African Philosophical Thought: The Akan Conceptual Scheme*, 1987. — G. Fløistad, ed., *Contemporary Philosophy, 5: African Philosophy*, 1987. — S. Gbadegesin, *African Philosophy: Traditional Yoruba Philosophy and Contemporary African Realities*, 1991. — Além de *África 2000*, ano VII, época II, 17 (1992) e *Cuadernos* [Centro de Informação e Documentação Africana, CIDAF], vol. VIII (2-3) (1993-1994), que serviram de base para este verbete.

Seleção de textos: T. Serequeberhan, *African Philosophy: The Essential Readings*, 1991.•• ◖

FILOSOFIA AMERICANA. Quando após a palavra 'filosofia' se coloca um adjetivo geográfico, nacional ou multinacional, podem-se entender duas coisas. A primeira, que se trata da filosofia produzida naquele âmbito geográfico, naquela nação ou naquele grupo de nações. A outra é que, além de ser produzida em um âmbito geográfico, em uma nação ou em um grupo de nações, a filosofia de que se fala tem certas características que a distinguem da produzida em outros lugares ou por outras comunidades.

Não é fácil determinar o que se entende pela filosofia assim adjetivada, pois não se entende a mesma coisa em todos os casos. Podem ser comparadas, a esse respeito, as expressões 'filosofia grega', 'filosofia oriental', 'filosofia hindu', 'filosofia chinesa', 'filosofia árabe', 'filosofia européia (continental)', 'filosofia inglesa', 'filosofia alemã', 'filosofia russa' etc. Na maior parte dos casos, se possui uma idéia relativamente clara do que se entende por cada uma dessas expressões, mas mesmo assim há discordâncias. No que diz respeito às chamadas "filosofias nacionais", por exemplo, alguns consideram que elas efetivamente existem (isto é, que há, por exemplo, uma filosofia italiana com características próprias, distinta da filosofia russa, também com características próprias); outros, ao contrário, sublinham o caráter "universal" da filosofia, ou admitem, no máximo, uma divisão entre "oriental" e "ocidental".

A "filosofia americana" foi vista das duas maneiras indicadas, e há razões válidas para cada uma delas. Com efeito, por um lado, trata-se de um fragmento da intitulada "filosofia ocidental" e, na época moderna, da chamada "filosofia européia". A influência exercida por filósofos franceses, ingleses, alemães etc. sobre os filósofos da América, do Norte e do Sul, são uma prova suficiente disso. Por outro lado, não poucos filósofos das Américas — e em particular dos países da América hispânica e lusitana — questionaram se há ou não uma filosofia "americana" própria e tentaram buscar "as próprias raízes" (geralmente na história) e mesmo a "autenticidade". Isso ocorreu, além disso, em vários países, levantando o problema da existência ou não de uma filosofia argentina, chilena, brasileira, venezuelana, cubana, mexicana etc. Isso bastou para que circulasse a expressão 'filosofia americana'.

Essa expressão designa dois mundos culturais — assim como econômicos e políticos —, cada um dos quais tendo evoluído de modo distinto. Do ponto de vista cultural, cada um desses mundos elaborou a seu próprio modo tradições recebidas da Europa. É comum designar esses dois mundos com os nomes de "América do Norte" e "América do Sul". Esses nomes são, contudo, culturalmente inadequados. No hemisfério norte do continente americano estão o Canadá, os Estados Unidos, o México, Cuba, e talvez os países da "América Central". Limitando-se à divisão geográfica, a filosofia mexicana ou cubana (ou, se se preferir, a filosofia no México e em Cuba) é "filosofia norte-americana" (ou, se se preferir, "filosofia na América do Norte"). Porém o arraigado costume de chamar de "norte-americanos" (e, às vezes, simplesmente de "americanos") os habitantes dos Estados Unidos obriga a mudança de vocabulário. Dizer que a filosofia mexicana é "norte-americana" pode induzir a confusão, a despeito de que o México se encontre no hemisfério norte do continente americano.

Quando se fala de filosofia americana convém indicar, pois, se se trata da filosofia nos Estados Unidos — e, em parte, no Canadá — ou da filosofia nos países hispano-americanos e luso-americanos. Para designar o conjunto destes foram utilizados vários nomes, principalmente "América Latina" e "Ibero-América", com os correspondentes adjetivos, "latino-americano" e "ibero-americano". Os nomes que, por fim, foram adotados são: "filosofia norte-americana" e "filosofia latino-americana" (ou "ibero-americana") com o nome genérico de "filosofia americana" para ambos. As relações entre essas duas filosofias, ou tradições filosóficas, nem sempre foram fáceis, e às vezes consistiram em uma notória falta de relação. Recentemente, as relações filosóficas aumentaram, embora, deve-se reconhecer, mais por meio de traduções para o espanhol e para o português de trabalhos filosóficos em inglês produzidos nos Estados Unidos que o inverso.

Em cada uma das citadas tradições filosóficas foram levantados problemas a respeito da natureza e das formas da correspondente tradição, mas com mais intensidade, ou persistência, dentro da filosofia latino-americana, ou ibero-americana, que na filosofia norte-americana. Foi freqüente, por várias décadas, que em reuniões e congressos tenham sido debatidos temas como os propostos para o "IX Congresso Interamericano de Filosofia e VI da Sociedade Interamericana de Filosofia" (Caracas, junho de 1977): "O ensino da filosofia na América Latina", "História e evolução das idéias filosóficas na América Latina", "Possibilidades e limites de uma filosofia latino-americana", "A realidade latino-americana como problema para o pensar filosófico".

Historicamente se observam, na América Latina ou Ibero-América, já a partir do século XVI, movimentos filosóficos muito semelhantes em vários países (em grande parte por similaridade de influências, mas também por similaridade de condições históricas, políticas e sociais). Observa-se, por exemplo, limitando-nos por enquanto a movimentos a partir do século XIX, uma geração adscrita ao ecletismo, seguida por outra que abraçou o positivismo, sucedida por outra que se inclinou para uma espécie de "idealismo da liberdade". Consideremos agora a história da filosofia latino-americana em seu conjunto e de sobrevôo. Há linhas coincidentes em vários países: a influência da "filosofia moderna", de Bacon a Descartes, paralelamente ao escolasticismo, ao qual tenta suplantar; influências da Ilustração, misturadas com o sensualismo de Condillac e com a filosofia dos ideólogos (Lafinur, Varela e depois Luz y Caballero); uma geração positivista ou impregnada de ideais positivistas, justaposta ao "positivismo autóctone" (Barreda, Luis Pereira Barreto, Tobias Barreto, em parte Ingenieros, Varona antes de seu desvio do positivismo);

uma geração influenciada pelas diversas correntes tendentes a uma superação do positivismo: empirismo "total", neokantismo, bergsonismo, crocismo etc. (Vasconcelos, Vaz Ferreira, Balaúnde, Caso, Korn, Alberini, Deústua, Farias Brito, Molina etc.), que dá lugar às novas correntes, ao mesmo tempo influenciadas por tendências múltiplas — fenomenologia, Scheler, N. Hartmann, existencialismo, Dilthey, personalismo, Blondel etc. — e dedicadas a uma reelaboração dos temas da filosofia contemporânea com o interesse de ligar-se à "história das idéias" de cada país em particular e da América Latina em geral. Se o temário de um Congresso pode servir de guia, chamamos a atenção para os dois grupos de temas que são objeto do IX Congresso Interamericano ao qual nos referimos anteriormente. Um grupo concerne aos já mencionados problemas relativos à realidade latino-americana e à filosofia latinoamericana. O outro grupo abarca as tendências atuais da filosofia no continente americano: "Filosofia da ciência e Filosofia analítica", "Filosofia da práxis", "Filosofia fenomenológica e existencial".

Os nomes dos cultivadores da filosofia na América Latina no que já se passou deste século são numerosos. Dedicamos verbetes específicos a alguns deles (Vasconcelos, Caso, Robles, García Máynez, Larroyo, Ramos, Zea, Eli de Gortari, Salmerón, Villoro, Vaz Ferreira, Ardao, Molina, Echeverría, Llambías de Azevedo, Mayz Vallenilla, Alberini, Romero, Vassallo, Astrada, Frondizi, Fatone, Bunge, Sánchez Reuket, Miró Quesada, Cannabrava etc.). A outros autores nos referimos nos verbetes dedicados a vários dos pensadores antes mencionados, nem sempre porque tenham seguido seu pensamento, mas, antes, porque continuaram o trabalho filosófico por eles iniciado.

A lista de filósofos latino-americanos é muito grande. Sem a menor pretensão de apresentar uma lista exaustiva, mencionaremos alguns nomes, entre os quais estão incluídos vários dos que já foram indicados. *Na Argentina*: Francisco Romero, Ángel Vassallo, Carlos Astrada, Coriolano Alberini, Risieri Frondizi, Mario Bunge, Aníbal Sánchez Reulet, Juan Adolfo Vásquez, Eugenio Pucciarelli, Luis Juan Guerrero, Vicente Fatone, Adolfo P. Carpio, Tomás D. Casares, Octavio N. Derisi, Juan S. Sepich, Nimio de Anquín, Luis Farré, Rafael Virasoro, Miguel Ángel Virasoro, León Dujovne, F. González Ríos, Juan Tosé Bruera, Manuel Gonzalo Casas, Emilio Estiú, Ezequiel de Olaso, Eduardo García Belsunce, Margarita Costa, Carmen Dragonetti, Osvaldo Guariglia, Mario A. Presas, Fernando Tola, Tomás E. Zwanck, Antonio M. Battro, C. E. Alchourrón, José Alberto Coffa, Thomas Moro Simpson. *No Chile*: Enrique Molina, Pedro León Loyola, Eugenio González, Jorge Millas, Luis Oyarzún, José R. Echeverría, Mario Ciudad, Juan de Dios Vial, Roberto Torretti, Carlos Finlayson, H. Díaz Casanueva, Félix Schwartzmann, Armando Roa. *No Uruguai*: Vaz Ferreira, Emilio Oribe, Arturo Ardao, Luis E. Gil Salguero, Carlos Benvenuto, Núñez Regueiro, Juan Llambías de Azevedo, Mario Sambarino. *Na Bolívia*: Guillermo Francovich, M. González Casas. *No Peru*: Víctor A. Belaúnde, Francisco García Calderón, Mariano Ibérico, Julio Chiriboga, José de la Riva Agüero, Juan Bautista de Lavalle, Óscar Miró Quesada, Francisco Miró Quesada C., W. Peñaloza, A. Salazar Bondy, Enrique Barboza, Luis Felipe Alarco, Carlos Cueto Fernandini, Alberto Wagner de Reyna, T. Carlos Mariategui, Luis Felipe Guerra. *Na Colômbia*: Danilo Cruz Vélez. *Na Venezuela*: E. Mayz Vallenilla. *No Brasil*: João Cruz Costa, Miguel Reale, Tristão de Atayde, Euryalo Cannabrava, Renato Almeida, F. Pontes de Miranda, Mário Lins, L. Washington Vita. *Em Cuba*: Humberto Piñera Llera, Roberto Agramonte, Rafael García Bárcena, Máximo Castro, P. V. Aja, M. Vitier, J. Mañach, G. Torroella, J. Nicola Romero. *Em Santo Domingo*: Andrés Avelino. *Em Porto Rico*: José A. Fránquiz. No México: Samuel Ramos, E. García Máynez, A. Menéndez Samará, Leopoldo Zea, Edmundo O'Gorman, Emilio Uranga, Ricardo Guerra, Joaquín Macgrégor, Jorge Portilla, Luis Villoro, Francisco Larroyo, Juan Manuel Terán, Alberto Díaz Mora, Francisco Amezcua, Guillermo Héctor Rodríguez, Alfonso Juárez, Fausto Terrazas, Elías de Gortari, Oswaldo Robles, Bernabé Navarro, A. Gómez Robledo, J. Romano Muñoz, J. Fuentes Mares, M. A. Cevallos, J. Hernández Luna, P. González Casanova, Miguel Bueno. *No Panamá*: Justo Arosemena. Praticamente todas as tendências contemporâneas — com seus diversos matizes —, assim como todas as disciplinas, estão representadas por exemplo o existencialismo (Uranga), o neokantismo (Larroyo), o neo-escolasticismo (Sepich), a filosofia da ciência (Bunge), a fenomenologia (F. Miró Quesada C.), o atualismo (Barboza) etc., o que não significa que os filósofos ibero-americanos se limitem a reproduzir as tendências contemporâneas, especialmente européias. Muitos modificam consideravelmente as teses de suas filosofias preferidas atendendo aos problemas que a tradição autóctone suscita; outros acolhem várias tendências para melhor explicar a história das idéias filosóficas em seu próprio país e na América Latina em geral; outros tentam elaborar os temas filosóficos de um modo "universal" mesmo sem perder o interesse pelo que é propriamente ibero-americano, ao menos de um ponto de vista histórico-filosófico. Para que o quadro fosse completo, não se poderia prescindir, por outro lado, de influências mais diretas exercidas sobretudo por pensadores espanhóis que estiveram na América Latina, seja de um modo ocasional (como Ortega, Ors e Marías) ou de um modo mais permanente (como José Gaos, J. D. García Bacca, E. Nicol, J. Xirau, María Zambrano, D. Casanovas, Manuel Granell, Antonio Rodríguez Huéscar, Adolfo Sánchez Vásquez, Luis Abad Carretero etc.). Além disso, uma história completa da filosofia ibero-americana não poderia prescindir inteiramente de sua literatura e mesmo de sua ação educativa. A "dissolução" da filosofia na literatura e no pensamento geral foi uma de suas características. Hoje menos, porque a filosofia é cultivada na América Latina não apenas em relação com a literatura, mas também com as ciências naturais e sociais. Também se cultiva o tipo de pensar analítico e o estudo da história da filosofia. Todavia, nomes como Bello, Sarmiento, Hostos, Martí, Rodó, Montalvo etc. não podem ser excluídos de uma história do pensamento ibero-americano. E, por outro lado, convém ter em mente a essencial "função docente" dos filósofos americanos a que refere José Gaos, função que permite esclarecer algumas das características fundamentais dessa filosofia.

A filosofia norte-americana não esteve menos atenta às circunstâncias concretas de sua evolução histórica. Dela se pode dizer, como assinala Herbert W. Schneider, que "já é evidente o fato de que os princípios políticos, econômicos, teológicos e metafísicos estiveram associados com o pensamento americano mais estreitamente do que até agora tendeu-se a crer, e de que uma história realmente compreensiva da filosofia americana ainda está por ser escrita" (*A History of American Philosophy*, 1946, p. X), e isso de tal modo que homens como John Adams, Benjamin Franklin, Thomas Jefferson e James Madison, embora sejam "um material pobre para a atividade docente", representam "forças vivas, assim como símbolos clássicos na filosofia americana" (*op. cit.*, p. 36). Desse modo mostra-se em vários momentos de sua história. O platonismo ramista, o congregacionismo e o imaterialismo berkeleyano são, no início, as forças intelectuais motoras desse pensamento; a elas se segue a Ilustração, tanto em seus momentos de acentuação da democracia como nos de "adaptação à ortodoxia". A influência da filosofia escocesa, mas sobretudo do transcendentalismo (VER), talvez represente uma tentativa de mediação entre as duas correntes citadas e uma busca de seu fundamento teológico comum. Dentro destes marcos se inserem as diversas gerações e seus pensadores representativos, em uma sucessão que vai de Jonathan Edwards (1703-1758) e Samuel Johnson (1696-1772) a Benjamin Franklin (1706-1790), W. E. Channing (1780-1842), James Marsh (1794-1842), Noah Porter (1811-1892), R. W. Emerson (1803-1882) e W. G. T. Shedd (1820-1894). Já no século XIX começa a exercer influência a idéia de evolução, que não se limita aos pensadores "evolucionistas", mas penetra profundamente no idealismo. Segundo H. W. Schneider, as doutrinas evolucionistas norte-americanas podem ser distribuídas nas seguintes classificações: 1) filosofias cósmicas, como a de John Fiske e, em parte, Peirce, que examinam as questões suscitadas pelo darwinismo, pelo lamarckismo etc.; 2) biologia especulativa, como a de Chauncey Wright ou a de J. Le Conte (1823-1901); 3) teologias evolucionistas, como a de James McCosh (1811-1894), especialmente em *The Religious Aspects of Evolution* (1888); 4) filosofias social-genéticas, como a de Lester F. Ward, James Mark Baldwin (1816-1934), a do "grupo de Chicago" (Dewey, Tufts, G. H. Mead, Thornstein Veblen); 5) naturalismo "desesperado", como o de Henry Adams e o de Santayana. Nunca é demais observar que vários dos representantes desses evolucionismos podem ser considerados também representantes de outras correntes: pancalismo de Baldwin, pragmatismo de Mead, instrumentalismo de Dewey, idealismo de Adams, realismo e naturalismo de Santayana. O evolucionismo é aqui mais um pano de fundo que um verdadeiro alicerce. Quase contemporaneamente desenvolvem-se as doutrinas idealistas; a partir de Laurens Perseus Hickok (1798-1888), que introduziu e expôs sistematicamente o idealismo alemão pós-kantiano, a corrente idealista estende-se sobretudo com a *Saint-Louis School* e a *Concord School of Philosophy* (ver HEGELIANISMO). Esse idealismo adota desde cedo diversos aspectos: é personalista (como em Bowne), especulativo objetivo (com James E. Creighton), dinâmico (como em George Sylvester Morris), absoluto (como em Royce). Sem dúvida, é a luta entre o absolutismo e o personalismo que polemicamente vivifica durante muitos anos o idealismo norte-americano. Esse idealismo é tanto moral como metafísico e gnosiológico, mas, seja por esgotamento interno ou pela influência de outras correntes, especialmente das pragmatistas e realistas, o idealismo torna-se cada vez mais, como dirá Brightman, uma "filosofia dos ideais". Desse modo, idealistas como Boodin, Cunningham, De Laguna, Sheldon ou Urban negarão o idealismo epistemológico, que considerarão supérfluo; outros o reduzirão a uma análise metódica (Blanshard), e outros, sem dúvida, negarão o absolutismo do idealismo e acentuarão os momentos personalistas, temporalistas, processualistas e finitistas do real (Brightman, Hocking, Adams, Parker e vários dos citados anteriormente). Entre as correntes idealistas inserem-se, cada vez com mais força, as tendências que em algumas décadas alcançarão um triunfo decisivo; sobretudo o pragmatismo, que não é, porém, uma corrente unitária e se cinde em várias tendências segundo os distintos modos de considerar pragmaticamente a inteligência. Os trabalhos de Peirce (que também pertencem ao realismo e à nova lógica), a filosofia de William James, o instrumentalismo de Dewey, o pensamento de Mead, os primeiros trabalhos de Woodbridge pertencem a essas novas tendências, às quais se agregará logo o empirismo radical. Desde então se dão todas as combinações possíveis: idealismo empírico, pragmatismo naturalista, instrumentalismo racionalista etc.

Quanto às tendências norte-americanas mais recentes é extremamente difícil estabelecer um inventário.

No que diz respeito às grandes figuras do passado imediato, a influência de James e de Santayana é pouco perceptível. Por outro lado, aumentou muito a de Peirce, cuja filosofia não apenas foi explorada, mas em muitos aspectos continuada. Por ter lecionado nos EUA e publicado naquele país algumas de suas obras filosóficas mais destacadas, Whitehead é às vezes considerado uma das grandes figuras norte-americanas, mas ele é mais estudado que seguido. A influência de Dewey tem decrescido. Autores como C. I. Lewis, M. R. Cohen continuam sendo muito considerados e respeitados, mas já não estão no proscênio filosófico. Grande parte do impulso da filosofia norte-americana nos últimos trinta anos veio de fora. Depois dos debates dos realistas e neo-realistas a que nos referimos em outro verbete (ver Neo-realismo), o positivismo lógico, primeiramente, teve grande influência, e depois a filosofia analítica e a filosofia da linguagem comum, principalmente a cultivada em Oxford. É indubitável que as últimas correntes citadas deixaram fortes marcas no pensamento filosófico norte-americano (marcas que se manifestam freqüentemente nos modos de expressão, isto é, na linguagem filosófica adotada). Contudo seria equivocado identificar a filosofia norte-americana com determinado tipo, ou até com uma variedade de tipos, de filosofia analítica. De início, as tradições pragmatistas, especialmente as derivadas de Peirce, continuam exercendo grande influência nesse pensamento. Depois, e salvo alguns períodos de relativa concentração em determinadas correntes, foi — e aparentemente continuará a ser — típico da atividade filosófica norte-americana, ou, especificamente, estadunidense, o fato de acolher tendências muito variadas. A fenomenologia, a filosofia existencial e a hermenêutica são cultivadas por um bom número de filósofos. Hegel suscita grande interesse; menos difundidos nos meios filosóficos — ao contrário dos literários e sociológicos respectivamente — foram o estruturalismo e o marxismo. O cultivo de disciplinas filosóficas também é ecumênico, e são abundantes os trabalhos em lógica, fundamentação da matemática, filosofia da linguagem e filosofia da ciência, mas não são descuidadas a ética, a filosofia política e, embora em menor proporção que em países como a Alemanha, França e Itália, a história da filosofia.

➲ Obras gerais: E. Molina, *Filosofía americana*, 1912. — L. Zea, *En torno a una filosofía americana*, 1945. — Id., *América como consciencia*, 1953. — E. Mayz Vallenilla, "El problema de América (Apuntes para una filosofía americana)", *Episteme* (Caracas), 1 (1957), 465-501. — Francisco Larroyo, *La filosofía americana; su razón y su sinrazón de ser*, 1958.

Obras gerais sobre filosofia hispano-americana e ibero-americana: A. Sánchez Reulet, "Panorama de las ideas filosóficas en Hispanoamérica", *Tierra Firme*, Ano II, n. 2, 1936, 181-209, e *Letras* (Lima), 2º quadrimestre, 1936, 314-331. — R. Frondizi, "Panorama de la filosofía latinoamericana contemporánea", *Minerva*, n. 3, 1944. — Id., "¿Hay una filosofía iberoamericana?", *Realidad*, 3, n. 8 (1948), 158-170, vol. I (n. 2, julho-agosto de 1944), 95-122 (reimp. como folheto no mesmo ano). — W. Rex Crawford, *A Century of Latin American Thought*, 1944, 2ª ed., 1961. — J. Gaos, *Pensamiento de lengua española*, 1945 (antologia e comentários). — Id., *El pensamiento hispanoamericano*, 1946. — R. Insúa Rodríguez, *Historia de la filosofía en Hispanoamérica*, 1945. — L. Recaséns Siches, Apêndice à última ed. de sua trad. da *Filosofía del Derecho*, de Del Vecchio, e a seus *Estudios de filosofía del Derecho*, II, 1946. — E. Cannabrava, "Present Tendencies in Latin American Philosophy", *Journal of Philosophy*, 46 (1949), 113-119. — L. Zea, *Dos etapas del pensamiento en Hispanoamérica: Del Romanticismo al Positivismo*, 1949. — Id., *Esquema para una historia de las ideas en Iberoamérica*, 1956. — Id., *Las ideas en Iberoamérica en el siglo XIX*, 1956. — A. Wagner de Reyna, *La filosofía en Iberoamérica*, 1949. — F. Romero, *Sobre la filosofía en Iberoamérica*, 1952. — A. Caturelli, *La filosofía en Hispanoamérica* (ed. separada do *Boletín de filosofía americana*, I, 1953, da Universidade de Córdoba, Argentina). — Víctor Frankl, *Espíritu y camino de Hispanoamérica. I: La cultura hispanoamericana y la filosofía europea*, 1953. — F. Miró Quesada, M. Reale *et al.* "¿Es possible una filosofía americana?", em Sociedad Cubana de Filosofía, *Conversaciones filosóficas interamericanas*, 1955, pp. 111-178. — J. Hernández Luna, A. Ardao *et al.*, arts. sobre filosofia hispano-americana (mexicana, uruguaia, chilena, boliviana, peruana, colombiana, cubana) em *Cursos y conferencias*, 48 (1956). — Robert G. Mead, *Breve historia del ensayo hispanoamericano*, 1956; 2ª ed., rev. e ampl., com Peter G. Earle, *Historia del ensayo hispanoamericano*, 1973. — Manfredo Kempff Mercado, *Historia de la filosofía en Latino-América*, 1956. — R. Romero, J. Gaos *et al.*, "Aspects de la pensée ibéro-americaine", em *Les Études philosophiques*. N. S. 13 (1958), 275-322. — Alfredo Carrillo N., *La trayectoria del pensamiento filosófico en Latino-América*, 1959. — F. Romero e J. L. Romero, "Amérique Latine", em *Les Grands Courants de la pensée mondiale contemporaine. Panoramas nationaux*, 1959, pp. 68-138. — I. Höllhuber, *Geschichte der Philosophie im spanischen Kulturbereich*, 1967. — Augusto Salazar Bondy, *Existe una filosofía de nuestra América?*, 1968. — Id., *Sentido y problema del pensamiento filosófico hispanoamericano*, 1969 (folheto, com trad. ingl. e comentários de Fernando Salmerón e Arthur Berndtson). — Robert N. Beck, Arthur P. Whilaker *et al.*, *The Ibero-American Enlightenment*, 1971, ed. A. Owen Aldridge. — Harold

Eugene Davis, *Latin American Thought: An Historical Introduction*, 1972. — Laureano Robles, ed., *Filosofía Iberoamericana en la época del Encuentro*, 1992 [Enciclopedia Iberoamericana de Filosofia, 1].

Bibliografia: E. Lassalle, *Philosophic Thought in Latin America*, 1941, e no *Handbook of Latin American Studies*, 1939ss. — A. Ardao, C. Betancur *et al.*, *Fuentes de la filosofía latinoamericana*, 1967. — A. Correia Pacheco, A. Salazar Bondy *et al.*, *Los "fundadores" en la filosofía de América Latina*, 1970. — Walter B. Redmond, *Bibliography of the Philosophy in the Iberian Colonies of America*, 1972 (sobre o período de 1492-ca. 1810). — Risieri Frondizi e Jorge J. E. Gracia, eds., *El hombre y los valores en la filosofía latinoamericana del siglo XX*, 1975, pp. 293-328. — R. Frondizi, A. Ardao *et al.*, *La filosofía en América*, 1979 (Trabalhos apresentados no IX Congresso Interamericano de Filosofia). — Vários autores, *Philosophical Analysis in Latin America*, 1984, eds. J. J. E. Gracia, E. Rabossi, M. Dascal. Obras sobre diferentes países:

Bolívia: Guillermo Francovich, *La filosofía en Bolivia*, 1945. — Id., *El pensamiento universitario de Charcas y otros ensayos*, 1945 [história do pensamento no Alto Peru e na Bolívia desde a época colonial até o século XIX]. — Id., id., *El pensamiento boliviano en el siglo XX*, 1956.

Brasil: Guillermo Francovich, *Filósofos brasileños*, 1943. — João Cruz Costa, *A filosofia no Brasil*, 1945. — Id., *O positivismo na República: Notas sobre a história do positivismo no Brasil*, 1956. — Id., *Panorama da história da filosofia no Brasil*, 1959. — A. Gómez Robledo, *La filosofía en el Brasil*, 1946. — L. Washington Vita, *A filosofia no Brasil*, 1950. — Id., *Escorço da filosofia no Brasil*, 1964. — Miguel Reale, *Momentos decisivos e olvidados do pensamento brasileiro*, 1957. — Id., *Filosofia em São Paulo*, 1962; 7ª ed., 1976 [inclui o citado *Momentos olvidados* etc.]. — Ivan Lins, *História do positivismo no Brasil*, 1964; 2ª ed., 1967. — Antonio Paim, *História das idéias filosóficas no Brasil*, 1967; 2ª ed., ampl., 1974. — Lidia Acerboni, *A filosofia contemporânea no Brasil*, 1969). — Fernando Arruda Campos, *Tomismo e neotomismo no Brasil*, 1968. — Também o livro de Leonel Franca, *Noções de História da Filosofia*, 1918, várias eds. [com referências à filosofia no Brasil]. — VV. AA., *As idéias filosóficas no Brasil*, 3 vols., 1978, ed. A. Crippa. — A. Paim, *O estudo do pensamento filosófico brasileiro*, 1979. — Ver também: "Bibliografia brasileira de filosofia", em *Reflexão*, I, 3 (1976), 193-224.

América Central: Rafael Heliodoro Valle, *Historia de las ideas contemporáneas en Centroamérica*, 1960 [idéias políticas, sociais etc.]. — Costa Rica: Constantino Láscaris Comneno, *Desarrollo de las ideas filosóficas en Costa Rica*, 1965. — Guatemala: Jesús Julián Amurrio González, *El positivismo en Guatemala*, 1970. — Panamá: Ricaurte Soler, *Pensamiento panameño y concepción de la nacionalidad durante el siglo XIX (Para la historia de las ideas en el Istmo)*, 1954 [particularmente sobre Justo Arosemena].

Chile: E. Molina, *La filosofía en Chile en la primera mitad del siglo XX*, 1951. — Walter Hanisch, "En torno a la filosofía en Chile (1594-1810)", *Historia* (1963), 7-117. — Roberto Escobar, *La filosofía en Chile*, 1976. — Santiago Vidal, "La filosofía en Chile", *Cuadernos de filosofía* (Concepción) (1977), 6. — Ver também: "Bibliografia chilena de filosofia", *Biblioteca del Congreso Nacional*, 1979. — F. Astorquiza, *Bio-bibliografía de la filosofía en Chile desde el siglo XVI hasta 1980*, 1982. — R. Fornet Betancourt, *Kommentierte Bibliographie zur Philosophie in Latinamerika*, 1985.

Colômbia: J. F. Franco Quijano, "Historia de la filosofía colombiana", *Revista Colegio Mayor de Nuestra Señora del Rosario* [Bogotá], XIII (1917) [sobre o período escolástico]. — J. M. Rivas Sacconi, *El latín en Colombia. Bosquejo histórico del humanismo colombiano*, 1949 [compreende um capítulo sobre a produção filosófica colombiana durante os séculos XVII e XVIII]. — J. V. Correia, "La filosofía colombiana en el presente", *Universidad de Antioquía*, n. 36 (1960), 892-1010. — Jaime Jaramillo Uribe, *El pensamiento colombiano en el siglo XIX*, 1964. — R. Sierra Mejía, R. Carrillo *et al.*, *La filosofía en Colombia. Siglo XX*, 1985, ed. R. Sierra Mejía [coletânea de artigos de filósofos colombianos contemporâneos].

Cuba: Medardo Vitier, *La filosofía en Cuba*, 1948 [do mesmo autor, outras referências à história da filosofia em Cuba em seus livros sobre Varona mencionados na bibliografia sobre este último filósofo]. — Roberto Agramonte, *José Augustín Caballero y los orígenes de la filosofía en Cuba*, 1948. — Humberto Piñera Llera, *Panorama de la filosofía cubana*, 1960.

México: S. Ramos, *Historia de la filosofía en México*, 1943. — V. Junco Posadas, *Gamarra o el eclecticismo en México*, 1944. — M. L. Pérez Marchand, *Dos etapas ideológicas del siglo XVIII en México*, 1945. — Padre D. Mayagoitia, *Ambiente filosófico en la Nueva España*, 1945. — B. Navarro, *La introducción de la filosofía moderna en México*, 1948. — P. González Casanova, *El misioneísmo y la modernidad cristiana en el siglo XVIII*, 1948. — VV. AA., n. 36 (1949) de *Filosofía y Letras* sobre diferentes tendências no México (sobre neokantianos no México, ver J. Hernández Luna no n. 32 [1948] da mesma revista). — O. Robles, *Filósofos mexicanos del siglo XVI*, 1950. — José M. Gallegos Rocafull, *El pensamiento mexicano en los siglos XVI y XVII*, 1951. — J. Gaos, *En torno a la filosofía mexicana*, 1952. — Id., *Filosofía mexicana en nuestros días*, 1954. — P. Romanell, *The Making of the Mexican Mind*, 1952. — L. Zea, *La filosofía en México*, 1955. — Abelardo Villegas, *La filosofía de lo mexicano*, 1960 (sobre A. Caso, J. Vasconcelos, S. Ramos, L. Zea). — Domingo Martínez Paredes, *Hunab-Bu: Síntesis del pensamiento filosófico maya*, 1964. — V. Junco de Meyer, *Gamarra o el eclecticismo en México*, 1973. — Michael A. Weinstein, *The Polarity of Mexican Thought. Instrumentalism and Finalism*, 1977. — Sobre o positivismo no México ver especialmente: A. Aragón, *Essai sur l'histoire du positivisme au Mexique*, 1898. — L. Zea, *El positivismo en México* (1943) e *Apogeo y decadencia del positivismo en México* (1944). — Ver também a *Bibliografia mexicana*, de E. Valverde Téllez, 2 vols., 1913.

Peru: M. Ibérico, "La filosofía en el Perú", *Mercurio Peruano*, Ano 4 (1921). — A. Salazar Bondy, *La filosofía en el Perú: Panorama histórico — Philosophy in Perú. A Historical Study*, s/d. (1955). — Id., *Historia de las ideas en el Perú contemporáneo: El proceso del pensamiento filosófico*, 2 vols., 1965. — D. Sobrevilla, *Repensando la tradición nacional. Estudios sobre la filosofía en el Perú*, 1988, 2 vols. (I, *Ibérico, Guardia Mayorga, Wagner de Reyna*; II, *Peñaloza, Salazar Bondy, Miró Quesada*).

Argentina: J. Ingenieros, *La evolución de las ideas argentinas*, 2 vols., 1918-1920. — A. Korn, *Influencias filosóficas en la evolución nacional*, 1919 (em *Obras II*, 1939). — C. Alberini, *Die deutsche Philosophie in Argentinien*, 1930. — D. Varela Domínguez de Ghioldi, *Filosofía argentina. El canónigo doctor J. I. de Gorriti*, 1957. — G. Furlong, *Nacimiento y desarrollo de la filosofía en el Río de la Plata 1536-1810*, 1952. — L. Farré, *Cincuenta años de filosofía en la Argentina*, 1958. — Ricaurte Soler, *El positivismo argentino: pensamiento filosófico y sociológico*, 1959. — Juan Carlos Torchía Estrada, *La filosofía en la Argentina*, 1961. — Alberto Caturelli, *La filosofía en la Argentina actual*, 1962. — Id., *La filosofía en la Argentina actual*, 1971. — Id., *Presente y futuro de la filosofía argentina*, 1972. — Coriolano Alberini, *Problemas de la historia de las ideas filosóficas en la Argentina*, 1966 (coletânea de ensaios). — Ricaurte Soler, *El positivismo argentino: Pensamiento filosófico y sociológico*, 1968. — Arturo Andrés Roig, *Los krausistas argentinos*, 1969.

República Dominicana: Armando Cordero, "Aportaciones para un estudio de la filosofía dominicana", *Anales de la Universidad de Santo Domingo*, 16 (1951), 59-60, 87-132. — Id., *Panorama de la filosofía en Santo Domingo*, I, 1963. — J. F. Sánchez, "El pensamiento filosófico en Santo Domingo. La *Lógica* de Andrés López de Medrano", *ibid.*, 21 (1956), 373-459.

Uruguai: Arturo Ardao, *La filosofía preuniversitaria en el Uruguay*, 1945. — Id., *Positivismo y espiritualismo en el Uruguay*, 1950. — Id., *Batle y Ordóñez y el positivismo filosófico*, 1951. — Id., *La filosofía en el Uruguay en el siglo XX*, 1956.

Venezuela: L. Villalba Villalba, "La filosofía en Venezuela (Esquema para un índice bibliográfico)", *Revista del Instituto Pedagógico Nacional*, de Caracas, ano 2, nn. 2 e 3 (1945). — C. Parra León, *Filosofía universitaria venezolana*, 1954 [sé. XVIII]. — *Antología del pensamiento filosófico venezolano*, seleção, introdução e prólogos por J. D. García Bacca, 3 vols., I [sécs. XVII-XVIII], 1954; II [séc. XVIII], 1964; III [séc. XIX], 1964. — Id., *La filosofía en Venezuela durante el siglo XVII al XIX*, 1958 [monogr.]. — Horacio Cárdenas, *Resonancias de la filosofía europea en Venezuela*, 1957 [sécs. XVII-XVIII]. — Alicia López de Nuño, "Ideas determinantes del positivismo histórico-social venezolano: Esquema para un ensayo de interpretación y ordenación del pensamiento positivista en Venezuela", *Episteme* (Caracas), 1965, 237-290. — Manuel Granell, *Del pensar venezolano*, 1967.

Antologias do pensamento em língua espanhola: *Antología del pensamiento de lengua española en la edad contemporánea*, 1946 [inclui pensamento espanhol e hispano-americano]. — J. L. Abellán e A. Monclús, coords., *El pensamiento español contemporáneo y la idea de América*, 2 vols., 1989 (I, *El pensamiento en España desde 1939*; II, *El pensamiento en el exilio*). — Antologias latino-americanas: Aníbal Sánchez Reulet, *La filosofía latinoamericana contemporánea*, 1949. — Risieri Frondizi e Jorge J. E. Gracia, *op. cit. supra*.

Obras sobre filosofia norte-americana: H. G. Townsend, *Philosophical Ideas in the United States*, 1934. — H. M. Kallen e Sidney Hook, *American Philosophy To-Day and To-Morrow*, 1935. — G. E. Müller, *Amerikanische Philosophie*, 1936; 2ª ed., 1950. — Eduard Baumgarten, *Die geistigen Grundlagen des amerikanischen Gemeinwesens*, vol. I (*Benjamin Franklin*), 1936; vol. II, *Der Pragmatismus* (*Emerson, James, Dewey*), 1938. — Merle Curti, *The Growth of American Thought*, 1943. — Ralph Barton Perry, *Puritanism and Democracy*, 1944. — Francisco Larroyo, *Historia de la filosofía en Norteamérica*, 1946. — Herbert W. Schneider, *A History of American Philosophy*, 1946; 2ª ed., 1963. — Edgar Sheffield Brightman, "Philosophy in the United States, 1939-1945", *Philosophical Review*, 56 (1947), 309-405. — Ralph Barton Perry, "Is There a North American Philosophy?", *Philosophy and Phenomenological Research*, 9 (1948-1949), 359-369. — W. H. Werkmeister, *Philosophical Ideas in America*, 1949 (do puritanismo e do transcendentalismo ao positivismo moderno). — A. Mendoza, *Fuentes del pensamiento de los EE. UU.*, 1950. — Id., *Panorama de las ideas contemporáneas en los EE. UU.*, 1958. — J. L. Blau, *Men and Movements in American Philosophy*, 1952; 2ª ed., 1955. (Da colônia ao começo do século XIX). — VV. AA., *Philosophic Thought in France and in the United States*, ed. M. Farber, 1950. — G. Deledalle, *Histoire de la philosophie américaine, de la guerre de Sécession à la seconde guerre mondiale*, 1954. — E. G. Ballard, R. L. Barber, J. K. Feibleman, C. H. Hamburg, H. N. Lee, L. N. Roberts, R. C. Whittmore, *Studies in American Philosophy*, 1955 [Tulane Studies in Philosophy, IV]. — I. W. Riley, *American Philosophy. The Early Schools*, 1958. — Ludwig Marcuse, *Amerikanisches Philosophieren: Pragmatisten, Polytheisten, Tragiker*, 1959. — Frederic H. Young, *La filosofía contemporánea en los EE. UU. de América del Norte, 1900-1950*, 1960. — Elisabeth F. Flower e Murray G. Murphey, *Principales tendencias de la filosofía norteamericana*, 1963. — Andrew J. Reck, *Recent American Philosophy*, 1964. — Id., *The New American Philosophers: An Exploration of Thought since World War II*, 1968. — Morton White, *Science and Sentiment in America: Philosophical Thought from Jonathan Edwards to John Dewey*, 1972. — Y. H. Krikorian, *Recent Perspectives in American Philosophy*, 1973. — Ernst Fr. Sauer, *Amerikanische Philosophie. Von den Puritanern bis zu H. Marcuse*, 1977. — Bruce Kuklick, *The Rise of American Philosophy. Cambridge, Massachussetts, 1860-1930*, 1977. — Elisabeth Flower e Murray G. Murphey, *A History of Philosophy in America*, 2 vols., 1977. — J. E. Smith, *The Spirit of American Philosophy*, 1982, ed. rev. — G. Deledalle, *La philosophie américaine*, 1983 [distinta da obra de 1954 citada *supra*]. — B. P. Helm, *Time and Reality in American Philosophy*, 1985. — R. B. Goodman, *American Philosophy and the Romantic Tradition*, 1991. — R. W. Burch, H. J. Saatkamp, eds., *Frontiers in American Philosophy*, vol. 1, 1992. — J. F. Gardner, *American Heralds of the Spirit*, 1992.

Para TRANSCENDENTALISMO e PRAGMATISMO, ver a bibliografia dos verbetes correspondentes. — Sobre o idealismo: C. Barret, C. N. Palmer, C. M. Bakewell, W. E. Hocking, C. W. Cunningham, W. M. Urban, J. A. Leighton, E. S. Brightman, J. E. Boodin, R. A. Tsanoff, C. V. Hendel, R. F. A. Hoernlé, *Contemporary Idealism in America*, 1932. — C. West, *The American Evasion of Philosophy: A Genealogy of Pragmatism*, 1989.

Seleções de textos: P. R. Anderson e H. H. Fisch, *Philosophy in America from the Puritans to James, with Representative Selections*, 1939. — W. G. Muelder e L. Sears, *The Development of American Philosophy: A Book of Readings*, 1940; 2ª ed., rev. por A. V. Schlabach, 1960. — Perry Miller, *American Thought*, 1954. — R. B. Winn, *American Philosophy*, 1955. — B. MacKinnon, ed., *American Philosophy: A Historical Anthology*, 1985. — J. J. Stuhr, *Classical American Philosophy: Essential Readings and Interpretative Essays*, 1987.

Auto-exposições de filósofos contemporâneos na série: *Contemporary American Philosophy: Personal Statements*, ed. por George P. Adams e W. Pepperell Montague, 2 vols. (I: G. H. Palmer, G. P. Adams, H. B. Alexander, A. C. Armstrong, J. E. Boodin, H. C. Brown, M. W. Calkins, M. R. Cohen, C. W. Cunningham, D. Drake, C. J. Ducasse, W. G. Everett, W. Fite, W. E. Hocking, T. De Laguna, J. A. Leighton. II: Dewey, C. I. Lewis, Loewenberg, Lovejoy, E. B. McGilvary Montague, De Witt Parker, Perry, Pratt, A. K. Rogers, Santayana, R. W. Sellars, E. A. Singer, C. A. Strong, J. H. Tufts, W. M. Urban, R. M. Wenley, F. J. E. Woodbridge).

Bibliografia no livro citado de H. W. Schneider (excluindo as correntes contemporâneas a partir do neorealismo e do neonaturalismo) e em R. W. Winn, *Amerikanische Philosophie (Bibliographische Einführungen in das Studium der Philosophie*, ed. I. M. Bochenski, vol. 2, 1948). ¢

FILOSOFIA ANALÍTICA. Os nomes de 'análise', 'a Análise', 'filosofia analítica' e outros — 'análise lógica', 'análise filosófica' etc. — foram dados a variados modos de fazer filosofia que constituem, vistos em uma perspectiva histórica, um amplo movimento, tendência ou circuito, que inclui autores de diversas procedências — sobretudo das línguas alemã, polonesa e inglesa — e passou por várias fases desde sua origem, no começo deste século. Usamos o nome de 'filosofia analítica' por ser este o que alcançou até agora a mais ampla difusão.

Os nomes 'análise' e 'analítico' revelam que há algo nesse movimento que se relaciona com a tendência a usar métodos próprios de várias formas da análise (VER) clássica, mas convém distinguir esta última da própria filosofia analítica, não apenas porque muitas vezes se entende a análise de modo distinto da dos clássicos, mas também, e sobretudo, porque há em tal filosofia pressupostos e finalidades que somente são entendidos em seu próprio contexto histórico.

Historicamente, a filosofia analítica surge na Inglaterra com G. E. Moore e Bertrand Russell e, no caso de Russell, está estreitamente relacionada com os desenvolvimentos na lógica desde Boole e Frege. Isso fez com que às vezes se tivesse quase identificado 'filosofia analítica' com 'lógica' (a "lógica moderna", "simbólica" ou "matemática", que durante algum tempo foi chamada de "logística") e com que se chegasse à conclusão de que todo lógico é um filósofo analítico e que todo filósofo analítico está pelo menos interessado em lógica. Porém, embora isso seja verdadeiro em numerosos casos, não o é em outros: alguns consideram que a lógica formal é uma disciplina neutra em relação a toda tomada de posição filosófica e outros, que a filosofia é o exame da linguagem comum ou ordinária, sem relação com o aparato da lógica formal. Na própria origem da filosofia analítica na Inglaterra, com Russell e Moore, temos duas das grandes orientações dessa filosofia, centradas, respectivamente, na lógica ("linguagem ideal") e na linguagem comum.

Outra fonte histórica da filosofia analítica encontra-se nos trabalhos que vão de Mach e Hertz até o Círculo de Viena e o positivismo lógico. A lógica e a filosofia da ciência são elementos importantes nesse desenvolvimento, e muito particularmente a lógica, se se leva em conta também o Círculo de Varsóvia; mas não há traços simples que caracterizem esses desenvolvimentos. Desse modo, de uma perspectiva externa, podem parecer insignificantes as diferenças entre o Círculo de Viena e o primeiro Wittgenstein; contudo, vistas com maior atenção, elas podem ser consideráveis.

Algumas vezes se caracterizou a filosofia analítica por uma série de "simpatias e diferenças": tendência antiidealista, rejeição da especulação e da metafísica, atenção a questões suscitadas na e pela linguagem, desmascaramento de problemas tradicionais enquanto confusões causadas pelas ambigüidades ou pelo uso inapropriado da linguagem comum etc. Mas, embora em muitos autores tenha havido uma importante dose de antiidealismo (especificamente, de anti-hegelianismo), houve também, em outros, doses de fenomenismo; a rejeição da especulação e da metafísica depende em boa parte do que se entenda por essas palavras. A atenção à linguagem manifestou-se de formas muito distintas; a linguagem comum pode produzir imbróglios, mas alguns a consideraram o ponto de partida para a análise etc.

Nenhuma tendência filosófica de alguma amplitude é redutível a traços simples ou típicos. Isso ocorre com a fenomenologia, o existencialismo, o marxismo, o estruturalismo (mencionando apenas correntes de considerável peso no pensamento contemporâneo). A chamada "filosofia analítica" não é uma exceção. Contudo, há "semelhanças familiares" na maior parte dos filósofos analíticos que se reconhecem na preferência por certos problemas, na escolha de certo vocabulário e de certos "exemplos" etc. Ora, melhor que indicar tais preferências e escolhas é esboçar um breve quadro histórico e complementá-lo com várias classificações propostas da "análise".

Seguindo a enumeração apresentada em meu livro, *Cambio de marcha en filosofía* (I, 2: "Variedades del análisis"), temos as seguintes formas, que se sucederam mais ou menos em ordem cronológica:

1) Análise lógica no sentido de Russell, com o posterior desenvolvimento do atomismo lógico e o uso dos recursos da lógica formal. Isso conduz a tentativas de construção da chamada "linguagem ideal".
2) Simultaneamente, análises de Moore e seus discípulos, às vezes próximas do "neo-realismo". As incorreções expressas na linguagem comum são eliminadas por meio de uma análise dessa linguagem, sem recorrer a linguagens formalizadas.
3) A "Liga de Mach" e o fenomenismo na Áustria, com especial atenção ao estudo da linguagem científica. Originados em parte nesta tendência, formam-se o Círculo de Viena e o positivismo lógico (empirismo lógico), com forte tendência antimetafísica, divisão de todos os enunciados em tautologias e em enunciados factuais, propensão reducionista (fenomenista ou fisicalista), discussões sobre o princípio de verificação e atenção dada à estrutura lógica da linguagem da ciência. Essa tendência continua com o que foi chamado de "filosofia clássica da ciência", com a elaboração da forma nomológico-dedutiva.
4) Partindo de alguns dos problemas suscitados dentro do positivismo lógico desenvolvem-se as doutrinas de Popper, que se estendem e diversificam consideravelmente, dando origem, historicamente, ao que foi chamado de "nova filosofia da ciência".
5) O primeiro Wittgenstein — que alguns consideram uma das duas grandes formas da filosofia analítica — está ligado historicamente à primeira e à terceira formas, mas difere delas em vários aspectos importantes.
6) A diversificação do positivismo lógico, filosófica e geograficamente, coincide com uma nova fase da análise, relacionada em grande parte com o "último Wittgenstein". Em alguns, adota a forma do intitulado "positivismo terapêutico"; em outros, da "análise da linguagem comum (ou ordinária)". Com o "pluralismo lingüístico" wittgensteiniano, e pós-wittgensteiniano, conjugam-se os pensadores do chamado "grupo de Oxford", que inclui várias tendências: análise "informal" de Ryle, análise conceitual de Strawson, fenomenologia lingüística de Austin.
7) Juntamente com a tendência anterior amplia-se o campo de interesses dos filósofos analíticos. Há consideráveis diferenças entre o positivismo lógico ortodoxo e o "holismo" pragmatista de Quine. Abandona-se quase inteiramente o velho reducionismo; desenvolve-se uma "nova teleologia". Os filósofos da ciência interessam-se cada vez mais pelo papel desempenhado pelos marcos conceituais, pelo "peso teórico" dos próprios fatos e por contextos não inteiramente equivalentes ao da justificação. Ao intuicionismo ético dos primeiros tempos, e ao emotivismo ético da época em que o positivismo lógico ainda exercia sua influência, sucede-se o prescritivismo ético. Atinge seu máximo a diversificação de tendências analíticas.
8) Desenvolvem-se tendências caracterizadas como "pós-analíticas", porquanto, sem abandonar muitos dos métodos — e boa parte do direcionamento — da tradição analítica, são suscitados novos interesses e reinstaurados problemas tradicionais. Iniciam-se

relações mais intensas entre a Filosofia analítica e outros circuitos filosóficos.

No que diz respeito às classificações da análise ou da filosofia analítica, mencionaremos, à guisa de ilustração, uma procedente do período anterior à segunda guerra mundial e algumas que prosperaram depois da segunda guerra.

A primeira classificação deve-se a L. S. Stebbing. Essa autora fala de quatro tipos de análise — que são antes formas possíveis de análise do que propriamente tendências dentro da filosofia analítica: (I) a análise como definição analítica de expressões simbólicas, tal como empregada por Russell, especialmente em sua teoria das descrições; (II) o esclarecimento analítico de conceitos (p. ex., a análise einsteiniana de 'é simultâneo'); (III) a análise postulativa (ou postulacional), usada na construção de um sistema logístico, e (IV) a análise "diretiva", que produz enunciados ostensivos, cujos símbolos correspondem a "fatos atômicos".

As outras classificações são mais simples. Uma das mais difundidas divide praticamente todas as correntes analíticas em duas tendências organizadas em torno de dois centros de interesse, justamente os mesmos que caracterizaram o pensamento de Russell e de Moore no começo do século. Por um lado, há o interesse na constituição de uma linguagem ideal que permita desfazer as ambigüidades inerentes à linguagem comum ou ordinária. Por outro lado, há o interesse pelo estudo dessa linguagem comum ou ordinária. Para isso foram usadas freqüentemente as expressões 'filosofia da linguagem ideal' e 'filosofia da linguagem comum'. A primeira é construcionista; a segunda, descritivista (em um sentido muito amplo de 'descrição', já que em sentido estrito muitos filósofos da linguagem comum são antidescritivistas, na medida em que negam que o único uso, ou mesmo o uso principal, da linguagem seja a descrição). Os mencionados centros de interesse foram associados com o "primeiro Wittgenstein" e com o "último Wittgenstein".

Outra classificação atende à relação — maior ou menor, ou nula — entre a atividade filosófica e outras empresas como a ciência, a arte, a religião, a política etc. Muitos filósofos analíticos destacaram o caráter de "pura atividade" da filosofia, negando que esta tenha um conteúdo próprio ou, como se diz, que seja "substantiva". Outros filósofos, em contrapartida, declararam que a filosofia está em estreita relação com outras empresas, especialmente com as de caráter cognoscitivo, e particularmente com as ciências naturais. A classificação de tendências filosóficas analíticas segundo esse critério coincide ocasionalmente com a mencionada no parágrafo anterior, mas nem sempre. Os filósofos da linguagem ideal são com freqüência "formalistas". Consideram que a filosofia é a análise lógica da linguagem e que não tem um conteúdo determinado. Ao mesmo tempo, muitos desses filósofos têm interesse pelas ciências. Embora não atuem como cientistas e estudem unicamente, por exemplo, a estrutura de teorias científicas e a justificação lógica dessa estrutura, o fato é que não acreditam no que Russell chamou de "filosofia sem lágrimas", isto é, sem conhecimento das contribuições científicas. Os filósofos da linguagem comum podem ser chamados de "lingüistas". Já que na linguagem comum estão incorporadas muitas estruturas e distinções que seria desonesto desdenhar, esses filósofos parecem interessar-se por muitas coisas além das que atraem os "formalistas". Ao mesmo tempo, contudo, esses filósofos freqüentemente se recluem (ou se recluíram) em uma atitude de puro "profissionalismo analítico", abraçando essa "filosofia sem lágrimas" — sem física, sem psicologia etc. (embora nem sempre sem lingüística) — que Russell denunciou. Mas esse "profissionalismo analítico", não dependendo estritamente da marcha das ciências naturais, permitiu que não poucos dos citados filósofos se interessassem por muitas questões que os "formalistas" não levaram em conta.

Uma classificação muito em voga nos últimos tempos entende a expressão 'análise filosófica' de dois modos. Assim, S. Korner (*op. cit. infra*) indica que há 1) uma "análise apresentativa" ou "análise de exibição" que consiste em apresentar ou exibir o significado dos conceitos utilizados por uma ou mais pessoas e em formular as regras (ou critérios redutíveis a regras) segundo as quais a pessoa ou as pessoas em questão utilizam corretamente os conceitos que empregam. Esse tipo de análise, do qual há muitos exemplos na "filosofia da linguagem comum", origina proposições empíricas. Há, por outro lado, 2) uma "análise substantiva", que consiste em averiguar se os significados dos conceitos utilizados por uma ou mais pessoas são ou não adequados para este ou para aquele propósito específico, e em propor correções lingüísticas — ou "lingüístico-conceituais" — capazes de corrigir confusões, ambigüidades, contradições etc. É possível que nenhum filósofo tenha empregado em toda a sua pureza um desses tipos de análise; em todo caso, é comum que aqueles que praticam a análise no sentido 1) passem a considerações próprias da análise no sentido 2), e que aqueles que praticam este último tipo levem em conta descrições praticadas no primeiro. A análise no sentido 1) aproxima-se do que alguns chamaram de "análise descritiva"; a análise no sentido 2) aproxima-se do que algumas vezes foi qualificado de "análise revisionista".

O autor deste Dicionário (cf. bibliografia *infra*) falou de três modos de praticar a filosofia analítica: (A) "podem ser examinadas expressões usadas e conceitos postos em circulação nas ciências formais, naturais e sociais, na moral, na política, na arte e, em geral, em toda atividade humana, com o propósito de esclarecimento e de elucidação"; (B) "pode-se fazer isso com o propósito de crítica"; (C) "pode-se fazer o mesmo com o propósito de revisão conceitual". (A) é próximo do sentido 1) do parágrafo anterior e (C) é próximo do sentido 2). Na opinião do autor, esses três modos de praticar a filosofia analítica — e, em geral, toda filosofia — são igualmente indispensáveis, sendo, por isso, menos orientações que dimensões da atividade filosófica.

Certo número de filósofos analíticos observou que a própria análise pode, e até deve, ser objeto de crítica. Surgiu com isso um movimento chamado "análise crítica" — e também "naturalismo crítico" — que tem seu órgão no *Journal of Critical Analysis*, dirigido por P. S. Schiavella e patrocinado por autores como William P. Alston, Monroe Beardsley, Antony Flew, John Hospers, Joseph Margolis, Ernest Nagel, W. v. O. Quine, Israel Scheffler, Victorino Tejera, Marx W. Wartowsky.

Outra forma de crítica da filosofia analítica é a que, embora partindo da tradição da análise, considera que esta, nas formas que adotou até agora, não basta, e que é preciso prossegui-la sem se preocupar com a questão de, no final, se continuar ou não fazendo filosofia analítica. Com isso oscila-se entre a "análise crítica" e a "crítica da análise". Trata-se de uma "mudança de marcha na análise", que é ao mesmo tempo uma mudança a partir da análise. Elementos dessa forma de filosofia analítica crítica podem ser encontrados no livro do autor deste Dicionário citado na bibliografia, no qual a posição 4), que o autor defende, às vezes resvala na posição 3), que ele rejeita, embora pudessem ser aceitos, uma vez reinterpretados e devidamente especificados, os sentidos de vocábulos tão amplos quanto 'superar'.

⊃ Indicaremos aqui apenas alguns trabalhos relativos ao conceito de análise entendido no sentido do "movimento analítico": L. S. Stebbing, "The Method of Analysis in Metaphysics", *Proceedings of the Aristotelian Society*, 1932-1933. — Id., "Logical Positivism and Analysis", *ibid.*, 1933. — Max Black e J. T. Wisdom, "Is Analysis a Useful Method in Philosophy?", *ibid.*, suppl. 13, 1934. — John Wisdom, *Problems of Mind and Matter*, 1934 (sobretudo a introdução). — Id., *Interpretation and Analysis*, 1931. — J. W. Reeves, *Empiricism and Analysis*, 1935 (tese). — A. J. Ayer, *Language, Truth and Logic*, 1936; 2ª ed., 1946. — VV. AA., *Analysis and Metaphysics, Arist. Soc. Suppl.* 19 (1945). — J. O. Wisdom, *The Metamorphosis of Philosophy*, 1949. — M. Weitz, "Analysis and Real Definition", *Philosophical Studies*, 1, n. 1 (1950). — Max Black, *Problems of Analysis. Philosophical Essays*, 1954 (aplicação do método de análise a vários problemas). — Morton White, *Toward Reunion in Philosophy*, 1956. — R. M. Hare, P. Henle, S. Körner, "Symposium: The Nature of Analysis", *The Journal of Philosophy*, 54 (1957), 741-766. — Arthur Pap, *Semantics and Necessary Truth: An Inquiry into the Foundations of Analytic Philosophy*, 1958. — J. K. Feibleman, *Inside the Great Mirror: A Critical Examination of the Philosophy of Russell, Wittgenstein, and Their Followers*, 1958. — M. J. Charlesworth, *Philosophy and Linguistic Analysis*, 1959. — Ernest Gellner, *Words and Things. A Critical Account of Linguistic Philosophy and a Study in Ideology*, 1959 (especialmente sobre o chamado "grupo de Oxford" [ver OXFORD]). — Alberto Gianquinto, *La filosofia analitica: l'involuzione della riflessione sulla scienza*, 1961. — J. Wahl, J. O. Urmson, G. Ryle, P. F. Strawson, J. L. Austin *et al.*, *La philosophie analytique*, 1962 [Cahiers de Royaumont. Philosophie, n. 4]. — U. Scarpelli, *Filosofia analitica: norme et valori*, 1962. — Brand Blanshard, *Reason and Analysis*, 1962 [Paul Carus Lectures, série 12]. — Dario Antiseri, *Dal neopositivismo alla filosofia analitica*, 1966. — Emanuele Riverso, *La filosofia analitica in Inghilterra*, 1969. — E. v. Savigny, *Die Philosophie der normalen Sprache. Eine kritische Einführung in die "Ordinary Language Philosophy"*, 1969. — Barry L. Gross, *Analytic Philosophy: An Historical Introduction*, 1970. — Stephan Körner, "Description, Analysis, and Metaphysics", em *The Nature of Philosophical Inquiry*, 1970, ed. Joseph Bobik, pp. 21-42. — W. K. Essler, *Analytische Philosophie*, I, 1972. — Josep Lluis Blasco, *Lenguage, filosofía y conocimiento*, 1973. — José Ferrater Mora, *Cambio de marcha en filosofía*, 1974. — A. Deaño, X. Rubert de Ventós *et al.*, artigos sobre "Analítica y dialéctica", *Revista de Occidente*, 2ª época, n. 138 (1974), 129-282. — Michael Corrado, *The Analytical Tradition in Philosophy: Background and Issues*, 1975. — E. A. Rabossi, *Análisis filosófico, lógica y metafísica. Ensayos sobre la filosofía analítica y el análisis filosófico "clássico"*, 1975. — R. W. Trapp, *Analytische Ontologie. Der Begriff der Existenz in Sprache und Logik*, 1976. — E. M. Barth, *Perspectives on Analytic Philosophy*, 1979. — R. Hegselmann, *Normativität und Rationalität: zum Problem praktischer Vernunft in der analytischen Philosophie*, 1979. — S. Rosen, *The Limits of Analysis*, 1980. — M. K. Munitz, *Contemporary Analytic Philosophy*, 1981. — P. F. Strawson, *Analyse et métaphysique*, 1985 [Conferências no Collège de France, março de 1985]. — J. Rajchman, C. West, eds., *Post-Analytic Philosophy: Doing Justice to What We Know*, 1986. — VV. AA., *Wo steht die analytische Philosophie heute?*, 1986, eds., L. Nagl, R. Heinrich. — A. Pavlovic, ed., *Contemporary Yugoslav Philosophy: The Analytic Approach*, 1988. — D. Bell, ed., *The Analytic Tradition: Philosophical Quarterly Monographs*, vol. 1, 1990. — W. Charlton, *The Analytic Ambition: An Introduction to Philosophy*, 1991. — R. Sorensen, *Pseudo-Problems: How Analytic Philosophy Gets Done*, 1993.

Filosofia analítica e fenomenologia: Cornelis A. van Peursen, *Phenomenology and Analytical Philosophy*, 1972. — G. Ryle, R. C. Solomon, J. M. Hems *et al.*, *Analytic Philosophy and Phenomenology*, 1976, ed. Harold A. Durfee. — O livro de M. Dummett, *Origins of Analytical Philosophy*, 1993, pretende mostrar as raízes comuns das tradições analítica e fenomenológica.

Filosofia analítica e marxismo: artigos em *Revista del Occidente*, cit. *supra*.

Livros com exposição de problemas filosóficos do ponto de vista da "análise": A. Pap, *Elements of Analytic Philosophy*, 1953. — Id., *Analytische Erkenntnislehre*, 1955 (não é uma simples trad. dos *Elements*). — John Hospers, *Introduction to Philosophical Analysis* 1953. — P. C. Chatterji, *An Introduction to Philosophical Analysis*, 1957. — E. Tugendhat, *Vorlesungen zur Einführung in die sprachanalytische Philosophie*, 1976.

História do movimento analítico: J. O. Urmson, *Philosophical Analysis: Its Development Between the Two World Wars*, 1956, 2ª ed., 1967. — B. R. Gross, *Analytic Philosophy: A Historical Introduction*, 1970. — M. Santos Camacho, *Ética y filosofía analítica. Estudio histórico-crítico*, 1975.

Antologias: H. Feigl e W. Sellars, *Readings in Philosophical Analysis*, 1949. — Max Black, *Philosophical Analysis. A Collection of Essays*, 1950. — M. MacDonald, *Analysis (1933-1940, 1947-1953)*, 1954. — Morton White, *The Age of Analysis*, 1955. — R. J. Butter, ed., *Analytical Philosophy*, 1962. — Robert R. Ammerman, ed., *Classics of Analytic Philosophy*, 1965. — H. Feigl, W. Sellars e K. Lehrer, eds., *New Readings in Philosophical Analysis*, 1972. — Antologias de trads. esp. de textos da tradição analítica: *La concepción analítica de la filosofía*, 2 vols., 1974, ed. Javier Muguerza, com introdução por J. Muguerza, "Esplendor y miseria del análisis filosófico", pp. 15-138. — *La búsqueda del significado. Lecturas de filosofía del lenguaje*, 1991, ed. L. Ml. Valdés Villanueva.

Entre as revistas com artigos de filosofia analítica figuram: *Erkenntnis* (duas épocas), *Mind*, *Analysis*, *Philosophical Review*, *American Philosophical Quarterly*, *Philosophical Studies*, *Crítica*, *Teorema* e *Theoria* (Lund). ¢

FILOSOFIA ÁRABE. Costuma-se chamar assim um certo período, do século VII ao XV, do pensamento filosófico e filosófico-teológico expresso em árabe. A grande maioria dos chamados "filósofos árabes" não são racialmente árabes, razão pela qual se questionou se não seria melhor usar a expressão 'filosofia muçulmana' ou 'filosofia islâmica', já que esses filósofos, árabes ou não, são muçulmanos. Mas as expressões propostas têm o inconveniente de que, com base nelas, não se pode apresentar o que comumente se chama de "história da filosofia árabe". Há, com efeito, autores muçulmanos que não se expressaram em árabe e outros que, mesmo expressando-se em árabe, não se encaixam comodamente na "tradição da filosofia árabe", porque para compreendê-los é preciso levar em conta outros elementos ou outras tradições. Exemplo disso é o da "filosofia irano-islâmica", da qual falou, entre outros, Henry Corbin (ver "Pour le concept de philosophie irano-islamique", *Revue Philosophique de la France et de l'Étranger*, ano 99 [1974], 5-14). Corbin indica que, por um lado, a filosofia e a teologia iranianas pertencem "ao conjunto do pensamento islâmico", mas que, por outro, determinam essa pertença "em razão da especificidade da contribuição iraniana à cultura islâmica em geral". Isso se deve à continuidade entre o pensamento "tradicional" iraniano, que inclui o zoroastrismo, e o pensamento islâmico ou muçulmano.

Essas complicações, longe de deixar de quarentena a expressão 'filosofia árabe' no sentido ainda hoje muito difundido, conferem-lhe uma justificação, expressa no seguinte parágrafo de S. Munk, um dos mais destacados pesquisadores da "filosofia árabe" (e judaica) medieval e um dos iniciadores dos estudos dessa filosofia: "Ao dizer *filósofos árabes* nos conformamos ao uso geralmente adotado, pois seria mais exato dizer *filósofos muçulmanos*. Deve-se observar que, com exceção de Alkindi, nenhum dos filósofos que enumeramos aqui [e que em sua maior parte figuram neste Dicionário] procedia da Arábia propriamente dita nem da sede do Califado do Oriente. Como veremos, alguns eram de origem persa ou turca, outros eram da Espanha; mas a dominação árabe pode reivindicar a honra de ter feito nascer a civilização a que pertenciam todos esses filósofos, e o árabe se tornara a língua clássica da qual se serviam os sábios muçulmanos de origem estrangeira" (S. Munk, *Mélanges de philosophie juive et arabe*, nova ed., 1955, p. 1933 [ed. original de 1859]). Por convenção, exclui-se a filosofia árabe — incluindo a muçulmana — "moderna" e contemporânea.

A filosofia árabe nasceu em grande parte da base das crenças religiosas muçulmanas. Antes de haver filósofos árabes propriamente ditos houve uma grande quantidade de discussões teológicas, assim como de escolas ascéticas que se interessaram por questões morais. A passagem da exortação para a reflexão moral teórica já se encontra em Hassan-al-Basri (século I da Hégira; século VII da era cristã). Hassan-al-Basri pertenceu ao grupo chamado "Companheiros do Profeta", que iniciou muitos dos debates teológicos originados posteriormente. A formação das seitas e das escolas teológicas (no seio das quais eram discutidos problemas tais como o dos atributos divinos e o dos conflitos entre a predestinação e o livre-arbítrio) ajudou consideravelmente na constituição de uma reflexão filosófica "autônoma". Essa surgiu antes de tudo em Bagdá (século IX, com Alkindi, 800-872). Ora, tal reflexão tornou-se possível *também* pela transmissão ao mundo muçulmano de uma grande parte da filosofia grega, particularmente da filosofia aristotélica e da neoplatônica. Esta transmissão se deve ao que foi chamado de filosofia síria ou, melhor, a versão síria do helenismo. Já no final do século III foi fundada em Antioquia uma escola teológico-filosófica. Outra escola foi fundada pouco depois em Nísibe (Nasibin, no Iraque atual), em uma comunidade de dialeto sírio (o sírio é uma modalidade do aramaico). Depois do Concílio de Éfeso (431), do qual resultou a condenação do nestorianismo, a antiga escola de Nísibe, que se transferira para Edessa no final do século IV, acolheu vários grupos nestorianos. Com o fechamento da escola de Nísibe-Edessa, os nestorianos se transferiram para a Pérsia, mas pouco tempo depois retornaram a Nísibe, onde desenvolveram grande atividade religiosa e filosófica. As relações entre nestorianos e muçulmanos se intensificaram, e estes últimos traduziram para o árabe anteriores versões siríacas de obras filosóficas gregas. A isso se acrescentaram as influências exercidas pelos teólogos monofisitas, numerosos na Igreja egípcia. Outros elementos, além disso, agregaram-se ao desenvolvimento do "helenismo árabe"; segundo De Lacy O'Leary a "passagem para o helenismo" na cultura muçulmana efetuou-se por meio de cinco vias: dos nestorianos, primeiros mestres dos muçulmanos e transmissores de obras gregas, tanto filosóficas como médicas; dos monofisitas, que introduziram o misticismo e a especulação neoplatônica; dos zoroastrianos persas; dos pagãos de Harran e dos judeus que desenvolveram temas filosóficos (ver Platonismo).

Há vários modos de apresentar a história da filosofia árabe desde Alkindi até Averróis (ou até Abenjaldun). Mencionaremos três dos mais empregados.

Um deles consiste em considerar as "regiões geográficas" pelas quais se estendeu a filosofia árabe. Estas regiões são principalmente duas: a oriental e a ocidental, que, além disso, sucedem-se cronologicamente. À filosofia árabe ocidental pertence o florescimento da cultura árabe na Espanha durante o século XII; de fato, foi ela que exerceu a maior influência sobre a filosofia medieval cristã. Com efeito, por meio das versões realizadas na chamada Escola de Tradutores de Toledo (ver), irrompeu no Ocidente uma imagem distinta e mais completa que aquela que até então se tinha sobre o pensamento grego.

Outro modo de apresentação consiste em expor por ordem cronológica as doutrinas dos diversos filósofos árabes. Segue-se para isso a série seguinte: Alkindi (800-872), Alfarabi († 950), Avicena (980-1037), Algazali (1059-1111), Avempace († 1138), Abentofail (ca. 1110-1185), Averróis (1126-1198) e Abenjaldun († 1406).

Outro modo de apresentação, por fim, leva em consideração diversas escolas teológicas. Para tal efeito, mencionam-se as seguintes: 1) A escola dos Qadaries, que negam a predestinação e defendem o livre-arbítrio. Com essa escola se relaciona 2) a dos Mutazilitas, ou *separados*, capitaneados por Wasil-ben-'Ata (699-749), defensores do livre-arbítrio e também de uma doutrina dos universais de tendência realista. 3) A escola dos Chabariyi, que afirmavam o fatalismo absoluto. 4) A escola dos Mu'takallimiyi, partidários da Teologia dogmática ou *'Ilm al-Kalam*, em parte neoplatônicos, às vezes atomistas, mas afirmando que os átomos são continuamente criados por Deus. Na teoria dos universais, esta escola se inclina para o nominalismo e nega que haja intermediários entre Deus e o homem. Alguns autores indicam que o nome de 'Mu'takallimiyi' significa 'dogmáticos teológicos' (outros historiadores usam o nome de 'dialéticos teológicos'). Segundo J. T. de Boer, o nome 'Ilmal-Kalām' significa propriamente "asserção expressa em forma lógica e dialética". 5) A escola dos Asariyi, que desenvolveu as teses dos Mu'takallimiyi. 6) A escola dos racionalistas dialéticos, que floresceu sobretudo a partir do século X e era partidária de uma estrita interpretação racional dos dogmas. Todas essas escolas distinguem-se entre si principalmente por suas posições relativas ao problema do conflito entre a predestinação e o livre-arbítrio. Outras escolas, por outro lado, ocupam-se do problema da salvação; entre elas figuram 7) a dos Wa'idiyi, para os quais o pecado é irremissível, e 8) a dos Murchi'iyi, para os quais, ao contrário, ele é remissível. As escolas filosoficamente mais importantes são a 2) e a 4), chamadas às vezes, respectivamente, de *separados* e de *ortodoxos*. Elas se combateram duramente, embora seja preciso levar em conta que os Mu'takallimiyi se tranformaram em ortodoxos e dogmáticos somente quando o dogma estava bem formado e a questão era antes defendê-lo que elaborá-lo. Deve-se levar em conta também a existência de escolas ecléticas e sincréticas não menos que dos agrupamentos de índole mais religiosa que filosófica, como os Sifaliyi ou antropomorfistas, os Mu'atiliyi, ou defensores da pureza de Deus, e os sufistas, cujas tendências místicas exerceram influência sobre tantos filósofos árabes. Embora a exposição por escolas ofereça o perigo de desfigurar o quadro propriamente filosófico, ela tem, por outro lado, a vantagem de situar cada pensador dentro do marco filosófico-religioso que lhe corresponde e sem o qual sua filosofia não é muito inteligível. Desse modo, por exemplo, pode-se entender melhor Algazali quando ele é considerado um filósofo que desenvolveu dialeticamente várias doutrinas dos Asariyi, especialmente a negação das causas segundas, e, em geral, todos os filósofos árabes, quando se coloca o problema da relação entre a fé e o saber, problema tão central para essa filosofia quanto o foi para a filosofia cristã.

⊃ Obras gerais sobre o Islã: Martin Hartmann, *Der Islam, ein Handbuch*, 1900. — I. Goldzieher, *Vorlesungen über den Islam*, 1910. — Henri Lammens, *L'islam, croyances et institutions*, 1926; 3ª ed., rev. e ampl., 1943. — Henri Massé, *L'islam*, 1930; 6ª ed., rev., 1952. — A. Miquel, *L'islam et sa civilisation*, 1990. — R. Caratini, *Le Génie de l'Islamisme*, 1992. — D. Norman, *L'Islam et l'Occident*, 1993.

Enciclopédias: Th. P. Hughes, *Dictionary of Islam*, 1885. — *Enzyklopädie des Islam. Geographisches, ethnographisches und biographisches Wörterbuch der Mohammedanische Völker im Verein mit hervorragenden Orientalisten*, eds. M. Th. Houstma, A. J. Wensinck, W. Heffening, H. A. R. Gibb e E. Lévi-Provençal, 4 tomos e um suplemento, 1913-1938. — A. J. Wensinck e J. H. Kramers, *Handwörterbuch des Islams*, 1941. — *Encyclopédie de l'Islam*, I, 2, 1960ss. (edição também em inglês e alemão). — C. Glassé, *The Concise Encyclopedia of Islam*, 1989 (com introd. de H. Smith).

Bibliografias: V. Chauvin, *Bibliographie des ouvrages arabes ou relatifs aux Arabes publiés dans l'Europe chrétienne de 1810 à 1885*, 12 vols., 1892-1922). — D. G. Pfanmüller, *Handbuch der Islam-Literatur*, 1923. — J. Sauvaget, *Introduction à l'histoire de l'Orient musulman: éléments et bibliographie*, 1943; *Corrections et supplément*, 1946. — Bibliografias especialmente de interesse filosófico em Ueberweg (t. II), 11ª ed., B. Geyer. — E. Calverley, "A Brief Bibliography of Arabic Philosophy" (*The Moslem World*, 32), 1942, e nas séries publicadas por M. Horten no *Archiv für Geschichte der Philosophie* (1906, 1907, 1909, 1915, 1916). — Ver também "Sammelbericht über islamische Weltanschauung", *Philosophisches Jahrbuch der Görreesgesellschaft* (1927, 1929-1932); "Bericht über die in den Jahren 1927-1932 erschienenen Arbeiten zur Geschichte der islamisch-orientalischen Philosophie", *Archiv für Geschichte der Philosophie*, 41 (1932); "Studien über islamische Philosophie im deutschen Sprachgebiet, Sammelbericht 1928-1934", *Sophia*, 3 (1935); e "Sammelbericht über islamische Philosophie für 1935", *Sophia*, 4 (1936). Introdução bibliográfica geral em J. de Menasce, *Arabische Philosophie (Bibliographische Einführungen in das Studium der Philosophie*, ed. I. M. Bochenski, vol. 6, 1948).

Léxicos e glossários diversos: M. Asín Palacios, "Bosquejo de un diccionario técnico de filosofía y teología musulmanas", *Revista de Aragón*, 5 (1903). — M. Horten, *Die spekulative und positive Theologie im Islam nach Razi und Tusi mit einem Anhang: Verzeichnis philosophischer Termini im Arabischen*, 1912. — Louis Massignon, *Essai sur les origines du lexique technique de la mystique musulmane*, 1922. — A.-M. Goichon, *Lexique de la langue philosophique d'Ibn Sina*, 1938; suplemento: *Vocabulaires comparés d'Aristote et d'Ibn Sina*, 1939. — Teologia: A. S. Tritton, *Muslim Theology*, 1947. — J. W. Sweetman, *Study of the Interpretation of Theological Ideas in the Two Religions*, Parte I, vol. I, 1945; vol. II, 1948. — L. Gardet e M. M. Anawati, *Introduction à la theologie musulmane. Essai de théologie comparée*, I, 1948. — Soheil M. Afnan, *Philosophical Terminology in Arabic and Persian*, 1964.

Filosofia: ver as partes sobre filosofia árabe nas principais histórias da filosofia medieval mencionadas na bibliografia dos verbetes ESCOLÁSTICA e FILOSOFIA MEDIEVAL. Materiais muito ricos podem ser encontrados nos livros de Friedrich Dieterici, *Die Philosophie bei den Arabern im X. Jh. n. Chr. Gesamtdarstellung und Quellenwerke*, 14 vols., 1858-1886, reimp. 1969, e Salomon Munk, *Mélanges de philosophie juive et arabe*, 1859; 2ª ed., 1927, reimp. 1955. Além disso: T. J. De Boer, *Geschichte der Philosophie im Islam*, 1901. — I. Goldzieher, *Die islamische und jüdische Philosophie des Mittelalters* (em *Die Kultur der Gegenwart*, I, 5), 1909. — Max Horten, *Die philosophischen Probleme der spekulativen Theologie im Islam*, 1910, reimp. 1967. — Id., *Die philosophischen Systeme der spekulativen Theologie im Islam*, 1912. — Id., *Die Philosophie des Islams* (Kafka, *Geschichte der Philosophie in Einzeldarstellungen*, 4), 1923. — B. Carra de Vaux, *Les penseurs de l'Islam*, 6 vols., 1921-1926. — L. Gauthier, *Introduction à l'étude de la philosophie musulmane; l'esprit aryen, la philosophie grecque et la religion de l'Islam*, 1923. — O'Leary de Lacy, *Arabic Thought and Its Place in History*, 1929. — G. Quadri, *La filosofia degli Arabi nel suo fiore. I. Dalle origini fino ad Averroe. II. Il pensiero filosofico di Averroe*, 1939. — M. Montgomery Watt, *Islamic Philosophy and Theology*, 1962. — Miguel Cruz Hernández, *La filosofía árabe*, 1963. — VV. AA., *A History of Muslim Philosophy, with Short Accounts of Other Disciplines and the Modern Renaissance in Muslim Lands*, 2 vols., 1963-1966, ed. M. M. Sharif. — Nicholas Rescher, *The Development of Arabic Logic*, 1964. — H. Corbin, *Histoire de la philosophie islamique*, 1964. — Id., *Studies in Arabic Philosophy*, 1968. — H. Laoust, *Les schismes dans l'islam*, 1965. — Majid Fakhry, *A History of Islamic Philosophy*, 1970. — Harry Austryn Wolfson, *The Philosophy of the Kalam*, 1975. — L. Massignon, *La passion de Hallâj martyr mystique de l'Islam*, 4 vols., 1975. — F. Klein-Franke, *Die klassische Antike in der Tradition des Islam*, 1980. — H. Corbin, *La philosophie iranienne islamique*, 1981. — M. Cruz Hernández, *Historia del pensamiento en el Al-Andalus*, 1, 1985. — J. Ghelhod, *Les structures du sacré chez les arabes*, 1986. — G. Monnod, *Islam et religions*, 1986. — S. Pines, *Studies in Arabic Versions of Greek Texts and in Mediaeval Science*, 1986. — C. Gilliot, *Exégèse, langue et théologie*, 1990. — Sobre atomismo árabe, ver a obra de S. Pines citada em ATOMISMO. — Sobre ética, o livro de H. Bauer citado em ÉTICA; além dele, G. H. Bousquet, *La morale de l'Islam et son éthique*, 1953.

Sobre filosofia hispano-muçulmana: M. Asín Palacios, *Abenmasarra y su escuela. Orígenes de la filosofía hispano-musulmana*, 1914. — M. Cruz Hernández, *Historia de la filosofía española. Filosofía hispano-musulmana*, 2 vols., 1957.
Sobre o Islã cristianizado e as influências do Islã: M. Asín Palacios, *El Islam cristianizado. Estudio del "sufismo" a través de las obras de Abenarabi de Murcia*, 1931. — Id., *Huellas del Islam. Santo Tomás de Aquino, Turmeda, Pascal, San Juan de la Cruz*, 1941 (contém também: *El averroísmo teológico de Santo Tomás de Aquino*, publicado pela primeira vez em 1904 no *Homenaje a Don Francisco Codera*). — Cristóbal Cuevas García, *El pensamiento del Islam: Contenido e historia. Influencia en la mística española*, 1972. **C**

FILOSOFIA BIZANTINA. Pode-se falar da filosofia bizantina em dois sentidos: como o conteúdo particular de uma história do pensamento filosófico desenvolvido em Bizâncio depois da separação política de Roma e do aprofundamento das divergências religiosas, e como uma forma especial e de certo modo irredutível de pensamento filosófico surgida no Império do Oriente. Embora, em certa medida, os dois sentidos citados correspondam à realidade, é o primeiro, a rigor, que alcança maior vigência. Com efeito, o que exista de especial e irredutível dentro do pensamento filosófico de Bizâncio deve ser considerado antes do ponto de vista do destino que tem uma filosofia cada vez mais fechada e voltada sobre si mesma, decididamente epígona, do que como uma forma de pensar que possui características próprias e muito típicas, análogas às que tem a "filosofia oriental" diante da "ocidental" ou inclusive das que possui cada um dos grandes períodos da história do ocidente. Historicamente, chamamos aqui de filosofia bizantina a série de esforços filosóficos realizados em Bizâncio aproximadamente do século VI até o século XV, quando Constantinopla foi tomada pelos turcos (1453). É uma *fable convenue* que a vida cultural de Bizâncio fosse dominada pelo cultivo das sutilezas teológicas e por filigranas jurídicas. A convenção tem aqui, contudo, algo de realidade. Em todo caso, o caráter "epigonal" do pensamento filosófico bizantino manifesta-se sobretudo nos pontos de partida. O estudo dos grandes mestres gregos, Platão e Aristóteles, o exame e a interpretação do neoplatonismo e a oposição entre Platão e Aristóteles constituíram, com efeito, o fragmento mais importante da atividade filosófica de Bizâncio. Sabe-se, além disso, até que ponto as especulações filosóficas influenciaram a teologia das Igrejas heterodoxas; assim, a interpretação dos neoplatônicos, especialmente dos neoplatônicos posteriores, não foi de modo algum alheia à formação da teologia dos nestorianos e dos monofisitas. O aristotelismo, por sua vez — especialmente o de caráter neoplatonizante —, influiu também poderosamente na formação da teologia bizantina. Neste sentido, há muitas analogias entre a filosofia e a teologia bizantinas e a filosofia e a teologia ocidentais da Idade Média. Entretanto, ao contrário dessas últimas, o pensamento bizantino esteve quase sempre dominado, como indicou B. Tatakis, por uma forte tendência formalista, que se manifestou, segundo o historiador, em três aspectos: o formalismo retórico, o formalismo linguístico (ático) e o formalismo interpretativo e tipificante.

Seguindo a ordem cronológica proposta por Tatakis, podemos dividir a filosofia bizantina em quatro grandes períodos: o que compreende os séculos VI e VII; o que abarca do século VIII ao X; o que inclui os séculos XI e XII e o que compreende, concluindo sua história, os séculos XIII, XIV e XV. No primeiro período destacam-se os três pensadores de Gaza: Enéas (*ca.* 450-534), Zacarias († antes de 553) e Procopo (entre 465-529), todos eles fortemente influenciados pelo helenismo e zelosos conservadores da tradição filosófica e literária grega, assim como João Filoponos, seu discípulo, o comentador aristotélico Estêvão de Alexandria, Leôncio de Bizâncio e Máximo Confessor. No segundo período encontramos João Damasceno ou de Damasco, o patriarca de Constantinopla Nicéforo (758-829), Teodoro Estudita (759-826) e Fócio (*ca.* 820-*ca.* 892). Característica deste período é a tentativa de edificar algumas grandes construções filosófico-dogmáticas, cujo representante máximo é João Damasceno, que, como vimos no verbete correspondente, influenciou grandemente a escolástica latina medieval. No terceiro período encontramos um grande florescimento da teologia mística (especialmente sob a influência do Pseudo-Dionísio e de Máximo Confessor), com autores como Simeão Jovem (949/1022) e Calisto Katafigiotis, juntamente com intentos filosóficos sistemáticos que culminaram no platonismo de Miguel Psellos, em torno de quem se congregaram numerosos discípulos e adversários (o calabrês João Ítalos ou Italiano, que desenvolveu a filosofia com preferência à teologia; Miguel de Éfeso, que, embora não sendo propriamente discípulo de Psellos, continuou seus comentários sistemáticos; Teodoro de Esmirna, Eustrato de Nicéia, Miguel Itálico, Nicolau de Modon, todos estes fortemente influenciados pelo platonismo, mesmo os que se declaravam mais aristotélicos). Também aqui descobrimos importantes influências de Bizâncio sobre o Ocidente, especialmente por meio de Psellos, pois o platonismo deste, influenciado por Proclo, transmitiu-se depois para a Itália, na corte de Florença, por intermédio de Gemistos Plethon. No quarto período, encontramos, juntamente com o prosseguimento dos debates teológicos e das discussões entre aristotélicos e platônicos, um forte movimento humanista e científico. Importantes figuras do período são Nicéforo Blemmides (1197-1272), Geórgio Paquímero (1242-1310), Maximus Planudes (1260-1310), João Pediasimos († entre 1330 e 1341), Heliodoro de Prússia, Leão Magentino, José Filósofo († *ca.* 1330), Nicéforo Chumnos (1261-1327), Teodoro Metoquitas (1260-1332), Nicéforo Grégoras (1295-1359/1360), Nicolau Cabasillas († 1371) e os grandes aristotélicos e platônicos do século XV: Plethon, o cardeal Besarion e Escolário († *ca.* 1468). Todos influenciaram diretamente o Ocidente e foram, além disso, influenciados por autores ocidentais (Escolário, por exemplo, por Santo Tomás de Aquino). Ver também PLATONISMO.

➭ Exposição geral da filosofia bizantina em Basile Tatakis, *La philosophie byzantine*, 1949 (fasc. suplementar II à *Histoire de la philosophie*, de É. Bréhier; trad. esp. da obre de Tatakis: *La filosofía bizantina*, 1951, incluída depois na trad. da *Historia*, de Bréhier). Do mesmo Tatakis: Θέματα χριστιανικῆς καὶ βυζαντινῆς φιλοσοφίας ,1952 (coletânea de ensaios: temas de filosofia cristã e bizantina); 'Η βυζαντινὴ φιλοσοφία , 1977 (*A filosofia bizantina*; contém bibliografia, pp. 339-368, por L. G. Benakis). — Trabalhos parciais: E. Ehrard, "Die Kontinuität der griechischen Kirche von J. von Damaskus bis zum Falle Konstantinopels", *Theologische praktische Monatschrift* (1896). — V. Valdenberg, "La philosophie byzantine aux IVe-Ve siècles", *Byzantion*, 4 (1929), 237-268. — J. Bois, "Coup d'oeil sur la théologie byzantine", *Echos d'Orient*, 4 (1905), 257-267. — V. Grumel, "Les aspects généraux de la théologie byzantine", *Echos, etc.*, 30 (1931), 285-296. — É. Bréhier, "Notes sur l'histoire de l'enseignement supérieur à Constantinople", *Byzantion*, 3 (1928), 73-94; 4 (1929) 13-28. — K. Oehler, *Antike Philosophie und byzantinisches Mittelalter*, 1969. — H. G. Beck, *Das byzantinische Jahrtausend*, 1978.

Referências aos mais importantes filósofos bizantinos (João Filoponos, Máximo Confessor, João Damasceno, Gemistos Plethon) encontram-se com freqüência nas histórias da filosofia medieval. Ver bibliografia de obras e literatura crítica destes filósofos nos verbetes a eles dedicados. Para os textos de outros filósofos, ver as bibliografias ao final de cada capítulo da mencionada obra de Tatakis. A *Patrologia graeca*, de Migne, contém um bom número de textos bizantinos (cf. tomos XCIV, XCV, XCVI, XCVIII, C, CXLIII, CXLIV, CXLVIII, CL, CLI, entre outros), mas deve-se confrontá-lo, quando existam, com os das edições críticas. — Também: *Corpus philosophorum medii aevi. Philosophi byzantini*, Leiden, 1984, ed. da Academia de Atenas. ⊂

FILOSOFIA CHINESA. No verbete FILOSOFIA ORIENTAL examinamos alguns dos problemas suscitados pelas mais destacadas escolas filosóficas do Oriente; a filosofia chinesa está, pois, incluída entre elas. Neste verbete faremos com relação a ela o mesmo que fizemos com relação à filosofia hindu (VER), complementando a informação supracitada com uma breve referência a dois pontos: a divisão da filosofia chinesa em períodos e tendências, e os traços mais gerais de tal filosofia.

No que diz respeito ao primeiro ponto, seguiremos as indicações proporcionadas pela extensa história de Fung Yu-lan (cf. bibliografia). Segundo esse autor, há dois grandes períodos no desenvolvimento do pensamento chinês: o dos filósofos (a partir de seu início até *ca.* 100 a.C.) e o do saber clássico (desde *ca.* 100 a.C. até hoje ou até o início do século XX). Cada um desses períodos se subdivide em várias épocas ou tendências. Eis as principais:

O período dos filósofos adquire consistência com o aparecimento do confucionismo (VER). Embora sem abandonar muitas das tradições anteriores, começa com o confucionismo uma época na qual a ilustração e a razão convertem-se no eixo dos ideais do sábio. Não se trata, por outro lado, de propensões meramente teóricas, mas de orientações práticas. Aprimora-se a linguagem para evitar ambigüidades e sofismas, mas sobretudo para mostrar que devem ser propagadas as grandes virtudes da retidão, da bondade, da cortesia e do altruísmo. Apoiando-se em alguns ensinamentos confucionistas, Mo-tsé e a escola moísta pregaram a doutrina do amor universal e interessaram-se muito pela filosofia política. Esta última constituiu também uma das principais finalidades do confucionismo de Mêncio e de sua escola. A estes seguiram-se múltiplas escolas (as "cem escolas"), entre as quais destacaram-se o início da especulação sobre o *Yin* e o *Yang* e da "escola" taoísta de Yang Chu. Esta "escola" recebeu um grande impulso com Lao-tsé, considerado inclusive o fundador do taoísmo (VER). Cinco grandes escolas dividiram o predomínio desde Lao-tsé até o fim do primeiro período citado: o taoísmo (no qual se distinguiu a escola de Chuang-tsé [VER]); a escola dos chamados dialéticos, amiga da erística e dos paradoxos, combatida tanto por confucionistas quanto por taoístas; o desenvolvimento do moísmo, influenciado no curso de seus debates contra os dialéticos pelos procedimentos dos que investigavam sobretudo as Formas e os Nomes; o desenvolvimento do confucionismo (particularmente com respeito à doutrina do racional e do termo médio, assim como sobre o que deve ser feito para consegui-los), e a escola dos legalistas (ou legistas), que se ocupou principalmente de filosofia política e, dentro dela, do problema dos meios de governo da sociedade.

O período do saber clássico até o começo do século XX (ou, mais propriamente, até o começo do século XIX) compreende, além do desenvolvimento de escolas fundadas durante o período anterior (neotaoísmo e neoconfucionismo, derivados do taoísmo e do confucionismo primitivos), a irrupção do budismo (VER), que, embora baseado nas escrituras produzidas na Índia, experimentou na China muitas transformações. Junto a isso, quase todo o citado período é dominado pelas polêmicas entre a velha escola textual e a nova escola textual: enquanto a primeira defendeu as interpretações tradicionais dos antigos textos literários e filosófico-literários chineses, a segunda propôs novas interpretações, embora se deva observar que o vocábulo 'interpretação' não tem neste caso um sentido meramente ideológico: abarca — e poderíamos dizer que abarca sobretudo — questões formais de escrita, regras de composição etc. Também dentro do período do saber clássico desenvolveu-se muito a já citada doutrina do *Yin-Yang*. Foi importante sobretudo o intenso cultivo das idéias neotaoístas budistas e neoconfucionistas, com certas formações ecléticas dentro do neoconfucionismo no qual foram inseridos elementos budistas e neotaoístas. Além disso, as grandes escolas chinesas mencionadas entraram depois em contato com o pensamento do Ocidente, produzindo-se numerosas tendências. A filosofia contemporânea chinesa pode ser dividida em duas épocas: entre 1898 e 1950, e de 1950 em diante. Entre 1898 e 1950 foram introduzidos muitos movimentos ocidentais: darwinismo, nietzschianismo, pragmatismo, neo-realismo, neopositivismo, marxismo etc. Segundo O. Brière (*op. cit. infra*), os sistemas filosóficos chineses nessa época podem ser divididos em duas seções: a dos sistemas de derivação oriental (budismo modernizado, neobudismo ecléctico, neoconfucionismo positivista, tridemismo [nome que deriva dos "três princípios do povo" proclamados por Sun Yat-sen]) e a dos sistemas de derivação ocidental (neokantismo socialista, idealismos diversos, marxismo, materialismo científico, neopositivismo etc.). A partir de 1950 foi importante e decisivo o desenvolvimento do marxismo, ou marxismo-leninismo, que se impôs como filosofia oficial. Alguns autores (por exemplo, Étiemble, *Confucius*, 1956) declararam que está sendo produzida na China uma síntese marxista-confucionista. Outros dizem que o marxismo-leninismo predomina de modo tão completo que fez desaparecer quaisquer traços que pudessem ter permanecido do neoconfucionismo. Esta última opinião parece até agora a mais plausível. Deve-se observar que mesmo dentro do marxismo-leninismo os pensadores chineses introduziram certas mudanças que podem ser importantes no futuro. Até aproximadamente 1958 se podia considerar que o marxismo-leninismo chinês seguia os mesmos caminhos que o marxismo-leninismo russo-soviético; em todo caso, as diferenças entre ambos não eram muito perceptíveis exteriormente. Por esse motivo teria sido possível incluir a filosofia marxista-leninista chinesa entre 1950 e 1958 dentro da FILOSOFIA MARXISTA NA UNIÃO SOVIÉTICA (VER). Mas o ano de 1958 marcou no pensamento filosófico marxista-leninista chinês uma mudança importante no sentido de um "fundamentalismo" marxista-leninista. Essa mudança é condicionada por motivos político-sociais e também por motivos históricos: enquanto os soviéticos parecem sublinhar a continuidade e a consolidação, os chineses parecem destacar a necessidade de experimentação e a constante revolução. Desse modo, há no marxismo-leninismo chinês um "revolucionarismo" que contrasta com o "gradualismo" soviético. Filosoficamente, as diferenças se manifestam em diversos modos de conceber as relações entre estruturas e superestruturas, assim como na questão das contradições ou da ausência de contradições dentro da sociedade socialista (ou das sociedades socialistas). Os filósofos marxistas chineses declaram que as contradições não devem ser ocultadas nem se deve interromper a revolução, mesmo já dentro da sociedade socialista. Tais filósofos declaram que as superestruturas sempre estão atrasadas em relação às forças produtivas e que, por conseguinte, não há outra solução além de reconhecer as citadas "contradições".

Quanto ao segundo ponto, destacaremos três traços característicos da filosofia chinesa, ao menos da filosofia chinesa "clássica".

O primeiro deles é que a organização e o agrupamento de tendências não segue as mesmas linhas que no Ocidente. A tradição das grandes escolas tem na China maior importância que no Oeste. As tendências que no Ocidente são qualificadas de filosóficas (por exemplo, racionalismo, empirismo, mecanicismo etc.) estão usualmente inseridas naquelas tradições. Assim, por exemplo, encontramos traços materialistas no taoísmo, traços fenomenistas e idealistas no budismo etc.

O segundo é que há na maior parte das escolas chinesas uma forte orientação de caráter social. Não somente porque a sociedade e seu bom equilíbrio é um dos problemas capitais tratados por muitos autores chineses, mas também porque constitui o pressuposto de boa parte de suas especulações filosóficas. Disso derivam duas características subsidiárias: a grande atenção dada à prática (e às vezes ao que é utilitário) e a importância concedida à moral, especialmente à moral social.

O terceiro é que o espírito filosófico chinês é freqüentemente dominado por uma tendência detalhista e formalista e por uma constante preocupação com problemas de leitura e interpretação de textos. Isso às vezes dá ao pensamento chinês um ar de erudição e de pedantismo, mas deve-se observar que muitas vezes essa erudição está misturada com uma grande inclinação a tratar os problemas com base em exemplos tomados da vida cotidiana; o pedantismo não está no jargão filosófico, mas no contínuo detalhamento dos temas tratados.

➲ Ver: P. Carus, *Chinese Philosophy. An Exposition of the Main Characteristic Features of Chinese Thought*, 1898. — A. Forke, *Geschichte der alten chinesischen Philosophie*, 1927, reimp. 1964. — Id., *Geschichte der mittlealterlichen chinesischen Philosophie*, 1934, reimp. 1964. — Id., *Geschichte der neueren chinesischen Philosophie*, 1938, reimp. 1964. — Marcel Granet,

La pensée chinoise, 1934; nova ed., 1950. — O. Brière, "Les courants philosophiques en Chine depuis 50 ans (1898-1950)", *Bulletin de l'Université de l'Aurore (Shangai)*, série III, t. 10 (1949), pp. 561-650; há ed. separada. — Fung Yu-lan, *A History of Chinese Philosophy*, 2 vols., (I, 1952; II, 1953). Trata-se de uma obra trad. para o inglês por Dark Bodde do original chinês, cujo vol. I apareceu em 1931 e foi reimpresso (com o vol. II) em 1934. O vol. I da trad. ingl. apareceu já em 1937; o de 1952 é uma reedição com adições e correções. Há uma exposição mais breve do mesmo autor em inglês (*A Short History of Chinese Philosophy*, 1948) e em francês (*Précis d'histoire de la philosophie chinoise*, 1952). — D. Bodde, S. Cammann, W. Th. de Barry, A. Fang, A. Isenberg, J. R. Levenson, D. Nivison, I. A. Richards, A. F. Wright, *Studies in Chinese Thought*, ed. A. F. Wright, 1953. — H. G. Creel, *Chinese Thought from Confucius to Mao Tse-tung*, 1953. — Chow-Yiy-ching, *La philosophie chinoise*, 1956. — Kia-hway Liou, *L'esprit synthétique de la Chine. Étude de la mentalité chinoise selon les textes des philosophes de l'antiquité*, 1961. — Gerhard Schmitz, *Der dialektische Materialismus in der chinesischen Philosophie*, 1960. — C. B. Day, *The Philosophers of China. Classical and Contemporary*, 1962. — Max Kaltenmark, *La philosophie chinoise*, 1972. — P. S. Rawson, I. L. Legeza, *Tao: The Chinese Philosophy of Time and Change*, 1973. — H. Schleichert, *Klassische chinesische Philosophie. Eine Einführung*, 1980. — A. J. Bahm, *Comparative Philosophy: Western, Indian and Chinese Philosophies Compared*, 1986. — R. E. Allinson, ed., *Understanding the Chinese Mind: The Philosophical Roots*, 1989. — A. C. Graham, *Studies in Chinese Philosophy and Philosophical Literature*, 1990. — Ver também a bibliografia em Budismo, Confucionismo, Filosofia oriental, Taoísmo etc.

Bibliografia: Wing-Tsit-Chan (Chan Wing-tsit), *An Outline and a Bibliography of Chinese Philosophy*, 1955. — W. Chan, *An Outline and Annotated Bibliography of Chinese Philosophy*, 1961.

Revista: *The Journal of Chinese Philosophy*, eds. Chung-Ying Chen e Antonio S. Cua, desde 1973. ◖

FILOSOFIA CIENTÍFICA. Kant falava da possibilidade de uma metafísica futura que pudesse se transformar em ciência. O termo usado por Kant, *Wissenschaft*, comumente traduzido por 'ciência', tem em alemão um sentido mais amplo que o de 'ciência', especialmente quando se trata de ciências naturais como a física, a química, a biologia etc. Contudo, já que a mecânica newtoniana era para Kant um paradigma do conhecimento científico, é possível que ele empregasse o termo *Wissenschaft* — ou o empregasse *também* — em uma acepção parecida com a de 'ciência'. Por outro lado, os usos feitos por Fichte e por Hegel de *Wissenschaft* — também traduzido por 'ciência' em títulos como *Doutrina da ciência* e *Ciência da lógica* — não são equiparáveis ao uso "normal" e, em todo caso, não-germânico, de 'ciência'. Por isso, nem em Fichte nem em Hegel se pode dizer que se almeja constituir uma "filosofia como ciência" ou uma "filosofia científica".

Por outro lado, há autores que propuseram equiparar a filosofia — e às vezes a metafísica — a uma ciência, especialmente a uma ciência do tipo das ciências naturais. Este é o caso de Brentano com sua frase *Vera philosophiae methodus nulla alia nisi scientia naturalis est* ou "O verdadeiro método da filosofia não é outro que o da ciência natural" (*El porvenir de la filosofía*, 1936, p. 37). Não se trata, todavia, de acrescentar a filosofia às ciências naturais como outra ciência, mas antes de adotar um método científico. Essa tendência se manifestou em vários outros filósofos do século XX, embora os resultados de seus respectivos programas de elaborar a filosofia como ciência tenham sido quase sempre muito distintos. Exemplo disso são, por um lado, Husserl, com sua idéia da "filosofia como ciência rigorosa" (*Philosophie als strenge Wissenschaft*), proposta em 1911 como antídoto contra o relativismo, o ceticismo, o historicismo e o naturalismo, e, por outro, os positivistas lógicos. No caso de Husserl, o termo *Wissenschaft* tem, novamente, mais o sentido de 'saber' que o de 'ciência'. Por esse motivo, embora proponha um método "rigoroso", não se trata de um método "científico", ao menos na acepção de "científico-natural"; ocorre, antes, que a filosofia como "ciência rigorosa" (ou "saber rigoroso") aspira a constituir o fundamento das ciências, porquanto formula as "leis eidéticas" dentro das quais se inserem as leis não-eidéticas, entre as quais figuram as científicas. No caso dos positivistas lógicos, sua "concepção científica do mundo" — *wissenschaftliche Weltanschauung* — aponta para a ciência de dois modos: tomando o conhecimento científico como padrão e procurando analisar as linguagens científicas.

Mesmo neste último caso, a "filosofia científica" pode ser entendida de diversas maneiras. Uma delas consiste em supor que a filosofia trata certos problemas de que a ciência se ocupa, mas de forma distinta, enfocando sua atenção na estrutura conceitual e lingüística da ciência (de que esta também se ocupa, mas em ocasiões excepcionais). Outra consiste em tratar problemas filosóficos de modo rigoroso, fundando-se em grande parte em instrumentos "exatos" como a lógica e a matemática, e estando ao mesmo tempo em estreita relação com a ciência, tanto empírica como formal. Esta última forma alcançou reconhecimento nos últimos anos sobretudo graças ao trabalho de Mario Bunge (VER), que falou de "metafísica científica" e também de metafísica ou filosofia exata (ver FILOSOFIA EXATA). A metafísica ou filosofia científica é compatível com a ciência (da época) e é ao mesmo tempo contínua em relação a ela (condição similar à estabelecida por Quine). Não há, segundo Bunge, nenhuma série de regras perfeitamente delimitadas que permitam automaticamente produzir teorias na metafísica (filosofia) científica ou permitam formular boas teorias, razão pela qual se pode permitir qualquer método tal como a analogia, a extrapolação, o uso de modelos de teorias abstratas ou a invenção de teorias radicalmente novas. Em todo caso, há uma série de "maneiras" que facilitam a obtenção de teorias metafísicas (filosóficas) científicas, das quais Bunge menciona seis: empréstimo de uma ciência ou tecnologia; adaptação ou generalização de uma teoria científica já existente; inclusão de conteúdo metafísico a um formalismo matemático já à mão; certas perspectivas formalizantes; reconstrução de teorias em metafísica exata; construção de teorias novas ("Is Scientific Metaphysics Possible?", *Journal of Philosophy*, 68 [1971], p. 509).

➲ Ver também: H. Reichenbach, *Der Aufstieg der wissenschaftlichen Philosophie*, 1951; 3ª ed., 1977. ⊂

FILOSOFIA CONTEMPORÂNEA. Para qualquer época da história da filosofia, suas doutrinas e atividades filosóficas próprias podem ser consideradas contemporâneas para quem vive na época. A filosofia contemporânea — como a atual — é sempre a filosofia de um "presente" — qualquer "presente" — mais ou menos dilatado no tempo. Quando esse presente deixou de sê-lo e se transformou em passado, o que foi chamado de "contemporâneo" pode ser chamado de "coetâneo", isto é, "pertencente à mesma idade" ou "à mesma época".

Entretanto, por causa da organização da chamada "história ocidental", a partir do século XVIII, em épocas como a "antiga", a "medieval" e a "moderna", surge o problema de se determinar se há ou não alguma "época" que, embora estreitamente relacionada com a moderna, poderia ser chamada de outro modo. A resposta afirmativa a essa questão é a origem do rótulo 'filosofia contemporânea'. Esta pode ser entendida em vários sentidos, de acordo com a época que ela supostamente abarca. Foram consideradas várias possibilidades: 1) em um sentido extremamente amplo, a "filosofia contemporânea" ou, em todo caso, a "filosofia pós-moderna" começa com a eclosão do "romantismo filosófico" (data-chave: 1831, ano da morte de Hegel); 2) em um sentido menos amplo, com a renovação do kantismo no último quarto do século XIX (data aproximada: 1875); 3) em um sentido ainda menos amplo compreende o século XX — algumas vezes foi chamada simplesmente de "filosofia do século XX" —; 4) pode-se fazer começar a filosofia contemporânea no final da primeira guerra mundial, com duas etapas: período entre a primeira e a segunda guerra mundiais, e o período posterior à segunda guerra; 5) pode-se restringir a filosofia contemporânea à que foi desenvolvida após a segunda guerra mundial; 6) pode-se, por fim, restringi-la à filosofia que está sendo produzida "atualmente".

A primeira possibilidade é demasiadamente ampla; a sexta e a quinta são demasiadamente restritas. Cabe adotar um compromisso que leve em conta a segunda, a terceira, a quarta e a quinta, ainda que apresentando-as de diversos modos ou segundo pontos de vista distintos. Isso será feito no presente verbete, no qual consideraremos várias "classificações" possíveis de correntes muito freqüentemente consideradas "contemporâneas". O ponto de vista eclético aceito deve-se ao fato de que se se aceita falar de uma "filosofia contemporânea" diferente da "moderna", ainda não se conhece contudo seu "perfil", pois ela não está "fechada". Isso se deve também ao fato de que alguns dos autores e correntes mais "contemporâneos" ou mais "atuais" nem sempre são os que estão cronologicamente mais próximos do momento presente: que se pense em Kierkegaard, Marx, Nietzsche, Freud, entre outros.

Um primeiro panorama da filosofia contemporânea pode abarcar o seguinte:

1) o desmoronamento do idealismo pós-kantiano, com a "crise" da metafísica e depois de várias ciências; 2) o cultivo do cientificismo e do positivismo, ambos separados do mecanicismo clássico, inclinando-se com freqüência para o fenomenismo; 3) a persistência, apesar de tudo, de temas "idealistas", que se manifesta tanto no teísmo especulativo como em diversos aprofundamentos "espiritualistas" do kantismo; 4) a persistência e até a renovação do escolasticismo, como modo de evitar muitas das "confusões" modernas; a isso se unem esforços para desenvolver diversas filosofias inclinadas a uma delimitação de conceitos, como as que encontramos em Brentano e em seus seguidores, na teoria dos objetos e no intelectualismo realista do tipo de Herbart; 5) correntes que se declaram antimetafísicas e acabam reconhecendo a metafísica, ao menos como aspiração perene do homem: Lotze, Renouvier, depois Dilthey, o neokantismo, James; 6) outras correntes positivistas antimetafísicas, mas com concepções últimas da realidade não metafisicamente justificadas: Laas, Mach, Avenarius e, em geral, o chamado imanentismo filosófico; 7) a preocupação crescente com os temas da evolução, primeiramente em sentido biológico e depois em um sentido mais geral; junto a isso, um interesse constante pelos problemas sociais, com a fundação de teorias que, pretendendo reformar a sociedade, declaram ser reações ideológicas de determinada forma social: marxismo e afins; 8) reações antipositivistas, com um toque cientificista, muitas vezes com começos de tipo substancialista, adversárias do realismo romântico, mas ao mesmo tempo com tendências "dinamicistas"; tentativas de purificar as intuições românticas, de encontrar uma lógica da mudança, de descobrir o real por trás do véu da mecanicização e da espacialização:

escolas de Baden e de Marburg, com suas tendências científico-matemática e científico-histórica; correntes atentas ao psicológico-metafísico: Wundt, Dilthey, Brentano, Boutroux, Bergson, Blondel; 9) filosofias dos valores e da vida, iniciadas pelo irracionalismo de Schoppenhauer, das quais participam representantes das correntes anteriores: Nietzsche, James, Dilthey, Bergson, Simmel, Ortega, Scheler; evolucionismo biológico e histórico; às vezes essas tendências estão, como em Nietzsche, misturadas com o naturalismo, do qual brotam em parte; 10) a fenomenologia e correntes afins anteriores e posteriores a Husserl; 11) um materialismo que acaba em um panpsiquismo e em um hilozoísmo; 12) a preocupação com a ontologia e com a teoria das categorias: fenomenologia, Külpe, N. Hartmann, Conrad-Martius, aristotelismo e neotomismo; 13) psicologias da forma e preocupação com a estrutura, que do psicológico passa para o físico e depois chega a ser aplicada aos problemas de concepção do mundo; 14) metafísicas do tempo: Bergson, Heidegger, Volkelt, Ortega, Whitehead, existencialismo; irracionalismos diversos e, sobrepostos a eles, esforços para pôr de acordo a vida e a razão; 15) a filosofia do espírito em suas várias orientações, a maior parte delas vinculada à filosofia da vida; o predomínio do acontecer sobre o ser, da ação sobre a substância, antropologia filosófica e freqüente antropocentrismo; 16) teologia dialética e teologias da crise; 17) neo-realismo inglês e norte-americano, tendências empiristas que, embora declarando-se, às vezes, antimetafísicas, sustentam, de modo análogo ao positivismo e ao imanentismo científico, uma metafísica radical e, com freqüência, evolucionista e dinâmica; 18) correntes pragmáticas e instrumentalistas — James, Dewey — com tendências aparentemente utilitaristas, mas que culminam em um "idealismo da ação" e se relacionam com alguns dos temas específicos do idealismo romântico; prosseguimento dessas tendências em diversas correntes da filosofia anglo-americana e em outras afins: humanismo de Schiller etc.; 19) coincidência de um personalismo que se revela em diversos campos — Renouvier, Scheler, Maritain, Bowne, Stern etc. —; conseguinte oposição ao atomismo individualista e ligação com os temas do estruturalismo e da filosofia do espírito; 20) desenvolvimento do marxismo; 21) desenvolvimento do neopositivismo; 22) desenvolvimento da filosofia analítica, incluindo a filosofia da linguagem comum; 23) estruturalismo e correntes afins.

Existem outros panoramas possíveis. Para J. Hessen, as principais características da filosofia contemporânea são: o abandono do mecanicismo, do fisicalismo e do reducionismo psicofisiológico respectivamente na física, na biologia e na fisiologia; a admissão do caráter específico-transcendente do cultural; o triunfo do antinaturalismo nas correntes filosóficas, após passarem pelo estádio intermediário do vitalismo naturalista do tipo de Nietzsche e de Klages, do pragmatismo e do impressionismo filosófico. Esta caracterização esquece, sem dúvida, aspectos muito essenciais do pensamento contemporâneo e o reduz excessivamente a apenas uma direção. Segundo Müller-Freienfels, as duas tendências principais da filosofia deste século são, primeiramente, a filosofia da ciência e como ciência, e, em segundo lugar, a filosofia da vida e como vida. A filosofia da ciência e como ciência abarca, em seu entender, a escola logicista de Marburg, o novo realismo, o positivismo sensualista (ou impressionismo filosófico), o trabalho lógico independente do kantismo (dentro do qual é incluída a teoria dos objetos e a fenomenologia). Exclui-se, portanto, o que foi chamado mais propriamente de "filosofia científica". Quanto à filosofia da vida e como vida, ela compreende, em primeiro lugar, as correntes céticas, pragmatistas e ficcionalistas; em segundo lugar, as doutrinas irracionais do conhecimento, ou seja, as filosofias da intuição e do instinto (incluindo a psicanálise); em terceiro, as metafísicas irracionalistas do tipo de Simmel, do próprio Müller-Freienfels etc.; em quarto, a metafísica racionalista: Driesch, Ziegler etc.; em quinto, a filosofia da cultura: Simmel, Spengler, Keyserling etc. Assim como a classificação de Hessen, esta deixa de fora aspectos importantes da filosofia contemporânea e abarca apenas a alemã, e mesmo assim apenas uma parte dela. Willy Moog indica que as principais correntes da filosofia (alemã) do século XX são a científico-natural (que compreende desde o monismo naturalista até o vitalismo e o neovitalismo) e a científico-espiritual. A isso se seguem as tendências ético-práticas, as psicológicas, as lógico-gnosiológicas e as metafísicas. J. Pastuszka classifica as tendências da filosofia contemporânea em seis capítulos: primeiro, Freud e a psicanálise; segundo, Nietzsche e o vitalismo; terceiro, materialismo de várias classes, incluindo o reísmo radical de tipo hobbesiano; quarto, Bergson; quinto, o irracionalismo em suas várias formas; sexto, a filosofia da ação, incluindo o pragmatismo. Para Fritz Heinemann, o traço próprio da filosofia contemporânea é que nela se acentua o predomínio da existência no ciclo Espírito-Vida-Existência próprio de todo período da história da filosofia. Guido de Ruggiero prefere articular as correntes filosóficas contemporâneas de acordo com seu país de origem. August Messer fala de várias "orientações" (filosofia religiosa confessional — filosofia da ciência e teoria do conhecimento — filosofias da vida, da intuição e da ação). Bréhier apresenta uma mistura peculiar de temas e de correntes (bergsonismo, realismo, idealismo, crítica das ciências, crítica filosófica, filosofia da vida, estudos sociais, crise da psicologia). H. Heimsoeth articula o pensamento contemporâneo segundo temas (problemas do conhecimento — regiões da realidade

— o homem e a história). Manuel Sacristán apresenta a filosofia contemporânea de acordo com as seguintes tendências: existencialismo e correntes afins; neopositivismo e correntes afins; filosofias de intenção científica e sistemática (como o marxismo, o movimento racionalista da Escola de Zurique e o pensamento de Theilhard de Chardin); escolas tradicionais (como a tradição escolástica, a tradição hegeliana e "os últimos filósofos clássicos" [N. Hartmann e outros]).

Todas essas apresentações têm sua justificação e ao mesmo tempo deixam na penumbra aspectos essenciais da atual atividade filosófica. Todas elas têm, além disso, o inconveniente de não apresentar um quadro ao mesmo tempo *ordenado e completo*. Esse inconveniente é inerente a toda apresentação atual da filosofia contemporânea; com efeito, se um quadro bastante completo (baseado na enumeração dos filósofos e das tendências) já é possível, um quadro ordenado necessita de uma interpretação que não será possível, provavelmente, antes de algumas décadas. Toda interpretação que vise a uma ordenação é, pois, prematura. Mas talvez já possam ser dadas algumas indicações que ajudem a fazer uma idéia mais adequada da filosofia contemporânea do que a proporcionada pelos historiadores mencionados. Oferecemos aqui, como tentativa, três dessas indicações. A *primeira* consiste em fazer observar que o pensamento contemporâneo parece mover-se entre dois pólos: um constituído por uma tendência que poderíamos qualificar de humanista e que tem a vida humana como base da reflexão, e outro constituído por uma tendência que chamaremos de cientificista e que se interessa sobretudo pelos problemas da Natureza, especialmente tal como são estabelecidos pela ciência. Um caso extremo da primeira orientação é o existencialismo; um caso extremo da segunda são as diversas formas de positivismo e de empirismo, a "filosofia lingüística" e, em geral, a chamada "filosofia analítica" (VER). Entre essas tendências movem-se muitas outras "intermediárias", no momento em que se iniciam tentativas de encontrar uma base comum que possa ao mesmo tempo explicar a vida humana e a Natureza. A *segunda* consiste em destacar o fato de que parece haver tantos grandes grupos ou tipos de filosofia quanto zonas geográfico-culturais há no planeta. De acordo com isso, encontramos um grupo de filosofias predominantes no mundo anglo-saxão (e regiões mais ou menos "influenciadas" por esse mundo), caracterizadas por uma tendência "analítica"; outro grupo de filosofias, especialmente vivas na Europa ocidental e na América Latina, caracterizadas pelo interesse pelo homem e pela história; outro grupo de filosofias dominantes nas regiões comunistas (Rússia, China etc.) que se interessam especialmente pela questão da sociedade e por problemas como o trabalho, a "práxis humana" etc. A *terceira* consiste em reordenar as tendências filosóficas contemporâneas (ou ao menos as tendências filosóficas "ocidentais") segundo certos grupos de problemas ligados em alguns casos com certas orientações fundamentais. Em nossas obras sobre "a filosofia no mundo de hoje" e "filosofia atual" (cf. bibliografia) apresentamos o seguinte quadro: 1) resíduos do idealismo; 2) personalismo; 3) realismo em várias formas; 4) naturalismo; 5) historicismo; 6) imanentismo, neutralismo, convencionalismo, evolucionismo, emergentismo, pragmatismo e operacionismo; 7) intuicionismo; 8) filosofia (ou filosofias) da vida; 9) fenomenologia; 10) existencialismo e filosofias da existência; 11) positivismo lógico; 12) análise filosófica (formalista ou então "lingüística"); 13) teorias dos objetos; 14) neo-escolasticismo; 15) marxismo e "neomarxismo"; 16) estruturalismo.

Embora consideremos o quadro anterior como razoavelmente completo, isso não significa que se possa simplesmente tachar qualquer filósofo, ou qualquer obra filosófica, colocando-o dentro de uma das "tendências" indicadas. É freqüente haver filósofos ou obras filosóficas que pertencem a mais de uma dessas "tendências". Além disso, podem ser descobertos em certos pensamentos filosóficos produzidos na atualidade tendências que, embora relacionadas com uma ou várias das citadas, estão para "superá-las". Desse modo, todo quadro, por mais completo que pareça, continua sendo provisório.

⊃ Ver sobretudo a bibliografia do verbete FILOSOFIA (HISTÓRIA DA), na qual são indicadas várias obras de história geral da filosofia que também contêm uma parte contemporânea. A filosofia contemporânea, tanto em sentido amplo (desde a morte de Hegel) como em sentido restrito (séc. XX), também é tratada na maior parte das obras mencionadas na bibliografia do verbete FILOSOFIA MODERNA. Com efeito, o estudo da filosofia contemporânea é inseparável do estudo de seus temas específicos; a respectiva bibliografia está nos verbetes correspondentes. Aqui nos limitamos a assinalar algumas obras especialmente dedicadas à exposição do pensamento atual. Ver: Guido de Ruggiero, *La filosofia contemporanea*, 1912; 7ª ed., 1962. — Id., *Filosofia del Novecento*, 1934; 2ª ed., 1942; 3ª ed., 1946. — Karl Joël, *Die philosophische Krise der Gegenwart*, 1914; 3ª ed., 1922. — T. Marvin, *Recent Developments in European Thought*, 1920. — T. K. Oesterreich, *Die philosophischen Strömungen der Gegenwart*, em *Kultur der Gegenwart*, I, 6; 3ª ed., 1921. — R. Müller-Freienfels, *Die Philosophie des 20. Jahrh. in ihren Hauptströmungen*, 1923. — E. L. Schab, *Philosophy Today*, 1928. — Fritz Heinemann, *Neue Wege der Philosophie. Eine Einfürung in die Philosophie der Gegenwart*, 1929. — Henri Sérouya, *Initiation à la philosophie contemporaine*, 1933. — H. J. de Vleerschauwer, *Stroomingen in de hedengaagsche Wijbegeerte*, 1934. — F. Sassen, *Wijbegeerte van onze Tijd*, 1934. — Ernst von Aster,

Die Philosophie der Gegenwart, 1935. — Johannes Hessen, *Die Geistesströmungen der Gegenwart*, 1937. — M. F. Sciacca, *La filosofia oggi*, 1945; 4ª ed. rev. e ampl., 1963. — I. M. Bochenski, *Europäische Philosophie der Gegenwart*, 1947. — A. Hübscher, *Philosophen der Gegenwart*, 1949 (a partir de Hegel). — H. Lafer, *Tendencias filosóficas contemporáneas*, 1950. — D. M. Datta, *The Chief Currents of Contemporary Philosophy*, s/d. (1950). — J. M. Grevillot, *Les grands courants de la pensée contemporaine*, 1950 (apenas existencialismo, marxismo, personalismo cristão). — L. Landgrebe, *Philosophie der Gegenwart*, 1952. — W. Stegmüller, *Hauptströmungen der Gegenwartsphilosophie*, 1952 (trad. bras.: *A filosofia contemporânea*, 2 vols., 1977) (ver a bibliografia de Stegmüller, W.). — P. Filiasi Carcano, *Problematica della filosofia moderna*, 1953 (séc. XX). — Juan Carlos Torchía Estrada, *La filosofía del siglo XX*, 1955. — F. Copleston, *Contemporary Philosophy: Studies of Logical Positivism and Existencialism*, 1956. — Morton White, *Toward Reunion in Philosophy*, 1956 [filósofos analíticos, positivistas e pragmatistas]. — G. Lehmann, *Die Philosophie im eresten Drittel des 20. Jahrh.*, I, 1957 (continuação de: *Die Philosophie des 19. Jahrh.*, 2 vols., 1953). — John Passmore, *A Hundred Years of Philosophy*, 1957; 2ª ed., 1966. — Enzo Paci, *La filosofia contemporanea*, 1957. — Antonio Banfi, *La filosofia degli ultimi cinquant'anni*, 1957. — F. C. Copleston, B. Delfgaauw, G. A. Wetter, J. Wahl *et al.*, artigos no número especial de *Revista portuguesa de filosofia*, 14, nn. 3-4 (1958) [sobre filosofia contemporânea inglesa, belga, holandesa, alemã, polonesa, soviética, francesa, austríaca, italiana, espanhola, portuguesa, suíça]. — F. Heinemann, ed., *Die Philosophie im 20. Jahr. Eine enzyklopädische Darstellung ihrer Geschichte, Disziplinen und Aufgaben*, 1959 (contribuições de Duyvendak, F. Kaufmann, Knittermeyer, Wilpert *et al.*). — José Ferrater Mora, *Philosophy Today: Conflicting Tendencies in Contemporary Thought*, 1960 (trad. esp. parcial: *La filosofía en el mundo de hoy*, 1959: trad. esp. completa com ampliações, 1963) — Id., *La filosofía actual*, 1969; 3ª ed., rev., 1973. — Juan Antonio Nuño, *Sentido de la filosofía contemporánea*, 1965. — A. J. Ayer, *Philosophy in the Twentieth Century*, 1982. — A. O'Hear, *What Philosophy is: An Introduction to Contemporary Philosophy*, 1985. — VV. AA., *Contemporary Philosophy: A New Survey*, 4 vols., 1986, ed. G. Fløistad. — K. Halbasch, *Philosophy: A Tough-Minded Contemporary Approach*, 1987. — R. Bhaskar, *Reclaiming Reality: A Critical Introduction to Contemporary Philosophy*, 1989.

Entre as publicações sobre filosofia contemporânea mencionamos: Raymond Klibansky, ed., *Philosophy in the Mid-Century: A Survey — La philosophie au milieu du vingtième siècle: Chroniques*, 4 vols., 1958. — *Die philosophischen Bemühungen des 20. Jarhrhunderts*, a partir de 1962.

S. V. Rovighi, *História da filosofia contemporânea*, 1999.

Também podem ser consultadas as partes ou os últimos volumes de histórias gerais da filosofia e de histórias da filosofia moderna mencionadas nos verbetes FILOSOFIA (HISTÓRIA DA) e FILOSOFIA MODERNA. Destacamos: o último tomo da história da filosofia de A. Messer; o apêndice de Heinz Heimsoeth à de W. Windelband; o tomo III, parte 2, da história de Jacques Chevalier; o último tomo da história de É. Bréhier; os dois tomos de Étienne Gilson e Thomas Langan, 1963. — Na nova edição do Überweg-Heinze (ver FILOSOFIA [HISTÓRIA DA]) concede-se atenção especial à filosofia contemporânea em todo o mundo.

Entre as "histórias nacionais" especialmente consagradas à filosofia contemporânea podem ser incluídas algumas das mencionadas em FILOSOFIA MODERNA. Várias das obras indicadas anteriormente inclusive apresentam preferências por determinado país (em geral, o do autor). Complementaremos a informação com outros trabalhos sobre "filosofias nacionais".

Para a filosofia alemã: Willy Moog, *Die deutsche Philosophie des 20. Jahrh. in ihren Hauptrichtungen und ihren Grundproblemen*, 1922. — A. Messer, *Deutsche Philosophie der Gegenwart*, 1926. — Hans Leisegang, *Deutsche Philosophie im 20. Jahrh.*, 1928. — W. Tudor Jones, *Contemporary Thought of Germany*, 2 vols., 1930. — G. Gurvitch, *Les tendances actuelles de la philosophie allemande*, 1930. — P. Menzer, *Deutsche Metaphysik der Gegenwart*, 1931. — Werner Brock, *An Introduction to Contemporary German Philosophy*, 1935. — Gerhard Lehmann, *Die deutsche Philosophie der Gegenwart*, 1939. — W. del Negro, *Die Philosophie der Gegenwart in Deutschland*, 1942. — J. Dewey, *German Philosophy and Politics*, 1942. — H. Albrecht, *Deutsche Philosophie heute*, 1969. — C. Sutton, *The German Tradition in Philosophy*, 1974. — H. M. Baumgartner, H.-M. Sass, *Philosophie in Deutschland 1945-1975. Standpunkte, Entwicklungen, Literatur*, 1978; 3ª ed., 1980. — D. E. Christensen *et al.*, eds., *Contemporary German Philosophy*, 2 vols.: I, 1982; II, 1983. — H. Schnädelbach, *Philosophie in Deutschland 1831-1933*, 1983. — E. Colomer, *Historia del pensamiento alemán. De Kant a Heidegger*, 3 vols., 1986. — F. C. Beiser, *The Fate of Reason: German Philosophy from Kant to Fichte*, 1987. — J. Roberts, *German Philosophy: An Introduction*, 1988. — H.-L. Ollig, ed., *Philosophie als Zeitdiagnose. Ansätze der deutschen Gegenwartsphilosophie*, 1991. — L. Greenspan, G. Nicholson, eds., *German Philosophy and Jewish Thought*, 1992. — N. Kapferer, ed., *Innenansichten ostdeutscher Philosophen*, 1994. — Além disso: G. U. Gabel, *Index to Theses on German Philosophy Accep-*

ted by the Universities of Great Britain and Ireland, 1900-1985, 1990.
Filosofia austríaca: W. Sauer, *Österreichische Philosophie zwischen Aufklärung und Restauration*, 1982. — W. G. e M. Stock, *Psychologie und Philosophie der Grazer Schule: eine Dokumentation*, 1990 [International Bibliography of Austrian Philosophy]. — Além disso: T. Binder, R. Fabian, J. Valent, eds., *International Bibliography of Austrian Philosophy 1976-1979*, 1993.
Filosofia húngara: L. Steindler, *Ungarische Philosophie im Spiegel ihrer Geschichtsschreibung*, 1988.
Filosofia tcheca: Boris Jakowenko, *La philosophie thécoslovaque contemporaine*, 1935.
Filosofia iugoslava: A. Pavkovic, ed., *Contemporary Yugoslav Philosophy: the Analytic Approach*, 1988.
Filosofia espanhola: Joaquín Iriarte, *Estudios sobre la filosofía española*, 2 vols., 1947. — Julián Marías, *La filosofía española actual. Unamuno, Ortega, Morente, Zubiri*, 1948; reimp. em *Filosofía actual y existencialismo en España*, 1955, pp. 1-13 e 51-102, 255-333. — Tomás Carreras y Artau, *Estudios sobre médicos-filósofos españoles del siglo XIX*, 1952. — Ramón Ceñal, "La filosofía española en la segunda mitad del siglo XIX", *Revista de Filosofía*, 15 (1956), 403-444. — Alain Guy, *Philosophes espagnols d'hier et d'aujourd'hui*, 2 vols., 1956 (I. *Époques et auteurs;* II. *Textes choisis*) (trad. esp.: *Los filósofos de ayer y de hoy*, 1966). — L. Díez del Corral, J. L. L. Aranguren *et al.*, *El mundo clásico en el pensamiento español contemporáneo*, 1960. — Juan José Gil Cremades, *El reformismo español: Krausismo, escuela histórica, neotomismo*, 1969. — A. López Quintás, *Filosofía española contemporánea. Temas y autores*, 1970. — Elías Díaz, *Notas para una historia del pensamiento español actual (1939-1973)*, 1974. — J. A. Maravall, *Estudios de historia del pensamiento español*. Serie primera, *Edad media*, 1973; 3ª ed. ampl., 1983; serie segunda, *La época del Renacimiento*, 1984; serie tercera, *El siglo del Barroco*, 1973; 2ª ed. ampl., 1984; *Siglo XVIII*, 1991. — A. Guy, *Histoire de la philosophie espagnole*, 1983. — J. L. Abellán, *Historia crítica del pensamiento español*, 5 vols., em 6 tomos, 1979-1989. — Além disso: G. Díaz Díaz, C. Santos Escudero, *Bibliografía filosófica hispánica (1901-1970)*, 1982 [mais de 35.700 obras].
Filosofia francesa: D. Parodi, *La philosophie contemporaine en France*; 2ª ed., 1926. — Max Müller, *Die französische Philosophie der Gegenwart*, 1926. — J. Benrubi, *Philosophische Strömungen der Gegenwart in Frankreich*, 1928 (trad. francesa: *Les sources et les courants de la philosophie contemporaine en France*, 2 vols., 1933). — G. Hess, *Französische Philosophie der Gegenwart*, 1933. — A. Etchéverry, *L'idéalisme français contemporain*, 1934. — Louis Lavelle, *La philosophie française entre les deux guerres*, 1942. — Victor Delbos, *La philosophie française*, 1949. — Francesco Valentino, *La filosofia francese contemporanea*, 1958. — A. Montefiore, ed., *Philosophy and Personal Relations: An Anglo-French Study*, 1973. — V. Descombes, *Le Même et l'autre: quarante-cinq and de philosophie française 1933-1978*, 1979. — G. Sauder, J. Schlobach, eds., *Aufklärungen. Frankreich und Deutschland em 18. Jah.*, vol. 1, 1986. — J. Allen, I. M. Young, eds., *The Thinking Muse: Feminism and Modern French Philosophy*, 1989.
Filosofia holandesa: G. von Antal, *Die holländische Philosophie im 19. Jahrh.*, 1888. — F. Sassen, *Wijsgerig leven in Nederland in de twentigste eeuw*, 1941. — P. Dibon, *La philosophie néerlandaise au siècle d'or*, I, 1950.
Filosofia inglesa: Adrian Costes, *A Sceptical Examination of Contemporary British Philosophy*, 1929. — J. E. Salomaa, *Idealismus und Realismus in der englischen Philosophie der Gegenwart*, 1939. — Rudolf Metz, *Die philosophischen Strömungen der Gegenwart in Grossbritanien*, 2 vols., 1935 (trad. ingl. ampl.: *A Hundred Years of British Philosophy*, 1938). — P. Ginestier, *La pensée anglo-saxone depuis 1900*, 1956. — John Passmore, *op. cit. supra.* — G. J. Warnock, *English Philosophy since 1900*, 1958; 2ª ed., 1969. — N. Rotenstreich, *Philosophy, History and Politics: Studies in Contemporary English Philosophy of History*, 1976.
Filosofia australiana: S. A. Graves, *The History of Philosophy in Australia*, 1985.
Para a filosofia americana (ibero-americana e norte-americana) ver o verbete FILOSOFIA AMERICANA.
Filosofia italiana: Giovanni Gentile, *Le origini della filosofia contemporanea in Italia*, 3 vols., 1917; 2ª ed., 1925; nova ed., 4 vols., 1957 (vols. XXXI-XXXIV de *Opere complete*). — A. Crespi, *Contemporary Thought in Italy*, 1926. — G. Mehlis, *Italienische Philosophie der Gegenwart*, 1932. — R. Micceli, *La filosofia italiana*, 1937. — F. L. Mueller, *La pensée contemporaine en Italie et l'influence de Hegel*, 1941. — M. F. Sciacca, *Il Secolo XX*, 1945. — Id., *La filosofia nell'età del risorgimento*, 1948 (sobre filosofia italiana no século XIX). — Franco Lombardi, *La filosofia italiana negli ultimo cento anni*, s/d. (1960). — V. Mathieu, *La filosofia italiana contemporanea*, 1978. — Bibliografia por M. F. Sciacca, *Italienische Philosophie der Gegenwart*, 1948, em *Bibliographische Einführungen in das Studium der Philosophie*, ed. I. M. Bochenski, vol. 7.
Filosofia polonesa: S. Zawiski, "Les tendances actuelles de la philosophie polonaise", *Revue de Synthèse*, 10 (1935). — F. Grégoire, "La philosophie polonaise contemporaine", *Revue philosophique de la France et de l'Étranger*, ano 67 (1952), 53-71. — Z. Jordan, *Philosophy and Ideology: The Development of Philosophy and Marxism-Leninism in Poland since the Second

World War, 1962. — Ver também bibliografia do verbete VARSÓVIA (CÍRCULO DE).
Filosofia romena: *Philosophes roumains contemporains*, ed. Académie de la République Populaire Roumaine, 1958.
Para a filosofia russa: L. J. Shein, *Readings in Russian Philosophical Thought*, 1968. — Z. A. Kamenskij, *Moskovskij kruzok ljubomudrov* (*O círculo moscovita dos amantes da sabedoria* [= *os filósofos*]), 1980. — A. Walicki, *A History of Russian Thought. From Enlightenment to Marxism*, 1980. — H. Dahm, *Der gescheiterte Ausbruch. Entideoligisierung und ideologische Gegenreformation in Osteropa 1960-1980*, 1982. — W. Goerdt, *Russische Philosophie. Zugänge und Durchblicke*, 1984. — A. Haardt, *Husserl in Russland. Die Philosophie von Sprache und Kunst bei G. Spet und A. Losev*, 1986. — F. C. Copleston, *Philosophy in Russia. From Herzen to Lenin and Berdyaev*, 1986. — W. Goerdt, *Russische Philosophie. Texte*, 1989.
Para a filosofia soviética, ver a bibliografia do verbete FILOSOFIA MARXISTA NA UNIÃO SOVIÉTICA.
Obras sobre filosofia contemporânea com a consideração de aspectos ou problemas específicos: H. Hegenwald, *Gegenwartsphilosophie und christliche Religion*, 1913. — D. H. Kerler, *Die auferstandene Metaphysik*, 1921. — H. A. Slaatte, *Contemporary Philosophies of Religion*, 1986. — R. M. Baird *et al.*, eds., *Contemporary Essays on Greek Ideas: The Kilgore Festschrift*, 1987. — P. T. Grier, ed., *Dialectic and Contemporary Science*, 1989. — A. MacIntyre, *First Principles, Final Ends and Contemporary Philosophical Issues*, 1990. — J. Bender, G. H. Blocker, *Contemporary Philosophy of Art*, 1993.
Obras sobre o século XIX especificamente: John Theodore Merz, *History of the European Thought in the XIXth Century*, 4 vols., 1896-1914. — Th. Ziegler, *Die geistigen und sozialen Strömungen des neunzehnten Jahrhunderts*, 1899. — A. Riehl, *Einführung in die Philosophie der Gegenwart*, 1903. — O. Ewald, *Welche wirkliche Fortschritte hat die Metaphysik seit Hegels und Herbarts Zeit in Deutschland gemacht?*, 1920 (*Kantstudien*, Ergänzungshefte, 53). — G. Güttler, *Einführung in die Geschichte der Philosophie seit Hegel*, 1921. — G. Lehmann, *Geschichte der nachkantischen Philosophie*, 1931. — Adolfo Ravà, *La filosofia europea nel secolo decimonono*, 1932 (trad. esp.: *La filosofía europea en el siglo XIX*, 1943). — Maurice Mandelbaum, *History, Man, and Reason: A Study in Nineteenth Century Thought*, 1971. — W. Hogrebe, *Deutsche Philosophie im 19. Jah.*, 1987.
Para os repertórios bibliográficos, ver a bibliografia do verbete FILOSOFIA. **c**

FILOSOFIA DA FILOSOFIA. Ver FILOSOFIA.

FILOSOFIA DA LINGUAGEM. No desenvolvimento da filosofia analítica (VER) manifestaram-se duas orientações. Uma delas — Bertrand Russell até a terceira década deste século aproximadamente, o primeiro Wittgenstein, os positivistas lógicos, muitos filósofos da ciência, um bom número de lógicos etc. — manifestou desconfiança com relação à linguagem às vezes chamada de "comum", às vezes "ordinária" e às vezes "cotidiana". Outra orientação — G. E. Moore, o último Wittgenstein, Gibert Ryle, Strawson, Austin etc. — expressou, ao contrário, grande confiança nessa linguagem. Esta última orientação recebeu o nome de "filosofia da linguagem". O contraste entre as duas orientações indicadas apresentou-se freqüentemente como o contraste entre "a linguagem ideal" (especialmente a linguagem lógica) e a comum.

'Expressar grande confiança na linguagem comum' é uma fórmula muito geral que serve apenas para caracterizar certa atitude: a que consiste em supor que muitos dos problemas filosóficos, se não todos, podem ser elucidados — não necessariamente resolvidos, porém mais freqüentemente dissolvidos — mediante um exame de expressões comumente utilizadas. Isso não significa necessariamente que todas as expressões da linguagem comum suscitem problemas filosóficos (não os suscitam as palavras 'janela', 'mesa' ou 'nuvem', mas podem suscitá-los as palavras 'causa', 'vontade' ou 'ação'). Eles são suscitados especialmente por certo número de locuções e de frases, como 'necessariamente', 'deliberadamente', 'em razão de' etc. Isso tampouco significa que, como indicou Austin, a linguagem comum seja a "última palavra", mas significa dizer, ao menos, que é "a primeira palavra", isto é, o ponto de partida da análise filosófica, que se transforma então em análise da linguagem comum, ou de certas expressões dessa linguagem. A filosofia da linguagem exibe diversas variantes, que se manifestaram até mesmo nos próprios filósofos da chamada "Escola de Oxford" (VER), que foi o posto avançado mais conhecido da filosofia da linguagem aqui mencionada. Um filósofo da linguagem radical pode sustentar que, se o que interessa principalmente é o uso (VER) de expressões, este se manifesta concreta e especificamente em uma linguagem determinada (o inglês, o russo ou o turco). Um filósofo da linguagem menos radical não confinará seu interesse a determinada linguagem — embora provavelmente não possa deixar de trabalhar dentro de uma —, e declarará que o que interessa não são as próprias palavras, ou apenas elas, mas os conceitos que as palavras podem designar. O único ponto no qual todos os filósofos da linguagem estão de acordo é que o trabalho filosófico é efetuado mais em, e sobre, linguagens naturais que em, e sobre, linguagens "artificiais".

A multiplicidade de dimensões da filosofia da linguagem revela-se nos autores que provavelmente mais influíram em impulsioná-la: o último Wittgenstein e Austin. O indubitável interesse que esses dois autores expressam pelos modos comuns de falar não é incompatível com um concomitante e talvez mais intenso interesse pelos contextos dentro dos quais funciona a linguagem comum. Esses contextos são respectivamente o das formas de vida e o da "situação lingüística total".

Desse modo, a intitulada "filosofia da linguagem" pôde funcionar de duas maneiras muito distintas, dependendo em grande parte daqueles que foram seus cultivadores. Por um lado, pôde conduzir a uma trivialização do pensamento filosófico, confinado a análises lingüísticas de reduzido alcance e escassas conseqüências. Por outro lado, pôde conduzir a uma espécie de "libertação" do pensamento filosófico em relação a rígidos marcos positivistas.

A filosofia da linguagem, particularmente as formas desenvolvidas pelos autores citados por último, não deve ser confundida com uma possível "filosofia lingüística" (que é uma das formas que pode ser adotada pela filosofia da linguagem). Entretanto, ela se relacionou com certas tendências da lingüística e da filosofia da linguagem e também da filosofia da lingüística: as que dedicaram atenção particular às dimensões pragmáticas e comunicativas da linguagem, ao contrário das dimensões que poderíamos chamar de "estruturais". Nesse sentido a filosofia da linguagem é um estudo da linguagem como função; seus termos-chave são termos como 'uso', 'proferição' ou 'ato lingüístico', 'intenção (comunicativa)', 'força ilocucionária (ou inlocutiva)' etc. Segundo John Searle (*The Philosophy of Language*, ed. J. R. Searle, 1971, p. 12), há três correntes principais na filosofia da linguagem: a que ele qualifica de "enfoque neopositivista-lógico simbólico", ao modo de Quine; a "filosofia da linguagem comum", de Wittgenstein e Austin, e o enfoque mediante gramática gerativa de Chomsky e de seus seguidores. Searle considera que o mais provável é que a união das duas últimas correntes produza o futuro desenvolvimento na filosofia da linguagem. Não acreditamos que haja motivo para excluir um enfoque como o de Quine — e tampouco um como o de Montague —, mas é interessante notar que um filósofo da linguagem que segue a segunda das correntes mencionadas julgue que não há uma oposição de princípio entre ela e outra que antes teria sido considerada como totalmente alheia à filosofia da linguagem dos primeiros tempos. Além disso, é possível que uma filosofia suficientemente ampla da linguagem tenha de levar em conta não apenas a linguagem como função e comunicação — que é o campo rumo ao qual parece ter se encaminhado a que outrora foi "mera filosofia lingüística" —, mas também a linguagem como atividade perceptiva, isto é, como um conjunto de atos por meio dos quais um organismo constitui seu mundo como "sistema de realidade", o que equivale a considerar que "o papel da linguagem na comunicação [que a filosofia da linguagem considera essencial] desenvolveu-se sobretudo como um efeito secundário de seu papel básico na construção da realidade pela espécie" (cf. Jerry I. Jerison, "Paleoneurology and the Evolution of Mind", *Scientific American*, 234 [julho de 1976], p. 101, col. 1).

FILOSOFIA EXATA. De modo muito geral, a noção de filosofia exata e da "filosofia rigorosa" são equivalentes; além disso, ambas podem ser consideradas espécies, ou "maneiras", da chamada "filosofia científica" (VER). Contudo, a expressão 'filosofia exata' foi utilizada mais especificamente por Mario Bunge como designação de uma forma de filosofia (ou também de metafísica: 'metafísica exata') que utiliza instrumentos lógicos e matemáticos e que, se pode se converter, isoladamente, em uma série de exercícios formalistas, combinada com uma cuidadosa atenção à ciência permite constituir uma filosofia científica. Exemplos de filosofia ("metafísica") exata são, segundo esse autor, o "cálculo de indivíduos" e várias teorias da possibilidade e do tempo estabelecidas por meios matemáticos e lógicos.

Bunge iniciou uma série de reuniões e de publicações sob a designação de "Filosofia exata". Segundo um dos programas apresentados: "A exatidão, embora desejável, não deve ser considerada um fim: é um meio para realçar a clareza e a sistematicidade, e com isso o controle. Tanto na filosofia como na ciência, a exatidão não garante a certeza; facilita a descoberta do erro e sua correção. A exatidão não assegura a profundidade e, com isso, o interesse, mas certifica a possibilidade de escrutínio racional. O ideal seria enfrentar problemas autênticos e profundos de modo exato. Entretanto, antes que se possa solucionar qualquer problema na filosofia exata, é preciso acumular um sortimento de teorias exatas".

➲ A expressão 'filosofia exata' já havia sido usada no século XIX por alguns filósofos da escola herbartiana (ver HERBART [JOHANN FRIEDRICH]), como Otto Flügel (VER). Tratava-se de um movimento filosófico que se considerava "realista" e se opunha a todo idealismo. De 1861 a 1893 foram publicados vinte volumes da revista *Zeitschrift für exakte Philosophie, im Sinne des neueren philosophischen Realismus* (*Revista de filosofia exata no sentido do realismo filosófico moderno*) (em 1973 começou uma reimpressão desses volumes). A revista estava a cargo de F. H. Allihn, Th. Ziller e Otto Flügel. ⊂

FILOSOFIA EXISTENCIAL. Ver EXISTÊNCIA (FILOSOFIA DA); EXISTENCIALISMO.

FILOSOFIA GRECO-ROMANA. Assim é chamado o período posterior à filosofia grega (VER) propriamente dita. O marco dentro do qual se desenvolve esse período já não é o da Grécia e das colônias, mas o de todos os países compreendidos no Império romano e nas regiões helenizadas do Império de Alexandre. O que caracteriza essa época, na qual se inserem a constante cultural do alexandrinismo como forma histórica e o sincretismo greco-romano-judeu-oriental, é a relativa ausência dos grandes sistemas de tipo platônico e aristotélico, com sua pretensão de alcançar a verdade fundada primordialmente no *logos*. A tendência sistemática, que se revela nos estóicos e culmina no neoplatonismo, tem um maior fundamento religioso — positivo ou não — e uma mais acurada tendência moral. Na primeira fase desse período, que pode ser qualificado simplesmente de helenístico, surgem as escolas filosóficas pós-aristotélicas que, com diferentes vicissitudes, atravessam a época imperial romana até perder-se na corrente do cristianismo: os estóicos, os epicuristas, os céticos. Na segunda fase da assimilação romana da tradição grega e das correntes orientais, o trabalho filosófico centra-se nas escolas mencionadas e no platonismo, seja na tradição platônica pura, seja na Academia (VER). São características dessa fase o sincretismo e a formação dos grandes sistemas neoplatônicos, que representam o último florescimento da especulação grega e vêm inserir-se profundamente na especulação teológico-metafísica do pensamento cristão (ver CRISTIANISMO). As tendências pitagorizantes e a interpretação puramente metafísico-religiosa de Platão triunfam com os neopitagóricos, com a especulação judeu-alexandrina de Fílon e com os sucessores de Plotino, principalmente com os neoplatônicos sírios, como Jâmblico. Na filosofia grego-romana, que não constitui uma unidade propriamente filosófica, mas o resultado da atividade de um círculo cultural de significação muito complexa, também se insere a fase da passagem do paganismo para o cristianismo e a progressiva "fusão" da noção grega do *logos* com a noção cristã do Filho de Deus. A ativa intervenção das religiões e especulações orientais, especialmente sírias e egípcias, manifesta-se tanto em suas influências diretas sobre o neoplatonismo e o cristianismo primitivo como no fato de que os próprios representantes das escolas filosóficas propriamente gregas e romanas não são sempre originários das províncias do Ocidente, mas pensadores procedentes do Oriente (além de Jâmblico, Porfírio e Possidônio, que são sírios, podem-se mencionar os gregos alexandrinos de origem judaica, como Fílon; os estóicos provinciais, como Sêneca; os apologistas de origem africana, como Tertuliano etc.).

Ver as partes dedicadas a esse período nas principais histórias gerais da filosofia citadas na bibliografia do verbete FILOSOFIA (HISTÓRIA DA) e especialmente nas histórias da filosofia grega, citadas no verbete correspondente. Além disso, ver a bibliografia do verbete CRISTIANISMO, particularmente as obras relativas ao helenismo e ao cristianismo.

↪ Obras especificamente sobre a cultura e a filosofia desse período: A. Schmekel, *Die hellenistisch-römische Philosophie*, em *Grosse Denker*, ed. E. von Aster, 1907. — E. Zingg, *La philosophie pendant la période de l'empire romain*, 1907. — P. Wendland, *Die hellenistisch-römische Kultur in ihren Beziehungen zu Judentum und Christentum*, 1907. — D. G. Sunne, *Some Phases in the Development of the Subjective Point of View during the Post-Aristotelian Period*, 1911. — J. Kaerst, "Das Wesen des Hellenismus", em *Geschichte des hellenistischen Zeitalters*, II, 1, 1909. — Rudolf Glaser, *Griechische Ethik auf römischem Boden*, 1914 (epicuristas e estóicos). — E. Neustadt, *Die religiöse-philosophische Bewegung des Hellenismus und der Kaiserzeit*, 1914. — Paul Elmer More, *Hellenistic Philosophies*, 1923. — A. Schmekel, *Die positive Philosophie in ihrer geschichtlichen Entwicklung*. I. *Forschungen zur Philosophie des Hellenismus*, 1938. — Giulio Bonafede, *Storia della filosofia greco-romana*, 1949. — Alfonso Reyes, *La filosofía helenística*, 1959. — Ph. Merlan, H. Chadwick *et al.*, *The Cambridge History of Later Greek and Early Mediaeval Philosophy*, 1967, ed. A. A. Armstrong. — John Herman Randall Jr., *Hellenistic Ways of Deliverance and the Making of the Christian Synthesis*, 1970. — A. A. Long, *Hellenistic Philosophy: Stoics, Epicureans, Sceptics*, 1974. — G. Reale, *História da filosofia antiga*, 5 vols., 1991-1995 (ver bibliografia de FILOSOFIA GREGA). — G. Maurach, ed., *Römische Philosophie*, 1976. — J.-M. André, *La philosophie à Rome*, 1977. — E. Rawson, *Intellectual Life in the Late Roman Republic*, 1985. — M. Griffin, J. Barnes, eds., *Philosophia Togata: Essays on Philosophy and Roman Society*, 1989. — D. Furley, *Cosmic Problems: Essays on Greek and Roman Philosophy of Nature*, 1989. — Ver também a obra, ainda fundamental hoje, de Fr. Susemihl, *Geschichte der griechischen Literatur in der Alexandrinerzeit*, 2 vols., 1891-1892.

Para a escola de Alexandria, ver a bibliografia de ALEXANDRIA (ESCOLA DE) e NEOPLATONISMO.

Desde 1984 existe a revista *Ancient Philosophy*, ed. Ronald M. Polansky. ↩

FILOSOFIA GREGA. Se se entende por 'filosofia grega' o pensamento filosófico expresso em grego, deve-se incluir nela a chamada "filosofia grega clássica" (dos pré-socráticos a Aristóteles), a "filosofia helenística" — às vezes em conjunção com a chamada "filosofia greco-romana" —, a filosofia bizantina e a filosofia em língua grega moderna. Em geral estas duas últimas são excluídas e as duas primeiras, incluídas; todavia, como dedicamos um verbete especificamente à segunda, sob o nome de "filosofia greco-romana", a filosofia grega abarcará apenas o período clássico, com referências às escolas pós-aristotélicas e à influência do pensamento grego.

Na medida em que se confina, justificadamente ou não, a história da filosofia à história da filosofia ocidental, considera-se que a filosofia começou na Grécia — principalmente nas colônias gregas da Ásia menor — e que a filosofia grega é o primeiro período dessa história. Esse período é freqüentemente considerado o mais importante, uma vez que a maior parte dos problemas filosóficos fundamentais foram estabelecidos na Grécia.

Debateu-se até que ponto a filosofia grega é independente de outras tradições culturais (da Mesopotâmia, do Egito etc.). Influências dessas tradições podem ser encontradas, mas, ao mesmo tempo, também se pode afirmar que a filosofia grega se constituiu, em boa parte, independentemente.

Também se discutiu se há ou não traços comuns a toda a filosofia grega, ao menos ao período "clássico". Se eles existem, expressam-se em um certo tipo de questão como "O que é 'o ser' (a realidade, o mundo)?", "Como pode ser conhecida a verdade (sem se consultarem os deuses ou o destino)?", "Em que linguagem ou mediante que faculdades se pode falar sobre o que é, na verdade, 'o ser' (a realidade, o mundo)?". Estas perguntas não são as únicas — especialmente a partir do chamado "período antropológico"; a filosofia grega interessou-se por questões acerca da natureza do ser humano, da linguagem, da sociedade, do Estado justo etc., mesmo que em muitos casos se considerasse que o ser humano era um componente ou elemento da realidade cósmica.

Para os primeiros filósofos gregos, os milésios, a chamada, para abreviar, "questão do ser" foi respondida a partir de um ponto de vista cosmológico e "material". Por isso sua filosofia é aproximadamente uma física, mas uma física que não se preocupa com a medição, e sim com a descoberta da matéria que *é* dentro da matéria que *acontece*. Na série de filósofos pré-socráticos posteriores aos jônicos, a pergunta pelo ser vai se definindo; no pitagorismo já encontramos como ser as relações harmônicas e, em última análise, os números. Heráclito de Éfeso acentua o perpétuo fluir do devir e vê no fogo — que muda constantemente e, contudo, permanece idêntico — o símbolo do processo cósmico. Parmênides, ao assinalar os caracteres ontológicos do ser e ao identificá-lo com o pensar, já formula a questão em toda a sua madureza; ele é propriamente o fundador da metafísica ocidental e aquele que orienta o sentido da posterior especulação filosófica. Com o século V a.C. aparecem, por um lado, os continuadores do chamado período cosmológico (Empédocles, Anaxágoras, Demócrito), que elaboraram sistemas coerentes de explicação do universo baseados na constância do mesmo problema, e por outro, a corrente dos sofistas que, ao dirigir o interesse da reflexão para o homem e para os problemas humanistas, dão um novo curso à história do pensamento grego. Esse novo curso culmina em Sócrates, que antepõe a todas as demais questões o problema da salvação do homem concebido como o problema da consecução de sua felicidade. Durante essa época predominam as reflexões morais em torno da pergunta pelo lugar do homem no universo. Platão unifica essas duas preocupações — a preocupação pelo ser e a preocupação pela salvação — em seu sistema das idéias e em sua identificação da idéia suprema com o Bem. Aristóteles representa a primeira grande recapitulação do espírito grego, recapitulação que se manifesta não somente no fato de já conceber a evolução do pensamento helênico a partir de um distanciamento histórico, mas também, e muito especialmente, no fato de que nele cheguem a uma culminação e a uma relativa conciliação correntes diversas. O pensamento de Aristóteles desenvolve-se desse modo em dois planos: no da amplitude, como recapitulação, e no da profundidade, como ataque direto às questões centrais da filosofia primeira e particularmente à questão fundamental do movimento. A diversificação de tendências que se acentua após Aristóteles parece expressar uma decadência do espírito grego, mas é antes a primeira grande crise dentro da crise quase permanente da filosofia. Por isso, se de um ponto de vista histórico pode-se falar de uma filosofia greco-romana (VER), que compreende desde Aristóteles até o final do mundo antigo, esse período não deixa de fazer parte de uma tradição grega agora dissolvida na unidade superior de uma tradição "antiga". E, por outro lado, não se pode confundir esse término da filosofia grega propriamente dito com o término da tradição grega. Por um lado, esta última perdura até nossos dias, não apenas como um momento necessário na história da cultura, mas como a primeira manifestação da maturidade filosófica; por outro, a filosofia grega experimenta sua primeira grande queda quando, com o cristianismo, irrompe no mundo um princípio novo: o princípio que pode ser chamado de um filosofar partindo do nada como possibilidade da criação. Por isso pode-se falar propriamente de uma culminação e, ao mesmo tempo, de uma derrubada da filosofia grega em Santo Agostinho. No cristianismo torna-se patente o novo tipo de preocupação, que é ao mesmo tempo preocupação com a alma como intimidade absoluta e preocupação com Deus. Isto é o que dá o tom da filosofia medieval, principalmente em suas orientações místicas, e o que a diferencia essencialmente da grega. Nela sobrevivem os temas fundamentais da especulação grega, mas seu sentido e, portanto, suas respostas são diferentes. (Ver FILOSOFIA MEDIEVAL.)

Em vários verbetes deste Dicionário nos estendemos sobre certos subperíodos da filosofia grega (como nos verbetes sobre os itálicos, jônicos, pré-socráticos). Em outros nos referimos a certas importantes tendências que tiveram seu ponto de partida na filosofia grega e influenciaram o pensamento posterior do Ocidente (como nos verbetes sobre o aristotelismo e o platonismo). Também dedicamos verbetes a todas as escolas gregas importantes (cirenaicos, epicuristas, estóicos, pitagóricos etc.), assim como a tendências desenvolvidas na chamada filosofia greco-romana e que também podem ser inscritas no marco do pensamento grego (neopitagorismo, neoplatonismo etc.). Certos conceitos de interesse especificamente histórico-filosófico relativos à filosofia grega também foram tratados separadamente (como nos verbetes sobre diádoco, escolarca etc.). É conveniente, pois, complementar a presente caracterização dessa filosofia com a leitura dos verbetes a que fizemos alusão. Terminaremos agora com algumas palavras sobre a questão da significação da filosofia grega.

Essa significação é única para a história do pensamento (ao menos do pensamento ocidental). Com efeito, os filósofos gregos mostraram com toda a transparência um bom número das condições a partir das quais foi posteriormente erigido todo pensamento filosófico. Por exemplo, que a filosofia se move continuamente em uma peculiar tensão interna porque, sendo uma crença que substitui outra crença, quer ser ao mesmo tempo um conjunto de idéias claras que dissolvem toda crença como tal. Na Grécia essa condição se manifestou no fato de que a filosofia surgiu para preencher um vazio que a mitologia já não podia preencher completamente, mas ao mesmo tempo serviu para apoiar racionalmente uma parte substancial das crenças míticas. Mas, além disso, os filósofos gregos já haviam adotado, mais ou menos rudimentarmente, as posições metafísicas últimas, às quais se retorna sempre que se exige uma decisão fundamental acerca do que é o ser, o conhecimento e mesmo o sujeito na medida em que conhece. Falou-se por isso do "milagre grego", do que Renan chamou da "aparição simultânea ocorrida na raça helênica de tudo o que constitui a honra e o ornamento do espírito humano" — ou, com menos retórica, poder-se-ia dizer que na cultura e particularmente na filosofia grega temos um exemplo eminente de uma desproporção entre as causas e os grandiosos efeitos produzidos. Isso não significa, como pretendem alguns autores, que toda a filosofia se reduza à filosofia grega ou que todo progresso filosófico tenha de ser um retorno às raízes do pensamento grego. Embora a filosofia não progrida da mesma *forma* que a ciência, tampouco se pode dizer que foi dada inteiramente desde suas origens. A representação dessas origens por meio do exame da filosofia grega, no entanto, é em geral mais fecunda que a referência a qualquer outro período da filosofia. A ocupação com a filosofia grega é, por isso, não apenas o resultado de uma curiosidade histórica, mas também, e sobretudo, de uma exigência filosófica.

As principais fontes para o estudo da filosofia grega foram mencionadas no começo do verbete FILOSOFIA (HISTÓRIA DA). Aqui nos limitaremos a dar conta das principais edições críticas de textos historiográficos e de compilações de fragmentos.

➲ *Doxographi graeci*, ed. H. Diels, Berolini, 1879 (nova ed., 1929), nos quais figuram a maior parte dos fragmentos doxográficos que restaram das obras mencionadas no verbete citado anteriormente, assim como trechos de outros autores (p. ex., Cícero) que servem para fins historiográficos. Várias edições de textos servem de complemento à compilação de Diels: P. Wendland (1897), R. v. Scala (1898), A. Baumstark (1897), G. Pasquali (1910). Cf. também E. Reitzenstein, *Theophrast bei Epikur und Lukrez*, 1924. — Fragmentos de Eudemo de Rodes em L. Spengel, *Eudemii Rhodii Peripatetici fragmenta*, 1866, reed. 1870. Outros fragmentos de peripatéticos, na série editada por F. Wehrli: *Die Schule des Aristoteles* (I. *Dikaiarchos*, 1944; II. *Aristoxenos*, 1945; III. *Klearchos*, 1948; IV. *Demetrios von Phaleron*, 1949; V. *Straton von Lampsakos*, 1950; VI. *Lykon und Ariston von Keos*, 1952; VII. *Herakleides Pontikos*, 1953; VIII. *Eudemos von Rhodos*, 1955; IX. *Phainias von Eresos, Chamaileon, Praxiphanes*, 1957; X. *Hieronymos von Rhodos, Kritolaos und seine Schüler. Rückblick: Der Peripatos in vorchristlicher Zeit. Register*, 1959). — *Fragmenta philosopharum graecorum*, ed. F. W. A. Mullach, I. Lutetia Parisiorum, 1860; II, id., 1867; III, id., 1881, reimp. 1966 (contém pré-socráticos, pitagóricos, sofistas, cínicos, platônicos, peripatéticos). — *Poetarum philosophorumque fragmenta*, ed. H. Diels, Berolini, 1901. — *Fragmenta historicum graecorum*, ed. C. Müller, Lutetia Parisiorum, 4 vols., 1841-1851; vol. 5, 1870 (ver especialmente o vol. 3 para os fragmentos de interesse filosófico). Esta obra foi superada por *Die Fragmente der griechischen Historiker*, ed. F. Jacoby, Berlin, 1923ss. — Fragmentos de interesse filosófico também podem ser encontrados nas edições de textos médicos, assim como nos *Scriptores physiognomonici Graeci et Latini*, ed. R. Foerster, Lipsiae, 2 vols., 1893, e outros. — As edições de D. Laércio foram mencionadas no verbete correspondente. Ver também, para informação sobre edições, as bibliografias de DIÁDOCO, ITÁLICOS, JÔNICOS, MILÉSIOS, PRÉ-SOCRÁTICOS. Em cada bibliografia dos diferentes filósofos pré-socráticos indicamos os capítulos correspondentes da edição de *Fragmentos* por Diels-Kranz (o capítulo da quinta edição — as edições posteriores à quinta são reedições — e, entre parênteses, o da primeira). Para os outros filósofos gregos também pode ser encontrada indicação das edições nos verbetes correspondentes. A isso deve ser acrescentada a informação contida nas bibliografias de ARISTOTELISMO, CÍNICOS, CIRENAICOS, EPICURISTAS, ESTÓICOS, NEOPLATONISMO, NEOPITAGORISMO,

PLATONISMO, PERIPATÉTICOS etc. — Informação abundante se encontra em A. F. von Pauly, *Real-Enzyklopädie der klassischen Altertumswissenschaft*, reelaborado por G. A. Wissowa (citado como Pauly-Wissowa), W. Kroll, K. Mittelhaus, K. Ziegler, 1894ss. — Muito usada é a compilação de H. Ritter e L. Preller, *Historia philosophiae Graecae et Romanae ex fontium locis contexta* (citada como P. L.), ed. Preller (Hamburg, 1838); 10ª ed., muito melhorada, por E. Wellmann, 1914. Mais moderna e conveniente é a compilação de C. J. de Vogel, *Greek Philosophy*, I, 1950, 4ª ed. 1969; II, 1953, 3ª ed. 1967; III, 1959, 3ª ed. 1973, com textos gregos e notas em inglês.

Repertórios bibliográficos: O. Gigon, *Antike Philosophie*, em *Bibliographische Einführungen in das Studium der Philosophie*, ed. I. M. Bochenski, vol. 5, 1948. — Rodolfo Mondolfo, *Guía bibliográfica de la filosofía antigua*, 1959 [suplemento a *El pensamiento antiguo*, cf. *infra*]. Sebastián Cirac Estopañán, ΛΟΓΟΣ. *Monografía y síntesis bibliográfica de filosofía griega*, 1960. — J. A. Nuño Montes, *Filosofía antigua*, 1962.

Obras gerais sobre o espírito grego: U. von Wilamowitz-Moellendorff, *Der Glaube der Hellenen*, 2 vols., 1931-1932. — Werner Jaegger, *Paideia, die Formung des griechischen Menschen*, I (1933); II (1944); III (1945) (trad. bras.: *Paideia. A formação do homem grego*, 1995). — Rodolfo Mondolfo, *El genio helénico y los caracteres de sus creaciones espirituales*, 1943. — Id., *El genio helénico*, 1956 (obra distinta da anterior). — Eduardo Nicol, *La idea del hombre*, 1947. — M. Pohlenz, *Der hellenische Mensch*, 1948. Ver também "Estudos de interpretação", *infra*. — Para aspectos ou problemas particulares, ver as bibliografias dos diferentes verbetes deste dicionário (ATOMISMO, CIÊNCIA, ÉTICA, INFINITO, MATÉRIA, METAFÍSICA, RELIGIÃO, SUBSTÂNCIA etc.); nelas nos referimos a obras do tipo das de Pierre Duhem (sistemas cosmológicos), Rodolfo Mondolfo (infinito), Nartorp (conhecimento), Heinze, Aall (Logos), Brochard (ceticismo), Teichmüller (categoria) etc.

Obras gerais sobre a filosofia grega: Depois de Ch. August Brandis (*Handbuch der Geschichte der griechisch-römischen Philosophie*, Parte I, 1835; Parte II, Seç. 1, 1844; Parte II, Seç. 2. Primeira metade, 1853; Id., Segunda metade, 1857; Parte III, Seç. 1, 1860), apareceu a obra que ainda hoje continua sendo considerada fundamental: Eduard Zeller, *Die Philosophie der Griechen. Eine Untersuchung über Charakter, Gang und Hauptmomente ihrer Entwicklung* (Parte I. *Allgemeine Einleitung. Vorsokratische Philosophie*. II. *Sokrates, Plato, Aristoteles*. III. *Die nacharistotelische Philosophie*), 1844, 1846, 1852. A segunda edição, modificada, apareceu sob o título: *Die Philosophie der Griechen in ihrer Entwicklung dargestellt*, 5 vols., 1859-1868. As últimas edições são: I, 1. *Vorsokratiker, erste Hälfte*, 7ª ed., ed. W. Nestle, 1923. I, 2. *Vorsokratiker, zweite Hälfte*, 6ª ed., ed. W. Nestle, 1920. II, 1. *Sokrates, Sokratiker, Platon, Alte Akademie*, 5ª ed., com apêndice de E. Hoffmann, 1922. II, 2. *Aristoteles, alte Peripatetiker*, 4ª ed., 1921. III, 1. *Nacharistelische Philosophie, erste Hälfte*, 4ª ed., ed. E. Wellmann, 1909. III, 2. *Nacharistotelische Philosophie, zweite Hälfte*, 5ª ed, 1923; reed. F. Lortzing, W. Nestle, E. Wellmann, 6 vols., 1962ss. Há trad. italiana, com muitas ampliações, por Rodolfo Mondolfo: *La filosofia dei Greci*, 1932ss. — É importante também: Theodor Gomperz, *Griechische Denker*, 3 vols., 1893-1902 (I e II na 3ª ed., 1911, 1912; III na 3ª e 4ª, 1941) (trad. esp.: *Pensadores griegos*, 3 vols., 1952-1953). — W. K. C. Guthrie, *A History of Greek Philosophy*, 6 vols. (I, 1962; II, 1965; III, 1969; IV, 1975; V, 1978; VI, 1981) . — G. Reale, *História da filosofia antiga*, 5 vols. (I: *Das origens a Sócrates*, 3ª ed., 1999; II: *Platão e Aristóteles*, 2ª ed., 1997; III: *Os sistemas da era helenística*, 2ª ed., 1998; IV: *As escolas da era imperial, 1994*; V: *Léxico, índices, bibliografia*, 1995).

As histórias gerais da filosofia são citadas no verbete FILOSOFIA (HISTÓRIA DA); também podem ser consultados especialmente o tomo I de Ueberweg-Heinze e, para a história dos problemas, a obra de Windelband.

— Ver: Hans von Arnim, *Die europäische Philosophie des Altertums*, 1909 (em *Die Kultur der Gegenwart*, ed. P. Hinneberg, I, 5). — Richard Hönigswald, *Die Philosophie des Altertums. Problemgeschichtliche und systematische Untersuchungen*, 1917. — W. T. Stace, *A Critical History of Greek Philosophy*, 1920. — Karl Joël, *Geschichte der antiken Philosophie*, 1921. — W. Capelle, *Die griechische Philosophie*, 4 vols., 1930-1934; 2ª ed., 1953-1954; 3ª ed., 2 vols., 1971. — W. Kranz, *Die griechische Philosophie*, 1939. — A. H. Armstrong, *An Introduction to Ancient Philosophy*, 1947; 2ª ed., 1949. — C. Carbonara, *La filosofia greca*, 1951ss. — D. Galli, *Il pensiero greco*, 1954. — G. R. de Yurre, *Historia de la filosofía griega desde Tales hasta Aristóteles*, 1954. — Jacques Chevalier, *Histoire de la pensée* (I. *La pensée antique*, 1955). — Ch. Renouvier, *Manuel de philosophie ancienne*, 2 vols., 1844. — W. A. Butler, *Lectures on the History of Ancient Philosophy*, 1856; 2ª ed., por W. T. Thomson, 2 vols., 1866. — W. Windelband, *Geschichte der alten Philosophie nebst einem Anhang: Abriss der Geschichte der Mathematik und der Naturwissenschaft im Altertum*, 1888; 3ª ed., por A. Bonhöffer, 1912. — Para uma história com base em textos ver Rodolfo Mondolfo, *Il pensiero antico: Storia della filosofia greco-romana*, 1928 (trad. bras.: *O pensamento antigo. História da filosofia greco-romana*, 2 vols., 2ª ed., I-1966/II-1967). Muito numerosas são as obras especialmente consagradas à filosofia pré-socrática ou anterior a Platão; ver PRÉ-SOCRÁTICOS.

Estudos de interpretação: V. Brochard, *Études de philosophie ancienne et de philosophie moderne*, 1912. — G. Rodier, *Études de philosophie grecque* (compilados por É. Gilson), 1926. — Ettore Bignone, *Studi sul pensiero antico*, 1938. — X. Zubiri, "Grecia y la pervivencia del pasado filosófico", em *Naturaleza, Historia, Dios*, 1944. — Bruno Snell, *Die Entdeckung des Geistes. Studien zur Entstehung des europäischen Denkens bei den Grieschen*, 1946; 3ª ed., ampl., 1955. — E. R. Dodds, *The Greeks and the Irrational*, 1951. — É. Bréhier, *Études de philosophie antique*, 1955. — Julius Stenzel, *Kleine Schriften zur griechischen Philosophie*, 1956, ed. Bertha Stenzel, com a ajuda de Hans Diller e Gerhard Müller. — Olof Gigon, *Grundprobleme der antiken Philosophie*, 1959. — George Boas, *Rationalism in Greek Philosophy*, 1961. — Robert Brumbaugh, *The Philosophers of Greece*, 1967. — C. J. de Vogel, *Philosophia, I: Studies in Greek Philosophy*, 1970 (coletânea de trabalhos). — D. E. Gerber, ed., *Greek Poetry and Philosophy: Studies in Honour of Leonard Woodbury*, 1984. — R. M. Baird *et al.*, eds., *Contemporary Essays on Greek Ideas: The Kilgore Festschrift*, 1987. — D. Furley, *Cosmic Problems: Essays on Greek and Roman Philosophy of Nature*, 1989. — P. Nicolacopoulos, ed., *Greek Studies in the Philosophy and History of Science*, 1990.

Desde 1984 existe a revista *Ancient Philosophy*, ed. Ronald. M. Polansky. C

FILOSOFIA HEBRAICA. Ver FILOSOFIA JUDAICA.

FILOSOFIA HINDU. Ver FILOSOFIA INDIANA.

FILOSOFIA HISPANO-AMERICANA. Ver FILOSOFIA AMERICANA.

FILOSOFIA (HISTÓRIA DA). Como problema e como disciplina filosófica, a "História da filosofia" é objeto de investigação e de análise há aproximadamente dois séculos. Durante a Antigüidade, a Idade Média e parte da Idade Moderna, a "História da filosofia" consistiu em boa parte em uma descrição das vidas ou das opiniões dos filósofos e das chamadas "seitas [ou 'escolas'] filosóficas". Houve certas exceções a essa tendência: as referências de Aristóteles (principalmente em *Metafísica* Λ) às doutrinas filosóficas anteriores à sua não são meras descrições da vida ou das opiniões de filósofos, mas um exame crítico de doutrinas que se sucedem umas às outras de modo mais ou menos ordenado, de tal sorte que cada uma delas constitui uma resposta a insuficiências manifestadas por doutrinas anteriores e, ao mesmo tempo, revela certas insuficiências corrigidas por doutrinas posteriores. Porém, mesmo em Aristóteles e em outros autores que seguiram sua tendência "histórico-crítica", não encontramos uma "História da filosofia" no sentido "normal" e corrente dessa expressão.

No entanto, se tomamos a expressão em um sentido muito amplo e incluímos nela toda descrição de assuntos filosóficos em um passado, podemos dizer que já desde a Antiguidade há trabalhos de "História da filosofia", embora quase sempre orientados para a citada descrição de vidas, opiniões e "seitas". Em todo caso, já encontramos desde a Antiguidade o que se pode chamar de "materiais para o estudo da História da filosofia".

No que diz respeito à Antiguidade, tratamos desses materiais no verbete DOXÓGRAFOS, no qual classificamos formalmente os vários modos de historiar a filosofia, ou uma parte dela. Para complementar a informação proporcionada naquele verbete, remetemos aos verbetes DIÁDOCO e ESCOLARCA.

As recopilações de "opiniões", tão abundantes na Antiguidade, continuaram na Idade Média. Exemplo disso é a obra de Walter Burleigh, *De vitis et moribus philosophorum*, que apareceu na primeira metade do século XIV. Grande parte do material procede de Diógenes Laércio. O gênero das "recopilações", "extratos" e "florilégios" também foi cultivado durante o Renascimento. Mencionamos a esse respeito a obra de Juan Luis Vives, *De initiis, sectis et laudabibus philosophiae* (1518). Porém, antes dela havia (especialmente em Florença) produções de configuração análoga, a maior parte delas ainda inéditas. Algumas foram resenhadas por L. Stein em seu artigo "Handschriftenfunde zur Philosophie der Renaissance" (*Archiv für Geschichte der Philosophie* [1888], 534-553); delas mencionamos: um *Isagogicon*, de Leonardi Bruni; um manuscrito histórico-filosófico de Giambattista Buonosegnius; uma *Epistola de Nobilioribus philosophorum sectis et de eorum inter se differentia* (1458), dirigida, ao que parece, a Marsílio Ficino, outra do mesmo caráter a Lorenzo de Médicis; uma obra intitulada *De vita et moribus philosophorum* (1463), de João Cristóvão de Arzignano. A exposição por seitas foi muito comum durante os séculos XVI e XVII (ver bibliografia). De fato, o interesse pela história da filosofia como derivação do interesse geral pela história nasce propriamente no século XVIII, quando os enciclopedistas, sem deixar de se submeter a consideráveis limitações determinadas por sua consideração crítica do passado, concebem a história como uma unidade e como a expressão de um progresso. O sentido histórico que respira nessa concepção cresce e amadurece no romantismo e sobretudo em Hegel, que define a história como um autodesenvolvimento do Espírito e, por conseguinte, como uma evolução na qual todos os momentos anteriores são necessários enquanto manifestações parciais do Espírito, que engloba em cada etapa as fases anteriores. As contradições entre os grandes sistemas não são mais concebidas como uma demonstração da futilidade de toda especulação filosófica, como faziam os céticos, mas como aspectos distintos e sucessivos de uma mesma e única marcha. A história da filosofia é, pois, para essa época, um *processo*, mas ao mesmo tempo um *progresso* no sentido de que todo momento é considerado superior em valor ao momento precedente. A unidade do espírito fundamenta a unidade da história e esta fundamenta a unidade da filosofia. Desde o final do século XVIII e início do XIX aparece a história da filosofia como disciplina filosófica, mas ela ainda está embebida em uma filosofia da história, ou, melhor, em uma meta-história, como conseqüência das noções de processo e de unidade essencial do espírito.

Mais tarde, o tratamento sistemático das questões que afetam a história filosófica determinou, por um lado, um melhor e mais acabado conhecimento do passado filosófico, e, por outro, um abandono do otimismo da idéia de progresso, mas não desvirtuou de modo algum a idéia da historicidade da filosofia. Pelo contrário, esta foi entendida cada vez mais como uma disciplina enraizada na história. Do romantismo à idéia da essencial historicidade da filosofia, passando por Hegel, pela escola de Cousin e pelas investigações de Dilthey, Windelband e Rickert, há uma noção comum, apesar de suas divergências. Em primeiro lugar, pôde-se perceber que a história filosófica não é um conjunto de momentos do espírito rigorosamente encadeados segundo uma lei meta-histórica, mas tampouco é um monte arbitrário de opiniões e de sistemas inteiramente isolados ou contraditórios. A investigação detalhada da história da filosofia permite descobrir que todo saber filosófico brota em um meio cultural que forma o horizonte a partir do qual cada época histórica tende a ver-se a si própria. Por outro lado, comprovou-se que não há na história da filosofia cortes radicais, como poderia fazer pensar, por exemplo, a diferença entre a Idade Média e o Renascimento. Cada época dá seguimento, admitindo-os, aos temas e métodos próprios da época anterior. Desse modo, a Idade Moderna não representa uma época totalmente distinta da medieval, mas continuam sobrevivendo nela os elementos que a época anterior continha dentro de si e que herdara da Antiguidade greco-romana. Esta unidade da história da filosofia não é a unidade do espírito em um sentido hegeliano, mas a unidade da filosofia como saber que brota da vida do homem, como um fato que acontece em sua existência e faz da filosofia não uma disciplina que tem uma história, mas um fato que *é* histórico. O essencial para a filosofia, prescindindo de que sua evolução constitua uma marcha progressiva ou, o que é mais provável, um perfil variado, composto de incontáveis curvas, desvios e retrocessos, é o que, segundo Dilthey, forma a nota constitutiva da psique: a historicidade.

Assim vinculada a filosofia à história, a exposição do passado filosófico apresenta na atualidade uma frente de problemas que há muito pouco tempo começaram a ser tratados com rigor e que provavelmente darão, oportunamente, uma imagem da história filosófica muito distinta da usual. Todavia, para os imediatos fins didáticos continuam sendo conservados, por enquanto, os esquemas que melhor permitiram conhecer nos últimos tempos a história da filosofia, e que têm, ao menos, a vantagem de estar fundados em investigações atentas à realidade histórica mais patente. A esse respeito, costuma-se dividir a história da filosofia em grandes períodos aproximadamente coincidentes com a história geral da cultura do Ocidente. O problema da chamada filosofia oriental, que para alguns equivale a um círculo cultural inteiramente distinto do Ocidente, mas em cuja evolução manifestam-se formalmente as mesmas etapas, e que para outros não é nada além de uma fase anterior à filosofia grega, deve ser por enquanto abandonado para os fins de exposição perseguidos pelos historiadores da filosofia. Sem negar que o Oriente tenha exercido uma influência considerável sobre a vida grega, considera-se que a filosofia só atinge sua "maturidade" com esta última, e, portanto, que só se pode falar de filosofia em sentido estrito partindo da Grécia. A filosofia *grega*, em parte a *greco-romana*, a *medieval* e a *moderna* formam desse modo conjuntos peculiares e relativamente fechados, com suas notas distintivas próprias, aos quais talvez se devesse acrescentar a filosofia *árabe* e a *judaica*, inseridas, em geral, na filosofia da Idade Média. A conservação desses esquemas não exclui, contudo, a formulação de um problema que deverá ser resolvido na medida em que a consideração histórica da filosofia traga maiores luzes sobre essas questões, problema para o qual foram dadas até o presente soluções mais ou menos satisfatórias, mas todas elas dependentes de concepções metafísicas ou meta-históricas, como as que se encontram em Hegel, nos esquemas de Victor Cousin e de Auguste Comte, nos ensaios classificadores de Renouvier, nas "fases da filosofia" de Brentano, na teoria das concepções do mundo de Dilthey ou no esquema dos três momentos da filosofia européia de Santayana. Victor Cousin indica que as formas do espírito podem ser reduzidas a quatro: o sensualismo, o idealismo, o ceticismo e o misticismo, mas que deve ser desenvolvido um pensamento eclético que reúna o melhor de cada uma. Para Auguste Comte, a história da filosofia inteira se cinde, como a história geral, em três fases: a teológica, a metafísica e a positiva, fases que representam não apenas distintas orientações do pensamento, mas também o predomínio de uma forma de sociedade. Sua doutrina das três fases é menos uma tentativa de compreensão da história da filosofia que a expressão do desejo de encontrar em uma nova ortodoxia o fundamento de uma sociedade que supere o período crítico moderno. Renouvier, por um lado, supõe que a história da filosofia é a eterna contraposição de duas metafísicas últimas que adotam os mais diversos nomes e conteúdos, mas que talvez possam ser reduzidas à dramática contraposição do impersonalismo e do personalismo. Segundo Brentano, a filosofia passou por quatro fases em cada uma das épocas — antiga, medieval e moderna. A primeira é uma fase ascendente caracterizada por um interesse teórico e científico. A segunda fase (com a qual já começa uma "decadência") consiste em uma vulgarização e em uma superficialização do conhecimento. Na terceira fase predomina o ceticismo. Na quarta predomina a especulação a todo custo, sem fundamento científico. Exemplos da primeira fase na idade antiga são os pré-socráticos, Platão e Aristóteles; da segunda fase, a diversidade de escolas; da terceira, a difusão do ceticismo; da quarta, os sistemas neoplatônicos. Exemplos da primeira fase na Idade Média são sistemas como o de Santo Tomás; da segunda, as disputas escolásticas; da terceira, o nominalismo; da quarta, as especulações místicas. Exemplos da primeira fase na Idade Moderna são Bacon, Descartes, Leibniz, Locke; da segunda, a Ilustração; da terceira, o ceticismo (Hume); da quarta, o idealismo alemão. Brentano conjetura que em sua época começa uma nova "primeira fase" científica. Dilthey indica que, no que diz respeito à filosofia, as concepções do mundo cindem-se em um materialismo, um idealismo da liberdade e um idealismo objetivo, mas procura salvar o relativismo a que poderiam conduzir tais teses com a afirmação de que por trás dos sistemas permanece a vida como seu fundamento último e irredutível. De maneira análoga, mas com base em outras experiências e exemplos, Santayana declara que o curso da filosofia ocidental parece ter alcançado sua maior culminação em três grandes sistemas: o naturalismo, o sobrenaturalismo e o romantismo, e que cada um destes está representado, mais que por um filósofo, por um grande poeta: Lucrécio no primeiro caso, Dante no segundo, Goethe no último. W. Tatarkiewicz, por sua vez, apresenta uma articulação da história da filosofia do Ocidente segundo a qual todos os grandes períodos passaram por duas épocas bem marcadas, a época dos sistemas e a da crítica, antecedidas por períodos de desenvolvimento gradual dos problemas e seguidas pela divisão em escolas e pela elaboração detalhada das questões. Os dois momentos principais correspondem, além disso, a duas características essenciais da filosofia, as que Tatarkiewicz chama de traço maximalista e de traço minimalista, isto é, a mesma coisa que outros autores (ver FILOSOFIA) chamaram de caráter especulativo e de caráter crítico. Gustav Kafka considera que cada uma das três épocas da história da filosofia ocidental (Antiguidade, Idade Média, Idade Moderna) divide-se nos primeiros períodos; estes são os seguintes: ruptura (*Aufbruch*), período cosmocêntrico, período antropocêntrico, integração e desintegração. Os exemplos dados por Kafka são os seguintes (indicados os períodos e depois os exemplos em cada uma das épocas): 1) ruptura: Hesíodo e órficos, gnosticismo e antignosticismo, Renascimento e Reforma; 2) período cosmocêntrico: pré-socráticos, Santo Agostinho, John Scot Erígena, os "grandes sistemas"; 3) período antropocêntrico: sofistas, Sócrates, escolas socráticas, dialéticos, Santo Anselmo, Ilustração; 4) integração: Platão e Aristóteles, Santo Tomás de Aquino, Kant e o idealismo alemão; 5) desintegração: filosofia greco-romana; Duns Scot, Guilherme de Ockham, nominalismo tardio, mística nominalista, pós-hegelianos.

Os esquemas, porém, não terminam por aqui. Como outras possibilidades de divisão mencionamos as que cindem a história filosófica em uma etapa realista e em uma etapa idealista, a primeira delas abarcando todo o pensamento grego e medieval e a segunda, o pensamento moderno; a que distingue uma filosofia a partir do ser, própria da Antiguidade, de Tales ao neoplatonismo, e uma filosofia a partir do nada, que vai de Santo Agostinho a Hegel; as que levam em conta antes a atitude vital a que se reduz toda filosofia e o ponto de vista adotado como horizonte geral do pensamento filosófico: a filosofia que parte da Natureza, a filosofia que parte de Deus ou do homem; por fim, os que dedicam maior atenção às formas de pensar que estudamos no verbete PERIFILOSOFIA. O problema está, porém, muito longe de ser resolvido com isso, e talvez sempre seja preciso atribuir a toda tentativa desta índole o inconveniente de que sacrifica, nas palavras de Meyerson, a realidade à identidade. À época atual, na qual está sendo desenvolvida uma etapa filosófica distinta da moderna e que, ao contrário desta, se interessa pela história e por seu problema, caberá dar uma solução menos apressada para essas questões. Por enquanto parece ter-se estabelecido com certa firmeza o que há de comum a toda a história da filosofia e, como conseqüência disso, o que há de díspar *dentro* dela. A história filosófica provavelmente não é um mero *eadem sed aliter*, algo que se repete com algumas diferenças no curso do tempo, mas é, sem dúvida, algo que não pode ser cindido artificialmente em períodos totalmente alheios uns aos outros. Seja qual for a solução dada a seu problema, deverão ser levadas em conta estas duas condições.

⇨ As primeiras histórias "formais" e "completas" da filosofia, distintas da mera referência ao passado filosófico, apareceram no século XVIII, embora somente após Hegel tenha se constituído uma história da filosofia como disciplina específica (às vezes considerada inclusive a mais essencial) e como algo distinto de uma descrição de "seitas" que se repetem continuamente ou, segundo a expressão de Brucker, como *infinita falsae philosophiae exempla*. A obra *The History of Philosophy*, de Thomas Stanley (trad. latina por G. Olearius, 1711), trata apenas da filosofia pré-cristã e, como a maior parte das obras histórico-filosóficas antes de Hegel, em um sentido semelhante ao de Diógenes Laércio, como compêndios de *placita philosophorum* e com insistência em aspectos anedóticos. O livro de Jacobus Thomasius, *Schediasma historicum, quo varia discutiuntur ad historiam tum philosophicam, tum ecclesiasticam pertinentia*, 1665, assim como as *Origenes historiae philosophicae et ecclesiasticae*, ed. Ch. Thomasius, 1699, apresentam o passado filosófico na forma de exemplos para discussão. As "primeiras histórias" são as de D. (Deslandes), *Histoire critique de la philosophie*, 3 vols., 1730-1736, e Johann Jakob Brucker, *Kurze Fragen aus der philosophischen Histoire*, 7 vols., 1731-1736 (com suplementos, 1737), *Historia critica philosophiae a mundi incunabulis ad nostram usque aetatem deducta*, 5 vols., 1742-1744; 2ª ed., 6 vols., 1766-1767, e *Institutiones historiae philosophicae usui acad. juventutis adornatae*, 1747 (das quais a *Historia critica philosophiae* é considerada a principal). A obra de Brucker considera a filosofia leibniziana como a verdadeira e todas as demais "seitas" como "história de erros". Depois apareceram Agatopisto Cromaziano (Appiano Buonafede), *Della istoria e della indole di ogni filosofia*, 1766-1781. — Chr. Meiners, *Grundriss der Geschichte der Weltweisheit*, 1786. — Dietrich Tiedemann, *Geist der spekulativen Philosophie*, 7 vols., 1791-1797. — Johann Gottlieb Buhle, *Lehrbuch der Geschichte der Philosophie und einer kritischen Literatur derselben*, 8 vols., 1796-1804; *Geschichte der neueren Philosophie seit der Epoche der Wiederherstellung der Wissenschaften*, 6 vols., 1800-1805. — Tomás Lapeña, *Ensayo sobre la historia de la filosofía*, 1806.

As obras subseqüentes parecem ter um espírito mais histórico: Johann Andreas Ortloff, *Handbuch der Literatur der Geschichte der Philosophie*, 1798, reimp. 1967. — Wilhelm Gottlieb Tennemann, *Geschichte der Philosophie*, 11 vols., 1798-1819 (incompleta, pois devia chegar aos 13 tomos); versão reduzida em *Grundriss der Geschichte der Philosophie für den akademischen Unterricht*, 1812; 3ª ed. elaborada por Amadeus Wendt; 5ª ed., 1829. — Friedrich Ast, *Grundriss einer Geschichte der Philosophie*, 1802. — Joseph Marie Degérando, *Histoire comparée des systèmes de la philosophie*, 3 vols., 1822-1823. — T. Anselm Rixner, *Handbuch der Geschichte der Philosophie, zum Gebrauche seiner Vorlesungen*, 3 vols., 1822-1823 (suplemento por Victor Philipp Gumposch, 1850). — Ernst Reinhold, *Handbuch der allgemeinen Geschichte der Philosophie*, 3 vols., 1828-1830; *Lehrbuch der Geschichte der Philosophie*, 1836; *Geschichte der Philosophie nach den Hauptmomenten ihrer Entwicklung*, 3 vols.; 5ª ed., 1858. — A elas se seguiu a muito utilizada obra de Heinrich Ritter, *Geschichte der Philosophie*, 12 vols., 1829-1853 (até Kant; completada a partir de Kant em 1853); o mesmo Ritter editou as lições de Schleiermacher: *Geschichte der Philosophie*, 1839. — Uma descrição de todas essas "primeiras histórias" encontra-se no § 4 da Bibliografia da História de Ueberweg (tomo I), que citaremos abaixo. — Uma análise dessas primeiras histórias e do problema estabelecido por elas para o estudo da história da filosofia pode ser encontrada no livro de Francisco Romero, *Sobre la historia de la filosofía*, 1943 (especialmente a parte intitulada *A mundi incunabulis*, título extraído precisamente da obra de Brucker). Também de F. Romero, "La historia de la filosofía según Hegel, N. Hartmann y G. Kafka", *Cuadernos Americanos*, ano 21, n. 2 (1962), 127-147, reimp. em *La estructura de la historia de la filosofía y otros ensayos*, 1967.

A mudança decisiva na orientação histórico-filosófica é constituída, como já foi dito, pelas lições de Hegel: *Vorlesungen über die Geschichte der Philosophie*, editadas por Karl Ludwig Michelet, 3 vols. (vols. XIII-XV da edição de *Werke*, 1833-1835; 2ª ed., 1840-1843; trad. esp.: *Lecciones de historia de la filosofía*, 3 vols., 1955). Desde então os hegelianos (na Alemanha) e os cousinianos (na França) desenvolveram consideravelmente os estudos histórico-filosóficos, incluindo estudos parciais de autores ou épocas e edições críticas de filósofos. Um ponto de vista hegeliano tem G. Oswald Marbach, *Lehrbuch der Geschichte der Philosophie* (I. *Geschichte der griechischen Philosophie*, 1838. II. *Geschichte der Philosophie des Mittelalters*, 1841); o mesmo ocorre com Julius Braniss, *Geschichte der Philosophie seit Kant*, I, 1842. As histórias mencionadas a seguir já são consideradas "modernas" e algumas delas foram utilizadas há até pouco tempo: H. C. W. Sigwart, *Geschichte der Philosophie*, 3 vols., 1844. — Albert Schwegler, *Geschichte der Philosophie im Umriss, ein Leitfaden zur Übersicht*, 1848; 16ª ed., elaborada por R. Koeber, 1905. — Martin von Deutinger, *Geschichte der Philosophie*, 1852-1853. — Ludwig Noack, *Geschichte der Philosophie in gedrängter Übersicht*, 1853. — F. Michelis, *Geschichte der Philosophie von Thales bis auf unsere Zeit*, 1865. — Johann E. Erdmann, *Grundriss der Geschichte der Philosophie*, 2 vols., 1866; 4ª ed., elaborada por Benno Erdmann, 1896. — Deve-se levar em conta que a maior parte das histórias eram redigidas a partir do ponto de vista de alguma escola ou filósofo; desse modo, a de Erdmann é principalmente hegeliana; a de Alb. Stöckl (1870), católica; a de Dühring, materialista; a de F. Ch. Pöter (1873-1882), schleiermachiana; as de O. Flügel (1876) e Chr. A. Thilo (1876), herbartianas etc. Nos países latinos teve especial in-

FILOSOFIA (HISTÓRIA DA)

fluência a edição dos *Cursos e fragmentos* de Cousin mencionados na bibliografia do verbete dedicado a esse filósofo. Em francês também apareceram: J. F. Nourrison, *Tableau des progrès de la pensée humaine depuis Thalès jusqu'à Hegel*, 1858. — N. J. Laforet, *Histoire de la philosophie* (I. *Antique*), 1867. — Alfred Weber, *Histoire de la philosophie européenne*, 1874 (atualizada por vários autores na ed. de D. Huisman); a muito utilizada história de Alfred Fouillée, *Histoire de la philosophie*, 1874; a de P. Janet e Gabriel Séailles, *Histoire de la philosophie. Les problèmes et les écoles*, 1887. — Em inglês destacaram-se: George Henry Lewes, *A Bibliographical History of Philosophy from Its Origin in Greece down to the Present Day*, 4 vols., 1845-1846. — Robert Blakey, *History of the Philosophy of Mind, from the Earliest Period to the Present Time*, 4 vols., 1848. — J. Haven, *A History of Ancient and Modern Philosophy*, 1876. — Asa Mahan, *A Critical History of Philosophy*, 1884. — W. Turner, *History of Philosophy*, 1903. — Em italiano, além dos estudos histórico-filosóficos dos neokantianos e hegelianos, destacaram-se as obras de R. Bobba, *Storia della filosofia rispetto alla conoscenza di Dio da Talete fino di giorni nostri*, 4 vols., 1873-1874. — A. Conti, *Storia della filosofia*, 2 vols., 1882. — Carlo Cantoni, *Storia compendiosa della filosofia*, 1887. — Na Espanha, a história de Ceferino González, *Historia de la filosofía*, 4 vols., 1879, muito utilizada, sobretudo nos meios neo-escolásticos.

A partir dos últimos anos do século XIX, aumentou consideravelmente o número de histórias publicadas (e o número de estudos histórico-filosóficos parciais aos quais nos referimos nos distintos verbetes deste Dicionário). Indicamos apenas as mais importantes. A obra fundamental é, evidentemente, o *Grundriss der Geschichte der Philosophie* de Ueberweg, 1863-1866, várias vezes reelaborado e ampliado, primeiro por Max Heinze (costuma ser citado como Ueberweg-Heinze), depois por vários autores; a última edição, completada em 5 vols., compreende: I. *Das Altertum*, por K. Praechter, 12ª ed., 1926; II. *Die patristische und scholastische Zeit*, por B. Geyer, 11ª ed., 1928; III. *Die Neuzeit bis zum Ende des achtzehnten Jahrhunderts*, por M. Frischeisen-Köhler e W. Moog, 12ª ed., 1924; IV. *Die deutsche Philosophie im 19. Jahrhundert und die Gegenwart*, por T. K. Oesterreich, 12ª ed., 1923; V (muito inferior ao resto), *Die Philosophie des Auslandes im 19. Jahrhundert und die Gegenwart*, por T. K. Oesterreich e vários outros autores, 12ª ed., 1928. Existe uma nova edição do Ueberweg-Heinze muito modificada e ampliada em 7 vols., redigida por numerosos colaboradores sob a direção de Wilpert, Geyer, Meyer, Lübbe, Hacker, Barth e outros, 1972ss. — Fundamental para a história da filosofia como história dos problemas é Wilhelm Windelband, *Lehrbuch der Geschichte der Philosophie*, 1892; várias edições: a última (15ª) com apêndice sobre o pensamento do século XX por Heinz Heimsoeth, 1957 (trad. esp. de uma ed. anterior: *Historia de la filosofía*, I, II, 1941; III, 1942; IV, 1943; V, VI, 1942; VII, 1943). — Muito centrada em Kant é J. Bergmann, *Geschichte der Philosophie* (I. *Die Philosophie von Kant*, 1892; II. *Die deutsche Philosophie von Kant bis Beneke*, 1893). — Chega apenas até uma parte da filosofia grega e é importante especialmente para o pensamento oriental a chamada *História geral da filosofia* de Deussen (citada no verbete FILOSOFIA ORIENTAL). — Muito completas, embora sem muita unidade, são as coleções de história da filosofia escritas por vários autores: a *Allgemeine Geschichte der Philosophie* (em *Die Kultur der Gegenwart*, ed. por P. Hinneberg), na qual colaboraram W. Wundt (filosofia dos povos primitivos), H. Oldenberg (filosofia indiana), W. Grube (filosofia chinesa), T. Inouye (filosofia japonesa), H. von Arnim (filosofia européia antiga), Cl. Baueumker (filosofia patrística), I. Goldzihep (filosofia muçulmana e judaica), Cl. Baueumker (filosofia cristã medieval), W. Windelband (filosofia moderna); a *Geschichte der Philosophie* (Teubner, 7 vols.), na qual colaboraram E. Hoffmann, K. Kroner, S. Marck, Jonas Cohn; A *Geschichte der Philosophie*, em 11 vols.: volumes I-IV, *Die griechische Philosophie*, por Wilhelm Capelle (I, 2ª ed., 1953; II, 2ª ed., 1953; III, 2ª ed., 1954; IV, 2ª ed., 1954); V. *Die Philosophie des Mittelalters*, por Josef Koch; VI, *Von der Renaissance bis Kant*, por Kurt Schilling, 1954; VII, *Immanuel Kant*, por Gerhart Lehmann; VIII-IX, *Philosophie des 19. Jahrh.*, por Gerhart Lehmann, partes 1 e 2, 1953; X-XI, *Die Philosophie im ersten Drittel des 20. Jahrhunderts*, por Gerhard Lehmann, parte 1, 1957, parte 2, 1960. — Muito detalhado em relação a Kant e ao neokantismo e muito utilizado durante um tempo em países de língua espanhola é o manual de Karl Vorländer, *Geschichte der Philosophie*, 1902; 7ª ed., 3 vols., 1927; reed. aos cuidados de E. Metzke, 1949; 9ª ed., revisada por H. Knittermeyer, 1955.

Histórias relativamente extensas: August Messer, *Geschichte der Philosophie*, 3 vols., 1912-1926. — Guido de Ruggiero, *Storia della filosofia*, 14 vols., 1920-1934 (várias eds. de tomos soltos). — Émile Bréhier, *Histoire de la philosophie*, 2 vols., 1926-1932. — Ernst von Aster, *Geschichte der Philosophie*, 1933; 15ª ed., 1968. — E. Paolo Lamanna, *Storia della filosofia*, 4 vols., 1940-1964. — Julián Marías, *Historia de la filosofía*, 1941; 27ª ed., 1975. — K. Schilling, *Geschichte der Philosophie*, 2 vols., 1943-1944; 2ª ed., 1951-1954. — Frederick C. Copleston, *A History of Philosophy*, 9 vols., 1946-1975 (várias eds. de tomos soltos). — W. Tatarkiewicz, *Historia filozofi*, 3 vols., 1946-1950; 2ª ed., 1958. — Émile Gouiran, *Historia de la filosofía*, 1947. — Bertrand Russell, *A History of Western Philosophy*, 1947 (trad. bras.: *História da filosofia ocidental*, 3 vols., 1957). — Albert Rivaud, *Histoire de la philosophie*, 5 vols., 1948-1968. — Nicola Abbagnano, *Storia della filosofia*, 3 vols., 1949-1953; 2ª ed., 1963. — Johannes Hirschberger, *Geschichte der Philosophie*, 2 vols., 1949-1952; 8ª ed., 1969. — A. Aróstegui, *Esquemas para una historia de la filosofía occidental*, 1953. — Jacques Chevalier, *Histoire de la pensée*, 4 vols., 1955-1966. — M. A. Dynnik et al., *Istoriya filosofii*, 6 vols., 1957-1965. — C. Ottaviano, *Manuale di storia della filosofia*, I, 1958. — Anders Wedberg, *Filosofins historia. Antiken och medeltiden*, 1958 [antiga e medieval; tratamento "lógico" dos filósofos]. — Étienne Gilson, ed., *A History of Philosophy*. I: Anton Pegis, *Ancient Philosophy*, 1961; II: Armand A. Maurer, C. S. B., *Medieval Philosophy*, 1962; III: É. Gilson e Thomas Langan, *Modern Philosophy: Descartes to Kant*, 1963; IV: É. Gilson e Thomas Langan, *Recent Philosophy: Hegel to the Present*, 1966. — John Herman Randall Jr., *The Career of Philosophy*, I: 1962; II: 1965 (cf. *Chapters for the Career of Philosophy III, and Other Essays*, 1977). — Wilhelm Totok, *Handbuch der Geschichte der Philosophie*, 5 vols., 1964-1986. — R. L. Shaw, G. J. Warnock et al., *A Critical History of Western Philosophy*, 1964, ed. D. J. O'Connor. — Juan David García Bacca, *Lecciones de historia de la filosofía*, 2 vols., 1972-1973 (I: *Filosofías de interpretación y reinterpretación del universo* [Demócrito, Platão, Aristóteles, Tomás de Aquino, Duns Scot, Descartes]; II: *Filosofías de transformación del universo* [Kant, Hegel, Marx]. — Augusto Guzzo, *Storia della filosofia e della civiltà, per Saggi*, 12 vols., 1973-1976. — VV. AA., *Historia general de la filosofía*, 1976 ss. (I: *La filosofía presocrática*, ed. Fernando Montero Moliner). — L. Geymonat, *Storia del pensiero filosofico e scientifico*, 7 vols., 1972. — G. Santinello, ed., *Storia delle storie generali della filosofia*, 5 vols., 1979ss. (I. *Dalle origini rinascimentali alla "historia philosophica"*; II, *Dell'età cartesiana a Brucker*; III, *Il secondo illuminismo e l'età kantiana*; IV, *L'età hegeliana*; V, *Il secondo Ottocento*). — *Enciclopedia Iberoamericana de Filosofía*, 35 vols., 1992ss.

Sobre o problema da história da filosofia (além do prefácio de J. Ortega y Gasset à edição espanhola da *História* de Bréhier, e dos trabalhos de Francisco Romero e J. Freyer, *vid. supra*): Gustav Kafka, *Geschichtsphilosophie der Philosophiegeschichte*, 1933. — Nicolai Hartmann, *Der philosophische Gedanke und seine Geschichte*, 1936, reimp. em *Kleinere Schriften*, II, 1957, pp. 1-48. — Hunter Guthrie, *Introduction au problème de l'histoire de la philosophie: La métaphysique de l'individualité a priori de la pensée*, 1937 (tese). — É. Bréhier, *La philosophie et son passé*, 1940; 2ª ed., 1950. — Henri Gouhier, *La philosophie et son histoire*, 1947. — Armando Carlini, *Filosofia e storia della filosofia*, 1951. — E. Husserl, H. Gouhier et al., *La filosofia della storia della filosofia*, 1954 [o texto de Husserl procede de um manuscrito até então inédito]. A mesma obra em francês com algumas modificações: *La philosophie de l'histoire de la philosophie*, 1956. — Arturo Massolo, *La storia della filosofia come problema ed altri saggi*, 1955. — Béla von Brandenstein, *Vom Sinn der Philosophie und ihrer Geschichte*, 1957. — Harold R. Smart, *Philosophy and Its History*, 1962. — Giorgio Tonelli, "Qu'est-ce que l'histoire de la philosophie?", *Revue philosophique de la France et de l'Étranger*, 152 (1962), 290-306. — John Herman Randall Jr., *How Philosophy Uses Its Past*, 1963. — J. Hyppolite, P.-M. Schuhl et al., *Hommage à Martial Guéroult: l'histoire de la philosophie, ses problèmes, ses méthodes*, 1964. — Adolfo P. Carpio, *El sentido de la historia de la filosofía*, 1965. — Walter Ehrlich, *Philosophie der Geschichte der Philosophie*, 1965. — John Passmore, "The Idea of a History of Philosophy", *History and Theory*, Beiheft 5 (1965), 1-32. — Walter E. Ehrhardt, *Philosophiegeschichte und geschichtlicher Skeptizismus. Untersuchungen zur Frage "Wie ist Philosophiegeschichte möglich?"*, 1967. — Francisco Romero, *La estructura de la historia de la filosofía y otros ensayos*, 1967. — Maria Teresa Antonelli, *Filosofia e storia della filosofia*, 1968. — Lutz Geldsetzer, *Die Philosophie der Philosophiegeschichte im XIX. Jahrhundert. Zur Wissenschftstheorie der Philosophiesgeschichtsschreibung und betrachtung*, 1968. — Lucien Braun, *Histoire de l'histoire de la philosophie*, 1973. — E. Castelli, V. Verra et al., *La filosofia della storia della filosofia: I suoi nuovi aspetti*, 1974, ed. Enrico Castelli. — Charles A. Corr, "Toward an Improved Understanding of the History of Philosophy", *Metaphilosophy*, 6 (1975), 54-71. — A. P. Carpio, *El sentido de la historia de la filosofía*, 1977. — J. Rée, M. Ayers, A. Westoby, *Philosophy and Its Past*, 1978. — M. Guéroult, *Dianoématique. Livre II: Philosophie de l'histoire de la philosophie*, 1979. — F. Copleston, *On the History of Philosophy*, 1980. — K. Düsing, *Hegel und die Geschichte der Philosophie*, 1983. — Q. Skinner, J. Schneewind et al., *Philosophy in History: Essays on the Historiography of Philosophy*, 1984, eds. R. Rorty, J. Schneewind, Q. Skinner. — Y. Honderich, *Philosophy Through Its Past*, 1984. — M. Guéroult, *Dianoétique. Livre I: Histoire de l'histoire de la philosophie, vol. 1: En Occident des origines jusqu'à Condillac*, 1984. — J. J. E. Gracia, *Philosophy and Its History: Issues in Philosophical Historiography*, 1992.

Algumas das muitas obras sobre "filosofias nacionais" modernas foram mencionadas na bibliografia dos verbetes FILOSOFIA MODERNA e FILOSOFIA CONTEMPORÂNEA, assim como FILOSOFIA AMERICANA. Excetuamos aqui, por não abarcar totalmente o período moderno, a *Historia de la filosofía española*, de A. Bonilla y San Martín

(1908), prosseguida por Tomás e Joaquín Carreras Artau (*Historia de la filosofía española: filosofía cristiana de los siglos XIII al XV*; I, 1939; II, 1943) e por Marcial Solana (*Historia de la filosofía española: Época del Renacimiento, siglo XVI*, 3 vols., 1941); a obra póstuma de Guillermo Fraile, *Historia de la filosofía española*, 2 vols., 1971-1972, ed. Teófilo Urdanoz; a obra de Lothar Thomas, *Geschichte der Philosophie in Portugal. Ein Versuch* (I. *Die Geschichte der Philosophie in Portugal von den Anfängen bis Ende des 16. Jahrhunderts, ausschliesslich der Renegeration der Scholastik*, 1944); a parte sobre a filosofia do Renascimento na história da filosofia italiana (*La filosofia*, 2 vols., 1948) de Eugenio Garin (na *Storia dei generi letterari italiani*); e os livros que se referem à tradição platônica na filosofia anglo-saxônica, principalmente na época moderna, mas também anteriormente: J. H. Muirhead, *The Platonic Tradition in Anglo-Saxon Philosophy* (1931), e H. Gauss, *La tradition platonicienne dans la pensée anglaise* (1948).

Sobre os métodos histórico-filosóficos e sua bibliografia, ver: Rodolfo Mondolfo, *Problemas y métodos de la investigación en historia de la filosofía*, 1949. — Werner Goldschmidt, "Los quehaceres del historiador de la filosofía", em *Estudios de historia de la filosofía*. Em homenagem ao professor R. Mondolfo, ed. J. A. Vásquez, fasc. I, 1957, pp. 11-50. — Lewis White Beck, bibliografia de metodologia de história da filosofia, *Monist*, 53 (1969), 527-531, com suplemento de Giorgio Tonelli em *Journal of the History of Philosophy*, 10 (1972), 456-458. — M. Gentile, *Compiti e metodi della storia della filosofia oggi. Atti del 25 Convegno nazionale di filosofia, Pavia 1975*, 1975. — L. Malusa, *La storiografia filosofica italiana nella metà dell'ottocento. I: Tra positivismo e neokantismo*, 1977. — V. Mathieu, "La storiografia filosofica", em id., *La filosofia italiana contemporanea*, 1978, pp. 223-263. — G. Santinello, ed., *La storiografia filosofica e la sua storia*, 1982. — Y. Lafranc, *Méthode et exégèse en histoire de la philosophie*, 1983. — G. Piaia, *Vestigia philosophorum. Il medioevo e la storiografia filosofica*, 1983. — M. Longo, *Historia philosophiae philosophica. Teorie e metodi della storia della filosofia tra seicento e settecento*, 1986.

Muitas revistas filosóficas contêm artigos de interesse no campo da história da filosofia. Destacamos, entretanto, as seguintes revistas: *Archiv für Geschichte der Philosophie*, fundada por Ludwig Stein (com H. Diels, W. Dilthey, B. Erdmann e E. Zeller), vols. I-XLI, 1888-1932. A publicação do *Archiv* foi reassumida em 1960 (com o vol. 42), eds. Glenn Morrow e Paul Wilpert. — *Revue des sciences humaines*, desde 1927, com vários títulos (*Revue d'histoire de la philosophie*, 1927-1933; *Revue d'histoire de la philosophie et d'histoire générale de la civilization*, 1933-1946). — *Revue d'histoire et de philosophie religieuses*, 1897-1915 e desde 1921. — *Rivista critica di storia della filosofia*, desde 1946. — *Sophia. Rivista internazionale di filosofia e storia della filosofia*, desde 1933. — *Journal of the History of Ideas*, desde 1940. — *Journal of the History of Philosophy*, desde 1963. — *History of Philosophical Quarterly*, desde 1984. — Também mencionamos o *Archiv für Begriffsgeschichte. Bausteine zu einem historischen Wörterbuch der Philosophie*, ed. E. Rothacker desde 1955. C

FILOSOFIA IBERO-AMERICANA. Ver FILOSOFIA AMERICANA.

FILOSOFIA INDIANA. Empregamos esse nome, e não o de 'filosofia hindu', para nos referir ao pensamento filosófico da Índia. Com efeito, 'filosofia hindu' designa uma parte da filosofia da Índia: a que tem como base a tradição religiosa considerada ortodoxa na linha do vedismo-bramanismo-hinduísmo. Por outro lado, 'filosofia indiana' significa a filosofia produzida por pensadores do citado país, qualquer que seja sua orientação no que diz respeito à ortodoxia ou o período no qual tenham desenvolvido sua atividade.

No verbete FILOSOFIA ORIENTAL examinamos alguns dos problemas levantados pelas filosofias orientais mais importantes, aplicando-se também, pois, à filosofia indiana. Aqui concentraremos nossa atenção em dois pontos: a divisão da filosofia indiana segundo períodos e escolas, e os traços mais gerais dessa filosofia.

Os períodos mais gerais em que se costuma dividir a filosofia indiana são dois.

1) Período védico, desde o início (em data indeterminada, mas muito remota) até uma época não bem estabelecida, mas que pode ser fixada em torno do ano 500 a.C. Esse período costuma ser dividido em outros dois: o védico ou do *Veda* (VER) e o upanishádico ou das *Upanishad* (VER). O período védico é às vezes também qualificado de período pré-upanishádico, especialmente quando se quer destacar o fato de que, mesmo dentro da tradição védica, as *Upanishad* constituem a principal base para o desenvolvimento de grande parte da filosofia indiana posterior. O período upanishádico é também qualificado de vedântico ou do *Vedanta*, sendo esse termo entendido agora como 'fim do *Veda*'.

2) Período pós-védico. De modo geral abarca desde o fim da época das principais *Upanishad* até o momento atual. Contudo, como esse período ficaria grande demais, convencionou-se subdividi-lo em três épocas: *a*) a época pós-védica primitiva, que compreende sobretudo a primeira forma de budismo (VER) e o estabelecimento do jainismo (VER); *b*) a época dos sistemas ou escolas (*darsanas*), que enumeraremos

adiante e aos quais foram dedicados verbetes específicos; e *c*) a época moderna, no curso da qual foram continuados os sistemas a que aludimos anteriormente, algumas vezes combinados com outros elementos, até mesmo da filosofia ocidental, alteradas às vezes consideravelmente pela mudança das circunstâncias históricas e sociais. É difícil demarcar com precisão limites temporais para essas épocas. A época pós-védica abarca desde 500 a.C., aproximadamente, até o começo da nossa era; a época dos sistemas ou escolas experimentou um grande florescimento durante os primeiros séculos da era cristã; quanto à cronologia da época moderna, ela foi estabelecida mais em função da história ocidental que da história da Índia, mas pode ser conservada por conveniência.

Os mencionados sistemas ou escolas de filosofia são, propriamente, pontos de vista ou "visões imediatas da verdade" (ver DARSANA). Seguindo a tradição, classificá-los-emos nos seguintes grupos.

I) Sistemas ortodoxos (*astika*) que aceitam de um modo ou de outro a autoridade védica. Eles são seis: *Niaia* (VER), *Vaisesica* (VER), *Sanquia* (VER), *Ioga* (VER), mimansa (ou *Purva-mimansa*) (VER) e *Vedanta* (às vezes, *Uttara-mimansa* [VER]). Esses sistemas podem ser combinados em três grupos, cada um dos quais possuindo características comuns: *Niaia-Vaisesica, Sanquia-Ioga, mimansa-Vedanta* (ou *Purva-mimansa* e *Uttara-mimansa* ou *Vedanta* de *Badaraiana*). Também podem ser classificados em dois grupos: um constituído por sistemas baseados principal ou exclusivamente no *Veda*, e outro que, embora aceitando o *Veda*, não se apóia tão insistentemente nele. O primeiro desses grupos abarca um sistema de índole preferentemente ritualista (*mimansa*) e um de índole predominantemente especulativa (*Vedanta*). O segundo compreende os quatro mencionados sistemas ortodoxos restantes: *Niaia, Vaisesica, Sanquia, Ioga*.

II) Sistemas heterodoxos (*nastica*), que rejeitam a autoridade védica, embora sejam precedidos, em parte, por idéias que abrem caminho — ou ao menos são mencionadas — nas *Upanishad*. Estes sistemas são três: *Charvaka* (*Carvaka*) (VER) — ou materialismo —, budismo (VER) e jainismo (VER). Como o budismo (posterior) se subdivide algumas vezes em outros quatro sistemas — *Vaibhasika, Sautrantika, Vijnanavda* (*Yogacara*) e *Madhyamika* —, diz-se também que há seis sistemas heterodoxos paralelos aos seis sistemas ortodoxos. Limitar-nos-emos, no que diz respeito aos "sistemas heterodoxos", aos três apontados no começo deste parágrafo.

Quanto aos traços mais gerais da filosofia indiana, logo se compreenderá que é difícil defini-los dada sua amplitude geográfica e cronológica. Todavia, assim como assinalamos no caso da filosofia oriental (VER), a dificuldade diminui quando falamos em termos de tendências. Algumas destas são determinadas pelo quadro de características gerais da filosofia oriental. Apresentaremos a seguir um breve esboço das mais destacadas, correspondentes especificamente à filosofia indiana.

Uma delas é o que pode ser qualificado de tendência sintética. Consiste em rejeitar a adscrição de determinados problemas a disciplinas filosóficas determinadas e precisas, assim como o isolamento de um tema ou problema qualquer. A visão total determina o método seguido em cada caso. Esta visão é a mencionada apreensão imediata da verdade mediante o ponto de vista, *darsana*. No amplo círculo traçado por este último situam-se os distintos problemas e o modo específico de tratá-los.

Outra tendência é seu espírito aberto para considerar opiniões adversas. Não é apenas o espírito aberto de cada sistema ortodoxo em relação aos outros, mas dos sistemas ortodoxos em relação aos heterodoxos e vice-versa. Esse espírito deve-se, contudo, menos a uma orientação eclética que a dois fatos: primeiro, o fato de que a literatura tradicional védica e upanishádica contém uma enorme quantidade de opiniões distintas, incluindo, como percebemos, ao menos na forma de menção, algumas opiniões próximas da heterodoxia; segundo, o fato de que, uma vez constituída, cada *darsana* é completa em sua perspectiva e pode se referir às demais "impunemente".

Tendência muito acusada na filosofia indiana é a que já foi assinalada no caso da filosofia oriental em geral: a "despersonalização" da produção filosófica. Isso permite compreender as formas de expressão filosóficas características da filosofia indiana: textos considerados básicos, elaboração conceitual desses textos mediante explicações ou interpretações de seus significados, *sutras* (ou "fios") por meio dos quais são estabelecidas "vias" que permitem ligar algumas opiniões com outras e ver seu fundamento comum, comentários às *sutras*, organização de todos esses materiais em um corpo doutrinal no qual colaboram muitos pensadores ao longo de numerosos comentários. Em um sentido geral de 'escolástico', podemos dizer que na forma de expressão grande parte do pensamento filosófico indiano tem um ar escolástico (o que não significa sempre um ar fechado). Além da citada "despersonalização" há uma acentuação do valor da personalidade criadora, porém não tanto como produtora de determinados pensamentos objetivos do que como um "modelo" cujos traços históricos e humanos desaparecem pouco a pouco.

Outra tendência acusada na filosofia indiana é o fato de que todas as suas escolas partem de uma situação humana — o caráter miserável e angustiado da existência neste mundo — para elevar-se rumo a um impulso de purificação. O fundamento último de boa parte da filosofia indiana é, pois, moral ou, melhor, religioso-moral. Trata-se, com efeito, de alcançar o máximo domínio possível sobre si próprio e sobre o mundo (mediante forças espirituais) com o fim de libertar-se da miséria do real-aparente e de alcançar a quietude do real-verdadeiro. A finalidade última das escolas é, desse modo, a salvação e a libertação (ver MOKSA); mesmo em um sistema como o materialista de Charvaka há uma certa libertação no prazer e um fim de todo desgosto da existência na morte.

Finalmente, um motivo muito importante em quase todo o pensamento filosófico indiano é o predomínio da concepção da filosofia como "via" (ou modo de existência) sobre sua concepção como série de proposições que pretendem *unicamente* descrever objetivamente o real. Essas duas concepções coexistem na Índia (como, além disso, no Ocidente); a segunda, ademais, não é totalmente insignificante se nos limitamos ao trabalho filosófico de caráter específico que, dentro do marco geral da *darsana* correspondente, realizaram muitos pensadores indianos; a primeira concepção, todavia, acaba por imperar sobre a segunda. Como indica M. Hiriyanna, a máxima fundamental jainista — "Não viva para conhecer, mas conheça para viver" — poderia ser aplicada a todas as demais "escolas" indianas.

➪ Ver as bibliografias de FILOSOFIA ORIENTAL; VEDA; UPANISHAD; BUDISMO; JAINISMO e das várias escolas mencionadas no texto do verbete. Obras gerais sobre a filosofia indiana e sobre a história da filosofia indiana: P. Deussen, *Allgemeine Geschichte der Philosophie, mit besonderer Berücksichtigung der Religionen*, 6 vols., 1894-1918. — Max Müller, *The Six Systems of Indian Philosophy*, 1899. — R. Guénon, *Introduction générale à l'étude des doctrines hindoues*, 1921; 3ª ed., 1939. — Id., *Les philosophies indiennes. Les systèmes*, 2 vols., 1931. — Surendranath Dasgupta, *A History of Indian Philosophy*, 5 vols. (I, 1922; II, 1932; III, 1940; IV, 1949; V, 1955). — P. Masson-Oursel, *Esquisse d'une histoire de la philosophie indienne*, 1923. — S. Radhakrishan, *Indian Philosophy*, 2 vols. (I, 1923; II, 1927). — O. Strauss, *Indische Philosophie*, 1925. — S. K. Belkalvar e R. D. Ranade, *History of Indian Philosophy*, 1927. — M. Hiriyanna, *Essentials of Indian Philosophy*, 1932. — Id., *Outlines of Indian Philosophy*, 1932. — A. Schweitzer, *Die Weltanschauung der indischen Denker: Mystik und Ethik*, 1935. — T. R. V. Murti, M. Hiriyanna et al., *The Cultural Heritage of India*, III: *The Philosophies*, ed. Haridas Bhattacharyya, 1937; 2ª ed, rev. e ampl., 1953. — S. C. Chatterjee e D. M. Datta, *An Introduction to Indian Philosophy*, 1939; 7ª ed., 1968. — Jwala Prasad, *Indian Epistemology*, 1939. — V. Fatone, *Introducción al conocimiento de la filosofía en la India*, 1942. — W. Ruben, *Die Philosophen der Upanishaden*, 2 vols., 1947 (I. *Vorphilosophische Philosophie*; II. *Philosophie und Mystik der Upanischaden*). — Id., *Geschichte der indischen Philosophie*, 1954. — H. von Glasenapp, *Die Philosophie der Inder. Eine Einführung in ihre Geschichte und ihre Lehren*, 1949; 2ª ed., 1958. — Jadunath Sinha, *A History of Indian Philosophy*, 2 vols., 1949-1952; 2ª ed., 1958-1962. — Heinrich Zimmer, *Philosophies of India*. — T. Bernard, *Hindu Philosophy*, 1951. — K. S. Murty, *Evolution of Philosophy in India*, 1952. — E. Frauwaller, *Geschichte der indischen Philosophie*. I. *Die Philosophie des Veda und des Epos. Buddha und Jina. Das Samkhya und das Yoga-System*, 1953; II, 1956. — Mahamahopadyaya Umesha Mishra, *History of Indian Philosophy*, I, 1957. — F. Challaye, *Les philosophies de l'Inde*, 1957. — Giuseppe Tucci, *Storia della filosofia indiana*, 1957. — C. Kunham Raja, *Some Fundamental Problems in Indian Philosophy*, 1960. — Chandradhar Sharma, *Indian Philosophy: A Critical Survey*, 1962. — Karl H. Potter, *Presupositions of Indian Philosophies*, 1963 [exame de problemas básicos nas diferentes "escolas"]. — Franklin Edgerton, *The Beginnings of Indian Philosophy*, 1965. — K. Damodaran, *Indian Thought: A Critical Survey*, 1967. — Id., *Man and Society in Indian Philosophy*, 1970 [ponto de vista marxista]. — S. K. Saksena, *Essays in Indian Philosophy*, 1970. — Ramakant A. Sinari, *The Structure of Indian Thought*, 1970. — P. T. Raju, *The Philosophical Traditions of India*, 1972. — R. Puligandla, *Fundamentals of Indian Philosophy*, 1975. — T. M. P. Mahadevan, *Invitation to Indian Philosophy*, 1974. — P. T. Raju, *Structural Depths of Indian Thought*, 1985. — A. J. Bahm, *Comparative Philosophy: Western, Indian and Chinese Philosophies Compared*, 1986. — G. J. Larson, R. S. Bhattacharya, eds., *Samkhya: A Dualist Tradition in Indian Philosophy*, 1987. — J. N. Mohanty, *Reason and Tradition in Indian Thought: An Essay on the Nature of Indian Philosophical Thinking*, 1992.

Para a lógica de algumas escolas indianas ver bibliografia do verbete LÓGICA (D[a]).

Sobre filosofia indiana contemporânea: M. K. Gandhi, R. Tagore et al., *Contemporary Indian Philosophy*, 1936, eds. Sarvepalli Radhakrishnan e John Muirhead. — K. R. Srinivasa Iyengar, *Indian Writing in English*, 1962; 2ª ed., rev. e aum., 1973. — V. S. Naravane, *Modern Indian Thought: A Philosophical Survey*, 1964. — VV. AA., *Current Trends in Indian Philosophy*, 1972, eds. K. S. Murty e K. R. Rao. — B. K. Matilal, *Epistemology, Logic and Grammar in Indian Philosophical Analysis*, 1971. — W. Halbfass, *Indien und Europa. Perspektiven ihrer geistigen Begegnung*, 1981.

Bibliografia: Karl H. Potter, *The Encyclopedia of Indian Philosophies*, I, 1979. A obra de Potter consta de 4 vols., 1979-1986.

Há ainda as revistas: *Philosophy East and West*, desde 1951. — *Journal of Indian Philosophy*, desde 1970. ↻

FILOSOFIA JUDAICA. É, por um lado, a filosofia da tradição religiosa do judaísmo, que elabora os conceitos metafísicos derivados da Lei ou pretende justificá-los racionalmente, e, por outro lado, as produções filosóficas derivadas de pensadores de origem judaica. No primeiro sentido, são incluídos dentro da filosofia judaica grande parte dos comentários à Cabala e ao Talmude e, sobretudo, os pensadores medievais que tentaram uma conciliação da Lei com a tradição filosófica grega, especialmente aristotélica, e tiveram seu maior representante em Maimônides. No segundo sentido, muito mais impreciso, designa-se como filosofia judaica desde o platonismo de Fílon de Alexandria até o sistema de Spinoza a filosofia transcendental de Salomão Maimônides e o pensamento de K. Rosenzweig e M. Buber. Somente com grandes reservas se pode dar a este último conceito o nome de filosofia judaica. Deve-se entender por filosofia judaica a filosofia que, admitindo a noção de Lei como uma maneira peculiar de relação do homem com a divindade, esforça-se para entendê-la mediante o pensamento racional. Essa relação é também um dos motivos do pensamento cristão, e com as devidas reservas pode-se dizer que ambos partem de um problema similar. As diferenças, todavia, são consideráveis. Em primeiro lugar, como observa Renan, o judeu escolheu como base da comunhão religiosa a prática e não os dogmas. "O cristão está vinculado ao cristianismo por uma mesma crença. O judeu está vinculado ao judaísmo pelas mesmas observâncias" (*Hist. des orig. du Christian.*, VI, cap. XIII). Daí que o cristão tenha assimilado quase necessariamente a tradição helênica enquanto o judaísmo permaneceu — com algumas exceções — dentro de si mesmo, eliminando quase seguidamente as possibilidades de uma filosofia, e isso de tal modo que essa filosofia surgiu unicamente quando, abandonando sua atitude peculiar, ela examinou a relação entre Deus e o homem por meio da Lei de maneira muito distinta da imposta por sua tradição religiosa. Isso ocorre, por exemplo, com o cabalismo, do qual tratamos em outro ponto (ver CABALA), que contém provavelmente muitos outros elementos além da simples relação entre o homem e a Lei.

A exposição da história da filosofia judaica depende, naturalmente, de que nela sejam incluídos — como faz a maior parte dos historiadores da filosofia — somente os pensadores judeus medievais, especialmente na medida em que se relacionaram com a filosofia árabe e cristã, ou de que abarque a história inteira do pensamento ocidental, desde os problemas filosóficos levantados pela relação entre filosofia e Lei até as questões de filosofia da religião tratadas por muitos pensadores judeus modernos. O esquema que surge em cada caso é, evidentemente, distinto. Assim, podemos por exemplo comparar duas exposições de conjunto da filosofia judaica, a de J. Husik e a de Guttmann, que podem servir como amostras de uma exposição geral cronológica (a exposição de Neumark segue o fio de certos problemas, especialmente os da relação entre matéria e forma e aqueles estabelecidos pela teoria dos atributos). Husik considera a filosofia judaica, de acordo com o propósito de seu livro, essencialmente como "filosofia judaica medieval". Deste modo ele aborda os séculos que estão entre o X e o XV, isto é, desde Isaac Israeli até Ḥasdai Crescas e Josep Albó. Temos então, em ordem cronológica aproximada, Isaac Israeli (*ca.* 870-920), Davi ben Mervan Al Mukamas, aproximadamente da mesma época de Israeli e Saadia (892-942), considerado por muitos o "fundador" da filosofia judaica medieval e por Husik "o primeiro filósofo judeu importante" após Fílon de Alexandria; José Al Basir (século XI) e seu discípulo Jesuá ben Judá, Abengabirol ou Avicebron (*ca.* 1020-1070), Abenpakuda, aproximadamente uma geração posterior a Avicebron, Abraham bar Hiyya ou Abraham Savasorda, da mesma época, Abensadik († 1149), Yehuda-Ha-Levi (*ca.* 1080-1143), os Abenezras (Abraham ibn Ezra, 1092-1167, e Moisés ibn Ezra, *ca.* 1070-*ca.* 1138), Abendaud (século XII), Maimônides (1135-1204), Hillel ben Samuel e Levi ben Gerson, ambos posteriores em um século ou um século e meio a Maimônides, Sem Tob Falaquera (1255-1290), Ḥasdai Crescas ou Hasdai ben Abraham Crescas (1340-1410) e Josep Albó (1380-1444). (Deve-se destacar que a transcrição dos nomes [alguns conhecidos, além disso, por sua forma em árabe] difere consideravelmente nos diversos textos.) Por outro lado, Guttmann, mais interessado na "filosofia do judaísmo" (título de sua história), entende esta última em um sentido extremamente amplo. A rigor, ele define a história da filosofia judaica como "a história das distintas recepções de tesouros intelectuais alheios". Essa filosofia poderia ser dividida em três grande partes. A primeira compreenderia os problemas filosóficos que — postos em contato com alguma tradição intelectual — a evolução religiosa do povo judeu poderia suscitar na Antiguidade (religião bíblica, filosofia greco-judaica e a especulação talmúdica). A segunda parte abarcaria a filosofia da religião judaica na Idade Média, desde Isaac Israeli e Saadia — também considerado "fundador" da filosofia judaica medieval — até Gerson e Crescas, assim como as elaborações filosóficas do judaísmo no Renascimento, especialmente na Espanha e na Itália. Especial importância deveria ser dada então aos embates entre as diferentes seitas religiosas, e especialmente à maior ou menor inclinação de cada uma ao "racionalismo", assim como aos problemas relativos à relação — ou à ausência de relação — entre e a Lei e a sua interpretação filosófica. Externamente, por outro lado, essa história seria determinada por orientações como a influência neoplatônica (Israeli, Avicebron e depois Leão Hebreu) e a influência aristotélica (Maimônides). A terceira parte abarcaria a filosofia judaica moderna, que seria por um lado a filosofia dos pensadores judeus e, por outro, a filosofia daqueles em que a questão do judaísmo chegasse a possuir — tanto positiva como negativamente — alguma importância. Nesse grupo entrariam figuras como Spinoza, Moisés Mendelssohn, Salomão Formstecher, Samuel Hirsch, Moritz Lazarus, Hermann Cohen e — poderíamos acrescentar — K. Rosenzweig e Martin Buber no pensamento propriamente contemporâneo.

↪ Enciclopédias com informação geral sobre a história, a cultura e o pensamento hebraicos: *The Jewish Encyclopaedia*, New York, 1901ss. — *Encyclopaedia Judaica. Das Judentum in Geschichte und Gegenwart*, Berlim, 1928ss.

Enciclopédias bíblicas: J. Vigouroux, *Dictionnaire de la Bible*, Paris, 1891. — J. Hastings e Selbie, *A Dictionary of the Bible*, Edimburgo, 4 vols., 1898ss. — Chayne e Black, *Encyclopaedia biblica*, Londres, 4 vols., 1899ss.

Para o Talmude, ver: A. Nager, *Die Religionsphilosophie des Talmud*, 1864. — E. Deutsch, *Der Talmud*, 1869. — Jacobsohn, *Versuch einer Psychologie des Talmud*, 1875. — A. Schwarz, *Der hermeneutische Syllogismus in der talmudischen Literatur. Ein Beitrag zur Geschichte der Logik im Morgenland*, 1901. — Id., *Die hermeneutische Induktion in der talmudischen Literatur. Ein Beitrag zur Geschichte der Logik*, 1909.

Para a Cabala, ver bibliografia de CABALA.

Para a história do pensamento filosófico, ver, além do livro de S. Munk, *Mélanges de philosophie juive et arabe*, 1859; nova ed., 1927, reimp. 1955, e da bibliografia dos verbetes sobre diversos pensadores judeus: M. Eisler, *Vorlesungen über die jüdischen Philosophen des Mittelalters*, 3 vols., I, 1870; II, 1876; III, 1884. — D. Neumark, *Geschichte der jüdischen Philosophie des Mittelalters nach Problemen dargestellt*, 2 vols., 1907-1910. — J. Husik, *A History of Jewish Mediaeval Philosophy*, 1916. — J. Guttmann, *Die Philosophie des Judentums*, 1933. — Georges Vajda, *Introduction à la pensée juive du moyen âge*, 1947. — Ermenegildo Bertola, *La filosofia ebraica*, 1947. — León Dujovne, *Introducción a la historia de la filosofía judía*, 1949. — C. Tresmontant, *Essai sur la pensée hébraïque*, 1953. — Id., *Études de métaphysique biblique*, 1955. — Joseph Blau, *The Story of Jewish Philosophy*, 1962. — Israel I. Efros, *Ancient Jewish Philosophy: A Study in Metaphysics and Ethics*, 1964. — André Chouraqui, *La pensée juive*, 1968. — Nathan Rotenstreich, *Jewish Philosophy in Modern Times: From Mendelssohn to Rosenzweig*, 1969. — Henri Sérouya, *Les étapes de la philosophie juive, I: Antiquité hébraïque*, 1969. — F. Pinkuss, *Tipos de pensamiento judaico*, 1975. — S. T. Katz, *Jewish Philosophers*, 1975. — L. D. Stitskin, *Jewish Philosophy. A Study in Personalism*, 1976. — F. Niewöhner, "Vorüberlegungen zu einem Stichwort 'Philosophie, Jüdische'", *Archiv für Begriffsgeschichte*, XXIV, 2 (1980), 195-220. — C. Sirat, *La philosophie juive au moyen âge*, 1983. — E. Seidel, *'Jüdische Philosophie' in nichtjüdischer und jüdischer Philosophie-Schreibung*, 1984. — H. M. Simon, *Geschichte der jüdischen Philosophie*, 1984. — A. A. Cohen, P. Mendes-Flohr, eds., *Contemporary Jewish Religious Thought*, 1987. — N. M. Samuelson, ed., *Studies in Jewish Philosophy: Collected Essays of the Academy for Jewish Philosophy, 1980-1985*, 1987. — Z. Levy, *Between Yafeth and Shem: On the Relationship between Jewish and General Philosophy*, 1987. — K. Seeskin, *Jewish Philosophy in a Secular Age*, 1990. — L. E. Goodman, *On Justice: An Essay in Jewish Philosophy*, 1991. — L. Greenspan, G. Nicholson, eds., *German Philosophy and Jewish Thought*, 1992.

Ver também a bibliografia dos verbetes ESCOLÁSTICA e FILOSOFIA MEDIEVAL, assim como a bibliografia de alguns verbetes nos quais se faz referência a conceitos tratados no âmbito da tradição filosófica hebraica (ATRIBUTO; DEUS).

Bibliografia: G. Vajda, *Jüdische Philosophie* (em *Bibliographische Einführungen in das Studium der Philosohpie*, ed. I. M. Bochenski, vol. 19, 1950). ↩

FILOSOFIA LATINO-AMERICANA. Ver FILOSOFIA AMERICANA.

FILOSOFIA MARXISTA NA UNIÃO SOVIÉTICA. A filosofia marxista na União Soviética — que, para abreviar, chamaremos de "filosofia soviética" — é em parte um desenvolvimento do marxismo (VER), mas é conveniente distinguir um e outro, pois há certos aspectos importantes no pensamento de Marx — e mesmo no de Marx e Engels — que não estão incluídos na filosofia soviética, e ao mesmo tempo esta apresenta aspectos que não aparecem em Marx. Por esse motivo dedicamos um verbete especificamente à filosofia soviética, centrando nossa atenção nas discussões ocorridas até o XX Congresso (1956).

Segundo J. M. Bochenski ("On Soviet Studies", *Studies in Soviet Thought*, 1961, pp. 5ss.), pode-se distinguir a marxologia (o estudo do pensamento de Marx e também de Marx e Engels), a leninologia (o estudo do pensamento de Lenin) e a sovietologia (ou estudo da filosofia soviética propriamente dita). Seguimos essas sugestões, mas pedindo ao leitor que considere ao mesmo tempo a filosofia soviética como fundada em grande parte no marxismo e no leninismo. Escrevemos sobre Lenin no verbete dedicado a ele e no final do verbete MARXISMO. Aqui nos limitaremos, pois, à apresentação dos momentos fundamentais da história da filosofia soviética e suporemos o conhecimento de seus elementos ideológicos mais importantes: o materialismo dialético, o materialismo histórico, o realismo epistemológico etc. Também presumiremos o conhecimento de vários elementos filosóficos básicos, como o realismo epistemológico, o cientificismo, a doutrina das três leis dialéticas, a doutrina da ditadura do proletariado, a doutrina (além disso discutida) do eventual desaparecimento do Estado quando for formada a sociedade sem classes etc. Acrescentemos que em nossa apresentação nos estenderemos principalmente sobre os desenvolvimentos filosóficos na União Soviética. Alguns autores incluem dentro da epígrafe "filosofia soviética" a "filosofia marxista chinesa" e os desenvolvimentos filosóficos marxistas em países como Polônia, Tchecoslováquia, Hungria etc. Há, evidentemente, muitas coincidências, mas o quadro resultante, caso fossem incluídas todas essas manifestações do "pensamento soviético" contemporâneo, seria demasiadamente complexo. Além disso hoje já se pode distinguir a "filosofia soviética" estrita da "filosofia marxista chinesa". Referimo-nos a este ponto no final do verbete FILOSOFIA CHINESA.

Uma característica da filosofia soviética é o esforço para manter o que foi chamado de "a linha geral". Isso fez que se lutasse contra as discrepâncias, considerando-as "desvios" (geralmente "para a direita" ou "para a esquerda"). Os "desvios para a direita" são usualmente considerados "revisionismos" ou "reformismos", como Lenin criticou as doutrinas de Plekhanov. Os "desvios para a esquerda" são usualmente considerados "radicalismos" ou "doenças infantis do comunismo", também como Lenin argumentou contra alguns de seus adversários políticos. A "linha geral" é, pois, um "centro", mas não necessariamente o resultado de uma composição eclética ou de um compromisso. Essa "linha geral" muda. Não poucas das mudanças se devem àquilo que os filósofos não-soviéticos (ou, em geral, não-marxistas) chamariam de "circunstâncias políticas", mas que os filósofos soviéticos consideram resultado da estreita união da teoria com a prática (ou *praxis*).

Outra característica da filosofia soviética é a importância que têm na discussão filosófica os "textos fundamentais", especialmente de Marx, Engels e Lenin, o que faz dessa filosofia um pensamento essencialmente "dogmático", ou, melhor, baseado em dogmas prévios aceitos sem discussão. Gustav Wetter pôde dizer que há uma semelhança entre a filosofia soviética e o pensamento católico, ainda que se deva sublinhar que essa semelhança se desvanece não somente quando nos referimos ao conteúdo, mas também quando levamos em conta que o caráter dogmático do pensamento católico se refere à sua teologia e não necessariamente à sua filosofia, na qual podem ser admitidos, em princípio, métodos e conteúdos muito variados.

Como conseqüência da importância dos "textos" a filosofia soviética tende freqüentemente a manifestar-se na forma "escolástica" que Blakeley descreveu. Discussões de índole "escolástica" ocorrem sobretudo em pontos como a relação entre a doutrina materialista e o método dialético; entre o materialismo dialético em geral e o materialismo histórico; entre uma teoria do conhecimento rigorosamente "fotográfica" e outra que contém alguns elementos "construtivistas"; entre a lógica dialética e a lógica formal; entre uma teoria segundo a qual há uma relação imediata e direta da estrutura com as superestruturas e teorias segundo as quais essa relação é menos direta e mais "livre" etc.

No que diz respeito aos períodos em que a filosofia soviética pode ser dividida, apresentaremos os seguintes: 1917-1931; 1931-1947; 1947-1953 e, muito sucintamente, a partir de 1953.

O principal acontecimento do primeiro período foi o debate entre mecanicistas e idealistas. Após alguns anos de discussão consideravelmente livre dentro do materialismo dialético, e ao longo dos quais pareciam inserir-se no marxismo soviético elementos muito diversos — alguns deles, e não dos menos importantes, procedentes da tradição intelectual russa e das discussões filosóficas ocorridas na Rússia no século XIX e no início do XX —, tendeu-se a buscar a citada "linha geral" por meio de uma rejeição de dois "desvios": o "mecanicista" e o "idealista". Os mecanicistas, representados, entre outros, por Ivan Ivanovitch Skvortson-Stepanov (1870-1928), Arkady Klimentovich Timirazev (1880-1955) e em grande parte por Lubov Isaakovna Axelrod (VER), enfatizaram tanto o componente materialista e tão pouco o componente dialético no marxismo, que se "desviaram" para "um cientificismo positivista" negador do essencial "movibilismo" da realidade em benefício do "passivismo" da matéria (entendida de modo "mecanicista"). Os idealistas (chamados de "idealistas menchevizantes"), representados por Abram Moiseevitch Deborin (VER) e pelos redatores da revista *Pod znaménem marksizma* (*Sob a bandeira do marxismo*), fundada em 1922 — N. I. Karev, V. F. Asmus, I. K. Luppol, M. L. Levin, Y. Sten —, ressaltaram tanto o componente dialético e tão pouco o materialista que foram denunciados (em 1931) como "idealistas" e "hegelianos". Assim foi fixada a "linha geral", produzindo uma "fixação" do pensamento filosófico.

Essa fixação perdurou de 1931 até 1947. O segundo período da filosofia soviética caracteriza-se por sua imobilidade. Os filósofos ocuparam-se sobretudo em evitar serem acusados por "desvios", consagrando-se a estudos de detalhe e a muito minuciosos esclarecimentos dos "textos". Durante todo o período citado predominaram quase absolutamente as diretivas dadas no decreto do Comitê Central do Partido Comunista (bolchevique) da URSS em 25 de janeiro de 1931, no qual se estabeleceu que o marxismo-leninismo era o marxismo-leninismo-stalinismo e que "todo avanço na teoria marxista-leninista", incluindo qualquer avanço na doutrina filosófica marxista, estava associado necessariamente ao nome de Stalin, a seus escritos e realizações. Dentro da geral imobilidade característica do citado período podem ser distinguidas, contudo, duas fases: a de 1931 a 1936 e a de 1936 a 1947. A primeira fase revela certa atividade filosófica, com numerosos trabalhos, entre eles o de P. Dosev sobre a epistemologia do materialismo dialético e os de M. B. Mitin sobre o materialismo dialético e histórico. A segunda fase (inaugurada com a nova Constituição staliniana de novembro de 1936) manifesta uma notória queda da produção filosófica, que consiste quase inteiramente em repetições.

A terceira fase iniciou-se em 1947 com um discurso de Andrei A. Zdanov (assim citado comumente em português; em nossa transcrição: Jdanov) (1896-1948) resumindo e acentuando as críticas dirigidas contra o tomo de G. F. Alexandrov consagrado à filosofia européia (*Istoria zapadnoevropéskoi filosofii: História da filosofia ocidental européia*, publicado em 1946 e recompensado com o "prêmio Stalin"). Zdanov e outros consideraram essa "História" como demasiadamente "cosmopolita", "neutralista" e "objetivista", isto é, distante das necessidades combativas que obrigam a "desmascarar" a filosofia ocidental como "burguesa" e "reacionária". Nesse discurso (ver trad. esp. em *Arbor*, n. 30 [1948], 269-292) ataca-se não somente a obra de Alexandrov, mas muitas das produções dos membros do Instituto filosófico da Academia de Ciências. Zdanov alega que esses filósofos renunciaram ao "espírito de partido" em favor de um falso "ecletismo objetivista". A "frente filosófica", assinala Zdanov, não se parece em nada com o que deve ser: um campo de batalha no combate pelo comunismo. É necessário que o "coletivo" dos filósofos remova as águas mortas e se decida a trabalhar intensamente, por meio da "autocrítica" e da "denúncia" dos erros ocidentais (entre eles: a ciência burguesa, o fideísmo, o existencialismo, o idealismo "pseudocientífico", o formalismo positivista etc). Com isso a "frente filosófica" se agitou. É certo que, como indicou Bochenski, as novas diretivas não representaram nenhuma mudança essencial na estrutura das teses da filosofia soviética tal como haviam sido expostas em *Kratkiy filosofskiy slovar* (trad. esp.: *Pequeno Dicionário filosófico*, várias edições), de P. F. Yudin e M. M. Rozental. Mas a produção filosófica aumentou notavelmente; fundou-se (em 1949) a revista *Voprosi filosofii* (ainda publicada) e foram debatidos mais intensamente diversos temas. O acontecimento mais importante depois do discurso de Zdanov até o falecimento de Stalin, em 1953, foi o artigo do próprio Stalin a respeito da doutrina lingüística de Nikolai Y. Marr (1864-1934). Marr, que se converteu ao marxismo após a revolução, declarou que a linguagem é uma "ideologia" e, portanto, pertence à "superestrutura". As mudanças lingüísticas refletem o processo dialético, de tal modo que, quando a sociedade sem classes advier, formar-se-á uma linguagem unitária distinta da linguagem articulada e que não dependerá da expressão fonética. Em uma série de cartas, iniciadas com a que se intitula "Sobre o marxismo em lingüística" (20 de junho de 1950), Stalin atacou a doutrina de Marr e sua escola e insistiu no "enorme papel que desempenha a superestrutura na destruição do velho sistema e no fortalecimento e desenvolvimento do sistema novo" (ver *The Current Digest of the Soviet Press*, 14-X-1950, vol. II, n. 35). A estrutura econômica básica não é abandonada, mas insiste-se na "influência ativa da superestrutura sobre a base" (*ibid*., II, 37) com o fim de afirmar o poder da ideologia revolucionária. A superestrutura deve possuir um caráter "classista", mas isso significa simplesmente que deve estar a serviço das "necessidades" da base, não que seja um mero reflexo. A linguagem não é criada, segundo Stalin, por uma classe, mas por uma sociedade inteira. Motivos nacionalistas russos e pan-russos aliavam-se nessas manifestações de Stalin com o senso comum e com idéias de Engels sobre a relação nada unívoca e direta entre estrutura e superestrutura. Tais manifestações estavam, além disso, de acordo com a persistente luta dos filósofos soviéticos contra o positivismo, o idealismo e o formalismo "característicos" da sociedade ocidental. Entre os incidentes dessa luta destaca-se a denúncia da *Lógica* de Asmus, considerada "formalista" apesar de ser uma lógica de tipo "clássico" sem referência aos trabalhos de lógica matemática. O leitor pode consultar, a esse respeito, a resenha de G. L. Kline em *The Journal of Symbolic Logic*, 14 (1949), 243-244, de duas obras de L. P. Gokieli, publicadas em 1947, uma sobre o problema da axiomatização da lógica e outra sobre os manuscritos matemáticos de Marx e os problemas da fundamentação da matemática. Da citada resenha e outras publicações (cf. várias comunicações de autores soviéticos ao X Congresso Internacional de Filosofia, de Amsterdã) percebe-se que a tentativa de eliminar a "lógica objetiva" ou "material" está condenada ao fracasso. A prova de Gödel é considerada a prova da impotência do formalismo (isso não significa que os cientistas russos tenham deixado de cultivar a lógica matemática, mas que esse cultivo ocorria nas Faculdades de Ciências Exatas e não nas Faculdades ou Institutos de Filosofia).

Parecia que ia ser fixada uma mais firme e estrita "linha geral" quando sobreveio o acontecimento que inaugurou outra fase da filosofia soviética: o falecimento de Stalin (1953). O chamado "processo de desestalinização", acentuado especialmente a partir do XX Congresso do Partido Comunista (bolchevique), em fevereiro de 1956, e inteiramente cumprido, permitiu muitas mudanças. Ainda há algo como uma "linha geral", mas esta é incomparavelmente mais "fluida" que antes. A desestalinização manifestou-se filosoficamente sobretudo por meio de um "retorno ao leninismo", de modo que a linha filosófica "marxismo-leninismo-stalinismo" voltou a ser a linha "marxismo-leninismo". Produziu-se certa "liberalização" no ambiente filosófico, paralela à "liberalização" na frente política. É possível que certos trabalhos originais, publicados na fase anterior, mas imediatamente denunciados (como o trabalho de A. M. Markov "Sobre a natureza do conhecimento físico", de 1947, no qual se declara que nosso conhecimento da realidade microfísica é "determinado" por nossa leitura das indicações de instrumentos em nível macrofísico e, portanto, em alguma medida "condicionado" por essa leitura), voltem a suscitar interesse e produzam novos desenvolvimentos, de início epistemológicos. Por outro lado, a citada "liberalização" não segue um curso geral. Em 1956, G. L. Kline escrevia ("Recent Soviet Philosophy", *The Annals of the American Academy of Political and Social Science* [1956], 126-138) que embora houvesse ocorrido um efetivo processo de "liberalização" em certos estudos, especialmente na história da filosofia (na qual manifestou-se um crescente interesse pela filosofia ocidental e pelo pensamento filosófico russo pré-marxista), por outro lado mantém-se ainda uma grande rigidez em outros campos (na filosofia geral, na filosofia da lógica etc.). Porém desde 1956 houve diversas mudanças e em ritmo alternado: a um período de maior "liberdade" sucedeu-se outro de maior "constrição", seguido por outro de maior "liberdade" etc. Em geral, a filosofia soviética manteve uma "linha" mais estrita que a filosofia de vários países da Europa do Leste (Polônia, Tchecoslováquia), nos quais se tentou renovar o marxismo, por assim dizer, "a partir de dentro", paralelamente às tentativas de renovação que ocorreram em países não-sovietizados. De qualquer modo, nos últimos anos ocorreram vários debates de grande ressonância sobre o método, sobre o princípio de contradição (VER), sobre a natureza da dialética (VER), sobre o caráter das três "leis básicas", sobre a importância e a função da lógica matemática etc.

•• A ampla — embora freqüentemente inflada — corrente de obras marxistas-leninistas publicadas anteriormente na Rússia reduziu-se, a partir da União Soviética em 1991, a um pequeno gotejamento. Em seu lugar, os livros e revistas russos, no campo da filosofia, adotam alguma das quatro formas seguintes: 1) republicação, com comentários, de obras de pensadores russos previamente ignorados ou depreciados, autores identificados com as tradições do pensamento especulativo e religioso, ou secular e liberal, mas, em todo caso, antimarxista; 2) traduções russas, com comentários, das obras de pensadores ocidentais previamente ignorados ou depreciados, como Kierkegaard, Nietzsche, Unamuno, Ortega, Whitehead, Husserl, Heidegger e Gadamer; 3) relatos francos sobre a supressão do pensamento filosófico na União Soviética, particularmente durante os anos trinta — a revista moscovita *Voprosy filosofii* tomou em 1991 uma decisão sem precedentes: publicar por assinatura os livro *Podavlenie filosofii v SSSR*, do emigrado soviético I. Yakhot, livro que antes só havia sido publicado no estrangeiro (Nova York, 1981); 4) discussão direta — quase invariavelmente não-marxista — de temas-chave de ética, filosofia política, filosofia da história, filosofia da ciência, filosofia da cultura e filosofia da religião, e também discussão da crítica situação atual da Rússia, tanto no aspecto econômico como no político, social e cultural. De fato, decresce, por parte dos filósofos e estudantes da filosofia russa, o pequeno interesse existente pelas obras de Marx, inclusive pelo "Marx mais jovem possível". ••

➲ Algumas das obras indicadas na bibliografia do verbete MARXISMO, especialmente as que apresentam "os princípios fundamentais da filosofia marxista", referem-se à filosofia soviética ou a levam em conta nas exposições. Para trabalhos mais especificamente concernentes ao nosso tema, damos aqui uma lista: W. Gurian, *Der Bolschewismus. Einführung in die Geschichte und Lehre*, 1931. — G. Miche, *Manuale di filosofia bolcevica*, 1946. — J. Somerville, *Soviet Philosophy. A Survey of Principles*, 1946. — Gustav A. Wetter, *Il materialismo dialettico sovietico*, 1948; 5ª ed. alemã: *Der dialektische Materialismus*, 1960; ed. ingl. rev. pelo autor: *Dialectical Materialism*, 1958. — Id., *Die Umkehrung Hegels. Grundzüge und Ursprünge der Sowjetphilosophie*, 1963. — J. M. Bochenski, *Der Sowjetrussische dialektische Materialismus (Diamat)*, 1950; 2ª ed., 1956; 3ª ed., 1960. — H. Chambre, *Le marxisme en Union Soviétique. Idéologie et institutions de 1917 à nos jours*, 1955. — Herbert Marcuse, *Soviet Marxism: A Critical Analysis*, 1958; 2ª ed., 1961 (trad. bras.: *Marxismo soviético. Uma análise crítica*, 1969). — Richard T. De George, *Patterns of Soviet Thought: The Origins and Development of Dialectical and Historical Materialism*, 1966. — B. Jeu, *La philosophie soviétique et l'Occident*, 1969. — VV. AA., *Soviet Philosophy Revisited*, 1977, ed. Frederick Adelmann. — J. Yakhot, *Podavlenie filosofii v SSSR (20-30 gody)*, 1981 (*A opressão da filosofia na URSS nos anos 20-30*); a obra apareceu na União Soviética em três números sucessivos da revista *Voprosy filosofii*, 9-10-11 [1991]. —

R. Zapata, *Luttes philosophiques en URSS: 1922-1931*, 1983. — J. P. Scanlan, *Marxism in the USSR: A Critical Survey of Current Soviet Thought*, 1985. — H. Sheehan, *Marxism and the Philosophy of Science: A Critical History*, 1985. — D. Bakhurst, *Consciousness and Revolution in Soviet Philosophy: From the Bolsheviks to Evald Ilyenkov*, 1991.

Enciclopédia filosófica soviética em ordem alfabética: *Filosofskaá Entsiklopediá*, 5 vols., 1960-1970, dirigida por F. V. Konstantinof.

Em Friburgo (Suíça) funciona um "Institute of East-European Studies", muitos anos sob a direção de J. M. Bochenski. Sob o título geral de *Sovietica*, o "Institute" publica obras sobre filosofia soviética, incluindo algumas sobre "filosofia soviética fora da União Soviética". Entre elas figuram: Siegfried Müller-Markus, *Einstein und die Sowjetphilosophie*, 2 vols., 1960-1966. — N. Lobkowicz, *Das Widerspruchsprinzip in der neueren sowjetischen Philosophie. Die Moskauer Tagung zur Frage der dialektischen Widersprüche, 21-26 April 1958*, 1960 [trad. de textos]. — J. M. Bochenski, Th. J. Blakeley, G. Küng, N. Lobkowicz *et al.*, *Studies in Soviet Thought*, I, 1961, eds. J. M. Bochenski e Th. J. Blakeley. — Thomas J. Blakeley, *Soviet Philosophy: A General Introduction to Contemporary Soviet Thought*, 1964. — Id., *Soviet Theory of Knowledge*, 1964. — M. Lobkowicz, *Marxismus-Leninismus in der CSR*, 1962. — L. Vrtacic, *Einführung in den jugoslawishen Marxismus-Leninismus*, 1963. — Z. Jordan, *Philosophy and Ideology: The Development of Philosophy and Marxism-Leninism in Poland since the Second World War*, 1962. — B. V. Birjukov, *Two Soviet Studies on Frege*, 1964, ed. e trad. Ignacio Angelelli (publicados em russo em 1959 e 1960). — Karl G. Ballestrem, *Russian Philosophical Terminology/Russkaá filosofskaá terminologiá/Russische philosophische Terminologie/Terminologie russe de philosophie*, 1964. — Id., *Die sowjetische Erkenntnismetaphysik und ihr Verhältnis zu Hegel*, 1968. — Guy Planty-Bonjour, *Les catégories du matérialisme dialectique: L'ontologie soviétique contemporaine*, 1965. — O "Institute" publica uma revista: *Studies in Soviet Thought*, ed. J. M. Bochenski, desde 1961 [desde 1993, *Studies in East European Thought*], e uma coleção bibliográfica intitulada *Bibliographie der sowjetischen Philosophie*, desde 1959 [com listas de trabalhos a partir de 1947]. — Ervin Laszlo, *Philosophy in the Soviet Union: A Survey of the Mid-Sixties*, 1967. — P. T. Grier, *Marxist Ethical Theory in the Soviet Union*, 1978. — E. M. Swiderski, *The Philosophical Foundations of Soviet Aesthetics*, 1979. — Y. Glaziv, *The Russian Mind Since Stalin's Death*, 1985. — H. Dahm, T. J. Blakeley, G. L. Kline, eds., *Philosophical Sovietology: The Pursuit of a Science*, 1988.

Bibliografia soviética de trabalhos lógicos: G. Küng, "Bibliography of Soviet Work in the Field of Mathematical Logic and the Foundations of Mathematics from 1917-1957", *Notre Dame Journal of Formal Logic*, 3 (1962), 1-40.

Dicionário: Kurt Marko, *Sic et non. Kritisches Wörterbuch des sowjetrussischen Marxismus-Leninismus der Gegenwart*, 1962. c

FILOSOFIA MEDIEVAL. Com esse nome é designado o período da história da filosofia que abarca do século IX ao XIV. Esses limites temporais são de certo modo didáticos. Por um lado, já que vários temas da filosofia medieval procedem de Santo Agostinho, às vezes os limites da filosofia medieval foram estendidos até o século V. Por outro lado, já que depois do século XIV persistem não poucas formas e não poucos temas medievais na filosofia, às vezes se estendeu o citado período até os séculos XV e XVI. Contudo, tal extensão é excessiva. Os séculos imediatamente anteriores ao IX podem ser designados mais propriamente como os da Patrística (VER); os séculos imediatamente posteriores ao XIV podem ser designados mais propriamente como a filosofia do Renascimento (VER). As razões dadas para estender o período em questão nos dois sentidos poderiam, além disso, ser alteradas. Já que no início da filosofia medieval persistem não poucos temas antigos, e já que desde o século XII revelam-se vários temas modernos, poder-se-ia concluir que a filosofia medieval limita-se aos séculos IX, X, XI e, no máximo, XII e XIII. É conveniente, portanto, adotar a convenção apresentada, que tem bases sólidas pelo fato de que a maior parte dos filósofos que viveram entre os séculos IX e XIV podem ser considerados, sem demasiada impropriedade, medievais.

A questão das divisões que cabe estabelecer dentro do citado período presta-se ao debate. No quadro cronológico inserido no final da presente obra pode-se ver quais são os filósofos medievais mais importantes em cada um dos séculos, do IX ao XIV. Vemos assim que no século IX está John Scot Erígena; no X, Alfarabi, Gerberto de Aurillac; no XI, Avicena, Avicebron, Santo Anselmo, Roscelino; no XII, Abelardo, São Bernardo, Pedro Lombardo, Averróis, Maimônides; no XIII, Alexandre de Hales, Santo Alberto Magno, Roger Bacon, Pedro Hispano, São Boaventura, Santo Tomás de Aquino, Sigério de Brabante, Raimundo Lúlio, Mestre Eckart, John Duns Scot; no XIV, Nicolau de Autrecourt, João Ruysbroek, Guilherme de Ockham, João Buridan, Nicolau de Oresme, Abenjaldun, João Gerson (indicamos somente alguns nomes para dar uma idéia geral; alguns, além disso, como John Duns Scot, embora, segundo nosso cômputo, pertençam cronologicamente ao século XIII, costumam figurar em muitas histórias da filosofia medieval como filósofos do século XIV). Contudo uma organização da filosofia medieval de acordo com os séculos é um expediente tão cômodo quanto pouco esclarecedor. Os historiadores buscaram, pois, outras articulações. Falou-se, desse modo, dos primeiros grandes filósofos medievais (cristãos), como John Scot Erígena e Santo Anselmo, e se tentou classificar outras produções filosóficas sob capítulos gerais: platonismo do século XII; misticismo, disputa dos universais; grandes obras teológicas do século XIII; disputas lógicas e semânticas do século XIII; escola franciscana; averroísmo latino; neoplatonismo; escolas agostinianas; nominalismo etc., com capítulos especiais para a filosofia árabe (ou muçulmana) e judaica. Alguns autores identificaram a filosofia medieval com a escolástica, mas essa identificação carece de base suficiente, pois o misticismo especulativo, o platonismo humanista e outras correntes dificilmente se encaixam na segunda. Isso não significa que a escolástica não desempenhe um papel fundamental na filosofia medieval; mas, justamente devido à sua importância, é conveniente tratá-la separadamente, o que fizemos no verbete Escolástica, no qual, além disso, apresentamos divisões dela em períodos que em alguma medida correspondem a vários períodos da filosofia medieval. Outros autores articularam a filosofia medieval de acordo com grandes vias (*viae*), mas, além de restringir demasiadamente o período medieval ao escolástico, isso tem o inconveniente de que se insiste muito em certas grandes figuras e em suas "escolas" (tomismo, scotismo, ockhamismo etc.). Tratamos dessas escolas em verbetes separados, que no caso podem ser considerados complementares deste verbete. Também dedicamos verbetes a vários aspectos do pensamento medieval, como os dedicados a Chartres (Escola de), aos Vitorinos, aos Tradutores de Toledo (Escola de) etc. Certos autores identificaram completamente a filosofia medieval com a filosofia cristã, considerando como no máximo incitadores ou suplementares os grandes movimentos da filosofia árabe e judaica na Idade Média. Em número cada vez maior, todavia, os historiadores da filosofia medieval se deram conta da importância desses movimentos, de tal modo que já não se pode dizer que a filosofia medieval seja exclusivamente a filosofia medieval cristã, mesmo que esta ainda seja considerada a parte mais importante e influente dela. Também dedicamos verbetes específicos à Filosofia árabe e à Filosofia judaica, destacando seus períodos medievais. Além disso, mesmo que, por exemplo, Avicena e Averróis não sejam simplesmente "precursores" de alguns dos grandes escolásticos cristãos, é certo que muitos dos temas capitais da filosofia medieval árabe e judaica coincidem com os da filosofia medieval cristã.

Em primeiro lugar, é característico da filosofia medieval o fato de não ser, como a filosofia grega, um originar-se do pensamento filosófico *ab ovo* (ou quase *ab ovo*), mas em grande medida uma continuação, por mais importantes que sejam as modificações introduzidas, de uma tradição anterior. Essa tradição é a grega, e a chamada greco-romana. É verdade que não poucas das intuições fundamentais da filosofia medieval — p. ex. as expressas no pensamento agostiniano — não são de modo algum gregas ou greco-romanas. Porém, na medida em que se expressam e elaboram filosoficamente, não aparecem como independentes da tradição anterior. No caso da escolástica, as "fixações" gregas aparecem com maior clareza ainda; platonismo e aristotelismo não são aqui elementos estranhos, mas às vezes muito plenamente incorporados ao pensamento filosófico medieval.

Em segundo lugar, mesmo continuando a mencionada tradição, a filosofia medieval não é uma repetição dela. De qualquer modo, é uma continuação a partir de um horizonte intelectual e afetivo distinto. Este horizonte é, em geral, o religioso, e, no caso que nos ocupa principalmente, o cristão. Portanto, há na filosofia medieval um importante componente teológico que não existe na grega. Ou, melhor, enquanto nesta última filosofia — incluindo o neoplatonismo — os elementos teológicos são como que um coroamento da reflexão filosófica, na filosofia medieval eles constituem um ponto de partida. Não se pode descartar da filosofia medieval a Revelação (e isso corresponde tanto ao pensamento cristão como ao muçulmano e ao judaico). Ao mesmo tempo, surgem no pensamento filosófico medieval questões que não eram estabelecidas no pensamento grego — a questão da relação entre teologia e filosofia é precisamente uma das mais destacadas. Essa relação foi apresentada de diversas formas: como uma fusão completa, como uma subordinação da segunda à primeira, da primeira em relação à segunda, como um equilíbrio etc.

Em terceiro lugar, as preocupações mais constantes na filosofia medieval são as que se centram na questão da natureza e das propriedades de Deus e da "relação" entre Deus e o mundo enquanto criador (e especialmente da "relação" entre Deus e a criatura humana). A esse respeito é importante a noção de *caritas*, que não substitui a de *logos*, mas a modifica essencialmente.

Em quarto lugar, é típico da maior parte da filosofia medieval expressar-se dentro de uma concepção de mundo segundo a qual a realidade está articulada hierarquicamente, com Deus como cume reitor. Embora essa articulação hierárquica tivesse sido expressa por autores helênicos, especialmente platônicos e neoplatônicos, a idéia medieval de hierarquia possui elementos próprios em virtude do nada em que se supõe estar imerso todo ser independente de Deus. Por isso se pôde dizer (Zubiri) que o pensamento cristão em geral e a filosofia medieval em particular são um "pensamento a partir do nada" (ver NADA); em outros termos, um pensamento a partir da noção de criação (ver EX NIHILO NIHIL FIT).

Em quinto lugar, é típico da maior parte da filosofia medieval considerar toda realidade (natural) como sendo de alguma maneira simbólica. O mundo não é tanto um sistema de coisas como um sistema de símbolos e signos que remetem em última análise a Deus.

Finalmente, a filosofia medieval oferece consistentemente uma tendência realista em sentido gnosiológico, ao contrário dos elementos idealistas que abundaram no pensamento moderno. Mesmo que haja em Santo Agostinho elementos que possam ser considerados "idealistas", eles o são em um sentido distinto do dos séculos modernos. A isso se deve o fato de que a filosofia medieval (como a grega) seja um pensamento no qual os interesses "ontológicos" predominam sobre os gnosiológicos, de tão decisiva importância a partir dos séculos XVI e, especialmente, XVII.

As caracterizações anteriores não fazem a devida justiça à complexidade da filosofia medieval. Quando ela é examinada de perto, percebe-se nessa filosofia muitos elementos que somente uma exposição detalhada poderia revelar. Há, por exemplo, em certos movimentos da filosofia medieval — especialmente no domínio da "filosofia natural" — não poucas análises e especulações que podem ser consideradas uma "antecipação" do pensamento científico moderno. Também há numerosos e importantes desenvolvimentos em certas partes filosóficas, como a lógica, a semiótica etc. Os pesquisadores da filosofia medieval nos últimos decênios ocuparam-se muito dessas "antecipações" e desses desenvolvimentos, contribuindo com isso para a criação de uma imagem mais completa da filosofia medieval. Em todo caso, dessas investigações conclui-se que em certos aspectos — por exemplo, na lógica — a filosofia medieval não constitui, como se acreditava há tanto tempo, um "retrocesso" em relação à época moderna, mas freqüentemente um "avanço". Tudo isso não significa que as caracterizações antes apresentadas sejam falsas; mas significa que devem ser consideradas como fios muito gerais dentro dos quais cabem desenvolvimentos e movimentos muito complexos.

⮕ Na bibliografia do verbete ESCOLÁSTICA foram indicadas as principais coletâneas com edições de textos e comentários. Para a Filosofia árabe e a Filosofia judaica, ver as bibliografias correspondentes. Às coletâneas mencionadas acrescente-se: *Textus et documenta in usum exercitationum et praelectionum academicarum. Series philosophica* (Universidade Gregoriana, Roma) e *Series Corpus Christianorum. Serie latina* (desde 1953).

Para a história do período, ver as obras citadas em ESCOLÁSTICA, FILOSOFIA ÁRABE e FILOSOFIA JUDAICA (obras de Ueberweg-Geyer, M. de Wulf, É. Gilson, P. Vignaux,

M. Grabmann etc.). Acrescente-se: Heinrich Ritter, *Die christliche Philosophie*, 2 vols., 1858-1859. — A. Stöckl, *Geschichte der Philosophie des Millelalters*, 3 vols., 1864-1866. — François Picavet, *Esquisse d'une histoire générale et comparée des philosophies médiévales*, 1905; 2ª ed., 1907, reimp. 1967. — Id., *Essais sur l'histoire générale et comparée des théologies et des philosophies médiévales*, 1913. — Giulio Bonafede, *Storia della filosofia medievale*, 1945; 2ª ed., 1957. — Id., *Saggi sulla filosofia medievale*, 1951. — G. B. Burch, *Early Medieval Philosophy*, 1951. — Frederick Copleston, *Medieval Philosophy*, 1952; 2ª ed.: *A History of Medieval Philosophy*, 1972. — Georges de Lagarde, *La naissance de l'esprit laïque au déclin du Moyen Âge*, 5 vols., 1956-1970. — Gordon Leff, *Medieval Thought: Augustine to Ockham*, 1958. — Luis Farré, *Filosofía cristiana, patrística y medieval*, 1960. — David Knowles, *The Evolution of Medieval Thought*, 1962. — Paul Wilpert e W. P. Eckert, eds., *Die Metaphysik im Mittelalter*, 1963 (do Segundo Congresso Internacional de Filosofia Medieval, Colônia, 1961). — Julius R. Weinberg, *A Short History of Medieval Philosophy*, 1964. — Fernand van Steenberghen, *Introduction à l'étude de la philosophie médiévale*, 1974 (coletânea de estudos). — G. Madec, F. Brunner et al., *La philosophie du cinquième au quinzième siècle: Chroniques/Philosophy from the Fifth to the Fifteenth Century: A Survey*, 1974, ed. Raymond Klibansky, com a colaboração de Jean Catillon, Helmut Kohlenberger e Paul Vignaux. — N. Kretzmann, A. Kenny, J. Pinborg, eds., *The Cambridge History of Later Medieval Philosophy*, 1982. — K. Flasch, *Das philosophische Denken im Mittelalter*, 1986. — J. A. Burrow, *The Ages of Man: A Study in Medieval Writing and Thought*, 1986. — R. C. Dales, *Medieval Discussions of the Eternity of the World*, 1990. — F. C. Copleston, *Aquinas: An Introduction to the Life and Work of the Great Medieval Thinker*, 1991.

Para o século XII: obras de Paré, Brunet, Tremblay (G. Roberts) e M.-D. Chenu citadas em ESCOLÁSTICA.

Para o século XIII: F. van Steenberghen, *The Philosophical Movement in the Thirteenth Century*, 1955. — *Ein anonymer Aristoteleskommentar des XIII. Jahrhunderts. Quaestiones in tres libros de anima*, ed. e introd. de Joachim Vennebusch, 1963 (Disc. inaug.). — F. van Steenberghen, *La philosophie au XIIIe siècle*, 1966.

Para o século XIV: C. Michalski, *Les courants philosophiques à Oxford et à Paris pendant le XIVe siècle, Bulletin international de l'Académie polonaise des sciences et des lettres*, Classe d'histoire et de philosophie, et de philologie, Les Années 1919, 1920 (1922), 1923, 1925, 1927, 1937, reunidos no volume *La philosophie au XIVe siècle*, 1969, e a série de obras de Anneliese Maier mencionadas em ESCOLÁSTICA e MAIER [AN-

NELIESE]. — G. Leff, *The Dissolution of the Medieval Outlook: An Essay on Intellectual and Spiritual Change in the Fourteenth Century*, 1976.

Para aspectos particulares, ver a bibliografia de diferentes verbetes deste Dicionário (DEUS, INFINITO, SUBSTÂNCIA etc.).

Das muitas obras sobre o espírito e sobre a cultura medieval nos limitamos a citar: Valdemar Vedel, *Mittelalterliche Kulturideale*, 1910ss. — Henry Osborn Taylor, *The Mediaeval Mind. A History of the Development of Thought and Emotion in the Middle Ages*, 2 vols., 1911; 4ª ed., 1938. — Johannes Buehler, *Die Kultur des Mittelalters*, 1930; 6ª ed., 1954. — VV. AA., *Del cristianismo y de la Edad Media*, ed. José Gaos, 1946. — Ernst Robert Curtius, *Europäische Literatur und lateinisches Mittelalter*, 1948. — C. S. Lewis, *The Discarded Image: An Introduction to Medieval and Renaissance Literature*, 1964. — J. E. Murdoch, E. D. Sylla, eds., *The Cultural Context of Medieval Learning*, 1975. — W. Wallace, *Prelude to Galileo: Essays on Medieval and Sixteenth Century Sources of Galileo's Thought*, 1981. — Ch. Wenin, ed., *L'homme et son univers en moyen âge*, 1986. — R. Link-Salinger, ed., *A Straight Path: Studies in Medieval Philosophy and Culture*, 1988.

Obras de interpretação: Étienne Gilson, *Études de philosophie médiévale*, 1921 (incluindo sua parte II: *Études sur le rôle de la pensée médiévale dans la formation du système cartésien*, 1930). — Id., *L'Esprit de la philosophie médiévale* [Gifford Lectures, séries I e II, 1932]. — Alois Dempf, *Die Hauptform der mittelalterlichen Weltanschauung*, 1925. — M. Grabmann, *Mittelalterliches Geistesleben. Abhandlungen zur Geschichte der Scholastik und Mystik*, I, 1926; II, 1936; III, 1956. — G. Bonafede, *Saggi sulla filosofia medievale*, 1951. Bruno Nardi, *Studi di filosofia medievale*, 1960. — Ernest A. Moody, *Studies in Medieval Philosophy, Science, and Logic*, 1975 (ensaios, 1933-1969). — K. Flasch, *Aufklärung im Mittelalter?*, 1989. — A. de Libera, *A filosofia medieval*, 1998.

Bibliografia: F. van Steenberghen, *Philosophie des Mittelalters* [*Bibliographische Einführungen in das Studium der Philosophie*, ed. I. M. Bochenski, vol. 17, 1950]. — Cesare Vasoli, *Il pensiero medievale: Orientamenti bibliografici*, 1971. — J. L. Tobey, *The History of Ideas: A Bibliographical Introduction*, vol. II: *Medieval and Early Modern Europe*, 1977.

Para informações, crônicas etc. sobre os trabalhos de filosofia medieval ver o *Bulletin de la Société Internationale pour l'Étude de la Philosophie Médiévale*, desde 1959 (órgão da *Société* etc.). C

FILOSOFIA MODERNA. Os limites cronológicos do que se costuma qualificar de "filosofia moderna" são imprecisos; usualmente se estabelece seu início no final do século XVI e seu fim em meados do século XIX, mas há muitas opiniões divergentes sobre o assunto. Aqui nos ateremos à opinião mais usual, conscientes de que ela tem muito de convenção. Com efeito, já em plena Idade Média encontramos muitas antecipações do que depois será considerado "moderno"; por outro lado, no pensamento atual — o que corresponde à "Filosofia contemporânea" (VER) — sobrevive uma grande quantidade de temas "modernos". Convém destacar, no entanto, certas atitudes filosóficas que chegaram à *maturidade* dentro dos limites cronológicos citados e que nos permitem falar de uma filosofia moderna.

Antes de tudo, devemos destacar a crescente tendência a fazer da razão não apenas "o tribunal supremo", mas também a característica peculiar do homem. O racionalismo também se manifestou, e com grande vigor, nas filosofias antiga e medieval, mas enquanto nelas a razão foi, respectivamente, uma propriedade do cosmos — natural ou inteligível — e uma luz outorgada por Deus para que o homem faça reto uso dela, na filosofia moderna a razão foi adquirindo uma progressiva autonomia. Dentro do pensamento filosófico moderno, pois, o conhecimento racional converte-se freqüentemente em um fim em si mesmo. À medida que avança a época moderna, a razão vai adquirindo duas propriedades cada vez mais claras. Por um lado, deixa de ser uma substância para converter-se em uma função (em um conjunto de operações por meio das quais se pode compreender — e dominar — a Natureza e a realidade inteira). Por outro lado, deixa de ser uma especulação pura e simples para transformar-se em órgão do que foi freqüentemente chamado de "racionalismo experimental". Por isso é possível, por exemplo, conceber Galileu como uma mente em um sentido mais racionalista e em outro sentido mais experimental que qualquer um dos pensadores antigos e medievais. Como indica Whitehead, a mentalidade moderna se caracteriza pela união da especulação com o fato e pela constante vontade de vincular a teoria à realidade observável. Desse ponto de vista desaparecem muitas das diferenças habitualmente destacadas entre os pensadores "continentais" racionalistas (Descartes, Malebranche, Leibniz) e os pensadores "insulares" empiristas (Locke, Berkeley, Hume). Em última análise, todos eles pretendem levar a bom termo o mesmo problema de encaixar os dados da experiência em construções racionais.

Depois, temos a atenção dada ao conhecimento da Natureza segundo as linhas marcadas pela ciência moderna, especialmente pela física matemática, para cujo desenvolvimento contribuíram igualmente homens de ciência e filósofos (se é que é possível estabelecer divisões entre ambos). A esse respeito foi especialmente importante o triunfo do ponto de vista quantitativo e mensurável. De todo modo, nenhum filósofo moderno pôde prescindir do que Kant chamava de *factum* da ciência, o que conduziu com freqüência à tentativa de estabelecer a filosofia sobre bases científicas, isto é, a renunciar ao contínuo tecer e desfiar dos pensamentos filosóficos para encontrar bases suscetíveis de progresso indefinido.

Em terceiro lugar, temos o predomínio da "subjetividade", pela qual não se deve entender a afirmação da superior importância do "sujeito" — do "sujeito humano" — diante do "objeto", mas a comprovação de que para alcançar verdades seguras e indubitáveis é necessário analisar as condições nas quais se desenvolve o conhecimento e, por conseguinte, a estrutura do "subjetivo". De Descartes a Kant, passando pelo empirismo inglês, efetua-se o mesmo esforço de exame e aprofundamento da natureza e das formas do "entendimento humano" visando aos citados fins. Por esse motivo se disse com freqüência que enquanto a filosofia antiga e a medieval são "realistas", no sentido epistemológico, no mesmo sentido a filosofia moderna é "idealista". Em outros termos, enquanto o tema central das filosofias anteriores foi o do ser, o problema fundamental da filosofia moderna foi o do conhecer (mas, é claro, com o fim de chegar a uma apreensão mais segura do ser). Daí o qualificativo de "gnosiológica" ou "epistemológica" que se deu à filosofia moderna, em contraposição ao qualificativo de "ontológicas" dado às filosofias antigas e medievais.

Finalmente, a preponderância da "cismundanidade" sobre a "transmundanidade". O "transmundano" não é abandonado, mas exerce uma função distinta da que tinha durante a Idade Média: continua-se pensando nele, mas em muitas ocasiões não se conta com ele. Isso provoca transtornos fundamentais no problema da relação entre Deus e o homem; paradoxalmente, a afirmação da absoluta potência do primeiro em relação ao segundo é uma das causas que conduzem em certos casos à quase completa ignorância daquele.

Com as características apresentadas até aqui não pretendemos esgotar os traços da filosofia moderna; por menos detalhado que seja o quadro que se apresente, ele oferecerá grandes complexidades que tornarão difícil reduzi-la a esquemas demasiadamente gerais. Tampouco pretendemos negar que haja na época moderna (como em todos os períodos da história) importantes conflitos e tensões internas mesmo dentro de certos marcos. Por exemplo, a "segurança" com que muitos filósofos modernos se sentem instalados em uma ordem cósmica coexiste com a constante dúvida sobre a permanência dessa ordem; a vontade de ordenação e de quantificação se justapõe ao impulso "fáustico" rumo ao infinito de que Bruno e outros deram característicos exemplos; a atenção dada à Natureza não é incompatí-

vel com a descoberta do que é peculiar no mundo do homem, da sociedade e da história (Vico, Rousseau, idealismo alemão); o desejo de libertar-se da tradição une-se aos contínuos "renascimentos" das tradições anteriores; a atenção dada à "cismundanidade" entrecruza-se com não poucas exacerbações da "transmundanidade" etc. Contudo os traços apontados parecem ser suficientemente "centrais" para que em torno deles seja possível entender muitas das contribuições mais importantes e influentes da filosofia moderna; somente a partir desse ponto de vista podemos dizer que esta constitui — como as filosofias dos demais períodos estudados na presente obra — um conjunto peculiar.

Ver sobretudo as partes dedicadas à filosofia moderna nas histórias gerais da filosofia mencionadas na bibliografia do verbete FILOSOFIA (HISTÓRIA DA); além disso, algumas dessas "histórias gerais" são, de fato, parciais e incluem apenas a filosofia "moderna" (quase sempre até Kant). Deve-se levar em conta que várias das obras usualmente citadas como histórias da filosofia moderna focalizam principalmente (e às vezes exclusivamente) a filosofia do país de origem do autor: é o que ocorre com grande parte das histórias alemãs. De qualquer modo, indicamos no final desta bibliografia algumas obras mais diretamente consagradas à história da filosofia moderna no sentido da história de uma "filosofia nacional". Muitas obras sobre a filosofia contemporânea também contêm referências à filosofia moderna.

⮕ Entre as "primeiras histórias" da filosofia moderna mencionamos: Johann Eduard Erdmann, *Versuch einer wissenschaftlichen Darstellung der Geschichte der neueren Philosophie*, 6 vols., 1834-1853, reimp., em 7 vols., ed. H. Glockner, 1931ss. — Charles Renouvier, *Manuel de philosophie moderne*, 1842. — Hermann Ulrici, *Geschichte und Kritik der Prinzipen der neueren Philosophie*, 1845. — Uma história "clássica", hoje considerada ultrapassada, mas com abundantes dados, é a de Kuno Fischer, *Geschichte der neueren Philosophie*, 10 vols., 1854ss.; nova ed. (Jubiläumsausgabe), 1897ss. (vai de Descartes a Schopenhauer). — Além disso: F. Papillon, *Histoire de la philosophie moderne dans ses rapports avec le développement des sciences de la nature*, 1876. — F. Bowen, *Modern Philosophy from Descartes to Schopenhauer and Hartmann*, 1877. — W. Windelband, *Die Geschichte der neueren Philosophie in ihrem Zusammenhang mit der allgemeinen Kultur und den besonderen Wissenschaften*. I. *Von der Renaissance bis Kant*, 1878; II. *Die Blütezeit der deutschen Philosophie*, 1880 (várias eds.; do mesmo autor, a parte de filosofia moderna em *Die Philosophie der Gegenwart*, ed. P. Hinneberg, I, V, 1909). — G. M. Bertini, *Storia della filosofia moderna*. I *(dal 1596 al 1690)*, 1881. — A. Stöckl, *Geschichte der neueren Philosophie von Bacon und Cartesius bis zur Gegenwart*, 2 vols., 1883. — R. Falckenberg, *Ges-*

chichte der neueren Philosophie von Nikolaus von Kues bir zur Gegenwart, 1886. — H. Höffding, *Der nyere Filosofie Histoire*, 1894ss. — E. Blanc, *Histoire de la philosophie et particulièrement de la philosophie contemporaine*, 3 vols., 1897. — R. Adamson, *The Development of Modern Philosophy with other Lectures and Essays*, 2 vols., 1903.

Entre as histórias posteriores mencionamos: Ludwig Busse, *Die Weltanschauung der grossen Philosophen der Neuzeit*, 1905. — B. Bauch, *Neuere Philosophe bis Kant*, 1908. — J. Freyer, *Geschichte der Geschichte der Philosophie im achtzenten Jahrhundert*, 1911. — E. von Aster, *Grosse Denker*, 2 vols., 1912. — A. Messer, *Geschichte der Philosophie vom Beginn der Neuzeit bis zum Ende des 18. Jahrh.*, 1912. — F. Jödl, *Geschichte der neueren Philosophie*, 1924. — M. Gentile, *Il problema della filosofia moderna*, I, 1950. — Francisco Romero, *Historia de la filosofía moderna*, 1959. — John Hermann Randall Jr., *The Career of Philosophy*, 3 vols., 1962ss. — Stefan Swiezawski, *Dzieje filozofii europejskiej w XV wieku*, 5 vols., 1974ss. [sobre o século XV]. — R. Kearney, *Modern Movements in European Philosphy*, 1986. — J. Collins, *A History of Modern European Philosophy*, 1986. — G. Vesey, ed., *Philosophers Ancient and Modern*, 1986. — S. V. Rovighi, *História da filosofia moderna*, 2ª ed., 2000.

Em verbetes separados foram indicadas as obras mais importantes relativas à história de distintos conceitos ou disciplinas filosóficas na época moderna. — Ver também ILUSTRAÇÃO para obras sobre o século XVIII.

Para a história do espírito moderno: John Hermann Randall Jr., *The Making of the Modern Mind*, 1926. — W. W. Lowrance, *Modern Science and Human Values*, 1985. — R. J. Connell, *Substance and Modern Science*, 1988. — S. H. Daniel, *Myth and Modern Philosophy*, 1990.

Sobre o caráter da filosofia moderna: Josiah Royce, *The Spirit of Modern Philosophy*, 1892. — B. Croce, *Il carattere della filosofia moderna*, 1941.

Para o conceito do moderno: Rudolf Eucken, "Zum Begriff des Modernen", *Gestige Strömungen der Gegenwart*, 1904, pp. 273ss.

Para as "filosofias nacionais", além das obras mencionadas nos verbetes FILOSOFIA CONTEMPORÂNEA e FILOSOFIA (HISTÓRIA DA) (por exemplo: as relativas à filosofia espanhola e à portuguesa desde antes da época moderna e no século XVI), ver os seguintes livros:

Para a filosofia alemã: J. Willm, *Histoire de la philosophie allemande depuis Kant jusqu'à Hegel*, 4 vols.: I, 1846; II, III, 1847; IV, 1849. — É. Bréhier, *Histoire de la philosophie allemande*, 1921; 3ª ed., atualizada por P. Ricoeur, 1954. — E. Becher, *Deutsche Philosophen*, 1929. — Jean-Édouard Spenlé, *La pensée allemande de Luther à Nietzsche*, 1934. — Max Bense, *Vom Wesen deutscher Denker*, 1938. — Hermann Glockner, *Vom Wesen der deutschen Philosophie*, 1941. — Lewis White Beck, *Early German Philosophy: Kant and His Predecessors*, 1969.

Para a filosofia belga: M. de Wulf, *Histoire de la philosophie en Belgique*, 1910.

Para a filosofia espanhola: Mario Méndez Bejarano, *Historia de la filosofía en España*, s/d. (1920). — Alain Guy, *Esquisse des progrès de la spéculation philosophique et théologique à Salamanque au cours du XVIe siècle*, 1943 (tese). — Olga Victoria Quiroz-Martínez, *La introducción de la filosofía moderna en España*, 1949. — Luis Martínez Gómez, "Bosquejo de historia de la filosofía española", em Johannes Hirschberger, *Historia de la filosofía*, trad. esp., 4ª ed., 1960, vol. 2, pp. 403-486. — Bernice Hamilton, *Political Thought in Sixteenth Century Spain: A Study of the Political Ideas of Vitoria, De Soto, Suárez, and Molina*, 1964. — Vicente Muñoz Delgado, *La lógica nominalista en la Universidad de Salamanca (1510-1530)*, 1964. — José María López Piñero, *Ciencia y medicina modernas en la España del siglo XVII*, 1966. — Ivo Hölhuber, *Geschichte der Philosophie im spanischen Kulturbereich*, 1967. — Guillermo Fraile, *Historia de la filosofía española*, 2 vols., 1971-1972. — Carlos G. Noreña, *Studies in Spanish Renaissance Thought*, 1975. — J. L. Abellán, *Historia crítica del pensamiento español*, vol. 3, 1981. — Para filosofia catalã: Tomas Carreras i Artau, *Introducció a la historia del pensament filòsofic a Catalunya*, 1931.

Para a filosofia francesa: A. Cresson, *Les courants de la pensée philosophique française*, 2 vols., 1927. — Naguib Baladi, *Les constantes de la pensée française*, 1948. — Henri Gouhier, *Les grandes avenues de la pensée philosophique en France depuis Descartes*, 1966.

Para a filosofia holandesa: G. von Antal, *Die holländische Philosophie im 19. Jahrhundert*, 1888. — J. P. N. Land, *De Wijsbegeerte in de Nederlanden*, 1899. — L. Brulez, *Holländische Philosophie*, 1926. — Ferdinand Sassen, *De Wijsbegeerte der Middeleeuwen in de Nederlanden*, 1944. — Id., *Geschiedenis van de Wijsbegeerte in Nederland tot het einde der negentiende eeuw*, 1959. — J. J. Poortman, *Repertorium der Nederlandse Wijsbegeerte*, 1948. — P. Dibon, *La philosophie néerlandaise*, I, 1954.

Para filosofia grega moderna: Th. Boreas, *Neugriechische Philosophie*, 1928. — K. Axelos, "Philosophie néohellénique", *Les Études Philosophiques*, N. S. nn. 3-4 (1950) (refere-se ao artigo sobre filosofia neo-helênica publicado por G. S. Boumblinopoulos na revista grega *Idea* e à *Breve história da filosofia neohelénica*, de Dimis Apostopoulos, de 1950). — E. P. Papanoutsos, ed., ΝΕΟΕΛΛΗΝΙΚΗ ΦΙΛΟΣΟΦΙΑ, I, 1953 (1600 A 1850); t. II sobre o período 1850-1950. — G.

E. Voumvlinopoulos, *Bibliographie critique de la philosophie grecque depuis la chute de Constantinople à nos jours (1453-1953)*, 1966.

Para a filosofia inglesa: W. R. Sorley, *A History of English Philosophy*, 1920. — E. von Aster, *Geschichte der englischen Philosophie*, 1927. — M. H. Carré, *Phases of Thought in England*, 1949. — E. Leroux e A. Leroy, *La philosophie anglaise classique*, 1951. — Luis Farré, *El espíritu de la filosofía inglesa*, 1952.

Para a filosofia italiana, ver a obra de Garin mencionada verbete FILOSOFIA (HISTÓRIA DA). Além disso: Karl Werner, *Die italienische Philosophie des 19. Jahrhunderts*, 5 vols., 1884-1886. — Giuseppe Saita, *Il pensiero italiano nell'Umanesimo e nel Rinascimento. I. L'Umanisimo*, 1949. — Giuseppe Tucci, *Storia della filosofia italiana*, 1957. — Francesco E. Marciano, *Storia della filosofia italiana*, 1959. — Ivo Höllhuber, *Geschichte der italienischen Philosophie von den Anfängen des 19. Jahrhunderts bis zur Gegenwart*, 1969.

Para a filosofia polonesa: VV. AA., *Studia i materialy z dziejów nauki polskiej*, 1955, ed. Bogdan Suchodolski. — Bogdan Suchodolski, *Studia z dziejów polskiej mysli filozoficznej i naukowej*, 1958 (especialmente para o Renascimento e o século XVIII). — W. Wasik, *Historia filozofî polskiej: Scholastyka, Renassans, Oswiecenie*, 1959.

Para a filosofia portuguesa: A. Ribeiro, *Os positivistas. Subsídios para a história da filosofia em Portugal*, 1951. — J. P. Gomes, *Os começos da história filosófica em Portugal*, 1956.

Para a filosofia russa: Boris Jakowenko, *Historia de la filosofía rusa* (em tcheco), 1939. — V. V. Zéñkovskiy, *Istoriya russkoy filosofii*, I, 1948; II, 1950 (trad. ingl.: *A History of Russian Philosophy*, 2 vols., 1953; id., francesa: *Histoire de la philosophie russe*, I, 1953). — N. O. Lossky, *History of Russian Philosophy*, 1951. — George L. Kline, *Religious and Anti-religious Thought in Russia*, 1968.

Para a filosofia eslava meridional: S. Davidovic, Zerenmski, *Essays aus der südslawischen Philosophie*, 1939.

Para a filosofia sueca: Erik Ryding, *Den svenska filosofiens historia*, 1959 (da Idade Média aos nossos dias).

Para a filosofia suíça: A. Tumarkin, *Wesen und Werden der Schwezerischen Philosophie*, 1948.

Para o problema da "filosofia nacional", ver: Wilhelm Wundt, *Die Nationen und ihre Philosophie*, 1915 (trad. esp.: *Las naciones y sus filosofías*). — José Ferrater Mora, "Is There a Spanish Philosophy?", *Hispanic Review*, 19 (1951), 1-10, trad. pelo autor: "Sobre la filosofía española", em *Cuestiones disputadas*, 1955, pp. 81-92. — M. Antunes, "Haverá filosofías nacionáis?", *Brotéria*, 64 (1957), 555-565. ○

FILOSOFIA MUÇULMANA. Ver FILOSOFIA ÁRABE.

FILOSOFIA NATURAL (Filosofia da natureza). No verbete NATUREZA (VER) analisamos esse conceito histórica e sistematicamente no sentido filosófico, prescindindo da grande quantidade de significações que teve em outras esferas. Aqui esclareceremos em que sentidos o estudo da Natureza foi considerado parte essencial da filosofia.

Hoje se considera que a Natureza é objeto essencialmente da ciência ou, melhor, do grupo de ciências chamadas *ciências naturais*. No máximo, costuma-se reservar à filosofia o estudo do significado de 'Natureza' ou o exame de seu conceito. Questões como "a ontologia da Natureza e dos objetos naturais", "a função da Natureza no conjunto da realidade" etc., pertencem, de acordo com isso, à filosofia. Essa separação entre o estudo filosófico e o científico da Natureza, porém, nem sempre é aceita. Em diversos momentos pensou-se que a filosofia podia oferecer conhecimentos acerca da Natureza e de suas leis que pudessem ser somados aos obtidos pela ciência ou coincidissem com eles. Isso podia se basear em duas coisas: 1) na suposição de que não há diferença entre "ciência natural" e "filosofia natural"; 2) na suposição de que o tipo de conhecimento proporcionado por esta última, embora distinto do científico, pertence não apenas à ordem formal, mas também à material. Essas significações de "filosofia natural" (ou 'filosofia da Natureza') são as usuais *a*) em parte do *Corpus aristotelicum*, *b*) em vários autores escolásticos, *c*) na filosofia da Natureza do idealismo alemão e *d*) nas filosofias de caráter "sintético", como as de Fechner, Spencer ou Wundt. Há, certamente, outros pensadores além dos citados que possuem ou possuíram concepções definidas acerca da função exercida pelo conhecimento filosófico da Natureza: Wolff é um exemplo disso; todavia, aqui os excluiremos para maior clareza do conjunto. Também excluiremos a concepção da expressão 'filosofia natural' nos casos — bastante numerosos — em que essa expressão coincide simplesmente com a de 'física moderna'. O exemplo mais eminente de um desses casos se manifesta no título da obra de Newton: *Philosophiae naturalis principia mathematica* (1686). Além disso, a expressão foi empregada nos mais diversos sentidos durante a época moderna, de modo que seria demasiadamente extenso abordar ainda que apenas os mais destacados. Como exemplo de uso crítico mencionaremos o que se encontra em L. Sterne (*Tristam Shandy*, I, 3), que certamente refletia a opinião de muitos contemporâneos ao afirmar que o "filósofo natural" é um homem "dado ao raciocínio sobre os assuntos mais mesquinhos".

A filosofia natural como conhecimento completo da Natureza (não em extensão, mas em profundidade) constitui um dos temas capitais da *Physica* aristotélica, que não é apenas uma "física do objeto natural" (e de seus movimentos), mas também uma ontologia. Em vários verbetes (ver ARISTÓTELES; FÍSICA; NATUREZA) nos estendemos sobre esse ponto. Como aqui nos interessa unicamente o significado das expressões 'filosofia natural' e 'filosofia da Natureza', nos limitaremos a indicar que por elas se concebe tradicionalmente o estudo das causas segundas de toda índole, sejam elas pertencentes à "ontologia", à "física" ou à "psicologia". Por esse motivo, a *Physica* aristotélica foi freqüentemente considerada uma parte da filosofia natural, a que trata do ente móvel em seus caracteres comuns. As partes que tratam das espécies do ente móvel são estudadas por Aristóteles em outras obras: em *De caelo, De mundo, De generatione et corruptione* e *De anima*. Observemos, porém, que o conceito de "espécies do ente móvel" e a congruente divisão da filosofia da Natureza em várias partes segundo essas espécies não procedem diretamente de Aristóteles; nesse autor existe ainda a tendência a destacar a unidade radical do conhecimento da Natureza no sentido de que há apenas uma ciência que trata ao mesmo tempo da ontologia da Natureza e do movimento ou movimentos dela.

Tal como foram transmitidas até agora, a maior parte das definições em questão se deve aos escolásticos. O que foi chamado de *philosophia naturalis* é definido como a ciência do ente móvel. Quando o ente móvel é um corpo natural ele se converte no *objeto material* da filosofia natural. Quando se trata do ente móvel enquanto tal, este ente é o *objeto formal* da filosofia natural. Entretanto, nem sempre houve um total acordo a respeito da zona abarcada por ela. Às vezes se incluiu nessa filosofia a parte experimental; nesse caso, 'filosofia natural' foi o nome dado a todas as ciências incluindo-se a parte "especulativa". Às vezes se excluiu a parte experimental considerando-se a filosofia natural apenas do ponto de vista especulativo. Alguns autores chamaram a filosofia natural de "cosmologia" (VER). Contra isso se argumentou que a cosmologia e a filosofia natural coincidem em alguns aspectos e diferem em outros. Não obstante, o importante é que para alguns autores há uma disciplina filosófica, a *philosophia naturalis*, cujos resultados, embora compatíveis com os da ciência, não coincidem exatamente com eles.

A compatibilidade da ciência natural com a filosofia natural em grande parte da época moderna tem, em contrapartida, outro caráter: consiste no fato de que os problemas estabelecidos pelo conhecimento científico (especialmente o físico) suscitam questões filosóficas; a isso se acrescenta o fato de que o trabalho científico e o trabalho filosófico são freqüentemente executados pela mesma pessoa. Só excepcionalmente se considerou que a filosofia natural poderia se transformar em uma disciplina filosófica epistemologicamente autônoma. Foi o que ocorreu no idealismo alemão. Alguns antecedentes dessa concepção já se encontram na análise kantiana do conceito de Natureza, especialmente na medida em que esta é definida como "a soma de tudo o que existe determinadamente segundo leis". A possibilidade de conceber a Natureza como *totalidade* constitui, com efeito, a base de uma filosofia da Natureza que se refere a "quanto é" (ao contrário da filosofia dos costumes, que trata de "quanto deve ser"). A metafísica da Natureza como ciência fundada em princípios *a priori* é uma parte da filosofia transcendental e se distingue da teoria empírica da Natureza, que não depende da metafísica. Pois bem, a *Naturphilosophie* "romântica" (particularmente a de Schelling e a de Hegel) não se limita ao marco kantiano. Em Schelling manifesta-se o desejo de uma explicação "física" do idealismo. Em Hegel revela-se a vontade de construir uma "lógica aplicada" (no sentido hegeliano de 'lógica'). Aliás, o aspecto fantasioso e arbitrário que oferece a filosofia da Natureza no último autor contrasta curiosamente com a idéia que ele tem de seu conteúdo. Com efeito, segundo Hegel, "o que foi chamado até agora de *filosofia da Natureza* foi um jogo fútil, com analogias vazias e externas apresentadas como se fossem resultados profundos" (*Logik*, § 191; Glockner, 8: 396). Tal contraste pode ser interpretado de dois modos: ou supondo que Hegel tinha uma incompreensão total da índole do conhecimento natural, ou situando a doutrina hegeliana dentro de certos supostos que podem ser admitidos ou não, mas cujo valor não depende simplesmente dos resultados proporcionados pelas ciências naturais. Esta interpretação foi tentada por Meyerson em sua explicação (não justificação) da "tentativa de Hegel", isto é, da "ciência do sujeito-objeto objetivo" (cf. *Differenz des Fichteschens und Schellingschens Systems*; Glockner, I: 130). Por um lado, com efeito, as fantasias de Hegel — o ímã é uma representação do silogismo; o processo químico é um silogismo porque tem necessidade de três agentes (para que um ácido ataque um metal é preciso acrescentar-lhe água) etc. — não somente não lançaram nenhuma luz sobre o conhecimento da Natureza, mas além disso careceram de qualquer influência sobre o desenvolvimento da ciência natural. Nesse sentido pode-se dizer que a filosofia hegeliana da Natureza foi ainda mais estéril que a de seus predecessores (Schelling entre eles), tão criticados pelo autor da *Fenomenologia do Espírito*, pois os filósofos da Natureza anteriores a Hegel ao menos incitaram certas descobertas — como a do eletromagnetismo por Oersted e a do ozônio por Schoenbein — e até mesmo, como indica Meyerson, as especulações desses filósofos não são alheias aos importantes trabalhos sobre o princípio de conservação da energia realizados por Julius Robert Mayer, considerado durante muito tempo um "filósofo da Natureza". Mas, por outro lado, Hegel devia ter uma "intenção" distinta da que consiste em causar descobertas por meio de "analogias". Essa intenção é, segundo Meyerson, a verdadeira explicação de sua "tentativa": consiste em dar uma "representação" da Natureza distinta da proporcionada pela imagem "parcial" e "desfigurada" da ciência mecânico-matemática, e, em seu entender, uma representação mais profunda e "interior". Essa "representação" só poderia ser dada pela dialética (VER), cujo processo não tocava apenas a "superfície das coisas", mas apreendia a própria marcha interna da realidade. Pois, segundo Hegel, a filosofia da Natureza deve considerar a realidade como um sistema composto de diversos estádios, cada um dos quais procedente necessariamente do outro, embora não examine tais estádios como são produzidos "naturalmente", mas seguindo "a idéia interna que constitui o fundo (*Grund*) da Natureza" (*Enzyklopädie*, § 194; Glockner, 6: 149).

Após Hegel o sentido que tomou a expressão 'filosofia da Natureza' mudou muito. Foi mais comum durante as últimas décadas do século XIX e o início do século XX a formação de grandes "sínteses" do saber científico-natural, com as interpolações necessárias para que pudessem proporcionar uma imagem relativamente completa da Natureza. Nisso se destacaram autores e tendências muito diversos entre si: Fechner, Spencer, Wundt, o monismo naturalista etc. A base comum de todas essas tentativas foi o uso da "indução" e da "analogia" entendidas em um sentido muito amplo. Além disso, tendeu-se cada vez mais a prescindir da expressão 'filosofia da Natureza' e a substituí-la por outras consideradas menos comprometedoras (por exemplo, 'cosmologia'). Paralelamente a isso, pôs-se cada vez mais em dúvida o fato de que a filosofia natural tivesse um objeto próprio. Isso não significa que não tenha havido exceções a essas tendências: a mais notória, dentro do pensamento tradicional tomista, é provavelmente a de Maritain ao tentar mostrar que a filosofia da Natureza tem um objeto próprio distinto do que é manipulado pelas ciências naturais e distinto também do objeto da metafísica. Aludimos à sua doutrina sobre o assunto no verbete NATUREZA. Acrescentemos aqui que a solução de Maritain não é compartilhada por todos os neotomistas — Charles de Koninck e a chamada Escola de Laval indicam que não é correto estabelecer distintos níveis de conhecimento (o empiriológico e o ontológico) dentro da unidade radical do *ens mobile*. Este é o objeto da *philosophia naturalis* e o da física. A diferença entre essas duas disciplinas consiste, segundo esse autor, em que, enquanto a primeira estuda as categorias mais gerais do movimento, a segunda trata dos detalhes do ser que se move. Desse modo, a ciência natural empírica pode ser considerada nessa concepção uma *continuação* da filosofia natural. Parece, pois, que mesmo dentro do neotomismo há duas concepções opostas acerca da filosofia da Natureza. Alguns declaram que estas concepções não são forçosamente incompatíveis. F. G. Connolly assinala, por exemplo, que com base na doutrina dos graus de abstração (VER) e na distinção entre conhecimento sensível e conhecimento intelectual pode-se estabelecer que as relações entre metafísica e filosofia da Natureza, por um lado, e ciências naturais (físico-matemáticas e empíricas de vários tipos), por outro, são de índole mais complexa do que parece.

As expressões 'filosofia da Natureza' e 'filosofia natural' estiveram desacreditadas durante algum tempo por causa dos excessos especulativos da filosofia "romântica" da Natureza e da esterilidade da filosofia natural de tipo escolástico. Considerou-se que não havia razão para nenhum estudo específico chamado "filosofia da Natureza" ou "filosofia natural", já que são suficientes as ciências naturais sem o aditamento da filosofia.

Em tempos mais recentes, porém, tanto alguns cientistas de propensão filosófica como vários filósofos com formação científica realizaram trabalhos, tanto de caráter analítico como sintético, que voltaram a dar um certo tom de respeitabilidade às referidas expressões. A necessidade da interdisciplinaridade contribuiu muito para esse novo cultivo da "filosofia natural", ligando-a ao que se chamou, na época moderna clássica, de Galileu e Newton a Darwin, de "filosofia natural". As cosmologias científicas, o exame da origem e do desenvolvimento da inteligência humana, os estudos sobre a possibilidade de civilizações extraterrenas, e possivelmente interestelares etc., com base em dados científicos e em conjeturas etc., constituem alguns dos materiais dessa nova "filosofia natural" ou "filosofia da Natureza", muito freqüentemente ligada ao que caberia chamar de "a concepção cosmológica (e não simplesmente 'humanista') do homem".

⊃ As obras sobre filosofia da Natureza foram mencionadas na bibliografia do verbete NATUREZA. Ver também a bibliografia de COSMOLOGIA. A referência de Meyerson, em *De l'explication dans les sciences*, 1927, pp. 360-361. — Para a tese de Maritain, cf. bibliografia de NATUREZA. Os comentários de Connolly, em "Science *vs.* Philosophy", *The Modern Schoolman*, 29 (1952), 197-209.

Exemplos da "nova filosofia natural" são obras como: Jacob Bronowski, *The Ascent of Man*, 1973, e Carl Sagan, *The Dragons of Eden: Speculations on the Evolution of Human Intelligence*, 1977. — P. M. Harman, *Metaphysics and Natural Philosophy: The Problem of Substance in Classical Physics*, 1982. — J. R. Lucas, *Space, Time and Causality: An Essay in Natural Philosophy*, 1984. — R. Rosen, ed., *Theoretical Biology and Complexity: Three Essays on the Natural Philosophy of Complex Systems*, 1985. — J. F. W. Herschel, *A Preliminary Discourse on the Study of Natural Philosophy*, 1987. ⊂

FILOSOFIA NORTE-AMERICANA. Ver FILOSOFIA AMERICANA.

FILOSOFIA ORIENTAL. Por 'filosofia oriental' entende-se, em um sentido muito amplo, a filosofia ou, melhor, o "pensamento" — antigo e moderno — de todos os países do Oriente; portanto, o pensamento elaborado em várias regiões da Ásia Menor, na Síria, na Fenícia, no Irã, na Índia, na China, no Japão e em outros países dessa vasta zona geográfica. Às vezes também se incluem na filosofia oriental o pensamento egípcio antigo e ainda as filosofias árabe e judaica, embora o mais comum seja excluir estas duas últimas (assim como a chamada "filosofia síria") por sua estreita vinculação com a história da filosofia ocidental, da qual acabam fazendo parte. Mesmo com essa restrição, a definição ostensiva de 'filosofia oriental' apresenta vários inconvenientes. Um dos maiores problemas é que quando se tenta desenvolver seu conteúdo é preciso abandonar freqüentemente o tipo de pensamento propriamente filosófico e se referir antes ao pensamento religioso ou até mesmo às formas mais gerais da cultura correspondente. Quando essa referência constitui o horizonte cultural, histórico ou espiritual dentro do qual pode ser inserida a filosofia, a desvantagem a que aludimos não é considerável; mais ainda, tal referência pode ajudar a compreender melhor o pensamento filosófico que se trata de esclarecer. Porém, quando o horizonte em questão substitui a filosofia de modo excessivamente radical corre-se o risco de perdê-la de vista completamente. Para evitar isso, propôs-se um conceito mais restrito de 'filosofia oriental'. Essa proposta consiste em circunscrevê-la às seguintes manifestações: cosmologia iraniana e diversos elementos religiosos e religioso-filosóficos vinculados a ela (particularmente o zoroastrismo); filosofia indiana, filosofia chinesa e filosofia japonesa. De modo mais estrito ainda pode-se restringir o mencionado conceito às maiores dessas filosofias: a indiana e a chinesa. Essa é a posição por nós adotada aqui. Ao contrário do termo 'Oriente', que designa um conglomerado muito amplo e variado de elementos culturais e espirituais (como quando dizemos, por exemplo: "Platão e o Oriente"), a expressão 'filosofia oriental' ainda designa um conjunto muito amplo, mas mais fácil de observar e perfilar, não apenas geográfica mas também intelectualmente. Dedicamos aos dois elementos desse conjunto verbetes específicos (ver FILOSOFIA CHINESA; FILOSOFIA INDIANA). Agora nos limitaremos, portanto, a considerar brevemente dois dos problemas que suscitaram maiores controvérsias.

O primeiro problema refere-se ao que algumas vezes se chama de "características da filosofia oriental". Mesmo reduzindo-se, da maneira apontada, seu âmbito e suas formas, é um problema difícil. Assim como se podem sugerir algumas características que parecem inegáveis, pode-se mostrar ou que não são exclusivas ou que têm de ser corrigidas por outras de sinal oposto ou contrário.

Pois bem, a dificuldade do problema, embora real, não deve ser exagerada: é o mesmo problema que é suscitado em todas as ocasiões nas quais se quer falar em termos gerais de uma comunidade humana e de suas produções culturais. Essa comunidade nunca é algo preciso e delimitado; além da multiplicidade de elementos em que consiste, ela se modifica no curso da história. Mas costuma manifestar certas "tendências". Em virtude dessas tendências e não de esquemas que denotam modos de ser determinados e invariáveis, convém examinar o problema das "características da filosofia oriental".

A característica que mais nos interessa é a determinada pelo tipo especial de saber (VER). O saber que se manifesta na filosofia oriental *tende* a ser um saber de salvação. Os demais saberes — os outros de que, por exemplo, falou Scheler: o saber culto e o saber técnico — não são esquecidos de modo algum, mas se desenvolvem e prosperam em função daquele outro saber primário. Essa salvação pode ser entendida, por sua vez, ou como salvação do indivíduo em um todo cósmico, ou como integração do indivíduo em um todo social: a primeira é típica da filosofia indiana; a segunda, da filosofia chinesa. Por isso aqueles elementos que, segundo Francisco Romero, são pródigos na cultura ocidental — o individualismo, o intelectualismo e o voluntarismo — são, no Oriente — e especificamente na filosofia oriental —, reduzidos a um mínimo; não são totalmente suprimidos, mas abafados. Daí surge uma constante vinculação — inclusive nos sistemas que se consideram ortodoxos em relação a uma tradição religiosa central — da filosofia com o tipo (e freqüentemente com o próprio conteúdo) de pensamento religioso, seja de uma religião suprapessoal ou de uma que seja declaradamente "social". Esse pensamento religioso encontra-se, além disso, muito intimamente ligado à reflexão sobre qual é o Bem supremo (ou os bens supremos) e sobre quais são os métodos — ou, melhor, as "vias" — que o homem tem de seguir para alcançá-lo (ou alcançá-los). Não esquecemos que há a esse respeito diferenças importantes entre a filosofia indiana e a chinesa. Enquanto esta última manifesta uma freqüente tendência prático-ética e prático-social, a outra tem um caráter mais especulativo e, ao mesmo tempo, mais inclinado a elaborar todas as técnicas filosóficas necessárias para levar seus propósitos especulativos a bom termo. Contudo sob essas grandes diferenças subsistem certas concordâncias fundamentais. Tipicamente, a forma humana na qual encarna o saber filosófico: trata-se do "sábio" (não, portanto, do filósofo *stricto sensu*, do "raciocinador", do "intelectual" ou do "técnico da inteligência"). Dir-se-á que há algo em comum entre o sábio oriental e o intelectual ocidental (que, além disso, em numerosas ocasiões também merece o nome de *sábio*). Não estamos negando isso. Com efeito, ambos tendem a separar-se da sociedade. Todavia, enquanto o

FILOSOFIA ORIENTAL

intelectual do Ocidente o faz por afã de objetividade, o sábio do Oriente o faz com o fim de reintegrar-se mais completamente ao que considera ser a Realidade verdadeira. Por isso os ímpetos de reforma muitas vezes ganham em cada caso um sentido distinto: "exterior" no intelectual ocidental; "interno" e "espiritual" no sábio do Oriente. Por fim, ao contrário do intelectual e do filósofo do Ocidente, que possuem uma acusada figura histórica, o sábio oriental desaparece atrás de sua obra e atrás da citada Realidade. Suas contribuições ligam-se tão estreitamente às de seus predecessores que formam, a rigor, um corpo único, não se estabelecendo em seu caso — ou estabelecendo-se com características muito menos agudas que no Ocidente — a questão da originalidade do pensamento.

O segundo problema de que trataremos aqui é o problema — facilmente relacionável com o anterior — das diferenças ou concordâncias entre a filosofia oriental e a filosofia ocidental (que caracterizamos brevemente nos verbetes FILOSOFIA GREGA, FILOSOFIA GRECO-ROMANA, FILOSOFIA MEDIEVAL, RENASCIMENTO, FILOSOFIA MODERNA, FILOSOFIA CONTEMPORÂNEA, assim como, em grande parte, nos verbetes FILOSOFIA ÁRABE e FILOSOFIA JUDAICA). Várias opiniões foram manifestadas a respeito; enunciaremos as que consideramos mais esclarecedoras.

Distribuímos essas opiniões em quatro: 1) a de que não há relação — ao menos relação apreciável — entre a filosofia oriental e a ocidental; 2) a de que não há diferenças — ao menos diferenças fundamentais — entre as duas filosofias; 3) a de que há diferenças entre elas, mas somente a partir de um núcleo comum por causa das distintas orientações seguidas ao longo de suas respectivas histórias; e 4) a de que há diferenças entre elas, mas somente na medida em que se destacam certos motivos que operam, segundo cada caso, mais em uma que em outra.

Proporcionaremos agora alguns detalhes complementares sobre cada uma das opiniões citadas.

1) A presumida falta de relação entre as duas filosofias pode ser devida a dois motivos, e ter como resultado dois distintos — e opostos — juízos de valor. *a*) O pensamento oriental tem como bases principais a tradição religiosa, a concepção do mundo, os problemas de comportamento social etc., mas não a pura razão teórica surgida na Grécia e crescentemente universalizável e universalizada até o ponto em que seus ideais e métodos, devidamente transformados, influenciaram depois os pensadores orientais. Husserl — defensor, entre outros, dessa tese (*op. cit. infra*) — indica que a irrupção da filosofia como ciência universal e princípio de todas as ciências particulares é o "protofenômeno" espiritual característico da Europa (a partir da Grécia). Somente na Europa (no Ocidente) encontra-se, segundo Husserl, um desenvolvimento suficiente da idéia de ciência como uma infinidade de tarefas. *b*) O pensamento ocidental tende — salvo em alguns representantes — não tanto para o universal como para o superficial; ele se dissolve ou na pura razão raciocinante ou em um puro empirismo circunscrito ao mais imediato, tende para o método e para o aperfeiçoamento das técnicas, com o esquecimento crescente dos motivos cósmicos e, sobretudo, da tradição. O pensamento oriental, por outro lado, dirige-se para os últimos motivos. Daí a sua superioridade (Schopenhauer, Deussen, R. Guénon) e até a possibilidade de que somente ele mereça verdadeiramente ser qualificado de filosofia.

2) As diferenças existem 2*a*) somente quando não se concede a devida atenção à comunidade de pressupostos ou 2*b*) somente quando não se leva em conta o efetivo trabalho filosófico realizado pelos filósofos orientais. A mencionada comunidade de pressupostos pode ser I) comunidade em uma espécie de Grande Tradição que está no subconsciente, no inconsciente coletivo etc., e que constitui um subsolo de mitos sobre os quais é edificado o trabalho, sempre subordinado, da razão, ou II) comunidade na razão, idêntica em todos os homens e, portanto, suscetível de proporcionar os mesmos resultados. Já o trabalho filosófico referido em 2*b*) é o que se revela quando são examinadas em detalhe as doutrinas filosóficas orientais e se vê (como afirma Surendranath Dasgupta) que muitas teorias da filosofia européia "são as mesmas encontradas na filosofia indiana", ou se descobre (como sustenta Chan Wing-tsit) que a tantas vezes alegada confusão oriental entre filosofia e religião não é desconhecida do Ocidente, de modo que, enquanto não forem extremadas ou exageradas as diferenças, haverá possibilidade de traduzir muitos pensamentos formulados na China para o vocabulário ocidental e vice-versa.

3) Oriente e Ocidente não são nem iguais nem distintos. 3*a*) São, como sustenta P. Masson-Oursel, como dois jorros procedentes de um manancial único, assentado nos povos "asianos", contra os quais se chocaram as invasões indo-européias e as semíticas. A máxima diferenciação entre Oriente e Ocidente foi produzida na época moderna a partir de Galileu e Descartes, mas o futuro pode reduzi-la. Por enquanto, contudo, é típico do ocidental dirigir-se rumo ao conhecimento pelo conhecimento, e do oriental dirigir-se rumo a um tipo de "conhecimento" que designa "um meio pelo qual *o homem se serviu do espírito para algo muito distinto do conhecer*". 3*b*) Há um ponto de partida comum, mas o *sentido* das respectivas culturas mudou ao longo do tempo. Isso pode ser notado (como indicou Zubiri) no desvio aparentemente sutil entre o sentido do "é" como simples cópula na literatura hindu primitiva e o sentido do "é" grego como fundamento da ontologia pré-socrática.

4) É difícil falar de *uma* filosofia oriental e de *uma* filosofia ocidental; é mais plausível falar de *filosofias* orientais e de *filosofias* ocidentais. Além disso, o que pode ser adequado nas comparações quando se toma como exemplo a Índia, pode não sê-lo ao se tomar a China (ou o Japão). Entretanto, podem ser destacados certos motivos muito gerais; por exemplo, enquanto no Oriente abundam os conceitos intuitivos, no Ocidente abundam os conceitos postulativos (Northrop); enquanto no Oriente há inclinação para o afetivo, a salvação, a fusão em uma unidade transcendente, no Ocidente há uma inclinação para o intelectual, a razão, a compreensão, a individualização; enquanto no Oriente predomina a interioridade transformadora do eu, no Ocidente predomina a ação transformadora do mundo exterior. Mas quaisquer diferenças devem levar em conta tantas exceções que devemos considerar as primeiras sempre com grande cautela. Certas características que se supõe serem muito próprias do pensamento oriental (como o misticismo), por exemplo, também são importantes no ocidental; há muita insistência na interioridade no Ocidente e não pouco interesse pelo prático no Oriente (sem dúvida, na China); houve uma intensa relação entre a especulação filosófica e as crenças religiosas no Oriente (hinduísmo, budismo, confucionismo), mas foi muito grande a influência da religião sobre a filosofia no Ocidente.

Quando são sublinhados motivos como a concepção do mundo, a transformação conceitual de experiências religiosas e místicas etc., as diferenças entre as duas filosofias aumentam até o ponto de parecerem irredutíveis. Quando os motivos considerados são de índole mais "técnica" — métodos, formas de pensar, problemas do conhecimento etc. — as diferenças diminuem até o ponto de se tornarem imperceptíveis. Na medida em que a própria filosofia oriental enfatiza os primeiros motivos aduzidos, pode-se dizer que subsistem diferenças — embora mais culturais e espirituais que propriamente filosóficas — entre os dois mundos filosóficos. Somente quando a filosofia oriental se coloca no mesmo terreno que a do Ocidente podem ser encontradas grandes analogias entre as duas. Em última análise, a solução para a questão das concordâncias e diferenças entre filosofia ocidental e filosofia oriental depende da direção seguida pela investigação.

É difícil decidir-se por apenas uma das opiniões mencionadas; todas têm a seu favor argumentos e fatos convincentes. Pessoalmente nos inclinamos a considerar muito justa a opinião 3b) no que diz respeito à relação entre filosofia indiana clássica e filosofia grega pré-socrática, e extremamente plausível a opinião 4), formulada justamente como opinião própria.

A bibliografia para as filosofias chinesa e indiana está nos verbetes correspondentes. Avisamos que em várias das obras ali mencionadas são feitas considerações sobre os dois problemas debatidos neste verbete e que, portanto, também é necessário recorrer a elas para o estudo do tema geral *filosofia oriental*. Aqui nos limitaremos, porém, a indicar algumas obras de caráter geral, complementando-as com referências bibliográficas sobre a questão da relação entre Platão e o Oriente, e sobre os pensamentos iraniano e japonês, que não foram objeto de verbetes específicos.

➲ VV. AA., (H. Oldenberg, W. Grube, T. Inouye), *Allgemeine Geschichte der Philosophie* (na série *Die Kultur der Gegenwart*, ed. P. Hinneberg). — R. Grousset, *Histoire de la philosophie orientale*, 1923. — L. Adams Beck, *The Story of Oriental Philosophy*, 1928. — Paul Masson-Oursel, *La philosophie en Orient*, 1938. [esta obra está incorporada à *História da filosofia* de É. Bréhier, mencionada em FILOSOFIA (HISTÓRIA DA). — Id., *Les philosophies orientales*, 1940. — Id., *La pensée en Orient*, 1949. — Chan Wing-tsit, G. P. Conger, J. Takasuko, D. Teitaro Suzuki, Shunzo Sakamaki, *Essays in East-Western Philosophy: An Attempt at World Philosophical Synthesis*, 1951, ed. Ch. A. Moore. — VV. AA., *History of Philosophy Eastern and Western*, 2 vols., 1953, eds. S. Radhakrishnan, A. E. Wadia, D. M. Datta, H. Kabir. — Hajime Nakamura, *Ways of Thinking of Eastern Peoples: India, China, Tibet, Japan*, 1965. — J. M. Koller, *Oriental Philosophies*, 1970; reed., 1985 [sistemas hindus, filosofias budistas, filosofias chinesas]. — A. C. Danto, *Mysticism and Morality: Oriental Thought and Moral Philosophy*, 1972. — S. C. Hackett, *Oriental Philosophy: A Westerner's Guide to Eastern Thought*, 1979.

Trabalhos especiais de filosofia comparada: Paul Masson-Oursel, *La philosophie comparée*, 1923; 2ª ed., 1931. — G. Misch, *Der Weg in der Philosophie*, 1926 (trad. ingl. com muitas ampliações e correções do autor: *The Dawn of Philosophy*, 1951). — P. T. Raju, *Introduction to Comparative Philosophy*, 1962, reimp. 1970. — A. J. Bahm, *Comparative Philosophy: Western, Indian, and Chinese Philosophies Compared*, 1977.

Influência do Oriente sobre Platão: J. Bidez, *Eos, ou Platon et l'Orient*, 1945. — A. J. Festugière, "Platon et l'Orient", *Revue de Philologie*, 21 (1947). — A opinião de Husserl aludida no verbete encontra-se em "Die Krisis der europäischen Wissenschaften und die transzendentale Phänomenologie", *Philosophia*, 1 (1936). — A de Schopenhauer, em várias de suas obras (*Welt als Wille, Parerga und Paralipomena*). — A de P. Deussen, na *Allgemeine Geschichte*, citada em FILOSOFIA INDIANA. — A de R. Guénon, em sua obra anteriormente mencionada sobre filosofia oriental e nas que são citadas em FILOSOFIA CHINESA. — A de Surendranath Dasgupta, no t. I, p. 9, de sua *A History of Indian Philosophy* citada em FILOSOFIA INDIANA. — A de Chan Wing-tsit, no trabalho "The Spirit of Oriental Philosophy", no tomo coletivo ed. por Ch. A. Moore mencionado anteriormente. — A de Masson-Oursel, em suas obras indicadas e especialmente em *La pensée en Orient*. — A de X. Zubiri, em "Sócrates y la sabiduría griega" (1940), em *Naturaleza, Historia, Dios*, 1944, p. 224. — A de F. Romero, em "Meditación del Occidente", *Realidad*, n. 3 (1948), 26-46.

Sobre o pensamento iraniano e particularmente sobre o zoroastrismo: Muhammad Iqbal, *The Development of Metaphysics in Persia: A Contribution to the History of Muslim Philosophy*, 1908 (tese). — Moussa Béroukhin, *La pensée iranienne à travers l'histoire*, 1938 (tese). — H. Corbin, *Les motifs zoroastriens dans la philosophie de Shranardi*, 1946. — J. Duchesne-Guillemin, *Zoroastre. Étude critique, avec une traduction commentée des Gâthâ*, 1948. — Ver também o verbete MANIQUEÍSMO.

Sobre a filosofia japonesa: C. Kuwaki, "Die philosophischen Tendenzen in Japan", *Kantstudien*, 33, 1/2 (1923). — P. Lüth, *Die japanische Philosophie*, 1948. — Chan Wing-tsit, G. P. Conger, J. Takasuko *et al.*, *op. cit. supra*. — Niels C. Nielson, *Religion and Philosophy in Contemporary Japan*, 1957. — Chikao Fujisawa, *Zen and Shinto. The Story of Japanese Philosophy*, 1959. — Gino K. Piovesana, *Recent Japanese Philosophical Thought, 1862-1962: A Survey*, 1963 (ed. italiana: *Filosofia giapponese contemporanea*, 1968). — D. C. Holtom, *The Political Philosophy of Modern Shinto: A Study of the State Religion of Japan*, 1984. — Para o pensamento budista no Japão, ver a bibliografia do verbete BUDISMO.

Revistas: *Philosophy East and West*, desde 1950. ᛣ

•• **FILOSOFIA PARA CRIANÇAS.** Sob o nome de "Filosofia para crianças" conhece-se nos países de língua portuguesa o projeto norte-americano "Philosophy for Children" de Matthew Lipman (VER). No verbete FILOSOFIA PRÁTICA (VER) faz-se referência ao crescente interesse atual, na filosofia, por questões de índole "prática". A proposta de Lipman quer ir além da distinção entre "filosofia teórica" e "filosofia prática" e pretende conciliar os dois termos em um mesmo "fazer filosofia" por meio do diálogo filosófico e da comunidade de pesquisa. Segundo Lipman, a filosofia não é uma mera especulação teórica mas uma atividade, uma reflexão crítica e criativa ao mesmo tempo, que pode ser aplicada a qualquer disciplina. "Os cidadãos reflexivos e razoáveis deveriam ser capazes de tirar sentido do que ouvem ou lêem, e deveriam ser capazes de dar sentido ao que dizem e escrevem. Para conseguir isso requerem-se uma adequada capacidade de raciocínio e adequadas habilidades de pesquisa."

Lipman aposta decididamente em uma filosofia entendida não como complemento da educação mas como elemento integrante desta. Por essa razão criou um Instituto, o IAPC (Institute for the Avancement of Philosophy for Children), e desde 1969 preparou o currículo "Philosophy for Children", que consta de sete programas tematicamente dedicados a grandes áreas do pensamento filosófico: o mundo, o conhecimento, a linguagem, a lógica, a ética, a política e a estética. A matéria consta, em cada caso, de um romance dirigido às crianças e de um manual com o qual o professor pode acompanhar e impulsionar a comunidade de pesquisa em que deve se transformar a aula.

O projeto de Lipman reúne as influências de uma série de pensadores que se dedicaram ao fenômeno educacional. De suas teorias ele extraiu as características formais e metodológicas da "Filosofia para crianças": o uso do diálogo como elemento fundamental deriva-se dos trabalhos de Mead, Vygotsky e Bruner; de Dewey, a idéia de organizar a matéria mais em forma de romance que de livro-texto; as análises de Piaget sobre o desenvolvimento intelectual da criança serviram de ponto de referência a Lipman na hora de estruturar e de estabelecer a seqüência das habilidades que se devem potencializar em cada etapa — embora isto seja feito em contraposição a Piaget —; a decisão de expressar a disciplina da filosofia em linguagem comum tem sua origem nos trabalhos de Ryle e de Wittgenstein; e a decisão de construir os exercícios dos manuais em questões ordenadas de modo seqüencial, em planos de discussão e estratégias de pesquisa tem relação com a aproximação socrática do diálogo.

Os elementos que configuram o projeto Filosofia para Crianças estruturam-se em torno de quatro idéias básicas: *a)* melhoria da habilidade de raciocinar; *b)* desenvolvimento da criatividade; *c)* crescimento pessoal e interpessoal, e *d)* desenvolvimento da compreensão da ética. Trata-se, pois, de um programa filosófico e, ao mesmo tempo, de um programa educacional: uma teoria filosófica do conhecimento e uma filosofia da educação.

Os sete programas do currículo, já traduzido para mais de quinze idiomas, são: *Harry Stottlemeier's Discovery* (11-12 anos) (1974) e *Philosophical Inquiry* (1975), que oferecem os princípios básicos do raciocínio. Entre 1976 e 1980 Lipman e seus colaboradores se dedicaram ao desenvolvimento de programas complementares nos quais as habilidades de raciocínio podiam ser aplicadas a áreas específicas: *Lisa* (13-14 anos) (2ª ed., 1983) e o manual *Ethical Inquiry* (2ª ed., 1985), sobre o raciocínio ético; *Suki* (15-16 anos) (1978) e *Writing: How and Why* (1980) tratam não somente de questões sobre a composição literária, mas também de problemas de linguagem, estética e de teoria do conhecimento; e *Mark* (17-18 anos) (1980) e *Social Inquiry* (1980) contém o programa de pesquisa em ciências sociais. De 1981 a 1986 foram desenvolvidos outros programas para o ensino elementar (7-10 anos), visando prover as crianças com a preparação cognitiva necessária para adquirir as habilidades lógicas apresentadas na escola média: *Pixie* (9-10 anos) (1981) e *Looking for Meaning* (1984), sobre a linguagem; *Kio & Gus* (7-8 anos) (1982) e *Wondering at the World* (1986) têm a ver com o raciocínio nas ciências naturais; e *Elfie* (6-7 anos) (1986) e *Getting our Thoughts Together* (1986) tratam do conhecimento de si próprio por meio da atividade do pensar.

Também existe tradução e adaptação para o catalão da maioria desses programas, complementados, nesse caso, com uma série de propostas pedagógicas criadas pelo IREF (Institut de Recerca per l'Ensenyament de la Filosofia), cujo projeto é conhecido pelo nome de "Filosofia 6/18".

Desde 1985, as diferentes instituições nacionais que promovem o projeto "Philosophy for Children" estão reunidas no ICPIC (International Council of Philosophical Inquiry with Children). Na mesma linha de cooperação e de organização entre os diferentes países, constituiu-se, em 1994, SOPHIA, organismo para coordenar os projetos no âmbito europeu.

⊃ Para a bibliografia que inspira o projeto, ver sobretudo: M. Lipman-A. M. Sharp-F. Oscanyan, *Philosophy in the Classroom*, 1977. — M. Lipman-A. Sharp, *Growing Up with Philosophy*, 1978. — M. Lipman, *Philosophy goes to School*, 1988. — M. Lipman, *Thinking in Education*, 1991. — Além disso, numerosos artigos que apareceram nas revistas *Thinking. The Journal of Philosophy for Children, Analytic Teaching, Aprender a pensar, Butlletí "Filosofia 6/18"* e o *Bulletin of the International Council for Philosophical Inquiry with Children* (ICPIC).

Em português: *Filosofia na sala de aula*, 2ª ed., 1997. — *A filosofia vai à escola*, 2ª ed., 1990. — *O pensar na educação*, 1995.

Sobre o projeto, ver também: G. Matthews, *Philosophy and the Young Child*, 1980. — J. E. McPeck, *Critical Thinking and Education*, 1981. — M. Glatzel-E. Martens, *Philosophieren im Unterricht*, 1982. — R. S. Nickerson et al., *The Teaching of Thinking*, 1985. — J. Baron-R. J. Sternberg, *Teaching Thinking Skills: Theory and Practice*, 1987. — A. Fischer (ed.), *Critical Thinking*, 1988. — H. L. Freese, *Kinder sind Philosophen*, 1989. •• ⊂

FILOSOFIA POLÍTICA. Ver POLÍTICA.

FILOSOFIA POLONESA. Ver VARSÓVIA (CÍRCULO DE).

FILOSOFIA POPULAR. Desde pouco antes da metade do século XVIII até aproximadamente o final do mesmo século desenvolveu-se na Alemanha um tipo de filosofia chamada de "filosofia popular", *Popularphilosophie*. Seus praticantes, os "filósofos populares", *Popularphilosophen*, diferiam dos filósofos acadêmicos que, em sua grande maioria, seguiam a "filosofia de Leibniz-Wolff" (ver LEIBNIZ-WOLFF [ESCOLA DE]); com efeito, em vez de seguir tal filosofia, ou qualquer filosofia de caráter sistemático, eles escreviam ensaios, aforismos, e alguns até mesmo romances e poemas, sobre questões que consideravam ter um alcance humano concreto e imediato: questões relativas ao homem, à sociedade, à literatura, aos métodos de ensino etc., e, em geral, questões de caráter "prático", suscetíveis de aplicação.

Os filósofos populares foram grandes admiradores dos moralistas e dos pensadores franceses e ingleses — La Rochefoucauld, Shaftesbury etc. —, alguns dos quais foram por eles traduzidos para o alemão. No que diz respeito a suas concepções mais gerais, manifestaram interesses similares aos de Hume e de Reid; ao menos expressaram simpatia por esses pensadores por considerarem que estavam enraizados em um "são entendimento humano", *gesunder Menschenverstand*, ou "senso comum". Sua filosofia era, como foi a de um de seus mentores, Thomasius, uma *philosophia aulica*, e seu conceito da filosofia foi um "conceito mundano", *Weltbegriff*, ao contrário do "conceito escolástico" (ou "acadêmico"), *Schulbegriff*. Eles eram, pois, "filósofos para o mundo", *Philosophen für die Welt*, não "filósofos para a escola" (ou "Universidade"), *Philosophen für die Schule*. Consideraram-se como ilustrados, defensores da Ilustração ou *Aufklärung*, mas difeririam de outros filósofos também ilustrados, como aqueles que trabalhavam na qualidade de investigadores — mais que de divulgadores e polemistas — na Academia de Berlim e também como os filósofos ilustrados franceses, Voltaire, Diderot, D'Alambert etc., isto é, os *philosophes*. De alguma maneira tinham os *philosophes* como modelos, e já que, assim como *estes*, eram patrocinados por Frederico II, o Grande, o *philosophe de Sans Souci*, pode-se perguntar se as diferenças entre os ilustrados franceses e os ilustrados "populares" alemães não eram simplesmente de nuança. A resposta é que, em pelo menos um aspecto, as diferenças eram fundamentais. Os filósofos populares alemães, ao contrário de alguns dos *philosophes* franceses, foram, política e socialmente, muito tímidos. Como Frederico II, zombavam das superstições religiosas e do pedantismo escolástico, mas deixavam o poder intacto.

Não é fácil estabelecer uma lista de "filósofos populares", porque alguns dos que assim foram chamados tinham conexões com os "acadêmicos", e inclusive com alguns wolffianos. Além disso, foi característico de vários filósofos populares "redescobrir" Leibniz, cujos *Nouveaux Essais*, que apareceram em 1765, proporcionaram uma imagem do filósofo distinta da que oferecia o wolffianismo oficial. Pode-se citar, contudo, Thomas Abbt (VER), Christian Garve (VER) e Christian Friedrich Nicolai (VER) como filósofos populares típicos. Outros, vários deles menos típicos, são: August Ludwig Schlozer (1735-1809), J. G. H. Feder (1740-1820), Jakob

Engel (1741-1802), Ernst Platner (1744-1818), Marcus Herz (1747-1803), Christoph Meiners (1747-1810), Johann Christian Lossius (1748-1813), Johann Erich Biester (1749-1816). Todos eles pertencem à mesma geração. A uma geração anterior pertencem Johann Bernard Basedow (1724-1790) e Justus Möser (1720-1790), que foi mentor de vários filósofos populares, especialmente de Thomas Abbt. Moses Mendelssohn (VER) foi freqüentemente considerado um dos "filósofos populares". Por causa de alguns de seus temas e por causa de certas inclinações básicas, ele realmente o foi, mas tanto seu ponto de partida — a filosofia de Leibniz-Wolff — como seu estilo de pensar separavam-se muito de autores como Nicolai, Abbt ou Garve. O que Mendelssohn fez foi expressar, de um modo mais sistemático e completo que qualquer um dos autores citados, alguns de seus "ideais".

A "filosofia popular" esgotou-se quase paralelamente com o wolffianismo. O *Sturm und Drang*, tão pouco "razoável" do ponto de vista dos filósofos populares, deslocou-os como movimento cultural. Kant também se opôs ao nascente "fideísmo", à filosofia popular e ao wolffianismo, mas, assim como elogiou neste último suas intenções sistemáticas e científicas — infelizmente esmagadas sob o peso de um formulismo vazio —, elogiou o propósito que alentara em vários filósofos populares de tratar os grandes problemas humanos não deixando que a filosofia fosse "o monopólio das escolas". Nesse sentido, o conceito kantiano de filosofia foi um *Weltbegriff*, uma filosofia para o mundo, como a haviam desejado os filósofos populares, mas seguindo a direção do *Schulbegriff*, ao menos no que diz respeito ao rigor e ao detalhe, a germânica *Gründlichkeit*.

FILOSOFIA PRÁTICA. A classificação estóica da filosofia (ou do saber em geral) em lógica, física e ética — ainda considerada por Kant como adequada — persiste de algum modo em diversas "classificações". Tanto na Idade Média como na época moderna tendia-se a distinguir um conhecimento "formal" e um conhecimento "material", um saber relativo aos modos como o saber se expressa e um saber no qual se expressa o que supostamente se sabe. O saber ou a ciência relativa à expressão do saber é de caráter "formal" ou "lingüístico" e tradicionalmente era chamada de *sermocinalis scientia* (ou *scientia sermocinalis*) (ver SERMO). O saber mesmo é de caráter real e tradicionalmente era chamado de *realis scientia* (ou *scientia realis*). Por outro lado, o que chamamos aqui de "o saber mesmo", isto é, o conhecimento de algum "conteúdo", foi freqüentemente dividido em teórico e prático. Na classificação estóica a "física" é teórica, no sentido de que é composta de enunciados declarativos relativos ao mundo. A ética, por outro lado, é prática: composta de normas, prescrições, persuasões etc. A diferença entre descritivo e prescritivo é também similar, ou paralela, à diferença entre teórico e prático (onde 'teórico' indica não somente "fático", mas também "conceitual"). As dificuldades que se apresentam ao se estabelecer a primeira diferença são de caráter similar às que surgem quando se estabelece a segunda.

Às vezes considerou-se a lógica como parte da filosofia prática na medida em que foi considerada normativa, mas hoje tende-se a evitar qualquer insinuação de normatividade na lógica. De fato, tende-se inclusive a evitar toda pressuposição de normatividade na ética, na filosofia política, na estética etc., embora nem sempre seja fácil conseguir isso. O que pode ser conseguido é, antes, a idéia de que não há uma normatividade absoluta. Em todo caso, foi ganhando espaço a idéia de que a tradicionalmente chamada "filosofia prática" — cujo exemplo mais eminente e constante foi a moral — distingue-se de algum modo da intitulada "filosofia teórica" pelo tipo de interesse posto em prática. Esses interesses são de natureza moral, política, social, pessoal, interpessoal etc. (em grande parte os mesmos que caíam, segundo Kant, sob a égide da "razão prática", a qual não se distingue, enquanto razão, da teórica, mas tem distintas pressuposições e aspira a outros fins). Na época atual, além disso, ocorreu o seguinte: após um período de caráter predominantemente "teórico" na filosofia, quando os temas mais freqüentemente discutidos foram temas de epistemologia, metafísica, ontologia e um certo número de "filosofias de..." (da ciência, da linguagem, da história etc.), foi se manifestando um crescente interesse por assuntos de caráter "prático" e um conseqüente desenvolvimento do que hoje é chamado de "filosofia prática". No existencialismo houve freqüentes incursões no que pode ser chamado de "reino da prática", mas aqui também cabia distinguir entre um existencialismo orientado pela "prática", especialmente de caráter individual e pessoal (Kierkegaard, Unamuno), e um existencialismo formulado dentro de estritos, e às vezes rígidos, esquemas conceituais (Sartre). Um interesse decidido pela "filosofia prática" expressou-se no marxismo, especialmente na medida em que se manteve em estreita relação com a chamada "práxis" (VER), e, por motivos distintos, no pragmatismo. Ora, mesmo levando-se em conta esses importantes antecedentes ou orientações filosóficas concomitantes, o interesse quase universal pela intitulada "filosofia prática" despertou apenas em uma época relativamente recente, como testemunham os numerosos escritos que, procedentes de diversas escolas, tendências e inclinações, incluindo os analíticos, versam sobre questões não estritamente teóricas. Em grande parte são questões morais, mas também de filosofia política. Fatores extrafilosóficos contribuíram para esse interesse; com efeito, questões suscitadas pelo uso, e abuso, da tecnologia; problemas de natureza ecológica, com freqüentes profecias de catástrofes ecológicas; superpopulação e relação entre população e recursos disponíveis, na atualidade ou mesmo no futuro; questões relativas à legitimidade ou aceitabilidade da homossexualidade, do aborto e da eutanásia; problemas de justiça social etc., impeliram os filósofos a se ocupar de questões "práticas", ainda que sua ocupação seja predominantemente "teórica", isto é, ainda que enfrentem esses problemas tentando esclarecê-los e propondo teorias que permitam compreendê-los e, em última análise, solucioná-los. Falou-se de "um renascimento da filosofia prática". Esse é o título de um artigo de Rüdiger Bubner: "Eine Renaissance der praktischen Philosophie", *Philosophische Rundschau*, 22. Jahrgang. Heft 1/2 (1975), 1-34, no qual são comentadas numerosas obras de filosofia prática, algumas das quais estudam a filosofia prática de autores do passado (particularmente de Aristóteles) e outras apresentam um amplo quadro antológico de problemas da filosofia prática, como nos dois volumes de trabalhos compilados por Manfred Riedel intitulados *Rehabilitierung der praktischen Philosophie*, 1972-1974 (I: *Geschichte, Probleme, Aufgaben*; II: *Rezeption, Argumentation*). Em outros países está se estendendo uma orientação parecida, que alcança, como foi apontado, autores analíticos (como R. M. Hare, que publicou uma série de volumes que poderiam ser reunidos sob o nome de "filosofia prática" e também "filosofia aplicada"; deve-se notar, porém, que quando o *analytic turn* voltou-se para o estudo de expressões de linguagens comuns mais que para o estudo de alguma linguagem ideal ou das linguagens científicas, a orientação para a "filosofia prática" começou a ocorrer).

Junto aos citados fatores externos deve-se levar em conta também, especialmente no que diz respeito a orientações durante algum tempo focalizadas em "filosofia teórica", os efeitos do freqüentemente observado movimento pendular no pensamento e, em geral, na história humana. Após um período de interesse predominantemente "teórico" é muito provável que haja um de tendência destacadamente "prática".

As orientações citadas anteriormente são apenas algumas das muitas que poderiam ser citadas, seja como tendo colaborado com um "renascimento da filosofia prática", ou como tendo-se unido de algum modo a esse "renascimento". Seria preciso levar em conta, com efeito, entre outras coisas, a "filosofia prática" crociana e as tendências manifestadas na Escola de Frankfurt. Além disso, quando Ortega y Gasset destacava que o saber primário e radical é o "saber a que se ater", expressava um interesse inequívoco pela "prática" e, com isso, pela "filosofia prática".

FILOSOFIA PRIMEIRA. Ver Philosophia prima.

FILOSOFIA RADICAL. No verbete Radical, radicalismo, raiz, falamos de vários sentidos de 'radical' e especialmente do sentido que esse termo tem, ou pode ter, para caracterizar um certo tipo de pensamento filosófico. Desse ponto de vista, a filosofia radical ou filosofia *a radice* não começa por nada dado, ou suposto — seja histórica, lógica ou epistemologicamente —, nem sequer a própria filosofia.

Embora também se tenha falado no passado de "radical" ou de "radicalismo" em um sentido filosófico-político, hoje é cada vez mais comum chamar de "filosofia radical" um certo tipo de posição que surgiu como reação contra as tendências filosóficas pretensamente neutras, e especificamente contra os excessos do tecnicismo filosófico freqüentemente associados ao *analytic turn*. Em 1972, por exemplo, formou-se um "Grupo de filosofia radical" que começou a publicar uma revista intitulada *Radical Philosophy* na qual colaboraram, entre outros, Kai Nielsen, Jonathan Ree, Benjamin Gibbs, Sean Sayers, Tony Skillen, Peter Binns, Andrew Collier, Trevor Pateman, Bernard Harrison. A atitude desses filósofos radicais diante da filosofia analítica nem sempre é totalmente condenatória. A maior parte dos autores denunciam-na como uma manifestação da filosofia burguesa, mas alguns deles, como Kai Nielsen, admitem a possibilidade de ser ao mesmo tempo um filósofo radical e um filósofo analítico considerando que o pensamento analítico tem exigências de rigor que a filosofia radical não deve deixar de lado; em todo caso, alguns sustentam que a filosofia radical e a analítica não são incompatíveis, desde que a última seja de caráter crítico e esteja disposta a revisar seus procedimentos.

É comum que os filósofos radicais indicados tenham simpatia pelo marxismo, especialmente pelo não-ortodoxo, mas, ao que parece, não é absolutamente essencial para a filosofia radical ser marxista. Alguns filósofos radicais exibem simpatia por posições políticas anarquistas. Muitos reconhecem como seus predecessores os filósofos da Escola de Frankfurt (ver) e particularmente a teoria crítica (ver), mesmo que declarem que a filosofia radical não tem mais razão para seguir tais filósofos do que tem para seguir o marxismo. O que, em todo caso, é considerado fundamental pela filosofia radical do tipo aqui descrito é a importância dos problemas sociais, que devem ser tratados tendo em vista uma transformação da sociedade rumo a uma forma socialista autêntica, isto é, uma sociedade na qual não apenas sejam comuns os meios de produção, mas também na qual sejam satisfeitas as necessidades de todos os membros da sociedade e em que a sociedade, composta de trabalhadores, tenha o controle sobre si mesma. Para os filósofos radicais, a filosofia deve servir para a libertação (ver) ou emancipação (ver) e não meramente para o esclarecimento de problemas, mesmo que se considere que os problemas devam ser esclarecidos a fim de que sejam estabelecidos corretamente tendo em vista tal emancipação. Sublinha-se desse modo o caráter de ideologia (VER) da filosofia (entendendo-se por 'ideologia' algo completamente distinto de um mascaramento e algo muito próximo, se não idêntico, de um compromisso de mudança social). A filosofia tem, desse modo, uma tarefa substantiva e, além disso, com alcance prático.

Entre outros textos sobre a filosofia radical, ver: Peter Binns, Tony Skillen, Mary Warnock, Roy Edgley, John Mepham, Guido Frongia, Colin Beardon, Hillel Reuben, artigos sobre o tema "What is Radical Philosophy", em *Radical Philosophy*, n. 3 (1973). — Kai Nielsen, "Radical Philosophy and Critical Theory: Examination and Defense", *Philosophic Exchange*, 2 (1975), 81-109, com notas (pp. 107-109) relativas a outros textos de exposição da filosofia radical. — S. Sayers, ed., *Socialism, Feminism and Philosophy: A Radical Philosophy Reader*, 1990 [coletânea de arts. publicados em *Radical Philosophy* de 1985 a 1990].

FILOSOFIA RENASCENTISTA. Ver RENASCIMENTO.

FILOSOFIA SÍRIA. Ver FILOSOFIA ÁRABE; PLATONISMO.

FILOSOFIA SOCIAL. Não há traços distintivos suficientes para caracterizar uma disciplina chamada "filosofia social" que possam merecer a aprovação de todos os seus possíveis cultivadores. Por outro lado, há um certo grupo de questões que podem ser admitidas sem grande dificuldade como sendo questões de "filosofia social". Indicaremos quais são e em que medida podem ser tratadas também por outras disciplinas.

Pode-se perguntar se é necessária a sociedade (VER), assim como que condições são necessárias para que se possa falar de uma sociedade (especificamente de uma sociedade humana, ao contrário das chamadas sociedades animais). A esse respeito cabe propor distinções entre noções como as de "sociedade", "comunidade" e "grupo". As sociedades podem ser consideradas, além disso, como formadas por constituintes diversos, como famílias ou grupos familiares, tribos, associações, classes etc. Tendo-se admitido que há uma sociedade e em que consiste, pode-se perguntar em que se distingue de formações especiais, como a nação, ou de órgãos sociais determinados, como o Estado.

Já que uma sociedade geralmente tem instituições, existe a questão da natureza destas últimas, e de se são instituições sociais estritamente falando — instituições como sistemas de usos sociais — ou se são instituições políticas, assim como de que relações há entre ambas. As formas das instituições políticas são muito diversas e deve-se ver como se relacionam com estruturas sociais e instituições sociais, assim como perguntar se diferem sempre delas ou então se se adaptam sempre a elas. Questões acerca dos fins e propósitos dos seres humanos em sociedade são predominantes (a rigor, o são desde o momento em que se pergunta se a sociedade é necessária). Esses fins ou propósitos podem ser materiais ou morais, ou, como acontece freqüentemente, ambas as coisas ao mesmo tempo.

Na medida em que as atividades políticas são função de estruturas sociais ou de fins sociais, seja para mantê-los, realizá-los ou transformá-los, o estudo da atividade política e das instituições que dela resultam pode pertencer à filosofia social. A manutenção de ordens e estruturas sociais ou a mudança delas são a esse respeito questões importantes. Também o são as relações entre tipos de estruturas sociais e mudanças históricas, podendo-se investigar então se estas determinam aquelas ou o contrário.

É evidente que muitas das questões esboçadas também são tratadas pela chamada "filosofia política" (ver POLÍTICA), embora esta tenda a concentrar-se nos problemas estabelecidos pela natureza, pelas mudanças e pela justificação ou falta de justificação destas ou daquelas instituições políticas. Por isso às vezes se fala de "filosofia social e política". Também se fala em "teoria social" e em "teoria social e política". Freqüentemente se utilizou a expressão "filosofia da sociedade", que deve ser considerada sinônima de "filosofia social". Por outro lado, a filosofia social ou da sociedade, assim como a filosofia social e política, pode ser distinguida da filosofia das ciências sociais. Esta última examina os conceitos que são utilizados nas ciências sociais ou que são nela propostos ou pressupostos, enquanto a filosofia social dedica grande parte de sua atenção ao exame da justificação teórica ou histórica, ou ambas ao mesmo tempo, de conceitos relativos à sociedade e às diversas formas de sociedade.

De fato, os grandes autores de filosofia política, como Platão, Rousseau, Hegel e Marx, são também filósofos sociais em um ou em vários dos sentidos indicados acima. A estreita conexão entre vários dos problemas mencionados e as questões tratadas na ciência social e na sociologia — especialmente na teoria sociológica — fazem que haja estreitas conexões entre sociologia, ciência social e filosofia social. Assim, autores como Comte, Spencer, Durkheim, Max Weber e Ortega y Gasset são também filósofos sociais com interesses sociológicos, especificamente interesses sociológicos teóricos; o que, além disso, não impede que se refiram abundantemente a dados sociológicos e históricos, para verificar uma teoria, ilustrá-la ou como exemplo para algum esquema ou tipo ideal.

FILÓSOFO. Ver FILOSOFIA; FILÓSOFO (O); PHILOSOPHES.

FILÓSOFO (O). Na *Enciclopédia filosófica* do "Centro di Studi Filosofici" de Gallarate, no verbete "Filósofo", Bruno Nardi proporcionou uma informação muito completa sobre o uso da expressão 'o Filósofo', *philosophus*, para referir-se a Aristóteles. Aqui compendiamos essa informação.

Os comentadores aristotélicos árabes, especialmente Avicena e, sobretudo, Averróis, referiram-se a Aristóteles em termos altamente encomiásticos: Avicena chamou-o de "o primeiro mestre", *magister primus*, e Averróis louvou a Deus por haver distinguido esse homem (Aristóteles) de todos os demais em perfeição e, a rigor, na última perfeição (o intelecto ativo) que é dado ao homem alcançar. Foi a providência divina que nos deu Aristóteles, cuja opinião é "a suma verdade". Não surpreende, pois, que não fosse necessário sequer mencionar o nome próprio. "O Filósofo" basta. Essas opiniões foram refletidas por vários teólogos e filósofos cristãos. Para Santo Alberto Magno, Aristóteles é o "arquidoutor da filosofia", o "príncipe dos filósofos" e também o "primeiro mestre". Daí que ele seja, como Dante o descreve em *Inf.* IV, 131, *il maestro di color che sanno*, o mestre dos que sabem, e como escreve em *Conv.* IV, vi, 8, *quello glorioso filosofo*, o glorioso filósofo, cuja doutrina pode ser chamada de "quase católica" (no sentido de 'universal'). Para João de Salisbury, Aristóteles é "aquele que chamamos filósofo por antonomásia". Nos textos de Santo Tomás de Aquino são abundantes as referências ao *philosophus*, isto é, ao "Filósofo". Durante algum tempo, especialmente nos séculos XIII e XIV, 'filosofia' significava para muitos simplesmente 'filosofia aristotélica'.

FILOSTRATO, FLÁVIO (ca. 170-ca. 249). Nascido em Lemnos, ensinou em Atenas e se mudou para Roma provavelmente no começo do império de Caracala. Chamam-no "o Ateniense" para distingui-lo de outros três escritores de mesmo nome também nascidos em Lemnos. É conhecido sobretudo por sua biografia romanceada de Apolônio (VER) de Tiana, dedicada à imperatriz Julia Donna. Nessa obra ele apresentou Apolônio como um taumaturgo divino. Com isso Filostrato contribuiu para a difusão das doutrinas neopitagóricas e para a interpretação místico-teúrgica do pitagorismo. Devem-se também a Filostrato duas *Vidas dos sofistas*.

➲ Edição de obras: *Opera*, ed. C. L. Kayser, 2 vols., 1844; 3ª ed., 1870, 1871.

Índice: I. Avotins, M. Milner Avotins, *An Index to the Lives of the Sophists of Philostratus*, 1978.

Ver: J. Fertig, *De Philostratis sofistis*, 1894. — K. Münscher, "De Philostrate", *Philol. Supp.*, 10 (1907), 469-557. — Eduard Mayer, "Apollonios von Tyana und Philostratos", *Hermes*, 52 (1917), 371-424. — Ella Birmelin, *Die kunsttheoretische Gedichte in Philostratos Apollonius von Tyana*, 1932 (tese).

Ver também a bibliografia de APOLÔNIO DE TIANA. ➲

FIM, FINALIDADE. O vocábulo 'fim' traduz o termo grego τέλος e o termo latino *finis*. Segundo Richard Broxton Onians (*The Origins of European Thought About the Body, the Mind, the Soul, the World Time, and Fate* [1951], Parte III, cap. XII e *Addenda* XII), estes dois últimos termos têm múltiplas significações, mas todas parecem centrar-se na idéia de fixação e de sujeição. Τέλος parece ter significado originariamente "cinta", "venda", "bandagem", "ligadura". Certos autores derivam *finis* de *figo* ("fixar", "gravar", "sujeitar"). Onians sugere que *finis* era originariamente idêntico a *funis* ("corda"). Daí procedem, tanto para τέλος como para *finis*, os significados de "fronteira", "limite", "termo", "cessação" e, a partir disso, "finalidade", "cumprimento". Também para τέλος, "resultado", "saída" (em latim: *eventus*). Cícero verte τέλος por *extremum* (termo extremo ou final), *ultimum* (objeto último, ou objetivo) e *summum* (termo supremo) (*De fin.*, III, 26). Poder-se-ia dizer também que o "fim" é o termo enquanto delimitação e, de certa maneira, horizonte, ὅρος, de algo. O fim é, pois, o que termina algo e ao mesmo tempo aquilo a que se dirige um processo até estar "acabado" ou "terminado".

Esclareçamos: 'fim' pode significar "término", "limite" ou "acabamento" de uma coisa ou de um processo. Pode ser entendido *a*) em sentido fundamentalmente ou exclusivamente temporal, como o momento final; *b*) em sentido fundamentalmente ou exclusivamente espacial, como o limite; *c*) na definição (VER) — *definitio* — ou determinação (VER) — *de terminatio* —; *d*) no sentido de "intenção", ou "cumprimento de intenção", como propósito, objetivo, alvo, finalidade.

Desde Aristóteles entendeu-se freqüentemente a noção de fim (e a de finalidade) em relação com a idéia de causa (VER) (*Phys.*, II, 3, 194 b e 32ss.). O fim é "causa final", ou "aquilo pelo que (ou em vista do que)" se faz algo. Assim, a saúde é fim (ou causa final) do caminhar, pois caminha-se *com o fim* de conseguir, ou manter, a saúde. Às vezes é difícil distinguir o fim como causa final da causa eficiente. Às vezes, por outro lado, como acontece com as ações humanas, o fim como causa final é o primeiro princípio do agir (*Eth. Nic.*, VII, 8, 1151 a 16). Convém distinguir o ser para o qual algo é um fim do próprio fim. Segundo Aristóteles, no segundo sentido o fim pode existir nos seres imóveis, mas não no primeiro sentido. A distinção entre a causa final e o fim mesmo expressa-se freqüentemente na linguagem comum mediante a distinção entre 'fim' e 'finalidade'.

Aristóteles trata do problema do fim na *Física* (como causa final), na *Metafísica* e na *Ética a Nicômaco*. Usa com freqüência os mesmos conceitos e definições análogas, mas nem sempre os sentidos que os termos utilizados possuem são similares. Na *Física* e na *Metafísica*, por exemplo, o fim é o termo para o qual aponta a produção de algo. Na *Ética*, em contrapartida, ele é o termo para o qual aponta a execução de algo (o propósito). A semelhança e dessemelhança simultâneas do conceito de fim na metafísica e na ética reaparece nos escolásticos, mas nestes existe sempre a tendência de entender esse conceito com base no exame da idéia de fim *in genere* tal como realizada na chamada "doutrina das causas". Desse modo, em Santo Tomás, temos: "O fim não é por causa de outras coisas, mas outras coisas são por causa do fim" (*In lib. II Met.*, leit. 4, 316). O fim é o que explica por que (ou, melhor, para quê) opera a causa eficiente. Como escreveu muito depois Wolff (*Ontologia*, § 932), "aquilo pelo que atua a causa eficiente chama-se *fim*, e também *causa final*". O fim é propriamente a causa da ação da causa eficiente (*op. cit.*, § 933).

Os escolásticos distinguiram vários tipos de "fim". De início distingue-se o fim de uma operação (*finis operis*) do fim daquele que executa a operação (*finis operantis*). Depois são distinguidos: o fim *inteligente* e o fim *cego*; o fim *interno* e o fim *externo*; o fim *imanente* e o fim *transcendente*; o fim *principal* e o fim *secundário*; o fim *relativo* e o fim *absoluto*; o fim *natural* e o fim *sobrenatural*. Não explicaremos em que consiste cada uma dessas noções porque elas se baseiam em grande parte em uma análise da noção de fim mediante o senso comum, de modo que o leitor inferirá sem dificuldade seus respectivos significados. Em algumas ocasiões, a distinção é de índole mais técnica e ao mesmo tempo mais fundamental. Isso ocorre com a distinção entre o fim *objetivo* e o fim *formal*. O fim objetivo, também chamado *finis qui*, é a própria coisa querida (o que em nosso vocabulário chamamos de "finalidade"). O fim formal, também chamado *finis quo*, é a consecução ou posse do fim objetivo (o que chamamos simplesmente de "fim"). Como se perceberá, essa distinção corresponde *grosso modo* à estabelecida por Aristóteles. Todas essas espécies de fim como causa final têm, além disso, uma condição comum: a universalidade. Com efeito, a causa final penetra ou, melhor, entrecruza-se com todas as ordens do ser e do acontecer.

Alguns autores antigos falaram de bens "finais". Assim fizeram os estóicos ao chamar de τελικὰ ἀγαθά as atividades necessárias para o "bem-estar", εὐδαιμονία (cf. art. de O. Rieth cit. *infra*).

Também estudamos o problema do fim e da finalidade no verbete TEOLOGIA, em que nos referimos à existência de sistemas filosóficos baseados na finalidade. Como exemplos podemos mencionar o de Leibniz e, em menor medida, o de Lotze. As discussões sobre o conceito de fim foram especialmente vivas em algumas tendências da filosofia contemporânea, especialmente nas que se ocuparam do problema da natureza dos seres vivos. Isso ocorreu com Driesch, Bergson e Nicolai Hartmann, entre outros. Driesch defende a idéia de finalidade, mas com matizes que indicamos no verbete sobre esse filósofo assim como nos verbetes sobre a causa e a entelequia (VER). Pode-se falar em seu caso de uma tendência ao finalismo hológico, isto é, basea-do no predomínio da noção de totalidade. Bergson, por outro lado, rejeita tanto o finalismo como o mecanicismo, pois ambos são, em seu entender, manifestações de uma concepção da realidade segundo a qual esta já se encontra inteiramente dada: ou pelo passado (mecanicismo) ou pelo futuro (finalismo). "A doutrina da finalidade" — escreve Bergson no cap. I de *L'Évolution créatrice* — "implica que as coisas e os seres não fazem senão realizar um programa já traçado (...) Como na hipótese mecanicista, supõe-se aqui também que *tudo está dado*. O finalismo assim entendido é um mecanicismo ao contrário. Inspira-se no mesmo postulado, apenas com a diferença de que (...) coloca diante de nós a luz com a qual pretende nos guiar, em vez de colocá-la atrás. Substitui a impulsão do passado pela atração do porvir." Sua única vantagem em relação ao mecanicismo é que não é uma doutrina rígida e, portanto, admite correções; por isso não pode ser refutado definitivamente. Já N. Hartmann concebe a finalidade como uma categoria do entendimento (ao contrário da causalidade, que é uma categoria real dos acontecimentos naturais). A finalidade contrapõe-se não apenas ao nexo causal, mas também à ação recíproca, à determinação atual e à determinação pelo todo. Esse é o motivo pelo qual o pensar teleológico ou pensar segundo os fins é um modo de pensar último (uma concepção do mundo e mesmo uma perifilosofia [VER]). O finalismo supõe, com efeito, que na causa resida um fim (como dizia claramente Lotze). N. Hartmann também percebe o entrecruzamento da noção de fim em diversas esferas quando distingue várias noções de finalidade, principalmente as duas mencionadas anteriormente que parecem continuar sendo as fundamentais: a finalidade como causa final (objeto da ontologia) e a finalidade como propósito de um agente (tema da ética). Com efeito, N. Hartmann distingue vários atos no nexo final: 1) a possibilidade do fim *na* consciência; 2) a seleção do fim *por meio* da consciência; 3) a realização pela série dos meios *fora* da consciência. O primeiro conceito é primordialmente ontológico; o segundo e o terceiro, éticos.

Uma recente manifestação do finalismo é o sistema neofinalista apresentado por Raymond Ruyer (VER). Segundo esse filósofo, toda substância e todo ato podem ser considerados "livres". Em vez do monismo determinista e do dualismo *determinismo-liberdade*, Ruyer defende um monismo indeterminista e finalista. Tal indeterminismo-finalismo é dominante, segundo esse autor, não apenas na consciência e na vida orgânica mas também na realidade inorgânica. A *activitas prima* rege todos os entes, embora em uma hierarquia que vai desde uma atividade (e propósitos) diminuta até uma atividade (e propósitos) plena: atividade intra-atômica, atividade orgânica (instintiva) e atividade consciente (valorativa). O homem é um composto dos três modos citados de atividade.

⊃ Sobre fins e finalidade em geral, assim como sobre o problema das causas finais: Jules Lachelier, *Du fondement de l'induction*, 1871. — Paul Janet, *Les causes finales*, 1877. — James Ward, *The Realms of Ends, or Pluralism and Theism*, 1911. — Rudolf Eisler, *Der Zweck, seine Bedeutung in der Natur und Kultur*, 1914. — A. Messer, *Die erkenntnistheoretische Bedeutung der objektiven Zweckmässegkeit im transzendentalen Idealismus*, 1925. — Réginald Garrigou-Lagrange, *Le réalisme du principe de finalité*, 1932. — L. Bonoure, *Déterminisme et finalité*, 1957. — Hans Voigt, *Das Gesetz der Finalität*, 1961. — Richard Taylor, *Action and Purpose*, 1966. — J. Sallis, *Delimitations: Phenomenology and the End of Metaphysics*, 1986.

Ver também as obras citadas em INDETERMINISMO e TEOLOGIA.

Sobre a finalidade na vida e na natureza orgânica: J. von Hanstein, *Ueber den Zweckbegriff in der organischen Natur*, 1880. — Paul Nicolaus Cossmann, *Elemente der empirischen Teologie*, 1897. — Bodhan Rutkiewicz, *L'individualisation, l'évolution et le finalisme biologique*, 1933. — Lucien Cuénot, *Invention et finalité en biologie*, 1941. — H. Rouvière, *Vie et finalité*, 1944. — Walter Strich, *Telos und Zufall. Ein Beitrag zu dem Problem der biologischen Erfahrung*, 1961. — H. Barreau, P. P. Grasse, *La fin et les moyens. Études sur la finalité biologique et ses mécanismes*, 1985, ed. J.-L. Parrot, com a colaboração de Y. Leroy.

Ver também a bibliografia de MECANICISMO e VITALISMO.

Sobre o princípio de finalidade nas ciências: J. Zaragüeta, *El princípio de finalidad en el estado actual de la ciencia*, 1929. — Georges Matisse, *La question de la finalité en physique et en biologie*, 2 vols., 1934.

Sobre finalidade moral e prática: M. Souriau, *La fonction pratique de la finalité*, 1925. — J. Rohmer, *La finalité morale chez les théologiens de Saint Augustin à Duns Scot*, 1937. — D. Campanale, *op. cit. infra*. — Daniel Christoff, *Le Temps et les Valeurs. Essai sur l'idée de finalité et son usage en philosophie morale*, 1945 (tese). — Jean Pucelle, *Études sur la valeur*, vol. II (*Le régne des fins*), 1959. — G. Pontara, *Se i fini giustificho i mezzi*, 1974.

Sobre o conceito de fim em vários autores e épocas: W. Theiler, *Zur Geschichte der teleologischen Naturbetrachtung bis auf Aristoteles*, 1925. — G. Schneider, *De causa finali Aristoteles*, 1865. — Michel-Pierre Lerner, *Recherches sur la notion de finalité chez Aristote*, 1969. — O. Rieth, "Ueber das Telos der Stoiker", *Hermes*, 69 (1934), 13-14. — Roswitha Alpers-Gölz, *Der Begriff* σκοπός *der Stoa und seine Vorgeschichte*, 1968. — E. Ragnisco, *La teleologia nella filosofia greca e moderna*, 1884. — Theodor Steinbüchel, *Der Zweckgedanke in der Philosophie des Thomas von Aquin*, 1912 (tese). — Julius Seiler, *Der Zweck in der Philosophie des Franz Suárez*, 1936. — Susanna dal Boca, *Finalismo e necessità in Leibniz*, 1936. — D. Campanale, *La finalità morale nel pensiero di Leibniz*, 1957. — Wilhelm Ernst, *Der Zweckbegriff bei Kant und sein Verhältnis zu den Kategorien*, 1909 (*Kantstudien*, Ergänzungshefte, 13). — C. Pekelharing, *Kants Teleologie*, 1916. — Silvestre Marcucci, *Aspetti epistemologici della finalità in Kant*, 1972. — W. Baumann, *Das Problem der Finalität im Organischen bei N. Hartmann*, 1955. — Alois Möslang, *Finalität, Ihre Problematik in der Philosophie N. Hartmanns*, 1964. ⊂

FINDLAY, J[OHN] N[IEMAYER] (1903-1987). Nascido em Pretória, Transvaal, África do Sul, estudou em Pretória, em Oxford e na Universidade de Gratz. Deu aulas primeiramente em Otago, Dunedin, Nova Zelândia, e depois em Grahamstown, África do Sul, Newcastle-upon-Tyne e, de 1951 a 1966, no King's College, Universidade de Londres. Desde 1966 deu aulas nos Estados Unidos, nas Universidades de Texas, Yale e Boston.

O próprio Findlay declara que seu pensamento filosófico desenvolveu-se em três etapas. Na primeira ele se interessou por correntes idealistas e espiritualistas, de Platão e Plotino a Hegel e Bergson. Na segunda deu-se a conhecer como filósofo analítico, com particular inclinação para os aspectos realistas da análise, tal como se manifestavam em Moore e Wittgenstein. Na terceira, e até agora última etapa, sem abandonar parte do instrumental analítico, e demonstrando sempre considerável simpatia por Moore, inclinou-se para a especulação metafísica, com inclinações idealistas e mesmo místicas. Seus estudos sobre Meinong contribuíram para o ressurgimento do interesse por esse autor e pela "tradição austríaca", que inclui, entre outros, Brentano e Ehrenfels; a isso agregou considerável interesse por Husserl. A parte mais original do pensamento de Findlay expressa-se em sua detalhada exploração da "caverna" de Platão, que constitui uma contínua "ascensão", desde a descrição do "conteúdo da caverna" até o reino transcendente à "caverna": as noções e os significados, os valores e desvalores, a religião. A "geografia ultramundana" de Findlay, com a descrição do reino noético, e da vida da alma e de Deus, é uma continuação de uma "ascensão para o Absoluto". Findlay avisa repetidamente que a "fé mística" em que culmina sua descrição — que poderia ser chamada de "descrição especulativa" — é uma hipótese escatológica que não pode ser provada por meios racionais, mas que é sugerida por muitas experiências pessoais e interpessoais e, em todo caso, constitui um enriquecimento do mundo. Para entender o mundo descrito é preciso recorrer não apenas à ciência, mas também à arte e às múltiplas experiências religiosas e místicas da humanidade. As noções especulativas não estão separadas dos conteúdos sensíveis, mas ao contrário: contribuem para a compreensão desses conteúdos. "O sentido e o pensamento" — escreve Findlay — "não são dois modos díspares de existência, e o segundo não é um mero substituto do primeiro. São fases de um único espectro e se entrecruzam necessariamente; seu espectro tem um significado real e cósmico, assim como pessoal e subjetivo" (*Ascent to the Absolute*, 1970, p. 67). Pela importância do detalhe na nova "fenomenologia do Espírito" de Findlay, o pensamento desse autor não é suscetível de resumo em esquemas categoriais.

➔ Obras: *Meinong's Theory of Objects*, 1933; 2ª ed., 1963. — *Hegel: A Re-Examination*, 1958. — *Language, Mind, and Value; Philosophical Essays*, 1963. — *The Discipline of the Cave*, 1966 [Gifford Lectures, 1964-1965]. — *The Transcendence of the Cave*, 1967 [Gifford Lectures, 1965-1966]. — *Ascent to the Absolute*, 1969 (ensaios). — *Axiological Ethics*, 1970. — *Psyche and Cerebrum*, 1972 [The Aquinas Lecture, 1972]. — *Plato: the Writen and Unwriten Doctrines*, 1974; edição abreviada: *Plato and Platonism: An Introduction*, 1978. — *Kant and the Transcendental Object: A Hermeneutic Study*, 1981. — *Wittgenstein: A Critique*, 1984.

Ver: D. Galano, "Il pensiero filosofico di J. H. N.", *Filosofia* (Turim), XXXI, fasc. III (1980), 447-490. — R. Plant, E. S. Casey et al., *Studies in the Philosophy of J. N. F*, 1985, eds. R. S. Cohen, R. M. Martin, M. Westphal [com "My Life 1903-1973", e "Comments" por J. N. F. e bibliografia de obras de J. N. F.]. — M. Marchetto, "J. N. F., un platónico fra i neopositivisti: ritratto biografico", *Rivista di Filosofia Neo-Scolastica*, 84 (2-3) (1992), 539-555. ⊂

FINITO. Ver INFINITO.

FINK, EUGEN (1905-1975). Nascido em Constança, estudou nas Universidades de Münster, Berlim e Friburgo i. B., doutorando-se nesta última com uma tese orientada por Husserl (*Vergegenwärtigung und Bild*) (*Presencialização* [como ação de tornar algo presente] *e imagem*). Foi assistente de Husserl, junto com Ludwig Landgrebe, e contribuiu, com H. L. van Breda, para salvar os manuscritos de Husserl, transportando-os para Louvain. Foi um dos principais colaboradores dos "Arquivos Husserl", decifrando muitos manuscritos. De 1946 a 1948 foi encarregado de curso em Friburgo i. B. e em 1948 foi nomeado professor titular na mesma Universidade.

Fiel seguidor de Husserl no início, aplicou e até radicalizou o idealismo fenomenológico. Todavia, a partir de 1945, e com mais empenho após 1950, Fink rejeitou a pretensão husserliana de desfazer-se de qualquer suposto, aproximando-se consideravelmente de Heidegger, e tratando em sentido heideggeriano os problemas do espaço, do tempo e do movimento. Para Fink, contudo, o que constitui o ser é o mundo; o ser se manifesta como um movimento cósmico em cuja revelação e "abertura" participa decisivamente o homem. Fink também tratou do conceito de fenômeno em sua relação com o ser, com a verdade e com o mundo. As questões filosóficas são, para Fink, "questões prévias" ou "pré-questões" (*Vor-Fragen*) para cuja elucidação é necessário admitir uma espécie de "experiência ontológica" irredutível a quaisquer outras formas de experiência.

➔ Obras: "Vergegenwärtigung und Bild. Beiträge zur Phänomenologie der Unwirklichkeit", *Jahrbuch für Philosophie und phänomenologische Forschung*, 9 (1930), 239-309 ("Presencialização e imagem. Contribuições para uma fenomenologia da não-realidade"). — "Die phänomenologische Philosophie Edmund Husserls in der gegenwärtigen Kritik", *Kantstudien*, 38 (1933), 319-383 ("A filosofia fenomenológica de E. H. na crítica atual"). — *Vom Wesen des Enthusiasmus*, 1947. (*Da natureza do entusiasmo*). — *Philosophie als Überwindung der Naivität*, 1948 (*A filosofia como superação da ingenuidade*). — *Zum Problem der ontologischen Erfahrung*, 1949 (*Para o problema da experiência ontológica*). — *Nachdenkliches zur ontologischen Frühgeschichte von Raum-Zeit-Bewegung*, 1957 (*Meditações acerca da pré-história ontológica de espaço-tempo-movimento*). — *Oase des Glücks. Gedanken zur Ontologie des Spiels*, 1957 (*Oásis da felicidade. Idéias para a ontologia do jogo*). — *Sein, Wahrheit, Welt. Vor-Fragen zum Problem des Phänomen-Begriffs*, 1958 (*Ser, verdade, mundo. Pré-questões acerca do problema do conceito de fenômeno*). — *Alles und Nichts. Ein Umweg zur Philosophie*, 1959 (*Tudo e nada. Uma introdução à filosofia*). — *Spiel als Weltsymbol*, 1960 (*O jogo como símbolo cósmico*). — *Nietzsches Philosophie*, 1960 (*A filosofia de Nietzsche*.). — *Studien zur Phänomenologie, 1930-1939*, 1966. — *Metaphysik und Tod*, 1969 (*Metafísica e morte*). — *Phänomenologie-lebendig oder tot. Zum 30. Todesjahr E. Husserls*, 1969 (*A fenomenologia: viva ou morta. No 30º aniversário da morte de E. H.*). — *Erziehungswissenschaft und Lebenslehre*, 1970 (*Ciência da educação e teoria da vida*). — *Heraklit. Wintersemester 1966-1967*, 1970 (em colaboração com Martin Heidegger; trad. inglesa, 1993). — *Metaphysik der Erziehung im Weltverständnis von Plato und Aristoteles*, 1970 (*Metafísica da educação na compreensão do mundo de Platão e Aristóteles*). — *Epiloge zur Dichtung*, 1971 (*Epílogo à poesia*). — *Traktat über die Gewalt des Menschen*, 1974 (*Tratado sobre a violência do homem*). — *Nähe und Distanz. Phänomenologische Vorträge und Aufsätze*, 1976, ed. Franz Anton (*Proximidade e distância. Conferências e ensaios fenomenológicos*). — *Sein und Mensch. Vom Wesen der ontologischen Erfahrung*, 1977, eds. Egon Schütz e Franz Anton Schwarz (*Ser e homem. Da natureza da experiên-*

cia ontológica). — Hegel. *Phänomenologische Interpretation der* Phänomenologie des Geistes, 1977, ed. J. Holl (*H. Interpretação fenomenológica da* Fenomenologia do espírito). — *Grundfragen der systematischen Pädagogik*, 1978 (*Perguntas fundamentais da pedagogia sistemática*). — *Grundphänomene des menschlichen Daseins*, 1979, eds. E. Schütz e F.-A. Schwarz (*Fenômenos básicos da existência humana*). — *Einleitung in die Philosophie*, 1985 (*Introdução à filosofia*).

Bibliografia: Friedrich-Wilhelm von Hermann, *Bibliographie E. F.*, 1970.

Ver: Pius Schlageter, *Kosmo-Sophia. Das Welt-problem bei E. F.*, 1963 (mimeo.). — Ludwig Landgrebe, ed., *Festschrift für E. F. zum 60 Geburtstag*, 1965. — Dorion Cairns, *Conversations with Husserl and F.*, 1976, ed. Richard M. Zaner. — F. Graf, ed., *E.-F.-Symposion*, 1987. ⊂

FINLAYSON, CLARENCE. Ver Molina, Enrique.

FIORENTINO, FRANCESCO (1834-1894). Nascido em Sambiase (Catanzaro), ensinou na Universidade de Bolonha e foi professor nas Universidades de Nápoles (1871-1877) e Pisa (a partir de 1877). Seguidor primeiramente de Galluppi e depois de Gioberti, Fiorentino foi atraído mais tarde por Spaventa, mediante o qual se orientou para o hegelianismo (VER) do século XIX. Contudo, após aplicar idéias hegelianas ao problema da relação entre a religião e a filosofia — com a idéia de que a primeira se subordina à segunda —, interessou-se muito pelo positivismo. Discute-se se em sua fase final Fiorentino foi realmente positivista ou idealista, mas, ao que parece, ele próprio avaliava essas duas orientações como insuficientes, a menos que de algum modo se complementassem. Isso o levou a reformular vários problemas filosóficos em um sentido próximo ao do neokantismo de tendência positivista.

Fiorentino distinguiu-se sobretudo por seus estudos de história da filosofia para os quais levou suas diferentes posições filosóficas; em muitos casos aspirou antes a uma interpretação que a uma simples exposição do passado filosófico.

⊃ Obras: *Il panteismo di G. Bruno*, 1861. — *Saggio storico sulla filosofia greca*, 1864. — *Pomponazzi*, 1868. — *Telesio*, 2 vols., 1872-1874. — *La filosofia contemporanea in Italia*, 1876. — *Frammento postumo sul Quattrocento*, 1885, ed. V. Imbriani. — *Elementi di filosofia*, 2 vols., 1907, ed. G. Gentile. — F. também escreveu um *Manuale di storia della filosofia ad uso dei licei*, do qual há uma 3ª ed. em 3 vols., 1924-1929, ed. A. Carlini.

Bibliografia de F. em *Onoranze a F. F. nel cinquantennio della morte*, 1935.

Ver: A. Renda, *Il pensiero di F. F.*, 1935. — M. Barillari, *Il pensiero di F. F.*, 1935. — M. Donzelli, "Interpretazioni e assimilazioni del pensiero vichiano in F. F.", *Rivista di Studi Crociani*, 4 (1967), 331-337. ⊂

FISCHER, ALOYS. Ver Husserl, Edmund; Lipps, Theodor.

FISCHER, KUNO (1824-1907). Nascido em Sanderwale (Silésia), estudou nas Universidades de Leipzig e de Halle. Em 1850 "habilitou-se" em Heidelberg para o ensino de filosofia, mas em 1853 foi-lhe retirada a *venia legendi*. Após fracassar em sua tentativa de conseguir, em 1855, uma nova "habilitação", mudou-se para Iena, onde deu aulas durante alguns anos. Em 1872 voltou a Heidelberg, onde foi professor até sua morte. Fischer defendeu seu "caso" em seus escritos *Apologie meiner Lehre* (*Apologia de minha doutrina*) e *Das Interdikt meiner Vorlesungen* (*A proibição de minhas lições*), ambos publicados em 1854.

Kuno Fischer recebeu sobretudo a influência de Hegel, sublinhando no início a importância da dialética para a compreensão da realidade. Entretanto, como alguns outros hegelianos alemães de sua geração, inclinou-se depois para o kantismo, sendo um dos que contribuíram, durante o último terço do século passado, para a revalorização do pensamento de Kant. Fischer destacou-se especialmente por seu trabalho como historiador da filosofia; sua história da filosofia moderna e seus estudos sobre pensadores e escritores dos últimos três séculos exerceram grande influência na Alemanha. Fischer opôs-se em alguns pontos a Trendelenburg. Entre seus mais importantes discípulos figura W. Windelband.

⊃ Obras: *Diotima. Die Idee des Schönen*, 1849 (*D. A idéia do belo*). — *System der Logik und Metaphysik oder Wissenschaftslehre*, 1852; 3ª ed., 1909 (*Sistema da L. e da M. ou doutrina da ciência*). — *Geschichte der neueren Philosophie*, 6 vols., 1852-1877; ed. de 1897-1904 em 10 vols. (1. Descartes; 2. Spinoza; 3. Leibniz; 4-5. Kant; 6. Fichte; 7. Schelling; 8. Hegel; 9. Schopenhauer; 10. Bacon) (*História da filosofia moderna*). — *De realismo et idealismo*, 1858. — *Clavis Kantiana*, 1858. — *Anti-Trendelenburg*, 1870. — *Ueber das Problem der menschlichen Freiheit*, 1875 (*Sobre o problema da liberdade humana*). — *Kritik der kantischen Philosophie*, 1883 (*Crítica da filosofia kantiana*). — *Kleine Schriften*, 8 partes, 1888-1901. — *Goethe-Schriften*, 9 partes, 1889ss.; 5ª ed., 1902. — *Schiller-Schriften*, 4 cadernos, 1890-1901. — *Philosophische Schriften*, 6 vols., 1892-1924.

Ver: A. Trendelenburg, *K. F. und sein Kant. Eine Entgegnug*, 1869. — E. Traumann, *K. F.*, 1907. — W. Windelband, *K. F.*, 1907. — E. Hoffmann, *K. F.*, 1924. ⊂

FÍSICA. Aqui nos ocupamos unicamente de diversas concepções da física, não do conteúdo da física, embora esse conteúdo esteja ligado em grande parte à concepção correspondente. Trataremos da concepção predominante na Antiguidade e das concepções moderna e contemporânea. Incluímos, pois, entre as concepções da física algumas que já existiam antes da constituição da física como ciência no sentido moderno.

I. *Antiguidade*. Várias foram as idéias desenvolvidas nesse período sobre a "física". As principais são as de Platão e dos platônicos, a de Aristóteles, a de Demócrito, Epicuro e dos epicuristas e a dos estóicos.

Nem Platão nem os platônicos consideraram que houvesse uma ciência que possa chamar-se de "física", mas desenvolvem concepções físicas, isto é, relativas à estrutura da Natureza e aos modos de ser dos objetos naturais. Esses objetos são, em princípio, enquanto entidades individuais, matéria de mera "opinião". Mas pode-se obter um conhecimento "científico" deles vendo-os do ponto de vista dos modelos inteligíveis. Importante nas concepções físicas de Platão e dos platônicos é o uso de conceitos matemáticos e especialmente geométricos. Assim, por exemplo, Platão considerou os corpos elementares como correspondentes aos poliedros regulares.

Para Aristóteles, a física é o estudo das "causas segundas", ao contrário da metafísica, que se ocupa das causas primeiras. Essas causas segundas operam na Natureza. Como a natureza é um gênero determinado do ser, a física, φυσικὴ ἀκρόασις, "é uma espécie de filosofia, mas não é a filosofia primeira [metafísica]". O estudo físico da Natureza é essencialmente o estudo de certos conceitos fundamentais (espaço, tempo, movimento etc.). O tema da física aristotélica é constituído especialmente pelo movimento e por seus gêneros. O órgão do conhecimento "físico" é a análise conceitual, mas o conhecimento físico não consiste somente nessa análise. A análise determina, por assim dizer, o "horizonte inteligível" das coisas físicas e das causas segundas. A análise em questão aplica-se a modos de ser acessíveis "intuitivamente". Os objetos de que a física se ocupa são objetos dados aos sentidos, mas a física não é mera descrição desses objetos, e sim exame e interpretação deles e de seus modos de ser.

Demócrito, Epicuro e os epicuristas consideravam a física uma das três partes fundamentais da filosofia (junto com a teoria do conhecimento e a ética). A física se ocupa de conceitos como os átomos (que não são perceptíveis pelos sentidos). Por meio desses elementos básicos e de suas formas pode-se explicar a natureza diversa dos corpos e o movimento. Assim, para esses filósofos o conhecimento dos objetos naturais se torna possível por meio de uma hipótese racional sem a qual o movimento é ininteligível.

Os estóicos consideravam também a física uma das três partes da filosofia (junto com a lógica e a ética). A física dos estóicos (VER) é uma física continuísta e se funda em uma certa concepção da realidade dos corpos e em uma cosmologia.

Comum a todos esses filósofos é o fato de considerar a física uma parte do que hoje se chamaria de "a ontologia da Natureza". A física é a "filosofia natural" em um sentido dessa expressão distinto do moderno (ver FILOSOFIA NATURAL). Ela não se baseia na experimentação, mas não despreza a observação. Consiste principalmente em uma série de hipóteses destinadas a explicar a natureza essencial dos corpos, a reunião desses corpos em um conjunto (a Natureza) e o movimento dos corpos. A explicação dada não se opõe ao senso comum; não que a explicação física e a do senso comum sejam iguais (não o são nos platônicos e menos ainda nos epicuristas), mas é possível compreender por meio do senso comum as hipóteses enunciadas. A Natureza é explicada como algo essencialmente "representável". Por fim, todos os conceitos físicos utilizados pelos filósofos antigos referem-se a todas as propriedades essenciais dos objetos naturais e da Natureza em conjunto. Não há na física antiga, portanto, "limitações" do tipo das que encontramos na física moderna.

Pode-se alegar que nas descrições anteriores foram descuidados dois aspectos da física antiga. O primeiro é o modo de conhecimento físico inaugurado pelos pré-socráticos (excluindo, talvez, Demócrito). O termo 'física' provém, além disso, do vocábulo φύσις, utilizado pelos pré-socráticos. Contudo, não consideramos que esse aspecto deva ser levado em conta porque para os pré-socráticos a "física" era simplesmente *a* filosofia, não havendo sequer distinção entre φύσις e ἦθος. O segundo é a série de trabalhos físicos realizados na escola de Alexandria por cientistas como Heron e Arquimedes. Esse aspecto não pode ser excluído em uma consideração das diversas concepções da física porque em grande medida representa a pré-história da física moderna. Uma história da física do ponto de vista moderno leva mais em conta, com efeito, Heron e Arquimedes que Aristóteles e os estóicos. Entretanto, não lhe dedicamos aqui a devida atenção porque não se trata de uma concepção suficientemente representativa da mentalidade antiga a respeito da idéia de física. Mesmo quando os filósofos estudaram os trabalhos dos "físicos" em sentido próprio, e receberam suas influências, não a consideravam propriamente uma física enquanto filosofia natural, mas uma "ciência prática" ou uma "arte mecânica".

II. *Época moderna*. Durante muito tempo considerou-se que a idéia de física no sentido moderno começou somente com Galileu e que a física medieval era simplesmente uma reprodução (talvez refinada) da física antiga, e especialmente (e às vezes exclusivamente) da aristotélica. Hoje tende-se a reconhecer que há nos textos de não poucos filósofos medievais análises físicas que se aproximam das dos modernos e que em alguns casos os antecipam notavelmente. Ocupamo-nos de um destes casos no verbete sobre a noção de ímpeto, ao qual remetemos o leitor para um esboço (infelizmente insuficiente) da passagem do pensamento físico medieval para o moderno.

Se a física em sentido moderno não começa somente com Galileu, este pode ser considerado o representante da maturidade da concepção moderna da física. A primeira grande sistematização da física é a obra de Newton. Em certo sentido, o ápice da física moderna é constituído pela mecânica — mas nem toda a física moderna se reduz a ela. Desenvolvimentos muito importantes nessa física são o estudo do calor como energia, o estudo dos fenômenos elétricos e dos fenômenos eletromagnéticos; todavia é verdade que o ponto de vista mecânico é extremamente importante na física moderna.

A seguir indicamos certos elementos característicos da física moderna na medida em que se mostram filosoficamente interessantes:

1) A idéia de que a matemática é, como afirmou Galileu, a linguagem em que "está escrito o livro da Natureza". A física moderna — assim como a contemporânea — é em grande parte "uma leitura matemática dos fenômenos". Considerou-se que a esse respeito a física moderna é mais "platônica" que "aristotélica", mas isso não se refere ao conteúdo dessa física, e sim ao ideal matematizante.
2) A importância da observação e da experimentação — às vezes resumidas sob o nome de "experiência" — na medida em que sejam realizadas de modo metódico e em que sejam suscetíveis de se encaixar em teorias expressáveis matematicamente. Às vezes a física moderna foi descrita como uma combinação de experimentação e matemática.
3) A idéia da homogeneidade do espaço e do tempo, unida à idéia de que nem o espaço nem o tempo por si mesmos exercem qualquer ação causal. Espaço e tempo são considerados independentes dos fenômenos que "contêm" e constituem os sistemas de referência absolutos para a localização e determinação temporal de tais fenômenos (ver ESPAÇO; TEMPO).
4) A concepção cinético-corpuscular da matéria, junto à idéia de que os aspectos qualitativos são redutíveis a relações quantitativas. Filosoficamente, isso é expresso por meio da distinção entre as qualidades primárias (geralmente mecânicas) e as secundárias (ver QUALIDADE).
5) A explicação do movimento como deslocamento dos corpúsculos no espaço e em um tempo. Junto a isso, a eliminação da idéia de ação à distância.
6) As leis da conservação da matéria e da conservação da energia.
7) A idéia de que a explicação dos fenômenos consiste essencialmente na possibilidade de proporcionar modelos (principalmente mecânicos) de tais fenômenos.

Deve-se observar que as características anteriores constituem somente uma seleção de traços muito gerais da física moderna. Deve-se observar que alguns deles correspondem também (como logo se verá) à física contemporânea. Deve-se levar em conta ainda que alguns desses traços (por exemplo [6]) não foram formulados — ao menos de um modo suficientemente rigoroso — senão muito no "final" da evolução da física moderna. Por fim, deve-se levar em conta que há na física moderna não poucos desenvolvimentos que não correspondem exatamente aos traços em questão. Em relação a esse último ponto, recordemos: as discussões relativas à questão da "ação à distância"; as tendências fenomenistas que surgiram ao mesmo tempo que as tendências "fisicalistas" e mecanicistas — não apenas no final do século XIX, mas já nos séculos XVII e XVIII —; as tentativas de completar, ou fundamentar, alguns dos traços mencionados por meio de teorias de caráter "dinamicista"; a idéia de que há certas mudanças — por exemplo, a conversão de energia cinética em energia potencial — que são, ou parecem ser, de caráter qualitativo; as tendências "energetistas" que apareceram por ocasião da teoria eletromagnética da luz; as teorias não-corpusculares (teorias "continuístas") da matéria etc. Como conseqüência disso tudo, toda imagem da física moderna que tenha por base apenas alguns traços muito gerais é sempre uma simplificação. Todavia, esses traços são iluminadores, sobretudo quando se tem presente que cada vez que houve "desvios" em relação a esses traços houve ao mesmo tempo tentativas de "corrigir" tais "desvios", retornando a um ponto de vista cinético-corpuscular, mecanicista e, na maior parte dos casos, rigorosamente determinista.

III. *Época contemporânea.* Ainda é cedo para caracterizar a física contemporânea de modo tão completo quanto a moderna. Por um lado, e como foi indicado anteriormente, a física contemporânea — pela qual entendemos fundamentalmente a física produzida durante o século XX, com a teoria da relatividade, a teoria quântica, a mecânica ondulatória, as relações de incerteza, os desenvolvimentos da física nuclear etc. — participa plenamente de alguns traços da física moderna e, de certo modo, não se pode fazer a distinção entre uma "física moderna" e uma "física contemporânea" no mesmo sentido em que distinguimos, por exemplo, "física antiga" de "física moderna"; desde Galileu e Newton, com efeito, há somente uma história da física. Por outro lado, a época contemporânea na física ainda não se encerrou; por isso nos limitaremos a indicar algumas tendências filosoficamente interessantes na física do século XX, tendências que tratamos mais detalhadamente em outros verbetes desta obra, como ATOMISMO; INCERTEZA (RELAÇÕES DE) e RELATIVIDADE (TEORIA DA).

Certos desenvolvimentos da física contemporânea foram com freqüência considerados uma culminação da física moderna; isso ocorreu, por exemplo, com a teoria da relatividade — ao menos com a teoria especial da relatividade — de Einstein, e com os primeiros modelos atômicos (Rutherford, Bohr). No entanto, já nesses desenvolvimentos marcam-se novas idéias que revolucionaram a física e freqüentemente a fizeram entrar, como se diz, "em crise" (em uma "crise de fundamentos"). Houve já de início mudanças muito básicas nas concepções do espaço e do tempo (aos quais nos referimos nos verbetes correspondentes), negando-se sua separação mútua e seu caráter absoluto. 'Tempo-espaço' agora aparece como uma estrutura dinâmica. Posteriormente houve mudanças na concepção da matéria: da noção, relativamente simplificada, de que a matéria é composta por corpúsculos invariáveis, passou-se para a idéia de uma constituição corpuscular-ondulatória. A transformação da matéria em energia e vice-versa recebeu, como se sabe, comprovação estrondosa nos processos de fissão e de fusão nucleares. Aqui, todavia, interessamos antes as mudanças na conceitualização, razão pela qual abordaremos brevemente algumas delas.

A física contemporânea caracteriza-se sobretudo pelo forte predomínio de tendências operacionalistas. Essas tendências estão ligadas a um crescente abandono da noção de substância.

Em segundo lugar, os físicos contemporâneos já não afirmam — ou não o fazem com a mesma segurança de antes — que a explicação dos fenômenos consiste em oferecer modelos, e muito menos modelos mecânicos de tais fenômenos. A física contemporânea não é mecanicista (ou, se se preferir, os elementos mecanicistas foram nela reduzidos a um mínimo). Quanto aos modelos, reconhece-se que não poucos dos conceitos básicos da física são irrepresentáveis. Por esse motivo alguns autores declararam que a física contemporânea é muito mais "simbólica" que "representativa". Daí que os físicos, e os filósofos da ciência física, tenham aceitado o caráter "paradoxal" de não poucos conceitos e de não poucas conclusões da física atual. Isso também explica que tenham aceitado a possibilidade de diversas interpretações de uma mesma fórmula — como acontece, por exemplo, com a função Ψ^2 na mecânica de Schrödinger —, assim como o uso de expressões que para o físico "clássico" careceriam de sentido — como a expressão "nuvem de probabilidade".

Finalmente, quebrou-se o império do determinismo clássico. A física contemporânea — ou ao menos certas partes dela — foi classificada de indeterminista. É verdade que alguns autores proclamaram que essa é uma fase transitória e que é possível retornar-se a uma concepção determinista em um "nível subquântico", mas até o presente a tendência "indeterminista" continua sendo predominante.

A física contemporânea suscitou muitos problemas de caráter lógico, epistemológico e ontológico; por isso algumas das teorias físicas atuais parecem mais "filosóficas" que quaisquer das teorias físicas do passado. Em nossa opinião, isso pode ser uma ilusão resultante do maior interesse que a física atual desperta nos filósofos. Não se pode esquecer, com efeito, que a física moderna "clássica" também foi motor, às vezes de maneira invisível, e às vezes claramente visível, de muitas análises filosóficas.

↪ História da física em vários autores e épocas: Ferdinand Rosenberger, *Die Geschichte der Physik*, 3 vols., 1882-1890; reimp., 2 vols., 1965. — Para o problema da física antiga, ver a bibliografia do verbete NATUREZA. Há também referências ao problema em diversas obras citadas na bibliografia de CIÊNCIA. Especialmente interessantes são as seguintes obras: Samuel Sambursky, *The Fisical World of the Greeks*, 1956. — Jean Bollack, *Empédocle: Introduction à l'anacienne physique*, 1965. — A. E. Taylor, *A Commentary on Plato's Timaeus*, 1928. — F. M. Cornford, *Plato's Cosmology*, 1937. — Charles Mugler, *La physique de Platon*, 1960. — Friedrich Solmsen, *Aristotle's System of the Physical World. A Comparison with His Predecessors*, 1960. — W. Wieland, *Die aristotelische Physik. Untersuchungen über die Grundlegung der Naturwissenschaft und der sprachlichen Bedingungen der Prinzipienforschung bei Aristoteles*, 1962. — Melbourne Evans, *The Physical Philosophy of Aristotle*, 1964. — Samuel Sambursky, *Physics of the Stoics*, 1959. — Id., *The Physical World of Late Antiquity*, 1962. — Entre as numerosas obras sobre física medieval, destacamos os extensos trabalhos de Pierre Duhem e de Anneliese Maier mencionados em várias bibliografias (DUHEM [PIERRE]; ESCOLÁSTICA; MAIER [ANNELIESE] etc.). Além disso: James A. Weisheipl, *The Development of Physical Theory in the Middle Ages*, 1959. — J. A. McWilliams, *Physics and Philosophy: A Study of S. Thomas. Commentary on the Eight Books of Aristotle's Physics*, 1945. — Estudos comparativos entre física (ou filosofia) "tradicional" e física moderna: J. Daujat, *Physique moderne et philosophie traditionelle*, s/d. (1958). — Henry Margenau, *S. Thomas and the Physics of Today: A Confrontation*, 1958 (The Aquinas Lecture, 1958). — Gallo Galli, *L'idea di materia e di scienza fisica da Talete a Galileo*, 1963. — Outras obras sobre física moderna: P. van der Hoeven, *Metafysica en fysica bij Descartes*, 1961. — Alexander Koyré, *Newtonian Studies*, 1965. — Id., *Metaphysics and Measurement in Seventeenth Century Physics*, 1966. — Hang-Georg Hoppe, *Kants Theorie der Physic. Eine Untersuchung über das Opus Postumum von Kant*, 1969. — C. Lambros, *L'avènment de la science physique. Essai sur la physique d'Aristote*, 1980. — D. Garber, *Descartes' Metaphysical Physics*, 1992.

As obras sobre a estrutura das teorias físicas (especialmente das teorias físicas contemporâneas), sobre a lógica da ciência física e sobre as relações entre a física e a filosofia já são muito numerosas; algumas delas foram mencionadas na bibliografia do verbete CIÊNCIA. Aqui citaremos somente algumas, incluindo várias que hoje são consideradas "clássicas", embora já não muito influentes. Não estabelecemos distinção entre obras sobre estrutura das teorias físicas, sobre as relações entre física e filosofia e outros temas similares, pois na maior parte dos livros citados todas essas questões são tratadas conjuntamente. Eis a lista: Pierre Duhem, *La théorie physique, son objet et sa structure*, 1906. — Abel Rey, *La théorie de la physique chez les physiciens contemporains*, 1907. — Max Planck, *Die Einheit des physikalischen Weltbildes*, 1909 (esse trabalho, junto com *Das Weltbild der neuen Physik* [1929] e outros, foi editado no vol. *Wege zur physikalischen Erkenntnis*, 1933). — Hugo Dingler, *Die Grundlagen der Physik. Synthetische Prinzipien der mathematischen Naturphilosophie*, 1919. — P. W. Bridgman, *The Logic of Modern Physics*, 1927. — Hermann Weyl, *Philosophie der Mathematik und Naturwissenschaft*, 1927 (trad. ingl. ampl.: *Philosophy of Mathematics and Natural Science*, 1949), especialmente Parte II. — Bertrand Russell, *The Analysis of Matter*, 1927 (trad. bras.: *Análise da matéria*, 1978). — Herbert Feigl, *Theorie und Erfahrung in Physik*, 1929. — A. S. Eddington, *The Nature of the Physical World*, 1929. — V. Lenzen, *The Nature of the Physical Theory*, 1931. — N. Abbagnano, *La fisica nuova. Fondamenti di una teoria della scienza*, 1934. — Xavier Zubiri, "La nueva física. Un problema de filosofía", *Cruz y Raya*, n. 10 (1934), reimp. em *Naturaleza, Historia, Dios*, 1944, pp. 305-377. — Hermann Weyl, *Mind and Nature*, 1934 [The W. J. Cooper Foundation Lectures, 1933]. — Aloys Wenzl, *Metaphysik der Physik von heute*, 1935. — Bauer L. de Broglie, L. Brunschvicg, A. Rey, Ch. Serrus, *L'évolution de la physique et de la philosophie*, 1935. — P. W. Bridgman, *The Nature of Physical Theory*, 1936. — J. D. García Bacca, *Ensayo sobre la estructura lógico-genética de las ciencias físicas*, 1936 (tese). — L. Brunschvicg, *La physique du vingtième siècle et la philosophie*, 1936. — L. S. Stebbing, *Philosophy and the Physicists*, 1937. — Philipp Frank, *Interpretations and Misinterpretations of Modern Physics*, 1938. — A. S. Eddington, *The Philosophy of the Physical Science*, 1939. — Philipp Frank, *Between Physics and Philosophy*, 1941. — James Jeans, *Physics and Philosophy*, 1943. — Max Born, *Experiment and Theory in Physics*, 1944. — Paulette Destouches-Février, *Recherches sur la structure des théories physiques*, 1945 (tese). — Jaime María del Barrio, *Las fronteras de la física y de la filosofía: Introducción físico-química a la filosofía*, 3 vols., 1945-1953. — J. Daujat, *L'intelligibilité dans la théorie physique et ses concepts*, 1946. — Raoul Blanché, *La science physique et la réalité. Réalisme, positivisme, mathématisme*, 1948. — P. W. Bridgman, *Reflections of a Physicist*, 1950. — Henry Margenau, *The Nature of Physical Reality: A Philosophy of Modern Physics*, 1950. — G. Bachelard, *L'activité rationaliste de la physique contemporaine*, 1951. — Viscount Samuel, *Essay in Physics*, 1951. — E. Schrödinger, *Science and Humanism. Physics in our time*, 1951. — Carlos París, *Física y filosofía*, 1952. — V. Tonini, *Epistemologia della fisica moderna*, 1953. — W. Heisenberg, *Das Naturbild der heutigen Physik*, 1955. — E. M. Hutten, *The Language of Modern Physics*, 1956. — Louis O. Kattsoff, *Physical Science and Physical Reality*, 1957. — D. Faggiani, *La struttura logica della fisica*, 1957. — Suzanne Bachelard, *La conscience de rationalité: Essai phénoménologique sur la physique mathématique*, 1958. — W. Heisenberg, *Physics and Philosophy. The Revolution in Modern Science*, 1958 [Gifford Lectures, 1955-1956]. — P. W. Bridgman, F. J. Collingwood, H. Margenau, G. P. Klubertanz, S. J., A. Grünbaum *et al.*, *The Nature of Physical Knowledge*, 1960, ed. L. W. Friedrich — Viktor Gorgé, *Philosophie und Physik. Die Wandlung zur heutigen erkenntnistheoretischen Grundhaltung in der Physik*, 1960. — Adolf Wirk, *Philosophie und Physik*, 1961. — V. E. Smith, Ch. De Koninck, Y. R. Simon, K. F. Herzfeld, B. M. Ashley, artigos sobre "The Philosophy of Physics", em *St. John's University Studies*, Philosophical Series, nº 2 (1961). — Ernest Nagel, *The Structure of Science. Problems in the Logic of Scientific Explanation*, 1961, especialmente pp. 79-397. — Henry Margenau, *Open Vistas: Philosophical Perspectives of Modern Science*, 1961. — Milic Capek, *The Philosophical Impact of Contemporary Physics*, 1961; 2ª ed., rev., 1969. — P. W. Bridgman, H. Margenau *et al.*, *The Nature of Physical Knowledge*, 1962, ed. L. W. Friedrich. — Kurt Hübner, *Philosophie der Physik*, 1963. — Peter Mittelstaedt, *Philosophische Probleme der modernen Physik*, 1963. — André Mercier e Jonathan Schaer, *Die Idee einer einheitlichen Theorie. Beitrag zur Methodologie der modernen Physik*, 1964. — N. R. Hanson, B. Ellis *et al.*, *Beyond the Edge of Certainty: Essays in Contemporary Science and Philosophy*, 1964, ed. R. G. Colodny. — A. B. Arons, *Development of Concepts of Physics, from the Rationalization of Mechanics to the First Theory of Atomic Structure*, 1965. — Wolfgang Büchel, *Philosophische Probleme der Physik*, 1965. — Carl G. Hempel, *Philosophy of Natural Science*, 1966. — Joseph J. Kockelmans, *Phenomenology and Physical Science*, 1966. — Asari Polikarov, *Moderne Physik. Weltbild und Denkstil. Kurzer Umriss der Wechselbeziehungen von Physik und Philosophie*, 1967. — Mario Bunge, *Foundations of Physics*, 1967. — Id., *Philosophy of Physics*, 1973. — Béla Juhos, *Die erkenntnislogischen Grund-*

lagen der modernen Physik, 1967. — Robert Blanché, *La méthode expérimentale et la philosophie de la physique*, 1969. — Ivor Leclerc, *The Nature of Physical Existence*, 1972. — Martin Strauss, *Modern Physics and Its Philosophy: Selected Papers in the Logic, History, and Philosophy of Science*, 1972 (artigos, 1935-1970). — P. Mittelstaedt, *Philosophische Probleme der modernen Physik*, 1972. — G. Ludwig, *Die Grundstrukturen einer physikalischen Theorie*, 1978. — H. Margenau, *Physics and Philosophy: Selected Essays*, 1978. — D. Bohm, W. Heisenberg et al., *A Question of Physics: Conversations in Physics and Biology*, 1979, sob a organização de P. Buckley e F. David Peat. — H. Fritzsch, *Quarks. Urtstoff unserer Welt*, 1983. — D. R. Griffin, ed., *Physics and the Ultimate Significance of Time*, 1986. — D. L. Schindler, ed., *Beyond Mechanism: The Universe in Recent Physics and Catholic Thought*, 1986. — J. Charon, ed., *The Real and the Imaginary: A New Approach to Physics*, 1987. — R. S. Jones, *Physics as Metaphor*, 1990. — R. Torretti, *Creative Understanding: Philosophical Reflections on Physics*, 1991. — L. Sklar, *Philosophy of Physics*, 1992. — Id., *Physics and Chance: Philosophical Issues in the Foundations of Statistical Mechanics*, 1993. — Kanitscheider, *Von der mechanistischen Welt zum kreativen Universum. Zu einem neuen philosophischen Verständnis der Natur*, 1993.

Para os pressupostos filosóficos na física moderna ou "clássica": E. A. Burtt, *The Metaphysical Foundations of Modern Physical Science: A Historical and Critical Study*, 1925. — A. D'Abro, *The Decline of Mechanism in Modern Physics*, 1939; 2ª ed.: *The Rise of the New Physics: Its Mathematical and Physical Theories*, 2 vols., 1951. — M. Capek, *op. cit. supra*, pp. 1-140.

Histórias (breves): A. Einstein e L. Infeld, *Physik als Abenteuer der Erkenntnis*, 1938. — Desiderius Papp, *Historia de la física*, 1944; 2ª ed., rev. e ampl., 1961. — George Gamow, *Biography of Physics*, 1961. — Walther Schulze-Sölder, *Die Problematik des Physikalisch-Realen. Physik an der Grenze der Metaphysik*, 1962. — VV. AA., *Philosophie de la physique*, 1962 [Colloque de l'Académie Internationale de Philosophie des Sciences, 16/18-X-1961]. — K. Mainzer, *Symmetrien der Natur. Ein Handbuch zur Natur-und Wissenschaftsphilosophie*, 1988. — M. Sachs, *Einstein Versus Bohr: The Continuing Controversies in Physics*, 1988.

Muitas revistas filosóficas contêm artigos de interesse sobre a lógica e a estrutura das teorias físicas, sobre as implicações filosóficas da física contemporânea, sobre as relações entre questões suscitadas na física e problemas filosóficos. Destacamos: *Scientia*; *Erkenntnis*; *Philosophy of Science*; *The British Journal for the Philosophy of Science*; *Methodos*; *Theoria*. C

FISICALISMO. O termo 'fisicalismo' pode ser entendido em quatro sentidos: 1) como a doutrina segundo a qual os processos psíquicos podem ser reduzidos a processos físicos; 2) como a doutrina segundo a qual os processos psíquicos podem ser explicados em termos de processos físicos; 3) como a doutrina segundo a qual a física constitui, ou deve constituir, o modelo para todas as ciências (ao menos para as ciências naturais); 4) como uma solução dada, dentro do Círculo de Viena, aos problemas suscitados pela teoria da verificação (VER) interpretada em sentido radical. Aqui trataremos principalmente do quarto sentido, ainda que algumas das teses propostas nesse sentido do vocábulo impliquem em parte o terceiro e sejam muito favoráveis ao segundo e mesmo ao primeiro.

Já que os enunciados protocolares (ver PROTOCOLARES [ENUNCIADOS]) descrevem algo diretamente observado por alguém e já que verificar (ou comprovar) um enunciado equivale a que alguém tenha uma experiência correspondente ao que se trata de verificar, a verificação tem de ser realizada dentro de um sujeito. A experiência em questão é, pois, sempre a "minha experiência". Nesse caso pergunta-se como algum outro observador pode ter a "minha experiência". O significado de cada enunciado baseia-se, desse modo, na experiência individual, e não pode ser traduzido para outra experiência individual. Por conseguinte, produz-se o que foi chamado de "solipsismo lingüístico", que torna a ciência, ao que parece, impossível, pois ela consiste em enunciados comunicáveis e, por assim dizer, intersubjetivos.

Para resolver essa dificuldade Otto Neurath propôs que os atos de percepção a que se referem os enunciados protocolares fossem expressos de forma behaviorista. Em outros termos, esses enunciados devem descrever o comportamento do sujeito, e esse comportamento deve poder expressar-se em termos físicos ou, melhor, nos termos da ciência física. Assim, os enunciados empíricos são expressos mediante a linguagem da física. Segundo Neurath, esse fisicalismo também deve ser entendido no sentido de que postula a "unidade da ciência", baseada na física. Portanto, Neurath tentou resolver o problema 4) em relação com o suposto a que se refere o significado 3) e em estreita relação com 1) ou, ao menos, com 2) [ver *supra*].

Rudolf Carnap aderiu à proposta de Neurath, mas modificando-a e tornando-a ao mesmo tempo mais complexa e mais flexível. Segundo Carnap, os enunciados protocolares são "enunciados fundacionais" ou "enunciados primitivos", isto é, descrevem diretamente uma experiência. Eles devem ser aceitos, pois, como básicos, em vez de ser considerados como diretamente equivalentes a enunciados de caráter fisicalista e behaviorista, como pretendia Neurath. Carnap também aceitou que a linguagem fundamental da ciência é a da física, e com base nisso declarou que os enunciados protocolares, embora continuem sendo básicos, são traduzíveis. Um enunciado protocolar é, assim, traduzível a enunciados que descrevem estados do corpo daquele que enuncia. A comprovação de um enunciado protocolar consiste em ver se o enunciado traduzido — que é intersubjetivo — coincide com outro enunciado traduzido. A esse respeito a diferença entre Neurath e Carnap não parece ser considerável, mas deve-se levar em conta que, enquanto o primeiro nega que os enunciados protocolares descrevem diretamente uma experiência, o segundo o afirma. Portanto para Carnap os enunciados protocolares não pertencem propriamente à linguagem da ciência; pertencem a ela somente na medida em que são traduzidos para a linguagem fisicalista. É evidente, pois, que Carnap defende aqui uma posição consideravelmente mais convencionalista e em muitos sentidos menos "ingênua" que a de Neurath. Como escreve J. R. Weinberg (*op. cit. infra*, p. 264), resumindo a argumentação de Carnap, "a linguagem física é caracterizada pelo fato de que enunciados da forma mais simples adscrevem um valor definido ou uma zona definida de valores de um coeficiente de um estado físico a uma série específica de coordenadas. Todo enunciado da física deve ser formado de tal modo que qualquer enunciado protocolar que possa ser transferido para o primeiro esteja contido nele. A linguagem da física é universal no sentido de que todo enunciado pode ser traduzido para essa linguagem".

➲ Ver: Otto Neurath, "Physicalism. The Philosophy of the Viennese Circle", *The Monist*, 41 (1931), 618-623. — Hans Reichenbach, "Der physikalische Wahrheitsbegriff", *Erkenntnis*, 2 (1931), 156-171. — Otto Neurath, "Soziologie im Physikalismus", *ibid.*, 393-431. — Rudolf Carnap, "Die physikalische Sprache als Universalsprache der Wissenschaft", *ibid.*, 432-465. — Id., "Psychologie in physikalischer Sprache", *ibid.*, 3 (1932-1933), 107-142. — Thilo Vogel, "Bemerkungen zur Aussagentheorie des radikalen Physikalismus", *ibid.*, 4 (1934), 160-164. — Otto Neurath, "Radikaler Physikalismus und 'wirkliche Welt'", *ibid.*, 346-362. — B. Juhos, "Kritische Bemerkungen zur Wissenschaftstheorie des Physikalismus", *ibid.*, 397-418. — Id., "Empiricism and Physicalism", *Analysis*, 2 (1935), 81-92. — Tadeusz Korarbinski, Adam Wiegner, L. Chwistek, "Physicalisme et critique de la métaphysique", *Actes du Cong. Int. de Philosophie scientifique*, I (1935). — Julien Pacotte, *Le physicalisme dans de cadre de l'empirisme intégral*, 1936. — J. R. Weinberg, *An Examination of Logical Positivism*, 1936, especialmente Parte IV (trad. esp.: *Examen del positivismo lógico*, 1958). — C. A. Mace, "Physicalism", *Proceedings of the Aristotelian Society*, 37 (1937). — E. Kaila, *Über den physikalischen Realitätsbegriff*, 1942. — J. Kotarbinska, "Le physicalisme et les étapes de son évolution", *Proceedings of the Tenth Int. Cong. of Philosophy* (1949), pp. 636-639. — A. Sloman, "Physicalism and the Bogey of Determinism", em S. C. Brown, ed., *Philosophy of Psychology*, 1974, pp. 283-304. — G. P. Hellman, F. W. Thompson, "Physicalism: Ontology, Determination and Reduction", *Journal of Philosophy*, 72 (1975), 551-564. — R. L. Causey, *Unity of Science*, 1977. — K. R. Vilkes, *Physicalism*, 1978. — A. D. Irvine, ed., *Physicalism in Mathematics*, 1990.

Ver também a bibliografia de PROTOCOLARES (ENUNCIADOS). ➲

FISICOMORFISMO. Ver ANTROPOMORFISMO.

FÍSICO-TEOLOGIA. O nome 'físico-teologia' foi utilizado pela primeira vez por William Derham na obra *Psysico-Theology, or a Demonstration of the Being and Attributes of God from his Works of Creation. Being the Substance of XVI Sermons preached... in the Year 1711 and 1712* (Londres, 1713). O mesmo autor publicou pouco depois uma Astroteologia: *Astro-Theology, or a Demonstration of the Being and Attributes of God from a Survey in the Heavens* (Londres, 1715). Nos dois casos tratava-se de demonstrar a existência e a bondade de Deus por meio de uma descrição da riqueza, da magnificência e da harmonia da Natureza. Embora o nome fosse novo, a idéia já possuía uma longa história. Muitos pensadores cristãos, especialmente os que se preocuparam em ligar este mundo à obra de Deus, segundo as célebres palavras de São Paulo (*Rom.*, I 19-21), desenvolveram considerações "físico-teológicas". Um exemplo disso é dado na *Introducción al símbolo de la Fe*, de Frei Luis de Granada, particularmente nas partes em que se descreve e louva a harmonia da Natureza e de todos os seres vivos. Também na velha teologia natural e nos numerosos livros *de criaturis* (por exemplo Sabunde) as idéias físico-teológicas haviam sido consideravelmente desenvolvidas. Grande parte delas foi transmitida à chamada *religião natural*, especialmente as partes desta que se ocupavam em examinar o mundo como a obra de um artista, como uma construção que alude sempre a seu construtor ou modelador. Assim foi se desenvolvendo a idéia de um ramo particular da filosofia da Natureza que desembocou em uma série de obras das quais as de Derham são apenas o começo. Não queremos dizer com isso que a físico-teologia do século XVIII seja *simplesmente* o resultado de uma dupla tradição que uniu a filosofia natural com a religião natural; além disso, e sobretudo, a físico-teologia setecentista foi um produto particular da Ilustração, ao menos do seu primeiro período otimista, e fundamentalmente deísta. Com efeito, os físico-teólogos destacaram não somente a perfeição deste mundo como obra de Deus, mas conceberam esse Deus antes como criador do mundo que como pai providencial que cuida constantemente de todas as suas contingentes criaturas.

Entre as obras físico-teológicas, além das de Derham mencionadas, merece referência especial, pela influência exercida, a do Abade A. Pluche, *Le Spectacle de la Nature, ou Entretiens sur les particularités de l'histoire naturelle qui ont paru les plus propres à rendre les jeunes gens curieux et à former leur esprit*, 8 vols., 1732-1750 (trad. esp., 1755). Mas há muitas outras obras nas quais os autores tomaram um aspecto particular da Natureza para desenvolver suas idéias físico-teológicas. Eis aqui algumas mencionadas por Paul Hazard em seu livro *La pensée européenne au XVIIIe siècle: De Montesquieu à Lessing*, t. III (*Notes et références*), 1946, pp. 51-52; *Hydrotheologie* (Hamburg, 1734), por J.-A. Fabricius; *Insectotheologia* (Frankfurt e Leipzig, 1738; 2ª ed., rev., 1740), por F. C. Lesser; *Testaceotheologie* (Leipzig, 1744), por F. C. Lesser; *Anthropotheologie, wie man Gott aus der Betrachtung des Menschen erkennen könne* (Halle, 1769), por J. H. Schutte. O nome de físico-teologia empregado por Derham reapareceu, por exemplo, na obra *Physicotheology, or a philosophico-moral Disquisition concerning Human Nature, Free Agency, Moral Government and Divine Providence* (Londres, 1741), por Th. Morgan. A físico-teologia desenvolveu-se especialmente na França, na Inglaterra e na Alemanha.

O tema *central* da físico-teologia, antes ou depois de ter esse nome, sempre foi a exposição da *relação* entre a perfeição do mundo, e a ajustada união de suas partes, e a existência de Deus. Desse tema procede a chamada prova físico-teológica, freqüentemente considerada um aspecto da prova teológica. Nesse sentido a tomou Kant na *Crítica da razão pura* ao rejeitar a demonstração pela finalidade como insuficiente, em vista da impossibilidade de provar essa finalidade suposta, já que ela requer uma teodicéia que justifique a evidente existência do mal e seu lugar no universo. Na *Crítica do juízo* (cf. sobretudo o § 85) Kant refere-se novamente à físico-teologia e a define formalmente como o propósito que a razão tem de inferir a causa suprema da Natureza e de suas propriedades a partir dos *propósitos* (empiricamente conhecidos) da Natureza. Isso distingue a físico-teologia da ético-teologia, que executa uma inferência semelhante, mas derivada do propósito moral dos seres racionais na Natureza, propósito este que já não é conhecido empiricamente, mas cognoscível *a priori*. Segundo Kant, a primeira procede da segunda, e por isso a físico-teologia não pode indicar nada sobre um *propósito final* da criação. No máximo, pode justificar o conceito de uma causa inteligente como conceito subjetivo da possibilidade de coisas que podemos compreender inteligivelmente. Assim, conclui Kant, a físico-teologia nos induz a buscar uma teologia, mas não pode produzi-la; é simplesmente uma preparação ou propedêutica para a própria teologia.

⊃ Ver os livros de Mayer e Kaestner na bibliografia do verbete TELEOLOGIA.

Ver também: Marco Paolinelli, *Fisicoteologia e prinzipio di ragion suficiente. Bayle, Maupertuis, Wolff, Kant*, 1971. — S. Stebbins, *Maxima in minimis. Zum Empirie- und Autoritätsverständnis in der psychoteologischen Literatur der Frühaufklärung*, 1980. — W. Harms, H. Reinitzer, eds., *Natura loquax. Naturkunde und allgemeine Naturdeutung vom Mittelalter bis zur frühen Neuzeit*, 1981. — H.-J. Waschkies, *Physik und Physikotheologie des jungen Kant*, 1987. ⊂

FISIOGNOMONIA. A interpretação do caráter e dos hábitos psicológicos a partir das características corporais recebe o nome de "fisiognomonia" (ou também "fisiognômica"). Freqüentemente inclui-se no estudo fisiognomônico a investigação das analogias das figuras humanas com as espécies animais. No tratado atribuído a Aristóteles e intitulado *Physiognomica* — semelhante em *alguns* aspectos aos *Caracteres*, de Teofrasto — indica-se que as disposições psicológicas correspondem a características somáticas e que não são causalmente alheias aos impulsos do corpo. Mas, como ao mesmo tempo o corpo reage às afecções da alma, deve-se supor a existência de uma constante interação entre corpo e alma. Essa interação, por outro lado, manifesta-se, segundo o autor do tratado citado, em todas as criações da Natureza, de tal modo que partindo da figura dos animais podem ser diagnosticadas as suas habilidades. Isso foi reconhecido, ao que parece, por "autores anteriores", os quais adotaram três métodos. O primeiro se baseia nas espécies dos animais e supõe que, como cada espécie de animal tem uma certa forma e disposição, o homem que possui um corpo similar ao do animal também possuirá uma alma similar. O segundo segue a mesma via, mas, em vez de referir-se a espécies de animais, refere-se a raças de homens. O terceiro apóia-se na existência de tipos de homens e é, a rigor, uma ciência dos caracteres. O autor da *Physiognomica* estuda os três métodos, mas dedica atenção particular ao último. Os fisiognomonistas ou fisiognômicos anteriores, οἱ προγεγενημένοι φυσιογνώμονες, a que o autor se refere são provavelmente muitos. Sabe-se, com efeito, que alguns pitagóricos ocupavam-se da fisiognomonia, que se transformou não somente em uma teoria, mas também em uma prática. O mesmo aconteceu posteriormente com alguns platônicos e neoplatônicos. Enquanto prática que usava o primeiro dos três métodos citados, a fisiognomonia foi combatida por vários Padres da Igreja, como demonstram os ataques de Orígenes em seu tratado contra Celso. Muitos autores antigos, além disso, referiram-se à fisiognomonia; exemplos podem ser encontrados em Cícero (*Tusc. disp.*, IV, 37; *De fato*, V), Plínio (*Hist. nat.*, XI, 3), Sêneca (*De ira*,

II, 35), Sexto Empírico (*Hyp. Pyrr.*, I, 85). Alguns, como Galeno, escreveram extensamente sobre ela, mas limitando-se quase inteiramente à fisiognomia como ciência dos caracteres humanos. Também se ocuparam de fisiognomia os árabes, como Averróis e Avicena; este último no tratado sobre os animais, no qual aproveitou algumas idéias que se encontram no tratado aristotélico acerca das partes dos animais. Um autor medieval, Miguel Scot, escreveu em 1272 uma obra intitulada *De hominis physiognomia*, publicada em 1477. A fisiognomia, em um sentido geral e compreendendo todos os métodos referidos, ressurgiu com particular ímpeto no Renascimento. Exemplos são: Campanella em *De sensu rerum* (II 31), A. Achilini em *De principis physiognomiae* (1503), mas sobretudo Giambattista Porta em seu *De humana physiognomia* (1593) e *Physiognomia coelestis* (1603). Durante o século XVII a fisiognomonia foi pouco estudada e, em geral, bastante desprezada, com algumas exceções, como a de Rudolf Goclenius (*Physiognomia*, 1625), que são, a rigor, uma continuação dos estudos fisiognomônicos do século XVI. Por outro lado, o século XVIII voltou a insistir na fisiognomonia e procurou dar-lhe uma base científica. O mais eminente exemplo disso é a obra de J. C. Lavater, *Physiognomische Fragmente zur Beförderung der Menschenkenntnis und Menschenliebe* (*Fragmentos fisiognomônicos para o fomento do conhecimento do homem e do amor pelo homem*) [I, 1775; II, 1776; III, 1777; IV, 1778], obra altamente considerada por Goethe. Padre Feijoo nos deixou várias considerações sobre a fisiognomonia: "Esta voz" — escreveu (*Teatro crítico*, Disc. II 2) — "significa uma Arte, que ensina a conhecer pelos lineamentos externos, e pela cor do corpo, as disposições internas, que servem às operações da alma. Dizemos na definição *do corpo*, não precisamente do rosto, porque a inspeção do rosto diz respeito a uma parte da *Physionomia*, que se chama *Metoposcopia*. Assim, a *Physionomia* examina todo o corpo; a *Metoposcopia*, apenas a face". E seguindo normas clássicas Feijoo expunha (mais para *refutá-las*) as cinco regras seguidas pelos partidários dessa ciência desde Aristóteles: 1) analogia na figura com alguma espécie de animal; 2) semelhança com outros homens já conhecidos; 3) disposição exterior que algumas paixões induzem; 4) representação do temperamento; 5) representação de outro sexo. Como se vê, o que no começo do século XVIII ainda era considerado como demasiadamente dependente de uma superstição, no final do século foi apresentado como uma ciência. Contudo, as pretensões científicas dos partidários setecentistas da fisiognomonia não foram cumpridas. Somente no século XIX e depois no século XX foi iniciada uma série de estudos que, embora não se apresentassem como propriamente fisiognomônicos,

tinham certa relação com vários precedentes da fisiognomonia. É o caso de autores como Karl Gustav Carus, que estudou os problemas relativos à simbólica da forma humana (*Symbolic der menschlichen Gestalt*, 1853). Também é o caso de autores como Darwin e Piderit, que estudaram, de um ponto de vista biológico e psicobiológico, vários problemas relativos à expressão nos homens e nos animais, e a relação entre mímica e fisiognomonia. Em certa medida, a fisiognomonia foi absorvida nos últimos decênios em pesquisas múltiplas. Os trabalhos caracterológicos de Kretschmer (ver CARÁTER) constituem uma parte delas. Também têm relação com problemas fisiognomônicos muitas das indagações caracterológicas e morfológicas, do tipo das de Klages ou das desenvolvidas por aqueles que elaboraram as ciências do espírito (VER). Spengler, por sua vez, opôs o que ele chama de "fisiognômica" à "sistemática", como partes da morfologia, isto é, do método geral para a compreensão do universo. A morfologia do que é mecânico e da extensão, "a ciência que descobre e organiza as leis da Natureza e as relações de causalidade, chama-se sistemática. A do que é orgânico, da história e da vida, de tudo o que tem em seu seio direção e destino, chama-se fisiognômica" (*Der Untergang des Abendlandes*, 1923, t. I, 136). Aqui a fisiognômica refere-se, pois, ao próprio devir, ao que é irreversível, e corresponde à forma de pensar cósmico-orgânica (ver PERIFILOSOFIA).

Em suas *Investigações filosóficas* (p. 218 da ed. do texto alemão com trad. ingl. por G. E. M. Anscombe, 1953) Wittgenstein fala do rosto (*Gesicht*) de uma palavra, isto é, da sensação de que "se incorporou o seu significado" e de que se trata de um "transunto (*Ebenbild*) de seu significado", e diz que poderia haver seres humanos aos quais isso fosse alheio. O citado "rosto" é como uma fisionomia; *physiognomy* é o termo pelo qual a tradutora verteu *Gesicht*, mas a palavra portuguesa 'rosto' tem em si mesma um sentido "fisiognomônico" — o "rosto" expressa, ou é, a "fisionomia" —, de modo que é adequada como tradução de *Gesicht*.

⮕ Ver: W. Wittich, *Physiognomie und Phrenologie*, 1870. — F. H. Marcus, *Etwas über die Physiognomik*, 1882. — R. Kassner, *Die Grundlagen der Physiognomik*, 1922. — Id., *Das physiognomische Weltbild*, 1930. — M. Picard, *Die Grenzen der Physiognomik*, 1937. — R. Buttkus, *Physiognomik. Neuer Weg zu Menschenkenntnis*, 1956. — N. Glas, *Das Anlitz offenbart den Menschen*, 1961. — P. Bourdieu, *La distinction*, 1979. — P. v. Matt, *...fertig ist das Angesicht — Zur Literaturgeschichte des menschlichen Gesichts*, 1983. ⊂

FISIOLOGIA. Os termos 'fisiologia' e 'fisiólogos' são empregados em contextos filosóficos com sentidos distintos dos utilizados em contextos científicos. Destacamos dois dos sentidos filosóficos.

1) Aristóteles chamava de "fisiólogos", φυσιολόγοι (e, às vezes, também de "físicos", φυσικοί), os primeiros filósofos gregos, isto é, os pensadores milésios (VER), que, segundo o Estagirita, afirmavam a unidade do ser com a matéria e deduziam dessa unidade todas as demais coisas. Os fisiólogos diferiam, pois, dos eleáticos (que concebiam o ser como imóvel) e dos pitagóricos (cf. *Met.*, Λ 986 b 30, 990 a 3, 992 b 4). Algumas vezes chamou-se de "fisiólogos" todos os filósofos pré-socráticos; este uso estendeu-se desde que se considerou todo o período pré-socrático como essencialmente cosmológico e, por conseguinte, fundamentalmente interessado pela razão, λόγος, do princípio das coisas, φύσις.

2) No capítulo sobre a arquitetônica (VER) da razão pura, inserido na parte sobre metodologia transcendental da *Crítica da razão pura* (A 832-52/860-80), Kant dividiu a parte especulativa da metafísica — a metafísica do uso especulativo da razão mediante concepções *a priori* — em *filosofia transcendental* e *fisiologia da razão pura*. A primeira abarca o sistema de todos os conceitos e princípios pertencentes ao entendimento e à razão relativos a objetos em geral; também pode ser chamada, portanto, de *ontologia*. A fisiologia da razão pura estuda a soma dos objetos dados aos sentidos ou a qualquer outro tipo de intuição; pode ser chamada de *physiologia rationalis*. Por outro lado, o uso da razão enquanto exame racional da Natureza pode ser *físico* (*imanente*) ou *hiperfísico* (*transcendente*). O primeiro dá lugar à *fisiologia imanente*, que pode se referir aos objetos dos sentidos externos (*física racional*) ou aos objetos dos sentidos internos (*psicologia racional*). O segundo dá lugar à *fisiologia transcendente*, que pode ter uma relação interna ou uma relação externa com seu objeto. No primeiro caso temos a *fisiologia da Natureza em conjunto* ou conhecimento transcendental do mundo (*cosmologia racional*); no segundo temos o conhecimento da relação entre a Natureza e um Ser situado além dela, ou conhecimento transcendental de Deus (*teologia racional*). Assim, todo o sistema da metafísica especulativa divide-se em quatro partes: I) ontologia, II) fisiologia racional, III) cosmologia racional e IV) teologia racional, sendo que a fisiologia racional pode subdividir-se em física racional e psicologia racional.

FISKE, JOHN (1842-1901). Nascido em Hartford (Connecticut, EUA), estudou em Harvard e lecionou em Washington. Fiske tentou encontrar no naturalismo, e no evolucionismo spenceriano, razões para apoiar o teísmo. Como indica H. W. Schneider (*A History of American Philosophy*, 1946, p. 323), "a síntese das ciências positivas era para Spencer um objetivo primário; em contrapartida, para Fiske as ciências eram interessantes porque o conduziam à 'épica da Natureza' e a Natureza era interessante porque o levava a Deus". Pode-se falar, pois, de um "teísmo cósmico", segundo o qual Deus é "a eterna e infinita energia da qual procedem todas as coisas". Além disso, o pensamento de Fiske foi se tornando cada vez menos naturalista e spenceriano, e cada vez mais teísta.

⊃ Obras: *Outlines of Cosmic Philosophy Based on the Doctrine of Evolution, With Criticism on the Positive Philosophy*, 2 vols., 1874. — *The Unseen World*, 1876. — *Excursions of an Evolutionist*, 1883. — *The Destiny of Man Viewed in the Light of His Origin*, 1884. — *The Idea of God as Affected by Modern Knowledge*, 1885. — *Darwinism and Other Essays*, 1888. — *Through Nature to God*, 1899. — *A Century of Science, and other Essays*, 1899. — *Live Everlasting*, 1901. — *Miscellaneous Writings*, 1902.

Correspondência: John Spencer Clark, *The Life and Letters of J. F.*, 2 vols., 1917, e Ethel F. Fisk, ed., *The Letters of J. F.*, 1940.

Ver, além da obra de Schneider *supra* (pp. 321ss.): E. D. Mead, *J. F. as a Philosopher*, 1886. — Gustav Reese, *Evolutionismus und Theismus bei J. F.*, 1909 [Abhandlungen zur Philosophie und ihrer Geschichte, ed. K. Falckenberg, 9]. — Milton Berman, *J. F. The Evolution of a Popularizer*, 1961. ⊂

FLEWELLING, RALPH TYLER. Ver PERSONALISMO.

FLINT, ROBERT. Ver MARTINEAU, JAMES.

FLORENZI-WADDINGTON, MARIANNA. Ver HEGELIANISMO.

FLÜGEL, OTTO (1842-1914). Nascido em Lützen. Pastor protestante em Wansleben, distinguiu-se como um dos discípulos de Herbart (VER) e como um dos promotores do chamado "realismo moderno", colaborando na publicação da *Zeitschrift für exakte Philosophie* (ver FILOSOFIA EXATA) e da *Zeitschrift für Philosophie und Pädagogik* (a primeira de 1883 a 1896 e a segunda a partir de 1894). Flügel opôs-se a todo monismo e defendeu um pluralismo e um realismo. Fundando-se no último, considerou que a alma era uma substância e não um ato ou uma série de atos. Flügel desenvolveu sobretudo os aspectos teológicos da metafísica de Herbart e trouxe argumentos a favor da prova teleológica da existência de Deus.

⊃ Obras: *Der Materialismus*, 1865. — *Das Wunder und die Erkenntbarkeit Gottes*, 1869 (*O milagre e a congnoscibilidade de Deus*). — *Die Probleme der Philosophie und ihre Lösungen, historischkritisch dargestellt*, 1876; 4ª ed., 1906 (*Exposição histórico-crítica dos problemas da filosofia e suas soluções*). — *Die Seelenfrage*, 1878; 3ª ed., 1902 (*A questão da alma*). — *Die spekulative Theologie der Gegenwart, kritisch beleuchtet*, 1881; 2ª ed., 1888 (*Esclarecimento crítico sobre a teologia especulativa atual*). — *Das Ich und die sittlichen Ideen im Leben der Völker*, 1885; 5ª ed., 1912 (*O eu e as idéias mo-*

rais na vida dos povos). — *Das Seelenleben der Tiere*, 3ª ed., 1897 (*A vida psíquica dos animais*). — *Die Bedeutung der Metaphysik Herbarts für die Gegenwart*, 1902 (*O significado da metafísica de H. para o presente*). — *Monismus und Theologie*, 1908.

O. F. dirigiu, junto com Friedrich Heinrich Theodor Allihn (1811-1885), a publicação das *Sämtliche Werke*, de Herbart. Reelaborou a obra de Allihn, *Antibarbarus logicus* (1850), com o título de *Abriss der Logik und die Lehre von den Trugschlüssen*, 5ª ed., 1914.

Ver: Karl Hempich, *O. Flügels Leben und Schriften*, 1908. ℭ

FONS VITAE. Ver AVICEBRON.

FONSECA, PEDRO DA (1528-1599). Nascido em Cortiçada (Portugal). Em 1548 ingressou na Companhia de Jesus e durante vários anos foi professor na Universidade de Coimbra, exercendo grande influência e sendo a principal autoridade filosófica da época em que se apoiou o curso dos Conimbricenses (VER). Além disso, a metafísica e a ontologia desse curso são constituídas em grande parte pelos comentários de Fonseca à *Metafísica* aristotélica. A principal intenção desse autor foi a apresentação da doutrina metafísica do Estagirita em um sistema doutrinal o mais completo e consistente possível. Analogamente a Suárez (VER), embora com menor amplitude (e sistematismo) que a encontrada nas *Disputationes* deste último, Fonseca não acreditou que uma série de comentários ao texto aristotélico bastasse; em seu entender, era necessário sobretudo um conjunto doutrinal metafísico, ainda que ele tivesse de ser apresentado ao longo das reflexões do Estagirita. Característico de Fonseca é o primado dado em seus comentários às questões do que depois foi considerado a base da ontologia formal (questões como as do conceito de ente, da analogia do ente, da natureza da substância, do princípio de individuação etc.). Além disso, Fonseca não segue em todas essas questões uma sentença fixa; escolhe em cada caso a que pensa estar abonada por mais sólidas razões. Em alguns casos considera que há em certos aspectos de sentenças opostas algo que deve ser admitido. Isso ocorre, por exemplo, com o problema da analogia do ente — Fonseca admite, com efeito, a analogia da proporção e a analogia da atribuição em aspectos diversos. Em outros casos adota uma posição intermediária entre sentenças consideradas irredutíveis entre si. Isso ocorre, por exemplo, com o problema do tipo de distinção que deve ser admitida entre a essência e a existência nos entes criados; Fonseca adota uma posição intermediária entre a afirmação de uma distinção real e a idéia de que somente há uma distinção de razão.

Os trabalhos filosóficos de Fonseca, embora muito influentes, o foram menos, todavia, que suas investigações teológicas. O teólogo português é considerado o fundador da doutrina da ciência média (VER) ou terceira ciência de Deus, situada entre a ciência de simples inteligência e a de visão. Essa doutrina, admitida pelos jesuítas e desenvolvida por Luis de Molina (VER), foi combatida por muitos filósofos e teólogos dominicanos (por exemplo, Domingo Báñez), sendo um dos eixos das controvérsias *de auxiliis*. Tratamos mais detalhadamente dessa contribuição de Fonseca no citado verbete sobre a noção de ciência média, assim como no verbete FUTURÍVEIS (VER).

➲ Obras: *Institutionum Dialecticarum libri octo*, 1567. Ed. crítica: *Instituições dialéticas: Institutionum Dialecticarum libri octo*, com trad. portuguesa e notas, por Joaquim Ferreira Gomes, 2 vols., 1964. — *Commentariorum... in libros Metaphysicorum Aristotelis Stagiritae tomi quatuor*, Colônia (I, 1577; II, 1589; III, 1604; IV, 1612). Reimp. da edição de Colônia (4 vols., 1615-1629), 2 vols., 1964. — *Isagoge Philosophica*, 1591.

Ver: M. Uedelhofen, *Die Logik Petrus Fonsecas*, 1916 (Caderno XIII da série *Renaissance und Philosophie*, ed. A. Dyroff). — M. Solana, *Historia de la filosofía española. Época del Renacimiento (Siglo XVI)*, volume III, 1941, pp. 339-366. — VV. AA., número especial de *Revista Portuguesa de Filosofia*, tomo IX (fasc. iv), 1953, com o título geral: *Pedro da Fonseca, o "Aristóteles português, 1528-1599"*. — Custódio Augusto Ferreira da Silva, *Teses fundamentais da gnoseologia de Pedro da Fonseca*, 1959. — E. J. Aschworth, "P. F. and Material Implication", *Notre Dame Journal of Formal Logic*, 9 (1968), 227-228. — A. A. Coxito, "Método e ensino em P. da F. e nos conimbricenses", *Revista Portuguesa de Filosofia*, 36 (1980), 88-107. ℭ

FONTE DA VIDA. Ver AVICEBRON.

FONTENELLE, BERNARD LE BOVIER DE (1657-1757). Nascido em Rouen, secretário perpétuo da *Académie des Sciences*, defendeu e popularizou a filosofia cartesiana, e em particular a física e a astronomia de Descartes (ver CARTESIANISMO). Expôs também para o grande público as doutrinas astronômicas de Copérnico e de Galileu. Embora tenha publicado um elogio de Newton, opôs-se ao conceito de gravitação como incomprovável "causa distante" e defendeu a teoria cartesiana dos *"tourbillons"*. Fontenelle declarou-se partidário dos "modernos" na "querela entre os antigos e os modernos", mas reconheceu o valor dos escritores do passado para sua própria época. Com isso contribuiu para a fundamentação da doutrina do "progresso", tão discutida durante o século XVIII. Em seus escritos de interpretação histórica, procurou explicar mitos e fábulas antigos como tentativas de dar conta de um modo primitivo dos fenômenos da Natureza. Em suas idéias religiosas declarou-se partidário do deísmo tanto contra o ateísmo como contra as crenças religiosas positivas. Em seus últimos escritos, Fontenelle inclinou-se para o empirismo e para uma teoria do conhecimento fundada nos sentidos, o que o induziu a rejeitar as idéias universais e a manter uma doutrina nominalista.

⊃ Obras: *Entretiens sur la pluralité des mondes*, 1686. — *Doutes sur les causes occasionelles*, 1686 [crítica de Malebranche]. — *Histoire des oracles*, 1687. — *Éloge de Newton*, 1727. — Outros escritos: *Digression sur les anciens et les modernes*. — *Sur l'histoire.* — *De l'origine des fables.* — *Du bonheur.* — *De l'existence de Dieu.* — *Éléments de la géométrie de l'infini.* — *Fragments d'un Traité de la raison humaine.* — *De la connaissance de l'esprit humain.* — *Théorie des tourbillloons cartésiens.*

Edição de obras: *Oeuvres*, 1724; 1742; 1752-1757; 1758-1766; 1761-1767; 1785; 1790; 1818. Ed. crítica, 5 vols. (Paris, 1924-1935).

Bibliografia: S. Delorne, "Contribution à la bibliographie de F.", *Revue d'Histoire des Sciences et de Leurs Applications*, 10 (1957).

Ver: A. Laborde-Milan, *F.*, 1905. — L. Maigron, *F., l'homme, l'oeuvre, l'influence*, 1906. — J. R. Carré, *La philosophie de F. ou le sourire de la raison*, 1932. — F. Grégoire, *F.*, 1947. — S. Delorme, G. Canghilehm et al., *Fontenelle 1657-1757*, em número especial de *Revue d'Histoire des Sciences et de leurs applications*, 10 (1957), 289-384. — Giuseppe Lissa, *Cartesianismo e anticartesianismo in F.*, 1971. — Alain Niderst, *F. à la recherche de lui-même (1657-1702)*, 1972. — G. Lissa, *F. tra scetticismo e nuova critica*, 1973. — M. T. Marcialis, *F. Un filosofo mondano*, 1978. — B. Femmer, "Vernünftige Skepsis, skeptische Vernunft. F. und die Anfänge der Aufklärung", *Germanisch-Romanische Monatschrift*, 63 (1982). C

FORÇA. Ver ENERGIA; MATÉRIA; POTÊNCIA.

FORÇA ILOCUCIONÁRIA (INLOCUTIVA). Ver ILOCUCIONÁRIO.

FOREST, AIMÉ. Ver NEOTOMISMO.

FORGE, LOUIS DE LA, médico em Saumur por volta de 1666, foi um dos mais destacados cartesianos do século XVII e um dos que prepararam a tendência filosófica conhecida pelo nome de ocasionalismo (VER). Como vimos no verbete citado, De la Forge parte do dualismo cartesiano *corpo-alma* e destaca que somente a intervenção de Deus como causa principal pode fazer compreender a interação entre as duas substâncias (e, de modo geral, entre quaisquer substâncias), razão pela qual o que geralmente se chama de causas deve ser conhecido como causas ocasionais. Contudo, ao contrário do que outros ocasionalistas sustentaram, De la Forge não supõe que a intervenção divina seja constante, mas, analogamente a Leibniz, considera que basta uma intervenção no início para estabelecer uma harmonia nas ações entre substâncias; o que chamamos de relação *causa-efeito* é, nesse caso, resultado de uma harmonia preestabelecida.

⊃ Louis de la Forge editou, em colaboração com o cartesiano Claude Clerselier (1614-1684), o *Traité de l'homme*, de Descartes (1664). Como continuação desse *Tratado*, Louis de la Forge escreveu: *Traité de l'Esprit de l'homme, de ses facultés et fonctions et de son union avec le corps suivant les principes de René Descartes*, 1666. — Há ed. latina com o título *Tractatus de mente humana*, 1669.

Ed. de obras: *Oeuvres philosophiques*, 1974, ed. Pierre Clair (com estudo bio-bibliográfico).

Ver: F. Bouillier, *Histoire de la philosophie cartésienne*, 2 vols., 1854; 3ª ed., 1868. — H. Seyfarth, *L. de Forge und seine Stellung im Occasionalismus*, 1887 (tese). — E. Wolff, *De la Forges Psychologie und ihre Abweichung von Descartes*, 1894 (tese). — A. G. A. Balz, *Cartesian Studies*, 1951, pp. 80-195.

Ver também a bibliografia de OCASIONALISMO. C

FORLÌ, JACOB DE. Ver JACOB DE FORLÌ.

FORMA. Trataremos neste verbete da forma I) no sentido filosófico geral e particularmente metafísico, II) no sentido lógico, III) no sentido epistemológico, IV) no sentido metodológico e V) no sentido estético.

I) *Sentido filosófico geral e particularmente metafísico.* Em FIGURA observamos que às vezes se distingue figura de forma. Essa distinção corresponde à existente entre a figura externa e a figura interna de um objeto. O primeiro conceito conduz freqüentemente ao segundo. Isso ocorreu entre os gregos; ao supor que um objeto tem não somente uma figura patente e visível, mas também uma figura latente e invisível, forjou-se a noção de forma enquanto figura interna apreensível apenas pela mente. Essa figura interna é chamada às vezes de idéia e às vezes de forma. O vocábulo mais usualmente empregado por Platão para esse propósito é εἶδος, vertido para o latim, de acordo com o caso, por *forma, species, notio* e *genus*. Ele é encontrado em numerosas passagens dos diálogos de Platão. Mencionamos, entre as mais significativas, as seguintes: *Charm.*, 154 D; *Critias*, 116 D; *Prot.*, 352 A; *Symp.*, 189 E, 196 A, 205 B, 210 B; *Phaed.*, 73 A; *Phaedr.*, 102 B, 103 E, 229 D, 246 B, 263 B, 265 C; *Theait.*, 148 D, 178 A, 204 A; *Rep. (Pol.)*, II 402 D, IV 424 C, VI 510 D; *Parm.*, 132 D, 149 E; *Soph.*, 219 A, 246 B, 440 B; *Phil.*, 19 B; *Tim.*, 51 A, 57 C; *Leg.*, I 645 A. Não podemos nos ocupar aqui da interpretação dos diversos sentidos da forma platônica (como idéia, noção, espécie, gênero etc.); referências a ela encontram-se nos verbetes IDÉIA e PLATÃO. Em contrapartida, trataremos com alguma extensão da concepção aristotélica da forma antes de nos referirmos às classificações escolásticas e a vários dos problemas que suscita para a época moderna a contraposição clássica entre a forma e a matéria.

Aristóteles introduz a noção de Forma, εἶδος, às vezes μορφή, τὸ τί ἦν εἶναι, τὸ τί ἐστι, em muitas passagens de suas obras, mas especialmente na *Física* e na *Metafísica*. A forma é entendida às vezes como a causa (VER) formal, em oposição à causa material; essa contraposição entre os dois tipos de causa é paralela à contraposição mais geral entre a causa formal e a matéria (VER). A matéria é aquilo *com o que* se faz algo, a forma é o que determina a matéria para ser algo, isto é, aquilo *pelo que* algo é o que *é*. Assim, em uma mesa de madeira a madeira é a matéria com a qual é feita a mesa, e o modelo que o carpinteiro seguiu é sua forma. *Desse* ponto de vista, a relação entre matéria e forma pode ser comparada com a relação entre potência e ato (VER). Com efeito, sendo a forma *o que* é aquilo que é, ela será a atualidade do que era potencialmente. Ora, convém distinguir os dois pares de conceitos mencionados. Enquanto a relação *matéria-forma* se aplica à realidade em um sentido muito geral e, por assim dizer, estático, a relação *potência-ato* aplica-se à realidade na medida em que essa realidade está em movimento (ou seja, em estado de devir [VER]). A relação *potência-ato* nos faz compreender como mudam (ontologicamente) as coisas; a relação *matéria-forma* nos permite entender como são compostas as coisas. Por esse motivo, o problema do par de conceitos *matéria-forma* é equivalente à questão da composição das substâncias e, a rigor, de todas as realidades. Por exemplo, enquanto as substâncias sublunares mudam e se movem, e os astros se movem (com movimento circular local), e mesmo o Primeiro motor, embora não se mova, constitui um centro de atração para todo movimento, as entidades matemáticas nem mudam nem se movem nem constituem centros de atração para o movimento. E, contudo, tais entidades também têm matéria e forma. Em uma linha, por exemplo, a extensão é a matéria e a "pontualidade" (ou fato de ser constituída por uma série de pontos), a forma, a qual pode ser extraída da matéria mesmo que nunca tenha existência separada. Assim, o problema da forma pode ser estudado de modo universal, o que não significa que as distintas classes de formas não exijam investigação particular.

São vários os problemas suscitados a respeito da noção aristotélica da forma. Aqui nos limitaremos aos mais significativos.

Em primeiro lugar, o problema de haver ou não formas separadas. Aparentemente não, já que toda realidade é composta de forma e matéria. Mas Aristóteles declara que a filosofia primeira tem por missão examinar a forma verdadeiramente separável, e sabe-se que o Primeiro Motor é forma pura sem nada de matéria. Pode-se, por conseguinte, admitir a existência, dentro do aristotelismo, daquilo que foi chamado de formas subsistentes por si mesmas.

Em segundo lugar, há o problema do significado do termo 'forma' dentro do par de conceitos *matéria-forma*. Em nosso entender, esse significado é mais bem compreendido quando tomamos, *provisoriamente*, o termo 'forma' como um termo relativo (relativo ao termo 'matéria'). Isso permite entender como determinada "entidade" pode ser, de acordo com o caso, forma ou matéria. Desse modo, a madeira, que é matéria para uma mesa, é forma em relação à extensão. A extensão, que é matéria para a madeira, é forma em relação à possibilidade. Isso estabelece para Aristóteles um problema: se não há modo de deter-se na mencionada sucessão (pois a possibilidade de extensão espacial pode transformar-se em forma para a possibilidade da possibilidade de extensão espacial etc.) cairemos em uma regressão ao infinito. Com o fim de evitá-la, podemos interpretar o par *matéria-forma* no sentido platônico, isto é, conceber a matéria como o indeterminado e a forma como o determinado. Matéria e forma seriam então equivalentes, respectivamente, ao Não-Ser e ao Ser, ao que é essencialmente Incognoscível e ao que é essencialmente Cognoscível. Mas com isso deveríamos admitir que matéria e forma não são termos relativos, e sim realidades plenas. x não seria forma em relação a y, e matéria em relação a w, mas x seria mais forma que y, e w seria mais forma que x (ou, se se preferir, x seria mais real que y, e w mais real que x). Uma vez que isso não é admissível à luz da filosofia de Aristóteles, deve-se encontrar um modo de evitar tanto a regressão ao infinito como o platonismo. A solução que propomos pode ser esclarecida mediante as duas observações seguintes.

a) A matéria pura é impensável, pois não pode ser racionalmente apreendida. Até a possibilidade nunca é mera possibilidade: é sempre "possibilidade de...". Assim, o receptáculo indeterminado platônico, disposto para receber *qualquer* forma, deve ser excluído. Isso, seja dito de passagem, explica por que, segundo Aristóteles, nem todas as matérias são igualmente aptas para receber todas as formas. Há, de fato, diferentes classes de matéria (matéria para o movimento local; matéria para a mudança substancial etc.; cf. *Phys.*, 260 b 4). A madeira é matéria para uma estátua, uma mesa ou uma casa, e não para uma sinfonia; tinta é matéria para os signos, e não para os astros etc. Desse modo, a matéria é sempre *qualificada*, não porque tenha sempre certas qualidades dadas, mas *ao menos* porque sempre há matéria *para* certas qualidades que excluem outras qualidades.

b) A forma pura é pensável, pois o Primeiro Motor é forma pura. Dir-se-á que esse Primeiro Motor é uma exceção, já que o universo de Aristóteles parece composto de Primeiro Motor e de substâncias compostas. Mas se, em vez de uma concepção transcendente do Primeiro Motor, defendemos uma concepção imanente, a questão antes levantada torna-se menos aguda.

Em terceiro lugar, há o problema de até que ponto a forma constitui o princípio de individuação. Excluímos aqui essa questão, por termos tratado dela separadamente (ver INDIVIDUAÇÃO).

Por fim, pode-se estabelecer o problema — já citado anteriormente — das diversas classes de forma. Esse problema, embora tratado por Aristóteles, foi elaborado com mais amplitude e precisão pelos autores escolásticos, razão pela qual agora os abordaremos. Mencionaremos aqui algumas das classes principais. Temos: *a*) formas *artificiais*, como a forma da mesa ou da estátua; *b*) formas *naturais*, como a alma; *c*) formas *substanciais*, como as que compõem as substâncias corpóreas e que são estudadas detalhadamente na doutrina do hilemorfismo (VER); *d*) formas *acidentais*, que se acrescentam ao ser substancial para individualizá-lo, como a cor; *e*) formas *puras* ou *separadas* (ou *subsistentes*), que se caracterizam por sua pura atualidade ou realidade; *f*) formas *inerentes*, que se entendem somente na medida em que se aplicam a uma matéria; *g*) formas *individuais*; *h*) formas *exemplares* etc. Essa classificação não significa que um ser ou seres determinados que consideramos como formas pertençam exclusivamente a *uma* classe de formas. Assim, por exemplo, a alma humana é ao mesmo tempo forma separada e inerente, porque é um ente imortal e uma entelequia do orgânico. Por outro lado, às vezes se agrupam as mencionadas classes de formas, e outras que aqui não mencionamos, em classes mais amplas. Alguns autores indicam, com efeito, que há formas *físicas* (como a substancial ou acidental) e formas *metafísicas* (como a diferença de gênero). Em tudo isso se percebe, seja dito de passagem, que embora o termo 'forma' seja considerado (ao relacionar-se com o de 'matéria') um termo relativo, isso não esgota o significado do conceito de forma nem dispensa que se considere a forma, em casos importantes, como realidade. Por isso examinamos antes o problema do significado como um dos problemas e avisamos, além disso, que o tomamos enquanto termo relativo apenas "provisoriamente".

Entre os problemas debatidos pelos escolásticos em que aparece a noção de forma destacaremos o da unidade ou pluralidade de formas, em particular no ser humano. Esse problema recebeu diversas soluções: há apenas uma forma, que é a alma racional; há uma forma racional e uma forma do corpo ou da corporalidade; há uma série de formas que se organizam hierarquicamente. A questão, porém, adquiriu particular veemência a partir dos debates que, por volta de 1270, fizeram Tomás de Aquino e João Pecham se enfrentar. Segundo Gilson, esses debates foram suscitados não somente pelo problema antropológico da unidade substancial entre corpo e alma, mas também, e especialmente, pelo problema teológico da natureza do corpo de Cristo entre o momento da morte e o da ressurreição. As atitudes adotadas com relação a isso pelos filósofos escolásticos e os argumentos formulados para defendê-las são de índole muito complexa. Aqui nos limitaremos simplesmente a indicar que uma série de pensadores, como Tomás de Aquino, Egídio Romano, Egídio de Lessines e outros, inclinaram-se a favor da tese da unidade da forma, enquanto vários outros, como João Pecham, Roberto Kilwardby, Ricardo de Middleton, declararam-se a favor da tese da pluralidade. Observemos, contudo, que a afirmação da unidade substancial entre corpo e alma não foi interpretada por todos os autores do mesmo modo. Tomás de Aquino, por exemplo, deu-lhe uma interpretação que podemos qualificar de moderada, pois, embora supusesse que a matéria é em princípio somente um ser passivo, admitia que ela participa da forma convertendo-se em ser vivo, enquanto Egídio Romano sustentou uma interpretação extremista, segundo a qual a forma do corpo — ou alma — e o corpo são entidades separáveis e não se necessita em absoluto de qualquer forma da corporalidade, nem sequer como forma acidental. A variedade de interpretações também é muito grande entre os partidários da doutrina da pluralidade das formas, desde aqueles que se aproximam em alguns pontos das teses da unidade substancial até os que a rejeitam por inteiro.

Com exceção das orientações escolásticas ou das tendências parcialmente influenciadas por elas, a época moderna manifestou ou pouca inclinação a utilizar o vocábulo 'forma' para designar um conceito metafísico fundamental ou escasso interesse em precisar seu significado. É verdade que Francis Bacon deu considerável importância à noção de forma, entendendo por ela a essência ou a natureza e propondo que a física investigasse essas formas por meio de um processo indutivo. Mas, à parte esse conceito ter ficado insuficientemente delineado, ele não exerceu influência apreciável. As complexidades no uso do termo aumentaram, além disso, porque se adotou freqüentemente o par *matéria-forma* como equivalente do par *conteúdo-forma*. Em alguns casos, a precisão estrita não é necessária pois o próprio uso permite entender o que significam os vocábulos. Assim ocorre, por exemplo, em Kant, quando este chama de matéria do fenômeno o que nele corresponde à sensação, e de forma ao "que faz que o que há no fenômeno de diverso possa ser ordenado em certas relações". O mesmo ocorre quando o citado filósofo ergue a doutrina das formas puras da sensibilidade (espaço e tempo), das formas puras do entendimento (categorias) e das formas da razão (idéias) que permitem a ordenação da "matéria" que em cada caso é dada a elas. Mas já nas expressões "forma da moralidade" e "moral formal" penetra uma boa quantidade de ambigüidades. Pouco a pouco o termo 'forma' foi sendo entendido não como a atualidade nem tampouco como o *a priori*, mas como o que é suscetível de abarcar qualquer conteúdo. Alguns filósofos contemporâneos aproximaram a noção de forma da de possibilidade e a de matéria ou conteúdo da de realidade dada em todas as suas espécies, inclusive nas formais. Por isso se disse que existem formas de formas, ou seja, formas que se aplicam a "conteúdos formais" que nos envolvem sem nos penetrar. Um caso no qual se rastreia esse uso é o de Emil Lask, que fala da forma primitiva ou originária da categoria suprema e única não suscetível de ser envolta por nenhuma outra forma categorial. Em outras ocasiões tende-se a usar 'forma' para designar certas propriedades ou notas; por exemplo, o inerte nos organismos vivos ou nas estruturas sociais. Então a forma designa o que é estático em uma realidade. Daí que se fale do que possui "meramente forma" como se carecesse de conteúdo e de existência objetiva, ao contrário do uso tradicional de 'forma', no qual o vocábulo denota justamente o que possui realidade e atualidade. Conseqüência disso é a oposição freqüente entre o formal e o empírico, entre o que é considerado *in concreto* e *in abstracto*. Alguns pensadores (como os fenomenólogos) rejeitaram, porém, a equiparação da forma com o *a priori*. No entender destes últimos, a idealidade pode ser tanto formal como material, e as individualidades empíricas podem existir em virtude de sua participação em essências materiais e não necessariamente formais. Em vista disso, convém definir cuidadosamente o vocábulo 'forma' cada vez que seja empregado, especialmente quando, como é freqüente, se tende a considerar a forma como a propriedade do que é formal, com a conseqüência de confundir uma noção metafísica com uma noção lógica.

II) *Sentido lógico.* Na lógica clássica faz-se a distinção entre a forma e a matéria do juízo. A matéria é o que muda no juízo; assim, o sujeito 'João' e o predicado 'bom' no juízo 'João é bom' constituem a matéria. A forma é o que continua inalterável. Desse modo, no juízo anterior a cópula 'é' constitui a forma. Na lógica atual costuma-se chamar de constante (VER) (ou elemento constante) a forma, e de variável (ou elemento variável) a matéria. Assim, na proposição 'Todos os homens são mortais', o quantificador universal 'todos' e o verbo 'são' chamam-se constantes (ou formas) e 'homens' e 'mortais' são qualificados de variáveis (ou matéria) da proposição. As formas também são chamadas de *partículas lógicas*, qualificando-se de *estrutura lógica* a estrutura composta dessas partículas ou formas. Pode-se entender com isso a freqüente afirmação de que a lógica se ocupa somente de proposições verdadeiras ou falsas *a priori em virtude de sua forma*, e o fato de que as deduções que a lógica efetua sejam consideradas deduções formais. A noção de forma lógica suscita, além disso, outros problemas; a alguns deles nos referimos nos verbetes FORMALISMO e FORMALIZAÇÃO.

III) *Sentido epistemológico.* Pode-se dar um sentido epistemológico à noção de *forma mentis* (literalmente "forma da mente") enquanto estrutura mental que coloca as realidades, os fenômenos, os dados, os fatos etc., dentro de um contexto conceitual.

O sentido epistemológico mais conhecido de 'forma' é o que tem esse termo em Kant (VER) quando esse autor fala das "formas *a priori*", e especificamente das "formas *a priori* da sensibilidade" (espaço e tempo). Em geral, trata-se de estruturas que tornam possível ordenar o material da experiência — ou do "dado" na experiência — convertendo-o em objeto de conhecimento. Segundo Kant, a matéria no fenômeno corresponde à sensação; sobre ela se impõe a forma para ordená-la.

É de se notar que num outro momento em que Kant introduz a noção de forma — a forma suprema da lei moral que é o imperativo (VER) categórico — trata-se de um conteúdo: o próprio conteúdo da pura lei moral. Mas o termo 'forma' não tem então um sentido epistemológico.

IV) *Sentido metodológico.* Esse sentido aparece em algumas das análises do conceito de forma nos quais se apresenta o problema do conhecimento. Aqui nos limitaremos a destacar uma das interpretações do sentido metodológico do termo 'forma': o que foi posto em circulação por Cassirer.

Esse autor assinalou que ao longo da história da filosofia destacaram-se dois métodos gerais de conceber a realidade: um baseado na causa (VER) e outro baseado na forma. A filosofia antiga e a medieval tenderam ao último; a filosofia e a ciência modernas, ao primeiro. Mas a crise contemporânea da ciência natural forçou alguns autores a se desviar um tanto das orientações modernas. Isso se manifesta na tendência de usar conceitos como os de estrutura, campo e totalidade, sem que isso implique transformar as causas eficientes em causas finais. O uso destes conceitos na ciência natural tornou possível que não se considerasse impróprio aplicá-los à ciência cultural. Mais ainda: as ciências culturais são aquelas nas quais o emprego do método da forma permite alcançar resultados mais efetivos. As ciências culturais também se referem, naturalmente, ao devir, e nesse sentido não se pode excluir delas a consideração causal. Mas esse devir é somente o conjunto dos processos seriais e não o princípio de qualquer série. Assim, ao contrário das ciências naturais (mesmo nos casos em que a noção de estrutura é nelas utilizada), as ciências culturais dedicam atenção a certas formas que podem ser entendidas por analogia com os *Urphänomene* goethianos. Por isso Cassirer diz que *a origem da função simbólica* — que é para ele o objeto capital das ciências culturais, de acordo com sua idéia do homem como *animal symbolicum* — não é compreensível por meios "científicos", isto é, predominantemente causais. No âmbito cultural, "todo devir permanece dentro de determinado ser", ou seja, dentro da "forma" em geral.

Por isso esse devir pode ser designado, empregando uma expressão platônica, como um γένεσις εἰς οὐσίαν, como "um devir rumo ao ser".

(V) *Sentido estético*. Na estética costuma-se distinguir a forma do conteúdo. Essa distinção é semelhante à estabelecida na metafísica entre forma e matéria, mas, enquanto metafisicamente a forma é não-sensível (é "intelectual", conceitual etc.), esteticamente é sensível. Além disso, enquanto metafisicamente a matéria é aquilo com que se faz algo que alcança esta ou aquela forma, o que é determinado por esta ou aquela forma, na estética o conteúdo é o que se faz, ou o que se apresenta, dentro de uma forma. Na metafísica a forma é geralmente universal — mesmo as chamadas "formas singulares" supostamente possuem sua própria "formalidade" —, enquanto na estética é singular. O caráter singular, particular e único da forma estética não lhe retira, entretanto, sua dimensão significante. Alguns estetas falaram de "formas significantes" a esse respeito.

Discutiu-se que relações há entre a forma e o conteúdo, e foram propostas numerosas doutrinas que podem ser reduzidas às duas seguintes: 1) a forma é separável do conteúdo pelo menos no sentido de que pode ser descrita e julgada independentemente dele; 2) forma e conteúdo são inseparáveis. Aqueles que defendem a primeira idéia podem discordar na importância dada à forma ou ao conteúdo (o que se manifesta comumente quando se fala daqueles que dão mais importância ao modo como se diz [descreve, pinta etc.] algo em oposição àqueles que dão mais importância àquilo que se diz [descreve, pinta etc.]). Usualmente se entende por 'forma' o "estilo", a "maneira", a "linguagem" etc.; por conteúdo entende-se o "assunto", o "significado" etc. Aqueles que defendem a segunda noção destacam que não se pode falar significativamente de formas sem conteúdos nem de conteúdos sem formas, de modo que ou ambos estão "fundidos" na "obra" ou são contínuos.

Classicamente se considerou que uma obra de arte deveria ter uma "boa forma"; a isso se chamou *formosus*, do que deriva 'formoso'. O que é *formosus* ou bem proporcionado opõe-se ao disforme, freqüentemente identificado ao que é feio.

O termo 'forma' também é utilizado na estética para designar a ordem na qual estão dispostos os elementos em um conjunto (por exemplo, para falar de simetria). Nesse caso a forma não se contrapõe ao conteúdo.

Uma das razões para a confusão freqüente na terminologia estética é que várias noções, como as de ordem, proporção, simetria etc., aplicam-se por igual à noção de forma como contraposta à de conteúdo, e à noção de forma como contraposta a elementos dispostos em um conjunto. A confusão deve-se em parte a que às vezes a ordem em que estão dispostas as partes determina uma "figura" que pode ser identificada com a forma que foi dada a um "conteúdo".

Outra distinção comum na estética é a efetuada entre forma e sentimento. Também nesse caso discutiu-se se em uma obra de arte predomina (ou "deve predominar") o sentimento ou a forma, se é adequado classificar as obras de arte, e os estilos, de acordo com a suposta polaridade "sentimento-forma", e se não seria melhor abster-se de falar de tal polaridade. Esta última é a opinião de Susane K. Langer, que indica que a freqüente associação do sentimento com a espontaneidade, desta com a informalidade ou indiferença pela forma e desta com a ausência de forma, por um lado; e a associação da forma com a formalidade, a regulação, a repressão e, em última análise, com a ausência de sentimento, por outro, são a conseqüência de se ter elevado à dignidade de princípio uma mera confusão lógica. "A polaridade entre sentimento e forma é em si mesma um problema, pois a relação entre os dois 'pólos' não é realmente 'polar', isto é, uma relação entre positivo e negativo, já que sentimento e forma não são complementos lógicos" (S. K. Langer, *Feeling and Form: A Theory of Art*, I, 1953, p. 17).

➲ Sobre a noção de forma em diferentes autores e correntes, especialmente no aristotelismo e na escolástica: R. Loriaux, *L'Être et la forme selon Platon: Essai sur la dialectique platonicienne*, 1955. — Edith Watson Schipper, *Forms in Plato's Later Dialogues*, 1965. — E. Rolfes, *Die substantielle Form und der Begriff der Seele bei Aristoteles*, 1892. — E. Neubauer, *Der aristotelische Formbegriff*, 1909. — I. Husik, *Matter and Form in Aristotle*, 1911. — L. Schmöller, *Die scholastische Lehre von Materie und Form*, 1903. — A. Perier, *Matière et forme: Quelques objections contre l'aristotélisme ancien et moderne*, 1927. — Fernando Inciarte, *Forma formarum. Strukturmomente der Humanistischen Seinlehre im Rückgriff auf Aristoteles*, 1970. — H. Fronober, *Die Lehre von der Materie und Form nach dem Albert dem Grosse*, 1909. — J. Goheen, *The Problem of Matter and Form in the* De ente et essentia *of Thomas Aquinas*, 1940 (refere-se também a Avicebrón). — G. Stella, *L'ilemorfismo di G. Duns Scoto*, 1955. — A. Mitterer, *Das Ringen der alten Stoff-Form-Metaphysik und der heutigen Stoff-Physik*, 1935. — N. E. Emerton, *The Scientific Reinterpretation of Form*, 1984. — M. Furth, *Substance, Form and Psyche: An Aristotelian Metaphysics*, 1988. — F. Schroeder, *Form and Transformation: A Study in the Philosophy of Plotinus*, 1992. — Ver também a bibliografia de HILEMORFISMO.

Sobre 'forma' no sentido lógico: G. H. von Wright, *Form and Content in Logic*, 1949 (aula inaugural de 26-V-1949 em Cambridge; reimp. no vol. do autor: *Logical Studies*, 1957, pp. 1-21). — R. May, *Logical Form: Its Structure and Derivation*, 1985. — J. Proust, *Ques-*

tions of Form: Logic and the Analytic Proposition from Kant to Carnap, 1989.

Para a teoria de Cassirer: "Formproblem und Kausalproblem", no trabalho *Logik der Kulturwissenschaften*, publicado em Göteborgs Högskolas Arskrift, 48 (1942), pp. 69-112 (trad. esp. do trabalho completo em *Las ciencias de la cultura*, 1951).

Obras nas quais são expostas "filosofias da forma" no sentido da estrutura em geral: P. Carus, *The Philosophy of Form*, ed. separada de *Introduction to Philosophy as a Science*, 1910. — E. Herrigel, *Urstoff und Urform. Ein Beitrag zur philosophischen Strukturlehre*, 1926. — R. Ruyer, *Esquisse d'une philosophie de la structure*, 1930. — E. I. Watkin, *A Philosophy of Form*, 1935. — R. Ingarden, *Esencjalne Zgadnienic Formy i Jej Podstawowe Projecia*, 1946. — Carl Oluf Gjerlov-Knudsen, *Formens filosofî*, 1956 (trad. ingl.: *The Philosophy of Form*, 1962). — J. Zaragüeta, A. González Ávarez et al., *La forma*, 1959 (IV Semana Española de Filosofía. Instituto Luis Vives e Sociedad Española de Filosofía). — A. Berndtson, *Power, Form, and Mind*, 1981. — R. B. Pippin, *Kant's Theory of Form: An Essay on the* Critique of Pure Reason, 1982. — O. Kenshur, *Open Form and the Shape of Ideas: Literary Structures as Representations of Philosophical Concepts. Seventeenth and Eighteenth Centuries*, 1986. — B. Falkenburg, *Die Form der Materie: Zur Metaphysik der Natur bei Kant und Hegel*, 1987. — H. White, *The Content of the Form: Narrative Discourse and Historical Representation*, 1987. — L. Lermond, *The Form of Man: Human essence in Spinoza's Ethic*, 1988.

Para a psicologia da forma, ver ESTRUTURA.

A filosofia da forma de J. Geyser (à qual nos referimos em Eidético [VER]) é exposta em *Eidologie oder Philosophie als Formerkenntnis*, 1921. C

FORMA NORMAL. Ver SKOLEM-LÖWENHEIM (TEOREMA DE).

FORMALISMO. Este termo pode ser entendido em vários sentidos.

1) Em um sentido muito geral, 'formalismo' designa a tendência de ocupar-se principalmente, se não exclusivamente, de "caracteres formais". A natureza de tais "caracteres formais" pode ser muito diversa. Usualmente pode-se determinar de que caracteres se trata se se sabe o que em cada caso se entende por 'forma' (VER). Se o termo 'forma' tem o sentido que pode ser chamado de "clássico", o formalismo equivale então a dedicar atenção preponderante, ou exclusiva, à "forma" do real diante de sua "matéria" ou diante de sua "virtualidade". Desse sentido procede a expressão 'existência formal', que na literatura filosófica clássica, e especialmente na escolástica (mas também em Descartes e em Spinoza), significa aproximadamente o mesmo que hoje designamos mediante o termo 'existência objetiva'. Se, por outro lado, o termo 'forma' tem o sentido que pode ser chamado de "moderno", o formalismo equivale a dedicar atenção preponderante, ou exclusiva, aos aspectos ideais da realidade. O uso de "formalismo" nesses sentidos deveria ser evitado pela ambigüidade que traz em seu emprego *corrente* o vocábulo 'forma', a menos que se especifique cuidadosamente em cada caso a que *forma* se refere a consideração "formalista".

2) Em um sentido também geral, mas menos ambíguo que o anterior, emprega-se o vocábulo 'formalismo' como caracterização de várias disciplinas filosóficas. Isso ocorre com as expressões 'lógica formal', 'ética formal' (como a kantiana), 'sociologia formal' (como a de Simmel) etc. Em todos esses casos o uso do termo 'formal' atém-se à sua definição moderna, e a consideração formal como estudo das estruturas gerais de um objeto ou de uma ciência se contrapõe à consideração material como estudo do conteúdo do objeto ou da ciência.

3) Por ser a lógica uma disciplina estritamente formal, pode-se dizer que sua característica mais geral é o formalismo. O vocábulo 'formalismo' aplicado à lógica é, contudo, ou demasiadamente preciso ou demasiadamente vago. O sentido demasiadamente preciso aparece quando, em alguns autores, distingue-se lógica formal de lógica formalista. É demasiadamente preciso porque toda lógica formal pode ser formalizada e, portanto, não se pode estabelecer uma distinção excessivamente forte entre lógica formal e lógica formalista. O sentido demasiadamente vago do termo 'formalista' aparece quando se diz que toda lógica é formalista. Na medida em que toda lógica pode ser formalizada (ver FORMALIZAÇÃO), toda lógica é formalista, mas então diz-se muito pouco ao indicar que o traço geral de toda lógica é o formalismo.

4) Formalismo também é o nome dado a uma das três principais tendências da filosofia matemática. Ela foi representada sobretudo por D. Hilbert, e a ela nos referimos em MATEMÁTICA e outros verbetes. Deve-se ter presente que chamar essa matemática de "formalista" não significa negar o formalismo das demais tendências contemporâneas da filosofia matemática: a logicista e a intuicionista. Todas elas são penetradas pela idéia de formalização e, portanto, em certo sentido, todas podem ser qualificadas de formalistas. Ao utilizar este sentido do vocábulo 'formalismo' deve-se especificar, por conseguinte, a diferença em relação ao sentido anterior.

5) Também se chamou de "formalismo" a uma certa tendência da estética e da crítica literária representada por muitos autores, mas particularmente por estetas e críticos russos e tchecoslovacos no início

da terceira década deste século: B. Eijenbaum, V. Sjlovski, B. Tomasevski, R. Jakobson etc. Entre os tchecos destacaram-se os membros do chamado "Círculo de Praga", D. Cyzevsky, R. Wellek e o citado Jakobson (ver ESTRUTURALISMO). Esses autores afirmavam que a compreensão da obra de arte não exige o auxílio da psicologia, da sociologia, da história e, em geral, de nenhuma ciência que se refira ao próprio artista, ao contemplador da obra de arte ou à situação social e histórica de ambos. A obra de arte é para os formalistas uma *linguagem* que possui sua própria autonomia e pode, portanto, ser examinada "internamente". No início, os formalistas estéticos sublinhavam os aspectos "sintáticos" da obra artística, prescindindo da relação entre os signos e os objetos designados. Pouco a pouco, todavia — e paralelamente à tendência que levou muitos positivistas lógicos da pura sintaxe ao estudo da semântica —, os formalistas se interessaram cada vez mais pelos aspectos semânticos. Percebeu-se que em seu período sintático os formalistas estéticos estavam muito próximos das teorias que distinguem radicalmente a linguagem emotiva e a linguagem cognoscitiva, o que parece estar em contradição com seu formalismo, razão pela qual é difícil aceitar a obra de arte como linguagem emotiva e ao mesmo tempo destacar que a única coisa que importa nela é a linguagem sintática. Mas justamente por reparar nessa contradição os formalistas abandonaram a citada distinção, mesmo que em nenhum momento tenham deixado de afirmar que a linguagem artística não é cognoscitiva. Ao passar da dimensão sintática para a semântica, os formalistas estéticos descobriram que o que é característico da linguagem artística (e especialmente da poética) não é sua ausência de significados, mas sua multiplicidade. Tratamos mais detalhadamente desse problema no verbete sobre a obra literária (VER).

Foi muito comum entre autores marxistas soviéticos ou seguidores destes combater o "formalismo artístico", ao qual opuseram o chamado "realismo socialista". Esse formalismo não se reduz, porém, ao anteriormente resenhado, que seria, em todo caso, um aspecto de um formalismo mais amplo que, segundo os autores marxistas, caracteriza a cultura ocidental e burguesa e é o resultado de uma desvitalização, assim como de uma oposição a considerar a realidade social à luz do "desmascaramento ideológico" propugnado pelo marxismo.

6) Finalmente, às vezes se chamou de "formalismo" a doutrina dos partidários da distinção (VER) formal, qualificados na literatura escolástica de formalistas.

⊃ Ver: Melchior Palágyi, *Der Streit der Psychologischen und Formalisten in der modernen Logik*, 1902. — L. E. J. Brouwer, "Intuitionism and Formalism", *Bull.* *Am. Math. Society*, 20 (1913). — Richard Baldus, *Formalismus und Intuitionismus in der Mathematik*, 1924. — Jean Cavaillès, *Méthode axiomatique et formalisme*, 1938. — Jean Ladrière, *Les limitations internes des formalismes: Étude sur la signification du théorème de Gödel et des théorèmes apparentés dans la théorie des fondements des mathématiques*, 1957 (trad. esp.: *Las limitaciones internas de los formalismos*, 1971). — A. Mercier, *Analytical and Canonical Formalism in Physics*, 1959. — T. Bennett, *Formalism and Marxism*, 1979, ed. T. Hawkes. — J. T. Bergner, *The Origin of Formalism in Social Science*, 1981. — J. O'Neill, *Worlds Without Content: Against Formalism*, 1992. — Ver também a bibliografia dos verbetes INTUICIONISMO; MATEMÁTICA; PSICOLOGISMO. ⊂

FORMALITER. Os escolásticos (e muitos autores modernos) utilizaram vários advérbios latinos como termos técnicos; entre eles, e de modo muito proeminente, figura o vocábulo *formaliter* ('formalmente'). Definiremos brevemente seu significado e, ao mesmo tempo, o de vários outros advérbios latinos empregados pelos escolásticos para precisar o sentido de suas expressões. Os outros advérbios a que nos referimos são *materialiter* ('materialmente'), *metaphorice* ('metaforicamente'), *virtualiter* ('virtualmente'), *eminenter* ('eminentemente').

Enuncia-se algo *formaliter* quando se fala de um modo próprio, de acordo com seu significado preciso. Uma definição de uma coisa *formaliter* é uma definição da natureza específica da coisa. Um termo entendido *formaliter* é um termo entendido como tal.

Enuncia-se algo *metaphorice* quando se fala de um modo impróprio e translativo. Ver METÁFORA.

Enuncia-se algo *materialiter* quando se fala que pertence ao objeto completo.

Enuncia-se algo *virtualiter* quando se faz referência à causa capaz de produzi-lo.

Para *eminenter*, ver EMINENTE.

Exemplos desses usos: Um homem é formalmente um homem e metaforicamente uma ave de rapina. O Ser e o Bem são formalmente distintos, mas materialmente idênticos. O efeito encontra-se virtualmente na causa. A racionalidade encontra-se formalmente no homem, e eminentemente em Deus.

FORMALIZAÇÃO. Formalizar uma linguagem L equivale a especificar, mediante uma metalinguagem (VER) L_1, a estrutura de L. Para tal efeito especifica-se por meio de L_1 exclusivamente a forma das expressões de L. A formalização de L mediante L_1 não necessariamente converte L em uma série de expressões sobre formas de expressão. As expressões da linguagem formalizada L_1 podem se referir a qualquer "conteúdo". L pode ser a linguagem comum (ou um dos aspectos da linguagem comum: a linguagem desportiva, a linguagem da "vida social", a linguagem da crítica literária, a linguagem da diplomacia etc.). *L* pode ser a linguagem filosófica, ou a de um sistema filosófico determinado e, evidentemente, *L* pode ser determinada linguagem científica (a da física, a da biologia, a da sociologia etc.) ou uma parte dessa linguagem (a teoria da relatividade, a genética etc.), a linguagem matemática (ou de um ramo da matemática), a linguagem lógica (ou de um ramo da lógica ou de uma parte da lógica) etc. A formalização de uma linguagem é realizada segundo certos requisitos. Destes, mencionamos os seguintes: a enumeração de todos os signos não-definidos de *L*; a especificação das condições em que uma fórmula dada pertence a *L*; a enumeração dos axiomas utilizados como premissas; a enumeração das regras de inferências aceitas para efetuar deduções em *L*.

Apesar da possibilidade de se formalizar qualquer linguagem, os resultados mais fecundos foram obtidos na formalização de linguagens lógicas e matemáticas.

Nesse tipo de formalização pode-se ver mais claramente que em qualquer outro que, como escreve Hao Wang ("On Formalization", *Mind*, N. S., 64 [1955], 226-238), "não há uma linha divisória estrita entre formalizar e descobrir uma prova".

Por meio de Gödel (ver GÖDEL [TEOREMA DE]) sabemos que, dado um sistema lógico razoavelmente rico, *S*, pode-se provar que haverá sempre ao menos um teorema, *t*, indecidível dentro do sistema. A formalização de *S* mediante S_1 pode tornar *t* decidível, mas então haverá em S_1 ao menos um teorema, t_1, não decidível em S_1 e assim sucessivamente com qualquer sistema, S_2, S_3... S_n. Os resultados de Gödel levaram alguns autores (por exemplo, alguns materialistas dialéticos e vários membros da chamada "Escola de Zurique" [VER]) a sustentar que o "formalismo" é "impotente" e que deve ser, portanto, "abandonado". Mas a verdade é que os resultados de Gödel não se opõem à formalização: simplesmente mostram o que acontece quando ela é realizada. Esses resultados tampouco constituem uma demonstração de que o processo lógico depende "do concreto". Naturalmente não apóiam nenhum tipo de "irracionalismo". Os resultados de Gödel são resultados lógicos; não procedem de nenhuma "intuição" sobre a natureza da lógica e da matemática. Não se pode falar, pois, de uma "decadência dos absolutos lógico-matemáticos", como fazem Georges Bouligand e Jean Desgranges (*Le déclin des absolus mathématicologiques*, 1949), seguindo Ferdinand Gonseth. Como indica H. Leblanc (cf. *Isis*, 42 [1951], 72), "o resultado de Gödel mostrou a impossibilidade de transformar a lógica em um absoluto; ele nos lembrou que a lógica é meramente um sistema de convenções, que podem ser ampliadas ou restringidas segundo a vontade do matemático e os riscos que este decida correr", mas mostrou ao mesmo tempo que o marco da lógica "continua sendo o único no qual pode ser inserida a matemática".

Não se deve confundir 'formalização' com 'formalismo' quando este último termo designa uma das escolas ou tendências da lógica e da filosofia matemática contemporâneas (ver FORMALISMO; MATEMÁTICA). Todas as escolas matemáticas e lógicas praticam a formalização, tanto no caso dos "formalistas" propriamente ditos como no dos "intuicionistas". Desse modo, a matemática intuicionista de Brouwer (ver INTUICIONISMO) foi formalizada em grande parte por Heyting.

Alguns pensadores (por exemplo, Gabriel Marcel em *Le mystère de l'être*) assinalaram que, por ser a filosofia menos um sistema para provar verdades que um auxílio para o descobrimento de verdades, o filósofo que descobre certas verdades e as expõe em suas conexões "dialéticas ou sistemáticas" corre o risco de "alterar profundamente a natureza das verdades que descobriu". Se essas opiniões de Marcel forem aceitas poder-se-á facilmente sucumbir à tentação de considerá-las expressão de uma oposição à formalização. Contudo, isso não ocorre. Independentemente de se o próprio Marcel (caso se interessasse pelo assunto) se oporia ou não à formalização, as opiniões resenhadas não se referem à formalização, mas ao "espírito de sistema", especialmente àquele que se revela em alguns filósofos quando "traem" suas próprias "intuições" alojando-as em um sistema filosófico "artificial". A formalização no sentido aqui tratado não consiste em impor uma estrutura sistemática a um corpo de doutrina dado se a estrutura sistemática pertence à mesma linguagem que o corpo de doutrina. Tampouco consiste, de acordo com o que foi dito no início, em transformar esse corpo de doutrina em um conjunto de expressões "puramente formais". Desse modo, as idéias filosóficas de Marcel podem ser formalizadas sem que tais idéias se convertam em um discurso sobre formas de expressão. Outra questão é a de se é mais fácil formalizar um sistema filosófico como o de Santo Tomás, o de Hegel e outros, do que um corpo de doutrina como o de Marcel ou o de Nietzsche. Não há dúvida de que é mais fácil formalizar os primeiros — porém em nenhum dos casos a formalização afeta o "conteúdo" da série de expressões formalizadas.

Para a diferença entre "sistema logístico formalizado" (ou "cálculo") e "sistema de linguagem formalizado" (ou "linguagem interpretada") ver o verbete SISTEMA, *ad finem*.

O termo 'formalização' foi utilizado por Xavier Zubiri em um sentido diferente do exposto até agora. A formalização é, segundo Zubiri, o processo mediante o qual um sistema nervoso complexo apresenta situações novas ao organismo. O cérebro é o órgão desse processo. "A função da formalização" — escreve Francisco Javier Conde em *Homenaje a Xavier Zubiri*, 1953, p. 59 — "é integrada por várias funções, especialmente três: *a*) Organizar o quadro perceptivo. O sistema nervoso vai organizando as percepções do animal em um campo progressivamente ordenado. Ele vai, portanto, formalizando os estímulos que o animal recebe e vai desse modo individualizando progressivamente os estados sensitivos do animal. *b*) Criar o repertório das respostas motrizes do animal. É a formalização dos esquemas de resposta. *c*) Organizar os estados do animal, seus estados afetivos, o tono vital. É a formalização do tono biológico do animal." Por mais avançada que se encontre a formalização, ela não constitui ainda, segundo Zubiri, o que é característico do homem. Com efeito, o homem constitui-se como tal somente quando um organismo não pode responder adequadamente a uma situação mediante a formalização e requer um novo elemento: a "inteligência".

FORMEY, JEAN HENRI SAMUEL (1711-1797). Nascido em Berlim, foi a partir de 1748 secretário e depois historiador oficial da Academia de ciências de Berlim. Formey apresenta o interessante caso de um autor enormemente fecundo, ao qual se devem quase quinhentos livros — certamente de todos os tamanhos — e milhares de resenhas, sem contribuir praticamente nada para o pensamento filosófico, mas servindo de foco e ponte de ligação, e exercendo, sob esse aspecto, considerável influência sobre muitos de seus contemporâneos. Não podemos resistir à tentação de citar uma passagem da história da psicologia moderna, de Max Dessoir, que extraímos de Lewis White Beck (*Early German Philosophy*, 1969, p. 315, nota 17), sobre Formey: "Esse homem produziu de fato quase seiscentos livros, além de uma quantidade esmagadora de resenhas muito solicitadas, em parte porque só se sentia feliz trabalhando e em parte *pour donner un peu d'aisance a ses enfants*. Além disso, manteve a mais extensa correspondência conhecida na Alemanha desde Leibniz. E por volta do final de sua vida deu um golpe genial: incapaz de produzir qualquer obra criadora, mas ao mesmo tempo incapaz de não fazer nada, ele mesmo publicou suas *Oeuvres posthumes*". Todas as obras de Formey são uma divulgação da filosofia de Wolff com idéias e passagens de Locke e Hume.

➲ Formey foi o mais popular vulgarizador de Wolff com seus 6 volumes de *La belle wolfienne*, 1741-1753. Também escreveu — entre tantas de suas muitas obras — uma *Encyclopédie portative*, um *Anti-Émile*, em vários volumes, 1762ss., e um *Émile chrétien*, em "apenas" 2 vols., 1764. Foi um dos diretores da *Bibliothèque Germanique* e (com Pérard) do *Journal littéraire D'Allemagne*. ᴄ

FORONOMIA. No século XVIII o termo *Phoronomia* foi utilizado para designar a parte da física que se ocupa das leis (νόμος, "lei") do movimento (φορά) dos corpos, tanto sólidos como líquidos. Temos um exemplo desse uso em Jacob Hermann (1678-1733) em sua *Phoronomia, sive de viribus et motibus corporum solidorum et fluidorum*. Samuel Clarke (VER) refere-se à obra de Hermann em sua quinta carta (resposta à quinta carta) da chamada "correspondência Leibniz-Clarke", refutando suas opiniões, que representavam as de Leibniz, sobre as leis da queda dos corpos. Lambert (VER) referiu-se à foronomia em seu *Neues Organon*, de 1764. Provavelmente a palavra não figuraria em nenhum índice, ou em nenhum dicionário, se não tivesse sido utilizada por Kant nos *Princípios metafísicos da ciência natural* (*Metaphysische Anfangsgründe der Naturwissenschaft*, 1786) como um dos modos de estudar a matéria, juntamente com a dinâmica, a mecânica e a fenomenologia (VER).

FOSSAMBRUNO, ANGELO DE. Ver MERTONIANOS.

FOUCAULT, MICHEL (1926-1984). Nascido em Poitiers, foi professor do Collège de France a partir de 1970. É comum considerar Foucault um dos principais representantes do estruturalismo (VER) francês. Também é comum considerá-lo o filósofo do estruturalismo, diferentemente de Lévi-Strauss, que é antropólogo, e de Roland Barthes, crítico. Embora o pensamento de Foucault se encaixe melhor no estruturalismo que em qualquer outro movimento filosófico contemporâneo, e embora Foucault esteja de acordo com os estruturalistas ao recusar-se a ater-se — ou deter-se — aos fenômenos superficiais de que se ocupam habitualmente os historiadores e os cultivadores das ciências sociais e das ciências humanas, há consideráveis diferenças entre a noção de estrutura nos autores mencionados e o tipo de indagação feita por Foucault em seus estudos da história da loucura e da origem da clínica. Os trabalhos de Foucault sobre a arqueologia das ciências humanas, sobre a arqueologia do saber e sobre a ordem do discurso proporcionam a base filosófica daquilo que foi chamado seu estruturalismo e permitem ver até que ponto este último nome não é completamente adequado para descrever seus trabalhos; de qualquer modo, podem dar uma idéia dos fundamentos daquilo que Jean Piaget chamou, ao referir-se a Foucault, de "um estruturalismo sem estruturas".

Estendemo-nos sobre as idéias de Foucault nos verbetes ARQUEOLOGIA; DISCURSO; ENUNCIADO; EPISTEME e SIMPATIA, que podem ser considerados como parte ou complemento deste. Desses verbetes depreende-se que, embora Foucault se apóie em dados históricos para expressar suas idéias, ele ao mesmo tempo nega que as idéias, enquanto supostos modos de ver e representar, ou figurar, ou simbolizar, o mundo, sejam função *da* história. Não são sequer função de um ser humano, que seria sujeito da história. A rigor, não existe para Foucault um tal sujeito. O que é assim chamado é uma realidade instalada em uma *episteme*, algo que "desliza", por assim dizer, no "discurso" da *episteme*. Se cabe falar de estruturas, trata-se de estruturas que não têm sujeitos.

Foucault tenta evitar o mal-entendido que, em seu entender, consiste em adscrever sua empresa simplesmente no campo estruturalista: "Não se trata de transferir para o domínio da história, e especialmente da história dos conhecimentos, um método estruturalista que foi testado em outros campos da análise. Trata-se de depreender os princípios e as conseqüências de uma transformação autóctone que está em vias de se cumprir no domínio do saber histórico (...) não se trata (e menos ainda) de utilizar as categorias de totalidades culturais (sejam elas visões do mundo, tipos ideais, espírito particular das épocas) para impor à história, e a despeito dela, as formas da análise estrutural" (*L'archéologie du savoir*, pp. 25-26). Por isso Foucault nega que suas obras se inscrevam — ao menos fundamentalmente — no debate sobre a estrutura, como contraposta à gênese, à história e ao devir, mas admite que se trata de deslindar um campo em que também são suscitados os problemas da estrutura.

Foucault se opõe a todo "narcisismo", particularmente ao narcisismo das ciências humanas, que fizeram acreditar que o homem é "o problema mais constante do saber humano". "O homem" — escreve Foucault — "é uma invenção cuja recente data é facilmente mostrada pela arqueologia de nosso pensamento. E com isso talvez se mostre seu fim" (*Les mots et les choses*, p. 398). Falou-se, por causa disso, da "morte do homem" e considerou-se que o pensamento de Foucault não somente está de acordo com o estruturalismo, mas o leva a suas últimas conseqüências.

Em todo caso, o pensamento de Foucault tem em comum com o de alguns estruturalistas a tendência a procurar "campos" dentro dos quais se alojem os pensamentos e os comportamentos humanos de acordo com regras que não são feitas pelos próprios homens, ou que não estão em um nível consciente. Os campos de referência são para Foucault positivos, porque não consistem em restringir a liberdade, mas em tornar possível a iniciativa dos sujeitos. As mudanças de *episteme* não são produzidas por atos humanos, individuais ou coletivos. Tampouco são, porém, mudanças produzidas mecanicamente, ou das quais não seja possível dar nenhuma explicação. Há descontinuidade entre *epistemes*, mas há uma razão das mudanças que pode ser encontrada no que Foucault chama de "condições de possibilidade". A arqueologia do saber tem de mostrar o "espaço geral do saber", mas com isso já se definem "sistemas de simultaneidade, assim como a série de mutações necessárias e suficientes para circunscrever o limiar de uma nova possibilidade" (*Les mots et les choses*, p. 14).

•• A partir da aula inaugural de Foucault no "Collège de France" costuma-se considerar que começa a etapa genealógica que teria como principais obras *Vigiar e punir* e *História da sexualidade*. A maior parte dos autores divide o pensamento de Foucault em três etapas, seguindo um modelo basicamente cronológico: a etapa arqueológica (desde *Folie et déraison* até *A arqueologia do saber*, isto é, de 1961 a 1969); a etapa genealógica (desde *Ordem do discurso* até o primeiro volume da *História da sexualidade*, 1971-1976) e finalmente a etapa da governabilidade ou das técnicas ou tecnologias do eu, do sujeito (a partir de 1978). O próprio G. Deleuze resumiu o percurso de Foucault em três perguntas: 'o que posso saber?', 'o que posso fazer?' e 'o que sou eu?'. Dreyfus e Rabinow consideram, por exemplo, que a passagem para a etapa genealógica deu-se por causa do fracasso do método arqueológico. Entretanto, embora essa classificação seja cômoda e às vezes pareça ser ratificada pelo próprio Foucault (p. ex. em *Vigiar e punir*), é preciso dizer que ela comporta vários problemas. Por exemplo, é evidente que *Folie et déraison* está muito mais próxima do conteúdo e do estilo de *Vigiar e punir* que de *As palavras e as coisas*. Foi por essa razão que alguns intérpretes (p. ex., Miguel Morey) consideraram mais pertinente contemplar a evolução do pensamento de Foucault não como a sucessão de métodos que se substituem, mas antes como círculos cada vez maiores que integram as etapas anteriores dando-lhes novas possibilidades de interpretação. Nesse sentido é importante constatar que as principais obras de Foucault começam anunciando uma invenção recente (as disciplinas psi-, a clínica, as ciências humanas, a prisão, a sexualidade) e terminam anunciando seu possível fim. É possível, pois, contemplar todo o pensamento de Foucault como diferentes aberturas de uma mesma tarefa geral. Foucault, desde o início, esteve interessado em mostrar como se formaram alguns dos fundamentos de nosso presente, delineando seu contexto discursivo e institucional; perguntou-se pela maneira segundo a qual se constituem os discursos chamados de verdadeiros, sobretudo no âmbito das ciências humanas. E tudo isso de forma a não implicar em absoluto uma legitimação do presente por meio daquilo que Nietzsche chamou de "racionalidade retrospectiva". Foucault pergunta-se constantemente pelas condições de possibilidade de certas experiências (a doença, a loucura, a prisão, a sexualidade), tentando mostrar quando, por que e em que circunstâncias apareceram. Rejeita, portanto, qualquer *a priori* universal, substituindo-o por uma rede de *a priori* históricos. As obras de Foucault mostram que nossas experiências, nossas práticas e nossos discursos sobre o doente, o louco, o delinqüente ou a sexualidade são invenções recentes que apareceram a partir de certas relações entre o saber e o poder que as tornou possíveis, e indicam que, se essas disposições que permitiram a sua emergência desaparecessem, levariam consigo tais realidades. Dito de outro modo: Foucault não tenta legitimar a razão moderna; não se trata de afirmar nossos conhecimentos, mas de tentar experimentar até que ponto é possível "penser autrement".

Por isso sua ontologia do presente foi qualificada pelo próprio Foucault como uma tentativa de "criação de liberdade". Foucault mostra a origem de certas práticas ou discursos que chegaram a ser considerados "normais" graças a uma complexa trama de inércias que limitam estreitamente a criação de novas possibilidades. Daí que mostrar a origem de nosso presente e pensar de outro modo sejam em Foucault duas idéias inter-relacionadas. O presente delineia o que somos, dizemos e fazemos, e esse presente tem sua história, embora a doxa queira nos fazer acreditar no contrário por meio da racionalidade retrospectiva.

O efeito global que produz ou tenta produzir o pensamento de Foucault — que deve ser relacionado com o de Nietzsche para poder ser captado em sua essência — é a defesa da dissensão e do "direito à diferença", com uma recusa enérgica da confusão (comum) entre o normal e o moral. Pode-se dizer que Foucault tenta plasmar não tanto aquilo que nos impede de ser o que somos como mostrar os mecanismos que possibilitaram que sejamos o que somos. É por isso que o tema do sujeito é um tema-chave em Foucault, já que se trata de analisar as diversas formas de sujeição a que nos vemos submetidos por meio de certos discursos e práticas, por meio de certas relações entre o saber e o poder.••

⊃ Obras: *Maladie mentale et personalité*, 1954; reed. como *Maladie mentale et psychologie*, 1966. — *Folie et déraison. Histoire de la folie à l'âge classique*, 1961; ed. abrev., *Histoire de la folie à l'âge classique*, 1961; 2ª ed., seguida de dois novos textos, "Mon corps, ce papier, ce feu", "La folie, l'absence d'oeuvre", 1972. — *Raymond Roussel*, 1963. — *Naissance de la clinique. Une archéologie du regard médical*, 1963. — *Nietzsche, Marx, Freud*, 1965. — *Les mots et les choses. Une archéologie des sciences humaines*, 1966. — *L'archéologie du savoir*, 1969. — *L'ordre du discours*, 1971 (Aula inaugural no Collège de France, 2-XII-1970). — "Nietzsche, la Généalogie, l'Histoire", em VV. AA., *Hommage à Hyppolite*, 1971. — *Moi, Pierre Rivière, ayant égorgé ma mère, ma soeur et mon frère...*, 1973. — *Ceci n'est pas une pipe*, 1973. — *Surveiller et punir. Naissance de la prison*, 1975. — *Histoire de la sexualité*, 3 vols.: I, *La volonté de savoir*, 1976; II, *L'usage des plaisirs*; III, *Le souci de soi*, 1984. La pensée du dehors, 1986. — *Sept propos sur le septième ange*, 1986. — *Les anormaux. Cours au Collège de France*, 1999. — *A verdade e as formas jurídicas*, 1978. — *Résumés des cours au Collège de France, 1970-1982*, 1989. — *Dits et écrits, 1954-1988*, editado por D. Defert e F. Ewald, 4 vols., s./d.

Foucault também escreveu uma longa introdução (128 páginas) e as notas da trad. fr. de Ludwig Binswanger, *Traum und Existenz (Le rêve et l'existence*, 1954).

Em português: *A arqueologia do saber*, 6ª ed., 2000. — *Doença mental e psicologia*, 1994. — *Em defesa da sociedade*, 1999. — *Eu, Pierre Rivière, que degolei minha mãe, minha irmã e meu irmão*, 6ª ed., 2000. — *História da loucura*, 4ª ed., 1995. — *História da sexualidade, 1:* A vontade de saber, 13ª ed., 1999. — *História da sexualidade 2:* O uso dos prazeres, 8ª ed., 1998. — *História da sexualidade 3:* O cuidar de si, 1999. — *O homem e o discurso*, s.d. — *Isto não é um cachimbo*, 2ª ed., 1989. — *Microfísica do poder*, 12ª ed., 1996. — *A mulher e os rapazes*, 1997. — *O nascimento da clínica*, 5ª ed., 1998. — *Nietzsche, Freud e Marx — Theatrum philosophicum*, 1997. — *A ordem do discurso*, 5ª ed., 2000. — *As palavras e as coisas*, 8ª ed., 1999. — *O pensamento do exterior*, 1990. — *Raymond Roussel*, 1999. — *Resumo dos cursos do Collège de France 1970-1982*, 1994. — *A verdade e as formas jurídicas*, 2ª ed., 1999. — *Vigiar e punir*, 22ª ed., 2000. — *Um diálogo sobre os prazeres do sexo*, 2000.

Debate entre M. F. e Noam Chomsky: "La naturaleza humana. Justicia o poder?", trad. para o espanhol em *Cuadernos Teorema*, 6 (1976), com o título indicado. Procede do livro *Reflexive Water: The Basic Concerns of Mankind*, 1974.

Entrevistas com F.: Madeleine Chapsal, "Entretien: M. F.", *La Quinzaine Littéraire*, 5 (15-V-1966), 14-15. — Raymond Bellour, "Entretien: M. F. 'Les mots et les choses'", *Les Lettres Françaises*, 1125 (31-III/6-IV-1966), 3-4. — Id., "Deuxième entretien avec M. F.: Sur les façons d'écrire l'histoire", *ibid.*, 1187 (15/21-VI-1967), 6-9; reimp. em Raymond Bellour, *Le livre des autres*, 1971, pp. 135-144 e 189-207. — John K. Simon, "A Conversation with M. F.", *Partisan Review*, 2 (1971), 192-201. — "Les intellectuels et le pouvoir: Entretien M. F.-Gilles Deleuze", *L'Arc*, 49 (2º trimestre de 1972), 3-10. — "C'est demain la veille. Entretiens avec M. F.", 1973, sem ed. (Editions du Seuil). — *Sexo, Poder, Verdad*, ed. de entrevistas por M. Morey, 1978; reed. com uma nova introd.: *Diálogo sobre el Poder*, 1981.

Bibliografia: François H. Lapointe e Claire Lapointe, "Bibliography on M. F.", *Diálogos*, 26 (1974), 153-157. — Id., "Foucault Writings. Suplement to Bibliography on M. F.", *ibid.*, 29-30 (1977). — M. Clark, *M. F.: An Annotated Bibliography. Tool Kit for a New Age*, 1983. — J. Lagrange, "Les oeuvres de M. F.", *Critique*, 471-472 (1986). — Bibliografia preparada por T. Keenan em J. Bernauer e D. Rasmusen, eds., *The Final Foucault*, 1988.

Ver: Gilles Deleuze, "Un nouvel archiviste", *Critique*, n. 274 (março de 1970), pp. 195-209; cf. o opúsculo do mesmo autor: *Un nouvel archiviste*, 1972. — Karl Baltheiser, *Die Wegbereiter des linguistischen Strukturalismus und dessen sprachphilosophische Aspekte bei F.*, 1971. — Annie Guédez, *F.*, 1972. — R. Bakker, *Her anonieme denken. F. en het structuralisme*, 1973. — A. Kremer-Marietti, *M. F.*, 1974. — D. Eribon, *M. F. (1926-1984)*, 1989. — E. Kurzweil, "M. F.: Ending the Era of Man", *Theory and Society*, 4 (1977), 395-420. — A.

Sheridan, *M. F.: The Will to the Truth*, 1980. — C. C. Lemert, *M. F.: Social Theory as Transgression*, 1982. — K. Racevskis, *M. F. and the Subversion of Intellect*, 1983. — H. L. Dreyfus, P. Rabinow, *M. F.: Beyond Structuralism and Hermeneutics*, 1983; nova ed. ampl., 1984. — M. Morey, *Lectura de F.*, 1983. — P. Major-Poetzl, *M. Foucault's Archeology of Western Culture: Toward a New Science of History*, 1983. — M. Cousins, A. Hussain, *M. F.*, 1984. — B. Smart, *F., Marxism and Critique*, 1984. — J. Rajchman, *M. F.: The Freedom of Philosophy*, 1985. — J. Bernauer, D. Rasmussen, eds., *The Final Foucault*, 1988. — R. García del Pozo, *M. F.: un arqueólogo del humanismo*, 1988. — G. Gutting, *M. F.'s Archaeology of Scientific Reason*, 1989. — M. Mahon, *F.'s Nietzschean Genealogy: Truth, Power, and the Subject*, 1992. — J. Rajchman, *Truth and Eros: F., Lacan, and the Question of Ethics*, 1991. ⊂

FOUGEYROLLAS, PIERRE (1922) foi um dos colaboradores da revista *Arguments*, com Edgar Morin (VER), Kostas Axelos (VER), Henri Lefèbvre (VER) e ou-tros. Separado do Partido Comunista, participou do movimento marxista "não-ortodoxo" francês. Por um lado, tratava-se de restaurar o marxismo original; por outro, de confrontar o marxismo com a situação histórica contemporânea. Esta não se presta à escatologia marxista e à suposição de que, com a sociedade sem classes, terminará toda alienação. Fougeyrollas se opôs a toda metafísica de caráter dogmático, incluindo os resíduos metafísicos no pensamento de Marx, e destacou a necessidade de abrir o pensamento e a ação a novas vias, fossem elas marxistas ou não. A influência de Heidegger levou Fougeyrollas a uma crítica da onipresença da tecnologia e do pensamento meramente calculador. Contra o pensamento totalizador deve-se promover um pensamento fragmentário. Mas este não é um mero caos do pensar. Fougeyrollas rejeitou a dialética como método universal e a idéia de totalidade como noção única, mas tendo como base tomar a dialética e a totalidade em suas mútuas relações conflitivas. O que é chamado de "dialética" é uma totalidade feita de contradições, entre as quais figuram a alienação humana na Natureza e na própria sociedade. Mas as contradições não se resolvem em nenhuma nova unidade, porque a totalidade é sempre aberta. Se se deve admitir uma dialética, ela tem de ser, pois, uma dialética incessantemente transformada, sempre problemática. De acordo com o que Fougeyrollas indica em sua obra sobre contradição e totalidade, em uma dialética fundada nos dois pólos da "contradição em si" e da "globalização em si" a contradição se manifesta de dois modos: 1) na Natureza, sob a forma da alteridade, e 2) no homem sob a forma da alienação.

Fougeyrollas pode ser considerado um dos precursores do que se chamou de antropologia filosófica (VER) dialética, ao menos na medida em que essa antropologia aspira a afastar-se de todo dogmatismo ontológico.

⊃ Obras: *Le marxisme en question*, 1959. — *La philosophie en question*, 1960. — *La conscience politique dans la France contemporaine*, 1963. — *Contradiction et totalité (Surgissement et déploiements de la dialectique)*, 1964. — *L'enseignement du français au service de la nation sénégalaise*, 1967. — *Modernization des hommes: l'exemple du Sénégal*, 1967. — *La révolution freudienne*, 1970. — *Le jeu de Kostas Axelos*, 1973 (com Henri Lefèbvre). — *Contre Lévi-Strauss, Lacan, Althusser*, 1976. — *Savoirs et idéologie dans les sciences sociales*, 2 vols.; I, *Sciences sociales et marxisme*, 1979; II, *Les processus sociaux contemporains*, 1980. — *Les Métamorphoses de la crise: racismes et révolutions au XXe siècle*, 1985. — *La nation: essor et déclin des sociétés modernes*, 1987. — *Marx*, 2ª ed. rev., 1992. — *L'Attraction du futur: essai sur la signification du présent*, 1992. ⊂

FOUILLÉE, ALFRED (1838-1912). Nascido em La Pouëze (Maine-et-Loire), professor da Escola Normal Superior, de Paris, desenvolveu o que foi chamado de um "evolucionismo das idéias-força", pelo qual deve-se entender sobretudo um evolucionismo cuja função parece ser a mediação entre o naturalismo determinista e o positivismo espiritualista e mesmo contingentista. Sua teoria da idéia-força (VER) pretende, com efeito, superar o determinismo sem com isso arruinar a ciência, pois as idéias-força não são simplesmente a correlação de uma idéia com uma força — como se a idéia *possuísse* uma força —, mas expressam o fato de que a própria idéia, inicialmente no campo psicológico e depois no terreno metafísico, *é* uma força. Por isso as idéias podem se transformar em fatores reais da evolução mental e mesmo da evolução universal. A "intensidade" das idéias demonstra que há nelas ao mesmo tempo idealidade e energia. Ora, a idéia-força de Fouillée não é simplesmente uma imagem mental ou intelectual: é uma unidade primitiva do querer, do sentir e do pensar; é o fundamento de todas as possíveis "afecções". Em outros termos, as idéias-força são o contrário das idéias-reflexo, que constituem meramente seus aspectos ou símbolos. A filosofia de Fouillée resulta desse modo em um "evolucionismo verdadeiramente monista, mas imanente e transcendental", pois o motivo essencial de seu pensamento filosófico é "mostrar que, com efeito, a revelação do que *é*, do que *pode* ser e do que *deve* ser torna possível e aliás começa atualmente a modificação do que é, a realização do que pode ser ou do que deve ser" (*L'Évolutionisme etc.*, 1890, pp. xii e xiii). A força é, pois, compreensível por analogia com a atividade psíquica, que seria a realidade "primordial" que, de modo análogo ao de Bergson, seria "interrompida" e "detida" quando os processos transcorressem segundo esquemas puramente mecânicos. A análise psicológica conduz, deste modo, à metafísica. Trata-se de uma metafísica que faz do "apetite" a própria base do reflexo e se opõe a todas as teorias que não explicam suficientemente as idéias-reflexo, não apenas às que decididamente tentam explicá-las como pura manifestação (p. ex., o spencerismo), mas também às que (p. ex., a teoria do Inconsciente de E. von Hartmann) parecem mais próximas da afirmação de um "primado do apetitivo". No entender de Fouillée, nenhuma dessas doutrinas ressalta de modo suficientemente radical até que ponto uma concepção mecanicista do mundo sem elementos psíquicos é impossível. Em última análise, a filosofia de Fouillée é um monismo e um evolucionismo psíquico-metafísico, coroados por uma "metafísica da experiência" (entendida como experiência interior e exterior "com o fim de apoiar-se deste modo na verdadeira e completa realidade). A metafísica de Fouillée tinha como último propósito a união dos pontos de vista opostos do naturalismo e do idealismo, do objetivismo e do subjetivismo. A metafísica é, assim, segundo esse filósofo, uma "síntese da psicologia e da cosmologia", mas "uma síntese original que não pode se colocar dentro do domínio de nenhuma dessas duas ciências" (*L'Avenir etc.*, 1889, p. 8). A metafísica transforma-se então "*na análise, na síntese e na crítica da ciência, da prática e das diversas concepções (positivas, negativas ou hipotéticas) a que o conjunto de nossos conhecimentos, de nossos sentimentos e de nossas atividades nos conduz acerca do conjunto das realidades (conhecidas, cognoscíveis ou incognoscíveis)*". Ou seja, a metafísica é "a sistematização e a crítica do conhecimento, assim como da prática, que resultará em uma *concepção do conjunto das realidades* e de nossas relações com esse conjunto" (*op. cit.*, p. 41).

➲ Obras: *Les philosophes de la Gascogne*, 1867 (sobre Montaigne, Montesquieu, Maine de Biran). — *La philosophie de Platon, exposé historique et critique de la théorie des idées*, 1869 (esta obra, reelaborada, apareceu depois em 4 tomos: *I. Théorie des idées et de l'amour*, 1904; *II. Esthétique, morale et religion platoniciennes*, 1906; *III. Histoire du platonisme et ses rapports avec le christianisme*, 1909; *IV. Essais de philosophie platonicienne*, 1912). — *La liberté et le déterminisme*, 1872 (tese). — *Platonis Hippias minor, sive Socrativa contra liberum arbitrium argumenta*, 1872 (tese). — *La philosophie de Socrate*, 1874. — *Histoire de la philosophie*, 1875 (várias reelaborações). — *L'idée moderne du droit en Allemagne, en Angleterre et en France*, 1878. — *Critique des systèmes de morale contemporaine*, 1883. — *La propriété sociale et la démocratie*, 1884. — *L'Avenir de la métaphysique fondée sur l'expérience*, 1889. — *La morale, l'art et la religion d'après Guyau*, 1889. — *L'évolutionnisme des idées-forces*, 1890. — *La psychologie des idées-forces*, 1893. — *Descartes*, 1893. — *Tempérament et caractère selon les individus, les sexes et les races*, 1895. — *Le mouvement positiviste et la conception sociologique du monde*, 1896. — *Le mouvement idéaliste et la réaction contre la science positive*, 1896. — *Psychologie du peuple français*, 1898. — *La France au point de vue moral*, 1900. — *Esquisse psychologique des peuples européens*, 1902. — *La conception morale et civique de l'enseignement*, 1902. — *Nietzsche et l'immoralisme*, 1902. — *Le moralisme de Kant et la démocratie*, 1905. — *La morale de Kant et l'amoralisme contemporain*, 1905. — *Les éléments sociiologiques de la morale*, 1905. — *La morale des idées-forces*, 1908. — *Le socialisme et la sociologie réformiste*, 1909. — *La démocratie politique et sociale de France*, 1911. — *La pensée et les nouvelles écoles antiintellectualistes*, 1911. — *Esquisse d'une interprétation du monde*, 1913. — *Humanitaires et libertaires*, 1914. — Grande parte das obras de Fouillée foi traduzida e publicada em espanhol pouco tempo após sua aparição; algumas delas (como a *História da filosofia*) alcançaram uma difusão considerável. Entre as trads. citamos: *La ciencia social contemporánea*, 1894. — *Bosquejo psicológico de los pueblos europeos*, 1903. — *Los elementos sociológicos de la moral*, 1908. — *Moral de las ideas-fuerzas*, 1908. — *El moralismo de Kant y el amoralismo contemporáneo*, 1908.

Ver: Giuseppe Tarozzi, *L'evoluzionismo monistico e le idee-forze secondo A. F.*, 1890. — S. Pawlicki, *Fouillées neue Theorie der Ideenkräfte*, 1893. — D. Pasmanik, *A. Fouillées psychischer Monismus*, 1889. — A. Guyau, *La philosophie et la sociologie d'Alfred F.*, 1913. — Teodorico Moretti Constanzi, *Il pensiero di A. F.*, 1936. — Elisabeth Ganne de Beaucoudrey, *La psychologie et la métaphysique des idées-forces chez A. F.*, 1936. — W. Logue, *From Philosophy to Sociology: The Evolution of French Liberalism, 1870-1914*, 1983. ➲

FOURIER, CHARLES (1772-1837). Nascido em Besançon (como Proudhon), foi em grande parte um autodidata (também como Proudhon). Após trabalhar algum tempo nos negócios, em Marselha, e como funcionário em Lyon, recebeu a herança de sua mãe e mudou-se para Paris, onde desenvolveu grande atividade literária. Contudo, somente uma parte de seus manuscritos foi publicada ao longo de sua vida.

Fourier foi um dos chamados "socialistas utópicos". Nesse sentido foi um revolucionário que lutou incessantemente contra tudo o que considerava fraudulento: lucros excessivos no comércio, tirania eclesiástica e burocrática, laços familiares e matrimoniais opressores — ao contrário de Proudhon, defendeu o amor livre — etc. Por outro lado, foi um conservador que defendeu a instituição monárquica ou, ao menos, que não considerou que essa instituição fosse contrária a seus projetos de reforma social. Essa reforma destinava-se a libertar os homens de todas as forças que os oprimiram e os oprimem e que os impediram e continuam impedindo de desenvolver as próprias faculdades e a própria personalidade.

Os projetos de Fourier baseavam-se filosoficamente em doutrinas sumamente especulativas e freqüentemente fantasiosas sobre a Natureza e a história da sociedade humana. Segundo Fourier, a Providência criou um mundo bom que deveria seguir as leis da harmonia em um sentido, em seu entender, análogo ao modo como os astros "seguem" as leis de Newton, autor que Fourier elogiou muito. Infelizmente os homens não seguiram essas leis e não cumpriram, portanto, os planos da Providência. A conseqüência foi a repressão das paixões, da liberdade e da personalidade. Com o fim de restabelecer a harmonia perdida, Fourier propôs uma nova sociedade constituída por grupos relativamente pouco numerosos, por falanges agrupadas em "falanstérios" nos quais os indivíduos possam desenvolver ao máximo suas capacidades e alcançar a suma felicidade. Fourier não eliminava de seu projeto toda discórdia, mas considerava que esta deveria servir para equilibrar o grupo. Além das bases econômicas do falanstério, Fourier dava muita importância às bases psicológicas, que podiam fazer do falanstério a unidade humana ideal. A multiplicação de falanstérios, e, em última análise, a organização de toda a humanidade em falanstérios, era a realização do plano divino, e o cumprimento do processo de regeneração.

As idéias de Fourier influíram na formação de grupos cooperativos — como um "familistério" em Guise e várias outras comunidades, especialmente na França e nos Estados Unidos —; avalia-se que o chamado "cooperativismo" deve muito à obra de Fourier. Este difundiu suas idéias no diário *Le Phalanstère ou la réforme industrielle*, fundado em 1832 e transformado em 1836 em *La Phalange* e em 1843 em *La démocratie pacifique*.

◐ Obras: *Théorie des quatre mouvements et des destinées générales*, 2 vols., 1808. — *Traité de l'association domestique-agricole*, 1822, também chamado de *Théorie de l'unité universelle*, 1822. — *Le nouveau monde industriel et sociétaire*, 1829. — *La fausse industrie morcelée, répugnante, mensongère et l'antidote: l'industrie naturelle, combinée, attrayante, véridique, donnant quadruple produit et perfetion extrême en toutes qualités*, 2 vols., 1835-1836. — Entre seus muitos folhetos figuram *Pièges et charlatanisme des deux sectes Saint-Simon et Owen*, 1831.

Edição de obras: *Oeuvres complètes*, 6 vols., 1840-1845. Uma grande quantidade de manuscritos não foram publicados. Alguma informação na velha *Notice bibliographique sur Ch. F.*, 1841, e informação abundante em *Les cahiers manuscrits de F.*, 1957. Os numerosos escritos, durante muito tempo inéditos (por exemplo, *Le nouveau monde amoureux*, ed. em 1967 e reed. em 1980 [trad. esp.: *El nuevo mundo amoroso*, 1975]) e não incluídos na ed. de 6 vols. mencionada *supra*, figuram na nova ed. em 12 vols., 1967ss., organizada do seguinte modo: I

(*Théorie des quatre mouvements*); II-V (*Théorie de l'unité universelle*); VI (*Le nouveau monde industriel*); VII-IX (*La fausse industrie*); X-XI (*Manuscrits*); XII (*Compléments des manuscrits*).

Ver: J. Czynski, *Notice bibliographique sur Ch. F.*, 1841. — Ch. Pellarin, *Ch. F. Sa vie et sa doctrine*, 1843. — V. Considérant, *Exposition du système de F.*, 1849. — H. Bourgin, *F., contribution à l'étude du socialisme français*, 1905. — Id., *Études sur les sources de F.*, 1905. — A. Bebel, *Ch. Fouriers Leben und seine Theorien*, 3ª ed., 1907. — A. Alhaiza, *Ch. F. et sa philosophie sociétaire*, 1911. — A. Lafontaine, *Ch. F.*, 1911. — G. Nicolai, *La conception de l'évolution sociale chez F.*, 1911. — E. Silberling, *Dictionnaire de sociologie phalanstérienne, guide des oeuvres complètes de Ch. F.*, 1911. — Käte Asch, *Die Lehre Ch. Fouriers*, 1914. — V. Tosi, *Ch. F. e il suo falansterio*, 1921. — W. Wessels, *Ch. F. als Vorläufer der modernen Genossenschaftsbewegung*, 1929. — F. Armand, *F.*, 2 vols., 1937. — S. Debout-Oleskiewicz, H. Desroche et al., artigos na *Revue Internationale de Philosophie* (1962), com textos inéditos de Ch. F. apresentados por S. Debout-Oleskiewicz. — Émile Lehouck, *F. aujourd'hui*, 1966. — André Vergez, *F.*, 1969. — N. V. Riasanovsky, *The Teaching of C. F.*, 1969. — D. Zeldin, *The Educational Ideas of C. F. (1772-1837)*, 1969. — Robert Massari, Henri Lefèbvre et al., *Actualité de F.*, 1975 (Colloque d'Arc-et-Senans, setembro de 1975). — S. Debout, *L'utopie de C. F. L'illusion réelle*, 1979. — R. Rambach, *Der französische Frühsozialismus*, 1984. — L. Tundo, *L'utopia di Fourier*, 1991. ◐

FOX MORCILLO, SEBASTIÁN (1526-1560). Nascido em Sevilha. Opondo-se a toda contraposição radical da doutrina platônica à aristotélica, tal como havia sido efetuada sobretudo por platônicos e aristotélicos do Renascimento, Fox Morcillo busca essencialmente uma conciliação de ambas que permita interpretar as idéias de Platão no sentido da teoria da forma e faça das formas substanciais a expressão das idéias. O sistema de Fox foi chamado por Menéndez y Pelayo de ontopsicologismo. Na filosofia natural, Fox defendeu as idéias platônicas do *Timeu*, que também tentou aproximar da física aristotélica.

◐ Obras: *De natura Philosophiae, seu de Platonis et Aristotelis consensione libri V*, 1554; reimp., 1977. — *Compendium Ethices Philosophiae ex Platone, Aristotele, aliisque philosophis*, 1554. — *De philosophici studi ratione*, 1554. — *In Platonis Timaeum seu de Universo Commentarius*, 1554-1556. — *In Phaedonem Platonis seu de animarum immortalitate*, 1555. — *In Platonis libros De Republica commentarium*, 1556. — *De demonstratione ejusque necessitate*, 1556.

Ver: M. Menéndez y Pelayo, "Fox Morcillo" (em *La Ciencia Española*, ed. M. Artigas, 1933, pp. 221-224, t. I; trata-se do "Discurso inaugural del curso académico de 1884 a 1885 en la Universidad de Santiago"). — Pedro Urbano González de la Calle, *Sebastián Fox Morcillo. Estudio histórico-crítico de sus doctrinas*, 1903. — M. Solana, *Historia de la filosofía española*, t. I (*Época del Renacimiento*), 1941, pp. 573-617. ↻

FRAASEN, BAAS C. VAN. Ver Desvio, desviado; Pressuposição; Veritativo-funcional.

FRACASSO. No verbete Naufrágio nos referimos ao significado do termo *Scheitern* na filosofia de Jaspers. Embora esse termo possa ser traduzido por 'fracasso', propusemos 'naufrágio'. Na medida em que tal 'naufrágio' tem algo de 'fracasso', o que foi dito naquele verbete aplica-se a este.

Embora Jean-Paul Sartre não recorra à noção de fracasso como noção técnica na filosofia exposta em *O ser e o nada*, a idéia de fracasso parece ocupar um lugar central nela. De início, a impossibilidade de ser um "em-si" ao mesmo tempo em que continua sendo um "para-si" constitui uma espécie de fracasso, embora necessário, pois a existência humana deixaria de ser um "para-si" e, por conseguinte, deixaria de ser existência humana, se se "aglutinasse" com o "em-si". Mas, além disso, há um constante — e necessário — fracasso na relação com "o outro". As condições da relação com "o outro", e particularmente o fato de que cada um dos termos de tal relação trate ao mesmo tempo de subjugar o outro e de libertar-se de seu domínio (*emprise*), fazem que as "atitudes" perante "o outro" tenham todo o aspecto do que ordinariamente consideraríamos um "fracasso": o amor não se "realiza", a linguagem "falha" etc. Algumas das "atitudes existenciais" que Sartre examina mais detalhadamente têm todo o aspecto de um necessário, e ao mesmo tempo fascinante, "fracasso": masoquismo, por um lado; sadismo, por outro, e junto ao último a indiferença, o desejo não-cumprido e o ódio.

Jean Lacroix estudou o fracasso como um tema central à luz da noção de insegurança, característica, em seu entender, da realidade humana (ver *L'échec*, 1964, *passim*). Segundo Lacroix, o homem é o "ser exposto" (*L'être exposé*). Existir significa admitir o risco do fracasso, de modo que este é fundamentalmente "arriscado". Nenhum dos outros seres exceto o homem — nem Deus — é suscetível de fracassar; o homem, por outro lado, fracassa essencial e fundamentalmente.

De qualquer modo, Lacroix destaca que uma coisa é experimentar o fracasso e outra é sucumbir diante dele. Para experimentar o fracasso sem ser arrastado por ele, o homem deve, segundo esse autor, abrir-se a uma "Presença" (Deus), que é "a Plenitude do Ser". Assim, dentro dos fracassos é possível descobrir a "alegria". O fracasso não tem por que esgotar a fonte de esperança. Trata-se de uma distinção similar à que propõe Jaspers entre o fracasso (naufrágio) autêntico e o inautêntico. O primeiro se expressa no ceticismo e no niilismo; o segundo é aceitação e superação do trágico.

FRANCISCANOS. Ver Agostinismo.

FRANCISCO DE FERRARIA. Ver Mertonianos.

FRANCISCO DE MARCHIA († 1347) ou de la Marca, também chamado de Francisco de Pignano ou de Esculo (Ascoli), Rubei, Rubeus de Apiniano, *doctor succintus et praefulgens*, pertenceu à Ordem franciscana e foi um dos defensores do scotismo. Por volta do ano 1320 encontrava-se em Paris comentando as *Sentenças*. Em 1329 foi expulso da Ordem, mas parece ter reingressado nela aproximadamente em 1344, pouco antes de sua morte. Seu *Comentário* às *Sentenças*, no qual seguia muito fielmente Duns Scot, teve muita influência entre os franciscanos de Oxford. Também parecem ter circulado muito suas *Quaestiones super I et II librum Metaphysicum*. Apesar de seu scotismo, Francisco de Marchia inclinou-se mais para o intelectualismo que para o voluntarismo; a vontade faz o intelecto assentir, mas somente o intelecto assente. A importância de Francisco de Marchia foi destacada por Anneliese Maier em seus estudos sobre os "precursores de Galileu" e sobre as origens medievais da física moderna (ver a lista desses estudos — nos quais há referências a nosso pensador — na bibliografia de Escolástica). Anneliese Maier indica que Francisco Marchia "seguiu em mais de um aspecto vias próprias" (*An der Grenze etc.*, p. 83). Isso ocorre especialmente na teoria do ímpeto (ver); Francisco de Marchia discutiu extensamente, em seu *Comentário*, a questão da trajetória dos móveis, e, embora tenha se inclinado em muitos casos para a teoria aristotélica, ele a criticou e corrigiu em pontos essenciais.

⇨ Ver: F. Ehrle, *Der Sentenzenkommentar Peters von Candia*, 1925, pp. 253-260. — Anneliese Maier, *op. cit. supra*, e especialmente "Franciscus de Marchia", em *Zwei Grundprobleme der scholastischen Naturphilosophie*, 2ª ed., 1951, pp. 161-200 (com longas citações de F. de M.). — F. de Solano Aguirre, "Fray F. de la M. y la contribución franciscano-medieval al progreso de las ciencias", *Estudios Franciscanos* (1950), 375-380. — Ver também A. Lang, *Die Wege der Glaubensbegründung bei den Scholastikern des XIV. Jahrhunderts*, 1931 [Beiträge zur Geschichte der Philosophie des Mittelalters, 30, nn. 1-2], especialmente pp. 89-122. ↻

FRANCISCO DE MEYRONNES (ou de Mayronis, nos Baixos Alpes) († *ca.* 1325), da Ordem franciscana, foi um dos primeiros e mais conhecidos discípulos de Duns Scot (ver Scotismo). Chamado de *doctor illuminatissimus* e também de *magister abstractionum*, comentou as *Sentenças* em Paris em 1320 e em 1321, sucedendo Francisco de Marchia (VER). Francisco de Meyronnes seguiu seu mestre Duns Scot nas doutrinas da univocidade do ser e da distinção formal, e acentuou fortemente o "essencialismo" scotista. Por outro lado, inclinou-se para a doutrina agostiniana da identidade de Deus com suas Idéias. Ocupou-se também de problemas como o da trajetória dos móveis, o da essência do atualmente infinito, o da composição dos mistos (pelos quatro elementos) e de outras questões de ontologia da Natureza, debatendo com isso problemas que constituíram o ponto de partida para a ulterior renovação de conceitos físicos.

Além dos comentários às *Sentenças*, devem-se a Francisco de Meyronnes um Comentário à *Física* de Aristóteles, outro às *Categorias* e vários tratados (*De primo principio, De univocatione entis, De esse essentiae et existentiae, Explanationes divinorum terminorum*). Também lhe foi atribuído um *Tractatus de formalitatibus*, que é, a rigor, uma compilação, feita após a morte do autor, de vários trabalhos seus e de outros de Duns Scot. Nesse tratado — similar aos posteriores textos intitulados *Formalitates* — são discutidas sobretudo questões relativas aos diversos modos do ser. F. de M. é autor de vários *Quotlibeta*.

➲ Edição de obras: *In libros Sententiarum, Quotlibeta, Tractatus Formalitatum, De primo principio, Terminorum Theologicalium Declarationes, De libri vocatione* (Veneza, 1520, reimp. 1965). — Edição crítica de *Disputatio* (1320-1321), por Jeanne Barbet, 1961 [Textes philosophiques du moyen âge, 10].

Bibliografia: F. Claessens, "Liste alphabétique des manuscrits de F. de M.", *La France Franciscaine*, 22 (1939), 57-68.

Ver: B. Roth, *Fraz von Mayronis, O. F. M. Sein Leben, seine Lehre vom Formalunterschied in Gott*, 1936. — A. A. Maurer, A. P. Caird, "The Role of Infinity in the Thought of F. of M.", *Medieval Studies*, 33 (1971), 200-227. — H. Rossmann, *Die Hierarchie der Welt. Gestalt und System des F. v. M.*, 1972. — Id., *Die Quodlibeta und verschiedene sonstige Schriften des F. v. M.*, 1972. — L. A. Kennedy, "Early Fourteenth-Century Franciscans and Divine Absolute Power", *Franciscan Studies*, 50 (1990), 197-233. ➲

FRANK, ERICH (1883-1949), estudou em Heidelberg com Rickert e Windelband. De 1923 a 1928 foi professor em Heidelberg e de 1928 a 1936 em Marburgo. Exilado em 1936 nos Estados Unidos, foi professor em Bryn Mawr College. Sob a influência de Kierkegaard, Frank tendeu para o pensamento existencial, para cujo desenvolvimento contribuiu muito na Alemanha. Contudo, ele se opôs a Jaspers e especialmente a Heidegger, considerando que o primeiro não podia sair da subjetividade existencial e que o segundo desembocava em um niilismo ateu. Frank destacou fortemente a importância do ato de fé religiosa, mas não como mera atividade subjetiva, e sim como um passo para o reconhecimento da transcendência do ser. O ato de fé é, para Frank, a base da liberdade e ao mesmo tempo da objetividade. A razão filosófica não substitui a verdade religiosa, nem esta absorve aquela. Há uma analogia entre ambas e, ao mesmo tempo, uma analogia da qual a filosofia se serve para sua compreensão do ser transcendente. A filosofia permite unir o subjetivo com o transcendente; permite também entender racionalmente, mesmo que por analogia, o conteúdo da verdade religiosa.

Entre os trabalhos de Frank em história da filosofia destacam-se seus trabalhos sobre os pitagóricos ou "os chamados pitagóricos".

➲ Obras: *Plato und die sogenannten Pythagoreer*, 1923 (*Platão e os chamados pitagóricos*). — *Philosophical Understanding and Religious Faith*, 1945 [Mary Flexner Lectures, 1943]. — E. Frank, *Philosophical Understanding and Religious Truth*, 1949 [série de aulas em Bryn Mawr]. — *Wissen, Wollen, Glauben*, 1955, ed. Ludwig Edelstein (coletânea de ensaios) (*Saber, querer, crer*). — *Aristotle's Testimony on Pythagoras and the Pythagoreans*, 1966, ed. Emma J. Edelstein. ➲

FRANK, PHILIPP (1884-1966). Nascido em Viena, foi professor da Universidade alemã de Praga (1912-1938). Refugiado nos Estados Unidos, deu aulas na Universidade de Harvard. Philipp Frank foi um dos fundadores do Círculo de Viena (VER), mas se opôs, dentro dele, às tendências exclusivamente convencionalistas em nome do empirismo. Os mais importantes trabalhos de Frank tiveram por objeto a filosofia da ciência, especialmente da física. Ocupou-se da estrutura da linguagem da física em relação com a linguagem comum; esta última pode descrever fenômenos físicos observáveis, mas não os princípios de explicação de tais fenômenos.

➲ Obras: *Das Kausalgesetz und seine Grenzen*, 1932 (*A lei causal e seus limites*). — *Das Ende der mechanistischen Physik*, 1935 (*O fim da física mecanicista*). — *Interpretations and Misinterpretations of Modern Physics*, 1938. — *Between Physics and Philosophy*, 1941. — *Foundations of Physics*, 1946 [Encyclopedia of Unified Science, I, 7]. — *Modern Science and Its Philosophy*, 1949 (ensaios de 1907-1947 que apareceram anteriormente em alemão; os caps. 1, 2, 3, 4, 5, 8, 9 e 11 dessa obra são uma reprodução completa de *Between Physics and Philosophy*). — *Philosophy of Science: The Link Between Science and Philosophy*, 1957. — *The Validation of Scientific Theories*, 1957; reimp., 1961. — Além disso, artigos em diversas revistas, tais como: "Mechanismus oder Vitalismus?" (*Analen der Naturphilosophie*, 1908); "Das Relativitätsprinzip und die Darstellung der physikalischen Erscheinungen im vierdimensionalen Raum" (*ibid.*, 1911); "Die statistischen Betrachtungsweisen in der Physik" (*Naturwissenschaften*,

1919); "Comments on Realistic Versus Phenomenalistic Interpretations" (*Philosophy of Science*, 1950).

Bibliografia: "A Bibliography of Ph. F.: Selected Writings on the Philosophy of Science", em Robert S. Cohen e Marx W. Wartofsky, eds., *Boston Studies in the Philosophy of Science*, II: *In Honor of Ph. F.*, 1965, pp. xxxi-xxxiv. ℭ

FRANK SÉMÉN [SIMÃO] LUDVIGOVICH (1877-1950). Nascido em Moscou, foi exilado de seu país em 1922 e mudou-se para Berlim, onde viveu até 1937. Nessa data foi para Paris e em 1945 para Londres, onde faleceu. O problema que mais lhe interessou foi, desde seus primeiros escritos, o do conhecimento. Entretanto, a epistemologia de Frank jamais seguiu o caminho das epistemologias em que foi pródigo o século XX (como as kantianas ou as positivistas). Com efeito, não se trata de uma análise dos problemas do conhecimento com particular atenção ao conhecimento científico; trata-se da adoção de uma posição inicial no problema epistemológico intimamente ligada a uma teoria do ser. O modo de vinculação da epistemologia com a ontologia no sistema de Frank não é, contudo, fácil de definir; às vezes parece que a segunda foi construída com o fim de apoiar a primeira; outras vezes, que a primeira é determinada, ao menos em suas tendências essenciais, pela segunda. Em todo caso, pode-se dizer que, de modo semelhante ao de Bergson, N. Hartmann e outros autores, não há em Frank um primado completo da epistemologia sobre a ontologia ou vice-versa, pois ambas se determinam e implicam mutuamente. Isso já pode ser visto quando se considera o ponto de partida epistemológico de Frank: é a intuição como fundamento do conhecimento. Essa intuição conduz ao ser ao qual está ligada. É um ser total e unitário, dentro do qual encontram-se, sem existência própria ou independente, as entidades particulares. Cada uma dessas entidades e todas elas em conjunto estão vinculadas ao mencionado ser total. A expressão 'total' deve ser entendida, além disso, sem restrições, pois Frank concebe até mesmo o Absoluto como movendo-se dentro de sua esfera. Ora, o fato de que a intuição conduza ao ser não significa que ela o conceba ou compreenda. O que se pode dizer acerca do ser total — seu caráter fechado e completo em si mesmo, seu crescimento contínuo, sua diversidade dentro da unidade — tem sentido somente na medida em que consideramos esse ser do ponto de vista do conhecimento. Além dele encontra-se o ser da realidade, que, se também é objeto de um conhecimento, é objeto de um "conhecimento" místico. Por isso seu nome mais apropriado é "o insondável", entendendo-se por este último aquilo que sempre transcende toda apreensão particular e definida. Essa transcendência em princípio do insondável, porém, não o distancia de um modo absoluto da consciência. Ao menos de forma analógica se pode dizer que o modo de manifestação do insondável para si mesmo é igual ao modo de manifestação da consciência para si mesma. Em última análise, o modo de ser da consciência representa o modelo por meio do qual podemos ter uma idéia do modo de ser daquilo que a transcende e, portanto, do insondável. Parece, portanto, que abandonamos o estádio epistemológico e mesmo o ontológico para passar para o plano religioso. E muitas descrições das últimas obras de Frank são, efetivamente, descrições da consciência religiosa. Trata-se, não obstante, de uma religião que se manifesta sempre de forma teológica. Com efeito, é característico do pensamento de Frank que, apesar do predomínio do intuitivo, o modo de expressão da intuição é sempre sistemático e conceitual.

➲ Suas obras mais importantes são: *Teoriá tsénnosti Marksa*, 1900 (*A teoria do valor de Marx*). — *Prédmét znaniá*, 1915 (*O objeto do conhecimento*; trad. fr. abrev.: *La Connaissance et l'être*, 1937). — *Ducha tchélovéka*, 1918 (*A alma do homem*; trad. ingl.: *Man's Soul: An Introductory Essay in Philosophical Psychology*, 1993). — *Metodoligiá obchtchéstvéknif nauk*, 1922 (*A metodologia das ciências sociais*). — *Die russische Weltanschauung*, 1926 (*A concepção de mundo russa*).— *Dujovnié osnoví obchtchésiva*, 1930 (*Os fundamentos espirituais da sociedade*; trad. ingl.: *The Spiritual Foundations of Society*, 1986). — *Népostiximoé*, 1939 (*O insondável*; trad. ingl.: *The Unknowable: An Ontological Introduction to the Philosophy of Religion*, 1983). — *Svét vo t'mé*, 1949 (*Luz na escuridão*; trad. ingl.: *The Light Shineth in Darkness*, 1989). — Outras obras: *Vvedénie v filosofiá* (*Introdução à filosofia*). — *Xivoé znanié* (*Conhecimento vivente*). — *Filosofiá i xizñ* (*Filosofia e vida*). — *Smísl xizñi* (*O sentido da vida*). — *Réallnost' i tchélovék* (*A realidade e o homem*). — *Dieu est avec nous; trois méditations*, 1955 (trad. do manuscrito russo).

Ver: V. Zéñkovskiy, *Istoriá russkoy filosofii*, II, 1950, pp. 391-412. Em relação a essa obra, ver: C. Hartshorne, "Russian Metaphysics: Some Reactions to Zenkovky's History", *Review of Metaphysics*, 8 (1954), 61-78. — N. Lossky, *History of Russian Philosophy*, 1951, pp. 262-292. — Rupert Gläser, *Die Frage nach Gott in der Philosophie S. L. Franks*, 1975. ℭ

FRANKFURT (ESCOLA DE). O interesse na Alemanha pelo marxismo, após a primeira guerra mundial, concretizou-se nos esforços realizados por Felix J. Weil, Friedrich Pollock e outros, tendo em vista o estabelecimento de um instituto permanente de estudos. Em 1922, Kurt Albert Gerlach propôs ao Ministério da Educação a criação de um *Institut für Sozialforschung* (Instituto de Pesquisa Social) com uma base econômica autônoma, academicamente vinculado à Universidade de Frankfurt. O primeiro diretor do Instituto, em 1923, data oficial de fundação, foi Carl Gründberg, conhecido por causa do *Gründberg Archiv* ou *Archiv für die Geschichte des Sozialismus und der Arbeiterbewegung* (Arquivo para a História do Socialismo e do Movimento Operário), do qual foram publicados os volumes I-XV (1910-1930). Max Horkheimer (VER) o sucedeu na direção. A principal publicação do Instituto foi o *Zeitschrift für Sozialforschung*, no qual colaboraram, além de Horkheimer, Theodor W. Adorno (VER), Erich Fromm (VER), Walter Benjamin (VER), Herbert Marcuse (VER) e também Pollock, Franz Borkenau e Karl August Wittfogel. Do *Zeitschrift* foram publicados os vols. I-VIII, 2 (1932-1939), e sua continuação, os *Studies in Philosophy and Social Science* VIII, 3 a IX, 3 (1939-1941). Nem todos os volumes do *Zeitschrift* foram publicados na Alemanha. Os nacional-socialistas tomaram o poder, o Instituto foi fechado em 1933 e, com a diáspora de intelectuais alemães, chegou o exílio para muitos membros e colaboradores do Instituto. O estabelecimento de ramificações do Instituto — uma em Paris; outra em Nova Iorque, filiada à Universidade de Columbia — permitiu a continuação de alguns dos trabalhos de pesquisa, ao mesmo tempo em que acrescentou novos colaboradores. Oportunamente desfizeram-se os laços com a Universidade de Columbia. Com o tempo, e já terminada a segunda guerra mundial, vários dos mais destacados membros do Instituto, reaberto oficialmente em 1951, retornaram à Alemanha.

Às vezes se estabelece uma diferença entre o *Institut für Sozialforschung* de Frankfurt e a Escola de Frankfurt. Essa distinção justifica-se pelo fato de que o Instituto passou por diversas vicissitudes — pontualmente resenhadas na obra de Martin Jay (cf. bibliografia, *infra*) — que não estão diretamente relacionadas com o desenvolvimento da citada escola. Além disso, houve membros e colaboradores do Instituto que não podem ser inscritos sem mais na Escola de Frankfurt. Fala-se antes da "Escola de Frankfurt do Instituto de Pesquisa Social". Para abreviar utiliza-se a expressão 'Escola de Frankfurt', e seus "membros" são os "frankfurtianos".

Quais são os frankfurtianos foi objeto de discussões. Não há dúvida de que Max Horkheimer e Theodor W. Adorno o são, e podem ser considerados, além disso, "pais" ou "fundadores" da escola. Parece difícil negar que Herbert Marcuse o seja. Inclui-se também Walter Bejamin entre os frankfurtianos. Como cada um desses autores expressou idéias diversas e ocupou-se de grande variedade de assuntos, é difícil encontrar sempre elementos ideológicos comuns, embora em alguns casos, como em Horkheimer e Adorno, tenha havido uma colaboração muito estreita. Levantou-se o problema de se é legítimo inscrever também na Escola de Frankfurt autores de gerações posteriores, como por exemplo Jürgen Habermas. Caso se siga um critério muito amplo, Habermas tem de ser considerado um frankfurtiano, porque, a despeito de diferenças muito apreciáveis entre suas idéias e preocupações filosóficas e as de Horkheimer e Adorno, há grandes semelhanças nos pontos de partida e em certas orientações últimas. O critério amplo indicado permite considerar como frankfurtianos uma série de autores nascidos entre 1929 (data de nascimento de Habermas) e 1941. Eles são Alfred Schmidt (nasc. 1931), Wolfgang Fritz Haug (nasc. 1936), Claus Offe (nasc. 1940), Reimut Reiche (nasc. 1941), Paul Breines (nasc. 1941), Joachim Bergmann (nasc. 1933), Heide Berndt (nasc. 1938) — todos esses filósofos figuram no volume coletivo *Antworten zu Marcuse*, 1968, ed. J. Habermas (*Respostas a M.*). Caso se siga um critério estrito, por outro lado, deve-se considerar que Habermas representa um "desvio" fundamental em relação ao "frankfurtianismo" clássico, e *a fortiori* cabe dizer o mesmo a respeito de autores como os demais citados.

As diferenças entre os frankfurtianos dependem em grande parte das respectivas interpretações do marxismo e, segundo alguns, da maior ou menor proximidade de Marx, desde Horkheimer e Adorno, batizados algumas vezes de "neomarxistas", até Habermas, que alguns negam ter ligação com qualquer tradição marxista. As diferenças também dependem da intensidade das preocupações filosóficas (ontológicas e epistemológicas especialmente), da maior ou menor proximidade da psicanálise, dos tipos de pensamento filosófico contemporâneo — vitalismo bergsoniano ou simmeliano, fenomenologia husserliana, neopositivismo etc. — que cada um dos frankfurtianos tenha especialmente levado em conta em seus estudos, seja adotando alguns de seus aspectos, seja reagindo a eles. Apesar das diferenças pode-se descobrir sempre entre os frankfurtianos um "ar de família" que os distingue de outras correntes filosóficas contemporâneas, incluindo outras correntes marxistas ou neomarxistas, tanto "ortodoxas" como "heterodoxas". Em geral, foi característico dos frankfurtianos defender o que eles chamaram de "teoria crítica" (VER) contra a intitulada "teoria tradicional". De algum modo, 'Escola de Frankfurt' e 'teoria crítica' são expressões intercambiáveis. Também foi característico dos frankfurtianos opor-se tanto à mera especulação filosófico-sociológica, sem prender-se a problemas concretos, como ao empirismo positivista e à insistência na importância capital dos métodos quantitativos. Desse modo, a filosofia e a sociologia dos frankfurtianos são uma amostra de "crítica concreta" dominada pela teoria, mas um tipo de teoria que aspira a compreender suas próprias limitações porque tenta compreender as raízes históricas que a movem.

A Escola de Frankfurt sofreu uma evolução que não consistiu somente na passagem das idéias da "primeira geração" (Horkheimer, Adorno, Marcuse) para outra (Habermas e outros), porque os membros da citada primeira geração, especialmente depois do que foi chamado de sua "experiência americana", foram mudando seus pontos de vista e desenvolvendo uma filosofia da história que, embora conservando elementos marxistas, ia além de conceitos como o da luta de classes. Foi importante, em autores como Horkheimer, o exame das características da chamada "razão instrumental" como razão que, além de justificar o *status quo social* (e histórico), é incapaz de dar conta da função que desempenhou o desenvolvimento da ciência e da técnica para a dominação da Natureza e também para o aumento das forças repressivas. Assim, desde Horkheimer e Adorno até Marcuse e depois Habermas, desenvolveu-se entre os frankfurtianos a tendência a uma denúncia dos processos falsamente libertadores e emancipadores, entre os quais cabe incluir ao menos algumas das tendências naturalistas do marxismo. A busca da razão que poderia dar conta das decisões a ser tomadas — razão igualmente oposta ao totalitarismo e ao liberalismo — foi o norte de muitas investigações e especulações dos frankfurtianos. Alguns deles chegaram a um pessimismo a respeito das possibilidades da razão e da história humanas. Outros, em contrapartida, tentaram abrir caminho rumo a um tipo de racionalidade aberta, unido a uma teoria geral da comunicação humana, cuja objetividade está muito longe tanto do mero formalismo como dos postulados de um supostamente estreito empirismo.

O caráter exploratório — tanto pela faceta da reflexão filosófica como pela dos estudos de caráter mais concreto (sobre o autoritarismo, o papel do eu, a família, a Ilustração, os preconceitos, a ciência, a técnica etc.) — do trabalho dos frankfurtianos torna especialmente difícil assentar uma série de teses "comuns" a todos eles, ou sequer à sua maioria. Como ocorre, além disso, com outras "escolas filosóficas", o que distingue os frankfurtianos, inclusive os mais "recentes", de outras escolas — outras tendências marxistas, positivistas, popperianas etc. — é um certo estilo de pensar que se expressa especialmente no tratamento de temas de filosofia da cultura, de filosofia da história, de antropologia filosófica, de sociologia filosófica e de disciplinas afins. No que diz respeito ao tema mais freqüentemente debatido, isto é, às relações entre a Escola de Frankfurt e o marxismo, pode-se concordar com a tese de Martin Jay, segundo o qual os frankfurtianos apresentaram, evidentemente, uma revisão do marxismo, mas ela foi de caráter tão substancial que eles já não podem arrogar-se o direito de figurar entre uma das múltiplas manifestações da tradição marxista. Em todo caso, os frankfurtianos deixaram de insistir na premissa da estreita união da teoria com a prática; fato pode explicar que para certos marxistas o frankfurtismo apareça como imbuído de elementos "céticos" e até "anarquistas".

Além disso, as diferenças entre as duas gerações de frankfurtianos expressam-se nas respectivas atitudes a respeito das "ortodoxias" que cada uma delas leva em conta em suas críticas: a ortodoxia mais tradicionalmente marxista no caso da primeira geração, e *esta* ortodoxia *mais* a que foi gerada pela primeira geração nos autores mais recentes. Ao tocar nesses pontos no prefácio à tradução espanhola do livro *Antworten zu Marcuse* anteriormente citado, Manuel Sacristán indica que "a qualidade desta crítica [a de vários jovens frankfurtianos capitaneados por Habermas], nascida do mesmo tronco do que é criticado, é uma boa evidência a ser oposta à superestimação das 'ortodoxias'. Mas, em sentido oposto e complementar, sua eficácia a torna muito valiosa para superar também a moda superestimadora da gesticulação 'heterodoxa' pseudoteórica" (*op. cit.*, p. 9).

⊃ Ver: Tito Perlini, "Autocritica della ragione illuministica", *Ideologia*, 9-10 (1969), 139-233. — VV. AA. *Die Frankfurter Schule im Lichte des Marxismus. Zur Kritik der Philosophie und Soziologie von Horkheimer, Adorno, Marcuse und Habermas*, 1971. — Martin Jay, *The Dialectical Imagination: A History of the Frankfurt School and the Institute of Social Research 1923-1950*, 1973. — Roland Simon-Schaefer, Wilhelm Ch. Zimmerli, *Theorie zwischen Kritik und Praxis. Jürgen Habermas und die Frankfurter Schule*, 1975. — Pierre Václav Zima, *L'école de Frankfurt*, 1974. — G. Witschel, *Die Wertvorstellungen der kritischen Theorie*, 1975. — Umberto Galeazzi, *La scuola di Frankfurt*, 1975. — S. Buck-Morss, *The Origin of Negative Dialectics: Th. W. Adorno, W. Benjamin and the Frankfurt Institute*, 1977. — L. Giard, O. Mongin *et al.*, arts. sobre a E. de F. em *Esprit* (maio, 1978). — G. Rose, *The Melancholy Science* [Adorno e a E. de F.]. — G. Friedman, *The Political Philosophy of the Frankfurt School*, 1980. — P. Connerton, *The Tragedy of Enlightenment: An Essay on the Frankfurt School*, 1980. — E. Lamo de Espinosa, *La teoría de la cosificación: de Marx a la Escuela de Frankfurt*, 1981. — M. Boladeras, *Razón crítica y sociedad*, 1985. — A. Honneth, A. Wellmer, *Die F. S. und die Folgen*, 1986. — R. Wiggershausen, *Die F. S. Geschichte, theoretische Entwicklung, politische Bedeutung*, 1986. — K.-H. Sahmel, *Die kritische Theorie*, 1988. — F. R. Dallmayr, *Between Freiburg and Frankfurt*, 1991 [entre Heidegger e Adorno-Habermas]. — R. Wolin, *The Terms of Cultural Criticism: The Frankfurt School, Existentialism, Poststructuralism*, 1992. ⊂

FRASE. Ver Sentença.

FRASE DESCRITIVA. Ver Descrições (Teoria das).

FRAUENSTÄDT, JULIUS. Ver Schopenhauer, Arthur.

FREDEGISO [FREDEGISUS, FRIDUGIS, FREDEGIS] de Tours († 834), foi um dos discípulos anglo-saxões de Alcuíno em York. Aproximadamente em 796 seguiu seu mestre como tutor na escola fundada por Carlos Magno. Em 804, ano de falecimento de Alcuíno, Fredegiso sucedeu-o como abade de Saint-Martin de Tours. De 819 a 832 foi Chanceler sob o reinado do filho de Carlos Magno, Luís, o Piedoso.

Deve-se a Fredegiso uma carta (a Carlos Magno) "sobre o nada e as trevas", *De nihilo et tenebris*. Nela levanta-se a questão de se o nada (*nihil*) é ou não é algo. Apoiando-se na distinção estabelecida por Aristóteles em *De interpretatione*, 2, entre verdadeiros nomes, como 'homem', e expressões como 'não-homem', Fredegiso considera que *nihil* é um verdadeiro nome. Boécio chamou uma expressão como 'não-homem' de *nomen infinitum*, nome infinito ou nome indefinido, e uma expressão como 'homem' ou "verdadeiro nome" de *nomen finitum*, nome finito ou nome definido. Segundo Fredegiso, *nihil* ('nada') é um nome definido. Por isso ele afirma na "carta" que, se 'nada' é um nome (definido), tem de significar algo, já que "é impossível que algo definido não exista e é impossível que nada que seja definido não seja algo". Em outras palavras, "nada é a significação do que é, isto é, algo existente". Também existem de algum modo, segundo Fredegiso, as "trevas", que são o sujeito do que se diz que é em *Gen*. I, 2, e do qual Deus criou o mundo.

Fredegiso valia-se de uma interpretação das Escrituras que aspirava a desvelar o que devia ser entendido pelas próprias palavras do texto com base em um "método dialético" ("lógico"). O bispo de Lyon, Agobardo, opôs-se a Fredegiso pelo uso de tal método e por aquilo que depois foi chamado de "realismo extremo".

⊃ Texto da carta de Fredegiso em Migne, *PL*, CV, 751-756. Edição de M. Anner em *F. von Tours*, 1878. Ed. crítica por Erns Dümmler, "Epistola de nihilo et tenebris", em *Monumenta Germaniae Historica, Epistola Karolini Aevi*, tomo II (1895), 552-555.

Ver: Ludovico Geymonat, "I problemi del nulla e delle tenebre in F. di T.", *Rivista di Filosofia* (1952), 280-288. — Concettina Gennaro, *Fridugiso di Tours e il* De substantia et tenebrarum, 1963. ⊂

FREDERICO II, o Grande (1712-1786), rei da Prússia a partir de 1740, denominou a si próprio *le philosophe de Sans Souci* (nome do palácio que mandou construir em Potsdam). O papel de Frederico II é importante na filosofia ilustrada alemã por causa de sua posição de monarca com poder legal absoluto que ao mesmo tempo era amigo e protetor dos *philosophes* franceses — especialmente de Voltaire —, patrono da Academia e dos "filósofos populares" alemães. Por causa de sua produção, e pelo estilo em que era apresentada, Frederico II era ele próprio um "filósofo popular", distante, como dizia, da metafísica e da geometria, disciplinas abstratas e pouco "práticas". Suas idéias, não muito originais, formam um conjunto bastante homogêneo. Frederico II declarava-se partidário convicto do prazer em sentido epicurista e do "amor-próprio"; contra todo fanatismo e superstição, pregava a necessidade de ser razoável, e contra todo dogmatismo a conveniência de ser cético. Oposto ao cristianismo como um sistema de dogmas e lendas, elogiava a moral cristã e os ideais morais que transpareciam através do fanatismo. Opôs-se decididamente a Holbach tanto por causa do materialismo mecanicista como, e sobretudo, por sua negação da liberdade. Frederico II considerava que, embora houvesse um destino cego, também havia espaço para atuar livremente. Em sua filosofia política mostrou-se "antimaquiavelista", mas, embora negasse que o monarca possuísse direitos divinos, sustentava que tinha a missão divina de servir seu povo. Destacou-se freqüentemente a contradição entre as idéias "ilustradas" de Frederico II e sua atuação política, realista e astuta, mas deve-se levar em conta que o próprio Frederico II distinguia seu trabalho político, realizado "por dever", e sua literatura filosófica, à qual era levado por sua "inclinação". Naturalmente a crítica política dos *philosophes* franceses não atingia Sans Souci; para Frederico II, prevaleciam os interesses da Prússia e da monarquia prussiana; os súditos têm de obedecer ao rei, que defende — embora eles não o compreendam — seus interesses.

⊃ Frederico II escreveu suas obras em francês. Mencionamos: *Dissertation sur l'innocence des erreurs de l'esprit*, 1737. — *Anti-Machiavel, ou examen du Prince, de Machiavel*, 1740. — *Miroir des princes*, 1744. — *Essai sur l'amour propre envisagé comme principe de la morale*, 1770. — *Essai sur les formes de gouvernement et sur les devoirs des souverains*, 1777. — O escrito contra Holbach (publicado em *Oeuvres posthumes*, VI) intitula-se *Examen critique du Système*. — Frederico II escreveu várias obras de história e autobiografia: *Mémoires pour servir à l'histoire de la maison de Brandebourg*, 1751. — *Histoire de la guerre de sept ans. Mémoires depuis la paix de Hubertusbourg jusqu'à la fin du partage de la Pologne*, 1777. — *Mémoires de la guerre de 1778*.

Edição de obras: *Oeuvres de Fréderic le Grand*, 31 vols., 1846-1857, ed. J.-D. E. Preuss.

Correspondência de Frederico II com Voltaire, ed. crítica em francês por R. Koser e H. Droysen, 3 vols., 1908-1911, e vol. complementar, 1917, ed. por H. Droysen, F. Caussy e G. Berthold Volz.

Sobre Frederico II escreveram, entre outros, Eduard Zeller (*Friedrich der Grosse als Philosoph*, 1886), Dilthey (*Ges. Schriften*, III) e Eduard Spranger (*Der Philosoph Vorl Sans-Souci*, 1942; 2ª ed., 1962). — Ver também Ernst Benz, *Der Philosoph von Sans-Souci im Urteil der Theologie und Philosophie seiner Zeit*, 1972. — G. Cavallar, "Kant's Judgment on Frederick's Enlightened Absolutism", *History of Political Thought*, 14 (1) (1993), 103-132. ⊂

FREDERICUS STOEZLIN. Ver MERTONIANOS.

FREGE, GOTTLOB (1848-1925). Nascido em Wismar, foi professor de matemática na Universidade de Iena de 1879 a 1918. Sua importância para a lógica e para a fundamentação da matemática foi reconhecida somente depois que B. Russell chamou a atenção para o fato de que o matemático alemão antecipara uma parte fundamental de seu trabalho lógico. Frege é considerado hoje um dos grandes lógicos modernos. A data de publicação de seu primeiro livro (1879) é uma das datas capitais do desenvolvimento da lógica matemática. A Frege se deve a logicização da aritmética e a prova de que a matemática se reduz à lógica. Entre suas contribuições (às quais nos referimos mais detalhadamente em numerosos verbetes deste Dicionário) figuram sua elaboração do cálculo (VER) proposicional, sua introdução da noção de função proposicional (VER), sua idéia da quantificação (VER) e do quantificador para a elaboração do cálculo quantificacional, sua análise lógica da prova (VER), sua análise do número (VER). Frege compreendeu, além disso, a distinção entre menção (VER) e uso; foi o primeiro autor que apresentou suas idéias em estilo metalógico. A lógica quantificacional de Frege padece de uma inconsistência, descoberta por Russell e por isso chamada de paradoxo de Russell (VER). Entre os conceitos de importância filosófica elaborados por Frege figura o de existência (VER). Também é importante sua distinção entre *Sinn* (às vezes traduzido por sentido [VER], às vezes por conotação [VER], às vezes por significação [VER]) e *Bedeutung* (às vezes traduzido por denotação, às vezes por *denotatum*, às vezes por referente [ver REFERÊNCIA]).

⊃ Obras: *Begriffsschrift, eine der arithmetischen nachgebildete Formelsprache des reinen Denkens*, 1879, ed. (com observações de E. Husserl e H. Scholz) por I. Angelelli, 1964 (cf. *infra*) (*Ideografia: uma linguagem formalizada do pensamento puro com base na linguagem aritmética*). — *Die Grundlagen der Arithmetik, eine logisch mathematische Untersuchung über den Begriff der Zahl*, 1884; 2ª ed., 1934; reed., 1964 (cf. *infra*); nova ed., 1986, por C. Thiel (*Os fundamentos da aritmética. Investigação lógico-matemática sobre o conceito de número*). — *Funktion und Begriff*, 1891 [Conferência do dia 9-I-1891 na Jenaische Gesellschaft für Medizin und Naturwissenschaft] (*Função e conceito*). — "Über sinn und Bedeutung", *Zeitschrift für Philosophie und philosophische Kritik*, N. F., 100 (1892), 25-50 ("Sobre sentido e referência"). — "Über Begriff und Gegenstand", *Vierteljahrsschrift für wissenschaftliche Philosophie*, 16 (1892), 192-205 ("Sobre conceito e objeto"). — *Grundgesetze der Arithmetik, begriffsschriftlich abgeleitet*, 2 vols., 1893-1903; reed., 1962 (cf. *infra*) (*Leis básicas da aritmética ideograficamente deduzidas*). — "Was ist eine Funktion?", em *Festschrift L. Boltzmann gewidmet zum sechssigsten Geburtstage*, 20-II-1904, pp. 656-666 ("O que é uma função?"). — "Über die Grundlagen der Geometrie", *Jahresbericht der deutschen Mathematiker-Vereinigung*, 15 (1906), 293-309, 377-403, 423-430 ("Sobre os fundamentos da geometria"). — "Der Gedanke. Eine logische Untersuchung", *Beiträge zur Philosophie des deutschen Idealismus*, I (1918-1919), 58-77 ("O pensamento. Uma investigação lógica"). — "Die Verneinung. Eine logische Untersuchung", *ibid.* (1919), 143-157 ("A negação. Uma investigação lógica"). — "Logische Untersuchungen. Dritter Teil: Gedankengefüge", *ibid.* (1923), 36-51 ("Investigações lógicas. Terceira parte: Conexão do pensamento").

Obras póstumas: *Schriften*, I (com os *Grundgesetze der Arithmetik*), 1962; II (com os *Grundlagen der Arithmetik*), 1964; III (*Begriffsschrift und andere Aufsätze*; inclui o citado *Begriffsschrift* mais quatro trabalhos breves e uma notas inéditas de Husserl sobre o *B*. encontradas em Louvain e ed. por Ignacio Angelelli, 1964; IV (*Kleine Schriften*; agrupa aproximadamente trinta trabalhos e contém bibliografia completa de Frege por Ignacio Angelelli, mais algumas páginas de notas inéditas de Husserl a *Funktion und Begriff*), 1967. — *Nachgelassene Schriften und Wissenschaftlicher Briefwechsel*, I, 1969, ed. Hans Hermes; II, 1976, ed. Gottfried Gabriel. — *Schriften zur Logik und Sprachphilosophie. Aus dem Nachlass*, 1971, ed. Gottfried Gabriel.

Ver: R. Egidi, *Ontologia e conoscenza matematica. Un saggio su G. F.*, 1963. — Jeremy Walker, *A Study of F.*, 1965. — R. Sternfeld, *Frege's Logical Theory*, 1966. — Christian Thiel, *Sinn und Bedeutung in der Logik G. Freges*, 1965. — Ignacio Angelelli, *Studies on G. F. and Traditional Philosophy*, 1967. — G. E. M. Anscombe, G. Bergmann *et al.*, *Essays on F.*, 1969, ed. E. D. Klemke. — Jean Largeault, *Logique et philosophie chez F.*, 1970. — Michael Dummet, *F.: Philosophy of Language*, 1973. — Raúl A. Orayen, *La ontología de Frege*, s/d. [1974] [Cadernos 3 e 4 do Instituto de Lógica e Filosofia das Ciências, Universidad de la Plata]. — Christian Thiel, ed., *F. und die moderne Grundlagenforschung*, 1975 (Simpósio em Bad Homburg, dezembro de 1973). — H. D. Sluga, M. Dummett, I. Angelelli *et al.*, *Studien zu F.*, 3 vols., 1976, ed. M. Schirn (I, *Logik und Philosophie der Mathematik*; II, *Logik und Sprachphilosophie*; III, *Logik und Semantik*). — C. Imbert, E. D. Klemke *et al.*, "Frege (1879-1979)", artigos em *Revue Internationale de Philosophie*, ano 33, 130 (1979). — J. L. González, *Una reconstrucción conjuntista de la semántica de F.*, 1979. — D. Bell, *F.s Theory of Judgement*, 1979. — H. D. Sluga, *G. F.*, 1980. — B. Bianco, *F.: Rassegan storica degli studi*, 1980. — M. D. Resnik, *F. and the Philosophy of Mathematics*, 1980. — M. Dummett, *The Interpretation of F.s Philosophy*, 1981. — G. Currie, *F.: An Introduction to His Philosophy*, 1982. —

J. N. Mohanty, *Husserl and Frege*, 1982. — C. Wright, *F's Conception of Numbers as Objects*, 1983. — G. P. Baker, P. M. S. Hacker, *F.: Logical Excavations*, 1984. — C. Wright, ed., *F.: Tradition and Influence*, 1984. — N. Salmon, *F's Puzzle*, 1986. — J. Van Heijenoort *et al.*, *F. Synthesized: Essays on the Philosophical and Foundational Work of G. F.*, 1986, eds. L. Haaparanta e J. Hintikka. — G. Baker, *Wittgenstein, Frege and the Viena Circle*, 1988. — J. Weiner, *F. in Perspective*, 1990. — M. Dummett, *Frege and Other Philosophers*, 1991. — *Id.*, *id.*, *F.: Philosophy of Mathematics*, 1991.

A partir de Bertrand Russell encontram-se referências a Frege em muitos trabalhos de lógica matemática. Citamos aqui alguns trabalhos específicos: P. E. B. Jourdain, "G. F.", *The Quarterly Journal of Pure and Applied Mathematics*, 43 (1912), 237-269. — P. F. Linke, "G. F. als Philosoph", *Zeitschrift für philosophische Forschung*, 1 (1946), 75-99. — M. Black, "F. on Functions", em *Problems of Analysis*, 1954. — W. van Orman Quine, "On Frege's Way Out", *Mind*, N. S., 64 (1955), 145-149. — G. E. M. Anscombe, *Three Philosophers*, 1961 [Aristóteles, Santo Tomás, Frege]. — James Bartlett, *Funktion und Gegenstand. Eine Untersuchung in der Logik von G. F.*, 1961 (tese) [contém fragmentos, antes inéditos, do *Nachlass* de Frege, com textos relativos a Russell, Husserl etc.]. — H. D. Sluga, "F. und die Typentheorie", em *Logik und Logikkalkül. Festschrift für W. Britzelmayr*, 1962. — B. V. Virwvkov, *Two Soviet Studies on Frege*, ed. e trad. I. Angelelli, 1964 [Soviética] [estudos sobre a teoria da significação de Frege e sobre seus trabalhos a respeito de questões filosóficas na matemática, publicados em russo em 1960 e em 1959 respectivamente]. C

FREQÜÊNCIA. Ver Associação, associacionismo; Indução; Probabilidade.

FRESISON é o nome que designa um dos modos (ver Modo) válidos dos silogismos da quarta figura (ver). Um exemplo de *Fresison* pode ser:

Se nenhum beneditino é impaciente
e alguns impacientes são míopes,
então alguns míopes não são beneditinos,

exemplo que corresponde à seguinte lei da lógica quantificacional elementar:

$$(\wedge x \, (Hx \rightarrow \Box \, Gx) \wedge \vee x \, (Gx \wedge Fx))$$
$$\rightarrow \vee x \, (Fx \wedge \Box \, Hx)$$

e que, usando-se as letras 'S', 'P' e 'M' da lógica tradicional, pode ser expressa mediante o seguinte esquema:

$$(PeM \wedge Mis) \rightarrow SoP$$

no qual aparece claramente a seqüência das letras 'E', 'I', 'O', origem do termo *Fresison*, na ordem PM – MS – SP.

FREUD, SIGMUND (1856-1939). Nascido em Freiberg (Morávia), mudou-se para Viena aos 4 anos de idade. Nesta última cidade realizou quase todos os seus estudos e trabalhos. Esteve também durante algum tempo (1885-1886) em Paris, estudando com J. M. Charcot. Interessado pelos fenômenos histéricos e pela aplicação do hipnotismo a eles, Freud apresentou, em 1895, os resultados das pesquisas sobre a histeria realizadas em colaboração com Josef Breuer. Essas pesquisas foram às vezes consideradas uma primeira versão da ulterior psicanálise. Contudo, a psicanálise — primeiro como método e depois como doutrina — só se constituiu quando o abandono do procedimento hipnótico conduziu Freud à sua terapêutica da descarga psíquica e à sua doutrina do impulso sexual mascarado e reprimido. Os trabalhos de Freud multiplicaram-se a partir de 1900. Em 1906 começaram a trabalhar com Freud vários psicólogos que depois se tornaram famosos: Eugen Bleuler (1857-1939), C. G. Jung e Alfred Adler principalmente. Em 1908 fundou-se o *Jahrbuch für psychoanalytische und psychopathologischen Forschungen*, e em 1910 a Associação psicanalítica internacional (da qual Jung foi o primeiro presidente). Desde então a psicanálise difundiu-se rapidamente em todos os países. Os dois mais importantes discípulos de Freud, Jung e Adler, separaram-se de seu mestre por volta de 1912 para fundar suas próprias escolas psicanalíticas; embora em muitos aspectos distintas das freudianas, elas se baseiam, porém, em um grupo de idéias fundamentais propostas por Freud. Este ampliou mais tarde a psicanálise à explicação dos fenômenos culturais. Embora muitas dessas ampliações sejam rejeitadas, a psicanálise influenciou consideravelmente outros campos, além do médico e do psiquiátrico. Freud fugiu da Áustria em 1938, quando o país foi ocupado pelos nacional-socialistas, e encontrou refúgio em Londres.

Este verbete limita-se aos dados biográficos; uma explicação sumária das idéias de Freud encontra-se em Psicanálise (ver).

➲ *Obras: Studien über Hysterie*, 1895, em colaboração com J. Breuer. — *Die Traumdeutung*, 1900. — *Zur Psychopathologie des Alltagslebens*, 1901. — *Der Witz und seine Beziehungen zum Unbewussten*, 1905. — *Totem und Tabu. Ueber einige Uebereinstimmungen im Seelenleben der Wilden und der Neurotiker*, 1913. — *Vorlesungen zur Einführung in die Psychoanalyse*, 1916-1918. — *Massenpsychologie und Ich-Analyse*, 1921. — *Das Ich und das Es*, 1923. — *Hemmung, Symptom und Angst*, 1926. — *Die Zukunft einer Illusion*, 1927. — *Das Unbehagen in der Kultur*, 1930.

Eds. mais importantes de obras: *Gesammelte Schriften*, 12 vols., 1924-1934. — *Gesammelte Werke. Chronologisch geordnet*, ed. Anna Freud *et al.*, 18 vols., 1940-1952. — *The Standard Edition of S. F.*, trad. ingl. sob a coordenação de James Strachey, Anna Freud *et al.*,

24 vols., 1966-1974 (o vol. 24 contém índices e bibliografias muito completos feitos por Angela Richards).

Em português: *Além do princípio do prazer*, 1998; *Análise de uma fobia em um menino de cinco anos*, 1999. — *Artigos sobre hipnotismo e sugestão*, 1998. — *Artigos sobre metapsicologia*, 1999. *Cartas entre Freud & Pfister 1909-1939*, 1998. — *O caso Schreber*, 1998. — *Casos clínicos 1*, 1997. — *Casos clínicos 2*, 1997. — *Chaves-resumo das Obras completas*, 1998. — *Cinco lições de psicanálise*, 1997. — *Correspondência de S. Freud a Sandor Ferenczi*, 1994. — *Delírio e sonhos na Cradiva de Jensen*, 1995. — *Diário de S. Freud 1929-1939*, 1999. — *O ego e o id*, 1997. — *O enigma dos sexos*, 1998. — *Esboço de psicanálise*, 1998. — *Um estudo autobiográfico*, 1998. — *Fragmento de análise de um caso de histeria*, 1997. — *Freud, Lou Andreas-Salome — Correspondência completa*, s.d. — *O futuro de uma ilusão*, 1997. — *Histeria-Primeiros artigos*, 1998. — *História de uma neurose infantil*, 1999. — *História do movimento psicanalítico*, 1997. — *Inibições, sintomas e angústia*, 1998. — *Interpretação das afasias*, s.d. — *Interpretação dos sonhos*, 1999. — *Leonardo da Vinci e uma lembrança de sua infância*, 1997. — *O mal-estar na civilização*, 1997. — *Moisés e o monoteísmo*, 1997. — *Neuroses de transferência*, 2ª ed., 2000. — *Notas sobre um caso de neurose obsessiva*, 1998. — *Por que a guerra? Reflexões sobre o destino do mundo*, com A. Einstein, 1997. — *Projeto de uma psicologia*, 1995. — *S. Freud: Obras psicológicas completas*, 24 vols., edição standard brasileira, s.d. — *S. Freud CD-Rom*, 1997. — *S. Freud: Obras psicológicas — antologia*, 1992. — *Sobre a psicopatologia da vida cotidiana*, 1987. — *Totem e tabu*, 1999. — *Três ensaios sobre a teoria da sexualidade*, 1997. — *Textos essenciais da psicanálise*, vol. 1, s.d., — *Textos essenciais da psicanálise*, vol. 2, s.d. — *Textos essenciais da psicanálise*, vol. 3, s.d. — *Textos essenciais sobre literatura, arte e psicanálise*, s.d.

Lista de traduções: Hans W. Bentz, *S. F. in Übersetzungen*, 1961 (de 1945 a 1960/1961).

Para a vida de Freud: E. Jones, *S. Freud, Life and Work*. I: *Formative Years and the Great Discoveries (1856-1900)*, 1953; II: *Years of Maturity (1901-1919)*, 1955; III: *The Last Phase (1919-1939)*, 1957 (trad. bras.: *Vida e obra de S. F.*, 3 vols.). ᑕ

Sobre a psicanálise, ver o verbete correspondente.

FREYER, HANS (1887-1969). Nascido em Leipzig, foi discípulo do historiador da cultura Karl Lamprecht, com o qual se doutorou. Obteve a habilitação docente com *Die Bewertung der Wirtschaft im philosophischen Denken des XIX. Jh.* (*A valoração da economia no pensamento filosófico do século XIX*), trabalho apresentado a Walter Goetz, sucessor de Lamprecht no Instituto de Leipzig para a História da Cultura e a História Universal. Foi professor em Kiel (a partir de 1922) e em Leipzig (a partir de 1925), onde dirigiu o mencionado Instituto desde 1933 até 1946. Após ser-lhe proibida a docência em 1946, reincorporou-se em 1953 como professor da Universidade de Münster. Pertencente à escola de Dilthey, trabalhou sobretudo na esfera da sociologia e da filosofia da cultura. A sociologia é, para Freyer, uma ciência real, de uma realidade dada imediatamente, ao contrário da Natureza, mas também ao contrário do espírito objetivo, pois o que a sociologia estuda é a forma da vida humana, inserida entre a Natureza e o espírito, mas distinta deles. Na filosofia da cultura, Freyer elaborou uma teoria do espírito objetivo, considerando-o não algo independente da vida humana, mas um objeto que ganha seu sentido mediante a relação com a própria vida, embora separável dela para fins de análise. Como derivação da atividade espontânea da vida, o espírito objetivo adota diferentes formas segundo o modo como se efetua a atividade, isto é, segundo a maneira pela qual a espontaneidade se objetiva e se fixa. Freyer classifica todos os produtos da cultura em cinco grandes grupos. O primeiro deles é o das formações, que compreendem as "obras" propriamente ditas, e não somente as artísticas, mas também as religiosas e filosóficas; todas as doutrinas, teorias e crenças já fixadas. Ao lado das criações, autônomas, encontram-se os chamados utensílios ou instrumentos, aquilo que serve para algo e tem um fim utilitário. Seguem-se os signos — que são relativamente autônomos, pois têm sentido por si mesmos, mas consistem em visar ou designar algo alheio —, as formas sociais e, finalmente, a educação entendida como aquilo que acontece quando a atividade espontânea se incorporou nas formas da cultura. Por outro lado, todas essas formas muitas vezes concorrem nos mesmos "objetos" naturais sem que seja fácil distinguir o que é, por exemplo, utensílio ou signo; mas tal concorrência não significa para Freyer que cada um dos grupos citados não tenha um perfil e uma estrutura próprios, porque a classificação dos produtos culturais é feita precisamente a partir de um ponto de vista estritamente formal. Na Alemanha dos anos 60 e 70 Freyer foi um teórico da "sociedade industrial".

ᑐ Obras: *Antäus. Grundlegung einer Ethik des bewussten Lebens*, 1918 (*Anteu. Fundamentação de uma ética da vida consciente*). — *Prometheus. Ideen zur Philosophie der Kultur*, 1923 (*Prometeu. Idéias para a filosofia da cultura*). — *Theorie des objektiven Geistes. Eine Einleitung in die Kulturphilosophie*, 1923. — *Der Staat*, 1925 (*O Estado*). — *Soziologie als Wirklichkeitswissenschaft*, 1930 (*A sociologia, ciência da realidade*). — *Einleitung in die Soziologie*, 1931 (*Introdução à sociologia*, 1973). — *Herrschaft und Planung. Zwei Grundbegriffe der politischen Ethik*, 1933 (*Dominação e planificação. Dois conceitos fundamentais da ética política*). — *Der politische Begriff des Volkes*, 1933 (*O conceito político de comunidade nacional*). — *Pallas Athene. Ethik des politischen Volkes*, 1935 (*Palas Atena.*

Ética da comunidade nacional política). — Die politische Insel. Eine Geschichte der Utopien von Platon bis zur Gegenwart, 1935 (*A ilha política. História das políticas desde Platão até o presente*). — *Das geschichtliche Selbstbewusstsein des 20. Jahrhunderts*, 1937 (*A consciência de si histórica do século XX*). — *Gesellschaft und Geschichte*, 1937 (*Sociedade e história*). — *Weltgeschichte Europas*, 1948; 3ª ed., 1969 (*História universal da Europa*, 1968). — *Theorie des gegenwärtigen Zeitalters*, 1955; 2ª ed., 1961 (*Teoria da época atual*, 1958). — *Gedanken zur Industriegesellschaft*, 1970. — *Herrschaft, Planung und Technik Aufsätze*, 1987, ed. E. Üner.

Ver: Alfredo Poviña, "La sociología como ciencia de la realidad. Determinación de su concepto en F.", *Revista de la Universidad Nacional de Córdoba* [Rep. Argentina] (1939), 403-431, 120-154. — J. Z. Muller, *The Other God that Failed. Hans Freyer and the Deradicalization of German Conservatism*, 1987. — E. Üner, *Soziologie als "geistige Bewegung". Hans Freyers System der Soziologie und die Leipziger Schule*, 1992. ℭ

FRIEDMANN, H. Ver Tato.

FRIES, JAKOB FRIEDRICH (1773-1843). Nascido em Barby (Saxônia), foi professor em Heidelberg (de 1805 a 1816) e depois de 1816 em Iena, de onde foi deposto durante algum tempo (até 1824) por suas tendências liberais em política. Adversário do idealismo especulativo pós-kantiano, Fries centrou sua reflexão filosófica em alguns temas da crítica kantiana da razão que, em seu entender, não haviam sido suficientemente esclarecidos. Os princípios *a priori* encontrados na crítica não são para Fries absolutamente válidos para o sujeito transcendental, mas constituem simplesmente uma nova esfera de conhecimentos que requer exame ulterior. Esse exame corresponde à experiência entendida como reflexão interna, ou seja, como uma análise psicológica que, partindo dos fatos dados na consciência como indubitáveis, permita outorgar clareza ao que obscuramente se pressente como uma evidência. Mas a fundamentação psicológica da crítica da razão não equivale simplesmente a uma dissolução do objeto do conhecimento no relativismo da vida psíquica; a análise não faz senão evidenciar com clareza reflexiva o que na experiência interna se apresenta como certo. Desse modo, a evidência descansa, em última análise, em uma crença fundada na confiança que a razão tem em si mesma, sem que para isso seja preciso recorrer a um ato de fé que afirme obscuramente a racionalidade do que não é perfeitamente certo para a reflexão. Nisso se distingue esse tipo da reflexão de certeza de si própria dos sistemas especulativos pós-kantianos; o autoconhecimento que Fries propugna é de natureza "empírica" ou, melhor, estritamente descritiva. Justamente no curso dessa descrição descobrem-se os princípios da razão, fundados de certa maneira como fatos indemonstráveis e ao mesmo tempo patentes. A "nova crítica da razão" tem como missão precisamente revelar essa latência dos princípios e mostrar quais são os processos que ocorrem dentro da consciência desde a apreensão sensível até a experiência completa, que requer não somente a percepção, mas também a possibilidade de pensamento do objeto pensado, isto é, a formalização apriorística. As diferenças entre as formas de intuição e os distintos tipos de intuição permitem, segundo Fries, fundamentar a certeza de cada um dos tipos das ciências e dos objetos correspondentes. Mas o que permite a possibilidade do pensamento torna possível também a construção metafísica e especulativa, seguida por Fries tanto no que diz respeito à Natureza como no que se refere à alma, embora, mais uma vez, em um sentido distinto e baseado em pressupostos diferentes dos defendidos pelo idealismo especulativo de seu tempo. Daí que sua filosofia da Natureza não seja uma *Naturphilosophie* romântica, mas uma análise crítica e especulativa ao mesmo tempo, baseada nos resultados das ciências particulares. A subordinação da experiência à razão é nesse caso a inclusão das significações dos enunciados empíricos dentro das determinações matemáticas. Por outro lado, Fries nega a possibilidade de matematização dos processos psíquicos, tal como havia sido propugnada por Herbart, em virtude de uma concepção intensiva das magnitudes psíquicas.

Entre os partidários imediatos de Fries destacou-se Ernst Friedrich Apelt (ver). Uma "escola friesiana" agrupou rapidamente numerosos membros, não somente filósofos (como E. S. Mirbt [1799-1847], H. J. T. Schmid [1799-1836] e outros) e teólogos (como W. M. L. de Wette [1780-1849]), mas também cientistas que, sem pertencer formalmente à "escola" (como Mathias Jakob Schleiden [1804-1881]), viram na filosofia de Fries uma sã reação contra a filosofia especulativa da Natureza. Também Beneke (ver) foi influenciado por Fries. Em tempos recentes formou-se, devido à influência de Leonard Nelson (ver), uma "escola neofriesiana", em cujo órgão — as *Abhandlungen der Fries'schen Schule* (1844-1849, reimp. vol. I, 1964) — colaboraram não apenas filósofos, mas também, especialmente, matemáticos, como Paul Bernays (ver), Carl Brinckmann, Kurt Grelling, K. Kopperschmidt, M. M. Kovalevski (1851-1916). Continuação dos *Abhandlungen: Ratio*, ed. a partir de 1957 por Stephan Körner. Entre os membros da escola neofriesiana distinguiram-se sobretudo os filósofos Rudolf Otto (ver) e Wilhelm Bousset (1865-1920: *Das Wesen der Religion*, 1903; *Unsere Gottesglaube*, 1908), e os psicólogos Otto Meyerhof e Arthur Kronfeld.

⊃ Obras: *De intuitu intellectuali*, 1801. — *Reinhold, Fichte und Schelling*, 1803. — *Philosophische Rechtslehre und Kritik aller positiven Gesetzgebung*, 1803

(*Teoria filosófica do Direito e crítica de toda legislação positiva*). — *System der Philosophie als evidenter Wissenschaft*, 1804 (*Sistema da filosofia como ciência evidente*). — *Neue Kritik der Vernunft*, 3 vols., 1807 (*Nova crítica da razão*). — *System der Logik*, 1811. — *Von deutscher Philosophie, Art und Kunst. Ein Votum für Jacobi gegen Schelling*, 1812 (*Da filosofia, maneira e arte alemãs. Um voto a favor de J. contra S.*). — *Handbuch der praktischen Philosophie*; 1. *Ethik oder die Lehre der Lebensweisheit*, 1818; 2. *Religionsphilosophie und die Weltzwecklehre*, 1832 (*Manual de filosofia prática*; 1. *Ética ou doutrina da sabedoria da vida*; 2. *Filosofia da religião e doutrina da finalidade do mundo*). — *Handbuch der psychischen Anthropologie*, 3 vols., 1820-1821 (*Manual de antropologia psíquica*). — *Mathematische Naturphilosophie*, 1822 (*Filosofia matemática da natureza*). — *System der Metaphysik*, 1824. — *Geschichte der Philosophie, dargestellt nach den Fortschritten ihrer wissenschaftlichen Entwicklung*, 2 vols., 1837-1840 (*História da filosofia, exposta segundo os avanços de sua evolução científica*). — *Versuch einer Kritik der Prinzipien der Wahrscheinlichkeitsrechnung*, 1842 (*Ensaio de uma crítica dos princípios do cálculo de probabilidades*). — *Politik oder philosophische Staatslehre*, ed. E. F. Apelt, 1848, reimp. 1962 (*Política ou doutrina filosófica do Estado*). — Além disso, vários escritos de ciência, entre eles um esboço do sistema de física teórica (1813), um manual de física experimental, aulas sobre astronomia, escritos de psicologia e fisiologia etc. Muitos desses escritos foram reeditados por L. Nelson.

Ed. de obras completas: *Sämtliche Schriften*, ed. reelaborada por G. König e L. Geldsetzer, 1967ss. (com um léxico).

Bibliografia em *Abhandlung der Friesschen Schule*, 6 (1937).

Ver: E. L. Th. Henke, *Fries' Leben aus seinem handschriftlichen Nachlass dargestellt*, 1867. — Th. Elsenhans, *Fries und Kant. Ein Beitrag zur Geschichte und zur syystematischen Grundlegung der Erkenntnistheorie*, 2 vols., 1906. — Rudolf Otto, *Kantisch-Friessche Religionsphilosophie und ihre Anwendung auf dir Theologie*, 1909. — Walter Mechler, *Die Erkenntnislehre bei Fries aus ihren Grundbegriffen dargestellt und kritisch erörtert*, 1911. — M. Hasselblatt, *Fries, seine Philosophie und seine Persönlichkeit*, 1922. — Walter Dubislav, *Die Fries'sche Lehre von der Begründung*, 1926. — Karl Heinrich, *Ueber die realistische Tendenz in der Erkenntnislehre von J. F. Fries*, 1931 (tese). — Erich Gaede, *Die Religionsphilosophie von J. F. Fries und Albert Görland*, 1935. — Josef Hasenfuss, *Die Religionsphilosophie bei J. F. Fries*, 1935 (tese). — K. H. Bloching, *J. F. F.s Philosophie als Theorie der Subjektivität, im Urteil der Philosophiegeschichtsschreibung*, 1980 (tese). — Muitos estudos sobre Fries apareceram nos *Abhandlungen* citados da escola neofriesiana.

Sobre a escola neofriesiana: O. Siebert, "Die Erneuer der Friesschen Schule", *Zeitschrift für Philosophie*, 130 (1906). — Klempt, "Die neufriessche Schule", *Zeitschrift für Philosophie und Pädagogik*, 21 (1914). ●

FRISCHEISEN-KÖHLER, MAX (1878-1923). Nascido em Berlim, professor a partir de 1915 em Halle, pertencente à chamada "Escola de Dilthey" (VER), ocupou-se sobretudo dos problemas relativos à concepção filosófica e científica, assim como das questões que afetam as bases necessárias para um conhecimento da realidade e, com isso, das implicações cognoscitivas e metafísicas do real. Em oposição ao neokantismo, e baseando-se no método de Dilthey, Frischeisen-Köhler estabeleceu o "primado" do real no conhecimento e, por conseguinte, a radical insuficiência da análise epistemológica do pensamento e de suas condições. Ora, essa realidade é a realidade que se manifesta no ato das vivências, sendo o conhecimento um "ato total" do homem, que inclui os processos voluntários e o sentimento do esforço e da resistência (VER) oposta pelas coisas. Assim, o chamado "realismo volitivo" na teoria do conhecimento foi considerado por Frischeisen-Köhler a única posição que permite superar as dificuldades do idealismo crítico e as do realismo ingênuo. Mas, além disso, o sentimento do esforço e da resistência conduz a uma negação do caráter tanto estritamente individual como meramente "geral" do conhecimento; este é, no fundo, um ato "social" ou "interpessoal" no qual os conceitos e as conceitualizações são simples cortes efetuados sobre as vivências; momentos artificialmente cindidos de uma completa e viva realidade.

⮕ Obras: *Hobbes in seinem Verhältnis zu der mechanischen Naturanschauung*, 1902 (tese) (*H. em sua relação com a concepção mecanicista da natureza*). — *Wissenschaft und Wirklichkeit*, 1912 (*Ciência e realidade*). — *Das Realitätproblem*, 1912 (*O problema da realidade*). — *Geistige Werte. Eine Vermächtnis deutscher Philosophie*, 1915 (*Valores espirituais. Legado da filosofia alemã*). — *Das Problem des ewigen Friedens. Betrachtungen über das Wesen und die Bedeutung des Krieges*, 1915 [folheto] (*O problema da paz perpétua. Considerações sobre a natureza e a significação da guerra*). — Além disso, diversos escritos publicados em revistas (*Archiv für systematische Philosophie*, 1906, 1908 [*Zeitschrift für Psychologie*, 1907]) sobre os limites da conceitualização científico-natural, a teoria da subjetividade das qualidades sensíveis, a anarquia histórica dos sistemas filosóficos e o problema da filosofia como ciência. — F.-K. coordenou os *Jahrbücher der Philosophie* (1: 1913; 2: 1914).

Ver: Rudolf Lehmann, "M. F.-K.", *Kantstudien*, 29, nn. 1 e 2 (1924). — Joseph Frings, *Das Realitätsproblem bei W. Dilthey und M. F.-K.*, 1928 (tese). ●

FRISESOMORUM é o nome que designa um dos modos (ver MODO), por muitos autores considerado válido, da quarta figura (VER). Um exemplo de *Frisesomorum* pode ser:

Se todos os turcos fumam cachimbo
e nenhum australiano é turco,
então alguns fumantes de cachimbo não são australianos,

exemplo que corresponde à seguinte lei da lógica quantificacional elementar:

$$(\wedge x\, (Gx \to Hx) \wedge \wedge x\, (Fx \to \Box\, Gx))$$
$$\to \vee x\, (Hx \wedge \Box\, Fx)$$

e que, usando-se as letras 'S', 'P' e 'M' da lógica tradicional, pode ser expressa mediante o seguinte esquema:

$$(MiP \wedge SeM) \to PoS$$

no qual aparece claramente a seqüência das letras 'I', 'E', 'O', origem do termo *Frisesomorum*, na ordem MP – SM – PS.

FROHSCHAMMER, JAKOB (1821-1893). Nascido em Illkofen (Baviera, Alemanha), ordenou-se sacerdote em 1847. Em 1854 foi nomeado "professor extraordinário" de teologia na Universidade de Munique e, em 1855, professor titular. Em 1862 começou a publicar a revista *Athenäum*. Tanto a revista como vários trabalhos de Frohschammer foram postos no *Index librorum prohibitorum*. Frohschammer recusou-se a acatar as autoridades eclesiásticas e se opôs, em razão do concílio Vaticano I, ao dogma da infalibilidade do Papa ao falar *ex cathedra*. Isso o lançou em cheio no torvelinho do *Kulturkampf* ou "luta cultural" que caracterizou parte da vida intelectual (e política) alemã das últimas décadas do século XIX.

Segundo Frohschammer, a filosofia não deve se subordinar à teologia. Tampouco deve ser uma mera teoria do conhecimento — ela deve proporcionar um conhecimento do mundo e do reino das verdades últimas. Em oposição ao materialismo, especialmente ao de Karl Vogt, e ao darwinismo, Frohschammer defende uma filosofia idealista e espiritualista na qual a noção de fantasia (VER), assim como a de imaginação, desempenha um papel capital. Seguindo precedentes de J. H. Fichte e de Weisse, Frohschammer considera a fantasia como o motor, primeiramente inconsciente e depois, no nível humano, consciente, da constituição do mundo, e especialmente dos seres orgânicos. Embora a fantasia seja, como diz Frohschammer no título de um de seus livros, "o princípio fundamental do processo cósmico", isso não significa que ela seja identificável com Deus. Deus, enquanto pessoa, exerce uma fantasia, isto é, uma imaginação da qual surge o mundo. No nível da consciência humana, a fantasia opera como a passagem do instintivo para o espiritual. Psicologicamente, a fantasia é a capacidade de representar as formas internas que constituem os objetos espirituais.

⊃ Obras: *Ueber den Ursprung der menschlichen Seele*, 1854 (*Sobre a origem da alma humana*). — *Menschenseele und Physiologie*, 1855 (*Alma humana e fisiologia*). — *Einleitung in die Philosophie und Grundriss der Metaphysik*, 1858 (*Introdução à filosofia e esboço de metafísica*). — *Ueber die Aufgabe der Naturphilosophie und ihr Verhältnis zur Naturwissenschaft*, 1861 (*Sobre a tarefa da filosofia da natureza e sua relação com a ciência natural*). — *Ueber die Freiheit der Wissenschaft*, 1861 (*Sobre a liberdade da ciência*). — *Das Christentum und die moderne Naturwissenschaft*, 1868 (*O cristianismo e a ciência natural moderna*). — *Die Phantasie als Grundprinzip des Weltprozesses*, 1877 (*A fantasia como princípio fundamental do processo cósmico*). — *Monaden und Weltphantasie*, 1879 (*Mônadas e fantasia cósmica*). — *Ueber die Bedeutung der Einbildungskraft in der Philosophie Kants und Spinozas*, 1879 (*Sobre a significação da imaginação na filosofia de K. e de S.*). — *Ueber die Prinzipen der aristotelischen Philosophie und die Bedeutung der Phantasie in derselben*, 1881 (*Sobre os princípios da filosofia aristotélica e a significação da fantasia nela*). — *Ueber die Genesis der Menschheit und deren geistige Entwicklung in Religion, Sittlichkeit und Sprache*, 1883 (*Sobre a gênese da humanidade e sua evolução espiritual na religião, moralidade e linguagem*). — *Die Philosophie als Idealwissenschaft und System*, 1884 (*A filosofia como ciência ideal e sistema*). — *Ueber die Organisation und Kultur der menschlichen Gesellschaft*, 1885 (*Sobre a organização e a cultura da sociedade humana*). — *Die Philosophie des Thomas von Aquino, kritisch gewürdigt*, 1889 (*A filosofia de T. de A. considerada criticamente*). — *Ueber das Mysterium Magnum des Daseins*, 1891 (*Sobre o mistério magno da existência*).

Correspondência: *Briefe*, 1897, ed. Bernhard Münz.
Ver: Bernhard Münz, *F. Der Philosoph der Weltphantasie*, 1894. — J. G. Wüchner, *Frohschammers Stellung zum Theismus*, 1913 (tese). — G. Fried, *Phantasie, Wahrheit und Erkenntnis. Ein Kapitel aus der Philosophie J. Frohschammers*, 1929 (tese). ⊂

FROMM, ERICH (1900-1980). Nascido em Frankfurt, estudou nas Universidades de Heidelberg, Frankfurt e Munique. Doutorou-se em Heidelberg e estudou psicanálise em Munique e no Instituto psicanalítico de Berlim. Deu aulas durante algum tempo no Instituto psicanalítico de Frankfurt. Em 1934 mudou-se para os Estados Unidos, dando aulas em várias Universidades (Columbia, em Nova Iorque; Yale; Michigan State University). Também foi professor na New York University e na Universidad Autónoma de México. Reside parte do tempo em Cuernavaca, México. A esse respeito cabe ressaltar seu estudo, em colaboração com Michael Maccoby, do caráter social de um povoado mexicano (cf. bibliografia).

Fromm foi um dos fundadores do Instituto Psicanalítico de Frankfurt. Seu interesse pelo marxismo, e especialmente pela concepção marxista do homem e pela necessidade de superar o estado de alienação, aproximou-o de Horkheimer e de outros membros do Instituto de Pesquisa Social, de tal modo que é às vezes citado como um dos "frankfurtianos" (ver FRANKFURT [ESCOLA DE]). A possibilidade de aproximar Freud de Marx e de proporcionar bases psicológicas e filosófico-antropológicas ao marxismo pareciam uma base segura para firmar a associação de Fromm com o Instituto. Contudo, tanto a formação, principalmente religiosa e ética, de Fromm como sua interpretação de Freud o afastaram da Escola de Frankfurt. Para isso contribuiu, além disso, sua insistência nos aspectos psicológicos e "existenciais" de Marx. Fromm declarou que sua orientação freudiana, embora muito distinta da "ortodoxa", continuava sendo importante em seu pensamento, já que somente os conceitos do caráter humano desenvolvidos por Freud permitem uma adequada compreensão do homem contemporâneo. As análises psicológicas de Fromm são ao mesmo tempo existenciais e psicológico-sociais. Em uma de suas obras mais influentes Fromm mostrou que vários mecanismos induzem o homem a fugir da liberdade. Essa fuga é uma fuga de si próprio e uma das formas adotadas pelo "instinto de morte" freudiano. Fromm tomou muitos dos fatos e problemas da época contemporânea — o autoritarismo, o temor, a solidão, o amor-próprio (e o amor de si próprio) — e os submeteu ao que às vezes foi chamado de "psicanálise humanística". Ele destacou os aspectos sociais e morais da prática da psicanálise, especialmente na medida em que considerou que as doenças mentais têm um importante, se não predominante, caráter social e moral.

➲ As contribuições de F. ao *Zeitschrift für Sozialforschung* são: "Die Psychoanalytische Charakterologie und ihre Bedeutung für die Sozialpsychologie", I, 3 (1932); "Die sozialpsychologische Bedeutung der Mutterrechtstheorie", III, 2 (1934); "Die gesellschaftliche Bedingtheit der psychoanalytischen Therapie", IV, 3 (1935). As obras principais de F., todas em inglês, são numerosas; citamos: *Escape from Freedom*, 1941. — *Man for Himself: An Inquiry into the Psychology of Ethics*, 1947. — *The Forgotten Language: An Introduction to the Understanding of Dreams, Fairy Tales and Myths*, 1951. — *The Sane Society*, 1955. — *The Art of Loving*, 1956. — *Sigmund Freud's Mission: An Analysis of His Personality and Influence*, 1959. — *Zen Buddhism and Psychoanalysis*, 1960 (com D. T. Suzuki e Richard de Martino). — *Marx's Concept of Man*, 1961. — *May Man Prevail? An Inquiry into the Facts and Fictions of Foreign Policy*, 1961. — *Beyond the Chains of Illusion: My Encounter with Marx and Freud*, 1962. — *War Within Man*, 1963. — *The Heart of Man: Its Genius for Good and Evil*, 1964. — *You Shall Be Gods: A Radical Interpretation of the Old Testament and Its Traditions*, 1966. — *The Revolution of Hope: Toward a Humanized Technology*, 1968. — *The Crisis of Psychoanalysis: Essays on Freud, Marx, and Social Psychology*, 1970. — *Social Character in a Mexican Village*, 1970 (com Michael Maccoby). — *The Anatomy of Human Destructiveness*, 1973. — *To Have ou To Be?*, 1976. — *On Disobedience and Other Essays*, 1981.

Antologia: *The Nature of Man*, 1968 (em colaboração com Ramón Xirau).

Em português: *Análise do homem*, 13ª ed., 1983. — *Anatomia da destrutividade humana*, s.d. — *A arte de amar*, 1995. — *Conceito marxista de homem*, 8ª ed., 1983. — *O coração do homem*, 6ª ed., 1981. — *Do ter ao ser*, s.d. — *O dogma do Cristo*, 5ª ed., 1978. — *O espírito de liberdade*, 4ª ed., 1988 — *A linguagem esquecida*, 8ª ed., 1983. — *O medo da liberdade*, 14ª ed., 1983. — *Psicanálise da sociedade contemporânea*, 10ª ed., 1983. — *A sobrevivência da humanidade*, 6ª ed., 1991. — *Ter ou ser?*, 1987.

Bibliografia: M. L. Rovaletti, *E. F. Pensamiento y obra*, 1985 (prólogo de R. Xirau).

Ver: John H. Schaar, *Escape from Authority: The Perspectives of E. F.*, 1961. — Richard Evans, *Dialogue with E. F.*, 1966. — Don Hausdorff, *E. F.*, 1972. — Antonio Caparrós, *El carácter social según E. F.*, 1975. — R. Funk, *E. F.*, 1983. — A. Reif, *E. F. Materialen zu seinem Werk*, 1978. — R. Funk, *Mut zum Menschen. E. F.s Denken und Werk, seine humanistische Religion und Ethik*, 1978. ᴄ

FROMMEL, GASTON. Ver SABATIER, AUGUSTE.

FRONDIZI, RISIERI. Nascido (1910) em Posadas (Argentina), foi professor na Universidade de Tucumán (Argentina) e durante vários anos na de Porto Rico; depois voltou à Argentina, onde foi, até 1962, reitor da Universidade de Buenos Aires. Frondizi defende um empirismo (VER) que ele chama de *integral* e que se propõe não excluir do campo da filosofia nenhuma experiência, de tal modo que a teoria geral da experiência se apresenta inclusive como destinada a substituir a ontologia clássica. Sobre esta base metodológica e ontológica, Frondizi ocupa-se de vários problemas filosóficos fundamentais. Um deles é o da verdade, sobre o qual está trabalhando. Outro é o do eu (VER), que ele desenvolveu na forma indicada no mencionado verbete, e, portanto, procurando evitar as dificuldades suscitadas pelo substancialismo tradicional e pelo fenomenismo. Segundo Frondizi, o eu caracteriza-se por seu ser funcional e, por conseguinte, por não ser uma substância invariável, mas tampouco um mero conjunto de epifenômenos. (Ver também VERIFICAÇÃO e FILOSOFIA AMERICANA).

➲ Obras: *El punto de partida del filosofar*, 1945; 2ª ed., rev. e ampl., 1957. — *Substancia y función en el problema del yo*, 1952; 2ª ed., rev. e ampl., com o título *El yo como estructura dinámica*, 1970. — *Hacia la universidad nueva*, 1958. — *Qué son los valores?*, 1958;

5ª ed., rev. e ampl., 1972. — *La universidad en un mundo de tensiones: Misión de las universidades en América Latina*, 1971. — *Introducción a los problemas fundamentales del hombre*, 1977.

Frondizi editou além disso trad. esp. de obras de Bacon, Berkeley, Descartes e Whitehead, e coordenou a seção filosófica do *Handbook of Latin American Studies* de 1949 a 1959. C

FRONTEIRA EPISTEMOLÓGICA. Ver CORTE EPISTEMOLÓGICO.

FULBERTO DE CHARTRES (*ca.* 960-1028). Nascido nos arredores de Roma. Amigo e discípulo de Gerberto de Aurillac (VER) em Reims, estudou em Chartres e foi nomeado bispo desta cidade. De seus sermões, poemas e cartas depreende-se que manteve orientações platônicas e neoplatônicas dentro de uma sincera e ardente fé cristã. A razão pode conhecer as essências ou idéias eternas, mas está subordinada à fé, que conhece somente mediante a revelação. Fulberto é considerado o primeiro dos chamados "mestres de Chartres", isto é, dos "membros" da intitulada "Escola de Chartres" (Ver CHARTRES [ESCOLA DE]).

⊃ Escritos em Migne, *PL*, CXLI 189-369. Edição crítica (com trad. ingl.) de cartas e poemas de Fulberto: *The Letters and Poems of Fulbert of Chartres*, 1976, ed. Frederick Behrends, com extensa introdução do editor (pp. xiii-xc).

Além da citada "Introdução de Behrends", ver: C. Pfister, *De F. C., episcopi vita et operibus*, 1885, e a bibliografia do verbete CHARTRES (ESCOLA DE). C

FULLERTON, GEORGE STUART. Ver NEO-REALISMO.

FUNÇÃO. Ocupamo-nos do conceito de função: I) em seus precedentes históricos; II) na forma em que é usualmente apresentado em muitos tratados clássicos de matemática; III) em sua fundamentação lógica, e IV) em vários sentidos filosóficos e não-filosóficos. Na seção III) procederemos a III*a*) um exame de diversos usos do termo 'função' na literatura filosófica durante algumas décadas e a III*b*) uma apresentação do conceito de função na lógica.

I) Segundo as pesquisas de Anneliese Maier (especialmente em seu livro *Die Vorläufer Galileis im 14. Jahrhundert*, 1949, II, 4, pp. 81-110), os escolásticos do século XIV não conheceram a noção de função no sentido da matemática moderna, mas estavam familiarizados (como já havia estado, além disso, Aristóteles) com a idéia da dependência funcional. Sem essa idéia teria sido impossível uma ciência do movimento em sentido amplo. Sabia-se, com efeito, que há na Natureza dependências tais que a mudança de uma magnitude é condicionada pela mudança de outra magnitude, que a uma maior força corresponde um maior efeito, que no movimento local o caminho percorrido aumenta com o tempo, que o equilíbrio depende da magnitude do corpo etc. Sabia-se, além disso, que em todos esses casos as dependências obedeciam a certa regularidade. É verdade que esses saberes não conduziram às idéias mais precisas sobre a função descoberta pelos filósofos e matemáticos do século XVII. Com efeito, nem a expressão de uma função por meio de uma equação funcional nem sua representação gráfica por meio de retas ou curvas em um sistema de coordenadas aparecem na literatura filosófica escolástica, nem sequer na do século XIV. Os símbolos e gráficos utilizados por Nicolau de Oresme são insuficientes do ponto de vista moderno. E o "cálculo literal" ou a "álgebra verbal" empregados pelos escolásticos do século XIV não permitiram grandes desenvolvimentos científicos. Porém, mesmo descontando-se isso tudo, pode-se afirmar, com o historiador mencionado, que os escolásticos em questão não ignoraram que há possibilidades de descrição de fenômenos naturais mediante funções. Os exemplos que podemos aduzir são vários. Eis alguns: Tomás Bradwardine investigou em seu *Tractatus proportionum*, de 1328 (ed. Paris, 1495; Veneza, 1505; Viena, 1505), a regra matemática (ou equação funcional) que determina a dependência entre a força de resistência e a velocidade de um corpo em movimento. Segundo Tomás Bradwardine, quando a força motriz é maior que a resistência a velocidade depende dos quocientes de ambas as magnitudes, e quando a força é igual ou menor que a resistência a velocidade é nula. Tomás Bradwardine usava a esse respeito a noção escolástica de *proportio* ou quociente (fração), distinta da idéia de comparação; suas investigações eram, pois, relativas às *proportiones velocitatum in motibus* (ou diferenças e mudanças nas velocidades). Várias fórmulas foram propostas: a uma elevação ao quadrado do quociente da força e da resistência corresponde uma duplicação da velocidade; a uma elevação às potências de 3, 4 e 5 corresponde uma triplicação, quadruplicação, quintuplicação da velocidade. E ao contrário: a duplicação da velocidade pressupõe a elevação ao quadrado da força e da resistência; a triplicação da velocidade, a elevação ao cubo da força e da resistência etc. Por caminhos análogos seguiram João Buridan, em seus comentários físicos (*Phys.*, VII, ed. Paris, 1509); Nicolau de Oresme, em seu *De proportionibus proportionum* (ed. Veneza, 1505); Alberto da Saxônia, em seu *Physica* (*Subtilissimae quaestiones super octo libros Physicorum* [ed. Veneza, 1504]); Marsílio de Inghen, em suas abreviaturas para a física (ed. Veneza, 1521); Gualtério Burleigh, em seus comentários à física; João Marliani, em seu *Quaestio de proportione motum in velocitate*, de 1464 (cf. M. Clagen, *G. Marliani and Late Medieval Physics*, 1941); Blasio de Parma, em comentários a Tomás Bradwardine. Podemos concluir, pois, que durante o século XIV ocorreram investigações sobre este assunto (como sobre vários outros) que não prosseguiram, detidas, como pretenderia Bochenski, pela retórica renascentista e pela "hostilidade às sutilezas escolásticas", mas que, com outras bases mais sólidas, alcançaram grande desenvolvimento no século XVII. A noção propriamente moderna de função (matemática) começa, com efeito, neste último século.

II) Esta noção em sentido moderno tem um antecedente na geometria analítica de Descartes (1637). Em 1693 e em 1694 Jacob Bernoulli (1654-1705) e Leibniz aplicaram explicitamente a noção de função a expressões matemáticas; Leibniz parece ter sido, além disso, o primeiro a utilizar o vocábulo 'função' em tal contexto. A notação '$f(x)$', à qual nos referiremos, foi utilizada por Leonhard Euler em 1734. A teoria matemática das funções experimentou grande progresso na obra de Joseph Louis Lagrange (1736-1813), *Théorie des fonctions analytiques* (1797). Nomes importantes a guardar na teoria matemática das funções a partir de Lagrange são: Augustin Louis Cauchy (1789-1857); K. Weierstrass (1815-1897), que procedeu a uma aritmetização da teoria funcional; Vito Volterra (1860-1940), que desenvolveu o cálculo funcional com base em uma teoria geral dos *funzionali* ou "funções de linha", introduzindo as noções de variação e de derivada funcional (que são em relação aos *funzionali* o que são as noções de diferencial e de derivada nas funções ordinárias).

Chama-se usualmente de "função" a relação entre duas ou mais quantidades tal que, sendo as quantidades variáveis, a relação entre elas é constante. Mais precisamente, chama-se de "função" uma relação na qual certa quantidade chamada de "valor da função" está ligada a outra quantidade chamada de "argumento da função". Pode-se dizer também que uma função é uma relação entre variáveis tal que, dadas, por exemplo, duas variáveis, para cada valor atribuído a uma delas determina-se um ou mais valores para a outra. A variável à qual se atribuem (arbitrariamente) valores é chamada de "variável independente". A variável determinada pela relação e pelo valor da variável independente é chamada de "variável dependente".

Por exemplo, a equação:

$$y = 2x$$

é tal que y muda segundo os valores atribuídos a x. Caso suponhamos $x = 1$, então $y = 2$; se $x = 2$, então $y = 4$; se $x = 5$, então $y = 10$. A expressão 'função de' escreve-se '$f( )$'. Assim, a expressão 'função de x' excreve-se '$f(x)$'.

A função de duas variáveis é geralmente expressa mediante a equação:

$$y = f(x),$$

na qual 'x' é a variável independente, 'y' é a variável dependente e 'f' é a constante.

Funções de mais de duas variáveis são usualmente expressas mediante equações como:

$$w = f(x, y)$$
$$w = f(x, y, z)$$

etc.

A série de valores atribuídos a uma variável independente é chamada de "domínio da função". A série de valores resultantes para a variável dependente é chamada de "alcance da função".

Chamou-se às vezes de "função" uma forma de relação existente entre variáveis tal que o conjunto de todos os pares ordenados satisfazem a função de referência. Por outro lado, é comum chamar estritamente de "função" a forma de relação tal que para cada valor da variável independente há somente um valor da variável dependente.

Se 'A' significa 'área de um círculo', a equação:

$$A = \pi r^2$$

é uma função na qual A é função do raio do círculo; 'r' é a variável independente; 'A' é a variável dependente. Tanto o domínio como o alcance estão aqui confinados a 0 e à série de números positivos reais.

A teoria matemática das funções tem grande aplicação na expressão matemática de relações físicas. Diz-se então que as funções possuem "sentido físico". Exemplo de funções com sentido físico é a equação:

$$\frac{R^3}{T^2} = K,$$

na qual 'R' é o 'raio da órbita de um planeta qualquer, P', e 'T' é o 'período de rotação do planeta P'. Essa equação expressa a terceira lei de Kepler, segundo a qual, para todos os planetas, a relação entre o cubo do raio de sua órbita e o quadrado do período de sua rotação é constante (K).

III) A noção de função na lógica foi apresentada de início (cf. Frege, *Grundgesetze*, I; Whitehead e Russell, *Principia Mathematica*, I) sob o conceito de função proposicional. Segundo Russell, uma função proposicional é uma função na qual os valores são proposições. Devem-se distinguir então funções descritivas e funções proposicionais. Uma função descritiva tal como *a proposição mais ampla deste livro* não é uma função proposicional, mesmo que seu valor também seja uma proposição. Em uma função proposicional os valores devem ser enunciados e não descritos. Exemplo de função proposicional é *x é humano*. Só podemos dizer se essa função é verdadeira ou falsa quando atribuímos um valor a x. Assim, uma função proposicional é "algo que contém uma variável x, e que expressa uma proposição assim que se atribui um valor a x".

III*a*) A noção anterior, de função proposicional, foi objeto de muitas discussões e críticas. Alguns autores (por exemplo, S. K. Langer) declararam que a função proposicional não é, propriamente falando, uma proposição, e que, por conseguinte, é preciso utilizar outro vocabulário ou precisar em cada caso o que se entende por função. A variedade de usos do termo 'função' na literatura lógica durante várias décadas foi, com efeito, considerável. Eis aqui uma lista de usos que reproduzimos de R. Carnap (*Studies in Semantics*, I, 1942, p. 232. Apêndice): 1. o termo 'função' é utilizado para indicar uma expressão com variáveis livres. Às vezes ela também é qualificada de função expressional e de expressão aberta. Essas expressões podem ser de dois tipos: (IA) a função como expressão de uma forma sentencial com variável livre, que recebe também outros nomes: função proposicional (Russell), matriz sentencial (Quine), forma proposicional ou forma sentencial (Langer, Sheffer); (IB) a função como expressão com variáveis livres que não tem forma sentencial, recebendo às vezes o qualificativo de função nominal. 2. A função como expressão do termo designado ou da entidade determinada pela expressão. Pode ser entendida (IIA) como atributo, e (IIB) como função objetiva e função descritiva. Segundo Carnap, o uso lógico mais próprio é o indicado em (II) ou em (IIB), devendo-se buscar outras expressões para os significados de (I).

III*b*) A noção de função tal como é apresentada em muitos tratados clássicos de matemática é com freqüência demasiadamente restrita e quase sempre excessivamente imprecisa. A noção de função elucidada na literatura lógica durante muitas décadas foi afetada por ambigüidades tanto de definição como de uso; hoje concorda-se em que, por exemplo, o conceito de função proposicional tal como apresentado por Whitehead e Russell é uma fonte de imprecisões e de dificuldades. Os tratadistas lógicos tendem, pois, a precisar a noção de função. Ela é apresentada dentro da lógica das relações. Daremos, a seguir, algumas indicações sumárias sobre o assunto.

Como vimos no verbete sobre a noção de relação (VER), há três tipos de relações: de um com muitos, de muitos com um, e de um com um. Uma função é uma relação do primeiro ou do terceiro tipo. Exemplos de funções são as relações *o esposo de* (supondo-se a monogamia) e *o cubo de*. Dada uma função R e as entidades que R relaciona, isto é, o relacionante — 'x' em 'xRy' — e o relacionado — 'y' em 'xRy' —, x é chamado de *o valor de R para o argumento y*, e y é chamado de *o argumento de R*. As funções podem ser abstraídas de nomes, de modo que a função *quádruplo de* é abstraída do nome '$4x$'. As funções podem possuir apenas um argumento (como *o dobro de*) ou dois ou mais argumentos (como a função de dois argumentos *o produto de*).

As funções podem ser sentenciais e não-sentenciais. Exemplo de função não-sentencial é a citada função *o dobro de*. Exemplo de função sentencial é a função x é *pontiagudo*. Como 'a função cujo valor para o argumento x' é abreviada mediante 'λ_x', a função *o dobro de* será expressa mediante: $\lambda_x 2x$, e a função x é *pontiagudo* será expressa mediante $\lambda_x(x$ é pontiagudo). Certas funções sentenciais são funções de verdade; referimo-nos a elas no verbete FUNÇÃO DE VERDADE. Na matemática as funções podem ser definidas como classes de pares ordenados, de modo que a relação *o quadrado de* é a de todos os pares ordenados (x, x^2). No par ordenado (x, y), x é considerado o argumento, e y é considerado o valor ou os valores correspondentes aos x. Alguns autores admitem somente funções de um único valor; outros, em contrapartida, admitem também funções de muitos valores. As funções de muitos valores podem ser apresentadas como se fossem distintas de relações. Observe-se que esta apresentação das funções na matemática corresponde à anteriormente indicada na lógica, ao menos para funções de apenas um valor. Com efeito, a expressão '$y = f(x)$' utilizada pelos matemáticos é considerada o modo habitual de se escrever 'xRy', em que R é uma função, x é o argumento e y é o valor correspondente a x.

IV. Tendo-se introduzido ou não o termo 'função', ou algum de seus sinônimos, uma noção muito geral de função enquanto "atividade" e "operação" encontra-se em numerosos filósofos. Na medida em que, segundo alguns intérpretes (como J. H. Randall Jr.), a filosofia de Aristóteles orienta-se em considerações pragmáticas e organicistas, a idéia de função desempenha nela um papel importante, especialmente quando se leva em conta que certas realidades podem ser compreendidas principalmente em virtude de suas funções, que às vezes são equiparadas aos fins de acordo com os quais operam. Por outro lado, a importância que também tem em Aristóteles a idéia de substância (VER) não permite dar uma interpretação excessivamente "funcionalista" de seu pensamento. De qualquer modo, as funções são funções das substâncias *que* funcionam. Por isso a conhecida fórmula *operari sequitur esse* — o agir, o funcionar, segue o ser, ou o existir — foi considerada durante muito tempo um fiel reflexo do pensamento aristotélico.

Algumas vezes se considera que enquanto na filosofia antiga e medieval predomina a noção de substância, que corresponde lógica e lingüisticamente ao sujeito de uma proposição ou de uma oração, em parte da filosofia moderna — ao menos em Leibniz, Hume, Boscovich etc., e, por outras razões, nos idealistas alemães — intervém cada vez mais decisivamente a idéia de função como operação ou conjunto de operações que determinam o que uma realidade é ou permitem compreender essa realidade. Este último aspecto, propriamente epistemológico, pode ser percebido em Kant. Embora na teoria do conhecimento de Kant o conceito de função não desempenhe explicitamente nenhum papel capital, o fato é que esse autor tende a descrever a estrutura do conhecimento como séries de operações, correspondentes a outros tantos tipos de síntese. Kant pressupõe às vezes conceitos de caráter "funcional" e "operacional" quando emprega a linguagem das "faculdades" — quando fala, por exemplo, do entendimento como uma "faculdade de regras" — ou quando entende a noção de esquema (VER) como forma que proporciona certas regras.

Nada disso permite, contudo, que se contraste de um modo muito geral o conceito de substância com o de função, e o chamado "substancialismo" com o "funcionalismo" (VER), mas pode ser pedagogicamente útil comparar e contrastar doutrinas de dois tipos: umas, segundo as quais as funções são funções de substâncias ou coisas, e outras segundo as quais ou há somente funções ou estas constituem as susbstâncias ou as coisas. O referido contraste é paralelo ao que se estabelece amiúde entre uma conceitualização principalmente "estática" e "coisista" e uma predominantemente "dinâmica".

Tanto na filosofia como em várias ciências utilizou-se a noção de função com significados muito diversos. Isso ocorre, por exemplo, com o uso dessa noção na biologia, na psicologia, na sociologia e na antropologia (cultural). Tratamos de alguns desses usos no verbete FUNCIONALISMO.

Às vezes destacou-se o caráter teleológico da função, ora equiparando-a à noção de fim, ora indicando que ela tem sentido principalmente em relação com esta última noção. Também se disse, entretanto, que o termo 'função' tem um caráter apenas "quase teleológico", ou que não requer necessariamente nenhuma idéia de finalidade, ou que ao menos não exige a eliminação da idéia de causalidade. Para reforçar esta idéia, citam-se os sistemas auto-reguláveis, orgânicos ou não. Esses sistemas são ao mesmo tempo funcionais e causais. 'Função de' identifica-se às vezes com 'causa de', mas às vezes também com 'efeito de'.

FUNÇÃO DE VERDADE. Em *Principia Mathematica*, Apêndice C, Whitehead e Russell esclarecem a noção de "função de verdade". Trata-se, indicam eles, de uma das funções das proposições. Estritamente falando, é a característica essencial de proposições enquanto são consideradas não como fatos, mas como "veículos de verdade ou falsidade". Em sua *Introduction to Mathematical Philosophy*, 1919; 2ª ed., 1920, pp. 146ss., Russell considerou a questão da inferência da verdade ou falsidade de proposições, assentando como funções de verdade as funções da negação, disjunção, conjunção, incompatibilidade e implicação. A esta lista podem ser acrescentadas outras funções como a de falsidade conjunta, ou conjunção de duas negativas. A verdade ou falsidade de uma proposição é chamada de "função de verdade".

Em relação com a noção de função de verdade pode-se utilizar o adjetivo composto "veritativo-funcional" (*truth-functional*). Conforme se trate de proposições ou de sentenças, introduzem-se compostos proposicionais ou compostos sentenciais, os quais são resultado de conectivos lógicos (ver CONECTIVO) chamados de "conectivos veritativo-funcionais". Diz-se que um composto proposicional ou um composto sentencial é uma função de verdade das proposições ou das sentenças de que se compõe quando o valor de verdade do composto é determinado pelo valor de verdade dos elementos (proposições ou sentenças) constituintes. Os conectivos veritativo-funcionais normalmente introduzidos em manuais de lógica são 'não', 'e', 'ou', 'se... então' e 'se e somente se'.

Consideremos a expressão, proposição ou sentença:

Aníbal perdeu a guerra (1)

e a expressão, proposição ou sentença:

Aníbal passou o inverno em Cápua (2).

Por meio do conectivo 'e', forma-se então o composto:

Aníbal perdeu a guerra e Aníbal
passou o inverno em Cápua (3).

O valor de verdade de (3) é função do valor de verdade de (1) e do valor de verdade de (2). Se (1) e (2) são verdadeiros, (3) é verdadeiro, mas (3) é falso se (1) e (2) são falsos ou se (1) é verdadeiro e (2) é falso ou se (1) é falso e (2) é verdadeiro. O método para determinar o valor de verdade dos compostos indicados produzidos por conectivos veritativo-funcionais é o das tabelas de verdade (ver TABELAS DE VERDADE).

Na lógica sentencial consideram-se funções de verdade os compostos formados com base em conectivos (VER). Assim, são funções de verdade '$\Box$', '$p \wedge q$', '$p \vee q$', '$p \rightarrow q$', '$p \leftrightarrow q$'. Do mesmo modo, são funções de verdade expressões como '$(p \vee q) \rightarrow (p \wedge r)$', '$(p \wedge q) \rightarrow q$'. Os valores de verdade de um composto sentencial são averiguados por meio das chamadas tabelas de verdade (VER).

Embora a noção de função de verdade tenha sido elaborada sobretudo na lógica contemporânea, ela já era conhecida na Antiguidade e na Idade Média. Como mostraram Łukasiewicz, Scholz, Bochenski e outros autores, Fílon de Megara e os estóicos admitiram ao menos a implicação como função de verdade e tiveram rudimentos da noção das tabelas de verdade. Esse também é o caso de alguns filósofos gregos e greco-romanos (Alexandre de Afrodísia, Galeno, Amônio, Boécio). Quanto aos escolásticos, podemos citar como exemplos Abelardo (*Dialectica*, ed. Cousin, 1836), Duns Scot (nas *Quaestiones super anal. pr.*) e Pedro Hispano (nas *Summulae Logicales cum Versorii Parisiensis clarissima expositione*, Veneza, 1568). Este último admitiu em sua lógica a disjunção inclusiva e a conjunção como funções de verdade.

A noção de função de verdade é tratada em quase todos os textos de lógica matemática ou lógica simbólica. Uma apresentação mais concentrada pode ser encontrada em J. A. Faris, *Truth-Functional Logic*, 1962.

FUNÇÃO PROPOSICIONAL. Ver Função (III); Função de verdade.

FUNCIONAL. Ver Cálculo; Quantificação, quantificacional, quantificador.

FUNCIONALISMO. As tendências que às vezes são chamadas de "funcionalistas", por sublinhar a importância da noção de função (ver Função [IV]), podem diferir muito entre si. O termo 'função' foi entendido de maneiras muito diversas, dependendo em grande parte, embora não exclusivamente, do domínio ao qual o conceito tenha sido aplicado. O vocábulo 'funcionalismo', embora pedagogicamente útil, deve ser empregado com certas precauções.

Uma tendência explicitamente funcionalista é a adotada por Ernst Mach. "A velha e tradicional idéia de causalidade" — escreve Mach — "não é muito flexível; a uma certa dose de causa corresponde uma certa dose de efeito. Trata-se aqui de uma espécie de concepção primitiva, farmacêutica, do mundo, como a da doutrina dos quatro elementos. Isso se torna claro na palavra Causa [*Ursache*, 'Coisa principal ou primária']. As conexões na Natureza raramente são tão simples a ponto de se poder indicar em um caso dado uma causa e um efeito. Por isso, há muito tento substituir o *conceito de causa* pelo *conceito de função*; mais exatamente, a dependência entre si de características de fenômenos" (*Die Analyse der Empfindungen*, 9ª ed., 1922, p. 74). Dependência, interdependência, sucessão, conexão etc. são as noções que, segundo Mach, devem ser introduzidas com o fim de evitar os pressupostos metafísicos do causalismo e do substancialismo: "A coisa, o corpo, a matéria não são dados fora do conjunto dos elementos, das cores, sons etc.; fora das chamadas características" (*op. cit.*, p. 5). Com isso Mach parece seguir a tradição de Hume e, com efeito, os dois autores foram freqüentemente relacionados e não somente pelo "funcionalismo" — e "associacionismo" —, mas também por tomarem como base elementos como as "sensações" ou as "impressões"; a relação entre elas não é causal, mas funcional.

Alguns psicólogos, como Carl Stumpf, distinguiram fenômenos psíquicos (passivos) de funções psíquicas (ativas), mas isso ainda não é uma razão suficiente para falar em funcionalismo. É mais apropriado utilizar a palavra 'funcionalismo' para caracterizar alguns traços da psicologia de William James. Embora em seus *Princípios de psicologia* não haja apenas referências à noção de função, pode-se perceber uma constante tendência a evitar todo pressuposto "substancialista". Por outro lado, encontram-se traços funcionalistas em quase todos os pragmatistas: James, Dewey, Mead etc.

Como doutrina psicológica, o funcionalismo manifesta-se explicitamente em J(ames) R(owland) Angell (1869-1949: nasc. em Burlington, Vermont, e autor, entre outras obras, de *The Relation of Structural and Functional Psychology to Philosophy*, 1903). Angell é o fundador da chamada "escola (psicológica) funcionalista de Chicago". As atividades mentais são concebidas por Angell e pelos funcionalistas como modos de atuar no mundo, adaptando-se à realidade e conformando-a para satisfazer as necessidades do organismo. John Dewey seguiu Angell nesse ponto. O funcionalismo psicológico foi em grande parte uma reação contra o chamado "estruturalismo" psicológico de Wundt — em uma acepção de 'estruturalismo' distinta da que esse termo possui hoje — e de alguns de seus discípulos. O funcionalismo de Angell e Dewey esteve relacionado a alguns dos trabalhos de Edward B. Titchener (ver). Costuma-se qualificar o comportamentalismo (ver) de funcionalista, mas embora J. B. Watson tenha sido discípulo de Angell, e embora de algum modo a idéia de função desempenhe um papel na psicologia comportamentalista, não tem o sentido que lhe deram os psicólogos funcionalistas de Chicago, que insistiam na constante interação entre o organismo e seu meio e consideravam que o organismo possuía mecanismos de ação e de reação que não eram exclusivamente função do condicionamento.

O conceito de função tem sido utilizado tão liberalmente na sociologia, na antropologia e, em geral, nas ciências sociais, que só se pode falar nelas de funcionalismo sob a condição de que se especifique seu significado. Contudo, é comum considerar como funcionalistas sociólogos como Émile Durkheim, na medida em que dá o nome de "função" ao que considera ser a finalidade de uma instituição social. Algo similar pode ser dito de Talcott Parsons. O nome 'funcionalismo' também poderia designar uma tendência básica nas chamadas "teorias funcionais" de Malinowski.

Em um sentido mais geral foram chamados às vezes de "funcionalistas" autores de orientações muito diferentes. Há vários equívocos no uso de 'funcionalismo' em relação com o estruturalismo (ver). Por um lado, os estruturalistas fazem uso da idéia de função; nesse sentido podem ser chamados de "funcionalistas". Por outro lado, eles consideram que existem estas ou aquelas funções, ou, se se preferir, que estes ou aqueles elementos funcionam deste ou daquele modo em virtude da estrutura. Nesse sentido, os estruturalistas não são funcionalistas; em todo caso, seu "funcionalismo" é subordinado ao estruturalismo.

Costuma-se citar Ernst Cassirer como defensor e definidor do funcionalismo (filosófico e especialmente epistemológico). E é verdade que, seguindo o interesse expresso por Hermann Cohen, na *Lógica do conhecimento puro* (*Logik der reinen Erkenntnis*), pelo conceito de função e as propensões "funcionalistas" de Kant a que se aludiu no verbete FUNÇÃO (IV), Cassirer examina as diferenças entre as concepções antigas e, em geral, "clássicas" orientadas para "a coisa" (e a "substância"), e as concepções modernas, desde o idealismo, e já antes na matemática, orientadas para "a função". Além disso, destaca a importância da noção de função e de "dependência mútua de elementos" tanto na matemática como nas ciências naturais, na epistemologia e na metafísica. Como se fosse pouco, destaca o papel desempenhado pela noção de função na formação de conceitos com base no princípio de "serialidade". Mas o qualificativo de "funcionalista" aplicado a Cassirer provavelmente deve-se mais ao título de sua obra *Substanzbegriff und Funktionsbegriff* que a uma determinação clara e precisa — e não digamos sistemática — do conceito de função. Mach é mais — ou mais claramente — funcionalista que Cassirer.

Também Bertrand Russell é funcionalista, especialmente na medida em que submete à crítica o que ele chama de "lei de causalidade". Segundo Russell, tal lei não existe, nem os cientistas fazem qualquer uso dela. Por um lado, essa "lei de causalidade" é uma (ilegítima) transposição (por analogia) para a ciência dos atos de vontade humanos. Por outro, o princípio "a mesma causa, o mesmo efeito" é um princípio ocioso, do qual a ciência não tem nenhuma necessidade. Nas leis científicas ocorre que, "em vez de se indicar que um acontecimento *A* é sempre seguido por outro acontecimento *B*, estabelecem-se relações funcionais entre certos acontecimentos em certos momentos, que chamamos de determinantes, e outros acontecimentos em tempos anteriores ou posteriores ao mesmo tempo" ("On the Notion of Cause", em *Proceedings for the Aristotelian Society*, 1912-1913, reimp. em *Mysticism and Logic and Other Essays*, 1918). Portanto, Russell supõe que a descrição das regularidades observáveis na natureza não pressupõe que seja preciso apelar para uma "lei de causalidade"; se os filósofos recorreram a essa lei, foi simplesmente porque não tomaram conhecimento da idéia de função: "a constância da lei científica" — escreve Russell — "não consiste em uma igualdade de causas e efeitos, mas em uma igualdade de relações", ou, mais corretamente, em "uma igualdade de equações diferenciais".

Às vezes se contrapõe o funcionalismo ao estruturalismo, considerando-se o último como expressando tendências "estáticas" e o primeiro como manifestando tendências "dinâmicas". Tal contraposição pode adquirir um caráter muito geral e aplicar-se a aspectos culturais muito diversos. Exemplo disso é a contraposição entre funcionalismo e estruturalismo (ou ao menos não-funcionalismo) na arquitetura. Supõe-se então que o funcionalismo destaca sobretudo a função que algo (um edifício, uma composição musical, uma instituição política, um esquema conceitual etc.) deve desempenhar, e procedendo-se então à "construção", dotando-a das "estruturas" aptas a desempenhar as correspondentes funções. O estruturalismo (ou não-funcionalismo), por outro lado, parte de uma estrutura e determina as funções que desempenha ou pode desempenhar. Contudo, a possível indeterminação funcional ou multifuncionalidade de muitas "construções" leva a apagar a linha divisória entre funcionalismo e não-funcionalismo.

Nas ciências sociais, as orientações chamadas de "funcionalistas" destacam o contexto, com o fim de explicar a natureza e a função de uma instituição social; a adaptabilidade da instituição ao contexto equivale à sua funcionalidade. Às vezes se apresentou o funcionalismo como um dos aspectos das tendências empiristas (e mesmo positivistas) na teoria das ciências sociais, especialmente quando se tornou manifesto que a relação entre fatos e teorias é uma distinção entre dois quadros conceituais. Esse aspecto do funcionalismo foi destacado por Richard J. Bernstein (*The Restructuring of Social and Political Theory*, 1976, especialmente pp. 7-32) ao tratar das concepções de Robert Merton e de Neil Smelser, e das do crítico desses autores, George Homans. Bernstein considera o funcionalismo na teoria social uma dimensão importante do que foi durante algum tempo "a corrente central" ou "ortodoxa" na sociologia, em contraposição às correntes que tentaram superá-la, como "a alternativa fenomenológica" e a "teoria crítica (frankfurtiana) da sociedade".

Por outro lado, como no "estruturalismo" (VER) também se destaca o contexto — que é então um "contexto estrutural" —, é difícil estabelecer uma distinção entre uma orientação funcionalista e uma estruturalista, especialmente se o funcionalismo em questão é mais um funcionalismo sincrônico que diacrônico. Possivelmente por causa disso Lévi-Strauss indica em sua *Antropologie structurale* que o funcionalismo é uma "forma primária de estruturalismo".

Buscando na história da filosofia a passagem do "substancialismo" para o "funcionalismo", Heinrich Rombach (*Substanz, System, Struktur. Die Ontologie des Funktionalismus und der philosophische Hintergrund der modernen Wissenschaft*, 2 vols., 1965-1966) verifica que o funcionalismo aparece já no final da Idade Média, com o nominalismo de Nicolau de Autrecourt e com a "física nominalista" do século XIV. Um passo a mais no caminho para o funcionalismo como ontologia básica é dado, segundo Rombach, por Nicolau de Cusa e Descartes. Desse modo vai sendo abandonada a ontologia substancialista "clássica"; no lugar da substância aparecem a função, o sistema e a estrutura. Assim, o funcionalismo aparece como uma "contra-filosofia" diante do "tipo clássico de metafísica". Rombach manifesta sua simpatia por essa concepção clássica, que, no seu entender, outorga ao homem sua mais alta missão e sua "mais profunda pacificação".

FUNCIONAL-VERITATIVO. Ver VERITATIVO-FUNCIONAL.

FUNDACIONALISMO. Esse nome vem sendo dado à tendência segundo a qual o chamado "conhecimento" — tudo o que se conhece e se admite como sendo certo ou verdadeiro — tem fundamentos últimos. Estes suportam os conhecimentos do mesmo modo como os fundamentos suportam um edifício.

Há duas maneiras de interpretar a relação entre os fundamentos e o que é fundado por eles. Uma delas é supor que os conhecimentos derivam dos fundamentos. A outra é supor que não derivam deles, mas não podem justificar-se sem eles.

Os fundamentos são entendidos de vários modos. O modo clássico, do qual temos um exemplo em Descartes, consiste em admitir uma proposição como absolutamente certa, indubitável, infalível e evidente por si mesma. Mesmo assim, porém, pode-se entender essa proposição como um enunciado auto-evidente ou como uma intuição. Outros modos de entender os fundamentos consistem em apelar para instâncias que não são proposições ou intuições: crenças, *consensus gentium* etc.

O fundacionalismo às vezes está ligado ao reducionismo; em todo caso, todo reducionismo é fundacionalista, ainda que nem todo fundacionalismo seja reducionista.

Caberia utilizar 'fundamentalismo' em vez de 'fundacionalismo', já que se fala normalmente de "fundamentos" e não de "fundações" de uma ciência ou do conhecimento. Entretanto, preferimos 'fundacionalismo' porque 'fundamentalismo' é utilizado em outro sentido: como tradução de *Fundamentalism*, ou a tendência daqueles que seguem literalmente os ensinamentos da Bíblia. 'Fundacional' significa "algo que se refere, ou que pertence, a uma fundação", mas seu uso nesse sentido é pouco difundido, razão pela qual se pode formar o vocábulo 'fundacionalismo' proposto.

FUNDAMENTALISMO. Ver FUNDACIONALISMO.

FUNDAMENTO. O termo 'fundamento' é utilizado em vários sentidos. Às vezes equivale a 'princípio'; às vezes, a 'razão'; às vezes, a 'origem'; podendo ser usado, por sua vez, nos distintos sentidos em que é empregado cada um dos vocábulos citados. Exemplos de uso do vocábulo 'fundamento' são: "Deus é o fundamento do mundo"; "Eis aqui os fundamentos da filosofia"; "Conheço o fundamento de minha crença". Pode-se ver facilmente que o uso do termo em questão é muito variado e, na maior parte dos casos, nada preciso.

Embora 'fundamento' possa designar também o princípio no sentido de 'origem', é mais habitual descartar toda questão relativa a origens (no tempo) quando se fala de fundamento. Pode-se estabelecer que as duas principais acepções de 'fundamento' são as seguintes:
1) O fundamento de algo enquanto algo real. Tal fundamento — chamado às vezes de "fundamento real" e também (embora imprecisamente) de "fundamento material" — é identificado algumas vezes com a noção de causa, especialmente quando esta última tem o sentido de 'a razão de ser de algo'. Já que o conceito de causa pode ser entendido em vários sentidos, a idéia de fundamento também será entendida em vários sentidos. Contudo, é muito comum identificar a noção de fundamento com a de causa formal (ver CAUSA).
2) O fundamento de algo enquanto algo ideal (de um enunciado ou conjunto de enunciados). Esse fundamento é então a razão de tal enunciado ou enunciados no sentido de ser sua explicação (racional). Tal fundamento foi algumas vezes chamado de "fundamento ideal".

Não poucas vezes o fundamento real foi entendido no sentido do fundamento ideal. Isso significa que se buscou o fundamento da realidade em algo ideal. Referimo-nos a esse ponto nos verbetes CAUSA e PRINCÍPIO, nos quais, além disso, analisamos diversas questões que essa idéia de fundamento pode suscitar. Também nos referimos ao problema do fundamento no verbete RAZÃO SUFICIENTE, sobretudo na medida em que a expressão 'princípio de razão suficiente' traduz o que os alemães chamam de *Satz vom zureichenden Grunde* (onde, pois, *Grund* seria 'fundamento'). Aqui nos referimos principalmente à noção de fundamento na medida em que pretendeu designar um "princípio último" que é a razão de todos os princípios particulares (ao menos de todos os princípios particulares do ser, do conhecer e do agir). Deve-se avisar que esse significado de 'fundamento' é em parte muito parecido com o de 'princípio (*simpliciter*) de razão'.

O uso do vocábulo 'fundamento' (*Grund*) para designar o "primeiro" a partir do qual toda existência é, ou pode ser, fundamentada encontra-se na interpretação que o filósofo polonês Bogumil Jasinowski fez do princípio leibniziano de razão suficiente. Este princípio foi considerado por Jasinowski como manifestação de um princípio mais básico: o "princípio de liberdade". Trata-se aqui, evidentemente, de um "princípio real", pois logicamente o princípio mais básico é o de não-contradição. Segundo Jasinowski (*Die analytische Urteilslehre Leibnizens in ihrem Verhältnis zu seiner Metaphysik*, 1918. Introdução), a teoria do juízo leibniziana depende em última análise da monadologia e não (como haviam proclamado Couturat e Russell) o contrário (e, em geral, toda a lógica de Leibniz baseia-se em sua metafísica). O princípio de razão suficiente é um princípio do fundamento (*Satz des Grundes*) que tem em sua base o princípio da liberdade de fundamento (*Freiheit des Grundes*) como princípio único. Este permite "uma exposição homogênea de diversas aplicações ou corolários do princípio de razão, de modo que este princípio pode ser considerado a contrapartida lógica daquele princípio metafísico de liberdade". Dietrich Mahnke ("Leibnizens Synthese von Universalmathematik und Individualmetaphysik", 1925 [*Jahrbuch für Philosophie und phenomenologische Forschung*, 7, pp. 380-385]) considerou a opinião de Jasinowski "bem fundada". Essa idéia do fundamento como "liberdade" — e, portanto, a idéia de que o fundamento como tal estabelece "livremente" as condições que depois podem se desenvolver necessariamente — pode ser rastreada em Schelling, especialmente em sua obra *Untersuchungen über das Wesen der menschlichen Freiheit* (1809). A noção de "liberdade para fundamentar" (*Freiheit zum Grunde*) proposta por Heidegger em seu opúsculo *Vom Wesen des Grundes* (1929) (trad. esp.: *La esencia del fundamento*, 1944) tem alguma relação com todas essas idéias — embora não tenha forçosamente derivado delas. Essa "liberdade" é para Heidegger o "fundamento do fundamento" (*Grund des Grundes*). Na obra intitulada *Der Satz vom Grund* (1957) (trad. esp.: *El princípio de razón*, 1958) — ver especialmente pp. 191-211 — Heidegger retornou a essa questão, declarando que o princípio de razão (ou o do fundamento) é um princípio fundamentante. Esse autor observa que, segundo alguns, o princípio de razão é anterior inclusive ao princípio de identidade (pois o princípio de razão deve dar a razão da identidade e não o contrário). Mas, segundo Heidegger, a identidade é anterior. Isto porque ela se encontra fundada, por sua vez, no ser, que funda todo o resto. Porém o ser não tem fundamento (*Grund*), mas é abismo (*Abgrund*); nesse caso, o ser aparece como "fundante", e é de se presumir que como "fundante em liberdade".

FUTURIÇÃO. Em sua *Teodicéia* (I, 37; Gerhardt, VI, 123-124) Leibniz procura mostrar que a determinação de acontecimentos futuros não é incompatível com a liberdade. Isso ocorre quando tal determinação "procede da própria natureza da verdade" e também, e sobretudo, da presciência de Deus. Leibniz alude àqueles que declaram que o que está previsto não pode deixar de existir. Isso é verdade, afirma Leibniz, mas disso não se segue que seja necessário, "pois a *Verdade necessária* é aquilo cujo contrário é impossível ou implica contradição". Desse modo Leibniz distingue verdades necessárias do tipo que acabamos de indicar — verdades necessárias no sentido lógico — e verdades necessárias de outro tipo. Que eu escreverei amanhã não é uma verdade necessária no sentido lógico, pois não é contraditório que eu não escreva amanhã. Todavia, supondo-se que a verdade seja prevista por Deus, é forçoso que ocorra: a conseqüência é necessária, pois Deus é infalível. Esse tipo de necessidade é chamada por Leibniz de "necessidade hipotética". Aqueles que ignoram a diferença entre necessidades absolutas e necessidades hipotéticas não podem entender, segundo Leibniz, que uma necessidade hipotética e o efeito de uma livre escolha sejam compatíveis. "E por outro lado" — escreve Leibniz — "é muito fácil julgar que a presciência em si mesma não agrega nada à determinação da verdade dos futuros contingentes salvo que essa determinação seja conhecida, o que não aumenta de modo algum a determinação, ou a *futurição* (como é chamada) desses acontecimentos."

Ortega y Gasset utilizou o termo 'futurição' em outro sentido: para destacar o primado do futuro na vida humana. Como nossa vida "consiste em decidir o que vamos ser, isso significa que na própria raiz de nossa vida há um atributo temporal: decidir o que vamos ser — portanto, o futuro" (*¿Qué es filosofía?*, recolhido em *O. C.*, VII, p. 420). Sempre deparamos com o futuro, afirma Ortega y Gasset: "Eis aqui outro paradoxo. Não é o presente ou o passado o que vivemos primeiro; não: a vida é uma atividade executada para a frente, e o presente ou o passado é descoberto depois, em relação com esse futuro. A vida é futurição, é o que ainda não é" (*loc. cit.*).

A idéia de um viver a partir do futuro desenvolve-se na noção heideggeriana de "projeto" (*Entwurf*). Heidegger destaca o caráter antecipatório (*vor-laufen*) do Dasein, assim como o vir (*Kunft*) e o futuro ou futúrico (*Zukünftiges*). "O projetado na projeção existenciária originária da existência desvelou-se a si próprio em sua resolução (*Entschlossenheit*) antecipada" (*Sein und Zeit*, § 65). Isto está estreitamente ligado à noção de um poder-ser (*sein können*), que não é simples "possibilidade" que se atualiza, pois trata-se de um "ser para o mais próprio distintivo poder ser". Heidegger fala de um "ir rumo a si próprio". Na mesma obra (§ 81) desenvolve a noção de futuro como algo "futúrico" (*zukünftig*), como o que corresponde à futuralidade ou futuridade (*Zukünftigkeit*). O ser (estar) "estaticamente" futúrico é uma "futuridade autêntica". Os "êxtases do tempo" (ver Êxtase) em Sartre cumprem uma função semelhante.

FUTURÍVEIS. Como indicamos no verbete Futuro, futuros, tratamos aqui da questão dos futuros condicionados (*futuribilia*, futuríveis) tal como foi debatida por vários teólogos durante os séculos XVI e XVII. Essa questão é essencialmente a mesma que havia sido discutida pelos escolásticos mencionados naquele verbete, mas, como o modo de estabelecê-la e em parte o vocabulário usado são distintos, separamos o conteúdo dos dois verbetes.

Recordemos a distinção entre futuros absolutos (necessários) e futuros condicionados (contingentes). Trata-se de saber que conhecimento Deus tem destes últimos, isto é, dos *futuribilia*.

Entre as escolas que se enfrentaram a esse respeito distinguiram-se duas: tomistas e molinistas. Os tomistas foram, basicamente, os bañecianos, ou partidários das doutrinas de Domingo Báñez (ver), mas muitos scotistas defenderam opiniões semelhantes sobre o problema que nos ocupa. Os molinistas foram os partidários das doutrinas de Luis de Molina (VER), que nessa questão eram muito parecidas com as de Fonseca (VER). Do ponto de vista das ordens religiosas a que pertenciam os teólogos que discutiram o assunto, pode-se dizer que a oposição era entre dominicanos e agostinianos, por um lado, e jesuítas pelo outro, mas devem ser levados em conta muitos matizes nos quais não podemos nos adentrar aqui. Além disso, dentro de cada um desses dois grandes grupos, havia importantes diferenças de opinião; assim, por exemplo, dentro dos "molinistas" podem ser citados os suarecianos.

Para esclarecer a natureza da polêmica começaremos destacando que durante muito tempo haviam-se distinguido dois modos da "ciência divina": a ciência de simples inteligência e a ciência de visão (ver CIÊNCIA MÉDIA). A ciência de simples inteligência ou dos possíveis é aquela por meio da qual Deus conhece os seres e atos possíveis como possíveis. O objeto desse conhecimento são as essências, as proposições necessárias, as verdades eternas. A ciência de visão é aquela por meio da qual Deus conhece os seres e atos atuais como atuais. O objeto desse conhecimento são os existentes como tais.

Os tomistas consideravam a citada divisão como adequada e negavam o conhecimento dos futuríveis a menos que se dessem dentro dos decretos logicamente possíveis, caso em que não saem do estado de possibilidade. É de se notar que parte das opiniões dos tomistas apoiavam-se em certas teses que Duns Scot formulou em oposição a Santo Tomás, mas que foram depois adotadas, ou reinterpretadas, como teses tomistas. Os tomistas afirmavam também que a eternidade de Deus faz que se dêem em um único ato de conhecimento os futuríveis em si mesmos e não apenas em suas causas.

Os molinistas consideravam a divisão em questão como insuficiente e inadequada, e introduziam uma terceira ciência divina: a chamada "ciência média" ou dos futuríveis. Segundo esta, Deus conhece os futuríveis em si mesmos, antes de qualquer decreto determinante ou absoluto, embora não antes de qualquer decreto logicamente possível, pois nesse caso os futuríveis seriam situados fora do marco da possibilidade. Em suma, Deus conhece os futuríveis desde a eternidade. Isso pode ocorrer de dois modos: ou por compreensão absoluta de todas as circunstâncias que poderiam influir na liberdade das causas segundas, ou em sua verdade objetiva eternamente presente. O primeiro modo é característico de Molina; o segundo, de Suárez.

⊃ Para os textos principais, ver a bibliografia de BÁÑEZ, DOMINGO; CIÊNCIA MÉDIA; FONSECA, PEDRO DE; MOLINA, LUIS DE; ZUMEL, FRANCISCO. — Ver também: A. Bandera, "Ciencia de Dios y objetos futuribles", *Ciencia tomista* (1948), 273-292. — J. Saguies, "Ciencia de Dios y objetos futuribles", *Estudios eclesiásticos* (1949), 189-201. — Léon Baudry, ed., *La querelle des futurs contingents (Louvain 1465-1475)*, 1950. — Também: Antonio Bonet, *La filosofía de la libertad en las controversias teológicas del siglo XVI y primera mitad del XVII*, 1932, especialmente pp. 211ss. ⊂

FUTURO, FUTUROS. Da dimensão temporal chamada "futuro" nos ocupamos em vários verbetes (por exemplo: INSTANTE; TEMPO). Aqui trataremos da questão suscitada pela análise de certos enunciados sobre acontecimentos futuros, ou acontecimentos supostamente futuros. A expressão plural 'futuros', freqüentemente empregada na literatura filosófica sobre essa questão, às vezes designa os acontecimentos que supostamente ocorrerão, ou que poderiam ocorrer, e às vezes os enunciados sobre tais acontecimentos. Nosso problema tem várias dimensões: a lógica, a semântica, a metafísica (ou ontológica) e a teológica. Essas dimensões estão amiúde imbricadas. Nenhuma delas pode ser facilmente separada de qualquer uma das outras e de todas as outras em conjunto. Isso também ocorre, pois, com a dimensão teológica. Esta última, embora esteja implicada em várias análises antigas e medievais de nosso problema, predominou sobre as outras dimensões nos debates teológicos e filosófico-teológicos que ocorreram durante os séculos XVI e XVII. Aqui abordaremos a dimensão teológica, mas para maior clareza ela será tratada — especialmente no que se refere aos séculos citados — no verbete FUTURÍVEIS (de *futuribilia*, o termo utilizado por muitos teólogos ao discutir nossa questão).

Embora a distinção que descreveremos tenha se evidenciado após as primeiras fases da evolução histórica do problema, nós a introduzimos aqui porque ela ajuda a compreender grande parte dos argumentos propostos. Essa distinção é a que foi estabelecida entre *futuro necessário* (ou *futuros necessários*) e *futuro contingente*, também chamado de *futuro livre* e de *futuro contingente livre* (*futuros contingentes*, também chamados de *futuros livres* e de *futuros contingentes livres*). Os futuros (acontecimentos futuros) necessários são aqueles que supostamente possuem uma realidade determinada antes de ocorrerem. Os futuros contingentes, livres ou contingentes livres (que daqui em diante chamaremos simplesmente de *futuros contingentes*) são aqueles que supostamente não têm realidade determinada antes de ocorrerem. Os futuros necessários são os futuros a que se referem todas as formas de determinismo (VER), muitas das variantes da doutrina da predestinação (VER) rigorosa etc. Segundo essas doutrinas, com efeito, todos os acontecimentos futuros são necessários porque estão "contidos" de antemão em uma causa, em uma série de causas, em uma Vontade etc.

Deve-se a Aristóteles a primeira análise detalhada do problema dos futuros contingentes (o problema da estrutura e do valor de verdade dos enunciados sobre futuros contingentes, e o problema de se pode haver futuros contingentes). O *locus classicus* a esse respeito é *De int.*, 9, 18 a 27ss. Aristóteles refere-se a esses futuros em outras partes de sua obra, como, por exemplo, em *De div. per somm.*, 2, 463 b 28-32, onde ele introduz uma distinção entre τὸ ἐσόμενον ("o que será", do verbo εἰμί, "ser") e τὸ μέλλων ("o que está por vir" ou "o porvir [não-determinado]", de μέλλω "estar [algo] a ponto de ser ou ocorrer"). De acordo com o que Aristóteles escreve em *De div. per somn.*, "o que estava a ponto de ocorrer nem sempre é o que está ocorrendo agora. Tampouco o que será depois [τὸ ἐσόμενον] é igual ao que agora irá ocorrer" [τὸ μέλλων]". Mas a passagem de *De int.* a que aludimos é mais importante e explícita. Em substância, Aristóteles afirma que todas as proposições (ou enunciados) são verdadeiras ou falsas com exceção das que afirmam que algo acontecerá ou não acontecerá no futuro, ou seja, que se referem a um "futuro contingente". Essas proposições não são verdadeiras (porque não ocorreu aquilo de que se trata), mas tampouco são falsas (porque não afirmam que algo não é, ou não negam que algo é). Entretanto, a disjunção de uma dessas proposições com sua negação é necessariamente verdadeira. Aristóteles dá um exemplo que se tornou clássico: o da "batalha naval de amanhã". "Necessariamente" — escreve o Estagirita — "amanhã haverá uma batalha naval ou não haverá, mas não é necessário que haja amanhã uma batalha naval e tampouco é necessário que não haja amanhã uma batalha naval. Mas que haja ou que não haja amanhã uma batalha naval, isto é necessário."

Afirmou-se que com isso Aristóteles rejeitou o princípio do terceiro excluído para algumas proposições, mas é improvável que o Estagirita aprovasse essa interpretação. Também se disse que ele não rejeitou o princípio do terceiro excluído (segundo o qual 'ou *p* ou não-*p*'), mas que, em contrapartida, rejeitou a universalidade da validade do chamado "princípio de bivalência" (segundo o qual '*p* é verdadeiro ou *p* é falso', com a conseqüência de que, se *p* é verdadeiro, não-*p* é falso, e se *p* é falso não-*p* é verdadeiro [ver Tabelas de verdade]). Isso é mais provável, já que o Estagirita refere-se sempre, ao falar das proposições sobre futuros, e futuros condicionados, a valores de verdade (verdade e falsidade). Mas nem sempre é fácil distinguir o princípio do terceiro excluído do princípio de bivalência. Em todo caso, as opiniões do Estagirita sobre o assunto devem-se provavelmente a vários motivos. Entre eles mencionamos os seguintes: a oposição à doutrina megárica, segundo a qual tudo o que é tem de ser atual, e a oposição ao fatalismo e ao determinismo, que para alguns é a conseqüência de afirmar que um determinismo futuro ocorrerá ou não ocorrerá. A respeito da doutrina megárica, Aristóteles sustenta que a regra segundo a qual uma proposição tem de ser verdadeira ou tem de ser falsa é uma regra aceitável quando a proposição se refere a algo atual, mas não é aceitável quando se refere a algo em potência (ver Ato; Potência). Desse modo, Aristóteles põe em dúvida a absoluta universalidade dessa regra; em primeiro lugar, por haver algo em potência, e, em segundo lugar, porque se não houvesse algo em potência não se poderia explicar o movimento ou devir (ver). Mas ele ao mesmo tempo parece sugerir que há algo em potência porque a regra em questão não é aplicável sempre e em todos os casos. A respeito das doutrinas fatalistas e deterministas, Aristóteles põe em dúvida que seja necessário admitir que, se agora é verdade que certo acontecimento ocorrerá, é falso que não ocorrerá; e que, se agora é falso que ocorrerá, é verdade que não ocorrerá. As razões que movem Aristóteles a duvidar dessa tese são complexas; não obedecem unicamente a uma análise dos predicados 'é verdadeiro', 'é falso', 'não é verdadeiro nem falso', mas às doutrinas sustentadas sobre o que é real sobre o movimento e sobre o acaso (ver).

Os estóicos seguiram a opinião difundida de que o princípio de bivalência constitui uma prova de determinismo, e ao mesmo tempo de que o encadeamento necessário e universal dos fenômenos obriga a aceitar sem nenhuma exceção possível o princípio de bivalência. O assunto foi examinado por não poucos filósofos da Antiguidade, tanto do período imediatamente posterior a Aristóteles como do chamado "período greco-romano". Em parte era tratado como uma questão metafísica, em parte como uma questão lógica; freqüentemente era tratado dentro de um estudo das modalidades, que eram, por sua vez, entendidas metafisicamente (ou "ontologicamente") ou logicamente, ou de ambos os modos. Neste problema encontram-se implicadas, com efeito, as questões da natureza do necessário e do contingente, e da natureza das proposições modais que são assim formuladas: 'É necessário que *p*', 'Não é necessário que *p*', 'É possível que *p*', 'É possível que não-*p*', 'É contingente que *p*' etc. (ver Modalidade).

Muitos filósofos medievais ocuparam-se do problema dos futuros contingentes, seja do ponto de vista teológico, do ponto de vista lógico, ou de ambos. Foi característico desses filósofos considerar que a questão dos futuros necessários e dos futuros contingentes estava muito estreitamente relacionada com a questão das verdades eternas e das verdades não-eternas ou temporais, respectivamente. Freqüentemente consideraram que algo necessário é algo para sempre — *ab aeterno* — verdadeiro; se não é necessário, não é verdadeiro para sempre. Uma proposição sobre o passado ou uma proposição sobre o presente são definitivamente falsas ou definitivamente verdadeiras. Uma proposição *de contingenti futuro* não pode ser definitivamente verdadeira ou definitivamente falsa, mas pode ser verdadeira se o que diz do futuro ocorre e falsa se o que diz do futuro não ocorre. Até aqui parece tratar-se somente de uma questão de lógica e especificamente de lógica modal. Mas logo esses debates se ligaram aos problemas teológicos, particularmente com os dois problemas seguintes: o do conhecimento dos futuros por Deus e o da predeterminação ou não-predeterminação dos homens (à salvação eterna ou à condenação eterna). Referimo-nos a esses problemas mais detalhadamente à luz de vários debates teológicos modernos (ver FUTURÍVEIS), mas resenharemos aqui algumas das mais importantes posições adotadas sobre esses assuntos por vários filósofos medievais. Trata-se, evidentemente, de uma seleção, pois os problemas a que nos referimos foram tratados por quase todos os escolásticos.

Santo Tomás destaca que Deus tem um conhecimento dos acontecimentos futuros distinto do que poderiam ter as criaturas (caso o possuíssem). Com efeito, Deus não conhece propriamente um futuro, mas conhece um "presente". O futuro, em suma, é futuro apenas para nós. Pensar o contrário é negar que Deus seja eterno, e, como se sabe, o eterno transcende tudo o que é temporal (*S. theol.* I, q. XIV, 13 ad 2). Essa opinião já havia sido defendida por outros autores; por exemplo, por Santo Anselmo, que escreveu: *summa essentia non secundum praeteritum vel futurum fuit aut erit* (*Meditatio*, I. E. 10, 13-24). Segundo Santo Tomás, a proposição que afirma o conhecimento de determinado futuro contingente por Deus é uma proposição absolutamente necessária. Além disso, ele sustenta que dada a proposição 'Se Deus conhece algo, esse algo será', o conseqüente é tão necessário quanto o antecedente. Em contrapartida, Duns Scot sustentava que o futuro (assim como o passado) também é futuro (ou passado) do ponto de vista da eternidade divina, já que de outra maneira não haveria distinção possível entre passado e futuro. Duns Scot afirmava, além disso, que as proposições nas quais são introduzidas expressões modais tais como 'é contingente', 'não é necessário', 'é possível que', 'é possível que não', 'não é impossível que não' e que se referem ao conhecimento de um futuro por Deus são proposições contingentes; assim, por exemplo, a proposição 'É contingente que Deus conheça que *A* será' é uma proposição contingente.

Em seu *Tractatus de praedestinatione et de praescientia Dei et de futuris contingentibus* (impresso pela primeira vez na *Expositio aurea* de Ockham a cargo de Frei Marco de Beneveto; ed. crítica anotada por Philotheus Boehner, 1945), Ockham assume algumas das opiniões de Duns Scot contra Santo Tomás, mas difere de ambos em vários aspectos importantes. Como a maior parte das análises dos escolásticos a esse respeito, a citada obra de Ockham revela dois aspectos: um teológico e outro lógico. Do ponto de vista teológico, é interessante notar que Ockham sustenta que Deus conhece todos os futuros contingentes. Como indica Boehner, ele conhece que parte de uma contradição relativa a futuros contingentes é verdadeira e que parte é falsa. Ora, Deus conhece a parte verdadeira porque a quer como verdadeira e a parte falsa porque a quer como falsa, isto é, porque não a quer como verdadeira. Isso não significa que o conhecimento em questão dependa da "arbitrariedade" de Deus, depende antes da causalidade divina. Como indica Boehner, para Ockham "a vontade de Deus é a causa da *verdade*, mas não do *conhecimento* que Deus tem desse fato contingente". Do ponto de vista lógico, afirmou-se (Michalski) que nas idéias de Ockham sobre os futuros contingentes encontra-se o germe da posterior lógica trivalente, tal como foi desenvolvida por Łukasiewicz (cf. *infra*). Essa afirmação é considerada um exagero (cf. W. Kneale e M. Kneale, *The Development of Logic*, 1962, p. 238, nota [trad. port.: *O desenvolvimento da lógica*, 2ª ed., 1980]), pois Ockham não parece ter admitido que uma proposição sobre o futuro não seja nem determinadamente verdadeira nem determinadamente falsa. Boehner indica que Ockham derivou da opinião de Aristóteles antes resenhada certas conclusões "que constituem elementos de uma lógica tri-valente" (*op. cit.*, p. 62), mas reconhece que se trata de um desenvolvimento "primitivo e cru" (*op. cit.*, p. 65) e de modo algum uma sistematização da lógica trivalente no sentido moderno.

Entre os autores medievais que se ocuparam da questão dos futuros contingentes figuram, junto a Santo Tomás, Duns Scot e Ockham (e, antes, Abelardo), Gregório de Rimini, Ricardo de Middeltown, Pedro Auriol, Walter Burleigh, Francisco de Meyronnes, João de Bassolis, Pedro de Ailly e Alberto da Saxônia (ver exposição da doutrina destes e de alguns outros autores nos comentários de Boehner à sua ed. do *Tractatus* de Ockham). Infelizmente não podemos nos referir a todos esses autores. Além disso, alguns deles limitaram-se a seguir, em grande parte, as opiniões dos grandes mestres. Assim, por exemplo, Gregório de Rimini tenta eliminar a questão do "conhecimento dos acontecimentos futuros por Deus de modo semelhante ao de Santo Tomás: alegando que para Deus não há, propriamente falando, futuro" (ver Gordon Leff, *Gregory of Rimini*, 1961, pp. 108ss.). Por outro lado, ao se referir ao *status* lógico das proposições sobre futuros contingentes, Gregório de Rimini indicou que, contrariamente às conclusões (ou supostas conclusões) de Aristóteles, toda proposição sobre o futuro é verdadeira ou falsa (Leff, *op. cit.*, p. 112).

Como indicamos no início, dedicamos o verbete FUTURÍVEIS ao exame das opiniões de vários teólogos modernos, especialmente dos séculos XVI e XVII, sobre os futuros condicionados. Para a continuidade histórica, pode-se considerar que o conteúdo daquele verbete faz parte deste, mas efetuamos essa separação por razões de comodidade na consulta. Indicamos aqui somente que, enquanto nos autores medievais antes introduzidos o aspecto teológico do problema está ligado a uma análise lógica, os autores modernos parecem se interessar quase exclusivamente pelo especto teológico. Alguns filósofos modernos não-escolásticos também se ocuparam do problema (Malebranche e, particularmente, Leibniz; cf. por exemplo *Theod.*, I, § 37), que, entretanto, ocupou neles um lugar menos central que durante a Idade Média.

Na época contemporânea foi novamente levantado o problema dos futuros contingentes — também chamados de "futuros condicionados" e de "futuros condicionais" — em um sentido similar ao encontrado em Aristóteles e referindo-se freqüentemente ao exemplo aristotélico da "batalha naval de amanhã" e à questão da verdade ou da falsidade do enunciado concernente a essa batalha. Muitas opiniões foram emitidas sobre o assunto. Alguns autores (Ryle, Anscombe) examinaram o problema como uma ambigüidade lingüística. Outros adotaram um ponto de vista lógico e uma solução lógica (Łukasiewicz e o emprego de uma lógica trivalente em vez de uma bivalente). Perguntou-se se 'torna-se verdadeiro' é um predicado aceitável. Alguns negaram que haja sentido em falar de predições e que se possa afirmar que elas "tornam-se verdadeiras", porque não é possível determinar "quando a predição torna-se verdadeira". Outros opinaram que uma predição torna-se verdadeira se, e somente se, o acontecimento predito ocorre, já que em caso contrário não haveria sentido em utilizar expressões como 'ocorrer' e 'acontecer'. Alguns consideraram que 'torna-se verdadeiro' não é um predicado. O autor deste dicionário tratou o problema dentro do marco de alguns conceitos usados na teoria da informação.

O problema dos futuros contingentes parece estar relacionado com os paradoxos chamados de "o homem condenado à morte" e "o lenço inesperado". Contudo, como parece depreender-se desses paradoxos, o fato de que se possa e que não se possa predizer um acontecimento futuro não é exatamente o mesmo caso que o dos futuros contingentes, mas pode ser formulado de modo muito parecido. Por outro lado, uma das maneiras sugeridas para esclarecer o sentido desse paradoxo está relacionada não apenas com a questão geral dos futuros contingentes, mas também com a questão desses futuros do ponto de vista teológico (ver Futuríveis). Com efeito, parece que nos chamados "futuríveis" ocorre efetivamente que enquanto alguém — o que "produz" ou "prepara" o acontecimento futuro — pode naturalmente predizê-los, o outro — aquele que "experimenta" esses acontecimentos futuros — não pode.

Tendo-se mencionado no verbete alguns dos textos "clássicos" sobre a matéria, limitamo-nos a oferecer uma seleção de trabalhos contemporâneos. A eles devem ser acrescentados vários dos escritos da bibliografia do verbete Polivalente, e em particular os de J. Łukasiewicz.

➲ Ver: A. C. Baylis, "Are Some Propositions Neither True nor False?", *Philosophy of Science*, 3 (1936), 156-166. — L. Baudry, *La querelle des futurs contingents, Louvain 1465-1475. Textes inédits*, 1950 [Études Philosophiques méd. 38] (trad. inglesa: *The Quarrel over Future Contingents, Louvain 1465-1475*, 1989). — Donald Williams, "The Sea Fight Tomorrow", em *Structure, Method, and Meaning*, 1951, eds. P. Henle, H. M. Kallen, S. K. Langer, pp. 280-306. — A. N. Prior, "Three-Valued Logic and Future Contingents", *Philosophical Quarterly*, 3 (1953), 317-326. — Gilbert Ryle, "It Was To Be", em *Dilemmas*, 1954, pp. 15-35. — G. E. M. Anscombe, "Aristotle and the Sea Battle", *Mind*, N. S., 65 (1956), 1-15. — Richard Taylor, "The Problem of Future Contingencies", *Philosophical Review*, 66 (1957), 1-28. — Colin Strang, "Aristotle and the Sea Battle", *Mind*, N. S., 69 (1960), 447-465. — P.-M. Schuhl, *Le dominateur et les possibles*, 1960. — José Ferrater Mora, "Información y comunicación: Enfoque nuevo de un viejo problema", em *Actas del XIII Congreso Internacional de Filosofía* [México], 1963; reimp., com o título "Viejos problemas, nuevos enfoques", em *Obras selectas*, II, 1967, pp. 285-293. — John Robert Cassidy, *Logic and Determinism: A History of the Problem of Future Contingent Propositions from Aristotle to Ockham*, 1965 (tese). — J. E. Tomberlin, "The Sea Battle Tomorrow and Fatalism", *Philosophy and Phenomenological Research*, 31 (1971), 352-357. — P. A. Streveler, "The Problem of Future Contingents", *New Scholasticism*, 47 (1973), 233-247. — M. F. Lowe, "Aristotle on the Sea Battle: A Clarification", *Analysis*, 40 (1980), 55-59. — A. Back, "Sailing Through the Sea Battle", *Ancient Philosophy*, 12 (1) (1992), 133-151.

Para o paradoxo ao qual nos referimos no final do verbete, ver Paradoxo.

O trabalho de P. M. Schuhl refere-se especialmente ao problema tal como foi discutido na Antiguidade. Acrescente-se: David Armand, *Fatalisme et liberté dans l'antiquité grecque*, 1945. — M. Baumer, "The Role of 'Inevitability at Time T' in Aquinas' Solution to the Problem of Future Contingents", *New Scholasticism*, 53 (1979), 147-167. — W. L. Craig, "J. D. Scotus on God's Foreknowledge and Future Contingents", *Franciscan Studies*, 47 (1987), 98-122. — C. G. Normore, "Petrus Aureoli and His Contemporaries on Future Contingents and Excluded Middle", *Synthese*, 96 (1) (1993), 83-92. — R. Gaskin, "Alexander's Sea Battle: A Discussion of Alexander of Aphrodisias *De Fato 10*", *Phronesis*, 38 (1) (1993), 75-94.

Ver também a bibliografia do verbete Futuríveis. ➲

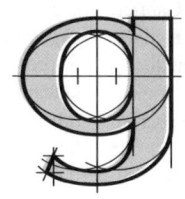

G. A letra maiúscula '*G*' é utilizada com freqüência para representar a conclusão no esquema do juízo ou da proposição que constitui a conclusão de um silogismo. Portanto a letra '*G*' exerce a mesma função que a letra '*P*'. Para o uso de '*G*' na lógica quantificacional, ver F.

GABRIEL BIEL (1425-1495). Nascido em Speyer, ingressou em 1457 na Congregação de Cônegos Regulares de Santo Agostinho ou Irmãos da Vida em Comum. Em 1484 fundou a Faculdade de Teologia da Universidade de Tübingen. Seguidor do ockhamismo e da *via moderna*, a ponto de ter sido considerado um dos mais fiéis expositores e comentadores do *Venerabilis Inceptor*, Gabriel Biel influenciou muitos teólogos dos séculos XVI e XVII — os chamados *gabrielistae* —, especialmente nas Universidades de Erfurt e de Wittenberg. Entre essas influências destaca-se a que exerceu sobre Lutero, cuja doutrina da predestinação foi elaborada em grande parte seguindo o fio de uma meditação sobre os comentários às *Sentenças* de Biel. Com efeito, a fim de se opor às conseqüências do pelagianismo (VER), ao qual pareceu inclinar-se ao discutir o problema da ação moral humana, sublinhou a absoluta vontade e "arbitrariedade" divinas ao tocar a questão da graça (VER) e das virtudes teologais. Com efeito, estas últimas foram por ele consideradas independentes das morais. A aceitação do homem por Deus é, assim, inteiramente "gratuita"; não depende do que o homem faça, de sua vida virtuosa ou pecadora, mas da vontade última de Deus.

◐ A obra capital e mais influente de Gabriel Biel é a *Epitome et Collectorium ex Occamo super quatuor libros sententiarum*, 1495, 1501, 1512, 1514, 1521; com o chamado *Suplementum Gabrielis Biel*, 1568, 1574. Outras obras: *Sermones dominicales de tempore*, 1490, 1510. — *Defensorium oboedientiae apostolicae*. — *Tractatus de potestate et utilitate monetarum*, 1542, 1605.

Edições recentes: *Collectorium circa quattuor libros Sententiarum. Prologus et liber primus*, 1973, eds. W. Werbeck e U. Hofmann; *ibid., Libri quarti pars secunda (dist. 15-22)*, 1977, eds. W. Werbeck e U. Hofmann, com a colaboração de Renata Steiger.

Ver: C. Feckes, *Die Rechtfertigungslehre des Gabriel Biels und ihre Stellung innerhalb der nominalistischen Schule*, 1925. — E. Bonke, "Doctrina nominalistica de fundamento ordinis moralis apud Galielmum de Ockham et Gabriel Biel", *Collectanea Franciscana* (1944), pp. 57-83. — J. L. L. Aranguren, *El protestantismo y la moral*, 1954, pp. 50-73. — L. Grane, *Contra Gabrielem*, 1962. — Heiko Augustinus Oberman, *The Harvest of Medieval Theology: G. B. and Late Medieval Nominalism*, 1963. — Franz Joseph Burkhard, *Philosophische Lehrgehalte in G. Biels Sentenzenkommentar unter besonderer Berücksichtigung seiner Erkenntnislehre*, 1974. — M. Schulze, "Contra rectam rationem, Gabriel Biel's reading of Gregory of Rimini, versus Gregory", em *Via Augustini. Augustine in the later Middle Ages, Renaissance and Reformation*, ed. H. A. Oberman, 1991, pp. 55-71. — Ver também: P. Vignaux, *Luther, commentateur des sentences (Libre I, Distinction xvii)*, 1935. ◐

GABRIEL, LEO. Nascido (1902) em Viena, foi professor do "Instituto Filosófico" da Universidade de Viena. Influências muito diversas — escolástica, fenomenológica, heideggeriana etc. — resultaram na formação de um "pensamento integral" que aspira a superar o que Gabriel chama de forma de pensar "analítico-aditiva (ou somatória)". A "lógica integral", para cuja construção Gabriel apela a métodos procedentes da psicologia da estrutura (*Gestaltpsychologie*), supera tanto a lógica "dos conteúdos" (*inhaltliche*) como a lógica formal; ela se apresenta como uma síntese do formalismo lógico e da lógica "material" da fenomenologia. Enquanto a filosofia moderna, de Descartes a Kant, deixa escapar o sentido e com isso esquece, ou põe de lado, a unidade do pensamento com o ser, a lógica integral orienta-se pelo todo da realidade. A unidade concreta do real encontra-se, segundo Gabriel, em um pensar fundado na totalidade e na forma (*Gestalt*). Gabriel considera que muitos sistemas de caráter "totalista" consistem em uma absolutização de uma parte do todo; a lógica integral não absolutiza nenhuma parte, mas tampouco consiste em absorver o todo como se ele já estivesse constituído ou como se fosse formado por oposições dialéticas. Gabriel chama seu modo de pensar de "ideológico", na medida em que é uma "razão da idéia". É um pensar, além disso, dialógico e não monológico. A totalidade que a "lógica integral" aspira a compreender é uma totalidade aberta, que leva em conta a realização do singular.

⮕ Obras: *Logik der Weltanschauung*, 1949 (*Lógica da concepção do mundo*). — *Vom Brahma zur Existenz*, 1949, 2ª ed., 1954 (*De Brahma à existência*). — *Existenzphilosophie. Von Kierkegaard bis Sartre*, 1951; 2ª ed., 1968 (*Filosofia da existência, de K. a S.*, 1974). — *Geschichte der indischen Philosophie*, 1957 (*História da filosofia indiana*). — *Mensch und Welt in der Entscheidung*, 1961 (*Homem e mundo na encruzilhada*, 1963). — *Integrale Logik*, 1965 (*Lógica integral*, 1971). — F. Wiplinger, O. Muck *et al.*, *Die Wahrheit des Ganzen*, 1976, ed. H. Kohlenberger (*A verdade do todo*) (dedicado a L. G., com uma auto-exposição do homenageado). — *Neue Sicht des Leib-Seele-Problems*, 1978 (*Nova visão do problema corpo-alma*).

Ver: E. Albrecht, "Ueber die Grenzen des Versuchs zur Entwicklung einer integralen Logik", *Deutsche Zeitschrift für Philosophie*, 16 (1968), 839-847. — Vários autores, *Wahrheit und Wirklichkeit*, ed. P. Kampits, G. Pöltner, H. Vetter, 1983 (homenagem a L. G. em seu 80º aniversário). ⊂

GADAMER, HANS-GEORG. Nascido (1900) em Marburg, estudou com Paul Natorp e com Heidegger nessa cidade, sendo professor em Leipzig (a partir de 1939), em Frankfurt (a partir de 1947) e em Heidelberg (a partir de 1949). Heidegger foi provavelmente o mais importante impulso no pensamento de Gadamer, mas este seguiu orientações distintas das que caracterizaram discípulos de Heidegger como Eugen Fink. Embora Gadamer desenvolva seus problemas mais dentro de um horizonte ontológico que epistemológico ou metodológico, suas idéias não se centram, como ocorre com Heidegger, na investigação do sentido do ser, mas na exploração hermenêutica do ser histórico, especialmente tal como ele se manifesta na tradição da linguagem. Estendemo-nos sobre algumas idéias de Gadamer em vários verbetes, como COMPREENSÃO, HERMENÊUTICA e TRADIÇÃO. Indicamos, ou reiteramos, aqui que Gadamer elabora o que chama de "hermenêutica filosófica", voltada a destacar o que se poderia chamar de o "acontecer" da verdade e o "método" que se deve seguir para desvelar esse acontecer. Gadamer encontra no exame dos métodos das disciplinas humanísticas e históricas e, em geral, nas chamadas "ciências do espírito", assim como na estética, diversos fios condutores que lhe permitem rejeitar tanto o subjetivismo como um objetivismo racionalista e positivista. A idéia de jogo (VER) constitui outro fio condutor nessa investigação, na qual são reunidos, além dos motivos de Heidegger, os de Dilthey e da fenomenologia. O que se trata de esclarecer é a experiência hermenêutica, o que se consegue por meio da própria hermenêutica; a rigor, a hermenêutica é, para Gadamer, um acontecer histórico, e especificamente um acontecer da tradição (VER). Por isso o círculo (VER) hermenêutico é, para Gadamer, uma realidade, e não uma mera estrutura lingüística ou lógica. É verdade que a realidade de que Gadamer trata é a realidade histórica e lingüística em que vive o homem como ser que se encontra em uma tradição — expressa sobretudo "lingüisticamente" — e que é capaz de se apropriar dessa tradição mediante um movimento hermenêutico. A insistência de Gadamer na tradição, na autoridade e no preconceito (VER) fez que alguns críticos vissem nele um defensor de certo "tradicionalismo" e, a despeito de seus ataques às interpretações hermenêuticas "românticas", um neo-romântico, e inclusive um neo-idealista. Entretanto, Gadamer insistiu em que, embora a realidade histórica do ser do homem seja constituída por seus preconceitos, e não, como pensavam os ilustrados, por seus "juízos", esses preconceitos não devem ser interpretados como um confinamento e menos ainda como uma manifestação de obscurantismo. Preconceito e tradição são possibilidades para abrir caminhos novos dentro do acontecer histórico. A tradição opera desse modo como um possível incitante à sua superação histórica; somente porque há uma tradição histórica dada podem ser abertos novos caminhos.

Gadamer insiste em um conjunto de entrecruzamentos — apropriação e rejeição, confiança e estranheza, pergunta e resposta etc. — que constituem os "lugares" dentro dos quais opera o "acontecer hermenêutico". Especialmente importante em Gadamer é o processo de "diálogo" (VER), que se expressa lingüisticamente, mas somente porque essa expressão lingüística tem uma dimensão ontológica. Com efeito, o diálogo constitui o próprio ser do homem, de modo que "a lógica da pergunta e da resposta" é unicamente o reflexo lingüístico desse ser dialogante. Boa parte das idéias de Gadamer se apresenta dentro do horizonte da idéia de finitude da existência desenvolvida por Heidegger. Com efeito, essa finitude torna impossíveis as ilusões racionalistas e "ilustradas". A limitação do horizonte histórico ou, melhor, histórico-ontológico constitui para Gadamer a própria realidade desse horizonte.

O que Gadamer opõe à razão são as limitações que os próprios racionalistas lhe impuseram. Estes fizeram da razão uma espécie de realidade abstrata, confundindo a universalidade com a abstração. Gadamer, por outro lado, ressalta a universalidade do ponto de vista hermenêutico, universalidade que não rivaliza com a diversidade histórica. A universalidade da hermenêutica opõe-se igualmente ao racionalismo abstrato e ao relativismo supostamente concreto. Opõe-se também ao historicismo, ainda que se estabeleça mediante um diálogo com ele. A historicidade da compreensão encontra-se, segundo Gadamer, radicada ontologicamente. A consciência que Gadamer analisa é, evidentemente, uma consciência histórica, não porque seja relativizada pela história, mas porque, por assim dizer, constitui a própria história. A consciência é, por isso, "consciência de eficácia histórica". Desse modo Gadamer pensa dar uma solução mais básica à tentativa hegeliana de fazer a verdade concordar com a história.

O exame da linguagem como "horizonte de uma ontologia hermenêutica" indica que o pensamento de Gadamer não se baseia simplesmente na linguagem; esta — que deve ser entendida, além disso, muito amplamente enquanto expressão — não é o objeto da hermenêutica, mas seu fio condutor (*Leitfaden*). Somente desse modo podem ser entendidos os "jogos de linguagem" — expressão que Gadamer indica ter encontrado em Wittgenstein após tê-la desenvolvido em seu estudo sobre o movimento fenomenológico (cf. *Wahrheit und Methode*, pp. 464 e XXII da segunda edição, de 1965). O fato de que o processo hermenêutico seja lingüístico deve ser entendido no marco do diálogo hermenêutico. Neste último se dá a linguagem como experiência do mundo. Já que esta experiência inclui o conteúdo transmitido ("a tradição"), esse conteúdo e sua linguagem são inseparáveis, de modo que linguagem como expressão, conteúdo transmitido, experiência do mundo e consciência histórica constituem uma trama da qual não se pode separar nenhum componente (*op. cit.*, pp. 419ss.).

Como o próprio Gadamer indicou, sua investigação foi desencadeada em grande parte pelo exame de dois tipos de experiência: a experiência do distanciamento da consciência estética e a experiência do distanciamento da consciência histórica (*Kleine Schriften*, I, 1967, pp. 100ss.). Mas essas experiências de distanciamento (*Entfremdung*), e, em geral, toda experiência, não podem ser entendidas, segundo Gadamer, a-hermeneuticamente. O papel central da hermenêutica consiste em que não se pode propriamente enunciar nada senão em função de uma resposta a uma pergunta. A própria ciência é, neste ponto, hermenêutica, isto é, funda-se em uma consciência hermenêutica. Os tipos de experiência antes indicados são somente, pois, dois aspectos da consciência hermenêutica, que é então completamente universalizada. Cabe falar, nesse caso, de uma "constituição lingüística (hermenêutica) do mundo", representada na citada consciência da eficácia histórica (*wirkungsgeschichtliches Bewusstsein*), que é, por sua vez, consciência constituída (não relativizada) historicamente. A "circularidade" do pensamento de Gadamer manifesta-se não apenas na admissão do círculo (VER) hermenêutico,

mas também no "círculo" da consciência, especialmente da consciência da eficácia histórica e da linguagem. Com efeito, a linguagem constitui aquela consciência, mas a mencionada consciência, por sua vez, se realiza, como diz Gadamer, "no lingüístico" (*im Sprachlichen*).

⊃ Obras: *Platons dialektische Ethik*, 1931, 2ª ed. ampl., 1968 (*A ética dialética de Platão*). — *Plato und die Dichter*, 1934 (*Platão e os poetas*). — *Volk und Geschichte im Denken Herders*, 1942 (*Povo e história no pensamento de H.*). — *Bach im Weimar*, 1946. — *Goethe und die Philosophie*, 1947. — *Vom geistigen Lauf des Menschen*, 1949 (*Do curso espiritual do homem*). — *Wahrheit und Methode. Grundzüge einer philosophischen Hermeneutik*, 1960; 2ª ed., 1965; 3ª ed. ampl., 1972; 4ª ed., 1975. — *Le problème de la conscience historique*, 1963 (recapitulação de suas idéias de *Wahrheit und Methode* em conferências). — *Dialektik und Sophistik im siebten platonischen Brief*, 1964 (*Dialética e sofística na sétima Carta platônica*). — *Hegels Dialektik. Fünf hermeneutische Studien*, 1971. — *Vernunft im Zeitalter der Wissenschaft*, 1976. — *Poética*, 1977. — *Lob der Theorie*, 1983. — *Heideggers Wege. Studien zum Spätwerk*, 1983 (*Os caminhos de Heidegger. Estudos da obra tardia*). — *Das Erbe Europas*, 1989. — *Über die Verborgenheit in der Gesundheit*, 1993 (*Sobre a latência na saúde*).

Edição de obras: *Ges. Werke*, 10 vols., 1985ss. — *Kleine Schriften*, 4 vols., 1967-1977 (são importantes, do ponto de vista sistemático, os seguintes trabalhos no primeiro desses volumes: "Die Universalität des hermeneutischen Problems" ["A universalidade do problema hermenêutico", "Rhetorik, Hermeneutik und Ideologiekritik" ["Retórica, hermenêutica e crítica das ideologias"]).

Em português: *A atualidade do belo*, 1985. — *Herança e futuro da Europa*, s.d. — *O mistério de saúde*, 1997. — *Nova antropologia*, 1977, em colaboração com P. Vogler. — *O problema da consciência histórica*, 1998. — *A razão na época da ciência*, 1983. — *Verdade e método*, 1998.

Depoimento: *Philosophische Lehrjahre*, 1977 (*Anos de aprendizado filosófico*). — *Philosophie in Selbstdarstellungen*, ed. Ludwig J. Pongratz, vol. 3, 1977. — Michael Baur, "A Conversation with Hans-Georg Gadamer", *Method*, 8 (1) (1990), 1-13.

Ver: *Die Gegenwart der Griechen im neueren Denken*, 1960. — Richard E. Palmer, *Hermeneutics: Interpretation Theory in Schleiermacher, Dilthey, Heidegger, and G.*, 1969. — *Hermeneutik und Dialektik*, 2 vols., ed. R. von Bubner. — Vários autores, *Hermeneutik und Ideologiekritik*, 1971. — Jaak Vandenbulcke, *H.-G. G. Een filosofie van het interpreteren*, 1973. — *Die antike Philosophie in ihrer Bedeutung für die Gegenwart*, 1981. — F. Bellino, *La pratticità della ragione ermeneutica. Ragione e morale in G.*, 1984. — L. Kennedy Schmidt, *The Epistemology of H.-G. G.: An Analysis of the Legiti-*

mation of Vorurteile, 1985 (tese). — Joel C. Weinsheimer, *Gadamer's Hermeneutics: A Reading of 'Truth and Method'*, 1985. — Horst-Jürgen Gerigk, *Unterwegs zur Interpretation. Hinweise zu einer Theorie der Literatur in Auseinandersetzung mi G.s "Wahrheit und Methode"*, 1989. — Robert R. Sullivan, *Political Hermeneutics. The Early Thinking of H.-G. G.*, 1989. — *Gadamer and Hermeneutics*, 1991, ed. Hugh J. Silverman. — P. Christopher Smith, *Hermeneutics and Human Finitude: Toward a Theory of Ethical Understanding*, 1991. c

GAETANO DA THIENE. Ver Cajetano de Thiene.

GAFFAREL, JACQUES. Ver Libertinos.

GALE, RICHARD H. Ver Negação.

GALENO [GALENOS] (CLAUDIUS GALENUS) (130-200). Nascido em Pérgamo, viveu mais da metade de sua vida (desde *ca.* 162) em Roma. Conhecido sobretudo como médico (o *Corpus Galenicum* exerceu uma persistente influência até um período já bem adiantado da época moderna), é considerado na filosofia um peripatético. Entretanto, também poderia ser incluído na tendência empírica que se difundiu consideravelmente pelo mundo antigo desde o século I a.C., e à qual pertenceram filósofos de várias tendências (peripatéticos, epicuristas e céticos principalmente). Trata-se, não obstante, de uma tendência empírica que sempre buscava regras e que se orientava para a constituição de uma metodologia. Ora, para a formação dessa metodologia era indispensável, segundo Galeno, a ajuda dos filósofos, não somente de Aristóteles, mas também de Platão, Teofrasto e Crisipo (que ele destacou dentre os demais pensadores). A orientação peripatética manifestou-se em Galeno principalmente pela adoção de vários conceitos fundamentais do Estagirita; a platônica e a estóica, por certos traços religiosos de sua cosmologia. Galeno é conhecido na história da lógica pela chamada "figura galênica" de que tratamos em outro verbete (ver Quarta figura); muitos autores, porém, consideram que sua atribuição a Galeno carece de fundamento.

c Edição de obras por C. G. Kühn, *Corpus medicorum Graecorum, I-XX*, 1821-1833, nova ed. pela Preussische Akademie der Wissenschaften, 1914 ss. — *Werke*, 2 vols., 1941. — Há numerosas edições de obras separadas de Galeno, tanto das médicas como das filosóficas; citamos: *De victu attenuante*, 1898, ed. C. Kalbfleisch; *Institutio logica*, 1896, ed. C. Kalbfleisch; *De temperamentis*, 1904, ed. G. Helmreich (reimp. do texto, trad. alemã e comentário por Jürgen Mau, 1960); *De captionibus*, 1903, ed. C. Gabler [reimp. do texto, trad. inglesa e comentário por Robert Blair Edlow, *Galen on Language and Ambiguity*, 1977 (tese)]; *De usu partium*, 2 vols., 1907-1909, ed. G. Helmreich. — *Scripta minora*, 3 vols., 1884-1893, eds. J. Marquardt, I. Müller e G. Helmreich.

A bibliografia sobre Galeno é considerável; em sua maior parte refere-se a aspectos particulares de sua obra como médico e filósofo. Destacamos, no que diz respeito à lógica: J. W. Stakelum, *Galen and the Logic of Propositions*, 1940. — Nicholas Rescher, *Galen and the Syllogism*, 1966. — J. Mewaldt escreveu o artigo sobre Galeno (Galenos, 2) em Pauly-Wissowa. — Sobre o conjunto da obra científica de Galeno: B. Farrington, *Greek Science, Theophrastus To Galen*, 1953. — G. Sarton, *Galen of Pergamon*, 1954 [Logan Clendening Lectures on the History and Philosophy of Medicine, 3ª série]. — J. Precope, *Iatrophilosophers of the Hellenic States*, 1961. — L. García Ballester, *G.*, 1972. — Owsei Temkin, *Galenism: Rise and Decline of a Medical Philosophy*, 1973 (com bibliografia). — G. E. R. Lloyd, *Methods and Problems In Greek Science: Selected Papers*, 1991. c

GALILEI, GALILEU (1564-1642), nasceu em Pisa e ingressou na Universidade desta cidade em 1581. Já em 1583 descobriu a isocronia de pequenas oscilações pendulares observando a oscilação regular de uma lâmpada pendurada no teto da catedral de Pisa. Em Florença, a partir de 1585, trabalhou em vários problemas de mecânica, construindo em 1586 a *bilancetta* ou balança hidrostática. Em 1588 apresentou seus trabalhos sobre o centro de gravidade dos sólidos. De 1589 a 1591 foi professor de matemática na Universidade de Pisa, inventando o ciclóide e realizando experimentos sobre a queda dos graves. Desta época procedem seus primeiros trabalhos sobre os princípios da dinâmica e sobre o princípio de inércia, com a observação (a rigor, o postulado) de que os corpos caem todos com a mesma velocidade no vazio, independentemente de seu peso, e a demonstração de que os projéteis traçam uma parábola. Em 1592 iniciou o ensino de matemática na Universidade de Pádua, que se estendeu durante vários anos enquanto prosseguia suas descobertas, experimentos e invenções. Especialmente importante é a manifestação de sua adesão à teoria copernicana, no dia 30 de maio de 1597, em uma carta a Jacopo Mazzoni e, no dia 4 de agosto do mesmo ano, a Kepler. Em 1602 começou a ocupar-se do magnetismo. De 1604 data a primeira referência explícita à lei sobre as distâncias percorridas por corpos em queda livre. No mesmo ano observou uma nova na constelação de Sagitário, observação que deu origem a várias polêmicas. De 1609 data a formulação explícita de vários princípios de mecânica, que incluíam os teoremas do movimento uniformemente acelerado, e a construção de um telescópio astronômico. Com a ajuda desse telescópio descobriu em 1610 os satélites de Júpiter, fez observações sobre Saturno e sobre as manchas solares. No mesmo ano retornou a Florença, trabalhando em astronomia e em problemas de mecânica. Esses e outros trabalhos científicos prosseguiram nos anos seguintes. Em 1615 Niccolò Lorini denunciou Galileu ao Santo Ofício por suas opiniões copernicanas, iniciando-se um longo "processo". Uma censura ditada pelo Santo Ofício no dia 24 de fevereiro de 1616 sobre duas doutrinas, a estabilidade do Sol e o movimento da Terra (consideradas *propositiones censurandae*), e a subseqüente condenação, no dia 5 de março do mesmo ano, da obra de Copérnico *De revolutionibus orbium coelestium* mostraram a Galileu que essa doutrina podia ser admitida no máximo *ex suppositione*, mas não *absolute*. Por considerar que ele a tomara no segundo sentido, mas não no primeiro, a Inquisição proibiu em 1633 o *Diálogo* que Galileu publicara um ano antes. Galileu submeteu-se ao ditame e foi condenado à prisão, mas sem que fosse cumprida a sentença (que, além disso, não foi ratificada pelo Papa). Passou algum tempo relegado à Villa Medicis, na Trinità del Monte, e depois foi para Siena, para a casa de um de seus defensores e admiradores, o Arcebispo Piccolomini. Em 1633 mudou-se para Florença, onde permaneceu em estado de liberdade condicional, mas sem diminuir sua atividade científica e literária. Observemos que a célebre frase '*Eppur si muove!*' que lhe é atribuída ao ouvir a sentença condenatória é apócrifa.

Detivemo-nos nas circunstâncias biográficas da vida de Galileu porque é freqüente referir-se a elas na explicação das origens da ciência moderna. O estudo dos trabalhos experimentais e das formulações teóricas de Galileu é importante, porém, não somente para conhecer a origem da "filosofia natural" moderna, mas também para compreender o modo como se passa de um paradigma conceitual a outro. Por esse motivo Galileu é um caso exemplar, cujo exame detalhado leva a recolocar os problemas capitais da teoria científica, da filosofia da ciência e da epistemologia. Aqui podemos apenas apontar alguns traços gerais. Primeiramente, o fato de que Galileu, embora se suponha que seu modo de pensar seja de algum modo contínuo em relação a alguns dos vigentes em sua época, constitui o ponto de primeira maturidade da filosofia natural, ou física, moderna. E isso não somente por pregar a observação e a experiência e por opor aos aristotélicos — dos quais, ademais, aprendera muito — o exemplo do próprio Aristóteles, mas também, e sobretudo, pelo modo como a observação e a experiência são tratadas teoricamente. A investigação natural no sentido de Galileu não consiste em uma simples recopilação dos dados sensíveis, mas em uma certa ordenação deles pela razão matemática, na qual estão fundadas as relações legais dos fenômenos. Essa ordenação se expressa claramente na famosa passagem que Galileu insere nas páginas iniciais do *Saggiatore* e que não faz senão formular explicitamente o que já havia sido antecipado por Leonardo da Vinci e por outros artistas e pensadores: "A filosofia está escrita neste grandíssimo livro que continuamente está aberto diante de nossos olhos (digo: o universo), mas não se pode entendê-lo se antes não se procurar entender sua língua e conhecer os caracteres nos quais está escrito. Esse livro está escrito em língua matemática, e seus caracteres são triângulos, círculos e outras figuras geométricas, sem as quais é totalmente impossível entender humanamente uma palavra, e sem as quais nos agitamos em vão em um obscuro labirinto". Toda consideração qualitativa é assim suprimida da física; em seu lugar surge pela primeira vez, com toda clareza e com toda conseqüência, a noção de uma ciência natural puramente quantitativa, cujo horizonte é determinado pelo mensurável. A base de todos os fenômenos é a quantidade, a relação numérica e matemática. A continuidade do movimento é decomposta em elementos simples e mensuráveis. Daí a elaboração de diversas noções posteriormente aceitas em toda a sua amplitude, como as de causalidade (no sentido moderno de causa, (VER) e de simplicidade do acontecer natural. A parte que o entendimento desempenha na formação da ciência natural radica na necessidade de superar a aparência sensível; seu método é ao mesmo tempo indutivo e dedutivo, "compositivo e resolutivo". O primeiro reduz a uma forma legal, a uma fórmula matemática, os diversos fatos observados; o segundo deduz da lei geral os próprios fatos contidos nela. Ambos os métodos se complementam. As considerações físicas de Galileu conduziram-no à aceitação, não sem reservas, das doutrinas corpusculares e atomistas, assim como à afirmação da subjetividade das qualidades sensíveis ou qualidades secundárias diante da objetividade das relações numéricas e geométricas (ver QUALIDADE).

➲ Principais obras: *Il Saggiatore*, 1623. — *Dialogo sopra i due massimi sistemi del mondo tolemaico e copernicano*, 1632. — *Discorsi e dimostrazioni matematiche intorno a due nove scienze attenenti alla meccanica & i movimenti locali*, 1638.

Edição de *Opere complete* por Alberi, 15 vols., Florença, 1842-1852. Edição nacional: *Le opere di G. G.*, 20 vols., Firenze, 1890-1909, reimp. 1929-1939; nova reimp., 1968, ed. A. Favaro.

Em português: *Diálogo dos grandes sistemas*, 2ª ed., 1992., *Duas novas ciências*, 1988.

Biografia: É. Namer, *L'affaire Galilée*, 1975. — S. Drake, *G. at Work: His Scientific Biography*, 1981. — A. Fölsing, *G. G. — Prozess ohne Ende. Eine Biographie*, 1983.

Bibliografia: A. Carli e A. Favaro, *Bibliografia galileana*, 1896 (de 1586 a 1895). — Elio Gentili, *Bibliografia galileiana fra i due centenari, 1942-1964*, 1966.

Ver: Max Parchappe, *Galilée*, 1866. — Grisar, *Galileistudien*, 1882. — Kurd Lasswitz, *Galileis Theorie der Materie*. I. *Die intensive Realität im Zeitmoment*. II. *Die extensive Realität im Raummoment*. Conclusão:

"Galilei und Descartes", *Vierteljahrsschrift für wissenschftliche Philosophie*, 12 (1888), 13 (1889). — A. Paoli, *La scuola di Galilei nella storia della filosofia*, I, 1897-1899. — Giuseppe Rossi, *La continuità filosofica del Galileo al Kant*, 1901. — V. Grimaldi, *La mente di Galilei, desunta principalmente dal libro* De motu gravium, 1901. — J. J. Fahie, *G.: His Life and Work*, 1903; reimp., 1962. — W. Wohlwill, *Galilei und sein Kampf für die kopernikanische Lehre. I. Bis zur Verurteilung der kopernikanischen Lehre durch die römischen Kongregationen*, 1909. — Antonio Favaro, *Galileo Galilei*, 1910. — A. Müller, *G. und das kopernikanische Weltsystem*, 1911. — Fazio-Allmayer, *G. Galilei*, 1912. — Leonard Olschki, *Galilei und seine Zeit*, 1927. — A. Banfi, *Vita di G. G.*, 1930; 2ª ed., com o título: *G. G.*, 1949. — U. Forti, *Introduzione storica alla lettura del Dialogo sui massimi sistemi di Galilei*, 1931. — José Ortega y Gasset, *En torno a Galileo* [conferências de 1933], em *Obras completas*, V (1947), 2ª ed., 1951, pp. 9-164; ed. separada, 1956. — Alexandre Koyré, *Études galiléennes*, 3 vols., 1940 (I. *À l'aube de la science classique;* II. *La loi de la chute des corps;* III. *La loi de l'inertie*), reimp. em 1 vol., 1966 (trad. port.: *Estudos galilaicos*, 1 vol., 1986). — Cortés Pla, *G. Galilei*, 1943. — Rodolfo Mondolfo, *El pensamiento de Galileo y sus relaciones con la filosofía y la ciencia antiguas*, 1944. — João Antonio de Mattos Romão, *Galileu e o método científico*, I, 1944. — Giacomo Pighini, *Galileo, l'uomo e i tempi*, 1947. — A. Aliotta e C. Carbonara, *Galilei*, 1949. — S. Vecchia, *La filosofia di Galilei*, 1950. — E. A. Moody, "Galileo and Avempace. The Dynamics of the Learning Tower Experiment", *Journal of the History of Ideas*, 12 (1951), 163-193, 375-422. — G. de Santillana, *The Crime of Galileo*, 1955. — L. Geymonat, *G. G.*, 1957. — Emil Wohlwill, *Galilei und sein Kampf für die kopernikansische Lehre*, 2 vols., 1965 (póstuma). — Maurice Clavelin, *La philosophie naturelle de Galilée: Essai sur les origines et la formation de la mécanique classique*, 1968. — R. Taton, M. D. Grmek *et al.*, *Galilée: Aspects de sa vie et de son oeuvre*, 1968 (artigos de *Revue d'Histoire des Sciences* e textos da Journée Galilée de 4-VI-1965). — Georges Gusdorf, *La révolution galiléenne*, 2 vols., 1969. — Stillman Drak, *Galileo Studies: Personality, Tradition, and Revolution*, 1970. — Dudley Shapere, *Galileo: A Philosophical Study*, 1974. — A. C. Crombie, *Von Agustinus bis Galileo*, 1977. — R. E. Butts, J. C. Pitt, eds., *New Perspectives on G.*, 1978. — W. A. Wallace, *Prelude to G. Essays on Medieval and 16th. Century Sources of G.'s Thought*, 1981. — P. Redondi, *G. eretico*, 1983 (trad. bras.: *Galileu erético*, 1991).

GALLARATE (MOVIMENTO DE). Em 1945 iniciou-se em Gallarate (Lombardia, Itália) um movimento filosófico do qual foram propulsores especialmente F. Batta-glia, A. Guzzo, M. F. Sciacca, C. Giacon, U. A. Padovani e L. Stefanini. Esse movimento, de tipo espiritualista cristão, aspira a uma renovação espiritualista e idealista, entendendo isso em um sentido antes ético e religioso que epistemológico. Um importante elemento do personalismo cristão é que não se restringe ao indivíduo, mas se estende à comunidade humana, razão pela qual pode receber o nome de "personalismo social". O movimento de Gallarate pretende ligar-se com a tradição de todo o espiritualismo cristão europeu, mas dedica especial atenção à tradição espiritualista e personalista italiana.

Ͻ Sob a direção dos filósofos citados, e com a ajuda de numerosos colaboradores italianos e não-italianos, foi publicada a *Enciclopedia Filosofica Italiana*, 4 vols., 1957; 2ª ed. completamente reelab., 1969; reed. atualizada, 1979. Desde 1945 foram celebrados *Convegni* anuais, cujas *Atas* foram publicadas com os seguintes títulos: *Il primo convegno* (1951); *Filosofia e cristianesimo* (1947); *Attualità filosofiche* (1948); *Ricostruzione metafisica* (1949); *Fondazione della morale* (1950); *Persona e società* (1951); *Estetica* (1952); *Il problema della storia* (1953); *Il problema della scienza* (1954); *Il problema pedagogico* (1955); *La fenomenologia* (1956); *Il problema del valore* (1957); *Economia politica e morale* (1958); *Il mondo nelle prospettive cosmologica, assiologica e religiosa* (1960); *Il problema dell'esperienza religiosa* (1961); *Il problema dell'ateismo* (1962); *Potere e responsabilità* (1963); *Il problema del potere politico* (1964); *Sociologia e filosofia* (1965); *Tempo ed eternità nella condizione umana* (1966); *Ideologia e filosofia* (1967); *Evoluzionismo e storia umana* (1968); *Pensiero mitico, metafisica, analisi dell'esperienza* (1969); *Coscienza, legge, autorità* (1970); *Filosofia e religione* (1971); *Mondo storico ed escatologia* (1972); *Tradizione e rivoluzione* (1973); *Ontologia e assiologia* (1974); *Filosofia e teologia contemporanee* (1975); *Il Cristo dei filosofi* (1976); *Il problema filosofico dell'antropologia* (1977); *Il senso della filosofia cristiana oggi* (1978).

Ver: *Il movimento di Gallarate*, vol. 1, 1945-1954, por Carlo Giacon, 1955; vol. 2, 1955-1965, por Albino Babolin, 1966; vol. 3, 1966-1970, por Albino Babolin, 1971. — M. Mindán, "El movimiento filosófico de Gallarate y su XI Convenio", *Revista de filosofía*, 14, nn. 53-54 (1955). — A. Muñoz Alonso, "El movimiento de Gallarate", *Augustinus*, 2 (1957), 77-87. Ͼ

GALLI, GALLO (1889-1974). Nascido em Montecarotto (província de Ancona, Itália), foi discípulo de Bernardino Varisco (VER). Ensinou na Universidade da Calábria (1933-1936); de 1939 a 1959 foi professor titular de filosofia e depois de história da filosofia na Faculdade do Magistério da Universidade de Turim. De 1951 a 1956 dirigiu a revista *Il Saggiatore*.

Galli prosseguiu o pensamento de Varisco no sentido do chamado idealismo crítico, mas desenvolveu seu pensamento filosófico em vários pontos capitais em um caminho distinto do seguido por seu mestre. Desse modo, Galli parece ter desembocado em grande parte em uma filosofia da imanência concreta ou, como ele a chama, em um "imanentismo verdadeiro e concreto". Adversário do realismo vulgar, do intelectualismo abstrato e do ativismo pragmatista, tentou mostrar, em sua dialética da realidade, quatro modos fundamentais: o conhecimento sensível, o conhecimento racional, a atividade impulsiva e a atividade volitiva. Todos esses modos são resultantes de uma oposição fundamental e continuamente renovada entre a realidade fática e a idéia universal. Ora, o puro descritivismo de Galli não significa de modo algum, em seu entender, a adesão ao solipsismo. Na verdade, o imanentismo concreto é para ele o único modo de superar o solipsismo, no qual recaem justamente as posições combatidas. No curso da dialética da realidade espiritual, mostra-se o elemento verdadeiramente realista (oposto ao realismo vulgar e coincidente com o imanentismo concreto) e, por meio dele, a transcendência. Essa transcendência — manifestada na intersubjetividade ou pluralidade de sujeitos — é acentuada de tal modo por Galli que sua doutrina talvez seja equivocadamente designada com o termo "imanentismo", pois Galli chega inclusive a sustentar a realidade de um Absoluto. Somente o fato da vida no particular faz esquecer que o indivíduo se move e vive no elemento do Absoluto, que não é irracional, mas justamente o fundamento de toda racionalidade particular.

⊃ Principais obras: "L'Essere", *Rivista di Filosofia*, 2 (1914). — *Kant e Rosmini*, 1914. — *Spirito e realtà*, I, 1927. — *L'idea dell'essere e le categorie dell'uno e del molteplice* (Anuario R. Liceo "Galvani", 1930-1931). — "La realtà spirituale e il problema dell'ogetto", *Giornale critico della filosofia italiana* (1930-1931). — *Idee su alcune esigenze d'una vera dottrina filosofica* (Ann. R. Liceo "Galvani", 1932). — "Il problema dell'universale-particolare", *Logos* (1933). — *Saggio sulla dialettica della realtà spirituale*. I. *I problemi fondamentali*, 1933; 3ª ed., 1950. — *Studi storici-critici sul Renouvier* (I. *La filosofia dei manuali*, 1933; II. *La legge del numero*, 1934). — *Lineamenti di filosofia*, 1935. — *Studi cartesiani*, 1943. — *L'uno e i molti*, 1939; 2ª ed., 1944. — *Dall'idea dell'essere alla forma della coscienza*, 1944 (ed. revisada de vários escritos, entre eles o citado "L'Essere"). — *Prime linee d'un idealismo critico e due studi sul Renouvier*, 1944 (é uma ed. totalmente renovada de *Spirito e realtà, supra*). — *Problemi educativi*, 1946. — *Studi sulla filosofia di Leibniz*, 1946. — *Sul pensiero di A. Carlini ed altri studi*, 1950; 2ª ed., 1956. — *Tre studi di filosofia*, 1956 ("Pensiero ed esperienza", "Sulla persona", "Su Dio e sull'immortalità"). — *Da Talete al "Menone" di Platone*, 1956. — *Filosofi italiani d'oggi ed altri scritti*, 1957. — *Socrate ed alcuni dialoghi platonici: Apologia, Convito, Lachete, Eutifrone, Liside, Jone*, 1958 (artigos). — *Linee fondamentali d'una filosofia dello spirito*, 1961. — *L'uomo nell'Assoluto*, 1965. — *La vita e il pensiero di Giordano Bruno*, 1973. — *Platone*, 1974. — *Sguardo sulla vita e sulla filosofia di Aristotele*, 1974.

Ver também o artigo "Per la fondazione del concreto e vero immanentismo", no volume de M. F. Sciacca, *Filosofi italiani contemporanei*, 1944, pp. 207-227.

Auto-exposição: "Per la fondazione di un vero e concreto immanentismo", em *id.*, *Sul pensiero di A. Carlini ed altri studi, supra*.

Ver: F. Barone, *G. G.*, 1951. — M. Sancipriano, "'L'esistenzialismo' di G. G.", *Giornale di Metafisica* (1958), 325-331. — B. Widmar, "G. G.", *Il Protagora* (1959), 60-70. — A. Deregibus, "L'idealismo critico ed esistenziale di G. G.", *G. Metafisica*, 30 (1975), 163-207. — *Id., id.*, "Idealismo, spiritualismo ed esistenzialità nella metafisica critica di G. G.", *ibid.*, 9 (1987), 515-534. **C**

GALLINGER, AUGUST. Ver Husserl, Edmund.

GALLUPPI, PASQUALE (1770-1846), nascido em Tropea (Calábria), ao sul de Nápoles, estudou na Universidade de Nápoles, interessando-se sucessivamente pelo leibnizianismo, pelo cartesianismo, pelo sensualismo de Condillac e pelo kantismo. A partir de 1831 deu aulas nessa Universidade, desenvolvendo doutrinas próprias, às quais chegou tanto pela evolução de seu próprio pensamento como pelas correntes contemporâneas francesas (Maine de Biran e Royer-Collard, principalmente).

A filosofia de Galluppi foi freqüentemente qualificada de "filosofia da experiência". Trata-se de uma descrição e de uma análise de vários problemas ontológicos fundamentais com base em uma psicologia descritiva que não se detém na "periferia" dos fenômenos sensíveis. Esse tipo de análise psicológica conduzia Galluppi ao reconhecimento da unidade de um eu não derivável de nada "externo" e, por meio dele, à fundamentação de qualquer conhecimento da realidade externa. Assim, o principal resultado da análise interna não é o saber intelectual pelo qual se reconhece o que algo é, mas a certeza de uma vontade que se manifesta como a resistência do eu e permite um ponto de partida na própria existência. Nessa evidência primeira funda-se, segundo Galluppi, todo conhecimento, e ela permite elaborar tanto uma teoria do saber como uma teoria do querer. Esta última é montada, por outro lado, sobre a afirmação da subsistência da vontade como fator capital da vida psíquica, mas ser fator capital significa sobretudo ser o núcleo em torno do qual assenta toda possível evidência, tanto do existir como do consistir. Daí que Galluppi trate a ontologia, em última análise, como uma ideologia, que é, em seus próprios termos, "a ciência das idéias essenciais para o espírito humano" (*Lezioni*, ed. 1841, III, p. 31) e, portanto, muito menos um saber daquilo que a mente possui quando reflete sobre as coisas que o fundamento de toda possível reflexão.

➲ Obras: *Memoria apologetica*, 1795. — *Dell'analisi e della sintesi*, 1807. — *Saggio filosofico sulla critica della conoscenza*, 6 vols., 1819-1823. — *Elementi di filosofia*, 6 vols., 1820-1827. — *Lettere filosofiche sulle vicende della filosofia relativamente ai principi delle conoscenze umane da Cartesio fino a Kant inclusivamente*, 1827 (13 cartas). — *Lezioni di logica e metafisica*, 4 vols., 1832-1834. — *Filosofia della volontà*, 4 vols., 1832-1840. — *Considerazioni sull'idealismo transcendentale e sul razionalismo assoluto*, 1841. — *Storia della filosofia*, I, 1842.

Ver: Pagano, *Galluppi e la filosofia italiana*, 1897. — C. Toraldo-Tranfo, *Saggio sulla filosofia del Galluppi e le sue relazioni col kantismo*, 1902. — G. Gentile, *Dal Genovesi al Galluppi*, 1903; 2ª ed. intitulada, *Storia della filosofia italiana del Genovesi al G.*, 2 vols., 1930. — F. Palhoriès, *La théorie idéologique de Galluppi*, 1909. — Luigi Tomeucci, *La filosofia della volontà di P. Galluppi*, 1934. — Maria Anna Rocchi, *Pasquale Galluppi, storico della filosofia*, 1934 (com bibliografia de Galluppi). — Guido de Giuli, *La filosofia di Pasquale Galluppi*, 1935. — Giovanni di Napoli, *La filosofia di Pasquale Galluppi*, 1947. — Elsa Cardone, *La teologia razionale di P. G.*, 1959. — G. di Napoli, "Dal Vico al Galluppi", *Aquinas*, 13 (1970), 367-391. ᗕ

GANS, EDUARD. Ver HEGELIANISMO.

GAOS, JOSÉ (1900-1969). Nascido em Ablaña (Astúrias), foi professor na Universidade Central de Madri e último reitor — antes da queda da República — da Universidade de Madri. Ao desterrar-se para o México, em 1939, foi professor na Universidade Nacional Autônoma do México. Nesta última formou um grupo de discípulos que se distinguiu no estudo da história das idéias, especialmente na América Latina. Gaos empregou em suas análises filosóficas conceitos procedentes do existencialismo (embora tenha negado ser existencialista) e sobretudo da filosofia de Heidegger, que traduziu e comentou. O principal tema do pensamento de Gaos é a atividade filosófica. Mas a "filosofia da filosofia" à qual leva esse pensamento não é uma disciplina filosófica a mais, é o resultado do questionamento do filósofo sobre si mesmo. Além disso, esse filósofo não é o filósofo em geral, mas um homem concreto que foi seduzido pela vida filosófica em um ato de vocação, que descobriu o fracasso dessa vocação, que se obstinou presunçosamente nela e acabou por reconhecer que o que pretendia no início não era suscetível de comunicação aos demais e se transforma em uma confissão pessoal. As conseqüências mais imediatas dessa atitude são, pois, a afirmação de um completo imanentismo, mas isso não conduz, ao que parece, à destruição da filosofia, e sim à sua purificação de toda pretensão falsamente

objetivante. Uma vez reconhecido o caráter pessoal do filosofar, descobre-se que nessa vivência encontram-se elementos que ligam o homem a algo que está além dele. A atividade filosófica é, pois, constitutivamente aberta e não fechada. Isso permite estabelecer uma autêntica fenomenologia da filosofia. Em um escrito de 1954, Gaos manifesta muito explicitamente seus próprios pontos de vista: a metafísica, diz ele, conclui-se no fracasso; a filosofia é menos de índole histórica que "pessoal"; deve-se admitir somente os fatos, os fenômenos (mas em um sentido mais amplo que o concebido pelo positivismo cientificista; incluindo, por exemplo, valores). Gaos defende um "rekantismo" no qual a "filosofia da filosofia" se transforma em ciência, pois é a única capaz de enfrentar os sistemas filosóficos como fenômenos. "Adeus aos sistemas metafísicos do universo — no que têm de pseudocientíficos, não no que contêm de fenomenologia."

Esses dois pontos de vista, e outros similares, foram recolhidos e organizados por Gaos em seus cursos de 1960 (*De la filosofía*) e de 1965 (*Del hombre*), que ao mesmo tempo anunciam e postulam desenvolvimentos muito diversos (entre eles, desenvolvimentos éticos). Nesses cursos, Gaos tratou particularmente do problema das expressões filosóficas, assim como do problema da existência. O problema das expressões inclui temas como o da substância e seus modos, o singular e o plural, os todos e as partes, os universais, os conceitos e as situações. O problema da existência inclui temas como o ser, o ente, o fenômeno, a negação, a razão de ser etc. No tratamento de todos esses temas, Gaos insistiu no caráter subjetivamente válido de suas proposições — que são proposições filosóficas relativas à filosofia —, mas entendeu 'subjetivo' em um sentido distinto do habitual. Com efeito, por um lado a subjetividade foi entendida como "momentaneidade", de modo que o autor crê que pode separar-se de suas próprias proposições; mas, por outro lado, tal subjetividade é uma realidade plena, realidade de "sujeito demasiado humano", razão pela qual ao "rekantismo" antes indicado pôde ser acrescentado um "renietzschianismo".

➲ Obras: *Dos ideas de la filosofía: Pro y contra la filosofía de la filosofía*, 1940 (em colaboração com F. Larroyo). — *La filosofía de Maimónides*, 1940. — *El pensamiento hispanoamericano*, 1944. — *Dos exclusivas del hombre: la mano y el tiempo*, 1945. — *Pensamiento de lengua española*, 1945. — *Filosofía de la filosofía e historia de la filosofía*, 1947. — *Un método para resolver los problemas de nuestro tiempo (la filosofía del Profesor Northrop)*, 1949 [crítica dos livros de Northrop, *The Meeting of East and West*, 1946, trad. esp. *El encuentro de Oriente y Occidente*, 1948, e de *The Logic of the Sciences and the Humanities*, 1947]. — *Introducción a "El Ser y el Tiempo", de Martin Heidegger*, 1951. — *En torno a la filosofía mexicana*, 2 vols., 1952-1953. — *Filosofía mexicana de nuestros días*, 1954. — *La filosofía en la Universidad*, 1956. — *Sobre Ortega y Gasset y otros trabajos de historia de las ideas en España y en la América española*, 1957; 2ª ed., 1959. — *Confesiones profesionales*, 1958. — *La filosofía en la Universidad. Ejemplos y complementos*, 1958. — *Discurso de filosofía y otros trabajos sobre la materia*, 1959 (inclui o ensaio de 1954 ao qual nos referimos no texto). — *Introducción a la fenomenología, seguida de La crítica del psicologismo en Husserl*, 1960 [*La crítica del psicologismo en Husserl* é a tese de doutorado de Gaos]. — *Sobre enseñanza y educación*, 1960. — *Orígenes de la filosofía y de su historia*, 1960. — *De la filosofía*, 1962. — *Las Críticas de Kant*, 1962. — *Filosofía contemporánea*, 1962. — *De antropología e historiografía*, 1967. — *Del hombre*, 1970 (Curso de 1965), ed. F. Salmerón, em colaboração com Elsa C. Frost; nova ed., 1992, com um prólogo de F. Salmerón. — *Historia de nuestra idea del mundo*, 1973 (Curso de 1969); 2ª reimp., 1983. Além da tripla coleção de aforismos *Diez por ciento*, 1957; *Once por ciento*, 1959; *Doce por ciento*, 1962. — Seleção de "Cartas" em *La Palabra y el Hombre*, N.E. n. 3 (abril-junho, 1979), pp. 3-24, apresentação de Nicolás Salmerón.

Gaos é autor de várias antologias: grega (1940), do pensamento de língua espanhola (1945), de uma "sala de cartesianismo" (1960). Publicou e anotou a *Filosofía del entendimiento*, de Bello (1948), e vários tratados de J. B. Díaz de Gamarra (1947). Realizou numerosas traduções (Kant, Fichte, Hegel, Husserl, Scheler etc.); entre elas destaca-se a de *Sein und Zeit*, de Heidegger.

Edição de obras: *Obras completas*, F. Salmerón, ed., 19 vols., 1982 ss.

Biografia: V. Yamuni, "La autobiografía filosófica de J. G.", *Dianoia*, 16 (1970), 265-278.

Bibliografia: em *Bibliografía filosófica mexicana 1969, seguida de la bibliografía del Dr. José Gaos*, 1971, pp. 51-94. — Ver a bibliografia de *Anthropos*, cit. *infra*.

O impulso dado por Gaos ao estudo da história das idéias em países de língua espanhola manifestou-se, entre outras formas, nas publicações surgidas de seminários por ele dirigidos; entre essas publicações citamos: Leopoldo Zea, *El positivismo en México* (1943) e *Apogeo y decadencia del positivismo en México* (1944); V. Junco Posadas, *Algunas aportaciones al estudio de Gamarra o al eclecticismo en México* (1944 [mimeog.]); Mona Lisa Pérez-Marchand, *Dos etapas ideológicas del siglo XVIII en México, a través de los papeles de la Inquisición* (1945); B. Navarro, *La introducción de la filosofía moderna en México* (1948); O. V. Quiroz-Martínez, *La introducción de la filosofía moderna en España. El eclecticismo español de los siglos XVII y XVIII* (1949); L. Villoro, *Los grandes momentos del indigenismo en México* (1950); Vera Yamuni Tabush, *Conceptos e imágenes en pensadores de lengua española* (1951);

F. López-Cámara, *La génesis de la conciencia liberal en México* (1954); F. Salmerón, *Las mocedades de Ortega y Gasset* (1960; 4ª ed., 1993). — Id., "J. G. Su idea de la filosofía", *Cuadernos americanos* (1969); *id.*, "La naturaleza humana y la razón de ser de la filosofía. La estructura de *De la filosofía*, de J. G.", *Dianoia*, 20 (1974), 147-171. — V. Yamuni, *J. G. El hombre y su pensamiento*, 1980. — F. A. Padilla, "La existencia como economía, como desinterés y como claridad: Antonio Caso", *Logos* (México), 11 (1983), 57-90. — C. Llano, "El conocimiento del singular en José Gaos", *Dianoia* (1990), 17-37.

Ver: arts. do número monográfico de *Cuadernos americanos* (setembro-outubro, 1969). — J. L. López-Aranguren, A. Salazar Bondy *et al.*, artigos em *Dianoia*, 16 (1970), 157-292. — Dois números monográficos da revista *Universidad de México*: maio de 1970 e junho de 1994. — A. Monclús, "J. G. y el significado de 'Transterrado'", em J. L. Abellán, A. Monclús, coords., *El pensamiento español contemporáneo y la idea de América*, vol. II: *El pensamiento en el exilio*, 1989, pp. 33-78. — M. Mindán, "La personalidad filosófica de J. Gaos y aproximación a su idea de la filosofía", em *id.*, *Diversas claves del pensamiento español contemporáneo*, Fundación Fernando Rielo, Madri, 1992 [Filosofia, 4], pp. 69-94. — Número monográfico de *Anthropos* (março-abril de 1992). C

GARAGORRI, PAULINO. Nascido (1916) em San Sebastián, foi professor assistente, professor adjunto e depois professor titular da cátedra de filosofia na Faculdade de Ciências Políticas e Econômicas da Universidade de Madri (atualmente Faculdade de Ciências Políticas e Sociologia da Universidade Complutense, em Madri). Os escritos de Garagorri, incluindo os ensaios de temas alheios aos tradicionais na filosofia, centram-se no pressuposto de uma indagação filosófica como "ciência da realidade". Garagorri partiu de Ortega, e de sua idéia da realidade como vida humana, que é realidade "radical". Segundo Garagorri, o viver humano é um ajuste com o ambiente mediante princípios intelectuais: a atividade da convivência e o conhecer da ciência são inseparáveis (ou são separáveis somente por abstração) do ato radical ou da própria vida. Os dois princípios particulares que se depreendem da análise da vida, por Garagorri, podem ser expressos assim: a realidade é contraditória; o objeto do conhecimento sempre excede o cognoscente, e a propriedade do homem é o auto-engano — o conhecimento surge da experiência e a serviço da vida, mas nenhuma vida, com sua precariedade de recursos intelectuais, pode dar razão do todo do qual cada vida é uma parte fugaz. Contudo, o auto-engano é relativo por serem variáveis os dotes e saberes de cada indivíduo.

O conceito metodológico utilizado para compreender "a vida mesma" é chamado por Garagorri de "fazer-se de"; analogamente a como um ator "se faz de Hamlet", um ser humano "se faz de algo X" em tudo o que faz. O real nos chamados "fatos" é, afirma Garagorri, "sua condição de resultado produzido por um *fazer-se de*, no qual a intencionalidade é o núcleo mental — transmissível — do mesmo". A intencionalidade expressa o projeto de ajuste ao meio. O conhecer do homem — tanto do mundo natural como do humano — são pegadas individuais e ao mesmo tempo sociais de intenções humanas. "Assim, no atuado e depois conhecido, é o *fazer-se de* nele conservado o elemento que se transmite no mundo histórico ou sistema de pegadas humanas, que inclui A Ilíada, o roseiral, o átomo ou a lua".

➲ Obras: *Ortega. Una reforma de la filosofía*, 1958. — *La paradoja del filósofo*, 1959. — *Del pasado al porvenir*, 1965. — *Relecciones y disputaciones orteguianas*, 1966. — *Ejercicios intelectuales*, 1967. — *Unamuno, Ortega, Zubiri en la filosofía española*, 1968. — *Españoles razonantes*, 1969. — *Introducción a Ortega*, 1970. — *Unamuno y Ortega*, 1972. — *Libertad y desigualdad*, 1978. — *Introducción a Américo Castro*, 1984. — *La filosofía española en el siglo XX*, 1985. — *Introducción a Miguel de Unamuno*, 1986. — *La vida misma y su conocimiento* (em preparação; os resumos e citações no corpo do verbete procedem em grande parte dessa obra). ¢

GARCÍA BACCA, JUAN DAVID (1901-1992). Nascido em Pamplona, professor nas Universidades de Barcelona, Quito e México, e na da Venezuela (Caracas), defendeu uma teoria do ser das coisas como ser em "equilíbrio entitativo". O ser das coisas está submetido a uma dupla orientação: a que vai na direção do Ser (entificação) e a que vai na direção do Nada (aniquilação). Essa teoria está ligada a uma antropologia filosófica na qual o homem é concebido como uma entidade possuidora de uma potência transfinita (ou transcendente), transespiritual e transcorporal; o homem choca-se constantemente com limites e constantemente quer superá-los. A transfinitude do homem não é, todavia, a propriedade exclusiva de uma "coisa" entre outras; é a origem da transcendência e o que torna possível o filosofar como meta-física. Tampouco é uma teoria filosófica entre outras; é, no entender de García Bacca, o marco dentro do qual podem ser ordenadas as distintas concepções filosóficas e os correspondentes planos categorial-vitais aos quais cada conceito dá origem. Muitas concepções que parecem irredutíveis entre si — pensamento escolástico, existencialismo, historicismo, vitalismo, cientificismo etc. — são conjugadas desse modo em uma síntese em cuja fundamentação metafísica última o autor está atualmente trabalhando. Característica de García Bacca é a atenção dispensada em todos os casos à linguagem filosófica e às estreitas relações que ela mantém, por um lado, com a linguagem científica e, por outro, com a literária. O que há de filosofia na literatura e de literatura na filosofia foi, com efeito, repetidamente sublinhado pelo autor, que supõe que não há filosofia autêntica possível sem uma certa desintegração prévia — em seguida recomposta — da expressão.

Durante muitos anos García Bacca esteve preparando uma extensa *Metafísica*. À medida que ia trabalhando nela, todavia, foram-se modificando suas concepções filosóficas, ou, melhor, seu modo de conceber a filosofia. Cada vez mais hostil a um pensamento filosófico desarraigado — desarraigado da vida humana e dos modos de expressão da vida humana: ciência, arte, política, economia etc. —, García Bacca foi tendendo a outra espécie de "metafísica": a uma "metafísica natural" que é ao mesmo tempo uma "metafísica espontânea". Como "natural" e "espontânea", essa metafísica não é uma elucubração, mas uma atividade: a atividade pensante do homem como ser que trabalha e organiza, ou tenta organizar, de modo cada vez mais justo, os frutos de seu trabalho, e que se esforça para compreender o mundo em sua realidade, isto é, em sua "intramundanidade". Isso implica uma concepção da história humana como um conjunto de modos de ser, de se comportar, de pensar etc., dotados de um sentido, que vai se diluindo em significação e depois em mero comunicado, pois cada cultura humana assume seu próprio sentido.

García Bacca analisou dois modelos de filosofia: por um lado, o que ele chama de "filosofias de interpretação e reinterpretação do universo" (como as reinterpretações materialista [exemplificada em Demócrito], idealista [em Platão], naturalista [em Aristóteles], supernaturalista [em Santo Tomás], individualista [em Duns Scot] e subjetivista [em Descartes]); por outro lado, o que ele chama de "filosofias de transformação do universo", como os modelos de transformação "fenomenológica" (Kant), ideológica (Hegel) e de "transubstanciação humana do universo" e "transubstanciação universal do homem" (Marx). García Bacca considera que estas últimas filosofias superam as primeiras, e tende a uma reelaboração não-ortodoxa da filosofia de transformação marxista.

➲ Principais obras: *Introducció a la logística amb aplicacions a la filosofia i a les matemàtiques*, 2 vols., 1934. — *Introducción a la lógica moderna*, 1936. — *Introducción al filosofar*, 1939. — *Invitación a filosofar*, 1940. — *Filosofia de las ciencias*, I, 1940. — *Tipos históricos del filosofar físico desde Hesíodo hasta Kant*, 1941. — *Filosofía en metáforas y en parábolas: Introducción literaria a la filosofía*, 1945; 2ª ed., com o título *Introducción literaria a la filosofía*, 1964. — *Nueve grandes filósofos contemporáneos y sus temas*, 2 vols., 1947 (Bergson, Husserl, N. Hartmann, Unamuno, Ortega y Gasset, Whitehead, Scheler, Heidegger, James).

— *Introducción general a las Eneadas de Plotino*, 1948. — *Siete modelos de filosofar*, 1950. — *Las ideas de ser y estar; de posibilidad y realidad en la idea del hombre, según la filosofía actual*, 1955. — *Filosofía y teoría de la relatividad*, 1956. — *Antropología filosófica contemporánea*, 1957 (Dez conferências, 1955). — *Gnoseología y ontología en Aristóteles*, 1957. — *La filosofía en Venezuela desde el siglo XVII al XIX*, 1958. — "Planes de lógica jurídica", *Studia iuridica* (Caracas), n. 2 (1958), 13-90. — "Ensayo de catalogación ontológico-fundamental de los sentimientos", *Episteme* (Caracas), 2 (1958), 5-118. — *Elementos de filosofía*, 1961. — *Existencialismo*, 1962 [artigos publicados desde 1942]. — *Metafísica natural, estabilizada y problemática. Metafísica espontánea*, 1963. — "Estudios sobre la filosofía de Andrés Bello: Introducción a su filosofía y a *la* filosofía", *Episteme* (Caracas), 1961-1963, 41-170. — *Historia filosófica de la ciencia*, 1964. — *Humanismo teórico, práctico y positivo según Marx*, 1965; reimp., 1975. — *Elementos de filosofía de las ciencias*, 1967. — *Invitación a filosofar según espíritu y letra de Antonio Machado*, 1967; nova ed., 1983. — *Curso sistemático de filosofía actual: Filosofía, Ciencia, Historia, Dialéctica y sus aplicaciones*, 1969. — *Ensayos*, 1970. — *Lecciones de historia de la filosofía*, 2 vols., 1972-1973. — *Cosas y personas*, 1977. — *Filosofía y teoría de la relatividad. Entrañamiento semántico y derivabilidad formal*, 1978. — *Infinito, tranfinito, finito*, 1984. — *Necesidad y azar*, 1985. — *Qué es Dios y quién es Dios?*, 1986. — *Filosofía de la música*, 1990.

García Bacca também editou uma *Antología del pensamiento filosófico venezolano*, 3 vols. (I, 1954; II-III, 1964), com "Introdução", vol. I, pp. 11-72.

Ver: José Luis Abellán, "Juan D. García Bacca: Prolegómenos a una 'Crítica de la razón económica'", em sua *Filosofía española en América (1936-1966)*, 1967, pp. 193-228. — *Anthropos. Boletín de Documentación*, n. 9, 1982; nova ed. ampl., 1991. — I. Izuzquiza, *El proyecto filosófico de J. D. García Bacca*, 1984. — C. Beorlegui, *García Bacca o la audacia del pensar*, 1988. Ͻ

GARCÍA CALDERÓN, FRANCISCO. Ver Deústua, Alejandro Octavio.

GARCÍA CALVO, AGUSTÍN. Nascido (1926) em Zamora, ocupou uma cátedra de línguas clássicas em Sevilha e em Madri; foi afastado da última, em 1965, ao mesmo tempo que José Luis L. Aranguren e Enrique Tierno Galván. Foi restabelecido em sua cátedra em 1976, até sua aposentadoria, como professor emérito, em 1992. O pensamento de García Calvo consiste fundamentalmente em uma desarticulação da linguagem por meio da qual o autor destaca negações e vazios, mas também conexões entre modos de dizer e modos de ser. Por meio da linguagem pode-se compreender a sociedade; os modos sociais e os modos lingüísticos estão estreitamente relacionados, mas não na forma como essas relações são estudadas por sociólogos ou sociolingüistas. É característico do pensamento de García Calvo evidenciar rupturas nas seqüências lógicas; por meio dessas rupturas abrem caminho as imaginações e os mitos. Dos números cabe dizer algo similar ao que se pode entrever nas palavras; podem-se formar com eles arquiteturas imaginativas. Sugestões, ritmos e sementes são o material que constitui, para García Calvo, a trama do pensar.

•• Só se pode fazer justiça ao conjunto da atividade teórico-prática de García Calvo se se levam em conta os resultados — variados e simultâneos — de suas principais atividades: poesia, teatro, filologia, canções, contos e, como ele mesmo diz, "política do povo". São precisamente essas tarefas as que também podem ajudar a entender seus trabalhos de lógica e filosofia. Nesse sentido também são numerosas as técnicas e vias que García Calvo utiliza nos quinze ataques que organiza *contra o tempo* (ver a obra de mesmo título mencionada na bibliografia *infra*). O que ele pretende é combater a idéia clássica segundo a qual *ab esse ad posse valet illatio* ("é lícito tirar conclusões sobre o que é possível a partir do que é"), e o faz afirmando que "a realidade não é nenhuma prova da possibilidade" (*op. cit*., p. 11), porque a mal chamada "realidade" não é mais que o resultado de um processo de conversão de um tempo indefinido — que não tem nenhum sentido, nenhuma possibilidade — em um tempo real. Assim, a realização de algo nem responde a uma possibilidade nem a satisfaz, mas talvez satisfaça — porque responde a — interesses de poder e controle sociais, sejam eles de ordem científica, política ou moral. Todas as páginas da obra de García Calvo dirigem-se — freqüentemente com base em análises complexas — ao desmascaramento de mitos e à libertação de servidões intelectuais. Não é estranho, pois, que tenha desejado combinar a tarefa docente e erudita com atividades de contato com o grande público, com base em conferências e transmissões radiofônicas. ••

Ͻ Obras: na variada obra de García Calvo podemos distinguir: Poesia: *Canciones y soliloquios*, 1976, 3ª ed. 1993; *Más canciones y soliloquios*, 1988; *Relato de amor (ENDECHA)*, 1980, 4ª ed. 1993; *Sermón de ser y no ser*, 1972, 6ª ed. 1988; *Bebela*, 1987; *Del tren (83 notas o canciones)*, 1981; *Ramo, de romances y baladas*, 1991. — Teatro: *Iliu persis, tragicomedia musical en una noche*, 1976; *Feniz o la manceba de su padre*, 1976; *Ismena*, 1980; *Rey de una hora*, 1984. — Filologia: *Lecturas presocráticas*, 1981, 2ª ed., 1992; *Razón común. Edición crítica, ordenación, traducción y comentario de los restos del libro de Heráclito*, 1985; *Don Sem Tob: Glosas de sabiduría o Proverbios Morales, y otras rimas*, 1974, 2ª ed. 1983; *Shakespeare: The Sonnets/Sonetos de amor*, 1974, 3ª ed. 1992. — Outras versões rítmicas de poesia e teatro: *Aristófanes: Los Carboneros (Acarnienses)*, 1981; *Poesía antigua (de Homero a Horacio)*, 1987, 2ª ed. 1992. — Narrativa: *Cartas de negocios de José Requejo*, 1974; 3ª ed. 1981; *Eso y ella, 6 cuentos y una charla*, 1987, 2ª ed. 1993; *Qué coños?, 5 cuentos y una charla*, 1990, 3ª ed. 1991. — Lingüística e lógica: *LALIA. Ensayos de estudio lingüístico de la Sociedad*, 1973; *De los números*, 1976; *Del lenguage*, 1979, 2ª ed. 1992; *De la construcción (Del lenguage II)*, 1983; *Hablando de lo que habla*, 1989, 3ª ed. 1991; *Contra el tiempo*, 1993. — Política: *Actualidades*, 1980; *Noticias de abajo*, 1991, 2ª ed. 1992; *Análisis de la Sociedad del Bienestar*, 1993. ⊂

GARCÍA MÁYNEZ, EDUARDO (1908-1993). Nascido na cidade do México, professor da Universidade Nacional do México, presidente do Centro de Estudos Filosóficos daquela Universidade e diretor da revista *Filosofía y Letras*, destacou-se na filosofia do Direito e em investigações filosóficas — principalmente axiológicas — relacionadas com ela. Influenciado no início pela filosofia alemã dos valores de orientação objetivista, García Máynez defendeu a elaboração de uma axiologia jurídica que pudesse fundamentar o Direito positivo, axiologia que deveria ser ao mesmo tempo objetiva e antiformalista. Dentro dessas idéias situa-se sua teoria da liberdade enquanto faculdade fundante capaz de constituir a base da faculdade fundada de índole jurídica. García Máynez também trabalhou na fundamentação e no desenvolvimento de uma lógica do dever jurídico para a qual utilizou os métodos da axiomática contemporânea; trata-se de uma ampla tentativa de formalização do Direito que é ao mesmo tempo um sistema de princípios ontológicos e ontológico-jurídicos. A axiomática jurídica especial de García Máynez está baseada em uma lógica jurídica geral na qual são estabelecidos princípios jurídicos de identidade, contradição, terceiro excluído e razão suficiente. Ver também DIREITO e FILOSOFIA AMERICANA.

➲ Obras: *El problema filosófico-jurídico de la validez del Derecho*, 1935. — *El Derecho natural en la época de Sócrates*, 1939. — *Introducción al estudio del Derecho*, 1940, 20ª ed. 1972. — *Libertad como derecho y como poder*, 1941. — *Una discusión sobre el concepto jurídico de la libertad (Respuesta a Carlos Cossío)*, 1942. — *Ética*, 1944, 19ª ed. 1972. — *La definición del Derecho: ensayo de perspectivismo jurídico*, 1948, 2ª ed. 1960. — *Introducción a la lógica jurídica*, 1951. — *Principios supremos de la ontología formal del Derecho y de la lógica jurídica*, 1955 (monografia do Seminario de problemas científicos y filosóficos, n. 5, México). — *Lógica del juicio jurídico*, 1955. — *Lógica del concepto jurídico*, 1959. — *Ensayos filosófico-jurídicos*, 1959. — *Lógica del raciocinio jurídico*, 1964. — *Positivismo jurídico, realismo sociológico y iusnaturalismo*, 1968. — *El problema de la objetividad de los valores*, 1969. — *Doctrina aristotélica de la justicia*, 1973. — *Filosofía del Derecho*, 1974. — *Algunos aspectos de la doctrina kelseniana. Exposición y crítica*, 1978. — *Teorías sobre la justicia en los diálogos de Platón*, 3 vols., 1981, 1987 e 1988. — *Semblanzas, discursos y últimos ensayos filosófico-jurídicos*, 1989.

Ver: N. Bobbio, *La lógica jurídica de E. García Máynez*, 1955. — Luis Recaséns Siches, "La filosofía jurídica de G. M.", *Dianoia*, 21 (1975), 206-233. ⊂

GARCÍA MORENTE, MANUEL (1888-1942). Nascido em Arjonilla (Jaén), foi professor, a partir de 1912, na Universidade de Madri, intervindo depois ativamente, como Decano, na reforma universitária. Procedente da *Institución Libre de Enseñanza*, e formado filosoficamente no neokantismo da escola de Marburgo, orientou-se depois cada vez mais, sob a influência de seu mestre Ortega y Gasset, para a filosofia da razão vital. O trabalho filosófico de García Morente não se limitou, porém, à exposição, verbal ou escrita, das tendências filosóficas citadas ou, em geral, à apresentação de filosofias alheias, mas consistiu em boa parte na elaboração original de vários temas centrais pertencentes à ética, à filosofia da história, à teoria dos valores e à metafísica. Mencionamos duas dessas elaborações. A primeira, de caráter axiológico e filosófico-histórico, culminou em uma rigorosa distinção entre a noção de processo e a de progresso. Segundo García Morente, tanto Hegel como as tendências naturalistas e positivistas cometeram o erro de confundir as mencionadas noções, o que viciou radicalmente suas respectivas filosofias da cultura. Enquanto o processo é um mero acontecer mecânico e natural, o progresso é um acontecer espiritual que consiste na descoberta e na apropriação dos valores. A segunda elaboração de caráter metafísico culminou em uma tentativa de superação do realismo e do idealismo, que compartilharam o predomínio na história da filosofia desde os jônicos até Descartes e desde este até o final da filosofia moderna. Por volta do final de sua vida (1936-1937) García Morente experimentou uma forte crise espiritual, que o levou ao catolicismo e depois ao sacerdócio.

➲ Obras: *La filosofía de Kant*, 1917. — *La filosofía de Bergson*, 1917; nova ed. ampl., 1972, ed. Pedro Muro Romero. — *Ensayos sobre el progreso*, 1932. — *Lecciones preliminares de filosofía*, 1937 (várias edições). Esta obra, com algumas mudanças, e com outra obra de Juan Zaragüeta, no volume: *Fundamentos de filosofía*, 1944. — *Idea de la hispanidad*, 1941. — *Ensayos*, 1945. — *Ideas para una filosofía de la historia de España*, 1958 (estudo preliminar de Rafael Gambra). — *Ejercicios espirituales*, 1961 (apresentação de M. Iriarte,

S. J.). — *Escritos pedagógicos*, 1975. — *Escritos Desconocidos e Inéditos*, 1987 (agrupados em três seções: "Estudios filosóficos", "Ensayos" e "Artículos de prensa"). — "Los cursos de D. Manuel García Morente en la Universidad de Madrid (1933-1936)", segundo o testemunho de M. Mindán Manero, em *id.*, *Diversas claves del pensamiento español contemporáneo* (separata), Fundación Fernando Rielo, Madri, 1992, [Filosofía, 4], pp. 193-219.

Ver: Julián Marías, *La filosofía española actual. Unamuno, Ortega, Morente, Zubiri*, 1948, reimp. em *Filosofía actual y existencialismo en España*, 1955 (sobre García Morente, pp. 305-315). — M. de Iriarte, *El profesor García Morente, sacerdote. Escritos íntimos y comentario biográfico*, 1951. — Julián Marías, "Dios y el César", em *Ensayos de convivencia*, 1955, pp. 40 ss. — Juan Zaragüeta, "M. García Morente (1886-1942)", *Revista de Filosofía*, II, 4 (1943), 149-161. — P. Muro Romero, *Filosofía, Pedagogía e Historia en M. G. M.*, Instituto de Estudios Giennenses del CSIC, 1977 (com bibliografia). — E. Forment, "La interpretación de Santo Tomás en García Morente", *Espíritu* (1986), 13-34. — J. Martín Velasco, "La conversión de M. García Morente", *Augustinus*, 32 (1987), 475-497. ⊃

GARDEIL, AMBROISE (1859-1931), nasceu em Nancy (Meurthe-et-Moselle), fundador (1904) do *Studium generale* do Saulchoir, regente de estudos em Le Saulchoir (VER) de 1897 a 1912, e alma da chamada "Escola do Saulchoir" na qual trabalharam e deram aulas, além do próprio Gardeil, P. Mandonnet, M.-D. Roland-Gosselin, A. D. Sertillanges, M.-D. Chenu, M.-J. Congar, D. Dubarle, A. J. Festugière, H.-D. Gardeil, G. Théry, R. de Vaux e outros. A. Gardeil defendeu um tomismo não menos ortodoxo pelo fato de estar ocasionalmente impregnado pelo agostinismo, e, em todo caso, adversário do voluntarismo que desde Duns Scot foi transmitido, como afirma Gardeil, a Descartes, a Kant e a várias orientações contemporâneas, especialmente Bergson e Blondel. A luta contra o imanentismo constitui assim o ponto de partida de sua meditação filosófica, e, com isso, o interesse pelo problema da própria fonte do sentido do real e da certeza. Ora, se esse problema não pode ser resolvido, segundo Gardeil, por um imanentismo, tampouco pode sê-lo por um extremo objetivismo extrínseco. O exame da estrutura interna da alma parece ser, desse modo, a condição indispensável para se encontrar um justo meio entre um extremo voluntarismo arbitrarista e um exagerado objetivismo quase fatalista. Daí a afirmação de um dinamismo não-arbitrarista da alma e a tese de que a alma percebe, e não somente de modo confuso, sua própria existência e suas próprias experiências. Essa percepção é efetiva e, por assim dizer, experimental; com efeito, a alma se percebe como uma atividade e, ao mesmo tempo, como o princípio dela. Essa percepção não é menos certa pelo fato de se realizar mediante os atos e de alcançar sua própria inteligibilidade apenas em potência. Somente esse reconhecimento permitiria, pois, evitar os perigos opostos de um conhecimento que nega a eficácia do sensível e de um conhecimento que faz do sensível o padrão sobre o qual se modela a atividade da alma e, portanto, que obriga a negar sua ativa substancialidade.

⊃ Obras: *La crédibilité et l'apologétique*, 1908 (com uma "Note sur la preuve par le miracle"); 2ª ed., 1912 (com três apêndices); 3ª ed. (sem os apêndices), 1928. — *Le donné révélé et la théologie*, 1909, 2ª ed. 1932. — *La structure de l'âme et l'expérience mystique*, 2 vols., 1927. Além disso, os seguintes artigos. Na *Revue Thomiste*, da qual foi um dos fundadores em 1893: "L'évolutionnisme et les principes de Saint Thomas", I (1893), 27-45, 316-327, 725-737; 2 (1894), 29-42; 3 (1895), 61-84, 607-633; 4 (1896), 64-86, 215-247. — "L'action. Ses exigences objectives", 6 (1898), 125-138, 269-394; "Ses ressources subjectives", 7 (1899), 23-39; "Les ressources de la raison practique", 8 (1900), 377-399. — "Ce qu'il y a de vrai dans le néo-scotisme", 8 (1900), 531-550, 648-665; 9 (1901), 407-443. — "La réforme de la théologie catholique", 11 (1903), 5-19, 197-215, 428-457, 633-649; 12 (1904), 48-76. — Na *Revue des sciences philosophiques et théologiques*: "La notion de lieu théologique", 2 (1908), 51-73, 246-276, 484-505. — "La certitude probable", 5 (1911), 237-266, 441-485. — "Bulletins d'introduction à la théologie", 4 (1910), 800-810; 5 (1911), 821-824; 6 (1912), 823-829; 7 (1913), 786-795; 9 (1920), 648-665; 11 (1922), 688-692; 13 (1924), 576-590; 15 (1926), 585-604.

Bibliografia: O *Bulletin Thomiste* de 1931, pp. 78-90 (contém uma lista completa de suas 225 publicações). Ver: H. D. Gardeil, *L'oeuvre théologique du Père A. G.*, 1954. — R. Garrigou-Lagrange, "La structure de l'âme et l'expérience mystique", *Revue des Sciences Philosophiques et Théologiques* (1956), 625-656. ⊃

GARDEIL, H[ENRI]-D[OMINIQUE]. Ver LE SAULCHOIR.

GARDIES, JEAN-LOUIS. Ver 'É'-'DEVE'.

GARRIDO [JIMÉNEZ], MANUEL. Nascido (1925) em Granada, é, desde 1962, catedrático de lógica na Universidade de Valência, na qual dirige o Departamento de Lógica e Filosofia da Ciência e a revista *Teorema*, fundada em 1971. Desde 1976 essa revista é órgão da publicação em castelhano da International Division of Logic, Methodology and History of Science.

O interesse filosófico geral de Garrido dirige-se para a construção de uma filosofia racionalista de inspiração científica, que complementa o método da crítica racional com a análise construtiva e vê na experiência científica — e não somente na ordinária ou comum —

a fonte primordial de estímulo e contraste para a reflexão filosófica.

As áreas específicas que mais atraem a atenção de Garrido são a filosofia da ciência e a filosofia da matéria consideradas à luz dos resultados da técnica moderna (teoria dos autômatos, nova lingüística, inteligência artificial, biologia molecular, física de partículas). Seu ponto de vista ontológico é realista e inclui uma orientação preferencial pelo materialismo.

⇒ Devem-se a G.: *Lógica simbólica*, 1974, nova ed. 1977, 6ª reimp. revisada 1983 (com bibliografia nas pp. 403-424), e vários ensaios de filosofia da ciência, entre os quais citamos: "Metafilosofía del racionalismo" (1971); "El teorema de Gödel y la filosofía" (1971); "Física cuántica y filosofía" (1971); "La lógica matemática en España (1960-1970)" (1972); "La lógica del mundo" (1972); "Biología y mecanicismo" (1973); "Ego cogito" (1974); "El principio de indeterminación en la semántica de Quine" (1975); "La lógica de la existencia" (1977). — Além disso, realizou traduções e edições de textos, por exemplo de W. V. O. Quine, *La relatividad ontológica y otros ensayos* (1977, com J. L. Blasco), e de Carnap (1992). ⊂

GARRIGOU-LAGRANGE, RÉGINALD (1877-1964). Nascido em Auch (Gers, França), foi professor no *Angelicum* de Roma. Garrigou-Lagrange destacou-se por sua luta contra as distintas formas de modernismo (VER) e muito particularmente por sua crítica da teoria da estrutura dos dogmas sustentada por Édouard Le Roy (VER). Contra o nominalismo e o antiintelectualismo, Garrigou-Lagrange sustenta um "realismo metodológico e crítico" que, baseado em Aristóteles e em Santo Tomás, destina-se a mostrar o caráter empírico sensualista e nominal-convencionalista do intuicionismo contemporâneo. Este desconhece, segundo Garrigou-Lagrange, a inteligibilidade; desconhece, além disso — como já fizera o idealismo subjetivista —, o primado do ser enquanto ser inteligível (não simplesmente mental ou geral), isto é, enquanto primeiro objeto formal da inteligência, com abstração de seus estados possível e atual. Esse ser é o ser "real" que não pode ser reduzido nem ao ideal nem ao fenomênico, pois constitui o fundamento de todo conhecimento e o princípio de toda operação cognoscitiva. Os princípios inteligíveis do ser e os transcendentais não são, pois, para Garrigou-Lagrange, meras "leis ideais": são os próprios fundamentos do real e de seu conhecimento. Pois bem, o realismo de Garrigou-Lagrange é, em todos os seus aspectos, um realismo crítico e moderado. Não se trata, com efeito, de derivar o sensível do inteligível nem o inverso, mas de mostrar até que ponto os princípios inteligíveis são a trama ontológica do ser. A afirmação do ser, de sua estabilidade e de sua identidade consigo mesmo é, desse modo, o que condiciona um conhecimento que de outro modo seria impensável. Tal conhecimento apresenta, segundo nosso autor, as características da intuição abstrativa e não somente os derivados da mera convencionalidade.

⇒ Principais obras: *Le sens commun, la philosophie de l'Être et les formules dogmatiques*, 1909, 4ª ed. 1936. — *Dieu, son existence et sa nature*, 1915, 11ª ed. 1950. — *Le réalisme du principe de finalité*, 1932. — *Le sens du mystère et le clair obscur intellectuel, naturel et surnaturel*, 1934. — *La synthèse thomiste*, 1945, 2ª ed. 1950. — Além disso, o *Commentarium in Summam Theologiae S. Thomae Aquinatis*, 7 vols., 1938-1951 (*De Deo Uno, De Deo trino et Creatore, De Gratia, De Christo Salvatore, De Eucharistia, De Revelatione*) e o tratado *De sanctificatione sacerdotum, secundum nostri temporis exigentias*, 1948.

Ver: F. M. Braun, *L'oeuvre du Père Lagrange. Étude et bibliographie*, 1948. — M. Elizabeth, "Two Contemporary Philosophers and the Concept of Being", *Modern Schoolman*, 25 (1948), 224-237. — VV. AA., artigos em *Angelicum*, 42, fascículos 1-2 (1965), com bibliografia estabelecida por B. Zercolo, pp. 141-194. — F. Bertoldi, "Il dibattito sulla verità tra Blondel e Garrigou-Lagrange", *Sapienza* (1990), 293-310. ⊂

GARVE, CHRISTIAN (1742-1798), nasceu em Breslau, foi *Privatdozent* (1766-1770) e professor numerário (1770-1772) na Universidade de Leipzig, retirando-se do ensino por motivos de saúde. Garve é considerado um dos principais representantes do que se chamou de "filosofia popular" (VER), embora tenha sido, por outro lado, um dos seguidores da chamada "filosofia de Leibniz-Wolff" (ver LEIBNIZ-WOLFF [ESCOLA DE]). Seus principais interesses estavam voltados para os temas tratados por moralistas franceses como La Rochefoucauld e pelos chamados "filósofos do sentimento moral" ou da "simpatia", como Adam Smith. Garve traduziu para o alemão obras de Adam Smith e de William Paley (1743-1805). Grande parte de sua obra é de caráter "descritivo" e "ensaístico"; é verdade que no "Vorbericht" à edição de seus *Vermischte Aufsätze*, de 1796, ele afirma que oferece ao público textos "originariamente destinados a um reduzido círculo de leitores", além de textos que tinham aparecido em publicações de raio mais amplo, mas mesmo os primeiros textos têm um caráter decididamente "ensaístico" e são dirigidos a um público bastante amplo ainda que obviamente "ilustrado", em vez do público estritamente acadêmico. Apesar de seu aproveitamento das idéias da "filosofia de Leibniz-Wolff", Garve manifestava escassa simpatia por todo tipo de sistema abstrato, e uma decidida inclinação à confecção de observações e comentários sobre características humanas e formas sociais de vida. Garve também se interessa por questões estéticas, examinando o problema das diferenças entre "antigos" e "modernos", influindo, neste ponto, sobre algumas idéias de Schiller.

Notam-se algumas influências de Garve em várias considerações morais kantianas. Por outro lado, publicou uma resenha da *Crítica da razão pura* que, de acordo com declaração de Kant nos *Prolegômenos* — escritos em parte para responder às objeções de Garve —, e especialmente no Apêndice a eles constitui uma completa tergiversação de seu pensamento, que Garve aproximara do idealismo berkeleyano. A resenha, publicada nas *Göttingsche Gelehrte Anzeigen* (parte 3 do "Suplemento", janeiro de 1782), havia sido "mutilada" por Johann Georg Heinrich Feder (1740-1821), como assinalou Garve, desculpando-se diante de Kant, e é hoje conhecida na literatura como a resenha de Garve-Feder. Kant aceitou as desculpas de Garve ao longo de uma correspondência trocada entre ambos, embora a resenha inteira, publicada um ano depois (1783) na *Allgemeine Deutsche Bibliothek*, mantenha a mesma interpretação errônea da *Crítica*.

➲ Principais obras: *Über die Verbindung der Moral mit der Politik*, 1788 (Sobre a união da moral com a política). — *Versuch über verschiedene Gegenstände aus der Moral, Literatur und dem gesellschaftlichen Leben*, 5 vols., 1792; 2ª ed., 1802 (Ensaio sobre assuntos diversos relativos à moral, à literatura e à vida social). — *Vermischte Aufsätze welche einzeln oder in Zeitschriften erschienen sind*, 2 partes, 1796-1800 (Artigos vários publicados separadamente ou em revistas). — *Über Gesellschaft und Einsamkeit*, 2 vols., 1797-1800 (Sobre sociedade e solidão). — *Übersicht der vornehmsten Prinzipien der Stittenlehre*, 1798 (Sumário dos princípios básicos da doutrina dos costumes [moral]). — *Einige Betrachtungen über die allgemeinen Grundsätze der Sittenlehre*, 1798 (Algumas considerações sobre os princípios gerais da doutrina dos costumes).

Edição de obras: *Populärphilosophische Schriften. Eine Auswahl in zwei Bänden*, 1974, ed. Kurt Wolfel.

Sobre Garve, especialmente em sua relação com Kant, ver: A. Stern, *Über die Beziehungen Ch. Garves zu K.*, 1884. — P. Müller, *Ch. Garves Moralphilosophie und seine Stellungsnahme zu Kants Ethik*, 1905. — Ver também: M. Stolleis, "Ueber die Verbindung der Moral mit der Politik", *Archiv für Rechts- und Sozialphilosophie*, 55 (1969), 269-277. — P. Laberge, "Du passage de la philosophie morale populaire à la métaphysique des moeurs", *Kant-Studien*, 71 (1980), 418-444. ҩ

GASSENDI, PIERRE (1592-1655). Nascido em Champtercier (Provença), estudou em Aix-en-Provence, onde se doutorou e foi mestre de teologia durante alguns anos. Em 1633 foi nomeado preboste da catedral de Digne; em 1641 mudou-se para Paris e em 1645 foi nomeado professor de matemática no Collège Royal de Paris, no qual deu aulas até 1648. Gassendi foi muito vinculado ao Padre Mersenne (VER) e seu círculo. Na atualidade é lembrado sobretudo por suas "objeções a Descartes" (as "Quintas objeções" às *Meditações*) e por sua "renovação do atomismo", mas seu papel filosófico e intelectual no século XVII foi maior do que essa lembrança permite supor.

A primeira obra importante de Gassendi, as *Exercitationes* (ver *infra*), constitui um violento ataque contra os "aristotélicos" e é aproximadamente o conteúdo de seus primeiros ensinamentos em Aix, entre 1615 e 1623. Embora as *Exercitationes* sejam acima de tudo "disputas" e "altercações", isso é precisamente o que Gassendi atribui aos aristotélicos. Com efeito, ele os acusa de conceber a filosofia como mera *philologia* — ou "assunto de palavras" —, como simples *philosophia disputatrix* (*Exercitationes*, ed. B. Rochot [cf. *infra*], 110 b). Os aristotélicos descartam da filosofia todas as partes que, como a matemática, não são litigiosas, e se interessam unicamente em *rixae* e *contentiones* (*op. cit.*, 107 a). Os aristotélicos não têm uma filosofia própria ou, melhor, carecem da liberdade de tê-la (111 a). Além disso, não seguem propriamente Aristóteles, pois este buscou a verdade, e os aristotélicos contentam-se em aceitar o que está escrito. Isso não significa que Gassendi defenda Aristóteles contra seus sequazes: há em Aristóteles muitas coisas deficientes e não poucas supérfluas. A dialética, por exemplo, não é nem necessária nem útil (149 a ss.). Toda essa querela contra as disputas aristotélicas leva Gassendi a uma posição pirrônica — e para isso utiliza argumentos pirrônicos presentes em Sexto Empírico, cujas *Hypotyposes* haviam alcançado grande difusão na época (ver CETICISMO, CÉTICOS). Não é um pirronismo completo, mas antes uma mistura de ceticismo contra os "dogmáticos" e de empirismo e sensualismo gnosiológico. Segundo Gassendi, há dois tipos de "ciência": uma é um saber das coisas por suas qualidades experimentadas, como, por exemplo, saber que o mel é doce; a outra é um saber (ou melhor, pretender saber) das coisas por meio de causas necessárias e demonstrações (formais), como, por exemplo, saber se o mel é doce por sua própria natureza. A primeira é ciência verdadeira ou fundamento dela e, portanto, autêntico saber; a segunda não é nem ciência nem saber (192 b). Assim, pois, só se pode saber como uma coisa aparece para uns e para outros (203 a), de modo que seria preciso concluir que nada se sabe (*quod nihil scitur* [203 b]) ou, ao menos, que ninguém encontrou a verdade. Mas embora toda ciência seja apenas ciência de experiências ou de manifestações, *vel apparientiae* (206 b), isso não equivale a dizer que tudo deve ser negado; todo conhecimento em nós é dos sentidos ou vem dos sentidos, *a sensibus* (192 b), de modo que os céticos ou pirrônicos têm toda a razão contra os dogmáticos, porém não na medida em que negam tudo, mas apenas na medida em que se recusam a admitir verdades absolutas.

Nesses "ataques contra Aristóteles e seus sequazes" a doutrina de Gassendi oferece dois aspectos. Um deles, negativo, na medida em que se opõe ao dogmatismo por meio de argumentos pirrônicos. Outro, positivo, na medida em que quer fundar o saber na percepção sensível. Em suas obras posteriores, e especialmente em sua obra sistemática fundamental, o *Syntagma philosophicum*, Gassendi adota com mais firmeza o caminho intermediário entre os céticos e os dogmáticos, *media quadam via inter Scepticos & Dogmaticos* (*Syntagma, Logica*, II, 5). Em vez de duvidar de tudo ou de especular sem fundamento, Gassendi funda o conhecimento e a explicação das aparências em uma doutrina sensualista para a qual aproveita os elementos básicos do atomismo de Epicuro e, sobretudo, da "Canônica" (VER) do epicurismo. De acordo com isso, desenvolve uma teoria das impressões sensíveis segundo a qual estas consistem em formas ou espécies de movimento recebidas pelos órgãos sensíveis e utilizadas como sinais das causas que as produziram. Trata-se de uma teoria causal da percepção na qual são admitidas "espécies sensíveis" similares às aristotélicas, mas de caráter causal-mecânico. Todas as percepções são, pois, verdadeiras; somente os juízos formulados sobre as coisas que geram as percepções podem ser falsos. Isso não significa que o juízo correto consista simplesmente em sobrepor exatamente a razão à percepção. Na verdade, a razão erra, ou pode errar quando se limita a ajuizar uma percepção sensível sem levar em conta outras percepções sensíveis. Assim, a percepção de que o sol é pequeno é verdadeira, mas não o é o juízo de que o sol é pequeno, já que então a razão não leva em conta outras percepções. As idéias produzidas na razão devem se fundar, portanto, na experiência, mas não em experiências particulares e isoladas, e sim em um conjunto de percepções suficientemente amplo. Gassendi usa para tal a noção epicurista da "antecipação" (VER), πρόληψις, isto é, de uma "pré-noção" ou sistema de "pré-noções" que constituem os princípios inteligíveis de interpretação da experiência. Essas pré-noções explicam a estrutura mecânica e atomista da realidade. Com efeito, os átomos não são visíveis e perceptíveis senão em seus efeitos. O atomismo é, pois, uma hipótese, mas uma hipótese sumamente plausível e mais explicativa que qualquer outra. Também são hipóteses plausíveis e explicativas as idéias de espaço e de tempo, consideradas por Gassendi como "continentes absolutos" dos movimentos (ver ESPAÇO). Espaço e tempo absolutos, assim como os átomos, são pré-noções básicas. Desse modo Gassendi aspirou a combinar uma doutrina sensualista do conhecimento com o mecanicismo. Contra Descartes, Gassendi afirmou que os corpos não podem ser identificados com o espaço; os corpos possuem certas propriedades, como solidez e impenetrabilidade. "Encontram-se" no espaço e no tempo, e neles executam seus "movimentos".

Por outro lado, contra o epicurismo tradicional, Gassendi afirmou que a ordem do universo não pode ser explicada por meras combinações fortuitas de átomos. É necessário admitir a existência de uma substância espiritual infinita, ou seja, a existência de Deus. A idéia de Deus não é uma idéia inata, mas é uma pré-noção fundamental sem a qual não se poderia explicar o universo e sua estrutura, e menos ainda a sua harmonia. Gassendi também admitiu a existência das almas imateriais humanas, sem as quais não se explicaria a reflexão do homem sobre si mesmo nem tampouco a existência — que Gassendi considerou indubitável — da liberdade. Por meio dessa liberdade é possível ao homem alcançar o que Gassendi considera como o fim da ação moral: a felicidade como "tranqüilidade do ânimo", em um sentido semelhante ao do epicurismo antigo, mas acompanhado de noções cristãs.

Discutiu-se sobre "a verdadeira posição filosófica" de Gassendi: se foi um materialista "puro" ou se defendeu o materialismo somente como oposição à física aristotélica das formas e das qualidades; até que ponto combinou o materialismo "epicurista" (embora sem a doutrina das imagens ou "simulacros" [ver IMAGEM]) e o mecanicismo com a idéia de que há uma finalidade no mundo, de que o mundo foi criado por Deus e de que a alma é imortal. O mais provável é que, ao discutir questões físicas, filosóficas e teológicas conjuntamente, como era comum em sua época, Gassendi chegara a diversas conclusões que às vezes parecem incompatíveis entre si. Alguns intérpretes são a favor da idéia de que houve uma mudança no pensamento filosófico de Gassendi, desde um "materialismo" bastante radical até a afirmação de que o intelecto é uma realidade imaterial.

↳ Obras: *Exercitationes paradoxicae adversus Aristoteleos*, livro primeiro, 1624; começo do livro segundo, em *Opera*, 1658. O resto do manuscrito não foi encontrado (final do livro segundo e livros terceiro e sexto). Ed. crítica e trad. francesa por Bernard Rochot, 1959. — *Epistolica dissertatio in qua praecipua principia philosophiae Fluddi deteguntur*, 1630 (contra Robert Fludd). — *De vita, moribus et placitis Epicuri libri octo seu Animadversiones in decimum librum Diogenis Laerti*, 1649 (sob o título: *Syntagma Philosophicum*, em tomos I e II de *Opera*, 1658). — *Syntagma philosophiae Epicuri cum refutatione dogmatum quae contra fidem Christianorum ab eo asserta sunt*, 1649. — Gassendi também escreveu as *Quintas objeções* às *Meditationes de prima philosophia*, de Descartes (1642), e depois a *Disquisitio metaphysica, seu Dubitationes et Instantiae adversus Cartesii metaphysicam* (1641; ed. crítica e trad. francesa por Bernard Rochot, 1962). — Ed. crítica de *Institutio Logice* (de 1658), 1981, por Howard Jones, com introd. e trad. para o inglês.

Edição de obras: *Opera omnia*, 6 vols., Lyon, 1658; Florença, 1727; reimp. dessa última edição a cargo de N. Averrani, com introdução de T. Gregory, 1964. O tomo I de *Opera* contém a "Vie de Pierre Gassendi", de J. Bougerel. Pouco após a morte de Gassendi foi publicado um "resumo" de sua filosofia: F. Bernier, *Abrégé de la philosophie de Gassendi*, 7 vols., 1678-1684.

Biografia: H. Jones, *P. G., 1592-1655: An Intellectual Biography*, 1981.

Ver: F. Thomas, *La philosophie de G.*, 1889. — Kurd Lasswitz, *Geschichte der Atomistik*, 2 vols., 1890; 2ª ed., t. II, 1925. — X. Kiefl, P., *Gassendis Erkenntnistheorie und seine Stellung zum Materialismus*, 1893. — Henri Berr, *An iure inter scepticos Gassendus numeratus fuerit*, 1898 (tese); trad. francesa: *Du scepticisme de G.*, 1960. — Hermann Schneider, *Die Stellung Gassendis zu Descartes*, 1904 (tese). — Paul Pendzig, *P. Gassendis Metaphysik und ihr Verhältnis zur scholastischen Philosophie*, I, 1908 (tese). — Id., *Die Ethik Gassendis und ihre Quellen*, 1910. — G. S. Bratt, *The Philosophy of G.*, 1908. — Louis Andrieux, *P. Gassendi*, 1927. — Conrad Marwan, *Die Wiederaufnahme der griechischen Atomistik durch Pierre Gassendi und ihre Herausarbeitung in der modernen Physik und Chemie*, 1935 (tese). — René Pintard, "Descartes et Gasendi", *Travaux du IX Congrès International de Philosophie*, volume 2, 1937, pp. 115-122. — Gerhard Hess, "Pierre Gassendi, der französische Späthumanismus und das Problem von Wissen und Glauben", *Berliner Beiträge zur romanischen Philologie*, Band IX, 3-4, 1939. — René Pintard, *Le libertinage érudit dans la première moitié du XVIIᵉ siècle*, 1943. — R. Lenoble, *Mersenne ou la naissance du mécanicisme*, 1943. — Bernard Rochot, *Les travaux de Gassendi sur Epicure et sur l'atomisme (1619-1658)*, 1948. — Rochot publicou também uma série de cartas: *Lettres familières a François Luilier pendant l'hiver 1632-1633*, 1944. — B. Rochot, A. Koyré, G. Mongrédien, A. Adam, *P. Gassendi, 1592-1655, sa vie et son oeuvre*, 1955 (Conferências nas "Journées Gassendistes", de abril de 1953). — Francisco Solano de Aguirre, *El atomismo de G.*, 1956. — Antonione Adam et al., *Tricentenaire de G. (1655-1955)*, 1958. — Tulio Gregory, *Scetticismo ed empirismo. Studio su G.*, 1961. — Olivier-René Bloch, *La philosophie de G.: Nominalisme, matérialisme et métaphysique*, 1971. — Reiner Tack, *Untersuchungen zum Philosophie- und Wissenschaftsbegriff bei P. G. (1592-1655)*, 1974. — W. Detel, *Scientia rerum natura occultarum. Methodologische Studien zur Physik P. G.s*, 1978. — H. T. Egan, *Gassendi's View of Knowledge: A Study of the Epistemological Basis of His Logic*, 1984. — B. Brundell, *Pierre Gassendi: From Aristotelianism to a New Natural Philosophy*, 1987. — L. S. Joy, *G. the Atomist*, 1988. — V. Chappell, ed., *Essays on Early Modern Philosophers*, vol. 2: *Grotius to Gassendi*, 1992. ⊃

GAUDENZI, PAGANINO. Ver LIBERTINOS.

GAUNILO (GAUNILON) († 1083), monge beneditino de Marmoutier (Tours), é conhecido por sua refutação do argumento de Santo Anselmo para demonstrar a existência de Deus, o depois chamado "argumento ontológico" e também "prova ontológica" (ver ONTOLÓGICA [PROVA]). Gaunilo opôs-se ao citado argumento tal como formulado por Santo Anselmo no *Proslogion* mediante o opúsculo usualmente intitulado *Liber pro insipiente* (*Em defesa do insensato* [seu título completo é: *Quid ad haec respondeat quidam pro insipiente*]). O título deve-se ao fato de que no capítulo II do *Proslogion*, ao afirmar que crê em Deus como "algo maior que qualquer coisa que possa ser pensada", Santo Anselmo se refere à seguinte passagem dos Salmos (13,1): "O insensato (*insipiens*) disse em seu coração: Não há Deus".

No verbete ONTOLÓGICA (PROVA) referimo-nos à refutação de Gaunilo. Acrescentemos aqui que, segundo Gaunilo, há muitas coisas falsas e duvidosas que se encontram no entendimento, e, portanto, ainda se deve demonstrar que a representação de "algo maior que qualquer coisa que possa ser pensada" não é uma dessas coisas. Tal representação não pode se relacionar com nada conhecido; não há, pois, conceito claro de "algo maior que qualquer coisa que possa ser pensada". Por outro lado, o fato de ter em meu entendimento um conceito não prova, contudo, que haja uma realidade correspondente: a Ilha de Fantasia, cheia de perfeição, não existe pelo fato de ser pensada. Finalmente, "quando se diz que essa coisa suprema não pode ser pensada como inexistente, talvez fosse melhor dizer que sua inexistência, ou mesmo a possibilidade de sua inexistência, não pode ser entendida: pois as coisas falsas não podem ser entendidas, conforme ao sentido próprio dessa palavra, embora seja verdade que podem ser pensadas tal como o fez o insensato pensando que Deus não existe. E eu também sei com toda segurança que existo, mas sei, não obstante, que posso não existir, enquanto considero indubitavelmente, no que diz respeito àquele ser supremo que é Deus, que existe e que não pode não existir. Pois bem, pensar que não existo, quando conheço minha existência com toda certeza, não sei se o posso; mas posso sim — então por que não poderia eu pensar o mesmo de qualquer outra coisa que eu saiba com a mesma segurança? E, se não posso, isso já não seria uma particularidade de Deus" (*Liber pro insipiente*, VII; trad. R. P. Labrousse, ver *infra*).

Santo Anselmo respondeu a Gaunilo com seu breve *Liber apologeticus adversus respondentem pro insipiente*. ⊃ Trad. bras. dos textos de Santo Anselmo e Gaunilo: *Santo Anselmo-Abelardo*, vol. da coleção "Os pensadores", várias eds., 1ª ed., 1973. — Na edição de obras de Santo Anselmo feita por F. S. Schmitt, O. S. B. (ver ANSELMO [SANTO]), o *libellus* de Gaunilo figura no vol. I (1946), pp. 125-129.

Para a bibliografia, ver ANSELMO (SANTO); quase todas as obras ali citadas referem-se a G. Ver também: Mario del Pra, "Gaunilone e il problema logico del linguaggio", *Rivista critica di storia della filosofia*, 9 (1954), 456-484. — F. Van Steenberghen, "Pour ou contre l'insensé", *Revue Philosophique de Louvain*, 66 (1968), 267-281. — P. E. Devine, "The Perfect Island, the Devil, and Existent Unicorns", *American Philosophical Quarterly*, 12 (1975), 255-260. — S. T. Davis, "Anselm and Gaunilo on the 'Lost Island'", *Southern Journal of Philosophy*, 13 (1975), 435-448. — S. Read, "Reflections on Anselm and Gaunilo", *International Philosophical Quarterly*, 21 (1981), 437-438. — T. A. Losoncy, "Anselm's Response to Gaunilo's Dilemma: An Insight Into the Notion of 'Being' Operative in the 'Proslogion'", *New Scholasticism*, 56 (1982), 207-216. — P. Grimm, "In Behalf of 'In Behalf of the Fool'", *International Journal for Philosophy and Religion*, 13 (1982), 33-42. — D. R. Gregory, "On Behalf of the Second-Rate Philosopher: Gaunilo Strategy Against the Ontological Argument", *History of Philosophical Quarterly*, 1 (1984), 49-60. — J. P. Downey, "A Primordial Reply to Modern Gaunilos", *Religious Studies*, 22 (1986), 41-50. — R. Schönberger, "Anselms Selbstinterpretation in seiner Replik auf Gaunilo", *Freiburger Zeitschrift für Philosophie und Theologie*, 36 (1989), 3-46. ⊃

GAUSS, KARL FRIEDRICH (1777-1855). Nascido em Brunswick, destacou-se por seus numerosos trabalhos matemáticos, físicos e astronômicos. Entre suas contribuições salientam-se a prova do teorema fundamental da álgebra e as conclusões obtidas na geometria diferencial. Sua produção apareceu somente em parte durante sua vida; nas obras publicadas postumamente encontram-se seus trabalhos referentes ao postulado das paralelas, com a fundamentação da geometria depois chamada de "não-euclidiana". São importantes em Gauss seus critérios de prova estrita na análise. Embora proponha uma definição do objeto da matemática como ciência das magnitudes extensivas, Gauss rejeita toda tentativa de fundamentar a matemática em considerações epistemológicas, tais como as propostas por Kant. Assim, a adoção de um sistema geométrico — euclidiano ou não-euclidiano — não depende, para Gauss, de nenhuma concepção do espaço segundo a qual determinado sistema é "o verdadeiro".

⊃ Durante a vida de G. apareceram as *Disquisitiones arithmeticae*, 1801, a *Theoria motus corporum coelestium*, 1809, e um *Atlas des Erdmagnetismus*, 1840. Seus numerosos trabalhos, incluindo os inéditos, foram publicados na série de Obras: *Werke*, 12 vols., 1863-1929. Biografia: F. Klein, M. Brendel, L. Schlesinger, eds., *Materialen für eine wissenschaftliche Biographie von C. F. Gauss*, 8 vols., 1911-1920. — *Briefwechssell zwischen C. F. Gauss und H. C. Schumacher*, 6 vols., 1860 (correspondência).

Ver: B. Juhos, "Drei Quellen der Erkenntnis", *Zeitschrift für Philosophische Forschung*, 24 (1970), 335-347 (Gauss é comparado com Kant e Carnap). — A. Dou, "De la verdad a la validez en geometría", *Pensamiento*, 28 (1972), 413-428 (são analisados os trabalhos de G. Saccheri, J. H. Lambert, F. A. Taurinus e C. F. Gauss). — Roger Cuculière, *Histoire d'un théorème d'arithmétique: la Loi de réciprocité quadratique*, 1980. — J. Almog, "A Gaussian Revolution in Logic?", *Erkenntnis*, 17 (1982), 47-84. ⊃

GAZA (ESCOLA DE). Dentro da filosofia bizantina (VER), e especialmente da teologia bizantina, destacaram-se três pensadores que nasceram ou viveram e deram aulas em Gaza (Palestina) desde o final do século VI. São eles: Enéias de Gaza, Zacarias de Mitilene e Procópio de Gaza.

Dedicamos verbetes a cada um desses filósofos e teólogos. Aqui nos limitaremos a indicar que o que é comum a todos eles é o fato de terem defendido algumas teses teológicas cristãs fundamentais — especialmente a idéia da criação do mundo por Deus contra a idéia da eternidade do mundo — em linguagem e estilo da tradição helênica, e muito especialmente do platonismo. As referidas teses foram geralmente defendidas pelos pensadores da Escola de Gaza contra opiniões mantidas por autores neoplatônicos, particularmente contra opiniões de Proclo e de alguns de seus discípulos. A Escola de Gaza é, desse modo, um exemplo de escola teológica cristã fortemente helenizada, mas ao mesmo tempo muito hostil ao paganismo. Por esse motivo também costuma ser chamada de "Escola cristã de Gaza".

⊃ Além das bibliografias de cada um dos três autores mencionados, ver: K. Leitz, *Die Schule von Gaza, eine literaturgeschichtliche Untersuchung*, 1892. — O. Bardenhewer, *Geschichte der altkirchlichen Literatur*, t. II, 1932. — Basile Tatakis, *La philosophie byzantine*, 1949, pp. 27-39 e 90-91 [fascículo suplementar a *Histoire de la philosophie*, de É. Bréhier. ⊃

GAZA, TEODORO DE (*ca.* 1400-1475), nasceu em Salônica e mudou-se para a Itália, dando aulas em Ferrara e em Roma, onde Nicolau V o encarregou da tradução para o latim de escritores gregos. Após permanecer algum tempo na corte do rei Alfonso de Nápoles, foi novamente para Roma, onde, protegido pelo Cardeal Bessarion, tomou a seu cargo a abadia de São João de Piro. Teodoro de Gaza foi um dos mais importantes introdutores da cultura grega na Itália, e por isso um dos mais eminentes promotores do humanismo clássico italiano. Influenciou muito Ermolao Barbaro (VER). Gaza opôs-se às doutrinas neoplatônicas de Gemisto Platão, defendendo a pureza da tradição aristotélica. Traduziu várias obras de Aristóteles, Teofrasto e Alexandre de Afrodísia e escreveu, dentro da orientação aristotélica, um tratado sobre o destino, *De fato*.

➲ Edição do *De fato* por J. W. Taylor, 1928. — Edição por L. Mohler do *Adversus Platonem pro Aristotele de substantia* em *Aus Bessarions Gelehrtenkreis*, 1942 [Quellen und Forschungen aus dem Gebiete der Geschichte, 24].

Ver: L. Stein, "Der Humanist T. G. als Philosoph. Nach handschriftlichen Quellen dargestellt", *Archiv für Geschichte der Philosophie*, 2 (1889), 426-458. — A. Gercke, *Th. G.*, 1903. — Ver também Giuseppe Saitta, *Il pensiero italiano nell'Umanesimo e nel Rinascimento*. Vol. I: *L'Umanesimo*, 1949. ➲

GEACH, P[ETER] T[HOMAS]. Ver ADSCRITIVISMO; INTELLIGENTIA; REFERÊNCIA.

GEBSATTEL, VIKTOR EMIL VON. Ver EXISTENCIALISMO.

GEHLEN, ARNOLD (1904-1976). Nascido em Leipzig, "habilitou-se" para o ensino na Universidade da mesma cidade. De 1934 a 1938 foi professor em Leipzig, de 1938 a 1940 em Königsberg, de 1940 a 1944 em Viena, de 1948 a 1962 na Escola Superior de Ciências do Comportamento em Speyer, e a partir de 1962 foi professor na Escola Superior Técnica de Aachen (ou Aix-la-Chapelle). Discípulo de Hans Driesch, Gehlen é, juntamente com Helmut Plessner, um dos principais representantes da antropologia filosófica (VER), não apenas como disciplina filosófica específica mas também como orientação filosófica global. Gehlen considera que o filósofo pode, e deve, ocupar-se dos mesmos fenômenos de que tratam as ciências, mas adotando um ponto de vista próprio, intuitivo e fenomenológico (uma fenomenologia "realista", porém, e não "idealista" ou "transcendental"). Se Gehlen, como outros cultivadores da antropologia filosófica, toma algumas categorias das ciências e de várias doutrinas filosóficas, confere-lhes um sentido não estritamente científico e ao mesmo tempo não metafísico. Os principais problemas tratados por Gehlen são a natureza do homem, seu lugar no mundo, as formações culturais — instituições, mitos, linguagens, técnicas etc. — e a situação do homem na época contemporânea impregnada de tecnologia. Gehlen considera que o homem é um ser natural, mas que, ao contrário de outros animais, não está adaptado para a luta pela vida e pela sobrevivência da espécie. A linguagem, as instituições sociais, as técnicas e, em geral, a chamada "cultura" constituem um meio de "readaptação", que é ao mesmo tempo a criação de um mundo próprio. O pensamento e as teorias estão a serviço da ação, a chamada "verdade" justifica-se por seus resultados. Em última análise, contudo, o homem não parece ser capaz de superar suas deficiências naturais originárias. A "cul-

tura" não é, ou não pôde ser, um "substituto" adequado. Em um exame da época atual que lembra o pessimismo de Spengler, Gehlen criticou, e deplorou, a "decadência" do homem e declarou que é preciso revitalizar as únicas formas culturais e institucionais "autênticas". Estas se encontram, para cada comunidade, em suas tradições, que a tecnologia e o cosmopolitismo exagerados dissolveram pouco a pouco.

•• Daí ser preciso, segundo Gehlen, que a atividade crítica se desenvolva a partir de um conhecimento profundo das próprias instituições, coisa que não conseguem as tentativas "cartesianas" e "liberais" que pretendem legitimar as estruturas sociais por meio de considerações racionais ou de um "consenso" alcançado por indivíduos autônomos. Essa posição, que favorece um certo fundamentalismo institucional, originou um vivo debate com as posições defendidas por Habermas e Apel (ver bibliografia *infra*), entre outras. ••

➲ Principais obras: *Zur Theorie der Setzung und des setzungshaften Wissens bei Driesch*, 1927 (*Para a teoria da posição e do saber posicional em D.*). — *Wirklicher und unwirklicher Geist*, 1931 (*Espírito real e irreal*). — *Idealismus und Existentialphilosophie*, 1933. — *Theorie der Willensfreiheit*, 1933 (*Teoria da liberdade da vontade*). — *Der Staat und die Philosophie*, 1935 (*O Estado e a filosofia*). — *Deutschtum und Christentum bei Fichte*, 1935 (*Germanidade e cristianismo em F.*). — *Der Mensch. Seine Natur und seine Stellung in der Welt*, 1940; 9ª ed., 1971 (*O homem. Sua natureza e lugar no mundo*, 1980). — *Sozialpsychologische Probleme in der industriellen Gesellschaft*, 1949 (*Problemas psicológico-sociais na sociedade industrial*). — *Macht, einmal anders gesehen*, 1954 (*O poder, por uma vez visto de outro modo*). — *Die Seele im technischen Zeitalter*, 1957; 13ª ed., 1972 (*A alma na época técnica*). — *Urmensch und Spätkultur*, 1958; 2ª ed., 1963 (*Proto-homem e cultura tardia*). — *Zeit-Bilder. Zur Soziologie und Ästhetik der modernen Malerei*, 1960; 2ª ed., 1966; nova ed., 1986 (*Imagens de época. Sociologia e estética da pintura moderna*, 1994). — *Anthropologische Forschung*, 1961; 3ª ed., 1971 (*Antropologia filosófica*, 1993). — *Moral und Hypermoral. Eine pluralistische Ethik*, 1969; 2ª ed., 1970 (*Moral e hipermoral. Ética pluralista*). — *Einblicke*, 1975 (*Olhadelas*).

Há ed. de escritos filosóficos juvenis (como "Der Idealismus und die Lehre vom menschlichen Handeln" ["O idealismo e a doutrina da ação humana"]) em uma reed. de *Theorie der Willensfreiheit: Theorie der Willensfreiheit und frühe philosophische Schriften*, 1965.

Ed. de obras completas: *Gesamtausgabe*, 10 vols., desde 1978, eds. L. Samson, Karl-Siegbert Rehberg *et al.*

Bibliografia em *Zeitschrift für philosophische Forschung*: 6 (1951-1951), 589-593; 18 (1964).

Ver: Ernst Forsthoff e Reinhard Hörstel, eds., *Standorte im Zeitstrom. Festschrift für A. G. zum 70. Gebur-

tstag, 1974. — Peter Jansen, *A. G. Die anthropologische Kategorienlehre*, 1975. — Lothar Samson, *Naturteleologie und Freiheit bei A. G. Systematisch-historische Untersuchungen*, 1976. — P. Fonk, *Transformationen der Dialektik. Grunzüge der Philosophie A. G.s*, 1983. — P. Prechtl, *Bedürfnisstruktur und Geselschaft*, 1983. — G. Pagel, *Narziss und Prometheus. Die Theorie der Phantasie bei Freud und G.*, 1984.

Sobre o debate Gehlen/Habermas e Gehlen/Apel, ver: J. Habermas, "Nachgeahmte Substanzialität — Eine Auseinandersetzung mit Arnold Gehlens Ethik", *Merkur*, 24 (1970), 313-327 (incluído em *id.*, *Philosophisch-politische Profile*, 1971. — R. Altmann, "Brueder im Nichts — Zur Auseinandersetzung J. Habermas' mit A. Gehlens Ethik", *ibid.*, 24 (1970), 577-582. — W. Lepenies, "Anthropology and Social Criticism: A View of the Controversy Between A. G. and Habermas", *Human Context*, 3 (1971), 205-225. — W. R. Glaser, *Soziales und instrumentales Handeln. Probleme der Technologie bei A. G. und J. Habermas*, 1972. — E.-M. Engels, "Mündigkeit: Eine anthropologische Kategorie?", *Zeitschrift für philosophische Forschung*, 33 (1979), 389-411. — K.-O. Apel, "A. G.'s Philosophie der Institutionen", *Philosophische Rundschau*, 10 (1962), 1-21; incluído em *id.*, *Transformation der Philosophie*, 1972, vol. I (trad. esp.: "La 'Filosofia de las Instituciones' de Arnold Gehlen", em *La transformación de la filosofía*, 1985, vol. 1, pp. 191-214 (a nota 55 da p. 214 oferece mais informações sobre o debate com Gehlen). ⊂

GEIGER, MORITZ (1880-1937). Nascido em Frankfurt a. M., foi "professor extraordinário" em Munique (1915-1923) e professor titular em Göttingen (1923-1933) e em Vassar College, Poughkeepsie, Nova York (1933-1937). Colaborador de Husserl e co-diretor do seu *Jahrbuch*, Geiger não se limitou a uma aplicação do método fenomenológico. Por um lado, relacionou-o com outros métodos e interesses (a psicologia, que estudou com Lipps; a estética; a teoria dos objetos de Meinong; a versão da fenomenologia dada por Pfänder e o chamado "círculo de Göttingen"; a ontologia crítica de Nicolai Hartmann etc.). Por outro lado, examinou os limites do método fenomenológico, que considerou infecundo em diversas esferas, como, por exemplo, na matemática. A posição de Geiger dentro da fenomenologia é às vezes considerada característica de uma das "vias" fenomenológicas fundamentais; as orientações fenomenológicas de Geiger foram determinadas em grande parte no chamado "círculo de Munique", formado principalmente por seguidores de Lipps. As mais influentes contribuições de Geiger radicam no terreno da estética e da psicologia. No primeiro campo, ocupou-se da descrição do fenômeno do "gozo estético", em contraposição a outros tipos de "gozo". Para Geiger, o gozo estético se caracteriza por uma espécie de concentração no objeto; o gozo estético é, pois, "objetivista". No terreno da psicologia, ocupou-se dos problemas da "profundidade de experiência" e do inconsciente.

⊃ Obras: "Bemerkungen zur Psychologie der Gefühlselemente und Gefühlsverbindungen", *Archiv für die gesamte Psychologie*, 4 (1904), 233-288 ("Observações para a psicologia dos elementos e das ligações afetivas"). — "Methodologische und experimentelle Beiträge zur Quantitätslehre", em *Psychologische Untersuchungen*, ed. Theodor Lipps, I (1907), pp. 325-522 ("Contribuições metodológicas e experimentais para a teoria da quantidade"). — "Beiträge zur Phänomenologie des ästhetischen Genusses", *Jahrbuch für Philosophie und phänomenologische Forschung*, 1 (1913), 567-684 ("Contribuições para a fenomenologia do gozo estético"). — "Das Unbewusste und die psychische Realität", *ibid.*, 4 (1921), 1-138 ("O inconsciente e a realidade psíquica"). — *Die philosophische Bedeutung der Relativitätstheorie*, 1921 [conferência] (*A significação filosófica da teoria da relatividade*). — *Systematische Axiomatik der euklidischen Geometrie*, 1924 (*Axiomática sistemática da geometria euclidiana*). — *Zugänge zur Ästhetik*, 1928 (*Aproximações à estética*) (há trad. esp. de algumas páginas dessa obra no artigo intitulado "Acción superficial y acción profunda del arte", publicado em *Revista de Occidente*, 19 [1928], 44-67). — *Die Wirklichkeit der Wissenschaft und die Metaphysik*, 1930, reimp. 1962 (*A realidade da ciência e a metafísica*). — *Die Bedeutung der Kunst. Zugänge zu einer materialen Wertästhetik. Gesammelte, aus dem Nachlass ergänzte Schriften zur Ästhetik*, 1976, eds. Klaus Berger e Wolfhart Henckmann (*A significação da arte. Para ter acesso a uma estética material do valor. Compilação de obras sobre estética, complementadas a partir da obra póstuma*). — Reconstrução de anotações por Herbert Spiegelberg de um livro que M. G. se propunha escrever sobre a filosofia existencial: "An Introduction to Existential Philosophy", *Philosophy and Phenomenological Research*, 3 (1943), 255-278.

Ver: R. B. Perry, *M. G. An Address*, 1937. — Francisco Romero, "Nota sobre M. G." (1948) no livro do autor, *Estudios de historia de las ideas*, 1953, pp. 171-177. — H. Spiegelberg, *The Phenomenological Movement*, vol. I, 1960, pp. 206-218. — M. C. Beardsley, "Experience and Value in Moritz Geiger's Aesthetics", *J. Brit. Soc. Phenomenol.*, 16 (1985), 6-19. — A. Fidalgo, "A fenomenologia de Munique", *Revista Portuguesa de Filosofia*, 44 (1988), 427-446. ⊂

GEMELLI, AGOSTINO (1878-1959), nasceu em Milão, converteu-se ao catolicismo, foi ordenado sacerdote em 1908 e ingressou na Ordem Franciscana. Em 1909, Gemelli fundou a *Rivista di filosofia neoscolastica* e em 1914 a revista *Vita e pensiero*. Foi um dos fundadores (1919) da Universidade Católica (Università Cattolica del Sacro Cuore) de Milão, na qual foi reitor e diretor do Laboratório de psicologia. Gemelli destacou-se por seus trabalhos de psicologia experimental e por suas contribuições à pedagogia, interessando-se pelo problema da personalidade e da orientação profissional. Do ponto de vista filosófico, considerou ter fomentado o pensamento neo-escolástico, orientando-o para fontes medievais, mas sem perder contato com a ciência moderna. Gemelli opôs-se, em nome da neo-escolástica, às tendências idealistas e positivistas.

➲ Principais obras: *Il divenire psichico: principio e legge*, 1901. — *Per l'evoluzione*, 1906. — *Psicologia e biologia*, 1908; 3ª ed., 1913. — *L'origine dell'uomo e la falsificazione di Haeckel*, 1910; 2ª ed., 1912 (em colaboração com A. Brass). — *L'enigma della vita e i nuovi orizzonti della biologia*, 1910; 2ª ed., 1914. — *Nuovi metodi ed orizzonti della psicologia esperimentale*, 1912; 3ª ed., 1926. — *Psicologia e patologia*, 1913. — *La dottrina delle localizzazioni cerebrali. Osservazioni di un filosofo*, 1918. — *Scienza ed apologetica*, 1920. — *Il mio contributo alla filosofia neoscolastica*, 1926; 2ª ed., 1932. — *L'anima dell'insegnamento*, 1928; 3ª ed., 1945. — *La psicologia a servizio dell'orientamento professionale nelle scuole*, 1943. — *La psicologia applicata all'industria*, 1944. — *La persona del delinquente nei suoi fondamenti biologici e psicologici*, 1946. — *Introduzione alla psicologia*, 1947; 4ª ed., 1954 (em colaboração com G. Zunini). — *La psicologia dell'età evolutiva*, 1947; 5ª ed., 1956 (em colaboração com A. Sidlauskaite). — *La psicanalisi oggi*, 1953. — *Psicologia e religione nella concezione analitica di C. G. Jung*, 1955.

Ver: G. B. Montini, G. Urbani, A. Sépinski *et al.*, *Fede e scienza nella vita e nell'opera di A. G., francescano*, 1960. — N. Dedato, "I critici cattolici e l'interpretazione crociana di Vico", *Rivista di Studi Crociani*, 21 (1971), 50-60. ⊂

GEMINO. Ver Estóicos.

GENEALOGIA, GÊNESE, GENÉTICO. Nos verbetes Devir e Geração referimo-nos ao sentido do vocábulo grego γένεσις (gênese). No verbete Definição tratamos da chamada "definição genética". Aqui trataremos de certos modos de pensar que podem ser chamados de "genéticos" ou, mais propriamente, "genealógicos", e que se fundam na idéia de uma exploração em busca da gênese do próprio pensar.

Devemos a idéia de pensar genético ou genealógico a Jean Beaufret, em seu "Préface" à tradução francesa da obra de Heidegger, *Der Satz vom Grund* (*Le principe de raison* [1957], pp. 9-34). Jean Beaufret chama a atenção para um modo de pensar que consiste em "remontar [ou descer] às fontes", o qual, em seu entender, constituiu o método mais constante de Nietzsche. Exemplos disso encontramos nas obras de Nietzsche *A origem da tragédia no espírito da música* (*Die Geburt der Tragödie aus dem Geiste der Musik*, 1872) e *A genealogia da moral* (*Zur Genealogie der Moral*, 1887). Nessa última obra Nietzsche se pergunta pela origem de nossos conceitos morais e menciona "os psicólogos ingleses" aos quais "se devem as únicas tentativas realizadas até agora de escrever uma genealogia da moral". Essa genealogia não é simplesmente uma história (embora possa, e até deva, supor uma história): é um mergulho no ser do homem como ser histórico.

Embora mais decididamente histórico, o modo de pensar de Dilthey também pode ser qualificado de genealógico. O fundo do qual emerge toda "gênese" é para Dilthey "a vida", a qual é fundamentalmente "genética" ou, mais propriamente, "histórico-genética".

Husserl deu durante o semestre do inverno de 1919-1920 um curso sobre "lógica genética". Parte das idéias desse curso foi incorporada por Ludwig Landgrebe em sua preparação e elaboração da obra de Husserl *Erfahrung und Urteil* (1939), que tem justamente como subtítulo *Untersuchungen zur Genealogie der Logik* (*Investigações para a genealogia da lógica*). Trata-se de uma explicação da origem (*Ursprungsklärung*) que não é nem um problema de história da lógica nem tampouco tem como tema a psicologia genética. A genealogia da lógica é a investigação do fundo do qual emerge o juízo predicativo. O esclarecimento da origem de um conceito (*Begriff*) é um "pré-conceito" (*Vorbegriff*) que leva geneticamente ao primeiro.

Beaufret sublinhou que há em Heidegger uma autêntica preocupação genealógica. Esta já se manifestava em *O ser e o tempo* como investigação a partir de "uma fonte mais essencial". Em outras obras de Heidegger essa tendência se acentuou. O interesse pelo *Rückgang*, pelo "retorno ao fundamento", pelo "fundo do fundo" (ou "razão da razão"), *Grund des Grundes*, parece ser uma constante no modo de pensar de Heidegger. O "retorno aos gregos" e especialmente aos pré-socráticos (ver) não é, desse modo, manifestação de interesse puramente "arcaico", mas expressão de um modo de pensar essencialmente genealógico. A filosofia consiste desse modo em um constante retornar à sua origem enquanto fundo (*Grund*), em uma incessante volta às fontes, mas não para fazer com isso uma história, nem tampouco para comprazer-se em reviver o passado, mas para tornar o passado "presente" e "trans-parente". A filosofia é um "fundar" em constante persecução do fundo ou fonte desse fundar. Com isso procede-se antes genealogicamente que geneticamente (no sentido usual deste último vocábulo). "A gênese" — escreve Beaufret — "limita-se a desenvolver uma série de transformações por meio das quais se efetua, segundo leis naturais, a passagem de um estado para outro. A genealogia, por outro lado, implica uma hermenêutica mais essencial. O que a caracteriza é o sentido da filiação que aproxima da origem o que emerge dela (...). A genealogia é menos conhecimento que reconhecimento; é menos explicativa que esclarecedora; mas por causa disso tanto mais transformadora" (*op. cit.*, p. 12). Por isso pode-se dizer que o modo de pensar genealógico não é meramente uma reconstrução, mas uma re-fundamentação do fundamentado. Observemos que esse afã de "retorno ao fundamento" (*Grund*) de caráter "genealógico" também se manifestou em outros autores; exemplos, entre outros, são Böhme e, sobretudo, Schelling, no qual o fundamento aparece como um princípio e ao mesmo tempo como uma força propulsora (ver, entre outros textos de Schelling, *Philosophie der Mythologie*, lições XV e XXV; cf. também *Weltalter*, VIII).

⊃ O termo 'genético' é empregado na expressão 'falácia genética', sobre a qual nos estendemos no verbete correspondente.

Ver: J. Minson, *Genealogie of Morals: Nietzsche, Foucault, Donzelot and the Eccentricity of Ethics*, 1985. — R. García Del Pozo, *Michel Foucault: Un arqueólogo del humanismo*, 1988. — A. Mac Intyre, *Three Rival Versions of Moral Enquiry: Encyclopaedia, Genealogy, and Tradition*, 1990. — E. Blondel, *Nietzsche: The Body and Culture. Philosophy as a Philological Genealogy*, 1991.

Para a fenomenologia genética em Husserl, ver: Antonio Aguirre, *Genetische Phänomenologie und Reduktion. Zur Letztbegründung der Wissenschaft aus der radikalen Skepsis im Denken E. Husserls*, 1970. — Guido Antônio de Almeida, *Sinn und Inhalt in der genetischen Phänomenologie E. Husserls*, 1972. — R. T. Murphy, *Hume and Husserl: Towards Radical Subjectivism*, 1980. ⊂

GENÉRICO. Chama-se de conceito genérico o conceito do gênero (VER). Com isso se distingue o conceito genérico do conceito geral (VER). Chama-se de juízo genérico o que se refere a uma característica do conceito do juízo observada em um número indeterminado (mas não completo) de membros. Alguns autores — como Pfänder (VER) — definem o juízo genérico como aquele que tem como objeto-sujeito um gênero determinado de objetos. Segundo esse autor, os juízos genéricos podem ser divididos em cinco classes: 1) juízos cujo conceito-sujeito refere-se em todos os casos ao gênero; 2) juízos nos quais o conceito-sujeito refere-se ao gênero somente no caso normal; 3) juízos cujo conceito-sujeito pode se referir ao gênero no caso médio; 4) juízos cujo conceito-sujeito pode se referir ao gênero no caso típico; 5) juízos cujo conceito-sujeito pode se referir ao gênero somente no caso ideal. Tanto a expressão 'conceito genérico' como a expressão 'juízo genérico' (ou 'proposição genérica', 'enunciado genérico' etc.) são evitadas na lógica contemporânea.

GÊNERO. Na lógica chama-se de "gênero" uma classe que tem maior extensão (VER) e, por conseguinte, menor compreensão (VER) que outra, chamada de espécie (VER). Assim, por exemplo, a classe dos animais é um gênero em relação à classe dos homens, que é uma espécie desse gênero. Mas a classe dos animais é uma espécie do gênero que constitui a classe dos seres vivos. Quando um gênero abarca todas as espécies ele é chamado de "gênero generalíssimo" ou "gênero supremo"; exemplos desse gênero são (segundo os autores) a substância, a coisa ou o ser. Alguns autores, contudo, falam de gêneros supremos (no plural), considerando-os gêneros indefiníveis que servem para definir os outros gêneros e não são eles próprios espécies de nenhum outro gênero; esses gêneros equivalem então às categorias consideradas noções primordiais e irredutíveis. Na lógica clássica o gênero é utilizado para a definição combinado com a diferença específica (VER); nesse caso, o gênero comumente empregado é o chamado "gênero próximo".

A noção de gênero foi definida de muitas maneiras pelos filósofos, que, além disso, identificaram-na freqüentemente com outros conceitos. Platão, por exemplo, fala muitas vezes dos gêneros como idéias. Aristóteles (em *Top.*, I 5, 102 a 31) define o gênero, γένος, como o atributo essencial aplicável a uma pluralidade de coisas que diferem entre si especificamente. A definição aristotélica constitui, em linhas gerais, a base para a concepção que têm do gênero os lógicos de tendência clássica. Porfírio discute o gênero na *Isagoge* como um dos predicáveis (VER). As idéias porfirianas sobre as analogias e diferenças entre o gênero e os demais predicáveis foram resenhadas no verbete dedicado a este último conceito. Várias escolas (principalmente a dos estóicos) definem o gênero como um conceito coletivo; outras tendem a identificar o conceito de gênero com o de universal. Esta última tendência explica a freqüente apresentação de diversas doutrinas medievais sobre os universais (VER) como doutrinas relativas à natureza ontológica dos gêneros, embora às vezes os gêneros sejam agregados (como já fizera Porfirio) às espécies para se questionar seu *status*. As definições dadas do gênero no âmbito da controvérsia dos universais correspondem às diversas posições adotadas: os gêneros são apresentados, com efeito, como entidades, enunciados (*sermones*) etc. Isso não significa que sempre haja confusão entre o gênero entendido em sentido ontológico e o gênero entendido em sentido lógico. Muitos autores medievais estabelecem cuidadosamente a distinção entre o *genus naturale* e o *genus logicum*: o primeiro é um universal cuja natureza ontológica trata-se de determinar; o segundo é uma forma de predicação. Essa distinção não é atendida por muitos autores modernos, que utilizam o termo 'gênero' nos dois sentidos ao mesmo tempo. As razões aduzidas (implícita ou explicitamente) para se adotar esta posição baseiam-se na idéia de que não é necessário separar a questão dos universais em uma parte ontológica em em outra parte lógica; a questão surge, com efeito, assim que é levantada a partir do campo da lógica, e se percebe que toda solução requer uma prévia ontologia acerca do *status* das entidades lógicas.

GÊNIO. Na filosofia o problema da natureza do gênio e da genialidade foi tratado principalmente na estética e na filosofia da arte. O interesse pela questão do gênio foi despertado no século XVIII. Foi freqüente nos autores desse século referir-se, a esse respeito, a Platão e a Aristóteles. A teoria platônica do gênio expressa-se na doutrina da inspiração como loucura divina (*Fedro*, 244 A ss.). A teoria aristotélica expressa-se na doutrina da capacidade inventiva, mas não necessariamente irracional, ou "louca", do criador artístico. Os autores mencionados apoiaram-se às vezes em Platão e às vezes em Aristóteles, mas isso não significa que suas idéias sobre a noção de gênio fossem uma simples continuação das doutrinas antigas sobre a inspiração poética. Foi importante na evolução das idéias sobre o problema o escrito de Alexander Gerard, *An Essay on Genius* (1774). Gerard (VER) considera que o gênio é equivalente à originalidade; não é, portanto, a imitação, por mais talentosa que seja, de um modelo, mas a produção de um modelo. Na *Crítica do juízo* (ver especialmente § 46) Kant desenvolveu uma idéia semelhante: o gênio é "a disposição mental inata (*ingenium*) mediante a qual a Natureza dá a regra à arte". O gênio não é, pois, simplesmente o talento ou o engenho, por maiores que sejam; ele possui uma qualidade própria que nenhum talento ou engenho possui: a de produzir regras. O gênio não precisa, desse modo, submeter-se a regras, uma vez que as produz, mas não se deve confundir essa liberdade do gênio com a mera arbitrariedade; as regras produzidas pelo gênio não são deriváveis de outros modelos, mas são regras.

A maior parte dos autores posteriores a Kant baseou-se nele de algum modo; isso ocorre, por exemplo, com Schopenhauer. Mas Schopenhauer especificou a noção de gênio em relação à sua própria metafísica. O gênio é para este autor (*Welt*, III, sup. iii) aquele que é capaz de ver a Idéia no fenômeno. Não poucos autores idealistas extremaram a concepção do gênio como originalidade e ao mesmo tempo — paradoxalmente — fizeram do gênio aquele que é capaz de revelar o Absoluto, o qual, por assim dizer, já está "dado". Esta é a chamada "concepção romântica" do gênio, que é ao mesmo tempo aquele que cria a obra de arte e possui a intuição do Absoluto. A rigor, o gênio é apresentado como encarnação do Absoluto. Por isso se afirmava a solidão, a infelicidade, a melancolia do gênio, assim como sua incomensurabilidade — tanto social como ética — em relação aos demais seres humanos.

Em uma tese ressoante, e não alheia às concepções românticas do gênio, Cesare Lombroso (VER) sustentou a íntima relação do gênio com a loucura (*Genio e follia*, 1864; 4ª ed., rev., 1882) (a chamada "teoria patológica do gênio"). Mas o gênio possui, ou também pode possuir, segundo Lombroso, caracteres de degeneração (*Genio e degenerazione*, 1897).

Na época atual o problema do gênio continua sendo examinado em seu aspecto estético quase sempre seguindo as trilhas de Gerard e de Kant, e também é estudado em sentido psicológico, como "medida da inteligência".

Etienne Souriau ("Du génie en philosophie", *Revue philosophique de la France et de l'Étranger*, 165 [1975], 129-146) rejeita todas as teorias acerca do gênio desenvolvidas até a data (oposição entre gênio e inteligência, ao modo de Gracián; oposição entre gênio e razão, ao modo de Diderot; doutrina demonológica do gênio; doutrina ontológica do gênio, seja em sua forma cosmológica ou psicológica) e sustenta que todas essas teorias pecam por ligar o gênio a alguma faculdade possuída por alguém. Segundo Souriau, o critério do gênio não se encontra no indivíduo considerado genial, mas na obra (pela qual justamente o indivíduo pode ser considerado genial ou possuidor de gênio). Não há nenhuma faculdade única que seja condição necessária e suficiente para o gênio. Se o critério ou os critérios de genialidade residem na obra e não na pessoa — no caso da filosofia, nos filosofemas, e não nos filósofos que os produzem —, devem-se buscar alguns cuja genialidade tenha um caráter plenamente objetivo. O mais evidente é, segundo o citado autor, o fato de servir de modelo ou paradigma. Certas obras filosóficas — e o mesmo poderia ser dito de obras artísticas ou científicas — não são nem meras antecipações nem simples reiterações, continuações ou refinamentos, mas pontos de partida para uma tradição, ou para uma série de trabalhos que têm tais obras inevitavelmente como referência. Desse ponto de vista, o que se chama de "gênio" é a obra madura que unifica tentativas e ao mesmo tempo abre caminhos; em virtude de tal obra, o autor é "genial".

↪ História: E. Zilsel, *Die Entstehung des Geniebegriffs*, 1926; reed., 1972. — O. Wichmann, *Platos Lehre vom Instinkt und Genie*, 1971. — Pierre Grappin, *La théorie du génie dans le pré-classicisme allemand*, 1952. — H. Wolff, *Versuch einer Geschichte des Geniebegriffs in der deutschen Ästhetik des XVIII. Jahrhunderts*, 1923. — Ned Willard, *Le génie et la folie au XVIIIe siècle*, 1963. — Giorgio Tonelli, "Kant's Early Theory of Genius (1770-1779)", *Journal of the History of Philosophy*, 4 (1966), 109-131, 209-224. — F.-J. Meissner, *Wortgeschichtliche Untersuchungen im Umkreis von Französisch "Enthousiasme" und "Genie"*, 1979. — J. Schmidt, *Die Geschichte des Genie-Gedankens in der deutschen Literatur, Philosophie und Politik, 1750-1945*, 2 vols., 1985; 2ª ed., 1988.

O problema do gênio: J. P. Segond, *Le problème du génie*, 1930. — R. A. Tsanoff, *The Ways of Genius*, 1940. — Heinrich Scholz, *Zur Erhellung der Kunst und der Genie*, 1947 [folheto]. — A. Hock, *Reason and Genius:*

Studies in Their Origin, 1960. — A. Gemant, *The Nature of Genius*, 1961. — A. Kuhn-Foelix, *Vom Wesen des genialen Menschen*, 1968.

Várias das obras sobre questões estéticas (ver bibliografia de ESTÉTICA) tratam do problema do gênio. Como exemplos, indicamos: Obra histórica: K. E. Gilbert e H. Kuhn, *A History of Esthetics*, 1939; 2ª ed., 1954, especialmente pp. 257 ss.; 341 ss. — Obra sistemática: M. C. Nahm, *The Artist as Creator: An Essay of Human Freedom*, 1956, especialmente pp. 153ss.; 172ss.; 205ss.; 214ss.; 294 ss.; reimp. com o título *Genius and Creativity: An Essay in the History of Ideas*, 1965. ᑕ

GENOVESI [GENOVESE], ANTONIO (1713-1769). Nascido em Castiglione (Salerno), foi ordenado sacerdote em 1737 e deu aulas na Universidade de Nápoles a partir de 1741. Em 1753 começou a ensinar economia política na mesma Universidade. O principal problema filosófico de que se ocupou Genovesi foi a origem e a natureza das idéias, tendo o termo 'idéia' um sentido análogo ao dos pensadores ingleses da época, e especialmente de Locke. Genovesi atacou o problema mediante uma análise da experiência ao longo da qual se pode mostrar, por um lado, que não há conhecimento possível sem se ater ao mundo fenomênico, e, por outro, que a razão constitui o último critério para se determinar a validade ou falta de validade das idéias das coisas sensíveis, ou seja, a correspondência ou não-correspondência dessas idéias com aquilo de que são idéias. A certeza dos juízos muda, segundo Genovesi, de acordo com o caráter das idéias, desde as idéias sensíveis até o que chama de idéias históricas, passando pelas idéias abstratas. Em sua metafísica, Genovesi inclinou-se para a doutrina monadológica leibniziana, sem admitir, no entanto, o caráter completamente "interno" das mônadas ou a necessidade da harmonia preestabelecida.

⮕ Principais obras: *Elementa metaphysicae mathematicum in morem adornata. Pars prior. Ontosophia*, 1743. — *Appendix ad priorem Metaphysicae partem*, 1744. — *Principia philosophiae*, 1747 [segunda parte dos *Elementa*]. — *Principia theosophiae naturalis*, 1747 [terceira parte dos *Elementa*]. — *Elementorum metaphysicae tomus quartus sive De Principiis legis naturalis*, 1752 [quarta parte dos *Elementa*]. — *Elementorum artis logico-criticae libri V*, 1745. — *Disputatio physico-historica de rerum corporearum origine et constitutione*, 1745. — *Discorso sopra il vero fine delle lettere e della scienza*, 1753. — *Meditazioni filosofiche sulla religione e sulla morale*, 1758; ed. rev., 1781. — *Lettere filosofiche ad un amico provinciale per servire di rischiaramento agli Elementi metafisici*, 1759. — *Della diceosina o sia della filosofia del giusto e dell'onesto*, 2 partes, 1766-1777. — *Lettere familiari*, ed. Domenico Forges Davanzati, 1775.

Ver: G. Gentile, *Dal Genovesi al Galuppi*, 1903, reimp. em *Storia della filosofia italiana*, I, 1930. — E. Gambini, *A. G., la sua filosofia e l'istruzione a Napoli nel secolo XVIII*, 1910. — A. Tisi, *Il pensiero religioso di A. G.*, 1932. — Paola Zambelli, *La formazione filosofica di A. G.*, 1972. — E. Garin, "Antonio Genovesi metafisico e storico", *Giornale Critico della Filosofia Italiana*, 65 (1986), 1-15. — *Id.*, *id.*, "A. Genovesi: The Napolitan Enlightenment and Political Economy", *History of Political Thought*, 8 (1987), 336-344. ᑕ

GENTILE, GIOVANNI (1875-1944). Nascido em Castelvetrano (Trapani, Itália), foi professor nas Universidades de Palermo (1906-1913), Pisa (1914-1916) e Roma (a partir de 1917), colaborando com Croce (VER) em *La Critica*. Em 1920 fundou o *Giornale critico della filosofia italiana*, que deixou de dirigir em 1943. De 1922 a 1925 foi Ministro da Instrução Pública, e em 1923 iniciou a reforma escolar chamada de "reforma Gentile".

Idealista e hegeliano, em um sentido análogo ao de Croce, Gentile define sua filosofia como um atualismo (VER) no qual o Absoluto, como ato criador do Espírito, não representa nada transcendente ao pensamento, pois tudo aquilo que é de alguma forma — inclusive o que é representado como externo e alheio —, é dentro da esfera do sujeito. No Espírito identificam-se a forma e o conteúdo concreto, pois o Absoluto espiritual não é mais que o ato puro que se realiza no curso concreto de toda realidade. A filosofia de Gentile centra-se em grande medida, portanto, em torno da noção de ato (VER) puro, que ele entende, evidentemente, como uma pura atividade ou, melhor, como o puro automover-se do eu. O idealismo atual, ou atualismo, sustenta, por conseguinte, o primado ontológico da atividade como tal, que é causa de si mesma e, por esse motivo, liberdade. Assim, o ato opõe-se radicalmente ao fato, ao efeito e à coisa submetidos ao mecanicismo e, no caso mais favorável, à contingência, mas impossibilitados de realizar-se a si mesmos, pois seu ser é meramente seu ser já dado. Enquanto as coisas são, a atividade e o eu devêm; por isso, as primeiras são múltiplas e implicam sua numerabilidade, enquanto os últimos são únicos e supõem a radical unidade. O idealismo atualista permite, no entender de Gentile, superar dialeticamente todas as oposições sem suprimi-las, pois é uma dialética do *pensamento pensante* e *não* simplesmente do *pensamento pensado*. Mais ainda, o idealismo atualista é o verdadeiro misticismo, ao contrário do misticismo habitual, que é de natureza intelectualista. A ontologia dinâmica que está na base dessa concepção de Gentile só pode ser compreendida, contudo, na medida em que o ato é visto do ponto de vista do Espírito concreto que, por sua vez, representa o ponto no qual se centra a atividade de sua história. Do Espírito não se pode dizer propriamente que seja, a menos que entendamos então o ser em um sentido claramente distinto e mesmo oposto ao que corresponde à definição do fato e da coisa; o devir absoluto do Espírito é, com efeito, o movimento que rompe todos os marcos do ser. Ora, a dialética do pensamento pensante não é, pelo que foi dito anteriormente, uma mera sucessão arbitrária. A justificação de cada um dos momentos do Espírito absoluto realiza-se seguindo o precedente da dialética: a filosofia, como síntese da arte e da religião, é para Gentile o momento superior e definitivo de uma oposição entre o subjetivo e o objetivo, oposição que conserva, naturalmente, cada um dos contrários. Na passagem do transcendente para o imanente ou, melhor, na supressão do transcendente como desnecessário reside, segundo Gentile, a solução do problema da metafísica, pois esta trata então de um modo direto com um Absoluto experimentável, dado imediatamente no ato criador da atividade espiritual. A filosofia de Gentile é, com efeito, uma tentativa de superação, a partir de dentro, das dificuldades que implica o imanentismo de um espírito que não somente não exclui um certo transcender, mas que tende a reconhecer, sem o sacrifício da identidade essencial do ato puro do pensar, a peculiaridade e a diferença. O fundamento dessa filosofia é, naturalmente, o reconhecimento de que tudo, mesmo o que é impensável, necessita ser pensado para ser reconhecido. Mas a anterioridade do pensar como ato puro não é a anterioridade de uma consciência subjetiva diante de um mundo objetivo. Sujeito e objeto não são nada mais que ulteriores distinções realizadas precisamente pelo ato de pensar. O pensar puro, a absoluta atualidade, que Gentile afirma continuamente contrapondo-a a tudo o que é meramente pensado e a tudo o que já foi feito, é um pensar que transcende toda mera subjetividade: é pensar transcendental e não sujeito que conhece, e menos ainda sujeito psicológico. A filosofia de Gentile liga-se, deste modo, mesmo sem propô-lo deliberadamente, com algumas das tendências mais características do pós-hegelianismo: o predomínio do pensar como ato puro e absolutamente atual é, no fundo, o predomínio de uma ação destinada a resolver as contradições suscitadas pelo próprio pensamento. Daí que a última fase do pensamento de Gentile não desminta a conclusão de suas primeiras teses acerca do pensar como ato puro. A conclusão a que chegará sempre o idealista atual é, com efeito, a de que "eu jamais sou eu sem estar inteiramente no que penso, e o que penso é sempre uno, enquanto sou eu". Por isso, "a mera multiplicidade pertence sempre ao conteúdo da consciência abstratamente considerado e na verdade é sempre resolvida na unidade do Eu. A verdadeira história não é, assim, a que se desdobra no tempo, mas a que se recolhe no eterno do ato do pensar no qual de fato se realiza" (*Teoria dello Spirito*, XVIII, 14).

➲ Continuadores do pensamento de Gentile são, entre outros, o pedagogo Giuseppe Lombardo-Radice (1879-1938: *Studi platonici*, 1905. — *Saggi di propaganda política e pedagogia*, 1910. — *Lezioni di Didattica e ricordi di esperienza magistrale*, 1911. — *L'ideale educativo e la scuola nazionale*, 1915. — *Saggi di critica didattica*, 1927. — *Il problema dell'educazione infantile*, 1928. — *Pedagogia di apostoli e di operai*, 1937); Vito Fazio-Allmayer (nasc. 1885: *Materia e sensazione*, 1913. — *La teoria della libertà nella filosofia di Hegel*, 1920. — *Moralità dell'arte*, 1953); Giuseppe Saitta (nasc. 1881: *Lo spirito come eticità*, 1921; 2ª ed., 1947. — *Filosofia italiana e Umanesimo*, 1928. — *La personalità umana e la nuova coscienza illuministica*, 1938. — *La libertà umana e l'esistenza*, 1940. — *Il pensiero italiano nell'Umanesimo e nel Rinascimento*, 3 vols., 1949-1951. — *Il problema di Dio e la filosofia dell'immanenza*, 1953); Ernesto Codignola (nasc. 1885: *La riforma della cultura magistrale*, 1917. — *La pedagogia rivoluzionaria*, 1919; 2ª ed., 1925. — *La rigorma scolastica*, 1927. — *Il problema educativo*, 3 vols., 1935; 3ª ed., 1952. —*Carteggi di giansenistri liguri*, 3 vols., 1941-1942) e outros. Pode-se considerar como "órgão" da escola gentiliana o citado *Giornale critico della filosofia italiana*. Gentile também influenciou outros autores, como Armando Carlini (VER) e Augusto Guzzo (VER).

As obras de Gentile são numerosas; citamos: *Rosmini e Gioberti*, 1898. — *La filosofia di Marx. Studi critici*, 1899. — *Dal Genovesi al Galluppi*, 1903. — *La filosofia*, 1904-1915 (história da filosofia italiana). — *Il modernismo e i rapporti fra religione e filosofia*, 1909. — *Il problemi della scolastica*, 1913. — *La riforma della dialettica hegeliana*, 1913 (inclui a conferência dada em 1911: *L'atto del pensare come atto puro*, publicada em 1912); 3ª ed., 1924. — *Sommario di pedagogia come scienza filosofica*, 2 vols., 1913-1914. — *Studi vichiani*, 1915. — *Teoria generale dello Spirito*, 1916. — *I fondamenti della filosofia del diritto*, 1916. — *Sistema di logica come teoria del conoscere*, 2 vols., 1917-1923. — *Le origini della filosofia contemporanea in Italia*, 4 vols., 1917-1923. — *Discorsi di religione*, 1920. — *La riforma dell'educazione*, 1920. — *Educazione e scuola laica*, 1921. — *G. Capponi e la cultura toscana del secolo XIX*, 1922. — *Studi sul Rinascimento*, 1923. — *Dante e Manzoni*, 1923. — *I profeti del Risorgimento italiano*, 1923. — *Albori della nuova Italia*, 2 vols., 1923. — *Preliminari allo studio del fanciullo*, 1924. — *Difesa della filosofia*, 1924. — *B. Spaventa*, 1924. — *La nuova scuola media*, 1925. — *L'eredità di V. Alfieri*, 1926. — *Manzoni e Leopardi*, 1928. — *La riforma della scuola in Italia*, 1932. — *Introduzione alla filosofia*, 1933. — *Il pensiero italiano del Rinascimento*, 1940. — *Genesi e struttura della società. Saggio di filosofia prattica*, 1946; 2ª ed., 1954. — Entre as obras de caráter mais diretamente político mencionamos: *Dopo la vittoria*, 1920. — *Che cosa è il fascismo*, 1925. — *Fascismo e cultura*, 1928. — *Memorie italiane*, 1936. A maior parte das obras foi reeditada.

Edições de obras: *Opere di G. G.*, 1929-1932, ed. R. Treves. — *Opere complete*, 1928 ss., em 59 vols., divididas em cinco grupos, a cargo de M. Vito e V. A. Bellezza: obras de filosofia sistemática (9 vols.); trabalhos históricos (26 vols.); obras variadas (11 vols.); fragmentos de obras ou obras inacabadas (8 vols.); correspondência (3 vols.: I, 1896-1900; II, 1901-1906; III, 1907-1909, ed. Simona Giannantoni).

Bibliografia: A. Bellezza, *Bibliografia degli scritti di G. G.*, 1950.

Ver: J. A. Smith, *The Philosophy of G. G.*, 1919. — E. Chiochetti, *La filosofia di G. G.*, 1922. — Vicenzo La Via, *L'idealismo attuale di G. G.*, 1925. — Johannes Baur, *G. Gentiles Philosophie und Pädagogik*, 1935 (tese). — R. W. Holmes, *The Idealism of G. G.*, 1937. — Patrick Romanell, *Gentile: The Philosophy of G. Gentile*, 1938. — Id., *Croce versus Gentile. A Dialogue on Contemporary Italian Philosophy*, 1946. — V. A. Bellezza, *G. G. La vita e il pensiero*, 1950. — U. Spirito, *Note sul pensiero di G. G.*, 1954 (três ensaios). — Id., *G. G.*, 1969. — F. Puglisi, *La concezione estetico-filosofica di G. G.*, 1955. — A. Carlini, *G. G.: La vita e il pensiero*, 1957. —Domenico d'Orsai, *Lo spirito come atto puro in G. G.*, 1957. — M. A. Giganti, *Storia e storia della filosofia in G. G.*, 1959. — H. S. Harris, *The Social Philosophy of G. G.*, 1960. — A. Negri, A. Capizzi et al., *G. G., la vita e il pensiero*, 1962. — William A. Smith, *G. G. on the Existence of God*, 1970. — Aldo Lo Schiavo, *La filosofia politica di G. G.*, 1971. — Carlo Bonomo, *G. G.: La vita e il pensiero*, 1972. — Ferrucio Pardo, *La filosofia di G. G.: Genesi, sviluppo, unità sistematica, critica*, 1973. — Lino di Stefano, *La filosofia di G. G.*, 1974. — Antimo Negri, *G. G.*, 2 vols., 1975. — M. Di Lalla, *Vita di G. G.*, 1975. — P. P. Druet, "La 'politisation' de la métaphysique idéaliste: le cas de Gentile", *Revue philosophique de Louvain*, 74, n. 21 (1976). — A. Agosti, *Filosofia e religione nell'attualismo gentiliano*, 1977. — Vários autores, *Il pensiero di G. G.*, 2 vols., 1977. — M. Ostenc, *L'éducation en Italie pendant le fascisme*, 1980. — F. S. Chesi, *Gentile e Heidegger: Al di là de pensiero*, 1992.

Há uma série de volumes com o título *G. G. La vita e il pensiero*, iniciados em 1948 e dos quais, até 1972, foram publicados catorze. A série é patrocinada pela "Fondazione G. G. per gli studi filosofici".

Ver também a série do *Giornale critico della filosofia italiana* (desde janeiro de 1947 aparece a Terceira Série do *Giornale* com artigos de discípulos de Gentile, incluindo páginas inéditas do filósofo. O *Giornale* é publicado pela Fondazione, cujo Comitê diretor é formado por Pantaleo Carabellese, G. Chiavacci, V. Fazio-Allmayer, E. Garin, B. Nardi, G. Saitta e Ugo Spirito). ⊂

GENTZEN, GERHARD (1909-1945). Nascido em Greifswald (Pomerânia), estudou em Greifswald, Göttingen, Munique, Berlim e, novamente, em Greifswald, onde trabalhou com Hermann Weyl. Em 1934 foi nomeado ajudante de Hilbert, em Göttingen, continuando no posto após a aposentadoria de Hilbert. Recrutado pelo exército alemão no início da guerra de 1939-1945, foi-lhe permitido, por razões de saúde, licenciar-se do exército e dedicar-se ao ensino. Em 1943 recebeu seu doutorado em Göttingen e nesse mesmo ano foi nomeado *Dozent* na Universidade alemã de Praga. Ao ser ocupada a cidade pelo Exército soviético, foi preso juntamente com outros professores, falecendo de inanição na cadeia.

Gentzen é conhecido sobretudo por sua reformulação da lógica de predicados mediante um sistema de inferência de que falamos no verbete DEDUÇÃO NATURAL. As regras de inferência de Gentzen ou "regras de Gentzen" substituíram em muitos casos os métodos de dedução lógica "clássicos" procedentes dos *Principia Mathematica*. Mediante a dedução natural podem-se derivar conclusões de pressupostos que depois são elimináveis mediante outras regras de inferência. As regras ou cálculo seqüencial de Gentzen constituíram a base para uma reformulação do sistema de dedução com base nos quadros semânticos propostos por E. W. Beth e outros autores (ver ÁRVORE).

Entre outros trabalhos de Gentzen destaca-se sua prova de consistência da aritmética mediante um procedimento de indução transfinita. A conjetura de que é possível reduzir provas lógicas a uma forma "normal", na qual os conceitos utilizados na prova aparecem de algum modo em sua conclusão, conduziu Gentzen a formular um teorema análogo a outro proposto por Jacques Herbrand — razão pela qual ambos os teoremas são freqüentemente citados como "teorema de Herbrand-Gentzen".

⊃ A seguinte lista de trabalhos de Gentzen segue a bibliografia na tradução inglesa: *The Collected Papers of G. G.*, 1969, ed. M. E. Szabo: "Über di Existenz unabhängiger Axiomensysteme zu unendlicher Satzsystemen", *Mathematische Annalen*, 107 (1932), 329-350 ("Sobre a existência de sistemas axiomáticos independentes para sistemas de proposições infinitas"). — "Über das Verhältnis zwischen intuitionistischer und klassischen Arithmetik", impresso em provas para *Mathematische Annalen* (1933), mas retirado pelo autor ao conhecer o descobrimento similar de Gödel ("Sobre a relação entre a aritmética clássica e a intuicionista"). — "Untersuchungen über das logische Schliessen", *Mathematische Zeitschrift*, 39 (1935), 176-210, 405-431 (aceito como dissertação inaugural em Göttingen) ("Investigações sobre a dedução [conclusão] lógica"). — "Die Widerspruchsfreiheit der reinen Zahlentheorie", *Mathematische Annalen*, 112 (1936), 493-565 ("A ausência de contradição [mais comumente traduzida por 'consistência', como será feito *infra*] da teoria numérica elementar"). Szabo também menciona provas das

seções IV e V desse trabalho para *Mathematische Annalen* (1935). — "Die Widerspruchsfreiheit der Stufenlogik", *Mathematische Zeitschrift*, 41, 2 (1936), 357-366 ("A consistência da lógica de graus [teoria simples dos tipos]"). — "Der Unendlichkeitsbegriff in der Mathematik", informe semestral, Münster i. W., inverno de 1936-1937, pp. 65-80 ("O conceito de infinito na matemática"). — "Die gegenwärtige Lage in der mathematischen Grundlagenforschung", *Forschungen zur Logik und zur Grundlegung der exakten Wissenschaften*, N. S., 4 (1938), 5-18, e também *Deutsche Mathematik*, 3 (1939), 255-268 ("A situação atual na fundamentação da matemática"). — "Neue Fassung des Widerspruchsfreiheitsbeweises für die reine Zahlentheorie", *Forschungen zur Logik und zur Grundlegung der exakten Wissenschaften*, N. S., 4 (1938), 19-44 ("Nova concepção da prova de consistência para a teoria numérica elementar"). — "Beweisbarkeit und Unbeweisbarkeit von Anfangsfällen der transfiniten Induktion in der reinen Zahlentheorie", *Mathematische Annalen*, 119, 1 (1943), 140-161 (submetido como tese de doutorado em Göttingen) ("Demonstrabilidade e não-demonstrabilidade de casos especiais de indução transfinita na teoria numérica elementar" ['Demonstrabilidade = 'Probabilidade' na acepção de 'suscetível de ser provado']). — "Zusammenfassung von mehreren vollständigen Induktionen zu einer einzigen", *Archiv für mathematische Logik und Grundlagenforschung*, 2, 1 (1954), 1-3 (póstumo, dedicado a Heinrich Scholz por seus 60 anos em 17 de dezembro de 1944) ("de várias induções completas em uma única").
Ver: W. W. Tait, "Infinitely Long Terms of Transfinite Type I", em *Formal Sustems and Recursive Functions*, 176-185, ed. J. N. Crossley, M. A. E. Dummet, 1965. — V. G. Kirin, "Gentzen's Method for the Many-Valued Propositional Calculi", *Zeitschrift für Mathematische Logik und Grundlagen der Mathematik*, 12 (1966), 317-332. — J. Riser, "A Gentzen-Type Calculus of Sequents for Single-Operator Propositional Logic", *Journal of Symbolic Logic*, 32 (1967), 75-80. — H. Leblanc, "Subformula Theorems for N-Sequents", *Journal of Symbolic Logic*, 33 (1968), 161-179. — F. Kutschera, "Ein verallgemeinerter Widerlegungsbegriff für Gentzenkalküle", *Archiv für mathematische Logik und Grundlagenforschung*, 12 (1969), 104-118. — P. Zahn, "Eine Verallgemeinerung des Hauptsatzes von Gentzen", *ibid.*, 134-150. — P. Nidditch, "Is Natural Deduction Natural?", 1ª parte, *Aristotelian Society*, 43 (1969), 49-68. — B. Rundle, "Is Natural Deduction Natural?", 2ª parte, *ibid.*, 69-84. — R. Beneyto, "Un aspecto natural de la deducción natural", *Teorema*, 5 (1975), 361-381. — I. Hacking, "What is Logic?", *Journal of Philosophy*, 76 (1979), 285-319. — A. Wasilewska, "On the Gentzen Type Formalizations", *Zeitsch. für math. Logik und Grundlagen der Math.*, 26 (1980), 439-444. — P. Minari, "Le dimostrazioni di non-contradittorietà dell'aritmetica", *Rivista di Filosofia*, 72 (1981), 1-31. **G**

GENUS. Ver GÊNERO.

GEOFFROY, SAINT-HILAIRE (ÉTIENNE). Ver EVOLUÇÃO, EVOLUCIONISMO.

GERAÇÃO. Muitos filósofos gregos ocuparam-se de como uma coisa se transforma em outra. Trata-se do problema da mudança ou devir (VER), em contraposição ao problema do movimento propriamente dito ou locomoção. Se existisse uma única substância, e só pudesse existir uma única substância, esta nunca se transformaria em outra, de modo que seria difícil explicar a mudança. No máximo se poderia dizer que a substância única experimenta modificações, que teriam de ser sempre acidentais. Os pluralistas (Empédocles, Anaxágoras, Demócrito) tentaram resolver o problema afirmando a existência de uma pluralidade de "substâncias" ou "elementos"; toda mudança é então explicada pela combinação e mistura de tais "substâncias" ou "elementos". Essa combinação e essa mistura podem ser de natureza qualitativa (como em Empédocles e Anaxágoras) ou podem estar fundadas em características quantitativas ou "posicionais" (como em Demócrito).

No verbete DEVIR referimo-nos às doutrinas de Platão e de Aristóteles sobre a geração, γένεσις, e à mudança contraposta à geração: a corrupção, φθορά. Complementaremos aqui a informação dada com referências suplementares ao uso do termo γένεσις em Aristóteles e ao modo como o conceito de geração (em sentido "físico" e, no vocabulário moderno, "ontológico") foi desenvolvido por outros autores. Abordaremos somente alguns autores antigos e medievais. Embora na época moderna se tenha tratado com freqüência da questão da geração "física" (ou "biológica"), a tendência foi dar explicações muito distintas desse tipo de mudança. Sobretudo, não nos referimos aqui a autores modernos porque já não foram mais utilizados, ou foram utilizados com uma freqüência muito menor, os vocábulos 'geração' e 'corrupção' como vocábulos filosóficos "técnicos".

Além dos textos de Aristóteles citados no verbete DEVIR, chamamos a atenção sobre o seguinte: "A mudança de um não-ser para um ser, que é seu contrário, é a geração, que para a mudança absoluta é geração absoluta e para a mudança relativa é geração relativa. A mudança de um ser para um não-ser é a corrupção, que para a mudança absoluta é uma corrupção absoluta e para a mudança relativa é corrupção relativa" (*Met*. K, 11, 1067 b 20-25). 'Absoluto' e 'relativo' têm aqui os sentidos de 'não-qualificado' e de 'qualificado' respectivamente. No *De generatione et corruptione*, Aristóteles estuda o "vir a ser" e o "deixar de ser" na medida em que são "por natureza" e podem ser predicados uniformemente de todas as coisas (naturais). Esse vir a ser (geração) e esse deixar de ser (corrupção) são espécies de mudança estreitamente relacionadas com as mudanças de qualidade e de tamanho. Aristóteles opõe-se às teorias dos filósofos anteriores, sublinhando as dificuldades que encontra em cada uma delas. Em seu entender, não se pode falar de uma geração "absoluta" e de uma corrupção "absoluta" (ou "não-qualificada") se isso equivale a afirmar que uma substância procede do nada ou se transforma em nada. Mas pode-se introduzir o conceito de geração, e o de corrupção, em relação com a idéia de privação, e, por conseguinte, com referência a alguma forma de "não ser" (ao menos enquanto "não ser algo determinado"). Fala-se mais propriamente de geração e de corrupção "relativas" ou "qualificadas", porquanto se assume a existência de uma "matéria" ou "substrato" que adota diversas formas substanciais. Assim, pode-se dizer que se gera uma substância enquanto se "corrompe" (ou destrói) outra substância, e vice-versa. Mesmo dentro dessa qualificação pode-se distinguir uma geração na qual há um substrato que persiste como tal mas, não é perceptível, e a geração na qual há um substrato que persiste como tal, mas além disso, é perceptível (cf. *Phys.*, VII, 3, 245 b 3 ss., e *De gen. et cor.*, II, 332 a 25 ss.).

A questão da geração e da corrupção dos corpos e das substâncias do mundo (sensível) foi tratada pela maior parte dos autores antigos. Embora tenham-se manifestado muitas opiniões a esse respeito, elas podem ser divididas em três fundamentais: segundo certos autores, o modo de explicação aristotélica (apesar de modificável em certos pontos) é basicamente aceitável, ao menos no que diz respeito aos entes naturais "sublunares"; segundo outros, deve-se seguir o tipo de explicação mais simples dado pelos atomistas; segundo outros, os conceitos de geração e de corrupção, embora aplicáveis particularmente ao mundo sensível, são deriváveis de conceitos procedentes do estudo do mundo não-sensível. A isso talvez se refira Plotino ao indicar que a alteração é o fundamento da geração (*Enn.*, VI, iii, 21).

Os autores medievais, e particularmente os escolásticos, tenderam a distinguir diversas noções de "geração". O mais comum foi distinguir sobretudo geração — *generatio* — e criação (VER) — *creatio*. A primeira é produção a partir de algo, e especialmente pela introdução de uma nova forma na matéria. A geração é sempre entendida como mudança, *mutatio*, não como movimento, *motus*. A mudança em questão é súbita, *mutatio subita*, pois não se pode dizer que entre duas coisas, *a* e *b*, há uma terceira, *c*, que se interpõe de forma que *a* produz *c* e depois *b*; isso equivaleria a três coisas e não somente a duas. Deve-se observar que a geração não afeta propriamente nem a forma nem a matéria, mas apenas o composto; com efeito, matéria e forma não podem mudar em si mesmas.

Santo Tomás seguiu Aristóteles em sua explicação da geração, definindo-a como o "vir a ser", ao contrário da corrupção, que é um "deixar de ser" (*Cont. Gent.*, I, 28). Guilherme de Ockham distinguiu uma *generatio simpliciter* de uma *generatio secundum quid* (cf. *Quaestiones in libros Phys.*, q. CVII, e *Summulae in libros Phys.*, III, 8, apud. L. Baudry, *Lexique philosophique de G. d'Ockam, s. v.* "Generatio"). A primeira consiste na produção de uma realidade nova que antes não existia, como quando se introduz na matéria uma nova forma substancial. A segunda consiste em qualquer mudança real que pode acontecer a uma coisa de tal modo que seja possível formular uma nova proposição sobre ela.

O termo *generatio* também foi empregado por alguns autores medievais em contextos teológicos, chamando-se de "geração" a processão do Verbo (cf. Santo Tomás, *S. theol.*, I, q. XXVII, a 2). Embora essa idéia de geração seja formada, ao menos em parte, por analogia com a noção de geração biológica — especialmente quando esta última é entendida como o processo mediante o qual se origina um ser vivo de um princípio vivo ao qual está unido *por semelhança de natureza* —, não se deve estender a analogia além do que é necessário para a compreensão.

Deve-se distinguir o conceito biológico e, em geral, natural de geração e o conceito lógico, introduzido quando se fala, por exemplo, de definição (VER) por geração (ou definição genética). Contudo, existem certas formas de pensar nas quais parece se revelar uma aproximação entre o lógico e o real (metafísico ou ontológico) considerados "geneticamente" ou "gerativamente". Assim, por exemplo, em Hegel temos uma concepção logo-ontogenética, uma vez que a "gênese" ou "geração" da Idéia é equivalente à da Realidade (o que não significa que se trate de uma "gênese" ou "geração" causais). Por outro lado, há uma certa idéia de algo "genético" na idéia aristotélica de gênero (VER), não somente pelo significado comum de γένος ("raça", "descendência"), mas também, e sobretudo, porque os gêneros e as espécies articulam-se na forma de "descendência" (e "ascendência") — naturalmente, também não-causais. Nos dois casos trata-se, por assim dizer, de uma vaga analogia, mas que pode projetar uma luz sobre o modo, ou os modos, como se articula, nos autores, o "lógico" com o "real".

Em um sentido diferente fala-se de geração como de uma realidade primária para entender o processo histórico: a geração é então um complexo material-espiritual anterior aos motivos de caráter ideal (como as "ideologias"). A tese das gerações foi fundamentada e consistentemente desenvolvida por Ortega y Gasset. Para esse filósofo, com efeito, a história se compõe de gerações, que constituem unidades culturais próprias que seguem um ritmo específico e perfeitamente determinável. A geração é, "como órgão visual com o qual se vê em sua efetiva e vibrante autenticidade a realidade histórica", "uma e a mesma coisa com a estrutura da vida humana em cada momento", de modo que "não se pode tentar saber o que na verdade aconteceu nesta ou naquela data se não se investiga antes a que geração isso aconteceu, isto é, dentro de que figura de existência humana aconteceu" (*Esquema de las cristis*, 1942, p. 13). A teoria das gerações forma, desse modo, uma parte essencial da historiologia, que não é nem uma filosofia construtiva da história nem uma mera técnica historiográfica. A geração é, de acordo com isso, a única coisa substantiva na história e aquilo que permite articulá-la em uma continuidade que rompe os quadros de toda classificação formal. Hoje já é possível esboçar uma história da idéia das gerações que mostre precisamente até que ponto se trata de uma idéia "nova". Essa história foi realizada por dois autores espanhóis que se ocuparam minuciosamente do problema: Pedro Laín Entralgo e Julián Marías. Laín Entralgo distingue um período précientífico e um período científico do vocábulo 'geração'. Este último compreende Leopold von Ranke (1795-1886), Wilhelm Dilthey (VER), Justin Dromel, Ottokar Lorenz (1832-1907), Ortega y Gasset (VER), Julius Petersen (1878-1941), Eduard Wechszler (1869-1949), Wilhelm Pinder (1878-1947), E. Drerup (nasc. em 1871) e Karl Mannheim (VER), cujas principais obras sobre esse problema são indicadas na bibliografia. Laín Entralgo aceita a idéia de geração com restrições; supõe que sua origem ainda é de caráter naturalista e biologista, não considerando que possa ordenar absolutamente a história (*Las generaciones en la historia*, 1945, p. 276) e afirmando que é uma convenção historiográfica (*ibid.*, p. 277). Portanto, para Laín Entralgo a geração não é uma categoria histórica, mas um acontecimento histórico (p. 281); é um conceito útil e eficaz, o que não significa que as gerações não tenham estrutura real (p. 305), pois uma geração é "uma forte semelhança histórica de vários homens contemporâneos". A história da idéia de geração esboçada por Julián Marías em seu livro *El método histórico de las generaciones* (1949) abarca os nomes antes citados e alguns mais nos quais o autor vê precedentes da idéia. Toma, com efeito, como balizas dessa história Auguste Comte (VER), John Stuart Mill (VER), Justin Dromel (com um precedente francês na idéia de geração como período de quinze anos que se encontra em Jean-Louis Giraud, chamado de Soulavie, 1753-1813), A. Cournot (VER), Giuseppe Ferrari (1812-1876), Gustav Rümelin (1815-1889), W. Dilthey (VER), L. von Ranke, Ottokar Lorenz. Mas segundo Maríassó há uma teoria rigorosa das gerações em Ortega. Com efeito, a teoria das gerações não é, nesse filósofo, uma doutrina isolada, mas uma peça indispensável de uma "teoria geral da realidade histórica e social" (*op. cit.*, p. 73), com fundamentos em uma metafísica da vida humana. Marías também examina as vicissitudes do tema das gerações no século XX e inclui então as figuras mencionadas por Laín Entralgo, mais François Mentré, mencionando também várias "ressonâncias espanholas" do tema, particularmente as que estudaram as recentes gerações de escritores espanhóis (como a geração de 98). A mais completa dessas "ressonâncias" é, segundo Marías, a de Laín Entralgo, mas Marías rejeita as objeções que Laín fez a Ortega — as objeções de biologismo e de vitalismo — para assinalar que a geração não é um mero acontecimento histórico (p. 148), pois as gerações determinam efetivamente a articulação da mudança histórica. Se a teoria das gerações é um instrumento, o será então da razão histórica (p. 184).

As objeções à teoria das gerações — queremos dizer as objeções de princípio — são várias. Entre elas adquiriram maior ressonância as de J. Huizinga (1872-1945) em seus *Probleme der Kulturgeschichte* (1926) e particularmente as de Benedetto Croce em *La storia come pensiero e come azione*, 1938, onde Croce diz, ao referir-se a O. Lorenz, que este pareceu não "levar em consideração que na história são as idéias que formam e qualificam as gerações e não o contrário".

⊃ Mencionamos algumas das obras dos autores assinalados no texto, especialmente daqueles aos quais não foram dedicados verbetes específicos neste Dicionário. A obra de Dromel é: *La loi des révolutions. Les générations, les nationalités, les dynasties, les religions* (1861); a de Ferrari é a *Teoria dei periodi politici* (1874); as principais obras de O. Lorenz sobre o assunto são: *Die Geschichtswissenschaft in Hauptrichtungen und Aufgaben kritisch erörtet* (1886-1891) e *L. von Ranke, die Generationslehre und der Geschichtsunterricht* (1893); a obra de Rümelin é o ensaio intitulado "Ueber den Begriff und die Dauer einer Generation" (em *Reden und Aufsätze*, vol. I, 1875). Ortega expôs sua teoria das gerações em várias obras, mas especialmente na mencionada no texto do artigo *En torno a Galileo* (conferências de 1933 [inclui a publicação de *Esquema de las crisis* da qual foi extraída a citação], *Obras completas*, V, 1947; 2ª ed., 1951, pp. 9-164; ed. separada, 1956) e em *El tema de nuestro tiempo* (1921). Mentré é autor do livro *Les générations sociales* (1920). Para Pinder ver *Das Problem der Generation in der Kunstgeschichte Europas*, 1926; 3ª ed., 1941 (trad. esp.: *El problema de las generaciones en la historia del arte en Europa*, 1946). Para Petersen é importante seu estudo "Die literarischen Generationen" no volume coletivo *Philosophie der Literaturwissenschaft*, ed. Ermatinger, 1930 (trad. esp.: "Las generaciones literarias", no volume: *Filosofía de la ciencia literaria*, 1946, pp. 137-193); esse ensaio de Petersen inclui, além disso, uma história da idéia de geração histórica. Para Drerup, ver *Das Generationsproblem in der griechischen und griechisch-römischen Kultur* (1933), aplicação da idéia de geração ao mundo antigo. Para Manheim, ver "Das Problem der Generation", *Kölner Vierteljahrshefte für Soziologie*, 7, Hefte 2-3 (1928). Para

Wechszler, ver: "Die Generation als Jugendgemeinschaft" (publicado em 1927); "Das Problem der Generation in der Geistesgeschichte" (*id.*, 1929).

Sobre a sociologia das gerações: Th. Litt, *Das Verhältnis der Generationen ehedem und heute*, 1947. — Paulo Crestella Sobrino e Irineu Strenger, *Sociologia das Gerações*, 1952. — Ernesto Máyz Vallenilla, *De las generaciones*, 1957.

Entre o que Marías chama de "ressonâncias espanholas" cabe mencionar o ensaio de Dámaso Alonso, "Una generación poética [1920-1936]", e antes o de Pedro Salinas, "El concepto de generación literaria aplicado a la del 98", de 1935 (incluído em *Literatura española del siglo XX*, 1941; 2ª ed., 1949). ⊂

GERACIONISMO. Ver ALMA (ORIGEM DA); TRADUCIANISMO.

GERAL. O termo 'geral' é utilizado na lógica (e freqüentemente na epistemologia e na metodologia) em dois sentidos.

1) Diz-se que um conceito é geral quando se aplica a todos os indivíduos de uma dada classe; o conceito *Homem*, por exemplo, é um conceito geral. O conceito geral distingue-se, neste caso, do conceito coletivo, que se aplica a um grupo de indivíduos enquanto grupo, mas não aos indivíduos componentes; por exemplo, o conceito *Rebanho* é um conceito coletivo, mas não geral. O termo 'geral' é às vezes utilizado no mesmo sentido que 'universal' (VER). No entanto, observou-se que essa confusão deveria ser evitada na medida do possível. Com efeito, 'geral' deve ser utilizado (como propõem Goblot e Maritain) somente no sentido de 'universal enquanto abstrato' e nunca no sentido de 'universal enquanto distributivo'. Deste modo, o conceito particular opõe-se ao conceito universal distributivo, mas não ao conceito universal enquanto abstrato. Além disso, isso torna possível que o conceito geral se oponha a um conceito menos geral ou menos universal, mas não a um conceito particular (cf. Maritain, *Petite Logique*, cap. I, seç. 2, § 4); por exemplo: o conceito *Homem* é mais geral que o conceito *Europeu*, e o conceito *Europeu* é mais particular que o conceito *Homem*.

2) Diz-se que um juízo é geral quando se refere a um número finito ou indefinido de indivíduos. Às vezes se confunde o juízo geral com o juízo coletivo. Segundo Goblot, essa confusão é inadmissível, pois, enquanto o juízo coletivo total funda-se nos juízos singulares que totaliza, o juízo geral não procede por totalização, mas por generalização de juízos singulares (cf. Goblot, *Logique*, § 110). Às vezes se identifica o juízo geral com o juízo universal. Essa confusão também é inadmissível; com efeito, enquanto é possível dizer 'é um juízo muito geral' não é possível dizer 'é um juízo muito universal'. Acrescentemos que o mencionado uso de 'geral' aplicado ao juízo funda-se na vaguidade de sua significação. Por esse motivo, Lalande recomenda (cf. *Vocabulário*, s. v. "Geral") que não se empregue 'geral' mas, conforme o caso, 'universal' ou 'genérico' quando se fala de um juízo ou de uma proposição. Essa recomendação é seguida por um certo número de lógicos e metodólogos no que diz respeito ao juízo. Por outro lado, no que diz respeito ao conceito, os lógicos clássicos continuam utilizando 'geral' e distinguindo-o de 'universal', enquanto os lógicos atuais evitam empregar o termo ou então o empregam consistentemente no sentido de 'universal'.

GERARD, ALEXANDER (1728-1795). Nascido em Aberdeenshire, foi professor de Filosofia Natural no "Marischal College" de Aberdeen (1752-1760), professor de teologia ("Divinity") no mesmo "College" (1760-1771) e professor da mesma disciplina no "King's College", de Aberdeen. Influenciado por Shaftesbury, Hutcheson e Hume, Gerard desenvolveu teorias sobre o gosto e o gênio. Suas idéias sobre o gênio (VER) impressionaram muito Kant. Segundo Gerard, o bom gosto (*fine taste*) "não é completamente um dom da *natureza* nem completamente um dom da *arte*. Deriva sua origem de certos poderes naturais no espírito, mas esses poderes só podem alcançar a perfeição quando recebem o auxílio de uma educação (*culture*) adequada" (*On Taste*, I). O gosto faz progredirem os princípios chamados de "poderes da imaginação", permitindo aos homens possuir percepções mais sutis que as que têm mediante os sentidos externos. Há vários princípios do gosto, ou bom gosto, que, devidamente combinados, o impulsionam, corrigem e aperfeiçoam. Gerard afirma que o gosto é uma parte ou um ingrediente essencial do gênio segundo se considere este último em sua maior ou menor extensão. O gênio consiste fundamentalmente na invenção, que se funda, por sua vez, na imaginação e na capacidade de associar idéias aparentemente distantes entre si. O gênio é uma espécie de "grande arquiteto" que não somente escolhe os materiais, mas "os dispõe em uma estrutura regular". Assim, gosto e gênio estão estreitamente vinculados, já que ambos procedem da imaginação, mas isso não significa que haja um estrito paralelismo do gosto com o gênio; a rigor, há diversas proporções de gosto no gênio, e inclusive há freqüentemente relações inversas entre ambos. O ideal da união do gosto com o gênio raramente é alcançado, mas quando isso ocorre produz-se uma excepcional combinação de criação e de crítica.

⊃ Obras: *A Man of Education*, 1745. — *An Essay on Taste*, 1759; 2ª ed., rev., 1764; 3ª ed., ampl., 1780 (reimp., 1971, 1970, 1963, respectivamente). — *The Influence of the Pastoral Office on the Caracter Examined, with a View specially to Mr. Hume's Representation of the Spirit of that Office*, 1760. — *Dissertation on Subjects Relating to Genius and the Evidences of Christianity*, 1766. — *An Essay on Genius*, 1774. — *Sermons*, 2 vols., 1780.

Ver: W. J. Hipple, *The Beautiful, the Sublime, and the Picturesque in Eighteenth-Century British Aesthetic Theory*, 1957. — J. Stolnitz, "'Beauty': Some Stages in the History of an Idea", *Journal of the History of Ideas*, 22 (1961), 185-204. — P. Kivy, *The Seventh Sense: A Study of Francis Hutcheson's Aesthetics and its Influence in Eighteenth-Century Britain*, 1976. ○

GERBERTO DE AURILLAC (*ca.* 930-1003). Nascido em Auvergne, foi monge em Aurillac, viveu na Espanha cristã de 967 a 970, estudou em Reims e foi bispo em Reims e Ravena. Promovido ao papado em 999 com o nome de Silvestre II, deu, com sua atividade docente e seus comentários aos escritos lógicos e teológicos, um novo impulso à especulação filosófica e à dialética por meio de seus numerosos discípulos, particularmente de Fulberto, iniciador da escola de Chartres (VER). Gerberto é autor, entre outras obras, do tratado *De rationale et ratione uti*, no qual debate o problema da distinção dos predicados em essenciais e acidentais, problema que atinge o cerne da controvérsia dos universais (VER). Gerberto não nega a incompreensibilidade dos mistérios expressos nos dogmas, mas confia na força da dialética para penetrar, na medida do possível, dentro deles. Por isso a filosofia é, para Gerberto, como Picavet mostrou, "o estudo por excelência, que realiza a síntese entre a especulação e a prática" (*op. cit. infra*, p. 136). O interesse pela função do raciocínio e pelo que lhe permite descobrir nas predicações, o interesse pela matemática e pela apropriação da sabedoria antiga fazem de Gerberto uma figura sobre a qual se teceu a lenda da "sabedoria mágica", mas o saber profano de Gerberto estava continuamente dirigido à busca do equilíbrio entre razão e fé que constituiu precisamente uma das aspirações capitais da filosofia da Idade Média. Assim, Gerberto foi "um pensador original, menos pelas idéias das quais foi propagador que pelo sistema no qual as fez entrar" (*op. cit.*, p. 219). Esse sistema pode ser chamado de sistema da fé razoável, que não nega a autoridade, mas ressalta que, em última análise, ela não vem dos homens, mas de Deus.

○ Edição do *De rationale et ratione uti* e de *De corpore et sanguine Domini* em Pez, *Thesaurus anecdotae novissimae*, I, 2, 1721. Na *Patrologia latina* de Migne figuram no tomo CXXXIX. Ver também A. Olleris, *Oeuvres de Gerbert, collationées sur les manuscrits, précédés de sa biographie, suivies de notes critiques*, 1867. — *Lettres der Gerbert (983-997)*, por J. Havet, 1889. — Obras matemáticas: *Gerberti opera mathematica (972-1003)*, por N. Bubnov, 1899; reimp., 1963 (uma parte das obras matemáticas já tinha sido publicada por V. Cousin em *Ouvrages inédits d'Abélard*, 1836). — Boubnov editou também a correspondência de Gerbert: *De exemplari epistolarum Gerbertinarum ejusque auctoritate historica. Monographia critica ad eodem fidem conscripta*, I, 1888; II, fasc. 1, 1889; II, fasc. 2, 1890 (ver também *The Letters of Gerbert, with His Papal Privileges as Sylvester II* [trad. inglesa e introd. de H. P. Lattin], 1961).

Ver: C. F. Hock, *Gerbert oder Papst Sylvester II und sein Jahrhundert*, 1837. — Max Büdinger, *Ueber Gerberts wissenschaftliche und politische Stellung*, 1851. — G. Friedlein, *Gerbert, die Geometrie des Boëthius und die indischen Ziffern*, 1861. — Tappe, *Gerbert, oder Papst Sylvester II und seine Zeit*, 1869. — A. Franck, "Gerbert (Le Pape Sylvestre II). État de la philosophie et des sciences au Xe siècle" (em *Moralistes et philosophes*, 1872, pp. 1-46). — Karl Werner, *Gerbert von Aurillac, die Kirche und Wissenschaft seiner Zeit*, 2ª ed., 1881. — J. Havet, *L'écriture secrète de Gerbert*, 1887. — H. Weissenborn, *Gerbert. Beiträge zur Kenntnis der Mathematik des Mittelalters*, 1888. — Id., *Zur Geschichte der Einführung der jetzigen Ziffern dur Gerbert*, 1892. — F. Picavet, *Gerbert, un pape philosophe d'après l'histoire et d'après la légende*, 1897 (reimp., 1969-1970). — J. Leflon, *Gerbert, Humanisme et Chrétienté au Xe siècle*, 1946. — U. Lidgren, "Gerbert von Aurillac und das Quadrivium. Untersuchung zur Bildung im Zeitalter der Ottonen", *Sudhoffs Arch. Zeitschrift für Wissenschaftsgeschichte*, Beih. 18 (1976). ○

GERDIL, GIACINTO SIGISMONDO [GIOVANNI FRANCESCO] (1718-1802). Nascido em Samoens (Savóia), foi professor na Universidade de Turim e Cardeal da Igreja. Gerdil é considerado um dos seguidores do cartesianismo (VER), mas deve-se levar em conta que seu cartesianismo é de tipo malebranchiano. Autor muito fecundo, incansável polemista, Gerdil opôs-se ao antiinatismo de Locke, ao racionalismo de Leibniz e Wolff, à filosofia natural de Newton e à pedagogia de Rousseau. Apoiou-se inteiramente em Malebranche para tentar demonstrar que toda explicação, seja da natureza ou do homem e da sociedade, funda-se em uma "visão de Deus". Essa "visão de Deus" não é uma visão direta de Deus, pois nesse caso o homem seria, como Deus, infinito e perfeito. A "visão das coisas em Deus" ainda é uma visão imperfeita, como a que corresponde à criatura, mas mesmo essa visão imperfeita seria impossível sem Deus. Gerdil negou totalmente que houvesse "causas verdadeiras" nos processos naturais e seguiu, extremando-o por motivos teológicos, o ocasionalismo (VER). Em muitos casos aproximou-se de um imaterialismo radical e foi um precursor do ontologismo italiano. Contra Rousseau e também contra Hobbes, Gerdil afirmou o caráter "naturalmente social" do homem; sobre esse caráter deve se fundar toda a educação.

○ Entre as numerosas obras de G. figuram: *L'immatérialité de l'âme démontrée contre Mr. Locke par les mesmes principes par les quels ce philosophe démontre l'existence et l'immatérialité de Dieu*, 1747. — *Défense du sentiment du père Malebranche sur la nature et l'origine des idées contre l'examen de Mr. Locke*, 1748. — *Introduzione allo studio della religione*, I, 1755. — *Anti-Émile ou Réfléxions sur la théorie et la pratique de l'éducation, contre les principes de Mr. Rousseau*, 1763. — *Discours philosophiques sur l'homme considéré relativement à l'état de nature et à l'état de société*, 1769. — *De l'homme sous l'empire de la loi*, 1774. — *Elementorum moralis prudentiae juris specimen*, 1774. — *Osservazioni sul modo di spiegare gli atti intellettuali della mente umana per mezzo della sensibilità fisica, proposto dall'autore del "Sistema della natura"*, 1776.

Muitos trabalhos de G. foram publicados nos *Mélanges de philosophie et de mathématiques de la Société Royale*; entre eles: "Mémoire de l'Infini absolu considéré dans la grandeur", "Discours philosophique sur l'homme considéré relativement à l'état de nature e à l'état de société", "Esame e confutazione de' principi della filosofia wolffiana sopra la nozione dell'estesso e della figura". Alguns desses trabalhos apareceram no volume *Recueil de Dissertations sur quelques principes de philosophie et de religion*, 1760.

Obras: *Opere*, 1784-1791. — *Opere edite ed inedite*, 1853-1856. A edição em 20 vols., 1806-1820, foi reimp. em 1974.

Ver: A. Lantrua, *G. S. G., filosofo e pedagogista nel pensiero italiano del secolo XVIII*, 1852 (com bibliografia). — A. Vesco, *Revisione dell'ontologismo di G. S. G.*, 1946. — J. W. Yolton, "French Materialist Disciples of Locke", *Journal of the History of Philosophy*, 25 (1987), 83-104. ∁

GERSON, JOÃO. Ver JOÃO GERSON.

GERSÔNIDES (nome latinizado de **LEVI BEN GERSON**, também chamado de **RALBAG**, de RAbi-LeviBAnGerson) (1288-1344). Nascido em Banyuls, sul da França, foi um dos mais importantes comentadores judeus de Aristóteles. Em seus comentários seguiu em grande parte a Averróis, fazendo em muitos casos comentários aos comentários de Averróis. Em sua obra capital *As guerras do Senhor* (cf. bibliografia *infra*), Gersônides tratou temas teológicos e filosóficos capitais, como a imortalidade da alma, a providência divina e a criação do mundo. Considerou a razão como a mais alta fonte de conhecimento; em virtude da razão, afirma Gersônides, deve-se aceitar a infusão do intelecto ativo no intelecto material, que se transforma em atual. O intelecto atual é o único que sobrevive à morte dos indivíduos. Gersônides sustentou uma doutrina distinta da de Maimônides no que diz respeito à natureza dos atributos divinos, incluindo o conhecimento que Deus tem (cf. ANTECIPAÇÃO, *supra*). Há uma relação de ambigüidade entre atributos divinos e humanos que os torna distintos, mas não mutuamente excludentes. O conhecimento que Deus tem, sendo um conhecimento de universais, não afeta atos humanos particulares. No que diz respeito à noção de criação, Gersônides afirmou que o tempo não pode ser infinito; a criação do tempo surgiu com a do mundo. Há uma matéria-prima que não tem nenhuma forma e que não possui atributos positivos (só puramente negativos, entre eles a possibilidade do mal). Deus criou o mundo dando forma a essa matéria-prima. O que não recebeu a forma imposta por Deus possibilita o mal, que desse modo não pode ser atribuído a Deus.

∋ O título hebraico da obra citada acima é *Mihamot Adonai*, publicada em 1560; reimp., 1866.

Ver: J. Karo, *Untersuchungen zu L. b. G.*, 1935. — H. A. Wolfson, "Maimonides and Gersonides on Divine Attributes as Ambiguous Terms", em M. Davis, ed., *Mordecai Kaplan Jubilee Volume*, 1953, pp. 515-530. A relação, às vezes muito próxima, entre idéias de Gersônides e idéias de Spinoza foi examinada pelo citado Wolfson em seu *The Philosophy of Spinoza. Unfolding the Latent Processes of His Reasoning*, 2 vols., 1934. Referimo-nos a um aspecto dela em AMOR DEI INTELLECTUALIS, mas deve-se levar em conta que em muitos casos Spinoza seguia tradições intelectuais das quais Gersônides era um elo; não se trata necessariamente de influências diretas ou únicas de Gersônides sobre Spinoza. — Schlomo Pines, *Scholasticism after Thomas Aquinas and the Teachings of Hasdai Crescas and His Predecessors*, 1967. — Norbert Samuelson, "Gersonides' Account of God's Knowledge of Particulars", *Journal of the History of Philosophy*, 10 (1972), 399-416. — Charles Touati, *La pensée philosophique et théologique de G.*, 1973. — Robert Max Samuelson, *G. on God's Knowledge*, 1977. — S. T. Katz, *Jewish Philosophers*, 1975. — J. J. Staub, *The Creation of the World According to Gersonides*, 1982. — T. M. Rudavsky, "Individuals and the Doctrine of Individuation in Gersonides", *New Scholasticism*, 56 (1982), 30-50. — Id., "Divine Omniscience and Future Contingents in Gersonides", *Journal of the History of Philosophy*, 21 (1983), 513-536. — Id., "Creation, Time and Infinity in Gersonides", *ibid.*, 26 (1988), 25-44. — D. Burrell, "Maimonides, Aquinas, and Gersonides on Providence and Evil", *Religious Studies*, 20 (1984), 335-352. — C. H. Manekin, "Problems of 'Plenitude' in Maimonides and Gersonides", em *A Straight Path: Studies in Medieval Philosophy and Culture*, 1988. — Id., *The Logic of Gersonides*, 1992. ∁

GESTALT. Ver ESTRUTURA.

GEULINCX, ARNOLD (1624-1669). Nascido em Antuérpia, estudou e foi professor (1646-1658) em Louvain. Em 1658 foi afastado de sua cátedra por escassa ortodoxia teológica e filosófica. No mesmo ano mudou-se para

Leiden e renunciou à fé católica para abraçar o calvinismo. Foi professor em Leiden de 1665 até sua morte.

Embora formado na tradição escolástica, Geulincx recebeu forte influência do cartesianismo, adotando um ponto de partida cartesiano segundo o qual a ciência primeira se transforma em *scientia de meo ipso*, ou "*autologia*". Em certos momentos Geulincx parecia vacilar entre uma apresentação *ad mentem peripateticam* e uma apresentação *vera*, isto é, *sui fundamentis restituta*. A última predominava sobre a primeira.

Segundo Geulincx, não pode ocorrer nenhuma ação e tampouco pode ocorrer qualquer efeito se a entidade atuante não tem consciência de efetuar a ação. O espírito humano, ou a alma, tem consciência das mudanças que ocorrem em seu interior, mas não das que ocorrem quando há um movimento do corpo. Por conseguinte, deve-se concluir que o espírito não produz nenhuma mudança no corpo. Tampouco um corpo pode produzir uma mudança no espírito; na verdade, um corpo não pode produzir nem sequer uma mudança em outro corpo, por carecer de consciência de ser a causa de um efeito. Descartes levantava o problema de um dualismo entre a substância pensante e a extensa. Geulincx extrema essa posição no que diz respeito à relação entre os próprios corpos. Contudo, é preciso buscar uma explicação para o fato de ocorrerem mudanças entre espíritos e corpos, por um lado, e corpos entre si, por outro. A solução oferecida por Geulincx é conhecida pelo nome de "ocasionalismo" (VER), tendência de que é considerado um dos mais importantes representantes. Ela consiste em afirmar que o verdadeiro agente dos intercâmbios é Deus. O que se chama de "causa" é antes uma "ocasião" para que Deus intervenha e torne possível a influência recíproca. Pode-se pensar que Deus intervém em cada momento e de acordo com o seu arbítrio completo, ou que interveio desde o princípio regulando os intercâmbios de tal modo que eles se produzam como se fossem relações de causa e efeito. A opinião de Geulincx a esse respeito parece ser a de que Deus intervém efetivamente, mas não em cada momento ou "ocasião" e segundo as "exigências" do momento ou da "ocasião", mas de acordo com leis de caráter geral.

Em sua concepção da natureza dos corpos e dos espíritos em sua relação com Deus, Geulincx adotou um ponto de vista que é às vezes similar ao de Malebranche e às vezes parece aproximar-se do de Spinoza. Corpos e espíritos são modos de um corpo e um espírito infinitos. Diferentemente de Spinoza, Geulincx não afirmou que esse corpo e esse espírito sejam simplesmente atributos de uma única substância, isto é, Deus. Entretanto, considerou que os espíritos estão em Deus, de modo que, analogamente a Malebranche, parece que, se vemos algo, o vemos em Deus.

Na lista de obras de Geulincx, a que parece ocupar uma posição central é sua Ética, publicada postumamente, embora (cf. *infra*) precedida por vários escritos sobre o assunto. De acordo com isso, os principais interesses de Geulincx eram morais; mas o lugar da "Ética" em Geulincx é similar ao que tem a obra de mesmo título em Spinoza: os problemas éticos, embora importantes, são formulados dentro de uma concepção metafísica. Para Geulincx, a ética é a ciência da virtude (*Tractatus ethicus primus*, I, iii); o "prêmio da virtude é o fim da obra" e não o fim da operação que a virtude realiza. A virtude aparece sob quatro formas fundamentais: a diligência, a obediência, a justiça e a humildade. As duas primeiras formas concernem principalmente à razão, já que consistem em atender à razão, teórica e prática, e em segui-la. A terceira forma concerne à vontade; a última, à negação de si mesmo por amor a Deus.

➲ Obras: *Quaestiones quodlibeticae*, 1653 (a 2ª ed. apareceu em 1665 sob o título *Saturnalia seu Quaestiones quodlibeticae*). — *Logica fundamentis suis, a quibus hactenus collapsa fuerat restituta*, 1662. — *Methodus inveniendi argumenta, quae solertia quibusdam dicitur*, 1663. — Após a morte de Geulincx apareceu a Ética "completa" com o título Γνῶθι σεαυτόν *sive A. Geulincx Ethica. Post tristia auctoris fata omnibus suis partibus in lucem edita per Philarethum* (pseudônimo de Cornelius Bontekoe), 1675. A Ética foi precedida por vários escritos, como: *Disputatio ethica de virtute et primis eius proprietatibus*, 1664, e *A. Geulincx Antverpiensis De virtute et primis eius proprietatibus quae vulgo virtutes cardinales vocantur. Tractatus ethicus primus*, 1665 (ed., com trad. francesa e introd., por H. J. de Vleerschauwer, 1961). — Também apareceram após a morte do autor a *Physica vera*, 1688; a *Metaphysica vera et ad mentem peripateticam*, 1691; e anotações aos Princípios, de Descartes: *Annotata praecurrentia y Annotata maiora*, 1690-1691. — Edição de obras por J. P. N. Land: *Opera philosophica*, 3 vols., Antuérpia: I, 1891; II, 1892; III, 1893; nova ed., rev. e ampl., 5 vols., 1963-1972, ed. H. J. de Vleerschauwer. — Há ainda vários manuscritos inéditos [na biblioteca de Leiden] com as aulas de Geulincx sobre os princípios da filosofia cartesiana, metafísica, física, lógica e ética.

Ver: E. Grimm, *A. Geulincxs Erkenntnistheorie und Occasionalismus*, 1875. — Edmund Pfleider, *A. Geulincx als Hauptvertreter der occasionalistischen Metaphysik und Ethik*, 1882. — Id., *Leibniz und Geulincx mit besonderer Beziehung auf ihr beiderseitiges Uhrengleichnis*, 1884. — E. Göpfert, *Geulincxs ethisches System*, 1883. — G. Samtleben, *Geulincx, ein Vorgänger Spinozas*, 1885. — J. P. N. Land, *A. Geulincx te Leyden (1658-1669)*, 1886. — Id., *A. G. und seine Philosophie*, 1895. — V. van der Haeghen, *G. Étude sur sa vie, sa philosophie et ses oeuvres*, 1886. — Martin Paulinus, *Die Sittenlehre Geulincxs, dargestellt in ihrem Zusammenhange mit der Metaphysik und beurteilt in ihrem Verhältnisse zu der Sittenlehre Spinozas*, 1892 (tese).

— E. Terraillon, *La morale de G. dans ses rapports avec la philosophie de Descartes*, 1912. — Alessandro Ottaviano, *Arnoldo Geulincx*, 1933. — P. Hausmann, *Das Freiheitsproblem bei G.*, 1934. — H. J. de Vleerschauwer, *Three Centuries of G. Research*, 1957. — Italo Mancini, *A. G.: Etica e metafisica*, 1964. — H. J. de Vleerschauwer, *Plans d'études au XVIIe siècle*, II: *Le plan d'études d'A. G.*, 1964. — Alain de Lattre, *L'occasionalisme d'A. G.: Étude sur la constitution de la doctrine*, 1967; a esta obra se refere diretamente: G. Malbreil, "L'occasinalisme d'Arnold Geulincx", *Archives de Philosophie*, 37 (1974), 77-105. — Id., *G.*, 1970. — H. J. de Vleeschauwer, "Ha Arnold Geulincx letto il 'de la sagesse' di Pierre Charron?", *Filosofia*, 25 (1974), 117-134, 373-388. — Id., "Les sources de la pensée d'Arnold Geulincx (1624-1669)", *Kantstudien*, 69 (1978), 378-402. — B. Cooney, "Arnold Geulincx: A Cartesian Idealist", *Journal of the History of Philosophy*, 16 (1978), 167-180. — H. G. Hubbeling, "Arnold Geulincx, origineel vertegenwoordiger van het cartesiospinozisme", *Alg. Ned. Tijdschr. Wijs.*, 75 (1983), 70-80. — V. Chapell, *Essays on Early Modern Philosophers*, no vol. 3: *Cartesian Philosophers*, 1992. ⊂

GEYMONAT, LUDOVICO. Ver Neo-racionalismo.

GEYSER, JOSEPH (1869-1948). Nascido em Erkelenz (Renânia), professor em Münster a partir de 1911, em Friburgo a partir de 1917 e em Munique a partir de 1924, foi um dos principais representantes da neo-escolástica contemporânea trabalhou sobretudo nos problemas de lógica, metafísica e teoria do conhecimento, elaborando uma síntese não somente das doutrinas neo-escolásticas, incluindo, evidentemente, o tomismo, mas também da escolástica com várias tendências filosóficas contemporâneas, particularmente a fenomenologia de Husserl, ao menos na medida em que foi fiel ao ponto de vista do realismo gnoseológico. Isso se mostra sobretudo em sua idéia da lógica, que Geyser tratou de um ponto de vista teórico, depurada de todo psicologismo, mas também de todo ontologismo — sem recorrer, por causa disso, a um formalismo. A vinculação da teoria do pensamento lógico com a teoria do ser não significa para Geyser, com efeito, a supressão da peculiar autonomia do lógico; a coexistência da vinculação e da autonomia torna-se possível, em seu entender, porque nem o lógico é concebido como princípio do real nem o real é entendido, de modo unilateral, como a representação das existências, mas, de modo amplo, como a série, ordem e hierarquia das objetividades. Em última análise, é o sistema das objetividades que possibilita a estrutura cognoscitiva das realidades. Geyser ocupou-se também das questões relativas à relação entre lógica e realidade em sua doutrina da "eidologia", ou seja, em sua teoria das formas das significações, enquanto distintas dos conceitos. As "formas" são, a rigor, produtos de uma intuição transcendental que nos leva à possibilidade do concreto enquanto concreto e permite solucionar o problema suscitado pela crescente pobreza de conteúdo do conhecimento conceitual ao eliminar, juntamente com o conteúdo, a forma e a significação (ver Eidética).

Outros autores que seguiram um caminho parecido com o de Geyser são Wladislaus Switalski (nasc. em 1875 em Kranbel [Prússia], influenciado por Theodor Lipps e Hans Cornelius: *Der Calcidium Kommentar zu Platos Timaios*, 1899 [tese]; *Das Leben der Seele*, 1907; *Vom Denken und Erkennen*, 1914; *Der Wahrheitssinn*, 1917; *Die Idee als Gebilde und Gestaltungsprinzip des geistigen Lebens*, 1918; *Probleme der Erkenntnis*, 2 vols., 1923; *Die Philosophie, ihr Sinn und ihre Bedingtheit*, 1927; *Deuten und Erkennen*, 1928; *Geist und Gesinnung*, 1932) e, em alguns aspectos, J. Hessen (ver).
⊃ Principais obras: *Das philosophische Gottesproblem in seiner wichtigsten Auffassungen*, 1899 (*O problema filosófico de Deus em suas concepções mais importantes*). — *Grundlegung der empirischen Psychologie*, 1902 (*Fundamentação da psicologia empírica*). — *Naturerkenntnis und Kausalgesetz*, 1906 (*Conhecimento da natureza e lei causal*). — *Lehrbuch der allgemeinen Psychologie*, 1908 (*Manual de psicologia geral*). — *Einführung in die Psychologie der Denkvorgänge*, 1909 (*Introdução à psicologia dos processos do pensar*). — *Grundlagen der Logik und Erkenntnislehre*, 1909 (*Fundamentos de lógica e de teoria do conhecimento*). — *Die Seele: ihr Verhältnis zum Bewusstsein und zum Leibe*, 1914 (*A alma: sua relação com a consciência e com o corpo*). — *Allgemeine Philosophie des Seins und der Natur*, 1915 (*Filosofia geral do ser e da natureza*). — *Neue und alte Wege der Philosophie. Eine Erörterung der Grundlagen der Erkenntnis im Hinblick auf E. Husserls Versuch ihrer Neubegründung*, 1916 (*Novos e velhos caminhos da filosofia. Uma discussão sobre as bases do conhecimento considerando a tentativa de E. H. de refundamentá-lo*). — *Die Erkenntnistheorie des Aristoteles*, 1917. — *Ueber Wahrheit und Evidenz*, 1918 (*Sobre verdade e evidência*). — *Eidologie oder Philosophie als Formerkenntnis. Ein philosophischer Program*, 1921; 2ª ed., 1930 (*Eidologia ou filosofia como conhecimento da forma. Um programa filosófico*) (breve escrito programático). — *Intellekt oder Gemut. Eine philosophische Studie über R. Ottos Buch "Das Heilige"*, 1921 (*Intelecto ou sentimento. Estudo filosófico sobre o livro de R. Otto "O santo"*). — *Abriss der allgemeinen Psychologie*, 1922 (trad. esp.: *Diseño de psicología general*, 1927). — *Einige Hauptprobleme der Metaphysik*, 1923 (*Alguns problemas capitais da metafísica*). — *Augustin und die phänomenologische Religionsphilosophie der Gegenwart*, 1923 (*Santo A. e a atual filosofia fenomenológica da religião*). — *Max Schelers Phänomenologie der Religion*

nach ihren wesentlichsten Lehren allgemeinverständlich dargestellt und beurteilt, 1924 (*A fenomenologia da religião, de M. S., apresentada e julgada na forma geral mais acessível, com base em suas doutrinas mais essenciais*). — *Die mittelalterliche Philosophie*, 1925 (*A filosofia medieval*). — *Auf dem Kampffelde der Logik*, 1926 (*No campo de batalha da lógica*). — *Das Prinzip vom zureichenden Grunde*, 1930 (*O princípio de razão suficiente*). — *Das Gesetz der Ursache: Untersuchungen zur Begründung des allgemeinen Kausalgesetzes*, 1933 (*A lei causal. Investigações para a fundamentação da lei causal geral*).

Auto-exposição em *Deutsche systematische Philosophie nach ihren Gestalten*, II, 1934.

Em honra a Geyser: *Philosophia perennis*, 2 vols., 1930, ed. F. J. Rintelen (com bibliografia). — Ver também: J. Rössli, *Das Prinzip der Ursache und des Grundes bei J. G.*, 1940. — H. Gabel, *Theistische Metaphysik im Ausgleich von Idealismus und Realismus. Das Problem der natürlichen Gotteserkenntnis bei J. G.*, 1957. ◖

GIACON, CARLO (1900-1984). Nascido em Pádua, membro da Companhia de Jesus, deu aulas na Pontifícia Faculdade de Filosofia do Instituto "Aloisianum" de Gallarate, na Universidade Católica de Milão, nas Universidades de Pavia e de Pádua, na Universidade de Messina a partir de 1951, e a partir de 1958 na de Pádua. Giacon foi um dos principais promotores do "movimento de Gallarate" (VER). Foi secretário do Centro de Estudos Filosóficos de Gallarate e diretor da *Enciclopédia Filosófica Italiana* que, embora atenta a diversas orientações filosóficas, expressa em grande parte as diretrizes cristãs espiritualistas que caracterizam o "movimento" citado. Ele se distinguiu por seus estudos históricos sobre a chamada "segunda escolástica", ou escolástica "tardia", mostrando sua fecundidade filosófica contra aqueles que a consideraram expressão da decadência da escolástica clássica medieval. Para Giacon, o tomismo não é simplesmente o auge de uma das correntes filosóficas medievais, mas expressão de uma grande síntese helênico-cristã que prossegue na segunda escolástica, a qual não é contrária ao pensamento moderno, mas anda lado a lado com ele. Isso força uma reinterpretação do pensamento tomista, no qual se encontram muitos elementos agostinianos, assim como do pensamento moderno, que não é incompatível com o tomista. Com efeito, no fundo dessas diversas "filosofias" lateja um núcleo de verdades fundamentais, que se manifesta ou como uma série de idéias inatas, ou como um princípio de afirmação do ser absoluto ou, inclusive, como entre os empiristas, como um conjunto de crenças sem as quais não seria possível um conhecimento do mundo. A rigor, para Giacon todas as grandes tendências filosóficas expressam uma mesma atitude fundamental, que é a da mente diante da realidade. Em contato com a realidade e com a experiência, a mente estabelece certos princípios ontológicos básicos, que podem expressar-se posteriormente em doutrinas muito diversas — ou aparentemente diversas.

◖ Principais obras: *Guglielmo di Occam. Saggio storico-critico sulla formazione e sulla decadenza della Scolastica*, 2 vols., 1941. — *Il problema della trascendenza. Saggi e studi di filosofia contemporanea*, 1942. — *La verità cattolica*, 2 vols., 1943. — *La Seconda Scolastica*, 3 vols., 1944-1950. — *Le grandi tesi del tomismo*, 1945; 3ª ed., 1967. — *Scienza e filosofia. Studi e saggi storici*, 1946. — *Il divenire in Aristotele. Dottrina e testi*, 1947. — *Motivi plotiniani*, 1950. — *La causalità nel razionalismo moderno*, 1954. — *Interiorità e metafisica: Aristotele, Plotino, s. Agostino, s. Bonaventura, s. Tommaso, Rosmini*, 1964. — *I primi concetti metafisici. Platone, Aristotele, Plotino, Avicenna, Tommaso*, 1968.

Auto-exposição: "La mia prospettiva filosofica", *La filosofia contemporanea in Italia*, 1958, pp. 235-246.

Ver: G. Soleri, *Osservazioni sul "Problema della trascendenza nella filosofia contemporanea"*, 1943. — G. Penso, "'Interiorità e metafisica' o la 'scintilla rationis' secondo C. G.", *Studia patavina* (1965), 330-342. — S. Arcoleo, "La rinascita degli studi aristotelici in Italia dal 1961 ad oggi. Parte quarta: dal 1968 al 1972", *Rivista di Filosofia Neo-Scholastica*, 67 (1975), 688-714. — A. Rigobello, "Il pensiero moderno nella valutazione di Carlo Giacon", *ibid.*, 77 (1985), 635-644. ◖

GIL DE LESSINES. Ver EGÍDIO DE LESSINES.

GIL DE ROMA. Ver EGÍDIO ROMANO.

GILBERTO PORRETANO (ca. 1076-1154), Gilbertus Porretanus ou Pictaviensis. Nascido em Poitiers, bispo de Poitiers a partir de 1142, discípulo de Bernardo de Chartres e chanceler das Escolas de Chartres (VER), distinguiu-se filosoficamente sobretudo por sua análise das categorias aristotélicas. Estas foram divididas por Gilberto em dois grupos. De um lado estão a substância, a quantidade, a qualidade e a relação; de outro estão o lugar, o tempo, a situação, a condição, a ação e a paixão. As quatro primeiras categorias são as chamadas formas inerentes. As últimas seis formas ou princípios são as formas acessórias ou "assistentes". As primeiras são princípios da substância ou, melhor, são a própria substância e seus modos inerentes. As últimas são determinações da substância que não lhe pertencem senão de maneira adjacente, embora, a rigor, com diversos graus de pertença, desde a mais intrínseca, como a situação, até a mais extrínseca, como a condição. Tratava-se, pois, de averiguar qual era o *status* de cada categoria e, em última análise, de solucionar o problema dos universais e determinar a relação entre Deus e as formas. Gilberto sustenta no que se refere a este ponto uma afirmação muito próxima do realismo, mas de modo algum sob uma forma simples. Com efeito, distingue as idéias divinas das formas que são meras cópias ou modelos exemplares das coisas sensíveis. O problema dos universais tem sentido, segundo Gilberto, precisamente quando se refere a esses modelos, que constituem a trama inteligível do sensível ou, melhor, aquilo pelo que a coisa determinada é o que é, na medida em que, sem dúvida, pode-se dizer participando no que é. Esse realismo das essências explicaria, por conseguinte, o que cada ser tem de inteligibilidade, mas também o que tem de substância e, em parte, de essência. Ora, o que acontece com o criado não ocorre com Deus nem com as idéias divinas; nesse caso há uma essência que coincide com seu ser e com a causa pela qual é. Daí que só Deus propriamente seja, e que todos os demais entes estejam compostos de ser e, em parte, de algo que não são.

O considerável número de seguidores de Gilberto fez que se falasse de "os porretanos" (*Porretani*). O mais conhecido deles é Alano de Lille (VER). Menciona-se também a este respeito Nicolau de Amiens (VER) e Raul Ardent, assim como os autores das *Sententiae divinitatis*, publicadas por B. Geyer e consideradas "o livro de sentenças da escola de Gilberto". Algumas conseqüências teológicas das doutrinas de Gilberto foram condenadas em 1147 e 1148, principalmente pela intervenção de São Bernardo, que evidenciou seu caráter heterodoxo.

➲ Além de comentários aos *Salmos* e aos *Opúsculos teológicos* de Boécio, Gilberto escreveu o comentário *De sex principiis*, no qual está sua doutrina filosófica e teológica. Edição de Migne, *P. L.* LXIV e CLXXXVIII. Edição crítica das *Sententiae divinitatis* por B. Geyer, *Die Sententiae divinitatis, ein Sentenzenbuch der Gilbertschen Schule*, 1909; reimp., 1966. — Ed. de *Liber de sex principiis*, por A. Heysse, O. F. M., 1953.

Ver: H. Usener, "Gilbert de la Porrée" (*Jahrbuch für protestantische Theologie*, 5 [1879], 183-192, incluído em *Kleine Schriften*, IV, 1913). — A. Berthaud, *Gilbert de la Porrée et sa philosophie*, 1892; reimp., 1973. — A. Clerval, *Les écoles de Chartres au moyen âge, du Ve au XIVe siècle*, 1895. — A. Hayen, "Le concile de Reims et l'erreur théologique de Gilbert de la Porrée", *Archives d'histoire doctrinale et littéraire du moyen âge*, 10-11 (1935-1936), 29-102. — M. H. Vicaire, "Les Porrétains et l'avicennisme avant 1215", *Revue des sciences philosophiques et théologiques*, 26 (1937), 449-482. — M. E. Williams, *The Teachings of G. Porreta on the Trinity as found in His Commentaries on Boetius*, 1951. — S. Vanni-Rovighi, "La filosofia di G. P.", *Miscellanea del Centro di Studi Medievali* (Milão), 1956, pp. 1-64. — Martin Anton Schmidt, *Gottheit und Trinität nach dem Kommentar des Gilbert Porreta zu Boethius De trinitate*, 1956. — A. Dondaine, *Écrits de la "petite école" porretaine*, 1962. — H. C. Van Elswijk, *Gilbert Porreta: Sa vie, son oeuvre, sa pensée*, 1966. — J. Miethke, "Theologenprozesse in der ersten Phase ihrer institutionellen Ausbildung: die Verfahren gegen Peter Abaelard und Gilbert von Poitiers", *Viator*, 6 (1975), 87-116. — B. Maioli, *Gilberto Porretano. Dalla grammatica speculativa alla metafisica del concreto*, 1979. — L. O. Nielsen, *Theology and Philosophy in the Twelfth Century: A Study of G. Porreta's Thinking and the Theological Expositions of the Doctrine of the Incarnation during the Period 1130-1180*, 1982. — J. Jolivet, A. de Libera, eds., *G. de Poitiers et ses contemporains*, 1987. — L. M. De Rijk, "Semantics and Metaphysics in Gilbert of Poitiers: A Chapter of Twelfth Century Platonism", 1ª parte, *Vivarium*, 26 (1988), 73-112; 2ª parte, *ibid.*, 27 (1989), 11-35. — J. Jolivet, "Trois variations médiévales sur l'universel et l'individu: Roscelin, Abelard, Gilbert de la Porrée", *Revue de Métaphysique et de Morale*, 97 (1) (1992), 111-155. ➲

GILSON, ÉTIENNE (1884-1978). Nascido em Paris, professor na Universidade de Estrasburgo, na Sorbonne, no Collège de France e em Toronto (Canadá), onde fundou, em 1929, o *Institute of Mediaeval Studies*, um dos mais importantes centros do neotomismo (VER). Ele se destacou nesse movimento por seus estudos e sínteses de filosofia medieval, especialmente por suas investigações acerca da influência exercida pelo pensamento medieval sobre a filosofia moderna, sobretudo a cartesiana. Sua produção filosófica pessoal conduziu-o à fundamentação da posição realista, fundamentação de índole ao mesmo tempo gnosiológica e metafísica que, com o nome de "realismo metódico", apóia-se na intuição sensível considerada uma evidência sobre a qual é possível montar a trama dos juízos existenciais. Ora, essa intuição se aproxima, na medida em que tem como objeto a existência atual, da apreensão intuitiva por meio dos atos de transcendência da inteligência. Isso supõe a negação do caráter exclusivamente sensível do ato de existir e a acentuação do que há de "existencialismo" no tomismo; com isso a doutrina da existência (VER) transforma-se no centro da meditação de Gilson, que admitia uma experiência existencial ou uma apreensão direta do inteligível. O "método realista" pressupõe, desse modo, a inserção do ser no âmbito do conhecer e o conseguinte primado da metafísica na gnosiologia. Gilson fundamentou essas posições com maior precisão ao examinar a distinção, na ordem do conhecimento, entre a essência e a existência, e ao reafirmar, em seus últimos escritos, que a inapreensibilidade conceitual do ato de existência não impede sua captura por meio dos atos de uma inteligência não redutível às operações lógicas, ou seja, por meio de um juízo não meramente atributivo, mas plenamente existencial.

A gnosiologia de Gilson não constitui todo o seu pensamento filosófico. Este compreende também um certo número de posições metafísicas, a maior parte das quais expressa ao longo dos numerosos trabalhos realizados pelo autor no campo da história da filosofia medieval e no exame da obra de vários grandes escolásticos (S. Boaventura, Santo Tomás, John Duns Scot). Desses trabalhos resultou uma classificação de doutrinas sobre a realidade que tem uma considerável importância para a adoção de um ponto de vista metafísico. Essas doutrinas são: 1) a realidade é auto-identidade (platonismo); 2) a realidade é substância (aristotelismo); 3) a realidade é essência (essencialismo agostiniano e, sobretudo, aviceniano); 4) a realidade é existência (tomismo). Esta última posição, e especialmente sua interpretação em um sentido "existencial", foi durante algum tempo o foco da atenção metafísica de Gilson. Contudo, nos últimos anos ele manifestou grande interesse pela posição essencialista, não somente de um ponto de vista histórico, mas também sistemático. Isso não significa que nosso autor tenha mudado radicalmente suas orientações metafísicas, mas, antes, que dispensou uma atenção crescente às diversas maneiras possíveis — e fundamentais — de se entender a realidade, e, com isso, que tentou, sem realizá-lo por inteiro, esboçar em grande estilo uma espécie de fenomenologia das posições metafísicas que pudesse lançar luz sobre o próprio problema da metafísica.

⊃ Entre as obras históricas de Gilson figuram: *La liberté chez Descartes et la théologie*, 1913 (tese). — *Index scolastico-cartésien*, 1913 (tese); 2ª ed., rev., 1979. — *Le thomisme: Introduction au système de Saint Thomas d'Aquin*, 1919; 5ª ed., 1944. — *Études de philosophie médiévale*, 1921. — *La philosophie au moyen âge*, 2 vols., 1922. — *La philosophie de Saint Bonaventure*, 1924; 3ª ed., 1953. — *Saint Thomas d'Aquin*, 1927. — *Introduction à l'étude de Saint Augustin*, 1929; 3ª ed., 1949. — *Études sur le rôle de la pensée médiévale dans la formation du système cartésien*, 1930 (considerado como a parte II dos *Études* citados anteriormente). — *L'Esprit de la philosophie médiévale* (Gifford Lectures), séries I e II, 1932; 2ª ed., 1944. — *Les idées et les lettres. Essais d'art et de philosophie*, 1932. — *Héloïse et Abélard. Études sur le moyen âge et l'humanisme*, 1938. — *Dante et la philosophie*, 1939; 2ª ed., 1953. — *Philosophie et incarnation, selon Saint Augustin*, 1947 (Conférence Albert-le-Grand). — *L'École des Muses*, 1951. — *Les métamorphoses de la cité de Dieu*, 1952. — *Jean Duns Scot. Introduction à ses positions fondamentales*, 1952. — *History of Christian Philosophy in the Middle Ages*, 1955. — *Introduction à la philosophie chrétienne*, 1960. — Deve-se a ele também a edição crítica, com comentário, do *Discours de la méthode*, de Descartes (1925; 3ª ed., 1930). — Dirigiu a obra *A History of Philosophy* em 4 vols., à qual nos referimos em FILOSOFIA (HISTÓRIA DA), 1961-1962, e escreveu, em colaboração com Thomas Langan, os vols. III (*Modern Philosophy: Descartes to Kant*), 1962, e IV (*Recent Philosophy: Hegel to the Present*), 1962.

Entre os estudos sistemáticos figuram: *Le réalisme méthodique*, s/d. [1935]. — *Christianisme et philosophie*, 1936. — *The Unity of Philosophical Experience*, 1937. — *Réalisme thomiste et critique de la connaissance*, 1939. — *God and Philosophy*, 1941, especialmente cap. IV. — *L'Être et l'Essence*, 1948; nova ed., ampl., 1981. — *Painting and Reality*, 1957 (A. W. Mellon Lectures, 1955). — *La philosophie et la théologie*, 1960. — *Les arts du beau*, 1963. — *Matières et formes: Politiques particulières des arts majeures*, 1964. — *La société de masse et sa culture*, 1967. — *Les tribulations de Sophie*, 1967. — *Linguistique et philosophie: Essai sur les constantes philosophiques du langage*, 1969. — *D'Aristote à Darwin et retour. Essai sur quelques constantes de la biophilosophie*, 1971. — *L'athéisme difficile*, 1979, ed. Henri Gouhier dos caps. IX e X de uma obra não terminada pelo autor, *Constantes philosophiques de l'être*, e publicada, também, postumamente, por F. Courtine em 1983. — *E. G. et nous. La philosophie et son histoire*, 1980 (textos selecionados por Monique Couratier). — *Études médiévales*, 1983, coletânea de artigos publicados por F. Courtine.

Importante para as idéias de Gilson é seu artigo "De la connaissance du principe", *Revue de Métaphysique et de Morale*, 66 (1961), 373-397.

Em português: *A filosofia na Idade Média*, 1995. — *História da filosofia cristã*, em colaboração com P. Boehner, 6ª ed., 1995.

Bibliografia: *Mélanges offerts à E. G.*, 1959, com uma bibliografia muito detalhada das obras e artigos de G., preparada por C. J. Edie. — M. McGrath, *E. G. A Bibliography/Une bibliographie*, 1982.

Sobre G. ver: J. Maritain, A. Forest *et al.*, *E. G., philosophe de la Chrétienté*, 1949. — J. O'Neil, ed., *An E. G. Tribute*, 1959. — Italo Mancini, "G.: Forma ed esistenza", em seu *Filosofi esistenzialisti*, 1964, pp. 187-248. — Antonio Livi, *Filosofia cristiana e idea del límite crítico*, 1970. — J. M. Quinn, *The Thomism of E. G.*, 1971. — R. Echarri, *El pensamiento de E. G.*, 1979. — L. K. Shook, *E. G.*, 1984. — A. Livi, *E. G. El espíritu de la filosofía medieval*, 1984. — A. Maurer, "E. G.", em E. Coreth *et al.*, eds., *Christliche Philosophie im katholischen Denken des 19. und 20 Jahrh.*, vol. II, 1988. — G. A. Mc Cool, *From Unity to Pluralism: The Internal Evolution of Thomism*, 1989. ⊂

GIMNOSOFISTAS. A partir de Alexandre Magno, quando as doutrinas de alguns sábios da Índia foram conhecidas pelos gregos, estes sábios foram chamados de "gimnosofistas", γυμνοσοφισταί (em transcrição literal: *gymnosophistai*). Tratava-se dos sábios — σοφισταί — nus — γυμνοί —, que, como os faquires no mundo muçulmano, levavam uma vida muito austera e viviam de esmolas, já que não possuíam bens de qualquer espécie. Os gimnosofistas eram os brâmanes, ou seja, a primeira das quatro castas da Índia (ou possivelmente um grupo especial dos brâmanes). Por ordem de Alexandre Magno, o filósofo Onesícrito (VER) entrou em contato com os gimnosofistas. Pirro, o cético, também parece ter conhecido diretamente grupos de gimnosofistas. Encontram-se abundantes referências aos gimnosofistas na literatura grega (deles fala, por exemplo, Diógenes Laércio, no livro IX das *Vidas e opiniões dos filósofos*, e Porfírio, em seu tratado sobre a abstinência). Notou-se especialmente a semelhança entre os gimnosofistas e os cínicos, embora seja muito provável que os primeiros difiram dos segundos por não rejeitarem as "convenções", salvo no sentido de negar-se a adotar os modos de vida habituais de seus semelhantes. Os gimnosofistas são um dos aspectos do problema de uma possível influência da Índia sobre o pensamento grego helenístico; e depois também cristão.

GINER DE LOS RÍOS, FRANCISCO (1839-1915).

Nascido em Ronda (Málaga), discípulo de Julián Sanz del Río (VER) e professor de filosofia do direito na Universidade de Madri, abandonou a cátedra em 1875 em oposição às medidas de coação ministerial, fundando pouco depois a Instituição Livre de Ensino, na qual deram aulas, além de seus fundadores, muitos de seus discípulos (ver KRAUSISMO). A orientação prática e ética dada ao krausismo por Sanz del Río foi acentuada por Giner de los Ríos, que fez do krausismo e da Instituição Livre de Ensino um dos principais núcleos da renovação intelectual espanhola. A filosofia de Giner de los Ríos centra-se em torno da noção da personalidade, pela qual não se deve entender o homem como mero ser racional, mas justamente o indivíduo enquanto centro de suas próprias atividades, como um conjunto que integra todas as suas manifestações parciais, desde os atos emocionais até o pensamento puro. A personalidade, que constitui, por um lado, o elemento fundamental do direito, e, por outro, o princípio do qual deve ser derivada toda norma educacional, representa, portanto, a unidade indissolúvel dos princípios teóricos e da ação prática, da contemplação e da atividade. Na personalidade, como na Humanidade de Krause, expressa-se a fusão dos dois elementos finitos que estão imersos na infinitude divina, a Natureza e o espírito, fragmentos parciais, embora complementares, da realidade total.

Partindo dessa noção, o pensamento filosófico de Giner de los Ríos procurou conciliar o racionalismo krausista com o ativismo que encontra sua expressão mais adequada nas manifestações temporais e concretas da história. Essa concordância, essencial na filosofia do direito, leva-o a unir o que é positivo no direito com o que é racional, ou seja, com o que racionalmente corresponde às circunstâncias históricas dadas. Racionalidade e história encontram-se, por assim dizer, fundidas na unidade de um "direito natural positivo" que leva em conta justamente o que a personalidade exige, por ser, em última análise, uma criação da personalidade mesma, um produto de sua espontânea e livre atividade. O direito é, como concreção da pessoa humana, um sistema de normas que não possuem, em sua condição pura, nenhum caráter coercitivo, que não são mais que o conjunto de relações por meio das quais o agrupamento das diferentes pessoas se transforma em uma verdadeira e autêntica solidariedade. Essa solidariedade essencial para a qual aponta o ideal do direito é ao mesmo tempo a finalidade última da técnica e da ação pedagógica. Na educação e pela educação transforma-se o indivíduo em pessoa e, portanto, em sujeito do Direito. Todavia a educação não deve ser, por sua vez, uma coação sobre a individualidade humana, mas, de acordo com a estrutura desta, o método que permita a cada um desenvolver por si mesmo e a partir de si mesmo as forças internas próprias. Por isso a educação em seu aspecto técnico não tem de ser uma mera tendência à acumulação de saberes, mas antes o caminho que conduz o educando por intermédio da unidade essencial do processo educativo, à compreensão do sentido de sua própria existência, único meio de transformá-la em uma unidade harmônica de todas as suas faculdades, pois a personalidade exige a luta constante contra todo intelectualismo e contra toda tendência a qualquer forma de despersonalização.

➲ Principais obras: *Bases para la teoría de la propiedad*, 1867. — *Lecciones sumarias de psicología*, 1874. — *Prolegómenos del Derecho. Princípios del Derecho natural*, 1874. — *Estudios jurídicos y políticos*, 1875. — *Estudios de literatura y arte*, 1876. — *Estudios filosóficos y religiosos*, 1876. — *Principios elementales del Derecho*, 1881. — *Estudios sobre educación*, 1886. — *Educación y enseñanza*, 1889. — *Resumen de filosofía del Derecho*, I, 1898. — *Estudios y fragmentos sobre la teoría de la persona social*, 1899. — *Filosofía y sociología*, 1904. — *Pedagogía universitaria*, 1905. Edição de *Obras completas*, Madri, 21 vols., 1916-1965.

Ver: *Boletín de la Institución Libre de Enseñanza*, fev-mar, 1915. — R. Altamira, *Giner de los Ríos, educador*, 1915. — Fernando de los Ríos, *La filosofía del Derecho en Don Francisco Giner y su relación con el pensamiento contemporáneo*, 1917 (incluído no tomo do autor: *Estudios sobre el siglo XVI*, 1956, prólogo de A. del Río). — Também de F. de los Ríos, seleção e introdução no tomo *El pensamiento cívico de Francis-*

co Giner, 1949. — Martín Navarro, *Vida y obras de D. Francisco Giner de los Ríos*, 1945. — R. Altamira, *Biografía intelectual y moral de Don F. G. de los Ríos*, 1955. — José Villalobos, *El pensamiento filosófico de G.*, 1969. — Elías Díaz, *La filosofía social del krausismo español*, 1973. — R. R. Latorre, "Relaciones entre la Institución Libre de Enseñanza, Francisco Giner de los Ríos y Miguel de Unamuno", *Estudios Filosóficos*, 22 (1973), 231-248. — S. Lipp, *Francisco Giner de los Ríos: A Spanish Socrates*, 1985. ¢

GINER DE LOS RÍOS, HERMENEGILDO. Ver Krausismo.

GINER, SALVADOR. Ver Sociologia.

GINÉS DE SEPÚLVEDA, JUAN (*ca.* 1490-1573). Nascido em Pozoblanco (Córdoba), estudou em Córdoba, Alcalá de Henares e Bolonha. Cronista de Carlos I da Espanha e de Filipe II, opôs-se às idéias expressas por Bartolomé de las Casas (1470-1566) na *Brevíssima relação da destruição das Índias* (1522). Contra a defesa que Bartolomé de las Casas fez dos índios, Juan Ginés de Sepúlveda sustentou em seu *Democrates alter, sive de iustis belli causis apud Indos*, em forma de diálogo, que a conquista das Índias e a guerra contra os índios eram justificadas. Mais tarde expôs ao Imperador a necessidade da guerra contra os turcos e da unidade e paz de todos os cristã para esse fim. Juan Ginés de Sepúlveda destacou-se por suas traduções de Aristóteles, especialmente da *Política*, e dos *Comentários à Metafísica* de Alexandre de Afrodísia. Inimigo de Erasmo, também combateu suas idéias. Devem-se também a Juan Ginés de Sepúlveda numerosos opúsculos e epístolas de intenção filosófico-moral.

➔ Edição de *Obras completas* em 4 vols., Madri, 1780. Há trad. do *Democrates alter*, México, 1941; também publicado como *Demócrates* II, CSIC, Madri, 1951, em uma ed. latina e castelhana de Ángel Losada. O livro foi proibido na Espanha durante a vida de Ginés de Sepúlveda. A 1ª ed. de 1892, de Marcelino Menéndez y Pelayo, não foi feita a partir do original, era incompleta e continha muitos erros. — Também há eds. de: *Tratados políticos de J. G. de S.*, 1963, ed. A. Losada. — *Epistolario de J. Ginés de Sepúlveda*, Madri, 1968. — *Apología*, Madri, 1975, publicada por A. Losada em um vol. com a *Apología* de Bartolomé de las Casas.

Ver: T. Andrés Marcos, *Los imperialismos de J. G. de S. en su "Democrates alter"*, 1947. — Id., *J. G. de S. a través de su Epistolario y nuevos documentos*, 1948. — Henri Méchoulan, *L'antihumanisme de J. G. de S. Étude critique du "Democrates primus"*, 1974. — A. Losada, "Aspectos formales de la controversia entre Sepúlveda y Las Casas, en Valladolid, a mediados del siglo XVI", *Cuadernos Americanos* (maio-junho, 1977).

— J. L. Abellán, *Historia crítica del pensamiento español*, 1979, tomo II, caps. VII-IX, pp. 449-490. ¢

GIOBERTI, VINCENZO (1801-1852). Nascido em Turim, foi ordenado sacerdote em 1823. Em 1825 iniciou seu ensino no Colégio teológico da Universidade de Turim, e em 1826 foi nomeado capelão da Corte. Exilado em Paris (onde faleceu) em 1833, deu aulas durante algum tempo no Instituto Gaggia, de Bruxelas. Gioberti elaborou uma filosofia de clara tendência ontologista (ver Ontologismo), em muitos aspectos parecida com a de Rosmini, mas mais radicalmente orientada para o primado ontológico. O interesse de Gioberti pela ressurreição moral e pela unidade da Itália também determinaram consideravelmente o curso de suas especulações filosóficas, que, por sua vez, matizaram suas idéias sobre a reabilitação de seu país. Opositor das tendências idealistas modernas, fundadas na primazia do conhecimento sobre o ser, primazia não somente gnoseológica mas em muitos casos metafísica, Gioberti sustentava que o ser supremo e real, a divindade, é, segundo sua conhecida fórmula, aquilo que cria o existente. O conhecer não é, por conseguinte, mais que uma intelecção desta existência feita por Deus, pelo Ente, e, portanto, não somente o conhecer mas também a própria existência carecem de consistência própria sem o ente ao qual inevitavelmente se referem. A definição dada por Gioberti da idéia como "termo imediato da intuição mental" (*Int. allo studio della filosofia*, cap. III, *Op. edite ed inedite*, 4 vols., 1844) faz que a idéia mesma seja a verdadeira substância da filosofia, o autêntico *fatto primitivo*. A idéia é qualquer coisa menos algo derivável de outra realidade, e por isso está na base de toda demonstração. Daí a redução do pensamento filosófico à explicação sucessiva da primeira noção ideal e o reconhecimento da existência de uma trama ontológica possuída pela linguagem quando indica o ideal. A diferença entre o termo e a idéia é paralela à diferença entre o sensível e o inteligível. A filosofia se ocupa, portanto, do "*primo filosofico*" ou princípio absoluto, do "*primo ontologico*" ou primeira coisa e do "*primo psicologico*" ou primeira idéia, e somente a unidade desses três "*primi*" faz a unidade do pensamento. Rosmini, por outro lado, sustentava que o "*primo psicologico*" não era idêntico ao "*primo ontologico*"; a renovação de Malebranche que isso supunha era rejeitada por Gioberti, que assinalava que a distinção entre as primeiras instâncias e a abordagem do psicológico como base do ontológico destroem a própria unidade do pensamento. Reduzir, como faz Rosmini, o conhecimento a uma referência do sensível ao inteligível e fundar esse conhecimento em uma base psicológica é para Gioberti a origem de todo relativismo e de todo ceticismo; a primazia do Ser não admite nenhuma fundamentação desse tipo, e, embora o Ser absoluto não possa ser captado pela inteligência em um ato de conhecimento, não é por isso menos certo e evidente. Por isso as idéias e os inteligíveis do mundo real não fazem parte do Ser supremo senão de um modo relativo — têm nele seu ser, mas o acesso seu conhecimento lhes está vedado. A criação do existente pelo ente é a fórmula mais perfeita a que pode chegar a inteligência humana, que aceita a absoluta certeza dos mistérios supra-racionais mas não pode aspirar à sua compreensão.

➲ Obras: *Teorica del sovrannaturale*, 1838; 2ª ed., 1850. — *Introduzione allo studio della filosofia*, 1839-1840; nova ed., 1861. — *Considerazioni sulle dottrine religiose di V. Cousin*, 1840. — *Del bello*, 1841. — *Degli errori filosofici di Antonio Rosmini*, 1841 (10 cartas); 2ª ed., com outras 2 cartas e os três diálogos "Trilogia della formola ideale e dell'ente possibile", 3 vols., 1843-1844. — *Del buono*, 1842. — *Del primato morale e civile degli Italiani*, 1842-1843. — *Prolegomeni al primato*, 1845. — *Il gesuita moderno*, 5 vols., 1846-1847. — *Apologia del libro intitolato "Il Gesuita moderno", con alcune considerazioni intorno al Risorgimento italiano*, 1848. — *Discorso preliminare sulla teoria del sovrannaturale*, 1850. — *Opusculi politici*, 1850. — *Del rinnovamento civile d'Italia*, 2 vols., 1851.

Obras póstumas: *Protologia* e *La filosofia della rivelazione* — da qual devia fazer parte *La riforma cattolica della Chiesa* — são obras importantes nas quais Gioberti trabalhou durante anos, mas que estavam incompletas quando morreu. Dos manuscritos inéditos da *Protologia*, G. Massari extraiu uma coletânea de anotações publicadas com o título *Della Protologia*, 2 vols., 1957. É melhor a coletânea de G. Balsamo-Crivelli, *Protologia*, 1924. — As anotações relativas às outras duas obras mencionadas foram publicadas por G. Massari, *Opere inedite*, 1856. Mas também é melhor a edição de G. Balsamo-Crivelli, *I frammenti della "Riforma cattolica..."*, 1924, com prefácio de G. Gentile. — *Cours de philosophie*, 1947, curso dado em 1841-1842 no Instituto Gaggia.

Todos os manuscritos giobertianos estão na *Biblioteca Civica* de Turim.

Edição de obras: Obras completas em 35 vols., 1877. — *Edizione nazionale delle opere*, 1938 ss.

Ver: A. Rosmini, *V. G. e il panteismo*, 1848. — Di Giovanni, *Sulla riforma cattolica e sulla filosofia della rivelazione di V. G.*, 1859. — B. Spaventa, *La filosofia di G.*, 1863. — G. Prisco, *G. e l'ontologismo*, 1867. — B. Labanca, *Della mente di V. G.*, 1871. — G. Gentile, *Rosmini e Gioberti*, 1898. — D. Zachinelli, *Il pensiero civile di G.*, 1901. — A. Bruers, *G.*, 1924. — U. A. Padovani, *V. G. ed il cattolicesimo*, 1928. — F. Palhoriès, *G.*, 1929. — Ilario Rinieri, S. J., *La filosofia di G.*, 1931. — L. Stefanini, *Gioberti*, 1947. — G. Saitta, *Il pensiero di G.*, 1947. — A. Anzillotti, *G.*, 1947. — G. Bianchi, *Il problema morale in V. G. La realità come atto creativo*, 1960. — G. de Crescenzo, *La fortuna di V. G. nel mezzogiorno d'Italia*, 1964. — G. Derossi, *La teoria giobertiana del linguaggio come dono divino e il suo significato storico e speculativo*, 1971. — A. Galimberti, "Gioberti, Gentile, Rosmini", *Giornale Critico della Filosofia Italiana*, 9 (1978), 172-187. ͼ

GLOCKNER, HERMANN (1896-1979). Nascido em Fürth (Baviera), estudou em Erlangen e "habilitou-se" em Heidelberg. De 1930 a 1933 foi professor "extraordinário" em Heidelberg; de 1933 a 1951, professor titular em Giessen e, a partir de 1951, professor na Escola Superior Técnica de Brunswick. Seguidor de Paul Hensel (VER) e de Heinrich Rickert (VER), e influenciado pelo idealismo alemão — assim como por uma "tradição", que considera "unitária", a partir de Leibniz —, Glockner destacou-se por seus estudos sobre Hegel e por seus trabalhos em estética e sobre o problema da relação entre o racional e o irracional. Glockner rejeitou a concepção "mecânica" da dialética hegeliana e propôs uma concepção "orgânico-vital", que liga Hegel a Goethe. Fundando-se em uma interpretação da história da filosofia européia, especialmente da alemã, desenvolveu um modo de pensamento que chamou de "pensamento concreto" e permite unificar os aspectos irracionais com os racionais. O "irracional", representado pelas intuições estética e religiosa, é organicamente compatível com o racional, representado pela pesquisa científica.

➲ Principais obras: *Fr. Th. Vischers Aesthetik in ihrem Verhältnis zu Hegels Phänomenologie des Geistes*, 1920 (*A estética de Fr. Th. V. em sua relação com a "Fenomenologia do espírito" de H.*). — *Die ethisch-politische Persönlichkeit des Philosophen*, 1922 (*A personalidade ético-política do filósofo*). — *Der Begriff in Hegels Philosophie*, 1924 (*O conceito na filosofia de H.*). — *Das philosophische Problem in Goethes Farbenlehre. Ein Vortrag*, 1924 (*O problema filosófico na teoria das cores de G. Uma conferência*). — *Hegel*, 2 vols., 1929-1940 (I, 4ª ed., 1940; II, 2ª ed.,1958). — *Fr. Th. Vischer und das 19. Jahrhundert*, 1931 (*Fr. Th. V. e o século XIX*). — *Johann Eduard Erdmann*, 1932. — *Hegel und seine Philosophie*, 1932. — *Das Abenteuer des Geistes*, 1938; 3ª ed., 1947 (*A aventura do espírito*). — *Schiller als Philosoph*, 1942. — *Einführung in das Philosophieren*, 1944; 3ª ed., 1951; nova ed., 1971; nova ed. ampl., 1974 (*Introdução ao filosofar*). — *Die europäische Philosophie von den Anfängen bis zur Gegenwart*, 1958 (*A filosofia européia dos inícios ao presente*). — *Beiträge zum Verständnis und zur Kritik Hegels sowie zur Umgestaltung seiner Geisteswelt*, 1965 [Hegel-Studien, 2] (coletânea de artigos, 1920-1931) (*Contribuições para a compreensão e a crítica de H., assim como para a reestruturação de seu mundo espiritual*). — *Das Selbstbewusstsein*, 1972 (*A autoconsciência*).

Autobiografia: *Bilderbuch meiner Jugend*, 2 vols., 1970. — *Heidelberger Bilderbuch. Erinnerungen*, 1978. — "Selbstdarstellungen", em *Philosophie in Selbstdarstellungen*, 1975, vol. 1, ed. Ludwig Pongratz. Edição de obras: *Gesammelte Schriften*, 4 vols., 1963-1968; suplemento (vol. 5), 1983. Deve-se a G. a edição de Hegel em 20 vols.: *Sämtliche Werke*, 1927-1940, assim como o *Hegel-Lexicon* em 4 vols., 1935-1939, correspondente a tais obras completas. G. também teve a seu cargo uma nova ed. de J. E. Erdmann, *Versuch einer wissenschaftlichen Darstellung der Geschichte der neueren Philosophie*, publicada em 1931-1932. Ver: "H. G. 1896-1979", em *Giessener Gelehrte in der ersten Hälfte des 20. Jahrh.*, vol. 1, ed. pela Comissão Histórica de Hessen, 1982. c

GLOSAS (GLOSSAE). Ver Disputa.

GLUCKSMANN, ANDRÉ. Ver Pós-estruturalismo.

GNEUMATOLOGIA. A parte teórica da "filosofia fundamental" de Wilhelm Traugott Krug (VER) compreende uma lógica, ou doutrina do pensar, uma metafísica, ou teoria do conhecimento, e uma estética, ou doutrina do gosto. Esta última também é chamada por Krug de Gneumatologia (*Gneumatologie, Geschmackslehre*). Trata-se do "gosto" (*Geschmack*) no sentido de que um objeto dado pode ser considerado "objeto do gosto" em virtude do sentimento de prazer ou de desprazer que provoca. Esse sentimento de prazer e desprazer não é uma pura emoção irracional, mas uma forma de conhecimento que segue certas leis correspondentes à natureza do espírito humano. O gosto (VER) está ligado à "sensação" de que se ocupava a estética (VER) no sentido originário desse termo.

GNÔMICO. O termo γνώμη (*gnome*) significa "meio de conhecer", "sinal mediante o qual uma coisa é conhecida" e, por extensão, "juízo". O termo γνώμων (*gnomon*) significa "conhecedor", "juiz", "intérprete". 'Gnômico' (literalmente: "cognoscitivo") é o nome dado a um autor que diz, ou escreve, sentenças de caráter moral. O gênero, usualmente em forma poética, é o chamado "gênero gnômico", e também "poesia gnômica". Os sete sábios da Grécia foram chamados de "gnômicos" por se lhes atribuir esse tipo de sentença (breve), do tipo "Conhece-te a ti mesmo" ou "De nada demasiadamente".

GNOSIOLOGIA. Nos verbetes Conhecer e Conhecimento expusemos os principais problemas da teoria do conhecimento e as diversas soluções propostas para tais problemas. Neste verbete trataremos somente do termo 'gnosiologia' e de seu uso em relação com outras expressões empregadas para designar o estudo filosófico do problema e dos problemas do conhecimento.

O vocábulo 'gnosiologia' foi utilizado pela primeira vez no século XVII (por exemplo, por Valentin Fromme [1601-1675] em sua *Gnosteologia*, 1631, por J. Micraelius no *Lexicon philosophicum terminorum philosophis usitatorum*, 1653, s. v. "Philosophia", e por Georg Gutke em seu *Habitus primorum principiorum seu intelligentiae*, 1666) sob a forma *Gnostologia*. Com ele designava-se uma das disciplinas em que se divide a *Metaphysica*. A *Gnostologia* ocupa-se do conhecimento. Como escreve Micraelius: "*Ad [Philosophiam] Theoreticam pertinent I. Metaphysica cui conjugunt vel submittunt Gnostologiam* το γνωσόν *seu omne scibile qua tale contemplantem*". Gutke escreve que a missão da gnosiologia é "*de apprehensione cognoscibilis & principiis essendi agens*". Mais recentemente o termo 'gnosiologia' (nas diversas formas das línguas modernas: *Gnoseologie, Gnoseology, Gnoseología* etc.) foi empregado com freqüência para designar a teoria do conhecimento. Contudo, o uso deste termo foi mais freqüente em espanhol e em italiano que em alemão e em inglês. Em alemão usa-se mais freqüentemente *Erkenntnistheorie* (teoria do conhecimento) e às vezes *Erkenntniskritik*, e em inglês usa-se mais comumente *Epistemology*. Em francês usa-se quase sempre a expressão *théorie de la connaissance*, mas às vezes podem ser encontrados os vocábulos *gnoséologie* e *épistémologie*.

GNOSTICISMO. Entendido em seu sentido mais geral, o gnosticismo é a doutrina segundo a qual é possível conhecer (alguma realidade em si, última ou absoluta). Aqueles que abraçam essa doutrina são chamados de "gnósticos". Nesse sentido, o gnosticismo opõe-se ao agnosticismo (VER), e os gnósticos são o contrário dos agnósticos.

Em um sentido menos geral, o termo 'gnosticismo' é utilizado para rotular uma série de doutrinas que se disseminaram no mundo antigo, começando com a chamada "gnose (ou conhecimento, γνῶσις) mágico-vulgar" e continuando com vários sistemas, especialmente a partir do século II d.C. Os gnósticos elaboraram grandes sistemas teológico-filosóficos nos quais se misturam especulações de tipo platônico — rejeitadas por Plotino, que escreveu um dos tratados de suas *Enneadas* "contra os gnósticos" — com doutrinas cristãs e tradições judaicas e orientais.

Já podem ser rastreados traços de "gnosticismo" na especulação filosófica grega da época da "decadência". Por outro lado, o gnosticismo parece poder desenvolver-se somente dentro da corrente cristã. Essa dupla, e, na época, contraditória, raiz do gnosticismo não é um dos menores problemas dessa tendência, e isso de tal modo que sua compreensão depende decisivamente do maior ou menor peso dado à "fonte" helênica ou à cristã. Para alguns, com efeito, o gnosticismo é uma "filosofia cristã" ou, ao menos, uma tentativa. Esta opinião, defendida por Harnack, não está muito distante da idéia sustentada por Plotino, que em seu tratado contra os gnósticos não os distingue dos cristãos, e lhes atribui um comum sentimento anti-helênico. Para outros, ao contrário, o gnosticismo é uma manifestação interna do pensamento antigo da decadência, que aproveita para sua constituição precisamente os elementos que lhe traz o cristianismo e os aparentes conflitos entre a Antiga e a Nova Lei. Em todo caso, para os efeitos de uma descrição de suas características não é possível eliminar nenhuma das duas fontes. Em geral, o gnosticismo pode ser considerado uma das tentativas de "salvação pelo saber" que abundaram assim que foi abandonada a via estritamente intelectual.

Historicamente costumam-se distinguir três tipos de gnose: a *mágico-vulgar*, a *mitológica* e a *especulativa*. Aqui nos interessa especialmente a última por sua relação com conceitos filosóficos, razão pela qual, além de nos referirmos mais amplamente a ela, dedicamos verbetes específicos para os mais importantes gnósticos: Basílides, Carpócrates, Marcião, Valentino. Primeiramente, falaremos dos dois primeiros tipos mencionados de gnose. Observemos que, embora haja consideráveis diferenças entre as três gnoses, alguns de seus temas podem se relacionar com outros temas das restantes. Assim, há traços mágicos na gnose especulativa e sobretudo na mitológica, traços mitológicos na especulativa e traços especulativos na mitológica. Além disso, estas duas últimas têm características comuns muito acusadas, tais como a tendência a descrever o cosmo mediante imagens tiradas ao mesmo tempo de motivos orientais (principalmente bíblicos) e gregos (principalmente míticos), a suposição de que há dois pólos — o positivo e o negativo, ou o bem e o mal — entre os quais se move a alma, e a crença na possibilidade de operar — por meio de ritos ou do "pensamento" — sobre o processo cósmico.

1) A *gnose mágico-vulgar*. Foi propagada especialmente por Simão o Mago, da Samaria. Era ele quem predicava aos samaritanos mediante práticas mágicas e ao qual se referem os Atos dos Apóstolos (8,9ss.): "Havia antes na cidade um homem chamado Simão que, pensando ser importante, exercia a magia e assombrava o povo de Samaria" — que o chamava de força (ou potência) de Deus. Ora, embora Simão o Mago apareça sob o aspecto de um pregador mágico-religioso, encontram-se nele (segundo testemunhos de Santo Ireneu e de Santo Hipólito) tendências a uma espécie de gnose mágico-mitológica, porquanto não predicava somente a existência de uma força infinita, que era o Espírito de Deus, mas considerava essa força como a origem e a raiz — secretas — do universo. Essas últimas tendências foram acentuadas por outros gnósticos, como o discípulo de Simão, Menandro (que nasceu em Cappareta, Samaria, e viveu em Antioquia), e Saturnilo de Antioquia.

2) *A gnose mitológica*. Segundo Hans Jonas, esta gnose tem uma origem oriental e é representada por várias seitas. Mencionaremos algumas delas. *a*) A seita dos *mandeus* (partidários do "possuir conhecimento" ou *mandayya*), uma seita judaica mística (também chamada de *nazoreus* e depois, embora impropriamente, de *sabeus, zabeus* ou *cristãos de São João*). Foi contemporânea das origens do cristianismo e, segundo vários autores, estava tão próxima dele que, segundo R. Bultmann (cuja opinião, contudo, foi rejeitada por outras autoridades), o Evangelho de São João tem antes origem gnóstico-mandéia que cristã-grega. *b*) A seita dos *ofitas* — seita judaica ou siro-alexandrina —, que tinham como símbolo a serpente, ὄφις, e também foram chamados, por esse motivo (S. Hipólito), de *naasenos* (do hebraico *Naḥash, serpente*). *c*) A seita dos *barbelo-gnósticos*, chamada por De Faye (junto com a dos ofitas) de seita dos *Adeptos da Mãe*, por admitirem a existência de um princípio feminino ou *Primeira Mulher* como terceiro princípio de uma tríade fundamental, que incluía como primeiro princípio, além disso, o *Absoluto, Pai, Luz* ou *Primeiro Homem*, e como segundo princípio o *Segundo Homem*, ou o *Filho do Homem*. Ofitas e barbelo-gnósticos tinham traços muitos semelhantes no desenvolvimento de suas mitologias, nas quais aparecia a *Sabedoria* (entre os barbelognósticos, *Barbelo*) como força feminina criada pela *Primeira Mulher*, força que originava uma série de criaturas (a primeira, uma *ogdoada*, formada pela *Sabedoria* e seus sete filhos) e terminava com uma luta entre *Sabedoria* (representante do Bem) e os demônios criados por *Jaldabaoz* (representante do Mal), com a conseqüente vitória da primeira, que conseguiu que *Absoluto* enviasse Jesus Cristo para a terra. *d*) A seita ou as seitas que produziram o único escrito gnóstico completo que se possui: o chamado *Pistis Sophia* (ver bibliografia), uma obra escrita em copta descoberta no século XVIII pelo Dr. Askew e publicada pela primeira vez em 1851 por J. H. Petermann. Alguns autores relacionam as doutrinas dessa seita — provavelmente de origem síria — com as sustentadas pelos ofitas e barbelo-gnósticos, mas o problema ainda não obteve uma solução satisfatória. Como amostra da fantasia que impregna essas manifestações da gnose mitológica, indiquemos aqui somente que no escrito em questão se descreve Jesus em conversação com seus discípulos no Monte das Oliveiras onze anos após sua ressurreição. O tema da obra é constituído pelas revelações de Jesus sobre sua viagem pelo mundo sobrenatural. Jesus conta sua subida pelas esferas até chegar ao éon que havia sido ocupado anteriormente por *Pistis Sophia*, que, desejando elevar-se até a fonte suprema, precipitou-se no caos, alcançada pela vingança dos éons superiores. O afundamento no caos é equivalente à submersão na matéria informe, da qual tenta escapar, coisa que só consegue depois de recitar certos hinos e de receber de Jesus uma força libertadora. O triunfo de *Sophia* sobre os arcontes vingativos e sua aproximação do *Absoluto* constituem o fim da complicada história. O elemento do fantástico, como se vê, está nela onipresente, mas cabe perguntar se a história tem uma intenção descritiva ou meramente

alegórica. Essa última possibilidade não está excluída se pensarmos que tanto nesta como em outras manifestações da gnose mitológica aparece uma série de concepções que se reiterarão — embora de forma menos personalizada — na gnose especulativa. Entre essas concepções figura particularmente a da alma como ser desterrado de outro mundo, o mundo da luz. De acordo com isso, a alma habita um mundo estranho e tem sempre ânsia de voar para outro mundo, do qual procede e que não tem relação com este. Por isso aquele outro mundo é descrito como negativo (indizível): é o mundo oculto, em cujo centro se encontra o Deus também oculto e inacessível. Estranheza, desterro, cativeiro, mundo sobrenatural e luminoso, vôo e anseio, chamada e vigília, mensagem e redenção, evocação e lembrança constituem, junto com êxtase e sombra, esquecimento, sonho e morte, algumas das categorias dramáticas que predominam no gnosticismo mitológico e se centram em torno do destino da alma e de sua história.

3) *A gnose especulativa*. Como indicamos, *alguns* dos temas anteriores passaram para a gnose especulativa, que pode ser considerada *em parte* um desenvolvimento da mitologia citada com o auxílio dos conceitos da filosofia grega. Os principais representantes da gnose especulativa são Basílides, Carpócrates, Valentino e Marcião, embora este último seja considerado por alguns autores (A. von Harnack, H. Leisegang) um autor não-gnóstico, já que seu interesse consistia mais na fundação de uma comunidade religiosa e nas práticas correspondentes que no desenvolvimento de uma especulação filosófico-teológica. Como alguns elementos das concepções de Marcião passaram para o resto da gnose especulativa podemos, entretanto, descrevê-la mediante uma série de características comuns, sobretudo o embasamento em um dualismo entre o Deus mau, o demiurgo criador do mundo e do homem, identificado muitas vezes com o Deus do Antigo Testamento, e o Deus bom, revelado por Jesus Cristo. A redenção do homem por Cristo é precisamente a obra da revelação; nela consiste propriamente a gnose, e somente por seu intermédio o homem poderá se desprender da matéria e do mal em que está imerso e ascender até a pura espiritualidade de Deus. Essa ascensão não é, porém, o resultado de um primado do ser sobre o não-ser, mas a conseqüência de uma luta: o universo do gnóstico não é, com efeito, um universo estático, nem sequer dialético, mas dinâmico ou, melhor, dramático. A luta entre o Deus do mal e o Deus da bondade e a definitiva vitória deste último formam a trama e a dramática peripécia em que consistem a história da Natureza e a do homem. O gnosticismo pressupõe não somente a impotência do Deus criador em ser plenamente bom — e daí seu fracasso na criação —, mas, além disso, coloca em frente a ele, como algo essencialmente preexistente e resistente, a matéria, que o Deus demiurgo (segundo Marcião, o Deus dos judeus, Deus inferior, vingativo e justiceiro) não pode plasmar devidamente. Todavia, o caráter dramático do processo do universo é explicado, antes, por uma contínua produção de *éons* que simbolizam as forças essenciais. O sistema de Valentino é, a esse respeito, o mais explícito e o que mais se atém a uma especulação intelectual, em alguns momentos próxima de certos desenvolvimentos neoplatônicos. Desse modo, Valentino supõe que no início havia um princípio masculino, o *Pai* ou *Abismo*, ao qual se agregou um princípio feminino, o *Silêncio*. A união dos dois deu origem ao *Nous* e ao *Descobrimento* (*Verdade*). Os quatro princípios formam imediatamente a primeira Tétrada, mas os diversos elementos unem-se entre si e vão gerando outros princípios e realidades. À Tétrada segue-se uma *Ogdoada*; dela surgem os éons e constitui-se um *Pléroma*. Esta série de produções, todavia, ainda não desencadeia o drama — este surge pelo desejo de *Sophia* de conhecer a natureza do *Primeiro Abismo*. O afã de conhecimento é, deste modo, o primeiro indício de uma rebelião que constitui o motivo do processo dramático e também o motivo da tentativa de restabelecer a situação originária, a Ordem essencial do Pléroma. Não é de estranhar que pouco a pouco se tenha acentuado o dualismo dos gnósticos e que inclusive esse dualismo seja o que caracteriza a essência da gnose. Não obstante, o dualismo gnóstico distingue-se do dualismo maniqueísta porque, em todos os casos, o drama do universo já está previamente — intelectualmente — resolvido pela maior potência e realidade do Princípio bom e superior.

O gnosticismo não descuidava, além disso, dos problemas morais, e freqüentemente era derivada uma ética da gnose. É notável perceber que nesta se dá ao menos uma dupla moral em relação ao tratamento por parte do homem, e, em geral, de todo ser espiritual, de seu próprio corpo: a moral ascética e a moral lassa. Em geral, os grandes representantes do gnosticismo decidiram-se a favor da primeira. Mas a moral lassa não era de modo algum alheia à gnose. Com efeito, toda idéia do corpo como algo absolutamente desprezível (ou até "inexistente" em seu princípio), como sustentava a gnose, *pode* dar origem a uma moral desse tipo, pois o que o corpo "faz" não afeta essencialmente a "carreira" da alma.

As doutrinas dos gnósticos são conhecidas principalmente por meio de várias refutações. Entre elas destacam-se as de Santo Ireneu e Santo Hipólito, mas também devemos mencionar São Justino, Tertuliano, Clemente de Alexandria, Orígenes, Eusébio, Santo Agostinho e Plotino (*Enn*., II ix).

↪ Textos reunidos sobre os seguidores de Basílides e de Valentino em W. Voelker, *Quellen zur Geschichte der christlichen Gnosis*, 1932 [Sammlung ausgewählter kirchen- und dogmengeschichtlicher Quellenschriften, N. F. S.]. — Edição por A. von Harnack da *Carta* do valentiniano Ptolomeu a Flora, 1904. — Edição por W.

Cureton do *Diálogo* de Filipo, discípulo de Bardesano, em *Spicilegium Syriacum*, texto sírio e trad. inglesa, 1855 (o mesmo texto foi editado por Graffin, *Patrologia syriaca*, I, 2, 1907). Ver também as fontes gnósticas: E. Preuschen, *Die apokryphen gnostischen Adamschriften. Gnostische Hymnen mit Text und Uebersetzung*, 1904. Seleção de fontes, em trad. alemã por W. Schultz, *Dokumente der Gnosis*, 1910. — Por volta de 1945 foram descobertos em Nag Hamadi (Alto Nilo, Egito) um número considerável de manuscritos em várias formas de copta, redigidos provavelmente entre os séculos II e IV com literatura de índole gnóstica. Estão agrupados em treze códices, contendo, entre outros escritos: "O Livro Secreto do Grande Espírito Invisível" (cód. 1); "Evangelho da Verdade", um grande tratado teológico e cosmológico (cód. 2, chamado *Codex Jung*, em posse do "Instituto Jung de Psicologia analítica", de Zurique); um "Evangelho segundo Tomás", uma "Hipóstase dos Arcontes" (cód. 3); uma "Interpretação da Gnose" (cód. 6); um "Apocalipse de Paulo" (cód. 7); "O Pensamento... do Grande Poder", de índole hermética (cód. 9). Sobre esses manuscritos, ver Eva Meyerovitch, "Los manuscritos gnósticos del Alto Egipto", *Diógenes*, 25 (1959), 99-124 [bibliog. nas pp. 123-124, da qual destacamos: H. Ch. Puech, "Découverte d'une bibliothèque gnostique en Haute-Egypte", *L'Encyclopédie française*, t. XIX, 1957, fasc. 19/24/4 a 19/42/13, e J. Doresse, *Les Livres Secrets des Gnostiques d'Égypte*, t. I, 1958; t. II, 1960]. Também: uma coletânea de trabalhos de H.-Ch. Puech, *Enquête de la Gnose*, 2 vols., 1978 (I: *La Gnose et le temps et autres essais*; II: *Sur l'Évangile selon Thomas. Esquisse d'une interprétation systématique*). — J. Zandee, *The Terminology of Plotinus and Some Gnostic Writings Mainly the Fourth Treatise of the Jung Codex*, 1961. — R. McL. Wilson, ed., *Nag Hammadi Gnosis*, 1978 (Comunicações do I Congresso Internacional de Coptologia, Cairo, dezembro, 1976). — J. M. Robinson, ed., *The Nag Hammadi Library*, 1979. — O escrito *Pistis Sophia* citado anteriormente como texto clássico para o conhecimento da gnose dos ofitas foi transmitido em versão copta. Ver *Pistis Sophia: Opus gnosticum Valentino adjudicatum a codice manuscripto coptico Londinensi descripsit et latine vertit M. G. Schwartze. Edidit J. H. Petermann*, Berlim, 1851. Trad. francesa por C. Amélineau, 1895; trad. inglesa por G. R. S. Mead, 1921 (também há uma trad. do copta, por George Horner, com introdução de F. Legge, 1924); trad. alemã (junto com outros textos, mencionados a seguir) por Carl Schmidt, 1905 (na série *Die griechischen christlichen Schriftsteller der ersten drei Jahrhunderte*, mencionada na bibliografia do verbete CRISTIANISMO). Há uma nova ed. de *Pistis Sophia* de Schmidt, 1978, com trad. e notas de V. MacDermot. Os dos livros Jehû e um tratado anônimo, ou seja, os dois textos antes citados, foram editados com base em um códice copta (o *Papyrus Brucianus*) por Amélineau, *Notice sur le Papyrus gnostique Bruce*, 1891, e por Carl Schmidt, *Gnostische Schriften in koptischer Sprache aus dem Codex Brucianus*, 1892. Sobre este último texto, ver a trad. do copta e o comentário de Charlotte A. Baynes, *A Coptic Gnostic Treatise contained in the Codex Brucianus (Bruce MS. 96. Bod. Lib. Oxford)*, 1933. — Ver o abundante material histórico e filológico contido em A. Harnack, *Geschichte der altchristlichen Literatur*, 1894 (especialmente o vol. I: *Die Chronologie*); além disso, todas as histórias do cristianismo (VER) e da filosofia se referem ao tema. De Harnack cf. também *Zur Quellenkritik der Geschichte des Gnostizismus*, 1873. — W. Foerster, ed., *Die Gnosis*, I-III, 1969-1979. — *Los gnósticos*, 2 vols., 1990, ed. e trad. esp. de J. Montserrat Torrents. — B. Layton, *A Bíblia gnóstica*, 2001.

Além disso: H. L. Mansel, *The Gnostic Heresies of the First and Second Centuries*, ed. B. Lightfoot, 1875. — Émile Amélineau, *Essai sur le gnosticisme égyptien, ses développements et son origine égyptienne*, 1887. — Ignaz von Döllinger, *Geschichte der gnostischmanichäischen Sekten im früheren Mittelalter*, 1890. — Moritz Friedländer, *Der vorchristliche jüdische Gnostizismus*, 1898. — C. Schmidt, *Plotins Stellung zum Gnostizismus und kirchlichen Christentum*, 1900. — E. de Faye, *Introduction à l'étude du gnosticisme au IIe et au IIIe siècles*, 1903. — E. H. Schmidt, *Die Gnosis. Grundlagen der Weltanschauung einer edleren Kultur*, 2 vols., 1903-1907; reimp. 1966. — Ernesto Bouaiuti, *Lo gnosticismo, storia d'antiche lotte religiose*, 1907. — W. Bousset, *Hauptprobleme der Gnosis*, 1907 (Bousset redigiu os verbetes Gnose e Gnosticismo na *Realenzyklopädie* de Pauly-Wissowa). — W. Köhler, *Die Gnosis*, 1911. — J. P. Steffes, *Das Wesen des Gnostizismus und sein Verhältnis zum katholischen Dogma*, 1922. — Hans Leisegang, *Die Gnosis*, 1924; 5ª ed., 1985. — F. C. Burkitt, *Church and Gnosis: A Study of Christian Thought and Speculation in the second Century*, 1932 (Burkitt sustenta uma tese inversa à de Gilson; o gnosticismo é, segundo ele, um "problema interno" do cristianismo). — Hans Jonas, *Gnosis und spätantiker Geist*. I. *Die mythologische Gnosis*, com uma introdução intitulada "Zur Geschichte und Methodologie der Forschung", 1934; 2ª ed., 1954; 3ª ed., 1964; II, 1, *Von der Mythologie zur mystischen Philosophie*, 1954. — S. Sagnard, *La gnose valentinienne et le témoignage de Saint Irénée*, 1947. — S. Pétrement, *Le dualisme chez Platon, les gnostiques et les manichéens*, 1947. — G. Quispel, *Gnosis als Weltreligion*, 1951. — A.-J. Festugière, *La révélation d'Hermès Trimégiste* (tomo IV. *Le Dieu inconnu et la Gnose*, 1954). — Antonio Orbe, *Estudios valentinianos*, I, 1-2: *Hacia la primera teología de la procesión del Verbo*, 1958; 3: *La unción del Verbo*, 1961. — H. Cornélis e A. Léonard, *La gnose éternelle*, 1959.

— Serge Hutin, *Les gnostiques*, 1959. — S. Pétrement, "La notion de gnosticisme", *Revue de Métaphysique et de Morale*, 65 (1960), 385-421. — K. Rudolph, *Die Mandäer*, 2 vols., 1960-1961. — A. Wlostock, *Laktanz und die philosophische Gnosis. Untersuchungen zur Geschichte und Terminologie der gnostischen Erlösungsvorstellung*, 1960. — Lady E. Stefana Drower, *The Secret Adam: A Study of Nasorean Gnosis*, 1961. — Ugo Bianchi, ed., *Le origini dello gnosticismo / The Origins of Gnosticism*, 1967 (Colóquio de Messina, 13/18-IV-1966). — Robert Haardt, *Die Gnosis. Wegen und Zeugnisse*, 1967. — Jacques Lacarrière, *Les gnostiques*, 1973. — K. Rudolph, ed., *Gnosis und Gnostizismus*, 1975. — B. Aland, ed., *Gnosis — Festschrift für Hans Jonas*, 1978. — U. Bianchi, *Selected Essays on Gnosticism, Dualism, and Mysteriosophy*, 1978. — E. Pagels, *The Gnostic Gospels*, 1979. — S. Pétrement, "Sur le problème du gnosticisme", *Revue de Métaphysique et de Morale*, 85 (1980), 145-177.
— *The Rediscovery of Gnosticism*, Atas do Congresso Internacional de Gnosticismo, Yale, 20-31 de março, 1978, vol. I: *The School of Valentinus*, ed. Bentley Layton, 1980.
— J. van Amersfoort, U. Bianchi *et al.*, *Studies in Gnosticism and Hellenistic Religions*, 1981, eds. R. van den Broek e M. J. Vermaseren (em honra a Gilles Quispel).

Ver também: H. Söderber, *La religion des Cathares. Étude sur le gnosticisme de la basse antiquité et du moyen âge*, 1949. G

GOBINEAU, ARTHUR, CONDE DE (1816-1882). Nascido em Ville d'Avray, nos arredores de Paris, estudou, especialmente em sua obra capital, o problema da decadência das civilizações. Em seu entender, essa decadência não se deve às causas usualmente citadas: a corrupção, a irreligião ou a luxúria. Tampouco se deve à ação dos governantes. Um povo degenerado ou decadente, diz Gobineau, é aquele que já não possui o mesmo valor intrínseco que antes, ou seja, "aquele que já não possui o mesmo sangue em suas veias" por ter sido seu sangue afetado por "contínuas adulterações" (*Essai*, cap. IV). Isso supõe que há diferenças de valor entre raças humanas e que, por conseguinte, uma raça pode "contaminar" a outra. O biologismo que esta noção de Gobineau pressupõe não foi negado pelo autor. Pelo contrário, ele próprio compara um povo com um corpo humano, consistindo seu valor primordial em sua "vitalidade". Daí que Gobineau se ocupe especialmente de indicar quais são as condições que um povo deve observar para manter-se imune à degeneração. Porém, como essas condições dependem essencialmente, em sua opinião, da pureza da raça, temos que primeiro a raça e depois sua pureza serão para ele o fundamento de qualquer filosofia da história. A exaltação da raça germânica deve ser compreendida à luz dessa idéia, pois tal raça é, afirma ele, a mais alta variedade do tipo branco, superior às demais variedades e, evidentemente, incomparável com os tipos amarelo e negróide — para Gobineau, o tipo mais ínfimo (*Essai*, cap. XVI). Em última análise, dizer "raça" é dizer "raça germânica", no mesmo sentido em que se diz de alguém que é "um homem de raça". Mas o termo 'raça' também pode ser aplicado, para a medição de valor, a diversos tipos. Na raça radicam, segundo Gobineau, todos os valores (ou desvalores), não apenas físicos mas também espirituais. Reduzir a multiplicidade racial à idéia de um humanismo é, em seu entender, uma degeneração da história e o princípio da decadência para todas as raças superiores. A desigualdade entre as raças é, por conseguinte, uma desigualdade física e espiritual; sua mútua relação não é uma função de sua diferença, mas de sua necessária subordinação. Por isso é preciso conservar a raça pura, e em particular a raça germânica como natural dominadora das restantes, pois sua mistura significaria necessariamente seu desaparecimento. A filosofia da história de Gobineau reduz-se deste modo a um naturalismo idealista, no qual o primeiro termo é representado pela interpretação da história com base em um fator real natural e o segundo pela determinação de uma finalidade.

A obra na qual Gobineau desenvolve sua teoria histórica é o *Essai sur l'inégalité des races humaines*, 4 vols., 1853-1855; nova ed., 2 vols., 1940; reed., 1967.
— Também é importante sua obra *Les religions et les philosophies dans l'Asie Centrale*, 1865. — Ver também: *Correspondance entre Alexis de Tocqueville et Arthur de Gobineau*, 1908, ed. L. Schemann.

A *Nouvelle Revue Française* dedica-lhe seu número de fevereiro de 1934; contém bibliografia cronologicamente ordenada.

Ver: R. Dreyfus, *La vie et les prophéties du comte de G.*, 1905. — Fritz Friedrich, *G.-Studien*, 1906. — L. Schemann, *G. und die deutsche Kultur*, 1910; 7ª ed., 1934. — M. Lange, *Le comte de G. Étude biographique et critique*, 1924. — I. de Lacretelle, *Quatre études sur G.*, 1927. — Reinhold Falk, *Die weltanschauliche Problematik bei G.*, 1936. — A. Combris, *La philosophie des races du comte de G., et sa portée actuelle*, 1937. — C. C. Tansill, "Racial Theories in Germany from Herder to Hitler", *Thought*, 15 (1940), 453-468. — E. Cassirer, *The Myth of the State*, 1946. — P. Tort, "L'inégalité (Gobineau, la philosophie et les sciences)", em *La pensée hiérarchique et l'évolution*, 1982. — A. Smith, *G. et l'histoire naturelle*, 1984.

Desde 1966 são publicados os *Études gobiniennes*, dirigidos por A. B. Durff e J. Gaulmier. G

GOBLOT, EDMOND (1858-1935). Nascido em Mamers (Sarthe, França), professor em Caen e na Universidade de Lyon, seguiu fielmente a tradição racionalista francesa e freqüentemente as tendências da "filosofia assimilacionista", na qual se destacaram, entre outros, Brunschvicg e Lalande. Essas tendências foram aplicadas por Goblot não somente aos problemas lógicos e de filosofia da ciência, mas também a problemas sociológicos. Em sua última obra importante, sobre a lógica dos juízos de valor, Goblot desenvolveu alguns pontos de vista de índole personalista.

⇨ Obras: *Essai sur la classification des sciences*, 1898. — *Vocabulaire philosophique*, 1901. — *Justice et Liberté*, 1902. — *Traité de logique*, 1918. — *Le système des sciences, le vrai, l'intelligible et le réel*, 1922. — *La barrière et le niveau. Étude sociologique sur la burgeoisie française moderne*, 1925; reimp., 1930. — *La logique des jugements de valeur, théorie et applications*, 1927.

Ver: J. Kergomard, P. Salzi, F. Goblot, *Edmond Goblot (1858-1935). La vie, l'oeuvre*, 1937. ⊂

GOCLENIUS, RUDOLF [GÖCKEL, e não, como é às vezes citado, **GÖCKLER** ou **GÖCKLEL**] (1547-1628), chamado de "o Velho". Nascido em Corbach (Waldeck), foi professor na Universidade de Marburgo. Goclenius seguiu ao mesmo tempo as doutrinas aristotélicas de Melanchton e algumas das teorias lógicas de Pierre de la Ramée (Petrus Ramus), sendo por isso comum chamá-lo de semi-ramista. A ele se deve o sorites (VER) chamado "progressivo" ou "goclênico". A importância de Goclenius reside em suas contribuições à terminologia filosófica (por exemplo, a introdução do vocábulo 'psicologia' [VER] e a recopilação e ordenamento dos sentidos dos vocábulos filosóficos em seu influente léxico). Por seus trabalhos eruditos Goclenius foi chamado (por Ioan. Wirtzius Tig P. no "Prefácio" ao *Lexicon*) de *Goclenius Sophiae Titan*.

⇨ Obras: *Physicarum rerum... sequentes Theses philosophicas*, 1587. — *Prolematum logicorum... pars prima*, 1589. — ψυχολογία, *hoc est de hominis perfectione, animo, et in primis ortu eius, commentationes et disputationes quorundam Theologorum & Philosophorum nostrae aetatio, quos proxime sequens praefationem pagina ostendit*, 1590. — *Problemata rhetorica*, 1596. — *Isagoge in Organon Aristotelis*, 1598. — *Ratio solvendi vitiosas argumentationes*, 1598. — *Scholae seu disputationes physicae*, 1602. — *Conciliator philosophicus*, 1609; reimp., 1969. — *Isagoge in peripateticorum et Scholasticorum primam philosophiam quae dici consuevit metaphysica*, 1958. — *Lexicon philosophicum, quo tanquam clave philosophiae fores aperiuntur*, 1613; reimp., 1964 [com o *Lexicon philosophicum graecum infra*]. — *Problematum logicorum et philosophicarum... partes iv*, 1614. — *Lexicon philosophicum graecum*, 1615; reimp., 1964 [com o *Lexicon philosophicum*] (com apêndice de vozes e frases latinas utilizadas na filosofia). — *Acrotelention astrologicum*, 1618. — *Physiognomia*, 1625.

Ver: W. J. Ong, *Ramus. Method and Decay of Dialogue. From the Art of Discourse to the Art of Reason*, 1958. ⊂

GÖDEL, KURT (1906-1978). Nascido em Brno (Tchecoslováquia), mudou-se em 1924 para Viena, onde manteve estreitas relações com membros do chamado "Círculo de Viena". Migrando para os Estados Unidos, foi de 1935 até sua morte membro permanente do "Institute of Advanced Study", em Princeton (Nova Jersey). Entre suas contribuições à lógica matemática figuram seu teorema da incompletude com a prova de que a teoria numérica elementar e qualquer lógica suficientemente rica para alojá-la são ou inconsistentes (ver CONSISTENTE) ou incompletas (ver COMPLETO); seu teorema e a prova de que não se pode formalizar uma prova de consistência para todo sistema bem definido de axiomas com base nesses axiomas; e, por fim, sua demonstração de que a hipótese cantoriana do contínuo (VER) é consistente com os demais axiomas da teoria dos conjuntos se esses axiomas são consistentes. Trataremos mais detalhadamente dos dois primeiros teoremas no verbete GÖDEL (TEOREMA DE), no qual resumimos seu método de aritmetização da sintaxe.

⇨ Obras: *Ueber die Vollständigkeit des Logikkalküls*, 1930 (tese) (*Sobre a completude do cálculo lógico*). — "Die Vollständigkeit der Axiome des logischen Funktionenkalküls", *Monatshefte für Mathematik und Physik*, 37 (1930), 349-360 ("A completitude do axioma do cálculo lógico funcional"). — "Einige metamatemathische Resultate über Entscheidungsdefinitheit und Widerspruchsfreiheit", *Anzeiger der Akademie der Wissenschaften in Wien*. Math.-Naturwiss. Klasse, 67 (1930), 214-215 ("Alguns resultados metamatemáticos sobre completude [tradução hoje corrente de *Entscheidungsdefinitheit*] e consistência"). — "Ueber formal unentscheidbare Sätze der *Principia mathematica* und verwandter Systeme, I", *Monatshefte etc.*, 38 (1931), 173-198 (*Sobre proposições formalmente indecidíveis dos P. M. e sistemas afins*, 1975). — "On Undecidible Propositions of Formal Mathematical Systems", notas de aula de S. C. Kleene e J. B. Rosser no "Institute for Advanced Study", de Princeton, reimp. com correções e notas de Martin David, ed., *The Undecidable. Basic Papers on Undecidable Propositions, Unsolvable Problems, and Computable Functions*, 1965. — "Ueber die Länge von Beweisen", *Ergebnisse eines mathematischen Kolloquiums*, 7 (1936), 23-24 ("Sobre a longitude das provas"). — "The Consistency of the Axiom of Choice and of the Generalized Continuum-Hypothesis", *Proceedings of the National Academy of Sciences*, 24 (1938), 556-557. — "Consistency-Proof for the Generalized Continuum-Hypothesis", *ibid.*, 25 (1939), 220-224. — *The Consistency of the Continuum Hypothesis*, 1940; 2ª ed., 1951; 3ª ed.

(ambas com algumas correções), 1953. — "Russell's Mathematical Logic", em P. A. Schilpp, ed., *The Philosophy of Bertrand Russell*, 1944, pp. 123-153. — "What is Cantor's Continuum Problem?", *The American Mathematical Monthly*, 54 (1947), 515-525, reimp. e ampl. em P. Benacerraf e H. Putnam, eds., *Philosophy of Mathematics: Selected Readings*, 1964, pp. 258-263. — "A Remark About the Relationship between Relativity Theory and Idealistic Philosophy", em P. A. Schilpp, ed., *A. Einstein, Philosopher-Scientist*, 1949, pp. 552-562. — "Ueber eine bisher noch nicht benützte Erweiterung des finiten Standpunktes", *Dialectica*, 12 (1958), 28-87 ("Sobre uma até agora não utilizada ampliação do ponto de vista finito").
Edição de obras: *Collected Works*, vol. I: *Publications, 1929-1936*, 1986, eds. S. Feferman, J. W. Dawson, S. C. Kleene *et al.*, edição bilíngüe com trad. inglesa e originais em alemão; vol. II: *Publications, 1938-1974*, 1990, ed. S. Feferman *et al.* — *Obras completas*, 1981, trad. de E. Casanovas, C. U. Moulines e J. Mosterín, prólogo e introduções de J. Mosterín (inclui todos os escritos publicados de K. G., mas não os textos inéditos). — K. G., *Ensayos inéditos*, 1994, ed. F. Rodríguez Consuegra (com prólogo de W. V. Quine).
Bibliografia: J. W. Dawson, "The Published Work of Kurt Gödel: An Annotated Bibliography", *Notre Dame Journal of Formal Logic*, 24 (1983), 255-284 (inclui todas as suas publicações, assim como resumos, anotações sem título, traduções, correspondência publicada, resenhas de outros trabalhos, apêndices de resenhas que citam seus próprios trabalhos e fotografias do autor publicadas). — Id., "Addenda and Corrigenda to the 'The Published Work of K. G.'", *ibid.*, 25 (1984), 283-287. — Id., "Cataloguing the Gödel 'Nachlass'", *Philosophia Naturalis*, 21 (1984), 538-545 (os trabalhos inéditos de Gödel podem ser consultados na Biblioteca da Universidade de Princeton).
Ver: J. J. Bulloff, Th. C. Holyoke, S. W. Hahn, eds., *Foundations of Mathematics: Symposium Papers Commemorating the 60th Birthday of K. Gödel*, 1969. — D. Hofstadter, *G., Escher, Bach: An Eternal Golden Braid*, 1979 (trad. esp., 1989). — H. Wang, *Reflexions on Kurt Gödel*, 1987. — P. Weingartner, L. Schmetterer, eds., *Gödel Remembered: Salzburg 10-12 July 1983*, 1987 (encontro de pessoas que o conheceram e tiveram relações com ele). — P. Yourgrau, *The Disappearance of Time: K. G. and the Idealistic Tradition in Philosophy*, 1991. Ⴀ

GÖDEL (TEOREMA DE). Até 1931 se pensou ser possível realizar o programa de completa axiomatização da matemática propugnado por David Hilbert e outros autores. Supunha-se que se poderia encontrar um sistema logístico no qual fosse alojada a matemática (clássica), e que se poderia provar que esse sistema era completo (VER) e consistente (VER). Kurt Gödel (VER) pôs fim a essa suposição. Ele mostrou que, dado um sistema logístico razoavelmente rico (o dos *Principia mathematica* ou o sistema axiomático dos conjuntos elaborado por Zermelo, Fraenkel e J. von Neumann), tal sistema é essencialmente incompleto, por aparecer ao menos um enunciado ou teorema que não é decidível (VER) no sistema.

Com o fim de realizar seu propósito, Gödel valeu-se do que foi qualificado de aritmetização da sintaxe (VER). Isso consiste em correlacionar cada um dos signos de um cálculo dado com números da aritmética natural elementar. Assim, temos as correlações seguintes.

Para os signos do cálculo:

'⌐' correlaciona-se com '1',
'∨' correlaciona-se com '2',
'→' correlaciona-se com '3',
'∀' correlaciona-se com '4',
'=' correlaciona-se com '5',
'0' correlaciona-se com '6',
'S' correlaciona-se com '7',
'(' correlaciona-se com '8',
')' correlaciona-se com '9',
',' correlaciona-se com '10'.

Para as variáveis utilizadas no cálculo:

'p' correlaciona-se com '12',
'q' correlaciona-se com '15',
'r' correlaciona-se com '18',
'p'' correlaciona-se com '21',
'q'' correlaciona-se com '24',
'r'' correlaciona-se com '27',

e assim sucessivamente. Ao mesmo tempo:

'x' correlaciona-se com '13',
'y' correlaciona-se com '16',
'z' correlaciona-se com '19',
'x'' correlaciona-se com '22',
'y'' correlaciona-se com '25',
'z'' correlaciona-se com '28',

e assim sucessivamente. Ao mesmo tempo:

'P' correlaciona-se com '14',
'Q' correlaciona-se com '17',
'R' correlaciona-se com '20',

e assim sucessivamente.

Para a leitura dos signos do cálculo correlacionados com '1', '2' e '3', ver CONECTIVO; para a leitura do signo correlacionado com '5', ver IDENTIDADE; para a leitura dos signos correlacionados com '8' e '9', ver PARÊNTESE. O signo correlacionado com '6' é um zero. O signo correlacionado com '7' é 'o próximo número sucessor' ou 'o sucessor'. O signo correlacionado com '10' é um signo de pontuação. As variáveis correlacionadas com '12',

'15', '18' etc. são variáveis sentenciais (ver SENTENÇA; PROPOSIÇÃO). As variáveis correlacionadas com '13', '16', '19' etc. são variáveis individuais (ver VARIÁVEL; QUANTIFICAÇÃO, QUANTIFICACIONAL E QUANTIFICADOR). As variáveis correlacionadas com '14', '17' etc. são variáveis predicados (ver VARIÁVEL; PREDICADO; QUANTIFICAÇÃO, QUANTIFICACIONAL E QUANTIFICADOR; nós usamos normalmente nesta obra 'F', 'G', 'H', 'F''', 'G''', 'H''' etc.). Observar-se-á que cada série de correlações começa com um número e continua segundo uma certa lei (sucessão de números naturais até 10 para a primeira série, sucessão de números naturais a partir de 12, de modo que cada número seja maior que 10 e divisível por 3, na segunda etc.).

Uma vez de posse dessas regras, procede-se à expressão numérica de qualquer fórmula dada. Para esse efeito, os números correspondentes a cada um dos signos (signos propriamente ditos e variáveis) são colocados como expoentes da série dos números primos; multiplicam-se então entre si esses números primos elevados às correspondentes potências e obtém-se um número qualificado de número gödeliano. Por exemplo, o número gödeliano da fórmula do cálculo sentencial $p \rightarrow q$ é o seguinte produto:

$$2^{12} \times 3^3 \times 5^{15}.$$

O número gödeliano da fórmula do mesmo cálculo $p \rightarrow (p \vee q)$ é o seguinte produto:

$$2^{12} \times 3^3 \times 5^8 \times 7^{12} \times 11^2 \times 13^{15} \times 17^9.$$

O número gödeliano da fórmula do cálculo quantificacional elementar (V x) Px é:

$$2^8 \times 3^4 \times 5^{13} \times 7^9 \times 11^{14} \times 3^{13}.$$

O número gödeliano da fórmula correspondente a um dos axiomas da teoria numérica elementar (V x) ($x = Sy$), ou seja, a fórmula segundo a qual todo número tem um sucessor imediato, é:

$$2^8 \times 3^4 \times 5^{13} \times 7^9 \times 11^8 \times 13^{13} \times 17^5 \times 19^7 \times 23^{16} \times 29^9,$$

e assim sucessivamente.

Assim o cálculo é aritmetizado, e isso de tal modo que a cada fórmula corresponde um único número, que pode por sua vez ser decomposto em seus fatores primos, com o que, dado um número gödeliano, se pode ver a qual fórmula do cálculo ele corresponde.

À possibilidade de representar numericamente as fórmulas do cálculo acrescenta-se a possibilidade, no presente caso mais importante, de representar numericamente enunciados metamatemáticos (locuções sintáticas) sobre o cálculo. Desse modo, por exemplo, dado um cálculo C podem ser aritmetizados enunciados como:

x é um signo de C,
x é uma prova em C,

assim como enunciados sobre propriedades metalógicas de C, tais como:

C é completo,
C é consistente,
etc.

Assim, os metateoremas da sintaxe de um cálculo dado podem ser expressos mediante teoremas da teoria numérica elementar e provados dentro dessa teoria.

Ora, Gödel encontrou uma locução sintática relativa a uma fórmula aritmética expressável mediante um certo número gödeliano que afirma que essa fórmula não é demonstrável. A locução sintática em questão pode, por sua vez, ser representada mediante um número gödeliano correspondente a uma fórmula aritmética. Pode-se então provar que essa fórmula é demonstrável se e somente se a negação da mesma fórmula também é demonstrável. Trata-se, pois, de uma fórmula indecidível.

Com base nisso se estabelece então a questão de se a locução sintática que afirma a consistência da aritmética pode ser demonstrada. O resultado é negativo. Com efeito, a citada locução pode ser representada mediante uma fórmula aritmética tal que, se essa fórmula é demonstrável, então a fórmula indecidível também é demonstrável. Contudo, já que se estabeleceu que a fórmula indecidível não é demonstrável, deve-se concluir que tampouco a locução que afirma a consistência da aritmética é demonstrável. A locução que afirma que a aritmética é consistente é, portanto, indecidível.

Embora se possa construir um sistema lógico no interior do qual a locução que se provara indecidível se torne decidível, sempre será possível encontrar nesse sistema outra locução indecidível. A construção de outro sistema lógico que resolva a dificuldade anterior não resolverá definitivamente a questão, pois no interior desse sistema se encontrará pelo menos outra locução indecidível. Por mais sistemas lógicos que sejam construídos, não se fará senão retroceder indefinidamente a descoberta de um suposto cálculo completo e consistente capaz de alojar em seu âmago a matemática. Todo sistema lógico dessa espécie deve possuir regras de inferência mais ricas que o cálculo sobre o qual se pronuncia, e no interior do sistema aparece novamente a dificuldade apontada. Em suma, se o sistema é completo, não é consistente; se é consistente, não é completo.

J. Findlay (cf. art. cit. *infra*) apresentou uma interessante versão lingüística dos resultados de Gödel. Resumiremos (e simplificaremos) as idéias de Findlay nos parágrafos seguintes.

Antes de tudo deve-se distinguir um enunciado de um quase-enunciado (o que Findlay chama de *statement-form*). Um quase-enunciado é uma expressão que contém variáveis livres. Essa expressão converte-se em um enunciado quando essas variáveis são substituídas por expressões com um significado constante.

Consideremos agora um enunciado, que introduziremos do seguinte modo:

O enunciado resultante da substituição da variável no quase-enunciado X pelo nome do quase-enunciado em questão. (1)

Digamos de (1) que é indemonstrável. Escreveremos então:

É indemonstrável o enunciado resultante da substituição da variável no quase-enunciado X pelo nome do quase-enunciado em questão.

Consideremos agora outro enunciado, que introduziremos do seguinte modo:

O enunciado resultante da substituição da variável no quase-enunciado 'É indemonstrável o enunciado resultante da substituição da variável no quase-enunciado X pelo nome do quase-enunciado em questão' pelo nome do quase-enunciado em questão. (2)

De (2) podemos afirmar sua indemonstrabilidade. Teremos então:

É indemonstrável o enunciado resultante da substituição da variável no quase-enunciado 'É indemonstrável o enunciado resultante da substituição da variável no quase-enunciado X pelo nome do quase-enunciado em questão' pelo nome do quase-enunciado em questão. (3)

Chamaremos (3) de E. Evidentemente E afirma que um certo enunciado é indemonstrável. Pois bem, substituindo a variável 'X' no quase-enunciado a que nos referimos em E pelo mesmo quase-enunciado, obtemos:

É indemonstrável o enunciado resultante da substituição da variável no quase-enunciado 'É indemonstrável o enunciado resultante da substituição da variável no quase enunciado X pelo nome do quase-enunciado em questão' pelo nome do quase-enunciado em questão (4)

Chamemos (4) de E'. Naturalmente, E' é igual a E. Portanto, temos um enunciado que diz de si próprio que é indemonstrável. Isso significa que esse enunciado não é demonstrável por meio da linguagem à qual pertence. Se o enunciado em questão é demonstrável, então é indemonstrável, pois esse enunciado afirma sobre si mesmo que é indemonstrável. Se o enunciado em questão é refutável, então é demonstrável. Esse enunciado é, pois, indecidível (ver DECIDÍVEL) na linguagem em que se expressa.

⊃ Ver a bibliografia de GÖDEL (KURT). Além disso: B. Rosser, "An Informal Exposition of Proofs of Gödel's Theorems and Church's Theorem", *The Journal of Symbolic Logic*, 4 (1939), 53-60. — J. Findlay, "Gödelian Sentences: A Non-Numerical Approach", *Mind*, N. S. 51 (1942), 259-265. — John Myhill, "Some Philosophical Implications of Mathematical Logic", *Rev. of Metaphysics*, 6 (1952), 165-198. — A. Mostowski, *Sentences Undecidable in Formalized Arithmetic. An Exposition of the Theory of K. Gödel*, 1952. — J. Ladrière, *Le théorème de Gödel*, 1954. — Id., *Les limitations internes des formalismes. Étude sur la signification du théorème de Gödel e des théorèmes apparentés dans la théorie des fondements des mathématiques*, 1956 (tese). — Ernest Nagel e James R. Newman, *Gödel's Proof*, 1958 (Crítica em H. Putnam, *Philosophy of Science*, 27 [1960], 205-207). — Wolfgang Stegmüller, *Unvollständigkeit und Unentscheidbarkeit. Die metamathematischen Resultate von Gödel, Kleene, Rosser und ihre erkenntnistheoretische Bedeutung*, 1959. — E. Díaz Estévez, *El teorema de G.*, 1975. — S. G. Shanker, ed., *Gödel's Theorem in Focus*, 1988. — H. J. Gensler, *Gödel's Theorem Simplified*, 1984. — M. Dummett, "The Philosophical Significance of Gödel's Theorem", *Ratio*, 5 (1963), 140-155; reimp., com algumas mudanças, em *id.*, *Truth and Other Enigmas*, 1978, pp. 186-201. — R. M. Smullyan, *Gödel's Incompleteness Theorems*, 1992. ℭ

GODOFREDO DE FONTAINES, Godefredus de Fontibus († 1306). Nascido em Fontaines-lez-Hozémont, na região de Liège, estudou em Paris, onde foi mestre de teologia e membro da Sorbonne. Em 1300 foi eleito bispo de Tournai, mas renunciou ao cargo por ter sido questionada sua escolha. Sua filosofia segue em geral a linha do tomismo, opondo-se às teses de Henrique de Gand. Contudo, em alguns pontos importantes Godofredo não se declara adepto da doutrina de Santo Tomás. Isso aparece sobretudo na teoria da distinção entre a essência e a existência. Segundo Godofredo, com efeito, não há distinção entre elas, inclusive nos seres criados. Observou-se, porém, que essa posição de Godofredo destina-se sobretudo a solucionar os inconvenientes que criaria uma distinção equivalente a uma separação de essência e existência como se fossem duas coisas. Na doutrina do conhecimento, embora o autor defenda a teoria tomista da abstração diante da teoria agostiniana da iluminação, ele acentua consideravelmente a passividade do entendimento passivo, fazendo que o entendimento ativo apresente ao passivo a representação de tal forma que aparece a essência sozinha e diretamente apreensível. Essa passividade também se manifesta na vontade. Segundo Godofredo, com efeito, esta é movida unicamente pelo objeto. Isso não significa afirmar que os atos estejam determinados. A rigor, o objeto da vontade é o bem indeterminado, que não está incorporado em nenhum objeto particular. A vontade quer o bem, mas não determinada espécie de bem. No que diz respeito ao problema do princípio de individuação, Godofredo inclinou-se a favor da teoria que funda esse princípio na forma substancial.

⊃ Devem-se a Godofredo de Fontaines quinze Quodlibetos (*Quaestiones quodlibetales*). Edição deles em

Les Quodlibets de Godefroid de Fontaines, na série *Les Philosophes Belges: Les quatre premiers quodl.*, 1904, ed. M. de Wulf (vol. II da citada série). — *Quodl. V, VI, VII*, 1914, eds. M. de Wulf e J. Hoffmans (vol. III). — *Quodl. VIII*, 1924, ed. J. Hoffmans (vol. III). — *Quodl. IX*, 1928, ed. J. Hoffmans (vol. IV). — *Quodl. X*, 1931, ed. J. Hoffmans (vol. V). — *Quodl. XIII, XIV*, 1935, ed. J. Hoffmans (vol. V). — *Quodl. XV*, 1937, ed. Lottin (vol. XIV). — O vol. XIV de *Les Philosophes Belges* também inclui a ed. de *Tres Quaestiones Ordinariae de G. de F.*, por O. Lottin, e um "Étude sur les mas. des Quodlibets", de J. Hoffmans e A. Pelzer. — Permanecem inéditas três *Quaestiones disputatae de virtutibus*, glosas à *Summa Theologiae* de Santo Tomás.

Ver: M. de Wulf, *Un théologien-philosophe du XIIIᵉ siècle. Étude sur la vie, les oeuvres et l'influence de Godefroid de Fontaines*, 1904. — O. Lottin, *Psychologie et morale au XIIᵉ et XIIIᵉ siècles*, I (1942), pp. 304-339; II, 267-269; IV, 575-599. — Id., "Le libre arbitre chez G. de F.", *Revue néoscolastique de philosophie*, 40 (1937), 213-241. — Id., "Le Thomisme de G. de F.", *ibid.*, 40 (1937), 554-573. — Robert J. Arway, "A Half Century of Research on Godfrey of F.", *The New Scholasticism*, 36 (1962), 192-218. — Paul Tihon, *Foi et théologie selon G. de F.*, 1966. — J. F. Wippel, "The Reality of Nonenxisting Possibles According to Thomas Aquinas, Henry of Ghent, and Godfrey of Fontaines", *Review of Metaphysics*, 34 (1981), 729-758. — Id., *The Metaphysical Thought of G. of F.: A Study in the Late Thirteenth-Century Philosophy*, 1981. — Id., "The Role of the Phantasmata in G. of F.'s Theory of Intellection", em C. Wenin, ed., *L'homme et son univers au moyen âge*, vol. 2, 1986, pp. 573ss. ⊂

GODOFREDO DE SÃO VÍTOR (ou de Breteuil) († 1194), um dos chamados "Victorinos" (VER), tratou, na *Fons philosophiae*, da classificação dos saberes e da questão dos universais. Nos três livros do *Microcosmus* apresentou uma imagem do homem em seu lugar dentro do cosmo. O homem é, segundo Godofredo de São Vítor, um reflexo do universo, um peregrino no natural que está a caminho do reino do sobrenatural. Escrevendo na forma de um comentário aos primeiros versículos do *Gênesis*, a Escritura é interpretada simbolicamente. Assim, os primeiros dias da criação simbolizam a Natureza; os últimos três dias, a graça. Godofredo de São Vítor revelou nesta última obra tendências platônicas e humanistas, tendo sido qualificado de "humanista cristão" (Ph. Delhaye).

⊃ Edição de obras em Migne, P. L. CXCVI. Ed. de *Fons philosophiae* por A. Charma, 1868; ed. crítica por P. Michaud-Quantin, 1956; ed. crítica do *Microcosmus* por Philippe Delhaye: *Le Microcosmus de Godefroy de Saint-Victor: Étude théologique*, 1951, com introdução do editor sobre a vida, as obras e a doutrina de Godofredo.

Ver: V. Cilento, *Il metodo e la dottrina del "Microcosmus" di G. di S. V.*, 1959. — P. Damon, "The 'Preconium Augustini' of Godfrey of St. Victor", *Medieval Studies*, 22 (1960), 92-107. — E. A. Synan, "Usefull Rhymes and Good Reasons", *Proceedings. Catholic Philosophical Association*, 51 (1977), 171-182. ⊂

GODWIN, WILLIAM (1756-1836). Nascido em Wisbech, Cambridgeshire, Inglaterra. Educado no calvinismo, abandonou-o sob a influência de leituras dos enciclopedistas franceses, especialmente de Helvétius. Sua mulher, Mary Wollstonecraft, foi uma das primeiras feministas radicais, tendo escrito uma obra intitulada *A Vindication of the Rights of Women*. Godwin escreveu numerosos romances — *Things as They Are; or, the Adventures of Caleb Williams* (1794), *Fleetwood* (1805), *Mandeville* (1817) e outros —, mas é conhecido por seus escritos de filosofia política, especialmente por sua obra sobre a justiça política, considerada um dos fundamentos do anarquismo (VER) moderno.

A obra de Godwin citada é uma resposta a Montesquieu. Segundo Godwin, o que forma os homens não é o clima ou as idéias inatas, mas a educação. Mas a educação, tal como foi instituída, serve apenas para corromper os homens, porque procede dos governos, que são todos corruptos: mesmo o mais aceitável, como o republicano, contém germens de tirania. Devem-se eliminar, segundo Godwin, todas as instituições positivas, como o clero, a aristocracia e a legislação, que impõem restrições. Deve-se restaurar a originária benevolência humana, destruída pelos governos, que separam os homens uns dos outros. Toda violência é condenável como contrária à razão. Em vez de uma forma de governo — de qualquer uma das três formas de governo descritas por Montesquieu — deve-se formar uma sociedade sem governo, completamente igualitária e na qual reine a justiça. Esta não pode ser uma sociedade numerosa, pois isso introduziria instituições que levariam, novamente, à corrupção. Godwin advoga por pequenas comunidades, que não são de tipo comunista ou cooperativo. A propriedade não é comum, mas tampouco individual, porque não há, a rigor, posse de bens — toda posse implica a renúncia à mesma.

A benevolência universal predicada por Godwin é o fundamento das relações entre os homens; por meio da benevolência se poderá alcançar a maior felicidade para o maior número possível de homens. Em uma comunidade ideal cada indivíduo pode ter suas próprias opiniões, mas estas não devem prejudicar ninguém. Deve haver, pois, completa liberdade de pensamento e expressão, mas não liberdade para obrigar alguém a fazer o que não queira fazer. Por outro lado, se reina a benevolência, ninguém poderá querer o que não seja benéfico para todos. Com o fim de criar uma nova sociedade não se deve erigir nenhuma instituição nem forjar nenhuma doutrina — deve bastar a persuasão que convencerá a cada um de que a eliminação dos preconceitos, dos castigos e dos ideais de honra e de virtude são o melhor caminho para alcançar a felicidade.

⊃ A obra capital de G. é: *Enquiry Concerning Political Justice*, 2 vols., 1793; 2ª ed., 1796; 3ª ed., 1798. Além disso ele escreveu: *Cursory Structures on the Charge Delivered by Lord Chief Justice Eyre to the Grand Jury*, 1794. — *Memoirs of the Author of A Vindication of the Rights of Women*, 1798 (sobre sua mulher, Mary Wollstonecraft). — *Life of Chaucer*, 1803. — *An Essay on Sepulchres*, 1809. — *Of Population*, 1820 (resposta a Malthus). — *Thoughts of Man*, 1820. — *Essays Never Before Published*, 1873 (póstumo: contém um manuscrito intitulado por G.: *The Genius of Christianity Unveiled*).

Biografias: C. Kegan Paul, *W. G.: His Friends and Contemporaries*, 2 vols., 1876. — H. N., Bralsford, *Shelley, G. and Their Circle*, 1913 (Shelley difundiu, em vários poemas, doutrinas de G.). — Ford K. Brown, *Life of W. G.*, 1926. — G. Woodcock, *W. G.*, 1946. — R. G. Grylls, *W. G. and His World*, 1953.

Ver: David Fleisher, *W. G.*, 1951. — D. H. Monro, *Godwin's Moral Philosophy*, 1953. — John P. Clark, *The Philosophical Anarchism of W. G.*, 1977. — M. H. Scrivener, "Godwin's Philosophy: A Reavaluation", *Journal of the History of Ideas*, 39 (1978), 615-626. — A. Ritter, *Anarchism: A Theoretical Analysis*, 1980 (comenta Godwin, Proudhon, Bakunin e Kropotkin). — D. Locke, *A Fantasy of Reason: The Life and Thought of W. G.*, 1980. — P. H. Marshall, *W. G.*, 1984. — M. Philp, *Godwin's Political Justice*, 1986. ℭ

GOETHE, JOHANN WOLFGANG (1749-1832). Nascido em Frankfurt a. M., é uma dessas grandes figuras literárias que não costumam ser incluídas nas histórias da filosofia. Aqui lhe dedicamos, porém, algumas linhas, pelas mesmas razões pelas quais dedicamos um breve verbete a Dante (ver DANTE ALIGHIERI): trata-se de um dos grandes "poetas filósofos" em que o pensamento filosófico desempenha um papel mais importante que em outros grandes poetas. Em todo caso deve-se reconhecer que na obra literária de Goethe a filosofia não tem uma função tão importante como a que tem a teologia na *Divina comédia* de Dante.

Mesmo tendo reconhecido que não possuía "órgão apropriado" para o pensamento filosófico, Goethe desenvolveu e, sobretudo, considerou como pressupostas certas idéias filosóficas inspiradas em parte por sua atitude diante da Natureza e em parte pelo conhecimento de certos autores de tendência mais ou menos "monista" (autores como Giordano Bruno, Spinoza e, em sua própria época, Schelling). Goethe concebeu a realidade principalmente como "Natureza" e como uma "Natureza que não se esconde", por serem a mesma coisa o seu "interior" e a sua "aparência". A Natureza é um grande "Todo" que manifesta um número infinito de formas em evolução constante. Isso não significa que a natureza seja "caótica". As formas naturais estão organizadas de acordo com "protoformas", *Urformen* (ver UR). O conhecimento dessas "protoformas" se dá mediante a observação, o estudo e a paciente classificação das "coisas naturais", mas em última análise não é assunto de indução, e sim de intuição. As protoformas naturais são intuídas em um único olhar, do qual somente os "espíritos produtivos" são capazes. Uma vez conhecida a protoforma conhecem-se e compreendem-se as diversidades a que deu origem. O reconhecimento de que as formas naturais se encontram em evolução contínua indica que Goethe era "evolucionista". Seu evolucionismo, porém, não é mecanicista, mas, por assim dizer, "morfológico". As protoformas podem ser das plantas (*Urpflanzen*) e dos animais (*Urtieren*), mas é possível que ambas derivem de uma protoforma natural mais primitiva (*Urform*).

Os dois movimentos principais na evolução das formas naturais são a concentração e a expansão. Entre os dois se estabelece um equilíbrio dinâmico que torna possível a mudança contínua sem que se produzam desarmonias.

A teoria das cores (*Farbentheorie*) de Goethe foi muito discutida, sendo aceita por vários filósofos (por exemplo, Schopenhauer) como a "verdadeira teoria" diante da teoria newtoniana. Goethe tentava explicar todas as cores de acordo com combinações de luz e sombra e rejeitava toda explicação propriamente física, fosse ela atomista ou ondulatória.

Interessante no estudo da "filosofia" de Goethe é seu contato com a filosofia kantiana, a cujo estudo foi induzido por Schiller. Goethe encontrou na filosofia de Kant uma certa confirmação de sua tese do "protofenômeno", que ele comparou com uma idéia (reguladora) da razão.

⊃ Dos "tratados filosóficos" e "científicos" de Goethe mencionaremos: *Ueber den Zwischenkiefer des Menschen und der Tiere*, 1786. — *Versuch, die Metamorphose der Pflanzen zu erklären*, 1790. — *Beiträge zur Optik*, 1791-1792 (ed. J. Schuster, 1928). — *Zur Farbenlehre*, 1810 (ed. G. Ipsen, 9ª ed., 1937, e H. Wohlbold, 2ª ed., 1932). — *Zur Naturwissenschaft überhaupt, besonders zur Morphologie*, 1817-1824. — Seleção de escritos de interesse filosófico e científico: *Goethes Philosophie aus seinen Werken*, ed. M. Heynacher, 2ª ed., 1922. — Ed. crítica de escritos científicos: *Die Schriften zur Naturwissenschaft*, eds. R. Matthaei, G. Schmid, W. Troll, L. Wolff. Contém 3 partes: I: Geologia e mineralogia (3 volumes, 1947-1949); II: Ótica (5 vols., vol. I, 1951); III: Morfologia (5 vols.) — São reveladoras as conhecidas *Conversações com Goethe* de Eckermann.

Entre as numerosas edições de obras completas de Goethe, mencionamos: *Werke*, ed. Goedeke, Stuttgart (Cotta), 36 vols., 1882. — *Werke*, ed. Grotte, 20 vols. — *Werke*, Sans Souci-Ausgabe, 10 vols., Potsdam. — *Säm-*

tliche Werke in chronologischer Folge, eds. Schüddekopf, Höfer e outros, Berlim, 45 vols., 1909-1932. — *Werke*, ed. R. Müller-Freienfels, Berlim, 30 vols., 1921. — *Sämtliche Werke*, Jubiläums-Ausgabe, ed. E. von den Hellen, Stuttgart (Cotta), 40 vols. e 1 de índices. — *Werke*, ed. E. Merian-Genast, Basiléia, 12 vols., 1949. — *Gedenkausgabe der Werke, Briefe und Gespräche*, ed. Ernst Beutler, 24 vols. (17 vols. com obras, 4 com correspondência e 3 com conversações), Zurique (Artemis-Verlag), 1948 ss; 2ª ed., 1961; reimp. em *Sämtliche Werke*, 18 vols., 1979, com o vol. de índices (18: *Registerband*) reelaborado para esta edição.

Bibliografia: H. Pyritz, N. Nicolai, G. Burckhardt, *Goethe-Bibliographie*, I-II, 1965-1968.

Em português: *As afinidades eletivas*, 3ª ed., 1998. — *Os anos de aprendizado de Wilhelm Meister*, 2ª ed., 1996. — *Doutrina das cores*, 2ª ed., 1996. — *Escritos sobre literatura*, 1997. — *Fausto*, 4ª ed., 1997. — *Goethe e Schiller, companheiros de viagem*, 1993. *Memórias: poesia e verdade*, 2 vols., 1986. — *Metamorfose das plantas*, s.d. — *Raineke — Raposo*, 1998. — *Os sofrimentos do jovem Werther*, 2ª ed., 1998. — *Trilogia da paixão*, 1999. — *Viagem à Itália, 1786-1788*, 1999. — *Werther*, 1998.

Sobre Goethe, principalmente em seu aspecto filosófico, ver: Hermann Siebeck, *Goethe als Denker*, 1902. — Thomas Davidson, *The Philosophy of Goethe's "Faust"*, 1906. — Karl Vorländer, *Kant, Schiller, Goethe*, 1907. — George Santayana, *Three Philosophical Poets* (Lucrécio, Dante, o "Fausto" de Goethe), 1910. — Georg Simmel, *Goethe*, 1913. — Bruno Bauch, *Goethe und die Philosophie*, 1928. — Ferdinand Weinhandl, *Die Metaphysik Goethes*, 1932. — José Ortega y Gasset, "Pidiendo un Goethe desde dentro: Carta a un alemán" e "Goethe el libertador" (1932), em *O. C.*, IV, e "Sobre um Goethe bicentenario", "Goethe sin Weimar" e "Alrededor de Goethe" (1949), em *O. C.*, IX. — Benedetto Croce, *Nuovi saggi sul Goethe*, 1934. — Eduard Spranger, *Goethes Weltanschauung. Reden und Aufsätze*, 1946. — F. J. von Rintelen, *Der Rang des Geistes. Goethes Weltverständnis*, 1955. — Id., *J. W. von G. Sinnerfahrung und Daseinsdeutung*, 1968. — C. I. Gulian, *Goethe si problemete filosofiei*, 1957 (*G. e os problemas filosóficos*). — Werner Danckert, *Offenes und geschlossenes Leben. Zwei Dasensaspekte in Goethes Weltschau*, 1963. — Manuel Sacristán, *Lecturas, I: G., Heine*, 1967. — Christoph Gogelein, *Zu Goethes Begriff von Wissenschaft. Auf dem Wege der Methodik seiner Farbstudien*, 1972. — A. Jaszi, *Entzweiung und Vereinigung. G.s symbolische Weltanschauung*, 1973. — H. Hamm, *Der Theoretiker G.: Grundpositionen seiner Weltanschauung, Philosophie und Kunsttheorie*, 1975. — E. Heller, *The Poet's Self and the Poem: Essays on Goethe, Nietzsche, Rilke and Thomas Mann*, 1976. — G. M. Vasco, *Diderot and Goethe: A Study in Science and Humanism*, 1978. — W. Kaufmann, *Discovering the Mind: Goethe, Kant, and Hegel*, 1980; nova ed., 1991. — A. Schmidt, *G.s herrlich leuchtende Natur. Philosophische Studie zur deutschen Spätaufklärung*, 1984. — A. Schöne, *G.s Farbentheologie*, 1987. — D. Kuhn, *Typus und Metamorphose. G.-Studien*, 1988. — D. L. Sepper, *Goethe Contra Newton: Polemics and the Project for a New Science of Colour*, 1988. ⊂

GOGARTEN, FRIEDRICH (1887-1967). Nascido em Dortmund, foi *Privatdozent* de teologia protestante na Universidade de Iena (1925-1931), professor titular de teologia na Universidade de Breslau (1930-1935) e professor na Universidade de Göttingen (a partir de 1935). Gogarten desenvolveu a chamada "teologia dialética" na direção que lhe imprimiu seu mestre, Karl Barth (VER). Sua concepção do homem se baseia em uma antropologia teológica segundo a qual a compreensão do homem se dá do ponto de vista da compreensão de Deus, mas, ao mesmo tempo, a compreensão de Deus se dá do ponto de vista do homem. O homem não deve ser considerado abstratamente, e sim em sua situação histórica concreta, mas esta, longe de afastá-lo da Revelação, coloca-o no próprio centro dela. A Revelação não é um processo mais ou menos abstrato e mais ou menos intelectualizado, mas uma situação humana básica. Isso parece "imanentizar" a Revelação a ponto de convertê-la em um puro fenômeno histórico, o que, porém, não ocorre. Seguindo Barth, Gogarten evidenciou que a situação humana concreta não é uma situação imanente à história, mas uma situação "teológica". A Revelação não se faz na história, e menos ainda na medida em que se desenvolve a história, mas ao contrário: a história tem sentido somente pela Revelação, que é independente da história e subsiste sem ela. O caráter concreto e existencial da realidade humana exposto por Gogarten é um caráter de "decisão": a "decisão por Deus" e pelo divino. Ao contrário do que pensa o homem moderno, não há autonomia do espírito, nem neste se encontra "naturalmente" o divino. O divino é aceito ou não em um ato de fé total. O caráter dialético da teologia e da situação teológica consiste nessa separação entre o divino e o humano, sem a qual o divino não pode se revelar ao homem nem o homem pode optar radicalmente pelo divino, contra o pecado de um auto-endeusamento em que caem todas as tendências naturalistas, historicistas e "teológico-liberais". Gogarten aproximou-se em muitos pontos da idéia de desmitificação (VER) elaborada por Rudolf Bultmann (VER).

⊃ Obras: *Fichte als religiöser Denker*, 1914 (*F. como pensador religioso*). — *Religion und Volkstum*, 1915 (*Religião e comunidade nacional*). — *Religion Weither*, 1917 (*Religião a distância*). — *Die religiöse Entscheidung*, 1921; reimp., 1924 (*A decisão religiosa*). — *Von Glauben und Offenbarung. Vier Vorträge*, 1923 (*Da fé e da revelação: quatro conferências*). — *Illusionen. Eine Ausei-*

nandersetzung mi dem Kulturidealismus, 1926 (*Ilusões: uma discussão com o idealismo cultural*). — *Ich glaube an den dreienigen Gott. Eine Untersuchung über Glauben und Geschichte*, 1926 (*Creio no Deus uno e trino: uma investigação sobre a fé e a história*). — *Theologische Tradition und theologische Arbeit. Geistesgeschichte oder Theologie?*, 1927 (*Tradição teológica e trabalho teológico: história do espírito ou teologia?*). — *Glaube und Wirklichkeit*, 1928 (*Fé e realidade*). — *Politische Ethik. Versuch einer Grundlegung*, 1932 (*Ética política: tentativa de fundamentação*). — *Die Selbstverständlichkeiten unserer Zeit und der christliche Glaube*, 1932 (*As obviedades de nosso tempo e a fé cristã*). — *Einheit von Evangelium und Volkstum?*, 1933; 2ª ed., 1934 (*Unidade do Evangelho e a comunidade nacional?*). — *Das Bekenntnis der Kirche*, 1934 (*A confissão da Igreja*). — *Ist Volksgesetz Gottesgesetz? Eine Auseinandersetzung mit meinen Kritikern*, 1934 (*É a lei do povo a lei de Deus?: Uma discussão com meus críticos*). — *Gericht oder Skepsis. Eine Streitschrift gegen Karl Barth*, 1937 (*Justiça ou ceticismo: Escrito polêmico contra K. B.*). — *Weltanschauung und Glaube*, 1937 (*Visão de mundo e fé*). — *Die Verkündigung Jesu Christi*, 1948; 2ª ed., 1965 (*O anúncio de Jesus Cristo*). — *Die Kirche in der Welt*, 1948 (*A Igreja no mundo*). — *Der Mensch zwischen Gott und Welt*, 1952; 4ª ed., 1967 (*O homem entre Deus e o mundo*). — *Entmythologisierung und Kirche*, 1953; 4ª ed., 1966 (*Desmitologização e Igreja*). — *Verhängnis und Hoffnung der Neuzeit. Die Säkularisierung als theologisches Problem*, 1953; 3ª ed., 1966 (*Destino e esperanças do mundo moderno*. — *Was ist Christentum?*, 1956; 3ª ed., 1963. — *Die Wirklichkeit des Glaubens. Zum Problem des Subjektivismus in der Theologie*, 1957 (*A realidade da fé: sobre o problema da subjetividade na teologia*). — *Der Schatz in irdenen Gefaessen. Predigten*, 1960; 2ª ed., 1967 (*O tesouro em vasos de terra: sermões*). — *Jesus Christus, Wende der Welt. Grundfragen der Christologie*, 1966; 2ª ed., 1967 (*Jesus Cristo, viragem do mundo: questões básicas de cristologia*). — *Luthers Theologie*, 1967 (*A teologia de Lutero*). — *Die Frage nach Gott. Eine Vorlesung*, 1968 (*A questão de Deus: uma lição*).
Ver: G. Wieser, F. G., 1930. — Theodor Siegfried, *Die Theologie der Existenz bei F. G. und Rudolf Bultmann*, 1933. — Fritz Schröter, *Glaube und Geschichte*, 1933 (tese). — Helmut Thielicke, *Die Krise der Theologie*, 1938. — Karl-Wilhelm Thyssen, *Der Weg der Theologie F. Gogartens von den Anfängen bis zum zweiten Weltkrieg*, 1970. — G. Penzo, "Superamento dello storicismo nel pensiero filosofico-teologico di F. Gogarten (1887-1967)", *Rivista di Filosofia Neo-Scolastica*, 71 (1979), 197-204. ◖

GOGOTSKI, S[ILVESTR], S[ILVESTROVITCH].
Ver HEGELIANISMO.

GOLDMANN, LUCIEN (1913-1970). Nascido em Bucareste, mudou-se para a França em 1934, onde se doutorou com sua obra sobre o "Deus oculto", sob a orientação de Henri Gouhier. De 1958 até sua morte foi diretor de estudos em uma das seções da "École Pratique des Hautes Études", de Paris. Influenciado fundamentalmente por Lukács e também por Max Weber, Dilthey, Simmel e Jean Piaget, com o qual estudou durante algum tempo em Genebra, Goldmann tornou-se conhecido pela mencionada obra sobre "o Deus oculto". Usando um método marxista que, segundo a inspiração original, estava atento ao material histórico empírico, Goldmann proporcionou uma interpretação original de Pascal e de Racine, assim como do movimento jansenista. O estudo do contexto histórico-econômico-social desses autores levou-o a uma interpretação de várias "formas de pensar" básicas, e em particular a que chamou de "visão trágica" do mundo (ver, para mais detalhes, os verbetes MUNDO [CONCEPÇÃO DO] e TRAGÉDIA). Desde o início Goldmann interessou-se em dar um fundamento filosófico para as ciências humanas com base na idéia de uma "consciência possível" e do uso de um método sociológico. Também manifestou interesse em fundamentar o uso do método dialético nas ciências sociais e em estudar as relações estruturais entre cultura e realidade econômica. Goldmann foi um dos destacados representantes do às vezes chamado "marxismo aberto" ou "marxismo não-ortodoxo"; em seu caso, tratava-se não apenas de uma aplicação não-dogmática de métodos marxistas mas também de um exame das possibilidades desses métodos. Goldmann afirmou freqüentemente que os "fatos" (históricos) somente adquirem sentido dentro de uma concepção filosófica, mas esta não é uma arquitetura dogmática imposta aos fatos, e sim um instrumento de interpretação que também pode se transformar em instrumento de transformação, afastado de todo supostamente neutro "estruturalismo formalista", o qual reflete simplesmente as condições tecnocrático-capitalistas.

➲ Obras: *La communauté humaine et l'univers chez Kant: Études sur la pensée dialectique et son histoire*, 1948; nova ed., com o título *Introduction à la philosophie de Kant*, 1967. — *Sciences humaines et philosophie*, 1952; novas eds., 1966, 1971 (trad. bras.: *Ciências humanas e filosofia*, 9ª ed., 1984). — *Le Dieu caché: Étude sur la vision tragique dans les "Pensées" de Pascal et dans le théâtre de Racine*, 1955 (tese). — *Jean Racine, dramaturge*, 1956; nova ed., com o título *Racine*, 1970. — *Recherches dialectiques*, 1959 (coletânea de ensaios, 1942-1959). — *Pour une sociologie du roman*, 1964; nova ed., 1965. — *Marxisme et sciences humaines*, 1970 (coletânea de trabalhos, 1961-1970). — *Structures mentales et création culturelle*, 1970 (coletânea de trabalhos, 1957-1970). — *La création culturelle dans la société moderne*, 1971 (coletânea de trabalhos, 1965-1970). — *Situation de la critique racinienne*, 1971. — *Lukács et Heidegger: Fragments posthumes*, 1973, ed. Youssef Ishaghpour.

Em português: *Ciências humanas e filosofia*, 12ª ed., 1993. — *Dialética e cultura*, 1991. — *Epistemologia e filosofia política*, 1997. — *A sociologia do romance*, 3ª ed., 1976.

Bibliografia na antologia de Sami Nair e Michael Löwy, *L. G. ou la dialectique de la totalité*, 1973.

Ver: Franco Crispini, *Lo struturalismo dialettico di L. G.*, 1970. — J. Ignacio Ferreras, "La sociología de L. G.", *Revista de Occidente*, 2ª época, n. 105 (1971), 317-336 (com bibliografia). — Pierre V. Zima, *G.: Dialectique de l'immanence*, 1973. — Hermann Baum, *L. G. Marxismus contra vision tragique*, 1975. — J. Piaget, H. Marcuse et al., *L. G. et la sociologie de la littérature: Hommage à L. G.*, 1975. — J. Duvignaud, J. Leenhart et al., *L. G. et la littérature. Hommage à L. G.*, 1975. — C. Slaughter, *Marxism, Ideology and Literature*, 1980. — M. Evans, *Lucien Goldmann: An Introduction*, 1981. ⊂

GOLDSCHEID, RUDOLF. Ver Haeckel, Ernst.

GOLDSCHMIDT, LUDWIG. Ver Kantismo.

GOLDSTEIN, KURT (1878-1965), professor na Universidade de Königsberg (1912-1918), diretor do Instituto de Neurologia na Universidade de Frankfurt a. M. (1918-1930) e professor na mesma Universidade (1922-1933), exilou-se da Alemanha em 1933, residindo na Holanda (1934-1935) e nos Estados Unidos, onde foi chefe do Laboratório de Neurofisiologia no Hospital de Montefiore, de Nova York, e professor de neurologia e de psiquiatria na Universidade de Columbia (1935-1940). Deu aulas depois em Harvard, em Tufts, em CCNY (City College of New York), na "New School for Social Research" e na Universidade de Brandeis.

Goldstein influenciou algumas das tendências da biologia "organicista" (ou "organísmica") e os filósofos que se basearam nessas tendências com o fim de opor-se a todo tipo de metodologia "atomística" e "mecanicista". Isso não significa que fosse adepto do "vitalismo" ou do "neovitalismo" na biologia e na filosofia — o que ele defendia era uma concepção holística dos organismos (ver Holismo). Em seu livro de 1934 (cf. bibliografia *infra*), Goldstein procura mostrar que não há uma mera especialização nas funções cerebrais. Mesmo que possam ser localizadas no cérebro áreas e centros de funcionamento (ou de funcionalidade) distintos entre si, todas essas áreas e centros são regulados globalmente, o que permite respostas globais e funcionais a lesões cerebrais específicas. Essas respostas globais e funcionais que têm em vista a adaptabilidade a novas situações indicam, segundo Goldstein, que o cérebro e os organismos em geral são sistemas inter-relacionados de funções. Desse modo, o holismo de Goldstein se baseia em um ponto de vista sistêmico (ver). Seu globalismo e holismo são uma elaboração de uma forma de funcionalismo.

⊃ Obras: *Schemata des Neurologischen Institutes zu Frankfurt a. M. zum Einzeichnen von Kopf- und Gehirnverletzungen*, 1916 (*Esquemas do Instituto Neurológico de Frankfurt para a determinação de lesões cranianas e cerebrais*). — *Die Behandlung, Fuersorge und Begutachtung der Hirnverletzten. Zugleich ein Beitrag zur Verwendung psychologischer Methoden in der Klinik*, 1919 (*Tratamento, cuidado e avaliação das lesões cerebrais. Com uma contribuição sobre a aplicação de métodos psicológicos na clínica*). — *Psychologische Analysen hirnpathologischer Fälle*, 1920 (editado em colaboração com A. Gelb) (*Análises psicológicas de casos cerebropatológicos*). — "Die Lokalisation in der Grosshirnde. Nach Erfahrungen am kranken Menschen", em A. Bethe, ed., *Handbuch der normalen und pathologischen Physiologie*, 1927, pp. 600-842 ("A localização no encéfalo. Segundo experiências com doentes"). — *Der Aufbau des Organismus. Einführung in die Biologie unter besonderer Berücksichtigung der Erfahrungen am kranken Menschen*, 1934 (trad. inglesa, rev. pelo autor: *The Organism: A Holistic Approach to Biology Derived from Pathological Data in Man*, 1939; 2ª ed., 1963, com novo prefácio do autor; trad. francesa, ampl. com fragmentos inéditos: *La structure de l'organisme: Introduction à la biologie à partir de la pathologie humaine*, 1951). — *Human Nature in the Light of Psychopathology*, 1940; 2ª ed., 1963, com novo prefácio do autor. — *Aftereffects of Brain Injuries in War: Their Evaluation and Treatment*, 1942. — *Language and Language Disturbances: Aphasic Symptom Complexes and Their Significance for Medicine and Theory of Language*, 1948 (trad. esp.: *Trastornos del lenguaje: Las afasias*, 1950).

G. publicou centenas de artigos de 1903 a 1965. Uma interessante coletânea desses artigos pode ser encontrada no volume *Selected Papers / Ausgewählte Schriften*, 1971, eds. Aron Gurwitsch, Else M. Goldstein Haudek e William E. Haudek.

Autobiografia em E. G. Boring e G. Lindzey, eds., *A History of Psychology in Autobiography*, v. 5, 1967, pp. 145-166.

Ver: J. Meiers, *Forty-five Years of K. Goldstein's Publications: The Organismic Approach*, 1948 (mimeo.). — W. Riese, A. Gurwitsch et al., *The Reach of Mind: Essays in Memory of K. G.*, ed. Marianne L. Simmel, 1968, com bibliografia de J. Meiers, pp. 271-295. — M. G. Grene, *Approaches to a Philosophical Biology*, 1968. — N. Geschwind, *Selected Papers on Language and the Brain*, 1974. ⊂

GÓMEZ PEREIRA (1500-1558?). Nascido provavelmente em Medina del Campo, expôs em sua principal obra, a *Antoniana Margarita*, o "paradoxo" de que os animais carecem de faculdades sensíveis (*brutus sensa carere*), comumente expresso mediante a tese de que os animais não têm alma. Gómez Pereira — que estudara a filosofia de seu tempo, especialmente, segundo indica

Menéndez y Pelayo, as doutrinas nominalistas, transformadas por ele em um sentido sensualista — valeu-se sobretudo, para expor sua doutrina, de argumentações racionais em forma silogística — não se trata nem de uma tentativa de comprovação experimental nem tampouco, como foi depois em Descartes, das conseqüências de uma prévia concepção metafísica. Se os brutos possuíssem sensibilidade, argumenta Gómez Pereira, seria então preciso atribuir-lhes uma inteligência como a do homem. A impossibilidade de atribuir-lhes o entendimento — impossibilidade tanto empírica como assegurada pela filosofia e pela teologia — faz que tampouco a potência sensitiva lhes seja permitida, pois a sensibilidade externa requer o senso comum que é conseqüência do uso dos sentidos. Daí a afirmação de que o movimento dos animais é de índole "mecânica" e não "espontânea" (Gómez Pereira inclui o instinto nos movimentos desencadeados por causas extrínsecas ao animal). A doutrina do automatismo das bestas, que alcançou grande difusão mediante a filosofia natural cartesiana, foi muito discutida durante os séculos XVII e XVIII. Discutiu-se sobretudo se Descartes conheceu ou não as doutrinas de Gómez Pereira. Seguidores e adversários de Descartes analisaram o ponto amplamente (ver ALMA DOS BRUTOS).

Entre os adversários contemporâneos de Gómez Pereira contam-se Miguel de Palacios, especialmente em seu opúsculo *Obiectiones Licentiati Michaelis a Palacios Cathedratrici sacrae Theologiae in Salmantina Universitate adversus nonnulla ex multiplicibus paradoxis Antonianae Margaritae*, publicado em 1555 junto com a defesa (*Apologia*) do próprio Gómez Pereira.

⊃ A principal obra de Gómez Pereira intitula-se *Antoniana Margarita, opus nempe physicis, medicis, ac theologis non minus utile, quam necessarium* (Madri, 1554; 2ª ed., Frankfurt, 1610; 3ª ed., Madri, 1749). Gómez Pereira também escreveu um tratado de medicina: *Novae veraeque medicinae, experimentis et evidentibus rationibus comprobatae. Prima pars* (Medina del Campo, 1558; 2ª ed., Madri, 1749).

Ver: J. M. Guardia, "Philosophes espagnols. Gómez Pereira", *Revue Philosophique*, 27 (1889), 270-291, 382-407, 607-634. — Eloy Bullón, *Los precursores españoles de Bacon y Descartes*, 1905. — Narciso Alonso Cortés, "Gómez Pereira y Luis de Mercado. Datos para su biografía", *Revue Hispanique*, 31 (1914), 1-29. — M. Menéndez y Pelayo, "La 'Antoniana Margarita' de Gómez Pereira" (*La ciencia española*, ed. M. Artigas, t. I, 1933, pp. 395-476). — Marcial Solana, *Historia de la filosofía española. Época del Renacimiento (Siglo XVI)*, t. I, 1941, pp. 209-271. — M. Sánchez Vega, "Estudio comparado de la concepción mecánica del animal y sus principios en G. P. y R. Descartes", *Revista de filosofía*, n. 50 (julho-setembro de 1954). ©

GÓMEZ ROBLEDO, ANTONIO. Ver CASO, ANTONIO.

GOMPERZ, HEINRICH (1873-1942). Nascido em Viena, foi *Privatdozent* em Berna e em Viena, e professor na Universidade de Viena (1920-1934). Heinrich Gomperz destacou-se não somente por seus trabalhos sobre filosofia grega, mas por uma doutrina filosófica chamada "patempirismo", situada na linha do empirismo positivista e do empiriocriticismo contemporaneamente defendido por Avenarius e outros autores. Sua redução dos conceitos a experiências não significa, porém, que estas tenham de ser entendidas somente de um ponto de vista psicológico. A experiência é uma realidade total e "neutra" que permite uma análise e até uma "concepção de mundo" (cosmoteoria), dividida por Gomperz em noologia, ontologia e cosmologia. Essa concepção de mundo, fundada na análise pura da experiência, representa ao mesmo tempo a base de toda experiência possível. Essa base também é proporcionada por um exame histórico das concepções do mundo relativas a cada uma das noções últimas, exame que mostra até que ponto cada concepção não é senão a tradução conceitual de experiências fundamentais, embora de modo algum arbitrariamente subjetivas. O método de Gomperz é, desse modo, um método introspectivo-analítico e, em grande parte, endopático, continuamente oscilante entre a descrição psicológica e a construção lógica do real.

⊃ Principais obras: *Zur Psychologie der logischen Grundtatsachen*, 1897 (*Para a psicologia dos fatos lógicos fundamentais*). — *Kritik des Hedonismus*, 1898 (*Crítica do hedonismo*). — *Ueber den Begriff des sittlichen Ideals*, 1902 (*Sobre o conceito do ideal moral*). — *Die Lebensauffassung der griechischen Philosophen und das Ideal der inneren Freiheit*, I, 1904; II-III, 1915; 3ª ed., 1927 (*A concepção da vida dos filósofos gregos e o ideal da liberdade interna*). — *Weltanschauungslehre*, I, 1905; II, 1908 (*Doutrina da cosmovisão*). — *Das Problem der Willensfreiheit*, 1907 (*O problema da liberdade da vontade*). — *Sopistik und Rethorik*, 1912; reimp., 1965 (*Sofística e retórica*). — *Philosophie des Krieges im Umrissen*, 1914 (*Filosofia da guerra em esboços*). — *Die Idee der überstaatlichen Weltordnung nach ihren philosophischen Voraussetzungen*, 1920 (*A idéia da ordem mundial internacional segundo seus supostos filosóficos*). — *Die indische Theosophie vom geschichtlichen Standpunkt gemeinverständlich dargestellt*, 1925 (*A teosofia indiana do ponto de vista histórico exposta de forma popular*). — *Ueber Sinn und Sinngebilde, Verstehen und Erklären*, 1929 (*Sobre o sentido e as formas significativas; entender e explicar*). — *Die Wissenschaft und die Tat*, 1934 (*A ciência e a ação*). — *Limits of Cognition and Exigences of Action*, 1938. — *Interpretation: Logical Analysis of a Method of Historical Research*, 1939. — *Philosophical Studies*, 1953, ed. D. S. Robinson, com biografia e bibliografia.

Auto-exposição: "Heinrich Gomperz: Autobiographical Remarks", *Personalist*, 24 (1943), 254-270.

Ver: W. Henckmann, "Bewusstsein und Realität bei Külpe und Gomperz", *Zeitschrift für Semiotik*, 10 (1988), 377-397. ℭ

GOMPERZ, THEODOR (1832-1912). Nascido em Brünn, foi *Privatdozent* (1867-1873) e professor titular de filologia clássica (1873-1901) em Viena. Destacou-se por seus estudos de filosofia grega. Foi característico de seus trabalhos, e especialmente de seus *Pensadores gregos*, relacionar o pensamento filosófico com o ambiente cultural da época, especialmente no quadro das instituições cívicas e políticas. O pressuposto que domina a maior parte dos trabalhos de Gomperz sobre o pensamento grego é o de que neste se revela um progresso que é o próprio progresso da razão. Entre os trabalhos de pesquisa filológica de Theodor Gomperz destacam-se seus estudos sobre Filodemo e os papiros de Herculanum. Também traduziu as obras completas de John Stuart Mill.

➪ Obras: *Philodemi de ira*, 1864. — *Herkulanische Studien*, 2 vols., 1865-1866. — *Bruchstücke Epikurs über die Willensfrage*, 1876 (*Fragmentos de E. sobre a questão da vontade*). — *Philodem*, 1891. — *Griechische Denker*, 3 vols., 1893-1909; 4ª ed., 1922-1925. — *Essays und Lebenserinnerungen*, 1905 (*Ensaios e recordações da vida*). — *Hellenika*, 2 vols., 1912 (ensaios). — *Cartas e artigos: Briefe und Aufzeichnungen*, 1936, ed. Heinrich Gomperz. — A trad. de J. S. Mill apareceu em 12 vols., 1869-1880.

Ver: Adelaide Weinberg, *Theodor Gomperz and John Stuart Mill*, 1963. — W. M. Johnston, "Syncretist Historians of Philosophy at Vienna", *Journal of the History of Ideas*, 32 (1971), 299-305. ℭ

GONSETH, FERDINAND (1890-1975). Nascido em Sonvillier (cantão de Berna, Suíça), professor (1920-1921; 1921-1929) nas Universidades de Berna e de Zurique e, a partir de 1929, na Escola Superior Técnica de Zurique, defendeu na filosofia da matemática e depois na filosofia geral um "idoneísmo" que constituiu o germe de uma nova concepção da dialética e da ciência dialética. Essa neodialética foi desenvolvida posteriormente por vários autores pertencentes à Escola de Zurique (VER), da qual Gonseth pode ser considerado o principal fomentador. Oposto tanto ao puro formalismo como ao empirismo radical, Gonseth esforçou-se justamente para reunir de novo os dois termos, o que representa, por sua vez, uma reunião dos opostos que no pensamento tradicional aparecem sob a forma do racionalismo e do irracionalismo. Essa reunião ou conciliação ocorre por meio da dialética, concebida não como uma disciplina dada de uma vez para sempre ou na qual o caráter "dialógico" do real e dos conceitos esteja predeterminado de antemão por uma metafísica como a hegeliana, mas como um "sistema aberto", uma "experiência aperfeiçoável". Gonseth rejeita desse modo as exigências de uma legitimação última e radical de "primeiros princípios", tanto sob a forma intuitiva cartesiana como sob a forma axiomática contemporânea. Essas exigências obedecem ao preconceito de que a ciência tem de ser "predicativa", estabelecida sobre um fundamento assegurado de uma vez para sempre. Entretanto a objetividade da ciência, opina Gonseth, não depende dessa "predicatividade", mas da submissão a uma experiência sempre disposta a retificar-se. Somente assim poderão ser inseridos no corpo da ciência o teórico, o experimental e o intuitivo sem se cercear arbitrariamente nenhum desses elementos. A ciência dialética não é uma ciência acabada, mas uma ciência viva, que se faz continuamente, que evita tanto as determinações inflexíveis de um *a priori* eidético como a dissolução completa em um *a posteriori* radicalmente empírico. Por isso ela pode ser, segundo Gonseth, ao mesmo tempo aberta e sistemática, o que permitirá situar dentro de um mesmo âmbito não só razão e pensamento, mas também ciência e filosofia, e até filosofia e ação.

➪ Obras: *Les fondements des mathématiques: De la géométrie d'Euclide à la relativité générale e à l'intuitionisme*, 1926. — *Les mathématiques et la réalité. Essai sur la méthode axiomatique*, 1936. — *Qu'est-ce que la logique?*, 1937. — *Philosophie mathématique* (com comentários de A. Church et al.). — *La géométrie et le problème de l'espace* (fasc. I: *La doctrine préalable*, 1945; fasc. II: *Les trois aspects de la géométrie*, 1946; fasc. III: *L'édification axiomatique*, 1946; fasc. IV: *La synthèse dialectique*, 1949; fasc. V: *Les géométries non euclidiennes*, 1952; fasc. VI: *Le problème de l'espace*, 1955). — *Analytische Geometrie der Ebene in modernen Behandlung*, 1948 (em colaboração com Marcel Rueff). — *Les sciences et la philosophie*, 1950. — *Études de philosophie des sciences*, 1950. — *Le problème du temps: Essai sur la méthodologie de la recherche*, 1964. — *La métaphysique et l'ouverture à l'expérience*, 1973 (com comentários de J. Gawronski et al.). — *Le référentiel, univers obligé de médiatisation*, 1975.

Auto-exposição: "Mon itinéraire philosophique", *Revue Internationale de Philosophie*, 24 (1970), 398-433. — "Entretien avec Ferdinand Gonseth", *Giornale di Metafisica*, 28 (1973), 137-157, com Z. Kourim.

Ver também os editoriais e artigos que apareceram na revista *Dialectica* (fundada por Gonseth junto com Gaston Bachelard e Paul Bernays) a partir de 1947.

Ver os artigos de S. Gagnebin, M. Aebi e P. Bernays sobre F. G. em *Dialectica*, 14 (1960), pp. 105-276, com bibl. de F. G. — E. Bertholet, W. Servais et al., artigos na *Revue Internationale de Philosophie*, 24 (1970), fascs. 3-4. — Vários autores, artigos em *Dialectica*, 24, fascs. 1-3 (1970); *Dialectica*, 31, fascs. 1-2 (1977). — G. Heinzmann, "Konstruktivistische Gesichtpunkte der Philosophie der Mathematik von F. G.", *Conceptus*, 16 (1982), 73-80. — H. Lauener, "Gaston Bachelard et F. G., philosophes de la dialectique scientifique", *Dialectica*, 39 (1985), 5-18. — J. Vuillemin, "Sur la méthode de F.

G.", *ibid.* (1990), 225-228. — L. Witkowski, "On the Phenomenon of Marginality in Epistemology: Gonseth and His Tradition", *ibid.*, 313-322. — B. Morel, "Gonseth et le discours théologique", *ibid.*, 353-361. ↔

GONZÁLEZ ASENJO, FLORENCIO. Ver Todo.

GONZÁLEZ DE ARINTERO, JUAN T. Ver Neoescolástica.

GONZÁLEZ Y DÍAZ TUÑÓN, CEFERINO (1831-1894). Nascido em Villoria (Astúrias), membro da Ordem dos Pregadores, cardeal arcebispo de Toledo (a partir de 1885), foi o mais constante defensor da filosofia de Santo Tomás na Espanha do século XIX. Ceferino González assinala que a defesa de Santo Tomás não tem a pretensão de anular pela raiz o movimento filosófico moderno, que ele reconhece ter produzido (ocasionalmente na maioria das vezes, mas de modo eficaz em algumas) muitos dos progressos particulares das ciências. O que ele pretende é "modificar e corrigir" esse movimento, não ressuscitar a pseudodialética de uma escolástica decadente. Para esse fim deve-se revalorizar a doutrina de Santo Tomás, ampliá-la e livrá-la de erros (incluindo os derivados de uma interpretação exclusivamente peripatética). Ao longo de muitos de seus trabalhos, Ceferino González parecia interessar-se sobretudo em denunciar todos os erros modernos (dos ocasionalistas, racionalistas, céticos, idealistas, positivistas, materialistas, panteístas, utilitaristas e até "pseudo-espiritualistas" como Reid ou Cousin), erros estes centrados em Descartes, pois "o método, a idéia de substância, a teoria das essências, a do pressuposto humano, a ideologia, tudo em Descartes iniciou a catástrofe filosófica, e, atrás da filosófica, a catástrofe social que se realizou" (*Estudios religiosos, filosóficos etc.*, tomo I).

➲ Obras: *Estudios religiosos, filosóficos, científicos y sociales*, 2 vols., 1873. — *Estudios sobre la filosofía de Santo Tomás*, 3 vols., 1864; 2ª ed., 1866. — *Historia de la filosofía*, 3 vols., 1878-1879; 2ª ed., 4 vols., 1885, freqüentemente reimpressa. — Também é autor do manual intitulado *Philosophia elementaria ad usum academicae ac praesertim ecclesiasticae juventutis*, 3 vols., 1868; 2ª ed., 1877; há uma trad. esp.: *Filosofía elemental*, 1894.

Ver: Guillermo Fraile, O. P., "El P. Ceferino González y Díaz Tuñón (1831-1894)", *Revista de Filosofía*, 15 (1956), 465-488. — Francisco Díaz de Cerio, "La filosofía de la historia del Cardenal Fray C. G., O. P. (1831-1894)", *Gregorianum*, 44 (1963), 543-559. ↔

GONZÁLEZ, EUGENIO. Ver Molina, Enrique.

GOODMAN, NELSON. Nascido (1906) em Sommerville, Massachussetts (EUA), estudou e se doutorou na Universidade de Harvard. De 1946 a 1964 foi professor na Universidade da Pennsylvania, na Filadélfia. Após ensinar algum tempo (1964-1967) na Brandeis University, de Boston, foi nomeado professor em Harvard (desde 1968 até sua aposentadoria, em 1977). Também deu aulas e cursos em Princeton, Oxford e na Universidade de Londres.

Nelson Goodman começou investigando os componentes da experiência em termos de qualidades, desenvolvendo um sistema fenomenista (ver Fenomenismo) que parte do *Aufbau* de Carnap, mas ampliando-o mediante a introdução de *qualia* como "átomos" do sistema. Os *qualia* são indivíduos fenomênicos, não necessariamente separáveis do resto da experiência. Embora o sistema de Goodman seja nominalista e "particularista", as bases do sistema admitem outras interpretações. Tal sistema inclui um cálculo e uma topologia de *qualia*.

Entre as mais influentes contribuições de Goodman figuram sua investigação sobre os condicionais contrafáticos (ver Condicional), sobre semelhança de significação e sinonímia, sobre a indução (ver) e sobre a confirmação (ver). A análise de condicionais contrafáticos não é, segundo Goodman, um mero exercício gramatical; da interpretação de contrafáticos dependem definições satisfatórias da lei científica da confirmação e dos termos disposicionais.

O exame do "enigma" da indução — tanto do velho como do "novo" — levou Goodman a desenvolver uma teoria da projeção. Goodman discutiu e debateu vários paradoxos da confirmação (que costumam ser resumidos sob o nome de "paradoxo *grue*" ['verul': de *green*, verde, e *blue*, azul], embora esta seja apenas uma das noções que aparecem em seu tratamento). O problema da confirmação é, segundo Goodman, o da "projeção válida", ou seja, "o problema de definir uma certa relação entre testemunho (*evidence*) ou casos básicos, por um lado, e hipóteses, predições ou projeções, por outro" (*Fact, Fiction, and Forecast*, p. 87). O que se trata de saber é "como se pode dizer quais hipóteses são confirmadas por — ou quais projeções são validamente feitas a partir de — qualquer testemunho dado" (*loc. cit.*). A teoria da projeção elaborada por Goodman inclui uma definição do predicado 'projetível'.

Goodman destacou-se também por seu estudo das linguagens da arte. Nesse sentido é fundamental o exame da representação, porém não se trata de adotar nenhuma teoria ingênua da representação, mas exatamente o contrário: de ver quais complexos modos representativos se dão na arte, ou nas diversas artes (visuais e auditivas). Goodman rejeita a idéia tradicional de verdade é pertinente nas ciências mas não nas artes: a experiência artística é de algum modo "experiência cognoscitiva" (*Languages of Art*, p. 262). As diferenças entre ciência e arte não são obliteradas, destacando-se suas afinidades (*op. cit.*, p. 264). Essas idéias de Goodman estão em estreita relação com as opiniões de que trataremos mais adiante neste verbete.

Goodman aderiu ao nominalismo — ou, melhor, criou uma versão do nominalismo que considera a mais aceitável. Originalmente rejeitou as entidades abstratas, mas depois considerou que era melhor formular a posição nominalista em termos de rejeição de classes, ou negação ao reconhecimento das classes. "O nominalismo, tal como o concebo (e não falo aqui em nome de Quine), não supõe a exclusão das entidades abstratas, dos espíritos, das insinuações de imortalidade, ou qualquer outra coisa parecida, mas requer unicamente que tudo o que seja admitido como uma entidade seja interpretado como um indivíduo." Em outros termos, todas as entidades admitidas, independentemente do que sejam, devem ser tratadas como indivíduos.

Segundo Goodman, não podemos saber como é o mundo tentando saber como ele é dado (no máximo, sabemos o que sentimos quando o mundo nos é dado), ou tentando saber como deve ser visto (pois há muitos modos possíveis de representá-lo), ou tentando saber como tem de ser descrito (pois pode ser descrito mediante convenções muito diversas). Isso não significa, entretanto, que não possamos saber o modo como é o mundo, ou que haja um modo "absoluto" ("místico") de saber em relação ao qual todos os demais modos sejam defectivos — significa apenas que há muitos modos possíveis de falar sobre o mundo sem pressupor que exista correspondência exata entre nossa fala e o modo como o mundo é.

Goodman opôs-se repetidamente à "ressurreição" do inatismo, especialmente na forma que este adotou em Chomsky. Trata-se, em seu entender, das "novas idéias do Rei" (*Problems and Projects*, pp. 76-79). O Rei passeia nu e todos elogiam sua roupa; é preciso dizer-lhe que seus alfaiates o enganaram.

•• Em *Ways of Worldmaking* (ver bibliografia *infra*) Goodman examina em que sentido pode haver muitos mundos e defende um relativismo perspectivista, segundo o qual o universo da compreensão humana seria composto pelos diversos modos de descrever mundos em que acabam tomando corpo as relações com o mundo. Ele não defende, contudo, um relativismo radical, porquanto os fatos e os sistemas de símbolos são mutuamente necessários entre si ("os fatos são pequenas teorias, e as teorias verdadeiras são grandes fatos"). A importância que Goodman atribui à teoria dos símbolos permite-lhe aplicá-la não somente à filosofia, mas também às ciências, às artes e aos numerosos sistemas simbólicos presentes na vida cotidiana. De qualquer modo, os processos cognitivos estão ligados a sistemas de símbolos, razão pela qual não podem ser reduzidos ao marco excessivamente restrito oferecido pela ciência. Assim, "verdade", "certeza" e "saber", que dependem de sistemas simbólicos específicos, devem ser agora substituídos pela "correção" (*rightness*), adoção (*adoption*) e "compreensão" (*understanding*) de versões do mundo e de sistemas simbólicos. Se não é teoricamente possível imaginar um mundo independentemente de alguma descrição dele, tampouco pode ter qualquer sentido aceitar um tipo de realismo que defenda a correspondência estrita entre fatos e teorias mutuamente independentes. ••

↪ Obras: *The Structure of Appearance*, 1951; 2ª ed., 1966; ed. rev., 1977 (esta obra se baseia em sua tese de doutorado, de 1940, *A Study of Qualities*, mas com importantes modificações). — *Fact, Fiction, and Forecast*, 1955; 4ª ed., 1983. — *Languages of Art: An Approach to a Theory of Symbols*, 1968. — *Problems and Projects*, 1972. — *Ways of Worldmaking*, 1978. — *Of Mind and Other Matters*, 1984. — com C. Z. Elgin, *Reconceptions in Philosophy and Other Arts and Sciences*, 1988.

Em *Fact, Fiction, and Forecast* incluem-se seus estudos: "The Problem of Counterfactual Conditionals", *Journal of Philosophy*, 46 (1947), 113-128; há trad. desse artigo: "El problema de los condicionales contrafácticos", em *Antología semántica*, 1960, ed. Mario Bunge; "The Passing of the Possible", "The New Riddle of Induction" e "Prospects for a Theory of Projection", conferências dadas na Universidade de Londres, 21, 26 e 28-V-1953. — Em *Problems and Projects* incluem-se, entre outros, "The Way the World Is", *Review of Metaphysics*, 14 (1960), 48-56; "On Likeness of Meaning", *Analysis*, 10 (1949), 1-7; "About", *Mind*, N. S. 70 (1961), 1-24; "Steps Toward a Constructive Nominalism", *Journal of Symbolic Logic*, 12 (1947), 105-122 (em colaboração com W. V. O. Quine); "A World of Individuals", do volume *The Problem of Universals: A Symposium*, 1956, pp. 13-31 (o volume também contém trabalhos de Alonso Church e J. M. Bochenski; trad. esp. do ensaio de N. G.: "Un mundo de individuos", *Cuadernos del Instituto de Investigaciones Odontológicas*, ano 2, n. 5, julho-setembro de 1974, pp. 9-31).

Ver: R. C. Jeffrey, J. J. Thomson e J. R. Wallace, artigos sobre "The New Riddle of Induction", com resposta de G., *The Journal of Philosophy*, 63 (1966), 281-331. — Alan Hausman e Fred Wilson, *Carnap and G.: Two Formalists*, 1967. — R. Wollheim, B. Boretz e B. H. Smith, artigos sobre a obra de G., *Languages of Art*, com resposta de G. em *The Journal of Philosophy*, 67 (1970), 531-573 (de um Simpósio, 29-XII-1969). — J. J. C. Smart, B. R. Grunstra *et al.*, *Logic and Art: Essays in Honor of N. G.*, 1972, eds. R. Rudner e I. Scheffler (com bibliografia de N. G.). — F. v. Kutschera, "N. G.: Das neue Rätsel der Induktion", em J. Speck, ed., *Grundprobleme der grossen Philosophen*, 1975. — R. A. Eberle, Martofsky *et al.*, artigos sobre N. G. com o título "The Philosophy of N. G.", *Erkenntnis*, 12 (1978) (com respostas de N. G.). — H. Putnam, I. Scheffler, "Symposium: Goodman's Ways of Worldmaking", *Journal of Philosophy*, 74 (1979), 603-618. — C. Z. Elgin, *With Reference to Reference*, 1982 (com um prólogo de N. G.). — S. Hottinger, *N. G.s Nominalismus und Methodologie*, 1988. — M. Gosselin, *Nominalism and Contemporary Nominalism: Ontological and Epistemological Implications of the Work of W. V. O. Quine and of N. Goodman*, 1990. ◐

GÓRGIAS († 380 a.C.) de Leontini (Sicília), foi enviado por sua cidade para Atenas por volta de 427. Mestre de retórica, é considerado um cético radical pelas três teses procedentes de seu escrito *Sobre o não-ser ou da Natureza* (Περὶ τοῦ μὴ ὄντος ὃ περὶ ύσεως): 1) nada existe, pois se algo existisse deveria proceder de algo ou ser eterno; não pode proceder de algo, pois nesse caso deveria proceder do ser (entendido, como nos eleáticos, como realidade imutável) ou do não-ser; e não pode ser eterno, pois deveria ser infinito, mas o infinito não está em parte alguma, pois não está em si nem em nenhum outro ser; 2) ainda que houvesse um ser, ele seria desconhecido, pois, se houvesse conhecimento do ser, deveria ser pensado; mas o pensado é distinto do que é (da realidade pensada); 3) ainda que houvesse conhecimento do ser, seria incomunicável por causa da diferença entre o que se menciona e o que é mencionado; com efeito, não podem entrar pelos ouvidos as qualidades que correspondem aos olhos.

Muitas são as interpretações dadas às teses de Górgias. Para alguns, trata-se da defesa das teses eleáticas. Outros declaram que Górgias é simplesmente um cético radical. Outros, que suas proposições referem-se unicamente ao ser absoluto, mas não ao ser ou à existência "reais" (Loenen). Outros, que suas teses constituem uma espécie de "memorial" de um grupo de sofistas: Xeníades, Crátilo, inclusive Protágoras, em parte Demócrito (Gigon). Outros, que Górgias era indiferente ao relativismo sofístico de sua época, de modo que suas teses não são relativistas, mas "neutras".

O escrito citado anteriormente, do qual apenas os argumentos foram conservados, não foi o único produzido por Górgias — devem-se a ele, ou lhe são atribuídos, vários outros escritos: *Discursos*, uma *Arte oratória*, um *Epitáfio*, um *Elogio de Helena* e uma *Defesa de Palamedes*. Contudo, os argumentos indicados são os únicos filosoficamente importantes.

Referências à doutrina de Górgias em Sexto Empírico, *Adv. Math.* (7, 65 ss.) e no escrito pseudo-aristotélico *De Melisso, Xenophane, Gorgia* (caps. 5 e 6). — Ver Diels-Kranz 82 (76).

◑ Sobre Górgias: C. Schönborn, *De authentia declamationum Gorgiae*, 1826 (tese). — H. E. Foss, *De Gorgia Leontino commentatio, interpositus est Aristotelis de Gorgia liber emendatius editus*, 1828. — Fr. Kern, *Kritische Bemerkungen zum 3. Teil der pseudoaristotelischen Schrift* Περὶ Ζεν., Περὶ Γοργίου, 1869. — H. Diels, *Gorgias und Empedokles*, 1884 [Sitzungsberichte der Ak. der Wissenschaften zu Berlin]. — O. Apelt, "Gorgias bei Pseudo-Aristoteles und bei Sextus Empiricus", *Rhein. Mus.*, N. F., 53 (1888), 203-219. — Kar. Reich, *Der Einfluss der griechischen Poesie auf Gorgias, den Begründer der attischen Kunstprosa*, 1909 (tese). — L. Bianchi, *Sul frammento dell* Επιτάφιος λόγος *di Gorgia*, 1912 (Sobre o *Epitáfio* citado por Aristóteles). — W. Nestle, "Die Schrift des Gorgias 'Über die Natur oder über das Nichtseiende'", *Hermes*, 57 (1922), 551-562. — Olof Gigon, "Gorgias 'Über das Nichtsein'", *Hermes*, 71 (1936), 186-213. — G. B. Kerfeld, "Gorgias on Nature of That Which is Not", *Phronesis*, 1 (1955), 3-25. — Vicenzo di Benedetto, "Il περὶ τοῦ μὴ ὄντος di Gorgia e la polemica con Protagora", *Atti della Accademia Naz. dei Lincei*. Rend. della Cl. di Sc. mor., Série III, 10 (1955), 287-307. — J. H. M. M. Loenen, *Parmenides, Melissus, Gorgias: A Reinterpretation of Eleatic Philosophy*, 1959. — G. Calogero, "Gorgias and the Socratic Principle 'Nemo sua sponte peccat'", *Journal of Hellenistic Studies*, 77 (1957), 12-17. — V. Buchheit, *Untersuchungen zur Theorie des Genos Epideiktikon von Gorgias bis Aristoteles*, 1960. — E. L. Harrison, "Was Gorgias a Sophist?", *Phoenix*, 18 (1964), 183-192. — L. L. Gioco, "La differenza e la difficoltà originaria del pensare in Gorgia", *Giornale di Metafisica*, 27 (1972), 213-217. — H.-J. Newiger, *Untersuchung zu G. Schrift 'Über das Nichtseiende'*, 1973. — H. Zucchi, "El nihilismo de Gorgias", *Ensayos y Estudios* (1974), 10-22. — C. J. Classen, ed., *Sophistik*, 1976. — M. Massagli, "Gorgia e l'estetica della situazione: Contributo alla rilettura dell'estetica gorgiana", *Rivista di Filosofia Neo-Scholastica*, 73 (1981), 656-687. — E. Kohak, "Anti-Gorgias: Being and Nothing as Experience", *Human Studies*, 4 (1981), 209-222. — O. A. Baumhauer, *Die sophistische Rhetorik. Eine Theorie sprachliche Kommunikation*, 1986. — S. Hays, "On the Skeptical Influence of Gorgia's on non-Being", *Journal of the History of Philosophy*, 28 (3) (1990), 327-337. — W. K. Essler, "Gorgias hat Recht!", *Grazer Philosophische Studien*, 44 (1993), 265-292. ◐

GÖRLAND, ALBERT (1869-1952). Nascido em Hamburgo, foi professor na Universidade de Hamburgo (1923-1935). Membro da chamada "Escola de Marburgo" (VER), Görland ocupou-se principalmente de problemas de ética, teoria dos valores e filosofia da religião em sentido neokantiano. A filosofia da religião representa para Görland a culminação do sistema da filosofia crítica, pois agrega o estudo do sagrado ao estudo do verdadeiro (lógica), do bom (ética) e do belo (estética). O fundamento do sistema da filosofia é a "lógica" enquanto "prológica" ou filosofia primeira, e seu método é a "dialética". A "prológica" de Görland segue as linhas do idealismo crítico marburguiano e funda-se em um estudo crítico da experiência. As demais partes do sistema constituem outros tantos ramos das "ciências do espírito", organizados sistematicamente de acordo com as esferas de valores e as correspondentes relações entre estes.

⊃ Principais obras: *Aristoteles und Kant, bezüglich der Idee dere theoretischen Erkenntnis untersucht*, 1909 (*A. e K. investigados em relação com a idéia do conhecimento teórico*). — *Die Hypothese*, 1911. — *Ethik als Kritik der Weltgeschichte*, 1914 (*A ética como crítica da história universal*). — *Neubegründung der Ethik aus ihrem Verhältnis zu den besonderen Gemeinschaftswissenschaften*, 1918 (*Nova fundamentação da ética em sua relação com as ciências especiais da comunidade*). — *Religionsphilosophie als Wissenschaft aus dem Systemgeiste des kritischen Idealismus*, 1922 (*Filosofia da religião como ciência a partir do espírito sistemático do idealismo crítico*). — *Prologik*, 1930. — *Äesthetik. Kritische Philosophie des Stils*, 1937.

Ver: J. Hessen, *Die Religionsphilosophie des Neukantianismus*, 1924. — E. Gaede, *Die Religionsphilosophie von J. F. Fries und A. G.*, 1935. — P. H. von der Gulden, *A. Görlands systematische Philosophie*, 1943. ⊂

GORTARI, ELI DE. Nascido (1918) no México, D. F., estudou engenharia, matemática e filosofia na Universidade Nacional Autônoma do México, graduando-se como engenheiro (1942), mestre em filosofia (1949) e doutor em filosofia (1955). Deu aulas em várias escolas e universidades mexicanas e desde 1954 é pesquisador em tempo integral e decano do *Instituto de Investigaciones* da Universidade Nacional do México.

Eli de Gortari considera a filosofia uma ciência, isto é, uma explicação objetiva e racional do universo, cujo domínio particular é constituído pelo conhecimento do geral. A filosofia se baseia nos conhecimentos obtidos por outras ciências e na prática social para chegar a uma compreensão geral e concreta da existência. Para isso, ela estrutura a concepção científica do universo e formula logicamente os métodos utilizados nas ciências. Também examina as concepções antropológicas que o homem formou de si, indagando por sua correspondência com as condições reais de sua existência. A filosofia, desse modo, beneficia-se de outras atividades humanas, mas estas se apóiam na filosofia. Ao servir de fundamento para o trabalho científico e as outras atividades sociais do homem, a explicação filosófica se submete à prova da objetividade. A filosofia pratica a análise crítica do conhecimento em seu conjunto; examina com rigor a atividade criadora do homem, assim como os processos desenvolvidos na criação do conhecer. Além disso, tenta resolver, de forma cada vez melhor e mais precisa, quais são os caminhos que levam à realização da própria filosofia, superando as contradições que surgem entre a reflexão racional e a ação prática, com o fim de "avançar rumo à materialização do homem em sua síntese superior, dominador da natureza e da sociedade humanizadas".

⊃ Devem-se a E. de G. numerosos artigos e livros. Entre os últimos destacam-se: *La ciencia de la lógica*, 1950; nova ed., 1979. — *Introducción a la lógica dialéctica*, 1956; 5ª ed., 1974. — *La ciencia en la historia de México*, 1963. — *Dialéctica de la física*, 1964. — *Lógica general*, 1965; 6ª ed., 1974. — *Iniciación a la lógica*, 1969; 3ª ed., 1974. — *Siete ensayos filosóficos sobre la ciencia moderna*, 1969; 2ª ed., 1973. — *El método dialéctico*, 1970; 3ª ed., 1974. — *Ciencia y conciencia en México, 1767-1883*, 1973. — *Métodos de la ciencia*, 1977. — *La metodología. Una discusión*, 1976 (debate com Mario Bunge). — *Fundamentos de la lógica. La actividad científica*, 1982. — *Dialéctica del concepto y dialexis del juicio*, 1983. — *Coclusión y pruebas de la ciencia*, 1983. — *Metodología general y métodos especiales*, 1983. ⊂

GOSTO. Aqui nos referiremos à noção de gosto na medida em que designa uma certa possibilidade ou faculdade de formular juízos estéticos. As análises sobre o conceito de gosto foram freqüentes sobretudo a partir do século XVIII. Um dos primeiros e mais influentes trabalhos sobre o assunto encontra-se no *Essai sur le Beau*, do Pe. André, publicado em 1741 (2ª ed., ampl., 1763). Segundo esse autor, existe uma faculdade do gosto inerente ao espírito humano, e, por conseguinte, natural e infalível, mas não redutível, como ainda pensavam muitos preceitistas (especialmente franceses), a normas racionais. Influências do Pe. André encontram-se em um ensaio sobre o gosto de Montesquieu, que, contudo, inclina-se por um maior subjetivismo; enquanto para o Pe. André a sensibilidade era de caráter universal, para Montesquieu era sobretudo de caráter individual. Por outro lado, em seu ensaio sobre os prazeres do gosto, Addison destaca muito os aspectos individuais e empíricos que concorrem no gosto. As citadas doutrinas já mostram claramente que desde as primeiras análises explícitas do problema do gosto foram suscitadas, com maior ou menor clareza, as principais questões que depois dominarão todas as investigações sobre esse assunto: a questão de se o gosto é racional ou sensível, a de se é universal ou individual; a de se é seguro ou arbitrário; a de se é uma faculdade ou uma mera apreciação. Os filósofos ingleses do senso moral, especialmente Shaftesbury e Hutcheson, responderam a essas questões de modo categórico: o gosto é uma faculdade — e mesmo a principal faculdade — de caráter a um só tempo estético e ético, correspondente ao ideal da unidade do belo e do bom; a percepção das qualidades do belo por meio do gosto é uma percepção segura e independente das outras. Para os filósofos ingleses do senso comum, especialmente para Dugald Stewart, o gosto é uma subfaculdade pertencente à faculdade da imaginação. Pode chegar a ser universal, mas não de modo direto e imediato, e sim mediante a experiência e o exercício, que se baseiam, por sua vez, nas associações de idéias. Para Kant, o gosto consiste na faculdade de julgar, distinta da faculdade produtora da imaginação. Trata-se, porém, de uma faculdade suscetível de "crítica", ou seja, uma faculdade na qual pode ser levantada a questão da validade *a priori* de seus juízos e, portanto, o problema da fundamentação da estética. Kant define o gosto (*Geschmack*) como "a faculdade de julgar um objeto [considerar um objeto: *Beurteilungsvermögen eines Gegenstandes*] ou um modo de representação por meio de um deleite ou aversão *independentemente de todo interesse*" (KU., § 5). Kant analisou o gosto como uma espécie de *sensus communis* (*ibid.*, § 40) e examinou a "antinomia do gosto" (*ibid.*, § 56), isto é, o conflito que representa a contraposição da tese: "o juízo do gosto não se baseia em conceitos, pois nesse caso seria objeto de disputa", com a antítese: "o juízo do gosto se baseia em conceitos, pois em caso contrário não haveria nem sequer possibilidade de disputa sobre gostos". Segundo Kant, a solução dessa antinomia somente pode ocorrer quando se reconhece que o juízo do gosto depende de um conceito, mas de um conceito tal que não dê margem a derivar dele um conhecimento do objeto. Desse modo, a tese deve transformar-se do seguinte modo: "o juízo do gosto não se baseia em conceitos determinados", e a antítese deve transformar-se do seguinte modo: "o juízo do gosto se baseia em um conceito, embora em um conceito indeterminado" (*ibid.*, § 57).

Na mesma época abundaram na Espanha as doutrinas acerca do gosto. Pe. Feijoo, por exemplo, dedicou ao problema dois importantes trabalhos: "Razón del gusto" (*Teatro Crítico Universal*, VI, disc. xi) e "El no sé qué" (*ibid.*, VI, xxii). No primeiro ele impugna as doutrinas que sustentam a mera subjetividade e arbitrariedade do gosto e indica que se pode dar razão do gosto indicando suas causas: o temperamento e a apreensão. Segundo Feijoo, aquele que é mais bem dotado pode perceber melhor as qualidades estéticas. No segundo trabalho, sustenta que há coisas que agradam embora estejam contra as regras da arte, e que esse agrado se deve a um fator aparentemente irracional ou a um "não sei o quê". Essas duas teses parecem incompatíveis. Não obstante, é possível mostrar sua concordância por meio de um pressuposto que em Feijoo não aparece claramente: o da intencionalidade das emoções. Também se ocuparam do problema do gosto Ignacio Luzán (1702-1754), Andrés Piquer (1711-1772), Antonio Capmany (1742-1813) e o Pe. Esteban de Arteaga (1747-1798). Luzán (*Preceptiva*, 1737; 2ª ed., modificada, 1789) aderiu às teorias neoclássicas, assim como, em parte, às do Pe. André (e Crousaz), acabando por considerar o gosto como a percepção, segundo regras, das combinações do real com o fantástico, do formal com o utilitário, do imaginativo com o moral (únicas combinações capazes de gerar a beleza e, com ela, o gosto pelo belo). Capmany inclinou-se, em sua *Filosofía de la elocuencia* (1771), a uma concepção psicológica e subjetivista do gosto. Piquer, influenciado pelos empiristas, assumiu uma posição subjetivista-empírica. Quanto ao Pe. Arteaga (*Investigaciones filosóficas sobre la Belleza ideal considerada como objeto de todas las artes de imitación* [Madri, 1789; ed. crítica do Pe. M. Batllori, 1943]), este adotou um ponto de partida subjetivista-empírico, pois lhe interessava destacar o papel da experiência, mas logo pretendeu ir além do empirismo, aproximando-se de posições defendidas pela estética do sentimento e pela filosofia do senso comum. Em alguns pontos — por exemplo quando propôs um dos problemas que considerava fundamentais: como manter a riqueza da experiência evitando ao mesmo tempo o relativismo? — o padre Arteaga chegou a posições que procuravam harmonizar no gosto o subjetivo e o objetivo; pois, enquanto indicava que o belo e o feio são tomados por comparação, também declarava que essa comparação não é arbitrariamente subjetiva, mas que tem raízes em uma certa objetividade.

Já no século XVIII manifestaram-se, pois, quase todas as posições fundamentais relativas ao problema do gosto estético: platonistas, sensualistas, naturalistas, empiristas, idealistas, e variantes delas. O problema do gosto também foi tratado por filósofos posteriores, mas sem ocupar o lugar central que teve na estética do século XVIII. Os principais problemas suscitados a esse respeito foram os seguintes: 1) há razões que expliquem o gosto?; 2) o gosto é algo que existe em todos os homens ou é produto da educação, do meio social, das circunstâncias históricas etc.?; 3) o gosto é algo fundamentalmente racional ou algo fundamentalmente sensível?; 4) o gosto é uma faculdade?; 5) qual é o papel do gosto dentro do conjunto das apreciações artísticas? As respostas dadas a esses problemas dependeram quase sempre dos pontos de vista gerais sustentados na estética aos quais nos referimos no verbete sobre esse último conceito.

⮕ Ver: Alexander Gerard, *An Essay on Taste*, 1759, reimp., 1971; 2ª ed., rev., 1764, reimp. 1970; 3ª ed., ampl., 1780, reimp. 1963. — P.-G. de Roujoux, *Histoire des révolutions arrivées dans les sciences et les beaux-arts depuis les temps héroiques jusqu'à nos jours*, 1811. — Archibald Alison, *Essays on the Nature and Principles of Taste*, 1810; 6ª ed., 1817-1825. — Ximènes Doudan, *Des révolutions du goût*, 1855; reed., por Henri Moncel, 1924 (de Racine a Hugo). — L. Marchand, *Le goût*, 1906. — Moritz Geiger, "Beiträge zur Phänomenologie des ästhetischen Genusses", *Jahrbuch für Philosophie und phänomenologische Forschung*, 1 (1913), 567-684. — S. Rocheblave, *Le goût en France, les arts et les lettres de 1600 à 1900*, 1914; nova ed., com o título *L'art et le goût en France de 1600 à 1900*, 1923. — Resenha das opiniões sobre o problema do gosto em autores espanhóis e não-espanhóis dos séculos XVIII e XIX encontra-se em M. Menéndez y Pelayo, *Historia de las ideas estéticas*, tomos III e IV da Edição Nacional, ed. E. Sánchez Reyes. — F. P. Chambers, *Cycles of Taste, an Unacknowledged Problem in Ancient Art and Criticism*, 1928. — *The History of Taste*, 1932. — Fr. Schummer, "Die Entwicklung des Geschmackbegriffs in der Philosophie des 17. und 18. Jahrhunderts", *Archiv für Begriffsgeschichte*, 1 (1955), 120-141. — Galvano della Volpe, *Critica del gusto*, 1960. — Lia Formigari, *L'estetica del gusto nel Settecento inglese*, 1962. — R. G. Saisselin, *Taste in Eighteenth Century France: Critical Reflections on the Origins of Aesthetics*, 1965. — Christopher Browne, *Taste: An Essay in Critical Imagination*, 1968. — Teddy Brunius, *Theory and Taste*, 1969. — Jean-Bertrand Barrère, *L'idée de goût de Pascal à Valéry*, 1972. — R. Peacock, *Criticism and Personal Taste*, 1972. — P. Bourdieu, *La distinction: critique sociale du jugement*, 1979. — P. Guyer, *Kant and the Claims of Taste*, 1979. — R. Suter, *Six Answers to the Problem of Taste*, 1979. — G. Kohler, *Geschmacksurteil und ästhetische Erfahrung. Beiträge zur Auslegung von Kants "Kritik der ästhetischen Urteilskraft"*, 1980. — C. Wegener, *The Discipline of Taste and Feeling*, 1992. ⊃

GÖTTINGEN (CÍRCULO DE). Um dos grupos fenomenológicos que fazem parte do que Herbert Spiegelberg chama de "o antigo movimento fenomenológico" (*The Phenomenological Movement*, t. I, 1960, pp. 168 ss.) é o "Círculo de Göttingen", em cuja Universidade Husserl começou a dar aulas em 1901. Como indica Spiegelberg, em 1905 chegaram de Munique Adolf Reinach, Moritz Geiger e alguns outros. Em 1907 chegou a Göttingen Dietrich von Hildebrand e em 1911, Hedwig Conrad-Martius. Depois chegaram Alexandre Koyré, Jean Hering, Roman Ingarden, Fritz Kraufmann e Edith Stein.

O Círculo começou a se formar em 1907, reunindo-se, freqüentemente sem a presença de Husserl, para discutir questões relacionadas com a fenomenologia e com a possibilidade de se aplicar o método fenomenológico. O principal interesse dos membros do Círculo era antes a descrição fenomenológica de essências que o estudo da essência da consciência. Os membros do Círculo tinham escassa simpatia pelas tendências do próprio Husserl à fenomenologia transcendental.

Influente no Círculo foi Adolf Reinach. Max Scheler também assistiu a muitas reuniões a partir de 1910. O Círculo se dissolveu por volta do início da primeira guerra mundial, quando Husserl mudou-se para a Universidade de Friburgo i.B.

Às vezes também se dá o nome de "Grupo de Göttingen" (ou "Escola de Göttingen") à tendência filosófica desenvolvida por Leonard Nelson (VER), também conhecida como "neofriesianismo" (ver FRIES [JAKOB FRIEDRICH]).

Sobre o círculo fenomenológico de Göttingen, além da obra de H. Spiegelberg (*supra*), ver Franz Georg Schmucker, *Phänomenologie als Methode der Wesenserkenntnis*, 1956.

GOUHIER, HENRI (1898-1994). Nascido em Auxerre (Yonne, França), professor na Universidade de Lille (1929-1941) e na Sorbonne (a partir de 1941), destacou-se por suas contribuições à história da filosofia, particularmente da filosofia francesa moderna (Descartes, Malebranche, Saint-Simon, Comte, Maine de Biran). Em outro lugar nos referimos à sua interpretação do biranismo. Do ponto de vista sistemático, destacam-se especialmente as contribuições de Gouhier ao estudo do problema suscitado pela história da filosofia (estudo que também implica uma análise do problema suscitado pela filosofia da história). Segundo Gouhier, as filosofias não podem ser desligadas das visões de mundo (que são modos distintos de descobrir o mundo). Por isso a filosofia, embora possua suas próprias técnicas e seus próprios métodos, não vive de sua própria substância: seu *élan vital* é de origem científica ou religiosa. Isso não significa que todas as filosofias possuam o mesmo caráter: há, com efeito, certas filosofias que pretendem dar razão da realidade e explicá-la (filosofias da verdade, que tendem para o abstrato) e outras que querem estabelecer contato com o que é (filosofias da realidade, que tendem para o concreto). "O histórico" que banha todas as filosofias do passado não apaga essas diferenças; mas "o histórico" é o que há de comum a todas, porque expressa, segundo Gouhier, uma dimensão existencial relativamente independente dos valores atemporais. Por isso deve-se distinguir a importância atual de uma filosofia e seu alcance histórico. O histórico de uma filosofia é aquele ponto no qual coincidem uma doutrina filosófica e a existência que lhe deu origem. Por isso "o histórico" não é nem simplesmente "o que passou" nem "a historicidade": é um elemento concreto, não uma hipóstase ou uma abstração.

⊃ Obras: *La pensée religieuse de Descartes*, 1924; 2ª ed., 1972. — *La vocation de Malebranche*, 1926. — *La philosophie de Malebranche et son expérience religieuse*, 1926. — *Notre ami Maurice Barrès*, 1928. — *La vie d'A. Comte*, 1931; 2ª ed., 1965. — *La jeunesse d'A. Comte et la formation du positivisme*, 3 vols. (I. *Sous le signe de la liberté*, 1933; II. *Saint-Simon jusqu'à la Restauration*, 1936; III. *S. Comte et Saint-Simon*, 1941). — *Essais sur Descartes*, 1937; 2ª ed., 1949. — *L'essence du Théatre*, 1943. — *La philosophie et son histoire*, 1944. — *Les conversions de Maine de Biran*, 1948. — *L'histoire et sa philosophie*, 1952. — *Le Théâtre et l'existence*, 1952. — *L'oeuvre théâtrale*, 1958. — *Les premières pensées de Descartes. Contribution à l'histoire de l'anti-renaissance*, 1958. — *Bergson et le Christ des Evangiles*, 1961. — *La pensée métaphysique de Descartes*, 1962. — *Blaise Pascal: Commentaires*, 1966 (artigos, 1953-1962). — *Les grandes avenues de la pensée philosophique en France depuis Descartes*, 1966. — *Les méditations métaphysiques de Jean-Jacques Rousseau*, 1970. — *Antonin Artaud et l'essence du théatre*, 1974. — *Études d'histoire de la philosophie française*, 1974. — *Pascal et les humanistes chrétiens: L'affaire Sainte-Ange*, 1974. — *Fénelon, philosophe*, 1977. — *Cartésianisme et augustinisme au XVIIe siècle*, 1978. — *Études sur l'histoire des idées en France depuis le XVIIe siècle*, 1980. — *Rousseau et Voltaire. Portraits dans deux miroirs*, 1983. ℭ

GOURD, JEAN-JACQUES (1850-1909). Nascido em Le Fleix (Dordogne), professor a partir de 1881 em Genebra, desenvolveu, sob a influência de Renouvier, uma filosofia explicitamente qualificada de fenomenista. Com efeito, o ponto de partida de toda filosofia não é para Gourd nem a experiência sensível externa nem tampouco um conjunto de transcendentais supostamente captados pela inteligência ou pela razão, mas o campo da consciência. Na consciência é dada a realidade como fenômeno; e mesmo o eu, encarregado de submeter essa realidade à análise, surge dela como a parte ativa, livre, finita. O monismo da consciência não significa, deste modo, a supressão de um certo dualismo do conhecimento, pois a dualidade se introduz assim que a realidade é analisada dialeticamente. Gourd assinala que o real apresenta uma série de "incoordenáveis" ao lado de uma série de "coordenáveis". Estes se manifestam por intermédio do exame da ciência, que é uma dialética teórica, e da moral, que é uma dialética prática. A ciência dos coordenáveis segue, pois, uma orientação assimilista e involucionista parecida com a defendida por Lalande. Mas a assimilação nunca é absoluta, e por isso emerge a incoordenabilidade como o fundamento da dialética religiosa. Daí que uma "filosofia da religião" seja a culminação da primeira filosofia da ciência e do coordenável em geral, e daí também que o fenomenismo absoluto não elimine, antes afirme, segundo Gourd, a possibilidade do Absoluto e da personalidade divina.
➲ Principais obras: *Le phénomène*, 1888. —*Les trois dialectiques*, 1897. — *Philosophie de la religion*, 1912. Ver: Ch. Werner, *La philosophie de Jean-Jacques Gourd*, 1910. — H. Bockwitz, "Jean-Jacques Gourds philosophisches System", 1912 (em *Abhandlungen zur Philosophie und ihrer Geschichte*, 18). — Gottlob Spörri, *Das Incoordinable. Die Bedeutung J. J. Gourds für Geschichtsphilosophie und Theologie*, 1929 (em *Forschungen zur Geschichte und Lehre der Protestantischen Religion*, II, 4). — Samuel Berthoud, *Trois doctrines: Ch. Secrétan, J. J. Gourd, L. Brunschvicg*, 1939. — Marcel Reymond, *La philosophie de Jean-Jacques Gourd (1850-1909)*, 1949. ℭ

GRABMANN, MARTIN (1875-1949). Nascido em Winterzhofen (Baviera), foi professor em Eichstädt (a partir de 1906), na Universidade de Viena (a partir de 1913) e na de Munique (1918-1939). Sob a inspiração de H. Denifle e F. Ehrle, que conheceu durante sua estada em Roma (1900-1902), Grabmann dedicou-se a pesquisas em história da filosofia e teologia medievais, e chegou a ser um dos mais destacados e influentes medievalistas. Devem-se a Grabmann numerosíssimos trabalhos: sobre Santo Tomás, Alberto Magno, a influência do aristotelismo na Idade Média, a gramática especulativa, o método escolástico, a relação entre problemas filosóficos e teológicos na Idade Média etc. Deve-se também a ele a descoberta de manuscritos, edições críticas destes e numerosas e importantes correções e precisões de datas e autores medievais. A partir de 1925 Grabmann dirigiu os *Beiträge zur Geschichte der Philosophie und Theologie des Mittelalters*; desde sua fundação em 1929 dirigiu (com E. Pelster) a *Series scholastica* das *Opuscula et Textus historiam Ecclesiae ejusque vitam atque doctrinam illustrantia*.
➲ Dos numerosos escritos de Grabmann limitamo-nos a mencionar: *Der Genius der Werke des heiligen Thomas und die Gottesidee*, 1899. — *Die philosophische und theologische Erkenntnislehre des Kardinals Matyhaus von Aquasparta*, 1906. — *Die Geschichte der scholastischen Methode*, 2 vols., 1909-1911; reimp., 1957 e 1961. — *Thomas von Aquin*, 1912. — *Der Gegenwartswert der geschichtlichen Erforschung der mittelalterlichen Philosophie*, 1913. — *Forschungen über die lateinischen Aristotelesübersetzungen des 13. Jahrh.*, 1916. — *Die Grundgedanken des heiligen Augustinus über Seele und Gott*, 1916. — *Die Philosophia pauperum und ihr Verfasser Albert von Orlamünde*, 1918. — *Die echten Schriften des hl. Thomas von Aquin*, 1919. — *Die Philosophie des Mittelalters*, 1919. — *Die Idee des Lebens in der Theologie des hl. Th. von Aquin*, 1922. — *Wesen und Grundlagen der katholischen Mystik*, 1922. — *Neueafgefundene Werke des Siger von Brabant und Boëthius von Dacien*, 1924. — *Die Kulturphilosophie des hl. Thomas von Aquin*, 1925. — *Mittelalterliches Geistesleben. Abhandlungen zur Geschichte der Scholastik und Mystik*, 3 vols. (I, 1926; II, 1935; III [ed. L. Ott], 1956). — *Der lateinischen Averroismus des 13. Jahrh. und seine Stellung zur christlichen Weltanschauung*, 1931. — *Der hl. Albert der Grosse*, 1932. — *Die Geschichte der katholischen Theologie seit dem Ausgang der Väterzeit*, 1933. — *Handschriftliche Forschungen und Funde zu den philosophischen Schriften des Petrus Hispanus, des späteren Papstes Johannes XXI († 1277)*, 1936. — *Mittelalterliche Deutung und Umbildung der aristotelischen Lehre vom* ΝΟΥΣ ΝΟΗΤΙΚΟΣ *nach einer Zusammenstellung in Cod. B III 2 der Universitätsbibliothek Basel. Untersuchung und Textausgabe*, 1936.

Ed. de escritos vários: *Gesammelte Akademieabhandlungen*, 2 vols., 1976. Muitas obras foram reeditadas; várias foram trad. para o espanhol (*Santo Tomás*; *His-*

toria de la teología católica etc.). Referimo-nos a escritos ou edições de M. G. em diversos verbetes sobre autores ou temas medievais.

Bibliografia de M. G. no tomo III de *Mittelalterliches Geistesleben*, e na miscelânea *Aus der Geisteswelt des Mittelalters*, 2 vols., 1935, que contém mais de duzentos títulos de artigos e livros publicados antes de 1934.

Ver: L. Ott, *M. G. zum Gedächtnis*, 1949. — F. J. Von Rintelen, *Values in European Thought, vol. I: Antiquity and Middle Ages*, 1972. ⊂

GRAÇA. O termo 'graça' possui interesse filosófico principalmente em dois sentidos: o estético e o teológico. Há certos elementos comuns aos dois sentidos: a graça aparece como um dom, como uma concessão que se recebe sem esforço ou mérito, como algo que se tem ou não se tem. Contudo, esses elementos comuns do conceito de graça dizem muito pouco a seu respeito. Além disso, nem por isso se desvanecem as importantes diferenças entre o sentido estético e o teológico. Trataremos, portanto, os dois sentidos separadamente. Pelos muitos debates que propiciou aos teólogos, filósofos de propensão teológica e teólogos com inclinações filosóficas, trataremos o sentido teológico de 'graça' com maior detalhamento que o estético.

I. Sentido estético. Já desde antigamente (especialmente em Platão e em Plotino) se ligou a idéia de graça à de beleza. As duas foram freqüentemente identificadas: algo é belo, καλός (e, além disso, bom, ἀγαθός), se tem graça, χάρις, e vice-versa. Às vezes se deu o nome de 'graça' ao "aspecto interno" do belo. Esse "aspecto interno" pode consistir ou em um elemento inteligível ou em uma certa proporção ou harmonia, ou em ambas as coisas a um só tempo. A harmonia, em particular, muitas vezes foi estreitamente vinculada à graça; considerou-se que era difícil (ou impossível) que algo fosse gracioso e ao mesmo tempo desarmônico.

O conceito de graça como conceito de algum modo irredutível a outras categorias estéticas foi introduzido no pensamento estético em meados do século XVIII. Em seu ensaio sobre a origem de nossas idéias acerca do belo e do sublime (ver SUBLIME), Edmund Burke definiu a graça como uma harmonia. Mas, em contraste com as concepções "clássicas", Burke ligava essa harmonia ao movimento. A graça aparece então como uma beleza em movimento, especialmente, e sobretudo, em um movimento de algum modo contínuo (não brusco) e pausado (não violento). Essas idéias de Burke alcançaram grande vigência durante algumas décadas. Parte delas volta a ser encontrada no conhecido ensaio de Friedrich Schiller (VER) sobre a graça (*Anmut*) e a dignidade (*Würde*). Schiller distingue a beleza fixa e a beleza em movimento — a primeira é a beleza derivada da necessidade; a segunda, a beleza derivada da liberdade. A graça opera como uma síntese dos dois tipos de beleza e, portanto, como uma síntese de necessidade (natural) e liberdade (moral). Essa síntese é voluntária (é produto da liberdade dos movimentos voluntários). Por esse motivo a graça se distingue da dignidade, na qual predominam os movimentos involuntários. As idéias de Schiller sobre essa questão aproveitaram alguns resultados dos estudos históricos e teóricos de Johann Joachim Winckelmann (1717-1768), mas Schiller difere de Winckelmann ao estabelecer uma distinção entre graça e dignidade; para Winckelmann, por outro lado, ambas são similares e às vezes não se pode distingui-las.

II. Sentido teológico. O problema da realidade, da natureza e das formas da graça em sentido teológico é levantado em diversas religiões: cristianismo, maometismo, judaísmo. Mas foi tratado e discutido de modo particularmente detalhado por teólogos e filósofos cristãos, razão pela qual nos referiremos principalmente a estes últimos.

No Antigo Testamento vários termos são utilizados para expressar a "boa vontade" de Deus, especialmente sua "boa vontade", fidelidade e amor clemente para com Israel. Um desses termos é *hen*, que pode ser traduzido para o grego por χάρις, *gratia*, 'graça'. χάρις significa "dom", "favor", "gratidão", "agrado" e também "beleza" (daí o sentido estético tratado *supra*). Tanto *hen* como χάρις têm freqüentemente usos "ordinários" no Antigo Testamento e em São Lucas e São João do Novo Testamento. Esses usos se tornam "extra-ordinários" quando se trata da boa vontade, do favor, do dom ou do amor clemente de Deus. No entanto, χάρις — de agora em diante, 'graça' — como termo teológico "técnico" aparece explicitamente nas Epístolas de São Paulo e nos Atos dos Apóstolos. São Paulo refere-se freqüentemente à graça; ele mesmo se converteu não por convicção racional, ou por algum motivo passível de "explicação", mas pela irresistível graça de Jesus Cristo (1Cor 15,10; At 9,1-19). A graça, afirma São Paulo, é "gratuita", não se deve nem às obras nem à "Lei" (Rm 4,4-16, entre outras passagens). A única condição necessária para a graça é a fé (Rm 3,22). São Paulo refere-se especialmente à nova ordem instaurada pela encarnação, vida e morte de Jesus Cristo na cruz, e afirma que, ao redimir o homem, Jesus Cristo o transformou radicalmente.

Os Padres gregos e latinos elaboraram a noção de graça de acordo com as respectivas propensões aos aspectos "teóricos" ou "especulativos", por um lado, e à vida "prática" do cristão, por outro. Isso não significa que os Padres latinos não tenham elaborado a noção de graça — de fato, muitas das sutis distinções de que trataremos a seguir foram desenvolvidas por eles e depois pelos Doutores latinos da Igreja —; significa unicamente que, enquanto a elaboração conceitual grega foi mais na direção de um exame da "divinização" do homem por meio da graça (sem que isso equivalesse a "deificar" o homem), a elaboração conceitual latina foi mais na direção da relação entre o perdão dos pecados por meio da graça e a "reação" do homem diante desse perdão.

Os problemas suscitados a respeito da graça referiram-se principalmente à relação entre graça e natureza, graça e livre-arbítrio (VER), graça e predestinação (VER). Apresentaremos depois um resumo de certas discussões básicas sobre o problema da graça desde Santo Agostinho até aproximadamente o século XVII, mas precederemos esse resumo com definições breves de algumas formas básicas de graça introduzidas pelos teólogos.

Uma primeira distinção é a estabelecida entre *graça santificante* e *graça carismática*. A primeira (chamada *gratia gratum faciens*) é um dom de Deus tendo em vista a santificação daquele que o recebe. Por meio dessa graça, indica Santo Tomás (*S. theol.*, I-IIa, q. CXI, a 1 [as *quaestiones* CIX-CXI da *S. theol.* I-IIa tratam todas da questão da graça]), o homem se une a Deus. A segunda (ou *gratia gratis data*) é um dom de Deus tendo em vista o bem comum da Igreja; por meio desta graça os infiéis são levados a crer, e os cristãos, a perseverar. Em ambos os casos a noção de graça exclui as noções de dívida, recompensa e outras similares. A graça carismática é essencialmente uma *gratia gratuita* (razão pela qual também lhe é dado este último nome). Segundo Santo Tomás (entre outros), a graça santificante acrescenta algo ao que chamamos de "graça carismática", isto é, "faz que o homem agrade a Deus".

Às vezes se distingue a *graça santificante* da *graça atual*. Como a graça santificante também foi chamada de *graça habitual*, a distinção é feita freqüentemente em termos de graça habitual e graça atual. A graça habitual (santificante) é a que Deus outorga ao homem tornando possível que este possa realizar atos conformes ao caráter sobrenatural da alma. Por isso a graça habitual, ao tornar o homem partícipe da natureza divina, o santifica. Poder-se-ia dizer que o "diviniza", mas os teólogos destacam que isso não deve ser entendido no sentido de deificar ninguém, ou de fazer do homem um Deus. A graça habitual não é a graça "comum" ou "universal" à qual aludiremos adiante e que corresponde à criatura pelo mero fato de ser criatura. Há diversos graus de graça habitual de acordo com as disposições daquele que a recebe. A graça habitual não basta; é necessária uma graça atual, que Deus (o Espírito Santo) outorga ao homem de modo "passageiro", por ocasião de certos atos e tendo em vista permitir-lhe operar sobrenaturalmente, ou seja, atuar para sua salvação. Enquanto a graça habitual (santificante) expressa a ordem dentro da qual o homem renasce em Jesus Cristo, a graça atual é a luz intelectual e a determinação volitiva que encaminha o homem para a salvação.

A graça atual pode ser *graça suficiente* ou *graça eficaz*. A graça suficiente outorga ao homem a capacidade de atuar. O nome 'graça suficiente' se presta a equívocos, já que alguns autores indicam que não produz efeito, ou pode não produzir efeito, se faltam o consentimento ou a cooperação daquele que a recebe. Por isso a graça suficiente parece ser uma "graça insuficiente", isto é, insuficiente para a salvação. A graça eficaz (também chamada de *eficiente*) é a que faz que o próprio ato se realize; é uma graça à qual o livre-arbítrio consente. Levantou-se, porém, o problema de se a vontade pode, de fato ou em princípio, resistir a essa graça, problema que figurou de modo proeminente nos debates teológicos dos séculos XVI e XVII.

Falou-se também de graça *preveniente* e de graça *subseqüente*, conforme a graça venha ou não antes do efeito. Santo Tomás (*S. theol.* I-IIa, CXI a 3) referiu-se a Santo Agostinho (*De nat. et grat.*, xxxi) em sua explicação de que a graça é preveniente com respeito ao remédio que proporciona e subseqüente no sentido de que, uma vez curados, estamos fortalecidos. De modo singular, a graça é preveniente na medida em que somos escolhidos e subseqüente na medida em que somos glorificados. Estabeleceu-se também uma distinção entre *graça operante* e *graça cooperante*. Santo Tomás explica essa distinção estabelecendo uma diferença entre o ato interno e o ato externo da vontade. No primeiro, a vontade é movida por Deus; esse ato implica a graça operante. Um ato exterior também é comandado pela vontade, mas Deus assiste esse ato de dois modos: 1) fortalecendo nossa vontade interiormente e 2) concedendo externamente a capacidade de atuar. Um ato exterior implica a graça cooperante. Santo Tomás cita novamente Santo Agostinho (*De grat. et lib. arb.*, XVII): "Deus faz que queiramos e, quando queremos, coopera para que possamos realizar o ato" (*S. theol.* I-IIa, CXI a 2).

Entre outras espécies — ao que parece, incontáveis — de graça também se mencionam a *graça côngrua*, a *graça incôngrua*, a *graça sacramental*. A *graça irresistível* às vezes é utilizada para caracterizar um tipo de graça e às vezes para determinar um certo caráter em tipos de graça diversamente qualificados.

A maioria das discussões sobre a natureza da graça e seus efeitos refere-se, direta ou indiretamente, a Santo Agostinho. Começaremos, pois, o anunciado resumo com uma breve exposição das opiniões agostinianas sobre o assunto e de algumas das questões por elas suscitadas.

Antes de mais nada, cabe dizer que, bastando-se Deus a si mesmo, tudo o que vem de Deus é resultado de uma graça. Há, portanto, uma graça comum que se confunde com a natureza: é a graça que foi conferida a toda realidade por tê-la feito criatura. Entretanto, há uma noção de graça menos geral, e mais elevada: é a que vem de Deus por meio de Jesus Cristo. Em virtude dela alguns homens são salvos, isto é, respondem ao chamado que Deus lhes faz. Essa graça que opera após a Queda é uma graça sobrenatural e se distingue daquele "concurso universal" que Deus presta a todas as criaturas. Contudo, como quase todas as discussões dos teólogos e filósofos cristãos em torno da graça se referem à mencionada graça sobrenatural, pode-se dar a esta simplesmente o nome de "graça".

Segundo Santo Agostinho, a graça restabelece a natureza. A graça é uma condição necessária para a salvação. A graça é imerecida (pois se fosse merecida não seria graça, ou seja, dom verdadeiramente "gratuito"). Uma vez admitido isto, suscita-se uma série de problemas. Por um lado, ao sublinhar-se a "gratuidade" parece que se prescinde por inteiro do próprio conceito de "escolha". Por outro lado, se a graça é um dom gratuito e não resulta dos méritos (nem sequer dos "méritos futuros" previstos por Deus em sua onisciência), as noções de "mérito" e até de "resposta a um chamado de Deus pela graça" parecem carecer de sentido. Referimo-nos a alguns desses problemas nos verbetes sobre as noções de livre-arbítrio (ver ARBÍTRIO [LIVRE-]) e predestinação, assim como em verbetes sobre vários autores ou tendências nos quais desempenha um papel importante a questão da graça. Limitemo-nos aqui a indicar que, segundo Santo Agostinho, a graça não suprime a liberdade, mas a possibilita. Com efeito, a graça dá à vontade a força de querer o bem e de realizá-lo. Ao mesmo tempo, a liberdade não é querer o mal e realizá-lo, mas querer e realizar o bem; portanto, pode-se dizer que a graça é a liberdade.

Quem recebe a graça, segundo Santo Agostinho, não é uma entidade passiva, mas o livre-arbítrio. A graça muda a orientação da vontade e torna possível que esta use bem o livre-arbítrio (o que equivale, na concepção agostiniana, à liberdade). Não se pode dizer, portanto, que a graça é incompatível com o livre-arbítrio, já que este recebe a graça, sem a qual se dirigiria para o mal.

Os textos nos quais Santo Agostinho trata da questão da graça são numerosos; destacamos como especialmente importantes: *De libero arbitrio*; *De gratia et libero arbitrio ad Valentinum*; *De correctione et gratia*; *Opus imperfectum contra Julianum*. Também podem ser consultadas várias partes de *De civitate Dei* (cf. XII, XIV) e de *Retractationes* (cf. I). (Para datas de composição, ver a bibliografia de AGOSTINHO [SANTO]).

Em PELAGIANISMO nos referimos às opiniões de Pelágio sobre o assunto, que se opõem a Santo Agostinho e foram combatidas por ele (e por São Jerônimo). Característica geral do pelagianismo é a tese de que a graça está nos bens naturais. Já que, segundo Pelágio, Adão não transmitiu o pecado, o homem pode fazer o bem sem a necessidade de uma graça especial sobrenatural e apenas com o "concurso universal" divino.

Para a história do conceito de graça são importantes, além das já mencionadas, as opiniões de Santo Anselmo e de Santo Tomás de Aquino. Em suas obras *Cur deus homo* e *De concordia praescientiae et praedestinationis et gratiae Dei cum libero arbitrio*, Santo Anselmo declara que nenhuma criatura possui uma vontade reta senão pela graça de Deus. De certo modo, pois, tudo pode ser imputado à graça. Ao mesmo tempo, Santo Anselmo indica que a graça "auxilia" o livre-arbítrio, de tal modo que "a graça e o livre-arbítrio não estão em discórdia, mas concorrem para justificar e salvar o homem". Parece que se consegue então um equilíbrio (ademais já freqüentemente procurado por Santo Agostinho) na medida em que Deus predestina (à salvação) somente aqueles que sabe (antecipadamente) que terão uma vontade reta (ou que atenderão ao chamado da graça). Santo Tomás, por sua vez, considera a graça um auxílio, um socorro, um dom outorgado a quem sem ele ficaria irremediavelmente perdido. Isso não significa que o livre-arbítrio seja desnecessário. "A conversão do homem a Deus realiza-se por meio do livre-arbítrio. Ao mesmo tempo se manda o homem converter-se a Deus. Mas o livre-arbítrio não pode converter-se a Deus se Deus não o converte por sua vez" (*S. theol.*, I-IIa, q. CIX, a 6 ad 1).

As opiniões de Santo Anselmo e de Santo Tomás coincidem em grande parte com as de Santo Agostinho. Entretanto, as dos dois primeiros — e especialmente as de Santo Tomás — estão muito intimamente ligadas a uma metafísica que explica o modo de intervenção de Deus nas criaturas que atuam. Deve-se, pois, levar em conta que nesses autores o problema se apresenta de forma muito distinta da dos modos "psicológicos" e "antropológicos" que foram empregados costumeiramente.

Praticamente todos os teólogos e filósofos cristãos, e muito particularmente os escolásticos medievais, ocuparam-se da questão da graça e, naturalmente, da questão da "relação" entre a graça divina e o livre-arbítrio humano. Desde Santo Tomás até os debates teológicos nos séculos XVI e XVII, de que nos ocuparemos adiante, houve numerosas doutrinas e debates a esse respeito. Destacaremos aqui, pela importância que adquiriram nesses debates, apenas algumas das teses de Ockham e de Gabriel Biel. Ockham e os chamados "ockhamistas" admitiram que o homem pode por si mesmo encaminhar-se para o bem mas não pode se salvar a menos que Deus "aceite" as disposições humanas. Essa "aceitação" divina se efetua de acordo com um decreto absoluto de Deus. Portanto, Deus pode justificar ou não o homem independentemente do que o homem faça: amar a Deus ou não amá-lo, pecar ou não pecar. Gabriel Biel seguiu os ockhamistas nesse aspecto e salientou ao extremo a "potência absoluta" de Deus na justificação do homem, pois ele pecador ou não, "merecendo" ou não (do ponto de vista "racional") a graça. As doutrinas de Gabriel Biel sobre essa questão influenciaram Lutero, que declarou que a graça se funda na fé, de modo que "aquele que crê tem a graça", parecendo retornar, com isso, à "primitiva" idéia de São Paulo. E, com efeito, assim era em grande medida, mas não sem passar por muitos dos argumentos apresentados por Gabriel Biel em seus *Comentarii in quattor Sententiarum libros* (os *Comentários* aos quatro livros de *Sentenças* de Pedro Lombardo).

Os historiadores da teologia estão de acordo em salientar a importância que tiveram na questão da graça os debates sustentados por teólogos e filósofos durante os séculos XVI e XVII. Intervieram nesses debates (e por sua vez determinaram significativamente a orientação que tomaram suas próprias doutrinas) os protestantes (Lutero, Calvino), os "humanistas" (Erasmo), os jansenistas, os jesuítas etc. Particularmente importantes a esse respeito são a controvérsia entre Lutero e Erasmo, o desenvolvimento do jansenismo e as polêmicas entre tomistas e molinistas, jansenistas e jesuítas. Referimo-nos a essas questões em vários verbetes citados anteriormente, aos quais adicionamos os que são dedicados a Concurso; Congruísmo; Premoção; Molina (Luis de). Acrescentaremos que as posições sustentadas foram muito diversas, situando-se entre dois extremos: a afirmação da graça como puro dom irresistível de Deus (luteranos, especialmente calvinistas, e jansenistas com certas modificações) e a negação ou quase negação da graça ou a afirmação de que esta se encontra infundida na criação (racionalistas, socinianos, naturalistas, humanistas, semipelagianos, pelagianos). Entre essas posições extremas oscilaram muitas outras: a afirmação da necessidade de uma graça irresistível dada somente dentro da Igreja e nunca à consciência individual (jansenistas); a afirmação de uma influência intrínseca de Deus ou doutrina da premoção física (tomistas); a afirmação de uma influência extrínseca (agostinianos); a afirmação do concurso simultâneo (molinistas e, com modificações, congruístas). Como o problema da graça afetava fundamentalmente o livre-arbítrio, as posições acerca da natureza da primeira eram paralelas às adotadas acerca do segundo. Muitas doutrinas foram formuladas sobre o livre-arbítrio, desde a afirmação de que o livre-arbítrio é "servo" (luteranos) até a tese da completa ou quase completa "liberdade" (humanistas, naturalistas, neopelagianos), com as correspondentes teses intermediárias.

Já aludimos à questão da relação da graça com a natureza. Indiquemos agora que durante a época moderna manifestaram-se várias posições sobre o assunto. Três delas são essencialmente importantes. 1) Não há nenhuma ordem da graça, mas somente da natureza ("naturalismo" em sentido amplo). 2) Há uma ordem da graça e outra da natureza, muito separadas ou inteiramente separadas. Se a separação é completa, chega-se a uma doutrina análoga à propugnada pela teologia dialética; se é muito acentuada, chega-se a doutrinas que se aproximam do jansenismo. O dualismo da graça e da natureza pode conduzir a um abandono da primeira em vista da impossibilidade de sua concordância com a segunda, ou a uma exclusiva acentuação da primeira em detrimento da segunda. 3) Há uma ordem da graça e outra da natureza, harmonizadas a ponto de se poder dizer que a graça aperfeiçoa a natureza. Esta última opinião foi a mais comum; são conhecidas sobretudo as defesas que dela fizeram os tomistas e os leibnizianos. Citaremos dois textos a esse respeito. Um deles é o de Santo Tomás, que afirma: "A graça pressupõe, preserva e aperfeiçoa a natureza" (*S. theol.*, I, q. II-IIa, q. X). O outro é de Leibniz, que afirma que no Estado perfeito, no qual há tanto infinita justiça como infinita misericórdia, "há tanta virtude e felicidade quanto é possível haver, e isso não por causa de um desvio da natureza, como se o que Deus prepara para as almas perturbasse as leis dos corpos, mas pela própria ordem das coisas naturais, em virtude da harmonia preestabelecida desde sempre entre os reinos da natureza e da graça, entre Deus como arquiteto e Deus como monarca, de modo que a natureza conduz à graça e a graça aperfeiçoa a natureza usando-a" (*Principes de la nature et de la grâce fondés en raison*, § 15; cf. *Mon.*, § 87). No texto de Leibniz, contudo, o sentido de 'graça' é mais geral que o sentido que a noção possui enquanto dom especial sobrenatural.

•• Na época contemporânea caberia destacar a importante contribuição de Karl Rahner ao debate sobre a graça na teologia católica (ver Rahner). ••

⊃ Sobre o problema da graça: L. Soukoup, *Natur und Gnade. Eine nähere Bestimmung ihres gegenseitiges Verhältnisses*, 1948. — J.-H. Nicolas, *Le mystère de la grâce*, 1951. — Charles Journet, *The Meaning of Grace*, 1960.

Conceito de graça em vários autores, tendências e períodos: H. Rondet, *Gratia Christi*, 1948 [principalmente história do dogma da graça]. — T. F. Torrance, *The Doctrine of Grace in the Apostolic Fathers*, 1948. — Benjamin Drewery, *Origin and the Doctrine of Grace*, 1960. — Augusto Guzzo, *Agostino e il problema della grazia*, 1930; nova ed.: *Agostino contro Pelagio*, 1934. — A. Niebergall, *Augustinus Anschauung von der Gnade. Ihre Entstehung und Entwicklung vor dem pelagianischer Streit (bis zu Abschluss der Confessionen)*, 1951. — A. Landgraf, "Die Erkenntnis der heiligmachenden Gnade in der Frühscholastik", *Scholastik*, 3 (1928). — Antonio Briva Miravent, *La gloria y su relación con la gracia según las obras de San Buenaventura*, 1957 [Collectanea San Paciano, Série teol., 2]. — H. Dome, *Die Gnadenlehre des Albertus Magnus*, 1929. — G. Ladrille, *Grâce et motion divine chez Saint Thomas d'Aquin*, 1950. — H. Lais, *Die Gnadenlehre des heiligen Thomas in der Summa contra Gentiles und der Kommentar des Franziskus Sylvestris von Ferrara*, 1951. — W. van Roo, *Grace and Original Justice according to St. Thomas Aquinas*, 1955. — J. Auer, *Die Entwicklung der Gnadenlehre in der Hochscholastik*, 1951 (II. *Das Wirken der Gnade*). — B. A. Gerrish, *Grace and Reason: A Study in the Theology of Luther*, 1962. — F. Litt, *La question des rapports de la nature et de la grâce de Baius au Synode de Pistoie*, 1934. — Lucien Labbas, *La grâce et la liberté dans Malebranche*, 1932. — Kurt Hildebrandt, *Leibniz und das Reich der Gnade*, 1953. — R. Guardini, *Freiheit, Gnade, Schicksal*, 1948. — J. Brinktrine, *Die Lehre von der Gnade*, 1957. — W. Härle, *Sein und Gnade*, 1975. — J. R. Lucas, *Freedom and Grace*, 1976. — J. W. Woelfel, *Augustinian Humanism: Studies in Human Bondage and Earthly Grace*, 1979. — R. Haight, *The Experience and Language of Grace*, 1979. — J. Stöhr, *Zur Frühgeschichte des Grandenstreites*, 1980.

As principais obras sobre os autores mencionados em geral tratam também da questão da graça. ⊂

GRACIÁN, BALTASAR (1601-1658). Nascido em Belmonte de Calatayud (Aragão), ingressou na Companhia de Jesus e desenvolveu uma atividade de escritor de caráter moralista crítico. Suas idéias — quase todas sobre os homens e seu papel no "teatro do mundo" — são compostas por elementos muito diversos: certo otimismo de caráter renascentista e humanista, certa amargura daquele que trabalha com afã para conhecer os homens a partir de dentro, um "Desengano que parece confundir-se com a Discrição" (José F. Montesinos), um certo "afastamento" em relação aos homens unido a um vivo interesse por eles. Isso torna difícil sistematizar as idéias de Gracián. Há uma certa unidade nessas idéias enquanto "unidade de estilo" ou, como diria Unamuno, "unidade de tom e acento". Mas é preciso levar em conta a importante função desempenhada pelo motivo da variedade em Gracián. O próprio autor revelou claramente sua atitute sobre o assunto ao salientar uma decidida aversão à unidade dos tipos e aos modos de atuar: "falar sempre atento" — escreveu em *El Discreto* — "causa enfado; sempre gracejar, desprezo; sempre filosofar entristece, e sempre satirizar indispõe". Segundo José Luis L. Aranguren, a falta de unidade da obra de Gracián deve-se a seu caráter "crítico". Essa obra, diz Aranguren, manifesta-se em três planos separados: o primeiro (com *El Héroe, El Discreto, El Oráculo*) formula a moral adequada para triunfar no mundo; o segundo (com *El Criticón*) enfrenta-se criticamente com o mundo; o terceiro (com *El Comulgatorio*) enfrenta o problema do transmundo. Aranguren chama o primeiro plano de moral-utilitário; o segundo, de ético-filosófico; o terceiro, de religioso.

⊃ Obras: *El Héroe*, 1637 (a primeira edição que chegou até nós é de 1639). — *El Político Fernando*, 1640 (*id., id.*), 1646). — *Arte de ingenio*, 1642 (esta obra, refundida, apareceu em 1648 com o título: *Tratado de la Agudeza y Arte del Ingenio en que se explican todos los modos y diferencias de Conceptos*). — *El Discreto*, 1646. — *Oráculo manual y arte de prudencia*, 1647 (primeira edição disponível, 1653). — *El Criticón*, parte I, 1651; parte II, 1653; parte III, 1657. — Entre as principais edições modernas de Gracián figuram: *El Héroe*, ed. A. Coster (1911). — *El Criticón*, ed. J. Cejador (1913-1914). — *Tratados* (antologia), ed. A. Reyes (1918). — *Agudeza y arte de ingenio*, ed. Ovejero y Maury (1929). — *El Criticón*, ed. M. Romera y Navarro (3 vols., 1938-1940). — *Obras completas*, ed. E. Correa Calderón (Madri, 1947). — *Obras completas*, ed. e estudo preliminar por Arturo del Hoyo (Madri, 1960). — *Obras completas*, I, eds. M. Batllori e C. Peralta (Biblioteca de Autores Españoles, n. 229, Madri, 1969). — *Obras completas*, 2 vols., ed. E. Blanco, Madri, 1993.

Ver: N. J. Liñán y Heredia, *Baltasar Gracián*, 1902. — M. M. de Pareja y Navarro, *Las fuentes políticas de Baltasar Gracián*, 1908 (sobre as "fontes arábicas" ver o estudo de E. García Gómez). — Frederic Rahola y Trèmols, *Baltasar Gracián, escriptor satírich, moral, politich del segle XVII*, 1902. — A. Morel-Fatio, "Cours du Collège de France 1909-1910 sur les moralistes espagnols du XVIIe siècle et en particulier sur B. Gracián", *Bulletin Hispanique*, 12 (1910), 201-204, 330-334. — *Id.*, "Liste chronologique des lettres de B. Gracián dont l'existence a été signalé ou dont le texte a été publié", *ibid.*, 12 (1910), 204-206. — *Id.*, "Gracián, interprété par Schopenhauer", *ibid.*, 12 (1910), 377-407. — Adolphe Coster, "Balthasar Gracián 1601-1658", *Revue Hispanique*, 29 (1913), 347-752 (trad. esp. no volume: *Baltasar Gracián*, 1947). — A. F. G. Bell, *B. Gracián*, 1921. — G. Marone, *Morale e politica di B. Gracián*, 1925. — Victor Bouillier, "Baltasar Gracián et Nietzsche", *Revue de Littérature comparée*, ano 6 (1926), 380-401. — Werner Kraus, *Gracians Lebenslehre*, 1947 (trad. esp.: *El sentido de la vida según B. G.*, 1963). — Hellmut Jensen, *Die Grundbegriffe des B. G.*, 1958. — Miguel Batllori, S. J., *G. y el barroco*, 1958. — F. M. de Guevara, J. L. L. Aranguren, P. Mesnard, J. A. Maravall, artigos sobre G. em *Revista de la Universidad de Madrid*, 7 (1958), 271-445, especialmente o artigo de Aranguren nas pp. 331-354 (esse art. foi reimpresso no livro de A.: *Estudios literarios*, 1975, com um Anexo: Nota sobre "El Criticón"). — Arturo del Hoyo, "Introducción" à sua ed. de G. cit. *supra*, 1960 (há separata). — Munroe Z. Hafter, *G. and Perfection: Spanish Moralists of the Seventeenth Century*, 1966. — Gerhard Schröder, *B. Graciáns Criticón. Eine Untersuchung zur Beziehung zwischen Manierismus und Moralistik*, 1966. — M. Batllori, C. Peralta, *B. G. en su vida y en sus obras*, 1969. — E. Hidalgo-Serna, *Filosofía del ingenio y del concepto en B. G.*, 1976 (com bibliografia). — J. L. Abellán, "El pensamiento de B. G. como antecedente de la filosofía orteguiana", *Homenaje a J. A. Maravall*, Madri, 1985, I, pp. 55-61. — J. M. Ayala, *Gracián: vida, estilo y reflexión*, Madri, 1987. — M. Batllori, *B. G.*, em *id.*, *Obra completa*, vol. VII. ⊂

GRAMÁTICA ESPECULATIVA. Desde a Antiguidade — e especialmente a partir de Platão (*Crátilo*) e dos sofistas (VER) — os filósofos deram atenção a "questões gramaticais". Essas questões estão ligadas a problemas relativos à natureza e às formas da linguagem (VER) e a problemas concernentes à lógica (VER). As relações entre formas lógicas e formas gramaticais foram objeto de muita investigação e debate. As *Categoriae* e o *De interpretatione*, de Aristóteles, suscitam questões fundamentais a esse respeito. Em alguns casos é difícil ver uma linha divisória entre o "gramatical" e o "lógico"; em outros, é difícil ver uma linha divisória entre eles e o "ontológico". A isso devem-se as diversas interpretações de que foram objeto as categorias aristotélicas (ver CATEGORIA), que aparecem como modos de articular a realidade e também como modos de classificar termos na linguagem. Autores platônicos, aristotélicos, céticos, estóicos e neoplatônicos contribuíram muito para a elucidação dessas questões "lógico-ontológico-gramaticais". As diversas doutrinas acerca da natureza dos signos (ver SIGNO) são particularmente importantes a esse respeito. Muitas das investigações realizadas por autores antigos passaram, em grande parte por intermédio de Boécio, para a filosofia medieval e foram amplamente tratadas dentro do marco da doutrina dos universais. Na doutrina de Abelardo acerca do *sermo* como *vox significativa* encontram-se vários germens do que depois se chamou de *gramática especulativa*.

Esta última, no entanto, surgiu apenas com Pedro de Eléia (Petrus Heliae), que deu aulas em Paris aproximadamente em meados do século XII e escreveu uma muito influente *Summa super Priscianum* ou *Commentum super Priscianum*, acerca dos famosos dezoito livros chamados *Institutiones Grammaticae*, do gramático Prisciano (nasc. provavelmente em Cesaréia, Mauritânia, *fl.* 500), usados como texto durante a Idade Média. Pedro de Elea utilizou em seu comentário as *Categoriae* e o *De interpretatione* de Aristóteles, fundindo desse modo os "motivos gramaticais" com os "motivos lógicos". Foi importante na obra de Pedro de Elea a análise dos "modos de significar" ou "modos de significação". Quando se firmou o estudo de Aristóteles, no final do século XIII e início do século XIV, a análise e o comentário de textos aristotélicos e o estudo da obra de Pedro de Elea constituíram a base para o desenvolvimento da "gramática especulativa" como lógica geral da linguagem ou "metagramática". Por serem os "modos de significar", *modi significandi*, o principal tema do assunto, os autores que deles se ocuparam foram chamados de *modisti*. O estudo dos *modi significandi* distinguiu-se do estudo dos *modi essendi*, objeto da metafísica, e do estudo dos *modi intelligendi*, objeto da lógica propriamente dita (ver MODO, *ad finem*). Desenvolveu-se assim uma *scientia sermocinalis* cujo objeto era o *sermo* como proposição com significação, não a coisa, *res*, ou a mera "percussão física", *vox*. A exclusão da última evidencia que aqueles que se ocuparam de gramática especulativa geralmente não foram nominalistas. Entre os *modisti* mencionam-se Sigério de Courtrai, autor de uma influente *Summa modorum significandi*, e Boécio de Suécia ou Boécio de Dácia (VER), João de Dácia, João de Garlândia, Tomás de Ockham, Mateo Bonomia, Miguel de Marbais, João José de Marvilla, Tomás de Erfurt e outros. Todos eles escreveram tratados (a maior parte inéditos) *De modis significandi* e *Summae modorum significandi*. Hoje é conhecida sobretudo a *Grammatica speculativa* (para trad. esp. cf. *infra*), que durante muito tempo (até Heidegger, em seu escrito sobre as categorias e a significação em Duns Scot, de 1916) se atribuiu a Duns Scot, mas que Martin Grabmann demonstrou ter sido escrita pelo citado Tomás de Erfurt (VER). A esses escritos deve-se acrescentar a *Summa grammatica* de Roger Bacon, o qual, porém, não é considerado um dos *modisti*. Com essas obras efetuaram-se não poucos progressos em semiótica (VER) e semântica (VER), progressos que caíram no esquecimento durante os séculos subseqüentes, e foram inclusive objeto de zombaria por causa da tendência à excessiva sutileza por parte dos gramáticos especulativos. A essa tendência se refere Rabelais quando, no capítulo XIV de seu *Gargantua*, escreve que o protagonista leu *De modis significandi*, unido aos comentários de muitos autores, e que conhecia tão bem seus argumentos que podia facilmente virá-los do avesso, provando à sua mãe que *de modis significandi non erat scientia*.

Durante os séculos XV e XVI as investigações de gramática especulativa foram poucas — os motivos da escassa inclinação por esse tipo de estudo durante os mencionados séculos podem ser encontrados no verbete RETÓRICA. Por outro lado, desde meados do século XVII floresceram uma série de investigações que, embora não relacionadas com a gramática especulativa medieval, tocaram temas análogos. O impulso para essa nova investigação foi dado em vários lugares; mencionamos aqui os principais. Em primeiro lugar, o interesse pelos aspectos lingüísticos da lógica (como se manifesta, por exemplo, na *Lógica de Port-Royal*); em segundo, as teorias dos signos (ver SEMIÓTICA) que resultaram do empirismo inglês, particularmente de Locke; em terceiro, o interesse pela formação de uma língua universal (natural ou artificial), unido ao interesse por um cálculo universal, por uma gramática geral filosófica etc., cujos precedentes são encontrados já na Idade Média (por exemplo, na forma da *ars magna* [VER] luliana], mas que foram impulsionados especialmente pelos racionalistas modernos, sobretudo por Descartes e, mais ainda, por Leibniz.

↪ Daremos a seguir, sem a pretensão de sermos sistemáticos nem exaustivos, exemplos desses trabalhos. Um dos primeiros no século XVI (e mais retórico que propriamente filosófico) foi o trabalho de Júlio César Scaligero (1484-1558) em um *De causis linguae latinae* (1540), seguido, entre outros, pelo espanhol Sánchez, autor de uma *Minerva sive de causis linguae latinae commentarius* (1587). No século XVII apareceu (exceshytuando os trabalhos de Descartes e de Leibniz, dos quais falamos nos verbetes a eles dedicados) a *Grammaire géshynérale et raisonnée ou la Grammaire de Port-Royal* de Antoine Arnauld e Claude Lancelot. Na mesma época apareceram a *Grammatica audax*, em duas partes (1654-1655), de J. Caramuel de Lobkowitz, o *Ars signorum, vulgo character universalis et lingua philosophica* (1661), de G. Dalgarno (1627-1688), a *Polygraphia nova et universalis ex combinatoria arte detecta* (1663), de A. Kircher (VER), o *Ars magna sciendi, in XII libros dishygesta* (1669), do mesmo autor, e o *Essay towards a Real Character and a Philosophical Language* (1668), de John Wilkins. A eles pode ser acrescentada a obra de James Harris, *Hermes, or a Philosophical Inquiry concerning Universal Grammar*. Esses trabalhos, cuja finalidade nem sempre era clara, mas que se orientavam com muita freqüência rumo a uma análise racional da linguagem e, em geral, de todo sistema de signos, aumentaram ao longo do século XVIII. Durante esse século foi publicado um bom número de obras dedicadas ao problema da linguagem unversal, do cálculo universal e da chamada gramática geral e filosófica. Era muito comum — especialmente por parte dos chamados *grammairiens-philosophes* franceses (Beauzée, du Marsais, De Mairan etc.) — investigar a questão da estrutura geral das linguagens. Também era muito comum supor que todas as linguagens possuem uma lógica comum (que é a gramática universal ou gramática filosófica), e que essa lógica comum, devidamente purificada, é equivalente ao que Condillac chamou de ciência enquanto linguagem bem formada. Porém dentro dessas características comuns houve entre os autores muitas divergências de opinião que aqui não podemos resenhar; assim, nos limitaremos a mencionar algumas das obras mais significativas desse movimento. Citamos: *Véritables principes de la grammaire* (1729) e *Des tropes, ou des différents sens dans lesquels on peut prendre un même mot* (1729), de César Chesneau Sieur du Marsais; *Principia de substantiis et phaenomenis, accedit methodus calculandi in logicis ab ipso inventa cui praemitur commentario de arte characteristica universali* (1763), de G. Ploucquet (1716-1790); *De universliori calculi idea, disquisitio* (1765, publicado em *Nova Acta Eruditorum*, pp. 441-473), de Lambert; *Logique et principes de grammaire*, 2 vols. (1769), do citado Du Marsais; *Projet d'une langue universelle* (1794), de Delormel; *Pasigraphie oder Anfangsgründe der neuen Kunst Wissenschaft in einer Sprache alles so zu schreiben und zu drucken, dasz es in jeder andern ohne Uebersetzung gelesen und verstanden werden kann* (1797), publicado anonimamente, mas devido possivelmente a Joseph von Maimieux; *Erklärung, wie die Pasigraphie möglich und ausüblich sei* (1797), de Ch. H. Wolke (1741-1825); *Commentario de pasigraphia sive scriptura universali* (1799), de Grotefend; *Pasigraphie und Antipasigraphie oder über die allerneueste Erfindung einer allgemeinen Schriftsprachel* (1799), de Vater; *Grammaire philosophique ou la métaphysique, la logique et la grammaire réunies en un seul corps de doctrine*, 2 vols. (1802-1803; reimp. ed. Herbert E. Brekle, 1975), de Dieudonné Thiebault; *Pasilalie oder Grundrisz einer allgemeinen Sprache* (1808), de Bürja; *Carte générale pasigraphique* (1808), do citado Maimieux (a *Pasigrafia* antes mencionada também apareceu em francês); *Ueber Schriftsprache und Pasigraphik* (1809), de Riem. A tudo isto deve-se acrescentar, naturalmente, os importantes trabalhos de Condillac, de Degérando e, em geral, dos ideólogos (VER).

O crescente interesse suscitado na filosofia contemporânea pelo problema da linguagem (VER) voltou a pôr em circulação alguns dos temas tradicionais da gramática especulativa, mas com pressupostos muito distintos. Entre os trabalhos mais importantes a esse respeito podemos mencionar as investigações lógico-gramaticais de autores como Anton Marty e Husserl, os trabalhos na filosofia das formas simbólicas devidos a Cassirer, a crítica da linguagem de Mauthner, as teorias de Ogden e Richards a que nos referimos no verbete sobre símbolo (VER) e simbolismo, os numerosos estudos sobre a noção de significação (ver SIGNIFICAÇÃO, SIGNIFICAR), tanto na fenomenologia de Husserl como em muitos autores de tendência "analítica", numerosos trabalhos lógicos e, naturalmente, numerosos estudos semióticos (ver SEMIÓTICA; SEMÂNTICA). Segundo Heinrich Scholz (*op. cit. infra*, p. 423), há, ou pode haver, uma relação estreita entre uma "lógica filosófico-transcendental", ou seja, uma lógica com alcance metafísico, e a gramática. Além disso, a gramática (como "gramática universal", equivalente à "gramática especulativa") pode ser considerada uma "ciência normativa" de todas as linguagens e meios de expressão (*op. cit.*, p. 428).

Está sendo publicada uma série (*Grammatica speculativa: Theory of Language and Logic in the Middle Ages*) com edições críticas de textos e comentários (João Buridan, São Vicente Ferrer etc.).

Obras históricas: Ch. Thurot, *Notices et extraits de divers manuscrits latins pour servir à l'histoire des doctrines grammaticales au moyen âge*, 1868. — K. Werner, "Die Sprachlogik des Johannes Duns Scotus", 1877 (*Stizungsberichte der Preuss. Akademie der Wissenschaften*). — M. Heidegger, *Die Kategorien und Bedeutungslehre des Duns Scotus*, 1916. — Martin Grabmann, "Die mittelalterliche Sprachlogik" (em *Mittelalterliches Geistesleben*, 1926, pp. 104-146). — Scott Buchanan, "An Introduction to the *De modis significandi*" of Thomas of Erfurt", em *Philosophical Essays for Alfred North Whitehead*, 1936. — Ch. W. Morris, *Logical Positi-*

vism, Pragmatism and Scientific Empiricism, 1937 (pp. 54-64; cap. intitulado "Semiotic and Scientific Empiricism, 1. Notes on the History of Empiricism"). — Heinrich Scholz, "Logik, Grammatik, Metaphysik", *Archiv für Rechts- und Sozial-Philosophie*, 36 (1943-1944), 393-433; reimp. em *Archiv für Philosophie*, I (1947), 39-80 e no livro do autor, *Mathesis universalis. Abhandlungen zur Philosophie als strenger Wissenschaft*, 1961, eds. H. Hermes, F. Kambartel e J. Ritter, pp. 299-346. — Louis Farré, Introdução, notas e tradução da *Gramática especulativa*, de Tomás de Erfurt, 1948. — R. H. Robbins, *Ancient and Mediaeval Grammatical Theory*, 1951. — Heinrich Roos, *Die Modi significandi des Martinus de Dacia. Forschungen zur Geschichte des Sprachlogik in Mittelalter*, 1952 (tese). — G. L. Bursill-Hall, *Speculative Grammars of the Middle Ages: The Doctrine of Partes Orationis of the Modistae*, 1971. — E. J. Ashworth, *The Tradition of Medieval Logic and Speculative Grammar, from Anselm to the End of the Seventeenth Century*, 1978 (inclui bibliografia desde 1838).
Ver também: A. Marty, *Ueber das Verhältnis von Grammatik und Logik*, 1833. — Id., *Grammatik und Sprachphilosophie*, II, III, 1950, ed. O. Funke. — J.-L. Gardies, *Esquisse d'une grammaire pure*, 1975. — B. Rundle, *Grammar in Philosophy*, 1979.

Ver também as obras dos autores contemporâneos citados neste verbete e a bibliografia dos verbetes Linguagem; Significação, significar; Signo; Símbolo, simbolismo. — A *Summa modorum significandi*, de Siger de Courtrai, foi editada por G. Wallerand em sua edição de *Les oeuvres de S. de Courtrai* (Louvain, 1913). **⊄**

GRAMSCI, ANTONIO (1891-1937). Nascido em Ales (Caligari). Membro do Partido Socialista, participou da insurreição operária italiana do final da primeira guerra mundial e fundou, em 1921, o Partido Comunista Italiano, do qual foi nomeado Secretário Geral em 1924. Eleito deputado, foi preso pelo governo fascista em 1926, com uma condenação de vinte anos, dos quais cumpriu onze: desde a detenção até sua morte. No cárcere escreveu numerosas páginas, que foram depois agrupadas; as mais conhecidas ganharam o nome de *Cartas do cárcere*.

Gramsci desenvolveu o marxismo através daquilo que chamou de "filosofia da *práxis*" *(filosofia della prassi)*. Essa expressão, surgida em parte circunstancialmente, reflete fielmente as intenções de Gramsci. Ela não deve ser entendida, contudo, como uma tentativa de prescindir de toda teoria em nome da pura "ação", e especificamente da ação política. A prática no sentido de Gramsci é também a prática da teoria. Embora sempre tenha estado no Partido Comunista, Gramsci discordava do caráter dogmático do marxismo oficial, tal como era na época promulgado na União Soviética e seguido pelos Partidos Comunistas. Esse marxismo oficial não favorecia a prática revolucionária e congelava toda teoria. Gramsci submeteu à crítica o movimento idealista neohegeliano, representado por Croce e Gentile, assim como muitas idéias de Sorel. Ao longo dessa crítica, entretanto, percebeu que o idealismo neo-hegeliano, embora errado em seu aspecto idealista, podia recobrar o caráter dialético que o marxismo estava perdendo ao se converter em um simples materialismo. O que havia de vivo no neo-idealismo hegeliano era — usando a expressão de Croce a respeito do marxismo — a dialética marxista. Essa dialética é uma teoria viva que, justamente por sê-lo, também é uma prática.

Para Gramsci, a realidade humana está arraigada, orgânica e dialeticamente, no mundo e na cultura. O positivismo é um pseudo-subjetivismo. O materialismo (não-dialético) despersonaliza o homem, tornando-o, por fim, incapaz de agir. O materialismo dialético tal como evoluíra após Lenin conduz a uma cisão entre o sujeito e o objeto, entre a teoria e a prática. Longe de desaparecer com o comunismo, a teoria se revivifica pois se converte em um programa de reforma moral e de mudança cultural. A insistência de Gramsci na prática é a insistência na realidade e na necessidade de compreendê-la. A filosofia da práxis equivale à "filosofia do real", ou seja, à filosofia entendida "na *práxis* da humanidade".

A filosofia da *práxis* de Gramsci era, pois, para ele a filosofia que surge da estreita união entre o pensamento e a ação, tal como já a realizara Lenin e tal como devia continuar sendo realizada, mas sem seguir textos ao pé da letra, nas circunstâncias históricas concretas. Assim, o marxismo de Gramsci aparecia como uma revivificação da teoria e da prática marxistas contra toda tentativa de congelamento. A filosofia da práxis podia se transformar desse modo em uma reforma revolucionária da sociedade na qual pudessem ter espaço a organização socialista e a liberdade cultural.

⊃ Obras: *Lettere dal carcere*, 1947. — *Il materialismo storico e la filosofia di B. Croce*, 1948. — *Gli intellettuali e l'organizzazione della cultura*, 1949. — *Il Risorgimento*, 1949. — *Note sul Macchiavelli, sulla politica e sullo Stato moderno*, 1949. — *Letteratura e vita nazionale*, 1950. — *Passato e presente*, 1951. — As seis últimas obras foram reeditadas com o título *Quaderni del carcere*, 6 vols., 1964; ed. crítica do Instituto Gramsci de *Quaderni del Carcere*, 4 vols., 1975, dirigida por Valentino Gerratana. — *Scritti giovanili, 1914-1918*, 1958. — *L'Ordine Nuovo, 1919-1920*, 1954. — *Sotto la mole, 1916-1920*, 1960. — *Socialismo e fascismo: L'Ordine Nuovo, 1921-1922*, 1966. — *La construzione del Partito Comunista, 1923-1926*, 1971. — As *Lettere*, os *Quaderni* e as cinco últimas obras citadas formam, nessa ordem, as *Opere*, 12 vols., 1952-1971.

Trad. bras. de obras de Gramsci: *Cadernos do cárcere*, vol. 1: 1999; vol. 2: 2000; vol. 3: 2000. — *Cartas do cárcere*, 1966. — *A concepção dialética da história*, 10ª ed., 1995. — *Literatura e vida nacional*, 1968. —

Os intelectuais e a organização da cultura, 1969. — *Obras escolhidas*, 1978. — *Maquiavel, a política e o Estado moderno*, 8ª ed., 1991. — *A questão meridional*, 1987. *Concepção dialética da história*, 5ª ed., 1984 (trad. de *Il materialismo storico e la filosofia di B. Croce*).

Ver: Palmiro Togliatti, *G.*, 1949; reimp., 1955. — G. Lombardo-Radice e G. Carbone, *Vita di A. G.*, 1951. — Remo Cantoni, "A. G. e il marxismo filosofico in Italia", em *La filosofia contemporanea in Italia*, 1958, parte I de *La filosofia contemporanea in USA e in Italia*, pp. 167-205. — G. Fiori, *A. G.*, 1965. — A. R. Buzzi, *La théorie politique d'A. G.*, 1968. — E. Garin, N. Bobbio *et al.*, *G. e la cultura contemporanea*, 2 vols., 1969-1970, ed. Pietro Rossi (Congresso Internacional de Estudos Gramscianos, 23/27-IV-1967). — Leonardo Paggi, *G. e il moderno "Principe"*, I, 1970. — Giorgio Nardone, *Il pensiero di G.*, 1971. — J. Rodrígez-Lores, *Die Grundstruktur des Marxismus. G. und die Philosophie der Praxis*, 1971. — J. M. Laso Prieto, *Introducción al pensamiento de G.*, 1973. — Robert Heeger, *Ideologie und Macht. Eine Analyse von A. Gramscis Quaderni*, 1975. — James Joll, *G.*, 1977. — J.-M. Piotte, *La pensée politique de G.*, 1970. — G. Roth, *Gramscis Philosophie der Praxis*, 1972. — C. Boggs, *Gramsci's Marxism*, 1976. — J. A. Davis, ed., *Gramsci and Italy's Passive Revolution*, 1979. — D. Mc Lellan, *Marxism after Marx*, 1979. — W. L. Adamson, *Hegemony and Revolution. A Study of A. Gramsci's Political and Cultural Theory*, 1980. — T. Nemeth, *Gramsci's Philosophy: A Critical Study*, 1980. — A. S. Sassoon, *Gramsci's Politics*, 1980. — J. V. Femia, *Gramsci's Political Thought: Hegemony, Consciousness, and Revolutionary Proces*, 1981. — L. Salamini, *The Sociology of Political Praxis: An Introduction to Gramsci's Theory*, 1981. — C. Buci-Glucksmann, *Gramsci and the State*, 1981. — L. Pellicani, *Gramsci: An Alternative Communism*, 1981. — R. Vargas-Machuca, *El poder moral de la razón*, 1982. — J. Hoffman, *The Gramscian Challenge: Coercion and Consent in Marxist Political Theory*, 1984. — C. Boggs, *The Two Revolutions: Gramsci and the Dilemmas of Western Marxism*, 1984. — T. Kiros, *Toward the Construction of a Theory of Political Action. A. G.: Consciousness, Participation, and Hegemony*, 1985. — N. Bobbio, *Which Socialism: Marxism, Socialism and Democracy*, 1987 (trad. bras. *Qual socialismo?*, 1983). — M. A. Finocchiaro, *Gramsci and the History of Dialectical Thought*, 1988. — R. Holub, *A. G.: Beyond Marxism and Postmodernism*, 1992. ⊂

GRANDCLAUDE, EUGENE. Ver Neo-escolástica.

GRANELL, MANUEL (1906-1993). Nascido em Oviedo, foi professor (a partir de 1950) na Universidade Central da Venezuela e diretor (a partir de 1972) do "Instituto de Filosofia" de Caracas até sua aposentadoria em 1977. Influenciado por Ortega y Gasset, Granell desenvolveu um pensamento filosófico que se ocupou principalmente do tema da raiz ontológica do ser humano, tanto em sua forma individual como coletiva. Para Granell, toda afirmação, seja ela filosófica ou não, é de caráter histórico, mas isso não é razão suficiente para desembocar em um relativismo ou subjetivismo. Para começar, o sujeito humano não é uma realidade isolada no mundo, mas uma realidade que existe no mundo e cujo ser é "estar em situação"; portanto, as afirmações do sujeito não são "subjetivas", mas poderiam ser chamadas de "situacionais". A afirmação da realidade situacional e histórica do ser humano condiciona o caráter situacional e histórico de todas as suas afirmações — isso, porém, longe de relativizá-las, dá-lhes plenitude e conteúdo. Granell defende um "humanismo integral", que considera distinto de um mero antropocentrismo; em todo caso, é um meta-antropocentrismo ou "vital-centrismo". A razão não é, para Granell, um modelo imutável, mas um instrumento que o homem usa e modifica de acordo com as exigências das situações em que se encontra.

Dentro desse modo de pensar pode-se desenvolver uma "Ethologia" como disciplina filosófica que se ocupa da raiz ontológica originária do homem, que se forma e conforma na conjunção do individual com o coletivo. Granell estuda o que se poderia chamar de "dialética" entre o "aqui próprio" individual e o "ali vagamundo"; ambos são indispensáveis, mas o "aqui próprio" é, por assim dizer, mais "originário" por seu indiscutível caráter de autenticidade.

⊃ Obras: *Cartas filosóficas a una mujer*, 1946. — *Lógica*, 1949. — *Estética de Azorín*, 1949. — *El humanismo como responsabilidad*, 1959. — *Ortega y su filosofía*, 1960; 2ª ed. rev., 1980. — *Del pensar venezolano*, 1967. — *El hombre, un falsificador*, 1968. — *La vecindad humana, fundamentación de la Ethología*, 1969. — *Ethología y existencia*, 1977. — '*Manuel Cristóbal'. Antología del silencio*, 1982. — *Humanismo integral. Antología filosófica*, 1983 (com um prólogo de L. Álvarez, "La filosofia de M. Granell: una técnica de vida").

Biografia: L. Álvarez, A. Hidalgo, "Entrevista a D. Manuel Granell", *El Basilisco*, 11 (1980), 48-56.

Ver: R. Gómez, "Ethología y existencia", *Cuadernos de Filosofía* (Universidade de Buenos Aires), 24-25 (1976), 159-162. — M. Laclau, "El hombre, un falsificador", *ibid.*, pp. 162-163. — A. A. Pérez Wright, "La vecindad humana", *ibid.*, 26-27 (1977), 215-217. — P. Ramis, *Veinte filósofos venezolanos (1946-1976)*, 1978, pp. 52-74. — V. Muñoz, "Ortega y Gasset y el proyecto de una lógica de la razón vital" (Atas do III Seminário de História da Filosofia, Salamanca, 1982), 1983, vol. I, pp. 321-353, espec. 339-347. — *Homenaje al Dr. M. Granell*, n. 22 de *Revista Venezolana de Filosofía* (1986). ⊂

GRASSI, FRANCESCO. Ver Neotomismo.

GRATRY, ALPHONSE [Auguste Joseph Alphonse Gratry] (1805-1872). Nascido em Lille, estudou na Escola Politécnica de Paris. Após ordenar-se sacerdote foi nomeado (1841) diretor do Colégio Stanislas e depois *aumônier* na Escola Normal Superior de Paris, cargo que ocupou até 1851 e que teve de abandonar devido à sua crítica a Vacherot, diretor da Escola. Aproximadamente em 1852 Pe. Gratry uniu-se a outros sacerdotes na fundação do Oratório da Imaculada Conceição, continuação da famosa Congregação do Oratório, fundada em 1611. A partir de 1863 foi professor de teologia moral na Sorbonne.

Pe. Gratry destacou-se em sua época por sua irredutível e constante oposição ao panteísmo e a autores que, como Vacherot, desenvolveram doutrinas panteístas ou beiravam o panteísmo. Essas doutrinas eram em parte conseqüência do idealismo alemão, ao qual Pe. Gratry também se opôs firmemente como uma "vácua filosofia da identidade". Contra o idealismo e o panteísmo apregoou a necessidade de continuar a grande tradição metafísica, não somente a de Platão, Aristóteles, Santo Agostinho, Santo Tomás e outros grandes autores antigos e medievais, mas também a de Descartes e Leibniz, que para ele eram os autênticos continuadores da tradição metafísica citada. Não se trata, porém, de uma mera "restauração da metafísica" como "pura especulação"; para nosso autor a indicada tradição metafísica é a que é realmente "científica"; em todo caso, essa tradição é para o padre *a* filosofia, *una* apesar de suas diversas manifestações.

Julián Marías indicou (*op. cit. infra*, cap. IV, § 1) que o ponto de partida do pensamento de Pe. Gratry se encontra em seu estudo da alma e se expressa claramente nas frases iniciais de seu livro *La connaissance de l'âme*: "Para conhecer a alma, não a estudaremos isoladamente. Estudaremos a alma em sua relação com Deus e com o corpo". Com efeito, o autor sustenta que há entre Deus e a alma uma relação parecida com a existente entre a alma e o corpo. Desse modo se restabelece a continuidade entre o espiritual e o material, ou corporal, sem por isso cair em um monismo e menos ainda em um panteísmo. A idéia de continuidade é, no Pe. Gratry, tão fundamental quanto em Leibniz, e em parte por razões muito semelhantes. A alma é imagem de Deus assim como o corpo é imagem da alma. Ora, "ser imagem de" não equivale de modo algum a "ser idêntico a". A estrutura "trinitária" da alma não é, como a Trindade divina, completamente um ato. A alma se manifesta como "sentido", como "inteligência" e como "vontade", mas de tal modo que o primeiro é o princípio dos dois últimos. A partir disso, o Pe. Gratry desenvolve uma "filosofia do 'sentido'" — ou, melhor, do "sentir" como "sentir da alma" — oposta tanto ao idealismo como ao empirismo. "O *sentido* é (...) o órgão primário da *realidade*. Não é algo que vem de nós, um produto de nossa atividade subjetiva, mas que vem de fora, do *outro*" (J. Marías, *op. cit.*, cap. IV, § 2). O sentido é "sentido da realidade", mas também "sentido íntimo" (e "sentido dos demais" ou das "demais pessoas" ou dos "outros"). A idéia do sentido aqui indicada não é incompatível com a afirmação de que a alma é racional, mas a "razão" não é tudo. Além disso, não haveria razão sem sentido e, em última análise, sem luz divina. Nessa idéia da alma e de sua relação com Deus funda-se em grande parte a idéia que Pe. Gratry tem do "conhecimento de Deus". Esse conhecimento não é assunto de demonstração; a relação entre o homem e Deus é um elemento constitutivo da existência humana, de modo que toda "prova" se funda nessa relação, e não o inverso.

Na "prova" da existência de Deus ou, melhor, na "ascensão" rumo ao conhecimento de Deus se evidencia uma das idéias em que mais insistiu Pe. Gratry: a idéia de uma dialética (dialética ou indução [VER]). Gratry contrapõe a indução à dedução. A dedução se baseia na identidade, e não permite alcançar outras conseqüências além das contidas em um princípio dado. A indução, por outro lado, consiste em um processo de invenção e de descoberta semelhante à dialética platônica (com a qual Pe. Gratry relaciona sua idéia de indução). A dedução jamais sai "do mesmo"; a indução passa para "o outro". A indução não é, contudo, mero "raciocínio"; inclui o raciocínio, mas se funda em uma intuição ou "visão" que se manifesta em todas as ordens do conhecimento e não apenas no racional. Com efeito, o processo da indução já aparece na percepção e se desenvolve — sem ser por isso uma mera extensão da percepção — até alcançar o processo dialético em sentido próprio. Na indução "salta-se", por assim dizer, de uma verdade para outra. Em última análise, a indução é o procedimento cognoscitivo do "sentido" (ver *supra*). Por meio da indução separa-se dos dados o acidental e se remonta ao mais e mais essencial e "verdadeiro". Pe. Gratry viu no cálculo infinitesimal uma prova da realidade e da fecundidade da indução. Na passagem do finito ao infinito revela-se o "salto para o outro" que a mera dedução não permite. A indução não tem como resultado verdades meramente "gerais" e "abstratas", mas verdades "íntegras" ou "integrais": "induzir" é "integrar", incluindo a integração do individual.

↪ Obras: *Dissertatio philosophica de methodis scientiarum*, 1833 (tese). — *Thesis theologica de dono Dei*, 1846 (tese de Licenciatura em teologia). — *Catéchisme social aux demandes et réponses sur les devoirs sociaux*, 1848. — *Une étude sur la sophistique contemporaine, ou Lettre à M. Vacherot*, 1851; 4ª ed., 1863. — *La connaissance de Dieu*, 1853; 9ª ed., 2 vols., 1918 (trad. esp.: *El conocimiento de Dios*, 1941 [fragmentos dessa trad. e trad. de fragmentos de *Philosophie logique* e *Philosophie de la connaissance de l'âme* — cf. *infra* — em Julián Marías, ed., *La filosofia en sus textos*, II

(1950), pp. 1995-2039]). — *Philosophie logique*, 1855; 5ª ed., ampl., 1868; nova ed., 1908. — *Philosophie de la connaissance de l'âme*, 2 vols., 1857; 10ª ed., 1926. — *La paix. Méditations historiques et religieuses*, 1861; 3ª ed., 1916. — *La philosophie du Credo*, 1861; 9ª ed., 1926. — *La crise de la foi*, 1863. — *Commentaire sur l'Évangile selon Matthieu*, 2 vols., 1863; 9ª ed., 1928. — *Les sophistes et la critique*, 1864. — Esta última obra foi refundida na intitulada *Petit manuel de critique*, 1866. — *La morale et la loi de l'histoire*, 2 vols., 1868; 4ª ed., 1909. — *Lettres sur la religion. Réponse à Vacherot*, 1869; 3ª ed., 1869. — *Quatre lettres à Mgr. Dechamps à propos du Concile*, 1870 [o concílio Vaticano I, de 1870]. — *Souvenirs de ma jeunesse*, 1874; 12ª ed., 1925 [escrita em 1845]. — *Méditations inédites*, 1874; nova ed., 1921 [escritas entre 1835-1840 e 1847-1851]. — *Élévations. Prières et pensées*, 1919, ed. Cl. Peyroux.

Ver: D. Sabatier, *Le centenaire d'un philosophe: G. (1805-1905)*, 1906. — C. André, *Le P. G.*, 1911. — A. Chauvin, *Le P. G.*, 1911. — P. Renaux, *Le P. G., sa vie et ses doctrines*, 1912. — J. Vaudon, *Le P. G.*, 1914. — B. Pointud-Guillemont, *Essai sur la philosophie de G.*, 1917 (tese) [com bibliografia]. — Emil J. Scheller, *Grundlagen der Erkenntnislehre bei G.*, 1929 [com bibliografia]. — Julián Marías, *La filosofía del P. G. La restauración de la metafísica en el problema de Dios y de la persona*, 1941; 2ª ed., 1948; reimp. e ampl. em *Obras completas*, IV (1959), pp. 146-310 [inclui o artigo do mesmo autor (refundido na obra): "La teoría de la inducción en G.", antes publicado em *Cuadernos Hispanoamericanos*, 18 (1954), 143-161]. — M. Forissier, *Un éveilleur d'âmes: le P. G.*, 1950. — L. Fourcher, *La philosophie catholique en France au XIXᵉ siècle*, 1955. — G. Bonafede, *La ricerca dell'anima e di Dio in A. G.*, 1963. — A. Majo, "Il pensiero filosofico-religioso di A. G.", *Scuola Cattolica* (1964), 311-342. ◐

GRAU. O termo 'grau' pode ser empregado filosoficamente em vários sentidos.

1) Para designar um "nível" de realidade quando esta é concebida de forma ontologicamente hierárquica (ver HIERARQUIA). Os graus da realidade equivalem então aos graus do ser e da perfeição. Neoplatônicos e autores escolásticos usaram o termo 'grau' — ou o conceito de grau — nesse sentido.
2) Para designar um certo nível de "abstração" (VER). Fala-se então, como fizeram muitos escolásticos, de "graus de abstração": matemática, física, metafísica.
3) Para designar um "infinitesimal" em um contínuo. A noção de grau nesse sentido foi introduzida por alguns físicos e filósofos modernos; 'grau' designa aqui um ponto em uma série contínua ou um momento em um processo contínuo. Entre os filósofos modernos que mais freqüente uso fizeram da noção de grau nesse sentido figura Leibniz. Este autor, ademais, admitiu o conceito de grau em um sentido semelhante ao de 1), sempre que isso não constituísse uma exceção à "lei de continuidade".
4) Para designar uma unidade de medida (quantitativa) da qualidade. Essa noção é aparentada à anterior. Também está vinculada ao conceito de grau introduzido por Kant nas "antecipações da percepção" (ver ANTECIPAÇÃO).
5) Para designar um modo de "organizar" ou "articular" o ser. Nicolai Hartmann (*Zur Grundlegung der Ontologie*, 1935, pp. 74-76) falou de "estratos do ser, níveis do ser e graus do ser" (*Seinsschichten, Seinsstufen, Seinsgrade*). Trata-se de "modos" do ser nos quais há "mais" e "menos", de tal modo que essa articulação do ser é parecida com a indicada em 1), contudo não significa o mesmo. Por um lado, o "mais" ou "menos" de que fala Hartmann é em princípio "neutro", como quando se diz, por exemplo, que ser efetivo é "mais" que ser possível. Por outro lado, "dentro da pluralidade de níveis existe uma justaposição, impossível de anular, à qual nem sequer o encaixar um no outro é obstáculo" (trad. José Gaos). Por isso a idéia dos graus do ser é aplicável antes ao ser real que a quaisquer outros, pois nesse ser se dão as relações de dependência e de fundamentação que N. Hartmann tratou com detalhe. Esse autor se refere, pois, a tais "graus" como o material, o orgânico, o psíquico etc.
6) Para designar determinada atividade por meio da qual se distribuem, classificam ou "graduam" objetos de acordo com certas características previamente especificadas. Nesse sentido J. O. Urmson tratou o conceito de grau — ou, melhor, de "graduar" — em seu artigo "On Grading" (*Mind*, N. S., 59 [1950], 145-169). Segundo Urmson, o termo 'bom' (e o mesmo poderia ser dito de todos os demais "vocábulos éticos") é um termo cujo sentido está ligado à *atividade* de "graduar". Dizer de algo que é bom não significa, portanto, atribuir-lhe determinadas qualidades, mas colocá-lo em certo lugar ou "grau". J. L. Evans ("Grade Not", *Philosophy*, 37 [1962], 25-36) argumentou que no que diz respeito a "graduar" ou "avaliar" há uma diferença fundamental entre "graduar" maçãs (o exemplo com o qual começa Urmson) e "avaliar eticamente"; a avaliação (gradação) moral não é comparável, segundo Evans, à avaliação (gradação) que não tem caráter moral.

Ver também: K. Britton, "Mr. Urmson on Grading", *Mind*, 60 (1951), 526-529; M. J. Baker, "Mr. Urmson on Grading", *ibid.*, 60 (1951), 530-535; D. Browning, "Sorting and Grading", *Australian Journal of Philosophy*, 38 (1960), 234-245; P. W. Taylor, "Can We Grade

Without Criteria?", *ibid.*, 40 (1962), 187-203; D. Browning, "Futher Remarks on Criteria and Grading", *ibid.*, 41 (1963), 255-261; J. Srzednicki, "Acts, their Classification, and Grading", *Reports on Philosophy*, 4 (1980), 63-72.

GRAUMANN, C. F. Ver PERSPECTIVISMO.

GRAZ (ESCOLA DE). Às vezes se dá esse nome aos trabalhos de um conjunto de filósofos e psicólogos cuja mais importante figura foi Alexius Meinong (VER), professor em Graz e fundador, nessa Universidade, de um Laboratório de psicologia experimental. Os "membros" dessa escola, dos quais nem todos residiram ou deram aulas em Graz permanentemente, são os filósofos e psicólogos mencionados no início do verbete MEINONG: Martinak, Witasek, Zindler, Mally etc. A escola de Graz destacou-se por seus trabalhos em ontologia formal, semântica e análise de sensações e percepções de qualidades. Também muito notáveis foram as pesquisas da escola de Graz em percepções espaciais e óticas. Características dos trabalhos da escola de Graz foram o uso rigoroso de conceitos, as tendências realistas em epistemologia (em todo caso, a oposição a todo idealismo epistemológico), um objetivismo lógico similar ao de Bolzano e uma forte tendência à classificação. O estilo filosófico dos "membros" da "escola de Graz" é similar ao de Bolzano e ao de Brentano, assim como ao do primeiro Husserl. Embora esses autores difiram em muitos aspectos importantes, une-os um comum "anti-subjetivismo" e "anti-relativismo", não incompatível com o interesse pelas pesquisas psicológicas. Desse "estilo" filosófico participaram pensadores que, embora influenciados por Meinong, polemizaram contra seu mestre, como o caso de Ehrenfels.

➲ Ver: W. G. Stock, "Datenbank 'Grazer Schule'", *Zeitschrift für Philosophische Forschung*, 43 (1989), 347-364 (trata-se de um banco de dados referente a obras de e sobre Meinong, Witasek, Ameseder, Benussi, Schwarz, Frankl, e Veber). — W. G. Stock, M. Stock, *Psychologie und Philosophie der Grazer Schule: eine Dokumentation*, 1990. ⊂

GREDT, JOSEPH AUGUST (1863-1940). Nascido em Luxemburgo, ingressou na ordem beneditina e deu aulas no Colégio de Santo Anselmo, de Roma. Embora a contribuição filosófica original de Gredt seja escassa, seu nome merece ser recordado pela influência que teve — e que ainda tem — em muitas escolas e círculos neotomistas sua apresentação sistemática da filosofia aristotélico-escolástica de orientação tomista nos *Elementos* indicados na bibliografia. Gredt baseou-se, em sua apresentação, não apenas nos textos de Aristóteles e de Santo Tomás, mas também nos comentários a este último, especialmente em João de Santo Tomás.

➲ Obras: *Elementa philosophiae aristotelico-thomisticae*, 2 vols., 1899-1901; numerosas edições (13ª, 1961). — *De cognitione sensuum externorum*, 1913; 2ª ed., 1924. — *Unsere Aussenwelt*, 1921 (*Nosso mundo externo*). — *Die aristotelisch-thomistische Philosophie*, 2 vols., 1935 (apresentação escolar da primeira obra mencionada). ⊂

GREEN, THOMAS HILL (1836-1882). Nascido em Birkin (Yorkshire, Inglaterra), foi *Fellow* (1860), tutor (1866-1878) e professor de "Filosofia Moral" no Balliol College (Oxford).

Green é às vezes considerado um dos seguidores do idealismo neo-hegeliano inglês. Contudo, embora tenha sido em quase todos os aspectos um idealista, não foi hegeliano. A rigor, criticou o hegelianismo de autores como Edward Caird (1835-1908), que tendeu a interpretar Kant do ponto de vista de Hegel. O idealismo de Green é de tipo kantiano ou, dito de outro modo, é um idealismo fundado em grande parte em Kant.

Green se opôs ao empirismo inglês alegando que não se pode conhecer nenhum fenômeno por meio de puras sensações ou percepções. Todo conhecimento de algo, incluindo o conhecimento de qualidades, o é na medida em que envolve o conhecido em uma trama de relações: relação de uma percepção com outras percepções, de cada percepção com o organismo percipiente etc. Entretanto, como as relações são "mentais", deve-se concluir que só se pode falar do real do ponto de vista do "mental" (ou "espiritual"). Tanto com o fim de distinguir entre o pensado e o meramente imaginado como para conceber o pensado, Green postulou a existência de uma "consciência eterna" na qual se dão todas as tramas de relações em que consiste o conhecimento, incluindo a relação entre as consciências individuais e seus objetos. A realidade é independente das consciências individuais como tais, mas não na medida em que tais consciências individuais participam da "consciência eterna".

Green se opôs não somente à teoria do conhecimento e à metafísica do empirismo, mas também às tendências éticas utilitaristas e hedonistas. Sua filosofia política, distante do estatismo hegeliano, destaca o fundamento moral do Estado. Este, por sua vez, deve atuar em favor da moralidade dos indivíduos.

➲ Obras: em vida publicou apenas artigos e as "Introductions" que abriam os dois volumes de *Philosophical Works of David Hume*, eds. Th. H. Green e T. H. Grose, 1874-1875. — A. C. Bradley preparou uma edição póstuma de *Prolegomena to Ethics*, 1883.

Edição de obras: *Works of Th. H. Green*, por R. L. Nettleship, 3 vols., I, *Philosophical Works*, 1885; II, *Philosophical Works*, 1886; III, *Miscellanies and Memoirs*, 1888; nova ed., 1906. — C. A. Smith, "Th. Green's Philosophical Manuscripts: An Annotated Catalogue", *Idealistic Studies*, 9 (1979), 178-184.

Ver: R. L. Nettleship, "Memoir", em *Works*, cit. *supra*, III. — John Dewey, "Green's Theory of the Moral Motive", *The Philosophical Review*, 1 (1892), 593-612. — G. F. James, *T. H. Green und der Utilitarismus*, 1894 [Abhandlungen zur Philosophie und ihrer Geschichte, IV]. — W. H. Fairbrother, *The Philosophy of T. H. Green*, 1896 (tese). — A. Grieve, *Das geistige Prinzip in der Philosophie T. H. Green*, 1896 (tese). — S. S. Laurie, "The Metaphysics of T. H. Green", *Phil. Review*, 6 (1897), 113-131. — H. Sidgwick, *Lectures on the Ethics of Green, Spencer, and Martineau*, 1902. — Id., "The Metaphysics of T. H. Green" (em *Lectures on the Philosophy of Kant*, 1905). — H. G. Townsend, *The Principle of Individuality in the Philosophy of T. H. Green*, 1914. — Hiralal Haldar, *Neo-Hegelianism*, 1927, pp. 17-74. — W. D. Lamont, *Introduction to Green's Moral Philosophy*, 1934. — H. Ytrehus, *Individets rettigheter i T. H. Greens filosofi*, 1956. — Jean Pucelle, *La nature et l'esprit dans la philosophie de Th. H. G.: la renaissance de l'idéalisme en Angleterre au XIXe siècle*, 2 vols., 1960-1965 (tese, 1950) (I: *Métaphysique — Morale*; II: *Politique — Religion — Tradition — Appendices*). — Melvin Richter, *The Politics of Conscience: T. H. G. and His Age*, 1964. — Ann R. Cacoullos, *T. H. G.: Philosopher of Rights*, 1974. — I. M. Greengarten, *Th. H. G. and the Development of Liberal-Democratic Thought*, 1981. — P. Robbins, *The British Hegelians 1875-1925*, 1982. — P. Harris, J. Morrow, eds., *Lecture on the Principles of Political Obligation and Other Writings*, 1986. — A. Vincent, ed., *The Philosophy of T. H. Green*, 1986. — G. Thomas, *The Moral Philosophy of T. H. Green*, 1987. — P. P. Nicholson, *The Political Philosophy of the British Idealists: Selected Studies*, 1990. ◐

GREENWOOD, THOMAS. Ver Neotomismo.

GREGÓRIO DE NAZIANZO (SÃO) (*ca.* 329-389/390). Nascido em Arianzo, Nazianzo (Capadócia), bispo de Sasima em 370 e de Constantinopla a partir de 379, foi um dos três grandes capadócios. Amigo durante algum tempo do filósofo cínico Máximo de Alexandria, considerou-se (J. Geffcken) que há no pensamento de São Gregório de Nazianzo certos traços cínicos além de platônicos. Insistir sobre eles, no entanto, é esquecer que a intenção capital de São Gregório não é um sincretismo filosófico, mas, no máximo, o aproveitamento de certas idéias filosóficas para a melhor compreensão de alguns dos mistérios da fé. A principal contribuição de São Gregório de Nazianzo à filosofia consiste, pois, no exame daquelas verdades de fé que podem ser mais bem compreendidas pela razão quando esta é guiada pelas Escrituras. Entre essas verdades deve-se contar a da natureza espiritual, infinita e eterna de Deus. As precisões de São Gregório de Nazianzo a esse respeito exerceram considerável influência sobre a posterior conceitualização teológica. Deve-se observar que, segundo São Gregório, nem todos os mistérios podem ser racionalmente conhecidos; certos mistérios, como o da Trindade, que os teólogos chamam de mistérios absolutos (ver Mistério), devem ser apenas objeto de fé.

◑ Os textos filosoficamente mais importantes de São Gregório de Nazianzo são seus 45 sermões, especialmente os chamados cinco sermões teológicos (XXVII a XXXI). Edição de obras em Migne, *P. G.*, XXXV-XXXVIII [reimpressão da edição de M. Ch. Clémencet (Sermões), 1778, e A. B. Caillau (Cartas e poemas), 1840]. Edições dos cinco sermões teológicos por F. Boulenger, 1908, e Joseph Barbel, 1963.

Ver: A. Benoit, *G. de N.*, 1876; 2ª ed., 1884. — J. Geffcken, *Kynika und Verwandtes*, 1909. — M. Guignet, *S. G. de N. et la rhéthorique*, 1911. — H. Pinault, *Le platonisme de S. G. de N.*, 1925. — E. Fleury, *Héllenisme et christianisme: S. G. de N. et son temps*, 1930. — P. Gallay, *Langue et style de S. G. de N. dans sa correspondance*, 1943. — Id., *La vie de S. G. de N.*, 1943. — Id., *Les manuscrits des lettres de S. G. de N.*, 1957. — J. Lercher, *Die Persönlichkeit des heiligen G. von N. und seine Stellung zur klassischen Bildung*, 1949. — J. Plagnieux, *S. G. de N., théologien*, 1951. — F. Lefzern, *Studien zu G. von N. Mythologie, Ueberlieferung, Scholiasten*, 1958. — Justin Mossav, *La mort et l'au-delà dans S. G. de N.*, 1966. — Rosemary Radford Ruether, *G. of N.: Rhetor and Philosopher*, 1969. — B. Schultze, "Zur Gotteserkenntnis in der Griechischen Patristik", *Gregorianum*, 63 (1982), 525-558. ◐

GREGÓRIO DE NISSA (SÃO) ou **GREGÓRIO NICENO (SÃO)** (*ca.* 335-após 394). Nascido em Cesaréia (Capadócia), irmão de São Basílio, bispo de Nissa e um dos três grandes capadócios, exerceu influência sobre a teologia e a filosofia posteriores especialmente por seu escrito sobre o homem e seu lugar no cosmo, sobre a alma e sua imortalidade, e sobre Deus e a Trindade. São Gregório de Nissa desenvolveu sobretudo a concepção da alma como entidade racionável criada por Deus e destinada a animar o corpo humano. Ele não admitiu, pois, nem a teoria da separação completa entre o corpo e a alma nem tampouco a doutrina da preexistência — e menos ainda da transmigração — das almas. Nesse sentido, São Gregório de Nissa se opôs ao platonismo. Todavia, há traços platônicos em outras doutrinas teológicas do autor, como, por exemplo, na idéia da ordem harmônica do universo como reflexo da harmonia suprema de Deus, e mesmo nas idéias utilizadas para entender, na medida do possível, o mistério da Trindade. Deve-se observar, no entanto, que as concepções teológicas de São Gregório não significavam uma subordinação do teológico ao filosófico; embora a ordem da fé e a ordem da razão concordem, elas não se confundem. Em um ponto São Gregório parece, contudo, utilizar a fundo um pressuposto filosófico: em sua doutrina,

influenciada por Orígenes, acerca da purificação final de todas as coisas. Mas mesmo nesse ponto os motivos que o guiaram foram menos propriamente filosóficos que teológico-morais (especialmente o da perfeição infinita de Deus).
➲ Obras em Migne, *P. G.*, XLIV-XLVI. Edição do *Contra Eunomium* por W. Jaeger, 2 vols., 1921-1922. Edição de *Cartas* por G. Pasquali, 1925. Edição de *De vita Moysis* por J. Daniélou, 1941 (*Sources Chrétiennes*, 1). Edição do sermão Λόγοο κατηχητικὸς ὁ μέγας por Srawley, 1903. Ed. crítica de obras: *Opera auxilio aliorum virorum doctorum edenda* curavit Wernerus Jaeger, de 1921 (recomeçada em 1959) a 1972: 12 vols. e suplemento.

Bibliografia: María Mercedes Bergadá, *Contribuición bibliográfica para el estudio de G. de N.*, 1970. — M. Altenburger, F. Mann, *Bibliographie zu G. v. N.*, 1988.

Ver: F. Hilt, *Des heiligen Gregor von Nyssa Lehre von Menschen systematisch dargestellt*, 1890. — F. Diekamp, *Die Gotteslehre des heiligen Gregor von Nyssa*, 1896. — H. F. Cherniss, *The Platonism of G. of Nyssa*, 1930. — J. Bayer, *G. von Nyssa Gottesbegriff*, 1935. — M. Gomes de Castro, *Die Trinitätslehre des hl. G. von N.*, 1938. — H.-U. von Balthasar, *Présence et pensée. Essai sur la philosophie religieuse de G. de N.*, 1942. — R. Leys, *L'image de Dieu chez G. de Nysse*, 1951. — A. A. Weiswurm, *The Nature of Human Knowledge according to Saint Gregory of Nyssa*, 1952. — J. Gaïth, *La conception de la liberté chez G. de Nysse*, 1953. — J. Daniélou, *Platonisme et théologie mystique. Essai sur la doctrine spirituelle de St. Gregoire de Nysse*, nova ed., 1954. — Werner Jaeger, *G. von Nyssa's Lehre vom heiligen Geist*, 1966, ed. H. Dorries. — S. de Boer, *De anthropologie van G. van N.*, 1968. — Jean Daniélou, *L'être et le temps chez G. de N.*, 1970 (artigos de 1953-1967, refundidos). — J. Daniélou, H. Hörner et al., *Écriture et culture philosophique dans la pensée de G. de N.*, 1971, ed. Marguerite Harl (Atas do Colóquio de Chevetogne, 22/26-IX-1969). — Reinhard M. Hübner, *Die Einheit des Leibes Christi bei G. von N. Untersuchungen zum Ursprung der "physischen" Erlösungslehre*, 1974. — M.-B. Dörrie, M. Altenburger, U. Schramm, *G. v. N. und die Philosophie*, 1976. — C. Apostolopoulos, *Phaedo christianus*, 1986. **G**

GREGÓRIO DE RIMINI. Gregorius Arimensis († 1358), chamado de *doctor authenticus*, foi conhecido também com os títulos de *Tortor infantum* (pelo exemplo que deu do nascido não-batizado ou daquele que morreu no seio materno, aos quais Deus não deu a *sufficientia* para a salvação) e de *Antesignamus nominalistarum*. Membro da Ordem dos Eremitas de Santo Agostinho, estudou em Paris (1323-1329), deu aulas em Bolonha, Pádua e Perugia e regressou a Paris em 1341, comentando durante dez anos as *Sentenças* de Pedro Lombardo. Em 1357, dezoito meses antes de sua morte, foi nomeado General da Ordem.

Não há acordo sobre a posição filosófica de Gregório de Rimini. Foi considerado ockhamista e nominalista (Würsdorfer), antipelagiano (Schüler) e "precursor" de certas doutrinas de Lutero (Vignaux, Schüler). A opinião mais comum é que foi um agostiniano, mas Leff assinalou que isso diz muito pouco a respeito de Gregório, pois pode se tratar do agostinismo de Santo Agostinho, do do século XII, do de Duns Scot ou do de Tomás Bradwardine (que, além disso, segundo Leff, e contra a opinião de Oberman [ver bibliografia de Bradwardine], não foi um agostiniano). Em vista disso, Leff conclui que é melhor considerar Gregório de Rimini um "pensador do século XIV", com todo o complexo de problemas filosóficos e teológicos desse século. Em todo caso, se considerarmos Gregório um "ockhamista", deveremos restringir esse recurso a uma parte de sua doutrina sobre o conhecimento.

Essa doutrina se caracteriza por uma separação estrita entre a experiência sensível e a inteligível. No que diz respeito à primeira, Gregório de Rimini segue Ockham porquanto identifica a experiência sensível com a experiência individual, prescindindo dos universais como entidades subsistentes por si mesmas. No que se refere à experiência inteligível, segue Santo Agostinho, porquanto a faz insistir em um conhecimento interno independente dos dados dos objetos externos. A separação em questão se aplica a dois tipos de conhecimento: o simples (ou conhecimento de objetos oferecidos aos sentidos ou ao intelecto) e o composto (ou conhecimento das proposições acerca desses objetos [ver COMPLEXUM SIGNIFICABILE]). Em cada um deles, com efeito, há ou *notitia sensualis* ou *notitia intellectualis*. A independência da *notitia intellectualis* em relação à *sensualis* destaca a diferença de Gregório de Rimini em relação a Ockham e também, naturalmente, em relação a Santo Tomás.

Gregório de Rimini defendeu a concepção de que Deus é absolutamente simples e não distinto (nem sequer em virtude de uma distinção formal) de seus atributos. Contrariamente à opinião dos semipelagianos, Gregório sustentou que a vontade de Deus é condição indispensável das boas ações dos homens.

No que diz respeito à idéia da Natureza, Gregório de Rimini aderiu à tese, muito difundida já em sua época, de que o Universo é contingente; em vez de estar submetido a leis invariáveis e de representar os modos eternos de Deus, é uma expressão da liberdade divina. Essa tese estava, em Gregório de Rimini, em estreita relação com a idéia da natureza e da função da teologia; como em Ockham, a teologia não era para Gregório de Rimini uma *scientia*, pois seu fundamento se encontra somente nas Escrituras.

⊃ A principal obra de Gregório de Rimini é *Super Primum et Secundum Sententiarum*, editada em 1482, 1487, 1494, 1522 e 1642; reimp. da edição de 1522 pelo "Franciscan Institute", Text Series n. 7, 1955; ed. crítica por Damasus Trapp, O. S. A., *et al.*: I (*Prologus*), 1981; II (teses 7-17), 1982; III (teses 18-48), 1984. — Deve-se também a Gregório de Rimini a obra intitulada *De imprestantiis Venetorum et de usura*, editada em 1508.

Ver: Karl Werner, "Die augustinische Psychologie in ihrer mittelalterlisch-scholastischen Einkleidung und Ausgestaltung", *Sitzungsberichte der Akademie Wien* (1882), 449-452, 488-494. — J. Würsdorfer, *Erkennen und Wissen bei Gregor von Rimini. Ein Beitrag zur Geschichte der Erkenntnistheorie des Nominalismus*, 1917. — M. Schüler, *Prädestination, Sünde und Freiheit bei Gregor von Rimini*, 1934. — P. Vignaux, *Justification et prédestination au XIVe siècle. Duns Scot, Pierre d'Auriole et Grégoire de Rimini*, 1934. — G. Leff, *Gregory of Rimini. Tradition and Innovation in Fourteenth Century Thought*, 1961. — Karl Willigis Eckermann, *Wort und Wirklichkeit. Das Sprachverständnis in der Theologie Gregors von R. un sein Weiterwirken in der Augustinerschule*, 1977. — H. A. Oberman, *The Harvest of Medieval Theology: Gabriel Biel and Late Medieval Nominalism*, 1963. — G. Nuchelmans, *Theories of the Proposition: Ancient and Medieval Conceptions of the Bearers of Truth and Falsity*, 1973. — J. R. Weinberg, *Ockham, Descartes, and Hume: Self-Knowledge, Substance, and Causality*, 1977.

Sobre o *complexum significabile*: H. Élie, *Le "complexe significabile"*, 1934. ℂ

GREGÓRIO DE VALÊNCIA. Ver VALÊNCIA (GREGÓRIO DE).

GRELLING, KURT. Ver FRIES, JAKOB FRIEDRICH; PARADOXO.

GRICE, H. P. Ver INTENÇÃO; PROFERIÇÃO.

GRISEBACH, EBERHARD (1880-1945). Nascido em Hannover, professor a partir de 1931 em Zurique, partiu de Eucken e da necessidade de justificar o caráter autônomo, ativo e espontâneo da vida espiritual. Isso o conduziu sobretudo a uma elucidação e a uma contraposição do mundo da verdade, válido somente dentro da esfera humana, e do mundo das realidades, que não devem ser entendidas, contudo, como meros objetos, mas como produtos de uma atividade do espírito. Influências posteriormente recebidas da filosofia da existência, especialmente de Jaspers, e da teologia da crise, especialmente de Friedrich Gogarten (VER), acentuaram, além disso, o mencionado momento "crítico" — no sentido de "separação" — entre objeto e "atividade espiritual". Com base nisso, Grisebach desenvolveu uma "filosofia crítico-existencial". Esta consiste em uma contínua e progressiva "existencialização" não apenas de todas as realidades — já por si existenciais —, mas também, e muito especialmente, de todas as atividades. A preocupação com a educação — que não é, segundo Grisebach, uma formação cultural, mas um "cuidado existencial" — procede diretamente desses supostos; ela o conduziu novamente à análise dos problemas éticos e, com isso, a uma nova e mais radical acentuação da diferença realmente "crítica" entre o mundo do ser e o da ação, assim como a um "decisionismo" que, embora de cunho kierkegaardiano, tinha um aspecto mais secular que religioso. A situação ética (ver SITUAÇÃO [ÉTICA DA]) é, em seu entender, uma verdadeira situação-limite, e não somente uma dificuldade que requer uma norma. Por isso se compreende a eminente importância de todo "presente", que não é um simples momento no tempo, mas o eixo de toda situação e o sentido de toda atividade.

Grisebach é considerado um dos fundadores, se não o fundador, da chamada "ética da situação", exposta em sua "ética crítica" de 1928 (cf. bibliografia). Se se almeja uma ética que contenha normas universalmente válidas, então será preciso desprender a ética de toda perspectiva religiosa. Mas, quando se introduz tal perspectiva, as normas éticas perdem sua pretensa validade universal. Perdem também desse modo seu caráter abstrato para ganhar uma dimensão concreta sem a qual não há, propriamente falando, vida moral.

⊃ Obras: *Kulturphilosophie als Formbildung*, 1910 (tese) (*A filosofia da cultura como formação*). — *Kulturphilosophische Arbeit der Gegenwart. Eine synthetische Darstellung ihrer besonderen Denkweisen*, 1914 (*Trabalho filosófico-cultural do presente. Exposição sintética de suas formas especiais de pensamento*). — *Wahrheit und Wirklichkeiten. Entwurf zu einem metaphysischen System*, 1919 (*Verdade e realidades. Esboço para um sistema metafísico*). — *Die Schule des Geistes*, 1921 (*A escola do espírito*). — *Probleme der wirklichen Bildung*, 1923 (*Problemas de uma educação real*). — *Erkenntnis und Glauben*, 1923 (*Conhecimento e fé*). — *Die Grenzen des Erziehers und seine Verantwortung*, 1924 (*Os limites do educador e sua responsabilidade*). — *Gegenwart. Eine kritische Ethik*, 1928 (*O presente. Uma ética crítica*). — *Gemeinschaft und Verantwortung*, 1932 (*Comunidade e responsabilidade*). — *Freiheit und Zucht*, 1936 (*Liberdade e criação*). — *Was ist Wahrheit in Wirklichkeit? Eine Rede über die gegenwärtige Krise des Wahrheitsbegriffs*, 1941 (*O que é de fato a verdade? Discurso sobre a crise atual do conceito de verdade*). — *Die Schicksalsfrage des Abendlandes*, 1942 (*A questão do destino do Ocidente*). — *Jakob Burckhardt als Denker*, 1943 (*J. B. como pensador*).

Ver: R. Barth, *Das metodische Problem und das Problem der "Grenze" bei E. G.*, 1932 (tese). — G. A. Rauche, *The Problem of Truth and Reality in Grisebach's*

Thought, 1966. — S. G. Smith, "Idealism and Exteriority: The Case of Eberhard Grisebach", *Journal. British Society for Phenomenology*, 20 (1989), 136-149. ⊃

GRISS, G. F. C. Ver NEGAÇÃO.

GROETHUYSEN, BERNHARD (1880-1946). Nascido em Berlim, residiu durante muitos anos em Paris, escrevendo tanto em alemão como em francês. Discípulo de Dilthey, Groethuysen destacou-se por seus trabalhos de interpretação histórica realizados sob a inspiração da filosofia diltheyana da vida. Em seu estudo do desenvolvimento da consciência burguesa na França durante o século XVIII, sobretudo, levou ao limite as possibilidades do método diltheyano, explicando os mais significativos fenômenos históricos e sociais por meio de uma interpretação do modo como os diversos tipos humanos alcançam a percepção de si mesmos nas várias esferas da cultura: religião, economia, arte etc. Deste modo não somente são agrupados os fatos históricos na unidade da consciência da vida, mas certos fatos históricos, durante muito tempo pouco atendidos ou meramente acumulados, integram-se numa unidade. Assim, Groethuysen colaborou na história do espírito humano, mas de um espírito sempre arraigado na vida e jamais submetido a normas de desenvolvimento rígido, do tipo hegeliano. O interesse histórico-espiritual de Groethuysen manifestou-se inclusive — seguindo, de resto, a Dilthey — em seus trabalhos mais sistemáticos. Sua antropologia filosófica é, a rigor, uma história da consciência histórico-antropológica ocidental, na qual as grandes personalidades e os tipos humanos representam formas dessa consciência.

⊃ Obras: *Die Entstehung der bürgerlichen Welt- und Lebensanschauung in Frankreich*, I, 1927; II, 1930. — *Philosophische Anthropologie*, 1931 (trad. esp. com correções especiais do autor feitas para essa edição: *Antropología filosófica*, 1951); 2ª ed., 1969. — *Die Dialektik der Demokratie*, 1932. — Edição, com introduções explicativas, dos vols. I, VII e VIII das Obras completas de Dilthey. — Publicados postumamente: *J. J. Rousseau*, 1949. — *Philosophie de la Révolution française*, 1955; *Unter den Brücken der Metaphysik*, 1968 (*Sob as pontes da metafísica*).

Ver: A. Metzger, "Percetion, Recollection and Death. In Memoriam: B. G.", *Review of Metaphysics* (1950), 13-30. — Hannes Böhringer, *B. G. Ein Orpheus unter den Metaphysikern*, 1977. ⊂

GROOS, KARL (1861-1945). Nascido em Heidelberg, professor em Giessen, Basiléia e, a partir de 1911, em Tübingen, trabalhou sobretudo em problemas de estética e de psicologia descritiva, em um sentido muito próximo das descrições da "psicologia da compreensão". Sua teoria do gozo estético como imitação interna e estritamente subjetiva é, a rigor, uma fenomenologia psicologista. O mesmo caberia dizer de sua pesquisa sobre o jogo (VER), estreitamente ligada à teoria anterior, pelo menos na medida em que considera a atividade artística como a forma superior da vida lúdica. A adesão de Groos, no campo da teoria do conhecimento, ao realismo crítico justificou, por outro lado, as bases epistemológicas das citadas indagações, às quais devem ser acrescentados seus escritos de índole biográfica e caracterográfica, especialmente importantes em seu caso por constituírem a base de um exame da estrutura dos sistemas filosóficos muito parecido com o realizado por Dilthey. Também a divisão estabelecida por Groos entre os sistemas filosóficos tem afinidades com a diltheyana. Com efeito, há, segundo Groos, três tipos últimos de soluções filosóficas: a "radical", que nega um dos extremos da oposição; a "conciliadora", que busca pontos intermediários entre termos extremos; e a "monista", que afirma uma única e suprema unidade. O próprio Groos se inclinou, depois de indicar vários dualismos (entre eles, o do material inorgânico e do psíquico-orgânico; o do psíquico-orgânico e o do espiritual), a uma metafísica na qual "a existência real" é composta de "elementos cósmicos substanciais", entendendo por substancial aquilo que é relativamente independente e permanente, e no qual os processos são explicados por meio da intervenção de certas "potências finalistas", que poderiam ser chamadas de enteléquias e que se relacionam entre si por meio de uma constante ação recíproca.

⊃ Obras filosóficas: *Die reine Vernunftwissenschaft. Systematische Darstellung von Schellings rationaler oder negativer Philosophie*, 1889 (*A ciência pura da razão. Exposição sistemática da filosofia racional ou negativa de Schelling*). — *Enleitung in die Aesthetik*, 1892 (*Introdução à estética*). — *Die Spiele der Tiere*, 1896 (*Os jogos dos animais*). — *Die Spiele der Menschen*, 1899 (*Os jogos dos homens*). — *Der ästhetische Genuss*, 1902 (*O gozo estético*). — *Das Seelen Leben des Kindes*, 1903 (*A vida anímica da criança*). — "Aesthetik", 1905 (em *Deutsche Philosophie im Beginn des 19. Jahrh.*). — *Die Begreiungen der Seele*, 1909 (*As liberações da alma*). — *Der Lebenswert des Spieles*, 1910 (*O valor vital do jogo*). — "Der Begriff der Substanz und die Trägervorstellung", *Zeitschrift für Philosophie*, CLXII (1916) ("O conceito de substância e a representação do sujeito"). — *Der Aufbau der philosophischen Systeme. Eine formale Einführung in die Philosophie*, 1924 (*A construção dos sistemas filosóficos. Uma introdução formal à filosofia*; publicado anteriormente, de 1908 a 1917, em uma série da *Zeitschrift für Psychologie*, vols. 49, 50, 55, 60, 62, 71, 77). — *Naturgesetz und historisches Gesetz*, 1926 (*Lei natural e lei histórica*). — *Methode und Methaphysik*, 1928 (*Método e metafísica*). — *Methode und Metaphysik des Erlebens*, 1932 (*Método e metafísica da vivência*). — *Zur Psychologie und Metaphysik des*

Werterlebens, 1932 (*Para a psicologia e a metafísica da experiência do valor*). — *Die Unterblichkeitsfrage*, 1936 (*A questão da imortalidade*). — *Seele, Welt und Gott*, 1952 (*Alma, mundo e Deus*), póstuma.

Auto-exposições em *Die Philosophie der Gegenwart in Selbstdarstellungen* (II, 1921) e *Deutsche systematische Philosophie nach ihren Gestalten*, 1934. ℭ

GROSSETESTE, ROBERT. Ver ROBERT GROSSETESTE.

GROTIUS, HUGO (Grotius; Huig de Groot) (1583-1645). Nascido em Delft, Países Baixos (Holanda). Estudou em Leyden e, após acompanhar uma missão diplomática à França, doutorou-se em leis em Orléans. Seus primeiros trabalhos foram filológicos (uma edição de obras de Marciano Capella em 1599), poéticos, históricos e teológicos, mas a partir de 1607, quando começou a exercer advocacia como fiscal em Haia, interessou-se cada vez mais por questões relativas ao direito. Em 1618, Grotius foi preso em razão da repressão contra as províncias arminianas de Holanda e Utrecht exercida pelo governo dos Estados Gerais. Em 1621 fugiu, mudando-se para Paris. De 1634 a 1645 ocupou o cargo de Embaixador da Suécia na França.

Grotius ocupou-se de Direito constitucional e de Direito internacional. Suas idéias, especialmente as expostas em sua principal obra, *De jure belli ac pacis* (sobre o direito [a lei] de guerra e de paz), baseavam-se em uma forte insistência no predomínio do Direito natural ou lei natural, *ius naturale*. O direito natural é, segundo a definição de Grotius no livro III da citada obra, "o ditado da justa razão que indica com respeito a qualquer ato — e segundo sua conformidade ou não-conformidade com a própria natureza racional — que há nele vício moral ou necessidade moral, e, portanto, que tal ato é proibido ou ordenado por Deus, o autor da Natureza". Percebe-se com isso que Grotius não considera a lei natural incompatível com a lei divina. Conforme escreve nos "Prolegômenos" à mesma obra, há duas fontes de direito (ou lei): a que se encontra na Natureza e a que procede da livre vontade de Deus. Mas o direito natural não pode ser atribuído propriamente a Deus, "por ter Deus querido que tais traços [os traços essenciais implantados no homem] existam em nós". Portanto, o direito natural é "independente de Deus" na medida em que Deus não pode querer algo contrário a ele (Livro I).

Com base nessas idéias acerca da essência do Direito natural e de sua implantação no homem, Grotius desenvolve sua doutrina sobre a guerra e a paz. No Livro I ele trata da questão de se há ou não guerra justa, e da noção de soberania. No Livro II, ocupa-se de examinar as causas que dão origem às guerras e os direitos derivados de pactos, contratos, alianças etc. No Livro III, analisa o que se pode permitir na guerra.

Em questões religiosas, Grotius manifestou opiniões a favor da tolerância — possivelmente conseqüência de seu arminianismo e anticalvinismo. Esta, entretanto, não consiste em um "deixar fazer", mas em um respeito à lei civil, fundada na lei natural. Segundo Grotius, a sociedade tem sua origem em um impulso natural, mas ao mesmo tempo no interesse mútuo; este último, contudo, surge do primeiro, sem o qual não existiria nenhuma sociedade. O interesse mútuo e o "pacto" resultantes são o fundamento da comunidade ou *civitas*. Quanto esta última está constituída, os cidadãos têm de obedecer a forma de governo estabelecida. Afirmou-se por isso que Grotius combina elementos individualistas com outros autoritários ou absolutistas. Grotius, no entanto, distingue a liberdade política e a pessoal; por meio desta última pode-se desobedecer um mandato do soberano que esteja em conflito com a lei natural. Mas isso ainda não resulta na liberdade política: somente o direito de não obedecer e de aceitar as conseqüências da desobediência.

ℭ A primeira obra publicada de Grotius foi o escrito *Mare Liberum* (*Mare Liberum seu de jure, quod Batavis competit ad Indica commercia*), que apareceu em 1609. Trata-se do cap. XII de uma obra escrita por Grotius em 1604-1606 com o título *De iure praedae* (*Do direito de botim*). O manuscrito completo foi descoberto em 1864 e publicado em 1868. — *De antiquitate reipublicae Batave*, 1610 (em defesa da liberdade da Holanda [Batavia] contra o império espanhol). — *Verantwoordingh van de Vvettelicke Regieringh van Hollandt*, 1622 (*Defesa do governo legal da Holanda*). — *De jure belli ac pacis*, 1625 (edições sucessivas: 1631, 1632, 1642, 1646). Edição moderna, com variantes, por B. J. A. de Kanter-van Hettinga Tromp, 1939. — *De veritate religionis christianae*, 1627. — *Inleiding tot de Hollandsche Rechtsgeleertheyd*, 1631 (*Introdução à jurisprudência holandesa*). Reimp. da edição original com trad. inglesa por R. W. Lee: *The Jurisprudence of Holland*, 2 vols., 1926-1936. — *Via ad pacem ecclesiasticam*, 1642. — Além disso, estudos bíblicos (*Annot. in N. Test.*, 1641-1645; *Annot. in Vet. Test.*, 1664). — Edição de obras teológicas: *Opera omnia theologica*, 4 vols., Amsterdã, 1679; Basiléia, 1732; nova ed., 1972. — Há comentários ao *De jure belli ac pacis*, pelos dois Cocceji (pai e filho), 5 vols., 1751. — Ed. de escritos de direito natural e direito internacional por F. T. Harichs, 1976.

Bibliografias: H. C. Rogge, *Bibliotheca Grotiana*, 1883. — Jacob Ter Meulen e P. J. J. Diermanse, *Bibliographie des écrits imprimés de Hugo Grotius*, 1950.

Biografias: Caspar Brandt e Adriaan van Cattenburgh, *Historie van het Leven des Heeren Huig de Groot*, 2 vols., 1727. — W. S. M. Knight, *The Life and Works of H. Grotius*, 1925. — W. J. M. Van Eysinga, *Huig de Groot, Een Schets*, 1945.

Obras sobre G.: J. Schlüter, *Die Theologie des H. Grotius*, 1919. — A. Lysac, *H. G.*, 1925. — Juan Llembías de Azevedo, *La filosofía del Derecho de H. G.*, 1935.

— W. J. M. Van Eysinga, *Gids voor de Groots De Jure Belli ac Pacis*, 1945. — Antonio Corsano, *U. Grozio, l'umanista, il teologo, il giurista*, 1948. — P. Ottenwälder, *Zur Naturrechtslehre des H. G.*, 1950. — G. Ambrosetti, *I pressupposti teologici e speculativi delle concezione giuridiche di G.*, 1955. — Fiorella De Michaeli, *Le origini storiche e culturali del pensiero di Ugo Grozio*, 1967. — J. D. Tooke, *The Just War in Aquinas and Grotius*, 1965. — S. D. Bailey, *Prohibitions and Restraints in War*, 1972. — C. S. Edwards, *Hugo Grotius: The Miracle of Holland*, 1981. — R. Tuck, *Natural Rights Theories: That Origin and Development*, 1982. — C. Link, *H. G. als Staatsdenker*, 1983. — W. Vasilio Sotirovich, *Grotius Universe: Divine Law and a Quest for Harmony*, 1978. — Vários autores, *The World of H. G. (1583-1645)*, 1984 (Proceedings do Colóquio Internacional em Rotterdam, 6-9 de abril, 1983). — A. Lamacchia, *Reverentia casti iuris: Grozio nella lettura di Corsano*, 1991. — V. Chappell, ed., *Essays on Early Modern Philosophers*, vol. 2: *Grotius to Gassendi*, 1992. — R. Tuck, *Philosophy and Government, 1572-1651*, 1993. Ↄ

GRUBBE, SAMUEL (1786-1853). Nascido em Uppsala, foi professor na Universidade da mesma cidade a partir de 1827. Seguindo Biberg (VER), assim como Fichte, Schelling e Jacobi, Grubbe desenvolveu um pensamento filosófico oposto ao panteísmo e favorável ao teísmo personalista. O panteísmo é, para Grubbe, uma degeneração da verdadeira filosofia e o responsável por todo formalismo "anti-realista". Grubbe elaborou a filosofia teórica, a prática e a estética como partes de um sistema destinado a dar conta dos fundamentos da verdade, do bem e da beleza como realidades — e valores — supremas.

Ↄ Obras: *Om den borgerliga straffmaktens grund och väsende*, 1933. — *Filosofisk rättsoch Samhällslara*, 1839. — *Filosofiske Skriften*, 7 vols., 1876-1884, eds. A. Nyblaeus e K. R. Geijer (*Escritos filosóficos*) (póstumos). — *Om filosofiens intresse och problemer*, 1912, ed. N. Frensén (*Interesses e problemas filosóficos*).

Ver: J. Cullberg, *S. G.*, 1926. Ↄ

GRUET, JACQUES. Ver LIBERTINOS.

GRUPOS ONTOLÓGICOS. Tomada em seu sentido mais amplo, a noção de grupo pode se referir a modos muito diversos de relacionar realidades: séries, classes naturais, estruturas funcionais, seqüências causais, seqüências significativas, estruturas paradigmáticas etc. Um grupo consiste em um conjunto de componentes do grupo relacionados por leis ou princípios específicos. De nenhuma entidade X se pode dizer que é, absolutamente, ou grupo ou componente; um componente C de um grupo G pode ser, por sua vez, um grupo G_1. Além disso, dado um grupo G que tem como componentes C_1, C_2 e C_3, é possível que qualquer um desses componentes também seja componente de outro grupo G_n. No entanto, dado um grupo com seus componentes, estes são sempre componentes *do* grupo, sendo considerados, portanto, componentes e não grupos. Há exemplos muito diversos de grupos, como também classes de grupos muito distintas. Especialmente importantes são os grupos que não consistem em agregados ou coleções, mas resultam de semelhanças de vários componentes (sejam propriedades comuns ou semelhanças familiares) ou de funções exercidas por vários componentes, ou ambas as coisas a um só tempo. Exemplos dos primeiros são espécies biológicas, corpos de crenças ou de instituições e estilos artísticos. Exemplos dos segundos são regiões naturais (ecossistemas), comunidades humanas e "histórias".

O autor desta obra considera que cabe falar de grupos ontológicos. Estes não resultam de classificações de realidades, mas de categorizações. Há várias categorizações possíveis. A que propusemos consiste em três grupos: entidades físicas (incluindo organismos e processos mentais), pessoas (ou agentes) e objetivações (ou, em geral, "produtos culturais"). Não se trata de grupos de entidades, porque uma entidade dada pode pertencer a mais de um grupo ou ser categorizada por mais de um. Dentro desses grupos ontológicos o grupo das entidades físicas tem um caráter básico.

GUARDIA MAYORGA, CÉSAR. Ver DEÚSTUA, ALEJANDRO OCTAVIO.

GUARDINI, ROMANO (1885-1968). Nascido em Verona, estudou em Mainz e se doutorou em teologia na Universidade de Friburgo i.B. De 1920 a 1922 foi *Privatdozent* em Bonn, onde se "habilitou" para o ensino. De 1923 a 1933 foi professor titular em Berlim. Afastado da cátedra pelos nazistas, reintegrou-se ao ensino em 1945, dando aulas, de 1945 a 1947, na Universidade de Tübingen, e de 1948 até 1964, data de sua aposentadoria, na Universidade de Munique.

O aspecto mais conhecido da obra de Guardini são suas tentativas de revalorização da liturgia católica e seus estudos sobre o cristianismo e a pessoa de Cristo. As primeiras não se baseiam em uma defesa do puro formalismo litúrgico, mas, pelo contrário, na suposição de que o aparente formalismo tem uma vida interna que não deve ser esquecida. Os segundos baseiam-se em uma luta contra a abstração e a redução da religião a um sistema de normas morais ou conceituais. Referimo-nos a esse último ponto no verbete sobre o cristianismo (VER).

Essa tendência ao vivo e ao concreto que Guardini aplicou a esferas muito distintas — interpretação de poetas ou pensadores, questões religiosas e sociais etc. — está fundada filosoficamente em sua teoria da oposição como expressão de uma filosofia do "concreto-vivente" (ver sua obra fundamental, *Der Gegensatz*). Guardini considera que o concreto-vivente — capaz ao mesmo tempo de ser e de ser pensável — manifesta-se essencialmente na capacidade de revelar oposições, que ocorrem sobretudo no âmago da vida humana total, mas também em suas diversas esferas — fisiológica, emotiva, intelectual, volitiva. Essas oposições podem se reduzir a três tipos fundamentais: o intra-empírico, o transempírico e o transcendental, cada um dos quais revela várias oposições subordinadas (por exemplo: ato e estrutura, forma e plenitude, todo e parte, autenticidade e norma etc.). As oposições se organizam em pares de séries que Guardini chama de enantiológicas e que se distribuem em primárias e secundárias. Entre os pares de oposições há freqüentes relações de entrecruzamento que permitem compreender a vida concreta sem reduzi-la a um ou a vários formalismos. Pode-se dizer inclusive que a vida consiste em tensão e contraste, mas deve-se levar em conta que em certas épocas (como na Antiguidade e na Idade Média) conseguem-se certos equilíbrios e que em outras (como no período moderno) introduzem-se desequilíbrios que acarretam o perigo de uma dissociação da vida humana. Guardini salienta a necessidade de alcançar para nossa época um equilíbrio que não consista nem em um formalismo nem na acentuação exclusiva de um dos termos da oposição contra o outro. Já que a oposição consiste em uma exclusão e em uma inclusão recíprocas, é conveniente equilibrá-la sem destruir nenhum de seus elementos, pois, embora o equilíbrio harmônico completo sem qualquer perda de vida se encontre somente em Deus, o homem pode ao menos tentar insuflar vida nas inevitáveis oposições no âmbito das quais se move, único modo de evitar o perigo que ameaça constantemente o ser humano: o abandono ao "espírito de abstração".

➲ Algumas obras: *Vom Geist der Liturgie*, 1918 (*Do espírito da liturgia*). — *Die Lehre des heiligen Bonaventura von der Erlösung*, 1921 (tese) (*A doutrina da salvação de S. B.*). — *Sinn der Kirche*, 1922 (*Sentido da Igreja*). — *Der Gegensatz. Versuche einer Philosophie des Lebendig-Konkreten*, 1925 (*A oposição. Ensaios de uma filosofia do concreto-vivente*). — *Das Gute, das Gewissen und die Sammlung*, 1929 (*O bem, a consciência moral e a meditação*). — *Vom lebendigen Gott*, 1930 (*Do Deus vivente*). — *Der Mensch und der Glaube*, 1933 (*O homem e a fé*); a 2ª ed. tem o título de *Religiöse Gestalten in Dostojewskijs Werk* (*Figuras religiosas na obra de Dostoiévski*). — *Christliches Bewusstsein. Versuche über Pascal*, 1934 (*A consciência cristã. Ensaios sobre Pascal*). — *Das Bild von Jesus Christus im Neuen Testament*, 1936 (*A imagem de Jesus Cristo no Novo Testamento*). — *Das Wesen des Christentums*, 1936 (ver o verbete CRISTIANISMO). — *Der Glaube als Überwindung*, 1939 (*A fé como superação*). — *Glaubensgeschichte und Glaubenszweifel*, 1939 (*História da fé e dúvida da fé*). — *Welt und Person*, 1939 (*Mundo e pessoa*). — *Der Widersacher*, 1940 (*O contraditor*). — *Die letzten Dinge*, 1940 (*As últimas coisas*). — *Gottes Geduld*, 1940 (*A paciência de Deus*). — *Die Heiligen*, 1940 (*Os santos*). — *Im Anfang war das Wort*, 1940 (*No início era o verbo*). — *Die Offenbarung Ihr Wesen und ihre Formen*, 1940 (*A revelação. Sua natureza e suas formas*). — *Zu R. M. Rilkes Deutung des Daseins*, 1941 (*Para a interpretação da existência segundo Rilke*). — *Von heiligen Zeichen*, 1944 (*Dos signos sagrados*). — *Glaubenserkenntnis*, 1944 (*Conhecimento da fé*). — *Der Tod des Sokrates*, 1947 (*A morte de Sócrates*). — *Freiheit, Gnade, Schicksal. Drei Kapitel zur Deutung des Daseins*, 1948 (*Liberdade, graça, destino. Três capítulos para a interpretação da existência*). — *Die Sinne und die religiöse Erkenntnis*, 1950 (*Os sentidos e o conhecimento religioso*). — *Die Macht*, 1951 (*O poder*). — *Gläubiges Dasein. Drei Meditationen*, 1951 (*Existência crente. Três meditações*). — *Die Lebensalter. Ihre ethische und pädagogische Bedeutung*, 1954; 4ª ed., 1957 (*As idades da vida. Sua significação ética e pedagógica*). — *Jesus Cristus. Geistliches Wort*, 1957 (*Jesus Cristo. Palavra espiritual*). — *Versuch einer Psychologie Jesu*, 1957 (*Tentativa de uma psicologia de Jesus*). — *Sorge um den Menschen*, 1962 (*Preocupação pelo homem*). — *Sprache, Dichtung, Deutung*, 1962 (*Linguagem, poesia, interpretação*). — *Systembildende Elemente in der Theologie Bonaventuras. Die Lehren vom Lumen mentis, von der gradatio entium und der influentia sensus et motus*, 1964, ed. Werner Dettloff ("Habilitationsschrift"). (*Elementos sistematizadores na teologia de Boaventura. As doutrinas da* Lumen mentis, *da* gradatio entium *e da* influentia sensus et motus.) — *Die Existenz des Christen*, 1977 (*A existência do cristão*) (póstuma).

Edição de obras: *Obras*, publicadas em Matthias-Grünewald e Schoningh Paderborn a partir de 1986. — *Der Blick auf das Ganze. Ausgewählte Texte zu Fragen der Zeit*, preparado por W. Dirks, 1985. — *Ausgewählte Texte*, 1987.

Escritos autobiográficos: *Berichte über mein Leben. Autobiographische Aufzeichnungen*, ed. F. Henrich; 4ª ed., 1985. — *Wahrheit des Denkens und Wahrheit des Tuns. Notizen und Texte, 1942-1964*; 4ª ed., 1985.

Bibliografia: *Bibliographie G. (1885-1968)*, preparada por H. Mercker, 1978.

Há trad. esp. de numerosas obras de Guardini. Mencionamos: *El mesianismo en el mito. Revelación y política* (1948); *El espíritu de la liturgia*; *Libertad, gracia y destino* (1954); *El universo religioso de Dostoyevski* (1954); *Pascal o el drama de la conciencia cristiana* (1955); *El ocaso de la edad moderna* (I, 1958); *Sentido de la Iglesia* (1958); *El poder* (1959); *La esencia del cristianismo* (1959); *Oraciones teológicas* (1959); *La cultura como obra y riesgo* (1960); *El Testamento del Señor* (1960); *Jesucristo, cristianismo y hombre actual* (1960); *El hombre incompleto y el poder* (1960); *Imagen de culto e imagen de devoción sobre la esencia de la obra de arte* (1960); *La imagen de Jesús: El Cristo en el Nuevo Testamento* (1960); *Jesucristo: Palabras espirituales* (1960);

El movimiento litúrgico (1960); *La muerte de Sócrates* (1960); *El santo en nuestro mundo* (1960); *Verdad y orden: homilías universitarias* (1960); *Voluntad y verdad* (1962); *Dominio de Dios y libertad del hombre* (1963); *Sobre la vida de la fe* (1963); *La esencia del cristianismo* (1964); *Libertad, gracia y destino* (1964); *Meditaciones teológicas* (1965); *Preocupación por el hombre* (1965); *Los sentidos y el conocimiento religioso* (1965).

Em português: *A aceitação de si mesmo e as idades da vida*, s.d. — *Elogio do livro*, s.d. — *Fim da idade moderna*, s.d.

Ver: Helmut Kuhn, *R. G., der Mensch und das Werk*, 1961. — Alfonso López Quintás, *R. G. y la dialéctica de lo viviente*, 1966. — P. Höltershinken, *Anthropologische Grundlagen personalistischer Erziehungslehren. M. Buber, R. Guardini, P. Petersen*, 1970. — G. Riva, *R. G. e la "Katholische Weltanschauung"*, 1975. — E. Biser, *Interpretation und Veränderung. Werk und Wirkung Romano Guardinis*, 1979. — E. Gamerro, *R. G., filosofo della religione*, 1981. — H.-B. Gerl, *R. G. 1885-1968. Leben und Werk*, 1985. — H. R. Schlette, *R. G. Werk und Wirkung*, 1985. — F. Parisi, *Mondo e persona. Il contributo di R. G. al personalismo*, 1986. — L. Negri, *L'antropologia di R. G.*, 1989. — M. Borghesi, *R. G. Dialettica e antropologia*, 1990. — S. Zucal, *R. G. e la metamorfosi del "religioso" tra moderno e postmoderno. Un approccio eermeneutico a Hölderin, Dostoevskij e Nietzsche*, 1990. **c**

GUASTELLA, COSMO (1854-1922). Nascido em Misilmeri (Palermo), professor na Universidade de Palermo, defendeu uma filosofia por ele mesmo qualificada de empirista e fenomenista. Segundo Guastella, não há outra realidade além da puramente fenomênica, apreendida por meio dos sentidos. Todos os conceitos forjados para entender os fenômenos são derivados ou deriváveis das sensações; os conceitos abstratos são somente nomes. Fundamentais no processo de conhecimento são os juízos de semelhança e de diferença, nos quais se fundam os juízos chamados *a priori*, incluindo os juízos da matemática. Por meio desses juízos tornam-se possíveis as previsões, básicas na ciência. Guastella submeteu à crítica todas as doutrinas metafísicas, como ilusórias e incompatíveis com um fenomenismo conseqüente.

⊃ Obras: *Saggi sulla teoria della conoscenza. Saggio primo sui limiti e l'oggeto della conoscenza a priori*, 1897. — *Filosofia della metafisica*, 2 vols., 1905. — *L'infinito*, 1913 [Annuario della Biblioteca filosofica di Palermo, fasc. 1]. — A obra fundamental de C. G. é: *La ragioni del fenomenismo*, 3 vols. (I. *Preliminari*, 1921; II. *La cosa in se*, 1922; III. *Le antinomie*, 1923).

Edição de obras: *Opera omnia*, a partir de 1972.

Ver: F. Albeggiani, *Il sistema filosofico di C. G.*, 1927. — E. Troilo, "C. G. e il fenomenismo assoluto", em *Figure e dottrine di pensatori*, 1941. **c**

GUÉROULT, MARTIAL [JOSEPH-ANDRÉ] (1891-1976). Nascido em Le Havre, professor na Sorbonne (1945-1951) e no Collège de France (a partir de 1951), destacou-se como historiador da filosofia. O principal interesse de Guéroult é o exame, por assim dizer, "interno" dos sistemas filosóficos — Guéroult persegue "a ordem das razões" de cada sistema e as articulações lógicas internas do sistema. Não acredita que a própria história da filosofia seja um "sistema", seja ele determinado "a partir de dentro" ou de fora, por circunstâncias extrafilosóficas. De fato, não existe a filosofia (VER), mas apenas "as" filosofias; cada uma delas vale unicamente por si mesma, e sua "ordem de razões" lhe pertence completamente.

Guéroult aplicou seu método "interno" ao estudo da arquitetura sistemática de vários autores modernos; sobressaem seus estudos detalhados de Descartes, Malebranche e Spinoza. A interpretação cartesiana de Guéroult se opõe à proporcionada por Ferdinand Alquié (VER).

⊃ Obras: *L'évolution et la structure de la doctrine fichtéenne de la science*, 2 vols., 1930; 2ª ed., 1973. — *La philosophie transcendentale de Salomon Maïmon*, 1931. — *Dynamique et métaphysique leibniziennes*, 1939; 2ª ed., 1967. — *Descartes selon l'ordre des raisons*, 2 vols., 1953 (I: *L'âme et Dieu*; II: *L'âme et le corps*); 2ª ed., 1968. — *Nouvelles réflexions sur la preuve ontologique de Descartes*, 1955. — *Malebranche*, 3 vols., 1955-1959 (I: *La vision de Dieu*; II: *L'ordre et l'occasionalisme*; III: *La nature et la grâce*). — *Berkeley*, 1956. — *Spinoza*, 2 vols. (I: *Dieu* [*Éthique*, 1], 1968; II: *L'âme* [*Éthique*, 2], 1974. — "'Spinoza', tome III. Introduction et première partie", *Revue Philosophique de la France et de l'Étranger*, 167 (1977), 285-302. — *Études sur Descartes, Spinoza, Malebranche et Leibniz*, 1970. — *Études sur Fichte*, 1974. — Publicados postumamente: *Études de philosophie allemande*, 1977. — *Dianoématique. Libre II: Philosophie de l'histoire de la philosophie*, 1979. — *Dianoétique. Livre I: Histoire de l'histoire de la philosophie, vol 1: En Occident des origines jusqu'à Condillac*, 1984.

Ver: J. Hyppolite, P.-M. Schuhl et al., *Hommage à M. G.: l'histoire de la philosophie, ses problèmes, ses méthodes*, 1964. — G. Deleuze, "Spinoza et la méthode générale de M. Guéroult", *Revue de Métaphysique et de Morale*, 74 (1969), 426-437. — J. Wetlesen, *The Sage and the Way: Studies in Spinoza's Ethics of Freedom*, 1976. — F. Brunner, "Histoire et théorie des philosophies selon Martial Guéroult", em *Bulletin de la Société Française de Philosophie*, sessão de 25 de janeiro de 1982. **c**

GUILHERME DE ALNWICK. Ver Scotismo.

GUILHERME DE AUVERGNE (ca. 1180-1249), Guilherme de Paris, Guilelmus Alvernus, nascido em Aurillac, mestre de teologia em Paris e bispo da mesma cidade a partir de 1228, opunha-se, em nome da ortodoxia e da tradição agostiniana, às interpretações de Aristóteles em matéria de teologia, assim como a doutrinas e interpretações dos filósofos árabes, particularmente ao averroísmo e às teses capitais da eternidade do mundo e da unidade do entendimento agente. As doutrinas de Aristóteles e de Maimônides são, para Guilherme de Auvergne, válidas, mas somente para o mundo das coisas sensíveis ou, melhor, para o mundo sublunar. Na esfera dos inteligíveis e mesmo na esfera em que o inteligível se insere no sensível, Auvergne segue geralmente o pensamento platônico e platônico-agostiniano; mas provavelmente é insuficiente considerar a doutrina desse pensador, como se costuma fazer, um complexo de teorias aristotélicas, árabe-aristotélicas e platônico-agostinianas, ou um novo avanço da "invasão" do aristotelismo; a raiz de sua seleção deve ser buscada antes em seu afã de fazer concordarem os campos do dogma e da filosofia. Mais que um novo avanço do aristotelismo, Guilherme de Auvergne representa uma nova etapa no caminho da constituição de uma teologia que reconheça a subsistência da metafísica mas não represente nenhum motivo de cisão dessa metafísica.

➲ Os principais escritos filosóficos de Guilherme de Auvergne são: *De immortalitate animae. — De anima. — De Trinitate. — De universo* (1221-1236).

Edições de obras: Nuremberg, 1496; Veneza, 1591. Edição de Blaise Leferon (Paris, 2 vols., 1674); reimp., 1963. — Ed. crítica do *De immortalitate animae* por G. Bülow em *Des Dominicus Gundissalinus Schrift von der Unsterblichkeit der Seele, nebst einen Anhang enthaltend die Abhandlung des Wilhelm von Paris (Auvergne) De immortalitate animae*, 1893. — Nova ed., R. J. Teske, *The Immortality of the Soul: William of Auvergne*, 1991. — Ed. crítica de *De Trinitate* por B. Switalski, 1976.

Ver: K. Werner, *Die Psychologie des W. von Auvergne*, 1872. — Id., *W.s von Auvergne Verhältniss zu den Platonikern des 12. Jahr.*, 1873. — Noël Valois, *Guillaume d'Auvergne, évêque de Paris (1228-1249). Sa vie et ses ouvrages*, 1880; reimp., 1962. — Matthias Baumgartner, *Die Erkenntnislehre des Wilhelms von Auvergne*, 1893. — St. Schindele, *Beiträge zur Metaphysik des W. von Auvergne*, 1900 (tese). — K. Ziesché, *Die Sakramentenlehre des W. von Auvergne*, 1910. — Étienne Gilson, "La notion d'existence chez Guillaume d'Auvergne", *Archives d'histoire doctrinale et littéraire du moyen âge*, 15 (1946), 55-91. — Ernest A. Moody, "W. of A. and His Treatise 'De anima'", *Studies in Medieval Philosophy, Science, and Logic*, 1975, 1-109 (tese de 1933). — A. Quentin, *Naturkenntnisse und Naturanschauungen bei W. von A.*, 1976. — H. Borok, *Der Tugendbegriff des W. v. A. (1180-1249). Eine moralische Untersuchung zur ideengeschichtlichen Rezeption der aristotelischen Ethik*, 1979. — S. P. Marrone, *William of Auvergne and Robert Grosseteste: New Ideas of Truth in the Early Thirteenth Century*, 1983. — Ver também: Amato Masnovo, *Da Guglielmo d'Auvergne a San Tommaso d'Aquino*, t. I, 1930; t. II, 1934; t. III, 1945 (2ª ed. de vols. I e II). — E. A. Moody, *Studies in Medieval Philosophy, Science, and Logic: Collected Papers 1933-1969*, 1975. — A. Quentin, *Naturerkenntnis und Naturanschauugen bei W. von A.*, 1976. ➲

GUILHERME DE AUXERRE (Antissiodorensis) († 1231), mestre de teologia em Paris e arquidiácono de Beauvais, foi um dos membros da comissão encarregada, por ordem do Papa Gregório IX, de revisar as obras de Aristóteles. Em seus comentários às *Sentenças* de Pedro Lombardo, chamados de *Summa super quatuor libros sententiarum* e também *Summa aurea*, Guilherme de Auxerre incorporou alguns elementos aristotélicos, ainda que o marco filosófico das questões por ele tratadas — quase todas de índole teológica — sejam quase invariavelmente o do agostinismo e o do neoplatonismo. Guilherme de Auxerre apresentou e admitiu em sua *Summa* a prova ontológica de Santo Anselmo. Antes da citada *Summa* ele escreveu um comentário sobre o *Anticlaudianus* de Alano de Lille, no qual não somente são citados alguns textos de Aristóteles (da *Física*, o tratado sobre a geração e a corrupção, e a *Metafísica*), mas também o comentário de Averróis à *Metafísica*.

➲ Edições da *Summa*: Paris, 1500, 1518; Veneza, 1591.

Ver: J. Strake, *Die scholastische Methode in der "Summa aurea" des W. von Auxerre*, 1917. — F. Gillmann, *Zur Sakramentenlehre des W. von Auxerre, zugleich ein Beitrag zur Sakramentenlehre der Frühscholastik*, 1918. — C. Ottaviano, *G. d'A. La vita, le opere, il pensiero*, 1929. — P. Lackas, *Die Ethik des W. von A. Beiträge zu ihrer Würdigung*, 1939 (tese). — Walter M. Principe, *W. of Auxerre's Theology of the Hypostatic Union*, 1963 (vol. 1 de *The Theology of the Hypostatic Union in the Early Thirteenth Century*). ➲

GUILHERME DE CHAMPEAUX (1070-1121). Nascido nos arredores de Melun (no atual departamento de Seine-et-Marne), foi bispo de Châlons-sur-Marne desde 1113 até sua morte. Discípulo de Anselmo de Laon e de Roscelino de Compiègne, defendeu contra este último o realismo na questão dos universais, sustentando que toda individualidade é simples acidente do genérico e específico. Mestre de Abelardo, foi combatido por seu discípulo, que declara haver obrigado Guilherme de Champeaux a abandonar seu realismo extremo a favor de um conceitualismo que não nega os universais mas tampouco os exclui inteiramente, convertendo-os em termos ou vozes. Guilherme de Champeaux indicava, com efeito, que o gênero é, enquanto real, idêntico de modo essencial (*essentialiter*) em todos os indivíduos que participam dele, razão pela qual esses indivíduos não diferem em sua essência, mas unicamente em seus elementos acidentais. Tal realismo conduzia, portanto, a uma confusão dos indivíduos, que eram meros acidentes de uma essência. A refutação de Abelardo parece ter feito Guilherme de Champeaux reconhecer que o gênero é algo real, não essencial mas individualmente (*res eadem non essentialiter, sed individualiter*). Outros comentadores indicam que *individualiter* deve ser substituído por *indifferenter*. Assim, a teoria de Guilherme de Champeaux é transformada, segundo o resumo de Cousin, no seguinte: "A identidade dos indivíduos de um mesmo gênero não procede de sua própria essência, pois esta essência é diferente em cada um deles, mas de certos elementos que voltam a ser encontrados em todos esses indivíduos sem nenhuma diferença [*indifferenter*]". Os universais já não são essência do ser, mas continuam existindo realmente, formando, por sua existência sem diferença em vários indivíduos, sua identidade e seu gênero. Isso parece ser confirmado pelo fragmento de Guilherme de Champeaux sobre a essência e a substância de Deus e das três Pessoas: para excluir a ambiguidade do gênero, ele é tomado em dois sentidos, um segundo a indiferença e outro segundo a identidade (cf. texto latino em V. Cousin: *Fragments philosophiques*, II, pp. 328-335).

⮕ Além dos tratados *De eucharistia* e do *De origine animae* (no qual defende um ponto de vista criacionista), Guilherme de Champeaux escreveu uma série de *Sententiae* ou *Quaestiones* análogas às posteriores *Sententiae* ou *Quaestiones quodlibetales* tão freqüentes na escolástica. Edição de parte do *De eucharistia* por Mabillon (*Acta sanctorum*, III) e do *De origine animae* por Martène (em *Thes. anec. nov.*, V). — Edição de todos esses textos e do *Dialogus seu altercatio cuisdam Christiani et Judaei de fide catholica* (geralmente considerado inautêntico) em Migne, *P. L.*, CLXIII. — Edição de parte das *Sententiae* por Patru: *Willelmi Campellensis de natura et de origine rerum placita*, 1847; ver também E. Michaud, *Guillaume de Champeaux et les écoles de Paris au XIIe siècle, d'après des documents inédits*, 2ª ed., 1867; reimp., 1962; e especialmente G. Lefèvre, *Guillelmi Campellensis Sententiae vel Quaestiones XLVII* na obra: *Les variations de Guillaume de Champeaux et de la question des universaux. Étude suivie de documents originaux*, 1898 (Lefèvre se opõe à autenticidade do *De origine animae* e o atribui a Anselmo de Laon).

Além das obras mencionadas anteriormente e das indicações contidas na edição de Abelardo por Victor Cousin citada no texto do verbete, ver: Heinrich Weisweiler, *Das Schriftum der Schule Anselms von Laon und Wilhelms von Champeaux in deutschen Bibliotheken*, 1936. — J. de Ghellinck, *Le mouvement théologique au XIIe siècle*, 1948. — O. Lottin, *Psychologie et morale aux XIIe et XIIIe siècles*, 7 vols.; vol. V: *Problèmes d'histoire littéraire. L'école d'Anselme de Laon et de G. de C.*, 1959. — E. Bertola, "Le critiche di Abelardo ad Anselmo di Laon ed a G. di C.", *Rivista di Filosofia Neo-Scolastica* (1960), 495-522. ⮔

GUILHERME DE CONCHES (1080-1145). Nascido em Conches (Normandia), discípulo de Bernardo de Chartres, foi mestre em Chartres e um dos mais destacados membros da Escola (ver CHARTRES [ESCOLA DE]). Comentador de Platão e de Boécio, Guilherme de Conches desenvolveu uma concepção do universo tendo como base a filosofia natural platonizante e a física corpuscular. Nesta última, reduziu os quatro elementos a corpúsculos homogêneos que formavam, por combinação, os distintos corpos. Quanto à filosofia natural platônica, especialmente a formulada no *Timeu*, tentou explicar a criação do mundo por meio das idéias contidas no âmago do Verbo divino, idéias que Deus tomou como modelo na formação do universo, ao modo de um artesão criador e ordenador. Com isso tornava-se possível, segundo Guilherme de Conches, uma harmonia entre a doutrina expressa no *Timeu* e a doutrina cristã da criação, mesmo que para consegui-la fosse preciso ressaltar a função ordenadora do Criador, que opera segundo idéias que são ao mesmo tempo leis que expressam a regularidade dos fenômenos naturais. No escrito moral a que nos referimos na bibliografia, Guilherme de Conches baseou-se sobretudo em Cícero e Sêneca.

Conches é autor de uma enciclopédia intitulada *Philosophia mundi*, de um diálogo chamado *Dragmaticon Philosophiae*, de várias glórias ao *Timeu* de Platão e à *Consolação* de Boécio, e de uma obra de caráter moral geralmente intitulada *Moralium dogma philosophorum* (em outros manuscritos tem outros títulos: *Moralis philosophia de honesto et utile*; *Compendium morale*; *Liber moralium*; *De moralitate*; *Isagoge in moralem philosophiam* etc.). Alguns historiadores acreditam que esta última obra não é dele. — Edição da *Philosophia mundi* em Migne, *P. L.*, XC, 1127-1178 (entre as obras de Beda) e CLXXII, 39-102 (entre as obras de Honório de Autun). — Edição da *secunda* e *tertia philosophia* procedentes do *Dragmaticon* em V. Cousin, *Ouvrages inédits d'Abélard*, 1836; na mesma obra há fragmentos do comentário de Guilherme de Conches ao *Timeu*. — Edição do texto latino de *Moralium dogma philosophorum*, junto com a edição de manuscritos em francês antigo e em médio-baixo-franconio por J. Holmberg, *Das Moralium dogma philosophorum des Guillaume de Conches*, Uppsala, 1929. — Outra edição de textos de Guilherme de Conches encontra-se em C. Ottaviano, *Un brano inedito dela Philosophia di G. di Conches* (em *Collezione di testi filosofici inediti e rari*, 1935; corresponde aos vinte primeiros capítulos da *Philosophia*, publicados por Migne, *P. L.*, CLXXII, mas com muitas modificações. — Edição de *Glosae super Platonem*, com introdução, por E. Jeauneau, 1965. — P. E. Dutton, J. Hankins, "An Early Manuscript of William of Conches, 'Glosae super Platonem'", *Mediaeval Studies*, 47 (1985), 487-494. — Edição do livro I ("Philosophia"), da *Philosophia mundi*, com trad. alemã, notas e apêndices de Gregor Maurach, 1974.

➲ Ver: Kurd Lasswitz, *Geschichte der Atomistik*, I, 1890. — H. Flatten, *Die Philosophie des Wilhelm von Conches*, 1929. — M. Grabmann, *Handschriftliche Forschungen und Mitteilungen zum Schriftum des Wilhelm von Conches und zu Bearbeitungen seiner wissenschaftlichen Werke*, 1935 (Bay. Akademie der Wissenschaften). — J. M. Parent, *La doctrine de la création dans l'école de Chartres*, 1938. — T. Gregory, *Anima mundi: la filosofia di G. di Conches e la scuola di Chartres*, 1955. — W. J. Brandt, *The Shape of Medieval History: Studies in Modes of Perception*, 1966. — C. H. Kneepkens, "'Mulier quae damnavit, salvavit': A Note on the Early Development of the Relatio Simplex", *Vivarium*, 14 (1976), 1-25. — J. Newell, "Rationalism at the School of Chartres", *ibid.*, 21 (1983), 108-126. — P. E. Dutton, "Plato's 'Timaeus' and the Transmission from Calcidius to the End of the Twelfth Century of a Tripartite Scheme of Society", *Mediaeval Studies*, 45 (1983), 79-119. — C. Gross, "William of Conches: A Curious Grammatical Argument", em P. Pulsiano, ed., *Proceedings of the Patristic, Mediaeval and Renaissance Conference*, 1986, pp. 127-133. — D. Elford, "William of Conches", em P. Dronke, ed., *A History of Twelfth-Century Western Philosophy*, 1988, pp. 308-327. ⊖

GUILHERME DE LA MARE († *ca.* 1285). Nascido na Inglaterra, membro da Ordem franciscana e mestre de teologia em Paris (*ca.* 1274-1275), foi uma das figuras mais destacadas nos debates teológicos e filosóficos que opuseram os franciscanos aos dominicanos seguidores das doutrinas de Santo Tomás de Aquino. Guilherme de la Mare é autor de um dos chamados *Correctoria* ou "*Correções*" às doutrinas do Aquinense: o *Correctorium fratris Thomae*, escrito aproximadamente em 1278. Fez "correções" a 118 artigos (76 à *Summa theol.*; 9 ao *De veritate*; 10 ao *De anima*; 1 ao *De virtutibus*; 4 ao *De potentia*; 9 às *Quaestiones quodlibetales*, e 9 ao livro primeiro dos comentários às *Sentenças*). Guilherme de la Mare se opôs a Santo Tomás especialmente no que diz respeito ao conhecimento divino. Contra Santo Tomás, afirmou que Deus tem idéias diferentes de gênero e de espécie, e que para Deus a matéria e a forma também são distintas entre si. Também sustentou uma doutrina oposta à tomista na questão dos futuros contingentes (ver FUTURÍVEIS). Baseando-se em Santo Agostinho, Guilherme de la Mare defendeu a doutrina da pluralidade de formas.

O *Correctorium* de Guilherme de la Mare foi adotado pela Ordem franciscana em 1282. O teólogo e filósofo dominicano inglês Richard Clapwell (ou Tomás de Sutton) escreveu correções às correções de Guilherme La Mare com o fim de restabelecer a doutrina tomista. Ao longo da polêmica aplicou-se ao *Correctorium* o nome de *Corruptorium* ("Corruptor"); ao citado Clapwell (Tomás de Sutton) se atribui o *Correctorium Corruptorii "Quare"* contra Guilherme de la Mare.

Também se devem a La Mare um comentário aos primeiros livros das *Sentenças* e umas *Quaestiones disputatae*.

➲ Edição crítica do *Correctorium Corruptorii*, com o texto de Guilherme de la Mare, por P. Glorieux, *Les premières polémiques thomistes:* I. Le "*Correctorium Corruptorii 'Quare'*", 1927. — Publicação, por P. Pelster, de *Declarationes de variis sententiis s. Thomae Aquinatis*, 1956 [Opuscula et Textus, series scholastica, 21].

Ver: E. Longpré, *G. de la M.*, 1922. — F. Pelster, "Les 'Declarationes' et les 'Quaestiones' de G. de la M.", *Recherches de théologie ancienne et médiévale*, 1931, pp. 397-411. — R. Creytens, "Autour de la littérature des correctoires", *Archivum Franciscanum Historicum*, 12 (1942), 313-330. — Muitos materiais, não somente sobre Guilherme de la Mare, mas também sobre a disputa mencionada, em: A. Hufnagel, *Studien zur Entwicklung des thomistischen Erkenntnisbegriffes im Anschluss an das Correctorium "Quare"*, 1935 [Beiträge zur Geschichte der Philosophie und Theologie des Mittelalters, XXXI, 4]. — O. Lottin, *Psychologie et morale au XIIe et XIIIe siècles*, 7 vols., 1942-1954, espec. vol. I, pp. 225-389. — J. E. Lynch, "The Knowledge of Singular Things According to Vital Du Four", *Franciscan Studies*, 19 (1969), 271-301. ⊖

GUILHERME DE MOERBECKE, Guilelmus Brabantinus (1215-1286). Nascido em Moerbecke (Bélgica), membro da Ordem dos Pregadores, arcebispo de Corinto, exerceu grande influência sobre os meios albertinos e sobre a elaboração e a difusão do aristotelismo no século XIII por meio de suas numerosas traduções para o latim das obras de Aristóteles e por suas reedições de obras do Estagirita já conhecidas. Além dessas obras, Guilherme de Moerbecke traduziu obras de Simplício, João Filopono, Galeno, Hipócrates, Alexandre de Afrodísia e Proclo; a tradução dos *Elementos de teologia* deste último autor permitiu que se visse a origem procliana do *Liber de causis* (VER). Às vezes se sustentou que as traduções e edições de Guilherme de Moerbecke foram empreendidas por incentivo de Santo Tomás de Aquino, de quem era colaborador e conselheiro. Em todo caso, é certo que a utilização das versões de Moerbecke pelo aquinense desempenhou um papel importante na formação de sua filosofia. O próprio Moerbecke parece ter-se inclinado, pessoalmente, à aceitação de algumas idéias fundamentais de Proclo, especialmente à concepção de Deus como fonte de bondade suma produtora das esferas inteligíveis. Parece ser importante em nosso autor a teoria de Deus como luz (VER), e da própria luz como meio através do qual os corpos são influenciados causalmente pelas esferas superiores.

➲ Sobre as versões de Guilherme de Moerbecke e outras versões latinas: M. de Wulf, *Histoire de la philosophie médiévale*, 1900 (6ª ed., 3 vols., 1947), § 207. — Id., *Histoire de la philosophie en Belgique*, 1910, pp. 47ss. — L. Minio-Paluello, "Henry Aristippe, Guillaume de Moerbeke et les traductions latines médiévales des 'Météorologiques' et du 'De generatione et corruptione' d'Aristote", *Revue philosophique de Louvain*, 45 (1947), 206-235. — F. Pelster, "Neuere Forschungen über die Aristotelesübersetzungen des 12. und 13. Jahrhunderts. Eine kritische Übersicht", *Gregorianum*, 30 (1949), 46-77. — G. Verbeke, "G. de M., traducteur de Proclus", *Revue philosophique de Louvain*, 51 (1953), 349-373. — B. Braswell, "The Use of William of Moerbeke's Recension of the 'Posterior Analytics': A Second Instance", *Medieval Studies*, 24 (1962), 371-374. ➲

GUILHERME DE OCKHAM (*ca.* 1298-*ca.* 1349). Foi chamado de *Venerabilis Inceptor* ("Venerável principiante"), por não ter ensinado como doutor, embora alguns tenham interpretado esse título honorífico como parte de *Venerabilis Inceptor invictissimae scholae nominalium* (o "venerável fundador da nunca derrotada escola nominalista"). Nascido em Ockham ou Occam, no condado de Surrey, ingressou na Ordem franciscana e estudou em Oxford, onde deu aulas sobre a Bíblia e sobre as *Sentenças* de Pedro Lombardo (estas aulas sobre as *Sentenças* foram dadas, ao que tudo indica, de 1319 a 1323). Após vários anos passados em disputas escolásticas, foi chamado a Avignon aproximadamente em 1324 a fim de responder, perante o Papa João XXII, a acusações de heterodoxia com base em várias proposições tiradas de seus comentários às *Sentenças*. Várias das proposições foram condenadas, algumas como heréticas e outras como errôneas. Guilherme de Ockham, então, fugiu de Avignon dirigindo-se a Pisa, onde se encontrou com o Imperador Luís da Baviera, indo com este para sua corte de Munique; desenvolveu ali uma intensa atividade polêmica em assuntos eclesiásticos e políticos, disputando com os Papas João XXII, Bento XII e Clemente VI. Com a morte de Luís da Baviera em 1347, Guilherme de Ockham tentou reconciliar-se com a autoridade papal, mas faleceu dois anos depois em Munique sem que se tenha muita notícia do resultado desses derradeiros esforços de reconciliação.

Neste verbete abordaremos somente as opiniões filosóficas e teológicas de Ockham e deixaremos de lado suas idéias acerca das relações entre o papado e o império e acerca da necessidade de distinguir os dois poderes. A filosofia política de Ockham foi considerada (Lagarde) um dos fundamentos do "espírito laico" — qualquer que tenha sido a intenção do próprio Ockham a esse respeito —, e nesse sentido desempenhou um papel importante na história das idéias políticas no final da Idade Média e na época moderna. Entretanto, pelo caráter da presente obra são mais pertinentes as informações sobre a filosofia e a teologia de Ockham. Daremos essas informações atendo-nos aos principais temas tratados por nosso filósofo e seguindo o curso central de seu pensamento, mas começaremos observando que há muita diversidade de opiniões na interpretação de Ockham. Alguns destacam seu nominalismo, seu trabalho como precursor, ou até iniciador, da chamada "ciência experimental", sua crítica do aristotelismo, ou ao menos sua crítica da interpretação scotista do aristotelismo (Ritter, Stöckl, Gilson, Vignaux, entre os historiadores da filosofia, e Duhem, Michalski, A. Maier, entre os historiadores da ciência). Outros salientam no pensamento de Ockham o aspecto da "religiosidade subjetiva" em sentido agostiniano-franciscano (Abbagnano, Giacon, Vasoli). Outros fazem de Ockham um pensador independente tanto das correntes "pré-modernas" como do aristotelismo (Pelster, R. Guelluy, L. Baudry). Outros indicam que ele não foi, propriamente falando, nominalista, nem teve qualquer relação com o movimento dos *moderni*, sendo antes sua aspiração depurar o aristotelismo de elementos agostinianos, e especialmente agostiniano-avicenianos (Moody). Outros o consideram um "transcendentalista", um filósofo que se ocupou principalmente dos transcendentais enquanto modos da unidade (G. Martin). Por fim, alguns falam de Ockham fundamentalmente como teólogo e outros como lógico e epistemólogo isto, porém, antes de ser considerado uma interpretação, deve ser visto como um modo de salientar o que se considera mais interessante, ou pertinente, nas idéias de Ockham.

Vários aspectos no pensamento de Ockham merecem aqui atenção especial: a idéia de realidade divina especialmente com respeito às idéias (ou essências) e à onipotência; a concepção nominalista ou terminista; a idéia da realidade como realidade individual; a idéia de "intuição"; o caráter contingente da ordem natural e da ordem moral. Esses aspectos freqüentemente se entrecruzam, não sendo fácil separá-los. Além disso, alguns supõem outros, ou conduzem a outros; assim, por exemplo, há em Ockham uma certa idéia da relação entre teologia e filosofia que está ligada a suas opiniões sobre diversos temas. Para maior clareza, procuraremos tratar separadamente os temas anunciados, mas sempre levando em conta que eles formam uma unidade que é a característica do pensamento teológico, filosófico, lógico e epistemológico de Ockham.

Ockham se opõe aos teólogos que insistiram demasiadamente em um mundo de idéias ou essências existentes no âmago de Deus. Falar de um mundo inteligível na realidade divina é para ele limitar essa realidade. É verdade que Ockham não se opõe estritamente à concepção agostiniana de um mundo de essências divinas; a força do agostinismo continua atuando em quase todos os filósofos medievais. Por outro lado, nenhum filósofo medieval distinguiu de modo real as idéias ou essências e Deus; uma distinção real seria demasiadamente "platônica" ou ao menos não seria propriamente cristã. Contudo, enquanto Santo Anselmo e os "realistas" tendiam a considerar as idéias ou essências (ou "universais") como estando primariamente na mente divina, e Santo Tomás considerava que constituíam a estrutura inteligível que a alma apreende por meio da abstração, Ockham prescinde totalmente da realidade — metafísica ou mesmo meramente conceitual — das idéias ou essências. Deus não pode ser limitado por nada, e as idéias ou essências, qualquer que seja o modo como sejam concebidas, representam uma limitação.

A onipotência divina — que, além disso, não pode ser demonstrada, mas somente conhecida, ou admitida, pela fé — também exige que se prescinda da idéia de que haja conexões necessárias entre as coisas ou entre os acontecimentos. Se houvesse conexões necessárias, elas se fundariam em si mesmas e não necessitariam de Deus em princípio; portanto, Deus também apareceria como limitado. Tampouco pode haver relações (entre as coisas) subsistentes por si mesmas; as relações não são "realidades" acrescentadas às coisas relacionadas, mas simplesmente "intenções" mentais. A não-limitação de Deus também afeta seu conhecimento. Deus é onisciente, portanto conhece por sua divina essência os futuros contingentes (ver FUTURO, FUTUROS; FUTURÍVEIS); ou seja, dada uma disjunção, Deus conhece qual parte dela é verdadeira e qual é falsa.

Discutiu-se freqüentemente se a lógica e a teoria do conhecimento de Ockham são "conseqüência" de sua teologia — ou ao menos maneiras de "apoiar filosoficamente" sua teologia —, ou se a própria teologia é resultado da lógica e da teoria do conhecimento. Em todo caso, estas duas últimas são, por assim dizer, afins a sua ideologia. Isso não significa que tal lógica e tal teoria do conhecimento possam corresponder só e unicamente a tal teologia. A rigor, o "nominalismo" e o "empirismo" de que nos ocuparemos a seguir foram defendidos, com maiores ou menores variantes, por autores cuja teologia foi muito distinta da de Ockham ou que não tiveram nenhuma teologia. Por outro lado, certos autores defenderam uma teologia na qual predominou a idéia da não-limitação de Deus (por exemplo, São Pedro Damião [VER]) sem que tenha havido lógica e teoria do conhecimento de nenhuma espécie, ou sem que estas tenham sido elaboradas com o mesmo detalhamento que em Ockham. Com isso se explica a possibilidade anteriormente mencionada de interpretar o pensamento de Ockham de modos muito distintos; a interpretação depende em grande parte dos aspectos que se destaquem e do modo como se avalie que tais aspectos se ligam (ou não se ligam) com outros.

Do que foi dito sobre a concepção ockhamiana da realidade divina depreende-se um modo de pensar que permeia toda a lógica e a teoria do conhecimento de nosso autor. É o modo de pensar expresso no princípio de economia (VER) intelectual e que deu origem à expressão — atribuída a Ockham — *Entia non sunt multiplicanda praeter necessitatem* (VER). Com efeito, Ockham começou a prescindir de "entidades" entre Deus e Sua criação. Congruentemente, prescinde de toda "entidade" entre os "termos concebidos ou apreendidos" (o *terminus conceptus*) e as realidades a que "se referem". Usaremos a partir de agora as expressões 'termo' e 'conceito' indistintamente, mas avisemos de imediato que, por causa da terminologia empregada, é claro que Ockham, embora possa ser considerado um nominalista, não o é no sentido em que os termos ou conceitos sejam meras expressões faladas ou escritas (*flatus vocis*); não são, em suma, simples inscrições (ver INSCRIÇÃO). Os termos ou conceitos (digamos também: termos-conceitos) são signos naturais. Empregamos anteriormente a expressão "se referem" ao falar desses termos. A razão disso é nosso desejo de introduzir uma expressão "neutra". Com efeito, os termos em questão podem ser de vários tipos. Antes de mais nada, a doutrina dos termos aqui introduzida é possível somente depois de haver sido estabelecida uma primeira classificação, adotada por muitos lógicos medievais: a que há entre termos sincategoremáticos (ver SINCATEGOREMÁTICO) e categoremáticos. Quanto aos termos categoremáticos, podem ser conotativos e absolutos (ver a esse respeito o verbete CONOTAÇÃO [as expressões ali empregadas são 'nomes conotativos' e 'nomes absolutos']). Por outro lado, os termos (categoremáticos) podem significar e "supor" (ver SIGNIFICAÇÃO e, sobretudo, SUPOSIÇÃO; ver também INTENCIONAL, INTENCIONALIDADE e IMPOSIÇÃO). A suposição é sumamente importante porque indica a função do termo em uma frase, isto é, aquilo que "supõe" (*supponere pro*) ou aquilo pelo que e em lugar do que está o termo. Ora, para Ockham os universais (VER) não são reais. Tampouco são conceitos ou abstrações no sentido de Santo Tomás. Os universais são termos que significam coisas individuais e que "estão por" (ou "no lugar de") coisas individuais nas frases. Não há, pois, necessidade de admitir nenhuma "entidade" intermediária entre os termos e as coisas. Tampouco há necessidade de admitir que, se duas coisas que têm algo em comum — por exemplo, Pedro e João, que têm em comum o fato de serem homens — é porque há uma certa entidade, ou um universal — "o homem" — do qual participam. Em uma famosa distinção introduzida por Ockham em seu comentário ao primeiro livro das *Sentenças*, ele escreve que Sócrates e Platão convêm (*conveniunt*) por algo (*aliquo*), mas não *em algo* (*in aliquo*). Em suma, não há algo *em* que convenham duas coisas individuais similares; a similitude não se agrega — ou se sotopõe — às coisas similares; as coisas similares são similares e nada mais.

Já que há somente indivíduos, a ciência ou conhecimento deveria ser de indivíduos. Todavia, Ockham indica, seguindo Aristóteles, que a ciência é ciência do geral. Isso não é uma contradição, nem confirma a idéia de Moody segundo a qual Ockham não foi nominalista, uma vez que junto a frases como "a ciência é ciência das coisas singulares" encontram-se frases como "nenhuma ciência propriamente dita é sobre os indivíduos, mas sobre os universais que representam os indivíduos". Com efeito, a ciência é ciência do geral somente na medida em que o geral "supõe" o individual. Poder-se-ia dizer que o fato de a ciência ser ciência *do* geral já indica claramente que não é *sobre* o geral; o fato de que a ciência seja constituída por proposições gerais (ou universais) não significa que tais proposições gerais sejam o objeto da ciência. Quando se diz, como fizemos antes, que a ciência é ciência sobre os universais, deve-se acrescentar imediatamente que tais universais "estão no lugar de", ou "tomam o papel" dos indivíduos.

A supressão de "intermediários" entre os termos e as coisas é paralela à supressão de intermediários entre a mente e o que é apreendido por ela. Segundo Ockham, não há "espécies" (*species*) existentes nas coisas, ou abstraídas das coisas. A apreensão é efetuada mediante "intuição" (*notitia intuitiva*), que dá lugar a proposições contingentes. Não se deve confundir a intuição ockhamiana com uma mera sensação. Antes de tudo, ela apreende não apenas dados externos, mas também "internos" — a *notitia intuitiva* também é introspectiva. Além disso, apreende diretamente a coisa dada e não, ou não somente, um complexo de sensações. O que a mente apreende é o que é e como é. É verdade que Deus poderia, em princípio, gerar uma apreensão de coisas não existentes, mas isso afetaria unicamente a certeza e não a evidência. A certeza é meramente subjetiva (no sentido moderno de 'subjetiva'), enquanto a evidência é objetiva (no sentido moderno de 'objetiva').

Na metafísica, Ockham defende um conceito unívoco (VER) do ser. Isso significa que se pode predicar o ser — ou, melhor, 'ser' — de Deus e das criaturas, mas não significa que Deus e as criaturas sejam similares de algum modo. Pelo contrário, são inteiramente dissimilares. Mas Ockham não vê nenhum inconveniente em predicar 'ser' de coisas não-similares, já que 'ser' não designa uma realidade da qual Deus e as criaturas participem, mas um conceito (para a opinião de Ockham sobre o problema da "relação entre essência e existência", ver ESSÊNCIA).

Ockham distinguiu ciência real e ciência racional. A primeira é ciência de coisas reais; a segunda, de termos por meio dos quais são realizadas demonstrações lógicas. A ciência real tem por objeto último os indivíduos, mas se ocupa das proposições nas quais se encontram os termos que "supõem" os indivíduos. A ciência real não contém proposições necessárias; a ciência racional contém somente — ou deveria conter somente — proposições necessárias. Com isso Ockham parece defender uma doutrina do conhecimento que depois seria característica de certas formas de empirismo e de positivismo, especialmente na medida em que estas distinguem radicalmente "fatos" e "puras relações". E, sem dúvida, há uma certa justificação em falar do "empirismo" (e mesmo do "empirismo lógico") de Ockham. No entanto, há diferenças entre tais formas de empirismo e as doutrinas epistemológicas de Ockham — por exemplo, na idéia de *notitia intuitiva* anteriormente introduzida. Ockham também distinguiu teologia e filosofia e proclamou que "a teologia não é ciência". Isso deu origem a muitos debates e permitiu também que se afirmasse que com Ockham se estabelece uma separação estrita entre teologia e filosofia de uma índole tal que tem de levar forçosamente a um ceticismo ou a um fideísmo, segundo as preferências dos autores. Com efeito, dizer que a teologia não é ciência parece o mesmo que dizer ou que se pode descartar a teologia como assunto demasiadamente problemático ou que se deve exaltá-la como assunto de pura fé. Entretanto, a separação ockhamiana entre teologia e filosofia nem sempre tem o sentido que se lhe atribui. Na verdade, o que Ockham afirma é que proposições teológicas adquirem sua verdade pela fé e que quaisquer raciocínios que sejam efetuados sobre essas proposições levam a conclusões verdadeiras somente na medida em que as premissas são verdadeiras.

⇨ Seguindo Philotheus Boehner (*Ockham. Philosophical Writings*, 1957), daremos a seguir uma lista das obras de Ockham classificando-as em não-políticas e políticas, e subclassificando as primeiras em lógicas, físicas e teológicas.

Obras não-políticas lógicas: *Expositio super librum Porphyrii.* — *Expositio super librum Praedicamentorum.* — *Expositio super duos libros Perihermeneias.* — Estas três obras foram publicadas em 1496 sob o título: *Expositio aurea super artem veterem.* — *Expositio super duos libros Elenchorum* (inédito). — *Summa totius logicae* (escrita antes de 1328 e impressa com freqüência; ed. crít. Ph. Boehner: *Pars Prima*, 1954; *Pars Secunda et Tertia prima*, 1954; ed. em preparação por I. Dám. do final da terceira parte). — *Compendium logicae o Tractatus logicae minor* (não-impressa). — *Elementarium o Tractatus logicae medius* (não-impressa).

Obras não-políticas físicas: *Expositio super octo libros Physicorum* (não-impressa; em prep. por G. Mohan, *Opera omnia philosophica et theologica*). — *Summulae in libros Physicorum* (primeira ed., 1494). — *Quaestiones super libros Physicorum* (inédito).

Obras não-políticas teológicas: *Ordinatio Ockham* (primeiro livro do comentário ao primeiro livro das *Sentenças* de Pedro Lombardo); eds. 1483, 1495; nova ed. em prep. por E. M. Buytaert, *Opera omnia*). — *Reportatio Ockham* (questões sobre os livros II, III e IV das *Sentenças*, ed. 1495). — *Quodlibeta septem* (eds. 1487, 1488, 1491; a ed. de 1491 [reimp., 1962] também inclui o escrito *Tractatus de corpore Christi* [ou *Primus tractatus de quantitate*] e o *Tractatus de sacramento altaris* [ou *Secundus tractatus de quantitate*]). — *Tractatus de praedestinatione et de praescientia Dei et de futuris contingentibus* (ed. com a *Expositio aurea*, cf. *supra*; ed. crít. Ph. Boehner, 1945). — *Quaestiones variae*.

Obras políticas: *Opus nonaginta dierum.* — *De dogmatibus papae Joannis XXII.* — *Contra Joannem XXII.* — *Compendium errorum papae Joannis XXII.* — *Tractatus ostendens, quod Benedictus papa XII nonnullas Joannis XXII haereses amplexus est et defendit.* — *Allegationes de potestate imperiali.* — *Octo quaestiones super potestate ac dignitate papali.* — *An rex Angliae pro succursu guerrae possit recipere bona ecclesiarum.* — *Consultatio de causa matrimoniali.* — *Dialogus.* — *Tractatus de electione Caroli IV.* — *Breviloquium de principatu tyrannico.* — *Tractatus de imperatorum et pontificum potestate.*

Houve discussões acerca da autenticidade de várias obras atribuídas a Ockham. Seguimos Boehner indicando que as obras seguintes não se devem ao filósofo: *Centiloquium* (ed. 1495, ed. crítica por Ph. Boehner em *Franciscan Studies*, I [1941], i, 58-72; ii, 35-54; iii, 62-70; 2 [1942], 49-60, 146-157, 251-301). — *Tractatus de principiis theologiae* (ed. por L. Baudry, 1936, em *Études de philosophie médiévale*, 23). — *Tractatus de successivis* (ed. Ph. Boehner, 1944). — *De puncto, De negatione* (não-impressa). — *De relatione* (ed. G. Mohan, em *Franciscan Studies*, II [1951], 273-303).

A edição de *Opera plurima* em 4 vols., Lyon, 1494-1496 (I: *Dialogus;* II: *Compendium. Opus Littere. Decisiones;* III: *In Sententiarum I;* IV: *In Sententiarum II-IV. Centiloquium. Tabule*) foi reimp. em 1963.

Está sendo preparada uma ed. de obras completas (*Opera omnia philosophica et theologica*) aos cuidados de E. M. Buytaert, G. Mohan, E. A. Moody et al. (Louvain). A ed. constará de 25 vols. O vol. I, ed. E. A. Moody, foi publicado em 1961. — Outra ed. crítica de obras, *Opera philosophica et theologica ad fidem codicum manuscriptorum edita* (St. Bonaventure University, Nova York), 17 vols. (vols. I-VII, *Opera Philosophica*, 1974-1988; vols I-X, *Opera Theologica*, 1967-1986). — R. Imbach, *Texte zur Theorie der Erkenntnis und der Wissenschaft*, 1984. — P. Boehner, ed. e trad., *Philosophical Writings. A Selection: William of Ockham*, 1990.

Ed. de *Opera politica*, por R. F. Bennet e H. S. Offler, 3 vols., 1940-1946.

Em português: *Brevilóquio sobre o principado tirânico*, 1988. — *Lógica dos termos*, 1999. — *Obras políticas*, 1999.

Dicionário: Léon Baudry, *Lexique philosophique de Guillaume d'O. Étude des notions fondamentales*, 1958.

Sobre G. de O., ver, além das histórias citadas na bibliografia dos verbetes ESCOLÁSTICA e FILOSOFIA MEDIEVAL, especialmente as que se referem ao período pós-scotista: Giulio Canella, *Il nominalismo e Guglielmo d'Occam*, 1908. — F. Bruckmüller, *Die Gotteslehre Wilhelms von Ockam*, 1911 (tese). — J. Hofer, *Biographische Studien über Wilhelms von Ockam*, 1913. — L. Kugler, *Der Begriff der Erkenntnis bei Wilhelm von Ockam*, 1913 (tese). — E. Hochstetter, *Studien zur Metaphysik und Erkenntnislehre Wilhelms von Ockam*, 1927. — N. Abbagnano, *Guglielmo di Ockam*, 1931. — Paul Vignaux, verbete "Occam" no *Dictionnaire de Théologie Catholique*, de Vacant-Mangenot-Amann, t. XI, Pt. 1 (1931), cols. 748-784. — Ernest A. Moody, *The Logic of William of Ockam*, 1935. — S. U. Zuidema, *De Philosophie van Occam in zijn Commentar op de Sententien*, 2 vols., 1936. — G. Martin, *W. v. Ockham. Untersuchungen zur Ontologie der Ordnungen*, 1938; nova ed., 1949. — Carlo Giacon, *Guglielmo di Occam. Saggio storico-critico sulla formazione e sulla decadenza della scolastica*, 2 vols., 1941. — G. de Lagarde, *La naissance de l'esprit laic au déclin du moyen âge: L'individualisme ockhamiste*, 1942-1962; 2ª ed., IV-V: *G. d'Ockham*, 1962-1963. — Robert Guelluy, *Philosophie et Théologie chez G. d'Ocam*, 1947. — P. Vignaux, *Nominalisme au XIVe siècle*, 1948. — Léon Baudry, *G. d'Occam. Sa vie, ses oeuvres, ses idées sociales et politiques*, 1949. — O. Fuchs, *The Psychology of Habit According to W. O.*, 1952. — M. C. Menges, *The Concept of Univocity Regarding the Predication of God and Creature According to W. O.*, 1952. — D. Webering, *Theory of Demonstration According to W. O.*, 1953. — G. Vasoli, *Guglielmo d'O.*, 1953. — H. Shapiro, *Motion, Time, and Place According to W. O.*, 1957. — Sergio Rábade Romeo, *G. de O. y la filosofía del siglo XIV*, 1966. — Teodoro de Andrés, *El nominalismo de G. de O. como filosofía del lenguage*, 1969. — Jürgen Miethke, *Okhams Weg zur Sozialphilosophie*, 1969. — Alessandro Ghisalberti, *G. di O.*, 1972. — Gordon Leff, *W. of O.: The Metamorphosis of Scholastic Discourse*, 1975. — A. Goddu, *The Physics of W. of O.*, 1984. — M. M. Adams, *William Ockham*, 2 vols., 1987. — L. Freppert, *The Basis of Morality According to William Ockham*, 1988. — K. H. Tachau, *Vision and Certitude in the Age of Ockham. Optics, Epistemology, and the Foundations of Semantics 1250-1345*, 1988. — W. Vossenkuhl, R. Schönberger, eds., *Die Gegenwart O.s*, 1990. — F. J. Fortuny, *De Lucreci a Ockham: Perspectives de l'Edat Mitjana*, 1992. ℂ

GUILHERME DE SAINT-THIERRY (*ca.* 1085-1148). Nascido em Liège, foi abade beneditino de Saint-Thierry, em Reims (1119-1135), ingressando depois na Ordem Cisterciense (abadia de Signy [Reims]). Adversário, como São Bernardo, das tendências "dialéticas"

e "racionalistas" de Abelardo, Guilherme de Saint-Thierry combateu o amor profano, tal como expresso no *Ars* de Ovídio, em nome do amor divino, próprio do cristianismo. Segundo Saint-Thierry, que declara seguir nisto Santo Agostinho, Deus imprimiu na alma do homem o amor por Ele. O homem encontra esse amor "depositado" no âmago profundo da memória, origem da razão e, claro, da vontade. Memória, razão e vontade expressam no homem a Trindade divina. Como conseqüência do pecado, o homem esquece seu tesouro interior, mas mediante a graça o recupera, fazendo a alma assemelhar-se a Deus, coisa na qual consiste o verdadeiro conhecimento de Deus.

⇨ Entre as obras de Guilherme de Saint-Thierry destacam-se a *Epistola ad Fratres de Monte Dei* (às vezes chamada de *Epistola aurea*); *De contemplando Deo*; *De natura et dignitate amoris*; *Meditativae orationes*; *De natura corporis et animae*; *Disputatio adversum Abaelardum*. — Obras em Migne, *PL*, CLXXXIV e CLXXX. Das edições críticas destacamos: *Deus traités sur la foi. Le miroir de la foi. L'énigme de la foi*, texto, trad. e introd. de M.-M. Davy, 1959. — *La contemplation de Dieu. L'Oraison de Dom Guillaume*, texto, trad. e introd. de Dom Jacques Hourlier, 1959. — *Un traité de la vie solitaire. Epistola ad Fratres de Monte Dei de G. de S.-Th.*, texto, trad. e notas de M.-M. Davy, 2 vols., 1940.

Bibliografia: P. Verdeyen, B. Pennington, "Bibliographie de Guillaume de Saint-Thierry depuis 1900", em *Saint-Thierry*, 1979, pp. 443-454. A bibliografia é dividida em: 1, introduções e biografias; 2, obras de S.-Th. por ordem cronológica; 3, publicações sobre obras particulares; 4, publicações sobre a doutrina; 5, fontes de S.-Th.; 6, influência na posteridade.

Ver: A. Adam, *G. de S.-Th., sa vie et ses oeuvres*, 1923. — J. M. Déchanet, *G. de S.-Th. L'Homme et son oeuvre*, 1942. — É. Gilson, "Notes sur G. de S.-Th.", em *La théologie mystique de Saint Bernard*, 1934, pp. 216-232; 2ª ed., 1947. — M.-M. Davy, *Théologie et mystique de G. de S.-Th. I: La connaissance de Dieu*, 1954. — B. Mc Ginn, *Three Treatises on Man: A Cistercian Anthropology*, 1977, introd., pp. 1-93. ⊂

GUILHERME DE SHYRESWOOD ou de Sherwood, William of Shyreswood († 1249). Estudou em Oxford e deu aulas em Paris, onde teve Pedro Hispano como discípulo. Mais tarde foi chanceler de Robert Grosseteste em Lincoln. Guilherme de Shyreswood foi um dos filósofos medievais que mais contribuíram para o desenvolvimento da lógica formal e especialmente para o que Boehner chamou de "novos elementos da lógica escolástica". Suas *Introductiones in logicam* estudam as proposições, os predicáveis, os silogismos, as fontes dialéticas, as propriedades dos termos, os sofismas e os termos sincategoremáticos. Especialmente importantes são as passagens dedicadas ao exame dos termos sincategoremáticos e das propriedades dos termos. Entre estas últimas — significação, suposição, copulação e apelação — merece especial menção a suposição; Guilherme de Shyreswood foi, ao que parece, um dos primeiros, se não o primeiro, a desenvolver a teoria da suposição formal.

⇨ Obras: M. Grabmann, "Die Introductiones in logicam des Wilhelm von Shyreswood († nach 1267)", *Sitzungsberichte der Bayerischen Akademie der Wissenschaften*, Phil. hist. Abt., Heft 10, 1937. — *Introduction to Logic*, trad. inglesa, introdução (pp. 3-20) e notas de N. Kretzmann, 1966. — J. Malcolm, "On Grabmann's Text of William of Sherwood", *Vivarium*, 9 (1971), 108-118, oferece cerca de trezentas correções, muitas delas irrelevantes, à edição de Grabmann; as importantes se relacionam com a edição de Kretzmann. — *Treatise on Syncategorematic Words*, trad. inglesa, introdução (pp. 3-9) e notas de N. Kretzmann, 1968.

Ver: C. Prantl, III, 10-24, e, sobretudo: R. O'Donnell, "The Syncategoremata of William of Sherwood", *Mediaeval Studies*, 3 (1941), 46-93. — Ph. Boehner, *Mediaeval Logic*, 1952. — M. J. Sirridge, "William of Sherwood on Propositions and their Parts", *Notre Dame Journal of Formal Logic*, 15 (1974), 462-464. — K. Jacobi, *Die Modalbegriffe in den logischen Schriften des W. v. S. und in anderen Kompendien des 12. und 13. Jh.*, 1980. ⊂

GUILHERME HEYTESBURY. Ver HEYTESBURY, GUILHERME.

GUIZOT, FRANÇOIS. Ver TOLERÂNCIA.

GUNDISALVO, DOMINGO. Ver DOMINGO GUNDISALVO.

GURVITCH, GEORGES [GEORGII DAVIDOVITCH] (1894-1965). Nascido em Novorossisk (Rússia), foi professor de sociologia em Burden, Estrasburgo, Columbia University (Nova York) e na Sorbonne (a partir de 1948). De início foi influenciado pelo pensamento idealista alemão, especialmente o de Fichte. Depois orientou-se para a fenomenologia. Por fim, situou-se cada vez mais profundamente na tradição do pensamento filosófico e sociológico francês, podendo ser hoje considerado um importante crítico e ao mesmo tempo sucessor de Durkheim.

Característica do pensamento sociológico de Gurvitch é a idéia de que é impossível compreender os fenômenos sociais mediante uma só e única série de conceitos, mesmo quando esses conceitos descrevem o caráter pretensamente antinômico do real. Nem o monismo nem o dualismo antinômico são, portanto, suficientes para apreender uma realidade à qual somente um pensamento pluralista pode fazer justiça. Pluralismo e descontinuísmo, porém, são apenas dois marcos conceituais muito gerais no pensamento de Gurvitch; em seu interior deve-se colocar um método específico — ou, melhor, uma série de métodos específicos — que consiste na multiplicação de perspectivas sem as quais o trabalho sociológico corre o risco de se automatizar. Daí a insistência de Gurvitch em não fazer da sociologia um saber de certas legalidades contínuas diante do descontinuísmo da história: a realidade social é, em seu entender, tão descontínua quanto a histórica, ou mais que ela. Daí também o esforço para salientar que não há somente um jogo entre o individual e o social — cada um deles possuidor de certas características fixas —, mas uma interação múltipla e variável entre o individual, o social e o interindividual na medida em que, além disso, cada um se dá uma multiplicidade de condições não específicas. Os objetos estudados pelo sociólogo — os atos em seu devir constante — estão sempre, portanto, em situações determinadas e condicionais; oferecem níveis múltiplos e cambiantes; mostram sem cessar interferências e intercâmbios. Há não uma, mas múltiplas formas de liberdade, de desenvolvimento temporal, de ritmo etc. Somente assim poderão ser superadas, segundo Gurvitch, tanto as falsas oposições de muitas doutrinas sociológicas — e mesmo filosóficas — do passado como o falso universalismo que tolhe a realidade social, individual e interindividual.

↪ Obras: *Fichtes System der konkreten Ethik*, 1924 (*O sistema fichtiano da ética concreta*). — *Les tendances actuelles de la philosophie allemande*, 1930. — *Le temps présent et l'idée de droit social*, 1932. — *L'expérience juridique et la philosophie pluraliste du droit*, 1935. — *Morale théorique et science des moeurs, leurs possibilités, leurs conditions*, 1937; 2ª ed., 1948; 3ª ed., 1961. — *Essai d'une classification pluraliste des formes de la sociabilité*, 1938 [Annales sociologiques, A. 3. I]. — *Essais de sociologie. Les formes de la sociabilité. Le problème de la conscience collective. La magie et le droit. La morale de Durkheim*, 1939. — *Eléments de sociologie juridique*, 1940. — *Sociology of Law*, 1941. — *La déclaration des droits sociaux*, 1944; 2ª ed., 1946. — *La vocation actuelle de la sociologie*: I. *Vers la sociologie différentielle*, 1950; 3ª ed., aum., 1963; 4ª ed., 1968; II. *Antécédents et perspectives*, 1950; 3ª ed., 1969. — *Le concept des classes sociales de Marx à nos jours*, 1954. — *Déterminismes sociaux et liberté humaine. Vers l'étude sociologique des cheminements de la liberté*, 1955; 2ª ed., 1963. — *Dialectique et sociologie*, 1962. — *Proudhon, sa vie, son oeuvre avec un exposé de sa philosophie*, 1965. — *Les cadres sociaux de la connaissance*, 1966. — *Études sur les classes sociales*, 1966.

Em potuguês: *Proudhon*, 1983. — *Dialética e sociologia*, 1987.

Depoimento: G. Deledalle, D. Huisman, eds., *Les philosophes français d'aujourd'hui par eux-mêmes*, 1963, pp. 100-116.

Ver: A. Toulemont, *Sociologie et pluralisme dialectique. Introduction à l'oeuvre de G. Gurvitch*, 1955. — Jean Duvignaud, *G. G., symbolisme social et sociologie dynamique*, 1969 (textos, introd e bibliografia). — Georges Balandier, *G.*, 1972. — Aristide Tanzi, *Democrazia e sistema pluralista in G. G.*, 1974. — Ver também: L. Rodrígez-Arias Bustamante, "La teoría institucional del derecho", *Anales. Cátedra Francisco Suárez*, 17 (1972), 37-64. — K. Stoyanovitch, "Derecho-realidad y derecho-ideología", *ibid.*, 17 (1977), 217-245. — M. Francisco Pérez, "Libertad individual frente a determinación social", *Revista de Filosofía* (1990), 161-197. ↩

GURWITSCH, ARON (1901-1973). Nascido em Vilna, Lituânia, estudou em Danzig, Berlim, Frankfurt a.M. e Göttingen. Emigrado primeiro na França por causa da perseguição nazista contra os judeus, mudou-se em 1939 para os Estados Unidos, dando aulas na John Hopkins, de Baltimore, na Universidade de Brandeis e, a partir de 1948, na "New School for Social Research". Também foi professor visitante na Universidade de Puerto Rico.

Embora não diretamente discípulo de Husserl ou de filósofos de tendência fenomenológica — salvo de Moritz Geiger (VER) em Göttingen —, Gurwitsch foi um dos mais influentes fenomenólogos fora da Alemanha. Levou em conta, porém, muito mais o espírito que a letra da fenomenologia husserliana. A rigor, tomou uma considerável liberdade em sua escolha dos aspectos que considerou mais interessantes ou fecundos do pensamento de Husserl. Por um lado, admitiu os aspectos constitutivos da fenomenologia — sem necessariamente adotar posições idealistas —; por outro, opôs-se à insistência husserliana no ego, com a conseguinte "egologia" (VER). Junto a isso, combinou o método fenomenológico com idéias de James, com a *Gestaltpsychologie* de Koehler e Koffka e com o funcionalismo de Piaget, chegando a resultados similares aos obtidos, em outros terrenos, por Alfred Schutz (VER).

O mais importante trabalho de Gurwitsch é consagrado ao "campo da consciência". Como indicamos em CONSCIÊNCIA, Gurwitsch estudou detalhadamente o tema, o campo temático e a "margem", com especial atenção ao campo temático, pois nele, e possivelmente por ele, se dá o "fenômeno do contexto" (ver CONTEXTO). Gurwitsch passa da esfera psicológica para um ponto de vista fenomenológico; há afinidades, assim como divergências, entre essas duas esferas: a primeira auxilia a segunda, mas esta proporciona uma noção mais ampla de experiência e de contexto de experiência que permite explicar certos fenômenos da primeira. O exame fenomenológico do campo de consciência afeta dois aspectos da consciência: por um lado, o ato; por outro, o que se apresenta no ato. Nos processos de percepção, para Gurwitsch fundamentais, o exame do que é apresentado no ato equivale ao exame do noema perceptual. Gurwitsch introduz a noção de relevância (VER), também empregada por Alfred

Schutz. Por meio dela se explica a unidade temática do campo da consciência e as distintas co-presenças. Uma extensão e generalização da noção de contexto permite que o autor complete seu estudo psicológico e seu exame fenomenológico com uma análise ontológica na qual desempenham papel capital o conceito de existência e o de objeto existente. Embora se trate de uma teoria de estruturas de organização sem especificação de conteúdos, é suficiente para proporcionar um critério de existência. Segundo Gurwitsch, a existência se refere a uma "ordem de existência"; não se pode dizer que um objeto existe se não pertence a uma "ordem sistemática específica". Assim, por exemplo, a existência de uma coisa material implica existência "dentro de um sistema de relações espaciais e temporais", ligada a uma ordem de existência correspondente ao mundo perceptual (*The Field of Consciousness*, pp. 404-405).

➲ Obras: "Phänomenologie der Thematik und des reinen Ich", *Psychologische Forschung*, 12 (1929), 279-381 (tese) (*Fenomenologia da temática e do eu puro*). — *Théorie du champ de la conscience*, 1957 (trad. por Michel Butor do texto inglês original: *The Field of Consciousness*, 1964). — *Studies in Phenomenology and Psychology*, 1966 (trabalhos de 1929-1961, alguns deles traduzidos do francês e do alemão, incluindo a tese cit. supra). — *Phenomenology and the Theory of Science*, 1974 (artigos, 1937-1973, alguns trad. do francês), ed. Lester Embree. — *Leibniz. Philosophie des Panlogismus*, 1974. — *Die mitmenschlichen Begegnungen in der Milieuwelt*, 1976 (pesquisa de pós-doutorado, 1932), ed. Alexander Metraux (*Os encontros interpessoais no mundo ambiente*). — *Marginal Consciousness*, 1985, ed. L. Embree. — *Kants Theorie des Verstandes*, 1990, ed. Th. M. Seebohm.

Biografia: *A. Schütz — A. Gurwitsch. Briefwechsel 1939-1959* (correspondência), 1985, ed. R. Grathoff, com introd. de L. Landgrebe. — L. Landgrebe, "Reflections on the Schütz — Gurwitsch Correspondence", *Human Studies* (1991), 107-127. — L. Embree, "Two Husserlians Discuss Nazism: Letters between Dorion Cairns and Aron Gurwitsch in 1941", *Husserl Studies*, 8,2 (1991), 77-105. — Id., "The Legacy of Dorion Cairns and Aron Gurwitsch: A Letter to future historians", em *Analecta Husserliana*, ed. E. F. Kaelin, pp. 115-146.

Ver: W. Biemel, E. Paci *et al.*, *Life-World and Consciousness: Essays for A. G.*, 1972, ed. Lester Embree (com bibliografia de A. G., pp. 591-595). — U. Melle, *Das Wahrnehmungsproblem und seine Verwandlung in phänomenologischer Einstellung. Untersuchungen zu den phänomenologischen Wahrnehmungstheorien von Husserl, G. und Merleau-Ponty*, 1983. **C**

GUSDORF, GEORGES. Nascido (1912) em Bordeaux, professor de filosofia na Universidade de Estrasburgo de 1948 até sua aposentadoria em 1976, destacou-se por seus estudos de antropologia filosófica e filosofia das ciências sociais, assim como por seus trabalhos de história das ciências humanas. A antropologia filosófica de Gusdorf não é uma disciplina especulativa: é como que o lugar em que se centram as investigações e as reflexões procedentes das ciências empíricas e do conhecimento histórico. Este último é importante porque constitui o marco dentro do qual se compreendem as atividades humanas, que não são apenas atividades cognoscitivas. Gusdorf destaca a importância, assim como a interdependência, das diversas dimensões humanas: científica, política, social, artística etc.; mas o conhecimento do homem não é meramente a soma do conhecimento dessas dimensões. No homem fica sempre um remanescente constituído por suas possibilidades, que nunca são esgotadas porque não podem, por princípio, realizar-se totalmente. Cada situação, especialmente cada situação (ou época) histórica, tem sentido para todas as situações (ou épocas), mas é ela mesma fundamentalmente incompleta. Gusdorf parece pensar que no curso da história valores são realizados, não porque preexistam de antemão, mas porque vão sendo ao mesmo tempo descobertos e criados em um movimento incessante.

➲ Principais obras: *La découverte de soi*, 1948. — *L'expérience humaine du sacrifice*, 1948. — *Traité de l'existence morale*, 1949. — *Mémoire et personne*, 2 vols., 1950-1951. — *La parole*, 1952; 10ª ed., 1988. — *Mythe et métaphysique*, 1953; nova ed., 1963. — *Traité de métaphysique*, 1956. — *Science et foi au milieu du XXe siècle*, 1956. — *Introduction aux sciences humaines. Essai critique sur leurs origines et leur développement*, 1960; 2ª ed., 1976. — *Signification humaine de la liberté*, 1962. — *Dialogue avec le médecin*, 1962. — *Kierkegaard*, 1963. — *Pourquoi des professeurs?: Pour une pédagogie de la pédagogie*, 1963; reimp., 1966 e 1977. — *L'université en question*, 1964. — *Les sciences humaines et la pensée occidentale*, 13 vols. (I: *De l'histoire des sciences a l'histoire de la pensée*, 1966; II: *Les origines des sciences humaines*, 1967; III: *La révolution galiléenne*, 2 vols., 1969; IV: *Les principes de la pensée au siècle des Lumières*, 1971; V: *Dieu, la nature, l'homme au siècle des Lumières*, 1972; VI: *L'avènement des sciences humaines au siècle des Lumières*, 1973; VII: *Naissance de la conscience romantique au siècle des Lumières*, 1976; VIII: *La conscience révolutionnaire: les idéologues*, 1978; IX: *Fondements du savoir romantique*, 1982; X: *Du néant à Dieu dans le savoir romantique*, 1983; XI: *L'homme romantique*, 1984; XII: *Le savoir romantique de la nature*, 1985; XIII: *Les origines de l'herméneutique*, 1988. — *Les sciences de l'homme, sont-elles des sciences humaines?*, 1967. — *Les Révolutions de France et d'Amérique*, 1988.

Em português: *A palavra*, 1997. — *Professores para quê?*, 2ª ed., 1995. — *Revoluções da França e da América*, s.d.

Depoimento: G. Deledalle, D. Huisman, eds., *Les philosophes français d'aujourd'hui par eux-mêmes*, 1963, pp. 342-361 (bibliografia nas pp. 361-363). — *Les Écritures du Moi*, vol. 1, e *Auto-Biographie*, vol. 2, 1991.

Ver: C. Bernardi, "La persona umana come fondamento ontologico del linguaggio nel pensiero di G. G.", em *Il problema filosofico del linguaggio*, 1965, pp. 51-70. — A. De Cock, "Der Synthesegedanke bei G. G.", *Stud. Philos. Gand.* (1965), 5-53 — J. C. Sallis, "Phenomenology and Language", *Personalist*, 48 (1967), 490-508. — P. Claval, *Les mythes fondateurs des sciences sociales*, 1980.

GUTBERLET, KONSTANTIN (1837-1928). Nascido em Geismar (Turíngia), professor de filosofia e matemática no Seminário de Fulda e cônego da catedral de Fulda, foi um dos mais influentes neo-escolásticos alemães, seguindo, em muitos pontos, as orientações tomistas, mas separando-se delas em vários outros — quanto à distinção real entre essência e existência, por exemplo — para seguir as opiniões de Suárez. A adscrição ao neo-escolasticismo não significava, na opinião de Gutberlet, desatender as questões suscitadas pelas ciências naturais. Ao contrário, era preciso ver de que modo os métodos e os resultados dessas ciências estão de acordo com a tradição escolástica refundamentada e renovada. Gutberlet empregou o cálculo de probabilidades para mostrar que não há acaso na origem da ordem cósmica. Ocupou-se também do problema do infinito, tanto metafísico como matemático, inclinando-se em favor da possibilidade de conjuntos atuais infinitos — uma opinião que se aproximava da de Cantor, contra filósofos e matemáticos "anti-infinitistas" —, embora considerasse que somente Deus poderia conceber o infinito atual. Gutberlet também se dedicou à psicologia experimental, simpatizando com os trabalhos de psicofísica de Fechner, ainda que não tenha aprovado algumas de suas conclusões. Ao contrário de outros autores, que combateram a teoria da evolução darwiniana como contrária às concepções religiosas teístas, Gutberlet considerou que essa teoria continha muitos elementos que favoreciam tais concepções. Na teoria do conhecimento o autor tendeu ao realismo, rejeitando toda forma de kantismo, que considerou meramente subjetivista.

➔ Principais obras: *Das Unendliche, mathematisch und metaphysisch betrachtet*, 1878 (*O infinito, considerado matemática e metafisicamente*). — *Lehrbuch der Philosophie*, 6 vols., 1878-1884; 4ª ed., 1904-1913 (*Manual de filosofia*). Este "manual" inclui: *Die Theodizee* (primeira edição, 1878), *Die Psychologie* (id., 1881), *Logik und Erkenntnistheorie* (id., 1881), *Ethik und Naturphilosophie* (id., 1883), *Naturalphilosophie* (id., 1885). — *Das Gesetz von der Erhaltung der Kraft und seine Beziehung zur Metaphysik*, 1885 (*A lei da conservação da energia e sua relação com a metafísica*). — *Lehrbuch der Apologetik*, 3 vols., 1888-1894; 3ª ed., 1910-1914 (*Manual de apologética*). — *Ethik und Religion*, 1893. — *Der mechanische Monismus*, 1893. — *Die Willensfreiheit und ihre Gegner*, 1893; 2ª ed., 1904 (*A liberdade da vontade e seus inimigos*). — *Der Mensch, sein Ursprung und seine Entwicklung. Eine Kritik der mechanistisch-monistischen Anthropologie*, 1896; 3ª ed., 1911 (*O homem, sua origem e desenvolvimento. Crítica da antropologia mecânico-monista*). — *Der Kampf um die Seele*, 1899; 2ª ed., 2 vols., 1903 (*A luta pela alma*). — *Der Cosmos, sein Ursprung und seine Entwicklung*, 1908 (*O cosmo. Sua origem e desenvolvimento*). — *Psychophysik. Historische-kritische Studien über experimentelle Psychologie*, 1905 (*Psicofísica. Estudos histórico-críticos sobre a psicologia experimental*). — *Experimentelle Psychologie, mit besonderer Berücksichtigung der Pädagogik*, 1915 (*Psicologia experimental, com especial consideração da pedagogia*).

Biografia: K. G. *Eine Lebenskizze zu seinem goldenen Priesterjubiläum*, 1911; 2ª ed., 1930, ed. K. A. Leimbach. — R. Schmidt (ed.), *Die Philosophie der Gegenwart in Selbstdarstellungen*, IV (1923), pp. 47-74.

G. fundou em 1888 o *Philosophisches Jahrbuch der Görres-Gesellschaft*, que dirigiu até 1925. ⊂

GUTKE, GEORG (1589-1634) foi um dos escolásticos luteranos dentro do que Peter Petersen chamou de "a filosofia aristotélica na Alemanha protestante". Em uma época na qual abundaram novos termos para designar novas – ou supostamente novas – disciplinas filosóficas, Gutke propôs o termo noologia (VER) para designar a parte da metafísica que estuda o conhecimento (*nous*), isto é, a investigação dos princípios primeiros do conhecimento. Gutke tratou de estabelecer quais formas tem a atividade da mente ao conhecer, aduzindo, para esse efeito, tanto "dados psicológicos" como leis lógicas. A noologia se distingue da metafísica e se aproxima do que na época foi tratado com o nome de "ontologia". Lewis White Beck (*Early German Philosophy: Kant and His Predecessors*, 1969, p. 129) assinala que a noologia de Gutke "tinha de ser a rainha das ciências, mas era, na verdade, uma ontologia acrítica formulada em uma linguagem vagamente epistemológica". Por isso, Gutke não pode ser considerado — como o fizeram alguns autores alemães — um dos predecessores de Kant.

➔ Sua principal obra é *Habitus primorum principiorum seu intelligentia*, 1625. ⊂

GUY TERRENA, Guiu Terré, Guido Terreni († 1342). Nascido em Perpignan, chamado de *doctor breviloquus*, ingressou na Ordem dos Carmelitas, da qual foi nomeado Geral em 1318. Também foi mestre de teologia e bispo de Mallorca e, a partir de 1332, de Elna. Discípulo de Godofredo de Fontaines, Guy Terrena baseou-se nas doutrinas de seu mestre, mas modificou-as em numerosos pontos. Sua mais importante contribuição consiste na posição adotada na disputa dos universais. Segundo

Guy, a natureza comum não tem realidade, ao menos realidade própria, de modo que a significação do nome de tal natureza, ao ser aplicado a um indivíduo, depende desse indivíduo. Cada indivíduo possui sua natureza própria ou, melhor, sua conceitualização própria. Isso, porém, não significa que o nome comum seja inteiramente convencional. Adotando uma posição que prenunciava curiosamente algumas das mais recentemente adotadas a respeito da questão dos universais (VER), Guy indica que há entre as coisas relações reais — portanto, que as semelhanças que encontramos fundam-se nos indivíduos e são dadas por meio das sensações. Essa posição foi considerada seminominalista e, em todo caso, próxima de algumas das manifestações do ockhamismo.

↪ Guy Terrena escreveu vários comentários a Aristóteles (à *Física*, à *Metafísica*, ao *De anima*, à *Ética* e à *Política*) e às *Sentenças*, assim como algumas *Quaestiones disputatae* e *ordinariae*. B. M. Xiberta Roqueta editou a *Quaestio de magisterio infalibili Romani Pontificis* em *Opusc. et textus historiae Ecc. eiusque vitam atque doctrinam illustrantia*, series schol. et myst. fasc. II, 1926, e apresentou o índice de várias *Quaestiones disputatae* e *ordinariae* em *An. Ord. Carm.* V (1924).

O mesmo autor dedicou vários trabalhos ao filósofo; destacamos "La metafísica i la psicologia del Mestre Guiu de Terrena", *Anuari de la Societat Catalana de Filosofia*, 1924; *De Magistro Guidone Terreni*, 1924; *Guiu de Terrena, carmelita de Perpinyà*, 1932. — Ver, além disso: P. Fournier, "Gui Terré (Guido Terreni), théologien", *Histoire littéraire de la France*, 36 (1917), 432-473. — J. J. E. García, "Tres *quaestiones* de G. T. sobre los transcendentales", *Analecta Sacra Tarraconensia*, 45 (1972), 87-130. — Id., "G. T. y la unidad real del universal: *Quodlibeto* IV, q. 2", *Diálogos*, 9 (1973), 117-131. — Id., "The Convertibility of 'unum' and 'ens' according to Guido Terrena", *Franciscan Studies*, 33 (1973), 143-170. ↪

GUYAU, JEAN-MARIE (1854-1888). Nascido em Laval (Mayenne, França). Analogamente a Nietzsche, propôs uma superação da moral comum por meio de uma consideração do papel que desempenham na ação moral a vida espontânea e a motivação inconsciente. A crítica da moral tradicional resulta imediatamente da acentuação desses fatores, que são os fatores essenciais da vida humana e os que tornam possível toda ação. A vida espontânea é superior à estreita valoração da moral reflexiva; tem um valor superior que não é incompatível com o juízo moral a não ser quando este se propõe ignorar cegamente a fonte da qual procede. Por isso Guyau se propõe, como declara o título de sua principal obra, esboçar "uma moral sem obrigação nem sanção", na qual se busca "o que seria e até onde poderia ir uma moral na qual não interviesse nenhum preconceito, na qual tudo fosse arrazoado e apreciado em seu verdadeiro valor, quer se trate de certezas ou de opiniões e hipóteses simplesmente prováveis" (*Esquisse*. Préface). Daí a crítica das tendências morais do utilitarismo, que coincidem, segundo Guyau, com a moral tradicional por se quererem também imperativas e em muitos casos não saberem prescindir das idéias de sanção e obrigação. A única coisa que pode resolver as antinomias da razão prática é "a vida mais intensiva e mais extensiva possível sob uma relação física e mental", vida que possui suas próprias antinomias, mas que as resolve na medida em que a vida mais completa pode regular a menos completa. Por isso o "Devo; portanto posso" deve ser substituído pelo mais autêntico "Posso; portanto devo". As reflexões de Guyau sobre a moral estão intimamente relacionadas com sua filosofia da arte e da religião: na primeira trata-se de considerar a arte "do ponto de vista sociológico", fazendo dela um elemento dependente da vitalidade social; na segunda, trata-se de buscar o conteúdo do valor e do sentimento religiosos em uma concepção oposta a todo dogma positivo, em uma futura irreligião que considerará o supremo valor da vida espontânea como o objeto religioso por excelência. Ou, como diz literalmente Guyau buscando o fundamento comum de suas indagações: "é na própria idéia de vida e de suas diversas manifestações individuais ou sociais que buscamos a unidade da estética, da moral e da religião" (*L'irréligion de l'avenir*, Int., III).

↪ Obras: *La morale d'Épicure et ses rapports avec les morales contemporaines*, 1878. — *La morale anglaise contemporaine*, 1879. — *Vers d'un philosophe*, 1881. — *Les problèmes de l'esthétique contemporaine*, 1884. — *Esquisse d'une morale sans obligation ni sanction*, 1885. — *L'irréligion de l'avenir*, 1887. — *L'art au point de vue sociologique*, 1889. — *Education et hérédité*, 1889. — *La génèse de l'idée de temps*, 1890.

Ver: A. Fouillée, *La morale, l'art et la religion d'après Guyau*, 1889; 4ª ed., 1901. — E. Carlebach, *Guyaus metaphysische Anschauungen*, 1896. — Willenbücher, *Guyaus soziologische Aesthetik* I, 1900. — G. Aslan, *La morale selon Guyau et ses rapports avec les conceptions actuelles de la morale scientifique*, 1906. — Annibale Pastore, *G. M. Guyau e la genesi dell'idea di tempo*, 1907. — E. Schwarz, *Guyaus Moral*, 1909. — Spasakowski, *Les bases du système de la philosophie morale de Guyau*, 1910. — E. Bergmann, *Die Philosophie Guyaus*, 1912. — H. Pfeil, *J.-M. G. und die Philosophie des Lebens*, 1928. — A. Tisbe, *L'arte, la morale, la religione in J.-M. Guyau*, 1938. — F. J. W. Harding, *J.-M. G. (1854-1888), Aesthetician and Sociologist: A Study of His Aesthetic Theory and Critical Practice*, 1973. — R. Comoth, "Note sur deux philosophies de la vitalité: J.-M. Guyau — B. Croce", *Rivista di Studi Crociani*, 15 (1978), 157-161. — I. C. Ivanciu, "Le devoir moral et le principe de l'action dans la conception de J.-M. Guyau", *Philosophie et Logique*, 24 (1980), 411-420. ↪

GUZZO, AUGUSTO (1894-1986). Nascido em Nápoles, foi professor em Pisa (1932-1939) e, a partir de 1939, em Turim. A partir de 1945 foi um dos principais fomentadores do Movimento de Gallarate (ver GALLARATE). Seus primeiros trabalhos foram principalmente de índole histórica — história da filosofia e história religiosa. Influenciado pelo idealismo realista de raiz agostiniana, Guzzo consagrou-se cada vez mais à fundamentação e ao desenvolvimento de um sistema de filosofia especulativa. Um tema capital nesse sistema é a articulação do eu pensante com a razão e com a realidade. Guzzo rejeita tanto o realismo epistemológico como o idealismo metafísico para defender uma doutrina da verdade como manifestação do juízo, mas somente na medida em que o juízo apreende algo real racionalmente. O conteúdo do conhecimento é o conceito, não como algo meramente pensado nem como algo simplesmente percebido, mas como uma interpretação pensante do dado. Desse modo, Guzzo combina elementos realistas e idealistas, sempre tentando estabelecer uma estreita união entre o real e o ideal.

⊃ Obras sistemáticas: *Verità e realtà. Apologia dell'idealismo*, 1925. — *Giudizio e azione*, 1928. — *Idealismo e cristianesimo*, 2 vols., 1936. — *Sic vos non vobis*, 2 vols., 1939-1940. — *Sguardi sulla filosofia contemporanea. Spunti e conttratachi*, 1940. — *La filosofia domani*, 1943 [estes dois últimos vols. reimp. em um tomo, 1963]. — *Germinale* [Discorsi 1938-1950], 1951. — *Il momento pascaliano della filosofia. Indicatori stradali*, 1954. — *La filosofia, concetto, struttura, caratteri*, 1961. — *Parva moralia*, 1961. — *Parva aesthetica*, 1962. — A obra sistemática mais importante de A. G. intitula-se *L'Uomo* e foi planejada para ser editada em 6 vols.: *I. L'io e la ragione*, 1947; II. *La moralità*, 1950, 2ª ed., 1967; III. *La scienza*, 1955; IV. *L'arte*, 1962; V. *La religione*, 1963; VI. *La filosofia*, 1961. Dez anos depois ele reflete sobre essa importante obra em: "Ripresentazione, difesa e interpretazione dell'opera 'L'uomo'", *Filosofia*, 24 (1973), 383-400, e 25 (1974), 15-36. — *Il tempo e i tempi*, 1971.

Obras histórico-filosóficas: *Il pensiero di Spinoza*, 1924. — *Kant precritico*, 1924. — *Agostino e il problema della grazia*, 1930; 2ª ed.: *Agostino contro Pelagio*, 1934 [os trabalhos de G. sobre Santo Agostinho, o pelagianismo e outros sobre Santo Tomás foram reunidos no volume: *Agostino e Tommaso*, 1958]. — *I dialoghi del Bruno*, 1932; nova ed.: *G. Bruno*, 1960. — *Idealisti ed empiristi*, 1935. — *Storia della filosofia e della civiltà per Saggi*, 12 vols., 1973-1976, 4 tríades de 3 vols. cada uma: 1ª tríade, 1973; 2ª tríade, 1974; 3ª tríade, 1975; 4ª tríade, 1976.

Crítica de arte: *Scritti critici e studi d'arte religiosa*, 1959.

G. publicou a revista *Filosofia* [Turim] a partir de 1950.

Auto-exposição: "Itinerario", *Filosofia*, 24 (1973), 13-34. — "La vicenda delle generazioni e la filosofia", *ibid.*, 30 (1979), 3-32. — G. Cavallo, "Testimonianze, II: Intervista televisiva di Letizia Alterocca con Augusto Guzzo e Giuliana Cavallo", *ibid.*, 33 (1982), 395-404.

Ver: A. Plebe *et al.*, *A. G.*, 1954; 2ª ed., 1964. — P. Ferrari, "A. G. e il pensiero metafisico: L'avvistamento e la distanza", *Rivista di Filosofia Neo-Scolastica*, 76 (1984), 385-408. — Id., "La filosofia della religione in A. G.: Tematica e metodo", *ibid.*, 78 (1986), 258-280. — Id., "A. G. e l'idealismo: originalità di una posizione", *Sapienza*, 41 (1988), 39-54. — L. Bottani, "L'oceano delle forme e l'interpretazione: elementi della teoria dell'arte di A. G.", *Filosofia*, 39 (1988), 155-165. ◒

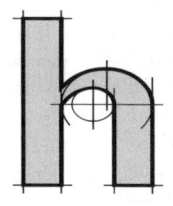

H. A letra maiúscula 'H' é freqüentemente usada para representar o termo médio no esquema de um juízo ou de uma proposição, como, por exemplo, em 'Nenhum H é G' e em 'Todos os H são F'. A letra 'H' tem, portanto, a mesma função que a letra 'M'. Para o uso de 'H' na lógica quantificacional, ver F.

HAACK, SUSAN. Ver Desvio, desviado.

HÄBERLIN, PAUL (1878-1960). Nascido em Kesswil (cantão de Thurgau, Suíça), professor a partir de 1914 em Berna e de 1922 a 1944 na Basiléia, consagrou grande parte de suas pesquisas a problemas psicológicos, especialmente caracterológicos, assim como a trabalhos de índole pedagógica. Esses trabalhos tiveram como pano de fundo ou, melhor, como pressuposto uma filosofia, e mesmo uma filosofia sistemática. Esta começa com uma distinção que na aparência é apenas metodológica, mas que afeta a própria natureza do real: a divisão das ciências em reais (como a psicologia) e simbólicas (como a física e, em geral, a "ciência natural desrealizada"). O acesso direto e "compreensivo" (ver Compreensivo) à realidade psíquica permite o deslindamento em relação ao que é meramente representável. O eu e sua autopercepção adquirem desse modo importância central do ponto de vista do próprio eixo da existência. Essa importância já se manifesta no lugar essencial ocupado pela caracterologia dentro do sistema dos saberes, assim como pela necessidade de retornar sempre ao autoconhecimento da existência. Isso não ocorre sem conflitos de certo modo insolúveis: o autoconhecer-se e a percepção do psíquico como real devem utilizar um sistema de formas que fazem da realidade algo objetivo e, portanto, algo representável. Assim, uma nova oposição dentro das próprias "ciências reais" parece se impor. O problemático do conhecimento e do real problematiza-se, pois, até aquele extremo em que toda proposição é contraditória consigo mesma. O único modo de vencer esse obstáculo consiste em compreender cada problema do ponto de vista dos modos de vida peculiares do sujeito que o experimenta. A própria existência torna-se, deste modo, o centro de toda possível compreensão, e isso de tal modo que somente na medida em que a existência experimente uma situação determinada — principalmente de caráter ético — ela poderá alcançar verdadeiramente um conhecimento. Essa existência não é, porém, uma individualidade irredutível, mas uma totalidade da qual os indivíduos são, no máximo, manifestações. Somente sobre esta base é possível, segundo Häberlin, edificar uma ontologia que tome como objeto exemplar o homem — enquanto realidade concreta máxima — e desça, por assim dizer, monadologicamente sobre o resto do real.

↪ Obras: *Über den Einfluss der spekulativen Gotteslehre auf die Religionslehre bei Schleiermacher*, 1903 (tese) [separata da *Schweizerische theologische Zeitschrift*, 20, pp. 1-24 e 65-99] (*Sobre a influência da teologia especulativa sobre a doutrina da religião em S.*). — *Herbert Spencer "Grundlagen der Philosophie"*, 1908 (escrito para obter a *venia legendi*). — *Wissenschaft und Philosophie. Ihr Wesen und ihr Verhältnis*, 2 vols., 1910-1912 (*Ciência e filosofia. Sua natureza e sua relação*). — *Die Grundfrage der Philosophie*, 1914 (aula inaugural na Universidade de Berna) (*A questão fundamental da filosofia*). — *Wege und Irrwege der Erziehung. Grundzüge einer allgemeinen Erziehungslehre*, 1918; 3ª ed., 1931 (*Caminhos e descaminhos da educação. Traços fundamentais de uma teoria geral da educação*). — *Der Gegenstand der Psychologie. Eine Einführung in das Wesen der empirischen Wissenschaft*, 1921 (*O objeto da psicologia. Introdução à essência da ciência empírica*). — *Der Leib und die Seele*, 1923 (*O corpo e a alma*). — *Der Geist und der Triebe. Eine Elementarpsychologie*, 1924 (*O espírito e os impulsos. Psicologia básica*). — *Der Charakter*, 1925. — *Das Gute*, 1926 (*O bem*). — *Das Geheimnis der Wirklichkeit*, 1927 (*O mistério da realidade*). — *Die Suggestion*, 1927 [Beiträge zur speziellen Psychologie, 1]. — *Allgemeine Ästhetik*, 1929. — *Das Wunderbare. Zwölf Betrachtungen über die Religion*, 1930; 5ª ed., 1941 (*O maravilhoso. Doze considerações sobre a religião*). — *Philosophie als Abenteuer des Geistes*, 1930 (*A filosofia como aventura do espírito*). — *Das Wesen der Philoso-*

phie. Eine Einführung, 1934 (*A essência da filosofia. Uma introdução*). — *Wider den Ungeist. Eine ethische Orientierung*, 1935; 2ª ed., 1946 (*Contra a ausência de espírito. Orientação ética*). — *Möglichkeit und Grenzen der Erziehung. Eine Darstellung der pädagogischen Situation*, 1936; 3ª ed., 1950 (*Possibilidade e limites da educação. Exposição da situação pedagógica*). — *Minderwertigkeitsgefühle. Wesen, Entstehung, Verhütung, Überwindung*, 1936; 8ª ed., 1959 (*Os sentimentos de inferioridade. Natureza, origem, prevenção, superação*). — *Leitfaden der Psychologie*, 1937; 3ª ed., 1949 [Schweizerische pädagogische Schriften, 6] (*Tratado de psicologia*). — *Naturphilosophische Betrachtungen*, 2 vols., 1939-1940 [I. *Einheit und Vielheit*; II. *Sein und Werden*] (*Considerações de filosofia da natureza* [I. *Unidade e pluralidade*; II. *Ser e devir*]). — *Der Mensch. Eine philosophische Anthropologie*, 1941; 2ª ed., 1950 (*O homem. Antropologia filosófica*). — *Ethik im Grundriss*, 1946 (*Compêndio de ética*). — *Logik im Grundriss*, 1946 (*Compêndio de lógica*). — *Kleine Schriften*, 1948 [de 1900 a 1947] (*Escritos breves*). — *Handbuchlein der Philosophie*, 1949; 2ª ed., 1950 (*Manualzinho de filosofia*). — *Philosophia perennis*, 1952 [Coletânea de escritos]. — *Allgemeine Pädagogik in Kürze*, 1953 (*Breviário de pedagogia geral*). — *Das Evangelium und die Theologie*, 1956. — *Leben und Lebensform. Prolegomena zu einer universalen Biologie*, 1957 (*Vida e forma de vida. Prolegômenos a uma biologia universal*). — *Vom Menschen und seiner Bestimmung. Zeitgemässe Betrachtungen*, 1959 [de uma série de conferências radiofônicas, 1958-1959] (*Do homem e de seu destino. Considerações oportunas*). — *Das Böse. Ursprung und Bedeutung*, 1960 (*O mal. Origem e significação*).

Além disso, numerosos artigos para o *Lexicon der Pädagogik*, 2 vols., 1950-1951.

Autobiografia: *Statt einer Autobiographie*, 1959.

Bibliografia de P. H. por Peter Kamm em *Zeitschrift für philosophische Forschung*, 16 (1962), 417-428.

Ver: Rudolf Priss, *Darstellung und Wurdigung der philosophischen, psychologischen und pädagogischen Hauptprobleme Paul Häberlins*, 1932. — Peter Kamm, *Philosophie und Pädagogik Paul Häberlins in ihren Wandlungen*, 1938 (tese). — Xaver Wyder, *Die Schau des Menschen bei P. H. Die philosophischen Ansatzpunkte seiner Pädagogik*, 1955 (tese). — H. Neubauer, *Der philosophische Charakter der Pädagogik bei P. H.*, 1971. — P. Kamm, *P. H., sein Leben und Werk*, 2 vols., I, 1977; II, 1981. **G**

HABERMAS, JÜRGEN. Nascido (1929) em Düsseldorf, "habilitou-se" em 1961 em Marburgo. De 1955 a 1959 foi assistente e colaborador de Adorno (VER) no Institut für Sozialforschung, de Frankfurt. De 1961 a 1964 deu aulas de filosofia na Universidade de Heidelberg — onde Georg Gadamer (VER) também ensinava — e em 1964 foi nomeado professor titular de sociologia e filosofia na Universidade de Frankfurt. De 1971 a 1980 foi diretor do Max-Planck-Institut de Starnberg para a "pesquisa das condições de vida do mundo técnico-científico" (*Erforschung der Lebensbedingungen der wissenschaftlich-technischen Welt*). De 1980 a 1981 foi Diretor no Max-Planck-Institut de Starnberg para as ciências sociais. Em 1983 retornou a Frankfurt como professor de filosofia.

Tanto por sua colaboração no Institut für Sozialforschung como pelo tipo de análise filosófica, filosófico-histórica e filosófico-sociológica revelada em seus trabalhos, Habermas é considerado um dos "membros" da Escola de Frankfurt (ver FRANKFURT [ESCOLA DE]); geralmente, membro da "segunda geração" dessa escola. Por outro lado, seu interesse pelo conhecimento dos trabalhos realizados dentro das orientações que ele mesmo chamou de "científico-analíticas" e seus estudos sobre a corrente hermenêutica (VER) fizeram que não fosse considerado um frankfurtiano de estrita observância (no caso de haver "estrita observância" naquela "escola"). Às vezes é visto como um último elo na Escola de Frankfurt e como um filósofo que, embora partindo da atmosfera criada pelos frankfurtianos, empreende um giro radical na direção de outras maneiras de pensar. Isso não o torna menos crítico com relação às orientações positivistas e naturalistas do que os frankfurtianos da geração anterior, mas, enquanto estes últimos simplesmente criticavam essas tendências, juntamente com a prática de pesquisa (*Erforschungs-Praxis*) ligada a elas, Habermas critica não tanto a prática como a consciência delas. O que se deve rejeitar é o autoconhecimento das ciências sociais por parte da teoria analítica da ciência, isto é, a interpretação que essa teoria tem de si mesma. Tudo isso fez que Habermas fosse visto como muito afastado do marxismo, inclusive na forma "neomarxista" crítica adotada por alguns frankfurtianos. Contudo, embora seja uma simplificação adscrever Habermas ao marxismo, ou mesmo ao "neomarxismo", também seria errôneo considerá-lo como totalmente desligado da problemática iniciada, e desenvolvida, por Marx, em particular pelo Marx crítico. Habermas certamente rejeita o materialismo dialético, assim como as formas naturalistas e, em última análise, positivistas que julga terem freqüentemente adotado autores que se declaram marxistas, mas reconhece na crítica desenvolvida por Marx sob a forma de uma teoria da sociedade — assim como em Freud na crítica desenvolvida na forma de metapsicologia — um passo importante na direção do conhecimento pela via da emancipação (VER).

Embora o pensamento de Habermas siga uma linha complexa, há nele algo que parece constante: sua intenção de pôr em marcha uma crítica social que tenha como norte uma teoria da sociedade na qual a teoria e a prática caiam sob uma forma de racionalidade capaz de oferecer ao mesmo tempo explicações e justificações (um tipo de racionalidade na qual a consciência da explicação seja ao mesmo tempo a justificação da explicação). A mais conhecida contribuição filosófica de Habermas, ou ao menos a mais freqüentemente tratada, é a que se centra na noção de interesse (VER). Como vimos no verbete referente a esta noção, Habermas quer evidenciar que o caráter interessado — melhor dizendo, "dirigido por interesses" — do conhecimento não tem por que fazer dele a expressão de uma ação inexplicável e irracional. Marx tendia a considerar tudo, inclusive o conhecimento, sob o aspecto da produção. Por isso o conhecimento está ligado às forças de produção e se converte em ideologia. Mas esse reducionismo da produção não só não é admissível como também é inadmissível a não-racionalidade dos interesses. Estes podem ser técnicos ou comunicativos, mas podem ainda ser emancipatórios. Longe de constituir um mero ideal ulteriormente racionalizável, a emancipação constitui o próprio desenvolvimento da razão, que se liberta dos irracionalismos, assim como dos pseudo-racionalismos (que são os racionalismos unilaterais). O interesse emancipador está ligado à auto-reflexão, que permite estabelecer modos de comunicação entre os homens tornando as interpretações racionais. A auto-reflexão individual vincula-se à educação social, e ambas são aspectos da emancipação social e humana. Habermas insiste em que as decisões (práticas) não são impulsos irracionais, como pensam os positivistas, com sua tendência a tecnificar a ciência e a separar a teoria da prática. No entanto, isso não leva Habermas a uma rejeição das ciências positivas; trata-se de indicar seu lugar dentro de vários níveis possíveis de racionalização. Assim, os esforços de Habermas dirigem-se a uma nova teoria da razão, que também inclua a prática, ou seja, uma teoria que seja ao mesmo tempo justificativa e explicativa.

O problema que guia Habermas é o de evitar a um só tempo o naturalismo — da maior parte dos positivistas e cientificistas e de não poucos marxistas — e o "transcendentalismo" — que se manifesta nas correntes idealistas e em parte das orientações hermenêuticas. A idéia de uma auto-reflexão da espécie humana sob a forma de uma história natural da espécie humana destina-se a evitar toda dicotomia entre o empírico e o transcendental. Isso equivale a afastar-se dos "perigos" de uma orientação supostamente concreta e de uma orientação "abstrata". Habermas buscou evitar tais perigos mediante certas noções, entre as quais se destaca a de "maioridade" (*Mündigkeit*). A maioridade permite unir a razão com a decisão, permite também compreender as próprias bases materiais da racionalidade, em vez de fazer desta uma conseqüência, ou superestrutura, dessas bases. Segundo Habermas, a ciência como força produtiva é admissível somente quando acompanhada pela ciência como força emancipadora. Por isso Habermas não rejeita o trabalho da ciência empírica, mas unicamente as interpretações naturalistas, positivistas ou "transcendentalistas" feitas de tal trabalho.

•• O interesse pela maioridade conduziu Habermas à linguagem, porque é na estrutura da linguagem que o interesse se enfrenta com um consenso "geral e espontâneo". É, pois, na competência lingüística que encontramos a condição necessária e suficiente da racionalidade humana. Nesse sentido, a relação intersubjetiva não é apenas um momento de comprovação da razão mas, propriamente, o momento em que essa razão se constitui. Já que a comunicação intersubjetiva tende ao entendimento, Habermas propõe-se investigar as condições universais que tornam possível esse entendimento; interessa-lhe, pois, caracterizar o que ele chama de "situação ideal de fala", que é a situação que exclui deformações e imposições — próprias do poder social — e confere aos falantes a experiência da liberdade no intercâmbio de argumentos. Somente desse modo se descobre qual é o melhor argumento: aquele que ninguém impõe, mas que se impõe a todos. Essa situação ideal é a que cada falante deve pré-supor, em um ato de idealização da ação comunicativa. Trata-se, evidentemente, de um processo sem fim, que tende a criar mecanismos de racionalização e, portanto, mecanismos de racionalidade social. ••

↪ Obras: *Das Absolute und die Geschichte. Von der Zwiespältigkeit in Schellings Denken*, 1954 (tese) (*O absoluto e a história. Sobre a desunião no pensamento de S.*). — *Student und Politik. Eine soziologische Untersuchung zum politischen Bewusstsein Frankfurter Studenten*, 1961 (com L. v. Friedeburg, C. Oehler, F. Weltz) (*Estudante e política. Uma investigação sociológica sobre a consciência política dos estudantes de Frankfurt*). — *Strukturwandel der Öffentlichkeit. Untersuchungen zu einer Kategorie der bürgerlichen Gesellschaft*, 1962; reed., 1990, com nova introd. (*Mudança estrutural da opinião pública. Investigações para uma categoria da sociedade burguesa*). — *Theorie und Praxis. Sozialphilosophische Studien*, 1963 (*Teoria e praxis. Estudos de filosofia social*, 1987). — *Technik und Wissenschaft als Ideologie*, 1968. — *Erkenntnis und Interesse*, 1968. — *Protestbewegung und Hochschulreform*, 1969 (*Movimento de protesto e reforma universitária*). — *Zur Logik der Sozialwissenschaften*, 1970; ed. ampl., 1981 (*A lógica das ciências sociais*, 1988). — *Philosophisch-politische Profile*, 1971; ed. ampl., 1981 (*Perfis filosófico-políticos*, 1985). — *Theorie der Gesellschaft oder Sozialthechnologie*, 1971 (com N. Luhmann) (*Teoria da sociedade ou tecnologia social*). — *Legitimationsprobleme im Spätkapitalismus*, 1973. — *Zur Rekonstruktion des Historischen Materialismus*, 1976 (trad. bras.: *A reconstrução do materialismo histórico*, 1983). — *Politik, Kunst, Religion*, 1978 (*Política, Arte, Religião*). — *Kleine*

Politische Schriften I-IV, 1981 (*Ensaios políticos*, 1988). — *Theorie des kommunikativen Handelns*, 1981 (*Teoria da ação comunicativa*, 1987). — *Moralbewusstsein und komunikatives Handeln*, 1983 (*Consciência moral e ação comunicativa*, 1985). — *Vorstudien und Ergänzungen zur* Theorie des kommunikativen Handelns, 1984 (*Teoria da ação comunicativa: complementos e estudos prévios*, 1989). — *Der Philosophische Dirkurs der Moderne*, 1985. — *Die Neue Unübersichtlichkeit*, 1985 (*A nova opacidade*). — *Eine Art Schadensabwicklung*, 1987 (*Uma espécie de desenvolvimento prejudicial*). — *Nachmetaphysisches Denken*, 1988 (*O pensamento pós-metafísico*, 1990). — *Die nachholende Revolution*, 1990 (*A revolução pendente*). — *Texte und Kontexte*, 1991 (*Textos e contextos*). — *Erläuterungen zur Diskursethik*, 1991 (*Esclarecimentos à ética do discurso*). — *Faktizität und Geltung*, 1992 (*Faticidade e validade*). — *Vergangenheit als Zukunft*, 1993 (*Passado como futuro*).

Em português: *Conhecimento e interesse*, 1982. — *Consciência moral e agir comunicativo*, 1989. — *A crise de legitimação no capitalismo tardio*, 2ª ed., 1994. — *Direito e democracia*, vol. 1, 1997. — *Direito e democracia*, vol. 2, 1998. — *Discurso filosófico da modernidade*, 2000. — *Mudança estrutural da esfera pública*, 1984. — *Passado como futuro*, 1993. — *Pensamento pós-metafísico*, 1990. — *Técnica e ciência como ideologia*, 1994.

Grande parte das obras de H. é constituída por trabalhos publicados separadamente e depois reunidos em volume; em muitos casos o volume, ao incorporar esses trabalhos, modifica-os e desenvolve-os.

Bibliografia: R. Görtzen, *J. H.: Eine Bibliographie seiner Schriften und der Sekundärliteratur 1952-1981*, 1982.

Ver: T. A. McCarthy, *The Critical Theory of J. H.*, 1978. — R. Gabás, *J. H. Dominio técnico y comunidad lingüística*, 1980 (prólogo de J. Muguerza). — D. Horster, *H. zur Einführung*, 1980; ed. rev. e ampl., 1988. — M. Theunissen, *Kritische Theorie der Gesellschaft. Zwei Studien*, 1981. — R. J. Bernstein, *H. and Modernity*, 1985. — H. Joas, ed., *Kommunikatives Handeln. Beiträge zu J. H.* Theorie des kommunikativen Handelns, 1986. — D. Ingram, *H. and the Dialectic of Reason*, 1987 (trad. bras.: *Habermas e a dialética da razão*, 1993). — S. White, *The Recent Work of J. H. Reason, Justice and Modernity*, 1988. — E. Arens, ed., *H. und die Theologie. Beiträge zur theologischen Rezeption, Diskussion und Kritik der* Theorie des kommunikativen Handelns, 1989. — W. Reese-Schäfer, *J. H.*, 1991. ⊂

HÁBITO. O vocábulo 'hábito' é usado comumente para traduzir o latim *habitus*, empregado por muitos filósofos, especialmente pelos escolásticos (cf. *infra*). Essa tradução tem um inconveniente: *habitus* é um termo técnico, enquanto 'hábito' não o é. Além disso, 'hábito' pode traduzir tanto *habitus* (disposição ou maneira de ser em geral) como *habitudo* (modo de ser tal como é manifestado em um ou em vários costumes). Por isso às vezes se propôs o uso de *habitus* em vez de 'hábito', ou que se reservasse *habitus* para as concepções aristotélicas ou escolásticas, e 'hábito' para as concepções modernas.

Não aceitamos essa proposta, pois o sentido moderno de 'hábito' não é completamente independente do sentido clássico de *habitus*. Há, sem dúvida, considerável distância entre o significado aristotélico de 'hábito' (como 'ter', 'haver' etc.) e, por exemplo, o sentido lockiano. Mas há também um significado comum de "disposição" que pode ajudar a compreender o que há de continuidade na história de nosso conceito.

Com essas precauções em mente, começaremos por distinguir vários sentidos de 'hábito'.

1) Às vezes se chama de "hábito" a uma das categorias (ver CATEGORIA): a categoria que Aristóteles chama de ἔχειν, "ter", ou seja, ter algo (por exemplo, uma arma), de modo que um exemplo desse "hábito" ou "ter" é "armado" ("está armado"). Às vezes se emprega o termo 'posse' nesse sentido (e também, embora menos freqüentemente, o termo 'condição'). O hábito como categoria ou predicado expressa-se em latim mediante os vocábulos *habitus* e *habere* ('haver', 'ter').

2) Também se chama de "hábito" ao pós-predicamento (VER) que Aristóteles introduz com o mesmo nome, ἔχειν, 'haver' ou 'ter'. Nesse caso, o hábito é um estado ou uma disposição (um *habitus* no sentido de *habitudo*). O hábito designa então uma qualidade, como mostra um dos exemplos aristotélicos desse pós-predicamento, ao dizer-se que alguém "tem" (ou "possui") uma ciência ou uma virtude, isto é, possui o hábito da ciência ou da virtude em questão.

Este último sentido expressa-se melhor, contudo, por meio do termo grego ἕξις. Aristóteles introduz esse termo ao falar do pós-predicamento da oposição. Entre as oposições há a privação e a posse: esta última forma da oposição é a ἕξις ou hábito (cf. também *Met.* Δ 23, 1023 a 7 ss.).

3) Também se pode chamar de "hábito" a ἕξις de que falavam os estóicos em sua física. O significado de 'hábito' é então material. O "hábito" estóico é o estado da matéria inorgânica na medida em que seus elementos encontram-se fortemente unidos em um composto. O hábito une esses elementos de um modo mais forte que a mera conjunção de elementos discretos e até mesmo que a contigüidade (ver Sexto, *Adv. Math.*, IX, 78-80).

Os sentidos mais comuns na filosofia são o primeiro e o segundo. É muito freqüente a distinção do hábito como predicamento ou categoria e do hábito como uma das quatro espécies de qualidade de que falou Aristóteles (as outras espécies são as faculdades ou potências ativas, as receptividades ou potências passivas e a forma enquanto configuração externa).

Como categoria, o hábito é uma *dispositio* do ente. Como qualidade, é um modo como algo ou, mais especificamente, como alguém tem — habet — uma coisa ou, melhor, uma característica. O sentido do hábito como qualidade foi o mais freqüentemente explicado pelos filósofos. A esse respeito distinguem-se, como já havia feito Aristóteles, o hábito propriamente dito, ἕξις, e a disposição, διάθεσις. A diferença entre hábito e disposição consiste em que o primeiro tem mais duração que a segunda. O hábito aparece como uma posse "permanente", enquanto a disposição é uma posse acidental e transitória.

Os escolásticos ocuparam-se freqüentemente da noção de hábito, e especialmente da noção de hábito como qualidade. O hábito é definido por Santo Tomás como "uma qualidade, por si mesma estável e difícil de remover, que tem como fim assistir a operação de uma faculdade e facilitar essa operação" (*S. theol.*, I-IIa, q. XLIX, a 2, ad 3). O hábito supõe a faculdade que o possui e, além disso, a operação ou as operações dessa faculdade; ele, por si próprio, não executa operações, limita-se a "facilitá-las". O hábito é adquirido por meio de um treinamento ou da execução repetida de certos atos (há, todavia, determinados hábitos, os chamados "hábitos sobrenaturais", que não são adquiridos desse modo, mas "infundidos"). Os hábitos — naturais — têm um fundamento metafísico na medida em que são modos nos quais se manifestam as *dispositiones entis*, mas possuem um alcance "antropológico" e moral na medida em que são adquiridos pelas pessoas humanas.

Quanto a este último aspecto, podem ser distinguidos vários hábitos. Há um hábito intelectual por meio do qual as operações conceituais básicas são facilitadas para o espírito. Este é o *habitus principiorum* (ou hábito dos princípios [teóricos] superiores). Há também um hábito moral: o hábito dos princípios práticos superiores ou sindérese (VER). Todavia, embora os escolásticos tenham examinado a noção de hábito, sobretudo em relação com os "hábitos humanos", sempre consideram que os hábitos humanos são uma espécie dos hábitos "em geral". É freqüente distinguir (como faz Guilherme de Ockham) o hábito e a potência (VER); esta precede o ato enquanto o hábito é subseqüente a ele. Por isso Ockham diz que o hábito não é uma relação, mas uma qualidade absoluta.

Na época moderna tendeu-se a dar à noção de hábito um sentido ao mesmo tempo psicológico e gnosiológico. Isso ocorre, por exemplo, em Locke e em Hume. O sentido psicológico predomina em Locke, que escreve que "esse poder [potência] ou habilidade no homem de fazer uma coisa qualquer, quando foi adquirido mediante freqüente execução da mesma coisa, é a idéia que chamamos de *hábito*, e, quando vai para a frente e está disposto em qualquer ocasião a converter-se em ação, se chama *disposição*" (*Essay*, II xxii 10). Há, por outro lado, certo predomínio do gnosiológico em Hume, que trata do hábito ou costume (ver COSTUMES) em *Treatise*, II iii ("Sobre os efeitos de outras relações e outros hábitos") e em *Enquiry*, seção V, 1, nos quais escreve que "todas as inferências da experiência (...) são efeitos do costume, não do raciocínio". "O costume [o hábito] é, pois, o grande guia da vida humana." É o único princípio que nos torna a experiência útil e nos faz esperar para o futuro um curso de acontecimentos similar ao que ocorreu no passado. Por meio do costume ou hábito torna-se possível a predição e se fundamenta o conhecimento dos "fatos".

Os sensualistas (Condillac), os filósofos do senso comum e os ideólogos ocuparam-se freqüentemente da questão do hábito, quase sempre em sentido psicológico. A partir de Maine de Biran, em contrapartida, alguns autores examinaram a questão do hábito em sentido fundamentalmente metafísico, embora em estreita relação com sua significação psicológica.

Isso ocorre com Maine de Biran. Em sua memória *Influence de l'habitude sur la faculté de penser* (Ano XI [1802]), Maine de Biran considerou que o hábito representa uma atenuação do esforço, e com isso deu um passo rumo ao inconsciente. Porém, ao contrário do que freqüentemente sustentavam Condillac, os filósofos escoceses do senso comum e os ideólogos, Maine de Biran não considera que o hábito seja uma espécie de automatização das sensações: é antes um elemento constitutivo na formação do pensamento. O hábito encontra-se em estreita relação com as faculdades motoras. Tudo isso parece ser de índole psicológica, mas deve-se levar em conta o sentido em que Maine de Biran usa termos como 'esforço', 'pensamento' etc. — sentido mais metafísico que psicológico. A noção de hábito em Ravaisson e Jacques Chevalier tem sentido metafísico análogo fundado em significações psicológicas. Ravaisson (VER) fez do hábito o fundamento da unificação da atividade espiritual e da passividade mecânica. No hábito se dá "uma inteligência inconsciente", o que demonstra o fundo espiritual de toda a Natureza. "O hábito é, pois" — escreve Ravaisson —, "uma disposição a respeito de uma mudança gerada em um ser pela continuidade ou pela repetição dessa mesma mudança" (*De l'habitude* [1838], ed. Jean Baruzi, 1927 [trad. esp.: *Del hábito*, 1947]). Segundo Ravaisson, o hábito apenas pode se dar no que é "vivente". Mas como o vivente é, no fundo, a verdadeira realidade da Natureza e, em última análise, do ser, o hábito representa a possibilidade de um acesso ao ser. Averiguar a natureza básica do hábito é uma operação metafísica. Essa metafísica não é "especulativa": começa com um exame da experiência imediata. A rigor, o hábito pode ser considerado de dois pontos de vista: enquanto ato livre, expressa a espiritualidade do real; enquanto ato mecanizado, expressa a possibilidade da atenuação da espiritualidade. Somente do primeiro ponto de vista ele adquire um sentido propriamente metafísico. Segundo Jacques Chevalier (*L'habitude. Essai de métaphysique scientifique*, 1929), o hábito não é próprio apenas do vivente — toda realidade pode ter seu "hábito", ou seja, ter impressa em seu ser atual a marca de seu passado. Portanto, o hábito também se dá na realidade "inferior". Há um hábito criador que aproveita a resistência oferecida pela inércia do material ao esforço com o fim de transformar e transfigurar a realidade e levá-la a um plano "superior". Na esfera humana, o hábito é o modo como a vontade realiza suas intenções. O hábito evita que o ato criador se perca no vazio e, ao tornar possível a permanência desse ato, assegura a "plenitude do ser".

Xavier Zubiri empregou o termo 'habitude' para dar um sentido distinto à noção de ἕξις, *habitus*, hábito. Segundo Zubiri, a habitude "é o fundamento da possibilidade de toda suscitação e de toda resposta" de um ser vivente ("El hombre, realidad personal", em *Revista de Occidente*, Ano 1, 2ª época, n. 1 [abril, 1963], p. 10). É, pois, um modo de relacionar-se com as coisas e consigo mesmo. Pode-se falar de várias habitudes (como, por exemplo, a "habitude visual" no animal que possui a vista), assim como de uma "habitude radical", da qual depende o tipo de vida do ser vivente. Cada espécie de ser vivente, e particularmente cada espécie animal, tem sua habitude. As habitudes fundamentais nos seres viventes — considerados em conjunto — são o nutrir-se, o sentir e o inteligir. Por meio da habitude o ser vivente forma o que se chama de "o meio". Segundo Zubiri, a habitude radical do homem é a habitude intelectiva, é "a capacidade de relacionar-se com as coisas como realidades", e essa capacidade é "o que formalmente consitui a inteligência" (art. cit., p. 18). A habitude intelectiva torna possível um tipo de substantividade (ver SUBSTANTIVO) distinto da substantividade animal. A habitude do animal é estímulo; a do homem, inteligência (VER) (*loc. cit.*).

Gerhard Funke (*op. cit. infra*) examinou detalhadamente a história do conceito de hábito até Husserl e concluiu que há dois modos fundamentais de estudar esse conceito: examinando-o em seu uso não-sistemático e em seu uso sistemático. Em seu uso não-sistemático, o termo 'hábito' (nas formas lingüísticas correspondentes) aparece em muitas filosofias da Antiguidade, da época do florescimento da Escolástica e do Renascimento. Temos, de acordo com isso, o hábito como força e como faculdade (Aristóteles), o *habitus* do *vir bonus* (Quintiliano), o hábito como forma natural do dizer ou estilo (Vives), o hábito como costume (Montaigne) e outros. Em seu uso sistemático, o termo 'hábito' (nas formas lingüísticas correspondentes) aparece em várias filosofias modernas. Nestas, podemos distinguir várias significações: a psicológica (Hume, Condillac, Erdmann), a metafísica (Maine de Biran, Ravaisson, Chevalier), a transcendental (Husserl). Entre as significações psicológicas devem-se contar as que se referem ao problema do hábito em relação com a questão do instinto (por exemplo, em C. Lloyd Morgan).

⊃ Além das obras citadas no texto: C. Lloyd Morgan, *Habit and Instinct*, 1896. — M.-D. Roland-Gosselin, *L'habitude*, 1920. — A. Arrighini, *L'abitudine*, 1937. — O. Fuchs, *The Psychology of Habit According to William of Ockham*, 1952. — Gerhard Funke, *Gewohnheit*, 1958. — Bienvenido Turiel, *El hábito-cualidad*, 1961 (em Santo Tomás). — George P. Klubertanz, *Habits and Virtues: A Philosophical Analysis*, 1965. — V. Kestenbaum, *The Phenomenological Sense of John Dewey: Habit and Meaning*, 1977. — O. Barfield, *History, Guilt, and Habit*, 1979. — H. Margolis, *Paradigms and Barriers: How Habits of Mind Govern Scientific Beliefs*, 1993. ⊂

HABITUALIDADES. Em suas primeiras investigações (lógicas e fenomenológicas) Husserl destacara o caráter intencional da consciência ou, melhor, dos atos intencionais. Não parecia necessário buscar um "centro" do qual emergissem tais atos e que permanecesse relativamente invariável. A rigor, quando se introduz a idéia desse "centro" parece que se procede a uma reificação da consciência — ou dos atos intencionais —, como insistiu Jean-Paul Sartre em *La transcendance de l'Ego*.

Husserl, contudo, interessou-se muito cedo por esse "centro", sem o qual pareciam incompreensíveis muitos atos, tais como a retenção, a protensão etc. Na verdade, esse gênero de atos parecia especialmente adequado para "constituir" a consciência e conferir-lhe a "centralidade" e a "identidade" que se consideravam necessárias. Entre os esforços de Husserl a esse respeito destaca-se a idéia das "habitualidades" (*Habitualitäten*) desenvolvida nas *Meditações cartesianas* (cf. *Cartesianische Meditationen und Pariser Vorträge* em *Husserliana*, I, 30-33, pp. 99-103). Para começar, Husserl afirma que o eu (ego) transcendental é inseparável de suas vivências. Entretanto, ele não é meramente a soma das vivências nem tampouco "um pólo vazio de identidade" — é "um substrato de habitualidades". Graças a uma "legalidade (regularidade) da gênese transcendental" o eu vai adquirindo em cada um dos atos que irradiam dele (*ausstrahlenden Akten*) uma "nova propriedade que permanece" (*neue bleibende Eingenheit*). Assim, por exemplo, em um ato de ajuizar, isto é, de afirmar que algo é isto ou aquilo, o ato em si mesmo é efêmero, mas eu sou aquele que ajuíza em virtude da convicção que tenho. Posso abandonar a convicção, mas continuo sendo o mesmo eu. Se não fosse assim, pensa Husserl, não haveria eu ou ego, ou haveria um feixe de atos que mudaria continuamente, sem nenhum substrato. O que ocorre no caso do ato de julgar também ocorre no ato de decidir. Husserl não afirma que há antes de tudo um eu ou ego permanente e que seus atos são manifestações suas, mas tampouco renuncia ao eu ou ego. Daí a idéia da "habitualidade"; trata-se, com efeito, de "hábitos" que vão constituindo o eu como um substrato subjacente de suas propriedades. Com isso o eu adquire um "caráter pessoal". A teoria das habitualidades é, deste modo, uma parte da teoria da "constituição".

HABITUDE. Ver HÁBITO.

HABITUS. Ver HÁBITO.

HAECKEL, ERNST (1834-1919). Nascido em Potsdam, estudou medicina e ciências naturais em Berlim e Würzburg, licenciando-se em Iena em 1861. De 1862 a 1865 foi professor "extraordinário", e, a partir de 1865, professor titular de zoologia em Iena, cátedra criada especialmente para ele. Embora logo tenha se tornado conhecido em meios científicos e filosóficos por sua ideologia filosófica geral, fundada em um monismo naturalista, não devem ser esquecidas suas contribuições científicas como naturalista, das quais temos exemplos em suas detalhadas descrições das variedades de *Rodolaria* (na obra *Rodolaria*, 1862, 1887) e em seu livro sobre as formas artísticas da Natureza (*Kunstformen der Natur*, 1899), devidamente apreciadas, bem mais tarde, por autores como Karl von Frisch, *Animal Architecture* (1974 [em colaboração com Otto von Frisch]). Neste verbete, entretanto, destacaremos as contribuições epistemológicas e filosóficas de Haeckel.

Estas contribuições fundaram-se em suas pesquisas biológicas e zoológicas, particularmente em seus trabalhos de morfologia geral dos organismos. Haeckel tentou complementar o darwinismo mediante uma lei fundamental biogenética (VER), segundo a qual a evolução do indivíduo é paralela à da espécie à qual pertence.

Haeckel foi desenvolvendo uma concepção filosófica e filosófico-biológica decididamente materialista e naturalista, e eventualmente transformada em um monismo mais ou menos "panteísta", que é ainda aquilo por que costuma ser conhecido. Haeckel rejeita toda consideração "metafísica" e toda especulação sobre os problemas de Deus, da liberdade e da imortalidade, mas coloca como pano de fundo de sua filosofia uma concepção dogmática, um materialismo determinista semelhante a um hilozoísmo de tipo jônico. Não há na totalidade de tudo o que existe nada além da Natureza, que é dotada de movimento próprio, não apenas nos seres vivos, mas também na matéria inorgânica. O movimento é a energia, e o universo e a história não são nada além do progresso da grande evolução de uma Natureza cuja finalidade última é o próprio Deus, que se converte deste modo em consciência da Natureza. O monismo naturalista, que constitui para Haeckel o fundamento de toda ciência e de toda virtude moral, integra em seu âmago todas as correntes consideradas as únicas admissíveis pelo saber científico: o darwinismo, o determinismo, o materialismo, o positivismo etc. Todo dualismo entre o mundo espiritual e o mundo material é para Haeckel fundamentalmente falso, assim como toda oposição, ontológica ou metodológica, entre a Natureza e a cultura; ambas são a mesma coisa: a Natureza, submetida ao processo da evolução. Haeckel refere sua concepção monista ao spinozismo, e considera que a matéria e a energia são os dois atributos de uma substância única, da Natureza infinita, à qual se pode, caso se prefira, chamar de Deus. O monismo naturalista de Haeckel, difundido sobretudo pela Liga Monista alemã (*Deutscher Monistbund*) fundada em 1906, alcançou grande importância entre muitos cultivadores da ciência natural, que viram na concepção haeckeliana a definitiva solução para os "problemas metafísicos aparentes". Por outro lado, foi combatido por quase todos os círculos filosóficos e pelos círculos científicos antidogmáticos como uma simplificação inadmissível dos problemas científicos e como uma concepção que ocultava, por trás de sua aparente submissão à experiência, um racionalismo dogmático radical. Posteriormente, o movimento monista foi derivando rumo a uma concepção menos ligada às teses primitivas e mais atenta ao estudo da peculiaridade dos fenômenos culturais. Pertenceram ao círculo monista, entre outros, Wilhelm Ostwald (VER), Gustav Ratzenhofer (1842-1904), Rudolf Goldscheid (1870-1931), Johannes Unold (nasc. em 1860), Heinrich Schmidt (1874-1935), diretor do Haeckel-Archiv de Iena e autor de numerosos trabalhos de ética e de filosofia biológica (*Monismus und Christentum*, 1906; *Harmonie, Versuch einer monistischen Ethik*, 1931 etc.).

↪ Obras — entre as obras mais propriamente científicas de H. figuram: *Monographie der Radiolaren*, 4 partes, 1862-1868. — *Entwicklungsgeschichte der Siphonophoren*, 1969. — *Monographie der Medusen*, 4 partes, 1869-1871. — *Monographie der Kalkschwämme*, 1872. — Entre as obras de caráter mais "geral" e de intenção vulgarizadora e filosófica figuram: *Generelle Morphologie der Organismen, allgemeine Grundzüge der organischen Formenwissenschaft, mechanisch begründet durch die von Ch. Darwin reformierte Deszendenztheorie*, 1866 (I. *Allgemeine Anatomie der Organismen*. II. *Allgemeine Entwicklungsgeschichte der Organismen*) (*Morfologia geral dos organismos. Fundamentos gerais da ciência orgânica da forma, mecanicamente baseada na teoria reformada da descendência de Charles Darwin*). — *Natürliche Schöpfungsgeschichte*, 1868 (trad. esp.: *Historia natural de la creación*, 1879 e 1905). — *Ueber die Entstehung und den Stammbaum des Menschengeschlechts*, 1868. — *Anthropogonie*, 1874. — *Ziele und Wege der heutigen Entwicklungsgeschichte*,

1875 (*Fins e caminhos da atual história da evolução*). — *Die heutige Entwicklungslehre im Verhältnis zur Gesamtwissenschaft* (Caderno I, 1878; II, 1879) (*A atual teoria da evolução em relação com a totalidade da ciência*). — *Freie Wissenschaft und freie Lehre*, 1878 (*Ciência e doutrina livres*). — *Der Monismus als Band zwischen Religion und Wissenschaft. Glaubensbekenntnis eines Naturforschers*, 1893 (*O monismo como nexo de união entre a religião e a ciência. Confissão de fé de um naturalista*). — *Die Lebenswunder. Gemeinverständliche Studien über biologische Philosophie*, 1894, complemento a *Os enigmas do universo*. — *Systematische Philogenie*, 3 vols., I, 1894; II, 1895; III, 1896. — *Die Welträtsel. Gemeinverständliche Studien über monistische Philosophie*, 1899, numerosas edições. — *Gemeinverständliche Vorträge und Abhandlungen aus dem Gebiete der Entwicklung*, 1900 (*Conferências e tratados populares acerca da evolução*). — *Prinzipen der generellen Morphologie der Organismen*, 1906. — Além disso, numerosos folhetos e artigos, e diversas diários de viagem (como as *Indische Reisebriefe*, as *Malaische Reisebriefe* e os *Wanderbilder*).

Ver: a maior parte das obras sobre Haeckel é de caráter polêmico; as procedentes do círculo monista (como as obras de Wilhelm Bölsche) defendem a posição de Haeckel; outras, como as de Loofs (*Anti-Haeckel*, 1900), E. Adickes (*Kant gegen Haeckel*, 1901) e algumas das mencionadas no verbete Monismo, atacam seus pontos de vista. Encontra-se material abundante nos livros apologéticos de Heinrich Schmidt, discípulo de Haeckel: *Der Kampf um die Welträtsel*, 1900. — *Haeckels biogenetisches Grundgesetz und seine Gegner*, 1902. — *Ernst Haeckel. Denkmal eines grossen Lebens*, 1934. — *E. Haeckels Leben, Denken und Wirken*, 2 vols., 1943-1944. — Ver também: J. Walther, *Im Banne E. Haeckels. Jena um die Jahrhundertwende*, 1953, ed. G. Heberer. — David H. DeGrood, *Haeckel's Theory of the Unity of Nature: A Monograph in the History of Philosophy*, 1965; reed., 1982. — G. Heberer, ed., *Der gerechtfertigte H.*, 1968. — K. Keitel-Holz, *E. H., Forscher, Künstler, Mensch*, 1983. — C. Kockerbeck, "E. H.s 'Kunstformen der Natur'", *Philosophia Naturalis*, 23 (1986), 337-348. — E. Krause, *E. H.*, 1987. ◆

HAERING, THEODOR L. (1884-1964). Nascido em Stuttgart, professor, a partir de 1918, em Tübingen, trabalhou especialmente na teoria dos valores ou, melhor, no problema da valoração, de um ponto de vista psicológico. Contudo, essa análise mostra, segundo Haering, que a valoração não pode ser considerada um mero processo psíquico interno, arbitrário ou subjetivo, mas que, em todo caso, o ato de valoração depende da adscrição a um valor. Desse modo, o centro da valoração (na qual estão incluídas todas as proposições, inclusive as que na aparência são meramente denotativas) encontra-se para Haering no juízo, que representa a possibilidade das objetivações e ao mesmo tempo está objetivamente fundado em um reino axiológico "real". O realismo constitui, deste modo, o fundamento ontológico da teoria axiológica de Haering, mas também o fundamento de sua doutrina da ciência e de sua filosofia da história. Com efeito, as proposições das ciências carecem de sentido se não estão baseadas em supostos prévios que constituem o âmbito de sua significação. O fato de que as ciências tratem a realidade em um sentido predominantemente — ou exclusivamente — operacional faz que, consideradas internamente, as proposições científicas não precisem enfrentar a questão de sua correspondência com o real. Mas a ciência em conjunto não pode evitar esse problema e resolvê-lo com a indagação de suas "pressuposições". Isso se torna patente sobretudo na investigação da estrutura da história, que continuamente ultrapassa o reino da imanência e constitui, por assim dizer, o "lugar" em que se realizam os atos transcendentes e as atividades criadoras. Por isso a história chega a se colocar fora do âmbito da "ciência" e representa o ponto de partida de uma metafísica dinamicista que inclui a matéria na série de momentos do espírito e compreende todo ser pelo lugar que ocupa na hierarquia do valor.

➪ Obras: *Untersuchungen zur Psychologie der Wertung*, 1914 (*Investigações para a psicologia da valoração*). — *Beiträge zur Wertpsychologie, insbesondere zum Begriff der logischen oder Erkenntniswertung*, 1916 (*Contribuições à psicologia do valor, especialmente em relação ao conceito da valoração lógica ou cognoscitiva*). — *Die Materialisierung des Geistes. Ein Beitrag zur Kritik des Geistes der Zeit*, 1919 (*A materialização do espírito. Contribuição à crítica do espírito de época*). — *Die Struktur der Weltgeschichte. Philosophische Grundlegung zu einer jeden Geschichtsphilosophie*, 1921 (*A estrutura da história universal. Fundamentação filosófica de toda filosofia da história*). — *Philosophie der Naturwissenschaft. Versuch eines einheitlichen Verständnisses der Methoden und Ergebnisse der Naturwissenschaften Weltbildes*, 1923 (*Filosofia da ciência natural. Tentativa de uma compreensão unitária dos métodos e resultados das ciências naturais, junto com uma reabilitação da concepção pré-científica do mundo*). — *Individualität in Natur- und Geisteswelt*, 1926 (*A individualidade no mundo natural e no mundo do espírito*). — *Hegel, sein Wollen und sein Werk*, I, 1929; II, 1939. — *Die Entstehungsgeschichte der Phänomenologie des Geistes*, 1934 (*A história da origem da Fenomenologia do Espírito*). — *Hegels Lehre von Staat und Recht*, 1940 (*A doutrina hegeliana do Estado e do direito*). — *Die deutsche und die europäische Philosophie*, 1943 (*A filosofia alemã e a filosofia européia*). — *Der Tod und das Mädchen*, 1943 (*A morte e a donzela*). — *Opuscula. Ein Sammelband*, 1949. — *Metaphysik des*

Fühlens. Eine nachgelassene Schrift, 1950 (*Metafísica do sentir. Escrito póstumo*). — *Philosophie des Verstehens. Versuch einer systematisch-erkenntnistheoretischen Grundlegung alles Erkennens*, 1963 (*Filosofia da compreensão. Tentativa de fundamentação sistemático-gnosiológica de todo conhecer*). ↻

HAFFNER, PAUL. Ver Neo-escolástica.

HAGEMANN, JOHANN GEORG (1837-1903). Nascido em Beckum (Westfalia), foi professor de filosofia na Universidade de Münster. Hagemann foi um dos neo-escolásticos alemães que renovaram a tradição filosófica escolástica pondo-a em estreita relação com o desenvolvimento da ciência moderna. Foi um predecessor de filósofos como Constantin Gutberlet (ver) e Adolf Dyroff (ver), que teve a seu cargo a publicação das edições de sua "Psicologia" e de sua "Lógica" após a morte do autor. Hagemann impulsionou a necessidade de cultivar a psicologia como psicologia empírica, ao contrário da *psychologia rationalis*, embora sem afastar-se das bases desta última, que considerava concordantes com os resultados experimentais.

➲ Obras: *Elemente der Philosophie. I: Logik und Noetik*, 1868; 8ª ed., a cargo de Adolf Dyroff; nova ed., 1921; *II. Metaphysik*, 1869; 8ª ed., a cargo de Joseph Anton Endres (1863-1924); *III. Psychologie*, 1869; 8ª ed., a cargo de Adolf Dyroff, 1911. ↻

HÄGERSTRÖM, AXEL (1868-1939). Nascido em Vireda (Gönköping, Suécia), foi professor assistente (1893-1911) e docente (1911-1933) na Universidade de Uppsala. No início da carreira filosófica de Hägerström persistia em Uppsala o idealismo de tradição boströmiana (ver Boström [Christopher Jacob]), ainda que muito atenuado e "revisado", e notavam-se influências kantianas. Estas não foram alheias à reação antiidealista, antiespeculativa e antimetafísica de Hägerström, considerado o fundador de uma nova tradição conhecida sob o nome de "Escola de Uppsala" (ver), a qual se desenvolveu independentemente do positivismo lógico do Círculo de Viena mas apresenta muitos pontos de contato com este.

O próprio Hägerström considerou como finalidades principais de sua obra a crítica do subjetivismo, a análise dos dados da percepção sensível e a demonstração do caráter absurdo de todas as proposições — que são pseudoproposições — metafísicas. A isso pode-se acrescentar a crítica da teoria objetivista dos valores, a defesa de uma forma de emotivismo, a análise do conceito de realidade e a crítica do "positivismo legal".

A crítica à metafísica está como pano de fundo em quase todos os estudos filosóficos de Hägerström, que denunciou como vazios de significado todos os enunciados (pseudo-enunciados) metafísicos. Estes são quase sempre apreciações subjetivas que se transformam, quase magicamente, em pretensões de conhecimento.

Hägerström reconheceu que a realidade é apreendida por sujeitos, mas, como todos os sujeitos possuem estrutura "mental" idêntica, as construções conceituais "subjetivas" são, a rigor, "objetivas". Isso parece aproximar Hägerström do tipo de idealismo objetivo neokantiano desenvolvido pela Escola de Marburgo, mas ele se negou a aceitar qualquer forma de idealismo; o objetivismo apontado é, a rigor, um realismo epistemológico e, em última análise, um materialismo. Isso pode ser mostrado mediante uma análise do conceito de realidade (uma análise que, por certo, não é metafísica, mas lógica). Essa análise é ao mesmo tempo uma análise da experiência dada em um contexto espaço-temporal.

Hägerström opôs-se a toda tentativa de estabelecer os juízos de valor como objetivos, isto é, como suscetíveis de possuir valores de verdade, do modo como propuseram Meinong e Ehrenfels. Segundo nosso autor, há somente experiências do caráter válido ou não-válido, bom ou mau, das coisas, e, embora essas experiências sejam formuladas por meio de proposições, estas expressam atitudes subjetivas. Daí o "emotivismo" (ver) de Hägerström. Esse emotivismo não é um subjetivismo, justamente porque não se almeja com ele formular juízos pretensamente objetivos e, com isso, impor dogmaticamente valorações. De modo similar, as expressões nas quais se afirma que se deve fazer ou que não se deve fazer algo são simplesmente prescrições e expressam atos de vontade.

A crítica de Hägerström à idéia de um "Direito positivo" que expresse a vontade e as intenções da sociedade funda-se em análises conceituais e estudos históricos — principalmente do Direito romano —, dos quais resulta que o Direito positivo é uma justificação de impulsos de posse de natureza "mágica". Com isso, Hägerström reconheceu o caráter ideológico de certas superestruturas culturais.

➲ Obras: *Aristoteles etiska grundtankar och deras teoretiska förutsättninger*, 1893 (*Os fundamentos da ética de Aristóteles e seus pressupostos teóricos*). — *Kants Ethik im Verhältnis zu seinen erkenntnistheoretischen Grundgedanken, systematisch dargestellt*, 1902 (*A ética de Kant em relação com suas idéias epistemológicas fundamentais, exposta sistematicamente*). — *Das Prinzip der Wissenschaft, eine logischerkenntnistheoretische Untersuchung. I. Die Realität*, 1908 (*O princípio da ciência. Investigação lógico-epistemológica. I. A realidade*). — *Social teleologi i Marxismen*, 1909 (*Teleologia social do marxismo*). — *Hill fragan om den objetiva rättensbegrepp*, 1917 (*Sobre o problema objetivo do direito*). — *Der römische Obligationsbegriff im Lichte der allgemeinen römischen Rechtsanschauung*, 2 vols., 1927-1941 (*O conceito romano de obrigação à luz da concepção romana geral do direito*). — *Socialfilosofiska uppsatser*, 1939 (*Ensaios de filosofia social*). — *De socialistika idéernas historia*, 1946 (*História das idéias socialistas*). — *Religionsfilosofi*, 1949. — *Moralpsychologi*, 1952, ed. Martin Fries. — *Filosofi och vetenskap*, 1957, ed. M. Fries (*Filosofia e ciência*). — *Rätten och staten*, 1963 (*A lei e o Estado*). Depoimento em *Die Philosophie der Gegenwart in Selbstdarstellungen*, VII, 1929.

Ver: Ernst Cassirer, *A. Hägerström. Eine Studie zur schwedischen Philosophie der Gegenwart*, 1939 [Göteborgs Högskolas Årskrift, 45]. — *Göteborgs Högskolas Årskrift*, Martin Fries, *Verklighetsbegreppet enlight Hägerström*, 1944. — M. Waller, *A. H. Mannisker som fa Kände*, 1961. — Bo Peterson, *A. Hägerströms värdeteori*, 1973. — Enrico Pattaro, *Il realismo giuridico scandinavo*, I: *A. H.*, 1974. — D. Lang, *Wertung und Erkenntnis. Untersuchungen zu A. H.s Moraltheorie*, 1981. ᴑ

HAHN, HANS (1879-1934). Nascido em Viena, foi professor de matemática na Universidade de Viena. Membro do "Círculo de Viena" (ver VIENA [CÍRCULO DE]), Hahn criticou o racionalismo e o empirismo tradicionais: o primeiro, por seu caráter pouco frutífero e freqüentemente especulativo; o segundo, por sua incapacidade de dar conta da estrutura e da função da lógica e da matemática. O chamado "pensamento" não pode apreender nada do mundo, mas a mera acumulação de observações é insuficiente para constituir a ciência (e, a rigor, todas as ciências na medida em que formam um contínuo: o da "ciência unificada" [VER]). A lógica e a matemática não tratam de objetos, mas "de nosso modo de falar sobre objetos", e não são descritivas, mas prescritivas, embora o que prescrevam seja simplesmente "um método de falar sobre as coisas". As chamadas "leis da Natureza" são hipóteses formuladas com a esperança de que sejam confirmadas pela experiência.

➲ Obras: "Über die nichtarchimedischen Grössensysteme", em *Sitzungsberichte der Kaiserl. Akademie der Wissenschaften in Wien*, Math.-nat. Klasse, 116, 1907, pp. 601-655 ("Sobre os sistemas de magnitude não-arquimedianos"). — *Die Theorie der reellen Funktionen*, 1921 (*A teoria das funções reais*). — *Überflüssige Wesenheiten (Ockhams Rasiermesser)*, 1930 (*Essencialidades supérfluas. A navalha de Ockham*). — "Die Bedeutung der wissenschaftlichen Weltauffassung, inbesondere für Mathematik und Physik", *Erkenntnis*, 1 (1930-1931), 96-105 ("A significação da concepção científica do mundo, especialmente para a matemática e para a física"). — "Diskussion zur Grundlegung der Mathematik", *ibid.*, 2 (1931-1932), 135-141 ("Discussão sobre a fundamentação da matemática"). — "Die Krise der Anschauung", em *Krise und Neuaufbau in den exakten Wissenschaften. Fünf Wiener Vorträge*, 1933, pp. 41-64 ("A crise da apercepção"). — "Gibt es Unendliches?", em *Alte Probleme — neue Lösungen in den exakten Wissenschaften. Fünf Wiener Vorträge*, 1934, pp. 93-116 ("O infinito existe?"). — *Empirismus,*

Logik, Mathematik, 1988, ed. B. McGuinness, introd. K. Menger (*Empirismo, lógica e matemática*) [reúne a maior parte dos artigos citados anteriormente]. ᴑ

HALBWACHS, MAURICE. Ver DURKHEIM, ÉMILE.

HA-LEVI. Ver YEHUDA HA-LEVI.

HAMANN, JOHANN GEORG (1730-1788). Nascido em Königsberg, estudou na mesma cidade sob o magistério de Martin Knutzen (também professor de Kant). Depois de passar uma temporada em Riga e em Londres, foi, em 1767, para Königsberg, polemizando com Kant e Herder — com os quais, além disso, havia tido, e provavelmente ainda tinha, estreita amizade —, assim como com Mendelssohn. Posteriormente relacionou-se estreitamente com Jacobi. Em 1787, um ano antes de sua morte, mudou-se para Münster.

Hamann foi chamado de "o mago do Norte" por causa de suas tendências anti-racionalistas, semimísticas, pietistas e rosacrucianas. Profundamente interessado por diversas tradições místicas, pela poesia e pelas linguagens "primitivas", opôs-se a toda teologia natural, assim como a toda análise de índole racional. Característica de Hamann é sua doutrina sobre a origem revelada da linguagem e da própria poesia. A razão discursiva é impotente para compreender o mistério da linguagem, e impotente também para compreender as criações artísticas geniais. Também é característica de Hamann sua concepção da história como revelação divina. A razão é, segundo Hamann, simplesmente uma parte da personalidade total do homem, e este é falsificado quando se esquece que é um todo. Hamann se opôs à *Crítica da razão pura* por causa da divisão, em seu entender artificial, que Kant estabelece entre as diversas "faculdades"; Kant, assim como os pensadores da ilustração, são puros "abstracionistas" que esquecem o todo em benefício da parte. Para Hamann, os princípios lógicos são abstrações do princípio da realidade, que opera de acordo com a "coincidência dos opostos" em um sentido semelhante ao de Giordano Bruno (VER). A "filosofia" de Hamann foi qualificada, assim, de irracionalista e "revelacionista"; revelacionista sobretudo pela importância decisiva que deu à "revelação" em todas as ordens.

➲ Principais obras: *Biblische Betrachtungen eines Christen [Tagebuch eines Christen]*, 1758 (*Reflexões bíblicas de um cristão [Diário de um cristão]*). — *Sokratische Denkwürdigkeiten*, 1759 (*Lembranças socráticas*). — *Kreuzzuge des Philologen*, 1762 (*Cruzadas do filólogo*) [esta obra inclui a *Aesthetica in nuce*]. — *Golgotha und Scheblimini*, 1784 (contra Mendelssohn). — *Metakritik über den Purismus der reinen Vernunft*, 1800 (contra Kant) (*Metacrítica sobre o purismo da razão pura*) [chamada simplesmente de *Metakritik*]. — Κόγξόμπαξ. *Fragmente einer apokryphen Sybille über apokalyptische Mysterien*, ed. do texto, com comentário de Inge-

marie Manegold, em *J. G. Hamanns Schrift "Konsompax...",* 1963.
Edições de obras: *Sämtliche Schriften,* 8 vols., ed. F. Roth, 1821-1843; *Sämtliche Schriften,* 6 vols., ed. J. Nadler, 1949-1957 (ed. crítica). — As *Obras* contêm muitos escritos importantes não mencionados *supra* e que não foram originariamente publicados em volume; por exemplo, *Gedanken über meinen Lebenslauf* (1758); *Philologische Einfälle und Zweifel* (1772) [contra Herder]. — Outra edição: *J. G. Hamanns Hauptschriften erklärt,* em 8 vols., 1956 ss.: I (*Die Hamann-Forschung,* 1956, por F. Blanke. *Geschichte der Deutungen,* por K. Gründer [com bibliografia]); II (*Sokratische Denkwürdigkeiten,* 1959, por F. Blanke); IV (*Über den Ursprung der Sprache,* 1963, por E. Büchsel); V (*Mysterienschriften,* 1962, por M. Schoonhoven e M. Seils); VI (*Golgotha und Scheblimini,* 1956, por L. Schreiner). — Cartas: *Briefwechsel,* eds. W. Ziesemer e A. Henkel, 5 vols., 1955-1965.
Das numerosas obras sobre Hamann, limitamo-nos a destacar: R. Unger, *H. und die Aufklärung. Studien zur Vorgeschichte des romantischen Geistes im 18. Jahr.,* 2 vols., 1911; 2ª ed., 1925. — J. Nadler, *Die Hamann-Ausgabe,* 1930. — Id., *J. G. H. Der Zeuge des Corpus Mysticum,* 1949. — Erwin Metzke, *J. G. Hamanns Stellung in der Philosophie des 18. Jahrhunderts,* 1934; reimp., 1967. — H. Weber, *H. und Kant,* 1940. — W. Metzger, *J. G. H.,* 1944. — J. C. O'Flaherty, *Unity and Language: A Study in the Philosophy of J. G. H.,* 1952. — S. Steege, *J. G. H.,* 1954. — Karlfried Gründer, *Figur unjd Geschichte. J. G. Hamanns "Biblische Betrachtungen" als Ansatz einer Geschichtsphilosophie,* 1958. — Walter Leibrecht, *Gott und Mensch bei J. G. H.,* 1958. — Hans Jörg Alfred Salmony, *J. G. Hamanns metakritische Philosophie. Erster Band: Einführung in die metakritische Philosophie J. G. Hamanns,* 1958. — Ronald Gregor Smith, *J. G. H. A Study in Christian Existentialism,* 1960. — W. M. Alexander, *J. G. H.: Philosophy and Faith,* 1966. — Heinz Herde, *J. G. Hamanns Sätze über die Sprache und das Sprechen der Sprache,* 1971. — H. Herde, *J. G. H. Zur Theologie der Sprache,* 1971. — G. Nebel, *H.,* 1973. — S. A. Jorgensen, *J. G. H.,* 1976 (com bibliografia). — R. Wild, *J. G. H.,* 1978. — F. Lieb, R. Unger, E. Metzke *et al., J. G. H.,* 1978, ed. R. Wild. — J.-U. Fechner, J. Kohnen *et al., J. G. H. Acta des Internationalen H.-Colloquiums in Lüneburg, 1976,* 1979, ed. B. Gajek. — T. Kracht, *Erkenntnisfragen beim jungen H.,* 1981. — T. J. German, *H. on Language and Religion,* 1982. — H. Corbin, *H., philosophe du luthéranisme,* 1985. — J. C. O'Flaherty, *The Quarrel of Reason with Itself: Essays on Hamann, Michaelis, Lessing, Nietzsche,* 1988. — Ver também uma série de artigos de Philip Merlan sobre H. em: *Journal of the History of Ideas,* 9 (1948), 380-384; *The Personalist,* 32 (1951), 11-18; *Revue de Métaphysique et de Morale,* 59 (1954), 285-289; *Clermont Quarterly,* 3 (1954), 33-42; *Rivista Critica di Storia della Filosofia,* 4 (1967), 481-494; *Journal of the History of Philosophy,* 7 (1969), 327-335. ℂ

HAMELIN, OCTAVE (1856-1907). Nascido em Liond'Angers (Maine-et-Loire), foi professor em Bordeaux (1884-1905) e na Sorbonne (de 1905 até sua morte, dois anos depois, ao tentar salvar uma pessoa que se afogava na praia).

Hamelin foi o mais destacado dos discípulos de Renouvier (VER). Seu pensamento, no entanto, não é simplesmente um desenvolvimento do de Renouvier: Hamelin leva em conta em seu pensamento os grandes mestres do passado (Aristóteles, Descartes, Kant e, em geral, toda a tradição filosófica, salvo a escolástica). Sua principal intenção filosófica foi atacar a fundo o problema da "razão da existência". Para isso, Hamelin elaborou um sistema de categorias ou "elementos principais da representação" baseado na síntese como modo de conhecimento. Trata-se, como diz Hamelin, de "construir mediante síntese a representação" (*Essai,* p. 2). Essa construção é de natureza dialética na medida em que se propõe a averiguar de que modo os opostos são partes de um todo. Os principais elementos da representação, as categorias, não são para Hamelin, com efeito, puras formas vazias: são elementos primitivos e "reais", que giram em torno do elemento fundamental da "relação". Somente isto permitirá evitar o realismo substancialista que Renouvier combatera tão insistentemente. Na verdade, os "elementos" de Hamelin são uma espécie de intermediários entre as categorias formais e o que Bergson chamou de "dados imediatos"; são ao mesmo tempo algo transcendental e algo fenomênico. Da relação como elemento primeiro, como verdadeira urdidura das coisas, como tese primitiva, surge uma antítese que é a separação e uma síntese que é o número. Relação e número (o qual se cinde nos três "momentos" da unidade, da pluralidade e totalidade) dão "origem" ao tempo. Ao tempo, como síntese dos elementos anteriores, contrapõe-se o espaço, e sua síntese é o movimento, "desdobrado" nos momentos da permanência, do deslocamento e do traslado. Ao movimento se opõe a qualidade, e sua síntese é a alteração ou a mudança. À mudança se opõe a especificação, e surge como síntese a causalidade. A antítese da tese causal é a finalidade, e a síntese última é a liberdade. Com isso chegamos ao ser verdadeiro, ao espírito como consciência, ao "momento mais elevado da realidade" pelo qual "o conhecer encontra-se no próprio âmago do ser"; não é algo que se acrescenta adventiciamente ao ser sem que saibamos os motivos dessa inserção contingente, pois então não haveria nada que proporcionasse a base para um conhecimento do real, que é justamente o que se persegue na construção sintética. Daí uma tese sobre a representação que, como sublinha Hamelin, parece-se extraordinariamente com a tese bergsoniana sobre a percepção e que foi elaborada independentemente dela. "A representação" — diz Hamelin — "não é senão a consciência sob cujas espécies [o eu e o não-eu] nascem conjugados. Contrariamente à significação etimológica do termo (pois é preciso pedir emprestadas as palavras ao senso comum), a representação não representa, não reflete, um objeto e um sujeito que existiriam sem ela; ela mesma é o objeto e o sujeito, ela é a própria realidade." "A representação" — conclui — "é o ser, e o ser é a representação" (*Essai*, p. 374). Por isso, um pouco ao modo do que ocorre com a contingência (VER) em Boutroux, o Espírito, ao mesmo tempo em que é o determinismo, é a liberdade.

◐ A principal obra de Hamelin, e seu único livro publicado em vida, é sua tese de doutorado: o *Essai sur les éléments principaux de la représentation*, 1907; 2ª ed., com notas, por A. Darbon, 1925. — Em vida ele publicou, além disso, nove artigos em *L'Année philosophique* (1898, 1899, 1900, 1901, 1902, 1903, 1904, 1905, 1906). — Postumamente foram publicados: *Le système de Descartes*, 1911, ed. L. Robin; 2ª ed., 1921. — *Le système d'Aristote*, 1920, ed. L. Robin; 2ª ed., 1931. — *Le système de Renouvier*, 1927, ed. P. Mouy. — *La théorie de l'intellect d'après Aristote et ses commentateurs*, 1953, ed. E. Barbotin. — Outros textos de H. em *Les Études Philosophiques* cit. *infra*. — Textos escolhidos: *Le sistème du savoir*, 1956, ed. L. Millet. — *Sur le "De fato"*, 1978, ed. e anotado por M. Conche (curso dado por H. em Bordeaux no começo do século sobre o "argumento dominante" e a escola de Megara). — *Les anté-socratiques*, 1978, referências e apêndices de F. Turlot: prefácio de Cl. Ramnoux (de um curso na Sorbonne, 1905-1906).

Ver: Camille de Beaupuy, "Entre Aristote et Kant. La philosophie d'O. H.", *Études*, 120 (1909), 513-532. — VV. AA., em *Bulletin de la Société Française de Philosophie*, XXIᵉ année, n. 3 (1921) [Séance 24 Février 1921]. — L. Dauriac, *Contingence et rationalisme*, 1925, pp. 144-226. — Cleto Carbonara, *L'idealismo di O. H.*, 1929. — Leslie-John Beck, *La méthode synthétique d'H.*, 1935. — A. Sesmat, *Dialectique, H. et la philosophie chrétienne*, 1955. — J. Nabert, E. Moro-Sir, L. Millet, artigos em *Les Études Philosophiques*, N. S., 12 (1957), 131-219 [inclui textos até então inéditos de H.: "Sur ce que Leibniz doit à Aristote"; "Valeur de la preuve ontologique"; "Du travail collectif en philosophie"; "De la personalité divine", e algumas cartas do filósofo; além disso, bibliografia de H. por L. Millet, pp. 185-189]. — A. Deregibus, *la metafisica critica di O. H.*, 1968. — Peter Heitkämper, *Der Personalistätsbegriff bei O. H.*, 1971. — Ruggero Morresi, *Ricerche sulla dialettica Hegel-H.*, 1973. — F. Turlot, *Idéalisme, dialectique et personnalisme. Essai sur la philosophie d'H.*, 1976. — R. Morresi, *Introduzione a H.*, 1982. — M. Guttagliere, "Il concetto di persona in O. H.", *Aquinas*, 30 (1987), 1ª parte, pp. 65-89; 2ª parte, pp. 331-362. ◐

HAMILTON, WILLIAM (1788-1856). Nascido em Edimburgo, foi professor na mesma cidade a partir de 1821. Hamilton é considerado um dos continuadores da escola escocesa (VER) e especialmente de Thomas Reid (VER), cujo *Inquiry into the Human Mind on the Principles of Common Sense* (1764) editou (1856), com abundantes notas e comentários (ver bibliografia *infra*). Na história da lógica, é conhecido como o autor da doutrina da quantificação do predicado (VER). Em "filosofia geral" — principalmente teoria do conhecimento e metafísica —, tentou unir a tradição de Reid e da escola escocesa do senso comum com várias correntes filosóficas européias, principalmente com o kantismo, assim como com alguns desenvolvimentos do idealismo pós-kantiano.

Hamilton se opôs ao empirismo para o qual não apenas todo conhecimento procede da experiência, mas também se funda nela e nela encontra sua validade. É preciso proceder a uma crítica do ato cognoscitivo por meio de uma fenomenologia (VER) empírica do espírito humano, fenomenologia que equivale a uma espécie de psicologia descritiva. Essa fenomenologia é a base indispensável para um estudo das leis do pensar, que se dão na consciência, mas sem derivar-se produtivamente dela. As inferências extraídas da psicologia conduzem aos problemas ontológicos, que desse modo são tratados real e não especulativamente. O exame fenomenológico do ato psicológico mostra, por seu lado, que, se a imediata presença do objeto na mente é possível em alguns casos, em outros deve-se reconhecer que o dado se dá na consciência e, portanto, em suas condições. O que Hamilton rejeita, em todo caso, é o construtivismo da consciência desenvolvido sobretudo pelo idealismo pós-kantiano. Daí o relativismo e o condicionismo que Hamilton expressou na fórmula capital da "filosofia do condicionado": pensar é condicionar. O incondicionado (VER) tem então de ser rejeitado, e por isso a única forma de escapar do subjetivismo é uma aproximação a um certo fenomenismo. Assim, sem negar que a percepção imediata proporciona o conhecimento das realidades interna e externa, Hamilton faz do conhecimento uma função das condições impostas pelo espírito, na qual, entretanto, o conhecido não se reduz à identificação kantiana da possibilidade da experiência com as condições da possibilidade do objeto da experiência, mas a um ato no qual é condicionado simplesmente o conhecimento do objeto. Desse modo temos que o incondicionado é o que não pode ser conhecido, mas também o que não pode ser pensado. Os problemas estabelecidos pelas antinomias kantianas não podem ser resolvidos porque não é possível condicionálos pelo pensar em nenhum dos dois sentidos. Com isso se rejeita não apenas o incondicionado, mas também o infinito e o absoluto; com efeito, como Hamilton diz em suas *Lições sobre a filosofia de Kant*: "o Incondicionado denota o gênero do qual o Infinito e o Absoluto são as espécies". Somente o condicionado é concebível ou pensável. Daí se origina a lei do condicionado, segundo a qual tudo o que é concebível no pensamento está entre dois extremos que, como contraditórios entre si, não podem ser ambos verdadeiros, mas dos quais um deve ser. Em outros termos, o condicionado é uma espécie de "meio" entre dois extremos, que seriam dois incondicionados, porém um meio que não resulta de uma composição eclética, mas da própria lei do pensamento. A filosofia de Hamilton é, pois, como o próprio autor declara, exatamente o contrário da filosofia daqueles para os quais o objeto formal da inteligência é o Absoluto. Assim são marcados os limites da filosofia e da faculdade racional humana. Com isso separam-se de modo radical o reino do conhecimento e o da crença. Essa separação, contudo, foi mais radicalmente desenvolvida pelo discípulo de Hamilton, Henry Longueville Mansel (VER). O hamiltonianismo exerceu considerável influência na Inglaterra até aproximadamente 1865, quando as novas correntes, especialmente o neo-idealismo (cf. James Hutchison Stirling: *Sir William Hamilton, Being the Philosophy of Perception*, 1865) e o utilitarismo (cf. J. Stuart Mill, *An Examination of Sir William Hamilton's Philosophy*, 1865), desfizeram os últimos resíduos da escola escocesa. Também exerceu considerável influência nos Estados Unidos, principalmente por intermédio de James McCosh (VER). As idéias lógicas de Hamilton foram desenvolvidas por W. Thomson (*Laws of Thought*, 1842) e por T. S. Baynes (*An Essay on the New Analytic of Logical Form*, 1850). ⊃ Obras: *Discussions on Philosophy and Literature, Education and University Reform*, 1952; 3ª ed., 1866 (com vários artigos que apareceram na *Edinburgh Review*). — *Lectures on Metaphysics and Logic*, 4 vols., 1859-1860, eds. L. Mansel e J. Veitch. — Além disso, as importantes notas e comentários à sua edição de *The Works of Thomas Reid*, 2 vols., 1856.

Ver: M. P. W. Bolton, *Inquisitio Philosophica, an Examination of the Principles of Kant and H.*, 1866. — John Veitch, *Hamilton*, 1879. — Id., *H., the Man and His Philosophy*, 1884. — F. Bourdillat, *La réforme logique de H.*, 1891. — F. Nauen, *Die Erkenntnislehre W. Hamiltons*, 1911 (tese). — S. V. Rasmussen, *The Philosophy of Sir W. H.*, 1927. — Günter Geduldig, *Die Philosophie des Bedingten. Transzendentalphilosophische Ueberlegungen zur Philosophie Sir W. Hamiltons (1788-1856)*, 1976. — K.-D. Ulke, "Agnostisches Denken bei W. H.", em *id.*, *Agnostisches Denken im Viktorianischen England*, 1980.

Ver, além disso, a bibliografia dos verbetes Escocesa (Escola) e Utilitarismo. ◁

HAMPSHIRE, STUART. Nascido (1914) em Lincolnshire, Inglaterra, foi *Fellow* no All Souls College e no New College de Oxford. De 1960 a 1963 foi professor no University College, da Universidade de Londres. De 1963 a 1970 foi professor na Universidade de Princeton. A partir de 1970, de volta à Inglaterra, foi *Warden* em Wadham College, de Oxford, e depois professor na Universidade de Stanford.

Embora se costume filiar Stuart Hampshire à tradição da filosofia analítica (VER), ele representa nela pontos de vista muito amplos, que o ligam ao pensamento filosófico chamado, em países de língua inglesa, de "continental", especialmente à fenomenologia, na forma cultivada na França por Sartre e por Merleau-Ponty. Isso afeta os próprios temas — questões relativas a intenções e disposições, à natureza da ação, à ação e à consciência de si etc., que depois passaram, em parte graças a esse autor, para o acervo da tradição analítica — e também os modos de tratá-los, que não são apenas analíticos e argumentativos, mas também descritivos e, em um sentido pouco rigoroso, "especulativos" ou, se se preferir, "conjeturais". Stuart Hampshire acolheu com simpatia algumas das atitudes da filosofia da linguagem comum no sentido de que tais atitudes levaram a um "pluralismo" lingüístico que deixou para trás as estritas condições de verificação e de certeza assentadas pelos empiristas lógicos. Ele destacou o caráter evolutivo da linguagem e a relação entre a história do desenvolvimento das instituições da linguagem e da mente humana sem por isso cair em um historicismo. Os distintos modos de usar a linguagem indicam que há distintos modos de referir-se à realidade e de classificá-la. Tais modos, ou descrições, são infinitos na medida em que nenhuma descrição pode ser completa. Isso vale também, e sobretudo, quando são identificados estados de ânimo, atitudes, emoções etc. Stuart Hampshire considera que todo exame de expressões de estados de ânimo é inadequado se não leva em conta a relação em que se encontra o sujeito com outros sujeitos e com o mundo. O sujeito possui estados de ânimo que não são redutíveis a comportamentos, mas que não podem ser desligados dos modos como o sujeito vive no mundo e com outras pessoas.

O estudo da natureza da ação e de sua relação com o pensamento é, segundo Stuart Hampshire, um estudo de "filosofia da mente humana", que não consiste em mero comportamento, ou em mero pensamento, ou tampouco em mera atividade. Pensar e atuar são duas faces da mesma realidade. A ação não é redutível a uma série de acontecimentos porque implica decisões que podem determinar o futuro, mas, ao mesmo tempo, essas decisões fundam-se em grande parte em uma reflexão sobre a própria ação. Stuart Hampshire parece aspirar a ligar a racionalidade e a liberdade, buscando aquilo em que consiste ter razões para atuar deste ou daquele modo (razões que explicam, além disso, por que se atuou deste ou daquele modo). Assim como ocorre com as descrições da realidade, a busca das mencionadas razões nunca pode terminar. Além disso, não tem por que ser completa, ou definitiva, porque as razões do comportamento refletem sempre fases particulares do desenvolvimento social e histórico.

➔ Escritos principais: "Logical Form", *Proceedings of the Aristotelian Society*, 48 (1947-1948), 37-58. — *Spinoza*, 1951. — *Thought and Action*, 1959. — *Feeling and Expression*, 1961 (Aula inaugural na Universidade de Londres). — *Freedom of the Individual*, 1965; ed. ampl., 1975. — *Freedom of the Mind*, 1967 [The Lindley Lecture 1965], incluída na obra de 1972, *infra*). — *Philosophy of Mind*, 1969. — *Modern Writers and Other Essays*, 1969. — *Freedom of Mind and Other Essays*, 1972 (artigos, 1949-1969). — *Morality and Pessimism*, 1972 [The Leslie Stephen Lecture, 1972]. — *Two Theories of Morality*, 1977 [Aristóteles e Spinoza]. — *Thought and Action*, 1982. — *Morality and Conflict*, 1983. — *Innocence and Experience*, 1989.

Com Leszek Kolakowski, S. H. colaborou na publicação do volume *The Socialist Idea: A Reappraisal*, 1974. Há tradução espanhola dessa colaboração no artigo "La unidad de la sociedad civil y la sociedad política" em um Quaderno *Teorema*, de 1976 (pp. 31-44), que também contém trad. do artigo de Kolakowski.

Ver: J. Watling, "H. on Freedom", em T. Honderich, ed., *Essays on Freedom of Action*, 1973, pp. 15-29. ➔

HANNEQUIN, ARTHUR (1856-1905). Nascido em Pargny-sur-Saulx (Marne), professor em Lyon a partir de 1885, desenvolveu sua meditação filosófica dentro do campo neocriticista e da crítica das ciências, mas com uma vigorosa tendência espiritualista que derivou em grande parte da tradição do positivismo espiritualista francês e particularmente do contingentismo de Boutroux. Como quase todos os representantes dessas tendências, Hannequin se opôs ao positivismo cientificista mediante uma acentuação do papel desempenhado pelo espírito na constituição dos conceitos científicos. Sua análise da "hipótese dos átomos na ciência contemporânea" tinha por finalidade mostrar a importância da espontaneidade e da criatividade espirituais em um ponto de interesse capital para a ciência física. O átomo é, para Hannequin, uma simples hipótese, mas é uma hipótese que corresponde à natureza da mente quando se trata de compreender a realidade física. O êxito obtido pela hipótese atomista na física não é acidental, mas quase inevitável. A introdução da quantidade discreta no contínuo real é, assim, a função capital do conhecimento físico, mas nisso se mostram tanto suas possibilidades como suas limitações. Essas limitações só podem ser corrigidas pela metafísica, e, na verdade, por uma metafísica do espírito que o mostre como constituindo a base do real, não por uma inclinação arbitrária ao reino do espírito, mas porque este representa melhor que tudo o caráter criador e móbil de tudo o que é. A crítica de Hannequin culmina deste modo em uma filosofia dinamicista, em uma acentuação do devir e de sua continuidade sobre a insuficiente e parcial concepção discreta e estática do ser.

➔ Obras: *Essai critique sur l'hypothèse des Atomes dans la science contemporaine*, 1894 (tese). — *Quae fuerit prior Leibnitii philosophia seu de motu, de mente, de deo doctrina ante annum 1672*, 1895 (tese latina). — *Études d'histoire des sciences et d'histoire de la philosophie*, 1908 (póstuma). ➔

HANSON, NORWOOD RUSSELL (1924-1967). Nascido em New Jersey, doutorou-se em Cambridge (Inglaterra). Professor na Universidade de Indiana (1957-1963) e na de Yale (de 1963 até sua morte, em desastre aéreo num monomotor por ele pilotado), foi um dos autores que contribuíram para o que foi chamado de "nova filosofia da ciência". Entre os problemas de que se ocupou destacam-se dois. Um deles é o da possibilidade de elaborar uma lógica da descoberta distinta da reconstrução lógica, e especificamente nomológico-dedutiva, das teorias científicas, e distinta também de uma psicologia do raciocínio. Resumimos as idéias de Hanson sobre esse assunto no verbete DESCOBERTA. A posição de Hanson é matizada e resiste a qualquer tipo de psicologismo ou sociologismo: a lógica da ciência é uma lógica "interna". O outro problema, estreitamente relacionado com este último, é o estudo detalhado da natureza e das condições da observação na ciência e da relação entre termos observacionais (VER) e termos teóricos (VER). Hanson analisou o papel desempenhado pelos elementos teóricos nas observações, nos fatos e nos experimentos, mostrando que todos eles estão "carregados de teoria". Aqui também, contudo, Hanson adotou uma posição moderada e matizada ao declarar categoricamente que, de qualquer modo, a ciência não faz os fatos. Trata-se, portanto, mais de condicionamento e de moldagem dos fatos que de uma completa "imposição" teórica sobre eles.

➔ Obras: *Patterns of Discovery*, 1958. — *The Concept of the Positron: A Philosophical Analysis*, 1963. — *Beyond the Edge of Certainty*, 1965, ed. R. G. Colodny. — *Perception and Discovery: An Introduction to Scientific Inquiry*, 1969, ed. W. J. Humphreys Jr. — *Observation and Explanation: A Guide to Philosophy of Science*, 1971 (prefácio de S. Toulmin). — *What I do not Believe and Other Essays*, 1971, eds. S. Toulmin e Harry Woolf (inclui o ensaio "What I Don't Believe", pu-

blicado em *Continuum*, 5 [1967]. — *Constellations and Conjectures*, 1973, ed. W. J. Humphreys Jr.
Ver: C. B. Martin, "Mr. H. on Statements of Fact", *Analysis*, 13 (1953), 72 ss. — R. J. Cox, "Professor H. Imagining the Impossible", *ibid.*, 20 (1960), 87-92. — A. M. Paul, "H. on the Unpicturability of Micro-Entities", *British Journal for Philosophy of Science*, 22 (1971), 50-53. — E. E. Sleinis, "H. on Observation and Explanation", *Philosophical Papers*, 2 (1973), 73-83. — P. Tibbetts, "H. and Kuhn on Observation Reports and Knowledge Claims", *Dialectica*, 29 (1975), 145-155. — E. Wright, "Gestalt Switching: Hanson, Aronson, and Harre", *Philosophy of Science*, 59 (3) (1992), 480-486. ◐

HAO WANG. Ver WANG, HAO.

HARE, R[ICHARD] M[ERVYN]. Nascido em 1919, passou a maior parte de sua vida docente em Oxford: foi docente e *Fellow* do Balliol College (1947-1966), e *White's Professor* de filosofia moral e *Fellow* do Corpus Christi College (1966-1983). Posteriormente, foi *professor* na Universidade da Flórida (1983-1994). É *Fellow* da Academia Britânica desde 1964.

Hare continuou a tradição da ética (VER) e da metaética (VER) analíticas, procurando resolver os problemas suscitados pelo emotivismo (VER), que, por sua vez, representava uma resposta aos problemas suscitados pelo intuicionismo (VER) ético. Stevenson e os emotivistas haviam declarado que as expressões éticas não são descritivas, nem sequer de supostos "fatos morais". Nesse aspecto, Hare está de acordo com os emotivistas, isto é, com o chamado "antidescritivismo" no que se refere a expressões morais; contudo, enquanto os emotivistas haviam indicado que essas expressões destinam-se a influenciar o comportamento, Hare opina que guiam o comportamento. O discurso ético é, portanto, segundo Hare, prescritivo; por isso sua posição foi qualificada de "prescritivismo" (VER).

No discurso ético podem existir elementos informativos ou emotivos, mas estes não são para Hare os elementos fundamentais nesse tipo de discurso. O caráter prescritivo do discurso moral torna possível proporcionar razões que apóiem as prescrições dadas. As prescrições são muito semelhantes aos imperativos, mas não se confundem com eles. É essencial para as prescrições, como diz Hare, que sejam "universalizáveis", o que não ocorre, ou não ocorre necessariamente, com os imperativos, ou, em todo caso, com muitos deles.

É preciso, segundo Hare, distinguir as prescrições em geral das prescrições morais. Estas últimas são uma espécie particular dos juízos prescritivos. Algumas prescrições são expressas mediante imperativos; outras, mediante valorações.

Hare ocupou-se também do problema de se é possível combinar a liberdade humana com a racionalidade de princípios morais universalizáveis, e respondeu a isso afirmativamente: é possível ser livre e julgar racionalmente em questões morais, isto é, escolher e ao mesmo tempo ater-se a princípios e a argumentos racionais.

•• O caráter particular dos juízos morais — que são prescritivos, mas não puramente prescritivos, porquanto respondem a certos critérios de verdade ou falsidade e podem ser, portanto, universalizáveis — levou Hare a assinalar que o pensamento moral se move em dois níveis distintos, embora conexos. O nível mais baixo é o intuitivo: nele simplesmente aplicamos os princípios morais aprendidos e assumidos. É o nível da posse pacífica de crenças e convicções simples mas bem arraigadas. Contudo, o aparecimento da dúvida ou do conflito moral requer um nível de reflexão moral mais elevado, a partir do qual se critiquem, justifiquem ou desarmem aqueles princípios. Esse segundo nível é o nível crítico. É nele que se produz a reflexão moral propriamente dita e no qual somos capazes de universalizar, ou seja, de prescrever normas morais válidas para todos os casos que apresentem as mesmas características. Como se vê, trata-se de uma prescrição de molde kantiano; contudo, não está em absoluto afastada do delineamento utilitarista, já que, em última análise, responde ao princípio do mesmo trato e da busca do mesmo bem de forma igual para todos (incluindo-se a si próprio). Hare pensa que esse segundo nível é precisamente o que ajuda a solucionar alguns problemas de conflito moral que poderiam surgir no nível mais elementar e intuitivo. Entretanto, o nível intuitivo é o espaço em que se desenvolvem os juízos morais comuns de uma forma espontaneamente razoável. ••

➲ Obras: *The Language of Moralsi, 1952.* — *Freedom and Reason*, 1963. — *Practical Inferences*, 1971. — *Essays on Philosophical Method*, 1971. — *Essays on the Moral Concepts*, 1972. — *Applications of Moral Philosophy*, 1972. — *Moral Thinking: Its Levels, Method and Point*, 1981. — *Plato*, 1982. — *Essays in Ethical Theory*, 1989. — *Essays on Political Morality*, 1989. — *Essays on Religion and Education*, 1992. — *Essays on Bioethics*, s.d.

Em português: *A linguagem da moral*, 1996. — *O pensamento de Platão*, s.d. — *Platão*, 2000.

Ver: D. Seanor, N. Fotion, eds., *Hare and Critics*, 1988 [com respostas de Hare]. — Arts. de Rabinowicz, Persson, Wetterström e Sandoe sobre H., com respostas do autor, em *Theoria*, 55 (1989). — R. Ronnow-Rassmussen, *Logic, Facts and Representation*, 1993. — C. Fehige, G. Meggle, U. Wessels, eds., *Zum moralischen Denken*, 1994 [com respostas de Hare]. ◐

HARNACK [CARL GUSTAV], ADOLF VON (1851-1930). Nascido em Dorpat [Tartoma] (Estônia), professor em Leipzig (1876-1879), Giessen (1879-1886), Marburgo (1886-1888) e Berlim (a partir de 1888), destacou-se por suas pesquisas sobre as origens do cristianismo e sobre a história dos dogmas cristãos. Discípulo de

Ritschl (VER), Harnack acentuou a importância do método histórico crítico no estudo das "origens"; este método o levou a despojar as "fontes" de tudo o que fosse interpretação e, sobretudo, interpolação. Como conseqüência de seus estudos históricos, Harnack reduziu a importância do "dogmático" em favor do "histórico", sustentando, além disso, que o dogmático costumou sepultar e desfigurar o histórico. Identificando "o histórico" com "o verdadeiro", Harnack inclinou-se primeiramente a uma espécie de "positivismo histórico", e depois a um "positivismo científico" no qual via a única possibilidade para o progresso. Despojando-se o cristianismo de todo dogmatismo e de toda especulação, Harnack considerou que ele podia ser identificado com a moral e que esta, por fim, encontrava-se em harmonia com o progresso da ciência.

➲ A produção de Harnack é muito abundante; destacamos: *Lehrbuch der Dogmengeschichte*, 3 vols., (I, 1885; II, 1887; III, 1889); 5ª ed., 1931-1932 (*Manual de história dos dogmas*). — *Geschichte der altchristlichen Literatur*, 2 vols. (I: *Die Überlieferung und der Bestand*, 1893; II: *Die Chronologie*, 1897-1904) (*História da primitiva literatura cristã*). — *Das Wesen des Christentums*, 1900; 14ª ed., 1927 (*A essência do cristianismo*). — *Die Mission und Ausbreitung des Christentums in den ersten drei Jahrhunderten*, 1902; 4ª ed., 1923 (*A missão e difusão do cristianismo durante os três primeiros séculos*). — *Marcion*, 1921; 2ª ed., 1924. — Entre os trabalhos mais "teóricos" figuram: *Reden und Aufsätze*, 2 vols., 1904; 2ª ed., 1906 (*Discursos e artigos*). — *Aus Wissenschaft und Leben. Reden und Aufsätze. Neue Folge*, 5 vols. (I-II: *Erforschtes und Erlebtes*, 1923; III: *Aus der Frieden. und Kriegsarbeit*, 1916; IV: *Die Sicherheit und die Grenzen geschichtlicher Erkenntnis*, 1917; V: *Aus der Werkstatt des Vollendeten*, 1930) (*Da ciência e da vida. Discursos e artigos. Nova série*. I-II: *Investigado e vivido*; III: *Do trabalho da paz e da guerra*; IV: *A segurança e os limites do conhecimento histórico*; V: *Da oficina do terminado*).

Bibliografia: Max Christlieb, *H.-Bibliographie*, 1912, suplementada por Friedrich Smend, *A. v. H. Verzeichnis seiner Schriften*, 1927 (suplemento, 1931).

Ver: G. Bonaccorsi, *H. e Loisy*, 1904. — Hans von Soden, *A. von Harnacks Schriften*, 1931. — A. von Zahn-Harnack, *A. von H.*, 1936. — K. Hall, *Briefwechsel mit A. v. H.*, 1966. — W. V. Rowe, "H. and Hellenization in the Early Church", *Philosophia Reformata*, 57 (1) (1992), 78-85. ➲

HARPE, JEAN DE LA. Ver Asserção.

HARPER, THOMAS M. Ver Neo-escolástica.

HARRAH, DAVID. Ver Pergunta.

HARRIS, WILLIAM TORREY (1835-1909). Nascido em North Killingly (Connecticut, Estados Unidos), estudou um ano em Yale e mudou-se em 1857 para Saint Louis, onde foi professor e superintendente escolar. Fez amizade com Henry C. Brokmeyer, sendo um dos fundadores da Sociedade Filosófica de Saint Louis, centro de difusão do hegelianismo (ver Saint Louis [Sociedade Filosófica de]). De 1867 a 1893 dirigiu o *Journal of Speculative Philosophy*, e de 1880 a 1887 foi o líder da chamada "Escola de Filosofia de Concord" (*Concord School of Philosophy*). Em 1889 foi nomeado Comissionado de Educação dos Estados Unidos, cargo que exerceu até 1906.

Harris desenvolveu um sistema filosófico de tipo hegeliano, descrevendo o processo de conhecimento a partir da apreensão do objeto individual até a de suas relações com outros objetos e, por fim, da auto-relação em que cada objeto se relaciona consigo mesmo e com todos os outros. Embora o conhecimento se valha de esquemas conceituais obtidos por reflexão, esses esquemas correspondem ao mundo, já que, ao contrário do que afirma Kant, não há coisas em si independentes do conhecimento. Harris elaborou uma concepção da causalidade como auto-atividade fundada na auto-atividade divina. Seu interesse por questões políticas e educacionais manifestou-se em numerosos artigos, nos quais procurou salvar opostos mediante uma concepção dialética. As idéias de Harris sobre a educação estavam firmemente assentadas em uma tradição humanista e individualista; esse individualismo deve ser entendido não como um "atomismo social", mas como a possibilidade de que o máximo desenvolvimento do indivíduo coincida com sua participação máxima, por vias democráticas, nos assuntos da comunidade.

➲ A principal obra de Harris é: *Hegel's Logic, a Book on the Genesis of the Categories of the Mind*, 1890. — Vários de seus artigos (muitos deles publicados no *Journal of Speculative Philosophy*) estão reunidos no volume *Introduction to the Study of Philosophy*, 1890, ed. Marietta Kies. — Devem-se a Harris, além disso: *The Spiritual Sense of Dante's Divina Commedia*, 1896, e *Psychological Foundations of Education*, 1896.

Biografia: Kurt Leidecker, *Yankee Teacher, the Life of W. T. H.*, 1946. — W. Nethery, "Pragmatist to Publisher, Letters of William James to W. T. H.", *Personalist*, 49 (1968), 489-508.

Ver: série de artigos sobre Harris em Edward L. Schaub, ed., *W. T. H.*, 1936. — E. E. Graziano, "The Hegelian Dante of W. T. H.", *Journal of the History of Philosophy*, 6 (1968), 167-170. — G. Rinaldi, *Saggio sulla metafisica di H.*, 1984. — Todas as obras sobre o hegelianismo norte-americano e a Sociedade Filosófica de Saint Louis tratam de H. ➲

HARRISON, FREDERIC. Ver Comte, Auguste.

HARTENSTEIN, GUSTAV. Ver Herbart, Johan Friedrich.

HARTLEY, DAVID (1705-1757). Nascido em Armley (Yorkshire), consagrou-se ao estudo e à prática da medicina. Influenciado por Newton, por Locke e por John Gay (1699-1745: *Dissertation Concerning the Fundamental Principles of Virtue and Morality*, publicada em 1731 como prefácio à versão inglesa da obra de King sobre a origem do mal: *The Origin of Evil*), Hartley investigou a estrutura dos processos psicológicos e a relação entre estes e os fisiológicos. Para Hartley, o único constituinte da realidade psicológica são as sensações. Estas se baseiam em vibrações de partículas nos nervos, vibrações que se efetuam segundo modelos mecânicos de tipo newtoniano. Os diferentes tipos de vibrações dão lugar a distintas "faculdades". As vibrações se unem em virtude da contigüidade, na qual se inclui a repetição na sucessão. O conjunto dos modos de união das vibrações pode chamar-se de "associação"; em geral, as leis de união das vibrações que constituem as sensações são leis de associação. Por esse motivo Hartley é considerado um dos defensores do associacionismo, e às vezes o "fundador do associacionismo" (ver ASSOCIAÇÃO, ASSOCIACIONISMO).

É comum interpretar a doutrina de Hartley como um materialismo mecanicista e como um completo reducionismo psicofísico. Porém, Hartley também enfatizou que no curso dos processos de associação formam-se novas "idéias", mais complexas e perfeitas que seus elementos componentes. Entre as "idéias" mais complexas e perfeitas encontram-se certas afecções relacionadas com atividades morais, tais como a benevolência e a simpatia.

⊃ Obras: *Coniecturae quaedam de sensu motu et idearum generatione*, 1746. — *Observations on Man, His Frame, His Duty, and His Expectations*, 2 vols., 1749 (ed. J. Priestley, 3 vols., 1801; 3ª ed., 1934).

Ver: T. Ribot, *Quid D. H. de consociatione idearum senserit*, 1872 (tese). — G. S. Bower, *H. and James Mill*, 1881. — Bruno Schoenlank, *H. und Priestley, die Begründer des Assoziationismus in England*, 1882 (tese). — Maria Heider, *Studien über D. H.*, 1913 (tese). — R. Marsh, "The Second Part of H.'s System", *Journal of the History of Ideas*, 20 (1959), 264-273. — Id., "Mechanism and Prescription in D. H.'s Theory of Poetry", *Journal of Aesthetic and Art Criticism*, 17 (1959), 473-485. — D. D. Raphael, ed., *British Moralists 1650-1800*, 2 vols., 1969. — M. Kallich, *The Association of Ideas and Critical Theory in Eighteenth-Century England: A History of a Psychological Method in English Criticism*, 1970. — R. B. Hatch, "Joseph Priestley: An Addition to H.'s *Observations*", *Journal of the History of Ideas*, 36 (1975), 548-550. — B. B. Oberg, "D. H. and the Association of Ideas", *ibid.*, 37 (1976), 441-454. — C. Delkeskamp, "Medicine, Science, and Moral Philosophy: D. H.'s Attempt at Reconciliation", *Journal of Medicine and Philosophy*, 2 (1977), 162-176.

— Ch. Giuntini, "Attrazione e associazione: H. e le leggi della natura umana", *Rivista di Filosofia*, 71 (1980), 198-229. — S. Ferg, "Two Early Works by D. H.", *Journal of the History of Philosophy*, 19 (1981), 173-190. — J. Walls, "The Psychology of D. H. and the Root Metaphor of Mechanism: A Study in the History of Psychology", *Journal of Mind Behaviour*, 3 (1982), 259-274. ⊂

HARTMAN, ROBERT S. (1910-1973). Nascido em Berlim, estudou na Alemanha e nos Estados Unidos, onde se doutorou em 1945. Deus aulas nas Universidades de Ohio, Yale, Tennessee, no Massachussets Institute of Technology e, a partir de 1957, na Universidade Nacional Autônoma do México. Devem-se a Hartman trabalhos sobre problemas éticos e de teoria dos valores. Nesta última, Hartman desenvolveu os fundamentos do que chamou de "axiologia científica". Esta consiste em um esquema conceitual que tem como base construções análogas às que a ciência natural realiza por meios formais, e especificamente matemáticos. Os conceitos axiológicos científicos são, segundo Hartman, sintéticos, porque, ao contrário dos analíticos, não são obtidos por abstração, mas por procedimentos axiomáticos. O primeiro passo a ser dado é ligar o valor ao conceito de objeto (natural), em vez de ligá-lo ao objeto mesmo ou de separá-los completamente. Os predicados que correspondem a um objeto e por meio dos quais se descreve, intensionalmente, um objeto como pertencendo a uma classe permitem determinar até que ponto a "intensão" é adequada. Na própria descrição não há valor, mas ele existe na medida em que a "intensão" é prescritiva, isto é, em que assinala as condições de pertença do objeto à classe. Hartman também propõe considerar as intensões de modo análogo a como cabe definir extensionalmente um número, e, além disso, pressupõe que há uma correspondência entre intensão e extensão, de tal modo que a primeira determina a segunda. Assim, cabe tomar grupos de predicados que determinarão se a classe definida é extensionalmente adequada ou inadequada. Correspondendo à diferença, na ciência natural, entre fato específico e fato genérico, e à subsunção do primeiro no segundo, há uma diferença na axiologia entre o valor fenomênico e o valor formal e uma subsunção também do primeiro no segundo. Hartman propôs três tipos de valores — sistemático, extrínseco e intrínseco — correspondentes a tipos de conceitos — sintético, analítico, singular — que determinam grupos de qualidades. Isso permite falar de valores correlativos a grupos finitos de atributos, a grupos enumeravelmente infinitos de atributos e a grupos de qualidades infinitos não-enumeráveis. Nos últimos estão os valores adscritos a indivíduos singulares, ou seja, os que são possuídos por esses indivíduos sem ser possuídos por membros da mesma classe.

HARTMANN [KARL ROBERT], EDUARD VON

⮕ Principais obras: *Axiología formal: La ciencia de la valoración*, 1957. — *La estructura del valor: Fundamentos de la axiología científica*, 1959 (trad. ingl. ampl.: *The Structure of Value: Foundations of Scientific Axiology*, 1967; reimp., 1969). — *La ciencia del valor*, 1967. — *El conocimiento del bien: Crítica de la razón axiológica*, 1965. — *La situación moral: Fundamentos de la teleología científica*, 1972. — *La estructura del valor intrínseco: Introducción axiológica a la ética y la estética*, 1972.

Bibliografia: John William Davis, ed., *Value and Valuation: Axiological Studies in Honor of R. S. H.*, 1972, pp. 323-330.

Ver: Graciela Hierro de Matte, "R. S. H. (1910-1973)", *Dianoia*, 20 (1974), 191-201. — R. Stankovitch, "Observaciones críticas a la axiología formal de R. S. Hartman", *Logos*, 3 (1975), 115-135. — R. S. Brumbaugh, "R. H.'s Formal Axiology: An Extension", *Journal of Value Inquiry*, 11 (1977), 259-263. — J. A. Dacal Alonso, "La axiología científica de R. H.", *Logos* (1978), 37-73. ⮕

HARTMANN [KARL ROBERT], EDUARD VON

(1842-1906). Nascido em Berlim. Dedicado à profissão militar, teve de abandoná-la em 1865 em conseqüência de uma lesão, dedicando-se inteiramente à filosofia e à sua atividade de escritor. Sua *Filosofia do inconsciente* (1867), que obteve grande repercussão e constituiu a base metafísica de seus trabalhos posteriores, é uma elaboração pessoal da tradição metafísica balizada na filosofia alemã do século XIX pelos nomes de Schelling, Hegel e Schopenhauer. Partindo, como Lozte e Fechner, de um exame dos resultados das ciências naturais tendo em vista uma indução generalizadora, Eduard von Hartmann encontra a explicação dos fenômenos da Natureza, e especialmente dos fenômenos orgânicos, na tese de um Inconsciente criador do mundo, elemento ativo e cego, análogo à Idéia absoluta de Hegel e à Vontade absoluta de Schopenhauer, mas anterior e prévio a elas, porque o Inconsciente tem como seus dois atributos justamente a Idéia e a Vontade. O Inconsciente é o incondicionado, o que não pode ser explicado por meio de nenhuma relação; como incondicionado, representa a condição última de todo relativo; como fundamento do mundo, no qual se autodesdobra e se manifesta, é o Absoluto. O mecanicismo da ciência natural necessita, para ser completado, do fundamento desse Absoluto, que explica como o determinismo causalista, incluindo no domínio biológico a doutrina darwiniana da seleção natural, é o produto de uma inteligência superior, mas de uma inteligência que somente na parte final de seu desenvolvimento é lúcida e consciente, porque em sua parte inicial é puro e simples instinto, vontade cega, irracionalidade. O universo, e com ele a história, tem portanto uma finalidade, mas é somente a finalidade de um instinto que desconhece o valor de seus próprios atos e produções, e que se encontra, em última análise, neste mundo que, sendo o melhor de todos os possíveis, é, não obstante, inferior em valor à sua não-existência. Como a Vontade de Schopenhauer, o Inconsciente representa a dor e o sofrimento, mas a evolução do mundo e a progressiva irrupção da consciência são também atos indispensáveis ao grande drama que conduz, finalmente, à aniquilação da dor do Inconsciente e à salvação. Essa salvação, para ser efetuada, precisa da atividade do homem e do progresso da história, e por isso o pessimismo que produz a consciência da existência do mundo pode se transformar em um otimismo ativista, que tenda em todas as esferas, pelo cumprimento cabal da história e da cultura, à salvação definitiva. A história, para Hartmann, é justamente o caminho final da realização desse *desideratum* que suscita o fato inevitável da existência do criado pela vontade cega e irracional do Inconsciente; os diferentes períodos da história são momentos necessários no processo de salvação do mundo, na rota que o Inconsciente forçosamente tem de percorrer para compreender finalmente a necessidade do retorno a si mesmo, ao estado em que, com o triunfo da razão e da consciência sobre a irracionalidade e a cegueira, fique redimida sua própria criação.

Embora "a filosofia do inconsciente" tenha sido a maior e mais influente contribuição de Eduard von Hartmann à filosofia, e especialmente à metafísica, seria injusto reduzir a obra filosófica de Hartmann a essa doutrina. Eduard von Hartmann escreveu abundantemente sobre muitos problemas filosóficos (sobre teoria do conhecimento, ética, estética, filosofia da ciência, filosofia da religião, teoria dos valores etc.). Além disso, ocupou-se freqüentemente da história da filosofia — especialmente da história da metafísica — e de muitos aspectos do pensamento filosófico de sua época. Aqui não podemos tratar de todos os aspectos da obra desse autor, mas um deles merece menção especial: sua detalhada teoria das categorias. Metafisicamente, a teoria das categorias de E. von Hartmann apresenta-as como determinações ou funções do Inconsciente, mas há muitos aspectos na teoria que não estão necessariamente ligados à metafísica de seu autor. Segundo E. von Hartmann, as categorias são a envoltura lógica do mundo, o que dele pode ser enunciado em suas formas mais gerais; sua origem no Inconsciente não implica uma negação de sua consciência quando, ao passar para o domínio da subjetividade, convertem-se em conceitos das categorias e, por conseguinte, em formas puras da sensibilidade e do pensamento. As categorias da sensibilidade são a qualidade, a quantidade intensiva e a quantidade extensiva. A qualidade é uma pura categoria da sensação e compreende as "qualidades secundárias" do mundo objetivo; a quantidade intensiva é uma categoria aplicável à força e, em última análise, à vontade; a quantidade extensiva é a categoria própria do tempo e do espaço, da sucessão e da continuidade. Cada uma das categorias é aplicável, por sua vez, às esferas do mundo subjetivo, do mundo objetivo real e do mundo metafísico como esferas do cognoscível. As categorias do pensar têm como fundamento universal a categoria da relação, na qual se resumem as demais formas categoriais, pois pensar, para Hartmann, é principalmente relacionar. Menos amplas são as categorias especiais da comparação, do raciocínio (análise, síntese, dedução, indução) e da medida. Como tipo particular das categorias do pensar apresentam-se as formas do pensar especulativo, que compreendem a causalidade, a finalidade e a substancialidade; estas estão articuladas de modo hierárquico, pois, enquanto a primeira está dissolvida como um de seus elementos no domínio mais amplo da finalidade, a última constitui a categoria metafísica propriamente dita, aplicável unicamente ao Inconsciente, à substância verdadeira. Por isso a história da metafísica, que Hartmann tratou criticamente, é a história do conceito da categoria de substancialidade em suas diversas interpretações, no curso dos esforços para encontrar a substância que corresponde inteiramente à realidade. Por essa ligação, inicial e final, da doutrina das categorias com a metafísica do Inconsciente, Eduard von Hartmann qualificou a teoria categorial como uma comprovação desta metafísica, como a parte da metafísica que aparece necessariamente quando são consideradas as formas gerais da substancialidade do verdadeiro ser.

A filosofia de Hartmann despertou em seu tempo uma grande quantidade de polêmicas, centradas sobretudo na noção de Inconsciente e nas conseqüências éticas da metafísica do pessimismo. Como seus partidários podem ser contados Max Schneidewin (1843-1931) e A. Drews (1865-1935), que em *O mito de Cristo* (*Die Christusmythe*, 1909) impugnou a existência histórica de Jesus, e que em suas demais obras (*Das Ich als Grundproblem der Metaphysik* [*O eu como problema fundamental da metafísica*], 1897) desenvolveu um monismo radical ou "concreto", identificando o Inconsciente com o Absoluto do idealismo transcendental de Schelling. As teses de Hartmann influenciaram, por outro lado, a reação vitalista contra o mecanicismo imperante na ciência biológica de seu tempo. Leopold Ziegler (1881-1958: *Gestaltwandel der Götter* [*Metamorfose dos deuses*], 1920) também foi influenciado em seus primeiros tempos por E. von Hartmann; assim como o filósofo holandês G. J. P. J. Bolland (VER).

➲ Obras: *Ueber die dialektische Methode. Historisch-kritische Untersuchung*, 1868; reimp., 1962 [sobre Hegel]. — *Philosophie des Unbewussten. Versuch einer Weltanschauung*, 3 vols., 1869; 11ª ed., 3 vols., 1911 (*Filosofia do Inconsciente. Ensaio de concepção do mundo*); edição popular abreviada, 1913. — *Schellings positive Philosophie als Einheit von Hegel und Schopenhauer*, 1869 (*A filosofia positiva de Schelling como unidade de Hegel e Schopenhauer*). — *Aphorismen über das Drama*, 1870. — *Das Ding an sich und seine Beschaffenheit*, 1870 (*A coisa em si e sua constituição*). — *Gesammelte philosophische Abhandlungen zur Philosophie des Unbewussten*, 1872 (*Ensaios filosóficos reunidos para a filosofia do Inconsciente*). — *Erläuterungen zur Metaphysik des Unbewussten mit besonderer Rücksicht auf den Panlogismus*, 1874 (*Esclarecimentos à metafísica do Inconsciente com atenção especial ao panlogismo*). — *Die Selbstersetzung des Christentums und die Religion der Zukunft*, 1874 (*A auto-substituição do cristianismo e a religião do porvir*). — *Wahrheit und Irrtum im Darwinismus, eine kritische Darstellung der organischen Entwicklungstheorie*, 1875 (*Verdade e erro no darwinismo. Exposição crítica da teoria da evolução orgânica*). Esta obra foi incluída como parte III nas edições posteriores de *Filosofia do Inconsciente*. — *J. Kirchmanns erkenntnistheoretischer Realismus, ein kritischer Beitrag zur Begründung des transzendentalen Realismus*, 1875 (*O realismo epistemológico de J. H. K. Contribuição crítica à fundamentação do realismo transcendental*). — *Das Unbewusste vom Standpunkt der Physiologie und Descendenztheorie*, 1872; 2ª ed., rev., 1977; a 3ª ed., no tomo III de *Filosofia do Inconsciente* (*O inconsciente do ponto de vista da fisiologia e da teoria da descendência*). — *Phänomenologie des sittlichen Bewusstseins*, 1879; 2ª ed., 1886, com o título: *Das sittliche Bewusstsein* (*Fenomenologia da consciência moral*). — *Zur Geschichte und Begründung des Pessimismus*, 1880 (*Para a história e fundamentação do pessimismo*). — *Die Krisis des Christentums in der modernen Theologie*, 1880 (*A crise do cristianismo na teologia moderna*). — *Religionsphilosophie* (Parte I — histórico-crítica —: *Das religiöse Bewusstsein der Menschheit im Stufengang seiner Entwicklung*, 1882; Parte II — sistemática —: *Die Religion des Geistes*, 1882) (*Filosofia da religião. I. A consciência religiosa da humanidade. II. A religião do espírito*). — *Philosophische Fragen der Gegenwart*, 1885 (*Questões filosóficas atuais*). — *Der Spiritismus*, 1885. — *Moderne Probleme*, 1885. — *Aesthetik* (Parte I — histórico-crítica —: *Die deutsche Aesthetik seit Kant*, 1886; Parte II — sistemática —: *Die Philosophie des Schönen*, 1877 [desta obra há nova ed. com manuscritos póstumos de Hartmann a cargo de R. Müller-Freienfels, 1924]) (*Estética. I. A estética alemã desde Kant. II. A filosofia do belo*). — *Lotzes Philosophie*, 1888. — *Zwei Jahrzehnte deutscher Politik und die gegenwärtige Weltlage*, 1889 (*Duas décadas de política alemã e a atual situação mundial*). — *Kritische Wanderungen durch die Philosophie der Gegenwart*, 1889 (*Peregrinações críticas ao longo da filosofia atual*). — *Das Grundproblem der Erkenntnistheorie*, 1889 (*O problema fundamental da teoria do conhecimento*). — *Die*

Gesterhypothese des Spiritismus und seine Phantome, 1891 (*A hipótese espiritista e seus fantasmas*). — *Kants Erkenntnistheorie und Metaphysik*, 1894 (*A teoria do conhecimento e a metafísica de Kant*). — *Die sozialen Kernfragen*, 1894 (*As questões sociais básicas*). — *Tagesfragen*, 1896 (*Questões do dia*). — *Kategorienlehre*, 1898 (*Doutrina das categorias*). — *Geschichte der Metaphysik*, 2 vols., 1899-1900 (*História da metafísica*). — *Die Weltanschauung der modernen Physik*, 1902 (*A concepção de mundo da física moderna*). — *Das Christentum des Neuen Testaments*, 1904 (*O cristianismo do Novo Testamento*; é uma segunda edição da obra *Briefe über die christliche Religion*, que apareceu em 1870 sob o pseudônimo de H. A. Müller). — *Das Problem des Lebens. Biologische Studien*, 1906 (*O problema da vida. Estudos biológicos*). — *System der Philosophie im Grundriss* (*Sistema de filosofia em compêndio*), dividido em 8 partes (I. *Grundriss der Erkenntnislehre*, 1907; II. *Grundriss der Naturphilosophie*, 1907; III. *Grundriss der Psychologie*, 1908; IV. *Grundriss der Metaphysik*, 1908; V. *Grundriss der Axiologie*, 1908; VI. *Grundriss der ethischen Prinzipienlehre*, 1909; VII. *Grundriss der Religionsphilosophie*, 1909; VIII. *Grundriss der Aesthetik*, 1909).

Edição de obras: *Ausgewählte Werke*, 13 vols., 1885-1901. — *Gesammelte Studien und Aufsätze*, 1876.

Bibliografia: A. v. Harmann, "Chronologie der Schriften von E. v. H.", *Kant-Studien*, 17 (1912). — H. Stäglich, *Verzeichnis der E. v. H.-Literatur*, 1932.

Ver: Julius Bahnsen, *Zur Philosophie der Geschichte, eine kritische Besprechung Hegel-Harmannschen Evolutionismus aus Schopenhauerschen Prinzipien*, 1871. — J. C. Fischer, *Hartmanns Philosophie des Unbewussten, ein Schmerzenschrei des gesunden Menschenverstandes*, 1872. — J. Volkelt, *Das Unbewusste und der Pessimismus*, 1873. — Johannes Rehmke, *Harmanns Unbewusstes auf die Logik hin kritisch beleuchtet*, 1873 (tese). — H. Ebbinghaus, *Ueber die Hartmannsche Philosophie des Unbewussten*, 1873 (tese). — G. Hansemann, *E. von Hartmanns Philosophie des Unbewussten für das Bewusstsein weiterer Kreise*, 1874. — F. Bonatelli, *La filosofia dell'inconscio di E. von H. esposta ed essaminata*, 1876. — B. Carneri, *Der Mensch als Selbstzweck. Eine positive Kritik des Unbewussten*, 1877. — O. Schmid, *Die naturwissenschaftlichen Grundlagen der Philosophie des Unbewussten*, 1877. — Olga Plümacher, *Der Kampf ums Unbewusste, nebst einem chronologischen Verzeichnis der Hartmann-Literatur als Anhang*, 1881; 2ª ed., 1891 [com bibliografia ampliada]. — Raphael Kolber, *Das philosophisches System E. von Hartmanns*, 1884. — A. Faggi, *La filosofia dell'incosciente*, 1891. — Arthur Drews, *E. von Hartmanns philosophische System im Grundriss*, 1902. — T. Kappstein, *E. von H.*, 1907. — O. Braun, *E. von Hartmann*, 1909. — Leopold Ziegler, *Das Weltbild Hartmanns*, 1910. — Martin Schmitt, *Die Behandlung des Erkenntnistheoretischen Idealismus bei E. von H.*, 1918 (Kantstudien: Ergänzungshefte, 43). — Johannes Hessen, *Die Kategorienlehre E. von Hartmanns*, 1925. — Karl Otto Petrashek, *Die Logik des Unbewussten. Eine Auseinandersetzung mit den Prinzipen und Grundbegriffen der Philosophie E. von Hartmanns*, 2 vols., 1926. — E. von Schnehen, *E. von H.*, 1929. — W. Rauschenberger, *E. von H.*, 1942. — M. Huber, *E. v. Harmanns Metaphysik und Religionsphilosophie*, 1954. — Dennis N. Kenedy Darnoi, *The Unconscious and E. von H.: A Historico-Critical Monograph*, 1967. — T. Schwarz, "E. v. H.", *Deutsche Zeitschrift für Philosophie*, 17 (1969). — M. Weyembergh, *F. Nietzsche und E. v. H.*, 1977. ᑕ

HARTMANN, NICOLAI (1882-1950). Nascido em Riga, foi professor a partir de 1922 em Marburgo, a partir de 1925 em Colônia, a partir de 1931 em Berlim e a partir de 1945 em Göttingen. Procedente do neokantismo da escola de Marburgo, no qual se inspiravam seus primeiros trabalhos, separou-se dele posteriormente por influência da fenomenologia. Essa influência, completada em sua filosofia do espírito pelas de Hegel, Scheler e Dilthey, explica em parte a filosofia de Hartmann, mas não a determina completamente. N. Hartmann caracteriza-se por um esforço constante de repensar os problemas filosóficos fundamentais sem obedecer a outras influências além das que possam esclarecer a natureza dos problemas tratados e suas possíveis soluções. Também é característico de Hartmann rejeitar as tentações para uma construção sistemática regida por razões meramente especulativas. A filosofia de Hartmann é sistemática no sentido de que se propõe examinar os problemas básicos da filosofia em toda a sua extensão, mas não no sentido de forçá-los a entrar em uma construção metafísica prévia. O próprio Hartmann declarou que sua filosofia é "uma filosofia dos problemas" e não uma "filosofia do sistema"; por isso ele pode aproveitar muitos elementos da filosofia do passado, e não apenas os já mencionados, mas também elementos que se encontram no pensamento "clássico" — pode, portanto, aproveitar elementos de pensadores aparentemente tão diferentes quanto Aristóteles e Hegel.

Como o pensamento filosófico de Hartmann se caracteriza pelo estabelecimento tranqüilo e detalhado de problemas básicos, é difícil dar uma idéia dele em poucas linhas. Assim, nos limitaremos a várias das principais contribuições de nosso autor, e particularmente a duas delas: a teoria do conhecimento e a ontologia.

No que diz respeito à teoria do conhecimento — ou metafísica do conhecimento —, Hartmann começa com uma fenomenologia, que, no entanto, é considerada somente como a primeira parte da análise do problema do conhecimento (a fenomenologia do conhecimento serve para levantar o problema gnosiológico sem começar com pressupostos que determinem a solução). Resultado dessa fenomenologia do conhecimento é mostrar a relação *sujeito-objeto* como uma relação de imediato heterogênea, ou seja, como uma relação na qual nem o sujeito determina ativamente o objeto nem este se impõe a um sujeito completamente passivo. O ato do conhecimento é fundamentalmente a apreensão do objeto pelo sujeito, que transcende rumo ao objeto em um ato no qual este último permanece inalterado. Ao longo da descrição fenomenológica do ato de conhecimento surgem diversas aporias (ver APORIA). Estas são tratadas na parte que se segue à fenomenologia: a "aporética". A missão da aporética não é desembocar em uma conclusão cética nem tampouco tentar a todo custo uma eliminação das "contradições" e das "dificuldades", mas enfrentá-las lealmente. Quando esse trabalho é realizado, vê-se que as aporias podem ser "resolvidas" — e, de certo modo, "dissolvidas" — em uma síntese. Essa síntese é objeto da terceira parte da metafísica do conhecimento: a parte sistemática ou teórica. Esta é uma "ontologia do conhecimento" que se divide em uma ontologia do conhecimento do objeto e em uma ontologia do objeto do conhecimento. Em ambas torna-se claro, segundo Hartmann, que em toda teoria do conhecimento há elementos metafísicos e em toda metafísica, elementos gnosiológicos. Hartmann sublinha que há identidade parcial nas categorias do ser cognoscente e do ser conhecido. Destaca, além disso, os modos como pode ser concebido o objeto enquanto objeto de conhecimento. Examina, para tal efeito, os diversos aspectos do objeto como conhecido, objetivado ou cognoscível, transobjetivado inteligível e transobjetivado transinteligível. O transobjetivado transinteligível é o ser transcendente que, enquanto tal, é opaco. Este último aspecto não pode ser excluído do objeto, mas tampouco se pode partir dele com o fim de derivar as propriedades de todo objeto.

Tratar a filosofia como "filosofia dos problemas" e não como "filosofia do sistema" não impediu que Hartmann fosse um dos poucos pensadores do século XX a poder se vangloriar de ter tocado todas as disciplinas filosóficas e de ter, portanto, desenvolvido não apenas uma teoria do conhecimento e uma ontologia, mas também uma ética, uma estética, uma filosofia da Natureza, uma filosofia do espírito e, naturalmente, uma doutrina das categorias na qual se insere a maior parte das investigações de nosso filósofo. Pode-se dizer, contudo, que Hartmann tratou "problematicamente" do "sistema da filosofia". Este se apresenta, na intenção do autor, na seguinte ordem: ontologia, filosofia da Natureza, filosofia do espírito, estética, teoria do conhecimento e lógica. Não foi essa mesma ordem que o autor desenvolveu ao longo de sua vida, mas há ao menos um núcleo de problemas fundamentais nos quais se entrelaçaram todas as suas investigações: são os problemas ontológicos. Deles trataremos a seguir, mas precederemos nossa apresentação com algumas palavras sobre sua filosofia do ser espiritual.

Essa filosofia inclui uma teoria dos valores para cujo desenvolvimento Hartmann encontrou muitas incitações em Hegel, Dilthey e Max Scheler. Segundo Hartmann, as características fundamentais do ser espiritual são a objetividade e a transcendência. Isso permite ao espírito apreender os valores objetivos. O espírito é como a porta de acesso da individualidade humana aos valores, e estes se concretizam, por sua vez, no espírito e no ser humano como portador de espírito. Hartmann ocupou-se com particular detalhamento da natureza e das formas do espírito objetivo. Este se distingue, por um lado, do espírito pessoal e, por outro, do espírito objetivado. Essas distinções permitem estabelecer uma relação entre a individualidade humana e o reino dos valores objetivos, e ao mesmo tempo superar o conflito entre o relativismo historicista e o absolutismo axiológico. Em estreita relação com sua filosofia do espírito, Hartmann desenvolveu a ética como ética dos valores. Embora nesse aspecto deva muito a Scheler, há importantes aspectos da ética — como sua doutrina da liberdade (VER) — independentes das idéias schelerianas.

Quanto à ontologia propriamente dita, Hartmann examinou detalhadamente tanto os momentos do ser (*Seinsmomente*) (como a existência e a essência) e as maneiras do ser (*Seinsweisen*) (como a realidade e a idealidade) como os modos do ser (*Seinsmodi*) (como a possibilidade e a realidade, a necessidade e a causalidade, a impossibilidade e a irrealidade). Estes últimos são fundamentais, pois dão lugar a certas leis primárias da ontologia, como "O que é realmente (*real*) efetivo (*wirklich*) também é realmente necessário" e "O que é realmente possível também é realmente efetivo". Uma vez desenvolvidas as implicações destas leis é possível passar para a teoria das categorias, que é em Hartmann uma parte da ontologia, mas uma parte especialmente importante, já que com base nela pode ser elaborada a filosofia da Natureza (com as categorias que estruturam o mundo real) e a filosofia do espírito (com as categorias que estruturam o mundo do espírito e as diversas formas deste a que nos referimos anteriormente). No âmbito da teoria das categorias examina-se o que Hartmann chama de leis categoriais, que são quatro: 1) as categorias não são separáveis de uma realidade concreta cujos princípios constituem; 2) as categorias não aparecem isoladas, mas dentro de uma camada categorial; 3) as categorias da camada superior contêm muitas da camada inferior, mas não o contrário; 4) as categorias da camada superior fundamentam-se nas da camada inferior, mas não o contrário. Como conseqüência dessas leis há duas leis fundamentais que desempenham um papel capital na "construção" categorial do mundo por parte de nosso filósofo: a lei da força, segundo a qual as categorias inferiores são as mais fortes, e a lei da liberdade, segundo a qual as categorias superiores são livres (ou autônomas) em relação às inferiores. Esta última lei parece incompatível com a quarta lei anteriormente mencionada, mas não é se levarmos em conta que "fundamentado em" não significa "determinado por", mas simplesmente o fato de que sem categorias inferiores não podem ser construídas as superiores.

Quanto ao próprio sistema das categorias, Hartmann descreveu e analisou detalhadamente não somente as categorias comuns a todos os reinos do ser, mas também as categorias especiais de diversos "mundos": o mundo ideal e o real, principalmente. No que diz respeito ao mundo real, Hartmann dedicou grande atenção ao exame de três tipos de categoria: as categorias dimensionais, as cosmológicas e as organológicas. O exame das categorias dimensionais traz consigo uma completa análise categorial do espaço, do tempo e do sistema espaço-tempo. O exame das categorias cosmológicas inclui a análise das noções de devir, persistência e estado, da causalidade, da legalidade e dos diversos tipos de complexos naturais. O exame das categorias organológicas inclui uma análise das noções de indivíduo, organismo, processo vital, regulação vital etc. Essas categorias não são obtidas *a priori*, mas procedem de diversas formas de experiência: experiência cotidiana e científica principalmente. Trata-se de uma análise dos fenômenos da qual são extraídas as determinações categoriais sempre abertas a mudanças e retificações de acordo com os novos conhecimentos adquiridos. Por outro lado, nenhuma categoria pode ser considerada isoladamente das outras. "Isso significa" — escreve Hartmann — "que as categorias de um estrato implicam-se umas às outras, ou que cada uma supõe todo o grupo de categorias de um estrato de ser (...) Metodologicamente conclui-se disso que cabe ir de uma categoria de um estrato, ou também de um grupo reduzido delas, uma vez encontradas, até as restantes categorias do mesmo estrato, ou, o que é o mesmo, inferir estas daquelas. Com isso entra em jogo, além do método analítico (e seu fundamento descritivo), um segundo método, distinto do anterior, que olha em outra direção e que, seguindo o modelo platônico, pode ser chamado de 'dialético' — ou também (para distingui-lo da dialética meramente especulativa) de 'horizontal'" (*Philosophie der Natur*. Einleitung, § 19 [usamos a tradução de José Gaos: *Ontología* IV, p. 42]).

⊃ Indicamos primeiro os títulos das obras de N. H. e depois os títulos de seus artigos e ensaios tal como figuram na edição dos *Kleinere Schriften*.

Platons Logik des Seins, 1909 (*A lógica platônica do ser*). — *Des Proclus Diadochus philosophische Anfansgründe der Mathematik nach den ersten 2 Büchern des Euklidskommentars dargestellt*, 1909; reimp., 1969 [Philosophische Arbeiten, IV, 1] (*Os princípios filosóficos da matemática em Proclo Diádoco, expostos segundo os dois primeiros livros do comentário a Euclides*). — *Philosophische Grundfragen der Biologie*, 1912 (*Questões filosóficas fundamentais da biologia*). — *Grundzüge einer Metaphysik der Erkenntnis*, 1921. — *Die Philosophie des deutschen Idealismus*, 2 vols., 1923-1929 (trad. port.: *A filosofia do idealismo alemão*, 2ª ed., 1983 [a parte I é sobre Fichte, Schelling e os "filósofos românticos"; a parte II é sobre Hegel]). — *Ethik*, 1926. — *Das Problem des geistigen Seins*, 1933 (*O problema do ser espiritual*). — *Zur Grundlegung der Ontologie*, 1935. — *Möglichkeit und Wirklichkeit*, 1938. — *Der Aufbau der realen Welt. Grundriss der allgemeinen Kategorienlehre*, 1940. — *Neue Wege der Ontologie*, 1942. — *Philosophie der Natur, Abriss der speziellen Kategorienlehre*, 1950. — *Teleologisches Denken*, 1951 (*Pensamento teleológico*). — *Aesthetik*, 1953. — *Philosophische Gespräche*, 1954; 2ª ed., 1966 (*Conversações filosóficas*). — *Einführung in die Philosophie*, 1954. [Aulas dadas durante o semestre de verão de 1949 na Universidade de Göttingen].

Os *Kleinere Schriften* (*Escritos menores*) antes indicados foram publicados em 3 vols. (I. 1955; II, 1957; III, 1958). Mencionamos os principais escritos contidos em cada volume, assinalando procedência e data originária de publicação.

Vol. I: "Systematische Selbstdarstellung"; em *Deutsche systematische Philosophie nach ihren Gestaltern*, ed. Hermann Schwarz (1933) [auto-exposição filosófica]; "Neue Ontologie in Deutschland" ("Nova ontologia na Alemanha"), em *Felsefe Arkivi*, de Istambul (1946 [escrito em 1940]); "Ziele und Wege der Kategorialanalyse" ("Fins e caminhos da análise categorial"), *Zeitschrift für philosophische Forschung*, 2 (1948); "Die Erkenntnis im Lichte der Ontologie" ("O conhecimento à luz da ontologia" [ampliação de uma conferência de 1949], "Zeitlichkeit und Substantialität" ("Temporalidade e substancialidade"), *Blätter für deutsche Philosophie*, 12 (1938); "Naturphilosophie und Anthropologie", *ibid.*, 18 (1944); "Sinngebung und Sinnerfüllung" ("O dar sentido e o realizar o sentido"), *ibid.*, 8 (1934). — Volume II: "Der philosophische Gedanke und seine Geschichte", *Abhand. Preuss. Ak. der Wiss.*, Jahrgang 1936. Phil.-hist. Kl. Nr. 5; "Das Problem des Apriorismus in der platonischen Philosophie" ("O problema do apriorismo na filosofia platônica"), *Sitzung. der Preuss. Ak. der Wiss.*, Phil.-hist. Kl. XV (1935); "Der Megarische und der Aristotelische Möglichkeitsbegriff" ("O conceito de possibilidade megárico e aristotélico"), *ibid.*, 1937; "Aristoteles und das Problem des Begriffs" ("Aristóteles e o problema do conceito"), *Abhand. etc.*, 1939, n. 5; "Zur Lehre vom Eidos bei Platon und Aristoteles" ("Para a doutrina do eidos em P. e A."), *ibid.*, 1941, n. 8; "Die Anfänge des Schichtungsgedankens in der alten Philosophie" ("Os começos da idéia de estratificação [ver GRAU] na filosofia antiga"), *ibid.*, 1943, n. 3; "Diesseits von Idealismus und Realismus" ("Deste lado do idealismo e do realismo"), *Kantstudien*, 19 (1924), 160-206; "Hegel und das Problem der Realkialektik" ("H. e o problema da dialética real"), *Blätter etc.*, 9 (1935). — Vol. III: "Zur Methode der Philosophiegeschichte" ("Para o método da história da filosofia"), *Kantstudien*, 15, 4 (1909); "Systematische Methode" ("Método sistemático"), *Logos*, 3, n. 2 (1912), "Philosophische Grundfragen der Biologie" (cf. *supra*); "Ueber die Erkennbarkeit des Apriorischen" ("Sobre a cognoscibilidade do apriórico"), *Logos*, 5, n. 3 (1914); "Die Frage der Beweisbarkeit des Kausalgesetzes" ("A questão da demonstrabilidade da lei causal"), *Kantstudien*, 24, n. 3 (1919); "Wie ist kritische Ontologie überhaupt möglich?" ("Como é possível a ontologia crítica em geral?"), *Festschrift für Paul Natorp* (1923).

Depoimentos na "Systematische Selbstdarstellung" citada *supra* e em Werner Ziegenfuss e Gertrud Jung, *Philosophen-Lexicon*, tomo I (A-K), 1949, s. v. "Hartmann (Nicolai)". Correspondência: F. Hartmann, ed., *N. H. und Heinz Heimsoeth im Briefwechsel*, 1978.

Bibliografia: A. J. Buch, ed., *N. H. 1882-1982. Mit einer Einleitung von J. Stallmach und einer Bibliographie der seit 1964 über H. erschienenen Arbeiten*, 1982 (escritos sobre H. a partir de 1964).

Sobre N. H. ver: G. Gurvitch, *Les tendences actuelles de la philosophie allemande*, 1930, cap. III. — J. Geyser, "Zur Grundlegung der Ontologie", *Philosophisches Jahrbuch der Görresgesellschaft*, 49 (1936), 425-465, e 50 (1937), 9-67. — N. Hirnig, *N. Hartmanns Lehre vom objektiven Geist und seine These von der Voraussetzungslosigkeit der Philosophie*, 1937 (tese). — H. Kuhaupt, *Das Problem des erkenntnistheoretischen Realismus in N. Hartmanns Metaphysik der Erkenntnis*, 1938. — A. Konrad, *Irrationalismus und Subjektivismus. Eine immanente Kritik des Satzes des Bewusstseins in N. Hartmanns Erkenntnismetaphysik*, 1939. — F. Romero, "Un filósofo de la problematicidad", em *Filosofía contemporánea*, 1941. — R. Ledesma Ramos, "Esquemas de N. H.", em *Escritos filosóficos*, 1941. — E. Estiú, "El pensamiento de una *philosophia prima* em N. H.", *Filosofía y Letras* [México], n. 8. — Id., "Introducción" à trad. esp. de *La nueva ontología*, 1943, pp. 7-70. — H. Rodríguez Sanz, "Motivos ontológicos en la filosofía de N. H.", *Escorial*, 7 (1941). — A. Guggenberger, *Der Menschengeist und das Sein. Eine Begegnung mit N. H.*, 1942. — O. Becker, "Das formale System der ontologischen Modalitäten", *Blätter für deutsche Philosophie*, 16 (1942-1943), 387-422. — Luis Felipe Alarcos, *H. y la idea de la metafísica*, 1943. — D. García Bacca, *Nueve grandes filósofos contemporáneos y sus temas*, t. I, 1947. — A. P. M. Kievits, *Ethiek en Religie in de Philosophie N. H.*, 1947 (tese). — H. Wagner, "Idealität und Apriorität", *Philosophisches Jahrbuch*, 57 (1947), 292-361, 431-496. — F. Barone, *L'ontologia di N. H.*, 1948. — Id., *H. nella filosofia del Novecento*, 1957 [a evolução do pensamento de N. H. e sua relação com o neokantismo, a fenomenologia e o existencialismo]. — A. Millán Puelles, *El problema del ente ideal. Un examen a través de Husserl y H.*, 1951. — J. Klein, G. Martin, H. Wein, H. Heimsoeth, E. May, M. Hartmann, I. Pape, E. Spranger, O. F. Bollnow, *N. H. Der Denker und seine Welt*, 1952, eds. H. Heimsoeth e R. Heiss [com bibliografia]. — E. Mayer, O. F. M., *Die Objektivität der Werterkenntnis bei N. H.*, 1953. — Nimio de Anquín, "La ontología sin ser de N. H.", *Arché*, fasc. B-C (1953). — S. Otto, *A Foundation of Ontology: A Critical Analysis of N. H.*, 1954. — C. Tony Frei, *Grundlagen der Ontologie N. Hartmanns. Eine kritische Untersuchung*, 1955. — W. Baumann, *Das Problem der Finalität im Organischen bei N. H.*, 1955. — Honorio Delgado, *N. H. y el reino del espíritu*, 1956. — A.-M. Tymieniecka, *Essence et existence. Étude à propos de la philosophie de N. H. et de Roman Ingarden*, 1957. — Jitendra Nath Mohanty, *N. H. and A. N. Whitehead: A Study in Recent Platonism*, 1957. — H. Hulsmann, *Die Methode in der Philosophie N. Hartmanns*, 1959. — H. Beck, *Möglichkeit und Notwendigkeit. Eine Entfaltung der ontologischen Modalitätslehre im Ausgang von N. H.*, 1961. — H. M. Baumgartner, *Die Unbedingheit des Sittlichen. Eine Auseinandersetzung mit N. H.*, 1962. — Katharina Kanthack, *N. H. und das Ende der Ontologie*, 1962. — S. Breton, *L'Être spirituel. Recherches sur la philosophie de N. H.*, 1962. — G. Meyer, *Modalanalyse und Determinationsproblem. Zur Kritik N. Hartmanns and die aristotelische "Physis"*, 1962. — Werner Lichter, *Die Kategorialanalyse der Kausaldetermination. Eine kritische Untersuchung zur Ontologie N. Hartmanns*, 1964. — Alois Möslang, *Finalität. Ihre Problematik in der Philosophie N. Hartmanns*, 1964. — Joachim Bernhard Forsche, *Zur Philosophie N. Hartmanns. Die Problematik von kategorialer Schichtung und Realdetermination*, 1965. — Hariolf Oberer, *Vom Problem des objektivierten Geistes. Ein Beitrag zur Theorie der konkreten Subjektivität im Ausgang von N. Hartmann*, 1965. — Ingeborg Wirth, *Realismus und Apriorismus in N. Hartmanns Erkenntnistheorie*, 1965. — Ricardo G. Maliandi, *Wertobjektivität und Realitätserfahrung. Mit besonderer Berücksichtigung der Philosophie N. Hart-

manns, 1966. — Francesco Sirchia, *N. H. dal neokantismo all'ontologia: La filosofia degli scritti giovlini (1909-1919),* 1969. — Werner Bulk, *Das Problem des idealen Ansich Seins bei N. H.,* 1971. — Rainer Gamp, *Die interkategoriale Relation und die dialektische Methode in der Philosophie N. Hartmanns,* 1972. — W. V. Ruttkowski, *Typen und Schichten,* 1978 (sobre a "estética de estratos" de H. e Ingarden). — A. J. Buch, *Wert. Wertbewusstsein. Wertgeltung. Grundlagen und Grundprobleme der Ethik N. H.s,* 1982. — W. Dahlberg, *Sein und Zeit bei N. H.,* 1983. — G. Wolandt, "N. H.-Ontologie als Grundlehre", em J. Speck, ed., *Philosophie der Gegenwart, IV,* 1984. — E. H. Cadwallader, *Searchlight on Values: N. H.'s Twentieth-Century Value Platonism,* 1984. — J. Stallmach, *Ansichsein und Seinsverstehen,* 1987. — W. H. Werkmeister, *N. H.'New Ontology,* 1990. c

HARTSHORNE, CHARLES. Nascido (1897) em Kittaning, Pennsylvania (EUA), ensinou em Harvard (1925-1928) e em Chicago (1928-1955); a partir de 1955 foi professor na Emory University, em Atlanta (Georgia), e a partir de 1962 na Universidade do Texas, até sua aposentadoria em 1976. Hartshorne reconhece ter sido influenciado principalmente por Platão, Husserl, Royce, James, C. I. Lewis, W. E. Hocking, R. B. Perry e Whitehead. Seu pensamento filosófico, centrado na metafísica, na filosofia da religião e na estética, é em certa medida uma continuação do de Peirce e Whitehead, mas somente na medida em que os citados autores representam a "atmosfera especulativa" em que se move Hartshorne.

Tomando os "ismos" apenas como "indicadores" ou "sinais" do pensamento de Hartshorne, pode-se dizer que ele defende o realismo epistemológico e o idealismo (ou "psiquicalismo") metafísico, com forte tendência ao processualismo e ao "sinequismo" (Peirce). Hartshorne rejeita todo dualismo em favor de uma concepção continuísta e emergentista da realidade. Porém o "contínuo" de que fala não deriva de um elemento ou forma fundamental que se desdobra em todos os entes; esse contínuo se manifesta na forma de interações de elementos "contrários" (como, por exemplo, o sujeito e o objeto). Cada contrário solapa ou inclui o outro contrário, de modo que há uma "assimetria básica no pensamento e na realidade". A metafísica resultante disso é uma metafísica sintética e não dialética.

Hartshorne afirma o predomínio de alguns contrários na mencionada assimetria, o que ocorre com o predomínio do abstrato sobre o concreto. Os "abstratos" ou os "universais" encontram-se em entes particulares. No que diz respeito à contraposição do necessário e do contingente, Hartshorne sustenta que o primeiro está contido no segundo; na contraposição positivo-negativo, o positivo envolve o negativo; na contraposição absoluto-relativo, o predomínio corresponde a este último.

Segundo nosso autor, a metafísica por ele proposta é compatível com o racionalismo clássico, mas o amplia consideravelmente. É importante no pensamento de Hartshorne sua especulação sobre os temas da criação, da ordem e de Deus. Para ele, Deus é o fundamento da ordem do real, mas isso não equivale a fazer de Deus um Absoluto que determina absolutamente o curso do mundo: Deus não determina o mundo, mas o influencia. Deste modo, não há contradição entre o poder divino e a liberdade da criatura.

A metafísica de Hartshorne foi qualificada por seu autor de "metafísica neoclássica" — uma metafísica fundada na "relatividade direcional", ou seja, na não-simetria —, pela qual ele entende uma filosofia que defende a idéia da deidade, destacando seus elementos religiosos e, ao mesmo tempo, seus fundamentos racionais. Segundo Hartshorne, não devemos nos deixar arrastar pela tendência ao absurdo e ao paradoxo. A metafísica neo-clássica não se baseia, como a clássica, no ser, na substância, na necessidade, no absoluto; mas no processo, na criatividade etc. — funda-se na "relatividade direcional", isto é, na não-simetria. É um "teísmo neoclássico" que difere do clássico por não rejeitar as possíveis conseqüências panenteístas (ver PANENTEÍSMO). Hartshorne sublinha a independência do "objeto" e a dependência do "sujeito" (em relação a seus "objetos"), mas destaca que toda entidade deve ser objeto para algum sujeito, que é sempre uma realidade concreta. Em vista de que Hartshorne entende por 'objeto' o que se dá como sendo objeto de consciência, cabe dizer que há nesse autor uma espécie de pampsiquismo. O que é metafisicamente primário é o vivente, sentinte e "social". Deus encontra-se interna e externamente relacionado com o mundo. É importante nesse autor uma lei de polaridade segundo a qual os contrários últimos são correlativos, mutuamente dependentes, de modo que nada pode ser descrito em termos de mera simplicidade, ser, atualidade etc., independentemente da complexidade, do devir e da potencialidade.

➲ Obras: *The Philosophy and Psychology of Sensation,* 1934. — *Beyond Humanism: Essays in the New Philosophy of Nature,* 1937; reimp., com novo prólogo, 1968. — *Man's Vision of God and the Logic of Theism,* 1941; reimp., 1964. — *The Divine Relativity: A Social Conception of God,* 1948; reimp., 1964. — *Reality as Social Process: Studies in Metaphysics and Religion,* 1953; reimp., 1971. — *The Logic of Perfection, and Other Essays in Neoclassical Metaphysics,* 1962. — *Anselm's Discovery: A Re-examination of the Ontological Proof for God's Existence,* 1965. — *A Natural Theology for Our Time,* 1967. — *The Social Conception of the Universe,* ed. Keiji Matsunobu, 1967 (contém três ensaios de

Reality as Social Process, cit. *supra*). — *Creative Synthesis and Philosophic Method*, 1970. — *Whitehead's Philosophy: Selected Essays 1935-1970*, 1972. — *Born to Sing: An Interpretation and World Survey of Bird Songs*, 1973. — *Whitehead's View of Reality*, 1981 (em colaboração com P. Creighton). — *The Divine Relativity*, 1982. — *Insights and Oversights of Great Thinkers*, 1983. — *Omnipotence and Other Theological Mistakes*, 1984. — *Creativity in American Philosophy*, 1984. — *Wisdom as Moderation*, 1987. — *The Darkness and the Light: a Philosopher Reflects on his Fortunate Career and Those Who made it Possible*, 1987.

H. publicou, com Paul Weiss, os *Collected Papers* de C. S. Peirce, vols. I-VI, 1931-1935. — Além de cerca de vinte livros, H. publicou, em sua longa vida, aproximadamente 480 artigos.

Biografia: J. B. Cobb, F. I. Gamwell, eds., *Existence and Actuality: Conversations with Ch. H.*, 1984.

Bibliografia: W. L. Reese e E. Freeman, eds., *Process and Divinity: The H. Festschrift*, 1964, apêndice A. — Dorothy C. Hartshorne, "C. H. Primary Bibliography", *Process Studies*, 6 (1976), 73-93.

Ver: Eugene H. Peters, *The Creative Advance: An Introduction to Process Philosophy as a Context for Christian Faith*, 1966. — Id., *H. and Neoclassical Metaphysics: An Interpretation*, 1970. — Ralph E. James, *The Concrete God: A New Beginning for Theology. The Thought of C. H.*, 1967. — Lewis S. Ford, ed., *Two Process Philosophers: Hartschorne's Encounter with Whitehead*, 1973. — Alan Gragg, *C. H.*, 1973. — Robert D. Shofner, *Anselm Revisited: A Study of the Role of the Ontological Argument in the Writings of Karl Barth and C. H.*, 1974 (cap. V). — G. L. Goodwin, *The Ontological Argument of Ch. H.*, 1979 (prefácio de Ch. H.) (tese). — E. Hermann, *Die logische Stellung des ontologischen Gottesbewis in Ch. H.s Prozesstheologie als neoklassischer Metaphysik*, 1980. — R. J. Connelly, *Whitehead versus H.: Basic Metaphysical Issues*, 1981. — D. W. Viney, *Ch. H. and the Existence of God*, 1984 (tese). — S. Sia, *God in Process Thought: A Study in Ch. H.'s Concept of God*, 1985. — D. A. Dombrowski, *H. and the Metaphysics of Animal Rights*, 1988. — R. Kane, S. H. Phillips, eds., *H. Process Philosophy, and Theology*, 1989 (dez arts. sobre H., com suas respostas). — L. E. Hahn, ed., *The Philosophy of Ch. H.*, 1991 (The Library of Living Philosophers, 20] (com respostas, autobiografia e bibliografia]. — G. Boyd, *Trinity and Process: A Critical Evaluation and Reconstruction of H.'s Di-Polar Theism Towards a Trinitarian Metaphysics*, 1992. — D. R. Griffin, "C. H.", em *id., et al., Founders of Constructive Postmodern Philosophy*, 1993. **C**

HATANO SEIICHI (1877-1950). Nascido em Nagano (Japão), estudou em Tóquio com Raphael von Koeber ou Koeber *sensei* ("o mestre Koeber"). Após doutorar-se, em 1904, com uma tese sobre Spinoza em alemão (depois publicada em japonês), estudou na Alemanha com Adolf Harnack, Wilhelm Windelband e Ernst Troeltsch, entre outros. De volta ao Japão, deu aulas na Universidade de Waseda e, de 1917 a 1947, na de Kioto.

Tanto por seus estudos como por inclinação pessoal, o principal interesse de Hatano Seiichi foi a filosofia da religião na linha da teologia protestante. Os estudos histórico-filológicos sobre as origens do cristianismo constituíram para ele um ponto de partida para o desenvolvimento de um pensamento sistemático na filosofia da religião. Hatano destacou até mesmo que somente uma filosofia da religião sistematicamente desenvolvida permite dar sentido pleno a estudos textuais e comparativos. Opondo-se às críticas racionalistas da religião, assim como ao supernaturalismo — que considerava uma forma de racionalismo —, Hatano salientou o fato básico da experiência religiosa de um Ser que se manifesta como poder, verdade e amor. Hatano ligou, de modo quase dialético, a experiência e reflexão subjetivas com a existência de um ser que é, nos termos de Rudolf Otto, "o absolutamente Outro". Ligou também a temporalidade com a eternidade e o próximo com o distante. Tudo isso se funda, contudo, na experiência religiosa básica, sem a qual não pode haver presença do eterno no temporal.

➲ Obras: *Seiyo tetsugaku-shiyo*, 1901 (*Esboço de história da filosofia ocidental*). — *Kirisutokyo no kigen*, 1908 (*As origens do cristianismo*). — *Spinoza no kenkyu*, 1910 (*Estudo sobre S.*) (tese escrita originalmente em alemão). — *Shukyo tetsugaku no honshitsu oyobi sono kompon mondai*, 1920 (*A essência e o problema fundamental da filosofia da religião*). — *Shukyo tetsugaku*, 1925 (*Filosofia da religião*). — *Shukyo tetsugaku joron*, 1940 (*Introdução à filosofia da religião*). — *Toki to eien*, 1943 (*O tempo e a eternidade*).

Obras completas: *Hatano Seiichi zenshu*, 5 vols., 1949.

Ver: Gino K. Piovesana, S. J., *Recent Japanese Philosophical Thought 1862-1962*, 1963, pp. 123-131. **C**

HAUPTMANN, CARL. Ver AVENARIUS, RICHARD.

HAVERES. O autor deste Dicionário introduziu a expressão 'haveres' (plural do infinitivo substantivado 'haver') em sua ontologia (cf. *El ser y el sentido*, 1967, XIII, §§ 1-5). Há vários modos de realidade — tais como coisas, pessoas, processos, campos —, tipos de realidade — tais como realidades físicas, pessoas (ou agentes) — e objetivações (ou "produtos culturais", que incluem conceitos, teorias etc.). Em cada um desses casos, os termos utilizados denotam realidades. Pode-se falar também de "ser" e de "sentido", expressões que não denotam realidades mas permitem expressar como estão constituídas as realidades em uma orientação ontológica "bipolar". Além disso, cabe falar de "haveres da realidade", que tampouco denotam realidades nem expressam suas propriedade por mais gerais que sejam. Já que na indicada ontologia não se admite falar de "a realidade" como se houvesse a realidade separável das realidades efetivas — que são as realidades "deste mundo" —, os haveres não são equiparáveis aos transcendentais clássicos. No máximo assemelham-se a traços estruturais de todas as realidades, assim como, em uma casa, a disposição das diversas partes entre si, as funções que cumpre cada uma em relação às outras, a resistência dos materiais etc. são traços estruturais da casa inteira.

Não há nenhuma lista exaustiva de "haveres". Aqueles que o autor levou em conta são os seguintes: 1) o próprio haver, que expressa o fato de que há aquilo de que se trata e que é, portanto, o sujeito de um compromisso ontológico (VER); 'haver' equivale, enfim, a "ter realidade" (e isso equivale sempre a ter [ou ser] esta ou aquela realidade); 2) a presença (VER), que é o estar atuando e o ser atual ao mesmo tempo; 3) a confluência (VER), que consiste em que uma realidade nunca é completa no sentido de adequar-se a um suposto modelo inteligível; 4) a in-transcendência (VER), que é, *grosso modo*, o caráter *não*-absoluto de qualquer realidade.

HEBRAÍSMO. Ver FILOSOFIA JUDAICA.

HECATEU DE RODES. Ver ESTÓICOS.

HECEIDADE. Essa é a transcrição usual do vocábulo latino *haecceitas*, usado por Duns Scot com referência ao princípio de individuação (VER). *Haecceitas* poderia ser traduzido por 'istidade' — de 'isto', *haec*.

Segundo Duns Scot, o princípio de individuação, aquilo que faz uma dada entidade ser individual, isto é, ser "este indivíduo e não outro", não é nem a matéria — a matéria *signata quantitate*, como propunha Santo Tomás —, nem a forma ou o composto, pois nenhum deles pode singularizar uma entidade. Portanto, não pode ser senão a "realidade última da coisa" — *"ultima realitas entis, quod est materia vel quod est forma vel quod est compositum"* (*Opus ox.* II disp. 3, q. 6, n. 15) —, que Duns Scot chama de *haecceitas*.

Pode-se perguntar o que se acrescenta à realidade de um ente singular ao dizer que sua singularidade é sua "istidade". Se se supõe que é preciso acrescentar uma natureza à natureza da entidade considerada, a resposta é negativa: a natureza da entidade e sua hecceidade não podem distinguir-se realmente. Mas entre a natureza e a heceidade há uma distinção formal. Isso não significa que a heceidade seja somente um "termo". Segundo Duns Scot, a formalidade da natureza não é a formalidade incomunicável, mas a formalidade denominativa, já que também no composto há formalidade incomu- nicável (*Rep. par.*, ii, d. 12, q. 8, n. 8; ver também o texto citado em INDIVIDUAÇÃO).

A heceidade é a *ultima actualitas formae*. "Trata-se, pois, aqui" — escreve É. Gilson (*Jean Duns Scot*, 1952, pp. 464-465) —, "de uma individuação *da* qüididade mas não *pela* qüididade. Sem trair o pensamento de Duns Scot poder-se-ia dizer que é uma individuação da forma, mas não pela forma, pois em nenhum momento saímos da linha predicamental da essência. A existência não pode ser considerada, pois funda uma coordenação distinta da das qüididades e de suas respectivas entidades. A ordem do existir atual, que Duns Scot não ignora, não pode intervir no sistema dos constituintes qüidativos do ser, o qual deve poder se constituir mediante seus próprios recursos, desde o gênero supremo até a espécie especialíssima; e isso é o que deve ser compreendido acima de tudo: a individuação scotista permite a determinação completa do singular sem recorrer à existência; é antes a condição exigida necessariamente para toda existência possível, já que somente são capazes de existir os sujeitos completamente determinados por sua diferença individual; em suma, os indivíduos."

Alguns autores indicaram que se encontra um antecedente da doutrina scotista da heceidade em Aristóteles, especialmente nas passagens em que o Estagirita se refere ao individual como o "elemento concreto", τὸ σύνολον (*Met.* Z, 8, 1033 b 19 ss.), mas isso é aceitável apenas se esse "elemento concreto" é a entidade e não o composto, uma vez que, como indicamos anteriormente, este é rejeitado por Duns Scot como princípio de individuação, assim como a matéria e a forma. Indicou-se também que a doutrina scotista foi antecipada, ou ao menos insinuada, por alguns escolásticos, sobretudo pelos franciscanos da chamada "escola de Oxford" (VER), entre eles Tomás de York, Rogr Bacon e João Pecham.

HEDENIUS, PER ARVID INGEMAR (1908-1982). Nascido em Estocolmo, professor (a partir de 1947) na Universidade de Uppsala, foi um dos membros da (nova) Escola de Uppsala. Embora tenha seguido, em princípio, os métodos e as idéias de Hägerström e Phalén, Hedenius submeteu Hägerström à crítica, defendendo a tese do caráter imperativo dos enunciados legais. Os enunciados legais que não têm caráter imperativo são, segundo Hedenius, legais apenas em certo sentido, já que se limitam a indicar o que são as leis dentro de determinado contexto legal.

➔ Obras: *Sensationalism and Theology in Berkeley's Philosophy*, 1936. — *Studies in Hume's Ethics*, 1937. — *Om rätt och moral*, 1941 (*Sobre o direito e a moral*). — *Fem studier i praktisk filosofi*, 1964 (*Cinco estudos de filosofia prática*). — *Sju studier i praktisk filosofi*, 1968 (*Seis estudos de filosofia prática*).

Ver: J. Hartnack, "The Performatory Use of Sentencies", *Theoria*, 29 (1963), 137-146. — S. Hallden, "I. H. in Memoriam", *ibid.*, 48 (1982), 1-3. ℭ

HEDONISMO. A palavra grega ἡδονή, *hedoné*, é geralmente traduzida por 'prazer'. Para alguns autores, como Anaxágoras, que seguia com isso o uso lingüístico jônico, ἡδονή significava algumas das sensações de alguns sentidos: gosto, cheiro, sabor. Era freqüente entender por ἡδονή o prazer corporal, às vezes sem necessidade de indicá-lo expressamente, em frases como αἱ τοῦ σώματος ἡδοναί e αἱ σωματικαὶ ἡδοναί. Na época dos sofistas não foi incomum considerar que o ἡδονή, prazer, era causado pela harmonia ou boa disposição de distintos elementos do corpo. Sentia-se prazer quando se estava "pleno", talvez no sentido de corporalmente "bem provido"; o contrário era um "vazio", que originava o desejo, que, ao se cumprir, gerava o prazer.

Chamou-se de "hedonismo" a tendência que consiste em considerar que o prazer é um bem; em muitos casos julga-se que o prazer é o maior bem, ou identifica-se 'prazer' com 'bem'. O bem em questão foi em muitos casos um "bem-estar", no sentido literal desse termo, muito similar à harmonia ou boa disposição antes apontada. Entretanto, como houve muitas maneiras de entender 'prazer', houve também muitas formas de hedonismo. Já que grande parte das polêmicas sobre o significado de 'prazer' (VER) e sobre a justificação ou não-justificação de sua busca ocorreram no terreno "moral", considerou-se que o hedonismo é uma tendência da filosofia moral.

Prescindindo das consideráveis diferenças entre os diversos pensadores hedonistas ou as diversas escolas hedonistas, considerou-se que defenderam uma moral hedonista os cirenaicos e os epicuristas antigos, os epicuristas modernos ou neo-epicuristas (Gassendi, Valla etc.), os materialistas do século XVIII, especialmente os materialistas franceses (Helvétius, Holbach, La Mettrie etc.) e os utilitaristas ingleses (ao menos J. Bentham). Geralmente, Spinoza e Hobbes são incluídos entre os hedonistas, mas alguns historiadores discordam dessa opinião.

O hedonismo teve muitos inimigos: por motivos muito diversos, Platão, muitos filósofos cristãos — especialmente de tendência ascética —, Kant e outros autores foram anti-hedonistas. Em geral, o hedonismo foi objeto freqüente de crítica e, em alguns casos, de desprezo. Excepcionalmente tentou-se defender o hedonismo sem paliativos, não tanto por amor ao prazer mas por motivos racionais; este é o caso de W. H. Sheldon no artigo citado na bibliografia. Segundo Sheldon, "o hedonismo ético é o imperativo categórico".

Houve muitas discussões sobre o significado, as formas, os pressupostos e as razões do hedonismo. Os antigos hedonistas, especialmente os cirenaicos, consideravam que o bem é o prazer e o mal é a dor. O homem "deve" dedicar-se a buscar o primeiro e a evitar o segundo. Até que ponto a evitação da dor seja já um prazer foi uma questão muito discutida. Quanto ao prazer, os cirenaicos pareceram enfatizar o prazer dos sentidos ou "prazer material", nem sempre contra o "prazer espiritual", mas como fundamento indispensável deste último. Como esse "prazer sensível" é algo presente, houve a inclinação a considerar que somente o prazer atual é um bem verdadeiro. Argumentou-se contra os cirenaicos que os prazeres podem produzir dor. A isso se respondeu que o "dever" de todo hedonista é buscar prazeres (ou, melhor, a satisfação dos desejos) de tal forma que as dores subseqüentes sejam evitadas. Também se argumentou contra os cirenaicos que a doutrina hedonista é egoísta e que o prazer de um pode resultar na dor do outro; por isso os cirenaicos apontaram para uma doutrina não-egoísta dos prazeres, mas não parecem tê-la desenvolvido consistentemente. No que diz respeito aos epicuristas, estes destacaram a importância dos "prazeres moderados", únicos que permitem evitar a dor, assim como a importância de uma certa "participação nos prazeres" mediante uma comunidade de amigos. Nos epicuristas os prazeres aparecem como sendo de natureza menos "sensível" que nos cirenaicos; para os epicuristas a conversa amistosa era um dos prazeres que podiam ser buscados sem que se incorresse na dor.

Um argumento muito comum contra o hedonismo é que na verdade não se deseja o prazer, mas o objeto que proporciona o prazer. Pode-se argumentar, porém, que se se busca esse objeto (com atitude hedonista) é porque ele proporciona prazer, ou se espera que o proporcione. O prazer como bem dos hedonistas é, pois, o objeto na medida em que é gozado, não o objeto em si mesmo. Quando os hedonistas indicam que o maior bem é o prazer não querem dizer necessariamente que há um certo "objeto" que seja identificável com o prazer. "O que o hedonista realmente faz" — escreve P. H. Nowell-Smith (*Ethics*, 1954, p. 137) — "é tratar o prazer como um elemento comum em todas as várias coisas que consideramos prazerosas, e dizer que quando um homem faz algo o faz porque espera que seja prazeroso ou porque acredita que é um meio para obter algo prazeroso. Desejar algo é esperar que seja prazeroso, e gozar algo é considerá-lo prazeroso."

Outras críticas ao hedonismo foram formuladas do ponto de vista de uma moral muito distinta. Kant, por exemplo, critica o hedonismo como uma das morais "materiais"; nenhuma dessas morais é capaz de proporcionar completa segurança sobre os conceitos morais fundamentais, como o faz uma moral "formal". Também se criticou o hedonismo de um ponto de vista da chamada "moral dos valores"; nessa moral o hedonismo nem sempre é eliminado, mas o prazer é um valor de natureza inferior que pode, e deve, subordinar-se a outros valores. Uma crítica parecida é formulada por aqueles que distinguem a faculdade inferior do desejo (*appetitus sensitivus*) e a faculdade superior do desejo (*appetitus rationalis*). Alguns hedonistas, especialmente de tendência epicurista, poderiam argumentar, contra essa objeção, que para eles o desejo do prazer como sumo bem é "uma faculdade superior (racional)" do desejo. Um tipo de crítica distinto é o de G. E. Moore (*Principia Ethica*, I, III), que indica que o hedonismo é uma forma de naturalismo e que comete a "falácia naturalista" (VER). O hedonista afirma que *somente* o prazer é bom como um fim ou em si mesmo; com isso, esquece-se de que 'bom' é o nome de uma qualidade irredutível. Por outro lado, os hedonistas que afirmam (como Sidgwick) que o bem proposto pelos hedonistas é uma qualidade irredutível falham em mostrar intuitivamente essa qualidade.

As objeções ao hedonismo como manifestação de egoísmo foram objeto de análise por parte de hedonistas de tendência utilitarista, como Bentham, J. S. Mill e Spencer. Para Bentham, os prazeres diferem segundo a quantidade e segundo a causa que os produz. Há, de acordo com isso, quatorze diferentes tipos de prazeres: dos sentidos, riquezas, habilidade, amizade, bom nome, poder, piedade, benevolência, malevolência, memória, imaginação, expectativa, associação, alívio. Entre esses prazeres há alguns que decididamente se dirigem para o aumento da felicidade do próximo. Todo hedonismo "bem entendido" exige um "cálculo de prazeres". Um hedonismo altruísta também é defendido por J. S. Mill, para o qual amar o próximo como a si próprio é uma das conseqüências de uma moral hedonista, por assim dizer, "aberta". Quanto a Spencer, combinou uma moral hedonista com uma doutrina evolucionista, tentando mostrar que esta última constitui a base científica da primeira (ver J. Watson, *op. cit. infra*, pp. 137-243).

⇨ Ver bibliografia de CIRENAICOS; EPICURISTAS. Além disso, John Watson, *Hedonistic Theories: From Aristippus to Spencer*, 1895. — Heinrich Gomperz, *Kritik des Hedonismus*, 1898. — A.-J. Festugière, *Le plaisir*, 1946. — W. H. Sheldon, "The Absolute Truth of Hedonism", *Journal of Philosophy*, 47 (1950), 285-304. — David Baumgardt, *Bentham and the Ethics of Today*, 1952. — Id., *Jenseits von Machmoral und Masochismus. Hedonistische Ethik als kritische Alternative*, 1977. — J. C. B. Gesling, *Pleasure and Desire: The Case for Hedonism Revisited*, 1969. — R. B. Edwards, *Pleasures and Pains: A Theorie of Qualitative Hedonism*, 1979. — F. Vaughan, *The Tradition of Political Hedonism*, 1982. — S. A. Drakopoulos, *Values and Economic Theory: The case for Hedonism*, 1991. — Praticamente todas as obras sobre problemas éticos (ver ÉTICA; MORAL) referem-se à questão do hedonismo. ⇦

HEEREBOORD, ANDRIAAN (1614-1659). Nascido em Leiden, é considerado um dos seguidores do cartesianismo (VER) na Holanda. Discípulo de Franco Burgerdijk, que foi professor em Leiden de 1620 a 1635 e escreveu um compêndio suareziano (*Institutionum metaphysicorum libri duo*, publicado postumamente, em 1640), Heereboord combinou o cartesianismo com o suarezismo. Considerou muitas idéias aristotélicas compatíveis com as cartesianas dentro do marco metafísico suareziano.

⇨ Obras: *Parallelismus Aristotelicae et Cartesianae philosophiae naturalis*, 1643. — *Meletemata, philosophica maximam partem metaphysica*, 1654. — *Philosophia rationalis, moralis et naturalis*, 1654. — Ἑρμηνεία *Logica*, 1657. ⇦

HEGEL, GEORG WILHELM FRIEDRICH (1770-1831). Nascido em Stuttgart. Após estudar teologia em Tübingen com Schelling e Hölderin, foi preceptor em Berna (1794-1797) e em Frankfurt (1797-1800). Em 1801 mudou-se para Iena, em cuja Universidade foi *Privatz dozent*. Durante esse período esteve sob a influência de Schelling e dos românticos, também conservando as marcas do neo-humanismo e da educação teológica recebida em Tübingen, a qual, por outro lado, persistiu durante toda a sua vida. Contudo, logo se separou do sistema da identidade, publicando em 1807 sua primeira obra original. Redator de um periódico de Bamberg de 1807 a 1809, foi nomeado neste último ano reitor do Ginásio de Nuremberg, cargo que exerceu até 1816. Nomeado em seguida professor na Universidade de Heidelberg, mudou-se dois anos depois para Berlim, onde explicou todas as partes de seu sistema com grande sucesso e com o apoio oficial (ver HEGELIANISMO).

Embora situado na confluência das correntes do idealismo transcendental e do romantismo, o sistema de Hegel apresenta profundas diferenças em relação aos de Fichte e de Schelling. Em primeiro lugar, recusa-se decididamente a partir do Absoluto como mera indiferença entre sujeito e objeto; tal Absoluto é, para Hegel, como a noite, na qual todos os gatos são pardos, "é a ingenuidade do vazio no conhecimento", pois não permite explicar de nenhuma maneira a produção das diferenças nem sua realidade. Em segundo lugar, Hegel se caracteriza por uma forte tendência ao "concreto" e por uma decidida afirmação do poder do pensamento e da razão ante a onda nebulosa do sentimento e da intuição intelectual. A filosofia trata do saber absoluto; melhor dizendo, *é* o saber absoluto. Esse saber, porém, não é dado de uma vez em sua origem; é o final de um desenvolvimento que se eleva desde as formas inferiores até as superiores. Mostrar a sucessão das diferentes formas ou fenômenos da consciência até chegar ao saber absoluto é o tema da *Fenomenologia do Espírito* como introdução do sistema total da ciência. Segundo Hegel, a ciência (*Wissenschaft*) é essencialmente sistemática; ela consiste em noções que se derivam umas das outras de modo necessário. A única forma em que a verdade pode existir é, diz Hegel, "o sistema científico dessa verdade". Na verdadeira natureza do conhecimento radica a necessidade de que seja ciência; e, portanto, sistema. Esse sistema não é, contudo, um simples conjunto de proposições em forma dedutiva; o verdadeiro sistema é o que resume, unifica e supera as doutrinas anteriores. Somente na maturidade da história e da ciência pode existir, portanto, uma verdadeira ciência sistemática. O método dessa ciência é o método dialético (ver DIALÉTICA), ou método da evolução interna dos conceitos segundo o modelo da tese-antítese-síntese. O método dialético não é nem um puro método conceitual nem um método intuitivo; não é nem um método dedutivo nem um método empírico. Nesses métodos a verdade se opõe ao erro e vice-versa. No método dialético o erro aparece como um momento evolutivo da verdade: a verdade conserva, e supera, o erro.

Característica de Hegel é a idéia de que o conhecimento não é a representação por um sujeito de algo "externo"; a representação de um objeto por um sujeito é ao mesmo tempo parte integrante do objeto. A consciência não é somente consciência do objeto, mas também consciência de si. O objeto não é, pois, nem algo "exterior" nem tampouco simples conteúdo de consciência. Em outros termos, o conhecimento como marcha rumo ao Absoluto requer uma dialética do sujeito e do objeto e nunca a redução de um ao outro.

A *Fenomenologia do Espírito* é, desse modo, a marcha do pensamento rumo a seu próprio objeto, que é, no fim, ele mesmo, na medida em que absorveu completamente o pensado. Nessa marcha há diversas fases ou, melhor, "momentos". Cada um desses "momentos" tem sua própria justificação, mas é insuficiente: é imediatamente negado e superado por outro "momento". O primeiro momento do saber é aquele em que a consciência crê encontrar o conhecimento verdadeiro na certeza sensível. O objeto dessa certeza parece ser, com efeito, não somente o mais imediato, mas também o mais rico. Trata-se, porém, de pura ilusão. Tudo que o conhecimento sensível pode enunciar de um objeto é dizer que é. Pode-se enriquecer essa noção e procurar apreender o objeto por meio de determinações espaciais e temporais, tais como "aqui" e "agora". Mas o "aqui" e o "agora" não têm sentido a menos que sejam universalizados. Somente por meio da universalidade do significado de termos com que pretendemos descrever os dados sensíveis supostamente imediatos podemos alcançar certeza acerca desses dados. Deve-se, pois, avançar além da certeza sensível e encontrar o que pode fundamentá-la. Todavia os "momentos" que se seguem ao da certeza sensível tampouco são suficientes. As primeiras fases na evolução do espírito mostram a irremediável oposição entre o sujeito e o objeto, as contradições existentes entre o saber do objeto e o próprio objeto. Superior à certeza sensível, mas sem que fique suprimida a oposição e a contradição, é a percepção, à qual segue o entendimento, que já consiste no pensamento do objeto. Esse estado, por assim dizer, de perda da consciência na diversidade do objeto e em suas contradições desaparece quando sobrevém, no caminho que conduz ao saber absoluto, o reconhecimento pleno de si própria e de sua essencial identidade consigo mesma. Toda diversidade e toda oposição da consciência com o objeto se desvanecem diante da unidade revelada no conceito, e somente então se pode dizer propriamente que a consciência é razão. Mas a razão não pode se deter na fase de sua diversificação nas consciências individuais; por intermédio de uma série de fenômenos cuja sucessão Hegel liga não mais com a evolução de uma consciência individual, mas com a história, a consciência individual torna-se espírito e engloba em suas fases, conduzidas dialeticamente, a existência histórica, desde o estado de dependência até o paulatino descobrimento da vida interior pelo cristianismo, que alcança no curso de suas próprias negações internas a superação de sua contradição e seu triunfo final. Esse triunfo não é nada mais que a completa entrada do espírito em si mesmo pela religião. Perdido na selva de si mesmo, o espírito volta a encontrar-se em seu verdadeiro ser quando os graus de seu desenvolvimento o conduziram ao ponto em que a revelação do dogma cristão coincide com a verdade filosófica, pois o saber absoluto é a filosofia, o espírito que chegou a si mesmo após ter se manifestado em toda a sua verdade.

Na *Fenomenologia*, Hegel afirma que somente o Espírito (ou, melhor, o espiritual) é real. Isso parece dar a entender que Hegel sustenta uma filosofia "espiritualista", segundo a qual ou há somente realidade espiritual ou toda realidade se reduz em última análise à realidade espiritual. Entretanto, Hegel usa 'Espírito' em um sentido muito distinto do que esse termo tem em qualquer sistema mais ou menos "espiritualista". O Espírito não é para Hegel uma entidade especial ou uma espécie de supra-entidade superior a todas as demais. "O espiritual" — escreveu Hegel — "é a essência, o que existe em si mesmo". Isso significa que para Hegel o espiritual não é propriamente entidade, mas forma (ou formas) de ser das entidades. Essa forma (ou formas) de ser não está estabelecida de uma vez por todas, mas está submetida a um processo dialético interno. É no curso desse processo que a realidade se constitui "espiritualmente". Não se trata de que a realidade, que "não era Espírito", vá se "espiritualizando". Trata-se antes de que a realidade vai se fazendo a si própria convertendo-se em sua própria "verdade". O que Hegel chama de "Espírito" é, pois, a realidade *como* Espírito. Em certo sentido pode-se dizer que a realidade "não era Espírito" e que se "converteu" em Espírito, mas sempre que por isso não se entenda a passagem de um modo de ser aparente a um modo de ser real, ou de um modo de ser real a outro modo de ser real. Ao "converter-se" em Espírito a realidade vem a ser o que já *era*. Ocorre apenas que era "sem sabê-lo". Por isso a realidade tem de conquistar a si mesma em sua verdade, o que não pode ser feito, como indicamos anteriormente, sem absorver o erro. As condições necessárias para a auto-realização do Espírito pertencem a essa mesma auto-realização. Por isso o Espírito evolui na série de suas "formas", "fases", "momentos" ou "fenômenos" de modo interno. Não pode ser de outro modo, pois não há nada que seja externo ao real; o que se chama de "externo ao" real, ou "fora do" real, é um momento interno — que se desenvolve *como* externo — dessa mesma realidade.

A fenomenologia do espírito não parte do saber absoluto, mas conduz necessariamente a ele. A partir de então o pensamento pode se situar na imediatez do próprio Absoluto, ser ciência da Idéia absoluta. Esta ciência, por sua vez, procede dialeticamente; o processo de sucessivas afirmações e negações que conduziu da certeza sensível ao saber absoluto é o mesmo processo que serve à filosofia para manifestar a idéia. A dialética surge já na primeira divisão do sistema total da ciência. Em seu ser em si, a Idéia absoluta é o tema da *Filosofia da Natureza*; em seu ser em e para si, a Idéia absoluta é o tema da *Filosofia do Espírito*. Tese, antítese e síntese são os distintos momentos em que cada um dos aspectos da Idéia e a Idéia mesma são sucessivamente afirmados, negados e superados. A superação é ao mesmo tempo abolição e conservação (*Aufhebung*) do afirmado; contém o afirmado, porque contém a negação da negação. A dialética não é, por conseguinte, um simples método do pensar; é a forma em que se manifesta a própria realidade, é a própria realidade que alcança sua verdade em seu completo autodesenvolvimento.

Como ciência da Idéia em seu ser em si, a *Lógica* começa com a teoria do ser (VER). O ser é a noção mais universal, mas ao mesmo tempo a mais indeterminada. Ao se negar todo conteúdo nessa suma abstração, o ser se converte no nada. Mas essa negação do ser é superada por sua própria negação, pelo devir (VER): síntese do ser e do nada. O resultado dessa síntese é a Existência (*Dasein*) enquanto "Ser determinado". Esse ser determinado é determinado por uma qualidade, por meio da qual se converte em "algo". Esse "algo" é negação da negação na medida em que é mediante a exclusão de outras entidades que não são ele. Como o caráter determinado do algo é equivalente a um limite, o "algo" de que se trata tem de ser limitado. Essa limitação é a quantidade. A quantidade é, por sua vez, limite, mas sem estabelecer em que proporção. É preciso, portanto, que o algo determinado, ou qualidade, limitado pela quantidade, seja determinado pela medida. Qualidade, quantidade e medida são momentos da primeira parte da lógica, que, por sua vez, é o primeiro momento do sistema completo do ser, isto é, do ser enquanto ser em si. Como segundo momento aparece o ser em sua manifestação ou verdade, a essência, que é, por sua vez, afirmada, negada e superada em seu ser em si ou essência como tal, em sua manifestação ou fenômeno e em sua união com o fenômeno, ou seja, em sua realidade. Por isso a teoria da essência é ao mesmo tempo uma doutrina das categorias da realidade, considerada como substância enquanto conjunto de seus acidentes; como causalidade, enquanto passagem do possível para o real, e como ação recíproca enquanto relação mútua. Em seu ser em e para si, como resultado de seu completo autodesenvolvimento, o ser é o conceito. O conceito é a síntese dos dois momentos principais do ser, é união do ser e da essência, libertação da necessidade da essência, ser da substância em sua liberdade. O conceito não é uma mera noção da lógica formal; como conceito subjetivo, é universalidade, negação desta ou particularidade, e superação dos dois momentos ou individualidade. No conceito são pensados seu ser em si e o juízo como momentos opostos unidos no raciocínio ou conclusão, que permite expressar em uma síntese a universalidade do individual. Como conceito objetivo, o conceito revela seu ser fora de si em seus momentos do mecanicismo, do processo químico e da teleologia ou finalidade orgânica, onde o conceito se converte na idéia diretora de uma totalidade que permanecerá como desagregada nos dois momentos precedentes. E, por fim, como Idéia, o conceito é a síntese dos conceitos subjetivo e objetivo, a verdadeira e plena união do ser com a essência depois de manifestar-se em sua totalidade, a Idéia absoluta que retorna a si mesma após a dialética que no ser, na essência e no conceito encontrou suas negações e superações, pois na Idéia manifesta-se de modo radical a síntese das contradições do conceito, que é, por sua vez, a síntese das contradições do ser.

A Idéia se transforma, desse modo, em uma das noções capitais do sistema hegeliano (que almeja ser, não esqueçamos, o sistema da verdade como um todo e, portanto, o sistema da realidade no processo de pensar-se a si mesma). A Idéia porém não é uma causa da evolução, nem o princípio que torna possível o processo dialético, nem a realidade como um todo: a Idéia explica o processo da realidade somente na medida em que representa o fim rumo ao qual se dirige esse processo. Esse fim não é, contudo, um fim exterior: é um fim interior ao próprio processo. Por isso a Idéia não é tampouco uma entidade lógica ou o aspecto lógico da realidade. A Idéia é aquilo em que alcança pleno desenvolvimento o processo do ser como ser em si.

A Idéia, que a lógica estuda em seu ser em si, é estudada pela filosofia da Natureza em sua alteridade. Também nela se desenvolvem dialeticamente suas manifestações: em seu estado de alteridade, a Natureza tende continuamente a retornar à Idéia em seu ser em e para si, pois a Natureza é como o estado de máxima tensão da Idéia, o momento em que a Idéia chegou ao limite de seu ser-outro e em que, por conseguinte, empreende o caminho rumo à subjetividade. O primeiro momento dessa marcha, que não deve ser confundido com um processo temporal, é representado pela Natureza tal como é objeto de consideração pela mecânica: como o inorgânico puro, como o que está submetido ao espaço, ao tempo e à gravidade; no segundo momento aparece como o físico, que não é apenas o quantitativo, mas o começo de uma subjetividade da Natureza expressa nos fenômenos químicos e elétricos; no terceiro momento, como o orgânico, o individual, o oposto à exterioridade do mecânico, o que já é quase o limiar da subjetividade. Mas na Natureza jamais cabe um domínio completo do universal tal como é contido na razão absoluta; por isso a Natureza é, em sua estranheza da razão absoluta, o reino do contingente.

A Idéia em seu ser em e para si mesma, ao retornar do grande círculo em que, a partir de seu ser em si, percorreu os sucessivos momentos de sua alteridade, constitui o objeto da filosofia do espírito. Também nela o Espírito alcança sua pura e absoluta interioridade mediante um movimento dialético no qual o Espírito como ser em si é Espírito subjetivo, como ser fora de si ou por si é Espírito objetivo, e como ser em e para si é Espírito absoluto. O Espírito subjetivo é o espírito individual, aferrado à natureza humana e em marcha contínua rumo à consciência de sua independência e liberdade. Por meio dos graus da sensação e do sentimento, fases corporais que facilitam o acesso à entrada em si mesmo, o Espírito subjetivo chega à sua consciência, ao entendimento e finalmente à razão. Sendo o Espírito subjetivo libertado de sua vinculação à vida natural, posto como consciência pura de si mesmo, realiza-se no Espírito objetivo como Direito, como moralidade e como eticidade. O Direito constitui o grau inferior das realizações do Espírito objetivo, porque afeta unicamente, por assim dizer, a periferia da individualidade; a moralidade, por outro lado, agrega à exterioridade da lei a interioridade da consciência moral. Mas essa interioridade, cujo caráter subjetivo a torna inadequada para a plena realização do Espírito objetivo, deve dar passagem imediata à eticidade, à ética objetiva que se realiza no universal concreto da família, da sociedade e do Estado, síntese da exterioridade do legal e da arbitrariedade subjetiva do moral. Particularmente importante para Hegel é, pois, o desenvolvimento da teoria do Estado. O Estado não é um mero protetor dos interesses do indivíduo como tal, de sua liberdade subjetiva, mas a forma mais elevada da ética objetiva, a plenitude da idéia moral e da realização da liberdade objetiva. O Estado é o universal concreto, a verdadeira síntese da oposição entre a família e a sociedade civil, o ponto de parada e de repouso do espírito objetivo. A divinização hegeliana do Estado, divinização revelada em sua definição do Estado como a manifestação da divindade no mundo, é exigida tanto pela dialética do espírito objetivo como por sua própria doutrina política, que vê o ideal do Estado no Estado prussiano de seu tempo. Contudo o Estado, cuja melhor forma é a monarquia constitucional, não consiste no poder arbitrário de um indivíduo, mas no fato de que esse indivíduo represente o *Volksgeist*, o Espírito (VER) do povo. Essa doutrina do Estado alcança sua demonstração e seu apogeu em sua filosofia da história, na qual se descreve a evolução do espírito objetivo desde as formas orientais até o auge da história no mundo germânico. A história é a evolução do Espírito objetivo em seu processo rumo à consciência de sua própria liberdade. Na história também se realiza a tese da racionalidade do real e da realidade do racional; a filosofia explica o que é em sua racionalidade e por isso as paixões da história não são senão "astúcias da razão". Na história não há nenhum dever ser, nenhum utopismo, porque os momentos do Espírito objetivo são os momentos de sua necessidade racional interna.

A síntese do Espírito subjetivo e do Espírito objetivo é o Espírito absoluto, que, por sua vez, se desdobra na intuição de si mesmo como arte, na representação de si mesmo como religião e no absoluto conhecimento de si mesmo como filosofia. Cada um dos momentos do autodesdobramento do Espírito absoluto é ao mesmo tempo seu próprio autodesdobramento manifestado em sua história. Na história da arte e na história da religião revela-se a verdade dos momentos intuitivo e representativo do Espírito absoluto. Na história da filosofia revela-se, por fim, a verdade completa desse Espírito, que é a Idéia absoluta no grande ciclo de sua evolução. Mas a filosofia aparece quando a realidade já se explicitou, porque "a coruja de Minerva só alça vôo com a chegada do crepúsculo". Por isso a filosofia de Hegel equivale logicamente ao final da evolução do Espírito, à última fase de seu completo autodesenvolvimento e, por conseguinte, à verdade da Idéia. Em sua filosofia se realiza, segundo Hegel, a vida da divindade.

Dada a índole da presente obra, a anterior apresentação da filosofia de Hegel teve de ser muito esquemática. Todavia, deve-se levar em conta que há referências a diversos aspectos do pensamento de Hegel em outros verbetes (por exemplo, em DIALÉTICA; ENTENDIMENTO; ESPÍRITO; INSTANTE; SER etc.); a eles se pode recorrer para complementar esta exposição.

↳ Obras: *Differenz des Fichteschen und Schellingschen Systems der Philosophie in Beziehung auf Reinholds Beiträge zur leichteren Uebersicht des Zustandes der Philosophie bei dem Anfange des 19. Jahrhunderts*, I, 1801 (*Diferença entre os sistemas filosóficos de Fichte e de Schelling em relação com as contribuições de Reinhold para a mais fácil compreensão do estado da filosofia no começo do século XIX*). — *De orbitis planetarum. Pro venia legendi*, 1801 (tese). — "Ueber das Wesen der philosophischen Kritik überhaupt und ihr Verhältnis zum gegenwärtigen Zustand der Philosophie inbesondere" (*Kritisches Journal der Philosophie*, ed. por Schelling e Hegel, Tübingen, 1802-1803, vol. 1, cad. 1) ("Sobre a natureza da crítica filosófica em geral e sua relação com o estado atual da filosofia"). Outras colaborações de Hegel na mesma revista compreendem: "Wie der gemeine Menschenverstand die Philosophie nehme, dargestellt an den Werken des Herrn Krugs", 1, cad. 1; "Verhältnis des Skeptizismus zur Philosophie. Darstellung seiner verschiedenen Modifikationen und Vergleich des neuesten mit dem alten", 1, cad. 2; "Ueber das Verhältnis der Naturphilosophie zur Philosophie", 1, cad. 3 (agora comumente atribuído a Schelling); "Glauben und Wissen: die Reflexionsphilosophie der Subjektivität in der Vollständigkeit ihrer Formen als Kantische, Jacobinische und Fichtesche Philosophie", 2, cad. 1; "Ueber die wissenschaftlichen Behandlungsarten des Naturrechts, seine Stelle in der praktischen Philosophie und sein Verhältnis zu den positiven Rechtswissenschaften", 2, cads. 2 e 3. — *System der Wissenschaft. I. Teil. Die Phänomenologie des Geistes*, 1807 (*Sistema da ciência. I. Fenomenologia do Espírito*. — *Wissenschaft der Logik* (*A ciência da lógica*), compreendendo: *I. Teil. Die objektive Logik. 1. Abteilung: Die Lehre von Sein*; 2. *Abt. Die Lehre vom Wesen*, 1812. *II. Teil. Die subjektive Logik oder die Lehre vom Begriff*, 1816 (*I. A lógica objetiva. 1. A doutrina do ser; 2. A doutrina da essência. II. A lógica subjetiva ou a doutrina do conceito*). — *Enzyklopädie der philosophischen Wissenschaften im Grundrisse*, 1817 (*Enciclopédia das ciências filosóficas em compêndio*). — *Grundlininen der Philosophie des Rechts oder Naturrecht und Staatswissenschaft im Grundrisse*, 1821 (*Linhas fundamentais da filosofia do direito ou direito natural e ciência do Estado em compêndio*). — Devem-se incluir, além disso, numerosas colaborações e resenhas de obras em revistas, assim como seu primeiro escrito anônimo sobre a constituição de Berna (1798) e seu último escrito sobre o *Reformbill* inglês: "Ueber die englische Reformbill" (em *Allgemeine preussische Staatszeitung*, 1831).
— As aulas sobre filosofia da história, sobre estética, sobre filosofia da religião e sobre a história da filosofia apareceram após a sua morte na primeira edição de suas obras completas, em 19 vols., 1832-1887, a cargo de K. L. Michelet, J. Schulze, L. von Henning, L. Boumann, E. Gans, Karl Hegel, H. G. Hotho, Ph. Marheineke, Bruno Bauer, Karl Rosenkranz (as *Vorlesungen über die Philosophie der Geschichte*, no vol. IX por Gans; *Vorlesungen über die Aesthetik*, no vol. X, por Hotho; *Vorlesungen über die Philosophie der Religion*, vols. XI e XII, por Marheineke; *Vorlesungen über die Geschichte der Philosophie*, vols. XIII-XV, por Michelet; o tomo XIX inclui correspondência). — Outras edições: *Jubiläumsausgabe*, ed. Herrmann Glockner, 26 vols., 1927-1940, incluindo 4 vols. (23 a 26) com um *Hegel-Lexikon* de Glockner; reimp. dessa edição, 1963 ss.; 2ª ed., rev., do *Lexikon* de Glockner, 4 vols., 1957. — *Kritische Ausgabe*, iniciada em 1910 por Georg Lasson, reassumida por J. Hoffmeister na *Neue Kritische Ausgabe*, publicada a partir de 1932 e que deve conter 35 vols. incluindo correspondência, que já foi publicada (XXVII-XXX, 1952-1954) e foi reimpressa (4 vols., 1961). — A edição mais completa: *Gesammelte Werke*, 40 vols., ed. Otto Pöggeler *et al.*, 1968 ss. — *Suhrkamp-Ausgabe*, 20 vols., 1969 ss. — Há numerosas edições de obras separadas, assim como edições de aulas e escritos não publicados durante a vida de Hegel ou na primeira edição de suas obras. Em muitos casos essas aulas e escritos foram incorporados em algumas das mais recentes edições de obras. Entre elas mencionamos: *Hegels theologische Jugendschriften*, ed. H. Nohl, 1907; reimp. 1966. — *Hegels erstes System* [de um manuscrito da Biblioteca de Berlim], ed. Hans Ehrenberg e Herbert Link, 1915. — *Jensener Logik, Metaphysik und Naturphilosophie*, ed. G. Lasson, 1923. — *Vorlesungen 1805/1806*, ed. J. Hoffmeister, 1931. — *Jenenser Realphilosophie. Vorlesungen 1803/1804*, ed. J. Hoffmeister, 1932. — *Die Verfassung des deutschen Reiches*, nova ed. por G. Mollet, 1935. — *Vorlesungen über Rechtsphilosophie 1818-1831*, 6 vols., ed. e com. por Karl-Heinz Ilting, 1973-1974; também *Philosophie des Rechts. Die Vorlesung von 1819-1820 in einer Nachschrift*, 1983, eds. D. Henrich. — Há manuscritos hegelianos no Hegel-Archiv (Bonn), a cargo de G. Lasson. O Archiv publica desde 1961 um Anuário intitulado *Hegel-Studien*, com uma série de cadernos complementares ("Beihefte"). Há também alguns manuscritos hegelianos na Universidade de Harvard.

Em português: *Como o senso comum compreende a filosofia*, s.d. — *Curso de estética — o belo na arte*, 1996. — *Curso de estética — o sistema das artes*, 1997.

— *Curso de estética*, vol. 1, 1999. — *Curso de estética*, vol. 2, 2000. — *Discursos sobre educação*, 1994. — *Enciclopédia das ciências filosóficas*, 1: *A ciência da lógica*, 1995. — *Enciclopédia das ciências filosóficas*, 2: *Filosofia da natureza*, 1998. — *Enciclopédia das ciências filosóficas*, 3: *A filosofia do espírito*. — *Fenomenologia do espírito*, 1, s.d. — *Fenomenologia do espírito*, 2, 2ª ed., 1993. — *Filosofia da história*, 1995. — *Introdução à história da filosofia*, 1991. — *Princípios de filosofia do direito*, 2ª ed., 2000. — *Propedêutica filosófica*, s.d. — *A razão na história*, 1995. — *O sistema de vida ética*, 1991.

Bibliografia: Kurt Steinhauser, *H.: An International Bibliography*, 1976 (desde a época de H. até 1973). — K. Steinhauer, ed., *Hegel-Bibliographie*, 1980.

Índice: *Wortindex zu Hegels "Phänomenologie des Geistes"*, ed. Joseph Gauvin *et al.*, 1976. — M. Inwood, *A Hegel Dictionary*, 1992 (trad. bras.: *Dicionário Hegel*, 1997) [examina mais de cem palavras ou conceitos hegelianos].

A bibliografia sobre H. é muito abundante. Entre as obras biográficas, ou que contêm importante material biográfico, destacamos: Kuno Fischer, *Hegels Leben, Werke und Lehre*, 2 vols., 1901 (tomo VIII, partes 1 e 2 da *Geschichte der neueren Philosophie*, de Kuno Fischer). — Wilhelm Dilthey, *Die Jugendgeschichte des deutschen Idealismus*, 1905; reimp. em *Gesammelte Werke* (1921; 2ª ed., 1925). — Gustav Emil Müller, *H. Denkgeschichte eines Lebendigen*, 1959.

Dentre as obras mais propriamente filosóficas e críticas, mencionamos: Karl Rosenkranz, *Kritische Erläuterungen des Hegel'schen Systems*, 1841; 2ª ed., 1944; reimp., 1962. — R. Haym, *Hegel und seine Zeit. Vorlesungen über Entwickelung, Wessen und Werth der Hegel'schen Philosophie*, 1857; reimp., 1962 [Contra Haym: K. Rosenkranz, *Apologie Hegels gegen Haym*, 1858]. — J. H. Stirling, *The Secret of H., Being the Hegelian System in Origin, Principle, Form, and Matter*, 2 vols., 1865. — Karl Ludwig Michelet, *H., der unwiderlegte Weltphilosoph*, 1870; reimp., 1970. — E. Caird, *H.*, 1883. — William Wallace, *Prolegomena to the Study of Hegel's Philosophy and especially of His Logic*, 1894. — J. McTaggart-Ellis McTaggart, *Studies in the Hegelian Dialectic*, 1896. — Id., *Studies in the Hegelian Cosmology*, 1901. — Id., *A Commentary on Hegel's Logic*, 1910. — J. B. Baillie, *The Origin and Significance of Hegel's Logic. A General Introduction to Hegel's System*, 1901. — G. J. P. J. Bolland, *Alte Vernunft und neuer Verstand oder der Unterschied im Prinzip zwischen H. und E. von Harmann. Ein Versuch zur Anregung neuer Hegelstudien*, 1902. — Benedetto Croce, *Ciò che è vivo e ciò che è morto nella filosofia di Hegel*, 1907; revisado e incorporado à obra *Saggio sullo H.*, 1913. — G. W. Cunningham, *Thought and Reality in Hegel's System*, 1910. — P. Roques, *H., sa vie et ses oeuvres*, 1912. —
G. Lasson, *H. als Geschichtsphilosoph*, 1920. — F. Rosenzweig, *H. und der Staat*, 2 vols., 1920 (I. *Lebensstationen [1770-1806]*; II. *Weltepochen [1806-1831]*; reimp., 2 vols., 1962). — Richard Kroner, *Von Kant bis H.*, 2 vols., 1921-1925; 2ª ed., em 1 vol., 1961. — W. T. Stace, *The Philosophy of H. A Systematic Exposition*, 1924; reimp., 1955. — B. Heimann, *System und Methode in Hegels Philosophie*, 1927. — H. Wenke, *Hegels Theorie des objektiven Geistes*, 1927. — N. Hartmann, *Die Philosophie des deutschen Idealismus*, tomo II, 1929 (trad. port.: *A filosofia do idealismo alemão*, 2ª ed. em 1 volume, 1983). — G. della Volpe, *H., romantico e mistico*, 1929. — Jean Wahl, *Le malheur de la conscience dans la philosophie de H.*, 1929. — Id., *La logique de H. comme phénoménologie*, 1965. — T. Häring, *H., sein Wollen und sein Werk*, 2 vols., 1929-1939. — Hermann Glockner, *H.*, 2 vols., 1929-1940 (vols. 21 e 22 da edição de obras de H. mencionada *supra*); reimp., I, 1954. — Kurt Shilling, *Hegels Wissenschaft von der Wirklichkeit und ihre Quellen*, 1929. — Willy Moog, *H. und die Hegelsche Schule*, 1930. — Miguel A. Virasoro, *La lógica de H.*, 1932. — Herbert Marcuse, *Hegels Ontologie und die Grundlegung einer Theorie der Geschichtlichkeit*, 1932; reimp., 1968, 1974. — Id., *Reason and Revolution. H. and the Rise of Social Theory*, 1941 (trad. bras.: *Razão e revolução*, 4ª ed., 1988). — Th. Steinbüchel, *Das Grundproblem der Hegelschen Philosophie*, 2 vols, 1933. — Benjamin Fondane, *La conscience malheureuse*, 1936. — Justus Schwarz, *Hegels philosophische Entwicklung*, 1938. — G. Müller, *H. über Sittlichkeit und Geschichte*, 1940. — Anton Mensel, *H. und das Problem der philosophischen Polemik*, 1942. — E. di Negri, *Interpretazione di H.*, 1943. — Id., *I principi di H.*, 1949. — H. Niel, *De la médiation dans la philosophie de H.*, 1945. — F. Olgiati, *Il panlogismo hegeliano*, 1946. — J. Iljin, *Die Philosophie Hegels als kontemplative Gotteslehre*, 1946. — Jean Hyppolite, *Genèse et structure de la Phénoménologie de l'Esprit de H.*, 1946 (trad. bras.: *Gênese e estrutura da fenomenologia do espírito de H.*, 1997). — Id., *Introduction à la Philosophie de l'Histoire de H.*, 1948. — Id., *Logique et existence. Essai sur la logique de H.*, 1953; nova ed., 1962. — A. Kojève, *Introduction à la lecture de H.*, 1947. — G. Lukács, *Der junge H. und die Probleme der kapitalistischen Gesellschaft*, 1948 (1954). — Ernst Bloch, *Subjekt-Objekt. Erläuterungen zu H.*, 1949; 2ª ed., 1962. — G. R. G. Mure, *A Study of Hegel's Logic*, 1950. — Theodor Litt, *H. Versuch einer kritischen Erneuerung*, 1953; 2ª ed., 1961. — P. Asveld, *La pensée relgieuse du jeune H. Liberté et aliénation*, 1953. — M. Pensa, *Prelogismo tedesco*, 1954 (sobre a linguagem hegeliana). — B. Teyssèdre, *L'esthétique de H.*, 1958. — A. R. M. Murray, *The Philosophy of H.*, 1958. — J. N. Findlay, *H. A Re-Examination*, 1958. — Franz Grégoire, *Études hégéliennes. Les points capi-*

taux du système, 1958. — J. Kruithof, *Het uitgangspunt van Hegel's ontologie*, 1959 (*O ponto de partida da ontologia de H.* [há resumo em francês]). — A. T. B. Peperzak, *Le jeune H. et sa vision morale du monde*, 1960; 2ª ed., 1969. — VV. AA., *Studies in H.*, 1960 [Tulane Studies in Philosophy, 9]. — Antonio Negri, *La presenza di H.*, 1961. — Wilhelm Seeberger, *H. oder die Entwicklung des Geistes zur Freiheit*, 1961. — Theodor W. Adorno, *Drei Studien zu H. Aspekte-Erfahrungsgehalt — Skoteinos oder Wie zu lesen sei*, 1963. — Claude Bruaire, *Logique et religion chrétienne dans la philosophie de H.*, 1964. — Albert Chapelle, *H. et la religion* (I: *La problématique*, 1964; II: *La dialectique, A. Dieu et la création*, 1967; III: *Annexes*, 1967). — Walter Kaufmann, *H.: Reinterpretation. Texts, and Commentary*, 1965; reimp., 2 vols., 1966. — Jacob Loewnberg, *Hegel's Phenomenology: Dialogues on the Life of Mind*, 1965. — R. Vancourt, *La pensée religieuse de H.*, 1965. — François Chatelet, *H.*, 1968 (trad. bras.: *Hegel*, 1995). — Ivan Soll, *An Introduction to Hegel's Metaphysics*, 1969. — Darrel E. Christensen, ed., *H. and the Philosophy of Religion*, 1970 [The Wofford Symposium, 1970]. — J. Collins, O. Pöggeler *et al.*, *The Legacy of H.*, 1970, ed. Joseph J. O'Malley *et al.* [The Marquette H. Symposium, 1970]. — Malcolm Clark, *Logic and System: A Study of the Transition from "Vorstellung" to Thought in the Philosophy of H.*, 1971. — Hans-Georg Gadamer, *Hegels Dialektik. Fünf hermeneutische Studien*, 1971. — Ramón Valls Plana, *Del yo al nosotros: Lectura de la Fenomenología del Espíritu de H.*, 1971 (tese). — Antonio Escohotado, *La conciencia infeliz: Ensayo sobre la filosofía de la religión de H.*, 1972. — H. S. Harris, *Hegel's Development*, 1972. — Raymond Plant, *H.*, 1973. — Stanley Rosen, *G. W. F. H.: An Introduction to the Science of Wisdom*, 1974; reed., 1982. — Nathan Rotenstreich, *From Substance to Subject: Studies in H.*, 1974. — A. Álvarez Bolado, J. M. Artola *et al.*, *En torno a H.*, 1974. — Héctor Raurich, *H. y la lógica de la pasión*, 1975. — Charles Taylor, *H.*, 1975. — Q. Laver, *A Reading of H.'s* Phenomenology of the Spirit, 1976; ed. rev., 1993. — G. R. G. Mure, *La filosofia de H.* — A. Léonard, *Commentaire littéral de la* Logique *de Hegel*, 1974. — H. P. Kainz, *H.'s* Phenomenology, 1ª parte, *Analysis and Commentary*, 1976; 2ª parte, *The Evolution of Ethical and Religious Consciousness to the Absolute Standpoint*, 1983. — O. Pöggeler, ed., *Hegel. Einführung in seine Philosophie*, 1977. — Ch. Taylor, *H. and Modern Society*, 1979. — B. Lakebrink, *Kommentar zu Hegels* Logik *in seiner* Enzyklopädie *von 1830. I. Sein und Wesen*, 1979 [comentário da *Lógica*]. — D. Lamb, *H.: From Foundation to System*, 1980. — C.-A. Scheier, *Analytischer Kommentar zu Hegels* Phänomenologie des Geistes, 1980 [comentário detalhado da *Fenomenologia*]. — C. V. dudeck, *H.'s Phenomenology of Mind. Analysis and Commentary*, 1981. — Ch. Topp, *Philosophie als Wissenschaft. Status und Makrologik wissenschaftlichen Philosophierens bei H.*, 1982. — K. Düssing, *H. und die Geschichte der Philosophie. Ontologie und Dialektik in Antike und Neuzeit*, 1983. — J. R. Sebold, *Pueblo y saber en la* Fenomenología del espíritu *de Hegel*, 1983. — M. J. Inwood, *H.*, 1983. — R. K. Williamson, *H.'s Philosophy of Religion*, 1984. — Ch. Jamme, H. Schneider, eds., *Mythologie der Vernunft. H.'s "ältestes Systemprogramm" des deutsches Idealismus*, 1984. — W. Jaeschke, *Die Vernunft im der Religion. Studie zur Grundlegung der Religions-Philosophie Hegels*, 1986. — V. Hösle, *Hegels System*, 2 vols., 1987 (I, *Systementwicklung und Logik*; II, *Philosophie der Natur und des Geistes*). — A. Peperzak, *Selbsterkenntnis des Absoluten. Grundlinien der Hegelschen Geistphilosophie*, 1990. — F. Beiser, ed., *The Cambridge Companion to Hegel*, 1993. — J. McCumber, *The Company of Words: H. Language and Systematic Philosophy*, 1993.

Há uma "Hegelbund" que organiza (desde 1930) "Congressos hegelianos". As comunicações e debates são publicados na série intitulada "Veröffentlichungen des Internationalen Hegelbundes" (desde 1931). — *The Owl of Minerva* (*A coruja de Minerva*) é uma revista bienal de estudos hegelianos e órgão da "Hegel Society of America". **G**

HEGELIANISMO. A filosofia de Hegel muito cedo suscitou na Alemanha grandes debates; os debates que ocorreram entre os próprios adeptos de Hegel tiveram como conseqüência a formação de várias tendências dentro do hegelianismo. A publicação, por parte de D. F. Strauss, da *Vida de Jesus* (1835) constituiu o primeiro indício de uma clara divisão entre os hegelianos, que se cindiram em uma direita ortodoxa e em uma esquerda radical, segundo suas doutrinas políticas e sua maior ou menor preferência pelo conteúdo doutrinal do sistema ou pelo método dialético. A direita adotou sobretudo o primeiro; a esquerda, o método dialético. A doutrina de Hegel, com sua tese da racionalidade do real e da realidade do racional, era muito apropriada para toda espécie de posição, especialmente em matéria de direito e de filosofia política. Assim, a esquerda, que foi a que adquiriu maior volume, caracterizou-se imediatamente por sua oposição ao regime dominante, diversificando-se por sua vez em uma grande quantidade de seitas e círculos. Entre seus representantes destacam-se: o mencionado Strauss, que depois se inclinou ao panteísmo naturalista; Arnold Ruge (1802-1880) e Theodor Echtermeyer, editores, a partir de 1838, dos *Anuários de Halle para a ciência e a arte alemãs* (*Hallschen Jahrbücher für deutsche Wissenschaft und Kunst*), que, adscritos nos primeiros tempos à ortodoxia hegeliana, radicalizaram-se paulatinamente; Brundo Bauer (VER), Edgar Bauer (1820-1886) e Ludwig Feuerbach (VER). Bruno Bauer e Feuerbach não tardaram em dirigir-se para um antropologismo e para uma crítica dos dogmas religiosos. Para Feuerbach, a antropologia constitui a explicação necessária da teologia; para Bruno Bauer, a "crítica negativa pura" conduz a uma doutrina da supremacia do homem como superação das contradições implícitas na massa gregária e no indivíduo privado. Influenciados por sua vez por Feuerbach, Marx (VER) e Engels (VER) chegaram a uma crítica do sistema social e político, baseada numa aplicação do método dialético à inversão da tese capital hegeliana (ver MARXISMO). Os traços da esquerda hegeliana manifestaram-se também com particular força em Ferdinand Lasalle (VER) — que de certo modo uniu as teses do socialismo marxista com o nacionalismo — e inclusive em Max Stirner (VER). Os marxistas atacaram violentamente o moderantismo de Feuerbach e de Bruno Bauer, que se limitavam à crítica dos dogmas religiosos, sem passar mais que superficialmente para a crítica social e para a ação política.

Junto à esquerda hegeliana (às vezes chamada de "os jovens hegelianos") desenvolveu-se uma direita ("os velhos hegelianos"). Alguns destes últimos evoluíram em sentidos diversos, embora em todos os casos partindo de conceitos hegelianos básicos; falou-se freqüentemente de um "centro hegeliano", menos "especulativo" e mais "histórico", visto que muitos dos pensadores desse grupo moderado se destacaram por seus trabalhos em história da filosofia. Os "velhos hegelianos" colaboraram em várias revistas, como os *Anuários de crítica científica* (*Jahrbücher für wissenschaftliche Kritik*, 1841-1843), os *Anuários alemães* (*Deutsche Jahrbücher*, 1841-1843) e os *Anuários de filosofia especulativa* (*Jahrbücher für spekulative Philosophie*, 1846-1848). Em geral, os "velhos hegelianos" — tanto da direita como do centro — são considerados mais "ortodoxos" que os "jovens hegelianos" a que nos referimos anteriormente. Entre os hegelianos de direita e de centro destacaram-se Johann Eduard Erdmann (1805-1892), historiador da filosofia moderna (*Versuch einer wissenschaftlichen Darstellung der Geschichte der neueren Philosophie*, 6 vols., 1834-1853; reimp., 7 vols., 1931 ss.) e autor de diversos tratados (*Grundriss der Psychologie*, 1840, 5ª ed. 1873; *Grundriss der Logik und Metaphysik*, 1841, 5ª ed. 1875); Eduard Gans (1798-1839), filósofo do Direito (*Über das römische Obligationenrecht, insbesondere über die Lehre von den Innominatcontracten und dem ius poenitendi*, 1819; *Das Erbrecht in weltgeschichtlicher Entwicklung. Eine Abhandlung der Universalrechtsgeschichte*, vols. I e II, 1824-1825; vols. III e IV, 1829-1835; *Vermischte Schriften, juristischen,* *historischen, staatswissenschaftlichen und ästhetischen Inhalts*, 2 vols., 1834); Heinrich Bernhard Oppenheim (1819-1890), filósofo e historiador do Direito (*System des Völkerrechts*, 1845; *Philosophie des Rechts und der Gessellschaft*, 1850; *Der Katheder — Sozialismus*, 1872); Constantin Rössler (1820-1896), que se consagrou especialmente à filosofia política e à filosofia do Estado e do Direito (*System der Staatslehre. A: Allgemeine Staatslehre*, 1857; *Studien zur Fortbildung der preussischen Verfassung*, 2 partes, 1863-1864; *Das deutsche Reich und die kirchliche Frage*, 1876; *Die Sozialdemokratie*, 1894); Friedrich Wilhelm Carové (1789-1852), interessado em filosofia da religião e do Direito canônico, assim como em estética (*Über alleinseligmachende Kirche*, 2 vols., 1826-1827; *Kosmorama. Eine Reihe von Studien zur Orientierung in Natur, Geschichte, Staat, Philosophie und Religion*, 1831; *Über das Zölibatsgesetz des römischkatholischen Clerus*, 2 vols., 1832-1833; *Über kirchliches Christentum*, 1835; *Beiträge zur Literatur, Philosophie und Geschichte. Neorama. Parte I*, 1838; *Mitteilungen aus und über Frankreich. Neorama. Parte II*, 1838; *Skizzen zur Kultur– und Kunstgeschichte. Neorama. Parte III*, 1838). Demos uma lista das principais obras desses autores por não lhes termos dedicado verbetes específicos. Além deles deve-se mencionar como hegelianos de direita ou de centro e mais ou menos ortodoxos Kuno Fischer, Johann Karl Friedrich Rosenkranz, Karl Prantl, Carl Ludwig Michelet, a cada um dos quais dedicamos verbetes.

A diversificação da escola hegeliana e o progressivo ceticismo em relação às pretensões absolutistas dos sistemas do idealismo provocou, além disso, uma forte reação anti-hegeliana. Essa reação se manifestou de maneiras muito diversas ao longo do século XIX. Por um lado, expressaram sua oposição resoluta filósofos como Kierkegaard e Nietzsche, que acentuaram o caráter existencial do homem ante a unilateralidade da razão e da abstração; pensadores como Schopenhauer, cujos ataques a Hegel foram incessantes; adversários do idealismo especulativo como Herbart, Fries, Beneke e, em um sentido diferente, Trendelenburg, Bolzano e, sobretudo, Brentano. Por outro lado, a irrupção do materialismo e do naturalismo em meados do século fez do hegelianismo um objeto freqüente de demonstrações hostis, que se reproduziram na época atual por parte de todos os filósofos que combateram a especulação e procuraram substituí-la pela análise (VER). Em contrapartida, o hegelianismo penetrou por diversos caminhos em muitos países. Na França, com Victor Cousin e sua escola, que se apoiou no hegelianismo para desembocar em um ecletismo e em uma forte propensão à investigação da história da filosofia — nessa escola ocorreu algo muito diferente do que ocorreu com Renan e Taine, que, partindo de um interesse histórico, desembocaram em concepções às vezes afins às do idealismo hegeliano. Na Itália, com Augusto Vera (VER), Bertrando Spaventa (VER) e Francesco Fiorentino (VER), assim como uma série de expositores e defensores do sistema hegeliano e de suas implicações históricas: Raffaelo Mariano (1840-1904: *La pena di morte*, 1864; *Il Risorgimento italiano*, 1866; *La philosophie contemporaine en Italie*, 1863; *Il ritorno a Kant e i neokantiani*, 1887; *Il cristianesimo nei primi secoli*, 2 vols., 1902), que foi discípulo de Augusto Vera e combinou o hegelianismo com o platonismo; Sebastiano Maturi (1843-1917: *Soluzione del problema fondamentale della filosofia*, 1869; *Principi di filosofia*, 2 vols., 1897-1898; *Relazione scolastica*, 1906); Marianna Florenzi-Waddington (1802-1870: *Pensieri filosofici*, 1840; *Filosofemi di cosmologia e di ontologia*, 1863; *Saggio sulla filosofia dello spirito*, 1867; *Dell'immortalità dell'anima umana*, 1868), que também recebeu a influência de Schelling; Pasquale d'Ercole (1831-1917: *Il teismo filosofico cristiano teoricamente e storicamente considerato*, 1884), que passou do hegelianismo ao "antiteísmo" e ao positivismo. Às vezes se inclui entre os hegelianos italianos Adolfo Levi (1878-1948: *La fantasia estetica*, 1913; *Sceptica*, 1921), mas esse autor é mais cético que hegeliano. O hegelianismo alcançou sua máxima reputação e, sobretudo, sua máxima difusão na Itália com Croce (VER) e Gentile (VER) e com os discípulos por eles formados. Na Inglaterra o hegelianismo se difundiu com um amplo movimento oposto ao empirismo e à filosofia do senso comum. De acordo com algumas indicações, as raízes desse movimento encontram-se em uma das tradições — a "tradição platônica" — da filosofia anglo-saxônica. Depois do interesse despertado na Inglaterra pela defesa do idealismo realizada pelo poeta Samuel Taylor Coleridge (VER) e pelo individualismo romântico de Thomas Carlyle (VER), começou, por volta de 1860, um movimento filosófico mais preciso, cujo início pode ser situado no livro de James Hutchison Stirling (VER) sobre Hegel (*The Secret of Hegel*, 2 vols., 1865). Junto com ele, e aproximadamente a partir de 1870, sucederam-se as obras de Thomas Hill Green (VER); de Edward Caird (VER); de John Caird (1820-1898) — com sua *Introduction to the Philosophy of Religion* (1880), fortemente influenciada por Hegel — e do tradutor de Hegel, William Wallace (VER). Naturalmente, *nem* todos os chamados neo-hegelianos dependem estritamente de Hegel. Muitos também tendem a Kant, e em certos casos os chamados "hegelianos" são propriamente kantianos ou neokantianos. Outros, sobretudo, elaboraram um pensamento filosófico que, embora brotando em um terreno idealista, pode ser considerado original. Outros, por fim, aproximaram-se de outras correntes, tanto das pragmatistas como, e especialmente, das realistas. Desse modo, o hegelianismo e o neo-hegelianismo ingleses são tanto a influência de Hegel por meio de uma *atmosfera* idealista como a formação de um idealismo de raízes hegelianas (e às vezes hegeliano-kantianas). Os pensadores pertencentes a esse "idealismo" — David George Ritchie (1853-1903), Henry Jones (1852-1922), John Henry Muirhead (1855-1940), James Black Baillie (1872-1940) e, sobretudo, Bradley (VER) e Bosanquet (VER) — estão nessa posição. O mesmo pode ser dito de J. E. McTaggart (VER), de George F. Stout (VER), e também de Andrew Seth Pringle-Pattison (1856-1931: *Hegelianism and Personality*, 1887; *The Idea of God in the Light of Recent Philosophy*, 1917; *The Idea of Immortality*, 1922), que rejeitou a hipóstase da consciência em um Absoluto e indicou a necessidade de superar tanto o monismo do Absoluto como o dualismo metafísico por meio de uma acentuação dos traços "empíricos" da realidade interna, o que lhe permitiu, além disso, aproximar seu pensamento filosófico das exigências da consciência religiosa. Algo análogo pode ser dito de William Ritchie Sorley (1855-1935: *The Ethics of Naturalism*, 1885; *The Moral Life and the Idea of God*, 1911; *Moral Values and the Idea of God*, 1918) — que acentuou a idéia de valor para o idealismo, sobretudo no sentido de Lotze, de Harold Henry Joachim (VER) —, de Clement Charles Julian Webb (1865-1954: *Group Theories of Religion and the Individual*, 1916; *God and Personality*, 1919; *Divine Personality and Human Life*, 1920; *Religious Experience*, 1945) — que trabalhou no campo da filosofia da religião dentro dos pressupostos idealistas — e mesmo daqueles que, como H. Wildon Carr (VER) ou como Ernest Belfort Bax (1854-1926: *The Problem of Reality*, 1892; *The Roots of Reality*, 1907; *The Real, the Rational and the Alogical*, 1920), também representam a passagem para o evolucionismo (VER) no sentido do neo-evolucionismo, ou, finalmente, daqueles que, como James Ward (VER), saem muito cedo dos estritos pressupostos idealistas. Nos Estados Unidos, o hegelianismo se difundiu sobretudo a partir da *Sociedade filosófica de Saint Louis* (VER). Costuma-se considerar Josiah Royce (VER) um pensador "hegeliano" ou mais ou menos influenciado pelo hegelianismo, mas deve-se levar em conta que, no caso de Royce, como no dos "grandes hegelianos", o caráter original do pensamento do autor é mais importante que quaisquer traços hegelianos que possam ser rastreados em sua obra. Em todo caso, tanto na Inglaterra como nos Estados Unidos e na Itália, assim como, em menor medida, na França, o neo-hegelianismo anda lado a lado com o kantismo e, em geral, com o "idealismo".

O hegelianismo, mais ou menos diluído, também teve influência em outros países, e de modo muito destacado na Rússia. A partir da terceira década do século XIX surgiram nesse país círculos de entusiastas adeptos de Hegel. Entre os primeiros hegelianos russos eminentes (quase todos concentrados em Moscou) figuraram N. V. Stankevitch (1813-1840) e A. I. Herzen (VER). Em torno de Stankevitch destacaram-se M. A. Bakunin (VER) e V. G. Belinsky (VER). Deve-se observar que todos eles passaram depois à crítica do hegelianismo. Isso é especialmente correto no que diz respeito a Herzen, Bakunin e Belinsky. Também foram em parte influenciados por Hegel os "eslavófilos" Y. F. Samarin (1819-1876) e K. S. Aksakov (1817-1860). De fato, encontram-se fortes doses de hegelianismo (ao menos durante uma fase de sua atividade filosófica) em numerosos pensadores russos do século XIX; é o caso de S. S. Gogotski (1818-1889) e de S. N. Tchitcherin (VER) entre outros. Observemos que os chamados "radicais russos" (como Bakunin, Belinsky e Herzen) precederam o desenvolvimento do hegelianismo de esquerda alemão. Posteriormente, apareceram na Rússia hegelianos ortodoxos e depois hegelianos de esquerda influenciados pelo marxismo (VER). Na Suécia o hegelianismo foi representado por J. J. Borelius (1823-1908); na Noruega, por M. J. Monrad (1816-1897). Na Holanda, por G. J. P. P. Bolland (VER) e seu círculo; na Espanha, o hegelianismo exerceu menos influência; foram poucos os hegelianos convictos, pois o ambiente que poderia ter sido conquistado pelo hegelianismo já havia sido invadido pelo krausismo (VER). Hegel, contudo, foi considerado por alguns como um dos maiores filósofos modernos. Um testemunho curioso a esse respeito é o de Juan Valera em seus artigos "La enseñanza de la filosofía en las Universidades" (1862), reunidos em *Obras completas*, tomo XXXIV, 1913. O escritor declarava, em resposta aos ataques — que então se qualificavam de "neocatólicos", contra os catedráticos madrilenses influenciados pelo idealismo alemão, e em particular pelo krausismo — que essa tendência, embora contenha erros, deve ser incluída dentro da filosofia cristã (em cujo âmago, além disso, Valera situava toda a filosofia moderna), e que Hegel (que ele conhecia principalmente pelas exposições de Saisset, Vera e Willm) era "o maior pensador que houve no mundo desde Platão até agora" (*op. cit.*, p. 292). O hegelianismo, por outro lado, foi combatido por Menéndez y Pelayo como uma das manifestações do panteísmo moderno.

Durante o século XIX o pensamento de Hegel passou por diversas vicissitudes. Podem ser encontrados importantes traços de Hegel em Dilthey e em seus discípulos, nos pensadores da escola de Baden (ver BADEN [ESCOLA DE]) e em autores que se ocuparam da natureza da realidade espiritual, das formas do espírito objetivo e dos processos de simbolização (por exemplo, Nicolai Hartmann, Hans Freyer e até mesmo Ernst Cassirer). O hegelianismo, naturalmente, é importante no marxismo, tanto no marxismo oficial da "filosofia soviética" (VER) — no qual se falou de "desvios hegelianos" (demasiada atenção à dialética e pouca atenção ao materialismo) — como, e sobretudo, nas diversas formas de "neomarxismo". Certos problemas hegelianos suscitaram grande interesse à luz do estudo dos "primeiros escritos" de Marx. O pensamento de Hegel também atraiu os autores que tentaram encontrar raízes hegelianas no existencialismo. Os estudos de A. Kojève, Jean Hyppolite, Franz Grégoire e outros autores sobre a fenomenologia do espírito e outros problemas hegelianos contribuíram muito para o renovado interesse por Hegel e para interpretações da filosofia hegeliana muito distintas das predominantes no século XX. Nos países anglo-saxões, por outro lado, a filosofia de Hegel foi tratada durante este século com freqüente menosprezo, citando-se Hegel amiúde como exemplo de "disparate filosófico"; porém, mesmo nesses países se percebe um renovado interesse pelo estudo de Hegel (G. R. Mure e J. N. Findlay, que rejeitou a idéia de que Hegel seja um "metafísico transcendental" e um "subjetivista", sublinhando os elementos "empiristas" e "realistas" no pensamento hegeliano).

⮕ No texto do verbete e nas bibliografias de autores aos quais dedicamos verbetes específicos foram mencionados os mais importantes escritos dos filósofos hegelianos ou de algum modo relacionados com o movimento filosófico iniciado por Hegel. Uma lista de escritos da "escola hegeliana" até aproximadamente 1860 foi compilada por Karl Rosenkranz e publicada no vol. I de *Der Gedanke. Organ der philosophischen Gesellschaft* (1861), ed. C. L. Michelet. Algumas seleções de textos: Hermann Lubbe, ed., *Die Hegelsche Rechte*, 1962 [com textos de F. W. Carové, J. E. Erdmann, K. Fischer, E. Gans, H. F. W. Hinrichs, C. L. Michelet, H. B. Oppenheim, K. Rosenkranz, C. Rössler]. — Karl Löwith, ed., *Die Hegelsche Linke*, 1962 [com textos de H. Heine, A. Ruge, M. Stirner, M. Hess, B. Bauer, L. Feuerbach, K. Marx, S. Kierkegaard].

Para o hegelianismo em geral, e especialmente para o hegelianismo alemão ou em filósofos de língua alemã: Franz Exner, *Die Psychologie der Hegelschen Schule*, 2 vols., 1842-1844. — Anônimo [devido à pena de Alexis Schmid], "Die Hegelsche Schule", *Jahrbuch der Gegenwart* (1844). — R. Haym, *Hegel und seine Zeit. Vorlesungen über Entwicklung Wesen und Werth der Hegel'schen Philosophie*, 1857; reimp., 1962. — Karl Rosenkranz, *Neue Studien zur Kultur und Literaturgeschichte*, 4 vols., 1875-1878 [bibliografia da "escola hegeliana" nos vols. I, III e IV]. — Eduard von Hartmann, *Neukantianismus Schopenhauerianismus und Hegelianismus in Ihrer Stel-*

lung zu den philosophischen Aufgaben der Gegenwart, 1877 [2ª ed. de *Erläuterungen zur Metaphysik des Unbewussten*]. — H. Holtzmann, "Die Entwicklung des Religionsbegriffs in der Schule Hegels", *Jahrbuch für wissenschaftliche Theologie*, 13. — Paul Barth, *Die Geschichtsphilosophie Hegels und der Hegelianer bis auf Marx und Hartmann*, 1890. — Kuno Fischer, *Hegel Lebens, Werke und Lehre*, 2 vols., 1901 (tomo VIII, partes 1 e 2 da *Geschichte der neueren Philosophie*, de K. Fischer). — Wilhelm Dilthey, *Die Jugendgeschichte Hegels und andere Abhandlungen zur Geschichte des deutschen Idealismus*, 1905; reimp. em *Gesammelte Schriften*, V (1921; 2ª ed., 1925). — W. Windelband, "Die Erneuerung des Hegelianismus", *Sitzungsb. der Heidelb. Ak. der Wiss.* (1910). — Georg Lasson, *Was heisst Hegelianismus?*, 1916. — Heinrich Scholz, *Die Bedeutung der Hegelschen Philosophie für das philosophische Denken der Gegenwart*, 1921. — Heinrich Levy, *Die Hegel-Renaissance in der deutschen Philosophie*, 1927. — Erwin Metzke, *Karl Rosenkranz und Hegel. Ein Beitrag zur Geschichte der Philosophie des sogenannten Hegelianismus im 19. Jahrhundert*, 1929. — Nicolai Hartmann, *Die Philosophie des deutschen Idealismus*, tomo II, 1929 (trad. port.: *A filosofia do idealismo alemão*, 2ª ed., 1983). — Hermann Glockner, *Hegel*, 2 vols., 1929-1940 (vols. 21 e 22 da edição de *Werke*, de Hegel por H. Glockner; reimp., I, 1954). — Willy Moog, *Hegel und die Hegelsche Schule*, 1930. — Siegfried Marck, *Hegelianismus und Marxismus*, 1942. — René Serreau, *Hegel et le hégélianisme*, 1962. — Enrico Rambaldi, *Le origini della sinistra hegeliana: H. Heine, D. F. Strauss, L. Feuerbach, B. Bauer*, 1966. — David McLellan, *The Young Hegelians and Karl Marx*, 1969. — William J. Brazil, *The Young Hegelians*, 1970. — Mario Rossi, *Da Hegel a Marx*, 3 vols., 1970-1974. — Claudio Cesa, *Studi sulla sinistra hegeliana*, 1972. — L. S. Stepelevich, F. Gordon et al., *Feuerbach. Marx and the Left Hegelians*, nº esp. triplo de *The Philosophical Forum*, VIII, 2-3-4 (1978), 1-324, ed. M. W. Wartofsky e ed. especial H.-M. Sass. — J. E. Toews, *Hegelianism: The Path Toward Dialectical Humanism, 1805-1841*, 1981. — L. S. Stepelevich, ed., *The Young Hegelians*, 1983. — H. Haldar, H. S. Harris, eds., *Neo-Hegelianism*, 1984. — H. Mah, *The End of Philosophy, the Origin of "Ideology": Karl Marx and the Crisis of the Young Hegelians*, 1987. — Ver também as bibliografias dos verbetes IDEALISMO e MARXISMO.

Para o hegelianismo especialmente em outros países fora da Alemanha:

Grã-Bretanha: Robert Mackintosh, *H. and Hegelianism*, 1903. — Hiralal Haldar, *Neo-Hegelianism*, 1927 [sobre Stirling, Green, Ciard, Wallace, Ritchie, Bradley, Bosanquet, J. Watson, H. Jones, Muirhead, J. S. Mackenzie, Lord Haldane, McTaggart]. — H. Höhne, *Der Hegelianismus in der englischen Philosophie*, 1936. — Fr. Houang, *Le néo-hégélianisme en Angleterre. La philosophie de B. Bosanquet, 1848-1923*, 1954. — Id., *De L'humanisme à l'absolutisme. L'évolution de la pensée religieuse du néo-hégélien anglais B. Bosanquet*, 1954. — Charles Le Chevalier, *Éthique et idéalisme: Le courant néo-hégélien en Angleterre: B. B. et ses amis*, 1963. — P. Robbins, *The British Hegelians 1875-1925*, 1982.

Estados Unidos: Ver bibliografia do verbete SAINT LOUIS (CÍRCULO DE).

Itália: De Lucia, *Hegel in Italia*, 1891. — F. L. Mueller, *La pensée contemporaine en Italie et l'influence de H.*, 1941. — B. Croce, *Una pagina sconosciuta degli ultimi mesi della vita di Hegel*, 1950 [com um ensaio sobre o "renascimento hegeliano" propiciado por alguns existencialistas]. — Guido Oldrini, *Gli hegeliani di Napoli: Augusto Vera e la corrente ortodossa*, 1964. — Antologia de textos hegelianos italianos: M. Rossi, ed., *Sviluppi dello hegelismo in Italia*, 1957.

Espanha: J. Elías de Tejada, *El hegelianismo jurídico español*, 1944. — J. I. Lacasta Zabalza, *Hegel en España. Un estudio sobre la mentalidad social del hegelismo hispánico*, 1984.

Países eslavos: D. Tschizewskij [Cyzevs'kyj], ed., *Hegel bei den Slaven*, 1934; 2ª ed., 1961. — Id., *Hegel v Rosii*, 1939 (*Hegel na Rússia*). — B. Jakowenko, *Geschichte des Hegelianismus in Russland*, I, 1938. — A. Koyré, *Études sur l'histoire de la pensée philosophique en Russie*, 1950, pp. 103-170. — Guy Planty-Bonjour, *Hegel et la pensée philosophique en Russie, 1830-1917*, 1974. — P. M. Grujic, Cicerin, Plechanov und Lenin, *Studien zur Geschichte des Hegelianismus in Russland*, 1985.

Países escandinavos: Ole Koppang, *Hegelianismen i Norge. En ide-historisk Underoekelse*, 1943. — J. A. Salomaa, "Die Anfänge des Hegelianismus in Finnland", *Kantstudien*, 39 (1934), 301-315.

Ver ainda a *Rivista di Filosofia Neoescolastica* (1932), com artigos sobre a influência de Hegel em diversos países. — Ver também a bibliografia de IDEALISMO. **C**

HEGEMÔNICO. Em diversos filósofos gregos aparece a idéia de "hegemônico", τὸ ἡγεμονικόν, ou de "algo hegemônico" — uma realidade, um princípio etc. —, ou seja, de algo que possui superioridade (ou "hegemonia") sobre todo o resto. Este é o caso de alguns pitagóricos que falam de um princípio supremo, que pode ser um número — como o 7 ou o 10, ou o 1, que gera todos os demais números — ou então a noção de harmonia. Especialmente importante é a idéia de "hegemônico" nos estóicos, que usaram a expressão ἡγεμονικόν em um sentido filosófico "técnico". Para os estóicos, especialmente para os representantes do antigo e do médio estoicismo (Crisipo, Possidônio), o hegemônico pode se referir ao cosmo e ser um princípio material, como a terra e, sobretudo, o fogo. Também pode — e com maior freqüência — referir-se à alma; nesse caso chama-se de ἡγεμονικόν a "parte diretora da alma", ou seja, a parte racional. A "parte diretora da alma" é a que recebe a "apresentação" ou "representação" (Sexto Empírico, *Pyrr. Hyp.*, II, 70). Assim, a "parte diretora" é tão importante para os estóicos que, a rigor, não é propriamente uma parte, mas "a própria alma", especialmente a alma enquanto princípio unificador de todas as operações "mentais". Isso não significa que o "hegemônico" seja para os estóicos algo espiritual; fiéis a seu "corporalismo", esses filósofos supunham que havia uma espécie de "matéria racional" da qual se compunha o "hegemônico".

Em todo caso, o hegemônico é para os estóicos uma realidade que torna possível a unidade e assegura a sua manutenção. O hegemônico é, desse modo, realmente *principatum*, como o chama Cícero para traduzir *quod Graeci* ἡγεμονικόν *vocant* (*De natura deorum*, II, 11).

HEGENBERG, LEÔNIDAS. Nascido (1925) em Curitiba (Paraná), exerceu vários cargos docentes, entre eles o de Diretor do Departamento de Humanidades do Instituto Tecnológico de Aeronáutica em São José dos Campos. Hegenberg ocupou-se de questões de filosofia da ciência, filosofia da linguagem e filosofia da lógica. Submeteu à análise crítica as principais teorias sobre a natureza da explicação científica, especialmente de autores como Carnap, Quine e Popper. Os estudos sobre a explicação científica levaram-no a um exame dos termos capitais usados na lógica dessa explicação, e, principalmente, a um exame do problema do significado. Trata-se de saber o que se entende pelo significado de um termo em uma teoria, mas também, e em geral, o que se entende por 'significado' em toda expressão com propósito cognoscitivo. Hegenberg ocupou-se não apenas de questões de filosofia da ciência, com suas linguagens formais, mas também de questões suscitadas pela linguagem comum.

⊃ Obras: *Introdução à filosofia da ciência*, 1965. — *Lógica simbólica*, 1966. — *Explicações científicas*, 1969; 2ª ed., 1974. — *Equações diferenciais*, 1970. — *Vetores, matrizes e geometria analítica*, 1970. — *Lógica: o cálculo sentencial*, 1973; 2ª ed., 1977. — *Lógica: o cálculo de predicados*, 1973. — *Definições, termos teóricos e significado*, 1974. — *Lógica: simbolização e dedução*, 1975. — *Significado e conhecimento*, 1975. — *Etapas da investigação científica*, I (*Observação, medida e indução*); II (*Leis, teorias e método científico*), 1976. — *Iniciação à lógica e à metodologia da ciência*, 1976 (com J. Lins *et al.*).

Em português: *Dicionário de lógica*, 1995. — *Doença: um estudo filosófico*, 1998. — *Lógica — Exercícios 2*, 1977. — *Lógica — Exercícios 3: Simbolização no cálculo*, s.d., *Lógica — Exercícios 4*, s.d. ⊂

HEGUESIAS (século III a.C.). Foi um dos cirenaicos. Segundo Diógenes Laércio (II, 93 ss.), Heguesias adotou os mesmos princípios de Aristipo, ou seja, o prazer e a dor. Acentuou de modo tão radical o caráter indiferente das virtudes humanas — como a amizade e a gratidão — e chegou tão longe na negação da possibilidade da felicidade do homem em razão dos sofrimentos do corpo e dos que a alma experimenta em conseqüência deles que foi chamado de advogado da morte: πεισιθάνατος. Isso não se deve ao fato de pregar o suicídio, mas ao fato de acentuar de modo extremo o caráter indiferente de qualquer uma das condições humanas — liberdade ou escravidão, nobreza ou baixa estirpe, riqueza ou pobreza — como medidas do prazer ou da dor. Por causa disso recomendava simplesmente libertar-se da dor por meio da indiferença em relação aos acontecimentos e às circunstâncias, enfatizando desse modo, mais que outros filósofos cirenaicos, o tema da completa auto-suficiência do sábio.

HEIDEGGER, MARTIN (1889-1976). Nascido em Messkirch (Bade, na Selva Negra), estudou na Universidade de Friburgo i.B. com Rickert e Husserl. Após doutorar-se na mesma Universidade (1914), foi nomeado *Privatdozent* (1916). Em 1923 foi nomeado professor titular em Marburgo e em 1928 — ano em que Husserl se aposentou — professor titular em Friburgo i.B. Em 1933 foi eleito reitor da Universidade, iniciando-se uma breve porém muito discutida etapa de sua vida, na qual — a julgar por seu discurso de posse como reitor — pareceu aderir ao nacional-socialismo. Entretanto, demitiu-se da reitoria poucos meses depois, continuando no ensino, mas levando uma vida retirada. Em 1945, aproximadamente, foi suspenso do emprego, quando da ocupação da Alemanha ocidental pelos aliados — e da zona de Friburgo i.B. pelos franceses. Foi-lhe permitido ingressar na Universidade em 1952, mas desde então sua atividade propriamente universitária foi intermitente.

Em vários verbetes desta obra (por exemplo, ANGÚSTIA; CONSCIÊNCIA MORAL; COISA; CUIDADO; DASEIN; DIFERENÇA; ENTE; ESTAR; EXISTÊNCIA; EXISTENCIALISMO; EXISTENCIÁRIO; ÊXTASE; EXTERIOR; FUNDAMENTO; FUTURO; FUTUROS; HERMENÊUTICA; HISTORICISMO; HORIZONTE; IDENTIDADE; INSTANTE; JOGO; MORTE; MUNDANO; MUNDO; NADA; ÔNTICO; OUTRO (O); PENSAR; PRIMITIVO; PROJETO; REPETIÇÃO; RESISTÊNCIA; TEMPO; VERDADE; VOCAÇÃO) tratamos de conceitos fundamentais usados por Heidegger. Neste verbete começaremos com o tema da chamada "evolução" (ou "revolução") no pensamento do autor.

Foram propostas várias teorias sobre possíveis "fases" na "evolução" do pensamento de Heidegger. Richard Kroner, por exemplo, em conferências até agora não publicadas, opinou que há quatro "fases": "filosofia da morte" (fase já abandonada na época de publicação de *Ser e Tempo*, em 1927), "filosofia do nada" (até 1929), "filosofia do ser" (de 1929 a 1936, aproximadamente) e "filosofia do sacrifício e da graça" (a partir de 1936). Juan Antonio Nuño falou em dois "períodos": o sistemático (representado por *Ser e Tempo* e pela obra sobre

Kant) e o "historicista" (posterior à obra sobre Kant). Muitos autores falaram em duas "fases" fundamentais: a "existencialista" e a da "filosofia do ser". Outros autores falaram simplesmente do "primeiro Heidegger" e do "último Heidegger".

Em nossa exposição nos ateremos basicamente a uma espécie de "divisão" muito semelhante à estabelecida entre o "primeiro Heidegger" (principalmente o representado por Ser e Tempo e pela conferência sobre o que é a metafísica) e o "último Heidegger" (cujo pensamento se revela já pouco depois da publicação de Ser e Tempo e culmina em seus escritos sobre o que "significa" [ordena] o pensar, sobre a linguagem e outros, especialmente aqueles em que se desenvolve a idéia do "pensar comemorativo"). Trata-se, em suma, do Heidegger anterior ao "reverso" ou à "conversão" (Kehre; portanto, o que pode ser chamado de pre-Kehre: o Heidegger que, mesmo levantando sobretudo a pergunta pelo ser, insiste no Dasein e em seu "estar-no-mundo") e do Heidegger do "reverso" ou da "conversão" (o que pode ser chamado de "pós-Kehre": o "último Heidegger", conhecido principalmente por fórmulas como "O homem é 'arrastado' pelo Ser"; "O homem habita a morada do ser: a linguagem" etc.). Com isso facilitamos a exposição de seu pensamento, atendo-nos primeiramente às idéias expressas principalmente em Ser e Tempo, e depois às idéias expressas em suas obras menos "sistemáticas" e, de certo modo, "menos filosóficas". Além disso, seguimos o próprio Heidegger em sua declaração de que o que foi chamado de sua "última filosofia" não constitui uma ruptura em relação à filosofia exposta em Ser e Tempo, pois todos os seus pensamentos filosóficos são como que explorações que marcham ora para a frente ora para trás, podendo ser comparados com "paradas" em uma exploração contínua, de acordo com o princípio: "O que é permanente no pensar é o caminho" (Unterwegs zur Sprache, p. 99). Desse ponto de vista, as investigações contidas em Ser e Tempo aparecem como um "cume" dentro de uma exploração de caráter mais amplo, que Heidegger resumiu em diversas formulações: "o Tempo e o Ser", "o Ser e a Linguagem", "o Ser como 'essenciador' do ser do homem", "a irrupção do Ser", "o pensar comemorativo", "o jogo do Ser" etc.

Durante certa época foi comum dizer que Heidegger não conseguiu sair do estádio da filosofia existencial (existenziell), sem poder chegar ao estádio da filosofia existenciária (existenzial) [ver EXISTENCIÁRIO]. De acordo com isso, a filosofia de Heidegger seria uma "filosofia da existência" (Existenzphilosophie) similar às desenvolvidas por Kierkegaard ou Jaspers. Prova disso, indicou-se, é que Heidegger não chegou sequer a completar a primeira parte de Ser e Tempo; portanto, sua filosofia seria, no fundo, uma das formas do existencialismo (VER) contemporâneo. Heidegger rejeitou essas interpretações e declarou que seu principal interesse desde o começo não foi a analítica do Dasein (VER), mas a pergunta sobre o ser (Sein). As obras do "último Heidegger" confirmam as pretensões do autor. Com efeito, embora com o fim de não ficar preso a uma mera descrição do Dasein, Heidegger teve de efetuar a citada "conversão" (Kehre): esta foi efetuada a partir das posições adotadas em Ser e Tempo. Podemos, pois, considerar essa obra como a primeira investida sobre a questão do ser efetuada do ponto de vista de uma analítica existenciária cuja dimensão capital é ontológica.

O Dasein é um ente, mas não um ente como os demais, pois "em seu ser está o seu ser". Como a compreensão do ser é uma determinação ontológica do Dasein, esta aparece não apenas como ôntico (VER), mas como ontológico. O Dasein (o "ser-aí", a "Existência", a "realidade humana", "o estar") é preeminente sobre todos os demais entes porque no curso de sua compreensão, enquanto compreensão ontológica, abre-se à realidade do ser. Em vez de partir de uma idéia qualquer do ser e aplicá-la automaticamente ao Dasein, deve-se partir de uma analítica existenciária por meio da qual se prepara o terreno para a compreensão do ser em geral. Mas não se deve somente evitar partir de uma suposta compreensão do ser em geral, mas também de qualquer uma das idéias do ser postas em circulação pela filosofia. Essas idéias não fazem senão "encobrir" o ser. Por isso é preciso proceder a uma "destruição da ontologia", ou seja, a uma dissolução das camadas encobridoras, enrijecidas ao longo da história do pensamento filosófico. Daí que Heidegger considere que seu ponto de partida é um ponto de partida verdadeiramente radical — mais radical que o Cogito (ver COGITO, ERGO SUM) e mais radical que o de toda "consciência transcendental", seja kantiana ou husserliana.

Com o fim de desenvolver a citada analítica existenciária, Heidegger põe a seu serviço a fenomenologia (VER). Esta permite ir "às coisas mesmas", mas permite sobretudo descobrir o "ser dos entes". Portanto, a fenomenologia não é um simples método; é o modo mediante o qual se põe a funcionar a ontologia. A fenomenologia é, nesse sentido, uma "hermenêutica" (VER). A verdade fenomenológica equivale à "abertura (Erschlossenheit) do ser" e é, por isso, "verdade transcendental".

A obra Ser e Tempo tinha de ser constituída por duas partes. A primeira parte era uma hermenêutica do Dasein na direção da temporalidade, descobrindo-se o tempo como horizonte transcendental da pergunta pelo ser. A segunda parte deveria ser uma "destruição fenomenológica da ontologia". A primeira parte divide-se, na intenção de Heidegger, em três seções: uma análise fundamental e preparatória do Dasein, um estudo do Dasein e da temporalidade e um estudo do tempo e do ser. A segunda parte tinha de se dividir em outras três seções: uma principalmente sobre a doutrina do esquematismo de Kant, outra sobre o fundamento ontológico do *Cogito* cartesiano e a sobrevivência da ontologia medieval nos problemas da *res cogitans* e outra principalmente sobre a concepção aristotélica do tempo. Somente as duas primeiras seções da primeira parte foram publicadas no que apareceu como *Ser e tempo I*. Contudo, o livro de Heidegger sobre Kant pode ser considerado pelo menos como um fragmento da segunda parte, e outros escritos de Heidegger, particularmente os consagrados à teoria platônica da verdade e ao comentário de fragmentos de vários pré-socráticos, podem ser considerados como outras seções. Por enquanto, esboçaremos apenas alguns dos temas das seções publicadas da primeira parte de *Ser e tempo*.

Antes de tudo, Heidegger procede à hermenêutica (*Auslegung*) do *Dasein* (VER). O *Dasein* é sua própria possibilidade, que não é uma característica ou predicado, mas seu próprio ser. Por isso a natureza própria do *Dasein* consiste em sua existência e ele não é apreendido mediante categorias, mas por meio dos "existenciários". Isso distingue a analítica do *Dasein* de toda psicologia ou antropologia, pois o *Dasein* não é um ente como os demais; propriamente não é um ente, mas um existente, isto é, uma realidade em cujo ser está seu ser. Ora, o *Dasein* pode existir nos dois modos da autenticidade (VER) e da inautenticidade. Caberia, em vista disso, proceder a dois tipos de analítica existenciária; isso, porém, não é necessário. Por um lado, pode-se tomar o *Dasein* em seu estado indiferenciado em relação à autenticidade e à inautenticidade. Por outro lado, na interpretação (*Auslegung*) do *Dasein* indiferenciado já se revelam os modos autêntico e inautêntico.

A analítica existenciária do *Dasein* efetua-se no sentido ou na direção da temporalidade em que, por fim, vai se constituir. A estrutura fundamental é o "ser-no-mundo" (*in-der-Welt-sein*), "estar-no-mundo". Não é encontrar uma coisa na outra, mas (e daí os hífens) uma realidade total; o estar-no-mundo é um modo de ser. Por isso não há um sujeito em um mundo (realismo) nem um mundo em um sujeito (idealismo) (ver EXTERIOR). Por outro lado, o mundo (VER) não é um conjunto de coisas; 'mundo' designa, como indica Heidegger, "a noção ontológico-existenciária da *mundanidade*". O mundo imediato do *Dasein* é o "mundo circundante" (*Umwelt*). Esse "mundo circundante" não é uma *res extensa*. Isso não significa que se descarte todo espaço, mas o espaço (VER) designado pela expressão *res extensa* está, por assim dizer, incluído na circumundanidade, ou na mundanidade do mundo circundante enquanto mundo-no-qual-estou. A interpretação ontológica da circumundanidade leva Heidegger a um exame da diferença entre o estar-presente (*vorhanden*) e o estar-à-mão (*zuhanden*). Este último é característico do utensílio, que não é uma coisa com a qual se faz algo, mas o próprio fazer. O utensílio, no entanto, não é utensílio por estar subjetivamente determinado para certo uso: sua "utensibilidade" e sua "empregabilidade" são uma determinação ontológica. Algo semelhante ocorre com o espaço: ele não é primariamente *res extensa*, mas uma espécie de orientação-em, que envolve a aproximação e a des-aproximação ou distanciamento. Contudo aproximar-se e afastar-se (ou afastar-se e des-afastar-se) não são propriedades subjetivas, mas também caracteres ontológicos por meio dos quais se esclarece a própria noção de extensão.

O "quem" do *Dasein* sou "eu mesmo", mas eu sou somente na medida em que "sou com": ser é para o *Dasein Mit-Dasein*. Na "relação" de cada *Dasein* com os demais e com o mundo, ou seja, no "ser-com" (*Mit-sein*) fundamental do *Dasein* enquanto está-no-mundo, aparece o modo de ser fundamental do *Dasein* como preocupação (*Besorgen*). O *Dasein* pode, certamente, "despreocupar-se"; o que acontece na existência cotidiana em que predomina o "alguém" (o "se", nas formas do "se vê", "se diz" etc). O "alguém" é como uma degradação do *Dasein*. Mas não é degradação moral; nem sequer é degradação ontológica no sentido de ser "menos" (ver *supra*): é uma degradação existenciária que constitui o *Dasein* e, portanto, não deve ser julgada negativamente. É verdade que a descrição do *Dasein* como "caído" (*verfallen*) — como perpetuamente "distraído" pelas "tagarelices", pelo "afã de novidades" etc. — parece conduzir a uma "crítica da existência cotidiana". Não obstante, a queda do *Dasein* é uma de suas faces ontológicas. Com efeito, para cada uma das formas básicas da estrutura do *Dasein* — a "disposição" ou o "encontrar-se-em" (*Befindlichkeit*), o "compreender" (*Verstehen*) e a fala (*Rede*) — há dois aspectos: o da autenticidade, na recuperação de si mesmo por si mesmo ou apropriação, e o da inautenticidade, ou queda, ou esquecimento de si mesmo, na distração. Ambos são existenciariamente constitutivos. Porém não há dúvida de que Heidegger mostra uma indubitável preferência pelo aspecto autêntico — ou pelas formas desse aspecto — como constitutivo do *Dasein* como tal.

Isso acontece ao tentar determinar o ser do *Dasein* por meio do cuidado (*Sorge*). É verdade que o estar-no-mundo é sempre um estar-caído (um ter-caído), pois, afinal de contas, estar-no-mundo é ter sido lançado ao mundo, e esse ser lançado é como uma queda. Não é menos certo, porém, que o *Dasein* tem a possibilidade de "levantar-se" dessa "queda". Isso acontece mediante a angústia (VER), na qual o *Dasein* se compreende em sua niilidade ontológica. Esta não é resultado de um ser essencialmente criatura, mas de um não ser propriamente "nada". Em sua conferência sobre o que é metafísica, Heidegger elaborou alguns dos temas apontados em *Ser e Tempo*: a angústia e o nada (VER) são dois deles. Ao se compreender, o *Dasein* se descobre como "cuidado por..." e como angústia. Esta revela o *Dasein* em seu flutuar no nada, o qual, além disso, não é a supressão do ser: o nada não é negação do ente, mas possibilitação do ente enquanto "elemento" do *Dasein*. O nada é aquilo de que o *Dasein* se vê surgir e em que pode afundar. Por isso perguntar-se "Por que há ser e não nada?" — a pergunta fundamental da metafísica — não tem exatamente o mesmo sentido que a pergunta tinha, por exemplo, em Leibniz. Não é uma pergunta que visa explicar por que há algo, mas antes fazer compreender o nada que sustenta tudo e no qual sobrenada todo ente.

As formas básicas da estrutura do *Dasein* — o "encontrar-se em", o "compreender" e a "fala" — não são disposições psicológicas. O "encontrar-se em" é a própria situação, não algo "exterior" ou "interior"; é o fato de "estar aí", "lançado" e tendo de lidar com a própria existência enquanto estar-no-mundo. O "compreender" é, por assim dizer, "o constituir-se compreensivamente", o ser original dado como um "poder-ser". Por isso o compreender está estreitamente relacionado com o "projetar", o ser como projeto (*Ent-wurf*), isto é, como projeto de sua própria possibilidade de ser. A "fala" é uma das possibilidades fundamentais do "estar-no-mundo". Assim entendidas, essas formas básicas podem se organizar na unidade estrutural do cuidado. O cuidado constitui o ser do *Dasein* porque apenas o cuidado destaca o ir a si mesmo do próprio ser do *Dasein*. O ir a si mesmo do ser é o "pré-ser-se", o antecipar-se a si mesmo em seu ser. Por isso o ser do *Dasein* pode ser definido como *Sich-vorweg-schon-sein-in (der Welt-) als Sein bei (innerweltlich begegnendem Seiendem)* [na tradução de Gaos: "pré-ser-se-já-em (no mundo) como ser-cabe (os entes que se enfrentam dentro do mundo)"]. Essa definição é igual à do cuidado e por isso pode-se dizer que o cuidado é o ser do *Dasein*.

O *Dasein* como cuidado é a idéia que permite entender a temporalidade do *Dasein* (ou o *Dasein* como temporalidade). Neste ponto inserem-se na analítica de Heidegger os temas da morte e da consciência enquanto chamado a si mesmo (*Ruf*). A morte aparece como a constante possibilidade do antecipar-se ou "pré-ser-se". A morte pode ser enfrentada autêntica ou inautenticamente. Algo análogo ocorre com a consciência ou chamado. Esse chamado não é exterior nem tampouco (psicologicamente falando) interior; a rigor, é o *Dasein* que se chama a si mesmo na consciência moral (*Gewissen*), que se revela deste modo como o chamado do cuidado. Por isso o chamado em questão é como uma "vocação", à qual o *Dasein* pode ser fiel ou não.

O sentido ontológico do cuidado é a temporalidade. Esta não é a essência do tempo como realidade mundana nem o caráter do ser temporal em geral: é a unidade do cuidado como temporalidade. Por isso não se pode falar simplesmente de passado, presente e futuro; nem sequer (psicologicamente) de lembrança, percepção e antecipação. A temporalidade do *Dasein* é uma temporalidade "originária" no sentido de ser a temporalização do *Dasein* enquanto "preocupado" por sua própria possibilidade de ser como estar-no-mundo. O tempo mundano não é o modelo da temporalidade do *Dasein*; pelo contrário, esta é o modelo daquele.

Cada um dos elementos básicos do *Dasein* tem seu próprio modo de temporalização; a rigor, consiste na autotemporalização do *Dasein* de certo modo. As dimensões da temporalidade não são, por isso, "fases", mas antes "êxtases" (VER). A temporalização do *Dasein* por si mesmo não é o passar do tempo nem a sucessão de acontecimentos: é o próprio ser do *Dasein* em seu "ter seu ser em seu ser". Nesse "ter seu ser" o *Dasein* se temporaliza primariamente como antecipação de si mesmo; daí o primado do "futuro" no *Dasein*. A antecipação ocorre como "pré-ser-se" no passado, com o que o *Dasein* se faz presente a si mesmo. Esses modos de temporalização diferem segundo o elemento do *Dasein* considerado — o "encontrar-se em", o "compreender" e a "fala" — e, dentro de cada elemento, diferem conforme a temporalização se efetue na forma da autenticidade ou na da inautenticidade. Enquanto autêntica, a temporalidade do *Dasein* é histórica (não no sentido de que o *Dasein* tenha uma história, mas no sentido de ser constituído pela historicidade [VER]). Com efeito, "somente uma temporalidade autêntica, que é ao mesmo tempo uma temporalidade finita, torna possível algo como um destino, isto é, torna possível algo como uma autêntica historicidade".

Pode-se perguntar agora se há algum caminho que leve do tempo originário ao "sentido do ser", ou seja, se o tempo se revela também horizonte do ser. São as perguntas com as quais Heidegger conclui as partes publicadas de *Sein und Zeit*. Quase a partir desse momento começa a segunda fase de Heidegger — o "último Heidegger" —, não como um abandono de *Ser e tempo*, mas como uma reversão ou conversão (*Kehre*). A partir dela, *Ser e tempo* aparece, como o próprio autor declarou em *Holzwege*, como uma "baliza" no caminho rumo ao ser. Mas a partir de agora trata-se de um caminho "inverso" em todos os sentidos. O ser já não aparecerá como "aberto" ao *Dasein*, mas como aquilo que torna possível a própria abertura do *Dasein*; a verdade não aparecerá como abertura do *Dasein*, mas como iluminação pelo ser, como uma espécie de proteção do ser enquanto Presença etc. Em geral, o que é característico do pensamento do "último Heidegger" — à parte sua hostilidade em relação à exposição sistemática, sua preferência pelo poético, seu constante mergulho no que há de oculto na Palavra — é transformar o pensar sobre o ser em um "pensar do próprio ser", isto é, em um aparecer do ser como "chamando" ou "significando". O que o pensamento faz aqui é "significar algo", ou seja, indicar o caminho para chegar até ele. O ser se transforma em uma casa na qual pode morar o homem, que, em vez de "forçar" o ser, inclina-se humildemente diante dele; transforma-se em uma clareira dentro de um bosque em que os caminhos nunca dão em parte alguma. O ser pode aparecer e pode se ocultar, mas em nenhum caso é aparência, e sim presença; o ser como aparência não é um ser, mas um ente. O melhor a ser feito para apreender o ser é justamente não apreendê-lo, deixá-lo em seu ser; o homem deve permanecer onde está, sem tentar forçar a realidade mediante a técnica, com o fim de permitir que o Ser trans-pareça. O ser é como uma espécie de luz, alojada na linguagem (na linguagem poética ou criadora). Assim, o ser é o horizonte luminoso no qual todos os entes estão em sua verdade. O ser é uma espécie de graça; a importância do homem radica não em desocupar o caminho para alcançar essa graça, mas em deixá-la ser e deixar-se levar por ela ao mesmo tempo: o homem é, a rigor, "o pastor do ser". O homem não encaminha o ser à sua realização ou à sua degradação, mas sim o ser torna possível para o homem existir ou não autenticamente. Certamente o ser tem de aparecer de algum modo em um horizonte — esse horizonte parece ser em Heidegger cada vez mais a linguagem. É possível dizer até, *cum grano salis*, que o ser é não o tempo, mas a linguagem. E, como a linguagem na qual o ser é "forçado" não é a linguagem científica — que constitui a realidade como objeto — nem a técnica — que modifica a realidade para aproveitar-se dela —, não sobra senão um tipo de linguagem, que por um lado é essencialmente poética mas no fundo é "comemorativa". Pensar o ser é, desse modo, "comemorá-lo". Longe da descrição, da explicação, da interpretação, estamos dentro da "comemoração". Deve-se comemorar o ser para que não caia no esquecimento. Mas comemorar o ser é ao mesmo tempo protegê-lo contra a descrição, a explicação e a interpretação. Portanto, ter acesso ao ser é algo muito distinto de conhecê-lo. Tem-se acesso ao ser "habitando-o" e não mediante a análise metafísica. Como "a coisa" manifesta seu caráter na "reunião" de seus elementos, o ser manifesta seu caráter na "reunião" dos entes. O ser, no entanto, não é o conjunto dos entes nem um ente especial: o ser é o habitar dos entes. Por isso habitar a terra é um modo de seguir o ser. O ser "reúne" "em verdade" e, além disso, "em liberdade".

Pela índole da presente obra não pudemos aqui senão enunciar apressadamente algumas das "indicações" do "último Heidegger". Isso é, naturalmente, insuficiente; não apenas, porém, porque a natureza dessa "indicações" radica no modo de fazê-las e na linguagem em que estão expressas, de forma que não podem ser, de maneira alguma, "resumidas", mas também porque tais "indicações" tampouco bastam por si mesmas. Apesar de sua tendência a "poetizar o ser comemorando-o e habitando-o", Heidegger não deixa de lado nem a ontologia nem a instância na "diferença ontológica". Ontologicamente, e até mesmo "onto-teo-logicamente", as "indicações" de Heidegger sobre o ser, o pensamento comemorativo, o jogo etc. são paralelas a uma ontologia que até o presente parece poder ser apenas negativa. Com efeito, o que ontologicamente resulta do "último Heidegger" é que o ser nunca é um ente, nem um princípio dos entes, nem o "fundo da realidade"; tampouco é algo inefável, justamente porque o ser torna a linguagem possível; o ser é o que faz que se possa falar das coisas. Mas, se o ser não é nenhum ente nem tampouco princípio dos entes, há que se concluir que o ser não é nada. E em algum sentido isso ocorre; por isso Heidegger riscou em uma de suas obras a palavra 'ser'. Entretanto, há em Heidegger uma tentativa resoluta de não fazer do ser algo "escondido". O ser é um mistério, porém não no sentido de estar fora de toda compreensão, mas somente na medida em que não é compreensível com base em nenhum dos entes. Ao sublinhar "a diferença ontológica", Heidegger parece indicar que o ser do qual se fala e em cuja "casa" habita o homem é a própria realidade enquanto ser. De acordo com isso o ser seria tudo o que dele foi negado; não estaria oculto atrás dos entes; seria os próprios entes enquanto presentes. Essa presença, além disso, não ocorre de uma só vez: é uma "história" e ao mesmo tempo um "destino". A história e o destino do ser são ao mesmo tempo a história e o destino do "pensar essencial" como "pensar comemorativo": o destino do ser é "advir" como história do pensar essencial, do pensar que "joga" com o ser e se reflete nele. Ao longo desse "advir" "abranda-se" a tradição "endurecida" para se recuperar a verdadeira tradição, que é tradição do ser em seu advir.

↪ Obras: "Neuere Forschungen über Logik", *Literarische Rundschau für das katholische Deutschland*, 38 (1912), 465-472, 517-524, 565-570 ("Novas indagações sobre lógica"). — "Das Realitätsproblem in der modernen Philosophie", *Philosophisches Jahrbuch*, 25 (1912), 353-363 ("O problema da realidade na filosofia moderna"). — *Die Lehre vom Urteil im Psychologismus. Ein kritisch-positiver Beitrag zur Logik*, 1914 (tese) (*A teoria do juízo no psicologismo. Contribuição crítico-positiva à lógica*). — "Der Zeitbegriff in der Geschichtswissenschaft", *Zeitschrift für Philosophie und philosophische Kritik*, 161 (1916), pp. 173 ss. [Aula para obter a *venia legendi* em Friburgo] ("O conceito de tempo na ciência histórica"). — *Die Kateogorien — und Bedeutungslehre des Duns Scotus*, 1916 (*A teoria das categorias e da significação em D. S.*) [ver o verbete GRAMÁTICA ESPECULATIVA]. [Os três últimos trabalhos foram reunidos no volume *Frühe Schriften*, 1972, com índice por F. W. van Hermann]. — *Sein und Zeit*, parte I, 1927 [edição separada do *Jahrbuch für Philosophie und phänomenologische Forschung*, 8. As sucessivas edições dessa obra incluem revisões, nenhuma delas radical. As edições podem ser divididas em dois grupos: da 1ª à 4ª (1940) e da 4ª à 8ª (1957); na 7ª ed. (1953) o autor anuncia que a obra não terá continuação]. — *Kant und das Problem der Metaphysik*, 1929 [edição separada do *Jahrbuch etc.*, 10]; 2ª ed., 1951. — *Was ist Metaphysik?*, 1929 [edição separada do *Jahrbuch etc.*, 11]; 5ª ed., 1959, com uma "Einleitung: Der Rückgang in den Grund der Metaphysik" e um "Nachwort". — *Vom Wesen des Grundes*, 1929 [edição separada de *Festschrift für Edmund Husserl*, 1929]; 3ª ed., 1949. — *Die Selbstbehauptung der deutschen Universität*, 1933 [discurso de posse como reitor em Friburgo; nova ed. 1983, por Hermann Heidegger. — *Hölderin und das Wesen der Dichtung*, 1937 [conferência de 1936]. — *Vom Wesen der Wahrheit*, 1943; 2ª ed., com uma "Anmerkung", 1947 [texto procedente de 1930]. — *Erläuterungen zu Hölderin*, 1944 [em sucessivas edições intitulado: *Erläuterungen zu Hölderins Dichtung*] [inclui "Hölderin und das Wesen der Dichtung" e outros trabalhos]. — *Platons Lehre von der Wahrheit*, 1947 [inclui "Platons Lehre von der Wahrheit", procedente de cursos dados em 1930-1931 e 1933-1934 e publicado anteriormente em *Geistige Überlieferung*, 1942, ed. E. Grassi; e "Brief über den Humanismus", dirigida a Jean Beaufret; há ed. separada dessa "Carta" em *Über den Humanismus*, 1949]. — *Holzwege. Eine Sammlung von Vorträgen*, 1950 (inclui: "Der Ursprung des Kunstwerkes" [núcleo de uma conferência de 1935, com um "Nachwort" de 1950]; "Die Zeit des Weltbildes" [conferência de 1938 com o título "Die Begründung des neuzeitlichen Weltbildes" com acréscimos]; "Hegels Begriff der Erfahrung" [textos de um seminário de 1942-1943]; "Nietzsches Wort 'Gott ist tot'" [de cursos universitários, 1936-1940 e 1943; "Wozu Dichter?" [conferência de 1946]; "Der Spruch des Anaximander" [redigido em 1946]). — *Der Feldweg*, 1953 [artigos agora publicados separadamente e antes publicados em *Wort und Wahrheit*, n. 5 (1950)]. — *Einführung in die Metaphysik*, 1953 [de um curso de 1935 com acréscimos]. — *Was heisst Denken?*, 1954 [dos cursos dados em 1951 e 1952]. — *Aus der Erfahrung des Denkens*, 1954 [escritos procedentes de 1947]. — *Vorträge und Aufsätze*, 1954 [inclui: "Die Frage Nach der Technik" (conferência de 1953, publicada no Boletim da Bayerische Akademie der Schönen Künste, 3); "Wissenschaft und Besinnung" (conferência de 1953); "Überwindung der Metaphysik" (de notas procedentes dos anos 1936-1946); "Wer is Nietzsches Zarathustra?" (conferência de 1953); "Was heisst Denken?" (conferência de 1952, publicada anteriormente em *Merkur*, 6 [1952], distinta do texto do livro de mesmo título citado *supra*); "Bauen, Wohnen, Denken" (conferência de 1951, publicada em *Neue Darmstäter Verlaganstalt*, 1952); "Das Ding" (conferência de 1950, publicada no Boletim citado *supra*, 1 [1951]); "Dichterisch wohnet der Mensch" (conferência de 1951, publicada em *Akzente*, caderno 1 [1954]); "Logos" (publicado no *Festschrift für H. Jantzen*, 1951); "Moira" (parte do livro *Was heisst Denken?* não incluída na edição de 1954); "Aletheia" (de um curso de 1943 sobre Heráclito)]. — *Was ist das –die Philosophie?*, 1956 [texto de uma conferência dada em uma reunião de filósofos em Cerisy-la-Salle, Normandia, em 1955] . — *Zur Seinsfrage*, 1956 [reimp. com algumas mudanças do trabalho intitulado "Über 'die Linie'", publicado em *Festschrift für Ernst Jünger*, 1955]. — *Hebel –Der Hausfreund*, 1957 (*H. o amigo do lar*). — *Identität und Differenz*, 1957 [inclui: "Der Satz der Identität" (conferência de 1957) e "Die onto-theo-logische Verfassung der Metaphysik" (de um seminário dado em 1956-1957). — *Der Satz vom Grund*, 1957 [de treze aulas dadas na Universidade de Friburgo em 1955-1956 e da conferência dada em Bremen e em Viena em 1956]. — *Gelassenheit*, 1959 [inclui: "Gelassenheit" (discurso de 1955) e "Zur Erörterung der Gelassenheit" (discussão entre três pessoas em 1944-1945)]. — *Unterwegs zur Sprache*, 1959 [inclui: "Die Sprache" (conferência de 1950); "Die Sprache im Gedicht" (publicado em *Merkur*, 6 (1953) com o título "Georg Trakl. Eine Erörterung seines Gedichtes"); "Aus einem Gesprach von der Sprache" (colóquio de 1953-1954 com o professor japonês Tezuka, da Universidade de Tóquio); "Das Wesen der Sprache" (conferência de 1957); "Das Wort" (conferência de 1957); "Der Weg zur Sprache" (conferência de 1959, com algumas mudanças)]. — *Nietzsche*, 2 vols., 1961 [de aulas dadas em Friburgo entre 1936 e 1940 e uma série de "Abhandlungen" escritos entre 1940 e 1946 [partes de ambos os vols. foram reimp. no tomo *Der europäische Nihilismus*, 1967]. — *Die Frage nach dem Ding. Zu Kants Lehre von den transzendentalen Grundsätzen*, 1962 [de um curso de inverno dado em 1935-1936 na Universidade de Friburgo com o título "Grundfragen der Metaphysik"]. — *Die Technik und die Kehre*, 1963 [duas conferências: "Die Frage nach der Technik", 1953 (cf. *supra*) e "Die Kehre", 1949]. — *Wegmarken*, 1967 (coletânea de trabalhos já publicados em outros volumes) (*Balizas*). — *Zur Sache des Denkens*, 1969 [inclui: "Zeit und Sein" (conferência de 1962); informe de um seminário em Todtnauberg, 1962; "Das Ende der Philosophie und die Aufgabe des Denkes" (conferência em um colóquio de 1964); "Mein Weg in die Phänomenologie" (previamente publicado em *Hermann Niemeyer zum achtigsten Geburtstag am 16 April 1963*)]. — *Heraklit. Wintersemester 1966/1967*, 1970 (em colaboração com Eugen Fink). — *Phänomenologie und Theologie*, 1970 [inclui uma conferência de 1927 e uma carta dirigida a um colóquio em Drew University em 1964]. — *Schellings Abhandlung "Ueber das Wesen der menschlichen Freiheit" (1809)*, 1971, ed. Hildegard Feick [aulas dadas em 1936 e 1941].

Edição de obras: *Gesamtausgabe*, desde 1975, em 4 partes: I. *Veröffentliche Schriften (1914-1970)*, II. *Vor-*

lesungen (1923-1944), III. *Unveröffentliche Abhandlungen (1919-1967)*, IV. *Aufzeichnungen und Hinweise*, ed. por Walter Biemel, Friedrich-Wilhelm von Herrmann, Klaus Held *et al.*, em mais de 70 volumes. Em português: *Cadernos de tradução 2*, 1997. — *Carta sobre o humanismo*, s.d., — *A essência do fundamento*, 1988. — *Heráclito*, 1998. — *Introdução à metafísica*, 3ª ed., 1987. — *Nietzsche — metafísica e niilismo*, 2000. — *A origem da obra de arte*, 1992. — *Que é uma coisa*, 1992. — *Ser e tempo*, vol. 1, 5ª ed., 1995. — *Ser e tempo*, vol. 2, 4ª ed., 1996. — *Sobre a essência da verdade*, 1995. — *Sobre a essência do fundamento*, s.d. — *Sobre o humanismo*, 2ª ed., 1995. — *Todos nós... ninguém*, 1981. — *A tese de Kant sobre o ser*, Os Pensadores, 1974. — *Tempo e ser*, Os Pensadores, 1974. — *O fim de filosofia e a tarefa do pensamento*, Os Pensadores, 1974.

Biografia: em um folheto intitulado *Ergänzungen zu einer Heidegger-Bibliographie, mit vier Beilagen und einer Bildtafel*, 1960, Guido Schneeberger (que também publicou um *Nachlese zu H. Dokumente zu seinem Leben und Denken*, 1962) insistiu na atividade de Heidegger como membro do partido nazista. O livro de V. Farías, *Heidegger y el nazismo*, 1989, reanimou a polêmica sobre esse aspecto da biografia de H. (ver, por exemplo, B. Martin, ed., *M. H. und das "Dritte Reich". Ein Kompendium*, 1989). — Para uma consideração mais geral da biografia de H., ver: W. Biemel, *M. H. Dargestellt in Selbstzeugnissen und Bilddokumenten*, 1973. — T. Sheehan, *H., the Man and the Thinker*, 1981. — *Dialogue avec H. IV: Le chemin de H.*, 1985. — J. Altwegg, ed., *Die H.-Kontroverse*, 1988. — H. Ott, *M. H. Unterwegs zu seiner Biographie*, 1988. — G. Neske, ed., *Antwort: M. H. im Gespräch*, 1988. — H. D. Sluga, *H.'s Crisis: Philosophy and Politics in Nazi Germany*, 1993. — W. Petzet, *Encounters and Dialogues with M. H.: 1929-1976*, 1993 (trad. ingl. que inclui uma introd. que situa o compromisso político de H. e atualiza a controvérsia sobre essa questão).

Bibliografia: Hermann Lübe, *Bibliographie der Heidegger-Literatur, 1917-1955*, 1957. — Hans-Martin Sass, *Heidegger-Bibliographie*, 1968. — Id., *Materialen zu einer Heidegger-Bibliographie*, 1975, com a colaboração de R. M. Gabitova, T. S. Grijoljuk *et al.* — Id., *M. H. Bibliography and Glossary*, 1982 [mais de 6.350 entradas].

Índices: H. Feick, *Index zu H.'s* Sein und Zeit, 1961; 2ª ed., rev., 1967 (contém referências a outras obras de H.). — R. A. Bast, H. P. Delfosse, *Handbuch zum Textstudium von H.'s* Sein und Zeit, 2 vols., 1980-1981 (vol. 1, índices de lugar e aparato filológico-crítico; vol. 2, índices de palavras, de uso e formação de palavras; referências bibliográficas e de citações).

Sobre H. mencionaremos as seguintes obras: Georg Misch, *Lebensphilosophie und Phänomenologie*, 1930. — E. Schott, *Die Erdlichkeit des Daseins nach M. H.*, 1930. — J. Kraft, *Von Husserl zu H.*, 1932; 2ª ed., 1959. — J. Pfeiffer, *Existenzphilosophie. Eine Einführung in H. und Jaspers*, 1933. — A. Stenberger, *Der verstandene Tod. Eine Untersuchung über M. Heideggers Existentialontologie*, 1935. — A. Delp, *Tragische Existenz. Zur Philosophie M. Heideggers*, 1935. — Alois Fischer, *Die Existenzphilosophie M. Heideggers*, 1935. — Carlos Astrada, *Idealismo fenomenológico y metafísica existencial*, 1936. — Id., *Ser, humanismo, "existencialismo". Una aproximación a H.*, 1949. — K. Lehmann, *Der Tod bei H. und Jaspers. Ein Beitrag zur Frage: Existenzialphilosophie, Existenzphilosophie und protestantische Theologie*, 1938. — Alberto Wagner de Reyna, *La ontología fundamental de H.*, 1939. — Alphonse de Waelhens, *La philosophie de M. H.*, 1942. — Id., *H.*, 1955 [na série "Filósofos y sistemas" dirigida por V. Fatone]. — Id., *Chemins et impasses de l'ontologie heideggerienne*, 1953. — J. D. García Bacca, *Nueve grandes filósofos contemporáneos y sus temas*, vol. I, 1947. — J. Moeller, *Die Existentialphilosophie M. Heideggers im Lichte der katholischen Theologie*, 1947. — Ismael Quiles, *H., el existencialismo de la angustia*, 1948. — Pietro Chiodi, *L'esistenzialismo di H.*, 1948; 3ª ed., 1965. — Id., *L'ultimo H.*, 1952; 3ª ed., 1969. — C. Astrada, K. Bauch, L. Biswanger *et al.*, *M. Heideggers Einfluss auf die Wissenschaften*, 1949. — Max Müller, *Crisis de la metafísica*, 1961. — Egon Vietta, *Die Seinsfrage bei M. H.*, 1950. — Walter Biemel, *Le concept du monde chez H.*, 1950. — Karl Löwith, *H., Denker in dürftiger Zeit*, 1953; 3ª ed., 1965. — Jakob Hommes, *Zwiespältiges Dasein. Die Existenziale Ontologie von Hegel bis Heidegger*, 1953. — J. R. Sepich, *La filosofía de Ser y Tiempo, de H.*, 1954. — M. Wyschogrod, *Kierkegaard and H. The Ontology of Existence*, 1954. — Johannes-M. Hollenbach, *Sein und Gewissen. Über den Ursprung der Gewissensregung. Eine Begegnung zwischen Martin Heidegger und thomistischer Philosophie*, 1954. — Jean Wahl, *Vers la fin de l'ontologie. Étude sur l'Introduction dans la Métaphysique par H.*, 1956. — Marjorie Grene, *H.*, 1957. — P. Furstenau, *M. H. Das Gefüge seines Denkens*, 1957. — Katharina Kanthack, *Das Denken M. Heideggers*, 1959. — Heinrich Ott, *Denken und Sein. Der Weg Heideggers und der Weg der Theologie*, 1959. — Thomas Langan, *The Meaning of H.: A Critical Study of an Existentialist Phenomenology*, 1959. — Paul Hühnerfeld, *In Sachen Heideggers. Versuch über ein deutsches Genie*, 1959. — Manuel Sacristán Luzón, *Las ideas gnoseológicas de H.*, 1959. — Juan Antonio Nuño, "La revisión heideggeriana de la historia de la filosofía. La tarea de la destrucción de la historia de la ontología en relación con la filosofía griega", *Episteme* [Caracas], 1959-1960, pp. 189-280 [há separata]. — Wolfgang Müller-Lauter, *Möglichkeit und Wirklichkeit bei M. H.*, 1960. — Giuseppe Masi, *La libertà in Heidegger: Ricerche sulla sua filosofia,* 1961. — F. Wiplinger, *Wahrheit und Geschichtlichkeit. Untersuchung über die Frage nach dem Wesen der Wahrheit im Denken M. Heideggers,* 1961. — Vincent Vycinas, *Earth and Gods. An Introduction to the Philosophy of M. H.,* 1961. — Maurice Corvez, *La philosophie de H.,* 1961. — Werner Marx, *H. und die Tradition. Eine problemgeschichtliche Enführung in die Grundbestimmungen des Seins,* 1961. — Gerhard Noller, *Sein und Existenz. Die Überwindung des Subjekt-Objektschemas in der Philosophie Heideggers und in der Theologie der Entmythologisierung,* 1962. — Albert Chapele, *L'ontologie phénoménologique de H.,* 1962. — Mario Marmo, *H. e la filosofia,* 1962. — Erasmus Schöfer, *Die Sprache Heideggers,* 1962 (tese). — Pedro Cerezo Galán, *Arte, verdad y ser en H.: La estética en el sistema de H.,* 1963. — Giancarlo Finazzo, *L'uomo e il mondo nella filosofia di M. H.,* 1963. — Otto Pöggeler, *Der Denkweg M. Heideggers,* 1963; 2ª ed., 1983. — Id., *Philosophie und Politik bei H.,* 1972; 2ª ed., 1974. — William Richardson, *H.: Through Phenomenology to Thought,* 1963; reimp., 1967, 1974 (com apêndice bibliográfico, incluindo lista de cursos e conferências dados por H.). — Arrigo Colombo, *M. H.: Il ritorno dell'essere,* 1964. — James M. Demske, *Sein, Menschen und Tod,* 1964 (trad. ingl.: *Being, Man, and Death: A Key to H.,* 1970). — Raúl Echauri, *El ser en la filosofia de H.,* 1964. — Friedrich Wilhelm von Herrmann, *Die Selbstinterpretation M. Heideggers,* 1964. — Id., *Subjekt und Dasein. Interpretationen zu "Sein und Zeit",* 1974. — Magda King, *Heidegger's Philosophy: A Guide to His Basic Thought,* 1964. — Max Müller, *Existenz — Philosophie im geistigen Leben der Gegenwart,* 1964. — George Joseph Seidel, *M. H. and the Pre-Socratics: An Introduction to His Thought,* 1964. — Gianni Vattimo, *Essere, storia e linguaggio in H.,* 1964. — Reuben Guilead, *Être et liberté: Une étude sur le dernier H.,* 1965. — Laszlo Versényi, *H., Being, and Truth,* 1965. — Irmgard Bock, *Heideggers Sprachdenken,* 1966. — W. B. Macomber, *The Anatomy of Disillusion: M. Heidegger's Notion of Truth,* 1967. — J. L. Mehta, *The Philsophy of M. H.,* 1967 (caps. I, VIII, IX e X sobre o "último H.", publicados separadamente em 1971); 2ª ed. rev. com o título: *M. H.: The Way and the Vision,* 1976. — Octavio N. Derisi, *El último H.,* 1968. — Odette Laffoucrière, *Le destin de la pensée et "la mort de Dieu" selon H.,* 1968. — John Macquarrie, *M. H.,* 1968. — Richard Schmitt, *M. H. on Being Human: An Introduction to "Sein und Zeit",* 1969. — Vários autores, *H.,* ed. Otto Pöggeler, 1969. — J. Beaufret, H.-G. Gadamer *et al., Die Frage M. Heideggers,* 1969, ed. H.-G. Gadamer (colóquio em homenagem aos 80 anos de H.). — Michael Gelven, *A Commentary on Heidegger's "Being and Time",* 1970. — Henri Decléve, *H. et Kant,* 1970. — Bernd Magnus, *Heideggers Metahistory of Philosophy: Amor, Fati, Being, and Truth,*

1970. — Alberto Rosales, *Transzendenz und Differenz. Ein Beitrag zum Problem der ontologischen Differenz beim frühen H.,* 1970. — Fernand Couturier, *Monde et être chez H.,* 1971. — John N. Deely, *The Tradition via H.: An Essay on the Meaning of Being in the Philosophy of M. H.,* 1971. — Jean Beaufret, *Dialogue avec H.,* 3 vols., 1973-1974. — W. Franzen, *Von der Existentialontologie zur Seinsgeschichte. Eine Untersuchung über die Entwicklung der Philosophie M. Heideggers,* 1975. — Priscilla N. Cohn, *H.: Su filosofia a través de la nada,* 1975 (Dissertação original em inglês, mimeo). — Thomas A Fay, *H.: The Critique of Logic,* 1976. — Henri Mongis, *H. et la critique de la notion de valeur. La destruction de la fondation métaphysique,* 1976. — H.-G. Gadamer, Werner Marx, C. F. von Weizsäcker, *H.,* 1977 (conferência na Albert-Ludwig Unniversität), ed. W. Marx. — Manfred Thiel, *H. Sein Werk, Aufbau und Durchblick,* 1977. — John D. Caputo, *The Mystical Element in Heidegger's Thought,* 1978. — H. Birault, *H. et l'expérience de la pensée,* 1978. — J. Clark, *The Problem of Fundamental Ontology,* 2 vols., 1978. — G. Steiner, *H.,* 1979. — D. A. White, *H. and the Language of Poetry,* 1979. — O. Pöggeler, *H. und die hermeneutische Philosophie,* 1983. — H.-G. Gadamer, *H.s Wege. Studien zum Spätwerk,* 1983. — F. Soler, *Apuntes acerca del pensamiento de H.,* 1983 (H. y Ortega). — J. J. Kockelmans, *On the Truth of Being: Reflections on H.'s Later Philosophy,* 1984. — J. D. Caputo, H. L. Dreyfus *et al., The Thought of M. H.,* 1984, ed. M. E. Zimmerman [Tulane Studies, XX-XII]. — G. Vattimo, *Introduzione a H.,* 1985. — F.-W. von Herrmann, *Hermeneutische Phänomenologie des Daseins. Eine Erläuterung von* Sein und Zeit (I. *Einleitung: Die Exposition der Frage nach dem Sinn von Sein*), 1986. — R. M. Stewart *et al., A Companion to M. Heidegger's* Being and Time, 1986, ed. J. J. Kockelmans. — D. A. White, *Logic and Ontology in H.,* 1986. — W. Biemel, F.-W. v. Herrmann, eds., *Kunst und Technik,* 1989 (em homenagem ao centenário do nasc. de H.). — H. Ebeling, *H.: Geschichte einer Täuschung,* 1990. — C. Esposito, *H.: Storia e fenomenologia del possibile,* 1992. — J. D. Caputo, *Demythologizing H.,* 1993. — Ch. B. Guignon, ed., *The Cambridge Companion to H.,* 1993. — S. H. Rosen, *The Question of Being: A Reversal of H.,* 1993.

Há ainda, desde 1985, *Heidegger Studies,* editado por Parvis Emad e Kenneth Maly. ◒

HEIDELBERG (ESCOLA DE). Não se pode falar de uma "Escola de Heidelberg" no mesmo sentido estrito em que se falou da "Escola de Marburgo" ou da "Escola de Baden". Por outro lado, a expressão 'Escola de Heidelberg' tampouco tem o sentido amplo que têm as expressões 'Escola de Paris' ou 'Escola de Cambridge'. O nome 'Escola de Heidelberg' é, contudo, um recurso cômodo para a referência ao movimento filosófico centrado em torno de Hans-Georg Gadamer, que deu aulas em Heidelberg a partir de 1949 e começou a dirigir a revista *Philosophische Rundschau* a partir de 1953. Às vezes se identifica a chamada "Escola de Heidelberg" com a hermenêutica (VER) ou com o movimento hermenêutico em virtude do impulso dado por Gadamer à "hermenêutica filosófica". No entanto, como há diversos tipos de hermenêutica — a dos filósofos baseados em Dilthey (VER), a hermenêutica de Betti (VER), a de Ricoeur (VER) etc. —, tal identificação nem sempre é muito adequada, mesmo que um dos principais traços da "Escola de Heidelberg" seja a exploração hermenêutica ou, melhor, a formulação de certos programas de exploração hermenêutica.

A Escola de Heidelberg opôs-se tanto ao positivismo como à Escola de Frakfurt, e à chamada "crítica das ideologias" (ver IDEOLOGIA) no sentido de Habermas (VER), mas ao mesmo tempo recolhendo alguns elementos desta última ao longo de um diálogo (VER), mais que de uma confrontação radical ou de uma oposição irredutível. O diálogo é justamente um dos elementos fundamentais da hermenêutica heidelberguiana.

HEIMSOETH, HEINZ (1886-1975). Nascido em Colônia, estudou em Heidelberg (com Windelband) e em Marburgo (com H. Cohen e Natorp). A partir de 1921 foi professor "extraordinário" em Marburgo; a partir de 1923, professor em Königsberg; a partir de 1931, em Colônia. Heimsoeth destacou-se por seus estudos sobre a filosofia (e especialmente sobre a metafísica) moderna, na qual destacou a continuidade dos temas, mostrando com isso que a história da filosofia não é um conjunto de sistemas "isolados", mas o desenvolvimento de uma "problemática". Heimsoeth interessou-se especialmente em encontrar na história da filosofia e nos sistemas de diversos pensadores os temas, os motivos, os fundamentos e, em particular, os pressupostos. Foi influente sobretudo a interpretação kantiana de Heimsoeth; nosso autor destacou os motivos metafísicos no pensamento de Kant, corrigindo com isso a perspectiva quase exclusivamente epistemológica de seus mestres de Marburgo. Heimsoeth ocupou-se também de certos problemas-chave na filosofia moderna (como os da constituição monadológica do real), da filosofia alemã anterior a Kant, do idealismo alemão e de certos temas metafísicos no pensamento contemporâneo desde Nietzsche. Ao sublinhar a continuidade dos temas na metafísica ocidental, interessou-se especialmente pelo que há de "germânico" nessa metafísica, sem por isso concluir que a filosofia moderna seja exclusivamente alemã.

➲ Principais obras: *Die Methode der Erkenntnis bei Descartes und Leibniz*, 2 vols., 1912-1914 (*Os métodos do conhecimento em D. e em L.*). Esta obra compõe-se das duas partes seguintes: I. *Historische Einleitung. Descartes' Methode der klaren und deutlichen Erkenntnis* [texto da tese de 1911 do autor] (*Introdução histórica. O método de D. do conhecimento claro e distinto*); II.

Leibniz' Methode der formalen Begründung, Erkenntnislehre und Monadologie [publicado também à parte, 1913] (*O método da fundamentação formal, a doutrina do conhecimento e a monadologia de L.*). — *Die sechs grossen Themen der abendländischen Metaphysik*, 1922; 4ª ed., 1958. — *Fichte*, 1923. — "Metaphysische Motive in der Ausbildung des kritischen Idealismus", *Kantstudien*, 19 (1924), 121-159 ("Motivos metafísicos na elaboração do idealismo crítico"). — "Der Kampf um den Raum in der Metaphysik der Neuzeit", *Philosophischer Anzeiger*, 1 (1925-1926), 3-42 ("A luta em torno do espaço na metafísica moderna"). — *Metaphysik und Kritik bei Ch. Crusius. Ein Beitrag zur ontologischen Vorgeschichte der Kritik der reinen Vernunft im 18. Jahrhundert*, 1926 (*Metafísica e crítica em Ch. A. C. Contribuição para a pré-história ontológica da C. da R. P. no século XVIII*). — *Metaphysik der Neuzeit*, 1929. — *Die Errungenschaften des deutschen Idealismus* (folheto, 1931 [trad. esp.: "Las conquistas del idealismo alemán", *Revista de Occidente*, 36 (1932), 311-330]). — "Politik und Moral in Hegels Geschichtsphilosophie", *Blätter für deutsche Philosophie*, 8 (1934-1935), 127-148. — "Geschichtsphilosophie", 1942, em *Systematische Philosophie*, ed. N. Hartmann, 561-647 ("Filosofia da história"). — "Zur Geschichte der Kategorienlehre", em *N. Hartmann. Der Denker und Sein Werk*, ed. H. Heimsoeth e R. Heiss, 1952, pp. 144-172 ("Para a história da doutrina das categorias"). — *Metaphysische Voraussetzungen und Antriebe in Nietzsches "Immoralismus"*, 1955 (*Pressupostos e impulsos metafísicos no "Imoralismo" de N.*). — *Atom, Seele, Monade, Historische Ursprünge and Hintergründen von Kants Antinomie der Teilung*, 1960 (*Átomo, Alma, Mônada. Origens e pano de fundo das antinomias da divisão de Kant*). — *Astronomisches und Theologisches bei Kants Weltverständnis*, 1963 (*O astronômico e o teológico na compreensão do mundo de Kant*). — *Transzendentale Dialektik: Ein Kommentar zu Kants Kritik der reinen Vernunft*, 4 vols., 1966-1971 (*A dialética transcendental: Um comentário sobre a Crítica da razão pura de Kant*).

Alguns dos artigos mencionados anteriormente e outros foram reunidos nos dois vols. de *Gesammelte Abhandlungen*: I. *Studien zur Philosophie Imm. Kants*, 1956; II. *Studien zur Philosophie Geschichte*, 1961.

Depoimento em *Philosophie in Selbstdarstellungen*, ed. Ludwig J. Pongratz, vol. 3, 1977.

Correspondência: F. Hartmann, ed., *Nicolai Hartmann und H. H. im Briefwechsel*, 1978. Sobre esta obra, ver: B. Liebrucks, "Philosophische Freundschaft: Zum Briefwechsel zwischen N. H. und H. H.", *Kantstudien*, 73 (1982), 82-86.

Bibliografia: Friedhelm Nicolin, "Die Schriften Heinz Heimsoeth", *Zeitschrift für philosophische Forschung*, 15 (1961), 579-591. — Id., "Bibliographie H.

H.", em *Kritik und Metaphysik. Studien. Heinz Heimsoeth zum achtzigsten Geburtstag*, 1966, eds. Friedrich Kaulbach e Joachim Ritter, pp. 383-395.

Ver: J. Heidemann, H. J. de Vleeschauwer *et al.*, artigos em um número dedicado a H. H. (1886-1975), de *Kantstudien*, 67, n. 3 (1976). ⊂

HEINEMANN, FRITZ (1889-1970). Nascido em Lüneburg, estudou em Marburgo e lecionou em Frankfurt a.M. Em 1933 refugiou-se na Holanda e depois na Inglaterra, onde residiu até sua morte. Formado nos ensinamentos da Escola de Marburgo (VER), de início Heinemann interessou-se por uma refundamentação não estritamente epistemológica da crítica kantiana. Posteriormente, manifestou interesse pelas filosofias do espírito, da vida e da existência como manifestações contemporâneas de certas formas básicas de pensar que já se revelam na época moderna. Em sua discussão dessas formas de pensar, Heinemann cunhou o vocábulo 'existencialismo', que depois obteve grande difusão. Seu interesse pelo existencialismo, porém, não fez de Heinemann um existencialista; em alguma medida, o autor tentou incorporar elementos muito diversos, incluindo os imperantes na Inglaterra, dentro de sua própria filosofia. Todos esses elementos foram, além disso, estudados do ponto de vista de certas formas de pensar. A admissão de uma pluralidade de formas o conduziu à idéia do caráter essencialmente polimórfico da filosofia (ver PERIFILOSOFIA).

⊃ Obras: *Der Aufbau von Kants Kritik der reinen Vernunft und das Problem der Zeit*, 1913 (*A estrutura da Crítica kantiana da razão pura e o problema do tempo*). — *Plotin*, 1921. — *Neue Wege der Philosophie*, 1929 (na qual se introduz o termo 'existencialismo') (*Novas rotas da filosofia*). — *Odysseus oder die Zukunft der Philosophie*, 1939 (*Odisseu ou o futuro da filosofia*). — *Essay on the Foundations of Aesthetics*, 1939. — *D. Hume: the Man and His Science of Man*, 1940. — *Existentialism and the Modern Predicament*, 1953; 2ª ed., 1954; ed. alemã: *Existenzphilosophie, lebendig oder tot?*, 1954. ⊂

F. H. publicou regularmente um "Philosophical Survey" em *The Hibbert Journal*. — Dirigiu a publicação da obra intitulada *Die Philosophie im XX. Jahrhundert. Eine enzyklopädische Darstellung ihrer Geschichten, Disziplinen und Aufgaben*, 1959.

Bibliografia de H. em *Zeitschrift füf philosophische Schriftung*, 19 (1965), 153-158.

Em 1972 foi fundado um F. H.-Archiv em Lüneburg. ⊂

HEISENBERG, WERNER (1901-1976). Nascido em Würzburg, estudou em Munique e em Göttingen. Lecionou em Copenhagen, Leipzig, Chicago, Michigan e Berlim, tendo sido, nesta última cidade, diretor do Kaiser Wilhelm Institut. Em 1932 recebeu o Prêmio Nobel. Heisenberg desenvolveu um sistema de mecânica quântica, qualificado de "mecânica de matrizes" por causa do uso da álgebra de matrizes. Deve-se a ele o chamado "princípio de incerteza", que abarca um conjunto de relações (ver INCERTEZA [RELAÇÕES DE]). O exemplo mais conhecido da aplicação do "princípio de incerteza" é o par "posição-movimento" (de uma partícula) — trata-se de duas variáveis conjugadas que não podem ser determinadas simultaneamente com exatidão completa. O "princípio de incerteza" deu lugar a muitas polêmicas científicas e filosóficas, centradas, em grande parte, na figura de Bohr (VER) e na chamada "Escola de Copenhagen". O "descontinuísmo" de Heisenberg foi apoiado por Bohr, mas Heisenberg diferiu de Bohr ao sustentar a intertradutibilidade das linguagens em que ondas e partículas são descritas. Epistemologicamente, Heisenberg foi considerado "operacionalista" — e, especialmente por sua epistemologia dos "observáveis", "positivista". Contudo, o operacionalismo de Heisenberg constitui em boa parte uma espécie de "epistemologia aberta" a novos desenvolvimentos e não limitada por considerações estritamente metodológicas.

⊃ É fundamental o trabalho "Ueber den anschaulichen Inhalt der quantentheoretischen Kinematik und Mechanik", *Zeitschrift für Physik*, 43 (1927). Outros trabalhos importantes de H. em *Zeitschrift für Physik*, 33 (1925) e 120 (1943). Entre suas obras, mencionamos: *Die physikalischen Prinzipien der Quantentheorie*, 1930 (*Os princípios físicos da teoria dos quanta*). — *Wandlungen in den Grundlagen der Naturwissenschaft*, 1935; 10ª ed., 1973 (*Mudanças nos fundamentos da ciência natural*). — *Vorträge über kosmische Strahlung*, 1943; 2ª ed., 1953 (*Aulas sobre radicação cósmica*). — *Die Physik der Atomkerne*, 1943; 3ª ed., 1949 (*A física dos núcleos atômicos*). — *Philosophic Problems of Nuclear Science*, 1952 (contém, junto a traduções de vários ensaios de H. já publicados em alemão, traduções de ensaios inéditos). — *Physics and Philosophy: The Revolution in Modern Science*, 1956 (versão alemã: *Physik und Philosophie*, 1959; 2ª ed., 1972). — *Der Teil und das Ganze*, 1969 (*A parte e o todo*) (memórias).

Ver: Patrick A. Heelan, *Quantum Mechanics and Objectivity: A Study of the Physical Philosophy of W. H.*, 1965. — Herbert Horz, *W. H. und die Philosophie*, 1966. — Mario Bunge *et al.*, *Denken und Umdenken. Zu Werk und Wirkung von W. H.*, 1977, ed. Heinrich Pfeiffer. — C. F. v. Weizsäcker, B. L. van der Waerden, *W. H.*, 1977. — G. Gembillo, *W. H. La filosofia di un fisico*, 1987. ⊂

HELLPACH, WILLY. Ver WUNDT, WILHELM.

HELMHOLTZ, HERMANN [LUDWIG FERDINAND] VON (1821-1894). Nascido em Potsdam, foi professor de fisiologia a partir de 1849 em Königsberg, a partir de 1855 em Bonn, a partir de 1858 em Heidelberg e a partir de 1871 (de física) em Berlim. A maior parte das pesquisas realizadas por Helmholtz são do domínio da ciência (física, biologia e fisiologia principalmente, mas também matemática e psicologia); entre elas mencionamos os trabalhos sobre a aplicação da lei de conservação da energia, sobre termodinâmica e eletrodinâmica, sobre o movimento dos fluidos, sobre acústica e, particularmente, sobre ótica fisiológica. Mas Helmholtz é importante também pela influência que exerceu no campo da filosofia, tanto por suas doutrinas filosóficas explícitas como pelas que estão implícitas em sua obra científica. Explicitamente, é considerado um neokantiano do tipo de F. A. Lange. Com efeito, não apenas considerava a teoria do conhecimento como a disciplina filosófica central, mas também interpretava o sujeito kantiano em um sentido psicofisiológico. Para Helmholtz os estudos sobre percepção do espaço e consciência do tempo eram, pois, uma parte capital da teoria do conhecimento: a epistemologia é, em seu entender, uma fisiologia dos sentidos. Isso não significa para nosso autor que haja algo "inato" em nossas representações da realidade; as representações são, ao contrário, adquiridas. Por isso Helmholtz considerava que os elementos apriorísticos do conhecimento não são princípios que se referem diretamente ao real, mas normas metodológicas por meio das quais podemos manipular o real. Ao seu fisiologismo e ao seu empirismo unia-se, pois, um certo convencionalismo, ao menos no que diz respeito às regras metodológicas. Característico do trabalho de Helmholtz é que ele não somente emprega conceitos científicos em suas análises filosóficas, mas também conceitos filosóficos em seu trabalho científico. Isso pode ser visto claramente em suas pesquisas sobre a teoria da percepção, que não são apenas um conjunto de trabalhos experimentais mas também uma série de estudos epistemológicos.

◽ Obras: *Ueber die Erhaltung der Kraft*, 1847 (*Sobre a conservação da energia*). — *Ueber die Wechselwirkungen der Naturkräfte*, 1854 (*Sobre as ações recíprocas das forças naturais*). — *Ueber das Sehen des Menschen*, 1855 (*Sobre a visão do homem*). — *Handbuch der physiologischen Optik*, 1856-1866; 3ª ed., 1909-1911 (*Manual de ótica fisiológica*). — *Ueber das Verhältnis der Naturwissenschaften zur Gesamtheit der Wissenschaften*, 1862 (*Sobre a posição das ciências naturais no conjunto das ciências*). — *Die Lehre von den Tonempfindungen*, 1863; 6ª ed., 1913 (*A doutrina das sensações de sons*). — *Vorträge und Reden*, 1865; 5ª ed., 1903 (as duas primeiras eds. intitulavam-se *Populäre wissenschaftliche Vorträge* (*Conferências científicas populares*). — *Ueber die Tatsachen, der Geometrie zugrunde liegen*, 1868 (*Sobre os fatos que fundamentam a geometria*). — *Ueber das Zeil und die Fortschritte der Naturwissenschaft*, 1869 (*Sobre a finalidade e os progressos da ciência natural*). — *Ueber den Ursprung und die Bedeutung der geometrischen Axiome*, 1870 (*Sobre a origem e a significação dos axiomas geométricos*) [se-gundo Helmholtz, os axiomas da geometria baseiam-se em intuições empíricas]. — *Induktion und Deduktion*, 1873. — *Die Tatsachen der Wahrnehmung*, 1879 (*Os fatos da percepção*). — *Zählen und Messen*, 1887 (*Contar e medir*). — *Wissenschaftliche Abhandlungen*, 3 vols., 1881-1895 (*Artigos científicos*). — *Vorlesungen über theoretische Physik*, 6 vols., 1897-1925 (*Aulas sobre física teórica*). — Póstumas: *Schriften zur Erkenntnistheorie*, eds. P. Hertz e M. Schlick, 1921 (*Escritos de teoria do conhecimento*). — *Philosophische Vorträge und Aufsätze*, 1971 (*Conferências e artigos filosóficos*).
Depoimento: D. Goetz, *H. v. H. über sich Selbst*, 1966. Ver: L. Königsberger, *H. von Helmholtz*, 3 vols., 1902-1903. — A. Riehl, *Helmholtz in seinem Verhältnis zu Kant*, 1904. — F. Conrat, *H. von Helmholtz' psychologische Anschauungen*, 1904. — B. Erdmann, *Die philosophischen Grundlagen von Helmholtz' Wahrnehmungstheorie*, 1921. — J. Hamm, *Das philosophische Weltbild von Helmholtz*, 1937 (tese). — N. Pastore, *Selective History of Theories of Visual Perception, 1650-1950*, 1971. — W. R. Woodward, M. G. Ash, *The Problematic Science: Psychology in Nineteenth-Century Thought*, 1982. — T. C. Meyering, *Historical Roots of Cognitive Science: The Rise of a Cognitive Theory of Perception from Antiquity to the Nineteenth-Century*, 1989.. — G. Hatfield, *The Natural and the Normative: Theories of Spatial Perception from Kant to H.*, 1991. ℂ

HELMONT, FRANCISCUS MERCURIUS VAN (1618-1699). Filho de Joannes Baptiste van Helmont e nascido provavelmente no mesmo lugar que o pai, desenvolveu as doutrinas deste e de Paracelso e chegou à formulação de uma doutrina monadológica (ver Mônada; monadologia) em muitos aspectos parecida com a de Leibniz, razão pela qual se supõe que este — que se relacionou com F. M. van Helmont — pode ter recebido sua influência para a edificação de sua própria monadologia. Segundo F. M. van Helmont, o fundo de toda realidade é constituído por substâncias indivisíveis, de caráter ao mesmo tempo espiritual e corporal, a que chama de *mônadas* e que se distinguem entre si de modo gradual — especialmente segundo o grau de perfeição —, de modo que todas formam um grande contínuo no universo. Essas mônadas desenvolvem-se internamente e são, em última análise, de natureza plástica (ver Plástico). Estão dispostas em ordem hierárquica, encabeçadas por uma mônada superior, Deus, eterna e absolutamente perfeita. O número de mônadas é muito grande (embora finito) não somente nas substâncias materiais, mas também nas espirituais. Mas, assim como há uma mônada que dirige o universo monadológico, há também mônadas centrais que dirigem e regulam certas regiões de mônadas espirituais: são as almas. Estas últimas transmigram continuamente ao longo de seu auto-aperfeiçoamento, que culmina em seu repouso no âmago da unidade divina. Assim como seu pai e como Paracelso, F. M. van Helmont fazia sua concepção do mundo culminar em uma teologia, segundo a qual Cristo é o mediador entre a mônada suprema e as almas, o elo entre a eternidade e o tempo, entre a imutabilidade e o movimento.

➲ Obras: *Alphabeti vere naturalis Hebraici brevissima delineatio*, 1667. — *Seder Olam sive ordo saeculorum historica ennarratio doctrinae*, 1693. — *Quaedam praemeditae et consideratae cogitationes super quattuor capita libri primi Moisis, Genesis nominati*, 1697.

Edição de opúsculos: *Opuscula philosophica*, 1690.
Ver: Broeckx, *Le baron F. M. van Helmont*, 1870. — L. Stein, *Leibniz und Spinoza*, 1890. ᴄ

HELMONT, JOANNES BAPTISTE VAN (1577-1644). Nascido em Vilvoorden, nas proximidades de Bruxelas, estudou medicina e depois lecionou cirurgia em Louvain. Abandonou a medicina por não encontrar nela resposta para suas inquietações metafísicas, e viajou pela Alemanha, pela Suíça e pela Inglaterra; familiarizou-se com a alquimia e, sobretudo, com os escritos de Paracelso. Hostil aos escolásticos e aos humanistas, assim como aos agostinianos e aos panteístas, Van Helmont seguiu as doutrinas de Paracelso e defendeu a necessidade de distinguir teologia e conhecimento da Natureza. Este último se fundaria, segundo Van Helmont, na observação e na "intuição". Sobre esse assunto é fundamental sua teoria de que o mundo material é o produto da elaboração de uma matéria originária ou *fluor generativus* por uma força que lhe dá forma. O princípio segundo o qual se produz essa forma (e as formas subseqüentes) é o chamado *archeus* ou *aura vitalis*, que se converte no espírito seminal das coisas. Esse *archeus* produz e regula os organismos e as funções orgânicas por meio de *archei* subordinados. Estes misturam as substâncias fundamentais (sal, sulfureto e mercúrio) procedentes dos dois fermentos originários (ar e água) para a composição dos seres e especialmente dos organismos. Característico de J. B. van Helmont (assim como de Paracelso) é a mistura constante de experimentação e de especulação, e também o uso dos motivos alquímico-biológico-cosmogônicos para a explicação de conceitos teológicos (como os de criação, pecado original e ressurreição). As doutrinas de Van Helmont são, além disso, típicas de uma das correntes imperantes no Renascimento: a corrente que pode ser chamada de organológica, para a qual o universo é entendido por meio da analogia com o organismo, concebido de uma forma plástica (ver PLÁSTICO).

➲ Obras: *Dageraat ofte nieuwe opkomst der Genees-Kounst in verborgen grundregulen der Nature* (prov. 1615) (*O amanhecer ou o ressurgimento da medicina nas leis fundamentais ocultas da natureza*). — *Ortus medicinae*, 1648; 2ª ed., 1652 (ed. por seu filho Franciscus Mercurius van Helmont).

Edição de obras: *Opera*, 1667.

Ver: M. Rommeleare, *Étude sur J. B. van H.*, 1868. — F. Strunz, *J. B. van H.*, 1907. — W. Pagel, *J. B. van H. Einführung in die philosophische Medizin des Barock*, 1930. — P. Neve de Mévergnies, *J. B. van H., philosophie par le feu*, 1935. ᴄ

HELSINQUE [HELSINGFORS] (GRUPO DE). Damos esse nome a um grupo de filósofos finlandeses, quase todos professores de filosofia nas Universidades de Turku e de Helsinque, que trabalharam e continuam trabalhando no espírito do empirismo lógico. Isso não significa que o grupo de Helsinque seja simplesmente uma das manifestações do Círculo de Viena (VER). Ainda que os filósofos em questão tenham se ocupado, e continuem se ocupando, de temas de lógica, lógica da linguagem científica e temas similares, que constituíram o principal interesse dos membros do citado Círculo e foram preocupação constante dos empiristas lógicos, não o fazem com espírito dogmático, e sim de forma crítica.

Os mais importantes estudos realizados pelos filósofos do grupo de Helsinque são estudos lógicos (cálculo de predicados, lógicas modais, lógica "sem negação" etc.) e epistemológicos, ou, mais exatamente, de conceituação nas ciências naturais, particularmente na física e na experiência cotidiana. Também realizaram alguns estudos da história da filosofia, usando os instrumentos conceituais da lógica e da epistemologia contemporâneas. Entre os conceitos de filosofia da ciência mais detalhadamente estudados por vários dos filósofos do grupo encontram-se os de causalidade e de probabilidade. Alguns desses filósofos também se ocuparam de questões que beiram a ontologia, ao menos a "ontologia crítica e analítica"; esse é o caso especialmente de Eino Kaila com seus estudos sobre o conceito de realidade física.

Entre os filósofos do grupo de Helsinque destacamos Eino Kaila (VER), Uuno Saarnio, Jaakko Hintikka (VER), Veli Valpola, Jussi Tenkku, Raili Kauppi, Julius M. E. Moravcsik, Reijo Wilenius, Jalmar Edvard Salomaa, H. G. von Wright (VER) e Erik Stenius. Muitas das colaborações desses autores apareceram nos volumes publicados com o nome de *Acta Philosophica Fennica*, órgão da Societas Philosophica Fennica. Também colaboraram freqüentemente na revista *Theoria*, ligada ao grupo afim de Oslo, assim como em revistas fora da Escandinávia, particularmente nas de lógica, epistemologia e filosofia da ciência.

HELVÉTIUS [CLAUDE-ADRIEN] (1715-1771). Nascido em Paris, estudou com os jesuítas. Todavia, após ler o *Ensaio*, de Locke, entusiasmou-se pela possibilidade de aplicar o empirismo lockiano às questões morais e políticas. A publicação de seu livro sobre o espírito (cf. bibliografia) despertou grande entusiasmo (assim como numerosas críticas). O livro foi condenado, o que contribuiu para a celebridade de seu autor. Em 1764, aproximadamente, foi para a Inglaterra, onde foi recebido pelo rei, e pouco depois para Potsdam, onde foi recebido por Frederico II (VER).

Helvétius interessou-se especialmente pelo problema da educação do homem tendo em vista a contribuição para seu progresso e felicidade. As teorias de Helvétius são parecidas, em muitos aspectos, com as de Condillac; segundo Helvétius, todas as idéias originam-se de sensações e estas são simplesmente impressões dos sentidos. Para Helvétius não há nenhuma faculdade especial de reflexão distinta da sensação. O "espírito" é o nome que se dá à percepção de semelhanças e diferenças nas sensações. O sensacionismo de Helvétius é apenas o ponto de partida para o desenvolvimento de uma doutrina ética e social segundo a qual todos os homens são iguais e todos almejam o mesmo. O conceito fundamental que Helvétius propõe para explicar o comportamento humano é o de *interesse*. Esse interesse pode ser definido como um impulso à obtenção do prazer e à eliminação da dor. Trata-se de um impulso tão forte que sem ele nenhum ato pode ser entendido. Esse impulso ou interesse não é uma manifestação espiritual, mas uma derivação da sensibilidade. Sendo algo de índole "externa", pode — e deve —, pois, submeter-se à educação e ao treino a fim de regular seus possíveis excessos e, sobretudo, seus desvios. Aplicando-se tal processo de treinamento, é possível conseguir o que Helvétius considera o ideal máximo: que os interesses individuais coincidam com os coletivos (com a "saúde pública"). Muitos obstáculos opõem-se a isso: as superstições e os chamados preconceitos religiosos são alguns dos mais tenazes. É necessário, portanto, canalizar os interesses e as paixões dos homens por meio das sanções que o Estado ilustrado impõe a todos os que se afastem das normas do prazer coletivo, que coincide, segundo Helvétius, com o bem social. A luta contra as crenças positivas — fomentadas, no entender de nosso autor, pelo egoísmo particular da classe sacerdotal — deve ser uma das principais missões do Estado. Somente assim se alcançará a plena racionalidade que, de modo paradoxal, equivale nesse pensador à plena expansão, sem obstáculos entorpecedores, do pleno impulso. Com efeito, Helvétius supõe que o impulso é, em última análise, de caráter racional, pois a razão só pode querer o bem-estar da comunidade, equivalente ao bem-estar dos indivíduos.

➲ Obras: *De l'esprit*, 1958. — *Le bonheur*, 1772. — *De l'Homme, de ses facultés et de son éducation*, 1772. — *Le vrai sens du système de la Nature*, 1774. — *Les progrès de la raison dans la recherche du vrai*, 1775.

Edição de obras: *Oeuvres complètes*, 7 vols., 1774; 5 vols., 1784; 14 vols., 1795 (reed. em 7 vols., com prefácio de Yvon Belaval, 1969 ss.).

Em português: *Do espírito*, Os pensadores, 1974.

Correspondência: *Correspondance générale d'Helvétius*, a partir de 1981, ed. coordenada por D. W. Smith, com a colaboração de P. Allan, A. Dainard e J. Orsoni.

Bibliografia: D. W. Smith, "A Preliminary List of Editions of H.'s Works", *Australasian Journal of French Studies*, 7 (1970).

Ver: A. Piazzi, *Le idee filosofiche et pedagogiche de C. A. Helvetius*, 1889. — Wolfgang Arnd, *Das ethische System des Helvetius*, 1904. — Rodolfo Mondolfo, *Saggi per la storia della morale utilitaria* (II. *Le teorie morali e politici di C. A. H.*), 1904. — H. L. Lohmann, *Die ethischen Prinzipien des Helvetius, ein Beitrag zur Würdigung der Lehre des Helvetius und seine Abhängigkeit von Vorgängern*, 1906 (tese). — Albert Keim, *Helvétius, sa vie, son oeuvre*, 1907. — J. B. Séverac, *Helvétius*, 1910. — M. Grossman, *The Philosophy of H.*, 1926. — I. Stanganelli, *La teoria pedagogica di H.*, 1939. — I. L. Horowitz, *Helvetius: Philosopher of Democracy and Enlightenment*, 1954. — Ch. N. Momdshjan, *Die Philosophie des H.*, 1955. — D. W. Smith, *H.: A Study in Persecution*, 1965. — A. Postigliola, *La città della ragione: Per una storia filosofica del settecento francese*, 1992. ©

HEMPEL, C[ARL] G[USTAV]. Nascido (1905) em Orianenburg (Prússia), estudou em Göttingen, Heidelberg, Berlim, Viena e novamente em Berlim, onde se doutorou (1934). Em 1937 mudou-se para os Estados Unidos, lecionando na Universidade de Chicago (1937-1938), no City College of New York (1939-1940), no Queens College (1940-1948), em Yale (1948-1955), em Princeton (a partir de 1955) e, depois de se aposentar (1973), lecionando (como *University Professor*) na Universidade de Pittsburgh, Pennsylvania (1977-1987).

Hempel fez parte do chamado "grupo de Berlim", estreitamente ligado ao Círculo de Viena (ver VIENA [CÍRCULO DE]), ambos promotores do movimento chamado de "positivismo lógico" e também de "empirismo lógico". Até agora permaneceu fiel ao espírito desse movimento, sem se deixar levar por correntes demasiadamente alheias a ele ou tampouco por correntes que, como a "filosofia lingüística" (do tipo praticado em OXFORD [VER]), embora estejam historicamente relacionadas com o empirismo lógico, representam um modo de filosofar de caráter muito distinto. Isso não significa que Hempel tenha seguido dogmaticamente as "posições" do empirismo lógico; significa apenas que continuou adotando, porém sem espírito missionário, sua atitude, e o tipo de análise praticado pela maior parte dos empiristas lógicos. Assim, Hempel não se interessa por problemas metafísicos, mas tampouco por questões de puro uso (VER) lingüístico; interessa-se por problemas de lógica e muito particularmente por problemas de filosofia da ciência. Seus trabalhos pode ser agrupados sob o rótulo: "Análise lógica de problemas básicos na linguagem científica". Particularmente, os trabalhos de Hempel representam um esforço para introduzir o máximo de precisão na análise desses problemas.

Entre as contribuições mais importantes de Hempel podem ser mencionadas as seguintes:
1) O exame de alguns problemas na "formação de conceitos" ("conceituação") na ciência ("ciência empírica"). Isso inclui uma análise dos processos de definição, redução e construção teórica. Hempel examinou vários tipos básicos de conceituação científica e os conceitos fundamentais correspondentes (conceitos classificatórios, comparativos, quantitativos) sem propugnar uma conceituação em face de todas as demais, mas antes determinando os requisitos lógicos de cada conceituação.
2) O exame da função das leis gerais na história. Hempel desenvolveu argumentos a favor da tese de que a explicação histórica é, em princípio, do mesmo tipo da explicação das ciências naturais: os acontecimentos históricos devem ser explicados mediante leis gerais e, portanto, devem poder ser deduzidos de leis gerais. A tese de Hempel constituiu o ponto de partida de uma das variedades da "escola analítica" na filosofia da história a que nos referimos no verbete HISTÓRIA: aquela conhecida pelo nome de *law-covering theory*.
3) O exame de problemas básicos na indução (VER) e, sobretudo, na confirmação (VER) de hipóteses. Deve-se a Hempel a formulação do paradoxo — por isso chamado de "paradoxo de Hempel" — de que falamos no último verbete citado. Ao mesmo tempo, Hempel tentou dar uma solução ao paradoxo restringindo o alcance da noção de confirmação e limitando as proposições que confirmam uma dada hipótese a exemplos estritos dessa hipótese deriváveis mediante exemplificação.

◆ Boa parte dos trabalhos de Hempel é de artigos em revistas, atas ou volumes coletivos: "On the Logical Positivists' Theory of Truth", *Analysis*, 2 (1934-1935), 49-59. — "Some Remarks on 'Facts' and Propositions", *ibid.*, 93-96. — "The Logical Analysis of Psychology", *Revue de Synthèse* (1935), reimp. em H. Feigl e W. Sellars, eds., *Readings in Philosophical Analysis*, 1949. — "Über den Gehalt von Wahrscheinlichkeitsaussagen", *Erkenntnis*, 5 (1935), 228-260. — "Some Remarks on Empiricism", *Analysis*, 3 (1935-1936), 33-40. — "Eine rein topologische Form nichtaristotelischer Logik", *Erkenntnis*, 6 (1936), 436-442 ("Uma forma puramente topológica da lógica não-aristotélica"). — "Le problème de la vérité", *Theoria* (1937). — "On the Logical Form of Probability-Statements", *Erkenntnis*, 7 (1937-1938), 154-160. — "Vagueness and Logic", *Philosophy of Science*, 6 (1939), 163-180. — "The Function of General Laws in History", *Journal of Philosophy*, 39 (1942), 35-48; reimp. em Feigl e Sellars, *Readings etc.* e em P. Gardiner, ed., *Theories of History*, 1959. — "A Purely Syntactical Definition of Confirmation", *Journal of Symbolic Logic*, 8 (1943), 122-143. — "Geometry and Empirical Science", *American Math. Monthly*, 52 (1945), 7-17; reimp. em Feigl e Sellars, *Readings etc.* — "On the Nature of Mathematical Truth", *ibid.*, 52 (1945), 543-546; reimp. em W. L. Schaaf, ed., *Mathematics, Our Great Heritage: Essays on the Nature and Cultural Significance of Mathematics*, 1948, pp. 119-139, e em H. Feigl e M. Brodbeck, eds., *Readings in the Philosophy of Science*, 1953. — "Studies in the Logic of Confirmation", *Mind*, N. S., 54 (1945), 1-26, 97-121; *ibid*, 55 (1946), 79-82. — "A Note on Semantic Realism", *Philosophy of Science*, 17 (1950), 169-173. — "Problems and Changes in the Empiricist Criterion of Meaning", *Revue Internationale de Philosophie*, 11 (1950), 41-63; reimp. em L. Linsky, ed., *Semantics and the Philosophy of Language*, 1952, em A. J. Ayer, ed., *Logical Positivism*, 1959 [neste último com o título: "The Empiricist Criterion of Meaning"]. — "General System Theory and the Unity of Science", *Human Biology*, 1951. — "The Concept of Cognitive Significance: A Reconsideration", *Proceedings of the American Academy of Arts and Science*, 80 (1951), 61-77. — "Reflections on Nelson Goodman's *The Structure of Appearance*", *Philosophical Review*, 62 (1953), 108-116. — "A Logical Appraisal of Operationism", *The Scientific Monthly*, 74 (1954), 215-220. — "Empirical Statements and Falsifiability", *Philosophy*, 23 (1958), 349-355. — "Inductive Inconsistencies", *Synthèse*, 12, n. 4 (1960) [número de homenagem ao 70° aniversário de R. Carnap], 439-469. — "Deductive-Nomological vs. Statistical Explanation", em H. Feigl e G. Maxwell, eds., *Minnesota Studies in the Philosophy of Science*, 3, 1962. — "Explanation in Science and History", em R. G. Colodny, ed., *Frontiers of Science and Philosophy*, 1962. — "Reasons and Covering Laws in Historical Explanation", em S. Hook, ed., *Philosophy and History*, 1963. — "Die Wissenschaftstheorie des analytischen Empirismus im Lichte zeitgenössischer Kritik" ("A teoria da ciência do empirismo analítico à luz da crítica contemporânea"), em G. Patzig, E. Scheibe, W. Wieland, eds., *Logik, Ethik, Theorie der Geisteswissenschaften*, 1977 [XI Congresso Alemão de Filosofia, 1975]. — "Comments on Goodman's Ways of World-making", *Synthèse*, 45 (1980), 193-200. — "Turns in the Evolution of the Problem of Induction", *ibid.*, 46 (1981), 389-404. — "Schlick und Neurath: Fundierung versus Kohärenz in der wissenschaftlichen Erkenntnis", *Grazer Philosophische Studien*, 16/17 (1982), 1-18 ("S. e N.: Fundação versus coerência no conhecimento científico"). — "Valuation and Objectivity in Science", em R. S. Cohen, ed., *Physics, Philosophy and Psychoanalysis*, 1983, pp. 73-100. — "Provisoes: A Problem Concerning the Inferential Function of Scientific Theories", *Erkenntnis*, 28 (1988), 147-164.

Em colaboração com P. Oppenheim: "L'importance logique de la notion de type", *Actes du Congrès Int. de*

Philosophie Scient. [Paris, 1935], 1936. — *Der Typusbegriff im Lichte der neuen Logik*, 1936. — "A Defnition of 'Degree of Confirmation'", *Philosophy of Science*, 12 (1945), 98-115. — "Studies in the Logic of Explanation", *Philosophy of Science*, 15 (1948), 135-175; reimp. em Feigl e Brodbeck, *Readings* [com o título: "The Logic of Explanation"].

Livros: *Beiträge zur logischen Analyse des Wahrscheinlichkeitsbegriffs*, 1934 (tese, publicada parcialmente) (*Contribuições à análise lógica do conceito de probabilidade*). — *Fundamentals of Concept Formation in Empirical Science*, 1952 [International Encyclopaedia of Unified Science, II, 7]. — *Aspects of Scientific Explanation, and Other Essays in the Philosophy of Science*, 1965 (coletânea de trabalhos, incluindo vários dos citados *supra*). — *Philosophy of Natural Science*, 1966.

Ver: A. R. Anderson, P. R. Benacerraf *et al.*, *Essays in Honor of Carl G. Hempel: A Tribute on the Occasion of His 65th Birthday*, 1970. — Ettore Carruccio, *Principi generali ed applicazioni della logica matematica nell'epistemologia di C. G. H.*, 1974. — T. Sarrazin, *Ökonomie und Logik der historischen Erklärung*, 1974. — W. Dray, *Perspectives on History*, 1980. — E. Tegmeier, *Komparative Begriffe. Eine Kritik der Lehre von Carnap und H.*, 1981. — W. K. Essler, W. Stegmüller, eds., *Epistemology, Methodology, and Philosophy of Science: Essays in Honour of C. G. Hempel*, 1985 (com alguns arts. em alemão). ∁

HEMSTERHUIS, FRANS (1721-1790). Nascido em Franecker (Frísia), viveu em Leiden e em Münster, onde conheceu a pessoa e a obra de Goethe, Herder, Hamann, Jacobi e outros. A formação de Hemsterhuis foi tripla: clássica, francesa (língua em que escreveu suas obras) e alemã. O espírito das doutrinas de Hemsterhuis é, como ele mesmo indicou, "socrático": a filosofia é um amor pela sabedoria tendo em vista a felicidade e a captação da harmonia e da beleza tanto do universo como das obras de arte. O fundamento de todo pensamento é a consciência de si mesmo, na qual se reflete, uma vez devidamente aprofundada, a harmonia do universo. Essa harmonia é o resultado do movimento impresso à matéria por uma realidade incorpórea ("anímica"). A captação das essências em que consistem as realidades é realizada por meio da consciência moral. Essa consciência descobre a harmonia invisível aos sentidos, e descobre com isso a beleza do mundo, que é em última análise de caráter divino. A ordem da realidade é, no fundo, uma ordem de valores dispostos em ordem hierárquica, com o valor da harmonia como valor central.

➲ Obras: *Lettre sur une pierre antique*, 1762. — *Lettre sur la sculpture*, 1769. — *Lettre sur le désir*, 1770. — *Lettre sur l'homme et ses rapports*, 1772. — *Sophyle, ou de la philosophie*, 1778. — *Aristée, ou de la divinité*, 1779. — *Alexis, ou de l'âge d'or*, 1787. — *Simon, ou des facultés de l'âme*, 1787. — *Lettre de Dioclès à Diotime sur l'athéisme*, 1787.

Edição de obras: *Oeuvres philosophiques*, 2 vols., 1792.

Ver: Eugen Meier, *Der Philosoph F. H.*, 1892 (tese). — F. Bulle, *F. H. und der deutsche Irrationalismus des 18. Jahrhunderts*, 1911. — Nicolai Hartmann referiuse a F. H., elogiando especialmente suas intuições axiológicas, em *Die Philosophie des deutschen Idealismus*, I, 1923 (trad. port.: *A filosofia do idealismo alemão*, 2ª ed., 1983). Segundo N. H., Hemsterhuis é "o precursor do Romantismo", ao mesmo tempo "filho da Ilustração" e inimigo dela. — E. Boulan, *F. H.*, 1924. — L. Brummel, *F. H. Een Philosophenleven*, 1925. — J. E. Poritzky, *F. H., seine Philosophie und ihr Einfluss auf die deutsche Romantik*, 1936. — David Baumgardt, *Der Kampf um den Lebenssinn under den Vorläufern der modernen Ethik*, 1933. — J. D. Bierens de Haan, *De levende gedochten van H.*, 1941. — Klaus Hammacher, *Unmittelbarkeit und Kritik bei H.*, 1969. — Heinz Moenkemeyer, *F. H.*, 1975; nova ed., 3 vols., 1846-1850, ed. e estudo de L. S. P. Meyboom; reimp. em 1 vol., 1972. — P. Pelckmans, *H. sans rapports: contribution à une lecture distante des lumières*, 1987. ∁

HÉNADA. Em *Phil.*, 15 A, Platão introduz o termo ἑνάς (plural: ἑνάδες). Esse termo é às vezes traduzido como 'unidade' e às vezes como 'unicidade' — enquanto "unidade do que é uno" —; porém, como foi usado como termo "técnico" por vários autores, especialmente por Proclo, não o traduzimos, preferindo simplesmente transcrevê-lo com as modificações usuais.

Na passagem citada, Platão levanta a questão de como podem ser entendidas certas "unidades" tais como "o homem uno", "o boi uno", o "bem uno". Não se trata, pois, de "um homem", de "um boi" ou de "um bem", mas do que há de "uno" em tais entidades. As "unidades" em questão não são perecedouras; estão livres do nascimento e da morte e são, portanto, eternas. Platão usa em *Phil.*, 15 B, o termo μονάδες, "mônadas", no sentido de ἑνάδες. Como as hénadas, as mônadas são "unidades" ou "exemplos de unos". Entretanto, posteriormente se estabeleceram distinções entre 'hénadas' e 'mônadas'.

Referimo-nos ao conceito de mônada no verbete MÔNADA E MONADOLOGIA. Ali ressaltamos que Orígenes utilizou ἑνάς — que traduzimos por 'unicidade' — como um aspecto do ser essencialmente uno de Deus Pai, que também é μονάς. Também indicamos que em Orígenes ἑνάς parece referir-se ao aspecto de Deus como princípio do diverso, diferentemente da "unidade consigo mesma" da divindade. A distinção entre ἑνάς ou hénada e μονάς ou mônada encontra-se também em Proclo (também mencionado no citado verbete). Há, a esse respeito, certas semelhanças entre a concepção de Orígenes e a de Proclo, mas o último autor desenvolveu uma doutrina detalhada das hénadas, razão pela qual a resenharemos.

Siriano (*In Met.*) identificara as hénadas aos deuses. Os neopitagóricos haviam chamado as Formas de "hénadas". Proclo juntou de algum modo as duas idéias falando de "todo o número de deuses", πᾶς ὁ θεῶν ἀριθμός, como "unitário", ἑνιαῖος. Há uma pluralidade de deuses, mas essa pluralidade deve ser concebida como ἑνιαῖος (*Inst. theol.*, 113). Ao mesmo tempo, como há efetivamente uma pluralidade de deuses (conforme Proclo sustentava seguindo o tradicional politeísmo grego e tentando conferir-lhe um sentido metafísico), deve-se afirmar que cada deus é uma hénada completa por si mesma, αὐτοτελής, e cada hénada completa por si mesma é deus. Cada um desses deuses-hénadas encontra-se além do Bem, da Vida e da Inteligência. Cada uma das hénadas posterior ao Uno é "participável", μεθεκτός, mas o Uno não o é (*ibid.*, 116). A potência do divino também é "unitária" (*ibid.*, 121). Isso não significa que todos os deuses-hénadas estejam no mesmo nível ontológico; os deuses-hénadas são mais ou menos universais de acordo com seu maior ou menor afastamento (ontológico) do Uno (*ibid.*, 126). Proclo chama cada um dos deuses de "hénada benfeitora", ἀγατουργός, e de bem unificante, ἑνοποιός (*ibid.*, 133). Toda hénada coopera com o Uno na produção do existente participante (*ibid.*, 137). Proclo refere-se também a diversas ordens de hénadas e a seus diversos modos de cooperação na produção do existente (*ibid.*, 151-65).

Questionou-se o motivo pelo qual Proclo introduzira a noção de hénada e por que lhe deu tanta importância em sua teologia. Pode-se pensar que a noção a que nos referimos é simplesmente resultado da aspiração de alguns neoplatônicos de ligar a teologia e a metafísica com a religião politeísta tradicional. Pode-se pensar também que se trata de um ponto a mais na crescente complicação introduzida pelos neoplatônicos na série de realidades emanadas do Uno. Há algo de verdadeiro nessas duas suposições. Contudo, é mais plausível afirmar que com sua doutrina das hénadas Proclo tentava solucionar o problema — sempre tão agudo no neoplatonismo e, em geral, em toda doutrina emanatista — da "relação" entre o Uno e o emanado dele. Não se pode dizer que o Uno é plural em nenhum sentido. Por outro lado, do Uno emana a pluralidade. Portanto, parecia razoável ver de que modo se poderia salvar a radical unidade do Uno sem com isso cavar um fosso intransponível entre o Uno e o múltiplo. A doutrina das hénadas era um modo de enfrentar o problema.

HENAO, GABRIEL DE (1612-1704). Nascido em Valladolid, ingressou em 1626 na Companhia de Jesus, tendo sido professor em Bilbao, Salamanca, Oviedo e Valladolid. No final da vida foi diretor do Colégio jesuíta de Medina del Campo. A mais importante contribuição teológica de Gabriel de Henao foi seu detalhado exame histórico e sistemático das questões suscitadas pela noção de ciência média (VER). Suas duas grandes obras sobre o assunto ainda são consideradas fundamentais para a adequada compreensão do problema. Em sua exposição sistemática, de 1674, Gabriel de Henao definiu a ciência média como um conhecimento divino dos futuros contingentes condicionados, conhecimento que, em seu entender, é independente de todo meio previamente conexo com elas. Além disso, deu uma extensa lista de argumentos que haviam sido apresentados contra a noção de ciência média e procedeu à refutação detalhada de cada um deles.

➲ As duas obras a que aludimos são: *Scientia media historice propugnata, seu ventilabrum repurgans veras a falsis novelis narrationibus circa disputationes celeberrimas*, 1655; nova ed., 1685. — *Scientia media theologice defensa*, 2 vols., 1674. — Devem-se a Henao, além disso: *Empyreologia seu philosophia christiana de empyreo caelo*, 2 vols., 1652. — *De eucharistice sacramento venerabili atque sanctissimo tractatio scholaris diffusa et moralis concissior*, 1655. — *De Missae sacrificio divino atque tremendo*, 3 vols., 1658-1661. ©

HENRIQUE DE AUXERRE (ca. 841-ca. 876). Estudou e ensinou em Auxerre (Yonne), onde teve como discípulo, entre outros, Remígio de Auxerre (VER). Henrique de Auxerre traduziu e comentou alguns poetas latinos clássicos. Devem-se a ele glosas marginais ao escrito pseudo-agostiniano *Categoriae decem*, assim como notas às traduções latinas de Boécio do *De interpretatione*, de Aristóteles, e da *Isagoge*, de Porfírio. Nessas notas o autor discutiu a questão dos universais, considerando como tais não apenas a espécie e o gênero, mas um "universal" de mínima compreensão: a "ousía" ou substância. Sendo os universais, para Henrique de Auxerre, abreviaturas de nomes, pareceu inclinar-se a um nominalismo moderado. Henrique de Auxerre foi incluído por John Scot Erígena em seus comentários.

➲ Ver: B. Hauréau, *Histoire de la philosophie scolastique*, I, 1872 (inclui as glosas a *Categoriae decem*). — M. Grabmann, *Geschichte der scholastischen Methode*, I, 1909. — J. Reiners, *Der aristotelische Realismus in der Frühscholastik*, 1907, e *Der Nominalismus in der Frühscholastik*, 1910. — R. Quadri, "I collectanea di Eirico di Auxerre", *Spicilegium Friburgense*, 11 (1966). ©

HENRIQUE DE GAND, chamado de *doctor solemnis* (ca. 1217-1293). Nasceu em Gand (ou em Tournai), sendo um dos poucos filósofos de sua época que não pertenceram a uma Ordem religiosa. Lecionou na Universidade de Paris de 1276 até um ano antes de sua morte, e colaborou com Estêvão Tempier na condenação do averroísmo de 1277. Durante algum tempo foi considerado uma figura de pouca importância no pensamento medieval; nas últimas décadas, contudo, os estudos realizados sobre ele mostraram não apenas que sua doutrina tem considerável originalidade e importância, mas ainda que teve grande influência sobre vários outros pensadores, entre eles Duns Scot, e que até o século XVIII houve polêmicas em torno de suas teses. No século XVI a Ordem dos servitas o considerou seu doutor, mas demonstrou-se que o próprio Henrique de Gand não pertenceu à Ordem. Não é fácil expor sua doutrina por causa dos muitos elementos de que é composta. Por haver nela temas aristotélicos, agostinianos e avicenianos, seu autor foi freqüentemente considerado eclético, situado entre o aristotelismo e o agostinismo, sem aderir a nenhum dos dois, embora com preferência por certas soluções agostinianas. Entretanto, a consistência interna do pensamento de Henrique de Gand é suficientemente sólida para garantir que, caso seja considerado um eclético, não se interprete esse qualificativo como indicando mera justaposição de diversas doutrinas. Abordaremos algumas das que se destacam do complexo conjunto doutrinal. Antes de tudo, temos a doutrina do conhecimento. Este é concebido como uma iluminação (VER) divina concedida por Deus ao homem, o que supõe que o conhecimento natural por si mesmo é insuficiente, mesmo usando todos os graus de abstração, e explica a frase, de tendência aparentemente cética (embora de um ceticismo referido a uma só fonte), com a qual o autor começa sua *Summa*: "O homem sabe algo?". Isso não significa que se rejeite inteiramente o conhecimento sensível; mas esse conhecimento é objeto somente da física, que procede por abstração do singular para o universal. A metafísica, por outro lado, começa com o universal e é a única que pode descobrir o inteligível. A iluminação é fundamental a esse respeito. Por meio dela torna-se possível conceber o ser como ser. Esse ser pode se referir tanto ao criador como às criaturas, embora não em um sentido unívoco. Na doutrina de Henrique de Gand é importante sua teoria do ser próprio a uma entidade em si mesma: é a essência ou, melhor, o ser da essência (*esse essentiae*). Esse ser da essência permite distinguir um ser que possui realidade objetiva de um ser tão-somente mental. Deve-se levar em conta, no entanto, que esse ser da essência é um ser da essência enquanto tal e não uma natureza da existência. No que diz respeito a esta última, Henrique de Gand a explica como uma possibilidade atualizada por sua causa. Por outro lado, não há (contra Egídio Romano) distinção real entre a essência e a existência; tal distinção é meramente intencional. Característica da filosofia desse autor é a tese de que o princípio de individuação consiste em uma dupla negação: negação de divisão intrínseca e negação da identidade de um ser com relação a outros seres. Típica dela é também a tese de que a matéria não é uma pura potência; a matéria também tem, pois, *esse essentiae*. Por isso deve-se rejeitar o hilemorfismo em todos os entes e afirmar a doutrina da pluralidade das formas nos seres materiais. Em vista de tudo isso

Gilson caracterizou a filosofia de Henrique de Gand como uma das formas do agostinismo avicenizante. O agostinismo é patente na doutrina da iluminação e na explicação do mundo das existências como resultado da criação; o avicenismo, na teoria das essências.

➲ As principais obras de Henrique de Gand são seus quinze *Quodlibeta* (entre 1276 e 1291) e uma *Summa theologica*. Edição dos primeiros: Paris, 1518 (reimp. em 2 vols., 1960); Veneza, 1608, 1613. Edição da segunda: *Summa quaestionum ordinarium Henrici a Gandavo*, Paris, 1520 [reimp. desta ed.: 2 vols., 1953, em Franciscan Institute Publications. Text Series N 5, ed. E. M. Buytaert], e *Magistri Henrici Goethals a Gundavo Summa in tres partes praecipuas digesta opera*, Ferrara, 1646. — Ver também John Zwaenepoel, *Les Quaestiones in librum de causis attribués à Henri de Gand*, 1974. — Ed. das obras filosóficas por Angelus Ventura, Bolonha, 1701 (incluindo livros erroneamente atribuídos aos filósofo). — H. de Gandavo, *Opera Omnia*, ed. crítica, 1979 ss.

Ver: W. Schöllgen, *Das Problem der Willensfreiheit bei H. von Gent und Hervaeus Natalis*, 1927. — J. Paulus, *H. de Gand. Essai sur les tendances de sa métaphysique*, 1938. — Id., "Les disputes d'Henri de Gand et de Gilles de Rome sur la distinction de l'essence et de l'existence", *Archives d'histoire doctrinale et littéraire du moyen âge*, 13 (1940-1942), 323-358. — P. Bayerschmidt, *Die Seins– und Formmetaphysik des H. von Gent in ihrer Anwendung auf die Christologie. Eine philosophie– und dogmengeschichtliche Studie*, 1941 [Beiträge zur Geschichte der Philosophie des Mittelalters, 36, nn. 3 e 4]. — G. de Lagarde, "La philosophie sociale d'Henri de Gand et de Godefroid de Fontaines", *Archives etc.*, 14 (1943-1945), 73-142. — Th. V. Nys, O. P., *De werking van het menselijk verstand volgens Hendrik van Gent*, 1949. — E. Bettoni, *Il processo astrattivo nella concezione di E. di Gand*, 1954. — José Gömez Caffarena, S. I., *Ser participado y ser subsistente en la metafísica de E. de G.*, 1958. — J. M. Rovira Belloso, *La visión de Dios según E. de G.*, 1960. — F. A. Prezioso, *La critica di Duns Scoto all'ontologismo di Enrico di Gand*, 1961. — M. Gogacz, *Problem istnienia boga u Anzelma z Canterbury i problem prawdy u Henryka z Gandawy*, 1961 (*O problema da existência de Deus em Anselmo de Canterbury e o problema da verdade em E. de G.*). — W. Hoeres, "Wesen und Dasein bei H. v. G. und Duns Scotus", *Franciscan Studies*, 47 (1965), 121-186. — J. V. Brown, "John Duns Scotus on H. of G.'s Theory of Knowledge", *Modern Schoolman*, 56 (1978), 1-29. — J. F. Wippel, "Thomas Aquinas, H. of G. and Godfrey of Fontaine on the Reality of Nonexisting Possibles", *Metaphysics. Themes in Thomas Aquinas* (1984), 163-173. — S. P. Marrone, *Truth as Scientific Knowledge in the Thought of H. of G.*, 1985. — R. Macken, "Avicennas Auffassung von der Schöpfung der Welt und ihre Umbildung in der Philosophie des H. v. G.", em J. P. Beckmann *et al.*, eds., *Philosophie im M. A.* (1987), 245-257. — G. A. Wilson, "Thomas Aquinas and Henry of Ghent on the Succession of Substantial Forms and the Origin of Human Life", *Proceedings. American Catholic Philosophical Association* (1990), 117-131. — L. Honnefelder, *Scientia transcendens. Die formale Bestimmung der Seiendheit und Realität im der Metaphysik des M. A. und der Neuzeit*, 1990 [discussão scotista das teses de E. de G.]. ➢

HENRIQUE DE HARCLAY (*ca.* 1270-1317). Estudou em Oxford e em Paris. Em 1310, aproximadamente, obteve o grau de *magister* em teologia, e em 1312 foi eleito chanceler da Universidade de Oxford. Inicialmente defensor do scotismo (VER), foi abandonando as teses realistas. Isso ocorreu no que diz respeito à questão da natureza do indivíduo. Henrique de Harclay rejeitou, como inútil, a noção de *haecceitas* (ver HECEIDADE). Contudo, a reação anti-scotista não o levou a adotar posições nominalistas, mas antes a sustentar um conceitualismo que admite conceitos particulares e conceitos gerais. Estes últimos são os universais que permitem conhecer os indivíduos indistintamente. Por outro lado, Henrique de Harclay sustentou a idéia da univocidade do ser, comum a Deus e às criaturas. Opondo-se a Santo Tomás, destacou a contingência radical das criaturas. Também contra Santo Tomás, sustentou que não há uma imortalidade natural. Sua afirmação do voluntarismo e sua adesão à tese da pluralidade de formas no sentido agostiniano fazem que esse autor, embora na confluência entre scotismo e ockhamismo, possa ser considerado um autor "eclético".

➲ Devem-se a H. de H. um Comentário às *Sentenças* de Pedro Lombardo e várias *Quaestiones disputatae*.

Ver: Franz Pelster, "Heinrich von H., Kanzler von Oxford und seine Quaestiones", em *Miscellanea F. Ehrle*, vol. I, 1924, pp. 307-356. — J. Kraus, "Die Universalienlehre des Oxforders Kanzlers H. von H. in ihrer Mittelstellung zwischen skotistischem und ockamistischem Nominalismus", *Divus Thomas*, 10 (1932), 475-508, e 11 (1933), 76-98, 288-314. — Armand Maurer, "H. of Harclay's Questions on Immortality", *Mediaeval Studies*, 19 (1957), 79-107. — Id., "H. of Harclay's Questions on the Divine Ideas", *ibid.*, 23 (1961), 163-193. — Carlum Balic, "Henricus de Harcley et Joannes Duns Scotus", em *Mélanges offerts à E. Gilson*, 1959, pp. 93-121. — R. C. Dales, "H. of H. on the Infinite", *Journal of the History of Ideas*, 45 (1984), 295-302. — M . G. Henninger, "H. of H.'s Question on Relations", *Medieval Studies*, 49 (1987), 76-123. ➢

HENRY, MICHEL (1922). Nascido em Haifong, retorna à França e termina seus estudos em Paris, sob ocupação alemã. Henry partiu de Husserl e de Heidegger, mas, como ele mesmo afirmou, questionou o próprio "horizonte" de pensamento desses autores. Henry trata de mostrar que a essência do que chama de "manifestação" leva à essência da presença (VER) do ser. Para fazer isso ele recusa tanto uma filosofia da "imanência" como uma filosofia da "transcendência" do ser. O ponto de vista existencial e o ponto de vista ontológico são, para Henry, becos sem saída, mas isso só pode ser mostrado adotando-se, para começar, tais pontos de vista. A "manifestação" é pensável por meio da "essência", mas esta é uma essência da revelação, a qual é revelação imediata da essência a si mesma no âmago da afetividade. Segundo Henry, "somente a determinação ontológica estrutural e fundamental da essência originária da revelação como imanência e como afetividade torna possível o desenvolvimento coerente e firme de uma problemática que enfoca o ser da subjetividade absoluta, assim como as questões essenciais ligadas a ela, o desenvolvimento de uma fenomenologia e de uma filosofia fenomenológica da experiência vivida, do ego, do conhecimento de si mesmo, da vida interior e da temporalidade que lhe pertence, da estrutura da experiência em geral e de suas formas essenciais" (*L'Essence de la Manifestation*, tomo II, 1963, pp. 861-862). Henry encontra em Hegel uma formulação sistemática dos pressupostos do horizonte ao qual se chega no curso da análise da essência da manifestação.

Em seu extenso livro sobre Marx, Henry pôs fenomenologicamente "entre parênteses" o marxismo para analisar sua significação, distinguindo, de início, Marx do marxismo. A "leitura de Marx" efetua-se a partir do contexto proporcionado pelas idéias expressas em *A essência da manifestação*. Para Henry, Marx é compreensível a partir de uma ontologia: a ontologia do social, ou do "ser social", prévia a todo "sociologismo". Desse ponto de vista, o pensamento de Marx não aparece nem como positivista nem como materialista, mas como um pensamento da realidade que é a fundamentação (ontológica) da realidade. A noção de práxis (VER) é ligada, desse modo, ao ser do fundamento (ontológico): a práxis é o poder original de ser e de atuar do homem.

•• Em sua obra posterior, Henry utiliza a fenomenologia da vida para uma crítica do conceito de inconsciente (*Généalogie de la psychanalyse*) e para uma interpretação global do mundo moderno, tanto em seus aspectos negativos (*La barbarie*) como nos positivos (*Voir l'invisible*). Insiste, além disso (*Du communisme au capitalisme*), em suas críticas à economia e à técnica, nas quais vê a explicação imediata do desmoronamento comunista, sem que o capitalismo seja capaz de propor uma alternativa crível.••

➲ Obras: *Philosophie et phénoménologie du corps. Essai sur l'ontologie biranienne*, 1965; reed., 1987. — *L'essence de la Manifestation*, 2 vols., 1963; reed., 1990. — *Marx*, 2 vols., 1976; reed., 1991 (I. *Une philosophie de la réalité*; II. *Une philosophie de l'économie*). — *Généa-*

logie de la psychanalyse, 1985. — *La barbarie*, 1987. — *Voir l'invisible*, 1988. — *Du communisme au capitalisme, théorie d'une catastrophe*, 1990. — *Phénoménologie matérielle*, 1990.
Devem-se também a M. H. três romances: *Le jeune officier*, 1954. — *L'amour les yeux fermés*, 1976 (premiada com o prêmio Théophraste-Renaudot). — *Le fils du roi*, 1981.
Existe uma seleção de textos em espanhol: *Fenomenología de la vida*, 1991, trad. de M. Lipsitz.
Ver: Georges Van Riet, "Une nouvelle ontologie phénoménologique. La philosophie de M. H.", *Revue philosophique de Louvain*, 64 (1966), 436-457. — G. Dufour-Kowalska, *M. H., un philosophe de la vie et de la praxis*, 1980. — R. Kühn, *Leiblichkeit als Lebendigkeit. M. Henrys Lebensphänomenologie absoluter Subjektivität als Affektivität*, 1992.
Foram-lhe dedicados números especiais de algumas revistas: *Philosophie*, 15 (1987): M. H.; *Les Études Philosophiques*, 1 (1988): M. H./Recherches; *Stanford Literature Review*, 2 (1989): M. H.: Philosophy and Psychanalysis. ℂ

HENSEL, PAUL (1860-1937). Nascido em Gross-Barthen (Königsberg), estudou em Friburgo (com A. Riehl), tirou a licença de ensino em Estrasburgo e lecionou em Heidelberg (1897-1902) e em Erlangen (a partir de 1902). Descendente, por via materna, de Moses Mendelssohn; amigo de Heinrich Rickert e seguidor, no início, das tendências filosóficas de Riehl (VER), Hensel passou do realismo crítico na interpretação do kantismo para um idealismo fundado na interpretação da filosofia alemã e no estudo de autores como Carlyle. A principal contribuição de Hensel se deu no terreno da ética e, sobretudo, no da "história do espírito". Especialmente importantes são seus detalhados estudos de grandes figuras literárias (como Carlyle, Rousseau, Jonathan Swift) e as conexões que estabeleceu entre a obra literária e as concepções éticas, políticas e religiosas. Pela natureza de seus estudos transparece em Hensel uma certa inclinação "historicista". Hensel influenciou Hermann Glockner (VER).
⊃ Obras: *Ethisches Wissen und Handeln*, 1889 (escrito de "habilitação") (*Saber ético e ação ética*). — *Thomas Carlyle*, 1900; 3ª ed., 1922. — *Hauptprobleme der Ethik*, 1903; 3ª ed., 1913 (*Problemas capitais da ética*). — *Rousseau*, 1907; 3ª ed., 1919. — *Wilhelm von Humboldt*, 1918 [Kantstudien, 23]. — *Kleine Schriften und Vorträge*, 1930, ed. por Ernst Hofmann e Heinrich Rickert por ocasião do septuagésimo aniversário de H. (escritos menores e conferências).
Ver: Heinrich Rickert, "P. H.", *Kantstudien*, 35 (1930), 183-194. ℂ

HERÁCLIDES LEMBO. Ver PERIPATÉTICOS.

HERÁCLIDES PÔNTICO ou do Ponto (*fl.* 360 a.C.), assim chamado por ter nascido em Heracléia do Ponto (Bitínia), mudou-se para Atenas, onde, segundo Diógenes Laércio (V, 86), fez amizade com Espeusipo e acompanhou as aulas dos pitagóricos. Socino escreve que Heráclides foi discípulo de Aristóteles. Hoje ele é considerado um dos platônicos da antiga Academia platônica, mas deve-se observar que, como ressalta W. Jaeger, foi "o mais assíduo pitagórico de todos os platônicos". Analogamente aos atomistas, Heráclides concebeu que o mundo era composto de ἄναρμοι ὄγκοι, ou seja, de partículas separadas pelo espaço vazio. Mas, contrariamente aos atomistas, afirmou que a divindade — e não a necessidade mecânica — constitui o princípio do movimento e que, além disso, as partículas em questão possuem qualidades. Parece ter tomado do pitagórico Ekfantos a doutrina de que a Terra — embora sempre ocupando o mesmo lugar no centro do universo — gira em torno de seu eixo. Suas doutrinas astronômicas e físicas influenciaram filósofos, físicos e médicos; entre eles mencionam-se o físico Estratão e o médico Asclepíades.
⊃ Dos numerosos tratados atribuídos a Heráclides conservam-se apenas alguns fragmentos. Edição de textos e comentário a eles de Fritz Wehrle no Caderno VII de *Die Schule des Aristoteles: Herakleides von Pontos*, 1953; 2ª ed., 1969. Ver também O. Voss, *De Heraclidis Pontici vita et scriptis*, 1896 (tese).
Artigos sobre Heráclides: F. Hultsch (*Jahrbuch für klassische Philologie*, 1896); H. Staigmüller (*Archiv für Geschichte der Philosophie*, 1902); W. A. Heidel (*Transactions of the American Philological Association*, 1910); C. Jensen (*Sitzungsberichte der Preuss. Ak. der Wissenschaften*, 1936, pp. 292-320; ed. à parte [*Herakleides von P. bei Philodem und Horaz*], 1936). — Ver também E. Frank, *Plato und die sogenanten Pythaforäer*, 1925, e o artigo de Daebritz sobre Heráclides (Herakleides Pontikos) em Pauly-Wissowa. — I. M. Lonie, "The ἄναρμοι ὄγκοι of Heraclides of Pontus", *Phronesis*, 9 (1964), 156-164. — H. B. Gottschalk, *Heraclides of Pontus*, 1980. ℂ

HERÁCLITO, de Éfeso (nasc. *ca.* 544 [*fl.*, segundo Apolodoro, na Olimpíada 69, ou seja, 504-501] a.C.). Era mais jovem que Pitágoras e que Xenófanes, do qual alguns dizem que recebeu algumas influências. Alguns autores, que apresentam Heráclito como "o contraditor de Parmênides", supõem que ao menos a atividade do primeiro foi posterior à do segundo. Esses autores aproximam Heráclito de Empédocles, aproximação que, se for correta, seria, como indica José Gaos (*Orígenes de la filosofía y de su historia*, 1960, p. 97), "notável e importante para a história da filosofia grega". Gaos (*loc. cit.*) indica que a suposição de que Heráclito seja "posterior a Parmênides" é "a posição na filologia e na história da filosofia contemporâneas". Contudo, muitos autores sustentam que essa posição é insustentável ou ao menos altamente improvável. Estes últimos autores parecem proporcionar dados e argumentos mais sólidos que os primeiros.

Amigo da solidão e inimigo da multidão — do "rebanho" dos cidadãos que expulsaram Hermodoro, "o melhor de todos" (121) [para os números entre parênteses ver a bibliografia deste verbete] —, Heráclito pareceu querer expressar seu pensamento somente para "poucos". Seu estilo de pensar é o de um oráculo: recebeu por isso o sobrenome de "o obscuro", ὁ Σκοτεινός (*Estrabão*, XIV, 25; *obscurus*, cf. Cícero, *De fin.*, 11, 15). Teofrasto falou da μελαγχολία de Heráclito (Diόg. L., IX, 6), pela qual não se deve entender "melancolia" no sentido atual, mas "impulsividade" (ver Kirk e Raven, *op. cit.* na bibliografia, cap. VI). Diógenes Laércio (IX, 6) atribui a Heráclito uma obra intitulada *Da Natureza* — título utilizado também em relação com outros pré-socráticos (VER) —, que se dividia em três partes: "Sobre o universo", "Sobre a política", "Sobre a teologia". Todavia é de duvidar que Heráclito, se houvesse escrito tal obra, a dividisse desse modo; seria mais provável que a divisão em questão procedesse de uma compilação alexandrina que usasse a divisão estóica da filosofia em três partes (Kirk e Raven, *loc. cit.*). Em todo caso, o que nos chegou de Heráclito foram "fragmentos" cujas fontes são citações, referências e comentários de vários autores (dos quais citamos Sexto Empírico, São Clemente, Diógenes Laércio, Hipólito, Jâmblico, Plotino, Plutarco, Porfírio, Estobeu, Teofrasto e — os mais conhecidos, embora não os mais confiáveis neste caso — Platão e Aristóteles). Muitos desses "fragmentos" parecem "completos", de tal modo que o próprio estilo de Heráclito dá a impressão de ser "fragmentário", ou, talvez melhor, "lapidar". Exemplos desses "fragmentos" encontram-se na exposição da doutrina de Heráclito que apresentaremos. Baseamo-nos no conteúdo da seção B ("Fragmente") da edição de Diels-Kranz (ver bibliografia); embora alguns deles hoje em dia sejam considerados duvidosos — e, por outro lado, seja preciso acrescentar como "fragmentos" textos que Diels-Kranz não introduziram nessa seção —, bastam para nosso propósito. Discutiu-se muito sobre a autenticidade dos textos, sobre a ordenação dos "fragmentos" e sobre a interpretação que deve ser feita de cada um deles. Não podemos aqui resenhar o estado dessas discussões, mas ofereceremos nossa exposição levando em conta alguns dos resultados que consideramos mais razoáveis e sólidos. A exposição abarca quatro aspectos: *a*) a questão do saber; *b*) o problema da mudança; *c*) a noção de oposição (e de conflito); *d*) a idéia de unidade, ordem e lei. Não pretendemos que o próprio Heráclito tenha seguido esse esquema, mas acreditamos que ele ajuda a compreender melhor suas doutrinas. Durante algum tempo (e especialmente por influência de Platão e em parte de Aristóteles; e, na época moderna, por causa de Hegel, de Lassalle e de outros autores) insistiu-se em considerar Heráclito como "o filósofo da mudança (ou do devir)", diante de Parmênides, chamado de "filósofo da imobilidade (ou do ser)". Em nossa exposição não negamos esse aspecto do pensamento de Heráclito, mas não o consideramos exclusivo.

a) Heráclito proclama que uma coisa é saber muito e outra possuir entendimento; se saber muito implicasse possuir entendimento, Hesíodo, Pitágoras, Xenófanes e Hecateu teriam aprendido a possuir entendimento (40). Nem Homero nem Arquíloco merecem confiança (42). O importante para Heráclito é um saber do essencial — "O sábio é uno: conhecer com verdadeiro juízo de que modo as coisas se encaminham através de tudo" (41). É verdade que esses fragmentos estão em conflito com o fragmento 35, como já indicamos no verbete FILOSOFIA (*I. O termo*), mas esse último fragmento parece menos importante comparado com a insistência de Heráclito em que "o sábio é uno". Há um conflito semelhante entre o fragmento "Prefiro as coisas nas quais há o que ver, ouvir e perceber" (55) e fragmentos como os seguintes: "Os olhos e ouvidos são más testemunhas para os homens quando não têm almas para entender sua linguagem" (126); "Quando sua visão se obscurece, um homem pega para si uma luz; ser vivente, quando está adormecido entra em contato com os mortos, e quando acorda entra em contato com os adormecidos" (26); "O Senhor, cuja origem encontra-se em Delfos, nem fala nem dissimula, mas dá um sinal" (93). Esse conflito, porém, pode ser aparente; o ver, o ouvir e o perceber podem ser um ver, um ouvir e um perceber mediante o entendimento. Em todo caso, Heráclito parece fundar o saber em uma espécie de "atenção no Logos": "embora o Logos seja comum, muitos vivem como se tivessem um entendimento privado" (2). Saber é saber do Uno por meio do Logos.

b) Esse saber tem um primeiro resultado: a consciência de que tudo é fluido e está em perpétuo movimento. Em *Crat.*, 402 A, Platão escreve: "Heráclito diz que todas as coisas fluem, πάντα ῥεῖ, e que nada permanece quieto, e, comparando as coisas existentes com a correnteza de um rio, diz que ninguém pode mergulhar nele duas vezes". Essa frase de Platão condicionou em grande parte a idéia de Heráclito como "o filósofo do devir". Não é fácil saber se, como indica Aristóteles (*Met.*, A, 6, 987 a 32), foi Crátilo quem transmitiu essa idéia a Platão. Assim, se não o próprio Heráclito, ao menos os "heraclitianos" sublinhavam que "tudo flui". Ao referir-se a essa interpretação de Heráclito, Aristóteles escreve em *Phys.*, VIII, 3, 253 b 9: "E alguns dizem que não há coisas existentes que se movem e outras que não se movem, mas sim que todas as coisas se movem constantemente"; o que — acrescenta ele — "escapa à nossa percepção". Mas mesmo que se recuse essa interpretação de Heráclito como parcial, não parece fácil excluir da doutrina de Heráclito as tão repetidas frases: "Sobre aqueles que submergem nos mesmos rios fluem sempre distintas águas" (12) e "O Sol é novo a cada dia" (6).

O que se pode fazer é subsumir a doutrina heraclitiana da mudança perpétua de todas as coisas em um conjunto mais amplo; provisoriamente, na noção de oposição.

c) São diversos os fragmentos de Heráclito nos quais se sublinha a idéia de oposição e conflito: "Os mortais são imortais; os imortais são mortais, pois vivem sua morte e morrem sua vida" (62); "E o mesmo existe em nós como vivo e como morto, como acordado e como adormecido, como jovem e como velho; pois o último [morto, velho, adormecido] é, após mudar, o primeiro [vivo, acordado, jovem], e o primeiro é, após mudar, o segundo" (88). Em vista destes e de outros textos similares chegou-se a dizer que para Heráclito "a mesma coisa é e não é" (cf. Aristóteles, *Met.*, 3, 1005 b 25, embora ele indique que "alguns acreditam que Heráclito tenha dito isso"). Ora, embora Heráclito pareça se deleitar com a contraposição, trata-se não tanto de contradições mas de contrastes. Além disso, esses contrastes apresentam duas características. Por um lado, trata-se de predicados que se contrapõem quando aplicados a dois sujeitos distintos: "O mar é a água mais pura e mais impura: para os peixes, é potável e salutar; mas para os homens é impotável e venenosa" (61). Aqui não há propriamente contradição, pois não se diz que a água seja pura e impura sob o mesmo aspecto. Quando Heráclito escreve que "a guerra é o pai e o rei de tudo, e a alguns aparece como deuses, a outros como homens; a alguns faz escravos e a outros, livres", ele não afirma que apareça de modo oposto aos mesmos seres. Por outro lado, o contraste se manifesta como um duplo caminho. "O caminho ascendente e o descendente são o mesmo" (60); é o mesmo caminho em duas possíveis direções que se encontram. O lugar em que se encontram os opostos é seu fundamento, pois muitos "não compreendem como o diverso concorda consigo mesmo, harmonia do antagônico como no arco e na lira" (51). É verdade que Heráclito acumula contrastes: "As coisas em conjunto são um todo e não o são: são algo junto e separado; são o que está no tom e fora de tom; de todas as coisas emerge uma unidade, e da unidade todas as coisas" (10). Ademais, ele parece seguir nisso um modelo cujo esquema é, como indicou Hans Leisegang (ver PERIFILOSOFIA), ABBA. No fundo dos contrastes, porém, pulsam a ordem e a unidade.

d) Essa ordem e essa unidade são em parte assunto de justiça: "O Sol não ultrapassará seus limites senão as Erínias que administram justiça o perseguiriam" (94). Também são, e sobretudo, conseqüência da universalidade do Logos: "Ouvindo-me não a mim, mas ao Logos, é sábio convir que tudo é uno" [que "todas as coisas são homólogas"] (50), pois "tudo acontece de acordo com [esse] Logos" que, segundo Heráclito, os homens não compreendem nem antes nem depois de ouvir falar nele. Os contrastes devem basear-se em uma lei. Desse modo, não somente são ordenados os contrastes, mas também, e muito especialmente, a mudança. Tudo flui e muda, mas não de qualquer modo. Muda segundo uma ordem, que pode ser comparada com o fogo porquanto é ao mesmo tempo o instável e o permanente, ou, melhor dizendo, o instável *no* permanente. E por isso Heráclito diz, em um dos fragmentos que consideramos mais reveladores de sua doutrina, que "este cosmos [o mesmo para todos] não foi feito por deuses ou por homens, mas sempre foi, e é, e será, como um fogo eternamente vivente, que se acende com medida e se apaga com medida" (30). A realidade pode ser descrita metaforicamente como uma pulsação ou uma série de pulsações regidas por uma lei e por um Logos.

⊃ Os números entre parênteses são os que figuram na seção B da edição de Diels-Kranz, *Die Fragmente der Vorsokratiker*, 5ª ed., 22 (12) (as posteriores edições de Diels-Kranz [ver PRÉ-SOCRÁTICOS] conservam a mesma numeração). — Entre outras edições críticas de textos ou de partes de textos de Heráclito, destacamos: I. Bywater, *Heraclitii Ephesi, fragmenta*, 1877; Hermann Diels, *H. von Ephesos*, 1901; 2ª ed., 1909; R. Waltzer, *Eraclito*, 1939; G. S. Kirk, *Heraclitus: The Cosmic Fragments*, 1954. — Todas essas edições contêm notas e algumas (como a de G. S. Kirk), importantes estudos críticos. — Deve-se levar em conta, além disso, os textos, ou as traduções (ou ambos) que figuram nas edições de pré-socráticos (VER), tais como as compilações de Ritter-Preller, de Vogel, J. Burnet, W. Capelle, G. S. Kirk & J. R. Raven (para títulos e datas ver as bibliografias de FILOSOFIA GREGA e de PRÉ-SOCRÁTICOS). Algumas dessas compilações (como, por exemplo, as de Burnet e de Kirk-Raven) contêm importantes interpretações. — São numerosas as traduções comentadas de textos de H. Um grande número de trabalhos sobre H. mencionados *infra* contêm os textos (às vezes com o original, às vezes apenas a tradução). Exemplos disso são as obras de Th. Gomperz, A. Herr, O. Gigon, Philip Wheelwright, R. Mondolfo, Marcovich, Kahn, Nesse ou Robinson (cf. *infra*). Em espanhol, ver: Luis Farré, *Heráclito*, 1959 (exposição, pp. 11-103; trad. de textos, 107-171); A . García Calvo, *Razón común*, 1985, ed. crítica, ordenação, trad. e comentário dos fragmentos do livro de H., em *id.*, *Lecturas presocráticas*, 2. — "Cartas apócrifas de H.": A. Westermann, *Heraclitii epistolae quae feruntur*, 1857; Ángel J. Cappellatti, *Epístolas pseudo-heraclíteas*, 1960; e os *Epistolographi graeci*, de R. Hercher. — Artigo de E. Wellmann sobre H. (Herakleitos) em Pauly-Wissowa.

Bibliografia: Evangelos N. Roussos, *Heraklit-Bibliographie*, 1971.

As obras sobre H. são numerosas. A seguir fornecemos uma seleção relativamente ampla, pois inclui escritos com interpretações que, ainda que sejam hoje muito discutíveis, revelam o modo como o pensamento de H. foi tratado em diversos períodos. Como indicamos anteriormente, muitos desses escritos contêm os textos de H. em diversas traduções e vários modos de ordenação de fragmentos.

Ver: Th. L. Eichhoff, *Disputationes Heracliteae*, I, 1824. — J. Bernays, *Heraklitea*, 1848. — Id., "Heraklitische Studien", *Rheinisches Museum*, N. F., 7 (1850), e "Neue Bruchstücke des Heraklits", *ibid.*, 9 (1853) (ambos reunidos em *Gesammelte Abhandlungen*, I, 1885, ed. H. Usener). — F. Lassalle, *Die Philosophie Herakleitos des Dunkeln von Ephesos*, 2 vols., 1858. — P. Schuster, "Heraklit von Ephesos. Ein Versuch dessen Fragmente in ihrer ursprünglichen Ordnung wieder herzustellen", *Acta Societatis Phil. Lipsiensis*, 3, pp. 1-394, ed. F. Ritschleius, 1973. — J. Mohr, *Die historische Stellung Heraklits von Ephesus*, 1876 (tese). — G. Teichmüller, *Neue Studien zur Geschichte der Begriffe*, I, 1876; II, 1878 (reimp., 1965). — Lionel Dauriac, *De Heraclito Ephesio*, 1878 (tese). — A. Patin, *Heraklits Einheitslehre, die Grundlage seines Systems und der Anfang seines Buches*, 1885. — Id., *Heraklitische Beispiele*, 2 vols., 1892-1893. — Theodor Gomperz, *Zur Heraklits Lehre und den Ueberresten seines Werkes*, 1887. — E. Warmbier, *Studia Heraclitea*, 1891 (tese). — O. Spengler, *Heraklitische Studie über die energetischen Grundgedanken seiner Philosophie*, 1904; reimp. em *Reden und Aufsätze*, 1937. — E. Loew, *Heraklit im Kampfe gegen den Logos*, 1908 [outros trabalhos do mesmo autor sobre H. em *Archiv für Geschichte der Philosophie*, 23-24-25]. — A. Herr, *Beiträge zur Exegese der Fragmente des Herakleitos von Ephesos*, 1912. — N. Cuppini, *Esposizione del sistema di Eraclito*, 1913. — Georg Burckhardt, *Heraklit, seine Gestalt und seine Künden*, 1925. — E. Weerts, *H. und die Herakliteer*, 1926. — Olof Gigon, *Untersuchungen zu H.*, 1935. — F. J. Brecht, *H. Ein Versuch über den Ursprung der Philosophie*, 1936. — K. Reinhardt, "Heraklits Lehre von Feuer", *Hermes*, 77 (1942), 1-27. — C. T. Altan, *Parmenide in Eraclito*, 1952. — G. Vlastos, "On Heraclitus", *American Journal of Philology*, 76 (1955), 337-368. — Abel Jeannière, *La pensée d'Héraclite d'Éphèse. Étude sur la vision présocratique du monde*, 1955. — Clémence Ramnoux, *H. ou l'homme entre les choses et les mots*, 1959 [com uma detalhada bibliografia]. — Philip Wheelwright, *Heraclitus*, 1959 [com trad. de textos dispostos em uma ordem diferente da de Diels-Kranz e cinco fragmentos procedentes de Platão, Aristóteles, Simplício e Sexto Empírico não incluídos em Diels-Kranz]. — Kostas Axelos, *Héraclite et la philosophie*, 1962. — L. Winterhalder, *Das Wort Heraklits*, 1962. — Jean Brun, *Héraclite*, 1964 (com textos e bibliografia). — Rodolfo Mondolfo, *H.: Textos y problemas de su interpretación*, 1966; 2ª ed., corrigida e ampl., 1971. — M. Marcovich, *H.*, 1967 [ed. crítica; é a seguida por Ch. H. Kahn, *infra*, embora com alterações]. — Martin Heidegger e Eugen Fink, *Heraklit*, 1970 (notas de um seminário,

1966-1967). — Ángel J. Cappelletti, *La filosofía de Heráclito de Éfeso*, 1969. — Jean Bollack e Heinz Wismann, *Héraclite ou la séparation*, 1972. — R. A. Prier, *Archaic Logic: Symbol and Structure in H., Parmenides, and Empedocles*, 1976. — E. Brodero, *Eraclito*, 1978. — Ch. H. Kahn, *The Art and Thought of Heraclitus: An Edition of the Fragments with Translation and Commentary*, 1979. — K. Held, *H., Parmenides und der Anfang von Philosophie und Wissenschaft*, 1980. — G. Neese, *Heraklit heute. Die Fragmente seiner Lehre als Urmuster europäischer Philosophie*, 1981. — K. Mally, P. Emad, eds., *Heidegger on H.: A New Reading*, 1986. — T. M. Robinson, *Heraclitus: Fragments*, 1987. **C**

HERBART, JOHANN FRIEDRICH (1776-1841), nasc. em Oldenburg, estudou em Iena com Fichte, mas sem receber influências do idealismo romântico, do qual foi um adversário radical. Preceptor durante algum tempo em Berna, onde conheceu Pestalozzi, passou em 1803 para a Universidade de Göttingen como docente privado, e em 1809 para a de Königsberg, onde ocupou a cátedra de Kant. Em 1833 mudou-se novamente para Göttingen. A filosofia de Herbart se manteve à margem da corrente idealista de sua época e por isso exerceu nesta pouca influência. Segundo Herbart, a filosofia deve ser uma elaboração de conceitos que permita eliminar as contradições apresentadas pela experiência, entendida como o dado em geral. A realidade não consiste no dado, pois ela não pode ser contraditória. O ceticismo, como ponto de partida do filosofar, obriga a um exame dos conceitos e das leis do pensamento enquanto normas para o conhecimento da realidade verdadeira. Essa realidade está oculta por trás das contradições do dado. A coisa com propriedades — na qual a multiplicidade contradiz a unidade —, a relação de causalidade — que se aplica à sucessão — e a noção do eu — que contradiz a variedade das representações — são outras tantas contradições que devem ser suprimidas por meio da análise da metafísica. Herbart entende por metafísica a metodologia — que permite reduzir as contradições implícitas no dado — e a ontologia, que explica a verdadeira realidade, o isento de contradições que se encontra por trás da aparência. A metodologia resolve o problema fazendo das contradições aparentes relações de seres simples. Essas relações contêm toda a explicação sem necessidade de recorrer ao realismo dos universais. A ontologia investiga em que consistem esses seres simples que formam a realidade verdadeira, o que se encontra além de toda contradição. Herbart chama esses seres simples de "reais" (VER). Os "reais" são entidades qualitativamente distintas cujas uniões constituem a multiplicidade das coisas; não há, portanto, uma coisa com suas propriedades, mas uma pluralidade de "reais" simples unidos em uma síntese. A união não é o produto de nenhum princípio de diversidade existente nos próprios "reais"; estes são, ao contrário das mônadas de Leibniz, absolutamente imutáveis, puras simplicidades que não mudam em si mesmas nem se alteram a si próprias, pois o que constitui a mudança no mundo não é nenhuma tendência interna de cada ser real, mas sua mera autoconservação diante das perturbações dos demais "reais". Os "reais" são imateriais e indestrutíveis; sua interpenetração é possível somente quando não há contradição em suas respectivas qualidades, pois o contraditório é impossível no mundo da verdadeira realidade.

Ao mundo do real metafísico não pertencem, por conseguinte, nem a continuidade espacial nem a sucessão temporal fenomênicas; em compensação, o "espaço inteligível", objeto da sinecologia, permite explicar a passagem da imaterialidade dos "reais" para a noção de continuidade. A sinecologia é, pois, a base da filosofia natural, assim como a eidologia como teoria das imagens é a base da psicologia. Esta última foi objeto de elaboração especial por parte de Herbart, que, apoiando-se na metafísica dos reais, concebe o eu como um ser simples que, ao se autoconservar, dá-se nas representações, únicos elementos da vida psíquica. As representações são os atos de autoconservação do eu; a psicologia é pura e simplesmente a ciência que estuda as relações dessas representações e por isso pode estar fundamentada "na experiência, na metafísica e na matemática". As representações de mesma natureza se fundem; as de natureza distinta se justapõem; as de natureza oposta se excluem de modo que a mais intensa faz desaparecer a menos intensa sob o umbral da consciência, no qual permanece inconsciente, mas sem ser anulada. Essas relações expressam-se matematicamente, porquanto os processos de fusão, justaposição e eliminação são mensuráveis exatamente, permitindo uma estática e uma dinâmica das representações. Essa psicologia constitui, por outro lado, uma negação das faculdades, rejeitadas por Herbart como uma inadmissível cisão da simplicidade da vida psíquica, na qual as representações englobam o que as faculdades separam.

O sistema de Herbart se completa com uma ética e com uma pedagogia. A primeira se resolve em estética como ciência dos juízos de agrado e de desagrado ou, em sentido mais geral, como uma doutrina das valorações. Entre elas, e como um caso particular, encontram-se as valorações morais. O objeto do juízo estético em geral são as relações simples; o do juízo ético, as relações da vontade. Essas relações constituem evidências imediatas, idéias originárias; a primeira e fundamental delas é a que Herbart chama de idéia da liberdade interna, entendida como a concordância na relação existente entre a vontade e a consciência moral. Dessas relações se deduzem outras formas que afetam a sociedade, o Estado e o Direito, e cujo desenvolvimento completa o sistema herbartiano. Como parte especialmente influente deste sistema encontra-se a pedagogia, baseada em sua ética e em sua psicologia. A psicologia mostra como é possível desenvolver no educando um determinado caráter que responda às finalidades e valorações estabelecidas nos juízos ético-estéticos. O fim último da educação é, para Herbart, o desenvolvimento completo da liberdade interna que expressa em sua plenitude o caráter moral.

A filosofia de Herbart teve influência sobretudo após a dissolução do hegelianismo, formando-se uma "escola herbartiana" que desenvolveu particularmente sua psicologia e sua pedagogia. Entre seus partidários destacaram-se Moritz Wilhelm Drobisch (VER); Gustav Hartenstein (1808-1890; professor na Universidade de Leipzig, 1836-1859) — que se distinguiu por seus estudos sobre a filosofia de Herbart, Grócio, Leibniz, Locke, Aristóteles e a escola megárica, e que coordenou edições das obras de Kant (*Kants Werke*, 10 vols., 1838-1839 em série sistemática; 8 vols., 1867-1869 em série cronológica), muito consultadas durante algum tempo —; Otto Flügel (VER); Hermann Bonitz (1815-1888) — ao qual se deve o importante *Index Aristotelicum* —; Ludwig Strümpell (VER); Wilhelm Fridolin Volkmann (1822-1877), que se dedicou principalmente a investigações psicológicas e à elaboração da "psicologia como ciência" (*Die Lehre von den Elementen der Psychologie als Wissenschaft*, 1850; *Grundriss der Psychologie von Standpunkt des philosophischen Realismus aus und nach genetischer Methode*, 1856; 2ª ed., 2 vols., 1875-1876, com o título: *Lehrbuch der Psychologie*; 4ª ed. dessa obra aos cuidados de C. S. Cornelius, 1894-1895) e Theodor Waitz (VER). Também trabalharam dentro de certas diretrizes instituídas pela escola herbartiana os pesquisadores da "psicologia dos povos" Moritz Lazarus (VER) e Heymann (Heinrich) Steinthal (VER). Uma tendência próxima a Herbart representa a filosofia de African Spir (VER).

A tendência inspirada por Herbart recebeu freqüentemente o nome de filosofia exata (VER) e foi considerada por seus defensores uma "filosofia realista" — ou defensora da tradição do realismo (VER) epistemológico.

➲ Obras: *De Platonici systematis fundamento*, 1805. — *Allgemeine Pädagogik*, 1806. — *Ueber philosophisches Studium*, 1807 (*Sobre o estudo filosófico*). — *Hauptpunkte der Metaphysik*, 1808 (*Pontos capitais da metafísica*). — *Hauptpunkte der Logik*, 1808 (*Pontos capitais da lógica*). — *Allgemeine praktische Philosophie*, 1808 (*Filosofia geral prática*). — *Lehrbuch zur Einleitung in die Philosophie*, 1813 (*Manual de introdução à filosofia*). — *Lehrbuch zur Psychologie*, 1816 (*Manual de psicologia*). — *Gespräch über das Böse*, 1817 (*Conversação sobre o mal*). — *De attentionis mensura*, 1822. — *Ueber die Möglichkeit und Notwendigkeit Mathematik auf Psychologie anzuwenden*, 1822 (*Sobre a possibilidade e a necessidade de aplicar a matemática à psicologia*). — *Psychologie als Wissenschaft*, 2 vols., 1824-1825 (*A psicologia como ciência*). — *Allgemeine Metaphysik*, 2 vols., 1828-1829 (*Metafísica geral*). — *Kurze Enzyklo-*

pädie der Philosophie, 1831 (*Breve enciclopédia da filosofia*). — *De principio logico exclusi medii inter contradictoria non negligendo commentario*, 1833. — *Umriss pädagogischer Vorlesungen*, 1835; 2ª ed., rev., 1841. — *Zur Lehre von der Freiheit des menschlichen Willens*, 1836 (*Para a doutrina da liberdade da vontade humana*). — *Analytische Beleuchtung des Naturrechts und der Moral*, 1836 (*Consideração analítica do Direito natural e da moral*). — *Psychologische Untersuchungen*, 1838-1840 (*Investigações psicológicas*).

Edição de obras: *Sämmtliche Werke*, por Hartenstein, 12 vols., 1850-1852; por Kehrbach e Otto Flügel, 15 vols., 1887-1912. — *Kleine philosophische Schriften*, ed. por Hartenstein, 3 vols., 1842-1843. — *Antología de Herbart*, por L. Luzuriada, 1932.

Ver: P. I. H. Leander, *Ueber Herbarts philosophischen Standpunkt*, 1865. — C. A. Thilo, *Herbarts Verdienste um die Philosophie*, 1875. — F. Bartholomäi, *J. F. H., ein Lebensbild*, 1875. — W. Drobisch, *Ueber die Fortbildung der Philosophie durch*, 1876. — G. A. Henning, *J. F. H.*, 1876. — R. Zimmermann, *Perioden in Herbarts philosophischem Geistesgang*, 1877. — Marcel Mauxion, *La métaphysique de H. et la critique de Kant*, 1894. — H. M. e E. Felkin, *An Introduction to H.*, 1896. — Ch. de Garmo, *H. and the Herbartians*, 1896. — Walter Kinkel, *J. F. H., sein Leben und seine Philosophie*, 1903. — Otto Flügel, *Der Philosoph J. F. H.*, 1905. — Id., *Herbarts Leben und Lehre*, 1909. — F. Franke, *J. F. H. Grundzüge seiner Lehre*, 1909. — Th. Ziehen, *Das Verhältnis der Herbartschen Psychologie zur physiologischexperimentellen Psychologie*, 2ª ed., 1911. — R. Lehmann, *H.* (em *Grosse Denker*, ed. E. von Aster, t. II, 1911). — Th. Fritzsch, *H.*, 1921. — G. Weiss, *H. und seine Schule*, 1928. — Karl Siegel, *Volksgeschichtswissenschaft. Studien über H., und die Herbartianer*, 1939 (tese). — N. Petruzzellis, *La pedagogia herbartiana*, 2 vols., 1946-1947; 2ª ed., com o título: *Il pensiero pedagogico di G. F. H.*, 1955. — Bernhard Schwenk, *Das Herbartverständnis der Herbartianer*, 1963. — W. Asmus, *J. F. H.*, 2 vols., 1968-1970. — B. Gerner, ed., *H. Interpretation und Kritik*, 1971. — F. W. Bush, H. D. Raapke, eds., *J. F. H.*, 1976. — B. Adl-Amini, D. Neumann, J. Oelkers, eds., *Pädagogische Theorie und erzieherische Praxis. Grundlagen und Auswirkungen von H.s Theorie der Pädagogik und Didaktik*, 1979. — F. Träger, *H.s realistisches Denken. Ein Abriss*, 1982. — G. Buck, *H.s Grundlegung der Pädagogik*, 1985. — D. Benner, *die Pädagogik H.s*, 1986. — Ver também a introdução de J. Ortega y Gasset à tradução espanhola da *Pedagogía general derivada del fin de la educación*, 1914 (recolhida em *O. C.*, VI, pp. 265-291). **C**

HERBERT DE CHERBURY, EDWARD, LORD

(1583-1648). Nascido em Eyton (condado de Shropshire, Inglaterra), estudou na University College, Oxford, passou para a corte da rainha Isabel, lutou na Holanda no exército do príncipe de Orange, viajou pela França (onde foi embaixador durante algum tempo), pela Alemanha, pela Suíça e pela Itália (onde acompanhou as aulas de Cremonini), voltou à Inglaterra e, após esforçar-se em vão para obter da Coroa o reconhecimento por seus serviços, retirou-se no Montgomery Castle, onde se dedicou inteiramente à atividade intelectual, interrompida somente por sua rendição às tropas do Parlamento em 1644. Antes de sua morte voltou a visitar Paris.

Herbert de Cherbury dedicou sua atividade intelectual à resolução de um problema especialmente candente em sua época: o da conciliação religiosa, que em muitos casos implicava, além disso, uma conciliação política. Essa conciliação é, segundo Herbert, difícil, porque não somente é preciso atentar para as lutas entre as diversas crenças religiosas, mas também para os conflitos entre os crentes e os céticos. Mas ela não é impossível; basta, em princípio, reconhecer as bases da teologia natural (bases que podem ser consideradas racionais, mas que, de fato, Herbert mistura com diversas especulações de caráter neoplatônico, estóico, animista-renascentista e escolástico). Essas bases exigem sobretudo uma teoria do conhecimento cujo prelúdio é constituído por uma doutrina que estabelece as condições gerais da verdade. Essas condições são: 1) a verdade existe (contra os céticos); 2) a verdade é tão eterna ou tão antiga quanto as coisas (pois o objeto da verdade é o ser); 3) a verdade existe em todos os lugares (todo ser cai dentro da órbita da verdade); 4) essa verdade revela-se a si própria (ou pode manifestar-se por si mesma); 5) há tantas verdades quanto distintas classes de coisas; 6) as diferenças entre as coisas são reconhecidas por nossos poderes inatos; 7) há uma verdade de todas essas verdades (a verdade do intelecto, o qual não obtém suas proposições pelos sentidos, e sim apreende as noções comuns residentes em todos os humanos). A investigação desta última verdade constitui um dos motivos centrais das investigações filosóficas de Herbert. Para realizá-la a fundo é preciso examinar várias questões gnosiológicas: as faculdades da percepção (ou correlatos mentais dos objetos percebidos) e as diversas classes de conhecimento (instinto natural, apreensão interna, apreensão externa e pensar discursivo, ou razão). Somente quando há razão existe, segundo Herbert, um conhecimento completo e adequado, mas esse conhecimento deve se basear sempre nas noções comuns; por isso é particularmente importante saber quais são em cada caso essas noções. Um dos aspectos mais fundamentais dessa necessidade é o religioso. Ele não é o único tratado por Herbert, pois as noções comuns religiosas devem se situar dentro do marco geral de sua doutrina, mas foi o que exerceu maior influência e o que fez que se considerasse Herbert o fundador do movimento deísta moderno e um dos líderes da religião natural. Os numerosos escritos que apareceram nos séculos XVII e XVIII a favor e contra as doutrinas de nosso autor referiam-se, com efeito, quase exclusivamente a esse ponto. Segundo Herbert, as noções comuns religiosas são cinco: 1) há um Deus supremo (de modo que, embora haja desacordo em relação aos deuses nas diversas religiões e filosofias, há um reconhecimento universal de Deus); 2) esse Deus supremo deve ser adorado (coisa que todos os povos fazem, apesar das corrupções introduzidas pelas classes sacerdotais); 3) virtude e piedade são características comuns do sentimento religioso; 4) o pecado deve ser expiado mediante o arrependimento; 5) há um castigo ou uma recompensa para os homens após a morte. Embora esta última noção não seja de fato universal, ela é exigida universalmente pela razão e pela justiça.

⮞ Obras: *Tractatus de veritate prout distinguitur a revelatione, a verisimile, a possibili et a falso*, 1624 (edição crítica e trad. inglesa por M. H. Carré, 1937). — *De causis errorum. I. Una cum tractatu de religione laici et appendice ad sacerdotes: nec non quibusdam poematibus*, 1645 (com o *De veritate*). — *De religione gentilium errorumque apud eos causis*, 1645 (ed. completa em 1663).

Ed. de obras em 2 vols., 1693: I. *De veritate* [1645]; *De causis errorum* [1645]; *De religione laici* [1645]. II. *De religione gentilium* [1663].

A autobiografia de Herbert, várias vezes editada, foi publicada com introdução, notas, apêndices e uma continuação de sua vida, por S. L. Lee, Londres, 1886.

Ver: Charles de Rémusat, *Lord Herbert de Cherbury, sa vie et ses oeuvres ou les origines de la philosophie du sens commun et de la théologie en Angleterre*, 1853. — W. R. Sorley, *The Philosophy of H. of Cherbury*, 1894. — C. Güttler, *Edward Lord Herbert von Cherbury. Ein kritischer Beitrag zur Geschichte des Psychologismus und der Religionsphilosophie des Herbert von Cherbury*, 1914. — Mario M. Rossi, *La vita, le Opere i Tempi di Edoardo Herbert di Cherbury*, 3 vols., 1947. — W. R. Sorley, *A History of British Philosophy to 1900*, 1965. — R. D. Bedford, *The Defense of Truth: H. of Ch. and the 17th Century*, 1979. ⮞

HERBRAND, JACQUES (1908-1931). Nascido em Paris, destacou-se por seus trabalhos sobre a prova de consistência de teorias formais. Herbrand é geralmente classificado na matemática entre os intuicionistas (ver INTUICIONISMO), e ele próprio falou de métodos intuicionistas, mas observou-se também que o significado de 'intuicionista' em Herbrand não coincide com o que esse termo tem em Brouwer e, por outro lado, que ele coincide com o de 'finitista' no sentido de Hilbert. Em todo caso, os trabalhos de Herbrand visam cumprir o programa de Hilbert. O mais importante e conhecido desses trabalhos contém o chamado "teorema fundamental de Herbrand" ou, simplesmente, "teorema de Herbrand", segundo o qual "cada fórmula que pode ser provada na lógica de predicados é redutível a uma fórmula não quantificada que é uma tautologia do cálculo de enunciados".

⮞ Escritos: "Sur la théorie de la démonstration", *Comptes rendus hebdomadaires des séances de l'Académie des Sciences* (Paris), 186 (1928), 1274-1276. — "Non contradiction des axiomes arithmétiques", *ibid.*, 188 (1929), 303-304. — "Sur quelques propriétés des propositions vraies et leurs applications", *ibid.*, 188 (1929), 1076-1078. — "Sur le problème fondamental des mathématiques", *ibid.*, 189 (1930), 554-556, 720. — "Recherches sur la théorie de la démonstration" [tese], *Prace Towarzystwa Naukowego Warsawskiego*, III (1930), 33-160. — "Les bases de la logique hilbertienne", *Revue de Métaphysique et de Morale*, 37 (1930), 243-255. — "Sur le problème fondamental de la logique mathématique", *Sprawozdania z posiedzen Towarzystwa Naukowego Warsawskiego*, III, 24 (1931), 12-56. — "Sur la non-contradiction de l'arithmétique", *Journal für die reine und angewandte Mathematik*, 166 (1931), 1-8.

Escritos reunidos: *Écrits logiques*, 1968, ed. Jean van Heijenoort.

Ver: B. Dreben, J. Denton, "A Supplement to H.", *Journal of Symbolic Logic*, 31 (1966), 393-398. — T. Hailperin, "A Form of H.'s Theorem", *Zeitschrift für mathematische Logik*, 15 (1969), 107-120. — B. Dreben, J. Denton, "H.-Style Consistency Proofs", em A. Kino, J. Myhill, R. E. Vesley, eds., *Intuitionism and Proof Theory*, 1970, pp. 419-433. — H. R. Jervell, *Skolem and H. Theorems in First Order Logic*, 1973. — B. Venneri, "Semantic Implications of H.'s Theory of Fields", *International Logic Review*, 6 (1975), 204-214. — B. Dreben, W. D. Goldfarb, *The Decision Problem: Solvable Classes of Quantificational Formulas*, 1979. — J. Stern, ed., *Proceedings of the Herbrand Symposium 1981*, 1982 [Studies in Logic and the Foundations of Mathematics, vol. 107]. — W. Goldfarb, "H.'s Theorem and the Incompleteness of Arithmetic", *Iyyun*, 39 (1) (1990), 45-64. — T. Hailperin, "H. Semantics, the Potential Infinite, and Ontology-Free Logic", *History and Philosophy of Logic*, 13 (1) (1992), 69-90. ⮞

HERDER, JOHANN GOTTFRIED (1744-1803), nascido em Mohrungen (Prússia Oriental), foi pregador em Bückeburg e superintendente geral em Weimar. Discípulo de Kant em seu período pré-crítico, opôs-se muito terminantemente à filosofia transcendental, tentando mostrar, em sua *Metacrítica*, que a origem do conhecimento radica nas sensações da alma e nas analogias que esta estabelece com base nas experiências de si mesma. Segundo Herder, portanto, as categorias não são noções transcendentais, mas resultados da organização da vida. Essas categorias são: ser, existência, duração (categorias do ser); o mesmo, o outro, espécie, gênero (categorias das propriedades); operações em si, em oposição a, junto com (categorias das forças); ponto, espaço, tempo e força indeterminados (categorias da massa). A mais importante contribuição de Herder está em sua doutrina da linguagem e em sua filosofia da história. No que diz respeito à primeira, Herder sublinhou o caráter natural-evolutivo da linguagem, surgida da imitação dos sons da Natureza e capaz de evolução e de crescimento contínuos. Quanto à segunda, Herder se opôs ao limitado sentido histórico do Iluminismo para destacar que a história — enquanto evolução e crescimento — é uma característica de todas as realidades naturais, de tal modo que todo o universo pode ser entendido do ponto de vista de seu desenvolvimento histórico-evolutivo. Contudo, a história na qual melhor se manifestam as leis evolutivas gerais da Natureza é a história humana. Herder considerava absolutamente indispensável dedicar atenção máxima à filosofia da história da humanidade: "desde minha juventude" — escreve ele —, "no momento em que a ciência se me apresentava sob as brilhantes cores da aurora que são dissolvidos quase inteiramente pelo sol do meio-dia de nossa existência, ocorreu-me perguntar por que, se tudo no mundo tem sua filosofia e sua ciência, aquilo que nos atinge mais diretamente, a história da humanidade inteira em geral, não deve ter também uma filosofia e uma ciência". Não é nenhum problema de caráter particular; metafísica e moral, física e religião levam sempre a ele. Daí a tentativa de descrição da grande evolução da espécie humana, a qual se desenvolveu, segundo Herder, partindo das necessidades impostas pelo tipo de vida e pelas condições naturais de toda espécie. A rigor, tudo aconteceu na Natureza como se a formação da humanidade fosse sua finalidade última. Mas a humanidade não percorre sua evolução em somente uma etapa; tem de percorrer distintos graus de cultura e mudar de forma até que se funde uma sociedade baseada na razão e na justiça. A descrição dessas etapas torna-se compreensível por meio da formulação de uma série de leis naturais. Três delas são especialmente importantes. Herder as enuncia no cap. III, Livro XIV, de suas *Idéias*. A primeira lei é: para que um sistema seja permanente, deve ter alcançado uma espécie de perfeição, um máximo ou um mínimo, resultado da direção das forças de que se compõe. A segunda lei é: toda perfeição, toda beleza de forças combinadas, limitadas entre si, ou do sistema que delas resulta, encontra-se em um máximo semelhante. A terceira é: se um ser ou um sistema de seres encontra-se afastado desse centro de verdade, de bondade e de beleza, aproximar-se-á dele por meio de suas forças íntimas, seja por um movimento de vibração, seja perseguindo sua assíntota, e isto se deve ao fato de que, estando fora do centro, não está em repouso. Herder supunha que todo esse movimento era regido, em última análise, por uma bondade inteligente a cujos desígnios devem se submeter as ações humanas. Mas a filosofia da história de Herder não se limitava a estabelecer uma série de leis gerais ou abstratas. Fiel a seu amor pelo concreto e pelo individual, particularmente desejoso de compreender a vida das comunidades humanas, com suas linguagens, costumes e religiões, Herder tentou descrever a história do mundo. Eis aqui a sucessão dos povos por ele estudados: China, o Extremo Oriente, o Tibete, Índia, Babilônia, Assíria e Caldéia, os medas e os persas, os hebreus, Fenícia e Cartago, Egito, Grécia, Etrúria, Roma, Vascônia, Gália, letões, finlandeses e prussianos, povos germânicos e povos eslavos. Uma parte desses povos constituiu a civilização européia, que Herder estudou com especial atenção, partindo do encontro dos povos antigos, dos germânicos e da religião cristã, e com a posterior influência dos árabes. A civilização européia deve sua prosperidade e sua brilhante situação "no universo dos povos" a um concurso de circunstâncias: a multiplicidade de povos e ideais, o clima temperado, a relação com os demais povos. Por isso na Europa se conseguiu o que os outros povos tentaram alcançar mas conseguindo-o apenas parcialmente: uma cultura humana ativa.

⇨ Principais obras filosóficas: *Abhandlung über den Ursprung der Sprache*, 1772 (*Tratado sobre a origem da linguagem*). — *Auch eine Philosophie der Geschichte der Menschheit*, 1774 (*Outra filosofia da história da humanidade*). — *Vom Erkennen und Empfinden der menschlichen Seele*, 1778 (*Do conhecer e do sentir da alma humana*). — *Ideen zur Philosophie der Geschichte der Menschheit*, 4 vols. (I, 1784; II, 1785; III, 1787; IV, 1791). — *Gott. Gespräche über Spinozas System*, 1787 (*Deus. Diálogos sobre o sistema de Spinoza*). — *Von der menschlichen Unterblichkeit*, 1792 (*Da imortalidade humana*). — *Briefe zur Beförderung der Humanität*, 1793-1797 (*Cartas para o estímulo e para a elevação da humanidade*). — *Verstand und Erfahrung, Vernunft und Sprache, eine Metakritik der reinen Vernunft*, 1799 (*Entendimento e experiência, razão e linguagem, uma metacrítica da razão pura*). — *Kalligone*, 1800 (também, como o escrito anterior, contra Kant). — *Adrastea*, 1809.

Edição de obras: Maria Carolina Herder *et al.* (45 vols., 1808-1820); B. Suphan [edição crítica] (33 vols., 1877-1913; reimp., 1967 e ss.); H. Meyer *et al.* (7 vols., 1885-1892); Th. Matthias (5 vols., 1903); F. Schultz (7 vols., 1938 e ss.) — Escritos póstumos: H. Düntzer (3 vols., 1856-1857; outros 3 vols., 1861-1862). — *Sprachphilosophische Schriften*, 1959, ed. E. Heintel. — *J. G. H. Werke*, 2 vols., 1987, ed. W. Pross. — Em espanhol: *Herder, Obra Selecta*, 1982.

Correspondência: E. G. von Herder (6 vols., 1846), H. Schauer (2 vols., 1926-1928 [corresp. com Caroline Flachsland]); O. Hoffmann (1877), [id. com F. Hoffmann] (1889 [id. com J. G. Hamann]).

Depoimento: F. W. Kantzenbach, *J. G. H. in Selbstzeugnissen und Bilddokumenten*, 1970.

Bibliografia: G. Günther, A. A. Albina, S. Seifert, *H.-Bibliographie*, 1978. — T. Markworth, *J. G. H.: A Bibliographical Survey, 1977-1987*, 1990.

Ver: A. H. Erdmann, *H. als Religionsphilosoph*, 1866. — A. Werner, *H. als Theolog*, 1871. — E. Melzer, *H. als Geschichtsphilosoph mit Rücksicht auf Kants Rezension von Herders Ideen zur Geschichte der Menschheit*, 1872. — R. Schornstein, *Herder als Pädagog*, 1872. — F. von Bärenbach, *H. als Vorläufer Darwins und der modernen Naturphilosophie*, 1877. — R. Haym, *H. nach seinem Leben und seinen Werken dargestellt*, 2 vols., I, 1880; II, 1885; ed. por W. Harich, 2 vols., 1954. — R. Kirchner, *Entstehung, Darstellung und Kritik der Grundgedanken von Herders Ideen*, 1881. — F. J. Schmidt, *Herders pantheistische Weltanschauung*, 1888. — M. Kronenberg, *Herders Philosophie*, 1889. — G. Hauffe, *H. in seinen Ideen zur Philosophie der Geschichte der Menschheit*, 1890. — H. Versteling, *Herders Humanitätsprinzip*, 1890. — E. Kühnemann, *Herders Persönlichkeit in seiner Weltanschauung*, 1893. — Id., *Herders Leben*, 1895. — Anna Tumarkin, *H. und Kant*, 1896. — J. Grundmann, *Die geographischen und völkerkundlichen Quellen und Anschauungen in Herders Ideen zur Philosophie der Geschichte der Menschheit*, 1900. — Th. Genthe, *Der Kulturbegriff bei H.*, 1904 (tese). — F. Max Bruntsch, *Die Ideen der Entwicklung bei Herder*, 1904 (tese). — G. Jacoby, *Herders Kalligone und ihr Verhältnis zu Kants "Kritik der Urteilskraft"*, 1906 (tese). — Id., *H. und Kants Aesthetik*, 1907. — Id., *H. in der Geschichte der Philosophie*, 1908. — Id., *H. als Faust*, 1911. — L. Posadzy, *Der entwicklungsgeschichtliche Gedanke bei H.*, 1906 (tese). — Carl Siegel, *H. als Philosoph*, 1907. — A. Farinelli, *L'umanità di H. e il concetto della razza nella storia evolutiva dello spirito*, 1908. — G. E. Burckhardt, *Die Anfänge einer geschichtlichen Fundamentierung der Religionsphilosophie bei H. I. Grundlegende Voruntersuchungen*, 1908 (tese). — Id., *Grundlegende Voruntersuchungen zu einer Darstellung von Herders historischer Auffassung der Religion*, 1908. — W. Vollrath, *Die Auseinandersetzung Herders mit Spinoza*, 1911 (tese). — A. Bossert, *H., sa vie et son oeuvre*, 1916. — W. de Boor, *Herders Erkenntnislehre in ihrer Bedeutung für seinen religiösen Realismus*, 1929. — Th. Litt, *Kant und H. als Deuter der geistigen Welt*, 1930; 2ª ed., 1949. — Friedrich Berger, *Menschenbild und Menschenbildung. die Philosophisch-pädagogische Anthropologie I. G. Herders*, 1933. — F. Meinecke, *Die Entstehung des Historismus*, 1936. — Max Rouché, *La philosophie de l'histoire de H.*, 1940. — A. Gillies, *Herder*, 1945 (com bibliografia). — W. Dobbek, *J. G. Herders Humanitäts-Idee*, 1949. — VV. AA., *Vico y H. Homenaje en el segundo centenario*, Universidade de Buenos Aires, 1954. — R. T. Clark Jr., *H., His Life and Thought*, 1955 [com bibliografia]. — D. W. Joens, *Begriff und Problem der historischen Zeit bei J. G. H.*, 1956. — Ernst Baur, *J. G. H. Leben und Werk*, 1960. — W. Wiora *et al.*, ed., *Herder-Studien*, 1960 [com bibliografia de 1923 a 1957]. — F. M. Barnard, *Herder's Social and Political Thought: From Enlightenment to Nationalism*, 1965. — Joe K. Fugate, *The Psychological Basis of Herder's Aesthetics*, 1966. — Valerio Verra, *Mito, rivelazione e filosofia in J. G. H. e nel suo tempo*, 1966. — Christian Graw, *Herders Kulturanthropologie. Herders Philosophie der Geschichte der Menschheit im Licht der modernen Kulturanthropologie*, 1967. — Wilhelm Dobbek, *J. G. Herders Weltbild. Versuch einer Deutung*, 1969. — Isaiah Berlin, *Vico and H.: Two Studies in the History of Ideas*, 1976. — J. Rathmann, *Zur Geschichtsphilosophie J. G. H.s*, 1978. — A. Gulyga, *J. G. H. Eine Einleitung in seine Philosophie*, 1978. — G. Arnold, *J. G. H.*, 1979. — G. Sauder, *J. G. H.*, 1987. — U. Gaier, *H.s Sprachphilosophie und Erkenntniskritik*, 1988. — R. E. Norton, *H.'s Aesthetics and the European Enlightenment*, 1991. ℭ

HERILO DE CARTAGO. Ver Estóicos.

HERING, JEAN (1890-1966). Nascido na Alsácia, com cidadania alemã até 1918 e francesa a partir dessa data, estudou em Estrasburgo, Heidelberg e Göttingen (nesta última universidade, com Husserl). Sua tese, sob a orientação de Husserl, versou sobre a noção de *a priori* em Lotze. Em 1914 recebeu a *Agrégation* de Letras e em 1937 doutorou-se em teologia. Foi primeiramente "*maître des conférences*" e depois professor na Faculdade de teologia protestante de Estrasburgo. Hering tornou conhecidos na França os trabalhos dos fenomenólogos, especialmente aqueles inspirados pelo Husserl das *Ideen*. Sua principal contribuição fenomenológica foi o estudo e o refinamento da noção de essência, e em particular sua análise das essências individuais. Baseando-se em seus próprios trabalhos de investigação neo-testamentária, desenvolveu a filosofia da religião em sentido fenomenológico.

➲ Escritos: "Bemerkungen über das Wesen, die Wesenheit und die Idee", *Jahrbuch für Philosophie und phänomenologische Forschung*, IV (1921), pp. 495-543 ("Observações sobre a essência, a essencialidade e a idéia"). — *Étude sur la doctrine de la chûte et de la préexistence des âmes chez Clément d'Alexandrie*, 1924. — *Phénoménologie et philosophie religieuse. Étude sur la théorie de la connaissance religieuse*, 1926. — *Le royaume de Dieu et sa venue. Étude sur l'espérance de Jésus et de l'Apôtre Paul*, 1937. — *A Good and a Bad Government according to the New Testament*, 1954.

Bibliografia: *Revue d'histoire et de philosophie religieuses* (1957), 3-4, e (1966), 113-115. ℭ

HERMANN, JOHANN WILHELM. Ver Ritschl, Albrecht.

HERMAS. Ver Apologistas.

HERMENÊUTICA. O vocábulo ἑρμηνεία significa principalmente "expressão" (de um pensamento); daí, 'explicação' e sobretudo 'interpretação' do pensamento.

Em Platão encontramos esse vocábulo na frase: "a razão [do que foi dito] era a explicação (ἑρμηνεία) da diferença" (*Theait.*, 209 A.). Περὶ ἑρμηνείας é o título do tratado de Aristóteles incluído no *Organon* (VER) que se ocupa dos juízos e das proposições. Esse tratado foi traduzido para o latim com os nomes de *De interpretatione* e de *Hermeneutica* (este último foi usado, por exemplo, por Theodor Waitz em sua edição e comentário do tratado incluído em *Aristotelis Organon Graece*, Pars Prior, Lipsiae, 1844). Habitualmente é citado tanto com esses dois títulos como com o de *Perihermeneias*, transcrição em alfabeto latino do original grego. O título *Perihermeneias* é utilizado por grande número de comentadores; assim o faz Santo Tomás: *Commentaria in Perihermeneias*. Segundo Boécio em seu *Comm. in lib. de interpretatione*, a *interpretatio* é um vocábulo significativo que significa algo em si mesmo. Santo Tomás (*op. cit.*, I 1 a) indica que o substantivo e o verbo (de que Aristóteles trata nos capítulos 2 e 3 do tratado) são antes princípios de interpretação que interpretações. A interpretação se refere, em seu entender, à oração enunciativa, da qual se pode enunciar a verdade ou a falsidade. Para Waitz (*op. cit.*, p. 323), o vocábulo ἑρμηνεία tem uma significação mais ampla que λέξις ('enunciado'). Portanto, o sentido dado por Aristóteles a seu tratado não se restringe ao de uma descrição de orações enunciativas, mas elucida "os princípios da comunicação do *sermo*".

O sentido que o vocábulo 'hermenêutica' tem hoje aproxima-se do que foi destacado no início deste verbete. Esse sentido procede em grande parte do uso de ἑρμηνεία para designar a arte ou a ciência da interpretação das Sagradas Escrituras. Essa arte ou ciência pode ser: 1) interpretação *literal* ou investigação do sentido das expressões empregadas por meio de uma análise das significações lingüísticas ou 2) interpretação *doutrinal*, na qual o importante não é a expressão verbal, mas o pensamento. Às vezes se chama de "hermenêutica" a interpretação do que está expresso em símbolos. Embora esta última significação pareça de imediato ter pouco a ver com a anterior, está estreitamente relacionada com ela na medida em que as expressões a serem interpretadas são consideradas expressões simbólicas de uma realidade em que é preciso "penetrar" por intermédio da exegese.

Já existem numerosos estudos sobre a origem e o desenvolvimento da hermenêutica, assim como sobre a origem e as variedades do uso do termo. Thomas M. Seebohm (art. cit. *infra*, na biliografia), por exemplo, indica que Rudolf Gloclenius tem um verbete sobre *Hermeneia* em seu *Lexicon*; que no início e em meados do século XIX o termo 'hermenêutica' foi usado em dois sentidos: um metodológico (para designar certo aspecto do método filológico-histórico) e outro crítico; que a obra de August Boeckh, *Encyclopädie und Methodologie der philologischen Wissenschaften* (1887), representa o nível histórico, combinado com o crítico, e que Droysen representa o nível propriamente histórico; que esses dois níveis se combinaram em obras como a de Theodor Birt, *Kritik und Hermeneutik. Handbuch der klassischen Altertumswissenschaften* (I, 1913); finalmente, que a hermenêutica pode ser considerada como resultado de um desenvolvimento histórico com três níveis: o da *téchne grammatiké*, ou seja, arte (ou ciência) da gramática, *philologia*, retórica humanística; o da hermenêutica dos Padres da Igreja (a que se refere Gloclenius), e o da hermenêutica bíblica (protestante) de Flacius a Ernesti e Semmler. H.-E. Hasso Jaeger (art. cit. *infra*), por sua vez, estudou "a pré-história da hermenêutica", incluindo o uso de *hermeneuma*, ἑρμήνευμα, e *hermeneumata* em glossários medievais, o sentido jurídico de ἑρμηνευτικόν, e a formação de uma idéia de uma *hermenêutica generalis* em Johann Conrad Dannhauer, a formação de uma *hermeneutica sacra*, já no próprio Dannhauer e em Flacius Illyricus, e vários outros antecedentes que levaram a diversos sentidos de 'hermenêutica' tais como "conhecimento de sentidos de conceitos", "crítica de textos", "explicação de mudanças de sentido de termos em versões para outras línguas", "conhecimento de usos característicos de autores determinados", "observação de analogia" etc.

A abundância de dados sobre a pré-história e a história de 'hermenêutica' pode ser causa de confusões. Nós nos ativemos a uma linha relativamente simples na história dessa noção.

Aplicada às Escrituras, a hermenêutica foi desenvolvida já no século XVI pelo luterano Matthias Flacius Illyricus (*Clavis scripturae sacrae*, 1567; reimp. com o título *De vera ratione cognoscendi sacras literas*, 1719; nova reimp., 1968). Andriaan Heereboord, seguidor holandês de Descartes e de Suárez, publicou em 1657 uma Ἑρμενεία, *Logica*. Como disciplina filosófica, a hermenêutica foi elaborada por um discípulo de Baumgarten, Georg Friedrich Maier, em seu escrito intitulado *Versuch einer allgemeinen Auslengungskunst* (1757; reimp., 1965). Contudo, a influência de Maier foi pequena. Mais influente foi Schleiermacher, que elaborou uma hermenêutica aplicada aos estudos teológicos em seu escrito sobre "hermenêutica e crítica com referência especial ao Novo Testamento" (1838, *Hermeneutik*, nova ed. por Heinz Kimmerle [1959], em *Abhandlungen der Heidelberger Akademie der Wissenschaften*. Phil.-Hist. Klasse, Abh. 2). A hermenêutica de Schleiermacher não é somente uma interpretação filológica (ou filológico-simbólica). A interpretação não é algo "externo" ao interpretado. Após Schleiermacher destacaram-se os trabalhos hermenêuticos de Dilthey, trabalhos sobre personalidades, obras literárias ou épocas históricas. Além disso, Dilthey ocupou-se do problema geral da hermenêutica no escrito *Die Entstehung der Hermeneutik*, publicado em 1909, em uma coletânea de trabalhos em homenagem a Ch. Sigwart e recolhido no tomo V dos *Gesammelte Schriften*. Segundo Dilthey, a hermenêutica não é apenas uma mera técnica auxiliar para o estudo da história da literatura e, em geral, das ciências do espírito: é um método igualmente afastado da arbitrariedade interpretativa romântica e da redução naturalista que permite fundamentar a validez universal da interpretação histórica (cf. *G. S.* V 311). Amparando-se parcialmente em Schleiermacher, Dilthey concebe a hermenêutica como uma interpretação baseada em um prévio conhecimento dos dados (históricos, filológicos etc.) da realidade que se trata de compreender, mas que ao mesmo tempo dá sentido a esses mesmos dados por meio de um processo inevitavelmente circular, muito típico da compreensão (VER) enquanto método particular das ciências do espírito (VER). A hermenêutica — que pode ser em parte ensinada, mas que exige sobretudo uma perspicácia especial e a imitação dos modelos proporcionados pelos grandes intérpretes — permite compreender um autor melhor do que o próprio autor se compreendia a si mesmo, e a uma época histórica melhor do que puderam compreendê-la aqueles que nela viveram. A hermenêutica se baseia, além disso, na consciência histórica, a única que pode chegar ao fundo da vida (VER); é uma "compreensão das manifestações em que se fixa a vida permanentemente" (*op. cit.*, p. 319) e, por assim dizer, dos "resíduos da vida humana". Como tal, a hermenêutica permite passar dos signos às vivências originárias que lhes deram origem; é um método geral de interpretação do espírito em todas as suas formas, e, por conseguinte, constitui uma ciência de alcance superior ao da psicologia, que é somente, para Dilthey, uma forma particular da hermenêutica.

A hermenêutica de Matthias Flacius Illyricus e de Andriaan Heerebord é hoje considerada o tipo de hermenêutica "clássica" e "literal", centrada no esclarecimento e na compreensão de textos, principalmente — mas não exclusivamente — bíblicos. A hermenêutica de Maier é muito próxima de uma teoria geral dos símbolos, mas seu objeto principal continua sendo uma interpretação e uma decifração de expressões e textos de alguma maneira "cifrados". Tudo isso constitui, na expressão de Gadamer, uma "pré-história" da "hermenêutica romântica", dirigida a uma "libertação do compreender histórico" (*Wahrheit und Methode*, 2ª ed., 1965, p. 162). Importante sob esse aspecto foi a hermenêutica de Schleiermacher e também, em boa medida, a de Dilthey. Mas nesses tipos de hermenêutica — embora não estivessem orientados básica ou exclusivamente para a "compreensão textual" — continuava-se elaborando o tipo de problema que estabelece a compreensão de um texto em relação com seu contexto, ou contextos, ou a compreensão de um autor em relação com sua obra, ou a de ambos em relação com a época. Conquanto a análise da historicidade, de Heidegger,

deva muito, segundo declaração própria (*Sein und Zeit*, § 77), a Dilthey e ao Conde Yorck (ver HISTORICIDADE), sua hermenêutica constitui uma nova tendência, menos interessada nas dimensões epistemológicas e metodológicas que nas ontológicas.

Com efeito, as investigações e interpretações proporcionadas pela antropologia, pela história e, em geral, pelas ciências do espírito não são para Heidegger suficientes se não estão fundadas em uma prévia analítica existenciária (*op. cit.*, § 5). Ora, embora não tenha chegado a ela Dilthey se aproximou de seu nível, segundo Heidegger, quando considerou a hermenêutica uma auto-explicação (*Selbsterklärung*) da compreensão da "Vida" (*op. cit.*, § 77). Assim, Heidegger não entende a hermenêutica de Dilthey exclusivamente como um método científico-espiritual, e indica, seguindo G. Misch, que fazer isso equivale a descuidar as tendências centrais de Dilthey unicamente a partir das quais se pode entender o sentido da hermenêutica. Acrescentemos que em diversos lugares (*Ser e tempo*, § 7; *Unterwegs zur Sprache*, pp. 95 ss.) Heidegger declara que a hermenêutica não é uma tendência dentro da fenomenologia, nem tampouco algo sobreposto a ela: é um modo de pensar "originariamente" a essência da fenomenologia, e, em geral, um modo de pensar "originariamente" (mediante uma teoria e uma metodologia) todo o "dito" em um "dizer".

Hans Georg Gadamer, na obra citada *supra*, continuou o caminho da hermenêutica ontológica, ou ontológico-histórica, inaugurado por Heidegger — e em parte já aberto por Hegel —, mas seu principal interesse é o que pode ser chamado de "acontecer linguístico da tradição". Com efeito, a hermenêutica não é para Gadamer um simples método das ciências do espírito, mas se converte em um modo de compreensão dessas ciências e da história graças à possibilidade que oferece de interpretações dentro das tradições. O novo sentido que Gadamer dá à hermenêutica é paralelo ao sentido que ele dá à compreensão (VER), que se manifesta como um acontecer (*Geschehen*) (*op. cit.*, p. 293), e especificamente como um acontecer da tradição ou transmissão (*Ueberlieferungsgeschehen*). Por isso a hermenêutica é o exame das condições em que ocorre a compreensão. A hermenêutica considera, portanto, uma relação, e não determinado objeto, como o é um texto. Como essa relação se manifesta na forma da transmissão da tradição mediante a linguagem, esta última é fundamental, não como um objeto a ser compreendido e interpretado, mas como um acontecimento cujo sentido se trata de penetrar. Gadamer destaca o duplo movimento de estranhamento (*Fremdheit*) ou de alheamento (*Verfremdung*) e de confiança (*Vertrautheit*) e pertença (*Zugehörigkeit*) que caracteriza a atitude diante da tradição, e considera que no "entre" (*zwischen*) de ambos se encontra o lugar (*Ort*) da hermenêutica (*op. cit.*, p. 279). Desse modo, a hermenêutica, embora impossível sem a tradição e o preconceito (VER), não consiste em uma justificação de tudo o que a tradição e o preconceito abrigam; a rigor, mediante a hermenêutica podem ser abertos caminhos que representam novas possibilidades na tradição. Dentro da tradição efetuam-se "antecipações", no curso das quais se abre o sentido. Seria errôneo, portanto, considerar a hermenêutica de Gadamer como um "tradicionalismo" puro e simples. De fato, a hermenêutica é para Gadamer a condição para o estabelecimento de questões e perguntas. Estas são "respondidas" com outras perguntas ao longo do "diálogo hermenêutico".

Em diálogo com Heidegger e Gadamer, Paul Ricoeur desenvolveu a "fenomenologia lingüisticamente orientada" — na qual 'lingüístico' expressa uma "situação de linguagem" (*langagière*). A hermenêutica de Ricoeur (VER) pressupõe a fenomenologia, reinterpretada em sentido não-idealista, mas ao mesmo tempo a fenomenologia pressupõe a hermenêutica ("Phénoménologie et Herméneutique", *Man and World*, 7 [1974], p. 223). As investigações hermenêuticas de Ricoeur conduziram-no a um exame e a uma avaliação da riqueza da linguagem e, em geral, dos símbolos, em seus aspectos formal e dinâmico, assim como a um diálogo com as disciplinas lingüísticas, com a "análise lingüística" e com a "crítica das ideologias" habermasiana. Segundo Ricoeur, a compreensão ocorre pela mediação de uma interpretação: "[a fenomenologia hermenêutica] substitui o mundo natural do corpo e da coisa pelo mundo cultural do símbolo e do sujeito, por um mundo da linguagem (...) O mundo da linguagem é o mundo da vida cultural" (Don Ihde, *Hermeneutic Phenomenology: The Philosophy of Paul Ricoeur*, 1971, p. 163). Ricoeur está de acordo com Gadamer em dar a devida importância ao "acontecimento da tradição", mas considera que nem por isso a hermenêutica se encontra desarmada diante das exigências da "crítica das ideologias"; pelo contrário: é possível desenvolver uma "hermenêutica crítica" que é uma reflexão hermenêutica sobre a crítica e suas condições, incluindo a "auto-reflexão" de que falou Habermas. Por outro lado, Ricoeur considera (cf. "Expliquer et comprendre. Sur quelques connexions remarquables entre la théorie du texte, la théorie de l'action et la théorie de l'histoire", *Revue philosophique de Louvain*, 75 [1977], 126-147) que a hermenêutica, longe de estar próxima unicamente do método da compreensão (VER), é capaz de pôr em questão a dicotomia entre compreensão e explicação. Cada um desses dois enfoques revela uma insuficiência que leva a uma dialética: é a dialética no âmbito da qual compreensão e explicação aparecem como "momentos relativos de um processo complexo que pode ser chamado de interpretação" (art. cit., p. 127).

Embora muito diversas entre si, as concepções de Heidegger, Gadamer e Ricoeur têm em comum o fato de destacar a dimensão ontológica. Por outro lado, as investigações de E. Betti (VER) opõem-se às de Gada-mer por considerar que elas perderam de vista o sentido metodológico da hermenêutica. Ainda que não seja verdade que, ao menos na hermenêutica de Gadamer e de Ricoeur, se prescinda das questões concernentes à interpretação nas ciências do espírito, nas ciências humanas e culturais, na história etc., é um fato que a interpretação é freqüentemente considerada em função do "acontecer" como "acontecer hermenêutico". Os autores que, procedentes de uma tradição mais ou menos analítica, interessaram-se pela hermenêutica, em compensação, destacam os problemas de interpretação, que são em muitos casos metodológicos. Este é o caso, por exemplo, de Charles Taylor ("Interpretation and the Sciences of Man", *The Review of Metaphysics*, 25 [1971], 3-51).

O termo 'hermenêutica' começou a ser utilizado com tal freqüência que é difícil determinar exatamente a quem cabe qualificar de filósofos "hermenêuticos". Parece razoável dar esse título a autores como Hans-Georg Gadamer (VER). No caso de outros autores, que se ocuparam, às vezes com grande proximidade, da problemática gadameriana, pode-se discutir a legitimidade de qualificá-los simplesmente de hermenêuticos. Paul Ricoeur é usualmente considerado hermenêutico, especialmente na fase, até agora última, de seu pensamento, mas devem-se levar em conta suas tentativas de integrar a tendência hermenêutica com outras, com substanciais modificações. Isso ocorre em seu trabalho "Hermenéutique et critique des idéologies", publicado em *Il problema della demitizzazione* (t. VI da série *Kerygma und Mythos*), ed. E. Castelli (trad. esp. desse trabalho: "Hermenéutica y crítica de las ideologías", *Teoría* [Santiago de Chile], 2 [1974], 5-43), do qual resulta, mediante um exame da confrontação entre Gadamer e Habermas relativa à hermenêutica e à crítica das ideologias, a possibilidade de uma hermenêutica crítica, na qual se reflete criticamente sobre a hermenêutica e se reflete hermeneuticamente sobre a crítica. Desse modo, a pretensa antinomia entre a hermenêutica das tradições e a escatologia da emancipação (ou libertação) se dissolve, não para se confundir em uma unidade indiferenciada, mas para que cada uma delas ocupe seu lugar dentro de uma espécie de dialética. Qualificações importantes devem ser estabelecidas no caso de Karl-Otto Apel. No volume II de *Transformação da filosofia*, 2000, cap. I (*Ciência, hermenêutica, dialética*), que reúne e amplia idéias expressas no trabalho de mesmo título publicado em *Wiener Jahrbuch für Philosophie*, I [1968], 15-45), no sumário desse trabalho em *Man and World*, I (1968), e no artigo "Szientistik, Hermeneutik, Ideologiekritik. Entwurf einer Wissenschaftslehre in erkenntnisanthropologischer Sicht", incluído no volume *Hermeneutik und Ideologiekritik* (1971), redigido por Apel, Claus von Bormann, Rüdiger Bubner, Hans-Georg Gadamer, Hans Joachim Giegel e Jürgen Habermas, o citado Karl-Otto Apel indica que há uma possibilidade de completar a ciência (natural) com a hermenêutica, mas que isso é muito distinto de apregoar a "unidade da ciência" ou a "ciência unificada". A "compreensão" do sentido pode ser, segundo Apel, um auxílio na explicação dos fatos (trabalho citado *supra*, p. 25).

Parece mais difícil falar de hermenêutica no caso de Jürgen Habermas, já que opôs à hermenêutica das tradições de Gadamer sua própria crítica das ideologias (cf. Habermas, "Zu Gadamers 'Wahrheit und Methode'", no mencionado volume *Hermeneutik und Ideologiekritik*, pp. 45-56, e "Der Universalitätsanspruch der Hermeneutik", *ibid.*, pp. 120-159; cf. também, de Gadamer, no mesmo volume: "Rhetorik, Hermeneutik und Ideologiekritik. Metakritische Erörterungen zu 'Wahrheit und Methode'", pp. 57-82, e "Replik", pp. 283-317). Habermas reconhece que há algo "integrável" na hermenêutica gadameriana, a qual representa um aspecto parcial em uma concepção mais ampla fundada na emancipação — é o interesse (VER) pela emancipação —, na auto-reflexão da espécie humana e na comunicação universal. Poder-se-ia sustentar inclusive que se a hermenêutica fosse realmente crítica deixaria de estar próxima das tradições.

Ora, na medida em que tanto a hermenêutica das tradições gadameriana como a crítica das ideologias habermasiana se opõem à idéia de razão como mera razão instrumental — em sentido próximo, se não idêntico, ao de Horkheimer (VER) — e às teses positivistas de uma supostamente completa objetividade e neutralidade, elas foram vistas por outros autores como expressões de uma tendência a um pensamento hermenêutico em um sentido muito geral, isto é, a um pensamento no qual desempenham funções centrais as noções de compreensão, comunicação e "diálogo" (VER) — diálogo entre o pesquisador e o pesquisado, por um lado, e diálogo também entre pesquisadores. O diálogo é entendido então como um procedimento que se "prova" ou "contrasta" na comunicação, ou na ausência ou deformação da comunicação. Isso explica o modo como Mary Hesse entende 'hermenêutica' em seu trabalho "In Defense of Objectivity" (Annual Philosophical Lecture. Henriette Hertz Trust. British Academy, 1972). Hesse se baseia mais em idéias propostas por Habermas que nas reflexões de Gadamer. As razões da interpretação citada podem ser encontradas em algumas passagens da obra de Habermas, *Erkenntnis und Interesse* (1971, especialmente II, 7, 8, e III, 9, 10 [trad. bras.: *Conhecimento e interesse*]), mas também no trabalho anteriormente citado "Der Universalitätsanspruch der Hermeneutik". A contraposição entre uma "autocompreensão ontológica da hermenêutica" e uma "teoria da competência comunicativa" não impede que esta última teoria seja também, a seu modo, "interpretativa".

Desse modo, poder-se ver que, embora haja diferenças muito apreciáveis entre autores francamente hermenêuticos e outros que se opõem a uma orientação exclusivamente hermenêutica, há também uma tentativa de ambos de integrar a hermenêutica de algum modo — seja considerando-a como um "nível" em si mesmo aceitável, mas insuficiente, de interesses cognoscitivos, seja absorvendo nela todos os modos de conhecimento em que desempenham funções importantes a comunicação e a compreensão (ou a incompreensão). Isso faz que se possa falar de hermenêutica quase em todos os casos, mas também que não seja legítimo agrupar autores muito distintos sob o rótulo de "hermenêuticos". As diferenças são particularmente apreciáveis em autores que podem ser vistos ao mesmo tempo de um ponto de vista muito distinto. Um exemplo disso é o tratamento da "hermenêutica wittgensteiniana" por Jörg Zimmermann em seu *Wittgensteins sprachphilosophische Hermeneutik* (1975). Este cuida de criar um espaço para uma "hermenêutica dos jogos lingüísticos" dentro das discussões em torno da hermenêutica a que nos referimos anteriormente, mas é óbvio que, embora haja em Wittgenstein alguma espécie de hermenêutica, ela é de uma espécie bastante distinta de outras e, em todo caso, da gadameriana.

⇨ Além das obras mencionadas no texto do verbete, ver: Joachim Wach, *Das Verstehen. Grundzüge einer Geschichte der hermeneutischen Theorien im 19. Jahrhundert*, 3 vols., 1926. — Hans Lipps, *Untersuchungen zu einer hermeneutischen Logik*, 1938; 3ª ed., 1968. — Hans-Georg Gadamer, *Wahrheit und Methode. Grundzüge einer philosophischen Hermeneutik*, 3ª ed., 1972 (ed. br.: *Verdade e método*, 1997). — A. de Waelhens, K. Kérenyi et al., *Ermeneutica e tradizione*, 1963, ed. E. Castelli. — Arthur Child, *Interpretation: A General Theory*, 1965. — Emerich Coreth, *Grundfragen der Hermeneutik. Ein philosophischer Beitrag*, 1969. — Richard E. Palmer, *Hermeneutics: Interpretation Theory in Schleiermacher, Dilthey, Heidegger, and Gadamer*, 1969. — Paul Ricoeur, *Le conflit des interprétations: Essais d'herméneutique*, 1969. — Andrés Ortiz-Oses, *Antropología hermenéutica: Para una filosofía del lenguaje del hombre actual*, 1971; 2ª ed., 1973. — Luigi Pareyson, *Verità e interpretazione*, 1971. — Karl-Otto Apel, Claus v. Borman et al., *Hermeneutik und Ideologiekritik*, 1971, ed. Jürgen Habermas, Dieter Henrich e Jacob Taubes. — Carlos Castilla del Pino, *Introducción a la hermenéutica del lenguage*, 1972. — Thomas M. Seebohm, *Zur Kritik der hermeneutischen Vernunft*, 1972. — Vários autores, *Hermeneutische Philosophie*, 1972, ed. Otto Pöggeler. — Heide Göttner, *Logik der Interpretation. Analyse einer literaturwissenschaftlichen Methode unter kritischer Betrachtung der Hermeneutik*, 1973. — H.-E. Hasso Jaeger, "Studien zur Frühgeschichte der Hermeneutik", *Archiv für Begriffsgeschichte*, 18, 1 (1974), 35-84. — Günther Pflug, "Hermeneutik und Kritik", *Archiv für Begriffsgeschichte*, 19, 2 (1975), 138-196. — Franco Bianco, *Storicismo e ermeneutica*, 1975. — Georg Meggle, *Interpretationstheorie und Interpretationspraxis*, 1975. — Christopher Zöckler, *Wilhelm Dilthey und die Hermeneutik. Eine rezeptionsgeschichtliche und theoretische Studie*, 1975. — Hans-Georg Gadamer, "Nochmals zur Frühgeschichte der Hermeneutik", *Archiv für Begriffsgeschichte*, 20, 1 (1976), 7-16. — H.-G. Gadamer, G. Boehm, eds., *Seminar: Philosophische Hermeneutik*, 1976. — Thomas M. Seebohm, "The Problem of Hermeneutics in Recent Anglo-American Literature", *Philosophy and Rhetoric*, 10 (1977), 18-97. — H.-G. Gadamer, G. Boehm, eds., *Seminar: Die H. und die Wissenschaft*, 1978. — Z. Bauman, *Hermeneutics and Social Science*, 1978 [Sobre Marx, Weber, Husserl, Talcott Parsons, Heidegger, Schutz et al.]. — M. Riedel, *Verstehen oder Erklären? Zur Theorie und Geschichte der hermeneutischen Wissenschaften*, 1978. — L. Noussan-Lettry, *Cuestiones de hermenéutica histórico-filosófica*, I, 1978. — H. Flashar, ed., *Philologie und H. im 19. Jahr.*, 1979. — J. Bleicher, *Contemporary Hermeneutics: Hermeneutics as Method, Philosophy and Critique*, 1980. — J. B. Thompson, *Critical Hermeneutics. A Study in the Thought of Paul Ricoeur and Jürgen Habermas*, 1981. — J. Bleicher, *The Hermeneutic Imagination*, 1982. — R. J. Howard, *Three Faces of Hermeneutics: An Introduction to Current Theories of Understanding*, 1982. — O. F. Bollnow, *Studien zur Hermeneutik*, 2 vols., I, *Zur Philosophie der Geisteswissenschaften*, 1982; II, *Zur hermeneutischen Logik von G. Misch und H. Lipps*, 1983. — H. Anz, H. Birus et al., *Hermeneutische Positionen. Schleiermacher, Dilthey, Heidegger and Gadamer*, 1982, ed. H. Birus. — U. Nassen, ed., *Klassiker der H.*, 1982. — T. Bettendorf, *Hermeneutik und Dialog. Eine Auseinandersetzung mit dem Denken H.-G. Gadamers*, 1984. — G. Forni, *Studi di ermeneutica. Schleiermacher, Dilthey, Cassirer*, 1985. — B. Magnus, T. M. Seebohm et al., *Hermeneutics and Deconstruction*, 1985, eds. Hugh J. Silverman e D. Ihde. — E. Simpson, ed., *Anti-Foundationalism and Practical Reasoning: Conversations between H. and Analysis*, 1987. — G. B. Madison, *The H. of Postmodernity: Figures and Themes*, 1988. — H. Ineichen, *Philosophische Hermeneutik*, 1991. — J. Grondin, *Der Sinn für Hermeneutik*, 1994.

Bibliografia: Norbert Henrichs, *Bibliographie der Hermeneutik und ihrer Anwendungsbereiche seit Schleiermacher*, 1968; 2ª ed, 1972.

A revista *Cultural Hermeneutics*, editada por David M. Rasmussen, é publicada desde 1973. ⊂

HERMES. Ver CORPUS HERMETICUM.

HÉRMIAS "O FILÓSOFO". Ver APOLOGISTAS.

HERMINO. Ver PERIPATÉTICOS.

HERMIPO. Ver PERIPATÉTICOS.

HERSCHEL, JOHN (1792-1871). Filho do astrônomo William [Friedrich Wilhelm] Herschel (1738-1822), continuou o trabalho de seu pai em astronomia, especialmente com observações de estrelas duplas e nebulosas. Destacou-se também por suas descobertas em química e física e por suas contribuições para a fotografia (solução de sais de prata, papel sensível à impressão fotográfica).

Os trabalhos de Herschel em filosofia da ciência (o "estudo da filosofia natural") exerceram grande influência na Inglaterra durante boa parte do século XIX, não apenas sobre filósofos, mas também sobre cientistas. Entre estes últimos cabe mencionar James Clerk Maxwell e Charles Darwin. Herschel criticou o ponto de vista empirista extremo e a atenção excessiva à elaboração de métodos indutivos tal como se manifestaram em John Stuart Mill — que, além disso, acolheu várias idéias de Herschel —, mas se opôs também à epistemologia conceptualista de tipo kantiano elaborada por William Whewell. Na opinião de Herschel, a ciência — cujo paradigma era a física — tem de formular leis de dois tipos: as leis fundamentais e as empíricas. Ambas são igualmente indispensáveis, mas o objetivo último do cientista é a formulação de leis fundamentais. Estas são sistemas hipotético-dedutivos, mas há uma diferença básica entre um sistema axiomático formal e um sistema hipotético-dedutivo científico; ela consiste em que o último contém leis nas quais tem de haver referência às "verdadeiras causas", *verae causae*. As leis fundamentais têm de relacionar fenômenos de vários tipos. As teorias em que intervêm leis fundamentais devem ser confirmadas mediante a explicação de muitos fenômenos, incluindo alguns que, no momento de se formular a teoria, pareciam refutá-la. Há em Herschel uma constante tendência a rejeitar toda concepção instrumentalista ou convencionalista das teorias e das leis científicas e a mostrar que as noções usadas em uma teoria têm de ter uma correspondência na realidade. Herschel considerou que tem de haver uma causa (verdadeira) fundamental, que é provavelmente a força, a ponto de que o que é chamado de "matéria" é, em um sentido parecido ao de Boscovich (e ao de Faraday), uma coleção ou um campo de forças.

Tanto as idéias epistemológicas de Herschel como sua idéia da possibilidade de se proporcionar uma explicação da origem das espécies foram importantes no desenvolvimento do pensamento do geólogo Charles Lyell (1797-1875: *Principles of Geology*, 1830-1833) e de Charles Darwin (VER) (cf. art. na bibliografia *infra*).

⊃ Obras: *A Preliminary Discourse on the Study of Natural Philosophy*, 1831. Ed. fac-símile com "Introduction to Facsimile of 1830. Edition of *A Preliminary Discourse etc.*", por M. Patridge, 1966; reed., 1987. — *Treatise on Astronomy*, 1833. — *Outlines of Astronomy*, 1849. — *Essays from the Edinburg and Quarterly Reviews*, 1857. — *Familiar Lectures on Scientific Subjects*, 1867.

Edição de obras: *Scientific Papers*, 2 vols., 1912.

Ver: W. F. Cannon, "J. H. and the Idea of Science", *Journal of the History of Ideas*, 22 (1961), 215-239.

— G. Buttmann, *J. H. Lebensbild eines Naturforschers*, 1965. — S. Schweber, I. B. Cohen, eds., *Aspects of the Life and Thought of Sir J. H.*, 1981. Para a influência de H. sobre Darwin: Michael Ruse, "Darwin's Debt to Philosophy: An Examination of the Influence of the Philosophical Ideas of J. F. W. H. and William Whewell on the Development of Charles Darwin's Theory of Evolution", *Studies in History and Philosophy of Science*, 6 (1975), 159-181. ᴄ

HERTLING, GEORG VON. Ver Nᴇᴏ-ᴇꜱᴄᴏʟÁꜱᴛɪᴄᴀ.

HERTZ, HEINRICH RUDOLPH (1857-1894). Nascido em Hamburgo, estudou com Hermann von Helmholtz e Gustav Kirchhoff em Berlim. Lecionou em Kiel (1883-1885) e na Escola Superior Tecnológica de Karlruhe (a partir de 1885). Entre outros importantes resultados científicos devem-se a ele a confirmação experimental da existência de ondas eletromagnéticas postulada por Maxwell, a prova de que as ondas eletromagnéticas obedecem às mesmas leis que as ondas luminosas e a demonstração da natureza eletromagnética da luz. Do ponto de vista filosófico são importantes especialmente os princípios de mecânica que escreveu posteriormente a seus trabalhos em eletromagnetismo. É característico dos "Princípios" de Hertz apresentar a mecânica em forma dedutiva, com base em noções que, embora não sejam generalizações da experiência e constituam antes marcos conceituais ou categoriais epistemologicamente prévios à experiência, estão relacionadas com esta no sentido de poder conectar-se com representações de fenômenos efetivamente observados. Assim, Hertz rejeita uma apresentação da mecânica que não tenha a forma de um sistema dedutivo e que se encontre fundamentada em conceitos vagos ou não definíveis, tais como os de força e energia. O modelo de Hertz é um modelo cinemático em que os conceitos básicos são o espaço, o tempo e a massa. Por meio desses conceitos — que cabe ligar a representações de fenômenos físicos — é possível definir os conceitos de força e de energia, que desse modo deixam de ser vagos. Há em Hertz uma combinação de estrutura formal, verificabilidade mediante observação e simplicidade que fizeram de seu sistema de mecânica um modelo enormemente influente, como se pode perceber em Ernst Mach e em outros físicos e epistemólogos. Há também uma combinação de empirismo e convencionalismo que volta a ser encontrada em autores como Poincaré, e que constitui um dos elementos do que foi durante muito tempo a chamada "versão ortodoxa" do modelo de teoria científica.

⊃ *Die Prinzipien der Mechanik* foram publicados em 1894, poucos meses após sua morte.

Edição de obras: *Gesammelte Werke*, 3 vols., 1894-1895, ed. Philipp Lenard. — Em espanhol: *H. H.: Las ondas electromagnéticas*, 1990.

Ver: J. Zenneck, *H. H.*, 1929. — J. J. C. Smart, "H. H. and the Concept of Force", *Australasian Journal of Philosophy*, 29 (1951), 36-45. — D. D'Agostino, "H. e Helmholtz sulle onde elettromagnetiche", *Scientia*, 106 (1971), 632-636. — W. Berkson, *Fields of Force: The Development of a World View from Faraday to Einstein*, 1974. — P. Barker, "H. and Wittgenstein", *Studies in History and Philosophy of Science*, 11 (1980), 243-256. ᴄ

HERVÉ DE NÉDELLEC (Hervaeus Natalis) († 1323). Nascido na Bretanha, membro da Ordem dos Pregadores, estudou em Paris, onde comentou as *Sentenças* de Pedro Lombardo. De 1318 até sua morte foi Geral da Ordem. É considerado um seguidor bastante fiel das doutrinas tomistas, para cuja difusão contribuiu contra Durand de Saint Pourçain e Henrique de Gand; contudo, em certos pontos importantes adota posições não estritamente tomistas ou usa argumentos que diferem bastante dos que se encontram em Santo Tomás. Importante sob esse aspecto é a rejeição, por parte de Hervé de Nédellec, da distinção real entre essência e existência nas criaturas (caso essa distinção real seja considerada uma doutrina tipicamente tomista, o que é posto em dúvida por vários historiadores). Hervé de Nédellec, embora conceptualista na querela dos universais, acentuou fortemente o fundamento dos universais nas coisas concebidas. Rejeitou, ao que parece, as espécies sensíveis e inteligíveis dentro do quadro de uma doutrina do entendimento ativo.

⊃ Obras: *Quaestiones super Sententias*, 1505; nova ed., 1647. — *Quodlibeta I-IV*, 1496 (também lhe foram atribuídos outros *Quodlibeta V-X*, mas hoje sua autenticidade é contestada). — *Quaestiones disputatae*, 1513 (contra Durand de Saint Pourçain e Henrique de Gante). — H. de N. compôs comentários a Aristóteles: *In libros Perihermeneias* e *Quaestiones de praedicamentis*; e escreveu vários tratados, entre eles *De cognitione primi principii* e *De secundis intentionibus*.

Ver: E. Krebbs, *Theologie und Wissenschaft an der Hand der Defensa doctrinae D. Thomae des H. N.*, 1912 [Beiträge zur Geschichte der Philosophie des Mittelalters, XI, iii-iv] (refere-se sobretudo à obra *Defensio doctrinae fratris Thomae*, que H. de N. deixou incompleta). — W. Schoellgen, *Das Problem der Willenfreiheit bei H. von Gent und H. N.*, 1927. — J. Santeler, *Der kausale Gottesbeweis bei H. N.*, 1930. — Kenneth Plotnik, *H. N. OP and the Controversies over the Real Presence and Transubstatiation*, 1970. — F. E. Kelley, "Some Observations on the 'Fictum' Theory in Ockham and Its Relation to H. N.", *Franciscan Studies*, 38 (1978), 260-282. ᴄ

HERZEN, ALEKSANDR IVANOVITCH (1812-1870). Nascido em Moscou, foi um dos pensadores e ensaístas russos mais influentes do século XIX. Considerado um dos chamados "ocidentalistas", que se opuseram ao tradicionalismo dos "eslavófilos", deve-se observar, no entanto, que a confiança de Herzen no poder do espírito e da cultura ocidentais foi diminuindo ao longo de sua vida, particularmente após seu contato efetivo com a Europa ocidental (especialmente a França), onde permaneceu de 1847 até sua morte. Esse retorno à "fé russa" está, além disso, de acordo com sua evolução filosófica. Influenciado inicialmente pelos filósofos sociais franceses, como Saint-Simon, e por alguns idealistas alemães, como Schelling e Hegel, Herzen modificou substancialmente essas influências, ainda que sempre conservando delas algo fundamental. Isto é evidente no que diz respeito ao pensamento de Schelling, cujo "vitalismo" e "esteticismo" estiveram sempre muito próximos dos modos mentais do pensador russo. Isso também pode ser dito, em parte, em relação ao pensamento de Hegel, pois, embora Herzen tenha rejeitado, após seu período hegeliano, quase todas as teses de Hegel, conservou ao menos uma: a de que o conhecimento do ser histórico constitui o núcleo de todo conhecimento vivo da realidade diante do saber das idéias puras e do meramente externo (a Natureza). Ora, enquanto durante seu período hegeliano Herzen aceitou o panlogismo e o impessoalismo do filósofo alemão, na fase posterior desenvolveu uma filosofia baseada no acaso — ao mesmo tempo angustiante e atrativo — e no predomínio do indivíduo. Além disso, como na maior parte dos russos de seu tempo, esse indivíduo não era concebido como um mero átomo social, mas como o membro de uma coletividade concreta — a filosofia (e reforma) da sociedade é, pois, segundo Herzen, o que se encontra, em última análise, no fundo da filosofia da história e mesmo de toda filosofia.

➲ Entre os escritos de Herzen que melhor permitem compreender seu pensamento filosófico figuram: *Pisma ob izutchéni prirody* (*Cartas sobre o estudo da natureza*). — *Pisma iz Frantsi i Italiani* (*Cartas da França e da Itália*). — *S tovo berega* (*A partir da outra margem*). — *Biloe i dumi* (*Meu passado e meus pensamentos*).

Edição de obras: *Sotchinéniá*, 30 vols., Moscou, 1954-1964.

Ver: O. von Sperber, *Die sozialpolitischen Ideen A. Herzens*, 1894. — G. Shpet, *Filosofskoé mirovozzrénié Gértséna*, 1921. — R. Labry, *A. I. Herzen. Étude sur la formation et le développement de ses idées*, 1928. — Id., *Herzen et Proudhon*, 1928. — B. Jakowenko, *Geschichte des Hegelianismus in Russland*, 1938. — V. V. Zéñkovskiy, *Istória russkoy filosofii*, I, 1948, pp. 277-304. — A. Koyré, *Études sur l'histoire de la pensée philosophique en Russie*, 1950, pp. 171-223. — R. Hare, *Pioneers of Russian Social Thought*, 1951. — E. Lampert, *Studies in Rebellion: Belinsky, Bakunin and Herzen*, 1957. — Vera Piroschkow, *A. H. Der Zusammenbruch einer Utopie*, 1961. — M. E. Malia, *A. H. and the Birth of Russian Socialism, 1812-1855*, 1961. — A. Walicki, *A History of Russian Thought. From Enlightenment to Marxism*, 1980. — F. C. Copleston, *Philosophy in Russia. From Herzen to Lenin and Berdayev*, 1986. ✪

HESSE, MARY B[RENDA] (nasc. em 1924). Estudou no Imperial College e no University College, de Londres; lecionou nas Universidades de Leeds e de Cambridge, sendo professora de filosofia da ciência nesta última universidade de 1975 até sua aposentadoria, em 1985. Também foi eleita Membro da Academia Britânica em 1971. Devem-se a Mary Hesse estudos de história e de filosofia da ciência, especialmente da física, com atenção particular ao exame de pressupostos de teorias científicas. Sua pesquisa sobre as noções de forças e de campos mostra, por um lado, o contraste entre essas noções e, por outro, os modos pelos quais elas se combinam dentro de determinadas teorias científicas. Mary Hesse estudou os diversos tipos de analogia utilizados na ciência em relação com o conceito e a função de modelo.

Interessou-se pelos novos desenvolvimentos na filosofia da ciência, especialmente pela questão da natureza e das formas do consenso científico. Com essa finalidade, reconheceu o papel do "diálogo" e da "hermenêutica" (VER). Mary Hesse evitou cair tanto no justificacionismo e no reconstrucionismo lógico de muitos empiristas lógicos como no historicismo e no sociologismo de alguns filósofos da ciência, mantendo-se em uma atitude equilibrada e moderada.

➲ Principais obras: *Forces and Fields: The Concept of Action at a Distance in the History of Physics*, 1961. — *Models and Analogies in Science*, 1966 (a "Introdução" e os três primeiros capítulos dessa obra foram publicados, com o mesmo título, na Inglaterra, em 1963). — "Theories and the Transitivity of Confirmation", *Philosophy of Science*, 37 (1970), 50-63. — *In Defense of Objectivity*, 1972 [Annual Philosophical Lecture. Henriette Hertz Trust. British Academy]. — *The Structure of Scientific Inference*, 1974. — "Bayesian Methods and the Initial Probabilities of Theories", *Minnesota Studies in Philosophy of Science*, vol. VI: *Induction, Probability, and Confirmation*, 1975, ed. Grover Maxwell, Robert M. Anderson Jr., pp. 50-105. — "Theory and Value in the Social Sciences", em C. Hookway, P. Pettit, *Action and Interpretation: Studies in the Philosophy of the Social Sciences*, 1978, pp. 1-16. — *Revolutions and Reconstructions in the Philosophy of Science*, 1980. — "Epistemology without Foundations", em A. J. Holland, ed., *Philosophy, its History and Historiography*, 1985, pp. 49-68, 87-90. — *The Construction of Reality*, 1987 (com M. A. Arbib) [Gilford Lectures na Universidade de Edimburgo]. — "The Cognitive Claims of Metaphor", *Journal of Speculative Philosophy*, 2 (1988), 1-16. — "Theories, Family Resemblances and Analogy", em D. Helman, ed., *Analogical Reasoning*, 1988, pp. 317-340. — "Socializing Epistemology", em E. McMullin, ed., *Construction and Constraint: The Shaping of Scientific Rationality*, 1988, pp. 97-122. — "Science beyond Realism and Relativism", em D. Raven, L. van V. Tijssen, J. de Wolf, eds., *Cognitive Relativism and Social Science*, 1992, pp. 91-106. ⊂

HESSEN, JOHANNES (1889-1971). Nascido em Lobberich (Renânia), foi ordenado sacerdote católico em 1914. Em 1927 foi nomeado professor titular de filosofia da religião na Universidade de Colônia. Hessen se tornou conhecido especialmente por suas exposições sistemáticas de várias disciplinas filosóficas (teoria do conhecimento, teoria dos valores, metafísica), mas seu trabalho filosófico não pode ser limitado ao de um expositor. Seu propósito fundamental é a instituição de uma filosofia cristã na qual se aproveitem as principais contribuições do pensamento contemporâneo, entre elas a fenomenologia, o neokantismo e a teoria objetivista dos valores. Fortemente influenciado pelo agostinismo, Hessen trabalhou sobretudo no campo da filosofia da religião; em seu entender, toda concepção religiosa filosoficamente fundamentada deve se basear em uma epistemologia e em uma axiologia religiosas prévias, assim como em uma doutrina personalista, para cuja edificação recebeu muitas influências de Scheler.

⊃ Principais obras: *Die Religionsphilosophie des Neukantianismus*, 1919; 2ª ed., 1924 (*A filosofia da religião do neokantismo*). — *Der augustinische Gottesbeweis historisch und systematisch dargestellt*, 1920 (*Exposição histórica e sistemática da demonstração agostiniana da existência de Deus*). — *Hegels Trinitätslehre*, 1921 (*A teoria hegeliana da Trindade*). — *Patristische und scholastische Philosophie*, 1922 (*Filosofia patrística e escolástica*). — *Die Weltanschauung des Thomas von Aquin*, 1925 (*A cosmovisão de Tomás de Aquino*). — *Erkenntnistheorie*, 1926 (*Teoria do conhecimento*). — *Das Kausalprinzip*, 1928; 2ª ed., 1958 (*O princípio de causalidade*). — *Augustins Metaphysik der Erkenntnis*, 1931; 2ª ed., 1960 (*A metafísica agostiniana do conhecimento*). — *Das Substanzproblem in der Philosophie der Neuzeit*, 1932 (*O problema da substância na filosofia moderna*). — *Die Methode der Metaphysik*, 1932. — *Der Sinn des Lebens*, 1933 (*O sentido da vida*). — *Die Geistesströmungen der Gegenwart*, 1937; 2ª ed., 1940 (*As correntes espirituais do presente*). — *Wertphilosophie*, 1937 (*Filosofia dos valores*). — *Die Werte des Heiligen*, 1938 (*Os valores do sagrado*). — *Existenzphilosophie*, 1947; 2ª ed., 1948. — *Lehrbuch der Philosophie*, 3 vols., 1947-1950: I. *Wissenschaftslehre*, 1947; II. *Wertlehre*, 1948; III. *Wirklichkeitslehre*, 1950; 2ª ed., 1962. — *Wesen und Wert der Philosophie*, 1948 (*Essência e valor da filosofia*). — *M. Scheler. Eine kritische Einführung in seine Philosophie*, 1948 (*M. S. Introdução crítica à sua filosofia*). — *Die Philosophie des heiligen Augustinus*, 1948. — *Religionsphilosophie*, 2 vols., 1948; 2ª ed., 1950 (I. *Methoden und Gestalten der Religionsphilosophie;* II. *System der Religionsphilosophie*). — *Ethik. Grundzüge einer personalistischen Wertethik*, 1954 (*Ética. Esboço de uma ética personalista dos valores*). — *Thomas von Aquin und Wir*, 1955 (*Tomás de Aquino e nós*). — *Griechische oder biblische Theologie? Das Problem der Hellenisierung des Christentums in neuer Beleuchtung*, 1956; 2ª ed., 1962 (*Teologia grega ou teologia bíblica? Nova luz sobre o problema da helenização do cristianismo*).

Ver: Hubertus Mynarek, *J. Hessens Philosophie des religiösen Erlebnisses*, 1963. ⊂

HETEROGÊNEO. Ver HOMOGÊNEO.

HETEROGONIA DOS FINS (LEI DA). Segundo Wundt, a heterogonia dos fins (*Heterogonie der Zwecke*) é o nome de uma lei que se cumpre em diversas esferas da realidade e de várias formas. Na psicologia, a citada heterogonia é a produção, no curso de processos mentais, de efeitos que modificam os estados psíquicos do indivíduo, de tal modo que as modificações produzidas tornam-se causas, ou condições, de efeitos novos originariamente não "contidos" nos processos "originários" (cf. *Grundriss der Psychologie*, 1896). De modo mais geral, a heterogonia dos fins significa a possibilidade de produzir sínteses novas, não explicáveis simplesmente em termos dos componentes primitivos de um sistema dado. Assim, a lei da heterogonia dos fins equivale ao reconhecimento de que emergem fenômenos novos, não do nada, mas da transformação de processos. Pode-se comparar essa lei com a lei da autonomia (VER) de Nicolai Hartmann e, em geral, com toda tendência à admissão de processos emergentes (ver EMERGENTE).

Wundt interessou-se pela aplicação da lei da heterogonia dos fins à moral (*Ethik*, 1886) e à história (*System der Philosophie*, 1889, especialmente vol. I). Eticamente, essa lei expressa a possibilidade de aparecimento de novas intuições e concepções morais. Historicamente, expressa a divergência entre os propósitos dos indivíduos em uma comunidade e o resultado desses propósitos. Em vários casos, o que é considerado um meio torna-se fim. Em outros casos, os fins conseguidos — ou alguns deles — emergem somente ao longo da realização de propósitos. Comparou-se a lei de Wundt às noções de Providência de Vico e à idéia de astúcia da razão (ver ASTÚCIA DA RAZÃO) de Hegel, mas se destacou também que há diferenças notórias entre as três concepções, sendo a de Wundt a menos precisa delas.

No "Prefácio" à quinta edição de seu *Vocabulário técnico e crítico da filosofia*, André Lalande indica que essa obra é "um exemplo curioso do que foi chamado de heterogonia dos fins", pois, iniciada com o propósito de contribuir para a unificação e para tornar mais precisa a linguagem dos filósofos, de acordo com a proposta desse autor em "Le langage philosophique et l'unité de la philosophie" (*Revue de Métaphysique et de Morale*, setembro de 1898), se lhe acrescentou a função, cada vez mais importante, de permitir um estudo crítico da linguagem da filosofia tendo como base "descobrir o sentido exato dos termos tradicionais e suas variedades", ou seja, a função de ver que significados exatos os filósofos haviam atribuído a estes ou àqueles termos. Lalande inclui no *Vocabulário* um verbete "Heterogonia dos fins", no qual, após referir-se ao *System der Philosophie*, de Wundt (1898), indica que, segundo James Ward, somente o nome é novo, mas a idéia já havia sido expressa por Hegel, e foi exposta pelo próprio Ward no verbete "Psychology", da *Encyclopaedia Britannica*, ed. de 1886 (também de James Ward: *The Realm of Ends: Naturalism and Agnosticism*, 1911).

HETEROLÓGICO. No trabalho de Leonard Nelson e Kurt Grelling, "Bemerkungen zu den Paradoxien von Russell und Burali-Forti", *Abhandlungen der Fries'schen Schule*, N. F. 2, Heft 3 (1907-1908), apresenta-se o chamado "paradoxo da heterologicidade", também conhecido pelo nome de "paradoxo de Grelling".

Muitas expressões em uma linguagem comum ("muitas" porque 'e', 'o' etc. não estão incluídas no grupo) podem ser divididas em autológicas e em heterológicas. Expressões autológicas são as que se referem a si mesmas, isto é, expressões da seguinte forma:

'*t*' é *t*.

Exemplos delas em português são:
breve,
que é breve;
escrito em português,
que está escrito em português;
impresso em preto,
que está impresso em preto;
consta de quatro palavras,
que consta de quatro palavras.

Expressões heterológicas são as que não se referem a si mesmas, isto é, expressões da seguinte forma:

'*t*' não é *t*.

Exemplos delas são:
escrito em francês,
que não está escrito em francês;
impresso em vermelho,
que não está impresso em vermelho;
consta de duas palavras,
que não consta de duas palavras.

O problema que se levanta é o seguinte: é o termo 'heterológico' heterológico? Temos então:

Se 'heterológico' é heterológico, refere-se a si mesmo;

Se 'heterológico' é autológico, não se refere a si mesmo.

Mas, se todo termo que se refere a si mesmo é autológico, então 'heterológico' é autológico. Se todo termo que não se refere a si mesmo é heterológico, então 'heterológico' é autológico.

Por conseguinte:

1) 'Heterológico' é heterológico se e somente se é autológico;

2) 'Heterológico' é autológico se e somente se é heterológico.

Usamos a expressão 'refere-se a'; poderíamos ter utilizado 'denota'. O paradoxo de Grelling é um dos paradoxos da denotação. Há similaridades entre ele e o paradoxo do mentiroso (ver MENTIROSO [O]).

HETERONOMIA. Ver AUTONOMIA.

HEYDE, JOHANNES ERICH. Nascido (1892) em Polkenberg, perto de Leisnig, foi professor de filosofia e de pedagogia no Instituto Pedagógico (ou Academia Pedagógica) de Rostock. Discípulo de Johannes Rehmke (VER), dirigiu a partir de 1918 a "Johannes Rehmke-Gesellschaft" e a partir de 1920 a revista *Grundwissenschaft*, que seguia as orientações de Rehmke. Heyde desenvolveu essas orientações, opondo-se tanto às teses realistas como às idealistas e defendendo a "neutralidade" da "ciência fundamental" rehmkiana. No mesmo espírito desenvolveu uma teoria dos valores segundo a qual estes não são absolutos, mas tampouco relativos unicamente ao sujeito que pronuncia juízos de valor. Heyde concebe os valores como relações, as quais podem alcançar validade completa e especialmente estrita racionalidade.

➲ Obras: *Grundlegung der Wertlehre*, 1916 (tese) (*Fundamentação da teoria do valor*). — *Grundwissenschaftliche Philosophie*, 1924 (*Filosofia "científico-fundamental"*). — *Realismus oder Idealismus?*, 1924. — *Wert. Eine philosophische Grundlegung*, 1926 (*O valor. Uma fundamentação filosófica*). — *Technik des wissenschaftlichen Arbeitens*, 1930; 10ª ed., 1970 (*Técnica do trabalho científico*). — *Erlebnis und Erkenntnis*, 1935 (*Vivência e conhecimento*). — *J. Rehmke und unsere Zeit*, 1935 (*J. R. e nosso tempo*). — *Grundwissenschaftliches Denken*, 1935 (*Pensamento "científico-fundamental"*). — *Das Wesen des Charakters*, 1939 (*A natureza do caráter*). — *Entwertung der Kausalität. Für und wider den Positivismus*, 1957 (*A desvalorização da causalidade: Prós e contras do positivismo*). — *Wege zur Klarheit. Gesammelte Aufsätze*, 1960 (*Caminhos rumo à clareza: Ensaios reunidos*). — *Die Objektivität des Allgemeinen. Ein Beitrag zur Lösung der Universalien-Frage*, 1965 (*A objetividade do geral: uma contribuição para a solução do problema dos universais*). H. compilou uma extensa bibliografia sobre a teoria dos valores: *Gesamtbibliographie des Wertbegriffes*, em *Hoffmans Literarische Berichte*, cadernos 15-19 (1928). **C**

HEYMANS, GERARDUS (1857-1930). Nascido em Ferwerd (Friesland, na Holanda), professor (1899-1927) na Universidade de Groningen, adotou, segundo declara, um "método empírico" na filosofia. Esse método empírico não deve ser confundido com a doutrina empirista. Enquanto esta é uma teoria que limita o conhecimento aos dados da experiência, aquele é uma regra, ou conjunto de regras, que não prejulga os resultados a ser obtidos. A base do "método empírico" de Heymans é a psicologia — ou, melhor, o método psicológico-descritivo. Com isso Heymans se aproxima das teses de Fries e da escola neofriesiana de L. Nelson. Segundo Heymans, o método psicológico-descritivo não é simplesmente genético; por meio dele podem ser descobertos os "princípios de objetividade" nas ciências, na ação moral e na realidade última do universo.

Heymans aplicou seu "método empírico" principalmente à teoria do conhecimento, à ética e à metafísica. Seguindo parcialmente a Kant, indicou que o problema fundamental da teoria do conhecimento é a descoberta e o estudo dos juízos sintéticos *a priori* nas diversas ciências: na lógica, na matemática e nas ciências da Natureza, tanto teóricas como experimentais. Em metafísica, Heymans defendeu o que chamou de "hipótese do monismo psíquico", contra todas as formas de realismo, dualismo, materialismo e agnosticismo. O monismo psíquico fundamenta-se na análise dos dados da consciência (Heymans, *Die Philosophie der Gegenwart in Selbstdarstellungen*, III [1922], pp. 46-47); ele também é, pois, uma descoberta de princípios com base no "método empírico". Segundo o monismo psíquico, "os processos psíquicos, em relação com as circunstâncias perceptíveis como adaptação dos sentidos ao observador ideal, contêm as causas das percepções dos processos cerebrais que nele se produzem" (T. J. C. Gerritsen, *La philosophie de H.*, 1938, p. 196). Poder-se-ia descrever a metafísica de Heymans, portanto, como um idealismo empírico, em oposição ao idealismo absoluto e ao idealismo especulativo. Na ética, Heymans analisou os critérios dos juízos morais de aplicação universal. Segundo o autor, as decisões das pessoas são determinadas pela totalidade de seus atos anteriores; logo, Heymans defendeu o determinismo. Todavia ele o entendeu não como um obstáculo à vida moral, mas como a única coisa que torna possível a vida moral ao estabelecer que há uma responsabilidade. Heymans desenvolveu na ética uma "hipótese de objetividade", segundo a qual a moral se baseia em uma disposição superindividual que, porém, não depende de uma realidade transcendente.

⊃ Obras: *Schets eener kritische geschiedenis van het causaliteitsbegrip in de nieuwere wijsbegeerte*, 1890 (*Ensaio de uma história crítica do conceito de causalidade na filosofia moderna*). — *Het experiment in de philosophie*, 1890 (*O experimento na filosofia*) [Discurso inaugural na Universidade de Groningen]. — *Die Gesetze und Elemente des wissenschaftlichen Denkens*, 1890; 4ª ed., 1923 (*As leis e os elementos do pensamento científico*). — *Einführung in die Metaphysik als Grundlage der Erfahrung*, 1905; 3ª ed., 1921 (*Introdução à metafísica como fundamento da experiência*). — *Einführung in die Ethik als Grundlage der Erfahrung*, 1914; 2ª ed., 1922 (*Introdução à ética como fundamento da experiência*). — *Het psychisch monisme*, 1915 (*O monismo psíquico*). — *Ethiek en politiek*, 1923 (*Ética e política*). — *Inleiding tot de logica en methodologie*, 1941, ed. W. A. Pannenborg (*Introdução à lógica e à metodologia*). — Além disso, numerosos artigos, em holandês e em alemão, dos quais destacamos: "Die Methode der Ethik", *Vierteljahrschrift für wissenschaftliche Philosophie*, 6 (1882). — "Zur Parallelismusfrage", *Zeitschrift für Psychologie und Physiologie der Sinnesorgane*, 17 (1907). — "De psychologische methode in de logica", *Tijdschrift v. Wijsbegeerte*, 2 (1908). — "Missverständnisse in bezug auf die metaphysischen und naturwissenschaftlichen Voraussetzungen des psychischen Monismus", *Zeitschrift für Psychologie*, 63 (1912). — "Naturwetenschap en philosophie", *Tijds. v. Wijsbeg.*, 12 (1918). — H. escreveu numerosos trabalhos de psicologia geral e psicologia especial: sobre a "inibição psíquica"; sobre a "despersonalização e o 'falso reconhecimento'"; sobre a classificação de caracteres psicológicos; sobre "psicologia dos sonhos"; sobre "psicologia animal" etc. Entre os livros de "psicologia especial" figuram: *Die Psychologie der Frauen*, 1910, e *Inleiding tot de speciale psychologie*, 2 vols., 1929.

Depoimento em *Die Philosophie der Gegenwart etc.*, cit. *supra*.

Edição de obras: boa parte dos escritos menores de H. (incluindo os citados anteriormente) foram reunidos em *Gesammelte kleinere Schriften*, 3 vols., 1927 [vol. I, sobre teoria do conhecimento e metafísica; vol. II, sobre psicologia geral, ética e estética; vol. III, sobre psicologia especial]).

Ver: T. Dorm, *G. Heymans psychischer Monismus mit besonderer Berücksichtigung des Leib-Seele Problems*, 1922. — T. J. C. Gerritsen, *op. cit. supra*. — H. J. F. W. Brugmans, *G. H., Professor of Philosophy and Psychology in the University of Groningen*, 1948. — R. Kranenburg, O. Stumper *et al.*, artigos sobre G. H. em número especial de *Alg. Nederl. Tijdschr. Wijsb. Psychol.*, 49 (1956-1957), n. 4. — H. G. Hubbeling, "Empirische Methode versus Empirisme: De Struktuur Van H.' Filosofie", *Alg. Ned. Tijdschr. Wijs.*, 72 (1980), 1-17.

— Id., "De fundamenten V. H.' Esthetica", *ibid.*, 174-192. — *Id.*, "H.' theorie van het verhevene, het tragische en het komische", *ibid.*, 73 (1981), 44-57. — Id., "H.' Filosofie van de Kunst", *ibid.*, 168-186. — J. W. Boersma, "H., het neokantianisme en de Filosofie van Karl Popper", *ibid.*, 74 (1982), 50-64.

Em 1946 fundou-se, em Utrecht, uma "Sociedade Heymans" (*Heymans' Genootschap*). ⊂

HEYTESBURY [HENTISBERUS ou TISBERUS], GUILHERME. *Fellow* em Merton College (Oxford) em 1370, é comumente apresentado como seguidor do ockhamismo (VER). Isso é verdade na medida em que Heytesbury desenvolveu a chamada "lógica ockhamiana" em diversos pontos. Mas, além disso ou sobretudo, Heytesbury foi um dos mais destacados "mertonianos" (VER). Influenciado por seu mestre e amigo Tomás Bradwardine, tratou pormenorizadamente as questões físicas fundamentais em que se distinguiram os mertonianos e exerceu grande influência não apenas na Inglaterra, mas em outros países, particularmente entre os filósofos da chamada "escola de Pádua" (VER).

Nos *Sophismata*, Heytesbury apresentou 32 *casus* de caráter lógico-semântico ou, como diz Anneliese Maier, "lógico-oracional". Exemplos desses "casos" são "Todo homem é um só homem" (*Omnis homo est unus solus homo*); "Toda proposição ou sua contraditória é verdadeira" (*Omnis propositio vel eius contradictoria est vera*); "As coisas infinitas são finitas" (*Infinita sunt finita*); "É impossível que algo esquente a menos que algo esfrie" (*Impossibile est aliquid calefieri nisi aliquid frigefiat*). Heytesbury indicou as razões a favor e contra cada "caso", assim como as opiniões de autores que trataram do *sophisma* correspondente. Os *Sophismata* de Heytesbury foram objeto de numerosos comentários (Bernardo Torni; Paulo de Veneza; o discípulo deste último, Cajetano de Tiene; etc.).

Nas ainda mais influentes *Regule solvendi sophismata* (*Regras para resolver os sofismas*) Heytesbury ocupou-se de seis grupos de problemas, a cada um dos quais dedicou um capítulo (1. *De insolubilibus*; 2. *De scire et dubitare*; 3. *De relativis*; 4. *De incipit et desinit*; 5. *De maximo et minimo*; 6. *De tribus predicamentis*). Especialmente importante é o último capítulo, também intitulado *Tria predicamenta de motu* e às vezes apresentado como uma obra separada sob o título *De motibus*. Nele Heytesbury se ocupa das noções capitais da cinemática dos mertonianos. Os três *predicamenta* ou *genera* são os que se referem ao movimento: localmente, quantitativamente ou qualitativamente (mudança de lugar, em quantidade ou em qualidade). Heytesbury ocupou-se da medida da velocidade uniforme, não-uniforme e uniformemente acelerada dos corpos que se deslocam no espaço. Formulou também (com outros *socii* de Merton) o chamado "teorema mertoniano da aceleração uniforme" ao qual nos referimos no verbete MERTONIANOS.

⊃ Os *Sophismata* foram publicados em Pávia (1481) e em Veneza (1494 [com comentário de Caetano de Tiene]). — As *Regule solvendi sophismata* foram publicadas em Pávia (1481) e em Veneza (1494 [também com comentário de Cajetano]). O cap. 1 das *Regule* (*On 'Insoluble' Sentences*) foi ed. por P. V. Spade, 1979. — Heytesbury também é autor de um tratado, *De sensu composito et divino* (Veneza, 1494; *id.*, 1500); do tratado *De veritate et falsitate propositionis* (Veneza, 1494). — Também lhe são atribuídas umas *Probationes conclusionum*, ou provas de conclusões alcançadas nas mencionadas *Regule*. — C. Wilson (cf. *infra*) oferece uma lista dos seguintes manuscritos (omitimos o correspondente *incipit*): *Casus obligationis*. — *Tractatus de eventu futurorum*. — *Tractatus de propositionum multiplicium significatione*. — São duvidosas umas *Consequentie*, uma *Regulae quaedam grammaticales* e uns *Sophismata asinina*.

Observemos que a mencionada edição de Veneza (1494) compreende os *Sophismata*, as *Regule*, o *De sensu composito et divino* e o *De veritate et falsitate propositionis*.

Ver: Prantl, IV, 83-93. — Pierre Duhem, *Études sur Léonard da Vinci*, III, 406-408, 468-471. — Anneliese Maier [para títulos completos e datas, ver bibliografia de MERTONIANOS, assim como de ESCOLÁSTICA]: *Die Vorläufer Galileis*, 4, 74, 114, 192; *An den Grenzen*, 265, 267, 275, 284, 287, 378, 381; *Zwischen*, 133, 149, 151 ss.; *Hintergründe*, 347, 349. — Lynn Thorndike, *A History of Magic and Experimental Science*, III e IV. — Marshall Clagett, *Giovanni Marlini and Late Medieval Physics*, 1941 (tese), 19-20, 49-51, 111-112, 140-141. — Id., *The Science of Mechanics in the Middle Ages*, 1959, pp. 200-201, 235-242, 262-263, 265-266, 270-283, 277-278, 284-289, 646-648 [inclui seleção e trad. de *Regule* e *Probationes*]. — Curtis Wilson, *W. H.: Medieval Logic and the Rise of Mathematical Physics*, 1960 [University of Wisconsin etc., 3] [com estudo detalhado das *Regule* e bibliografia]. — P. V. Spade, "W. H.'s Position on 'Insolubles': One Possible Source", *Vivarium*, 14 (1976), 114-120. — H. A. Braakhuis, "Paul of Pergula's Commentary on H. 'Sophismata'", em A. Maier, ed., *English Logic in Italy: 14th and 15th Centuries*, 1982, pp. 343-358. — G. F. Vercovini, "Commento di Angelo Fossombrone al 'Tribus Praedicamentis'", em *ibid.*, pp. 359-376. ⊂

HEYTING, AREND. Nascido (1898) em Amsterdã, foi professor de matemática e de filosofia da matemática na Universidade da mesma cidade. Junto com Brouwer (VER), Heyting é um dos principais representantes da tendência intuicionista (ver INTUICIONISMO) na matemática e em sua fundamentação. Heyting trabalhou na fundamentação da matemática intuicionista e no esclarecimento da noção de construção (uma noção que serve não somente para elucidar o *status* das "entidades matemáticas", mas também para efetuar provas). A teoria da prova em sentido intuicionista foi objeto de especial atenção na filosofia da matemática de Heyting. ⊃ Escritos: "De telbaaerheidspraedicaten van Prof. Brouwer", *Niew archief voor wiskunde*, série 2, 16 (1929), 47-58 ("Sobre os predicados quantificados do professor B."). — "Die formalen Regeln der intuionistischen Logik", *Sitzungsberichte der Preussische Akademie der Wissenschaften*, Phys. math. Kl. (1930), 42-56 ("As regras formais da lógica intuicionista"). — "Die formalen Regeln der intuitionistischen Mathematik", *ibid*. (1930), 57-71, 158-169. — *Mathematische Grundlagenforschung. Intuitionismus. Beweistheorie*, 1934. Texto francês com acréscimos do autor: *Les fondements des mathématiques. Intuitionisme. Théorie de la démonstration*, 1955. — *Intuitionism: An Introduction*, 1956; 2ª ed., rev., 1966; 3ª ed., 1971. — "Recent Progress in Intuitionistic Analysis", em A. Kino, J. Myhill, R. E. Vesley, eds., *Intuitionism and Proof Theory*, 1970, pp. 95-100. — "Intuitionistic Views on the Nature of Mathematics", *Synthese*, 27 (1974), 79-91.

H. editou: *Constructivity in Mathematics. Proceedings of the Colloquium held at Amsterdam 1957*, 1959. Ver: S. C. Kleene, R. E. Vesley, *The Foundations of Intuitionistic Mathematics, Especially in Relation to Recursive Functions*, 1965. — D. Van Dallen, ed., *Logic and the Foundations of Mathematics*, 1968. — D. M. Gabbay, *Semantical Investigations in H.'s Intuitionistic Logic*, 1981. ⊂

HIC ET NUNC. Literalmente: "aqui e agora". Essa expressão latina é usada para indicar que algo é o que se diz que é em determinado lugar e em determinado momento, ou que algo é conhecido na medida em que está em determinado lugar e momento. O ser aqui e agora ou o ser conhecido aqui agora são um ser ou um conhecer "circunstanciais". Fala-se mais especificamente de um "aqui e agora" com referência a ações humanas e a sua valoração.

Enquanto o "aqui e agora" circunscreve uma realidade, um acontecimento ou uma ação parecem relativizá-los. Contudo, em certo sentido os tornam absolutos, já que os consideram independentemente de outros contextos. Esse é o significado que teve o *hic et nunc* na literatura escolástica. Em autores como Ortega y Gasset ou Julián Marías, a cláusula "aqui e agora" é uma cláusula "circunstancial", empregada freqüentemente para destacar que aquilo de que se trata não é um absoluto abstrato, mas uma realidade concreta, e preferencialmente uma realidade histórica. O "aqui e agora" não é então extracontextual, porque algo ocorre em um "aqui e agora" dentro do contexto de outros "aqui e agoras". Isso significa que algo existe ou é entendido em sua própria circunstância (VER).

HIERARQUIA. Segundo George Boas ("Some Assumptions of Aristotle" [VII. Hierarchies], em *Transactions of the American Philosophical Society*, N. S., 49 [1959], pp. 84-92), o termo grego ἱεραρχία, empregado em sentido filosófico e teológico, é encontrado pela primeira vez em Dionísio Areopagita (Pseudo-Dionísio), já no título de suas obras Περὶ τῆς οὐράνιας Ἱεραρχίας (*De divina hierarchia*, *Sobre a hierarquia divina* [ou celeste]) e Περὶ τῆς ἐκκλησιαστικῆς Ἱεραρχίας (*De ecclesiastica hierarchia*, *Sobre a hierarquia eclesiástica*). Em um sentido não filosófico ou teológico encontra-se a palavra em uma inscrição boécia (*apud* Boeck, I 749), mas ela não pode ser encontrada, com sentido filosófico ou teológico, ou sem ele, na literatura clássica grega. Dionísio escreve (*Hier. div.*, ed. G. Heil, 164 D): "A hierarquia é, em meu entender, uma ordem (τάξις) sagrada, um saber e uma atividade (ἐνέργεια) que se adequam o mais possível ao deiforme ou 'deióide' (θεοειδές) e que, de acordo com as iluminações que são dom de Deus, elevam-se na medida de suas forças à imitação de Deus (...) A hierarquia faz que cada um participe segundo seu próprio valor da luz que se encontra na [Bondade]". Ele também escreve (*ibid.*, 165 A): "O fim da hierarquia é, na medida do possível, uma adequação com Deus e uma união com Deus, pois toma Deus como mestre de todo saber e de toda atividade santa". A "ordem" no céu de que fala Dionísio é de alguma maneira paralela à ordem das gradações eclesiásticas; o "hierarca" é propriamente o homem santo e, de certo modo, deificado (*Hier. ecc.*, I, 3). Isso não significa necessariamente uma mera subordinação autoritária do inferior ao superior; a hierarquia de que fala Dionísio é a ordem fundada em uma comum participação mediante diversos graus em uma mesma e única realidade essencial: a que forma o centro do infinito número de raios que iluminam a realidade e mesmo a constituem.

Não poucos filósofos medievais seguiram Dionísio nesse ponto, como, por exemplo, Santo Tomás. Há, segundo este último autor, três hierarquias de anjos de acordo com as três maneiras de conhecimento da razão das coisas criadas: a primeira hierarquia, em relação imediata com Deus, considera as criaturas na medida em que procedem do primeiro princípio universal; a segunda hierarquia as considera dependentes das causas universais criadas que se multiplicam; a terceira hierarquia as vê em sua aplicação particular e na dependência em que se encontram em relação a suas próprias causas. As hierarquias não se distinguem entre si, portanto, em razão do conhecimento de Deus, que todos os anjos contemplam em sua essência, mas com respeito às razões das coisas criadas sobre as quais os anjos superiores iluminam os inferiores (*S. theol.*, I q. CVIII, a 5 ad 4). Mas a hierarquia não se confina ao mundo angélico; todo o real está organizado hierarquicamente de acordo com o princípio de subordinação do relativo ao absoluto, e também de acordo com o princípio da subordinação do imperfeito ao perfeito. Ora, embora a ordenação hierárquica em Santo Tomás não difira em muitos aspectos da que se encontra em Dionísio, deve-se assinalar que o primeiro destaca que cada grau do ser possui seu próprio modo de operação, de tal modo que, embora a posição de uma dada ordem na escala hierárquica seja determinada pelo grau de proximidade com Deus e pelo grau de afastamento de Deus, isso não significa que cada ordem deixe de ter sua própria realidade e seu próprio bem. Além disso, a hierarquia em Santo Tomás e em outros filósofos medievais não é incompatível com a continuidade, na medida em que a realidade inferior de determinada ordem é contínua em relação à realidade superior da ordem que a segue em sentido descendente.

Embora o termo 'hierarquia', como já foi indicado, seja encontrado somente em Dionísio Areopagita, o conceito de hierarquia é muito anterior. Já o encontramos em Platão. Exemplos disso são a hierarquia do mundo inteligível e do sensível, e a hierarquia no mundo das idéias (VER). Ligada a essa hierarquia ontológica encontra-se freqüentemente uma hierarquia lógica (subgêneros, gêneros, subespécies, espécies).

Pode-se falar, segundo Boas, de quatro tipos de hierarquia: 1) a hierarquia de poder e prestígio (eclesiástica, social, política); 2) a hierarquia lógica (como se vê na Árvore de Porfírio [VER]); 3) a hierarquia da realidade ou hierarquia ontológica (Platão, Aristóteles, neoplatonismo, Santo Tomás), e 4) a hierarquia do valor ou hierarquia axiológica, quase sempre paralela à ontológica. Boas indica que em Aristóteles podem ser encontrados os quatro conceitos de hierarquia e, além disso, que eles constituem alguns dos "pressupostos" básicos da filosofia do Estagirita.

No pensamento contemporâneo, sobretudo em autores que se consagraram à ontologia descritivo-crítica (Jacobi, N. Hartmann), abriu caminho a idéia do que se pode chamar de "ontologia hierarquizada". Essa idéia foi aplicada à história da filosofia, estudando-se os diversos sistemas como exemplos de possíveis hierarquias ontológicas (ou ontológico-axiológicas). Às vezes também se admitiu uma hierarquia dos saberes e das ciências (paralela, em Auguste Comte, a uma hierarquia social e histórica).

Em um resumo de sua metafísica, Santayana propôs um esquema de hierarquia ontológica. As proposições básicas dessa hierarquia são as seguintes: 1º) O Ser Puro é uma essência (não uma substância ou uma existência) que tem infinitas manifestações potenciais (que formam "o reino da essência"). A mais crua e primária manifestação do Ser é o mundo material (do qual faz parte o homem). Esse mundo material existe e muda cegamente. 2º) Uma mais sutil manifestação do Ser é a aparência (ou essências enquanto manifestadas aos sentidos e ao pensamento). 3º) Acima da aparência encontra-se a verdade. 4º) Sobre a verdade encontra-se o reino da essência, no qual é eliminada toda contingência. 5º) No cume encontra-se (ao que parece "de novo") o Ser Puro, que é "como a extensão na qual todas as figuras geométricas encontram-se contidas sem distinção, ou como o bloco de mármore em que dormem todas as estátuas" (ver "On Metaphysical Projection", em *The Idler and His Works*, 1957, pp. 116-135, especialmente p. 119).

Na lógica e na semiótica introduziu-se algumas vezes o termo 'hierarquia' ao se falar de 'hierarquia lógica' e de 'hierarquia de linguagens'. Na teoria intensional dos tipos (ver TIPO) introduz-se uma hierarquia de tipos (indivíduos; propriedade de indivíduos etc.). Essa hierarquia pode ser de tipos semânticos ou de tipos sintáticos. Na teoria das metalinguagens (ver METALINGUAGEM) fala-se de uma hierarquia de linguagens (linguagem 0, linguagem 1, linguagem 2 etc.). Segundo J. W. Addison ("The Theory of Hierarchies", em *Logic, Methodology, and Philosophy of Science*, eds. E. Nagel, P. Suppes, A. Tarski, 1962, pp. 26-37) a "teoria das hierarquias" se apresenta em três áreas da matemática e da lógica: na análise; na teoria das funções recursivas e na lógica pura. A teoria das hierarquias na análise equivale ao que se chama hoje de "teoria descritiva dos conjuntos". Essa teoria foi elaborada sobretudo matematicamente (Borel, Lebesgue, Suslin, Kuzin), mas recentemente também foi elaborada metamatematicamente. A teoria das hierarquias na teoria das funções recursivas (Kleene, Mostowski) e a teoria das hierarquias na lógica pura (Herbrand, Tarski) foram elaboradas sobretudo metamatematicamente, mas também não faltaram elaborações matemáticas.

O lógico U. Saarnio contrapôs a noção de hierarquia à de ordem (VER). Segundo Saarnio, o conceito de ordem baseia-se na noção de relação transitiva, assimétrica e não-reflexiva, enquanto o conceito de hierarquia se baseia na noção de relação intransitiva. A base do conceito de hierarquia é a noção de *propriedade formal* da intransitividade de uma relação (VER). Isso permite compreender melhor os problemas levantados pelos paradoxos lógicos e semânticos (ver PARADOXO). Esses paradoxos surgem quando não se concebe de modo adequado a intransitividade de uma relação intransitiva e parcialmente reflexiva (exemplo desta última é: 'x está contente com y').

⮕ Teorias da hierarquia: Lancelot Law White, Albert G. Wilson e Donna Wilson, eds., *Hierarchical Structures*, 1969 [Symposium em Huntington Beach, Califórnia, 18/19-XI-1968]. — H. H. Pattee, ed., *Hierarchy Theory: The Challenge of Complex Systems*, 1973. — M. L. Kuntz, P. G. Kuntz, eds., *Jacob's Ladder and the*

Tree of Life: Concepts of Hierarchy and the Great Chain of Being, 1987. ℭ

HIÉROCLES DE ALEXANDRIA (*fl.* 420). Um dos membros da escola neoplatônica de Alexandria (VER), foi discípulo de Plutarco de Atenas e introduziu no neoplatonismo muitos elementos pertencentes a outras escolas — especialmente da estóica e da peripatética —, de tal modo que somente com reservas pôde ser chamado de neoplatônico. Com efeito, embora a citada mistura de tendências tenha sido característica de muitos representantes do neoplatonismo (começando com Plotino), estes articularam as diversas tendências de modo sistemático, o que não parece ter sido o caso de Hiérocles. Por essa razão esse filósofo pode ser qualificado mais como um pensador eclético que como sincretista. Pouco interessado pelos problemas relativos à hierarquia da realidade, de tal modo que parece nem sequer ter aderido à já tradicional doutrina neoplatônica das hipóstases, Hiérocles ocupou-se principalmente dos problemas do destino e da providência em seu Περὶ προνοίας καὶ εἱμαρμένης, tentando uma fusão da idéia grega de Destino com a concepção cristã de Providência. Também tratou da questão da natureza do demiurgo, que, em seu entender, criou o mundo do nada por sua vontade e não por emanação ou superabundância ontológica. Hiérocles comentou, ademais, os chamados *Versos de Ouro*, atribuídos a Pitágoras.

➲ Edições: *H. Alexandrini commentaria in aur. carm. Pythag., de providentia et fato*, ed. P. Needham, Cambridge, 1709. — *Commentaria in aur. carmina Pythag.*, ed. T. Gaisford em ed. de Estobeu, Oxford, 1850, e ed. F. W. A. Mullach em *Fragmenta historicum Graecorum*, I. O que sobrou da obra de Hiérocles sobre os conceitos de destino e de providência foi conservado por Fócio. — Art. de W. Kroll sobre Hiérocles (Hierokles) em Pauly-Wissowa.

Ver: Theo Kobusch, *Studien zur Philosophie des Hierokles von Alexandrien*, 1976. — I. Hadot, *Le problème du néoplatonisme alexandrin. H. et Simplicius*, 1978. — N. Aujoulat, *Le néo-platonisme alexandrin. H. d'A. Filiations intellectuelles et spirituelles d'un néo-platonicien du Ve. siècle*, 1986. ℭ

HIÉROCLES, O ESTÓICO (*fl. ca.* 120). Contemporâneo de Arriano de Nicomédia, ocupou-se principalmente de ética dentro das tendências características do estoicismo novo, mas com base nos princípios do velho estoicismo. Sua obra pode ser dividida em duas partes. Por um lado, uma série de escritos, dos quais foram conservados fragmentos no *Florilégio* de Estobeu, acerca das virtudes e deveres do estóico (por exemplo, da amizade). Esses escritos têm, pelo que podemos julgar, uma forte tendência moral-popular. Por outro lado, os *Elementos de ética*, ʽΗθικὴ στοιχείωσις, nos quais Hiérocles fundamentava os princípios por meio de uma análise de prévias questões psicológicas e nos quais desenvolveu a doutrina do instinto de conservação, mais própria do antigo que do novo estoicismo.

➲ Fragmentos dos *Elementos* por H. von Arnim, em *Berliner Klassische Texte*, pub. pelo *Generalverw. der Königlich. Museen zu Berlin*, Caderno 4, 1906. — Ver: K. Praechter, *Hierokles der Stoiker*, 1901. ℭ

HIERRO SÁNCHEZ-PESCADOR, JOSÉ. Ver INATISMO; NORMA, NORMATIVO; UNIVERSAIS LINGÜÍSTICOS.

HILBERT, DAVID (1862-1943). Nascido em Königsberg, professor a partir de 1893 em Königsberg e a partir de 1895 em Göttingen, é autor de muitas contribuições importantes para a matemática e para a lógica matemática. Entre elas destaca-se seu trabalho de fundamentação da geometria euclidiana, sua teoria da prova (VER), especialmente mediante a prova da consistência (ver CONSISTENTE) de sistemas dedutivos, e seus trabalhos para a formalização (VER) da aritmética. Em geral, pode-se dizer que a mais importante contribuição de Hilbert à lógica consiste em seu esforço para realizar todas as possibilidades da formalização. Por esse motivo seus resultados mais relevantes encontram-se no campo da sintaxe (VER), já que as fórmulas com as quais Hilbert opera são tomadas como puros signos, desprovidos de significação. Hilbert é freqüentemente considerado o mais eminente representante da tendência formalista ou axiomática na filosofia da matemática (VER).

➲ Obras: *Grundlagen der Geometrie*, 1899; 7ª ed., 1930. — Nas pp. 247-261 da 3ª ed. (1909) encontra-se o trabalho "Ueber die Grundlagen der Logik und der Arithmetik", publicado anteriormente em *Verhand. des Dritten Int. Math.-Kong. in Heidelberg*, 1904, pp. 174-175. — *Grundzüge der theoretischen Logik*, 1928 (em colaboração com W. Ackermann; 2ª ed., 1938; 4ª ed., 1959. — *Grundlagen der Mathematik*, 2 vols., 1934-1939 (em colaboração com P. Bernays).

Edição de obras: *Gesammelte Abhandlungen*, 3 vols., 1932-1935 (reimp., 1970), com um trabalho sobre Hilbert de Bernays e uma biografia feita por O. Blumenthal. No tomo I encontra-se o importante trabalho intitulado "Neubegründung der Mathematik", publicado anteriormente em *Abhandlungen aus dem Math. Sem. der Hamb. Universität*, I (1922), 157-177; no tomo III encontra-se o trabalho "Axiomatisches Denken", publicado anteriormente em *Math. Annalen*, 78 (1918), 405-415.

Ver: Heinrich Scholz, "D. H., der Altmeister der mathematischen Grundlagenforschung" [1942], no livro de Scholz intitulado *Mathesis universalis*, 1961, eds. H. Hermes, F. Kambartel e J. Ritter, pp. 279-292. — E. Colerus, *Von Pythagoras bis H.*, 1947. — Constance Reid, *H.*, 1970 [com um apêndice de Hermann Weyl, "D. H. and His Mathematical Work", pp. 245-283;

reimp. do *Bulletin of the American Mathematical Society*, 50 (1944), 612-654]. — K. Reidemeister, ed., *H.-Gedenkband*, 1971. — J. Mehra, *Einstein, Hilbert, and the Theory of Gravitation*, 1974. — M. Detlefsen, *H.'s Program: An Essay on Mathematical Instrumentalism*, 1986. Ͽ

HILDEBRAND, DIETRICH VON (1890-1978). Nascido em Florença, passou algum tempo em Göttingen, onde foi um dos membros do chamado "Círculo de Göttingen". Lecionou na Universidade de Munique até 1931, quando se mudou, primeiramente para Toulouse, na França, e depois para os Estados Unidos. A partir de 1945 foi professor na Fordham University. Influenciado por Adolf Reinach e, sobretudo, por Scheler, D. von Hildebrand aplicou a fenomenologia como método de intuição e análise de essências a problemas relativos à filosofia da sociedade e à filosofia dos valores. Tentando combinar o método fenomenológico com suas crenças católicas (converteu-se ao catolicismo em 1914), Hildebrand examinou a questão da atitude e da reação diante dos valores, distinguindo vários modos de resposta axiológica. Hildebrand também estudou a questão da chamada "cegueira diante do valor". Em sua filosofia social, esse autor analisou a estrutura da sociedade em relação com a teoria da personalidade; nas diversas gradações de sociedade há, segundo Hildebrand, diversos graus de personalização em uma hierarquia que vai desde a sociedade natural até a sobrenatural em Cristo.

Ͽ Obras: "Die Idee der sittlichen Handlung", *Jahrbuch für Philosophie und phänomenologische Forschung*, 3 (1916), 126-152 ("A idéia de atuação moral"). — "Sittlichkeit und ethische Werterkenntnis", *ibid.*, 5 (1922), 462-602 ("Moralidade e conhecimento ético do valor"). — *Metaphysik der Gemeinschaft*, 1930 (*Metafísica da comunidade*). — *Zeitliches im Lichte des Ewigen. Gesammelte Abhandlungen*, 1931 (*O temporal à luz do eterno. Coletânea de artigos*). — *Sittliche Grundhaltungen*, 1933 (*Atitudes éticas fundamentais*). — *Liturgie und Persönlichkeit*, 1933. — *Der Sinn philosophischen Fragens und Erkennens*, 1950 (há trad. ingl. com algumas mudanças: *What is Philosophy?*, 1960). — *Christian Ethics*, 1953. — *True Morality and its Couterfeits*, 1955. — *Graven Images: Substitutes for True Morality*, 1957. — *Trojan Horse in the City of God*, 1967.

Edição de obras: *Gesammelte Werke*, 10 vols., 1972 ss. Ver: B. V. Schwarz, "On value", *Thought*, 24 (1949), 655-676. — A. Solana, "D. von H. Evolución espiritual desde la fenomenología al catolicismo", *Espíritu* (1955), 82-84. — Vários autores, *The Human Person and the World of Values*, 1960, ed. Balduin V. Schwartz (bibl. nas pp. 193-210). — Otfried Reuter, *Sittlichkeit und ethische Worterkenntnis nach D. von H. im Zusammenhang der Klugheit*, 1966. — B. V. Schwarz, ed., *Festschrift für D. v. H.*, 1974 (com bibliografia). — A. O. Gooch, "Value Hierarchies in Scheler and Von H.", *South Western Philosophy Studies*, 15 (1993), 19-27. Ͽ

HILEMORFISMO. O hilemorfismo (algumas vezes 'hilomorfismo'), ou teoria hilemórfica (ou hilomórfica) da realidade natural, remonta a Aristóteles e foi desenvolvido por muitos escolásticos do século XIII, especialmente por Santo Tomás. O nome 'hilemorfismo' procede dos dois termos gregos, matéria, ὕλη, e forma, μορφή, por basear-se nos conceitos de matéria (prima) e forma (substancial). Na Idade Média discutiu-se se não apenas as substâncias naturais, mas também as espirituais, eram compostas hilemorficamente. Autores como Alexandre de Hales e São Boaventura — nesse aspecto, ao que parece, influenciados por Avicebron e por Domingo Gundisalvo — responderam a isso afirmativamente. Em compensação, autores como Guilherme de Auvergne, Jean de la Rochelle, Alberto Magno e Santo Tomás responderam negativamente, isto é, aplicaram o hilemorfismo somente à explicação das mudanças substanciais nas realidades naturais.

Atualmente o hilemorfismo como doutrina pertencente à filosofia natural é aceito por muitos neo-escolásticos, particularmente pelos neotomistas. Segundo o hilemorfismo, toda realidade natural é composta de matéria e de forma. Mais especificamente, ele sustenta que cada corpo natural é composto de dois princípios substanciais: a matéria (ou matéria-prima) e a forma substancial. Esses princípios estão relacionados entre si do mesmo modo que o estão a potência (VER) e o ato (VER). Os hilemorfistas sustentam que há mudanças substanciais e que elas não podem ser explicadas a menos que sejam admitidas a matéria-prima e a forma substancial. Com efeito, em cada mudança substancial há um sujeito substancial que perde seu ser substancial mediante corrupção e adquire um novo ser substancial mediante geração (VER). O sujeito substancial em questão não poderia perder seu ser substancial ou adquirir um novo ser substancial se não tivesse isso em potência, isto é, se não houvesse um princípio substancial (a matéria-prima) que estivesse ordenado a algo como o está a potência ao ato. Por outro lado, o sujeito substancial não poderia perder seu ser substancial ou adquirir um novo ser substancial se não houvesse outro princípio substancial que se perdesse mediante corrupção ou se adquirisse mediante geração, isto é, se não houvesse outro princípio substancial (a forma substancial) que estivesse ordenado a algo como está o ato à potência.

Argumentou-se freqüentemente que o hilemorfismo enfrenta dificuldades que nem Aristóteles nem Santo Tomás puderam prever. O que Aristóteles e Santo Tomás conceberam como mudanças substanciais (como a transformação de um sólido em um líquido e vice-versa) são, na ciência moderna, uma nova disposição de partículas constituintes no corpo natural considerado. Indicou-se, além disso, que todos os processos naturais podem ser explicados sem a necessidade de se fazer intervir a noção de mudança substancial, ou então reduzindo as chamadas "mudanças substanciais" a outros tipos de mudança, e na maior parte dos casos a movimentos de partículas materiais ou a uma nova disposição de determinado "campo".

Filósofos neo-escolásticos e neotomistas reagiram diante dessas críticas de diversos modos. Alguns indicaram que, embora Aristóteles e Santo Tomás tenham considerado como mudanças substanciais o que depois se mostrou serem apenas mudanças acidentais, não há razão para rejeitar completamente a noção de mudança substancial e, por conseguinte, não há razão para abandonar o hilemorfismo; ocorre apenas que ele deve ser usado com maiores precauções. Outros indicaram que o hilemorfismo, como doutrina da filosofia natural, não é incompatível com a ciência e seus resultados ou mesmo com seus conceitos. Com efeito, a filosofia natural estuda os objetos naturais de um ponto de vista distinto do da ciência empírica. A ciência natural não se ocupa, nem tem por que se ocupar, da constituição substancial dos entes e das mudanças substanciais. Somente quando essa ciência pretende dar uma interpretação do ser desses entes e dessas mudanças entra em conflito com a ciência natural e com o hilemorfismo. Assim, pois, o hilemorfismo não é incompatível com o atomismo (para mencionar apenas um exemplo); somente é incompatível com o atomismo quando este pretende constituir-se em uma "ontologia da realidade natural".

Essas razões não conseguiram convencer os inimigos do hilemorfismo. A maior parte deles nega que se possa explicar a constituição da realidade natural e as mudanças nessa realidade (expressão em seu entender mais própria que 'as mudanças dessa realidade') hilemorficamente. Alguns autores se interessaram em ver em que medida certas noções do hilemorfismo ainda podem ser usadas para a elucidação de questões da ciência natural que beiram problemas ontológicos. Examinou-se, quanto a isso, a "relação" entre a "física aristotélico-tomista" e a "física moderna" (cf. obras citadas na bibliografia). Outros autores criticaram o hilemorfismo, mas em vez de descartá-lo por completo procuraram reformá-lo em suas próprias bases. Um exemplo disso é o hile-sistemismo (VER) de Albert Mitterer.

➲ A doutrina hilemórfica da realidade natural foi exposta em muitos tratados neotomistas. Ver, além disso: A. Farges, *Matière et forme en présence des sciences modernes*, 1888 (t. III de *Études philosophiques pour vulgariser les théories d'Aristote et de Saint Thomas, et leur accord avec les sciences*). — Id., *Thèse fondamentale de l'acte et de la puissance, du moteur et du mobile*, 1891 (*Études etc.*, I). — P. Descoqs, *Essai critique sur l'hylémorphisme*, 1924. — F. Sanc, *Sententia Aristotelis de compositione corporum*, 1928. — Jacques Maritain, *La philosophie de la nature*, 1936. (trad. br.: *A filosofia da Natureza*, 2001). — E. Lowyck, *Substantiële verandering den hylemorphisme*, 1948. — Dominique Dubarle, "L'idée hylémorphique d'Aristote et la compréhension de l'univers", *Revue des sciences philosophiques et théologiques*, 1 (1952), 3-29; 2 (1952), 205-230; 3 (1953), 1-23. — A. A. J. Kuiper, J. A. J. Peters e W. Couturier, arts. sobre *Het hylemorphisme*, em *Annalen van het Thijmgenootschap*, 41 (1953) [há ed. separada]. — Josef de Vries, "Zur aristotelich-scholastischen Problematik von Materie und Form", *Scholastik*, 32 (1957), 161-185. — Bruno Webb, "Hylomorphism, Gravity, and 'Tertiary Matter'", *The Thomist*, 24 (1961), 23-46. — E. McMullin, ed., *The Concept of Matter in Greek and Medieval Philosophy*, 1965. — J. Trouillard, "La genèse de l'hylémorphisme selon Proclos", *Dialogue*, 6 (1967), 1-17. — H. Happ, *Studie zum aristotelischen Materie-Begriff*, 1971. — J. Moreau, "L'homme et son âme, selon S. Thomas d'Aquin", *Revue de Philosophie de Louvain*, 74 (1976), 5-29.

Para a relação entre o hilemorfismo e a física moderna: Jean Daujat, *Physique moderne et philosophie traditionelle*, 1958. — Henry Margenau, *Thomas and the Physics of 1958*, 1958 [The Aquinas Lecture, Milwaukee, Wisconsin, 1958].

Para o hilemorfismo aplicado a outras substâncias distintas das naturais: H. Hover, *R. Bacons Hylemorphismus als Grundlage seiner philosophischen Anschauungen*, 1912. — E. Kleineidam, *Das Problem der hylemorphen Zusammensetzung der geistigen Substanzen im XIII. Jahr., behandelt bis Thomas von Aquin*, 1930 (tese). — O. Lottin, "La composition hylémorphique des substances spirituelles", *Revue Néo-Scolastique de Philosophie*, 34 (1932), 21-41 [sobre Rolando de Cremona, Alexandre de Hales, São Boaventura *et al.*]. — I. A. Sheridan, *Expositio plenior hylemorphismi Fr. Rogeri Baconis*, 1936 [Analecta Gregoriana, 17]. — P. Robert, *Hylémorphisme et devenir chez S. Bonaventure*, 1936. — Th. Crowley, *R. Bacon. The Problem of the Soul in His Philosophical Commentaries*, 1950 (cap. II). — P. Stella, *L'ilemorfismo di G. Duns Scoto*, 1935 [Testi e studi sul pensiero medioevale, 2]. — C. Günzler, "Die Bedeutung des aristotelischen Hylemorphismus für die Naturbetrachtun Goethes", *Zeitschrift für philosophische Forschung*, 21 (1967), 208-241. — J. Pucelle, "L'hylémorphisme et ses champs d'application", *Diotima*, 3 (1975), 105-114. — K. Rankin, *The Recovery of the Soul: An Aristotelian Essay on Self-fulfilment*, 1991.

Para a doutrina da Albert Mitterer, ver HILE-SISTEMISMO.

Ver também a bibliografia de FORMA. ➲

HILE-SISTEMISMO. Em HILEMORFISMO nos referimos aos esforços de Albert Mitterer (nasc. em 1887) para reformar de modo radical a teoria hilemórfica da composição das realidades naturais. A doutrina proposta por Mitterer chama-se "hile-sistemismo" (ou "hilo-sistemismo"). Consiste em afirmar que os corpos naturais que formam um todo ou um conjunto são compostos de partes que possuem certos "poderes intrínsecos" capazes de formar uma unidade natural distinta das partes componentes. O todo ou conjunto é formado de partes que são elas mesmas de caráter "substancial". Mitterer chama isso de "constituição hilemérica" [ou hilomérica] como "constituição essencial" dos corpos naturais. Trata-se de uma constituição essencial real e não acidental ou meramente mecânica. As partes que formam o todo são partes "hilônicas", e sua união produz um sistema "energético" real, sistema que é uma unidade funcional. As partes hileméricas são consideradas a "causa intrínseca" do todo. As partes se unem *per se* e não *per accidens*, de modo que o todo gerado é uma verdadeira "unidade natural". Com isso Mitterer opõe-se ao puro mecanicismo, mas seu dinamicismo não é idêntico ao sustentado pelos autores hilemorfistas. Com isso, ademais, Mitterer aspira a determinar a essência específica de uma substância natural (ou corporal), em contraposição à determinação meramente extrínseca.

O hile-sistemismo almeja explicar ainda melhor que o hilemorfismo qual é a verdadeira e última realidade dos corpos naturais, assim como a natureza das mudanças que ocorrem nesses corpos. É importante no hile-sistemismo a idéia de que todo corpo possui um traço genérico e um específico. O caráter genérico do corpo é constante; o caráter específico, por outro lado, muda, já que os corpos individuais não permanecem indefinidamente na mesma espécie, mas passam de um tipo a outro. Isso equivale a reconhecer que há mudanças "substanciais", mas sem que seja preciso admitir uma mudança genérica. As mudanças substanciais são, a rigor, "mudanças constitucionais": são "mudanças de sistema, de matéria e de energia", e não mudanças de uma suposta substância homogênea.

➲ Ver: Albert Mitterer, *Wandel des Weltbildes von Thomas auf Heute*, 3 partes (I. *Das Ringen der alten Stoff-Form-Metaphysik mit der heutigen Stoff-Physik*, 1935; II. *Wesensartwandel und Artensystem der physikalischen Körperwelt*, 1936; III. *Die Zeugung der Organismen*, 1947). — Também do mesmo autor: *Die Entwicklungslehre Augustins*, 1956.

Exposição da doutrina hile-sistêmica por Celestine N. Bittle, O. F. M., *From Aether to Cosmos*, 1941. ◄

HILÉTICO. O termo 'hilético' pode ser empregado como sinônimo de 'material' (de ὕλη, "matéria" [VER]). No entanto, costuma-se usar esse termo — e expressões como 'dados hiléticos' (*hyletische Data*) — no sentido que tem na fenomenologia (VER) de Husserl (VER).

Segundo Husserl (*Ideen*, I, § 85; *Husserliana*, III, 208), podem-se distinguir dois tipos de vivência: 1) as vivências que podem ser chamadas (provisoriamente) de "conteúdos primários" e não são intencionais (ver INTENÇÃO, INTENCIONAL, INTENCIONALIDADE) e 2) as vivências ou momentos vivenciais que trazem em si o específico da intencionalidade.

As vivências do primeiro tipo incluem vivências "sensuais" ou "conteúdos de sensação", como os dados de cores, sons etc., que não devem ser confundidos com momentos de "coisas", tais como sua "coloridade", "sonoridade" etc., "representáveis" mediante esses dados primários. A expressão 'conteúdos primários' já havia sido empregada por Husserl nas *Investigações lógicas*, e o conceito de "conteúdo primário" já se encontra, como indica o autor, em sua *Filosofia da aritmética*. Mas a expressão em questão é julgada por Husserl insuficiente ou inadequada por várias razões. Também é inadequada a expressão 'vivência sensível', já que usa o termo 'sensível' para referir-se a percepções sensíveis, intuições etc., nas quais não há somente vivências hiléticas, mas também intencionais. Poder-se-ia dizer que são "*puras vivências* sensíveis", mas isso aumentaria a confusão. Por isso é preferível, indica Husserl, usar expressões novas, como a citada 'dados hiléticos' e também 'dados materiais' (*stoffliche Data*).

Husserl fala da dualidade e ao mesmo tempo unidade da ὕλη sensual e da μορφή intencional, do hilético e do noético, na medida em que o hilético proporciona, por assim dizer, a "matéria-prima" para a formação de objetos intencionais. O hilético é como um material informe, enquanto o noético é como uma forma imaterial. Segundo Husserl, a corrente (*Strom*) do ser fenomenológico tem uma camada material (*stoffliche*) — ou hilética — e uma camada noética. Os momentos hiléticos e noéticos são reais (*reelle*), ao contrário dos momentos noemáticos, não-reais (*nichtreelle*) (*op. cit.*, § 97; *ibid.*, 241 ss.) (ver NOEMA, NOEMÁTICO; NOESIS, NOÉTICO). As considerações fenomenológicas que se referem ao hilético são chamadas de "hilético-fenomenológicas"; as que se referem ao noético são chamadas de "noético-fenomenológicas". Husserl também introduziu o conceito de hilético ao falar da "constituição passiva", que, ao contrário da ativa, baseia-se na "matéria-prima" da ὕλη.

HILOZOÍSMO. Este é o nome que recebe a doutrina segundo a qual a matéria é animada. O hilozoísmo, portanto (termo já empregado por Ralph Cudworth [os *hylozoists* e os *theists* opõem-se, segundo Cudworth, aos *atheists*; ver R. Eucken, *Geschichte der philosophischen Terminologie*, 1879; reimp., 1960, p. 94]), equivale em parte ao pampsiquismo (VER); o que dissemos deste último também pode ser aplicado ao primeiro. Contudo, podem ser estabelecidas algumas diferenças entre os dois conceitos, sobretudo a seguinte: enquanto o pampsiquismo opera baseado na analogia entre matéria e ser psíquico ("alma"), o hilozoísmo opera com base na analogia entre matéria e organismo biológico. Mas, como às vezes é difícil distinguir o conceito de organismo vivente e o de alma ou realidade psíquica, a linha de demarcação entre hilozoísmo e pampsiquismo muitas vezes fica indefinida. A redução de um ao outro depende de qual seja o conceito — alma, organismo biológico — ao qual se outorgue maior amplitude; se se reduz o ser vivente à "alma", o hilozoísmo se fundamentará no pampsiquismo. Se se reduz a "alma" ao organismo biológico, a fundamentação operará em sentido inverso. Nós usamos o termo 'pampsiquismo' dando-lhe um sentido muito geral, e incluindo nele o significado de 'hilozoísmo'. Isso se deve ao fato de que dispensamos mais atenção às tentativas de redução do inerte ao vivo (ao que possui "movimento por si mesmo") — base de todas as concepções pampsiquistas e hilozoístas — que à diferença entre organismo vivente e realidade psíquica. Por isso no verbete PAMPSIQUISMO nos referimos aos principais autores que defenderam a redução mencionada sem se preocupar em definir a realidade ser vivente. Pois bem, o termo 'hilozoísmo' foi empregado por alguns historiadores com referência, explicitamente, a várias doutrinas pampsiquistas. De acordo com isso, foram hilozoístas filósofos como Tales de Mileto, que, segundo Aristóteles (*De an.*, I, 5, 411 a 7), considerava que a alma ("o vivente") está misturada com todas as coisas e que por isso o universo está "cheio de deuses". Também foram hilozoístas (cf. Aristóteles, *De an.*, I, 2, 405 a 19) autores como Anaxágoras, pois a doutrina do *nous* (VER) pode ser interpretada como a afirmação de que tudo é movido por um ser vivente. O próprio Aristóteles rejeitou essas doutrinas; sua conhecida tese de que "a alma é, de certo modo, tudo" refere-se antes a uma concepção da alma como imagem (microcosmo) de um macrocosmo (VER) que a uma afirmação da animação da matéria. Isso não significa que, apesar de suas próprias palavras, o Estagirita não beirasse às vezes concepções hilozoístas — é o que ocorre com sua doutrina da *generatio aequivoca*, segundo a qual surgem espontaneamente seres vivos da matéria inerte em estado de decomposição. Ernst Haeckel também foi qualificado de hilozoísta, pois suas doutrinas foram (como já indicamos no citado verbete sobre o pampsiquismo) freqüentemente comparadas com várias concepções pré-socráticas por causa de sua ingênua e "primitiva" afirmação de que "a" substância está em contínuo movimento, sempre animada. Essa tese foi expressa por Haeckel na terceira de suas "grandes leis férreas da Natureza".

Ver: H. Spitzer, *Ursprung und Bedeutung des Hylozoismus*, 1881. — M. Bol, *Antiker Materialismus. Theorieimmanente, theorekritische und methodologische Vorstudien zum Begriff des Materialismus, dargestellt am "hylozoistischen Materialismus" der Grieschen"*, 1972. ◘

HINAYANA. Ver BUDISMO.

HINTIKKA, [KAARLO] JAAKKO [JUHANI]. Nascido (1929) na Finlândia, doutorou-se na Universidade de Helsinque (1953), onde desde 1959 é professor. Também foi professor da Universidade de Stanford (1965), da Academia da Finlândia (1970) e da Universidade da Flórida (1978). A partir de 1966 dirigiu a revista *Synthèse*.

Hintikka destacou-se por seus numerosos trabalhos em lógica, filosofia da matemática, epistemologia, ontologia e história da filosofia. Desenvolveu uma "lógica da crença" (ver CRENÇA) que foi parte importante do florescimento contemporâneo de uma multiplicidade de "lógicas" (ver LÓGICA). Em geral, Hintikka considerou que uma lógica pode servir como "modelo de explicação": a lógica não é, pois, nem mera regimentação da linguagem comum nem tampouco expressão de uma suposta "linguagem ideal". Hintikka rejeita o método do caso paradigmático (VER), que reconhece ser útil em determinadas circunstâncias, mas não generalizável. Os modelos lógicos são especialmente úteis no caso das modalidades.

Entre outros problemas, Hintikka tratou do da identificação de indivíduos, propondo regras para essa identificação em mundos possíveis. Essas regras constituem a condição para a possibilidade do conhecimento — em um sentido não muito afastado do kantiano, mas fundado sobretudo em considerações semânticas.

Os trabalhos de Hintikka em história da filosofia consistiram fundamentalmente em reinterpretações do pensamento de vários autores: Platão, Aristóteles, Descartes, Kant etc. Um exemplo é a nova interpretação que deu do "Cogito, ergo sum" (VER) cartesiano. Outro é sua "defesa de Kant", que consiste não somente em aplicar ao pensamento de Kant em epistemologia e filosofia das matemáticas novos modelos, mas também em tratar de entender de que modelos se valia o próprio Kant.

➲ Obras: *Distributive Normal Forms in the Calculus of Predicates*, 1953. — *Two Papers on Symbolic Logic: Form and Content in Quantification. Theory and Reductions in the Theory of Types*, 1955. — *Knowledge and Belief: An Introduction to the Logic of the Two Notions*, 1962. — *Models for Modalities. Selected Essays*, 1969. — *Time and Necessity: Studies in Aristotle's Theory of Modality*, 1973 (ensaios, 1959-1967; revisados). — *Logic, Language-Games and Information: Kantian Themes in the Philosophy of Logic*, 1973 [John Locke Lectures, 1964]. — *The Method of Analysis: Its Geometrical Origin and Its General Significance*, 1974 (em colaboração com Unto Remes). — *Knowledge and the Known: Historical Perspectives in Epistemology*, 1974 (sobre Platão, Aristóteles, Descartes, Kant). — *The Intentions of Intentionality and Other New Models for*

Modalities, 1975. — *The Semantics of Questions and the Questions of Semantics*, 1976 [Acta Philosophica Fennica, XXIV, 4]. — "Possible-Words Semantics", em G. Ryle, ed., *Contemporary Aspects of Philosophy*, 1976, pp. 57-69. — *The Game of Language: Studies in Game Theoretical Semantics and Its Applications*, 1983 (com J. Kulas). — *The Logic of Epistemology and the Epistemology of Logic: Selected Essays*, 1989 (com M. Hintikka). — *Anaphora and Definite Descriptions: Two Applications of Game-Theoretical Semantics*, 1985 (com J. Kulas). — *What if...? Toward Excellence in Reasoning*, 1991.

H. editou: *Aspects of Inductive Logic*, 1966 (com Patrick Suppes); *The Philosophy of Mathematics*, 1969; *Words and Objections: Essays on the Work of W. v. Quine*, 1969 (com Donald Davidson); *Information and Inference*, 1970 (com Patrick Suppes); *Rudolf Carnap, Logical Empiricist: Materials and Perspectives*, 1975; *Modern Logic. A Survey*, 1981; *Logic of Discovery and Logic of Discourse*, 1985 (com F. Vandamme); *Frege Synthesized: Essays on the Philosophical and Foundational Work of G. Frege*, 1986 (com L. Haaparanta); *The Logic of Being*, 1986 (com S. Knuuttila); *Wittgenstein in Florida*, 1991.

Ver: J. Moravcsik, A. Margalit, P. Suppes *et al.*, *Essay in Honour of J. H. On the Occasion of His Fiftieth Birthday, January 12, 1979*, 1979, eds. E. Saarinen, I. Niniluoto, R. Hilpinen, M. Provence. — R. J. Bogdan, ed., *J. H.*, 1987. ↻

HIPARCO DE SAMOS (século II a.C.). Nascido em Nicéia, Bitínia, realizou, especialmente na ilha de Rodes, numerosas observações e cálculos que levaram à descoberta da processão dos equinócios, da excentricidade da órbita aparente do sol e de algumas irregularidades no movimento da lua. Usou, ao que parece, métodos trigonométricos e compôs um mapa celeste. As descobertas e os resultados de Hiparco passaram quase integralmente para Ptolomeu (VER), cuja obra, conhecida como *Almagesto* por sua tradução árabe, constitui a base para o sistema astronômico geocêntrico. A rigor, em vez de se chamar "sistema ptolomaico" esse sistema deveria ser chamado de "sistema hiparquiano".

HIPATIA († 415). Na lista das mulheres que se dedicaram à filosofia, Hipatia é o primeiro nome que vem à memória tanto por sua data como pelo caráter dramático de sua morte. Como indicamos no verbete ALEXANDRIA (ESCOLA DE), Hipatia pereceu apedrejada por uma multidão cristã em Alexandria, acusada de conspirar contra o bispo Cirilo junto ao prefeito. A acusação contra Hipatia foi declarada infundada pelo neoplatônico Damácio em sua *Vida de Isidoro, o filósofo*. Além disso, o estado de tensão entre cristãos e neoplatônicos que o citado episódio revela não impediu que o discípulo de Hipatia, Sinésio, que dedicou à sua mestra uma emocionada recordação, se convertesse ao cristianismo antes da morte de Hipatia, sendo nomeado bispo de Ptolemaida em 409. Os escritos de Hipatia não foram conservados. Segundo Suidas, ela escreveu três obras matemáticas e astronômicas; também parece ter escrito obras filosóficas dentro da tradição da escola de Alexandria e com forte tendência à teurgia (VER).

↻ Ver: G. Bignoni, "Ipazia, alessandrina", *Atti Ist. ven. scienze, lett. arti (1886-1887)*, pp. 397-437, 495-526 e 631-710. — J. Greffcken, *Der Ausgang des grieschich-römischen Heidentums*, 1920. — M. E. Waithe, ed., *A History of Women Philosophers: 600 BC-500AD*, vol. I, 1987. — U. Molinaro, "A Christian Martyr in Reverse Hypatia: 370-415 AD", *Hypatia*, 4 (1989), 6-8.

Artigo de K. Praechter sobre Hipatia (Hypathia) em Pauly-Wissowa. ↻

HÍPIAS de Elis (século V a.C.). Pertenceu à primeira geração de sofistas e foi louvado na Antiguidade por seu saber enciclopédico: supunha-se que dominava todas as ciências e praticava todas as artes (cf. Platão, *Hipp. Min.*, 368 B-D; Filostrato, *Vita soph.*, I, ii, 1ss.). Tal como Platão o descreve em seus diálogos *Hípias* (maior e menor) e *Protágoras*, ele parece ter estabelecido uma diferença fundamental entre o que é bom por natureza e o que é conforme à lei. O que é bom por natureza é eternamente válido; o que é conforme à lei é contingente, e por isso toda lei humana é, em sua opinião, uma coação contra sua natureza e, em última análise, contra os próprios deuses, dos quais procede o eterno.

↻ Ver a bibliografia do verbete SOFISTAS. Para os fragmentos: Diels-Kranz 86 (79); M. Untersteiner, *I sofisti*, 1949, pp. 326-363 [textos, comentários e bibliografia]. — Além disso: G. Votoraz, *Del sofista Ippia eleo*, 1909. — Horst-Theodor Johann, "Hippias von Elis und der Physis-Nomos-Gedanke", *Phronesis*, 18 (1973), 15-25. — C. J. Classen, ed., *Sophistik*, 1976. — A. Patzer, *Der Sophist H. als Philosophiehistoriker*, 1986. ↻

HIPODAMO, de Mileto (*fl. ca.* 480 a.C.). Dirigiu, como arquiteto, os trabalhos de construção do Pireu, o porto de Atenas, durante a época de Temístocles, mudando-se depois para Thurri, na Calábria, e para Rodes. Aristóteles refere-se a Hipodamo de Mileto em *Pol.*, II, v., criticando sua filosofia política. Discutiu-se se o Hipodamo de que fala Aristóteles é o mesmo "Hipodamo, o pitagórico" do qual Estobeu reproduz, em seu *Florilégio*, quatro fragmentos procedentes de uma obra intitulada Περὶ πολιτείας. É muito provável que se trate da mesma pessoa. Embora não se possa assegurar que Hipodamo tivesse relação com a escola pitagórica, várias de suas idéias são de índole "pitagorizante"; contudo, F. Hermann (cf. *infra*) é de opinião de que Hipodamo de Mileto foi um dos "sofistas".

A principal característica da filosofia política defendida por Hipodamo e criticada por Aristóteles é uma espécie de "simetrismo" que se destaca em todas as suas propostas sobre a "melhor constituição" para a Cidade-Estado. Hipodamo propõe relações numéricas precisas na organização da Cidade: a repartição dos cidadãos em três classes (artesãos, agricultores e soldados), a repartição do território em três partes e a divisão das leis penais em três categorias. Junto a isso são de se notar dois aspectos na "Constituição" de Hipodamo: em primeiro lugar, a proposta de uma espécie de Corte suprema, de última instância; em segundo, a concessão dos mesmos direitos políticos às diferentes classes sociais. Afirmou-se por isso que Hipodamo foi mais "democrático" que Platão e Aristóteles (Pierre Bise).

➲ Ver: C.-F. Hermann, *De Hippodamo Milesio ad Aristotelis Politic. II.* 5, 1841. — Pierre Bise, "Hippodamos de Milet", *Archiv für Geschichte der Philosophie*, 35. N. F., 28 (1923), 13-42. — A. J. Cappelletti, "La republica pre-platónica: H. de M. y Faleas de Calcedonia", *Revista Venezolana de Filosofía*, 1 (1973), 11-40. ☙

HIPÓLITO (SANTO). Hipólito de Roma (*ca.* 160-*ca.* 236) foi provavelmente discípulo de Santo Ireneu (VER). Deportado para a ilha de Sardenha no curso de controvérsias religiosas e eclesiásticas que não nos cabe relatar aqui, faleceu no cárcere e depois foi declarado mártir. Como Santo Ireneu, Santo Hipólito combateu o gnosticismo. É conhecido sobretudo pela *Refutação de todas as heresias*, ʹΈλεγχος κατὰ πασῶν αἱρέσεων, escrita aproximadamente em 230 e comumente chamada — por causa de sua primeira parte — de *Philosophoumena*. Segundo Hipólito, o gnosticismo é consequência de uma mistura da filosofia grega (contra a qual dirigiu seu escrito perdido intitulado *Contra os gregos e Platão ou acerca do universo*; Πρὸς ʹΈλληνες καὶ πρὸς Πλάτωνα ἤ περὶ τοῦ παντός: *In Graecos et in Platonem, seu de universo*) e das religiões astrais, aparentadas com os mistérios. Não é, pois, o resultado da tradição cristã, nem o é, em seu entender, nenhuma das seitas heréticas que combate em sua obra. Assim, Hipólito usava em sua polêmica obra mais argumentos de tradição que argumentos filosóficos, ao contrário do que ocorria com Santo Ireneu, que, sem chegar à fusão greco-cristã dos cristãos alexandrinos contemporâneos (como São Clemente de Alexandria), não deixava de lado os aspectos filosófico-teológicos do problema. Ora, os argumentos de Hipólito não são, por esse motivo, menos interessantes para o historiador da filosofia e dos dogmas, pois projetam luz sobre um dos pontos mais debatidos no tratamento de várias seitas cristãs e particularmente do gnosticismo: ele consiste em elucidar até que ponto este último está ou não imerso no pensamento cristão.

➲ Edições dos *Philosophoumena*: Migne, *P. G.*, XVI; P. Wendland, *Elenchos*, Berlim, 1916 (em *Die Griechischen Schriftsteller der ersten drei Jahrhunderte*, 3); P. Nautin, Paris, 2 vols., 1949 [com trad. francesa].

Ver: I. Döllinger, *Hippolytus und Kallistus*, 1853. — G. Ficker, *Studien zur Hippolytfrage*, 1893. — H. Achelis, *Hippolytstudien*, 1897. — J. Neumann, *Hippolytus von Rom in seiner Stellung zu Staat und Welt*, I, 1902. — G. P. Strinopulos, *Hyppolyts philosophische Anschauungen*, 1903 (tese). — A. d'Alès, *La théologie de Saint Hippolyte*, 1906; 2ª ed., 1929. — A. Donini, *Ippolito di Roma*, 1925. — G. Bovini, *San Ippolito, dottore e martire del III secolo*, 1943. — P. Nautin, *Hyppolite et Josipe*, 1947 [o autor atribui ao segundo a paternidade da obra sobre o universo; houve a esse respeito uma polêmica entre Nautin e M. Richard]. — *Id.; Le dossier d'Hyppolite et de Méliton*, 1953. ☙

HIPÓSTASE. O infinitivo grego ὑφιστάναι foi usado como equivalente de εἶναι ("ser"), mas reforçando seu sentido. Pode ser traduzido, portanto, por "ser de um modo verdadeiro", "ser de um modo real", "ser de um modo eminente" etc. De ὑφιστάναι deriva ὑπόστασις, hipóstase. Assim, "hipóstase" pode ser entendida como "verdadeira realidade", "verdadeira οὐσία" (ver OUSIA). Diante das aparências, há realidades que se supõe existirem verdadeiramente, "por hipóstase", καθ' ὑπόστασιν. Nesse caso estão, segundo Platão, as idéias (ver IDÉIA). Como também se contrapôs a existência real (ou, em sentido moderno, "objetiva") à existência mental (ou, em sentido moderno, "subjetiva"), e se equiparou a existência mental com a "conceitual", disse-se às vezes que as idéias platônicas não existem senão como fatos mentais ou como conceitos e que dizer o contrário é "hipostasiá-las", isto é, tratar as idéias como hipóstases dos conceitos.

O termo *ousia* (οὐσία) foi às vezes usado para designar a substância individual ou substância individual concreta (*Cat.*, 5, 2 a), ou seja, aquilo que é sempre sujeito e nunca predicado. Contudo, o termo às vezes foi usado para designar a espécie ou o gênero e, em geral, a essência ou predicado comum a várias substâncias individuais concretas. Neste último caso, reservouse a expressão πρώτη οὐσία para designar a substância individual, ao contrário de οὐσία ou essência. Porém, como isso se prestava a confusões, distinguiram-se οὐσία como essência e ὑπόστασις, hipóstase, como substância individual. Portanto, πρώτη οὐσία ou "primeira ousia" foi equivalente a ὑπόστασις, hipóstase. A hipóstase é a οὐσία ἄτομος, como a chamava Galeno. Nesse caso, a hipóstase é o sujeito individual em seu último complemento: o suposto (VER) ou substância completa na razão da espécie na medida em que possui subsistência (VER) perfeita. Daí a expressão *suppositum aut hypostasis*. A hipóstase como subsistência é entendida como um modo substancial agregado ou unido a uma natureza singular formando um *suppositum*. Em outras palavras, a hipóstase é a própria coisa completa, o ato pelo qual a coisa existe por si mesma. A isso se refere Santo Tomás ao dizer que a hipóstase é a substância particular — não de qualquer modo, mas em seu complemento (*S. theol.*, III, q. II, 3 c. e ad 2).

Nem todos os autores seguiram a idéia de que a palavra 'hipóstase' pode ser usada para designar a substância individual concreta, seja ela "completa" ou não. Mudanças importantes no sentido do termo 'hipóstase' ocorreram, por um lado, entre os neoplatônicos, e, por outro, entre vários autores cristãos. Plotino, por exemplo, chamava de "hipóstases", ὑπόστασις, as três substâncias inteligíveis: o Uno, a Inteligência e a Alma do mundo. O Uno, ou o "primeiro Deus", dá origem, por contemplação, à segunda hipóstase, a Inteligência, e esta dá origem à terceira hipóstase ou Alma do mundo. 'Gerar' significa aqui, é claro, 'emanar'. Os próprios princípios não se "movem": como diz Plotino, "permanecem imóveis gerando hipóstases" (*Enn.*, III, iv, 1). Cada uma das hipóstases ilumina a hipóstase inferior; por isso Plotino compara cada uma das três hipóstases com um tipo de luz: o Uno é comparável à própria "Luz"; a Inteligência, ao Sol; a Alma do mundo, à Lua (*Enn.*, V, vi, 4). Alguns filósofos neoplatônicos introduziram hipóstases subordinadas a cada uma dessas hipóstases inteligíveis; desse modo, a Inteligência gera três hipóstases (ou sub-hipóstases): o Ser, a Vida, o Intelecto [ou Inteligência]. Como a hipóstase era uma emanação e o emanado era concebido por meio da analogia com o "refletido", tendeu-se a multiplicar o número das hipóstases, embora se conserve, na maior parte dos casos, a estrutura triádica, que se fundamentava na suposta sucessão da unidade, da processão (VER) e da conversão ou reversão. Segundo Proclo, as hipóstases são séries que se dão nas emanações e que se encontram em uma relação lógica de gênero com espécie.

Fílon concebeu o Logos (VER) como uma hipóstase gerada por Deus (Deus Pai), que é a "substância originária", o substrato da figura de Seu "Filho". Muitos autores cristãos tomaram a idéia de hipóstase em um sentido que parece próximo do dos neoplatônicos, mas que difere destes formalmente. Por enquanto, no que diz respeito aos autores cristãos, deve-se levar em conta o seguinte: Tanto οὐσία como ὑπόστασις foram traduzidos principalmente por *substantia*. Mas quando οὐσία começou a designar o que é comum a várias substâncias individuais concretas, isto é, quando οὐσία foi utilizada como equivalente, não de "individualidade substancial", mas de "comunidade", não se pôde mais conservar a palavra *substantia*. Propôs-se então o termo *persona* (VER) (introduzido provavelmente por Tertuliano no sentido legal). O sentido de 'hipóstase' como 'pessoa' está próximo da significação anteriormente indicada de "substância completa" ou substância que existe por si mesma. Contudo, na linguagem teológica o termo *persona* (e ὑπόστασις, *hypostasis*) foi sendo cada vez mais usado com referência principalmente às Pessoas divinas. Os termos gregos οὐσία e ὑπόστασις (e também φύσις)

e os termos latinos *substantia* e *persona* (e também *natura*) desempenharam um papel capital na especulação teológica. Limitemo-nos aqui a assinalar que desde então se falou de hipóstase como pessoa divina e que se introduziu a expressão 'união hipostática' para designar a unidade de duas naturezas em uma hipóstase ou pessoa. Chama-se especialmente de "união hipostática" a união na pessoa única do Filho de Deus das duas naturezas de Cristo: a natureza divina e a natureza humana. Indicou-se algumas vezes que o uso do conceito de hipóstase no sentido apontado aproxima a idéia platônica de hipóstase da cristã, especialmente quando se leva em conta o suposto paralelismo das duas "Trindades": a trindade do Uno, da Inteligência e da Alma do mundo, e a do Pai, do Filho e do Espírito Santo. Todavia, as diferenças entre a noção de hipóstase, por um lado, e a concepção da Trindade, por outro, são tão consideráveis que é difícil, se não impossível, equipará-las. Como indicou Jules Simon (*Histoire de l'École d'Alexandrie*, t. I), não apenas há uma diferença fundamental no que representa cada uma das hipóstases, mas também quanto à forma em que se "desenvolve" e "manifesta" a própria Trindade.

➲ Ver: Edwin Hatch, *The Influence of Greek Ideas on Christianity*, 1888; reed., 1957, cap. IX. — M. Richard, "L'introduction du mot 'hypostase' dans la théologie de l'Incarnation", em *Mélanges de sciences religieuses* (1945), pp. 5-32, 243-270. — H. M. Diepen, *Les trois Chapitres au Concile de Calcédoine. Une étude de la christologie de l'Anatolie ancienne*, 1953 (O Concílio de Calcedônia, em "união hipostática" contra os monofisitas). — H. Dörrie, 'Υπόστασις, *Wort- und Bedeutungsgeschichte*, 1955. — Othmar Schweizer, *Person und hypostatische Union bei Thomas von Aquinas*, 1957. — Ricardo Larralde, *El concepto de hipóstasis en la filosofía patrística*, 1958.

Sobre o problema da chamada "união hipostática" na teologia do século XIII, ver a série de obras de Walter H. Principe: *The Theology of the Hypostatic Union in the Early Thirteenth Century* (I. *William of Auxerre's Theology of the Hypostatic Union*, 1963; II. *Alexander of Hales' Theology of the Hypostatic Union*, 1967; III. *Hugh of Saint-Cher's Theology of the Hypostatic Union*, 1970; IV. *Philip the Chancellor's Theology of the Hypostatic Union*, 1975). ⊂

HIPÓTESE. O vocábulo 'hipótese' significa literalmente "algo posto" ("tese", θέσις) "embaixo" (ὑπό). O que "se põe embaixo" é um enunciado, e o que está "em cima" dele é outro enunciado ou uma série de enunciados. A hipótese é, portanto, um enunciado (ou série articulada de enunciados) que antecede outros, constituindo seu fundamento.

O significado de 'hipótese' está relacionado com o de vocábulos como 'fundamento', 'princípio', 'postulado', 'pressuposto' etc.; entretanto, não é idêntico ao de nenhum deles. Trataremos neste verbete do significado (ou significados) de 'hipótese' ao longo de uma apresentação de vários usos do termo.

Discutindo o problema da inscrição de uma área dada como um triângulo em um círculo dado, Platão indica (*Men.*, 87 A) que os geômetras não sabem "ainda" se cumpre as condições requeridas, mas podem oferecer uma hipótese: se a área é tal que, quando se aplicou (como retângulo) à linha dada (o diâmetro) do círculo, é deficiente em outro retângulo similar ao que se aplicou, obtém-se um resultado; e se não é deficiente obtém-se outro resultado. Pode-se pois dizer o que acontecerá na inscrição do triângulo no círculo "por hipótese", ἐξ ὑποθέσεως. Em outra passagem (*Parm.*, 135 E-136 A), Platão escreve que não se deve supor apenas — com base em hipótese, ἐκ τῆς ὑποθέσεως — se algo *é* e depois considerar as conseqüências; deve-se também supor que a mesma coisa *não é*.

O significado de 'hipótese' — ou da expressão 'por hipótese' — em Platão é, portanto, o de um pressuposto do qual serão extraídas certas conseqüências. Como se vê claramente em *Men.*, 87 A, Platão toma como base aqui o procedimento dos matemáticos, e especialmente o dos geômetras. A hipótese distingue-se do axioma na medida em que este último é admitido como uma "verdade evidente"; neste caso, a hipótese se aproxima mais de um postulado (VER). Alguns filósofos antigos (por exemplo, Proclo) seguiram Platão a esse respeito.

Aristóteles entendeu 'hipótese' em um ponto (*Met.*, Δ 1. 1013 a 14-16) como um dos possíveis significados de 'princípio', ἀρχή. As hipóteses, ὑποθέσεις, são então os princípios da demonstração, de modo que, como indica Bonitz (*Index arist.*, 756 b 59 ss.), ὑποθέσεις equivale aqui a πρότασις.

De modo menos geral, Aristóteles considera a hipótese uma afirmação de algo de que são deduzidas certas conseqüências, ao contrário da definição, na qual não se afirma (ou nega) nada, mas somente se precisa o significado daquilo de que se fala (*An. pr.*, I 44, 50 a 30-33). De modo ainda mais preciso, Aristóteles distingue hipótese e postulado, por um lado, de axioma, por outro. Com efeito, nem a hipótese nem o postulado são algo "em que se deve crer necessariamente" (*An. post.*, I 10, 76 b 23).

Nem na Antiguidade nem na Idade Média foram analisados a fundo o significado de 'hipótese' e os problemas que as hipóteses como tais suscitam. Por outro lado, na época moderna abundaram as análises e reflexões sobre a natureza das hipóteses e sobre sua justificação ou falta de justificação. O motivo principal desse interesse moderno pelo problema da hipótese são as questões suscitadas pela natureza das teorias físicas. Várias passagens de Newton são pontos centrais nos debates sobre as hipóteses na física ou "filosofia natural", razão pela qual passaremos a citá-las.

Nos *Principia* ("Escólio geral", acrescentado na 2ª ed., de 1713), Newton escreveu: "Até agora explicamos os fenômenos do céu e de nosso mar por meio do poder da gravidade, mas não indicamos nenhuma causa desse poder. É certo que deve proceder de uma causa que penetre até os próprios centros do Sol e dos planetas (...) Mas até agora não pude descobrir a causa dessas propriedades da gravidade a partir dos fenômenos e não forjo hipóteses [*Hypotheses non fingo*]; pois aquilo que não é deduzido dos fenômenos deve ser chamado de Hipótese; e as hipóteses, sejam elas metafísicas ou físicas, sejam elas de qualidades ocultas ou mecânicas, não têm lugar na filosofia experimental. Nessa filosofia as proposições particulares são inferidas dos fenômenos e depois tornadas gerais por indução".

Em *Opticks* (1706 [Query 31]), Newton escreve: "Como na matemática, na filosofia natural a investigação de coisas difíceis pelo método de análise deveria preceder sempre o método de composição ['síntese']. Essa análise consiste em fazer experimentos e observações e em extrair conclusões gerais deles mediante indução, e em não admitir objeções contra as conclusões, exceto as procedentes de experimentos, ou de certas outras verdades, pois na filosofia experimental as hipóteses não devem ser levadas em conta".

Em uma carta a Roger Cotes (28 de março de 1713), Newton escreve: "Assim como na geometria a palavra Hipótese não deve ser tomada em um sentido tão geral a ponto de incluir os axiomas e os postulados, do mesmo modo na filosofia experimental não deve ser tomada em um sentido tão geral a ponto de incluir os primeiros princípios ou axiomas que chamo de Leis do Movimento". As hipóteses, diz ele a seguir, são enunciados assumidos sem prova experimental.

Discutiu-se muito o sentido das idéias newtonianas sobre as hipóteses; alguns afirmaram que Newton rejeitou totalmente as hipóteses, outros que as rejeitou, mas ao mesmo tempo as admitiu; outros, ainda, que as considerou importantes etc. No que nos diz respeito, observaremos o seguinte:

1) Newton declara não forjar hipóteses sobre as causas da gravidade. Isso significa que as hipóteses se referem especificamente a causas reais.
2) Apesar disso, sugere várias explicações possíveis (que omitimos da citação). Newton poderia argumentar que são meras sugestões, mas que não foram usadas no corpo de sua teoria física.
3) As hipóteses não incluem os "primeiros princípios" ou "leis", mas isso pode se dever a duas razões: *a*) ao fato de serem menos "gerais" que esses "princípios" ou "leis", *b*) ao fato de possuírem um *status* particular, servindo, por assim dizer, de orientação à investigação.
4) Portanto, as hipóteses parecem desempenhar em Newton um papel semelhante ao das "Idéias" kan-

tianas e, em geral, de todos os elementos "reguladores" do conhecimento.

5) Em última análise, se pudessem ser investigadas todas as causas reais requeridas, as hipóteses seriam totalmente desnecessárias.

6) O fato de que Newton efetivamente forjasse hipóteses em alguns casos — como as que propôs sobre a causa da natureza da luz — não significa que ele considerasse essas hipóteses como enunciados obtidos experimentalmente. Uma hipótese pode ter como função (segundo o próprio Newton já declarou) a "ilustração" de certas idéias.

7) Em último lugar, as hipóteses inadmissíveis na ciência são as de caráter "metafísico". As "hipóteses" formuladas dentro do reino da experiência possível são admissíveis.

Este último ponto, embora não tratado explicitamente por Newton, constitui uma conseqüência de algumas idéias metodológicas newtonianas. Nesse sentido Kant elaborou a noção de hipótese. Na "Doutrina do Método" da *Crítica da razão pura* Kant declarou que a imaginação não deve ser "visionária", mas "inventiva". As hipóteses não devem ser assunto de mera opinião, mas fundamentadas "na possibilidade do objeto" (A 770/B 798). Nesse caso, as suposições são verdadeiras — e admissíveis — hipóteses. Por outro lado, as "hipóteses transcendentais", que empregam uma idéia de razão, não dão propriamente uma explicação; são simplesmente uma atividade da "razão preguiçosa" (*ignava ratio* [A 776/B 804]). Em sua *Lógica* Kant define a hipótese em termos de raciocínio; admitir uma hipótese equivale a afirmar que um juízo é verdadeiro quando se sustenta a verdade do antecedente com base no caráter adequado de suas conseqüências. Os raciocínios desse tipo são, do ponto de vista estritamente lógico, uma falácia: a chamada "falácia de afirmar o conseqüente", como em "Se Pedro ficar louco, Anastácia se suicida. Anastácia se suicidou; portanto, Pedro ficou louco". Ora, essa "falácia" é admissível condicionalmente e por isso pode ser chamada de "hipótese". Quando são conhecidas todas as conseqüências de um antecedente, o raciocínio resultante já não é uma falácia, mas o juízo condicional não pode então ser chamado de "hipótese" (ver Robert E. Butts, art. cit., *infra* [2], especialmente p. 196).

Certo número de autores rejeitou por completo as hipóteses, identificando-as com a pretensão injustificada de formular enunciados que se refiram a causas (a "causas verdadeiras"). Para esses autores, toda hipótese se refere a "causas" — as quais nunca podem ser descobertas —, e ao mesmo tempo todo juízo relativo a causas é hipotético. Essas opiniões foram sustentadas pelos positivistas em geral e por Comte particularmente. Segundo Comte, forjar hipóteses é próprio do pensamento teológico (os deuses como agentes naturais) e do pensamento metafísico (a "explicação") dos fenômenos naturais com base em "causas ocultas", "simpatias" etc.). Por outro lado, o pensamento positivo não admite hipóteses, pois, em vez de tentar conhecer o "porquê", limita-se a conhecer a única coisa que pode ser conhecida: o "como" — não, portanto, as "causas", mas as relações (expressáveis mediante leis) entre fenômenos. Assim, Comte rejeita inclusive a possibilidade de "explicações causais" em sentido próprio.

Alguns positivistas do final do século XIX e do século XX manifestaram opiniões menos incisivas que as de Comte. Eles rejeitaram, evidentemente, as hipóteses que aparecem sob a forma de "especulações", mas admitiram as hipóteses quando expressas em proposições condicionais em princípio verificáveis, ou que se espera serem verificáveis. Alguns admitiram as hipóteses como "explicações provisórias" (ou espécie de "andaimes conceituais"). Esse é o caso de Ernst Mach e de todos os autores que usaram a expressão 'hipótese de trabalho' (*Arbeitshypothese*). A função das hipóteses nesse caso é ajudar a compreender melhor os fenômenos de que se trata. A hipótese não é confirmada (ou invalidada) pelos fenômenos, pois em caso contrário não seria uma hipótese, mas não é totalmente independente dos fenômenos, pois em caso contrário não ajudaria em nada a compreendê-los.

Whewell (VER) declarou que as hipóteses científicas são não apenas justificadas, mas também indispensáveis. Outros autores que "defenderam" as hipóteses enfatizaram que seu valor é superior à sua mera "utilidade"; as hipóteses não são, para esses autores, convenções cômodas ou ficções. Entre aqueles que mais se destacaram na citada "defesa do valor das hipóteses" na ciência figura Meyerson. "As hipóteses" — escreveu esse filósofo — "são algo mais que um andaime destinado a desaparecer quando o edifício estiver construído; possuem um valor próprio, e certamente correspondem a algo muito profundo e muito especial na própria Natureza" (*op. cit. infra*).

Atualmente, interessam sobretudo questões como a da acepção — ou das acepções — de 'hipótese', a da natureza das inferências hipotéticas ou do chamado "raciocínio hipotético", a dos modos de se verificar, contrastar ou falsear hipóteses, e a dos possíveis tipos de hipótese.

Em sua forma mais simples, uma hipótese se expressa mediante um condicional acompanhado de um ou de vários enunciados — que certificam se a conseqüência (ou conseqüências) do condicional é ou não verdadeira — e de uma conclusão. Caso se possa provar que o conseqüente do condicional não é verdadeiro, então o antecedente não é verdadeiro; já no caso de se provar que o conseqüente é verdadeiro, a verdade do antecedente não é dedutivamente válida, mas a repetida confirmação da verdade do conseqüente não é indiferente ao conhecimento que se possa ter do antecedente, mesmo que não seja dedutivamente conclusivo.

É característico do raciocínio hipotético que não se saiba se uma ou mais das premissas é verdadeira, já que isso é precisamente o que se trata de averiguar. Também pode ocorrer que uma ou mais das premissas neguem determinada opinião ou crença com o fim de tentar averiguar se é falsa e se sua negação é verdadeira. Pode ocorrer também que se considere a premissa ou as premissas como falsas para determinar se sua negação é verdadeira. É comum distinguir entre hipótese como enunciado não-comprovado e enunciado de observação como enunciado comprovado. Desse ponto de vista, as hipóteses podem ser consideradas (como fez J. H. Woodger) enunciados teóricos.

Discutiu-se qual é o fundamento de aceitabilidade de uma hipótese. Para alguns, a prognosticabilidade é o mais importante e até mesmo o único fundamento. Para outros, a prognosticabilidade é menos importante que a confirmação. Esta última é interpretada de vários modos, especialmente os dois seguintes, mencionados por L. Jonathan Cohen: 1) uma hipótese é tanto mais confirmada quanto mais exemplos tem; 2) uma hipótese é confirmada quando apoiada por exemplos em várias condições de mudança das correspondentes variáveis.

Hugues Leblanc propôs que se considerem dois tipos de hipótese: 1) *hipóteses amplificadoras*, que constituem a conclusão de qualquer inferência indutiva permissível (ou aceitável) com um enunciado de observação como premissa, e 2) *hipóteses explicativas*, que constituem a premissa de alguma inferência permissível (ou aceitável) com um enunciado de observação ou uma hipótese como conclusão. As hipóteses amplificadoras referem-se a predições ou a retroações de fatos e servem para ampliar nosso conhecimento; as explicativas permitem conhecer por que um dado enunciado, no caso de ser verdadeiro, o é, e servem para aprofundar nosso conhecimento. Ora, uma vez que uma dada hipótese pode servir como conclusão de uma inferência e premissa de outra, essa hipótese pode ser ao mesmo tempo amplificadora e explicativa.

◐ Obras sistemáticas: E. Naville, *La logique de l'hypothèse*, 1880. — Henry Poincaré, *La science et l'hypothèse*, 1902. — Pierre Duhem, *La théorie physique, son objet et sa structure*, 1906. — Émile Meyerson, *Identité et Réalité*, 1908. — Albert Görland, *Die Hypothese*, 1911. — Hugo Dingler, *Physik und Hypothesen. Versuch einer induktiven Wissenschaftslehre nebst einer kritischen Analyse der Fundamente der Relativitätstheorie*, 1921. — Wilhelm Daub, *Der Sinn der Hypothese in der Philosophie der Gegenwart*, 1923 (tese). — André Lalande, *Les théories de l'induction et de l'expérimentation*, 1929. — A. Quarto di Palo, *Ipotesi e realtà*, 1949.

Para as análises ulteriores sobre a noção de hipótese, ver a bibliografia dos verbetes INDUÇÃO e PROBABILIDADE; destacamos aqui: W. Kneale, *Probability and Induction*, 1949. — R. G. Braithwaite, *Scientific Explanation*, 1953. — Karl R. Popper, *The Logic of Scientific Discovery*, 1959 (trad. inglesa, com apêndices, da obra: *Logik der Forschung*, 1935; trad. bras.: *A lógica da pesquisa científica*, 1975). — Id., *Conjectures and Refutations. The Growth of Scientific Knowledge*, 1962 (trad. bras.: *Conjecturas e refutações*, 1972). — S. F. Barker, *Induction and Hypothesis. A Study of the Logic of Confirmation*, 1959. — Hugues Leblanc, *Statistical and Inductive Probabilities*, 1962. — Nicholas Rescher, *Hypothetical Reasoning*, 1964. — I. Scheffler, H. G. Bohnert et al., artigos sobre hipóteses científicas em *Journal of Philosophy*, 65 (1968), 269-312. — L. Jonathan Cohen, *The Implications of Induction*, 1970. — Vários autores, *Die wissenschaftliche Hypothese*, 1971, ed. H. Korch. — L. Laudan, *Science and Hypotesis*, 1981. — P. Achinstein, O. Hannaway, eds., *Observation, Experiment, and Hypothesis in Modern Physical Science*, 1985. — D. Weissman, *Hypothesis and the Spiral of Reflection*, 1989. — Ver também J. H. Woodger, na bibliografia do verbete BIOLOGIA.

Escritos históricos: M. Alterburg, *Die Methode der Hypothese bei Platon, Aristoteles und Proklos*, 1905. — N. M. Thiel, *Die Bedeutung der Wortes Hypothesis bei Aristoteles*, 1919 (tese). — Richard Robinson, *Plato's Earlier Dialectic*, 1941. — Robert E. Butts, "Hypothesis and Explanation in Kant's Philosophy of Science", *Archiv für Geschichte der Philosophie*, 43 (1961), 153-170. — Id., "Kant on Hypotheses in the 'Doctrine of Method' and the *Logik*", ibid., 44 (1962), 185-203. — Samuel Ignatius Du-Plesis, *Kants Hypothesisbegriff*, 1972. — H. Linneweber-Lammerskitten, *Untersuchungen zur Theorie des hypothetischen Urteils*, 1988. ◓

HIPÓTESE DE SAPIR-WHORF. Ver SAPIR-WHORF (HIPÓTESE DE).

HIPOTÉTICO. Na doutrina tradicional da proposição chamam-se proposições formalmente hipotéticas as proposições compostas nas quais se manifesta explicitamente a presença de duas proposições. As proposições formalmente hipotéticas subdividem-se em copulativas, disjuntivas e condicionais, entre outras, com o que se distingue proposição formalmente hipotética em geral de proposição condicional. Na mesma doutrina se chama de proposições virtualmente hipotéticas as proposições aparentemente simples, mas na verdade compostas. As proposições virtualmente hipotéticas subdividem-se em exclusivas, exceptivas, reduplicativas, comparativas e exponíveis. Demos esquemas de todas elas no verbete PROPOSIÇÃO (II. Proposições compostas).

As proposições hipotéticas (ou juízos hipotéticos) são também definidas como uma das três classes nas quais se subdividem as proposições (ou os juízos) em virtude da relação (ver JUÍZO e RELAÇÃO).

Os juízos hipotéticos são os silogismos nos quais a premissa maior é uma proposição hipotética (no sentido amplo indicado no início) e a premissa menor afirma ou cancela uma das partes da premissa maior. Os silogismos hipotéticos são divididos em condicionais, disjuntivos e conjuntivos de acordo com o conectivo empregado na premissa maior. Com isto se distingue também silogismo hipotético em geral de silogismo condicional.

Na lógica atual, os silogismos hipotéticos constituem leis da lógica sentencial também chamadas leis de transitividade. A expressão simbólica dessas leis é:

$$((p \to q) \land (q \to r)) \to (p \to r),$$
$$((p \leftrightarrow q) \land (q \leftrightarrow r)) \leftrightarrow (p \leftrightarrow r).$$

Como se pode perceber, ao contrário dos silogismos assertóricos apresentados na lógica quantificacional elementar, os antecedentes e os conseqüentes dos condicionais e dos bicondicionais são enunciados tomados em conjunto (e simbolizados mediante letras sentenciais) e não enunciados nos quais se manifesta a composição (e simbolizados mediante letras predicados e letras argumentos quantificadas).

Para o sentido de 'hipotético' baseado em uma hipótese, ver o verbete sobre este último conceito.

HIPOTIPOSE. O termo grego ὑποτύπωσις significa "esboço" (no plural, ὑποτυπώσεις, "esboços"). Esse termo é conhecido na história da filosofia sobretudo pelos usos feitos dele por Sexto Empírico e por Kant.

Sexto Empírico escreveu uma obra intitulada Πυρρώνειοι ὑποτυπώσεις ou *Esboços pirrônicos*. Também outros autores (por exemplo, São Clemente e Proclo) usaram o vocábulo ὑποτύπωσις em títulos de obras, mas estas são menos conhecidas que a de Sexto Empírico. O vocábulo ὑποτύπωσις corresponde nesses títulos ao que queriam dizer os retóricos e gramáticos ao definir a hipotipose como um modo bem "marcado" e "articulado" de apresentar um argumento ou uma série de argumentos (ver Quintiliano, *Institutiones oratoriae*, IX ii 4).

Kant utilizou o vocábulo em questão na *Crítica do juízo* (§ 59). Ao falar da beleza como símbolo da moralidade, Kant escreveu o seguinte: "Toda hipotipose (exposição, *subiectio sub adspectum*) como ilustração [*Versinnlichung*] é dupla. Ou é *esquemática*, porquanto a um conceito que o entendimento apreende se lhe dá *a priori* a intuição correspondente; ou é *simbólica*, porquanto a um conceito que apenas a razão pode pensar e que não se adequa a nenhuma intuição sensível se lhe proporciona uma intuição tal que o procedimento de tratar com ela é meramente análogo ao observado no esquematismo, isto é, tal que o que coincide com o conceito é meramente a regra desse procedimento e não a intuição mesma, de modo que o acordo é meramente com a forma da reflexão e não com o conteúdo". Trata-se, portanto, de estabelecer a possibilidade de um modo ou procedimento de representação comparável ao esquema (VER). Segundo Kant, tanto o modo de representação (intuitivo) esquemático como o simbólico são "hipotiposes", ou seja, exposições ["apresentações"] (*exhibitiones*) e não "meros sinais".

HISTÓRIA. O termo grego ἱστορία significa "conhecimento adquirido mediante investigação", "informação adquirida mediante busca". Este é o sentido que tem ἱστορία no tratado aristotélico Περὶ τὰ ζῶα ἱστορία, *Historia animalium*. Como a investigação ou a busca referidas costumam ser expressas mediante narração ou descrição dos dados obtidos, 'história' passou a significar "relato de fatos" em uma forma ordenada, e especificamente em ordem cronológica.

Sendo a história um conhecimento de fatos ou de acontecimentos e, em certa medida, um conhecimento de "coisas singulares", o vocábulo 'história' foi usado em diversos contextos. Francis Bacon concebia a história como o conhecimento de objetos determinados pelo espaço e pelo tempo. Tratava-se de um conhecimento de fatos e não de "essências" ou de "naturezas". Por isso a história se divide, segundo Bacon, em três grandes setores: a história da Natureza, a história do homem e a história sagrada. Ainda é comum distinguir a "história natural" da "história humana", mas há uma tendência a usar "história" somente com relação a assuntos humanos. Neste verbete trataremos da história primordialmente como "história humana". Abordaremos tanto a história propriamente dita — ou o conteúdo da historiografia — como a historiografia (disciplinas históricas, ciências históricas etc.). De acordo com uma das "Observações" que figuram no início deste Dicionário, grafaremos "história" ao nos referirmos à realidade histórica, e "História" ao nos referirmos à ciência histórica ou historiografia. Todavia, essa convenção em alguns casos não é suficiente. Com efeito, na chamada "filosofia da história" trata-se tanto da realidade histórica como das disciplinas históricas, sendo às vezes difícil distingui-las. O inconveniente acarretado por essa freqüente ambigüidade é amiúde compensado com uma vantagem: a de que, a rigor, certos conceitos se referem tanto à "história" como à "História" e às relações entre ambas.

Aqui nos ocuparemos da história — e da História — enquanto objeto de reflexão filosófica. Essa reflexão recebeu, a partir de Voltaire, o nome de "filosofia da história". Sob esse nome se entendem investigações, análises e especulações muito diversas. Elas serão aqui ordenadas em duas seções: (I) Filosofia formal da história (e, reiteramos, da História) e (II) Filosofia material da história. Os adjetivos 'formal' e 'material' são usados como cômodos e relativamente adequados, mas seu significado é aqui mais amplo — e, inevitavelmente, mais vago — que em outros contextos. Com efeito, sob o nome 'formal' entendemos todas as investigações, análises e até especulações que se ocupam da natureza da realidade histórica, dos fatos históricos, dos conceitos fundamentais da História etc., independentemente da história concreta, usualmente mencionada como exemplo e esclarecimento das noções apresentadas. Sob o nome 'material' entendemos todas as investigações, análises e, sobretudo, especulações que têm como objeto direto a história "concreta" e almejam ordenar os fatos históricos de diversos modos. A filosofia formal da história (e da História) é principalmente — mas não exclusivamente — de caráter crítico; a filosofia material da história é principalmente — mas não exclusivamente — de caráter especulativo. A filosofia formal ocupa-se principalmente de conceitos; a material, principalmente de fatos.

Embora mantenhamos a mencionada divisão da filosofia da história em duas seções, não esqueceremos que se trata de uma divisão em grande parte convencional. Com efeito, não é raro que problemas "materiais" se misturem com problemas "formais" e vice-versa. A dificuldade de distinguir o "formal" do "material" no sentido aqui introduzido se manifesta também na exposição das idéias dos próprios filósofos da história. Santo Agostinho, Hegel, Spengler, Toynbee etc. são considerados filósofos "materiais" da história, mas há neles abundantes considerações do tipo que chamamos de "formais". Por outro lado, Rickert, Collingwood e filósofos "analíticos" como Hempel, Mandelbaum etc. são considerados filósofos "formais" da história, mas há em alguns deles certas considerações que implicam idéias sobre a "filosofia material da história".

(I) Começaremos com a filosofia formal da história. Como indicamos, o mais característico dela é que, em vez de tratar de ordenar a história "concreta", de interpretá-la e talvez buscar seu "sentido último", ela se ocupa dos conceitos por meio dos quais se entende ou se pode entender a realidade histórica, assim como dos conceitos básicos usados na História (ou historiografia). Os problemas da filosofia formal da história (e da História) podem ser classificados nos seguintes grupos:

Problemas ontológicos. Algumas das questões levantadas a esse respeito são as seguintes: que tipo de realidade é a realidade histórica?; em que se distingue a realidade histórica da realidade natural?; qual é a natureza dos fatos históricos?

As respostas dadas a essas perguntas e a outras similares são múltiplas. Mencionemos algumas delas a modo de exemplo. Segundo alguns, a realidade histórica é uma realidade *sui generis*, distinta de quaisquer outras realidades. A chamada "historicidade" não é, de acordo com isso, uma mera característica formal do histórico, mas algo como o *constitutivum* da realidade histórica. Segundo outros, a realidade histórica não se distingue fundamentalmente de outras realidades e até pode ser reduzida em última análise à realidade natural. Certos autores indicam que os fatos ou acontecimentos históricos são únicos e irrepetíveis, enquanto os fatos ou acontecimentos naturais são repetíveis. Desse modo, a História é uma ciência idiográfica enquanto a física e outras disciplinas naturais são ciências nomotéticas (ver Nomotético).

Problemas epistemológicos. Estes problemas freqüentemente pressupõem algumas das questões anteriores, mas podem ser formulados separadamente. Os problemas epistemológicos concernem principalmente à relação entre o sujeito cognoscente e o objeto conhecido (ou cognoscível) no campo da história. Algumas das questões levantadas a esse respeito são as seguintes: o conhecimento histórico é um conhecimento de leis?; é um conhecimento "imediato" fundado em alguma forma de "experiência humana"?; o material histórico é fundamentalmente conceituável ou simplesmente intuível?; há na História categorias? quais seriam elas?; a História é uma "ciência social"?; o que é a verdade histórica e como difere (no caso de diferir) de outras concepções sobre a verdade?; os juízos históricos referem-se somente a indivíduos ou a algum tipo de "universais"?; as leis históricas são distintas ou não das leis naturais?

Há também respostas muito diversas a essas questões. Limitemo-nos a mencionar algumas delas. Segundo vários autores, o conhecimento histórico é conceituável, embora de modo distinto do natural. Outros indicam que é conceituável de modo semelhante, ou idêntico em princípio, ao natural. Outros declaram que não é conceituável e que é simplesmente direto ou "intuitivo". Para alguns, a História é redutível a alguma "ciência social", tal como a sociologia, de modo que as leis sociológicas podem, em princípio, explicar inteiramente os acontecimentos históricos. Para outros, a História não é redutível a nenhuma outra ciência, seja por seu caráter peculiar, seja porque, em última análise, não é propriamente uma "ciência".

Indicamos anteriormente que muitos dos problemas epistemológicos estão estreitamente ligados aos que chamamos de "problemas ontológicos"; algumas das questões citadas mostram que isso efetivamente ocorre. Poderíamos acrescentar a isso outras questões difíceis de classificar como epistemológicas ou como ontológicas e que poderiam ser chamadas de "críticas"; são questões como as seguintes: há fatores causais primários na história?; caso eles existam, trata-se de fatores "materiais" (como as relações econômicas, as raças etc.) ou "ideais" (como as ideologias, o "espírito da época" etc.)?; em que consiste propriamente a explicação histórica?; os fatos históricos são explicados mediante leis semelhantes — embora não necessariamente idênticas — às leis naturais, ou mediante uma espécie de "sentido"?

Problemas metodológicos. Alguns filósofos da história ocuparam-se, às vezes, dos chamados "métodos da historiografia", tais como a crítica das fontes e outras questões. Não consideramos que esses problemas sejam propriamente filosóficos. Por outro lado, há problemas de filosofia formal da história de caráter metodológico, tais como os possíveis métodos de apresentação e de organização do material histórico (indução, dedução, descrição, classificação etc.). Observar-se-á que esses problemas também são em grande medida epistemológicos.

Na época atual, os problemas que costumam ser mais freqüentemente tratados na filosofia formal da história são por exemplo: a natureza dos fatos históricos e a possível diversidade de "tipos" de fatos históricos; as linguagens da História; o sujeito ou os sujeitos da história; a explicação histórica. Infelizmente, não podemos entrar em cada um deles. A alguns nos referimos em outros verbetes deste Dicionário (ver, por exemplo, FATO). Contudo, procuraremos dar uma idéia da natureza de vários desses problemas e de algumas das soluções propostas para eles por meio de uma classificação de "escolas" na filosofia formal da história. Limitar-nos-emos a "escolas" hoje vigentes ou ao menos cujas posições sejam ainda objeto de discussão. Como para as outras classificações e divisões propostas no verbete, reconhecemos que a ora introduzida tem muito de convencional.

Por um lado, há o que podemos chamar de "escola ontológica" e "antropológica" e também "filosófico-antropológica". Ela se ocupa principalmente da natureza do homem e da essência da historicidade ou do histórico. Os pensadores agrupados nessa "escola" — que, evidentemente, não é uma escola em sentido estrito, mas um mero princípio de classificação — podem ser colocados sob o rótulo "historicismo" (VER), num sentido *muito amplo* desse termo. Na escola em questão há pelo menos quatro variantes.

A primeira é a exemplificada por nomes como Dilthey e Ortega y Gasset. Segundo Dilthey, aquilo que o homem é, ele é, ou, melhor, ele experimenta (*erfährt*) somente em e por meio da história (*durch die Geschichte*). Para Ortega y Gasset, o homem não tem propriamente natureza, mas história. Às vezes, como acontece em Dilthey e em muitos de seus seguidores, o ponto de vista ontológico se combina com um ponto de vista epistemológico (e freqüentemente o primeiro é determinado pelo último). Às vezes o significado de 'histórico' não é nessa escola perfeitamente claro: 'histórico' também pode significar 'cultural'.

A segunda variante é a exemplificada por diversas formas do marxismo. Embora este último seja fundamentalmente uma filosofia material da história (ver *infra*), e embora seus representantes rejeitem adjetivos como 'ontológico' e até 'historicista', ele também pode ser considerado uma das variantes do grupo de que agora tratamos na medida em que se fundamenta em uma série de conceitos relativos ao modo de entender a realidade humana. Ainda que esta seja concebida como uma realidade natural, ela o é em um sentido muito distinto do naturalismo mecanicista. De qualquer modo, o marxismo insiste no histórico como processo dialético sem o qual o homem não se constituiria e pelo qual o homem alcançará finalmente sua liberdade na sociedade sem classes.

Outra variante é exemplificada por Troeltsch, Mannheim e outros autores. Segundo ela, todo modo não-histórico de considerar o homem é uma simplificação racionalista. O comportamento humano é explicável somente por meio do desenvolvimento histórico concreto; por isso os acontecimentos humanos são declarados verdadeiros em sua história e não fora dela. O que existe fora da história é irreal e utópico.

Por fim, temos a variante exemplificada por Heidegger. Segundo ela, há um elemento de historicidade no *Dasein* (VER), o qual está enraizado na temporalidade. A historicidade (VER) é, desse modo, a "abertura" do campo de toda história possível.

Por outro lado, existe o que se pode chamar de "escola epistemológica". Essa expressão é particularmente insuficiente porque alguns dos mais destacados "representantes" dessa "escola" também são representantes da "escola ontológica". Isso ocorre, por exemplo, com Dilthey e Mannheim. Nessa escola há ao menos três variantes.

Em primeiro lugar, a exemplificada por Dilthey e por Mannheim. Consiste em afirmar que há dois lados do *globus intellectualis*: as ciências da Natureza e as ciências do espírito (ver ESPÍRITO, ESPIRITUAL). Estas últimas são ciências nas quais em vez de um explicar (*erklären*) há um compreender (*verstehen*) [ver COMPREENSÃO] e também um interpretar (ver HERMENÊUTICA). Interpretar é decifrar compreensivamente o que significam os "signos" enquanto "signos históricos". Os objetos históricos aparecem como sistemas de "signos" mediante os quais se pode reconstruir compreensivamente o passado.

Mannheim destacou essa posição do seguinte modo: na história a realidade do "conhecedor" é fundamental, não na medida em que falseia o que é conhecido, mas enquanto pertence à realidade do que é conhecido. Assim, 'verdadeiro' e 'falso' não têm na História o mesmo sentido que têm em outras realidades, pois o que é "falso" pode influenciar os desenvolvimentos históricos tanto ou mais do que aquilo que é "verdadeiro". Há, portanto, um elemento "ativista" no conhecimento histórico. As idéias de Mannheim a esse respeito foram elaboradas em função da sociologia, especialmente da chamada "sociologia do conhecimento" ou "sociologia do saber" (ver SABER), mas podem ser aplicadas também à história.

Uma segunda variante é exemplificada por diversas formas mais ou menos atenuadas de neokantismo. Os principais representantes dessa variedade são Windelband, Rickert e Cassirer. Seu problema capital é o de como a História é possível enquanto ciência. Isso significa investigar se há categorias específicas do histórico.

É comum a esses pensadores considerar que os juízos históricos estão relacionados com juízos de valor, de modo que fundamentam o conhecimento histórico em uma axiologia (e particularmente em uma axiologia "objetivista"). Também é comum a eles distinguir "ciências naturais" de "ciências culturais", estando a História entre estas últimas.

Descreveremos brevemente algumas das idéias desses representantes. O mais característico em Windelband é a já mencionada distinção entre ciências nomotéticas (nas quais intervêm leis e predições) e ciências idiográficas (fundadas na investigação de "formas" enquanto estruturas que possuem traços "únicos"). O mais característico em Rickert é a distinção entre universalização e individualização, entre explicação causal e descrição, entre "ausência de valores" e "presença de valores". Em Cassirer é a distinção entre o método baseado na noção de causa e o método baseado na noção de forma. Este último método usa conceitos como os de estrutura e campo. O método baseado na "forma" equivale a um estudo e a uma interpretação dos processos de simbolização.

Em terceiro lugar temos a variante exemplificada por Croce e por Collingwood, e, em geral, pela chamada "posição idealista". Essa variante apresenta idéias semelhantes às defendidas pelo que chamamos de "formas mais ou menos atenuadas de neokantismo". Suas principais teses são as seguintes:

1) Entender algo historicamente equivale a revivê-lo, ou seja, a torná-lo presente; caso contrário, não entendemos, mas simplesmente descrevemos. A história é, como diz expressamente Collingwood, "a reatualização do passado".

2) A história é história do "pensamento". Isso significa que os acontecimentos históricos (como as obras de arte, as instituições políticas e outros) não têm sentido a menos que sejam interpretados como "pensamentos" de alguém (o vocábulo 'pensamento' é entendido em um sentido muito amplo, que inclui atos de vontade, propósitos, sentimentos etc.). Os "objetos" históricos sem "pensamentos" não são propriamente históricos. Por outro lado, certos objetos ou acontecimentos naturais (por exemplo, um terremoto) podem converter-se em acontecimentos históricos na medida em que sejam "pensados".

O pensamento é, portanto, experiência histórica. E somente quando se re-vive essa experiência histórica está-se escrevendo História. O resto é mera arqueologia ou, como diria Croce, "crônica". A história é, pois, algo "interno" e não algo "externo".

Por fim, há o que podemos chamar de "escola analítica", especialmente vigente nos países anglo-saxões. Essa escola não se ocupa da estrutura ou da natureza da realidade histórica, e em geral nega que haja diferença básica entre ciências naturais e ciências históricas. Ela também se caracteriza por seu interesse por certos problemas (sobretudo o interesse pelo problema da "natureza da explicação histórica" e, naturalmente, por uma certa linguagem ou tom eminentemente "crítico"). Apresenta ao menos duas variantes.

Uma delas é a exemplificada por autores como C. G. Hempel e P. Gardiner. Segundo esses autores, os acontecimentos históricos são explicáveis por meio de leis gerais — ou: os acontecimentos históricos devem (ou deveriam) ser deduzidos de leis gerais. A explicação histórica é, desse modo, idêntica à explicação científica (ou científico-natural).

A outra é a exemplificada por autores como William Dray e, em parte, Maurice Mandelbaum. Esses autores foram qualificados (pelo próprio Mandelbaum) de "reacionistas", pois, embora aceitem o caráter científico da explicação histórica, reagem ao extremismo de Hempel e de Gardiner em vários aspectos, por exemplo indicando que as leis explicativas que se pretendem usar como apoio são ou excessivamente gerais, ou excessivamente específicas. Além disso, eles indicam que na história não se trata somente da explicação legal, mas que há outros "modelos" de explicação histórica, tais como a "série contínua" e outros. Alguns autores, como A. C. Danto, expressam opiniões similares. Outros, como W. H. Walsh, aproximaram-se da posição idealista, mas sem abandonar a atitude crítica e analítica. Isaiah Berlin poderia ser considerado em parte um dos "reacionistas", mas, sem aderir de forma alguma ao idealismo, vai "mais além" deles na medida em que se opõe a toda tentativa de formular "leis" na história e especialmente a toda tentativa de confirmar a tese do "determinismo histórico".

(II) Abordaremos agora alguns aspectos da filosofia material da história. Certos problemas tratados pelos filósofos que iremos considerar também foram elucidados pelos pensadores que elaboraram uma filosofia formal da história. Isso ocorre, por exemplo, com a questão dos fatores causais e, particularmente, dos fatores causais últimos na história. As filosofias materiais da história baseiam-se em boa parte na idéia de que há alguma constância nos fatores causais. A filosofia material da história ocupa-se também, explícita ou implicitamente, da questão do "sentido da história". A filosofia material da história coincide em grande parte com o que chamamos de "meta-história" (VER).

Um modo de tratar a filosofia material da história é descrever a sucessão histórica de filosofias materiais da história, seja das filosofias individuais, como Santo Agostinho, Vico, Bossuet, Voltaire, Hegel etc., seja das grandes concepções histórico-filosóficas em certas culturas ou em certos períodos, como nas chamadas "concepção judaica", "concepção cristã" etc. Outro modo de tratar a filosofia material da história é proceder a uma ou a várias classificações de filosofias da história ou de "visões da história" (como poderiam ser chamadas essas filosofias materiais da história). Adotaremos esse segundo procedimento e mencionaremos duas possíveis classificações.

A primeira classificação baseia-se no fator capital que se considere como motor do desenvolvimento histórico. Pode-se falar então de uma concepção (ou visão) teológica, de uma concepção metafísica e de uma concepção naturalista da história. A concepção teológica é a daquelas doutrinas que explicam a história humana como a realização de desígnios de uma Providência, ou como uma "marcha" rumo a um "reino divino" (transcendente à história). A concepção metafísica é a daquelas doutrinas que estabelecem uma entidade metafísica — a Vontade, a Idéia, o Inconsciente etc. — no centro produtor da história, de tal modo que esta é concebida como a realização ou a auto-realização dessa entidade metafísica. A concepção naturalista é a daquelas doutrinas que erigem um ou vários dos chamados "fatores reais" em motores efetivos do desenvolvimento histórico, ou convertem a história em um desenvolvimento inexorável de etapas como a infância, a juventude e a maturidade da humanidade. Entre as concepções naturalistas figuram as que se fundamentam em fatores como as relações econômicas, as raças, as condições geográficas etc. Alguns autores (como Max Scheler) denunciaram essas concepções como insuficientes, mas nem por isso aderiram às teorias de caráter teológico ou metafísico. Para Scheler, a história se explica como uma conjunção de fatores reais e determinações ideais. Os primeiros possuem a força; as segundas imprimem a direção.

Algumas das concepções que elegeram como fator principal da história um elemento muito básico, tal como as raças (Gobineau), o impulso sexual (concepções derivadas do freudismo) e as relações econômicas (marxismo), obtiveram grande prestígio. Esta última concepção sobretudo teve e tem grande influência; referimo-nos especificamente a ela em vários verbetes (por exemplo, em MARXISMO e em MATERIALISMO). Típico de todas essas concepções e particularmente do marxismo — e especialmente do aspecto do marxismo chamado "materialismo histórico" — é o fato de considerar o fator real escolhido como o que constitui a infraestrutura histórica, explicando-se as diversas manifestações culturais (arte, religião etc.) como superestruturas dessa infra-estrutura. Isso não significa que a relação entre a infra-estrutura e as superestruturas seja simples ou fácil; com efeito, muitos autores reconhecem que as superestruturas históricas têm, ou podem ter, uma realidade e uma evolução "próprias" e tanto mais independentes da infra-estrutura quanto mais "afastadas" estiverem dela. Assim, por exemplo, se se considera que a infra-estrutura são as relações econômicas, pode-se admitir que a arte está ligada muito estreitamente com a infra-estrutura, mas que o está menos, por exemplo, a ciência "abstrata", e particularmente a lógica ou a matemática.

A segunda classificação de filosofias materiais da história baseia-se na "forma" do desenvolvimento histórico. Podemos considerar de início duas dessas "formas": a linear e a cíclica.

Na forma linear concebe-se a história como um desenvolvimento contínuo, ou mais ou menos contínuo, ao longo de certas "fases" ou "etapas". Consideramos dois grupos de desenvolvimento linear: no primeiro destaca-se um fato histórico que se considera central e decisivo, uma espécie de "nó" da história; no segundo, insiste-se nas "fases" ou "etapas" sem destacar necessariamente um fato central.

Quando o fato central é de caráter político — em um sentido muito amplo de 'político' — temos concepções da história como a de Políbio. Para esse autor, a história é uma "marcha" rumo à unificação do mundo sob o poder romano. Quando o fato central é de caráter religioso temos concepções da história como a dos hebreus e a chamada "concepção cristã", especialmente como foi apresentada por Santo Agostinho e por Bossuet. Trata-se então de uma concepção "providencialista", na qual se ressalta fortemente o caráter temporal, dramático e irreversível do histórico. Especialmente importante é a concepção de Santo Agostinho à qual nos referimos mais detalhadamente nos verbetes sobre esse pensador e sobre a CIDADE DE DEUS. A história, para Santo Agostinho, é a história do modo como as "duas cidades" estão misturadas na Terra. Contrariamente ao que ocorre em algumas das interpretações naturalistas antes citadas, na concepção agostiniana os fatores políticos, econômicos, sociais etc. são como que a superestrutura não de uma infra-estrutura natural, mas de um "desígnio mais elevado".

Quando se consideram especialmente as "fases" ou "etapas" temos muito diversas concepções possíveis da história de acordo com o aspecto histórico ou com o fator histórico que se destaque mais. Desse modo, temos concepções culturais como muitas do século XVIII (Condorcet, Voltaire) e, em geral, todo o "progressismo"; concepções "bioculturais", como a exemplificada por Herder (VER): a história aparece aqui como um desenvolvimento que parte da infância e chega à maturidade do "gênero humano"; concepções metafísicas como as de Fichte e de Hegel; concepções que podem ser chamadas de "sociais", como as de Comte e de Marx.

Cada uma dessas filosofias ou "visões" da história é muito complexa e não é explicada apenas com uma classificação em um grupo de interpretações da história. Todavia, não daremos aqui maiores esclarecimentos por termos dedicado verbetes específicos a cada um dos autores mencionados. Indicaremos apenas que, mesmo nos casos em que se destaca fortemente uma linha ininterrupta de evolução histórica, não se exclui por isso a possibilidade de "avanços" e "retrocessos". Além disso, algumas das filosofias mencionadas podem ser qualificadas de "progressistas" e de "otimistas" (como muitas das que foram formuladas no século XVIII); outras, em contrapartida, podem ser qualificadas de "pessimistas". Nestas últimas há também a idéia de um desenvolvimento histórico, mas rumo a fases cada vez mais "decadentes". Encontramos um exemplo da concepção "pessimista" e "decadentista" em Rousseau. Idéias desse tipo também podem ser encontradas em autores como Ludwig Klages (VER) e Theodor Lessing (VER). Também se pode considerar como "pessimista" em grande parte a concepção "tradicionalista" da história (de Bonald, de Maistre, Donoso Cortés). Embora estes últimos autores também sejam "providencialistas", o são em um sentido muito especial, pois para eles a história é uma espécie de "castigo". Especificamente, para os citados autores a "revolução" é um castigo imposto por Deus aos homens por se terem separado das verdadeiras crenças e do tipo de sociedade considerada por eles como a "sociedade perfeita".

No que diz respeito à forma cíclica, ela consiste essencialmente em admitir que a história se desenvolve em etapas ou fases, mas que estas se repetem, seja em certas culturas, em certas sociedades ou em certos períodos. Também temos dois grupos de desenvolvimento cíclico.

Um desses grupos baseia-se especialmente em fatores sociológicos e culturais. Exemplos são autores como Abenjaldun e Vico. O outro grupo baseia-se principalmente na idéia das culturas ou civilizações; representantes dele são Spengler e Toynbee. Também nos referimos às concepções correspondentes nos verbetes dedicados a esses autores.

As concepções cíclicas são importantes na medida em que destacam a unidade do "complexo cultural" de cada fase. Por outro lado, tendem a considerar a história de modo um tanto artificial, por seu interesse em ver a repetição, em cada cultura, civilização ou período, das mesmas "fases". Naturalmente, alguns autores (como Toynbee) assinalam que não há nenhuma necessidade estrita de que cada cultura passe sempre pelas fases admitidas como "modelo"; uma cultura pode "deter-se" ou "ligar-se" a outra. Observemos que os autores que defendem um desenvolvimento linear às vezes tendem a admitir a possibilidade de que esse desenvolvimento se transforme em cíclico.

Combinações das idéias linear e cíclica, e das concepções progressista e decadentista, podem permitir várias visões mais complexas para cada uma das quais se pode encontrar uma "forma", "modelo" ou "figura". Assim, pode-se falar de desenvolvimento histórico em espiral (positiva), ou em forma de constantes e periódicas "recaídas" etc. Podem ser introduzidas figuras mais complexas, como fez Lotze (*Mikrokosmos*, V, ii, 1) ao falar do caráter epiciclóide do desenvolvimento histórico.

A divisão aqui estabelecida da filosofia da história em uma parte formal e em uma parte material destacou os aspectos mais próprios de cada um dos estudos correspondentes em detrimento das muitas relações que há entre ambas. Essas relações podem ser claramente percebidas quando são considerados alguns problemas com suficiente amplitude. Desse modo, por exemplo, o problema de haver ou não fatores causais primários na história, embora em princípio pertencente à filosofia formal da história, não pode ser tratado adequadamente a menos que se leve em conta parte do material tratado em algumas filosofias materiais da história. Por outro lado, as filosofias materiais da história pressupõem o estudo de muitos problemas de natureza "formal". Limitando-nos a um caso, indiquemos que muitas das filosofias materiais da história pressupõem que a história está de algum modo "determinada". Ora, a muito debatida questão acerca do "determinismo na história" implica problemas muito complexos que se referem à explicação histórica, à causalidade histórica, aos vários modos de organização do material histórico etc.; todos eles problemas que as filosofias formais da história tentaram elucidar.

⊃ Embora a bibliografia esteja dividida em seções, deve-se levar em conta que alguns dos trabalhos mencionados poderiam figurar sob mais de uma epígrafe. Não damos títulos de obras de muitos dos filósofos aos quais nos referimos no texto por constarem nas bibliografias dos verbetes a eles consagrados. A revista *History and Theory*, publicada desde 1961, inclui cadernos especiais com bibliografia: Beiheft 1, comp. John C. Rule (de 1945 a 1957), 1961 [suplemento em Beiheft 3]; Beiheft 3, comp. M. Nowicki (de 1958 a 1961), 1964; Beiheft 7, comp. Lewis D. Wurgaft (de 1962 a 1965), 1967; Beiheft 10, comp. Lewis D. Wurgaft *et al.* (de 1966 a 1968 e addenda 1965), 1970; Beiheft 12, comp. Astrid Witschi-Bernz (de 1500 a 1800), 1972.

Natureza da história e do histórico; o homem como ser histórico; o homem e a história; ontologia da história: Wilhelm Dilthey, *Der Aufbau der geschichtlichen Welt in den Geisteswissenschaften*, I, 1910; reimp. em *Ges. Schriften*, VII. — Johannes Thyssen, *Die Einmaligkeit der Geschichte*, 1924. — Max Scheler, "Mensch und Geschichte", em *Die Neue Rundschau* (novembro, 1926); reimp. em *Philosophische Weltanschauung*, 1929, pp. 15-46. — Kurt Breysig, *Vom geschichtlichen Werden*, 3 vols. (I. *Persönlichkeit und Entwicklung*, 1925; II. *Die Macht des Gedankens in der Geschichte. In Auseinandersetzung mi Marx und Hegel*, 1926; III. *Der Weg der Menschheit*, 1928). — Id., *Der Werdegang der Menschheit vom Naturgeschehen zum Geistgeschehen*, 1935. — Id., *Psychologie der Geschichte*, 1935. — Nicolai Hartmann, *Das Problem des geistigen Seins*, 1933. — H. Lambert, *The Nature of History*, 1933. — Franz Böhm, *Ontologie der Geschichte*, 1933. — E. Metzke,

Geschichtliche Wirklichkeit, 1935. — José Ortega y Gasset, *Historia como sistema*, 1941 (em *O. C.*, VI, pp. 11-50). — Erich Kahler, *Man the Measure. A New Approach to History*, 1943; 2ª ed., 1945. — Erich Rothacker, *Mensch und Geschichte*, 1944; 2ª ed., 1950. — R. G. Collingwood, *The Idea of History*, 1946. — Philippe Ariès, *Le temps de l'histoire*, 1954. — Arthur C. Danto, "On Historical Questioning", *Journal of Philosophy*, 51 (1954), 89-99. — Alfred Delp, *Der Mensch und die Geschichte*, 1955. — A. Millán Puelles, *Ontología de la existencia histórica*, 1955. — J. Pérez Ballestar, *Fenomenología de lo historico. Una elaboración categorial a propósito del problema del cambio histórico*, 1955. — Octavio Nicolás Derisi, *Ontología y epistemología de la historia*, 1958. — Edward Hallett Carr, *What is History?*, 1962 [George Maucalay Trevelyan Lecture, Cambridge University, 1961]. — H. Lübbe, *Geschichtsbegriff und Geschichtsinteresse. Analytik und Pragmatik der Historie*, 1977. — F. A. Olafson, *The Dialectic of Action: A Philosophical Interpretation of History and the Humanities*, 1979. — R. Nisbet, *History of the Idea of Progress*, 1980. — C. Pereira, *El sujeto de la historia*, 1984. — P. Merkley, *The Greek and Hebrew Origins of our Idea of History*, 1987. — Ver também a bibliografia do verbete HISTORICIDADE; parte dos trabalhos mencionados na bibliografia de HISTORICISMO também se refere aos assuntos incluídos nesta epígrafe.

Ciência histórica e conhecimento histórico: J. G. Droysen, *Grundriss der Historik*, 1858. — Paul Lacombe, *De l'histoire considérée comme science*, 1894. — Rudolf Stammler, *Geschichtsauffasung*, 1896. — Edward Spranger, *Die Grundlagen der Geschichtswissenschaft*, 1905. — Henri Berr, *La synthèse en histoire*, 1911; reed. em *La synthèse en histoire: son rapport avec la synthèse générale*, 1953. — Heinrich Maier, *Das geschichtliche Geschehen*, 1914 [conferência]. — Frederick J. Woodbridge, *The Purpose of History*, 1916. — B. Croce, *Teoria e storia della storiografia*, 1917; 7ª ed., 1954. — Id., *La storia come pensiero e come azione*, 1938. — Id., *Il concetto della storia*, 1954, ed. A. Parenti. — J. Huizinga, *Culturhistorische verkenningen*, 1929. — Hans Freyer, "Die Systeme der weltgeschichtlichen Betrachtung", em *Propyläen-Weltgeschichte*, ed. Walter Goetz, t. I, 1931. — Paul Tillich, *The Interpretation of History*, 1936. — Kenneth Burke, *Attitudes towards History*, 2 vols., 1937. — Maurice Mandelbaum, *The Problem of Historical Knowledge. An Answer to Relativism*, 1938. — Bogumil Jasinowski, *El problema de la historia y su lugar en el conocimiento*, 1945. — Gerhard Krüger, *Die Geschichte im Denken der Gegenwart*, 1947. — Edmundo O'Gorman, *Crisis y porvenir de la ciencia histórica*, 1947. — Theodor Litt, *Wege und Irrwege geschichtlichen Denkens*, 1948. — Id., *Geschichtseissenschaft und Geschichtsphilosophie*, 1950. — Arthur C. Danto, "Mere Chronicle and History Proper", *Journal of Philosophy*, 50 (1953), 173-182. — Id., "Narrative Sentences", *History and Theory*, 2 (1962), 146-179. — Henri-Irénée Marrou, *De la connaissance historique*, 1954; 2ª ed., 1955. — José Antonio Maravall, *Teoría del saber histórico*, 1958. — Lucien Fèbvre, *Pour une histoire à part entière*, 1962. — Jack W. Meiland, *Scepticism and Historical Knowledge*, 1965. — Morton White, *Foundations of Historical Knowledge*, 1965. — Charles Morazé, *La logique de l'histoire*, 1967. — Robert Stover, *The Nature of Historical Thinking*, 1967. — Fred D. Newman, *Explanation by Description*, 1968. — Paul Veyne, *Comment on écrit l'histoire: Essai d'épistémologie*, 1971. — Leon J. Goldstein, *Historical Knowing*, 1976. — Maurice Mandelbaum, *The Anatomy of Historical Knowledge*, 1977. — A. R. Burger, H. R. Cohen, D. H. De Grood, *Marxism, Science, and the Movement of History*, 1980. — W. J. Van der Dussen, *Hystory as a Science: The Philosophy of R. G. Collingwood*, 1981. — V. Tejera, *History as a Human Science: The Conception of History in some Classic American Philosophers*, 1984.

Teoria e método da história: O. Lorenz, *Die Geschichtswissenschaften in ihren Aufgaben und Hauptrichtungen*, 2 vols., 1886-1891. — E. Bernheim, *Lehrbuch der historischen Methoden und der Geschichtsphilosophie*, 1889; 6ª ed., 1906; reimp., 1960. — F. J. Teggart, *Theory of History*, 1925. — Id., *Theory and Process of History*, 1941. — J. Barzum, H. Holborn *et al.*, *The Interpretation of History*, 1943. — K. Breysig, *Das neue Geschichtsbild im Sinne der entwickelten Geschichtsforschung*, 1944. — Arcadio Guerra, *Síntesis de metodología de la historia*, 1950. — G. J. Renier, *History, its Purpose and Method*, 1950. — L. von Mises, *Theory and History: An Interpretation of Social and Economic Evolution*, 1957. — D. V. Gawronski, *History: Meaning and Method*, 1967. — A. Heller, *A Theory of History*, 1982. — A. Callinicos, *Making History: Agency, Structure, and Change in Social Theory*, 1988. — P. K. Conkin, R. N. Stromberg, *Heritage and Challenge: The History and Theory of History*, 1989. — Ver a bibliografia de GERAÇÃO.

História e ciência natural: W. Windelband, *Geschichte und Naturwissenschaft*, 1894. — H. Rickert, *Die Grenzen der naturwissenschaftlichen Begriffsbildung: eine logische Einleitung in die historischen Wissenschaften*, 1896; 5ª ed., 1929. — Id., *Kulturwissenschaft und Naturwissenschaft*, 1899. — Id., "Die Probleme der Geschichtphilosophie", em *Festschrift für Kuno Fischer*, 1904; ed. separada, 1907, 2ª ed., 1924. — Kurt Breysig, *Naturgeschichte und Menschheitsgeschichte*, 1933. — F. C. S. Northorp, *The Logic of the Sciences and the Humanities*, 1947. — Sterling P. Lamprecht, *Nature and History*, 1950. — J. H. Randall Jr., *Nature and Historical Experience. Essays in Naturalism and in the Theory of History*, 1958. — H. G. Nelson, *A Framework for Thought: An Attempt at the Scientific Interpretation of His-*

tory, 1961. — Paul Weiss, *History Written and Lived*, 1962. — J. Lyon, P. R. Sloan, *From Natural History to the History of Nature*, 1981. — Ver também os trabalhos de B. Croce e de R. G. Collingwood mencionados *supra* e os trabalhos incluídos na seção seguinte.

Leis históricas; a explicação na história: Carl G. Hempel, "The Function of General Laws in History", *Journal of Philosophy*, 39 (1942), 35-48. — Morton White, "Historical Explanation", *Mind*, N. S., 52 (1943), 212-229. — Patrick Gardiner, *The Nature of Historical Explanation*, 1952. — William Dray, *Laws and Explanation in History*, 1957. — Alan Donagan, "Explanation in History", *Mind*, N. S., 66 (1957), 145-164. — R. H. Weingartner, "The Quarrel about Historical Explanation", *Journal of Philosophy*, 57 (1961), 29-45. — Maurice Mandelbaum, "Historical Explanation: The Problem of 'Covering Laws'", *History and Theory*, I (1961), 229-242. — Id., *The Anatomy of Historical Knowledge*, 1971. — Ernest Nagel, *The Structure of Science*, 1961, cap. XV: "Problems of the Logic of Historical Inquiry", pp. 547-606. — F. J. Teggart, *Theory and Processes of History*, 1977. — R. F. Atkinson, *Knowledge and Explanation in History: An Introduction to the Philosophy of History*, 1978. — G. Graham, *Historical Explanation Reconsidered*, 1983. — C. Lloyd, *Explanation in Social History*, 1986. — R. S. Gottlieb, *History and Subjectivity: The Transformation of Marxist Theory*, 1987. — E. O. Wright, A. Levine, E. Sober, *Reconstructing Marxism: Essays on Explanation and the Theory of History*, 1992. — Ver também trabalhos na seção seguinte, especialmente de I. Berlin.

Previsibilidade, inevitabilidade etc., na história: Pieter Geyl, P. Sorokin, A. J. Toynbee, *The Pattern of the Past: Can We Determine It?*, 1949. — Heinrich Günther, *Entwicklung und Vorsehung in der Geschichte*, 1949. — Pierre Vendryès, *De la probabilité en histoire: l'exemple de l'expédition d'Égypte*, 1952. — I. Berlin, *Historical Inevitability*, 1954. — Joseph Vogt, *Gesetz und Handlungsfreiheit in Geschichte. Studien zur historischen Widerholung*, 1955; 2ª ed., 1956. — H. G. Wood, *Freedom and Necessity in History*, 1957. — Ver também a obra de E. Nagel citada *supra*. — Alguns dos trabalhos citados anteriormente referem-se à questão da "periodização" na história; sobre o assunto, ver especialmente: J. H. J. van der Pot, *De periodisering der geschiedenis: een overzicht der theoriën*, 1951. — Ángel A. Castellán, *Filosofía de la historia e historiografía*, 1961. — G. E. Cairns, *Philosophies of History: Meeting of East and West in Cycle, Pattern Theories of History*, 1962. — H. D. Lewis, *Freedom and History*, 1962.

Sobre história e verdade: K. Buchheim, *Wahrheit und Geschichte*, 1935. — Paul Ricoeur, *Histoire et Vérité*, 1955. — Adam Schaff, *Historia i prawda*, 1970. — J. W. Montgomery, *Where is History Going: Essays in Support of the Historical Truth of the Christian Revelation*, 1969. — M. Westphal, *History and Truth in Hegel's Phenomenology*, 1990. — Ver também as obras de K. Mannheim e H. Barth mencionadas na bibliografia de IDEOLOGIA.

Exposições gerais sobre a filosofia da história e sobre seus problemas: Georg Simmel, *Die Probleme der Geschichtsphilosophie*, 1892. — P. Barth, *Die Philosophie der Geschichte als Soziologie*. I. *Einleitung und kritische Übersicht*, 1897. — H. Rickert, op. cit. *supra*. — A.-D. Xénopol, *Les principes fondamentaux de l'histoire*, 1899; 2ª ed., com o título *La théorie de l'histoire*, 1908. — R. Eucken, *Philosophie der Geschichte*, 1907. — Georg Mehlis, *Geschichtsphilosophie*, 1913. — Id., *Lehrbuch der Geschichtsphilosophie*, 1915. — Th. Haering, *Die Struktur der Weltgeschichte. Philosophische Grundlagen zu einer jeden Geschichtsphilosophie*, 1921. — Id., *Hauptprobleme der Geschichtsphilosophie*, 1925. — Hans Pichler, *Zur Philosophie der Geschichte*, 1922. — Hans Driesch, "Theoretische Möglichkeiten der Geschichtsphilosophie", em *Geist und Gesellschaft, Kurt Breysig zu seinem 60. Geburtstag*, I, 1927. — Othmar Spann, *Geschichtsphilosophie*, 1932. — A. Vierkandt, *Gesellschafts- und Geschichtsphilosophie*, 1925 [*Lehrbuch der Philosophie*, ed. M. Dessoir]. — Erich Rothacker, *Geschichtsphilosophie*, 1934; reimp. com base no manuscrito corrigido pelo autor, 1952. — Alfredo Coffredo, *La filosofia della storia*, 1936. — Raymond Aron, *Introduction à la philosophie de l'histoire. Essai sur les limites de l'objectivité historique*, 1938. — Donald J. Pierce, *An Introduction to the Logic of the Philosophy of History*, 1939. — J. E. Salomaa, *Philosophie der Geschichte*, 1950. — W. H. Walsh, *An Introduction to Philosophy of History*, 1951; 3ª ed., rev., 1967. — Henri Gouhier, *L'histoire et sa philosophie*, 1952. — Fermín de Urmeneta, *Principios de filosofía de la historia*, 1952. — H. Niel, M. Nédoncelle *et al.*, *Philosophies de l'histoire*, 1956. — Ernst Latzke, *Geschichtsphilosophie*, 1957. — Jacques Maritain, *On the Philosophy of History*, 1957, ed. J. W. Evans. — León Dujovne, *Teoría de los valores y filosofía de la historia*, 1959. — W. Schapp, *Philosophie der Geschichte*, 1959; nova ed., 1981, por J. Schapp e P. Heiligenthal. — Morton G. White, Maurice Mandelbaum *et al.*, *Philosophy and History: A Symposium*, 1963, ed. Sidney Hook. — William Dray, *Philosophy of History*, 1964. — W. B. Gallie, *Philosophy and the Historical Understanding*, 1964. — Frank E. Manuel, *Shapes of Philosophical History*, 1964. — Arthur C. Danto, *Analytical Philosophy of History*, 1965. — Jorge L. García Venturini, *Qué es la filosofía de la historia*, 1969. — M. Mandelbaum, *The Anatomy of Historical Knowledge*, 1977. — W. Dray, *Perspectives on History*, 1981. — M. Oakeshott, *On History, and Other Essays*, 1983. — F. R. Ankersmit, *Narrative Logic: A Semantic Analysis of the Historian's Language*, 1983.

Sentido da história e teologia da história: N. Berdiaev, *O smíslé istorii*, 1923. — Joseph Bernhardt, "Sinn der Geschichte", em *Geschichte der führenden Völker*, 1931, eds. H. Finke, H. Schnürer, H. Junker. — W. Ehrlich, *Der Sinn in der Geschichte. Einleitung in die Transzendentalgeschichte*, 1935. — P. Hofmann, *Sinn und Geschichte. Historischsystematische Einleitung in die sinnerforschende Philosophie*, 1937. — F. Meinecke, *Vom geschichtlichen Sinn und vom Sinn der Geschichte*, 1939. — Leo Baeck, *Der Sinn der Geschichte*, 1946. — Paul van Schilfgaarde, *De zin der geschiedenis: een wijsgeerige bespreking van den gang der mensheid*, 2 vols., 1946-1947. — Hans H. Walz, *Sinn und Ziel der Geschichte*, 1947. — Morris R. Cohen, *The Meaning of Human History*, 1947. — Hans Jürgen Baden, *Der Sinn der Geschichte*, 1948. — Klaus J. Heinisch, *Ursprung und Sinn der Geschichte*, 1948. — Theodor Litt, *Die Frage nach dem Sinn der Geschichte*, 1948. — Adolfo Omodeo, *Il senso della storia*, 1948. — Leone Todelli, *Il disegno divino nella storia*, 1948. — Karl Jaspers, *Vom Ursprung und Ziel der Geschichte*, 1949; 3ª ed., 1952. — Karl Löwith, *Meaning in History. The Theological Implications of the Philosophy of History*, 1949; 8ª ed., 1964. — Josef Pieper, *Über das Ende der Zeit; eine geschichtsphilosophische Meditation*, 1950. — Karl Rüdinger, *Unser Geschichtsbild. Der Sinn in der Geschichte*, 1950. — J. Daniélou, *Le mystère de l'histoire*, 1953. — Hans Urs von Balthasar, *Théologie de l'histoire*, 1955. — Rudolf Bultmann, *Presence of Eternity. History and Eschatology*, 1957 [Gifford Lectures, 1955]. — Marcel Clément, *Le sens de l'histoire*, 1958. — Alois Dempf, *Weltordnung und Heilsgeschichte*, 1958. — M. C. d'Arcy, *The Meaning and Matter of History*, 1959. — Id., *Sense of History: Secular and Sacred*, 1959. — B. Erling, *Nature and History: A Study in Theological Methodology with Special Attention to the Method of Motif Research*, 1960. — J. V. L. Casserley, *Toward a Theology of History*, 1965. — W. Kluback, *Discourses of the Meaning of History*, 1988. — Sobre o "sem-sentido" da história: Theodor Lessing, *Die Geschichte als Sinngebung des Sinnlosen*, 1919; reimp. com um "Postscriptum" por Ch. Gneuss, 1962.

História da filosofia da história; filosofia da história e visões da história em diversos períodos, correntes, autores etc.: Karl Jöel, *Wandlungen der Weltanschauung. Eine Philosophiegeschichte als Geschichtsphilosophie*, 2 vols., 1934. — Johannes Thyssen, *Geschichte der Geschichtsphilosophie*, 1936; 2ª ed., 1954. — León Dujovne, *La filosofía de la historia en la Antigüedad y en la Edad Media*, 1958. — Id., *La filosofía de la historia desde el Renacimiento hasta el siglo XVIII*, 1959. — Alban G. Widgery, *Interpretations of History*, 1961. — José Ferrater Mora, *Cuatro visiones de la historia universal*, 1945; 4ª ed., 1963 [sobre Santo Agostinho, Vico, Voltaire e Hegel]. — E. Diano, *Il concetto della storia nella filosofia dei Greci*, 1955. — P. Kirn, *Das Bild des Menschen in der Geschichtsschreibung von Polybios bis Ranke*, 1955.

— A. Waismann, "Sobre algunas características del pensamiento histórico de los griegos", no livro do autor: *Cuatro ensayos sobre el pensamiento histórico*, 1959, pp. 49-75. — R. L. P. Milburn, *Early Christian Interpretation of History*, 1954. — Lynn White Jr., "Christian Myth and Christian History", *Journal of the History of Ideas*, 3 (1942), 145-158. — E. C. Rust, *The Christian Understanding of History*, 1947. — Reinhold Niebuhr, *Faith and History. A Comparison of Christian and Modern Views of History*, 1949. — H. Butterfield, *Christianity and History*, 1949. — S. J. Case, *The Christian Philosophy of History*, 1943. — John McIntyre, *The Christian Doctrine of History*, 1957. — G. L. Keyes, *Christian Faith and the Interpretation of History: A Study of St. Augustine's Philosophy of History*, 1966. Ver também a bibliografia do verbete CIDADE DE DEUS. — Johannes Spörl, *Grundformen hochmittelalterlicher Geschichtsanschauung*, 1935. — Peter Guildau, ed., *The Catholic Philosophy of History*, 1936. — Ludovico D. Macnab, *El concepto escolástico de la historia*, 1940. — René Voggensperger, *Der Begriff der Geschichte als Wissenschaft im Lichte aristotelischthomistischer Prinzipien*, 1948. — León Dujovne, *op. cit. supra* [do Renascimento ao século XVIII]. — Michael Murray, *Modern Philosophy of History: Its Origin and Destination*, 1970 (sobre vários autores, especialmente Joachim de Fiori, Hegel e Heidegger). — Robert Flint, *The Philosophy of History in Europe*, I. *The Philosophy of History in France and Germany*, 1874. — Id., *History of the Philosophy of History*, I. *Historical Philosophy in France, and French Belgium and Switzerland*, 1893. — E. Troeltsch, *Das Historische in Kants Religionsphilosophie. Zugleich ein Beitrag zu den Untersuchungen über Kants Philosophie der Geschichte*, 1904. — Klaus Weyand, *Kants Geschichtsphilosophie. Ihre Entwicklung und ihr Verhältnis zur Aufklärung*, 1964. — William A. Galston, *Kant and the Problem of History*, 1975. — Burleigh Taylor Wilkins, *Hegel's Philosophy of History*, 1973. — Paul Barth, *Die Geschichtsphilosophie Hegels und der Hegelianer bis auf Marx und Hartmann. Ein kritischer Versuch*, 1980. — René Voggensperger, *Der Begriff der Geschichte als Wissenschaft*, 1948 [sobre Comte, Hegel, historicismo alemão, pragmatismo, Dilthey]. — Hélène Védrine, *Le philosophes de l'histoire: Déclin ou crise?*, 1975 (de Hegel a Althusser). — I. Berlin, *The Hedgehong and the Fox: An Essay on Tolstoy's View of History*, 1953. — Ernst Cassirer, *Das Erkenntnisproblem in der Philosophie und Wissenschaft der neueren Zeit*, IV, 1951 (apareceu antes a trad. esp.: *El problema del conocimiento de la muerte de Hegel a nuestros días*, 1948 [Livro III]). — K. Rossmann, *Deutsche Geschichtsphilosophie von Lessing bis Jaspers*, 1958. — León Dujovne, *La filosofía de la historia de Nietzsche a Toynbee*, 1957. — S. Holm, *S. Kierkegaards Geschichtsphi-*

losophie, 1956. — Raymond Aron, *Essai sur la théorie de l'histoire dans l'Allemagne contemporaine: la philosophie critique de l'histoire*, 1938. — Maurice Crubellier, *Sens de l'histoire et religion: A. Comte, Northrop, Sorikin, Toynbee*, 1957. — Manlio Ciardo, *Natura e storia nell'idealismo attuale*, 1949. — Fritz Kaufmann, *Geschichtsphilosophie der Gegenwart*, 1931. — León Dujovne, *Corrientes actuales de la filosofía de la historia*, 1956. — Walter Brüning, *Geschichtsphilosophie der Gegenwart*, 1961 (antes em esp.: *Las estructuras fundamentales de la filosofía de la historia en la actualidad*, 1958). — G. L. Keyes, *Christian Faith and the Interpretation of History: A Study of St. Augustine's Philosophy of History*, 1966. — Haskell Fain, *Between Philosophy and History: The Resurrection of Speculative Philosophy of History Within the Analytic Tradition*, 1970. — Nathan Rotenstreich, *Philosophy, History, and Politics: Studies in Contemporary English Philosophy of History*, 1976. — D. B. Richardson, *Berdyaev's Philosophy of History: An Existentialist Theory of Social Creativity and Eschatology*, 1968. — M. Mandelbaum, *History, Man and Reason: A Study in Nineteenth Century Thought*, 1971. — P. Skagestad, *Making Sense of History: The Philosophies of Popper and Collingwood*, 1975. — G. A. Cohen, *Karl Marx's Theory of History: A Defense*, 1978. — G. A. Press, *The Development of the Idea of History in Antiquity*, 1982. — P. Major-Poetzl, *Michel Foucault's Archaelogy of Western Culture: Toward a New Science of History*, 1983. — D. Walsh, S. Avineri et al., *History and System: Hegel's Philosophy of History*, 1984, ed. R. L. Perkins. — J. Knape, *'Historie' in Mittelalter und früher Neuzeit. Begriffs- und gattungsgeschichtliche Untersuchungen im interdisziplinären Kontext*, 1984. — P. Wetherly, *Marx's Theory of History*, 1992. — Ver a bibliografia de Historicismo.

Estrutura da história, especialmente segundo culturas, formas culturais etc.: Oswald Spengler, *Der Untergang des Abendlandes. Umrisse einer Morphologie der Weltgeschichte*, 2 vols., 1918-1922. — Arnold J. Toynbee, *A Study of History* [ver detalhes bibliográficos em Toynbee, Arnold J.]. — Paul Schrecker, *Work and History. An Essay on the Structure of Civilization*, 1948. — Edic Voegelin, *Order and History*, 1956 ss.

Sociedade aberta e fechada no curso da história: H. Bergson, *Les deux sources de la morale et de la religion*, 1932. — K. R. Popper, *A sociedade aberta e seus inimigos*, 2 vols., 1974).

Ver também a bibliografia de Cultura. ℂ

HISTORICIDADE. Nos verbetes História e Historicismo introduzimos o vocábulo 'historicidade'. Diremos agora algumas palavras sobre seu significado e seu uso.

Embora o citado vocábulo tenha sido empregado sobretudo por Heidegger (nas duas formas de *Geschichtlichkeit* e de *Historizität*, aos quais nos referiremos adiante), o conceito representado por ele — ou alguns dos conceitos por ele representados — exerceu certa função no pensamento dos autores chamados, com ou sem razão, de "historicistas" (Dilthey, Mannheim, Troeltsch etc.). O conceito de "historicidade" foi usado com pelo menos dois sentidos: como designação de tudo o que é característico do histórico, e como traço geral de todo o real enquanto real. No primeiro sentido se afirmou, ou se supôs, que a historicidade é o nome comum para todos os traços da história humana. No segundo sentido se afirmou, ou se supôs, que todo o real tem como propriedade fundamental a historicidade. Pode-se alegar que o conceito de historicidade é inútil, ou redundante, já que nada é acrescentado ao se dizer que o que é característico da história, ou do histórico, é "a historicidade". Contudo, com o conceito de historicidade pretende-se aludir ao *ser histórico*; o conceito de historicidade é, pois, um conceito ontológico e tem sua justificação na medida em que a filosofia formal da história destaca os problemas ontológicos acima dos gnoseológicos, dos lógicos etc.

Ora, em Heidegger, o conceito de historicidade tem provavelmente mais alcance que em outros autores. De início, é preciso distinguir *Historizität* e *Geschichtlichkeit*. A *Historizität* (que José Gaos verteu por "historiograficidade") refere-se ao caráter da História (da historiografia) enquanto uma série de questões que o *Dasein* se formula. Mas o *Dasein* se formula essas questões relativas à historiograficidade somente porque está determinado em seu ser pela historicidade (*Geschichtlichkeit*) (*Ser e tempo*, § 6). A historicidade é prévia à história (*Geschichte*), isto é, à *res gestae*. "Historicidade significa a 'estrutura do ser' do 'gestar-se' do 'ser-aí' enquanto tal, com base no qual, antes de mais nada, é possível o que se diz uma 'história mundial' e pertence historicamente à história mundial" (*loc. cit.*, trad. José Gaos, p. 23). Ao mesmo tempo a historicidade está arraigada na temporalidade (*Zeitlichkeit*), condição de possibilidade da historicidade. O tema "temporalidade e historicidade" é por isso fundamental em Heidegger (*op. cit.*, §§ 72-77). Esse autor reconhece que suas próprias investigações sobre a historicidade estão estreitamente relacionadas com as de Dilthey e com as idéias do Conde Yorck (na correspondência entre ambos: *Briefwechsel zwischen Wilhelm Dilthey und dem Grafen Paul Yorck von Wartenhurg, 1877-1897* [1923]). Ambos interessaram-se em "compreender a historicidade"; porém, nem Dilthey nem tampouco o Conde Yorck (para o qual Dilthey não havia ido suficientemente longe na distinção entre o ôntico e o histórico) compreenderam, segundo Heidegger, que a investigação da historicidade deve ser realizada com base em um esclarecimento da questão do sentido do ser. Heidegger, em compensação, estabelece o problema da historicidade em um sentido ontológico-existenciário (ver Existenciário): a historicidade, em suma, requer uma compreensão ontológica e não simplesmente ôntica. Dessa compreensão resulta que o *Dasein* não é temporal por estar na história, mas existe historicamente por ser temporal (*Ser e tempo*, § 72). Fundada na temporalidade, a historicidade enquanto capacidade de constituir uma história é um modo que o *Dasein* tem de assumir seu próprio futuro. Em outras palavras, a historicidade não é, para Heidegger, simplesmente a característica da história enquanto passado, mas o traço fundamental do que se pode chamar de "a possibilidade de constituir a história". Em outras palavras, a historicidade não é resultado da história, mas esta é resultado daquela.

Embora relacionada, portanto, com a significação que o conceito de historicidade possui no historicismo, a idéia de historicidade em Heidegger não é propriamente historicista; em todo caso, o historicismo pode ser descrito como uma posição na qual se reconhece a historicidade como fundamento do histórico. Por esse motivo, as críticas à noção de historicidade feitas por alguns autores — especialmente por aqueles que consideraram a historicidade como característica de tudo o que é "relativo", em contraposição ao "absoluto", ou ao menos ao "verdadeiro" — seriam consideradas por Heidegger adequadas, no máximo, no âmbito do ôntico, mas não no âmbito do ontológico.

⊃ Várias das obras citadas nas bibliografias de HISTÓRIA e de HISTORICISMO tratam do problema da historicidade. Além disso, ou sobretudo, ver: Wilhelm Hoffmann, *Von der Geschichtlichkeit des Denkens*, 1948. — B. M. L. Delgaauw, A. Boefraad, R. Kwant, *De historiciteit*, 1955. — Emil L. Fackenheim, *Metaphysics and Historicity*, 1961 [The Aquinas Lecture. Marquette University, 1961]. — August Brunner, *Geschichtlichkeit*, 1961. — Gerhard Bauer, "*Geschichtlichkeit*". *Wege und Irrwege eines Begriffs*, 1963. — Leonard von Renthe-Fink, *Geschichtlichkeit. Ihr terminologischer und begrifflicher Ursprung bei Hegel, Haym, Dilthey und Yorck*, 1964. — H.-G. Gadamer, K. Löwith *et al.*, *Truth and Historicity/Vérité et historicité*, 1972, ed. Hans-Georg Gadamer (Entretiens de Heidelberg, 12/16-IX-1969). — H.-G. Gadamer, W. Schultz *et al.*, *Sein und Geschichtlichkeit*, 1974, eds. Ingeborg Schüssler e Wolfgang Janke (Homenagem a Karl-Heinz Volkmann-Schluck). — C. Fynsk, *Thought and Historicity*, 1986. ⊂

HISTORICISMO. Costuma-se dar esse nome — segundo Friedrich Meinecke (*O historicismo e sua gênese*), empregado pela primeira vez por Karl Werner em seu livro *Giambattista Vico als Philosoph und gelehrter Forscher* — a um conjunto de doutrinas e correntes de índole muito diversa que coincidem ao menos em enfatizar o importante papel desempenhado pelo caráter histórico — ou "historicidade" (VER) — do homem, ou até mesmo, algumas vezes, de toda a Natureza. Nesse sentido, a seguinte passagem de Renan, em *L'Avenir de la Science, pensées de 1848* (publicado em 1894), pode ser considerada como uma profissão de fé historicista: "A história é a forma necessária da ciência de tudo o que vem a ser. A ciência das línguas é a história das literaturas e das religiões. A ciência do espírito humano é a história do espírito humano. Pretender surpreender um momento nessas existências sucessivas com o fim de aplicar a dissecção, mantendo-as fixamente sob o olhar, equivale a falsear sua natureza, pois essas existências não existem em um momento dado — estão se fazendo. Assim é o espírito humano. Com que direito se escolhe o homem do século XIX para formular a teoria do homem?"

E até mesmo o que diz o governador de Glubbdubdrib na obra de Swift, *A Voyage to Laputa, Balnibarbi, Luggnagg, Glubbdubdrib, and Japan* (cap. viii), pode ser considerado uma manifestação de historicismo: "Os novos sistemas da Natureza não eram senão novas modas, que variariam em cada época, e mesmo aqueles que pretendem demonstrá-los mediante princípios matemáticos acabam por florescer apenas por um pequeno período de tempo e estarão ultrapassados quando isso estiver determinado"; um "historicismo", além disso, de cunho cético e que, em última análise, pode ser encontrado em muitas das manifestações de autores céticos, relativistas, "pirrônicos" etc.

Realizaram-se várias tentativas de definir o 'historicismo' de modo que a definição abarcasse um conjunto de doutrinas e de correntes que, apesar de muito distintas, ou são especificamente historicistas ou contêm elementos historicistas, ou são capazes de dar origem a desenvolvimentos historicistas. Uma dessas tentativas é a de Maurice Mandelbaum, que propõe uma definição que aspira a compreender autores como Herder, Hegel, Comte, Marx, Spencer e outros: "Historicismo é a crença de que se pode conseguir uma compreensão adequada da natureza de qualquer fenômeno e um juízo adequado de seu valor considerando esse fenômeno em função do lugar que ocupou e do papel que desempenhou dentro de um processo de desenvolvimento" (*History, Man, and Reason: A Study in Nineteenth Century Thought*, 1971, p. 42). Infelizmente, uma definição desse tipo é demasiadamente geral para se saber o que há de propriamente historicista nos autores citados. Afora os elementos historicistas que se encontram em autores como Herder e Hegel, dentro do historicismo são incluídas filosofias tão distintas entre si quanto a de Dilthey, a de Marx, a de Ernst Troeltsch, a de Karl Mannheim (e de muitos dos cultores da sociologia do conhecimento, dos quais nem todos são, além disso, "historicistas"), a de Collingwood etc. O historicismo de Dilthey se manifesta em sua tese: "O que o homem é, ele o experimenta somente ao longo da história" (*Was der Mensch sei, erfährt er nur durch die Geschichte*); o de Marx, em sua insistência na consciência histórica e em suas transformações (e ocultamentos); o de Troeltsch, em sua teoria do historicismo como uma ampla visão do mundo que leva em conta o fluir dos fatos sem segmentá-los ou estratificá-los artificialmente como, em seu entender, fazem os filósofos racionalistas; o de Mannheim, em sua tese de que a visão histórica total proporciona hoje o marco no âmbito do qual se alojam as experiências particulares, marco que exerce a mesma função desempenhada em outras épocas por concepções religiosas do mundo (ou, poderíamos acrescentar, por sistemas filosóficos racionalistas).

Contudo, convém não correr o risco de chamar de "historicistas" muitas filosofias que devem ser compreendidas (ou compreendidas *também*) em função de outros elementos. Assim, embora Heidegger insista na noção de historicidade, sua filosofia não pode ser chamada simplesmente de historicista. E embora Ortega y Gasset declare taxativamente que o homem não tem natureza, mas história, fazer de sua filosofia um puro e simples historicismo é interpretá-la inadequadamente. É claro que o mesmo ocorre com autores como Dilthey, tendo em vista que esse filósofo procurou inserir seu historicismo no marco de uma filosofia da vida como fenômeno total que permite compreender a função do histórico. Com efeito, em um sentido restrito, somente filosofias como as de Troeltsch e Mannheim (e outras análogas) podem ser chamadas de historicistas. Ora, mesmo restringindo a definição de historicismo, encontramos vários problemas. Quase todos eles surgem de dois motivos. O primeiro é o do raio de aplicação da noção de realidade histórica. O segundo é o do modo de tratamento da noção de historicidade. Em relação ao primeiro, pode-se falar de dois tipos de historicismo — usualmente confundidos nas filosofias historicistas: 1) o historicismo antropológico, que adscreve a historicidade ao homem e a suas produções, e 2) o historicismo cosmológico, que adscreve a historicidade ao cosmos inteiro. O primeiro tipo de historicismo é influenciado pelo modelo das ciências históricas; o segundo, pelo evolucionismo (VER) (que, segundo Mannheim, foi a primeira manifestação do historicismo moderno). Quanto ao segundo motivo, pode-se falar de outros dois tipos de historicismo: *a*) o historicismo epistemológico, para o qual a compreensão da realidade se dá mediante o histórico, e *b*) o historicismo ontológico, para o qual o que importa é a análise da historicidade como *constitutivum* do real. É compreensível que, assim como 1) e 2) se misturam freqüentemente, também haja freqüentes intercâmbios entre 1) e 2) e *a*) e *b*). É freqüente, de qualquer modo, que 1) se correlacione freqüentemente com *a*), e 2), com *b*). Um problema capital, e provavelmente o mais debatido, é o que surge no historicismo epistemológico quando aparece a questão de se o historicismo não estaria forçosamente condenado ao relativismo.

Muitos autores inclinam-se a responder positivamente; outros (como Troeltsch e Mannheim) sustentam, por outro lado, que o historicismo admitido de modo sincero é o único modo de evitar o relativismo, pois os pontos de vista são efetivamente parciais somente quando segmentamos o contínuo fluir e crescer do real.

Um dos autores que mais insistentemente combateram o historicismo foi K. R. Popper. Contudo, nem sempre fica claro o que Popper entende por 'historicismo'. Freqüentemente designa (e acusa) como historicistas aqueles autores que acreditam que há leis na história — as chamadas "leis de desenvolvimento histórico" — semelhantes em rigor e em universalidade às leis físicas ou naturais. Outras vezes designa como historicistas os autores para os quais a história é completamente distinta da ciência (natural). É plausível, pois, seguir Edward Hallett Carr quando indica que Popper esvaziou o termo 'historicismo' de todo significado ao usá-lo para designar qualquer opinião sobre a história com a qual não esteja de acordo. A distinção proposta por Popper entre 'historicismo' e 'historismo' contribui, segundo Carr, para a confusão.

Também se opuseram ao historicismo, por razões distintas, Mario M. Rossi (cf. *op. cit. infra*) e Eduard Nicol. Para este último, ver o verbete correspondente. Quanto ao primeiro, ele seguiu as orientações de Theodor Lessing (VER) e tentou mostrar que a história carece de sentido e que somente têm sentido as histórias dos homens individuais (as biografias). A chamada "história" é, para Rossi (assim como para Theodor Lessing), um "modo de dar sentido ao sem-sentido". Segundo Rossi, há três formas principais de historicismo, todas elas inadmissíveis: 1) o "relativismo histórico", segundo o qual todos os valores são relativos a uma época; 2) a "filosofia da história", segundo a qual todos os acontecimentos são conseqüência de uma realidade subjacente em contínuo devir; e 3) o "positivismo histórico", segundo o qual todo acontecimento histórico é real por si mesmo e deve ser aceito como tal. É fácil perceber que Rossi estende desmesuradamente o significado de 'historicismo' e que a objeção de E. H. Carr a K. R. Popper (cf. *supra*) é aplicável a Rossi.

Mesmo para autores nos quais o que se poderia chamar de "considerações históricas" desempenha um papel filosófico fundamental, o historicismo nem sempre é julgado aceitável, seja por ser considerado relativista, seja porque se considera que é uma espécie de "perversão" da consciência histórica. Gadamer, por exemplo, opõe-se ao historicismo da chamada "escola histórica" como uma inadmissível ramificação do romantismo. Esse historicismo deve ser distinguido da consciência histórica enquanto historicidade (VER). Jürgen Habermas (VER) considera que o historicismo é a forma que adotou o positivismo das ciências sociais e culturais

(*Technik und Wissenschaft als Ideologie*, 1968, p. 149; aula inaugural, intitulada "Erkenntnis und Interesse" [a ser distinguida, em princípio, do volume *Erkenntnis und Interesse*, 1968], dada na Universidade de Frankfurt am Main no dia 28 de junho de 1965). O historicismo, inclusive na forma como foi adotado por Dilthey, manifesta-se em uma interrogação hermenêutica de textos que tem algo em comum com a interrogação da Natureza no experimento ("*Befragung der Natur im Experimente*"), mesmo descontado-se o fato de que a primeira exige uma espécie de "virtuosismo pessoal" (*Erkenntnis und Interesse*, 1968, p. 221). O historicismo como doutrina correspondente às ciências hermenêuticas não leva em conta, segundo Habermas, que as próprias ciências do espírito que são objeto de hermenêutica são dirigidas pelo interesse, e que esse interesse diretor do conhecimento (*erkenntnisleitendes Interesse*) é de natureza "prática" (*ibid.*, p. 222). Assim, pode-se considerar o historicismo como uma primeira, mas não total, libertação do naturalismo positivista, já que ele próprio cai sob o império das exigências positivistas.

Indicamos a seguir, por ordem cronológica, algumas das obras que analisaram, total ou parcialmente, questões suscitadas pela posição historicista; a elas devem ser acrescentadas as várias obras mencionadas nas bibliografias dos verbetes sobre Collingwood, Croce, Dilthey, Heidegger, Ortega y Gasset.

➲ Ernst Troeltsch, *Der Historismus und seine Probleme* [tomo III de *Gesammelte Schriften*, 4 vols., 1912-1924]. — Id., *Der Historismus und seine Überwindung*, 1924. — Karl Mannheim, "Historismus", *Archiv für Sozialwissenschaft und Sozialpolitik*, 52 (1924) [outras obras de Mannheim, na bibliografia do verbete sobre esse autor]. — K. Heussi, *Die Krisis des Historismus*, 1932. — A. Tilgher, *Critica dello storicismo*, 1935. — F. Meinecke, *Die Entstehung des Historismus*, 1936. — K. R. Popper, *The Open Society and Its Enemies*, 2 vols., 1945; 2ª ed., 1950 (trad. bras.: *A sociedade aberta e seu inimigos*, 2 vols., 1974). — Id., *The Poverty of Historicism*, 1957 [artigos publicados em *Economica*, 1 (1945) e 2 (1946) (trad. bras.: *A miséria do historicismo*, 1980). — J. Sánchez Villaseñor, *La crisis del historicismo y otros ensayos*, 1945. — Jesús Iturrioz, *Hombre e historicismo*, 1947. — F. Brancatisano, *Storicismo ed esistenzialismo*, 1947. — Manlio Ciardo, *Le quattro epoche dello storicismo: Vico, Kant, Hegel, Croce*, 1947. — Siro Contrei, *Dallo storicismo alla storiosofia*, 1947. — Enzo Paci, *Esistenzialismo e storicismo*, 1950. — Eduardo Nicol, *Historicismo y existencialismo*, 1950; 2ª ed., 1960. — Carlo Antoni, *Dallo storicismo alla sociologia*, 2ª ed., 1951. — Dante Severgnini, *Interiorità teologica dello storicismo*, 3 vols., 1951. — R. Franchini, *Esperienza dello storicismo*, 1953. — Giulio F. Pagallo, *Problemi dello storicismo*, 1954. — Erich Rothacker, *Die dogmatische Denkform in den Geisteswissenschaften und das Problem des Historismus*, 1954. — I. Berlin, *Historical Inevitability*, 1954. — Franco Lombardi, *Dopo lo storicismo*, 1955. — Furio Diaz, *Storicismo e storicità*, 1956 [sobre Croce, Dilthey, Meinecke *et al.*]. — Pietro Rossi, *Lo storicismo tedesco contemporaneo*, 1956; nova ed., 1971. — Id., *Storia e storicismo nella filosofia contemporanea*, 1960. — Mario M. Rossi, *A Plea for Man*, 1956. — A. Dempf, *Kritik der historischen Vernunft*, 1957. — C. Antoni, *Lo storicismo*, 1957. — L. de Mucci, *La nemesi dello storicismo*, 1958. — A. Negri, *Saggi sullo storicismo tedesco. Dilthey e Meinecke*, 1959. — A. Waismann, *Dilthey o la lírica del historicismo*, 1959. — Id., *Cuatro ensayos sobre el pensamiento histórico*, 1959 [especialmente caps. "¿Qué es el historicismo?", pp. 9-27, e "Historicismo y ciencia histórica", pp. 29-47]. — Id., *El historicismo contemporáneo*, 1960 [sobre Spengler, Troeltsch e Croce]. — Giuseppe Semerari, *Storicismo e ontologismo critico*, 1960. — L. P. Suter, *Philosophie et histoire chez W. Dilthey: Essai sur le problème de l'historicisme*, 1960. — Raymond Aron, *Dimensions de la conscience historique*, 1961. — Edward Hallet Carr, *What is History?*, 1962. — Hans-Georg Gadamer, *Le problème de la conscience historique*, 1963 (conferências que servem de introdução à obra do autor: *Wahrheit und Methode*). — Fulvio Tessitore, *Dimensioni dello storicismo*, 1971. — Id., *Storicismo e pensiero politico*, 1974. — Franco Bianco, *Storicismo ed ermeneutica*, 1975. — Peter Hans Reill, *The German Enlightenment and the Rise of Historicism*, 1975. — L. O. Mink, "Collingwood's Historicism: A Dialectic of Process", em M. Krausz, ed., *Critical Essays on the Philosophy of R. G. Collingwood*, 1972, pp. 154-178. — N. Rotenstreich, "Metaphysics and Historicism", em *ibid.*, pp. 179-200. — R. D'Amico, *Historicism and Knowledge*, 1989. — A. G. Manno, *Lo storicismo di W. Dilthey* (*Il problema di Dio nei grandi pensatori*, vol. V), 1990. ➲

HISTORIOGRAFIA. O termo 'história' (VER) é entendido em dois sentidos: 1) "história" como o que aconteceu com os homens, e inclusive o que lhes está acontecendo, como o objeto de estudo histórico; e 2) "história" como o estudo histórico, o estudo do passado. Em alemão usou-se freqüentemente *Geschichte* para ambos os sentidos, mas às vezes foram sugeridos *Geschichte* e *Historie*, correspondentes a 1) e a 2), respectivamente, de tal modo que a ambigüidade do termo 'história' desaparece com o uso desses dois nomes. Para distinguir "história" no sentido 1) e "história" no sentido 2) foram propostas várias soluções. Uma delas consiste em remeter ao contexto em que a palavra é usada. Em muitos casos não há ambigüidade; exemplos disso são: "A história da Irlanda é dominada pela influência do catolicismo", "A história é determinada pela luta de classes" (sentido 1); "Uma história um pouco detalhada do poder da máfia ocuparia muito espaço", "A história requer muita atenção aos detalhes" (sentido 2). Em outros casos pode haver ambigüidade: "Quanto mais se estuda a história de Madagáscar, tanto mais fácil é dar-se conta de que ela é determinada por sua posição insular". A posição insular de Madagáscar pode determinar a história enquanto conjunto de acontecimentos históricos, razão pela qual 'história' é tomada aqui no sentido 1), mas posso estudar a história de Madagáscar de dois modos: estudando o que aconteceu em Madagáscar (sentido 1) ou estudando os textos nos quais me relatam ou explicam o que aconteceu em Madagáscar (sentido 2). Uma frase como 'Estou cansado da história' não é facilmente compreensível — isto é, não se compreende se 'história' tem o sentido 1) ou o sentido 2) (ou ambos) —, a menos que figure dentro de um contexto, se quem a diz é um estudante, um primeiro ministro etc.

Como a solução que acaba de ser mencionada não é inteiramente satisfatória, propôs-se distinguir 'história' (sentido 1) e 'historiografia' ('história' no sentido 2). Essa distinção teria de ser, em princípio, suficiente para evitar toda ambigüidade, mas isso não ocorre. Usualmente, 'história da historiografia' é uma expressão que serve de título a algum trabalho no qual um historiador se ocupa dos modos, métodos etc. usados para narrar acontecimentos históricos. Mas esse trabalho é um trabalho historiográfico, de tal modo que deveria ser usada a expressão 'historiografia da historiografia' (que seria uma historiografia que teria como tema justamente a história da historiografia). De qualquer modo, praticamente todas as ambigüidades de que se falou podem ser evitadas com a distinção entre 'história' e 'historiografia'. O principal inconveniente dessa distinção é o que ela não entrou no uso geral.

Como vimos no verbete HISTÓRIA, a distinção entre o que acaba de ser denominado 'história' e 'historiografia' se expressa na presente obra na grafia 'história' (com minúscula) com referência à intitulada "realidade histórica" (fatos históricos, passado etc.) e 'História' (com inicial maiúscula) com referência ao estudo da história, à ciência da história etc. Em algumas ocasiões não fica claro se se fala de história no sentido 1) ou de história no sentido 2), isto é, da história ou do estudo da história (isso acontece quando se fala do "problema da história" sem outras precisões). É freqüente que o que foi chamado de "filosofia material da história" se ocupe da história (ou história no sentido 1) e que o que foi chamado de "filosofia formal da história" ou "filosofia analítica da história" se ocupe da história no sentido 2), ou seja, da História ou da historiografia, pois ocupar-se do que cabe entender por 'fato histórico' ou por 'explicação histórica' é principalmente estudar os modos como os historiadores entendem, ou poderiam entender, essas expressões.

O inconveniente acarretado pela não-distinção entre história no sentido 1) e história no sentido 2), salvo por escrever ou não escrever 'história' com inicial maiúscula, se atenua se se considera que todo estudo da História (ou historiografia) remete à história na medida em que deve levar em conta que valor referencial têm os termos usados pelos historiadores.

↪ Ver: Eduard Fueter, *Geschichte der neueren Historiographie*, 1936; 3ª ed., 1967. — J. T. Shotwell, *The History of History*, 1939. — J. W. Thompson e B. J. Holm, *A History of Historical Writing*, 2 vols., 1942 (I. *From the Earliest Times to the End of the Seventeenth Century*; II. *The Eigteenth and Nineteenth Centuries*). — Karl Brandi, *Geschichte der Geschichtswissenschaft*, 1952. — Manuel Fernández Álvarez, *Breve historia de la historiografía*, 1955. — Kurt von Fritz, *Die griechische Geschichtschreibung*, I, 1967. — Th. Schieder, K. Gräubig, eds., *Theorieprobleme der Geschichtswissenschaft*, 1977. — M. T. Gilderhus, *History and Historians: A Historiographical Introduction*, 1987. — C. Sampedro, *El apriori histórico (La historia y sus hechos)*, 1990. — J. J. E. Gracia, *Philosophy and its History: Issues in Philosophical Historiography*, 1992.

Ver também a bibliografia de HISTÓRIA. ↩

HISTORIOLOGIA. Em seu ensaio "La 'filosofía de la historia' de Hegel y la historiología" (*Revista de Occidente*, 19 [1928], 145-176; reimp. em *O. C.*, IV, 521-540), Ortega y Gasset introduz o termo 'historiologia' ("acredito" — indica ele — "que pela primeira vez"). A historiologia é um conhecimento da história como realidade que surge de um estado de insatisfação diante de duas posições opostas e igualmente infecundas: um completo positivismo e descritivismo, por um lado, e uma especulação infundada, pelo outro. Embora haja na filosofia da história muita especulação, também há, segundo Ortega y Gasset, a clara tentativa de constituir um conhecimento histórico conceitualmente rico. Ortega y Gasset indica que toda "ciência da realidade", incluindo a história, compõe-se de quatro elementos: um núcleo *a priori*, um sistema de hipóteses a ser verificado, uma zona de induções e uma periferia empírica. Na física, o núcleo *a priori* parece predominar; na história é difícil, mas não deveria ser impossível alcançá-lo. Entretanto, há diferenças entre a física e a história (ou historiografia [VER]) — a última está mais próxima da descrição de fatos.

Ortega y Gasset refere-se a dois modos de entender a filosofia da história: uma construção do conteúdo mediante categorias filosóficas *a priori* (Hegel) e uma reflexão sobre a forma intelectual da historiografia (Rickert). Trata-se respectivamente de uma metafísica e de uma lógica da história. "A historiologia não é nem uma coisa nem outra." Embora pareça se aproximar da tese kantiana (ou neokantiana) da construção de conceitos mediante a atividade intelectual do sujeito cognoscente, a única coisa que ela admite é a conceituação. Esta, porém, não é "subjetiva" (ou sequer transcendental), mas objetiva. Além disso, a historiologia não é uma lógica da historiografia, mas um conhecimento (ciência) da história.

HISTORIOSOFIA. Este termo foi usado por alguns autores poloneses, russos, alemães e italianos nas formas correspondentes de *historiozofia, istoriosofiia, Historiosophie* e *storiosofia*. Segundo George L. Kline ("Kolakowsky and the Revision of Marxism", em G. L. Kline, ed., *European Philosophy Today*, 1965, p. 145, nota 53), um dos primeiros usos sistemáticos do termo deve-se ao hegeliano polonês August Cieszkowski em seus *Prolegômenos à historiosofia*, de 1838. O significado literal de 'historiosofia' é 'sabedoria da história'. A historiosofia parece exibir uma tendência mais especulativa que a filosofia da história (há um certo paralelo entre a relação entre a "filosofia da história" e a "historiosofia" e a relação entre a "teologia" e a "teosofia"). A historiosofia tem um caráter mais "visionário" e "profético" que a filosofia da história.

⮕ O título original completo da obra de Cieszkowski é: *Prolegomena do historiozofii*. Ed. dessa obra com outros escritos sob o título *Prolegomena do historiozofii. Bóg i palingeneza oraz miniejsze pisma filozoficzne z lat 1838-1842*, 1972, ed. Jan Garewicz (*Prolegômenos à historiosofia. Deus e a palingenesia, junto com escritos filosóficos menores dos anos 1838-1842*). Há ed. alemã, *Prolegomena zur Historiosophie*, 1981, com introd. de Rüdiger Bubner e epílogo de J. Garewicz. ⮕

HOBBES, THOMAS (1588-1679). Nascido em Westport, perto de Malmesbury, e hoje parte de Malmesbury (condado de Wiltshire, Inglaterra), estudou em Oxford. Entre 1608 e 1610 viajou pela França e pela Itália como preceptor do filho de Lord Cavendish. Em 1629 retornou à França, como preceptor do filho de Sir Gervase Clifton, e permaneceu nesse país até 1631. Na Inglaterra entrou novamente no serviço de Lord Cavendish, viajando pela França e pela Itália de 1634 a 1637, entrevistando-se com Galileu e sendo depois introduzido no chamado "círculo de Mersenne" (ver MERSENNE, MARIN). Sua estada em Paris nesse período e seu contato com várias personalidades filosóficas e científicas foram decisivos para a formação de suas idéias filosóficas. Seu interesse pelos problemas políticos e sociais fundiu-se com seu interesse pela geometria e pelo pensamento dos "filósofos mecanicistas". Durante sua citada estada em Paris escreveu, a pedido de Mersenne, as "Terceiras Objeções" às *Meditações* de Descartes.

Voltando à Inglaterra, em 1640, escreveu *The Elements of Law, Natural and Politic*, obra da qual foram publicadas duas partes em 1650 com os títulos *Human Nature* e *De corpore politico*. Realista e adversário de Cromwell, Hobbes refugiou-se na França em 1640 e lá começou a publicar as diversas partes de seu "sistema", começando, em 1642, com a terceira parte, o *De cive*. Em Paris escreveu o *Leviathan*, publicado em Londres em 1651, aparecendo depois as outras partes (ver a bibliografia para títulos completos das principais obras de Hobbes e ordem de aparecimento). Após a decapitação de Carlos I, em 1649, Hobbes começou a se afastar dos círculos realistas de Paris e em 1652 retornou à Inglaterra, estabelecendo-se na casa do conde de Devonshire. Após a restauração de 1660 Hobbes recebeu uma pensão de Carlos II, continuando incessantemente suas atividades literárias e envolvendo-se em várias polêmicas sobre assuntos teológicos, eclesiásticos, políticos, científicos e matemáticos. As polêmicas matemáticas ocuparam grande parte da atividade de Hobbes, como o mostra o número de escritos, especialmente contra John Wallis (cf. a bibliografia).

A filosofia de Hobbes foi qualificada de empirista, corporalista, materialista, racionalista e nominalista. Todos esses epítetos lhe são condizentes, mas não são suficientes para caracterizá-la. Com efeito, o que importa em Hobbes é a ligação interna dessas distintas tendências. Essa ligação é determinada por dois motivos capitais: o que pode ser chamado de científico e o político. Os dois motivos, além disso, estão estreitamente relacionados, pois a filosofia mecanicista de Hobbes tem, na intenção do autor, o propósito de enfrentar o problema político capital — o da constituição da sociedade e a evitação da guerra civil —, e ao mesmo tempo a filosofia política de Hobbes é, para seu autor, uma confirmação de seu pensamento mecanicista. Em todo caso, Hobbes elaborou sua filosofia como uma "filosofia dos corpos e dos movimentos (mecânicos) dos corpos". Influenciado pela mecânica de Galileu, nosso autor desenvolveu uma visão mecanicista do mundo segundo a qual a única coisa existente são "corpos" em movimento. Há dois tipos fundamentais de corpos: os corpos naturais e os sociais. De acordo com isso, há dois ramos fundamentais da filosofia: a filosofia natural e a civil. A filosofia civil pode tratar dos elementos constituintes dos corpos sociais (dos homens em suas disposições e afecções) — sendo, neste caso, ética — ou dos próprios corpos sociais — caso em que é política. Desse modo, a filosofia como doutrina dos corpos e de seus movimentos, e como estudo das causas e dos efeitos dos corpos, divide-se em três partes: doutrina dos corpos naturais (*de corpore*), doutrina dos corpos humanos (*de homine*) e doutrina dos corpos sociais ou sociedades (*de cive*).

Se em vez de considerar o tipo de "corpo" estudado consideramos o modo de estudo, temos antes de mais nada duas possibilidades. Por um lado, podemos estudar os movimentos dos corpos na medida em que produzem efeitos uns sobre os outros: é a ciência do movimento ou geometria. Por outro lado, podemos estudar os movimentos das partes dos corpos e os efeitos produzidos: é a ciência dos fenômenos naturais ou física. Por fim, podemos estudar os movimentos dos espíritos — como "corpos mentais": é a filosofia moral. Como o conhecimento é "conhecimento de conseqüências", também podem ser consideradas as conseqüências dos acidentes dos corpos naturais (filosofia natural) ou as conseqüências dos acidentes dos corpos sociais (filosofia moral ou filosofia civil). O estudo das conseqüências como tais é objeto da lógica; o das conseqüências dos acidentes comuns a todos os corpos constitui "os primeiros fundamentos da filosofia".

Em todo caso, a filosofia é "o conhecimento de efeitos ou aparências adquiridas mediante verdadeiro raciocínio com base no conhecimento que antes possuímos de suas causas ou geração, e também de tais causas ou gerações com base no conhecimento que antes possuímos de seus efeitos" (*De corpore*, I, 1, 2). Segundo Hobbes, há dois tipos de conhecimento: o conhecimento de fato (que não é senão "sentidos e memória") e o conhecimento da conseqüência que vai de uma afirmação para outra (que é propriamente ciência). O primeiro conhecimento é "absoluto"; o segundo, "condicional" (em sentido lógico). E este último "é o conhecimento que se requer do filósofo, ou seja, daquele que almeja raciocinar" (*Leviathan*, IX). Assim, a filosofia é "ciência de conseqüências", das quais há várias classes (cf. *supra*). No entanto, as conseqüências — em si mesmas "vazias" — "preenchem-se" com o material dos "sentidos e da memória", produzindo-se então uma manipulação de "fatos" por meio de "razões" análoga à que havia sido proposta por Guilherme de Ockham e desenvolvida depois por Hume (VER). Pode-se dizer, pois, que a filosofia de Hobbes é ao mesmo tempo empirista, dedutivista e racionalista. É empirista porque parte dos fenômenos ("efeitos ou aparências") tal como são apreendidos pelos órgãos dos sentidos. É dedutivista porque aspira a constituir uma ciência geral de conseqüências. É racionalista porque usa o método resolutivo (analítico) e o compositivo (sintético). Também é nominalista, pois funda-se em uma doutrina dos nomes (ver NOME) enquanto sinais, signos ou "marcas". Por isso Hobbes rejeita a idéia de que os universais (VER) nomeiem algo realmente existente; com isso parece seguir a doutrina ockhamista dos universais. Contudo, enquanto para Guilherme de Ockham os termos de primeira intenção (VER) "substituem as coisas" ("estão no lugar das coisas"), para Hobbes são signos de "concepções" ou *phantasmata*. O conhecimento se transforma, desse modo, em uma manipulação de signos ou, melhor, em um "cálculo" (*computation*). Ora, enquanto o puro cálculo tem por objeto os signos como tais, o raciocínio filosófico — tanto o natural como o civil — refere-se às concepções suscitadas pelos movimentos dos corpos. Assim, portanto, o mecanicismo de Hobbes é ao mesmo tempo um fenomenismo. Pode-se dizer que se parte de fenômenos com o fim de operar com eles, isto é, com o fim de estabelecer as leis mecânicas por meio das quais se relacionam entre si os *phantasmata* — ou "fantasmas".

Entre os "fantasmas" figuram o espaço e o tempo. O espaço é "o fantasma de uma coisa que existe simplesmente sem o espírito", e o tempo é "o fantasma do antes e do depois em movimento" (*De corpore*, II, vii, 2 e 3). As coisas naturais preenchem partes do espaço e são "corpos" porque, não dependendo de nosso pensamento, são coextensíveis a alguma parte do espaço (*op. cit.*, II, viii, 1). Os corpos naturais não são, porém, meras partes da extensão; possuem ímpeto ou *conatus*, o qual é equivalente à "quantidade ou velocidade" (*op. cit.*, III, xv, 2). Também possuem resistência e força. Os corpos também possuem acidentes, que podem ser comuns a todos os corpos, como a extensão e a figura, e não-comuns, como a maciez ou a dureza. Os acidentes não-comuns são fantasmas produzidos pela percepção sensível. Contudo, não são puras ficções; há algo no corpo que produz os fantasmas em questão. Esses fantasmas, em suma, não são do corpo, mas o corpo os produz no espírito. Os movimentos dos corpos, ao afetar os sentidos, tensionam-nos e fazem que a sensação chegue ao coração. Com a resposta deste último mediante o esforço origina-se a reação que forma os acidentes não-comuns, similares às qualidades secundárias (ver QUALIDADE). Os movimentos de que se trata aqui não são mudanças qualitativas, mas deslocamentos espaciais, isto é, "movimentos locais" (*op. cit.*, II, viii, 10). As mudanças que aparecem como qualitativas são redutíveis a deslocamentos.

O método aplicado por Hobbes à doutrina dos corpos em geral é principalmente o método que vai da geração das coisas até seus efeitos possíveis. O método aplicado à doutrina dos corpos animais e, com isso, dos corpos humanos é principalmente o que vai dos efeitos ou aparências até alguma "geração possível" (*op. cit.*, IV, xxv, 1). Este último método, embora aplicável a todos os fenômenos da Natureza — não enquanto fenômenos possíveis, mas enquanto fenômenos reais —, é especialmente próprio para ser aplicado a esses fenômenos que estão mais próximos de nós: as "aparições", pois as aparições manifestam "o padrão de quase todas as coisas" (os fenômenos naturais, em suma, são dados como "aparições" em nossos sentidos). É conveniente, pois, estudar os órgãos dos sentidos que se encontram no "ser sensível" (*op. cit.*, IV, xxv, 4). Para isso devem-se considerar sobretudo dois tipos de movimento nos seres sensíveis: o movimento vital (como a circulação do sangue) e o movimento voluntário (como andar, falar etc.). Em seus movimentos voluntários os seres sensíveis possuem um *conatus* que os leva a algo (apetite) ou os faz desviar-se de algo (aversão). O objeto do apetite é bom; o da aversão, algo mau. O desfrute de algo bom causa prazer; o padecimento de algo mau, dor. Apetite e aversão são, no entanto, somente duas das "paixões". Estas podem ser simples ou complexas. As paixões simples são movimentos como o apetite, o desejo, o amor, a aversão, o ódio, a alegria e a pena (*Leviathan*, VI). A combinação de paixões simples forma paixões complexas. Ora, a doutrina das paixões, embora fundada nos movimentos animais voluntários, aplica-se especialmente ao homem, no qual elas aparecem em toda a sua variedade e complexidade. Hobbes define a deliberação, em virtude da qual se toma uma decisão, como conseqüência de uma soma de diversas paixões. A vontade é simplesmente o último ato da deliberação — é o "último apetite na deliberação". Os atos que se seguem imediatamente ao "último apetite" podem ser chamados de "voluntários" (*loc. cit.*). Disso resulta uma definição da liberdade como a seguinte: "A ausência de todos os impedimentos a uma ação não contidos na natureza e na qualidade intrínseca do agente" (*loc. cit.*). Daí que se possa dizer que "a água desce livremente". Como a causa suficiente é ao mesmo tempo causa necessária, Hobbes sustenta que a usual concepção de um ato livre, como aquele em que, estando dadas todas as circunstâncias que podem produzir um efeito, pode não se produzir tal efeito, é contraditória e absurda.

A doutrina dos corpos humanos é o fundamento da doutrina do corpo social da sociedade (*Commonwealth Cives*). Hobbes concebe o homem como um ser fundamentalmente anti-social. Isso acontece porque, assim como todos os homens têm as mesmas capacidades, têm também as mesmas esperanças de conseguir os fins que almejam (*op. cit.*, XIII). Como nem todos podem gozar as mesmas coisas, tranformam-se em inimigos naturais. Há três causas principais de disputa: a competição, a desconfiança e o desejo de fama. A primeira delas faz que os homens queiram o lucro; a segunda, que queiram a segurança; a terceira, que queiram a reputação. Em estado natural, pois, o homem é "um lobo para o homem" (*homo homini lupus*), de tal modo que há — ao menos em princípio — uma constante "guerra de todos contra todos" (*bellum omnium contra omnes*). Se se deixasse que os homens seguissem sua natureza, a sociedade se tornaria impossível; cada um lutaria para arrebatar os bens e a reputação dos demais, e o resultado seria a contínua guerra civil (ou incivil), pois "em seu estado natural todos os homens têm o desejo e a vontade de causar dano", o que faz que cada um tema os demais.

Mas, se essa guerra universal fosse permitida, cada um dos homens acabaria sendo destruído por todos os outros. Com o fim de evitar isso, de constituir a sociedade e, com ela, permitir aos indivíduos subsistir sem temor e com segurança, é preciso que cada um ceda uma parte do que lhe apetece. Com isso não se destrói nenhuma lei natural, pois, se é natural que cada um almeje o que almejam os demais, também é natural — é, a rigor, uma das "leis naturais" — que cada um tente conseguir a paz (*op. cit.*, XIV). Mas a paz não poderia ser conseguida se cada um se empenhasse em recorrer à guerra constante. Por isso os homens não poderão ter o direito a nada se não se desprenderem da liberdade de prejudicar os outros. Assim, o primeiro passo que deve ser dado para tornar possível a sociedade como tal é renunciar. Mas isso não basta: deve-se dar outro passo, que é "transferir" (isto é, transferir os direitos próprios). Quando há uma mútua transferência de direitos há o que se denomina "contrato". Desse modo, portanto, a sociedade se funda em um "contrato social" (VER), em um acordo mútuo de não se aniquilar mutuamente. Esse contrato, porém, não pode persistir se não é assegurado e garantido por um soberano que concentre o poder em suas mãos. A sociedade contratual é unida na pessoa para a qual foram transferidos os direitos. Essa pessoa pode ser um soberano ou uma assembléia. Ora, as assembléias, longe de assegurar a paz, perturbam-na porquanto continuam se manifestando em seu seio os interesses particulares. Daí que somente a monarquia absoluta — ou o poder absoluto encarnado em uma pessoa — torne viável o contrato social. O poder não pode, com efeito, estar dividido (daí que Hobbes rejeite a divisão do poder em temporal e espiritual e abrace resolutamente o autoritarismo unipessoal e "estatal"). Deve-se levar em conta, todavia, que o autoritarismo unipessoal não tem nada a ver nem com o poder por direito divino nem com a arbitrariedade. O regente da sociedade não o é por ter-lhe sido outorgada uma graça; tampouco o é pela pura e simples força — ele o é porque representa os direitos transferidos. O regente da sociedade deve ter, sem dúvida, um poder absoluto, não para impor sua vontade pessoal, mas para fazer respeitar o contrato social. O regente ou soberano é a personificação não simbólica, mas executiva, do direito natural dos homens à sua "autopreservação".

➲ As principais obras de H. são: *De cive*, 1647. — *Leviathan*, 1651. — *De corpore*, 1655. — *De homine*, 1657. — No sistema ou "Elementos de filosofia" de H., a ordem é a seguinte: *De corpore*; *De homine*; *De cive*. A seguir mencionamos, em ordem cronológica, e com ortografia moderna, os títulos dos principais escritos de H.; deve-se levar em conta que alguns escritos são partes de outros, que alguns deles são versões latinas do inglês ou versões inglesas do latim realizadas pelo pró-

prio autor, e que outros são opúsculos ou observações polêmicas. Além de suas obras, H. publicou uma tradução de Tucídides (1628) e uma de Homero (1675).
Objectiones ad Cartesii Meditationes, 1641 [as "Terceiras objeções"], trad. francesa, 1647. — *De cive* [*Elementorum philosophiae sectio tertia De cive*], 1642; nova ed., com um "Prefácio ao leitor", 1647. — "Tractatus opticus", e parte de um prefácio de "Ballistica" em *Cogitata physico-mathematica*, de Mersenne, 1644. — *Human Nature. Or The Fundamental Elements of Policy*, 1650 [são os treze primeiros capítulos da obra *The Elements of Law, Natural and Politic*, publicada completa, ao cuidado de Ferdinand Tönnies, somente em 1889; reed., 1928]. — *De corpore politico, Or The Elements of Law, Moral and Politic*, 1650 [outra parte dos citados *Elements*]. — *Philosophical Rudiments Concerning Government and Society*, 1651 [trad. ingl. do *De cive*; cf. *supra*]. — *Leviathan, Or The Matter, Form, and Power of a Commonwealth Ecclesiastical and Civil*, 1651. — *Of Liberty and Necessity*, 1654 [contra um escrito de John Bramhall (1594-1663), bispo de Londonderry, e depois arcebispo de Armagh e primaz da Irlanda; Bramhall publicou em 1655 a polêmica completa no volume intitulado *A Defence of True Liberty of Human Actions from Antecedent and Extrinsecal Necessity*]. — *De corpore* [*Elementorum Philosophiae sectio prima De corpore*], 1655. — *Elements of Philosophy, The First Section, Concerning Body*, 1656 [trad. ingl. da obra anterior; a ela H. acrescentou "Six Lessons to the Professors of Mathematics of the Institution of Sr. Henry Savile, in the University of Oxford"; trata-se de uma resposta de H. a duas críticas ao *De corpore: Elenchus Geometriae Hobbianae*, de John Wallis, 1655; e *Thomae Hobii Philosophiam Exercitatio Epistolica*, de Seth Ward, 1656 (no que diz respeito a Wallis, ver o verbete INFINITO); Wallis respondeu a H. em *Due Correction for Mr. Hobbes*, 1656, e H. replicou no opúsculo intitulado ΣΤΙΓΜΑΙ, de 1657, contra a *Arithmetica Infinitorum*, de Wallis]. — *De homine* [*Elementorum Philosophiae sectio secunda De homine*], 1658. — *Examinatio et emendatio Mathematicae Hodiernae*, 1660 [cinco diálogos e um apêndice chamado "Sexto diálogo", contra J. Wallis]. — *Dialogus physicus, sive de natura aeris*, 1661 [contra Boyle e a Royal Society]. — *Problemata physica*, 1662 [sete diálogos]. — *Mr. Hobbes Considered In His Loyalty, Religion, Reputation, and Manners*, 1662 [outra polêmica contra Wallis]. — *De Principiis et Ratiocinatione Geometrarum*, 1666 ["O mesmo sobre o mesmo", comentando Wallis]. — *Quadratura Circuli, Cubatio Sphaerae, Duplicatio Cubi, Breviter Demonstrata*, 1669. — *Rosetum Geometricum*, 1671. — *Lux Mathematica*, 1672 [contra Wallis]. — *Principia et Problemata*, 1674. — *Decameron Physiologicum*, 1678 [diálogos sobre questões físicas, com novas objeções a Wallis (especialmente o *De Motu* desse autor)].

Postumamente apareceram: *Behemoth, or The Long Parliament*, 1679 [ed. baseada em um manuscrito incompleto e defeituoso; ed. do manuscrito original por F. Tönnies, 1889]. — *Thomae Hobbesii Malmesburiensis Vita*, 1679. — *The Life of Mr. Thomas Hobbes of Malmesbury*, 1679 [trad. ingl. da obra anterior]. — *A Historical Narration Concerning Heresy, and the Punishment Thereof*, 1680. — *Tracts*, 1681 [reimp. de uma série de folhetos já publicados anteriormente]. — *Tracts*, 1682 [contém, entre outros escritos, "An Answer to Archbishop Bramhall's Book Called *The Catching of the Leviathan*"; este escrito eram um longo apêndice incluído por Bramhall em sua obra *Castigation of Hobbes' Animadversiones*, publicada em 1658]. — *Historia ecclesiastica Carmine Elegiatico Concinnata*, 1688. — *A True Ecclesiastical History*, 1688 [trad. ingl. da obra anterior]. Manuscrito latino da crítica de H. ao *De mundo dialogi tres* (1642) de Thomas White, 1973, ed. por Jean Jacquot e Harold Whitmore; trad. ingl., com notas, de H. Whitmore (*Thomas White's De mundo Examined*), 1976.

Edição de obras: edição (incompleta) de *Opera philosophica* (em latim), 1668. — Edição de *Moral and Political Works*, 1750. — A edição completa de obras de H. é a de William Molesworth: *The English Works of Thomas Hobbes*, 11 vols. [vol. 11 com Índices], 1839-1845, e *Thomae Hobbes Malmesburiensis Opera philosophica*, 5 vols., 1839-1845; reimp. de ambas as séries, 1961-1962. Entre as edições de obras separadas destacamos: os já citados *Elements of Law*, ed. Tönnies [incluem também *A Short Treatise on First Principles* e partes do *Tractatus Opticus*]. — *Of Liberty and Necessity*, 1938, ed. Cay von Brockdorff. — *Leviathan*, 1946, ed. M. Oakeshott. — *De Cive, or The Citizen*, 1949, ed. S. P. Lamprecht.

Em português: *De cive — Elementos filosóficos a respeito do cidadão*, 1993. — *Do cidadão*, 2ª ed., 1998. — *Leviatã*, Os Pensadores, 1974. — *Da Natureza humana*, 1983.

Vocabulário: L. Roux, H. Gilbert, *Le Vocabulaire. La phrase et le paragraphe du* Leviathan, 1980.

Bibliografia: Hugh MacDonald e Mary Hargreaves, *Th. H.: A Bibliography*, 1952. — M. A. Pacchi, "Bibliografia hobbesiana dal 1840 ad oggi", *Rivista critica di storia della filosofia*, 17 (1962), fasc. 4, 528-547. — C. H. Hinnant, *T. H.: A Reference Guide*, 1980. — W. Sacksteder, *H. Studies (1879-1979): A Bibliography*, 1982. — A. García, *T. H. Bibliographie internationale de 1620 à 1986*, 1987.

Ver: C. C. Robertson, *H.*, 1886; nova ed., 1901. — Bruno Wille, *Der Phänomenalismus des Th. H.*, 1888 (tese). — Ed. Larsen, *Th. H., filosofi*, 1891. — Giovanni Cesca, *Il fenomenismo di H.*, 1891. — C. Lyon, *La philosophie de H.*, 1893. — H. Schwarz, *Die Lehre von den Sinnesqualitäten bei Descartes und H.*, 1894 (tese). — Ferdinand Tönnies, *Hobbes' Leben und Lehre*,

1896; 2ª ed., ampliada, 1912; 3ª ed., 1925, ed. G. Mehlis; nova ed. por Karl-Heinz Ifting, 1970-1971. — Max Frischeisen-Köhler, *H. in sein Verhältnis zu der mechanischen Naturanschauung*, 1902 (tese). — Rodolfo Mondolfo, *Saggi per la storia della morale utilitarista.* I. *La morale di Th. H.*, 1903. — L. Stephen, *H.*, 1904. — A. E. Taylor, *Th. H.*, 1908. — F. Brandt, *Den mekaniske Naturopfattelse, hos Th. H.*, 1971 (trad. ingl.: *Th. Hobbes' Mechanical Conception of Nature*, 1928). — R. Hönigswald, *H. und die Staatsphilosophie*, 1924. — Cay von Brockdorff, *H. als Philosoph, Pädagoge und Soziologe*, 1929. — Id., *Die Urform der Computatio, sive Logica des H.*, 1934. — A. Levi, *La filosofia di Th. H.*, 1929. — B. Landry, *H.*, 1930. — Z. Lubienski, *Die Grundlagen des ethischpolitischen Systems von H.*, 1932. — John Laird, *H.*, 1934. — Leo Strauss, *The Political Philosophy of Th. H.: Its Basis and Its Genesis*, 1936 [trad. ingl. do manuscrito alemão]. — Mario M. Rossi, *Alle fonti del deismo e del materialismo moderno*, 2 vols., 1942 (especialmente vol. I). — Raymond Polin, *Politique et philosophie chez Th. H.*, 1952; nova ed., 1977. — J. Vialatoux, *La cité de H. Théorie de l'État totalitaire. Essai sur la conception naturaliste de la civilization*, 1952. — Richard Peters, *H.*, 1956. — A. Warrender, *The Political Philosophy of H.*, 1957. — Samuel I. Mintz, *The Hunting of the Leviathan: Sixteenth-Century Reactions to the Materialism and Moral Philosophy of Th. H.*, 1962. — L. Strauss, A. E. Taylor et al., *H. Studies*, 1965, ed. K. C. Brown. — Arrigo Pacchi, *Convenzione e ipotesi nella formazione della filosofia naturale di Th. H.*, 1965. — J. W. N. Watkins, *Hobbes' System of Ideas: A Study in the Political Significance of Philosophical Theories*, 1965. — Klaus Michael Kodalle, *Th. H.: Logik der Herrschaft und Vernunft des Friedens*, 1972. — Guillermina Garmendia de Camusso e Nelly Schnaith, *Th. H. y los orígenes del Estado burgués*, 1973. — Thomas A. Spragens, Jr., *The Politics of Motion: The World of Th. H.*, 1973. — Ralph Ross, Herbert W. Schneider, Theodore Waldman, eds., *H. in His Time*, 1974. — B. Willms, *Der Weg des Leviathan. Die Hobbesche-Forschung von 1968-1978*, 1979. — U. Weiss, *Das philosophische System von Th. H.*, 1980. — R. Polin, *H., Dieu et les hommes*, 1981. — D. Johnston, *The Rhetoric of* Leviathan: *Th. H. and the Politics of Cultural Transformation*, 1986. — G. S. Kavka, *Hobbesian Moral and Political Philosophy*, 1986. — D. Baumgold, *H.'s Political Theory*, 1988. — J. W. N. Watkins, *H.'s System of Ideas*, 1989. — R. Tuck, *H.*, 1989. — R. P. Forsberg, *T. H.'s Theory of Obligation: A Modern Interpretation*, 1990. — S. A. State, *T. H. and the Debate over Natural Law and Religion*, 1991. — R. E. Ewin, *Virtues and Rights: The Moral Philosophy of T. H.*, 1991. — A. W. Green, *H. and Human Nature*, 1993. ↩

HOBHOUSE, LEONARD TRELAWNEY (1864-1929). Nascido em S. Ive (Cornwall), professor em Oxford e a partir de 1907 em Londres, tentou harmonizar o empirismo, o racionalismo idealista e certas correntes evolucionistas derivadas de Spencer. Segundo Hobhouse, a origem do conhecimento está na experiência. Esta, porém, não é um conjunto de "dados sensíveis", e sim um todo significativo que o espírito recolhe e elabora. A elaboração da experiência dá origem a proposições nas quais intervêm conceitos universais. Para Hobhouse, o juízo tem um caráter "ideal"; com isso esse autor enfatiza a "espontaneidade" da consciência, manifesta sobretudo na possibilidade de unir e separar os elementos dados nas impressões. O que se chama de "conhecimento" nunca é um elemento isolado; todo juízo está entrelaçado em uma trama total, a única que permite dar sentido a cada uma das proposições particulares. O traço idealista e até mesmo hegeliano dessa concepção do pensamento como sistema não elimina, contudo, a forte tendência empirista da filosofia de Hobhouse, que tem como pressuposto último o caráter "orgânico" de toda realidade e de todo pensamento, e, portanto, algo distinto do empirismo associacionista e do idealismo impersonalista e racionalista. O caráter freqüentemente dualista de sua concepção da matéria e do espírito é por isso uma primeira fase da metafísica elaborada sobre sua teoria do conhecimento. Sobre esse caráter, ou, melhor, sobre os princípios opostos do mecanismo e da teleologia impõe-se, mais uma vez, a modo de nova síntese, o princípio do organismo, que assim como estava destinado a conciliar as oposições do conhecer destina-se também a conciliar a oposição fundamental com a qual se apresenta o ser. Entretanto, as três categorias do real mencionadas e o predomínio da categoria orgânica equivalem, no fundo, à supressão do dualismo por meio da acentuação do termo teleológico e, por conseguinte, ao primado de uma concepção finalista-organicista, mas sem jamais perder a base empírica da realidade.

➲ Obras: *The Theory of Knowledge*, 1896. — *Mind in Evolution*, 1901. — *Democracy and Reaction*, 1904. — *Morals in Evolution. A Study in Comparative Ethics*, 2 vols., 1906; 7ª ed., 1951. — *Social Evolution and Political Theory*, 1911. — *Liberalism*, 1911. — *Development and Purpose. An Essay Towards a Philosophy of Evolution*, 1913. — *Principles of Sociology*, 4 vols. (compreendem: *The Metaphysical Theory of the State*, 1918; *The Rational Good*, 1921; *The Elements of Social Justice*, 1922, e *Social Development: Its Nature and Conditions*, 1924). Póstuma: *Sociology and Philosophy: A Centenary Collection of Essays and Articles*, 1966.

Depoimento em *Contemporary British Philosophy I*, 1924.

Ver: H. Carter, *The Social Theories of L. T. H.*, 1927. — J. A. Nicholson, *Some Aspects of the Philosophy of L.*

T. H.: Logic and Social Theory, 1928. — J. A. Hobson e Morris Ginsberg, *L. T. H.: His Life and Work*, 1931. — C. M. Griffin, "L. T. H. and the Idea of Harmony", *Journal of the History of Ideas*, 35 (1974), 647-661. ℭ

HOCKING, WILLIAM ERNEST (1873-1966). Nascido em Cleveland, Ohio, professor na Universidade da Califórnia (1907-1913), de Yale (1913-1914) e de Harvard (a partir de 1914), representa um pensamento filosófico tipicamente de passagem entre as últimas gerações idealistas e as correntes realistas e pragmatistas nos Estados Unidos. Na base de sua doutrina encontra-se um realismo gnoseológico unido a um idealismo metafísico e, sobretudo, ético. Além disso, o próprio autor indicou os cinco axiomas ou evidências pessoais em que se baseia. Em primeiro lugar, o princípio da simplicidade ambígua, segundo o qual, nem o mundo nem nada nele é não ambiguamente complexo ou simples. Em segundo lugar, o princípio do empirismo inicial que inclui as proposições metafísicas dentro do marco da experiência (considerada como algo mais que puramente sensível). Em terceiro lugar, o princípio da racionalidade inclusiva, segundo o qual embora a experiência seja a forma inicial de todo conhecimento, isso não significa que se trate de um puro fato dado. Em quarto lugar, o princípio do misticismo presumido, que demonstra a essencial inadequabilidade entre o pensamento e o objeto. Por fim, o princípio da união do valor com o fato, que torna impossível pensar qualquer coisa sem referência ao valor. Esses princípios desenvolvem-se em uma filosofia de perfil individualista-personalista, na qual o "eu" aparece como fonte de toda relação possível e, por meio dela, como modelo de toda realidade concreta.

⊃ Obras: *The Meaning of God in Human Experience: A Philosophic Study of Religion*, 1912; ed. rev., incluindo reimpressão de *Thoughts on Death and Life* (ver *infra*), 1957. — *Human Nature and Its Remaking*, 1918. — *Morale and Its Enemies*, 1918. — *The Self, Its Body, and Freedom*, 1928 [The Terry Lectures]. — *Man and the State*, 1926. — *The Present Status of the Philosophy of Law and of Rights*, 1926; reed., 1986. — *Types of Philosophy*, 1929; ed. rev., 1939; 3ª ed. [em colaboração com Richard Boyle O'Reilly Hocking], 1959. — *Re-Thinking Missions*, 1932. — *The Spirit of World Politics, with Special Studies of the Near East*, 1932. — *Thoughts on Death and Life*, 1937. — *The Lasting Elements of Individualism*, 1937 [Powell Lectures on Philosophy]. — *Living Religions and a World Faith*, 1940 [Hibbert Lectures 1938]. — *What Man can Make of Man*, 1942. — *The Church and the New World Mind*, 1944. — *Science and the Idea of God*, 1944 [The John Calvin McNair Lectures 1940]. — *Freedom of the Press: A Framework of Principle*, 1947. — *Experiment on Education: What We can Learn from Teaching Germany*, 1954. — *The Meaning of Immortality in Human Experience*, 1957. — *The Comming World Civilization*, 1958. — *Strength of Men and Nations. A Message to the USA vis-à-vis the USSR*, 1959. — Além disso: Hocking colaborou com Brand Blanshard, Charles D. Hendel e John H. Randall, Jr., no livro de texto *Preface to Philosophy*, 1946.

Ver: E. J. Thompson, *An Analysis of the Thought of A. N. Whitehead and W. E. H. Concerning Good and Evil*, 1935 (tese). — J. A. Martin, *Empirical Philosophies of Religion, with Special Reference to Boodin, Brightman, H., Macintosh, and Wieman*, 1945. — G. Marcel, A. J. Reck *et al.*, *Philosophy, Religion and the Coming World Civilization: Essays in Honor of W. E. H.*, 1966, ed. Leroy S. Rouer. — A. R. Luther, *Existence as Dialectical Tension: A Study of the First Philosophy of W. E. Hocking*, 1968. — Daniel S. Robinson, *Royce and H., American Idealists*, 1968. — Leroy S. Rouner, *Within Human Experience: The Philosophy of W. E. H.*, 1969. — Robert B. Thigpen, *Liberty and Community: The Political Philosophy of W. E. H.*, 1972. — B. Blanshard, R. H., *et al.*, *The Wisdom of W. E. H.*, 1978, eds. J. Howie e L. S. Rouner. — M. L. Furse, *Experience and Certainty: W. E. H. and Philosophical Mysticism*, 1988. ℭ

HODGSON, SHADWORTH HOLLOWAY (1839-1912). Nascido em Boston (Lincolnshire, Inglaterra), estudou no Corpus Christi College (Oxford) e foi um dos fundadores, e o primeiro presidente (1880-1894), da Aristotelian Society. Após uma adesão inicial ao kantismo, renunciou às teses capitais da filosofia transcendental para efetuar uma análise subjetiva da experiência destinada a eliminar todo pressuposto, especialmente os pressupostos psicológicos que são tão determinantes, em seu entender, na crítica kantiana. É preciso, segundo Hodgson, ir aquém dessa crítica e chegar à esfera da análise dos próprios estados de consciência para investigar seus elementos fundamentais e suas formas de união. Ora, essa análise conduz, para esse autor, ao reconhecimento da presença, em qualquer estado, de uma qualidade sensível, de uma duração, fundamento da memória e de uma relação ou intencionalidade com as representações anteriores e posteriores. Esses elementos primários permitem que se admita a referência de todo estado a um objeto e, portanto, que se reconheça a existência de algo real fora da consciência. O realismo gnosiológico de Hodgson, fundado na descrição pura da consciência, é, pois, anterior a toda pressuposição de categorias ou formas condicionantes, uma vez que a distinção entre um sujeito e um objeto está, de imediato, na própria consciência e não em qualquer pressuposto (ver REFLEXÃO). Chega-se assim à admissão do real extenso e do real inextenso ou psíquico que constitui a totalidade do mundo da experiência. A consciência, porém, pode ser considerada algo que conhece ou algo que existe. No primeiro caso, é irredutível; no segundo, é produto das condições de seu aparecimento na sucessão temporal. Essas condições são as forças ou os movimentos que explicam as existências contingentes, mas não as essências universais. Todavia, essas condições parecem depender, por sua vez, de condições mais elevadas, de uma transcendência que está fora do mundo da experiência em que se detém a análise subjetiva. Desse modo, o realismo gnoseológico é completado por um idealismo metafísico, que se manifesta sobretudo na esfera moral.

⊃ Obras: *Time and Space*, 1865. — *The Theory of Practice*, 2 vols., 1870. — *The Philosophy of Reflection*, 2 vols., 1878. — *Outcast Essays and Verse Translations*, 1881. — *The Metaphysic of Experience*, 4 vols., 1898. — Além disso, Hodgson escreveu uma grande quantidade de artigos e comunicações, especialmente para a *Aristotelian Society* (cf. a série dos *Proceedings*, vols. I a VIII) e para a revista *Mind*; alguns desses escritos foram editados separadamente: entre eles citamos *Philosophy in Relation to Its History* (1880), *The Method of Philosophy* (1882), *The Two Senses of Reality* (1883), *Philosophy and Experience* (1885), *Reorganization of Philosophy* (1886), *The Unseen World* (1887), *What is Logic?* (1889), *The Conception of Infinity* (1893), *The Conscious Being* (1903), *Time, Necessity, Law, Freedom, Final Cause, Design in Nature* (1904), *Reality* (1906), *Fact, Idea and Emotion* (1908).

Ver: artigos sobre Hodgson de J. Watson (*Philosophical Review*, 1899), de F. de Sarlo (*Rivista Filosofica*, 1900), de G. F. Stout (*Mind*, 1900), de Lionel Dauriac (*L'Année philosophique*, 1901), de H. Wildson Carr (*Mind*, 1912). — S. Spicker, "S. H.'s Reduction as an Anticipation of Husserl's Phenomenological Psychology", *Journal. British Society of Phenomenology*, 2 (1971), 57-73. — A. J. Reck, "The Ethics of S. H. H.", *Agora*, 4 (1979-1980), 30-44. — Id., "H.'s *Metaphysic of Experience*", em J. Sallis, ed., *Philosophy and Archaic Experience*, 1982, pp. 29-50. ⊂

HOENÉ WRONSKI, JOSEF MARYA. Ver W<small>RONSKI</small>, J<small>OSEF</small> M<small>ARYA</small> H<small>OENÉ</small>.

HØFFDING, HARALD (1843-1931). Nascido em Copenhagen, estudou teologia, interessando-se depois pela filosofia. Seus estudos sobre o pensamento de Kant e o de Kierkegaard, por um lado, e por outro seu contato com várias correntes contemporâneas (Comte, J. S. Mill, Spencer) influenciaram decisivamente a formação de suas idéias, incluindo algumas elaboradas em oposição aos citados autores. Høffding tentou combinar certas idéias positivistas com outras criticistas, mas sem aceitar muitos dos aspectos empiristas do positivismo, aos quais opôs sua concepção do sujeito cognoscente como atividade "totalizadora" e como vontade. Hostil às correntes irracionalistas e meramente "antimetafísicas", Høffding não foi por isso igualmente hostil à metafísica. Por um lado, reconheceu que esta última é uma "disposição natural" que tem em vista uma necessária unificação — ou série de unificações — do saber. Por outro, analisou uma série de conceitos — tais como os de realidade, analogia e, sobretudo, continuidade — que eram para ele ao mesmo tempo categorias gnoseológicas e noções metafísicas capitais.

Høffding observou que não pode haver conhecimento sem uma prévia "escolha" de fundamentos, e que esta é sobretudo uma escolha de um valor ou de uma série de valores. Isso não significaria admitir o valor ou os valores escolhidos como "absolutos" e menos ainda como completamente evidentes. De acordo com isso, Høffding propôs que a metafísica deve ser admitida, ainda que "relativizada". O intrumento para essa relativização é a análise crítica, que não é puramente transcendental nem puramente psicológica, mas algo "intermediário" — correspondente ao caráter "intermediário" da teoria do conhecimento em relação às demais disciplinas filosóficas.

Høffding também se ocupou de problemas éticos e de filosofia da religião. Em suas análises desses problemas considerou igualmente valiosos os pontos de vista gnosiológico, psicológico e propriamente ético. Na realidade, a conjunção desses pontos de vista é, segundo Høffding, a única coisa que permite tratar adequadamente as questões morais e particularmente as questões relativas à natureza e à forma dos atos e das atividades religiosas.

⊃ Principais obras: *Psykologi i Omrids paa Grundlag af Erfaring*, 1881 (trad. esp.: *Bosquejo de una psicología basada en la experiencia*, 1904; ed. rev., 1926). — *Etik. En Fremstilling af de etiske Principer og deres Avendelse paa de vigtigste Livsforhold*, 1887; 3ª ed., 1905 (*Ética. Exposição dos princípios éticos e de sua aplicação às mais importantes circunstâncias da vida*). — *Kierkegaard*, 1892 (trad. esp.: *K.*, 1930; 2ª ed., 1949). — *Den nyere Filosofis historie*, 2 vols., 1894-1895; 3ª ed., 4 vols., 1921-1922 (trad. esp.: *Historia de la filosofía moderna*, 1907). — *Rousseau*, 1896 (trad. esp.: *R.*, 1931). — *Religionsfilosofi*, 1901 (trad. esp.: *Filosofía de la religión*, 1909). — *Moderne filosofer*, 1904 (trad. esp.: *Filósofos contemporáneos*, 1909). — *Danske filosofer*, 1909 (*Filósofos dinamarqueses*). — *Den menneskelige Tanke, dens Former og dens Opgaver*, 1910 (*O pensamento humano; suas formas e temas*). — *Bergson*, 1914. — *Den store humor*, 1916 (*O humor grosso*). — *Totalitet som kategori*, 1917 (*A totalidade como categoria*). — *Relation som kategori*, 1917 (*A relação como categoria*). — *Ledende tanker i det nittende arhundrede*, 1920 (*Principais pensadores do século XIX*). — *Begrebet analogi*, 1923 (*O conceito de analogia*). — *Erindringer*, 1928 (*Memórias*).

Correspondência: *Correspondance de H. H. avec Émile Meyerson*, 1939.

Depoimento em *Die Philosophie der Gegenwart in Selbstdarstellungen*, IV (1923).
Ver: G. Schott, *H. H. als Religionsphilosoph*, 1923 (tese). — V. Hansen, *H. som religionsfilosofer*, 1923. — Robert Hurtgen, *Das Gottesproblem bei H. H.*, 1928 (tese). — H. Meis, *Darstellung und Würdigung der Ethik H. Høffdings*, 1929 (tese). — S. Holm, *H. H.*, 1943. — J. Whitt-Hansen, "Some Remarks on Philosophy in Denmark", *Philosophy and Phenomenological Research*, 12 (1952), 377-391. — S. E. Stybe, "Trends in Danish Philosophy", *Journal. British Society of Phenomenology*, 4 (1973), 153-170. — M. Blegvad, "Sociology and Philosophy", *Danish Yearbook of Philosophy*, 13 (1976), 221-241. — J. Faye, "The Bohr-H. Relationship Reconsidered", *Studies in History and Philosophy of Science*, 19 (1988), 321-346. — D. Favrholdt, "Remarks on the Bohr-H. Relationship", *ibid.* (1991), 399-414. ◖

HÖFLER, ALOIS (1853-1922). Nascido em Kirchdorf (Áustria), estudou em Viena e foi professor em Praga (1903-1907) e em Viena (a partir de 1907). Höfler seguiu principalmente a tendência filosófica inaugurada por Alexius von Meinong (VER), e isso de tal modo que, na polêmica entre as "escolas" de Meinong e de Brentano, combateu decidida e energicamente a segunda. Seu trabalho realizou-se principalmente em dois setores: na lógica e na psicologia. A primeira, na qual desenvolveu as idéias centrais de Meinong e suas possíveis aplicações a todos os problemas, teóricos e práticos, do pensar formal, partiu em grande parte de pressupostos de caráter psicológico (embora de uma psicologia pura descritiva), mas se aproximou cada vez mais dos aspectos objetivistas da teoria dos objetos, sobretudo na medida em que tentou fundamentar um apriorismo nãotranscendental. Com isso a lógica se transformou, por assim dizer, no ramo mais formal da ontologia geral descritiva. Mas, ao mesmo tempo, a investigação lógica inclui, na concepção de Höfler, uma parte fundamental da teoria do conhecimento. O mesmo, ainda que de outro ponto de vista, se poderia dizer da psicologia. Esta é, por um lado, uma ciência empírica, mas, por outro, é uma ciência direcionada para a pura descrição dos atos e das apreensões objetivas; por isso a psicologia examina e analisa os problemas da representação, do juízo e dos atos emocionais (que incluem tanto os sentimentos propriamente ditos como os desejos). O realismo objetivista de Meinong é, em todo caso, consideravelmente acentuado nas elaborações de Höfler, que também incluem uma consideração metafísica para a qual a base analítico-psicológica é apenas um ponto de partida e, no máximo, uma "idéia reguladora".

⮕ Principais obras: *Philosophische Propädeutik*. I. *Logik*, 1890; 12ª ed., 1922 [rev. por E. Mally]. — *Grundlehren der Logik*, 1890; 5ª ed., 1917 (*Doutrinas fundamentais da lógica*). — *Psychische Arbeit*, 1893; 2ª ed., 1893 (*O trabalho psíquico*). — *Psychologie*, 1897; 2ª ed., 1930.

— *Grundlehren der Psychologie*, 1898; 4ª ed., 1908. — *Studien zur gegenwärtigen Philosophie der Mechanik*, 1900 (*Estudos para a filosofia contemporânea da mecânica*). — *Grundlehren der Logik und Psychologie*, 1903; 2ª ed., 1906. — *Zur gegenwartigen Naturphilosophie*, 1904 (*Para a filosofia contemporânea da Natureza*). — "Die unabhängigen Realitäten", *Kantstudien*, 22 (1907) ("As realidades independentes"). — *Naturwissenschaft und Philosophie. Vier Studien zum Gestaltungsgesetz. Studien I und II*, 1920-1921 [Ak. der Wiss. in Wien. Phil.-hist. Kl. Sitzungsber. Bd. 191, 3 e Bd. 196, 1] (*Ciência natural e filosofia. Quatro estudos sobre a lei de formação*). Além disso, diversos escritos de caráter didático, entre eles uma *Didática sobre o ensino médio* (1908).

Auto-exposição em *Die deutsche Philosophie der Gegenwart in Selbstdarstellungen*, t. II (1921; 2ª ed., 1923). ◖

HOLBACH, PAUL HENRI D' [PAUL HEINRICH DIETRICH, BARÃO DE HOLBACH] (1723-1789). Nascido em Heidesheim, no Pfalz (Palatinado). Aos 12 anos, mudou-se para Paris. Depois de estudar em Paris e em Leyden, mudou-se novamente para a capital francesa e ali residiu até o final de sua vida. Sua sólida situação financeira permitiu-lhe dedicar-se inteiramente ao estudo e à atividade literária; às vezes chamado de "Mecenas dos filósofos", reuniu em sua mansão de Paris quase todos os intelectuais importantes, e particularmente os "enciclopedistas". Rousseau, que depois rompeu com ele, o descreveu em *La nouvelle Eloïse* como Wolmar, o marido de Julie. D'Holbach traduziu obras do alemão, do francês e do latim (incluindo a obra de Hobbes sobre o homem e numerosos trabalhos para a *Encyclopédie*). Escreveu, além disso, numerosas obras (ver a bibliografia), quase todas de caráter "radical" e com insistência na crítica às crenças cristãs e aos padres católicos. Seu alvo foram os preconceitos de todo tipo: religiosos, sociais, éticos e políticos. Seu ideal foi a ciência — ou, melhor, a substituição de todas as idéias sobre o universo pela visão do "mundo mecânico" de Newton. Os únicos "deuses" de d'Holbach foram, junto com a Ciência, a Natureza e a Razão.

A filosofia de d'Holbach, tal como ele a expõe em sua obra capital, é inteiramente naturalista e materialista, e às vezes hilozoísta. Há somente uma realidade: a matéria, organizada na Natureza e possuidora por si mesma, e sem nenhuma causa extramaterial, de movimento. Todos os acontecimentos na Natureza são estritamente determinados; não apenas não há Providência de nenhum tipo, mas tampouco há acaso. Os diferentes tipos de movimento observados na Natureza são apenas distintos modos de ser da matéria. Há somente Natureza, e nesta há somente matéria e movimento, e uma sucessão rigorosa de causas e efeitos. A matéria explica-se por si mesma e não se deve buscar nada por trás dela. Os seres orgânicos são compostos de elementos inorgânicos organizados de modo distinto do dos seres inanimados. Não apenas se deve eliminar a Providência, mas também toda Causa primeira; d'Holbach combate ao mesmo tempo teísmo e o deísmo e adere sem vacilar a um ateísmo completo. Ela não tem nenhuma finalidade nem tampouco possui qualquer "inteligência". A Natureza é inteligível e racional, mas somente no sentido de poder ser compreendida.

O homem é simplesmente uma parte da Natureza. Pode entendê-la, mas não mediante a razão (especulativa) e sim somente por meio das impressões sensíveis causadas pelo movimento da matéria.

Quando se entendem desse modo a Natureza, a matéria, o movimento e o modo de conhecer, obtém-se o que d'Holbach busca em última análise: a completa libertação do medo (do medo aos deuses e aos sacerdotes, aos reis e aos tiranos). Em um sentido parecido ao de Lucrécio, d'Holbach funda sua moral no conhecimento da Natureza. Quando se sabe que não há distinção entre o físico e o moral, compreende-se que o ódio e o amor possam ser concebidos como formas de movimento análogos à repulsão e à atração. O homem persegue em todos os lugares a tranqüilidade e o prazer. Mas, como o indivíduo não seria feliz se não o fosse também a sociedade, deve-se lutar para que todos os homens participem desse movimento de libertação do medo e da superstição. Somente quando os homens estiverem completamente persuadidos da necessidade de eliminar todos os fantasmas que os perseguiram, conseguirão ser justos, bondosos e pacíficos: a justiça, a bondade e a paz são uma conseqüência do conhecimento da "Verdade".

⊃ A obra capital é *Le système de la Nature, ou les lois du monde physique et du monde moral*, 1770 [publicada sob o pseudônimo de Jean Baptiste Mirabaud] (reed. da ed. de 1821, por Yvon Belaval, 2 vols., 1966). Em 1772 apareceu a obra *Le bon-sens ou idées naturelles opposées aux idées surnaturelles* (às vezes citada como *Le Bon Sens du Curé Meslier etc.*; *du Curé Meslier* foi acrescentado em algumas edições posteriores); uma tradução espanhola, *El buen sentido, o sea las ideas naturales opuestas a las sobrenaturales*, apareceu em 1821. Trata-se de comentários a *Mon Testament*, escrito de índole cética e atéia do presbítero Jean Meslier [VER], cujas obras foram publicadas depois [1684] em Amsterdam. *Le bonsens* (reimp., 1967) pode ser considerado, além disso, um resumo de *Le système de la Nature*. — Devem-se também a d'Holbach: *Le système social*, 1773; reimp., 1967. — *La politique naturelle*, 2 vols., 1773; reimp., 1967. — *La morale universelle*, 1776. — Anonimamente ou sob pseudônimo foram publicados muitos trabalhos que costumam ser atribuídos a d'Holbach, embora a autenticidade de alguns seja hoje duvidosa. Mencionamos: *De la cruauté religieuse* (1766); *L'esprit du clergé ou le Christianisme primitif vengé des entreprises et des excès de nos prêtres modernes* (1767); *Le prêtres démasqués ou des iniquités du clergé chrétien* (1768); *Lettres à Eugénie ou Préservatif contra les préjugés* (1768); *Théologie portative* (1768); *Examen critique de la vie et des ouvrages de saint Paul* (1770); *Tableau des Saints ou examen de l'esprit, de la conduite, des maximes et du mérite des personnages que le Christianisme propose comme modèles* (1770); *Ethocratie ou gouvernement fondé sur la morale* (1776). — Um dos escritos que mais escandalizaram o público foi *Le christianisme dévoilé* (1767), que muitos duvidam que tenha sido escrito por d'Holbach.

Ed. crítica de *Le système de la Nature*, segundo o texto de 1770, com numerosas correções e notas, 4 vols., 1972, ed. M. J. Cercruysse, com a colaboração de J.-R. Armogathe, G. Besse *et al*.

Ver: M. P. Cushing, *Baron d'H. A Study of Eighteenth-Century Radicalism in France*, 1914. — René Hubert, *D'H. et ses amis*, 1928. — William H. Wickwar, *Baron d'H. A Prelude to the French Revolution*, 1935. — P. Naville, *D'H. et la philosophie scientifique au XVIIIᵉ siècle*, 1943. — V. Topazio, *D'H.'s Moral Philosophy: Its Background and Development*, 1956. — R. Besthorn, *Textkritische Studien zum Werk H.s*, 1969. — A. C. Kors, *D'H.'s Coterie: An Enlightenment in Paris*, 1976 (com bibliografia). — J. Lough, *The 'Philosophes' and Post-Revolutionary France*, 1982. — A. Negri, *Pensiero materialistico e filosofia del Lavoro: Descartes, Hobbes, D'H.*, 1992. — Muitas das obras sobre a Enciclopédia (VER), o século XVIII francês, a Ilustração (VER) e as obras de F. A. Lange (VER) e Plekhanov (VER) sobre o materialismo (VER) referem-se a d'Holbach. ⊂

HOLISMO. O vocábulo 'holismo' (de ὅλος: "todo", "inteiro", "completo") foi empregado para designar um modo de considerar certas realidades — e às vezes todas as realidades enquanto tais — primariamente como totalidades ou "todos" e secundariamente como compostas por certos elementos ou membros. O holismo afirma que as realidades de que se trata são primeiramente estruturas (ver ESTRUTURA). Os membros dessas estruturas estão funcionalmente relacionados entre si, de tal modo que quando se trata desses membros fala-se antes de relações funcionais que de disposição ou ordem.

No verbete TODO falamos das diversas maneiras como foi concebida a relação entre um todo e suas partes, ou seus membros. Aqui nos limitaremos a resenhar brevemente duas doutrinas cujos autores qualificaram de "holistas".

Kurt Goldstein (VER), especialmente em sua obra de 1934 (com trad. ingl. modificada pelo autor, 1939), caracterizou os organismos individuais como entidades "holísticas"; mais especificamente, considerou que há em todo organismo individual o que se chama de "relação holística nos comportamentos". Isso significa que um comportamento determinado de um organismo individual "não está ligado a conexões anatômicas específicas". Portanto, segundo Goldstein, os organismos são "sistemas que funcionam como um todo", de tal modo que um "estímulo dado deve produzir mudanças no organismo inteiro". Entre outras conseqüências que se extraem dessa concepção mencionamos uma: a de que "não há luta dos membros entre si, nem luta do todo com os membros em cada organismo".

Em geral, muitas das teorias biológicas gerais vitalistas e neovitalistas podem ser caracterizadas como "holistas". Contudo, o holismo não é necessariamente vitalista. Tampouco é necessariamente teleologista. A rigor, o próprio Goldstein rejeita os modos de ver vitalistas e teleológicos na biologia por entender que sua teoria holista não é incompatível com a consideração causal. Por isso freqüentemente se consideraram holistas apenas as teorias que, sem ser mecanicistas, tampouco são, estritamente falando, vitalistas; o "holismo" está mais estreitamente relacionado com os chamados "organicismo" e "biologismo" que com qualquer outra teoria.

A idéia, ou postulado, de um holismo (ou totalismo) às vezes foi aplicada especificamente à sociedade humana, seja como concepção da natureza da realidade social, seja como modo de explicação dessa realidade. No primeiro caso fala-se de holismo ontológico (social); no segundo, de holismo metodológico (social). O holismo se contrapõe ao individualismo (VER). O holismo metodológico, particularmente, se contrapõe ao individualismo metodológico (VER).

Jan Christian Smuts (1870-1950) usou o vocábulo 'holismo' em um sentido muito mais geral. Em sua obra *Holism and Evolution* (1926), Smuts indica que, embora o holismo ou totalismo não seja incompatível com o mecanicismo, é um conceito muito mais fundamental que o último, transcendendo e superando em todas as ordens o mecanicismo. O holismo é, segundo esse autor, um modo de responder à questão de como é possível que diversos elementos ou fatores formem uma totalidade ou unidade distinta deles. O holismo é, pois, uma forma de evolucionismo emergentista (ver EMERGENTE). Segundo Smuts, o holismo não pressupõe a existência de uma entidade que, como a suposta enteléquia (VER), dirige a evolução e o comportamento das realidades. O holismo é um método de explicação e não o nome de qualquer entidade especial. O holismo é, diz Smuts, "um processo de síntese criadora"; os todos resultantes desse processo são "dinâmicos, evolucionários e criadores". O holismo se manifesta mediante certas fases, desde a realidade material ou síntese dos corpos naturais até os "todos ideais", "valores absolutos" ou "ideais holísticos". Smuts fala de um "universo holístico" em que o holismo é o "fator universal" e o "conceito básico". No universo holístico tudo tende à formação do "todo holístico" que é a personalidade.

•• A importância crescente da filosofia da linguagem teve como uma de suas conseqüências a proliferação de problemáticas holistas com relação ao significado. Com efeito, uma palavra isolada (ou uma oração, ou uma hipótese, ou uma crença etc.) parece não ter sentido realmente por si mesma, mas na medida em que faz parte de uma unidade mais ampla (uma linguagem, uma teoria, uma ideologia). A aceitação do holismo semântico (ou do significado) é a aceitação de que aquelas unidades menores têm um sentido *derivado* do conjunto. Daí que toda posição holista explícita tente também explicitar as condições necessárias para garantir, a partir do conjunto, o significado das partes.

É usual reconhecer que o segundo Wittgenstein deu uma virada holística em relação ao Wittgenstein do *Tractatus* (compare-se, por exemplo, *Tractatus* 4.024 com *Investigações filosóficas* 199). Também defendem distintas versões de holismo W. v. Quine (VER), D. Davidson (VER) ou David Lewis (VER).

➲ Ver: C. Peacocke, *Holistic Explanation: Action, Space, Interpretation*, 1979 [sobre o holismo de uma estrutura explicativa comum]. — J. Fodor, E. Lepore, *Holism. A Shopper's Guide*, 1992 [apresentação de distintas concepções do holismo semântico]. •• C

HOLKOT, ROBERTO († 1349). Nascido provavelmente em Northampton. Membro da Ordem dos Pregadores, ensinou teologia em Cambridge, desenvolvendo algumas teses ockhamistas, particularmente a tese da separação entre teologia e filosofia ou, melhor, entre as proposições "críveis" e as "demostráveis". Acentuando ao máximo a idéia da *potentia absoluta* de Deus, Holkot chegou a afirmar que Deus pode até mesmo ordenar ao homem odiar a Deus. Já que, seguindo Ockham, as proposições evidentes são somente aquelas nas quais o predicado está incluído no sujeito, e as proposições não-evidentes são formadas com base no conhecimento das realidades singulares, nenhuma proposição relativa a Deus pode dizer qualquer coisa Dele ou demonstrar sua existência. Portanto, a fonte do "conhecimento" de Deus não é nenhum conhecimento, mas exclusivamente a fé. Holkot parece ter defendido a idéia de que há um tipo de saber completamente distinto do saber natural, e que pode haver uma "lógica" distinta da natural e usual que corresponde a esse "saber": a *logica fidei*, na qual não seria válido nenhum dos princípios (incluindo o de não-contradição) da lógica natural.

➲ Obras: *Super quatuor libros Sententiarum quaestiones*. — *Quodlibeta: Quaedam conferentiae* e *De imputabilitati peccati*. Destes *Quodlibeta* foram extraídas umas *Determinationes quarumdam aliarum quaestiones*.

Edição de escritos em 1497, 1510, 1518 (reimp. da última, 1967).

Ver: C. Michalski, "La physique nouvelle et les différents courants philosophiques au XIVe siècle", *Bulletin international de l'Académie des sciences et des lettres*. Classe d'histoire et de philosophie, et de philologie. L'Année 1927 (1928), pp. 102-111 e 125-132. — Mario del Pra, "Linguaggio e conoscenza assertiva nel pensiero di R. H.", *Rivista critica di storia della filosofia*, 11 (1956), 15-40. — H. Schepers, "H. contra dicta Crathorn. I. Quellenkritik und biographische Auswertung der Bakkalareatsschriften zweier Oxforder Dominikaner des XIV. Jahrhunderts", *Philosophisches Jahrbuch*, 77 (1970), 320-340; "*Ibidem*. II. Das 'significatum per propositionem'. Aufbau und Kritik einer no-minalistischen Theorie über den Gegenstand de Wissens", *ibid.*, 79 (1972), 106-136; "*Ibidem*. Corrigenda", *ibid.*, 79 (1972), 361. ⊃

HOLT, E[DWIN] B[ISSELL] (1873-1946). Nascido em Winchester, Conn. Foi professor de psicologia em Harvard (1901-1918) e em Princeton (1926-1936). Holt foi um dos seis que formaram um grupo para defender o neo-realismo (VER). Embora tenha concordado com Montague nos cinco pontos assinalados como comuns a todos os neo-realistas, separou-se de seus companheiros de grupo pela posição adotada com relação ao problema da natureza da consciência. Com o fim de evitar tanto o dualismo do psíquico e do físico quanto um idealismo que, em última análise, arbitrava a favor da realidade mental, Holt defendeu um monismo neutro segundo o qual a realidade não é nem física nem mental. A despeito de sua insistência em que continuava sendo fiel ao neo-realismo, no sentido de admitir que cada realidade se explica em razão do que é, sem apelar para outra realidade distinta dela, Holt teve de se inclinar a um reducionismo que, ademais, estava fundado em uma concepção da realidade construída mediante uma analogia com estruturas lógicas e matemáticas, as únicas que demonstravam possuir um caráter verdadeiramente "neutro". Holt sustentava que não há um pensamento distinto do objeto pensado, ou, melhor, que o pensamento de um objeto é parte deste. Contudo, embora isso pudesse ser interpretado como um extremo "objetivismo", também podia ser entendido como um idealismo *sui generis*. O idealismo, segundo Holt, era inadmissível, mas essa negação gerava várias dificuldades — e dar conta da existência e da natureza do erro não era a menor delas. Com o fim de salvar seu monismo objetivista e o mesmo tempo reconhecer o fato de que existem operações mentais, Holt elaborou um comportamentalismo modificado segundo o qual os reflexos se integram produzindo novidades no comportamento. O interesse do pensamento de Holt radica no tratamento das dificuldades originadas por sua posição radicalmente objetivista. Esta última foi modificada, no fim, em um sentido materialista, e, portanto, não mais "neutralista".

⊃ Obras: *The Concept of Consciousness*, 1914. — *The Freudian Wish: The Freudian Wish and Its Place in Ethics*, 1915. — *Animal Drive and the Learning Process; an Essay Towards Radical Empiricism*, vol. I, 1931. — A contribuição de H. ao volume *The New Realism*, de 1912, é o ensaio "The Place of Illusory Experience in a Realistic World". — Para a última fase do pensamento de H. ver seu artigo "Materialism and the Criterion of the Psychic", *Psychological Review*, 44 (1937), 33-53. ⊃

HOMEM. O que alguns filósofos chamaram de "o problema do homem" foi freqüentemente entendido como o problema de se "o homem", "os homens", "a espécie humana" etc., têm ou não uma "natureza", no sentido de ter ou não alguma propriedade que lhe pertença exclusivamente, que constitua sua "essência" e, portanto, permita distinguir o homem de forma essencial e não apenas gradual dos demais animais, especialmente dos chamados "animais superiores". Juntamente a esse problema levantou-se o do "lugar do homem no universo", assim como o da "missão" ou "destino" do homem, mas estes últimos problemas estiveram freqüentemente subordinados ao primeiro.

Pode-se responder ao primeiro problema positiva ou negativamente. A resposta negativa adotou ao menos duas formas básicas. Uma delas consiste em sustentar que se há diferenças entre o homem e outros animais elas são diferenças de grau e não de "essência". Essa resposta foi corroborada pelas pesquisas das quais se conclui que certos traços considerados por alguns como especificamente humanos — a linguagem, ao menos enquanto comunicação; a construção de artefatos; a organização em formas sociais etc. — são encontrados em outros animais. Outra resposta, muito distinta, consiste em afirmar que o homem não tem nenhuma "natureza" ou "essência", seja porque o que ele tem é "história", infinitamente flexível, seja porque ser homem é "fazer-se homem" ou "fazer-se a si mesmo". A primeira resposta é basicamente naturalista; a segunda é ou historicista ou "existencialista".

A resposta positiva foi a mais freqüente e dela resultaram numerosas "definições do homem": o homem é um ser que conhece, é um ser racional, é um animal social, é um animal que faz ou fabrica coisas, é um ser que é capaz de "representar", de "falar" etc. Essas definições tentaram estabelecer a chamada *differentia specifica* ou, simplesmente, *differentia*, e receberam diversas formulações: *homo sapiens*, *homo rationalis*, *homo socialis*, *homo faber*, *homo pictor*, *homo loquax* etc.

Embora o predomínio "masculino" em muitas culturas tenha levado a representar o homem sob a forma masculina — o que explica o uso da expressão 'o homem' (ou seus equivalentes em muitas línguas) para referir-se aos dois sexos —, "o problema do homem" é "o problema do homem e da mulher", isto é, "o problema do ser humano", que é sexualmente "especificável", mas sem que isso leve, ou deva levar, a se produzirem "definições distintas" para cada componente sexual.

Questões gerais relativas a "o homem" foram tratadas por vários autores sob o nome de "antropologia (VER) filosófica". Outros trataram-nas sob o nome de "filosofia do espírito" (VER). As entradas que figuram no "Quadro sinóptico" ao final da presente obra sob a rubrica "Antropologia filosófica e filosofia do espírito" dão uma indicação do gênero de conceitos usados por muitos filósofos. Outras questões relativas ao "homem" são as debatidas nas entradas que figuram no mesmo quadro sob rubricas como "Psicologia" e "Sociologia, Filosofia da Sociedade e do Direito".

Em quase todas, se não em todas, as culturas, as sociedades e as civilizações houve, ou há, uma "idéia do homem". Aqui nos limitaremos a esboçar as idéias que predominaram na chamada "filosofia ocidental".

É comum distinguir nas origens da filosofia grega um "período cosmológico" e um "período antropológico". O primeiro é o período pré-socrático propriamente dito (ver PRÉ-SOCRÁTICOS); o segundo, o período dos sofistas e de Sócrates. Essa distinção não é muito exata, pois encontramos entre os pré-socráticos reflexões acerca do homem, mas tem sua razão de ser ao menos no seguinte: os pré-socráticos tendiam a conceber o homem em função do cosmos, enquanto os sofistas e Sócrates tendiam a conceber o cosmos em função do homem. Por esse motivo o período antropológico também recebeu o nome de "período antropocêntrico" (ver ANTROPOCENTRISMO).

Seja ela cosmológica ou antropológica, a filosofia grega costuma entender o homem como o "ser racional", ou, melhor, como o animal que possui "razão" ou "logos", ζῶον λόγον ἔχων, ou o ζῶον λογικόν. Isso significa entender o homem como uma coisa cuja natureza consiste em poder *dizer* o que *são* as demais coisas. Essa coisa pode ser uma "coisa material" ou uma "coisa espiritual", mas é característico da filosofia grega conceber o homem, por assim dizer, como "coisidade". Também é característico da filosofia grega conceber o homem como algo que *é* (o que acontece inclusive quando ele é concebido como "substância racional"). Em alguns casos desponta no pensamento grego uma idéia do homem como ser essencialmente dinâmico, ao contrário do caráter essencialmente estático do cosmos. Assim, para Platão e a tradição platônica (e neoplatônica), o homem — ou, mais exatamente, a alma — tem a possibilidade de ascender ou descer, de se tornar "semelhante aos deuses" ou de se "alienar dos deuses". Mas mesmo neste caso o caráter "dinâmico" da realidade humana está circunscrito dentro do marco do que *é*. O homem *é* isto ou aquilo: um ser racional, um ser social, um ser "ético" etc. E isto porque sempre o

foi, ou seja, porque sua natureza sempre foi o que é e jamais pode deixar de ser o que essencialmente é.

A concepção grega do homem pode admitir que o homem foi "formado" (e, até, que foi formado de um modo distinto de todos os demais seres), mas em nenhum caso admite que o homem foi *criado* — isso, em contrapartida, é característico do judaísmo e do cristianismo e exerceu uma indelével influência sobre todas as concepções filosóficas intimamente relacionadas com as religiões judaica e cristã (e, depois, também com a maometana). Como o mundo também foi criado, segundo as citadas concepções religiosas, parece que a esse respeito não há diferença fundamental entre o homem e o mundo. E de certo modo não há, pois tanto o homem como o mundo são concebidos como *criaturas*, seres criados (por conseguinte, seres cuja "realidade" não é própria, porque em vez de ser "coisidade" é fundamentalmente "niilidade"). Mas uma vez admitida a chamada "criaturidade" do homem e do mundo, deve-se estabelecer uma distinção fundamental: o mundo foi criado *para* o homem, o qual, ao mesmo tempo, foi criado "à imagem e semelhança de Deus". Assim, pois, o homem não é, no fundo, nada, mas ao mesmo tempo é a realidade suprema *no mundo* (o que significa que o homem é o que está, em princípio, mais próximo de Deus e dos seres imateriais criados por Deus antes do homem). Essa "superioridade" do homem manifesta-se não apenas em sua "posição" no mundo, mas também no caráter da própria realidade humana. Com efeito, e muito paradoxalmente, embora nas citadas concepções — e nas filosofias a elas ligadas — o homem, por ser fundamentalmente niilidade, não possua ser próprio, ele aparece como algo mais e como algo distinto de uma coisa: uma "intimidade". Daí que o ser do homem lhe seja de alguma maneira mais "próprio" nessas concepções do que o havia sido no pensamento grego. No cristianismo — ao qual aqui nos limitaremos a partir de agora — o homem é visto como pessoa (VER), e não como coisa (por mais elevada que esta seja). Ele também é visto como uma realidade na qual a experiência — como experiência íntima — e a história — como peripécia e drama decisivos — são elementos fundamentais. De qualquer modo, o cristianismo enfatizou, e até mesmo exaltou, um conflito dentro do homem que o pensamento grego apenas insinuava. Para alguns filósofos gregos, particularmente para os filósofos do que se chamou de "tradição platônica", o homem, ao menos como homem concreto, é, como se disse depois, "cidadão de dois mundos": o mundo sensível e o mundo inteligível, ainda que em última análise sua realidade como ser racional o torne definitivamente cidadão do segundo desses mundos. Para as concepções cristãs, o homem também se encontra "entre dois mundos": ele está suspenso entre o finito e o infinito; junto a uma imensa miséria, manifesta-se nele uma imensa grandeza. Isso foi expresso sobretudo por Pascal, ao falar do homem como um "junco", mas um "junco pensante"; pois "a natureza do homem" — escreveu Pascal em seus *Pensamentos* — "é considerada de duas maneiras: uma, segundo seu fim, e então ele é grande e incomparável; outra, segundo a multidão, como se julga a natureza do cavalo e do cão por sua corrida, e então é abjeto e vil. Eis aqui os dois caminhos que levam a julgar o homem tão diversamente e fazem que os filósofos discutam tanto".

A exposição anterior das concepções grega e cristã acerca do homem é muito sumária; ela deve ser tomada, portanto, apenas como uma mera indicação da natureza de certas tendências muito gerais na "filosofia do homem". Dentro delas se alojam concepções bastante diversas. Já na Idade Média podem ser notadas várias tendências ligadas a alguma das grandes tradições filosóficas. Pode-se falar, por exemplo, de uma idéia do homem na tradição agostiniana distinta da que aparece na tradição aristotélica (e aristotélico-tomista), da que aparece no que se pode considerar como "tradição ockhamista" etc. Em muitos casos pode-se esclarecer a idéia correspondente do homem examinando-se a concepção que em cada caso se tem da natureza e das formas do conhecimento. A esse respeito se pode dizer que há idéias distintas do homem segundo ele seja concebido como um ser que conhece mediante abstração efetuada sobre as coisas, como um ser que conhece mediante a iluminação interna ou iluminação divina etc. No final da Idade Média e durante o Renascimento surgem outras idéias do homem, muitas delas baseadas nas concepções cristãs; outras, baseadas nas idéias suscitadas pela "nova imagem do mundo"; outras ainda, baseadas nas idéias suscitadas por novos modos de considerar a sociedade etc. É impossível dar conta, mesmo esquematicamente, dessas múltiplas idéias. Em geral, pode-se dizer que, embora a definição do Renascimento como "descobrimento do homem como homem" seja falsa ou ao menos unilateral, é certo que no Renascimento e no início da época moderna foram suscitadas múltiplas idéias novas sobre o homem e seu lugar no mundo. Algumas dessas idéias consistiram em ressaltar a "transmundanidade" do ser humano; outras, em enfatizar sua "intramundanidade". Estas últimas foram as que mais freqüentemente ocuparam a atenção dos historiadores da filosofia. Salientou-se que a imagem heliocêntrica do mundo determinou mudanças muito consideráveis nas idéias sobre o ser humano. Na concepção geocêntrica, o homem parecia ocupar cosmicamente um "lugar central", mas ao mesmo tempo ocupava o "lugar inferior", já que o mundo sublunar era considerado, especialmente nas correntes aristotélicas, como o mundo da corrupção e da mudança, ao contrário do mundo "translunar". Na concepção heliocêntrica, o homem parece ocupar um lugar "marginal", pois a Terra é apenas um entre os astros e não o "central", mas ao mesmo tempo parece ocupar um lugar muito exagerado e, em todo caso, não mais o "lugar inferior" da corrupção e da mudança. O universo parece ter sido "nivelado", e isso conduziu à idéia da "nivelação" do homem. Mas ao se destruir a imagem de uma hierarquia fixa de mundos o homem fica como que imerso no infinito — mais ainda, ele parece participar do infinito (VER). Esta idéia (evidentemente vaga) do infinito como "medida do homem" teve considerável importância no pensamento moderno. Também teve suma importância a idéia do homem como "seguidor e mestre da Natureza", como "o dominador" (mediante a ciência e as técnicas) da Natureza. A isso acrescentou-se a idéia do homem como ser cultural e como ser histórico, já implícita em concepções anteriores, mas desenvolvida com detalhe e maturidade apenas na época moderna e, em parte, na contemporânea.

Dentro dessas tendências muito gerais também houve doutrinas muito diversas sobre o homem na época moderna. Houve, por exemplo, doutrinas materialistas, idealistas, panteístas, individualistas etc. Desenvolveu-se também a idéia da "religião da Humanidade" (A. Comte). Como em épocas anteriores, foram importantes as diversas concepções do conhecimento para determinar que idéias fundamentais sobre o homem se manifestaram. É interessante comprovar que a importância dada aos problemas gnosiológicos na filosofia moderna contribuíram muito para ressaltar o valor singular do homem como "fundamento último do conhecimento". Isso acontece não apenas em doutrinas como a de Descartes, fundada no *Cogito* e, em geral, no idealismo (VER), mas também em várias correntes empiristas. Assim, citando somente um exemplo, quando Hume quer examinar os fundamentos do conhecimento, estabelece que o único modo de fazê-lo frutiferamente consiste em referi-lo à "natureza humana". "É evidente" — escreve Hume — "que todas as ciências têm uma relação, maior ou menor, com a natureza humana, e que, embora pareçam muito afastadas dela, acabam por retornar a ela de um modo ou de outro" (*Treatise. Introduction*). Desse modo, não apenas a lógica, a moral, a crítica e a política, mas também a matemática, a filosofia natural e a religião natural dependem em alguma medida, segundo Hume, da "ciência do *homem*". Tudo isso não significa que a filosofia moderna seja unilateralmente antropocentrista e nem sequer — no sentido apontado no início — antropológica, mas significa que é característico de muitos pensadores modernos considerar que o homem é como o "centro" de todas as formas de conhecimento e, por conseguinte, que o acesso ao mundo se dá unicamente por meio do homem. Junto a ela se manifestou a tendência, tão claramente exposta na famosa frase de Pope, de que "o estudo próprio da humanidade é o homem", porquanto o principal é "conhecermos a nós mesmos" (*ourselves to know*).

Desde meados do século passado foram abundantes as idéias filosóficas sobre o homem, em grande parte promovidas pelos novos modos de ver o homem e a história humana revelados por autores como Hegel, Comte, Marx, Darwin, Dilthey, Freud etc. Além disso, tentou-se sistematizar filosoficamente o conhecimento acerca do homem por meio da chamada "antropologia filosófica" (ver ANTROPOLOGIA) e também por meio do chamado "conhecimento do homem" (psicologia, antropologia, caracterologia etc.). Tanto na antropologia filosófica como no conhecimento do homem foram levados em conta problemas, temas e motivos que, embora não inteiramente desconhecidos antes do século XIX, não haviam sido suficientemente aprofundados e radicalizados. Isso ocorre com a idéia do inconsciente, tanto individual como coletivo, a idéia da historicidade do homem; a idéia das dimensões cultural e social do homem como dimensões básicas etc. Não podemos nos deter em cada um desses problemas, temas e motivos, mas consideramos que reproduzir aqui a descrição que Francisco Romero fez das diversas teorias sobre o homem propugnadas durante nosso século pode ajudar a compreender o modo pelo qual são enfrentados atualmente os problemas antropológico-filosóficos. Acrescentaremos à descrição desse autor algumas teorias não incluídas em sua lista.

As teorias em questão são: 1) A que faz a essência do homem consistir no espírito (VER) (Max Scheler, Werner Sombart, Nicolai Hartmann, em parte Aloys Müller). 2) A que insiste no papel desempenhado pela simbolização e pelo sentido e define o homem como *animal symbolicum* (principalmente Ernst Cassirer, mas também Eduard Spranger). 3) A que parte da história e pode ser caracterizada como historicismo (VER) (como em Dilthey e vários de seus discípulos). 4) A que desemboca no sociologismo por destacar o papel fundamental do social no homem (E. Durkheim, L. Lévy-Bruhl, em parte K. Mannheim). 5) A que faz do homem algo que vai sendo constantemente, que se vai escolhendo a si mesmo, por não ter propriamente natureza (Ortega y Gasset). 6) A que se manifesta nas diversas tendências do existencialismo (VER), em sentido restrito ou amplo (J.-P. Sartre, K. Jaspers, em parte Unamuno). 7) A que define o homem segundo certos caracteres naturais, especialmente psicobiológicos (Freud), mas também volitivos e "vitais" (L. Klages, Th. Lessing, O. Spengler). 8) A que define o homem como pessoa (personalismo contemporâneo, especialmente personalismo cristão). 9) A teoria do próprio Romero, segundo o qual "a capacidade de perceber objetivamente é o fundamento do humano", de tal modo que o homem é essencialmente o ser "capaz de julgar". 10) A teoria do homem como ser que, ao longo da história e mediante um processo dialético, passa da "alienação" para a "liberdade" (marxismo). 11) A teoria do homem como "inteligência sensível" e como "animal de realidades" (Zubiri). 12) A teoria do homem como um sistema de comportamento (comportamentalismo, incluindo o chamado "comportamentalismo lógico", de G. Ryle). 13) A teoria do homem como ser natural possuidor de razão enquanto "razão instrumental" (John Dewey). 14) A teoria do homem como "modo der ser o corpo" e como uma realidade não definível nem pelo "ser" nem pelo "devir"; do homem como "substância individual de natureza histórica". 15) A teoria que enfatiza os aspectos naturais do homem dentro do marco da evolução das espécies e, sem descuidar dos caracteres distintivos da cultura e da história humanas, destaca aspectos comuns entre a estrutura do ser humano e a de várias espécies animais, especialmente mamíferos superiores ("etologia humana").

Algumas das teorias são uma combinação de várias das mencionadas. Assim, por exemplo, a doutrina de Francisco Romero aproveita elementos da teoria baseada no espírito; a existencialista usa elementos da personalista e vice-versa; a simbolista acolhe certos resultados da historicista etc. As teorias hoje mais fortes — e, além disso, em conflito mútuo — são a "comportamentalista" e a "etológica".

Embora tenhamos dividido a bibliografia em várias seções, deve-se levar em conta que algumas das obras citadas poderiam ter sido incluídas em mais de uma seção. Os trabalhos de alguns dos autores aos quais nos referimos no texto do verbete (especialmente *ad finem*) constam nas bibliografias dedicadas a esses autores e não os reproduzimos aqui. Remetemos ainda à bibliografia de ANTROPOLOGIA, na qual figuram também alguns dos trabalhos aqui mencionados; pode-se complementar a informação bibliográfica sobre o tema recorrendo às bibliografias de CULTURA; ESPÍRITO; HISTÓRIA; PESSOA. Também podem ser consultadas as bibliografias de vários verbetes indicados sob as epígrafes "Antropologia filosófica e Filosofia do Espírito", "Filosofia da História e da Cultura", "Sociologia, Filosofia da Sociedade e do Direito" e "Psicologia".

⮕ Essência do homem: Johannes Rehmke, *Der Mensch*, 1928. — Erich Jaensch, *Grundformen menschlichen Seins*, 1929. — E. Seifert, *Die Wissenschaft vom Menschen in der Gegenwart*, 1930. — Theodor Haecker, *Was ist der Mensch?*, 1933. — Gaetano Chavacci, *Saggio sulla natura dell'uomo*, 1937. — Werner Sombart, *Vom Menschen. Versuch einer geisteswissenschaftlichen Anthropologie*, 1938. — Paul Häberlin, *Der Mensch. Eine philosophische Anthropologie*, 1923. — G. Bastide, *De la condition humaine*, 1939. — Reinhold Niebuhr, *The Nature and Destiny of Man*, 2 vols., 1941-1942 (I. *Human Nature*; II. *Human Destiny*). — Martin Buber, *¿Qué* *es el hombre?* (1ª ed., em hebraico, 1942; ed. inglesa, 1948; ed. alemã, 1948; trad. esp., 1949; 2ª ed., 1950). — P. Thévenaz, J. Hersch, J. Wahl *et al.*, *L'Homme. Métaphysique et transcendence*, 1943. — W. Keller, *Vom Wesen des Menschen*, 1943. — José Gaos, *Dos exclusivas del hombre: la mano y el tiempo*, 1943. — Lewis Mumford, *The Condition of Man*, 1944. — Ernst Cassirer, *An Essay on Man*, 1944. — L. Ziegler, *Menschwerdung (Die sieben Bitten des Vaterunser)*, 2 vols., 1948. — Erich Przywara, *Humanitas. Der Mensch gestern und morgen*, 1952. — Id., *Mensch. Typologische Anthropologie*, I, 1959. — J. Zürcher, *L'homme, sa nature et sa destinée*, 1953. — M. Weyland, *Una nueva imagen del hombre*, 1953. — Ludwig Binswanger, *Grundformen und Erkenntnis menschlichen Daseins*, 2ª ed., 1953; 3ª ed., 1962. — E. García Máynez, M. Granell Muñiz *et al.*, "La esencia del hombre y de lo humano", em *Sociedad Cubana de Filosofía, Conversaciones filosóficas interamericanas*, 1955, pp. 22-110. — M. del Río, *Estudio sobre la libertad humana. Anthropos y Ananke*, 1955. — Roger Verneaux, *Philosophie de l'homme*, 1956. — Pierre Verneaux, *Philosophie de l'homme*, 1956. — Pierre Thévenaz, *L'homme et sa raison*, 2 vols., 1956 [coletânea de trabalhos de inspiração fenomenológica; somente alguns deles se referem ao problema da "essência do homem"]. — Domenico Cardone, *Il divenire e l'uomo*, 2 vols., 2ª ed., 1956 (I. *Il divenire*; II. *L'uomo e i suoi atteggiamenti*). — VV. AA., trabalhos sobre o tema geral "L'homme et ses oeuvres", em *Les Études philosophiques*, N. S., 12 (1957), 5-490 [Actes du IXᵉ Congrès des Sociétés de philosophie de langue française]. — Augusto Besave Fernández del Valle, *Filosofía del hombre*, 1957. — Michael Polanyi, *The Study of Man*, 1959 [The Lindsay Memorial Lecture, 1958]. — Georges Vallin, *Être et individualité. Éléments pour une phénoménologie de l'homme moderne*, 1959. — Paul Häberlin, *Vom Menschen und seiner Bestimmung. Zeitgemässe Betrachtungen*, 1959 [12 conferências radiofônicas]. — Lucien Malverne, *Signification de l'homme*, 1960 [trata sobretudo de Sartre e de Heidegger]. — Fiorenzo Viscidi, *Ricerche sull'uomo come essere unitario*, 1960. — Jean Brun, *Les conquêtes de l'homme et la séparation ontologique*, 1961. — James E. Royce, *Man and His Nature. A Philosophical Psychology*, 1961. — José Ferrater Mora, *The Idea of Man: An Outline of Philosophical Anthropology*, 1961 [The Lindley Lecture 1961; baseada na obra do autor: *El ser y la muerte*, 1962, cap. III]. — William A. Luijpen, *Existential Phenomenology*, 1962. — M. Landmann *et al.*, *De homine. Der Mensch im Spiegel seines Gedankens*, 1962. — Hans-Joachim Schoeps, *Was ist der Mensch? Philosophische Anthropologie als Geistesgeschichte der neuesten Zeit*, 1962. — Francis J. Collingwood, *Man's Physical and Spiritual Nature*, 1963. — Nathan Rotenstreich, *Spirit and Man: An Essay on Being and Value*, 1963. — Id., *On the Human Subject*, 1966. — Miguel Ángel Virasoro, *Para una nueva idea del hombre y de la antropología filosófica*, 1963. — VV. AA., *El problema del hombre/Problem of Man*, 2 vols., 1963 [Memórias do XIII Congresso Internacional de Filosofia, México, 7/14-9-1963]. — Raymond Ruyer, *L'animal, l'homme, la fonction symbolique*, 1964. — Ernesto Mays Vallenilla, *Del hombre y su alienación*, 1966. — Mikel Dufrenne, *Pour l'homme*, 1968. — Roger Garaudy, *Perspectives de l'homme*, 1969. — Luis Farré, *Hombre y libertad*, 1972. — A. Flew, *A Rational Animal, and Other Philosophical Essays on the Nature of Man*, 1978. — M. Midgley, *Beast and Man: The Roots of Human Nature*, 1979. — Lynchburg College Faculty, *The Nature of Man*, 1982. — M. A. Krapiec, *I-Man: An Outline of Philosophical Anthropology*, 1983; versão resumida, 1985. — M. J. De Carvalho, *In Search of Being: Man in Conflict with the Spectre of Nothingness*, 1985. — H. Rombach, *Strukturanthropologie. "Der menschliche Mensch"*, 1986. — A. Nye, *Feminist Theory and the Philosophies of Man*, 1988. — H. Settanni, *What is Man?*, 1991.

Ver também: S. A. Barnett, *"Instinct" and "Intelligence": The Science of Behavior in Animals and Man*, 1967. — I. Eibl-Eibesfeldt, *Der vorprogrammierte Mensch. Das Ererbte als bestimmender Faktor im menschlichen Verhalten*, 1973 (trad. esp.: *El hombre preprogramado. Lo hereditario como factor determinante en el comportamiento humano*, 1977). — Edward O. Wilson, *Sociology: The New Synthesis*, 1975 (contra Wilson: Marshall Sahlins, *The Use and Abuse of Biology*, 1976). — Siegfried Frey, Arthur J. Cain *et al., Methods of Inference from Animal to Human Behaviour*, 1976, ed. Mario von Cranach (do Colóquio: "The Logic of Inference from Animal to Human Behaviour", março de 1973, em Murten, Suíça). — Carl Sagan, *The Dragons of Eden: Speculations on the Evolution of Human Intelligence*, 1977.

O homem e particularmente seu lugar no cosmos, na Natureza e na história, do ponto de vista filosófico: Ludwig Klages, *Mensch und Erde*, 1920. — Max Scheler, *Die Stellung des Menschen im Kosmos*, 1928. — Helmut Plessner, *Die Stuffen des Organischen und der Mensch*, 1928. — Alexis Carrel, *L'homme, cet inconnu*, 1935. — Ralph Linton, *The Study of Man*, 1936. — Arnold Gehlen, *Der Mensch, seine Natur und seine Stellung in der Welt*, 1940; 7ª ed., 1962. — Béla von Brandenstein, *Der Mensch und seine Stellung im All. philosophische Anthropologie*, 1947. — Paul Wiss, *Nature and Man*, 1947. — Augusto Guzzo, *L'uomo*, 6 vols. (I, 1947; ver detalhes na bibliografia de Guzzo [Augusto]). — Aloys Müller, *Welt und Mensch in ihrem realen Aufbau*, 1947 [2ª ed. da obra: *Einleitung in die Philosophie*, 1925]. — Danilo Cruz Vélez, *Nueva imagen del hombre y de la cultura*, 1948. — Francisco Romero, *Teoría del hombre*, 1952. — Id., *Ubicación del hombre*, 1954 [nos referimos a essa obra ao anunciar a lista de teorias contemporâneas sobre o homem; ver *supra*]. — M. J. Siris, G. Kraus *et al., De mens in hetlicht der wetenschap*, 1955. — A. Delp, *Der Mensch und die Geschichte*, 1955. — Wohlfart Pannenberg, *Was ist der Mensch? Die Anthropologie der Gegenwart im Lichte der Theologie*, 1962. — Wilfrid Desan, *The Planetary Man*, 3 vols. (I. *A Noetic Prelude to a United World*, 1961; 2ª ed., 1966; nova ed., 2 vols. em 1 tomo, 1972). — Carlos París, *Hombre y naturaleza*, 1970. — Risieri Frondizi, *Introducción a los problemas fundamentales del hombre*, 1977. — M. A. Weinstein, *Structure of Human Life: A Vitalist Ontology*, 1979. — P. J. G. Cabanis, *On the Relations between the Physical and Moral Aspects of Man*, vol. 2, 1981. — R. Trigg, *The Sphaping of Man: Philosophical Aspects of Sociobiology*, 1983. — M. A. Boden, *Artificial Intelligence and Natural Man*, 1987. — P. Rostenne, *Homo Religiosus ou l'Homme Vertical*, 1993. — Theilhard de Chardin, obras citadas na bibliografia do verbete sobre esse autor, especialmente a obra sobre "o fenômeno humano".

História da idéia de homem em geral e em diversos períodos: Erich Kahler, *Man, the Measure: A New Approach to History*, 1943 (trad. esp.: *Historia universal del hombre*, 1946). — H. Baker, *The Dignity of Man. Studies in the Persistence of an Idea*, 1947. — Werner Jaeger, *Paideia. Die Formung des griechischen Menschen* [detalhes na bibliografia do verbete sobre o autor]. — Eduardo Nicol, *La idea del hombre*, 1947; nova ed., refundida, 1977. — P. T. Raju, S. Wild *et al., The Concept of Man*, eds. S. Radhakrishnan e P. T. Raju, 1960; 2ª ed., ampl., 1966. — Leslie Stevenson, *Seven Theories of Human Nature*, 1974 (Platão, o cristianismo, Marx, Freud, Sartre, Skinner, Lorenz). — Rodolfo Mondolfo, *La comprensión del sujeto humano en la antigüedad clásica*, 1955. Ed. italiana ampliada: *La comprensione del soggeto umano nell'antichità classica*, 1958. — M. Fernández Galiano *et al., El concepto del hombre en la antigua Grecia*, 1955. — H. C. Baldry, *The Unity of Mankind in Greek Thought*, 1965 [sobre a idéia de homem no sentido do "cosmopolitismo", de Homero a Cícero]. — G. B. Kerfeld, W. J. Verdenius *et al., Images of Man in Ancient and Medieval Thought. Studia Gerardo Verbeke ab amicis et collegis dedicata*, 1976, eds. F. Bossier, F. de Wachter *et al*. — A. Mitterer, "Mann und Weib nach dem biologischen Weltbild des hl. Thomas und dem der Gegenwart", *Zeitschrift für katholische Theologie*, 57 (1933), 491-557. — R. de la Bouillerie, *L'homme, sa nature, son âme, ses facultés et sa fin d'après s. Thomas d'Aquin*, 1880. — J. Gardair, *La philosophie de saint Thomas. La nature humaine*, 1896. — François Marty, *La perfection de l'homme selon saint Thomas d'Aquin. Ses fondements ontologiques et leur vérification dans l'ordre actuel*, 1962. — Kikki Kirkinen, *Les origines de la conception moderne de l'homme-machine. Le problème de l'âme en France à la fin du règne de Louis XIV (1670-1715). Étude sur l'histoire des idées*, 1960. — Arthur O. Lovejoy, *Reflection on Human Nature*, 1961 [nos séculos XVII e XVIII: Locke, Hobbes, Voltaire *et al.*]. — John Plamenatz, *Man and Society*, 2 vols., 1964 (*I: Machiavelli through Rousseau;* II: *Bentham through Marx*). — F. J. Ayala, *Origen y evolución del hombre*, 1980. — J. G. Van der Bend, ed., *Thomas Hobbes: His View of Man*, 1982. — J. A. Burrow, *The Ages of Man: A Study in Medieval Writing and Thought*, 1986. — L. Lermond, *The Form of Man: Human Essence in Spinoza's Ethic*, 1988. — G. F. McLean, *Man and Nature: The Chinese Tradition and the Future*, 1989. — M. E. Reesor, *The Nature of Man in Early Stoic Philosophy*, 1989. — A. H. Black, *Man and Nature in the Philosophical Thought of Wang-Fu-Chih*, 1989. — Informação histórica sobre diversas idéias do homem também pode ser encontrada na parte histórica de várias obras de Pedro Laín Entralgo: *La espera y la esperanza*, 1957; 2ª ed., 1958, e *Teoría y realidad del otro*, 2 vols., 1961. — Ver também a bibliografia de HUMANISMO.

Conhecimento do homem: Theodor Litt, *Die Selbsterkenntnis des Menschen*, 1938. — Julián Marías, *La imagen de la vida humana*, 1955. — J. Lachs, *Intermediate Man*, 1981. — A.-T. Tymieniecka, ed., *The Philosophical Reflection of Man in Literature*, 1982. — P. Nash, *Models of Man: Explorations in the Western Educational Tradition*, 1983. — S. Umen, *Images of Man*, 1985. — Sobre esse ponto são especialmente importantes os trabalhos de Dilthey, Ortega y Gasset e vários discípulos de Dilthey (B. Groethuysen *et al.*). — Antologia: *El tema del hombre*. Seleção de textos, traduções, notas e bibliografias de Julián Marías, 1943. **C**

HOMEM-MÁQUINA. A idéia do "homem-máquina", do "homem como máquina" ou a comparação do homem com uma máquina têm uma longa história. No pensamento ocidental ela remonta aos gregos. A esse respeito podemos citar Empédocles, Demócrito, os epicuristas (especialmente Lucrécio), os chamados "médicos-filósofos", a tradição hipocrática e galênica. Em geral, consideram-se precursores da idéia de "homem-máquina" todos os que buscaram explicar as atividades mentais mediante elementos corporais e materiais, sejam eles os átomos, os vários "elementos" ou "humores". Nem sempre é claro, nos autores e tendências mencionados, que pensassem em termos de uma "máquina". Às vezes isso ocorria, se nos ativermos a operações efetuadas por alavancas e bombas, freios e amortecedores, com processos como os de injetar, extrair, levantar, pressionar etc. Às vezes recorria-se a combinações e misturas, especialmente de líquidos.

Somente com o desenvolvimento da fisiologia moderna, com a idéia de "fábrica do corpo" e com o mecanicismo (VER) moderno se preparou a idéia da possível realidade do homem como, ou à semelhança de, uma máquina. Paradoxalmente, essa idéia recebeu grande impulso do dualismo (VER) cartesiano: ao se separar completamente a substância pensante da extensa, esta última ficou, por assim dizer, "liberada" para ser tratada de modo puramente mecânico. A alma é exatamente o contrário de uma máquina, mas o corpo funciona mecanicamente. Os animais são máquinas; também o são os corpos humanos enquanto corpos.

Deve-se a La Mettrie o desenvolvimento conseqüente da idéia de "homem-máquina". Hobbes já havia considerado que todas as realidades reduzem-se a, ou são explicáveis por, movimentos corporais de acordo com princípios mecânicos. Em *L'homme machine* (1747), La Mettrie (VER) começa afirmando que há um estrito paralelismo entre os estados da alma e os do corpo. Trata-se, em seu entender, de uma hipótese científica, não de uma tese metafísica, mas isso somente porque devem ser rejeitadas todas as teses metafísicas. A tese é, como diz La Mettrie, *a posteriori*, isto é, fundada na experiência: "O homem é uma Máquina tão organizada que é impossível fazer-se dela, antes de tudo, uma idéia clara e, por conseguinte, defini-la (...) A posteriori, ou seja, buscando desligar a Alma como que através dos órgãos do corpo, posso, não direi descobrir com certeza a natureza mesma do Homem, mas alcançar o maior grau possível de probabilidade sobre esse tema". Considerou-se, no entanto, que o caráter hipotético com o qual La Mettrie apresenta suas idéias deve-se a várias razões, entre elas: na época, e especialmente pela influência do método newtoniano, esse era considerado o método propriamente científico de proceder; e ele buscava evitar os ataques mais violentos dos "espiritualistas" e "antimaterialistas" (ou também "imaterialistas"). Com efeito, a tese lamettriana do homem-máquina era uma tese materialista e mecanicista. É verdade que em vários aspectos tratava-se de um mecanicismo *sui generis*: La Mettrie pressupunha que a matéria tinha por si mesma uma força e que essa força se manifestava nos seres vivos mediante a propriedade da "irritabilidade" (que inclui, por exemplo, a contratilidade dos órgãos corporais). A irritabilidade é um "princípio motor" dos corpos e uma característica da organização de todo o corpo. Uma vez que o homem é uma máquina e também o são os demais organismos vivos, não há diferença essencial, mas apenas de grau, entre os organismos humanos e o homem. A própria linguagem humana é explicável mecanicamente e tem como modelo um instrumento musical — especificamente, o cravo.

A tese do homem-máquina desenvolvida pro La Mettrie encontrou recepção sumamente favorável entre autores como Helvétius e, sobretudo, Holbach, influenciando as tendências materialistas do século XVIII. Essas tendências favoreciam o monismo corporalista, ou mecânico-corporalista; o próprio La Mettrie afirmou que há somente uma substância no universo, a material, dotada de força própria, que funciona de acordo com leis mecânicas, e o homem, enquanto "homem-máquina", é uma manifestação ou "modificação" dessa substância. Enfatizou-se (cf. Aram Vartanian, "Introdução" à sua ed. de *L'Homme-Machine: La Mettrie's L'Homme-Machine: A Study in the Origins of an Idea*, 1960, pp. 41 ss.) que há em La Mettrie uma curiosa combinação de materialismo e de "substancialismo" aristotélico; isso se percebe especialmente na obra *L'histoire naturelle de l'âme* (1745), que "recorda em certos aspectos o aristotelismo de uma figura do Renascimento como Pomponazzi".

Muitos autores materialistas do século XIX, especialmente os "monistas materialistas" do tipo de Ernst Haeckel, seguiram a tradição do "homem-máquina", adotando um ponto de vista mecanicista. No século XX restabeleceu-se a questão de vários modos, quase sempre mais complexos que os mencionados. O mais destacado deles inverteu a questão: em vez de perguntar se os homens são máquinas, ou se são como máquinas, ou se atuam como máquinas, suscitou-se o problema de se há ou não certas máquinas que podem executar funções similares, se não idênticas, às que executam os seres humanos. Em vez de se falar do "homem-máquina", poder-se-ia falar da "máquina-homem". As máquinas de que se está falando são máquinas eletrônicas, do mesmo tipo estudado pelos estudiosos da cibernética e pelos teóricos da informação. O mais destacado exemplo a esse respeito é o das máquinas de Turing (ver TURING [MÁQUINAS DE]). Alguns comportamentalistas (ver COMPORTAMENTALISMO) e aqueles que adotaram, na questão da relação entre corpo e mente (ver CORPO-ALMA; CORPO), a chamada "teoria da identidade" (ver IDENTIDADE [TEORIA DA]) podem ser considerados seguidores da tese do "homem-máquina" mesmo que suas idéias e argumentos sejam muito diferentes dos desenvolvidos nos séculos XVIII e XIX.

Na medida em que o tema do "homem-máquina" estabelece a questão de se há diferenças de natureza ou apenas de grau entre os animais, especialmente certos animais superiores, e o homem, ele se relaciona com o tema da "Alma dos brutos" ao qual dedicamos um verbete.

⊃ Aram Vartanian ocupou-se do problema do homem-máquina não somente no texto mencionado *supra*, mas também em: A. Vartanian, "Trembley's Polyp, La Mettrie, and 18th-Century French Materialism", *Journal of the History of Ideas*, 11 (1950), 159-186; *Diderot and Descartes: A Study of Scientific Naturalism in the Enlightenment*, 1953. — Ver, além disso: Leonora C. Rosenfeld, *From Beast-Machine to Man-Machine: Animal Soul in French Letters from Descartes to La Mettrie*, 1941 (também, bibliografia no verbete ALMA DOS BRUTOS). — Hikki Kirkinen, *Les origines de la conception moderne de l'homme-machine. Le problème de l'âme en France à la fin du règne de Louis XIV (1670-1715)*, 1960. — D. S. Shwayder, "Man and Mechanism", *Australasian Journal of Philosophy*, 41 (1963), 2-11. — J. Lachs, "Angel, Animal, Machine: Models for Man", *Southern Journal of Philosophy*, 5 (1967), 221-227. — L. Mumford, *The Myth of the Machine: Technics and Human Development*, 1967. — S. Moravia, "From 'Homme Machine' to 'Homme Sensible': Changing Eighteenth-Century Models of Man's Image", *Journal of the History of Ideas*, 39 (1978), 45-60. — Arts. de A. Danchin, J.-F. Dumas, F. Laruelle, D. Leduc-Fayette, A. Moles em *Revue Philosophique de la France et de l'Étranger*, 105, n. 3 (1980), 287-378, ed. D. Leduc-Fayette [com um art. de Leduc-Fayette sobre La Mettrie, "Liminaire: 'Perinde ac cadaver'", pp. 275-285]. ⊂

HOMEOMERIAS. Seguindo a exposição aristotélica da doutrina de Anaxágoras (VER) em *Met*. A 3, 984 a 14, dá-se o nome de "homeomerias", τὰ ὁμοιομέρη, e também os nomes de coisas "homeoméricas", ὁμοιομέρες, ou "elementos homeoméricos", τὰ ὁμοιομέρη στοιχεῖα, às substâncias das quais são feitas todas as coisas. As homeomerias são as "sementes" das coisas. Essas "sementes" estavam, no início, confundidas em um caos primitivo, o qual foi ordenado pela "inteligência", νοῦς. As homeomerias são como qualidades não-ordenadas. O caráter fundamental dos elementos de que são constituídas as coisas é, com efeito, segundo o que diz Aristóteles ao referir-se à doutrina de Anaxágoras, o ser ὁμοιομέρες, isto é, o ser partes similares ao Todo. O ser ὁμοιομέρες distingue-se do ser ἀνομοιομέρες, ou seja, o ser partes não similares ao Todo. Note-se que o traço "homeomérico" dos elementos em questão pode referir-se primariamente ao Todo e apenas secundariamente às partes, as quais seriam "homeoméricas" justamente porque o Todo o é. Por outro lado, pode-se falar também, como o faz Aristóteles em *De caelo*, III, 3, 302 b 1, de "coisas homeoméricas", na medida em que se trata de elementos ou de partes iguais entre si e, como conseqüência disso, iguais ao Todo formado por elas (cf. também Simplício, *Phys*., 155, 23).

⊃ Ver: W. E. Mann, "Anaxagoras and the Homoiomere", *Phronesis*, 25 (1980), 228-249. ⊂

HOMO MENSURA. A expressão 'Homo mensura' (literalmente: 'O homem é a medida') é usualmente empregada como formulação abreviada do chamado princípio de Protágoras: πάντων χρημάτων μέτρον ἐστὶν ἄνθρωπος, τῶν μὲν ὄντων ὡς ἔστιν, τῶν δὲ οὐκ ὄντων ὡς οὐκ ἔστιν (*O homem é a medida de todas as coisas, das que são enquanto são e das que não são enquanto não são*). Esse princípio figurava, ao que parece, no início da obra perdida do sofista intitulada Ἀλήθεια (*A verdade*) e foi transcrito por Platão em vários lugares (por exemplo: no *Crátilo*, 385 E, no *Theat*., 152 A, onde figura τῶν δὲ μὴ ὄντων em vez de τῶν δὲ οὐκ ὄντων), por Aristóteles (*Met*., A, 1, 1053 a, 35; K, 6, 1062 b, 12-15, na qual é analisado detalhadamente), por Sexto Empírico (*Pyrr. Hyp*., I, 216 ss; *Adv. math*., VII, 60) e por Diógenes Laércio (IX, 51). Discutiu-se muito o significado desse princípio. Os principais problemas suscitados a esse respeito são os seguintes: 1) a expressão 'o homem' se refere ao homem em geral ou ao homem individual?; 2) a expressão 'a medida' representa um critério simplesmente epistemológico ou se refere à atitude total do homem diante da realidade?; 3) as coisas, χρήματα, de que fala Protágoras são as coisas físicas, as sensações produzidas por elas, as idéias abstratas ou os assuntos humanos? Como é de se esperar, não há acordo sobre nenhum desses problemas. A maior parte dos autores inclinam-se a pensar que 'o homem' designa antes o homem individual (como Sexto Empírico já havia declarado). A respeito da medida, tende-se a pensar que um critério epistemológico é uma concepção demasiadamente estreita para Protágoras, mas que o sofista também não queria descrever a atitude humana total, pois do contrário o princípio não teria sido tão detalhadamente discutido em sentido epistemológico geral por Platão e por Aristóteles. Quanto às coisas, muitos autores continuam pensando que se referem aos objetos físicos, mas é muito plausível que χρήματα designe ou os assuntos humanos ou as situações nas quais o homem se encontra (e dentro das quais se encontram os objetos físicos). É habitual apresentar o princípio de Protágoras como a expressão mais acabada do chamado período antropológico na filosofia grega clássica e também como um exemplo do tipo de proposição apresentado pelos sofistas (proposições aparentemente claras, mas, de fato, ambíguas). Com efeito, não apenas o *Homo mensura* apresenta as dificuldades antes indicadas, mas também partindo-se dele pode-se chegar a duas conclusões diametralmente opostas: a primeira delas é que, ao se reduzir o ser ao aparecer, nada é verdade; a segunda delas é que, como as únicas proposições possíveis são as formuladas do ponto de vista do homem, tudo é verdade.

⊃ Ver: H.-A. Koch, *Homo mensura. Studien zu Protagoras und Gorgias*, 1970 (tese). ⊂

HOMOGÊNEO. Dois ou mais elementos em um composto são homogêneos quando pertencem ao mesmo gênero, γένος, isto é, quando são da mesma natureza. O termo 'homogêneo' (*homogeneus*) e seu contrário 'heterogêneo' (*heterogeneus*) foram aplicados por alguns autores escolásticos a diversas realidades para indicar que seus elementos constitutivos pertenciam ou não respectivamente ao mesmo gênero. Nesse sentido, pode-se falar de um contínuo homogêneo (*continuus homogeneus*) e até mesmo indicar que todo contínuo é por natureza homogêneo. Também se pode falar de um corpo homogêneo (*corpus homogeneus*) ou de um corpo heterogêneo (*corpus heterogeneus*); de uma magnitude homogênea (*magnitudo homogenea*) ou de uma magnitude heterogênea (*magnitudo heterogenea*) etc.

Kant usou o termo 'homogêneo' (*gleichartig*) ao tratar do problema da subsunção de um "objeto" por um conceito. A representação do objeto deve ser, segundo Kant, homogênea em relação ao conceito, o que significa que o conceito deve conter algo que é representado no objeto subsumido pelo conceito (*KrV*, A 137 / B 176). Assim, por exemplo, o conceito empírico de um prato é homogêneo em relação ao conceito geométrico de círculo. Se um conceito é puro e, como tal, é heterogêneo à aparência à qual se tenta aplicá-lo, é preciso buscar algo que seja homogêneo, por um lado, ao conceito e, por outro, à aparência. Trata-se do esquema (VER). Assim, a noção de homogeneidade é fundamental para a questão da aplicabilidade dos conceitos às aparências. Em geral, a noção de homogeneidade em Kant é uma noção ligada à possibilidade da síntese por meio da qual se obtém o conhecimento. A síntese é uma unificação (unificação de algo diverso). O diverso não pode ser por si mesmo uma unidade, já que então não haveria variedade de aparências, mas deve haver nele uma certa homogeneidade sem a qual não poderiam ser formados conceitos empíricos e sem a qual, por conseguinte, não haveria possibilidade de experiência. "A razão" — afirma Kant — "prepara o campo para o entendimento: 1) mediante um princípio da homogeneidade do diverso (*Prinzip der Gleichartigkeit des Mannigfaltigen*) sob gêneros superiores; 2) mediante um princípio da variedade do homogêneo sob espécies inferiores, e 3) com o fim de completar a unidade sistemática por meio de outra lei, a lei da afinidade dos conceitos" (*ibid.*, A 657 / B 685). Temos, desse modo, os princípios de homogeneidade, especificação e continuidade das formas. O princípio de afinidade é uma conseqüência dos princípios de homogeneidade e de especificação na medida em que é a unidade desses dois princípios e, por assim dizer, sua síntese.

A noção de "homogeneidade" e a noção contraposta de "heterogeneidade" desempenham um papel central no sistema de Spencer (VER). Este fala da evolução como passagem da homogeneidade indefinida e incoerente para a heterogeneidade definida e coerente. Segundo Spencer, o homogêneo é instável; todo agregado homogêneo finito perde sua homogeneidade "pela desigual exposição de suas partes a forças incidentes" (*First Principles*, § 189). O que é apenas imperfeitamente homogêneo passa para o que é decididamente não-homogêneo, isto é, para o heterogêneo. Spencer cita casos de homogeneidade em diversos campos da realidade (mecânico, químico, geológico, astronômico, meteorológico, orgânico, psicológico, filológico, sociológico). Em cada caso a homogeneidade vai diminuindo e a heterogeneidade vai aumentando ao longo da evolução. A passagem da heterogeneidade para a homogeneidade é a dissolução (VER).

HOMONÍMIA. Ver SOFISMA.

HOMÔNIMO. Ver SINÔNIMO.

HONECKER, MARTIN. Ver OBJETO, OBJETIVO; PENSAR; RELAÇÃO.

HÖNIGSWALD, RICHARD (1875-1947). Nascido em Altenburg, Hungria (Magyaróvár, entre Pressburg e Budapeste), foi professor em Breslau (1919-1929) e em Munique (1929-1933). Em 1933 emigrou para os Estados Unidos, onde faleceu. Discípulo de Riehl (VER), Hönigswald seguiu em filosofia a tendência chamada de "realista" na teoria do conhecimento. Para Hönigswald a filosofia é ao mesmo tempo teoria dos objetos e teoria do pensamento. A filosofia como teoria dos objetos é a ciência dos conceitos fundamentais usados na ciência, na arte e, em geral, em todas as atividades humanas básicas. O conceito primeiro dessa teoria dos objetos é o conceito de "objetividade", por meio do qual se determinam a natureza e as formas dos diversos objetos. Ao ser teoria dos objetos, a filosofia é ao mesmo tempo teoria do método e do conhecimento. Mas a filosofia como teoria dos objetos do método e do conhecimento não se limita a estudar os conceitos fundamentais das diversas atividades humanas alheias à filosofia — a própria filosofia no curso de sua história oferece um complexo de problemas que podem ser estudados filosoficamente.

Hönigswald interessou-se muito pela psicologia do pensamento. Não se trata de uma psicologia no sentido corrente desse termo, mas antes de uma ciência das diversas formas de pensar. Nesse sentido, a psicologia é ciência dos princípios do pensamento. Em última análise, a psicologia do pensamento, na citada acepção, e a filosofia como teoria dos objetos coincidem; no máximo, são dois pontos de vista distintos sobre a mesma "realidade".

➲ Principais obras: *Ueber die Lehre Humes von der Realität der Aussendinge. Eine erkenntnistheoretische Untersuchung*, 1904 (tese) (*Sobre a doutrina de Hume acerca da realidade das coisas externas. Uma investigação gnoseológica*). — *Beiträge zur Erkenntnistheorie und Methodenlehre*, 1906 (*Contribuições à teoria do conhecimento e à metodologia*). — *Zum Streit über die*

Grundlagen der Mathematik, 1912 (*Acerca da discussão sobre os fundamentos da matemática*). — *Prinzipienfragen der Denkpsychologie*, 1913 (*Questões fundamentais da psicologia do pensar*). — *Studien zur pädagogischer Grundbegriffe*, 1913 (*Estudos sobre a teoria dos conceitos pedagógicos fundamentais*). — *Die Skepsis in Philosophie und Wissenschaft*, 1914 [Wege zur Philosophie, 7] (*O ceticismo na filosofia e na ciência*). — *Die Philosophie des Altertums. Problemgeschichtliche und systematische Untersuchung*, 1917; 2ª ed., 1924 (*A filosofia da Antiguidade. Investigação sistemática e de história dos problemas*). — *Ueber die Grundlagen der Pädagogik*, 1918; 2ª ed., 1927 (*Sobre os fundamentos da pedagogia*). — *Philosophische Motive im neuzeitlichen Humanismus. Eine problemgeschichtliche Betrachtung*, 1918 (*Motivos filosóficos no humanismo moderno. Consideração histórica do problema*). — *Die Grundlagen der Denkpsychologie. Studien und Analysen*, 1921 (*Os fundamentos da psicologia do pensar. Estudos e análises*). — *Geschichte der Erkenntnistheorie*, 1933 (*História da teoria do conhecimento*). — *Philosophie und Sprache. Problemkritik und System*, 1937 (*Filosofia e linguagem. Crítica do problema e sistema*). — *Denker der italienischen Renaissance*, 1938 (*Pensadores do Renascimento italiano*).

Depoimento em *Deutsche systematische Philosophie der Gegenwart nach ihren Gestaltern*, t. I (1931).

Constituiu-se na Alemanha, sob a direção de H. Wagner, um "Hönigswald-Archiv", encarregado de recolher, ordenar e publicar textos de R. H.: 10 vols., 1957-1976.

Ver: Gerd Wolandt, *Gegenständlichkeit und Gliederung. Untersuchungen zur Prinzipientheorie R. Hönigswalds mit besonderer Berücksichtigung auf das Problem der Monadologie*, 1964. — Wolfgang Orth, *Bedeutung, Sinn, Gegenstand. Studien zur Sprachphilosophie Edmund Husserls und R. Hönigswalds*, 1967. — N. Meder, *Prinzip und Faktum. Transzendentalphilosophische Untersuchung zu Zeit und Gegenständlichkeit im Anschluss an R. H.*, 1975. — G. Wolandt, "Philosophie als Theorie der Bestimmtheit", em J. Speck, ed., *Grundprobleme der grossen Philosophen. Philosophie der Gegenwart*, II, 1981. ᴄ

HOOK, SIDNEY (1902-1989). Nascido em Nova York, estudou na Columbia University (com J. E. Woodbridge e John Dewey) e foi professor de filosofia na New York University (1932-1972). Influenciado pelo instrumentalismo de Dewey e pelo pensamento de Marx, desenvolveu o que se poderia chamar de "uma filosofia do pragmatismo democrático". As primeiras inclinações marxistas "ortodoxas" de Hook logo deram lugar a uma oposição constante ao marxismo soviético, denunciado como dogmático e infiel ao pensamento original de Marx. Segundo Hook, o materialismo dialético é uma perversão do marxismo e, evidentemente, de todo espírito democrático. Hook está de acordo em que sem democracia econômica não pode haver democracia política, mas sustenta ao mesmo tempo que sem a última não pode existir a primeira. Para Hook há somente uma espécie de democracia, que se funda em um princípio de igualdade ética e na liberdade política. A tarefa da filosofia é dar um fundamento racional ao espírito democrático; para Hook, o melhor fundamento é um naturalismo e um pragmatismo muito próximos de Dewey, opostos não apenas a todo sobrenaturalismo, mas também a toda metafísica abstrata e a toda pretensa "busca do ser". Nem a metafísica nem a ontologia podem proporcionar outra coisa além de especulações infundadas ou meros truísmos. O naturalismo pragmatista e instrumentalista de Hook é ao mesmo tempo um humanismo — e, especificamente, um "humanismo democrático". O método para desenvolvê-lo é o da experimentação, com base na qual se pode proporcionar uma "concepção da vida" compatível com o conhecimento proporcionado pelas ciências e guiado por uma espécie de "sabedoria" enquanto "conhecimento dos usos da vida e da morte".

⊃ Principais obras: *The Metaphysics of Pragmatism*, 1927. — *Towards the Understanding of K. Marx: A Revolutionary Interpretation*, 1933. — *From Hegel to Marx: Studies in the Intellectual Development of K. Marx*, 1936. — *John Dewey: An Intellectual Portrait*, 1939. — *Reason, Social Myths, and Democracy*, 1940. — *The Hero in History: A Study in Limitation and Possibility*, 1943; reimp., 1962. — *Education for Modern Man*, 1946; nova ed., 1963. — *Heresy, Yes! — Conspiracy, No!*, 1953; reimp., 1973. — *Marx and the Marxists: An Ambiguous Legacy*, 1955. — *Common Sense and the Fifth Amendment*, 1957. — *Political Power and Personal Freedom*, 1959. — *The Quest for Being and Other Studies in Naturalism and Humanism*, 1961; reimp., 1963, 1971. — *The Paradoxes of Freedom*, 1962. — *Education for Modern Man: A New Perspective*, 1963; nova ed., ampl., 1973. — *The Fail-Safe Fallacy*, 1963. — *Religion in a Free Society*, 1967. — *Academic Freedom and Academic Anarchy*, 1970; reimp., 1971. — *Education and the Taming of Power*, 1973. — *Pragmatism and the Tragic Sense of Life*, 1975. — *Revolution, Reform, and Social Justice: Studies in the Theory and Practice of Marxism*, 1975. — *Philosophy and Public Policy*, 1980. — *Marxism and Beyond*, 1983. — Póstuma: *Convictions*, 1990.

Devem-se também a H. numerosos artigos, ensaios e resenhas, assim como a compilação de várias antologias e resultados de simpósios organizados por ele. Entre os últimos destacam-se os procedentes das reuniões do "New York University Institute of Philosophy": *De-*

terminism and Freedom in the Age of Modern Science, 1958; *Psychoanalysis, Scientific Method, and Philosophy*, 1959, reed., 1990; *Dimensions of Mind*, 1960; *Religious Experience and Truth*, 1961; *Philosophy and History*, 1963; *Law and Philosophy*, 1964; *Art and Philosophy*, 1966; *Human Values and Economic Policy*, 1967; *Language and Philosophy*, 1969; *The Ethics of Teaching and Scientific Research*, 1975 (com Miro Todorovich e Paul Kurtz); *The Philosophy of the Curriculum: The Need for General Education*, 1975 (com P. W. Kurtz e M. Todorovich).

Bibliografia: J. D. Crowley, "S. H.: A Bibliography", *Modern Schoolman*, 44 (1967), 331-374. — *Id.*, em R. Konvitz *et al.*, obra citada *infra*, 1968, pp. 429-471.

Ver: R. Konvitz, Adrienne Koch *et al., S. H. and the Contemporary World: Essays on the Pragmatic Intelligence*, 1968, ed. Paul Kurtz. — I. Kristol, N. Glazer *et al., S. H.: Philosopher of Democracy and Humanism*, 1983, ed. P. Kurtz. **C**

HORIZONTE. Kant considerou que a magnitude (*Grösse*) do conhecimento pode ser extensiva ou intensiva segundo se trate, respectivamente, da amplitude ou da perfeição do conhecimento. No primeiro caso, temos *multa*; no segundo, *multum* (*Logik. Ein Handbuch zu Vorlesungen*, VI. A, ed. Gottlob Benjamin Jäsche [1800]; reimp. em *Werke*, ed. E. Cassirer, VIII, pp. 356 ss.). Pois bem, ao mesmo tempo que se mede a extensão do conhecimento ou aperfeiçoamento pode-se considerar, segundo Kant, em que medida um conhecimento é apropriado a nossos fins e capacidades. Nessa consideração se determina o horizonte (*Horizont*) de nosso conhecimento, definível como a "adequação da magnitude de todo o conhecimento às capacidades e fins do sujeito" (*loc. cit.*).

Segundo Kant, o horizonte em questão pode ser determinado de três modos: 1) logicamente, de acordo com a capacidade ou as forças cognitivas em relação aos interesses do entendimento; 2) esteticamente, de acordo com o gosto em relação aos interesses do sentimento; 3) praticamente, segundo a utilidade em relação aos interesses da vontade. Em geral, o horizonte se refere à determinação do que o homem pode saber, necessita saber e deve saber.

No que diz respeito ao horizonte determinado logicamente (ou teoricamente), ele pode ser considerado do ponto de vista objetivo ou subjetivo. Do ponto de vista objetivo, o horizonte pode ser histórico ou racional; do ponto de vista subjetivo, pode ser geral e absoluto ou especial e condicionado ("horizonte privado"). O horizonte absoluto é a congruência dos limites do conhecimento humano com os limites de toda perfeição humana; a isso corresponde a pergunta "O que pode saber o homem como homem em geral?". O horizonte privado é o horizonte determinado por condições empíricas e por orientações especiais do sujeito. Kant fala também de um horizonte do sentido da ciência. Este último determina o que podemos e o que não podemos saber.

G. Canguilhem ("Le concept et la vie", *Revue Philosophique de Louvain*, 64 [1966], pp. 201-202) chama a atenção sobre o que qualifica de "um texto magistral" de Kant no apêndice à "Dialética transcendental" da *Crítica da razão pura* que trata do uso regulador das idéias da razão pura. "Kant introduz nesse texto" — escreve Canguilhem — "a imagem de *horizonte lógico* para dar conta do caráter regulador e não constitutivo dos princípios racionais de homogeneidade do diverso segundo os gêneros, e da variedade do homogêneo segundo as espécies. O horizonte lógico, no entender de Kant, é a circunscrição de um território mediante um ponto de vista conceitual. O conceito, diz Kant, é um ponto de vista. No interior desse horizonte há uma afluência indefinida de pontos de vista a partir da qual se abre uma profusão de horizontes de menor alcance. Um horizonte não se decompõe senão em horizontes, assim como um conceito não se decompõe senão em conceitos. Dizer que um horizonte não se decompõe em pontos sem circunscrição é dizer que há espécies que podem ser divididas em subespécies, mas nunca em indivíduos, já que conhecer é conhecer mediante conceitos, e o entendimento não conhece nada mediante a pura intuição."

Alguns autores usaram vocábulos cuja função é muito semelhante à de 'horizonte', como é o caso de Hegel, ao introduzir o termo 'elemento' em expressões como 'o elemento da negatividade'.

O conceito de horizonte foi desenvolvido muito detalhadamente em certas correntes do pensamento contemporâneo, especialmente na fenomenologia ou em filosofias com "elementos fenomenológicos".

Husserl elaborou o conceito de horizonte ao tratar do "eu e meu mundo em volta". "Meu mundo" não é simplesmente o mundo dos fatos enquanto "estão aí" ou estão "presentes", mas inclui, além do "campo da percepção" — o que "me está presente" —, uma margem "copresente", um mundo de "assuntos", de valorações, de bens etc. Pode-se dizer que o horizonte é como um fundo ao qual se incorporam, como que constituindo-o, "margens", "franjas marginais" que incluem co-dados, co-presenças etc. (*Ideen*, I, §§ 27, 28, 44; *Husserliana*, III, 57-61; 100-104). Husserl indica que "toda vivência tem um *horizonte*, que muda no curso de seu complexo de consciência e no curso de suas próprias fases de fluxo" (*Cartesianische Meditationen*, § 19; *Husserliana*, 1, 81-82). É um "horizonte intencional" que se refere a possibilidades de consciência pertencentes ao próprio processo. Desse modo, os horizontes são como possibilidades pré-delineadas (*vorgezeichnete Potentialitäten*). "Toda experiência tem seu *horizonte experiencial* (*Erfahrung und Urteil*, ed. Ludwig

Landgrebe, § 8). Pode-se falar de um "horizonte interior" quando se trata da experiência de uma coisa singular, mas deve-se acrescentar a esse horizonte um "horizonte exterior de co-objetos" ou "horizonte de segundo grau" (*loc. cit.*). Husserl admite a possibilidade de um "horizonte vazio de uma incognoscibilidade conhecida", isto é, a possibilidade de que o não-conhecido — na medida em que se sabe que é não-conhecido — também tenha um "horizonte". Para Husserl, o conceito de horizonte é tão fundamental que por meio dele pode-se até mesmo definir o "mundo" como "horizonte de todos os possíveis substratos de juízo" (*op. cit.*, § 9).

As abundantes referências de Husserl à noção de horizonte tornam necessário precisar se há algumas significações básicas, ou mais básicas que outras, dessa noção. Segundo Helmut Kuhn, essas significações reduzem-se a três: 1) o horizonte como a circunferência (ou esfera) última dentro da qual aparecem inscritas todas as coisas reais e imaginárias; 2) o horizonte como o limite da totalidade das coisas dadas, e ao mesmo tempo como o que as constitui enquanto todo; 3) o horizonte como algo "aberto por natureza" (H. Kuhn, "The Phenomenological Concept of 'Horizon'", em *Philosophical Studies in Memory of E. H.*, 1940, ed. Marvin Farber, pp. 106-123). Pode-se considerar que a investigação do "horizonte dos horizontes" é a tarefa filosófica por excelência.

Heidegger usou a noção de horizonte em um sentido em parte similar ao de Husserl (ou aos de Husserl) e em parte independente do dele (ou dos dele). Ele procura antes de tudo ver se se pode interpretar o tempo como "horizonte possível de qualquer compreensão do ser" (onde 'horizonte' equivale a "limites [últimos]"), mas mais especificamente o horizonte é "unidade extática" (ver ÊXTASE) da temporalidade: "*A condição temporal-existenciária de possibilidade do mundo reside em que a temporalidade tem enquanto unidade extática o que se chama de horizonte*" (*Sein und Zeit*, § 69 c; trad. Gaos: *El ser y el tiempo* [1951], p. 419). O "onde" do "arrebatamento" inerente ao êxtase temporal é chamado por Heidegger de "esquema horizontal". Há, de acordo com isso, três "esquemas horizontais": o do "advir", o do "sido" e o do "presente". O conceito de horizonte também exerce uma função definida quando se trata de ver como o ente cai sob "a experiência da síntese empírica" (em sentido kantiano); o ente cai sob essa experiência segundo um "onde" e um "horizonte" que formam o "referir-se a" (*Beziehung auf...*) enquanto "síntese" (*Kant und das Problem der Metaphysik*, § 3). Heidegger falou ainda do horizonte da transcendência como algo que nos representamos transcendentalmente, e, com isso, da "representação transcendental-horizontal" (*Gelassenheit*, pp. 50, 52) em um sentido que dá seguimento ao desenvolvido em *Ser e tempo*, mas dentro da fase da *Kehre* ou "reversão" heideggeriana (ver HEIDEGGER [MARTIN]).

A noção de horizonte foi desenvolvida por Ortega y Gasset sobretudo como "horizonte vital" e "horizonte histórico". Segundo Ortega, ao interpretar a circunstância na qual temos de ser, e ao interpretarmos a nós mesmos enquanto pretendemos ser dentro dessa circunstância, "definimos o horizonte dentro do qual temos de viver" (*En torno a Galileo* [conferências de 1933], em *O. C.*, V, 32). "E esse conjunto de seguranças que ao pensar sobre a circunstância conseguimos fabricar, construir (...) é o mundo, horizonte vital" (*loc. cit.*). "O horizonte vital está estreitamente relacionado com o horizonte histórico" (*O. C.*, III, 289-295): os povos se formam, a rigor, dentro de "horizontes".

Para Xavier Zubiri (cujas idéias a esse respeito resenhamos independentemente de que o autor subscreva-as ou não atualmente), o horizonte da visão humana se forma "no trato familiar com as coisas". O horizonte delimita as coisas e a visão delas. Mas ele não é simplesmente uma limitação (negativa): é uma determinação positiva por meio da qual as coisas se tornam visíveis. Assim, o horizonte não é um "vazio indiferente às coisas". "A claridade do horizonte é, simultaneamente, claridade das coisas, e a claridade das coisas clareia o horizonte." Por causa do horizonte delimitador e esclarecedor há propriamente o que chamamos de "sentido". Ora, pode-se perguntar como e em que medida a totalidade como tal pode ser horizonte de visão, e então temos a pergunta relativa à essência da filosofia, que se constitui nesse horizonte de totalidade ("Sobre la idea de filosofía I", *Revista de Occidente*, 39 [1933], especialmente pp. 63-64, 71).

A idéia de horizonte está arraigada em várias filosofias contemporâneas. Assim, para Jaspers "vivemos e pensamos sempre dentro de um horizonte" (*Vernunft und Existenz*, Zweite Vorlesung). Mas todo horizonte leva à idéia de algo que abarca o horizonte e que não é o próprio horizonte. Trata-se do compreensivo (VER [*das Umgreifende*]), que é "aquilo dentro do que está encerrado todo horizonte particular (...) e que já não é visível como horizonte" (*loc. cit.*). Para J.-P. Sartre, o chamado "mundo" é uma realidade ambígua que se desenvolve como uma coleção de "istos" e como "uma totalidade sintética" desses "istos", que pode ser equiparada a um horizonte e também a uma perspectiva (*L'Être et le Néant*, p. 232; ver também a p. 380). Merleau-Ponty fala do "horizonte interior de um objeto" que "não pode vir a ser objeto sem que os objetos que o rodeiam se convertam em horizonte" (*Phénoménologie de la perception*, p. 82). Baseando-se em idéias de Husserl, Merleau-Ponty assinala que o sujeito antes conta com aquilo que o rodeia do que percebe objetos; além disso, em vez de um "eu central" há uma espécie de "campo perceptivo" (*op. cit.*, p. 476). Nesse caso, a idéia de horizonte está ligada a comprovações psicológicas — especialmente gestaltistas —, mas tem uma significação que transcende o psicológico. Em geral, há na idéia de "mundo" de vários autores (Sartre, Merleau-Ponty, também A. de Waelhens, *La philosophie et les expériences naturelles*, 1961, especialmente pp. 132-134) uma referência, explícita ou implícita, à noção de horizonte, e até mesmo de "articulação de horizontes". Por outro lado, a idéia de horizonte está estreitamente relacionada à idéia de totalidade ou, melhor, à idéia de possíveis formas de totalidade enquanto modos distintos de as coisas se apresentarem. "O *horizonte* não é uma presença do ser, mas uma forma de a *totalidade* se manifestar (...). A limitação de cada ente e de cada conjunto entitativo ou situacional é uma espécie de inferioridade dinâmica que se remete a uma Realidade ulterior, e, assim, em cada vivência de Realidade o *horizonte* pode ser definido como antecipação de vivências ausentes (...)" (Luis Cencillo, *Experiencia profunda del ser* [1959], pp. 203-204). De acordo com isso, as vivências têm "constituição horizontal" (*loc. cit.*).

⇨ Além das obras citadas no texto, ver as seguintes, que, embora nem sempre considerem a noção de horizonte em alguma das formas indicadas, elucidam de algum modo o conceito de horizonte: C. D. Burns, "The Sense of the Horizon", *Philosophy*, 8 (1933), 301-307. — *Id., The Horizon of Experience. A Study of Modern Mind*, 1933. — G. P. Conger, *The Horizons of Thought: A Study in the Dualities of Thinking*, 1933. — R. Fernández-Marina, U. M. Von Eckhart, *The Horizons of the Mind: A New Odyssey*, 1964. — W. M. Shea, *The Naturalists and the Supernatural: Studies in Horizon and on American Philosophy of Religion*, 1984. — T. M. Alexander, *John Dewey's Theory of Art, Experience, and Nature: The Horizons of Feeling*, 1987. — P. Buczkowski, ed., *The Social Horizon of Knowledge*, 1991. ⇦

HORKHEIMER, MAX (1895-1973). Nascido em Stuttgart, estudou em Munique, Friburg i.B. e em Frankfurt, doutorando-se em 1922 sob a orientação de Hans Cornelius (VER), que influenciou não apenas Horkheimer, mas também outros "frankfurtianos". Em 1925 ele se "habilitou" como *Privatdozent* em Frankfurt. Em 1930 foi nomeado professor titular de filosofia social e diretor do Institut für Sozialforschung, cargo no qual substituiu Friedrich Pollock. Em 1933 emigrou para Gênova, passando depois para Paris (École Normale Supérieure). Em 1934 mudou-se para os Estados Unidos, onde lecionou na Universidade de Columbia, Nova York, à qual o "Instituto" esteve filiado durante algum tempo. Em 1950 retornou a Frankfurt e voltou a dirigir o Instituto. De 1951 a 1953 foi reitor na Johann-Wolfgang-Goethe Universität. De 1954 a 1959 lecionou em Frankfurt e também na Universidade de Chicago.

Horkheimer é considerado um dos principais membros e promotores da chamada Escola de Frankfurt (ver FRANKFURT [ESCOLA DE]) ou Escola de Frankfurt do Instituto de Pesquisa Social. Devem-se a ele trabalhos sociológicos e sociológico-filosóficos sobre temas que também ocuparam a atenção de outros frankfurtianos: a autoridade, o autoritarismo, a família, as origens da sociedade burguesa, a cultura de massas, o papel da ciência e da técnica, a liberdade, o fascismo, a psicanálise etc. São trabalhos que tratam de fenômenos concretos mas estão distantes do positivismo sociológico, especialmente daquele que insiste exclusivamente em métodos quantitativos, assim como da sociologia acadêmica alemã de seu tempo. Horkheimer, assim como os demais frankfurtianos, considerou que a interpretação de certos fenômenos históricos cruciais (tais como o Iluminismo, o romantismo, as tendências pessimistas etc.) poderia proporcionar uma chave para a compreensão das estruturas da sociedade atual e para a busca de um esboço de perspectivas futuras. A esse respeito, a interpretação, ou reinterpretação, do marxismo foi fundamental, de tal modo que Horkheimer é freqüentemente considerado um "neomarxista", embora com a mesma freqüência — especialmente quando se leva em conta sua crítica do materialismo dialético, com severas dúvidas sobre o materialismo histórico — ele seja considerado um autor muito afastado de toda tradição marxista.

Observou-se em Horkheimer uma mistura peculiar de pessimismo cultural e de progressismo político. Uma de suas principais contribuições — ao menos para as orientações básicas seguidas pela Escola de Frankfurt — é a formulação da chamada "teoria crítica" (VER). Além dessa formulação, Horkheimer examinou detalhadamente a natureza e as conseqüências dos "ataques contra a metafísica", especialmente do "último ataque" por parte do positivismo. Sob seu aspecto de progressismo, esses ataques ocultam, segundo Horkheimer, o fenômeno de um "eclipse da razão", manifestado na conversão da razão em mera "razão instrumental" a serviço do domínio da Natureza e da exploração dos homens. A razão instrumental cria mitos, ou se converte em uma série de mitos, tanto mais perigosos quanto mais apresentam um aspecto de libertação. O instrumentalismo da razão é, em última análise, uma forma de subjetivismo; o que de início deveria funcionar como o motor da emancipação transformou-se na sujeição do espírito humano. Por isso, na atualidade, certas atitudes "metafísicas" e "especulativas", contrárias ao progresso no sentido do positivismo, podem representar uma libertação e constituir uma das formas do espírito e da razão críticos. O positivismo alia-se, sob a forma de um racionalismo tecnológico, a um irracionalismo, acompanhado por fenômenos destrutivos. A cultura de massas e o fascismo, ou o nazismo, estão mais estreitamente relacionados entre si do que parece à primeira vista. A subjetividade e a individualidade pervertidas pela irracionalidade são a máscara do totalitarismo.

O positivismo cai nos mesmos erros que o marxismo "vulgar" — especialmente o marxismo "ortodoxo"

— com sua confiança de que o materialismo progressista constitui uma panacéia para os males da sociedade. Há uma estranha aliança entre materialismo burguês e moral burguesa que esses marxistas não conseguiram descobrir. Há também uma estranha aliança entre a insistência de Marx na produção e a "ética do trabalho" característica da moral burguesa. A negação de si mesmo em favor de um ideal considerado "superior", já denunciada por Nietzsche, é atacada por Horkheimer, mas isso não significa que o indivíduo seja, ou tenha de ser, puramente egoísta e esteja em conflito permanente com outros indivíduos e com a sociedade. Horkheimer busca fazer a mediação entre o individualismo e o coletivismo, entre o egoísmo e o sacrifício de si mesmo e, em última análise, entre o sujeito e o objeto.

A dificuldade de apresentar sucintamente o pensamento de Horkheimer — assim como o de todos os frankfurtianos — deve-se não somente ao fato de que houve mudanças no desenvolvimento desse pensamento, mas também, e sobretudo, ao fato de que ele se expressa de forma "dialética" (não uma dialética de caráter lógico-metafísico, mas uma de caráter crítico-histórico). Com efeito, na maior parte dos casos as afirmações de Horkheimer devem ser contrastadas com suas negações; é o caso, por exemplo, da afirmação do primado da atividade humana como atividade social e da negação de todo totalismo, ou totalitarismo, social, ou da afirmação do hedonismo e do sensualismo e da negação de todo subjetivismo. Também têm esse caráter dialético as análises e explorações feitas por Horkheimer, das quais resultam aproximações históricas insuspeitadas ou surpreendentes. Mediante todas as tensões e oposições (ou aproximações entre termos até agora considerados separados), pulsa na obra de Horkheimer o que ele mesmo assinalou como "a verdadeira função social da filosofia: a crítica do que é predominante (...) com o fim de evitar que a humanidade se perca nas idéias e atividades que as organizações existentes inspiram em seus membros".

Obras: *Kants Kritik der Urteilskraft als Bindeglied zwischen theoretischer und praktischer Philosophie*, 1925 (*A crítica do juízo de Kant como laço de união entre a filosofia teórica e a prática*) (tese). — *Anfänge der bürgerlichen Geschichtsphilosophie*, 1930; reimp., 1971 (*Inícios da filosofia burguesa da história*). — *Die gegenwärtige Lage der Sozialphilosophie*, 1931 (*A situação atual da filosofia social*). — *Dämmerung*, 1934 (com o pseudônimo "Heinrich Regius"). — *Studien über Autorität und Familie*, 1936 (em colaboração com H. Marcuse et al.). — *Philosophische Fragmente*, 1944; reimp. como *Dialektik der Aufklärung. Philosophische Fragmente*, 1947; novas eds., 1969, 1971 (em colaboração com Theodor W. Adorno). — *Eclipse of Reason*, 1947; ed. alemã muito ampliada: *Zur Kritik der instrumentellen Vernunft*. *Aus den Vorträgen und Aufzeichnungen seit Kriegsende*, ed. Alfred Schmidt, 1967. — *Zum Begriff der Vernunft*, 1952 (*Para o conceito de razão*). — *Sociologica II: Reden und Vorträge*, 1962 (em colaboração com Theodor W. Adorno). — *Kritische Theorie: Eine Dokumentation*, ed. Alfred Schmidt, 2 vols., 1968 . — *Zum Problem der Wahrheit*, 1969 (*Para o problema da verdade*). — *Vernunft und Selbsterhaltung*, 1970 (*Razão e autoconservação*). — *Die Sehnsucht nach dem ganz Anderen. Ein Interview mit Kommentar von Helmont Gumnior*, 1970. — *Verwaltete Welt? Ein Gespräch über kritische Theorie zwischen M. H. und O. Hersche*, 1970 (*Mundo burocratizado?: Conversação sobre a teoria crítica entre M. H. e O. H.*). — *Aus der Pubertät*, 1974.

Em Português: *Dialética do esclarecimento*, s.d. — *Eclipse da razão*, s.d. — *Origens da filosofia burguesa na história*, s.d. — *Para a crítica da razão instrumental: De conferências e notas desde o final da Guerra*, 1976. — *Teoria crítica I*, 1990.

Além dos volumes indicados, H. escreveu numerosos trabalhos em várias publicações; entre os mais destacados figuram os que apareceram no *Zeitschrift für Sozialforschung*, vols. I e II, e sobretudo "Philosophie und kritische Theorie", VI, 2 (1937), e "Traditionelle und kritische Theorie", VI, 3 (1938), coligido no vol. II da obra *Kritische Theorie* mencionada *supra*.

Edição de obras: *Gesammelte Schriften*, 1985 ss., ed. A. Schmidt e G. Schmid-Noerr.

Depoimento: H. Gumnior, R. Ringguth, *M. H. in Selbstzeugnissen und Bilddokumenten*, 1973.

Ver: Alfred Schmidt, *Zur Idee der kritischen Theorie. Elemente der Philosophie M. Horkheimers*, 1974. — Anselm Skuhra, *M. H. Eine Einführung in sein Denken*, 1974. — A. Schmidt, N. Altwicker, eds., *M. H. heute. Werk und Wirkung*, 1986 (com bibliografia). — W. v. Reijen, *H. zur Einführung*, 1982; 2ª ed., 1987. — G. Schmid Noerr, *Das Eingedenken der Natur im Subjekt. Zur Dialektik von Vernunft und Natur in der kritischen Theorie H.s, Adornos und Marcuses*, 1990. — P. M. R. Stirk, *M. H.: A New Interpretation*, 1992. — S. Benhabib, W. Bonss, J. McCole, eds., *On M. H.*, 1993.

HORVÁTH, SÁNDOR. Ver Neotomismo.

HOWISON, GEORGE HOLMES (1834-1916). Nascido em Montgomery County (Maryland, Estados Unidos), fez parte da Sociedade Filosófica de Saint Louis, colaborando, sem por isso adscrever-se ao idealismo absoluto, no *Journal of Speculative Philosophy*. Lecionou no Instituto de Tecnologia de Massachussets de 1872 a 1878, depois de percorrer grande parte do país. Após uma viagem à Europa, lecionou na Universidade de Michigan e, de 1884 até sua morte, na Califórnia. Sua doutrina é comumente qualificada como um idealismo personalista e se encontra na mesma corrente que contemporaneamente era desenvolvida por Bowne e que une a um idealismo metafísico, adversário do impersonalismo, um realismo gnosiológico. Por isso a crítica ao impersonalismo realizada por Howison assemelha-se consideravelmente com a que foi efetuada por Bowne; a ela une-se igualmente uma crítica ao evolucionismo spenceriano, mas Howison parte de problemas e experiências próprios e por causa disso só com muitas reservas pode ser chamado de personalista em um sentido tradicional. Ao criticar a aplicação excessiva da idéia de evolução, Howison não quer, porém, contradizer os resultados da ciência: trata-se de saber, de início, se a evolução não terá algum limite, se não será, em última análise, uma idéia teleológica e, por conseguinte, uma noção edificada sobre uma categoria espiritual. Ora, o caráter teleológico último da noção de evolução implica a espiritualidade da realidade última: o universo está teleologicamente conformado porque só pode ser concebido como um organismo espiritual. A espiritualidade e pluralidade do real são resolutamente afirmadas por Howison, que faz do mundo um "mundo de pessoas", de "eus" auto-existentes. A doutrina da divindade por ele forjada encontra-se dentro desse mesmo marco: a suprema personalidade de Deus é causa e ao mesmo tempo fim de tudo, e por isso Deus é a síntese de opostos tais como a eternidade e o tempo. Howison opõe-se em toda parte ao monismo, ao idealismo absoluto e ao teísmo cósmico, mas este combate múltiplo não se efetua por uma fuga da experiência, e sim em virtude de um desejo de se ater a uma experiência mais total e completa do que aquela própria do conhecimento científico, a que aplica ao todo as categorias que são legítimas apenas para uma zona da realidade.

⊃ Principais obras: *The Conception of God: A Philosophical Discussion concerning the Nature of the Divine Idea, as a Demonstrable Reality*, 1897 [em colaboração com J. Royce, J. Le Conte e S. E. Mezes]. — *The Limits of Evolution and other Essays*, 1901. ⊂

HUARTE DE SAN JUAN, JUAN, ou Doctor Juan de San Juan (*ca.* 1526-1588?). Nascido em San Juan del Pie del Puerto (Navarra). Os dados sobre sua vida não são confiáveis, mas parece bastante provável que tenha vivido muitos anos em Linares (Jaén) e falecido em Baeza (*id.*). Sua única obra, *Examen de ingenios para las ciencias*, é uma ampla investigação sobre os temperamentos e os tipos (ver TIPO) psicológicos para mostrar: 1) "qual é a natureza que torna o homem hábil para uma ciência e incapaz para outra"; 2) "quantas diferenças de aptidão se encontram na espécie humana"; 3) "que artes e ciências correspondem a cada uma em particular", e 4) "com que sinais ela deve ser reconhecida". O tema da obra é, desse modo, "a aptidão e a habilidade dos homens". Com base nisso, Huarte de San Juan distinguiu os tipos hábeis (boa aptidão, aptidão excelente e aptidão excelente com mania ou excelentíssima) dos tipos inábeis (torpes; capazes de aprender com aplicação, mas sem memória; capazes de memorizar, mas sem ordenamento intelectual; e capazes de reter e ordenar os conceitos, mas sem penetrar nas causas). Essa tipologia baseava-se quase inteiramente nos temperamentos orgânicos, isto é, nos "espíritos vitais". Embora crítico de Hipócrates e de Galeno em vários aspectos, Huarte de San Juan aproveitou muitas idéias fundamentais da antiga doutrina dos temperamentos, especialmente a tese da adequada mistura do seco e do úmido. Ele também usou, modificando-a e combinando-a com a anterior, a clássica doutrina das faculdades. Assim, cada faculdade requeria, em seu entender, o predomínio de um tipo de humor: a memória requeria umidade; o entendimento, secura; a imaginação, calor. Cada faculdade, por sua vez, dava origem a um tipo específico de aptidão, e, ao mesmo tempo, cada um desses tipos se diversificava segundo o maior ou menor predomínio da secura, da umidade e do calor, produzindo com isso tipos psicológicos mais ou menos permanentes. Daí provinham diferenças de entendimento tais como as seguintes: tipos hábeis para contemplações fáceis e claras, e inábeis para contemplações difíceis e obscuras; tipos hábeis para contemplações fáceis e claras e difíceis e obscuras, mas meramente receptivos; tipos com entendimento produtor ou criador que não seguem os modelos preexistentes mas criam modelos, isto é, "idéias".

⊃ Seguidores e discípulos de Huarte de San Juan na Espanha foram, segundo Menéndez y Pelayo (*La Ciencia Española*, ed. M. Artigas, I, Madri, 1933, p. 200): Esteban Pujasol, do século XVII, em sua *Filosofía sagaz o Anatomía de ingenios*, e Pe. Ignacio Rodríguez, do século XVIII, em seu *Discernimiento de ingenios*.

Há edições do *Examen*, com variantes: a edição *princeps* de 1575 e a edição sub-*princeps* de 1594, ambas publicadas em Baeza. A primeira parte do título na edição *princeps* é: *Examen de ingenios para las sciencias. Donde se muestra la diferencia de habilidades que ay en los hombres y el género de letras que a cada uno responde en particular*. Nova edição na Biblioteca Rivadeneyra, t. LXV, 1875, 403-520. Edição crítica comparada das duas edições, com prólogos, notas e comentários de Rodrigo Sanz, Madri, 1930. — Existem diversas edições acessíveis do *Examen*: 1977, 1988, 1989, 1991.

Ver: J. M. Guardia, *Essai sur l'ouvrage de J. Huarte Examen des aptitudes pour les sciences*, 1855. — *Id.*, "Philosophes espagnols. J. Huarte", *Revue Philosophique*, 30 (1890), 249-294. — R. Salillas, *Un gran inspirador de Cervantes. El doctor Juan Huarte y su Examen de ingenios*, 1905. — M. de Iriarte, "Dr. Juan Huarte de San Juan und sein *Examen de Ingenios*. Ein Beitrag zur Geschichte der differentiellen Psychologie", *Spanische Forschungen der Görresgesellschaft*, 4 (1938). Edição espanhola da mesma obra: *El doctor Huarte de San Juan y su Examen de ingenios. Contribución a la historia de la psicología diferencial*, 1948. — Marcial Solana, *Historia de la filosofía española. Época del Renacimiento. Siglo XVI*, I, 1941, pp. 293 ss. — C. G. Noreña, "J. H.'s Naturalistic Humanism", *Journal of the History of Philosophy*, 10 (1972), 71-76. — *Id., Studies in Spanish Renaissance Thought*, 1975, cap. IV. — R. Pochtar, "El Examen de Ingenios y la 'lingüística cartesiana'", *Revista Latinoamericana de Filosofía*, 2 (1976), 179-186. ↷

HUBERT, RENÉ. Ver Durkheim, Émile.

HUET, PIERRE-DANIEL (1630-1721). Nascido em Caen. Estudou com os jesuítas, viajou pela Suécia e pela Holanda e, retornando, fundou em Caen a Academia de Ciências. Tutor, sob o reinado de Luís XIV, do Delfim, fez publicar a série de edições *ad usum Delphini*. Ordenado sacerdote, foi nomeado bispo de Soissons e depois de Avranches. Sua erudição, especialmente em história das religiões, granjeou-lhe o respeito de filósofos e eruditos.

Huet é mencionado na história da filosofia sobretudo por sua crítica (ou "censura") à filosofia cartesiana (ver Cartesianismo). Paradoxalmente, a muita ou pouca fama de Huet durante algum tempo deve-se à difusão do cartesianismo, sem a qual não se teria reparado nas fortes objeções de Huet a ele. Mas, como mostrou Richard H. Popkin em seus estudos sobre a origem e o desenvolvimento do ceticismo e do pirronismo modernos, Huet é um elo importante na vigorosa "corrente" cético-pirroniana. De início, Huet buscou mostrar a impossibilidade de alcançar qualquer certeza completa em qualquer matéria, e, portanto, tampouco em matérias de teologia. Isso o levou a considerar as diferenças religiosas com espírito de tolerância e a buscar demonstrar que há elementos comuns nas diversas religiões. Contra Descartes, Huet afirmou que o *Cogito* não produz nenhuma certeza completa; não é nenhuma evidência direta, mas o resultado de um raciocínio no curso do qual podem ser cometidos erros. Huet estendeu sua atitude cética a toda pretensa certeza, mas, como ocorre freqüentemente, isso não o levou a uma crítica da fé, e sim a uma defesa dela. Já que a razão é incapaz de alcançar a verdade, não há outra saída senão apoiar-se na fé. A verdade religiosa não pode ser racionalmente demonstrada; deve ser, pois, aceita e "acreditada". Ora, a extrema defesa da fé realizada por tais meios é, ou também pode ser — ou pôde ter sido em Huet —, um modo de solapar a fé: ao se recomendar a submissão à pura e simples crença, ressalta-se o caráter absurdo desta.

À crítica cartesiana de Huet respondeu o cartesiano Sylvain Régis (ver).

↷ Huet escreveu primeiramente *Origenis Commentaria in Sacram Scripturam* (1668) com base na descoberta de um manuscrito de Orígenes. Suas obras mais conhecidas são: *Demonstratio Evangelica*, 1679. — *Censura philosophiae cartesianae*, 1689. — *Nouveaux mémoires pour servir à l'histoire du cartésianisme*, 1692. — *Quaestiones Alnetanae* [por Alnay, abadia dependente de H.]. *de concordia rationis et fidei*, 1692. — *Traité philosophique de la faiblesse de l'esprit humain*, 1725 (póstuma).

F. Bouiller trata extensamente de Huet em sua *Histoire de la philosophie cartésienne*, 2 vols., 1854; 3ª ed., 1868. — Ver também: A. Dupront, *P.-D. H. et l'exégèse comparatiste au XVIIe siècle*, 1930 (sobre os estudos de história comparada das religiões realizados por Huet). — Léon Tolmer, *P.-D. H. (1630-1721), humaniste-physicien*, 1949. — Richard H. Popkin refere-se a Huet em seu *The History of Scepticism from Erasmus to Descartes*, 1960; ed. rev., 1964. — *Id.,* "The Manuscript Papers of Bishop P.-D. H.", *Year Book of the American Philosophical Society*, 1959, pp. 449-453 (material incorporado ao *The History etc.*). — *Id.,* "Leibniz and the French Sceptics", *International Review of Philosophy*, 20 (1966), 228-248. — A. M. Alberti, "Lo scetticismo apologetico di P.-D. H.", *Giornale Critico della Filosofia Italiana*, 9 (1978), 210-237. — G. Malbreil, "Descartes censuré par H.", *Revue de Philosophie Française* (1991), 311-328. ↷

HÜGEL, BARÃO FRIEDRICH VON (1852-1925). Nascido em Florença de pai austríaco, residiu grande parte de sua vida na Inglaterra. É considerado um dos principais representantes do modernismo (ver), influenciando outros autores dessa tendência. Contudo, von Hügel se opôs, em vários aspectos importantes, às correntes imanentistas e até subjetivistas que atraíram outros modernistas. Von Hügel foi, epistemologicamente, um realista hostil a todo idealismo e a todo positivismo, que em muitos casos coincidem, em seu entender, em um fenomenismo. A idéia de que todo conhecimento funda-se em sensações é tão errada, segundo von Hügel, quanto a idéia de que o conhecimento das realidades tem sua base em modelos abstratos. Conhecer realidades é aproximar-se, sem nunca conseguir, de entidades tão ricas em conteúdo que nunca podem ser reduzidas a qualquer esquema. O conhecimento não possui apenas uma dimensão intelectiva; possui também dimensões afetivas e volitivas, mas estas não são meras expressões de experiências subjetivas, e sim acumulações de experiências interindividuais expressas ao longo da história. Von Hügel considerou que há um sentido do Infinito que torna possível a experiência religiosa e a comunicação do homem com Deus.

↷ Obras: *The Mystical Element of Religion as Studied in St. Catherine of Genoa and Her Friends*, 1908. — *Eternal Life: A Study of Its Implications and Applications*, 1912. — *The German Soul*, 1916. — *Essays and Adresses on the Philosophy of Religion*, 2 vols., 1921-1926. — *The Reality of God*, 1931 (póstuma).

Correspondência: *Selected Letters*, 1927, ed. B. Holand. — *Letters to a Niece*, 1950. — L. F. Barmann, *The Letters of F. von H. and Norman Kemp Smith*, 1981.

Ver: Maurice Nédoncelle, *La pensée religieuse de F. von H.*, 1935. — L. V. Lester-Garland, *The Religious Philosophy of Baron F. von H.*, 1938. — M. D. Petre, *Von H. and Tyrrell: the Story of a Friendship*, 1938. — M. de le Bedoyère, *The Life of Baron von H.*, 1951. — M. Schluter e G. K. Frank, *Weltlose Religion, Gottlose Welt*, 1953. — Jean Steinmann, *F. von H. Sa vie, son oeuvre et ses amitiés*, 1962. — M. Nédoncelle, "A Recently Discovered Study of von H. on God", *International Philosophy Quarterly*, 2 (1962), 5-24. — A. de Maria, *Il pensiero religioso di F. v. H.*, 1979. ☉

HUGO DE SÃO VÍTOR (1096-1141). Nascido em Hartingham (Saxônia), abade do mosteiro de "São Vítor", no qual lecionou, é geralmente considerado um místico. Embora, com efeito, a tendência místico-contemplativa seja, para Hugo, a culminasão da ascenção da alma, sua meditação teológica não é de modo algum acessória. Hugo é, pois, ao mesmo tempo místico e teólogo, e isso de tal modo que sua aversão à dialética só pode ser considerada uma luta contra a redução de toda ciência divina a ela. A subordinação do conhecimento racional à contemplação não suprime o conhecimento racional, antes o fundamenta, ou, melhor, outorga-lhe um sentido que lhe faria falta se fosse independente ou considerado um fim em si mesmo. O treinamento ascético e contemplativo não supõe obrigatoriamente o conhecimento intelectual, mas tampouco elimina os graus da *cogitatio* e da *mediatio*. Ao contrário do que ocorre com São Pedro Damião, as ciências profanas podem ser um auxílio precioso para a consecução da *contemplatio* sempre que sejam devidamente integradas e subordinadas. Por isso, Hugo integrou, na "Suma" de seu tratado sobre os sacramentos e em seu *Didascalion*, a hierarquia das ciências profanas, tanto as teóricas ou especulativas como as lógicas e as práticas, com o que constituiu uma hierarquia de saberes e de ações que, se têm de desembocar na contemplação mística, almejam preencher todo possível vazio entre a contemplação e o conhecimento, a mística e o saber, a fé e a razão. Ver Ciências (Classificação das).

➲ Obras: *De sacramentis legis naturalis et scriptae dialogus. — De arca Noe morali. — De arca Noe mystica. — De sacramentis christianae fidei. — De sapientia animae Christi. — De scripturis et scriptoribus sacris prenotatiunculae. — De tribus diebus. — De unione corporis et spiritus. — Expositio in Hierarchiam coelestem. — In Ecclesiasten homiliae. — Soliloquium de arrha animae. — De fide orthodoxa. — Didascalion: De studio legendi* [com três apêndices]. — *De anima* [desta obra considera-se que Hugo escreveu apenas o capítulo "De erectionis animae seu mentis ad Deum"]. — *De grammatica. — Practica geometriae. — De ponderibus. — Epitome Dindimi in philosophiam.*

Edições de obras: Paris, 1518; Paris, 1526; Veneza, 1588; Colônia, 1617; Mainz, 1617; Rouen, 1648. Edição na *Patrologia latina* de Migne (procedente da edição de Rouen), CLXXII, CLXXV-CLXXVI-CLXXVII.

Bibliografia: ver o catálogo das obras em B. Hauréau, *Hugues de Saint Victor. Nouvel examen de l'édition de ses oeuvres*, 1859 (com edição de dois escritos inéditos: *Epitome in philosophiam* e *De contemplatione et ejus speciebus*); 2ª ed., com o título: *Les oeuvres de Hugues de Saint Victor*, 1886. Ver também, sobre as obras, o livro de Ostler citado *infra*; o escrito de B. Geyer, *Die* Sententiae divinitatis, *ein Sentenzenbuch der Gilbertschen Schule*, 1909; L. de Ghellinck, "La table des matières de la première édition des oeuvres de Hugues de Saint Victor", *Recherches des sciences religieuses*, I (1910); Jerome Taylor, *The Didascalion of Hugh of St. Victor*, 1961, com numerosas notas (pp. 158-228).

Ver, além disso: A. Liebner, *Hugo von St. Victor und die theologischen Richtungen sener Zeit*, 1832. — A. Kaulich, *Die Lehren des Hugo und Richard von S. Viktor*, 1864. — A. Mignon, *Les origines de la scolastique et H. de S.-V.*, 2 vols., 1868. — C. Hettwer, *De fidei et scientiae discrimine et consortio juxta mentem Hugonis a S. Victore*, 1875. — Jacob Kilgenstein, *Die Gotteslehre des Hugo von St. Viktor*, 1898. — G. Santini, *Ugo da S. Vittore*, 1898. — H. Ostler, *Die Psychologie des Hugo von St. Viktor*, 1906. — G. B. Grassi-Bertazzi, *La filosofia di Ugo da S. Vittore*, 1912. — E. Barkhold, *Die Ontologie Hugos von Sanct Viktor*, s/d. (1932) (tese). — W. A. Schneider, *Geschichte und Geschichtsphilosophie bei Hugo von St. Viktor. Ein Beitrag zur Geistesgeschichte des 12. Jahrhunderts*, 1933. — John P. Kleinz, *The Theory of Knowledge of H. of St. V.*, 1944. — Roger Bacon, *Science et sagesse chez H. de S.-V.*, 1957. — D. van den Eynde, *Essai sur la sucession et la date des écrits de H. de S.-V.*, 1960. — H. R. Schlette, *Die Nichtigkeit der Welt. Der philosophische Horizont des H. von St. V.*, 1961. — Roger Bacon, *H. de S.-V.*, 1963. — J. Ehlers, *H. v. St. V. Studien zum Geschichtsdenken und zur Geschichtsschreibung des 12. Jh.s*, 1973. — R. Goy, *Die Überlieferung des Werke H.s v. St. V.*, 1976. ☉

HUGO DE SIENA [HUGO BENZÍ], Hugo Senensis (*ca.* 1370-1439). Ensinou medicina e filosofia natural em diversas cidades italianas (Bolonha, Pávia, Pádua etc.), chegando finalmente a Ferrara, onde seus ensinamentos alcançaram grande fama. Hugo de Siena é considerado um dos mais ativos membros da chamada "Escola de Pádua" ou averroísmo italiano. Contudo, ele não é simplesmente um averroísta; de início, acolheu influências de Avicena em seus escritos psicológicos; no entanto, mais importantes filosoficamente que sua psicologia e seus estudos médicos são suas doutrinas sobre o método. Como indicou Randall (cf. *infra*), Hugo de Siena partiu de Galeno para elaborar uma metodologia como "sistema de prova". Nela desenvolveu os dois métodos da *resolutio* (análise [VER]) e *compositio* (síntese), ambos considerados indispensáveis para o conhecimento das causas dos fenômenos naturais, pois são duas fases necessárias para se chegar ao descobrimento ou *inventio*.

➲ Em 1948 publicou-se em Veneza a *Expositio Ugonis Senensis super libros Tegni Galieni*, que apresenta sua doutrina do método. — Hugo de Siena também escreveu um tratado sobre as paixões da alma e comentários ao *Cânon* de Avicena.

Ver: G. Quadri, "La dottrina psicologica di Avicenna interpretata da Ugo di Siena, medico e filosofo", em *La filosofia degli arabi nel suo fiore*, I, 1939, pp. 243 ss. — D. P. Lockwood, *Ugo Benzi, Medieval Philosopher and Physician*, 1951. — John Herman Randall, Jr., *The School of Padua, and the Emergence of Modern Science*, 1961, especialmente pp. 37-38. — Várias das obras citadas na bibliografia de MERTONIANOS e de PARIS (ESCOLA DE) referem-se a Hugo de Siena. **C**

HULL, CLARK L[EONARD]. Ver COMPORTAMENTALISMO.

HUMANISMO. O termo 'humanismo' foi usado pela primeira vez em alemão (*Humanismus*) pelo mestre e educador bávaro F. J. Niethammer em sua obra *Der Streit des Philanthropismus und des Humanismus in der Theorie des Erziehungsunterrichts unserer Zeit* (1808). Segundo Walter Rüegg (*Cicero und der Humanismus: Formale Untersuchungen über Petrarca und Erasmus*, 1946; apud Bruno Snell, *Die Entdeckung des Geistes*, 1948, cap. XI, nota 1), em 1784 foi usado o vocábulo 'humanístico' (*humanistisch*). O termo 'humanista' foi usado em italiano (*umanista*) já em 1538 (ver A. Campana, "The Origin of the World 'Humanist'", *Journal of the Warburg and Courtauld Institutes*, IX [1946], 60-73). Há uma estreita relação no significado de todos esses vocábulos. Niethammer entendia por 'humanismo' a tendência a destacar a importância do estudo das línguas e dos autores "clássicos" (latim e grego). *Umanista* foi usado na Itália para designar os mestres das chamadas "humanidades", isto é, aqueles que se consagravam aos *studia humanitatis*. O humanista distinguia-se, pois, do "jurista", do "legista", do "canonista" e do "artista" (cf. Paul Oskar Kristeller, *Renaissance Thought, The Classic, Scholastic, and Humanist Strains*, 1961, p. 9 [ed. rev. da obra do mesmo autor, *The Classics and Renaissance Thought*, 1955]); (*Renaissance Thought*, 2 vols., 1961-1965). É verdade que o jurista, o legista etc. também se ocupavam de *studia humanitatis* e de *res humaniores*, mas se ocupavam deles — como já haviam enfatizado Cícero e outros autores, que usaram estas duas últimas expressões latinas — como "profissionais" e não propriamente como "homens", ou seja, como "pura e simplesmente homens". O estudo das "humanidades", em contrapartida, não era um estudo "profissional", mas "liberal": o humanista era aquele que se consagrava às artes liberais e, dentro destas, especialmente às artes liberais que mais levam em conta o "geral humano": história, poesia, retórica, gramática (incluindo literatura) e filosofia moral (Kristeller, *op. cit.*, p. 10).

Segundo o que foi dito anteriormente, o termo 'humanismo' pode ser aplicado (retrospectivamente) ao movimento que surgiu na Itália nos final do século XIV e prontamente se estendeu para outros países durante os séculos XV e XVI. Característico dos humanistas é, segundo Kristeller (*Studies in Renaissance Thought and Letters*, 1956, p. 24), o fato de terem "herdado muitas tradições dos mestres medievais de gramática e de retórica, os chamados *dictadores*", e de terem acrescentado a essas tradições a insistência no estudo dos grandes autores latinos (insistência que, além disso, já se encontra nas escolas das catedrais francesas do século XII) e da língua e da literatura gregas. Muito particularmente, o humanismo, especialmente o italiano, foi um "ciceronismo", na medida em que consistiu em grande parte em um estudo e em uma imitação do estilo literário e da forma de pensar de Cícero.

Pode-se então perguntar se o humanismo no sentido apontado tem significação filosófica. Alguns autores responderam afirmativamente à pergunta. Mais ainda: proclamaram que o humanismo é, a rigor, "a filosofia do Renascimento" ou, ao menos, "uma nova filosofia do Renascimento", oposta à escolástica medieval. Outros autores, por outro lado, responderam à pergunta negativamente e enfatizaram o aspecto "literário" do humanismo em contraposição a qualquer aspecto filosófico. Consideramos que essas duas respostas são, cada uma por seu lado, excessivas. Com efeito, o humanismo — o "humanismo renascentista" — não é, propriamente falando, uma tendência filosófica, nem sequer um "novo estilo filosófico". Em todo caso, não há um conjunto de idéias filosóficas comuns a autores como Erasmo, Montaigne, Nicolau de Cusa, Marsilio Ficino, Pico de la Mirandola, Valla, Ramus e outros autores que costumam ser qualificados, com justeza ou não, de "humanistas". Por outro lado, não é justo concluir que os humanistas renascentistas não tiveram nada a ver com a filosofia. Em primeiro lugar, há um aspecto de sua atividade — a "filosofia moral", intensamente cultivada pelos humanistas — ao qual não se pode negar importância filosófica. Em segundo lugar, alguns humanistas, embora ligados à tradição escolar e universitária medieval mais do que eles próprios suspeitavam, tentaram "arejar" essa tradição e, com isso, o modo de expressão das reflexões filosóficas. Por fim, embora o humanismo renascentista não seja redutível à concepção de Burckhardt do "descobrimento do homem como homem" — ou como "indivíduo" —, é certo que muitos humanistas buscaram destacar o que se chamou de "a dignidade do homem" (ao menos do "homem educado liberalmente") e com isso suscitaram certas mudanças na "antropologia filosófica" da época. Desse modo, o humanismo renascentista não é nem uma filosofia nem uma "época filosófica", mas é em parte um dos elementos da "atmosfera filosófica" durante o final do século XIV e grande parte dos séculos XV e XVI.

Na época atual falou-se de "humanismo" não apenas para designar o movimento descrito anteriormente, mas também, ou sobretudo, para qualificar certas tendências filosóficas, especialmente aquelas nas quais se ressalta algum "ideal humano". Como os "ideais humanos" são muitos, proliferaram-se os "humanismos". Temos com isso um humanismo cristão, um "humanismo integral" (ou o "humanismo da Encarnação" no sentido de Maritain), um humanismo socialista, um humanismo (ou neo-humanismo) liberal, um humanismo existencialista, um humanismo científico e muitas outras, quase incontáveis, variedades. Algumas dessas tendências humanistas caracterizam-se pela insistência na noção de "pessoa" (VER) em contraposição à idéia de "indivíduo" (VER). Outras tendências caracterizam-se pela defesa da "sociedade aberta" contra a "sociedade fechada". Outras, por destacarem o caráter fundamentalmente "social" do ser humano. Outras, por enfatizarem que o homem não se reduz a nenhuma função determinada, mas que é uma "totalidade". Etc. No resto deste verbete nos limitaremos a resenhar sumariamente algumas doutrinas que adotaram explicitamente o nome 'humanismo', seja como um "método" ou como determinada "concepção".

No que diz respeito ao método, 'humanismo' é um termo usado por várias tendências do pensamento de nosso século. Isso ocorre com os movimentos filosóficos incitados por William James e F. C. S. Schiller (o último chamou sua própria filosofia precisamente de "humanismo"). De acordo com James, o humanismo consiste em romper com todo "absolutismo" — com toda idéia de um "universo compacto" —, com todo intelectualismo, com toda negação da variedade e espontaneidade da experiência. O humanismo não renuncia à verdade, nem, evidentemente, à realidade; pretende apenas que sejam mais ricas (ou que se reconheça sua inesgotável riqueza). Por isso ele nega que os conceitos e as leis sejam meras duplicações da realidade. Na conceituação humanística tolera-se "o símbolo em vez da reprodução, a aproximação em vez da exatidão, a plasticidade em vez do rigor" (W. James, *The Meaning of Truth* [1909], cap. III; trad. esp.: *El significado de la verdad*, 4ª ed., 1974). O humanismo renuncia aos "antigos ideais de rigor e definitividade", o que não transforma o humanismo em um ceticismo pirrônico, já que este último pretende não saber nada, enquanto o humanismo se esforça para saber o que se consiga saber (*loc. cit.*). Não é estranho, portanto, que para James sejam humanistas todos os filósofos da época que de algum modo sacrificaram a exatidão racionalista em favor de uma maior flexibilidade na descrição do real: humanistas seriam então Bergson, Milhaud, em parte Poincaré, Simmel, Mach, Ostwald e, é claro, F. C. S. Schiller e Dewey. O humanismo não é, em suma, uma tese, mas uma perspectiva filosófica (*op. cit.*, cap. V) e, na verdade, uma perspectiva que conduz sempre a "totalidades abertas". James assinala, precisando ainda mais seu pensamento sobre essa questão, que os principais pontos em que se baseia o humanismo são: 1) uma experiência, perceptiva ou conceitual, deve conformar com a realidade para ser verdadeira; 2) no humanismo a 'realidade' não são senão as outras experiências conceituais ou perceptivas com as quais, de fato, se pode encontrar misturada uma experiência atual; 3) por 'conformidade' o humanismo quer dizer levar em conta a coisa, de tal modo que se obtenha um resultado satisfatório *tanto intelectual como praticamente*; 4) 'levar em conta' e 'resultado satisfatório' são expressões que não admitem definição, por serem muitas as vias mediante as quais podem ser "preenchidas" essas exigências; 5) vagamente, e em geral, levamos em conta uma realidade *preservando-a* em uma forma tão pouco modificada quanto possível; 6) a verdade que encarna a experiência conformante deve ser uma adição positiva à realidade prévia, e os juízos devem conformar com ela (*op. cit.*, cap. III). F. C. S. Schiller não desmente essencialmente essas "condições" do humanismo, mas o entende em um sentido mais radical, pois não se trata apenas de uma ampliação e de uma superação do pragmatismo nem tampouco meramente de uma atitude, e sim de uma verdadeira posição filosófica. O "protagonismo" e o "relativismo" de Schiller não significam, certamente, uma negação da possibilidade da "verdade", mas uma negação dos quadros tradicionais dentro dos quais ela foi apresentada. Trata-se, pois, de fixar certas características do humanismo, e estas poderiam ser, segundo Schiller, as seguintes: *a*) afirmação de uma certa plasticidade do real pela qual possamos adaptá-lo a nossas finalidades como um postulado necessário; *b*) um certo pluralismo (e, evidentemente, um completo antiabsolutismo); *c*) o individualismo (cf. "Why Humanism?", em *Contemporary British Philosophy*, I, pp. 408-440). Mas ao se transformar em "posição" o humanismo filosófico parece desmentir seus próprios pressupostos e desdenhar a mesma flexibilidade que, segundo James, constituía sua porta de acesso natural.

No século XX surgiram novas filosofias que qualificam a si próprias de humanistas. Entre elas mencionamos duas. Uma é a de Gerhard Kränzlin, que propõe uma doutrina que ele chama de *pan-humanismo*, baseada em uma reinterpretação do idealismo hegeliano. Essa doutrina foi exposta e defendida em várias obras: *Die Philosophie vom unendlichen Menschen*, 1938; *Das System des Panhumanismus*, 1949, e *Existenzphilosophie und Panhumanismus*, 1950. A mais significativa e completa para o pan-humanismo de Kränzlin é a segunda das obras citadas, pois a primeira constitui o estabelecimento do problema, e a última é uma confrontação do idealismo com o existencialismo da qual resulta que somente o que este último tem de idealista é justificado. Kränzlin considera o pan-humanismo uma doutrina metafísica de caráter funcionalista e relacionista, e avalia que não apenas em Hegel mas até mesmo na "metafísica tradicional" há um fundamento idealista que explica a "inevitabilidade" dessa tendência. Outra doutrina humanista é a mais "popular" de Corliss Lamont, que defende em seu *Humanism as a Philosophy* (1949; 4ª ed., 1958; ver também *The Independent Mind. Essays of a Humanist Philosopher*, 1951; *The Philosophy of Humanism*, 1982; 6ª ed. com uma nova introd.) um humanismo naturalista e antiidealista baseado nas seguintes afirmações: antisobrenaturalismo; evolucionismo radical; inexistência da alma; auto-suficiência do homem; liberdade da vontade; ética intramundana; valor da arte; humanitarismo. Esse "humanismo naturalista" de Lamont tem em parte sua origem no movimento expresso no *Humanist Manifesto*, de 1933, assinado por 34 autores, entre os quais destacava-se Dewey. Um tipo similar de humanismo, com forte tendência "social-liberal", foi expressado no *Humanist Manifesto* de 1974 (chamado de *Humanist Manifesto II* para distingui-lo e ao mesmo tempo ligá-lo ao anterior, que passou agora a ser chamado de *Humanist Manifesto I*). O *Humanist Manifesto II* foi assinado, entre outros autores, por Andrei Sakharov — físico soviético "dissidente" —, B. F. Skinner, Betty Friedan, Sidney Hook, Jacques Monod, Gunnar Myrdal e o citado Corliss Lamont. Característico desses dois movimentos, e manifestos, humanistas é a insistência na liberdade individual e no regime político democrático. O *Manifesto II* expressa, além disso, a necessidade de uma planificação econômica e ecológica que não comprometa as liberdades individuais, incluindo o direito ao suicídio e ao aborto e à prática da eutanásia.

O "humanismo" foi um dos cavalos de batalha no pensamento contemporâneo, especialmente entre existencialistas, marxistas, existencialistas que se declararam ao mesmo tempo marxistas (ou vice-versa), personalistas e estruturalistas de diversas filiações. Pouco após a segunda guerra mundial, existencialistas, marxistas e personalistas cristãos declararam freqüentemente que cada um deles era representante do verdadeiro humanismo. A freqüente identificação do humanismo com o "humanismo liberal e burguês" fez que muitos autores considerassem o humanismo suspeito e que até mesmo o "verdadeiro humanismo" estivesse envolvido nessa suspeição. Por razões muito distintas em cada caso, membros da Escola de Frankfurt e estruturalistas arremeteram contra o humanismo; os estruturalistas, além disso, contra todo humanismo. Enfatizaram, entre outras coisas, que o humanismo erra ao considerar que o homem, incluindo o homem "totalizado", é o verdadeiro sujeito da história. Indicaram que a própria "história" é uma manifestação superficial de estruturas profundas — as quais, em vez de ser criadas e levadas adiante pelos homens, levam-nos. Assim, por exemplo, Lévi-Strauss criticou o humanismo de Sartre, que denunciou como uma manifestação de subjetivismo, de um excessivo primado outorgado ao "Cogito", sem que valesse para esse efeito que esse "Cogito" fosse objeto de "totalizações". Curiosamente, a crítica do humanismo baseava-se freqüentemente em Marx; para a defesa de suas respectivas posições, os membros da Escola de Frankfurt, Sartre, Lévi-Strauss e Althusser apelavam igualmente para Marx. Para fazer isso era preciso reinterpretar Marx e eliminar dele todas as "veleidades" humanistas. Fenomenólogos e autores de tendência hermenêutica, como Paul Ricoeur e Mikel Dufrenne, opuseram-se a essas tendências anti-humanistas, especialmente as que se manifestaram nas posições estruturalistas ou em Foucault. Em geral, os autores que se baseiam em alguma forma de historicismo também tendem a alguma forma de humanismo, e aqueles que se baseiam em estruturas subjacentes às atividades humanas tendem a alguma forma de anti-humanismo, mas tudo isso tem exceções — assim, o historicismo pode consistir em reificar de algum modo a história, convertendo-a em uma estrutura profunda, com o que se rejeita então o "humanismo".

⊃ Para o humanismo renascentista, além das obras mencionadas no texto do verbete, ver: Jakob Burckhardt, *Die Kultur der Renaissance in Italien*, 1860; ed. rev., 1890 (trad. bras.: *Cultura do renascimento na Itália*, 1991). — P. Duhem, *Études sur Léonard de Vinci*, 3 vols., 1906-1913. — K. Burdach, *Reformation, Renaissance, Humanismus*, 1918. — L. Olschki, *Geschichte der neusprachlichen wissenschaftlichen Literatur*, 3 vols., 1919-1927. — R. Sabbadini, *Il metodo degl'umanisti*, 1920. — Francesco Olgiati, *L'anima dell'umanesimo e del rinascimento: saggio filosofico*, 1924. — G. Toffanin, *Che cosa fu l'umanesimo*, 1928. — Id., *Storia dell'umanesimo*, 3 vols., 1950; nova ed., 4 vols., 1964. — R. Weiss, *The Dawn of Humanism in Italy*, 1947. — G. Highet, *The Classical Tradition*, 1949. — G. Saitta, *Il pensiero italiano nell'umanesimo e nel rinascimento*, 3 vols., 1949-1951. — G. M. Sciacca, *La visione della vita nell'umanesimo*, 1954. — H. Baron, *The Crisis of the Early Italian Renaissance*, 2 vols., 1955. — Jerrold E. Seigel, *Rhetoric and Philosophy in Renaissance Hu-*

manism, 1968. — E. Grassi, *Heidegger and the Question of Renaissance Humanism*, 1983. — Id., *Renaissance Humanism. Studies in Philosophy and Poetics*, 1988. — D. R. Kelley, *Renaissance Humanism*, 1991. — Ver também a bibliografia de RENASCIMENTO.

Para o chamado "humanismo antigo" e "humanismo medieval", especialmente como antecedentes do humanismo renascentista, ver: Werner Jaeger, *Antike und Humanismus*, 1925. — Engelbert Drerup, *Der Humanismus in seiner Geschichte, seinen Kulturwerten und seiner Vorbereitung im Unterrichtswesen der Griechen*, 1934. — H. Baker, *The Dignity of Man: Studies in the Persistence of an Idea*, 1947. — É. Gilson, *Les idées et les lettres*, 1932 (capítulo: "Humanisme médiéval et Renaissance"). — Gerald G. Walsh, *Mediaeval Humanism*, 1942. — P. Renucci, *L'aventure de l'humanisme européen au moyen âge*, 1953. — E. Grassi, *Rhetoric as Philosophy. The Humanist Tradition*, 1980.

Exposição de diversas correntes no humanismo moderno e contemporâneo: Richard Hönigswald, *Philosophische Motive im neuzeitlichen Humanismus. Eine problemgeschichtliche Betrachtung*, 1918. — Heinrich Ritter von Srbik, *Geist und Geschichte vom deutschen Humanismus bis zur Gegenwart*, 2 vols., 1950-1951. — Ramiro de Maeztu, *La crisis del humanismo*, 1919. — Julius Stenzel, *Die Gefahren des modernen Denkens und der Humanismus*, 1928. — A. Boehlen, *Moderner Humanismus*, 1957. — Armando Rigobello, *L'itinerario speculativo dell'umanesimo contemporaneo*, 1958. — Albert Rehm, *Neuhumanismus einst und jetzt*, 1931. — Auguste Etchéverry, *Le conflit actuel des humanismes*, 1955; 2ª ed., 1964. — Nathan Rotenstreich, *Humanism in the Contemporary Era*, 1963. — Mikel Dufrenne, *Pour l'homme*, 1968. — N. L. Geisler, *Is Man the Measure: An Evaluation of Contemporary Humanism*, 1983. — S. R. Yarbrough, *Deliberate Criticism: Toward a Postmodern Humanism*, 1992.

Sobre diversas formas de humanismo. Humanismo pragmatista: F. C. S. Schiller, *Humanism: Philosophical Essays*, 1903. — Id., *Studies in Humanism*, 1912. — W. James, *op. cit. supra*. — Humanismo naturalista: C. Lamont, *op. cit. supra*. — Humanismo cristão: J. Maritain, *Humanisme intégral*, 1936. — F. Hermans, *Histoire doctrinale de l'humanisme chrétien*, 4 vols., 1948 (I. *L'aube*; II. *Le matin*; III. *Plein jour*; IV. *Esquisse d'une doctrine*) (trad. esp.: *Historia doctrinal del humanismo cristiano*, I, 1962). — F. Sánchez-Marín, *Humanismo natural y humanismo cristiano*, 1955. — R. W. Franklin, J. M. Shaw, *The Case for Christian Humanism*, 1991. — Humanismo socialista: Fernando de los Ríos, *El sentido humanista del socialismo*, 1926 [algumas obras de autores marxistas também se referem ao "humanismo socialista"]. Ver também Pierre Bigo, *Marxisme et humanisme*, 1953. — Juan David García Bacca, *Humanismo teórico, práctico y positivo según Marx*, 1965; reimp., 1975. — A. Abusch, *Tradition und Gegenwart des sozialistischen Humanismus*, 1971. — Humanismo dialético: J. E. Toews, *Hegelianism: The Path Toward Dialectical Humanism, 1805-1841*, 1981. — Humanismo ateu: Henri de Lubac, *Le drame de l'humanisme athée*, 1946; 4ª ed., 1950. — Humanismo cultural: René Gillouin, *Un nouvel humanisme: l'humanisme comme principe de culture*, 1931. — Humanismo "existencialista": J.-P. Sartre, *L'existencialisme est un humanisme*, 1946 (trad. bras.: "O existencialismo é um humanismo", no vol. "Sartre" da col. *Os pensadores*, várias eds.). — M. Heidegger, *Brief über den Humanismus*, no tomo *Platons Lehre von der Wahrheit*, 1947. — Humanismo e ciência: É. Bréhier, *Science et humanisme*, 1947. — E. Schrödinger, *Science and Humanism*, 1951. — D. Dubarle, *Humanisme scientifique et raison chrétienne*, 1953. — L. Bérard e P. Valléry-Radot, *Science et humanisme*, 1954. — Fortunato Brancatisano, *Per un umanesimo scientifico*, 1963. — Humanismo e maquinismo: G. Friedmann, *Machine et humanisme*, 1946 ss. (I. *La crise du progrès*; II. *Problèmes humains du machinisme industriel*; III. *Essai sur la civilization technicienne*). — Humanismo no sentido das "humanidades": François Charmot, *L'humanisme et l'humain*, 1934. — "Humanismo positivo": G. della Volpe, *Per la teoria di un umanesimo positivo. Studi e documenti sulla dialettica materialista*, 1949. — Humanismo ético: R. Perrin, *Max Scheler's Concept of the Person: An Ethics of Humanism*, 1991.

Obras diversas sobre o humanismo, com definições do humanismo, esboços de filosofias humanistas, exame de diversas formas de humanismo etc.: J. S. Mackenzie, *Lectures on Humanism*, 1907. — J. B. S. Haldane, *The Philosophy of Humanism, and Other Subjects*, 1922. — E. Carrara, *Lineamenti dell'umanesimo*, 1930. — G. Gentile, *La concezione umanistica del mondo*, 1931. — H. Rädiger, *Wesen und Wandlung des Humanismus*, 1937. — Samuel Ramos, *Hacia un nuevo humanismo. Programa de una antropología filosófica*, 1940; 2ª ed., 1962. — Arthur Liebert, *Der universale Humanismus. I. Grundlegung. Prinzipien und Hauptgebiete des universalen Humanismus*, 1941. — Ferdinand Robert, *L'humanisme: essai de définition*, 1946. — Armando Tagle, *El desarrollo humanista de la historia. Hacia una comprensión del humanismo*, 1946. — M. Gentile, *Umanesimo e filosofia*, 1947. — K. Barth, K. Jaspers, H. Lefèbvre et al., *Pour un nouvel humanisme*, 1949 (trad. esp.: *Hacia un nuevo humanismo*, 1957). — G. Rey, *Humanisme et surhumanisme*, 1955. — O. Gurméndez, *Teoría del humanismo*, 1955. — A. Ruiz de Elvira, *Humanismo y sobrehumanismo*, 1955. —

Manuel Granell, *El humanismo como responsabilidad*, 1959, especialmente pp. 11-76. — P. Kurtz, *In Defense of Secular Humanism*, 1983. — A. Bullock, *The Humanist Tradition in the West*, 1985. — I. T. Frolov, *Man, Science, Humanism: A New Synthesis*, 1990. — M. Buber, *A Believing Humanism: My Testament, 1902-1965*, 1990. — T. Weiming, M. Hejtmanek, A. Wachman, eds., *The Confucian World Observed: A Contemporary Discussion of Confucian Humanism in East Asia*, 1992.

Para bibliografia e desenvolvimento do humanismo, ver: W. Kölmel, *Aspekte des Humanismus*, 1981. — B. Kohl, *Renaissance Humanism, 1300-1550: A Bibliography of Materials in English*, 1985. — A. Buck, *Humanismus. Seine europäische Entwicklung in Dokumenten und Darstellungen*, 1987. ↔

HUMBOLDT, KARL WILHELM VON (1767-1835). Nascido em Potsdam (irmão do naturalista Alexander von Humboldt [nasc. em Berlim: 1769-1859]), estudou em Frankfurt a.O. e em Göttingen e residiu em Berlim, em Iena e em diversos países estrangeiros (Áustria, França, Espanha [onde estudou a língua basca], Itália e Inglaterra) como representante diplomático. Em 1814-1815 representou a Prússia no Congresso de Viena. Interessado provavelmente pela incitação de Schiller e de Goethe nas questões relativas à natureza e às origens da linguagem, desenvolveu a teoria (muito favorecida pelos românticos) segundo a qual a linguagem expressa o "espírito do povo" (VER); portanto, esse espírito pode ser investigado e compreendido mediante um estudo da linguagem correspondente. A linguagem não é para Humboldt primariamente comunicação, mas "expressão do espírito" enquanto "espírito coletivo". A filosofia da linguagem de K. W. von Humboldt estava estreitamente relacionada com sua filosofia do "ideal da humanidade", ideal fundado ao mesmo tempo na Antiguidade grega clássica (especialmente do ponto de vista estético) e na espiritualidade e universalidade modernas. Para Humboldt, a humanidade é como um grande organismo que se desenvolve historicamente, revelando sucessivamente suas potencialidades e levando à culminância seus tesouros espirituais. Humboldt ocupou-se também de filosofia política, estabelecendo os limites entre o poder do Estado e a liberdade do indivíduo, com forte tendência a enfatizar a importância da última.

⊃ As obras de K. W. von H. são muito numerosas; citamos apenas algumas de interesse mais particularmente filosófico: *Sokrates und Plato, über die Gottheit, über Vorsehung und Unsterblichkeit*, 1787 (*S. e P., sobre a divindade, sobre a providência e a imortalidade*). — *Ideen zu einem Versuch, die Grenzen der Wirksamkeit des Staates zu bestimmen*, escrita em 1792, publicada em 1851 (*Idéias para uma tentativa de determinar os limites da atividade do Estado*). — *Ästhetische Versuche über Goethes* Hermann und Dorothea, 1799 (*Ensaios estéticos sobre o* Hermann e Dorotéia *de Goethe*). — *Über die verglechenden Sprachstudien*, 1820 (*Sobre os estudos comparados da linguagem*). — Muitos dos escritos de K. W. von H. são memórias, artigos, monografias, resenhas etc.

Edição de obras: *W. von Humboldts Gesammelte Schriften*, publicadas pela Academia de Ciências de Berlim, 17 vols., 1903-1936. — *Werke*, 5 vols., 1960-1981. — *Schriften zur Anthropologie und Bildungslehre*, 1956. — *Schriften zur Sprache*, 1973.

Depoimento: H. P. Berglar, *W. v. H. in Selbstzeugnissen und Bilddokumenten*, 1970.

Correspondência: *Briefwechsel mit Schiller*, 3ª ed., 1900, ed. A. Leitzmann; *Briefe an eine Freundin* [Charlotte Diedel], 2 vols., 1909-1919, ed. A. Leitzmann; *W. und Karoline von H. in ihren Briefen*, 6 vols., 1906-1913, ed. Anna von Sydow.

Ver: R. Haym, *W. von H. Lebensbild und Charakteristik*, 1856. — Eduard Spranger, *W. von H. und die Humanitätsidee*, 1909; 2ª ed., 1928. — Id., *W. von H. und die Reform des Bildungswesens*, 1910; 2ª ed., 1919. — W. Schultz, *Die Religion W. von Humboldts*, 1932. — R. Leroux, *G. de H.*, 1932. — W. Lammers, *W. v. Humboldts Weg zur Sprachforschung, 1785-1801*, 1936. — Paul Binswanger, *W. von H.*, 1937. — E. Howald, *W. v. H.*, 1944. — José M. Valverde, *G. de H. y la filosofía del lenguage*, 1955. — Clemens Menze, *W. von H. Lehre und Bild vom Menschen*, 1965. — Eberhard Kessel, *W. von H. Idee und Wirklichkeit*, 1967. — R. L. Brown, *W. v. H.'s Conception of Linguistic Relativity*, 1968. — T. Borsche, *Sprachansichten. Der Begriff der menschlichen Rede in der Sprachphilosophie W. v. H.s*, 1981. — H. Scurla, *W. v. H.*, 1984. — J. Trabant, *Apeliotes oder Der Sinn der Sprache W. v. H. Sprach-Bild*, 1986. — T. De Mauro, ed., *Leibniz, H., and the Origins of Comparativism*, 1990. ↔

HUME, DAVID (1711-1776). Nascido em Edimburgo. Após trabalhar durante algum tempo no negócio de seu pai, em Bristol, mudou-se para a França (em La Flèche, onde estudou Descartes) e ali permaneceu de 1734 a 1737. Estimulado pelo desejo de celebridade literária — sua "paixão dominante", como ele mesmo afirmou —, escreveu durante sua estada na França o *Treatise* (ver títulos completos de obras e datas de publicação na bibliografia). Publicado pouco depois em três volumes, "faleceu ao sair do prelo". O *Treatise* foi publicado durante a permanência do autor na Escócia. Em 1741 e 1742 apareceram seus ensaios morais e políticos (cf. bibliografia), que obtiveram êxito. Encorajado por este, Hume passou a reescrever e a revisar o *Treatise*. A revisão da primeira parte apareceu em 1748 sob o título de *Philosophical Essays concerning Human Understan-*

ding; em 1751 apareceu uma segunda edição com o título *An Enquiry concerning Human Understanding* (o título com o qual é conhecido hoje, e que costuma ser abreviado por *Enquiry*). Antes da publicação desses "Ensaios" Hume tentou, embora sem ter conseguido, ocupar uma cátedra de ética e de "filosofia pneumática" em Edimburgo; depois disso, foi preceptor e posteriormente secretário do general St. Clair, com quem foi durante algum tempo para o estrangeiro, retornando à Escócia em 1749. Uma revisão da terceira parte do *Treatise* apareceu em 1751 — no mesmo ano que a *Enquiry* — sob o título *An Enquiry concerning the Principles of Morals*. Hume considerou muito importante essa obra, que, por motivos que logo serão vistos, foi obscurecida pela *Enquiry* sobre o entendimento humano. Entre 1752 e 1757, Hume publicou várias outras obras, incluindo duas "Histórias" da Inglaterra. Em 1763 dirigiu-se novamente à França como secretário da Embaixada inglesa, relacionando-se estreitamente com os enciclopedistas franceses (ver ENCICLOPÉDIA). Em 1766 dirigiu-se para Londres (acompanhado por Rousseau, com o qual rompeu pouco tempo depois). Após exercer por algum tempo um cargo oficial em Londres, Hume retornou em 1769 a Edimburgo. Seus *Diálogos sobre a religião natural* apareceram somente dez anos após a morte do autor.

A razão pela qual o ensaio sobre o entendimento humano foi durante muitos anos sua obra mais conhecida e comentada — suplementada pelo *Treatise* na medida em que trata em grande parte dos mesmos temas — está quase inteiramente assoiada ao fato de que Hume foi freqüentemente visto "a partir de Kant", como o autor que fez Kant despertar de seu "sonho dogmático". Desse modo, Hume foi considerado amiúde como um "crítico do conhecimento" e sobretudo como um "crítico das noções de substância e de causa". Desse ponto de vista, foi visto ao mesmo tempo como sucessor de Berkeley e de Locke e como o autor que levou ao ápice o chamado "empirismo inglês". Por outro lado, salientou-se, especialmente durante as duas últimas décadas, que tão ou mais importante que o lugar ocupado por Hume na teoria do conhecimento entre Locke e Berkeley, de um lado, e Kant, de outro, é o lugar que ele ocupa como "filósofo moral". Desse último ponto de vista, é apresentado menos como um sucessor de Berkeley e um precursor de Kant que como um discípulo de Hutcheson (VER). Nesse aspecto foi influenciado não apenas por este último autor mas também por Malebranche, Pierre Bayle e, em última análise, por Carnéades. Esta segunda imagem de Hume é a imagem de um "filósofo moral cético". Indicou-se também que Hume ocupa, antes de tudo, um lugar dentro da história do ceticismo em geral e particularmente dentro da história do ceticismo moderno (ver CETICISMO, CÉTICOS). Talvez como reação contra essas últimas interpretações de Hume voltou-se em parte à idéia de um Hume como "teórico (e crítico) do conhecimento"; em todo caso, indicou-se que em sua epistemologia reside sua maior originalidade e, apesar de tudo, sua maior influência. Não é nossa tarefa discutir aqui qual é "a verdadeira imagem filosófica de Hume". É altamente provável que ao menos as duas principais "imagens" — a do crítico do conhecimento e a do filósofo moral cético — sejam justas dentro de certos limites. Neste verbete não excluiremos o Hume como filósofo moral, mas daremos precedência ao Hume como crítico do conhecimento por causa das orientações que seguimos ao longo do Dicionário. Assim, sem prejulgar se a crítica humana do conhecimento é ou não "anterior" às idéias morais do autor, começaremos por ela, tanto mais por já nela se manifestar o espírito geral de Hume como "cético prático" e como dado ao "raciocínio moral" (no sentido de 'provável' que o vocábulo 'moral' tem no seu caso e em muitos outros de sua época).

Hume considera que todas as ciências têm uma relação, maior ou menor, com a natureza humana, de modo que em vez de realizar investigações filosóficas que no melhor dos casos terminam por conquistar seja um castelo seja uma aldeola, é melhor avançar até a própria capital e estender nossas conquistas a partir dela. A "ciência do homem" é assim "o único fundamento sólido de todas as demais ciências". Mas essa ciência deve se basear na experiência e na observação e não em especulações gratuitas e quiméricas. Deve-se investigar, portanto, "a natureza do entendimento humano" para averiguar seus poderes e capacidades; deve-se cultivar "a verdadeira metafísica", único modo de destruir a metafísica "falsa e adulterada".

Fundamental no estudo proposto por Hume é a investigação da "origem de nossas idéias". Os resultados da investigação de Hume a esse respeito podem ser resumidos nas seguintes proposições. Em primeiro lugar, tudo o que o espírito (*mind*) contém são percepções. Estas podem ser impressões ou idéias. A diferença entre elas consiste no grau de força e de vivacidade: as impressões são as percepções que possuem maior força e violência. Exemplos de impressões são as sensações, as paixões e as emoções. As idéias são apenas cópias ou imagens esmaecidas das impressões tal como as possui o espírito nos processos do pensamento e do raciocínio. Por outro lado, as percepções podem ser simples ou complexas; há, portanto, impressões simples e complexas e idéias simples e complexas. As percepções simples, tanto as impressões como as idéias, são as que não admitem distinção nem separação. Assim, a percepção de uma superfície colorida é uma impressão simples, e a idéia ou imagem dessa mesma superfície é uma idéia simples. As percepções complexas, tanto as impressões como as idéias, são aquelas nas quais se podem distinguir partes. Desse modo, a visão de Paris a partir de

Montmartre é uma impressão complexa, e a idéia ou imagem dessa impressão é uma idéia complexa.

A distinção entre impressões e idéias simples e complexas permite a Hume resolver uma questão fundamental. Uma teoria do conhecimento empirista tende a derivar todas as idéias das impressões originárias — e, em última análise, é isso o que Hume se propõe fazer, mas não sem reconhecer uma importante restrição. Com efeito, embora haja, em geral, grande semelhança entre as impressões complexas e as idéias complexas, não se pode dizer que as últimas sempre sejam cópias exatas das primeiras. Portanto, não se pode estabelecer essa completa semelhança entre as impressões e as idéias complexas. Em contrapartida, quando se trata de impressões e idéias simples, a semelhança pode ser afirmada. Não pode ser provada universalmente, mas não se pode dar, ao que parece, nenhum exemplo de ausência de semelhança. Hume não diz, pois, que necessariamente há semelhança, mas que o *onus probandi* da falta dela deve recair sobre aquele que sustenta que ela não existe ou que não pode existir. Assim, no nível das impressões e idéias simples restabelece-se a tese empirista fundamental: não há nenhuma idéia simples que não tenha uma impressão correspondente, e não há nenhuma impressão simples que não tenha uma idéia correspondente. Ou também: todas as idéias simples derivam de impressões simples que correspondem a elas e que elas representam exatamente.

As impressões, por sua vez, podem ser divididas em impressões de sensação e impressões de reflexão. As primeiras surgem na alma originariamente, de causas desconhecidas. As segundas derivam em grande parte de nossas idéias, de acordo com a seguinte ordem: impressão (por exemplo, de calor ou prazer) — percepção (de calor ou prazer de algum tipo) — cópia dessa impressão no espírito e permanência dela após o término da impressão — idéia — retorno dessa idéia à alma produzindo novas impressões — impressão de reflexão — cópia dessa impressão de reflexão pela memória e pela imaginação — idéia — produção de novas impressões e idéias por essa idéia. Assim, há impressões de sensação, idéias e impressões de reflexão. As impressões de sensação são estudadas pelos "filósofos naturais". As impressões de reflexão (como paixões, emoções etc.) surgem das idéias; portanto, as idéias constituem o primeiro objeto de estudo.

Essas definições e distinções de Hume são fundamentais para entender seu pensamento, que consiste em grande parte em um exame das idéias (um exame do entendimento) e em um exame das paixões (ao qual se segue um exame da "moral"). Desse modo podem ser vistos os dois aspectos básicos da filosofia de Hume: o epistemológico e o "moral".

A epistemologia de Hume funda-se em boa parte na doutrina da conexão ou associação de idéias (ver Asso-CIAÇÃO E ASSOCIACIONISMO). Contudo, antes de ver que função exerce essa doutrina é preciso remeter a outra distinção fundamental: a que Hume estabelece entre o que chamaremos de "fatos" (*matters of fact*) e "relações" (*relations of ideas*). Essa distinção exerceu grande influência, e uma parcela considerável da tradição empirista e positivista posterior a Hume funda-se nela.

A distinção é importante porque por meio dela pode-se estabelecer que uso próprio se faz das idéias ao raciocinar e como se introduz o "método experimental do raciocínio". A distinção também permite eliminar as entidades fictícias produzidas pela "metafísica adulterada", a qual crê poder demonstrar a existência de uma entidade quando é capaz de dar a razão dessa entidade sem se ater à experiência.

O raciocínio consiste em uma descoberta de relações. Algumas dessas relações são relações entre fatos; outras são relações entre o que chamamos de "relações" (as "relações de idéias"). Dizer: "O ouro é amarelo" ou "O hidrogênio é menos pesado que o ar" é estabelecer relações entre fatos. Dizer: "A soma de 4 e 4 é igual a 8" ou "A soma dos três ângulos de um triângulo (em um espaço plano euclidiano) é igual a dois ângulos retos" é estabelecer relações entre relações. As proposições sobre fatos são contingentes; não há nenhuma necessidade de que os fatos sejam como de fato são, nem nenhuma necessidade de que se relacionem como de fato se relacionam. As proposições sobre relações são necessárias; sua verdade deriva de que o contrário de uma dessas proposições constitui uma contradição. As proposições sobre fatos dizem algo, mas são apenas prováveis; as proposições sobre relações são absolutamente certas, mas não dizem nada (isto é, nada acerca do que "há") — não se pode passar, portanto, de umas para as outras, já que são completamente heterogêneas entre si. As proposições verdadeiras sobre fatos estão fundadas na experiência; as proposições verdadeiras sobre relações estão fundadas na não-contradição. Não há outras proposições possíveis; portanto, todos os livros que contenham enunciados que não sejam "raciocínio demonstrativo" (como o da lógica ou da matemática) ou "raciocínio provável" (como o da experiência) devem "ser jogados às chamas". Assim, Hume "joga às chamas" os livros que, como os de teologia ou metafísica, não contêm nada além de "falsas proposições" no sentido de serem proposições que parecem sê-lo sem sê-lo verdadeiramente.

Hume aplica essas noções a uma detalhada crítica de todo tipo de "idéia" para ver em que medida tais "idéias" estão ou não fundadas na experiência ou constituem "relações de idéias". Não podemos nos estender nessa crítica, mas mencionaremos três aspectos básicos dela: a idéia de existência, a idéia de relação causal e a idéia de substância (sob o aspecto da idéia da identidade pessoal).

Quanto à idéia de existência, nos limitaremos a indicar que, segundo Hume, não há nada que possa ser chamado de "existência" independentemente da idéia do que concebemos ser existente. A idéia de existência não acrescenta nada à idéia de um objeto: 'objeto' e 'objeto existente' são expressões sinônimas. Por outro lado, para admitir a idéia de um objeto é preciso referir-se à impressão que lhe deu origem.

Quanto à relação causal, tratamos dela no verbete CAUSA. Acrescentemos, ou reiteremos, que, como as proposições sobre relações causais são proposições sobre fatos, não são necessariamente verdadeiras. A experiência nos mostra que a um certo fato (ou acontecimento) sucede regularmente outro certo fato (ou acontecimento); o primeiro fato é denominado "causa" e o segundo, "efeito". Mas a experiência não nos pode mostrar que há necessidade na conexão causal, pois esta não é uma conexão do mesmo tipo das "relações de idéias" (como as conexões lógicas ou matemáticas). Em outros termos, o efeito não está necessariamente contido na causa, como afirmam os "racionalistas". As conexões causais são inferências prováveis, fundadas nas associações de idéias tal como ocorreram no passado, o que nos permite predizer — com "certeza moral" — o futuro. Inferimos que a chama é efeito do fogo quando associamos mediante semelhança a impressão da chama com idéias de chamas que vimos no passado e que relacionamos mediante contigüidade com a idéia do fogo. A conexão causal é, pois, uma inferência fundada na repetição; esta gera o "costume", que produz a "crença" (VER). A ciência das coisas naturais baseia-se, assim, em uma série de crenças; a certeza resulta da repetição da experiência e, por conseguinte, o conhecimento da Natureza — e, em geral, de todos os fatos — é assunto de probabilidade. Isso não significa que Hume negue a constância das leis naturais. A rigor, Hume se opõe aos "milagres". Contudo, essa constância não é assunto de necessidade lógica ou racional, mas resultado de observação.

Sobre a substância pode-se dizer algo similar ao que foi dito sobre a existência — a idéia de substância não deriva de nenhuma impressão de sensação ou de reflexão: é "uma coleção de idéias simples unidas pela imaginação". Em outros termos, não há nenhuma realidade que se chame "substância". 'Substância' é apenas um nome que se refere a uma coleção ou um feixe (*bundle*) de qualidades; não há, pois, as qualidades de uma coisa *mais* a sua substância. Ora, tudo isso pode ser aplicado à noção de "eu" (*self*) e de "identidade pessoal". Quando entro no que chamamos de "eu", proclama Hume, "sempre deparo com alguma percepção particular ou outra"; isso não significa que não se possa falar de "eu" ou de "eu mesmo" — ocorre apenas que não há um eu substancial, mas, uma vez mais, uma série de percepções unidas associativamente. O mesmo se pode dizer da chamada "simplicidade".

Pode-se ver, pois, que em cada caso a noção de associação e as diversas formas de associação são fundamentais em Hume para resolver os problemas suscitados por sua "crítica do conhecimento". Ora, o mesmo acontece no que diz respeito à sua "filosofia moral".

Hume considera que a percepção moral não é coisa do entendimento, mas dos "gostos" ou "sentimentos". Estes não são gostos e sentimentos de supostos princípios absolutamente evidentes; os gostos e sentimentos o são de cada coisa particular. Além disso, o são na medida em que constituem os juízos do indivíduo ao aprovar ou reprovar uma ação, um sentimento etc. Não se pode demonstrar que algo é bom ou mau mediante argumento racional; *a fortiori*, não se pode convencer ninguém de que algo é bom ou mau mediante esse tipo de argumento. A razão não é a mestra das paixões; se há alguma relação entre elas, é no sentido de que a razão é "escrava das paixões". Essas paixões podem ser diretas (ou derivadas imediatamente da experiência, como o prazer, a dor, a aversão, o medo, a esperança etc.) ou indiretas (ou derivadas de uma relação dupla de impressões com idéias, como o amor e o ódio). Em todos os casos os juízos de aprovação ou reprovação das paixões são juízos de fatos e, portanto, não são "necessários". Ora, há dois tipos fundamentais de experiência — o prazer e o "desprazer" — que regulam a vida das paixões no sentido de condicionar empiricamente a aprovação ou a reprovação. A teoria moral de Hume é uma teoria hedonista ou ao menos é fortemente influenciada pelo hedonismo (VER). Assim, a conjunção de certas experiências com o prazer e a conjunção de outras experiências com o "desprazer" faz que se espere uma realidade similar à que se observa na relação causal antes tratada. A ação voluntária e o comportamento seguem-se não da obediência a um princípio ou de um raciocínio, mas da expectativa do aparecimento de um sentimento de prazer ou do desaparecimento ou eliminação de um sentimento de "desprazer". Isso não significa, contudo, que a doutrina moral de Hume seja radicalmente "subjetiva". Junto à experiência "passional" subjetiva há a experiência "passional" intersubjetiva. Nesse ponto Hume se mostra muito influenciado pelas idéias de Hutcheson sobre a simpatia (VER). Além disso, é influenciado pela idéia de que há uma "natureza humana" que é igual em todos os homens e torna possíveis não apenas certas regularidades no comportamento moral, mas também a aceitação da obrigação, da justiça e de outras "normas" morais e sociais. Embora a justiça e, em geral, todas as "obrigações" sejam para Hume "artificiais", encontram um fundamento sólido no "egoísmo" próprio de cada indivíduo humano.

Os homens descobriram e promoveram "virtudes artificiais" com o fim de alcançar uma segurança sem a qual lhes seria impossível conviver. O caráter artificial dessas virtudes não é, entretanto, equivalente a uma mera convenção arbitrária; de alguma maneira o artificial está fundado no "natural".

A forte tendência de Hume à "observação dos fatos" manifesta-se também em suas doutrinas sobre a religião. As "verdades religiosas" — tais como a substancialidade e imortalidade da alma, a existência de Deus etc. — não podem ser demonstradas mediante a razão. Tampouco se pode mostrar racionalmente que não existem tais "verdades". Desse modo, Hume rejeita tanto o espiritualismo como o materialismo racionalista. Mas a rejeição de toda prova *a priori* não significa que Hume rejeite toda prova: há provas *a posteriori*, como a que deriva da observação da ordem do mundo, que são ao menos convincentes ou persuasivas. As "verdades religiosas" também são, como todas as outras "verdades", assunto de probabilidade e plausibilidade. Daí que seja difícil concluir que Hume tenha sido um teísta, um ateu ou um agnóstico; sua atitude é freqüentemente agnóstica e, por assim dizer, moderadamente teísta, mas em nenhum caso é *dogmaticamente* teísta ou atéia. O principal e constante inimigo de Hume é o dogmatismo; toda certeza em qualquer esfera — na ciência, na moral ou na religião — é apenas "certeza moral".

⊃ Obras: *A Treatise of Human Nature*, em "três livros" (Livro I: "Of the Understanding"; Livro II: "Of the Passions"; Livro III: "Of Morals"), os dois primeiros publicados em 1739 e o terceiro em 1740. — Um *Abstract of a Book lately published entitled Treatise of Human Nature* apareceu (anonimamente) em 1740. — *Essays, Moral and Political*, 2 vols., 1741-1742. — *Of Miracles*, 1748. — *Of Providence and a Future State*, 1748. — *Philosophical Essays concerning Human Understanding*, 1748; a segunda edição, publicada em 1751, leva o título pelo qual a obra é conhecida hoje: *An Enquiry concerning Human Understanding*. Trata-se de uma revisão do Livro I do *Treatise*. — *An Enquiry concerning the Principles of Morals*, 1751 [revisão do Livro III do *Treatise*]. — *Political Discourses*, 1752. — *Four Dissertations*, 1757 [inclui "A Dissertation on the Passions", revisão do Livro II do *Treatise*, e "The Natural History of Religion"]. — *History of England under the House of Tudor*, 1759. — *History of England from the Invasion of Julius Caesar to the Accession of Henry VII*, 1761. — *Essays on Suicide and the Immortality of the Soul*, 1777 [apareceram anonimamente, e com o nome do autor em 1783]. — *Dialogues concerning Natural Religion*, 1779 [póstumos; escritos em 1752]. — As obras de Hume consideradas fundamentais são o *Treatise of Human Nature* e *An Enquiry concerning Human Understanding* [às vezes são agregados os *Dialogues concerning Natural Religion*].

Biografia: para o conhecimento da personalidade de Hume é importante sua *Autobiography*, ed. Adam Smith, 1777. Também é importante sua correspondência: *Letters of D. Hume to William Strahan*, 1900, ed. Hill. — *The Letters of David Hume*, 2 vols.: I (1727-1765), 1932, ed. J. Y. T. Greig; II (1766-1776), 1932, ed. *Id.* Supp. vol., 1954, eds. R. Klibansky e E. C. Mossner. — J. H. Burton, *Life and Correspondence of D. H.*, 2 vols., 1846-1850. — J. V. T. Greig, *D. H.*, 1931. — E. C. Mossner, *The Forgotten H.: le bon David*, 1943. — *Id., The Life of D. H.*, 1954.

Edição de obras: *The Philosophical Works of D. H.*, 4 vols., 1826; 2ª ed., 1854; 3ª ed., 1874-1875, eds. T. H. Green e T. H. Grosse; nova ed., 1882-1886; reimp., 1909-1912, e 1963. — Edições críticas: *Treatise*, 1951, ed. L. A. Selby-Bigge [em grande parte é reimpressão de uma edição de 1888]. Entre outras eds. (não-críticas) do *Treatise* mencionamos: 2 vols., A. D. Linsay, 1911; reimp. 1920, 1926, 1928, 1934. — Ed. do *Abstract* em 1938 por J. M. Keynes e P. Sraffa (trad. esp. acompanhada pelo texto em inglês: *Compendio de un tratado de la naturaleza humana*, 1977). — *Enquiries* [sobre o entendimento humano e sobre os princípios da moral], 1902, ed. L. A. Selby-Bigge; reimp., 1951. — *The Natural History of Religion*, 1956, ed. H. Chadwick. — *Dialogues concerning Natural Religion*, 2ª ed., 1947, ed. N. K. Smith. — *Political Essays*, 1953, ed. C. W. Hendel.

Em português: *Diálogos sobre a religião natural*, 1992. — *Investigação sobre o entendimento humano*, 1999. — *Uma investigação sobre os princípios de moral*, 1955. — *Resumo de um tratado de natureza humana*, 1995.

Bibliografias: T. E. Jessop, *A Bibliography of D. H. and of the Scottish Philosophy from Francis Hutcheson to Lord Balfour*, 1938; 2ª ed., 1966. — Sebastian A. Matczak, "A Select and Classified Bibliography of D. H.", *The Modern Schoolman*, 42 (1964), 70-81. — Roland Hall, *D. H. Bibliography from 1930*, 1971. — *Id., Fifty Years of H. Scholarship. A Bibliographical Guide (1925-1976)*, 1978.

São muito numerosas as obras sobre H., tanto sobre sua filosofia geral como sobre diversos aspectos de sua obra, precursores, influência, relação com Hutcheson, Berkeley, Kant etc. Na 4ª ed. do Dicionário mencionamos uma certa quantidade de trabalhos sobre Hume publicados a partir de 1868; por exemplo, trabalhos de E. Jodl (1871), E. Pfleiderer (1874), C. Ritter (1878), Th. Huxley (1879), E. König (1881 [sobre a idéia de substância em Locke e em Hume]), Th. G. Masaryk (1884), P. Linke (1901). Nesta ed. nos limitaremos a vários trabalhos publicados a partir de 1903, exceto uma obra de Meinong que apareceu antes disso: A. von Meinong, *Hume-Studien*, 2 vols., 1877-1882 (I. *Zur Geschichte und Kritik des modernen Nominalismus*; II, *Zur Relationstheorie*). — O. Quast, *Der Begriff des Beliefs bei D. H.*, 1903. — R. Hönigswald, *Ueber die Lehre Humes von der Realität der Aussendinge. Eine erkenntnistheoretische Untersuchung*, 1904. — A. Thomsen, *D. H. hans Liv og hans Filosofi*, I, 1911. — Margaret Merleker, *Humes Begriff der Realität*, 1920. — C. W. Hendel, *Studies in the Philosophy of D. H.*, 1925; 2ª ed., 1963. — R. Metz, *D. H. Leben und Philosophie*, 1929. — C. V. Salmon, *The Central Problem of D. Hume's Philosophy*, 1929. — A. Leroy, *La critique et la religion chez D. H.*, 1930. — M. S. Kuypers, *Studies in the Eighteenth Century Background of Hume's Empiricism*, 1930. — B. M. Laing, *H.*, 1932. — J. Laird, *Hume's Philosophy of Human Nature*, 1931. — Galvano della Volpe, *La filosofia dell'esperienza di D. H.*, 2 vols., 1933-1935. — *Id., D. H. o il genio dell'empirismo*, 1937. — Ralph W. Church, *D. Hume's Theory of the Understanding*, 1935; reimp., 1968. — C. Maund, *Hume's Theory of Knowledge: A Critical Examination*, 1937. — H. H. Price, *Hume's Theory of the External World*, 1940. — N. K. Smith, *The Philosophy of D. H.: A Critical Study of Its Origins and Central Doctrines*, 1941. — R. M. Kydd, *Reason and Conduct in Hume's Treatise*, 1946. — Mario del Pra, *H.*, 1949 (vol. XVI da *Storia universale della filosofia*, ed. Bocca). — A. B. Glatke, *Hume's Theory of the Passions and of Morals*, 1950. — D. G. MacNabb, *D. H.: His Theory of Knowledge and Morality*, 1951. — J. A. Passmore, *Hume's Intentions*, 1952; 2ª ed., rev., 1968. — A. Cresson e G. Deleuze, *D. H. Sa vie, son oeuvre, avec un exposé de sa philosophie*, 1952. — G. Deleuze, *Empirisme et subjectivité. Essai sur la nature humaine selon H.*, 1953. — A. H. Basson, *D. H.*, 1957. — Farhang Zabeeh, *H., Precursor of Modern Empirism: An Analysis of His Opinions on Meaning, Metaphysics, Logic, and Mathematics*, 1960; 2ª ed., rev., 1973. — Anthony Flew, *Hume's Philosophy of Belief: A Study of His First Inquiry*, 1961. — John B. Stewart, *The Moral and Political Philosophy of D. H.*, 1963. — P. L. Gardiner et al., *D. H.: A Symposium*, 1963, ed. D. F. Pears. — R. David Broiles, *The Moral Philosophy of D. H.*, 1964. — Robert Fendel Anderson, *Hume's First Principles*, 1965. — Laurence L. Bongie, *D. H.: Prophet of the Counter-Revolution*, 1965. — Olivier Brunet, *Philosophie et esthétique chez D. H.*, 1965. — Päll S. Árdal, *Passion and Value in Hume's Treatise*, 1966. — Jonathan Bennett, *Locke, Berkeley, H.: Central Themes*, 1971. — Philip Mercer, *Sympathy and Ethics: A Study of the Relationship between Sympathy and Morality, with Special Reference to Hume's Treatise*, 1972. — James Noxon, *Hume's Philosophical Development: A Study of His Methods*, 1973 (trad. esp.: *La evolución de la filosofía de H.*, 1974). — Terence Penelhum, *H.*, 1975. — Sergio Rábade Romeo, *H. y el fenomenismo moderno*, 1975. — W. Stegmüller, *Das Problem der Induktion. H. Herausforderung und moderne Antworten. Der sogennante Zirkel des Verstehens*, 1975. — J. Harrison, *Hume's Moral Epistemology*, 1976. — Wade L. Robison, D. C. Stive et al., *A Re-Evaluation*, 1976, eds. Donald W. Livingston e James T. King. — Barry Stroud, *H.*, 1977. — M. Malherbe, *La philosophie empiriste de D. H.*, 1976. — C. Mellizo, *En torno a D. H. Tres estudios de aproximación*, 1978. — M. Costa, E. de Olaso et al., *Ensayos actuales sobre Adam Smith y D. H.*, 1978, ed. R. Orayen [Jornadas, Buenos Aires, dezembro de 1976]. — T. L. Beauchamp, A. Rosenberg, *H. and the Problem of Causation*, 1980. — A. J. Ayer, *H.*, 1980. — J. Bricke, *H.'s Philosophy of Mind*, 1981. — D. F. Norton, *D. H.: Common-Sense Moralist, Sceptical Metaphysician*, 1982. — L. Kreimendhal, *Humes verborgener Rationalismus*, 1982. — J. P. Wright, *The Sceptical Realism of D. H.*, 1984. — R. H. Hurlbutt, *H., Newton, and the Design Argument*, 1985, ed. rev. — R. J. Fogelin, *H.'s Skepticism in the Treatise of Human Nature*, 1985. — T. A. Mitchell, *D. H.'s Anti-Theistic Views: A Critical Appraisal*, 1986. — A. Flew, *D. H.: Philosopher of Moral Science*, 1986. — J. L. Gardies, *L'erreur de H.*, 1987. — J. Kulenkampff, *D. H.*, 1989. — A. Schwerin, *The Reluctant Revolutionary: An Essay on D. Hume's Account of Necessary Connection*, 1989. — D. E. Flage, *D. H.'s Theory of Mind*, 1991. — A. Kolin, *The Ethical Foundations of H.'s Theory of Politics*, 1992. — G. Carabelli, *Intorno a Hume*, 1992. — W. Brand, *H.'s Theory of Moral Judgment*, 1992.

Em 1974 uma Hume Society foi criada em Edimburgo. Desde 1975 é publicada a revista bianual *Hume Studies*. C

HURTADO DE MENDOZA, PEDRO. Ver Escolástica.

HUSSERL, EDMUND (1859-1938). Nascido em Prossnitz (Morávia), estudou matemática com Weierstrass e assistiu às aulas de Brentano na Universidade de Viena (entre 1884 e 1886). As lições de Brentano influenciaram não apenas a formação filosófica de Husserl mas também a "idéia geral de filosofia" que ele forjou para si. *Privatdozent* na Universidade de Halle de 1887 a 1901 e na Universidade de Göttingen de 1901 a 1916, Husserl foi nomeado, em 1916, professor titular na Universidade de Friburgo i.B., onde lecionou até sua aposentadoria em 1928.

As dificuldades de resumir o pensamento de um filósofo sempre são grandes. No caso de Husserl elas parecem, além disso, insuperáveis. Em primeiro lugar, os escritos de Husserl publicados durante sua vida, e inclusive alguns dos que apareceram pouco após sua morte, representam somente uma parte de seu pensamento. Por outro lado, o modo de pensar de Husserl, especialmente aquele que é revelado pelas "obras inéditas", é essencialmente "deslizante"; é um pensamento que consiste em grande parte em "fazer-se" e em "constituir-se". Como, de acordo com a índole desta obra, temos forçosamente de abreviar e esquematizar, não nos será possível oferecer uma imagem sequer razoavelmente fiel de Husserl — como, de resto, também de outros filósofos, particularmente dos maiores. Procuramos atenuar esse inconveniente tanto quanto foi possível, tal como fizemos com outros filósofos: referindo-nos a alguns conceitos fundamentais em outros verbetes do Dicionário. Especialmente importante a esse respeito é Fenomenologia, que pode ser considerado um complemento direto deste verbete, mas também devem ser levadas em conta as remissões a outros verbetes.

Eugen Fink (VER), que foi um dos discípulos de Husserl mais próximos do mestre, propôs "dividir" — ou "articular", ao menos evolutivamente — o pensamento de nosso autor em três períodos: o de Halle (que culmina nas *Investigações lógicas*); o de Göttingen (que culmina nas *Idéias*) e o de Friburgo i.B. (que culmina na *Lógica formal e transcendental*). Outro discípulo de Husserl, Herbert Spiegelberg, propôs "dividir" ou "articular" o pensamento de Husserl em outros três períodos: o "período pré-fenomenológico", até 1901 (cujas idéias correspondem ao primeiro volume das *Investigações*); o "período fenomenológico", até 1906, aproximadamente (cujas idéias, principalmente epistemológicas, correspondem ao segundo volume das *Investigações*), e o período da "fenomenologia pura", que se organiza por volta de 1906 e conduz à formulação de um novo transcendentalismo e, em última análise, a um "idealismo fenomenológico".

Há razões para essas duas "divisões" sempre que não se esqueça que antes de serem "períodos" mais ou menos claramente delimitados são "reorientações" do mesmo pensamento e sobretudo do mesmo "tipo de pensamento". Dentre as duas, preferimos a de Fink, e a ela nos ateremos substancialmente, mas observaremos que a "passagem" do segundo volume das *Investigações* para as *Idéias* parece ser mais contínuo que o que Fink dá a entender e que, por outro lado, o "período das *Idéias*" não se inicia propriamente com a publicação destas últimas, ou pouco antes da publicação, mas, como nota Spiegelberg, por volta de 1906. Com efeito, conforme observa Walter Biemel em sua introdução à edição de *A idéia da fenomenologia* (5 conferências dadas por Husserl em Göttingen, do dia 26 de abril ao 2 de maio de 1907, ver *Husserliana*, II [cf. a bibliografia deste verbete para os títulos originais e datas de publicação]), Husserl já chegara, pelo menos no início de 1907, à idéia da necessidade de transformar a fenomenologia como psicologia descritiva em uma fenomenologia como fenomenologia transcendental. O próprio Husserl expressou-se claramente nesse sentido em um dos manuscritos procedentes de 1907, citados por W. Biemel (*op. cit.*, p. ix). Entre os grandes filósofos do passado que são fundamentais para se entender o pensamento de Husserl figuram Platão, Descartes e Kant. A transformação a que nos referimos anteriormente parece estar muito ligada ao crescente interesse de Husserl por Kant, ou por alguns temas e conceitos kantianos (e especialmente pela idéia da crítica da razão como filosofia transcendental). Acrescentemos que a idéia fundamental de redução (VER) também provém da época mencionada, como o demonstra o índice das conferências redigido por Husserl (*op. cit.*, pp. 3-14) e sua elaboração do mesmo na conferência [ou lição] I. Husserl insiste na idéia de que a filosofia se encontra em um nível ou dimensão distintos dos das "ciências naturais" (*op. cit.*, p. 24). Isso parece contradizer o estrondoso artigo que publicou em *Logos* (I [1911]) sobre "a filosofia como ciência rigorosa". Mas deve-se levar em conta que a "ciência" (*Wissenschaft*) de que se trata aqui é, propriamente falando, um "saber" — um "saber rigoroso" ou "saber estrito" — que constitui o padrão para o rigor das "ciências", incluindo as "ciências naturais".

O primeiro dos três mencionados "períodos" na "evolução" de Husserl inclui sobretudo trabalhos cuja orientação ou, mais exatamente, cujo modo de pensar é sensivelmente análogo ao de autores como Brentano, Carl Stumpf, Anton Marty, Alexius von Meinong e outros. Esses trabalhos não são alheios aos esforços realizados coetaneamente por Frege (VER) e por outros autores para fundamentar a matemática (ou, de acordo com o caso, o conhecimento matemático) e depurá-la de todo "psicologismo" (VER). Além disso, o que se pode chamar de "escola de Brentano" impressionou Husserl, conduzindo-o à aludida concepção da filosofia como uma "ciência rigorosa", distante de toda "especulação" e atenta a fundamentos, conceitos básicos etc. É verdade que de início Husserl tratou os conceitos matemáticos de forma psicológica, ou aparentemente psicológica, mas logo se orientou para um "objetivismo". Já dentro deste último começou a desenvolver sua forma característica de pensar, que nunca foi abandonada e pode ser descrita com as seguintes palavras de Spiegelberg: "um sistema do avesso". Com efeito, embora para certos filósofos contemporâneos o pensamento de Husserl, especialmente o das últimas "fases", tenha muito de "especulativo", ele nunca foi considerado desse modo no espírito de Husserl, que considerava que pensar filosoficamente equivalia a descrever esmeradamente "o que via". Justamente a inclusão, na descrição do "que se vê", dos esforços intelectuais realizados para "vê-lo" é um dos motivos que explicam o caráter ao mesmo tempo "fluente" e "sinuoso" do pensamento de Husserl. Em todo caso, sua aspiração, que existiu quase desde o início, consistiu em "ver", e "ver" significava "ver radicalmente". Em suas tentativas para conseguir isso Husserl foi analisando vários conceitos fundamentais ao mesmo tempo lógicos e gnoseológicos para depurálos não apenas do psicologismo e do subjetivismo, mas também de todos os possíveis "pressupostos naturalistas", assim como para denunciar pressupostos ontológicos inadvertidos, tais como o nominalismo. Seguindo várias outras tendências contemporâneas, Husserl almejou libertar a filosofia de toda idéia de confusão com uma ciência natural, e ao mesmo tempo libertá-la de toda tentação de redução à psicologia ou a alguma forma de psicologia. A filosofia não tem por que se ocupar dos fenômenos tratados pelas ciências naturais. Tampouco tem por que se ocupar de fenômenos psíquicos enquanto fenômenos reais. Se ela se ocupa de algo é de uma espécie de "terceiro reino" que não é constituído nem pelas coisas nem por suas representações psíquicas: é o reino do que alguns filósofos chamaram de "significações" e que Husserl concebeu como o reino (platônico ou quase platônico) das "essências" enquanto "unidades ideais de significação".

Estendemo-nos sobre esse ponto em vários verbetes (especialmente Essência; Idéia; Fenomenologia). Indiquemos aqui apenas que a passagem de uma "lógica pura" para uma "fenomenologia descritiva" foi facilitada pela elaboração da noção de consciência (ver) como vivência "intencional" — adjetivo necessário, porque nem todas as vivências são necessariamente intencionais (ver Intenção, intencional, intencionalidade). A fenomenologia não se ocupa de fatos (ver Fato); com efeito, todas as experiências relativas ao mundo atual, todas as proposições das ciências etc. são "suspendidas" ou, melhor, postas entre parênteses (ver). Os parênteses ou "epoché" (ver) desempenham, no entanto, somente uma função negativa; ainda não servem para apreender o dado tal como ele se dá puramente à intuição (ver) essencial, mas somente para preparar o processo de redução (ver) indispensável a fim de alcançar a intuição essencial. Com efeito, essa intuição não é uma intuição empírica nem tampouco uma intuição de algo "real" (uma intuição do real ao modo metafísico, ou supostamente tal); é uma intuição pura das essências, isto é, do dado do ponto de vista essencial e não fático. Desse modo, a fenomenologia é um método que permite "ver" não outra realidade, mas, por assim dizer, a realidade outra ou, se se preferir, uma espécie de "outridade" (irreal) da realidade, isto é, de todas as realidades, incluindo nelas as chamadas "realidades ideais" ou também "idealidades".

Assim considerada, a fenomenologia é um ponto de vista estritamente diferente do ponto de vista que Husserl chama de "atitude natural": é o ponto de vista por meio do qual se vê tudo o que revela a atitude natural enquanto "suspenso" ou "posto entre parênteses". Mas isso significa que a fenomenologia não é uma ciência junto às outras, nem sequer uma "ciência básica", ela é o fundamento de toda ciência e de todo saber. Pode ser chamada, por isso, de "filosofia primeira", que não tem nenhum objeto próprio, ao contrário de todas as possíveis "filosofias segundas".

Na descrição fenomenológica, e especialmente na que torna possível a chamada "redução eidética", deparamos com um "fluxo puro" (intencional) do vivido, no qual podem-se destacar o aspecto noético e o aspecto noemático. Trata-se, é claro, de aspectos de um mesmo "fluxo", não de duas realidades distintas, embora correlacionadas. Mas com isso ainda não se chega a uma camada suficientemente básica, fundamental ou "radical" — é preciso proceder à redução transcendental na qual o único "objeto" de "visão fenomenológica" é o "próprio ego". Aparece então o que se chamou de "concepção egológica da consciência", ou seja, a idéia do "eu [ou ego] transcendental". Esse "ego" já não é, então, um mero aspecto, ou apenas um, em um único "fluxo do vivido": é o fundamento de todos os atos intencionais. Por ser o fundamento desses atos o eu é, como diz Husserl, "constitutivo" (ver Constituição e constitutivo). Isso não significa adotar uma posição similar à kantiana; embora haja em Husserl provavelmente mais kantismo que o próprio autor suspeitava, há diferenças fundamentais entre o "eu" kantiano e o "eu" husserliano, inclusive quando Husserl adota definitivamente a posição denominada "idealismo fenomenológico" (rejeitada e criticada por muitos daqueles que até então haviam seguido o filósofo). O eu transcendental husserliano é um "resíduo fenomenológico" e não o "Eu penso" kantiano que "acompanha todas as percepções". Além disso, ao contrário do que ocorre em Kant, as realidades não estão, em Husserl, "constituídas", mas continuam sendo "as coisas mesmas" tal como se dão à intuição essencial. A esse respeito pode-se dizer que há em Husserl uma progressiva aproximação em relação a Descartes (aproximação que se torna explícita, ao longo do terceiro "período", nas *Meditações cartesianas*). Em todo caso, a fenomenologia aparece cada vez menos como o que foi originariamente — um método — e se aproxima cada vez mais daquilo que Husserl se esforçou para fazer dela: uma "ciência" sem pressupostos.

A afirmação da consciência — ou do "eu transcendental" — como "único ser indubitável", como "algo" que tem "uma realidade própria", não deve ser interpretada, porém, como resultado de uma metafísica transcendental: trata-se, mais uma vez, de "filosofia primeira". Mas não basta salientar esse último aspecto: os problemas suscitados dentro dessa filosofia devem ser enfrentados. Esses problemas são múltiplos, mas destacaremos alguns deles: o problema da realidade, o da verdade e o da intersubjetividade. O problema da realidade é o da passagem da imanência da consciência para a transcendência. Husserl tratou esse problema de pontos de vista muito diversos. Um deles é a descrição dos *cogitata* enquanto "cogitações absolutas". Para ser reais — no sentido de "radicalmente reais" — essas *cogitata* têm de ser absolutas, e para ser absolutas devem participar no caráter absoluto do eu fenomenológico. Esse caráter absoluto só pode ser recebido pelas *cogitata* na medida em que elas estão "fundadas" no eu. Husserl chega à conclusão de que uma realidade não fundada no eu fenomenológico é absurda, ou contradiz a si mesma. Outro dos pontos de vista a partir dos quais foi tratado o problema da realidade na fenomenologia transcendental radical é o da "constituição". A fenomenologia transforma-se, desse modo, em "fenomenologia constitutiva". De modo similar ao kantiano — embora sem abandonar, ao menos na intenção, os resultados da "fenomenologia descritiva" —, Husserl procede à determinação dos objetos da consciência transcendental enquanto constituídos. Essa constituição, porém, não é simples nem única. Há uma série complexa de "regiões de constituição" que se convertem em outras tantas regiões da realidade. Como a constituição de que falamos constitui as objetividades, ou regiões de objetividades, considerando-as como resíduos de um processo genético de constituição, Husserl esforça-se em acrescentar às já muito diversas versões da fenomenologia uma "fenomenologia genética". Deve-se observar a esse respeito que a constituição não é sempre necessariamente ativa; ela pode ser "passiva". Esta última é de caráter "perceptual" ou "perceptivo"; a primeira, em contrapartida, é de caráter judicativo. Desse modo Husserl tenta "reabsorver" no "eu que constitui" todas as realidades que, ao que parece, haviam sido descartadas, ou até eliminadas, no idealismo fenomenológico como pura "egologia transcendental". É possível que Husserl tenha pensado que há um processo de "protoconstituição" na consciência do tempo, mas este é um ponto sobre o qual não se pode concluir nada de definitivo sem ter à mão todos os escritos de Husserl.

O problema da verdade é abordado por Husserl mediante uma "lógica absoluta", da qual a lógica formal e a lógica transcendental são partes limitadas e subordinadas. Nenhuma dessas duas lógicas leva em conta o que Husserl chama de "experiência pré-predicativa", da qual se ocupa amplamente no livro *Lógica formal e transcendental*.

Ocupamo-nos do problema da intersubjetividade no verbete INTERSUBJETIVO, razão pela qual não consideramos necessário voltar a esse importante aspecto do pensamento de Husserl. Indicaremos somente que aqui aparece a idéia de uma "fenomenologia monadológica" que bem poderia ser a culminação do pensamento de Husserl, pois, ainda que tenha surgido já por volta dos anos 1923 e 1924, os escritos posteriores de Husserl mais a confirmam que invalidam. Tampouco trataremos aqui do que alguns consideram uma das mais fecundas idéias de Husserl — uma idéia que continua exercendo influência em autores contemporâneos: a idéia do "mundo da vida" — por termos nos estendido sobre ela no verbete LEBENSWELT. Indicaremos somente que com essa idéia o pensamento de Husserl parece retornar ao "concreto" e às "coisas mesmas", mas já não mediante uma simples confiança nelas, e sim pelo amplo e complicado rodeio de uma fundamentação "egológica". Desse modo, o idealismo fenomenológico de Husserl pode aparecer não como um "desvio" da suposta intuição primitiva da fenomenologia, mas como uma tentativa de reafirmação e de ampliação dessa intuição.

Acrescentaremos, por fim, que há no último período do pensamento de Husserl uma tentativa bem determinada de fundar a fenomenologia no que se poderia chamar de "fenomenologia do Espírito" — em um sentido não necessariamente hegeliano, mas no qual também poderiam ser encontrados, mais do que se poderia esperar, as pegadas (não forçosamente a influência direta) de Hegel. Com efeito, em sua obra sobre *A crise das ciências européias e a fenomenologia transcendental*, Husserl defende o estudo autônomo do espírito em si e por si (ao contrário de *todas as* tentativas de redução naturalista). Além disso, ele chega a afirmar que o próprio estudo da Natureza e até mesmo o conceito de *Lebenswelt* adquirem sentido somente no plano do espírito. A Natureza não é, para Husserl, alheia ao espírito nem contrária a ele: está fundada no espírito, o qual existe em si e por si, podendo desse modo ser tratado de um modo racional e verdadeiramente científico. O "naturalismo" e o "objetivismo" modernos impediram o reconhecimento de que a razão se funda no espírito (o espírito, e somente o espírito, "é imortal"). A fenomenologia transcendental é, desse modo, na intenção de Husserl, não apenas o saber radical, mas a única superação possível da "crise contemporânea".

Husserl exerceu, e continua exercendo, uma vasta influência sobre muitos aspectos da filosofia contemporânea. A "escola fenomenológica" ou, como se poderia chamar mais propriamente, "o movimento fenomenológico" não se reduzem aos discípulos imediatos de Husserl ou aos colaboradores do *Jahrbuch für Philosophie und phänomenologische Forschung* (1913-1930), no qual apareceram, entre outras obras, as *Idéias I*, de Husserl, a *Ética*, de Scheler, e *Ser e Tempo*, de Heidegger. Por outro lado, alguns dos discípulos de Husserl que estiveram mais próximos do mestre — como Max Scheler e Martin Heidegger —, embora tenham de algum modo partido de Husserl, separaram-se dele a ponto de que em algum sentido deixaram de fazer parte do "movimento fenomenológico". Com o fim de sistematizar a apresentação da influência de Husserl e do "movimento fenomenológico", apresentaremos um esquema desse movimento na forma em que foi minuciosamente descrito pelo discípulo de Husserl, Herbert Spiegelberg, na obra citada na bibliografia. Como se verá pelas remissões, dedicamos verbetes específicos a um certo número de autores que são ou que foram fenomenólogos ou que de alguma maneira foram influenciados por Husserl ou elaboraram temas em um sentido às vezes próximo à fenomenologia husserliana.

Spiegelberg fala do "velho movimento" e inclui nele os Círculos de Göttingen (VER) e de Munique (VER). No primeiro destacaram-se Adolf Reinach (VER), Moritz Geiger (VER), Dietrich von Hildebrand (VER) e Hedwig Conrad-Martius (VER), acrescentando-se depois a eles A. Koyré (VER), Roman Ingarden (VER), Edith Stein (VER) e Fritz Kaufmann (VER). No segundo, destacaram-se alguns filósofos que acabamos de mencionar (Reinach, Geiger) e outros menos proeminentes, como Aloys Fischer. No entanto há outros "membros" desses Círculos que se aproximaram deles durante algum tempo: por exemplo, August Gallinger (1871-1959: *Das Problem der objektiven Möglichkeit. Eine Bedeutungsanalyse*, 1913; *Zur Grundlegung einer Lehre von der Erinnerung*, 1914); Wilhelm Schapp (nasc. em 1884: *Beiträge zur Phänomenologie der Wahrnehmung*, 1910, 2ª ed., 1925; *Die neue Wissenschaft vom Recht*, 1930 [trad. esp.: *La nueva ciencia del Derecho*, 1929]; *In Geschichten verstrickt*, 1955); Jean Hering (VER); Kurt Stavenhagen (1885-1951: *Absolute Stellungsnahmen. Eine ontologische Untersuchung über das Wesen der Religion*, 1925; *Das Wesen der Nation*, 1934; *Heimat als Grundlage menschlicher Existenz*, 1939; *Person und Persönlichkeit. Untersuchungen zur Anthropologie und Ethik*, 1957, ed. Harald Delius). Também podemos mencionar Arnold Metzger (nasc. Landau [1893-1952]: "Der Gegenstand der Erkenntnis", *Jahrbuch etc.*, VII, 1925, pp. 613-670; *Phänomenologie und Metaphysik*, 1933; *Freiheit und Tod*, 1955; *Freiheit und Dämonie*, 1956). Deve-se observar que alguns desses autores não receberam influências diretas de Husserl, mas de alguns discípulos dele (como Adolf Reinach). Além desses círculos pode-se mencionar, como caso especial, o de Alexander Pfänder (VER). A eles se seguem, dentro do "velho movimento", Max Scheler (VER) e Martin Heidegger (VER), este último ao menos "como fenomenólogo", assim como — a uma distância muito maior de Husserl — Nicolai Hartmann.

Ao indicar que entre os filósofos que, fora da Alemanha, receberam ao menos importantes incitações da fenomenologia figuram proeminentemente José Ortega y Gasset (VER), Francisco Romero (VER), Jean-Paul Sartre (VER) e Maurice Merleau-Ponty (VER), não seguimos inteiramente a exposição de Spiegelberg, pois acrescentamos à lista os dois primeiros e suprimimos dela vários outros nomes que parecem menos "relacionados" com Husserl, embora de algum modo tenham feito uso de princípios ou resultados do método fenomenológico. Deve-se observar que em alguns casos (como em Ortega y Gasset) o interesse por Husserl (que ele tornou conhecido muito rapidamente na Espanha) está ligado a uma crítica rigorosa ao autor. Em outros casos, a fenomenologia é "usada" de uma maneira mais parecida com a de Heidegger que com a de Husserl. Há certos casos mais difíceis de classificar, como o de Oskar Becker (VER).

Alguns dos discípulos mais próximos de Husserl em alguma das "etapas" do pensamento deste último colaboraram na "edição" de alguns escritos; é o caso de Roman Ingarden (VER), Edith Stein (VER), Eugen Fink (VER) e Ludwig Landgrebe (VER). O trabalho de preparação e de "edição" de textos de Husserl foi prosseguido e, por assim dizer, "sistematizado" pelo grupo que tem seu centro em Louvain: sobretudo Pe. Hermann Leo van Breda (que desempenhou um papel muito importante na recuperação de manuscritos de Husserl em 1938), Walter Biemel, Marly Biemel e outros (entre os que trabalharam nos manuscritos também figuram Stephen Strasser e Rudolph Boehm).

Para finalizar, mencionamos os nomes de alguns autores que foram influenciados por Husserl ou utilizaram princípios ou métodos fenomenológicos (ao menos ocasionalmente), ou que colaboraram na apresentação e na interpretação da filosofia de Husserl (coisa que já nos leva um pouco longe de um "movimento fenomenológico" em sentido estrito). Destacamos Mikel Dufrenne (VER), Raymond Polin (VER), Pierre Thévenaz (VER), Paul Ricoeur (VER), Alphonse de Waelhens (VER), Dorion Cairns (1901-1973), Aron Gurwitsch (VER), Emmanuel Levinas (VER). Convém citar ainda o trabalho de Marvin Farber (VER), que contribuiu muito para o conhecimento de Husserl nos países de língua inglesa. A rigor, nem sempre é fácil distinguir autores que seguiram, mesmo parcialmente, Husserl, e autores que contribuíram sobretudo para o conhecimento e a crítica deste autor. Em alguns casos, a influência recebida de Husserl une-se à recebida de outros autores: isso ocorre com Ernesto Máyz Vallenilla (VER), influenciado ao mesmo tempo por Husserl e por Heidegger. Também ocorre, em parte, com autores como Alfred Schütz (VER), Maurice Natanson (nasc. em 1924: *A Critique of Jean-Paul Sartre's Ontology*, 1951; *The Social Dynamics of G. H. Mead*, 1956; *Literature, Philosophy and the Social Sciences: Essays in Existentialism and Phenomenology*, 1962; *The Journeying Self: A Study in Philosophy and Social Role*, 1970; *E. Husserl, Philosopher of Infinite Tasks*, 1974; *Phenomenology, Role, and Reason: Essays on the Coherence and Deformation of Social Reality*, 1974), John Wild (VER) ou Jean Wahl (VER). Limitar-nos-emos, pois, a citar uma série de nomes de autores que, seja como for, contribuíram para o conhecimento de Husserl e da fenomenologia: Gaston Berger (VER), Quentin Lauer, Tran-Duc-Thao, José Gaos (VER), J. D. García Bacca (VER), Joaquín Xirau (VER), Samuel

Ramos (VER), Francis Jeanson, Jean Wahl (VER), Carlos Astrada (VER), Suzanne Bachelard. Nem esta última lista nem as anteriores são exaustivas; são simplesmente exemplos que ajudam a compreender o raio de ação, a influência e o interesse produzidos pela obra de Husserl.

➲ Escritos publicados durante a vida do autor: *Über den Begriff der Zahl*, 1887 (*Sobre o conceito de número*). — *Philosophie der Arithmetik*, I, 1891 (*Filosofia da aritmética*) [inclui o escrito anterior]. — *Psychologische Studien zur elementaren Logik*, 1894 (*Estudos psicológicos para a lógica elementar*). — *Der Folgerngskalkül und die Inhaltlogik*, 1891 (*O cálculo seqüencial e a lógica material*). — *Logische Untersuchungen*, 2 vols., 1900-1901; 2ª ed., 1913. — "Philosophie als strenge Wissenschaft", *Logos*, 1 (1910-1911), 289-341. — *Ideen zu einer reinen Phänomenologie und phänomenologische Philosophie*, 1 [citado freqüentemente como *Ideen I*], 1913. — *Vorlesungen zur Phänomenologie des inneren Zeitbewusstseins*, 1929, ed. M. Heidegger. — *Formale und transzendentale Logik*, 1929. — *Nachwort zu meinen Ideen*, 1929 (*Epílogo a minhas "Idéias"*). — *Méditations cartésiennes. Introduction à la phénoménologie*, 1931 [texto alemão publicado postumamente em *Husserliana I* — cf. *infra*]. — "Die Krisis der europäischen Wissenschaften und die transzendentale Phänomenologie", *Philosophia*, 1, ed. Arthur Liebert (1936) [são as primeiras seções da obra de mesmo título publicada postumamente].

Postumamente se publicou *Erfahrung und Urteil. Untersuchungen zur Genealogie der Logik*, 1939, ed. L. Landgrebe (*Experiência e juízo. Investigações para a fenomenologia da lógica*).

Edição de obras: Husserl deixou grande quantidade de manuscritos, com livros terminados mas ainda não suficientemente organizados, notas procedentes de cursos e de suas meditações, textos das mesmas obras já publicadas durante sua vida mas com numerosos comentários e adições etc. Os manuscritos foram resgatados, não sem dificuldades, pelo franciscano Hermann Leo van Breda, de Louvain, em 1938; transportados para Louvain, constituem os *Archives-Husserl* dirigidos por Pe. van Breda. Esses *Archives* constituem a base para a edição completa de escritos de Husserl a que nos referiremos adiante. Sobre o resgate dos manuscritos de H., ver H. L. van Breda, "Le sauvetage de l'héritage husserlien et la fondation des Archives Husserl", no volume coletivo *Husserl et la pensée moderne*, 1959, pp. 1-41. Informações complementares, do mesmo autor, em "Maurice Merleau-Ponty et les Archives-Husserl à Louvain", *Revue de Métaphysique et de Morale*, ano 67 (1963), 410-430.

As obras completas de H., com base nos *Archives*, estão sendo publicadas com o título *Husserliana*, desde 1950, sob a direção de H. L. van Breda, com a colaboração de S. Strasser, W. Biemel, M. Biemel, R. Boehm e outros.

Das *Ideen* — já em 3 vols. (III-IV-V) na *Husserliana*, ed. W. e M. Biemel — foi publicada uma nova edição por Karl Schuhmann, com "Ergänzende Texte" de 1912-1929.

Com base em manuscritos de H. foram publicados os volumes: Gerd Brand, *Welt, Ich und Zeit. Nach unveröffentlichen Manuskripten E. Husserls*, 1958. — Alois Roth, *E. Husserls ethische Untersuchungen dargestellt an Hand seiner Vorlesungsmanuskripte*, 1960. — *Zur Phänomenologie der Intersubjektivität*, 3 vols., 1973, ed. I. Kern. — *Ding und Raum* (1907), 1973, ed. U. Claesges. — *Phantasie, Bildbewusstsein, Erinnerung*, 1980, ed. E. Marbach. — *Aufsätze und Vorträge 1911-1921*, 1986, eds. T. Nenon e H. R. Sepp (com arts. breves e notas para cursos).

Em português: *Conferências de Paris*, s.d. — *A crise da humanidade européia e a filosofia*, 1996. — *A idéia da fenomenologia*, 1986. — *Investigações lógicas*, 1974.

Bibliografia: Jan Patocka, em *Revue Internationale de Philosophie*, n. 2 (1939), 374-397. — J. Raes, em *ibid.*, n. 14 (1950), 469-475. — Lothar Eiey, em *Zeitschrift für philosophische Forschung*, 13 (1959), 357-367 [complementar, com alguns erros]. — H. L. van Breda, em *La philosophie au milieu du vingtième siècle*, pp. 65-70. — Id., no volume de W. Schapp, J. Hering, H. Plessner, K. Löwith, L. Binswanger, E. Fink, M. Farber *et al.*, *Edmund Husserl 1859-1959*, 1959. — F. Lapointe, *E. H. and his Critics: An International Bibliography (1894-1979)*, 1980. — D. Tiffeneau, *H. Bibliography*, 1982 (mais de mil pp.). — A revista *Husserl Studies* (ver *infra*) informa a nova bibliografia husserliana.

A bibliografia sobre H. é muito abundante. Pode-se usar a do verbete FENOMENOLOGIA, que é um complemento desta. Aqui também destacamos algumas obras já mencionadas em FENOMENOLOGIA: Theodor Celms, *Der phänomenologische Idealismus Husserls*, 1928. — Georg Misch, *Lebensphilosophie und Phänomenologie. Eine Auseinandersetzung der Diltheyschen Richtung mit Heidegger und Husserl*, 1930. — G. Gurvitch, *Les tendances actuelles de la philosophie allemande*, 1930, cap. I. — Eugen Fink, "Die phänomenologische Philosophie Edmund Husserls in der gegenwärtigen Kritik", *Kantstudien*, 38 (1933), 319-383. — Id., "Das Problem der Phänomenologie E. Husserls", *Revue Internationale de Philosophie*, 1 (1938), 226-270. — Antonio Caso, *La filosofía de H.*, 1934. — Carlos Astrada, *Idealismo fenomenológico y metafísica existencial*, 1936. — Sofia Vanni Rovighi, *La filosofia di E. H.*, 1939. — E. P. Welch, *E. Husserl's Phenomenology*, 1939; reimp. com algumas mudanças na obra do mesmo autor: *The Philosophy of E. H.: The Origin and Development of His Phenomenology*, 1941. — Joaquín Xirau, *La filosofía de H. Una introducción a la fenomenología*, 1941; 2ª ed., 1966. — Gaston Berger, *Le Cogito dans la philosophie de H.*, 1941. — Marvin Farber, *The Foundation of Phenomenology: E. H. and the Quest for a Rigorous Science of Philosophy*, 1943; 2ª ed., 1962. — Id., 1956 [apareceu apenas em espanhol]. — Quentin Lauer, *Phénoménologie de H. Essai sur la genèse de l'intentionalité*, 1955 (trad. inglesa, com algumas mudanças: *The Triumph of Subjectivity: An Introduction to Transcendental Phenomenology*, 1958). — Th. W. Adorno, *Zur Metakritik der Erkenntnistheorie*, 1956. — Alwin Diemer, *E. H. Versuch einer systematischen Darstellung seiner Phänomenologie*, 1956. — Ernesto Máyz Vallenilla, *Fenomenología del conocimiento. El problema de la constitución del objeto en la filosofía de H.*, 1956 (tese). — W. H. Müller, *Die Philosophie E. Husserls nach den Grundzügen ihrer Entstehung und ihrem systematischen Gehalt*, 1956. — Suzanne Bachelard, *La logique de H.*, 1957. — Mario Sancipriano, *L'evoluzione ideale: Fenomenologia pura e teoria dell'evoluzione*, 1957. — Id., *Il logos di H.: Genealogia della logica e dinamica intenzionale*, 1962. — Id., *L'ethos di H.: Comunicazione intersoggetiva ed etica sociale*, I, 1967. — André de Muralt, *L'idée de la phénoménologie: L'exemplarisme husserlien*, 1958. — Guido Pedroli, *La fenomenologia di H.*, 1958 [somente sobre as obras póstumas]. — Wilhelm Szilasi, *Einführung in die Phänomenologie E. Husserls*, 1959. — Julio Fragata, *A fenomenologia de H. como fundamento da filosofia*, 1959. — Giuseppe Maria Sciacca, *Esistenza e realtà in H.*, 1960. — Enzo Paci, *Tempo e verità nella fenomenologia di H.*, 1961 [com um escrito inédito de H.]. — Hubert Hohl, *Lebenswelt und Geschichte. Grundzüge der Spätphilosophie E. Husserls*, s/d. (1962). — René Toulemont, *L'essence de la société selon H.*, 1962. — Jan M. Broekman, *Phänomenologie und Egologie. Faktisches und transzendentales Ego bei H.*, 1963. — Ulrich Claesges, *E. Husserls Théorie der Raumkonstitution*, 1964. — Iso Kern, *H. und Kant. Eine Untersuchung über Husserls Verhältnis zu Kant und zum Neukantianismus*, 1964. — J. N. Mohanty, *E. Husserl's Theory of Meaning*, 1964; 3ª ed., 1976. — Ludovic Robberechts, *H.*, 1964. — Giorgio Scrimieri, *La mathématique dans la pensée du jeune H.*, 1965. — Id., *La formation de la phénoménologie de H.*, 1967. — Wolfgang Orth, *Bedeutung, Sinn, Gegenstand. Studien zur Sprachphilosophie E. Husserls und Richard Hönigswalds*, 1967. — Renzo Raggiunti, *H.: Della logica alla fenomenologia*, 1967. — Joseph J. Kockelmans, *A First Introduction to Husserl's Phenomenology*, 1968. — Giorgio Baratta, *L'idealismo fenomenologico di H.*, 1969. — R. A. Mall, *Experience and Reason: The Phenomenology of H. and Its Relation to Hume's Philosophy*, 1973. — Maurice Natanson, *E. H.: Philosopher of Infinite Tasks*, 1974. — Eduard Marbach, *Das Problem des Ich in der Phänomenologie Husserls*, 1974. — L. Villoro, *Estudios sobre H.*, 1975. — Paul Janssen, *E. H. Einführung in seine Phänomenologie*, 1976. — T. de Boer, *De ontwikkelingsgang in het denken van H.*, 1966 (trad. ingl.: *The Development of H.'s Thought*, 1978). — J. N. Mohanty, *H. and Frege*, 1982. — J. P. Miller, *Numbers in Presence and Absence: A Study of H.'s Philosophy of Mathematics*, 1982. — D. Føllesdal, J. N. Mohanty et al., *H.: Intentionality and Cognitive Science*, 1982, ed. H. L. Dreyfus, com a colaboração de H. Hall. — R. S. Tragesser, *H. and Realism in Logic and Mathematics*, 1984. — J. V. Iribarne, *La intersubjectividad en H.*, 2 vols., 1988. — D. Bell, *H.*, 1991.

Desde 1970 publica-se o anuário *Analecta Husserliana: The Yearbook of Phenomenological Research*, ed. Anna-Teresa Tymieniecka. — Desde 1984 publica-se a revista *Husserl-Studies*, eds. J. N. Mohanty e K. Schuhmann.

Em comemoração ao centenário do nascimento de H., em 1959 foram publicadas várias coletâneas de artigos em revistas ou livros; destacamos: o cit. *supra* [Phaenomenologica, 2]; W. Biemel, E. Levinas, J. Wahl et al., *H.*, 1959 [Cahiers de Royaumont. Philosophie, 3]; A. Schütz et al., em *Philosophy and Phenomenological Research*, 20 (1959-1960), 147-274; E. Paci, ed., *Omaggio a Husserl*, 1960.

É importante para o conhecimento de Husserl e de temas relacionados com a fenomenologia a coleção "Phaenomenologica", publicada pelos Arquivos Husserl desde 1958. Algumas das obras anteriormente mencionadas apareceram nessa coleção. — A obra de Herbert Spiegelberg mencionada *supra* é *The Phenomenological Movement: A Historical Introduction*, 2 vols., 1960 [para H., especialmente pp. 73-167]. **C**

HUTCHESON, FRANCIS (1694-1746). Nascido em Armagh (Irlanda do Norte), de pais escoceses, estudou na Universidade de Glasgow. Entre 1720-1722 e 1727 lecionou em uma escola presbiteriana de Dublin, e a partir de 1727 foi professor de filosofia moral na Universidade de Glasgow.

Seguindo em parte Shaftesbury (VER) e em parte Joseph Butler (VER) e opondo-se a Bernard de Mandeville (VER), Hutcheson é considerado um dos principais representantes da chamada "escola do senso moral". O senso moral é, segundo Hutcheson, a fonte de nossa consciência moral. Mediante esse senso podem ser percebidas as diferenças entre as ações moralmente boas e as moralmente más. Mas o senso moral faz mais: nos força a aprovar as primeiras. Ele constitui a origem da consciência moral, em um sentido parecido a como o sentido da visão dá origem aos estímulos visuais.

O objeto de nossa aprovação é a benevolência, qualidade real nas ações que excita ou suscita nossa aprovação. Hutcheson freqüentemente identifica a benevolência com a virtude. Ela é uma espécie de instinto existente em cada homem que o impele a promover o bem dos demais. Esse bem é muitas vezes equiparado com a "maior felicidade".

Embora Hutcheson fale do senso moral como algo radicado na natureza do homem, ele não deve ser confundido com uma idéia inata ou conjunto de idéias inatas. A rigor, Hutcheson recebeu em grande parte a influência de Locke; embora o sentido moral seja "inato", a percepção das qualidades morais (das "idéias morais") não é inata, mas adquirida mediante a experiência, que é o exercício do senso moral na realidade.

↻ Obras: *An Enquiry into the Original of Our Ideas of Beauty and Virtue in Two Treatises:* I. *Concerning Beauty, Order, Harmony Design*; II. *Concerning Moral Good and Evil*, 1725; 2ª ed., 1726; 3ª ed., 1729; 4ª ed., 1738; 5ª ed., 1753. — *An Essay on the Nature and Conduct of the Passions and Affections. With Illustration on the Moral Sense*, 1728; 3ª ed., 1742. — "Remarks on the Fable of the Bees", *Hibernicu's Letters*, 1729; 2ª ed., 1734. Esse trabalho foi publicado em 1750 junto com "Reflections upon Laughter", *Dublin Journal*, n. 11-13, 45-47 (1725-1726); foi reeditado em 1772 (com correspondência entre ele e Burnet). — *Hutchesoni Oratio Inauguralis*, 1730. — *Philosophia moralis institutio compendiaria*, 1742; 2ª ed., 1745; 3ª ed., 1752 (trad. inglesa: *A Short Introduction to Moral Philosophy*, 1747; 2ª ed., 1753; 3ª ed., 1764; 4ª ed., 1772). — *Metaphysicae Synopsis Ontologiam et Pneumatologiam complectens*, 1742; 2ª ed., 1744; 3ª ed., 1749; 4ª ed., 1756; 5ª ed., 1762; 6ª ed., 1774. — *A System of Moral Philosophy*, 1755. — *Logicae Compendium*, 1756; 2ª ed., 1759; 5ª ed., 1764.

Edição de obras: *Works*, 6 vols. (1769-1774); ed. fac., com introd. de Bernhard Fabian, 7 vols., 1969-1971.

Bibliografia: T. E. Jessop, *A Bibliography of David Hume and of Scotish Philosophy from F. H. to Lord Balfour*, 1938.

Biografia: William Robert Scott, *F. H.: His Life, Teaching, and Position in the History of Philosophy*, 1900.

Ver: Thomas Fowler, *Shaftesbury and H.*, 1882. — R. Rampendal, *Eine Würdigung der Ethik Hutchesons*, 1892. — L. Vignone, *L'etica del senso morale in F. H.*, 1954. — William T. Blackstone, *F. H. and Contemporary Ethical Theory*, 1965. — Giovanni de Crescenzo, *F. H. e il suo tempo*, 1968. — Henning Jensen, *Motivation and the Moral Sense in F. Hutcheson's Ethical Theory*, 1971. — Peter Kivy, *The Seventh Sense: A Study of F. Hutcheson's Aesthetics and Its Influence in Eighteenth-Century Britain*, 1976. — W. Leidhold, *Ethik und Politik bei F. H.*, 1985. — M. Strasser, *F. H.'s Moral Theory: Its Form and Utility*, 1990. ↻

HUTTON, RICHARD HOLT. Ver Martineau, Joseph.

HUXLEY, JULIAN [SORELL] (1887-1975). Nascido em Londres, neto de Thomas Henry Huxley (ver), Diretor da UNESCO (1946-1948), interessou-se por questões de biologia, de evolução orgânica, do papel do homem na evolução e da função da ciência na sociedade. Sua mais importante idéia do ponto de vista filosófico é a hipótese de que, ainda que sem se romper sua continuidade, o processo evolutivo toma, com o homem, uma nova direção ou, ao menos, entra em outra etapa. As mudanças mais importantes já não são, segundo Huxley, orgânicas, mas educacionais — isto é, a educação e, com ela, a cultura representam uma nova força evolutiva. Portanto, já não há propriamente "seleção natural", mas antes "seleção educativa". O homem, tal como o conhecemos, pode ser superado, sem se modificar sua estrutura orgânica, por meio de forças psicológicas e, ao mesmo tempo, éticas.

↻ Entre as numerosas obras de J. H., mencionamos: *Essays of a Biologist*, 1923. — *Science and Social Needs*, 1935. — *Man Stands Alone*, 1941. — *The Uniqueness of Man*, 1941. — *Evolutionary Ethics*, 1943. — *On Living in a Revolution*, 1944. — *Man in the Modern World*, 1947. — *Evolution: The Modern Synthesis*, 1948; 1964 com um novo prefácio. — *Heredity: East and West: Lysenko and World Science*, 1949. — *Evolution as a Process. Essays*, 1954. — *Religion without Revelation*, nova ed., 1957. — *The Story of Evolution*, 1958. — *Biological Aspects of Cancer*, 1958. — *The Humanist Frame*, 1961 (coletânea de arts.). — *Evolution in Action*, 1962. — *The Human Crisis*, 1963. — *Essays of a Humanist*, 1966. — *Memories*, 2 vols., 1970-1973. ↻

HUXLEY, THOMAS HENRY (1825-1895). Nascido em Ealing, perto de Londres, destacou-se por seus trabalhos em zoologia e paleontologia. Huxley é conhecido sobretudo por sua defesa da teoria darwiniana da evolução contra seus detratores e pelas numerosas polêmicas que sustentou contra aqueles que se opunham a Darwin por motivos ou razões religiosos. Huxley reconhecia que havia pontos fracos na teoria darwiniana, que não possuía força explicativa suficiente, mas, em todo caso, ela representava uma hipótese mais satisfatória que quaisquer outras produzidas até então, e poderia constituir um ponto de partida para uma filosofia evolucionista não apenas orgânica, mas também cósmica. Isso não equivalia a ignorar as dificuldades suscitadas pelo conhecimento das realidades. Nesse sentido, Huxley declarou-se contrário a toda pretensão de conhecimento absoluto. Isso o levou, tanto na filosofia como na religião, ao que ele próprio chamou de "agnosticismo" (VER), em completa oposição a todo dogmatismo e rejeitando tanto o espiritualismo ou o idealismo como o materialismo enquanto doutrinas metafísicas incomprováveis. Huxley tomou o modelo mecanicista como forma de explicação da estrutura dos seres orgânicos, incluindo o homem, no qual os atos mentais são epifenômenos do corpo. Com isso, no entanto, não pretendia sustentar que a realidade é mecânica, mas que o modelo mecânico é o melhor modelo explicativo da realidade descoberto até agora. Em matéria religiosa inclinou-se para uma forma de panteísmo. Na ética, considerou que o evolucionismo, com sua insistência na luta pela sobrevivência do mais apto, não pode dar conta da natureza dos atos morais e menos ainda da natureza dos ideais morais. Estes se sobrepõem, por assim dizer, ao curso da evolução, sem que se veja claramente se são, em última análise, baseados nela, ou se constituem um novo "reino". Em todo caso, Huxley considerou ser necessário para o homem, caso queira ser moral, opor-se a tendências "evolucionistas" quando estas podem tender ao imoral ou amoral.

↻ Obras: *Collected Essays*, 9 vols., 1893-1894. — *Scientific Memoirs*, 4 vols., 1898-1902. — *Th. H. Huxley: Selections from the Essays*, 1948, ed. A. Castell. — Duas das obras filosóficas mais difundidas de H. foram: *Man's Place in Nature*, 1864, e *Evolution and Ethics, and Other Essays*, 1894 (vols. 7 e 9 de *Coll. Ess.*).

Ver: L. Huxley, *Life and Letters of Th. H. H.*, 2 vols., 1900; 2ª ed., 3 vols., 1903. — C. Ayres, *H.*, 1932. — H. Peterson, *H., Prophet of Science*, 1932. — Cyrill Bibby, *T. H. H.: Scientist, Humanist, Educator*, 1959. — William Irvine, *T. H. H.*, 1969. — J. G. Paradis, *T. H. H.: Man's Place in Nature*, 1978. ↻

HYLÉ. Ver HILÉTICO; MATÉRIA.

HYPPOLITE, JEAN (1907-1968). Nascido em Jonzac (Charente Maritime, França), professor na Universidade de Estrasburgo (1945-1948), na Sorbonne (1949-1954), diretor da Escola Normal Superior de Paris (1954-1963) e professor no Collège de France (1963-1968), contribuiu para o interesse pelo hegelianismo na França e para uma espécie de "renascimento hegeliano". O citado interesse não é puramente histórico. Tampouco é um interesse pela estrutura do sistema hegeliano como sistema. Hyppolite considera que Hegel é o autor moderno "central" e que dele partem, direta ou indiretamente, as correntes filosóficas contemporâneas mais em voga (marxismo, fenomenologia, existencialismo). Essas correntes não podem ser entendidas senão como uma espécie de diálogo com Hegel. O Hegel que interessa a Hyppolite é aquele no qual se manifesta uma grande riqueza de problemas; os primeiros escritos de Hegel e a *Fenomenologia do espírito* são particularmente importantes com relação a isso. Além do diálogo das correntes atuais de Hegel, Hyppolite propõe um diálogo entre os filósofos franceses e Hegel; "a meditação de nossos filósofos sobre a liberdade é de caráter muito distinto [do de Hegel]. De Descartes a Bergson, nosssa filosofia parece evitar a história. É antes dualista e busca a liberdade em uma reflexão do sujeito sobre si mesmo" (*Introduction à la philosophie de l'histoire de Hegel*, p. 94). Não se trata agora de rejeitar essa idéia de liberdade, mas também se deve ver a história, segundo a via Hegel, como "aquilo com o que devemos nos reconciliar", sendo a liberdade "essa reconciliação mesma".

↻ Obras: *Genèse et structure de la Phénoménologie de l'Esprit de Hegel*, 1946. — *Introduction à la philosophie de l'histoire de Hegel*, 1948. — *Logique et existence*, 1953; nova ed., 1962. — *Études sur Marx et sur Hegel*, 1958. — *Sens et existence dans la philosophie de Maurice Merleau-Ponty*, 1963. — *Figures de la pensée philosophique*, 2 vols., 1971, ed. Dina Dreyfus. — Ver também a contribuição de J. H. ao debate do dia 7-XII-1961 publicado no volume: J.-P. Sartre, Roger Garaudy, J. H., Jean-Pierre Vigier, J. Orcel, *Marxisme et Existentialisme. Controverse sur la dialectique*, 1962, pp. 45-52 e 85-86. — Além disso, trad. para o francês da *Fenomenologia*: *Phénoménologie de l'Esprit*, de Hegel, 2 vols., 1939-1941, com notas.

Em português: *Gênese e estrutura da Fenomenologia do espírito*, 1999. — *Introdução à Filosofia da história de Hegel*, 1995.

Ver: S. Bachelard, C. Canguilhem *et al.*, *Hommage à J. H.*, 1971. ↻

HYSTERON PROTERON. Transcrevemos desse modo a expressão grega ὕστερον πρότερον. "Hysteron proteron" significa "o último, o primeiro". Os gramáticos e retóricos gregos chamavam de ὕστερον πρότερον uma figura retórica na qual se diz em primeiro lugar o que deveria ser dito em último. Um exemplo de "hysteron proteron" é: "Vê e tem olhos". Se o "hysteron proteron" é considerado como um sofisma ou como uma falácia, deve ser considerado um sofisma ou uma falácia dos chamados *in dictione*. O sofisma aparece sobretudo quando em um exemplo como o citado se supõe ou se dá a entender que há uma relação causal ou ao menos uma relação de sucessão. Quando não se dá a entender essa relação, não há sofisma, e trata-se simplesmente de um modo de reforçar na mente do ouvinte ou do leitor certas significações. Nesse caso, "Vê e tem olhos" significaria, aproximadamente: "Vê e na verdade pode ver bem, pois tem os olhos bem abertos".

Observe-se que, ao se simbolizar um *hysteron proteron* como o citado, o resultado tampouco é um sofisma, mas apenas duas proposições unidas pelo conectivo 'e'. Nesse caso, e segundo uma das tautologias ou leis da lógica sentencial, é indiferente a posição das proposições, já que "Vê e tem olhos" se e somente se "Tem olhos e vê".

I. A letra maiúscula 'I' (segunda vogal do termo *affirmo*) é usada na literatura lógica para representar simbolicamente a proposição particular afirmativa, *affirmatio particularis*, sendo um de seus exemplos a proposição:

Alguns homens são mortais

Em textos escolásticos encontra-se freqüentemente o exemplo (dado por Boécio):

Aliquis homo iustus est

e em muitos textos lógicos a letra 'I' substitui o esquema 'Alguns S são P', sobretudo quando se introduz o chamado quadro de oposições (VER).

Nos textos escolásticos diz-se que 'I' *asserit particulariter*, afirma particularmente. Nesses textos também se usa a letra 'I' para simbolizar as proposições modais em *modus* negativo e *dictum* afirmativo (ver MODALIDADE), isto é, as proposições do tipo:

É possível que *p*

na qual '*p*' simboliza um enunciado declarativo. A letra '*I*' (em itálico) é usada por Łukasiewicz para representar o quantificador particular afirmativo. '*I*' é anteposto às variáveis '*a*', '*b*', '*c*' etc., de tal modo que '*Iab*' significa '*b* pertence a alguns *a*' ou 'algum *a* é *b*'.

IBERICO Y RODRÍGUEZ, MARIANO. Nascido em 1893, professor na Universidade de San Marcos (Lima, Peru) como sucessor na cátedra de Deústua, estudou criticamente a filosofia de Bergson e se interessou sobretudo por questões estéticas e metafísicas, procurando ver a raiz comum de ambas. Isto se torna patente especialmente em seu estudo sobre o sentimento da vida cósmica, baseado em uma experiência estética, mas transcendendo-a. A união do estético e do metafísico manifesta-se também na teoria de Iberico sobre o conhecimento simbólico, na qual percebem-se influências de Bergson e de Ludwig Klages.

A mais importante contribuição filosófica de Iberico está em sua teoria sobre a relação entre o ser e o aparecer. Segundo Iberico, o ser como tal é um ser em si, que pode ser de caráter lógico, existencial ou essencial. O ser deixa de ser em si, no entanto, quando aparece (aparece para um eu ou para uma consciência, a qual reflete o ser no aparecer e, portanto, sintetiza ser e aparência). Desse modo, o ser pode se refletir (na reflexão ou "especulação" da consciência) no aparecer, e o aparecer pode se transformar em ser. O ser não se reduz, pois, a ser o que é, como sustenta o realismo (gnosiológico), nem consiste em um aparecer, como defende o idealismo (gnosiológico) e, em geral, todo fenomenismo. O eu ou a consciência restituem desse modo o aparecer ao ser e o ser ao aparecer. Também superam tanto o objetivismo como o subjetivismo em uma espécie de "dialética" do ser como aparecer e do aparecer como ser.

➲ Obras: *El carácter*, s/d. [1913]. — *La filosofía de Enrique Bergson*, 1916. — *Una filosofía estética*, 1920. — *El nuevo absoluto*, 1926. — *La unidad dividida*, 1932. — *Notas sobre el paisaje de la sierra*, 1937. — *El sentimiento de la vida cósmica*, 1939. — *Princípios de lógica jurídica*, 1944. — *La aparición*, 1950. — *Perspectivas sobre el tema del tiempo*, 1958. — *El espacio humano*, 1969. — *La aparición histórica. Ensayos y notas sobre los temas de la Historia y el tiempo*, 1971.

Bibliografia: S. Raez Patiño, "Bibliografía del doctor M. I. R.", em *Boletín de la Biblioteca Nacional*, Lima, 15 (1952), 21-28. — S. Jhong Campos, "M. I.", em *Anuario Bibliográfico Peruano, 1973-1976*, vol. 2 (1986), 988-1004.

Ver: J. G. Llosa, *La filosofía humanista de M. I.*, 1952. — Vários autores, *Homenaje a M. I.*, 1973. — F. Carvallo Rey, *La metafísica del aparecer de M. I.*, 1978. — D. Sobrevilla, *Repensando la tradición nacional*, vol. I, 1988, cap. I: "M. I.", pp. 1-155. ➲

IBN. Ver ABENALARIF; ABENARABI; ABENHAZAM; ABENJALDUN; ABENMASSARA; ABENTOFAIL; ALFARABI; ALGAZEL; ALKINDI, AVEMPACE, AVERRÓIS, AVICEBRON; AVICENA. Ver também MAIMÔNIDES; SAADIA; YEHUDÁ HA-LEVI.

ÍCONE. Ver SIGNO.

I CHING. Ver YANG, YIN.

IDÉIA. O termo 'idéia' procede do grego ἰδέα, substantivo que corresponde ao verbo ἰδεῖν ("ver"). 'Ιδέα ('idéia') equivale, portanto, etimologicamente, a 'visão' (cf. em latim *videre* ["ver"]; -*vid* é a raiz tanto de ἰδεῖν como de *videre*). Deve-se levar em conta, entretanto, que essa "visão" não é apenas, nem sequer primariamente, a que alguém tem de algo; a "visão" à qual se refere a ἰδέα grega é antes o aspecto ou a figura que uma coisa oferece ao ser vista. 'Idéia' significou depois tanto o aspecto da coisa como o fato de "vê-la". Quando este último aspecto foi acentuado, a "idéia" designou o que se "vê" de uma coisa quando um certo aspecto seu é contemplado.

As múltiplas significações de 'idéia' deram lugar a vários modos de considerar as idéias, dentre os quais destacamos três. Por um lado, entende-se a idéia logicamente quando equiparada com um conceito; por outro lado, ela é entendida psicologicamente quando equiparada com certa entidade mental; por fim, é entendida metafisicamente (ou, segundo o caso, ontologicamente) quando equiparada a certa realidade. Esses três significados se entrecruzaram freqüentemente, de tal modo que às vezes se tornou difícil saber exatamente que sentido tem determinada concepção de 'idéia'.

O termo ἰδέα foi usado por vários pré-socráticos (por exemplo, Xenófanes, Anaxágoras e Demócrito), mas sem possuir o significado, ao mesmo tempo mais preciso e complexo, que o vocábulo adquiriu na filosofia de Platão, chamada amiúde de "filosofia das idéias" (ou, melhor, "das Idéias"). A expressão ἄτομος ἰδέα, usada por Demócrito, aproxima-se da platônica na medida em que se refere à "forma" (geométrica) do átomo. Mas somente em Platão encontramos uma extensa explicação do problema (e dos problemas) das idéias.

Platão, entretanto, usou o termo 'idéia' para designar a forma de uma realidade, sua imagem ou perfil "eternos" e "imutáveis". Por isso é freqüente em Platão que a visão de uma coisa — se se preferir, de uma coisa em sua verdade — seja equivalente à visão da forma da coisa sob o aspecto da idéia. A idéia é, pois, algo como o *espetáculo* ideal de uma coisa. Não significa que a concepção platônica das idéias consista simplesmente nisso. Na verdade, a concepção platônica não é apenas complexa, mas também varia; há em Platão uma verdadeira "história" da concepção das idéias. Remetemos a esse respeito ao verbete dedicado a esse pensador, mas complementaremos aqui a informação com alguns dados.

As passagens nas quais Platão se refere às idéias são numerosas; como exemplo, citamos: *Phaed.*, 65, 100; *Rep.*, VI, 508, 510; VII, 517, 523, 534; X, 597; *Men.*, 81, 85; *Phaed.*, 249; *Parm.*, 131-135; *Symp.*, 211; *Tim.*, 46-51; *Soph.*, 254; *Pol.*, 277; *Leg.*, XII, 965. Nestas e em muitas outras passagens Platão trata do que são as idéias (ou as "formas"); de sua "relação" com as coisas sensíveis e com os números, das idéias como causas, como fontes da verdade etc. No curso de suas análises e elucubrações apresentam-se noções muito diversas de "idéia". Temos, por exemplo, as seis significações enfatizadas por C. Ritter (*Neue Untersuchungen*, 228 ss.): 1) aparência exterior de algo; 2) condição ou constituição; 3) característica que determina um conceito; 4) conceito; 5) gênero ou espécie; e 6) realidade objetiva designada pelo conceito. Em vista dessa diversidade, foram apresentadas múltiplas interpretações da doutrina platônica das idéias. Referimo-nos a essa questão no verbete sobre Platão (VER) e em outros (por exemplo, em ESSÊNCIA, em INATISMO e em PARTICIPAÇÃO). Aqui nos limitaremos a indicar que Platão muitas vezes concebe as idéias como modelos das coisas e, de certo modo, como as coisas mesmas em seu estado de perfeição. As idéias são as coisas *como tais*. As coisas como tais, porém, nunca são as realidades sensíveis, mas as inteligíveis. Uma idéia é sempre uma unidade de algo que aparece como múltiplo. Por isso a idéia não é apreensível sensivelmente, mas é "visível" apenas inteligivelmente. As idéias são "vistas" com o "olhar interior".

Uma vez admitidas as idéias, é preciso saber de que coisas pode haver idéias. Em princípio, parece poder haver idéias de qualquer coisa. Porém é duvidoso que haja idéias de "coisas vis" ou de "coisas insignificantes". Por isso Platão tende cada vez mais a reduzir as idéias a idéias de objetos matemáticos e de certas qualidades que hoje em dia consideramos valores (a bondade, a beleza etc.). Além disso, tende a ordenar as idéias hierarquicamente. Uma idéia é tanto mais "idéia" quanto mais expresse a unidade de algo que aparece como múltiplo. Mas, se essa unidade é uma realidade "em si", levanta-se a questão de que tipo de relação existe entre o uno (ideal) e o múltiplo. É nesse ponto que se manifesta a clássica divergência de opiniões entre Platão e Aristóteles (VER). Este último autor escreve que "não é preciso admitir a existência de idéias, ou do Uno junto ao [justaposto ao; exterior ao] Múltiplo" (*An. post.*, A, 11, 77 a 5 ss.). Antes acontece que o "Uno é unido ao [imanente ao] Múltiplo" (*Met.*, A 9, 990 b 13; cf. também *Met.* A, 6, 987 b 8). A diferença entre Platão e Aristóteles nesse assunto costuma ser expressa com os mesmos termos usados pelo Estagirita. Para Platão, o Uno (isto é, a já citada "unidade do múltiplo") é παρὰ τὰ πολλά, algo separado do múltiplo, enquanto para Aristóteles é algo unido ao múltiplo, κατὰ τῶν πολλῶν. Em outros termos, Aristóteles nega que as idéias existam em um mundo inteligível separado das coisas sensíveis; as idéias são "imanentes" às coisas sensíveis. De outro modo, não se compreenderia como as idéias podem "atuar" e, de passagem, explicar a realidade sensível.

A doutrina platônica das idéias constitui a base de uma doutrina muito difundida no final do mundo antigo: a doutrina segundo a qual as idéias são modelos existentes no seio de Deus. Segundo Fílon de Alexandria, um dos principais promotores dessa doutrina, as idéias — ou "idéias-potências", como as chama — são modelos imanentes no Logos (VER) divino que servem de "intermediários" entre Deus como Criador e sua criação. O mundo foi criado de acordo com as "idéias exemplares". Estas formam um "mundo inteligível" de "razões seminais" (conceito que Fílon tomou dos estóicos). Isso não significa que Deus seja simplesmente um demiurgo (VER) ao estilo platônico, embora com a referida doutrina sempre se suscite o problema de se Deus é ou não é completamente transcendente às "idéias exemplares".

Esse problema está relacionado com as conseqüências que derivam do fato de se enfatizar o caráter absolutamente simples de Deus. Os neoplatônicos haviam reservado a pluralidade de idéias para a segunda hipóstase (VER), já que no Uno (VER) não poderia haver pluralidade alguma. Santo Agostinho adotou em grande medida a doutrina neoplatônica das idéias, mas não podia aceitar a concepção do Uno como "emanante" (ver EMANAÇÃO). Sendo Deus criador *ex nihilo*, encontra-se acima de todas as coisas, incluindo, evidentemente, as idéias. Mas estas, ao mesmo tempo, podem ser concebidas como estando na inteligência divina. As idéias são, para Santo Agostinho, algo como *formae principales o rationes rerum*. São razões estáveis e imutáveis das coisas — e, como tais, são eternas. Sua eternidade, porém, deriva do fato de estarem contidas na *intelligentia divina* (*De div. quaest.*, LXXXIII, q. 46); portanto, em vez de serem as idéias as que determinam a obra criadora de Deus, Deus é que possui as idéias segundo as quais realiza sua criação. A inteligência divina pode conter uma pluralidade de idéias justamente porque essa pluralidade é *da* inteligência divina, mas ela não é idêntica a essa inteligência.

A questão da distinção entre a essência divina e as idéias foi abundantemente tratada por autores escolásticos. Algumas das dificuldades suscitadas por essa questão foram resolvidas indicando-se que há em Deus (ou no Logos) uma pluralidade de idéias em relação às coisas das quais as idéias são modelos, mas que há unidade em relação à própria essência divina. As idéias são distintas entre si, como proclamava São Boaventura, "segundo a razão da inteligência". Para Santo Tomás (cf. sobretudo *S. theol.*, I, q. XV), há pluralidade de idéias em Deus quanto ao conteúdo das idéias, mas não há pluralidade quanto à unidade de Deus com sua própria essência. O que ocorre é que Deus conhece-se a si mesmo como unidade em si, mas também como "imitável" na pluralidade. Em outras palavras, e segundo a fórmula tomista da *intellectio intellectionis*, Deus não apenas conhece a pluralidade por sua própria essência, mas também *conhece que conhece* a pluralidade por sua essência.

O que foi dito acima pode levar à suposição de que o termo 'idéia' foi empregado pelos filósofos e teólogos cristãos somente do ponto de vista teológico. Isso, contudo, não é correto; além da concepção teológica das idéias, há a concepção metafísica (ou ontológica), a gnosiológica e a lógica. A rigor, os escolásticos abriram o caminho para vários usos do termo 'idéia'. Por um lado, para o uso teológico anterior. Depois para um uso ontológico, estreitamente ligado ao anterior, segundo o qual as idéias são concebidas como modelos. Além disso, para um uso gnosiológico, segundo o qual as idéias são princípios de conhecimento. Neste último caso, debateu-se freqüentemente a questão de se se conhece *mediante as idéias* ou de se se conhecem *as* idéias. Por fim, temos um uso lógico, segundo o qual a idéia é a representação simples da coisa na mente. Dentro do vocabulário escolástico, temos diversas distinções de idéias: idéias abstratas, idéias concretas, idéias particulares, idéias coletivas, idéias completas, idéias incompletas, idéias claras, idéias obscuras, idéias adequadas, idéias inadequadas etc. Essas distinções (nas quais o termo *idea* possui freqüentemente o sentido do termo *conceptus*) passaram em parte para a filosofia moderna.

Segundo Julius R. Weinberg (*op. cit.*, bibliografia, pp. 9 ss.), o sentido teológico de 'idéia' como 'pensamento na mente divina' predominou muito tempo desde Fílon e particularmente desde Agostinho. Este último usou, para o sentido mais propriamente epistemológico de 'idéia', os termos *notio* e *notitia* (ver NOTITIA). Os escolásticos, especialmente Tomás de Aquino, usaram freqüentemente o vocábulo *conceptus* para expressar o que a mente possui quando entende algo mediante a espécie (VER) inteligível (embora, por outro lado, segundo Weinberg, Francisco de Meyronnes tenha usado *idea* como sinônimo de *quidditas* [ver QÜIDIDADE] ou de 'universal' em *Sent.* I, d. 48, q. 3). Weinberg também indica que o sentido epistemológico de 'idéia' tal como foi usado na época moderna por Descartes, Locke e outros filósofos originou-se provavelmente no século XVI em autores como Rabelais e Montaigne, mas o certo é que os textos desses autores não avalizam a hipótese de Weinberg. De acordo com o que Gérard Defaux (*Pantagruel et les Sophistes*, 1973) comunicou ao autor deste Dicionário, *idée* aparece em Rabelais somente nos livros *Tiers* e *Quart* (1546 e 1552) e está ausente em *Pantagruel* (1532) e em *Gargantua* (1534). A influência de Platão é perceptível em Rabelais a partir de 1532, e a palavra *idée* sempre tem nesse escritor um sentido platônico. Quanto a Montaigne, Defaux indica que em *Essais*, II A ("De la praesumption"), fala-se de uma *idéia* na alma "que me apresenta [como em um sonho] uma forma melhor" da que introduzira (também sentido platônico). A única coisa que parece poder ser assegurada é que, embora nos filósofos modernos se encontrem diversos usos de 'idéia', parece haver predominado o sentido de 'idéia' como 'representação' (mental) de uma coisa. Embora na época moderna não tenham sido abandonados os significados teológico, metafísico, lírico etc. de 'idéia', muitos autores tenderam a conceber as idéias como resultados da atividade de um sujeito cognoscente. Foi comum considerar que por meio das idéias que um sujeito possui (aspecto "psicológico") pode-se conhecer racionalmente (aspecto lógico) o que as coisas são verdadeiramente (aspecto metafísico ou ontológico). O predomínio do ponto de vista "epistemológico" foi comum tanto às tendências racionalistas como às empiristas, embora aquelas tenham desembocado rapidamente no objeto conhecido e estas tenham se demorado no sujeito cognoscente.

Os racionalistas tenderam a considerar que as idéias (ao menos as verdadeiras e adequadas) têm duas faces: uma, a de serem, como dizia Spinoza, "conceitos do espírito que este forma por ser uma coisa pensante" (*Eth.*, II, def. iii); a outra, a de serem, como afirmava Descartes, as coisas mesmas *enquanto vistas* (mediante uma *simplex mentis inspectio*) (ver INTUIÇÃO). Este último aspecto conduziu ao embasamento das idéias verdadeiras em Deus, especialmente quando, como em Spinoza, considerou-se que este é "a única coisa pensante" (e não apenas um modo de pensar), ou quando, como nos ocasionalistas, Deus foi considerado como o "ponto de vista absoluto" a partir do qual as coisas são vistas. Como conseqüência disso, os racionalistas inclinaram-se para o inatismo (VER). Ora, isso não levou, salvo em casos extremos, a simplesmente fazer das idéias modelos ou arquétipos existentes em Deus. O aspecto das idéias como "conceitos do espírito" (humano) também se manteve como essencial para a compreensão da natureza das idéias. Baseando-se nesse aspecto ocorreram as numerosas discussões acerca da origem das idéias e sobre os tipos de idéias: claras, obscuras, distintas, confusas, adequadas, inadequadas etc. (ver ADEQUADO e CLARO). Quando os motivos teológicos perderam importância, os racionalistas consideraram que as idéias (verdadeiras) podiam continuar sendo inatas por sua posse corresponder à "natureza do homem". No entanto, momento em que se enfatizou o aspecto subjetivo da idéia, as posições sustentadas aproximaram-se das empiristas, e o problema que permaneceu de pé foi menos o da essência das idéias que o de sua origem na mente.

Os empiristas usaram o termo 'idéia' abundantemente; em muitos casos, além disso, elaboraram suas teorias do conhecimento como uma espécie de "doutrina das idéias" (no sentido de "doutrina das representações das coisas do espírito"). Isso ocorre em Locke, em Berkeley e em Hume. Locke pede desculpas ao leitor no início de seu *Essay* pelo uso freqüente da palavra 'idéia', mas observa que é a palavra que melhor serve para indicar a função de "representar" (*stand for*) qualquer coisa que seja objeto do entendimento quando um homem pensa. Idéia equivale a "fantasma", "noção", "espécie" (*Essay*. Introduction, 8). As idéias são, para Locke, "apreensões" e não (ou ainda não) propriamente conhecimentos. Os homens têm em sua mente várias idéias, "como as de maciez, dureza, doçura, pensamento, movimento, homem, elefante, exército, bêbado etc." (*op. cit.*, II, i, 1). A maior parte das idéias procede de uma fonte: a sensação (*ibid.*, II, i, 3). As idéias podem ser simples (recebidas passivamente) ou complexas (formadas por uma atividade do espírito). As simples podem ser idéias de sensação (provenientes de um sentido, como o sabor ou a dureza; ou de mais de um sentido, como a figura, o repouso, o movimento) ou de reflexão (percepção ou pensamento, vontade). Há também idéias compostas de sensação e de reflexão (como o prazer, a dor, a existência). As complexas são idéias de modos (como afecções das substâncias, substâncias e relações). Os modos são "dependências ou afecções da substância, tais como triângulo, gratidão, assassinato" (*ibid.*, II, xii), e podem ser simples ou mistos. Os modos simples, como uma dúzia, são "variações ou diferentes combinações da mesma idéia simples", enquanto os modos mistos, como a beleza ou o roubo, "são compostos de idéias simples de vários tipos". Pode-se falar também de idéias reais ou fantásticas, adequadas ou inadequadas e até mesmo de idéias verdadeiras ou falsas (embora isso corresponda mais às proposições, razão pela qual as chamadas "idéias verdadeiras" e "idéias falsas" são idéias nas quais sempre há alguma proposição tácita). O conhecimento consiste unicamente na "*percepção da conexão e acordo, ou desacordo e repugnância de qualquer uma de nossas idéias*. Somente nisso consiste" (*ibid.*, IV, i, 2). Berkeley declara que os objetos do conhecimento humano consistem em idéias, idéias "efetivamente impressas nos sentidos, ou percebidas ao estarem presentes nas paixões ou operações do espírito, ou, por fim, formadas mediante a memória e a imaginação" (*A Treatise Concerning the Principles of Human Knowledge*, I, 1). Berkeley emprega o termo 'idéia' e não o termo 'coisa' por duas razões: "porque se supõe que o termo *coisa*, ao contrário de *idéia*, denota algo que existe fora do espírito; segundo, porque *coisa* tem uma significação mais abrangente que *idéia*, já que inclui espíritos ou coisas pensantes tanto quanto idéias. Portanto, como os objetos dos sentidos existem somente no espírito (...) prefiro designá-los mediante a palavra *idéia*" (*ibid.*, I, 39). Não há para Berkeley nada além de perceber ou ser percebido (ver ESSE EST PERCIPI); portanto, não há nada além de espíritos que percebem e as idéias (que são as "coisas" *enquanto percebidas*). De acordo com o que vimos (ver BERKELEY [GEORGE]), o citado autor recusa as idéias gerais abstratas, embora admita as idéias gerais na medida em que estas não pretendem designar uma "coisa geral" ou uma "forma" distinta das realidades particulares ou das percepções particulares. Hume, por fim, distingue impressões de idéias, e chama de idéias as "imagens fracas destas [impressões] ao se pensar e raciocinar" (*Treatise*, I, i, 1). "As idéias (como as impressões) podem ser simples ou complexas. As idéias simples são as que não admitem distinção nem separação; as complexas, aquelas nas quais podem ser distinguidas partes" (*loc. cit.*). Em uma nota a essa seção do *Treatise*, Hume escreve, além disso, que "talvez restabeleça melhor a palavra *idéia* em seu sentido original o fato de que Locke a tenha escolhido para designar todas as nossas percepções". No *Enquiry* (seção II) Hume reformula sua doutrina das idéias ao indicar que as "percepções do espírito" podem ser divididas em duas classes segundo seu maior ou menor grau de força ou de vivacidade: as que possuem menor força e vivacidade são denominadas "*pensamentos ou idéias*"; as outras percepções podem ser denominadas *impressões*. Hume declara que, embora as idéias complexas não derivem necessariamente de impressões complexas (desse modo, a idéia de uma sereia não deriva da impressão de uma sereia), as idéias simples derivam das impressões simples e as representam exatamente (*Treatise*, I, i, 1). Em outros termos, "todas as nossas idéias ou percepções mais fracas são cópias de nossas impressões ou percepções mais vívidas" (*Enquiry*, seç. II). As idéias podem ser separadas e unidas por meio da imaginação (VER), mas esta é guiada por "certos princípios universais" (*Treatise*, I, i, 4). As idéias se combinam mediante os princípios da associação de idéias (ver ASSOCIAÇÃO E ASSOCIACIONISMO).

O problema da formação de idéias complexas com base em idéias simples preocupou muitos pensadores até nossa época. Mencionamos, à guisa de exemplo, uma doutrina da classificação das idéias proposta pelo lógico norte-americano John Myhill, que reconheceu que o uso do termo 'idéia' é similar ao emprego que Locke fez da expressão 'idéia complexa'. Segundo Myhill, há três tipos de idéia, cada um dos quais se distingue por determinado caráter. Os caracteres propostos são: "efetivo", "construtivo" e "prospectivo". O caráter efetivo é aquele cuja presença e ausência pode ser descoberta (como a verdade no cálculo proposicional). O caráter construtivo permite estabelecer um programa de acordo com o qual se poderá descobrir oportunamente algo que possua a propriedade construtiva (como a verdade na teoria geral das funções proposicionais). O caráter prospectivo pode ser reconhecido ou criado mediante uma série de atos raciocinados, embora imprevisíveis (como o que resulta da descoberta de Gödel). Embora os exemplos dados até agora sejam matemáticos, deve-se observar que, segundo Myhill, os tipos de idéia em questão não se restringem ao reino matemático. Assim, de modo geral, um caráter é efetivo "se os seres humanos podem ser treinados de maneira a responder de modo diferencial à sua presença e à sua ausência". Um caráter é construtivo "se os seres humanos podem ser treinados de tal forma que executem um programa de cada objeto possuidor da propriedade mencionada"; um caráter é prospectivo "se não é nem efetivo nem construtivo e se, apesar de tudo, algum ser humano possui claramente uma idéia desse caráter". Aplicada essa classificação de idéias — que, como diz o autor, se deve ser adscrita a um ramo da filosofia tradicional, é ao ramo desenvolvido por Locke e Hume, mais que ao de Kant — ao reino musical, segundo Myhill, podemos dar os seguintes exemplos: "ser uma consonância em sentido clássico" (caráter efetivo); "ser uma corda usada por um compositor em uma composição como resposta a uma provocação determinada" (caráter construtivo); "ser belo" (caráter prospectivo).

Kant considerou que o uso do termo 'idéia' pelos empiristas (em suas teorias do conhecimento) e pelos racionalistas (em suas especulações metafísicas) era claramente abusivo. Considerou intolerável qualificar de "idéia" a representação de uma cor. Pensou ser mais próprio o uso platônico — particularmente em se tratando da esfera moral —, mas não necessariamente a metafísica baseada nesse uso. Segundo Kant, as sensações, percepções, intuições etc. são diversas espécies de um gênero comum: a *representação* (*Vorstellung, repraesentatio*) em geral. Dentro desse gênero temos a representação com consciência dela ou *percepção* (*Perception, perceptio*). A percepção refere-se unicamente ao sujeito, enquanto a modificação de seu estado é chamada de *sensação* (*Empfindung, sensatio*). Quando se trata de uma percepção objetiva temos um *conhecimento* (*Erkenntnis, cognitio*). Esse conhecimento pode ser *intuição* (*Anschauung, intuitus*) ou *conceito* (*Begriff, conceptus*). O conceito pode ser *puro* ou *empírico*. O conceito puro, caso tenha sua origem no entendimento e não na pura imagem da sensibilidade, pode ser qualificado de *noção* (*notio*). Quando o conceito se forma com base em noções e transcende a possibilidade da experiência temos uma idéia (*Idee*) ou *conceito de razão* (*Vernunftbegriff*) (*KrV*, A 320/B 377).

Os conceitos puros da razão denominam-se *idéias transcendentais*. Kant buscou averiguar se essas idéias determinam, de acordo com princípios, como deve ser empregado o entendimento ao se referir à totalidade da experiência (pois aos sentidos não pode ser dado nenhum objeto que seja congruente ou correspondente a uma idéia). O número de idéias ou conceitos puros da razão é, segundo Kant, o mesmo número de classes de relações que o entendimento se representa a si mesmo mediante as categorias. Como nos conceitos de razão buscamos sempre o incondicionado, temos o incondicionado da síntese categórica em um sujeito, da síntese hipotética dos membros de uma série e da síntese disjuntiva das partes em um sistema. A primeira classe de idéias transcendentais contém a unidade absoluta (ou incondicionada) do sujeito pensante (objeto da *psychologia rationalis*); a segunda, a unidade absoluta da série de condições da aparência (objeto da *cosmologia rationalis*); a terceira, a unidade absoluta da condição de todos os objetos do pensamento em geral (objeto da *theologia rationalis*) (*KrV*, A 334/B 391). Essa classificação das idéias é analítica, começando com o que é imediatamente dado à experiência, e passando, pois, da doutrina da alma para a doutrina do mundo e, por fim, para a de Deus. Do ponto de vista sintético, as idéias como objeto da metafísica são Deus, liberdade e imortalidade (B 395, nota). De seu exame (e particularmente do exame dos paralogismos [ver Paralogismo] e antinomias [ver Antinomia] da razão pura) Kant conclui que as idéias transcendentais ultrapassam toda possibilidade de experiência, encontrando-se segregadas *quase* por completo das formas *a priori* da sensibilidade (espaço e tempo) e dos conceitos puros do entendimento (categorias). Como sínteses metafísicas efetuadas pela razão pura, as idéias não são constitutivas (ver Constituição e constitutivo); mas negar que o sejam não é negar-lhes a possibilidade de um uso regulativo. Ora, como também as analogias da experiência e os postulados do pensamento empírico em geral têm uso regulativo e não constitutivo, o fato de serem regulativas não basta para caracterizar as idéias transcendentais. Estas são princípios regulativos *da razão* (A 509/B 537).

As idéias da razão pura, que desempenham um papel modesto na *Crítica da razão pura*, adquirem cada vez mais importância na obra de Kant à medida que essa obra se torna menos crítica e mais sistemática. Em algumas passagens do *Opus postumum*, as idéias da razão pura são apresentadas como o fundamento da possibilidade da experiência enquanto totalidade. Essas idéias são o objeto da filosofia transcendental como sistema de idéias da razão especulativa e prática. Isso está de acordo com a crescente tendência kantiana de realizar uma "construção da experiência", com o que a última fase do pensamento de Kant se aproxima em muitos pontos ao idealismo de Fichte.

Todavia, não é legítimo confundir o pensamento — nem sequer o último pensamento — de Kant com o idealismo pós-kantiano. Neste último, as idéias da razão adquirem um significado não apenas metafísico, mas até mesmo teológico. Em Schelling, por exemplo, as idéias desempenham o papel de "intermediários" entre o Absoluto e as coisas sensíveis (em um sentido de 'intermediário' não muito distante do do neoplatonismo). Ainda mais fundamental é o papel das idéias — ou, melhor, da "Idéia" — em Hegel. A filosofia desse autor aparece centrada na noção de Idéia absoluta. Hegel proclama, com efeito, que "Deus e a natureza de sua vontade são uma e a mesma coisa, e esta é o que filosoficamente chamamos de *Idéia*" (*Lições sobre filosofia da história*). A realidade enquanto se desenvolve para voltar a si mesma é a mesma Idéia que vai se tornando absoluta. A Idéia absoluta é a plena e inteira verdade do ser (*Lógica, ad finem*). A Idéia é a unidade do conceito e da realidade do conceito, e por isso *Alles Wirkliche ist eine Idee*: "todo o real é uma idéia". Dito de outro modo, a idéia "é o verdadeiro como tal". A Idéia (absoluta) é a identidade do teórico e do prático; mais uma vez: "somente a Idéia absoluta é ser".

Schopenhauer adotou a doutrina kantiana das idéias e a combinou com a doutrina platônica, fazendo das idéias graus de objetivação da Vontade (ver). A Idéia é a objetividade da vontade em um certo grau (*Welt*, III, 31). As idéias funcionam, assim, ao modo platônico, como "intermediários" entre a Vontade como coisa em si e o mundo fenomênico; a Vontade produz as idéias ao se objetivar e com isso produz os arquétipos segundo os quais se constitui o mundo.

Ao longo do século XIX, misturaram-se freqüentemente a especulação metafísica e a descrição psicológica na investigação da natureza e da função das idéias. Um caso típico dessa "mistura" é o de Lachelier. Segundo esse filósofo, há dois tipos de idéias. Por um lado, aquelas que também foram chamadas de "idéias orgânicas", isto é, idéias que são seres e ao mesmo tempo idéias, e que produzem elas mesmas, por uma ação imediata e interior, a forma sob a qual se manifestam. Por outro lado, há idéias puras que se limitam a dirigir a ação de um ser no qual residem, como ocorre com a idéia do ninho, que não existe por si mesma, mas na imaginação do pássaro, e que não é nada além da regra dos movimentos por meio dos quais ele a realiza em uma matéria estranha (*Du fondement de l'induction* [1871], 3ª ed., 1924, p. 97). Uma tendência parecida com essa é encontrada em Bergson, embora nesse autor predomine a concepção das idéias como elevações ou abstrações do dado, e portanto como meras separações que a mente efetua. Não obstante, essas separações denotam semelhanças e constituem a base das idéias gerais ou das reproduções de semelhanças essenciais do real. Desse ponto de vista podemos falar — diz Bergson — de três tipos de idéias: idéias de caráter biológico (espécies da vida, órgãos etc.); qualidades (cores, sabores), elementos (água, oxigênio) e forças (eletricidade, calor); e produtos de especulação.

O estudo e a constituição das idéias também foram objeto, durante o final do século XVIII e o início do século XIX, de uma disciplina especial: a ideologia, elaborada pelos "ideólogos", partindo de pontos de vista sensacionistas, mas logo avançando além deles. Referimo-nos mais detalhadamente a essas investigações no verbete Ideologia.

O termo 'idéia' — e, sobretudo, o plural 'idéias' — é usado em outro sentido quando se faz das idéias pensamentos que os homens têm, ou tiveram, em diversas esferas — idéias filosóficas, religiosas, científicas, políticas etc. — e em diversos períodos. O estudo das idéias nesse sentido é, por um lado, um tema de antropologia filosófica e, por outro, um tema de investigação histórica. Foram estudadas, por exemplo, as relações entre as idéias e as individualidades humanas, as gerações, as classes sociais, as formas de vida, os períodos históricos etc.; a relação entre as idéias e os conceitos, crenças, dogmas etc. Referimo-nos a alguns desses problemas nos verbetes Crença; Ideoma; Pensamento e, sobretudo, Idéias (História das).

➲ Obras gerais sistemáticas: K. B. R. Aars, *Die Idee*, 1910. — Bruno Switalski, *Die Idee als Gebilde und Gestaltungsprinzip*, 1918. — Jean Hering, "Bemerkungen über das Wesen, die Wesenheit und die Idee", *Jahrbuch für Philosophie und phänomenologische Forschung*, 4 (1921), 495-543. — Bruno Bauch, *Die Idee*, 1926. — C. Emge, *Ueber die Idee*, 1926. — VV. AA., *The Nature of Ideas*, 1926 [University of California Publications in Philosophy, 8]. — Herbert Spiegelberg, "Über das Wesen der Idee. Eine ontologische Untersuchung", *Jahrbuch für Philosophie und phänomenologische Forschung*, 11 (1930), 1-238. — Hans Heyde, *Idee und Existenz*, 1935. — Julius R. Weinberg, *Ideas and concepts*, 1970. — J. L. Jolley, *The Fabric of Knowledge: A Study of the Relations between Ideas*, 1973. — M. Goran, *The Dangerous Ideas of Science*, 1989. — M. I. Lafuente, *Ideas, principios y dialéctica*, 1990.

Obras históricas. História geral: C. Heyder, *Die Lehre von den Ideen in einer Reihe von Untersuchungen über Geschichte und Theorie derselben*, I, 1873. — Gustav Falter, *Beiträge zur Geschichte der Idee*, 1906. — F. L. Baumer, *Modern European Thought: Continuity and Change in Ideas, 1600-1950*, 1977. — M. Lerner, *Ideas are Weapons: The History and Uses of Ideas*, 1991.

Idéia em sentido platônico: Auffarth, *Die platonische Ideenlehre*, 1883. — Léon Rubin, *La théorie platonicienne des idées et des nombres d'après Aristote: Étude historique et critique*, 1908. — K. Gronau, *Platons Ideenlehre im Wandel der Zeiten*, 2 vols., 1930-1931. — Gaetano Capone-Braga, *Il mondo delle idee* (II. *I problemi fondamentali del platonismo nella storia della filosofia*, 1933). — P. Brommer, ΕΙΔΟΣ *et* ΙΔΕΑ: *Étude sémantique et chronologique des oeuvres de Platon*, 1940. — D. Ross, *Plato's Thery of Ideas*, 1951. — Edith Watson Schipper, *Forms in Plato's Later Dialogues*, 1965. — W. Wieland, *Platon und die Formen des Wissens*, 1982. — P. Shorey, "A Dissertation on Plato's Theory of Forms and on the Concepts of the Human Mind", *Ancient Philosophy*, 2 (1982), 1-59 [tese de doutorado em lat. trad. para o inglês por R. S. W. Hawtrey].

Conceito de idéia em outros autores e escolas: Odilo Lechner, *Idee und Zeit in der Metaphysik Augustins*, 1964. — Pierre Garin, *La théorie de l'idée suivant l'école thomiste*, s/d. (prefácio de 1930). — Juan González, *Función gnoseológica de la idea en el tomismo*, 1957. — Robert McRae, "'Idea' as a Philosophical Term in the 17th Century", *Journal of the History of Ideas*, 26 (1965), 175-190. — Luis Villoro, *La idea y el ente en la filosofía de Descartes*, 1963. — Albert G. A. Balz, *Idea and Essence in the Philosophy of Hobbes and Spinoza*, 1918. — J. M. Gaonach, *La théorie des idées dans la philosophie de Malebranche*, 1909 (tese). — J. Lewin, *Die Lehre von den Ideen bei Malebranche*, 1912. — W. J. Long, *Ueber Humes Lehre von den Ideen und der Substanz und ihr Zusammenhang mit derjenigen Lockes und Berkeleys*, 1897 (tese). — J. Esslen, *Der Inhalt und die Bedeutung des Begriffs der Idee in Hegels System*, 1911 (tese). — B. J. F. Lonergan, *Verbum: Word and Idea in Aquinas*, 1968, ed. D. B. Burell. — P. Alexander, *Ideas, Qualities and Corpuscles: Locke and Boyle on the External World*, 1985. — G. Moked, *Particles and Ideas: Bishop Berkeley's Corpuscularian Philosophy*, 1988. — N. Jolley, *The Light the Soul. Theories of Ideas in Leibniz, Malebranche and Descartes*, 1989. — J. W. N. Watkins, *Hobbe's System of Ideas*, 1989. — S. M. Nadler, *Arnauld and the Cartesian Philosophy of Ideas*, 1989.

História da noção de idéia, especialmente no sentido artístico, de Platão ao Renascimento: Erwin Panofsky, *Idea. Ein Beitrag zur Begriffsgeschichte der älteren Kunsttheorie*, 1924; 2ª ed., 1960.

Para a classificação das idéias proposta por John Myhill, ver o trabalho desse autor: "Some Philosophical Implications of Mathematical Logic", *Review of Metaphysics*, 6 (1952), 165-198. ⊂

IDÉIA-FORÇA. Alfred Fouillée (ver) chama de idéia-força o conceito fundamental de sua filosofia — elaborado sobretudo na psicologia —, segundo o qual a idéia não só pode ter uma força, mas pode *ser* ela mesma uma força. Desse modo se evitam todo mecanicismo e todo automatismo, como os que haviam sido defendidos pelo evolucionismo naturalista coetâneo. De saída, Fouillée define as idéias — "formas mentais ou formas de consciência (εἶδος), *species*" — como "todos os estados de consciência enquanto suscetíveis de reflexão, de reação sobre si mesmos" (*L'Évolutionnisme des idées-forces*, Liv. III). Em seu entender, esses estados podem se converter em fatores reais em virtude do caráter intensivo da idéia e da possível união da idealidade com a energia. A idéia pode ser, portanto, "a revelação interior de uma energia e de seu ponto de aplicação, de uma potência e de uma resistência, de uma força em *ação* ou de um movimento atual" (*op. cit.*, XII). Para isso falta supor que o elemento constitutivo do reflexo é o apetite, que ganha desse modo uma importância central na citada filosofia. Daí a possibilidade, segundo o autor, de se erigir uma moral das idéias-força na qual a idéia-força de moralidade esteja vinculada ao primado da consciência de si e seja capaz de criar e classificar valores objetivos (*La morale des idées-forces*, t. I, cap. I).

➲ Para as idéias-força de A. J. E. Fouillée (1838-1912), ver: *L'évolutionnisme des idées-forces*, 1890. — *La psy-*

chologie des idées-forces, 1893. — *La morale des idées-forces*, 1908. — Sobre sua obra, ver: Giuseppe Tarozzi, *L'Evoluzionismo monistico e le idee-forze secondo A. Fouillée*, 1890. — S. Pawlicki, *Fouillées neue Theorie der Ideen-Kräfte*, 1893. — Elisabeth Ganne de Beaucoudrey, *La psychologie et la métaphysique des idées-forces chez A. Fouillée*, 1936. ⊃

IDÉIA-NÚMERO. No verbete sobre Platão nos referimos à sugestão platônica de que os números podem ser considerados "intermediários" entre as Idéias (ou Formas) e as coisas sensíveis. Esclareceremos agora esse ponto da doutrina platônica.

Platão fala às vezes de idéias de números; essas idéias são aplicáveis a coisas que têm o número dado. Assim, o número "um" é aplicável a uma coisa; o número dois, a duas coisas etc. Em princípio, coisas heterogêneas podem se agrupar formando números: o número três pode se referir a uma coleção formada por uma cadeira, uma mesa e uma lâmpada; mas também se pode considerar que o número se aplica a uma coleção de coisas homogêneas, isto é, à chamada "classe" de tais coisas. Nesse caso, aplicar-se-ia o número "três" a uma coleção de três cadeiras, o número "quatro" a uma coleção de quatro cadeiras (ou quatro maçãs, ou quatro cavalos) etc. Em ambos os casos teríamos a idéia do número X como muito semelhante à "classe de todas as entidades que têm o número X", mas é de se duvidar que platão alcançasse uma definição dos números em termos de classes.

Somente em um sentido muito amplo se pode dizer que as idéias anteriores são idéias-números; trata-se antes de idéias de números. Em contrapartida, segundo Aristóteles, Platão se referiu às "coisas matemáticas", τὰ μαθηματικά, enquanto distintas das Idéias e constituindo um intermediário entre elas e as coisas particulares acessíveis aos sentidos, sendo por isso chamadas também de τὰ μεταξύ (*Met.*, A 987 b 14). Como as idéias, "as coisas matemáticas" não mudam, mas, como as coisas particulares sensíveis, são plurais. Nos próprios textos de Platão, a opinião do filósofo a esse respeito aparece menos clara do que indica o Estagirita; dos textos sobre o assunto aduzidos por David Ross em seu livro *Plato's Theory of Ideas*, 1953, pp. 60-62 (*Phaed.*, 74 C 1; *Rep.*, 526 A 1; *Tim.*, 50 C 4; *ibid.*, 53 A 7-B 5; *Phil*, 56 D 4-E 3; *Ep.*, VII, 342 A 7-C 4), somente *Rep.*, 526 A 1 e *Phil.*, 56 D 4-E 3, segundo Ross, aproximam-se da opinião em questão: "é uma doutrina que nos diálogos Platão às vezes parece estar a ponto de formular, mas que jamais chega a formular totalmente" (Ross, *op. cit.*, p. 177). Seja essa doutrina propriamente platônica ou não, recebeu o nome de "doutrina das idéias-número". É possível que tenha sido propugnada por alguns acadêmicos (Espeusipo ou Xenócrates), mas o assunto ainda está por ser esclarecido.

⊃ Além do citado livro de David Ross, ver: L. Robin, *La théorie platonicienne des idées et des nombres* *d'après Aristote*, 1908; reimp., 1962. — J. Stenzel, *Zahl und Gestalt bei Platon und Aristoteles*, 1924; 2ª ed., 1933. — Seth Demel, *Platons Verhältnis zur Mathematik*, 1929. — M. Gentile, *La dottrina platonica delle idee-numeri e Aristotele*, 1930. — Ch. Mugler, *Platon et la recherche mathématique de son époque*, 1948. — H. D. Saffrey, *Le* περὶ φιλοσοφίας *d'Aristote et la théorie platonicienne des idées-nombres*, 1955; 2ª ed., 1971, com uma resenha crítica de H. Cherniss. — Quase todos os livros sobre Platão (ver a bibliografia desse filósofo) tratam do assunto. ⊃

IDEAÇÃO. Entende-se por 'ideação', em geral, o processo por meio do qual se formam as idéias (ver IDÉIA). Esse processo pode ser considerado do ponto de vista psicológico ou do ponto de vista gnosiológico, assim como dos dois simultaneamente, isto é, ao mesmo tempo como um processo psíquico real e como uma das condições do conhecimento. A ideação também pode ser considerada em um sentido metafísico. O resultado do processo de ideação pode ser chamado de *ideatum* (VER).

Santo Tomás empregou o vocábulo *ideatio* (ideação) ao falar dos diversos modos de geração do Filho de Deus. Um desses modos (o décimo primeiro) consiste em uma *ideatio* ou "realização de uma idéia" — de modo similar a como um baú externo surge daquele que havia na mente (*S. theol.*, I, q. XLII, 2, ob. 1).

Husserl introduziu, nas *Investigações lógicas*, o vocábulo *Ideation* (ideação), referindo-se à visão de uma essência e até mesmo à intuição essencial de tipo adequado. Por exemplo: "a ideação verificada sobre casos particulares exemplares dessas vivências (...) nos dá a idéia fenomenológica pura do gênero *vivência intencional* ou *ato*, assim como nos dá também a de suas espécies puras" (Quinta Investigação, § 10). Na mesma obra (Quarta Investigação, §§ 40-41) o autor falou de abstração ideatória (*ideeiierende Abstraktion*), em contraposição à abstração isolante. Nas *Idéias* (§ 3; *Husserliana*, III, 15-16), indica que é preciso usar um conceito mais "livre" que se refira a toda consciência "posicional" dirigida a uma essência para apreendê-la e que inclua toda consciência obscura e já não intuitiva. A isso responde o termo 'intuição' (VER) (*Anschauung*). Husserl escreve que toda intuição individual ou empírica pode se transformar em visão essencial (*Wessenschauung*); esta última é a "ideação".

IDEAL, IDEALIDADE. O termo 'ideal' pode ser entendido em vários sentidos: 1) como a projeção de uma idéia; 2) como o modelo, jamais alcançado, de uma realidade; 3) como o perfeito em seu gênero; 4) como uma exigência moral; 5) como uma exigência da razão pura; 6) como a forma de ser de certas entidades. Trataremos aqui especialmente dos sentidos 5) e 6). No final do verbete trataremos da noção de idealidade.

Como exigência da razão pura, o ideal não é dado, segundo Kant, no campo da experiência. Os ideais têm um uso regulativo, isto é, servem de norma para a ação e para o juízo, dirigem e encaminham a razão. Desse modo, a teologia transcendental proporciona o ideal teológico, Deus, enquanto "ideal transcendental" que a razão necessita, mas cuja existência não pode demonstrar.

Como forma de ser de certas entidades, o termo 'ideal' é usado para adjetivar determinados objetos, os chamados *objetos ideais*, entre os quais costumam ser contadas as entidades matemáticas e as lógicas. Afirmou-se amiúde que as determinações desses objetos são principalmente negativas: atemporalidade, inespacialidade, ausência de interação causal etc. Com isso não se pretendeu, porém, negar o ser dos objetos ideais, mas chamar a atenção para o fato de que os objetos ideais *são* em um sentido distinto de como são os objetos reais. Uma vez estabelecida essa distinção, contudo, não foram resolvidos todos os problemas: em primeiro lugar, ainda é preciso saber qual é seu tipo de ser; em segundo lugar, é preciso estabelecer qual é a relação existente entre os objetos ideais e os objetos reais. As respostas a essas questões são tão distintas quanto as dadas à questão dos universais (VER) e, de fato, podem se sobrepor a elas; com efeito, os objetos ideais podem ser identificados às entidades abstratas e suscitar todas as questões estabelecidas pela determinação do *status* ontológico dessas entidades. No pensamento contemporâneo, a questão do ser dos objetos ideais suscitou muita discussão, especialmente por parte dos filósofos da matemática e dos fenomenólogos, que investigaram, respectivamente, o problema da "existência matemática" e o das significações ideais. O problema da existência matemática — ou da existência dos entes matemáticos — foi agudecido pela chamada crise dos fundamentos da matemática — e da lógica — que começou a se manifestar claramente a partir do começo deste século, mas que já havia tido seu prelúdio na descoberta e no desenvolvimento das geometrias não-euclidianas. Havendo desaparecido a antigamente arraigada confiança em que os princípios da matemática podem ser — e devem ser — apreendidos mediante intuições firmes e indubitáveis, foi preciso reformar os princípios da matemática — e da lógica — e com isso restabelecer o problema da natureza dos entes com os quais lida o matemático. As posições adotadas com relação a isso foram múltiplas, e a algumas delas nos referimos em vários verbetes deste Dicionário (ver, por exemplo, MATEMÁTICA). Em geral, as atitudes adotadas — idealismo ou realismo epistemológicos ou metafísicos, formalismo, logicismo, intuicionismo lógico-matemático — podem ser entendidas, novamente, à luz da doutrina dos universais. Comum a todas as atitudes parece ser um acordo muito geral em descartar todo tipo de posição psicologista. A possível objeção a essa tese — a objeção de que as idéias dos intuicionistas se fundam em construções executadas, ou executáveis, por um "sujeito" e de que, portanto, são em última análise "subjetivas" — não é, em nosso entender, suficientemente probatória, pois não acreditamos que se possa dizer (a menos que se lhes sobreponha uma interpretação arbitrária) que há "subjetivismo" ou "psicologismo" nas teorias matemáticas intuicionistas; as "construções" de que falam os intuicionistas não são, em todo caso, "construções de um sujeito empírico".

Um dos primeiros autores a adotar uma atitude antipsicologista foi Husserl, especialmente ao tratar da questão das "unidades ideais de significação", as quais devem se apresentar desligadas dos "laços psicológicos e gramaticais que as envolvem" (*Investigações lógicas*. Primeira Investigação, § 29; trad. Morente-Gaos, II, 96). Tais unidades ideais podem ser comparadas às "significações" de que falaram outros filósofos contemporâneos e cujo *status* ontológico suscitou muitos debates. Na verdade, a dificuldade produzida pelo problema das "significações" — e, em geral, dos "objetos ideais" — levou alguns pensadores a seguir a recomendação do "último Wittgenstein": não perguntar pela significação, mas pelo uso (VER).

Agora nos ocuparemos de algumas doutrinas contemporâneas nas quais se deu atenção particular ao problema da natureza do ser ideal, das características do ideal, da diferença entre o ideal e o real ou entre o ideal, o irreal e o real etc.

Nicolai Hartmann realçou o caráter apriórico dos objetos ideais; o ideal é idêntico à "aprioridade ideal" (*Grundzüge einer Metaphysik der Erkenntnis*, § 61 c). Isso não significa que os objetos ideais sejam imanentes à mente que os apreende; tais objetos, diz Hartmann, são tão "em si" como os objetos reais, mas seu ser, ou, melhor, seu "modo de ser", é distinto do ser (ou "modo de ser") real. Ora, quando se trata de circunscrever esse ser mais precisamente, topa-se com múltiplas dificuldades, pois as únicas características que parecem aceitáveis são as negativas (inespacialidade, atemporalidade, inatualidade, inexperienciabilidade etc.). Essas dificuldades são honestamente apontadas por Hartmann, que difere assim de certos popularizadores da ontologia fenomenológica contemporânea (como Aloys Müller), os quais apresentam as características negativas dos objetos ideais como suficientes para determinar ou ao menos compreender sua natureza.

Otto Janssen seguiu Nicolai Hartmann parcialmente, mas tratou mais detalhadamente que este os diversos tipos de "idealidade". Esses tipos se articulam em uma espécie de hierarquia que vai desde as idealidades encontradas na esfera da consciência (como a possibilidade e a necessidade) até as idealidades do espiritual (tanto noético como emotivo), passando pelas idealidades matemáticas, espaciais, espaço-temporais e psíquicas. As idéias de Janssen sobre o assunto baseiam-se em duas condições: uma delas, implícita em sua investigação, é a ampliação do conceito de "objeto ideal"; outra delas, explicitamente formulada, mas não suficientemente esclarecida, é a suposição de que o modo de apreensão dos objetos ideais não é nem empírico nem apriórico.

Augusto Salazar Bondy resumiu os resultados da ontologia fenomenológica contemporânea sobre os objetos ideais definindo-os pelas seguintes características: atemporalidade; inespacialidade; substituição da conexão causal por relações de fundamentação, subordinação, coordenação etc.; universalidade; aprioridade; transcendência e ser em si; apoditicidade e necessidade ideal. O mencionado autor estabeleceu, além disso, uma distinção entre o ser ideal e o ser irreal (ver IRREAL, IRREALIDADE).

Hedwig Conrad-Martius opina que não se pode falar simplesmente de "ser ideal" em contraposição ao "ser real". Devem-se distinguir os objetos conceituais, as idéias, os objetos ideais e as essências. Somente aos objetos conceituais se pode aplicar o predicado 'é ideal'. Enquanto, por exemplo, as idéias não possuem um ser ontologicamente próprio, os objetos ideais possuem esse ser, o qual é independente das *cogitationes*. Os objetos ideais são entidades transcendentais dadas, pertencentes a uma esfera formal dentro da qual ocupam um lugar ontológico (*Seinsort*) determinado.

No que diz respeito ao termo 'idealidade', pode-se dar a ele os significados de "característica do ideal" (ou "dos objetos ideais"), "reino do ideal" (ou "conjunto dos objetos ideais") (como quando se fala, de acordo com o que dissemos anteriormente, de "idealidades"). Também pode ter o significado de "é ideal". Foi nesse último sentido que Kant usou o termo 'idealidade' (*Idealität*) ao falar da idealidade do espaço (VER) e do tempo (VER) (*KrV*, A 26/B 42 ss.). Kant sustenta ao mesmo tempo a "realidade" do espaço, isto é, sua validade objetiva em relação ao que puder se apresentar a nós exteriormente como objeto, e a "idealidade" do espaço em relação às coisas quando estas são consideradas em si mesmas mediante a razão, sem se referir à constituição de nossa sensibilidade. O espaço tem, segundo Kant, realidade empírica e idealidade transcendental. Algo similar ocorre com o tempo, do qual se pode afirmar a realidade empírica e a idealidade transcendental; esta última, fundada na afirmação de que o tempo não é nada se o abstraímos das condições subjetivas da intuição sensível.

Na primeira edição da *Crítica da razão pura* (A 367 ss.), Kant chama de "paralogismo da idealidade" o quarto paralogismo da razão pura (ver PARALOGISMO), ou seja, o paralogismo segundo o qual, sendo declarada duvidosa a existência daquilo que somente pode ser inferido como causa de percepções dadas, conclui-se que é duvidosa a existência de todos os objetos dos sentidos externos. A dúvida ou incerteza em relação a isso é chamada por Kant de "idealidade das aparências externas", e a "doutrina dessa idealidade" é chamada de "idealismo" (VER).

Hegel considera que a idealidade não é expressável por completo mediante a negação da existência finita; por isso, a idealidade pode ser chamada de "a qualidade da infinitude" (*Logik*, Glockner, 4: 175). A idealidade não é algo que se encontra fora da realidade, mas o conceito de idealidade "consiste expressamente em ser a verdade da realidade; isto é, a realidade como o posto e o em si se mostra como a idealidade" (*System der Philosophie. Logik*; Glockner, 8: 228). Em geral, Hegel concebe a idealidade como o resultado da "absorção" (*Aufhebung*) do ser exterior e do "ser fora de si".

⇨ Ver: G. Class, *Ideale und Güter*, 1886. — A. Schlesinger, *Der Begriff des Ideals. Eine historisch-psychologische Analyse*, 1908. — L. S. Stebbing, *Ideals and Illusions*, 1948. — As obras anteriores referem-se a "ideal", principalmente nos sentidos 1) e 4).

Para o sentido 6), além das obras de Husserl e de N. Hartmann citadas no texto, ver: A. Millán Puelles, *El problema del ente ideal. Un examen a través de Husserl y Hartmann*, 1948. — A. Salazar Bondy, *Irrealidad e idealidad*, 1958. — Nunzio Incardona, *Idealità e teoreticità*, 1959. — Fernando Salmerón, *La doctrina del "ser ideal" en tres filósofos contemporáneos: Husserl, Hartmann y Heidegger*, 1965 (tese).

A obra de Otto Janssen citada no verbete é *Seinsordnung und Gehalt der Idealitäten*, 1950 (especialmente pp. 7-28 para o problema da "existência" e "validade" das idealidades).

Para as idéias de H. Conrad-Martius, ver sua obra *Das Sein*, 1957.

Referências ao problema do *status* dos "objetos lógicos" e matemáticos em muitos escritos sobre filosofia da matemática citados em MATEMÁTICA. Além disso, e especialmente: M. Beck, "Ideelle Existenz", *Philosophische Hefte*, 1, nn. 3-4 (1929). — O. Becker, *Mathematische Existenz*, 1927 (ponto de vista fenomenológico, mas com referências aos problemas suscitados pela matemática e pela lógica matemática). — E. W. Beth, "La existencia de los entes matemáticos", *Notas y Estudios de Filosofía*, 2 (1951), 248-258. — Id., *L'existence en mathématiques*, 1956 (é especialmente interessante do ponto de vista filosófico o cap. IV). — J. Schlanger, *Objets idéels*, 1978. — A. T. Winterbourne, *The Ideal and the Real: An Outline of Kant's Theory of Space, Time and Mathematical Construction*, 1988. ⊜

IDEAL-REALISMO. Chamou-se às vezes de ideal-realismo (*Ideal-Realismus*) e também de real-idealismo (*Real-Idealismus*) a doutrina segundo a qual nem o não-eu é resultado da projeção do eu (como sustenta o idealismo dogmático), nem o eu é uma derivação do não-eu (como sustenta o realismo dogmático). A doutrina de Fichte é, nesse sentido — ao menos de acordo com o que declara seu autor —, ideal-realista ou real-idealista. Também é ideal-realista ou real-idealista a doutrina de Schelling, embora esse autor saliente a relação entre a atividade ideal infinita e a atividade real infinita. Tanto em Fichte como em Schelling o ideal-realismo é de caráter racional-especulativo. Por outro lado, em Wundt — que também chama sua filosofia de "ideal-realista" — o ideal-realismo é de caráter empírico-crítico, e consiste em defender um realismo que não abandona os postulados contidos nas doutrinas idealistas, mas que tampouco recai em um materialismo antiespiritualista. Em uma metafísica que "pertence ao futuro da filosofia" e que, depurando as intuições de Fichte e de Hegel, não se afasta do saber positivo nem tenta erguer "um fantástico edifício conceitual", mas, "tomando como fundamento as ciências reais e os métodos exercitados e provados nelas, justifica verdadeiramente a exigência suscitada por uma filosofia *científica*" (*Einleitung in die Philosophie*, § 45).

IDEALISMO. Leibniz empregou o termo 'idealista' ao referir-se a Platão e a outros autores para os quais a realidade é a forma (ou a idéia). Os autores idealistas — ou, como também os chamou Leibniz, "formalistas" — sustentam doutrinas muito distintas das que são propugnadas por autores que, como Epicuro, são qualificados de "materialistas". Entretanto, Leibniz proclama que as doutrinas dos grandes idealistas e dos grandes materialistas podem ser reunidas em sua doutrina da harmonia (VER) preestabelecida.

É ainda bastante comum empregar 'idealismo' com referência ao platonismo, ao neoplatonismo e a doutrinas filosóficas análogas. No entanto, como do ponto de vista da doutrina dos universais (VER) os filósofos de tendência platônica são qualificados de "realistas" — por afirmarem que as idéias são "reais" —, o termo 'idealismo' no sentido anteriormente indicado pode se prestar a equívocos. Preferimos empregá-lo aqui no sentido mais específico, ou mais circunscrito, dado ao vocábulo quando aplicado a certos aspectos da filosofia moderna. Observemos que o sentido de 'idealismo' como 'idealismo moderno' não está completamente separado de seu sentido "antigo": a filosofia idealista moderna também se funda nas "idéias". O que ocorre é que o significado moderno de 'idéia' não equivale, ou nem sempre equivale, ao platônico.

Antes de tratar do que consideramos o sentido "mais próprio" de 'idealismo', observaremos que esse vocábulo também é usado não tanto com relação às idéias — de qualquer tipo que estas sejam — quanto com relação aos ideais. Chama-se então de "idealismo" toda doutrina — e às vezes simplesmente toda atitude — segundo a qual o mais fundamental, e aquilo pelo que se supõe que devem se dirigir as ações humanas, são os ideais (realizáveis ou não, mas quase sempre imaginados como realizáveis). Então o idealismo se contrapõe ao realismo, este último sendo entendido como a doutrina — e às vezes simplesmente a atitude — segundo a qual o mais fundamental, e aquilo pelo que se supõe que devem se dirigir as ações humanas, são as "realidades" (as "duras realidades", "os fatos efetivos"). Esse sentido de 'idealismo' costuma ser ético ou "político", ou ambas as coisas ao mesmo tempo. Também se pode considerar como simplesmente "humano", na medida em que o que se leva em conta é a ação do homem, e especialmente a ação do homem na sociedade.

O idealismo ético e "político" esteve muitas vezes estreitamente relacionado com "o" idealismo, tanto o "clássico" como o moderno, mas isso não permite concluir que os dois idealismos — o das idéias e o dos ideais — sejam inseparáveis. Em todo caso, aqui nos ocuparemos do idealismo que por enquanto qualificaremos de "filosófico" e que costuma apresentar dois aspectos, em princípio independentes entre si, mas freqüentemente unidos: o aspecto gnosiológico e o metafísico. Esse idealismo, seja ele gnosiológico ou metafísico, ou ambas as coisas ao mesmo tempo, manifestou-se de formas muito diversas ao longo da época moderna. Apontamos por ora algumas expressões cujo significado se tornará mais claro ulteriormente: "idealismo subjetivo", "idealismo objetivo", "idealismo lógico", "idealismo transcendental", "idealismo crítico", "idealismo atualista", "idealismo fenomenológico". Embora tenhamos mencionado algumas das formas de idealismo mais difundidas na época moderna, não esgotamos com isso os adjetivos. Além disso, não citamos manifestações do idealismo cuja unidade é principalmente "histórica": seu exemplo mais eminente é constituído pelo chamado "idealismo alemão" (Kant, Fichte, Schelling e Hegel, principalmente). Na verdade, quando se fala de idealismo é muito comum entender por ele o citado "idealismo alemão". Tampouco nos referimos a formas de idealismo às vezes consideradas mais fundamentais que outras porquanto cada uma delas representa não só uma filosofia, mas também, e mesmo principalmente, uma "concepção do mundo". Neste último caso encontram-se as duas formas de idealismo chamadas por Dilthey de "idealismo objetivo" e "idealismo da liberdade", que, no entender desse autor, constituem, junto com o "naturalismo" (ou "materialismo"), as três *Weltanschauungen* básicas (ver MUNDO [CONCEPÇÃO DO] e PERIFILOSOFIA).

A seguir trataremos do idealismo — metafísico e gnosiológico — de modo muito geral. Depois disso, abordaremos várias manifestações do idealismo moderno, e introduziremos vários esquemas classificatórios. Estes últimos poderiam ter sido postos após o tratamento geral, mas consideramos que o significado dos diversos adjetivos empregados nos esquemas se tornará mais claro após a exposição de algumas características gerais e de várias características mais particulares do idealismo.

O traço mais fundamental do idealismo é tomar como ponto de partida para a reflexão filosófica não "o mundo do entorno" ou as chamadas "coisas exteriores" (o "mundo exterior" ou "mundo externo"), mas o que chamaremos desde já de "eu", "sujeito" ou "consciência" (termos que usaremos um pouco como abreviações, pois em certos casos poderiam ser mais propriamente empregados vocábulos como 'alma', 'espírito', 'pensar', 'mente' etc.). Justamente porque o "eu" é fundamentalmente "ideador", isto é, "representativo", o vocábulo 'idealismo' justifica-se particularmente. Com efeito, aquilo de que se parte é, para empregar o vocabulário de Schopenhauer, "a representação do mundo", e não "o mundo". Desse modo, o idealismo começa com o "sujeito". Afirmou-se por isso que o idealismo não começou com a filosofia moderna, mas com o cristianismo e particularmente com o pensamento de Santo Agostinho. Essa é a tese de Heinz Heimsoeth (entre outros). Segundo esse autor, há idealismo quando, ao contrário da ontologia "clássica" ou "antiga", se destaca a realidade da pessoa como "intimidade" e se afirma que a alma é heterogênea em relação ao mundo, ao menos em relação ao "mundo espacial".

A tese de Heimsoeth baseia-se em um fato importante: ao menos na tradição agostiniana se "começa" com o "sujeito" e não com as "coisas". A isso se deve o fato de que Santo Agostinho tenha sido chamado de "o primeiro filósofo moderno" e também de que o agostinismo tenha influenciado muito autores que, como Descartes e Malebranche, são usualmente considerados "idealistas". Contudo, é razoável restringir o idealismo propriamente dito à época moderna, pois, mesmo que nesta última não se eliminem os motivos teológicos, vão cobrando decisiva importância os motivos gnoseológicos e as teses metafísicas derivadas desses motivos ou estreitamente relacionadas com eles.

Considerando o idealismo, portanto, principalmente como idealismo moderno, e levando em conta que o ponto de partida do pensamento idealista é o "sujeito", pode-se dizer que esse idealismo constitui um esforço para responder à pergunta: "Como as coisas podem ser conhecidas em geral?". Isso indica que há no idealismo — e, em geral, na filosofia moderna — uma atitude que Ortega y Gasset qualificou de "ontofobia" (espécie de horror à realidade), em oposição à atitude que o mesmo autor qualificou de "ontofilia" (espécie de "amor pela realidade"). O idealismo é, pois, fundamentalmente "desconfiado" e, por conseguinte, essencialmente "cauteloso". Essa desconfiança não está ligada apenas à chamada "realidade sensível", pois isso também ocorria no "platonismo" e no agostinismo. A desconfiança em questão manifesta-se em relação a todo o real — ou, melhor, em relação a tudo o que "pretende" ser real, incluindo, portanto, o inteligível ou os supostos modelos da realidade sensível. A pergunta: "Como as coisas podem ser conhecidas em geral?" não é por isso simplesmente uma pergunta gnosiológica, mas também, e às vezes sobretudo, uma pergunta metafísica.

Com efeito, nessa pergunta se pressupõe que as coisas que serão declaradas "reais" serão fundamentalmente as que serão admitidas como "cognoscíveis", e particularmente como cognoscíveis com total segurança, conforme uma completa evidência possuída pelo sujeito cognoscente.

Para o idealismo, "ser" significa fundamentalmente "ser dado na consciência" [no sujeito, no espírito etc.], "ser conteúdo da consciência" [do sujeito, do espírito etc.], "estar contido na consciência" [no sujeito, no espírito etc.]. O idealismo é, desse modo, um modo de entender o ser. Isso não significa que todo idealismo consista em *reduzir o ser* — ou a realidade — à consciência ou ao sujeito. Uma coisa é dizer que o ser ou a realidade são determinados pela consciência, pelo sujeito etc., e outra é declarar que não há outra realidade além da do sujeito ou da consciência. Esta última posição também é idealista, mas é somente uma das possíveis posições idealistas. A fim de entender as posições mais fundamentais dentro do idealismo ofereceremos agora alguns exemplos do idealismo moderno.

São geralmente considerados idealistas autores como Descartes, Malebranche, Leibniz, Kant, Fichte, Schelling e Hegel. De modo geral, o idealismo moderno coincide com o chamado "racionalismo continental" (embora dentro deste existam autores, como Spinoza, que não são propriamente idealistas, ao mesmo tempo em que no chamado "empirismo inglês" [freqüentemente contraposto ao "racionalismo continental"] há autores, como Berkeley, claramente idealistas). Ora, tanto a "dose" de idealismo como o caráter deste muda nos distintos autores citados. Em Descartes, por exemplo, ainda há certos "resíduos realistas"; por outro lado, esses resíduos são imperceptíveis em Kant e praticamente inexistentes em Fichte. Quanto ao caráter do idealismo, ele pode ser visto nas doutrinas correspondentes de cada um dos filósofos. Remetemos, pois, aos verbetes a eles dedicados. Mas como nesses verbetes os motivos idealistas nem sempre estão bem destacados procederemos a uma rápida caracterização dos traços idealistas em vários pensadores desde Descartes até a época contemporânea. O desenvolvimento desses traços poderia dar lugar a uma "história do idealismo".

Em Descartes — às vezes chamado de "o primeiro idealista" e, em todo caso, "o primeiro idealista moderno" — o idealismo consiste principalmente em basear toda evidência no *Cogito* (ver Cogito, ergo sum). Isso não significa que se negue a existência do mundo exterior (ver); apenas se enfatiza que o mundo exterior não é simplesmente um "dado" do qual se parte. O mundo exterior é posto entre parênteses para ser justificado ulteriormente. Como isso ocorre mediante o "rodeio" de Deus, pode-se dizer que o idealismo cartesiano é apenas relativo. Embora a idéia de Deus apareça na consciência e no sujeito, aparece neles como *a* realidade, como o *ens realissimum*.

Em Leibniz, o idealismo aparece sob a forma monadológica, e é, a rigor, um espiritualismo e também um pampsiquismo. Como somente as mônadas são reais, é preciso sustentar a idealidade do espaço e do tempo e, em geral, de muitas das chamadas "relações". De certo modo, o idealismo de Leibniz é menos óbvio que o de Descartes. Em todo caso, não é um idealismo subjetivo, nem sequer no sentido cartesiano de "sujeito". Em contrapartida, o idealismo é subjetivo — e até mesmo, de certo modo, "empírico" — em Berkeley, na medida em que a realidade se define como o perceber e o ser percebido (ver Esse est percipi).

No centro do pensamento idealista encontra-se Kant. Ele recusa o idealismo problemático de Descartes e o idealismo dogmático de Berkeley, embora considere o primeiro mais justificado que o segundo. Mas a rejeição dessas formas de idealismo não o impede de formular seu próprio idealismo, o único que considera aceitável: o idealismo transcendental. Este consiste em destacar a função do "posto" no conhecimento. O idealismo transcendental (ou formal) kantiano distingue-se, pois, do que Kant chama de "idealismo material" por não ser incompatível com o "realismo empírico", já que, ao contrário daquele, consegue justificar este último. Não se afirma, portanto, que os objetos externos não existem ou que sua existência é problemática; afirma-se unicamente que a existência dos objetos externos não é cognoscível mediante percepção imediata. O idealismo transcendental kantiano não funda o conhecimento no dado (ver), mas, em todo caso, faz do dado uma função do que é posto. Ora, quando se leva a suas últimas conseqüências a doutrina kantiana da constituição (ver Constituição, constitutivo) do objeto como objeto do conhecimento e se identifica a possibilidade do conhecimento do objeto com a possibilidade do próprio objeto, o realismo parece desvanecer-se.

Em Fichte e depois (por razões distintas) em Schopenhauer esse realismo se desvanece completamente, ou quase completamente. Embora o chamado "idealismo alemão" pós-kantiano ofereça aspectos muito diversos em seus grandes representantes, é característico de todos eles prescindir da "coisa em si" (ver) kantiana; por isso às vezes se considera que o autêntico idealismo coincide com esse idealismo alemão pós-kantiano. Nesse idealismo, o "mundo" é equiparado à "representação do mundo", o que não significa representação subjetiva e empírica. De fato, mais que uma representação, trata-se de um representar, isto é, de uma "atividade representante" que condiciona o mundo em sua mundanidade.

O idealismo contemporâneo — entendendo-se aqui as correntes idealistas a partir das duas últimas décadas do século XIX — adotou formas muito diversas, mas na maior parte dos casos fundou-se em um dos tipos de idealismo que se manifestou na época moderna. Foram consideradas idealistas as correntes neokantianas e neo-hegelianas a que nos referimos nos verbetes Neokantismo e Hegelianismo. Exemplos delas são o chamado idealismo "anglo-americano" (Bradley, Bosanquet, Royce, Bowne), o idealismo das Escolas de Baden (ver) e Marburgo (ver), o idealismo francês (Renouvier, Brunschvicg, Lalande, Hamelin) e o idealismo italiano, principalmente o atualismo (ver). A essas correntes é preciso acrescentar autores ou movimentos que se declararam especificamente idealistas (como Collingwood) e autores ou movimentos que, apesar de não se declararem idealistas, ostentam não poucos traços dessa tendência (René Le Senne, Louis Lavelle e outros). No entanto, isso não esgota o idealismo contemporâneo. Por um lado, houve o chamado "idealismo fenomenológico" de Husserl, que se distingue claramente do idealismo transcendental defendido pelos neokantianos (Rickert, Cohen e outros). Uma das diferenças mais importantes entre os dois tipos de idealismo foi assinalada por Theodor Celms (*op. cit. infra*), que indica que, enquanto no idealismo fenomenológico "a consciência pura se apresenta (...) como uma multidão de sujeitos individuais puros (mônadas)", no idealismo transcendental há apenas "uma consciência pura, única e numericamente distinta". Por outro lado, fala-se (nem sempre com justificação) de um idealismo em autores como Ernst Mach, especialmente na medida em que defenderam um "percepcionismo" puro e um "neutralismo" ontológico. Muitos marxistas, em todo caso (como Lenin, por exemplo), atacaram Mach (e também Avenarius e outros autores) como "idealistas"; além disso, falaram (em relação a Deborin) de "idealismo menchevizante", expressão que tem sentido apenas no desenvolvimento da filosofia soviética (ver).

Em virtude do crescente predomínio de correntes realistas de todos os tipos na filosofia contemporânea, declarou-se às vezes que o idealismo "morreu". Alguns autores, como G. E. Moore, tentaram refutar o idealismo por meio do senso comum. Outros, como Nicolai Hartmann, Urban etc., propuseram "superar" o idealismo (não menos que o realismo). Essa "superação do idealismo e do realismo" também aparece, ao menos na intenção, na obra de autores como Ortega y Gasset e Heidegger (ver Externo). Poderiam ser mencionadas muitas outras críticas ao idealismo (por exemplo, em Ottaviano). Contudo, embora seja indubitável que o idealismo tenha perdido a grande força que teve durante grande parte da época moderna e na filosofia contemporânea, aproximadamente entre 1870 e 1914, não se pode dizer que tenha desaparecido completamente, e isso não somente porque ainda há autores influentes que de algum modo pertencem à tradição idealista (Cassirer, Collingwood etc.), mas também, e sobretudo, porque mesmo dentro de correntes não-idealistas surgem de vez em quando problemas que não podem ser devidamente tratados sem se levar em conta certos modos de formulá-los e de entendê-los dos filósofos idealistas. Isso ocorre com o problema da função da consciência (ou do "sujeito") no conhecimento, inclusive se se admite que há primariamente algo a se conhecer. Se a consciência ou o sujeito não se limitam a refletir o real, há um momento de "constituição" deste que parece inevitável. Por outro lado, não se pode simplesmente pressupor que o real existe e que ele é como é e como aparece.

Estas últimas observações explicam em boa parte que não apenas o idealismo "não desapareceu por completo", mas que inclusive "reapareceu". Isso ocorreu de modo tácito com o crescente interesse pela função desempenhada pelos contextos conceituais no conhecimento, o que estimulou a consideração transcendental ("kantiana") desses conceitos. Todavia, isso ocorreu depois de modo explícito na reformulação de teses idealistas, da qual temos um exemplo no "idealismo conceitual" de que falamos *infra*.

No que diz respeito à classificação das correntes ou formas do idealismo, limitar-nos-emos a indicar alguns modos de ordenar essas correntes ou formas.

Em primeiro lugar, pode-se falar de idealismo gnosiológico (ou principalmente gnoseológico) e de idealismo metafísico (ou principalmente metafísico). O idealismo gnosiológico resulta de um exame das condições do conhecimento e não pressupõe nenhuma tese sobre a estrutura da realidade. O metafísico, em contrapartida, resulta de uma suposição sobre a estrutura do real na medida em que ele está ligado à consciência ou até depende dela. Na maior parte dos casos o idealismo gnosiológico está misturado com o metafísico, e a única coisa que se pode fazer é buscar ver que "dose" há de um ou de outro em uma determinada doutrina.

Em segundo lugar, pode-se falar, como fez Dilthey, de um "idealismo objetivo" e de um "idealismo da liberdade". O idealismo objetivo sustenta que a realidade é constituída por uma trama de conceitos, que constituem, por sua vez, a chamada "consciência" enquanto "consciência transcendental". O idealismo da liberdade sustenta que o fundamento do conhecimento do real, e até mesmo do próprio real, encontra-se em uma consciência ativa e espontânea que é essencialmente "exercício de liberdade". Um exemplo de idealismo objetivo (às vezes também chamado de "lógico") é o de Hermann Cohen; um exemplo de idealismo da liberdade é o de Fichte.

Em terceiro lugar, pode-se falar de um idealismo "real" — ou idealismo ontológico — e de um idealismo "conceitual". Este último foi definido explicitamente por Nicholas Rescher; segundo esse autor, o idealismo conceitual "sustenta que os conceitos que usamos regularmente para constituir nossos modos de ver a realidade — incluindo a realidade material, extramental — implicam uma referência essencial (embora geralmente tácita) à mente e a suas capacidades" (*op. cit.* na bibliografia, p. 3). Rescher observa que o idealismo conceitual não é uma doutrina causal, e reconhece que não se trata de sustentar que a mente conforma a realidade, mas apenas o que esta é para nós. Por isso, o idealismo conceitual, embora difira das demais espécies de idealismo — espiritualista, ontológico, transcendental e absoluto —, difere sobretudo do primeiro, do segundo e do quarto idealismos mencionados e se aproxima do idealismo transcendental kantiano, especialmente quando este é interpretado do ponto de vista epistemológico. O idealismo conceitual é, por isso, muito parecido com uma das formas do idealismo epistemológico resenhado anteriormente, sem cair no fenomenismo.

Por fim, pode-se falar de diversas formas de idealismo sem estabelecer contraposições entre elas, adjetivando-se o termo 'idealismo' com os adjetivos já usados anteriormente: "subjetivo", "empírico", "objetivo", "lógico", "transcendental", "problemático", "metódico", "dogmático", "gnoseológico", "metafísico", "crítico", "fenomenológico", "atualista", "absoluto" etc. Seria demasiadamente extenso descrever, mesmo que sumariamente, em que consiste cada uma dessas formas de idealismo. Na maior parte dos casos pode-se ter uma idéia delas pelo que dissemos a respeito do desenvolvimento histórico do idealismo e pelo conteúdo de vários outros verbetes do Dicionário (como, por exemplo, em HEGEL e, até certo ponto, em BRADLEY, no que diz respeito ao "idealismo absoluto").

⮱ História do idealismo: Otto Willmann, *Geschichte des Idealismus*, 3 vols., 1894-1897; 2ª ed., 1907. Essa obra se divide nas seguintes partes: I. *Vorgeschichte und Geschichte des antiken Idealismus*. II. *Der Idealismus der Kirchenväter und der Realismus der Scholastiker*. III. *Der Idealismus der Neuzeit*. — D. Moran, *The Philosophy of J. Scottus Eriugena: A Study of Idealism in the Middle Ages*, 1989.

História do idealismo moderno: Josiah Royce, *The Spirit of Modern Philosophy*, 1892. — Id., *Lectures on Modern Idealism*, 1919. — Krönenberg, *Geschichte des deutschen Idealismus*, 1909. — Richard Kroner, *Von Kant bis Hegel*, 2 vols., 1921-1924; 2ª ed., em 1 vol., 1961. — Nicolai Hartmann, *Die Philosophie des deutschen Idealismus*, 2 vols., 1923-1929 (trad. port.: *A filosofia do idealismo alemão*, 1 vol., 1983). — P. Lachièze-Rey, *L'idéalisme kantien*, 1930; 2ª ed., 1950. — H.-D. Gardeil, *Les étapes de la philosophie idéaliste*, 1935. — R. Jolivet, *Les sources de l'idéalisme*, 1936. — Hans Urs von Balthasar, *Prometheus. Studien zur Geschichte des deutschen Idealismus*, 1947. — J. Pucelle, *L'idéalisme en Angleterre de Coleridge à Bradley*, 1955. — Franz Gabriel Nauen, *Revolution, Idealism, and Human*

Freedom: Schelling, Hölderlin, and Hegel, and the Crisis of Early German Idealism, 1971. — R. Bubner, ed., *Das älteste Systemprogramm. Studien zur Frühgeschichte des deutschen Idealismus*, 1973. — J. Hartnack, *From Radical Empiricism to Absolute Idealism*, 1986. — E. Behler, ed., *Philosophy of German Idealism: Fichte, Jacobi, and Schelling*, 1987. — Ch. Jamme, G. Kurz, eds., *Idealismus und Aufklärung*, 1988. — J. Kopper, *Das transzendentale Denken des Deutschen Idealismus*, 1989. — K. C. Kohnke, *The Rise of Neo-Kantianism: German Academic Philosophy between Idealism and Positivism*, 1992.

O idealismo em várias correntes contemporâneas e em vários países: N. Abbagnano, *Il nuovo idealismo inglese ed americano*, 1927. — Theodor Celms, *Der phänomenologische Idealismus Husserls*, 1928. — C. N. Palmer, W. E. Hocking, G. W. Cunningham, W. M. Urban et al., *Contemporary Idealism in America*, 1932. — A. Etchéverry, *L'idéalisme français contemporain*, 1934. — L. Giuso, *Idealismo e prospettivismo*, 1934. —Roger Verneaux, *Les sources cartésiennes et kantiennes de l'idéalisme français*, 1936. — P. Carabellese, *L'idealismo italiano*, 1938; 2ª ed., 1946. — V. La Via, *Idealismo e filosofia*, 1942. — Ugo Spirito, *L'idealismo italiano e i suoi critici*, 1930. — M. Ciardo, *Natura e storia nell'idealismo attuale*, 1949. — R. Blanché, *Les attitudes idéalistes*, 1949.

Idealismo e cristianismo: E. Hirsch, *Die idealistische Philosophie und das Christentum*, 1926. — H. Groos, *Der deutsche Idealismus und das Christentum*, 1927. — Augusto Guzzo, *Idealismo e cristianesimo*, 2 vols., 1936.

Idealismo e realismo: Walter Kindel, *Idealismus und Realismus*, 1911 [além disso, muitas das obras sobre o idealismo ocupam-se da relação com o realismo]. — R. C. S. Walker, *The Coherence Theory of Truth: Realism, Anti-Realism, Idealism*, 1989.

Crítica ao idealismo: G. E. Moore, "The Refutation of Idealism", *Mind*, N. S., 12 (1903); reimp. em *Philosophical Studies*, 1922, cap. I. — F. Jodl, *Vom wahren und vom falschen Idealismus*, 1914. — *Id., Kritik des Idealismus*, 1920, ed. C. Siegel e W. Schmied-Kowarzik. — C. Ranzoli, *L'idealismo e la filosofia*, 1920. — José Ortega y Gasset, *Kant. Reflexiones de centenario*, 1924; reimp. em *O. C.*, IV, pp. 26 ss. — N. Hartmann, "Diesseits von Idealismus und Realismus" [conferência pronunciada em Berlim, 13-XII-1922, e depois ampliada], *Kantstudien*, 29 (1924), 160-206; reimp. em *Kleinere Schriften*, II (1957), 278-322. — A. C. Ewing, *Idealism: A Critical Survey*, 1934. — C. Ottaviano, *Critica dell'idealismo*, 1936; 2ª ed., 1947. — Guido Preti, *Idealismo e positivismo*, 1943 [sobre o assunto, cf. a mais antiga obra de Ernst Laas, *Idealismus und Positivismus*, 3 partes, 1879-1884; detalhes em LAAS [ERNST]). — W.

M. Urban, *Beyond Realism and Idealism*, 1949. — Andreas Konrad, *Der erkenntnistheoretische Subjektivismus. Geschichte und Kritik*, 3 vols., (I, 1962).

Crise do idealismo: R. Dirolli, *La crisi dell'idealismo*, 1934. — Arthur Liebert, *Die Krise des Idealismus*, 1936. — G. R. G. Mure, *Idealist Epilogue*, 1978.

Algumas exposições filosóficas de sistemas idealistas: J. Bergmann, *Zur Beurteilung des Kritizismus vom idealistischen Standpunkt*, 1875. — Id., *System des objektiven Idealismus*, 1903. — R. F. A. Hoernlë, *Idealism as a Philosophical Doctrine*, 1924. — Id., *Idealism as a Philosophy*, 1927. — J. E. Turner, *A Theory of Direct Realism, and the Relation of Realism to Idealism*, 1925. — Gerhard Kränzlin, *Die Philosophie des unendlichen Menschen. Ein System des reinen Idealismus und zugleich eine kritische Transzendental-Philosophie*, 1936 [ver HUMANISMO]. — E. S. Brightman, *Person and Reality: An Introduction to Metaphysics*, 1958, ed. P. A. Bertocci em col. com J. E. Newhall e R. S. Brightman. — M. F. Sciacca, *Qué es el idealismo*, 1959. — Nicholas Rescher, *Conceptual Idealism*, 1973. — P. Hoffman, *The Anatomy of Idealism: Passivity and Activity in Kant, Hegel, and Marx*, 1982. — G. Vesey, M. F. Burnyeat et al., arts. sobre o idealismo em *Idealism: Past and Present*, 1982, ed. G. Vesey [Royal Institute of Philosophy Lecture Series, 13, Suplemento a *Philosophy*, 1982]. — J. Foster, *The Case for Idealism*, 1982. — T. Sprigge, *The Vindication of Absolute Idealism*, 1983. — T. Overend, *Social Idealism and the Problem of Objectivity*, 1983. — C. Piché, *Das Ideal. Ein Problem der kantischen Ideenlehre*, 1984. — N. Rescher, *The Riddle of Existence: An Essay in Idealistic Metaphysics*, 1984. — O. Marquard, *Transzendentaler Idealismus, romantische Naturphilosophie, Psychoanalyse*, 1987. — W. Waxman, *Kant's Model of the Mind: A New Interpretation of Transcendental Idealism*, 1991. — N. Rescher, *A System of Pragmatic Idealism*, vol. 1: *Human Knowledge in Idealistic Perspective*, 1992.

Revistas: *Idealismus. Jahrbuch für die idealistische Philosophie*, ed. Harms, desde 1934. — *Idealistic Studies: An International Philosophical Journal*, ed. Robert N. Beck, desde 1971. C

IDÉIAS (HISTÓRIA DAS). De um tempo para cá suscitou-se grande interesse pelo que foi chamado de "história das idéias", da qual trataremos pela estreita relação que tem, ou que pode ter, com a história da filosofia em geral e particularmente com a história de conceitos e termos filosóficos.

Embora existam trabalhos de história das idéias já há muito tempo, somente Arthur O. Lovejoy (VER) ofereceu um programa suficientemente completo para o estudo da história das idéias. Lovejoy apresentou esse programa na introdução a seu livro *The Great Chain of Being* (1936 [The William James Lectures. Harvard University, 1933]), no qual estudou a "idéia" da "grande corrente do ser" enquanto vinculada às noções de ser, perfeição, hierarquia, plenitude e outras similares. Segundo Lovejoy, além da história intelectual de um período, e além da história de sistemas e tendências ou movimentos filosóficos, há a possibilidade de uma história de certas "unidades" ou "unidades-idéia" (*unit-ideas*) [o que se poderia chamar de "monoidéias"] obtidas quando se analisam ou decompõem sistemas, tendências ou até mesmo "espíritos de uma época" em certos elementos intelectuais últimos e ao mesmo tempo constituintes. Nem todo sistema ou conceito é para Lovejoy uma "idéia" no sentido proposto. Assim, por exemplo, "a idéia de Deus" não é uma "idéia", porquanto sob uma concepção, ou, *a fortiori*, várias concepções, de Deus podem ser encontradas ou rastreadas "idéias" mais elementares com as quais é formada essa concepção ou essas concepções. Tampouco são idéias as tendências ou movimentos. As "unidades persistentes, ou recorrentes, da história do pensamento", que são as "idéias", podem apresentar, contudo, aspectos muito diversos; podem ser "pressupostos não completamente explícitos", "motivos dialéticos" que "encaminhem" ou "orientem" o pensamento, termos-chave ou expressões-chave etc.

Examinar tais "idéias" requer, portanto, que elas sejam previamente "isoladas"; ao mesmo tempo, entretanto, se requer o relacionamento de esferas muito diversas que geralmente se mantêm separadas (esferas como as crenças religiosas, as idéias filosóficas, os estilos artísticos, as concepções científicas etc.). As idéias a que nos referimos subjazem em esferas muito diversas e permitem estabelecer conexões que em caso contrário permaneceriam ignoradas.

Pode-se perceber que a história das idéias é ao mesmo tempo um fragmento da história da filosofia e um estudo prévio a esta última. Ela está relacionada com o que foi denominado "protofilosofia" (VER), com o estudo das formas ou tipos de pensar (ver PENSAR; PERIFILOSOFIA; TIPO) e com as investigações sobre a concepção do mundo (ver MUNDO [CONCEPÇÃO DO]). Há relações estreitas entre a história das idéias e a chamada *Geistesgeschichte* ("história espiritual") no sentido de Dilthey e seus discípulos (ver ESPÍRITO, ESPIRITUAL). De fato, os autores que realizaram investigações de "história espiritual" no sentido de Dilthey (como, por exemplo, B. Groethuysen, Georg Misch) poderiam alegar que a história das idéias proposta por Lovejoy é apenas um aspecto da "história espiritual".

A história das idéias e o que se qualificou de "história dos conceitos filosóficos" nem sempre coincidem. A história dos conceitos filosóficos é em certo sentido mais "complexa" que a das idéias. Entretanto, uma idéia como a de "perfeição" é ao mesmo tempo uma idéia e um conceito filosófico; tratada como conceito filosófico ela aparece mais "isolada".

À história das idéias pode-se acrescentar a história da terminologia filosófica tal como foi proposta e desenvolvida por Rudolf Eucken (VER).

A dificuldade de distinguir história das idéias, história espiritual, história dos conceitos filosóficos etc. manifesta-se no fato de que em muitos casos não se pode determinar exatamente a que tipo de investigação pertence dado trabalho histórico. Para perceber essa dificuldade basta percorrer a série de trabalhos publicados no *Archiv für Geschichte der Philosophie*, dirigido por Ludwig Stein em colaboração com Hermann Diels, Wilhelm Dilthey, Benno Erdmann e Eduard Zeller (vols. I-XLI, 1888-1942 [os últimos vols. sob a direção de Arthur Stein com um comitê editorial formado por B. Groethuysen, E. Cassirer, A. Koyré, E. Spranger *et al.*]; retomada com o vol. XLII em 1960 sob a direção de Paul Wilpert e Glenn Morrow). Alguns desses trabalhos são de história dos conceitos, de termos ou expressões filosóficas, de história espiritual, e até mesmo do que depois será chamado de "história das idéias". Se percorrermos os trabalhos publicados no *Journal of the History of Ideas*, fundado por Lovejoy em 1941, deparamos com uma dificuldade análoga: os trabalhos incluídos são, em princípio, de história das idéias, mas há os que apresentam os outros aspectos citados ou uma combinação deles. O mesmo ocorre com os trabalhos incluídos no *Archiv für Begriffgeschichte. Bausteine zu einem historischen Wörterbuch der Philosophie*, publicado (não periodicamente) desde 1955 sob a direção de Erich Rothacker (discípulo de Dilthey); com as investigações do tipo das de Diettrich Mahnke e Georges Poulet sobre o motivo ou conceito do círculo e da esfera (VER); com as publicações apresentadas na série *Archives Internationales d'Histoire des Idées — International Archives of the History of Ideas*, sob a direção de P. Dibbon e R. Popkin; e até mesmo com trabalhos realizados segundo o ponto de vista histórico-semântico, tais como (mencionando apenas um exemplo) o de Leo Spitzer: *Classical and Christian Ideas of World Harmony* (1963, ed. A. G. Hatcher), com base na análise das variações semânticas do termo *Stimmung*. Embora se possa usar, para classificar estes e outros trabalhos, a expressão 'história das idéias' em um sentido bastante geral e, em todo caso, mais amplo, ou mais complexo, que o que ele possui em Lovejoy, deve-se especificar em cada caso qual é a orientação principal dessa "história".

Discutiu-se às vezes em que medida a história das idéias, dos conceitos filosóficos etc. pode ser estudada como se se tratasse de elementos isolados, ou relativamente isoláveis, do contexto humano no qual estão efetivamente inseridos. Os autores que se dedicaram à *Geistesgeschichte* costumaram entender essa "história espiritual" não apenas como história humana, mas inclusive como história daquilo que permite compreender efetivamente as variações humanas no curso da história. Mas nem sempre ficou claro em que medida uma mesma "idéia" pode ser entendida como "mera idéia" ou como "um (humano) encarregar-se" dela. A distinção é esclarecida se se considera a noção de "crença" proposta por Ortega y Gasset. Referimo-nos a esse ponto no verbete CRENÇA. Tratamos mais detalhadamente dessa questão no verbete IDEOMA, termo proposto por Ortega para se contrapor a "draoma".

Michel Foucault (VER) distinguiu os princípios e normas que regem seus trabalhos da história das idéias. Isso equivale a distinguir essa história daquilo que Foucault chamou de arqueologia (VER) do saber.

➲ Ver: Paul Oskar Kristeller, "History of Philosophy and History of Ideas", *Journal of the History of Philosophy*, 2 (1964), 1-14. — Maurice Mandelbaum, "The History of Ideas, Intellectual History, and the History of Philosophy", *History and Theory*, Apêndice 5 (1965), 33-66. — Pietro Piovani, *Filosofia e storia delle idee*, 1965. — George Boas, *The History of Ideas: An Introduction*, 1969. — Quentin Skinner, "Meaning and Understanding in the History of Ideas", *History and Theory*, 8 (1969), 3-53. — P. King, ed., *The History of Ideas*, 1983. — M. Lerner, *Ideas are Weapons: The History and Uses of Ideas*, 1991.

Enciclopédias: H. B. Acton, Joseph Agassi *et al.*, *Dictionary of the History of Ideas: Studies of Selected Pivotal Ideas*, 4 vols., 1973, com um vol. V de índices, 1974, ed. Philip P. Wiener.

Bibliografia: Jeremy L. Tobey, *The History of Ideas: A Bibliographical Introduction*, 4 vols., 1975 ss. ➲

IDÉIAS INATAS. Ver INATISMO.

IDEATUM. Pode-se chamar de *ideatum* ("ideado") o resultado de um processo de ideação (VER). *Ideatum* é o que está contido na idéia. Pode ser, pois, conforme o caso, o que é representado, a essência formal de uma coisa etc. Santo Tomás indica que a idéia é entendida em relação com o *ideatum*. A idéia e o *ideatum*, porém, não têm por que ser similares segundo a conformidade à natureza, mas necessitam ser similares apenas segundo a representação (*secundum repraesentationem tantum*). Basta, portanto, que a idéia represente o *ideatum* e que este seja representado pela idéia. Segundo Santo Tomás, a idéia de algo composto pode ser simples, e a idéia de algo potencial é atual, isto é, uma idéia atual de algo potencial (*De veritate*, q. 3, a 5, ad. 2).

Spinoza sustenta que a idéia apresenta na ordem do pensamento os mesmos caracteres que o *ideatum* (o objeto da idéia) apresenta na ordem da realidade (*De em. int.*, 41). A idéia deve concordar com seu *ideatum* (*ibid.*, 42), ou seja, ela deve convir ao que representa: *idea vera debet cum suo ideato convenire* (*Eth.*, I, axioma vi).

IDENTIDADE. Assim como o conceito de contradição (VER), o de identidade foi examinado de vários pontos de vista. Os dois mais destacados são o ontológico (seja ontológico formal, seja metafísico) e o lógico. O primeiro é patente no chamado *princípio ontológico de identidade* (A=A), segundo o qual toda coisa é igual a si mesma ou *ens est ens*. O segundo se manifesta no chamado *princípio lógico de identidade*, considerado por muitos lógicos de tendência tradicional como o reflexo lógico do princípio ontológico de identidade, e por outros lógicos, como o princípio '*a* pertence a todo *a*' (lógica dos termos) ou então como o princípio 'se *p* [em que '*p*' simboliza um enunciado declarativo], então *p*' (lógica proposicional). Alguns autores também falaram do princípio psicológico de identidade, entendendo por ele a impossibilidade de se pensar a não-identidade de um ente consigo mesmo; porém, assim como fizemos no caso da noção de contradição, excluiremos aqui este último sentido. Neste verbete nos restringiremos, portanto, a um exame dos sentidos ontológico (ou metafísico) e lógico da identidade. Observaremos, além disso, que a separação dos dois não é fácil, pois no curso da história da filosofia esses dois sentidos freqüentemente se entremesclaram e até mesmo se confundiram. Em todo caso, nos primeiros parágrafos trataremos principalmente do aspecto ontológico e nos últimos, do aspecto lógico.

Foi comum em grande parte da tradição filosófica considerar que o fundamento do princípio lógico de identidade se encontra no princípio ontológico, ou que ambos são aspectos de uma mesma concepção: aquela segundo a qual sempre que se fala do real se fala do que é idêntico. Uma forma extrema dessa concepção é a de Parmênides. A idéia de identidade parece ser então o resultado de uma certa tendência da razão (dessa "razão identificadora" que foi tão corrente na história da filosofia). As indagações de Meyerson a esse respeito devem ser levadas em conta. Esse autor fala da identidade como uma inevitável tendência da razão a reduzir o real ao idêntico, isto é, a sacrificar a multiplicidade à identidade tendo em vista sua explicação. Assim, o princípio de causalidade é, segundo Meyerson, o princípio de identidade aplicado à existência dos objetos no tempo, e é o caso mais característico dessa identificação a que tendem tanto a ciência como o pensamento comum. "Afirmar que um objeto é idêntico a si mesmo" — escreve esse autor — "parece uma proposição de pura lógica e, além disso, uma simples tautologia ou, se se preferir, um enunciado analítico, segundo a nomenclatura de Kant. Mas quando se acrescenta a isso a consideração do tempo o conceito se desdobra, por assim dizer, pois fora do sentido analítico esse enunciado adquire — como acertadamente disse Spir — um sentido sintético." É analítico — continua dizendo Meyerson — "quando expressa simplesmente o resultado de uma análise do conceito; sintético, ao contrário, quando entendido como uma afirmação relativa à natureza dos objetos reais. Mas essa relação entre o princípio da razão determinante e o princípio de identidade já era perfeitamente clara para Leibniz, como se pode perceber na exposição de Couturat e, além disso, como o indica o modo como

Leibniz estabelece um paralelo entre os dois princípios na passagem citada" (*op. cit.* na bibliografia).

As reflexões de Meyerson sobre a noção de identidade encontram suporte nos autores que tomaram como modelo a equiparação da idéia de identidade lógica com a de identidade metafísica ou ontológica. Isso parece ter ocorrido com Parmênides — a cuja imagem ou idéia da "esfera" Meyerson recorre repetidamente — ou com alguns dos últimos diálogos (dialéticos) de Platão, nos quais se faz sentir a influência de Parmênides. Não ocorre, ou ocorre com menos freqüência, com outros autores que distinguem a identidade lógica e a identidade metafísica ou falam de diversas noções de identidade.

Aristóteles não dedicou grande atenção à questão da identidade; nem em seus escritos lógicos nem na *Metafísica* se encontra uma análise da identidade tão minuciosa como a análise do princípio de não-contradição. Quando buscou definir a identidade, Aristóteles observou que essa noção se dá de várias formas: é "uma unidade de ser, unidade de uma multiplicidade de seres ou unidade de um único ser tratado como múltiplo, como quando se diz, por exemplo, que uma coisa é idêntica a si mesma". Aristóteles também falou da identidade do ponto de vista da igualdade (matemática).

Os escolásticos consideraram vários tipos de identidade, *identitas*. Cabe falar de identidade real, racional ou formal, numérica, específica, genérica, extrínseca, causal, primária, secundária etc. Quando procuraram ver se há algum conceito de identidade comum a todos os tipos de identidade, propuseram fórmulas extremamente gerais, tais como: a identidade é "a conformação de cada coisa consigo mesma". Isso parece referir-se à identidade metafísica ou ontológica porquanto se fala de "coisa", mas se tomarmos 'coisa' em uma acepção muito geral — incluindo proposições — a fórmula citada poderá ter, ou ter também, um sentido lógico.

A distinção mais geralmente aceita é a já indicada entre identidade lógica e identidade ontológica (ou metafísica). Os autores racionalistas tenderam a considerar as duas concomitantemente. Isso não significa que esses autores tenham "identificado" completamente essas duas formas de identidade, ou que tenham derivado a identidade lógica da ontológica, ou esta última daquela; significa tão-somente que se inclinaram a pensar que a noção ontológica ou metafísica de identidade tem uma forma lógica, e que o princípio lógico de identidade tem um alcance ontológico ou metafísico. Um exemplo disso pode ser encontrado em Leibniz, mas com isto se diz muito pouco a respeito das importantes análises desse autor sobre a noção de identidade. Algumas dessas análises encontraram grande eco em trabalhos lógicos posteriores, sobretudo a partir de Frege. Destaca-se a esse respeito o princípio leibniziano da identidade dos indiscerníveis (VER), do qual logo falaremos.

A noção de identidade metafísica foi criticada por Hume. Sua crítica é a mesma dirigida contra a noção de substância. Isso se vê especialmente quando Hume critica aqueles que sustentam que há um único eu (*self*), que é substancial e idêntico a si mesmo, ou idêntico por meio de todas as suas manifestações. Em *Treatise* (IV, v), Hume alegou que a idéia dessa suposta entidade não se deriva de nenhuma "impressão" (VER) sensível. Penetrar no recinto do suposto "eu" equivale a encontrar-se sempre com alguma percepção particular; os chamados "eus" são apenas feixes ou coleções (*bundles*) de diferentes impressões. Para "agüentar" a persistência das percepções imagina-se uma alma, um eu ou uma substância subjacentes a elas; supõe-se, além disso, que há em um agregado de partes em relação mútua "algo" misterioso que relaciona as partes independentemente dessa relação. No entanto, como essas imaginações e suposições, segundo Hume, carecem de base, deve-se rejeitar a idéia de que há uma identidade metafísica na noção de substância. Hume considerou que o problema da identidade pessoal (e, por extensão, o problema de qualquer identidade substancial) é insolúvel, e se contentou com a relativa persistência de feixes de impressões nas relações de semelhança, contigüidade e causalidade das idéias.

Kant aceitou as conseqüências da crítica de Hume contra a concepção racionalista da identidade, mas não sua solução. Em Kant, a identidade se torna transcendental na medida em que é a atividade do sujeito transcendental a que permite, por meio dos processos de síntese, identificar diversas representações (em um conceito). O problema da identidade parece insolúvel (ou sua solução, arbitrária) quando pretendemos identificar coisas em si. Por outro lado, a solução é insatisfatória quando, seguindo Hume, baseamos a identidade na relativa persistência das impressões. Em compensação, a identidade aparece assegurada quando não é nem empírica nem metafísica, mas transcendental. Mais ainda, somente a noção transcendental da identidade torna possível, segundo Kant, um conceito de identidade. Isso se aplica não apenas às representações externas, mas também à questão da "identidade numérica" da consciência de si mesmo em diferentes momentos (*KrV*, A 361 ss.). Não há um substrato metafísico da identidade pessoal que possa ser demonstrado pela razão. Mas a identidade pessoal aparece na razão prática como uma forma de postulado; se a imortalidade é um postulado da razão prática, deve implicar a identidade pessoal do ser imortal.

Os idealistas pós-kantianos fizeram da identidade um conceito metafísico central. Isso ocorreu especialmente em Schelling, cujo sistema se baseia na identidade de sujeito e objeto. A identidade é aqui não apenas um conceito lógico, nem apenas o resultado de representações empíricas unificadas mediante a consciência da persistência, mas um princípio que aparece logicamente como vazio, mas que metafisicamente é a condição de todo ulterior "desenvolvimento" ou "desdobramento". Hegel distingue a identidade puramente formal do entendimento e a identidade rica e concreta da razão. Quando o Absoluto é definido como "o idêntico a si mesmo", parece que não se diz nada sobre o Absoluto. Mas a "identidade concreta" do Absoluto não é uma identidade vazia. Em suma, a identidade não expressa (ou, mais exatamente, não expressa somente) em Hegel uma relação vazia e abstrata, e tampouco uma relação concreta mas carente de razão, e sim um universal concreto, uma verdade plena e "superior", que "absorveu" as identidades anteriores. A rigor, a própria forma do princípio de identidade indica, segundo Hegel, que há nele mais que uma identidade simples e abstrata; há o puro movimento da reflexão (*reine Bewegung der Reflexion*) no qual o "outro" surge como "aparência".

Na filosofia contemporânea examinou-se o problema da identidade de modos muito diversos. Uma questão muito debatida foi a da "identidade pessoal". Outra questão disputada foi a da identificação de "objetos", a qual pode ser — como indicou Quine — identificação de objetos concretos (por exemplo, um rio), na qual se usam termos singulares, ou identificação de objetos abstratos (por exemplo, um quadrado), na qual se usam termos gerais. Heidegger ("Der Satz der Identität", em *Identität und Differenz*, 1957, pp. 15-34) indica que a fórmula 'A = A' refere-se a uma igualdade (*Gleichkeit*), mas não diz que 'A' seja como "o mesmo" (*dasselbe*). A identidade supõe que a entidade considerada é igual a si mesma ou, como escrevia Platão, αὐτὸ δ' ἑαυτῷ ταὐτόν, que é o mesmo em relação a si mesma. Na identidade propriamente dita há a idéia da "unidade consigo mesma" da coisa. Essa idéia já é perceptível nos gregos, mas foi desenvolvida somente com Leibniz e Kant, e sobretudo com os idealistas alemães: Fichte, Schelling e Hegel. A partir destes, já não podemos nos representar a identidade como mera unicidade (*Einerlei*). A unicidade é puramente abstrata e nada diz do "ser em si mesmo com" a que o "princípio de identidade" se refere metafisicamente. Como lei do pensamento, o citado princípio é válido apenas "na medida em que é uma lei do ser, que enuncia: a todo ente como tal pertence a identidade, a unidade consigo mesmo" (*die Einheit mit sich selbst*).

Ocupar-nos-emos agora da noção de identidade na lógica.

O chamado "princípio de identidade" é apresentado como uma lei da lógica sentencial, ou da lógica proposicional, e, portanto, como uma tautologia. Eis aqui duas leis de identidade na citada lógica:

$$p \to p$$

que se lê:

se p, então p

e

$$p \leftrightarrow p$$

que se lê:

p se e somente se p

em que 'p' simboliza um enunciado. Essa concepção da identidade foi antecipada pelos estóicos. Segundo Łukasiewicz, os estóicos formularam o princípio de identidade na lógica dos enunciados, enquanto Alexandre de Afrodísia (*In anal. pr. comm.*, Wallies, 34) o formulou, com base na doutrina aristotélica, na lógica dos termos. O princípio 'se o primeiro então o primeiro' contém, segundo Łukasiewicz, uma constante 'se... então' e uma variável proposicional 'p', o que equivale a dizer que para 'p' somente se pode dar uma proposição com sentido, como em "Se é dia, então é dia". Em compensação, o princípio exposto por Alexandre de Afrodísia, 'todo a é a' ou 'a pertence a todo a', contém uma constante 'todo... é' e uma variável de um termo 'a'. O citado princípio estóico também pode ser considerado um princípio metalógico, pois constitui um dos indemonstráveis (VER).

A noção de identidade é desenvolvida também na chamada "lógica da identidade". Além dos signos da lógica, ela emprega os signos '=' (que se lê 'é', 'é idêntico a', 'é igual a', 'é equivalente a' etc.) e '1' (que se lê 'não é', 'é distinto de', 'é diferente de' etc.). Exemplo de um enunciado pertencente a essa lógica é:

A Lua é o satélite da Terra.

em que 'é' equivale a 'é idêntico a', estabelecendo-se, por conseguinte, uma identidade entre a Lua e o satélite da Terra.

Mencionaremos duas leis da lógica da identidade.

A lei de substituibilidade da identidade se formula do seguinte modo:

$$\wedge x\, y\, (x = y) \to (Fx \leftrightarrow Fy)$$

da qual se deduz que duas entidades, x e y, são idênticas se o que é verdade de x é verdade de y, e vice-versa. Se 'x' se lê 'Cervantes', 'y' se lê 'o autor de *Dom Quixote*' e 'F' se lê 'o mais famoso romancista espanhol do Século de Ouro', então temos que, se Cervantes é idêntico ao autor de *Dom Quixote*, então Cervantes tem a propriedade de ser o mais famoso romancista espanhol do Século de Ouro se, e somente se, o autor de *Dom Quixote* é o mais famoso romancista espanhol do Século de Ouro.

A noção de substituibilidade é entendida do seguinte modo: dois termos são idênticos quando mutuamente substituíveis *salva veritate* (VER). Sustentou-se às vezes que a identidade pode ser contingente ou necessária. Em:

O autor de *Dom Quixote* = o manco de Lepanto

(supondo-se que tenha havido somente um manco como conseqüência da batalha de Lepanto e somente um autor de *Dom Quixote*) temos uma identidade contingente. Um mundo no qual não tenha existido nenhum manco de Lepanto não é — ou não é necessariamente — um mundo no qual não tenha existido Cervantes.

Por outro lado, em:

$$A = B$$

em que, 'A' e 'B' são, no vocabulário de Kripke, designadores rígidos, a identidade é, segundo esse autor, necessária.

Quando a lei de substituibilidade da identidade se formula em termos de propriedades extensionais, temos o princípio da identidade dos indiscerníveis, do qual falamos em INDISCERNÍVEIS (PRINCÍPIO DOS).

A lei de transitividade da identidade se formula do seguinte modo:

$$\bigwedge x\,y\,z\,((x = y) \wedge (y = z)) \rightarrow (x = z)$$

da qual se deduz que, se duas entidades são iguais a uma terceira, são iguais entre si. Se 'x' se lê 'Dostoievsky', 'y' se lê 'o autor de *O idiota*' e 'z' se lê 'o mais profundo dos romancistas russos', temos que, se Dostoievsky é o autor de *O idiota* e o autor de *O idiota* é o mais profundo dos romancistas russos, então Dostoievsky é o mais profundo romancista russo.

Thomas Moro Simpson (*Formas lógicas, realidad y significado*, nova ed., 1975, § 22) aponta que uma identidade como:

$$\text{Dante} = \text{o autor de } A\ Divina\ comédia$$

dá lugar a um paradoxo, o chamado "paradoxo da identidade". Com efeito, se a identidade é verdadeira, o objeto denotado pela expressão à esquerda de '=' é o mesmo que o denotado pela expressão à direita de '=', sendo ambas as expressões sinônimas. A identidade é então verdadeira, mas trivial. Por outro lado, se os dois termos indicados não denotam o mesmo objeto, a (proclamada) identidade deixa de ser trivial, mas é falsa. Seguindo-se Russell, o paradoxo será resolvido sustentando-se que as descrições — como 'o autor de *A Divina comédia*' — não são nomes próprios, mas símbolos incompletos. Ver DESCRIÇÕES (TEORIA DAS).

Também se fala de identidade na álgebra de classes e na álgebra de relações. O signo usado para expressar a identidade nessas duas álgebras também é '='. Na álgebra de classes a fórmula

$$A = B$$

se lê:

A classe A é idêntica à classe B,

com o que se expressa que cada membro da classe A é membro da classe B, e que cada membro da classe B é membro da classe A. A identidade entre classes se define da seguinte maneira:

$$A = B =\ \text{def.}\ \bigwedge x\,(x \in A \leftrightarrow x \in B)$$

Quanto à algebra de relações, a fórmula

$$R = S$$

se lê:

A relação R é idêntica à relação S,

com o que se expressa que

$$R = S$$

e que se define mediante

$$\bigwedge x\,y\,((x\,R\,y) \leftrightarrow (x\,S\,y))$$

Um exemplo de identidade de classe é:

A classe dos números primos é idêntica à classe dos números que são divisíveis somente por si mesmos e por 1.

Um exemplo de identidade de relações é:

A relação *criado de* é idêntica à relação *empregado masculino de*.

⇨ A obra de Meyerson a que nos referimos no texto é: *Identité et réalité*, 1908. A citação provém da p. 18. A passagem de Leibniz a que se faz alusão encontra-se em *Théodicée*, Parte I, § 44.

Identidade nos sentidos ontológico e lógico: Friedrich Waismann, "Ueber den Begriff der Identität", *Erkenntnis*, 6 (1936), 56-64. — W. van O. Quine, "Identity, Ostension, and Hypostasis", *Journal of Philosophy*, 47 (1950), 621-633; reimp., com algumas mudanças, em *From a Logical Point of View*, 1953, pp. 65-79. — D. S. Schwayder, '=', *Mind*, N. S., 65 (1956), 16-37. — Katalin G. Havas, *Az azonosság törvénye a hagyományos és a modern formális logikaban*, 1964 (*A lei da identidade na lógica formal tradicional e moderna*). — D. De Levita, *The Concept of Identity*, 1967. — David Wiggins, *Identity and Spatio-Temporal Continuity*, 1967; refundido em *Sameness and Substance*, 1980, com 5 novos capítulos. — Eli Hirsch, *The Persistence of Objects*, 1976. — G. C. Moneta, *On Identity: A Study in Genetic Phenomenology*, 1976. — Nicholas Griffin, *Relative Identity*, 1977. — S. Kripke, "Identity and Necessity", em M. K. Munitz, ed., *Identity and Individuation*, 1971. — D. Henrich, H. Lübbe *et al.*, *Identität*, 1979, eds. O. Marquard e K. Stierle. — W. Beierwaltes, *Identität und Differenz*, 1980 [de Mario Victorino a Adorno]. — H. W. Noonan, *Objects and Identity: An Examination of the Relative Identity Thesis and its Consequences*, 1980. — B. A. Brody, *Identity and Essence*, 1980. — E. Hirsch, *The Concept of Identity*, 1982. — T. V. Morris, *Understanding Identity Statements*, 1984. — C. MacDonald, *Mind-Body Identity Theories*, 1989. — C. J. F. Williams, *What is Identity?*, 1990.

Identidade e auto-identidade: Sydney Schoemaker, *Self-Knowledge and Self-Identity*, 1963. — R. Chisholm, S. Shoemaker *et al.*, *Identity and Individuation*, 1971, ed. Milton K. Munitz. — J. Perry, S. Shoemaker, Thomas Nagel *et al.*, *Personal Identity*, 1975, ed. John Perry. — G. Vesey, *Personal Identity*, 1974. — D. Dennet, R. de Sousa *et al.*, *The Identities of Persons*, 1976, ed. Amélie Oksenberg Rorty. — H. Lichtenstein, *The Dilemma of Human Identity*, 1977. — U. Thiel, *Lockes Theorie der personalen Identität*, 1983. — S. Shoemaker, R. Swinburne, *Personal Identity*, 1984. — D. Parfit, *Reasons and Persons*, 1984. — S. E. Boër, W. G. Lycan, *Knowing Who*, 1985. — T. Williamson, *Identity and Discrimination*, 1990. — F. Jacques, *Difference and Subjectivity: Dialogue and Personal Identity*, 1991. — D. Kolak, R. Martin, *Self and Identity: Contemporary Philosophical Issues*, 1991. — C. Taylor, *Sources of the Self: The Making of the Modern Identity*, 1992. — P. Unger, *Identity, Consciousness and Value*, 1992. — J. Baillie, *Problems in Personal Identity*, 1993.

Estudo histórico: R. W. Göldel, *Die Lehre von der Identität in der deutschen Logik-Wissenschaft sei Lotze. Ein Beitrag zur Geschichte der modernen Logik und philosophischen Systematik. Mit einer Bibliographie zur logikwissenschaftlichen Identitätslehre in Deutschland seit der Mitte des 10. Jahrhunderts*, 1935 (tese). Ↄ

IDENTIDADE (TEORIA DA). Deu-se esse nome — e também o de "tese da identidade" — à teoria segundo a qual há identidade entre processos ou estados mentais e acontecimentos físicos ou corporais, especificamente estados do cérebro. A teoria da identidade é uma das teorias monistas a que nos referimos no verbete CORPO-ALMA.

Costuma-se fazer uma distinção entre identidade entre tipos e identidade entre casos. A identidade entre tipos afirma que cada tipo de processo ou estado mental é idêntico a determinado tipo de acontecimento físico ou estado do sistema nervoso (ou do cérebro). A identidade entre casos sustenta que há identidade entre casos dos correspondentes processos ou estados mentais e acontecimentos físicos ou estados do sistema nervoso (ou do cérebro). Uma identidade entre casos pressupõe a identidade entre tipos, mas não o inverso. Isso significa que a identidade entre tipos deixa uma "margem" suficiente para que não se precise manter uma identidade estrita entre cada caso particular na esfera mental e na física.

Como há propriedades em processos ou estados mentais que não são propriedades de acontecimentos físicos ou estados do sistema nervoso (ou do cérebro), estabelece-se o problema de se se pode falar de identidade sem haver identidade de propriedades. Alguns autores indicam que as propriedades dos primeiros podem ser reduzidas às dos últimos. Outros, que não há redução mútua de propriedades, mas modos distintos de expressar as mesmas propriedades. Saul A. Kripke apelou à distinção entre identidade necessária e identidade contingente (distinção à qual nos referimos no verbete IDENTIDADE) para se opor à teoria da identidade (psicofísica) em suas várias formas. Segundo Kripke, sentir uma dor não é uma propriedade contingente de determinado estado cerebral, pois se algo é uma dor "é essencialmente uma dor, e parece absurdo supor que o fenômeno pudesse ter sido diferente do que é". O mesmo ocorre com um estado cerebral ou, mais especificamente, com um estímulo fibroso C. 'Sentir uma dor' e 'estímulo fibroso C' são, segundo Kripke, designadores rígidos (propriedades necessárias e não contingentes). As expressões que designam uma pessoa e seu corpo não são logicamente equivalentes.

Ↄ Ver: Herbert Feigl, "The 'Mental' and the 'Physical'", em Herbert Feigl, Michael Scriven, Grover Maxwell, eds., *Minnesota Studies in the Philosophy of Science*, II, 1958. Reimp. com um extenso "Postscript" em: *The "Mental" and the "Physical": The Essay and a Postscript*, 1967. — J. J. C. Smart, "Sensations and Brain Processes", *Philosophical Review*, 68 (1959), 141-156. — Id., "Materialism", *Journal of Philosophy*, 60 (1963), 651-662. — C. F. Presley, ed., *The Identity Theory of the Mind*, 1967. — Keith Campbell, *Body and Mind*, 1970. — E. P. Polten, *Critique of the Psycho-Physical Identity Theory*, 1973. Ↄ

IDEOGRÁFICO. Ver NOMOTÉTICO; RICKERT, HEINRICH; WINDELBAND, WILHELM.

IDEOLOGIA. Pode-se falar de ideologia nos vários sentidos seguintes, alguns deles (como II, III, em parte IV e V) relacionados entre si.

I. A ideologia pode ser concebida como uma disciplina filosófica básica cujo objeto é a análise das idéias e das sensações no sentido dado por Condillac a esses termos. Henri Gouhier, em seu trabalho "L'idéologie et les idéologies, esquisse historique", no volume *Démythisation et idéologie*, cit. *infra*, indica que o termo *idéologie* foi criado por Destutt de Tracy em 1796 e que esse termo substitui a palavra 'metafísica'. Destutt de Tracy foi não apenas o criador da palavra, mas também o iniciador da corrente dos chamados "idéologos" (*idéologues*). O primeiro volume (*Idéologie*, 1802) de sua obra *Éléments d'idéologie* é considerado o ponto de partida da corrente mencionada — embora, como indica F. Picavet (cf. *infra*), se possa falar de "precursores" de Destutt de Tracy e dos demais "idéologos" do início do século XIX em autores cujas obras foram publicadas antes de 1796.

Nesse sentido "clássico", os idéologos se interessaram pela análise das faculdades e dos diversos tipos de "idéias" produzidas por essas faculdades. Essas "idéias" não eram nem formas (lógicas ou metafísicas), nem fatos estritamente psicológicos, nem categorais "gnosiológicas", embora de algum modo participassem de cada um destes. A ideologia é, segundo Destutt de Tracy, uma ciência fundamental cujo objeto são "os conhecimentos". A ideologia está intimamente ligada à gramática geral, que se ocupa dos métodos de conhecimento, e à lógica, que trata da aplicação do pensamento à realidade.

Segundo Picavet, podem-se distinguir três gerações de ideólogos. A primeira geração ou "geração precursora" inclui, entre outros, P.-L. Roederer (1754-1835), Joseph Lakanal (1762-1845), Jean-François de Saint-Lambert (1716-1803) e, até certo ponto, Condorcet e Laplace. A segunda geração, a mais conhecida e propriamente "fundadora", inclui Destutt de Tracy (VER) e Cabanis (VER). Além desses dois filósofos podem ser mencionados vários pensadores e escritores influenciados por eles: Benjamin Constant (1767-1830), Jean-Baptiste Say (1767-1832) etc. Há certas relações entre a "ideologia" dessa geração e as idéias de certos filósofos sociais: Pierre Leroux (1797-1871) (VER), Fourier (VER), Saint-Simon (VER) e até mesmo Comte (VER). Não são alheios ao movimento "ideológico" certos "filósofos do eu interior", como Maine de Biran. Por outro lado, algumas análises realizadas pelos ideólogos da segunda geração são similares às que foram feitas por pensadores da escola escocesa (VER). A terceira geração inclui Degérando (VER) e Laromiguière e seus discípulos. Os membros desta geração estiveram em contato com o ecletismo (VER). Os trabalhos produzidos por Degérando e Laromiguière influenciaram Taine e, de acordo com o que indica Picavet, até mesmo Renan, Littré e Th. Ribot (às vezes descritos como representando "o renascimento da ideologia").

A ideologia francesa não deve ser considerada uma "escola" baseada em princípios comuns a todos os seus representantes. Cada geração de ideólogos manifestou opiniões muito distintas. Em alguns (Cabanis), por exemplo, predominam o "psicologismo" e o "psicofisiologismo"; em outros (Degérando) predomina uma espécie de espiritualismo. Por outro lado, embora a influência de Condillac sobre os ideólogos tenha sido considerável, eles não foram, de modo algum, simples discípulos deste autor.

A atitude política de alguns ideólogos, que se manifestaram primeiramente partidários de Bonaparte e depois declararam sua oposição a ele, suscitou no Imperador ásperos comentários que contribuíram para dar ao termo 'ideologia' um sentido pejorativo. Em conseqüência disso, foi freqüente denunciar os ideólogos como "doutrinários".

O vocábulo 'ideologia' também foi usado por Galluppi e Rosmini em sentidos semelhantes aos que teve entre os ideólogos franceses. Esses dois pensadores italianos consideraram a ideologia um estudo das idéias essenciais no saber humano (idéias "imediatas" apreendidas diretamente e nas quais se funda todo conhecimento). Mas, enquanto Galluppi destacava o que as idéias têm de "dado imediato", Rosmini realçava o caráter inteligível das idéias.

II. Maquiavel já estabelecera claramente a possibilidade de uma distinção (ou "desvio") entre a realidade — essencialmente a realidade política — e as idéias políticas. Em um sentido mais geral — ou mais geralmente filosófico e menos especificamente político —, Hegel falou da separação da consciência em relação a si mesma, especialmente no curso do processo histórico, tal como é descrito na *Fenomenologia do Espírito*. Nesse processo se dá a "consciência cindida" ou "consciência dilacerada", assim como a "consciência infeliz" (ou "desditosa"). Nisso radica a possibilidade de que a consciência — como o "Para si" sartriano — seja o que não é e não seja o que é. Os desdobramentos e as ocultações constituem parte integrante do ser da consciência, incluindo a auto-revelação desse ser.

Em determinado sentido, a idéia de separação da consciência em relação a si mesma reflete-se no pensamento de Marx, e particularmente na noção de "falsa consciência". Usada como instrumento para a compreensão das atitudes e ações humanas, e especificamente dos fenômenos sociais, essa noção já teve uma longa história. Uma das expressões mais importantes dessa idéia foi a de "ideologia". Enquanto ocultação — e ao mesmo tempo revelação — da realidade social, a noção de ideologia teve êxito no século XIX. Não se encontra especificamente em Nietzsche, mas pode se relacionar com ela a insistência nietzschiana no fenômeno da ocultação e na necessidade de um "desmascaramento". Desmascarar falsas morais e desmascarar ideologias parece ser aproximadamente a mesma coisa. Entre os autores que se destacaram em seus esforços para examinar a natureza emascaradora das ideologias, assim como em seus esforços para desmascará-las, figuram Sorel (VER) e Pareto (VER). Sorel falou de "mitos", e Pareto de "derivações". A função de ambos é a justificação (autojustificação) de ações empreendidas por determinados grupos. Essas ações têm sua origem em "instintos" (Sorel) e em "impulsos" (Pareto), que não podem ser explicados racionalmente e não são, a rigor, racionais, embora possam, e costumem, manifestar-se mediante propósitos e intenções de caráter racional. Em todo caso, os grupos que empreendem tais ações "racionalizam-nas" por meio dos citados "mitos" e "derivações". Estes formam conjuntos de "idéias" que se articulam em uma unidade relativamente sistemática, e esta pode ser chamada — embora Sorel e Pareto não o tenham feito explicitamente — de "ideologia". Deve-se levar em conta que Pareto — que elaborou uma doutrina muito detalhada sobre o assunto e buscou mostrar que as derivações são sempre doutrinas ou teorias de índole não-científica — observou que as derivações (ou "ideologias") não são apenas justificativas, mas também normativas; não são descrições da realidade social, mas prescrições para as ações de grupos sociais.

III. A partir de suas raízes hegelianas, e em conexão especialmente com a noção de "falsa consciência" a que aludimos anteriormente, o conceito de ideologia desempenhou um papel central em Marx e nas diversas correntes do marxismo (VER). Embora haja em todos esses casos certos elementos comuns, é difícil dar uma definição de 'ideologia' que convenha a todos os autores que foram, ou que se declararam, em maior ou menor proporção, marxistas; notem-se, em primeiro lugar, as diferenças que podem ser encontradas já no próprio Marx, e, em segundo, limitando-nos apenas a alguns exemplos, as diferenças que se encontram em autores como Lenin, Lukács e os "frankfurtianos" — com não poucos importantes matizes entre estes últimos.

Para começar, encontram-se em Marx ao menos dois sentidos de 'ideologia'. Em alguns casos, uma ideologia designa em Marx uma teoria falsa, ou uma forma de "falsa consciência". Trata-se então de uma racionalização ou mascaramento de algum sistema econômico-social. Eugenio Trías (*op. cit. infra*, p. 19) salienta o caráter de "sublimação de certas condições sociais" ou "condições materiais da vida" que a noção de ideologia adquire em Marx. Por outro lado (*op. cit.*, p. 20 e especialmente p. 147, nota 17, em relação ao conceito de *Nebelbildung* ou "representação nebulosa" de que se fala na *Deutsche Ideologie*), a ideologia se opõe ao conhecimento verdadeiro ou à ciência real e positiva. O primeiro sentido parece predominar em Marx. Considerando — embora de forma mais engelsiana que propriamente marxiana — que a realidade social determina a consciência, esta consciência pode ser "falsa consciência" desde o momento em que os membros de uma sociedade, e especialmente de uma classe social, expressam certas idéias que a sociedade, ou a classe social, crêem ser "verdadeiras" mas, a rigor, refletem os interesses da sociedade ou classe. O conjunto dessas idéias forma uma ideologia. Nem sempre é claro o que está compreendido em uma dessas ideologias: levando-se ao máximo, são todas as idéias, crenças e teorias que a sociedade ou classe social expressa, incluindo teorias científicas; contudo, mais determinadamente há certas idéias e crenças que se prestam particularmente a servir de cimento para ideologias. Marx menciona idéias e regras morais, assim como crenças religiosas. Em todo caso, uma ideologia nesse sentido se forma como mascaramento da realidade social. Desse modo, uma classe social dominante "mascara" ou "oculta" mediante ideologias seus "verdadeiros" propósitos — os quais, além disso, pode ignorar e quase sempre ignora, em parte por querer ignorá-los.

De qualquer modo, os dois sentidos indicados não são forçosamente incompatíveis, já que, se a "ciência real" não é uma ideologia, pode se ocupar de ideologias criticamente. Além disso, e sobretudo, há a possibilidade, que alguns marxistas salientaram, de distinguir ideologia como falsa consciência e ideologia como modo de lutar contra ela. Em Lenin toda teoria é ideologia, independentemente de sua verdade ou falsidade, mas, como a ideologia representada pelo Partiinost ou "espírito de partido" é a teoria correta, não pode haver nesse caso diferença fundamental entre ideologia como ideologia proletária e "ciência real".

Para Lukács, a burguesia e o proletariado encontram-se igualmente alienados, mas, enquanto a primeira ignora essa condição em virtude de seu próprio interesse em ignorá-la, o segundo a conhece. A ideologia do burguês é por isso a de uma consciência alienada, mas também o é a do proletariado. No entanto, as duas ideologias são de ordens distintas, já que somente a última é a da ordem do conhecimento da necessidade de superar e eliminar a alienação — não apenas a sua própria, mas a de todos os homens, incluindo os burgueses.

Para os frankfurtianos, ou em todo caso para Habermas, a ideologia se expressa onde, em virtude da violência e da dominação, se produz uma distorção da comunicação, com a conseguinte incompreensão (VER). A distorção comunicativa se manifesta sobretudo no plano dos tipos de interesse instrumental (o que explica que a ciência e a técnica *possam* ser ideológicas, já que, abandonadas a si mesmas, carecem da capacidade de reflexão) e do interesse comunicativo (o que explica a insuficiência da hermenêutica [VER]). Habermas, justamente, opõe à hermenêutica, particularmente à forma ontológica que ela adquiriu em Gadamer, uma crítica das ideologias. Desse modo pode se manifestar o interesse pela emancipação e pela libertação (VER), que são propriamente auto-reflexivas. A crítica das ideologias é capaz, então, de dissolver e eliminar as incompreensões, as quais procedem, em última análise, da violência e da repressão.

Marcuse supõe que o proletariado pode vir a adotar a ideologia burguesa por terem sido criados interesses que coincidem com os que essa ideologia expressa. Embora Marcuse não proponha, como Habermas, uma crítica das ideologias, encontra-se implícita em seu pensamento a possibilidade de um desmascaramento ideológico que atinge inclusive classes que pareciam, por sua própria estrutura social e interesses históricos, alheias a ela. Embora de forma bastante distinta da de Habermas, também há aqui uma tentativa de considerar a noção de ideologia dentro do âmbito dos sistemas de comunicação adotados por uma sociedade, ou por uma classe dentro de uma sociedade.

A fim de evitar confusões no uso do termo 'ideologia', Lewis S. Feuer propõe a distinção entre o uso científico e o ideológico. "A principal característica do uso científico é que ele conserva a distinção entre ciência e ideologia; o principal traço do uso ideológico de 'ideologia' é que ele tende a apagar essa distinção e a considerar qualquer conjunto de idéias uma ideologia. O uso científico sustenta que algumas idéias são mais verídicas que outras, que algumas idéias são mais ou menos projeção do inconsciente, ou do princípio [freudiano] do prazer. Por outro lado, segundo o uso ideológico, já que todas as idéias se originam de interesses, confessos ou inconfessos, todas são igualmente ideologias; a verdade objetiva não existe, cada geração e classe tem sua ideologia, cada homem é seu próprio ideólogo" (*op. cit.* na bibliografia, p. 180). Esse autor propõe essa distinção tendo em vista que o termo 'ideologia' foi amplamente usado; em sua opinião, além disso, o uso marxista é "completamente científico".

IV. Importantes contribuições à noção de ideologia no sentido de que agora nos ocupamos devem-se a vários autores marxistas (por exemplo, Lukács) e a Max Scheler e Karl Mannheim. Referir-nos-emos sumariamente aos dois últimos.

Em Max Scheler, o problema da ideologia é tratado dentro do marco da sociologia do saber. Com efeito, o conhecimento pode ser estudado não apenas em seu conteúdo, mas também em relação a uma situação social ou histórica. Neste último caso, temos as ideologias. A sociologia do saber é em boa parte sociologia das ideologias.

Karl Mannheim também se ocupou de sociologia do conhecimento, em um sentido semelhante ao de Scheler, mas com um interesse particular pelas questões de índole política e social. Seguindo em parte (e em parte submetendo à crítica) o marxismo, e aproveitando as investigações de Max Weber, Mannheim tratou sistematicamente o problema das ideologias como "reflexos" de uma situação social que ao mesmo tempo ocultam e revelam. "O conceito de ideologia" — escreve Mannheim em seu livro sobre ideologia e utopia — "reflete o descobrimento que surgiu como conseqüência do conflito político, isto é, o fato de que os grupos dominantes possam estar, em seu pensamento, tão intensamente apegados a uma certa situação de interesses, que já não lhes seja simplesmente possível ver certos fatos que abalariam seu sentido de dominação. Implícita no vocábulo 'ideologia' é a percepção de que em certas situações o inconsciente coletivo de certos grupos obscurece a condição real da sociedade tanto para si mesmos como para outros e, por conseguinte, estabiliza essa situação." Mannheim distingue ideologia parcial (que tem uma raiz psicológica) e ideologia total (que tem uma raiz social).

V. Embora em alguns aspectos esteja ligada às concepções anteriores, a noção de ideologia proposta por Sartre difere delas em pontos capitais. Sartre chama de "ideólogos" os filósofos que não são realmente criadores. Os filósofos criadores (como Descartes, Locke, Hegel e Marx) são para Sartre os que edificaram filosofias que se converteram em "mundos". Isso foi possível porque esses filósofos produziram um pensamento que vivificou a *práxis* que o gerou. Em compensação, os ideólogos (Kierkegaard, Jaspers e, na época moderna, todos os pensadores, exceto os citados anteriormente como "filósofos criadores") limitam-se a explorar e a explorar o domínio aberto pelos filósofos.

Os ideólogos realizam um inventário e até mesmo erigem alguns edifícios intelectuais, mas tudo isso nutrindo-se do pensamento dos "grandes mortos". Sartre indica que é possível saber quando lidamos com uma filosofia ou com uma ideologia. Desse modo, em sua opinião, o marxismo é uma filosofia; o existencialismo, uma ideologia.

VI. Entre os anos 1960 e 1965, especialmente por ocasião do aparecimento do livro de Daniel Bell, *The End of Ideology: On the Exhaustion of Political Ideas in the Fifties*, 1960, 2ª ed., rev., 1962, falou-se muito do "fim da ideologia" — título do citado livro —, dando-se a entender com isso que todas as ideologias políticas e político-sociais eram coisa do passado, velharias que persistiam por pura inércia em uma sociedade em que os problemas eram técnicos e não ideológicos ou "políticos". Supunha-se que isso não ocorria apenas nas sociedades técnica e economicamente desenvolvidas, e até mesmo superdesenvolvidas, mas também nas sociedades subdesenvolvidas, porquanto os problemas do desenvolvimento também eram problemas técnicos. Contra a tese do "fim da ideologia" enfatizou-se que, por um lado, esse fim não ocorreu, sendo mais um postulado ou um desejo que uma realidade, e, por outro lado, e sobretudo, que a tese do "fim da ideologia" é, por sua vez, uma ideologia, e, por acréscimo, uma ideologia de direita, que se mascara com a pretensa ausência de ideologia.

VII. Quine usa o termo 'ideologia' em um sentido distinto de todos os anteriores. Segundo Quine, é possível perguntar pelas idéias que podem ser expressas em determinada ontologia (VER). As idéias resultantes formam a ideologia da correspondente ontologia. Não se deve pensar, contudo, que há uma simples correspondência entre a ontologia de uma teoria e sua ideologia. Por exemplo, uma ontologia pode abarcar certas entidades, e sua ideologia incluir idéias de apenas um certo número dessas entidades; uma ideologia pode abarcar certas idéias que não têm correlatos na ontologia; duas teorias podem ter a mesma ontologia e distintas ideologias etc.

⮕ Sobre os ideólogos franceses, além das bibliografias dos verbetes dedicados aos mais importantes deles, ver: F. Picavet, *Les idéologues: essai sur l'histoire des idées et des théories scientifiques, philosophiques, religieuses en France depuis 1779*, 1891. — Emmanuele Riverso, *I problemi della conoscenza e del metodo nel sensismo degl'ideologi*, 1962. — Sergio Moravia, *Il tramonto dell'iluminismo*, 1968. — Id., *Il pensiero degli* Idéologues: *Scienza e filosofia in Francia (1780-1815)*, 1974. — G. Gusdorf, *La conscience revolutionnaire.*

Les idéologues, 1978. — E. Kennedy, *A Philosophe in the Age of Revolution: Destutt de Tracy and the Origins of "Ideology"*, 1978. — B. W. Head, *Ideology and Social Science: Destutt de Tracy and French Liberalism*, 1985.

Sobre ideologia no sentido "sociológico" e os problemas relativos à ideologia na sociologia do saber (além das obras de Marx, Nietzsche e Pareto): Georg Adler, *Die Bedeutung der Illusionen für Politik und soziales Leben*, 1904. — Paul Szende, *Verhüllung und Enthüllung*, 1922. — P. Andrei, *Die soziologische Auffassung der Erkenntnis*, 1923. — Max Scheler, *Probleme einer Soziologie des Wissens* (no tomo *Versuche zu einer Soziologie des Wissens*, ed. por Scheler, 1924; 2ª ed. alterada com o título: *Die Wissensformen und die Gesellschaft*, 1926). — Karl Mannheim, *Ideologie und Utopie*, 1929 (trad. bras.: *Ideologia e utopia*, 1968). — Ernst Grünwald, *Das Problem einer Soziologie des Wissens. Versuch einer kritischen Darstellung der wissenssoziologischen Theorien*, 1934. — K. Wolff, *La sociologia del sapere. Ricerca di una definizione* (tese; manuscrito na Biblioteca della Facoltà di Lettere e Filosofia della Università degli Studi di Firenze, 1935; citado por K. Mannheim). — Franz Jakubowski, *Der ideologische Ueberbau in der materialistischen Geschichtsauffassung*, 1936. — Raymond Aron, "L'idéologie", *Recherches philosophiques*, 6 (1936-1937), 65-84. — Gerard Degré, *Society and Ideology. An Inquiry into the Sociology of Knowledge*, 1943. — Hans Barth, *Wahrheit und Ideologie. Untersuchungen über die geistige Maskierung und Demaskierung der Macht von Napoleon bis zur Gegenwart*, 1945; 2ª ed., rev., 1961. — J. J. Marquet, *Sociologie de la connaissance*, 1949 [sobre K. Mannheim e P. Sorokin]. — Theodor Geiger, *Ideologie und Wahrheit. Eine soziologische Kritik des Denkens*, 1953; reimp., 1968. — Jeanne Hersch, *Idéologies et Réalité*, 1956. — Andrew Hacker, *Political Theory, Philosophy, Ideology, Science*, 1961. — H. Zeltner, *Ideologie und Gesellschaft*, 1962. — George Lichtheim, "The Concept of Ideology", *History and Theory*, 4 (1965), 163-195; reimp. em *The Concept of Ideology and Other Essays*, 1967, pp. 3-46. — Hans-Joaquim Lieber, *Philosophie-Soziologie-Gesellschaft, Gesammelte Studien zum Ideologieproblem*, 1965. — Jürgen Frese, "*Ideologie". Präzisierungsversuch an einem wissenssoziologischen Begriff*, 1970 (tese de 1965). — José M. Rodríguez Paniagua, *Marx y el problema de la sociología*. — Harold J. Bershady, *Ideology and Social Knowledge*, 1973. — H. M. Drucker, *The Political Uses of Ideology*, 1974. — Hans-Joachim Lieber, ed., *Ideologienlehre und Wissenssoziologie. Die Diskussion um das Ideologieproblem in den zwanziger Jahren*, 1974. — Lewis S. Feuer, *Ideology and the Ideologists*, 1975. — B. N. Ganguli, *Ideologies and the Social Sciences*, 1975. — Franz Jakubowski, *Ideology and Superstructure*, 1976. — S. Breton, *Théorie des idéologies*, 1976. — Miguel Ángel Quintanilla, *Ideología y ciencia*, 1977. — P. Karstedt, *Ideologie. Versuch über prometheisches Bewusstsein*, 1979. — W. Carlanaes, *The Concept of Ideology and Political Analysis: A Critical Examination of Its Usage by Marx, Lenin and Mannheim*, 1981. — B. Pareh, *Marx's Theory of Ideology*, 1982. — H. Mah, *The End of Philosophy, The Origin of "Ideology": Karl Marx and the Crisis of the Young Hegelians*, 1987. — T. A. Hoagwood, *Skepticism and Ideology: Shelley's Political Prose and Its Philosophical Context from Bacon to Marx*, 1988. — K. Nielsen, *Marxism and the Moral Point of View: Morality, Ideology, and Historical Materialism*, 1989. — C. Pines, *Ideology and False Consciousness: Marx and His Historical Progenitors*, 1993.

Obras de interesse principalmente filosófico (algumas também tratam da história do conceito de ideologia a partir de Destutt de Tracy): Arne Naess, *Ideology and Objectivity: Studies in the Semantic and Cognitive Analysis of Ideological Controversy*, 1956. — Jakob Barion, *Was ist Ideologie? Studie zu Begriff und Problematik*, 1964; 3ª ed., 1974. — Id., *Ideologie, Wissenschaft, Philosophie*, 1966. — Jürgen Habermas, *Technik und Wissenschaft als "Ideologie"*, 1968. — Hermann Lübbe, "Zur Geschichte des Ideologie-Begriffs", *Gesellschaftsbezogene Philosophie*, 1968, pp. 9-34. — Erwin Hölze, *Idee und Ideologie. Eine Zeitkritik aus universalhistorischer Sicht*, 1969. — John Plamenatz, *Ideology*, 1970. — Eugenio Trías, *Teoría de las ideologías*, 1970. — Karl-Otto Apel, Claus v. Bormann et al., *Hermeneutik und Ideologiekritik*, 1971, eds. J. Habermas, D. Henrich e J. Taubes. — Ernst Topisch e Kurt Salamun, *Ideologie, Herrschaft des Vor-Urteils*, 1972. — Henri Gouhier, "L'idéologie et les idéologies. Esquisse historique", em *Demitizzatione e ideologia*, 1973, ed. Enrico Castelli. — Michel Vadée, *L'idéologie*, 1973. — Fernand Dumont, *Les idéologies*, 1974. — G. Klimovsky, O. Varsavsky et al., *Ciencia e ideología: Aspectos polémicos*, 1975. — F. Rossi-Landi, *Ideologia*, 1978. — R. Ruzicka, *Selbstentfremdung und Ideologie. Zum Ideologieproblem bei Hegel und den Junghegelianern*, 1978. — J. Larrain, *The Concept of Ideology*, 1979. — L. Villoro, M. Bunge, A. Sánchez Vázquez et al., *Ideología y ciencias sociales*, 1979, eds. M. H. Otero. — J. McCarney, *The Real World of Ideology*, 1980. — R. Dherathé, O. Lutaud et al., *Ideology and Politics / Idéologie et politique*, 1980, eds. M. Cranston e P. Mair. — P. Ricoeur, *Lectures on Ideology and Utopia*, 1986, ed. G. H. Taylor. — K. Thompson, *Beliefs and Ideology*, 1986. — B. Susser, *The Grammar of Modern Ideology*, 1988. — H. Williams, *Concepts of Ideology*, 1988. — I. S. Adams, *The Logic of Political Belief: A Philosophical Analysis of Ideology*, 1989. — J. Ritsert, *Models and Concepts of Ideology*, 1990. — T. Eagleton, *Ideology: An Introduction*, 1991 (trad. bras.: *Ideologia*, 1997).

As idéias de Sartre, em *Critique de la raison dialectique*, I, 1960, pp. 15 ss. — Ver: Ezequiel de Olaso, "Sartre, ideólogo", *Cuadernos* [Paris], n. 73 (junho, 1963), 57-61.

Sobre a ideologia no sentido de Quine, ver "Notes on the Theory of Reference", em *From a Logical Point of View*, 1953, especialmente p. 131 (trad. esp.: *Desde un punto de vista lógico*, 1962). **C**

IDEOMA. No verbete IDÉIAS (HISTÓRIA DAS), introduzimos o termo 'ideoma' usado por Ortega y Gasset ao elucidar um dos aspectos da realidade chamada "pensamento". A distinção entre "idéias" e "crenças", de que tratamos no final do verbete CRENÇA, induziu Ortega a precisar o máximo possível a diferença entre um pensamento meramente enunciado e um pensamento que funciona efetivamente na vida humana. O pensamento meramente enunciado é chamado por Ortega de "ideoma"; o pensamento que funciona efetivamente na vida humana é chamado pelo autor de "draoma". O ideoma é, pois, simplesmente idéia, ou pura "idéia sobre algo"; o draoma é, em contrapartida, uma crença. É conveniente citar *in extenso* as definições propostas por Ortega sobre o assunto em sua obra *La idea de principio em Leibniz y la evolución de la teoría deductiva* (1940, § 26; reimp. em *O. C.*, VIII): "Chamo de *ideoma* todo pensamento (cuja expressão deverá ser uma proposição afirmativa ou negativa, simples ou composta) que explica um dogma (opinião, sentença, doutrina) sobre algo; mas *na medida em que* o enunciamos, sem com isso aceitá-lo ou recusá-lo. Tomada assim, uma sentença se converte em uma pura 'idéia sobre algo', em uma pura possibilidade mental, que não tem realidade humana, já que se lhe amputou a dimensão de ser opinião efetiva de um homem, convicção sua, tese que sustenta. Há um quarto de século, Meinong chamou isso de *Annahme* (assunção), porque lhe interessava de um ponto de vista puramente lógico. Meu 'ideoma' é, se logicamente considerado, uma 'assunção' de Meinong; mas isso é o que é menos interessante nele. A prova é que em Meinong significa o oposto a uma ação vivente em que o homem não apenas 'tem uma idéia', mas em que ele *é*, dando-se conta disso ou não. O ideoma, quando posto em atividade, quando funciona executivamente, quando é aceito e sustentado ou recusado e combatido, converte-se em uma realidade efetiva, e é um *draoma ou drama* (de *drao*: atuar)".

Essa distinção permite que Ortega mostre que, como ele disse em algum lugar, se as "idéias" — os ideomas — não têm história, os draomas não somente a têm, mas em alguma medida *são* históricos (ou, se se preferir, histórico-humanos). Assim, e para apresentar apenas um exemplo, a história da filosofia não é primariamente uma sucessão de meros ideomas, mas um "'sistema' de ações vitais". Isso não significa que a história da filosofia — ou, em geral, do pensamento (e também das "idéias")

— careça de dimensão "ideomática", mas essa dimensão está erigida sobre um suporte "draomático". A chamada "história das idéias" é pouca coisa se o homem não se "encarrega" dessas "idéias".

IDIOGRÁFICO. Ver IDEOGRÁFICO.

IDIOSCÓPICO. Ver CENOSCÓPICO.

ÍDOLO. O termo εἴδωλα (em latim, *idola*) traduz-se literalmente por 'ídolos'. Adotando-se essa tradução literal é preciso chamar de "ídolos" os εἴδωλα de que falava Epicuro (e até mesmo os *simulacra*, simulacros, de que falava Lucrécio). Preferimos o termo 'imagem' (VER).

No verbete sobre Francis Bacon nos referimos aos preconceitos que, segundo o citado filósofo, assediam o espírito dos homens e dos quais devemos nos livrar a fim de levar a cabo a autêntica "interpretação da Natureza". Bacon fala desses ídolos ou "falsas noções" nos aforismos XXXVIII a LXII do "Primeiro livro de Aforismos sobre a interpretação da Natureza e o reinado do homem" contido no *Novum Organum*, dividindo-os em quatro: os *idola tribu* (ídolos da tribo), os *idola specus* (ídolos da caverna), os *idola fori* (ídolos do foro ou da ágora) e os *idola theatri* (ídolos do teatro ou do espetáculo). Os ídolos da tribo são próprios de toda a raça humana. Existem em grande número: tendência a supor que há na Natureza mais ordem e regularidade do que há, tendência a se aferrar às opiniões adotadas, influências nocivas da vontade e dos afetos, incompetência e enganos dos sentidos, aspiração às abstrações e a outorgar realidade a coisas que são meramente desejadas ou imaginadas. Os ídolos da caverna são os do homem individual, já que cada homem, diz Bacon, vive em uma caverna particular que reflete a luz da Natureza. Esses ídolos se devem à particular constituição, corporal ou mental, de cada indivíduo, à educação, hábitos ou acidentes individuais. Como há muitos homens, há muitos tipos de ídolos da caverna. Os ídolos do foro, da ágora ou do mercado são os que se originam no trato dos homens uns com os outros. Consistem sobretudo em significados errôneos dados a termos ou na suposição de que, uma vez tidos um termo ou uma expressão (como os de 'fortuna', 'primeiro motor', 'elementos do fogo'), se têm também as realidades correspondentes. Os ídolos do teatro são os que emigraram aos espíritos dos homens provenientes dos vários dogmas filosóficos e de leis equivocadas da demonstração. Chamam-se assim porque, no entender de Bacon, os sistemas recebidos são outros tantos cenários que representam mundos fictícios. Há tantos ídolos do teatro como seitas filosóficas, mas Bacon os classifica em três grupos: os sofísticos (baseados em raciocínios falsos: Aristóteles), os empíricos (baseados em generalizações precipitadas e ousadas: alquimistas) e os supersticiosos (baseados na reverência pela mera autoridade e tradição: pitagorismo, platonismo).

Segundo Max Scheler ("Die Idole der Selbsterkenntnis", em *Vom Umsturz der Werte*, 4ª ed., em *Gesammelte Schriften*, ed. Maria Scheler, 1955, pp. 213-292 [anteriores eds. de *Vom Umsturz der Werte*, em 1915, 1919, 1923]), devem-se acrescentar aos ídolos do conhecimento externo, descritos por Francis Bacon, os ídolos do conhecimento interno (ou de si mesmo). Estes são os ídolos forjados por aqueles que sustentam (como Descartes, os idealistas, os epistemólogos egocentristas e outros) que, embora possa haver erros na percepção do mundo exterior, não pode havê-los na percepção de si mesmo. Essa percepção (supõem erroneamente os autores a que se refere Scheler) manifesta o "si mesmo" exatamente como ele é.

IDONEÍSMO. Ver Gonseth (Ferdinand).

IGNAVA RATIO. Ver Razão preguiçosa.

IGNORÂNCIA DO ARGUMENTO, DO CONSEQÜENTE (IGNORATIO ELENCHI). Ver Sofisma.

IGNORÂNCIA (DOUTA). Ver Douta ignorância.

IGNORATIO ELENCHI. Ver Sofisma.

IGUALDADE. Ver Identidade.

IGUALDADE HUMANA. Chamamos assim, para abreviar, o conceito de igualdade quando se refere a áreas tais como a política, a social e a econômica. Duas teses sobre o assunto se contrapuseram: os homens não são iguais, entendendo-se geralmente com isso que não o são porque não nascem iguais; os homens são iguais, entendendo-se que se não o são devem sê-lo, porque nascem iguais.

Os que defendem a primeira tese alegam que os homens não nascem iguais, já que há graus muito diversos de inteligência, capacidade, disposição etc., e que portanto seria injusto, de acordo com isso, que todos os homens tivessem os mesmos direitos. Aqueles que defendem a segunda tese alegam que as diferenças entre os homens em relação a inteligência, capacidade, disposição etc. não prova que não tenham todos os mesmos direitos, os quais afetam por igual as esferas política, social e econômica.

Dizer que todos os homens nascem iguais não significa, portanto, que sejam iguais, física ou mentalmente — significa que há certos direitos básicos comuns a todos os homens, seja qual for sua constituição corporal ou mental. Dois desses direitos são proeminentes: o direito de dispor de si mesmo, isto é, de ser livre, sem que essa liberdade tenha outras restrições além dos direitos similares dos demais; e o direito de subsistir física e, de modo específico, economicamente em um nível honrado compatível com todos os demais homens, isto é, de tal modo que o nível de subsistência de um não prejudique o dos outros. Esses dois direitos estão estreitamente ligados à justiça, tanto legal como econômica e social.

A tese da igualdade dos homens no sentido anterior não é incompatível com diferenças que provenham das contribuições que os diversos homens façam para a sociedade, supondo-se que se trate de uma sociedade justa ou que, ao menos, maximize ou otimize a justiça. Daí deriva a idéia de que se deve dar a cada qual segundo suas capacidades quando estas contribuem efetivamente e ao máximo para o bem comum. No entanto, como levar esta idéia até as últimas conseqüências poderia desembocar em uma desigualdade — baseada então não no nascimento dentro de uma classe ou grupo, mas na posse destas ou daquelas qualidades mais a vontade de exercê-las ao máximo —, foram propostas outras idéias. Uma delas é a incorporada no artigo 9 da Constituição da República Popular da China, adotada em janeiro de 1975, que reza o seguinte: "De cada um segundo suas capacidades, a cada um segundo seu trabalho". Mesmo assim ainda existe alguma possibilidade de desigualdade, especialmente se se supõe que o trabalho exercido depende da capacidade. Por essa razão considerou-se que a igualdade é servida de modo mais completo com a idéia de que se deve exigir de cada um segundo suas habilidades — o que constitui a primeira parte da fórmula chinesa —, mas que se deve dar de acordo com as necessidades de cada um. O principal inconveniente dessa idéia reside na imprecisão da expressão 'necessidades', a menos que se esclareça mediante especificações como "necessidades básicas mais todas as que sejam compatíveis com a satisfação das necessidades de cada um dos membros da comunidade". Em todo caso, as últimas idéias citadas permitem conservar a tese de uma igualdade humana que não depende da duvidosa concepção de que todos os homens são, ou nascem, efetivamente iguais no sentido de que não há entre eles diferenças físicas ou mentais. Além disso, convém observar que não poucas dessas diferenças são freqüentemente função de desigualdades produzidas por condições econômicas e sociais injustas — condições geralmente promovidas pelos partidários da tese da desigualdade, de tal modo que a própria tese é em grande parte causadora da desigualdade que salienta.

Muitas discussões relativas à igualdade ou desigualdade entre os homens falham porquanto, conscientemente ou não, os disputantes tendem a considerar igualdade e desigualdade como fatos, e isso mesmo se são considerados fatos corrigíveis ou modificáveis. Mas os fatos não podem determinar qualquer princípio de igualdade ou desigualdade, já que esse princípio não é uma descrição, mas uma prescrição, isto é, um preceito ou norma. O terreno no qual se opera — ou, mais precisamente, se deve operar — é um terreno moral. Há então razões para afirmar que o princípio "os homens são iguais" — no sentido de "os homens devem ser iguais", "nenhum homem deve valer nem mais nem menos que outro" etc. — é um princípio moral, sendo imoral a afirmação ou a série de afirmações contrárias.

O problema da igualdade humana se amplia, convertendo-se no que se poderia chamar de "igualdade senciente", quando se abandona o especieísmo (VER) e se admitem os intitulados "direitos dos animais" (ver ANIMAIS [DIREITOS DOS]) enquanto direitos de todos os seres sencientes. Dessa ampliação podem resultar importantes modificações no conceito de igualdade, assim como no de justiça, mas é duvidoso que isso leve à tese da desigualdade; antes reforça a da igualdade.

Às vezes foram equiparadas as noções de "igualdade humana" e de "justiça", especialmente "justiça social". Essa equiparação é freqüente quando se trata de justiça distributiva (ou redistributiva) e quando a distribuição (ou redistribuição) está ligada a bens materiais. De acordo com isso, o justo é a distribuição (ou redistribuição) igual, independentemente do aumento ou diminuição de benefícios que possam se derivar dela.

Contudo, como nem sempre se pode prescindir desse aumento ou diminuição de benefícios, seja para todos os membros de uma comunidade, seja para parte da comunidade (a menos favorecida), sugeriu-se o caso de uma distribuição de bens desigual que produza um aumento de bens de tal ordem que os menos favorecidos sejam, conseqüentemente, mais favorecidos do que haviam sido antes da distribuição. É verdade que o ser "mais favorecido que antes da distribuição (ou redistribuição) de bens em sentido desigual" não aumenta, estritamente falando, a igualdade: aumenta os respectivos benefícios. Por isso alguns afirmaram que a utilidade ou benefício não é base suficiente para dar normas de distribuição ou redistribuição de bens. Mas então cabem apenas duas alternativas: ou defender a igualdade enquanto justiça independentemente de todo benefício ou utilidade, ou separar por completo igualdade e justiça, alegando que esta consiste na legitimidade da aquisição — ou, e pelas mesmas razões, da doação — de bens, sem se adequar a qualquer modelo de igualdade como os expressos nas fórmulas de justiça mencionadas nos parágrafos anteriores. Ver JUSTIÇA.

ILIMITADO. Ver INFINITO.

ILOCUCIONÁRIO. O que foi dito nos verbetes EXECUTIVO e LOCUCIONÁRIO permite entender o uso que J. L. Austin faz do termo 'ilocucionário'. Retomemos "locucionário": Austin afirma que "executamos (*perform*) um *ato locucionário*" quando "proferimos uma oração com sentido e referência, o que é aproximadamente equivalente a 'significação' no sentido tradicional" (*How To Do Things With Words*, 1962, ed. J. O. Urmson, p. 108; trad. esp.: *Cómo hacer cosas con palabras*, 1971). Ele continua assim: "Também dizemos que executamos *atos ilocucionários* tais como informar, ordenar, advertir, empreender etc., isto é, proferimentos que têm certa força (convencional)" (*loc. cit.*), o que distingue os atos ilocucionários, nos quais se faz algo ao dizer (*in saying*), dos atos perlocucionários, nos quais conseguimos algo dizendo (*by saying*), tal como ocorre ao executar atos (lingüísticos) de convencer, persuadir, ou mesmo surpreender ou confundir.

Locucionário, ilocucionário e perlocucionário são desse modo três (embora possa haver mais) sentidos ou dimensões distintos do "uso de uma oração" ou do "uso da linguagem": "todos esses três tipos de 'ação' estão sujeitos — simplesmente, é certo, enquanto ações — às habituais dificuldades e reservas concernentes a alguma tentativa, ao contrário de um ganho, tais como serem intencionais ao invés de não serem, e coisas parecidas" (*op. cit.*, pp. 108-109).

Ao falar da noção austiniana de "executivo" (performativo) já nos referimos às espécies de atos indicadas; ao falar da noção de "locucionário" nos referimos à noção de "ilocucionário" (se é que, na verdade, se trata de "noções"), e agora, ao falar de "ilocucionário", nos referimos a "executivo", a "locucionário" e também a "perlocucionário" (VER). Essas constantes referências "cruzadas" podem introduzir alguma confusão, mas são mais fiéis ao modo como o próprio Austin fala desses assuntos, com base em distinções imediatamente qualificadas e depois retomadas, até certo ponto isoladamente, mas com toda a cautela que o caso exige, para não dizer os incontáveis casos.

De todo modo, a noção de "ilocucionário" é central em Austin, porque, de acordo com o que foi visto em LOCUCIONÁRIO, já se executa um ato ilocucionário ao executar um ato locucionário. Algumas vezes distinguiu-se ilocucionário de perlocucionário indicando-se que, se um ato ilocucionário produz resultados pelo próprio fato de ser executado, um ato perlocucionário encontra-se entre um ato locucionário e um ato ilocucionário na medida em que não se limita a proferir uma oração, mas tampouco realiza a ação indicada no proferimento. Isso pode conduzir a distinguir atos ilocucionários e atos perlocucionários com base no que se faz ao proferir orações que contêm certos verbos. Essa é a opinião de William P. Alston em *Philosophy of Language*, 1964, p. 35, ao dar listas de verbos que se encaixam em atos ilocucionários e de verbos que se encaixam em atos perlocucionários. Assim, por exemplo, 'informar', 'anunciar', 'predizer', 'opinar', 'perguntar', 'sugerir', 'ordenar', 'felicitar', 'prometer', 'agradecer', 'exortar' e outros seriam verbos ilocucionários, enquanto 'persuadir', 'enganar', 'irritar', 'atemorizar', 'divertir', 'inspirar', 'distrair', 'chamar a atenção', 'aborrecer' e outros seriam verbos perlocucionários. Alston reconhece que suas distinções não reproduzem fielmente as intenções de Austin, mas que elas simplesmente se baseiam nelas. Isso é verdade, porque uma das características da análise de Austin é que suas classificações fundam-se não nas próprias expressões usadas, mas no uso que se faz delas. O problema aqui é se, sendo o uso que se faz das expressões uma função do contexto, o qual é, nos termos de Austin, "o ato total da fala na situação total de fala", isso não terminará por fazer depender o fenômeno lingüístico de fatores inteiramente extralingüísticos. Se isso ocorresse, qualquer expressão poderia ser usada de qualquer forma ou em qualquer "sentido". Não é provável que tenha sido este o propósito de Austin, que, ao estudar os atos de proferimento lingüístico, leva em conta precisamente os modos como esses atos foram se constituindo em uma linguagem. Em nosso livro *Investigaciones sobre el lenguage* (1970, especialmente caps. V e VI), indicamos que os usos de expressões em função das situações nas quais são usadas conferem às expressões o sentido que se lhes dá, mas que ao mesmo tempo certas expressões se prestam mais que outras a figurar dentro de certos proferimentos com as probabilidades de "êxito", ou "felicidade", ou "ajuste", ou "adequação" de que Austin fala.

Em todo caso, Austin insiste na distinção entre ilocucionário e perlocucionário; isso é como distinguir "ao dizê-lo, o adverti" de "dizendo-o, o convenci, ou surpreendi, ou fiz que não seguisse esse caminho". Essa distinção, embora necessária, não é, porém, suficiente. A análise dos atos ilocucionários é muito complexa. Assim, por exemplo, embora, como indica Austin (*How to Do Things with words*, p. 115), um ato ilocucionário não seja realizado com êxito ou "felizmente" a menos que se produza um certo efeito, não se deve confundir isso com a afirmação de que o ato ilocucionário é a obtenção de um certo efeito. Na análise de Austin é fundamental a idéia das chamadas "forças ilocucionárias" (idéia que Austin desenvolveu com o fim de desenredar a meada que se produziria com sua prévia distinção entre "executivo" e "constativo"). O estudo detalhado de atos ilocucionários levou Austin a sustentar que há diversos tipos de "força" implicados por esses atos. Essas forças são de alcance e gênero muito diversos e podem, embora provisoriamente, articular-se em grupos ou classes. Um ato ilocucionário pode ter, por exemplo, uma força "expositiva" — que é a que possuem os proferimentos antes chamados de "constativos" (como os que consistem em afirmar, negar, declarar, descrever, testemunhar etc.) —, ou uma força "comissiva", que é a que possuem proferimentos que consistem em prometer, consentir etc., ou uma força "vereditiva", que é a que possuem proferimentos que consistem em arbitrar, julgar (na qualidade de juiz) etc., ou uma força "behabitiva" (expressão chocante, como reconhece Austin, *op. cit.*, p. 150), que é a que possuem proferimentos que consistem em pedir perdão, agradecer, dar as boas-vindas, desafiar etc. Nenhuma dessas "classes" de proferimento deve ser tomada como estabelecendo um campo perfeitamente delimitado; em primeiro lugar, podem existir outras "for-

ças ilocucionárias", e, em segundo, as que já foram citadas se entrecruzam, freqüentemente, suscitando problemas de "jurisdição" ao ser comparadas entre si. Com a devida cautela, pode-se concluir, como faz (além disso, provisoriamente) Austin, que a força ilocucionária dos proferimentos cai dentro da dimensão de ajuste-desajuste, "felicidade-infelicidade" etc., enquanto a significação locucionária (sentido e referência) cai dentro da dimensão verdade-falsidade.

A teoria austiniana dos proferimentos ilocucionários e sua idéia de forças ilocucionárias deram lugar a numerosos debates e refinamentos. Entre os últimos figuram as distinções propostas por John Searle. Entre os primeiros podem ser citados, à guisa de exemplo, a crítica de L. Jonathan Cohen ("Do Illocutionary Forces Exist?", em *Symposium on J. L. Austin*, 1969, ed. K. T. Fann, pp. 420-444) e a defesa "não-ortodoxa" de Austin por Mats Fürberg ("Meaning and Illocutionary Force", *op. cit.*, pp. 445-468). Cohen argumenta, entre outras coisas, que a noção de "força ilocucionária" é estéril, porque se alguém, por exemplo, declara a uma pessoa que sua casa está pegando fogo e com isso a avisa de que isso está ocorrendo para que tome as medidas que o caso exige, essa advertência pode ser manifestada com outro proferimento, caso em que, "se a advertência é parte da significação da última oração, é pouco razoável supor que a advertência também é, embora inexplicavelmente, parte do primeiro proferimento" (*op. cit.*, p. 426). O erro de Austin, segundo Cohen, e o ataque austiniano contra o "descritivismo" devem-se ao fato de ter tomado 'significação' em uma acepção muito restrita, o que obriga, para ampliá-la, a introduzir a noção de força ilocucionária. Fürberg reconhece que não há em Austin uma linha divisória estrita entre significado e força ilocucionária, e que isso gera dificuldades, já que o que alguns consideram encontrar-se dentro da força ilocucionária outros consideram que faz parte da significação. Não obstante, argumenta Fürberg, isso não torna a doutrina austiniana das forças ilocucionárias inútil, embora seja certamente vaga e exija esclarecimento ulterior. Alguns dos problemas que Austin parece incapaz de resolver devem-se à sua fusão, ou confusão, de atos explicitamente ilocucionários com os que Fürberg chama de "atos executivos arquetípicos", tais como as fórmulas cerimoniais usadas em atos como os de nomear, destituir, batizar, excomungar etc. (*op. cit.*, pp. 452-453).

Víctor Sánchez de Zavala propôs 'inlocutivo' como tradução de *illoucutionary* (ver LOCUCIONÁRIO).

➲ Além das obras mencionadas no texto, ver: M. Furberg, *Locutionary and Illocutionary Acts: A Main Theme in J. L. Austin's Philosophy*, 1963. — John Searle, *Speech Acts: An Essay in the Philosophy of Language*, 1969. — Id., "A Taxonomy of Illocutionary Acts", em

Minesota Studies in the Philosophy of Science, vol. 7 (*Language, Mind, and Knowledge*), ed. Keith Gunderson, pp. 344-369. — Charles Travis, *Saying and Understanding: A Generative Theory of Illocutions*, 1975. — J. J. Katz, *Propositional Structure and Illocutionary Force: A Study of the Contribution of Sentence Meaning to Speech Acts*, 1977. — J. R. Searle, D. Vanderveken, *Foundations of Illocutionary Logic*, 1985. C

ILUMINAÇÃO. Nos verbetes AGOSTINHO e LUZ nos referimos à idéia da "luz interior" ou "luz da alma" tal como desenvolvida por Santo Agostinho e pela chamada "tradição agostiniana". Trata-se da doutrina qualificada de "doutrina agostiniana da iluminação divina". Exporemos aqui mais detalhadamente essa doutrina e algumas das formas que adotou. Também trataremos da teoria do conhecimento de Santo Tomás com o fim de contrastá-la com a doutrina agostiniana.

Santo Agostinho não pensa ser necessário "demonstrar" a existência de Deus. "Demonstrar" essa existência equivaleria a provar que a proposição "Deus existe" é verdadeira. Mas somente em Deus está a Verdade; mais que isso, Deus *é* a Verdade. Por conseguinte, todas as proposições percebidas como verdadeiras são verdadeiras porque foram previamente iluminadas pela luz divina. Entender algo inteligivelmente equivale a extrair da alma sua inteligibilidade; nada é entendido inteligivelmente sem que de algum modo já seja "sabido" previamente. Isso parece fazer de Santo Agostinho um partidário da doutrina platônica da reminiscência (VER). Contudo, embora Santo Agostinho seja em grande medida um platônico, ele dá um sentido muito distinto à percepção do inteligível na "alma interior". Com efeito, para Santo Agostinho — que segue nisto, ademais, idéias platônicas e neoplatônicas —, o que torna possível a percepção do inteligível não é a reminiscência de um mundo das idéias, mas a irradiação divina do inteligível. Em suma, há uma "luz eterna da razão", *lumen rationis aeterna*, que provém de Deus e graças à qual há conhecimento da verdade.

Desse modo, a iluminação divina é o resultado de uma ação de Deus por meio da qual o homem pode intuir o inteligível em si mesmo. O inteligível se torna inteligível por ser banhado pela luz divina, podendo por isso ser comparado à visão das coisas pelo olho; nada seria visto se não estivesse previamente "iluminado". Deus é, pois, o "pai da luz inteligível", *Pater intelligibilis lucis*; é, por assim dizer, "o Iluminador".

Pois bem, uma vez aceita essa doutrina da iluminação divina aparecem vários problemas. Um dos mais importantes e debatidos é o do alcance da iluminação. Se se admite que por meio da iluminação a alma pode contemplar Deus diretamente, obtém-se uma conclusão "ontologista" similar à desenvolvida por alguns filósofos modernos, tais como Rosmini e Gioberti (ver ONTOLOGISMO). Se se admite que mediante a iluminação se tem um conhecimento direto do conteúdo das verdades inteligíveis, obtém-se uma conclusão similar à de Malebranche (VER) e à dos autores que proclamaram que "vemos tudo em Deus". Se se indica que por intermédio da iluminação se torna inteligível a essência de uma coisa sensível, obtém-se uma concepção mais parecida com a tomista que com a agostiniana. Portanto é razoável pensar que a doutrina agostiniana da iluminação divina oscila entre a idéia de uma iluminação do conteúdo das verdades inteligíveis fundamentais e a idéia de uma iluminação da alma com o fim de que esta possa julgar a verdade das idéias inteligíveis. Neste último caso a iluminação torna possível o juízo verdadeiro enquanto verdadeiro.

Outro problema é o do papel do conhecimento sensível na iluminação divina. Se se prescinde totalmente desse conhecimento, o saber inteligível se separa completamente do sensível (como ocorre com Gregório de Rimini [VER]). Se se acentua demasiadamente o papel do sensível, chega-se a uma concepção muito semelhante à tomista, à qual nos referiremos abaixo. Também é razoável pensar que para Santo Agostinho a iluminação torna possível levar o sensível rumo ao inteligível, mas o modo como se efetua essa "direção *do* sensível *rumo* ao inteligível" nem sempre é claro. A solução dada ao problema depende em grande parte de quanto se insista na atividade da alma. Quanto mais ativa ela é, mesmo no nível da percepção do sensível, mais se destaca o papel da iluminação.

Foram dadas muitas interpretações da concepção agostiniana, especialmente relacionadas à concepção tomista. As duas têm em comum o fato de não aceitar que o homem possa ter idéias das coisas sensíveis sem a percepção sensível. Têm também em comum o fato de não aceitar que o homem possa chegar a um conhecimento inteligível se a luz humana não for de algum modo uma "luz participada"; ao fim e ao cabo, tanto Santo Agostinho como Santo Tomás admitem que o intelecto humano foi criado por Deus, e que o homem foi criado "à imagem e semelhança de Deus". Mas, enquanto alguns autores supõem que essas coincidências constituem o que há de mais fundamental na relação entre as duas concepções, outros destacam as diferenças. Estas últimas aparecem claramente quando se tem em mente a concepção de Santo Tomás. Esta consiste essencialmente em supor que há um entendimento ativo que ilumina a essência do sensível e a torna inteligível ao entendimento passivo. O conhecimento se obtém, pois, mediante "abstração" (VER) dos inteligíveis nas coisas sensíveis. Em compensação, Santo Agostinho não introduz a idéia de um entendimento ativo. Além disso, embora não descarte o conhecimento do sensível, sustenta que a iluminação afeta primordialmente a ordem inteligível. Em todo caso, a percepção sensível "leva" (mas não mediante o tipo de abstração tomista) rumo ao inteligível. Além disso, pode-se destacar a seguinte diferença: Santo Tomás se interessa em investigar o modo como se formam os conceitos, enquanto Santo Agostinho se interessa em descobrir o modo como se obtêm, e se "percebem", a verdade ou as verdades inteligíveis.

No verbete LUZ indicamos a influência exercida pela chamada "tradição agostiniana" em muitos aspectos da filosofia moderna. No que diz respeito à filosofia medieval, a doutrina agostiniana é encontrada na maior parte dos filósofos franciscanos, tais como Mateo de Aquasparta, João Pecham, Henrique de Gante e outros, mas não em todos eles (como mostra o caso de Duns Scot). Merece particular atenção a doutrina de São Boaventura (VER), na qual podemos observar o que se chamou de "mistura" de elementos agostinianos e aristotélicos. Com efeito, enquanto São Boaventura considera que se alcança um conhecimento dos primeiros princípios (tanto da realidade natural como do comportamento humano) por meio de uma abstração semelhante à aristotélica, de modo que esses princípios não se encontram "infusos" na alma desde o começo, por outro lado ele salienta a importância da iluminação divina no que diz respeito ao conhecimento das verdades eternas e do reconhecimento dessas verdades como tais. Somente por meio da iluminação divina e da *ratio aeterna* é possível, segundo São Boaventura, ordenar os conceitos adquiridos mediante a abstração da percepção sensível na forma de um sistema de "verdades eternas". A distinção dos diversos tipos de *lumen* em São Boaventura (ver LUZ) constitui um esforço com o fim de obter um "equilíbrio" entre abstração e iluminação, mas é possível que, a rigor, esta última seja a mais importante. Toda iluminação do conhecimento, afirma São Boaventura, vem de dentro ou, se se preferir, "de cima". E a iluminação superior vem mais diretamente "de dentro" e "de cima" que qualquer iluminação "inferior". Isso é confirmado em uma frase de um dos comentários de São Boaventura às Escrituras (*In Hexaemeron*, 1, 17), frase que resume toda a metafísica bonaventuriana: "*Et haec est tota nostra metaphysica: de emanatione, de exemplaritate, de consummatione, scilicet illuminari per radios spirituales et reduci ad summum*".

⮕ Entre os textos de Santo Agostinho relativos à doutrina da iluminação, mencionamos: *De magistro*, III, X, XIII. — *De Trinitate*, IX. — *Soliloquia*, I. — *De libero arbitrio*, II. — *De Genesi ad litteram*, IV, V. — *De vera religione*, XXX.

Sobre a doutrina agostiniana: É. Gilson, *Introduction à l'étude de Saint Augustin*, 3ª ed., 1949, pp. 88-147. — Charles Boyer, *L'idée de vérité dans la philosophie de S. A.*, 1921; 2ª ed., 1941. — R. Jolivet, *Dieu, soleil des esprits*, 1934. — R. Allers, "St. Augustine's Doctrine on Illumination", *Franciscan Studies* (1952), 27-46. — C. E. Schnetzinger, *German Controversy on St. Augustine's Illumination Theory*, 1960. — M. E. Korger, F.-J. Thonnard *et al.*, artigos em *Recherches Augustiniennes*, 2 (1962). — Filippo Piemontese, *La "veritas" agostiniana e l'agostinismo perenne*, 1963. — R. H. Nash, *The Light of the Mind: St. Augustine's Theory of Knowledge*, 1969.

Dentre os textos de Santo Tomás pertinentes à nossa questão, mencionamos: *S. theol.*, I, q. LXXXV, a. 1, ad 4. — *De veritate*, q. IX a. 5 e a. 7.

Entre os textos de São Boaventura são importantes: *De reductione artium ad Theologiam.* — *In Hexaëmeron.* — *Breviloquium.*

Para São Boaventura e a escola franciscana: Raoul Carton, *L'expérience mystique de l'illumination intérieure chez Roger Bacon*, 1924. — E. Bettoni, *Il problema della conoscibilità di Dio nella scuola franciscana*, 1950. — Ciriaco Morón Arroyo, *Abstraktion und Illumination. Grenzproblem der Metaphysik Bonaventuras*, 1963 (tese). — Diego Uribe Escobar, "La iluminación según San Buenaventura", *Franciscanum* (Bogotá), 5 (1963), 24-57. — Romano Guardini, *Systembildende Elemente in der Theologie Bonaventuras. Die Lehren vom* Lumen mentis, *von der* Gradatio entium *und der* Influentia sensus et motu, 1964, ed. Werner Dettloff (tese de habilitação).

Comparação entre Santo Agostinho e Santo Tomás: M. Grabmann, *Der göttliche Grund menschlicher Wahrheitserkenntnis nach Augustinus und Thomas von Aquin*, 1924.

Sobre "ontologismo", ver a bibliografia de ONTOLOGISMO. ⊂

ILUSÃO. Em filosofia usa-se o termo 'ilusão' sobretudo em relação à questão de se os sentidos enganam ou não. Não se trata de esclarecer se os sentidos enganam sempre e necessariamente; se os sentidos enganassem sempre, e não houvesse nenhum outro critério para formular juízos considerados verdadeiros além do dos sentidos, não se poderia falar de ilusão. O conceito de ilusão se origina quando se percebe que os sentidos podem enganar, nem que seja uma vez. Desde então se pergunta se não é melhor desconfiar dos sentidos de modo metódico. São numerosos os exemplos dessa desconfiança na história da filosofia. A distinção estabelecida pelos filósofos gregos entre "realidade" e "aparência" está baseada em parte na desconfiança com relação à percepção sensível. O "mundo da aparência" é o "mundo da ilusão". Sobre esse mundo só cabem "opiniões" (Parmênides, Platão) e não "verdades". Isso, todavia, nem sempre significa que "o mundo da ilusão" seja declarado "inexistente". A rigor, em muitos casos não se trata de eliminá-lo, mas de explicá-lo, isto é, de investigar como se produz a "ilusão" e de oferecer uma explicação racional dela. Este é o sentido da famosa expressão platônica "salvar as aparências" (ou as "ilusões"). O mundo da ilusão não é o "mundo real", mas tampouco é um "mundo completamente imaginário". A ilusão não desaparece — como ocorre com o célebre exemplo do bastão dentro da água —, mas tenta mostrar no que ela se funda e, com isso, mostrar qual é a "realidade".

Denunciar a realidade sensível como "completamente ilusória" é impossível a menos que se tenha um critério por meio do qual se sabe, ou se pensa saber, em que consiste, para algo, "ser verdadeiro" ou "ser real". Gilbert Ryle indicou (*Dilemmas*, 1954, pp. 94 ss.) que os produzidos com o fim de depreciar (e menosprezar) a percepção sensível — e especialmente os argumentos produzidos com o fim de depreciar *toda* percepção sensível — carecem de sentido, porquanto se baseiam no pressuposto (incomprovável) de que tudo é falível. Mas algo é falível somente se há algo que não o seja e em relação ao qual o seja. A moeda falsa o é tão-somente em relação à "autêntica". Os defeitos dos sentidos não permitem concluir que os sentidos não sejam capazes de perceber adequadamente; na verdade, há defeitos nos sentidos somente na medida em que para eles há possibilidades de perceber de modo adequado. Esses argumentos de Ryle são convincentes mas não são distintos, em substância, dos produzidos pela maior parte dos filósofos que desconfiaram da percepção sensível exceto em um ponto: em que muitos desses filósofos buscaram estabelecer um critério não-sensível com o fim de denunciar — e, de resto, explicar — as "ilusões". A dificuldade consiste em saber se se pode estabelecer um critério não-sensível para determinar o caráter adequado ou inadequado — ou às vezes inadequado, ou sempre e necessariamente inadequado — das percepções sensíveis. Muitos filósofos modernos buscaram mostrar que os critérios estabelecidos para esse efeito são aceitáveis. Isso ocorre com Descartes, Locke e, em geral, com todos os filósofos que distinguiram qualidades primárias e qualidades secundárias (ou da sensação) (ver Qualidade). A possível ilusão causada pelos sentidos se deve, segundo esses filósofos, a que os sentidos percebem somente as qualidades secundárias, mas não as primárias. Isso não significa que as qualidades secundárias ou da sensação sempre produzam ilusões como as geradas pelo bastão imerso na água. Nos filósofos de que nos ocupamos agora o conceito de "ilusão" está ligado ao de "aparência" (ver): as coisas "aparecem" de modo distinto do que "realmente" são — caso se suponha que seu ser é constituído por qualidades primárias.

Kant distinguiu ilusão (*Schein*) e aparência (*Erscheinung*) (ver Aparência). A verdade ou a ilusão não estão, segundo Kant, no objeto, mas no juízo sobre ele. Por isso Kant considera que os sentidos não podem errar, simplesmente porque não podem julgar. Pois bem, as ilusões podem ser de vários tipos. Em primeiro lugar, temos as ilusões empíricas ("óticas"), produzidas freqüentemente quando a faculdade do juízo foi descarrilada pela imaginação. Tais ilusões podem ser corrigidas quando se empregam corretamente as regras do entendimento (em seu uso empírico). Há também ilusões lógicas, produzidas por falácias. Essas ilusões são geradas por falta de atenção às regras lógicas e podem ser eliminadas quando se presta a devida atenção a tais regras. Há, por fim, ilusões transcendentais, produzidas quando se procede a ir "além" do uso empírico das categorias, isto é, quando se tenta aplicar as categorias a "objetos transcendentes" (*KrV*, A 295 ss./B 352 ss.). As ilusões transcendentais encontram-se tão arraigadas que é muito difícil desmascará-las. Como a dialética é definida como "lógica da ilusão", o estudo das ilusões transcendentais é realizado na "Dialética transcendental", a qual "se contenta em desvelar a ilusão dos juízos transcendentais, e ao mesmo tempo em tomar precauções para que ela não engane" (A 297/B 354). A ilusão transcendental é "natural" e "inevitável", porquanto se baseia em princípios subjetivos que aparecem como se fossem objetivos.

ILUMINISMO. As expressões 'Iluminismo', 'Século das Luzes', 'filosofia das luzes' foram empregados como correspondentes dos termos *Aufklärung, Enlightenment, Lumières, Siècle des Lumières* etc. Todos eles designam um período histórico circunscrito em geral ao século XVIII que abrangeu sobretudo a Alemanha, a França e a Inglaterra. Giorgio Tonelli ("'Lumières', 'Aufklärung': A Note on Semantics", *International Studies in Philosophy — Studi Internazionali di Filosofia*, VII [1974], pp. 166-169) salientou que o conceito de Ilustração é um instrumento histórico cujo uso foi ativo no caso de E. Hazard e E. Cassirer (cf. bibliografia), mas que agora é inadequado (Tonelli se refere aos argumentos proporcionados em seu "The *Weakness* of Reason in the Age of Enlightenment", *Diderot Studies*, 1971). Em primeiro lugar, os termos indicados foram empregados por numerosos autores no século XVIII, especialmente na França e na Alemanha, mas não é correto que seu sentido fosse sempre o mesmo posteriormente a eles conferido pelos historiadores, e especificamente pelos chamados "historiadores das idéias". Além disso, e sobretudo, o "século ilustrado" estava muito longe de defender "as luzes" em todos os casos, fato este que, além disso, Hazard destacou claramente.

Ora, a despeito de ser inadequado, o termo 'Iluminismo' continua sendo empregado como caracterização geral das tendências intelectuais — assim como políticas e sociais — de certa época, e nos atemos a esse emprego com o fim de poder entender boa parte da literatura — adequada ou inadequada — sobre o século XVIII.

Desse ponto de vista, o Iluminismo se caracterizou por seu otimismo quanto ao poder da razão e à possibilidade de reorganizar a fundo a sociedade com base em princípios racionais. Proveniente diretamente do racionalismo do século XVII e do auge alcançado pela ciência da Natureza, a época do Iluminismo vê no conhecimento da Natureza e em seu domínio efetivo a tarefa fundamental do homem; por isso são até certo ponto adequadas ao Iluminismo certas características opostas às usadas para descrever o romantismo (VER). O Iluminismo não nega a história como um fato efetivo, mas a toma de um ponto de vista crítico e não considera o passado como uma forma necessária na evolução da Humanidade, mas como o conjunto dos erros explicáveis pelo poder insuficiente da razão. Por essa atitude de crítica, o Iluminismo não sustenta um otimismo metafísico, mas, como enfatiza Voltaire diante de Leibniz, um otimismo baseado única e exclusivamente no advento da consciência que a humanidade pode ter de si mesma e de seus próprios acertos e torpezas. Baseada nessa idéia capital, a filosofia do Iluminismo persegue em todos os lugares a possibilidade de realizar tal *desideratum*: na esfera social e política, pelo "despotismo ilustrado"; na esfera científica e filosófica, pelo conhecimento da Natureza como meio de dominá-la; na esfera moral e religiosa, pelo "esclarecimento" ou "ilustração" das origens dos dogmas e das leis, único meio de chegar a uma "religião natural" igual em todos os homens, a um deísmo que, embora não negue Deus, relega-o à função de criador ou de primeiro motor da existência. No entanto, a confiança no poder da razão não equivale exatamente ao racionalismo como foi entendido no século XVII; o Iluminismo ressalta justamente a importância da sensação como modo de conhecimento diante da especulação racional, mas o empirismo da sensação não é senão um acesso distinto a uma realidade que se supõe, no fundo, racional. Por isso Cassirer disse acertadamente que a razão tal como entendida pelos "ilustrados" do século XVIII não possui a mesma significação que teve nos filósofos do século XVII, no qual ela era a faculdade mediante a qual se supunha poder chegar aos primeiros princípios do ser; daí que sua missão essencial fosse decompor o complexo e chegar ao simples para reconstruir, a partir dele, toda a realidade. Em outras palavras, o racionalismo do século XVII é uma dedução de princípios que não estão fora, mas dentro da alma, como "idéias inatas". No século XVIII, em compensação, a razão era algo humano; não se tratava, diz Cassirer, de idéias inatas, mas de uma faculdade que se desenvolve com a experiência. Por isso a razão não era para o Iluminismo um princípio, mas uma força: uma força para transformar o real. A razão ilustrada ia do fato ao princípio (e não ao contrário); mais que um fundamento, era um "caminho que todos os homens poderiam percorrer em princípio e que era, naturalmente, desejável que todos percorressem". Nesse sentido geral e com a reserva de suas consideráveis divergências, o Iluminismo é representado na França pelos enciclopedistas; na Inglaterra, pelos sucessores do sensualismo de Locke, os antiinatistas e os deístas; na Alemanha, pela chamada "filosofia popular". A tendência utilitarista do Iluminismo se destaca particularmente em sua idéia da filosofia como meio para se chegar ao domínio efetivo da Natureza e como propedêutica indispensável à reorganização da sociedade. A tendência naturalista se reflete no predomínio dado ao método de conhecimento das ciências naturais. A tendência antropológica deriva do interesse superior pelo homem e por seus problemas diante das grandes questões de ordem cosmológica. Foi por essa brecha que o naturalismo do Iluminismo pôde ser superado a partir de si mesmo em benefício de um maior conhecimento da peculiaridade do humano e do histórico, sem que neste fosse abandonada a atitude crítica já indicada. O Iluminismo, entendido, em um sentido muito geral, antes como concepção do mundo que como filosofia ou doutrina social ou política, pode ser concebido como uma constante histórica, como uma forma espiritual que se manifesta também, com maiores ou menores diferenças, em outros períodos da história. Nesse sentido Spengler efetua uma comparação morfológica da Ilustração do séc. XVIII com a filosofia grega, com o período das seitas mutacilitas e sufis na cultura árabe e com os sistemas *Sankhya* e budista na Índia.

⊃ Obras gerais, históricas e histórico-filosóficas: Ph. Damiron, *Mémoires pour servir à l'histoire de la philosophie au XVIIe siècle*, I-II, 1858; III, 1864. — John Grier Hibben, *The Philosophy of the Enlightenment*, 1910. — Carl L. Becker, *The Heavenly City of the Eighteenth-Century Philosophers*, 1932. — Ernst Cassirer, *Die Philosophie der Aufklärung*, 1932 (trad. bras.: *A filosofia do iluminismo*, 1992). — Hans Böhl, *Die religiöse Grundlage der Aufklärung*, 1933. — Paul Hazard, *La crise de la conscience européenne (1680-1713)*, 1935. — Id., *La pensée européenne au XVIIIe siècle, de Montaigne à Lessing*, 3 vols. (I/1, *Le procès du Christianisme*; I/2, *La cité des hommes*; II/3, *Désagrégation*; III, *Notes et références*), 1946. — Fritz Valjavec, *Geschichte der abendländischen Aufklärung*, 1961. — George Boas, J. A. Passmore et al., *Aspects of the Eighteenth Century*, 1965, ed. Earl R. Wasserman. — Peter Gay, *The Enlightenment: An Interpretation*, 2 vols., 1966-1969; 2ª ed., 1973 (I: *The Rise of Modern Paganism*; II: *The Science of Freedom*). — H. Ley, *Geschichte der Aufklärung und des Atheismus*, 5 vols., 1966-1972. — W. Oelmüller, *Die unbefriedigte Aufklärung*, 1969. — Jürgen Mittelstrass, *Neuzeit und Aufklärung. Studien zur Entstehung der neuzeitlichen Wissenschaft und Philosophie*, 1970. — D. W. Smith, J. Roger et al., *L'idéologie des Limières*, 1972 (colóquio de março de 1971). — W. Oelmüller, *Was ist heute Aufklärung?*, 1972. — Vários autores, *Saggi sull'Illuminismo*, 1973, ed. G. Solinas. — J. Kopper, *Einführung in die Philosophie der Aufklärung. Die theoretischen Grundlagen*, 1979 [especialmente sobre Hume e Kant]. — J. Ustaescu, R. Flórez *et al., Variaciones sobre la Ilustración (en el segundo centenario de la muerte de Rousseau y Voltaire)*, 1979. — P. Kondylis, *Die Aufklärung im Rahmen des neuzeitlichen Rationalismus*, 1981. — M. Jacob, *The Radical Enlightenment: Pantheists, Freemasons, and Republicans*, 1981. — H. S. Commager, *The Empire of Reason: How Europe Imagined and America Realized the Enlightenment*, 1982. — I. H. Angus, *Technique and Enlightenment: Limits of Instrumental Reason*, 1984. — R. van Dülmen, *Die Geschichte der Aufklärung*, 1986. — G. Hawthorn, *Enlightenment and Despair: A History of Social Theory*, 1987. — H. B. Radest, *The Devil and Secular Humanism: The Children of the Enlightenment*, 1990. — A. Honneth *et al.*, eds., *Philosophical Interventions in the Unfinished Project of Enlightenment*, 1992. — Id., eds., *Cultural-Political Interventions in the Unfinished Project of Enlightenment*, 1992.

Sobre o fim do Iluminismo: M. Beyer Fröhlich, *Höhe und Krise der Aufklärung*, 1934. — W. Scheibe, *Die Krisis der Aufklärung. Studie zum Kampf der Sturm-und-Drang-Bewegung gegen den Rationalismus der Aufklärung des 18. Jahrhunderts*, 1936. — L. P. Hinchman, *Hegel's Critique of the Enlightenment*, 1984. — R. Koselleck, *Critique and Crisis: Enlightenment and the Pathogenesis of Modern Society*, 1988.

Sobre o Iluminismo francês: H. Hatzfeld, *Geschichte der französischen Aufklärung*, 1922. — O. Ewald, *Die französische Aufklärungsphilosophie*, 1924. — B. Groethuysen, *Die Entstehung der bürgelichen Welt — und Lebensanschauung in Frankreich* (I. *Das Bürgertum und die katholische Weltanschauung*, 1927; II. *Der Sozialismus der katholischen Kirche und das Bürgertum*, 1930). — D. Mornet, *Les origines intellectuelles de la Révolution française (1715-1787)*, 1933. — Charles Frankel, *The Faith of Reason: The Idea of Progress in the French Enlightenment*, 1948. — Lester G. Crocker, *An Age of Crisis: Man and World in Eighteenth-Century French Thought*, 1959. — Id., *Nature and Culture: Ethical Thought in the French Enlightenment*, 1963. — Werner Krauss, *op. cit. infra*. — Michelangelo Ghio, *L'idea di progresso nell'Iluminismo francese e tedesco*, 1962. — Gianni M. Pozzo, *La storia e il progresso nell'Iluminismo francese*, 1964. — Ira O. Wade, *The Intellectual Origins of the French Enlightenment*, 1971. — Simone Goyard-Fabre, *La philosophie des lumières en France*, 1972. — I. O. Wade, *The Structure and Form of the French Enlightenment*, 2 vols., 1977. — F. Schalk, *Studien zur französischen Aufklärung*, 2ª ed., ampl., 1977. — J. McManners, *Death and the Enlightenment: Changing Attitudes to Death among Christians and Unbelievers in Eighteenth-Century France*, 1981.

Sobre o Iluminismo inglês: Leslie Stephen, *History of English Thought in the 18th. Century*, 1876; 3ª ed., 2 vols., 1949. — Baron Car von Brockdorff, *Die englische Aufklärungsphilosophie*, 1924. — S. C. Brown, Nicholas Philipson *et al., Philosophies of the Enlightenment*, 1979, ed. S. C. Brown. — W. H. Schrader, *Ethik und Anthropologie in der englischen Aufklärung. Der Wandel der moral-sense-Theorie von Shaftesbury bis Hume*, 1984. — K. L. Cope, *Criteria of Certainty: Truth and Judgment in the English Enlightenment*, 1990. — P. Harrison, *'Religion' and the Religions in the English Enlightenment*, 1991.

Sobre o Iluminismo alemão: Baron Car von Brockdorff, *Die deutsche Aufklärungsphilosophie*, 1926. — Emil Ermatinger, *Deutsche Kultur im Zeitalter der Aufklärung*, 1934. — H. M. Wolff, *Die Weltanschauung der deutschen Aufklärung in geschichtlicher Entwicklung*, 1949. — L. Geldsetzer, *Die Ideenlehre Jakob Wegelins. Ein Beitrag zum philosophisch-politischen Denken der deutschen Aufklärung*, 1963. — Nicolao Merker, *L'illuminismo tedesco. Età di Lessing*, 1968. — Werner Schneiders, *Die wahre Aufklärung. Zum Selbstverständnis der deutschen Aufklärung*, 1974. — R. E. Norton, *Herder's Aesthetics and the European Enlightenment*, 1991. — F. Beiser, *Enlightenment, Revolution, and Romanticism: The Genesis of Modern German Political Thought 1790-1800*, 1992.

Sobre o Iluminismo espanhol: E. Subirats, *La ilustración insuficiente*, 1982.

Interpretações marxistas do Iluminismo na série *Schriftenreihe der Arbeitsgruppe zur Geschichte der deutschen und französischen Aufklärung* (Berlim oriental, desde 1960); entre esses trabalhos destaca-se: Werner Krauss, *Die französische Aufklärung im Spiegel der Literatur des 18. Jahrhunderts*, 1962. — Id., *Perspektiven und Probleme. Zur französischen und deutschen Aufklärung*, 1965. — Max Horkheimer e Theodor W. Adorno, *Philosophische Fragmente*, 1944; reimp. com o título *Dialektik der Aufklärung*, 1947; nova ed., 1969 (trad. bras.: *Dialética do esclarecimento*, 1994).

Além disso, os escritos de Dilthey citados na bibliografia do verbete correspondente.

Bibliografia: P. M. Conlon, *Le siècle des lumières. Bibliographie chronologique*, 2 vols., (I [1716-1722], 1983; II [1723-1729], 1984).

Desde 1986 existe a revista bianual *Aufklärung*, ed. por G. Birtsch, K. Eibl *et al*. ☾

IMAGEM. É comum chamar de *imagens* as representações que temos das coisas. Em certo sentido, os termos 'imagem' e 'representação' possuem o mesmo significado; o que dizemos em outro verbete (ver REPRESENTAÇÃO) a respeito do último termo também pode valer para o primeiro. Ora, podem ser usados igualmente os termos 'imagem' e 'imagens' para traduzir respectivamente os vocábulos gregos εἴδωλον ("ídolo") e εἴδωλα ("ídolos"), empregados por alguns filósofos antigos, especialmente por Demócrito e Epicuro, para designar as representações "enviadas" pelas coisas a nossos sentidos. Desse modo, Epicuro indica em sua *Carta a Heródoto* (46a-48, ed. Usener) que os εἴδωλα ultrapassam em primor e sutileza os corpos sólidos, e também possuem mais mobilidade e velocidade que eles, de tal modo que nada ou pouquíssimas coisas detêm a sua emissão. Os εἴδωλα, diz Epicuro, são gerados tão rapidamente quanto o pensamento, ἀνὰ νοήματι συμβαίνει. Por outro lado, os εἴδωλα não afetam apenas o sentido da visão, mas também os da audição e do olfato; as sensações experimentadas por estes também são causadas por irradiações dos εἴδωλα.

Lucrécio desenvolveu detalhadamente essa doutrina em *De rerum natura* (IV, 29 ss.). Os εἴδωλα são freqüentemente chamados por Lucrécio de *simulacros* (*simulacra*):

esse ea quae rerum simulacra vocamur,
quae, quasi membranae summo de corpore rerum
dereptae, valitant utroque citroque per auras
(aquelas a que chamamos imagens das coisas,
e que, qual membranas arrancadas da pele
  das coisas,
voam para a frente e para trás no ar).

No entanto, o poeta também usa para a imagem os nomes *imago, effigies, figura* (este último termo, mais próximo, como sugere C. Bailey, do vocábulo também epicurista τύπος). Lucrécio primeiramente dá provas da existência dos *simulacra* (IV, 54-109) e procede depois, seguindo Epicuro, a uma ampla descrição dos modos como as imagens afetam os sentidos. Trata-se de emanações ou eflúvios que se desprendem constantemente das coisas. Com efeito, não há apenas uma imagem, mas um número contínuo e sucessivo delas. Assim, Epicuro já dizia que o olho percebe a representação da sucessão de muitos εἴδωλα. De modo análogo, Lucrécio assinalava que as emanações têm lugar constantemente. Ora, Lucrécio explicava essa doutrina mediante a distinção de dois tipos de percepções: algumas constituídas pelos mais finos *simulacra*, os quais vagam por todos os lados de muitos modos (IV, 72 ss.), e outras constituídas pelos *simulacra* menos finos, que penetram nos poros do corpo suscitando as sensações. Essa distinção se deve à necessidade de explicar as imagens de realidades não existentes (como os centauros), formadas por combinações dos ídolos finos na mente que os recolhe, pois em todos os lugares surgem imagens de todos os tipos (*omne genus quoniam passim simulacra feruntur*). Segundo C. Bailey, os termos *imagines* (usados por Cícero em *De fin.*, I, 6, 21), *figurae* (usado por Quintiliano, X, 2, 15) e *spectra* (usado por Cácio, amigo epicurista de Cícero [*Ad fam.*, XV, 16, 1]) têm o mesmo significado que os εἴδωλα de Epicuro e que os *simulacra* de Lucrécio.

O conceito de imagem foi usado com muita freqüência na psicologia. Na maior parte dos casos ela foi entendida como a cópia de um objeto externo possuída por um sujeito. Embora as opiniões sobre o modo pelo qual se produz essa cópia, e mesmo sobre sua natureza, tenham variado muito através das épocas, houve uma suposição constante em quase todas as teorias sobre a imagem psicológica: que se trata de uma forma de realidade (interna) que pode ser contrastada com outra forma de realidade (externa). A citada doutrina dos epicuristas acerca dos "simulacros", as teses escolásticas sobre a natureza das espécies inteligíveis (ver Espécie), e muitas teorias psicológicas modernas que tentaram explicar psicofisiologicamente o aparecimento das imagens não diferiram consideravelmente entre si *sob o último ponto de vista*. Em compensação, a partir do final do século passado foram realizados esforços para entender o conceito de imagem de outros modos. Já nas filosofias de tipo neutralista, nas quais o mesmo fenômeno é, de acordo com o ponto de vista que se adote, físico ou psíquico, esse esforço pode ser percebido. Esse esforço se acentua em várias teorias da percepção (ver) defendidas pelos neo-realistas ingleses e, em geral, por todos aqueles que tentaram explicar o aparecimento das imagens em função dos chamados *sensa*, mas se intensifica sobretudo em dois grupos de teorias. Um deles é exemplificado pela tese de Bergson sobre a imagem enquanto "uma certa existência que é mais do que aquilo que o idealista chama de representação, mas menos do que aquilo que o realista chama de coisa — uma existência situada a meio caminho entre a 'coisa' e a 'representação'" (*Matière et mémoire*, prefácio à 7ª ed., Ed. du Centenaire, 1959, p. 161). O outro é exemplificado por várias doutrinas fenomenológicas da imagem, entre as quais se destaca a de J.-P. Sartre ao se opor radicalmente à concepção tradicional da imagem como "imagem-coisa" que reproduz no cérebro a "coisa externa". A imagem não é, para esse autor, nem uma ilustração nem um suporte do pensamento. O contraste entre a riqueza transbordante da realidade e a pobreza essencial das imagens não significa, com efeito, que haja entre elas uma completa heterogeneidade (ver Imaginação).

Para a noção de esquema, ao contrário da noção de imagem em Kant, ver Esquema.

Discutiu-se freqüentemente se existem ou não as chamadas "imagens mentais", às vezes denominadas "representações", isto é, imagens de algo "na mente". É comum em várias teorias "tradicionais", tanto antigas como modernas, que se aceite a existência de tais "imagens". Das análises de Bergson e, sobretudo, de Jean-Paul Sartre antes mencionadas depreende-se a tendência a negar a existência dessas imagens ou a supor que, se se afirma que elas existem, não são "duplicações"; Sartre insiste em que não se podem separar as intituladas "imagens" do ato de imaginar. Alguns autores, como Jean Piaget, usam expressões como 'imagem mental' e até mesmo a entendem como uma "interiorização", mas, ao contrário das concepções tradicionais, insistem no papel desempenhado pela ação, incluindo a ação motora, na imagem. Em seu livro sobre a representação do espaço na criança (1948), Piaget salientou que as imagens não desempenham um papel ativo no conhecimento já que representam estados e não atos, e no primeiro tomo de sua *Epistemologia genética* (1949) o mesmo autor destaca o caráter de "significante simbólico" da imagem: a imagem, disse depois Piaget, é somente símbolo e não conhecimento. Gilbert Ryle, em *O conceito da mente* (1949), negou absolutamente a existência de imagens, alegando que admiti-las equivale a duplicar desnecessariamente as coisas e a sustentar que, além de um sujeito que "representa" algo, há um sujeito que contempla a representação de algo. Contra essas opiniões, e especialmente contra Ryle e Sartre, Alastair Hannay (*Mental Images: A Defense*, 1971) afirmou que as imagens não podem ser eliminadas, já que em caso contrário um sujeito não poderia representar para si mesmo uma aparência imaginária de um objeto.

O termo 'imagem' também é usado hoje na lógica das relações. Chama-se *imagem* de uma classe A com respeito a uma relação R a classe de todas as entidades que têm a relação R com um ou mais membros de A. Simbolicamente, expressa-se mediante $R"A$. A imagem de uma classe com respeito a uma relação se define do seguinte modo:

$$R"A = def.\ \hat{x}\ (\vee y)\ (y \in A \wedge xRy)$$

A idéia da imagem de uma classe com respeito a uma relação já se encontrava em Aristóteles. Com efeito, em *Top.*, II, 8, 114 a 15-20, em que estuda os relativos, Aristóteles oferece os seguintes exemplos: "Se a ciência é uma crença, o objeto da ciência também é o objeto da crença"; "Se a visão é uma sensação, o objeto da visão também é objeto da sensação". Pois bem, isso pode ser expresso simbolicamente mediante a seguinte lei:

$$(A \subset B) \rightarrow (R"A \subset R"B),$$

que é uma das leis da lógica das relações nas quais aparece a noção de imagem. De Morgan indicara que a lógica de Aristóteles não pode dar conta do condicional: "Se os cavalos são animais, as cabeças dos cavalos são cabeças de animais". Os exemplos anteriores mostram, ao contrário (como observou Bochenski), que a lógica de Aristóteles proporciona uma base para se dar conta do condicional, embora seja preciso reconhecer que essa base não se encontra nos textos do Estagirita dentro do âmbito de uma teoria relacional suficientemente completa.

IMAGINAÇÃO. No verbete sobre o conceito de fantasia (VER) tratamos do problema da fantasia ou imaginação principalmente (mas não exclusivamente) no pensamento antigo e medieval. Neste verbete trataremos da questão da imaginação especialmente tal como foi apresentada por vários pensadores modernos e contemporâneos. Contudo, deve-se levar em conta que parte do que dissemos no verbete FANTASIA também pode ser dito aqui.

Não poucos autores modernos reconheceram que a imaginação é uma faculdade (ou, em geral, atividade mental) distinta da representação e da memória, embora de alguma maneira ligada às duas: à primeira, porque a imaginação costuma combinar elementos que previamente foram representações sensíveis; à segunda, porque sem recordar essas representações, ou as relações estabelecidas entre elas, não se poderia imaginar nada. Segundo Francis Bacon, a imaginação é a faculdade que se encontra na base da poesia. Para Descartes, ela produz imagens conscientes, ao contrário da sensação, cujas imagens não precisam ser acompanhadas pela consciência. A imaginação é, a rigor, uma representação (no sentido etimológico desse vocábulo, isto é, uma nova apresentação de imagens). Essa representação é necessária com o fim de facilitar diversos modos de ordenação das "apresentações"; sem as re-presentações que a imaginação torna possíveis não seria possível o conhecimento.

Vários filósofos modernos consideraram a imaginação uma "faculdade" ou atividade "mental". Por um lado, a imaginação distingue-se da representação, ao menos da representação sensível "direta". Por outro lado, distingue-se da memória, que "volta a trazer" representações, mas, estritamente falando, não as imagina. No entanto, a imaginação está relacionada com a representação e com a memória: ela combina representações que de outro modo permaneceriam isoladas, e se funda na memória que torna possível a combinação de representações.

Em *De augmentis scientiarum* (II, 1), Francis Bacon indicou que a memória, a imaginação e a razão são as três faculdades da alma racional: enquanto a memória é a base da história e a razão a base da filosofia, a imaginação é a base da poesia. Descartes afirmou que se deve "recorrer a toda ajuda que o entendimento, a imaginação, os sentidos e a memória possam proporcionar" (*Regulae*, XII); embora o entendimento seja o único a poder perceber a verdade, ele precisa do auxílio das demais "faculdades". Em sua edição das *Regulae*, F. Alquié (Descartes, *Oeuvres philosophiques*, 1618-1637, tomo I, p. 139, nota 1) observa que Descartes toma dos *Commentarii Conimbricenses* (ver CONIMBRICENCES), usados como manual no colégio jesuíta de La Flèche, uma distinção entre os dois sentidos internos: o senso comum e a fantasia ou imaginação; o primeiro funcionando como um "selo" que "imprime as figuras ou idéias que vêm de sentidos externos sob uma forma pura e incorpórea", e sendo a segunda "o lugar onde os imprime como em uma cera". Alquié observa que na *Segunda Meditação* (AT, VII, 32; na própria ed. de Alquié, *Oeuvres*, tomo II, p. 427) Descartes identifica o "senso comum" como a "potência imaginativa": "Pelo fato de que a imaginação se chame aqui *fantasia*" — escreve Alquié —, "não há por que identificá-la com o que chamamos de imaginação *produtiva ou criadora*; de modo geral, trata-se da representação mediante imagens, designando, pois, o que qualificamos de imaginação *reprodutiva*, o que não tem, ao menos em princípio, nada de 'fantasioso'".

Muitos autores modernos, tanto "racionalistas" como "empiristas", admitem que 'imaginar' não equivale a um mero 'fantasiar', mas isso não significa que a imaginação seja o principal meio de conhecimento ou que proporcione bases suficientes para a certeza. Spinoza considera que a "opinião ou imaginação" faz parte do que ele chama de "primeiro gênero" do conhecimento (*Ethica*, II, prop. XL, sch. 2); pertencendo a esse gênero todas as idéias inadequadas e confusas, somente ele pode ser causa de falsidade (*ibid.*, prop. XLI). No entanto, Spinoza observa que as "imaginações da mente", *mentis imaginationes*, isto é, o que se produz ao se darem imagens das coisas, não contêm erro em si mesmas. A mente, diz Spinoza, não erra porque imagina, mas somente porque, ou quando, opera de tal forma que imagina como presentes coisas cuja existência está excluída (*Eth.*, II, prop. XVII, sch.). Hume indica que "todas as idéias simples podem ser separadas mediante a imaginação, e podem ser novamente reunidas na forma que lhe apeteça" (*Treatise*, I, i, 2). Isso equivale a reconhecer que "a imaginação domina todas as suas idéias" (*ibid.*, I, iii, 4) e, portanto, que não há combinação de idéias — sem a qual não há conhecimento — a menos que exista a faculdade da imaginação. Isso não significa que se possa dar livre curso à imaginação. Com efeito, não se poderia explicar a operação da imaginação se esta não fosse "guiada por certos princípios universais, que a fazem, em certa medida, uniforme consigo mesma em todos os momentos e lugares" (*ibid.*, I, i, 2). Em outras palavras, a imaginação é uma faculdade que opera de modo regular, como uma "força suave". Essa regularidade dá origem à crença (VER). Desse modo, o conhecimento não depende de que "se possa imaginar o que se queira", mas a possibilidade de "imaginar o que se queira" referendada pelo costume de imaginar "o que se costuma imaginar" torna possível o conhecimento. Algo parecido já havia sido afirmado por Hobbes (*De corp.*, II, vii, 13).

A imaginação desempenha um papel ainda mais funda-mental em Kant. Esse autor considera que a imaginação (*Einbildungskraft*) torna possível unificar a diversidade do dado na intuição; por meio da imaginação produz-se uma "síntese" que ainda não dá origem ao conhecimento, mas sem a qual o conhecimento não é possível (*K. r. V.*, A 79 / B 104). Mas a imaginação não funciona unicamente nesse nível. Se considerarmos as premissas da dedução transcendental (VER) das categorias, perceberemos que a diversidade do dado se unifica mediante três sínteses: a da apreensão na intuição; a da reprodução na imaginação, e a do reconhecimento no conceito. A síntese da reprodução na imaginação — ligada à da apreensão na intuição — torna possível que as aparências voltem a se apresentar seguindo modelos reconhecíveis: "Se o cinabre fosse ora vermelho, ora negro, ora leve, ora pesado... minha imaginação empírica nunca encontraria a oportunidade, ao me representar a cor vermelho, de mencionar o tom cinabre pesado" (*ibid.*, A 101). Ora, essas duas formas de imaginação ainda parecem ser de caráter reprodutivo: limitam-se a representar na mesma ordem certas apreensões. Mas a imaginação também pode ser produtiva — isso ocorre quando consideramos o entendimento como "a unidade da apercepção (VER) em relação com a síntese da imaginação" e quando consideramos o entendimento puro como a mencionada unidade com referência à "síntese transcendental da imaginação" (*ibid.*, A 119). A imaginação é aqui uma atividade "espontânea" que não combina representações livremente para dar-lhes a forma que queira, mas que as combina de acordo com certos modelos e aplicando-as sempre a intuições. Por isso a imaginação como "faculdade de uma síntese *a priori*" chama-se "imaginação *produtiva*" (*ibid.*, A 123) e não apenas reprodutiva. O mesmo cabe dizer, e ainda com maior razão, quando a imaginação torna possível o esquema (VER) transcendental; por meio da imaginação produtiva se pode erguer uma ponte entre as categorias e os fenômenos. Aqui a imaginação é uma faculdade de produzir regras por meio das quais podem ser subsumidas as intuições nos conceitos, tornando as primeiras homogêneas aos segundos. Observou-se que essa idéia da imaginação supõe que o entendimento possui uma certa espontaneidade (cf. R. Schmidt, *Kants Lehre von der Einbildungskraft*, 1924), mas deve-se notar que essa espontaneidade não é equivalente a uma "pura faculdade de fantasiar"; a imaginação torna possíveis as sínteses, mas não há síntese sem material previamente sintetizável.

O papel desempenhado pela imaginação produtiva em Kant não se limita ao reino da razão teórica, mas se estende à faculdade do juízo. "Devemos observar que de forma incompreensível para nós a imaginação pode não apenas revocar (*zurückrufen*) oportunamente signos de conceitos de longo tempo atrás, mas também pode reproduzir (*reproduzieren*) a imagem e a figura de um objeto a partir de um número indizível de objetos de diversos tipos ou inclusive de um mesmo tipo" (*KU.*, 17). Aqui a imaginação também pode ser reprodutiva ou produtiva; somente no segundo caso se pode falar dela como livre (*ibid.*, 22). Isso não significa que a imaginação produtiva tire algo do nada; por maior que seja seu poder de criar outra natureza, o faz com base no material dado (*ibid.*, 49). Vemos, pois, que, embora Kant saliente a importância e a espontaneidade da imaginação, continuamente a refreia; se a imaginação por si mesma não obedece à lei, por outro lado se encontra ligada ao entendimento enquanto faculdade de regras segundo leis. Em compensação, alguns filósofos póskantianos deram livre curso à imaginação. Fichte, por exemplo, considerou que o Eu "põe" o não-Eu por meio da atividade imaginativa. Não se trata, naturalmente, de uma "pura fantasia", mas do resultado de ter destacado ao máximo o caráter espontâneo do Eu enquanto "faculdade de pôr" (*setzen*). Tampouco se trata de um "pôr por imaginação" algo que depois é declarado real: o "pôr", o "imaginar" e o "ser real" são para Fichte a mesma coisa.

Os filósofos idealistas, na medida em que enfatizaram a espontaneidade do Eu, tenderam a dar uma importância maior à imaginação, porém consideraram o conceito de imaginação não de um ponto de vista psicológico, mas epistemológico (ou epistemológico-metafísico). Os filósofos de tendência empirista, em contrapartida, ocuparam-se antes dos aspectos psicológicos (e, em todo caso, psicológico-epistemológicos) da imaginação.

Alguns autores tentaram fazer da imaginação um fundamento metafísico da realidade. Na medida em que a noção de imaginação é comparável à de fantasia, Jakob Frohschammer (VER) pode ser considerado um desses autores. Outro autor é Edward Douglas Fawcett (1866-1960), que em duas de suas obras (*The World as Imagination*, 1916, e *Divine Imagining*, 1921) esboçou e elaborou todo um sistema filosófico baseado na idéia do que chamou de "Imaginação Cósmica" (I. C.). Fawcett apresentou o que chamou de "a hipótese da Imaginação Cósmica" da seguinte forma: "Nossa hipótese é um imaginar que concebe a Realidade Última que a tudo abarca como realidade que ela mesma imagina (...) O imaginar da I. C. é o fazer a própria realidade imaginada. Por ser a coisa imaginada, 'é o que é'; e disso emerge qualquer coisa, e de acordo com isso tudo pode ser concebido. A I. C. parece-se com o Absoluto em dois aspectos. Tem em si mesma todas as condições. Também é espiritual. Não lhe daremos o nome de 'O Uno' ou 'O Múltiplo'. Não é uma unidade neoplatônica que exclui toda diversidade, nem tampouco um nome sequer para um 'pluralismo noético', como o que foi concebido por William James" (*The World as Imagination*, Parte II, cap. 1, § 14). Entre os "aspectos" da I. C. destacam-se a consciência e a atividade. A I. C. é supralógica e infinita, sendo o princípio de toda evolução e de toda energia.

Em nosso século foram efetuados vários esforços para elucidar a natureza da imaginação tendo com base a descrição fenomenológica. Jean-Paul Sartre (*L'imagination* [trad. bras.: "A imaginação", em *Sartre*, col. "Os pensadores", várias eds.], 1936; *L'imaginaire*, 1940) destacou-se a esse respeito. Segundo Sartre, a imagem que a imaginação apresenta é "um ato sintético que une um saber concreto, que não tem caráter de imagem, a elementos mais propriamente representativos" (*L'imaginaire*, p. 19). A imagem não é, pois, algo "intermediário" entre o objeto e a consciência. Tampouco é algo que ultrapassa os limites do mundo dos objetos; ao contrário, este mundo ultrapassa, na infinidade de suas possíveis "apresentações", as imagens. Sartre liga o mundo da imaginação ao mundo do pensamento, e, além disso, considera que a imaginação está relacionada à ação (ou à série de "possíveis ações"). A imagem não é o mundo negado *simpliciter*, é o mundo negado de certo ponto de vista (*ibid.*, p. 234): para que o centauro apareça como irreal (imaginário) "é necessário precisamente que o mundo seja apreendido como um mundo-onde-não-há centauros" (*loc. cit.*). É claro que Sartre analisa o problema da imaginação de forma a proporcionar uma base para sua posterior (ou simultânea) doutrina da consciência como "consciência realizante [ou realizadora]".

Indicaremos nesta bibliografia tanto obras sobre a fantasia como sobre a imaginação.

⊃ Sobre teoria e filosofia da fantasia e da imaginação, ver: Melchior Palágyi, *Theorie der Phantasie*, 1908. — A. Schöppa, *Die Phantasie nach ihren Wesen und ihrer Bedeutung für Geistesleben*, 1909. — Benno Erdmann, *Die Funktionen der Phantasie im wissenschaftlichen Denken*, 1913. — R. Müller-Freienfels, *Das Denken und die Phantasie*, 1925 (parte II dos *Grundzüge einer Lebenspsychologie*). — Livingston Welch, *Imagination and Human Nature*, 1935. — R. Kässner, *Von der Einbildungskraft*, 1936. — Armand Petitjean, *Imagination et Réalisation*, 1936. — Theofilos Boreas, *Die Phantasie und ihre Beziehungen zu den anderen Seelentätigkeiten*, 1938-1939. — Jean-Paul Sartre, *L'imaginaire. Psychologie phénoménologique de l'imagination*, 1939. — Id., *L'imagination*, 1939 (trad. bras.: "A imaginação", em *Sartre*, col. "Os pensadores", várias eds.). — R. Lacroze, *La fonction de l'Imagination*, s/d. (1938). — H. Kunz, *Die anthropologische Bedeutung der Phantasie*, 2 vols., 1946. — A. Vetter, *Die Erlebnisbedeutung der Phantasie*, 1950. — W. E. Henry, *The Analysis of Fantasy*, 1956. — P. McKellar, *Imagination and Thinking. A Psychological Analysis*, 1957. — Gilbert Durand, *Les structures anthropologiques de l'imaginaire: Introduction à l'archétypologie générale*, 1960 (tese). — E. Minkowski, F. Dagognet, J. Starobinski, P. de Man, artigos sobre a imaginação (e sobre Gaston Bachelard e J.-J. Rousseau a respeito da imaginação) em *Revue Internationale de Philosophie*, 14 (1960), 30-84. — K. E. Boulding, *The Image*, 1961. — Pierre-Maxime Schuhl, *Imaginer et réaliser*, 1963. — Id., *L'imagination et le merveilleux: La pensée et l'action*, 1969.

— Wilhelm Szilasi, *Phantasie und Erkenntnis*, 1969. — Alastair Hannay, *Mental Images: A Defense*, 1971. — Jean Chateau, *Les sources de l'imaginaire*, 1972. — Mary Warnock, *Imagination*, 1976. — Edward S. Casey, *Imagining: A Phenomenological Study*, 1976. — J. Naud, *Une philosophie de l'imagination*, 1979. — H. Gardner, *In Defense of the Imagination*, 1984. — D. Novitz, *Knowledge, Fiction, and Imagination*, 1987. — R. Kearney, *The Wake of Imagination*, 1988. — Y.-F. Tuan, *Morality and Imagination: Paradoxes of Progress*, 1989. — A. R. White, *The Language of Imagination*, 1990. — E. T. H. Brann, *The World of the Imagination: Sum and Substance*, 1991.

Sobre a função religiosa da imaginação: Richard Kroner, *The Religious Function of Imagination*, 1941. — G. Green, *Imagining God: Theology and the Religious Imagination*, 1989.

Sobre fantasia e imaginação artísticas e poéticas: Wilhelm Dilthey, *Die Einbildungskraft des Dichters. Bausteine für eine Poetik*, 1887 [*Gesammelte Schriften*, VI]. — M. Nussberger, *Die künstleriche Phantasie*, 1935. — J. Bronowski, *The Origins of Knowledge and Imagination*, 1977. — T. McFarland, *Originality and Imagination*, 1985. — G. M. Rispoli, *L'artista sapiente. Per una storia della fantasia*, 1985.

Sobre a relação entre imaginação e ética: V. Camps, *La imaginación ética*, 1983. — C. Clausen, *The Moral Imagination: Essays on Literature and Ethics*, 1986.

Sobre o imaginismo como problema filosófico, ver Luigi Stefanini, *Imaginismo come problema filosofico*, 1936.

Sobre fantasia e imaginação em vários autores: J. Freudenthal, *Ueber den Begriff des Wortes φάντασμα bei Aristoteles*, 1863. — Robert J. Roth, "The Aristotelian Use of φαντασία and φάντασμα", *New Scholasticism*, 37 (1963), 312-326. — Jean H. Roy, *L'imagination selon Descartes*, 1944. — E. J. Fürlong, *Imagination*, 1961 [sobre Descartes, Hume, Kant]. — Jan Wilbanks, *Hume's Theory of Imagination*, 1968. — J. Meinzer, *Die kritischen Epochen in der Lehre von der Einbildungskraft aus Humes und Kants theoretischer Philosophie nachgewiesen*, 1881. — A. Prehn, *Die Bedeutung der Einbildungskraft bei Hume und Kant für die Erkenntnistheorie*, 1901. — W. C. Core, *The Imagination in Spinoza and Hume*, 1902 (tese). — C. de Deugd, *The Significance of Spinoza's First Kind of Knowledge*, 1966. — Hermann Mörchen, "Die Einbildungskraft bei Kant", *Jahrbuch für Philosophie und phänomenologische Forschung*, 11 (1930), 311-495. — Nelly Festini, *La imaginación en la teoría kantiana del conocimiento*, 1948. — Andreas Heinrich Trebels, *Einbildungskraft und Spiel. Untersuchungen zur Kritik der ästhetischen Urteilskraft*, 1967. — Fernando Inciarte, *Die Einbildungskraft im transzendentalen Idealismus*, 1970. — Karl Homan, "Zum Begriff der Einbildungskraft nach Kant", *Archiv für Begriffsgeschichte*, 14, 2 (1970), 266-302. — Pasquale Salvucci, *Dialettica e immaginazione in Fichte*, 1963. — María Manuela Saraiva, *L'imagination selon Husserl*, 1970. — M. Bertrand, *Spinoza et l'imaginaire*, 1983. — R. J. O'Connell, *Imagination and Metaphysics in St. Augustine*, 1986. — M. V. Wedin, *Mind and Imagination in Aristotle*, 1988. — D. J. Gouwens, *Kierkegaard's Dialectic of the Imagination*, 1989. — B. Barth, *Schellings Philosophie der Kunst: Göttliche Imagination und ästhetische Einbildungskraft*, 1991. — L. Lawlor, *Imagination and Chance: The Difference between the Thought of Ricoeur and Derrida*, 1992. — R. O'Connell, *Soundings in St. Augustine's Imagination*, 1994. **Ͼ**

IMANÊNCIA. Diz-se que uma atividade é imanente a um agente quando "permanece" dentro do agente no sentido de que tem nele seu próprio fim. O ser imanente se contrapõe, pois, ao ser transcendente — ou "transitivo" — e, em geral, a imanência contrapõe-se à transcendência (VER). No verbete ATO já nos referimos a dois tipos de atividade das quais Aristóteles falou em *Met.*: as atividades em que a ação passa do agente para o objeto (como "cortar", "separar" etc.) e as atividades em que a ação se reverte sobre o agente e se completa nele (como "pensar"). Estas últimas podem ser propriamente chamadas de "atividades", ao contrário das primeiras, que são "movimentos".

Muitos escolásticos se basearam nessa idéia aristotélica para fazer a distinção entre uma *actio immanens* (ou *permanens*) e uma *actio transiens*. Isso foi feito por Santo Tomás em *S. theol.*, I, q. XIV (*et al. loc.*). Esse sentido de 'imanente' e de 'imanência' foi adotado por Spinoza, Wolff e outros autores, embora nem sempre dentro dos limites estabelecidos por Aristóteles e pelos escolásticos. Em todo caso, o conceito de imanência desempenha em Spinoza um papel capital porquanto Deus é definido em seu sistema do seguinte modo: "*Deus est omnium rerum causa immanens, non vero transiens*" (*Eth.*, I, xviii) ("Deus é causa imanente de todas as coisas, e não causa transitiva"). Spinoza demonstra essa proposição do seguinte modo: "Tudo o que é, é em Deus e deve ser concebido por Deus (de acordo com a proposição xv); portanto (corolário 1 da proposição xvi), Deus é causa das coisas que estão Nele, e isso é o primeiro ponto. Logo, fora de Deus não pode haver nenhuma substância (segundo a proposição xiv), isto é (segundo a definição iii), nenhuma coisa que exista por si mesma fora de Deus, e isso é o segundo ponto. Portanto, Deus é causa imanente, mas não transitiva, de todas as coisas".

O modo como Spinoza faz uso da noção de imanência indica que se trata não apenas de distinguir dois modos de ação, mas também de fazer de um desses modos o verdadeiramente "real", por ser ao mesmo tempo o plenamente "racional". Esse ponto foi tratado por Francisco Romero (cf. *infra*), que salienta que o "imanentismo racionalista" é uma tendência característica do pensamento moderno, em contraposição ao reconhecimento da transcendência (VER) em muitas correntes da filosofia contemporânea. O Mestre Eckhart parece ter se aproximado de uma concepção do imanente como o real ao traduzir *immanens* por *innebliebenz* ("o que permanece ou reside dentro"; *apud* R. Eucken, *Geschichte der philosophischen Terminologie*, p. 204).

Kant empregou os termos 'imanente' e 'transcendente' em relação aos princípios. "Chamaremos de *imanentes* os princípios cuja aplicação se restringe inteiramente aos limites da experiência possível; e de *transcendentes* os princípios que pretendem transgredir tais limites" (*KrV*, A 295-6/B 352). 'Transcendente' não equivale a 'transcendental' (VER). O emprego dos princípios do entendimento ou categorias é inteiramente imanente (*ibid.*, A 308/B 365). Deve-se reconhecer que as idéias transcendentais podem ser usadas de modo "próprio" e, portanto, de modo imanente quando não são confundidas com conceitos de coisas reais (*ibid.*, A 643/B 671). "O emprego da razão no estudo racional da Natureza é ou físico ou hiperfísico ou, melhor dizendo, *imanente* ou *transcendente*. O primeiro se ocupado conhecimento da Natureza na medida em que pode ser aplicado à experiência (*in concreto*); o segundo, daquela conexão dos objetos da experiência que transcende toda experiência" (A 845/B 873). Como em outros aspectos da filosofia kantiana, também aqui os idealistas pós-kantianos (especialmente Fichte e Schelling) projetaram os significados dos princípios nos "fundamentos do real". Desse modo, em Fichte, por exemplo, a atividade do Eu é puramente imanente, mas não porque se confine aos limites da experiência possível, porque gera o próprio campo da experiência.

Desde o final do século XIX e especialmente no início de nosso século desenvolveram-se várias correntes filosóficas que receberam o nome de *imanentismo* ou *filosofias da imanência*. A. Krzesinski (*op. cit. infra*) define essas correntes do seguinte modo: são filosofias que "buscam somente o mundo real na consciência. Tudo o que existe deve ser imediatamente dado a um sujeito no conhecimento sem nenhum intermediário". Essa definição é, por um lado, demasiadamente restrita (pois deixa de lado, apesar dos exemplos dados pelo próprio Krzesinski, tendências como o blondelismo); por outro lado, é demasiadamente ampla (pois pode incluir correntes como a fenomenologia, em que a supressão de todo "intermediário" entre a consciência intencional e o objeto constitui um pressuposto fundamental). Segundo Krzesinski, todos os filósofos idealistas, panteístas e modernistas são imanentistas; desse modo, são filósofos imanentistas Ollé-Laprune, Blondel, Laberthonnière, E. Le Roy, Hamelin, Le Senne (em sua primeira fase) (VER), J. de Gaultier (1858-1942), Gentile, Schuppe, Rickert (VER). Os dois últimos autores representam o imanentismo gnoseológico, que procede do empirismo, recebe influências do positivismo e adota uma atitude antimetafísica.

É possível que nenhuma definição do "imanentismo contemporâneo" seja satisfatória, pela simples razão de que há (ou houve) vários tipos distintos de "filosofia da imanência". Três tipos são especialmente discerníveis. 1) Por um lado, a filosofia imanente de Schubert-Soldern, próxima do imanentismo de Avenarius, de Mach e, em parte, do de Rehmke. Os pontos de vista do imanentismo filosófico, também representados por Wilhelm Schuppe, Max Kaufmann e Martin Keibel, foram desenvolvidos na revista *Zeitschrift für immanente Philosophie*, publicada de 1896 a 1899. Seu princípio capital é o da consciência (*Satz des Bewusstseins*), tal como figura em *Erkenntnistheoretische Logik*, de Schuppe, segundo o qual "todo ser objetivo tem sua existência, o conceito de sua existência, somente como conteúdo em outra realidade, como sua condição básica fundamentante. Ele a tem na realidade do eu consciente, que sem conteúdo de consciência seria, evidentemente, uma mera abstração". Schubert-Soldern deu uma fórmula solipsista do princípio de imanência ao proclamar que "o que existe (*besteht*) sou eu, e eu sou tudo o que existe". 2) Por outro lado, qualifica-se de filosofias imanentistas certas tendências dirigidas sobretudo a uma elucidação do ato religioso. O imanentismo seria, neste caso, uma doutrina que sustentaria o primado da experiência religiosa interna sobre o conhecimento discursivo de Deus. A esse respeito Blondel (VER) falou de um "método de imanência" na filosofia e na apologética, mas deve-se levar em conta que este método não coincide, segundo esse autor, com certas conseqüências do modernismo (VER), e é, ao contrário, a única possibilidade de que, rompido o círculo vicioso do intelectualismo, se possa dar uma efetiva "transcendência da imanência". Essa opinião é a mesma de Édouard Le Roy, que no entanto concebe o imanentismo de modo mais radical: imanência e transcendência não são para Le Roy contraditórias e apenas respondem a dois momentos da duração, ao devindo e ao devir. 3) Por fim, considerou-se imanentista uma parte do idealismo contemporâneo italiano: o atualismo (VER) tal como foi defendido por G. Gentile (VER) e muitos de seus discípulos.

⮕ Sobre a filosofia da imanência: Regina Ettinger-Reichmann, *Die Immanenzphilosophie. Darstellung und Kritik*, 1916 [sobre Schuppe, Rehmke, Schubert-Soldern, Kauffmann]. — De Negri, *La crisi del positivismo nella filosofia dell'immanenza*, 1929. — A. Krzesinski, *Une nouvelle philosophie de l'immanence: Exposé et critique de ses postulats*, 1931 [sobre Schuppe e Rickert]. — R. Zocher, *Husserls Phänomenologie und Schuppes Logik. Ein Beitrag zur Kritik des intuitio-*

nistischen Ontologismus in der Immanenzidee, 1932. — Renato Treves, *Il problema dell'esperienza giuridica e la filosofia dell'immanenza di G. Schuppe*, 1938. — L. Richter, *Immanenz und Transzendenz*, 1955 [sobre o panteísmo moderno e seu conceito de imanência de Deus]. — N. Bonnet, *Immanence et transcendance chez Teilhard de Chardin*, 1987. — J. Taminiaux, "Immanence, Transcendence, and Being in Husserl's Idea of Phenomenology", em J. C. Sallis *et al.*, *The Collegium Phaenomenologicum*, 1988, pp. 47-75.

Sobre o método de imanência de Blondel: J. de Tonquédec, S. J., *Immanence. Essai critique sur la doctrine de Maurice Blondel*, 1913; 3ª ed., 1933.

Sobre a imanência na teologia: A. Grégoire, S. J., *Immanence et transcendence. Questions de Théodicée*, 1939. — W. Horosz, "The Liberal Commitment to Divine Immanence", em W. Horosz, T. Clements, eds., *Religion and Human Purpose: A Cross Disciplinary Approach*, 1987, pp. 197-231.

Sobre a imanência no neo-idealismo: Antonio Banfi, *Immanenza e trscendenza come antinomia filosofica*, 1924. — G. Palumbo, *Il problema dell'immanenza nell'idelismo attuale*, 1947. — G. Saitta, *Il problema di Dio e la filosofia dell'immanenza*, 1953.

Ver também a bibliografia do verbete TRANSCENDÊNCIA. ℭ

IMATERIAL, IMATERIALISMO. Uma entidade é denominada "imaterial" quando desprovida de matéria (VER). Filosoficamente, a noção de entidade imaterial tem sua origem na idéia de que podem existir realidades não-sensíveis; quando as realidades sensíveis são equiparadas a realidades materiais, as entidades não sensíveis são consideradas imateriais. Em geral se considera que uma entidade imaterial é apreensível somente por meio de atos cognoscitivos de índole racional, intelectual etc. Ora, o imaterial pode ser descrito de maneiras muito diversas. Duas delas são especialmente importantes: a gnosiológica e a metafísica. Do ponto de vista gnosiológico, o imaterial aparece como realidade. Gnosiologicamente, consideram-se imateriais as idéias, os números, os universais. Assim, Pedro é (no sentido aqui entendido) algo material, ou ao menos algo não-imaterial: determinada substância. Mas a *noção* de substância é imaterial.

As divergências sobre o *status* ontológico do imaterial já aparecem nas doutrinas de Platão e de Aristóteles. Para o primeiro deles, as entidades imateriais (como as idéias e a alma) são as mais reais: não são acessíveis aos sentidos, mas o são ao "olho interior". Para o segundo, as entidades imateriais (como as idéias, a forma [a noção da forma], a matéria [a noção de matéria] etc.) são reais na medida em que são incorporados em algo não-imaterial. Contudo, pode-se perguntar se a Forma pura, e especialmente o Primeiro Motor (VER), embora imaterial, não é também real.

Os escolásticos ocuparam-se freqüentemente da noção do imaterial. Os tomistas fizeram a distinção entre várias espécies de imaterialidade. Por um lado, algo é imaterial na medida em que é abstraído mentalmente de uma realidade concreta; o bom, por exemplo, é imaterial enquanto abstraído das coisas boas. Por outro lado, algo é imaterial embora intrinsecamente dependente de algo material; assim, os sentidos orgânicos, que são materiais, podem constituir a base para percepções de elementos não-materiais. Temos ainda que algo é imaterial quando intrinsecamente independente da matéria; por exemplo, a alma humana. Por fim, algo é (plenamente) imaterial quando independente intrínseca e extrinsecamente da matéria; os espíritos puros e Deus são imateriais nesse último sentido. O imaterial pode ser entendido em ao menos dois sentidos como espiritual (ver ESPÍRITO, ESPIRITUAL).

Certos pensadores se negam a reconhecer a realidade do imaterial quando ele é entendido como uma substância; em contrapartida, podem admitir que há algo imaterial que é objeto de conhecimento, como os "universais". Berkeley, por outro lado, sustentou que o que necessita de prova é a existência da matéria. Em contrapartida, as dificuldades levantadas pela existência da matéria desaparecem quando se adota a noção de imaterialismo (*Three Dialogues*, III; *Works*, ed. T. E. Jessop, p. 259). 'Imaterialismo' é por isso o nome dado à filosofia de Berkeley (A. A. Luce, *Berkeley's Imaterialism: A Commentary on His* A Treatise Concerning the Principles of Human Knowledge, 1945. — Id., *The Dialectic of Immaterialism: An Account of the Making of Berkeley's Principles*, 1963. — Harry M. Bracken, *The Early Reception of Berkeley's Immaterialism 1710-1733*, 1959. — I. C. Tipton, *Berkeley: The Philosophy of Immaterialism*, 1974). Segundo Berkeley, somente o imaterialismo é capaz de evitar o ceticismo e o ateísmo.
➲ Ver também: *The Immaterial Self: A Defence of the Cartesian Dualist Conception of the Mind*, 1991. ℭ

IMEDIATO. Às vezes se distingue o conhecimento imediato do conhecimento mediato. O primeiro é um conhecimento direto; o segundo, um conhecimento indireto.

O sentido de 'conhecimento imediato' difere segundo se refira à esfera psicológica, à gnosiológica ou à lógica. Na esfera psicológica, o conhecimento imediato é o que se dá (ou supostamente se dá) pela apreensão direta dos "dados". Esses dados podem ser externos ou internos segundo se refiram ao "mundo exterior" ou ao próprio sujeito. Na esfera gnosiológica o conhecimento imediato é o que se obtém quando se supõe que não há espécies intermediárias entre o objeto e o sujeito cognoscente. O objeto em questão pode ser um objeto sensível ou inteligível. Na esfera lógica, o conhecimento imediato é aquele que se tem de certas proposições que se supõe serem evidentes por si mesmas (ou que se admitem como postulados), ao contrário do conhecimento mediato, obtido por meio do raciocínio (VER) ou da inferência (VER).

Charles A. Wallraff (art. cit. *infra*) considera que no pensamento contemporâneo ocorrem ao menos quatro significados distintos de '*imediato*', estando eles ligados tanto à esfera psicológica como à gnosiológica, de tal modo que é freqüentemente difícil distingui-las.

Em um primeiro sentido, o imediato — ou a "imediatidade" — refere-se a certa contigüidade espácio-temporal do que é conhecido em relação ao sujeito cognoscente. Essa imediatidade se deve ao fato de que os objetos da percepção sensível afetam os nervos do sujeito, produzindo um "acontecimento mental". Esta é a concepção espácio-temporal da imediatidade aceita no passado por alguns empiristas, embora comumente rejeitada por desembocar no solipsismo.

Em um segundo sentido, a imediatidade é principalmente psicológica e se baseia na admissão de certos dados primários apreendidos pelos órgãos dos sentidos. Essa imediatidade freqüentemente se refere a dados do sentido externo, mas às vezes também são incluídos nela dados do sentido interno. Esse significado de 'imediatidade' é o que se funda na idéia do conhecimento propugnada por Locke e especialmente por Hume.

Em um terceiro sentido, a imediatidade se refere a todo o "dado" (VER), incluindo neste último as chamadas "qualidades terciárias". O exemplo mais característico dessa concepção da imediatidade é o constituído pela fenomenologia.

Em um quarto e último sentido, a imediatidade se refere a elementos básicos, e diretamente apreendidos, do conhecimento, seja do sensível, seja do racional. Nesse sentido ela é de caráter pré-inferencial e ressalta o "elementar" e "primário" de todos os elementos imediatos do conhecimento.

Em geral, pode-se dizer que a idéia de conhecimento como conhecimento imediato foi destacada sobretudo por empiristas e por fenomenólogos. Nesses dois casos o sentido de 'imediato' é principalmente gnosiológico. No entanto, o conceito de imediatidade tem também um sentido gnosiológico-metafísico cujo exemplo mais característico é encontrado na filosofia de Hegel e foi admitido por diversos pensadores direta ou indiretamente influenciados pelo pensamento hegeliano. Resumimos a seguir o conceito.

Em algumas de suas obras, mas especialmente na *Fenomenologia do Espírito*, na primeira parte da *Lógica*, na *Enciclopédia* e nas lições sobre filosofia da religião e filosofia da história, Hegel fala do saber imediato (*unmittelbares Wissen*) e de imediatidade (*Unmittelbarkeit*). O saber imediato não é, segundo Hegel, o saber primitivo e elementar; é um saber direto que afeta "o imediato ou o ente". Assim, pode-se falar da razão (no sentido hegeliano) como saber imediato de Deus. Por isso a imediatidade é, na opinião de Hegel, "o produto e o resultado do saber imediato", o qual aparece epistemologicamente como primário. Hegel relacionou o saber imediato com o *Cogito* (VER) cartesiano, proclamando que em ambos se mantém a não-separação entre o pensar e o ser do pensar, mas indicou que, enquanto Descartes procedia do saber imediato do *Cogito* para outros saberes, em seu próprio sistema a imediatidade tem um caráter absoluto e é a inseparabilidade entre o pensar e o Absoluto. Por isso o conceito de imediatidade em Hegel se aplica não somente ao saber imediato, mas também à "religião imediata" e à "obra de arte imediata"; o imediato não é o que vem do que é reflexivo: a reflexão "põe" (por exemplo a oposição da oposição), enquanto o saber imediato conclui. No entanto, Hegel parece distinguir graus da imediatidade quando reconhece que a reflexão "encontra sempre algo imediato diante de si".

↪ O artigo de Wallraff citado é "On Immediacy, and the Contemporary Dogma of Sense-Certainty", *Journal of Philosophy*, 50 (1953), 29-39, incluído no livro do autor, *Philosophical Theory and Psychological Fact*, 1961, pp. 25-45. — Encontram-se referências ao problema do conhecimento imediato na maior parte dos autores de tendência empirista. — Um desenvolvimento do conceito de "imediato" à luz do hegelianismo encontra-se no cap. I do livro de Jeanne Delhomme, *La pensée interrogative*, 1954. — Ver também H. H. Joachim, *Immediate Experience and Mediation*, 1919. — Gino Capozzi, *La mediazione come divenire e come relazione*, 1961. — W. Jackson, *Immediacy: The Development of a Critical Concept from Addison to Coleridge*, 1973. ↩

IMITAÇÃO. Os pitagóricos chamavam de "imitação", μίμησις, o modo como as coisas se relacionavam com os números, considerados como as realidades essenciais e superiores que aquelas imitam. Aristóteles criticou essa doutrina em *Met.*, A 6, 987 b 12, declarando que não há diferença essencial entre a teoria pitagórica da imitação e a teoria platônica da participação (VER).

A noção anterior de imitação é (predominantemente) metafísica. O conceito de imitação também pode ser entendido em um sentido (predominantemente) estético. Isso ocorre em parte em Platão e por inteiro em Aristóteles, ao apresentarem suas respectivas teorias da imitação artística. Platão referiu-se a essa questão em vários diálogos. Por exemplo, em *Soph.*, 266 A ss., ao definir a imitação como uma espécie de criação, isto é, como uma criação de imagens e não de coisas reais, razão pela qual a imitação é uma criação humana, e não divina; ou em *Leg.*, II, 667 A, ao elucidar as condições que a imitação de algo deve cumprir: do que é imitação, se é verdadeira, se é bela. Particularmente importantes são, entretanto, as passagens platônicas em *Rep.*, X 595 C ss, nas quais indica que quando um artista pinta um objeto fabrica uma aparência desse objeto, mas como a rigor não pinta a essência ou verdade do objeto, e sim sua imitação na Natureza, a imitação artística é uma dupla imitação: a imitação de uma imitação. Por isso a arte da imitação não é, segundo Platão, mais que um fantasma, simulacro ou imagem, εἴδωλον, da coisa. Com isso percebemos que mesmo em sua teoria da imitação estética Platão não abandonou sua doutrina da imitação metafísica. Aristóteles, em compensação, explicou o problema da imitação como um problema da poética ou arte produtiva. Segundo o Estagirita, as artes poéticas (poesia épica e tragédia, comédia, poesia ditirâmbica, música de flauta e lira) são, em geral, *modos de imitação* (*Poet.*, I 1447 a 14-16). O imitador ou artista representa sobretudo ações, com agentes humanos bons ou maus (*ibid.*, II 148 a 1-2), havendo tantas espécies de artes como maneiras de imitar as diversas classes de objetos (*ibid.*, III 1448 a 18-20).

A doutrina artística da imitação, especialmente em sua forma aristotélica, exerceu considerável influência até já bem adiantado o século XVIII.

Em épocas mais recentes, a noção de imitação foi usada em pesquisas biológicas, psicológicas, sociológicas e estéticas.

Na biologia estudou-se o fenômeno da imitação como reprodução ou duplicação, pelos membros de uma espécie, dos movimentos efetuados por outros membros da mesma espécie, e às vezes por membros de outras espécies. A esses estudos pertencem as pesquisas sobre a mímica animal, de Piderit.

Na psicologia destacaram-se as investigações da imitação efetuadas por Theodor Lipps e, sobretudo, por Jean Piaget. Segundo este último autor, a imitação é uma reprodução, seja ela comportamental ou imaginativa, de movimentos exteriores — não apenas de outros seres humanos, mas também, e às vezes sobretudo, de outros seres vivos, e também de coisas ou objetos. Pela imitação vai-se produzindo uma acomodação ao mundo externo. Não se trata, contudo, de uma acomodação "passiva" ou "mecânica", porque, ao mesmo tempo que ocorre a imitação do real, produz-se a sua assimilação.

Na sociologia destacaram-se as investigações de Gabriel Tarde, que começou considerando a ciência como um conhecimento de "similaridades e repetições fenomênicas", e indicou, em seu livro sobre as leis da imitação (cf. *infra*, 3ª ed., 1900, p. 16), que "todas as similaridades de *origem social*, que se observam no mundo social, são fruto, direto ou indireto, da imitação em todas as suas formas: imitação-costume ou imitação-moda, imitação-simpatia ou imitação-obediência, imitação-instrução ou imitação-educação, imitação ingênua ou imitação reflexiva etc.". Tarde formulou uma série de "leis lógicas" e descreveu um conjunto de "influências extralógicas" da imitação de acordo com uma distinção de dois tipos de "causas sociais": as lógicas e as não-lógicas (*op. cit.*, p. 153). O termo 'lógico' equivale aqui, aproximadamente, a 'consciente' ou 'reflexivo',

já que, segundo Tarde, "as causas lógicas operam quando a inovação escolhida por um homem foi assim escolhida por ter sido considerada por ele mais útil ou mais verdadeira que as outras" (*loc. cit.*). Acusou-se Tarde de ter dado um significado demasiadamente amplo ao termo 'imitação', uma vez que para ele esse termo também significava invenção, isto é, a série de iniciativas adotadas com o fim de enfrentar situações sociais determinadas, mas Tarde respondeu (no "Prefácio" à segunda edição [1895] do citado livro) que também poderiam tê-lo acusado de haver estendido excessivamente o significado de 'invenção'. O autor se propunha elucidar a natureza e as formas de um fenômeno muito amplo, que incluía ações e não apenas repetições "passivas" de comportamentos sociais.

A noção de imitação também suscitou interesse na estética e, particularmente, na crítica e na história literárias, como demonstram as investigações de Erich Auerbach em sua obra *Mimesis. Dargestelle Wirklichkeit in der abendländischen Literatur*, 1942 (trad. bras.: *Mimesis: a representação da realidade na literatura ocidental*, 1971).

•• José R. Morales também restabeleceu os três aspectos da mímese, que não deve ser reduzida à recordação ou imitação de outra coisa: a referência a outra coisa que toda mímese implica não se esgota 1) com a recordação ou imitação, mas também implica 2) capacidade para substituir aquela coisa, e inclusive 3) para multiplicá-la ou repeti-la. Essas diversas possibilidades são as que Morales descobre no teatro, tal como o expõe em sua especulação teórica acerca do drama intitulada *Mímesis dramática*, 1992. ••

A idéia de imitação desempenhou um papel significativo em várias manifestações da arte contemporânea, como demonstram múltiplas correntes da chamada "arte pop", assim como o intitulado "ultra-realismo", este último especialmente na pintura. No entanto, essa idéia de imitação é muito distinta das clássicas e radicalmente oposta à platônica. É verdade que aqui também há certos "modelos": na "arte pop" imitam-se formas de arte supostamente vulgares, toscas ou "multitudinárias". No ultra-realismo imitam-se as reproduções detalhistas de figuras contra todas as formas de "impressionismo". Mas "os modelos" não são levados a sério, a ponto de haver coincidências entre o ultra-realismo e certas formas do sobre-realismo.

⇨ Sobre a imitação em Platão: Culbert G. Rutenber, *The Doctrine of the Imitation of God in Plato*, 1946. — W. J. Verdenius, *Mimesis: Plato's Doctrine of Artistic Imitation and Its Meaning to Us*, 1949; 2ª ed., 1962.

Sobre a imitação em sentido psicológico e sociológico: G. Tarde, *Les lois de l'imitation*, 1890; 3ª ed., rev. e ampl., 1900. — P. Beck, *Die Nachahmung und ihre Bedeutung für Psychologie und Völkerkunde*, 1904;

2ª ed., 1923. — H. R. Jauss, ed., *Nachahmung und Illusion*, 1964. — J. Weinsheimer, *Imitation*, 1984 [a imitação como "intelectualmente defensável" para escritores, críticos etc.]. ↺

IMORAL, IMORALISMO. Esses termos são às vezes usados como sinônimos de 'amoral' e de 'amoralismo', respectivamente. Contudo, podem ser distinguidos conforme foi indicado em AMORAL, AMORALISMO.

Em *Além do bem e do mal* (*Jenseits von Gut und Böse*, § 32), Nietzsche se pergunta se não estamos no limiar de um período que poderia ser qualificado de "amoral". Esse amoralismo é entendido como uma atitude que, de saída, nega os valores vigentes. Mas Nietzsche não escreve "nós, os amoralistas"; escreve, em contrapartida, e freqüentemente, "nós, os imoralistas". Estes são os que suspeitam que "o valor decisivo de uma ação é precisamente aquilo que ela *não* tem de intencional" (*loc. cit.*). Os "imoralistas" são acusados de "relaxamento" — talvez de "amoralidade". No entanto, são os que vivem em um mundo de mandamentos "sutis", um mundo feito de "quases", um mundo no qual há deveres; e isso, acrescenta Nietzsche, embora dancemos em nossos "grilhões" e entre nossas "espadas" (*op. cit.*, § 226).

Segundo o plano que se traçou daquilo que se conhece como "A vontade de potência", a obra, cujo título era "Transmutação de todos os valores" (ver TRANSVALORAÇÃO), tinha quatro livros. O terceiro livro deveria intitular-se "O imoralista". Tratava-se de submeter à crítica todos os valores (ou "desvalores"): das religiões, do cristianismo, da moral, dos ideais morais, do "bom homem", da filosofia.

Nietzsche às vezes falava da "moralidade", do ponto de vista do "imoralista", como se fosse toda moralidade, e às vezes como se fosse a moralidade vigente em sua época (juntamente com os códigos morais em que estava baseada). Concomitantemente, o imoralismo pode ser interpretado de dois modos: como uma oposição a toda moralidade, ou como uma oposição a determinado código ou sistema moral. Neste último caso, o que é "imoral" do ponto de vista desse código ou sistema moral pode não sê-lo (e ser, portanto, moral) do ponto de vista de algum outro código ou sistema.

Para aquele que defender o caráter absoluto da moralidade ou, ao menos, de algum suposto princípio ou imperativo moral supremo, toda dúvida sobre tal caráter absoluto aparecerá como "imoral", e aquele que duvidar poderá ser qualificado de "imoralista". A idéia de Nietzsche segundo a qual "não há absolutamente fatos (fenômenos) morais" mas apenas "uma interpretação moral desses fatos" (cf. *Jenseits*, § 108; também *Die Götzen-Dämmerung*, VI, 1) será, pois, "imoral". Mas também o será, por exemplo, todo naturalismo na ética, todo emotivismo ético etc. O uso de 'imoral' (que traz consigo uma censura, no ânimo de muitos) depende em grande parte de uma definição demasiadamente restrita de 'moral'.

Héctor-Neri Castañeda (*The Structure of Morality*, 1974, pp. 5 ss.) distinguiu 'moral' e 'imoral', por um lado (como termos avaliativos), e 'moral'e 'não-moral' (ou 'amoral') por outro lado (como termos descritivos). Tratamos desse ponto no verbete AMORAL, AMORALISMO.

IMORTALIDADE. O problema da imortalidade equivale à questão do destino da existência após a morte, isto é, da sobrevivência dessa existência. Muitas respostas foram dadas ao problema pelas diversas religiões, filosofias e concepções do mundo.

1) Ao sobrevir a morte, a alma do homem migra para outro corpo, isto é, se reencarna. A série de transmigrações e reencarnações constitui, por sua vez, uma recompensa ou um castigo; quando há castigo, as almas migram para corpos inferiores; quando há recompensa, para corpos superiores, até serem, por fim, incorporadas a um astro. 2) As almas dos homens podem transmigrar, mas *toda* transmigração constitui um castigo. Para evitá-lo deve-se levar uma vida pura, única capaz de suprimir o pesadelo dos contínuos renascimentos e de submergir a existência no nirvana. 3) As almas dos homens — entendidas como seus "alentos" ou "sombras" — vão parar em um reino — o dos mortos —, que é o reino do sombrio. Às vezes saem desse reino para intervir no mundo dos vivos. 4) A sobrevivência dos espíritos após a morte depende da situação social dos homens correspondentes: somente certos indivíduos da comunidade sobrevivem. 5) Há sobrevivência, mas ela não é individual; ao morrer as almas se incorporam a uma alma única. 6) Ao morrer, os homens são devolvidos ao lugar do qual provêm, ao depósito indiferenciado da Natureza, que é o princípio da realidade. 7) Não há sobrevivência de qualquer espécie; a vida do homem reduz-se ao seu corpo, e ao chegar a morte ocorre a completa dissolução da existência humana individual. 8) Há sobrevivência individual, e é a das almas. 9) Há sobrevivência individual das almas, acompanhada depois pela ressurreição dos corpos. 10) A psique humana sobrevive ao menos durante algum tempo.

A primeira opinião foi defendida por muitas culturas, algumas delas chamadas de *primitivas*, e outras em notável estado de desenvolvimento intelectual. Os órficos elaboraram essa concepção, que foi refinada pelos pitagóricos e teve grande influência sobre Platão. A segunda é a concepção budista. A terceira é um resumo de muitas concepções de povos primitivos, incluindo partes fundamentais da religião popular grega, especialmente aquelas em que (como, segundo alguns autores, ainda se percebe em Homero) se faz a distinção entre o princípio de vida, apenas individualizado, e a pálida vida das "sombras", individualizadas, mas sem a "força" que dá o "ímpeto vital". A quarta é uma concepção própria de muitos povos primitivos; teve vigência no Egito até que a sobrevivência foi generalizada para todos os membros da comunidade. A quinta é uma concepção implícita em várias culturas, mas elaborada filosoficamente apenas por algumas interpretações dadas à teoria aristotélica do entendimento agente. A sexta é a concepção estóica. A sétima é a concepção naturalista, que nega toda imortalidade. A oitava concepção é defendida por algumas religiões, mas de modo maduro no cristianismo. Antecedentes dela podem ser encontrados em Platão e em outros filósofos. A nona é a concepção católica, e a décima é a concepção de muitos metapsíquicos e de alguns espiritistas.

A maior parte do que se segue neste verbete dedica-se a apresentar as idéias e os argumentos expostos por Platão sobre a imortalidade tal como discutidos em vários diálogos (*Mênon, Fédon, Fedro, República*) e, em particular, tal como sistematizados em um deles (*Fédon*). Reconhecemos que essas idéias representam somente uma parte das concepções de Platão sobre o assunto. Por outro lado, sabemos que o problema filosófico da imortalidade não se reduz à elucidação platônica. Dois motivos, porém, abonam o maior espaço dedicado à exposição das idéias e argumentos platônicos. O primeiro é que há em Platão, implícita ou explicitamente, referências à maior parte das concepções anteriores. O segundo é o fato de que ele influenciou consideravelmente o desenvolvimento posterior do problema, tanto naqueles que aceitaram as teses platônicas como naqueles que as negaram.

A concepção de Platão supracitada é clara: há uma vida após a morte. Essa vida não é a semi-existência no pálido reino das "sombras", mas uma existência mais plena, sobretudo *quando a alma foi purificada*. A reencarnação pode, pois, ser necessária, mas tem um final: o que a alma alcança quando repousa em seu verdadeiro reino, que para alguns é o das idéias, para outros, o dos astros e para outros o dos espíritos puros. Muitos motivos que levaram Platão a defender essa concepção. Por um lado, as influências recebidas dos pitagóricos; por outro, o desejo de deter a crescente dissolução da vida social produzida pela negação racionalista ou naturalista (ou ambas as coisas ao mesmo tempo) de uma vida após a morte. Por fim, a percepção da possibilidade de um "desencaixe" entre a alma e o corpo, desencaixe que se experimenta já em alguns momentos desta vida. Neste aspecto, portanto, Platão se opôs não somente àqueles que negavam a imortalidade, mas também aos que concebiam que a alma está indissoluvelmente ligada ao corpo e que, portanto, não há alma sem corpo (idéia que implicava às vezes a de que não há corpo sem alma). De fato, Platão representa uma purificação de vários motivos precedentes e, como E. R. Dodds sugeriu, uma "racionalização do conglomerado herdado", o que o levou a sustentar uma série de idéias das quais mencionaremos as principais:

(I) O corpo é um obstáculo para a alma. A alma está destinada a viver em um mundo puro, livre de toda mácula, mundo que pode ser comparado — no caso de não ser o próprio — com o das idéias.

(II) O filósofo — e, em geral, todo homem — deve aspirar, pois, a libertar sua alma do cárcere do corpo. Como isso ocorre no instante da morte, esta pode ser o momento mais feliz da vida, o que torna possível que a vida seja "uma meditação sobre a morte". Essa morte, no entanto, não deve ser voluntária, pois o homem não possui sua própria vida, bem dos deuses que somente eles podem arrebatar.

(III) Essas idéias podem ser demonstradas por meio da razão.

Este último ponto é de importância capital. Com base nele são formulados os famosos quatro argumentos do *Fédon* que recapitulamos abaixo.

O primeiro argumento (70C-72E) é o chamado argumento dos *opostos*. Consiste em afirmar que todas as coisas que têm opostos são geradas desses opostos. Exemplos disso são: o bem e o mal, o justo e o injusto. Ora, sendo a vida o oposto da morte, ela tem de ser gerada a partir desse oposto. A objeção contra esse argumento — de que pode haver vida, morte gerada pela vida e logo continuação dessa morte — é respondida por Platão indicando que, se assim fosse, então o movimento da Natureza se deteria, pois a geração não pode seguir unicamente "uma linha reta".

O segundo argumento (72E-77C) é o chamado argumento da *reminiscência* (VER). Consiste em afirmar que já que temos certos conhecimentos que não podem provir somente da percepção sensível — como o conhecimento da igualdade de duas coisas, que não pode ser retirado da experiência, pois nunca há duas coisas sensíveis iguais, e em geral o conhecimento das idéias —; é necessário reconhecer que tais conhecimentos provêm da recordação que a alma tem de uma vida na qual não estava contida no corpo. Mas, se a alma tem essa constituição, a alma é uma forma pura, isto é, uma entidade imortal.

O terceiro argumento (78B-84B) é o da *simplicidade*. Consiste em afirmar que todas as coisas simples existem para sempre já que somente as coisas compostas dissolvem-se e perecem. Como a alma é uma coisa simples, deve existir para ser, e ser imortal. Esse argumento permite que Platão sustente a doutrina da purificação e da transmigração das almas até a recuperação de sua pureza e de sua simplicidade naturais.

O quarto argumento (102A-107B) é o da concepção das *idéias* como *causas verdadeiras*. Consiste em afirmar que, uma vez que há coisas boas porque existe a bondade e coisas verdadeiras porque existe a verdade, há coisas vivas porque existe a vida. Essa vida, princípio de tudo o que é vivo, reside na alma, a qual é, desse modo, imortal.

Esses argumentos de Platão foram objeto de numerosos comentários, tanto de autores pagãos como cristãos. Ora, enquanto o platonismo tinha a *tendência* a conceber a alma em analogia com a idéia, o cristianismo a concebeu sob a forma da pessoa (VER). A imortalidade cristã é, pois, menos uma crescente purificação que desemboca em uma forma pura, cujo mundo é o das idéias, que um espírito que se constitui no curso de suas experiências íntimas e está destinado a viver no reino de Deus.

Os argumentos platônicos são geralmente considerados "argumentos racionais", embora neles se possam encontrar — inclusive em sua base — certas "intuições" que não são propriamente "racionais", como a intuição de que a "alma" resiste ao "corpo" e de que o "corpo" não "segue" a alma. Além disso, há nos argumentos platônicos idéias de procedência muito diversa, entre elas idéias órficas relativas à "transmigração das almas".

Além dos argumentos platônicos foram muito influentes os chamados argumentos "aristotélico-tomistas", expostos por Santo Tomás na *S. theol.*, q. LXXV, e em *Cont. Gent.*, 1, 57. Segundo Santo Tomás, há um princípio intelectual que possui uma operação *per se* à parte do corpo. Esse princípio, chamado de "intelecto" (VER), é incorpóreo (imaterial) e subsiste; é, pois, também, imortal. Os argumentos "aristotélico-tomistas" também são racionais, mas deve-se levar em conta que partem de bases "empíricas"; com efeito, a prova tomista da imortalidade do citado "princípio" da alma baseia-se em uma detalhada análise da noção de alma, das diversas classes de alma, das operações da alma, do modo ou dos modos pelos quais a alma está unida ao corpo etc. Observemos que na teologia tomista — e, em geral, na teologia católica — a imortalidade da alma é considerada uma "imortalidade por participação", e não, como a imortalidade de Deus, uma "imortalidade por essência".

Entre outros tipos de argumento (ou prova) a favor da imortalidade citamos as seguintes: 1) as chamadas provas "empíricas", desenvolvidas por autores como Fechner e os parapsicólogos (ver METAPSÍQUICA). 2) As provas que podem ser chamadas de "analítico-empíricas", como as proporcionadas por Bergson ou William James — além disso em estreita relação com as provas "empíricas", que consistem essencialmente em afirmar que há um "mais" psíquico do qual o organismo não pode dar conta. De acordo com isso, o cérebro não produz psiquismo. 3) As chamadas provas "morais" nos dois sentidos desse termo: 'moral' como 'ético' e 'moral' como 'provável' ou 'plausível'. 4) As provas fundadas em uma "iluminação interior" (divina ou não). 5) As provas fundadas em um exame da experiência da duração (como em Bergson e em Scheler). 6) As provas que consistem em sustentar que a imortalidade da alma é, no fundo, sua eternidade, e que esta consiste em um "presente eterno".

Kant proclamou que a razão teórica ou especulativa é incapaz de proporcionar qualquer "prova" e que, em geral, não há provas ou argumentos decisivos a favor da imortalidade, sejam eles racionais ou empíricos; podemos ter uma certeza *moral* de que *somos* imortais, mas não uma certeza lógica (*KrV*, A 829/B 857). Ora, que não existam tais provas — ou que elas não sejam propriamente provas — não significa, segundo Kant, que a alma não seja imortal; ocorre apenas que ela o é por "motivos" muito distintos dos geralmente aduzidos pelas provas ou argumentos: porque a imortalidade é um postulado da razão prática (Kant) ou porque é resultado da "fome de imortalidade" (Unamuno). Embora tenhamos introduzido várias epígrafes nesta bibliografia, alguns dos trabalhos mencionados poderiam figurar sob mais de uma epígrafe.

➔ Problema da imortalidade: Gustav Teichmüller, *Über die Unsterblichkeit der Seele*, 1874. — E. Seebach, *Die Lehre von der bedingten Unsterblichkeit in ihrer Entstehung und geschichtlichen Entwicklung*, 1898. — John McTaggart e Ellis McTaggart, *Human Immortality and Pre-Existence*, 1915. — P. Kammerer, *Einzeltod, Völkertod, biologische Unsterblichkeit*, 1918. — Andrew Seth (Pringle-Pattison), *The Idea of Immortality*, 1922. — Max Scheler, "Tod und Fortleben", em *Schriften aus dem Nachlass. I: Ethik und Erkenntnislehre*, 1933; reimp. em *Gesammelte Werke*, X, ed. Maria Scheler, 1957. — E. S. R. Clark, *The Meaning of Immortality. Being a Plea for the Intellectual Method in Philosophical Mysticism*, 1934. — Corliss Lamont, *The Illusion of Immortality*, 1935. — Karl Groos, *Die Unsterblichkeitsfrage*, 1936. — P. Carabellese, E. Castelli, C. Fabro et al., *Il problema dell'immortalità*, 1946 [Archivio di Filosofia, ed. E. Castelli].— A. Wenzl, *Unsterblichkeit. Ihre metaphysische und anthropologische Bedeutung*, 1951. — Franz Grégoire, *L'au-delà*, 1957. — I. T. Ramsey, *Freedom and Immortality*, 1957. — Gabriel Marcel, *Présence et immortalité*, 1959. — M. F. Sciacca, *Morte e immortalità*, 1959 [Opere complete, IX]. — Do mesmo autor: *¿Qué es la inmortalidad?*, 1959 [Esquemas, 45]. — Déodat Roche, *Survivance et immortalité de l'âme*, 1962. — William Kneale, *On Having a Mind*, 1962 [The A. S. Eddington Memorial Lecture, 1962]. — Josef Pieper, *Tod und Unsterblichkeit*, 1968. — D. Z. Phillips, *Death and Immortality*, 1970. — H. D. Lewis, *The Soul and Immortality*, 1973. — H. D. Lewis, *Persons and Life after Death*, 1978. — E. Fontinell, *Self, God, and Immortality: A Jamesian Investigation*, 1986. — R. W. Perrett, *Death and Immortality*, 1986. — D. P. Lackey, *God, Immortality, Ethics: A Concise Introduction to Philosophy*, 1989.

Provas da imortalidade: W. R. Alger, *A Critical History of the Doctrine of a Future Life*, 1864; 10ª ed., com o título: *The Destiny of the Soul. A Critical History etc.*, 1878, ed. Ezra Abbot (do citado E. Abbot: *The Literature of the Doctrine of a Future Life, compiled as an "Appendix" to A Critica History etc.*, 1871 [incorporado à 10ª ed. mencionada acima]). — A. Chiappeli, *Amore, morte e immortalità. Nuovi studi sulla questione della sopravivenza umana*, 1913; 2ª ed., com o título: *Guerra, amore ed immortalità*, 1916. — Hasting Rashdall, *The Moral Argument for Personal Immortality*, 1920. — G. Fell, *L'immortalità dell'anima umana*, 1921. — Gotzmann, *Die Unsterblichkeitsbeweise*, 1927. — Emil Mattiesen, *Das persönliche Überleben des Todes. Eine Darstellung der Erfahrungsbeweise*, 3 vols., 1936-1939; reimp., 1962 [ponto de vista metapsíquico; para outras obras com essa abordagem, ver a bibliografia de METAPSÍQUICA]. — F. Heiler, *Unsterblichkeitsglaube und Jenseitshoffnung*, 1950. — C. D. Broad, *Personal Identity and Survival*, 1958 [Myers Memorial Lecture]. — Id., *Lectures on Psychical Research*, 1962, especialmente o "Epílogo" [The Perrott Lectures, Cambridge University, 1959-1960]. — C. J. Ducasse, *A Critical Examination of the Belief in a Life after Death*, 1961 [American Lectures on Philosophy]. — José Ferrater Mora, *El ser y la muerte. Bosquejo que filosofía integracionista*, 1962 [Cap. IV: "Muerte, supervivencia e inmortalidad"]. — B. Reichenbach, *Is Man the Phoenix: A Study of Immortality*, 1983. — A. Flew, *God, Freedom, and Immortality: A Critical Analysis*, 1984 [reelaboração da obra *The Presumption of Atheism*, 1976, do mesmo autor].

História da idéia e do problema da imortalidade, assim como das diversas provas da imortalidade: W. R. Alger, *op. cit. supra.* — G. Galloway, *The Idea of Immortality: Its Development and Value*, 1919. — C. Clement, *Das Leben nach dem Tode im Glauben der Menscheit*, 1920. — Witte, *Das Jenseits im Glauben der Völker*, 1929. — Luis Rey Altuna, *La inmortalidad del alma a la luz de los filósofos*, 1959. — Quirin Huonder, *Das Unsterblichkeitsproblem in der abendländischen Philosophie*, 1970. — Erwin Rohde, *Psyche, Seelenkult und Unsterblichkeitsglaube der Griechen*, 1894; 9ª e 10ª eds., 1925. — Gustav Teichmüller, "Platon, Von der Unsterblichkeit der Seele", em *Studien zur Geschichte der Begriffe*, 1874; reimp., 1966, pp. 107-222. — Robert Lee Patttterson, *Plato on Immortality*, 1965 (especialmente no *Fédon*). — Gustav Teichmüller, "Platon und Aristoteles", na obra citada *supra*, pp. 339-378. — G. Soleri, *L'immortalità dell'anima in Aristotele*, 1952. — René Hoven, *Stoïcisme et Stoïciens face au problème de l'au-delà*, 1971. — Walter F. Otto, *Die Manen oder von den Urformen des Totenglaubens*, 1923; nova ed., 1962. — F. Cumont, *Afterlife in Roman Paganism*, 1923; reelaborado em *Lux Perpetua*, 1949. — G. Pfannmüller, *Tod, Jenseits und Unsterblichkeit in der Religion, Literatur und Philosophie der Griechen und Römer*, 1952. — A. E. Taylor, *The Christian Hope of Immortality*, 1938. — H.-D. Saffrey, Y.-B. Tremel, *et al.*, "De l'immortalité de l'âme", número especial de *Lumière et Vie*, 24 (1955), 701-796 [inclui também estudos sobre as concepções gregas e sobre as idéias de L. Lavelle]. — Jaroslav Pelikan, *The Shape of Death: Life, Death, and Immortality in the Early Fathers*, 1961. — A. Dahl, *Odölighetsproblemen hos Augustinus*, 1934. — Id., *Odölighetsproblemen hos Plotinos*, 1934. — Richard Heinzmann, *Die Unsterblichkeit der Seele und die Auferstehung des Leibes. Eine problemgeschichtliche Untersuchung der frühscholastischen Sentenzen- und Summenliteratur von Anselm von Laon bis Wilhelm von Auxerre*, 1965. — Franz Luger, *Die Unsterblichkeitsfrage bei J. Duns Scotus. Ein Beitrag zur Geschichte der Rückbildung des Aristotelismus in der Scholastik*, 1933. — Jeanne Russier, *Sagesse cartésienne et religion: Essai sur l'immortalité de l'âme selon Descartes*, 1958. — R. Perdelwitz, *Die Lehre von der Unsterblichkeit der Seele in ihrer geschichtlichen Entwicklung bis auf Leibniz*, 1900 (tese). — E. Matthes, *Die Unsterblichkeitslehre des Spinoza*, 1892 (tese). — G. Stuart Fullerton, *On Spinozistic Immortality*, 1899. — Giovanni di Napoli, *L'immortalità dell'anima nel Rinascimento*, 1963. — L. Müller, *De omsterfelijkhedgedachte bij Schopenhauer onder invloed van Kant en Plato*, 1956. — H. Kaufmann, *Die Unsterbichkeitsbeweise in der katholischen deutschen Literatur von 1850-1900*, 1912 (tese). — E. S. Brightman, *Immortality in Post-Kantian Idealism*, 1925 [The Ingersoll Lecture]. — Cristina Arregui, "Cuatro filósofos contemporáneos frente al problema de la inmortalidad. H. Bergson, M. Scheler, L. Lavelle, A. Wenzl", *Cuadernos uruguayos de filosofía*, n. 1 (1961), 109-137. — E. G. Brahman, *Personality and Immortalitity in Post-Kantian Thought*, 1926. — L. Foucher, "La notion d'immortalité de l'âme dans la philosophie française du XIX siècle" (*Revue des Sciences Philosophiques et théologiques*, fev., mai. e nov. de 1932: estuda Jouffroy, Maine de Biran, Ravaisson, Lachelier, Bergson, Fourier, Lamennais, saintsimonismo, Gratry e Renouvier). — B. Mojsisch, "Zum Disput über die Unsterblichkeit der Seele im Mittelalter und Renaissance", *Freiburger Zeitschrift für Philosophie und Theologie*, 28 (1982). — A. H. Armstrong, *Expectations of Immortality in Late Antiquity*, 1987. ℭ

IMPENETRABILIDADE, IMPENETRÁVEL. Discutiu-se freqüentemente se os corpos (físicos) são penetráveis ou impenetráveis. Em geral adotou-se esta última opinião, mas então debateu-se se a impenetrabilidade é uma propriedade específica do corpo físico distinta da extensão. A questão da penetrabilidade ou impenetrabilidade dos corpos esteve vinculada ao problema da constituição (contínua ou discreta) da matéria e da natureza do espaço e do contato entre os corpos. Os estóicos rejeitaram a distinção aristotélica entre o contato e a continuidade. A concepção continuísta defendida pelos estóicos obrigava-os a sustentar que não há nenhum ponto preciso ou nenhuma série de pontos precisos entre dois corpos que determine seu "contato". Como, por outro lado, não há vazio entre os corpos, pode-se muito bem negar a impenetrabilidade e admitir a interpenetrabilidade. De acordo com isso, os estóicos admitiam a possibilidade de uma "mistura total" de corpos, e isso não somente, como se diria hoje, em escala macroscópica, mas inclusive em escala microscópica. A mistura total, assim como a interpenetrabilidade, é conseqüência da continuidade.

Que os corpos sejam interpenetráveis não significa, para os estóicos, que não ofereçam resistência. Esta última (ver ANTITIPIA) é uma das propriedades dos corpos.

A maior parte dos autores sustentou a impenetrabilidade dos corpos. Alguns, como os tomistas, afirmaram que os corpos são impenetráveis naturalmente; ordenam-se uns ao lado dos outros em virtude da quantidade. Embora a impenetrabilidade não seja o mesmo que a extensão, essas duas propriedades encontram-se intimamente relacionadas. Isso não significa que qualquer corpo dado seja impenetrável; um corpo pode penetrar outro pelos interstícios deste último, mas sempre há em todo corpo algo impenetrável. Por isso, os tomistas distinguem impenetrabilidade interna e externa (ou local). Os scotistas, por outro lado, consideram a impenetrabilidade como uma propriedade específica dos corpos distinta da extensão.

Na época moderna, o problema da impenetrabilidade foi discutido freqüentemente em relação com a questão do movimento e do repouso. Descartes sustentou que o que cimenta as partes de um corpo duro é seu próprio repouso (*Princ. Phil.*, II, 55). Locke define a impenetrabilidade como uma força ativa dos corpos; há em cada corpo uma força que rejeita outro corpo (*Essay*, II, 4). Para Leibniz, a impenetrabilidade funda-se na antitipia (VER); a impenetrabilidade é nesse filósofo distinta da extensão, a qual é puramente relacional.

Na física moderna "clássica", a concepção da matéria como espaço cheio conduz à idéia de matéria (mais que simplesmente corpo físico) como impenetrável. Se se considera que a matéria é composta por partículas elementares, a impenetrabilidade afeta então as partículas; os próprios corpos são interpenetráveis pelos interstícios. A impenetrabilidade é, nessa física, uma *vis insita* (Newton). As mudanças fundamentais na idéia de matéria introduzidas no presente século têm de modificar a noção clássica de impenetrabilidade. Esta última se baseia de algum modo na idéia de que há uma distinção entre "o cheio" e "o vazio". Eliminada — ou atenuada — essa distinção, não se pode mais falar propriamente de impenetrabilidade, não tanto porque se admita que os corpos (ou as partículas) são penetráveis, mas antes porque o conceito de impenetrabilidade perde seu anteriormente claro sentido físico.

IMPERATIVO. Os mandamentos éticos são formulados em uma linguagem imperativa. Esse imperativo é às vezes positivo, como em "Honrarás pai e mãe", e às vezes negativo, como em "Não matarás". A linguagem *imperativa* é por sua vez uma parte da linguagem *prescritiva*. No entanto, nem toda linguagem ética é imperativa. Os juízos de valor moral, por exemplo, que também pertencem à ética, formulam-se em linguagem *valorativa*. Os imperativos, por sua vez, podem ser de diversos tipos. Por exemplo: *singulares* e *universais*, ou — como indicou Kant — *hipotéticos* (ou condicionais) e *categóricos* (ou absolutos). Na ética atual discutiu-se sobretudo a índole lógica das expressões imperativas. Alguns autores declararam que como os imperativos não são enunciados (os quais se expressam no modo indicativo), não dizem nada e, por conseguinte, estão fora de toda ciência. De acordo com essa teoria, os imperativos expressam apenas os desejos da pessoa que os formula, de tal modo que quando dizemos: "Obedeça a sua mãe", isso equivale a dizer "Desejo que você obedeça a sua mãe". Em suma, os imperativos não têm nesse caso outra possibilidade de comprovação além da comprovação de que a pessoa que os formula tem efetivamente o desejo que se expressa neles. É óbvio que essa teoria está muito estreitamente relacionada com a que reduz os juízos de caráter moral a juízos aprobativos, isto é, que afirma que uma proposição como 'João age mal' equivale à proposição 'Não aprovo o comportamento de João'. Outros autores propuseram reduzir os imperativos a condicionais. De acordo com isso, uma frase como 'Não desejarás a mulher de teu próximo' equivale à frase 'Se desejares a mulher de teu próximo, atrairás a vingança de teu próximo', ou à frase 'Se desejares a mulher de teu próximo, contribuirás para a dissolução dos vínculos familiares' etc. Contra essas duas teorias observou-se que, embora constituam uma análise lógica dos imperativos, representam um sacrifício justamente daquilo a que tendem os imperativos: a expressão de algumas normas de caráter moral. O fundo das citadas teorias foi, por isso, reconhecido como naturalista, pois, com efeito, somente quando se reduz inteiramente o homem a uma entidade natural se pode admitir que o mandamento expressa o estado de ânimo daquele que manda, seja sob a forma do desejo ou sob a forma da aprovação.

Acima nos referimos a uma classificação dos imperativos devida a Kant. Agora formularemos essa classificação mais detalhadamente, mas antes será necessário introduzir a noção kantiana de imperativo em geral. Segundo o que Kant escreve na *Fundamentação da metafísica dos costumes*, "a concepção de um princípio objetivo que se impõe necessariamente a uma vontade chama-se mandamento, e a fórmula desse mandamento chama-se imperativo". O imperativo, diz Kant (*K. p. V*, 3-7), é uma regra prática dada a um ente cuja razão não determina inteiramente a vontade. Essa regra expressa a necessidade objetiva da ação, de tal modo que a ação *ocorreria* inevitavelmente de acordo com a regra *se* a vontade *estivesse* inteiramente determinada pela razão. Esse é o motivo pelo qual os imperativos são objetivamente válidos, ao contrário das máximas (ver MÁXIMA), que são princípios subjetivos.

Os imperativos são, como vimos, de dois tipos: *hipotéticos* ou *condicionais* (nos quais os mandamentos da razão são condicionados pelos fins que se pretende alcançar) e *categóricos* ou *absolutos* (nos quais os mandamentos da razão não são condicionados por nenhum fim, de tal modo que a ação se realiza por si mesma e é um bem em si mesma). Os imperativos hipotéticos determinam as condições da causalidade do ser racional como causa eficiente, isto é, em relação ao efeito e aos meios de obtê-lo. Os imperativos categóricos determinam apenas a vontade, tanto se ela for adequada ao efeito como se não o for. Por isso os primeiros contêm meros preceitos, enquanto os segundos são leis práticas, pois, embora as máximas também sejam princípios, não são imperativos.

Kant subdivide os imperativos hipotéticos em *problemáticos* (ou *imperativos de habilidade*) e *assertóricos* (ou *imperativos de prudência*, também chamados de *pragmáticos*). Os imperativos categóricos não se subdividem, porque todo imperativo categórico é ao mesmo tempo *apodítico*. Podemos, pois, dizer que os imperativos ordenam ou hipotética ou categoricamente. Um exemplo dos primeiros é o seguinte imperativo: "Deves considerar todas as coisas atentamente com o fim de evitar juízos falsos", que de fato equivale a uma proposição condicional, pois também pode ser formulado do seguinte modo: "Se queres evitar juízos falsos, deves considerar todas as coisas atentamente". Um exemplo de imperativo categórico é "Seja justo". Este é um dos muitos exemplos possíveis de imperativo categórico. Com isso vemos que, mesmo sendo comum usar-se a expressão '*o* imperativo categórico' (de Kant), de fato todo imperativo que mande incondicionalmente como se o que é ordenado fosse um bem em si é categórico. Ora, seguindo a tradição trataremos do imperativo categórico (de Kant), enquanto princípio de todos os imperativos categóricos, embora levando em conta que foi formulado de diversas maneiras, que não são variantes, mas formas que se ligam entre si, de tal modo que se passa de uma para outra dentro de um sistema moral consistente. Seguindo as indicações de H. J. Paton em seu livro *The Categorical Imperative* (1948, cap. XIII, 1), daremos as cinco formulações de Kant. Todas elas se encontram na já referida *Fundamentação*. Enumeramos estas formulações na mesma ordem proposta por Paton e lhes damos os mesmos nomes por ele sugeridos. Elas são (I) "Age somente de acordo com a máxima que possas ao mesmo tempo querer que se transforme em lei universal" (fórmula da lei universal); (II) "Age como se a máxima de tua ação devesse se transformar por tua vontade em lei universal da Natureza" (fórmula da lei da Natureza); (III) "Age de tal modo que uses a humanidade, tanto em tua própria pessoa como na pessoa de qualquer outro, sempre ao mesmo tempo como um fim, nunca simplesmente como um meio" (fórmula do fim em si mesmo); (IV) "Age de tal modo que tua vontade possa considerar-se a si mesma como constituindo uma lei universal por meio de sua máxima" (fórmula da autonomia); (V) "Age como se por meio de tuas máximas fosses sempre um membro legislador em um reino universal de fins" (fórmula do reino dos fins). A fórmula que aparece na *Crítica da razão prática* sob o nome de "Lei fundamental da razão pura prática", e que diz "Age de tal modo que tua máxima possa valer sempre ao mesmo tempo como princípio de uma legislação universal", aproxima-se muito de (I), embora no desenvolvimento que lhe dá nessa obra Kant pareça se ater a (III). O próprio filósofo fala de três formas do imperativo categórico; podemos considerar (I) e (II) como a primeira, (III) como a segunda, e (IV) e (V) como a terceira.

Kant enumera vários exemplos de deveres, alguns que são deveres para consigo mesmo e outros que são deveres para com outras pessoas, com o fim de mostrar como funciona o imperativo categórico. Mencionaremos três desses exemplos. Os dois primeiros provêm da *Fundamentação da metafísica dos costumes*; o último, da *Crítica da razão prática*.

Entre os deveres para consigo mesmo pode-se apresentar o seguinte caso: um homem desesperado pelas desgraças ocorridas em sua vida e ainda dono de sua razão se pergunta se não seria contrário a seu dever para consigo mesmo suicidar-se. Ele investiga então se a máxima de sua ação poderia se converter em lei universal da Natureza. E raciocina do seguinte modo: "provisoriamente adoto como máxima o princípio de que posso encurtar minha existência quando a prolongação desta tenha de me proporcionar maiores males que bens. Este princípio pode se converter em lei universal da Natureza? Não, porque um sistema da Natureza no qual fosse uma lei destruir a vida por meio do mesmo sentimento que impulsiona a melhora da vida seria contraditório consigo mesmo e não poderia existir como sistema da Natureza".

Entre os deveres para com os outros pode-se apresentar o seguinte caso: um homem se vê obrigado a pedir dinheiro emprestado. Sabe que não poderá devolvê-lo, mas também sabe que não lhe emprestarão nada se não prometer a devolução em determinado tempo. Ele quer fazer a promessa, mas possui consciência moral suficiente para se perguntar se não será ilegal e contraditório com o dever evitar tal dificuldade fazendo essa falsa promessa. Se se resolver a fazê-la, pensará: "Estou disposto a pedir dinheiro e a prometer sua devolução, embora saiba que jamais poderei cumprir minha promessa. Isso estará, certamente, de acordo com minha conveniência, mas será justo? Para saber a resposta, devo formular isso mediante uma lei universal e perguntar: O que ocorreria se minha máxima se transformasse nessa lei? Imediatamente vejo que ela não poderia se transformar em uma lei desse tipo, pois uma lei dessa índole seria contraditória consigo mesma. Suponhamos que seja uma lei universal que cada um que se encontra em dificuldades possa prometer o que quiser pensando em não cumprir sua promessa. Então a própria promessa, e o que alguém se propunha com ela, seriam impossíveis, pois ninguém aceitaria uma promessa e consideraria toda promessa como uma falsa intenção".

Entre os deveres para com os outros pode-se apresentar ainda o seguinte caso. Suponhamos que alguém decidiu seguir a máxima de aumentar sua fortuna por todos os meios seguros a seu alcance. Ocorre-lhe em dado momento ter um depósito de alguém que faleceu e que não deixou nehuma instrução escrita sobre esse ponto. Pode se transformar em uma lei prática universal a máxima de que se pode negar a devolução de um depósito em tais condições? A resposta é, segundo Kant, negativa. Pois se a máxima em questão se transformasse em lei universal ela anularia a si mesma, já que não haveria depósitos.

Várias objeções foram formuladas à doutrina kantiana do imperativo categórico. Algumas se baseiam no fato de que o imperativo categórico padece de inconsistências. Um exemplo disso é o argumento de Brentano em uma nota [15] à sua obra *A origem do conhecimento moral*. A clareza com que esse filósofo o expressou merece que reproduzamos aqui o parágrafo pertinente: "Se em conseqüência da lei certas ações são omitidas, então a lei gera um efeito e, portanto, é real e de modo algum é anulada. Vejam quão ridículo seria que alguém tratasse de modo semelhante a seguinte pergunta: 'Devo aceder a quem tente me subornar?', e respondesse: 'Sim, porque, se se pensasse a máxima oposta elevada a lei universal da Natureza, já não haveria ninguém que tentasse subornar ninguém, e, por conseguinte, a lei ficaria sem aplicação e, portanto, anulada por si mesma'" (*El origen etc.*, trad. M. García Morente, 2ª ed., 1941, p. 86).

Outros salientam que um imperativo como o kantiano não tem suas raízes em uma exigência racional, mas é a conseqüência de um instinto que em determinado momento pode ser revelado racionalmente. Um exemplo dessa opinião é proposto por Bergson no cap. I de sua obra *As duas fontes da moral e da religião*, ao indicar que se quisermos um caso de imperativo categórico puro "teremos de construí-lo *a priori* ou, ao menos, estilizar a experiência". Com efeito, a fórmula "é necessário porque é necessário" pode ser imaginada como forjada em um instante em que a inteligência expressa a inevitabilidade de uma ação prescrita pelo instinto. Por isso "um imperativo absolutamente categórico é de natureza instintiva ou sonambúlica: ou ele é experimentado como tal em estado normal, ou é imaginado assim quando a reflexão desperta por um momento, o tempo indispensável para formulá-lo, mas não para buscar-lhe razões" (*Las dos fuentes etc.*, trad. esp., 1946, p. 79).

Outros destacam que do imperativo categórico não se podem deduzir conseqüências éticas. Como indica Brentano na obra anteriormente citada, J. S. Mill já formulara essa objeção; mas esta se encontra em todos os autores que criticaram o formalismo ético kantiano. Aqueles que levam essa objeção a suas últimas conseqüências indicam que não pode haver nenhum princípio ético normativo de caráter universal. Tais princípios — argumentam eles — são completamente vazios e por conseguinte não podem dar lugar a qualquer máxima concreta.

Outras objeções, por fim, referem-se aos pressupostos a partir dos quais o imperativo categórico é formulado. Indicou-se, com efeito, que uma ética como a kantiana é uma ética rigorista, que nega a espontaneidade da vida e adscreve valor somente àquilo que é feito contra os próprios impulsos. O imperativo categórico seria, de acordo com essas objeções, a conseqüência da universalização desse rigorismo ético. Essa objeção é formulada, por sua vez, de distintos pontos de vista. Alguns são pontos de vista sociológicos (o imperativo categórico é a chave de uma ética do homem burguês), outros são pontos de vista teológicos (o imperativo categórico é o ponto culminante de uma ética puramente autônoma, que atribui ao homem a possibilidade de fazer o bem sem uma graça divina), outros são pontos de vista psicológico-filosóficos (o imperativo categórico faz a ética depender exclusivamente da vontade, sem atender a outras possibilidades de perceber os valores éticos) e outros, finalmente, são pontos de vista filosóficos (o imperativo categórico é um imperativo da razão, que pode ser contrário aos imperativos da vida). Em todos esses casos se critica o imperativo categórico kantiano por sua rigidez e por sua ausência de pressupostos, com o que esse tipo de objeção às vezes coincide com a que salienta o excessivo formalismo do imperativo. Destaquemos que dentro desse último gênero de objeções pode ser incluída a explicação de um imperativo categórico puro dada por Bergson.

Respostas a essas objeções obrigam ou a refundamentar a ética ou então a reformular o imperativo categórico kantiano, ou ambas as coisas ao mesmo tempo. Assim, Scheler, seguindo Brentano parcialmente, desenvolveu uma "ética material dos valores" que, em seu entender, evita o formalismo kantiano sem por isso abandonar o "apriorismo". Um caminho semelhante foi seguido por Nicolai Hartmann. Este último, além disso, indicou (em "Kants Metaphysik der Sitten und die Ethik unserer Zeit", compilado em *Kleinere Schriften*, III, p. 349) que a fórmula do imperativo moral deve ser a máxima: "Age de tal modo que a máxima de tua vontade nunca chegue a ser, ao menos integralmente, o princípio de uma legislação universal". Trata-se de uma reversão do imperativo kantiano, reversão necessária, segundo Hartmann, para que o indivíduo possa se tornar verdadeiramente um agente moral.

Uma reformulação do imperativo kantiano, que consiste em fazer uma interpretação menos rígida que de costume, foi proposta por H. J. Paton ao indicar que "Kant não busca propor uma teoria especulativa acerca do modo pelo qual um imperativo categórico pode produzir efeitos no mundo fenomênico" (*op. cit.*, cap. XIX, 5). Não se trata, pois, de explicar como a razão pura pode ser prática. Analogamente ao que ocorre na *Crítica da razão prática* e na *Fundamentação da metafísica dos costumes*, a questão estabelecida por Kant é uma questão de *validade* de certas proposições; nem os problemas psicológicos nem as consequências práticas teriam algo a ver, em princípio, com a formulação de imperativos. É de se duvidar, contudo, que ao menos no que diz respeito às consequências práticas se possa resolver o assunto duplicando o formalismo do imperativo com o formalismo de sua interpretação.

Vários filósofos e lógicos ocuparam-se do que foi chamado de "a lógica dos imperativos", isto é, a lógica que se ocupa das inferências que possam ser executadas a partir de expressões imperativas como "Faça X" ou "Obedeça Y". Alguns autores negaram a possibilidade de inferências imperativas propriamente ditas, mas outros, como Héctor-Neri Castañeda, afirmaram a possibilidade de tais inferências. Castañeda (VER) elaborou detalhadamente as condições da lógica dos imperativos formulando as expressões imperativas análogas aos valores de verdade. Isso significa estabelecer "uma generalização fecunda da noção de inferência tal como esta se aplica a proposições indicativas ordinárias, isto é, como uso possível de enunciados formalmente relacionados entre si de certos modos especificados, independentemente de se são verdadeiros ou falsos, e de como são usados e por quem".

Às vezes as expressões imperativas — "Feche a porta", "Ajude o próximo" — foram tratadas como expressões deônticas — "Deves fechar a porta", "Deves ajudar o próximo" —, alegando-se que mandar fazer algo é o mesmo que dizer que se deve fazer. No entanto, pode-se mandar fazer algo sem pensar que deva ser feito, e vice-versa, pode-se pensar que algo deve ser feito sem mandar fazê-lo; portanto, é preciso distinguir expressões imperativas e expressões deônticas.

As expressões imperativas também foram tratadas em algumas ocasiões como valorativas, isto é, juízos de valor; em todo caso, considerou-se que certos imperativos — os de caráter moral — recebem sua legitimidade das valorações. Alguns autores buscaram até mesmo, ao menos no terreno moral, ligar expressões imperativas com expressões deônticas e valorativas, fundando-se no fato de que, se se reconhece o valor de algo — por exemplo, de determinada ação —, o moral é proclamar que deve ser executado e para isso se manda que se execute. Não obstante, pode-se valorar uma ação sem mandar executá-la, ou pode-se mandar executar uma ação sem considerá-la valiosa. Como, por outro lado, há diferença entre expressões valorativas e expressões deônticas, não é legítimo estabelecer uma estreita ligação entre os três tipos de expressão.

A independência — e a lógica própria — das expressões imperativas em relação às deônticas e às valorativas não impede, todavia, que possam ser estabelecidas relações entre elas sempre que se dêem as razões apropriadas. Mas essas razões vêm, por assim dizer, "de fora" e não são consequência de derivações lógicas em sentido estrito.

Discutiu-se a relação existente entre expressões mediante as quais se diz que alguém deve fazer algo e os imperativos. As expressões mediante as quais se diz que alguém deve fazer algo costumam ser conhecidas como expressões que implicam 'deveria'. Assim, a questão que se estabelece é a da relação entre expressões como 'Deverias cumprir tuas promessas' e expressões como 'Cumpre tuas promessas'. Alguns autores consideraram que 'deveria' implica um imperativo, já que se não for desse modo não teria sentido dizer que alguém deveria fazer esta ou aquela coisa; outros afirmaram que 'deveria' não expressa nenhum conteúdo que leve a formular imperativos.

Também se discutiu se é ou não uma característica dos imperativos ter uma dimensão causal. Obviamente, formular um imperativo por si mesmo não pode constituir uma causa. No entanto, alguns autores declaram que um imperativo pode contribuir para que se realize uma ação, e que certos imperativos devem contribuir para que se realize uma ação. Outros mantêm completamente separados os imperativos e qualquer ação causal, possível ou meramente desejável.

➲ Além das obras citadas no texto: P. Deussen, *Der kategorische Imperativ*, 1891. — E. Jonson, *Det kategoriska imperativet. Värdeteoretiska studier i Kants ethik*, 1924 (*O imperativo categórico. Estudos axiológicos sobre a ética de K.*). — Manfred Moritz, *Kants Einteilung der Imperative*, 1960. — Angela-Maria

Jacobelli Isoldi, "Imperativi categorici e imperativi ipotetici", *Giornale critico della filosofia italiana*, 41 (1962), 463-506. — M. J. Gregor, *Laws of Freedom: A Study of Kant's Method of Applying the Categorical Imperative in the* Metaphysik der Sitten, 1963. — T. C. Williams, *The Concept of the Categorical Imperative: A Study of the Place of the Categorical in Kant's Ethical Theory*, 1968. — Leo Henri Wilde, *Hypotetische und kategorische Imperative. Eine Interpretazion zu Kants* Grundlegung zur Metaphysik der Sitten, 1975. — B. Magnus, *Nietzsche's Existential Imperative*, 1978. — V. Rossvaer, *Kant's Moral Philosophy: An Interpretation of the Categorical Imperative*, 1979. — T. N. Pelegrinis, *Kant's Conceptions of the Categorical Imperative and the Will*, 1980.

Sobre a lógica dos imperativos: Albert Hofstadter e J. C. C. McKinsey, "On the Logic of Imperatives", *Philosophy of Science*, 6 (1939), 446-457. — Alf Ross, "Imperatives and Logic", *ibid.*, 11 (1944), 30-46. — Bernard Mayo, Basil Mitchell e Austin Duncan-Jones, artigos sobre imperativos em *Proceedings of the Aristotelian Society*, 52 (1951-1952), 161-206. — R. M. Hare, *The Language of Morals*, 1952. — Héctor-Neri Castañeda, "A Note on Imperative Logic", *Philosophical Studies*, 6 (1955). — Id., "Imperative Reasonings", *Philosophy and Phenomenological Research*, 21 (1960-1961), 21-49. — Id., *The Structure of Morality*, 1974. — Marisa Zilli, "Analisi semantica dell'imperativo", *Rassegna filosofica*, 6 (1957), 35-41. — O. Weinberger, *Die Sollsatzproblematik in der modernen Logik*, 1958. — Nicholas Rescher, *The Logic of Commands*, 1966. — Nicholas J. Moutafakis, *Imperatives and Their Logic*, 1975 [de E. Mally a R. M. Hare, von Wright et al.]. — P. L. Quinn, *Divine Commands and Moral Requirements*, 1978.

Ver também a bibliografia de DEÔNTICO. ⊂

IMPERATIVO CATEGÓRICO. Ver IMPERATIVO.

IMPERTURBABILIDADE. Ver ATARAXIA; CETICISMO; ESTÓICOS; PIRRO.

IMPESSOAL, IMPERSONALISMO. O ponto de vista que prescinde da pessoa (VER) é chamado de "ponto de vista impessoal". O vocábulo 'impessoal' é freqüentemente comparado ao vocábulo 'objetivo' (no sentido moderno deste último termo). Na metafísica, considera-se que o impersonalismo afirma o completo primado (ontológico e axiológico) das "coisas", *resi*. O impersonalismo equivale então a uma concepção do mundo que, segundo Renouvier, "busca na consciência, sede única de toda representação das coisas, aquelas que possam servir para representar a coisa ou a essência de todas as coisas, de tal modo que a consciência e suas leis não sejam, no fundo, mais que formas ou produtos delas". Por isso o impersonalismo opõe-se do modo mais radical ao personalismo (VER). A oposição personalismo-impersonalismo é assim uma das oposições fundamentais da filosofia, a ponto de que parece muito difícil, se não impossível, harmonizá-los. Mesmo que a doutrina impersonalista metafísica não deva ser confundida com o impersonalismo gnosiológico, a verdade é que muito freqüentemente eles estão estreitamente aparentados. Isso ocorre em autores que, como F. Bouillier (1813-1899), historiador e crítico do cartesianismo, defenderam essa doutrina. Em *Théorie de la raison impersonelle* (1845) e em *Le principe vital et l'âme pensante* (1862), Bouillier edificou uma doutrina de caráter animista que resulta em um impersonalismo panteísta e pode servir de exemplo para esta passagem do impersonalismo gnoseológico para o metafísico.

Na opinião de R. P. Bowne (*Personalism*, 1908), há dois modos de chegar ao impersonalismo: por um lado, mediante a aplicação, à realidade total, das categorias correspondentes aos objetos impessoais que rodeiam o homem; por outro, mediante a "falácia do abstrato", que exige uma regressão infinita. O primeiro caminho conduz a um impersonalismo que se confunde com o materialismo e o ateísmo; o segundo conduz a um impersonalismo que se identifica com o idealismo absoluto e com o acosmismo. E mesmo o impersonalismo não propriamente materialista apresenta duas faces distintas que, conforme indicou George H. Howison (*The Limits of Evolution*, 1896), distinguem-se sutilmente, mas nem por isso menos vigorosamente: o impersonalismo em que desemboca o evolucionismo dos agnósticos, principalmente o evolucionismo spenceriano, que transforma o Deus pessoal em um Incognoscível; e o impersonalismo que acaba em um "idealismo afirmativo", tal como se expressa na teoria do teísmo cósmico, no qual Deus se faz imanente à Natureza.

Uma ética e uma concepção da vida de caráter impersonalista foram defendidas por Dietrich Heinrich Kerler (1882-1921; nasc. em Neu-Ulma). Kerler escreveu várias obras, em algumas das quais se manifestavam tendências "impersonalistas" (*Die Idee der gerechten Vergeltung in ihrem Widerspruch mit der Moral*, 1908; *Ueber Annahmen*, 2 partes, 1910; *Kategorienprobleme*, 1912; *Jenseits vom Optimismus und Pessimismus*, 1914; *Der Denker*, 1920; *Die Auferstehung der Metaphysik*, 1922), mas sobretudo em uma delas (*Max Scheler und die impersonalistische Weltanschauung*, 1917) atacou o personalismo como uma ética e uma concepção da vida fundadas na própria pessoa. Contra o personalismo ele propôs um impersonalismo segundo o qual não apenas a própria pessoa, mas toda Pessoa, incluindo Deus, ou qualquer Ser divino criado, constitui a base para a realização dos valores e para a apreensão do sentido dos valores. As idéias de Kerler foram elaboradas por Kurt Port (nasc. em 1896: *Weltwille und Wertwille*, 1925; *Das System der Werte*, 1929; *Kerler. Die Philosophie des*

Geistes, 1949). Todavia, enquanto Kerler dá à sua doutrina impersonalista um sentido estético-místico, e não apenas ético, este último sentido é o que mais interessa a Port. Acrescentemos que, segundo Port (*Archiv für Begriffsgeschichte*, ed. Erich Rothacker, 4 [1959], p. 227), Kerler foi o primeiro a usar o termo 'impersonalismo' (*Impersonalismus*), mas isso não parece ser historicamente correto.

ÍMPETO (*impetus*). As investigações de Pierre Duhem (VER) a que nos referimos em vários verbetes, especialmente em PARIS (ESCOLA DE), continuadas, em parte retificadas, e ampliadas por vários historiadores (C. Michalski, Anneliese Maier, A. Koyré, S. Pines, E. A. Moody, Marshall Clagett etc.), projetaram clareza sobre a noção de *impetus*, na qual se viu um antecedente da noção galileana de inércia. A noção em questão apareceu sobretudo como um modo de explicar o movimento de um projétil, isto é, um dos "movimentos violentos" — de acordo com a terminologia de Aristóteles —, em contraposição aos "movimentos naturais". Tratamos do modo como Aristóteles estabeleceu e tentou solucionar o problema do "movimento de um projétil" no verbete INÉRCIA. A passagem correspondente de Aristóteles (*Phys.*, IV, 8, 215 a 14) foi comentada, entre outros, por Simplício (*In. Arist. physicorum libros (...) commentaria* [*Comm. in Aristotelem graeca*, X, 1350]) e João Filoponos (*In Aristotelis physicorum libros commentaria* [*ibid.*, XVII, 639 ss.]). O primeiro se ateve substancialmente à explicação (ou às explicações) de Aristóteles, embora modificando-as em vários aspectos. O segundo rejeitou as explicações aristotélicas e as substituiu pela hipótese de uma "força cinética", κινητικὴ δύναμις, impressa no projétil — e não no meio em que se move o projétil —, força que faz o projétil continuar se movendo até que a força se esgote pela resistência que lhe opõe o meio. A "força cinética" em questão é, segundo João Filoponos, "incorpórea", ἀσώματον (o que não significa necessariamente "espiritual"); trata-se de uma "energia (ἐνέργεια) cinética" comparável à que, segundo vários autores antigos, emana dos objetos na direção do olho que os vê e permite, justamente, que o olho os veja.

S. Pines (cf. bibliografia) observou que no *Kitāb al-Shifā* (*Livro da cura da alma*) Avicena parece ter recebido a influência de João Filoponos na questão que nos ocupa (o mesmo historiador fala de um precursor de Avicena: o "précurseur Bagdadien de la théorie de l'impetus" Yahya ibn Adi [† 973/974]). Avicena examinou várias explicações do movimento de um projétil: a aristotélica (ou, melhor, as duas aristotélicas: a da *antiperistase*, segundo a qual o ar é substituído pelo projétil; e a que pode ser chamada de "simultaneísta", segundo a qual o ar recebe o poder de ir empurrando o projétil); a de João Filoponos; outra parecida com a de João Filoponos, mas de caráter descontinuísta; e uma teoria — adotada pelo próprio Avicena — segundo a qual há uma espécie de "inclinação" (em árabe *mayl* ou *mail*) que o movimento inicial transmite ao projétil e que se choca com a resistência do meio. O *mayl* ou *mail* não é a força que move, mas o instrumento de que, por assim dizer, "se vale" a força. O *mayl* pode ser psíquico ou físico. O *mayl* físico pode ser "natural" ou "violento". O "*mayl* violento" (*gasrī*) persiste indefinidamente a menos que se lhe oponha outra força (ou uma resistência que opere com força). Em todo caso, o *mayl* em questão é permanente. Outro filósofo árabe, Abū'l-Barakāt († *ca.* 1164), desenvolveu a teoria do *mayl* aviceniano, mas de alguma maneira "retrocedeu" em relação à doutrina de Avicena na medida em que considerou que o *mayl* violento "se gasta".

João Filoponos e alguns autores árabes foram considerados precursores da teoria medieval latina do ímpeto, embora ainda se discuta se esses precursores exerceram ou não influência direta sobre os autores latinos medievais que adotaram, ou desenvolveram, a teoria. É interessante notar, em todo caso, que certos autores que *não* adotaram a teoria do ímpeto (ou alguma de suas possíveis versões) e que defenderam a explicação aristotélica (ou alguma de suas possíveis versões) deram mostras de conhecer bem a doutrina da "continuação do movimento do projétil". Isso ocorre nos comentários a Aristóteles feitos por Roger Bacon e Santo Tomás. Segundo B. Jansen (cf. bibliografia), Pedro João Olivi (VER) foi o primeiro "representante escolástico do atual conceito de movimento", mas o certo é que, embora esse filósofo exponha uma das formas da "doutrina da continuação do movimento" (a chamada "teoria da *inclinatio*"), ao mesmo tempo a rejeita. Segundo Anneliese Maier (cf. bibliografia), Pedro João Olivi não é um precursor do conceito moderno de movimento; o que esse pensador faz é formular a teoria, similar à posterior teoria de Guilherme de Ockham, segundo a qual o movimento é uma relação. Isso faz que não seja necessária nenhuma causa para a continuação do movimento do projétil, mas, embora isso pareça muito próximo do "princípio de inércia", não o é, pois Pedro João Olivi considera que a relação em questão não é "permanente".

Podem ser encontradas no século XIV análises detalhadas de nosso problema. Anneliese Maier (*Die Vorläufer*, pp. 132 ss., *Ausgehendes Mittelalter*, II, pp. 465 ss., entre outros textos da autora; cf. bibliografia *infra*) considera que a doutrina do ímpeto originou-se em Paris por volta de 1320 por obra do franciscano italiano Francesco Rossi (Franciscus de Rubeis), prosseguiu poucos anos depois — e com independência de Franciscus de Rubeis — com João Buridan e se desenvolveu com Nicolau de Oresme, Alberto da Saxônia e Marsílio de Inghen. (Anneliese Maier também indica [*Vorläufer*, p. 133, nota] que o próprio Santo Tomás professou, sem se dar conta disso e no curso da exposição do princípio oposto, *Omne quod movetur ab alio movetur* [VER], a doutrina do ímpeto, ou alguma versão dela; o trecho mais interessante sobre o assunto encontra-se em seus comentários à *Physica*, Lect. 8, ao falar do papel que desempenha o *removens prohibens* no movimento natural). Marshall Clagett (*The Science of Mechanics, passim*; cf. bibliografia *infra*) indica que no século XIV apareceram ao menos três tendências diferentes nas tentativas de solucionar o problema da continuação do movimento de um projétil — ou qualquer outro "movimento violento": a tendência representada por Francisco de Marchia (VER), segundo a qual a força que imprime o movimento "imprime" ao mesmo tempo uma força (a chamada *vis derelicta*) ao projétil, que lhe torna possível continuar seu movimento; a tendência representada por Guilherme de Ockham, segundo a qual, sendo o movimento, como já dissemos, uma relação, e como esta se reduz às sucessivas posições no espaço móvel, não é preciso admitir uma causa especial para explicar o movimento (de acordo com a norma *Entia non sunt multiplicanda praeter necessitatem* [VER]); a tendência representada por João Buridan (VER), segundo a qual há efetivamente uma "força impressa", sendo ela de caráter permanente, podendo ser determinada em função da quantidade de material.

Esta última doutrina é a única que merece ser chamada propriamente de "teoria do ímpeto". Assim, há motivos para se afirmar que, não obstante os muitos e diversos "precursores" da doutrina em questão, esta foi defendida pela primeira vez com toda amplidão e conseqüência por João Buridan e pelos pensadores da chamada "Escola de Paris" (VER), tais como Nicolau de Oresme (VER), Alberto da Saxônia (VER) e outros.

Considerar João Buridan como o principal expoente da teoria do ímpeto não significa ignorar que ao mesmo tempo *culmina* nesse autor uma longa história. Ao mesmo tempo, pode-se considerar a doutrina de Buridan como exemplo de uma das possíveis interpretações aristotélicas. Segundo E. A. Moody (cf. obra citada na bibliografia *infra*), com efeito, a origem mais imediata das doutrinas sobre esse assunto no século XIV é constituída pela crítica a que Avempace submeteu vários conceitos da física aristotélica no século XII. Desde então formaram-se duas correntes que interpretaram de dois modos distintos o fenômeno do movimento violento. Uma se baseava nas idéias do próprio Avempace (Roger Bacon, Santo Tomás, John Duns Scot e — em parte — Guilherme de Ockham). A outra se baseava no "aristotelismo ortodoxo" em sua interpretação averroísta (Alberto Magno, Egídio Romano, Siger de Brabante [este último, contudo, parece ter-se inclinado posteriormente na direção das doutrinas de Santo Tomás no assunto que nos ocupa]). A primeira dessas correntes foi reassumida, segundo Moody, e consideravelmente elaborada (e possivelmente modificada) por vários autores do século XIV: os citados Francisco de Marchia, João Buridan, Nicolau de Oresme e Alberto da Saxônia. Assim, como mostrou Anneliese Maier, a doutrina do ímpeto que culminou nos últimos autores citados, e especialmente em João Buridan, foi preparada por muitas discussões acerca da natureza da força motriz (*vis motrix*).

É difícil precisar em que consiste exatamente o ímpeto (*impetus*) segundo João Buridan (ou segundo Nicolau de Oresme e outros "parisienses" do século XIV). Já indicamos que esse ímpeto se determina em função de duas quantidades. Mas Buridan tentou ao mesmo tempo, e talvez sobretudo, determinar a "natureza" do ímpeto. Este não é a força impulsionadora original, pois nesse caso não prosseguiria, em princípio, *in infinitum*. Tampouco é o movimento enquanto tal do projétil (já que esse movimento é produzido justamente pelo ímpeto). O ímpeto é como uma qualidade, permanente, embora destrutível (entenda-se, destrutível por um agente que atue contra ela, o que pode ocorrer por meio de outro móvel ou pela resistência do meio). Parece, pois, que o ímpeto é uma espécie de qualidade natural do móvel. Deve-se observar que para Buridan a doutrina do ímpeto explicava não apenas o movimento "local", incluindo especialmente o da "queda dos corpos", isto é, o movimento acelerado dos corpos que caem. A aceleração de um corpo ao cair é explicável, segundo Buridan, pelo fato de que há uma contínua impressão do ímpeto no corpo mediante a gravidade. Desse modo, procedia-se a uma unificação dos diversos tipos de movimento em um único conceito.

Discutiu-se freqüentemente em que medida a doutrina do ímpeto foi um antecedente da doutrina da inércia (VER) e em que medida o conteúdo conceitual da primeira se aproxima do da segunda. Duhem considerou que a doutrina do ímpeto é muito próxima da da inércia, e que aquela levou a esta. Koyré afirmou que a doutrina do ímpeto e a da inércia não são tão similares entre si como pretendia Duhem, e que, embora haja na doutrina do ímpeto muito de "moderno", não é tão "moderna" como a inércia. Segundo Anneliese Maier (*Ausgehendes Mittelalter*, II, 466-467), a noção galileana de inércia não é derivável da noção de ímpeto tal como elaborada por João Buridan; em todo caso, Galileu, ao adotar em seus escritos "maduros" o conceito inercial de *impeto* — ao contrário do conceito de força "impressa" que adotara em seu escrito *De motu* —, não menciona seus predecessores, no caso de havê-los, isto é, pensadores como Alberto da Saxônia e Marsílio de Inghen. E. A. Moody declara-se decididamente a favor de uma estreita relação entre o conceito de ímpeto de Buridan e o conceito de inércia (ou conceito inercial de *impeto*) de Galileu; de qualquer modo, o primeiro não é incompatível com o segundo, ou seja, com a "dinâmica madura" de Galileu. Moody opõe-se a A. Maier e sustenta que esta se equivocou ao afirmar que não é possível fazer uma interpretação inercial do conceito de ímpeto, de Buridan, ao menos no caso dos problemas do projétil e da queda livre dos corpos. A. Maier atribuía a João Buridan a idéia de uma *inclinatio ad quietem* intrínseca, isto é, a idéia de uma tendência do corpo a permanecer em repouso distinta da gravidade do corpo; de acordo com isso, o ímpeto de um projétil não duraria indefinidamente, mas seria "esgotado" pela mencionada *inclinatio* mesmo se tivessem desaparecido as forças opostas do meio e da gravidade. Mas Moody ("Galileo and His Precursors", em *Studies* [cf. bibliografia], p. 400, nota 7) indica que embora tenha encontrado a locução *inclinatio ad quietem* em Nicolau de Oresme, ao afirmar que "as esferas celestes não resistem às inteligências que as movem com qualquer inclinação ao movimento (rotativo) oposto ou com qualquer *inclinatio ad quietem*", não a encontrou, em compensação, em nenhum escrito de João Buridan nem viu qualquer citação específica de Buridan sobre o assunto nos escritos de A. Maier. Isso, entre muitas outras razões, leva Moody a reafirmar a tese de Duhem sobre a relação estreita (ao menos da não-incompatibilidade) entre a idéia de ímpeto de Buridan e a noção "madura" galileana de inércia; que é a noção tratada no verbete INÉRCIA.

O debate entre os "duhemianos" e os "antiduhemianos" nem sempre é bem definido. A. Maier, por exemplo, no escrito supracitado, destaca que, com a doutrina do ímpeto e as noções introduzidas para sua explicação, Galileu e seus contemporâneos já tinham "todas as possibilidades" de desenvolver o princípio de inércia, oportunamente transformado por Newton em *lex prima*, de tal modo que se Galileu não menciona os precedentes históricos é porque eram tão conhecidos e estavam tão bem assimilados que não era preciso citá-los explicitamente. Essas manifestações parecem bastante distantes da tese de uma separação completa entre as noções de "ímpeto" e de "inércia".

A questão da "modernidade" dos predecessores de Galileu também foi debatida com relação à doutrina do ímpeto. Alguns consideram que os defensores de tal doutrina não são "modernos" no sentido de Galileu, mas apenas "pré-modernos", mas isso é dizer muito pouco, a menos que se queira dizer que a dinâmica de Galileu é radicalmente distinta de toda outra doutrina física anterior, incluindo a do ímpeto, assunto, como vimos, debatido (e debatível). O termo 'moderno' não é o mais adequado para se atribuir apenas a Galileu ou a seus contemporâneos, porquanto os parisienses como João Buridan foram conhecidos justamente como *moderni* ou como seguidores da *via moderna*. Por outro lado, a adesão à doutrina do ímpeto tampouco é suficiente para caracterizar um autor como "moderno" no sentido de Galileu. Os mertonianos (VER) não comungavam necessariamente com a doutrina do ímpeto desenvolvida pelos parisienses, mas foram muito "modernos"

em seus trabalhos de quantificação de forças físicas e em seus cálculos, assim como o foi, por seu lado, Nicolau de Oresme, por razões similares.

↪ As obras dos historiadores a que nos referimos no início deste verbete são fundamentais para o conceito de que aqui nos ocupamos. Destacamos, pois: Pierre Duhem, *Études sur Léonard de Vinci; ceux qu'il a lu, ceux qui l'ont lu*, 3 vols., 1906-1913. — C. Michalski, "Les courants philosophiques à Oxford et à Paris pendant le XIVe siècle", *Bulletin international de l'Académie polonaise des sciences et des lettres*. Classe d'histoire et de philosophie, et de philologie. Les années 1919, 1920 (1922), 59-88. — Id., "La physique nouvelle et les différents courants philosophiques au XIVe siècle", *ibid.*, L'Année 1927 (1928), 93-164. — Anneliese Maier, *Die Vorläufer Galileis im 14. Jahrhundert*, 1949 [especialmente o capítulo "Impetustheorie und Trägheitsprinzip"]. — Id., *Zwei Grundprobleme der scholastischen Naturphilosophie*, 2ª ed., 1951 [especialmente o capítulo "Die Impetustheorie"]. — Id., *Zwischen Philosophie und Mechanik*, 1958 [especialmente o capítulo "Das Wesen des Impetus"]. — Id., "Galilei und die scholastische Impetustheorie", em *Ausgehendes Mittelalter*, II, 1967, pp. 465-490. — B. Jansen, "Olivi, der älteste scholastische Vertreter des heutigen Bewegungsbegriffs", *Philosophisches Journal der Görresgesellschaft*, 33 (1920), 137-152. — S. Pines, "Les précurseurs musulmans de la théorie de l'*impetus*", *Archeion*, 21 (1938), 298-306. — Id., "Un précurseur Bagdadien de la théorie de l'*impetus*", *Isis*, 44 (1953), 247-251. — Id., "Études sur Ahwad-al-Zâman Abu'l-Barakât al-Bagdadî", *Revue des Études juives*, N. S., 3 (1938), 3-64; *ibid.*, IV (1938), 1-33. — Alexandre Koyré, *Études Galiléennes*, 3 vols., 1939; 1 vol., 1966 (trad. port.: *Estudos galilaicos*, 1986). — Marshall Clagett, *The Science of Mechanics in the Middle Ages*, 1959. — E. A. Moody, "Galileo and Avempace: The Dynamics of the Leaning Tower Experiment", *Journal of the History of Ideas*, 12 (1951), 163-193, 375-422. — M. Wolff, *Geschichte der Impetustheorie. Untersuchungen zum Ursprung der klassischen Mechanik*, 1978. — W. A. Wallace, *Prelude to Galileo: Essays on Medieval and Sixteenth-Century Sources of Galileo's Thought*, 1981. — Ver, ainda, para outros escritos desses autores e obras complementares, a bibliografia dos verbetes MERTONIANOS e PARIS (ESCOLA DE).

Ver também: James F. O'Brien, "Some Medieval Anticipations of Inertia", *The New Scholasticism*, 44 (1970), 345-371. — Michael Wolff, *Fallgesetz und Massebegriff. Zwei wissenschaftliche Untersuchungen zur Kosmologie des Johannes Philoponus*, 1971. ↩

IMPLICAÇÃO. Foi comum na literatura lógica confundir a implicação com o condicional (VER), sem levar em conta que enquanto no condicional empregam-se enunciados, de acordo com o esquema:

que se lê:

$$p \to q$$

se p, então q

podendo ter como exemplo:

Se Shakespeare foi um dramaturgo,
Lavoisier foi um químico,

na implicação empregam-se nomes de enunciados, de acordo com o esquema:

'p' implica 'q'

que pode ter como exemplo:

'Shakespeare foi um dramaturgo'
implica 'Lavoisier foi um químico'.

A citada confusão deve-se ao esquecimento da diferença entre a menção (VER) e o uso. Ora, isso não significa que não se possa empregar a expressão 'implica' ao falar de um condicional; o que ocorre é que essa expressão deve ser restrita às ocasiões em que o condicional é logicamente verdadeiro. Por esse motivo, o condicional:

Se Shakespeare foi um dramaturgo,
Lavoisier foi um químico

é um condicional verdadeiro, enquanto a implicação:

'Shakespeare foi um dramaturgo'
implica 'Lavoisier foi um químico'

é uma implicação falsa. Um exemplo de implicação verdadeira é:

'Shakespeare foi um dramaturgo'
implica 'Lavoisier foi químico'
implica 'Lavoisier foi um químico',

à qual corresponde o condicional *logicamente* verdadeiro:

Se Shakespeare foi um dramaturgo,
Lavoisier foi um químico,
então Lavoisier foi um químico.

Como indicamos no verbete CONDICIONAL, o que alguns autores chamaram, tendo em vista a leitura da tabela de verdade (ver TABELAS DE VERDADE) para '→', "os paradoxos da implicação material", devem-se ao fato de se ler '→' ou 'se... então' como 'implica'.

No verbete TABELAS DE VERDADE (*ad finem*) nos referimos aos antecedentes antigos da idéia de implicação material e à disputa entre Fílon de Megara e Diodoro Cronos, que defendiam respectivamente a implicação material e a implicação estrita. No mesmo verbete indicamos o que se entendia por cada um desses dois modos de implicação. Hoje é comum falar de implicação filônica (material) e de implicação diodoriana (estrita) e distingui-las do seguinte modo: há implicação material quando um condicional é sempre verdadeiro salvo quando o antecedente é verdadeiro e o conseqüente é falso; há implicação estrita quando em um condicional o conseqüente é dedutível do antecedente.

A interpretação da implicação como implicação material foi adotada na Idade Média por Abelardo, John Duns Scot, Guilherme de Ockham e outros autores. Discutiu-se se ela se encontra ou não em Boécio. Alguns autores (Łukasiewicz, Dürr) inclinam-se pela confirmação; outros (René van den Driessche) sustentam que Boécio não aderiu simplesmente à concepção estóica, distinguindo a partícula '*si*' (usada para expressar a implicação externa) e a partícula '*cum*' (usada para expressar a implicação interna). Assim, a fórmula:

$$(p \to q) \to (r \to s)$$

é expressa por Boécio do seguinte modo:

si cum est a est b, cum sit c, est d

(ver Prantl, I, 715. Amm. 162). O mesmo ocorreu com Abelardo (*Ouvrages inédits d'Abélard publiés par V. Cousin*, 1836).

Entre os modernos, Frege e Peirce ressuscitaram a interpretação material, e a maior parte dos lógicos posteriores seguiu esse caminho. Em compensação, quem se opôs a essa interpretação foi C. I. Lewis, chamado por Łukasiewicz de "um moderno partidário de Diodoro". Com efeito, o próprio Diodoro Cronos já criticara na Antiguidade a concepção de Fílon de Megara, opondo a ela a sua própria interpretação, que às vezes chamada de *implicação diodoriana*. Durante muito tempo se supôs que tal interpretação caíra no esquecimento e que nem as resenhas da posição de Diodoro feitas por pensadores antigos conseguiram ressuscitá-la (Sexto Empírico [*Pyrr. Hyp., Adv. log.*], Cícero, *Acad. Quaest.*, II, 143). Esses pensadores indicaram claramente que, ao contrário de Fílon, Diodoro declarava que a implicação é verdadeira somente quando "não *foi* possível nem é possível que comece com o verdadeiro e termine com o falso". No entanto, encontramos em alguns autores escolásticos traços da interpretação diodoriana, como em João de Santo Tomás (*Cursus philosophicus. I Ars logica, Liber* II. c. 5, *apud.* J. J. Doyle em *The New Scholasticism*, 27 [1953], 23), que estabelece, de início, que a implicação (chamada *bona consequentia*) é "aquela na qual o antecedente infere o conseqüente, de tal modo que o antecedente não pode ser verdadeiro e o conseqüente falso". Essa *bona consequentia* pode ser, contudo, *materialis* ou *formalis*. A material é aquela que se diz boa somente em razão de alguma matéria; a formal é a que se diz boa em quaisquer matéria e termos. Se se diz 'Algum homem é racional; portanto, todo homem é racional', essa implicação vale naquela matéria, porque é matéria necessária na qual de um particular se pode inferir um universal, mas não vale pela forma, porque em outra matéria, mesmo tendo forma semelhante, a implicação não é válida, como quando se diz 'Algum homem é branco; portanto, todo homem é branco'. A implicação formal vale, pois, em todas as condições. Com isso se aproxima, segundo Doyle, ao que Lewis chamou de *implicação estrita*, oposta à material. Diremos agora algumas palavras sobre a concepção de Lewis.

Esse autor considera que seu próprio emprego de 'implica' está "mais de acordo com os usos habituais dessa relação na inferência e na prova". Com efeito, o cálculo baseado na implicação estrita "não é nem um cálculo de extensões, como a implicação material e a álgebra de Boole-Schröder, nem um cálculo de intensões, como o são os desafortunados sistemas de Lambert e Castillon. Inclui relações desses dois tipos, mas as distingue e mostra suas conexões. A implicação estrita contém a implicação material, tal como aparece em *Principia Mathematica*, enquanto sistema parcial, e contém também um sistema parcial suplementar cujas relações são as da intensão". Desse modo, somente o sistema de implicação estrita permite esclarecer, segundo Lewis, o que implicaria uma proposição falsa se fosse verdadeira e, portanto, abre o campo da inferência lógica. Esse sistema constitui a base da lógica modal proposicional edificada pelo mencionado autor (ver MODALIDADE). A expressão '*p* implica estritamente *q*' (simbolizada mediante a fórmula '$p \dashv q$') constitui nessa lógica uma abreviação da expressão 'Não é possível que não seja o caso em que se *p* então *q*' [simbolizada mediante '$(\square \lozenge \square)(p \to q)$']. '$p \dashv q$' pode ser traduzido metalogicamente mediante '*p* implica logicamente *q*'. Assim, a implicação estrita de Lewis introduz as modalidades.

O termo 'implicação' foi usado em sentido filosófico geral e não estritamente lógico por vários autores. Abordaremos agora dois deles.

Um deles é Maurice Blondel. Em sua obra *La Pensée* (tomo II, pp. 441 ss.) esse autor declara que há um método de implicação, que não deve ser confundido com o método de imanência [VER] e está vinculado ao sentido tradicional de *implicite*. O fato de uma coisa estar implícita em outra pode ser entendido, segundo Blondel, em dois sentidos: no passivo do *envolto*, e no ativo de *envolvente*. De acordo com isso, são vários os modos de inclusão ou de implicação. Para o citado autor, o método de implicação deve se referir tanto a dados de fatos como a exigências de direito. Estes não se opõem entre si nem permanecem separados, mas formam um conjunto orgânico. Com isso, o método de implicação une o *a priori* com o *a posteriori*, a ordem dos fatos com a da necessidade. Com isso, ademais, o explícito não absorve o implícito. Blondel acredita, além disso, que tal ideia de implicação pode remontar até a noção leibniziana do *vinculum substantialis* (ver VÍNCULO).

Outro autor a empregar o termo 'implicação' em sentido filosófico geral é Husserl. Segundo este autor, existe uma forma de implicação entre os todos e as partes que aparece sob a forma da "fundamentação" ou, melhor, da "fundação". Como 'implicação' é aqui um termo equívoco, propôs-se (Ortega y Gasset) o vocábulo 'complicação' como o mais adequado para expressar certas conexões (ver CO-IMPLICAÇÃO, COMPLICAÇÃO).

⊃ Entre os trabalhos históricos sobre a noção de implicação mencionamos: J. Łukasiewicz, "Zur Geschichte der Aussagenlogik", *Erkenntnis*, 5 (1935), 111-131. — M. Hurst, "Implication in the Fourth Century", *Mind*, N. S., 44 (1935), 484-495. — K. Dürr, "Aussagenlogik im Mittelalter", *Erkenntnis*, 7 (1937-1938), 160-168. — Id., *The Propositional Logic of Boethius*, 1951. — B. Mates, "Diodorean Implication", *Philosophical Review*, 58 (1949), 234-242. — R. van den Driessche, "Sur le 'De syllogismo hypothetico', de Boèce", *Methodos*, 1 (1949), 293-307. — J. J. Doyle, art. cit. *supra*. — J. M. Bochenski, *Ancient Formal Logic*, 1951.

Para trabalhos sistemáticos de índole lógica, ver: C. I. Lewis, *A Survey of Symbolic Logic*, 1918. — C. I. Lewis e C. H. Langford, *Symbolic Logic*, 1932. Além disso, o problema da implicação em seus vários sentidos é tratado em todos os textos atuais de lógica (ou logística). Citamos, ademais: D. I. Bronstein, "The Meaning of Implication", *Mind*, N. S., 45 (1936), 157-180. — D. J. B. Hawkins, *Causality and Implication*, 1937. — N. Malcom, "The Nature of Entailment", *Mind*, N. S., 49 (1940), 337-347. — E. Beth, J. B. Grize, R. M. Martin, B. Matalon, A. Naess, J. Piaget, *Implication, formalisation et logique naturelle*, 1962. — A. R. Anderson e N. D. Belnap, Jr., *Entailment: The Logic of Relevance and Necessity*, I, 1974. — J. Myhill, "Levels of Implication", em A. R. Anderson, R. B. Marcus, R. M. Martin, eds., *The Logical Enterprise*, 1975, pp. 179-185. ⊂

IMPLÍCITO. Diz-se que algo é implícito quando não está manifesto, contrapondo-se a explícito, ou manifesto. Um conhecimento implícito é um conhecimento que não está expresso, mas que poderia sê-lo se se desenvolvesse o que ele contém. Os escolásticos consideraram que uma proposição implícita é uma proposição ocultamente composta, isto é, na qual a composição da proposição por meio de algum conectivo — como 'e', 'ou', 'por causa de' — não está manifesta.

Os escolásticos usaram o advérbio *implicite*, "implicitamente" (assim como *explicite*, "explicitamente"). Segundo J. Laporte (*Le rationalisme de Descartes*, 1950, p. 95, nota 1), a palavra *implicite* significa no vocabulário escolástico o mesmo que *confuse* ("confusamente"), enquanto a palavra *explicite* ("explicitamente") significa *distincte* ("distintamente").

Na medida em que 'implícito' encontra-se terminologicamente relacionado com 'implicar' e 'implicação', seria possível tratar nesse último verbete do sentido de 'implícito' e 'implicitamente'. Isso não corresponderia à forma pela qual se compreende o sentido de "implicação" na lógica atual. No entanto, acrescentamos no final de IMPLICAÇÃO, a título de informação, dois sentidos filosóficos do termo que podem ser relacionados com o uso anteriormente introduzido de 'implícito' e 'implicitamente', *implicite*. Isso ocorre especialmente no caso de Blondel, cujo "método de implicação" está, de acordo com o que indicamos, vinculado ao sentido tradicional do *implicite*.

IMPORTÂNCIA. Ver RELEVÂNCIA.

IMPOSIÇÃO. Os escolásticos medievais, principalmente os do século XIV, subdividiam os signos convencionais (ver SIGNO) em duas classes: signos de primeira imposição e signos de segunda imposição. Os de primeira imposição são signos impostos aos objetos com o fim de lhes servir de signos. Os de segunda imposição são *a*) signos que significam algum indivíduo ou *b*) signos que significam um agregado de termos. Os signos da classe *a*) estão subordinados a um termo mental; isso não ocorre com os da classe *b*), que carecem de termos mentais aos quais correspondam, pois significam somente nomes de *a*).

Como os signos costumeiramente são de termos, pode-se falar também de termos de primeira e de segunda imposição. Os signos (ou termos) de primeira imposição subdividem-se em termos de primeira e de segunda intenção. A esses últimos termos nos referimos no verbete INTENÇÃO. Ali vimos que o uso escolástico havia sido precedido pelo emprego efetuado por certos filósofos árabes, particularmente por Avicena. Acrescentemos aqui que um texto desse filósofo que comprova isso é o que consta em *Met.*, I, 2, f. 70, e *ibid*, III, 10, f. 83.

IMPOSSIBILIA (DE IMPOSSIBILIBUS). Ver INSOLUBILIA.

IMPRESSÃO. Entendeu-se por 'impressão' a produção de um traço, selo ou "caráter" na alma, no espírito etc., sobretudo quando estes foram concebidos em analogia com uma tábula (VER) de cera na qual os estímulos "inscrevem" seus "tipos" ou "imagens". Mais especificamente, entendeu-se por 'impressão' a excitação dos órgãos dos sentidos por estímulos exteriores, e também a sensação ou as sensações produzidas por uma excitação desses órgãos. As impressões foram concebidas em geral no nível da sensação ou da percepção, mas também se falou de impressões na memória (VER); nesse último caso supõe-se que foram fixadas de tal modo que pudessem ser recordadas depois.

Muitos escolásticos introduziram a noção de "espécie (VER) impressa". As espécies impressas, *species impressae*, são semelhanças dos objetos causadas pela afecção deles nos sentidos. Ao ser relacionadas com o intelecto (VER), essas espécies impressas foram definidas como "semelhanças" produzidas pelo intelecto ativo e pela imagem do objeto na medida em que afetou o intelecto passivo. A *species impressa* é, segundo muitos escolásticos, particularmente os tomistas, uma *similitudo seu forma vicaria obiecti*, uma semelhança ou forma vicária do objeto na medida em que faz atuar a potência cognoscitiva tendo em vista o conhecimento desse objeto. A *species impressa* pode dar forma à potência cognoscitiva de dois modos: entitativamente (*entitative*) ou materialmente (*materialiter*), e cognoscitivamente (*cognoscitive*) ou imaterialmente (*immaterialiter*). A *species impressa* distingue-se da *species expressa*, que é a semelhança da própria coisa conhecida.

O termo 'impressão' circulou na filosofia moderna especialmente no sentido que Hume lhe deu. Locke já falara das impressões (*impressions*) que o espírito se vê forçado a receber (*Essay*, II, i, § 25). Hume (VER) distinguiu impressões e idéias. As impressões — sensações, paixões, emoções — possuem maior vivacidade e força que as idéias. "Por meio do termo *impressão* designo" — escreve Hume — "todas as nossas percepções mais vivas quando ouvimos ou vemos ou apalpamos ou odiamos ou desejamos ou queremos. E as impressões se distinguem das idéias — que são as percepções menos vivas de que temos consciência quando reflexionamos sobre qualquer uma dessas sensações ou movimentos antes mencionados" (*Enquiry*, seç. 2). As impressões dividem-se em impressões da sensação e impressões da reflexão (*Treatise*, I, seç. 2); tratamos mais detalhadamente dessa diferenciação e do modo como é usada na crítica do conhecimento de Hume no verbete sobre esse filósofo.

IN. Ver EM; IN SE.

IN SE. No vocabulário latino da escolástica é comum distinguir a expressão *in se* da expressão *in alio*. *In se* significa 'em si', 'em si mesmo'; *in alio* significa 'em outro', 'em outra coisa'. Um ser *in se* é, pois, um ser cuja realidade lhe é própria, enquanto um ser *in alio* é um ser cuja realidade não lhe é própria, já que consiste em existir em algo que não é ele. Observemos que a distinção em questão foi usada por outros autores além dos escolásticos. Desse modo, na *Ethica* de Spinoza estabelece-se o axioma (Parte I, axioma I): "*Omnia quae sunt vel in se vel in alio sunt*" ("Todas as entidades que são ou são em si ou são em outra entidade"), e apresenta-se a definição (Parte I, definição iii): "*Per substantiam intelligo id quod in se est et per se concipitur etc.*" ("Entendo por substância o que é em si e se concebe por si etc." [ver SUBSTÂNCIA]).

A distinção entre *in se* e *in alio* é paralela à distinção entre *a se* (VER) e *ab alio*. É usual reservar a primeira para quando se fala do ser de uma entidade, e a segunda, para quando se faz referência ao princípio (ou causa) de que tal entidade provém. Em muitos casos o ser *in se* equivale não apenas ao ser *a se*, mas também ao ser *per se* e ao ser *ex se*. Pode-se fazer a distinção, no ser *in se*, entre um ser *in se simpliciter* e um ser *in se secundum quid*. Esta última distinção é paralela à que mencionamos no verbete ABSOLUTO.

INAIANA. Ver BUDISMO.

INATISMO. Denomina-se "inatismo" a doutrina segundo a qual existem certas idéias, certos princípios, noções, máximas — sejam "especulativos" ou "práticos" — que são inatos, isto é, possuídos pela alma, pelo espírito etc., de todos os homens sem exceção. O inatismo adotou diversas formas no curso de sua longa história.

Uma primeira fase na história do inatismo é constituída pela doutrina platônica, sobretudo naqueles pontos em que parece estabelecer-se uma confluência entre as correntes de caráter órfico-pitagórico e um tipo de filosofia que almeja explicar em que consiste o saber, ao contrário da mera opinião (VER). Um elemento capital da doutrina platônica sobre esse assunto é constituído pela idéia da reminiscência (VER). Essa idéia, combinada freqüentemente com a doutrina agostiniana da iluminação (VER), exerceu grande influência na Idade Média e se opôs geralmente ao empirismo do princípio *Nihil est in intellectu quod non prius fuerit in sensu* (*Nada há no intelecto que não estivesse antes nos sentidos*) de raiz aristotélica, a ponto de que muitas vezes a atitude adotada nessa questão serviu para distinguir o platonismo do aristotelismo. Em geral, o pensamento antigo, com exceção das correntes sofistas e céticas, inclinou-se ao inatismo. Até mesmo Aristóteles, que enfatiza sempre a passividade do ser que percebe e conhece, admite um inatismo ao menos na forma de um intelecto (VER) ativo. Além disso, a análise do problema da fundamentação última e radical dos princípios quase sempre conduziu a conclusões inatistas. Esse é o caso dos estóicos, cujas κοιναὶ ἔννοιαι (ver NOÇÕES COMUNS) equivalem ao conjunto das disposições inatas sem as quais não haveria conhecimento. Dentro desse inatismo geral inseriu-se a discussão sobre se as noções consideradas princípios deveriam ser julgadas como atuais ou como potenciais, e isso foi muitas vezes o que introduziu a citada diferença de opinião entre os platônicos e os aristotélicos. Com efeito, embora o próprio Platão, como se vê no *Mênon*, tenda a considerar que tais princípios são antes disposições que podem ser extraídas em determinado momento pela ação de uma causa externa bem dirigida, sua tendência ao inatismo atual é muito mais acentuada que em Aristóteles, para o qual os princípios comuns se identificam quase sempre com "disposições" ou "faculdades".

Na época moderna, o problema do inatismo adquiriu um novo sentido com Descartes. Como ocorre em outros aspectos da filosofia moderna, os interesses epistemológicos predominaram sobre os ontológicos, mas estes últimos não foram totalmente descuidados, especialmente entre os "racionalistas".

Houve nos séculos XVII e XVIII freqüentes querelas sobre o inatismo, dividindo-se os autores em "inatistas" (extremos ou moderados) e antiinatistas. Assim, enquanto Descartes e Malebranche podem ser considerados inatistas, Locke combate a teoria das idéias inatas em seu *Ensaio sobre o entendimento humano*, que também se dirigia contra o inatismo da escola de Cambridge (ver CAMBRIDGE [ESCOLA DE]). Locke rejeita "a opinião arraigada em alguns" de que há certos princípios inatos, noções primárias, κοιναὶ ἔννοιαι, ou caracteres impressos, por assim dizer, no espírito humano (*Essay*, I, i, 1). Tais princípios ou noções inatos, segundo Locke, não são necessários para explicar como os homens podem chegar a possuir todo o conhecimento que têm. Basta, diz ele, "o uso de suas faculdades naturais" (*loc. cit.*) (com o que, seja dito de passagem, Locke reconhece que há algumas "faculdades" "inatas", o que faz seu inatismo ser antes de caráter moderado). Observemos que Locke nega que os princípios em questão apareçam quando os homens alcançam o uso da razão (*ibid*., I, i, 8-10), de acordo com o que haviam afirmado alguns autores que não admitiam que haja no espírito humano, durante a infância, nenhum princípio inato, mas que os princípios se revelam tão logo a maturidade é alcançada. Embora os raciocínios matemáticos pareçam constituir uma prova a favor do inatismo, Locke declara que isso não é verdade, pois uma coisa é dizer que há princípios evidentes por si mesmos e outra, muito distinta, é proclamar que tais princípios são inatos. Além disso, que certas proposições sejam entendidas e aprovadas tampouco significa que sejam inatas (*ibid*., I, i, 17). Proposições como "1 + 2 = 3" e "O doce não é amargo" tampouco são inatas, nem o são os princípios nos quais elas geralmente se fundamentam. Mas, se nem elas nem seus princípios são inatos, tampouco o é qualquer "princípio especulativo" (*ibid*., I, i, 28). O mesmo ocorre com os chamados "princípios práticos inatos" (como, por exemplo, os propostos por Herbert de Cherbury [VER]). Tampouco são inatas a idéia de identidade, a idéia de Deus e outras que alguns autores julgam estar depositadas no espírito desde sua origem (*ibid*., I, iii, 1-26).

Na disputa sobre o inatismo destaca-se a polêmica entre Locke e Leibniz. Observemos que, assim como Locke não era um antiinatista radical, tampouco Leibniz era um radical inatista. Com efeito, Leibniz não afirmava que as chamadas "idéias inatas" ou "princípios inatos" encontram-se efetiva e positivamente no espírito dos homens. Caso contrário seria preciso supor que tais princípios se manifestam sempre e sem nenhum impedimento. O que há no espírito humano é a evidência de "verdades eternas". Para Leibniz, portanto, 'inato' não significa "o que efetivamente se sabe", mas "o que se reconhece como evidente". Por isso é preciso distinguir "pensamentos como ações" e "conhecimentos ou verdades como disposições" (*Nouveaux Essais*, I, i, 26). Em algum ponto Leibniz e Locke parecem coincidir, já que Locke também afirmara que há "faculdades naturais" (cf. *supra*) mediante as quais se conhecem os "princípios" especulativos e práticos. Mas há ao menos um ponto no qual a diferença é inconciliável — com efeito, enquanto em Locke se trata de "disposições para conhecer verdades", em Leibniz se trata, como já indicamos, de "verdades como disposições". Assim, Locke põe o acento sobre a "faculdade" e Leibniz o põe sobre a "verdade".

Embora se possa dizer, portanto, que em geral os "racionalistas" eram inatistas e que os "empiristas" (se nos esquecermos de Berkeley) eram antiinatistas, as diferenças entre eles não eram tão marcadas como se costuma imaginar. Por esse motivo afirmou-se que as diferenças não eram constituídas tanto pelo que os autores diziam mas pelo modo de dizê-lo ou, ainda, pelo tipo de prova aduzido para demonstrar ou reforçar suas respectivas posições. Assim, por exemplo, chama-se a atenção sobre o fato de que enquanto Leibniz procedia mediante argumentos lógicos, ontológicos, epistemológicos e até teológicos, Locke procedia mediante argumentos psicológicos ou ao menos psicognoseológicos. No entanto, isso nem sempre ocorre, porque os filósofos do senso comum (VER), considerados "inatistas", empregam uma linguagem psicológica e psicognoseológica, e não lógica ou ontológica, o que não deve surpreender se levamos em conta que tais filósofos de algum modo "provinham" de Hume.

A questão do inatismo se estabeleceu de outro modo em Kant (VER). Com efeito, não se pode dizer que Kant afirme ou negue o inatismo, já que nem as intuições do espaço e do tempo nem as formas do entendimento são inatas. Tampouco são "adquiridas". A idéia da filosofia transcendental, assim, parecia poder pôr de lado definitivamente a polêmica em torno do inatismo. No entanto, isso não ocorreu. Diversas tendências inatistas e antiinatistas manifestaram-se no pensamento filosófico contemporâneo a Kant e pós-kantiano.

Desse modo, para alguns, como os "realistas" extremos, o inatismo deve ser afirmado não apenas como uma tese acerca de algumas "disposições", mas como uma doutrina que sustenta que há efetivamente "verdades eternas" no espírito (ao menos na medida em que há uma compreensão primária do ente, e, com ela, de todos os entes enquanto entes [embora em vários aspectos seja muito problemático que os "transcendentais" possam ser comparados aos "princípios" de que Locke e Leibniz falavam]). Para outros, como os supracitados filósofos do senso comum, o inatismo deve ser afirmado, mas somente na medida em que se reconhece a existência de certas "disposições" ou "potências", cujos princípios de pensar coincidem com os princípios que regem a natureza das coisas. Isso faz que tais "princípios" possam ser considerados, segundo o caso, como equivalentes a "verdades eternas" ou como meros "préjuízos". Para outros, como alguns autores "naturalistas", pode haver princípios inatos, mas somente na medida em que são manifestações do modo "natural" de ser do homem. Esses princípios inatos não são então "verdades eternas", especialmente quando o citado modo "natural" de ser do homem é concebido do ponto de vista "evolutivo". Neste último caso, chega-se a afirmar que há "princípios inatos" somente enquanto "princípios naturais" que correspondem a certas fases da "evolução".

Quanto aos antiinatistas, os há das mais diversas tendências. Uns são empiristas e declaram que toda verdade, seja ela de que índole for, é em última análise empírica. Certos empiristas indicam que há princípios ou proposições que não são empíricos, mas isso ocorre porque são, como dizia Hume, simples "relações de idéias" sem nenhum conteúdo. Outros empiristas (como John Stuart Mill) chegam a sustentar que os próprios princípios ou as proposições matemáticas são adquiridas empiricamente e que sua verdade é, por conseguinte, empírica. Em geral, os autores relativistas, nominalistas e historicistas são antiinatistas, mas há formas muito diversas de antiinatismo neles; alguns, além disso, sustentam que a própria questão do inatismo ou do antiinatismo carece de sentido dentro de suas doutrinas.

A noção de idéias inatas e a polêmica em torno do inatismo ressurgiram na época atual principalmente, se não exclusivamente, por causa das teorias lingüísticas de Chomsky (VER). Essas teorias comportam a idéia de modelos gramaticais capazes de gerar todas as expressões, e somente as expressões, aceitas como gramaticais pelos falantes de uma língua. A gramática não é, pois, uma descrição de um *corpus* lingüístico prévio. Em princípio, isso não tem por que conduzir a qualquer doutrina inatista, mas Chomsky, em sua oposição ao comportamentalismo de Skinner, estabeleceu uma distinção entre aptidão e execução. A aptidão é o conjunto de disposições inatas na mente humana em virtude das quais uma criança — literalmente um in-fante, um nãofalante — pode aprender o que será sua língua nativa. O aprendizado requer estímulos e respostas, mas não consiste em uma mera sucessão de estímulos e respostas, seja entre o sujeito e seu entorno ou até mesmo dentro do organismo e da estrutura neurofisiológica do próprio sujeito. Embora haja diferenças entre a produção de expressões por uma gramática, ou modelo gramatical, e a produção de expressões por um sujeito dotado de aptidão, esta última constitui a base mental para a execução lingüística. É possível falar, nesse sentido, de idéias inatas, e Chomsky se baseia (remetendo-se freqüentemente a ela) na tradição racionalista e inatista de Descartes, Cordemoy, dos autores da Gramática de Port-Royal etc., contra a tradição empirista. A teoria dos chamados "universais lingüísticos" constitui uma das bases desse inatismo lingüístico. Este se distingue do racionalismo tradicional por não ser uma doutrina especulativa, mas uma hipótese que deve ser comprovada, ou falseada, por fatos. Desse ponto de vista, o inatismo de Chomsky é uma teoria empírica sobre o caráter inato dos universais lingüísticos.

O inatismo de Chomsky foi criticado não apenas pelos comportamentalistas e por lingüistas que permaneceram mais ou menos fiéis à tradição bloomfieldiana e à chamada "lingüística estrutural" norte-americana, mas também por vários filósofos, como Quine, Goodman e Hilary Putnam. Os comportamentalistas declararam que sua hipótese do estímulo-resposta — a teoria freqüentemente abreviada por 'E-S' — pode não ser suficiente para dar conta de todos os fenômenos de aquisição da linguagem (nenhuma teoria consegue isso), mas tem o poder explicativo que se requer de uma teoria semelhante e é, em todo caso, mais verificável que uma hipótese como o inatismo. Além disso, a 'teoria E-S' pode ser consideravelmente refinada. Os lingüistas supracitados objetam a Chomsky, entre outras coisas, que a capacidade para produzir expressões novas em uma linguagem por parte de um falante é explicável mediante analogias com expressões já aprendidas ou usadas. Quine argumenta que não se pode descobrir na execução lingüística nenhum sistema de regras específico que corresponda a uma capacidade inata do falante entre vários possíveis sistemas de regras capazes de gerar o mesmo número (infinito) de expressões gramaticalmente aceitáveis. Goodman salienta que a aquisição de uma linguagem ocorre tendo como base um sistema de símbolos pré-lingüísticos: ou a aquisição deste último sistema também é resultado de uma aptidão no sentido de Chomsky (o que parece absurdo), ou então a aquisição do sistema de símbolos lingüísticos não difere da aquisição de qualquer outro sistema simbólico. Putnam indica que a insistência de Chomsky em que não há outra teoria, salvo a do inatismo, que possa explicar a aquisição da linguagem não é nenhum argumento a favor dessa teoria, que não é clara a tese da "facilidade" do aprendizado da língua, e que a existência de universais lingüísticos pode ser explicada sem se recorrer à hipótese das idéias inatas.

Em geral, notou-se que o fato de haver, entre a "entrada" da informação e a produção de orações gramaticalmente aceitáveis de uma língua, algum mecanismo ou uma série de mecanismos que "filtram" e organizam as informações não constitui prova para a hipótese inatista de Chomsky. Essa hipótese é admissível, portanto, se não diz tudo o que Chomsky almeja dizer com ela, isto é, se é tomada em um sentido fraco, não incompatível com o "empirismo".

Chomsky rejeitou todas as objeções à hipótese inatista. A lingüística é, em seu entender, um ramo da psicologia do conhecimento, e as hipóteses formuladas na primeira são hipóteses da segunda. As noções de "disposição" e "capacidade" de que falam os empiristas são, portanto, insuficientes. Cabe admitir que o crescimento da linguagem é análogo ao desenvolvimento de um órgão corporal, mas isso constitui, segundo Chomsky, uma prova a favor do inatismo. Em todo caso, Chomsky escreve em uma de suas últimas obras: "os seres humanos não estão evidentemente feitos para aprender uma linguagem mais que outra; o sistema de princípios deve ser uma propriedade da espécie" (*Reflections on Language*, 1975, p. 11). O uso, pelos críticos, da expressão 'hipótese do inatismo' é suspeito, porque essa expressão é equívoca — o inatismo de Chomsky é antes uma "teoria do aprendizado" que inclui um modelo lingüístico do qual faz parte uma "gramática universal". A intitulada "hipótese inatista" pode ser mais bem formulada do seguinte modo: "A teoria lingüística, a teoria da gramática universal (...) é uma propriedade inata da mente humana. Deveria ser possível dar conta dela em termos biológicos" (*op. cit.*, p. 34).

E. H. Lenneberg buscou dar os fundamentos biológicos pertinentes em vários estudos, especialmente em *Biological Foundations of Language* (1967 [com um trabalho de Chomsky]) e em um ensaio em *New Directions in the Study of Language* (1964). Em princípio, portanto, as investigações de Lenneberg parecem constituir um reforço para o inatismo chomskyano, mas isso não está completamente claro. Em seu estudo *La teoría de las ideas innatas en Chomsky* (1976), José Hierro S. Pescador declarou que as idéias de Lenneberg não são incompatíveis com as de Quine e Putnam, e que a posição de Lenneberg não está mais próxima da de Chomsky que da dos mencionados filósofos: Lenneberg "fala simplesmente de dois níveis: por um lado, em termos de comportamento lingüístico e de conhecimento (*cognition*), entendido este como manifestação de comportamento dos processos fisiológicos; por outro, em termos de processos hipotéticos de tipo neurofisiológico, também considerados processos cognoscitivos enquanto intermediários entre o *input* sensível formado pelos estímulos e o *output* motor em que consiste o comportamento. Ou seja, é o mesmo esquema disposição-comportamento aplicado por Quine, junto com o idêntico reconhecimento do fato de que os mecanismos neurofisiológicos que subjazem às disposições e capacidades inatas são quase totalmente desconhecidos, e reconhecendo também a necessidade de se ater ao comportamento na hora de comprovar ou falsear as hipóteses explicativas" (*op. cit.*, p. 136). Assim, o *status* das idéias inatas em Chomsky é, no limite, o mesmo em Lenneberg e em Quine. Esse *status* das idéias inatas é, todavia, distinto da afirmação de um inatismo ou de uma hipótese das idéias inatas.

Em nosso entender, uma coisa é dizer que o ser humano é capaz de "criar" — linguagens (ou, melhor, orações gramaticalmente bem formadas em uma linguagem), obras de arte, teorias científicas, instituições sociais e políticas, códigos morais, crenças religiosas etc. — e outra é sustentar que há idéias ou disposições inatas que tornam possível essa criação. O que foi dito por último é uma das explicações possíveis para o que foi dito primeiro. Mas o que foi dito por último — o inatismo, a hipótese das idéias inatas — pode ser interpretado de vários modos. Um deles é um modo radical, equiparável ao programa platônico de um "mundo inteligível" que a mente humana capta, ou talvez "recorde". Outro deles é um modo nada radical, que pode consistir em reconhecer que a mente tem uma estrutura determinada, possivelmente constituída por estruturas biológicas formadas no curso da evolução. Essas estruturas recebem, filtram e organizam as informações procedentes do "mundo externo" — o mundo natural, a sociedade etc. — constituindo sistemas de regras e sistemas conceituais. É provável que esses sistemas sejam múltiplos e alternativos, isto é, que não haja uma única "gramática universal", seja para a linguagem ou para quaisquer outros produtos culturais. Os próprios sistemas não são necessariamente inatos.

⇨ Obras históricas: E. Sigall, *Platon und Leibniz über die angeborenen Ideen*, 2 vols., 1897-1898. — Frank Thilly, *Leibnizens Streit gegen Locke in Ansehung der angeborenen Ideen*, 1892 (tese). — F. Otto Rose, *Die Lehre von den eingeborenen Ideen bei Descartes und Locke*, 1901. — Émile Boutroux, *De veritatibus aeternis apud Cartesium*, 1874 (trad. francesa: *Des vérités éternelles chez Descartes*, 1927). — A. L. Moine, *Des vérités éternelles selon Malebranche*, 1936. — Ver também a bibliografia de ILUMINAÇÃO.

Para a polêmica contemporânea em torno do inatismo, ver a bibliografia de CHOMSKY, especialmente as obras: *Cartesian Linguistics: A Chapter in the History of Rationalist Thought*, 1966; *Language and Mind*, 1968; as *Reflections* mencionadas no texto do verbete; o debate entre Piaget e Chomsky: *Language and Learning*, 1980, ed. M. Piatelli-Palmarini; *Knowledge of Language. Its Nature, Origin and Use*, 1986; *Language and Thought*, 1994; e a resenha do livro de B. F. Skinner, *Verbal Behavior*, em *Language* (1959). — Para Quine, *Word and Object*, 1960, e "Methodological Reflections on Current Linguistic Theory", *Synthese* (1970), reimp. em Donald Davidson e Gilbert Harman, eds., *Semantics of Natural Language*, 2ª ed., 1972, pp. 442-454 (no mesmo volume, cf. P. F. Strawson, "Grammar and Philosophy", pp. 455-472). — Para Goodman, "The Emperor's New Ideas", em Sidney Hook, ed., *Language and Philosophy*, 1969, pp. 138-142. — Para Putnam, "The 'Innateness Hypothesis' and Explanatory Models in Linguistics", *Synthese* (1967), reimp. em John Searle, ed., *The Philosophy of Language*, 1971, pp. 130-144. — Para Lenneberg, *op. cit.* no texto.

As antologias de textos de Sidney Hook e de John Searle mencionadas *supra* contêm textos importantes sobre a polêmica em torno do inatismo. De Hook, a Parte II, "Linguistics and Philosophy", com arts. de Chomsky, Quine, Rulon Wells, Goodman (mencionado anteriormente), Gilbert Harman, Sidney Hook, Robert Schwartz, Kenneth Stern, Marvin Zimmerman, Leo Ranch, entre outros. De Searle, a parte VII, intitulada "Simposium on Innate Ideas", com arts. de Chomsky ("Recent Contributions to the Theory of Innate Ideas"), Putnam (mencionado anteriormente) e Goodman ("The Epistemological Argument").

Para José Hierro S. Pescador, *op. cit.* no corpo do verbete, com bibliografia (pp. 137-140). ⇦

INCERTEZA (RELAÇÕES DE). Em 1927 Werner Heisenberg (VER) apresentou uma série de fórmulas à qual foram dados vários nomes: 'princípio de incerteza', 'princípio de indeterminação', 'princípio de indeterminabilidade', 'princípios de incerteza', 'princípios de indeterminação', 'princípios de indeterminabilidade', 'relações de incerteza', 'relações de indeterminação', 'relações de indeterminabilidade'. Essa variedade de nomes não é alheia à variedade de interpretações das fórmulas de Heisenberg, porque a escolha do nome freqüentemente expressa uma preferência por um modo de entendê-las. O termo alemão é *Unbestimmheit*, cuja tradução mais corrente é 'indeterminabilidade'. Esta última palavra é bastante adequada, porque é neutra o suficiente para não indicar, de imediato, se se trata de uma falta de determinabilidade "subjetiva" ou "objetiva", isto é, para que com ela ainda não haja qualquer pronunciamento acerca de se a "indeterminabilidade" se deve à "natureza" da "coisa mesma", à situação experimental, à perturbação produzida pelos instrumentos usados para medir etc. Escolhemos, contudo, o termo 'incerteza', por ser ele o mais usado na literatura em língua portuguesa, e falamos de "relações" de incerteza porque são várias as fórmulas que expressam relações.

A mais conhecida das relações de incerteza é formulada do seguinte modo:

$$\Delta p \cdot \Delta q \geq h/4\pi$$

onde 'p' e 'q' lêem-se como 'momento' (às vezes 'velocidade') e 'posição', respectivamente — ou, mais exatamente, 'coordenada instantânea do momento' e 'coordenada instantânea da posição' —, de um elétron ou qualquer outra das partículas elementares subatômicas, e 'h' se lê 'constante de Planck'. 'Δp' e 'Δq' lêem-se 'coeficiente de desvio do valor médio do momento em um instante dado' e 'coeficiente de desvio do valor médio da posição em um instante dado', respectivamente.

Isso significa que se se mede com a maior precisão possível uma dessas coordenadas não se pode obter simultaneamente um valor preciso para a outra coordenada. Usando os termos que se tornaram populares desde a formulação dessa relação de incerteza: quanto mais exatamente se determina a velocidade (momento) de uma partícula, tanto menos exatamente se pode determinar a posição da mesma partícula, e vice-versa; ou seja, não se pode determinar simultaneamente com a mesma precisão a velocidade (momento) e a posição de uma partícula subatômica.

Há outras relações de incerteza, tal como a que se expressa na fórmula:

$$\Delta E \cdot \Delta t \geq h/4\pi,$$

em que 'ΔE' significa 'desvio do valor médio da energia' e 'Δt' significa 'desvio do valor médio da determinação do tempo'. Aqui se mostra a impossibilidade de determinar simultaneamente com a mesma precisão o valor da energia e a coordenada temporal; quanto mais precisa é a medida do primeiro, tanto menos precisa é a do segundo, e vice-versa. Ora, aqui nos ateremos, como exemplo das relações de incerteza de Heisenberg, somente à primeira relação, isto é, à que descreve a relação entre a determinação do momento e a da posição de uma partícula elementar subatômica, por ser principalmente essa a relação que serviu de base a muitas discussões entre físicos e filósofos e por ser ela a usualmente (embora incorretamente) citada como "*o princípio de incerteza*" ou "*princípio de indeterminação*". Para resumir, chamaremos essa relação simplesmente de "relação de incerteza".

Considerou-se freqüentemente essa relação como uma prova de que há indeterminismo (VER) no universo físico. De acordo com isso, o determinismo que aparece no mundo macrofísico é apenas um limite do indeterminismo no mundo microfísico. Em outros termos, disse-se que no mundo microfísico regem leis estatísticas e não leis deterministas; portanto, que no mundo macrofísico também devem reger leis estatísticas, mas que, dado o número elevado de partículas que intervêm nas relações macrofísicas, estas podem ser consideradas praticamente como regidas por leis deterministas. Por conseguinte, o determinismo seria, segundo essa interpretação, uma "aproximação"; em princípio não haveria determinismo, mas ele existiria para todos os efeitos práticos (de modo análogo, embora inverso, a como se considera euclidiano o espaço para medições efetuadas na superfície da Terra, ainda que se considere não-euclidiano o espaço cósmico; nesse caso, o espaço na superfície da Terra seria em princípio não-euclidiano, mas seria euclidiano para todos os efeitos práticos). Chegou-se também a dizer que a relação de incerteza de Heisenberg constitui uma prova não apenas de que há indeterminação no universo físico, mas inclusive "liberdade", ou ao menos "um princípio de liberdade", mas isso evidentemente é ir longe demais — ou, melhor, é um caso de μετάβασις εἰς ἄλλο γένος, ou "transposição para outro gênero".

As interpretações anteriores (das quais excluímos a última, pelas razões indicadas) são chamadas de "interpretações reais", isto é, interpretações da relação de incerteza segundo as quais esta expressa algo que acontece efetivamente na realidade (subatômica). Isso significa que não há na referida relação nada "subjetivo" e que, por conseguinte, não se pode atribuir a "indeterminação" à "interferência" do observador na realidade física. A rejeição de todo "subjetivismo" se baseia no reconhecimento de que não há nada "subjetivo" na impossibilidade de medir com precisão duas quantidades físicas correlacionadas; essa impossibilidade é concebida como uma conseqüência das leis estatísticas fundamentais da mecânica quântica, dentro da qual foram formuladas as relações de incerteza.

Outro grupo de interpretações admite que a relação de incerteza é uma prova de indeterminismo, mas liga este último a uma "intervenção" do observador no mundo subatômico. Essas interpretações destacam a interação entre o observador e o que é observado e salientam que, em princípio, isso ocorre com toda medição física.

Diante daqueles que acentuaram a posição indeterminista, há os que proclamaram que a relação de incerteza não prova, ou ainda não prova, que haja indeterminismo no mundo físico. As posições adotadas sobre o assunto são várias; mencionaremos brevemente algumas das mais destacadas.

Certos autores indicaram que a idéia de que há interação entre o observador e o que é observado prova justamente o contrário do que pretenderam demonstrar alguns daqueles que defenderam essa idéia, isto é, prova que o suposto indeterminismo é somente o resultado de uma "intervenção"; se esta pudesse ser eliminada, eliminar-se-ia o indeterminismo.

Outros autores indicaram que se fez uma confusão ao equiparar 'determinismo' e 'preditibilidade'. Esta última não é uma condição necessária e suficiente de um sistema determinista. Com efeito, não se pode dizer que, se um sistema é determinista, todos os seus estados são predizíveis. Podem sê-lo e podem não sê-lo; portanto, o fato de não o serem não é razão suficiente para concluir que o sistema não é determinista.

Outros autores expressaram a idéia de que, já que as relações de incerteza estão ligadas à mecânica quântica, uma mecânica subquântica as eliminaria, ou as manteria unicamente como parte de uma linguagem aplicável exclusivamente ao nível quântico. Einstein expressou a convicção de que, *apesar de tudo*, um dia se conseguirá ver que não há indeterminismo. L. de Broglie (o primeiro a defender a interpretação que chamamos de "real" das relações de indeterminação) e, sobretudo, David Bohm (VER) postularam um nível subquântico do tipo supracitado. Nesse nível subquântico se supõem "parâmetros ocultos" que restabelecem o determinismo (no sentido de 'sistema determinista'). Embora haja um teorema de Johann (John) von Neumann segundo o qual não se pode suplementar a teoria quântica introduzindo tais "parâmetros ocultos", esse teorema é formulado justamente no nível quântico, de tal modo que tanto De Broglie como Bohm não consideram o teorema em questão um obstáculo insuperável.

Alguns autores indicaram que não é legítimo extrair conclusões das relações de incerteza quanto à questão do "determinismo" ou "indeterminismo" — e menos ainda quanto à suposta eliminação do "princípio de causalidade" em conseqüência das relações de incerteza —, pela simples razão de que os termos 'momento' e 'posição' usados na mecânica quântica não têm o mesmo sentido que na mecânica clássica. Esses autores falaram às vezes de uma "lógica quântica", distinta da "clássica". Contra isso alegou-se que tal "lógica" não existe, e que as relações de incerteza são expressáveis dentro do quadro do formalismo matemático "clássico".

As questões suscitadas pelas relações de incerteza de Heisenberg são mais complexas do que pode fazer pensar a exposição anterior. Nas polêmicas entre a chamada "escola de Copenhagen" (Niels Bohr e outros) e aqueles que se opuseram a essa escola por diversos motivos há numerosos aspectos que não podem ser esclarecidos sem uma apresentação técnica dos problemas em questão. Além disso, nem sempre as posições estão tão claramente delimitadas como indicamos acima.

⊃ Ver as obras sobre "indeterminismo na ciência e especialmente na física" mencionadas na bibliografia do verbete INDETERMINISMO; consideramos particularmente importantes a esse respeito os trabalhos de Ernst Cassirer, L. de Broglie, David Bohm e Ernest Nagel. A eles podem-se acrescentar: A. Einstein, "Remarks Concerning the Essays Brought Together in This Cooperative Volume", em *Albert Einstein: Philosopher-Scientist*, 1949, ed. P. S. Schilpp. — Jean Pierre Vigier, *Structure des micro-objets dans l'interpretation causale de la théorie des quanta*, 1956. — Norwood Russell Hanson, *Patterns of Discovery*, 1958, e especialmente "Copenhagen Interpretation of Quantum Theory", em *American Journal of Physics*, 27 (1959), 1-15, reimp. em A. Danto e S. Morgenbesser, eds., *Philosophy of Science*, 1960, pp. 288-312. — Norwood Russell Hanson, *The Concept of the Positron*, 1962 [defesa da posição da Escola de Copenhagen]. — Mario Bunge, "The Interpretation of Heisenberg's Inequalities", em *Denken und Undenken. Zu Werk und Wirkung von W. H.*, 1977, ed. Heinrich Pfeiffer, pp. 146-155. — S. Gudder, Rulov *et al.*, *The Uncertainty Principle and Foundations of Quantum Mechanics: A Fifty Years' Survey*, 1977, eds. W. Price e S. Chissik. — K. R. Popper, *The Open Universe: An Argument for Indeterminism*, 1982, ed. W. W. Bartley.

Muitos dos trabalhos sobre a noção de complementaridade (VER) e, em geral, muitos trabalhos sobre o desenvolvimento da física (VER) contemporânea tratam das relações de incerteza e de suas interpretações. ⊂

INCLUSÃO. O termo 'inclusão' é usado na lógica principalmente em dois sentidos.

Na álgebra de classes, diz-se que uma classe A está incluída em uma classe B quando todos os membros de A são membros de B. O símbolo de inclusão é '⊂', de tal modo que '$A \subset B$' se lê 'A classe A está incluída na classe B'. Um exemplo de inclusão de classes é: 'A classe dos crocodilos está incluída na classe dos répteis anfíbios'. Não se deve confundir '⊂' com '∈', que indica pertença de um membro a uma classe. A inclusão de classes se define do seguinte modo:

$$A \subset B = \text{def.} \ \wedge x \ (x \in A \rightarrow x \in B)$$

Na álgebra de relações diz-se que uma relação R está incluída em S quando S relaciona duas entidades, x e y, cada vez que R relaciona igualmente duas entidades, x e y. O símbolo de inclusão também é '⊂'. A relação *primo carnal de*, por exemplo, está incluída na relação *primo de*. A inclusão de relações define-se do seguinte modo:

$$R \subset S = \text{def.} \ \wedge x \, y \ (x \, R \, y \rightarrow x \, S \, y)$$

INCOGNOSCÍVEL. Denomina-se "incognoscível" o que não se pode conhecer, ou o que supostamente não se pode conhecer. O conceito de "incognoscível" pode ser tomado em sentido relativo ou absoluto. No primeiro sentido, algo é, ou é declarado, incognoscível dentro de certo contexto ou em determinada época, mas não necessariamente em qualquer contexto e em todas as épocas. No segundo sentido, algo é, ou é declarado, incognoscível em todos os momentos e de quaisquer pontos de vista. Nessa segunda acepção de "incognoscível", considera-se incognoscível o que não pode nem nunca poderá ser conhecido, ou o que supostamente não se pode nem se poderá conhecer nunca.

Os filósofos que recorreram ao conceito de "incognoscível" tenderam a empregar o sentido absoluto. Entre os filósofos que empregaram esse conceito destaca-se Herbert Spencer, que intitula "O incognoscível" (*The*

Unknowable) a primeira parte de seus *Primeiros princípios* (*First Principles*); essa parte, que precede a segunda, intitulada "O cognoscível" (*The Knowable*), trata de religião e de ciência, das idéias últimas religiosas e científicas e da relatividade de todo conhecimento. Segundo Spencer, a matéria, o espaço e o tempo são "absolutamente incompreensíveis" (*First Principles*, I, § 16). Também o são o movimento, a força e, em geral, todas as idéias últimas, as quais são "representações de realidades que não podem ser compreendidas" (I, § 21). *A fortiori*, não pode haver conhecimento de nenhuma realidade última ou absoluta da qual força, movimento, matéria etc. sejam manifestações. Toda consciência do Absoluto é tão contraditória consigo mesma como toda consciência do infinito. Spencer refere-se à idéia de William Hamilton segundo a qual o absoluto só pode ser concebido mediante uma negação de concebibilidade, e à idéia de Mansel segundo a qual 'o inconcebível' e 'o imperceptível' são nomes que não se referem a nenhum objeto do pensamento ou da consciência, mas à "mera ausência das condições sob as quais a consciência é possível" (I, § 26). Em princípio, as idéias de Spencer parecem ser as mesmas que as de Hamilton e de Mansel. No entanto, embora Spencer se declare de acordo com muitos argumentos desses autores destinados a mostrar que o Absoluto é incognoscível, ele se separa deles em um ponto capital, sem o qual considera que cairíamos no ceticismo. Segundo Spencer, além de uma consciência "definida", cujas "leis a lógica formula", há uma consciência "indefinida", que não pode ser formulada. Em virtude dela, o incondicionado (VER) deve ser representado de modo positivo e não negativo; continua sendo incognoscível, mas ao modo pelo qual é incognoscível algo que se encontra além de um limite. O limite é determinado pelo incognoscível, que parece desempenhar desse modo um papel semelhante ao noumenon (VER) kantiano quando este é interpretado de forma "positiva", isto é, como delimitando as condições do conhecimento.

Os autores que falaram do incognoscível quase sempre entenderam por 'incognoscível' o que é "racionalmente incognoscível". Alguns consideraram que 'incognoscível' e 'racionalmente incognoscível' são idênticos, de tal modo que se algo é racionalmente incognoscível não pode ser cognoscível por nenhum outro meio. Outros consideraram que podem haver outras vias (a intuição, o sentimento etc.) que tornam cognoscível — ou, em todo caso, "apreensível", "captável" etc. — o que é racionalmente incognoscível. Spencer não se pronuncia muito definitivamente sobre o assunto. Por um lado entende o incognoscível como o que é "racionalmente incognoscível". Por outro, introduz um certo "sentimento de incognoscibilidade" — presente em algumas experiências religiosas — que atua como um estímulo para penetrar no território, que em princípio deveria estar completamente vedado, do incognoscível (às vezes chamado de "Absoluto"). Assim, ele propugna a formação de representações e de símbolos que, embora se mostrem inadequados, constituem uma espécie de "disciplina": "Ao buscar continuamente conhecer, e ao sermos continuamente rejeitados com a convicção aprofundada da impossibilidade de conhecer, podemos manter viva a consciência de que é ao mesmo tempo nossa suprema sabedoria e nosso supremo dever considerar aquilo mediante o que todas as coisas existem, como o Incognoscível" (*op. cit.*, I, § 32).

As distintas posições adotadas em relação à noção de "Incognoscível" talvez possam ser reduzidas às seguintes: 1) a afirmação de que há "algo" — um "Absoluto", uma "realidade em si mesma" etc. — incognoscível; 2) a afirmação da radical incognoscibilidade de todo incognoscível, isto é, a indicação de que do incognoscível não se pode conhecer sequer sua existência; 3) a afirmação de que se o incognoscível é inacessível por via racional, especulativa, não o é por outras vias; 4) a afirmação de que não existe um em si incognoscível, seja porque este é, como em Fichte, eliminado pela redução de todo ser a um mero produto da consciência infinita, seja porque não se admite um absoluto sem relações ou porque, como nas diversas formas do "positivismo", se declara que o absoluto incognoscível é um fantasma metafísico.

◐ Roberto Ardigò escreveu vários trabalhos sobre o problema do incognoscível; destacamos: *La doctrina Spenceriana dell'inconoscibile*, 1899. — E. H. Grosse, *Spencers Lehre vom Unerkennbaren*, 1890. ◐

INCOMPREENSÃO. Em sentido corrente, a incompreensão é a falta de compreensão, a incapacidade, inerente a um sujeito ou condicionada culturalmente, para compreender, especialmente para compreender o sentido de algo que se diz. Dentro do conceito de compreensão (VER) tal como foi elaborado por Dilthey e especialmente na versão ontológica de Heidegger (VER), a incompreensão é função da compreensão. Só cabe "übersicht", ou não compreender, o que cai dentro de um horizonte de compreensibilidade em princípio. Em Heidegger, a incompreensão é a incapacidade de projetar; em Gadamer, é um entender mal o preconceito (VER) em que consiste em grande parte a tradição (VER). Entender mal um preconceito nesse sentido não equivale a uma eliminação do preconceito (no sentido comum de 'preconceito'). Aqueles que se opõem a um preconceito enquanto estrutura de uma tradição nem por isso o deixam de lado ou o destroem. De acordo com o que se infere do que foi dito por Gadamer, antes têm uma incompreensão dele. Mas, se a incompreensão se dá dentro do horizonte e, por assim dizer, do círculo da compreensão, então o único modo de reconhecer a incompreensão como tal é a compreensão, a compreensão da incompreensão.

A hermenêutica (VER) é considerada necessária para desvelar a incompreensão, justa e precisamente porque a hermenêutica salienta as "tradições" e os "preconceitos" no âmbito dos quais se dão compreensões e incompreensões.

Em um dos sentidos de 'ideologia' (VER), a ideologia pode ser equiparada à incompreensão, em uma relação muito semelhante à que supostamente existe entre incompreensão e compreensão. Com efeito, se se entende 'ideologia' como ocultamento e racionalização de interesses, especialmente quando esse ocultamento e essa racionalização são apresentados como "a verdade", a ideologia será manifestação de uma incompreensão da "verdade", já que a ideologia não revelaria o vínculo real existente entre os interesses defendidos e as idéias e argumentos proporcionados para defendê-los. Porém, a ideologia não será possível se não houver, previamente, uma espécie de compreensão ou, ao menos, se não se der dentro de uma possibilidade de comunicação. Por outro lado, se se entende 'ideologia' em sentido crítico e reflexivo ou como respondendo a interesses justificáveis e universalizáveis, então ela estará próxima da compreensão e tornará possível a percepção das incompreensões.

INCONCEBÍVEL. Ver INCONDICIONADO.

INCONDICIONADO é o que não tem nenhuma condição para sua existência, o que existe por si mesmo, o que não depende de outra coisa. Ser incondicionado é uma das características fundamentais do ser absoluto (VER). Como tal, não apenas se supõe que é independente mas se afirma que todos os demais seres dependem dele; o Incondicionado é por isso ao mesmo tempo o Condicionante por excelência.

Nesse sentido, o Incondicionado é um ser *a se* (VER). Às vezes se supõe que ele é, ou é também, um ser *per se*. Mas, como esta última forma de ser pode se predicar de toda entidade que tenha capacidade para existir — sem que exista necessariamente por si mesma —, pode-se concluir que o Incondicionado tem antes "aseidade" que "perseidade".

Kant discute a noção de incondicionado (das *Unbedingte*) na "Dialética transcendental" da *Crítica da razão pura*. A razão em seu uso lógico busca "a condição universal de seu juízo" (*KrV*, A 307/B 364). Em um silogismo há uma condição — a premissa — que constitui uma regra universal. Essa regra está submetida à mesma exigência da razão de encontrar sua condição (isto é, a condição da condição, e assim sucessivamente, até encontrar o incondicionado). Tal regra (ou máxima) da razão se transforma em um princípio da razão pura quando se supõe que, uma vez dado o condicionado, dá-se toda a série de condições subordinadas. O princípio da razão em questão é sintético, pois o condicionado está relacionado com o incondicionado. Ora, os princípios derivados do princípio da razão de que falamos são transcendentes em relação a todas as aparências (ver APARÊNCIA). Isso significa que não pode haver uso empírico do princípio e que, portanto, este difere radicalmente dos princípios do entendimento (VER).

O exame dos três tipos de silogismo — categórico, hipotético, disjuntivo — serve para que Kant determine três tipos de incondicionado: a unidade incondicionada do sujeito pensante (na *psychologia rationalis*), a unidade absoluta da série de condições da aparência (na *cosmologia rationalis*) e a unidade da condição de todos os objetos do pensamento em geral (na *theologia rationalis*). Os conceitos da razão pura (ou idéias transcendentais) ocupam-se, pois, em todos os casos, de uma "unidade sintética incondicionada de todas as condições em geral" (*ibid*. B 391/A 334). Ora, Kant tenta mostrar que em cada caso se encontram dificuldades insuperáveis: os paralogismos da razão pura, as antinomias da razão pura e a impossibilidade da prova ontológica (ver PARALOGISMO; ANTINOMIA; ONTOLÓGICA [PROVA]). Assim, "todos os empreendimentos transcendentais da razão pura são o mesmo empreendimento, e todos são realizados na esfera da ilusão transcendental" (*ibid*., A 702/B 820) (ver ILUSÃO). Em suma, o incondicionado e suas formas encontram-se sempre além dos limites da experiência possível.

Para Hamilton, não se pode pensar o Incondicionado de modo algum, pois pensar é para esse filósofo essencialmente condicionar. A "filosofia do condicionado", oposta a toda especulação sobre o Incondicionado, é o resultado desse pressuposto. O que Hamilton chama de princípio ou lei do condicionado formula-se da seguinte maneira: "Tudo o que é concebível no pensamento encontra-se entre dois extremos que, por serem contraditórios, não podem ser ambos verdadeiros, mas um dos quais, dada sua contradição mútua, deve ser verdadeiro" (*Lect. on Met. and Logic*, II). Por isso o princípio do condicionado, princípio que Hamilton considera imediatamente evidente pela própria natureza da consciência, equivale a declarar que a mente se vê obrigada a escolher entre inconcebíveis unicamente em virtude do princípio de contradição. O inconcebível ou impensável não se entende sempre, contudo, de modo unívoco, e por isso as teses de Hamilton foram rejeitadas quando não se referiram à simples afirmação de que é impossível conceber um sujeito sem relações, isto é, um incondicionado puro e simples.

➾ Ver: J. Volkelt, *Kant als Philosoph des Unbedingten*, 1924. — W. Brugger, "Das Unbedingte in Kants *Kritik der reinen Vernunft*", em *Kant und die Scholastik heute*, ed. J. B. Lotz, S. J., 1955, pp. 109-153. ➾

INCONSCIENTE. Denomina-se "inconsciente" 1) o que não penetrou, ou talvez não possa penetrar, no campo da consciência, e 2) o que carece de consciência. No primeiro caso, fala-se de um fato inconsciente, de um estado inconsciente; no segundo, de um ser inconsciente. Na psicologia, chama-se freqüentemente de "inconsciente" (ou, melhor, "o inconsciente") o conjunto de fatos, estados ou processos não apreendidos pela consciência, que ocorrem efetivamente na zona psíquica mas não são percebidos pelo sujeito. Na psicanálise, o inconsciente é a camada mais profunda dos processos psíquicos, a região completamente obscura, em contraposição à claridade da consciência e à semiclaridade do subconsciente (VER). Nem todos os processos inconscientes chegam a ser conscientes, mas justamente o contrário: a parte mais considerável da vida anímica se desenvolve no inconsciente, seja exercendo uma constante pressão sobre a consciência, a qual censura ou não os atos, seja determinando a própria consciência sem que esta perceba. As relações entre o inconsciente, o subconsciente e a consciência determinam desse modo o perfil geral da vida psíquica.

Enquanto na psicologia (não necessariamente na metafísica; ver *infra*) anterior a Freud se considerava que os processos mentais eram sempre conscientes (ou que o eu coexistia com a consciência), Freud insistiu em que essa equivalência constituía um preconceito inadmissível e, além disso, muito prejudicial para o bom entendimento dos processos psíquicos. "Posso assegurar-lhes" — proclamou Freud na primeira de suas "Lições" intituladas *Introdução à psicanálise* — "que admitir a existência de processos mentais inconscientes representa um passo decisivo rumo a uma nova orientação no mundo e na ciência".

A noção freudiana de inconsciente, todavia, não é simples. Segundo A. C. MacIntyre (*op. cit. infra*) essa noção possui seis características: 1) o inconsciente distingue-se do consciente e do pré-consciente; assim, parece dar-se uma definição puramente negativa do inconsciente, mas uma definição positiva aparece tão logo se leva em conta o complexo de teorias freudianas dentro das quais a noção de inconsciente desempenha um papel fundamental; 2) o inconsciente é o âmbito no qual ocorrem os processos primários, pois, mesmo que alguns processos secundários sejam inconscientes, trata-se de transformações de processos primários; 3) o inconsciente é entendido por contraste com o "ego" e com o que é "reprimido"; 4) o inconsciente é o elo que liga a infância com a vida adulta; 5) o inconsciente é um elemento onipresente que exerce uma influência causal contínua sobre o pensamento e o comportamento; 6) o inconsciente é um "lugar" ou uma "esfera" (portanto, algo "existente"). O inconsciente é, desse modo, o nome recebido por um sistema de atos; em todo caso, todos os conceitos freudianos entrelaçam-se em um sistema cuja chave é a noção de inconsciente.

Os fenomenólogos rejeitaram a noção freudiana de inconsciente por considerarem que não tem sentido falar de atividades mentais inconscientes (por exemplo, de "pensamentos inconscientes"). Todo objeto enquanto objeto intencional o é *de* uma consciência, e, mesmo que houvesse inconscientes, tais atos seriam objetos (intencionais) da consciência (ver sobre todo esse ponto especialmente Jean-Paul Sartre, art. cit. *infra*).

A noção de inconsciente tem um caráter plenamente metafísico não apenas quando se faz dela, como Eduard von Hartmann, o verdadeiro Absoluto, mas também quando se concebe o universo inteiro a partir do ponto de vista da maior ou menor consciência de cada um de seus componentes. Isso ocorre, por exemplo, em Leibniz, que sustenta claramente que a diferença entre as mônadas radica na clareza e na distinção com que representam o mundo, desde a inconsciência das almas ou mônadas que constituem a matéria até a consciência absoluta, a mônada suprema, a máxima e perfeita clareza, Deus. Entre ambas inserem-se diversos graus de consciência, mas de tal modo que há uma tendência universal a passar do inconsciente para o consciente, da percepção obscura e confusa à percepção clara e distinta. De modo diferente, mas também adotando um ponto de vista inteiramente metafísico, a noção do inconsciente e da passagem dele para a consciência desempenha um papel fundamental nos sistemas de Fichte, Hegel e Schopenhauer. Para os dois primeiros, a dialética da consciência realiza-se em função da fenomenologia do Espírito, o qual encontra uma resistência que vai sendo vencida por ele em virtude de sua aspiração infinita, ou então, após a perda de si mesmo, volta a encontrar-se no saber absoluto. Para o último autor, a evolução da Vontade é simultaneamente a passagem do inconsciente para o consciente, onde aparece a maior dor e, com ela, a plena e autêntica negação da vontade de viver. Por fim, Eduard von Hartmann reuniu os caracteres da Idéia de Hegel e da Vontade de Schopenhauer no Inconsciente absoluto, que se manifesta sucessivamente nos planos físico, psíquico e metafísico e representa o fundamento do mundo, a finalidade cega que tende a se desenvolver até chegar à consciência, que é simultaneamente salvação e redenção do criado.

As opiniões de Sartre sobre a noção de inconsciente ou, melhor, contra essa noção estão em conflito com o forte impacto que a idéia de inconsciente exerceu não somente sobre seguidores, ortodoxos e heterodoxos, de Freud, mas também sobre muitos estruturalistas (ver ESTRUTURALISMO), que, além disso, com freqüência se referiram especificamente a Freud nesse aspecto. Em certos casos, como no de Lévi-Strauss, pressupõe-se que há estruturas profundas não reveladas imediatamente mediante a descrição de fatos — já que é possível, e até mesmo freqüente, que fatos similares não se encaixem dentro das mesmas estruturas —; que essas estruturas profundas sejam entendidas *stricto sensu* como inconscientes é assunto questionável. Em outros casos, todavia, e particularmente no de Jacques Lacan, o inconsciente desempenha um papel fundamental, já que no jogo dos "significantes" entre os níveis consciente e inconsciente produz-se a "descentração" do sujeito, assim como a relação, não determinada pelo sujeito, entre "o outro" e o "desejo". Curiosamente, a primitiva idéia sartriana de uma consciência completamente translúcida e o posterior marxismo existencialista do mesmo autor não estão muito afastados das tendências estruturalistas e pós-estruturalistas rumo à "descentração" e contra todo "individualismo" e "representacionismo", mas continua havendo diferenças que se expressam ao longo da disputa "história-estrutura" e "sincronia-diacronia". Em todo caso, explicitamente ou não, a idéia de inconsciente ou noções afins a ela irromperam dentro da diversificada corrente do estruturalismo.

A hipótese de camadas inconscientes formulada pelos autores indicados refere-se apenas excepcionalmente às questões estabelecidas dentro da neurofisiologia, especialmente às questões relativas às relações entre o chamado "paleocérebro" e o "neocérebro" (assim como entre o "paleocórtex" e o "neocórtex"). No entanto, é muito provável que a noção de inconsciente não possa ser esclarecida sem um estudo das bases orgânicas, e especificamente neurofisiológicas, dos mecanismos considerados inconscientes.

➲ Natureza do consciente e do inconsciente: C. F. Flemming, *Zur Klärung des Begriffes der unbewussten Seelentätigkeit*, 1877. — L. Ambrosi, *Sulla natura dell'inconscio*, 1893. — W. Windelband, "Die Hypothese des Unbewussten", *Sitzungsberichte der Heidelb. Akademie der Wissenschaften* (1914). — Moritz Geiger, "Das Unbewusste und die psychische Realität", *Jahrbuch für Philosophie und phänomenologische Forschung*, 4 (1921), 1-138. — I. Levine, *The Unconscious*, 1923. — G. Roffenstein, *Das Problem des Unbewusstnen*, 1923. — J.-C. Filloux, *L'inconscient*, 1942. — VV. AA., *L'Inconscient*, 1966, ed. Henry Ey [Compte rendu du VIe Colloque de Bonneval]. — Claude Brodeur, *Du problème de l'inconscient à une philosophie de l'homme*, 2 vols., 1969. — V. V. Nailimov, *Realms of the Unconscious: The Enchanted Frontier*, 1982. — S. C. Liddon, *The Dual Brain, Religion, and the Unconscious*, 1989.

O inconsciente, principalmente em sentido psicológico: S. Freud, *op. cit. supra*. — C. G. Jung, *Das Unbewusste im normalen und krankhaften Seelenben*, 1926. — Id., *Die Beziehungen zwischen dem Ich und dem Unbewussten*, 1928. — E. Aeppli, *Psychologie des Bewussten, Unbewussten und Unterbewusstes*, 1927. — A. C. MacIntyre, *The Unconscious*, 1958, pp. 15, 29-32. — C. A. Meier, *Die Empirie des Unbewusstnen*, 1967 (no sentido de Jung). — B. Frostholm, *Leib und Unbewusstes. Freuds Begriff des Unbewussten interpretiert durch den Leib-Begriff Merleau-Pontys*, 1978. — M. Allingham, *Unconscious Contracts: A Psychoanalytical Theory of Society*, 1987. — W. A. Shelburne, *Mythos and Logos in the Thought of Carl Jung: The Theory of the Collective Unconscious in Scientific Perspective*, 1988.

Consciência e inconsciente: K. I. Grau, *Bewusstes, Unbewusstes, Unterbewusstes*, 1922. — J.-P. Sartre, "La transcendance de l'Égo", *Recherches philosophiques*, 6 (1936-1937), 85-123. — D. Archard, *Consciousness and the Unconscious*, 1984.

Pensar inconsciente: A. Adamkiewicz, *Ueber das Unbewusste Denken*, 1904. — M. Neyraut, *Les logiques de l'inconscient*, 1978.

Vida inconsciente e movimentos: Théodule Ribot, *La vie inconsciente et les mouvements*, 1914.

Invenção e inconsciente: J.-M. Montmasson, *Le rôle de l'inconscient dans l'invention scientifique*, 1928.

O inconsciente em diferentes autores e correntes: G. B. Grassi-Bertazzi, *L'inconscio nella filosofia di Leibniz*, 1903. — Richard Herbertz, *Die Lehre vom Unbewussten im System von Leibniz*, 1905. — W. L. Northridge, *Modern Theories of the Unconscious*, 1924. — Karl Otto Petraschek, *Die Logik des Unbewussten. Eine Auseinandersetzung mit den Prinzipien und Grundbegriffen der Philosophie E. von Hartmanns*, 2 vols., 1926. — Dennis N. Kenedy Darnoi, *The Unconscious and E. von Hartmann*, 1967. — L. L. White, *Unconscious before Freud*, 1960. — W. J. Lowe, *Mystery and the Unconscious: A Study in the Thought of P. Ricoeur*, 1977. ➲

INCONTINÊNCIA. Ver ACRASIA.

INCORPÓREO. A distinção entre entidades corpóreas e entidades incorpóreas foi freqüente entre os filósofos antigos. Várias questões foram suscitadas a esse respeito: 1) que entidades são incorpóreas?; 2) quais são as entidades propriamente ("metafisicamente") reais: as corpóreas ou as incorpóreas?; 3) que relações há entre umas e outras? As soluções dadas a qualquer uma dessas três questões dependeram em grande medida do modo de se responder às duas restantes. Aqui simplificaremos e mencionaremos simplesmente três posições. *a*) A daqueles (como Platão) que afirmaram que as entidades incorpóreas são as únicas verdadeiramente existentes, pois se trata de idéias. As demais existem, mas de forma dependente (mediante participação [VER] ou de algum outro modo). *b*) A daqueles (como muitos cínicos e epicuristas) que sustentaram que existem apenas as entidades corpóreas; esta é a posição qualificada de *pansomatista*. *c*) A daqueles (como Aristóteles e muitos estóicos) que conceberam que as entidades incorpóreas existem, mas em um sentido particular do termo existir.

Comentaremos mais detalhadamente a posição *c*), e sobretudo a doutrina estóica. Aristóteles admitira que as entidades incorpóreas platônicas (as idéias) existem, mas nas coisas. Mais difícil é precisar a doutrina estóica. Antes de tudo, as entidades incorpóreas não são, de acordo com os estóicos, as idéias platônicas, mas quatro espécies de "entidade": o significado ou o expressável (λεκτόν), o vazio, o lugar (VER) e o tempo (agrupamento, segundo Bréhier, sumamente original, pois, com efeito, o significado é uma entidade semiótica, enquanto as demais são entidades "físicas"). Em segundo lugar, houve dentro da própria escola estóica muitas discussões sobre o verdadeiro *status* ontológico de tais entidades. Enquanto alguns, seguindo a concepção cínica e epicurista, preferiam acentuar o pansomatismo e negar todo ser às entidades incorpóreas, outros declaravam que a pura e simples supressão destas criava mais dificuldades que as que conseguia resolver. Por esse motivo, a maior parte dos pensadores estóicos tendeu a uma concepção das entidades incorpóreas que entra plenamente dentro da posição *c*) (posição, por assim dizer, "mediadora"). Os estóicos negavam, com efeito, que as entidades incorpóreas fossem ativas ou passivas; tais propriedades pertencem somente às entidades corpóreas. Portanto, opunham-se à doutrina platônica sobre a atividade das entidades incorpóreas e se aproximavam da doutrina aristotélica. Ao contrário de Aristóteles, no entanto, não apenas ofereciam outra lista de entidades incorpóreas, mas negavam que elas estivessem "nas coisas". Como indica Bréhier, os incorpóreos estóicos "encontram-se no limite da ação dos corpos". Eles não são, pois, meramente inexistentes. Tampouco existem como princípios dos seres corpóreos. Não se encontram nestes, seja ontológica, seja epistemologicamente. Tampouco existem separadamente, mas nessa forma "limitante" que os faz ao mesmo tempo existir e não existir.

⊃ Ver: É. Bréhier, "La théorie des incorporels dans l'ancien stoïcisme", *Archiv für Geschichte der Philosophie*, 22 (1909), 114-125; também em ed. separada; recolhido em *Études de philosophie antique*, 1955, pp. 106-116. ⊂

INDECIDÍVEL. Ver Decidível; Gödel (Teorema de).

INDEFINIDO. Ver Infinito; Juízo; Proposição.

INDEMONSTRÁVEIS. Os velhos estóicos introduziram em sua lógica proposicional vários esquemas de argumentação simples e válidos que consideraram indemonstráveis. Esses argumentos eram considerados, pois, como axiomas ou princípios do raciocínio. O termo 'indemonstrável' (ἀποδεικτικός) significa que "não necessita" ser demonstrado por conta de sua "evidência". A invenção de tais modos é atribuída a Crisipo, mas foram aceitos rapidamente por quase todos os filósofos estóicos e até mesmo incorporados a outras lógicas. Referências eles encontram-se, entre outros textos, em Diógenes Laércio (VII, 79), Sexto Empírico (*Adv. math.*, VIII, 22; *Pyrr. Hyp.*, II, 156-157), Galeno (*Inst. Log.*, 32) e em Cícero (*Top.*, 57); especialmente detalhada é a resenha de Sexto Empírico sobre o assunto. Alguns autores (Cícero, Galeno) mencionam mais de cinco desses esquemas ou modos de argumentação, mas o usual é reduzi-los a cinco. Os estóicos usavam números ordinais como letras proposicionais; de acordo com isso, formulavam os cinco esquemas seguintes:

Primeiro indemonstrável:

Se o primeiro, então o segundo.
O primeiro.
Portanto, o segundo.

Segundo indemonstrável:

Se o primeiro, então o segundo.
Não o segundo.
Portanto, não o primeiro.

Terceiro indemonstrável:

Não ao mesmo tempo o primeiro e o segundo.
O primeiro.
Portanto, não o segundo.

Quarto indemonstrável:

Ou o primeiro ou o segundo.
O primeiro.
Portanto, não o segundo.

Quinto indemonstrável:

Ou o primeiro ou o segundo.
Não o primeiro.
Portanto, o segundo.

Os próprios estóicos apresentavam exemplos desses esquemas. Assim, temos:

Para o primeiro indemonstrável:

Se é dia, há luz.
É dia.
Portanto, há luz.

Para o segundo:

Se é dia, há luz.
Não há luz.
Portanto, não é dia.

Para o terceiro:

Não é ao mesmo tempo dia e noite.
É dia.
Portanto, não é noite.

Para o quarto:

Ou é dia ou é noite.
É dia.
Portanto, não é noite.

Para o quinto (modificamos o exemplo usualmente dado):

Ou é dia ou é noite.
Não é dia.
Portanto, é noite.

Łukasiewicz foi o primeiro a mostrar que tais esquemas constituem uma prova clara de que os estóicos desenvolveram com grande rigor a lógica proposicional. Se durante muito tempo isso não foi percebido pelos historiadores da lógica, é porque estes se basearam no texto da *Geschichte*, de Prantl (I, 473), em que os esquemas em questão são falsificados pela introdução da partícula 'é' (que não se encontra nas exposições antigas). Desse modo, Prantl substituiu falsamente o esquema 'Se o primeiro, então o segundo. O primeiro. Portanto, o segundo' pelo esquema 'Se o primeiro é, é o segundo; mas o primeiro é; portanto, o segundo é', e assim sucessivamente. Os historiadores atuais da lógica antiga (Bochenski, Benson Mates, J. T. Clark, S. J. etc.) seguem, em compensação, a correta leitura de Łukasiewicz. Observemos que os indemonstráveis podem ser considerados tautologias da lógica sentencial ou esquemas de inferência metalógicos. Esta última interpretação é a que melhor se conforma à realidade, pois se trata de esquemas ou modos de argumentação válidos para executar inferências corretas e, por conseguinte, de regras de inferência para o cálculo sentencial.

INDEPENDÊNCIA (NAS PROPOSIÇÕES). Ver Oposição.

INDETERMINAÇÃO DA TRADUÇÃO. Ver Tradução (Indeterminação da).

INDETERMINISMO. Já nos referimos à posição chamada de "indeterminismo" ou ao conceito de indeterminismo em vários verbetes, como, por exemplo, em Arbítrio (Livre-); Acaso; Contingência; Determinismo; Liberdade; Necessidade; Predestinação; Vontade. Oferecemos aqui uma visão de conjunto dos significados de 'indeterminismo' com base em algumas referências contidas naqueles verbetes e ainda em várias informações complementares.

De modo muito geral, denomina-se "indeterminismo" toda doutrina segundo a qual os acontecimentos, sejam eles de que índole for, não estão determinados. Segundo o determinismo (em geral), tudo ocorre "necessariamente" (em vários sentidos do termo 'necessário'). Segundo o indeterminismo (em geral), nada ocorre "necessariamente", ou pelo menos alguns acontecimentos ocorrem de modo "não-necessário". Assim, o indeterminismo contrapõe-se em todos os casos ao determinismo, e o sentido de 'indeterminismo' depende em grande medida do significado dado a 'determinismo'. Aos vários sentidos do termo 'determinismo' (ver) correspondem outros tantos sentidos de 'indeterminismo'. Por outro lado, quando se contrapõem a um dado determinismo, as doutrinas indeterministas definem-se geralmente em relação com o que supostamente é a "razão do determinismo". A razão da determinação dos acontecimentos pode ser um decreto de Deus, ou um princípio, ou a suposição de uma cadeia causal estrita. O indeterminismo em geral nega não só que os acontecimentos (ou alguns acontecimentos) estejam determinados, mas também, e às vezes especialmente, a "razão" da suposta determinação.

Pode-se falar de um "indeterminismo geral" e de "indeterminismos específicos". O indeterminismo geral refere-se a quaisquer acontecimentos; em todo caso, abarca por igual os acontecimentos físicos e os psíquicos. Dos "indeterminismos específicos" destacam-se dois: um deles é chamado de "indeterminismo físico"; o outro, segundo o caso, de "indeterminismo psíquico", "indeterminismo psicológico", "indeterminismo espiritual" e "indeterminismo espiritualista". Na maior parte dos casos, este último tipo de indeterminismo leva em conta atos ou ações nos quais estão implicadas as idéias de mérito, culpa, responsabilidade etc.

Abordamos o indeterminismo físico nos verbetes Acaso e Contingência; também, embora de outros pontos de vista, nos verbetes Determinismo e Futuro, Futuros. Deve-se observar, contudo, que as doutrinas físicas indeterministas estão freqüentemente embebidas em uma doutrina indeterminista geral. O termo 'indeterminismo' também circulou nos debates em torno das chamadas "relações de incerteza" (ou "indeterminabilidade"), de Heisenberg; remetemos aqui ao verbete especialmente dedicado a essas relações.

O indeterminismo psíquico, psico-ético, espiritual etc. foi objeto de discussão em quase todas as ocasiões em que se suscitou o problema da liberdade humana. Parte do que se pode dizer a respeito encontra-se nos verbetes Arbítrio(Livre-), Liberdade, Vontade e alguns outros. Acrescentaremos, no entanto, que freqüentemente se estabeleceu uma distinção entre o indeterminismo e a afirmação da liberdade. Em algumas ocasiões, tendeu-se a identificar as doutrinas indeterministas com as que defendem o livre-arbítrio, ou ao menos a aproximá-las. Certos autores (Fichte, alguns existencialistas) identificam o indeterminismo com a afirmação da liberdade sempre que esta última seja entendida como um ato radical de "pôr-se a si mesmo", de "auto-afirmar-se" enquanto existência etc.

Uma das correntes que mais inequivocamente podem ser qualificadas de "indeterministas" é a corrente às vezes chamada de "espiritualismo francês", que inclui, entre outros, Lachelier, Boutroux e Bergson. Este último autor deixou clara a idéia de indeterminismo ao sustentar que uma doutrina indeterminista não só não é determinista, mas tampouco é finalista, já que o finalismo (ver Fim; Teleologia) suprime a essencial indeterminação do "ser espiritual" tanto quanto o determinismo.

⇨ Ver a bibliografia dos verbetes mencionados, especialmente a de: Acaso; Determinismo; Incerteza (Relações de); Liberdade.

Sobre o indeterminismo em sentido geral: C. B. Broad, *Determinism, Indeterminism, and Libertarianism*, 1934 (Aula inaugural na Universidade de Cambridge). — C. de Koninck, *Le problème de l'indéterminisme*, 1937. — L. Vivante, *Il concetto della indeterminazione*, 1938.

Sobre o indeterminismo na ciência, e especialmente na física (além da bibliografia de DETERMINISMO; FÍSICA; INCERTEZA [RELAÇÕES DE]), ver: D. Sztejnbarg, "Zagadnienie indeterminizmu na terenie fyzyki wspolczesnej", *Przeglad Filozoficzny*, 35 (1932) ("O problema do indeterminismo na física moderna"). — Id., "Zagadnienie indeterminizmu na terenie nauk humanistycznych", *ibid.*, 36 (1933) ("O problema do indeterminismo nas ciências humanas"). — Ernst Schrödinger, *Über Indeterminismus in der Physik*, 1932. — Ernst Cassirer, "Determinismus und Indeterminismus in der modernen Physik. Historische und systematische Studien zum Kausalproblem", em *Göteborg. Högskolas Årskrift*, 42 (1936). — Max Planck, *Determinismus und Indeterminismus*, 1938. — Max Born, *Natural Philosophy of Cause and Chance*, 1949 [Waynflete Lectures. Oxford, 1948]. — Paulette Février, *Déterminisme et indéterminisme*, 1955. — Louis de Broglie, *Nouvelles perspectives en microphysique*, 1956 (especialmente os capítulos intitulados "La physique quantique, restera-t-elle indéterministe?" e "Une interprétation nouvelle de la mécanique ondulatoire, est-elle possible?" [conferência dada em 1954]). Há em trad. esp. de L. de Broglie: *El problema de la interpretación causal y objetiva de la física cuántica*, 1956 (Suplementos del Seminario de Problemas científicos y filosóficos, 4. Universidad Nacional de México). — David Bohm, *Causality and Chance in Modern Physics*, 1957. — Stanislaw Mazierski, *Determinizm e indeterminizm w aspekcie fizytalnym i filozoficznym*, 1961 (*O determinismo e o indeterminismo nos aspectos físico e filosófico*). — Ernest Nagel, *The Structure of Science*, 1961 (capítulo 10: "Causality and Indeterminism in Physical Theory", pp. 277-335). — Anatol von Spakovsky, *Freedom, Determinism, Indeterminism*, 1963. — William E. Fitzgibbon, *Indeterminism in Nature*, 1963. — Filippo Selvaggi, *Causalità e indeterminismo*, 1964. — K. R. Popper, *The Open Universe: An Argument for Indeterminism*, 1982, ed. W. W. Bartley.

Sobre o "indeterminismo espiritualista", ver A. Levi, *L'indeterminismo nell filosofia francese contemporanea*, 1904. ⊂

INDÉXICO. Bertrand Russell chamou de "particulares egocêntricos" (e, originalmente, "particulares enfáticos") (termos particulares egocêntricos) a uma série de termos cuja denotação se reverte sobre aquele que os usa. Exemplos disso são pronomes pessoais (como 'eu') e pronomes demonstrativos (como 'isto'). Russell considerou que todos os particulares egocêntricos podem ser reduzidos ao pronome demonstrativo 'isto'. Se os nomes próprios — que apenas denotam, mas não conotam — podem ser reduzidos ao pronome demonstrativo 'isto', então 'isto' é um "nome logicamente próprio" ou um "nome próprio em sentido estritamente lógico". Se, além disso, 'isto' se refere a um dado sensível (ver SENSÍVEL, SENSÍVEIS), tem uma referência imediata àquele que diz 'isto'. Essa concepção pode levar ao solipsismo a menos que se considere o dado sensível denotado por 'isto' como um dado público ou intersubjetivo.

Reichenbach usou a expressão 'palavras signo-reflexivas' (ou 'palavras símbolo-reflexivas': *token-reflexive words*) para falar do mesmo gênero de termos indicados no parágrafo anterior. As expressões 'signo', 'símbolo' ou 'sinal' indicam que se trata de termos que podem ser usados referencialmente de modo similar mesmo que não sejam fisicamente similares. A expressão 'reflexivo' aponta para a referência àquele que usa o termo. Para Reichenbach, cada mostra de um desses signos ou símbolos refere-se a si mesma, e essa auto-referência é a da pessoa que usa o signo. Assim, 'eu' indica que eu sou aquele que usa o signo 'eu'.

Hoje é mais comum empregar as expressões 'signos indéxicos', 'termos indéxicos' ou, simplesmente, 'indéxicos', seguindo-se com isso a terminologia introduzida por Peirce. 'Eu', 'aqui' e 'agora' são signos ou termos indéxicos porque sua denotação cabe àquele que os usa. 'Indéxico' vem de 'índice' e tem por objeto salientar que o uso de um signo indéxico é como o uso do dedo indicador para assinalar um objeto. Se em vez de apontar com o dedo indicador se diz 'isto' "indica-se" aquilo a que se aponta "indexicamente". No entanto, nem sempre é necessário "apontar com o dedo" ou usar um termo indéxico para substituir o ato de apontar com o dedo; basta que, dentro do contexto lingüístico, o termo indéxico cumpra sua função indicadora. Discutiu-se até que ponto um termo ou signo indéxico cumpre uma função pronominal, isto é, a de substituir um nome (próprio). Alguns pensam que esta é a função primária — ou a única função — dos termos indéxicos, que não contêm nada descritivo, enquanto os nomes, incluindo os próprios, podem conter descrições mais ou menos "ocultas". Outros sustentam que, já que um signo indéxico aponta diretamente para aquilo que denota, são os nomes os que podem substituir o signo. Certos autores salientam que um signo indéxico "puro" não pode apontar nada, salvo se se encontra dentro de um contexto lingüístico. Wittgenstein observou, em um ponto amplamente tratado mais tarde, que, enquanto em uma expressão como '... encontra-se aqui', '...' é substituível por um nome próprio, '...' não é substituível por um signo indéxico. Tampouco, sustenta Wittgenstein, se pode denominar nada com um signo indéxico, já que nada se chama "isto" ou "aqui".

Também se pode usar 'indéxico' em outros dois sentidos (não inteiramente divorciados dos mencionados anteriormente). Por um lado, cabe adscrever índices temporais a termos singulares, como x no tempo $t(x_t)$, ou a propriedades, como a de ser F no tempo $t(F_t)$. Isso ocorre na "lógica temporal". Por outro lado, cabe adscrever índices a propriedades de tal modo que o índice seja ter esta ou aquela propriedade em um mundo m. Assim, ser real é, desse ponto de vista, ter adscrita nesse mundo a propriedade de existir nesse mundo; ser real em m é ter adscrita a propriedade de existir no mundo m. Nos termos de Kripke e Platinga, adscrever um índice em m, dentro da adscrição de índices de propriedades a mundos possíveis, equivale a tornar "rígida" a descrição da propriedade de tal modo que então se torna propriedade essencial.

A noção de "termo indéxico" pode ser comparada à de "conceito ocasional" ou "conceito circunstancial" que Ortega y Gasset desenvolveu seguindo em parte precedentes de Husserl. Trata-se de conceitos que intervêm em definições que são como "lugares vazios", *leere Stelle*. O principal exemplo desse tipo de conceito é o conceito de "eu". Como indica Julián Marías, esse conceito, que é "em grau eminente ocasional ou circunstancial", *está pondo* em cada momento "um âmbito de realidade, da qual recebe justamente seu *sentido*".

INDICAÇÃO. Ver Signo.

ÍNDICE. Ver Signo.

INDIFERENÇA. Os termos 'indiferença', 'indiferente' e 'indiferentismo' foram usados em vários sentidos.

1) 'Indiferente' traduz o vocábulo grego ἀδιάφορον, usado por muitos filósofos estóicos: "o que eles [os estóicos] chamam de ἀδιάφορον eu chamo, e vem muito ao caso, *indifferens*" (Cícero, *De fin.*, III, 53). Segundo os estóicos, é indiferente o que não pertence nem à virtude nem ao vício. As coisas indiferentes (ἀδιαφορά, *indifferentia*) são, pois, neutras ("moralmente neutras").

Ora, o modo como sejam usadas essas coisas indiferentes pode introduzir uma diferença. Assim, por exemplo, a vida humana como tal é indiferente, mas o modo de usar (de dirigir) a vida — para a virtude ou para o vício — não é indiferente (Dióg. L., VII, 103-104; Sexto, *Pyrr. Hyp.*, III, 177; Sêneca, *Ep.*, X, 82).

2) Chama-se de "indiferença" ou de "estado de indiferença" um estado psíquico no qual se torna impossível, ou parece ser impossível, toda decisão, escolha ou preferência. No estado de indiferença não há vontade (ver). Na indiferença externa — ou abulia — a falta de vontade gera uma situação peculiar e até mesmo paradoxal: a situação na qual há uma espécie de "vontade" de não ter vontade: a "noluntade" (ver).

Um aspecto desse tipo de indiferença é a *quies mentis*, a quietude ou tranqüilidade espirituais de que falaram o Pseudo-Dionísio e depois, sobretudo, Miguel de Molinos e Fénelon (cujas doutrinas a esse respeito são, de resto, muito distintas). A indiferença propugnada pelo "quietismo" (ver) é considerada um aspecto positivo da alma, que alguns acreditam não poder ser alcançado sem ajuda divina, já que mediante essa "quietude" perfeita a alma se abandona à vontade de Deus e pode mergulhar na verdadeira contemplação.

3) Segundo alguns autores, a indiferença constitui uma das bases do livre-arbítrio (ver Arbítrio [Livre-]). Este é às vezes definido como liberdade de indiferença, *libertas indifferentiae* (e também *liberum arbitrum indifferentiae*). Certos autores consideram que a liberdade se baseia nesse "livre-arbítrio". Outros indicam que o *liberum arbitrium indifferentiae* tem um caráter puramente negativo e que não pode dar origem à liberdade; esta se constitui mediante um ato positivo da vontade. Com efeito, supõe-se que a liberdade de indiferença é uma "indiferença de equilíbrio" e que esta por si só é incapaz de mover a vontade.

4) A indiferença opõe-se à necessidade. Estabelecem-se vários tipos de indiferença: *ativa* (como a indiferença do homem para sentir ou compreender uma coisa mais que outra); *passiva* (como a indiferença da matéria para receber várias formas); *objetiva* (ou indiferença do objeto em relação aos atos da vontade); *subjetiva* (ou indiferença do sujeito para querer ou não querer um objeto proposto).

5) A indiferença pode ser considerada uma têmpera (ver) de ânimo que cobre todas as coisas com um véu que as faz parecer iguais. Segundo Heidegger, esse tipo de indiferença emerge nos estados de autêntico e profundo fastio.

6) Uma das posições na querela dos universais (ver) é aquela segundo a qual as espécies são definidas como a indiferença dos indivíduos. Os universais são concebidos então *indifferenter* e não *essentialiter*. A "doutrina da indiferença" foi adotada por Abelardo de Bath (ver) em seu *De eodem et diverso*. Também Guilherme de Champeaux parece ter sido conduzido por Abelardo à afirmação de um realismo atenuado: o "realismo da indiferença".

7) Kant chama de "indiferentismo" (cf. Prefácio à 1ª ed. da *Crítica da razão pura*) a posição adotada na teoria do conhecimento que oscila entre o dogmatismo e o ceticismo.

8) Schelling definiu a indiferença como identidade dos contrários no seio do Absoluto. Há então uma completa indiferença de sujeito e objeto. Segundo esse autor, não se deve confundir, porém, a indiferença com a identidade: a indiferença não é identidade absoluta, mas identidade *de* um Absoluto. Por isso "a indiferença de conhecimento e de ser não é identidade simples entre A como sujeito e A como objeto (Spinoza), mas indiferença de A = A como expressão do ser e de A = A como expressão do conhecer" (*W. W.* I, 4, 184).

9) No cálculo de probabilidades, chamou-se de "princípio de indiferença" (e às vezes de "princípio de razão insuficiente" [VER]) aquele que afirma que quando não há uma razão conhecida para estabelecer probabilidades maiores ou menores (isto é, probabilidades desiguais) deve-se supor que existem as mesmas probabilidades (ou probabilidades iguais). Assim, segundo o princípio de indiferença, se se joga uma moeda ao ar, há uma probabilidade de ½ de que ao cair saia cara e uma probabilidade de ½ de que saia coroa. O princípio em questão foi estabelecido por Jacob Bernoulli; aceito durante muito tempo pelos matemáticos, foi submetido à crítica na época contemporânea por vários matemáticos e lógicos (Von Kries, J. M. Keynes etc.). Segundo Keynes, a aplicação indiscriminada do princípio conduz a resultados paradoxais. Por exemplo, se dizemos "Este livro é vermelho", há uma probabilidade de ½ de que seja vermelho; se dizemos "Este livro é azul", há uma probabilidade de ½ de que seja azul, e se dizemos "Este livro é preto", há uma probabilidade de ½ de que seja preto. Com isso teríamos três alternativas de probabilidade. Observemos que no caso da moeda já há uma restrição, porquanto se estabelece que somente podem sair ou cara ou coroa.

O sentido 1) de 'indiferença' é ao mesmo tempo ético e antropológico-filosófico. O sentido 2) é psicológico. O sentido 3), ao mesmo tempo psicológico, ético e teológico. O sentido 5), predominantemente existenciário (VER). O sentido 6) é lógico e ontológico. O sentido 7), epistemológico. O sentido 8), metafísico. O sentido 9), lógico e matemático. Alguns desses sentidos se entrecruzam — como 2) e 3) —, outros são específicos de uma disciplina, de uma tendência ou de um autor, como 5), 7), 8) e 9).

INDIRETO. Este termo foi empregado na literatura filosófica em dois sentidos.

Kierkegaard recorreu ao que se chamou de "discurso indireto" ou "modo de falar indireto". Esse discurso ou modo de falar não expressa imediatamente o pensamento de um autor; expressa o de vários autores que são, no limite, o mesmo. O autor — especificamente, Kierkegaard — oculta-se a si mesmo dizendo coisas que atribui a outro, e que assina com um pseudônimo, mas esse ocultamento é uma maneira de se aproximar do próprio autor e de seu compromisso básico.

Frege falou de discurso ou modo de falar indireto (*ungerade Rede*) em contraposição ao discurso ou modo de falar direto (*gerade Rede*). Segundo Frege, os enunciados (declarativos) têm sentido (os de seus *Gedanken* ou "pensamentos", na acepção não-psicológica do vocábulo) e se referem a objetos, que são seus valores de verdade. Cabe falar da referência indireta de um termo ou de um enunciado e do sentido indireto de um termo ou de um enunciado. A referência indireta de um termo é o sentido usual ou corrente do termo. A referência indireta de um enunciado é a referência usual do "pensamento" que tal enunciado "expressa", isto é, o pensamento que *p*. O sentido indireto de um enunciado é o sentido usual desse pensamento.

O discurso indireto ocorre geralmente quando há expressões de atitude proposicional (VER), ou seja, expressões nas quais intervêm os verbos de atitude proposicional. O exemplo mais comumente citado de discurso indireto é aquele em que se diz de alguém *A* que acredita em algo, *p*, onde '*p*' simboliza o enunciado que diz no que *A* acredita. Há outras formas de discurso indireto, tais como '*A* diz que', e inclusive (segundo alguns autores) 'Parece que'. Um dos problemas relacionados com as formas de discurso indireto mais abundantemente tratados é o problema da condição de verdade (no caso de ela existir) das proposições que fazem parte desse discurso.

Dentro do segundo sentido, cabe examinar o problema das expressões indiretas a partir de vários pontos de vista.

Pode-se adotar o ponto de vista lógico estabelecido a partir de Frege. Fala-se então de uso indireto ou de uso oblíquo de nomes e se estabelece a questão de se, ao perderem os nomes sua denotação "direta" ou "normal", há ou não possibilidade de eliminar os "contextos oblíquos". Alguns autores consideram que se pode eliminar a obliquidade de vários modos: construindo um sistema de lógica intensional; assentando critérios estritos que levem a eliminar os sujeitos de expressões com verbos de atitude proposicional etc. Outros consideram que não se pode eliminar nenhum contexto oblíquo, porque a denotação de qualquer termo introduzido com o propósito de eliminar tal contexto continuará tendo uma denotação oblíqua. O problema foi tratado abundantemente desde Frege; para um texto recente cf. Thomas M. Simpson ("Sobre la eliminación de contextos oblicuos", *Crítica*, I, 2 (1967), 21-33.

Pode-se adotar um ponto de vista lingüístico, examinando proferimentos ou atos de fala indireta dentro de um paradigma distinto dos usuais paradigmas "lógicos" e "filosóficos". Essa tentativa foi realizada por John Searle em "Actos de habla indirecta", trad. esp. em *Teorema*, 7 (1977), 23-55, de um trabalho publicado em Peter Cole, Jerry L. Morgan, eds., *Syntax and Semantics*, vol. 3: *Speech Acts*, 1975, pp. 59-82. Searle descarta não só os paradigmas de muitos lógicos e filósofos, que se interessaram em estabelecer o "conjunto de condições logicamente necessárias e suficientes", mas também o paradigma de muitos lingüistas que buscaram assentar um "conjunto de regras estruturais que gerem os fenômenos a ser explicados". "O problema" — escreve Searle — "me parece um tanto parecido com aqueles problemas de análise epistemológica da percepção nos quais se tenta explicar como um perceptor reconhece um objeto tendo como base um *input* sensorial imperfeito."

Um ponto de vista lógico, mas no qual se levam em conta os aspectos "lingüísticos" (ou, em todo caso, os aspectos examinados por lingüistas), é adotado por Donald Davidson (VER) em "On Saying That", em Donald Davidson, Jaakko Hintikka, eds., *Words and Objections: Essays on the Work of W. v. Quine*, 1969, pp. 158-174. Davidson julga que embora se destaque o caráter "executivo" (*performative*) das expressões indiretas, ou de expressões que ocorrem em contextos indiretos, nem por isso deixam de se submeter a condições de verdade. Isso equivale, *grosso modo*, a sustentar que se alguém "disse que (*that*) ...", o que disse é algo, que é justamente "isso" (*that*) — como no exemplo, citado por Davidson, de Oscar Wilde dizendo, a propósito da perspicácia de Whistler, "Gostaria de ter dito isso" (*I wish I had said that*), que é justa e precisamente o que Whistler disse e o que Whistler disse que oportunamente Oscar Wilde diria em sua irreprimível ânsia de produzir agudezas de espírito.

INDISCERNÍVEIS (PRINCÍPIO DOS). O chamado *principium identitatis indiscernibilium* deve-se sobretudo a Leibniz, razão pela qual também recebe o nome de "princípio de Leibniz". Escrevemos 'sobretudo' porque já se salientou que alguns pensadores estóicos já haviam reconhecido tal princípio, embora de modo pouco preciso e referindo-o unicamente a seus resultados (a inexistência de duas entidades exatamente iguais). Assim, Sêneca (*Ep.*, 113, 16) escreveu que todas as coisas são diferentes entre si e que não há duas folhas ou, em geral, dois seres vivos exatamente iguais. A mesma afirmação encontra-se em vários pensadores renascentistas — especialmente em Nicolau de Cusa — e modernos (Malebranche, em parte Suárez).

Leibniz formulou, explicou e defendeu o princípio da identidade dos indiscerníveis numerosas vezes. Aqui nos limitaremos a três passagens. Na Quarta carta a Clarke (da chamada "Correspondência entre Leibniz e Clarke", de 1715-1716; Gerhardt, VII, § 393), Leibniz indica que o princípio em questão é conseqüência do princípio de razão suficiente (VER), o que mostra, diga-se de passagem, a fecundidade deste último "grande princípio". "Infiro desse princípio [de razão suficiente], entre outras conseqüências, que não há na Natureza dois seres reais absolutos que sejam indiscerníveis, pois, se os houvesse, Deus e a Natureza operariam sem razão tratando uns de modo distinto de outros." Seria absurdo, em suma, que houvesse dois seres indiscerníveis; dados esses dois seres, um não seria mais importante que o outro e não haveria razão suficiente para escolher um em detrimento do outro. Nos *Nouveaux Essais*, Livro II, cap. xxvii (Gerhardt, V, 213), Leibniz considera que as diferenças externas não são suficientes para distinguir ou individualizar um ser: "É preciso que, afora a diferença do tempo e do lugar, haja um *princípio* interno de *distinção*, e, embora haja várias coisas da mesma espécie, é certo, no entanto, que nunca há coisas perfeitamente semelhantes. Assim, embora o tempo e o lugar (isto é, a relação com o exterior) nos sirvam para distinguir as coisas que não distinguimos bem por si mesmas, as coisas não deixam de ser distinguíveis em si. O que é característico da *identidade* e da *diversidade* não consiste, pois, no tempo e no lugar, embora seja verdade que a diversidade das coisas seja acompanhada pela do tempo e do lugar, porquanto trazem consigo impressões diferentes sobre a coisa". Em *Monadologie*, § 9 (Gerhardt, V, 608), Leibniz indica que cada mônada é distinta das demais: "Pois jamais há na Natureza dois seres que sejam perfeitamente iguais e nos quais não seja possível encontrar uma diferença interna, ou fundada em uma denominação intrínseca".

Os seres não diferem entre si, pois, apenas numericamente, *solo numero*. Não está excluída *in abstracto* a existência de dois indiscerníveis, mas em virtude da razão suficiente é preciso excluir essa existência *in concreto* (ver, no entanto, INDIVIDUAÇÃO).

Os leibnizianos aceitaram o princípio da identidade dos indiscerníveis. Em sua *Ontologia* (§§ 179-224), Wolff trata *De identitate & Similitudine* enquanto "afecções do ente em geral". Ele pode então definir a identidade como completa substituibilidade de dois entes (§ 181); indicar que, se os entes determinantes são iguais, os entes determinados são iguais, e vice-versa (§§ 192-193); falar da identidade de duas coisas com uma terceira como sendo todas idênticas (§ 223) — mas, quando em sua *Cosmologia* (§§ 246-248) se refere a entes que existem na Natureza, Wolff sustenta o princípio da identidade dos indiscerníveis no sentido leibniziano.

Kant, em compensação, criticou o princípio leibniziano da identidade dos indiscerníveis declarando que Leibniz confundiu as aparências (ver APARÊNCIA) com as coisas em si e, por conseguinte, com inteligíveis ou objetos do entendimento puro. Se as aparências são coisas em si, o princípio em questão, declarou Kant, é indiscutível (*KrV.*\, A 264/B 320). Mas as aparências são objetos da sensibilidade; a pluralidade e a diferença numérica já nos são dadas por meio do espaço como condição das aparências externas. Intuir duas coisas em duas posições espaciais diferentes é, pois, suficiente para considerá-las numericamente distintas. "A diferença dos lugares (*Örter*)" — escreve Kant — "torna a pluralidade e distinção dos objetos, enquanto aparências, não somente possível, mas também necessária, sem que sejam precisas outras condições" (A 272/B 328; cf. também A 281/B 337-8).

Entre os pensadores contemporâneos, o princípio dos indiscerníveis foi examinado sobretudo do ponto de vista lógico. Adiante trataremos da apresentação do princípio dentro da lógica matemática, mas antes disso faremos observar que, afora essa apresentação, vários filósofos e lógicos discutiram o sentido ou sentidos em que o princípio pode ser aceito ou não. Alguns autores indicaram que na verdade até mesmo carece de sentido afirmar ou negar que duas coisas possam ter todas as suas propriedades em comum a menos que previamente tenham sido distinguidas. Outros assinalam que, se o princípio pode ser negado sem que a negação seja contraditória consigo mesma, o princípio carece de interesse. Outros indicam que se pode imaginar um universo radicalmente simétrico no qual tudo o que ocorre em qualquer lugar pode ser exatamente duplicado em um lugar à mesma distância, no lado oposto, do centro da simetria, em cujo caso haveria objetos numericamente distintos, embora indiscerníveis. Outros argumentam que em um universo semelhante seria possível a indiscernibilidade de dois objetos numericamente distintos somente porque se introduz um ponto de observação em relação ao qual as duas metades do universo estão situadas em dois lugares diferentes.

O princípio dos indiscerníveis é formulado do seguinte modo:

$$\bigwedge F \, (F x \leftrightarrow F y) \rightarrow (x = y)$$

Pode-se ver que duas entidades, x e y, são idênticas se têm as mesmas propriedades (F). Nessa fórmula quantifica-se o predicado, o que é necessário para expressar a indiscernibilidade das entidades. Se as propriedades são entendidas extensionalmente, então o princípio é interpretado como expressando pertença das entidades às mesmas classes.

A fórmula:

$$\bigwedge x \, y \, (x = y \leftrightarrow (Fx = F y))$$

é apenas próxima do princípio da identidade dos indiscerníveis. Expressa a chamada "lei de substituibilidade da identidade", segundo a qual se duas entidades, x e y, são idênticas, o que é verdadeiro de x é também verdadeiro de y.

⮕ As referências "clássicas" figuram no texto do verbete. Entre as discussões contemporâneas sobre o princípio citadas no antepenúltimo parágrafo deste verbete, ver: Max Black, "The Identity of Indiscernibles", *Mind*, N. S., 61 (1952), 153-164 [onde apresenta a tese do universo radicalmente simétrico]. — A. J. Ayer, "The Identity of Indiscernibles", *Actes du XIème Congrès International de Philosophie*, vol. III, 1953, pp. 124-129; reimp. no livro do autor: *Essays in Philosophical Analysis*, 1954, pp. 26-35. — G. Bergmann, "The Identity of Indiscernibles and the Formalist Definition of 'Identity'", *Mind*, N. S., 62 (1933), 75-79; reimp. no livro do autor, *The Metaphysics of Logical Positivism*, 1954, pp. 268-276. — N. L. Wilson, "The Identity of Indiscernibles and the Symetrical Universe", *Mind*, N. S., 62 (1953), 506-511. — J. O'Connor, "The Identity of Indiscernibles", *Analysis*, 14 (1954), 103-110. — Nicholas Rescher, "The Identity of Indiscernibles. A Re-interpretation", *Journal of Philosophy*, 52 (1955), 152-155. — D. F. Pears, "The Identity of Indiscernibles", *Mind*, N. S., 64 (1955), 522-527. — I. Hacking, "The Identity of Indiscernibles", *Journal of Philosophy*, 72 (1975), 249-256. — A. F. Parker-Rhodes, *The Theory of Indistinguishables*, 1981. ⮌

INDIVIDUAÇÃO. Chama-se de "princípio de individuação" e também de "princípio de individualização" (*principium individuationis*; *principium individui*) o princípio que dá a razão de por que algo é um indivíduo, um ente singular. O primeiro autor que se ocupou amplamente desse princípio e dos problemas por ele suscitados foi Aristóteles, particularmente ao tratar das noções de substância (VER) e matéria (VER). À questão: "Em que consiste o princípio de individuação?", questão esta ligada a outra: "O que é que faz algo ser um indivíduo?", podem ser dadas, de início, três respostas.

A primeira resposta é: o princípio de individuação é constituído pela forma e pela matéria, isto é, pelo "indivíduo concreto" ou "o composto", τὸ σύνολον. Essa resposta é em alguns aspectos semelhante a algumas das proposições que citaremos mais adiante, como, por exemplo, à proposição de que a própria entidade singular constitui seu próprio princípio de individuação, e também à proposição de que não se necessita, propriamente falando, de um princípio de individuação, já que um indivíduo dado é "esta realidade determinada" e, sobretudo, "esta substância".

A segunda resposta é: o princípio de individuação é constituído pela matéria (no sentido aristotélico desse termo). Essa resposta é considerada (erroneamente) a única propriamente aristotélica. Ora, embora não seja a única resposta que Aristóteles ofereceu à nossa questão, ela foi uma das mais influentes. As razões para sua adoção são várias; sobretudo a seguinte: como a forma é universal, ela não pode explicar por que um indivíduo é um indivíduo. A forma é, *ex hypothesis*, a mesma em uma classe dada de indivíduos. Do ponto de vista da forma, João, Pedro e Antônio são a mesma coisa: todos eles são homens, isto é, animais racionais. Dentro da filosofia platônica (ou atribuída comumente a Platão), isso não constitui um grande problema, pois João, Pedro e Antônio são sombras ou cópias da Idéia do Homem. Mas na filosofia de Aristóteles é uma dificuldade. Portanto, devemos supor que a forma faz que uma coisa seja *o que* é, mas não o que *é*: a forma é o fato de *ser*, mas não o *fato* de ser. Desse modo, pois, somente sobra a matéria como princípio individuante. Isso é possível, contudo, porque a matéria não é o receptáculo indeterminado platônico, a χώρα, mas algo já determinado, como dirá depois Santo Tomás, *materia signata quantitate*. A matéria de todos os corpos naturais, por exemplo, é a terra, o fogo, a água, o ar; a matéria dos astros é o éter; a dos corpos orgânicos, os tecidos; a dos seres humanos, os órgãos etc. Dir-se-á então que lidamos com um princípio de individuação que se aplica somente a *classes* de seres e, por conseguinte, não é individuante o suficiente. Mas podemos refinar nossa concepção da "matéria qualificada" em vários sentidos. Tomemos, por exemplo, os homens. O tamanho (ser algo, gordo etc.), a cor (ser branco, amarelo), as disposições corpóreas (estar com boa ou má saúde), as características psicológicas (ser abúlico, inteligente) são todas propriedades da matéria humana. Assim, podemos dizer que a concepção aristotélica da matéria, ao menos no nível do homem, é igual à concepção das circunstâncias humanas. O que permanece igual em todos os homens é (segundo a concepção clássica) o fato de ele ser um animal racional, o que equivale à propriedade de participar em uma inteligência ativa, propriedade que se reconhece no fato de aceitar os princípios racionais. Mas *o modo como* tais princípios são reconhecidos é distinto em cada um dos homens. Com isso resolvemos a famosa dificuldade de que a matéria não pode ser o princípio de individuação pelo fato de não ser cognoscível, pois isso talvez seja verdadeiro para a "matéria pura", mas não para a "matéria determinada". No entanto, com isso ainda não resolvemos a dificuldade estabelecida pelo fato de que com o fim de qualificar a matéria necessitamos de algum modo da forma, pois a forma é a qualidade de uma matéria dada. Essa última dificuldade, aliás, constitui um dos motivos pelos quais Aristóteles "recai" com muita freqüência, após tê-lo descartado, no platonismo, pois não basta indicar, como faz o Estagirita, que a matéria de que se trata em uma classe determinada de indivíduo é "numericamente diferente e especificamente una" sem esclarecer a fundo, coisa que o filósofo não faz, o significado da fórmula supracitada.

Talvez uma solução melhor seja supor que a noção de indivíduo pode possuir diferentes graus. O próprio Aristóteles insinua uma solução parecida quando parece conceber a alma do homem como uma forma individual. Nesse caso o princípio de individuação seria mais "material" na classe de seres que possuísse menos individualidade que outras, e mais "formal" no caso inverso. Por exemplo, enquanto a distinção entre a pedra *x* e a pedra *y* seria quase imperceptível no que diz respeito à individualidade, a diferença entre João e Pedro seria muito acusada. Deve-se observar, todavia, que ao indicar que o Estagirita "insinuou" essa solução quisemos destacar que se trata apenas de uma indicação vaga. Com efeito, não se deve esquecer que para Aristóteles "a substância não admite variação de grau" (*Cat.*, I 5, 3b-4a), o que supõe que nenhuma substância (ou indivíduo) pode ser mais ou menos do que é. O conflito entre a insinuação citada e esta última doutrina é, de qualquer modo, iluminador para a compreensão do pensamento do Estagirita, pois expressa um certo conflito entre sua metafísica geral e sua doutrina da alma.

A terceira resposta é: o princípio de individuação é a forma. Indicou-se algumas vezes que essa doutrina não é aristotélica. Contudo, a verdade é que o Estagirita a aplica ao menos ao analisar realidades tais como o primeiro motor e mesmo as inteligências ativas. Nesse caso haveria certos seres (como Deus e os anjos nas teologias escolásticas) que seriam ao mesmo tempo indivíduos e formas, havendo somente um indivíduo para cada forma. O problema, porém, consiste em saber se se pode utilizar essa idéia para outros tipos de substância. Em nosso entender, há duas possibilidades a esse respeito:

a) Se admitirmos a teoria dos graus de individualidade, poderemos afirmar que quanto mais elevada seja uma realidade na hierarquia dos entes tanto mais ela terá a tendência a acolher a forma e não a matéria como princípio de individuação. Assim, a controvérsia entre a forma e a matéria como princípios de individuação poderá ser resolvida de acordo com as realidades correspondentes. Nos níveis inferiores de realidade o princípio será a matéria; nos níveis superiores, a forma — e no nível intermediário (por exemplo, no nível humano), o predomínio da forma ou da matéria dependerá do grau e da perfeição na individualidade de um homem dado.

b) Se entendermos a noção de forma em sentido cada vez menos "platônico", será ainda mais aceitável a possibilidade de fazer da forma o princípio de individuação, e isso não apenas em certas realidades, mas em todas as substâncias. Esse ponto essencial foi destacado por W. D. Ross. Se a forma é, com efeito, uma essência platônica, então terá de ser mantida separada dos exemplares individuais ou coincidirá com certos indivíduos únicos. Mas, se a forma for entendida como uma causa (final ou eficiente, ou as duas ao mesmo tempo), então poderemos dizer que o desdobramento de uma forma não será senão a explicação causal de um indivíduo. Haverá então tantas formas quanto causas específicas ou, melhor, quanto causas explicativas. Em *Met.*, Z VII 17, 1041 a 6-32, Aristóteles parece ter levado em conta essa possibilidade.

Nós nos detivemos nos problemas estabelecidos pelo princípio de individuação na forma aristotélica porque a partir das bases estabelecidas podem ser mais bem entendidas as diversas posições adotadas a esse respeito por aqueles que discutiram esse assunto com grande detalhamento: os escolásticos. Seus trabalhos sobre o problema foram precedidos pelos comentadores aristotélicos e pelos filósofos árabes; assim, por exemplo, já o próprio Avicena afirmou que o princípio de individuação é a matéria qualificada pela quantidade. Mas os escolásticos sistematizaram essas questões em certo número de posições que correspondem aproximadamente às atitudes adotadas na questão dos universais (VER). Essas posições podem ser reduzidas a três.

1) Por um lado, os filósofos nominalistas extremos sustentavam que, existindo uma idéia separada da coisa, ou, dito de outro modo, não havendo mais realidade senão "esta realidade determinada", o princípio de individuação não era necessário, pois o problema se estabelece antes com respeito aos universais, cuja razão nos escapa a menos que os consideremos como radicados na mente. Daí a dificuldade da ciência, mas de uma ciência que tenha como modelos os pressupostos platônico-aristotélicos, da ciência da articulação do real em gêneros e espécies, já que nessa ciência a causa é, em última análise, a essência. 2) O tomismo procura fazer uma mediação entre as posições extremas: o princípio de individuação não foge a essa regra. Mas então somente poderá haver princípio de individuação se houver uma mediação efetiva. Daí a tese tomista: o que constitui a individualidade das substâncias criadas sensíveis é a matéria; as formas separadas ou subsistentes, em compensação, têm o princípio de individuação em si mesmas, isto é, podem ser, como as puras inteligências, ao mesmo tempo individualidades e espécies. A oposição a essa concepção baseava-se sobretudo na idéia dada por Santo Tomás acerca da matéria. Se esta é pura potência, alegava-se, não pode constituir nenhum princípio de individuação. Por outro lado, se a matéria é pura potência, a forma deve perder-se nesta, e em vez de individuar-se acabará por se desvanecer, já que a matéria não lhe acrescenta nada de positivo. No entanto, a matéria a que se refere Santo Tomás como princípio de individuação não é a matéria pura e simples, mas a *materia signata quantitate*, isto é, a que é considerada sob certas dimensões. 3) Duns Scot indicava que mesmo essa *quantitas* da matéria não pode constituir uma individuação suficiente, pois a quantidade é um acidente. No caso do homem, a aptidão da alma para unir-se a *determinado* corpo proviria de sua forma, e não da matéria; mesmo a matéria *quatenus quantitate signata* deveria, assim, ser rejeitada. Daí a proposição de Duns Scot: o *principium individuationis* não é a pura essência nem tampouco a matéria, nem um acidente extrínseco à essência, nem um dos elementos constitutivos desta. É um princípio positivo, inerente à essência; em outros termos, é uma modalidade da substância. Esse princípio é a *heceidade* (VER). Entre ela e a substância não há distinção real, mas apenas formal. Mas essa distinção formal não é uma pura criação do espírito, como suporia o nominalismo, nem tampouco algo radicado na natureza da coisa mesma e suas distinções totais. A *haecceitas* é a particularização ou individualização da essência e não a própria forma da coisa, pois esta subsiste fora do múltiplo (*Quaest. subt. in Met. Arist.*, q. 5, n. 61).

A exposição anterior das opiniões sobre o fundamento do princípio de individuação nos filósofos medievais seguiu linhas muito gerais. Uma exposição detalhada das opiniões ou "sentenças" sobre o assunto pode ser encontrada em Suárez, especialmente *Disp. met.*, V, seções ii-vi. Suárez examina as diversas formas em que se disse que o princípio de individuação é a *matéria signata*, tal como se afirma, entre outros, em Santo Tomás, *S. theol.*, I q III a 3 e q. L a 4; III, q. LXXVII a 2; *In.*, IV, dist. 12, q. 1; Cajetano, *De ente et essentia*, c. 2; Capreolo, *In II*, dist. 3; Ferrarense, *I cont. Gent.*, c. 21; as formas em que se disse que o princípio de individuação é a forma substancial, tal como se afirma, entre outros, em Durand de Saint-Pourçain, *In II*, dist. 3, q. 2; Averróis, I *de an.*, c. 7; *Phys.*, III, com. 60; IV, com. 38; Avicena, *VI Natur.*, Parte I, e outros; e a forma em que se disse que o princípio de individuação se encontra na existência da coisa singular, tal como se afirma em Duns Scot, *In II*, dist. 3, q. 3; Henrique de Gard, *Quodl.*, IV, q. 8 (e, segundo Fonseca, V, q. 8). De acordo com seu método, Suárez salienta em que sentidos podem ser aceitas ou não tais opiniões, e conclui, *contra superiores sententias*, que "toda substância é singular [por si mesma ou por sua entidade] e não requer outro princípio de individuação fora de sua entidade ou fora dos princípios intrínsecos de que consta sua entidade" (*Disp. met.*, V, seç. vi, 1). Esta é a sentença sustentada por Aureolo (*apud* Capreolo, *In II*, dist. 3, q. 2) e por Durand de Saint-Pourçain; Suárez indica que, de acordo com Fonseca (*Met.*, V, c. VI, q. 3, seç. 2), essa opinião é a mais confusa de todas [*implicatissima*], mas que, segundo o próprio Suárez, é a mais clara [*clarissima*]. O fundamento da unidade não pode ser distinguido, com efeito, da unidade. Ao mesmo tempo, o princípio de individuação da matéria-prima é para Suárez "sua própria entidade, tal como está na coisa" (*ibid.*, 2); o princípio de individuação da forma substancial também radica nesta por sua própria entidade [*Per suammet entitatem*] (*ibid.*, 5). Os modos substanciais individuam-se também por si mesmos (*ibid.*, 14), e na substância composta o princípio de individuação é essa forma e essa matéria unidas entre si [*principium esse hanc materiam et hanc formam inter se unitae*] (*ibid.*, 15).

A exposição de Suárez e as idéias por ele defendidas influíram muito mais do que se costuma indicar sobre os filósofos modernos que trataram de modo explícito o problema do princípio de individuação (Schopenhauer, por exemplo, cita Suárez e as *Disp. met.*, V [seç. 3], em *Die Welt als Wille und Vorstellung*, II, 23). Seria muito extenso enumerar os filósofos modernos que de modo determinado se ocuparam da questão, e impossível nos referirmos ao todos os que a trataram de maneira apenas implícita. Aqui nos limitaremos a mencionar algumas opiniões sobre nosso assunto.

Leibniz — talvez um dos pensadores modernos que mais abundantemente trataram do problema *de principio individui* (já a partir de sua dissertação de 1663: *Disputatio metaphysica de principio individui*) — manifestou várias opiniões sobre o assunto. Na citada

Disputatio ele se limitava a expor diversas doutrinas acerca do que faz um indivíduo ser um indivíduo. De saída é preciso distinguir o indivíduo segundo a lógica (*in ordine ad praedicationem*) e o indivíduo segundo a metafísica (*in ordine ad rem*). Também é preciso distinguir o indivíduo como ser criado, o indivíduo como mera substância etc. Acerca do indivíduo considerado metafisicamente, há duas opiniões básicas: segundo alguns, o princípio de individuação encontra-se em toda a entidade (*entitas tota*); segundo outros, não se encontra em toda a entidade (*non tota* [*entitas*]). Os partidários dessa última opinião dividem-se em dois grupos: para alguns, o princípio se expressa mediante uma negação; para outros, mediante algo positivo. Ao mesmo tempo, aqueles que sustentam que ele se expressa mediante algo positivo se referem à parte física (*existentia*) ou à parte propriamente metafísica (*haecceitas*). A parte física "determina a essência"; a parte metafísica "determina a espécie". Em geral, conclui Leibniz, há três sentenças fundamentais sobre o princípio de individuação: 1) todo indivíduo se individua por toda a sua entidade (Aureolo, *apud* Capreolo, e, em geral, terministas e nominalistas); 2) o princípio de individuação consiste em negações; 3) o princípio de individuação é a existência (Murcia). Ao longo de sua carreira filosófica, Leibniz ocupou-se freqüentemente da questão do princípio de individuação. Na maior parte dos casos essa questão estava ligada ao problema do chamado "princípio de identidade dos indiscerníveis" a que nos referimos em outro lugar (ver INDISCERNÍVEIS [PRINCÍPIO DOS]). Em vista disso, pode-se afirmar que a opinião de Leibniz está próxima da de todos os que (como Suárez) fundam a individuação do individual na "entidade mesma". Isso se infere das três passagens citadas no verbete sobre a noção de Indiscerníveis. No entanto, na menos conhecida *Confessio philosophi* (escrita aproximadamente em 1673, ed. Yvon Belaval, 1961), Leibniz tratou a *spinosissima* questão de *principio individui* de forma distinta ao indicar que quando se diz "isto", *hoc*, ou quando se pergunta pela determinação (*determinatio*) não se faz outra coisa senão remeter à consciência do tempo e do lugar (*nisi sensus temporis et loci*), isto é, do movimento da coisa (*motus... rei*). Com isto o princípio de individuação acaba por residir fora da coisa mesma (*extra rem ipsam*); assim, dois ovos se distinguem na medida em que, em momento dado, um deles está em um lugar determinado e o outro, em outro (*quod praesenti tempori hoc est in loco A illud in loco B*) (*op. cit.*, p. 104). Os próprios espíritos (*mentes*) individuam-se pelo lugar e pelo tempo (*loco et tempore velut individuari seu fieri*).

Contudo, a tendência geral de Leibniz é a que favorece a individuação por uma "distinguibilidade em si" de cada ente ou, ao menos, de cada substância. O mesmo ocorre em Wolff ao indicar que o princípio de individuação, pelo qual se entende a *ratio sufficiens intrinseca individui* (*Ontologia*, § 228), é definível como *omnimoda determinatio eorum, quae enti actu* insunt (*ibid.*, § 229 [ver também INDIVÍDUO]). É curioso comprovar que essa tendência a individuar pela "entidade mesma" é admitida por alguns autores usualmente considerados "empiristas", como Locke, por exemplo, ao escrever que o princípio de individuação é "a própria existência". Ora, essa existência não deve ser confundida com a *haecceitas* scotista, ainda que tenha certas relações com ela, especialmente enquanto existência que encaixa, por assim dizer, qualquer ser dentro de um espaço e de um lugar particulares "incomunicáveis para dois seres da mesma classe" (*Essay*, II, xxvii).

Outros autores, em compensação, inclinam-se a favor do espaço e do tempo como princípios de individuação — por exemplo, Schopenhauer, que, por motivos metafísicos derivados de sua doutrina sobre a Vontade, considera que o espaço e o tempo singularizam o que é de início idêntico e convertem a unidade essencial do todo em uma multiplicidade. Schopenhauer sustenta que as formas fenomênicas não afetam a Vontade como coisa em si; e, não sendo afetada sequer pela forma mais geral da representação, a Vontade seria ainda menos afetada pelas formas que, como o espaço e o tempo, determinam a pluralidade. "Neste último aspecto" — diz ele — "designarei o tempo e o espaço, empregando uma antiga expressão tomada da escolástica, como o *principium individuationis*, o que ressalto para que seja levado em conta de agora em diante. Pois o tempo e o espaço são aquilo em virtude do que aquilo que em sua essência e segundo o conceito é uno e o mesmo aparece como vário, como múltiplo, seja na sucessão, seja na simultaneidade; por conseguinte, o *principium individuationis* é objeto de muitas disputas entre os escolásticos, as quais podem ser encontradas reunidas em Suárez (*Disp.*, 5, seç. 3)" (*Welt*, II, 23). A Vontade fica, desse modo, fora do princípio de razão e da multiplicidade, embora sejam incontáveis suas manifestações no espaço e no tempo. É una, mas não no sentido da unidade de um objeto em oposição à pluralidade, nem no sentido do conceito que por abstração surge do múltiplo, mas como "aquilo que está fora do tempo e do espaço, ou seja, do *principium individuationis*, isto é, da possibilidade da pluralidade" (*op. cit.*).

Na maior parte das tendências filosóficas contemporâneas, exceto as neo-escolásticas, foram abandonadas quase totalmente as doutrinas que escolhem a matéria ou a forma como princípios de individuação e tendeu-se a algumas das seguintes soluções: 1) O individual funda-se, por assim dizer, "em si mesmo"; a entidade individual existe como tal irredutivelmente. 2) A noção de indivíduo é uma construção mental com base nos dados dos sentidos. 3) A idéia de coisa como "coisa individual" é determinada pela localização espaço-temporal. Em todos esses casos tende-se a rejeitar o que

Herbert W. Schneider (*Ways of Being* [1962], pp. 16 e 17) chamou de "a idéia sintética da individualidade" defendida pela "tradição clássica". O citado autor defende "a individualidade como categoria de análise ontológica; os indivíduos não são formados por meio da união de elementos não-individuados, pois são eles próprios elementos últimos do ser" (*op. cit.*, p. 17).

Ver Paul Horsch, "Le principe d'individuation dans la philosophie indienne", *Asiatischle Studien* [Suíça], 10 (1956) e 11 (1957-1958).

⊃ Ver também a bibliografia do verbete INDISCERNÍVEIS (PRINCÍPIO DOS).

Algumas das obras citadas na bibliografia do verbete INDIVÍDUO referem-se à questão do princípio de individuação. Para a história desse princípio na escolástica, ver: J. Assenmacher, *Die Geschichte des Individualitäts-Prinzips in der Scholastik*, 1926. — Ingbert Klinger, *Das Prinzip der Individuation bei Thomas von Aquin. Versuch einer Interpretation und Vergleich mit zwei umstrittenen Opuscula*, 1964. — J. J. E. Gracia, *Introduction to the Problem of Individuation in the Early Middle Ages*, 1984. — Ver também: Id., *Suárez on Individuation: Metaphysical Disputation V: Individual Unity and Its Principle*, 1982. — L. B. McCullough, *The Sources of Leibniz's Philosophy of Individuation*, 1987. ⊂

INDIVIDUALISMO. Em termos muito gerais, 'individualismo' é o nome de uma doutrina segundo a qual a realidade é composta por indivíduos, isto é, por seres individuais ou individuados, não decomponíveis em outros seres mais básicos. Desse ponto de vista há similaridades entre o individualismo e o substancialismo, assim como entre o individualismo e o atomismo concebendo-se este último também de modo muito geral.

Mais comumente entende-se por 'individualismo' uma doutrina segundo a qual a entidade básica em todo agrupamento humano ou em toda sociedade humana é o indivíduo, o sujeito individual, de tal modo que o agrupamento ou a sociedade são concebidos como conjuntos de indivíduos.

O individualismo pode ser ético, político, econômico, religioso etc., de acordo com a atividade ou a série de atividades do indivíduo considerada. Ora, o sentido de 'individualismo' difere não somente de acordo com a atividade humana que se tome como ponto de referência, mas também de acordo com o significado de 'indivíduo'.

No verbete sobre a noção de indivíduo (VER) não nos referimos senão incidentalmente ao indivíduo humano, mas alguns dos conceitos ali introduzidos para elucidar a questão da natureza do individual podem nos servir aqui. É especialmente importante a distinção entre a noção puramente numérica de indivíduo e a noção de indivíduo como ente singular determinado "omnimodamente". Aplicada essa distinção ao indivíduo humano, aparecem duas concepções dele: em uma delas o indivíduo em questão é uma espécie de "átomo social", e na outra, uma realidade singular não intercambiável com nenhuma outra da mesma espécie. A primeira concepção é predominantemente negativa: de acordo com ela, o indivíduo humano se constitui em oposição a diversas realidades (a sociedade, o Estado, os demais indivíduos etc.). A segunda concepção é predominantemente positiva: segundo ela, cada indivíduo humano se constitui em virtude de suas próprias qualidades irredutíveis. Essa segunda concepção é muito similar à de pessoa (VER), razão pela qual se pode falar de duas doutrinas: a do indivíduo como mero indivíduo, e a do indivíduo como pessoa.

A primeira dessas concepções foi muito comum na época moderna e originou formas muito diversas de individualismo. A idéia de contrato social e o liberalismo econômico, por exemplo, são duas dessas formas. Disse-se, por isso, que esse individualismo é no fundo um "atomismo" (VER), ou, mais exatamente, um "atomismo humano". Uma vez admitido esse individualismo suscita-se a questão de como é possível a relação entre diversos indivíduos em uma comunidade. As doutrinas forjadas sobre o assunto são múltiplas. Alguns afirmam que o característico do indivíduo é sua constante oposição à sociedade, ao Estado e mesmo aos demais indivíduos. Exemplos dessa doutrina são o pensamento de Stirner (VER) e formas muito diversas de anarquismo. Outros sustentam que a oposição em questão, embora inegável, nem por isso converte o indivíduo em uma entidade anti-social; pelo contrário, torna possível a sociedade enquanto agrupamento de indivíduos com um certo fim: o de satisfazer ao máximo os interesses de cada indivíduo. Muitas doutrinas jusnaturalistas, contratualistas e utilitaristas seguem essa tendência. Outros declaram que há, ou pode haver, ou deve haver, uma harmonia entre diversos indivíduos sempre que se deixe que cada um deles se manifeste tal como é. Muitas doutrinas — que podem ser agrupadas sob o nome de "liberalismo otimista" — aderem a essa concepção. Em todos os casos o individualismo nesse sentido opõe-se a toda forma de coletivismo, considerado destruidor da liberdade individual.

A segunda das concepções mencionadas originou outras formas de individualismo. Uma delas é o "individualismo metodológico" (VER). Outra, muito distinta, é o "personalismo" (VER) ou "individualismo personalista". O individualismo-personalismo não nega, antes salienta, a importância do chamado "bem comum" (VER), mas este último não deve ser confundido com nenhuma forma de "totalitarismo". Com efeito, assim como o individualismo em sentido estrito se opõe ao coletivismo, o individualismo personalista opõe-se ao chamado "transpersonalismo". O individualismo personalista não almeja negar a liberdade individual em benefício apenas da sociedade ou da comunidade, mas antes tende a integrar os interesses individuais com os sociais ou comunitários. Uma característica muito destacada do individualismo personalista é que ele possui um forte componente "histórico", enquanto o individualismo em sentido estrito é freqüentemente "a-histórico" e até mesmo "anti-histórico".

Certas formas de individualismo em sentido estrito aproximam-se muito de outras formas de individualismo personalista. A distinção entre as duas formas de individualismo, portanto, nem sempre é radical, como tampouco o é a concepção predominantemente positiva da noção de indivíduo como "indivíduo humano".

Alguns autores declararam — ou assim esperavam — que muitos dos problemas (conflitos) suscitados nas relações entre "o indivíduo" e "a sociedade" se resolveriam dentro de uma sociedade sem classes. Outros — como Adam Schaff (cf. *Marxismus und das menschliche Individuum*, 1965) — afirmam que mesmo uma sociedade sem classes não deixa de ser constituída por grupos tais como os impostos pela divisão do trabalho. Se cada grupo mantém concepções distintas dos outros, isso tem de contribuir, segundo esse autor, a manter um certo grau de alienação individual.

O interesse pela noção de indivíduo humano também foi desenvolvido na psicologia, especialmente em duas de suas tendências. Por um lado, temos a tendência à classificação das individualidades. Embora nessa classificação os indivíduos sejam usualmente agrupados em tipos (ver TIPO), o fundamento de toda classificação de indivíduos é o exame da individualidade. Por outro lado, temos a chamada "psicologia individual" ou estudo dos indivíduos humanos em seus caracteres diferenciais. Observemos que Adler (VER) chama de "psicologia individual" o seu próprio sistema psicológico, baseado na determinação do "estilo de vida" de cada indivíduo de acordo com sua reação diante dos sentimentos de inferioridade que surgem já na infância. A "psicologia individual" de Adler é também um método terapêutico por meio do qual se busca fazer que o indivíduo veja as falhas radicais de sua vida e a dependência em que se encontram suas reações diante do mundo social, da profissão e da vida sexual em relação aos citados sentimentos de inferioridade (cuja origem básica se encontra, segundo Adler, em depreciações orgânicas).

➲ Algumas das obras citadas na bibliografia de INDIVÍDUO também tratam da questão do "indivíduo humano". Para uma maior informação sobre esse ponto, e particularmente sobre a relação entre indivíduo e sociedade ou comunidade, ver as obras citadas nas bibliografias dos verbetes COMUNIDADE; OUTRO (O); PESSOA; PERSONALISMO e SOCIOLOGIA [neste último, a seção relativa a "sociedade e doutrina e filosofia da sociedade"]. Especialmente importantes sobre o assunto são as obras de F. Tönnies, Theodor Litt, O. Spann, G. H. Mead, H. Bergson, J. Ortega y Gasset. — Ver, além disso, M. Caullery, Célestin Bouglé, Pierre Janet, Jean Piaget, Lucien Fèbvre, *L'individualité*, 1933.

Para o individualismo em diversos sentidos, ver: G. Galo, *L'individualismo ethico nel secolo XIX*, 1906. — G. Vidari, *L'individualismo nelle dottrine morale dei secolo XIX*, 1909. — W. Fite, *Individualism*, 1911. — P. Archambault, *Essai sur l'individualisme*, 1913. — Georges Palante, *Pessimisme et individualisme*, 1913. — O. Dietrich, "Individualismus, Universalismus, Personalismus", *Kantstudien*, 14 (1917). — Ernst Horneffer, "Der moderne Individualismus", *Kantstudien*, 23 (1919), 406-425. — Hermann Schmalenbach, "Individualität und Individualismus", *Kantstudien*, 24 (1920), 365-388. — F. Koehler, *Wesen und Begriff des Individualismus*, 1922. — John Dewey, *Individualism, Old and New*, 1930. — Roger Étienne Lacombe, *Déclin de l'individualisme?*, 1937. — W. E. Hocking, *The Lasting Elements of Individualism*, 1940 [Powell Lectures on Philosophy]. — C. Damur, *Der Individualismus als Gestalt des Abendlandes*, 1947. — E. Laszlo, *Individualism, Collectivism, and Political Power: A Relational Analysis of Ideological Conflict*, 1964. — D. Munro, ed., *Individualism and Holism: Studies in Confucian and Taoist Values*, 1985. — J. H. Barker, *Individualism and Community: The State in Marx and Early Anarchism*, 1986. — T. C. Heller, M. Sosna, D. E. Wellbery, eds., *Reconstructing Individualism: Autonomy, Individuality, and the Self in Western Thought*, 1986. — K. Kolenda, ed., *Organizations and Ethical Individualism*, 1988. — D. Shanahan, *Toward a Genealogy of Individualism*, 1992.

A questão do individualismo e da individualidade também foi tratada do ponto de vista dos "indivíduos na natureza" e particularmente do ponto de vista dos "indivíduos orgânicos"; entre as numerosas obras publicadas sobre o assunto, ver: L. B. Hellenbach, *Der Individualismus im Lichte der Biologie und Philosophie der Gegenwart*, 1878. — J. Huxley, *The Individual in Animal Kingdom*, 1911. — Th. Haering, *Ueber Individualität in Natur- und Geisteswissenschaft*, 1926. — F. Raffaele, *L'individuo e la specie*, 1943. — Tratamos dessa questão no livro *El ser y la muerte*, 1962; ver especialmente pp. 133-142.

Para a questão do individual (ou singular) nas ciências históricas, ver NOMOTÉTICO. ◖

INDIVIDUALISMO METODOLÓGICO. No verbete INDIVIDUALISMO falamos sobre a concepção moderna "clássica" do indivíduo humano como uma espécie de "átomo social". Trata-se geralmente de um individualismo que, por referir-se a realidades, pode ser qualificado de "ontológico", e que, por se referir especificamente à realidade humana, pode ser chamado de "antropológico". Ele se contrapõe ao "holismo" (VER) ou ao totalismo ontológicos (ou antropológicos) segundo os quais a sociedade (ou a comunidade etc.) é de alguma maneira "prévia" aos indivíduos que a constituem. Isso pode ser entendido ao menos de duas maneiras: segundo uma concepção maximalista, ou radical, a sociedade (ou a comunidade etc.) tem uma realidade da qual os indivíduos que a compõem são especificações; segundo uma concepção minimalista, ou moderada, ela tem propriedades que não são inteiramente redutíveis às dos indivíduos que a compõem.

A posição segundo a qual as propriedades, disposições, atitudes etc. apresentadas por uma sociedade ou uma comunidade explicam as propriedades, disposições, atitudes etc. apresentadas pelos indivíduos que as compõem pode ser denominada "holismo (ou totalismo) metodológico". Trata-se de um holismo (ou totalismo) metodológico "maximalista" ou "radical". Além dele, pode haver um holismo (ou totalismo) segundo o qual as propriedades, disposições, atitudes etc. exibidas por uma sociedade ou comunidade não são inteiramente redutíveis às propriedades, disposições, atitudes etc., apresentadas pelos indivíduos que as compõem. Este último holismo (ou totalismo) pode ser qualificado de "minimalista" ou "moderado". Contra essas duas formas de holismo ou totalismo metodológicos dirige-se o intitulado "individualismo metodológico", que afirma, em linhas gerais, que não há em uma sociedade ou comunidade nenhuma propriedade, disposição, atitude etc. que não seja, em princípio, totalmente explicável pela descrição das propriedades, disposições, atitudes etc. dos indivíduos componentes.

O individualismo metodológico baseia-se na maior parte das vezes em um nominalismo, seja ele de caráter ontológico ou metodológico, ou ambas as coisas ao mesmo tempo. É possível ser individualista metodológico sem se comprometer com um nominalismo ontológico, mas parece difícil ser individualista metodológico sem ser nominalista metodológico.

O individualismo metodológico que floresceu entre 1950 e 1960 enfatizou que se trata não tanto de elaborar uma doutrina da sociedade, mas de estabelecer, no âmbito das ciências sociais, os métodos apropriados para estudar os comportamentos sociais. Vários autores — como K. R. Popper e Isaiah Berlin — defenderam o individualismo metodológico por razões em grande parte políticas e não apenas científicas e filosóficas; eles consideraram que as doutrinas antiindividualistas — as doutrinas "holistas" ou "totalistas" — são antiliberais e sempre correm o perigo de desembocar em alguma ideologia totalitária. Outros autores — como J. W. N. Watkins e May Brodheck — consideraram que, embora o individualismo metodológico possa ter bases ou, ao menos, orientações "metafísicas" e "político-sociais", ele não tem razões para ser uma racionalização de tais bases ou orientações. Em princípio, tal individualismo metodológico é independente de qualquer idéia que se tenha acerca de como se constitui a sociedade.

Mesmo supondo-se que haja nos comportamentos sociais algo que não se encontra no comportamento dos indivíduos componentes, somente a descrição deste último comportamento pode permitir entender comportamentos, formas e atitudes sociais.

Na medida em que salienta apenas os requisitos da explicação de comportamentos sociais nas ciências sociais, o individualismo metodológico não tem razões para sustentar que somente a descrição de comportamentos individuais específicos é admissível. Basta que os comportamentos individuais sejam típicos. Tampouco tem razões para sustentar que as ações sociais devam ser determinadas pelas vontades particulares dos indivíduos. Não tem, por fim, razões para considerar que um fenômeno social é um reflexo exato dos atos (ou disposições) individuais. Se a isso se acrescenta que certos comportamentos sociais típicos de "grupo" são admitidos, compreender-se-á que o individualismo metodológico, devidamente "atenuado", possa coincidir com algumas proposições do "holismo" ou "totalismo", especialmente se aqueles que defendem estas proposições também insistem em seu caráter metodológico e renunciam a admitir qualquer espécie de realidade transpessoal ou transindividual.

↪ Ver: J. W. N. Watkins, "Ideal Types and Historical Explanations", em Herbert Feigl e May Brodbeck, eds., *Readings in the Philosophy of Science*, 1944, pp. 723-743. — Id., "Historical Explanation in the Social Sciences", *British Journal for the Philosophy of Science*, 8 (1957), 104-117. — K. R. Popper, *The Poverty of Historicism*, 1957 (trad. bras.: *A miséria do historicismo*, 1980). — Maurice Mandelbaum, "Societal Laws", *British Journal for the Philosophy of Science*, 8 (1957), 211-224. — Leon J. Goldstein, "The Two Theses of Methodological Individualism", *ibid.*, 9 (1958), 1-11. — May Brodbeck, "Methodological Individualism: Definition and Reduction", *Philosophy of Science*, 25 (1958), 1-22; reimp. em May Brodbeck, ed., *Readings in the Philosophy of the Social Sciences*, 1968, pp. 280-303. — P. Schwartz, *El individualismo metodológico y los historiadores. Ensayos de filosofía de la ciencia*, 1970, pp. 117-152. — Roberto Torretti, "El debate sobre el individualismo metodológico", *Diálogos*, ano X, n. 26 (1974), 95-117 (bibliografia, pp. 115-117). — J. Sensat, "Methodological Individualism and Marxism", *Economy and Philosophy*, 4 (1988), 189-219. — T. Tannsjo, "Methodological Individualism", *Inquiry*, 33 (1) (1990), 69-80. — G. B. Madison, "How Individualistic Is Methodological Individualism?", *Critical Review* (1990), 41-60. — R. McClamrock, "Methodological Individualism Considered as a Constitutive Principle of Scientific Inquiry", *Philosophy and Psychology* (1991), 343-354. ↩

INDIVÍDUO. Como tradução do termo ἄτομος (ver Atomismo), o vocábulo latino *individuum* ('*indivíduo*') designa algo ao mesmo tempo in-diviso e in-divisível.

Já se disse que o indivíduo é algo indiviso, mas não necessariamente indivisível. No entanto, tão logo se divide um indivíduo, ele desaparece como indivíduo. É razoável, pois, admitir a indivisibilidade (em princípio) do indivíduo.

Segundo R. Eucken (*Geschichte der philosophischen Terminologie* [1879; reimp., 1960], p. 52), Cícero empregou os termos *individuus* e *dividuus*. Mas não pareceu dar-lhes um sentido filosófico técnico. Esse sentido aparece, em compensação, em outros autores.

Em *De providentia*, 5, Sêneca define os indivíduos como entidades nas quais nada pode se separar sem que elas deixem de ser o que eram: *quaedam separari a quibusdam non possunt, cohaerent, individuae sunt*. O sentido de 'indivíduo' é aqui o de qualquer entidade indivisa e indivisível. O indivíduo não é necessariamente um ser singular e isolado, diferente dos demais, isto é, um ser que existe uma única vez. Em contrapartida, Porfírio oferece na *Isagoge* uma definição de 'indivíduo' como entidade singular e irrepetível. Segundo Porfírio, os indivíduos (ἄτομα) são entidades tais como Sócrates, este homem, esta coisa (entidades que possuem atributos que somente são ditos com relação a determinada entidade). Parece, pois, que os indivíduos no sentido de Porfírio, τὰ ἄτομα, são os "cada coisa", τὰ καθ'ἕκαστα. No entanto, enquanto os indivíduos propriamente ditos são entes completamente singulares, os indivíduos designados pela expressão τὰ καθ'ἕκαστα são, ou também podem ser, as *infimae species*, os "individuóides" ou "atomóides", ἀτομαείδη, indetermináveis por meio de gênero e diferença.

O sentido que Porfírio deu a 'indivíduo' influenciou a maior parte dos autores medievais. Eucken indica que na Idade Média empregou-se *individuum* (e, em alemão, com Notke, *unspaltig*) como idêntico a "isto", "esta coisa", "este determinado ser", e que nesse sentido foram empregadas as expressões *individualis* e *individualitas*, "as quais somente são aplicadas à vida em geral a partir de Leibniz, que também representa aqui a passagem da Antiguidade para os tempos modernos" (*Geistige Strömungen der Gegenwart* [1904], A3).

Ao comentar a *Isagoge* de Porfírio, Boécio considerou que o vocábulo *individuum* pode ser entendido em três sentidos: "Indivíduo se diz de vários modos. Diz-se daquilo que não se pode dividir [*secari*] por nada, como a unidade ou a mente; diz-se do que não pode ser dividido por causa de sua solidez [*ob soliditatem*], como o diamante; e diz-se do que não se pode predicar de outras coisas semelhantes, como Sócrates" [*Ad Isag.*, II]. O primeiro sentido é geral; o segundo, real ou "físico"; o terceiro, lógico. Os escolásticos medievais distinguiram freqüentemente essas noções de 'indivíduo'. A noção mais "geral" de 'indivíduo' é a que foi chamada de *individuum vagum* (*indivíduo vago*) (cf. Santo Tomás, *S. theol.*, I, q. XXX a 4). Exemplos de "indivíduo vago"

são "qualquer homem", "qualquer árvore". O indivíduo vago distingue-se dos demais indivíduos da mesma espécie apenas numericamente, ao contrário da distinção de um indivíduo em relação a outro por meio das chamadas *notae individuantes* (características individuantes), tais como as clássicas sete *notae*: *forma, figura, locus, tempus, stirps, patria, nomen*.

Várias são as questões suscitadas pela noção de indivíduo em seus aspectos real e lógico. Em seu aspecto real, a questão mais importante foi tratada sob a epígrafe "princípio de individuação" (ver INDIVIDUAÇÃO; ver também INDISCERNÍVEIS [PRINCÍPIO DOS]). Em seu aspecto lógico, a questão mais importante foi a da natureza do chamado, por alguns autores, "conceito individual". Esse "conceito" é o de um nome próprio, como 'Pedro', ou o de uma descrição, como 'o homem mais alto de Montevidéu neste momento'. Às vezes se diz que esse conceito denota um indivíduo. Esse indivíduo pode ser real como em 'meu amigo Antônio, aqui presente' (se esse amigo Antônio existe, e se está presente), ou "irreal", ou ainda não-real, como em 'o primeiro homem que leu a *Odisséia* em Júpiter'. Muitos lógicos destacaram o caráter real (ou possivelmente real) do objeto denotado pelo supracitado "conceito individual", ao contrário do caráter "ideal" das entidades designadas por conceitos genéricos. Com isso se pode ver que os aspectos anteriormente distinguidos do problema do indivíduo — o "real" e o "lógico" — nem sempre podem ser separados completamente; em todo caso, a análise de um desses aspectos implica freqüentemente o outro.

Além das questões real e lógica, pode-se mencionar uma questão gnoseológica: a que se refere à cognoscibilidade, e à forma de cognoscibilidade, de algo individual. Uma doutrina muito comum foi a que declara o caráter "incomunicável" do indivíduo: *individuum est incommunicabile*; porquanto o que se diz dele é algo universal (um ou vários predicados). Como conseqüência disso, vários autores indicaram que só se pode ter um conhecimento "intuitivo" do indivíduo. Outros declararam que a única coisa que pode ser feita com um indivíduo é "mostrá-lo".

As doutrinas medievais sobre a noção de indivíduo são mais complexas que o que se pode presumir pelas indicações anteriores. Pela índole da presente obra somos obrigados a silenciar sobre muitos aspectos da questão que agora nos ocupa. Indiquemos, contudo, como ilustração, que nem sempre se admitiu que o indivíduo como tal fosse um ser simples. Duns Scot, por exemplo, observou que a noção de indivíduo contém ao menos dois princípios: sua natureza e sua entidade individuante, entre as quais não há distinção (VER) real, nem tampouco racional, mas formal.

Na filosofia moderna encontramos modos muito diversos de considerar a questão da natureza do indivíduo e do individual. Por um lado, certos filósofos trataram essa questão sob o aspecto da relação entre entes singulares e a totalidade do universo (ou do "ser"). Perguntou-se, para esse efeito, se os entes singulares são ou não simples modos de uma substância única. A resposta de Spinoza é positiva; a de Leibniz, negativa. Este último autor destacou ao extremo a singularidade de cada indivíduo. Em geral, houve dentro da filosofia moderna a tendência a considerar o indivíduo como algo singular. A plena identificação entre individualidade e singularidade é afirmada por Wolff ao dizer que o indivíduo como ente singular é aquele ente que está completamente (isto é, "omnimodamente") determinado: *"ens singulare, sive Individuum esse illud quod omnimode determinatum est"* (*Ontologia*, § 227). Segundo Wolff, a noção de indivíduo compõe-se da noção de espécie (sob a qual recai) e da de diferença numérica (*ibid.*, § 240). Os autores empiristas tenderam, em geral, a salientar o puro "ser dado" de tudo o que é individual: o indivíduo é então um *datum* irredutível. Para Kant, a noção de individualidade é determinada pela aplicação empírica de diversas categorias (ver CATEGORIA). Hegel analisou a noção de indivíduo do ponto de vista da possiblidade de sua "individualização". O indivíduo meramente particular é, para Hegel, um indivíduo incompleto; somente no processo de desenvolvimento dialético o indivíduo consegue superar a negatividade de seu ser abstrato. Com isso se pode chegar à idéia de um "indivíduo universal" ou indivíduo concreto que é ao mesmo tempo singular e completo.

O conceito de indivíduo também foi objeto de numerosas análises e especulações enquanto "indivíduo humano" (e também enquanto "eu", "ego", "pessoa" etc.). Muitas dessas análises e especulações usaram noções derivadas do estudo do conceito de indivíduo feito a partir dos pontos de vista geral, real e lógico a que nos referimos anteriormente. No entanto, dado o sentido distinto que o termo 'indivíduo' tem neste caso, trataremos deste ponto mais detalhadamente no verbete INDIVIDUALISMO.

Na época contemporânea foi freqüente tratar a questão do individual e do indivíduo em relação com problemas tais como o *status* ontológico dos entes individuais (ou, freqüentemente, dos entes "particulares" ou "singulares"), a expressão lógica de tais entes individuais, as condições de seu conhecimento etc. A questão do indivíduo e do individual foi, desse modo, tratada de vários pontos de vista: lógico, ontológico, metafísico etc. Em geral, é difícil encontrar uma filosofia contemporânea que não se tenha ocupado de algum modo desse problema. Contudo, há certas filosofias que colocaram esse problema no centro da reflexão. Isso ocorre, por exemplo, em certos autores nominalistas (como Nelson Goodman), para os quais o universo é um "universo de indivíduos". Nesse caso se admitem ontologicamente apenas entidades concretas (indivíduos) e não entidades abstratas (embora "não admitir entidades abstratas" não signifique, de maneira nenhuma, negar-se a operar logicamente com elas). Também é importante o problema da noção de indivíduo e do individual em P. F. Strawson, que se ocupou do problema de como se podem "identificar as entidades particulares" e das diversas classes dessas entidades. Isso significa, segundo esse autor, investigar as características dos esquemas conceituais mediante os quais se fala de entes particulares. A identificação em questão não é, todavia, suficiente, pois as pessoas são, como reconhece Strawson, entes individuais que não podem ser identificados do mesmo modo que as coisas particulares. Em ambos os casos trata-se de categorias primitivas de individualidade. Zubiri também se ocupou da questão do indivíduo, distinguindo um tipo de indivíduo que é *singulum*, um ente singular, e um tipo de indivíduo que é plenamente indivíduo, isto é, individualidade singular e individualidade *stricto sensu*. Portanto, a equivalência tradicional *singulare sive individuum*, para Zubiri, não é admissível. A "individualidade estrita significa a constituição real íntegra da coisa com todas as suas características, sejam estas diferentes das de outros indivíduos, ou, pelo contrário, comuns total ou parcialmente a vários outros indivíduos ou inclusive a todos". Há na realidade os dois tipos de individualidade: meros *singuli* e indivíduos propriamente ditos (incluindo alguns entes que, como o homem, são apenas indivíduos *stricto sensu* e nunca *singuli*).

No livro mencionado *infra*, o autor deste Dicionário considerou que todas as realidades — especificamente todas as realidades naturais — são individuais, isto é, "seres particulares", mas isso visa apenas salientar que não há realidades "gerais". Em nosso entender, há, com efeito, "graus de individualidade", que são em grande medida graus de discernibilidade. Há muitos modos pelos quais se pode dizer de algo que é um indivíduo.

As idéias precedentes parecem coincidir com novos modos de enfocar a questão do *status* dos indivíduos, especialmente na biologia e nas ciências sociais. Do ponto de vista biológico, o que chamamos de "indivíduo" é usualmente um conjunto de células inter-relacionadas e espaço-temporalmente distinguíveis de outro conjunto de células de estrutura similar. Assim se faz comumente a distinção entre indivíduo e espécie. Entretanto, também é possível considerar que um organismo normalmente chamado de "individual" é parte de uma espécie, que funciona como uma "unidade de evolução". Aquilo que é chamado de "indivíduo" no reino orgânico depende em boa parte da função a ele adscrita. Indivíduos podem ser organismos "individuais" em sentido comum, espécies, populações, genes etc. Formalmente, um indivíduo é "o que funciona como indivíduo". Parece ser certo, pois, que há muitos modos de dizer o que é um indivíduo. O que chamamos de "graus de individualidade" não deve necessariamente ser medido com um critério absoluto ou com um paradigma absoluto do indivíduo. Uma realidade é mais individual que outra somente se funciona mais como indivíduo que outra.

A "flexibilidade" na concepção da noção de indivíduo expressa-se também nos modos como, segundo Lévi-Strauss (*La pensée sauvage*, 1962, p. 262), um sistema pode consistir em uma "classe de relações". Com efeito, os indivíduos não são, então, nem o que (quando alguns se agrupam com outros de acordo com características similares) contribui para formar espécies, nem tampouco singularidades que ocupam posições determinadas dentro de uma espécie e que são, portanto, "substituíveis". Os indivíduos não são, no caso indicado, "classes de apenas um". O exame de diversos sistemas sociais permite concluir que tanto a noção de espécie como a de indivíduo são "sociológicas" e "relativas": "Considerados do ponto de vista biológico, há homens procedentes de uma mesma raça (supondo-se que esse termo tenha um sentido preciso) que são comparáveis às flores individuais que brotam, florescem e murcham na mesma árvore; são outras tantas mostras de uma variedade ou de uma subvariedade. Do mesmo modo, todos os membros da espécie *Homo sapiens* são logicamente comparáveis aos membros de uma espécie animal ou vegetal qualquer. No entanto, a vida social opera nesse sistema uma estranha transformação, pois incita cada indivíduo biológico a desenvolver uma personalidade, noção que já não evoca a amostra no âmago da variedade, mas antes um tipo de variedade ou de espécie que provavelmente não existe na Natureza (embora o meio tropical às vezes tenda a perfilá-la) e que poderia ser chamada de 'monoindividual'" (Lévi-Strauss, *op. cit.*, p. 284).

Indicamos primeiramente algumas obras nas quais se estuda a questão da natureza do indivíduo e do individual a partir de vários pontos de vista. Algumas dessas obras referem-se especialmente ao problema do "indivíduo humano"; a bibliografia do verbete INDIVIDUALISMO complementa a que oferecemos agora.

➲ W. Dilthey, *Beiträge zum Studium der Individualität*, 1896. — Hans Pichler, "Zur Lehre von Gattung und Individuum", *Beiträge zur Philosophie des deutschen Idealismus*, 1 (1918). — R. Müller-Freienfels, *Philosophie der Individualität*, 1921. — Johannes Volkelt, *Das Problem der Individualität*, 1928. — A. Müller, *Das Individualitätsproblem und die Subordination der Teile*, 1930. — R. Bella, *L'individuo. Saggio di filosofia*, 1935. — Vários autores, *The Problem of the Individual*, 1937 [University of California Publications in Philosophy, 20]. — A. Lucca, *I rapporti fra l'individuo e l'universo*, 1937. — Jorge Millas, *Idea de la individualidad*, 1943. — Gilbert Simondon, *L'individu et sa genèse physico-biologique*, 1964. — J. Piguet, *La connaissance de l'individuel*, 1977. — B. J. Martine, *Individuals and Individuality*, 1984. — J. Christman, *The Inner Citadel: Essays on Individual Autonomy*, 1989. — B. Morris, *Western Conceptions of the Individual*, 1991.

Para obras sobre a noção de indivíduo e individualidade em vários autores, ver: D. Badereu, *L'individuel chez Aristote*, s/d. [1936]. — Camille Bérubé, *La connaissance de l'individuel en moyen âge*, 1964. — C. Hummel, *Nicolaus Cusanus. Das Individualitätsprinzip in seiner Philosophie*, 1961. — Geneviève Lewis, *L'individualité selon Descartes*, 1950. — Dietrich Mahnke, *Leibnizens Synthese von Universalmathematik und Individualmetaphysik*, 1925 [separata do *Jahrbuch für Philosophie und phänomenologische Forschung*, 7; reimp., 1962]. — F. Meinecke, *Schiller und der Individualitätsgedanke*, 1938 [especialmente no sentido do "indivíduo humano"]. — A. J. Krailsheimer, *Studies in Self-Interest from Descartes to La Bruyère*, 1963 [Descartes, Corneille, Retz, La Rochefoucauld, Molière, Bossuet, La Bruyère, Pascal]. — I. Görland, *Die konkrete Freiheit des Individuums bei Hegel und Sartre*, 1978. — R. Böhle, *Der Begriff des Individuums bei Leibniz*, 1978. — C. M. Hoy, *A Philosophy of Individual Freedom: The Political Thought of F. A. Hayek*, 1984.

Sobre a chamada "causalidade individual", ver: Augustin Jakubisiak, *Vers la causalité individuelle*, 1947.

Sobre os trabalhos contemporâneos a que nos referimos no final do verbete, citamos: Nelson Goodman, "A World of Individuals", em Alonzo Church, Nelson Goodman e I. M. Bochenski, *The Problem of Universals. A Symposium*, 1956, pp. 15-31. — P. F. Strawson, *Individuals. An Essay in Descriptive Metaphysics*, 1959, passim. — Xavier Zubiri, *Sobre la esencia*, 1962, especialmente pp. 164 ss. — José Ferrater Mora, *El ser y la muerte, sobre filosofía integracionista*, 1962, especialmente pp. 127 ss. ◖

INDIZÍVEL. Ver MÍSTICA.

INDUÇÃO. Em várias passagens de seus diálogos, Platão empregou os verbos ἐπάγειν e ἐπάγεσθαι (traduzidos, de acordo com o caso, por 'induzir', 'conduzir a', 'dirigir rumo a'). Desses verbos formou-se o substantivo ἐπαγωγή (*epagoge*, traduzido por *inductio*, 'indução'). De início, o uso platônico não tem caráter técnico. Desse modo, Platão emprega em uma passagem de seus diálogos (ver a bibliografia deste verbete) o verbo ἐπάγειν com um sentido psicológico e pedagógico (embora com algumas implicações gnosiológicas e metafísicas): trata-se de ver como se pode "induzir" alguém (uma criança) a adquirir um conhecimento, isto é, "conduzi-lo" à aquisição do conhecimento daquilo que ainda é ignorado. Em outra passagem, Platão se refere ao ato de "aduzir" um testemunho em apoio a algo que se diz. Mas isso não significa que Platão não tenha tido nenhuma idéia sobre o que foi considerado posteriormente (ao menos por alguns autores) como o procedimento indireto por excelência. Com efeito, em uma terceira passagem, o filósofo expressa a idéia (já esboçada em múltiplas outras passagens de seus diálogos) de que a alma pode — e até mesmo tem por missão essencial — elevar-se da consideração das coisas sensíveis à contemplação "do que há de mais excelente na realidade" (o que significa, em seu entender, os princípios). Isso parece possível por causa da existência de um método dialético, o qual vai rejeitando hipóteses para elevar-se até proposições de caráter cada vez mais universal. Ora, mesmo acentuando-se ao extremo os precedentes platônicos, é certo que o primeiro pensador a proporcionar um conceito suficientemente preciso de indução, e que introduziu os termos ἐπάγειν e ἐπαγωγή como termos técnicos para designar um certo processo de raciocínio, foi Aristóteles.

No entanto, há certa dificuldade em conciliar dois modos distintos de entender a indução em Aristóteles. Por um lado, Aristóteles insiste em que há uma diferença entre silogismo (VER) e indução: no primeiro, o pensamento vai do universal para o particular (ou, melhor, do mais universal para o menos universal), enquanto no segundo o avanço se dá do particular para o universal (ou, melhor, do menos universal para o mais universal). Assim, o raciocínio:

(Se) os seres vivos são compostos por células,
(e) todos os gatos são seres vivos,
(então) todos os gatos são compostos por células

é um exemplo de silogismo, enquanto o raciocínio:

(Se) o animal A, o animal B, o animal C são compostos por células,
(e) o animal A, o animal B, o animal C são gatos,
(então) todos os gatos são compostos por células

é um exemplo de indução. Por outro lado, o Estagirita também relaciona a indução com o silogismo, fazendo da primeira uma das formas do segundo. Assim, o raciocínio:

(Se) o ouro, a prata, o cobre, o ferro são condutores de eletricidade
(e) o ouro, a prata, o cobre, o ferro são metais,
(então) todos os metais são condutores de eletricidade

é um exemplo de indução. Observemos que, apesar de certas aparências, a forma deste último raciocínio não é igual à do precedente. Em primeiro lugar, as duas premissas daquele contêm uma enumeração de indivíduos, enquanto as duas deste último enumeram gêneros ou classes ('o ouro' é o nome que designa a classe de todos os objetos de ouro, 'a prata' é o nome da classe que designa todos os objetos de prata etc.). Em segundo lugar, pressupõe-se no último exemplo que se simbolizamos as classes enumeradas nas duas premissas com 'A', a propriedade 'ser condutor de eletricidade' com 'B' e a propriedade 'ser metal' com 'C', a classe C não é mais ampla que a classe A.

A dificuldade apontada pode ser resolvida (seguindo as indicações de W. D. Ross) do seguinte modo: 1) Movido por sua descoberta do silogismo e por sua idéia de que somente ele é um raciocínio válido, Aristóteles tendeu a fazer depender a (perfeita) validade do raciocínio indutivo da (perfeita) validade do raciocínio silogístico. 2) O primeiro dos raciocínios indutivos citados é um exemplo de raciocínio indutivo imperfeito, enquanto o segundo dos raciocínios indutivos é um exemplo de raciocínio indutivo perfeito. 3) O raciocínio indutivo perfeito é um caso-limite do raciocínio indutivo em geral; embora possível, ele é excepcional, porque só pode ser aplicado com sucesso àqueles objetos que podem ser enumerados por inteiro e cujas propriedades são facilmente obteníveis por abstração. 4) O raciocínio indutivo perfeito não é equivalente, contudo, a uma inferência aparente, na qual não se faz senão repetir a mesma coisa mediante outro conceito, pois nele se introduz uma conexão racional efetiva entre um conceito (no exemplo anterior, o conceito expresso por 'metal') e outro conceito inferido dele (no mesmo exemplo, o conceito expresso pela propriedade 'ser condutor de eletricidade'). 5) Uma exposição adequada da doutrina aristotélica da indução deve levar em conta os raciocínios indutivos perfeitos enquanto raciocínios indutivos-limite (e considerar, pois, que pode haver relação entre silogismo e indução), e os raciocínios indutivos imperfeitos na medida em que expressam os raciocínios indutivos mais habituais (e considerar, pois, que não há diferença entre silogismo e indução). 6) A indução mais habitual (a imperfeita) é um procedimento que, ao contrário do raciocínio dedutivo, não opera com base em uma "visão" direta da conexão ou das conexões racionais entre os termos empregados, mas com base em uma espécie de "mediação psicológica" tornada possível por uma "revisão dos casos particulares". 7) A indução perfeita, que vai sempre da essência ao gênero (ou de uma classe dada para outra classe de ordem superior), pressupõe uma indução imperfeita, que vai usualmente dos indivíduos para a espécie.

Dessa doutrina aristotélica a escolástica medieval — especialmente a mais influenciada pelo Estagirita — tomou sobretudo uma orientação: a que consiste em contrapor a indução ao silogismo. Trata-se de uma contraposição que afeta somente a forma da indução (*formaliter*), e não sua matéria (*materialiter*), pois não há inconveniente em se apresentar a matéria da indução silogisticamente. Todavia, como o que é importante do ponto de vista lógico é a forma, a contraposição em questão é considerada fundamental. O processo indutivo se baseia, segundo a citada concepção escolástica, em uma farta enumeração que, partindo dos entes singulares (plano sensível), desemboca no universal (plano inteligível). Ora, uma vez admitido isto, é preciso precaver-se contra certas interpretações que os escolásticos (tomistas e neotomistas) consideram incorretas. Desse modo, Maritain indica (seguindo Alberto Magno, Santo Tomás e João de Santo Tomás) o seguinte: *a*) O processo indutivo, embora usualmente de índole ascensional, pode manifestar-se também como uma descida que leva a mente de um universal para suas partes subjetivas e para os dados singulares da experiência; o que importa não é tanto a ascensão ou a descida como o fato de que, enquanto no silogismo o núcleo em torno ao qual gira a argumentação é um termo ou conceito (o termo médio), na indução é uma enumeração de indivíduos ou partes. *b*) O mecanismo indutivo é reversível; o mecanismo silogístico, irreversível. *c*) No silogismo identificam-se dois termos ou conceitos com um terceiro termo; na indução estabelece-se uma conexão entre indivíduos e um conceito universal. *d*) O processo indutivo não pode, portanto, ser reduzido a um silogismo (nem a um entimema cuja premissa maior não se encontre expressa, nem a um silogismo da terceira figura). *e*) A indução não consiste em passar de certo número de indivíduos de um conjunto para o conjunto inteiro (seja enquanto conjunto ou como conjunto composto simplesmente de um número de indivíduos como indivíduos), pois no primeiro caso a indução se converte em um raciocínio defeituoso, e no segundo, em uma tautologia: a indução (baseada em uma enumeração incompleta) não passa de *alguns para todos*, mas de *alguns para todo*. *f*) Há uma analogia entre indução e abstração (VER), mas elas não devem ser identificadas, pois trata-se de duas operações distintas da mente que desembocam em duas diferentes formas do universal: a primeira, em proposições universais como objetos de juízo; a segunda, em universais como objetos da apreensão simples. Esta última característica é importante no sentido de que pretende mostrar que, por um lado, há uma certa relação entre a indução aristotélica (interpretada na forma supracitada) e o processo que em Platão às vezes desempenha o papel de um raciocínio indutivo, e que, por outro lado, são processos distintos.

O problema da indução despertou o interesse de muitos filósofos modernos, particularmente daqueles que se propuseram analisar e codificar os processos de raciocínio que ocorriam (ou que supostamente ocorriam) nas ciências naturais. Uma contribuição importante foi a de Francis Bacon (VER). Esse autor (como outros de sua época) levantou insistentemente a questão do tipo de enumeração que devia ser considerado como próprio do processo indutivo científico. Observando que nas ciências se chega à formulação de proposições de caráter universal partindo de enumerações incompletas, ele formulou em suas tabelas de presença e de ausência uma série de condições que permitem estabelecer induções legítimas. Alegou-se a esse respeito que não é justo contrapor a indução baconiana à indução aristotélica, pois o Estagirita e outros autores antigos e medievais não excluíram as induções baseadas em enumerações incompletas — o que eles fizeram foi distinguir enumerações completas de enumerações incompletas, acrescentando que, embora ambas bastassem para produzir induções legítimas, somente as primeiras apresentam claramente o mecanismo lógico do processo indutivo. Observemos, porém, que há ao menos algumas diferenças entre os conceitos baconiano e o aristotélico de indução. Por exemplo, neste último não se nega que há certas relações (sobretudo analógicas) entre o processo indutivo e a abstração, razão pela qual se costuma tomar como ponto de apoio uma concepção realista dos universais (seja realista platônica ou, mais freqüentemente, realista moderada). Em compensação, no primeiro conceito prescinde-se das relações analógicas, razão pela qual se costuma tomar como ponto de apoio uma concepção nominalista dos universais. A indução aristotélica foi chamada por alguns de "positiva"; a baconiana algumas vezes foi chamada de "negativa". Nesta última a noção de generalização desempenha um papel importante.

De Bacon até o século XIX destacaram-se as seguintes concepções de indução:

(A) Concepções baseadas nas idéias baconianas, adotadas por alguns autores de tendência empirista.

(B) Concepções baseadas nas idéias aristotélicas, adotadas pela maior parte dos autores escolásticos e por outros de tendência realista moderada e conceitualista.

(C) Concepções que insistiram em uma noção "positiva" da indução, quase equivalente à idéia platônica de "ascensão" da mente dos particulares rumo aos princípios, adotadas por vários racionalistas e particularmente por Leibniz.

(D) Concepções segundo as quais o raciocínio indutivo se baseia no hábito (VER) gerado pela observação de que certos acontecimentos normalmente se seguem a outros, de tal modo que se pode predizer que algo continuará ocorrendo no futuro. Hume deu origem a essas teorias.

(E) Concepções segundo as quais os juízos indutivos — ou, melhor, a justificação de tais juízos — explicam-se pela estrutura da consciência transcendental. O pai dessas concepções é Kant.

Durante o século XIX destacaram-se várias teorias da indução. Aqui nos limitaremos a mencionar algumas delas. A. Gratry considerou a indução como equivalente à dialética (VER); por meio dela evita-se a identificação dedutiva e pode-se passar para "o outro". Estendemo-nos sobre o assunto no verbete sobre Gratry (VER). John Stuart Mill desenvolveu um sistema de lógica indutiva, sendo que um de seus mais importantes, e conhecidos, resultados são os cânones de indução a que nos referimos mais detalhadamente no verbete CÂNONE. J. Hershel e W. Whewell realizaram diversas investigações sobre a natureza do raciocínio indutivo. Foi fundamental a esse respeito a noção de coligação (VER) proposta por Whewell. Idéias importantes sobre a indução devem-se a Peirce (VER) e a Lachelier (VER). Uma questão muito debatida durante o século XIX foi a do chamado "fundamento da indução", que abordaremos mais adiante.

Durante o século atual foram propostas várias teorias sobre a natureza e as formas de indução. A. Lalande acredita que se deve fazer a distinção entre vários tipos de indução. Em primeiro lugar, há um conceito amplo, segundo o qual a indução é uma operação que se executa quando se alcança uma conclusão determinada sobre um fato partindo de outro fato ("induz-se" deste ou daquele dado que determinada pessoa cometeu um crime). Esta é a "indução reconstrutiva", usual nos diagnósticos de doenças e nas provas jurídicas. Em segundo lugar, há um conceito estrito, segundo o qual a indução é o processo de raciocínio que vai do particular para o universal (ou dos fatos para as leis), que não é senão a passagem do mais específico para o mais geral. Este conceito restrito subdivide-se em duas formas. A primeira delas é a "indução amplificadora" ou "indução ordinária", que consiste em enunciar um juízo universal sobre uma série de objetos "cuja reunião permitiria somente uma asserção particular com o mesmo sujeito e com o mesmo predicado". A segunda é a "indução completa" ou "indução formal", que consiste em "enunciar em uma única fórmula, relativa a uma classe ou a um conjunto, uma propriedade que foi afirmada separadamente de cada um dos termos abarcados por essa classe ou dos elementos que compõem esse conjunto". Um exemplo da primeira forma é a indução no sentido de J. S. Mill, vinculada à prova experimental. Exemplos da segunda são o silogismo aristotélico, as provas de controle efetivo sobre um número determinado de indivíduos e todos os casos em que há enumerações completas.

J. Łukasiewicz definiu a indução como um dos possíveis tipos de redução (VER), a "redução indutiva". O processo de redução é exemplificado em um raciocínio condicional como o seguinte:

Se p, então q
q,
então p.

A lógica proposicional declara que esse raciocínio é uma falácia, pois do fato de que se afirme 'q' não se deduz necessariamente que tenhamos 'p'. Com efeito, o exemplo:

Se se difunde a vacina Salk,
 diminui a poliomelite.
Diminui a poliomelite.
Então se difunde a vacina Salk

mostra intuitivamente quão inadequado é esse tipo de raciocínio na lógica dedutiva, já que a poliomelite pode diminuir por motivos outros que a difusão da vacina Salk. No entanto, essa falácia constitui, segundo Łukasiewicz,
a base do raciocínio indutivo. Para que o tenhamos é preciso, contudo, restringir a redução a uma de suas classes: a que ocorre quando há uma generalização da conclusão. Essa definição de 'indução' supõe que sejam excluídos dela certos raciocínios que muitos autores consideram de índole indutiva. Assim, é excluída a chamada "indução matemática" (VER). Também é excluída a chamada "indução somativa" (segundo a qual se temos certo número de elementos de uma dada classe que são todos os seus elementos, e se uma propriedade corresponde a cada um dos elementos enumerados, tal propriedade pertence a todos os elementos da classe dada). Observar-se-á que a eliminação desta última norma equivale à negação dessa indução perfeita, que para certos autores é a única admissível. A indução não é então um mero procedimento para a formação de conceitos e, portanto, um procedimento no sentido em que falamos de "procedimento por abstração"; é um procedimento para executar raciocínios.

As doutrinas sobre a indução e sobre o raciocínio indutivo — especialmente sobre o raciocínio indutivo como raciocínio provável — proliferaram no século XX. Mais adiante nos ocuparemos detalhadamente de alguns dos problemas fundamentais e de algumas das teorias mais destacadas. Por enquanto oferecemos simplesmente uma lista em ordem alfabética de alguns dos muitos autores que se ocuparam do problema da indução: S. F. Barker, M. Black, R. G. Braithwaite, C. D. Broad, R. Carnap, L. Jonathan Cohen, J. P. Day, M. Dorolle, Herbert Feige, R. C. Jeffrey, S. Goldberg, N. Goodman, C. G. Hempel, Jaakko Hintikka, J. J. Katz, J. M. Keynes, J. G. Kemeny, W. Kneale, A. N. Kolmogorov, A. Lalande, H. Leblanc, Imre Lakatos, C. I. Lewis, J. Łukasiewicz, E. Nagel, J. Nicod, L. Parzen, C. S. Peirce, H. Poincaré, E. Poirier, K. R. Popper, F. P. Ramsey, H. Reichenbach, B. Russell, W. Salmon, Bryan Skyrms, P. Suppes, A. Tarski, R. von Mises, G. H. von Wright [incluímos os nomes precedidos por 'von' na letra 'V' da enumeração anterior], F. Waismann, D. C. Williams, J. O. Wisdom. A alguns desses autores dedicamos verbetes específicos. As obras desses autores sobre o assunto de que nos ocupamos agora figuram nas bibliografias do presente verbete e dos verbetes CONFIRMAÇÃO e PROBABILIDADE. É difícil, além de comprometedor, destacar nomes, mas é indubitável que Carnap, Cohen, Goodman, Hempel, Hintikka, Keynes, Leblanc, Nicod, Peirce, Popper, Reichenbach, von Mises e von Wright são nomes fundamentais.

De acordo com o que indicamos, as teorias atuais sobre a indução são muito diversas e é difícil apresentar em uma ordem razoável sequer as fundamentais. Nesse caso, seguir Nelson Goodman e distinguir "o velho problema da indução" e o "novo enigma da indução" pode ajudar a compreender algumas das teorias atuais sobre o raciocínio indutivo.

O "velho problema da indução" — abundantemente tratado no século XIX — é, em substância, o problema da "justificação da indução". Trata-se do problema de estabelecer por que são considerados válidos os juízos (ou certos juízos) sobre casos futuros ou desconhecidos, isto é, por que algumas das chamadas "inferências indutivas" são aceitas como válidas. Uma solução típica desse problema consistiu em mostrar que a validade do raciocínio indutivo se baseia na lei da uniformidade da Natureza, segundo a qual, se dois exemplos concordam em alguns aspectos, concordarão em todos os aspectos. A essa lei às vezes se acrescentou (como indica J. O. Wisdom) a chamada "lei de causação universal". Alguns filósofos consideram que a primeira lei basta; outros, que a segunda; outros, ainda, que são equivalentes. Certos autores contemporâneos (Keynes, Broad) tentaram substituir as duas leis anteriores por outras, que Wisdom resume nas duas seguintes: o princípio da limitação da variedade independente e o princípio da geração uniforme de propriedades. Outros autores postulam certos princípios, como o de continuidade espaço-temporal, com o fim de justificar a validade do raciocínio indutivo. Diante da dificuldade desse problema, Poincaré já assinalou que "é tão difícil justificar o princípio de indução como prescindir dele".

O "velho problema da indução" é "dissolvido" tão logo se segue Hume ao considerar que o importante não é como podem ser justificadas as predições, mas por que elas são formuladas. Pode-se pensar que isso equivale a dar uma interpretação "meramente psicológica" ou "meramente genética" das predições. Mas não se trata disso. Estabelecer se uma inferência indutiva está ou não de acordo com as regras gerais da indução é uma questão lógica (e epistemológica), mas não, ou não necessariamente, uma questão psicológica. Também é uma questão lógica (e epistemológica), e não, ou não necessariamente, uma questão psicológica, a de estabelecer em que medida uma regra geral de indução está de acordo com determinadas inferências indutivas. O "novo problema da indução" é, desse modo, o problema do ajuste mútuo entre normas de indução e inferências indutivas. É somente quando se tenta determinar como se efetua esse ajuste que surge, segundo Goodman, "o novo enigma da indução".

Hoje em dia é comum tratar a questão da indução em estreita relação com a questão da probabilidade (VER). Duas escolas se enfrentaram a esse respeito. Segundo uma delas (representada, entre outros, por von Mises e Reichenbach), o problema da indução deve ser tratado a partir do ponto de vista da teoria freqüencial da probabilidade. As inferências indutivas tornam-se então "inferências estatísticas". Segundo a outra escola (representada pela maior parte dos autores que estudaram o problema: Keynes, Carnap, Hempel, Goodman etc.), o problema da indução deve ser tratado do ponto de vista da probabilidade como grau de confirmação. Neste último caso, a principal noção implicada é a noção de confirmação. Tratamos mais detalhadamente desse assunto no verbete CONFIRMAÇÃO; nele expusemos, além disso, alguns dos chamados "paradoxos da confirmação". O verbete CONFIRMAÇÃO pode ser considerado, pois, uma ampliação deste.

Concluamos indicando que H. Leblanc procurou uma posição intermediária na disputa entre a noção de probabilidade como freqüência relativa (probabilidade estatística, que dá lugar a "inferências estatísticas") e a noção de probabilidade como medida (o que poderia ser chamado de "medida evidencial") de uma proposição por outra (probabilidade indutiva, que dá lugar a "inferências indutivas"). Para isso, ele mostrou que as probabilidades estatísticas podem ser transferidas para proposições, convertendo-se em valores de verdade, e ao mesmo tempo as chamadas "probabilidades indutivas" podem ser reinterpretadas como avaliações de valores de verdade. Mostra-se desse modo que "tanto as probabilidades estatísticas como as probabilidades indutivas podem ser tratadas como medidas teórico-sentenciais, e que as últimas podem ser qualificadas de avaliações das primeiras" (*op. cit. infra*, Prefácio).

⊃ As três passagens de Platão mencionadas encontram-se respectivamente em: *O pol.*, 278 A; *Rep.*, II 364 C e *Rep.*, VII 533 C. — Passagens importantes em que Aristóteles trata da indução: *Top.*, 105 a 113-16; 157 a 18; *An. Pr.*, 68 b 13-35; *An. Post.*, 72 b 29, 81 a 40. O *locus classicus* do Estagirita usualmente citado é *An. Pr.*, II 23, mas não se deve consultar somente ele. As referências a W. D. Ross procedem de seu *Aristotle*, 1923; 5ª ed., 1949 (trad. port.: *Aristóteles*, 1987). Ver também: M. Consbruh, "Ἐπαγωγή und Theorie der Induktion bei Aristoteles", *Archiv für Geschichte der Philosophie*, V (1892), e S. Vanni-Rovighi, "Concezione aristotelico-tomistica e concezione moderne dell'induzione", *Rivista di filosofia neoescolastica* (1934). — Passagens importantes de Alberto Magno em *Prior, i*, II, tract. VII, cap. iv, e de Santo Tomás nos coment. a *An. Post.*, lect. 30. — As referências a J. Maritain procedem de sua *Petite Logique*, cap. III, seç. 3, A e B. — Para as concepções de Gratry sobre a indução, ver Julián Marías, *La filosofía del Padre Gratry*, 1941; 2ª ed., 1948; reimp. e ampl. em *Obras completas*, de Julián Marías, IV (1959), pp. 146-314. — Para Francis Bacon, Hume, W. Whewell, J. Lachelier e J. M. Keynes, ver as bibliografias dos verbetes dedicados a esses autores. — As idéias de A. Lalande, em *Les théories de l'induction et de l'expérimentation*, 1929. — Para J. Łukasiewicz, ver a exposição de I. M. Bochenski em *Die zeitgenössischen Denkmethoden*, 1954, V, 17. — Para R. Carnap, *Logical Foundations of Probability*, 1950; 2ª ed., 1962 (é a Parte I de uma obra cujo título geral é *Probability and Induction*; antecipação da Parte II no folheto *The Continuum of Inductive Methods*, 1952). — Para J. O. Wisdom, *Foundations of Inference in Natural Science*, 1952, Parte III. — A referência a H. Poincaré procede de sua obra *La valeur de la science*, 1905. — As idéias de N. Goodman, em *Fact, Fiction, and Forecast*, 1955, pp. 63-126. — As de H. Reichenbach, em *Wahrscheinlichkeitslehre*, 1935 (trad. ingl. ampl. e rev. pelo autor: *The Theory of Probability*, 1949), e *Experience and Prediction*, 1938. — As de R. von Mises, em *Wahrscheinlichkeit, Statistik und Wahrheit*, 1928. — E as de Hugues Leblanc, em *Statistical and Inductive Probabilities*, 1962.

Outros trabalhos sobre indução, probabilidade, inferência etc.: E. F. Apelt, *Die Theorie der Induktion*, 1854. — E. Benzoni, *L'induzione*, 2 vols., 1894. — C. D. Broad, "On the Relation between Induction and Probability, I", *Mind*, N. S., 27 (1918), 389-404. — Id., "The Principles of Demonstrative Induction, I", *ibid.*, 39 (1930), 302-317. — Id., "The Principles etc., II", *ibid.*, 39 (1930), 426-439. — Id., "H. von Wright on the Logic of Induction, I", *ibid.*, 53 (1944), 1-34. — Id., "H. von Wright etc., II", *ibid.*, 53 (1944), 97-119. — Id., "H. von Wright etc., III", *ibid.*, 53 (1944), 193-214. — Jean Nicod, *Le problème logique de l'induction*, 1924; reimp., 1961. — M. Dorolle, *Les principes de l'induction*, 1926. — Lidia Peradotto, *Aporte al problema de la inducción*, 1928. — H. H. Dubs, *Rational Induction: Analysis of the Method of Science and Philosophy*, 1930. — H. Jeffreys, *Scientific Inference*, 1931. — Id., *Theory of Probability*, 1939. — J. P. Guille, *El razonamiento inductivo*, s/d. (1931). — Émile Poirier, *Remarques sur la probabilité des inductions*, s/d. (1932). — H. Feigl, "The Logical Character of Induction", *Philosophy of Science*, 1 (1934), 20-29. — K. R. Popper, *Die Logik der Forschung*, 1935 (trad. ingl., ampl. pelo autor: *The Logic of Scientific Discovery*, 1959 [trad. bras.: *A Lógica da pesquisa científica*, 1975]. — Id., *Conjectures and refutations: The Growth of Scientific Knowledge*, 1963 (trad. bras.: *Conjecturas e refutações*, 1994). — P. Siwek, *La structure logique de l'induction*, 1936. — E. Nagel, *Principles of the Theory of Probability*, 1939 [International Encyclopedia of Unified Science, I, 6]. — G. H. von Wright, *The Logical Problem of Induction*, 1941; 2ª ed., 1957. — Id., *A Treatise on Induction and Probability*, 1951. — Donald Williams, *The Ground of Induction*, 1947. — W. Kneale, *Probability and Induction*, 1949. — R. C. Braithwaite, *Scientific Explanation*, 1953. — Roy F. Harrod, *Foundations of Inductive Logic*, 1957. — S. F. Barker, *Induction and Hypothesis. A Study in the Logic of Confirmation*, 1957. — Georges J. Mourelos, Παραγωγή καὶ ἐπαγωγή, 1959 (*Dedução e indução*). — S. Issman, *Les problèmes de l'induction*, 1960. — J. P. Day, *Inductive Probability*, 1961. — Henry E. Kyburg, *The Logic of Rational Belief*, 1961. — Id., *The Logical Foundations of Statistical Inference*, 1974. — J. J. Katz, *The Problem of Induction and Its Solution*, 1962. — W. Ross Ashby, D. E. Berlyne, R. B. Braithwaite et al., *Induction: Some Current Issues*, 1963, ed. Henry E. Kyburg, Jr., e E. Nagel. — Robert Ackermann, *Nondeductive Inference*, 1966. — Ernest W. Adams, Max Black et al., *Aspects of Inductive Logic*, 1966, eds. Jaakko Hintikka e Patrick Suppes. — N. Goodman, R. C. Jeffrey et al., "The New Riddle of Induction", *The Journal of Philosophy*, 63 (1966), 281-331, e 64 (1967), 259-286. — H. Freudenthal, W. Salmon et al., *The Problem of Inductive Logic*, 1968, ed. Imre Lakatos. — L. Jonathan Cohen, *The Implication of Induction*, 1970. — Wilhelm K. Essler, *Induktive Logik. Grundlagen und Voraussetzungen*, 1970 (história da lógica indutiva no cap. I). — R. Carnap, R. C. Jeffrey et al., *Studies in Inductive Logic and Probability*, 2 vols.: I, 1971, eds. Rudolf Carnap e Richard C. Jeffrey; II, 1980, ed. R. C. Jeffrey. — Brian Skyrms, *Choice and Chance: An Introduction to Inductive Logic*, 1974. — B. Russell, P. Edwards et al., *The Justification of Induction*, 1974, ed. R. Swinburne. — R. Blanché, *L'induction scientifique et les lois naturelles*, 1975. — Isaac Levi, Henry E. Kyburg et al., *Logical Induction*, 1976, ed. Radu J. Bogdan. — M. Boden, A. Burks et al., *Applications of Inductive Logic*, 1980, eds. L. Jonathan Cohen e M. B. Hesse (atas de uma sessão no The Queen's College de Oxford). — N. Rescher, *Induction: An Essay on the Justification of Inductive Reasoning*, 1980. — A. Naess, *A Sceptical Dialogue on Induction*, 1984. — J. H. Holland et al., *Induction: Processes of Inference, Learning, and Discovery*, 1986. — L. J. Cohen, *An Introduction to the Philosophy of Induction and Probability*, 1989. — D. P. Chattopadhyaya, *Induction, Probability, and Skepticism*, 1991. — P. Maher, *Betting on Theories: Cambridge Studies in Probability, Induction, and Decision Theory*, 1993.

Sobre a história do conceito de indução (além de várias das obras mencionadas *supra*): Julius R. Weinberg, *Abstraction, Relation, and Induction: Three Essays in the History of Tought*, 1965. — Werner Schmidt, *Theorie der Induktion. Die prinzipielle Bedeutung der Epagoge bei Aristoteles*, 1972. — Chung-Ying Cheng, *Peirce's and Lewis's Theories of Induction*, 1969. — Maria Grazia Sandrini, *Induzione, probabilità, verità. Una critica epistemologica dei metodi statistici e della logica induttiva da Laplace a Carnap e Hintikka*, 1976. — M. Pera, *Hume, Kant e l'induzione*, 1982.

Ver também a bibliografia de CONFIRMAÇÃO, especialmente os trabalhos de Hempel e de Goddman nela mencionados. — Ver também as bibliografias de HIPÓTESE; INFERÊNCIA; PROBABILIDADE. C

INDUÇÃO MATEMÁTICA. É preciso fazer a distinção entre a noção de indução (VER) e a de indução matemática. Esta última foi elaborada por Peano e por Poincaré como um princípio (o "princípio de indução matemática" e o "princípio de raciocínio por recorrência", respectivamente). Trata-se de um modo de inferência que afeta todos os indivíduos de uma classe C (que pode ser a série de números naturais). O primeiro passo da inferência constitui o passo O, e nele se afirma que O tem a propriedade P. Dado um número natural qualquer, a inferência permite afirmar que o sucessor de N tem a propriedade P. Já que todo número natural tem um sucessor, conclui-se que todo número natural tem a propriedade P.

Na teoria dos conjuntos, a indução matemática opera de forma similar à que foi indicada acima, salvo que se refere a predicados definíveis para a relação de pertença do predicado a um conjunto bem ordenado. A indução matemática na teoria dos conjuntos recebe o nome de "indução matemática transfinita".

INEFÁVEL. Ver MÍSTICA.

INÉRCIA. O termo 'inércia' tem ao menos dois sentidos: o psicológico e o físico. No primeiro sentido, "inércia" significa a ausência de vontade ou de energia para resistir a uma inclinação. É uma ausência de iniciativa, uma espécie de abulia ou de indiferença completa (VER). No segundo sentido, a inércia (*inertia*) ou força inercial (*vis inertiae*) é um conceito fundamental da física, e especialmente da mecânica enquanto estudo das leis do movimento dos corpos.

Pela importância que teve na filosofia moderna, diremos algumas palavras sobre o conceito físico e mecânico da inércia e sua história.

Segundo Aristóteles, o movimento (VER) dos corpos pode ocorrer de dois modos. Por um lado, há movimentos naturais. Estes consistem no movimento dos elementos rumo a seu lugar (VER) natural; assim, o fogo se move "para cima" e "a terra" (os corpos pesados) move-se "para baixo". Por outro lado, há movimentos "violentos", ou movimentos que um corpo imprime a outro fazendo-o mover-se em certa direção. Assim, a pedra jogada pela mão se move com um movimento "violento" até perder a "força" que lhe havia sido imprimida e cair em seu "lugar natural". Nesse sentido, "todo móvel é movido por algo" (*Phys.*, VII, 1, 242 a 14) (ver OMNE QUOD MOVETUR AB ALIO MOVETUR). Porém, além disso, é preciso que o que move o móvel esteja em contato com o móvel. Quando um corpo empurra outro, não parece haver problema: o segundo corpo deixa de se mover quando o primeiro deixa de empurrá-lo. Mas quando se lança uma pedra surge o problema de como a pedra se mantém em "contato" com o que a move. Aristóteles imaginou que há uma "comunicação" de força através de um meio (por exemplo, o ar) (*Phys.*, B, 215 a 14) que permite "manter" o "impulso". Uma parte do ar move outra parte do ar até que nessa "comunicação de movimento" vai diminuindo a força impulsora. Em todo caso, é característica das idéias de Aristóteles sobre esse tipo de movimento a afirmação de que o movimento "violento" de um corpo natural vai diminuindo até que o movimento cessa. Ao contrário do movimento "natural", que se manifesta mediante a aceleração (como a pedra que cai no chão), o movimento "violento" manifesta-se mediante uma constante desaceleração.

As idéias em questão parecem corresponder ao "senso comum" e, é claro, ao modo como se observa o citado movimento dos corpos. Com efeito, a "experiência" mostra que para que um corpo continue se movendo em linha reta com velocidade constante é preciso que se imprima constantemente uma força a esse corpo (para que um carro ande é preciso "empurrá-lo" ou "puxá-lo"). É verdade que há certos corpos — como os astros — que se movem continuamente e, de acordo com o que se supunha na Antiguidade, com movimento circular, mas isso se deve, segundo Aristóteles, ao fato de que os astros são feitos de outro tipo de "matéria". A rigor, temos, segundo essas idéias, três tipos de movimento, cada um dos quais correspondendo a um tipo de "matéria": o movimento circular dos astros, o movimento natural dos elementos e o movimento "violento" ou, em todo caso, não circular nem natural, dos objetos na terra.

Como "coisa de experiência" e "evidência" do senso comum, a explicação do movimento "violento" oferecida por Aristóteles foi aceita por muitos autores. Em alguns textos de física chega-se a dizer que a citada explicação foi aceita por todos os cientistas e filósofos até Galileu. No entanto, isso não é verdade. Por um lado, os atomistas — ao menos Demócrito — haviam postulado que os átomos se movem em todas as direções continuamente, mudando de direção quando se produzem choques com outros átomos; portanto, postulavam a continuação indefinida do movimento sem necessidade de força impulsora. O movimento dos átomos seria retilíneo. Nem todos os atomistas aceitavam essa idéia, pois para Epicuro o movimento dos átomos se dá "para baixo", de tal modo que seu movimento é "natural" no sentido aristotélico, mas aqueles que o aceitavam admitiam algo semelhante à noção de inércia. Por outro lado, alguns comentadores de Aristóteles (especialmente João Filoponos) e um considerável número de autores medievais puseram em dúvida que em certos movimentos (como o da pedra jogada pela mão e especialmente o da flecha) houvesse acompanhamento do corpo que imprimiu a força. Eles chegaram com isso a formular uma série de explicações distintas das aristotélicas. Tratamos dessas explicações no verbete ÍMPETO; lembremos aqui somente que, às vezes com base em certas interpretações dos textos de Aristóteles (ou com o desejo de resolver os problemas que ali surgiam), admitiu-se uma força própria (força motora, "inclinação" etc.) que daria conta da possibilidade de "continuação" do movimento sem contato com o corpo impulsor.

Essas explicações constituem, segundo vários autores, um antecedente da noção moderna de inércia. Em princípio, a inércia foi concebida como a tendência que um corpo tem de não se mover, isto é, de permanecer no espaço que ocupa a menos que seja impulsionado. Mas depois essa concepção foi complementada indicando-se que um corpo em movimento tende a continuar se movendo (com movimento retilíneo e uniforme). Essa segunda — e mais fundamental — parte da noção de inércia indica não apenas que o corpo resiste a se mover, mas também, e sobretudo, que uma vez em movimento ele resiste às forças que se opõem à continuação indefinida de seu movimento. A formulação precisa da posteriormente chamada "lei da inércia" (e também "princípio da inércia") deve-se a Galileu. Essa formulação é a conseqüência de uma série de "experimentos mentais" (o famoso *Mente concipio...*, de Galileu). Entre eles citamos o seguinte: se um corpo (por exemplo, uma esfera polida) que desliza por uma inclinação aumenta sua velocidade, e um corpo que sobe uma inclinação perde sua velocidade, um corpo que se desloca horizontalmente não aumenta nem diminui sua velocidade, isto é, a velocidade permanece constante. Portanto, pode-se concluir que se um corpo desliza sobre um plano horizontal com movimento retilíneo e uniforme ele continuará se movendo indefinidamente a menos que se oponha resistência a seu movimento (o que de fato ocorre por causa da resistência do meio em que se move, do atrito etc.). Em outros termos, quando não se imprime nenhuma força a um corpo, ele permanece em estado de repouso ou se move em linha reta com uma velocidade constante (ver *Dialogo... supra i due massimi sistemi del mondo*, especialmente "Giornata Prima").

Com isso se introduz na mecânica um ponto de vista distinto do aristotélico (ou, se se preferir, daquele que corresponde a certas interpretações "clássicas" do aristotelismo). Segundo esse ponto de vista, há uma força que desde Newton é conhecida sobretudo pelo nome de força ínsita ou, mais propriamente, força inercial. Não se trata de uma "força oculta", embora não poucos autores tenham declarado que, embora a força inercial explicasse o movimento (ou o movimento em certas condições), a própria força inercial permanecia inexplicada. A isso se deve, aliás, o fato de que durante muito tempo se tenham buscado explicações diversas para essa força inercial; uma delas foi, por exemplo, a impenetrabilidade dos corpos; outra, a do movimento dos "torvelinhos" (proposta por Descartes, que, contudo, aceitou e até mesmo generalizou a "lei da inércia" de Galileu). No entanto, a idéia de inércia se impôs definitivamente na física e ocupou um lugar fundamental nos *Principia* de Newton. Esse autor a introduziu na "Definição III": "A *vis insita*, ou força inata da matéria, é um poder de resistir por meio do qual cada corpo, na medida em que depende dele mesmo, continua em um estado presente, seja em repouso ou movendo-se uniformemente em linha reta". Razão pela qual a *vis insita* pode ser chamada mais propriamente de *vis inertiae*, ou "força de inatividade". A lei da inércia foi introduzida por Newton como "Primeira lei" (*lex prima*) dos "Axiomas ou Leis do movimento": "Todo corpo continua em seu estado de repouso ou de movimento uniforme em linha reta a menos que se veja obrigado a mudar esse estado por forças impressas sobre si".

Quanto maior é a massa do corpo, maior é a força necessária para mudar o movimento do corpo. Isso é expresso na "Segunda Lei" de Newton, segundo a qual a força é igual à massa multiplicada pela aceleração. A massa é, pois, a medida da inércia. Chama-se de "massa inercial" de um corpo a constante m na fórmula:

$$F \Delta t = m \Delta v,$$

na qual 'F' se lê 'força', 't', 'tempo', 'm', 'massa' e 'v', 'velocidade' (Δ é o signo de diferencial). A massa inercial também é expressa na fórmula:

$$m = \frac{F}{a}$$

que é resultado da citada "Segunda Lei".

Deve-se levar em conta que no movimento circular (ou rotatório) a resistência a mudar de velocidade angular é medida pelo chamado "momento de inércia", no qual se leva em conta não apenas a massa, mas também a forma do corpo. Deve-se também levar em conta que os sistemas em movimento acelerado não são inerciais.

A lei da inércia foi objeto de numerosos estudos de caráter histórico; em contrapartida, são relativamente escassas as análises do significado e da estrutura lógica dessa lei. Entre essas análises destaca-se a de Norwood Russell Hanson ("The Law of Inertia: A Philosopher's Touchstone", *Philosophy of Science*, 30 [1963], 107-121). Hanson salienta que a lei da inércia é uma "família de esquemas". Não é nem evidente por si mesma nem tampouco demonstrável, já que não há nenhum fato que corresponda a ela. É uma "proposição hipotética não cumprida" ou um "condicional contrafático". O que haja na lei de verdadeiro não é primitivo, mas, em todo caso, derivativo. Por isso quando a lei é formulada sem se referir a qualquer contexto físico real ela aparece como uma "função legal", e não como uma "lei da Natureza" em sentido próprio.

INERÊNCIA. Segundo muitos autores escolásticos, o inerir (*inhaerere*) é o existir em algo, de acordo com a noção aristotélica de ὑπάρχειν τινί. Diz-se, por exemplo, que algo é inerente a um sujeito, que algo possui em relação a um sujeito *dependentia inhaesiva*. Entre as formas de inerência que os escolásticos distinguiram mencionaremos a inerência aptitudinal (ou potencial) e a atual. Às vezes também se distinguiu um sentido geral de inerência, segundo o qual esta convém não apenas aos acidentes, mas também à natureza, e um sentido especial de inerência, segundo o qual esta convém apenas aos acidentes. No primeiro sentido a alma é às vezes considerada uma *forma inerente*.

A inerência é distinguida freqüentemente da subsistência. Essa distinção foi admitida por Kant, de acordo com o que explicamos mais detalhadamente no verbete sobre a noção de subsistência (VER). Numerosos filósofos modernos rejeitaram a noção de inerência como inútil (Hume) ou como contraditória (Herbart entre outros).

INESCRUTABILIDADE DA REFERÊNCIA. Ver INDETERMINAÇÃO DA TRADUÇÃO; REFERÊNCIA.

INESSE. Tratamos de um dos sentidos dessa expressão no verbete EM. Também introduzimos essa expressão no verbete MODALIDADE. Ampliaremos aqui a informação apresentada nesses verbetes com alguns dados sobre o uso de *inesse*.

De início, *inesse* foi usado na expressão *esse est inesse* ("ser é ser em" [estar em]) para referir-se ao modo de ser (ou de estar) do acidente na substância. Supõe-se, com efeito, que o ser do acidente não consiste em estar em si (*in se*), mas em outro (*in alio*).

Os escolásticos também introduziram vários modos de ser *inesse*. Santo Tomás menciona os seguintes: *inesse per se* (por si mesmo), *inesse naturaliter* (naturalmente [ou intrinsecamente]) e *inesse per accidens* (por acidente). Ver também INERÊNCIA; INEXISTENTIA.

Estabeleceu-se uma distinção entre proposições categóricas assertóricas, ou de simples inerência, e proposições modais ou de inerência modificada. As proposições categóricas de inerência simples são as chamadas proposições *de inesse*. Nelas se afirma ou se nega que o predicado (P) esteja (*est in*) ou não esteja (*non est in*) no sujeito (S), isto é, indica-se que o predicado é ou que não é atribuível ao sujeito, sem mencionar (como o fazem as proposições modais) o modo como o predicado se une ao sujeito.

Na classificação de proposições de *inesse* por Alberto da Saxônia (*apud* Bochenski, *Formale Logik*, 29:01), tais proposições podem ser divididas primeiramente em proposições de sujeitos ampliativos (como em "Um homem está morto") e em proposições de sujeitos não-ampliativos (como em "A pedra é uma substância"). As proposições de sujeitos ampliativos podem se referir ao presente ou ao passado ou ao futuro. As que se referem ao presente, por sua vez, podem ser *de secundo adiacente* (como em "O homem existe") ou *de tertio adiacente* (como em "O homem é um animal").

INEXISTÊNCIA INTENCIONAL. Ver INEXISTENTIA; INTENÇÃO, INTENCIONAL, INTENCIONALIDADE.

INEXISTENTIA. Na linguagem da escolástica o termo *inexistentia* ('inexistência') não significa falta de existência, mas "existência em" (*in-existentia*), isto é, "existência de uma coisa em outra". A *in-existentia* equivale pois ao *in-esse* (*inesse* [VER]), mas, enquanto este último vocábulo é usado pelos escolásticos com referência ao ser do acidente na substância, o vocábulo *inexistentia* é usado com referência ao ser de uma entidade em outra entidade.

Guilherme de Ockham (ver Léon Baudry, *Lexique Philosophique de Guillaume d'Ockham*, 1958, s.v. "Inexistentia", p. 121) apresenta três significados de *inexistentia*. 1) a existência de uma coisa em outra como conteúdo, *per continentiam* (como o corpo no "lugar"); 2) a presença com ausência de distância, *per praesentiam cum carentia cuiuscumque distantiae* (como o anjo em um lugar); 3) a presença íntima acompanhada de substancialidade, *per praesentiam intimam* (cada uma das pessoas divinas nas duas outras) (I, *S. sist.*, 19, q. 2 B).

A idéia de "inexistência" como "inexistência intencional" foi recolhida e elaborada por Brentano (ver INTENÇÃO, INTENCIONAL, INTENCIONALIDADE).

INEXPRIMÍVEL. Ver MÍSTICA.

INFERÊNCIA. O termo 'inferência' (e o verbo 'inferir') são usados em diversos contextos:

> Da palidez do rosto de X
> infere-se que X está doente.
> Do fato de que x é pesado
> infere-se que x é um corpo.
> De 'p e q' infere-se 'p'.
> Dado 'se p, então q' e 'se q,
> então r', infere-se 'se p, então r' etc.

Em vista disso não é de surpreender que as definições de 'inferência' dadas pelos filósofos sejam muito variadas. Mesmo pondo de lado noções excessivamente vagas de inferência, como as que costumam ser usadas na linguagem cotidiana, pode-se falar de inferência em vários sentidos. Considerou-se que, mesmo definindo-se a inferência como o conjunto de todos os processos discursivos, é preciso distinguir dois tipos desses processos: os imediatos e os mediatos. O processo discursivo imediato dá origem à chamada *inferência imediata*; nela se conclui uma proposição de outra sem a intervenção de uma terceira. O processo discursivo mediato dá origem à chamada *inferência mediata*; nela se conclui uma proposição de outra por meio de outra ou de outras proposições. As inferências imediatas e mediatas também recebem, respectivamente, os nomes de processos discursivos simples e complexos. Entre os últimos foram incluídos a dedução, a indução e o raciocínio por analogia (VER). Entre os primeiros contam-se várias formas, descritas por alguns pensadores muito detalhadamente. Eis aqui, por exemplo, os tipos de inferência imediata propostos por F. Romero e E. Pucciarelli:

1) Inferência por conversão na qual "o conceito-sujeito e o conceito-predicado mudam mutuamente seu papel no juízo", como ocorre quando o sujeito universal afirmativo ('Todo S é P') é inferido do particular afirmativo ('Alguns P são S'); quando de um particular afirmativo ('Alguns S são P') se infere o outro particular afirmativo ('Alguns P são S'), ou quando do universal negativo ('Nenhum S é P') se infere outro universal negativo ('Nenhum P é S'). A conversão por negação, admitida por alguns autores, refere-se à possibilidade de que se possa inferir algo do juízo particular negativo, inferência que outros autores rejeitam.
2) Inferência por contraposição, na qual "o sujeito e o predicado mudam entre si a sua função respectiva, e na qual, além disso, este último se converte em seu contraditório e se transforma a qualidade do juízo", como ocorre quando do juízo universal afirmativo ('Todo S é P') se infere o universal negativo ('Nenhum não-P é S'); quando do particular negativo ('Alguns S não são P') se infere o particular afirmativo ('Alguns não-P são S'), ou quando do universal negativo ('Nenhum S é P') se infere o particular afirmativo ('Alguns não-P são S').
3) Inferência por mudança de relação, na qual se altera a relação (VER) do juízo, como ocorre quando, por exemplo, de um juízo categórico se infere o correspondente hipotético (De 'S é P' se infere 'Se S é, P é').
4) Inferência por subalternação, na qual "se passa da esfera total do conceito-sujeito para uma parte dela, ou de uma parte para a esfera total" (VER) do juízo, como quando da verdade de um juízo universal categórico afirmativo ou negativo se infere a dos correspondentes juízos particulares (de 'Todo S é P' infere-se 'Alguns S são P'), ou quando da falsidade do particular se infere a falsidade do universal ('Se é falso que alguns S são P, também é falso que todo S é P').
5) Inferência por eqüipolência, na qual a eqüipolência é definida como "a relação existente entre dois juízos cuja qualidade é distinta, mas cujo sentido é o mesmo por ser o predicado de um deles contraditório em relação ao predicado do outro", como ocorre quando há inferência dos juízos universais (De 'Todo S é P' infere-se 'Nenhum S é não-P', de 'Nenhum S é P' infere-se 'Todo S é não-P'), ou dos particulares (de 'Alguns S são P' infere-se 'Alguns S não são não-P', de 'Alguns S não são P' infere-se 'Alguns S são não-P').
6) Inferência por oposição, que ocorre entre juízos contrários, contraditórios e subcontrários, como quando da verdade de um juízo se infere a falsidade de seu contrário (assim, se é verdade que todo S é P, é falso que nenhum S é P, ou, se é verdade que nenhum S é P, é falso que todo S é P), o que não significa que da falsidade de um juízo se siga a verdade de seu contrário; ou então como quando da verdade de um juízo se infere a falsidade de seu contraditório (assim, se é verdade que todo S é P, é falso que alguns S não são P; se é verdade que nenhum S é P, é falso que alguns S são P; se é verdade que alguns S são P, é falso que nenhum S é P; se é verdade que alguns S não são P, é falso que todo S é P), razão pela qual da falsidade de um juízo se infere a verdade de seu contraditório; ou como quando da falsidade de um juízo se infere a verdade de seu subcontrário (assim, se é falso que alguns S são P, é verdadeiro que alguns S não são P; ou, se é falso que alguns S não são P, é verdadeiro que alguns S são P), o que não significa que da verdade de um juízo se siga a falsidade de seu subcontrário.
7) Inferência por conseqüência modal, na qual "a verdade de um juízo apodítico traz consigo e permite a inferência da verdade dos juízos assertórico e problemático correspondentes; e a do assertórico, a do problemático", o que não significa que da verdade do juízo problemático seja inferida a do assertórico, nem que da verdade do assertórico seja inferida a do apodítico.

As formas de inferência anteriores se baseiam na classificação dos juízos, atualmente considerada por muitos como tradicional, segundo quantidade, qualidade, relação e modalidade; nelas são especialmente importantes as diversas passagens do universal para o particular, do particular para o universal e do particular para o particular. Vários autores alegam que a denominação 'inferência imediata' é equívoca, pois não há, propriamente falando, inferências imediatas. Quanto às inferências mediatas, a lógica tradicional refere-se sobretudo às que ocorrem no silogismo, embora se deva levar em conta que mesmo nessa lógica são apresentadas numerosas inferências não-silogísticas. Vários autores tentaram estabelecer uma distinção entre inferência linear (cujo exemplo é o silogismo) e implicação, como é o caso de Bosanquet, e alguns (como John Cook Wilson) fizeram da inferência — e não do juízo ou da implicação — o tema fundamental da lógica.

Na lógica atual o problema da inferência é freqüentemente um problema metalógico; trata-se de estabelecer certas regras (as chamadas "regras de inferência") que permitem derivar uma conclusão de algumas premissas. As inferências podem ser corretas ou incorretas conforme sejam ou não a regra estabelecida. As regras de inferência constituem um dos elementos do cálculo (VER); junto com o conceito de axioma e o de prova, o conceito de regra de inferência serve para definir o conceito de teorema. As regras de inferência variam de acordo com os cálculos estabelecidos e com os modos de desenvolver tais cálculos. Assim, há na lógica certas regras de inferência para o cálculo sentencial, certas regras para o cálculo quantificacional etc. Um exemplo de regra de inferência no cálculo sentencial é a regra da separação, formulada do seguinte modo: "Se um condicional e seu antecedente são tomados como premissas, pode-se inferir o conseqüente como conclusão". De acordo com isso:

Se José bebe muito, então José se embriaga;
José bebe muito;
portanto, José se embriaga.

Caso essa regra de união não tivesse sido estabelecida, a conclusão 'José se embriaga' não seria admissível. Essa regra permite ver duas coisas: em primeiro lugar, que no cálculo (e, em geral, em todo processo dedutivo) não basta a intuição: somente a regra de inferência justifica a passagem de uma fórmula para outra; em segundo lugar, que não se deve confundir uma regra de inferência (metalógica) com uma fórmula (lógica). A citada regra de separação não é equivalente ao *modus ponens* (VER), que é uma tautologia do cálculo sentencial. Observemos que o estudo das regras de inferência como enunciados metalógicos foi mais freqüente na lógica do passado do que parece à primeira vista; assim, por exemplo, os indemonstráveis (VER) dos estóicos podem ser considerados regras de inferência do cálculo proposicional.

Na metalógica atual foram estabelecidos diversos grupos de axiomas e de regras de inferência para cada um dos cálculos. Uma das tendências mais patentes é a de reduzir a um mínimo as regras de inferência, com o fim de cumprir o que se pode qualificar de lei da economia. O aumento das regras de inferência torna o cálculo ao mesmo tempo mais simples e mais complicado: mais simples porque se evita o inconveniente que supõe em muitas ocasiões o uso de um número muito limitado de regras de inferência para os processos dedutivos; mais complicado porque requer do lógico uma maior quantidade de raciocínios para o desenvolvimento dos cálculos.

O estudo da inferência não se limita à lógica dedutiva; na lógica indutiva também são necessárias regras de inferência. Além disso, falou-se de inferência experimental, entendendo-se por ela o conjunto de regras que permitem estabelecer cadeias permissíveis de enunciados dentro de uma dada ciência. Contudo, o exame da inferência experimental ainda está em um estágio muito menos desenvolvido e preciso que o da inferência nos sistemas dedutivos.

Referências à inferência em sentido tradicional podem ser encontradas na maior parte dos textos mencionados em LÓGICA.

Referências à inferência e apresentação de regras de inferência para os distintos cálculos, nos manuais indicados em LOGÍSTICA.

➲ A referência a F. Romero e a E. Pucciarelli procede de sua *Lógica*, §§ 57-66. — As idéias de Bosanquet, em *Implication and Linear Inference*, 1920. — As de J. Cook Wilson, em *Statement and Inference*, 2 vols., 1926. — Estudo amplo dos problemas da inferência no cap. XII de L. S. Stebbing, *A Modern Introduction to Logic*, 1930. — Ver também: J. H. Holland et al., *Induction: Processes of Inference, Learning, and Discovery*, 1986. — K. J. Rothman, ed., *Causal Inference*, 1988. — S. Read, *Relevant Logic: A Philosophical Examination of Inference*, 1989. — J. Pearl, *Probabilistic Reasoning in Intelligent Systems: Networks of Plausible Inference*, 1988. — K. I. Manktelow, *Inference and Understanding: A Philosophical and Psychological Perspective*, 1990.

Para a inferência científica: H. Jeffreys, *Scientific Inference*, 1931; 2ª ed., 1957. — W. H. V. Reede, *The Problem of Inference*, 1938. — C. West Churchman, *Theory of Experimental Inference*, 1948. — J. O. Wisdom, *Foundations of Inference in Natural Science*, 1952. — George Spencer Brown, *Probability and Scientific Inference*, 1957. — H. E. Kyburg, *Epistemology and Inference*, 1983. — D. A. Albert, R. Munson, M. D. Resnik, *Reasoning in Medicine: An Introduction to Clinical Inference*, 1988.

Para a noção de inferência em vários autores: G. Casey, *Natural Reason: A Study of the Notions of Inference, Assent, Intuition, and First Principles in the Philosophy of Cardinal Newman*, 1984. — N. Kretzmann, ed., *Meaning and Inference in Medieval Philosophy: Studies in Memory of Jan Pinborg*, 1988. — S. Gaukroger, *Cartesian Logic: An Essay on Descartes's Conception of Inference*, 1989.

Ver também a bibliografia de HIPÓTESE; INTRODUÇÃO; PROBABILIDADE. ℭ

INFINITO. O conceito de infinito pode ser entendido de várias maneiras: 1) o infinito é algo indefinido, por carecer de fim, limite ou termo; 2) o infinito não é nem definido nem indefinido, pois em relação a ele carece de sentido qualquer referência a um fim, limite ou termo; 3) o infinito é algo negativo e incompleto; 4) o infinito é algo positivo e completo; 5) o infinito é algo meramente potencial: está *sendo*, mas não *é*; 6) o infinito é algo atual e inteiramente dado. Há certas afinidades entre a primeira, a terceira e a quinta noções, e certas similaridades entre a segunda, a quarta e a sexta.

Durante o período clássico da filosofia grega, foram levadas em conta todas as noções citadas, mas houve muita discussão, entre filósofos e historiadores, acerca de qual foi a atitude grega *predominante* em relação *ao* problema do infinito. Abordaremos várias teses sobre o assunto. Os autores que insistiram no caráter "apolíneo" da cultura grega afirmaram que os gregos "rejeitaram o infinito", ou até que manifestaram "horror em relação ao infinito", em grande parte por considerarem que a razão era impotente para entendê-lo. Esta é a tese de Spengler, que opõe a tendência grega e apolínea para o limitado e o "formado" à "tendência apaixonada, fáustica, para o infinito", característica da cultura que esse autor chama precisamente de "fáustica". Essa também é a tese de Heinz Heimsoeth, que afirma que "para o pensamento e o sentimento da Antiguidade o finito possui um valor superior ao infinito". Aqueles que afirmaram que a cultura grega tem, ou tem também, um caráter "dionisíaco" declararam que os gregos não foram de modo algum "hostis ao infinito". Essa é a tese de Nietzsche, Rohde e Burckhardt. Alguns autores indicaram que, enquanto os gregos "rejeitaram o infinito" na arte, eles o admitiram, ao menos como problema, em seu pensamento.

Em muitas dessas teses não é claro o que se entende por "aceitação" ou "rejeição" do infinito: se a aceitação ou rejeição se referem à noção de infinito, ou à crença de que há uma realidade infinita, ou ao sentimento do infinito, ou à expressão do infinito, ou à imaginação do infinito etc. Também não é claro se se trata do infinito, ou do não-finito, ou do indefinido etc.

Rodolfo Mondolfo escreveu que a mente grega possui uma *poliedricità* essencial e que é inadmissível "a lenda de uma refratariedade do gênio helênico com relação à compreensão do infinito". Essa tese nos parece muito plausível, mas sempre que se entenda por 'compreensão do infinito' a série de esforços realizados por diversos pensadores gregos para tratar da noção de infinito — rejeitando-a posteriormente ou não — e para distinguir modos de infinito, infinito e indefinido etc. Com essas ressalvas feitas, começaremos indicando várias concepções gregas nas quais a noção de infinito desempenha um papel importante. É muito possível que, no limite, os pensadores gregos — ao menos os da chamada "época clássica" — tenham tendido a pôr o infinito, por assim dizer, nas entrelinhas, mas mesmo nesse caso é preciso determinar em que sentido se tendeu a "eliminar o infinito". Às vezes, com efeito, o infinito foi considerado algo "negativo", às vezes algo "meramente potencial", às vezes se tratou a noção de infinito na série numérica afirmando ao mesmo tempo, por exemplo, que o universo é finito etc.

A noção de infinito em um sentido muito amplo desse conceito, que inclui "o ilimitado" e "o indefinido", já aparece nos pré-socráticos. Assim, os pitagóricos incluíam "o finito" na série da "tábua de oposições" na qual se encontram a luz, o masculino etc., e o "infinito" na série dessa tábua em que se encontram a escuridão, o feminino etc. Como a primeira série é positiva e a segunda, negativa, "o infinito" está aqui dentro do "negativo", mas deve-se levar em conta que para os pitagóricos — ou, melhor, para os "pitagóricos pré-socráticos" — "o infinito" é antes "o indefinido". "O indefinido" é o que carece de forma, figura, proporção, ordem etc., justamente por não estar limitado, ou carecer de limite, πέρας. A idéia de *apeiron* (VER) em Anaximandro (VER) está no âmbito da noção do "infinito" em um sentido amplo, mas também aqui parece tratar-se de algo que carece de determinação, razão pela qual o *apeiron* é antes o indeterminado que o infinito. No entanto, a indeterminação do *apeiron* não parece ser uma qualidade negativa, mas positiva, já que do indeterminado surge o determinado. Além disso, observou-se que Anaximandro expressou a idéia de que há um número infinito de universos que existem simultaneamente (e aqui 'infinito' não significa "indeterminado", mas "sem nenhum fim"). Já que não há, em princípio, um número determinado de átomos, pode-se dizer que os átomos de que falava Demócrito são infinitos em número, e que também é "infinito" o vazio no qual se encontram os átomos. Discutiu-se o "ser" de Parmênides é finito ou infinito, mas como Parmênides o compara com uma esfera (VER) "bem redonda" parece tratar-se de "algo" finito, a menos que seja "algo" que, por ser perfeito, é ao mesmo tempo infinito (por não ter fim) e "fechado" (como o célebre "universo" finito e ilimitado de algumas das cosmologias contemporâneas). Às vezes a noção de infinito aparece no pensamento grego sob a forma do "eterno retorno" (VER), como ocorre em Heráclito (assim como depois nos estóicos e, em geral, no que Rodolfo Mondolfo chama de *ciclità come infinità*). O problema do infinito como problema da infinita divisibilidade do contínuo (VER) aparece em Zenão de Eléia (ver APORIA). A rigor, os "paradoxos de Zenão de Eléia" foram decisivos para não poucas das especulações posteriores acerca da questão da natureza do infinito.

Nem sempre é fácil tratar da noção de infinito sem se referir à eternidade, mas tendo dedicado um verbete a este último conceito (ver também o início do verbete TEMPO) procuraremos não reiterar aqui idéias ali expostas. Observaremos, contudo, que a noção de infinidade aparece em Platão quando o autor trata de conceitos como a unidade ou "o uno", τὸ ἕν — não "o uno" de coisas tais como "um homem" ou "um boi", mas "o uno como o uno" do "homem uno", do "boi uno" etc. Essas unidades, ἑνάδες ou μονάδεις (ver MÔNADA, MONADOLOGIA; HÊNADA), estão subtraídas do nascimento e da morte e são, por isso, "eternas", mas podem ser aplicadas às coisas que "devêm" e à "infinidade" delas (*Phil.*, 15 B). Neste ponto Platão introduz o termo ἄπειρος, mas é plausível supor que ele não tem um sentido "técnico": ἄπειρος parece referir-se aqui à "indefinida multiplicidade de cada uma das coisas às quais se aplica a unidade". Todavia, é interessante o uso desse termo, pois mostra, em primeiro lugar, que nem sempre há no pensamento grego, ou especificamente platônico, a idéia de limitação, e, em segundo lugar, que quando existe a idéia de não-limitação esta pode ter um sentido "negativo" (o "negativo" próprio de "o que devêm"). Tal concepção negativa sobressai um pouco depois (*ibid.*, 23 C) quando do Platão indica que há em todos os seres o ilimitado, ἄπειρον, e o limitado, πέρας. O ilimitado é imperfeito, enquanto o limitado é perfeito. Ora, pode-se perguntar se há "coisas" ilimitadas por si mesmas (como o prazer); nesse caso tais "coisas" estão incluídas em um gênero que, como o ilimitado, não tem princípio, nem meio, nem fim (*ibid.*, 31 A). Há, desse modo, um gênero, o do indefinido, pelo qual há certas coisas indefinidas. O ilimitado é um princípio de geração e corrupção, embora não seja o único princípio: além dele há o limitado, a existência produzida pela mistura de ambos, e a causa da mistura (*ibid.*, 27 B). Se, pois, Platão introduz termos como ἄπειρον e πέρας ao falar da famosa participação das coisas perecedouras nas idéias imperecedouras e eternas, não é para concluir que o eterno é o ilimitado, mas justamente o contrário. Assim, ao menos em Platão, é preciso falar do eterno ao se falar do "infinito" (como "ilimitado"), mas exatamente para dizer que o eterno é "o não-ilimitado".

Aristóteles foi freqüentemente citado no início da época moderna (cf. *infra*) como o filósofo que defendeu um universo "fechado" e "limitado", ao contrário do universo "aberto" e "ilimitado" (a rigor, infinito) de muitos autores modernos. E em muitos sentidos se pode dizer que, com efeito, Aristóteles foi um "finitista". No entanto, a ele se deve uma das análises mais influentes da idéia de infinito, e a proposta de que quando se trata desta noção ela pode ser aceita em um sentido, mas não em outro. Com o fim de resolver os paradoxos estabelecidos por Zenão de Eléia e, em geral, os que se derivam da noção de contínuo, Aristóteles estabeleceu a clássica distinção entre o infinito potencial e o infinito atual (ou seja, entre a quinta e a sexta noções citadas *supra*). Somente o infinito como infinito potencial é admitido por Aristóteles tanto na série numérica como na série de pontos de uma linha. Com efeito, dado um número qualquer, *n*, por maior que seja, sempre se lhe pode acrescentar uma unidade, *n* + 1. Uma vez formado *n* + 1, sempre se lhe pode acrescentar mais uma unidade (*n* + 1) + 1, e assim *ad infinitum*. A série numérica — e também a dos pontos de uma linha, e a divisibilidade de qualquer linha — é potencialmente infinita. Quanto à série causal, ela poderia ser potencialmente infinita, mas, por motivos que não nos compete elucidar aqui, Aristóteles afirma que deve ter um fim em um primeiro princípio incausado (ver PRIMEIRO MOTOR). Ora, Aristóteles aceita apenas o infinito potencial, às vezes chamado de "negativo". É claro que o infinito potencial pode aparecer de duas formas: como infinito potencial por divisão (como no caso da linha infinitamente divisível) e como infinito potencial por adição (como no caso da série numérica).

Segundo Aristóteles, a crença no infinito deriva de vários motivos: (1) da infinidade do tempo; (II) da divisibilidade das magnitudes; (III) do fato de que a perpetuidade da geração e da destruição somente podem ser mantidas se puderem ser extraídas de uma fonte infinita; (IV) do fato de que o limitado é sempre limitado por algo, e (V) do fato de que não há limite em nosso poder de pensar a infinidade do número, das magnitudes e do que há "fora do céu". Convém, pois, auferir se devemos tratar o infinito como substância, como atributo essencial de uma coisa ou como algo infinito por acidente em extensão ou em quantidade. Daí a necessidade de fazer a distinção entre vários sentidos do termo 'infinito': *a*) aquilo que por natureza não pode ser atravessado ou percorrido; *b*) o que para nós tem um percurso interminável ou incompleto; *c*) o que, sendo atravessável por natureza, não pode ser atravessado ou percorrido (*Phys.*, II, 203b, 15 ss.). A definição que Aristóteles propõe (o infinito não é aquilo além do que não há nada, mas aquilo além do que há algo: οὐ γὰρ οὗ μηδὲν ἔξω, ἀλλ'οὗ ἀεί τι ἔξω ἐστί, τοῦτο ἄπειρόν ἐστιν [*Phys.*, III, 206b, 33]) confirma, portanto, a mencionada tendência para a consideração negativa, potencial, do infinito. Mondolfo se referiu a algumas passagens em que Aristóteles parece sustentar um significado positivo para o infinito (*De caelo*, I, 7, 275b e I, 12, 283; *Met.*, A 7, 1073d; *Phys.*, VIII, 15, 266-267), de tal modo que, de acordo com isso, Aristóteles sustentaria a positividade do infinito, ao menos ao se referir à potência causante de Deus (*L'infinito nel pensiero dei Greci*, 1934, Parte IV, cap. 13). Além disso, Aristóteles declara que não se trata de eliminar o infinito tal como é tratado pelos matemáticos, mesmo que estes não costumem tratar o infinito como atual e que lhes baste postular uma linha finita tão comprida quanto se quiser (*Phys.*, III, 207, 27). Em todo caso, Aristóteles mostra uma clara preferência pela idéia do infinito como potencial, chega até mesmo a negar a atualidade da infinidade de pontos de uma linha dada, já que para que sejam infinitos devem ser contados ou enumerados. É, pois, a contínua presença de uma alma ou de um sujeito enumerante finito o que torna mais fácil para Aristóteles a negação do infinito atual, apesar de se levantar a questão de sua "existência" no momento em que se chega a supor um motor que gera, ainda que apenas por imitação, as realidades inferiores. Então a negação do infinito se refere somente à sua magnitude: o primeiro motor não pode ser nem finito nem infinito, pois, por um lado, não há magnitude infinita, e, por outro lado, uma coisa finita, nem tampouco o movimento impresso por ela pode persistir um tempo infinito. Mas o primeiro motor produz um movimento infinito por um tempo infinito: ἀίδιον κινεῖ κίνησιν καὶ ἄπειρον χρόνον (*Phys.*, VIII, 267b, 24-25). Por isso pode-se supor que, mesmo negada sua infinidade na magnitude, ela não é negada como causa infinita. E parece até mesmo que Aristóteles poderia estar disposto a aplicar à realidade "movida" a noção de infinito atual se acreditasse que se pode falar de uma alma capaz de representar-se tal infinito; por exemplo, todos os pontos de uma linha enquanto "completamente enumerados".

Observou-se freqüentemente que, depois de Aristóteles, a idéia do infinito, e com isso a idéia de que o infinito é de algum modo "tratável" e "compreensível", ganhou cada vez mais força no pensamento antigo, e especialmente no pensamento grego. Além disso ganhou força a idéia de que o infinito pode não ser completamente "negativo". A seguir abordaremos três aspectos do "infinitismo" grego.

Por um lado, tentou-se descobrir um método para operar com o "infinito matemático". O mais importante resultado sobre o assunto foi o chamado "método exaustivo", ao que parece já proposto pelo sofista Antífon. O método exaustivo consistia em computar uma dada área — por exemplo, citando o caso mais conhecido, a área de um círculo — mediante a inscrição de um polígono — por exemplo, um triângulo — nela. Uma vez efetuada essa operação, iam-se inscrevendo triângulos nas áreas deixadas "fora" da figura ou figuras inscritas, entre os limites de todas essas figuras e a circunferência do círculo. Antífon supunha que o método em questão era, com efeito, exaustivo, podendo-se chegar ao resultado desejado mediante um número finito de inscrições. O método exaustivo foi elaborado e generalizado pelo astrônomo, físico e matemático Eudoxo de Cnido (VER) — a quem, em geral, o método é atribuído —, porém Eudoxo aplicou-o não apenas a outras figuras planas, mas também a sólidos; além disso, reconheceu que havia um número infinito de operações a ser executadas. Com o fim de evitar o processo infinitesimal, no entanto, Eudoxo usou a prova denominada *reductio ad absurdum* (ver ABSURDO, REDUÇÃO). Crisipo (VER) elucidou vários aspectos do método exaustivo e buscou estabelecer as bases lógicas do conceito de limite que esse método pressupõe. Crisipo se valeu do conceito de contínuo (VER), que desempenha um papel importante na filosofia dos estóicos.

Por outro lado, os estóicos opuseram-se à idéia aristotélica de um universo finito e conceberam o cosmo como realidade existente dentro de um vazio que se estende ao infinito em todos os sentidos (segundo o astrônomo estóico Cleomedes [século I a.C.] em seu Κυκλική θεωρία μετεώρων, *De motu circulari corporum caelestium*, I, 1; ed. H. Ziegler, 1891). Além disso, os estóicos defenderam a doutrina do eterno retorno (VER) e de algum modo concluíram que há — sucessivamente — uma infinidade de mundos. Por isso "haverá novamente um Platão, um Sócrates, e cada um dos homens com os mesmos amigos e os mesmos concidadãos etc.", segundo a famosa passagem de Nemésio em *De natura hom.*, 38 (cf. von Arnim, 1, 109; também II, 695). Pode-se alegar que se há repetição não há, propriamente falando, infinidade, mas cabe observar que há ao menos uma infinidade de repetições (possíveis).

Por fim, e sobretudo, houve entre autores neopitagóricos, e especialmente entre autores neoplatônicos, uma forte tendência a considerar a noção de infinito em um sentido mais "positivo" que o do ilimitado e indeterminado. É verdade que em alguns casos (como em Proclo, cf. *infra*) isso se torna possível por uma certa especificidade dada à idéia de potência (VER), mas o que importa aqui não é o modo como se chegou a certas concepções do infinito distintas das mais tradicionais, e sim o fato de se terem alcançado tais concepções, pois em alguns casos as novas idéias acerca do infinito se baseavam em Platão, e no mesmo diálogo (o *Filebo*) a que nos referimos anteriormente, para apresentar uma concepção antes "negativa" do infinito, ou seja, a concepção de que algo infinito é, a rigor, algo ilimitado e, portanto, imperfeito.

Sobre esse aspecto nos limitaremos a citar dois autores: Plotino e Proclo.

Plotino usa às vezes o termo ἄπειρον no sentido de algo não limitado e, por conseguinte, "negativo", como quando afirma que a alma não informada pela inteligência é, a rigor, infinita, isto é, ilimitada ou ainda não limitada (*Enn.*, II, iv, 3). E, em geral, quando se trata do sensível, Plotino proclama que se algo é infinito o é negativamente. Mas o infinito no sensível não é o mesmo que o infinito no inteligente (*ibid.*, II, iv, 15). Há, pois, "dois infinitos", que não são o infinitamente pequeno e o infinitamente grande, como dizia Pascal (cf. *infra*); ou, se se preferir, 'infinitamente grande' se entende em Plotino de outro modo, como o que corresponde à "grandeza" do Uno. Os dois infinitos são o infinito positivo e o negativo. O primeiro tem um completo primado sobre o segundo, porquanto do mesmo "emana" tudo (ver EMANAÇÃO). Na direção "para baixo", para a matéria como último termo da processão cósmico-divina, nos encontramos com o infinito negativo; o infinito é aqui simplesmente 'indeterminado'. Na direção "para cima", para o Uno, nos encontramos com o infinito positivo. Este não é de natureza material, mas espiritual. Por isso não é infinito em *extensão*. Em contrapartida, o infinito negativo é infinito em *distensão*. É verdade que nem todo infinito tem o mesmo grau de negatividade; a rigor, o grau de negatividade (ou positividade) em questão depende de seu "lugar" na hierarquia ontológica (um "lugar" que pode ser medido [ontologicamente] não apenas atendo-se à "distância" do Uno, mas também à "aproximação" ou ao "afastamento" do Uno). Pode-se, pois, dizer que a hierarquia do ser corresponde a uma "hierarquia do infinito". A "grandeza" do infinito positivo não depende de seu "tamanho" em qualquer sentido, mas de seu "ser em si", de seu estar, por assim dizer, "completamente retraído", não tendo necessidade (como ocorre com o Uno) "nem de si mesmo nem de outra coisa" (*ibid.*, VI, ix, 6). Assim, a infinidade positiva é, de algum modo, "absoluta mesmidade".

A idéia da positividade do infinito (espiritual) em Plotino está ligada à noção de que esse infinito é "potência" ou, melhor, potência completa e absoluta, "onipotência". "Ser potência" não significa aqui "ser em potência": a potência, δύναμις, é, por assim dizer, "grandeza espiritual". Algo semelhante ocorre em Proclo. De saída é preciso distinguir um infinito tal como o da quantidade, que não tem graus, e o infinito qualitativo (espiritual), que tem um caráter "hierárquico" (ver HIERARQUIA). Os graus do infinito são, como em Plotino, graus *de* "potência", mas nenhum grau da hierarquia é absolutamente infinito em sentido positivo e "potencial"; como já indicara Siriano (*In Met.*, 147, 4), somente a Infinidade é absolutamente infinita. Proclo trata o infinito enquanto infinito positivo partindo do Uno. O Uno é a infinidade mesma; é auto-infinidade, αὐτοαπειρία. Isso não significa, contudo, que o Uno seja indefinido; na verdade o Uno é o próprio ser definido, a autodefinibilidade, αὐτόπερας. Aqui se observa que em Proclo, como em muitos neoplatônicos, aparecem unidas a idéia de infinidade e a de perfeição como "definibilidade". Essas idéias não são incompatíveis para esses autores, pois também o "ser definido" do Uno e do espiritual é distinto do "ser definido" do sensível. Os limites do sensível também são sensíveis, os do espiritual e, *a fortiori*, do Uno são inteligíveis. Portanto, não se trata aqui de ser "maior ou menor", como pode ser uma "coisa". Ora, já que o Uno é αὐτόπερας, αὐτοαπειρία, do Uno vem o definido e o infinito. Isso permite que Proclo explique a emanação de algo diverso a partir do Uno. Com efeito, o definido e o infinito são como "aspectos" do Uno sem os quais o que emanaria do Uno seria o Uno e nada mais. Todo ser emanado do Uno compõe-se, assim, do definido (ou limite), πέρας, e do infinito; dito de outro modo, tudo o que é composto pelo limitado e pelo infinito vem do primeiro Limite e do primeiro Infinito. Toda potência finita procede da potência infinita, e esta do primeiro Infinito (*Inst. theol.*, 89-93). A potência mais unificada é a mais infinita (*ibid.*, 95). Toda essa graduação de infinidades é, de acordo com o que foi indicado, espiritual; para Proclo, os corpos sensíveis são finitos, e por isso o "infinitismo" de Proclo e dos neoplatônicos não é incompatível com o "finitismo" em sua idéia do universo corporal.

Dentro do pensamento cristão o problema do infinito esteve ligado ao problema da eternidade (VER). Em todo caso, os teólogos e filósofos cristãos elaboraram a idéia do infinito com o pressuposto de uma *creatio ex nihilo* (ver CRIAÇÃO). Como somente Deus pode criar a partir do nada, somente de Deus se pode dizer que é verdadeiramente eterno e infinito. A infinidade de Deus ultrapassa toda outra infinidade pensável; portanto, inclusive a infinidade do tempo e do espaço, caso estes possam ser admitidos como infinitos. A infinidade de Deus transcende inclusive a infinidade de todo *esse*; é, como indicou John Scot Erígena (*De divisione naturae*, 1, 3), a infinidade de um *superesse*. A rigor, deve-se dizer não que Deus é infinito, mas que é infinitamente infinito. Com efeito, a infinidade divina é, no cristianismo, absoluta, e jamais relativa; portanto, Seu amor, Seu poder e Seu saber também são infinitos. Santo Tomás escreveu que "o próprio Deus, com toda a sua onipotência, não poderia criar algo absolutamente infinito". Isso parece estar em desacordo com o reconhecimento da potência infinita de Deus, mas ao mesmo tempo é preciso reconhecer que se acaso houvesse algo absolutamente infinito que não fosse Deus então a própria infinidade de Deus não teria sentido. Por outro lado, a infinidade de Deus é uma infinidade atual. Nisso se distingue Deus de qualquer outra realidade da qual se possa dizer de algum modo que 'é infinita' (tal como a série de números). Com efeito, a série dos números é, para os teólogos e filósofos cristãos, somente potencialmente infinita. O infinito (atual) não existe, pois, nas coisas sensíveis e, em geral, no criado. Se podemos falar de uma infinidade de duração, como a dos astros que movem os céus, essa infinidade tampouco é comparável à divina. Como indica São Boaventura (*In lib. I Sent.*, dist. 3, p. 1, a 1, q. I ad 3), há um infinito que se constitui por oposição ao simples, tal como uma massa infinita, e um infinito que é simples. Este último infinito é aquele que corresponde a Deus e somente a ele. Santo Tomás assinala que o primeiro princípio é, na verdade, infinito, mas não é, como supunham alguns filósofos antigos, um corpo. Em todos os casos é um infinito material. Não há, de acordo com isso, nenhum infinito atual em qualquer extensão ou magnitude, há apenas um infinito atual, o da absoluta infinidade da pura forma divina. Em primeiro lugar, mesmo supondo-se que um corpo seja infinito em extensão, isso não implicaria que ele o fosse essencialmente. Mais uma vez, portanto, convém apenas a Deus o predicado 'é atualmente infinito', assim como o predicado 'é infinito em perfeição' (entre as passagens em que Santo Tomás trata do infinito, da infinidade [*infinitas*], da eternidade etc., ver *In Phys.*, III, lect. 9 e VIII, lec. 2; *In de caelo*, I, lect. 9; *In Met.*, XI, lect. 10 e XII, lect. 5; *Quodl.*, III a 31 e XII a 17; *S. theol.*, I, q. XLII, 2, XLVI, 1 e 2, e L, 2 ad 4. Cf. também as passagens de Santo Tomás citadas em ETERNIDADE).

Todos os escolásticos concordam em que (recusando-se ou não a idéia de que o mundo pode ter existido *ab aeterno*) somente Deus é propriamente eterno, e em que (mesmo admitindo-se o predicado 'é infinito' para realidades não-divinas) somente Deus é propriamente infinito. Mas justamente porque convém distinguir a infinidade divina de outros tipos de infinidade — como a infinidade numérica ou a divisibilidade infinita de uma linha — os escolásticos estudaram os diversos modos de falar de *infinitum* e *infinitas*. Mencionaremos algumas das distinções propostas a esse respeito sem precisar os autores nos quais elas se encontram (muitas delas, embora não todas, encontram-se em Santo Tomás). Pode-se falar de infinito *intensivo* (ou, melhor, do infinito entendido intensivamente, *intensive*; porém, com o fim de simplificar, usaremos a seguir preferencialmente adjetivos a advérbios) e de infinito *extensivo*. O infinito intensivo é o infinito em perfeição; o extensivo é o de uma potência capaz de conhecer uma infinidade de objetos. Pode-se falar também de infinito *privativo* (como o de uma quantidade infinita); infinito *negativo* (ou aquele que não pode ter qualquer limite); infinito *relativo* (que se refere a determinada ordem de perfeição, razão pela qual esse infinito é um infinito *secundum quid*); infinito *absoluto* (que se refere a todas as ordens da perfeição); infinito *segundo o ato* (que não tem limite no ato); infinito *segundo a potência* (ou indefinido); infinito *intrínseco* (ou na coisa mesma, segundo a essência e a existência); infinito *extrínseco* (que, embora convenha a uma existência finita, a mantém ou conserva por uma duração infinita); infinito *por adição* ou *justaposição* (*infinitum per appositionem*) (como a infinita magnitude); infinito por *divisão* (*infinitum per divisionem*) (ou divisibilidade infinita de uma dada magnitude); infinito *completo* (*infinitum in facto*); infinito *em processo* ou ainda não completado (*infinitum in fieri*); infinito *categoremático* (no qual há um uso categoremático do termo 'infinito' que faz deste um infinito em ato); infinito *sincategoremático* (em que há um uso sincategoremático [VER] do termo 'infinito' que faz deste um infinito em potência). Pode-se ver que em alguns casos esses tipos de infinito coincidem: por exemplo, o infinito potencial, o infinito em processo, o infinito sincategoremático e, em ao menos um sentido, o infinito por divisão.

O que foi dito anteriormente não deve fazer pensar que os escolásticos se ocuparam exclusivamente da questão do infinito do ponto de vista teológico e com o único fim de comparar o infinito de Deus com qualquer outro tipo (sempre "relativo") de infinito. Especialmente durante os séculos XIII e XIV muitos escolásticos examinaram a questão do significado dos termos 'infinito', 'infinidade' etc., relacionando-a com problemas tais como a existência ou não dos chamados *minima naturalia*, ou partes mínimas que compõem os corpos naturais, e especialmente com o problema da composição do contínuo (VER). No trabalho intitulado "Kontinuum, Minima und aktuell Unendliches", incluído em seu livro *Die Vorläufer Galileis im 14. Jahrhundert* (1949; pp. 155-215), Anneliese Maier estudou vários problemas tratados pelos escolásticos no que diz respeito às noções de continuidade, infinidade, divisibilidade, indivisibilidade etc. Resumiremos alguns dos resultados obtidos por essa autora.

Em relação ao problema da composição do contínuo, muitos escolásticos levantaram a questão — em grande parte legada por Aristóteles — de se o contínuo é composto por *divisibilia* (quaisquer elementos divisíveis) ou por *indivisibilia* (elementos indivisíveis). Pode-se perguntar ainda se, quando se trata de *indivisibilia*, estes pertencem à realidade concreta ou se são entidades ideais, mas por enquanto nos referiremos apenas à idéia de contínuo sem precisar se se trata de um contínuo real ou ideal. Ora, a maior parte dos filósofos (Roger Bacon, Santo Tomás de Aquino, Siger de Brabante, Duns Scot, Guilherme de Ockham, João Buridan etc.) consideraram que o contínuo é infinitamente divisível, ou seja, é composto por *divisibilia* e não por *indivisibilia*. Alguns autores, contudo, sustentaram que o contínuo é composto por *indivisibilia*. Isso se manifestou em duas doutrinas. Por um lado, certos autores (por exemplo, Nicolas de Autrecourt) defenderam a tese — platônica ou supostamente platônica — de que os *indivisíveis* são em última análise pontos; tais pontos são, pois, magnitudes que podem ser chamadas de *indivisíveis*. Por outro lado, certos autores (como Gregório de Rimini) defenderam a tese — democriteana ou supostamente democriteana e "atomista" — de que os *indivisibilia* não são pontos *sine extensione*, mas são *minima* que já não podem mais ser divididos quantitativamente.

Ora, o interessante nas doutrinas anteriores, e especialmente nas discussões que suscitaram, é que tornaram possível o estabelecimento de problemas que iam além do marco "clássico" da concepção do infinito como infinito absoluto e em ato em Deus e da concepção do infinito como infinito em potência e meramente *in fieri* em toda realidade criada. Naturalmente, no que diz respeito às discussões teológicas, continuou-se sustentando a opinião de que o infinito em ato é excluído quando não se trata de Deus, mas nas discussões filosóficas (assim como lógicas e matemáticas) não se excluiu a questão da possível "realidade" do infinito em ato. E alguns autores aceitaram um infinito em ato e tenderam ao que se pode qualificar de "infinitismo". Desse modo, por exemplo, Guilherme de Ockham admitiu um infinito em ato na magnitude — embora rejeitasse a existência de intensidades atualmente infinitas. Francisco de Meyronnes indicou que Deus pode produzir um infinito em ato segundo a multitude e a magnitude, assim como um infinito intensivo — embora não um infinito sucessivo. Pedro Auriol assinalou que o infinito é uma mistura de ato e de potência, como o caso do movimento evidencia. Gregório de Rimini declarou que Deus pode criar todo tipo de infinito em ato, incluindo intensidades infinitas, e propôs a idéia de que o contínuo se compõe de um número atualmente infinito de partes. Os debates sobre o infinito e suas formas também levaram alguns escolásticos a usar não apenas argumentos de caráter lógico, mas também argumentos de índole matemática, e especialmente geométrica. Observemos que se chegou a falar da possibilidade de correlacionar pontos de diferentes magnitudes geométricas — por exemplo, duas linhas de extensão desigual, concluindo-se (em um sentido semelhante ao elaborado depois por Cantor; cf. *infra*) que se podem correlacionar pontos um a um em duas séries infinitas.

Há, pois, nos autores escolásticos, particularmente em alguns do século XIV, uma decidida tendência "infinitista", razão pela qual não parece legítimo usar o termo 'infinitismo' para caracterizar apenas algumas orientações da época moderna. No entanto, usaremos esse termo aplicado especialmente à época moderna, na medida em que se refere não somente ao problema da composição do contínuo e à questão de se pode ou não haver um infinito atual distinto da infinidade atual absoluta de Deus, mas também, e sobretudo, ao problema de se o mundo físico é ou não é "infinito em magnitude" (e extensão). Desse ponto de vista diremos que há, como precisaremos adiante, uma "passagem do finitismo ou infinitismo" na época moderna, unida a uma espécie de "*pathos* do infinito". Exemplos disso são encontrados sobretudo em Nicolau de Cusa e em Giordano Bruno. Nicolau de Cusa buscou superar as contradições encontradas na noção de finito *a partir* da idéia de infinito. A identidade do diverso, a coincidência dos opostos no Uno infinito e outras teses gnoseológicas e metafísicas de Nicolau de Cusa são um testemunho de uma tendência que pode ser denominada "infinitismo" e que vai se revelando cada vez com mais força. Isso não significa que todos os pensadores modernos tenham simplesmente transposto para o mundo os caracteres de infinidade e perfeição que ordinariamente eram atribuídos a Deus. Assim, Nicolau de Cusa distingue a infinidade divina e a infinidade não-divina em termos que recordam a distinção escolástica entre o infinito absoluto ou simples e o infinito *secundum quid*. Mas, de qualquer modo, e ao contrário de muitos pensadores anteriores, Nicolau de Cusa efetivamente fala da infinidade do mundo. É característica de Nicolau de Cusa, além disso, uma inclinação a usar conceitos matemáticos para a compreensão do infinito. Por esse motivo se disse que Nicolau de Cusa foi o primeiro pensador a propor explicitamente a idéia da infinidade do universo, o que também foi atribuído a Marcellus Stellatus Palingenius, pseudônimo de Pier Angelo Manzoli (*ca.* 1500-1543), autor de um poema didático intitulado *Zodiacus vitae* (cuja primeira edição apareceu provavelmente em 1543), sem que se possa dizer se foi realmente o primeiro que a formulou ou se de algum modo a tomara de Nicolau de Cusa — ou ainda se tanto Nicolau de Cusa como Palingenius elaboraram a idéia da infinidade do mundo como se ela fosse do mesmo tipo que a divina. Em compensação, a noção de que o mundo é infinito em um sentido que não é somente *secundum quid*, mas de algum modo sem limitações, foi defendida, e exaltada, por Giordano Bruno. É usual considerar Bruno como o primeiro "infinitista" moderno, e como o primeiro

que sustentou, usando as expressões de A. Koyré (*op. cit. infra*), a idéia de um "mundo aberto" contra a idéia de um "mundo fechado". Parece, no entanto, que as idéias infinitistas de Bruno sustentadas em *La Cena delle Ceneri* e, sobretudo, em seu famoso *De l'infinito universo e mondi*, foram antecipadas pelo discípulo de Copérnico, Thomas Digges, em sua obra *Perfit Description of the Caelestiall Orbes according to the most anciene doctrine of the Pythagoreans lately revived by Copernicus and by Geometrical Demonstrations approved* (1576); reed., 1934, eds. Johnson e Larkey. Ora, mesmo que se demonstrasse que Thomas Digges foi realmente o primeiro "infinitista" cosmológico moderno, o certo é que o "infinitismo" abriu caminho sobretudo em razão da ardente defesa que dele fez Bruno.

A passagem do "finitismo" para o "infinitismo" ocorreu sobretudo durante o século XVII, e isso de maneiras muito diversas. Em primeiro lugar, ao longo da revolução científica e filosófica que Koyré descreveu como "a destruição do Cosmos, isto é, o desaparecimento, com base em conceitos filosóficos e cientificamente válidos, da concepção do mundo como um todo finito, fechado e hierarquicamente ordenado (...) e sua substituição por um universo indefinido e inclusive infinitivo, universo cimentado pela identidade de suas leis e de seus componentes fundamentais, e no qual tais componentes se encontram no mesmo nível do ser" (*op. cit. infra*, "Introdução"). Em segundo lugar, pelos progressos do pensamento matemático. Este foi precedido por descobrimentos tais como o já citado "método exaustivo", por noções e argumentos desenvolvidos especialmente por filósofos do século XIV que debateram a questão do infinito, suas formas, a composição do contínuo etc., e pelos notáveis esforços realizados no mencionado século com o fim de elaborar e precisar o conceito de função (VER). Particularmente interessantes a esse respeito são os trabalhos de Nicolas de Oresme para oferecer uma representação gráfica de quantidades variáveis (trabalhos parcialmente usados por Kepler e Galileu). No entanto, somente ao longo da época moderna, ou, mais exatamente, a partir do século XVII, o pensamento matemático desenvolveu-se adequadamente de modo a poder constituir um instrumento suficientemente poderoso para tratar matematicamente o infinito. A esse respeito são importantes os trabalhos de Galileu, Descartes e Pierre Fermat (1601-1665), mas também, e sobretudo (no que se refere especificamente a nosso problema), os trabalhos de vários autores, entre os quais: Bonaventura Cavalieri (1598-1647), especialmente em sua *Geometria indivisibilibus continuorum nova quadam ratione promota* (1635; 2ª ed., 1653); John Wallis (1606-1703) em sua *Arithmetica infinitorum sive nova methodus inquirendi in curvilineorum quadraturam aliaque difficiliora matheseos problemata* (1655); Isaac Barrow (1630-1677) em suas *Lectiones opticae et geometricae* (1669; escritas por volta de 1663); Pascal (VER), especialmente nas "Lettres de A. Dettonville sur quelques-unes de ses intentions en géométrie" (1659). Esses e outros trabalhos culminaram na descoberta praticamente simultânea por Leibniz e por Newton da análise infinitesimal ou cálculo infinitesimal (nas duas formas clássicas de cálculo integral e cálculo diferencial). Cita-se a esse respeito o trabalho "Nova methodus pro maximis et minimis itemque tangentibus, quae nec factas nec irrationales quantitates moratur et singulare pro illis calculi genus", publicado nas *Acta Eruditorum* em 1684, de Leibniz, e o texto clássico de Newton dos *Principia* (1686). Houve uma longa e injuriosa discussão sobre questões de "precedência" na descoberta que não nos compete tratar aqui; basta indicar que o "cálculo dos infinitamente pequenos" leibniziano e o "cálculo de fluxões" newtoniano são o mesmo tipo de cálculo; entretanto, adotou-se a notação simbólica de Leibniz por ser menos intrincada que a de Newton.

Além dessas duas "passagens do finito para o infinito" cabe citar as tendências "infinitistas" que se manifestaram em outras esferas não propriamente científicas (como a chamada "arte barroca") — e, é claro, no pensamento filosófico (estreitamente imbricado, além disso, com o pensamento científico e matemático) a que nos referiremos a seguir.

Quase todos os filósofos modernos, especialmente os "racionalistas" — que se ocuparam dessas questões com mais freqüência e com maior detalhamento que os "empiristas" —, sustentaram a infinidade do mundo e, em todo caso, fazem amplo uso da noção de infinito em suas especulações. Isso ocorre com Descartes. O uso da noção de infinito aparece em um momento decisivo de seu pensamento quando tenta provar a existência de Deus mediante o argumento ontológico. Descartes salienta que um ser finito não poderia ter a idéia de "uma substância infinita, eterna, imutável, independente, onisciente e onipotente" se essa substância infinita (e perfeita) não tivesse, por assim dizer, depositado essa idéia no ser finito (*Discurso*, IV; *Med.*, III). Por outro lado, a idéia de Deus em questão não pode ser materialmente falsa; "pelo contrário, como essa idéia é muito clara e muito distinta, e contém em si mais realidade objetiva que qualquer outra, não há nenhuma que seja mais verdadeira que ela nem que possa estar mais protegida de erro e de falsidade" (*Med.*, III). Na última passagem mostra-se uma tendência característica de muitos filósofos modernos: a de basear-se na idéia do infinito para dela passar para a do finito em vez de seguir a direção oposta. Além disso, Descartes defendeu a idéia da infinidade do mundo, indicando que essa idéia, exposta por Nicolau de Cusa, não foi reprovada pela igreja, já que conceber a obra de Deus como algo muito grande é justamente honrar a Deus. No entanto, Descartes observa — seja por convicção, seja por prudência — que há uma diferença entre sua concepção do cosmos e a de Nicolau de Cusa: enquanto este último diz que o mundo é "infinito", Descartes proclama que é indefinido (*"indéfini seulement"* [Lettre à Chanut; 6 de junho, 1647]): "chamaremos essas coisas [as do mundo] antes de indefinidas que de infinitas, com o fim de reservar somente para Deus o nome de infinito" (*Princ. Phil.*, I, 27). Por isso Descartes diz que "jamais nos enredaremos nas querelas sobre o infinito; além do que, seria ridículo que nós, que somos finitos, buscássemos determinar algo sobre o infinito, e desse modo supô-lo finito tentando compreendê-lo" (*ibid.*, I, 26). Desse modo, não é preciso ter a preocupação de responder questões tais como se a metade de uma linha infinita é infinita, se o número infinito é par ou não-par "e outras coisas semelhantes" (*loc. cit.*). Isso parece estar em contradição com a tendência "infinitista" e até mesmo em contradição com sua própria concepção de que a idéia do infinito "contém em si mais realidade objetiva que qualquer outra", mas deve-se levar em conta que a idéia de infinito em Descartes sempre depende de Deus. Ora, como no pensamento cartesiano se passa do *Cogito* a Deus e de Deus ao mundo, é plausível concluir que a noção de infinito desempenha um papel capital nesse pensamento.

A noção do infinito também desempenha um papel capital — e mais ainda — em Spinoza. Malebranche e outros autores haviam insistido no fato de que ao se usar o termo 'infinito' é preciso levar em conta que ele não deve ser aplicado a Deus do mesmo modo que ao criado, e que por isso Deus pode ser chamado de "infinitamente infinito" (que é o mesmo que os escolásticos chamavam de infinito absolutamente ou infinito simplesmente etc.). Em compensação, em Spinoza a tendência "infinitista" abre caminho até dissipar todo "finitismo". É claro que a expressão "um ser absolutamente infinito (*ens absolute infinitum*), isto é, uma substância que possui infinitos atributos, cada um dos quais expressando uma essência eterna e infinita" (*Eth.*, def. VI), aplica-se a Deus. Além disso, na "Explicatio" da definição que aparece logo em seguida Spinoza insiste em que fala de algo absolutamente infinito, não de algo infinito em seu gênero (*in suo genere*), pois é óbvio que do que é infinito em seu gênero pode-se negar uma infinidade de atributos. Mas a filosofia de Spinoza é uma filosofia de *Deo* (ou, melhor, de *Deo sive Natura*). Pode-se usar o predicado 'é finito' em vários casos — por exemplo, pode-se, e deve-se, dizer que certos modos da substância são finitos —, mas não há nenhuma substância que não seja infinita, porque há somente uma substância: "fora de Deus não se pode dar nem conceber nenhuma substância" (*op. cit.*, I, prop. xiv). Assim, tudo aquilo que não é absolutamente infinito é concebível unicamente a partir do que é absolutamente infinito. Tudo o que se segue de um atributo de Deus deve existir necessariamente e ser infinito (*op. cit.*, prop. xxii). É verdade que se pode dizer que há coisas produzidas por Deus (*res Deo productae*) e que nelas, ao contrário de Deus, a essência não envolve a existência, de tal modo que tais "coisas" são finitas. Mas não apenas nenhuma dessas coisas é substância, como, além disso, sua realidade está ligada à da única e infinita substância. De acordo com isso, parece não poder haver, para Spinoza, distinção entre o infinito atual e o potencial, já que todo infinito é, propriamente falando, atual. No entanto isso não ocorre. Spinoza distingue (carta a Luis Meyer, de 20 de abril de 1663) a potencialidade e a atualidade do infinito, embora, no limite, considere que somente o infinito atual seja real, ao menos no sentido de que a realidade de um infinito potencial depende, *qua* realidade, do infinito atual.

Na época de que estamos falando não havia, e em muitos casos nem se desejava que houvesse, uma clara separação entre a conceitualização científica (particularmente física) e a filosófica (ou, freqüentemente, metafísica e teológica). Assim, as idéias sobre o infinito elaboradas por Descartes e por Spinoza são importantes tanto para a concepção de Deus como para a concepção do mundo, e *a fortiori* para as concepções do espaço e do tempo. O mesmo, e ainda mais, ocorre com muitas idéias de autores como Henry More, Samuel Clarke, Newton e Leibniz. Todos eles discutiram questões como a de se o universo é infinito; se o espaço é infinito, mas a matéria — "o mundo" — é finita, isto é, se há ou não espaço "fora do mundo"; se é possível conceber um espaço infinito que seja contínuo e, portanto, não composto de partes e, apesar disso, infinitamente divisível; se ao se admitir que Deus é onipresente é preciso admitir também que o espaço (infinito) é um atributo de Deus, ou um *sensorium* da divindade, ou se há uma diferença essencial entre a onipresença de Deus e a infinita extensão do espaço etc. Não podemos, nesta obra, tratar com a devida parcimônia essas idéias e os numerosos debates por elas suscitados. Aqui nos limitaremos a destacar alguns aspectos essenciais.

Embora cartesiano no início, Henry More afastou-se de Descartes em muitos pontos básicos, entre eles na questão da natureza do espaço, o qual foi concebido por More como infinito (e como indivisível, contínuo, homogêneo, único). Ora, o espaço não era para More, como para Descartes, pura extensão oposta ao puro pensamento; ao contrário, o espaço infinito de que falava More era de natureza espiritual, pois a pura extensão não é, segundo More (como para Spinoza e Malebranche), algo sensível, mas algo inteligível: ela não é dos sentidos, mas do entendimento. Daí que as propriedades do espaço infinito e único e as de Deus sejam similares. Isso não significa que Deus seja espaço ou vice-versa, mas que não há entre a infinitude absoluta de Deus e a do espaço a diferença defendida por Descartes ou a diferença já clássica entre o infinito simplesmente e o infinito em seu gênero. Isso permite compreender em que sentido as idéias de More indicadas puderam influenciar Newton e a defesa metafísica de Newton por Clarke. Em todo caso, Joseph Rawson, no apêndice intitulado "On the Real Space or the Infinite Being", que incluiu na segunda edição (1702) de sua obra *Universal Analysis of Equations*, declarou que as idéias de More e de Newton sobre o assunto eram praticamente idênticas, apesar da cautela do último autor na apresentação de sua "filosofia natural". É verdade que Newton toma o cuidado de fazer de Deus algo distinto do espaço e da duração infinitos, mas a onipresença e a eternidade de Deus fazem que sua presença afete, por assim dizer, todos os pontos do espaço e todos os momentos do tempo. Nenhuma dessas idéias, ou outras similares, é "spinoziana"; alguns dos problemas que elas suscitam, contudo, são problemas análogos aos tratados por Spinoza.

Isso explica em parte as polêmicas entre Leibniz e os newtonianos (especialmente entre Leibniz e Clarke). Como quase todos os autores da época, Leibniz é claramente "infinitista". Mas seu "infinitismo" é em muitos aspectos distinto dos de More, Newton, Clarke e, é claro, de Spinoza. O infinitismo de Leibniz é de caráter "pluralista" e corresponde à estrutura ao mesmo tempo pluralista e infinitista de sua metafísica monadológica. Tanto por seus trabalhos matemáticos como por suas especulações metafísicas Leibniz outorga um posto central à idéia de infinito. Nesse autor deparamos com infinitos em todos os lugares: não apenas no "grande", mas também, e muito freqüentemente, no "pequeno". No que parece ser parte limitada e já indivisível do universo pululam as realidades; em cada "universo" parece haver infinitos "universos". Além disso, a infinidade não é uma idéia incompreensível ou irracional (não é, em todo caso, um mero "sentimento de algo incomensurável"). A infinidade é justamente "mensurável". Pode-se operar com infinitos — ao menos com os "infinitamente pequenos". Pode-se calcular com eles. Entretanto, que a idéia de infinidade aparece em todos os lugares em Leibniz não significa que para esse filósofo tudo seja infinito do mesmo modo — e isso não, ou não apenas, porque haja uma realidade que é infinita absolutamente e outras que, sendo infinitas, o são apenas de modo relativo. A rigor, pode-se dizer que toda realidade infinita o é "absolutamente", embora em distintos graus (com o que 'absolutamente' tem aqui um sentido distinto do usual). Assim, a infinidade numérica é uma primeira infinidade; a infinidade do mundo é uma segunda; a de Deus, uma terceira, e, é claro, a mais elevada. Há, desse modo, uma infinidade mínima, uma média e uma máxima, o que parece pressupor uma espécie de "hierarquia de infinidades". Mas, além disso, a idéia de infinito opera em Leibniz de um modo que poderia ser qualificado de "refletidor" ou até mesmo de "multiplicante". Com efeito, cada uma das infinitas mônadas reflete o universo inteiro a partir de seu ponto de vista, e portanto reflete de algum modo todas as outras infinitas mônadas. Desse modo, cada infinito se multiplica por si mesmo um número infinito de vezes, e essa multiplicação infinita culmina na "potência máxima" ou "infinito máximo" que é Deus; um infinito centro de todos os infinitos atuais e possíveis.

As especulações, as análises, as discussões sobre o infinito em suas várias formas durante a época que estamos tratando não eram alheias ao que se chamou de "*pathos* do infinito" e, em geral, ao "sentimento do infinito". Este se manifesta de várias maneiras: no assombro diante do "labirinto do infinito e do contínuo", gerador de paradoxos, mas também de "verdades sublimes"; na admiração diante da possibilidade de que o universo físico fosse infinito etc. Essa admiração era de caráter distinto da que se poderia ter diante da infinidade de Deus. Além do mais, parecia "natural" que Deus fosse infinito; além disso, a infinidade de Deus não fazia arder a imaginação (ao menos a dos teólogos e filósofos, muito preocupados em "conceptualizar a infinidade divina"). A idéia da infinidade do universo, em compensação, atraía a imaginação e não apenas o pensamento. Daí as referências à citada infinidade e ao posto do homem nela em vários textos da época. O mais conhecido — e conciso — é o que se encontra nos *Pensamentos* de Pascal. Recordemos apenas seu tom: o homem contempla a majestade do universo — o "infinitamente grande" — e fica surpreso. Ele contempla o prodígio do que está escondido no que parece mais ínfimo — uma infinidade de universos em cada universo — e também fica surpreso. Ele se perde nessas maravilhas, "tão espantosas em sua pequenez como o são as outras em sua extensão", e, em conseqüência disso, espanta-se consigo mesmo, surpreso, tremendo, "entre esses dois abismos do infinito e do nada", e desse modo ele compreende melhor a si mesmo: "um nada em relação ao infinito; um todo em relação ao nada, um meio entre nada e tudo". "Somos algo e não somos nada": grandeza e miséria do homem — esta é a meditação de Pascal a respeito do infinito; ou, melhor, dos "infinitos".

Os autores de que falamos ocuparam-se da idéia de infinito não apenas em relação às realidades, mas também em relação ao pensamento do infinito. Em contrapartida, os filósofos denominados "empiristas", embora tenham também se ocupado do problema do "infinito real", tenderam a analisar a questão do conhecimento do infinito e particularmente a questão de como se chega a adquirir a idéia de infinito e de algo infinito. Aqui forneceremos apenas uma ilustração sobre o assunto com a reflexão de Locke, que se ocupou da questão do infinito ao comparar as idéias de duração e de expansão (*Essay*, II, xv). Este autor observou que os homens admitem mais facilmente a duração infinita que a expansão infinita — a infinidade do tempo mais que a do espaço —, pois, embora Locke não eliminasse toda "relação" entre Deus e o espaço, tampouco afirmava, de modo algum, que Deus fosse espacial; em contrapartida, Deus lhe aparecia como possuindo uma duração infinita. Ora, o que mais interessava a Locke era investigar que tipo de "idéia" é a idéia de infinito e como se chega a ela. A esse respeito ele considera que "finito" e "infinito" são vistos como "*modificações* da expansão e da duração" (*ibid.*, II, xvii, 2) [ele indicara anteriormente que o tempo é em relação à duração o que o espaço é em relação à expansão]. Não é difícil explicar como se obtém a idéia do finito: as porções de extensão que afetam os sentidos e os períodos ordinários de sucessão com que se mede o tempo levam consigo a idéia do finito. Quanto à idéia do infinito, ela é obtida observando-se que podem ser unidas sem cessar porções de espaço umas às outras, e momentos do tempo uns aos outros. Assim, Locke julga que a idéia de infinito é de natureza "aditiva". Isso não significa sustentar que o espírito possui a idéia de um espaço infinito que exista efetivamente — "as idéias não são provas das coisas" (*ibid.*, II, xvii, 4) —, mas pode-se dizer que podemos pensar (*we are apt to think*) que o espaço efetivamente não tem limites. E o mesmo ocorre com o tempo, no qual a idéia de infinidade equivale à de eternidade. Somente do espaço e do tempo cabem idéias do infinito — e também, e sobretudo, de Deus. Porém o infinito divino é qualitativo (refere-se à perfeição) e não quantitativo, como o do espaço e o do tempo. Ora, não obstante a possibilidade antes mencionada, deve-se reconhecer que não se tem uma idéia *positiva* da infinidade (*ibid.*, II, xvii, 13), nem da duração infinita, nem do espaço infinito. Tampouco se pode possuir uma idéia *completa* do Ser Eterno, ou seja, de Deus infinito. Há algo positivo e algo negativo em nossas idéias sobre o infinito, mas deve-se ter uma grande precaução nesse ponto, já que muitos erros se devem ao fato de que se imaginou serem essas idéias da infinidade positivas. Em todo caso, as idéias de infinito — em relação à duração, ao espaço e ao número — são *modos* de idéias simples (ver Idéia). Locke indica que alguns matemáticos, no curso de "mais avançadas especulações", podem ter outros modos de introduzir em seus espíritos idéias de infinidade, mas mesmo eles terão de saber que extraíram "as primeiras idéias que tiveram do infinito da sensação e da reflexão" (*ibid.*, II, xvii, 22).

Kant falou da representação do espaço como "magnitude infinita" (*KrV*, a 25/B 40) e da infinidade do tempo (*ibid.*, A 32/B 48). Ao mesmo tempo, ele seguiu as idéias predominantes em seu tempo sobre a infinidade do universo e inclusive fez dessa idéia — unida à de "lei moral em mim" — a expressão patética desse mesmo sentimento de admiração e quase de um temor religioso que Pascal manifestara em um de seus mais famosos "pensamentos": "O eterno silêncio desses espaços infinitos me apavora" (ver *supra* sobre "os dois infinitos" de Pascal). No entanto, no que se refere à noção de infinito, o que caracterizou Kant foi tratá-lo "criticamente". Isso ocorre sobretudo na primeira das antinomias ou "primeiro conflito das idéias transcendentais". Com efeito, a tese enuncia: "O mundo tem um começo no tempo e também está limitado no espaço" (ou "O mundo é finito"), enquanto a antítese enuncia: "O mundo não tem começo e é ilimitado no espaço; é infinito em relação ao tempo e ao espaço" (ou "O mundo é infinito") (*KrV*, A 426/B 454). Tratamos desse ponto mais detalhadamente no verbete ANTINOMIA. Aqui nos limitaremos a indicar que do ponto de vista da razão pura pode-se provar tanto a tese como a antítese, o que mostra que na idéia de infinito a razão se move no vazio, sem os apoios que lhe são dados pelo confinamento dentro da experiência possível. A tese e a antítese são igualmente suscetíveis de "prova" justamente porque seu objeto não é algo que está situado no marco da experiência possível, mas uma "coisa em si" (VER). Aqueles que defendem a "tese" são os dogmáticos; os que defendem a "antítese" são os empiristas. Ambos porém dizem mais do que sabem (*ibid.*, A 472/B 500).

Não deve causar surpresa o fato de que, ao se abandonar a noção de coisa em si, a idéia de infinito voltasse a penetrar na metafísica. Isso ocorreu no idealismo pós-kantiano, com o auxílio, além disso, de um novo "*pathos* do infinito" introduzido por certas concepções românticas. Tanto em Fichte como em Schelling e Hegel a idéia de infinito é central, mas ela o é particularmente em Hegel. Esse filósofo se refere freqüentemente ao infinito (*Unendliches*) e à infinidade (*Unendlichkeit*). Há, de saída, várias formas de infinito: o infinito matemático, o infinitamente grande, a infinidade subjetiva, a infinidade objetiva, a infinidade positiva. Entre esses infinitos somente o último é "o verdadeiramente infinito" (*das wahrhaft Unendliche*). Com efeito, nem o infinito matemático nem o infinitamente grande (que é o *Quantum*) são propriamente "negação da negação" (*Philosophische Propädeutik*; Glockner, 3; 121-122). Quanto à infinidade subjetiva e à infinidade objetiva, elas são por si mesmas insuficientes; completam-se somente quando são unidas mediante a razão. Há, em geral, uma infinidade negativa ou infinidade má (*schlechte*) e uma infinidade positiva, também chamada de "infinidade afirmativa" e de "verdadeira infinidade" (*Logik*; Glockner, 4: 158 ss.). A infinidade negativa ou má não é senão a negação do finito (*System der Philosophie*; Glockner, 8: 222). A infinidade positiva ou verdadeira infinidade, em compensação, é a idéia absoluta; a rigor, o infinito enquanto positivo ou afirmativo é uma "nova definição do Absoluto" (*op. cit.*, *id.*, 4: 157). Assim, o infinito positivo é propriamente o "ser verdadeiro"; a infinidade é a determinação afirmativa (não negativa) do finito; se se preferir, o infinito positivo é "o que é verdadeiro em si" (*op. cit.*, *id.*, 4: 149). Ora, o Espírito é infinito em sentido positivo e não em sentido negativo (ou mau). O infinito negativo é aquele que é suscetível de crescer indefinidamente, enquanto o infinito positivo, afirmativo ou verdadeiro é completo, contém a si mesmo e está em si mesmo (*bei sich*). É verdade que o Espírito também se manifesta como finito, já que de algum modo o Espírito é "o infinito em finitude". Mas manifestar-se como finito não o impede de ser ele mesmo enquanto é em si mesmo, positivamente infinito. A positividade completa do infinito se dá quando a razão absorve os momentos do abstrato e do concreto, do universal e do particular; por isso o verdadeiro infinito surge somente, como proclama Hegel na *Lógica*, quando são absorvidos completamente no positivo e absoluto não apenas o infinito abstrato do entendimento (*Verstand*), mas também o infinito concreto da razão (*Vernunft*).

As idéias de Hegel sobre o infinito podem ser caracterizadas como uma "dialética do infinito". Também há uma espécie de "dialética do infinito" no Padre Gratry (VER), mas trata-se de uma dialética de ascendência platônica. Na "dialética" de Gratry o infinito é afirmado como resultado de uma série de atos transcendentes ao longo dos quais vão sendo ultrapassados os limites, mantendo-se o que haja neles de positivo. Trata-se, pois, em última análise, da afirmação da possibilidade de um acesso transcendental ao infinito ou, melhor, da possibilidade de um acesso ao infinito baseado em uma concepção realista da abstração "ascendente". A passagem ao limite é então possível porque a alma que efetua a passagem está carregada, por assim dizer, com todo o positivo do infinito e se desprendeu de tudo que é negativo do limite. Por outro lado, o infinito é rotundamente negado nas tendências condicionistas (Hamilton) e "relativistas" (Renouvier). Este último, sobretudo, e alguns de seus discípulos insistiram nas bases ontológico-realistas que toda afirmação do infinito sempre supõe. Segundo Renouvier, a refutação do infinito é de capital importância para a fundamentação do personalismo; infinito se oporia, em seu entender, à pessoa. A mente pode pensar, com efeito, a série infinita de números como um conjunto, embora então o conjunto não seja um número, pois não é formado por unidades em quantidade determinada, nem tampouco um todo, pois não é composto por partes. Pensar o infinito nesse sentido é como pensar um Absoluto, um sujeito que não seja sujeito, sem relação alguma (cf. *Derniers entretiens*, ed. Prat, 1905). Em todo caso, a passagem de um para o outro é legítima, pois, como esse mesmo filósofo enuncia, "o fato de que a primeira idéia tenha podido conduzir à segunda, que é formalmente sua contraditória, pode ser explicado pelo realismo instintivo do espírito, o qual, ao pensar na acumulação indefinida dos elementos componentes de certos objetos, sente-se solicitado a formar idealmente sua síntese integral e a reuni-los no conceito nominal de um sujeito" (*Dilemmes*,

XXXV). Aqui se manifesta, pois, do modo mais categórico, a oposição ao infinito — ao menos ao infinito atual —, com o qual se reconhece que se pode operar, mas sempre que se esvazie previamente de toda relação e se converta em um conceito vazio. O mesmo, e por razões análogas, argumenta o discípulo de Renouvier F. Evellin quando diz que o infinito possui uma existência no pensamento como algo possível, ao contrário do finito, que é próprio do ser concreto e suficiente.

O finitismo das tendências condicionistas baseia-se principalmente no argumento de que toda passagem do finito (ou do infinito potencial) para o infinito (atual) é um salto racionalmente ilegítimo, pois, embora se fale de um infinito atual — argumentam tais finitistas —, o que a rigor se faz é falar de algo finito, ou então de um infinito potencial que jamais pode ser completamente enumerado. Mencionamos agora, para completar esta seção, outros dois argumentos contra o infinito. Um deles, parecido com o dos condicionistas e proposto várias vezes pelo matemático K. F. Gauss (1777-1858), consiste em declarar que o infinito é somente um *modo de falar*. Outro, que se encontra em vários autores, tanto matemáticos como filósofos, consiste em salientar que a aceitação de um infinito (atual) gera paradoxos insustentáveis. Como exemplo desses paradoxos menciona-se freqüentemente o seguinte. Tomemos a série dos números naturais, 1, 2, 3, 4, 5 ... n, e a série dos quadrados dos números naturais $1^2, 2^2, 3^2, 4^2, 5^2... n^2$. Alguns declaram que à medida que se avança na série os quadrados vão se distanciando. Como conseqüência disso, dizem, os números naturais seriam, ao infinito, mais numerosos que a soma de seus quadrados. E se se argumenta que não se pode falar no infinito de uma relação *maior que* ou de uma relação *menor que*, por ter desaparecido toda relação, responder-se-á (com Renouvier) que sem relação não se pode conceber qualquer entidade. As tendências finitistas não se baseiam, contudo, somente em argumentos; por trás destes encontra-se freqüentemente o que foi chamado de "horror ao infinito", "horror" causado pela percepção de que qualquer quantidade, por maior que seja, agregada a um conjunto finito dado, dá sempre como resultado outro conjunto finito. Para compreender até que ponto essa percepção pode influenciar as mentes, recorreremos a um exemplo, proporcionado por A. Fraenkel, da formação de um agregado dificilmente pensável e, no entanto, finito. Imaginemos, seguindo esse autor, um sistema de 1000 signos que sejam suficientes para todas as consoantes e vogais em diferentes alfabetos (maiúsculas, cursivas etc.), para os numerais, signos de pontuação, espaços entre expressões e entre linhas etc., e que possam servir como matéria-prima para escrever *qualquer* livro. Suponhamos agora que todo livro contém um milhão de signos (o que torna possível compor um livro qualquer de menor extensão deixando o resto para os espaços em branco). Ora, com base nisso consideremos o conjunto de todos os livros possíveis. Uma vez que todo livro da coleção apresenta uma certa distribuição dos 1.000 signos em 1.000.000 de lugares, há somente um número finito de tais distribuições: exatamente 1.000 elevado à potência de um milhão. Portanto, apesar de o conjunto dos livros em questão conter apenas uma quantidade finita de livros, estão entre estes todos os livros que foram escritos, que estão sendo escritos, que serão escritos e que poderão ser escritos no futuro (incluindo combinações de signos sem sentido, que seriam a maioria). O conjunto dos livros continuará, porém, sendo finito; a biblioteca "total" a que se refere um relato de Jorge Luis Borges, embora seja enorme, continua sendo finita. Do finito ao infinito não há uma passagem, mas um salto.

Bolzano (VER) tratou de uma certa quantidade dos chamados "paradoxos do infinito" e demonstrou que esses paradoxos não eram paradoxos. Segundo um dos "paradoxos", duas classes de pontos — uma classe com um único ponto e a classe de pontos de uma circunferência — parecem ter a mesma área. O "paradoxo" se deve ao fato de se ter concebido que os pontos, estejam eles em número finito ou infinito, ocupam áreas, o que não ocorre. Bolzano elaborou várias idéias sobre a natureza dos conjuntos que podem ser consideradas precedentes de trabalhos de Dedekind (VER) e Cantor (VER). Dedekind formulou um postulado de continuidade que pressupunha uma noção de conjunto infinito semelhante à elaborada por Cantor. Dedekind e Cantor foram chamados algumas vezes de "matemáticos infinitistas". Suas idéias, especialmente as de Cantor, encontraram a oposição dos "finitistas".

Tratamos de algumas idéias de Cantor concernentes a conjuntos, e especialmente a conjuntos infinitos, no verbete CONJUNTO (ver também CONTÍNUO [HIPÓTESE DO] e NUMERÁVEL). É preciso levar em conta que quando se fala de "infinito" ao tratar de conjuntos infinitos o termo 'infinito' é entendido como 'atualmente infinito' e não como 'potencialmente infinito'. A noção de potencialmente infinito trata o infinito como um limite, como ocorre em

$$\lim_{x \to 0} \frac{1}{x} \to \infty, \text{ onde, quando } x = 0, \frac{1}{x} \text{ é}$$

infinitamente grande. O infinito de que trata a teoria cantoriana dos conjuntos não é potencial. Na série de números inteiros $\{1, 2, 3... n\}$ pode ser acrescentada uma unidade a qualquer n, de tal modo que a série é potencialmente infinita. Mas o conjunto infinito dos números inteiros é aquele ao qual não se pode acrescentar nenhuma unidade. $N = \{1, 2, 3...\}$ não é uma série que pode continuar indefinidamente, porque 'N' simboliza o conjunto infinito dos números inteiros.

As idéias de Cantor encontraram grande oposição entre muitos matemáticos, entre eles seu mestre, Leopold Kronecker (1823-1891), do qual se cita a frase: "Deus fez os números inteiros, todo o resto é obra humana". Isso pode valer para o modo como Cantor entendia os conjuntos infinitos — como se houvesse tais conjuntos em um universo inteligível. Na atualidade há muitos matemáticos e filósofos que admitem teorias (axiomáticas) de conjuntos e que não estariam em desacordo com Kronecker. Mais ainda: afirmariam que mesmo os números inteiros são uma criação humana. Cabe, pois, ser "infinitista" sem ser "realista platônico". Brouwer e os intuicionistas também se opuseram ao "infinitismo" cantoriano. K. T. Weierstrass (1815-1897) o aceitou. Poincaré primeiramente rejeitou o infinitismo, depois pareceu reconciliar-se com ele, e por fim expressou sérias dúvidas a seu respeito, ao menos na forma cantoriana. Por outro lado, David Hilbert foi um vigoroso defensor de Cantor.

Louis Couturat (*De l'infini mathématique*, 1896 [tese], p. 540) escreveu que "a idéia do infinito não pode proceder da experiência, pois todos os objetos da experiência são naturalmente finitos. Não pode ser construída pela imaginação, pois esta somente é capaz de repetir e multiplicar os dados dos sentidos, e com isso não se gera nada mais que o indefinido", razão pela qual "a idéia do infinito é necessariamente uma idéia *a priori*". Couturat expressava a opinião de numerosos matemáticos e filósofos que na época se perguntavam como se pode conceber o infinito. Contudo não estava de todo claro o que se entendia por *a priori*: se uma construção matemática (efetuada pela mente), um postulado, ou a admissão de que de alguma maneira "existem" as realidades infinitas concebidas *a priori*.

Foi muito comum misturar-se as noções de infinito matemático e de infinito "real" ou "físico"; no entanto, pode-se estabelecer uma distinção entre elas. Em todo caso, é isso o que se faz na prática quando se propõe (novamente) a questão de se o universo físico é finito ou infinito. Várias teses foram defendidas: o universo é infinito e ilimitado, estendendo-se sem limites e sem fim no espaço e no tempo; o universo é finito e limitado; o universo é finito, mas não limitado. As cosmologias do universo em estado estacionário tendem a defender a primeira tese. As cosmologias que partem de uma explosão inicial — que pode ser concebida como um acontecimento único, ou imaginada como um acontecimento em uma série de expansões e contrações do universo — tendem a defender a última tese. Vários modelos do universo fundados na teoria da relatividade generalizada propuseram a idéia de um universo finito e não limitado. Para se fazer compreender a possibilidade desta última noção se aduz como exemplo uma esfera espacialmente finita. O universo é comparável à superfície da esfera. Não é espacialmente infinita, mas pode ser percorrida em todas as direções sem que se encontre um limite.

Algumas vezes se levantou o problema de se, dadas equações matemáticas que definem magnitudes finitas e equações matemáticas que definem magnitudes infinitas, se pode admitir uma "correspondência real" — e referência física — para esses dois tipos de equação ou somente para o primeiro. Certos autores afirmam que não há correspondência real no que diz respeito a certas magnitudes, como a energia. Outros sustentam que podem ser usadas equações que definem magnitudes finitas e equações que definem magnitudes infinitas (as últimas ao menos no que se refere a certas magnitudes, como o espaço). Alguns opinam que se deve rejeitar, ou deixar em suspenso, toda questão relativa a uma "correspondência física".

Além das obras citadas no texto do verbete podem ser consultados os livros seguintes.

⮕ Para a história do problema do infinito: Jonas Cohn, *Geschichte des Unendlichkeitsproblems im abendländischen Denken bis Kant*, 1896; reimp., 1960. — J. Bloch, *Die Geschichte des Unendlichkeitsbegriffs von Kant bis Cohen*, 1907. — Heinz Heimsoeth, *Die sechs grossen Themen der abendländischen Metaphysik*, 1922.

Para a idéia de infinito em diversos autores, épocas e correntes: Rodolfo Mondolfo, *L'infinito nel pensiero dei Greci*, 1934; 2ª ed., ampl., com o título: *L'infinito nel pensiero dell'antichità classica*, 1956 [Il pensiero classico, 5]. — T. G. Sinnige, *Matter and Infinity in the Pre-Socratic Schools and Plato*, 1968. — Leo Sweeney, *Infinity in the Presocratics: A Bibliographical and Philosophical Study*, 1972. — Enrico Rufini, *Il "methodo" di Archimede e l'origine del calcolo infinitesimale nell'antichità*, 1961. — R. Stölzle, *Ueber die Lehre vom Unendlichen bei Aristoteles*, 1882. — Leo Reiche, *Das Problem des Unendlichen bei Aristoteles*, 1911 (tese). — Abraham Edel, *Aristotle's Theory of the Infinite*, 1934 (tese). — Mariano Ávarez Gómez, *Die verborgene Gegenwart des Unendlichen bei Nikolaus von Kues*, 1968. — Henri Guyot, *L'infinité divine depuis Philon le Juif jusqu'à Plotin*, 1906. — Pierre Sergescu, *Développement de l'idée de l'infini mathématique au XIVe siècle*, 1948. — Id., *Les recherches sur l'infini mathématique jusqu'à l'établissement de l'analyse infinitésimale*, 1949. — A. Koyré, *From the Closed World to the Infinite Universe*, 1957 [The Hideyo Noguchi Lectureship]. — Christian Houzel, Jean-Louis Ovaert, Pierre Raymond, Jean-Jacques Sansue, *Philosophie et calcul de l'infini*, 1976. — Francis R. Johnson e Sanford V. Larkey, "Thomas Digges: the Copernican System and the Idea of the Infinity of the Universe", *The Hungtington Library Bulletin*, n. 5 (1934). — F. R. Johnson, *Astronomical Thought in Renaissance England*, 1937. — A. Penjon, *De infinito apud Lebnitium*, 1878. — J.

Theodor, *Der Unendlichkeitsbegriff bei Kant und Aristoteles. Eine Verglichung der kantischen Antinomien mit der Abhandlung des Aristoteles über das* ἄπειρον, 1876. — M. C. Wass, *The Infinite God and the Summa Fratris Alexandri*, 1964. — A. M. Paterson, *The Infinite Worlds of Giordano Bruno*, 1970. — T. G. Sinnige, *Matter and Infinity in the Presocratic Schools and Plato*, 1971. — L. Sweeney, *Infinity in the Presocratics: A Bibliographical and Philosophical Study*, 1972. — A. Deregibus, *Bruno e Spinoza. La realtà dell'infinito e il problema della sua unità*, 2 vols., 1981 (I, *Il concetto dell'infinito nel pensiero filosofico di Bruno*; II, *La dottrina di Spinoza sull'infinito*). — D. Furley, J. Murdoch et al., *Infinity and Continuity in Ancient and Medieval Thought*, 1982, ed. N. Kretzmann. — L. Sweeney, *Divine Infinity in Greek and Medieval Thought*, 1992.

Natureza do infinito: Cosmo Guastella, *L'infinito*, 1912. — Ugo Redano, *L'infinito*, 1927. — Jose A. Bernardete, *Infinity: An Essay in Metaphysics*, 1965.

Filosofias do infinito: H. Calderwood, *The Philosophy of the Infinite*, 1854. — C. Isen Krahe, *Das Endliche und das Unendliche*, 1915. — Alexander Moskowski, *Der Abbau des "Unendlich"*, 1925. — G. Meglio, *La filosofia dell'Infinito*, 1951 [ponto de vista idealista]. — H. Meschkowski, ed., *Das Problem des unendlichen*, 1974. — A. Farrer, *Finite and Infinite: A Philosophical Essay*, 1979. — R. Rucker, *Infinity and the Mind: The Science and Philosophy of the Infinite*, 1982. — A. W. Moore, *The Infinite*, 1990.

Categoria do infinito: F. Evellin, *Infini et quantité: Étude sur le concept de l'infini en philosophie et dans les sciences*, 1890 (ver também o verbete ANTINOMIA).

Sobre o método infinitesimal e suas implicações filosóficas: Hermann Cohen, *Das Prinzip der Infinitesimal-Methode und seine Geschichte. Ein Kapitel zur Grundlegung der Erkenntnistheorie*, 1883 (ver também a obra de Cassirer, *Das Erkenntnisproblem*, mencionada na bibliografia do verbete sobre esse filósofo).

Sobre o infinito, especialmente na lógica e na matemática modernas (além das obras citadas no texto), e sobre a noção de transfinito: B. Bolzano, *Paradoxien des Unendlichen*, 1851. — B. Russell, *The Principles of Mathematics*, 1903; 3ª ed., 1938 (parte V). — P. E. B. Jourdain, "De infinito in mathematica", *Rev. de Math.*, 8 (1905). — Id., "Transfinite Numbers and the Principles of Mathematics", *The Monist*, 20 (1910), 93-118. — Id., *On the Theory of Infinite in Modern Thought*, 1911. — Arnold Reymond, *Logique et Mathématiques. Essai historique et critique sur le nombre infini*, 1908. — Henri Poincaré, "La logique de l'infini", *Revue de Métaphysique et de Morale*, 17 (1909), 461-482. — Hermann Weyl, "Los grados de lo infinito", *Revista de Occidente*, 33, 1931, 170-200. — Felix Kaufmann, *Das Unendliche in der Mathematik und seine Ausschaltung*, 1930. — Marcel Lallemand, *Le transfini. Sa logique et sa métaphysique*, 1934. — Thomas Greenwood, *La nature du transfini*, 1945. — Émile Borel, *Les paradoxes de l'infini*, 1946. — A. Darbon, *La philosophie des mathématiques. Étude sur la logistique de Russell*, 1949. [Propõe uma classificação do infinito em *infinito distributivo*, no qual as proposições sobre uma série infinita se referem a qualquer termo da série, e em *infinito coletivo*, no qual as proposições se referem a todos os termos da série. O primeiro infinito (análogo ao potencial) é de tipo nominalista; o segundo (análogo ao atual), de tipo realista.] — B. A. Hausmann, *From an Ivory Tower: A Discussion of Philosophical Problems Originating in Modern Mathematics*, 1960.

Ver também a bibliografia de CONJUNTO. ϲ

INFLUÊNCIA (também "influxo"). Os termos latinos *influentia*, *influxus*, *influxio* foram usados na Idade Média e no Renascimento — mas também durante parte da época moderna — na astrologia. Chamava-se de "influência" a ação dos astros — suas posições, movimentos etc. — sobre os homens, e isso podia se referir a seu temperamento, ou a seu comportamento e (sobretudo) a seu futuro. Falava-se também de influência sobre os acontecimentos humanos, tanto pessoais como coletivos. Não poucos autores consideravam que havia "leis" ou "regularidades" nessa influência que a astrologia devia desvendar.

Nos séculos XVII e XVIII, o termo 'influência' foi usado especialmente ao se tratar da possível relação da alma sobre o corpo, falando-se, nesse caso, da doutrina da influência, e especialmente da doutrina da "influência física" (cf. também PREMOÇÃO com relação à noção de *influxus physicus*).

INFLUXUS. Ver INFLUÊNCIA; PREMOÇÃO.

INFLUXUS PHYSICUS. Ver PREMOÇÃO.

INFORMAÇÃO. No verbete COMUNICAÇÃO (I) nos referimos a algumas questões suscitadas pela transmissão de informações. Neste verbete trataremos brevemente da noção de informação tal como foi elaborada pela chamada "teoria da informação". O principal motivo de dedicar um verbete a essa noção é o fato de ter suscitado o interesse de muitos filósofos e particularmente dos lógicos.

A informação de que falamos é a que consiste em um certo número de dados freqüentemente chamados de "dados primários", transmitidos de uma fonte emissora para uma estação receptora. Não se trata de transmissão de conhecimentos, mas simplesmente de dados. Estes são geralmente sinais que podem adotar muitas formas e que costumam ser traduzidos por termos numéricos de tal modo que se possa medir com precisão a quantidade de informação transmitida. O que se transmite chama-se "mensagem". Quando a mensagem é composta por dígitos binários — 0 e 1 —, cada unidade de informação recebe o nome de "bit" (abreviatura de *binary digit*).

Deve-se fazer a distinção entre a mensagem transmitida e a informação que a mensagem contém. Essa informação geralmente é acompanhada pelos chamados "ruídos". A mensagem transmitida é, pois, uma soma composta pela informação e pelos ruídos que a acompanham. Com o fim de reduzir a um mínimo os ruídos, são usados os chamados "filtros".

A informação pode ser considerada independente de todo conteúdo semântico (de toda "significação"), e neste caso se define estatisticamente. Por outro lado, pode ser considerada como ligada a um conteúdo semântico. No primeiro caso, o estudo da informação é o objeto da propriamente chamada "teoria da informação". No segundo, o estudo da informação é o objeto da chamada "teoria do conteúdo semântico". Nesses dois casos é característico do estudo da informação que, dado um sinal ou uma unidade de informação, tem de haver certa indeterminação em relação ao próximo sinal ou aos próximos sinais. Com efeito, uma "informação" que não ofereça nenhuma indeterminação não é, propriamente falando, informação. A quantidade de informação proporcionada por um sinal é função de sua probabilidade. Considera-se que a quantidade em questão é igual ao logaritmo negativo de base 2 da probabilidade do sinal. Por esse motivo a informação no sentido aqui indicado não se refere ao que "se diz", mas ao que "se poderia dizer". Por causa disso a teoria da informação inclui teorias como a teoria da probabilidade, da decisão, da "tradução", da "retificação" e outras análogas. Também inclui partes consideráveis da teoria das linguagens enquanto sinais transmissíveis.

Entre os problemas suscitados pela teoria da informação em sentido amplo há a questão de até que ponto há, ou pode haver, paralelismo entre uma informação sem nenhum conteúdo semântico e uma informação com conteúdo semântico. Alguns autores indicam que não há paralelismo algum, e que é abusivo dar o nome de "teoria da informação" ao que é, de acordo com o que indicamos, uma "teoria do conteúdo semântico". Outros autores admitem, mais ou menos vagamente, um paralelismo e afirmam que este pode se manifestar quando se estuda a informação como um aspecto da comunicação. Outra questão é a da natureza das chamadas "máquinas de informação"; referimo-nos brevemente a isso no verbete Comunicação. Essas duas questões não esgotam de modo algum os problemas suscitados pela teoria da informação; além disso, como esta teoria ainda está em pleno desenvolvimento, é prematuro oferecer uma lista de problemas, alguns dos quais poderão oportunamente deixar de sê-lo, ou deixar de parecê-lo. É provável, no entanto, que do ponto de vista filosófico a teoria da informação contribua para o esclarecimento de algumas questões relativas à estrutura de todas as possíveis situações nas quais há emissões, deformações, traduções e respostas, e, por conseguinte, de algumas questões relativas a certas situações humanas básicas. Embora a teoria da informação seja uma teoria matemática na qual o termo 'informação' tem um sentido técnico preciso, não parece haver inconveniente em aplicar alguns de seus resultados a questões que se encontram fora da teoria.

Em um comentário à obra de Costa de Beauregard a que nos referimos no verbete IRREVERSIBILIDADE, IRREVERSÍVEL, Raymond Ruyer buscou discriminar quatro sentidos nos quais o termo 'informação' é usado: 1) na física ele é usado como uma *néguentropie*, por contraposição a entropia (estrutura específica de um domínio); 2) também na física é usado para designar a estrutura específica circulante (de uma mensagem); 3) na psicologia é usado como a forma que se percebe a si mesma de um campo chamado "consciente"; 4) também na psicologia é usado como equivalente a "mensagem", como possuidor de um sentido ou significado (cf. art. cit. na bibliografia *infra*).

↪ Ver: Yehoshua Bar-Hillel, *Language and Information*, 1964. — Vários autores, *Le concept d'information dans la science contemporaine*, 1965 [Cahiers de Royaumont]. — A. Adam, R. Ahlwede et al., *Proceedings of the Colloquium on Information Theory*, 1969, ed. A. Rényi (J. Bolyai Mathematical Society, em Debrecen, Hungria, 19/24-IX-1967). — F. I. Dretske, *Knowledge and the Flow of Information*, 1981. — G. Varet, *Pour une science de l'information comme discipline rigoureuse*, 1987. — Z. Harris, *Language and Information*, 1988. — M. Midgley, *Wisdom, Information, and Wonder: What is Knowledge for*, 1989. — G. Brown, *The Information Game: Ethical Issues in a Microchip World*, 1990. — E. Villanueva, ed., *Information, Semantics and Epistemology*, 1990.

O artigo de Ruyer citado *supra* é: "La 'quasi-information'. Réflexions en marge de deux ouvrages récents", *Revue Philosophique de la France et de l'Étranger*, XC (1965), 284-302. ◒

INFORMÁTICA. Esse nome vem sendo usado — originado na França: *informatique* — seja como equivalente do que se chamou de "teoria da informação", seja para designar o conjunto das ciências e técnicas que têm por objeto a informação (VER) e a comunicação (VER). Um dos principais temas da informática, e freqüentemente o tema capital, é o estudo da estrutura e das possibilidades dos chamados servo-mecanismos, os computadores. A relação entre a informática e a filosofia se estabelece mediante ao menos três canais. Um deles é o dos problemas filosóficos que a informática pode suscitar e que podem abrir espaço para uma "filosofia da informática". Outro deles é o constituído por certos grupos de problemas e interesses — semântica lógica (no sentido de "sistemas lógicos"), filosofia da linguagem etc. — que podem ser comuns à informática e à filosofia. O terceiro, de formação mais recente, é o que diz respeito à possível aplicação da informática à filosofia no sentido proposto pela "Sociedade Internacional de investigação de computadores na filosofia", de Montreal, que publica a revista *Cirpho*, sob a direção de Alastair McKinnon e Venant Cauchy (desde 1973). Essa aplicação pode ser feita em várias direções. A mais comum é o uso de computadores para formar índices completos ou concordâncias. No âmbito das pesquisas textuais os computadores também podem servir para estudos comparativos e estudos estilísticos de vários tipos. Menos comum até agora, mas de maior interesse, é a aplicação da informática à análise de argumentos filosóficos. O reconhecimento de estruturas pode auxiliar o estudo de vários problemas, tais como o da percepção e o das regras de formação de linguagens correntes. A informática também pode ser aplicada ao estudo e à comparação de teorias e sistemas alternativos, incluindo teorias e sistemas filosóficos.

A série "Philosophie et Informatique" iniciou a publicação de textos de filósofos e de estudos com uso de meios informáticos. Os dois primeiros volumes da série correspondem ao *Discours de Métaphysique* e à *Monadologie*, de Leibniz, e contêm os textos com índices automatizados, quadros alfabéticos de formas léxicas, quadros freqüenciais, concordâncias, quadros de co-ocorrência e filogramas. A coordenação desse volumes está a cargo de André Robinet.

•• Entre os muitos resultados que, ao longo dos anos, foram sendo obtidos por esses meios, deve-se destacar o *Index Thomisticus*, não somente pela magnitude da obra, mas especialmente pelo debate que se suscitou sobre a relação da informática com o trabalho filosófico (ver "Índice" na bibliografia do verbete Tomás de Aquino). ••

⊃ Ver: A. Robinet, S. Michaelson *et al.*, artigos sobre "Études philosophiques et informatique", em *Revue internationale de philosophie*, 27 (1973), fasc. 1. Em trad. esp.: André Robinet, "Breve introducción a las relaciones de la filosofía con la informática", *Teorema*, 5 (1975), 427-440 (o original, em *Dialéctica*, 25, pp. 239-249). — A. W. Burks, "Computer Science and Philosophy", em P. D. Asquith, ed., *Current Research in Philosophy of Science*, 1979, pp. 399-420. ∁

INFRAÇÃO. Ver Corte epistemológico; Regra.

INGARDEN, ROMAN (1893-1970), nascido em Kraków (Cracóvia), estudou com Twardowski na Polônia. Na Alemanha estudou nas Universidades de Göttingen e de Friburgo i.B. Discípulo, nesta última, de Husserl, doutorou-se em 1918 com uma tese sobre a intuição e a inteligência em Bergson. De 1924 a 1933 foi *Privatdozent* na Universidade de Lwów (Lemberg) e a partir de 1933 "professor extraordinário" na mesma universidade. De 1941 a 1944 ensinou matemática em uma escola técnica de Lwów. Foi, a partir de 1945, professor titular na universidade de Kraków (1946-1950). Foi-lhe retirada a docência de 1950 a 1956, mas a cátedra lhe foi restituída em 1957, tendo-a exercido até sua aposentadoria em 1963.

A primeira investigação de Ingarden levou-o a concluir que o conhecimento depara com dificuldades absolutas, e que ele cai em um círculo vicioso se tenta justificar a si mesmo. É preciso aceitar uma intuição e a idéia de uma experiência *a priori* no sentido da fenomenologia de Husserl. Ingarden é considerado um dos membros da "escola fenomenológica" (ver Fenomenologia), ainda que dentro dela tenha elaborado seu pensamento com independência, afastando-se especialmente de todo idealismo e atendo-se a uma análise objetiva de essências e formas.

O mais conhecido e influente trabalho de Ingarden é o dedicado à estrutura da obra literária; resenhamos as principais idéias do autor sobre o assunto no verbete Obra literária. Segundo Ingarden, os objetos artísticos são entidades puramente intencionais e não "reais". Nesses objetos são incorporados signos e valores, e esses dois traços constituem o mundo humano sobreposto ao natural. O homem está entre os mundos da natureza e da transcendência da natureza, nas formas objetivadas das realidades culturais. O objeto da obra de arte foi um dos temas constantes de Ingarden, que também se ocupou de música e de arquitetura.

Nesses estudos, Ingarden desenvolveu uma ontologia do objeto individual (ver Objeto), com uma classificação de objetos. Estes devem ser entendidos como sujeitos de possíveis juízos, que não envolvem necessariamente a existência real. Os modos de ser, ou de existência, são o que caracteriza um objeto. Há modos reais e modos ideais. As investigações de Ingarden sobre os modos de "realidade" dos objetos seguem uma linha semelhante às investigações de Nicolai Hartmann; por isso foi possível contrastar e comparar as idéias desses dois autores, como fez A. T. Tymieniecka (cf. bibliografia *infra*).

A obra capital de Ingarden é seu detalhado estudo sobre o debate acerca da existência do mundo. Trata-se de um conjunto de investigações de ontologia formal e de ontologia material ('material' no sentido de "conteúdo"). Como o próprio Ingarden indica (*Der Streit etc.*, II/1, § 34), a pergunta pela forma de algo e a pergunta pela matéria de algo são perguntas "essenciais" correlativas. Ingarden se opõe tanto aos idealistas como aos realistas. Prévia à questão metafísica da existência ou não-existência do mundo real é, segundo o autor, a questão "ontológica" acerca do significado da expressão 'mundo real'. Para responder adequadamente a essa questão é preciso examinar todos os tipos de seres: seres individuais autônomos (por sua vez divididos em vários outros tipos), idéias, seres intencionais, qualidades. O citado exame supõe uma análise dos diversos modos de existência, ao qual se segue um estudo das diversas formas dos seres. Ao longo dessas investigações Ingarden passa em revista quase todos os problemas filosóficos fundamentais (forma, matéria, temporalidade, mundo, consciência). O propósito capital de Ingarden é salientar todas as implicações das posições realistas e idealistas com o fim de mostrar que nenhuma delas é adequada.

● Obras: "Ueber die Gefahr einer *Petitio Principii* in der Erkenntnistheorie", *Jahrbuch für Philosophie und phänomenologische Forschung*, 4 (1921), 545-568 ("Sobre o perigo de uma petição de princípio na teoria do conhecimento"). — "Intuition und Intellekt bei Henri Bergson", *ibid.*, 5 (1922), 285-461 ("Intuição e intelecto em H. B.") (tese). — "Essentiale Fragen. Ein Beitrag zum Problem des Wesens", *ibid.*, 7 (1925), 105-304 ("Questões essenciais. Contribuição ao problema da essência"). — *Ueber die Stellung der Erkenntnistheorie im System der Philosophie*, 1925 (*Sobre a posição da teoria do conhecimento no sistema da filosofia*). — "Bemerkungen zum Problem Idealismus-Realismus", *Husserl Festschrift*, 1929, pp. 159-190 ("Observações sobre o problema idealismo-realismo"). — *Das literarische Kunstwerk. Eine Untersuchung aus dem Grenzgebiet der Ontologie, Logik und Literaturwissenschaft*, 1931; 4ª ed., 1972 (*A obra de arte literária: Investigação na zona limítrofe da ontologia, da lógica e da ciência da literatura*). — *Zagadnienie tozsamosci dziela muzucznego*, 1933 (*O problema da identidade na obra musical*). — "L'essai logistique d'une refonte de la philosophie", *Revue Philosophique de la France et de l'Étranger*, 120 (1935), 137-159. — "Vom formalen Aufbau des individuellen Gegenstandes", *Studia philosophica*, 1 (1935), 30-102 ("Da estrutura formal do objeto individual"). — *O poznawaniu dziela literackiego*, 1937 (*Sobre a compreensão da obra literária*). — *Esencjalne zagadnienie formy i jef podstawowe projcia*, 1946 (*Problema essencial da forma e seus conceitos básicos*). — *O budowie obrazu*, 1946 (*A estrutura do quadro*). — *Czlowiek i czas*, 1946 (*O homem e o tempo*). — *Spór o istnienie swiata*, 2 vols., 1947-1948; 2ª ed., 1960-1961 (*A controvérsia sobre a existência do mundo*). Desta obra há uma versão alemã muito reelaborada com o título *Der Streit um die Existenz der Welt*, 3 vols. em 4 tomos (I. *Existentialontologie*, 1964; II. *Formalontologie*, 2 tomos, 1964-1965; III. *Ueber die kausale Struktur der realen Welt*, 1974, ed. Friedrich Kummel). — *Skize z filosofii literatury*, 1947 (*Esboços de filosofia da literatura*). — "Ueber die gegenwärtigen Aufgaben der Phänomenologie", *Archivio di filosofia* (1957), 229-242. — "The Hypothetical Proposition", *Philosophy and Phenomenological Research*, 18 (1958), 435-450. — *Studia z estetyki*, 2 vols., 1958; 2ª ed., 3 vols., 1966-1970 (*Estudos de estética*). — *Untersuchungen zur Ontologie der Kunst. Musikwerk, Bild, Architektur, Film*, 1962 (*Investigações para a ontologia da arte: música, pintura, arquitetura, cinema*). — *Z badán nad filosofia wspolczesna*, 1963 (*Investigações sobre a filosofia contemporânea*). — *Przezycie, dzielo, wartsc*, 1966 (*Experiência, trabalho, valor*). — *Vom Erkennen des literarischen Kunstwerks*, 1968 (*Do conhecimento da obra literária*). — *Erlebnis, Kunstwerk und Wert. Vorträge zur Äesthetik*, 1963-1967, 1969 (*Vivência, obra de arte e valor: conferências sobre estética, 1963-1967*). — *Ueber die Verantwortung. Ihre ontischen Fundamente*, 1970 (*Sobre a responsabilidade: seu fundamento ôntico*). — *U podstaw teorii poznania*, I, 1971 (*Nos fundamentos da teoria do conhecimento*). — *Ksiazeczka o czlowieku*, 1972 (*Pequeno livro sobre o homem*). — *Z teorii jezyka i filosoficznych podstaw logiki*, 1972 (*Da teoria da linguagem e dos fundamentos filosóficos da lógica*). — *Utwór muzyczny i sprawa jego tozc samosci*, 1973 (*A obra musical e a questão de sua identidade*). — Póstuma: *Gegenstand und Aufgaben der Literaturwissenschaft*, 1976 (*Objeto e tarefas da ciência literária*).

Em trad. esp.: "Reflexiones sobre el objeto de la historia de la filosofía", *Diógenes*, n. 29 (março de 1960), 133-139. — *Sobre la responsabilidad*, 1980.

Vários dos artigos e das monografias de I. foram incluídos, com modificações, em livros. — Há uma ed. de obras em polonês: *Dziela filozofczne*, 6 vols., 1957-1963. — Além disso: P. J. McCormick, ed., *R. I.: Selected Papers in Aesthetics*, 1985.

Bibliografia (1915-1963) em "Prace filozoficzne Romana Ingardena", *Skice filozoficzne Romanowi Ingardenowi w Darze*, 1964. — A. Poltawski, "Bibligrafia prae filozoficznych Romana Ingardena, 1915-1971", em *Fenomenologia Romana Ingardena*, Varsóvia, 1972.

Ver: Anna-Teresa Tymieniecka, *Essence et existence: Étude à propos de la philosophie de Nicolai Hartmann et de R. I.*, 1957. — Vários autores, *For R. I.: Nine Essays in Phenomenology*, 1959, ed. Anna-Teresa Tymieniecka. — W. Tartarkiewicz, I. Kronska et al., *Fenomenologia Romana Ingardena*, 1972 (número especial de *Studiow Filozoficznych*). — B. Dziemidok, M. Golaszewska et al., *R. I. and Contemporary Polish Aesthetics*, eds. Piotr Graff e Slaw Krzemien-Ojak, 1975. — M. Golaszewska, H. Rudnick et al., *Ingardeniana: A Spectrum of Specialized Studies Establishing the Field of Research*, 1976, ed. Anna-Teresa Tymieniecka (com um texto de I. e uma carta de I. a Husserl [Analecta Husserliana, 4]). — A.-T. Tymieniecka, *Beyond Ingarden's Idealism/Realism Controversy with Husserl. The Contextual Phase of Phenomenology*, 1976. — B. Smith, "R. I.: Ontological Foundations for Literary Theory", em J. Odmark, ed., *Language, Literature and Meaning*, 1978, pp. 240-260. — R. Welleck, *Four Critics: Croce, Valéry, Lukacs, and Ingarden*, 1981. — E. H. Falk, *The Poetics of R. I.*, 1981. — L. G. Taylor, *A Critical Study of R. I.s Phenomenology of Literary Works of Art*, 1987. — B. Dziemidok, P. McCormick, eds., *On the Aesthetics of R. I.: Interpretations and Assestments*, 1989. ☚

INGENIEROS, JOSÉ (1877-1925), nascido em Buenos Aires, onde cursou a carreira de medicina. Na universidade da mesma cidade foi nomeado, em 1904, professor de psicologia experimental, disciplina à qual dedicou grande parte de seus trabalhos. Situado na confluência do positivismo autóctone que havia sido iniciado por Alberdi, Sarmiento e Mitre, e das influências positivistas provenientes da Europa, especialmente de Spencer e de Comte, Ingenieros representou na Argentina o movimento que contemporaneamente dominava na América Hispânica (Barreda no México, Varona em Cuba etc.); isso, porém, não sem matizes originais, derivados em grande parte dos problemas psiquiátricos, criminológicos e psicofisiológicos pelos quais se interessava. Ingenieros poderia, pois, ser qualificado como um dos principais representantes do movimento positivista, ou, melhor, do aspecto cientificista desse movimento. No entanto, isso representaria apenas um aspecto parcial e insuficiente do pensamento filosófico de Ingenieros. Atualmente se reconhece que, se Ingenieros pode ser considerado um positivista cientificista, isso representa apenas um ponto de partida e em boa parte a sua vinculação com o ambiente filosófico de seu tempo na Argentina e também em uma parte da Europa. Com efeito, sem nunca deixar de ser naturalista, e opondo-se sempre a toda filosofia de tipo sobrenaturalista ou transcendental, Ingenieros reconheceu não somente a necessidade e a inevitabilidade, mas também a possibilidade, da metafísica. Isso foi indicado por ele em um de seus escritos mais característicos sobre o assunto, as *Proposiciones relativas al porvenir de la filosofía*. Ali Ingenieros afirma a existência de um perene "resíduo inexperiencial fora da experiência". Esse resíduo não é algo "sobrenatural", nem "transcendental", nem "absoluto", mas tampouco algo "ininteligível" ou "incognoscível" — há uma possibilidade humana de conhecê-lo, e diante dela ganha sentido o seu caráter inexperiencial. Ora, esse resíduo é o objeto da metafísica, a qual não fará coro com a metafísica tradicional — tomada por pseudoproblemas —, mas será uma metafísica nova, que usará hipóteses logicamente legítimas embora distintas das da ciência, e ela será caracterizada por sua universalidade, sua perfectibilidade, seu antidogmatismo e sua impersonalidade ou objetividade.

☛ Obras: *Simulación de la locura en la lucha por la vida*, 1903. — *Sociología argentina*, 1908. — *Principios de psicología genética*, 1911; a 2ª ed. de 1913 tem por título: *Principios de psicología biológica*, e a 6ª edição de 1919, com o texto definitivo: *Principios de psicología*. — *El hombre mediocre*, 1913; nova ed., 1980. — *Hacia una moral sin dogmas: Lecciones sobre Emerson y el eticismo*, 1917. — *Proposiciones relativas al porvenir de la filosofía*, 1918. — *La evolución de las ideas argentinas*, 2 vols., 1918-1920.

Edição de obras: *Obras completas*, por Aníbal Ponce, Buenos Aires, 24 vols., 1930-1940, com estudo preliminar do próprio Ponce, no vol. I, pp. 1-101. — Antologia: *J. I. Antología. Su pensamiento en sus mejores páginas*, 1961.

Ver: Julio Endara, *J. I. y el porvenir de la filosofía*, 1921. — Gregorio Bermann, *J. I. el civilizador, el filósofo, el moralista: lo que le debe nuestra generación*, 1926. — Id., *La obra científica de J. I.*, 1929. — Ernesto Quesada, *La vocación de J. I.*, 1926. — León Dujovne, *La obra filosófica de J. I.*, 1930. — Enrique Greennen, *Dois filósofos sul-americanos: Raimundo de Farias Brito e J. I.*, 1931. — Sergio Bagú, *La vida ejemplar de José Ingenieros*, 1936; 2ª ed., 1953 (com bibliografia). — Héctor P. Agosti, *J. I., ciudadano de la juventud*, 1945; 3ª ed., 1958. — Francisco Romero, *Sobre la filosofía en América*, 1952, pp. 19-71. — S. Lipp, *Three Argentine Thinkers*, 1969 [A. Korn, J. I., F. Romero]. ☚

INGÊNUO. Em sua *Crítica do juízo* [*Crítica da faculdade de julgar*] Kant fala da ingenuidade (*Naivität*) como "a manifestação (*Ausbruch*) da sinceridade que é originariamente natural à humanidade contra a arte de fingir [*Vorstellungskunst*] que se transformou em segunda natureza" (*Kritik der Urteilskraft*, Livro II, Parte 1, Abschnitt 1. § 54 Anmerkung [acrescentado por Hartenstein em sua edição de obras de Kant de acordo com o manuscrito do filósofo]). Segundo Kant, "uma arte de ser ingênuo é uma contradição"; no momento em que se emprega alguma arte ou artifício, a ingenuidade originária desaparece.

Uma das mais conhecidas concepções da ingenuidade e do ingênuo é a de Friedrich Schiller, em seu ensaio *Sobre a poesia ingênua e a poesia sentimental* (*Ueber naive und sentimentale Dichtung*, 1795-1796). Schiller fala de um interesse pela Natureza, manifestado no interesse pelas plantas, animais, minerais, paisagens, e pela natureza humana nas crianças e nos costumes do povo. Esse interesse apazigua nosso espírito. Ele cumpre duas condições. Uma delas é que o objeto que nos atrai seja a Natureza. A outra é que seja ingênuo (*naiv*) "no mais amplo sentido da palavra", isto é, que esteja em contraste com a arte. Schiller reconhece que Kant já observara o caráter "originário" da ingenuidade, razão pela qual esta é "Natureza". A poesia ingênua é a que está submersa nessa Natureza originária, que é como que uma infância sem nada sobreposto que nos esforçamos para recuperar; dela se distingue a poesia sentimental, que já não é Natureza originária, embora a busque

(*Schillers Werke*. Nationalausgabe, ed. Julius Petersen, tomo 20, especialmente pp. 413-417).

O termo 'ingênuo' costuma ser empregado na filosofia para caracterizar uma das espécies de realismo (VER) no sentido epistemológico dessa palavra. O chamado "realismo ingênuo" é a posição segundo a qual a realidade é inteiramente cognoscível (embora possa nunca chegar a ser inteiramente conhecida) tal como é. Em geral o realismo ingênuo se baseia na convicção de que a realidade, e especificamente a realidade física, é percebida diretamente sem interposição de estruturas conceituais que conformem ou ordenem o que é imediatamente dado. Em todo caso, supõe-se que as estruturas conceituais refletem fielmente o que imediata e diretamente se percebe. O realismo ingênuo é às vezes chamado de "realismo fotográfico". Dentro do realismo epistemológico, o que se chama de "realismo crítico" se contrapõe ao realismo ingênuo.

Já que autores como Bergson e Husserl — por distintos motivos — propõem uma abertura da consciência aos "dados imediatos" sem estruturas intermediárias supostamente deformantes seria lícito concluir que eles adotam um ponto de vista epistemológico ingênuo. De algum modo, e na medida em que confiam em que a pura abertura ao que se dá enquanto se dá e a sua descrição são o ponto de partida da compreensão da realidade, caberia concluir que são, efetivamente, "ingênuos". No entanto, esses autores poderiam responder a qualquer caracterização dessa índole que a alegada ingenuidade é conseguida somente mediante um movimento de desconfiança em relação a estruturas interpostas, conceituações, atitudes "naturais" etc., as quais são, de seu próprio ponto de vista, ingênuas.

Pode-se também empregar 'ingênuo' para caracterizar uma atitude de excessiva confiança em algo que se dá por pressuposto. Assim, Nietzsche fala das "três grandes ingenuidades", que são: "o conhecimento como meio para a felicidade", "como meio para a virtude" e "como meio para a negação da vida" (*Wille zur Macht*, II). Segundo o mesmo autor, o hedonismo, o pessimismo, o utilitarismo e (ou) o eudemonismo, isto é, todos os modos de pensar que medem o valor das coisas de acordo com o prazer e a dor, são "ingenuidades". Em geral, é válido caracterizar como "ingênua" a atitude que "não vê além", que "não leva em conta motivos ulteriores". Desse ponto de vista, o maquiavelismo — moral ou político — seria o pólo oposto à ingenuidade.

Por outro lado, pode-se considerar "ingênua" toda posição radical, e isso em dois sentidos: um deles — geralmente elogiado —, segundo o qual se adota uma atitude sem compromissos, e outro — geralmente criticado —, segundo o qual não se levam em conta as complicações da realidade. Nesses mesmos dois sentidos são qualificadas de "ingênuas" as utopias.

INSCRIÇÃO. A distinção, estabelecida por Peirce e desenvolvida por Carnap, entre signos-idéias e signos-acontecimentos (ver SIGNO) é o fundamento da noção de "inscrição" usada por alguns lógicos contemporâneos. A sintaxe e a semântica "clássicas" ocuparam-se principalmente de signos-idéias, mas a partir de Lesniewski e Tarski, e especialmente desde Quine, N. Goodman, R. M. Martin e J. H. Woodger, despertou o interesse por uma sintaxe e por uma semântica baseadas em signos-acontecimentos. Como estes são chamados de "inscrições", a sintaxe e a semântica correspondentes foram denominadas "sintaxe inscricional" e "semântica inscricional". A definição dada ao termo 'inscrição' varia, porém, segundo os autores. Para Goodman e Quine, uma inscrição é uma concatenação de duas expressões ou signos-acontecimentos. A sintaxe nominalista desses autores trata de partículas físicas (em um sentido semelhante ao modo como, no nominalismo do século XIV, as vozes eram interpretadas como coisas, *res*). Por isso a sintaxe nominalista é uma ontologia (embora em um sentido distinto da ontologia [VER] clássica). R. M. Martin criticou essa concepção das inscrições alegando que ela se baseia em um "platonismo das partículas", em uma espécie de *quanta* parecidos com os "triângulos atômicos" do *Timeu* platônico ou com as "ocasiões atuais" de Whitehead. Diante disso, ele propõe uma definição de inscrições que não obrigue à suposição de uma metafísica das partículas espaço-temporais, e pensa que isso é possível quando as partículas são consideradas do ponto de vista tipográfico. Assim, uma inscrição é definida *grosso modo* como "qualquer caractere tipográfico tomado em si mesmo ou qualquer seqüência de caracteres tipográficos dispostos em uma ordem da esquerda para a direita, como os de uma linha impressa". Também podem ser consideradas como uma inscrição várias linhas de uma página impressa. Com isso evitam-se, em seu entender, problemas derivados da decisão sobre o número, finito ou infinito, de partículas. Em outro artigo, Martin e Woodger precisam as definições anteriores indicando que se propõem desenvolver uma semântica puramente inscricional na qual "os signos-idéias ou classes de inscrições similares não figuram de modo algum como valores para variáveis". Esses autores negam que as restrições que tal propósito venha a impor (ter de deixar de fora uma grande parte do que classicamente se considerava objeto da semântica) sejam suficientes para invalidá-lo; em sua opinião, os métodos usados possuem poder suficiente, como mostra "a construção de uma definição de um conceito semântico de verdade para um objeto elementar *L* [logicamente] dado".

⇨ Para Tarski, ver os trabalhos citados na bibliografia de VERDADE. Para R. M. Martin, ver o trabalho citado na bibliografia de NOMINALISMO; além disso: "On Inscriptions", *Philosophy and Phenomenological Research*,

11 (1951), 535-540. Para Martin e Woodger, "Toward an Inscriptional Semantics", *Journal of Symbolic Logic*, 16, 191-203.
Ver, além disso: Israel Scheffler, "An Inscriptional Approach to Indirect Quotation", *Analysis*, 14 (1954), 83-90. — Id., "Inscriptionalism and Indirect Quotation", *Analysis*, 19 (1958), 12-18. — Id., "Postscript on Inscriptionalism", *The Journal of Philosophy*, 62 (1965), 158-160. — Marilyn P. Frye, "Inscriptions and Indirect Discourse", *The Journal of Philosophy*, 61 (1964), 767-772. — I. Scheffler, "Explanations, Desires, and Inscriptions", *British Journal for the Philosophy of Science*, 22 (1971), 362-369. **ᴄ**

INSOLUBILIA é o nome que recebem tradicionalmente certos problemas, agrupados por vários autores medievais (Walter Burleigh, Tomás Bradwardine, Guilherme de Shyreswood etc.) em escritos intitulados *De insolubili*, ou elucidados por outros (Guilherme de Ockham, Alberto da Saxônia etc.) em alguns parágrafos de seus trabalhos lógicos. Embora *insolubilia* signifique "insolúveis" (problemas insolúveis), os problemas em questão não eram considerados propriamente como carentes de solução, mas como de resolução muito difícil. O título *De insolubili* é por isso considerado, com razão, como impróprio (Ph. Boehner). A maior parte dos *insolubilia* consiste em paradoxos semânticos já propostos pelos estóicos e por outros autores antigos, do tipo "Minto", "Esta proposição é falsa" etc., dos quais tratamos mais detalhadamente no verbete Pᴀʀᴀᴅᴏxᴏ, no qual se vê que os *insolubilia* não são, como foram às vezes considerados, questões sofísicas, mas problemas seriamente debatidos por lógicos e semanticistas.

Aos *insolubilia* é preciso acrescentar os *impossibilia*, objeto de escritos intitulados *De impossibilibus* (como nos *Impossibilia*, de Sigério de Brabante). Embora às vezes se equiparem os *insolubilia* com os *impossibilia* ("problemas impossíveis", "problemas cuja solução é impossível"), deve-se observar que estes diferem daqueles porquanto se referem a questões que envolvem contradição (lógica).

INSOLÚVEIS (INSOLUBILIA). Ver Iɴsᴏʟᴜʙɪʟɪᴀ; Pᴀʀᴀᴅᴏxᴏ.

INSTANTE. Tratamos do conceito de instante, direta ou indiretamente, nos verbetes Dᴜʀᴀçãᴏ; Eᴛᴇʀɴɪᴅᴀᴅᴇ e Tᴇᴍᴘᴏ. Aqui nos estenderemos sobre esse conceito, incluindo nele as noções de "momento" (em sentido temporal) e de "agora". Contudo, certos significados do conceito de momento foram estudados no verbete dedicado especificamente a esse conceito.

O problema do instante está estreitamente relacionado não apenas com a questão do tempo, mas também com o problema da continuidade (ver Cᴏɴᴛíɴᴜᴏ). É preciso considerar também as chamadas "aporias do tempo" a que nos referimos em Aǫᴜɪʟᴇs [para Zenão de Eléia] e em Aɴᴛɪɴᴏᴍɪᴀ [para Kant]. Pode-se perceber que isso ocorre na análise do vocábulo 'agora' (νῦν) efetuada por Aristóteles como preparação para sua definição de 'tempo'. Eis aqui algumas passagens significativas do Estagirita em *Phys.*, IV: "Se há de existir uma coisa divisível, é preciso que, quando exista, existam todas ou algumas de suas partes. Mas no que diz respeito ao tempo algumas partes foram, enquanto outras têm de ser, e nenhuma parte dele é, embora seja divisível; pois o que é 'agora' não é uma parte: uma parte é medida do todo que deve ser constituído por partes. Por outro lado, não se supõe que o tempo seja composto por 'agoras'. Assim, o 'agora' que parece estar ligado ao passado e ao futuro permanece sempre um e o mesmo, ou é sempre outro e outro? É difícil dizer" (218 a 5 ss.). Aristóteles salienta aqui não apenas a dificuldade suscitada pela divisibilidade, em princípio infinita, de qualquer intervalo temporal, mas também a questão suscitada pela "identificação" de determinado "agora" (ou instante). Do que foi dito resulta com efeito que, se um "agora" não deixasse de ser no próximo "agora", existiria simultaneamente com os incontáveis "agoras" entre ambos (coisa impossível). Por outro lado, não é possível para "um agora" continuar sendo sempre o mesmo. Um pouco adiante Aristóteles escreve: "O 'agora' como sujeito é uma identidade embora admita distintos atributos. O 'agora' mede o tempo na medida em que o tempo abarca o 'antes e depois'. O 'agora' é em um sentido o mesmo e em outro sentido não é o mesmo" (219 b 10 ss.). "Se não houvesse tempo, não haveria 'agora' e vice-versa" (de modo similar a como se implicam mutuamente o corpo móvel e sua locomoção). "O tempo, pois, se faz contínuo por meio do 'agora' e se divide por meio do 'agora'" (220 a 1 ss.).

O "agora" ou instante tem, pois, dois vértices, ou, melhor, uma série de vértices duplos: os "agoras" são todos idênticos e todos diferentes; os "agoras" constituem e dividem o tempo; um "agora" nunca é um "agora", mas a memória (em um "agora") do "agora" anterior etc. Pode-se falar, por outro lado, de um "agora" "objetivo" e de um "agora" vivido, ou de um "agora" puro e de "agora" relacionado com o movimento. Percebe-se de imediato que as dificuldades relativas ao tempo (ᴠᴇʀ) repercutem sobre o conceito de instante.

A questão da natureza do instante preocupou muitos pensadores na Antiguidade e na Idade Média. Temos um exemplo dessa preocupação na famosa passagem de Santo Agostinho relativa ao tempo que reproduzimos no verbete sobre este último conceito. Discutiu-se na Idade Média sobre se o instante (*instans*, identificado com o "agora", *nunc*) é ou não parte do tempo. Santo Tomás negou essa possibilidade (*instans non est pars temporis*). O "agora" ou *nunc* é, no fundo, um tempo indeterminado, oposto ao "então" ou *tunc*, tempo determinado. No entanto, este último também pode receber o nome de instante; chama-se então *instans signatum*, diferentemente do *instans nunc* (ver *S. theol.*, I, q. XLVI, 1 ad. 7; também 4 *Phys.*, 15 d-g e 21 a-d). Em todo caso, o conceito de "agora" não é o mesmo quando se refere ao tempo ou à eternidade. No primeiro caso trata-se do *nunc temporis sive fluens*; no segundo caso, do *nunc aeternitatis sive stans* (ver *S. theol.*, q. X, *passim*; também o verbete ETERNIDADE neste Dicionário). O "agora" do tempo é uma *res fluens*; o "agora" da eternidade, em compensação, não flui. Por isso este último "agora" é como o "presente eterno" a que nos referimos no verbete sobre a noção de momento (VER). Com essas distinções dissolvem-se algumas das dificuldades metafísicas suscitadas pela noção de instante. Uma dissolução mais radical dessas dificuldades aparece em Guilherme de Ockham, que, em sua *Expositio super Physicam Aristotelis*, ressalta que o instante é expresso por meio de um advérbio: o advérbio 'agora' (em Aristóteles, νῦν; em latim, *nunc*). Por isso não designa nenhuma realidade definida. O termo *nunc* tem a mesma função que os termos sincategoremáticos (ver SINCATEGOREMÁTICO). *A fortiori*, o advérbio *nunc* não designa qualquer realidade distinta que, paradoxalmente, desaparece assim que é afirmada. Não se pode perguntar se o instante é divisível ou indivisível, nem se constitui um limite (paradoxalmente atemporal) entre o passado e o futuro — essas questões poderiam ser feitas com relação a um termo que denotasse uma substância, mas carecem de sentido com relação a um advérbio.

Na medida em que quase todos os filósofos modernos se ocuparam do problema do tempo, também se ocuparam da questão do instante. Foi comum salientar as chamadas "aporias da divisibilidade do tempo", destacando-se que, com efeito, se o instante é em relação ao tempo o que ponto é em relação ao espaço, pode-se concluir que o tempo se compõe de instantes atemporais. Mas os filósofos modernos não especularam sobre o instante dentro do mesmo horizonte conceitual que os pensadores antigos e medievais. Algumas das opiniões dos primeiros são, pois, bastante distintas das dos últimos.

Foi muito comum durante boa parte da época moderna enfocar a questão do instante do ponto de vista gnoseológico. Isso já ocorre em Descartes, quando este autor se refere ao *Cogito ergo sum* e às "naturezas simples". O primeiro é concebido em todo instante, as segundas são compreendidas em um instante (ver Jean Wahl, *Du rôle de l'idée de l'instant dans la philosophie de Descartes*, 1920, pp. 5, 8). Mas a importância da idéia de instante em Descartes é ainda maior do que parece quando são citados os exemplos anteriores. Como assinala Wahl (*op. cit.*, pp. 24-25), Descartes opina que a "duração é o fato de que os instantes não existem ao mesmo tempo". Isso implica que a duração seja o fato de que "a coisa que dura deixa de existir a todo momento". A realidade é, portanto, "instantânea", e somente Deus, com sua *creatio continua*, pode, por assim dizer, "suportar" o mundo em sua duração. Em outras palavras, poderíamos dizer que ser (ser criado) é ser instantâneo. Somente no tempo abstrato os instantes podem estar necessariamente unidos; no tempo real ou concreto os instantes estão separados.

O instante é concebido como uma "idéia" por Locke. A parte da duração "na qual não percebemos sucessão é a que chamamos de instante, e é a que ocupa o tempo de uma só idéia em nosso espírito sem a sucessão de outra, com o que, portanto, não percebemos qualquer sucessão" (*Essay*, II, xiv, 10). Temos aqui, pois, uma concepção gnosiológica ou, se se preferir, gnoseológico-psicológica do instante. É compreensível que, seguindo a tendência geral de suas respectivas filosofias, os racionalistas considerem o instante metafisicamente e os empiristas examinem a noção de instante psicologicamente, que os primeiros se refiram principalmente à estrutura do instante e os segundos, à sua origem. Aqui Kant também representa um esforço de superação dos pontos de vista anteriores. Não nos estenderemos aqui sobre o assunto por já o termos elucidado suficientemente para os propósitos desta obra em outros verbetes (ver ANTINOMIA; KANT; TEMPO etc.). Em compensação, diremos algumas palavras sobre o modo como Hegel entendeu o instante ou, melhor, para usar sua própria expressão, o "agora": *jetzt*.

A noção de "agora" é examinada por Hegel ao mesmo tempo que a noção de "aqui", principalmente nas páginas sobre a certeza sensível após a "Introdução" à *Fenomenologia do Espírito*. Se nos perguntarmos o que é o "agora" e respondermos que o "agora" é a noite, essa verdade deixará de sê-lo no meio-dia do dia seguinte. Naturalmente o "agora" que é a noite se conservou; assim, o "agora" se conserva, mas como um "agora" tal que não é a noite: como algo negativo. O "agora" que se conserva não é imediato, mas mediatizado. Na medida em que haja meramente uma certeza sensível, o "agora" deixará de ser; somente quando ascendermos a formas mais universais de conhecimento poderemos "conservar" de algum modo o "agora". A verdade do "agora" não é a pura certeza sensível, mas um universal. O "agora", enquanto conhecido e verdadeiro, é um "agora universal".

Seria muito extenso esclarecer o problema do instante tal como foi tratado por filósofos posteriores a Hegel, mesmo reservando as idéias de Kierkegaard sobre o instante, como fizemos, para o verbete sobre o conceito de momento. Assim, nos limitaremos a destacar alguns traços de várias das mais importantes teorias sobre o assunto.

Para Bergson, as aporias do tempo e, portanto, do instante se desvanecem quando apreendemos ambos em sua realidade concreta. Portanto, a noção de instante ofereceria dificuldades somente se fosse retirada, como se fez com tanta freqüência, de seu contexto real e transformada em uma entidade "pontual". Porém o que se chama de "instante" não é uma representação abstrata mas algo vivido (ver *Essai, passim*).

Para Whitehead, "a relação [a relação ordenadora do tempo] e os instantes são conhecidos por nós justamente em nossa apreensão do tempo: relação e instantes influenciam-se mutuamente" (*The Concept of Nature*, II). "A instantaneidade é um conceito lógico completo do procedimento seguido pelo pensamento quando constrói entidades lógicas com o fim de expressar do modo mais simples possível as propriedades da Natureza' (*op. cit.*, III). Pode-se dizer, então, que a instantaneidade é "o conceito da Natureza inteira em um instante", caso em que se concebe o instante como desprovido de qualquer extensão temporal. O mencionado conceito da Natureza inteira em um instante é chamado por Whitehead de "momento". É preciso distinguir o conceito e a apreensão sensível; nesta última jamais se dá uma instantaneidade desprovida de tempo, mas uma duração.

Entre as filosofias de nosso século que dedicaram atenção especial ao problema do instante, considerando-o em alguns casos como chave para a compreensão da realidade, e mesmo como estrutura fundamental do real, destacaremos a seguir três.

Uma é a de G. M. Mead (VER). Este autor usa o termo 'presente' (*the Present*), mas o que diz sobre ele parece-se em vários pontos com o que outros autores dizem sobre o instante. Em seu livro *The Philosophy of the Present* (1932), Mead declara que "a realidade está no presente". Este último não é apenas um fragmento do tempo nem apenas uma certa dimensão da consciência, mas uma espécie de "complexo" no qual se dão a realidade e a consciência desta.

Outra filosofia muito interessada na noção de instante é a de Louis Lavelle (VER). Esse autor desenvolveu sua tese sobretudo na série de livros que constitui o que ele chama de *Dialectique de l'éternel présent* (*De l'être*, 1928, 2ª ed., 1947; *Du temps et de l'éternité*, 1945; *De l'âme humaine*, 1951). Como exemplo das idéias de Lavelle sobre o assunto destacamos algumas páginas do livro *La présence totale* (1934), no qual o autor expõe "em um plano distinto" as idéias sustentadas em *De l'être*. Lavelle descreve o instante como o "estar" ou "permanecer" dos corpos ou das aparências. Assim, o instante é simplesmente o "presente móvel, limite do passado e do futuro"; parece que não dura nada e que, portanto, é pura presença e permanência. Desse ponto de vista, o instante é o resultado do cruzamento entre o tempo e a eternidade (*La présence etc.*, p. 174). Mas ele pode ser, e deve ser, o que conduz ao eterno enquanto "eterno presente". Desse modo, o instante só se contrapõe ao eterno atemporal, mas não ao ser como "presença pura". Ele se funda na presença. Como algumas das teses fundamentais de Lavelle sobre a "presença" se aproximam a um dos sentidos em que às vezes foi tratado o conceito de "momento", remetemos ao verbete sobre este último conceito para completar esta exposição sumária do pensamento de Lavelle.

Outra filosofia, por fim, na qual a noção de instante é central — e ainda mais central que em qualquer outra das filosofias resenhadas — é a exposta pelo discípulo de Ortega y Gasset, Luis Abad Carretero. As duas obras mais importantes ligadas ao assunto que nos ocupa são *Una filosofía del instante* (1954) e *Instante querer realidad* (1958), mas também trata do problema o livro *Vida y sentido* (1960). Carretero admite estar de acordo com Mead em alguns pontos decisivos, mas, ao contrário deste, considera que o instante "tem uma dimensão precisa". Segundo Carretero, "a filosofia do instante se coloca o problema da vida, de como o homem enfrenta as situações vitais" (*Instante etc.*, p. 1). A mais vital de todas as questões vitais é a do tempo, e este se manifesta como instante. O instante, por sua vez (ao menos no homem), baseia-se no querer (ou "decisão") enquanto orientado pelo objeto (*Una filosofía etc.*, p. xiii). A eternidade, escreveu nosso autor, "se humanizou no instante" como "querer no presente". "No instante se concentram todos os processos psíquicos e vitais" (*Instante etc.*, p. 13).

Algumas das dificuldades suscitadas pelo caráter aparentemente "pontual" do instante foram enfrentadas por meio de várias formas de análise psicológica do instante como "presente". Disse-se que o presente supostamente "pontual" não é dado à experiência psicológica; o que se dá a essa experiência é uma espécie de "bloco de duração". As idéias de Bergson não são alheias a essa concepção do "presente". É conhecida sobretudo a concepção de William James acerca do chamado "presente especioso" (*specious present*). Essa expressão foi introduzida por E. G. Clay (*The Alternative*, 1882) para denotar o momento presente como uma espécie de "linha divisória". James tomou a mesma expressão e a entendeu como o "presente concreto", possuidor de duração (pouca ou muita): "O presente conhecido praticamente" — escreveu James — "não é como o fio de uma faca, mas como uma albarda com certa largura própria com a qual nos enfrentamos e a partir da qual olhamos o tempo em duas direções" (*Principles of Psychology*, cap. XV).

Acrescentemos que às vezes se tentou distinguir 'instante' e 'momento' em um sentido diferente do que constitui a base principal de nossa distinção. Por exemplo, Amadeo Silva Tarouca ("Moment und Augenblick. Reflexionen zur Philosophie der Zeit", *Zeitschrift für philosophische Forschung* [1962], 321-341) indica que os momentos e instantes dependem uns dos outros na forma de uma "contraposição". Nos momentos (que são "fenômenos temporais") aparecem as "condições de vivência do tempo". Os momentos são mensuráveis. Nos instantes, por outro lado, se efetuam "vivências da realidade", mas não como duração ou condicionamento corporal. O instante é para o citado autor um "ato sobretemporal" que somente os momentos enquanto "temporalidades" tornam cognoscível e valorável (*loc. cit.*, p. 332).

Por razões de comodidade tratamos da noção de "instante" até aqui juntamente com noções mais ou menos aparentadas: o "agora", o "presente" etc. Em muitos casos o significado de 'instante' não difere essencialmente do de 'momento': os dois vocábulos poderiam ser usados, pois, indistintamente. Mas isso não significa que todos esses termos signifiquem sempre a mesma coisa. Por esse motivo dedicamos um verbete especificamente (cf. MOMENTO) a um conceito de instante diferente de todos os anteriores (embora parcialmente relacionável com a noção de *nunc aeternitatis sive stans* descrita anteriormente). Isso, contudo, não basta; em certas ocasiões é necessário precisar o significado que possuem em um único autor diversos vocábulos que denotam o instante, o momento, o presente etc., como no caso de Heidegger. Esse autor fala, por um lado, do instante ou momento (*Augenblick*) que corresponde aos dois modos básicos — autêntico e inautêntico — da Existência (*Dasein*). O instante inautêntico é o mero "passar" sem que nada se faça realmente "presente". Esse instante se manifesta, por exemplo, na distração ou na curiosidade. O instante autêntico é o autêntico presente, em um sentido semelhante ao de "momento" em Kierkegaard. Por outro lado, o mesmo autor explica com certo detalhamento o modo como a noção de instante aparece em cada um dos elementos constitutivos da Existência, e em cada um dos modos — autêntico e inautêntico — de tais elementos constitutivos. Embora a Existência inautêntica tenda ao "presente" (ou ao futuro dominado pela mera curiosidade) e a Existência autêntica tenda ao "futuro" na antecipação a si mesma e de seu fim, cada modo constitutivo da Existência assume o instante de forma distinta: há o instante da aceitação do fato de estar atirado no mundo e o instante da fuga dessa aceitação, o instante da interpretação autêntica e o da interpretação inautêntica etc. Heidegger fala também do tornar presente (*gegenwärtiges*), que é em geral um tornar presentes as coisas mundanas e, portanto, uma das formas de temporalização da Existência em sua "queda" (*Verfall*). Por fim, Heidegger falado instante nas realidades intramundanas como um "agora" (*jetzt*) e do ocultamento do autêntico instante pelo "agora-tempo" (*Jetzt-Zeit*) no qual se funda em grande parte a concepção comum do tempo. Nessa concepção, o tempo aparece como uma contínua e ininterrupta sucessão de "agoras". Mas o verdadeiro "agora" é um "agora aí" (*jetzt da*); o presente se funda não no momento fugaz, mas na "presença" (*Ser e tempo*, §§ 68, 79, 81).

INSTANTIA CRUCIS. Ver EXPERIMENTO CRUCIAL.

INSTINTO. O termo 'instinto' significa "aguilhão", "incentivo", "estímulo" (de *instinguere*: 'aguilhoar', 'estimular'). Disso se deriva o sentido de instinto como estímulo natural, como conjunto de ações e reações primárias, "primitivas" e não conscientes.

O instinto foi definido por William James (*op. cit. infra*, cap. XXIV) como "*a faculdade de atuar de tal modo que se produzam certos fins sem previsão dos fins e sem prévio treinamento*". Segundo James, todos os instintos são impulsos de algum tipo. Alguns psicólogos sustentaram que os instintos sempre são cegos e invariáveis, mas James nega isso. A cegueira e a invariabilidade dos instintos são propriedades que podem ser aplicadas a instintos já constituídos e que funcionaram, ou continuam funcionando, durante um tempo relativamente longo, mas não ao modo como os instintos foram formados. James também sustenta que os instintos não são uniformes, e propõe duas leis relativas a eles: 1) a lei da inibição dos instintos mediante os hábitos, segundo a qual, quando certos objetos suscitam certas reações, o animal reage somente diante dos primeiros exemplares, ou do primeiro exemplar, da classe desses objetos e não reage diante de outros exemplares; 2) a lei da transitoriedade dos instintos, segundo a qual muitos instintos amadurecem em uma certa idade e depois se evaporam (*loc. cit.*).

Discutiu-se freqüentemente a relação entre os instintos e os hábitos. Foi comum considerar os primeiros como mais "arraigados" ou "fundamentais" que os segundos, mas é difícil estabelecer sempre uma diferença categórica entre eles. Discutiu-se também se os instintos sempre se contrapõem aos atos inteligentes, ou se os instintos, ou ao menos alguns deles, são atos inteligentes que foram mecanizados. Também se examinou a relação existente entre instinto e reflexo (VER). Foi comum considerar o último como puramente automático, ou como mais automático que o instinto. A relação entre instinto e impulso nunca é muito clara, mas se sugeriu que, ao contrário da maior parte dos instintos, os impulsos são ações ou reações profundas e geralmente violentas.

A concepção do instinto como um modo especial de ação e de "conhecimento" e a contraposição entre instinto e inteligência foram defendidas por Bergson. De acordo com esse autor, o instinto é uma faculdade de utilizar e de construir instrumentos organizados, ao contrário da inteligência, que tende à fabricação de instrumentos inorganizados. Por isso, o instinto se torna estático e consegue logo a perfeição, enquanto a inteligência é constitutivamente imperfeita e suscetível de um progresso indefinido. A definição da consciência como inadequação entre o ato e a representação também permite apreender, segundo Bergson, a natureza do instinto: enquanto a inteligência se orienta na consciência, que é perplexidade e possibilidade de escolha, o instinto se orienta na insconsciência, e por isso é plena segurança e firmeza. A forma especial de ação e de conhecimento que o instinto representa se define pelo fato de ser vivido, ao contrário do mero ser pensado da inteligência. Daí que o instinto conheça coisas imediatamente, isto é, matérias do conhecimento, existências, enquanto a inteligência se inclina sobre relações, isto é, formas do conhecimento, essências. O instinto é categórico e limitado; a inteligência é hipotética, mas ilimitada, e por isso pode, ao contrário do instinto, superar a si própria e chegar a uma intuição que virá a ser a definitiva ruptura dos marcos em que estão encerrados, cada um ao seu modo, instinto e inteligência. Por isso a diferença entre ambos é coroada com a precisa fórmula bergsoniana de que "há coisas que somente a inteligência é capaz de buscar, mas que, por si mesma, nunca encontrará. Somente o instinto as encontraria, mas jamais as buscará". Talvez fosse conveniente, porém, como Max Scheler salientou, não adscrever esse instinto a uma forma de "saber" e menos ainda a uma forma de simpatia; o instinto que faz o animal atuar de um modo freqüentemente mais seguro e preciso que a inteligência é, para esse pensador, um mero sentimento de unidade vital, e até mesmo um sentimento de unidade vital que deve ser cuidadosamente diferenciado do que ocorre, sob esse mesmo nome, na esfera propriamente humana.

Falou-se às vezes de um "instinto de realidade" que permite ao homem dar conta do real enquanto real. Esse "instinto", ou suposto instinto, foi entendido de maneiras muito diversas. Às vezes foi concebido como equivalente ao senso comum (VER) ou a uma forma básica do senso comum. Outras vezes foi concebido como uma espécie de "inteligência fundamental" que se encontra na base de todas as formas de compreensão da realidade. Em algumas ocasiões foi concebido como o fundamento da vivência da resistência (VER). Em todos os casos esse "instinto" foi ligado a um "sentir", mas a um "sentir" cujo objeto não é nenhuma realidade determinada. Nenhuma dessas concepções do instinto é propriamente psicológica, mas antes metafísica ou, se se preferir, metafísico-gnoseológica.

➲ Ver: William James, *The Principles of Psycology*, vol. I, 1890 (no *Briefer Course* [1892], do mesmo autor, o capítulo sobre o instinto é o XXV. — C. Lloyd Morgan, *Habit and Instinct*, 1896. — Henry Rutgers Marshall, *Instinct and Reason*, 1898. — Th. Ziegler, *Der Begriff des Instinkts*, 2ª ed., 1910. — F. Boden, *Die Instinktbedingtheit der Wahrheit und Erfahrung*, 1911. — E. C. Wilm, *The Theories of Instinct. A Study in the History of Psychology*, 1925. — L. Verlaine, "L'instinct n'est rien", *Recherches philosophiques*, 2 (1932-1933), 48-61. — Maurice Thomas, *La notion de l'instinct et ses bases scientifiques*, 1936. — Francis Lehel, *Philosophy of Instinct. I. Instinct in History. II. Instinct in Universe*, 2 vols., 1942-1947. — Étienne de Greeff, *Les instincts de défense et de sympathie*, 1947. — E. Rabaud, *L'instinct et le comportement animal*, 2 vols., 1949 (I. *Réflexes et tropismes*. II. *Étude analytique et vue d'ensemble*). — M. Fontaine, K. von Frisch, H. Piéron, R. Ruyer et al., *L'instinct dans le comportement des animaux et de l'homme*, 1956. — D. C. Abel, *Freud on Instinct and Morality*, 1989. — Além disso, as obras de Bergson e de Scheler citadas no texto, especialmente *L'évolution créatrice* e *Wesen und Formen der Sympathie* (ver as bibliografias desses autores).

Para a noção de "instinto" como "instinto intelectual", especialmente em Jaime Balmes, ver Francisco González Cordero, *El instinto intelectual, fuente de conocimiento*, 1956. ◐

INSTRUMENTALISMO. John Dewey (VER) deu o nome de "instrumentalismo" à sua teoria pragmática (ver PRAGMATISMO) da concepção, ou formação de conceitos, e do raciocínio ou inferência. A "teoria lógica de conceitos, juízos e inferências" proposta por Dewey se baseia no modo como, em seu entender, o pensamento humano trata do mundo. O pensamento é basicamente uma ação sobre as coisas — as situações, os assuntos, os objetos etc. — que as submete à prova, investigando suas possíveis conseqüências. Assim, o pensamento é como um instrumento que funciona tateando. Não se trata, no entanto, de ações meramente "subjetivas" ou "arbitrárias". O pensamento funciona de acordo com regras cuja codificação dá lugar à "lógica da investigação". Esta serve tanto para o trato comum com a realidade como para a descoberta. O instrumentalismo é, portanto, um modo de entender a lógica enquanto "lógica da investigação" (*inquiry*).

É comum considerar o instrumentalismo como uma das variedades do pragmatismo: a variedade elaborada por Dewey.

Também se chama de "instrumentalismo" uma certa concepção sobre a natureza e função das teorias científicas. O instrumentalismo se opõe ao chamado "realismo". Para uma interpretação realista de uma teoria científica, os termos teóricos se referem a comportamentos de entidades não-observadas, mas que supostamente existem. Na interpretação realista, portanto, a teoria descreve "realidades", sendo uma espécie de abreviação de enunciados observacionais. Pode-se dizer, por conseguinte, que uma teoria é verdadeira ou falsa. Para uma interpretação instrumentalista, os termos teóricos são introduzidos como elementos em uma construção cuja função é servir de guia para a investigação e para se formularem predições. Embora as predições sejam confirmadas ou, em todo caso, não sejam falseadas, não se aceita que se diga que a teoria é verdadeira ou falsa, mas simplesmente que é adequada ou não aos efeitos perseguidos. Em termos epistemológicos tradicionais, a teoria interpretada instrumentalmente não "representa" as realidades, ou os fenômenos, em um sentido parecido — embora de modo algum idêntico — a como um instrumento do qual nos servimos para construir algo não representa o que se constrói.

A favor do instrumentalismo se aduziu, entre outras coisas, o fato de que nas teorias científicas desempenham um papel freqüentemente importante termos não traduzíveis a enunciados observacionais, como ocorre com termos mediante os quais se designam noções que não têm correspondência com a realidade por constituírem noções-limite ou "tipos". Também se indicou que uma interpretação instrumentalista de uma teoria não implica que esta tenha de ser arbitrária e que elimine toda "referência"; já que serve de guia e constitui uma série de regras para a investigação e para a predição, a teoria trata de realidades. Por fim, indicou-se que a interpretação instrumental pode ser um aspecto de uma teoria, e que pode estar de acordo com o fato de que, em algum outro aspecto, a teoria seja declarada verdadeira ou falsa.

Por outro lado, formularam-se vários argumentos contra o instrumentalismo, dos quais mencionamos dois. Um deles é que uma teoria tem de conter enunciados que incluem termos teóricos, e que os "enunciados" instrumentais não seriam completos (seriam somente esquemas de enunciados) se não adscrevessem valores às variáveis, o que leva a uma interpretação realista. O outro é que os processos de verificação, comprovação, confirmação, contraste, faseamento etc. não teriam sentido, ou seriam desnecessários, em uma concepção instrumentalista.

Também cabe dar o nome de "instrumentalismo" à concepção da razão (VER) como "razão instrumental", supondo-se que esta seja a única forma legítima, ou adequada, ou confirmável, de razão. Usamos aqui a expressão 'razão instrumental' no sentido de Horkheimer e de outros autores.

INTEGRAÇÃO. Ver SPENCER, HERBERT.

INTEGRACIONISMO. O autor deste dicionário propôs o termo 'integracionismo' para expressar ao mesmo tempo seu método e seu ponto de vista filosóficos. Estes se desenvolveram em três etapas distintas.

Na primeira delas tratava-se de evitar os perigos e as insuficiências em que caem normalmente dois tipos de pensamento: o que dispensa uma particular, se não exclusiva, atenção ao sujeito humano, à existência humana, à história humana etc., e o que dispensa particular, se não exclusiva, atenção às realidades naturais dentro das quais se encontram os sujeitos humanos. Esses dois tipos de pensamento se manifestaram em várias contraposições: consciência-realidade, pensamento da realidade-realidade pensada ou investigada, e, de modo geral (embora vago), sujeito-objeto. Os contrapostos movimentos filosóficos pertinentes receberam vários nomes, mais ou menos adquados: personalismo-naturalismo, antropologismo-fisicalismo, existencialismo-cientificismo, e, também de modo geral (e não menos vago), idealismo-realismo. É comum a esses tipos de pensamento e a esses movimentos partir de realidades que consideram absolutas, e é muito freqüente neles julgar que as realidades que as concepções opostas colocam em primeiro plano são deriváveis das primeiras, explicáveis pelas primeiras ou simplesmente que são pseudo-realidades.

Em uma etapa ulterior, o integracionismo operou não com doutrinas filosóficas, mas com conceitos ou grupos de conceitos. As realidades que aparecem, ou se apresentam, como primeiras ou primárias — consciência, objeto; realidade humana, realidade natural etc. — são expressáveis mediante conceitos que funcionam como conceitos-limite e que, portanto, não aspiram a ter *denotata*.

Consideremos, como exemplo, os conceitos expressos nos predicados (ou pseudopredicados) 'é real' e 'é ideal', sendo que 'é real' se diz de um objeto físico e 'é ideal' se diz de um significado de uma proposição. O que o integracionismo almeja nesse caso não é definir absolutamente a "entidade" ou, melhor, o predicado (ou pseudopredicado) em questão mediante uma série de predicados "unilaterais", mas *situá-lo* (ver SITUAR) dentro de uma certa "linha" ou dentro de um certo "contínuo", de tal modo que é descrita como "oscilando" entre os dois pólos da idealidade e da realidade. Em geral, podemos dizer que tudo o que é, é enquanto oscila entre pólos opostos, os quais designam seus limites, mas de modo algum paradigmas de duas formas distintas de existência. Isso supõe que toda sucessão de formas de ser não constitui uma série de etapas determinadas por um momento inicial absoluto que seria sua base (ontológica ou cronológica, ou ambas) ou por um momento final absoluto (que seria sua causa última ou seu paradigma metafísico), mas que constitui uma linha ininterrupta. Cada ponto dessa linha é cruzado por duas direções opostas; o esquecimento de uma delas conduz a qualquer uma das concepções filosóficas extremas anteriormente mencionadas.

O tipo de filosofia proposto não consiste simplesmente em negar as oposições para buscar um terceiro termo que as supere, ou em evitá-las para buscar uma posição intermediária eqüidistante. Um traço característico do integracionismo é a busca da união dos pólos supracitados — e as concepções correspondentes a eles — mediante a passagem constante de um para o outro. O integracionismo considera, com efeito, que esta é a única possibilidade oferecida a um pensamento que pretenda efetivamente enfrentar o real em vez de evitá-lo ou de inventar realidades supostamente transcendentes expressáveis somente mediante outros tantos conceitos-limite.

Das esferas às quais se pode aplicar o tipo de filosofia proposto, escolhemos cinco.

A primeira está ligada à teoria dos universais. Alguns autores se declaram partidários do nominalismo; outros, do realismo. Por causa dos inconvenientes com os quais se choca cada uma dessas posições, muitos preferem adotar posições intermediárias, tais como o conceptualismo ou o realismo moderado. Ora, do ponto de vista integracionista, nominalismo e realismo designam concepções extremas, ao mesmo tempo falsas e inevitáveis. Com efeito, o nominalismo, levado ao extremo, enfrenta a dificuldade de que não pode dizer propriamente nada sobre a realidade, pois seus supostos conceitos são somente termos e os termos são apenas inscrições físicas (e, portanto, objetos reais sobre os quais seria preciso enunciar algo). O realismo, por sua vez, levado ao extremo, enfrenta a dificuldade de que certamente diz algo sobre o ser que é, mas nada além disso: seu dizer é, no fundo, um calar. Uma concepção aparentemente intermediária (como, por exemplo, a do conceptualismo) se impõe. Mas deve-se ter presente que essa concepção não resulta do fato de se evitar o nominalismo e o realismo: é simplesmente o ponto — sempre transitório — de detenção da passagem incessante que a mente se vê obrigada a fazer entre as concepções extremas. Visto que o nominalismo anula-se a si próprio, é preciso retroceder a uma posição realista; visto que o realismo anula-se a si próprio, é preciso retroceder a uma posição nominalista. Nominalismo e realismo são, desse modo, integrados, não eliminados ou evitados.

A segunda esfera diz respeito à metafísica. O conceito de ser parece inevitável se se quiser designar qualquer realidade, pois o que de saída se pode dizer dela é que é. No entanto, alguns autores preferem definir a realidade por meio de outro conceito oposto: o de devir. No primeiro caso, o devir é concebido como uma manifestação do ser; no segundo, o ser é considerado uma retenção do devir. Ora, dadas as dificuldades enfrentadas em ambos os casos pela derivação de uma instância a partir da outra (se o ser é, como se pode dizer que o ser devém sem ao menos pô-lo entre parênteses?; se a realidade consiste em devir, como se pode dizer que é se nunca é algo determinado a não ser o passar continuamente de um estado para outro? etc.), pode-se buscar um suposto princípio que constitua o fundamento comum do ser e do devir ou encontrar uma posição intermediária. Buscar um princípio que constitua o fundamento comum do ser e do devir exige um postulado metafísico incomprovável. Encontrar uma posição intermediária parece plausível, mas sempre que seja obtida por meio da afirmação sucessiva e pela ulterior integração dos dois pressupostos. Assim, declara-se que qualquer entidade dada pertence ao pólo do ser ou do devir segundo sua maior ou menor proximidade de um ou do outro pólo; mas, a rigor, pertence a ambos — ou, se se preferir, é integrada, embora em diferentes graus, por ambos.

A terceira esfera refere-se à teoria do conhecimento. De acordo com alguns, a realidade é apenas fenomênica. De acordo com outros, é exclusivamente numênica. Os primeiros reduzem o mundo a um feixe de qualidades; com o fim de predicar algo delas é preciso dizer algo universal delas — ou conformar-se com uma predicação infinita; portanto, é preciso supor algo que não é meramente fenomênico. Os segundos reduzem o mundo a um "em si", dele não se pode dizer senão que é em si; para predicar algo mais é preciso supor que ele possui algumas propriedades, e, portanto, admitir que há nele algo que não é meramente numênico. O conhecer efetivo segue essa dupla e contraposta via: passa de um extremo ao outro e no curso desse passar os integra, sem por isso ter de declarar que um ou outro é absolutamente verdadeiro.

A quarta esfera diz respeito à filosofia da natureza orgânica. Há nela, entre outras, duas concepções opostas: o mecanicismo e o vitalismo. A disputa entre essas duas concepções parece interminável. Contudo, isso se dá porque cada uma delas esquece que sua validade depende do *direcionamento* que se enfatize (*para* o mecânico; *para* o vital) ao examinar a realidade correspondente, pois, de fato, não há realidade puramente mecânica nem realidade puramente orgânica: cada realidade é definível pela integração de ambos os pólos, e cada um desses pólos se torna mais ou menos presente *enquanto direção* segundo a "situação" da realidade ou do conjunto de fenômenos de que se trate dentro da "escala ontológica".

A quinta diz respeito à filosofia da linguagem. A linguagem pode ser estudada do ponto de vista da execução de atos lingüísticos, cuja codificação mostra a estrutura da linguagem, ou também pode ser estudada como uma estrutura em virtude de cujas regras determinado ato conta como um ato lingüístico. A adoção do primeiro ponto de vista se baseia na dimensão pragmática da linguagem, mas é deficiente na dimensão sintática e em proporções importantes da dimensão semântica. A adoção do segundo ponto de vista pode proporcionar sólidos fundamentos sintáticos e, com todas as modificações pertinentes, bases semânticas, mas corre o risco de deixar sem explicação muitos fenômenos que ocorrem na dimensão pragmática. A linguagem como execução — ou como função — e como estrutura são dois modelos que operam como idéias-limite, cada uma das quais podendo entrecruzar-se e integrar-se, ou complementar-se, com a oposta.

Uma objeção óbvia à concepção integracionista que foi aqui esboçada é a de que a teoria que for adotada em cada caso, ou o conceito que em cada caso seja sublinhado, com o fim de ligar mediante uma espécie de incessante dialética os "limites", pode se tornar uma teoria vazia a menos que se adote a arriscada hipótese de uma síntese de contrários. Além de poder terminar em um ecletismo, o integracionismo pode se transformar em uma concepção muito geral que não consiga se encaixar em nenhuma realidade.

Tanto para evitar esses perigos como por seu próprio desenvolvimento, o integracionismo se manifestou de modo distinto em uma etapa mais avançada. Ele conservou sua intenção metodológica e até acentuou o interesse pela análise de certos conceitos com o fim de mostrar que, em casos básicos, dois conceitos dados podem se contrapor e, ao mesmo tempo, se complementar. Isso ocorre quando, tomando-se cada um desses conceitos como conceito-limite, exploram-se todas as suas possibilidades, isto é, se estende ao máximo sua aplicabilidade. De modo algum um conceito se transforma em seu contrário, mas o procedimento adotado é como uma manobra que permite seguir duas direções que, ao se contraporem, se entrecruzam. Ora, isso ocorre dentro de um esquema conceitual ontológico, ou seja, de uma teoria filosófica. O propósito desta é manter linhas de comunicação tanto entre tipos de realidades como entre possíveis teorias sobre essas realidades. Um pressuposto básico da teoria é que as realidades formam um contínuo. Isso parece difícil de admitir, já que as realidades de que se trata são de índole muito distinta: entidades e processos físicos, orgânicos e mentais, ações humanas, instituições, sistemas de regras, códigos morais, teorias etc. O contínuo de que se trata não é, no entanto, um contínuo linear; os distintos tipos de realidade estão misturados e não encadeados. Por isso não há nenhum tipo de realidade ao qual se reduzam todas as outras, embora nenhuma realidade se encontre completamente desvinculada de um contexto material. Isso torna possível falar de um materialismo — embora não de um monismo ontológico. As realidades formam grupos ontológicos (VER) e têm traços estruturais — mas não propriedades — comuns; a elas nos referimos nos verbetes HAVERES, PRESENÇA, CONFLUÊNCIA e INTRANSCENDÊNCIA.

➲ Para os fundamentos da ontologia integracionista, ver José Ferrater Mora, *El ser y la muerte. Bosquejo de una filosofía integracionista*, 1962 (ed. rev. em *Obras Selectas*, V, 2), especialmente a Introdução e, sobretudo, *El ser y el sentido*, 1967, cap. XIII, § 4. Algumas dessas idéias foram antecipadas pelo autor em *El sentido de la muerte*, 1947, cap. I, e em "Introducción a Bergson", prefácio à trad. esp., *Las dos fuentes de la moral y de la religión*, 1946, depois reelaborado em *Cuestiones disputadas*, 1955, pp. 111-150.

Várias idéias de caráter integracionista foram aplicadas a diversos problemas de interpretação da história em *El hombre en la encrucijada*, 1952; 2ª ed., 1965 (reimp. em *Obras Selectas*, V, I) (por exemplo, "libertação" — ou "futurismo" — na época moderna: Parte II, cap. 1). — Outros exemplos de aplicação: oposição entre filosofia como sistema e filosofia como análise e integração de ambas em "Filosofia e arquitetura", *La Torre*, n. 9 (janeiro-março, 1955), pp. 83-100; reimp. em *Cuestiones disputadas*, pp. 48-59, e rev. em *Obras Selectas*, V, 2, pp. 274-284; em *La filosofía en el mundo de hoy*, 1960, pp. 43-52, e com maior detalhamento em *Philosophy Today*, 1960, pp. 69-78; oposição entre linguagem científica e linguagem poética e integração de ambas em "Reflexiones sobre la poesía", *Buenos Aires Literaria*, n. 16 (janeiro, 1954), 1-14, compilado em *Cuestiones disputadas*, pp. 93-102, e em *Obras Selectas*, V, 2, pp. 214-220.

Sobre o integracionismo de Ferrater Mora, ver: C. Nieto Blanco, *La filosofía en la encrucijada. Perfiles del pensamiento de J. F. M.*, 1985, especialmente "Segunda parte: Método filosófico", cap. XIV. — J. Pagès, "Integracionisme i continuisme. Mètode i ontologia a la filosofia de J. Ferrater Mora", *Revista de Catalunya*, 53 (1991), 24-36. — J.-M. Terricabras, "José Ferrater Mora: An Integrationist Philosopher", *Man and World*, 26 (1993), 209-218. — C. U. Moulines, "La distinción entre hechos y valores: una perspectiva integracionista", em S. Giner, E. Guisán, eds., *José Ferrater Mora: El hombre y su obra*, 1994, pp. 87-105. — J. Echeverría, "El integracionismo de J. Ferrater Mora: una filosofía abierta al porvenir", em *ibid.*, pp. 107-125. ⊂

INTELECTO. Em ENTENDIMENTO (VER) tratamos principalmente das concepções modernas do que se pode chamar em geral de "faculdade intelectual" ou simplesmente de "inteligência". Neste verbete trataremos das concepções antigas e medievais. Embora, para descrever essas concepções, também se possa empregar o vocábulo 'entendimento' — que, com efeito, foi empregado em expressões como 'entendimento agente' e 'entendimento passivo' —, é melhor usar 'intelecto', termo com o qual traduzimos o νοῦς grego e o *intellectus* latino.

Como tradução de νοῦς, 'intelecto' tem, ou pode ter, todos os sentidos desse vocábulo grego (ver Nous). No entanto, distinguiram-se muito cedo o νοῦς como ordem do cosmos (Anaxágoras) e o νοῦς como uma faculdade pensante ou como uma atividade pensante (que, além disso, reflete, ou pode refletir, a citada ordem cósmica). Se o νοῦς ou intelecto é interpretado como faculdade ou atividade pensantes, pode-se fazer a distinção entre ele e o pensamento propriamente dito, νόησις, enquanto conteúdo dessa faculdade ou atividade pensante. Isso ocorre às vezes em Platão (por exemplo, quando enfatiza a diferença entre saber e opinião em *Rep.*, VII, 534 a). Em todo caso, o intelecto se refere ao "noético" e pode até mesmo ser descrito como uma "faculdade noética", ao contrário de outras faculdades (por exemplo, a apetitiva [ver APETITE]). De qualquer modo, embora o uso dos citados termos em Platão não seja de modo algum arbitrário, nem sempre tem o significado mais "técnico" ou mais "preciso" (no sentido de "mais recortado" ou "mais separado" de outros conceitos) que aparece em Aristóteles. Como, além disso, muitas das concepções medievais, árabes e cristãs, do intelecto, se basearam nos usos aristotélicos, convém precisar a noção aristotélica de intelecto.

Aristóteles tende a conceber a "sensação", αἴσθησις, de forma mais ampla que a usual na maior parte dos pensadores modernos. Há na "sensação", para Aristóteles, "algo de conhecimento" — uma *notitia* —, de tal modo que se pode dizer que a apreensão sensível tem algo de "intelectual". No entanto, a "notícia" que a faculdade sensível oferece ainda não é conhecimento propriamente dito. Este surge somente quando, como ocorre na alma humana, há não apenas faculdade sensível — que inclui a sensação propriamente dita, o desejo e o movimento local —, nem apenas imaginação e memória, mas também justamente "intelecto". Sendo o intelecto uma faculdade da alma humana, ele não pode ser identificado simplesmente com a alma, como fez (ou como Aristóteles supôs que fez [*De an*., I, 2, 405 a, 15]) Anaxágoras. A alma possui várias faculdades, e o intelecto é uma delas. É "a parte da alma com a qual a alma conhece e pensa" (*ibid*., III, 4, 429 a 10-1).

Dizer que o intelecto é "a parte da alma que pensa, julga etc." suscita vários problemas, dentre os quais citaremos somente os dois seguintes: o da função própria do intelecto e o da natureza última do intelecto.

No que diz respeito ao primeiro problema, pode-se perguntar se o intelecto é principalmente intuitivo ou principalmente discursivo, isto é, se ele é, ou é sobretudo, νόησις, ou se ele é, ou é sobretudo, διάνοια. Aristóteles parece referir-se a esses dois aspectos como próprios do intelecto, mas ao mesmo tempo parece destacar o primeiro. Em todo caso, a idéia de intelecto intuitivo foi a que mais influenciou aqueles que seguiram Aristóteles. Enfatizou-se, com efeito, que o intelecto é capaz de compreender os princípios da demonstração e os fins últimos da ação. O intelecto foi concebido então como um "hábito" (VER) — o *habitus principiorum* de Santo Tomás e outros escolásticos — que não provém nem da ciência nem da arte, mas sem o qual não haveria nem ciência (teoria ou então prática) nem arte. Assim, o intelecto como intelecto intuitivo não é propriamente um "saber", mas antes uma "sabedoria" (VER).

No que diz respeito ao segundo problema, pode-se perguntar se o intelecto é, enquanto "parte" (ou "faculdade") da alma, realmente distinto de outras "partes" ou "faculdades" (a sensível, a imaginativa etc.), ou se há, por assim dizer, uma "continuidade" entre o intelecto e as demais "faculdades" (a sensível, a imaginativa etc.).

Esse segundo problema fez muita tinta correr. Às vezes Aristóteles parece falar do intelecto como uma faculdade separada (ou ao menos separável). Outras vezes, em compensação, ele se opõe rigorosamente ao dualismo platônico e se declara hostil a toda "separação"; ao fim e ao cabo, a conhecida definição aristotélica de alma (VER) a faz *una* com o corpo. Pode-se falar — e não apenas a este respeito — de um Aristóteles "intelectualista" e às vezes "platonizante" e de um Aristóteles fundamentalmente "naturalista" e "funcionalista". No que se refere a nosso problema, a questão se agudizou por causa de algumas páginas que se encontram no livro III de seu tratado acerca da alma. Os especialistas em Aristóteles (Jaeger, Nuyens) explicaram muitas das divergências dentro do pensamento de Aristóteles em razão da "evolução" desse pensamento. É possível, pois, nesse caso, considerar que as fortes tendências não naturalistas que se manifestam nas páginas citadas se devam às diversas datas de composição do mesmo tratado. Mas também é possível supor que Aristóteles "recaiu" algumas vezes no "platonismo" ao enfrentar alguma questão fundamental. Seja como for, as referidas páginas suscitaram muitos comentários e interpretações muito diversas. Exporemos algumas das opiniões mais fundamentais nesse assunto, mas antes citaremos a passagem mais discutida e esclareceremos brevemente a significação mais geral da mesma antes de qualquer interpretação.

Em *De anima*, III, 5, 430 a 10 ss., Aristóteles escreveu o seguinte (usamos a versão de Antonio Ennis na edição do *Tratado del alma* [1944], p. 21, mas substituímos 'entendimento' por 'intelecto'; além disso, não usamos a expressão 'intelecto ativo', porque Aristóteles não a usou): "Já que, assim como em toda a natureza há em cada gênero de seres algo que é a matéria (e isso é em potência todos os seres) e também algo que é causa e princípio ativo pelo qual tudo atua, e com isso tem a relação que a arte tem com a matéria, também na alma devem existir essas diferenças. Existe, pois, um intelecto que se faz todas as coisas, e outro ao qual se deve que o primeiro se faça todas as coisas, o qual é uma espécie de hábito, como a luz o é porque a luz faz que, de certa maneira, todas as cores em potência sejam cores em ato. O que opera é sempre superior ao que padece; o princípio é sempre superior à matéria. A ciência em ato é idêntica a seu objeto. Em um indivíduo determinado, a ciência em potência é anterior à atual, mas considerada absolutamente a ciência em potência não a precede. Mas o intelecto [ao qual se deve que o intelecto passivo se faça todas as coisas] não é tal que agora entenda e depois não. Somente quando está separado é o que é, imortal e eterno. Mas não nos lembramos, porque é impassível; em compensação, o intelecto passivo está sujeito à corrupção e sem ele nada pode entender".

Um pouco antes (*De an*., III, 4, 429 a 10 ss.), Aristóteles falara do 'intelecto passivo', νοῦς παθητικός, sem deixar muito claro se era uma "parte separável" realmente ou só conceitualmente, mas considerando-o, em todo caso, como uma capacidade para compreender as "coisas inteligíveis" (os "universais", a "ciência"). Enquanto a faculdade sensível tem a capacidade de apreender os "aspectos sensíveis" das coisas, o intelecto passivo tem a capacidade de apreender os "aspectos inteligíveis". Mas os "aspectos inteligíveis" oferecem uma dificuldade que não se encontra nos "aspectos sensíveis" — ambos devem ser atualizados para ser apreendidos. Porém, enquanto a atualização dos aspectos sensíveis é uma causa — ou, melhor, um "movimento" —, parece difícil admitir que haja uma causa ou um movimento (ou um mesmo tipo de causa ou movimento) que atualize os "aspectos inteligíveis". Daí esse outro intelecto, que desde Alexandre de Afrodísia é chamado de "intelecto ativo", νοῦς ποιητικός, e ao qual se refere Aristóteles ao dizer que é aquele intelecto por meio do qual a capacidade de apreensão dos aspectos inteligíveis se atualiza ou chega a ser efetiva.

De Teofrasto até Zabarella houve interpretações muito diversas das noções de "intelecto passivo" ("intelecto paciente", "intelecto em potência", δυνάμει νοῦς) e de "intelecto ativo" ("intelecto agente", "intelecto em ato"), e de suas relações mútuas. Resumiremos as opiniões mais fundamentais, ou mais detacadas.

Teofrasto admitiu uma "mistura", μῖξις, dos dois intelectos. Cada um deles é um aspecto da atividade intelectual ou uma das funções básicas dessa atividade. A posição de Teofrasto às vezes foi chamada de "imanentista" porquanto faz o intelecto ativo radicar na alma individual. Teofrasto destacava, para esse efeito, a expressão aristotélica "na alma", ἐν τῇ ψυχῇ, que se encontra na passagem supracitada, e enfatizava que se é "na alma" que se encontram "as diferenças" — entre intelecto ativo e passivo — não há motivo para sustentar que o intelecto ativo exista separadamente do passivo. Opondo-se à interpretação de Alexandre de Afrodísia (cf. *infra*), Temístio manifestou opiniões parecidas com as de Teofrasto. O mesmo ocorreu com Simplício. Também são consideradas "imanentistas" as interpretações de Santo Alberto Magno e de Santo Tomás. Este último, por exemplo, destaca o mencionado "na alma" e diz (*In. Arist. librum De an. comm.*, lib. III, lect. 10, 736) que se, segundo o Estagirita, os dois intelectos estão *in anima*, isso dá a entender que são partes da alma, ou potências da alma (*partes animae, vel potentiae*) e não substâncias separadas (*et non (...) substantiae separatae*). Isso não significa, contudo, que Santo Tomás seja necessariamente imanentista no mesmo sentido que Teofrasto. Em todo caso, ele não oferece uma interpretação "naturalista" de Aristóteles. Santo Tomás destaca o "imanentismo" contra o "transcendentismo" e o "separatismo" de Averróis e dos averroístas latinos, contra os quais escreveu o *De unitate intellectus contra Averroistas*. Para Santo Tomás, o intelecto ativo está na alma como uma virtude capaz de tornar inteligível o que o sensível possui de inteligível. A atividade ou passividade do intelecto são funções deste em relação à realidade. Por outro lado, os inteligíveis movem o intelecto.

Essas interpretações "imanentistas" são radicalmente distintas das interpretações "transcendentistas". Dentre elas destacam-se a de Alexandre de Afrodísia e a de Averróis, que deram origem às duas "orientações transcendentistas" no assunto que nos ocupa: o alexandrinismo e o averroísmo. Segundo Alexandre de Afrodísia, o intelecto ativo é uno e eterno, e pode ser identificado com o Primeiro Motor. Somente o intelecto passivo ou em potência (intelecto material) está ligado às almas humanas individuais, as quais posuem, além disso, um intelecto adquirido, νοῦς ἐπίκτητος (posteriormente chamado de *intellectus adeptus*). As teses de Alexandre de Afrodísia foram revividas, com intenções distintas, por muitos autores que seguiram a doutrina agostiniana da iluminação (VER) divina. Esses autores tenderam a conceber o intelecto ativo como a Luz divina. Por outro lado, segundo Averróis, não há diferença entre o intelecto ativo e o passivo; ambos formam um único intelecto. Por conseguinte, os homens não pensam; é o intelecto único que pensa neles. Esse intelecto único constitui a esfera ínfima das "inteligências": é "a esfera das almas humanas". Avicena também afirmava que o intelecto é uma das esferas na série das "inteligências": a décima esfera que "dá [imprime] as Formas". No entanto, há uma diferença fundamental entre a concepção averroísta e a aviceniana. Na primeira há um único intelecto transcendente às almas, de tal modo que estas não podem ser imortais: somente o intelecto único é imortal. Daí a oposição de Santo Tomás e de outros autores ao averroísmo. Na segunda concepção, em contrapartida, o "intelecto único" é somente o ativo, de tal modo que a imortalidade das almas não fica excluída. Na verdade, há relações estreitas entre a concepção de Avicena e a de certas correntes agostinianas, enquanto elas não podem existir entre essas correntes e o averroísmo.

As últimas discussões importantes acerca da questão da diferença ou da identidade entre o intelecto ativo e o passivo foram as que tiveram como figuras centrais Pomponazzi e Zabarella. Esses dois autores defenderam uma doutrina parcialmente similar à de Teofrasto e parcialmente similar à de Alexandre de Afrodísia. Em muitos aspectos os autores supracitados são considerados "alexandrinistas" e "antiaverroístas".

Pode-se pensar que desde Zabarella o problema que apresentamos aqui deixou de existir. Porém, seria mais justo dizer que deixou de existir em sua formulação original. O mesmo problema subsiste enquanto um dos problemas centrais da teoria do conhecimento. Ele pode ser reformulado na pergunta: Como é possível o conhecimento — enquanto "ciência" — em sujeitos que, por sua estrutura psicológica e psicofisiológica, parecem poder apreender apenas "dados dos sentidos" e não "dados inteligíveis", "universais" etc.? Nesse sentido, muitos filósofos modernos se ocuparam do problema. Pode-se até mesmo estudar a teoria do conhecimento de Kant como uma resposta à questão da natureza e da função de uma espécie de "intelecto ativo": o que é constituído pelos conceitos do entendimento. Ao mesmo tempo, as diversas interpretações possíveis de Kant podem ser estudadas como diversas formas da natureza e da função desse "intelecto ativo". Por exemplo, se esse "intelecto" é "o sistema de conceitos ou relações que tornam a ciência possível", destaca-se o caráter "transcendente" do "intelecto", o que não ocorre se o mencionado "sistema de conceitos" é visto como resultado de uma atividade dos sujeitos enquanto sujeitos cognoscentes.

⊃ Sobre as diversas concepções do intelecto e particularmente sobre o "intelecto ativo" e as diferenças, ou a identidade, entre o "intelecto ativo" e o "intelecto passivo", destacamos os seguintes trabalhos em ordem histórica: Gustav Teichmüller, "Platon und Aristoteles", em *Studien zur Geschichte der Begriffe*, 1874; reimp., 1966, pp. 482-509 (sobre intelecto ativo e passivo). — Franz Brentano, *Die Psychologie des Aristoteles, insbesondere seine Lehre vom* νοῦς ποιητικός, 1867. — Michaelis, *Zur aristotelischen Lehre vom* ΝΟΥΣ, 1888. — F. Granger, "Aristotle, De anima, 429 b 26-430 a 25 (On the active and passive Reason)", *The Classical Review*, 6 (1892), 298-301. — R. Bobba, *La dottrina dell'inteletto in Aristotele e nei suoi più illustri interpreti*, 1896. — P. Bokonew, "Der νοῦς παθητικός bei Aristoteles", *Archiv für Geschichte der Philosophie*, 22 (1909), 493-510. — Hans Kurfess, "Zur Geschichte der Erklärung der aristotelischen Lehre vom sogenanten ΝΟΥΣ ΠΟΙΗΤΙΚΟΣ", 1911 (tese). — E. Joyau, "La théorie aristotélicienne de l'intelligence", *Revue de Philosophie*, 16 (1919), 5-23. — M. DeCorte, *La doctrine de l'intelligence chez Aristote. Essai d'exégèse*, 1934. — G. Verbeke, "Comment Aristote conçoit-i l l'immatériel?", *Revue philosophique de Louvain*, 44 (1946), 205-236. — F. Nuyens, *L'évolution de la psychologie d'Aristote*, 1948 [trad. do holandês]. — Klaus Oehler, *Die Lehre vom noetischen und dianoetischen Denken bei Platon und Aristoteles*, 1962. — O. Hamelin, *La théorie de l'intellect d'après Aristote et ses commentateurs*, 1953, ed. E. Barbotin. — E. Barbotin, *La théorie aristotélicienne de l'intellect d'après Théophraste*, 1954. — P. Moraux, *Alexandre d'Aphrodisie, exégète de la noétique d'Aristote*, 1942. — O. Balleriaux, *Themistius. Son Interprétation de la noétique aristotélicienne* [dissertação manuscrita na Biblioteca da Universidade de Liège, 1941, cit. por E. Barbotin]. — Id., *D'Aristote à Themistius. Contribution a une histoire de la noétique d'après Aristote* [tese inédita, Liège, 1943; cit. por E. Barbotin]. — Martin Grabmann, "Mittelalterliche Deutung und Umbildung der aristotelischen Lehre vom ΝΟΥΣ ΠΟΙΗΤΙΚΟΣ: nach einer Zusammenstellung im Cod. B. III 22 der Universitätsbibliothek Basel. Untersuchung und Textausgabe", *Sitzungsberichte der Bayer. Ak. der Wiss. Phil. Hist. Abt.*, Heft 4, 1936. — P. Wilpert, "Die Ausgestaltung der aristotelischen Lehre vom *Intellectus agens* bei den griechischen Kommentatoren und der Scholastik des 13. Jahrh.", em *Aus der Geisteswelt des Mittelalters. Studien und Texte M. Grabmann (...) gewidmet*, 1935 [Beiträge zur Geschichte der Philosophie und Theologie des Mittelalters. Supp. III, 1]. — B. S. Christ, *The Psychology of the Active Intellect of Averroes*, 1926. — G. Da Palma, *La dottrina sull'unità dell'intelleto in Sigieri di Brabante*, 1955. — Zdzistaw Kuksewicz, *De Siger de Brabant à Jacques de Plaisance: La théorie de l'intellect chez les averroïstes latins des XIIIe et XIVe siècles*, 1967. — E. Q. Franz, *The Thomistic Doctrine on the Possible Intellect*, 1950. — Otto Keichner, *Der* intellectus agens *bei Roger Bacon*, 1913.

Estudou-se extensamente a noção de intelecto como atividade intelectual em Santo Tomás; sobre o assunto, ver: J. Peghaire, *Intellectus et Ratio selon saint Thomas d'Aquin*, 1936. — G. Rabeau, *Species. Verbum. L'activité intellectuelle selon Saint Thomas d'Aquin*, 1938. — R. McInerny, *Aquinas Against the Averroists: On There Being Only One Intellect*, 1993.

Um exame psicológico da noção de intelecto ativo: O. Pit, *L'intellect actif ou du rôle de l'activité mentale dans la formation des idées*, 1890. ⊂

INTELECTO ATIVO [AGENTE, ATUAL], INTELECTO PASSIVO [PACIENTE, EM POTÊNCIA]. Ver INTELECTO.

INTELECTUALISMO. Dá-se esse nome a diversas doutrinas: 1) à que considera a inteligência, o entendimento ou a razão como os únicos órgãos adequados de conhecimento; 2) à que considera que a realidade é em última análise de natureza inteligível; 3) à que afirma a superioridade da inteligência sobre a vontade, seja no homem ou mesmo em Deus; 4) à que considera que o homem está destinado por natureza ao conhecimento.

Às vezes essas doutrinas combinam-se entre si. A primeira concepção funda-se freqüentemente na segunda, e ambas se baseiam na quarta. Algumas vezes a terceira é considerada o fundamento da primeira ou da quarta. Alguns autores, no entanto, admitem uma das citadas doutrinas, sem por isso considerar que é inevitável aderir a qualquer uma das outras. A primeira é geralmente sustentada na teoria do conhecimento; a segunda, na metafísica; a terceira, na teologia; a quarta, na antropologia filosófica.

Certos pensadores admitem alguma das doutrinas em questão, mas consideram que devem ser introduzidas restrições. Assim, a primeira às vezes se confunde com o racionalismo, mas às vezes é considerada uma doutrina destinada fazer a mediação entre o racionalismo radical e o empirismo radical. Pode-se admitir a segunda doutrina mencionada sem desembocar obrigatoriamente em um panlogismo (VER). O intelectualismo designado pela terceira concepção é atribuído por alguns autores a Santo Tomás, falando-se então do intelectualismo desse teólogo diante — por exemplo — do voluntarismo de Duns Scot, sem que por isso se suponha que Santo Tomás fosse um racionalista no sentido moderno. A quarta doutrina pode ser atenuada indicando-se que o conhecimento ao qual o homem está "destinado" é principalmente de natureza intelectual, mas não de modo exclusivo.

Quando o intelectualismo é de índole epistemológica, costuma ser contraposto ao empirismo, ao voluntarismo e ao emotivismo, mas o nome 'intelectualismo' continua sendo vago se não se precisa o que se entende por 'operação intelectual'. O intelectualismo na teoria do conhecimento designa, além disso, não apenas uma certa atitude diante da origem (e da validade) do conhecimento da realidade, mas também diante da origem (e da validade) dos juízos de valor. Há sobretudo um intelectualismo na ética, que destaca o primado intelectual de qualquer juízo moral.

Às vezes se emprega 'intelectualismo' para designar todo um grupo de tendências filosóficas ou até toda uma época. Assim, por exemplo, é frequente qualificar-se a filosofia moderna de intelectualista. Ao intelectualismo opõe-se o antiintelectualismo em suas diversas formas, seja como mera negação do primado do que é intelectual, seja como afirmação do primado de outros modos de conhecer: a vontade, a emoção, a intuição etc. Algumas vezes o antiintelectualismo se confunde com o irracionalismo (VER), mas essa confusão nem sempre é legítima, sobretudo quando o chamado "irracionalismo" é simplesmente o reconhecimento da existência de algo irracional.

Frequentemente se chama de "intelectualismo" toda doutrina segundo a qual o experimentar se reduz a um conhecer (cf. J. Dewey, *Experience and Nature* [1929], p. 21). Com base nessa idéia, pode-se caracterizar o intelectualismo como uma doutrina segundo a qual a relação *sujeito-objeto* é fundamentalmente de caráter cognoscitivo (ou ao menos importa filosoficamente somente na medida em que é de caráter cognoscitivo). Nesse sentido, muitas das filosofias contemporâneas *não* são intelectualistas. Não o são especificamente as filosofias contemporâneas que fazem do conhecer apenas uma das possíveis relações entre o sujeito e o mundo.

Caberia distinguir doutrinas intelectualistas, não intelectualistas e antiintelectualistas. Com efeito, pode-se adotar uma posição não intelectualista sem se adotar uma atitude antiintelectualista. Por outro lado, toda posição antiintelectualista é necessariamente não intelectualista.

INTELIGÊNCIA. O uso do vocábulo 'inteligência' suscita vários problemas. Em princípio, usa-se 'inteligência' para traduzir o termo latino *intelligentia*. Mas este último termo teve sentidos muito diversos. Nem sempre é fácil rastrear esses sentidos no uso comum de 'inteligência', a menos que se ressalte que se emprega o vocábulo neste ou naquele contexto ou com esta ou aquela significação. Assim, por exemplo, fala-se da idéia de inteligência em Santo Agostinho, em Santo Tomás etc., e se compara então o significado de 'inteligência' (isto é, *intelligentia*) com o significado de outros termos como 'entendimento' ou 'intelecto' (*intellectus*), 'razão' (*ratio*) etc. Às vezes se usa 'inteligência' com referência à segunda hipóstase (VER) plotiniana, o Nous (VER) (também descrito como "o Inteligível"). Em alguma relação com esse uso encontra-se o emprego de 'inteligência' com referência às "inteligências puras", sejam elas as "esferas inteligíveis" ou os "anjos". Também se usa 'inteligência' como sinônimo de 'intelecto', falando-se então de 'inteligência ativa' e 'inteligência' como sinônimo de 'entendimento' (VER).

Para complicar as coisas, o termo 'inteligência' é usado hoje em um sentido principalmente psicológico, como denotando uma certa "faculdade" ou uma certa "função" (a "faculdade" ou "função" intelectual). Fala-se então de uma "psicologia da inteligência" na qual desaparecem quase por completo o sentido metafísico e também o sentido gnoseológico de 'inteligência'.

Com o fim de não nos perdermos nesse labirinto lingüístico, adotamos as seguintes convenções:
1) Tratamos do sentido metafísico, e em parte epistemológico, de 'inteligência' no verbete sobre o vocábulo latino *intelligentia* (VER).
2) Dedicamos verbetes especiais a Entendimento (VER) e a Intelecto (VER), de acordo com certos usos desses termos, já explicados nesses verbetes. Em alguns casos se poderia substituir 'intelecto' por 'inteligência', mas preferimos o primeiro termo.
3) Limitamo-nos a tratar no resto deste verbete dos seguintes sentidos de 'inteligência': *a*) o sentido psicológico, ou principalmente psicológico, que, dada a índole desta obra, na qual os temas psicológicos têm uma função auxiliar, trataremos de modo breve; *b*) o sentido de 'inteligência' em alguns dos idealistas pós-kantianos; *c*) o sentido de 'inteligência' em Taine; *d*) o sentido de 'inteligência' em Bergson; *e*) o sentido de 'inteligência' — particularmente na expressão 'inteligência sentinte' — em Xavier Zubiri.

O significado psicológico de 'inteligência' traz consigo alguns dos sentidos que não eram propriamente — ou inteiramente — psicológicos em alguns modos de consideração da inteligência. Isso ocorre sobretudo quando se entende 'inteligência' como um conjunto de funções distintas, ou ao menos distinguíveis, das que são agrupadas sob os termos 'memória', 'vontade', 'sentimento'. 'Inteligência', 'memória', 'vontade' e 'sentimento' e, mais frequentemente, 'inteligência', 'memória' e 'vontade' foram nomes com os quais foram designadas várias possíveis "faculdades", ou "capacidades", ou "funções", ou "grupos de funções". Na "psicologia das faculdades" (ver FACULDADE) a inteligência — às vezes também chamada de "entendimento" e de "intelecto" — foi considerada uma das faculdades humanas básicas, e às vezes a faculdade humana básica. Quando se abandonou a linguagem da "psicologia das faculdades" preferiu-se falar de "função", de "funções" ou de "grupo de funções" intelectuais. Na chamada "análise fatorial da inteligência" (ver FACULDADE, *ad finem*) a inteligência foi definida como um conjunto de funções, mas de tal modo características e distinguíveis de outras que recebeu o nome de "uma função fundamental", similar a uma "faculdade".

Uma caracterização muito geral e muito comum da inteligência em sentido psicológico consistiu em concebê-la como uma capacidade possuída por certos organismos para adaptar-se a situações novas utilizando para isso o conhecimento adquirido ao longo de processos de adaptação anteriores. Desse ponto de vista, a inteligência é considerada uma capacidade de aprendizagem e de aplicação da aprendizagem. Levantou-se o problema de se essa concepção da inteligência não seria exclusivamente de índole "prática" (e "pragmática") e de se a definição em questão também pode ser aplicada à esfera "teórica". Os autores de tendência behaviorista tenderam a considerar o prático e o teórico como dois aspectos no "processo de adaptação e de aprendizagem". Outros autores, em compensação, consideraram ou que a inteligência é exclusivamente "prática", ou que, quando é "teórica", não se trata propriamente de inteligência, mas de alguma outra função.

Está relacionada com este último ponto a discussão sobre se a inteligência caracteriza propriamente os seres humanos ou se se pode falar também de inteligência animal. Essa discussão foi muito incentivada pelos famosos experimentos de Köhler (VER) sobre "a inteligência dos chimpanzés". Tais experimentos provaram que os chimpanzés são capazes não apenas de aprender, mas também de "refletir" de uma certa maneira diante de um "problema novo" (por exemplo, o problema de alcançar uma banana por meio de dois bastões, cada um dos quais sendo muito curto, mas que podem ser encaixados um no outro para alcançar o comprimento necessário). Alguns autores argumentaram que os experimentos em questão provam que a inteligência não é uma capacidade específica do homem. Outros indicaram que não há diferença essencial entre o homem e certos animais se se concebe a inteligência no sentido em que o conceito foi usado por Köhler, mas que se pode oferecer outra definição de 'inteligência' na qual intervenham operações intelectuais distintas das executadas pelos chimpanzés. Outros reconheceram que a inteligência não é uma capacidade especificamente humana, mas isso não significaria a inexistência de qualquer possibilidade de encontrar uma diferença essencial entre os animais superiores e o homem. Essa é a opinião de Max Scheler ao indicar que o homem se caracteriza não pela inteligência, mas pela "razão" como faculdade de apreensão de essências puras, independentemente dos possíveis efeitos práticos da atividade racional.

Alguns idealistas pós-kantianos utilizaram o vocábulo 'inteligência' (*Intelligenz*) em vários sentidos. Destacamos aqui os usos de Fichte e de Hegel. Fichte falou de um "sistema da inteligência" (*System der Intelligenz*) e considerou que a inteligência tem dois aspectos: o prático e o teórico. Hegel às vezes concebeu a inteligência como "espírito teórico" (*theoretischer Geist*), e concebeu o espírito enquanto apreensor da realidade em duas formas: a forma da subjetividade (ou inteligência) e a da objetividade (ou vontade). A inteligência foi definida por Hegel como "faculdade cognoscitiva" (*Erkenntnisvermögen*).

Taine entende por 'inteligência' (*intelligence*) "*o que se entendia outrora por entendimento ou intelecto, isto é, a faculdade de conhecer*" (usando 'faculdade' como um "nome cômodo"). A análise da inteligência é para Taine uma "psicologia geral", mas dentro desta se encontra uma teoria do conhecimento que vai desde o estudo dos signos, das imagens e das sensações até o estudo da razão como conhecimento de "coisas gerais" e de "leis".

O sentido de 'inteligência' em Bergson está parcialmente ligado aos estudos psicológicos sobre a inteligência e, parcialmente, ao predomínio de uma concepção behaviorista e pragmática da inteligência. Segundo Bergson, a inteligência se contrapõe ao instinto (VER). A inteligência — que de ser uma função psicológica própria do homem ou de certo grupo de organismos passa a ser uma "tendência geral na evolução" — está destinada a organizar a realidade material tendo em vista seu domínio. Por isso a inteligência corta, divide, organiza e articula em vez de reconhecer a continuidade e o "fluxo" do real. A inteligência é "inimiga da vida" (ou, melhor, da "Vida") na medida em que "demonstra uma incompreensão natural da Vida". Abordamos esse ponto com maior detalhamento nos verbetes BERGSON e INSTINTO (neste último também nos referimos às idéias de Max Scheler sobre o assunto). Acrescentemos aqui somente que as idéias de Bergson, e possivelmente as de Scheler, estão dentro da linha de orientação "antiintelectualista" que tende a "rebaixar a inteligência" com o fim de sublinhar a importância de outras funções, tais como a intuição (VER).

Falamos da concepção de inteligência como "inteligência sentinte" em Xavier Zubiri em vários verbetes deste Dicionário. Indicaremos aqui apenas alguns aspectos capitais dessa concepção. Segundo Zubiri, a inteligência é constituída formalmente pela "abertura às coisas como realidades", de tal modo que "a formalidade própria do inteligido é 'realidade'". A inteligência não é, contudo, independente do "sentir". O puro sentir apresenta as coisas como estímulos. Mas há um modo de "sentir" que as apresenta como realidades: é um modo de sentir intelectivo mediante o qual a sensibilidade se torna intelectiva. Dizer que a sensibilidade se torna intelectiva é também dizer que a inteligência se torna "sentinte". Embora o sentir e o inteligir sejam operações distintas, elas estão unidas na estrutura "inteligência sentinte". Não se deve confundir essa inteligência com a mera intelecção de "coisas sensíveis" A inteligência sentinte apreende as coisas reais em sua "impressão de realidade". Esta é "a impressão da formalidade própria das qualidades sentidas".

➲ As obras sobre psicologia da inteligência são numerosas; limitamo-nos a mencionar, como exemplo: Alfred Binet, *Étude expérimentale de l'intelligence*, 1903. — C. Spearman, *The Nature of Intelligence and the Principles of Cognition*, 1923. — Jean Piaget, *La psychologie de l'intelligence*, 1947. — L. J. Bischof, *Intelligence, Statistical Concepts of Its Nature*, 1954. — J. P. Guilford, *The Nature of Human Intelligence*, 1967. — O. Flanagan, *The Science of the Mind*, 1984; 2ª ed., 1991. — R. J. Sternberg, *Metaphors of Mind: Conceptions of the Nature of Intelligence*, 1990. — Para as obras de Scheler e de Zubiri, ver os verbetes sobre esses autores. ◖

INTELIGÊNCIA ARTIFICIAL. A cibernética (VER), a teoria da informação (VER) e da comunicação (VER), a teoria dos autômatos, a engenharia na construção de computadores etc. combinaram-se às vezes para formar uma área de estudos conhecida pelo nome de "Inteligência artificial". Com isso se compara, e contrasta, essa inteligência com a "inteligência natural", isto é, com a que se manifesta nos seres vivos, e especificamente no homem.

Enquanto comparação, e contraste, entre um mecanismo construído — construído, se se permite uma redundância, "artificialmente" — e um indivíduo como o ser humano, podem ser introduzidas na área de estudos indicada noções como as de "sentimentos", "emoções", "consciência" etc., mas o mais comum é a restrição ao tema da inteligência na medida em que designa uma série de operações no curso das quais são realizados cálculos, resolvidos problemas (matemáticos e não-matemáticos), na qual se joga (por exemplo, xadrez), se aprende, se faz a distinção entre diversas formas ou padrões, se traduz de uma linguagem para outra etc.

As relações, analogias, diferenças etc. entre a inteligência artificial e a inteligência "natural" deram origem a problemas muito diversos que há algum tempo eram formulados sob a epígrafe "homens e máquinas". Foi comum o estabelecimento do problema: "Uma máquina pode atuar inteligentemente?", ou "Uma máquina pode atuar tão inteligentemente quanto um ser humano?", ou "Uma máquina pode simular atos de inteligência de tal modo que sejam comparáveis, ou idênticos, aos realizados por um ser humano?".

Turing formulou o problema na pergunta "Uma máquina pode pensar?". A máquina à qual se alude aqui é uma "máquina de Turing", que pode servir de modelo para computadores digitais. Tratamos dessa questão no verbete TURING (MÁQUINAS DE), indicando a resposta afirmativa de Turing e as razões nas quais se baseia.

O estudo da inteligência artificial não concerne apenas à construção de certas máquinas, mas também, e sobretudo, à programação delas. A pergunta sobre o que pode fazer, ou não pode fazer, uma máquina do tipo indicado se transforma no problema da natureza da programação, de suas possibilidades e de seus limites. A ciência da inteligência artificial é, desse modo, equiparável à ciência da programação de computadores, que são, em geral, digitais, mas podem ser analógicos.

Os autores que responderam negativamente à pergunta "Um computador pode pensar?" ou que assinalaram limites ao que ele pode fazer aduziram razões muito diversas: fracasso (após um êxito inicial) nos programas de computação; distinção radical entre a inteligência natural (humana) e a artificial por causa do caráter da "apreensão global" de situações por parte da primeira, graças à função desempenhada pelo corpo humano (cf. H. L. Dreyfus [*What Computers Can't Do: A Critique of Artificial Reason*, 1972]). Aqueles que responderam afirmativamente à pergunta indicada mostraram que em cada um dos casos postos em dúvida é possível a execução das programações necessárias (cf. Margaret A. Boden, *Artificial Intelligence and Natural Man*, 1977). Isso não significa que, na prática, a simulação inteligente completa seja sempre possível.

O campo chamado de "inteligência artificial" permite unificar várias áreas — epistemologia, matemática, lingüística, neurologia etc. —, o que torna possível estabelecer conexões até agora insuspeitas, ou pouco exploradas. Uma dessas possíveis conexões é a que se pode estabelecer entre redes neuroniais e mecanismos de programação.

•• A mais grave limitação de que padecem os computadores clássicos (ver MÁQUINAS LÓGICAS) é que também funcionam com uma lógica clássica ou booleana, que só permite juízos e raciocínios baseados em predicados precisos. Assim, na teoria clássica dos conjuntos, pode-se dizer de qualquer objeto que ou pertence ou não pertence a um dado conjunto. Ora, parece claro que os juízos categóricos ("crisp") e o dualismo não correspondem em absoluto ao modo habitual de raciocinar mais propriamente humano. A vaguidade, a incerteza, a imprecisão são consubstanciais com o comportamento inteligente humano. Daí que, ao querer simular esse comportamento, tenha sido necessário o desenvolvimento de lógicas fora do padrão, capazes de modelizar esses complexos processos de pensamento. Nessa linha proliferaram, por exemplo, os trabalhos lógicos sobre a analogia e a metáfora. A lógica que abriu melhores perspectivas para essa modelização foi a lógica do ambíguo (ver AMBÍGUO) iniciada com os trabalhos de L. Zadeh.

O próximo passo qualitativo importante da Inteligência Artificial é a construção de computadores de "quinta geração", que devem abandonar o tratamento seqüencial da informação para passar a um tratamento em paralelo. ••

➲ Da volumosíssima literatura que expõe as bases, os métodos e os projetos filosoficamente mais interessantes na Inteligência Artificial, ver: D. H. Hofstadter, *Gödel, Escher, Bach: An Eternal Golden Braid*, 1979. — J. Chambers Webb, *Mechanism, Mentalism, and Metamathematics. An Essay on Finitism*, 1980. — R. Turner, *Logics for Artificial Intelligence*, 1984. — S. Torrance, ed., *The Mind and the Machine: Philosophical Aspects of Artificial Intelligence*, 1984. — P. H. Winston, K. A. Prendergast, eds., *The A. I. Bussiness: Commercial Uses of Artificial Intelligence*, 1985. — J. Haugeland, *Artificial Intelligence: The Very Idea*, 1985. — M. Nowakowska, *Cognitive Sciences: Basic Problems, New Perspectives, and Implications for Artificial Intelligence*, 1986. — M. A. Boden, *Artificial Intelligence and Natural Man*, 1987. — R. Born, ed., *Artificial Intelligence: The Case Against*, 1987. — D. H. Helman, ed., *Analogical Reasoning: Perspectives of Artificial Intelligence, Cognitive Science, and Philosophy*, 1988. — M. A. Boden, *Artificial Intelligence in Psychology: Interdisciplinary Essays*, 1989. — R. H. Thomason, ed., *Philosophical Logic and Artificial Intelligence*, 1989. — J. H. Fetzer, *Artificial Intelligence: Its Scope and Limits*, 1990. — M. Boden, ed., *The Philosophy of Artificial Intelligence*, 1990. — M. Wagman, *Artificial Intelligence and Human Cognition*, 1991. — Id., *Cognitive Science and Concepts of Mind Toward a General Theory of Human and Artificial Intelligence*, 1991. — P. A. Flach, R. A. Meersman, eds., *Future Directions in Artificial Intelligence*, 1991. — T. C. Moody, *Philosophy and Artificial Intelligence*, 1993. — J. Copeland, *Artificial Intelligence. A Philosophical Introduction*, 1993 (com bibliografia nas pp. 283-298). ◖

INTELIGÍVEL. De diferentes formas e com distintos vocábulos, desde Platão, estabelece-se uma distinção entre o sensível, αἰσθητός, *sensibilis*, e o inteligível, νοητός, *intelligibilis*. Na medida em que o eleatismo influenciou Platão, o sensível se distinguia do inteligível como a multiplicidade se distingue da unidade. Mas em seus esforços para se desfazer das conseqüências do eleatismo, Platão também admitiu uma multiplicidade inteligível ou ideal. Para Platão, inteligíveis são as coisas enquanto verdadeiras, os seres que são, τὰ ὄντως ὄντα; sensíveis são as coisas na medida em que são somente matéria de opinião. A distinção entre o sensível e o inteligível também se encontra em Aristóteles (*De an.*, III, 8, 431 b 21): as coisas sensíveis são objeto dos sentidos; as inteligíveis são objeto do pensamento, da inteligência, da razão. No entanto, o modo de distinguir, e de relacionar, o sensível e o inteligível difere em Platão e em Aristóteles. No primeiro há, por um lado, uma separação entre o sensível e o inteligível e, por outro, uma relação de fundamentação: o inteligível é o fundamento, ao menos enquanto modelo, do sensível. No segundo não há separação entre o sensível e o inteligível; este último se encontra de algum modo no primeiro.

Para Plotino, o Inteligível é, por assim dizer, o conteúdo da Inteligência, νοῦς, primeira emanação do Uno. O inteligível é a inteligência "em repouso" (*Enn.*, III, ix, 1). Muitos filósofos falaram de um "mundo inteligível", κόσμος νοητός, como "mundo das idéias" (no sentido platônico de 'idéia'). Os escolásticos, e particularmente Santo Tomás, falaram do inteligível como o cognoscível mediante o intelecto (VER). O inteligível pode sê-lo por si mesmo (ou por sua essência) ou por acidente. O inteligível por si mesmo é apreendido imediatamente pelo intelecto; o inteligível por acidente é apreendido pelo intelecto junto com suas manifestações. As chamadas "espécies", ou elementos intermediários entre o sujeito e o objeto, também podem ser sensíveis ou inteligíveis. As espécies sensíveis são o que os sentidos se representam; as inteligíveis, o que se representa o intelecto.

Pelo que foi dito, percebe-se que a noção de inteligível — assim como a noção contraposta, ou correlacionada, de sensível — oferece ao mesmo tempo aspectos metafísicos e gnoseológicos. Metafisicamente, o inteligível é concebido como uma realidade — se não *a* realidade — enquanto é "verdadeira realidade", e esta, por sua vez, enquanto é imutável. Gnosiologicamente, o inteligível é concebido como o aspecto "pensável" e "racional" da realidade. Os dois aspectos encontram-se freqüentemente entremesclados. Em muitos casos, a concepção gnoseológica do inteligível está subordinada à sua concepção metafísica. Isso caracteriza múltiplas formas de platonismo e de neoplatonismo. Em outros casos tende-se a distinguir o inteligível do ponto de vista metafísico e o inteligível do ponto de vista gnosiológico. Isso ocorre freqüentemente na tradição aristotélica. No entanto, mesmo neste último caso, é possível, e não infreqüente, declarar-se, ou supor-se, que o fundamento do verdadeiro conhecimento está em uma "inteligibilidade" básica do que é conhecido, razão pela qual se pode concluir que o inteligível é primariamente o real — ou ao menos se encontra *no* real — e secundariamente um modo de compreender o real em sua verdadeira realidade.

Na filosofia moderna, falou-se menos do inteligível que no pensamento antigo e medieval, mas em alguns casos — por exemplo, no chamado "racionalismo", e particularmente no "racionalismo de Leibniz-Wolff" — admitiu-se não apenas um mundo inteligível, mas também sua cognoscibilidade. A existência de todo um mundo inteligível foi rejeitada pelos empiristas de todas as tendências. Por outro lado, Kant identificou o mundo inteligível com o mundo numênico (ver COISA EM SI; NÚMENO) e, embora não o tenha excluído em princípio, declarou-o incognoscível. O cognoscível para Kant não é o mundo inteligível, mas o "mundo intelectual", isto é, o mundo na medida em que é acessível ao sujeito cognoscente por meio das formas e conceitos *a priori*.

Em um sentido muito mais geral se usa o termo 'inteligível' — e termos como 'inteligibilidade' — com referência ao "racionalmente compreensível", ao "pensável". Nesse sentido, fala-se da inteligibilidade ou não-inteligibilidade das coisas, do real, do mundo em geral etc. Alguns autores consideraram que o real nunca é propriamente inteligível, e que o ser inteligível é apenas uma propriedade do ideal.

⊃ Ver: W. M. Urban, *The Intelligible World: Metaphysics and Value*, 1929. — G. Nebel, *Plotins Kategorien der intelligiblen Welt*, 1929. — J. Ritter, *Mundus Intelligibilis: Eine Untersuchung zur Aufnahme und Umwandlung der neuplatonischen Ontologie bei Augustinus*, 1937. — J. Pépin, "Élements pour une histoire de la relation entre l'intelligence et l'intelligible chez Platon et dans le néoplatonisme", *Revue philosophique de la France et de l'Étranger*, 81 (1956), 39-64. — Wilhelm Teichner, *Die intelligible Welt. Ein Problem der theoretischen und praktischen Philosophie. I. Kants*, 1967. — G. N. Schlesinger, *The Intelligibility of Nature*, 1985. — E. Joos, *Intentionality. Source of Intelligibility: The Genesis of Intentionality*, 1989. — C. Dilworth, ed., *Intelligibility in Science*, 1991. ⊂

INTELLIGENTIA. Pelas razões aduzidas em INTELIGÊNCIA (VER) decidimos dedicar um verbete especificamente ao termo latino *intelligentia*. Neste verbete trataremos de alguns significados de *intelligentia* — e também do plural, *intelligentiae* —, de acordo com certos usos em autores de língua latina. Isso não significa que *intelligentia* tenha apenas os sentidos aqui indicados. É preciso levar em conta que muito freqüentemente foram usados como sinônimos *intelligentia* e *intellectus*. Por essa razão remetemos especialmente ao verbete INTELECTO como complemento deste.

Santo Agostinho usou *intelligentia* (e também *intellectus*) para designar a faculdade da alma (humana) superior à razão, *ratio*. Esta última consiste no movimento da mente, *mens*, de uma coisa para outra (ou de uma proposição para outra). A razão dá lugar, pois, ao "raciocínio". A *intelligentia*, em compensação, dá lugar a uma "visão", e particularmente a uma "visão interior" (mais exatamente, a uma visão das realidades no interior da alma, visão que se torna possível por meio da iluminação [VER] divina). *Intelligentia* foi usado no citado sentido, e em outros muito similares, por autores que seguiram a doutrina agostiniana da iluminação. Também foi usado por Santo Agostinho ao tratar da Trindade divina. No entanto, embora esse autor tenha feito a distinção entre *memoria, intelligentia* e *voluntas* ao falar do processo trinitário e ao falar da alma humana, isso não significa que se trata das mesmas operações ou do mesmo tipo de distinção.

Santo Tomás usou *intelligentia* para designar a ação e o efeito de *intelligere*. Esse verbo foi entendido freqüentemente como um *intus legere*, um "ler por dentro", isto é, um "inter-pretar". Por isso, *intelligere* é freqüentemente traduzido por 'entender' (e às vezes por 'perceber'), assim como *intelligentia* é freqüentemente traduzida por 'entendimento' (e às vezes por 'percepção'). Não obstante, segundo Peter Geach (*God and the Soul*, 1969, p. 31), embora em latim corrente *intelligere* equivalha, com efeito, a 'entender', muitos filósofos medievais usaram o termo no sentido de 'pensar (em, sobre, acerca de)', analogamente ao verbo aristotélico νοεῖν, *noein*. Isso ocorre em Santo Tomás em frases como *Homo actu intelligens lapidem*, que significa "O homem (um homem) pensa efetivamente (em ato) em uma pedra" e não "O homem (um homem) entende efetivamente (em ato) uma pedra". Por isso, segundo Geach, *actu intelligibile* significa "atualmente (efetivamente) pensado" e não "atualmente (efetivamente) entendido".

A *intelligentia* é considerada por Santo Tomás uma das virtudes intelectuais, juntamente com a *scientia*, a *sapientia* e a *prudentia*. A *intelligentia* também é descrita como um *habitus principiorum* (ver HÁBITO).

O próprio Santo Tomás e também muitos outros autores medievais também usaram *intelligentia* no sentido de *intelligentia separata*. Esse uso está ligado à noção neoplatônica das "esferas inteligíveis", especialmente tal como foi elaborada por vários filósofos árabes, particularmente por Avicena. Para isso usou-se a expressão citada no plural: *intelligentiae separatae* (ou também *substantiae separatae*). De acordo com isso, há tantas *intelligentiae* quanto "esferas inteligíveis". Segundo o que vimos em INTELECTO, Avicena (e também Averróis) considerou a última esfera das *intelligentiae* como a própria do intelecto ativo (e para Averróis, do "intelecto único"). Há, pois, uma ordem de *intelligentiae*, na qual a *ultima intelligentia* envia a espécie inteligível ao intelecto. Do ponto de vista teológico também foram chamados de *intelligentiae* os anjos, enquanto "inteligências puras" ou "substâncias espirituais" sem nenhum corpo ou matéria.

INTENÇÃO, INTENCIONAL, INTENCIONALIDADE. Examinaremos dois sentidos dessas noções: (I) o sentido lógico e epistemológico (e em parte psicológico), que muitas vezes estão entremesclados, e (II) o sentido ético.

(I) *Sentido lógico e epistemológico (e em parte psicológico)*. O vocábulo 'intenção', *intentio*, expressa a ação e o efeito de tender (*tendere*) a algo (*aliquid tendere*). Assim o encontramos em Santo Tomás, *S. theol.*, Ia-IIae, q. XIII, a 1, embora deva-se levar em conta que o mesmo autor às vezes enfatiza que se trata de um vocábulo equívoco (*De potentia*, V, I). Quando tomado em um sentido lógico — no sentido da chamada *lógica material* escolástica —, gnosiológico e (em parte) psicológico, ele designa o fato de que nenhum conhecimento atual é possível se não há uma "intenção". A intenção é então o ato do entendimento *dirigido* ao conhecimento de um objeto. Mas, como nesse ato podem ser distinguidos vários elementos por parte do sujeito e por parte do objeto, a significação de 'intenção' é um tanto ambígua. Foi o que reconheceu São Boaventura, junto com Santo Tomás, ao escrever, em *In lib. II Sent.*, d. 38, a 2, q. 2 ad 2, o seguinte: "A intenção às vezes significa a potência que tende a algo; às vezes, a condição segundo a qual tende ou tenta; às vezes, o ato de tender a; às vezes, a coisa mesma à qual tende. E, embora seja verdade que o nome 'intenção' se refere ao ato mesmo, às vezes manifesta as outras acepções. Quando se diz que a intenção é o olho, a intenção é uma potência. Quando se diz que é luz, ela é considerada uma condição dirigente. Quando se diz que é o próprio fim, é tomada no sentido daquilo a que se tende. E quando se diz que certa intenção é reta e outra oblíqua é considerada como o ato". Ora, impôs-se cada vez mais na escolástica o sentido de 'intenção' como um modo particular de atenção (ou modo de ser do ato cognoscitivo) à realidade conhecida. Daí a divisão (que Santo Tomás aborda em *S. theol.*, I, q. LIII) dos conceitos em conceitos de primeiras intenções e conceitos de segundas intenções. Trata-se primariamente de atos. Mas, como esses atos se referem a conceitos, a divisão em questão acaba sendo de natureza lógica. Alguns autores árabes já haviam proposto a tese do ser intencional como realidade presente na mente. A mente é atencional, na medida em que tende às coisas, e as coisas são intencionais na medida em que tendem ao ser. Isso ocorre em Avicena (cf. M. Cruz Hernández, *La metafísica de Avicena*, 1949, pp. 57-67), que distingue intenções sensíveis, intenções não-sensíveis e intenções inteligíveis. Essa tese e essas distinções desempenharam um papel fundamental nos escolásticos dos séculos XIII e XIV. Particularmente durante o último século citado — no qual a investigação lógica predominou, ao menos nesse aspecto, sobre a gnosiológica — foi comum estudar as primeiras intenções como termos que se referem aos objetos reais, e as segundas intenções como termos que se referem aos objetos lógicos. Esses dois tipos de intenção constituem uma subdivisão nos termos de primeira imposição (VER). Não se trata, como precisaram posteriormente os escolásticos, de uma divisão do objeto ou do conceito, mas de uma divisão do conceito em razão do objeto. Assim, as primeiras intenções são termos como 'árvore', 'estrela' e, em geral, classes. As segundas são termos como 'classe'. Os escolásticos consideravam como segundas intenções sobretudo termos como 'identidade', 'alteridade', 'coexistência', 'incompatibilidade'. Mas os termos em questão são mais abundantes. A lógica é às vezes definida como a ciência das segundas intenções aplicadas às primeiras intenções, pois estuda os objetos segundo o estado no qual são recebidos pelo intelecto. Daí que a lógica se refira, segundo a maior parte dos escolásticos, a objetos formais, mas fundando-se na realidade.

Sugeriu-se algumas vezes que a doutrina escolástica das intenções é análoga à teoria contemporânea dos tipos (ver TIPO). Alguns autores (como Church) observaram que há entre ambas uma diferença importante: na doutrina escolástica não há hierarquia ascendente infinita, nem sequer termos de terceira intenção. A observação é correta em sua primeira parte; quanto à segunda, observou-se que ao menos os transcendentais podem ser considerados termos de terceira intenção.

O entrelaçamento entre o sentido gnoseológico e o sentido lógico do vocábulo 'intenção' deve-se quase sempre a que, como precisou João de Santo Tomás, a intenção é entendida ao mesmo tempo como um ato e como um conceito do intelecto (cf. *Cursus philosophicus*, I, q. 2, art. 2). Contudo, assim como nos parágrafos anteriores o sentido lógico era predominante, em outras ocasiões observamos o predomínio do sentido gnoseológico. Isso ocorre, por exemplo, quando Santo Tomás usa o termo 'intencional' ao se referir às formas intencionais ou espécies intencionais. Essas formas também são resultado do estudo da relação entre o sujeito cognoscente e o objeto conhecido. Como o sujeito se torna objeto sem deixar de ser sujeito, é necessário, para explicar sua presença nele, introduzir a noção de *espécie intencional*, que determina a chamada existência intencional, *esse intentionale* ou *esse naturae* (*S. theol.*, I, q. LVI, 2 ad 3; q. LVII, I ad 2; *In Lib I Sent.*, d 33, q. 1 a 1 ad 3 *et al.*). Como vimos mais detalhadamente em outro verbete (ver ESPÉCIE), trata-se de uma forma cognoscitiva, não-ontológica — de um "meio" pelo qual se chega ao conhecimento. Mas, como o objeto adquire assim uma nova forma de apresentação, pode-se falar analogamente que tem um nova maneira de ser e, portanto, que algo ontológico se insere na relação gnoseológica. Segundo Santo Tomás, somente quando a forma tem um modo intencional de existência o objeto (como objeto de conhecimento) está presente no sujeito.

As significações de 'intenção' e de 'intencional' (assim como a de 'intencionalidade') não se esgotam com as acima apontadas. Os escolásticos usaram 'intenção' em outras acepções, ainda que todas tenham sua raiz na idéia de *tender a*, que implica um sujeito que tende e um objeto ao qual se tende. Isso ocorre com a noção de *intentio intellectiva* (traduzida por X. Zubiri mediante a expressão 'intenção entendida') usada por Suárez na *Disputación* segunda, de acordo com os usos escolásticos anteriores, especialmente de autores que seguiram Averróis. A intenção entendida é o objeto acerca do qual versa a concepção formal no sentido de Suárez, concepção à qual nos referimos em CONCEITO e em FORMA. Há, pois, pelo que parece, duas tradições na noção de intencionalidade, ou do ser intencional, *esse intentionale*. A última citada é a que vai de Averróis a Jean Ponsot († 1644); segundo John N. Deely (*The Tradition via Heidegger*, 1971), ela foi revivida por Heidegger. A primeira é a mais conhecida, e vai desde alguns escolásticos, como Santo Tomás, até Brentano e Husserl.

Costuma-se afirmar que Brentano tomou a noção escolástica de *intentio*, mas, de acordo com o que assinalamos, ele tomou uma das tradições dessa noção. Esta havia sido esquecida durante a época moderna, embora não tão completamente como às vezes se supõe, pois, afora a tradição propriamente escolástica, ainda no século XVII a noção de intenção desempenhava um papel fundamental em várias filosofias. Sobre esse assunto, Husserl observou que o *cogito* cartesiano é intencional e que cada *cogito* tem seu *cogitatum* (*Die Krisis etc*., I, § 20; *Husserliana*, VI, 84). E Scheler observara que no começo da época moderna estava muito arraigada a doutrina da intencionalidade dos sentimentos a que nos referimos em EMOÇÃO e em SENTIMENTO. Ora, é verdade que, após um período de ocaso, Brentano fez da noção de intencionalidade um conceito *central* de sua psicologia. Segundo Brentano, os atos psíquicos possuem — ao contrário dos fenômenos físicos — uma intencionalidade, isto é, referem-se a um objeto ou o mentalizam. "Todo fenômeno psíquico" — escreve Brentano — "é caracterizado pelo que os escolásticos da Idade Média chamaram de inexistência (VER) intencional (ou mental) de um objeto, e que nós chamaríamos, embora com expressões não inteiramente inequívocas, de referência a um conteúdo, de direcionamento rumo a um objeto (pelo qual não se deve entender aqui uma realidade) ou de objetividade imanente" (*Psicología*, II, I, trad. J. Gaos). A inexistência no sentido de uma *in existência* ou "existência em algo" é, portanto, como declara o próprio Brentano seguindo a terminologia escolástica, um "estar objetivamente em algo", em que 'objetivamente' deve ser entendido no sentido de objeto (VER) como conteúdo de um ato de representação.

Na concepção brentaniana da intencionalidade — ao menos tal como apresentada na *Psicologia do ponto de vista empírico* — o importante é a imanência do objeto na consciência, mais que o direcionamento da consciência para o objeto. Brentano chegou a se desinteressar pela citada imanência do objeto para se ocupar mais do mencionado "direcionamento da consciência para o objeto", mas em nenhum momento abandonou seu propósito capital, que era distinguir esmeradamente os fenômenos físicos e os fenômenos psíquicos. Em compensação, Husserl, que tomou de Brentano a idéia de intencionalidade, interessou-se mais pelo elemento da direção, estudando antes o que chamou de "intenções" do que a própria natureza dos objetos intencionais. Além disso, a doutrina husserliana da intencionalidade tinha um alcance maior que a de Brentano, pois constituiu uma das bases da fenomenologia (VER). Resenharemos a seguir algumas das idéias husserlianas sobre o assunto.

Nas *Investigações lógicas*, Husserl se ateve principalmente à noção brentaniana de intencionalidade: "Consideramos que a referência intencional, entendida de modo puramente descritivo, como peculiaridade íntima de certas vivências, é o traço essencial dos 'fenômenos psíquicos' ou 'atos', de tal modo que vemos na definição de Brentano, segundo a qual os fenômenos psíquicos são 'aqueles fenômenos que contêm intencionalmente um objeto', uma definição essencial, cuja 'realidade' (no antigo sentido) está naturalmente assegurada pelos exemplos" (Quinta Investigação, § 10; trad. esp., Morente-Gaos, tomo III, pp. 151-152; ver também IDEAÇÃO). Ao mesmo tempo, porém, Husserl considerou que se deve evitar falar de "fenômenos psíquicos" e que se deve introduzir antes a expressão 'vivências intencionais'. "O adjetivo qualificativo *intencional* [aplicado a "vivência"] indica o caráter essencial comum à classe de vivências que se busca definir, a propriedade da *intenção*, que é o referir-se a algo objetivo no modo da representação ou em qualquer modo análogo" (*ibid*., § 13; *id*., p. 160). A intenção é entendida enquanto um "atender", no qual, além disso, deve-se excluir completamente a idéia de atividade.

Nas *Idéias* Husserl precisou o sentido (ou sentidos) de 'intenção'. "Reconhecemos sob a intencionalidade a propriedade das vivências de 'serem consciência de algo' (*Bewusstsein von etwas zu sein*). Essa propriedade maravilhosa, à qual se reduzem todos os enigmas metafísicos e da razão pura, apareceu diante de nós sobretudo no *cogito* explícito: perceber é perceber algo, talvez uma coisa; julgar [ajuizar] é julgar [ajuizar] uma situação; valorar é valorar um conteúdo valioso; desejar é desejar um conteúdo apetecível etc. O agir se refere à ação, o fazer concerne ao feito, o amar, ao amado, a alegria, àquilo que alegra etc. Em todo *cogito* atual, um olhar irradia do puro Eu para o 'objeto' do correspondente correlato da consciência" (*Ideen*, I, § 84; *Husserliana*, III, 204; cf. também §§ 36, 85; *ibid*., III, 79-81 e 207-212). Isso não significa que em toda experiência do eu possa ser descoberta tal "direcionalidade". A intencionalidade pode "ocultar-se". Além disso, há campos potenciais de percepção que se transformam em intencionais.

Deve-se ter em mente que há em Husserl não apenas diversos conceitos de 'intenção', mas também a idéia de que há várias formas de intenção. Assim, a intencionalidade da "mera representação" não é a mesma que a do juízo, da suposição, da dúvida, do desejo etc. Há intenções teóricas e intenções volitivas etc. Além disso, enquanto nas *Investigações* Husserl tendia a destacar o caráter objetivante e relacionante dos atos intencionais, em obras posteriores enfatizou seu caráter "constitutivo", de acordo com o qual as intenções são "cumprimento" de atos intencionais. Com isso se chega à idéia de que os objetos intencionais se constituem mediante atos intencionais.

Em suma, apesar da indubitável dívida de Husserl em relação a Brentano nesse aspecto, o primeiro modificou a noção de intenção consideravelmente. Às características anteriormente indicadas da noção husserliana de intenção acrescentemos que para Husserl nem todas as vivências são necessariamente intencionais; há vivências puramente "sensíveis" e, por isso, "cegas" — são os "conteúdos sensíveis" ou "conteúdos hiléticos" (ver HILÉTICO). Além disso, as vivências propriamente intencionais distinguem-se segundo as maneiras de "posição" (*Setzung*). Pode-se entender essa "posição" em sentido restrito e em sentido lato. Em sentido restrito temos atos "efetivamente objetivantes" (ou "atos doxais"). Em sentido lato, temos atos "emocionais" (enquanto "teses" e "posições") (cf. *Ideen*, I, § 117; *Husserliana*, III, 288). Quando se unem, em qualquer um dos sentidos indicados, a "matéria intencional" e a "posição", temos a essência intencional propriamente dita.

A noção de intenção também foi objeto de estudo por parte de vários pensadores "analíticos" e "lingüísticos", como Hampshire. Em seu livro *Thought and Action* (1959), Stuart Hampshire reconhece que a noção que nos ocupa agora é uma das mais complexas: "a noção de vontade, de ação, de relação entre o pensamento e a ação, de relação entre o espírito de uma pessoa e o seu corpo, da diferença entre obedecer a uma convenção ou norma e possuir meramente um hábito — todos esses problemas coexistem na noção de intenção" (*op. cit.*, p. 96). Embora a linguagem — especialmente por meio de expressões como 'buscar', 'tratar de', 'pensar em' e outras análogas — nos proporcione indícios muito úteis para desentranhar os diversos significados de 'intenção', um exame exclusivamente lingüístico não parece, contudo, suficiente. Com efeito, uma das características da noção de intenção é que "em qualquer uso da linguagem tendo em vista a comunicação oral ou escrita há uma intenção por trás das palavras efetivamente usadas, isto é, o que pretendo dizer, ou o que quero que seja entendido do que digo, por meio das palavras empregadas" (*op. cit.*, p. 135). Segundo G. E. M. Anscombe (*Intention*, 1957; trad. esp.: *Intención*, 1991), as intenções são atos não-observados. Em relação a esses atos pode-se formular a pergunta "Por quê?", mas sem que a resposta a essa pergunta indique qualquer coisa de natureza causal. G. E. M. Anscombe fala de três modos de entender a noção de intenção: como expressão de intenção em relação a um futuro ("Vou fazer isto ou aquilo"), como ação intencional (como quando se faz algo e se pergunta com que intenção isso foi feito) e como intenção no atuar.

Quando se fala de intenções (ou de "propósitos"), nem sempre se quer dizer que há atos especiais chamados desse modo, isto é, atos que podem ser realizados ou não e que, quando realizados, merecem o nome de "ações" ou de "atos". Charles Taylor (*The Explanation of Behaviour*, 1964, p. 10) indicou que uma intenção (ou propósito) é pura e simplesmente o fato de que, dado um agente com uma intenção ou propósito, o requerimento de um acontecimento para determinada finalidade constitui uma condição suficiente para que o acontecimento ocorra. Como isso parece dar a entender que há um agente com um propósito, o qual é distinto do que o agente faz, de tal modo que são reinseridas as noções de "intenção" ou "propósito" como atos especiais, propôs-se (cf. Richard Taylor, *Action and Purpose*, 1966, pp. 141 ss.) entender as intenções ou propósitos como constituintes das ações. Isso equivale a não distinguir intenção e ação e oferece uma dificuldade: a presença de intenções não-realizadas.

Entre os pensadores analíticos discutiu-se freqüentemente se as intenções, assim como as ações, têm ou não um caráter causal, e, no caso de se lhes ser negado o caráter causal, se são ou não de natureza teleológica, isto é, se se determinam ou, ao menos, se explicam em virtude de sua finalidade. As teorias causalistas contrapuseram-se às teleológicas, mas às vezes se tentou escapar do aparente dilema "causalidade-finalidade" alegando que não se trata de uma questão teórica, e sim empírica, e que deve ser resolvida, por conseguinte, por pesquisas psicológicas e não por análises filosóficas das implicações de se dizer 'X tem a intenção de...'.

(II) *Sentido ético*. O vocábulo 'intenção' também foi usado nessa esfera, principalmente pelos escolásticos, com base no sentido primário do tender a outra coisa: *in aliud tendere*. A coisa rumo à qual se tende aqui não é, porém, o objeto de conhecimento, mas um fim "moral". Por isso a intenção nesse sentido é uma *intentio finis* procedente do ato da vontade, guiado pelo entendimento, o qual investiga os meios que conduzem ao fim. A intenção ocupa um lugar importante na série de *actiones voluntatis*. O entendimento julga; a vontade determina-se mediante uma intenção. Outros atos paralelos da vontade são a escolha e a fruição (*fruitio*). Os escolásticos também distinguiam a intenção imediata e a mediata, a indireta e a direta. Desde Gregório I (540-609) — que foi, segundo Ziegler, o primeiro a usar o termo neste sentido — 'intenção' significava uma ação do ponto de vista do agente como ser dotado de vontade, assim como na lógica material e na epistemologia designava uma ação do ponto de vista do agente como ser dotado de inteligência. As significações posteriores de 'intenção' como vocábulo ético estão todas baseadas nessa idéia. Isso ocorre inclusive quando se fala (Kant) da intenção da Natureza (por analogia com a intenção do sujeito moral) e se indica (cf. *K. d. U.*, § 68) que a faculdade do juízo concebe a Natureza *como se* houvesse intenção em seus fins.

O problema da intenção moral é um dos problemas fundamentais da ética. O rumo tomado por esta depende em grande parte da maior ou menor importância que se dê à intenção. Alguns autores destacam, com efeito, como elementos determinantes do valor moral, as intenções; outros, os atos (e até mesmo o mero resultado deles). Em geral, pode-se dizer que a ética formalista (Kant) *tende* ao predomínio da intenção (já enfatizada por alguns filósofos medievais, como Abelardo), ao contrário da maior parte das morais antigas, que *tendiam* ao predomínio da obra. De acordo com as éticas formalistas, rigorosamente, só são morais os atos que têm uma intenção moral, isto é, aqueles executados em virtude de princípios morais e *quaisquer que sejam seus resultados*. Segundo as éticas não-formalistas (ou materiais), o resultado da ação moral é decisivo (e até mesmo exclusivamente determinante) para o juízo ético.

Não é fácil decidir-se por uma dessas duas posições. Os partidários do predomínio da intenção argumentam, contra seus adversários, que é impensável uma ação moralmente boa que resulte de uma ação moralmente má, pois em caso contrário estaria aberta a porta a um completo realismo pragmatista. Os partidários do predomínio da obra assinalam, segundo o célebre provérbio, que "de boas intenções o inferno está cheio". Para resolver o problema, alguns declararam que tanto uma má intenção que dá lugar a uma boa ação como uma boa intenção que origina uma má ação são impensáveis. A base dessa solução é a negação da possibilidade de uma separação completa entre intenção e ação (ou obra); a separação — argumentam vários pensadores — é artificial e obedece a uma prévia e ilegítima hipóstase dos modos de ser moral que designamos com os *nomes* 'intenção' e 'ato'. No entanto, essa solução depara com grandes dificuldades. A *primeira* delas é o esquecimento do *fato* de que se pode ter efetivamente a intenção de fazer algo e fazer o contrário, como expressa a famosa passagem de São Paulo: "Tenho a vontade, mas não o poder de fazer o bem. Não faço o bem que quero, mas o mal que não quero, faço" (Rm 7,18-19), ou como indicam as tão citadas palavras de Medéia no poema de Ovídio: *Video meliora, proboque deteriora sequor* (*Metamorphoses*, 7.21: "Vejo o melhor e o mais correto, mas me inclino ao pior"). Deve-se observar que as experiências usuais sobre a distância entre o propósito e a ação não são equivalentes ao provérbio citado acima, pois aqui se afirma algo mais que o fato de que boas intenções *podem* produzir resultados moralmente desastrosos e, portanto, que possa haver discrepância entre o que se quer fazer e o que *resulta* do querer: indica-se que o próprio espírito do homem está moralmente dividido, e que se há divisão deve haver nele ao menos dois elementos, nem que seja sob a forma de atitudes psicológicas. A *segunda* dificuldade consiste no fato de que dentro das próprias intenções ou ações dão-se combinações inesperadas. Isso foi destacado por muitos autores, tanto filósofos (vemos isso em Plotino, nos estóicos, na casuística moral escolástica e depois em J.-P. Sartre) como literatos (para nos limitarmos a alguns romancistas: em Pérez Galdós, Dostoiévsky, Proust, Henry James, Thomas Mann, Graham Greene). De acordo com isso, um complexo de boas intenções pode desembocar em uma má intenção; um complexo de boas obras pode ter como resultado uma obra má etc. Desvanece-se assim o otimismo (muito em voga no século XVIII e em parte do XIX) que afirmava a natural conjunção dos bens (de toda índole) entre si, e dos males (de toda índole) entre si, de tal modo que, segundo essa doutrina, bastaria desenvolver no homem potências boas para que o resultado fosse bom. E se se argumentar que isso pertence à prática e à casuística morais, mas não à teoria (ou aos *princípios* da moral), esquece-se que na moral, mais que em qualquer outra esfera, teoria e prática não podem ser separadas arbitrariamente. Assim, o problema da intenção e de sua relação com a ação permanece de pé como uma das mais agudas questões da ética.

Segundo Nietzsche, a noção de intenção desempenha um papel decisivo para determinar o tipo de ética adotado (cf. *Jenseits*, § 32). Nietzsche divide a história da moral em três grandes períodos. O primeiro deles é o período *pré-moral*, no qual o valor ou desvalor de uma ação são inferidos apenas de suas conseqüências (incluindo os efeitos retroativos delas). O segundo é o período *moral*, período "aristocrático", no qual predomina a questão da "origem" da ação moral. No entanto, quando o primado da "origem" é levado a suas últimas conseqüências, já não se enfatiza a origem do ato, mas a intenção de agir de certo modo: esta é tudo o que se requer para qualificar o "ato" de moral. Por isso o segundo período é o período em que predomina a moral das intenções. O terceiro período é, segundo Nietzsche, o período do futuro, o chamado *ultramoral* e defendido pelos "imoralistas". Nele se considerará que o valor de uma ação radica justamente no fato de *não* ser intencional. A intenção será considerada apenas um sinal externo que exige uma explicação. Somente assim, pensa Nietzsche, se superará a moralidade e se descobrirá uma "moral" situada "além do bem e do mal".

↳ Sobre a natureza da intenção e do intencional em autores medievais: K. Gyeke, "The Terms 'Prima Intentio' and 'Secunda Intentio' in Arabic Logic", *Speculum*, 46 (1971), 32-38. — E. Pisters, *La nature des formes intentionnelles d'après saint Thomas d'Aquin*, 1933. — A. Hayen, *L'intentionnel selon saint Thomas*, 1942; 2ª ed., 1954. — Simonin, O. P., "La notion d'*intentio*' dans l'oeuvre de saint Thomas d'Aquin", *Revue des sciences philosophiques et théologiques*, 19 (1930), 445-463. — Adolf M. Heimler, *Die Bedeutung der*

Intentionalität im Bereich des Seins nach Thomas von Aquin. Versuch einer Synthese, 1962. — Arno Anzenbacher, *Die Intentionalität bei Thomas von Aquin und Edmund Husserl*, 1972. — S. Swiezawski, "Les intentions premières et les intentions secondes chez Jean Duns Scot", *Archives d'histoire doctrinale et littéraire du moyen âge*, 9 (1934), 205-260.

A intenção e o intencional em Brentano: Aquilina Satué Álvarez, *La doctrina de la intencionalidad en F. Brentano*, 1961. — Roderick M. Chisholm, "Brentano on Descriptive Psychology and the Intentional", em *Psychology and Existentialism*, eds. Edward N. Lee e Maurice N. Mandelbaum, 1967; reimp., 1969, pp. 1-23.

Intenção e intencionalidade em Husserl: Isidor Fisch, *Husserl's Intentionalitäts- und Urteilslehre*, 1942 (disc. inaug.). — Q. Lauer, *Phénoménologie de Husserl. Essai sur la genèse de l'intentionnalité*, 1955 (tese). —Alexandre Fradique Marujão, *A doutrina da intencionalidade na fenomenologia de Husserl. Das* Investigações lógicas *às* Meditações cartesianas, 1955 [separata de *Biblos*, vol. 30]. — S. Breton, "De conceptu intentionalitatis conscientiae juxta thomismum et phenomenologiam Husserl", *Euntes docete*, 9, n. 13 (1956), 394-418. — Id., *Conscience et intentionalité*, 1956. — Miguel Cruz Hernández, *La doctrina de la intencionalidad en la fenomenología*, 1958. — E. Husserl, E. Paci, P. Caruso, F. Bosio et al., *Tempo e intentionalità*, 1960. — J. N. Mohanty, *The Concept of Intentionality: A Critical Study*, 1971. — Denise Souche-Dagues, *Le développement de l'intentionnalité dans la phénoménologie husserlienne*, 1972. — Arno Anzenbacher, *op. cit. supra*. — Guillermo Hoyos Vásquez, *Intentionalität als Verantwortung. Geschichtsideologie und Teleologie der Intentionalität bei Husserl*, 1975. — D. W. Smith, R. McIntyre, *Husserl and Intentionality: A Study of Mind, Meaning, and Language*, 1982.

Sobre diversas noções de 'intenção': Gustav Bergmann, *Meaning and Intentionality*, 1960 (cap. I: "Intentionality"). — J. N. Findlay, *Values and Intentions*, 1961. — Stuart Hampshire, *op. cit. supra*. — G. E. M. Anscombe, *op. cit. supra*. — Hermann Reiners, *Grundintention und sittliches Tun*, 1966. — Héctor-Neri Castañeda, ed., *Intentionality, Minds, and Perception: Discussions on Contemporary Philosophy*, 1967. — Jack W. Meiland, *The Nature of Intention*, 1970. — Roy Lawrence, *Motive and Intention: An Essay in the Appreciation of Action*, 1972. — Renato Lazzarini, *Le forme del sapere e il messaggio dell'intenzione*, 1972. — J. R. S. Wilson, *Emotion and Object*, 1972. — Jaakko Hintikka, *The Intentions of Intentionality and Other New Models for Modalities*, 1975. — Richard E. Aquila, *Intentionality: A Study of Mental Acts*, 1977. — J. F. M. Hunter, *Intending*, 1978. — C. Diamond, J. Teichman, eds., *Intention and Intentionality*, 1979. — R. M. Chisholm, *The First Person: An Essay on Reference and Intentionality*, 1981. — M. J. Harney, *Intentionality, Sense, and the Mind*, 1984. — D. F. Gustafson, *Intention and Agency*, 1986. — M. E. Bratman, *Intention, Plans, and Practical Reason*, 1987. — M. C. Shaw, *The Paradox of Intention: Reaching the Goal by Giving up the Attempt to Reach it*, 1988. — R. Audi, *Action, Intention, and Reason*, 1993. **C**

INTENÇÃO LINGÜÍSTICA. O termo 'intenção' foi empregado em relação ao problema do significado de palavras e frases, cabendo então falar de "intenção lingüística" para diferenciá-la de várias outras formas de intenção (ver INTENÇÃO, INTENCIONAL, INTENCIONALIDADE), embora algumas dessas formas estejam relacionadas com ela.

Alguns autores opinaram que o significado de palavras e frases, especialmente das últimas, reside na intenção do falante que as profere. O principal defensor dessa tese foi H. P. Grice ("Meaning", *Philosophical Review*, 65 [1957], 377-388; "Utterer's Meaning, Sentence-Meaning and Word-Meaning", *Foundations of Language*, 4 [1968], 1-18). Segundo Grice, é preciso especificar os significados de tipos de proferimentos; isso inclui proferimentos atemporais e temporais, completos e incompletos, e até mesmo não-lingüísticos junto com lingüísticos. O erro daqueles que admitem que o significado de um proferimento é independente da intenção do proferidor consiste em supor que somente desse modo se pode salvar a atemporalidade dos proferimentos, mas se a atemporalidade está incluída na intenção não há motivo para considerar esta última como fundamental nos proferimentos.

A tese de Grice tem antecedentes em Austin e foi tomada e elaborada por vários autores, como John Searle (em sua obra *Speech Acts*, 1969, e em diversos artigos). A tese se baseia na idéia da importância que têm os atos lingüísticos ou proferimentos em toda a trama da linguagem e, portanto, também nos significados. A essa tese opôs-se Paul Ziff ("On H. P. Grice's Account of Meaning", *Analysis*, 28 [1967], 1-8) e, por razões diferentes, Joseph Margolis ("Meaning, Speakers' Intentions, and Speech Acts", *Review of Metaphysics*, 26 [1973], 681-695). A tese foi reformulada várias vezes em crescente grau de refinamento por Grice (*Studies in the Way of Words*, 1989, reúne uma série de ensaios publicados anteriormente e relevantes para esta questão; entre eles: "Presupposition and Conversational Implicature", 1981; "Meaning Revisited", 1982; "Retrospective Epilogue", 1987).

A intenção lingüística como sede do significado constitui uma correção pragmática à excessiva insistência nos aspectos sintáticos da linguagem, com o esquecimento da importância que possam ter as noções de comunicação e de "tentativa de comunicação". Considera-se, ao menos implicitamente, que as correções aos "excessos sintáticos" oferecidas pelos estudos semânticos — tanto de semântica gerativa como, e sobretudo, de semântica interpretativa — não são suficientes para outorgar o devido peso às dimensões lingüísticas comunicativas. No entanto, o mais provável é que todas as dimensões — sintática, semântica de várias formas, pragmática e comunicativa — sejam fundamentais no estudo da linguagem e, especificamente, da questão dos significados de palavras e frases. Também é provável que a plausibilidade de uma dessas dimensões dependa em grande medida do tipo de expressão que se leve principalmente em conta. Expressões em linguagens formais ou expressões em linguagens informais orientadas formalmente são seguramente mais independentes da intenção lingüística que as expressões informais ligadas estreitamente a determinadas situações lingüísticas e, em última análise, humanas (sobretudo sociais e históricas) (cf., do autor deste Dicionário, *Indagaciones sobre el lenguage*, 1970, pp. 206-207).

INTENSÃO. Em muitos textos de lógica contemporâneos usa-se o termo 'intensão' no lugar do termo tradicional 'compreensão'. Os motivos desse uso são dois: 1) o termo 'intensão' oferece uma estrutura lingüística análoga à do termo contraposto 'extensão' (VER); 2) os significados de 'intensão' na lógica contemporânea nem sempre coincidem com os de 'compreensão'. Nós analisamos o sentido de 'intensão' no verbete sobre a compreensão (VER), e utilizamos quase sempre indistintamente 'intensão' e 'compreensão' ao longo deste Dicionário. Em geral, tivemos a *tendência* a usar 'compreensão' nos contextos relativos à lógica tradicional, e 'intensão' nos contextos relativos à lógica moderna, simbólica ou matemática.

Com relação a 'intensão' e 'extensão' usam-se os termos 'intensional' e 'intensionalmente' e 'extensional' e 'extensionalmente', para destacar que no primeiro caso se dá uma interpretação intensional dos termos usados e no segundo, uma interpretação extensional (que às vezes consiste em *não* oferecer uma interpretação intensional). Fala-se nesse sentido de lógicas intensionais e de lógicas extensionais. 'Intensionalismo' e 'extensionalismo' também são empregados para indicar duas orientações filosóficas estreitamente ligadas, cada uma delas, a determinado uso de termos.

Mary Spencer ("Why the 'S' in 'Intension'?, *Mind*, N. S., 80 [1971], 114-115) refere-se a uma passagem do livro de Peter Geach, *Reference and Generality* (1962, p. 157), em que esse autor indica que a ortografia correta de 'intensão' (*intension*) é 'intenção' (*intention*), e que a supostamente incorreta ortografia atual se deve a uma confusão de William Hamilton em suas *Discussions* (ver HAMILTON [WILLIAM], bibliografia), 3ª ed., 1866, p. 692. Este último autor pensou que "a intenção de um termo era uma espécie de magnitude extensiva, a *intensio* escolástica" (cf. *infra*). Mary Spencer salienta que nem Hamilton nem aquele que introduziu 'intensão' fizeram confusão. Hamilton quase sempre usa 'compreensão' (*comprehension*) em oposição a 'extensão' (*extention*) e às vezes 'profundidade' (*Depth*) e 'amplitude' (*Breadth*), respectivamente, correspondendo ao uso de πλάτος e βάθος pelos comentadores gregos de Aristóteles; o que ele diz é que Leibniz e seus seguidores preferiram 'extensão' e 'intensão' (mesmo que aqui intensão se distancie um tanto de seu significado próprio: o de grau"). Segundo Mary Spencer, a introdução de 'intensão' em Leibniz ocorre em *Nouveaux Essais*, IV, xvii, 8, mas Leibniz conhecia perfeitamente o uso "físico" escolástico de *intensio*.

No que diz respeito a este último uso, *intensio* tem o sentido de "aumento", "intensidade" (portanto, um sentido de "grau de"). *Intensio* foi freqüentemente usado no século XIV, especialmente nas discussões sobre o problema denominado *de intensione et remissione formarum* de que se ocuparam muito os mertonianos (VER) e os filósofos da chamada "Escola de Pádua" (VER). Trata-se do estudo do aumento (*intensio*) e da diminuição (*remissio*) das qualidades dos corpos naturais, especialmente de qualidades contrárias (como o calor e o frio). A questão remonta à Antiguidade, mas os filósofos do século XIV trataram dela mais intensamente que os de qualquer outra época. O termo *intensio* também foi emplamente usado nesse período ao se tratar do problema *de intensione et remissione motus*, isto é, do problema da aceleração (*intensio*) e desaceleração (*remissio*) do movimento, especialmente enquanto "movimento local", ou deslocamento de um móvel no espaço. A *intensio* de uma qualidade era às vezes chamada de *latitudo*; daí o problema *de latitudine formarum* de que se ocuparam os pensadores supracitados. Ao se aplicar a *latitudo* ao movimento, falava-se de *latitudo motus* e de *latitudo velocitatis* (ver obras mencionadas na bibliografia de MERTONIANOS).

INTERDEFINIBILIDADE DOS CONECTIVOS. Ver CONECTIVO.

INTERESSE. O conceito de "interesse" é extremamente amplo. Estar interessado é o "estar entre" (*interesse*). Inclui-se nisso a idéia de participação, especificamente a participação em bens, de qualquer tipo. Tem-se interesse por algo quando a ele se orienta a apetência, o desejo ou a vontade. Fala-se de vários tipos de interesse: interesses vitais, interesses sociais, econômicos, culturais etc. É freqüente contrastar-se o interesse com o conhecimento, pela razão de que durante muito tempo este último foi considerado uma atividade "pura" e "desinteressada", enquanto o interesse não parece ser "puro". Assim, a noção de interesse está enquadrada dentro da chamada "prática" ou "vida prática", ao contrário da "teoria" ou da "vida teórica". Quando o interesse e o desinteressado são distinguidos ao máximo, supõe-se em geral que o desinteresse é superior ao interesse e que, portanto, é preciso eliminar todo tipo de "interesse". Isso está relacionado com a idéia de que os interesses são causa de ofuscamentos e à idéia de que são "irracionais".

O interesse pela noção de interesse cresceu na medida em que, mais ou menos obscuramente, foram percebidas duas coisas: uma é que, de qualquer modo, os chamados "interesses", longe de não ter nenhuma relação com atividades supostamente desinteressadas, constituem um importante motor delas, se não o motor decisivo. A outra é que a separação entre interesse e desinteresse não equivale necessariamente a uma separação entre algo irracional e algo racional.

Podem ser encontrados precedentes da noção de interesse — como os interesses ou impulsos que movem os seres humanos para alcançar estes ou aqueles fins, e entre eles o conhecimento — em muitos autores, inclusive naqueles que, desde Aristóteles, conceberam, e propugnaram, a possibilidade de atividades desinteressadas; contudo, teorias mais elaboradas e detalhadas sobre o interesse encontram-se em autores materialistas modernos e em autores que dispensaram especial atenção a "impulsos", "sentimentos" e "paixões". Isso ocorre parcialmente em Hobbes e em Hume, e especificamente em autores como Helvetius, La Mettrie, Holbach e Mandeville.

É comum aos autores acima mencionados destacar os "impulsos" que movem os homens a fazer o que fazem, e até mesmo a pensar o que pensam. Esses impulsos são "egoístas" na medida em que tendem a satisfazer os desejos de cada um, e muito especialmente os desejos — considerados perfeitamente naturais — de obter o prazer e evitar a dor. Nas várias teorias do interesse desenvolvidas pelos autores em questão há alguns elementos de epicurismo, assim como do que foi posteriormente chamado de "utilitarismo" (VER). Certos autores proclamaram que os esforços para satisfazer os próprios desejos e, portanto, seguir os interesses individuais leva alguns homens a realizar coisas que de outro modo não fariam, de tal modo que se consideramos os próprios interesses, sob sua forma "egoísta", como "vícios", pode muito bem resultar deles, segundo a expressão de Mandeville (VER), "benefício público". Em geral, é característico de muitos autores do século XVIII considerar que há uma coincidência entre os interesses do indivíduo e os da comunidade, em virtude do pressuposto de que os benefícios individuais, somados, contribuem harmonicamente para o bem-estar social. Isso inclui o conhecimento, que desse modo é integrado aos "interesses".

O conceito de interesse tem importância na ética e, em geral, no que pode ser chamado de "antropologia filosófica kantiana". Em uma nota à seção II da *Fundamentação à metafísica dos costumes* (*Grundlegung zur Metaphysik der Sitten*, ed. da Academia, IV, 414), Kant define o interesse como "a dependência de uma vontade [na primeira edição: 'dependência da vontade'] casualmente determinável segundo princípios de razão". Kant acrescenta que somente há interesse em uma vontade dependente que não concorda *por si mesma* (grifo nosso) com a razão; não se pode conceber o interesse na vontade divina. "Mas mesmo a vontade humana pode *tomar um interesse* (*ein Interesse nehmen*) em algo sem por isso *agir por interesse* (*aus Interesse [...] handeln*). No primeiro caso, trata-se de *interesse prático* na ação; no segundo, *interesse patológico* no objeto da ação. O primeiro caso mostra apenas a dependência da vontade em relação a princípios da razão em si mesma; o segundo, dependência em relação aos princípios da razão para o propósito da inclinação, pois a razão apenas assenta a regra prática mediante a qual se ajudam as necessidades da inclinação. No primeiro caso, interessa-me a ação; no segundo, o objeto da ação (na medida em que me aprazível)" (*loc. cit.*). Kant recorda que na seção primeira da mesma obra ele salientara que quando a ação é realizada por dever não é preciso prestar atenção ao interesse no objeto, mas é preciso atentar somente para a própria ação e para seu princípio na razão, isto é, na lei (moral). Assim, pois, embora Kant não ceda em um ponto sequer em relação à pureza das noções de "boa vontade" e de "agir por dever", ele sublinha o papel desempenhado pelo interesse como motor a serviço da vontade (e também como motor a serviço da aspiração ao conhecimento). Trata-se de uma condição (psicológica) necessária, mas não (moral ou sequer epistemologicamente) suficiente. Na seção da *Fundamentação* intitulada "Do interesse inerente à idéia de moralidade", Kant reitera que o interesse possibilita que a razão se torne "prática", isto é, que se torne uma causa determinante da vontade. Ao contrário dos animais, que possuem apenas impulsos sensíveis, os homens "interessam-se" (por algo). Ora, o interesse pode ser ou puro ou empírico. É puro quando o interesse por uma ação, em razão exclusivamente da validade universal de sua máxima (VER), constitui uma base suficiente para determinar a vontade. É empírico quando a razão pode determinar a vontade somente por meio de outro objeto desejado ou quando leva em conta um sentimento particular do sujeito. O interesse da razão, isto é, agir deste ou daquele modo, é então somente indireto (*op. cit.*, 460). O problema que Kant elucida aqui é o problema de como é possível que (ou como é possível conceber que) a pura razão prescreva algo a um ser racional que é influenciado pela sensibilidade, ou seja, como é possível que (ou como é possível conceber que) a razão tenha algum poder ou capacidade (*Vermögen*). A questão desse poder ou capacidade não deve ser confundida com a da validade da máxima; esta, afirma Kant, é válida não por nos interessar, mas justamente o contrário: ela nos interessa por ser válida "para nós, os homens". Considerações substancialmente semelhantes às que estão sendo resenhadas aqui são feitas por Kant na *Crítica da razão prática*, especialmente na seção 3 do livro I, parte I, intitulada "Dos impulsos [incentivos] da razão pura prática". Do conceito de impulso ou incentivo (*Triebfeder*) provém, segundo Kant, o conceito de interesse, que não pode ser atribuído a um ser que carece de razão. O referido conceito indica "um impulso da vontade na medida em que é apresentado pela razão". Enquanto a lei moral deve ser por si mesma um impulso (ou incentivo) em uma vontade moralmente boa, o interesse moral tem de ser interesse não-sensível da razão prática. A noção de interesse é aplicável, observa Kant, somente a um ser finito e não a um ser infinito como Deus. Com efeito, somente em um ser finito não há coincidência perfeita entre o caráter subjetivo da escolha e a lei objetiva da razão prática.

A noção de interesse — ou outras noções associadas a ela — é importante em autores tão distintos entre si como Comte, os utilitaristas e Nietzsche. Em sua obra *Ethics and Language* (1944, V, 1), Stevenson se refere ao mesmo tempo a Hobbes e a Nietzsche; esses dois autores, com efeito, admitem que há motivos que podem determinar a "ação moral"; esses motivos são muito distintos em cada um dos autores, mas têm em comum o fato de não descartar o que hoje se chamaria de "interesses", incluindo, como indicava Hobbes, o predomínio de um egoísmo com relação a certos assuntos.

Os interesses que movem as ações humanas, tanto ações que entram no domínio do moral (ou imoral) como produtos culturais de todo tipo, podem ter um caráter predominantemente pessoal ou um caráter prevalentemente social. O primeiro é característico do pensamento de Kierkegaard; o segundo, do de Marx. O caráter pessoal dos interesses foi destacado por vários autores existencialistas; seu caráter social, por autores marxistas ou que de algum modo trataram da problemática marxiana. Um terceiro tipo de interesse — que poderia ser qualificado de cósmico-metafísico — é o que está implícito na filosofia schopenhaueriana da Vontade.

A noção de interesse já tem, pois, uma longa história, mas somente no século XX considerou-se o termo 'interesse', ou seus equivalentes em várias línguas, como termo central que designa uma noção capital. Mencionaremos vários casos típicos.

Um deles é sobretudo de natureza pedagógica, mas tem suas raízes em determinada concepção do homem. Trata-se da noção de interesse nos chamados "centros de interesse" por parte do educando, sobre os quais chamaram a atenção autores como John Dewey e O. Decroly. Na relação entre o educando e os bens culturais que supostamente lhe devem ser inculcados, Dewey e Decroly indicaram que nenhum processo educativo é fecundo se se começa estabelecendo uma separação entre o "sujeito" e os citados "bens". A apropriação desses bens e sua possível modificação ocorrem mediante uma intervenção ativa do educando, e isso é conseguido apenas quando, em vez de se lhe apresentar um sistema cultural já feito e supostamente objetivado, formam-se "centros", que são os "centros de interesse" já citados. A idéia de educação desenvolvida em torno do "interesse" (do educando) remonta a Rousseau, sobretudo no *Emílio* (Livro III) — no qual é enfatizada a necessidade de se levar em conta a espontaneidade do educando —, e a Herbart, especialmente na medida em que reagiu contra toda unilateralidade e passividade no processo educativo.

Fora do círculo pedagógico — ou pedagógico-filosófico —, encontramos o conceito de interesse como conceito central em autores que desenvolveram a sociologia do conhecimento (também chamada de "sociologia do saber" [ver SABER]). Max Scheler considera que a pouca ou escassa atenção que muitos filósofos prestaram à noção de interesse deve-se ao predomínio, neles, de um intelectualismo, freqüentemente combinado com o idealismo. Os filósofos em questão não levaram em conta que pode haver uma "ordem do amor" (*ordo amoris*, no sentido de Pascal e, antes, de Santo Agostinho), e embora o "amor" não seja, propriamente falando, "interesse", e menos ainda interesse egoísta do tipo descrito por Hobbes, há nele um "interesse" que não se encontra (ou que supostamente não se encontrava) no intitulado "conhecimento puro" ou "conhecimento desinteressado". Em Scheler, a idéia de interesse está ligada, por um lado, a certo "emotivismo" — no sentido de uma intuição emotiva — e, por outro, a uma série de fatores concretos de caráter antropológico-social. Isso equivale a dizer o que Ortega y Gasset amiúde destacou, isto é, que o conhecimento "é profundamente interessado", mas ele difere de Scheler na medida em que não estabelece, como aquele autor, uma distinção entre saber técnico, saber culto e saber de "salvação", nem tampouco liga, como também faz Scheler em seu escrito *Ordo amoris*, o interesse e o amor. O amor, enquanto "ter interesse em", não é, para Ortega, como o é para Scheler, um ato primordial que se agrega aos conteúdos previamente dados à consciência.

Em geral, muitos filósofos contemporâneos destacaram, implícita ou explicitamente, a noção de interesse — tanto por motivos sociológicos como filosófico-antropológicos. Essa mistura de motivos aparece em um autor cujo pensamento gira em grande parte em torno da noção de interesse: Jurgen Habermas. Para esse filósofo, o conhecimento é induzido ou conduzido pelo interesse (*erkenntnisleitendes Interesse*). Nesse sentido, Habermas liga seu pensamento, embora na forma de diálogo crítico, com a tradição marxista, com os trabalhos da sociologia do conhecimento e com Peirce e Dewey. Também o liga com a tradição da filosofia transcendental, que começa com Kant e continua em Fichte. Isso confere à noção de interesse, em Habermas, um duplo sentido, e ao mesmo tempo uma inevitável ambigüidade. Em *Erkenntnis und Interesse*, 1968, especialmente III, 9, pp. 235 ss. [cf. também o trabalho "Erkenntnis und Interesse", incluído em *Technik und Wissenschaft als "Ideologie"*, 1968], Habermas declara que não quer efetuar uma redução de "determinações" lógico-transcendentais a "determinações" empíricas. Por outro lado, tampouco se trata de uma noção meramente, ou estritamente, transcendental, afastada da história natural da espécie humana. A rigor, indica Habermas, "os interesses que conduzem o conhecimento medeiam (como não posso demonstrar aqui, mas apenas afirmar) a história natural da espécie humana e a lógica de seu processo de formação (...) Chamo de *interesses* as orientações básicas adscritas a determinadas condições fundamentais da possível auto-reprodução e autoconstituição da espécie humana, ou seja, ao *trabalho* e à *interação*" (*Erkenntnis und Interesse*, p. 242). Habermas insiste, pois, em que não se trata de gratificações de desejos empíricos imediatos mas de uma solução de problemas. São os problemas que, por outro lado, suscitam esses mesmos interesses, fundamentalmente os processos de aprendizagem e a compreensão mútua. Kant e Fichte descobriram a estreita relação entre interesse e razão na idéia dos interesses da razão, mas, sobretudo no caso de Fichte, essa relação era função do eu construtivo transcendental. Habermas busca mostrar que o interesse "mediador" é um processo em uma espécie de escala ou hierarquia de interesses. Por um lado, há o interesse que surge do desejo de domínio e controle da Natureza; é um interesse "técnico", mas na medida em que a tecnologia se baseia na ciência natural, ou está intimamente ligada a ela, cabe dizer que todo o conhecimento científico é dirigido pelo interesse. Por outro lado, há um interesse comunicativo, que é o que leva os membros de uma sociedade a se entender (e às vezes a não se entender) com outros membros da mesma comunidade, ou que leva a entendimentos (e mal-entendidos) entre diversas comunidades. A expressão intelectual desse interesse são as "ciências do espírito" — as ciências humanas e culturais — às vezes agrupadas sob a "hermenêutica". Por fim, há o interesse emancipador ou libertador, próprio da reflexão, e manifestado nas ciências propriamente críticas, como as teorias sociais e ao menos em parte do pensamento filosófico. A auto-reflexão pode se converter em uma ciência, como ocorre com a psicanálise e com a crítica das ideologias, e em uma ciência que, além disso, é capaz de dar conta das outras ciências — com os interesses concomitantes — e também de transformá-las. O interesse emancipador é um interesse justificador, e explicativo na medida em que é justificador.

Nem sempre é claro em Habermas se os três diversos tipos de interesse citados acima se distinguem nitidamente entre si ou se constituem algo como uma hierarquia mais ou menos contínua, com o interesse emancipador, ou o interesse pela emancipação, formando a culminação desse movimento de interesses, sendo com isso o ponto mais alto da auto-reflexão. Em todo caso, tal como se manifesta na crítica, especialmente na crítica mediante as ciências sociais, o interesse emancipador pode restabelecer, segundo Habermas, o abismo entre razões e decisões, entre instrumentos e finalidades. Mas não fica claro se o interesse emancipador não transcende então (a despeito do que se proclama) todos os interesses, que são relegados ao reino da instrumentalidade irracional ou da decisão arbitrária, convertendo-se em uma espécie de categoria transcendental fora da história e, com isso, fora até mesmo do "neomarxismo" supostamente característico dos autores da escola de Frankfurt.

Menos conhecida — ou discutida — atualmente que a mencionada teoria do interesse de Habermas é a ampla investigação da noção de interesse de Ralph Barton Perry em sua *General Theory of Value: Its Meaning and Basic Principles Construed in Terms of Interest* (1926). Como já indica o título da obra, Perry fundamenta no interesse toda a sua teoria dos valores. A noção de interesse está ligada, em seu entender, a todas as noções afins como as de instinto, desejo, sentimento, vontade e outras análogas (*op. cit.*, p. 27), podendo ser considerada, portanto, uma abreviatura. Segundo Perry, há quatro relações possíveis entre valor e interesse: 1) pode-se considerar o valor como independente do interesse; 2) pode-se consideráa-lo valor como algo que implica, evoca ou regula o interesse; 3) podem ser atribuídos valores a objetos possuidores de certos interesses determinados; 4) pode-se considerar que o valor, em um sentido genérico, está "promiscuamente" próximo de todos os objetos de todos os interesses. Perry adota o último tipo de relação e examina detalhadamente os diversos modos de interesse, assim como o papel desempenhado pelo interesse no conhecimento. Também examina complexos de interesses, incluindo a comunidade, a subordinação e a mutualidade de interesses (*op. cit.*, pp. 369-370). O conceito de interesse ganha assim um lugar central não apenas na teoria dos valores, mas também na teoria da sociedade e no exame de bens, incluindo o chamado "bem supremo".

Segundo Alfred Schutz (*Collected Papers*, I, p. 283), a palavra 'interesse', usada por Husserl para indicar o que alguém voltar-se para um objeto, o qual suscita certas expectativas, é apenas uma possível designação para uma "série de problemas complexos que, por razões de conveniência, serão denominados como o problema da *relevância*". Tratamos desse problema no verbete RELEVÂNCIA.

⊃ Além das obras mencionadas no texto, ver: G. Lunk, *Das Interesse*, 2 vols., 1926-1927. — C. J. Friedrich, ed., *The Public Interest*, 1962. — A. J. Krailsheimer, *Studies in Self-Interest from Descartes to La Bruyère*, 1962. — J. A. W. Gunn, *Politics and the Public Interest in the Seventeenth Century*, 1969. — V. Held, *The Public Interest and Individual Interests*, 1970. — D. Lyons, *In the Interest of the Governed: A Study in Bentham's Philosophy of Utility and Law*, 1973. — R. G. Frey, *Interests and Rights*, 1980. — H. M. Schmidinger, *Das Problem des Interesses und die Philosophie Sören Kierkegaards*, 1982 [Kant, Fichte, Hegel, Schiller, Kierkegaard]. — M. L. Myers, *The Soul of Modern Economic Man: Ideas of Self-Interest. Thomas Hobbes to Adam Smith*, 1983. — M. Nill, *Morality and Self-Interest in Protagoras, Antiphon and Democritus*, 1985. — S. Williams, *Conflict of Interest: The Ethical Dilemma in Politics*, 1985. C

INTERNALISMO. Ver EXTERNALISMO, INTERNALISMO.

INTERPARADIGMÁTICO, INTRAPARADIGMÁTICO. Javier Muguerza distinguiu esses dois termos do seguinte modo. Dado um paradigma (VER), pode haver dentro dele diversas opiniões que podem ser conflituosas. A luta entre essas diversas opiniões e qualquer solução oportuna que possa ser encontrada para os conflitos entre elas podem ocorrer dentro do próprio paradigma. Nesse caso temos uma razão intraparadigmática. Por outro lado, podem existir opiniões acerca das quais não seja possível discutir dentro de um paradigma e conflitos que não podem ser resolvidos dentro do paradigma, porquanto as opiniões pertencem a paradigmas distintos. Nesse caso temos uma razão interparadigmática. (Ver do citado autor: "La teoría de las revoluciones científicas. Una revolución en la teoría contemporánea de la ciencia", introdução a I. Lakatos e A. Musgrave, eds., *La crítica y el desarrollo del conocimiento científico*, trad. esp., 1975, pp. 13-80; reimp. no volume de Muguerza, *La ciencia incierta*). Se os paradigmas a que nos referimos são inconciliáveis ou se nenhum dos elementos de que se compõe um paradigma pode ser traduzido para elementos de outro ou outros paradigmas, não há, propriamente falando, razão interparadigmática.

Muguerza indica que a distinção entre razão intraparadigmática e razão interparadigmática é comparável à distinção, respectivamente, entre o tipo de consideração internalista e externalista do exercício da racionalidade, se não for uma especificação dessa distinção (cf. "A modo de epílogo: Últimas aventuras del Preferidor Racional", em J. Muguerza, *La razón sin esperanza*, 1977).

INTERPRETAÇÃO. Ver HERMENÊUTICA.

INTERROGAÇÃO. Ver PERGUNTA.

INTERSUBJETIVO. Quando se admite que uma proposição é correta apenas para o sujeito que a formula, cai-se no subjetivismo (VER). Quando se leva o subjetivismo ao extremo e se admite que toda proposição é correta apenas para "mim mesmo", cai-se no solipsismo (VER). Em nenhum dos dois casos pode haver conhecimento objetivo, isto é, conhecimento certo, e válido, para qualquer sujeito.

Por outro lado, se prescindimos de sujeitos cognoscentes em nome de um objetivismo radical, então não há conhecimento, na medida em que todo conhecimento é o resultado de uma atividade realizada por sujeitos.

Com o fim de continuar sustentando que o conhecimento é conhecimento de sujeitos (cognoscentes) e que, ao mesmo tempo, é desejável alcançar conhecimentos objetivos válidos para todos os sujeitos, pensou-se em estender o alcance do sujeito. Em primeiro lugar, falou-se de sujeitos (no plural). Em segundo, falou-se de relações entre sujeitos de tal modo que vários sujeitos possam coincidir em seus juízos. A relação entre vários sujeitos tendo em vista o conhecimento dá lugar ao que foi chamado de "intersubjetividade" ou "intersubjetivo". A intersubjetividade é uma espécie de ponte entre a subjetividade e a objetividade.

A questão da intersubjetividade foi suscitada em muitos sistemas da filosofia moderna, racionalistas e empiristas, e especialmente nos sistemas que chamaram a atenção sobre a atividade do sujeito no conhecimento. Exemplos disso são Descartes, Berkeley, Kant. No final do século XIX o problema da natureza da intersubjetividade apareceu em filosofias de tipo "imanentista" (como as de Mach, Schuppe, Schubert-Soldern etc.). Em todos esses casos procurou-se eliminar ou atenuar o solipsismo em que desembocaria um subjetivismo epistemológico pronunciado. O modo como isso foi feito difere nas orientações mais ou menos idealistas e nas orientações "imanentistas" e "neutralistas".

Nas orientações "idealistas", salientou-se que o sujeito do qual se fala não é um sujeito empírico, mas um "sujeito puro", um "sujeito transcendental" (VER) etc. O "sujeito puro" e o "sujeito transcendental" são, nesse sentido, intersubjetivos, pois não se referem a nenhum sujeito determinado, mas ao sujeito como tal ou "sujeito em geral". Outro modo de evitar o solipsismo consistiu em declarar que não há — nem no conhecimento nem na realidade — nada propriamente "subjetivo" nem nada propriamente "objetivo": os chamados "sujeito" e "objeto" são "aspectos" de uma única "realidade", a qual é "neutra" em relação ao pretensamente "subjetivo" e "objetivo". A idéia do sujeito como sujeito puro ou transcendental é característica de certas formas de idealismo. A idéia da realidade ao mesmo tempo subjetiva e objetiva é característica de certas formas de positivismo e de "sensacionismo".

Tomado em sua generalidade, o "problema da intersubjetividade" refere-se não apenas à questão da possibilidade de um conhecimento objetivo válido para todos os sujeitos que o possuem mas também à questão do reconhecimento, por parte de um sujeito qualquer, de outros sujeitos. Em muitos casos os dois problemas estiveram estreitamente relacionados, e foram considerados como dois aspectos do mesmo problema. Em outros, os dois problemas estiveram relacionados entre si, mas de tal forma que um deles foi tratado como condicionando o outro. Nesse caso podem ser adotadas duas posições: segundo uma delas, o problema do reconhecimento do real como real condiciona o problema do reconhecimento de outros sujeitos como tais; segundo a outra, o reconhecimento de outros sujeitos como tais é prévio ao reconhecimento do real como real (o qual, então, é visto como uma espécie de "meio" no qual existem todos os sujeitos, ou como uma espécie de "horizonte" [VER] no qual estão todos os sujeitos). Em outros casos, distinguiram-se cuidadosamente o problema da intersubjetividade na esfera do conhecimento em geral e o problema da intersubjetividade na esfera do conhecimento dos chamados "outros eus" (o problema algumas vezes qualificado de "problema do eu alheio"). Embora consideremos que os dois problemas estejam ligados de algum modo, procederemos a separá-los visando a simplificação ou a maior clareza. Trataremos do problema da intersubjetividade como questão da relação entre os diversos eus (e, portanto, do problema chamado, especialmente por Ortega, de "interindividualidade") no verbete OUTRO (O). Aqui trataremos da questão da constituição da intersubjetividade na esfera do conhecimento, isto é, da questão da intersubjetividade como possibilidade para quaisquer sujeitos de formular proposições intersubjetivamente (e, portanto, "objetivamente") válidas. Com o fim de tornar nossa exposição mais precisa nos limitaremos a dois casos de estudo do problema da intersubjetividade na filosofia contemporânea: a fenomenologia de Husserl na fase do idealismo fenomenológico e uma certa fase do positivismo lógico. Observemos que no caso do idealismo fenomenológico nem sempre é fácil separar os dois problemas mencionados anteriormente. Por isso poderiam ser incluídos no estudo da intersubjetividade na fenomenologia diversas investigações relativas ao reconhecimento do "eu alheio", à "percepção do próximo", ao "ser-com [os outros]" etc. Contudo, estudaremos estes últimos aspectos no verbete OUTRO (O), conforme o que já dissemos anteriormente.

Husserl se dá conta de que se se põe "tudo" entre parênteses (VER) também será preciso pôr entre parênteses a crença na existência de outros sujeitos. Mas isso não desemboca, em seu entender, no solipsismo. "O que vale para mim vale também, pelo que sei, para todos os demais homens que encontro em meu mundo circundante" (*Ideen*, I, § 29 [*Husserliana*, III, 61]). Por isso posso considerar os demais homens como *Ichsubjekte*, do mesmo modo que me considero. E por isso o mundo circundante existente é "um" mundo para todos nós. "O que é cognoscível para meu eu deve sê-lo, *em princípio*, para *cada eu*" (*ibid.*, § 49; *ibid.*, 113). Ora, não basta afirmar essa "comunidade de eus"; é preciso demonstrar — ou ao menos "mostrar" — que essa comunidade existe. Para esse efeito, Husserl relacionou o conceito de intersubjetividade com o de endopatia (VER) (*Einfühlung*). Nos distintos graus e camadas da constituição transcendental "dentro do marco da consciência originariamente experimentante" formam-se "unidades próprias" que representam os elos intermediários na "constituição completa da coisa". Após diversos graus e camadas em sentido "ascendente" a partir do puro fluxo do vivido surge um grau que é o da "coisa intersubjetivamente idêntica" (*das intersubjektiv identische Ding*) (*ibid.*, § 151; *ibid.*, 372). A constituição dessa coisa está relacionada com uma multiplicidade indefinida de sujeitos em estado de "compreensão mútua". Por isso, "o mundo intersubjetivo é o correlato da experiência tornada possível pela 'endopatia'" (*loc. cit.*). O problema aqui tratado é, em última análise, a "constituição de algo objetivamente verdadeiro". Mas "o objetivamente verdadeiro" não se constitui mediante a percepção ou mediante a "mera intuição", ele requer uma "comunidade intersubjetiva". Desse modo, a experiência deixa de ser solipsista e se transforma em intersubjetiva (*Ideen*, III, Beilagen, § 5; *Husserliana*, V, 125).

A fenomenologia não conduz, pois, ao solipsismo, embora pareça partir dele (*Cartesianische Meditationen*, V, § 42; *Husserliana*, I, 121). A fenomenologia *não* é um "solipsismo transcendental". O eu transcendental constitui outros eus mas enquanto partícipes da própria comunidade intersubjetiva. Por isso Husserl fala, nessa obra, do "modo de ser dado noemático-ôntico do 'outro' como chave transcendental para a teoria da constituição da experiência do outro" (*ibid.*, V, § 43). Eu experimento os demais como "sujeitos para este mundo" e experimento o mundo, incluindo os demais, "como mundo intersubjetivo". Longe de ser suprimidos, "os demais" contribuem para "fundar a teoria transcendental do mundo objetivo". É a "comunidade de mônadas" ou "comunidade monadológica" (*Vergemeinschaftung der Monaden*) (*ibid.*, V, § 55) como primeira forma da objetividade: a "natureza intersubjetiva". Além disso, podem constituir-se níveis cada vez mais "elevados" de "comunidade intermonadológica" (*intermonadologische Gemeinschaft*).

A evidência apodítica do *ego cogito* é, para Husserl, "somente um começo, e não um fim" (*Erste Philosophie* [1923/1924], Parte II, Vorlesung 53; *Husserliana*, VIII, 169), pois embora a fenomenologia transcendental pareça ser possível apenas como "egologia transcendental", de tal modo que como fenomenólogo é preciso ser "necessariamente solipsista", esse solipsismo não é o da "atitude natural" mas é um "solipsismo transcendental" (*ibid.*, VIII, 174). Mas esse tipo de solipsismo envolve "graus de implicação intencional": "a própria imediaticidade na qual sou dado como *ego* transcendental tem seus graus" (*ibid.*, VIII, 175). De modo imediato, o *ego* é um puro presente vital. Mas em torno ao *ego* vão crescendo, por assim dizer, "imediaticidades" (*Unmittelbarkeiten*) que fazem o *ego* sair do puro "agora". A subjetividade alheia é dada, pois, na esfera da vida própria autovivida, experimentando-se então o alheio como alheio (*ibid.*, VIII, 176). Desse modo inclui-se no *ego* a "intersubjetividade" — a qual é, sem dúvida alguma, "transcendental" como a do *ego mesmo*. E essa intersubjetividade é uma comunidade monadológica. Mais uma vez: "toda verdadeira objetividade para mim o é para outros" (ou seja, toda verdadeira objetividade é intersubjetividade). Com isso, "a fenomenologia conduz à monadologia que com um genial *aperçu* Leibniz antecipou" (*ibid.*, VIII, 190).

Quanto ao positivismo lógico, a questão de como é possível a intersubjetividade surgiu quando se chegou ao que foi chamado de "solipsismo lingüístico". Os chamados "enunciados protocolares" (VER) têm significação somente na medida em que são objeto de uma possível verificação (VER). Essa verificação é sempre "subjetiva", isto é, sempre é realizada por um sujeito. A proposição "No tempo *t* vejo uma luz vermelha *M* na proveta do laboratório" é uma experiência que eu tenho. Outros sujeitos podem ter a mesma experiência. Mas nenhum sujeito pode ter a experiência de outro sujeito. A proposição "No tempo *t* há uma luz vermelha *M* na proveta do laboratório" não é, pois, uma proposição que em princípio possa ser formulada por todos os sujeitos; cada um formula por si mesmo a primeira das duas proposições mencionadas, mas não pode comunicar sua experiência aos demais sujeitos. Por outro lado, e o que vem a ser o mesmo, a segunda das duas proposições citadas não é analisável nos termos de qualquer proposição do tipo da primeira. Em outras palavras, não se pode passar da primeira proposição para a segunda, nem da possível soma de proposições análogas à primeira proposição para a segunda. Portanto, o solipsismo lingüístico é uma conseqüência do critério positivista de verificação.

Como as proposições científicas devem ser objetivas e devem ser aceitas por todos os sujeitos que as formulam, aparece o problema de como superar esse solipsismo lingüístico. A superação tem de ser realizada mostrando-se que os enunciados relativos a fatos observados podem ser traduzidos para a linguagem de qualquer outro observador, isto é, mostrando-se que os enunciados em aparência meramente subjetivos são, a rigor, intersubjetivos. A doutrina mais conhecida proposta para a resolução desse problema é o chamado "fisicalismo" (VER); por meio da chamada "fisicalização" da linguagem se tentou demonstrar que a comunicação intersubjetiva é possível. Esta foi a solução de Carnap. Von Neurath, por outro lado, declarou que o solipsismo lingüístico é uma conseqüência dos pseudoproblemas originados pelo dualismo entre a linguagem e a experiência, e que esse dualismo é, por sua vez, uma conseqüência do uso do modo "material" de falar. Quando se começa a usar o "modo formal", todo enunciado se converte imediatamente em intersubjetivo.

INTIMIDADE. Diz-se que algo é "íntimo" quando é "muito interior"; a idéia de intimidade está ligada à de extrema "interioridade". Os vocábulos 'íntimo' e 'intimidade' são geralmente usados com referência a algo espiritual, mais que a algo material. O conceito de intimidade é empregado inclusive como conceito especificamente espiritual, ao contrário da "interioridade", que pode ser espiritual ou material.

Seguindo o uso mais corrente, conceberemos a noção de intimidade como noção de caráter ao mesmo tempo espiritual e pessoal, isto é, como um dos possíveis traços — e, segundo alguns autores, como o traço principal — da pessoa humana enquanto "pessoa espiritual". Por essa razão, mesmo quando se admite que a intimidade não é possível sem "recolhimento", "retorno a si mesmo", "consciência de si mesmo", "ensimesmamento" etc., considera-se que nenhuma das operações indicadas é suficiente para constituir a intimidade. Com efeito, em muitos casos as operações em questão conduzem, ou podem conduzir, a certas formas de egoísmo (ao menos do chamado "egoísmo metafísico" ou "solipsismo" [VER]). Em compensação, é comum considerar a intimidade como uma forma de "transcendência de si mesmo" semelhante à descrita por Santo Agostinho ao indicar que o "ir rumo a si mesmo" não significa que alguém se "baste a si mesmo". Desse ponto de vista pode-se dizer que a intimidade não é equivalente à pura e simples solidão. Por um lado, o "transcender-se a si mesmo" significa ligar a própria intimidade com outras; além disso, um dos sentidos mais importantes do termo 'intimidade' é o que se refere à intimidade de duas ou mais pessoas, ou entre duas ou mais pessoas. Por conseguinte, a intimidade não é, ou não é apenas, subjetividade, mas intersubjetividade (ou ao menos condição básica para a intersubjetividade). Por outro lado, o citado "transcender-se a si mesmo" significa, ou pode significar, orientação rumo a uma "realidade" transcendente, seja ela Deus, um reino de valores, um reino de verdades objetivas etc.

Essa caracterização da intimidade parece paradoxal, pois se descreve a intimidade como um "encerramento" e ao mesmo tempo como um "deixar de se encerrar" ou "deixar de estar encerrado" (ou, em outros termos, descreve-se a intimidade como um "ser em si" que é ao mesmo tempo um "ser fora de si"). Esse paradoxo, porém, desaparece, ou se atenua, quando são levados em conta vários traços comumente atribuídos à intimidade ou a tudo aquilo que é de alguma maneira "íntimo". Um desses traços é o que, explícita ou implicitamente, foi salientado por Hegel (VER) ao fazer do ser "em e para si mesmo" (*an und für sich selbst*) a síntese e a superação do ser "em si mesmo" (*an sich selbst*) e do ser "fora de si mesmo" (*ausser sich selbst*). Aqui se pode perceber que o "estar em" e o estar "fora de" podem ser dois "momentos" do ser "em e para si", que não é, pois, mero "encerramento". Outro desses traços é que a intimidade é considerada não como mera tomada de posse do que se tem, mas como "manifestação" do que se tem. Por isso às vezes se diz que, longe de ser autolimitação, a intimidade é algo como uma "entrega de si" em virtude do caráter inesgotável do íntimo. Esse caráter inesgotável é determinado pelo fato de se ter definido a intimidade como algo distinto da mera interioridade. Esta última é concebida por analogia com o material ou o espacial; algo é interior somente se foi, ou pôde ser, exterior, ou algo está dobrado porque antes estava desdobrado. Em contrapartida, por se conceber a intimidade em sentido espiritual, ou pessoal, não é preciso relacionar o "interior" com o "exterior" e vice-versa. A rigor, a intimidade não é "interior" nem "exterior".

Podem ser citados vários exemplos do modo como a noção de intimidade foi concebida. Dois deles são especialmente importantes ou iluminadores.

A idéia de intimidade ganhou terreno no cristianismo (embora tenham sido usadas outras noções para isso), na medida em que o pensamento cristão concebeu a pessoa (VER) não como uma culminação da Natureza, nem tampouco como uma idéia ou "algo semelhante a uma idéia", mas como uma experiência ou um conjunto de experiências. Essa idéia de intimidade já se encontra em algumas especulações neoplatônicas; com efeito, tudo o que tem o caráter do Uno (VER) possui — ou, a rigor, é — uma "tensão" que, embora possa ser descrita como "recolhimento", caracteriza-se por sua riqueza própria e em princípio inesgotável. No cristianismo, porém, a idéia de intimidade aparece com maior clareza porque não precisa ter o caráter "ideal" que ainda conserva no neoplatonismo.

A idéia de intimidade também se manifesta nos sistemas filosóficos em que o homem é definido essencialmente como pessoa, e esta é concebida como possibilidade de entrega a algo que não é meramente individual ou subjetivo. Assim, por exemplo, toda concepção segundo a qual o homem enquanto homem não consiste em um mero existir entre outras coisas ou em um aproveitar-se das coisas, mas em um elevar a realidade à dignidade de "objeto" utiliza, sabendo-o ou não, a idéia de intimidade tal como foi descrita aqui. O mesmo, e por razões similares, acontece quando a pessoa humana é vista em função de valores que transcendem sua individualidade.

INTRAMUNDANO. Ver Mundano.

INTRANSITIVIDADE. Ver Relação.

INTRANSCENDÊNCIA. É plausível supor que todas as "realidades" — o mundo físico, as espécies orgânicas, as instituições sociais, as teorias etc. — estão em estado de evolução. Alguns autores pensam que de alguma maneira toda a realidade está "além de si" ou está a caminho de algo que é distinto de seu atual estado, e usam para isso o termo 'transcendência'. O autor deste Dicionário introduziu a palavra 'intranscendência' (ou, melhor, 'in-transcendência') para indicar que, se há transcendência — entendida do modo indicado —, esta não se encontra fora das realidades, ao modo de um rumo absoluto ao qual elas se encaminham, mas dentro delas: a transcendência em questão é então a "transcendência dentro de" ou "in-transcendência".

A "in-transcendência" da realidade, ou das realidades, expressa seu caráter inesgotável — o que é muito distinto de algum caráter "inefável"; pelo contrário, em virtude da presença (VER) das realidades e de sua representabilidade (em princípio), todas as realidades são, em princípio, "efáveis".

A rigor, não apenas as realidades são inesgotáveis, mas ainda vão-se tornando inesgotáveis (cf. *El ser y el sentido*, 1967, VIII, § 5). "A experiência, o pensamento, a ação e o sentimento da 'realidade' nunca pararão de esgotá-la, e isso não apenas por terem sempre o seu alcance limitado, mas também porque essas operações, sendo em última instância reais, contribuem com o enriquecimento do que há, tornando-o ainda mais inesgotável." Isso equivale a dizer que o conhecimento da realidade acrescenta algo à realidade — acrescenta-lhe idéias, teorias etc., isto é, "objetivações" —, de modo que, quanto mais se conhece, mais coisas ficam, paradoxalmente, por conhecer.

INTRÍNSECO. Ver Extrínseco, intrínseco.

INTROAFECÇÃO. Ver Endopatia; Introjeção.

INTROJEÇÃO. Chama-se às vezes de "introjeção" a apropriação por parte de um sujeito de características que pertencem, ou supostamente pertencem, a outro sujeito, e até a apropriação, por parte de um sujeito, de características de um objeto quando este foi representado pelo sujeito "apropriante" como "animado" ou "vivificado". A introjeção aparece como o contrário da projeção. Contudo, como o sujeito introjetante é ao mesmo tempo o sujeito projetante, também se pode dizer que a introjeção não é o que se opõe à projeção, mas uma das formas em que se realiza esta última. A introjeção realiza-se, com efeito, partindo de um sujeito que toma outro sujeito ou outro objeto como o que vai projetar, e o projeta então a partir do outro sujeito ou objeto na medida em que estes estão sendo apropriados pelo sujeito.

O vocábulo 'introjeção' (*Introjektion*) foi utilizado em um sentido mais específico por Avenarius (VER). Esse autor considera que o "conceito natural do mundo" foi freqüentemente deformado e falsificado por diversos motivos. As citadas deformação e falsificação realizam-se usualmente mediante a redução da imagem do mundo a uma representação interna. A deformação e a falsificação atingem seu ponto máximo quando se afirma explicitamente que o mundo é representação interna. Todas as representações metafísicas — e de modo especialmente agudo o idealismo — surgiram, segundo Avenarius, de processos de introjeção. Essas são as causas das quais se concluiu que o mundo se cinde em dois tipos de realidade ou de experiência: a externa e a interna (Avenarius, *Der menschliche Weltbegriff* [1891], §§ 47 ss.). Mas essa cisão é uma ilusão fomentada pela tendência que os homens têm de enganar a si mesmos. Uma vez efetuada essa cisão, já não é possível descrever o real sem preconceitos; em vez de uma descrição da "experiência pura" (*reine Erfahrung*), que não é nem subjetiva nem objetiva, procede-se à adoção de uma posição metafísica que desencadeia um sem-fim de pseudoproblemas. Avenarius recomenda "suspender" a "introjeção" (*op. cit.*, § 113). Com isso descobre-se que o que se chama de "eu" e o que se chama de "objeto" não existem independentemente um do outro. A rigor, propriamente falando eles não existem, pois há apenas a "trama da experiência". O "eu alheio" ou "outro eu" é uma parte integrante do "contorno da experiência" ou, como escreve Avenarius, "um membro central em uma coordenação principal empiriocrítica" (*op. cit.*, § 152).

O sentido conferido por Avenarius ao termo 'introjeção' é em muitos aspectos distinto dos sentidos habituais em que foi usado o vocábulo 'endopatia' (*Einfühlung*). Contudo, certas descrições da endopatia (VER) parecem-se com as que este autor fez da introjeção.

Um termo cuja definição inclui alguns elementos da definição de 'introjeção' (e de 'endopatia') é 'ejeção'. Este último termo foi usado por Clifford (VER) e por Romanes (VER).

INTROSPECÇÃO. A introspecção é o "olhar interior" mediante o qual se supõe que um sujeito pode "inspecionar" seus próprios atos psíquicos. A introspecção às vezes é entendida como um "olhar" ou "observar" e às vezes como um "sentir".

Em um sentido amplo falou-se de introspecção com referência ao procedimento usado por alguns filósofos (por exemplo, Descartes e Santo Agostinho) com o fim de inferir certas conclusões a partir da inspeção do próprio sujeito. Entretanto, em muitos casos esse tipo de introspecção, embora possa ter uma base psicológica, não é ou não é apenas de natureza psicológica. Algo semelhante ocorre na introspecção tal como empregada por Maine de Biran (VER), embora nesse autor sejam encontrados mais elementos de caráter psicológico que nos outros dois.

Em sentido restrito, a introspecção foi considerada por vários autores como um dos métodos da psicologia: a chamada "psicologia introspectiva". O uso desse método na psicologia é encontrado em muitos autores (entre eles, por exemplo, William James). Os partidários do método introspectivo indicam que se trata do único método que permite um acesso à realidade psíquica. Os autores que se opõem à introspecção defendem o método da chamada "extrospecção" ou "método extrospectivo" (como os comportamentalistas [ou "behavioristas"]). A oposição ao método da introspecção se baseia em várias razões; por exemplo, em que o método introspectivo destrói ou altera a necessária objetividade dos resultados psicológicos; em que o método em questão é, em última análise, impossível, porque o que é "introspeccionado" já não é o fenômeno psíquico que se busca observar, mas outro fenômeno psíquico que é o da reflexão sobre o fenômeno anterior, o qual, além disso — e pelas mesmas razões —, não é "introspeccionável". Alguns autores observaram que não se pode prescindir nem do método introspectivo nem do extrospectivo: o uso de cada um desses métodos depende dos fenômenos que se busca investigar, e também do tipo de resultado almejado. Também se disse que a combinação dos dois métodos permite que um corrija as insuficiências do outro.

A noção de introspecção possui alguns elementos em comum com a de autognose (*Selbstbesinnung*) propugnada por Dilthey e seus discípulos, mas elas não devem ser confundidas. Com efeito, a autognose não é apenas psicológica; em todo caso, trata-se de um tipo de psicologia distinta na qual desempenham papel fundamental a compreensão (VER) e a hermenêutica (VER).

INTUIÇÃO. O vocábulo 'intuição' geralmente designa a visão direta e imediata de uma realidade ou a compreensão direta e imediata de uma verdade. Uma condição para que haja intuição nos dois casos é que não existam elementos intermediários que se interponham a essa "visão direta". Foi comum, por isso, contrapor o pensar intuitivo, νόησις, ao pensar discursivo, διάνοια, mas vários autores preferem contrapor a intuição à dedução (Descartes) ou ao conceito (Kant). Certos filósofos consideram a intuição como um modo de conhecimento primário e fundamental, e a ela subordinam as outras formas de conhecimento, chegando até mesmo a negar sua legitimidade. Outros filósofos, em compensação, consideram a intuição como origem de muitas falácias e pensam que é conveniente substituí-la sempre que possível pelo raciocínio discursivo, pelo conceito ou pela dedução.

Além da definição de 'intuição', e de sua comparação e contraposição a outros modos de conhecimento, os filósofos dedicaram-se a distinguir diversos tipos de intuição. Resenharemos a seguir algumas das principais doutrinas sobre nosso tema, observando que quase todas elas supõem, além disso, uma certa idéia de intuição, um certo juízo de valor sobre ela e certos tipos de contraposição com outras formas de conhecer.

Platão e Aristóteles admitiram tanto o pensar intuitivo como o discursivo, mas, enquanto Platão inclinou-se a destacar o valor superior do primeiro e a considerar o segundo como um auxílio para alcançá-lo, Aristóteles sempre procurou estabelecer um equilíbrio entre ambos. A intuição pode ser dividida em sensível e inteligível, mas a intuição a que esses filósofos se referiram foi quase sempre a inteligível. Muitos autores escolásticos examinaram o problema da intuição em estreita relação com o de abstração (VER). Entre eles foi muito comum distinguir a idéia intuitiva (ou seja, recebida imediatamente pela presença real da coisa conhecida) e a idéia abstrativa (na qual essa recepção não é imediata). A *intuitio* é por isso uma *visio*, de tal modo que no ato intuitivo o sujeito vê a coisa ou então se sente sentir, e assim sucessivamente, ao contrário do que ocorre no ato abstrativo, em que se conhece uma coisa pela similitude, como a causa pelo efeito. A *intuitio* é às vezes considerada como a pura e simples *intelligentia* e 'as vezes também como uma *praesentia intelligibilis ad intellectum quocumque modo* (*In. lib. I Sent.*, d. 3, q. 4, a 5).

Na época moderna, sobretudo na medida em que os filósofos se dirigiram para o exame dos problemas do conhecimento, tendeu-se a distinguir a intuição e o discurso, de modo semelhante ao dos filósofos antigos. Isso não significa que a intuição não tenha sido concebida também em contraste com outras operações: dedução ou conceito, como assinalamos anteriormente. Ora, no que diz respeito à primeira distinção, examinaremos as idéias propostas por alguns filósofos.

Para Descartes, a intuição é um ato único ou simples, *simplex*, ao contrário do discurso, que consiste em uma série ou sucessão de atos. Segundo Descartes, são dois os atos do entendimento que nos permitem conhecer as coisas sem receio de errar: a intuição e a dedução. "Por *intuição* entendo não o testemunho instável dos sentidos, nem o juízo enganoso da imaginação que produz composições sem valor, mas uma representação que é assunto da inteligência pura e atenta, representação tão fácil e distinta que não subsiste nenhuma dúvida sobre o que se compreende nela, ou, o que é o mesmo, uma representação inacessível à dúvida, representação que é assunto da inteligência pura e atenta, que nasce apenas da luz da razão e, por ser mais simples que a dedução, é ainda mais exata que ela, embora, como se viu [em *Regulae*, I], o espírito humano não possa realizar mal uma dedução. Assim, cada um pode ver por intuição que existe, que pensa, que o triângulo é delimitado apenas por três linhas, a esfera, por apenas uma superfície, e outras coisas semelhantes, que são muito mais numerosas do que a maioria das pessoas pensa porque não se dignam a voltar a atenção de seu espírito sobre coisas tão fáceis" (*Regulae*, III). A dedução não opera em um único instante, mas "implica um certo movimento de nosso espírito no processo de efetuar a inferência de uma coisa a partir de outra" (*Regulae*, XI), ao contrário da intuição, "inteiramente compreendida em um único momento" (*loc. cit.*) (embora se possa afirmar, quando a dedução está "completa" e designa não um movimento, mas o término deste, que ela mesma é entendida mediante uma intuição). Segundo Gilson (Comentário a *Discours de la méthode*, 2ª ed., 1930, p. 197), a noção cartesiana de intuição tem as três propriedades essenciais de ser ato de pensamento puro (em oposição à percepção sensível), de ser infalível e de se aplicar a tudo o que caia sob um simples ato de pensamento.

Dois temas fundamentais e estreitamente relacionados predominaram na epistemologia moderna "clássica": o dos tipos de conhecimento (ou de "ciência") e o dos graus de conhecimento. Foi freqüente distinguir-se um conhecimento demonstrativo ou inferencial de um conhecimento intuitivo, de modo similar à distinção cartesiana entre dedução e intuição. Os dois últimos tipos de conhecimento dos quatro mencionados por Spinoza em seu "tratado" inacabado são: o conhecimento "em que a essência de uma coisa é inferida de outra coisa, mas não de maneira adequada, o que ocorre quando de um efeito qualquer inferimos a causa ou quando deduzimos uma conclusão de algum universal que é sempre acompanhado pela mesma propriedade"; e o conhecimento "em que a coisa é conhecida somente por sua essência ou pelo conhecimento de sua causa próxima" (*De emen. intell.: Tratado de la reforma del entendimiento*, trad. Oscar Cohan, 1946 [19], p. 24). O último tipo, ou modo, de conhecer é intuitivo, não sensível, mas inteligivelmente. Na *Ethica*, Spinoza fala de três tipos de conhecimento: em primeiro lugar, percebem-se muitas coisas e se formam idéias universais com base em coisas individuais ou com base em signos (experiência vaga, opinião, imaginação); em segundo, possuem-se noções comuns e idéias adequadas das propriedades das coisas (razão); em terceiro, tem-se uma "ciência intuitiva" que "procede de uma idéia adequada da essência formal de certos atributos de Deus ao conhecimento adequado da essência das coisas" (Parte II, prop. XL, schol. 2). O desejo de conhecer coisas por "ciência intuitiva" procede não do primeiro tipo, mas do segundo tipo de conhecimento (Parte V, prop. XXVIII). E do terceiro tipo de conhecimento surge (cf. Parte V, prop. XXXIII) o *amor Dei intellectualis* (VER).

Locke distinguiu o conhecimento intuitivo e o demonstrativo, proclamando que o segundo é "mais imperfeito" que o primeiro (*Essay*, IV, i, 9). No conhecimento intuitivo, "a mente percebe o acordo ou desacordo entre duas idéias imediatamente por si mesmas sem nenhuma intervenção de outra" (*op. cit.*, IV, ii, 1). Não há lugar para vacilações no conhecimento intuitivo, dele "*depende toda a certeza e evidência de nosso conhecimento*" (*loc. cit.*). Não é de surpreender que em vista disso Locke tenha sido considerado um filósofo muito mais racionalista do que parece quando se leva em conta somente sua crítica ao inatismo, isto é, seu ponto de partida empírico. Tampouco é de surpreender que Leibniz, em seu extenso comentário e crítica do *Essay* de Locke ao longo dos *Nouveaux Essais sur l'entendement humain*, concorde, nesse caso, com o autor criticado. É o próprio Filaletes (o "amigo da verdade"), que visita Teófilo em Londres, quem diz que "o conhecimento é intuitivo quando o espírito apercebe a conveniência de duas idéias imediatamente por si mesmas, sem intervenção de nenhuma outra (...) assim como o olho vê a luz, o espírito vê que o branco não é preto, que um círculo não é um triângulo, que três é dois mais um. Esse conhecimento é o mais claro e exato de que é capaz a debilidade humana; atua de modo irresistível, sem permitir que o espírito vacile" (*Nouveaux Essais*, IV, ii; Gerhardt, 342-343). Mediante a intuição são apreendidas as verdades "primitivas", que, assim como as derivadas, são de dois tipos: de razão e de fato (*loc. cit.*; Gerhardt, V, 343). O conhecimento intuitivo se contrapõe ao demonstrativo, que "é apenas uma concatenação de conhecimentos intuitivos em todas as conexões das idéias mediatas" (*loc. cit.*, Gerhardt, V, 348). A diferença entre intuitivo e demonstrativo constrasta aqui com a que é estabelecida entre intuitivo e simbólico, proposta por Leibniz em seu breve escrito *Sobre o conhecimento, a verdade e as idéias* — o mesmo escrito em que ele precisa sua idéia de clareza (ver CLARO).

Kant empregou o termo 'intuição' (*Intuition, Anschauung*) em vários sentidos: intuição intelectual, intuição empírica, intuição pura. A intuição intelectual é aquele tipo de intuição por meio do qual alguns autores pretendem que se possa conhecer diretamente certas realidades que se encontram fora do marco da experiência possível. Kant rejeita esse tipo de intuição. O tipo de intuição aceitável é aquele que ocorre "na medida em que o objeto nos é dado, o que é possível apenas — ao menos para nós, os homens — quando o espírito foi afetado por ele de certo modo" (*KrV*, A 19). Segundo Kant, os objetos nos são dados por meio da sensibilidade, e somente esta produz a intuição (*loc. cit.*). A intuição é empírica quando se relaciona com um objeto por meio das sensações, denominando-se "fenômeno" (VER) o objeto indeterminado dessa intuição, e é pura quando não há nela nada daquilo que pertence à sensação. A intuição pura ocorre *a priori* como forma pura da sensibilidade "e sem um objeto real do sentido ou sensação". Kant fala do espaço e do tempo como intuições *a priori* da sensibilidade. Mediante essas formas é possível unificar as sensações e constituir percepções. Contudo, a intuição não basta para o juízo. Este requer conceitos, que são produzidos pelo entendimento (ver CATEGORIA; ENTENDIMENTO). É fundamental para a teoria kantiana do conhecimento a tese de que "os pensamentos sem conteúdo são vazios; as intuições sem conceitos são cegas" (*KrV*, A 51/B 75). "Portanto" — afirma Kant —, "tão necessário como tornar nossos conceitos sensíveis (...) é tornar nossas intuições inteligíveis" (*loc. cit.*). Em suma: "o entendimento não pode intuir nada, os sentidos não podem pensar nada". Deve-se insistir na possibilidade de uma idéia não-empírica da intuição (distinta da intuição intelectual) porquanto a intuição não-empírica é necessária com o fim de *construir* conceitos, operação na qual se funda a matemática (*KrV*, A 713/B 741).

Tratamos da idéia de intuição como intuição intelectual em oposição ao entendimento no verbete sobre este último conceito. Recordamos, ou reiteramos, que o idealismo alemão pós-kantiano tendeu a aceitar a noção de intuição intelectual. Isso ocorreu por várias razões, como a eliminação da coisa em si (VER) e a importância outorgada à atividade não apenas constituinte, mas também "construtora" do Eu. Assim, a intuição é em Fichte uma consciência imediata da atuação em duplo sentido do ato e de seu conteúdo. Schelling supõe que a intuição é uma certa "faculdade" mediante a qual não somente são contemplados, mas também *produzidos* certos atos. A intuição é, pois, nessas tendências, um *momento* da produção ou, se se preferir, uma de suas *faces*. Por isso a intuição se torna então "intelectual" e representa a transposição ao ser humano, ao sujeito transcendental ou à pura egoidade, de uma qualidade que para os neoplatônicos correspondia a Deus. Ora, o caráter criador da intuição anula o traço específico do próprio ato intuitivo, pois suprime aquela distância entre sujeito e objeto sem a qual não há ato possível. Estamos aqui, pois, consideravelmente afastados não apenas do que poderia ser chamado de noção clássica de intuição, mas também, e sobretudo, da simples concepção do ato intuitivo sustentada por alguns empiristas ingleses ao supor que esse ato é simplesmente a captação perceptiva de uma realidade. Daí que as teorias da intuição sustentadas pelo idealismo pós-kantiano, e também defendidas (embora com um fundamento irracional que não se encontrava nos pensadores anteriores) por Schopenhauer em sua doutrina da intuição como "a coisa mesma", fossem rejeitadas por uma grande parte da filosofia do século XIX: algumas tendências, com efeito, como as empiristas e realistas, em muitos aspectos vinculadas ao empirismo clássico inglês, reduziam a intuição, como vimos, a uma simples captação do objeto sem nenhuma produção, nem sequer intelectual ou inteligível, de tal objeto; outras, como as diversas formas de relacionismo, sustentavam que a intuição é, no máximo, um meio ou instrumento de conhecimento utilizado, quando sensível, em toda apreensão de uma simplicidade; quando relacional, em toda captação direta das formas dentro das quais se dão os objetos; quando inteligível, ao final de um processo infinito de conhecimento. Outros autores, como Jacobi, anteciparam as atuais descrições fenomenológicas da intuição ao distinguir, pelo menos, a intuição sensível ou pelo sentido e a intuição pela razão — fenomenologicamente irredutíveis entre si. Outros, por fim, admitiram a existência de atos de apreensão direta, mas sustentaram que não é precisamente por meio deles que podemos alcançar um conhecimento propriamente dito. Este seria alcançado tão-somente por meio de uma descrição (VER) da realidade. Mediante essa posição chegou-se a uma negação da intuição e do intuicionismo (VER).

As idéias de intuição sustentadas e definidas no decorrer da história da filosofia também poderão ser compreendidas se nos ativermos a uma classificação geral das espécies de intuição. A intuição em princípio pode ser dividida em *sensível* ou *inteligível* e em *espiritual* ou *ideal*. A primeira é a visão direta no plano da sensibilidade de algo imediatamente dado e, a rigor, de algo real. A segunda, que é a propriamente filosófica, dirige-se ao ideal, capta essências, relações, objetos ideais, mas os capta, por assim dizer, *por meio* da intuição sensível sem que isso signifique que o que é apreendido nesse segundo tipo de intuição seja uma mera abstração do sensível. Como indica Husserl, toda intuição individual ou empírica pode se transformar em essencial, em intuição das essências ou ideação, a qual capta o "quê" (*Was*) das coisas, de tal modo que, enquanto "o dado da intuição individual ou empírica é um objeto individual, o dado da intuição essencial é uma essência pura". Além dessas intuições fala-se de uma intuição *ideal*, dirigida às essências, de uma intuição *emocional*, dirigida aos valores, e de uma intuição *volitiva*, dirigida à apreensão de existências. A noção de intuição, tal como foi adotada no idealismo romântico, é uma intuição *metafísica*, chamada de intuição *intelectual*, mas de um tipo tal que não se limita a captar essências puras, e sim pretende apreender existências e até mesmo determinar, mediante uma intuição fundamental, a existência absoluta da qual possam ser deduzidas — por meio de intuições diversas ou por procedimento discursivo — as existências subordinadas. Em Fichte e Schelling, a intuição descobre o Absoluto mediante o conhecimento de um sujeito que se "põe" a si mesmo como objeto, do eu puro, que é absoluta liberdade. Essa intuição também se encontra em Platão, no qual a apreensão das idéias é a apreensão das supremas existências das entidades verdadeiramente reais, assim como em Schopenhauer, que, seguindo Platão, concebe a intuição como o conhecimento imediato das idéias pelo entendimento. Por isso a intuição não precisa de qualquer outro suporte e se basta a si mesma: "a intuição" — diz Schopenhauer — "não é uma opinião: é a coisa mesma. Em compensação, com o conhecimento abstrato, com a razão, nascem ao mesmo tempo a dúvida e o erro no campo teórico, e a inquietude e o arrependimento no prático" (*Welt*, I, 8). Não obstante, mesmo nesses casos os tipos de intuição diferem. Se a intuição é puramente inteligível em Platão, ela tem um caráter acusadamente volitivo em Fichte, no qual se intui o objeto que se põe a si mesmo e as resistências que vence. O caráter volitivo dessas intuições metafísicas renasce claramente em Dilthey e, em parte, em Scheler, que, porém, inclina-se em outros casos à intuição emocional, que descobre os valores. Para Bergson, a intuição é aquele modo de conhecimento que, em oposição ao pensamento, capta a realidade verdadeira, a interioridade, a duração, a continuidade, o que se move e se faz; enquanto o pensamento roça no externo, transforma o contínuo em fragmentos separados, analisa e decompõe, a intuição se dirige ao devir, instala-se no âmago do real. A intuição é, por isso, em última análise inefável; a expressão da intuição cristaliza e, de algum modo, falsifica a intuição. A intuição bergsoniana é uma intuição de realidades, ou inclusive "da" realidade última (ou "primária"). Esta se abre à intuição quando são rompidas e desarticuladas as categorias "espacializadoras" e "pragmáticas" do pensamento. Para Husserl, a intuição (*Anschauung*) pode ser individual, mas essa intuição pode se transformar — não empiricamente, mas como "possibilidade essencial" — em uma visão essencial (*Wesenserschauung*). O objeto desta última é uma pura essência ou *eidos* desde as mais elevadas categorias até o mais concreto. A visão essencial (intuitiva) pode ser adequada ou inadequada, de acordo com o fato de ser mais ou menos completa, o que não corresponde necessariamente à sua maior ou menor clareza e distinção. A intuição essencial (*Wesensanschauung*) capta uma pura essência, que é "dada" a essa intuição. A intuição categorial é, para Husserl, a intuição de certos conteúdos não-sensíveis, tais como estruturas ou números. Os diferentes tipos de "visão" de essências são equivalentes a distintos tipos de "intuição categorial".

Pode-se ver que se propôs um tipo diferente de intuição para cada ordem de "objetos" (entendendo 'objetos' em um sentido muito geral, que inclui "coisas" como essências, números, relações etc.). Tendo isso em vista, falou-se de uma intuição *externa* cuja função é apreender intuitivamente (e, portanto, diretamente) realidades externas ao sujeito que as intui. Falou-se também de uma intuição *sensível*, cuja função é apreender dados sensíveis de todos os tipos; de uma intuição *in-*

tima, cuja função é apreender diretamente o fluxo da vida interior; de uma intuição *ideal*, que supostamente apreende "objetos ideais" de todo tipo, tais como essências; de uma intuição *metafísica*, que supostamente alcança "o fundo do real" e pode ser *racional* ou *irracional*; de uma intuição *volitiva*, que é uma das formas da intuição metafísica; de uma intuição *emotiva* ou *emocional*, que supostamente apreende valores etc.

A classificação anterior de formas ou tipos de intuição não é a única possível. Entre outras classificações propostas, mencionamos a de Archie J. Bahm (*op. cit. infra*). Esse autor distingue três tipos de intuição: a objetiva, a subjetiva e a orgânica. A primeira proporciona evidências de objetos (tanto objetos aparentes como reais). A segunda oferece uma visão direta do sujeito por si mesmo. A terceira inclui características próprias das intuições objetiva e subjetiva, pois tanto o sujeito como o objeto "aparecem imediatamente na apreensão" (*op. cit.*, p. 16). Este último tipo de intuição é, para Bahm, a fundamental, mas dentro dela podem ser distinguidas diversas posições, do fenomenismo ao realismo, e do subjetivismo extremo ao objetivismo radical.

Pode-se perguntar agora se há algum fundamento comum em tão variadas formas de intuição.

Parece não poder haver fundamento comum ao menos a dois tipos de intuição: a chamada *intuição sensível* e a *intuição não-sensível*. Com efeito, a primeira se refere a dados, objetos, processos etc., percebidos pelos sentidos, enquanto a segunda, seja com o nome de *intuição de essências*, referindo-se a universais (concretos ou não), seja com o nome de *intuição de existências*, referindo-se a entidades metafísicas, encontra-se além (ou, segundo certos autores, aquém) de toda apreensão sensível.

No entanto, quando não consideramos nem o tipo de objeto nem seu "órgão" ou "faculdade" de apreensão e nos limitamos a estudar a forma de relação entre o objeto e a intuição podemos perceber vários caracteres comuns em todas as espécies de intuição citadas. Entre esses caracteres mencionamos os seguintes: o fato de ser direta (na intuição não há rodeios de nenhum tipo); de ser imediata (na intuição não há nenhum elemento mediador, nenhum raciocínio, nenhuma inferência etc.); de ser completa (nem toda intuição apreende por inteiro o objeto que se propõe intuir, mas toda intuição apreende totalmente o que é apreendido); de ser adequada (na medida em que deixa de haver adequação deixa de haver intuição). A generalidade desses caracteres se mostra no fato de corresponderem igualmente não apenas à intuição de realidades (sensíveis ou não) mas também à intuição de conceitos e de proposições.

Às vezes se aventou o problema de como podem se relacionar entre si diversas intuições. Caso se responda que é por meio de inferências ou de raciocínios, é preciso sustentar que as intuições assim relacionadas são independentes entre si. Caso se responda que é por meio de outras intuições, pode-se chegar a sustentar que as intuições assim relacionadas são iguais entre si e que, portanto, não há, no fundo, mais que uma única intuição ou, em todo caso, uma espécie de "contínuo intuitivo". A natureza desse problema pode ser compreendida quando se examina o modo como as intuições são relacionadas em Descartes e, sobretudo, em Spinoza.

Aventou-se também o problema de se é possível uma intuição que não seja uma apreensão absolutamente presente de algo absolutamente presente. Esse problema está ligado à questão de como é possível referir-se a uma intuição. Se nos referimos a ela por meio de outra intuição, esta pode se relacionar com aquela de duas maneiras: ou de modo imediato e direto, caso em que a chamada "segunda intuição" não é mais que a primeira intuição; ou por meio da memória ou do raciocínio, caso em que já não nos referimos a uma intuição, mas a um "resíduo" — o que foi deixado na memória ou o que se manifestou em uma proposição — dessa intuição. Sobre esse aspecto também é iluminador um estudo do modo como alguns autores — por exemplo, Descartes — entendem a intuição.

Nos parágrafos anteriores falamos sobretudo da intuição como modo de conhecimento. Convém dizer agora algumas palavras sobre a intuição enquanto "intuição artística".

Em alguns dos autores a que nos referimos, a noção de intuição, embora tomada em sentido geral, aplicava-se especialmente à intuição de obras de arte ou era entendida por analogia com a intuição artística. É o que ocorre em Schelling, em Schopenhauer e em Bergson. Benedetto Croce tratou de modo mais explícito e sistemático da intuição como intuição artística. Para esse autor, a intuição é um dos modos de operação do Espírito (VER); este pode captar certas realidades de modo imediato. Ora, suscitou-se a esse respeito a questão da relação entre intuição e expressão, da qual tratamos no verbete EXPRESSÃO; recordaremos agora somente que, enquanto alguns autores fazem da intuição uma operação indissoluvelmente ligada à expressão, outros consideram que esta última "trai" de algum modo a intuição. A primeira dessas posições é própria de Croce; a segunda, de Bergson.

⊃ Natureza da intuição: Diem, *Das Wesen der Anschauung*, 1899. — Hermann von Keyserling, "Das Wesen der Intuition und ihre Rolle in der Philosophie", *Logos*, 3 (1912), 59-79. — Antonio Caso, *La filosofía de la intuición*, 1914. — J. Koenig, *Der Begriff der Intuition*, 1926. — É. Le Roy, *La pensée intuitive*, 2 vols., 1929-1930. — K. Wild, *Intuition*, 1938. — A. Rodríguez Bachiller, *Teoría de la intuición*, 1956. — Karl Möhlig, *Die Intuition. Eine Untersuchung der Quellen unseres Wissens*, 1962. — Erich Rothacker e Johannes Thyssen, *Intuition und Begriff. Ein Gespräch*, 1963.

— Miguel Ángel Virasoro, *La intuición metafísica*, 1965. — W. Reese, *Die innere Anschauung. Versuch einer phänomenologischen Darstellung*, 1984.
Tipos e formas de intuição: Filippo Masci, *Le forme dell'intuizione*, 1881. — K. Wild, *op. cit. supra*. — Archie J. Bahm, *Types of Intuition*, 1960.
Intuição pura: W. Cramer, *Das Problem der reinen Anschauung. Erkenntnistheoretische Untersuchung der Prinzipien der Mathematik*, 1937.
Intuição intelectual: R. Jolivet, "L'intuition intellectuelle et le problème de la métaphysique", *Archives de Philosophie*, 2, n. 2 (1934). — P. Maslow, *Intuition versus Intellect*, 1957.
Intuição empírica: J. B. Rieffert, *Die Lehre von der empirischen Anschauung bei Schopenhauer und ihre historischen Voraussetzungen*, 1914. — M. R. Wescott, *Toward a Contemporary Psychology of Intuition: A Historical, Theoretical, and Empirical Inquiry*, 1968.
Intuição estética: F. Delattre, *Ruskin et Bergson. De l'intuition esthétique à l'intuition métaphysique*, 1947. — G. Calogero, *Estetica, semantica, istorica*, 1947; 5ª ed., 1966. — L. Stefanini, *Trattato di estetica*, 1956. — Ver também as obras de Croce na bibliografia do verbete sobre esse filósofo.
Intuição moral: B. Llamzon, *A Humane Case for Moral Intuition*, 1993.
Intuição e conhecimento: R. Kynast, *Intuitive Erkenntnis*, 1919. — P. Hertz, *Ueber das Denken und seine Beziehung zur Anschauung*, 1923. — Alphonse Hupfnagel, *Intuition und Erkenntnis*, 1932. — Sebastián Tauzin, *Conflicto entre a intuição e a inteligência*, 1946. — Sebastian J. Day, O. F. M., *Intuitive Cognition. A Key to the Significance of the Later Scholastics*, 1947.
Intuição e razão e intuição e discurso: J. Paliard, *Intuition et réflexion. Esquisse d'une dialectique de la conscience*, 1925. — J. Vialatoux, *Le discours et l'intuition*, 1934. — A. C. Ewing, *Reason and Intuition*, 1941. — Francisco Romero, "Intuición y discurso", em *Papeles para una filosofía*, 1945.
Intuição e verdade: Joseph Santeler, *Intuition und Wahrheitserkenntnis*, 1934.
Intuição e ciência: Mario Bunge, *Intuition and Science*, 1963. — P. B. Medawar, *Induction and Intuition in Scientific Thought*, 1969.
A intuição em vários autores: K. Wild, *op. cit. supra*. — E. Levinas, *Théorie de l'intuition dans la phénoménologie de Husserl*, 1963. — Laura Fraga de Almeida Sampão, *L'intuition dans la philosophie de Jacques Maritain*, 1963 (tese). — Para a intuição em Bergson e Lossky, ver as bibliografias dos verbetes sobre esses autores. — Para o "racional-intuitivismo" de Max Brod e F. Weltsch: *Anschauung und Begriff. Grundzüge eines Systems der Begriffsbildung*, 1913. — N. Raghunathan, *Reason and Intuition in Indian Culture*, 1969. — M. Yamaguchi, *The Intuition of Zen and Bergson*, 1969.
— R. A. Smyth, *Forms of Intuition. An historical Introduction to the Transcendental Aesthetic*, 1977. — S. Blasucci, *Il problema dell'intuizione in Cartesio, Kant e Bergson*, 1979.
Crítica da intuição: Clodius Piat, *Insuffisance des philosophies de l'intuition*, 1908.
Também o livro de Maritain sobre Bergson mencionado na bibliografia deste último filósofo e as obras de Julien Benda mencionadas no verbete BERGSONISMO. C

INTUIÇÃO (AXIOMAS DA). Ver AXIOMAS DA INTUIÇÃO; RAZÃO PRÁTICA (POSTULADOS DA).

INTUICIONISMO. O termo 'intuicionismo' pode ser entendido em três sentidos: matemático (e lógico), geral (metodológico) e ético.

No primeiro sentido, 'intuicionismo' designa certa tendência da atual lógica e filosofia da matemática. Nos verbetes MATEMÁTICA (VER) e TERCEIRO EXCLUÍDO (PRINCÍPIO DO) (VER) proporcionamos alguns dados sobre a tendência intuicionista na matemática e sobre seus principais representantes. Complementamos essa informação aqui com alguns dados relativos à lógica intuicionista, isto é, à lógica sustentada pela filosofia intuicionista da matemática. Essa lógica não admite que todo enunciado tenha de ser verdadeiro ou falso. Alguns enunciados não são, para ela, nem verdadeiros nem falsos. Contudo, ao contrário do que ocorre com as lógicas polivalentes (ver POLIVALENTE), não adscreve a esses enunciados um valor de verdade diferente. A lógica intuicionista sustenta, pois, um critério de Verdade (VER) distinto do das outras lógicas, embora seja preciso observar que esse critério se refere a proposições matemáticas, e não a qualquer enunciado. Além desse critério de verdade distinto, a lógica intuicionista sustenta um critério distinto sobre a negação (VER) e um critério diferente sobre a existência. No que diz respeito ao último ponto, observaremos apenas que ele se baseia em uma interpretação própria do quantificador (VER) particular quando ele afeta entidades matemáticas; esta lógica afirma, com efeito, que determinada entidade matemática não existe quando sua existência não pode ser provada. Como escreve Heyting (*op. cit. infra*, p. 3), "uma asserção matemática afirma o fato de que se efetuou certa construção. Está bastante claro que a construção não havia sido realizada antes de se efetuar (...) Todos os matemáticos, incluindo os intuicionistas, abrigam a convicção de que em algum sentido a matemática se ocupa de verdades eternas, mas, quando se trata de definir precisamente esse sentido, fica-se preso em um labirinto de dificuldades metafísicas. O único modo de evitá-las é excluí-las da matemática. Isso era o que [eu] queria dizer ao afirmar que estudamos as construções matemáticas como tais e que para esse estudo a lógica clássica é inadequada". Em outros termos, "no estudo das construções mentais matemáticas 'existir' deve ser sinônimo de 'ser construído'" (*op. cit.*, p. 2).

Segundo E. W. Beth (*op. cit. infra*, pp. 409-412), entre as máximas propugnadas pelos intuicionistas no sentido referido acima encontram-se as seguintes: 1) não é possível realizar qualquer investigação sobre os fundamentos da matemática sem prestar atenção às condições em que se desenvolve a atividade mental dos matemáticos; 2) a matemática deve se desenvolver independentemente de quaisquer idéias preconcebidas sobre a natureza das entidades matemáticas ou da atividade matemática (conhecimento adquirido posteriormente); 3) a matemática é independente da lógica, enquanto a lógica depende da matemática. A lógica aparece na criação da linguagem matemática e na análise dessa linguagem.

No segundo sentido (muito mais geral), o termo 'intuicionismo' designa aquelas doutrinas ou métodos filosóficos que admitem a intuição — seja ela de que tipo for — como forma, e até como forma primária, de conhecimento. A rigor, somente aqueles que admitem a base intuitiva última do conhecimento podem ser chamados de intuicionistas. Desse ponto de vista, a oposição corrente entre intuicionismo e racionalismo só pode ser entendida quando este último assume um aspecto formalista. De fato, o intuicionismo não se opôs ao racionalismo clássico pelo menos na medida em que este manteve o caráter intuitivo das "primeiras verdades" e o conhecimento imediato das noções últimas das "naturezas simples".

Durante o século XX, desenvolveram-se tanto tendências filosóficas intuicionistas como antiintuicionistas. Comum às primeiras é a suposição de que da intuição resulta um método justificado de conhecimento. Comum às segundas é destacar que a obediência à intuição nem sempre garante resultados válidos. Além dessas concordâncias há pouco acordo entre as diversas tendências intuicionistas e antiintuicionistas entre si. Os intuicionistas diferem entre si segundo o conceito de intuição que consideram predominante (intuição "vital" de Bergson, intuição fenomenológica e ideal de Husserl, intuição emotiva de Scheler etc.), segundo a maior ou menor identificação do intuicionismo com o irracionalismo, segundo sua posição diante do racionalismo moderno, do racionalismo em geral etc. Os antiintuicionistas diferem entre si segundo o predomínio concedido a diversos tipos de conhecimento não-intuitivo e, portanto, de acordo com o fato de serem racionalistas (em diversos sentidos), formalistas, operacionalistas etc. Certos autores, contudo, enfatizaram que não é legítimo contrapor radicalmente o intuicionismo ao antiintuicionismo e que a admissão da intuição ou sua recusa devem depender em cada caso da realidade estudada ou do ponto de vista a partir do qual se estude. Desse modo, o intuicionismo seria aceitável nas descrições sensíveis, em muitas das ciências humanas, mas inaceitável nas provas formais, nas ciências físico-matemáticas etc.

No terceiro sentido (ético), 'intuicionismo' é o nome recebido por uma série de doutrinas morais desenvolvidas especialmente na Inglaterra (Henry Sidgwick, G. E. Moore, H. A. Prichard e W. D. Ross). Nem todos esses autores se autoqualificam de intuicionistas — G. E. Moore não usa, em geral, essa palavra —, mas em todos eles a intuição do ético desempenha um papel fundamental. Ora, "o ético" pode ser entendido de vários modos, e particularmente de dois modos. Por um lado, pode se referir a um princípio ou "axioma" considerado evidente; esse é o caso de Sidgwick. Por outro lado, pode se referir a uma qualidade irredutível a quaisquer outras; é o caso de Moore, Prichard e Ross. Em Moore, essa qualidade é "o bom"; em Prichard, é "a obrigação moral"; em Ross, é "o justo" e também "o bom". Deve-se observar que nenhum desses autores confina as qualidades éticas irredutíveis aos exemplos mencionados; Moore, por exemplo, também destaca "a obrigatoriedade" como qualidade. O comum a esses três autores é que consideram que certos termos éticos designam qualidades que não podem ser traduzidas a outras; qualidades, portanto, apreensíveis diretamente e por "intuição".

Acrescentemos que também se pode considerar como intuicionista a ética de Scheler na medida em que defende a possibilidade de uma intuição material *a priori*, mas o sentido da noção de 'intuição' nesse autor é bastante distinto do que ela possui nos filósofos ingleses citados. Embora de que todos esses pensadores sejam "intuicionistas" na ética, devem-se estabelecer diferenças fundamentais em suas idéias de "intuição" e até mesmo de "qualidade irredutível".

➲ Para o primeiro sentido (além das obras gerais sobre lógica e filosofia da matemática citadas nas bibliografias dos verbetes LOGÍSTICA e MATEMÁTICA), ver; L. E. J. Brouwer, "Intuitionism and Formalism", *Bulletin American Mathematical Society*, 20 (1913), 81-96. — Id., "Zur Ergründung der intuitionistischen Mathematik", I. *Mathematische Annalen*, 93 (1924), 244-257; II, *ibid.*, 95 (1925), 453-472. — Arend Heyting, "Die formalen Regeln der intuitionistischen Logik", *Sitzungsberichte der Preussischen Akademie der Wissenschaften*, Phys. Math. Klasse, 1930, pp. 42-56. — Id., "Die intuitionistische Grundlegung der Mathematik", *Erkenntnis*, 2 (1931), 106-115. — Id., *Mathematische Grundlagenforschung, Intuitionismus, Beweistheorie*, 1934. — Id., *Les fondements des mathématiques. Intuitionisme. Théorie de la démonstration*, 1955. — A. Heyting, *Intuitionism: An Introduction*, 1956; 2ª ed., rev., 1966; 3ª ed. 1971. — E. W. Beth, *Semantic Construction of Intuitionistic Logic*, 1956. — Id., *The Foundations of Mathematics*, 1959. — Kleene e R. E. Vesley, *The Foundations of Intuitionistic Mathematics, Especially in Relation to Recursive Functions*, 1965. — M. C. Fitting, *Intuitionistic Logic, Model Theory and Forcing*, 1969. — O.

Alberth, P. Bernays et al., *Intuitionism and Proof Theory*, 1970, eds. J. Myhill, A. Kino e R. Vesley (Atas de uma sessão em Buffalo, N. Y., agosto de 1968). — Michael Dummett, *Elements of Intuitionism*, 1977. — W. P. Van Stigt, *Brouwer's Intuitionism*, 1990 [Studies in the History and Philosophy of Mathematics, vol. 2].
Para o terceiro sentido do termo: W. D. Hudson, *Ethical Intuitionism*, 1967. — H. J. McCloskey, *Meta-Ethics and Normative Ethics*, 1969. ↻

INVERSO (DO CONDICIONAL). Ver CONDICIONAL.

INVOLUÇÃO. Ver DISSOLUÇÃO; EVOLUÇÃO; LALANDE, ANDRÉ.

IPSEIDADE. Ver HECEIDADE.

IRENEU (SANTO) (*ca.* 125-*ca.* 202). Nascido em Esmirna (Ásia Menor), foi bispo de Lyon, na Gália, e discípulo de São Policarpo. É conhecido sobretudo por sua refutação do gnosticismo (VER) contida na obra em cinco livros intitulada *Exposição e refutação do falso conhecimento* (*Detectio et eversio falso cognominatae gnoseos*, Ἔλεγχος καὶ ἀνατροπὴ τῆς ψευδωνύμου γνώσεως), da qual restam fragmentos gregos e uma tradução latina — citada sob o título *Adversus haereses*. No entanto, também foi autor de outras obras, mencionadas por Eusébio (um escrito contra a ciência helênica e outro acerca da demonstração do ensinamento apostólico [a chamada *Demonstratio apostolicae praedicationis*]). A citada expressão 'falso conhecimento' designa a gnose; contra essa falsa gnose, Santo Ireneu defendeu a 'verdadeira gnose', a doutrina apostólica guardada e transmitida pela Igreja. Os erros capitais dos falsos gnósticos são, segundo Santo Ireneu, a distinção entre o Deus supremo ou Deus Pai e o criador do mundo, a fantástica multiplicidade de realidades intermediárias entre Deus e sua criação, e o pretenso caráter esotérico da doutrina de Cristo. Todos esses erros podem ser resumidos em um: a ignorância de que a fé — a verdadeira fé — é a fonte da inteligência. Os gnósticos pretendem saber mais do que se pode saber, mas por outro lado esquecem que Deus não é conhecido por especulações arbitrárias, e sim por sua revelação nas Escrituras, por suas obras e pelas leis de comportamento que deposita na alma dos homens.

↻ Edição de obras: a primeira edição do *Adversus haereses* foi coordenada por Erasmo, 1526. Depois em Migne, *P. G.*, VII. Edições por W. Harvey, 2 vols., 1857, reed., 1948; U. Mannucci, 2 vols., 1907-1908; F. M. Sagnard, 1952 [com trad. francesa]. — Edição da obra sobre a demonstração do ensinamento apostólico ou *Eipideixis*, por K. Ter-Mekerttschian e E. Ter-Minnassiantz, Leipzig, 1907. — Ver também K. Ter-Mekerttschian e Wilson em *Patrologia orientalis*, 12 (1919).
Ver: F. Cabrol, *La doctrine de Saint Irénée*, 1891. — J. Kunze, *Die Gotteslehre des Irenaeus*, 1891. — E.

Klebba, *Die Anthropologie des heiligen Irenaeus*, 1894. — F. Beuzart, *Essai sur la théologie d'Irénée*, 1908. — F. Vernet, artigo "Irénée (Saint)", no *Dictionnaire de théologie catholique*, Vacant-Mangenot-Amann, VII, Pt. 2, 1923, cols. 2394-2533. — G. N. Bonwetsch, *Die Theologie des Irenaeus*, 1925. — J. Lebreton, artigos em *Recherches des sciences religieuses*, 16 (1926), 385-406 e 431-443. — Id., *Histoire du dogme de la Trinité*, vol. II, 1928. — E. Scharl, *Recapitulatio mundi. Der Rekapitulationsbegriff des heiligen Irenaeus und seine Anwendung auf die Körperwelt*, 1941. — F. M. Sagnard, *La gnose valentinienne et le témoignage de saint Irénée*, 1948. — A. Houssiau, *La christologie de S. Irénée*, 1955 (tese). — André Benoit, *Saint Irénée. Introduction à l'étude de sa théologie*, 1960. — Antonio Orbe, *Antropología de San Ireneo*, 1969. — H. B. Timothy, *The Early Christian Apologists and Greek Philosophy, Exemplified by Irenaeus, Tertulian and Clement of Alexandria*, 1973.
Vocabulário: R. Reynders, *Lexique comparé du texte grec et des versions latine, arménienne, syriaque de l'"Adversus haereses" de saint Irénée*, 2 vols., 1954. ↻

IRONIA. O verbo grego εἰρωνεύομαι significa "dissimular" e especialmente "dissimular que se ignora algo". Aquele que pratica a ironia, εἰρωνεία, diz menos do que "pensa", geralmente com o fim de soltar a língua de um antagonista. A ironia não é, pois, uma mera ficção; antes ocorre que a ficção é *utilizada* pelo irônico com determinada intenção.

Costumam ser distinguidas duas concepções de ironia: a "clássica" e a "romântica".

A ironia clássica é representada principalmente por Sócrates: "Eis aqui a bem conhecida ironia de Sócrates; eu bem sabia, e o predisse, que quando chegasse o momento de responder você se recusaria a fazê-lo e dissimularia ["ironizaria"] e faria qualquer coisa antes de responder a qualquer pergunta que qualquer um pudesse fazer" (Platão, *Rep.*, 1, 337 A). Sócrates empregava o "método" — ou antes o "recurso" — de fingir que não sabia o bastante acerca de qualquer assunto; o contendor tinha então de manifestar sua opinião, que Sócrates passava a triturar. Com essa ficção de ignorância, Sócrates conseguia que seu contendor se desse conta de sua própria ignorância. Assim, aquele que pretendia não saber, sabia, e aquele que pretendia saber, não sabia.

Aristóteles definiu a ironia mais como "simulação" que como dissimulação. A ironia se contrapõe à jactância, e ambas são extremos de um justo meio que é a veracidade. A ironia não é, pois, modéstia, mas antes falsa modéstia (*Eth. Nic.*, II, 7, 1008, 20-23). Como tal, a ironia pode ser uma maneira "dissimulada" de jactar-se. Santo Tomás seguiu Aristóteles em grande parte ao indicar que a ironia é uma vaidade sutil — contraposta à vaidade "aberta" do jactancioso. Além disso, ela é um modo de evitar a própria responsabilidade com uma espécie de falso menosprezo. A ironia não é a mesma coisa que o ato de "velar prudentemente a verdade", que Santo Tomás admite como justificado (*S. theol.*, II*ª*-II, q. XC, a 3, ad. 4).

A ironia romântica aparece em vários escritores alemães, entre os quais se distinguiram Friedrich Schlegel (VER) e K. F. Solger (VER). O elemento comum do conceito romântico de ironia é apresentá-la como expressão da união de elementos antagônicos tais como a Natureza e o Espírito, o objetivo e o subjetivo etc. Mediante a ironia não se reduz um dos elementos ao oposto, mas tampouco se fundem os dois completamente — a ironia deixa transparecer a "tensão" constante entre eles. Ora, dentro dessa idéia comum, os citados autores apresentaram distintas concepções da ironia. Para Schlegel, os elementos em "tensão" são, em última análise, o resultado de um constante "jogo" do Eu livre. A ironia joga com tudo e não se entrega definitivamente a nada. Para Solger, a ironia é a expressão da tensão entre a beleza como revelação de Deus e a beleza como negação sensível da divindade. Solger chama essa ironia de "trágica". A diferença entre Schlegel e Solger parece ser que, enquanto para o primeiro a ironia consiste em não levar nada a sério, para o segundo consiste em levar tudo a sério. Mas, em última análise, as duas idéias concordam, pois em ambos os casos a ironia se caracteriza (como indicou uma vez Hegel) por "dominar qualquer conteúdo".

Kierkegaard tratou do conceito de ironia em Sócrates e do conceito romântico, procurando superá-los como estudos insuficientes. Em outros escritos posteriores àquele dedicado ao conceito de ironia, esse autor pôs a ironia no estádio estético, considerando a ironia como dúvida e aceitação da dúvida, ao contrário do "humor", que já é aceitação de uma certeza. Além disso, Kierkegaard acabou admitindo diversos graus de ironia, inclusive um no qual ela aparece como o modo de ser da santidade que nega este mundo em virtude de outro pelo qual se sacrifica.

Muitas são as definições que foram dadas à ironia desde os românticos até hoje. Citaremos alguns exemplos. Para Bergson, "a ironia surge quando se anuncia simplesmente o que deveria ser, fingindo que é assim na realidade", ao contrário do humor, que é a "descrição minuciosa do que é, afetando crer que as coisas deveriam efetivamente ser assim". Certos autores estudaram a ironia (e o humor) como "sentimento da vida" ou como o que hoje se chamaria de "talante" (ver TÊMPERA); um destes casos é Harald Hoffding. Outros estudaram a ironia do ponto de vista psicológico, especialmente em relação com o problema da risada (ver a bibliografia). Para Eugenio d'Ors, a ironia se caracteriza por não menosprezar as fórmulas, mas ao mesmo tempo por não aceitar a superstição das fórmulas. Para Gustavo Pittaluga, a ironia é um impulso. Jankélévitch analisou a ironia como "forma de vida", contrastando-a com outras (por exemplo, com o cinismo etc.) Em nossa opinião, a ironia pode ser descrita como uma "atitude" de tipo semelhante, em sua forma, embora distinta em seu conteúdo, a outras atitudes como a cínica, a fanática etc. Uma característica geral da ironia é a função que possui de preencher algum "vazio" na vida humana, razão pela qual a ironia sobrevém especialmente quando se produz uma crise (seja ela individual ou coletiva). Ora, há muitas formas possíveis de ironia; por exemplo, pode-se falar da ironia conceptuosa e amarga (Quevedo), da ironia piedosa (Cervantes) e da ironia intelectual (Gracián), limitando-nos a exemplos de escritores espanhóis clássicos.

Duas formas de ironia são, em nosso entender, fundamentais.

Por um lado, a ironia pode ser uma atitude para a qual o mundo é algo essencialmente ignóbil, que no máximo merece difamação e menosprezo. A ironia é empregada então como um modo de não participar efetivamente de um mundo desprezado; em vez de tentar compreender esse mundo, procede-se a comentá-lo ligeiramente (ou, segundo o caso, corrosivamente) e, em geral, a tomá-lo como mero jogo.

Por outro lado, a ironia pode ser uma atitude para a qual o mundo não merece a seriedade que alguns lhe atribuem, porém não por desprezo pelo mundo, mas por considerar que essa seriedade sempre é de algum modo unilateral e dogmática. Essa ironia renuncia a entregar-se completamente a algo, mas somente porque considera que nenhuma coisa é em si mesma completa. Enquanto o primeiro tipo de ironia — que chamamos de "ironia deformadora" — desorganiza a realidade, o segundo tipo — que chamamos de "ironia reveladora" — almeja compreendê-la melhor. É óbvio que este último tipo de ironia se aproxima mais que qualquer outra à socrática.

⇨ As passagens de Platão, Aristóteles e de Santo Tomás foram indicadas no corpo do texto. — Para Kierkegaard, ver *Om begrebet Ironi, med hensyn til Sokrates*, 1841 [contudo, Kierkegaard também se referiu à ironia em *Stadie paa Livets Vei* (1845), em *Afsluttende uvidenskabelig Efterskrift* (1846) e nos *Diários* (de 1833 a 1835)]. — Para Bergson, *Le rire* (1900), cap. II. — Para H. Hoffding, *Den Store Humor* (1916). — Para Eugenio d'Ors, *La filosofía del hombre que trabaja y que juega* (*Antología filosófica*) (1911), p. 50. — Para Gustavo Pittaluga, *Seis ensayos sobre la conducta* (1939), p. 170. — Para V. Jankélévich, *L'ironie* (1936; 2ª ed., com o título: *L'ironie ou la bonne conscience*, 1952; ed. rev., 1964). — Nossas opiniões sobre a ironia, no ensaio "La ironía", em *Questiones disputadas*, 1955, pp. 27-42.

Para estudos filosóficos e psicológicos sobre a ironia (o humor e a risada), incluindo em alguns casos uma interpretação da ironia como "forma de existência", ver: Julius Bahnsen, *Das Tragische als Weltgesetz und der*

Humor als ästhetischer Gehalt des Metaphysischen, 1887. — Th. Lipps, *Komik und Humor*, 1898. — F. Brügge, *Die Ironie als entwicklungsgeschichtlicher Moment*, 1909. — Frédéric Paulhan, *La morale de l'histoire*, 1909; 5ª ed., 1941. — R. Jancke, *Das Wesen der Ironie, eine Strukturanalyse ihrer Erscheinungsformen*, 1929. — Marcos Victoria, *Ensayo preliminar sobre lo cómico*, 1941. — A. Aubouin, *Technique et psychologie du comique*, 1948. — M. Latour, *Le problème du rire et du réel*, 1949. — A. Stern, *Philosophie du rire et des pleurs*, 1949. — H. Plessner, *Lachen und Weinen*, 1950. — D. Victoroff, *Le rire et le risible. Introduction à la psychologie du rire*, 1953. — U. Japp, *Theorie der Ironie*, 1983. — R. Rorty, *Contingency, Irony and the Discourse of Modernity*, 1990. — M. T. Goldsmith, *Nonrepresentational Forms of the Comic: Humor, Irony, and Jokes*, 1991. — D. Wisdo, *The Life of Irony and the Ethics of Belief*, 1993.

Estudos históricos: J. A. K. Thomson, *Irony: An Historical Introduction*, 1926 (a ironia na história da literatura). — Savino Blasucci, *Socrate: Saggio sugli aspetti costruttivi dell'ironia*, 1972. — Werner Boder, *Die sokratische Ironie in den platonischen Frühdialogen*, 1973. — Ute van Runset, *Ironie und Philosophie bei Voltaire unter besonderer Berücksichtigung der* Dialogues et entretiens philosophiques, 1975. — F. Wagener, *Ironie. I. Die romantische und die dialektische Ironie*, 1931. — Edo Pivcevic, *Ironie als Daseinsform bei S. Kierkegaard*, 1960. — H.-B. Vergote, *Sens et répétition. Essai sur l'ironie kierkegaardienne*, 2 vols., 1982. — J. Smyth, *Erotic Aesthetics: the Theory-Practice of Irony in Sterne, Kierkegaard, and Barthes*, 1984 [da série "Kierkegaard and Post-Modernism"]. — S. E. Alford, *Irony and the Logic of the Romantic Imagination*, 1984. — R. Schleifer, R. Markley, eds., *Kierkegaard and Literature: Irony, Repetition, and Criticism*, 1984. — G. J. Handwer, *Irony and Ethics in Narrative: From Schlegel to Lacan*, 1985. — D. Knox, *Ironia: Medieval and Renaissance Ideas on Irony*, 1989. ℭ

IRRACIONAL, IRRACIONALISMO. Em geral, define-se 'irracional' como 'algo que não é racional', isto é, como 'algo que é alheio à razão' (VER). No entanto, também são não racionais, ou alheias à razão, quaisquer "coisas" (entidades ou expressões) que possam ser chamadas de "arracionais", "supra-racionais", "infra-racionais" e "anti-racionais". É conveniente, por isso, distinguir estas últimas do que se denomina "irracional". Propomos as seguintes distinções: pode-se chamar de "arracional" o que é simplesmente alheio à razão; de "anti-racional", o que é contrário à razão; "supra-racional", o que é superior à razão ou está além da razão, em um plano considerado "superior"; "infra-racional", o que é inferior à razão no sentido de encontrar-se em um plano no qual a razão ainda não entrou (no plano do pré-racional). Ora, o termo 'irracional' pode ser tomado em dois sentidos: 1) como nome comum de todas as espécies de "não-racionalidade" mencionadas acima, ou 2) como designando algo "arracional" e, sobretudo, algo "anti-racional". O termo 'irracional' foi usado nesses dois sentidos por muitos autores, entre eles vários dos que serão citados a seguir, de tal modo que em numerosos casos é difícil saber o que um autor quer dizer exatamente com o predicado 'irracional'. Em alguns casos tendeu-se a usar 'irracional' como sinônimo de 'anti-racional'. Isso ocorreu especialmente ao se falar do "irracionalismo", que foi freqüentemente equiparado ao "anti-racionalismo".

Neste verbete trataremos do irracional e do irracionalismo especialmente tal como foram analisados (e às vezes propugnados) por vários autores contemporâneos. Embora nem sempre seja fácil distinguir, nesses autores, 'irracional' e 'irracionalismo', e embora em muitos casos a definição de qualquer um desses termos seja aplicada à definição do outro termo, começaremos nos referindo ao irracionalismo como tendência filosófica geral e concluiremos precisando vários sentidos de 'irracional'. A inversão da ordem mais "normal" de tratar nosso problema — o estudo do irracional sendo prévio ao do irracionalismo como tendência que salienta a realidade ou o valor do irracional — deve-se a que, de fato, manifestaram-se "motivos irracionalistas" antes que se tentasse uma explicação da estrutura ou das estruturas do "irracional".

Motivos de caráter irracionalista já eram importantes na filosofia grega. Durante muito tempo essa cultura foi apresentada como um perfeito exemplo de "racionalismo". Rohde, Nietzsche e Burckhardt opuseram-se a essa concepção e destacaram o caráter "dionisíaco" (ou, se se preferir, *também* "dionisíaco") e, portanto, "irracional" de muitos aspectos da cultura grega. Recentes pesquisas orientadas pela antropologia (F. M. Cornford, E. R. Dodds) mostraram que a cultura intelectual grega se baseava em um *húmus* de irracionalismo (de crenças que de modo algum são "racionais"). Os pensamentos filosóficos produzidos por essa cultura aparecem, de acordo com isso, como uma parte do esforço não de suprimir o irracional, mas de dominá-lo, introduzindo certa estabilidade em um mundo continuamente ameaçado pelo temor, pela angústia, pelo "terror-pânico".

Podem ser mostrados *a fortiori* motivos de caráter irracionalista em outras culturas, para não dizer em toda cultura humana. Ora, uma vez que o que nos interessa aqui é especialmente o irracional e o irracionalismo na filosofia, e já que se teve consciência deles somente no final da época moderna e na época contemporânea, trataremos especialmente destes últimos períodos.

Em certos autores, como em Schopenhauer e Eduard von Hartmann, o mundo é descrito como manifestação de algo irracional ou, ao menos, não-racional. Além disso, esses autores — e especialmente Schopenhauer — destacam o caráter irracional do "Absoluto". Afirmou-se que um certo grupo de filosofias contemporâneas — Bergson, Keyserling, Spengler e, em geral, as "filosofias da vida (VER) e da ação" (VER) — são irracionalistas porquanto sustentam que a realidade é, em última análise, ou irracional ou não-racional. Entretanto, nem sempre é justo qualificar essas filosofias (ou ao menos algumas delas) de irracionalistas. Em alguns casos, o que se chama de "irracional" é antes algo "sobre-racional"; em outros casos o que alguns filósofos fazem é simplesmente salientar que a realidade não é acessível racionalmente, ou não é tanto quanto haviam pensado outros filósofos. É preciso examinar o assunto com cuidado antes de qualificar qualquer filosofia não estritamente racionalista de "irracionalista". Nesse sentido, Rudolf Otto indicou que a busca do irracional na época atual se converteu quase em um suporte, e que se busca o irracional em qualquer lugar sem precisar se ele existe efetivamente, ou, no caso de ele existir, em que consiste. "Entendem-se freqüentemente por esse termo ['irracional']" — escreveu esse autor — "as coisas mais diferentes, ou ele é empregado em um sentido tão vago que podem ser entendidas por ele as realidades mais heterogêneas: a pura realidade em oposição à lei; o empírico em oposição ao racional; o contingente em oposição ao necessário; o fato bruto em oposição ao que pode ser encontrado mediante dedução; o que pertence à ordem psicológica em oposição ao que pertence à ordem transcendental; o que é conhecido *a posteriori* em oposição ao que pode ser definido *a priori*; a potência, a vontade e o simples prazer em oposição à razão, à inteligência e à determinação fundada em uma valoração do impulso; o instinto e as formas obscuras do subconsciente em oposição ao exame, à reflexão e aos planos racionais; as profundidades místicas da alma e os movimentos místicos na humanidade e no homem; a inspiração, a intuição, a penetração, a visão profética e, por fim, as forças ocultas. De modo geral, a agitação inquieta, a fermentação universal de nossa época, a busca do novo na poesia e nas artes plásticas — tudo isso, e mesmo mais, pode ser o 'irracional' e constituir o que se chama de 'irracionalismo moderno', por alguns exaltado, por outros condenado" (*op. cit. infra*, cap. XI).

Ora, a solução proposta por Rudolf Otto não é muito satisfatória. Segundo esse autor, é preciso partir do "sentido corrente da palavra, o que ela tem quando, por exemplo, dizemos sobre um acontecimento singular que se subtrai, por sua profundidade, à explicação racional: há aqui algo de irracional". Com efeito, esse procedimento, além de sua vaguidade, oferece o inconveniente de não levar em conta se o predicado 'é irracional' se refere a uma realidade ou a alguma forma de expressão dessa realidade. Tampouco leva em conta que em alguns casos o termo 'irracional' pode ser aplicado a um aspecto da realidade e não a outro, como também certas doutrinas podem ser chamadas de "irracionalistas" em um aspecto mas não em outro. Temos um exemplo disso quando se adota uma atitude irracionalista no que diz respeito à existência humana e uma atitude racionalista no que se refere à Natureza, ou ainda uma atitude irracionalista no que diz respeito ao "real" e uma atitude racionalista no que se refere ao "ideal", ou uma atitude irracionalista no que se refere ao "dado" e uma racionalista no que se refere ao "posto" (cf. W. Sesemann, art. cit. *infra*, p. 216).

Dentre as várias doutrinas propostas para definir 'irracional' e 'irracionalismo', especialmente no pensamento contemporâneo, mencionaremos as seguintes:

Em sua "História" da filosofia atual, J. Salamucha indicou que há nessa filosofia dois aspectos irracionalistas distintos entre si, embora provavelmente relacionados em algumas de seus manifestações. Por um lado, temos o "irracionalismo ontológico", segundo o qual a própria realidade (o "próprio ser") é irracional, e isso de tal modo que sua irracionalidade se manifesta no fato de que é contraditória consigo mesma. Representantes desse irracionalismo ontológico são J. Volkelt (irracionalismo metafísico), G. Simmel (irracionalismo vitalista) e Theodor Lessing e L. Klages (irracionalismo antropológico). Por outro lado, temos o "irracionalismo noético", segundo o qual há incomensurabilidade entre o conhecimento (ou os meios de conhecimento) e a realidade, ou ao menos uma parte da realidade. Representantes desse irracionalismo noético são H. Vaihinger, É. Meyerson e Nicolai Hartmann. A distinção assinalada equivale à já citada entre "irracionalismo real" e "irracionalismo conceitual".

Fundando-se em uma definição de 'irracionalismo' como 'empresa especulativa baseada nas potências irracionais da mente", Cleto Carbonara observa que há três tipos de irracionalismo de acordo com a "potência" que se enfatiza em cada caso: o voluntarismo, o intuicionismo e o associacionismo.

Segundo R. Müller-Freienfels, o irracionalismo significa que "não apenas é preciso considerar como válido o pensamento irracional, mas também todas as possibilidades cognoscitivas em sua significação" (*op. cit. infra* [a primeira delas], p. 4). Isso equivale a dizer que o irracionalismo (ao menos na teoria do conhecimento) não é um pressuposto metafísico, mas um método, o qual permite estender o campo do conhecimento. O irracionalismo em questão foi propugnado, ou ao menos elaborado, por autores como Dilthey e Bergson, com seu interesse pelos métodos da intuição (VER) e da compreensão (VER).

Para Ortega y Gasset, há uma espécie de "crescimento da irracionalidade" desde a lógica e a matemática — que tampouco são completamente "racionais", já que nelas se descobrem "irracionalidades" — até o conhecimento do "real" (por exemplo, do real humano). "O racional por excelência é (...) o ideal ou, o que é o mesmo, o lógico, o cogitável" (*op. cit. infra*; *O. C.*, p. 278). "Ao passar da matemática para a física, a irracionalidade se condensa. As categorias físicas — substância e causa — são quase completamente irracionais" (*loc. cit.*). O que não significa, para esse autor, que seja preciso predicar o "irracionalismo". Pelo contrário, é característico de Ortega fazer entrar "a razão no vital". O "irracionalismo" é, em todo caso, somente a necessária contrapartida do "espírito racionalista", conseqüência de uma "atitude imperativa" que pretende legislar sobre a realidade, em vez de aceitar a realidade tal como ela é, e de aceitar, portanto, "a resistência que o mundo oferece a ser entendido como pura racionalidade" (*ibid.*, p. 279).

Nicolai Hartmann buscou sobretudo elaborar uma "fenomenologia do irracional". Isso o levou ao estudo da distinção entre o irracional e elementos usualmente confundidos com ele. Segundo N. Hartmann, confundiu-se o irracional com o alógico (com aquilo que não está submetido a lógicas), esquecendo-se com isso das diferenças fundamentais entre vários tipos de irracionalidade. No "problema do irracional" deve-se distinguir sobretudo os aspectos gnosiológico e ontológico. O irracional como contrário de racional pode ser entendido: 1) como aquilo que não tem uma razão ou fundamento, ou 2) como aquilo que não é imanente à razão, o transinteligível. O primeiro tipo de irracionalidade é de caráter ontológico; o segundo, de caráter gnosiológico. Examinado gnosiologicamente, o irracional é o que não se encontra dentro da esfera do conhecimento, e, por conseguinte, não se pode dizer simplesmente que o racional é o que é lógico e que o irracional é alógico. Em primeiro lugar, nem tudo o que não pertence à esfera lógica é incognoscível; em segundo, nem tudo o que pertence à esfera lógica é cognoscível. De acordo com isso, convém distinguir três tipos de irracionalidade, cada um dos quais é insuficiente por si só para caracterizar "o irracional": *a*) o irracional alógico, tal como se apresenta, por exemplo, na mística, a qual vive e experimenta seu objeto, o conhece, ainda que não de modo lógico; *b*) o irracional transinteligível, isto é, o irracional como o não-cognoscível, do que transcende o conhecimento (este tipo de irracionalidade ontológica é, segundo Hartmann, mais profundo que a irracionalidade alógica descrita acima); *c*) o irracional como combinação do alógico e do transinteligível, o eminentemente irracional. Pode haver, portanto, como ocorre na mística, irracionalismo do ponto de vista lógico e racionalismo do ponto de vista ontológico. No entanto, apesar da necessidade da distinção entre o irracional gnosiológico e o irracional ontológico, há um fundamento comum a todos os tipos de irracionalidade em virtude da implicação mútua dos elementos gnoseológicos e ontológicos no problema do conhecimento. Esse fundamento comum encontra-se na noção de absolutamente transinteligível. O irracional existe ou, em outras palavras, é comprovado pela não-concordância absoluta das categorias do conhecimento com as categorias do ser. A concordância suporia a cognoscibilidade e racionalidade absolutas de toda a realidade, cognoscibilidade que se apresenta somente, na maior parte das vezes, na esfera do objeto ideal. A não-concordância equivale ao reconhecimento da existência do irracional ontológico, isto é, nas palavras do próprio Hartmann, do transobjetivo transinteligível, ou, dito de outro modo, da pura e simples transcendência.

Concluiremos indicando que convém distinguir o "irracional no objeto" (o objeto, a realidade, como irracionais) e "o irracional no método" (a tentativa de compreender o real mediante conceitos considerados não-racionais). Rejeitar um "método irracional" não significa negar a possibilidade do metarracional; significa antes investigar as condições cognoscitivas do irracional, ou seja, a estrutura da linguagem que torna possível falar com sentido do irracional. Desse ponto de vista, as posições sobre o irracional podem ser reduzidas às três seguintes: (I) posições que rejeitam todo irracional (racionalismo, certas formas de empirismo), (II) posições que admitem todo irracional (irracionalismo), (III) posições que negam o irracional no método e afirmam o irracional como objeto. Nessas posições o irracional costuma ser sobretudo "metarracional". Nesse sentido pode-se dizer que essas posições adotam antes uma atitude "meta-racionalista" que uma atitude "irracionalista".

⮕ Ver: W. Sesemann, "Das Rationale und das Irrationale im System der Philosophie", *Logos*, 2 (1911-1912), 208-241. — Rudolf Otto, *Das Heilige*, 1917. — Nicolai Hartmann, *Grundzüge einer Metaphysik der Erkenntnis*, 1921; 2ª ed., 1925, pp. 219-275. — Richard Müller-Freienfels, *Irrationalismus. Umrisse einer Erkenntnislehre*, 1922. — Id., *Metaphysik des Irrationalen*, 1927. — Alfred Bäumler, *Kants Kritik der Urteilskraft. I. Das Irrationalitätsproblem in der Aesthetik und Logik des 18. Jahrhunderts*, 1923. — Niccola Abbagnano, *Le sorgenti irrazionali del pensiero*, 1923. — José Ortega y Gasset, "Ni vitalismo ni racionalismo", *Revista de Occidente*, 2 (1924), 1-16; reimp. em *O. C.* III (270-280). — E. Keller, *Das Problem des Irrationalen im wertphilosophischen Idealismus der Gegenwart*, 1931. — H. E. Eisenhuth, *Der Begriff des Irrationalen als philosophisches Problem*, 1931. — Giuseppe Rensi, *Le ragioni dell'irrazionalismo*, 1933. — Guido de Ruggiero, *Il ritorno alla ragione*, 1946 [coletânea de ensaios]. — Rupert Crawshay-Williams, *The Comforts of Unreason: A Study of the Motives behind Irrational Thought*, 1947.

— J. H. W. Rosteutscher, *Die Wiederkunft des Dionysios. Der naturmystische Irrationalismus in Deutschland*, 1947 [de Hölderlin a Thomas Mann]. — A. Aliotta, *Le origini dell'irrazionalismo contemporaneo*, 1953. — György Lukács, *Die Zerstörung der Vernunft*, 1954 (trad. esp.: *El asalto a la razón*, 1959). — E. W. Beth, *La crise de la raison et la logique*, 1957. — Cleto Carbonara, *L'irrationale in filosofia*, 1958 [mimeog.]. — S. Marck, *Die Aufhebung des Irrationalismus*, 1958. — Fernand-Lucien Mueller, *L'irrationalisme contemporain*, 1970 (de Schopenhauer a Sartre). — H. Titze, *Traktat über Rational und Irrational*, 1975. — M. Landmann, *Anklage gegen die Vernunft*, 1976. — J. Elster, *Ulysses and the Sirens: Studies in Rationality and Irrationality*, 1979. — H. P. Dürr, ed., *Der Wissenschaftler und das Irrationale*, 1980. — J. Elster, *Sour Grapes: Studies in the Subvertion of Rationality*, 1983. — D. Pears, *Motivatet Irrationality*, 1984 [sobre o auto-engano e a falta de autocontrole].

Sobre o irracional na cultura grega, ver: E. R. Dodds, *The Greeks and the Irrational*, 1951. ℭ

IRREAL, IRREALIDADE. O predicado 'é irreal' significa "carece de realidade" ou, simplesmente, "não é real". Desse modo, dizer '*X* é irreal' equivale a dizer '*X* não é real'.

Esse predicado parece oferecer algumas dificuldades. Com efeito, dizer que algo é irreal é o mesmo que dizer que há algo que é irreal, mas se há "algo", esse "algo" não pode ser irreal, mas, real. O predicado 'é irreal' parece oferecer, pois, dificuldades similares, embora inversas, às oferecidas pelo sujeito 'não-ser' (ou 'o não-ser') ou 'nada' (ou 'o nada'). Desse sujeito não parece possível dizer que seja nada, pois dizer que não é nada equivale a dizer que é algo; isto é, um "algo" que não é nada.

Essas dificuldades não são insuperáveis. Por um lado, pode-se alegar que há um modo de usar o predicado 'é irreal', aplicando-o ao sujeito 'não-ser' (ou 'o não-ser', ou 'o nada', ou simplesmente 'um não-ser'). Então se dirá que um não-ser é irreal, ou que todo não-ser é irreal. Por outro lado, pode-se dizer que o ser irreal indica somente o não-ser real e que, por conseguinte, a expressão '*X* é irreal' diz apenas 'Não é o caso que (ou não é verdade que) *X* seja real'. Contudo, além dessas possibilidades de uso do predicado 'é irreal', há outras que concebem a possibilidade da irrealidade.

De início, a irrealidade é definível em função do que seja considerado em cada caso como uma realidade (ver Real, realidade). Assim, se se supõe que a realidade é material, e que somente o material é real, então o que não for material será irreal. Mas ainda restarão várias possibilidades para o irreal: o ser imaginado, o ser conceitual ou nocional, o ser ideal etc. O mesmo ocorrerá qualquer que seja a definição que se dê ao real e à realidade. Se, por exemplo, a realidade incluir tudo o que é, poder-se-á dizer que o que vale é irreal. Se a realidade incluir tudo o que é, e tudo o que é incluir tudo o que existe, tudo o que vale, todo o pensado, todo o ideal, todo o imaginado etc., então poder-se-á dizer que o irreal não é, mas ainda não fica claro se ao se excluir algo do "que é" não se exclui também algo do "que há". Pode muito bem acontecer de haver algo que não "é" propriamente, porque não lhe corresponda o "ser" (e isso não apenas porque lhe corresponda o devir, mas porque é ontologicamente definível de algum modo distinto do que se expressa mediante os vocábulos 'é', 'devém' etc.). Isso ocorre, por exemplo, quando se inclui entre o que há (mas não entre o que é) o "sentido".

É verdade que, no caso de se incluir "tudo" no que há — o que é, o que devém, o que existe, o que é possível, o que é impossível, o que é contraditório, o que é atual, o que é pensável ou pensado, imaginável ou imaginado, o que vale ou não vale, o que tem ou não tem sentido etc. —, não haverá "lugar ontológico" para o irreal. Porém, incluindo-se "tudo" no que há, dever-se-á incluir nele também o irreal.

Isso indica em que direções se pode buscar uma significação para o predicado 'é irreal'. Consideraremos agora mais diretamente várias definições possíveis para 'irreal' e 'irrealidade'.

Por um lado, pode-se definir o irreal como "o que não é efetivamente real"; portanto, todo o pensado como pensado, o imaginado como imaginado etc., poderá ser declarado "irreal". Deve-se levar em conta que nesse caso o irreal não é necessariamente "menos" que o real no sentido de ser, por exemplo, uma "realidade menor". O irreal não é justamente comparável ao real. Nem sequer se pode dizer que o irreal é simplesmente uma negação do real. Por esta última razão pode-se propor o uso do termo 'arreal' para a referência ao irreal, termo que é, por assim dizer, mais "neutro" que o vocábulo 'irreal'.

Por outro lado, pode-se tomar como ponto de partida a tese husserliana de que a consciência é irreal (*Ideen*, I. Introdução; *Husserliana*, III, 6-7) e admitir que todos os fenômenos estudados pela fenomenologia transcendental são caracterizáveis como irreais. Com efeito, tais fenômenos não são "outros fenômenos", mas, de certo modo, algo "outro" dos fenômenos. Essa idéia do irreal e da irrealidade aponta para uma condição que pode ser estabelecida como determinante de todo o irreal, aceitando-se ou não a fenomenologia transcendental de Husserl. Essa condição pode ser enunciada do seguinte modo: é irreal tudo o que não se enconta *extra animam*, entendendo-se por *anima* não o sujeito psicológico, nem seus "conteúdos", nem os conceitos — tudo isso sendo de algum modo real —, mas o "puro refletir", do próprio sujeito, os "conteúdos" do sujeito, os conceitos etc.

Algumas vezes se levantou o problema de se pode haver *conceitos* do que se declara não ser real, isto é, do "irreal". Alguns autores disseram que não os há, e que tais conceitos são noções mentais, que têm alguma forma de realidade. Outros declararam que somente os objetos reais são representáveis. Entre os últimos autores figura Brentano. Como as expressões que "descrevem" ("tratam do") o irreal podem ter significação, Brentano indica que se trata de ficções lingüísticas. Assim, para Brentano, o termo 'sereia' é uma ficção lingüística, não um conceito que represente a noção mental de sereia, e menos ainda um conceito que denote alguma entidade não-existente, mas subsistente, à maneira de um dos tipos de entidade propostos por Meinong. As idéias de Brentano sobre o assunto expressaram-se em um de seus últimos escritos: *Abkehr vom Nichtrealen* (cf. a bibliografia de BRENTANO [FRANZ]).

Até agora tratamos principalmente do significado de 'irreal'. Alguns autores contemporâneos, embora também interessados por essa significação, ocuparam-se das características dos chamados "objetos irreais" — ao contrário dos "objetos reais" e até dos "objetos ideais" — e dos diversos tipos possíveis desses "objetos irreais". Este é o caso de Nicolai Hartmann — ao descrever como irreais os pensamentos (enquanto "pensamentos sobre" e não apenas "pensamentos de"), as entidades imaginadas, o conteúdo das alucinações, os "ideais" etc. — e de Jean-Paul Sartre — ao tratar como irreais certas imagens (ver IMAGINAÇÃO). Digno de nota é o estudo de Augusto Salazar Bondy (*Irrealidad e idealidad*, 1958), que propôs uma detalhada caracterização dos "entes irreais". Segundo este último autor, esses entes possuem as seguintes características: o fato de serem intencionais (ou seres que se esgotam com a pura intenção [ver INTENCIONAL, INTENCIONALIDADE]), de não serem objetos próprios de conhecimento, e o fato de ser por si (característica distinta do ser em si). Os entes irreais têm certas características comuns aos entes ideais (por exemplo, ambos carecem de individualidade e são independentes do espaço e do tempo). Mas isso não significa que os entes irreais e os entes ideais sejam idênticos, como algumas vezes parecem dar a entender Husserl e Nicolai Hartmann, ou como parecem indicar as descrições apresentadas por esses pensadores. Por outro lado, a diferença entre o irreal e o ideal não significa, segundo Salazar Bondy, que a irrealidade seja alheia a toda idealidade. Pelo contrário, pode-se afirmar que "o núcleo do objeto irreal" é "a essência ideal do ente irreal". "No objeto irreal haveria, desse modo, por um lado, um momento ideal, material, ao qual, independentemente de seu estar implicado no ente irreal, correspondem os caracteres do ser transcendente (como ocorre com as estruturas ideais válidas para o real), e, por outro, uma multiplicidade muito determinada e instável, que depende da menção singular e se esgota nela. Esta última constituiria o objeto irreal propriamente dito" (*op. cit.*, pp. 80-81).

Uma das características dos seres irreais de que se ocuparam alguns filósofos no passado é serem *ficta* ou "ficções". Abordamos esse ponto no verbete FICÇÃO.

IRREFLEXIBILIDADE. Ver RELAÇÃO.

IRREVERSIBILIDADE, IRREVERSÍVEL. Uma série ou um processo que segue uma direção determinada e não pode seguir a direção inversa é chamado de "irreversível". Quando a série ou processo segue, ou pode seguir, a direção inversa, é chamado de "reversível". O predicado 'é irreversível' equivale, pois, ao predicado 'tem uma direção determinada'; o predicado 'é reversível' equivale ao predicado 'não tem uma direção determinada'. A questão de uma série ou processo ser reversível ou irreversível foi objeto de numerosos debates, sobretudo no que diz respeito ao espaço, ao tempo e às relações de causalidade.

Foi comum, e ainda é, sustentar que o espaço é reversível e que não há nele nenhuma direção privilegiada. Afirmou-se a esse respeito que o espaço é isotrópico, além de homogêneo, contínuo e infinito. Esse espaço é considerado como independente dos objetos que "contém" e como não exercendo nenhuma ação causal sobre esses objetos. Por outro lado, a idéia de "direção" (ou de "direção privilegiada") começa a surgir assim que se abandona essa concepção do espaço (por exemplo, quando se considera que o espaço não é independente dos objetos, ou quando se atenta, por motivos práticos, ao deslocamento dos corpos etc.). Aparece também a idéia de determinada direção no espaço quando se dá a este um sentido vetorial.

Também foi comum, e ainda é, sustentar que, pelo contrário, o tempo (VER) é irreversível. De acordo com isso, o tempo "flui" ou "marcha" em certa direção: rumo ao futuro. Não parece concebível que "flua" ou "marche" para o "passado". A concepção do tempo como irreversível baseia-se em considerações muito diversas: na observação de certos processos naturais (sobretudo o processo de crescimento dos organismos), na experiência "interna" etc. Alguns pensam que a principal razão que abona a concepção do tempo como irreversível é que seria absurdo imaginá-lo de outro modo. Ora, não parece haver nada de absurdo na idéia de que o tempo pode ser reversível quando se concebe o tempo como uma série contínua, homogênea e infinita: essa série pode "ser invertida" sem que haja qualquer alteração nas propriedades do tempo. A rigor, os processos naturais são descritos na mecânica clássica como possivelmente reversíveis: a variável t (tempo) não tem sentido determinado nas equações dessa mecânica. Segundo Eddington, os processos macrofísicos são, em princípio, reversíveis, mas estatisticamente irreversíveis. A irreversibilidade em princípio desses processos ocorre somente quando entram na segunda lei da termodinâmica (ver ENTROPIA). Em compensação, todos os processos microfísicos são reversíveis. Reichenbach analisou a questão da "direção do tempo" em relação às teses anteriores de Eddington; segundo Reichenbach, é possível conceber (isto é, descrever fisicamente) um universo no qual a direção do tempo dependa das flutuações (expansão e concentração) do universo. Certos autores, porém, indicam que na física atual (ao menos na teoria da relatividade generalizada) o tempo continua aparecendo como irreversível, por causa da irreversibilidade das chamadas "linhas cósmicas" (*Weltlinien*), independentemente do sistema de referência escolhido. Argumenta-se que uma coisa é falar de dilatação do tempo, de "tempos locais" e até mesmo de pulsações temporais, e outra muito distinta é admitir a reversibilidade do tempo. Max Black indicou que muitas das confusões que se manifestam em nosso problema são resultado da persistência da imagem de uma "direção" do tempo como se o tempo efetivamente "fluísse". As leis da física (incluindo, segundo Black, a segunda lei da termodinâmica) podem muito bem não distinguir dois possíveis modos de dispor a série temporal e, portanto, não necessitar modificação no caso de o universo "marchar para trás". Mas, tão logo analisamos o significado das relações *antes que* e *depois de*, percebemos que se trata de relações completas. Se, por exemplo, a relação *ocorrer antes que* fosse incompleta, não haveria modo de responder a perguntas tais como "Ocorreu a derrota da Armada invencível antes da batalha do Marne?". Seria preciso dizer que tudo depende do ponto de vista (isto é, do modo como a relação é completada). Mas, sendo a relação em questão completa, não tem sentido dizer que para um sujeito determinado *A* ocorreu antes que *B* e para outro sujeito *B* ocorreu antes que *A*: a relação *ocorrer antes que* basta-se a si mesma.

•• Ilya Prigogine estabeleceu com agudeza o "paradoxo do tempo" e defendeu que, também no nível microscópico, é preciso defender a irreversibilidade da "flecha do tempo" (ver TEMPO). Prigogine pensa que para descrever coerentemente o mundo que nos rodeia é preciso integrar a irreversibilidade "no âmago dos problemas da Física Teórica". É preciso reconhecer que, além das estruturas de equilíbrio, também existem estruturas *dissipativas* que nos mostram de que modo o desequilíbrio pode gerar ordem. Daí que Prigogine tenha se interessado particularmente pelo estudo da termodinâmica dos fenômenos irreversíveis. ••

Quanto às relações de causalidade, foi comum, e ainda é, admitir que a causa precede o efeito. Argumentou-se, contudo, que tal precedência é uma questão de fato, mas não uma necessidade. Se, por exemplo, sustenta-se o princípio *causa aequat efectum* (ver CAUSA) desaparece a precedência da causa com relação ao efeito; não há aqui, a rigor, reversibilidade, mas tampouco há, propriamente falando, irreversibilidade. Por outro lado, sustentou-se que em uma concepção teleológica dos processos naturais há certas causas (as "causas finais") que "precedem" o efeito. 'Preceder' não significa aqui necessariamente 'ocorrer antes que', mas 'determinar' (o que significa 'determinar o efeito antes que ele se produza'). Em alguns casos pode-se admitir que certo acontecimento é condição suficiente para que ocorra outro acontecimento temporalmente anterior, mas nesse caso não se trata propriamente de uma causa.

Oliver Costa de Beauregard (cf. bibliografia *infra*) considerou que cabe distinguir três tipos de irreversibilidade: 1) a que se expressa no segundo princípio da termodinâmica, 2) a que se expressa em princípios das ações retardadas, e 3) a que se expressa no princípio bayesiano da teoria clássica das probabilidades. Segundo o mencionado autor, esses três princípios são intertraduzíveis. O mesmo autor opina que a irreversibilidade tem um caráter fundamentalmente cosmológico, sendo uma ação do todo sobre as partes; que o espaço-tempo na teoria geral da relatividade está "desenvolvido de uma vez" em suas quatro dimensões, e que a "ação livre" se fundamenta (fisicamente falando) em um "fluxo de *néguentropie*", o qual "escapa livremente" do cosmos e retorna a ele parcialmente.

É freqüente considerar os processos históricos como irreversíveis em um sentido ainda mais forte do que o termo 'irreversível' tem quando se aplica ao tempo ou às relações de causalidade. No entanto, na história, assim como na vida humana, parece haver um certo "primado do futuro", na medida em que o "futuro" determina e orienta o presente. Por razões muito similares pode-se dizer que o presente determina o passado, ao menos na medida em que o vai modificando incessantemente. Portanto, e contrariamente ao indicado acima, parece haver na história e na vida humana uma dose de reversibilidade maior que em qualquer outro processo. Mas é mais provável que aqui o sentido dos vocábulos 'reversível' e 'irreversível' seja muito distinto do que têm os mesmos vocábulos no caso do espaço, do tempo e das relações de causalidade. De certo modo se pode dizer que na história e na vida humana há ao mesmo tempo irreversibilidade e reversibilidade: a primeira porque se trata de acontecimentos "decisivos"; a segunda, porque qualquer um desses acontecimentos é constitutivamente "incompleto" e vai se completando somente na medida em que o que vai passando reverte sobre o que já passou.

⮕ As discussões sobre os conceitos de irreversibilidade e reversibilidade, especialmente no espaço e no tempo, foram numerosas; aqui nos limitamos a mencionar os trabalhos seguintes: Émile Meyerson, *Identité et Réalité*, 1908, especialmente cap. VIII. — Hans Reichenbach, *The Direction of Time*, 1956. — Max Black, "The Direction of Time", *Analysis*, 19 (1958), 54-63; reimp. no livro do mesmo autor intitulado *Models and Metaphors*, 1962, pp. 182-193. — Wilfrid Sellars,

"Time and the World Order", no volume *Scientific Explanation, Space and Time*, 1958, eds. H. Feigl e G. Maxwell [Minnesota Studies in the Philosophy of Science, 2]. — Richard Schlegel, *Time and the Physical World*, 1962. — O. Costa de Beauregard, *Le second principe de la science du temps*, 1965.

Para a posição de Prigogine, ver, sobretudo: *Introduction to Thermodynamics of Irreversible Processes*, 1965. — *Non-Equilibrium Statistical Mechanics*, 1962. — *Thermodynamics of Structure, Stability, and Fluctuations*, 1971 (com P. Glansdorff). Ver também a bibliografia de TEMPO. ᴄ

ISAAC DE STELLA. Nascido na Inglaterra, foi abade do mosteiro cisterciense Stella (Étoile), perto de Poitiers, de 1147 a 1169. Embora sua obra pertença antes ao que se chama de "espiritualidade cristã" que à filosofia propriamente dita, trata-se de uma espiritualidade cheia de sentido especulativo, a ponto de ser qualificada de misticismo especulativo. Tanto em seus sermões como em sua epístola acerca da alma, Isaac de Stella desenvolve idéias fortemente influenciadas pelo platonismo cristão. Isso pode ser percebido sobretudo em sua concepção de Deus como pura essência, mas também em sua concepção da alma como entidade situada entre Deus e o corpo (as três formas de ser fundamentais) e capaz de elevar-se acima do material mediante a razão. Essa razão percebe as formas incorpóreas e constitui a base para a inteligência, que conhece Deus. Isaac de Stella também desenvolve uma doutrina da grande corrente — ou corrente dourada — dos seres, que se eleva até a essência divina.

⊃ Tanto os *Sermões* como a *Epistola ad quendam familiarem suum* [*ad Alcherum*] *de anima* foram publicados em Migne *P. L.*, CXCIV.

Bibliografia: M. R. Milcamps, "Bibliographie d'I. de l'É.", *Collectanea Ord. Cist. Reformat* (1958), 175-186. Ver: F. P. Bliemetzrieder, "Isaac de Stella: sa spéculation théologique", *Recherches de théologie ancienne et médiévale*, 4 (1932), 134-159. — W. Meuser, *Die Erkenntnistheorie des Isaak von Stella*, 1934. — M. A. Fracheboud, "L'influence de Saint Augustin sur le cistercien Isaac de Étoile", em *Collectanea Ordinis Cisterc. Reform.* [Ordem dos Trapistas], 1949, pp. 1-17; 264-278, e 1950, pp. 5-16. — J. B. Burch, *Early Medieval Philosophy*, 1951, pp. 104-119. — Ángel José Cappelletti, "Origen y grados del conocimiento según Isaac de Stella", *Philosophia* [Mendoza], n. 24 (1961), 23-33. ᴄ

ISAAC ISRAELI. Um dos primeiros filósofos da série de pensadores judeus medievais, viveu no Egito (Cairo) na última metade do século IX e nas primeiras décadas do século X. Suas obras médicas e filosóficas mostram tanto a influência aristotélica como a neoplatônica. Seu *Livro das definições* (*Sefer ha-Yesodot, Liber definitionum*), especialmente, exerceu grande influência sobre os pensadores judeus e cristãos medievais, não somente por seu conteúdo, mas também pelas fórmulas usadas. Isaac Israeli ocupou-se também, principalmente em seu *Livro dos elementos* (*Secfer ha-Hibbur, Liber Elementorum*), do problema das diferentes causas, da natureza da inteligência e de seus graus, da alma (concebida como uma luz que penetra no corpo) e sobretudo do conhecimento racional e de suas formas.

⊃ Os escritos de I. I. foram traduzidos do hebraico para o latim por Gerardo de Cremona (ver TRADUTORES DE TOLEDO [ESCOLA DE]).

Edição de obras: *Opera omnia Ysaac*, Lugduni (Lyon), 151. — Ed. (latina) do *Livro das definições*, por J. T. Muckle em *Archives d'histoire doctrinale et littéraire du moyen âge*, 11 (1937-1938), pp. 299-340; ed. (hebraica) do mesmo *Livro* por H. Hirschfeld, em *Festschrift zum Geburtstag M. Steinschneider*, 1896, pp. 131-142; ed. (árabe) de fragmentos do mesmo *Livro* em *The Jewish Quarterly*, 15 (1903), 689-693. — Traduções para o inglês, comentadas: *Scripta Judaica. I: Isaac Israeli, a Neoplatonic Philosopher of the Early Tenth Century*, por A. Altmann e S. M. Stern, 1958 [trad. de: *Livro das definições; Livro das Substâncias; Livro sobre o espírito e a Alma*; e outros textos].

Ver: J. Guttman, *Die philosophischen Lehren des Isaak ben Salomon Israeli*, 1911 [Beiträge zur Geschichte der Philosophie des Mittelalters, X, 4]. — H. Wolfson, "I. I. on the Internal Senses", em *Jewish Studies in Memory of G. Kohut*, 1935, pp. 583-598. — León Dujovne, *Introduction a la historia de la filosofía judía*, 1949 (cap. V). — P. D. Bookstaber, *The Idea of Development of the Soul in Medieval Jewish Philosophy*, 1950. ᴄ

ISIDORO. Ver ATENAS (ESCOLA DE).

ISIDORO (SANTO), de Hispalis (Sevilha) (*ca.* 560-635). Nascido em Cartagena, bispo de Sevilha a partir de 599 como sucessor de São Leandro. Influenciou muito a cultura medieval com sua obra enciclopédica *Originum sive etymologicarum libri viginti* — usualmente chamada de *Etimologias* —, com seus tratados teológicos e apologéticos (*Sententiarum libri tres; De fide catholica contra Judaeos*), suas obras teológico-cosmológicas ou cosmográficas (*De ordine creaturarum; De rerum natura*) e suas obras históricas (*Liber de viris illustribus; Historia de regibus Gothorum, Wandalorum et Suevorum*). Em todos esses trabalhos dominam, como indicou S. Montero Díaz, dois interesses: a sistematização e a universalização do saber. Isso é patente sobretudo nas *Etimologias*, a grande enciclopédia da Idade Média. Trata-se de uma obra na qual são definidos (com o auxílio de considerações etimológicas) os principais termos e expressões vigentes na cultura latina de sua época. Uma breve indicação do conteúdo de cada livro permite compreender o alcance da obra: I: gramática; II: retórica e dialética; III: quatro disciplinas matemáticas: aritméti-

ca, geometria, música e astronomia; IV: medicina; V: leis e tempos; VI: livros e ofícios eclesiásticos; VII: Deus, os anjos e as ordens dos fiéis; VIII: Igreja e seitas: IX: língua, gentes etc.; X: alguns vocábulos; XI: homem e monstros; XII: animais; XIII: mundo e suas partes; XIV: a terra; XV: edifícios e campos; XVI: pedras e metais; XVII: agricultura; XVIII: guerra e jogos; XIX: naves, edifícios, vestimentas; XX: provisões e instrumentos domésticos. O método é quase sempre o seguinte: origem etimológica do termo tratado e casos nos quais são usados conceitos que recaem sob o termo e explicação do significado de tais conceitos. Os exemplos — procedentes da literatura latina, das Sagradas Escrituras, de textos filosóficos (Platão, Aristóteles, Porfírio, Cícero, Mário Victorino etc.) — são freqüentes.
⊃ Edição de obras (*Opera*): G. Zainer de Reutlingen (Augsburg, 1472); Margerin de la Bigne (Paris, 1580); Juan Grial *et al.* (Madri, 1599) [é a chamada *regia Matritensis*], reed., B. Ulloa (Madri, 1778); Jacques de Breuil (Paris, 1601), reed. (Colônia, 1617); Faustino Arévalo, S. J. (Roma, 1803); Gustav Becker (Berlim, 1857). Esta última ed. foi reimp. em Migne, *PL.* LXXXI-LXXXIV. — Entre eds. de obras separadas citamos: *Etimologias*, por W. M. Lindsay (Oxford, 2 vols., 1911). Com base nesta última ed. há a trad. esp. de L. Cortés Góngora (Madri, 1951), com introdução de Santiago Montero Díaz [pp. 1-82; bibliografia nas pp. 83-87]; *Traité de la Nature*, ed. Jacques Fontaine (Paris, 1960) [Bibliothèque de l'École des Hautes Études Hispaniques, 28], é uma trad. de *De natura rerum*, redigido por S. Isidoro, ca. 613.

Informações bibliográficas: B. Altaner, "Der Stand der Isidorforschung", *Miscellanea Isidoriana*, 1936, pp. 1-32 [de 1910 a 1935]. — Jacques Fontaine em B. Altaner, *Patrologie*, 5ª ed. rev., 1958, pp. 889-926 [1ª ed., 1938]. — Jocelyn N. Hillgarth, "The Position of Isidorian Studies: A Critical Review of the Literature since 1935", em *Isidoriana*, 1961 [cf. *infra*; há separata]. — Ver também Ch. H. Beeson, *op. cit. infra*.

Ver: E. Brehaut, *An Encyclopedist of the Dark Ages: Isidore of Seville*, 1912. — Ch. H. Beeson, *Isidorstudien*, 1913 [Quellen und Untersuchungen zur lateinischen Philologie des Mittelalters, IV, 2]. — A. Schmekel, *Die positive Philosophie in ihrer geschichtlichen Entwicklung*, vol. II [*I. von S., sein System und seine Quellen*], 1914. — Dom P. Sejourne, *Le dernier Père de l'Église. Saint Isidore de Séville et son rôle dans l'histoire du Droit canonique*, 1929. — Francisco Vera, *San Isidoro, matemático*, 1931. — *Id., S. I.*, 1936. — Justo Pérez de Urbel, *S. I. de S.*, 1940. — Luis Araújo-Costa, *S. I. arzobispo de S.*, 1942. — J. L. Romero, "S. I. de S. Su pensamiento histórico-político y sus relaciones con la historia visigoda", *Cuadernos de Historia de España*, 8 (1947), 5-71. — Ismael Quiles, *S. I. de S.*, 1949. — Jacques Fontaine, *I. de S. et la culture clas-*sique dans l'Espagne wisigothique, 2 vols., 1959; 2ª ed., 1983, ampl. com um 3º vol. que contém notas complementares e um suplemento bibliográfico. — Francisco Elías de Tejada, *Ideas políticas y jurídicas de S. I. de S. Semblanza de su personalidad literaria*, 1960. — J. Madoz, L. López Santos *et al.*, número especial de *Archivos Leoneses* [León], 14, nn. 27-28, 1960 [com bibl.]. — R. Menéndez Pidal, J. Pérez de Urbel *et al.*, *Isidoriana*, 1961 [comunicações feitas no 14º centenário do nascimento de S. I. León, 1960]. — L. López Santos, ed., *Crónica general de los actos celebrados en León* (1960), 1961. — W. J. Brandt, *The Shape of Medieval History: Studies in Modes of Perception*, 1966. ⊂

ISOMORFISMO. Embora o termo 'isomorfismo' tenha sido pouco usado na literatura filosófica, seu conceito pode ser percebido em diversas tendências, especialmente nas que mais se ocuparam do problema da relação entre a linguagem e a realidade. Neste verbete abordaremos somente algumas das concepções mais explícitas sobre a questão do isomorfismo; deixaremos, pois, de lado a relação que a idéia de isomorfismo mantém com várias noções clássicas, tais como as de adequação e de analogia.

A noção filosófica de isomorfismo não é alheia às noções química e matemática, sobretudo à última. Na química, chamam-se de *isomorfos* os corpos de diferente composição química e igual forma cristalina. Na matemática a noção de isomorfismo é desenvolvida na teoria dos grupos. Essa teoria estuda os modos segundo os quais cada um dos termos de um grupo dado (por exemplo, x_1, x_2, x_3, x_4) é substituído, seguindo um mesmo modelo, por cada um dos termos de outro grupo dado (por exemplo, x_2, x_3, x_4, x_5). Dentre as relações possíveis entre grupos está a relação isomorfa. De acordo com ela, dois grupos são chamados (simplesmente) isomorfos quando se estabelece uma correspondência unívoca entre seus elementos, e quando o produto de dois elementos de um grupo corresponde ao produto de outros dois elementos correlativos aos anteriores. Dois grupos (simplesmente) isomorfos podem ser chamados, pois, de idênticos quando diferem somente no modo de representação. Essa definição, embora imprecisa para o matemático, basta para nosso propósito. Com efeito, a noção filosófica de isomorfismo deve partir do problema da possibilidade de se representar uma entidade por meios distintos da reprodução dessa entidade, mas também por meios que permitam estabelecer uma correspondência entre cada um dos elementos da representação e cada um dos elementos da entidade. Exemplos dessas entidades e de suas representações são: um país e o mapa que o representa; um fenômeno histórico e sua narração. Ora, os problemas implicados por essa representação não são apenas matemáticos. Pode-se dizer, por conseguinte, que a noção matemática de isomorfismo serve de ponto de partida para a compreensão da noção filosófica, mas esta não é esgotada por aquela.

Uma diferença nada desprezível entre as duas noções mencionadas é a seguinte: na filosofia é preciso distinguir, coisa que não ocorre na matemática, a entidade "dada" e a entidade "representada". É verdade que alguns filósofos não parecem admitir essa distinção. Nas filosofias cartesiana ou spinozista, por exemplo, nas quais a idéia é definida como a coisa mesma enquanto vista, a idéia e a coisa são ambas representações distintas da mesma realidade. Mas mesmo nessas filosofias o isomorfismo entre a realidade e a sua representação é de índole distinta da do matemático. Ora, o problema do isomorfismo aparece especialmente, segundo indicamos acima, quando a representação a que nos referimos se efetua mediante uma linguagem. Pode-se então discutir a fundo a questão de se há uma correspondência isomorfa entre a linguagem e a realidade descrita ou representada por meio dela. Duas teorias se enfrentaram na época contemporânea. Segundo uma delas, não pode haver correspondência isomorfa entre a linguagem e a realidade; segundo a outra, essa correspondência existe. A primeira teoria é, a rigor, o resultado comum a que chegam doutrinas filosóficas muito distintas em outros aspectos: as que negam o isomorfismo por supor que a linguagem falseia a realidade, as que o combatem em nome de uma concepção construtivista da linguagem, as que o rejeitam por suporem que a linguagem é a realidade etc. A segunda teoria possui uma unidade maior. Seu principal defensor em nosso século, Wittgenstein, a propôs com extrema clareza ao indicar que a linguagem descreve aquilo de que se trata e que a relação entre linguagem e realidade é algo imediatamente dado, pois é objeto de observação e não de formulação. Em outros termos, e segundo o famoso apotegma do *Tractatus*: "o que pode ser mostrado, não pode ser enunciado". Essa tese constituiu um dos princípios capitais na obra de Carnap sobre a estrutura lógica do mundo; depois caiu no esquecimento ou foi ressuscitada para ser combatida. Várias objeções foram formuladas contra ela tanto por filósofos de tendência formalista como por outros de tendência empirista. Essas objeções, porém, não podem ser consideradas definitivas. Assim, Thomas Storer (cf. "Linguistic Isomorphisms", *Philosophy of Science*, 19 [1952], 77-85) indicou que somente a concepção lingüística isomórfica permite evitar que a análise formal da linguagem se converta em um jogo com símbolos. Segundo Storer, há ao menos certas linguagens que são linguagens sobre algo "por causa de certa estrutura que possuem em comum com a realidade que descrevem". Essas linguagens, entre as quais figuram muitos de tipo não-universal traduzíveis para linguagens universais, mostram sua estrutura isomorfa mediante a aplicação de um princípio denominado "princípio de tradução unívoca", segundo o qual, "se existe uma linguagem que possui relações de ordenação iguais às que possui o fato expressado e se a expressão nessa linguagem tem uma estrutura idêntica à do fato, então a expressão em qualquer outra linguagem que seja a tradução unívoca da expressão na primeira linguagem será ela mesma estruturalmente isomorfa em relação à do fato".

ITÁLICOS. Nas *Sucessões dos filósofos*, de Sócio de Alexandria, e também nas *Vidas dos filósofos*, de Diógenes Laércio, fala-se de uma classificação de escolas filosóficas que foi considerada clássica: a dos jônicos e a dos itálicos. Tendo tratado da primeira no verbete jônicos (VER), trataremos agora da segunda, a chamada série itálica. Esta recebe seu nome do primeiro filósofo da série, Pitágoras, por sua permanência na Itália. Segundo Diógenes Laércio, no início de suas *Vidas*, a ordem de sucessão dessa série é: Ferécides (mestre de Pitágoras), Pitágoras, seu filho Telauges, Xenófanes, Parmênides, Zenão de Eléia, Leucipo, Demócrito, seu discípulo Nausífanes e outros discípulos mestres de Epicuro e este último. Deve-se levar em conta, entretanto, que Diógenes Laércio trata, nas partes posteriores de seu livro, de vários dos citados filósofos como pensadores independentes, não incluídos em nenhuma série. Quanto a Sócio, ele apresenta a série Pitágoras, Telauges, Xenófanes, Parmênides, Zenão, Leucipo, Demócrito, Pirro e os pirrônicos, Nausífanes, Epicuro.

Para a bibliografia, ver FILOSOFIA GREGA; PRÉ-SOCRÁTICOS.

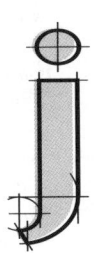

JACOBI, FRIEDRICH HEINRICH (1743-1819), nascido em Düsseldorf, foi destinado por seu pai ao comércio, mas, embora tenha tomado em suas mãos, com o falecimento de seu pai, as rédeas do negócio, interessou-se muito mais pelas artes, pela filosofia e pela religião. Residiu durante algum tempo em Genebra (1759-1762), em Pempelfort (1764-1773) — onde foi centro de atração de um importante círculo intelectual —, em Munique (onde foi conselheiro da Corte do Eleitor da Baviera) e em Wandsbeck, em Hamburgo. Nestas e em outras cidades travou relações com grandes personalidades de seu tempo (Goethe, Lessing e outros). Em Munique, onde faleceu, organizou a Academia de Ciências, da qual foi o primeiro presidente.

Após várias colaborações, principalmente com o *Deutscher Merkur*, fundado em colaboração com Wieland, publicou uma primeira coletânea de seus escritos em 1781. Um ano antes teve uma discussão com Lessing sobre Spinoza que deu origem a uma célebre polêmica com Mendelssohn (cf. as "Cartas" a Mendelssohn na bibliografia), na qual Jacobi começou a desenvolver o que depois foi sua "filosofia anti-racionalista" e "anticriticista", usualmente chamada de "filosofia da fé" (ou da crença) (*Glaubensphilosophie*). No curso da polêmica — a chamada "disputa do panteísmo" —, Jacobi sustentou que o dogmatismo racionalista desemboca na concepção spinozista da substância única e que por esse motivo todo racionalismo conseqüente acaba no panteísmo e, a rigor, no ateísmo. Também criticou a filosofia de Kant — sem a qual, além disso, não podem ser entendidas algumas das idéias do primeiro — e particularmente o criticismo kantiano e a rejeição da possibilidade "teórica" da metafísica. Na conhecida frase de Jacobi sobre a "coisa em si" de Kant — "sem a coisa em si não se pode entrar no recinto da *Crítica da razão pura*, mas com a coisa em si não se pode permanecer nele" — tem-se em última análise que o criticismo kantiano é inoperante e até mesmo paradoxal. Jacobi opôs-se também ao pensamento de Fichte e de Schelling, considerando "a filosofia da identidade" deste último como um "spinozismo ao avesso" e como uma negação de toda "determinação" em nome do Absoluto.

Segundo Jacobi, é preciso distinguir o entendimento (VER), que é simplesmente discursivo, e a razão, que é intuitiva e "imediata". A realidade, para Jacobi, é cognoscível de modo direto, sem passar pelas construções artificiais de um "sujeito transcendental" e sem reduzi-la a uma "razão prática". Portanto, a base da filosofia não é "o discurso", mas a "fé" (a "crença"). Ora, embora essa fé ou crença pareça ser uma "intuição sentimental" de índole mais ou menos "romântica" e, em todo caso, oposta a qualquer predomínio do intelectual ou do volitivo, Jacobi insiste em que não se trata de uma mera "vaguidade". De qualquer modo, para Jacobi ela não é algo puramente arbitrário. Esse autor afirma que "nascemos na fé (*Glaube*) e temos de permanecer na fé", e que toda certeza tem de nos ser dada dentro da fé. Mas a fé — que é uma "certeza imediata" (*unmittelbare Gewissheit*) — não tem como missão eliminar os conceitos, mas proporcionar um fundamento a nossos conceitos. Ela é, pois, algo "primário" — uma espécie de "dado primário" —, enquanto o raciocínio — ou o que Jacobi chama de "convicção segundo razões" — é secundário. A "fé" nesse sentido não equivale necessariamente à crença em realidades transcendentes e menos ainda a afirmações mais ou menos patéticas sobre realidades "ocultas". Trata-se, antes, de uma "tomada de posse" das certezas imediatas, tais como a certeza da existência de nosso ser e a da existência dos seres que nos estão sendo presentes. Somente neste sentido se pode falar de uma "revelação da Natureza" (*Offenbarung der Natur*). É verdade que, ao acentuar o poder de determinada "faculdade" que transcende o "mero entendimento", Jacobi deixou de lado a cautela kantiana e a pulcra distinção entre "entendimento e razão" (ou, melhor, entre "entendimento" e "intuição intelectual"). O pensamento de Jacobi pode ser qualificado, portanto, de "intuicionista" e "romântico". No entanto, Jacobi não se opunha — ou ao menos ele assim declarava — ao "entendimento" e ao "pensar discursivo": pretendia conferir-lhes um fundamento mais sólido na medida em que, baseados na fé, já não tivessem de se limitar a um mundo simplesmente fenomênico, mas sim a um mundo plenamente "real".

↪ Obras: os dois "romances epistolares" de Jacobi — *Allwill's Briefsammlung* e *Woldemar* — apareceram primeiramente em revistas; o segundo desses romances passou por várias redações e teve vários títulos: *Freundschaft und Liebe*; *Der Kunstgarten, ein philosophisches Gespräch*. Com este último título — que também encabeça o livro —, foi publicado em 1781 na coletânea de escritos a que nos referimos *infra*. Entre as obras filosóficas mais importantes de J., destacamos: *Ueber die Lehre des Spinoza in Briefen an Herrn Moses Mendelssohn*, 1785 (*Cartas a M. M. sobre a doutrina de S.*). — *David Hume, über den Glauben, oder Idealismus und Realismus*, 1787; 2ª ed., 1795 (*D. H. sobre a fé, ou idealismo e realismo*). — *Ueber das Unternehmen des Kritizismus, die Vernunft zu Verstand zu bringen*, 1801 (*Sobre a empresa do criticismo de conduzir a razão ao entendimento*). — *Von den göttlichen Dingen und ihrer Offenbarung*, 1811 (*Sobre as coisas divinas e sua revelação*) [contra Schelling]. — J. escreveu numerosos trabalhos breves publicados primeiro em revistas ou inéditos até o aparecimento das "Obras completas" (cf. *infra*). Mencionamos (indicando datas de publicação): *Ueber Recht und Gewalt* (1781); *Etwas dass Lessing gesagt hat; ein Commentar zur Reisen der Päpste* (1782); *Einige Betrachtungen über den frommen betrug und über eine Vernunft, welche nicht die Vernunft ist* (1788); *Sendschreiben an Fichte* (1799); *Ueber die Unzertrennbarkeit des Begriffes der Freiheit und Vorsehung vom Begriffe der Vernunft* (1799).

Edição de obras: *Werke*, 6 vols., 1812-1825, ed. F. von Roth; reimp., 1968. Nessa edição está uma parte da numerosa correspondência de J. (por exemplo, cartas trocadas com Hamann). A maior parte da correspondência encontra-se, contudo, em edições separadas. Destas últimas, citamos: *Auserlesener Briefwechsel*, 2 vols., 1825-1827, ed. F. von Roth; reimp., 1971; *Briefwechsel zwischen Goethe und F. H. J.*, 1846, ed. M. Jacobi; *F. H. Jacobis Briefe an Bouterwerk aus den Jahren 1800 bis 1819*, 1868, ed. W. Meijer; *Briefe W. von Humboldts an F. H. J.*, 1892, ed. A. Leitzmann. — Ver também a importante correspondência de J. com Herder no tomo II (pp. 248-332) de *Herders Nachlass*, ed. H. Duntzer, e mais cartas com Hamann no tomo V da ed. de Hamann por G. H. Gildemeister. Outro tomo de correspondência, ed. R. Zoppritz, em *Aus Jacobis Nachlass*, 1869. — Edição completa: *Werke-Nachlass-Briefwechsel*, eds. O. F. Bollnow, M. Brüggen, E. Galley *et al*.: Reihe I: *Werke und Nachlass*, 6 vols.; Reihe II: *Briefwechsel*, 8 vols. (a partir de 1960). — Ed. crítica da correspondência: *Briefwechsel*, 1981 ss., eds. M. Brüggen e S. Sudhof.

Ver: Johannes von Kuhn, *J. und die Philosophie seiner Zeit*, 1834; reimp., 1967. — Eberhard Zinngiebl, *F. H. Jacobis Leben, Dichten und Denken, ein Beitrag zur Geschichte der deutschen Literatur und Philosophie*, 1867. — F. Harms, *Über die Lehre von F. H. J.*, 1876. — L. Lévy-Bruhl, *La philosophie de J.*, 1894. — F. A. Schmidt, *Jacobis Religionsphilosophie*, 1905. — A. W. Crawford, *The Philosophy of J.*, 1905. — A. Frank, *Jacobis Lehre von Glauben*, 1910 (tese). — Von Weiler e Thiersch, *Jacobis Leben und Werke*, 1918. — O. F. Bollnow, *Die Lebensphilosophie F. H. Jacobis*, 1933; 2ª ed., 1966. — H. Hölters, *Der spinozistische Gottesbegriff bei M. Mendelssohn und F. H. J.*, 1938 (tese). — R. Panniker, *F. H. J. y la filosofía del sentimiento*, 1948. — Valerio Verra, *F. H. J.: Dall'illuminismo all'idealismo*, 1963. — Günther Baum, *Vernunft und Erkenntnis. Die Philosophie F. H. Jacobis*, 1968. — Klaus Hammacher, *Die Philosophie F. H. Jacobis. Zum 150. Todestag des Philosophen*, 1969. — Klaus Hammacher, ed., *F. H. J. Philosoph und Literat der Goethezeit*, 1971. — Karl Homann, *F. H. Jacobis Philosophie der Freiheit*, 1973. — Th. Witzenmann, *Die Resultate der Jakobischen und Mendelsohnschen Philosophie*, 1786; reimp., 1984. — M. M. Olivetti, *L'esito "teologico" della filosofia del linguaggio di J.*, 1970. — P.-P. Schneider, *Die "Denkbücher", F. H. J.s*, 1986. — E. Behler, ed., *Philosophy of German Idealism: Fichte, Jacobi, and Schelling*, 1987. — K. Hammacher, H. Hirsch, *Die Wirtschaftspolitik des Philosophen Jacobi*, 1993. ↩

JACOB DE FORLÌ [Jacopo da Forlì, Jacobus Forliviensis, Giacomo della Torre] († 1413 [1414 em seu calendário]). Ensinou medicina e depois filosofia natural em Pádua (provavelmente entre 1402 e 1413), sendo considerado um dos membros da chamada "Escola de Pádua" (VER). Como outros pensadores dessa "escola", Jacob de Forlì ocupou-se de questões de método para a descoberta ou *inventio* das causas dos fenômenos naturais. Em comentários a Galeno, análogos aos de Hugo de Siena (VER), seguiu a doutrina que estabelece uma distinção entre o método da *resolutio* (análise) e o da *compositio* (síntese). Distinguiu, além disso, uma *resolutio* lógica e uma *resolutio* real ou natural. Esta última é a que permite descobrir as causas de um fenômeno, isto é, "resolver" o fenômeno em suas causas. Jacob de Forlì também tratou de questões de filosofia natural, principalmente no espírito dos mertonianos (VER) (embora usando também o método gráfico proposto por Nicolau de Oresme e algumas noções elaboradas por João Buridan. Ainda neste tema, ocupou-se da questão, então candente, *de intensione et remissione formarum* (ver INTENSÃO), assim como da questão, estreitamente relacionada com a última, *de reactio*, ou estudo da relação de qualidades contrárias.

⊃ Obras: *Jacobi de Forlivio super Tegni Galeni* (Pádua, 1475). — *Quaestiones super aphorismos Hippocratis cum supplemento quaestionum Marsili de Sancta Sophia* (Veneza, 1495). — *De intensione et remissione formarum* (Veneza, 1496).

Ver: Marshall Clagett, *Giovanni Marliani and Late Medieval Physics*, 1951 (tese), especialmente pp. 40-43, 50-51, 81-85. — *Id.*, *The Science of Mechanics in the Middle Ages*, 1959, esp. pp. 648-652. — John Herman Randall, Jr., *The School of Padua and the Emergence of Modern Science*, 1961, esp. pp. 35-36. — Várias das obras mencionadas nas bibliografias de MERTONIANOS e PARIS (ESCOLA DE) tratam das doutrinas de Jacob de Forlì. ⊂

JACOB DE METZ, da Ordem dominicana. Comentou as *Sentenças* em Paris no final do século XIII. Seguiu fundamentalmente as doutrinas teológicas e filosóficas de Santo Tomás de Aquino e se declarou um aristotélico fiel, mas também levando em conta os elementos agostinianos no tomismo. Afastou-se de Santo Tomás em vários pontos, ou completou e refinou as doutrinas tomistas em alguns aspectos, como na introdução de uma "distinção modal". Afastou-se também do modo de explicação "psicológica" da Trindade favorecida por Santo Agostinho, ou seja, de uma doutrina baseada nas faculdades da alma. As idéias de Jacob de Metz parecem ter influenciado as de Durand de Saint Pourçain; em todo caso, há afinidades entre esses dois pensadores. Deus, a Trindade, a criação do mundo e a natureza dos anjos e as distinções entre eles constituíram os principais tópicos da especulação teológica de Jacob de Metz.

⊃ Ver: Lothar Ullrich, *Fragen der Schöpfungslehre nach Jakob von Metz, O. P. Eine vergleichende Untersuchung zu Sentenzenkommentaren aus der Dominikanerschule um 1300*, 1966. — Bruno Decker, *Die Gotteslehre des Jakob von Metz. Untersuchungen zur Dominikanertheologie zu Beginn des 14. Jahrhunderts*, 1967, ed. Rudolf Haubst. — Theodor Wolfram Köhler, *Der Begriff der Einheit und ihr ontologisches Prinzip: Nach dem Sentenzenkommentar des Jakob von Metz, O. P.*, 1971. ⊂

JACOB DE VITERBO [Tiago de Viterbo], Jacobus de Viterbo, Capocci (*ca.* 1255-1308), chamado de *doctor speculativus*. Ingressou na Ordem dos Eremitas de Santo Agostinho e estudou em Paris, onde deu aulas de 1293 a 1300, sucedendo na cátedra seu mestre Egídio Romano. Em 1302 foi nomeado arcebispo de Benevento, e imediatamente depois, de Nápoles. Jacob de Viterbo aderiu à doutrina da distinção real entre a essência e a existência, mas, mesmo que tenha se declarado fiel seguidor de Egídio Romano, sua posição sobre o tema aproximou-se ainda mais à de Santo Tomás, razão pela qual rejeitou que essência e existência fossem coisas separáveis e sustentou que cada entidade é um ser unido a algo que se lhe sobrepõe e lhe permite existir. Jacob de Viterbo opôs-se ao mestre Eckhart afirmando que Deus é um ente, *ens*, contra a opinião negativa desse filósofo e místico. Também se deve a Jacob de Viterbo o desenvolvimento da idéia de que, se não há nada na alma que não tenha estado antes nos sentidos, a própria alma, como indicou Leibniz posteriormente, constitui uma exceção. Em suas doutrinas político-eclesiásticas, Jacob de Viterbo seguiu com muita proximidade a teoria de Egídio Romano expressa no tratado *De potestate ecclesiastica*.

⊃ A maior parte dos escritos filosóficos de Jacob de Viterbo permanece inédita. Fragmentos de seus quatro *Quodlibeta* encontram-se em H. Hauréau, *Histoire de la philosophie scolastique*, II, 2, 1880, pp. 159-164, ed. completa por Eelcko Ypma, 4 vols., 1968-1975. Jacob escreveu uma *Abbreviatio Sententiarum Aegidii*, umas *Quaestiones de predicamentis in divinis* (entre as quais se menciona como importante a que trata de *Utrum Deus dicatur vere ens*) e um escrito *De regimine christiano* [cf., sobre este, H. X. Arquillière, *Le plus ancien traité de l'Église: J. de Viterbo, "De regimine christiano" (1301-1302). Étude des sources et édition critique*, 1926].

Ver: M. Grabmann, "Doctrina S. Thomae de distinctione reali inter essentiam et esse ex documentis ineditis saeculi XIII illustrata", *Acta Hebdomadae thomisticae*, 1924, pp. 162-176. — *Id.*, "Die Lehre des Jakob von Viterbo († 1308) von der Wirklichkeit des göttichen Seins", *Philosophia perennis*, ed. J. Habbel, 1930, pp. 211-232. — F. Casado, "El pensamiento filosófico de Santiago de Viterbo", *Ciudad de Dios*, 165 (1953), 103-144, 282-300. — E. Massa, *I fondamenti metafisici della "Dignitas hominis" e testi inedit di Egidio da Viterbo*, 1954. ⊂

JACOBY, GÜNTHER (1881-1969), nascido em Königsberg, estudou em Tübingen, Berlim, Paris e Glasgow. Seus primeiros cargos docentes foram exercidos em Harvard (1910-1912), Tóquio (1913-1914) e Istambul (1915-1918). De 1919 a 1928 foi professor "extraordinário" em Greifswald, e, a partir de 1928, professor titular na mesma universidade. Teve de apresentar sua demissão em 1937 aos nazistas, mas após a derrota destes retomou o ensino.

Jacoby foi considerado em sua primeira fase como pragmatista, ainda que essa opinião se baseasse apenas em sua discussão com W. James. O trabalho mais significativo e influente de Jacoby se deu no campo da "ontologia crítica", isto é, no campo de uma disciplina essencialmente descritiva e não especulativa. A ontologia tem por missão, segundo Jacoby, efetuar um minucioso reconhecimento das estruturas reais, e isso precisamente antes que se possa estabelecer qualquer problema de ordem metafísica ou sequer gnoseológica. Trata-se de descrever "o que há" como tal e sob as mais distintas formas em que se possa apresentar: como entidades atualmente presentes, como modos de ocultamento, como fundamentos de uma estratificação. A ontologia situa-se, pois, antes de toda interpretação. A análise ontológica começa com o dado no mundo da experiência ingênua e imediata no mundo das representações imanentes, as quais podem ser, por sua vez, externas ou internas — ou, melhor dizendo, podem se referir ao real exterior ou ao consciente interior. Cada um desses grupos de representações possui características ontológicas particulares e, ao mesmo tempo, cada sistema se decompõe em diversas formas relativamente autônomas. No esquema tripartite adotado por Jacoby, o mundo das representações imanentes compreende, pois, os dois primeiros aspectos apresentados pelo real. Isso não significa necessariamente uma cisão dos "objetos mesmos". Na verdade, qualquer objeto participa de diferentes estruturas, de tal modo que a unidade do objeto se baseia, em última análise, na unidade da trama ontológica que sustenta sua realidade; assim, por exemplo, um objeto externo dado à consciência tem uma estrutura ontológica que pertence ao real externo, outra que corresponde a seu ser dado e outra determinada pelas relações psicofísicas. Ora, a descrição ontológica pode ser completa apenas quando se introduz, além da ontologia da imanência, uma ontologia da transcendência (que não é gnoseológica nem tampouco propriamente metafísica). Essa ontologia é possível porque o que está situado no âmbito da transcendência é alcançado a partir da base do imanente e não mediante um salto que destrua toda relação mútua. Entretanto, não se trata de um processo de indução, mas antes do traslado ou tradução para outro plano do resultado das análises conseguidas por meio da ontologia imanente, pois o transcendente não é o que está além do experimentável, mas antes aquilo que permite dar um sentido a este. Desse modo, embora a realidade em si, objeto da ontologia transcendente, seja a base de toda possível imanência, não é ela mesma imanente, e escapa por princípio a toda intuição, embora não ao resultado da "tradução" da experiência imanente para a linguagem do conceito ou, como ocorre na física, para a linguagem simbólico-matemática. Daí a possibilidade de submeter a uma análise ontológica a própria trama no âmbito da qual se dão os fenômenos — como o espaço e o tempo —, assim como a trama lógica no âmbito da qual se dá a realidade. Uma lógica da ontologia pode constituir então o acompanhamento obrigatório de uma ontologia geral de todos os objetos, incluindo entre eles — como parte e não como forma geral — as próprias formas lógicas.

⊃ Principais obras: *Herders "Kalligone" und ihr Verhältnis zu Kants "Kritik der Urteilskraft"*, 1906 (tese) (*A "Kalligone" de Herder e sua relação com a "Crítica do Juízo" de Kant*). — *Herder und Kants Aesthetik*, 1907. — *Herder in der Geschichte der Philosophie*, 1908. — *Der Pragmatismus. Neue Bahnen in der Wissenschaftslehre des Auslandes*, 1909 (*O pragmatismo. Novos caminhos na teoria da ciência no estrangeiro*). — *Herder als Faust*, 1911. — *Allgemeine Ontologie der Wirklichkeit*, Bd. I (4 fascículos), 1928-1932, Bd. II, 1955 (*Ontologia geral da realidade*). — *Die Ansprüche der Logistiker und ihre Geschichtsschreibung. Ein Diskussionsbeitrag*, 1962 (*As pretensões dos lógicos e sua "historiografia". Contribuição para um debate*).

Os manuscritos de J. encontram-se na Universidade de Tübingen.

Ver: B. v. Freytag, "G. J. 80 Jahre alt", em *Zeitschrift für philosophische Forschung*, XV (1961) (com bibliografia completa). — E. Albrecht, "Gedanken aus Aulass des 100 Geburtstages von G. J.", em *Deutsche Zeitschrift für Philosophie*, 27 (1981). ¢

JACOPO DA FORLI. Ver Jacob de Forlì.

JAEGER, WERNER (1881-1961), nascido em Lobberich (Rheinland), foi professor a partir de 1914 na Basiléia, a partir de 1915 em Kiel, e de 1921 a 1934 em Berlim. Em 1934 emigrou para os EUA, dando aulas na Universidade da Califórnia (1934-1936), na de Chicago (1936-1939) e na de Harvard (a partir de 1939). Em 1936 deu as "Gifford Lectures" de St. Andrews.

Jaeger distinguiu-se como historiador da filosofia em vários trabalhos. Em primeiro lugar, em suas investigações sobre a evolução do pensamento de Aristóteles — primeiro na *Metafísica* e depois no conjunto de sua obra, como enfatizamos no verbete sobre o pensamento grego —, os estudos de Jaeger sobre o assunto modificaram inteiramente o panorama da pesquisa aristotélica. Em segundo lugar, em seus estudos sobre a cultura grega como forma total de vida. Por fim, em suas investigações sobre a teologia dos pré-socráticos, que jogaram uma nova luz sobre aspectos até a época desconsiderados na visão de mundo desses filósofos.

⊃ Obras de interesse filosófico: *Nemesios von Emesa. Quellenforschung zum Neuplatonismus und seinen Anfängen bei Posidonios*, 1914 (*N. de E. Investigação sobre as fontes do neoplatonismo e de seus inícios em Possidônio*). — *Studien zur Entwicklungsgeschichte der Metaphysik des Aristoteles*, 1912 (*História da evolução da Metafísica de A.*). — *Humanismus und Jugendbildung*, 1921 (*Humanismo e formação da juventude*). — *Aristoteles. Grundlegung einer Geschichte seiner Entwicklung*, 1923. — *Antike und Humanismus*, 1925 (*A Antiguidade e o humanismo*). — *Platos Stellung in Aufbau der griechischen Bildung*, 1928 (*A posição de P. na estrutura da formação cultural grega*). — *Die geistige Gegenwart der Antike*, 1929 (*O presente espiritual da Antiguidade*). — *Paideia. Die Formung des griechischen Menschen*, 3 vols., I (1933); II [publica-

do primeiramente em inglês], 1944, III [*id*.], 1945. — *Humanistische Reden und Vorträge*, 1937; 2ª ed., 1960 (*Conferências e discursos humanistas*). — *Diokles von Karystos*, 1938. — *Humanism and Theology*, 1943. — *The Theology of the Early Greek Philosophers*, 1947 [publicado antes em inglês que em alemão; procede das Gifford Lectures de 1936]; . — *Demosthenes: The Origin and Growth of His Policy*, 1938 [ed. alemã, 1939]. — *Early Christianity and Greek Paideia*, 1961.
— Jaeger também teve sob seus cuidados várias edições de obras (algumas de Aristóteles, as obras de São Gregório de Nissa etc.).

Obra póstuma: *Gregor von Nyssa's Lehre vom heiligen Geist*, 1966, ed. M. Dörries.

Em português: *Cristianismo primitivo e paideia grega*, 1991. — *Paideia*, 3ª ed., 1995.

Bibliografia: *Harvard Studies in Classical Philology*, 63 (1958), 1-14, completada por Marianne Ebert em Wolfgang Schadewaldt, ed., *Gedenkenrede auf W. J. (1888-1961). Mit einem Verzeichnis der Schriften W. Jaegers*, 1963, pp. 25-39. Complemento de M. Baldasari em *Rivista di filosofia neoscolastica*, 58 (1966), 507-508.

Ver: E. Lebek, "W. J. zum 60. Geburtstag", *Zeitschrift für philosophische Forschung*, III (1949). — D. Gigon, "W. J. zum Gedenken", *ibid.*, XVIII (1964). ℂ

JAENSCH, ERICH RUDOLF (1883-1940), nascido em Breslau, dirigiu, a partir de 1913, o Instituto de Psicologia da Universidade de Marburg. Em colaboração com seu irmão, o médico Walter Jaensch, estudou os chamados "fenômenos eidéticos" e elaborou uma tipologia caracterológica denominada "tipologia da integração". Jaensch ocupou-se sobretudo das imagens intuitivas subjetivamente óticas, que considerou como exemplo fundamental dos citados fenômenos eidéticos. Esses fenômenos constituem, no entender de Jaensch, "proformas" das percepções e das representações. A eidética (VER) é a disciplina encarregada do estudo de todos os fenômenos desse tipo como fundamento dos fenômenos psicológicos "diferenciados". Os fenômenos eidéticos têm duas formas: a das imagens de caráter "imitativo" e a das imagens de caráter "representativo". O interesse de Jaensch pelo conceito de tipo (VER) levou-o a tentar fundar as bases de uma antropologia filosófica na qual destacou os motivos "raciais" de acordo com certas idéias propugnadas pelo nacional-socialismo.

➲ Jaensch colaborou assiduamente no *Zeitschrift für Psychologie* e nos *Berichte* da *Gesellschaft für experimentelle Psychologie*. Entre suas obras destacam-se: *Zur Analyse der Gesichtswahrnehmungen. Experimentell-psychologische Untersuchungen nebst Anwendung auf die Pathologie des Sehens*, 1909 (*Para a análise das percepções visuais. Investigações psicológico-experimentais, com aplicação à patologia da vista*). — *Ueber die Wahrnehmung des Raumes. Eine experimentell-psychologische Untersuchung nebst Anwendung auf Aesthetik und Erkenntnislehre*, 1911 (*Sobre a percepção do espaço. Investigação psicológico-experimental, com aplicação à estética e à teoria do conhecimento*). — *Die Eidetik und die typologische Forschungsmethode in ihrer Bedeutung für die Jugendpsychologie und Pädagogik, für die allgemeine Psychologie und die Psychofisiologie der menschlichen Persönlichkeit*, 1925. — *Ueber den Aufbau der Wahrnehmungswelt und die Grundlagen der menschlichen Erkenntnis*, 2 vols., 1927-1931 (*Sobre a estrutura do mundo perceptivo e os fundamentos do conhecimento humano*). — *Grundformen menschlichen Seins*, 1929 (*Formas básicas do ser humano*). — *Wirklichkeit und Wert in der Philosophie und Kultur der Neuzeit. Prolegomena zur philosophischen Forschung auf die Grundlage philosophischer Anthropologie nach empirischer Methode*, 1929 (*Realidade e valor na filosofia e na cultura da época moderna. Prolegômenos para a investigação filosófica com base na antropologia filosófica de método empírico*). — *Ueber den Aufbau des Bewusstseins*, 1930 (*Sobre a estrutura da consciência*). — *Studien zur Psychologie menschlicher Typen*, 1930 (*Estudos para a psicologia dos tipos humanos*). — *Vorfragen der Wirklichkeitsphilosophie*, 1931 (*Questões prévias da filosofia da realidade*). — *Die Wissenschaft und die deutsche völkische Bewegung*, 1933 (*A ciência e o movimento popular-nacional alemão*). — *Die Lage und die Aufgaben der Psychologie*, 1934 (*A situação e as tarefas da psicologia*). — *Der Gegentypus. Psychologische-anthropologische Grundlagen der Kulturphilosophie, ausgehend von dem, was wir überwinden wollen*, 1939 (*O antitipo. Fundamentos psicológico-antropológicos da filosofia da cultura, partindo do que queremos superar*) [ideologia nazista]. — *Mathematisches Denken und Seelenform*, 1939 [em col. com Althoff] (*Pensamento matemático e forma anímica*).

Ver: G. H. Fischer, *E. R. J., Werk und Vermächtnis*, 1940. — M. Krudewig, *Die Lehren von der visuellen Wahrnehmung und Vorstellung bei E. R. J. und seinen Schülern*, 1953. ℂ

JAINISMO. O jainismo é, em certo sentido, uma religião e, em outro, um dos sistemas (ver DARSANA) heterodoxos (*nāstika*) da filosofia indiana (VER). Nós o examinaremos aqui apenas sob este último aspecto.

O nome 'jainismo' é derivado de *jina*, 'conquistador', indicando com isso que se trata de uma conquista (sobre as paixões). Vários profetas ou mestres (*tirthankaras*) o prepararam: o primeiro deles parece ser Rsabhadeva; o último foi Vardhamāna (chamado de *Mahāvīra*, ou "o grande herói"). O jainismo possui muitas analogias com o budismo, de tal modo que alguns autores supõem que se trata de uma derivação deste. No entanto, parece provável que ele seja anterior. Os jainistas dividiram-se em duas seitas, *śvetāmbaras* e *Digambaras*, mas, como as diferenças entre elas não são importantes do ponto de vista filosófico, prescindiremos dessa divisão.

O sistema jainista ou dos jainas distingue-se filosoficamente por sua tendência à classificação. Esta se refere a entidades e a tipos de conhecimento. No que diz respeito às primeiras, os jainas admitem sobretudo uma classificação geral em duas grandes classes de seres: os conscientes (*jiva*), tais como as almas, e os inconscientes (*ajiva*), como a matéria, o tempo e o espaço. Os seres conscientes são os que são animados ou possuem um princípio de vida; sua qualidade mais importante é o conhecimento. Os seres inconscientes podem ser subdivididos em espaço, tempo e matéria. A matéria, por sua vez, subdivide-se em distintos elementos: uns são simples, como os átomos (qualitativos), e outros, compostos. Às vezes, contudo, a classificação geral segue a seguinte divisão: seres extensos (animais e inanimados) e seres não-extensos (como o tempo). Todas essas entidades são reais. A realidade, porém, nunca é absoluta; carece de determinação precisa e sempre oscila entre várias possibilidades. O número dessas possibilidades — sete — corresponde ao número das formas de juízo condicional. Assim, por exemplo, há uma possibilidade que se enuncia 'talvez seja' e pode ser expressa mediante o juízo 'de algum modo algo é esta ou aquela coisa'. Outra possibilidade se enuncia 'talvez não seja', e pode ser expressa mediante o juízo 'de algum modo algo não é esta ou aquela coisa'. Outra possibilidade se enuncia assim: 'talvez seja e não seja', e que pode ser expressa mediante o juízo 'De algum modo algo é esta ou aquela coisa e não é esta ou aquela coisa' etc. Quanto ao conhecimento, o jainismo classifica-o em mediato e imediato; cada um deles, por sua vez, é subdividido em várias formas cognoscitivas. É característico do sistema jainista considerar que, já que nenhum predicado pode balizar estritamente qualquer realidade, de fato todos os sistemas são admissíveis: todos, com efeito, representam algo acerca do real.

➲ Ver a bibliografia de FILOSOFIA INDIANA. Além disso: V. D. Barodia, *History and Literature of Jainism*, 1909. — J. Jaini, *Outlines of Jainism*, 1916; reed., 1982, por F. W. Thomas. — A. Guérinot, *La religion djaina*, 1926. — M. Lal Mehta, *Outlines of Jaina Philosophy*, 1954. — Id., *Jaina Psychology. Analysis of the Jaina Doctrine of Karma*, 1957. — Y. J. Padmarajiah, *A Comparative Study of the Jaina Theories of Reality and Knowledge*, 1963 (tese). — S. Gopalan, *Outlines of Jainism*, 1973. — N. N. Bhattacharyya, *Jain Philosophy*, 1976. — K. Bruhn, A. Wezler, eds., *Studien zum Jainismus und Buddhismus*, 1981. ➲

JÂMBLICO (*ca.* 240-325), de Calcis (Síria). Ensinou, segundo alguns, em sua cidade natal, mas Bidez indica que o mais provável é que tenha dado aulas em Apaméia da Síria. Discípulo do peripatético Anatólio e do neoplatônico Porfírio (VER), Jâmblico é considerado um dos "membros" da chamada "escola síria" do neoplatonismo (VER), da qual também fizeram parte os discípulos de Jâmblico, Dexipo e Sopatro de Apaméia (ver SÍRIA [ESCOLA DA]), assim como o discípulo de Porfírio, e posteriormente seguidor de Jâmblico, Teodoro de Assine (VER).

Influenciado não apenas por Porfírio e por Plotino, mas também, e às vezes mais intensamente, por fontes pitagórico-caldéias místicas e numerológicas, Jâmblico caracteriza-se por acentuar os motivos místico-religiosos do neoplatonismo e por deixar de lado a tendência à racionalidade que dominara grande parte das especulações neoplatônicas. Com efeito, enquanto a religiosidade, o afã de salvação e a preparação para o êxtase haviam permanecido — em filósofos neoplatônicos anteriores, e particularmente em Plotino — no âmbito de uma filosofia hostil a todo exagero mistagógico, tal precaução está ausente em Jâmblico. Além de multiplicar o número de seres que emanam da realidade suprema, Jâmblico insere em seu sistema um grande número de gênios, deuses e demônios tanto da religião popular grega como dos mistérios orientais. Pode-se dizer que o sistema de Jâmblico é ao mesmo tempo místico, mistagógico, alegórico e numerológico.

Segundo Jâmblico, a realidade suprema — "a verdadeira Unidade" — não é, como foi para Plotino, o Uno idêntico ao Bem; é algo infinitamente superior ao Bem, o inefável e absolutamente transcendente. A unidade à qual se dá o nome de Bem é subordinada e produz o mundo inteligível, as idéias, das quais nasce o mundo intelectual, as almas que pensam as idéias. O aritmetismo teológico introduz-se no sistema de Jâmblico sob a forma do ternário; o ternário é a maneira como cada hipóstase se desintegra, ou seja, se divide em trindades. O ternário significa, em seus três momentos, o princípio de identidade, o princípio de emanação e o princípio de conversão, isto é, o princípio da conversão do diverso na unidade primitiva. O primeiro ternário compreende três momentos: ternário primitivo, díada e tríada, mas não se detém neles — a emanação dá origem a ternários subordinados subdivididos em tétradas, a cada uma das quais correspondem, por sua vez, trindades, e assim sucessivamente até a constituição de um mundo rígido de múltiplas hierarquias no qual as combinações numéricas sempre correspondem à estrutura das realidades.

➲ Jâmblico escreveu dez livros intitulados *Resumo* (ou *Coleção*, Ατη) *das doutrinas pitagóricas*. Foram conservados os livros I, II, III, IV e VII, usualmente citados por seus títulos latinos; Livro I: *De vita Pythagorica liber* (ed. por T. Kiessling, 1815-1816; E. Westermann, 1850, L. Deubner, 1937); Livro II: *Adhortatio ad philosophiam*, também chamado de *Protrepticus* (ed. H. Pistelli, 1888, junto com o chamado *Anonymus Iamblichi* [VER]); Livro III: *De communi mathematica scientia* (ed. N. Festa, 1891); Livro IV: *In Nicomachi arithmeticam introductio liber* (ed. H. Pistelli, 1894); Livro VII: *Theologoumena arithmeticae* (ed. E. Ast, 1817; V. de Falco, 1922). — Devem-se também a Jâmblico uma obra sobre os mistérios, *De mysteris liber* (ed. T. Gale, 1678; G. Parthey, 1857; Th. Hopfner, 1922), e vários opúsculos (*De chaldaica perfectissima theologia*; *De descensu animae*, *De diis* etc.), dos quais sobraram poucos fragmentos. — Jâmblico também escreveu comentários a diálogos de Platão.

Edição de fragmentos por J. M. Dillon, com trad. e notas, *In Platonis dialogos commentatorium fragmenta*, 1973.

Ver: C. Rasche, *De Iamblico libri qui inscribantur de mysteriis auctore*, 1911 (tese). — J. Bidez, "Le philosophe Jamblique et son école", *Revue des Études grecques*, 32 (1919), 29-40. — Th. Hopfner, *Über die Geheimlehre des Jamblichos*, 1921. — Bent Dalsgaard Larsen, *Jamblique de Chalcis, exegète et philosophe*, 1972. — S. E. Gersh, *From Iamblichus to Eriugena: An Investigation*, 1978.

Vários autores, *De Jamblique à Proclus* [Entretiens sur l'Antiquité classique, vol. 21]. C

JAMES, WILLIAM (1842-1910). Nascido em Nova York, foi o mais velho de cinco irmãos, entre os quais se destacou o romancista Henry James. William James estudou medicina em Harvard e se doutorou em 1869. Em 1872 foi nomeado "Instrutor" de fisiologia em Harvard; em 1880 foi nomeado, na mesma universidade, professor auxiliar de filosofia, e em 1885, professor titular. Ensinaram em Harvard, na mesma época, Josiah Royce (VER), George Santayana (VER) e ocasionalmente Peirce (VER). James viajou constantemente, especialmente pela Europa, travando estreita amizade com Renouvier e Bergson, entre outros.

Seus primeiros trabalhos foram consagrados à psicologia fisiológica, na qual realizou um trabalho ao mesmo tempo de pesquisa e de sistematização. James considerou a fisiologia do sistema nervoso como fundamento da investigação psicológica: "nunca ocorrem modificações psíquicas" — escreveu ele — "que não sejam acompanhadas por uma mudança corporal ou às quais não se suceda uma mudança corporal" (*Principles*, cap. 1). "Os fenômenos psíquicos não são apenas condicionados *a parte ante* por processos corporais, mas chegam *a parte post* a tais processos" (*loc. cit.*). Isso não significa defender uma "psicologia materialista"; significa somente reconhecer que a "linha fronteiriça do psíquico é vaga". Dois aspectos são importantes na obra psicológica de James: a doutrina da consciência enquanto "corrente de consciência" — como um processo contínuo no qual se revelam "franjas", além de um "foco" — e a doutrina da emoção (a chamada "teoria de James-Lange", que abordamos no verbete EMOÇÃO).

A filosofia de James, à qual o filósofo dedicou seus maiores esforços após a publicação dos *Princípios* e das *Variedades da experiência religiosa*, foi freqüentemente caracterizada como "pragmatismo" (VER). Essa caracterização é justa sempre que não seja exclusiva; com efeito, além do pragmatismo há em James uma série de doutrinas filosóficas às quais o próprio autor deu o nome de "empirismo radical" e que também incluem um antideterminismo, um contingentismo, um pluralismo e um temporalismo. A seguir nos referimos principalmente a essas duas doutrinas sem considerar que sejam incompatíveis, pressupondo antes que a última é em parte um desenvolvimento da primeira.

James se baseou, para sua doutrina pragmatista, em algumas sugestões fundamentais de Peirce (VER; ver também PRAGMATISMO), embora este autor nem sempre tenha estado de acordo com os desenvolvimentos de James, razão pela qual preferiu o nome "pragmaticismo" para sua própria doutrina. A primeira formulação dada por James ao pragmatismo — e a introdução do nome da doutrina — ocorreu em 1898 em seu ensaio "Concepções filosóficas e resultados práticos" ("Philosophical Conceptions and Practical Results"). Partindo de Peirce, James indicou que "o princípio do pragmatismo" deveria ser expresso de forma mais ampla que a apresentada pelo próprio Peirce: "a prova última do que significa uma verdade" — escreveu James no artigo citado — "é, sem dúvida, o comportamento que dita ou inspira. Mas inspira tal comportamento porque prediz sobretudo alguma orientação particular de nossa experiência que extrairá de nós esse comportamento" (*loc. cit.*). Essa idéia estava de acordo com as teses desenvolvidas na obra sobre "a vontade de crer", publicada um ano antes do aparecimento do artigo que citamos acima. Nessa obra, James saiu em defesa dos "métodos empíricos" na filosofia, contra os "métodos absolutistas" e aprioristas, exemplificados por Hegel. A filosofia deve, segundo James, adotar um método indutivo e empírico análogo ao usado pelas ciências naturais. Mas justamente por isso deve adotar hipóteses — e mudá-las quando necessário — que, embora não suscetíveis de prova e menos ainda de prova "racional", sejam capazes de "nos satisfazer". As hipóteses em questão, em suma, não têm por que ser "verdadeiras" — basta que "funcionem" (que "funcionem em nossa existência"). Essa concepção da verdade como algo que "funciona", ou "pode funcionar", foi desenvolvida por James em suas conferências sobre o pragmatismo, dadas em Boston em 1906 e publicadas um ano depois. A teoria pragmatista da verdade (VER) rejeita a concepção da verdade como correspondência e também a concepção da verdade como coerência racional: uma proposição é verdadeira quando "funciona", quando permite que nos orientemos na realidade e sejamos levados de uma experiência para outra. Por isso a verdade não é algo rígido ou estabelecido para sempre: a verdade muda e "cresce".

Deve-se observar que há em James certa oscilação entre dois modos distintos de conceber a verdade — ou, mais exatamente, o significado de "proposição verdadeira" — pragmaticamente. Por um lado, a concepção pragmática da verdade insiste na capacidade de uma proposição verdadeira de ser corroborada: "as verdadeiras idéias" — escreve James — "são as que podemos assimilar, validar, corroborar e comprovar". Em outras palavras, a verdade não é algo que uma idéia possua permanentemente; é algo que *acontece* a uma idéia. A verdade é propriamente "o que pode se tornar verdadeiro". Em um sentido fundamental, pois, a verdade é verificabilidade (ver VERIFICAÇÃO). As "conseqüências práticas" de uma proposição nem sempre são, pois, necessariamente equivalentes a "conseqüências benéficas para nós": a "conseqüência prática" é um modo de "conseqüência teórica". Por outro lado, James também insistiu em que nenhuma proposição é aceitável como verdadeira "se não possui valor para a vida concreta": "a verdade é o nome de qualquer coisa que prove ser verdadeira quanto à crença e também boa por razões definidas e bem precisáveis". É possível que esses dois modos de conceber a verdade pragmaticamente possam ser unidos em uma atitude fundamental: a que consiste em conceber a verdade como algo essencialmente "aberto" e também como algo em estado de constante "movimento". A verdade, em suma, não é nada "feito" ou "dado": é algo que continuamente "se faz" dentro de uma totalidade que está por sua vez em constante processo de "fazer-se".

Desse ponto de vista, pode-se compreender o já mencionado "empirismo radical" de James. Enquanto o pragmatismo é, no máximo, um método, o empirismo radical é uma filosofia (ou ao menos uma atitude filosófica). Esse empirismo consiste em um postulado, em uma comprovação e em uma conclusão generalizada. O postulado diz que os únicos assuntos a ser debatidos entre filósofos são assuntos definíveis em termos procedentes da experiência (o que não significa que o que não é experimentável não exista, mas que não deve fazer parte do debate). A comprovação indica que as relações entre coisas, conjuntivas e disjuntivas, são objeto de experiência direta tanto quanto as próprias coisas relacionadas (ou, como diz James, "as continuidades e descontinuidades são matérias absolutamente coordenadas de sentimento imediato" [*Essays*, cap. III]). A conclusão assinala que as diversas partes da experiência estão relacionadas entre si por relações que, por sua vez, fazem parte da experiência. Para James, o mundo é um "mundo de experiência pura", não um mundo de princípios racionais tampouco um mundo de "dados" organizados por meio de "categorias" *a priori* ou definitivamente fixadas. A pura experiência forma uma continuidade em constante mudança. Nessa continuidade articulam-se o sujeito e o objeto, que não são elementos primeiramente separados e depois mais ou menos forçosamente unidos, mas aspectos, partes ou "peças" de um mesmo "contínuo de experiência". Por isso, o empirismo radical é uma filosofia exatamente contrária ao racionalismo. O racionalismo "tende a destacar a importância dos universais e a considerar que os todos são anteriores às partes tanto na ordem da lógica como na do ser", enquanto o empirismo "salienta o caráter explicativo da parte, do elemento, do indivíduo, e trata o conjunto como uma coleção e o universal como uma abstração" (*op. cit.*, cap. II). O empirismo radical, pois, parece ser um atomismo; mas um atomismo no qual os "átomos" são em última análise "experiências", e, além disso, experiências "integráveis" em um "conjunto" ou "contínuo".

Por essa razão a filosofia de James é também um pluralismo. Contra o monismo "compacto" e "rígido" de muitos autores racionalistas e contra o dualismo de muitos autores espiritualistas, James sustenta que a filosofia radicalmente empirista é como "uma filosofia de mosaico". Essa filosofia radicalmente pluralista sustenta que as coisas estão uma "com" a outra de muitos modos distintos, mas que "nada inclui todas as coisas ou predomina sobre todas as coisas", de tal modo que o vocábulo 'e' é arrastado atrás de cada enunciado (*A Pluralistic Universe*, cap. VIII). Isso equivale a dizer que cada coisa está "aberta" às demais em vez de estar ligada a outras coisas por meio de relações internas. As relações são externas; porém — e isto constitui a diferença capital entre o empirismo de Hume e o de James — são ao mesmo tempo experimentáveis. Por isso as "coisas" podem se combinar de maneiras muito distintas e de maneiras, além disso, imprevisíveis. Essa filosofia pluralista implica, pois, uma tendência indeterminista, "tychista" e "contingentista". Em todo caso, é uma filosofia que rejeita o tipo de realidade exemplificado pelo que James chamava de "block-universe". Evidentemente, é possível que o universo seja uma realidade única e compacta, comparável a um único e sólido "bloco", mas é possível que não seja; "nesta última possibilidade" — escreve James — "insisto eu" (*op. cit.*, mesmo cap.).

↪ Obras: *The Principles of Psychology*, 2 vols., 1890. — Essa obra foi compendiada pelo autor no *Text-Book of Psychology. Briefer Course* [freqüentemente chamado de *Briefer Course*], 1892; nova ed., 1985, por G. Allport. — *The Will to Believe, and Other Essays in Popular Philosophy*, 1897 [inclui, entre outros ensaios, "The Will to Believe", "The Sentiment of Rationality" e "The Dilemma of Determinism"]; nova ed., 1979, por F. M. Burkhardt. — *Human Immortality: Two Sup-*

posed Objections to the Doctrine, 1898 [The Ingersoll Lecture]; nova ed., 1917 [incluída no tomo *The Will to Believe. Human Immortality*, 1956]. — *Tasks to Teachers on Psychology, and to Students on Some of Life's Ideals*, 1899. — *The Varieties of Religious Experience: A Study in Human Nature*, 1902 [The Gifford Lectures on Natural Religion, Edinburgh, 1901-1902]. — *Pragmatism: A New Name for Some Old Ways of Thinking*, 1907; nova ed., 1981, por B. Kuklick. — *The Meaning of Truth: A Sequel to Pragmatism*, 1909. — *A Pluralistic Universe*, 1909 [The Hibbert Lectures at Manchester College]. — *Memories and Studies*, 1911. — *Some Problems of Philosophy: A Beginning of an Introduction to Philosophy*, 1911; nova ed., 1979, por F. H. Burkhardt. — *Essays in Radical Empiricism*, 1912, ed. R. B. Perry [inclui, entre outros ensaios, "Does Consciousness Exist?"; ver CONSCIÊNCIA].

Correspondência: *The Letters of W. J.*, 2 vols., 1920, ed. por seu filho Henry James. — *The Selected Letters of W. J.*, 1961, ed. Elizabeth Hardwick. — *The Letters of W. J. and Théodore Flournoy*, 1966, ed. Robert C. Le Clair (cartas entre 1890 e 1910). — "Ten Unpublished letters from W. J., 1842-1910, to F. H. Bradley, 1846-1924", ed. J. C. Kenna, em *Mind*, 75 (1966), 309-331. — Para a correspondência, ver também a obra de R. B. Perry citada *infra*.

Em português: *As variedades da experiência religiosa*, 1991. — *A vontade de crer*, 2001.

Biografia: material abundante pode ser encontrado em Barton Perry, *The Thought and Character of W. J.*, 2 vols., 1935. — Para material biográfico, ver também: J. Royce, *W. J. and Other Essays in the Philosophy of Life*, 1911. — G. Santayana, *Character and Opinion in the United States, with Reminiscences of W. J. and Josiah Royce and Academic Life in America*, 1920. — Margaret Knight, *W. J.*, 1950, pp. 11-62 [o resto do volume é uma antologia de textos de J. sobre psicologia]. — Gay Wilson Allen, *W. J.: A Biography*, 1967.

Edição de obras: ed. crítica e anotada: *The Works of W. J.*, a partir de 1975, ed. Frederick H. Burkhardt, Fredson Bowers e Ignas K. Skrupskelis. — *Collected Essays and Reviews*, 1920, eds. R. B. Perry [trabalhos publicados entre 1869 e 1910]. — *The Essential Writings*, ed. B. W. Wilshire, 1984. — *W. J.: Writings 1878-1899*, ed. G. E. Myers, 1992.

Bibliografia: R. B. Perry, *An Annotated Bibliography of the Writings of W. J.*, 1920. — I. K. Skrupskelis, *W. J.: A Reference Guide*, 1977 (até 1974).

Ver: É. Boutroux, *W. J.*, 1911. — R. Berthelot, *Un romantisme utilitaire*, 3 vols., 1911-1922 (vol. III, pp. 1-187). — Th. Flournoy, *La philosophie de W. J.*, 1912. — H. Reverdin, *La notion d'expérience d'après W. J.*, 1913. — H. J. F. W. Brugmans, *Die waarheidstheorie van W. J.: een samenvattig en beoordeeling*, 1913. — H. M. Kallen, *W. J. and Henri Bergson: A Study in Contrasting Theories of Life*, 1914. — H. V. Knox, *The Philosophy of W. J.*, 1914. — J. Turner, *An Examination of W. James' Philosophy*, 1919. — U. Cugine, *L'empirismo radicale di W. J.*, 1925. — J. S. Bixler, *Religion in the Philosophy of W. J.*, 1926. — Maurice Le Breton, *La personnalité de W. J.*, 1928. — Jean Wahl, *Vers le concret*, 1932 (capítulo intitulado "W. J. d'après ses lettres"). — Th. Blau, *W. J., sa théorie de la connaissance et la vérité*, 1933. — G. Maire, *W. J. et le pragmatisme religieux*, 1933. — R. B. Perry, *In the Spirit of W. J.*, 1938. — G. Castiglione, *J.*, 1945. — J. D. García Bacca, *Nueve grandes filósofos contemporáneos y sus temas*, 2 vols., 1947 (vol. II). — J. Linschoten, *Op. weg naar een fenomenologische psychologie: de psychologie van W. J.*, 1959 (trad. alemã, 1961; trad. ingl., 1968). — B. P. Brennan, *The Ethics of W. J.*, 1961. — G. A. Roggerone, *J. e la crisi della coscienza contemporanea*, 1962. — Milic Capek, "La signification actuelle de la philosophie de J.", *Revue de Métaphysique et de Morale*, 67 (1962), 290-321. — Edward C. Moore, *W. J.*, 1965. — Andrew J. Reck, *Introduction to W. J.*, 1967. — Bernard P. Brennan, *W. J.*, 1968. — Bruce Wilshire, *W. J. and Phenomenology: A Study of the Principles of Psychology*, 1968. — John Wild, *The Radical Empiricism of W. J.*, 1969. — Patrick K. Dooley, *Pragmatism as Humanism: The Philosophy of W. J.*, 1974. — V. M. Ames, V. D. Oliver *et al.*, *The Philosophy of W. J.*, 1976, ed. Walter Robert Corti (com bibliografia elaborada por Charlene Haddock Seigfried). — Charlene Haddock Seigfried, *Chaos and Context: A Study of W. J.*, 1978 [sobre a teoria das relações]. — H. S. Levinson, *Science, Metaphysics, and the Chance of Salvation: An Interpretation of the Thought of W. J.*, 1978. — L. Bellatalia, *Uomo e ragione in W. J.*, 1979. — H. S. Levinson, *The Religious Investigations of W. J.*, 1981. — M. P. Ford, *W. J.'s Philosophy: A New Perspective*, 1982. — E. K. Suckiel, *The Pragmatic Philosophy of W. J.*, 1982. — R. J. O'Connell, *W. J. on the Courage to Believe*, 1984. — G. E. Myers, *W. J.: His Life and Thought*, 1986. — J. C. S. Wernham, *J's Will-To-Believe Doctrine: A Heretical View*, 1987. — J. M. Edie, *W. J. and Phenomenology*, 1987. — G. Cotkin, *W. J., Public Philosopher*, 1990. — F. J. Ruf, *The Creation of Chaos: W. J. and the Stylistic Making of a Disorderly World*, 1991.

Ver, além disso, a bibliografia de PRAGMATISMO. **C**

JANET, PAUL (1823-1899). Nascido em Paris, deu aulas em Estrasburgo, no Liceu Louis le Grand, de Paris (1856-1866), e na Sorbonne (1864-1898). Secretário de Victor Cousin, difundiu as doutrinas ecléticas e espiritualistas de seu mestre, destacando especialmente as últimas em polêmica contra o materialismo e o positivismo, que considerava, como outros discípulos de Cousin, ligados ao descrédito e à indiferença religiosos. Dentro do ecletismo espiritualista, Paul Janet defendeu o moderantismo e o liberalismo em assuntos políticos. Uma de suas principais idéias foi a da felicidade como uma esperança em um progresso cada vez maior rumo a um estado de perfeição.

➲ Principais obras: *La famille*, 1855. — *Histoire de la philosophie morale et politique dans l'antiquité et dans les temps modernes*, 2 vols., 1858; 3ª ed., 1887. — *Essai sur la dialectique dans Platon et dans Hegel*, 1861. — *La philosophie du bonheur*, 1863. — *Histoire des sciences politiques dans ses rapports avec la morale*, 1872. — *Les causes finales*, 1874. — *La philosophie de la révolution française*, 1875. — *Saint-Simon et le Saint-Simonisme*, 1878. — *La philosophie contemporaine française*, 1879. — *Les origines du socialisme contemporain*, 1883. — *La philosophie de Lamenais*, 1890. — *Principes de métaphysique et de psychologie*, 2 vols., 1897. ℭ

JANET, PIERRE (1859-1947). Nascido em Paris, foi, a partir de 1898, professor no Collège de France, exercendo grande influência sobre o desenvolvimento da psicologia francesa no final do século XIX e no início do século XX. Seus principais trabalhos versam sobre as neuroses e sobre as diferenças entre os estados neuróticos e estados normais. Janet buscou investigar especialmente se há leis autônomas, não dependentes de leis ou estruturas orgânicas, que regem os fenômenos psíquicos.

➲ Entre os numerosos escritos de P. J. destacam-se: *L'automatisme psychologique*, 1889; 10ª ed., 1930. — *L'état mental des hystériques*, 1893; 2ª ed., 1911. — *Névroses et idées fixes*, 1899. — *Les obsessions et la psychasthénie*, 1903. — *Les névroses*, 1909. — *La médicine psychologique*, 1923. — *De l'angoisse à l'extase*, 1926. — *L'évolution de la mémoire*, 1928. — *L'amour et la haine*, 1932. — *Les débuts de l'intelligence*, 1935.

Ver: Jean Paulus, *Le problème de l'hallucination et l'évolution de la psychologie d'Esquirol à P. J.*, 1941. — L. Schwarz, *Les névroses et la psychologie dynamique de P. J.*, 1955. ℭ

JANKÉLÉVITCH, VLADIMIR (1903-1985). Nascido em Bourges (Cher, França), foi professor em Lille e depois na Sorbonne e desenvolveu um modo de filosofar cujo principal interesse radica na riqueza dos detalhes; o esboço, o sumário, a condensação são totalmente alheios a seu pensamento. O que mais se parece com esse pensamento é uma incessante descrição, mediante uma linguagem carregada de imagens, das formas fugidias da consciência, com a intenção de ressaltar algo semelhante ao que um de seus mestres, Bergson, chamava de "dados imediatos". Não se trata, porém, de uma tarefa psicológica; os motivos dialético-especulativos — embora não apresentados de forma dogmática — são constantes na obra de Jankélévitch, na qual se salienta continuamente, com seus incontáveis matizes, a condição paradoxal do enfrentamento da consciência — tanto pensante como volitiva e afetiva — com a realidade. Em uma de suas obras ele afirmou que a lei de nossa condição é que "não há realidade suficiente para todo o possível, e não possuímos bastante poder para todo o nosso querer". Se a frase anterior não for tomada como uma fórmula rígida, pode-se dizer que caracteriza o *modo* de pensar de Jankélévitch. A consciência se enreda continuamente com o real — e consigo mesma. A consciência e o real são equívocos tanto para cada um deles como para sua relação mútua; a descrição minuciosa desse conflito e a análise de certos temperamentos de ânimo — o aborrecimento, a percepção da própria hipocrisia, a descoberta do mal no bem, a consciência da pureza na impureza e da impureza na pureza etc. — constituem um bom fragmento da obra desse autor, a qual é, como ele mesmo reconhece, mais de natureza "rapsódica" que "sinfônica". Os temas citados parecem se organizar, contudo, em um tema metafísico central: o tema do ser, apresentado por Jankélévitch na forma do problema do "quase nada", que é o impossível realizado, pois torna patente a eterna circularidade do ser e de seu pensamento. Não se deve evitá-lo, mas aceitá-lo lealmente; somente assim torna-se possível a realização do valor supremo: a súbita, pura e incompreensível criação.

➲ Principais obras: *Henri Bergson*, 1931; 2ª ed., ampl., 1959. — *La mauvaise conscience*, 1933. — *L'Odyssée de la conscience dans la dernière philosophie de Schelling*, 1933. — *L'ironie*, 1936; 2ª ed., ampl., com o título: *L'ironie ou la bonne conscience*, 1952; ed. rev., 1964. — *L'alternative*, 1938. — *Du mensonge*, 1943. — *Le mal*, 1947. — *Traité des vertus*, 1949; 2ª ed., rev. e ampl., 3 vols., 1968-1972 (texto definitivo: I, *Le sérieux de l'intention*; II, *Les vertus et l'amour*; III, *L'innocence et la méchanceté*). — *Philosophie première. Introduction à une philosophie du "presque"*, 1954. — *L'austérité et la vie morales*, 1956. — *Le je-ne-sais-quoi et le presque-rien*, 1957. — *Le pur et l'impur*, 1960. — *L'aventure, l'ennui, le sérieux*, 1963. — *Philosophie première*, 1965. — *La mauvaise conscience*, 1966. — *La mort*, 1966. — *Le pardon*, 1967. — *Pardonner?*, 1971 (com duas cartas a Pierre Abraham e Jacques Madaule). — *L'irréversible et la nostalgie*, 1974. — *Quelque part dans l'inachevé*, 1978 (em colaboração com B. Berlowitz). — *Le paradoxe de la morale*, 1981 (trad. esp.: *La paradoja de la moral*, 1983).

Devem-se também a V. J. diversas obras sobre autores e problemas musicais: *Gabriel Fauré et ses mélodies*, 1938; 2ª ed., rev.: *Gabriel Fauré et ses mélodies, son esthétique*, 1951. — *Maurice Ravel*, 1939. — *Debussy et le mystère*, 1949. — *La musique et l'ineffable*, 1960.

— *La vie et la mort dans la musique de Debussy*, 1968.
— *Listz et la rapsodie: essai sur la virtuosité*, 1979. — Alguns dos trabalhos musicológicos já publicados, com outros inéditos, apareceram em: *Le nocturne. Fauré. Chopin et la nuit. Satie et le matin*, 1957. — *De la musique au silence*, 1974 ss. (I: *Fauré et l'inexprimable*).
Bibliografia na antologia de Lucien Jerphagnon, *V. J. ou de l'effectivité*, 1969.
Ver: J. Vax, "Du Bergsonisme à la philosophie première. V. J.", *Critique*, 92 (1955), 36-52. — J. Wahl, "La philosophie première de V. J.", *Revue de Métaphysique et de Morale*, 60 (1955), 161-217. — Colin Smith, "The Philosophy of V. J.", *Philosophy*, 32 (1957), 315-324. — E. Riverso, "V. J. o alle soglie dell'ineffabile", *Giornale di Metafisica*, 14 (1959), 502-537. — E. Verondini, "L'Odissea morale nel pensiero di V. J.", *ibid.*, 16 (1961), 384-401. — Ver também "Le Presque-Rien", debate que contou com a presença de V. J. G. Bachelard, M. de Gandillac, J. Wahl *et al.*, em *Bulletin de la Société Française de Philosophie*, ano 48 (1954), 65-93. — F. Pittau, *Il volere umano nel pensiero di V. J.*, 1972. — M. Perigord, "V. J. ou improvisation et 'kairos'", *Revue de Métaphysique et de Morale*, 79 (1974), 223-252. — M. L. Facco, "Il *Traité des vertus* di V. J.", *Giornale di Metafisica*, 30 (1975), 405-433. — Luciani Petrini, *Memoria e poesia. Bergson, J., Heidegger*, 1983. — D. Vircillo, "Essere e vocazione in V. J.", *Sapienza*, 39 (1986), 275-314. — T. Espinasa, "V. J.: Filosofia Primera (introducción a una filosofia del 'casi')", *Revista de Filosofía* (México), 19 (1986), 475-479. — T. Ghideanu, "The Logical Structure of V. J.'s Philosophy", *Philosophy and Logic*, 30 (1986), 330-339. **C**

JANSENISMO. Apresentaremos alguns dados sobre a origem e o desenvolvimento do jansenismo na França até o início do século XVIII como fundo histórico para uma melhor compreensão da posição jansenista em algumas questões teológicas e filosóficas básicas. É usual identificar o 'jansenismo' com 'Port-Royal' ou a 'doutrina de Port-Royal', razão pela qual não dedicaremos nenhum verbete a Port-Royal. Todavia, trataremos de algumas orientações lógicas e metodológicas originadas em Port-Royal e resumidas na obra *Art de Penser* (1662) no verbete PORT-ROYAL (LÓGICA DE).

A abadia de religiosas cistercienses fundada em 1204 em Porrois (nome cuja deformação resultou em "Port-Royal", "Port-Royal des Champs") foi reformada no início do século XVII por Madre Angélica mediante regras rigorosas de meditação, trabalho manual e pobreza. A abadia começou a ganhar renome pouco tempo após a citada reforma. Madre Angélica, aparentada com os Arnauld, escolheu como diretores de consciência Singlin, discípulo de São Vicente de Paul, e Jean Du Vergier de Hauranne (1581-1643), minorista de Saint-Cyran (razão pela qual é freqüentemente chamado de "Saint-Cyran") e amigo de Jansênio (cf. *infra*). Em 1625, a abadia se instalou em Paris (Faubourg Saint-Jacques), falando-se desde então de dois "Port-Royal": Port-Royal-des-Champs e Port-Royal-de-Paris, ambos em estreita relação. Um grupo de homens austeros e devotos que seguiam tendências em parte "pessimistas" e rigoristas — as mesmas tendências exibidas por Saint-Cyran — retirou-se do mundo e instalou-se em uma dependência de Port-Royal de Paris, dirigindo-se em 1637 a Port-Royal des Champs, para onde retornou Madre Angélica, em 1648, para dirigir sua comunidade. Entre os que se retiraram para Port-Royal destacam-se, por seu interesse filosófico, Antoine Arnauld (VER) [Arnauld d'Andilly] e Pierre Nicole (VER), mas entre os "port-royalistas" é preciso contar também, além do citado Saint-Cyran, Martin de Barcos. O grupo dos que se retiraram para Port-Royal foi freqüentemente chamado de "os solitários" (e também "esses senhores", "ces Messieurs"). Os "solitários" criaram as chamadas "Petites Écoles", nas quais instauraram uma reforma pedagógica e metodológica. "Esses senhores" exerceram uma influência cada vez maior sobre os membros de muitas escolas e colégios franceses (particularmente os do Oratório), assim como sobre os membros do Parlamento Real e sobre destacadas personalidades intelectuais, das quais nos limitamos a mencionar Racine. A irmã de Pascal, Jacqueline, ingressou em Port-Royal em 1652, e o próprio Pascal (VER) retirou-se para Port-Royal em 1655.

Apesar da mencionada identificação de 'Port-Royal' com 'jansenismo', suas trajetórias nem sempre coincidem exatamente, mas aceitamos essa identificação ao menos na medida em que as questões teológicas e filosóficas fundamentais suscitadas em Port-Royal são principalmente as estabelecidas por Jansênio. Jansênio (Jansenius, Cornelis Jansen [1585-1638]), o amigo de Jean Du Vergier de Hauranne, foi nomeado professor em Louvain em 1630 e bispo de Ipres em 1636. Em 1630 ele publicara uma obra intitulada *Alexipharmacum* e, em 1631, outra intitulada *Spongia notarum*. Postumamente apareceram os comentários às Escrituras intitulados *Tetrateuchus* (1639), *Pentateuchus* (1641) e *Analecta* (1644). Contudo, a obra que aqui nos importa são sobretudo os três tomos *in folio* intitulados *Augustinus, seu doctrina sanctu Augustini de humanae naturae sanitate aegritudine, medicina ad versus Pelagianos et Marsilienses*, terminados pouco antes de sua morte e publicados em 1640 (a obra é habitualmente citada como *Augustinus*). Jansênio aceitara defender as idéias de Miguel De Bay (Baius, Bayo, Baio [1513-1589]) e especialmente a doutrina do chamado "amor duplo", *duplex delectatio* (ainda que alguns comentadores indiquem que as doutrinas de Bay desempenhem um papel relativamente insignificante em Jansênio, razão pela qual caberia fazer a distinção entre "bayesismo" e "jansenismo"). De todo modo, o interesse que Jansênio tinha em se opor aos "modernos pelagianos", que defendiam uma concepção "otimista" do homem e reduziam ao mínimo, ou negavam, o poder e a eficácia da graça divina, levou-o a formular uma doutrina, da qual exporemos adiante os principais traços, que obteve imediatamente uma grande repercussão.

Os "port-royalistas" tornaram-se "jansenistas". Mas alguns dominicanos e os jesuítas — especialmente os jesuítas de Louvain, que seguiam as tendências molinistas (ver MOLINA [LUIS DE]) — opuseram-se violentamente ao *Augustinus*. Baseando-se em várias frases, ou partes de frases, dessa obra, eles compuseram as famosas "cinco proposições" em torno das quais giraram quase todos os debates. Em substância, essas cinco proposições são: 1) alguns preceitos divinos não podem ser cumpridos pelos justos apenas com as forças da natureza humana, razão pela qual lhes é necessária a graça; 2) a graça interior que opera sobre a natureza corrompida é irresistível; 3) para o mérito ou demérito requer-se apenas a liberdade da coação externa; 4) os pelagianos (ou semipelagianos) são hereges porquanto admitem a possibilidade, para a vontade humana, de resistir ou obedecer à graça; 5) é errôneo afirmar que Cristo morreu por todos os homens. A "questão das cinco proposições" é importante, porque não poucos dos debates giraram em torno da questão de se tais proposições estavam ou não efetivamente no *Augustinus*.

As doutrinas de Jansênio receberam uma primeira condenação já em 1641. Em 1642, o Papa Urbano VIII proibiu a discussão das "cinco proposições". Arnauld, que se opusera à condenação de 1641, declarando-a inautêntica, publicou em 1643 seu livro *De la fréquente communion*, no qual advogou por uma reforma moral e eclesiástica congruente com as doutrinas jansenistas. Em 1653, o Papa Inocêncio X condenou as "cinco proposições". Em 1656 foram fechadas as "Petites Écoles". Entre 1656 e 1657 apareceram as *Provinciais* de Pascal (VER), o qual, porém, foi se afastando do "jansenismo cartesiano" de Arnauld e Nicole para adotar uma atitude menos "racionalista". Em 1665, o Papa Alexandre VII impôs uma "fórmula de submissão". Alguns assinaram. Outros, como Pascal, não assinaram, mas submeteram-se à Igreja, contra os "extremistas" (entre os quais figurava Martin de Barcos). As religiosas de Port-Royal negaram-se a assinar. Em 1672, o oratoriano Pasquier Quesnel (1634-1719) publicou *Réflexions morales sur les Évangiles*, onde resumia as teses centrais do jansenismo, de modo que o movimento também foi conhecido como "quesnelismo". Essa obra foi proibida por Clemente X em 1675, e uma reelaboração dela, intitulada *Le Nouveau Testament avec des Réflexions morales* (1687), foi condenada pelo Papa Clemente XI com a "constitutio dogmatica" *Unigenitus* (1713). Em 1679 teve início a dispersão dos "solitários". Em 1705 o Papa Clemente XI publicou a bula *Vineam Domini*, condenando os que se mantinham em silêncio. Em 1709 foram expulsas as religiosas de Port-Royal-des-Champs (houvera uma cisão entre Port-Royal-des-Champs e Port-Royal-de-Paris), e em 1710 o mosteiro foi derrubado por ordem real. Em 1713 foram condenadas 101 proposições do livro de Quesnel. A "polêmica jansenista" não cessou. Alguns aceitaram as disposições papais (os "aceitantes"); outros apelaram (os "apelantes"). O jansenismo se desenvolveu e foi discutido em outros países além da França (Itália e Alemanha, principalmente), mas essa história não nos concerne aqui.

Simplificado e abreviado, o jansenismo consiste em sustentar que Adão era livre antes do pecado original, mas que seu livre-arbítrio necessitava de um auxílio, *adiutorium*. Este pode ser um *adiutorium quo* (auxílio pelo qual se faz algo) ou um *adiutorium sine qua non* (auxílio sem o qual não se faz algo). Segundo Jansênio, o *adiutorium* de que Adão necessitava para persistir em estado de inocência era o *adiutorium sine qua non*. Portanto, Adão podia pecar e, depois de ter efetivamente pecado, necessitou de um *adiutorium quo*. Não podia ser de outro modo, dada a corrupção da natureza do homem introduzida pelo pecado original. A vontade do homem não é, pois, livre; deixado a seu próprio arbítrio, o homem nada pode fazer senão pecar, ser arrastado pela concupiscência. Esta é a *delectatio terrestris*, à qual se opõe a *delectatio caelestis*, produzida pela ação irresistível da graça. A graça atrai o homem, "querendo ele ou não". O homem está destinado à salvação ou à condenação independentemente de qualquer consideração de mérito ou de falta de mérito "pessoais"; os justos são, por isso, verdadeiramente, "os eleitos". O que se chama de "liberdade" é apenas "liberdade de coação externa". Isso não significa, para Jansênio, que o homem não possa escolher uma boa ou má ação determinada; aqui trata-se não de ações boas ou más, mas do bem e do mal, e estes estão submetidos à "necessidade". Por tudo isso os jansenistas foram chamados de "predestinários" e suas doutrinas foram comparadas às calvinistas. Os jansenistas afirmaram, contra seus detratores, que suas doutrinas se baseavam nos textos de Santo Agostinho, de tal modo que condenar o jansenismo era condenar o agostinismo. Por outro lado, a importância concedida à eficácia da graça não parecia ser no jansenismo muito distinta da que era dada no sistema de Báñez (VER) ou "bañecismo". Em compensação, e de modo radical, o jansenismo se opunha a toda forma de "pelagianismo" (e os jansenistas consideraram que os molinistas eram simplesmente "pelagianos", ou ao menos "semipelagianos"). O molinismo era, para os jansenistas, uma manifestação da "casuística jesuíta", que se manifestava no terreno da doutrina teológica ainda mais que no da moral.

Às teses teológicas resenhadas aqui se juntava, na maior parte dos jansenistas — e particularmente em alguns que tinham pouco interesse por disputas doutrinais —, uma moral rigorista e, é claro, ascética.

A teologia e a moral jansenistas também podem ser descritas como uma manifestação de certa "têmpera de ânimo" ou "talante". Este é freqüentemente de caráter "sombrio". Isso explica que a posição adotada com relação ao jansenismo dependesse não apenas de convicções teológicas, mas também — ao menos em certos casos — de simpatia ou falta de simpatia com relação a esse talante. É curioso comprovar que um homem tão pouco afeito ideologicamente aos jesuítas como Voltaire os descrevesse com muito mais simpatia que a dedicada aos jansenistas. Tratava-se aqui, em nosso entender, de uma questão de "têmpera" (a "têmpera" volteriana definitivamente era não-jansenista). Por isso, excetuando-se Pascal — que quase sempre considerava como uma personalidade que ia além de Port-Royal e do jansenismo —, Voltaire julgou que as doutrinas de Jansênio sobre o homem eram demasiadamente acerbas: a doutrina jansenista, escreve Voltaire em *Le siècle de Louis XIV*, "não é nem filosófica nem consoladora".

➲ Ver: Sainte-Beuve, *Histoire de Port-Royal*, 3 vols., 1840-1843; 2ª ed., 5 vols., 1860; 3ª ed., 7 vols., 1867 (vol. VII com "Índice"); várias reimp. [curso dado em Lausanne de 1837 a 1838]. — A. Gazier, *Histoire générale du mouvement janséniste depuis les origines jusqu'à nos jours*, 2 vols., 1923-1924. — R. G. Remsberg, *Wisdom and Science at Port-Royal and the Oratory: A Study of Contrasting Augustinianisms*, 1940 (tese). — J. Orcibal, *Les origines du jansénisme*. Volume I: *Correspondance de Jansenius*, 1947; II: *Jean Duvergier de Hauranne, Abbé de Saint-Cyran et son temps (1581-1638)*, 1947; III: *Idem. Appendices. Bibliographie et Tables*, 1948; IV: *Lettres inédites de Jean Duvergier de Hauranne, Abbé de Saint-Cyran. Le mm. de Munich (Cod. Call. 691) et La vie d'Abraham*, 1961 [ed. com notas e comentário de A. Barnes]; V: *La spiritualité de l'Abbé Saint-Cyran*, 1961. — Do mesmo Orcibal, a obra de vulgarização intitulada *Saint-Cyran et le jansénisme*, 1961. — J. Laporte, *La doctrine de Port-Royal. La morale d'après Arnauld*. Vol. I: *La loi morale*, 1951; vol. II, parte 1: *La pratique des sacréments*, parte 2: *L'Église*, 1952. — Lucien Goldmann, *Le Dieu caché. Étude sur la vision tragique dans les Pensées de Pascal et dans le théâtre de Racine*, 1955. — H. Urs von Balthasar, P. de Boisdeffre *et al.*, *Pascal et Port-Royal*, 1962. — L. Ceyssens, ed., *Jansenistica minora*, vols. I-X, 1950-1968. — A. Sedgwick, *Jansenism in Seventeenth-Century France*, 1977. — R. Traveneaux, ed., *Jansénisme et prêt à intérêt*, 1977. — M. Dominicy, P. Mardaga, eds., *La naissance de la grammaire moderne*, 1984.

Para o jansenismo na Itália: A. C. Jemolo, *Il Giansenismo in Italia prima della rivoluzione*, 1928. — Enrico Damming, *Il movimento giansenista a Roma nella seconda metà del secolo XVIII*, 1945. — F. Ruffini, *Studi sul Giansenismo*, 1947.

Para o jansenismo na Alemanha: M. Deinhard, *Der Jansenismus in deutschen Ländern*, 1929.

Para o jansenismo na Espanha: M. Menéndez y Pelayo, *Historia de los heterodoxos españoles*, t. III, 1881 (capítulo intitulado "El jansenismo regalista en el siglo XVIII"). [Para outras edições dessa obra, ver a bibliografia de MENÉNDEZ Y PELAYO (MARCELINO)].

Ver também a bibliografia do verbete PORT-ROYAL (LÓGICA DE). ℂ

JARDIM. Ver EPICURO.

JASINOWSKI, BOGUMIL. Ver CULTURA; FUNDAMENTO.

JASÃO DE NISA. Ver ESTÓICOS.

JASPERS, KARL (1883-1969). Nascido em Oldenburg, nas proximidades de Bremen. Estudou medicina na Universidade de sua cidade natal, recebendo o grau de doutor em 1909. Após trabalhar no hospital psiquiátrico da Universidade de Heidelberg, ingressou como *Privatdozent* de psicologia na Faculdade de Filosofia da mesma Universidade, na qual foi nomeado professor de filosofia em 1921. Foi deposto em 1937 por sua oposição ao regime nacional-socialista e reassumiu seu posto em 1945. A partir de 1948 deu aulas na Universidade da Basiléia.

Seus primeiros cursos na Universidade de Heidelberg versaram sobre "psicologia compreensiva" (*verstehende Psychologie*) e sobre a "psicologia das concepções do mundo". No curso dessas atividades docentes, Jaspers foi-se interessando cada vez mais pela filosofia (para a qual, além disso, sentira inclinação enquanto estudava medicina). Embora formado em disciplinas científicas, e conservando sempre um grande interesse em integrar a ciência com o pensamento filosófico, Jaspers chegou à conclusão de que a ciência ou, melhor, as ciências são por si mesmas insuficientes. Em todo caso, requerem um exame crítico, que somente pode ser feito pela filosofia. Mas esta ao mesmo tempo deve se fundar em uma elucidação, o mais completa possível da existência do homem enquanto existência "própria" (isto é, na existência concreta e não meramente "abstrata" do ser humano). Um resultado das meditações filosóficas de Jaspers sobre o assunto foi sua primeira formulação do que veio a ser sua filosofia existencial.

Essa filosofia existencial (ou filosofia da existência) constitui, segundo Jaspers, o âmbito dentro do qual se dá todo saber e toda possível descoberta do ser. Por isso a filosofia da existência é propriamente uma metafísica (*Philosophie* [cf. bibliografia], I, 27). A pergunta pelo ser (e pela realidade) é uma pergunta humana: é a pergunta que se faz a si mesmo o homem enquanto "existente". Não é a pergunta de um "objeto" acerca de outro "objeto", mas a pergunta de uma "entidade" que é justamente o contrário de um "objeto". Tal "entidade" é fundamentalmente "existência". Ora, essa existência é "o que é para si e se dirige rumo à sua própria transcendência" (I, 25). Ao mesmo tempo, os caracteres dessa existência também são caracteres do ser que a existência busca e por meio da qual é descoberto e elucidado. Esse ser não é uma realidade puramente "objetiva". O objetivo é, no máximo, um momento do ser real, o qual é basicamente transcendência. A "filosofia" não se limita a partir da "experiência possível", como queria Kant, mas deve partir da "existência possível".

No entanto, a metafísica da existência é apenas a culminação de duas etapas que é preciso percorrer parcimoniosamente, detendo-se em quantas descrições da existência sejam necessárias. Essas duas etapas prévias à metafísica da existência são "a orientação no mundo" e a "elucidação da existência".

A "orientação no mundo" mostra a existência como algo que está nas coisas, em um mundo constituído por diversas situações (ver SITUAÇÃO), mundo este que, quando contemplado de fora, se dá sob a forma da objetividade. Portanto, o objetivo não deve ser eliminado, mas integrado. Quanto à "elucidação da existência", é uma analítica existencial que constitui a base de toda filosofia, pois essa analítica é a única possibilidade para alcançar uma "certeza do ser" (I, 32) que, segundo Jaspers, somente é cumprida no pensar metafísico. Ora, a unidade radical da articulação desses momentos é o princípio da transcendência, que não deve ser entendida como algo objetivo, mas antes como um puro ato: o do transcender como tal. Nesse transcender a existência se revela a si mesma, revelando com ela o mundo dentro do qual está situada e o ser comum da existência e do mundo. Por isso a transcendência é o resultado de toda analítica e de toda descoberta do ser, ainda que tudo se *dê* dentro da imanência da consciência, como vivência sua. A elaboração desse pensamento existencial conduz Jaspers a uma detalhada analítica desses três momentos e, com ela, a uma recolocação das questões metafísicas fundamentais do ponto de vista da existência que se faz a si mesma em seu ímpeto transcendente. O mundo é examinado tal como aparece na existência subjetiva e tal como aparece enquanto realidade objetiva, mas esse mundo é somente na medida em que aparece como um momento do transcender do existir. A filosofia da ciência e o sentido da ciência, então, somente podem ser descobertos quando se atende à unidade radical do saber (I, 129); em caso contrário, as ciências careceriam de ser, isto é, de vida. O mesmo ocorre com a filosofia, que enquanto existência é um aspecto do existir transcendente e enquanto saber é o conteúdo desse existir. A elucidação da existência aparece imediatamente como uma contraposição diante do mundo do ser, como aquele ser que propriamente não é, mas que pode ser e deve ser (II, 1). Mas essa elucidação torna-se impossível se não são percorridas parcimoniosamente as formas do existir: mesmidade, comunicação e historicidade surgem então como momentos constitutivos de uma primeira analítica existencial, sendo que a segunda parte trata da mesmidade enquanto liberdade, a terceira parte examina a existência em situação e a quarta e última parte concerne à existência na subjetividade e na objetividade e, em última análise, à existência entre as demais existências. Em Jaspers é importante sobretudo o exame da comunidade e da historicidade, pois, se a comunidade existencial é a realidade do pensar filosófico em torno do existir, a historicidade surge inclusive como a verdadeira unidade da realidade humana e da existência, como a unidade da necessidade e da liberdade, da eternidade e do tempo. Essa historicidade, entretanto, não é simplesmente a existência histórica; ocorre antes que esta é "a clareza da historicidade fática da realidade humana na existência" (II, 120). Existência que se dá como um transcender na liberdade e como algo que "abre caminho" em um conjunto de situações. A noção de "situação" (VER) e, particularmente, a de situação-limite permitem uma apreensão do existir de uma forma mais radical que o exame do mundo. Mas essa elucidação da existência — na qual todo momento objetivo, e psicológico, tanto se pertence ao saber natural como ao científico-espiritual, aparece como imerso e justificado mediante sua situação existencial — somente alcança sua culminação em uma metafísica. Esta é considerada por Jaspers como a limpeza dos caminhos que conduzem à transcendência a partir dos diferentes modos pelos quais a existência possível se consagra à busca das formas do ser (III, 3). Desse ponto de vista tem de aparecer como insuficiente todo ser que não seja propriamente transcendência. Assim, uma investigação dos graus da transcendência torna-se inevitável para uma filosofia que dá a volta completa em torno de si mesma. A transcendência surge, naturalmente, como algo radicado na história, porque esta é a forma radical em que se dá a existência metafísica. Ora, a tensão entre a existência histórica e contingente e a segurança de uma verdade absoluta é o que constitui a autêntica tragédia da metafísica. A ela se junta a que se produz quando a existência, que se apresenta como uma sujetividade oposta à objetividade das coisas, vê-se obrigada, para subsistir, a apoiar-se nestas. Uma tensão desta índole não pode, contudo, como acreditava Dilthey, ser solucionada simplesmente por meio de uma filosofia da vida. A filosofia da vida acaba fazendo desta a existência suprema, o Absoluto; a filosofia da existência, em compensação, o reconhecimento do fato de que a existência está imersa, em sua finitude e humilhação, no âmbito de uma possível descoberta do ser verdadeiro, impede a destruição da transcendência, à qual tem de se subordinar, em última análise, a filosofia, concebida, ao contrário da ciência, como uma experiência integral que, porém, não exclui a razão. A freqüente insistência de Jaspers no problema da relação entre existência e razão, assim como seu tratamento do problema da verdade, ao qual dedicou outra de suas grandes obras, mostram até que ponto seu pensamento se preocupa cada vez mais com o término para o qual aponta o transcender e, portanto, até que ponto vai aparecendo como diminuída e atenuada a realidade do transcender mesmo como puro movimento incansável da existência. A teoria das categorias já era uma tentativa de mediação; concebidas como "formas gerais do pensável" (III, 37), as categorias eram aplicadas inclusive ao ser pensado como absoluto. Uma "dialética do pensamento transcendente" constituía seu coroamento obrigatório. Mas a investigação categorial no objetivo, na realidade e na liberdade constitui unicamente um ponto de partida para uma articulação do ser que, sem destruir sua essencial dinamicidade, não suponha tampouco que esta é contrária e oposta a toda razão e a toda verdade. O transcendente como tal, Deus, pode então ser a realidade completa; dela se pode dizer efetivamente que "é", mas esse ser já é o ser dado mediante a transcendência e, por conseguinte, algo infinitamente afastado do puro ser da definição (III, 67).

A filosofia da existência de Jaspers pode ser considerada parte de um "sistema aberto" no qual podem ir sendo alojadas novas "elucidações da existência". Estas fundam-se não apenas na especulação filosófica, mas também, e às vezes preferencialmente, nas experiências do autor como homem de seu tempo. O interesse de Jaspers pelas "questões da época" e, particularmente, pelos problemas políticos e político-morais de nosso tempo foi constante, especialmente a partir da irrupção do nacional-socialismo na Alemanha. Desse ponto de vista, podem ser compreendidos muitos pensamentos de Jaspers desde a publicação de sua *Philosophie* (1932) até o aparecimento do primeiro volume de sua *Philosophische Logik*. Este último volume foi precedido por vários trabalhos nos quais desenvolveu vários dos conceitos já introduzidos em *Philosophie* (existência, ser, cifra, comunicação, liberdade, situação-limite, transcendência etc.) e ainda vários conceitos novos, particularmente "o compreensivo" (VER). A seguir nos ocuparemos especialmente de alguns temas fundamentais da "lógica filosófica", mas levando em conta as antecipações que figuram em sua obra sobre razão e existência (1935) e filosofia da existência (1938), assim como na obra sobre a fé filosófica (1948), e as doze conferências transmitidas pelo rádio como "introdução à filosofia" (1948). Deve-se levar em conta que dedicamos verbetes específicos a alguns dos conceitos básicos de Jaspers (por exemplo, CIFRA e COMPREENSIVO [O]) e que abordamos em outros conceitos em verbetes de caráter mais geral (por exemplo, EXISTÊNCIA, HORIZONTE, TRANSCENDÊNCIA).

Segundo Jaspers, filosofar é fundamentalmente transcender. Isso não significa eliminar os "objetos", mas sim tomá-los como marcos no caminho da transcendência filosófica. A metafísica como "linguagem cifrada" não é por si mesma a transcendência, mas é a linguagem da transcendência. Por outro lado, a "verdade" não é característica de nenhum enunciado particular sobre um objeto, mas uma espécie de "ambiente" que rodeia todo o nosso conhecer e todo o nosso "dizer". Nesse ambiente vivemos, pensamos e somos, e conosco são todos os "objetos". A rigor, o que se chama de "objeto" é algo que emerge desse pano de fundo do ser que é "o compreensivo".

Ora, isso não significa que "o compreensivo" seja uma vaga unidade indiferenciada. O compreensivo possui vários níveis. Em "nós" ele possui três: o da existência (como *Dasein*), ou nível do sensível, o da consciência em geral, ou nível do objetivo, do obrigatório, e o do espírito, ou nível das generalizações ou teorias de conjunto. Cada um desses níveis tem sua própria verdade, e todas essas verdades o são enquanto situadas no horizonte do compreensivo. Fora de nós o compreensivo possui dois níveis: o do mundo ou "o que há" e o da transcendência, onde a existência (enquanto *Existenz*) se torna livre. A transcendência não é algo conhecido, mas algo que "funda"; com efeito, o próprio homem "existe" somente na medida em que está fundado na transcendência e, por assim dizer, "religado" a ela.

Dada a importância que tem em Jaspers a "lógica filosófica", convém dizer algumas palavras sobre ela. Segundo Jaspers, essa "lógica" se caracteriza por três traços. 1) O saber lógico pode ser verdadeiro somente quando é "compreensivo" ("onicompreensivo"). Ele deve, pois, iluminar *todos* os aspectos do saber e da consciência, e *todos* os aspectos da certeza e da verdade. Embora baseada nas ciências (na medida em que são as formas mais claras do saber objetivo), a lógica filosófica não deve desdenhar o pensamento cotidiano e as muito diversas formas de experiência e de prática humanas. 2) A lógica filosófica reconhece os "saltos" e os "vazios" das formas do ser e do saber (ao contrário do "movimento natural" de nosso entendimento, que tende ao nivelamento). 3) Contudo, como essa lógica considera, ao mesmo tempo, a totalidade, ela rejeita que se considerem as separações enquanto desmembramentos do real e busca relacionar entre si os diversos aspectos do ser e do saber. Como consequência desses três traços, a lógica filosófica de Jaspers constitui o fundamento da "consciência da verdade que procede de nossa vida" e se reverte sobre a existência do ser pensante, iluminando-a, examinando-a e guiando-a. É, em suma, uma "lógica" que deixa o "espaço livre" para se descobrir o horizonte de toda possibilidade e de toda realidade. Somente dentro desse "espaço livre" surgem, segundo Jaspers, os diversos conteúdos (que a lógica, porém, *não* produz *nem* gera). Assim, a lógica de Jaspers constitui o campo da "imediatidade" na qual os homens podem-se encontrar como seres pensantes, de tal modo que a lógica possa se converter em órgão da comunicação intelectual. A lógica filosófica realiza pensamentos fundamentais, significativamente distintos de todas as intelecções objetivas do mundo; se não fosse assim, não poderia alcançar o fundamento de toda a realidade. Com isso tornam-se conscientes no pensamento lógico os primeiros princípios do ser em sua forma. Mas a lógica filosófica não é apenas uma abertura do horizonte; também é uma arma na luta contra a "não-verdade" e a aparência, tornando possível — contra a sofística — a descoberta da verdade.

Em vista do que foi dito, poder-se-ia concluir que a lógica filosófica de Jaspers, enquanto primeiro acesso à verdade, é o resultado de uma especulação subjetivo-romântica. O filósofo, porém, o nega, insistindo em que essa lógica alcança toda a amplitude da *objetividade* do ser em vez de se limitar a uma parte dele. Por isso a lógica em questão pode ser um verdadeiro órgão da razão. A rigor, ela se apresenta como um tronco do qual surgem os diversos ramos, todos eles alimentados pela seiva de seu enraizamento no ser e na verdade como descoberta do que é. E assim a lógica filosófica pode ser concebida como um centro do qual partem, por um lado, a lógica formal e a metodologia, e, por outro, a ontologia ou teoria do objeto (que dá origem à metafísica, concebida ou como metafísica do logos ou como mística do logos), a psicologia do pensar e a lógica transcendental. Somente assim, afirma Jaspers, será possível realizar uma das missões filosóficas de nosso tempo: a edificação de uma nova e ampla lógica, ou "lógica em sua totalidade": uma lógica não sistemático-formal (mas tampouco aforística) que possibilite a iluminação do saber da verdade no tempo. A doutrina da verdade — que começa com a iluminação dos horizontes mais externos — é a primeira parte dessa lógica mais ampla. A segunda parte deve compreender a metodologia, a teoria das categorias e a doutrina da ciência — "no princípio encontram-se os esclarecimentos radicais; no final, os problemas concretos" (*Von der Wahrheit*, I, p. 27).

➲ Obras: *Heimweh und Verbrechen*, 1909 (disc. inaug.), de *Archiv für Kriminal-Anthropologie*, de Gross, 35 (1909), 1-116 (*Nostalgia e crime*). — *Allgemeine Psychopathologie. Ein Leitfaden für Studierende, Ärtze und Psychologen*, 1913; 2ª ed., 1920; 3ª ed., 1922; 4ª ed., 1946; 5ª ed., 1948 (todas revs.). — "Kausale und 'verständliche' Zuzammenhänge zwischen Schicksal und Psychose bei der Dementia Praecox (Schizophrenie)", *Z. f. die gesamte Neurologie und Psychologie*, 14 (1913), 158-263 ("Relações causais e 'compreensivas' entre sorte e psicose na demência precoce [esquizofrenia]"). — *Psychologie der Weltanschauungen*, 1919; 2ª ed., 1920; 3ª ed., 1925; 4ª ed. (com novo "Prefácio"), 1954. — *Strindberg und van Gogh. Versuch einer pathographischen Analyse unter verglechender Heranziehung von Swedenborg und Hölderin*, 1922, do volume coletivo *Arbeiten zur angewandten Psychiatrie*, 1922; 2ª ed., 1920; 3ª ed., 1949. — *Die Idee der Universität*, 1923. — *Die geistige Situation der Zeit*, 1931; 5ª ed. (parcialmente rev.), 1949. — *Philosophie*, 3 vols. (I. *Philosophische Weltorientierung;* II. *Existenzerhellung;* III. *Metaphysik*), 1932; 2ª ed. em 1 vol., 1948; 3ª ed. (com um "Postscriptum"), 3 vols., 1956. — *Max Weber. Deutsches Wesen im politischen Denken, im Forschen und Philosophieren*, 1932; 2ª ed., 1946 (*M. W. O caráter alemão no pensamento político, na pesquisa e na filosofia*). — *Vernunft und Existenz*, 1935; 3ª ed., 1949 [cinco conferências dadas na Universidade de Groningen. — *Nietzsche. Einführung in das Verständnis seines Philosophierens*, 1936; 3ª ed., 1950. — *Descartes und die Philosophie*, 1937; 2ª ed., 1948. — *Existenzphilosophie*, 1938; 3ª ed., 1964 [três conferências dadas na Freie Hochstift de Frankfurt a.M.]. — *Die Schuldfrage*, 1946. — *Die Idee der Universität*, 1946 [obra distinta do trabalho publicado com o mesmo título em 1923; cf. *supra*]. — *Vom europäischen Geist*, 1946 [folheto; conferência dada em francês (*L'esprit européen*) em Genebra: *Rencontres internationales de Genève*, 1946, pp. 291-323]. — *Nietzsche und das Christentum*, 1946. — *Von der Wahrheit (Die philosophische Logik, I)*, 1947 (*Da verdade [Lógica filosófica, I]*). Uma parte dessa obra teve reimp. sob o título *Über das Tragische*, 1952. — *Der philosophische Glaube*, 1948 [conferências dadas na Universidade da Basiléia, julho de 1947]. — *Unsere Zukunft und Goethe*, 1948 (*Nosso futuro e Goethe*). — *Philosophie und Wissenschaft*, 1949 [aula inaugural na Universidade da Basiléia, separata de *Die Wandlung*, 3 (1948), 721-733]. — *Vom Ursprung und Ziel der Geschichte*, 1950; 3ª ed., 1952. — *Einführung in die Philosophie*, 1950 [doze conversas radiofônicas]. — *Vernunft und Widervernunft in unserer Zeit*, 1950 [conferências na Universidade de Heidelberg]. — *Rechenschaft und Ausblick. Reden und Aufsätze*, 1951. — "Der Weltschöpfungsgedanke", *Merkur*, 4, n. 5 (1952), 401-407. — *Leonardo als Philosoph*, 1953. — *Die Frage der Entmythologisierung*, 1953 [com Rudolf Bultmann] (*A questão da desmitificação*). — *Schelling. Grösse und Verhängnis*, 1955 (*S. Grandeza e destino*). — *Wesen und Kritik der Psychotherapie*, 1955 [separata de *Allgemeine Psychopathologie*]. — *Die grossen Philosophen*, I, 1957. — *Die Atombombe und die Zukunft des Menschen*, 1957 [conversa radiofônica]. — *Die Atombombe und die Zukunft des Menschen*, 1958 [esta obra — muito extensa — é distinta do folheto mencionado acima]. — *Philosophie und Welt. Reden und Aufsätze*, 1958 (*Filosofia e mundo. Discursos e artigos*) [trabalhos de 1949-1956, inclui: "Leonardo als Philosoph", cf. *supra*, e "Philosophische Autobiographie" (este último, original do trabalho citado *infra*)]. — *Wahrheit und Wissenschaft*, 1960 [discurso; inclui outro discurso de Adolf Portmann] (*Verdade e ciência*). — *Drei Gründer des Philosophierens: Plato-Augustin-Kant*, 1962 (*Três fundadores do filosofar: P.-A.-K.*). — *Der philosophische Glaube angesichts der Offenbarung*, 1962 (*A fé filosófica diante da revelação*). — *Gesammelte Schriften zur Psychopathologie*, 1963 (*Escritos reunidos para a psicopatologia*) [1909-1913]. — *Nicolaus Cusanus*, 1964. — *Kleine Schule des philosophischen Denkens*, 1965 (*Pequena escola do pensamento filosófico* [conversas na televisão]). — *Aneignung und Polemik. Gesammelte Reden und Aufsätze zur Geschichte der Philosophie*, 1968, ed. Hans Saner (*Apropriação e polêmica: Conversações e ensaios sobre a história da filosofia*). — *Provokationen. Gespräche und Interviews*, 1969, ed. Hans Saner (*Provocações: Conversas e entrevistas*). — *Spinoza*, 1978. — *Notizen zu M. Heidegger*, 1978, ed. H. Saner.

Autobiografia: versão inglesa de sua autobiografia filosófica, "Philosophical Autobiography", na obra sobre J. ed. por P. A. Schilpp, cit. *infra*, pp. 5-94 [original alemão, cit. *supra*], com colaborações, "Reply to My Critics", pp. 748-869. — Além disso, *Schicksal und Wille. Autobiographische Schriften*, 1967, ed. Hans Saner (trad. esp.: *Entre el destino y la voluntad*, 1969). — Nova ed. de *Autobiographie*, 1977 (com um capítulo sobre Heidegger).

Em português: *Introdução ao pensamento filosófico*, s.d., *O médico na era técnica*, s.d. — *Psicopatologia geral*, 2 vols. s.d.

Bibliografia: Kurt Rossmann, "Bibliographie der Werke und Schriften von K. J.", no volume *Offener Horizont*, 1953, cit. *infra*, pp. 449-461. Ed. rev. no volume *Philosophen des zwanzigsten Jahrhunderts: K. J.*, 1957, pp. 855-870, e adaptada para o inglês por Ludwig B. Lefebre no volume editado por P. A. Schilpp, cit. *infra*, pp. 872-886. — Traduções de obras de J. para outros idiomas: Hans W. Bentz, *K. J. in Uebersetzungen*, 1961 [de 1945 a 1960]. — Recopilação de todas as anteriores por Hans Saner no volume *K. J. Werke und Wirkung*, 1963, cit. *infra*, pp. 175-216. — Gisela Gefken e Karl Kunert, *K. J. Bibliographie seiner Werke und Schriften (1909-1967)*, 1968. — Id., *K. J. Eine Bibliographie*, 1978.

Ver: Johannes Pfeiffer, *Existenzphilosophie*, 1933. — Ludger Jaspers, *Der Begriff der menschlichen Situation in der Existenzphilosophie von K. Jaspers*, 1936 (tese). — Jeanne Hersch, *L'Illusion philosophique*, 1936. — K. Lehmann, *Der Tod bei Heidegger und J. Ein Beitrag zur Frage: Existentialphilosophie, Existenzphilosophie und protestantische Theologie*, 1938. — Erwin T. Reh, *Welt in Karl Jaspers's Existenzphilosophie*, 1939. — L. Pareyson, *La filosofia dell'esistenza di K. J.*, 1940. — E. Paci, *Pensiero, Esistenza e Valore*, 1940. — J. Collins, *An Approach to K. J.*, 1945. — Ernst R. Feith, *Psychologismus und Transzendentalismus bei Karl Jaspers*, 1945. — J. de Tonquédec, *Une philosophie existentielle: l'existence d'après K. J.*, 1945. — M. Dufrenne e P. Ricoeur, *K. J. et la philosophie de l'existence*, 1947. — G. Ramming, *K. J. und H. Rickert: Existenzialismus und Wertphilosophie*, 1948. — Paul Ricoeur, *Gabriel Marcel et K. J.*, 1948. — Franz Joseph Brecht, *Heidegger und Jaspers*, 1948. — Fritz Buri, Albert Schweizer und K. J., 1950. — Weiland J. Sperna, *Humanitas, Christianitas: A Critical Survey of Kierkegaard's and J.' Thoughts in Connection with Christianity*, 1951. — Jean Wahl, *La pensée de l'existence: Kierkegaard-Jaspers*, 1951. — Id., *La théorie de la vérité dans la philosophie de J.*, 1953. — E. L. Allen, *The Self and Its Hazards: A Guide to the Thought of K. J.*, 1951. — G. Masi, *La ricerca della verità in K. J.*, 1953. — *Offener Horizont. Festschrift für K. J. zum 70. Geburtstag*, 1953. — A. Lichtigfeld, *Jaspers'Metaphysics*, 1954. — Id., *Aspects of Jaspers' Philosophy*, 1963; 2ª ed., ampl., 1971. — Th. Räber, *Das Dasein in der "Philosophie" von K. J.*, 1955. — J. M. Spier, *Filosofie van de onbedenke God. Eein kritische schets van het denken van K. J.*, 1956. — J. Wahl, W. Kaufmann et al., *The Philosophy of K. J.*, 1957, ed. Paul Arthur Schilpp [inclui a "Autobiografia" e a "Bibliografia" a que nos referimos *supra*]; ed. ampl., 1981, com atualização da bibliografia (até 1972) e um ensaio inédito de K. J. sobre Heidegger. — Ludwig Ambruster, *Objekt und Transzendenz bei Jaspers. Sein Gegenstandsbegriff und die Möglichkeit der Metaphysik*, 1957. — W. Lohff, *Glaube und Freiheit. Das theologische Problem der Religionskritik von K. J.*, 1957. — R. D. Knudsen, *The Idea of Transcendence in the Philosophy of K. J.*, 1958. — Oswaldo Robles, *El problema de la angustia en la psicopatología de K. J.*, 1958 (tese). — Jean Paumen, *Raison et existence chez K. J.*, 1958. — Alberto Coracciolo, *Studi Jaspersiani*, 1958. — X. Tilliette, *K. J. Théorie de la vérité. Métaphysique des chiffres. Foi philosophique*, 1960. — D. Sternberg, J. Hersch et al., *K. J., Werk und Wirkung. Zum 80. Geburtstag von K. J., 23 Februar 1963*, 1963, ed. Klaus Piper [inclui a "Philosophische Autobiographie" de J. publicada em 1958 e a bibliografia de seus escritos até 1962 mencionada *supra*]. — Jesús Muga, *El Dios de J.*, 1966. — Claus Uwe Hommel, *Chiffer und Dogma. Vom Verhältnis der Philosophie zur Religion bei K. J.*, 1968. — Norbert Rigali, *Die Selbskonstitution der Geschichte im Denken von K. J.*, 1968. — Hans Saner, *K. J.*, 1970. — Charles F. Wallraff, *K. J.: An Introduction to His Philosophy*, 1970. — Sebastian Samay, *Reason Revisited: The Philosophy of K. J.*, 1971. — Oswald O. Schrag, *Existence, Existenz and Transcendence: An Introduction to the Philosophy of K. J.*, 1971. — Giorgio Penzo, *Essere e Dio in K. J.*, 1972. — Gerardo Remolina Vargas, *K. J. en el diálogo de la fe*, 1972. — Leonard H. Ehrlich, *K. J.: Philosophy as Faith*, 1975. — G. Koumakis, *K. J.: Man and Tech-*

nology, 1975. — M. A. Presas, *Situación de la filosofía de K. J., con especial consideración de su base kantiana*, 1978. — A. M. Olson, *Transcendence and Hermeneutics: An Interpretation of the Philosophy of K. J.*, 1979. — E. Young-Bruehl, *Freedom and K. J.'s Philosophy*, 1981. — F. P. Burkard, *Ethische Existenz bei K. J.*, 1982. — O. Uña Juárez, *Comunicación y libertad. La comunicación en el pensamiento de K. J.*, 1984. — K. Salamun, *K. J.*, 1985. — Y. Örnek, *K. J. Philosophie der Freiheit*, 1986. — G. Merlio, *J., Témoin de son temps*, 1986. — F. Miano, *Etica e storia nel pensiero di K. J.*, 1993. ⊃

JEFFREY, RICHARD C. Ver DECIDIR, DECISÃO; TABELAS (MÉTODO DAS).

JELLINEK, GEORG (1850-1911). Nascido em Leipzig, lecionou nas Universidades de Viena (1883-1889), da Basiléia (1889-1891) e de Heidelberg (a partir de 1891). Jellinek desenvolveu uma filosofia do direito de inspiração kantiana — ou neokantiana — com forte tendência ao formalismo, especialmente na doutrina do Estado e do direito público. No entanto, esse formalismo não constituía para Jellinek um movimento de abstração das realidades políticas, sociais e históricas, mas antes um modelo para compreender como tais realidades podem se integrar efetivamente, e com plena legalidade, dentro do aparato estatal. A filosofia do direito de Jellinek não é, em todo caso, um "estatismo". Ele enfatizou os direitos naturais do indivíduo como direitos subjetivos públicos não incompatíveis com o Estado, mas independentes dele. Muitos traços do pensamento de Jellinek — cuja "Teoria do Estado" exerceu grande influência sobre juristas de tendência liberal — encontram-se em Gustav Radbruch (VER).

⊃ Principais obras: *Die sozialethische Bedeutung von Recht, Unrecht und Strafe*, 1878; 2ª ed., 1908 (*A significação ético-social do justo, do injusto e do castigo*). — *Die rechtliche Natur der Staatsverträge*, 1890 (*A natureza jurídica dos contratos estatais*). — *Die Lehre von den Staatsverbindungen*, 1882 (*A doutrina das uniões estatais*). — *Gesetz und Verordnung*, 1887 (*Lei e ordenação*). — *System der subjektiven öffentlichen Rechte*, 1892; 2ª ed., 1905 (*Sistema dos direitos públicos subjetivos*). — *Die Erklärung der Menschen- und Bürgerrechte*, 1895; 4ª ed., 1927 (*A declaração dos direitos do homem e do cidadão*). — *Allgemeine Staatslehre*, 1900; nova ed. W. Jellinek, 1929 (*Teoria geral do Estado*). — *Ausgewählte Schriften*, 2 vols., 1911, ed. W. Jellinek (*Escritos escolhidos*). ⊃

JERÔNIMO DE RODES. Ver PERIPATÉTICOS.

JERUSALEM, WILHELM (1854-1923). Nascido em Drénic (Boêmia), professor em Viena a partir de 1920, foi conduzido à filosofia pelos estudos históricos e filológicos. Interessou-se muito cedo pelos problemas lógicos e psicológicos, que considerou estreitamente ligados. Com efeito, contra a "lógica pura" e contra o "plano transcendental", Jerusalem defendeu uma idéia da lógica — desenvolvida sobretudo em torno do problema da função judicativa — que, sem receber diretamente a influência de Mach e de William James, coincidiu parcialmente com o biologismo e com o pragmatismo desses autores. Jerusalem considera, todavia, contra a opinião comumente aceita, que sua filosofia não pode ser considerada nem um biologismo, nem um economicismo, nem um pragmatismo. Trata-se antes de uma reconstrução das formas do pensamento de acordo com as normas genético-biopsicológicas e até mesmo genético-sociais, normas estas que, por outro lado, são universalmente aplicáveis aos fundamentos de todas as ciências. A oposição ao fenomenismo e ao apriorismo (as duas formas do "idealismo crítico") e a aceitação do realismo crítico são um resultado dessas concepções, que o conduzem também a uma metafísica de caráter dualista, oposta ao monismo materialista e estreitamente relacionada com a elaboração filosófica do judaísmo. Neste último aspecto Jerusalem coincidia com a filosofia da religião de Hermann Cohen.

⊃ Principais obras: *Zur Reform des Unterrichts in der philosophischen Propädeutik*, 1885 (*Para a reforma da instrução na propedêutica filosófica*). — *Ueber psychologische Sprachbetrachtung*, 1886 (*Sobre a consideração psicológica da linguagem*). — *Lehrbuch der empirischen Psychologie*, 1888; 8ª ed., 1926 (*Manual de psicologia empírica*). — *Laura Bridgman*, 1890. — *Grillparzers Welt- und Lebensanschauung*, 1891 (*A concepção do mundo e da vida de Grillparzer*). — *Die Urteilsfunktion*, 1895 (*A função judicativa*). — *Die Psychologie im Dienste der Grammatik und Interpretation*, 1896 (*A psicologia a serviço da gramática e da interpretação*). — *Einleitung in die Philosophie*, 1899; 10ª ed., 1923 (*Introdução à filosofia*). — *Kants Bedeutung für die Gegenwart*, 1904 (*A significação de Kant para o presente*). — *Gedanken und Denker. Gesammelte Aufsätze*, 1905 (*Pensamentos e pensadores. Coletânea de artigos*). — *Die kritische Idealismus und die reine Logik. Ein Ruf im Streite*, 1905 (*O idealismo crítico e a lógica pura. Uma voz na polêmica*). — *Der Krieg im Lichte der Gesellschaftslehre*, 1916 (*A guerra à luz da teoria da sociedade*). — *Einführung in die Soziologie*, 1926 (*Introdução à sociologia*).

Depoimento: em *Die Philosophie der Gegenwart in Selbstdarstellungen*, III, 1922.

Ver: Walther Eckstein, *W. J. Sein Leben und Wirken*, 1935. — W. M. Johnson, "Syncretist Historians of Philosophy at Vienna", *Journal of the History of Ideas*, 32 (1971), 299-305. — K. Oehler, "Notes on the Reception of American Pragmatism in Germany, 1899-1952", *Transactions. Charles S. Peirce Society*, 17 (1981), 25-35. ⊃

JEVONS, WILLIAM STANLEY (1835-1882). Nascido em Liverpool, foi professor em Manchester de 1866 a 1876 e de 1876 a 1881 em Londres. Desenvolveu — continuando a obra de Boole — uma lógica que chamou de *lógica combinacional* (a ser distinguida da atual lógica combinatória). Essa lógica serve-se de um método semelhante ao das tabelas de verdade, mas usado para se obter inferências. As limitações do método de Jevons — sobretudo o fato de ser aplicável somente ao cálculo proposicional — dificultaram muito seu uso como via fecunda para investigações ulteriores. Tampouco o simbolismo de Jevons parecia viável; com efeito, Jevons usava como símbolos letras que representavam termos, os quais representam classes de coisas (assim, 'A', 'B', 'C' representavam quaisquer nomes). No entanto, há um aspecto na obra de Jevons que foi desenvolvido nos últimos tempos e pode permitir a revalorização de sua obra: a construção das máquinas lógicas (VER).
⊃ Obras: *Pure Logic or the Science of Quality apart from Quantity*, 1864. — *The Substitution of Similars, the True Principle of Reasoning*, 1869 (essas duas obras apareceram sob o título *Pure Logic, and Other Minor Works*, eds. Robert Adamsen e Harriet A. Jevons, 1890; reimp., 1971). — *Elementary Lessons in Logic*, 1870. — *The Theory of Political Economy*, 1871. — *The Principles of Science. A Treatise on Logic and Scientific Method*, 1874. — *Primer of Logic*, 1878. — *Studies in Deductive Logic*, 1880. — *Principles of Economics*, ed. H. Higgs, 1905.

Correspondência e diário: *Letters and Journals of W. S. J.*, 1886, ed. H. A. Jevons. — I. Grattan-Guinness, "The Correspondence between George Boole and S. J., 1863-1864", *History of Philosophy and Logic* (1990), 15-35. Ver: F. Guillot, *Éléments de logique appliquée d'après Wronski, J., Solvay*, 1964. — E. F. Paul, "W. S. Jevons: Economic Revolutionary, Political Utilitarian", *Journal of the History of Ideas*, 40 (1979), 267-283. — V. Batts, T. Cook, J. Lincourt, "Hypothetical Fallibilism in Peirce and J.", *Transactions. Charles S. Peirce Society*, 15 (1979), 132-157. — S. J. Peart, "J.'s Applications of Utilitarian Theory to Economic Policy", *Utilitas* (1990), 281-306. ᑕ

JOACHIM, HAROLD HENRY (1868-1938). *Fellow* no Merton College, Oxford (1902-1917), professor de lógica na Universidade de Oxford (1919-1935), foi um dos mais destacados e influentes discípulos de Bradley. A principal contribuição de Joachim para o idealismo bradleiano foi seu detalhado tratamento da doutrina da verdade como coerência. A verdade é, em princípio, verdade "do Todo"; porém, uma vez que qualquer doutrina da verdade, incluindo a que a define como coerência, é uma parte do Todo, a doutrina da verdade proposta é, paradoxalmente, apenas parcialmente verdadeira. Reconhecer essa situação equivale a reconhecer o caráter limitado do conhecimento humano. Mas o fato de esse conhecimento ser limitado não permite que se faça dele (como pretendia F. C. Schiller [VER]) o único padrão possível de toda proposição. Uma vez que a Verdade é absoluta, nenhuma das proposições formuladas será completamente verdadeira. Joachim buscou evitar as dificuldades suscitadas pela doutrina idealista da verdade — particularmente pela necessidade de conciliar a idéia da Verdade absoluta com a idéia do desenvolvimento do pensamento até alcançar tal Verdade — mediante uma dialética das "fases" da Verdade. Essa dialética era, em espírito, similar à hegeliana, mas era muito menos rígida que esta última em seu conteúdo.
⊃ Obras: *A Study of the* Ethics *of Spinoza*, 1901. — *The Nature of Truth*, 1906. — *Immediate Experience and Mediation*, 1919. — *Spinoza's Tractatus* De Intellectus Emendatione. *A Commentary*, 1940. — *Logical Studies*, 1948, ed. L. J. Beck. — *Aristotle. The Nichomachean Ethics. A Commentary*, 1951, ed. D. A. Rees com base nas aulas dadas por J. quando era *Fellow* em Merton. — *Descarte's* Rules for the Direction of the Mind, 1957, ed. E. E. Harris com base em notas tomadas pelos alunos de J. nos cursos dados por este por volta de 1931 ss.

Ver: M. E. Sacchi, "Dos filósofos de la Universidad de Oxford ante el conocimiento metafísico", *Aquinas*, 27 (1984), 261-286 (Bradley e J.). ᑕ

JOAD, C[YRIL] E[DWIN] M[ITCHINSON]. Ver NEO-REALISMO.

JOÃO BURIDAN (*ca.* 1300-*ca.* 1358). Nascido em Béthune, no Artois, foi professor e, depois, por duas vezes (1328 e 1340) reitor na Universidade de Paris, de cujos registros seu nome desapareceu depois disso, possivelmente em razão das proibições contra o ockhamismo.

João Buridan exerceu, dentro do chamado movimento ockhamista — e, em geral, dentro do pensamento filosófico, e especialmente lógico, de seu tempo — uma influência considerável, ainda que as célebres invenções que lhe foram atribuídas (o problema do "asno de Buridan" no que diz respeito à questão do livre-arbítrio e o *pons asinorum* para a descoberta do termo médio, da "ponte", entre os termos extremos na conclusão silogística) não figurem em seus escritos. Buridan elaborou a doutrina das *suppositiones terminorum* no sentido de Ockham, à qual nos referimos no verbete sobre a suposição (VER). Ora, a elaboração de Buridan, embora visando eliminar a multiplicação desnecessária das formas, não significa a redução de todo conceito a um termo denotativo. Dentro do nominalismo, João Buridan admite nomes comuns como termos de primeira intenção que designam "realidades"; somente quando há indiferença o termo perde sua intenção diretamente designativa e desaparece sua possibilidade de ser objeto de ciência, mas tampouco é um termo vazio: é objeto da lógica como ciência das relações exibidas pelas coisas mesmas. Esse tipo de análise é aproximadamente o mesmo que caracteriza suas investigações físicas. Nesse aspecto o que o ocupou primordialmente foi a questão do movimento dos corpos — questão central para a compreensão da origem da nova física. Em suas *Questões* sobre os oito livros da *Física* de Aristóteles, Buridan discute (Livro VIII, Questão 12) "se um projétil, após deixar a mão daquele que o projeta, é movido pelo ar, ou pelo que é movido". Tratamos dessa questão mais detalhadamente no verbete ÍMPETO; aqui indicaremos apenas que Buridan foi um dos principais expoentes da doutrina do Ímpeto, já esboçada (embora de forma distinta) por João Filoponos e Avicena. Buridan insistiu no caráter "permanente" do *impetus* e definiu esse *im petus* em um sentido muito próximo do quantitativo, porquanto indicou que o *impetus* varia em função da velocidade inicial do projétil e da quantidade de matéria do móvel. Essa teoria foi aplicada por Buridan à explicação do movimento dos corpos celestes, considerando que Deus dera um "ímpeto" inicial a esses corpos que os mantém em movimento (a menos que essa concepção, por assim dizer, teológica do *impetus* não determinasse a concepção propriamente física). Em todo caso, o *impetus es res nature permanentis distinta* do movimento local em que o projétil é movido.

João Buridan firmou o estatuto da Universidade de Paris de 1340 na qualidade de reitor dessa universidade (estatuto que, junto com o de 1139, foi julgado como uma condenação do ockhamismo). Todavia, embora nos mencionados estatutos se proíba "dogmatizar" pública e privadamente as doutrinas de Ockham, não parece tratar-se de uma condenação, mas de uma medida disciplinar destinada a evitar, ou a moderar, as agitações produzidas pelas disputas em torno a essas doutrinas. De qualquer modo, João Buridan, professor, e depois reitor da Universidade de Paris, não se opunha a Ockham, a quem seguia em muitos pontos capitais. Em compensação, opôs-se a Nicolau de Autrecourt, o "Hume medieval", conhecido por seu "ceticismo", de modo que se supôs que os estatutos em questão dirigiam-se principalmente contra este último autor.

João Buridan foi um dos principais representantes da chamada Escola de Paris (ver PARIS [ESCOLA DE]), que constituiu, junto com os mertonianos (VER), um dos mais importantes antecedentes da nova ciência da Natureza.
⊃ Obras: os principais escritos de João Buridan são as *Summulae* ou *Compendium logicae* (publicado pela primeira vez em Paris, 1487), *Sophismata* (Paris, 1489), as já citadas *Quaestiones super octo phisicorum libros Aristotelis* (Paris, 1509), as *Quaestiones super libros quattuor de caelo et mundo* (publicadas por E. A. Moody, 1942), as *Quaestiones in libros de anima* (Paris, 1516), as *Quaestiones super decem libros ethicorum Aristotelis ad Nicom* (Paris, 1489), as *Quaestiones in libros politicorum Aristotelis* (Paris, 1500) e as *Quaestiones et decisiones physicales insignium virorum* (Paris, 1516 [também incluem escritos de Alberto da Saxônia]). — João Buridan também escreveu uma *Expositio physicorum* (ms. na Bibliothèque Nationale, Paris).

Edição de obras: ed. crítica do *Tractatus de consequentiis*, por Hubert Hubien, 1976. — Primeira ed. do *Tractatus de suppositionibus*, por Maria Elena Reina em *Rivista critica di storia della filosofia*, 12 (1957), 175-208, 323-352. — Ed. crítica de *Sophismata*, 1977, com introd. de T. K. Scott. — Ed. de *Quaestiones in praedicamenta*, 1983, por J. Schneider.

Ver as obras de Pierre Duhem, C. Michalski, S. Pines, L. Thorndike, A. Koyré, Anneliese Maier, Marshall Clagett e E. A. Moody citadas nas bibliografias de vários verbetes (ver especialmente PARIS [ESCOLA DE] e MERTONIANOS); contêm importantes informações sobre João Buridan, especialmente no que diz respeito à teoria do ímpeto. — Ver, além disso: E. Faral, "J. B. Notes sur les manuscrits, les éditions et le contenu de ses ouvrages", *Archives d'histoire doctrinale et littéraire du moyen âge*, 15 (1946), 1-53. — Id., "J. B., maître ès arts de l'Université de Paris", *Histoire littéraire de la France*, 38, 1949. — E. A. Moody, "Ockham, B., and Nicholas of Autrecourt", *Franciscan Studies*, 7 (1947), 113-146 [e a edição das *Quaestiones super libros quattuor de caelo et mundo*, por E. A. Moody citada *supra*]. — Maria Elena Reina, "Il problema del linguaggio in B. I. Voci e concetti", *Rivista critica di storia della filosofia*, 14 (1959), 367-417; "*Ibidem*. II. Significazione e verità", *ibid.*, 15 (1960), 238-264. — A. N. Prior, *Some Problems of Self-Reference in J. B.*, 1963 [Dawes Hicks Lecture on Philosophy]. — Theodore Kermit Scott, "Introduction" (pp. 1-60) à trad. ingl. de seus *Sophismata, Sophisms on Meaning and Truth*, 1966. — Jerzy Korolec, *Filozofia moralna; B. Paryski wzór krakowskich dysput z zakresu "Etyki" w pierwszej polowie XV wieku*, 1973. — Alessandro Ghisalberti, *G. B. Dalla metafisica alla fisica*, 1975. — *The Logic of J. B.*, ed. J. Pinborg, 1976 [do 3º Simpósio Europeu sobre lógica e semântica medievais, Copenhagen, 16-21 de novembro de 1975]. — G. E. Hughes, *J. B. on Self-Reference: Chapter eight of B.'s* Sophismata, 1982. — B. Michael, *J. B. Studien zu seinem Leben, seinen Werken und zur Rezeption seiner Theorien im Europa des späten Mittelalters*, 1985 (tese). ⊂

JOÃO CAPREOLO, Ioannes Capreolus (*ca.* 1380-1444). Nascido em Rodez (Languedoc), lecionou de 1408 a 1411 em Paris e de 1412 a 1426 no *Studium* dominicano de Toulouse. Membro da Ordem dos Pregadores, João Capreolo distinguiu-se por seu trabalho de comentário e de esclarecimento das doutrinas de Santo Tomás, com o fim de restabelecê-las em sua pureza e de responder às objeções de seus adversários, tanto dos nominalistas, scotistas e agostinianos como de alguns que, declarando-se tomistas, não eram fiéis, em seu entender, aos ensinamentos do Aquinense. Esse trabalho fez que lhe fosse outorgado o título de "o primeiro dos tomistas", *Thomistarum princeps*, sendo considerado o primeiro dos grandes comentadores fiéis ao mestre na linha que conduz ao Cardeal Cajetano e a João de Santo Tomás. Um *Epitome Capreoli* foi escrito por B. P. Soncinas († 1494).

⊃ Obra capital: *Libri quattuor Defensionum theologiae divi doctoris Thomae de Aquino* [*Defensiones theologiae Divi Thomae Aquinatis*], publicados em 1483, 1514, 1519, 1589, em 4 vols. Edição moderna por C. Paban e T. Pègues, 7 vols., 1899-1908 (reimp., 1966-1967).

Ver: Th. Pègues, artigos em *Revue thomiste* (1899-1900). — J. Ude, *Doctrina Capreoli de influxu Dei in actus voluntatis humanae secundum principia Thomismi et molinismi*, 1905. — J. Kraus, *Utrum Capreolus sit thomista. Inquisitio brevis in Dr. Joannis Ude doctrinam Capreoli*, 1931. — M. Grabmann, "Johannes Capreolus, O. P., der Princeps Thomistarum (d. 7 April 1444) und seine Stellung in der Geschichte der Thomistenschule", *Divus Thomas* [Friburgo], 22 (1944), 85-109, 145-170 (reimp. na obra do autor *Mittelalterliches Geistesleben*, tomo III, 1956, pp. 370-410). — U. Degl'Innocenti, "Il principio d'individuazione e Giovanni Capreolo nel V Centenario della sua morte", *Acta Pontificiae Academiae Romanae S. Thomae Aquinatis*, Romae, 10 (1945), 147-196. — Id., "Capreolo e santo Tommaso nella dottrina sulla persona", em *Euntes docete* (1949), 31-48, 191-204. — K. Forster, *Die Verteidigung der Lehre des hl. Thomas von der Gottesschau durch J. Capreolus*, 1955. — J. B. Reichmann, "St. Thomas, Capreolus, Cajetan and the Created Person", *New Scholasticism*, 33 (1959), 1-31. — N. J. Wells, "C. on Essence and Existence", *Modern Schoolman*, 38 (1960), 1-24. ⊂

JOÃO CELAYA. Ver MERTONIANOS.

JOÃO CHILMARK. Ver MERTONIANOS.

JOÃO DAMASCENO ou João de Damasco (*ca.* 674/675-749), nascido na Síria, foi educado na corte do Califa de Damasco. Recebeu ensinamentos de um monje siciliano e entrou (*ca.* 726) em um mosteiro. Defensor da ortodoxia contra várias heresias — entre elas o monotelismo —, influenciou consideravelmente o pensamento medieval, especialmente pela sistematização teológica e filosófica contida em sua obra Πηγὴ γνώσεως, *A fonte do conhecimento*. Trata-se fundamentalmente de uma obra apologética na qual a filosofia está claramente subordinada à teologia, mas com um uso freqüente de conceitos lógicos e metafísicos aristotélicos, procedentes de Porfírio e de Amônio. Esses conceitos são desenvolvidos na primeira parte dessa obra, que é uma introdução filosófica, κεφάλαια φιλοσοφικά. A parte mais influente foi, contudo, a última, conhecida pelo nome de *De fide orthodoxa*. Traduzida para o latim em 1151 por Bungundio de Pisa, constituiu o modelo das *Sentenças* de Pedro Lombardo e foi muito citada, entre outros autores, por Santo Tomás de Aquino. Muitas definições usadas por autores escolásticos dos séculos XII e XIII, especialmente as referências à natureza de Deus, procedem de São João Damasceno, que, por outro lado, valeu-se freqüentemente das análises de conceitos que, à luz dos Padres gregos, já haviam sido efetuadas por Leôncio de Bizâncio. Como Leôncio, com efeito, São João Damasceno desenvolveu amplamente noções que, embora principalmente aplicáveis a questões teológicas, também tinham grande alcance filosófico: ser, substância e acidente, natureza e hipóstase, essência e existência, pessoa, indivíduo etc. Nisso São João Damasceno mostrou, como declara Grabmann, ser não apenas um "gênio compilador, mas também um analista sutil".

⊃ Edição de obras: 1712, 1748 e Migne, *P. G.* XCIV-XCVI. — Ed. de *Dialectica*, versão latina de Roberto Grosseteste, por O. A. Colligan, 1953. — Ed. de *De fide orthodoxa*, versão latina de Burgúndio e Cerbano, por E. M. Buytaert, 1955. — Ed. crítica das obras de J. D. pelo Instituto Bizantino da Abadia de Scheyern, *Die Schriften des Johannes von Damaskos*, 8 vols., 1969 ss., ed. Bonifatius Kotter.

Ver: K. Bornhäuser, *Die Vergöttungslehre des Athanasius und J. Damascenus*, 1903. — V. Ermoni, *S. Jean Damascène*, 1904. — J. Bilz, *Die Trinitätslehre des hl. J. Damascenus*, 1909. — J. Graf, *Die Psychologie des Johannes Damascenus*, 1923. — D. Stiefenhofer, *Des Heiligen Johannes von Damaskus Genaue Darlegung des Orthodoxen Glaubens mit Einleitung und Erläuterungen*, 1923. — O. Lottin, "La psychologie de l'acte humain chez Saint Jean Damascène et les théologiens du XIIIe siècle occidental", *Revue Thomiste*, 36 (1931), 636-661. — J. Nasrallah, *S. J. de D. Son époque, sa vie, son oeuvre*, 1950. — K. Rozemond, *La christologie de S. J. D.*, 1950. — G. Richter, *Die Dialektik des J. v. D.*, 1964. — E. Weiher, ed., *Die Dialektik des J. v. D. in kirchenslavicher Übersetzung*, 1969. — A. Siclari, *Giovanni di D. La funzione della* Dialettica, 1978. — M. Voutilainen, "Rôle et limites d'une conception juridique du salut chez J. D.", *Revue Scientifique de Philosophie et Théologie*, 62 (1978), 189-209. ⊂

JOÃO DE BASSOLES. Ver SCOTISMO.

JOÃO DE CASALE. Ver MERTONIANOS.

JOÃO DA DÁCIA, nascido na Dinamarca (século XIII), foi um dos chamados *modisti* ("*modistas*", ou autores que se ocuparam dos "modos de significação" e escreveram tratados *De modis significandi*). João da Dácia era apenas um nome nas histórias da filosofia medieval, mas o interesse por sua obra foi sendo despertado desde que começou a ser publicada por Alfredo Otto: *Jo-*

hannis Daci Opera nunc primum edidit Alfredus Otto, I, partes i-ii, 1955 [Corpus philosophorum Danicorum Maedii Aevi, I]. Espera-se que a publicação completa e os estudos subseqüentes lancem uma nova luz sobre os trabalhos lógicos e semânticos medievais.

JOÃO DE JANDUN († 1328), professor na Faculdade de Artes de Paris e colaborador de Marsílio de Pádua — com o qual se refugiou na Corte de Luís da Baviera — na obra *Defensor Pacis*, foi um dos mais destacados averroístas latinos. Seguindo fielmente os comentários de Averróis a Aristóteles, João de Jandun declara que a afirmação da unidade do entendimento agente e da eternidade do mundo e do movimento constituem verdades da razão. Essas verdades se contrapõem às ensinadas pela fé, tais como a imortalidade das almas individuais e a criação do mundo a partir do nada. Essa contraposição não significa, entretanto, que as verdades reveladas devam ser rejeitadas; é preciso crer nelas justamente porque são incompreensíveis e porque é um dos traços fundamentais da fé crer no que é indemonstrável. Com efeito, João de Jandun explicita várias vezes a separação entre as duas verdades, a impossibilidade de demonstrar as verdades de fé e a necessidade de aceitá-las junto com as da razão. Alguns autores supõem que isso constituía uma manifestação típica de incredulidade que se comprazia em destacar a irracionalidade da fé; outros, que com isso João de Jandun levava ao extremo a chamada teoria da dupla verdade; outros, por fim, que ele almejava mostrar aos teólogos quão vãs são as "demonstrações racionais" dos artigos de fé.

⊃ Obras: além da colaboração no *Defensor Pacis*, João de Jandun escreveu: *Quaestiones in XII libros metaphysicae*, publicado em Veneza, 1525. — *In libros Physicorum*, Venetiis, 1488, e Parisiis, 1506. — *De caelo et mundo*, Venetiis, 1501. — *De anima*, Venetiis, 1473. — *Super parvis naturalibus*, Venetiis, 1505. — *In Averroem de substantia orbis*, Venetiis, 1481. — *De laudibus Parisius* (ed. por Roux, Paris, 1867).

Ver: N. Valois, "Jean de Jandun et Marsile de Padoue, auteurs du *Defensor Pacis*", *Histoire littéraire de la France*, 33 (1906), 528-623. — É. Gilson, "La doctrine de la double vérité", *Études de philosophie médiévale*, 1921, 51-75. — C. Michalski, *Dysputa miedzy Janem z Jandun († 1328) a Bartolomiejem z Bruges († 1356)*, 1936. — Stuart Mac Clintock, *Perversity and Error: Studies on the "Averroist" John of Jandun*, 1956. — E. P. Mahoney, "Themes and Problems in the Psychology of J. of J.", em J. F. Wippel, ed., *Studies in Medieval Philosophy*, 1987, pp. 273-288. — Ver também a bibliografia de Averroísmo. ⊂

JOÃO DE KASTL (Johannes de Castello [Castellensis]), monge no mosteiro beneditino de Kastl (Eichstätt), escreveu, por volta de 1410, um tratado intitulado *De adhaerendo Deo* (ou *De perfectione et fine vitae religiosae et modo fruendi Deo in praesenti vita*) que durante muito tempo foi atribuído a Santo Alberto Magno. Esse escrito, de "mística especulativa" e de tendência "místico-ascética", segue a linha de Eckhart e de Tauler; trata-se de induzir o leitor a ficar no estado de ânimo da "vida religiosa" com o fim de "fruir Deus já na vida presente".

⊃ João de Kastl escreveu, além disso, uma *Spiritualis philosophia de sui ipsius vera et humili cognitione*, na qual o autor recorda a doutrina boaventuriana da iluminação (VER), assim como um tratado *De lumine increato* sobre Deus como luz de todas as criaturas. Outros escritos de João de Kastl (segundo M. Grabmann, cf. *infra*) são: *De natura, gratia, gloria ac beatitudine in patria*, uma *Expositio psalmorum in generali*, uma *Expositio in regulan S. Benedicti*, e vários escritos breves e fragmentos sobre a contemplação, a hora da morte e a Trindade.

Edição de *De adhaerendo Deo*, por D. J. Huyben, O. S. B., 1935 [Scripta monastica a monachis Benedictinis abbatiae Pratalaensis edita. Series ascetico-mystica, N. IV]. No entanto, sete capítulos desse tratado (caps. 18 a 24) permanecem inéditos.

Ver: Martin Grabmann, "Der Benediktinermystiker Johannes von Kastl, der Verfasser des Büchleins *De adhaerendo Deo*", *Theologisches Quartalschrift* (1920), 186-235, reelaborado na obra de Grabmann, *Mittelalterisches Geistesleben*, tomo I (1926), pp. 389-524. ⊂

JOÃO DA CRUZ (SÃO) (Juan de Yepes) (1542-1591). Nasceu em Fontiveros (Ávila) e ingressou na Ordem Carmelita em 1563, com o nome de João de São Matias. De 1564 a 1568 estudou na Universidade de Salamanca. Associado às tarefas reformadoras e fundacionais de Santa Teresa, fundou o convento descalço de Durelo. Detido em 1577, fugiu ao cabo de alguns meses, fundando depois o convento de Baeza e o novo convento da Ordem em Ávila.

O que se pode chamar de "elementos filosóficos e metafísicos" na mística de São João da Cruz são mais complexos do que parece à primeira vista. Não são nem completamente acidentais à sua experiência mística ou, melhor dizendo, ao modo, ou modos, pelos quais esta foi expressa, nem tampouco são resíduos de sua mística. Um dos problemas filosóficos suscitados pelo que pode ser chamado de "pensamento de São João da Cruz" é o de ver que relação há em sua obra entre metafísica e mística, sem por isso considerar que uma é derivada da outra nem tampouco que as duas estejam de alguma maneira conjugadas — o que significaria que originariamente estariam "separadas". Jean Baruzi falou de uma "síntese doutrinal" em São João da Cruz que se compõe de uma "negação inicial", isto é, negação de todos os véus que o separam de Deus e terão de ser retirados em graus sucessivos de êxtase, assim como em

Abenarabi (às vezes citado em relação com a mística de São João da Cruz). Essa negação inicial não é um simples afastamento, primeiro, dos sentidos e depois do entendimento e da razão até chegar à "noite escura" que é o meio-dia, ou o começo do meio-dia, da experiência mística. Há em São João da Cruz uma insistência na "noite escura", mas nessa noite há uma "segurança", possível porque os sentidos, o entendimento e a razão foram "suspensos" e não eliminados. Por esse motivo, Georges Morel indicou que não se pode contrapor continuamente, como faz Baruzi, o caminho filosófico ao caminho místico. Na experiência mística, tornada possível pelo prévio desnudamento e afastamento de tudo, as coisas se reencontram em Deus, mas já não são as mesmas coisas, porque foram "transfiguradas". Problemas de "relação" análogos são levantados quando se trata da questão do modo como se conjugam em São João da Cruz a teologia e a mística. Por um lado, o que há de teologia em São João da Cruz tem raízes nas Escrituras. Por outro lado, São João da Cruz não ignorava elementos importantes da escolástica (seja de Santo Tomás, seja de João Baconthorp), assim como ingredientes essenciais da tradição teológica agostiniana. Por fim, deve-se levar em conta que, fossem quais fossem os sentidos que possuíam na mística de São João da Cruz termos como 'tudo' e 'nada', 'amor vivo', 'amor' etc., esses sentidos também podem dar-se metafisicamente, ao menos em um certo tipo de metafísica na qual são importantes tanto a noção de "Absoluto" como a de "realidade existencial". É possível, pois, examinar temas metafísicos em São João da Cruz sem concluir que isso constitua uma suposta metafísica do autor.

⊃ Obras: *Subida del monte Carmelo*, escrita em 1578-1583 [comentário às duas primeiras estrofes do poema "Em uma noite escura"]. — *Noche oscura*, escrita em 1579 ss [continuação, incompleta, do comentário anterior]. — *Cántico espiritual*, escrito em 1584. — *Llama de amor viva*, escrita em 1584 [comentário ao poema que começa com o verso "¡Oh llama de amor viva!"].
Edição de obras: a primeira ed. é de 1618 (Alcalá de Henares). Há numerosas edições das obras de São João da Cruz (1619, 1630, 1635, 1649 etc.); a de 1853 é a da Biblioteca de Autores Españoles (Rivadeneyra), tomo XXVII, e é uma reprodução de uma edição de 1703; a edição crítica preparada pelo P. Silverio de Santa Teresa, 3 vols. (I, 1929; II, 1930; III, 1931; ed. de L. Ruano de la Iglesia, 11ª ed., 1982 [Biblioteca de Autores Cristianos, 15]).
Em português: *A noite escura*, 1993. — *Obras Completas*, 5ª ed., 1999. — *Pequena antologia amorosa*, 2000.
Ver: Jean Baruzi, *S. J. de la C. et le problème de l'expérience mystique*, 1924; 2ª ed., 1931. — P. Crisógono de Jesús Sacramentado, *S. J. de la C., su obra cientí-fica y su obra literaria*, 2 vols., 1929. — Juán Domínguez Berrueta, *Un cántico a lo divino. Vida y pensamiento de S. J. de la C.*, 1930. — Id., *Vida de S. J. de la C.*, 1946. — H. Bordeaux, *S. J. de la C.*, 1946. — Edith Stein, *Kreuzwissenschaft. Studie über I. a Cruce*, 1950 [Werke, I]. (ed. br.: *A ciência da cruz*, 2ª ed., 1999). — J. A. de Sobrino, *La sociedad mística y existencialista de S. J. de la C.*, 1952. — Georges Morel, *Le sens de l'existence selon S. Jean de la Croix*, 3 vols. (I: *Problématique*, 1960; II: *Logique*, 1960; III: *Symbolique*, 1961). — P. Eulogio de la Virgen del Carmen, *S. J. de la C. y sus escritos*, 1969. — André Bord, *Mémoire et espérance chez J. de la C.*, 1971 (tese). — José Luis López-Aranguren, *S. J. de la C.*, 1973; reimp. em *Estudios literarios*, 1976, pp. 10-92. — M. M. Gaudreau, *Mysticism and Image in St. J. of the C.*, 1976. — J. C. Nieto, *Mystic, Poet, Rebel, Saint: A Study of St. John of the Cross*, 1979. — R. Champagne, "Jacques Maritain, interprète de J. de la C.", em J.-L. Allard, ed., *J. Maritain: A Philosopher in the World*, 1985, pp. 155-170. — N. Pike, "S. J. of the C. on Mystic Apprehensions", em J. Runzo, ed., *Religious Experience and Religious Belief: Essays in the Epistemology of Religion*, 1986, pp. 75-98. — Id., "J. of the C.: Epistemic Value of Mystic Visions", em R. Audi, ed., *Rationality, Religious Belief, and Moral Commitment: New Essays in the Philosophy of Religion*, 1986, pp. 15-37. — S. Payne, *J. of the C. and the Cognitive Value of Mysticism*, 1990. — L. López-Baralt, *S. J. de la C. y el Islam*, 1990. — D. Ynduráin, *Aproximación a S. J. de la C. Las letras del verso*, 1990. ℭ

JOÃO DE LA ROCHELLE, Ioannes de Rupella (*ca.* 1200-1245), da Ordem dos Franciscanos. Foi discípulo de Alexandre de Hales, cujo lugar ocupou como *magister regens* na Universidade de Paris. Sua principal contribuição filosófica radica em suas idéias sobre a natureza da alma, sobre suas faculdades e os graus do processo (que é ao mesmo tempo uma ascensão) cognoscitivo. Influenciado por Santo Agostinho e pelo neoplatonismo, por um lado, e, por outro, por Avicena e pelo aristotelismo, João de la Rochelle defendeu ao mesmo tempo a simplicidade da alma e a variedade de suas operações. O exame destas últimas conduziram nosso autor a uma doutrina das faculdades que vai desde a faculdade sensível até a inteligência passando pela imaginação, pela razão e pelo intelecto. Essa gradação de faculdades permite admitir a teoria aristotélica da abstração, que se confirma nas diferentes espécies de abstração sensível, imaginativa, racional ou cogitativa e intelectual, e a teoria agostiniana da iluminação interior, que se manifesta na inteligência. A iluminação divina interior opera, além disso, na forma de um entendimento ativo. Seguindo Alexandre de Hales, João de la Rochelle sustentou, ademais, a doutrina da distinção real entre a essência e a existência nas entidades criadas.

➲ Obras: o escrito de João de la Rochelle *Summa de anima* foi editado por Teofilo Domenichelli: *La "Summa de anima" di Frate Giovanni della Rochela*, 1882 (essa edição ainda é considerada imperfeita). — Pierre Michaud-Quentin editou o *Tractatus de divisione multiplici potentiarum animae*, 1964.

Ver: H. Luguet, *Essai d'analyse et de critique sur le texte inédit du* Traité de l'âme *de Jean de la Rochelle*, 1875. — G. Manser, "Johann von Rupella. Ein Beitrag zur seiner Characteristik mit besonderer Berücksichtigung seiner Erkenntnislehre", *Jahrbuch für Philosophie und spekulative Theologie*, 26 (1912), 290-314. — P. Minges, "Zur Erkenntnislehre des Franziskaners Johannes von Rupella", *Philosophisches Jahrbuch der Görresgesellschatt*, 27 (1914), 461-477. — Id., "Die psychologische Summa des Johann von Rupella und Alexander von Hales", *Franziskanische Studien*, 3 (1916), 365-378. — C. Fabro, "La distinzione tra '*quod est*' e '*quo est*' nella *Summa de anima* di Giovanni della Rochela", *Divus Thomas* [Piacenza], 41 (1938), 508-522. — L. J. Bowman, "The Development of the Doctrine of the Agent Intellect in the Franciscan School of the Thirteenth Century", *Modern Schoolman*, 50 (1973), 251-279. ➲

JOÃO DE MIRECOURT, Ioannes de Mirecuria, da Ordem dos Cistercienses. Comentou as *Sentenças* de Pedro Lombardo no Colégio Cisterciense de São Bernardo, em Paris, de 1344 a 1345. Em defesa aos ataques lançados contra algumas de suas proposições, João de Mirecourt escreveu uma apologia. Em 1347, teve quarenta proposições condenadas pelo Chanceler e pela Faculdade de teologia da Universidade de Paris; para se defender dessa segunda e mais formal acusação, escreveu uma segunda apologia. Essas duas apologias constituem a base de nosso conhecimento das doutrinas do filósofo. Todas elas estão situadas dentro do marco do ockhamismo, mas com certas precisões que não se encontram na doutrina de Guilherme de Ockham. É fundamental a divisão de todas as proposições em dois tipos, cada um dos quais baseado em uma forma de assentimento. Um tipo de proposição requer nosso assentimento completo: são proposições evidentes. Outro tipo não dá lugar a um assentimento completo: são proposições não-evidentes. As proposições evidentes são, por sua vez, de dois tipos: completamente evidentes, como as que expressam o princípio de contradição ou são deriváveis desse princípio, e naturalmente evidentes, como as que se baseiam na experiência. Quando essa experiência é interna e tem como objeto o próprio eu, a evidência é tão grande que pode ser comparada com a que se tem do princípio de contradição, pois é contraditório que um sujeito negue sua própria existência. Quando a experiência é externa, a evidência é considerável, mas não é segura, pois, como já pensara Ockham, Deus poderia retirar os objetos da percepção e continuar mantendo, por milagre, nossas percepções. No entanto, damos nosso assentimento às proposições da experiência externa sem temer o erro, pois há uma intuição direta e imediata do objeto externo sem o intermédio de espécies ou imagens, as quais não podem existir por não serem nem substâncias nem acidentes. A principal objeção que essas doutrinas suscitaram refere-se à demonstração da existência de Deus, que não pode possuir, segundo elas, evidência completa. Isso, porém, não significa que João de Mirecourt negue essa existência, mas sim a possibilidade de sua demonstração completa; a existência de Deus nos é dada por revelação. Seguindo Ockham, João de Mirecourt salientou a onipotência de Deus e a "arbitrariedade" de sua vontade, a qual determina a bondade do ordenado e não o contrário. O problema suscitado por isso — o de ser Deus a causa do pecado — é enfrentado por nosso autor declarando que Deus não é causa imediata e única do pecado, mas que o pecado é cometido por Sua vontade eficiente; sem aderir inteiramente ao determinismo teológico de Tomás Bradwardine, João de Mirecourt admite que, uma vez que nada pode acontecer sem a vontade de Deus, o mal ocorre por sua vontade, embora não por sua má vontade.

➲ Ver: A. Bierkenmaier, *Ein Rechtfertigungsschreiben Johanns von Mirecourt*, 1922 [justificação das proposições condenadas em 1347]. — F. Stegmüller, "Die zwei Apologien des Jean de Mirecourt", *Recherches de théologie ancienne et médiévale* (1933), 40-79, 192-204. — L. D. Davis, "The Intuitive Knowledge of Non-Existents and the Problem of Late Medieval Skepticism", *New Scholasticism*, 49 (1975), 410-430. ➲

JOÃO DE PARIS, João Quidort ("o que dorme", *dormiens*) ou também João Lesourd ("o surdo", *sordus*) († 1306). Ingressou na Ordem dos Pregadores e comentou, por volta de 1284, as *Sentenças* de Pedro Lombardo. Em 1304 foi mestre de teologia em Paris, mas em 1305 foi-lhe revogada a licença, revogação cuja anulação ele pediu em apelo ao Papa Clemente V. Seguidor de Santo Tomás de Aquino, João de Paris corrigiu o *Correctorium* de Guilherme de la Mare (VER), mas, enquanto segue, em alguns casos, Santo Tomás, em outros (mesmo ao longo da defesa deste último) afasta-se dele. Nosso autor tratou de questões teológicas e filosóficas, ocupando-se do problema da transubstanciação, do conhecimento dos futuros contingentes por Deus, da natureza das almas e dos anjos, assim como dos problemas da relação entre matéria e forma, e essência e existência. No que diz respeito a estes últimos, João de Paris considerou que a matéria não pode existir sem a forma, que as almas não têm composição hilemórfica, que os anjos são formas sem mistura de matéria, e que há distinção entre essência e existência nos entes criados. A afirmação desta última distinção levou-o a sustentar que Deus poderia criar matéria, embora matéria não-especificada, sem forma, pois em caso contrário não se poderia continuar mantendo a separação citada acima. Considerou-se por isso que João de Paris interpretou de modo *sui generis* a distinção real, a ponto de não ser propriamente "real". João de Paris se opôs à pluralidade de formas.

◐ Obras: edição das correções ao *Correctorium* de Guilherme de la Mare: J. P. Müller, *Le Correctorium Corruptorii 'Circa' de Jean Quidort*, 1941. Também pro J. P. Müller, *Commentaire sur les Sentences (Reportation)*, Livro I, 1961; Livro II, 1964. — J. de P. escreveu dois *Quodlibeti*; ver M. Grabmann, *Studien* (cf. *infra*), pp. 35-41. — Transcrição das questões quodlibetais por A. J. Heiman em *The Esse of Creatures in the Doctrine of Jean Quidort*, 1949 (tese). — O tratado de J. de P. sobre a transubstanciação (*De transubstantione panis et vini in sacramento altaris*) foi publicado já em 1686 por Petrus Alix em *Determinatio de modo existendi corpus Christi in sacramento altaris alio quam sit ille quem tenet ecclesia*. — Para o tratado sobre as formas: J. P. Müller, "Der Tractatus de formis des J. Q. von Paris", *Divus Thomas* [Friburgo, Suíça], 19 (1941), 195-210. — F. Pelster, "Ein anonymer Traktat des Johannes von Paris, O. P., über das Formenproblem in Cod. Vat. lat. 862", *Divus Thomas* [Friburgo, Suíça], 24 (1946), 3-21. — J. de P. escreveu um tratado *De potestate regia et papali* (ed. J. Leclercq, O. S. B., *J. de P. et l'ecclésiologie du XIIIe siècle*, 1942, pp. 173-260, ed. crítica, com trad. alemã, por Fritz Bleinstein, 1969).

Ver: M. Grabmann, "Le *Correctorium Corruptorii* du dominicain Jean Quidort", *Revue Néoscolastique de Philosophie*, 19 (1912), 404-418. — Id., *Studien zu Johannes Quidort von Paris, O. P.*, em *Sitzungsberichte der Ak.* (Munich), 1922, 3. — J. Leclercq, *op. cit. supra*. — J. P. Müller, "La thèse de J. Q. sur la béatitude formelle", *Mélanges A. Pelzer*, 1947, pp. 493-511. — Id., "Les critiques de la thèse de J. Q. sur la béatitude formelle", *Recherches de théologie ancienne et médiévale*, 15 (1948), 152-170. — A. J. Heiman, *op. cit. supra*. — P. Glorieux, "J. Q. et la distinction réelle de l'essence et de l'existence", *Recherches etc.*, 18 (1951), 151-157. — J. P. Müller, "À propos du mémoire justificatif de J. Q.", *Recherches etc.*, 19 (1952), 343-351. — A. J. Heiman, "Essence et Esse According to J. Q.", *Mediaeval Studies*, 15 (1953), 137-146. — Além disso: O. Lottin, *Psychologie et morale au XIIe et XIIIe siècles*, IV, 1954. — Jean-Pierre Müller, "Un cas d'éclecticisme métaphysique: J. de P. (Q.)", em *Die Metaphysik im Mittelalter*, eds. Paul Wilpert e W. P. Eckert, 1963, 651-660. — F. A. Cunningham, "The 'Real Distinction' in J. Q.", *Journal of the History of Philosophy*, 8 (1970), 9-28. — J. Coleman, "Medieval Discussions of Property: 'ratio' and 'dominium' according to J. de P. and Marsilius of Padua", *History of Political Thought*, 4 (1983), 209-228. ◐

JOÃO DE RIPA, de Ripis, de Rupa, de Ripatransone (Mosteiro de Ripatransone) ou também João de Marchia (*fl.* 1355), chamado de *doctor supersubtilis*. Mestre franciscano em Paris, foi freqüentemente considerado um dos autores scotistas e a ele nos referimos no verbete Scotismo. No entanto, a influência scotista não determina inteiramente o pensamento de nosso autor. A ela é preciso acrescentar a de Guilherme de Ockham. Mas João de Ripa tampouco pode ser considerado simplesmente um produto da mistura do scotismo com o ockhamismo. Nosso autor, um dos mais destacados *formalizantes* do século XIV, deu mostras de não pouca originalidade no tratamento da questão das idéias divinas, especialmente como conhecimento por Deus dos chamados "futuros contingentes" (ver Futuríveis). distinguiu, em Deus, seu ser real e seu ser formal. Também fez a distinção entre Deus e as suas idéias e volições e a distinção destas entre si. No que diz respeito aos futuros contingentes, João de Ripa sustentou que Deus os conhece enquanto tais, mas não por suas formas ideais, e sim pelo conhecimento da própria vontade que transforma alguns dos futuros contingentes em realidades.

As idéias de João de Ripa foram discutidas por Pedro de Ailly e por João Gerson. Quatro de suas proposições foram condenadas em 1362 como proposições de um (suposto ou real) discípulo seu, Luís de Pádua.

◐ Obras: J. de R. é autor de um comentário às *Sentenças*, ver *Lectura super primum sententiarum. Prologi Quaestiones I et II*, 1961, ed. André Combes, e de umas *Determinationes*, ed. com introdução e notas de A. Combes [*id.*, 4]. Ver também *Conclusiones*, ed. A. Combes, 1957, [parte de um] comentário às *Sentenças* indicado supra. Além de uma *Quaestio de gradu supremo*, ed. crítica, com comentários, de André Combes e Paul Vignaux, 1964.

Ver: F. Ehrle, *Sentenzenkommentar Peters von Candia*, 1925. — H. Schwamm, *Magistri Joannis de Ripa OFM doctrina de praescientia divina. Inquisitio historica*, 1930. — F. Elie, *Le complexe significabile*, 1937. — A. Combes, "Jean de Vippa, Jean de Rupa ou Jea de Ripa", *Archives d'histoire doctrinale et littéraire du moyen âge*, 14 (1939), 253-290. — Id., *Jean Gerson, commentateur dyonisien. Pour l'histoire des courants doctrinaux à l'Université de Paris à la fin du XIVe siècle*, 1930, pp. 608-687. — Id., *Un inédit de saint Anselme? Le traité De Unitate divinae essentiae et pluralitate creaturarum d'près Jean de Ripa*, 1944. — Id., "Présentation de Jean de Ripa *doctor supersubtilis* [*claruit* 1355-1370?]", *Archives d'histoire doctrinale et littéraire du moyen âge*, 31 (1957). — Ernest Borchert, *Die Trinitätslehre des J. de R.*, 2 vols., 1974. — Paul Vignaux, "La connaissance comme *aparentia* dans les *Prologi Quaestiones* de Jean de Ripa", *International Studies in Philosophy*, 8 (1976), 38-56. — P. Vignaux, "Le concept de Dieu chez J. de R.", em A. Maierù, A. Paravicini, eds., *Studi sul XIV secolo in memoria di Anneliese Maier*, 1981, pp. 453-479. — Id., "Un accès philosophique au spirituel: l'averroïsme de J. de R. et Paul de Venise", *Archives de Philosophie*, 51 (1988), 385-400. ᴄ

JOÃO DE SALISBURY, ou Joannes Saresberiensis. Nascido em Old Sarum entre 1115 e 1120, saiu da Inglaterra em 1136 e estudou durante vários anos no continente (principalmente em Chartres), sendo aluno de Abelardo, de Guilherme de Conches e de Guilherme de la Porrée. Empregado na chancelaria papal entre 1147 e 1153, retornou à Inglaterra a serviço do arcebispo Teobaldo de Canterbury e, posteriormente, de seu sucessor, Tomás Becket. Voltou novamente à Itália em três ocasiões (entre 1155 e 1159) e ocupou, de 1176 até sua morte (ocorrida em 1180), a sé episcopal de Chartres. João de Salisbury é considerado um dos principais representantes da Escola de Chartres (VER), cujas tendências humanistas acentuou consideravelmente, particularmente seguindo o modelo de Cícero. Este último não é, para João de Salisbury, um simples modelo literário, mas também filosófico; nem o completo dogmatismo nem o absoluto ceticismo respondem à situação real do conhecimento humano, composto de certezas, de probabilidades e de ignorâncias. Não se trata, pois, nem de saber tudo, nem de ignorar tudo. Daí que uma pretensão de penetrar racionalmente todo o real coduza, diz João de Salisbury, a logomaquias e até mesmo a teomaquias. Um saber harmônico e razoável: eis aqui o que, sem pôr em dúvida as verdades da fé, pretende nosso autor. Daí sua idéia da lógica como instrumento do pensar, como um órgão que nos auxilia mas não pode nos revelar evidências reais. Daí também sua tentativa de conciliar o destino com a Providência. Daí sua imagem de Deus como princípio do criado, mas ao mesmo tempo como cimento da justiça. E daí sua tendência a unir a teoria com a prática e a considerar que o amor a Deus e as boas ações são parte integrante e indispensável do verdadeiro filosofar.

➲ Obras: as principais obras filosóficas de João de Salisbury são o *Metalogicon*, o *Policraticus sive de nugis curialium et vestigiis philosophorum* e o *Estheticus*. O *Policraticus* foi impresso pela primeira vez em Bruxelas (por volta de 1476), depois em Lyon (1613); ed., 1984, por M. A. Ladero, M. García e T. Zamarriego.

Edição de obras: cartas editadas por Mason e publicadas (1611), com o *Policraticus*, 1677, t. XXIII. — Edição do *Metalogicon*, Paris, 1610. — Edição do *Estheticus* por C. Petersen, Hamburg, 1843. — A edição de *Opera omnia* por J. A. Gilles, Oxford, 5 vols., 1848; reimp. em 1 vol., 1969, foi reproduzida na *P. L. de Migne*, CXCIX. — Edição crítica e comentário do *Policraticus* e do *Metalogicon* por C. C. J. Webb: *Joannis Saraberiensis Episcopi Carnotensis Policratici (...)*, Oxford, 2 vols., 1909, e *Joannis Saresberiensis (...) Metalogicon*, Oxford, 1929. — Trad. para o inglês do *Metalogicon* com introdução e notas de D. D. McGarry, 1955. — Edição de: *The Letters of John of Salisbury*. I: *The Early Letters (1153-1161)*, eds. W. J. Millor e H. W. Butler, 1955; nova ed., 1986; II, eds. W. J. Millor e C. N. L. Brooke, 1979.

Ver: H. Reuter, *Johannes von Salisbury. Zur Geschichte der christlichen Wissenschaft im 12. Jahrhundert*, 1842. — K. Schaarschmidt, *Johannes Saresberiensis nach Leben und Studien, Schriften und Philosophie*, 1862. — P. Gennrich, *Die Staats– und Kirchenlehre Johns von Salisbury*, 1894. — C. C. J. Webb, *John of Salisbury*, 1932. — J. Huizinga, "Eeen praegoticke Geest: Johannes von Salisbury", *Tjidschrift voor Geschiedenis*, 96 (1933), 225-244. — H. Libeschütz, *Medieval Humanism in the Life and Writings of John of Salisbury*, 1950. — M. del Pra, *Giovanni di Salisbury*, 1951. — Carlo Mazzantini, *Il pensiero filosofico di G. di S.*, 1957 [aulas reunidas por Cazzola Palazzo]. — G. Zanoletti, *Il Bello comme vero alla scuola di Chartres. G. di S.*, 1979. — E. Jeauneau, "J. de S. et la lecture des philosophes", *Revue des Études Augustiniennes*, 29 (1983), 145-174. — C. J. Nederman, J. Bruckmann, "Aristoteleanism in J. of S.'s *Policraticus*", *Journal of the History of Philosophy*, 21 (1983), 203-230. — C. J. Nederman, "Knowledge, Virtue and the Path to Wisdom: The Unexamined Aristotelianism of J. of S.'s *Metalogicon*", *Medieval Studies*, 51 (1989), 268-286. — K. L. Forhan, "Salisburian Stakes: The Uses of 'Tyranny' in J. of S.'s", *History of Political Thought* (1990), 397-407. — Um material importante pode ser encontrado em Eduard Norden, *Geschichte der antiken Kunstprosa*, 1898. Abundantes referências em A. Clerval, *Les écoles de Chartres au moyen âge du Ve au XIVe siècles*, 1895. ᴄ

JOÃO DE SANTO TOMÁS (João de Santo Tomás Poinsot) (1589-1644), nascido em Lisboa, estudou em Louvain. Em 1612 ou 1613 tomou o hábito da Ordem dos Pregadores em Madri e lecionou de 1630 a 1643 na Universidade de Alcalá. É considerado um dos grandes tomistas da época e o mais importante comentador do Aquinense de seu tempo. Nessa qualidade ele influenciou o desenvolvimento do tomismo não apenas na época moderna, mas também na contemporânea; alguns neotomistas — Maritain, por exemplo — consideram João de Santo Tomás o mais completo e profundo comentador das doutrinas teológicas e filosóficas do Aquinense. Nesse sentido, seus dois *Cursos* (ver bibliografia) constituem uma "nova síntese tomista". Além disso, é preciso destacar a obra lógica — lógica formal e lógica material — de João de Santo Tomás; nela incorporam-se à tradição aristotélica outras tradições, tal como a estóica. Recentes pesquisas (Moreno, Prieto del Rey) demonstraram, por exemplo, o notável desenvolvimento dado por João de Santo Tomás à lógica proposicional e às noções de implicação e de "suposição" (*suppositio*).

⊃ Obras: as duas obras mais influentes de João de Santo Tomás são *Cursus philosophicus thomisticus secundum exactam, veram, genuinam Aristotelis et Doctoris Angelici mentem* (edição em 3 vols., por B. Reiser, Torino, 1930-1937; 2ª ed., 1948) e *Cursus theologicus* (ed. pelos Beneditinos da Abadia de Solesme em 9 vols.: I, 1931; II, 1934; III, 1938; IV [fasc. 2], 1936; IV [fasc. 1 e 3], 1953; outra ed., de A. Mathieu e H. Gagné, *In Iam Ilae*, 4 vols., 1948-1954; *In Iam Ilae*, 3 vols., 1948-1954). — Entre outras obras de João de Santo Tomás figuram: *Explicação da doutrina cristã* (Valencia, 1644). — *Tractatus de approbatione, auctoritate et puritate doctrinae Divi Thomae Aquinatis* (1658). — *De certitudine principiorum theologiae. De auctoritate summi Pontificis, Theologiae dogmaticae communia*, eds. Mathieu e H. Gagné, 1949. — Ver edição de I. G. Menéndez-Reigada, de *Los dones del Espíritu Santo y la perfección cristiana* (Madri, 1949).

Ver: vários autores, "Homenaje al insigne filósofo J. de S. T.", *Ciencia Tomista* (1945). — Leopoldo Eulogio Palacios, *J. de S. T. en la coyuntura de nuestro tiempo y la naturaleza de la ciencia moral*, 1954. — A. Moreno, "Implicación material en J. de S. T.", *Sapientia*, 14 (1959), 188-191. — Id., "Lógica proposicional en J. de S. T.", *ibid*., 18 (1963), 86-107. — Id., "Lógica proposicional en J. de S. T.", *Notre Dame Journal of Formal Logic*, 4 (1963), 113-134. — M. Prieto del Rey, "Significación y sentido ultimado. La noción de 'suppositio' en la lógica de J. de S. T.", *Convivium*, 15-16 (1963), 33-73; 19-20 (1965), 45-72. — T. J. Mahonski, *The Radical Inferiority of Liberty According to the Principles of J. of S. Th.*, 1962. — E. Wolicka, "Notion of Truth in the Epistemology of J. of St. Thomas", *New Scholasticism*, 53 (1979), 96-106. — M. Beuchot, "La doctrina tomista clásica sobre el signo: Domingo de Soto, Francisco de Araujo e J. de St. Th.", *Crítica*, 12 (1980), 39-60. — Id., "El problema de los universales en J. de Sto. T.", *Revista de Filosofía* (Venezuela) (1989), 33-42. ℂ

JOÃO DE SICCA VILLA, também chamado de Joannes Dritonus, João (ou John) de Dry Town (*ca*. 1215-*ca*. 1295). Nascido em Exeter, ou em um lugar (não identificado) chamado Sicca Villa (Dry Town), foi professor e reitor da Faculdade de Artes de Paris por volta de 1256, mas residiu a maior parte de sua vida na Inglaterra, lecionando, segundo alguns historiadores, em Oxford. João de Sicca Villa comentou os princípios da física aristotélica, empregando abundantemente as idéias de Averróis e aderindo a algumas delas, mas sem por isso professar o "averroísmo latino" atribuído a Siger de Brabante (VER), alguns anos posterior a João de Sicca Villa. Este comentou detalhadamente as questões relativas à criação do mundo e à unidade do intelecto agente, que não considerou multiplicável pela matéria, mas sim pela causa primeira. Ocasionalmente, João de Sicca Villa seguiu João de Salisbury.

⊃ A obra de J. de S. V., *De principiis naturae*, provavelmente de 1263, teve uma edição crítica a cargo de R.-M. Giguère, *Jean de Secheville. De principiis naturae*, 1956 [Publications de l'Institut d'Études Médiévales, de Montréal, 14]. ℂ

JOÃO DULLAERT. Ver MERTONIANOS.

JOÃO DUMBLETON. Ver DUMBLETON, JOÃO.

JOÃO DUNS SCOT. Ver DUNS SCOT, JOHN.

JOÃO ESTOBEU. Ver ESTOBEU.

JOÃO FILOPONOS, João de Alexandria (*fl*. 530). Foi um dos Padres gregos e um dos representantes da chamada Escola de Alexandria (VER) dentro do neoplatonismo (VER). Como outros membros da Escola, converteu-se ao cristianismo e procurou realizar uma síntese cristão-platônica. Esta se manifesta especialmente em dois escritos, ainda conservados: o tratado Κατὰ τῶν Πρόκλου περὶ ἀϊδιότητος κόσμου ἐπιχειρημάτων, *De aeternitate mundi*, e o tratado Τῶν εἰς τὴν Μωυσέως κοσμογονίαν ἐξηγητικῶν λόγοις', *De opificio mundi*. No primeiro ele combateu, contra Proclo, a idéia aristotélico-platônica de que o mundo é eterno, incompatível com a noção cristã de criação, a qual João Filoponos pensou descobrir (ao contrário de outros intérpretes) no *Timeu*. Correspondendo a essa concepção, João Filoponos defendeu a tese — nada infrequente em Alexandria durante muito tempo — de que Platão foi um pensador cristão sem saber e de que há entre o filósofo e a revelação da Sagrada Escritura relações inegáveis. No segundo escrito ele confirmou suas tendências platônico-cristãs, mas baseando-se mais nas Escrituras que nas idéias filosóficas. Devem-se a João Filoponos, além disso, comentários a Aristóteles que exerceram, como indicamos em outro verbete (ver ARISTOTELISMO), uma influência considerável sobre a evolução de várias idéias desenvolvidas especialmente no século XIV pelos filósofos da chamada Escola de Paris (ver PARIS [ESCOLA DE]). A mais importante dessas idéias é a de uma "força incorpórea" para a explicação do deslocamento dos corpos no espaço. Essa "força incorpórea" substitui a noção aristotélica de "tendência" dos corpos ao seu "lugar natural" e constitui um precedente da noção de ímpeto (VER) e, de certo modo, da noção posterior de "momento" (inercial). Os comentários (e críticas) a Aristóteles produzidos por João Filoponos foram tomados e desenvolvidos por João Buridan (VER), entre outros.

⊃ Edição de obras: edição dos comentários aristotélicos de João Filoponos nos tomos XIII-XVII dos *Commentaria in Aristotelem Graeca* mencionados na bibliografia de ARISTOTELISMO: *In phys*. I-VIII, ed. H. Vitelli (1888); *In phys*., IV-VIII, ed. H. Vitelli (1887); *In de gen*.

et corr., ed. H. Vitelli (1897); *In de an.*, ed. M. Hayduck (1897); *In cat.*, ed. A. Busse (1898); *In meteor.*, ed. A. Hayduck (1903); *In an. pr.*, ed. M. Wallies (1905); *In an. post.*, ed. M. Wallies (1909). — Os comentários à *Metafísica* já haviam sido editados pro F. Patricius (Ferrariae, 1583). — *De opificio mundi libri septem*, ed. W. Reichart (Lipsiae, 1897). — *De aeternitate mundi contra Proclum*, ed. H. Rabe (Lipsiae, 1899). — *De paschate*, ed. C. Walter (Lipsiae, 1899). — L. S. B. MacCoull, L. Siorvanes, "'Psi' XIV 1400: A Papyrus Fragment of J. Ph.", *Ancient Philosophy*, 12 (1) (1992), 153-170.

Ver: M. de Corte, *Le commentaire de Jean Philopon sur le troisième livre du Traité de l'âme d'Aristote*, 1934. — A. Mansion, "Le texte du *De intellectu* de Philopon corrigé à l'aide de la collation de Monseigneur Pelzer", em *Mélanges Pelzer*, 1947, pp. 325-346 [há separata]. — E. Evrard, *Philopon: contre Aristote, livre I*, 1942-1943. — Michael Wolff, *Fallgesetz und Massebegriff. Zwei wissenschaftliche Untersuchungen zur Kosmologie des Johannes Philoponus*, 1971. — R. Sorabji, ed., *Ph.*, 1987. — S. Feldman, "Ph. on the Metaphysics of Creation", em *A Straight Path: Studies in Medieval Philosophy and Culture*, 1988. — J. De Groot, "Ph. on Separating the Three-Dimensional", em D. O. Dahlstrom, ed., *Optics in Nature and Scientific Method*, 1991. — Ver também Pierre Duhem, *Le système du monde* (II e III) [detalhes na bibliografia de DUHEM (PIERRE)]. — Artigos de vários autores (A. E. Haas, P. Tannery, L. Radermacher, K. Burkhard, W. Crönert). Artigo de A. Gudemann sobre João Filoponos (Joannes, 21) em Pauly-Wissowa. C

JOÃO GERSON, João Charlier (1363-1429), chamado de *doctor christianissimus*. Nascido em Gerson, na diocese de Reims. Estudou em Paris com Pedro de Ailly e sucedeu-o, em 1395, como Chanceler da Universidade. Em 1397 mudou-se para Bruxelas, voltando novamente para Paris em 1401. De 1414 a 1418 esteve em Constança, em cujo Concílio teve uma participação destacada. João Gerson é geralmente considerado um dos partidários do ockhamismo, mas é preciso levar em conta que a adesão do filósofo ao nominalismo e sua luta contra o realismo (e contra Ruysbroeck) têm motivos mais religiosos que filosóficos (e motivos religiosos freqüentemente mais concretos que os motivos teológicos de Guilherme de Ockham). Com efeito, João Gerson considerava que o realismo constituía a base das heresias de Wiclif e de Huss. Isso certamente não o impedia de abraçar as doutrinas de São Boaventura e de ser influenciado pelo Pseudo-Dionísio, que ele interpretou de forma muito distinta da platônica. Uma das preocupações fundamentais de João Gerson era a revivificação da fé e da experiência religiosa contra sua racionalização excessiva. A teologia escolástica não deve de modo algum ser eliminada, mas tem de ser empregada de forma a propiciar a firmeza do dogma e da fé e a evitar as inúteis e vãs curiosidades e discussões. Estas últimas se devem em grande parte, segundo nosso autor, ao fato de que os problemas são confundidos, de que as questões lógicas são tratadas metafisicamente e de que as questões metafísicas são tratadas logicamente. O realismo é justamente uma conseqüência dessa tendência à confusão. Em compensação, tão logo se admite que o que chamamos de idéias e de razão procedem da vontade e do arbítrio de Deus, evitam-se muitas das dificuldades anteriores e, além disso, desenvolve-se o espírito de humildade tão necessário, para não dizer indispensável, na teologia. Humildade, fé e penitência são os fundamentos da teologia. Esquecer isso é hipostasiar a lógica em metafísica e a metafísica em teologia; em suma, introduzir o espírito de confusão que perverte a fé e o dogma. O ockhamismo e o nominalismo de João Gerson fundam-se, pois, na preocupação de desenvolver uma teologia verdadeiramente religiosa e não no desejo de mudar a tradição teológico-filosófica para seguir uma *via* moderna e revolucionária.

➲ Obras: *De concordia metaphysicae cum logica.* — *De modis significandi propositiones quinquaginta.* — *Contra vanam curiositatem in negotio fidei* (duas aulas). — *Centilogium de causa finali.* — *Considerationes de theologia mystica speculativa.* — *De theologia mystica practica.* — *De perfectione cordis.* — *De elucidatione scholastica theologiae mysticae.* — *Consolatio theologiae.*

Edição de obras: *Opera omnia*, M. L. Ellies du Pin, 5 vols., Amberes, 1706 (com várias obras de Pedro de Ailly [VER]). — Ed. de seis sermões inéditos por L. Mourin, com comentários, 1946. — Ed. de *De mystica theologia*, por A. Combes, 1958. — Ed. de obras completas: *Oeuvres complètes*, 10 vols., em 11 tomos, 1960-1973, ed. P. Glorieux.

Ver: J. B. Schwab, *J. Gerson*, 1958. — A. J. Masson, *J. Gerson, sa vie, son temps, ses oeuvres*, 1894. — A. Lafontaine, *J. Gerson*, 1906. — J. Seltzenberger, *Die Mystik des J. Gerson*, 1928. — J. L. Connolly, *J. Gerson, Reformer and Mystic*, 1928. — W. Dress, *Die Theologie Gersons. Eine Untersuchung zur Verbindung von Nominalismus und Mystik im Spätmittelalter*, 1931. — C. Schäfer, *Die Staatslehre des J. Gerson*, 1935 (tese). — André Combes, *J. Gerson, commentateur dyonisien*, 1940 [texto das *Notulae super quaedam verba Dionysii de Caelesti Hierarchia*, abundantes notas e estudo do pensamento de Gerson]. — Id., *Jean de Montreuil et le Chancelier Gerson: Contribution à l'histoire des rapports de l'humanisme et de la théologie en France au début du XVᵉ siècle*, 1942. — Id., *Essai sur la critique de Ruysbroek par Gerson*, 3 vols. (I, 1945; II, 1948; III, 1959). — Id., *La théologie mystique de Gerson: Profil de son évolution*, I, 1963. — Martin Bauer, *Die Erkentnislehre und der* Conceptus entis *nach vier Spätschriften des J. Gerson*, 1973. — C. J. Nederman, "Conciliarism and Constitutionalism: J. G. and Medieval Political Thought", *History of European Ideas*, 12 (2) (1990), 189-209. ↄ

JOÃO HISPANO, João Hispalense, Ioannes Hispalensis, Ioannes Hispanensis, Ioannes Hispanus (*fl.* 1150). É considerado um dos colaboradores de Domingo Gundissalino na Escola de Tradutores de Toledo (VER). Sua personalidade e obra ainda estão envoltas, porém, na obscuridade, e, como indica Gilson, é preciso esperar que se completem pesquisas ainda em andamento para dar noções satisfatórias sobre o assunto. Alguns autores identificaram João Hispano com Abandaud (Abraham ibn Daud), também tradutor com Gundissalino, mas hoje se considera essa identificação incorreta. Por outro lado, parece que houve mais de um colaborador de Gundissalino chamado João. Assim, enquanto antes se declarava que João Hispano colaborara com Gundissalino na tradução de Algazel e da *Fons Vitae*, de Avicebron, assim como na de vários tratados científicos (entre eles uma obra sobre o espírito e a alma, de Costa ben Luca), hoje se tende a considerar que a tradução dessas obras científicas é obra de outro João.

⊃ Ver: M. Alonso, "Notas sobre los traductores toledanos Domingo Gundisalvo e Juan Hispano", *Al-Andalus*, 7 (1943), 155-188. Além disso, a bibliografia de TRADUTORES DE TOLEDO (ESCOLA DE). ↄ

JOÃO ÍTALO, João Itálico, João da Itália, assim chamado por ter nascido na Calábria (*fl. ca.* 1060). Mudou-se muito jovem para Constantinopla, onde foi discípulo de Miguel Psellos (VER) e seu sucessor na Universidade. Como o próprio Psellos, João Ítalo foi chamado de "cônsul dos filósofos", ὕπατος τῶν φιλοσόφων. Seu ensino versou sobre Aristóteles, Platão e alguns autores neoplatônicos (Porfírio, Proclo etc.). Deve-se a João Ítalo comentários a alguns livros dos *Tópicos* e ao *De interpretatione*, de Aristóteles, um tratado sobre a dialética, diversos escritos lógicos, especialmente sobre os silogismos e sobre os universais, respostas a 93 distintas questões filosóficas e teológicas e alguns escritos de caráter teológico (sobre a ressurreição da carne e sobre a imortalidade da alma).

Discutiu-se se João Ítalo defendeu o aristotelismo ou o platonismo; há razões para sustentar que foi principalmente um aristotélico, mas também as há para afirmar que seguiu os ensinamentos platônicos e especialmente neoplatônicos. É possível que ele tenha sido um filósofo eclético com forte tendência platônica e com um interesse constante pelo modo aristotélico de tratar os problemas lógicos. Além disso, na teoria dos universais apresentou uma posição nominalista.

Os ensinamentos teológicos de João Ítalo suscitaram grandes controvérsias. Ele foi acusado de heterodoxia por sua insistência em demonstrar filosoficamente alguns dogmas, por defender a eternidade da matéria e das idéias e, em geral, por antepor a autoridade dos filósofos — neste caso neoplatônicos — à dos Padres gregos. Em 1082 foram condenadas onze proposições de João Ítalo, sendo o autor condenado a suspender seu ensino e a residir em um monastério fora de todo contato com o público.

⊃ Obras: *Itali opuscula selecta*, ed. Careteli, 2 vols., 1924-1926. — *Quaestiones quodlibetales* ('Απορίαι καὶ Λύσεις), ed. Perikles Joannou, 1956 [Studia patristica et byzantina].

Ver: E. Stéphanou, "Jean Ítalos, l'immortalité de l'âme et la résurrection", *Echos d'Orient*, 33 (1932), 413-428. — Id., *J. I., philosophe et humaniste*, 1949. — Basile Tatakis, *La philosophie byzantine*, 1949, pp. 210-214, 227 [suplemento n. 2 da obra de Émile Bréhier, *Histoire de la philosophie*]. ↄ

JOÃO MARLIANI. Ver MARLIANI, JOÃO.

JOÃO PECKHAM ou PECHAM (*ca.* 1225-1292). Um dos membros franciscanos da chamada Escola de Oxford (VER) do século XIII, foi sucessor de Roberto Kilwardby na sé da arquidiocese de Canterbury, depois de ter sido professor em Paris, onde se opôs a Santo Tomás de Aquino no problema da pluralidade das formas no homem. Seguindo o caminho de Adão Marsh e de Roberto Grosseteste (VER), baseado nos ensinamentos ou, melhor, no sentido dos ensinamentos de São Boaventura, João Peckham se opôs à transformação que experimentavam na época os estudos teológicos e filosóficos sob a influência da assimilação do aristotelismo. No que diz respeito à teoria da matéria, João Peckham sustentava inclusive que esta *pode* existir separada da forma ou, melhor, que Deus *pode* produzir a matéria imediatamente sem necessidade da forma, ainda que de fato ele a conserve mediante esta última. É verdade que, como em Tomás de York, a matéria não tem, segundo João Peckham, um sentido unívoco, de tal modo que não pode ser definida do mesmo modo quando se trata da matéria imediatamente produzida ou da matéria que é sede da transmutação nos objetos da Natureza. Por outro lado, João Peckham defendia energicamente a necessidade da intervenção de Deus para o conhecimento das verdades, ao menos das supremas. Essa intervenção não anula a existência de um entendimento agente no homem, mas, em todo caso, subordina-o ao agente superior divino, sem o qual o conhecimento interior no sentido agostiniano careceria de significação.

⊃ Obras: entre as principais obras filosóficas e teológicas de João Peckham, figuram: *Quaestiones quodlibeticae, Super Magistrum Sententiarum*. — Entre as obras científicas estão a *Perspectiva communis*, o *Tractatus spherae*, a *Theoria planetarum* e os *Mathematica rudimenta*.

Edição de obras: *Collectaneum Bibliorum Fr. Ioannis Peckham*, Paris, 1514, Colônia, 1541; *Perspectiva communis,* Veneza, 1504, 1593. — *Registrum epistolarum Fr. Ioannis Peckham,* 3 vols., Londres, 1882-1885, ed. C. T. Martin. — A *Quaestio disputata* sobre a luz eterna como razão do conhecimento foi publicada em *De humanae cognitionis ratione. Anecdota quaedam Seraphici Doctoris S. Bonaventurae et nonnullorum ipsius discipulorum,* Karachi, 1883. — Edição do *Canticum pauperis* pelos Padres do Colégio de São Boaventura, Karachi, 1905 [Bibliotheca Franciscana ascetica medii aevi, 4]. — *Tractatus tres de paupertate,* com biografia, editado por Ch. L. Kingsford, A. G. Little e F. Tocco, Aberdeen, 1910 (trata-se do *Tractatus pauperis contra insipientem novellarum haeresum conficiorem*; o *Tractatus* contra Roberto Kilwardby e a *Defensio fratrum mendicantium*). — Publicação dos *Hinos,* por G. M. Dreves, *Analecta hymn.,* 50, Leipzig, 1907. — Ed. de *Quodlibet romanum,* por F. Delorme, Roma, 1938. — Edição do *Tractatus de anima,* por Gaudenius Melani, 1949 [Pontificium Athenaeum Antonianum. Fac. Philosophica. Theasis ad Lau, 11].

Ver: F. Ehrle, "J. Peckham über den Kampf des Augutinismus und des Aristotelianismus", *Zeitschrift für katholische Theologie,* 12 (1889), 172-193. — A. G. Little, *The Grey Friars in Oxford,* 1892. — H. Spettmann, *Die Psychologie de Johannes Pecham,* 1917 [Beiträge zur Geschichte der Philosophie des Mittelalters, 20] (Edição, pelo mesmo Spettmann, das *Questões* de Peckham sobre a alma: *Johanns Pechami Quaestiones tractantes de anima,* 1918). — A. Callebaut, "Jean Pecham, O. F. M. et l'augustinisme", *Archivum Franciscanum Historicum* (1925). — D. E. Sharp, *Franciscan Philosophy at Oxford in the Thirteenth Century,* 1930, pp. 173-207. — D. L. Douie, *Archbishop Pecham,* 1952. — D. C. Lindberg, "The *Perspectiva communis* of J. P.: Its Influence, Sources and Content", *Archives Internationales d'Histoire des Sciences,* 70/71 (1965), 37-53. — L. J. Bowman, "The Development of the Doctrine of the Agent Intellect in the Franciscan School of the Thirteenth Century", *Modern Schoolman,* 50 (1973), 251-279. — A. Teetaert escreveu o art. "Pecham" no *Dictionnaire de Théologie catholique,* de Vacant-Mangenot-Amann. ℭ

JOÃO QUIDORT. Ver João de Paris.

JOÃO RUYSBROECK, Jan van Ruysbroeck (1293-1381). Nascido em Ruysbroeck, nas proximidades de Bruxelas, foi prior no convento dos agostinhos de Groenendael, também perto daquela cidade. Conhecido pelo nome de *o admirável* (*doctor admirabilis*), seguiu em grande parte os passos do mestre Eckhart, embora não com a mesma base filosófica deste, com exceção de alguns traços neoplatônicos. Todas as obras de João Ruysbroeck — *O ornamento do matrimônio espiritual, O livro da verdade suprema, O reino dos amantes de Deus, O espelho da salvação eterna* e outros — são de índole mística. Trata-se, contudo, de uma mística que suscitou alguns debates filosóficos importantes; João Gerson, por exemplo, combateu com energia o que considerava as errôneas doutrinas panteístas do místico flamengo. A doutrina mais importante de João Ruysbroeck é para nós a das unidades do homem. Segundo esse autor, com efeito, há no homem três unidades: uma, a mais elevada, que está em Deus; outra, inferior a ela, que consiste nas atividades do espírito; uma terceira, que é a dos sentidos e atividades corpóreas. Essas três unidades devem se concentrar, mediante a graça divina, na unidade suprema, o que se consegue por meio do duplo movimento da aproximação da alma a Deus e da descida de Deus rumo à alma. Algumas doutrinas de João Ruysbroeck foram elaboradas por outro místico, Dionísio o Cartuxo, chamado de *doctor ecstaticus* (1402-1471), nascido em Rychel e de tendência muito mais filosófica que seu mestre. Com efeito, Dionísio escreveu não apenas obras ascéticas e místicas, mas também comentários às *Sentenças* e a Boécio, assim como uma *Elementatio philosophica et theologica* no espírito de Santo Tomás, a quem seguiu durante algum tempo, para seguir posteriormente as doutrinas de alguns membros da chamada "segunda escola albertiana", tais como Ulrico de Strasbourg († 1277).

➲ Edição de obras: *Opera omnia,* Colônia, 1552. — Trad. francesa do flamengo: *Oeuvres de Ruysbroeck, l'admirable,* pelos Beneditinos de Saint-Paul de Wisques, 6 vols., I, 1915; II, 1917; III, 1920; IV, 1928; V, 1930; VI, 1938.

Ver: A. Wautier d'Aygalliers, *Ruysbroeck l'admirable,* 1923. — G. Dolezich, *Die Mystik Jan van Ruysbroecks,* 1926. — M. d'Asbeck, *La mystique de Ruysbroeck, l'admirable,* 1930. — J. Kuchhoff, *Johannes von Ruysbroeck, der Wunderbare 1293-1381,* 1938. — A. Combes, *Essai sur la critique de Ruysbroeck par Gerson,* 3 vols. (I, 1945; II, 1948; III, 1959). — H. A. Hatzfeld, "The Influence of Ramon Lull and J. v. R. on the Language of the Spanish Mystics", *Traditio,* 4 (1946), 337-398. — R. C. Petry, ed., *Late Medieval Mysticism,* 1957. — P. De Letter, "Trinitarian Indewelling According to Ruysbroeck", *Heythrop Journal,* 2 (1961), 48-54. ℭ

JOÃO WYCLIFF. Ver Wycliff, João.

JOAQUIM DE FIORE, de Flora ou de Floris (1145-1202), nascido em Celico, perto de Cosenza (Calábria), foi nomeado minorista no mosteiro cisterciense de Corazzo (1177). Por volta de 1186 fez uma viagem a Verona, onde supostamente teve uma entrevista com o Papa Urbano II. Em 1190 fundou a "Congregação florense", no mais tarde chamado San Giovanni de Fiore (Calábria).

As tendências de Joaquim de Fiore eram ao mesmo tempo místicas e apocalípticas; sua principal intenção era preparar a época para os tempos que se avizinhavam, tempos nos quais haveria de predominar a concepção puramente espiritual do Evangelho de Cristo sob a iluminação espiritual do Espírito Santo. Segundo Joaquim de Fiore, há três grandes épocas na Humanidade: a época do Pai, que começa com a criação; a do Filho, que se inicia com a redenção; e a do Espírito Santo, que começa na própria época de Joaquim e haveria de se manifestar sobretudo por uma reforma e por uma completa espiritualização das instituições eclesiásticas sob a égide do "Evangelho eterno". As doutrinas de Joaquim de Fiore exerceram grande influência em alguns dos chamados "espirituais" e "fraticelos" franciscanos. O franciscano Gerardo de Borgo San Donnino escreveu em 1254 um *Evangelium aeternum* que era uma introdução a várias obras de Joaquim de Fiore. Essa obra foi condenada pela comissão papal, que também condenou as obras de Joaquim (um dos tratados deste último, o *De unitate Trinitatis*, contra Pedro Lombardo, já havia sido condenado no Concílio de Latrão de 1215). Outro franciscano, João de Palma, Geral da Ordem, escreveu um *Evangelium Sancti Spiritus* seguindo as idéias de Joaquim de Fiore. Entre seus defensores também figurou Pedro João Olivi. Falou-se de uma "escola joaquina" ou "escola joaquiniana" à qual se devem vários escritos durante algum tempo atribuídos ao próprio Joaquim de Fiore.

⊃ Obras: entre as obras de Joaquim de Fiore consideradas autênticas figuram as seguintes: *Concordia novi ac veteris Testamenti*, escrita entre 1184 e 1189 e publicada pela primeira vez em Veneza, 1519 (reimp., 1964). — *Expositio in Apocalypsim*, iniciada antes de 1184 e terminada após 1196; publicada em 1527 (reimp., 1964). — *Psalterium decem chordarum*, escrita aproximadamente entre 1184 e 1200; também publicada em 1527 junto com a citada *Expositio* (reimp., 1965). — *Concordia Evangeliorum*, também chamada de *Tractatus super quatuor Evangelia*, publicada por E. Buonaiuti, 1930 (Fonti per la Storia d'Italia, 67). — *De articulis fidei*, publicada por E. Buonaiuti, 1936 (*ibid.*, 78). — *Libro delle Figuri*, descoberto e publicado por L. Tondelli, 2 vols., 1939. — Citam-se também um *Adversum Judaeos ou Contra Judaeos*, e um *Testamento espiritual*.

Algumas das obras anteriormente atribuídas a Joaquim de Fiore são hoje consideradas como produzidas pela chamada "escola joaquiniana", como o *Liber contra Lombardum*, publicado por C. Ottaviano, 1934.

Bibliografia: P. Francesco Russo, *Bibliografia Giachimita*, 1954 [Biblioteca di bibliografia italiana, 28]. — B. Hirsch-Reich, "Eine Bibliographie über J. v. F. und dessen Nachwirkung", *Recherche théologique et médiévale*, 24 (1957).

Ver: H. Denifle, "Das evangelium aeternum und die Komission von Agnani", *Archiv für Literatur und Kirchengeschichte des Mittelalters*, I, pp. 49-164. — E. Gebhart, *L'Italie mystique*, 1890, pp. 49-82. — E. Schott, "Joachim, der Abt von Floris", *Zeitschrift für Kirchengeschichte*, 22 (1901), 313-361; 23 (1902), 157-186. — P. Fournier, *Étude sur Joachim de Flore et ses doctrines*, 1909. — H. Grundmann, *Studien über J. von F.*, 1927. — Id., *Neue Forschungen über J. v. F.*, 1930. — E. Buonaiuti, *Giacchino da Fiore. I tempi. La vita. Il messagio*, 1931. — H. Bett, *Joachim of Flora*, 1931. — E. Benz, "Joachim-Studien", *Zeitschrift für Kirchengeschichte*, 50 (1931), 24-111; 51 (1932), 415-455; 53 (1934), 52-116. — J. Ch. Huck, *Joachim von Floris und die joachimistische Literatur*, 1938. — F. Foberti, *G. da Fiore e il Gioacchinismo antico e moderno*, 1942. — Antonio Grocco, *G. da F., la più singolare ed affascinante figura del Medioevo cristiano*, 1960. — D. C. West, ed., *J. of F. in Christian Thought*, 2 vols., 1975. — M. Reeves, *The Influence of Prophecy in the Later Middle Ages: A Study in Joachism*, 1976. — H. Grundmann, ed., *J. v. F.*, 1977. — H. de Lubac, *La postérité spirituelle de J. de F. II. De Saint-Simon à nos jours*, 1981. — D. C. West, S. Zimdars-Swartz, *J. of F.: A Study in Spiritual Perception and History*, 1983. — B. MacGinn, *The Calabrian Abbot: J. of F. in the History of Western Thought*, 1985. ⊃

JODL, FRIEDRICH (1849-1914). Nascido em Munique, professor a partir de 1885 em Praga e a partir de 1896 em Viena, foi influenciado pelo positivismo antiidealista e pelo monismo naturalista. Jodl opõe-se a toda metafísica, mas pretende esboçar uma concepção do mundo baseada nos resultados da ciência. Essa concepção se contrapõe a toda religião positiva, mas se aproxima de um antropologismo religioso tal como foi defendido por Feuerbach. Embora positivista e naturalista, Jodl não é um naturalista materialista e menos ainda um materialista dogmático. Sua oposição ao idealismo é, em última análise, uma oposição ao idealismo dogmático e puramente "especulativo". Diante desse idealismo há outro que reconhece o caráter essencialmente moral do homem. Este último idealismo é, para Jodl, o "idealismo verdadeiro", considerando-se o primeiro idealismo um "idealismo falso".

Jodl desenvolveu uma grande atividade dentro do chamado "Movimento ético", impulsionado pela "Sociedade ética" (*Ethische Gesellschaft*). Correspondendo a essa atividade prática, Jodl dedicou-se a uma reflexão sobre os problemas éticos, tanto em sentido crítico como histórico. A aspiração de Jodl era a de fundamentar uma moral eudemonista, cuja última finalidade é a felicidade humana e até mesmo o culto à Humanidade. Este último é concebido pro Jodl como a expressão da consciência que o universo tem de si mesmo mediante o homem e como o produto último de uma evolução que não chega a cindir a realidade em Natureza e Espírito mas sempre insiste no caráter moral do ser humano.

⊃ Obras: *David Humes Lehre von der Erkenntnis*, 1871 (tese) (*A doutrina do conhecimento de D. H.*). —

Leben und Philosophie D. Humes, 1872. — *Kulturgeschichtsschreibung*, 1878 (*A hisoriografia da cultura*). — *Studien zur Geschichte und Kritik der Theorien über den Ursprung des Sittlichen*, 1880 (escrito para obter a *venia legendi*) (*Estudos para a história e a crítica das teorias sobre a origem do moral*) [sobre Hobbes e seus adversários]. — *Geschichte der Ethik in der neueren Philosophie*, 2 vols., 1882-1889; 2ª ed., com o título *Geschichte der Ethik als philosophischer Wissenschaft*, 2 vols., 1906-1912 (*História da ética na filosofia moderna*; 2ª ed., *História da ética como ciência filosófica*). — *Volkswirtschaftslehre und Ethik*, 1886 [Deutsche Zeit– und Streitfragen, 224] (*Ciência econômica e ética*). — *Moral, Religion und Schule*, 1892. — *Über das Wesen des Naturrechts und seine Bedeutung in der Gegenwart*, 1893 [Prager Juristische Vierteljahrschrift, Bd. 25, Heft 1] (*Sobre a essência do direito natural e sua significação no presente*). — *Wesen und Ziele der ethischen Bewegung in Deutschland*, 1893; 4ª ed., 1908 (*Natureza e fins do "Movimento Ético" na Alemanha*). — *Was heisst ethische Kultur?*, 1894 [Sammlung gemeinnütziger Vorträge, 191] (*O que significa a cultura ética?*). — *Über das Wesen und die Aufgabe der Ethischen Gesellschaft*, 1895; 4ª ed., 1914 (*Sobre a natureza e a tarefa da "Sociedade Ética"*). — *Lehrbuch der Psychologie*, 1896; 2ª ed., 1924, ed. C. Siegel (*Manual de psicologia*). — *Ludwig Feuerbach*, 1904. — *Was heisst Bildung?*, 1909 (*O que significa a educação?*). — *Wissenschaft und Religion*, 1909. — *Der Monismus und die Kulturprobleme der Gegenwart*, 1911 [conferência] (*O monismo e os problemas culturais do presente*). — *Vom wahren und vom falschen Idealismus*, 1914 (*Do idealismo verdadeiro e do falso*). — *Vom Lebensweg: Gesammelte Vorträge und Aufsätze*, 2 vols., 1916-1917, ed. W. Börner (*Do caminho da vida. Conferências e artigos*). — *Aesthetik der bildenden Künste*, 1917, ed. W. Börner (*Estética das artes plásticas*). — *Zur neueren Philosophie und Seelenkunde. Aufsätze*, 1917, ed. W. Börner (*Para a filosofia e a psicologia modernas*). — *Allgemeine Ethik*, 1918, eds. C. Siegel e W. Schmied-Kowarzik. — *Kritik des Idealismus*, 1920, eds. C. Siegel e W. Schmied-Kowarzik. — *Geschichte der neueren Philosophie*, 1930, ed. Karl Roretz (trad. esp.: *Historia de la filosofía moderna*, 1951).

Bibliografia (até 1914) por W. Schmied-Kowarzik em *Archiv für Geschichte der Philosophie*, 37, N. S., 20 (1914), 474-489.

Ver: W. Börner, *F. J.*, 1911. — Margarete Jodl, *F. J., sein Leben und sein Wirken*, 1920. ᴄ

JOËL, KARL (1864-1934). Nascido em Hirschberg (Silésia), foi discípulo de Dilthey em Breslau e estudou em Leipzig, Berlim e na Basiléia; nesta última cidade foi professor extraordinário (1897-1902) e titular (a partir de 1902).

Joël admitiu ser um "neo-idealista" e seguir em grande parte as inspirações de Schelling — que foi mestre de seu pai, o rabino Hermann Joël — contra todas as formas de naturalismo e utilitarismo. Opondo-se à concepção mecanicista do mundo, Joël defendeu uma concepção "organicista", que representasse uma "afirmação da vida" e de sua unidade. A filosofia deve desenvolver as implicações da concepção do mundo e satisfazer as aspirações da alma. Isso não significava, contudo, um puro "romantismo", mas uma tentativa de alcançar uma concepção "clássica" na qual se chegasse a reconhecer "a significação vital do pensamento" (uma idéia que Joël comungou com Simmel, do qual se tornou amigo em Berlim por volta de 1887). O pensamento deve se tornar, pois, vital, mas ao mesmo tempo a vida deve se tornar pensante. Pensamento e vida são duas formas básicas do orgânico; o pensamento é, pois, uma função orgânica. Desse modo, Joël foi elaborando uma concepção orgânica, ou organicista, do mundo que deveria superar tanto o monismo como o dualismo. Segundo Joël, a história da filosofia manifesta o desenvolvimento das grandes concepções do mundo e mostra a herança de todo filósofo ansioso por incorporar o passado tornando-o vivo em seu próprio pensamento. Joël dispensou especial atenção ao pensamento grego, mostrando nele os traços "românticos" que se reiteram na época moderna.

➔ Obras: *Der echte und der Xenophontische Sokrates*, 2 vols. [3 partes], 1892-1901 (*O Sócrates autêntico e o Sócrates xenofôntico*). — *Philosophenwege. Gesammelte Aufsätze*, 1901 (*Trajetórias dos filósofos. Ensaios reunidos*). — *Nietzsche und die Romantik*, 1905; 2ª ed., 1913. — *Der Ursprung der Naturphilosophie aus dem Geiste der Mystik*, 1906; nova ed., 1926 (*A origem da filosofia da Natureza no espírito da mística*). — *Der freie Wille. Eine Entwicklung in Gesprächen*, 1908 (*O livre-arbítrio. Desenvolvimento em conversações*). — *Seele und Welt. Versuch einer organischer Auffassung*, 1912; 2ª ed., 1923 (*Alma e mundo. Em busca de uma concepção orgânica*). — *Die philosophische Krisis der Gegenwart*, 1914; 3ª ed., 1922 (*A crise filosófica do presente*). — *Antibarbarus*, 1914 [artigos e conferências]. — *Die neue Weltkultur*, 1915 (*A nova cultura universal*). — *Die Vernunft in der Geschichte*, 1916 (*A razão na história*). — *Geschichter der antiken Philosophie*, I, 1921 (*História da filosofia antiga*). — *Kant als Vollender des Humanismus*, 1924 (*K. como realizador do humanismo*). — *Wandlungen der Weltanschauung. Eine Philosophiegeschichte als Geschichtsphilosophie*, I, 1928 (*Transformações da concepção do mundo. Uma história da filosofia como filosofia da história*).

Auto-exposição em *Die Philosophie der Gegenwart in Selbstdarstellungen*, I (1921).

Ver: vários autores, *Festschrift K. Joël*, 1934. ᴄ

JOGO. A noção de jogo desempenha um papel importante em várias teorias estéticas, psicológicas e antropológico-filosóficas. Schiller chega inclusive, em suas *Cartas sobre a educação estética do homem* (carta 15), a considerar o impulso lúdico — *Spieltrieb* — como o fundamento do impulso artístico. Esse impulso lúdico, todavia, não é para Schiller um instinto particular: é uma síntese do instinto da forma e do instinto sensível. Em seus *Princípios de psicologia* Spencer sustentou que o instinto do jogo se explica como uma energia biológica remanescente que pode ser vertida de duas formas: uma inferior, que é o esporte, e outra superior, a arte. O impulso lúdico pode, pois, ser satisfeito com atividades não diretamente destinadas a cumprir finalidades biológicas. A teoria do impulso lúdico como uma energia psíquica — ou biopsíquica — remanescente foi muito difundida no início do século XX; praticamente todas as concepções naturalistas aderiram a ela. Enquanto para alguns, entretanto, o jogo cumpre uma finalidade estritamente biológica, para outros realiza-se, no processo de atividade lúdica, o que Wundt chamava de heterogênese dos fins: o termo final da atividade pode se divorciar de sua origem. A estreita relação entre a atividade lúdica e a artística foi estudada por K. Groos; ao contrário de Spencer, contudo, Groos considera que a atividade lúdica não é uma descarga, mas uma preparação para a vida. Outras teorias propostas sobre o jogo são: o jogo é uma conseqüência do impulso de imitação; o jogo é a expressão de um desejo de domínio ou competição; o jogo é uma atividade inteiramente desinteressada. Todas essas teorias foram rejeitadas por J. Huizinga, que sustenta que o jogo é uma função do ser vivo — não apenas, pois, do homem — dotada de independência com relação a outras atividades. Trata-se de algo livre, supérfluo (mas justamente por isso ainda mais desejável), separado da vida comum (da qual quer escapar), criador de ordem (tendente por isso à beleza), surgido da tensão (e, portanto, da incerteza). Em suas formas superiores, o jogo tende à representação de algo, isto é, à figuração (e, poderíamos acrescentar, à transfiguração) da realidade. Por isso ele é um fenômeno cultural (em um sentido amplo dessa expressão) e pode ser estudado, como fez esse autor, como uma função criadora de cultura que se manifesta no Direito, na guerra, no saber, na arte e até mesmo na filosofia. A tendência a destacar o papel do jogo em distintas culturas possibilita, segundo Huizinga, que se fale de culturas — ou de épocas em uma cultura — colocadas sob a égide do jogo, e de culturas nas quais é reduzido, embora jamais inteiramente aniquilado, o elemento lúdico. Assim, por exemplo, enquanto cresce a importância do lúdico na vida medieval e na contemporânea, ela se dissipa quase completamente em certas manifestações culturais do século XIX, que Huizinga considera um século essencialmente "sério".

Um ponto de vista "ontológico" — sendo que 'ontológico' se distingue basicamente de 'ôntico' — sobre o jogo foi adotado e desenvolvido por Eugen Fink (*op. cit. infra*). Segundo esse autor, o jogo pode ser compreendido pelo contraste entre a realidade cósmica e a finitude humana individual. A individuação humana finita diante do cosmos é *pensada* como jogo. Por isso, no homem, tudo — incluindo o trabalho — é jogo (no sentido "ontológico"). Fink sustenta que o mundo e a mundanidade do jogo estão cheios de ambigüidades. A ontologia do jogo, à luz da idéia do "ser e mundo", constitui um dos prelúdios da "fenomenologia do fenômeno" de Fink. O conceito de jogo também desempenha um papel importante nas obras do "último Heidegger". Em *Was ist Denken?* (1954), p. 84, Heidegger levanta o problema do "jogo da linguagem" (*Spiel der Sprache*), que não é um mero "jogar com a linguagem" (*Wortspielerei*), mas um modo de ver o que a linguagem propriamente diz quando "fala". Em seu ensaio sobre a "coisa" (*Das Ding*) em *Vorträge und Aufsätze* (1954), Heidegger também se refere ao jogo: ao "deixar ser" a coisa como coisa, e ao pensá-la desse modo, deixamos que o ser da coisa se aproxime de nós (um ser que "joga o jogo do mundo"). E em *Der Satz vom Grund* (1957), pp. 171-188, Heidegger fala de um modo de entender o "princípio de razão" pelo qual damos um salto (*Sprung*) que leva o pensar a um jogo com aquilo em que "descansa" o ser como ser. Por meio desse salto o pensamento mede a magnitude do jogo em que se joga nosso ser humano. Mas com isso ainda não sabemos de que jogo se trata; sabemos apenas que até agora o pensar não alcançou a altura que o salto indicado requer. Presumimos que o ser desse jogo é uma *ratio*, regra do jogo, de modo que a frase de Leibniz *Cum Deus calculat fit mundus* poderia ser mais bem traduzida do seguinte modo: "Enquanto Deus joga, faz-se o mundo" (*Während Gott spielt, wird die Welt*). Werner Marx (*Heidegger und die Tradition* [1961], p. 80) observa que para Hegel o ser "joga" como conceito na medida em que se põe em relação consigo mesmo no "ser outro". Isso é como um "reflexo" do ser em outro e tem alguma semelhança com a idéia Heideggeriana do jogo (*Spiel*) como um refletir-se (*Spiegeln*). Em todo caso, a idéia do jogo em Heidegger pertence, segundo Werner Marx, à "metafísica da luz", na qual está incluída a "abertura", "a verdade" etc. Nessa metafísica não é preciso perguntar por um "porquê" — "joga porque joga" (*Der Satz vom Grund*, p. 188).

Hans-Georg Gadamer desenvolveu a idéia de jogo tomando como fio condutor o jogo artístico. Como neste último, há um "horizonte" de tradição no qual ocorre o diálogo. O dialogar em que consiste o processo "discursivo" histórico efetua-se dentro dos limites de um jogo no qual também se espera que os limites sejam ultrapassados. Desse modo, o jogo serve, para Gadamer, como fio condutor para a explicação ontológica (*Wahr-*

heit und Methode, 2ª ed., 1965, pp. 97 ss.). Não se trata, para Gadamer, de que existam alguns "jogadores" que tornem o jogo possível, mas antes que o jogo torna possíveis os jogadores. Daí o "primado do jogo em relação à consciência do jogador" (*op. cit.*, p. 100). O jogo não deve ser entendido como uma frivolidade diante do que é "sério"; a dimensão ontológica do jogo é a mesma dimensão ontológica da historicidade. Tampouco se deve entender o jogo como um sistema de regras; o jogo é o que torna possíveis as regras, assim como sua transgressão.

No último Wittgenstein, a idéia de jogo tem uma função importante sob a forma dos chamados "jogos de linguagem" ou "jogos lingüísticos" de que falamos em LINGUAGEM (JOGOS DE). Como já observamos, por um lado os jogos de linguagem têm alguma relação com outros jogos; por outro, essa relação não é a de uma série de entidades ou atividades unidas por traços comuns. O que os jogos têm "em comum" é apenas o fato de possuírem um "ar de família" ("semelhanças familiares"). Em todo caso, tanto os jogos não-lingüísticos como os lingüísticos "caracterizam-se" por se realizarem de acordo com regras. Essas regras são muito variadas, desde regras muito formais e formalizadas até regras que podem mudar durante o jogo, incluindo regras de caráter "estratégico". Destas últimas falamos *ad finem*.

O jogo também foi investigado do ponto de vista lógico e matemático. Houve, *grosso modo*, duas fases no estudo do jogo — e dos jogos — que correspondem aos dois já citados. Por um lado, foram investigados, desde Pascal, os chamados "jogos de azar". Por outro lado, há pouco tempo começaram a ser investigados os chamados "jogos de estratégia".

O estudo dos jogos de azar foi realizado sobretudo no âmbito da teoria da probabilidade (ver PROBABILIDADE). Nesse caso considera-se o acaso unicamente nos dados do jogo. Isso ocorre com a roleta e com os dados, os dois jogos que deram o que falar a esse respeito.

O estudo dos jogos de estratégia foi impulsionado, nos últimos tempos, a partir da obra de John von Neumann e de Oskar Morgenstern sobre a "teoria dos jogos e o comportamento econômico". A teoria dos jogos estratégicos também é chamada de "ciência dos conflitos". Trata-se não de lutas, mas de oposição entre dois ou mais contendores. Há, entre os jogos de estratégia, aqueles cujas regras são previamente determinadas e aqueles cujas regras são impostas em cada caso pela situação. Estes últimos jogos são os mais interessantes (e também os de análise mais difícil). Deve-se levar em conta que o que interessa na teoria dos jogos estratégicos são os chamados "aspectos lógicos da estratégia". Trata-se, pois, de uma análise lógica dos dados, circunstâncias, decisões etc., envolvidos no jogo. Isso inclui também as situações psicológicas, mas desde que essas situações sejam traduzíveis para aspectos lógicos. A análise dos jogos de estratégia equivale, portanto, a uma formalização deles. Por isso a teoria dos jogos de estratégia equivale a uma lógica de jogos formalizados.

Há, entre os jogos de estratégia, aqueles cuja informação é completa; são, em geral, os jogos cujas regras são determinadas de antemão e nos quais são levados em conta somente os fatores formalizáveis. Um exemplo desses jogos é o xadrez. Por outro lado, há jogos de estratégia de informação não-completa; são, em geral, os jogos nos quais, dados os contendores, nenhum deles conhece, ou conhece suficientemente, nem a "mão" de seu oponente, nem os fatores que farão o oponente se decidir por determinada "jogada". Exemplos desses jogos são o pôquer, os conflitos militares, os conflitos econômicos e certo número de conflitos psicológicos em princípio formalizáveis (por exemplo, conflitos nos quais aparece o engano, o duplo engano, o engano do duplo engano etc.). Cada um dos oponentes escolhe estratégias. O modo de analisar esses jogos consiste em atribuir valores numéricos às situações. O cálculo utilizado não é nem o cálculo ordinário nem o cálculo situado entre o determinado e o aleatório. As diversas "situações" que vão aparecendo podem ser chamadas de "situações condicionais".

Uma teoria das "intenções subjetivas" baseada na teoria dos jogos de Von Neumann e de Morgenstern foi desenvolvida por Richard M. Martin (*Intension and Decision*, 1963).

As obras de Schiller e de Spencer foram mencionadas no corpo do texto.

Para Groos, ver a bibliografia do verbete sobre esse filósofo.

⮕ A obra de Huizinga é: *Homo Ludens. Proeve eener bepaling van het spelelement der cultuur*, 1940. Em 1939 apareceu a tradução alemã do manuscrito original: *Homo Ludens. Versuch einer Bestimmung des Spielelements der Kultur*. O primeiro desenvolvimento das idéias de Huizinga encontra-se em seu discurso reitoral de Leyden, em 1933, sobre os limites do jogo e da seriedade na cultura: *Over de grenzen van spel en ernst in de cultur*. — Ver também F. Buytendijk, *Wesen und Sinn des Spiels*, 1933. — Id., *Das Spiel von Mensch und Tier*, 1934. — Gerhard von Kujawa, *Ursprung und Sinn des Spiels. Eine kleine Flugschrift versehen mit Randbemerkungen eines Schildburgers*, 1940; 2ª ed., 1949. — Roger Caillois, *Les jeux et les hommes: Le masque et le vertige*, 1958; 2ª ed. rev. e ampl., 1967. — Ingeborg Heidemann, *Der Begriff des Spieles und das ästhetische Weltbild in der Philosophie der Gegenwart*, 1968. — Jacques Henriot, *Le jeu*, 1969. — Herbert Malecki, *Spielräume. Aufsätze zur ästhetischen Aktion*, 1969. — L. M. Hinman, R. Netzky *et al.*, artigos em *Philosophy Today*, 18 (1974), fascs. 2-4. — Heinrich Kutzner, *Erfahrung und Begriff des Spiels. Eine religionswissenschaftliche, metapsychologische und gesellschaftskritische Untersuchung*, 1975. — M. Gisi, *Der Begriff Spiel im Denken J.-P. Sartres*.

Entfremdete und authentische Existenz, dargestellt anhand des Begriffs Spiel, 1979. — S. Fromm, *Wittgensteins Erkenntnisspiele contra Kants Erkenntnislehre*, 1979. — J. S. Hans, *The Play of the World*, 1981. Para E. Fink, ver suas *Oase des Glücks. Gedanken zur Ontologie des Spiels*, 1957, e *Menschenspiel als Weltsymbol*, 1960. — Ver também Gerd Heinz-Mohr, *Spiel mit dem Spiel. Eine kleine Spielphilosophie*, 1959. A obra de Von Neumann e de Morgenstern é: *Theory of Games and Economic Behavior*, 1944. — Ver também R. B. Braithwaite, *Theory of Games as a Tool for the Moral Philosopher*, 1954 (conferência inaugural em Cambridge). — C. Berge, *Théorie générale des jeux à n personnes*, 1957. — R. Duncan Luce e Howard Raiffa, *Games and Decisions: Introduction and Critical Survey*, 1958. — Anatol Rapoport, *Two Person Game Theory: The Essential Ideas*, 1966. — Id., *Fights, Games, and Debates*, 1974. — Morton D. Davis, *Game Theory: A Non-Technical Introduction*, 1970; ed. rev., 1983. — J. C. Harsanyi, *Rational Behaviour and Bargaining Equilibrium in Games and Social Situations*, 1977. — J. Hintikka, E. Saarinen *et al.*, *Gametheoretical Semantics*, 1979, ed. E. Saarinen. — J. Echeverría, *Sobre el juego*, 1980. — J. C. Harsanyi, *Papers in Game Theory*, 1982. — J. Hintikka, *The Game of Language: Studies in Game Theoretical Semantics and Its Applications*, 1983 (com a colaboração de J. Kulas). — F. C. Zagare, *Game Theory: Concepts and Applications*, 1984. — S. J. Brams, *Superpower Games: Applying Game Theory to Superpower Conflict*, 1985. — J. Hintikka, J. Kulas, *Anaphora and Definite Descriptions: Two Applications of Game-Theoretical Semantics*, 1985. — P. C. Ordeshook, *Game Theory and Political Theory: An Introduction*, 1986. — R. J. Aumann, *Lectures on Game Theory*, 1989. — S. J. Brams, *Negotiation Games: Applying Game Theory to Bargaining and Arbritration*, 1990.

Desde 1991 é publicado o *International Journal of Game Theory*, ed. Gerhard Schwödiauer. **G**

JOHANN ECKHART. Ver Eckhart (Mestre).

JOHN DUNS SCOT. Ver Duns Scot, John.

JOHN SCOT ERÍGENA (ca. 810-877). Nascido na Irlanda, lecionou em Paris e redigiu diversas obras, na corte de Carlos o Calvo — entre elas uma versão dos escritos do Pseudo-Dionísio Areopagita —, que incorporaram ao pensamento filosófico medieval os elementos fundamentais do neoplatonismo. A obra de Scot constitui a primeira grande tentativa medieval de um *sistema* filosófico que explique os dogmas teológicos e concorde com eles. Seu neoplatonismo, portanto, deve ser considerado como a adoção de uma tradição que se encaixava perfeitamente no dogma. Mais que o emprego do neoplatonismo como um instrumento, Scot Erígena aspirava à constituição de uma filosofia que fosse a expressão de uma religião verdadeira, que se fundisse de tal modo com essa religião que já não pudesse haver separação entre ambas. Mas em Scot Erígena o neoplatonismo já perdeu o seu caráter estático: a hierarquia dos seres tem, pelo contrário, um caráter dinâmico, pois há algo em seu pensamento que é sempre, apesar dos desvios da ortodoxia, profundamente cristão: a consideração da história como uma peripécia única, a consideração de toda a evolução da criação como um drama. Daí sua imagem grandiosa do Criador e do criado, sua concepção do mundo como hierarquia de seres procedentes da divindade em uma série de criações desta. Deus é a natureza criadora e incriada; Dele provém, como segunda hipóstase, por assim dizer, a natureza criadora e criada, isto é, Dele provêm as idéias, o inteligível. Segue-se a ela a natureza incriada e incapaz de criação, representada pelo mundo sensível. O último elemento dessa série é a natureza que não foi criada e que tampouco é criadora; novamente essa natureza é Deus como ponto final de um desenvolvimento do qual foi princípio e que se cumpre pela aspiração que todo ser possui de se identificar de novo com a natureza divina. A natureza, em um sentido amplo que se reduz, em última instância, à omnitude da natureza divina, constitui, portanto, uma unidade na qual a separação não é mais que o afastamento do primeiro princípio e na qual a temporalidade do mundo é manifestação da eternidade. A criação do homem, que em seu estado anterior ao pecado original possuía um conhecimento puro de Deus, representa o começo do retorno à divindade após a realização da última divisão da natureza, pois no homem arraigado no mundo está formada a imagem de Deus. Sua queda no pecado equivale à sua máxima imersão na matéria, mas sua redenção, efetuada pelo Filho de Deus, permite que o grande desenvolvimento do retorno a Deus não seja detido, mas prosseguido até a destruição final do sensível e até a espiritualização e divinização de todo ser. A criação da Natureza e a história do homem são, portanto, um imenso drama, cujo princípio e fim são idênticos e cujo dinamismo diferencia o sistema de Scot, no qual o conceito de criação desempenha um papel fundamental, do emanatismo neoplatônico, que pressupõe uma ordem eterna e não implica nenhuma modificação da hierarquia existente.

Certos autores concluíram que há em nosso filósofo não apenas uma tendência constante de afirmar que tudo está imerso em Deus, mas também uma contínua inclinação a deificar a Natureza e o homem. Outros, em compensação, salientam que a mencionada *deificatio* não suprime totalmente a subsistência ontológica do ser "deificado". Segundo Paul Vignaux (*La pensée au moyen âge*, 1938, p. 16), a absorção completa no Criador é apenas uma aparência, pois, assim como na fusão o ferro parece fogo e não transparece o ar iluminado, assim também permanece a integridade das naturezas. Em outros termos, a unidade ontológica das coisas é, segundo esta interpretação, salva e não aniquilada no processo de deificação.

➲ Obras: a tradução do Pseudo-Dionísio apareceu impressa em Colônia (1556). O escrito *De divina praedestinatione* foi editado primeiramente em Paris (1650) no tomo I de *Guilberti Mauguini veterum auct qui nono saeculo de praedestinatione et gratia scripserunt opera et fragmenta.* O *De divisione naturae* foi editado por Thomas Gale em Oxford, 1681, e posteriormente por C. B. Schlüter, Münster, 1838. As obras de Scot Erígena (incluindo a tradução do Pseudo-Dionísio) figuram no tomo CXXII da coletânea de J. P. Migne, 1853. Desde então foram editados separadamente vários escritos de John Scot Erígena: as *Glosas* aos *Opuscula sacra* de Boécio foram editadas por E. K. Rand no tomo *Johannes Scotus*, 1906 [Quellen und Untersuchungen zur lateinischen Philologie des Mittelalters, ed. L. Traube, I, 2]; os poemas foram editados por L. Traube em *Poetae lat. aevi Carol. III*, 1896; as *Solutiones Prisciani Lydi* foram editadas por J. Bywater, 1886. Ver, para a crítica de textos e de fontes, os comentários de Traube na edição supracitada.

Bibliografia: I. P. Sheldon-Williams, "A Bibliography of the Works of J. S. E.", *Journal of Ecclesiastical History*, 10 (1960).

Ver: Franz Anton Staudenmaier, *J. S. E. und die Wissenschaft seiner Zeit*, 1834; reimp., 1965. — Johannes Hubber, *J. S. E. Ein Beitrag zur Geschichte der Theologie und Philosophie im Mittelalter*, 1861; reimp., 1960. — A. Stöckl, *De Ioh. Scoto Erigena*, 1867. — Oscar Hermans, *Das Leben des Erigenas*, 1868 (disc. inaug.). — H. Rähse, *Des Johannes Scotus Stellung zur mittelalterlichen Scholastik und Mystik*, 1874. — F. H. Hoffmann, *Der Gottes- und Schöpfungsbegriff des Johannes Scotus Erigenas*, 1876 (disc. inaug.). — A. Brilliantoff, *La influencia de la teología oriental sobre la teología occidental en las obras de J. Escoto Erigena* (em russo: São Petersburgo, 1898). — Verbete "Erigene", por F. Vernet, no *Dictionnaire de théologie catholique*, de Vacant-Mangenot-Amann, t. V, Pt. I, 1913, cols. 401-434. — A. Schneider, *Die Erkenntnislehre des J. S. Erigenas im Rahmen ihrer metaphysischen und antropologischen Voraussetzungen*, I, 1921; II, 1923. — V. H. Bett, *Johannes Scottus Erigena, a Study in Mediaeval Philosophy*, 1925. — Maïeul Cappuyns, *Jean Scot Erigène. Sa vie, son oeuvre, sa pensée*, 1933; nova ed., 1965. — M. del Pra, *Scoto Erigena ed il neoplatonismo medievale*, 1941 (em *Storia universale della filosofia*, 21). — P. Mazzarella, *Il pensiero di G. S. E.*, 1957. — Tullio Gregory, *G. S. E.: Tre studi*, 1962 [inclui dois trabalhos publicados no *Giornale Critico della Filosofia Italiana*, 1958 e 1960, e um inédito]. — René Roques, "Remarques sur la signification de J. S.", *Divinitas* 9(1967), 245-329. — Id., *Libres sentiers vers l'erigénisme*, 1975 (quatro estudos, 1967-1973; o primeiro deles foi mencionado acima). — Vários autores, *J. S. E. et l'histoire de la philosophie*, 1978, ed. R. Roques (Colóquio de 7-12 de julho de 1975). — S. E. Gersh, *From Iamblichus to E.: An Investigation*, 1978. — E. Jeauneau, *Quatre thèmes érigéniens*, 1978. — W. Beierwaltes, ed., "Eriugena. Studien zu seinen Quellen", *Abhandlungen. Heidelberg Akademie für Wissenschaften*, 3 (1980), 55-74. — G. Schrimpf, *Das Werk des J. S. E. im Rahmen des Wissenschaftsverständnisses seiner Zeit. Eine Hinführung zu Periphyseon*, 1982. — J. J. O'Meara, *E.*, 1988. — D. Moran, *The Philosophy of J. S. E.: A Study of Idealism in the Middle Ages*, 1989. ➲

JOHNSON, SAMUEL (1696-1782). Nascido em Guilford, Connecticut (EUA), preparou-se para a carreira eclesiástica na "Collegiate School" (atualmente, Universidade de Yale). Primeiramente ministro congregacionista, em 1722 ingressou na Igreja anglicana. Após uma breve residência em Londres, abriu uma igreja anglicana em Connecticut (1724-1756). Em 1756 foi nomeado primeiro presidente do "King's College" (atual Universidade de Colúmbia). Inicialmente seduzido pelas idéias de Bacon, Locke e Newton, seguiu posteriormente a filosofia de Berkeley, a quem ele visitou com freqüência durante a estadia deste filósofo em Rhode Island. Johnson esperava encontrar no idealismo berkeleiano um firme apoio para a defesa das verdades religiosas. Expôs suas idéias sistematicamente no primeiro livro de texto filosófico publicado nos Estados Unidos: os *Elementa Philosophica* (ver a bibliografia). Nessa obra, Johnson recomenda a leitura e o estudo de Berkeley (mas também de Locke, Norris e Malebranche). Johnson define o saber (*learning*) como "o conhecimento de tudo o que possa contribuir para nossa verdadeira felicidade, tanto na teoria como na prática". O saber divide-se em filologia, ou estudo de palavras e outros signos, e em filosofia, ou estudo das coisas significadas por palavras e signos. A filosofia, por sua vez, divide-se em filosofia geral e em filosofia especial. A filosofia geral subdivide-se em racional (metafísica, lógica) e matemática; a filosofia especial, em natural, moral, especulativa e prática. A filosofia especial prática trata de ética ou comportamento em geral, econômico ou comportamento das famílias, e político. Os *Elementa* constam de duas partes. Na primeira delas o autor se propõe "esboçar do modo mais breve possível os diversos passos que o espírito humano dá, desde as primeiras impressões dos sentidos até os diversos progressos que ele realiza para chegar à perfeição e ao gozo de si que constitui o grande fim de seu ser". O espírito (*mind*) é estudado como espírito em geral e em seus objetos e operações; como espírito que apreende os objetos; como espírito que julga, afirma, nega etc.; como espírito que elabora seus pensamentos sistematicamente; como espírito que quer, atua etc. e como espírito em progresso rumo à sua mais elevada perfeição. O estudo do espírito é ao mesmo tempo o de todos os conceitos metafísicos e lógicos (corpo e alma; causas; verdade, espaço-tempo; signos; juízos; a razão e o raciocínio; as paixões etc.). Na segunda parte dos *Elementa*, Johnson trata da filosofia moral (ou "religião da Natureza"); seus objetos são os espíritos livres e criados sob o governo de Deus. Seu fim é "a arte de viver feliz mediante o reto conhecimento de nós mesmos e a prática da virtude". Deve-se observar que a felicidade é considerada por Johnson como o fim, e o conhecimento e a virtude, como os meios para tal fim. No final da vida, Johnson tendeu a favorecer certas posições calvinistas e enfatizou a glória e o poder de Deus, mas sem considerar que isso representasse qualquer prejuízo para a busca da felicidade, que é compatível com essa glória e com esse poder.

◯ O título completo dos *Elementa* é: *Elementa Philosophica Containing chiefly: Noetica, Or Things relating to the Mind or Understanding: and Ethica, Or Things relating to the Moral Behaviour*, publicados por Benjamin Franklin na Filadélfia, em 1752; 3ª ed., 1754, Londres, com várias modificações introduzidas por William Smith. Os *Elementa* são uma ampliação da obra anterior de Johnson, *System of Morality*, 1746.

Ver: Herbert e Carol Schneider, *Samuel Johnson, President of King's College. His Career and Writings*, 4 vols., 1929 (I: *Autobiography and Letters*; II: *The Philosopher*; III: *The Churchman*; IV: *Founding King's College*). O vol. II contém os *Elementa*, correspondência com Berkeley e uma série de escritos de J. sobre questões filosóficas. Entre estes mencionamos a chamada "Enciclopédia da filosofia" (*Technologia seu Technometria*), composta de 1.271 "teses". — J. H. Hagstrum, *S. J.'s Literary Criticism*, 1953. — W. J. Bate, *The Achievement of S. J.*, 1955. — R. Voitle, *S. J. the Moralist*, 1961. — R. B. Schwartz, *S. J. and the Problem of Evil*, 1975. — Ch. H. Hinnant, *S. J.: An Analysis*, 1988. — L. Damrosch, *Fictions of Reality in the Age of Hume and J.*, 1989. ◯

JOLIVET, RÉGIS. Ver NEOTOMISMO.

•• **JONAS, HANS** (1903-1993), nascido em Mönchengladbach, estudou filosofia, teologia e história da arte, doutorando-se em 1928, como aluno de Heidegger e Bultmann, com uma tese sobre *Gnosis und spätantiker Geist* (*Gnose e espírito antigo tardio*). Em 1933 emigrou para Londres e em 1935 para a Palestina, lecionando (1938) na Universidade hebraica de Jerusalém. Dali foi para o Canadá (ensinou em 1949 na McGill University e de 1950 a 1954, na Carleton University), para por fim fixar sua residência nos Estados Unidos, onde foi professor da New School for Social Research, em Nova York, até sua aposentadoria em 1976.

Em seu primeiro estudo sobre a gnose (ver GNOSTICISMO) Jonas desce até o fundo mitológico do pensamento gnóstico — no qual se encontram elementos compartilhados por todas as filosofias — para depois ascender novamente e descobrir que os dualismos específicos da gnose ajudam a entender a experiência da divisão, que é fundamental no ser humano. A gnose, em sua tentativa de chegar ao conhecimento, busca o desprendimento da alma com relação ao cativeiro do mundo.

Jonas reencontra a dualidade de sua obra posterior, orientada para a reflexão sobre as ciências naturais e, particularmente, sobre a biologia. Supera a dualidade matéria-espírito, natureza-liberdade, pondo a liberdade no nível mais elementar, no qual a vida está em jogo. Segundo ele, as formas mais elementares do orgânico já prefiguram o espiritual. Com isso se produz uma identificação ontológica entre liberdade e vida. A filosofia da vida tem como conseqüência que o orgânico, a natureza e o corpo são levados realmente a sério, contrariamente ao que ocorria na gnose ou ao que ocorre nas concepções que pretendem objetivar e manipular cientificamente a natureza. É, pois, a relação (a tensão) pessoa/natureza que acaba mostrando que a tensão ser/não-ser faz parte essencialmente da vida. É nessa tensão que a liberdade humana encontra seu lugar.

Compreende-se, portanto, que Jonas também tenha se ocupado de questões éticas e da tensão constante entre ética e técnica. Nesse sentido ele alerta para os perigos e ameaças de uma técnica que, com promessas de progresso e bem-estar, queira submeter e explorar a natureza. Daí o chamado a uma nova responsabilidade que já não deve se caracterizar pelo mero e estreito interesse "pelos iguais", e que deve abraçar tanto a natureza inteira como o tempo e, portanto, o futuro. Para Jonas continuam, portanto, em plena vigência — embora também claramente repostuladas — as questões clássicas sobre como conjugar o ser e o dever ser, os fins e os meios, os fatos e os valores. A aplicação do princípio de responsabilidade a terrenos concretos da experiência humana — concretamente da biomedicina — também ocupou a atenção de Jonas durante quase vinte anos.

◯ Obras: *Augustin und das paulinische Freiheitsproblem*, 1930 (*Agostinho e o problema paulino da liberdade*). — *Gnosis und spätantiker Geist*, 2 vols. (I, 1934; II, 1954) (*Gnose e espírito antigo tardio*). — *Zwischen Nichts und Ewigkeit. Zur Lehre vom Menschen*, 1963 (*Entre o nada e a eternidade. Para a doutrina da pessoa*). — *The Phenomenon of Life. Towards a Philosophical Biology*, 1966. — *Wandel und Bestand. Vom Grund der Verstenhbarkeit des Geschichtlichen*, 1970 (*Mudança e permanência. Do motivo da compreensibilidade do histórico*). — *Das Prinzip Verantwortung. Versuch einer Ethik für die technologische Zivilisation*,

1979 (*O princípio de responsabilidade. Em busca de uma ética para a civilização tecnológica*). — *On Faith, Reason and Responsability*, 1981 (versão alemã: *Macht oder Ohnmancht der Subjektivität? Das Leib-Seele-Problem im Vorfeld des Prinzips Verantwortung*, 1981). — *Technik, Medizin und Ethik. Zur Praxis des Prinzips Verantwortung*, 1985 (*Técnica, medicina e ética. Para a práxis do princípio de responsabilidade*). — *Geist, Natur und Schöpfung*, 1988 (*Espírito, natureza e criação*). Ver: B. Aland, ed., *Gnosis. Festschrift für H. J.*, 1978. — A. Lowe, M. Landmann, P. O. Kristeller *et al.*, *Organism, Medicine and Metaphysics: Essays in Honor of H. J.*, 1978, ed. S. F. Spicker [comemoração do 75° aniversário de J.; bibliografia de seus escritos nas pp. 317-324]. — M. Rath, *Intuition und Modell. H. J.' Prinzip Verantwortung und die Frage nach einer Ethik für das wissenschaftliche Zeitalter*, 1988. •• ↻

JONES, HENRY. Ver HEGELIANISMO.

JÔNICOS. Na história da filosofia grega, o termo 'jônicos' é usado em dois sentidos. Em um sentido amplo, trata-se dos pensadores da chamada *série jônica* contrapostos aos pensadores da chamada *série itálica* (ver ITÁLICOS). A série jônica recebe seu nome do primeiro filósofo da série, Anaximandro. Segundo Diógenes Laércio, a ordem de sucessão dessa série é: Tales, que ensinou Anaximandro, Anaxímenes, Anaxágoras, Arquelau, Sócrates e os socráticos. A partir de Sócrates, a linha se subdivide em três. A primeira delas é: os socráticos e Platão, como fundador da Academia antiga, Espeusipo, Xenócrates, Crantor e Crates, Arcesilau, fundador da Academia média, Lácides, fundador da Academia nova, Carnéades e Clitômaco. A segunda é: Antístenes, Diógenes o Cínico, Crates de Tebas, Zenão de Citio, Cleantes, Crisipo. A terceira é: Platão, Aristóteles, Teofrasto.

Em um sentido restrito chama-se de jônicos somente os filósofos que nasceram e desenvolveram sua atividade filosófica na Jônia, na costa ocidental da Ásia Menor. A expressão 'e desenvolveram sua atividade filosófica' é necessária uma vez que as principais cidades dessa costa são: Mileto, Samos, Éfeso e Clazômenas, e, como se sabe, Pitágoras, embora nascido em Samos, desenvolveu sua atividade filosófica no sul da Itália e é considerado um dos filósofos itálicos. São considerados jônicos, no sentido indicado, os milésios, Heráclito e Anaxágoras. No entanto, tendo em vista as diferenças existentes entre esses filósofos, costuma-se restringir ainda mais o uso do termo 'jônicos' e aplicá-lo apenas aos pensadores milésios e a Heráclito, considerados antigos filósofos naturais.

Segundo R. Mondolfo (Zeller-Mondolfo, *La filosofía dei Greci*, II, pp. 12-14), a divisão da filosofia antiga até Sócrates em uma escola jônica e em uma escola itálica oferece muitos inconvenientes. Pareceria mais justa uma divisão em um ramo jônico e em um ramo dórico, correspondendo à possível divisão em uma tendência realista e uma tendência idealista, respectivamente. Ora, se atendêssemos ao local de nascimento dos pensadores, não poucos filósofos que poderiam ser incluídos no ramo dórico deveriam ser chamados de "jônicos" (por exemplo, o fundador do pitagorismo e o da escola eleata). A divisão entre os ramos jônico e dórico tampouco é satisfatória. A rigor, nenhuma divisão desse tipo é plenamente satisfatória, razão pela qual a divisão clássica entre jônicos e itálicos pode continuar sendo mantida simplesmente como uma divisão cômoda.

Ver a bibliografia de FILOSOFIA GREGA e de PRÉ-SOCRÁTICOS.

JORGE DE TREBIZONDA (1395-1484), nascido em Creta, estudou em Veneza e mudou-se para Roma, onde exerceu um intenso trabalho como tradutor de obras gregas para o latim. Entre as obras traduzidas por Jorge de Trebizonda figuram a *Retórica* de Aristóteles, as *Leis* de Platão e o *Almagesto* de Ptolomeu. Também traduziu textos de Eusébio e de São João Crisóstomo. Ele tendeu primeiramente à filosofia platônica, depois opôs-se a Pleton (VER) e defendeu Aristóteles contra o que ele considerava falsificações de suas doutrinas por parte de autores platonizantes e neoplatonizantes.

↻ A mais conhecida obra de J. de T. são as *Comparationes philosophorum Aristotelis et Platonis* (1523), reimp., 1964.

O primeiro, e até agora único, livro sobre J. de T. é: John Monfasani, *George of Trebizond: A Biography and a Study of His Rhetoric and Logic*, 1976 [Columbia Studies in the Classical Tradition, 1]. ↻

JORGENSEN, JORGEN (1894-1969), nascido em Hsderup (Dinamarca), professor na Universidade de Copenhagen, orientou seu trabalho para a ciência unificada e para o neopositivismo, interessando-se também pela difusão da lógica matemática e da epistemologia. Suas investigações psicológicas aproximam-se muito — sem uma aparente influência direta — das da psicologia de orientação fenomenológica, pois se baseiam em uma descrição dos fenômenos de consciência tais como se dão para o observador. Com base nessa descrição, Jorgensen estabelece uma classificação dos fenômenos psíquicos que gira em torno dos conceitos do subjetivo e do objetivo, e que resulta em uma concepção "neutralista" da realidade parecida com a de Mach, embora sem as implicações metafísicas que ainda podem ser rastreadas neste último filósofo.

↻ Obras: *P. Natorp som Representant for den kritiske Idealisme*, 1918 (*P. N. como representante do idealismo crítico*). — *Fdosofiske forelaesninger som indledning til videnskabelige studier*, 1926; 2ª ed., 2 vols., 1935 (*Lições filosóficas como introdução aos estudos científicos*). — *Indledning til Logikken af Metodelaeren*, 1926 (*Introdução à lógica como metodologia*). — *Ak-*

tuelle Stridsporgsmaal, 1931 (*Polêmicas da atualidade*). — *A Treatise of Formal Logic*, 3 vols., 1931; reimp., 1962. — *Filosofiens udvikling i den nyere tid*, 1931 (*O desenvolvimento da filosofia nos últimos anos*). — *Taenkt og Talt*, 1934 (*Pensado e falado*). — *Er Gud Virkelighed?*, 1935 (*Será Deus uma realidade?*). — *Traek of Deduktionsteoriens udvikling i den nyere tid*, 1937 (*Esboço do desenvolvimento da teoria da dedução nos últimos anos*). — *Psykologi pa biologisk grundlag*, 2 vols., 1941-1946 (*Psicologia com fundamento biológico*). — *Den logiske Empirismes udvikling*, 1948 (trad. ingl.: *The Development of Logical Empiricism*, 1951). — *Hvad er psykologi?*, 1955 (ed. rev. do cap. VI de *Psykologi pa biologisk grundlag*). — *Empirisk og apriorisk erkenndelse*, 1960 (*Conhecimento empírico e conhecimento a priori*) [conferência na Primeira Reunião de Filósofos Nórdicos, agosto-setembro de 1959]. — Além disso, colaborações em *Erkenntnis*; *The Journal of Unified Science*; *Theoria*; *Mind*; *Synthese*; *Danish Yearbook of Philosophy*.

Ver artigos de A. J. Ayer, H. Feigl *et al.* em *Danish Yearbook of Philosophy*, 1 (1964), dedicado a J. J. em comemoração a seus 70 anos. — N. E. Christensen, "J. J. as a Philosopher of Logic", *Danish Yearbook of Philosophy*, 13 (1976), 242-248. ⊂

JOSEPH, [HORACE] W[ILLIAM] B[RINDLEY] (1867-1943). Nascido em Rochester (condado de Kent, Inglaterra), foi *Tutorial Fellow* no New College (Oxford). Aproximou-se inicialmente das posições filosóficas e especialmente epistemológicas adotadas pelos mestres contemporâneos em Oxford (John Cook Wilson [VER] e H. A. Prichard [VER]). Joseph opôs-se, desse modo, ao idealismo e defendeu uma espécie de realismo moderado na teoria do conhecimento. Também coincidiu com Cook Wilson nos ataques contra a lógica simbólica, que florescia na época em Cambridge, escrevendo-a esse respeito contra Bertrand Russell e L. Susan Stebbing. Para Joseph, assim como para Cook Wilson, o fundamento da lógica encontra-se na inferência e não na implicação. No entanto, em muitos pontos Joseph se distanciou, ou foi se afastando paulatinamente, de Cook Wilson. Ele reconheceu na teoria do conhecimento a validade de algumas posições, ou ao menos de alguns argumentos, dos idealistas, adotando uma posição intermediária entre o realismo e o idealismo. Na lógica, mergulhou no aristotelismo, buscando apresentar em sua máxima pureza e riqueza as descobertas lógicas de Aristóteles e procurando ver suas implicações metafísicas.

⊃ Obras: *An Introduction to Logic*, 1906; 2ª ed., 1916. — *The Labour Theory of Value in Karl Marx*, 1923 [procedente de conferências dadas em 1913 com o título "Justice and Wages"]. — *The Concept of Evolution*, 1924 [The H. Spencer Lecture 1924]. — *A Comparison of Kant's Idealism with that of Berkeley*, 1929 [The Henriette Herz Lecture 1929]. — *Some Problems in Ethics*, 1931; 2ª ed., 1933. — *Essays in Ancient and Modern Philosophy*, 1935. — *Knowledge and the Good in Plato's Republic*, 1948. — *Lectures on the Philosophy of Leibniz*, 1949. ⊂

JOUFFROY, THÉODORE (1792-1842). Nascido em Pontets (Jura, França), foi professor de filosofia no "Collège Bourbon" e na Escola Normal de Paris (1817-1822). Privado de sua cátedra nos últimos anos do reinado de Luís XVIII e durante a restauração (de Carlos X), reingressou em 1828 na Escola Normal e também foi professor na Sorbonne e no Collège de France.

O pensamento filosófico de Jouffroy é dominado pela idéia de que os velhos dogmas pereceram e de que é preciso encontrar uma saída para essa situação. O "espírito de exame" é necessário, mas quando se detém em uma fase meramente niilista ele é prejudicial e infecundo; o ceticismo ocupa um lugar na evolução das idéias, mas não pode se manter durante muito tempo. É, pois, necessário que alguns espíritos, "verdadeiros representantes da humanidade (já que o resto não tem senão a forma da humanidade)", retirem-se para "descobrir as grandes verdades morais, políticas e religiosas que haviam sido sufocadas pelas formas do antigo dogma e que estão destinadas a governar o mundo sob uma forma ou outra" ("Comment les dogmes finissent", *Globe*, 21, maio, 1825, em *Mélanges philosophiques*, 5ª ed., 1875, p. 17). Para descobrir as verdades é preciso revisar a fundo todos os conhecimentos: a psicologia, a lógica, a moral, a estética, o direito, a história etc. São particularmente importantes as meditações de Jouffroy sobre a psicologia e a moral. A psicologia deve se organizar, em seu entender, cientificamente, segundo o modelo das outras ciências naturais, mas admitindo a introspecção como fonte de conhecimento. Porém a psicologia não é somente uma ciência do que é, mas de toda a marcha da evolução desde o instinto de liberdade (que deve ser entendida como liberdade racional). Quanto à moral, ela conduz imediatamente à metafísica, sobretudo quando se examina a idéia de destino. Segundo Jouffroy, todos os seres possuem um destino especial, "que lhes é imposto por sua natureza" e rumo ao qual todos tendem com a máxima energia. Mas, enquanto há seres que ignoram seu próprio destino ao realizá-lo, há outros seres — as naturezas racionais — que têm consciência dele (*op. cit.*, p. 301). O destino se explica, além disso, mediante o império do princípio de finalidade, que pode estender uma ponte entre as crenças perdidas e as novas crenças.

⊃ Obras: *Les sentiments du beau et du sublime* (tese), 1816. — *Mélanges philosophiques*, 1833; 5ª ed., 1875. — *Cours de Droit naturel*, 2 vols., 1834-1835; 5ª ed., 1876. — Além disso, prefácios à tradução de *Esquisses de philosophie morale* de Dugald Steward (1826) e à de *Oeuvres complètes* de Thomas Reid (6 vols., 1828-

1836; vol. 1: 1836; vols. 2-4: 1828; vols. 5-6: 1829). — Depois de sua morte apareceram, editados por Damiron, os *Nouveaux mélanges philosophiques*, 1842; 4ª ed., 1882; e o *Cours d'Esthétique*, 1845; 3ª ed., 1875. Correspondência ed. por A. Lair, 1901.
Ver: Ph. Damiron, *Essai sur l'histoire de la philosophie en France au XIXᵉ siècle*, 1828. — L. Ollé-Laprune, *Th. Jouffroy*, 1899. — L. Lambert, *Der Begriff des Schönen in der Aesthetik Jouffroys*, 1909 (tese). — M. Salomon, *Th. Jouffroy*, 1910. — J. Pommier, *Deux Études sur Jouffroy et son temps*, 1930. ◖

JOURNAL DE TRÉVOUX. Ver Enciclopédia.

JU. Ver Confucionismo.

JUDAÍSMO. Ver Filosofia judaica.

JUHOS, BÉLA (1901-1971). Nascido em Viena, de família húngara, passou a infância em Budapeste. De 1909 até o fim da vida residiu em Viena. Amigo e discípulo de Moritz Schlick, foi um dos mais fiéis membros do Círculo de Viena (ver Viena [Círculo de]). Juhos permaneceu em Viena, com Victor Kraft, durante a época de dispersão e exílio dos membros desse Círculo. A partir de 1948 lecionou na Universidade de Viena. Sempre seguiu o espírito, e até mesmo a letra, do Círculo. Todos os seus trabalhos versaram sobre questões relativas à análise lógica do conhecimento, especialmente do conhecimento físico, considerado modelo das ciências. Um dos temas a que Juhos dedicou maior atenção foi o da chamada "constatação" ou reconhecimento da verdade de uma proposição juntamente com o do significado da proposição. Essa "constatação" se dá em enunciados analíticos, mas também em enunciados observacionais ou protocolares, embora por razões distintas: no primeiro caso, por ausência de conteúdo; no segundo, porque os termos indéxicos (ver Indéxico) que constam na proposição pertencem à sua forma.
◖ Escritos: "Kritische Bemerkungen zur Wissenschaftstheorie des Physikalismus", *Erkenntnis*, 4 (1934), 397-418 ("Observações críticas concernentes à teoria da ciência do fisicalismo"). — "Empiricism and Physicalism", *Analysis*, 2 (1935), 81-92. — "Negationsformen empirischer Sätze", *ibid.*, 6 (1936), 41-55 ("Formas de negação de enunciados empíricos"). — "Empirische Sätze und logische Konstanten", *Journal of Unified Science [Erkenntnis-Journal of Unified Science]*, 8 (1939-1940), 254-260 ("Proposições empíricas e constantes lógicas"). — "Principles of Logical Empiricism", *Mind*, N. S., 46 (1937), 320-346. — *Erkenntnisformen in Natur- und Geisteswissenschaften*, 1940 (*Formas do conhecimento nas ciências da Natureza e nas do espírito*). — *Die Erkenntnis und ihre Leistung. Die naturwissenschaftliche Methode*, 1950 (*O conhecimento e seus resultados. O método científico-natural*). — "Die erkenntnisanalytische Methode", *Zeitschrift für philosophische Forschung*, 6 (1951-1952), 42-53 ("O método de análise do conhecimento"). — "Die Anwendung der logistischen Analyse auf philosophische Probleme", *Methodos* (1951) ("A aplicação da análise logística aos problemas filosóficos"). — "Die Wahrheit wissenschaftlicher Sätze und die Methoden ihrer Bestimmung", *ibid.* (1952) ("A verdade das proposições científicas e os métodos para determiná-las"). — "Die Voraussetzungen der 'logischen Wahrheit' in den höheren Kalkülen", *ibid.* (1952) ("Os pressupostos da 'verdade lógica' nos cálculos superiores").
Coletânea (de escritos em inglês e de traduções para o inglês) de B. J.: *Selected Papers*, 1976, ed. Gerhard Frey.
Ver: V. Kraft, "Nachruf auf B. J.", *Zeitschrift für allgemeine Wissenschaftstheorie*, 2 (1971), 163-173. — G. Vaccarino, "Discussion of B. J.' *The Application of the Logistic Analysis to Philosophical Problems*", *Methodos*, 3, pp. 117-120. — B. von Juhos, "Discussion of Vacarino's Discussion of Von Juhos' *The Application of Logistic Analysis to Philosophical Problems*", *ibid.*, pp. 120-122. ◖

JUÍZO. Vários são os significados do termo 'juízo'. 1) Juízo é o ato mental por meio do qual formamos uma opinião sobre algo. 2) Juízo é o processo mental mediante o qual decidimos conscientemente que algo é de um modo ou de outro. 3) Juízo é a afirmação ou a negação de algo (de um predicado) em relação a algo (um sujeito). 4) Juízo é um ato mental por meio do qual se une (ou sintetiza) afirmando, ou se separa negando. 5) Juízo é uma operação de nosso espírito que contém uma proposição que é verdadeira ou não e segundo a qual se diz que o juízo é correto ou não. 6) Juízo é um produto mental enunciativo. 7) Juízo é um ato mental mediante o qual pensamos um enunciado. 8) Juízo é um ato do entendimento baseado na força de convicção. 9) Juízo é o conhecimento mediato de um objeto. 10) Juízo é a faculdade de julgar ou também o resultado da faculdade de julgar. Essas definições foram propostas por distintos autores e correntes filosóficas. A primeira é freqüente em moralistas, empiristas (como Locke) e filósofos do senso comum; a segunda é própria de muitos psicólogos; a terceira é propriamente a definição de proposição, mas também o é do juízo enquanto correlato mental da proposição; a quarta é uma definição freqüente em textos escolásticos e neo-escolásticos; a quinta é uma definição proposta — entre outras — por Bolzano; a sexta é uma definição proposta por Pfänder em sua lógica fenomenológica; a sétima é uma definição que pode ser encontrada em vários lógicos contemporâneos, que se baseiam nela precisamente para evitar o emprego, na lógica, do termo 'juízo' com um sentido demasiadamente psicológico ou um significado excessivamente ambíguo; a oitava é uma definição comum a vários autores dos séculos XVII e XVIII; a nona é uma definição dada por Kant; a décima é uma definição própria da antropologia filosófica ou da crítica do juízo em sentido kantiano.

Neste verbete eliminaremos a primeira definição por ser antes de natureza moral; a segunda, por ser predominantemente psicológica; a oitava, por ser excessivamente ambígua; a nona, por ser insuficiente; e a décima, por ter sido esclarecida no verbete Juízo (Faculdade do). As outras definições podem ser reduzidas a um denominador comum: consiste na tendência de situar o juízo na esfera lógica, ainda que seja difícil evitar certas implicações psicológicas. Diga-se de passagem que isso é o que nos inclina a aceitar a sétima definição e as conseqüências que, como indicamos, são extraídas dela. Mas, como o termo 'juízo' continua sendo usado em muitos textos lógicos (de orientação neo-escolástica, de orientação fenomenológica, de orientação normativista e metodológica etc.), consideramos necessário oferecer uma série de precisões que correspondem a esse uso. Observaremos que, como a terceira, a quarta, a quinta, a sexta e a oitava definições destacam no juízo principalmente sua qualidade de produto mental ou de objeto ideal, o juízo se apresenta como algo distinto da proposição (concebida como uma oração enunciativa) assim como do processo psicológico correspondente, de tal modo que os autores que admitem a doutrina do juízo na lógica costumam considerar infundada toda acusação de psicologismo. Isso leva-os freqüentemente a dizer sobre o juízo muitas das coisas que são ditas sobre a proposição (ver) quando esta é definida como o conteúdo do ato mental do julgamento. Comprovaremos isso neste verbete.

É comum considerar que o juízo se compõe de conceitos e que estes estão dispostos de tal forma que não constituem uma mera sucessão. Por isso conceitos como *os homens bons* não são juízos. Em compensação, a série de conceitos *os homens bons são recompensados* é um juízo. Assim, no juízo deve haver afirmação ou negação e o juízo tem de ser verdadeiro ou falso. Uma imprecação, uma súplica, uma exclamação, uma interrogação não são juízos. Por esse motivo os escolásticos dizem que os juízos constituem segundas operações do espírito, sobrepostas às primeiras operações, que são apreensões de conceitos. Os juízos expressam enunciados (proposições ou orações enunciativas). Quando se quer eliminar as implicações psicológicas ao máximo afirma-se (como faz Pfänder) que, embora o juízo seja afirmação ou negação, estas não são determinadas apenas pelo assentimento ou não-assentimento, mas são o resultado da estrutura lógica do juízo.

Os juízos são compostos por três elementos. Um deles é o sujeito, que, sendo um conceito, pode ser qualificado de conceito-sujeito. O conceito-sujeito, simbolizado mediante a letra 'S', distingue-se do termo que desempenha a função de sujeito na oração, assim como do objeto ao qual se refere. Outro elemento é o predicado, que, sendo um conceito, pode ser qualificado de conceito-predicado. O conceito-predicado, simbolizado pela letra 'P', distingue-se do termo que desempenha a função de predicado na oração, assim como do objeto ao qual se refere. Outro elemento, por fim, é a cópula, que liga o conceito-sujeito com o conceito-predicado. A cópula afirma ('é') ou nega ('não é') o predicado do sujeito. Assim, no juízo 'Todos os homens são mortais', 'Todos os homens' é a expressão que designa o conceito-sujeito, 'mortais' é a expressão que designa o conceito-predicado, e 'são' é a cópula que os liga. Discutiu-se às vezes se os juízos existenciais ou juízos da forma 'x existe' são propriamente juízos ou não. Usualmente se responde afirmativamente, de acordo com a tese de que há juízo sempre que se possa traduzir uma expressão para a forma 'S é P' ou 'S não é P'. Como 'x existe' pode ser traduzido — indica-se — para a forma 'x é algo existente', 'x existe' é considerado exemplo de juízo. A mesma solução é dada para expressões tais como 'x fuma', traduzida para 'x é fumante', e assim sucessivamente.

Os juízos podem ser classificados de várias maneiras. Trataremos aqui das mais usadas.

Do ponto de vista da inclusão ou não-inclusão do predicado no sujeito, os juízos se dividem em analíticos e sintéticos (ver Analítico e sintético). Do ponto de vista de sua independência ou dependência em relação à experiência, os juízos se dividem em *a priori* (ver) e *a posteriori*. Do ponto de vista do objeto considerado pelo conceito-sujeito, os juízos dividem-se em juízos reais, ideais, de existência, de valor etc. Do ponto de vista da intenção predicativa (ver Predicado), dividem-se em determinativos, atributivos, de ser, de comparação, de pertença, de dependência e de intenção. Além dessas classificações há uma que ocupa um lugar central na doutrina "tradicional" do juízo, razão pela qual será tratada mais detalhadamente: é a que distingue no juízo a qualidade (ver), a quantidade (ver), a relação (ver) e a modalidade (ver).

De acordo com a qualidade, os juízos dividem-se em afirmativos e negativos. Um exemplo de juízo afirmativo é 'João é bom'. Um exemplo de juízo negativo é 'João não é bom'. Segundo alguns autores, pode-se falar também, do ponto de vista da qualidade, de juízos infinitos, também chamados de 'indefinidos', 'ilimitados' e 'limitativos'. Na "Lógica transcendental" da *Crítica da razão pura*, Kant distingue juízos infinitos (*unendliche*) (que podem ser chamados, como indicamos, de indefinidos e também de "limitativos", porquanto estabelecem limites "com relação à matéria do conhecimento em geral") e juízos afirmativos. O juízo indefinido consiste em excluir um sujeito da classe dos predicados a que o juízo se refere. Um exemplo de juízo indefinido é 'a alma é não-mortal'. Muitos autores, porém, rejeitam os juízos indefinidos, pois consideram que do ponto de vista da forma o juízo 'A alma é não-mortal' é (como já reconhecia o próprio Kant) um juízo afirmativo. A qualidade do juízo se refere à função primária da cópula: a de referência.

De acordo com a quantidade, os juízos dividem-se em universais e particulares. Um exemplo de juízo universal é 'Todos os homens são mortais'. Um exemplo de juízo particular é 'Alguns homens são mortais'. Alguns autores indicam que também há juízos singulares; um exemplo desse tipo de juízo é 'João é mortal'. A quantidade refere-se habitualmente ao conceito-sujeito.

De acordo com a relação, os juízos dividem-se em categóricos, hipotéticos e disjuntivos. Um exemplo de juízo categórico é 'Os suecos são fleumáticos'. Um exemplo de juízo hipotético é 'Se uma pedra se soltar, cairá no chão'. Um exemplo de juízo disjuntivo é "Homero escreveu a *Odisséia* ou não escreveu a *Odisséia*'. A relação se refere à função secundária da cópula, isto é, à função enunciativa.

De acordo com a modalidade, os juízos dividem-se em assertóricos, problemáticos e apodíticos. Um exemplo de juízo assertórico é 'Antônio é um estudante exemplar'. Um exemplo de juízo problemático é 'Os turcos são provavelmente bebedores de café'. Um exemplo de juízo apodítico é 'Os juízos são necessariamente séries de conceitos formados por três elementos'. Discutiu-se muito sobre o sentido da modalidade e se ela é de caráter psicológico, lógico ou ontológico. O sentido lógico foi o mais acentuado, mas alguns autores acreditam que a modalidade lógica depende da ontológica.

As combinações da qualidade com a quantidade nos juízos produzem quatro tipos de juízo: universais afirmativos (A), universais negativos (E), particulares afirmativos (I) e particulares negativos (O). As relações entre esses tipos de juízo são de quatro tipos: contrária, subcontrária, subalterna e contraditória. O que dissemos a esse respeito nos verbetes dedicados aos conceitos citados, assim como em verbetes como OPOSIÇÃO e PROPOSIÇÃO, também pode valer para os juízos, razão pela qual remetemos àqueles. Observemos que em muitos tratados da assim chamada lógica tradicional as classes de juízo segundo qualidade, quantidade, relação e modalidade, assim como o estudo dos juízos segundo as combinações de qualidade e quantidade, são incluídos no capítulo, ou capítulos, sobre a proposição ou sobre o enunciado, e não em um capítulo sobre juízos. Isso ocorre, por exemplo, nos tratados neo-escolásticos. Em compensação, os manuais de lógica que seguem as tendências do século XIX, os que se baseiam em Kant e os que, como Pfänder, se orientam pela fenomenologia tratam dessas divisões na doutrina do juízo.

Como indicamos no início, neste verbete nos limitamos a considerar o juízo do ponto de vista lógico ou, melhor dizendo, do ponto de vista adotado pela maior parte dos lógicos que continuam usando esse termo. Deve-se levar em conta, contudo, que em certos casos — mesmo em alguns autores que foram muito cuidadosos nesse assunto — o conceito lógico de juízo trouxe consigo certas implicações psicológicas. Além disso, em casos ainda mais numerosos o conceito lógico de juízo esteve ligado a seu conceito gnoseológico. A rigor, muito do que se disse anteriormente sobre o juízo do ponto de vista lógico é mais compreensível quando são salientados os aspectos gnoseológicos. Isso ocorre, por exemplo, quando se fala de juízos *a priori* e *a posteriori*. Não tocamos nesse ponto aqui porque nos estendemos sobre ele em vários verbetes deste Dicionário (por exemplo, em A PRIORI; cf. também ANALÍTICO E SINTÉTICO).

Também não tratamos de outras questões freqüentemente ligadas ao problema da natureza do juízo porque foram abordadas em outros verbetes. Por exemplo, a questão da relação entre impressões e juízos, experiência pré-predicativa (ou antepredicativa) e juízo (ver JUÍZO [FACULDADE DO]), a questão da distinção entre juízos de existência e juízos de valor (ver JUÍZO [FACULDADE DO] e VALOR) etc. No que diz respeito à diferença entre juízo e proposição, debatemos esse ponto no verbete PROPOSIÇÃO.

⊃ Sobre a natureza do juízo: Wilhelm Jerusalem, *Die Urteilsfunktion*, 1893. — E. Eberhard, *Beiträge zur Lehre vom Urteil*, 1895. — L. Strümpell, *Die Vieldeutigkeit des Urteils*, 1895. — Walther Kinkel, *Beiträge zur Theorie des Urteils und des Schlusses*, 1898. — G. E. Moore, "The Nature of Judgment", *Mind*, N. S., 8 (1899), 176-193. — G. Stammler, *Begriff, Urteil, Schluss*, 1928. — A. Grote, *Ueber die Funktion der Copula. Eine Untersuchung der logischen und sprachlichen Grundlage des Urteils*, 1935. — Al. Posescu, *Teoria Logica a judecatii*, 1946. — H. Margolis, *Patterns, Thinking, and Cognition. A Theory of Judgment*, 1987.

Sobre o juízo em sentido psicológico e sobre a operação do julgamento: Karl Marbe, *Experimentell-psychologische Untersuchungen über das Urteil*, 1901. — Théodore Ruyssen, *L'évolution psychologique du jugement*, 1908. — J. Serra Hunter, *Ensayo de una teoría psicológica del juicio*, 1910 (tese). — G. Störring, *Das urteilende und das schliessende Denken*, 1926. — Walther Blumenfeld, *Urteil und Beurteilung*, 1931.

Sobre o juízo em sentido fenomenológico e a crítica do psicologismo: Martin Heidegger, *Die Lehre vom Urteil im Psychologismus*, 1914 (tese). — A. Pfänder, "Logik", *Jahrbuch für Philosophie und phänomenologische Forschung*, 4 (1921). — Xavier Zubiri, *Ensayo de una teoría fenomenológica del juicio*, 1923 (tese). — F. Romero, E. Pucciarelli, *Lógica*, 1938; 17ª ed., 1961, cap. IV. — Edmund Husserl, *Erfahrung und Urteil. Untersuchungen zur Genealogie der Logik*, 1939, ed. L. Landgrebe. — J. Buchler, *Toward a General Theory of Judgment*, 1951. — Id., *Nature and Judgment*, 1955.

Sobre o juízo existencial: Hans Cornelius, *Versuch einer Theorie der Existentialurteile*, 1894. — G. Rabeau, *Le jugement d'existence*, 1938. — Suzanne Mansion, *Le jugement d'existence chez Aristote*, 1946.

Sobre o juízo modal: ver a bibliografia de MODALIDADE.

Sobre o juízo hipotético: Ch. Sigwart, *Beiträge zur Lehre vom hypothetischen Urteil*, 1879.

Sobre o juízo disjuntivo: S. Lourié, *Die Prinzipien der Wahrscheinlichkeitsrechnung, eine logische Untersuchung des disjunktiven Urteils*, 1910.

Sobre o juízo provável: J. L. Gendre, *Introduction à l'étude du jugement probable*, 1947.

Sobre o juízo em Kant: M. Souriau, *Le jugement réfléchissant dans la philosophie critique de Kant*, 1926. — Giacoma M. Pagano, *La teoria del guidizio in Kant*, 1976. — J. Kulenkampff, *Kants Logik des äesthetischen Urteils*, 1978. — K. Reich, *Die Vollständigkeit der kantischen Urteilstafel*, 1984.

Sobre o juízo indefinido: J. Gordin, *Untersuchungen zur Theorie des unendlichen Urteils*, 1929.

Sobre o juízo de valor: H. Ludemann, *Das Erkennen und die Werturteile*, 1910. — E. Durkheim, "Jugements de valeur et jugements de réalité", *Revue de Métaphysique et de Morale*, 19 (1911), 437-453, incluído no livro do autor *Sociologie et philosophie*, 1924. — G. Vaucher, *Le langage affectif et les jugements de valeur*, 1925. — E. Goblot, *La logique des jugements de valeur*, 1927. — A. Lalande, *La psychologie des jugements de valeur*, 1929.

Sobre o ser manifestado no juízo: Johannes Baptist Lotz, S. J., *Das Urteil und das Sein. Eine Grundlegung der Metaphysik*, 1957; 2ª ed. da obra: *Sein und Wert. Eine metaphysische Auslegung des Axioms ens et unum convertuntur im Rahme der scholastischen Tranzendentalienlehre*, I, 1938.

Sobre juízo e proposição: L. Kramp, *Das Verhältnis von Urteil und Satz*, 1916. — G. Nuchelmans, *Judgement and Proposition from Descartes to Kant*, 1983. — J. Ziegler, *Satz und Urteil. Untersuchung zum Begriff der grammatischen Form*, 1984.

Sobre a verdade do juízo: Ferdinand Weinhandl, *Ueber Urteilsrichtigkeit und Urteilswahrheit*, 1923.

Sobre a implicação no juízo: Maximilian Beck, *In wiefern können in einem Urteil andere Urteile impliziert sein?*, 1916 (tese).

Sobre a teoria do juízo em diversos autores, ver as obras de S. Mansion (sobre Aristóteles), M. Souriau (sobre Kant) supracitadas e, além disso, Pierre Hoenen, *La théorie du jugement d'après Saint Thomas d'Aquin*, 1946. — J. Fisch, *F. Brentanos Lehre vom Urteil*, 1941. — M. Ahmed, *The Theories of Judgement in the Philosophies of F. H. Bradley and J. C. Wilson*, 1955. — W. Lenders, *Die analytische Begriffs- und Urteilstheorie von G. W. Leibniz und Chr. Wolff*, 1971.

Sobre juízos analíticos e sintéticos, ver o verbete ANALÍTICO E SINTÉTICO e sua bibliografia.

Sobre o juízo como "elemento constitutivo" do "ser do homem", ver Francisco Romero, *Teoría del hombre*, 1952. ⊂

JUÍZO (FACULDADE DO). No verbete JUÍZO nos referimos à definição do juízo como faculdade de julgar. Essa definição usualmente faz parte da antropologia filosófica, especialmente quando se define o homem como o animal capaz de formular juízos em vez de se limitar a ter impressões. Por isso é muito comum o estudo da relação entre o juízo e a chamada experiência antepredicativa, relação à qual Husserl se refere detalhadamente em seu livro *Erfahrung und Urteil*. Alguns autores adotam a esse respeito uma posição metafísica: é o caso de Emil Lask quando define a faculdade do juízo como uma espécie de síntese harmônica entre a subjetividade e a objetividade, de tal modo que a verdade do juízo depende, em última análise, da objetividade absoluta, do objeto puro, que está além de todo julgamento e, portanto, não necessita propriamente do juízo. Este surge em virtude da mencionada oposição, pela qual pode haver verdade ou falsidade em maior ou menor grau de acordo com a maior ou menor distância da "objetividade" em que se encontra aquele que julga. Também tem uma base metafísica — embora distinta da de Lask — a concepção tradicional segundo a qual no juízo afirmamos, pomos ou propomos a existência de tal modo que o juízo é propriamente um "juízo de existência". Desse modo, o juízo se distingue da abstração; como diz Gilson (seguindo Santo Tomás), enquanto esta apreende a essência (ou natureza) das coisas, o juízo apreende as coisas mesmas (isto é, seu existir).

A expressão 'faculdade do juízo' — às vezes traduzida simplesmente por 'juízo' — é empregada sobretudo com relação à filosofia de Kant. Segundo esse autor, a faculdade do juízo (*Urteilskraft*) designa a faculdade de pensar o particular como subsumido no geral. Se o geral está dado, a faculdade do juízo que subsume nele o particular chama-se *juízo determinante* ou *determinativo*; se está dado o específico que é preciso subsumir no geral, a faculdade que busca o geral no qual subsumir o específico chama-se *juízo reflexivo*. O juízo reflexivo é o tema central da *Crítica do juízo*, que se propõe adequar, subordinar ou subsumir algo em um fim. A questão fundamental dessa crítica — "é possível julgar que a Natureza está adequada a um fim?" — representa, assim, como indica Windelband, a mais alta síntese da filosofia crítica: "a aplicação da categoria da razão prática à razão teórica".

⊃ Sobre o juízo reflexivo e sobre a faculdade do juízo em sentido kantiano: W. Frost, *Der Begriff der Urteilskraft bei Kant*, 1906. — M. Souriau, *Le jugement réfléchissant dans la philosophie critique de Kant*, 1926.

— Wolfgang Bartuschat, *Zum systematischen Ort von Kants Kritik der Urteilskraft*, 1972. — A teoria do juízo de Emil Lask encontra-se em *Die Lehre vom Urteil*, 1913 [*Gesammelte Schriften*, I].

Ver também a bibliografia de Juízo, especialmente para as obras de Husserl e de F. Romero. ◐

JULIANO O APÓSTATA. Ver Neoplatonismo.

JUNG, CARL GUSTAV (1875-1961). Nascido em Kesswil (Cantão de Thurgau, na Suíça), trabalhou como psiquiatra na Clínica Psiquiátrica da Universidade de Zurique (1900-1902). Estudou com Pierre Janet na Salpêtrière de Paris (1902) e posteriormente trabalhou sob a orientação de E. Bleuler em Zurique. A partir de 1905 trabalhou na Clínica Psiquiátrica de Burghölzli, em Zurique, e começou a ensinar psiquiatria na Universidade da mesma cidade. Seu primeiro encontro com Freud ocorreu em 1907. A partir de 1907 dirigiu o *Jahrbuch für phsychologische und psychopathologische Forschungen*, fundado por Freud e Bleuler, e em 1911 presidiu a "Sociedade Psicanalítica Internacional", fundada pelo próprio Jung. As críticas de Jung a Freud acabaram tendo como resultado o abandono, pelo primeiro, da escola psicanalítica (1913). A partir de 1913, Jung dedicou-se quase inteiramente à investigação psicológica. Influenciaram muito suas idéias as suas viagens pela África do Norte, pelos EUA (entre os índios do Arizona e do Novo México) e pelo Quênia, assim como as suas relações com o sinólogo Richard Wilhelm, com o indólogo Heinrich Zimmer e com o filólogo e mitólogo Karl Kerényi. Em 1948 foi fundado em Zurique o "Instituto C. G. Jung", cujas publicações aparecem sob o nome de "Estudos do Instituto C. G. Jung".

O principal tema de pesquisa de Jung é a psique, ou o psíquico, como totalidade, sem buscar reduzi-lo ao orgânico ou a um dos aspectos do psíquico (como a libido). As distintas "regiões" da psique não são partes, mas funções desta. A psique compreende a consciência e o inconsciente; este último é como um oceano infinito e insondável no qual flutua, como uma pequena ilha, a consciência. O centro da consciência é o "eu", que está, por assim dizer, "rodeado" pela consciência e pelo inconsciente. Este último é pessoal ou coletivo. O "inconsciente coletivo" é, a rigor, o fundo "oceânico" dentro do qual estão os "eus". O "inconsciente coletivo" é o inconsciente de toda a humanidade e é a "parte" da psique que finca suas raízes no orgânico.

Jung estudou as diversas funções psíquicas mais do ponto de vista de sua atividade que de seu conteúdo. Assim, por exemplo, o pensamento é uma função que tem determinada finalidade; "pensar" não é, ou não é necessariamente, "raciocinar", mas adaptar-se cognitivamente ao mundo. As quatro "funções" capitais da psique são: sensação, sentimento, intuição e pensamento. O predomínio de uma dessas funções origina determinado tipo psicológico. Como cada um dos quatro tipos resultantes pode ser, por sua vez, introvertido — virado "para dentro" — ou extrovertido — virado "para fora" —, têm-se oito distintos tipos psicológicos: quatro introvertidos e quatro extrovertidos. Os tipos em questão são "ideais", pois na realidade não se dão "tipos puros", mas apenas muitas combinações.

É importante o modo como a psique enfrenta o mundo. Seu comportamento em relação ao mundo é chamado por Jung de "pessoa". A "pessoa" não é, propriamente falando, uma "realidade", mas uma "função" ou, como Jung a denomina, um "complexo funcional". Este não deve ser confundido com a individualidade; a rigor, a "pessoa" é como um compromisso entre o individual e o social. A "pessoa" pode ser um conjunto de comportamentos flexíveis ou um conjunto de comportamentos mecanizados. Às vezes a "pessoa" pode representar tudo o que o "indivíduo" é; nesse caso a "pessoa" é, no sentido etimológico do vocábulo, como uma "máscara".

Na psique ocorrem, segundo Jung, numerosas "compensações"; certas funções psíquicas são especialmente ativas justamente porque outras são passivas. Além disso, certas funções, em um mesmo indivíduo, podem ter distintas direções; por exemplo, a extroversão na consciência é compensada pela introversão no inconsciente e vice-versa. A isso se acrescenta a possibilidade de que a direção mude: certas fases em uma vida humana (e até mesmo em uma coletividade inteira) podem ser introvertidas e outras extrovertidas. Deve-se observar que Jung também chamou de "pessoa" a direção extrovertida e de "alma" a direção introvertida. Além disso, ele tendeu a equiparar a extroversão ao eu enquanto eu consciente que se adapta ao mundo, e a introversão com o inconsciente, que é indiferente à adaptação individual e consiste em uma imersão no processo psíquico.

A maior parte das idéias resenhadas acima são resultado da reflexão de Jung sobre a experiência psicológica e psiquiátrica. Em alguns aspectos dessas idéias pode ser rastreado o crescente interesse manifestado por Jung pelo estudo da simbólica e da mitologia de diversos países ou de certas épocas da história. Sobre esse ponto nos limitamos a mencionar a sua idéia dos arquétipos ou conjunto de motivos e símbolos que revelam a resposta do inconsciente (especialmente do "inconsciente coletivo") a certas situações fundamentais. Os arquétipos representam as camadas básicas da psique enquanto "potencialidades herdadas". Aqui o psíquico e o biológico se confundem, ou talvez sejam duas faces da mesma realidade. Não se deve pensar, entretanto, que os arquétipos são sempre o "aspecto obscuro" do psíquico; o arquétipo é "bipolar" e mostra, portanto, dois aspectos: o obscuro e o luminoso. Os arquétipos aparecem de forma simbolizada, tal como, por exemplo, nos mitos.

Todas as idéias anteriores buscam descrever o psíquico como ele é. No entanto, segundo Jung, o psíquico não é uma realidade estática, mas uma realidade que se constitui dinamicamente. Isso é possível em razão do que Jung chama de "libido", entendida principalmente (e ao contrário de Freud) como "energia psíquica". Jung interessou-se especialmente em examinar as várias direções tomadas pela energia psíquica, os obstáculos que ela encontra, os conflitos em que, ao que parece, ela se enreda, os movimentos progressivos e regressivos que ela segue, e seus diversos graus de intensidade. Naturalmente, Jung também se interessou, e muito, pelos problemas psicoterapêuticos, mas tanto esses problemas como os métodos forjados pelo autor e outros aspectos de sua doutrina são mais alheios do que os aqui tratados às questões filosóficas ou psicológico-filosóficas e antropológico-filosóficas, razão pela qual os deixamos de lado. Indicaremos apenas que no curso de seus trabalhos psicoterapêuticos Jung estudou o desenvolvimento da individuação psíquica e que ao examinar o segundo estágio no processo de individuação ele introduziu a idéia da "imagem anímica", que se desdobra em dois aspectos: a *anima* (no homem) e o *animus* (na mulher). Além disso, *anima* e *animus* não estão claramente diferenciados; eles se interpenetram em um complexo jogo de compensações psíquicas.

◯ Obras: as obras de J. são muitas. Mencionamos a maior parte dos trabalhos publicados em livro: *Zur Psychologie und Pathologie sogennanter okkulter Phänomene. Eine psychiatrische Studie*, 1902 (tese) (*Para a psicologia e patologia dos chamados "fenômenos ocultos". Estudo psiquiátrico*). — *Diagnostische Assoziationsstudien*, 2 vols., 1906-1910; 3ª ed., 1915 (*Estudos diagnósticos de associação*). — *Ueber die Psychologie der Dementia praecox*, 1907. — *Die Bedeutung des Vaters für das Schicksal des Einzelnen*, 1909; 3ª ed., 1949 (*A significação do pai para o destino do indivíduo*). — *Ueber Konflikte der kindlichen Seele*, 1910; 3ª ed., 1939 [posteriormente incluído em *Psychologie und Erziehung*]. — *Wandlungen und Symbole der Libido. Ein Beitrag zur Entwicklungsgeschichte des Denkens*, 1912; 4ª ed. com o título: *Symbole der Wandlung. Analyse des Vorspiels zu einer Schizophrenie*, 1951. — *Versuch einer Darstellung der phychoanalytischen Theorie*, 1913; 2ª ed., 1955 (*Tentativa de exposição da teoria psicanalítica*). — *Die Psychologie der unbewussten Prozesse*, 1917 [ampliação do trabalho anterior: "Neue Bahnen der Psychologie", 1912]; 3ª ed., com o título: *Das Unbewusste im normalen und kranken Seelenleben*, 1926; nova ed. com o título: *Ueber die Psychologie des Unbewussten*, 1943 [cada uma das eds. contém ampliações e mudanças, algumas delas consideráveis]. — *Analytische Psychologie und Erziehung*, 1926 [posteriormente incluído em *Psychologie und Erziehung*] (*Psicologia analítica e educação*). — *Die Beziehungen zwischen dem Ich und dem Unbewussten*, 1928; 4ª ed., 1945. — *Ueber die Energetik der Seele* (*Psychologische Abhandlungen*, II), 1928 [incluído posteriormente em *Ueber psychische Energetik* (cf. *infra*)]. — *Das Geheimnis der goldenen Blüte* [trad. do chinês por R. Wilhelm]. Comentário "europeu" de C. G. Jung, 1929; 3ª ed., 1944. — *Seelenprobleme der Gegenwart* (*Psychologische Abhandlungen*, III), 1931; 4ª ed., 1950. — *Die Beziehungen der Psychotherapie zur Seelsorge*, 1932; 2ª ed., 1948 (*As relações entre a psicoterapia e a cura das almas*). — *Wirklichkeit der Seele* (*Psychologische Abhandlungen*, IV), 1934; 3ª ed., 1947. — *Psychologischer Kommentar zu "Das Tibetanische Totenbuch"* [ed. por W. Y. Evans-Wentz, trad. por L. Göpfert-March], 1935; 5ª ed., 1948 (*Comentário psicológico ao* Livro dos mortos *tibetano*). — *Psychology and Religion*, 1938 [The Terry Lectures, Yale University]. — *Einführung in das Wesen der Mythologie*, 1941; 4ª ed., 1951 [em col. com K. Kerényi (inclui "Das göttliche Kind" e "Das göttliche Mädchen")]. — *Paracelsica. Zwei Vorlesungen über den Arzt und Philosophen Theophrastus*, 1942. — *Psychologie und Alchemie* (*Psychologische Abhandlungen*, V), 1944 [inclui dois trabalhos de 1936]. — *Psychologie und Erziehung*, 1946 [inclui *Ueber Konflikte ...* (cf. *supra*) e *Analytische Psychologie ...* (cf. *supra*)]. — *Aufsätze zur Zeitgeschichte*, 1946. — *Die Psychologie der Uebertragung*, 1946. — *Symbolik des Geistes* (*Psychologische Abhandlungen*, VI), 1948. — *Ueber psychische Energetik und das Wesen der Träume* (*Psychologische Abhandlungen*, II), 1948 [inclui *Ueber psychische Energetik* (cf. *supra*)]. — *Gestaltungen des Unbewussten* (*Psychologische Abhandlungen*, VII), 1950 (*Formas do Inconsciente*). — *Aion. Untersuchungen zur Symbolgeschichte* (*Psychologische Abhandlungen*, VIII), 1951. — *Naturerklärung und Psyche*, 1952 [em col. com W. Pauli]. — *Von den Wurzeln des Bewusstseins* (*Psychologische Abhandlungen*, IX), 1954 (*Das raízes da consciência*). — *Mysterium coniunctionis. Untersuchungen über die Trennung und Zusammensetzung der seelischen Gegensätze in der Alchemie*, 3 vols. (*Psychologische Abhandlungen*, X, XI, XII), 1955-1957 [em colaboração com M.-L. von Franz (vol. I: *Die Symbolik der Polarität und Einheit*, caps. I-III; vol. II: *ibid.*, caps. IV-VI; vol. III: *Aurora consurgens. Ein dem Thomas von Aquin zugeschriebenes Dokument d. alch. Gegensätzproblematik*)] (*M.c. Investigações sobre a separação e composição dos opostos anímicos na alquimia*). — *Bewusstes und Unbewusstes*, 1957 (*Consciente e inconsciente*). — *Gegenwart und Zukunft*, 1957. — *Ein moderner Mythus. Von Dingen die am Himmel gesehen werden*, 1958. Edição de obras: *Gesammelte Werke*, 9 vols., 1958-1983, eds. M. Niehus-Jung. — *Briefe*, 3 vols., 1972-1973.

Em português: *Ab-reação, análise dos sonhos, transferência*, 1990. — *Aion—Estudos sobre o simbolismo do si-mesmo*, 5ª ed., 1998. — *Os arquétipos e o inconsciente coletivo*, 2000. — *Aspectos do drama contem-*

porâneo, 1990. — *Chaves-resumo das Obras Completas*, 1998. — *Civilização em transição*, 1993. — *Desenvolvimento da personalidade*, 6ª ed., 1998. — *Dinâmica do inconsciente*, s.d. — *Energia psíquica*, 6ª ed., 1997. — *O espírito na arte e na ciência*, 3ª ed., 1991. — *Estudos experimentais*, 1995. — *Estudos psiquiátricos*, 1994. — *O eu e o inconsciente*, 11ª ed., 1996. — *Freud e a psicanálise*, 1990. — *Fundamentos de psicologia analítica*, 7ª ed., 1996. — *O homem e seus símbolos*, 14ª ed., 1996. — *Interpretação psicológica do dogma da Trindade*, 4ª ed., 1994. — *Memórias, sonhos e reflexões*, 21ª ed., — 2000. — *Um mito moderno sobre coisas vistas no céu*, 1991. — *Mysterium coniunctionis*, 1, 1988. — *Mysterium coniunctionis*, 2, 1990. — *Mysterium coniunctionis*, 3, 1998. — *A natureza da psique*, 1991. — *A prática da psicoterapia*, 1998. — *Presente e futuro*, 3ª ed., 1991. — *Psicogênese das doenças mentais*, 1990. — *Psicologia do inconsciente*, 10ª ed., 1995. — *Psicologia e alquimia*, 1994. — *Psicologia e religião*, s.d. — *Psicologia e religião oriental*, 5ª ed., 1991. — *Psicologia em transição*, s.d. — *Resposta a Jó*, 1986. — *O segredo da flor de ouro*, 9ª ed., 1998. — *Símbolo da Transformação na missa*, s.d. — *Símbolos de transformação*, 3ª ed., 1995. — *Sincronicidade*, 7ª ed., 1997. — *Tipos psicológicos*, 1991. — *A vida simbólica*, 1999. — *A vida simbólica*, vol. 2, 2000.

Depoimento: G. Wehr, *C. G. J. in Selbstzeugnissen und Bilddokumenten*, 1969.

Bibliografia: J. F. Vincic, M. Rathbauer-Vincic, *C. G. J. and Analytical Psychology. A Comprehensive Bibliography*, 1977.

Ver: J. Jacobi, *Die Psychologie C. G. Jung*, 1942; 3ª ed., 1949. — Id., *Komplex, Archetypos, Symbol in der Psychologie C. G. Jungs*, 1957. — H. Schaer, *Religion und Seele in der Psychologie C. G. Jungs*, 1946. — Josef Goldbrunner, *Individuation. Tiefenspsychologie von C. G. J.*, 1949. — F. Fordham, *An Introduction to Jung's Psychology*, 1953. — I. Progroff, *Jung's Psychology and Its Social Meaning*, 1953. — R. Hostie, *Du mythe à la religion: La psychologie analytique de C. G. J.*, 1955. — A. Gemelli, *Psicologia e religione nella concezione analitica di C. G. J.*, 1955. — B. Wingefeld, *Die Archetypen der Selbstwerdung bei C. G. J.*, 1955. — A. M. Dry, *The Psychology of J.: A Critical Interpretation*, 1962. — Charles Baudoin, *L'oeuvre de J. et la psychologie complexe*, 1963. — Paul J. Stern, *C. G. J.: The Haunted Prophet*, 1977. — W. Kaufmann, *Discovering the Mind, vol. 3: Freud versus Adler and Jung*, 1980. — G. B. Hogenson, *Jung's Struggle with Freud*, 1983. — W. A. Shelburne, *Mythos and Logos in the Thought of C. J.: The Theory of the Collective Unconscious in Scientific Perspective*, 1988. — D. R. Griffin, ed., *Archetypal Process: Self and Divine in Whitehead, Jung, and Hillman*, 1989. — M. Nagy, *Philosophical Issues in the Psychology of C. G. J.*, 1991. ⊝

JUNGIUS, JOACHIM (1587-1657). Nascido em Lübeck, foi professor de matemática em Giessen (1609-1614). Em 1615 começou a estudar medicina em Rostock, recebendo em 1618 o título de *Doctor medicinae* da Universidade de Pádua. Lecionou durante algum tempo em Rostock e, a partir de 1636, em Hamburgo. Jungius distinguiu-se em diversas investigações científicas (principalmente em física e botânica). São especialmente importantes do ponto de vista filosófico as contribuições de Jungius à "filosofia natural" (física) e à lógica. A teoria corpuscular que Jungius elaborou seguindo os precedentes de seu mestre, o professor de Wittenberg Daniel Sennert (1572-1637), levou-o a uma concepção quantitativa e mecanicista dos processos naturais. Jungius opôs-se, nesse aspecto, aos escolásticos, e particularmente às doutrinas dualistas de caráter espiritualista. Quanto às investigações lógicas de Jungius (altamente apreciadas por Leibniz), elas se concentram em sua chamada *Logica Hamburgensis* (vide infra). Jungius apresentou a lógica como uma *ars mentis nostrae* que visa estudar as operações "mentais" por meio das quais se discerne o verdadeiro do falso. Sendo as "operações de nossa mente" três — a noção ou conceito, o enunciado e a "dianoea" ou discurso —, a lógica (como lógica geral) divide-se em três partes: a doutrina das noções (que inclui o estudo dos predicáveis e dos póspredicamentos), a doutrina dos enunciados (estudo dos diversos tipos de enunciado) e a doutrina dos raciocínios (principalmente os silogismos). A lógica especial divide-se em apodítica (ou estudo da demonstração), dialética (estudo dos argumentos prováveis) e sofística (estudo das falácias). De acordo com Heinrich Scholz (*op. cit. infra*), as novidades mais importantes na lógica de Jungius são a introdução das *aequipollentiae per inversionem relationis* (ver EQÜIPOLÊNCIA); a introdução das *consequentiae a compositis ad divisa* (de um predicado composto se pode inferir qualquer um dos componentes) e *a divisis ad composita* (de vários componentes de um predicado se pode inferir o predicado composto); a introdução das *consequentiae simplices a rectis ad obliqua procedentes* (de enunciados com termos no nominativo a enunciados com termos em outros casos); e a elaboração dos chamados "silogismos oblíquos".

A atenção que se costuma dedicar hoje em dia aos trabalhos lógicos de Jungius — por ser a parte mais original e influente de sua obra — não deve ofuscar os interesses filosóficos e científicos de Jungius a que nos referimos no início. São especialmente importantes seus trabalhos de filosofia natural (física, mineralogia, botânica etc.). Jungius também se interessou pela fundação de sociedades científicas visando à difusão do conhecimento e a intensificação da pesquisa. Isso parece estar relacionado com vários movimentos religiosos ligados à idéia da necessidade de um progresso da ciência com o fim de preparar o homem ou para a segunda chegada do Messias (como no caso dos puritanos ingleses) ou para a chegada do Messias (como no caso da tradição judaica na qual se insere a Cabala luriânica, ou Cabala de Isaac Luria). O movimento dos rosa-cruzes também está implicado nisso. Frances Yate observou que Leibniz atribuiu a Jungius a redação do escrito rosa-cruz *Fama Fraternitatis*, no qual aparecem referências à evolução da Cabala após a expulsão dos judeus da Espanha em 1492. Desse ponto de vista é possível relacionar os esforços para a promoção das ciências e do conhecimento em Jungius e em Francis Bacon.

⊃ Obras: a primeira edição (1635; 1638 *apud* Vagetius) da *Lógica* leva o título *Logica Hamburgensis, hoc est, Institutiones logicae In usum Schol. Hamburg, conscriptae, & sex libris comprehensae autore Joachino Jungio*. Em 1641 apareceu, anonimamente, um *Compendium logicae Hamburgensis*, que teve uma segunda edição em 1657. A segunda edição da *Logica Hamburgensis* (chamada de *Logica Major* para distingui-la do citado *Compendium*) apareceu em 1681 e foi preparada pelo discípulo de Jungius, Johann Vagetius. Vagetius acrescentou um apêndice e "tabelas de 'conseqüências'" à sua edição. Edição crítica de todos esses textos (a *editio princeps* de 1638; a *editio secunda* de 1681, e o *Compendium* de 1657), com trad. alemã e índices, por Rudolf W. Meyer, 1957 (como uma das publicações da "Joachim Jungius Gessellschaft der Wissenschaften", de Hamburgo). — *Logica Hamburgensis Additamenta, cum annotationibus edidit Wilhelm Risse*, 1977. — Devem-se a Jungius numerosos escritos matemáticos, científicos e filosóficos; muitos desses escritos foram destruídos por um incêndio e outros foram publicados postumamente por seu discípulo Martin Vogel. Dos escritos conhecidos citamos: *Theses miscellae ex universa philosophia, organica, theoretica, practica*, 1608. — *De matheseos dignitate, praestantia et usu* (aula inaugural de 1609 em Giessen). — *De mathematicarum disciplinarum praestantia* (ibid., 1624 em Rostok). — *De propaedia Philosophica sive Propaeduetico Mathematum usu* (ibid., 1626, também em Rostok). — *Auctarium Epitomes Psysicae clarissimi atque experientissimi viri Dr. Sennerti et aliis ajusdem libris excerptum*, 1635. — *Doxoscopiae physicae minores, seu isagoge physica doxoscopica*, 1662. — *Harmonica theoretica*, 1678-1679. — *Isagoge phytoscopica*, 1678. — *Geometria empirica*, 1681. — *Mineralia*, 1689. — *Phoronomica*, 1689. — *Historia vermium*, 1691, ed. J. Harmer. — *Opuscula physica botanica*, 1747, ed. J. P. Albrecht.

Biografia: a primeira foi a de M. Vogel, *Historia vitae et mortis J. Jungii*, 1679. — Ver também: G. E. Guhrauer, *J. J. und sein Zeitalter*, 1850. — Ave-Lallemant, *Das Leben der Dr. med. J. J.*, 1882.

Ver: Emil Wohlwill, *J. J. und die Erneuerung atomistischer Lehren im 17. Jahrhundert*, 1887 (com textos de J. até então inéditos). — Ernst Cassirer, Erich von Lehre *et al.*, *Beiträge zur Jungius-Forschung. Prolegomena zu der von der Hamburgischen Universität beschlossenen Ausgabe der Werke von J. J.*, 1929. — H. Scholz, *Geschichte der Logik*, 1931. — K. Heyns, R. W. Meyer, K. Vogel *et al.*, *Die Entfaltung der Wissenschaft. Zum Gedenken an J. J. (1587-1657)*, 1958. — E. J. Ashworth, "J. J., 1587-1657, and the Logic of Relations", *Archiv für Geschichte der Philosophie*, 49 (1967), 72-85. — H. Kangro, *J. J.'s Experimente und Gedanken zur Begründung der Chemie als Wissenschaft. Ein Beitrag zur Geistesgeschichte des 17. Jh.s*, 1968 (com bibliografia). — Id., "J. J. und G. W. Leibniz. Ein Beiträg zur geistigen Verhältnis beider Gelehrten", *Studia Leibnitiana*, 1 (1969), 175-207. — M. Schupp, "Theoria-Praxis-Poiesis. Zur systematischen Ortsbestimmung der Logik bei J. und Leibniz", em *Theoria cum Praxi*, 3 (1980), 1-13 [Atas do III Congresso Internacional Leibniz]. ⊂

JUNTOR. Às vezes se chama de "juntor" (no plural, "juntores") um conectivo (VER). O termo 'juntor' indica que uma expressão é unida a outra, como em '*p* e *q*', 'se *p*, então *q*' etc. Como, a rigor, 'não' não junta expressões, propôs-se chamar 'não' de "negador", mas 'não' é considerado um conectivo, apesar de não "conectar" expressões, de tal modo que existem as mesmas razões, ou a mesma falta de razão, para chamar 'não' de conectivo ou juntor. Por analogia com 'juntor' foram formados os termos 'quantor' e 'functor'. Os quantores são os quantificadores: universal e particular ou existencial (ver QUANTIFICAÇÃO, QUANTIFICACIONAL, QUANTIFICADOR). Os functores são os símbolos mediante os quais são abreviadas expressões como 'a função cujo valor para o argumento *x*'. Juntores, quantores e functores são operadores de tipos distintos.

JUSNATURALISMO. Dentre as divisões do Direito (VER) estabelecidas, convém aqui mencionar a seguinte: direito natural e direito positivo. Este último, por sua vez, pode ser dividido em direito divino e direito histórico. Houve muitos debates em torno da natureza dessas espécies de direito; alguns declararam que o direito natural e o divino coincidem; outros, que são muito distintos entre si e até mesmo que se contrapõem; outros indicaram que a diferença mais importante está entre o direito natural, que é supostamente universal e, portanto, "justo", e o direito positivo, que se supõe predominantemente, se não exclusivamente, histórico e, por conseguinte, não "justo" ou "menos justo". Não podemos nos estender sobre esses debates aqui; nosso propósito é o de resenhar brevemente uma tendência muito influente do direito natural.

A idéia e a elaboração do direito natural são antigas; sua universalidade e unidade foram enfatizadas por vários autores (por exemplo, por Cícero em *De legibus*, I, 15). Os juristas e filósofos cristãos do direito também elaboraram o direito natural, mas tenderam a considerar que este último se funda no direito divino, isto é, que a lei natural se baseia na lei eterna estabelecida por Deus.

No direito natural distinguiu-se o direito puramente natural (*merum ius naturale* ou simplesmente *ius naturale*) e o direito natural correspondente a certas circunstâncias (*praecepta quae pro certo stato sunt naturalia*). Este último não é necessariamente incompatível com o primeiro; ele pode ser, a rigor, uma aplicação do primeiro.

A tendência denominada *jusnaturalismo* é um aspecto na evolução da doutrina do direito natural. Quando se admitiu que o direito natural não depende do direito divino ou lei eterna, abriu-se o caminho para o moderno "jusnaturalismo". Isso não significa que o "conteúdo" do direito natural salientado pelo jusnaturalismo seja necessariamente distinto do "conteúdo" do direito natural tradicional. Suárez, por exemplo (entre outros), dedicou muita atenção à *lex naturalis*, mas no marco do "Deus legislador", *Deus legislator*. O que é característico do jusnaturalismo moderno é o modo de fundamentação do direito natural. Isso pode ser visto em Hugo Grotivo (VER), que aceita muitas idéias de Suárez (e de Jean Bodin [VER]) mas as funda na idéia de que há um estado de natureza anterior a todo estado social (estado de natureza, aliás, que pode ser determinado racionalmente). Hobbes (VER) e Pufendorf (VER) elaboraram o jusnaturalismo moderno na mesma direção. As doutrinas jusnaturalistas estão na base de muitas teorias do Contrato social (VER).

A maior parte das obras sobre Grotius, Hobbes, Pufendorf e outros filósofos modernos do direito tratam da questão do jusnaturalismo. Também se referem ao assunto as obras sobre a idéia de contrato social (ver a bibliografia desse verbete).

➲ Da abundante literatura sobre o jusnaturalismo, mencionamos apenas: G. Solari, *La scuola del diritto naturale nelle dottrine eticogiuridiche dei seccoli XVII e XVIII*, 1904. — A. Passerin d'Entrèves, *Natural Law: An Introduction to Legal Philosophy*, 1951; reimp., com o título *Natural Law: A Historical Survey*, 1965. — F. Flückiger, *Geschichte des Naturrechts*, 1954. — William Luijpen, *Phenomenology of Natural Law*, 1967. — Eduardo García Máynez, *Positivismo jurídico, realismo sociológico y iusnaturalismo*, 1968. — F. Böckle, E. W. Böckenförde, eds., *Naturrecht in der Kritik*, 1973. — E. Zacher, *Der Begriff der Natur und das Naturrecht*, 1973. — R. Tuck, *Natural Rights Theories: Their Origin and Development*, 1979. — H. MacCoubrey, *The Development of Naturalist Legal Theory*, 1987.

Para os antecedentes do jusnaturalismo moderno, ver: A. Sánchez de la Torre, *Los griegos y el Derecho natural*, 1962. — O. Lottin, *Le droit naturel chez Saint Thomas d'Aquin et ses prédécesseurs*, 1931. ᑕ

JUSTIÇA. Muitos gregos, incluindo os grandes trágicos e alguns filósofos pré-socráticos, consideraram a justiça em um sentido muito geral: algo é justo quando sua existência não interefere na ordem à qual pertence. Nesse sentido, a justiça é muito similar à ordem ou à medida. É justo que cada coisa ocupe seu lugar no universo. Quando isso não ocorre, quando uma coisa ocupa o lugar de outra, quando não se limita a ser o que é, quando há alguma demasia ou excesso, ὕβρις, produz-se uma injustiça. Cumpre-se a justiça somente quando se restaura a ordem originária, quando se corrige, e castiga, o descomedimento.

Essa concepção de justiça pode ser chamada de "cósmica". Toda realidade, incluindo os seres humanos, deve ser regida pela justiça. Esta pode ser considerada uma lei universal (que era freqüentemente personalizada). Essa lei mantém ou, ao menos, expressa a ordem e a medida do cosmos inteiro, e por meio dela se restabelece essa ordem ou medida tão logo ela é alterada.

Logo se destacaram os aspectos sociais da justiça. Uma versão crua da concepção cósmica aplicada aos seres humanos é a seguinte: dada uma ordem social aceita, qualquer alteração dela é injusta. Uma versão menos crua é: quando há um intercâmbio de bens de qualquer espécie entre dois ou mais membros de uma sociedade, considera-se que há justiça somente quando a ninguém se retira o que lhe é devido, quando há equilíbrio no intercâmbio. Se há um desequilíbrio e, portanto, injustiça, tem de haver uma compensação, chamada redundantemente de "compensação justa". Nesse sentido chegou-se a considerar que é justo vingar-se por um dano infligido e que tem de haver igualdade de danos: "olho por olho, dente por dente".

A distinção que muitos sofistas estabeleceram entre o que é "por natureza" e o que é "por convenção" afetou a noção de justiça, entre outras. A tendência entre os sofistas foi a de considerar que a justiça é "por convenção", isto é, que algo é justo quando se chega a um acordo sobre o que é justo, e injusto quando se concorda que é injusto. Que alguém seja feliz ou infeliz não tem, em princípio, nada a ver com o fato de ser justo ou injusto: pode-se ser justo e infeliz, e injusto e feliz.

Em oposição aos sofistas, Platão declarou, no *Górgias*, que a justiça é condição para a felicidade; contra o sofista Pólo e o cidadão Cálicles, Platão diz, pela boca de Sócrates, que o homem injusto não pode ser feliz. A noção de justiça é um dos temas capitais, se não o principal, da *República*, de Platão, que se interessou pela justiça como virtude e como fundamento da constituição — e da estabilidade e ordem sociais — da cidade-estado. Em uma cidade-estado ideal deve reinar a justiça (pode-se dizer também que quando reina a justiça há um Estado-nação ideal).

No primeiro dos dez livros da *República*, Platão examina, e critica, diversas concepções de justiça. De início, considera inaceitável conceber que a justiça é o restabelecimento por quaisquer meios — incluindo meios violentos — de algum desequilíbrio produzido por um excesso. A justiça não é uma mera compensação de danos (esta era uma idéia própria dos poetas que foi expressa "obscuramente" por Simônides). Platão tampouco admite que a justiça consista em fazer bem aos amigos e em prejudicar os inimigos, e opõe-se particularmente à concepção do sofista Trasímaco, que afirmava que o que se chama de "justiça" é um modo de servir aos próprios interesses, no caso os interesses daquele que detém, ou daqueles que detêm, o poder. Os poderosos são os fortes; estes falam de justiça, mas a rigor querem reafirmar, e justificar, seu domínio sobre os demais membros da comunidade. Em suma: a justiça é um encobrimento de interesses particulares; daí a definição de Trasímaco da justiça como "o interesse do mais forte" (ou poderoso) (330 A).

Pela boca de Sócrates, Platão procura desfazer os argumentos de Trasímaco no segundo livro da *República*. Antes de mais nada, ele considera três tipos de coisas ou "bens": as desejáveis por si mesmas, independentemente de seus resultados, como ocorre com os "prazeres inofensivos"; as desejáveis tanto por si mesmas como por seus resultados, como ocorre com a justiça; e as que não são desejáveis por si mesmas, embora o sejam por suas conseqüências, como a cura de doenças, isto é, "a arte do médico". Platão busca fazer que se perceba que o homem justo é feliz. Isso poderia levar a pensar que se se quer ser feliz é preciso ser justo, o que porém equivaleria a subordinar a justiça à felicidade. A justiça é, no entanto, uma virtude tão elevada que, levando as coisas a um extremo, caberia sustentar que é preciso ser justo, aconteça o que acontecer, e até mesmo se o exercício da justiça produzir a infelicidade. Com isso teríamos a opinião expressa com a fórmula *Fiat iustitia, pereat mundus*, "Faça-se justiça, ainda que o mundo pereça". Platão parece retroceder diante dessa possível conseqüência extrema. Na verdade, e pelo que diz no resto da *República*, pode-se concluir que o mundo (a sociedade) não perecerá se a justiça for introduzida; muito pelo contrário: o mundo (a sociedade) poderá se salvar graças a ela. É possível, e provável, que em uma sociedade justa (perfeita) nem todos os cidadãos sejam felizes. Mas a felicidade não deve ser medida, segundo Platão, individualmente, ou considerando determinado grupo ou classe da sociedade; deve ser medida levando em conta toda a sociedade. Em uma sociedade justa há justiça para todos. Se a sociedade justa é uma sociedade feliz, então todos os membros da sociedade serão justos e felizes. Sua justiça e felicidade são a justiça e a felicidade de toda a comunidade, da cidade-estado em seu conjunto. Nesse sentido, não se pode dizer que para Platão a justiça seja uma coisa que tem más conseqüências; por isso é uma coisa ou bem desejável por si mesmo e por seus resultados.

Em sua *Política*, Aristóteles aceita grande parte das idéias de Platão em relação à justiça. Ele pensa, como Platão, que a função primordial da justiça está dentro do Estado, mas introduz várias noções que exerceram grande influência. Ele divide a justiça em "justiça distributiva" — que consiste na "distribuição de honras, de fortuna e de todas as demais coisas que devem ser repartidas entre aqueles que participam da constituição (já que em tais coisas é possível que cada um tenha uma participação igual ou desigual à de outro) — e "justiça comutativa" ("corretiva" ou "retificativa") — que "regula as relações, tanto voluntárias como involuntárias, de cidadãos entre si" (*Eth. Nic.* V, 1130 b 30). A justiça distributiva é adjudicação por um terceiro, enquanto a comutativa, corretiva ou retificativa é intercâmbio. Apenas a justiça distributiva pode ser considerada uma das mais altas virtudes.

Enquanto nas concepções gregas clássicas a justiça constitui o elemento fundamental na organização da sociedade, nas concepções cristãs ela é superada pela caridade e pela misericórdia. Para Santo Agostinho, por exemplo, o essencial é amar. Depois de amar pode-se fazer "o que se quiser", pois não há perigo de que esse fazer seja injusto. Na justiça outorga-se a cada ser o que se lhe deve; na caridade, mais que o que se lhe deve. É preciso observar, contudo, que essa superação da justiça pela caridade (ou, ao menos, por uma espécie de sentimento fraternal [φιλία]) havia sido "antecipada" por alguns filósofos gregos, entre eles Aristóteles: "quando os homens são amigos não precisam de justiça, e quando são justos também precisam de amizade" (*Eth. Nic.*, VIII, 1, 1155 a 27).

O mencionado "primado da caridade", porém, não significa que os autores medievais prescindissem da noção de justiça como se ela fosse inteiramente absorvida pela misericórdia. Santo Tomás, por exemplo, considerou a justiça um modo de regulação fundamental das relações humanas. Seguindo Aristóteles (cf. *supra*), ele fala de três tipos de justiça: a *comutativa*, baseada na troca e reguladora das relações entre membros de uma comunidade; a *distributiva*, que estabelece a participação dos membros de uma comunidade nesta e regula as relações entre essa comunidade e seus membros, e a *legal* ou *geral*, que estabelece as leis que têm de ser obedecidas e regula as relações entre os membros e a comunidade (ver especialmente *S. theol.*, IIa q. LVIII).

Essa divisão tomista foi admitida por muitos autores, ao menos no que diz respeito às relações humanas. Segundo Josef Pieper, a justiça (nas formas propostas por Santo Tomás) pode regular a maior parte dessas relações, mas não pode regular as relações entre Deus e o homem. Há certas formas de culpabilidade, responsabilidade etc.

cuja natureza impede que sejam reguladas mediante a justiça. Também se fez a distinção entre justiça particular e justiça universal. Essa é a opinião de Leibniz (*apud* Grua; cf. *infra*) ao indicar que há três formas de justiça: duas que pertencem à justiça particular, que são a justiça como respeito ao direito estrito e a justiça como eqüidade em prol da comunidade, e uma que pertence à justiça universal, que é a justiça como piedade.

Foi comum distinguir a lei divina da lei natural, e houve muitas opiniões com relação a esses dois tipos de lei. Alguns autores consideraram que a lei divina é absoluta e constitui o critério para qualquer outro tipo de lei. Outros consideraram que há um acordo entre a lei divina e a lei natural. Outros, ainda, opinaram que, embora não haja incompatibilidade entre a lei divina e a lei natural, deve-se considerar principalmente esta última, não sendo preciso apelar à lei divina para fundamentar a lei natural, pois esta traz consigo o seu próprio fundamento. Esta última teoria é a do jusnaturalismo (VER), desenvolvida, entre outros, por Grotius. De acordo com este último autor, a justiça se funda na lei natural. Distinguem-se também lei natural e lei positiva. Esta última é a lei ou série de leis que regem uma sociedade, ou que uma sociedade adota em sua estrutura jurídica. Grotius sustenta que, se a justiça se funda na lei natural, as leis positivas são justas somente na medida em que estão de acordo com aquela lei.

Autores como Hobbes parecem defender uma concepção de justiça baseada no poder absoluto do soberano. Em todos os casos, o soberano representa o acordo a que chegaram os membros de uma sociedade com o fim de evitar a guerra de todos contra todos que faz estragos em um suposto "estado de Natureza". Por meio de um "contrato social", os membros de uma sociedade delegam seu poder a um soberano absoluto. Devem, portanto, ser obedecidas as leis estabelecidas por esse soberano. Em vista disso, pode-se pensar que essas leis são justas necessariamente, mas Hobbes não tem essa opinião. É possível que as leis estabelecidas pelo soberano não sejam justas. No entanto, o membro da sociedade regida pelo soberano não tem direito a desobedecê-las ou criticá-las.

A atenção às vezes dedicada às leis positivas levou alguns autores a defender uma "concepção formal" do direito. O direito é a codificação formal e sistemática das leis positivas. A justiça é concebida então como um ingrediente dentro do caráter formal dessas leis. Isso pode ser chamado de "concepção formal (ou positiva) da justiça".

Tanto Hume como — e sobretudo — os utilitaristas consideraram, embora por razões distintas, que o justo é o que está em conformidade com o interesse de todos os membros da sociedade. A justiça é, pois, equiparável à utilidade pública. Isto pode ser considerado uma das versões da "concepção material da justiça" — 'material' no sentido de que se funda em uma realidade concreta, que é a utilidade para todos os cidadãos, ou o maior bem possível para o maior número possível de indivíduos.

Se os utilitaristas sustentaram que a justiça resulta dos interesses públicos, John Rawls, pelo contrário, afirmou que, longe de a justiça ser o resultado de interesses, por mais públicos que sejam, esses interesses são servidos somente pela justiça. Tratamos desse ponto em RAWLS (JOHN). Robert Nozick, por sua vez, opôs-se a Rawls em sua obra *Anarchy State, and Utopia* (1975). Em defesa do que ele chama de "Estado mínimo", como condição de um "anarquismo" praticável, Nozick considera que há algo comum a todas as teorias da justiça de caráter distributivo: nelas pede-se que se dê a cada um de acordo com um certo padrão (seja de acordo com as necessidades, o trabalho, a condição social etc.). Essas teorias da justiça são, segundo Nozick, "estruturadas" (*patterned*). Embora suas diferenças sejam consideráveis — pense-se em dar a cada um segundo suas necessidades ou segundo sua condição social, que pode ser hereditária —, em todos os casos postula-se uma redistribuição de acordo com um "padrão". Diante de todas as teorias "estruturadas", Nozick propõe uma teoria "intitular" (*entitlement theory*) segundo a qual a justiça na distribuição de bens procede de uma prévia distribuição justa — e legitimamente justificada. Assim, por exemplo, nessa teoria é justo possuir bens que foram adquiridos antes e que não pertenciam a ninguém, enquanto em uma teoria distributiva clássica os bens supracitados devem ser "redistribuídos" segundo o padrão adotado. As idéias de Nozick são, em certo sentido, "anarquistas" ou "libertárias", mas, em outro sentido, são "reacionárias"; por isso se pôde falar de um "anarquismo reacionário".

Parece evidente que em muitas das teorias modernas sobre a justiça discuta-se sobretudo a questão do que é justo para o indivíduo dentro de uma sociedade. Na maior parte dos casos tratou-se de uma distribuição (seja ela uma "distribuição originária" ou considerada como originariamente justa, seja uma distribuição que implica tantas "redistribuições" quantas forem necessárias para corrigir desigualdades ou abusos). Os bens a ser distribuídos podem ser materiais ou não-materiais (culturais); embora estes últimos também sejam levados em conta, os primeiros são os básicos.

A maior parte das doutrinas e sistemas sociais e políticos incorpora uma idéia de justiça. De fato, tais doutrinas e sistemas são freqüentemente apresentados como modelos para explicar por que existiram determinadas concepções da justiça no passado e por que essas concepções não são "justas", e que concepção "eqüitativa" (ou "justa") da justiça se pode proporcionar para substituí-las. Conservadorismo, liberalismo, socialismo, comunismo, anarquismo e outros movimentos e teorias podem ser descritos do ponto de vista de suas correspondentes idéias, e ideais, referentes à idéia de justiça.

Já que um dos aspectos assumidos pela questão da justiça é o que diz respeito ao que supostamente se "deve" — ou "é devido" — a cada um, o problema da justiça foi freqüentemente relacionado ao da igualdade humana (VER). Foram apresentadas várias classificações de tipos de justiça com essa base (os tipos que Nozick descreve, e denuncia, como "estruturados"). Mencionamos como exemplo a de Chaïm Perelman sob a forma de uma "elucidação formal" da noção de justiça. Segundo esse autor, pode haver seis tipos de afirmação: 1) a cada um o mesmo, 2) a cada um segundo seus méritos, 3) a cada um segundo seus atos, 4) a cada um segundo suas necessidades, 5) a cada um segundo sua posição, 6) a cada um segundo o que é atribuído pela lei (que pode ser entendida formalmente ou como algo que tem primariamente um conteúdo). Segundo o mencionado autor, todas essas concepções são incompatíveis entre si, mas há algo comum a todas se nos decidirmos a praticar sobre elas uma formalização suficiente — então nos aparece o conceito de justiça como "um princípio de ação segundo o qual os seres de uma mesma categoria essencial devem ser tratados do mesmo modo" (cf. *De la justice*, 1945; do mesmo autor: *The Idea of Justice and the Problem of Argument*, 1963; *Justice et raison*, 1963; *Justice*, 1967; *Justice, Law, and Argument: Essays on Moral and Legal Reasoning*, 1980).

⊃ Além das obras de Perelman citadas, ver: M. Rümmelin, *Die Gerechtigkeit*, 1920. — A. J. Faideherbe, *La justice distributive*, 1934. — Hugo Marcus, *Metaphysik der Gerechtigkeit. Die Aequivalenz als kosmisches, juristisches, aesthetisches und ethisches Prinzip*, 1947. — C. J. Despotopoulos, Φιλοσοφία τοῦ Δίκαιου, 1953. — Hans Kelsen, *What is Justice? Justice, Law, and Politics in the Mirror of Science. Collected Essays*, 1957. — François Heidseck, *La vertu de justice*, 1959. — Werner Goldschmidt, *La ciencia de la justicia (Dikelogía)*, 1958. — Raymond Jaffe, *The Pragmatic Conception of Justice*, 1960 [University of California Publications in Philosophy, 34]. — Antonio Gómez Robledo, *Meditación sobre la justicia*, 1963. — Giovanni Drago, *La giustizia e le giustizie; Letture del libro quinto dell'*Etica a Nicomaco, 1963. — Também: Richard McKeon, Chaïm Perelman et al., artigos sobre o conceito de justiça em *Revue Internationale de Philosophie*, 41 (1957), 253-391. — Nicholas Rescher, *Distributive Justice: A Constructive Critique of the Utilitarian Theory of Distribution*, 1966. — Edgar Bodenheimer, *Treatise on Justice*, 1967. — Edmon Cahn, *The Sense of Injustice*, 1967. — Norman E. Bowie, *Towards a New Theory of Distributive Justice*, 1971. — Karl Engisch, *Auf der Suche nach der Gerechtigkeit. Hauptthemen der Rechtsphilosophie*, 1971. — N. M. L. Nathan, *The Concept of Justice*, 1971. — John Rawls, *A Theory of Justice*, 1971. — Brian M. Barry, *The Liberal Theory of Justice: A Critical Examination of the Principal Doctrines in* A Theory of Justice *by John Rawls*, 1973. — Ilmar Tammelo, *Theorie der Gerechtigkeit*, 1977. — A. H. Goldman, *Justice and Reverse Discrimination*, 1979. — J. Feinberg, *Rights, Justice, and the Bounds of Liberty: Essays in Social Philosophy*, 1980. — J. R. Lucas, *On justice*, Περὶ Δίκαιου, 1980. — R. O. Johann, V. M. Cooke et al., *The Value of Justice: Essays on the Theory and Practice of Social Virtue*, 1980, ed. Ch. A. Kelbley. — N. Rescher, *Distributive Justice: A Constructive Critique of the Utilitarian Theory of Distribution*, 1982. — R. Plant, *Justice*, 1987. — J.-M. Trigeaud, *Persona ou la justice au Double Visage*, 1990. — J. Schmidt, *Gerechtigkeit. Wohlfahrt und Rationalität*, 1991. — J. Wolff, *Robert Nozick: Property, Justice, and the Minimal State*, 1991. — M. Quinn, *Justice and Egalitarianism: Formal and Substantive Equality in Some Recent Theories of Justice*, 1991. — K. R. Scherer, ed., *Justice: Interdisciplinary Perspectives*, 1992. — B. De Filippis, *Il problema della giustizia in Rawls*, 1992. — J. S. Fishkin, *The Dialogue of Justice: Towards a Self-Reflective Society*, 1993.

Embora várias das obras anteriores se refiram a diversos conceitos de justiça no passado, mencionamos alguns trabalhos mais diretamente relacionados com o estudo das idéias de justiça sustentadas por alguns filósofos: Manuel Moix Martínez, *Dike: Nuevas perspectivas de la justicia clásica*, 1969 (de Homero a Santo Tomás de Aquino). — Pierre Guéron, *L'idée de justice dans la conception de l'univers chez les premiers philosophes grecs*, 1934. — Ernst Cassirer, "Logos, Dike, Kosmos in der Entwicklung der griechischen Philosophie", *Göteborgs Högskolas Arsskrift*, 47 (1941). — Domenico Caiazzo, *L'idea di giustizia nel pensiero greco*, 1958. — Peter Fireman, *Justice in Plato's Republic*, 1957. — M. Salomon, *Der Begriff der Gerechtigkeit bei Aristoteles*, 1937. — P. Trude, *Der Begriff der Gerechtigkeit in der aristotelischen Rechts– und Staatsphilosophie*, 1955. — Eduardo García Máynez, *Doctrina aristotélica de la justicia*, 1973. — Hans Heinrich Schmid, *Gerechtigkeit als Weltordnung. Hintergrund und Geschichte des alttamentlichen Gerechtigkeitsbegriffes*, 1968. — O. Lottin, *Le droit naturel chez Saint Thomas d'Aquin et ses prédécesseurs*, 1931. — Josef Pieper, *Über die Gerechtigkeit*, 1953 [especialmente baseado em Santo Tomás]. — Jeremiah Newmann, *Foundations of Justice*, 1954 [sobre Santo Tomás]. — Gaston Grua, *Jurisprudence universelle et théodicée selon Leibniz*, 1953. — Id., *La justice humaine selon Leibniz*, 1956. — Sheila Mary Mason, *Montesquieu's Theory of Justice*, 1975. — E. A. Havelock, *The Greek Concept of Justice: From its Shadow in Homer to its Substance in Plato*, 1978. — J. Harrison, *Hume's Theory of Justice*, 1981. — A. E. Buchanan,

Marx and Justice: The Radical Critique, 1982. — A. D. Rosen, *Kant's Theory of Justice*, 1993. ❡

JUSTIFICAÇÃO. Esse termo pode ser entendido em dois sentidos:
1) No sentido descrito no verbete JUSTIFICACIONISMO, em relação com a noção de "contexto de justificação". A justificação é então a série de operações realizada para reconstruir logicamente teorias científicas.
2) Em um sentido ético, ou, melhor, dentro do contexto de raciocínios morais. A justificação não é então de caráter estritamente lógico, embora os raciocínios efetuados tenham de obedecer a leis lógicas e, no mínimo, tenham de ser logicamente consistentes. Diz-se que se justifica uma norma moral, um imperativo etc. quando se dão razões — as tão freqüentemente chamadas "boas razões" — para demonstrar que a norma, o imperativo etc. são aceitáveis ou plausíveis. Nos raciocínios morais mediante os quais se almeja justificar uma norma ou imperativo morais podem ser mencionados fatos. No verbete 'É'-'DEVE' resenhamos algumas discussões sobre as possibilidades, impossibilidades, dificuldades etc. que surgem quando surge o problema de se, e como, pode ser derivada uma expressão que contém 'deve' de uma expressão que contém 'é'. Muitos autores consideram que uma derivação lógica é impossível. Outros consideram que, dadas certas condições e certas cláusulas, ou subcláusulas, a derivação lógica é factível. Em ambos os casos trata-se da relação, ou de falta de relação, entre 'é' e 'deve' como uma relação lógica ou, mais especificamente, como uma relação de implicação. Vários autores fizeram a distinção entre justificação, por um lado, e dedução ou implicação, por outro, e afirmaram que, embora a dedução ou implicação não seja admissível em raciocínios morais, a justificação o é. Dentre os últimos autores, alguns distinguiram radicalmente implicação lógica e justificação. Outros consideraram que há diferenças entre elas, mas que não são radicais; em todo caso, continua havendo nos raciocínios morais, também chamados de "raciocínios práticos", um aspecto lógico. Aqueles que defenderam uma opinião radical a esse respeito sustentaram que o "ponto de vista moral" é completamente distinto de outros pontos de vista. Aqueles que defenderam uma opinião moderada continuaram distinguindo o ponto de vista moral e outros pontos de vista, mas sem supor a existência de uma diferença estritamente lógica entre dedução ou implicação e justificação.

JUSTIFICACIONISMO. A distinção feita por Hans Reichenbach entre o chamado "contexto de descoberta" e o intitulado "contexto de justificação" a que nos referimos no verbete DESCOBERTA foi uma das bases para um tipo de metodologia, epistemologia e, mais particularmente, de filosofia da ciência que atendeu principalmente, se não exclusivamente, ao segundo desses contextos. Desenvolveu-se com isso uma tendência que recebeu o nome de "justificacionismo". Também foram usadas outras denominações, como "reconstrucionismo" e "validacionismo", mas em geral o 'justificacionismo' foi a preferida.

Em sua forma mais radical, o justificacionismo, seguido por muitos empiristas lógicos, descartou por completo o estudo de todo contexto distinto do da justificação ou validação dos enunciados científicos; descartou, portanto, toda consideração psicológica, sociológica, histórica etc., que considerou como não explicativas das estruturas proposicionais de uma ciência ou de uma teoria científica. As referidas considerações podem explicar, no máximo, como se originaram as teorias científicas, mas toda explicação dessa índole é considerada pelo justificacionismo uma pseudo-explicação e um exemplo de falácia genética. Ele também descartou o estudo de como se desenvolveram, por assim dizer, "intracientificamente" as teorias, pois não se tratou de construir tais teorias, mas de reconstruí-las lógica, metodológica e talvez também epistemologicamente.

No trabalho de Imre Lakatos citado no verbete FALIBILISMO esse autor apresenta o justificacionismo como uma tese característica do racionalismo e do empirismo clássicos, segundo os quais o conhecimento é composto por proposições cuja verdade (ou suposta verdade) é considerada provada, seja por evidências intuitivas, por princípios racionais, por experiência etc., usando-se, para tal efeito, segundo o caso, a lógica dedutiva ou a lógica indutiva, ou alguma combinação de ambas. A mera negação do justificacionismo é o ceticismo, mas o cético não rejeita a idéia de conhecimento sustentada pelo racionalismo e pelo empirismo clássicos; alega apenas que o conhecimento — ou o que merece ser assim chamado — é impossível. Em vista das dificuldades oferecidas pelo justificacionismo nas formas indicadas anteriormente, alguns autores inclinaram-se a favor de um "probabilismo" no qual se nega a infalibilidade (não apenas de fato, mas também em princípio), admitindo-se somente a possibilidade de provar mais ou menos, melhor ou pior, uma dada teoria. O probabilismo aparece, nesse caso, segundo Lakatos, como um "neojustificacionismo" que se detém diante da temida conclusão de que, se nenhuma teoria pode ser infalivelmente provada, nenhuma delas é, a rigor, mais suscetível de ser provada que qualquer outra.

O neojustificacionismo liga-se de algum modo ao falibilismo em geral e ao falseabilismo (VER) em particular, mas mais com as formas dogmáticas deste último. Às vezes é difícil distinguir um justificacionismo, um neojustificacionismo muito atenuado e um falseabilismo muito estrito.

JUSTINO (SÃO) (*ca.* 105-*ca.* 165). Nascido em Flavia Neapolis (Palestina). Converteu-se ao cristianismo após seguir várias das escolas filosóficas imperantes em seu tempo, recebendo a palma do martírio em Roma, onde estabelecera uma escola. Após sua conversão, não abandonou a filosofia. Ele a pôs a serviço das crenças cristãs, tornando-se assim um dos primeiros e principais apologistas (VER). São Justino declarou que Platão se inspirara em Moisés e que o *Génesis* é a fonte do *Timeu*. Por esse motivo, longe de os cristãos seguirem os filósofos, São Justino proclama que os melhores filósofos haviam seguido, sabendo-o ou não, os dogmas cristãos. Ora, somente os cristãos são capazes de conhecer os verdadeiros ensinamentos porquanto seguem a revelação de Cristo. Pode-se dizer, portanto, que São Justino aspirou alguma espécie de "síntese" do cristianismo com a filosofia, sempre que se leve em conta o papel subordinado que, em seu entender, a última desempenha. Em outras palavras, as idéias filosóficas — ao menos as de alguns filósofos — são verdadeiras não por si mesmas, mas na medida em que seguem o conteúdo da fé. Do ponto de vista filosófico, são especialmente interessantes em São Justino as idéias filosóficas empregadas e seu modo de articulação com as crenças cristãs. Os filósofos aos quais São Justino se refere mais insistentemente são Platão e os estóicos. De Platão São Justino tomou a doutrina do reino inteligível e a idéia do Bem superior a tudo. Dos estóicos tomou, entre outras, a noção do "logos germinal" (λόγος σπερματικός), assim como várias doutrinas morais. O modo como integrou essas idéias nas crenças cristãs consiste especialmente em mostrar que com as idéias dos filósofos já é possível conhecer a existência de Deus, a imortalidade da alma e a natureza do bem — mas, além disso, que com essas idéias é possível ver a função do Logos como Filho de Deus. No entanto, isso não elimina a necessidade da revelação: mostra apenas que a revelação e a "verdadeira razão" coincidem.

⊃ Obras: além de duas *Apologias* foram conservados o *Diálogo com Trífon* e diversos fragmentos. Há outras obras apologéticas da mesma época às vezes atribuídas a São Justino, mas atualmente consideradas de outros autores: a *Oração aos gregos*, a *Exposição da fé ou sobre a Trindade* etc. — Edições de R. Stephanus (Paris, 1551), completadas por H. Spephanus (Paris, 1592); de F. Sylburg (Heidelberg, 1593), incluindo tradução latina de Lang aparecida anteriormente na Basiléia (1565); de Morellus (Colônia, 1686); de Prudentius Maranus (Paris, 1742), reed. na *Bibliotheca veterum partum*, I, 1765 e nas *Opera patrum graec.*, I-III, 1777-1779; de J. C. Theodor de Otto, em 3 vols. (Iena, 1842-1843), incluída posteriormente no *Corpus apologestarum christianorum saeculi secund i* (I. *Justini Apologia;* II. *Justinicum Tryphone Judaeo dialogus;* III. *Justini opera addubitata cum fragmentis deperditorum actisque martyrii;* IV e V. *Opera Justini subdictia*). Na *Patrologia Graeca* de Migne as obras de São Justino figuram no t. VI. — Há várias edições de obras separadas: as *Apologias* foram editadas por C. Krüger (1891), por G. Rauschen (1904); por L. Pautigny (1904), o *Diálogo com Trífon* foi editado por G. Archambault (1909), por J. C. M. van Winden (1971).

Índice: *Index apologeticus Justini martyrii aliorumque sive clavis operum apologetarum pristinorum*, de E. Goodspeed, 1912; reimp., 1969.

Ver: Karl Semisch, *Justin der Märtyrer*, 2 vols., 1840-1842. — B. Aube, *Saint Justin, philosophe et martyr. Étude critique sur l'apologétique chrétienne au II siècle*, 1861. — M. von Engelherdt, *Das Christentum Justins des Märtyrers. Eine Untersuchung über die Angänge der katholischen Glaubenslehre*, 1878. — A. Stählin, *Justin der Märtyr und sein neuester Beurteiler*, 1880 (contra a obra anterior). — G. T. Purves, *The Testimony of Justin Martyr to Early Christianity*, 1889. — W. Flamming, *Zur Beurteilung des Christentums Justins des Märtyrers*, 1893. — J. Rivière, *Saint Justin et les apologistes du II siècle*, 1907. — P. Heinrich, *Der Einfluss Platons auf die älteste christliche Exegese*, 1908. — J. M. Pfättisch, *Der Einfluss Platons auf die Theologie Justins des Märtyrers*, 1910. — A. Béry, *Saint Justin*, 1911. — A. Puech, *Les apologistes grecs du II siècle de notre ère*, 1912. — O. M.-J. Lagrange, *Saint Justin*, 1914. — E. Goodenough, *The Theology of Justin Martyr*, 1923. — B. Seeberg, *Die Geschichtstheologie Justin des Märtyrers*, 1939. — H. Hagendahl, *Orosius und Justinus*, 1941. — L. W. Barnard, *Justin Martyr. His Life and Thought*, 1967. — Eric Francis Osborn, *Justin Martyr*, 1972. — Robert Joly, *Christianisme et philosophie: Études sur Justin et les Apologistes grecs du deuxième siècle*, 1973. ⊃

JUSTO MEIO. Ver MEIO: JUSTO MEIO.